Handbuch der Werbung

Handbuch der Werbung

mit programmierten Fragen und praktischen Beispielen von Werbefeldzügen

Herausgegeben von
Prof. Dr. K. Chr. Behrens

o. Professor der Betriebswirtschaftslehre an der Freien Universität Berlin
Direktor des Instituts für Markt- und Verbrauchsforschung der Freien Universität Berlin
unter Mitwirkung führender Fachleute

Zweite Auflage

Springer Fachmedien Wiesbaden GmbH

Handbuch der Werbung

mit programmierten Fragen und praktischen Beispielen von Werbefeldzügen

Herausgegeben von
Prof. Dr. K. Chr. Behrens

o. Professor der Betriebswirtschaftslehre an der Freien Universität Berlin
Direktor des Instituts für Markt- und Verbrauchsforschung der Freien Universität Berlin

unter Mitwirkung führender Fachleute

Zweite Auflage

ISBN 978-3-409-99302-9 ISBN 978-3-663-13327-8 (eBook)
DOI 10.1007/978-3-663-13327-8

Copyright by Springer Fachmedien Wiesbaden 1975
Ursprünglich erschienen bei Betriebswirtschaftlicher Verlag Dr. Th. Gabler GmbH, Wiesbaden 1975
Softcover reprint of the hardcover 1st edition 1975

Vorwort des Herausgebers

Im Mittelpunkt der modernen unternehmerischen Konzeption des „Marketing" stehen die Probleme der Absatzwerbung, ihre überragende Bedeutung wird dadurch gekennzeichnet, daß die Werbeaufwendungen in entwickelten Volkswirtschaften wahrhaft astronomische Größen erreichen; kaum ein Betrieb kann heute auf ihren Einsatz verzichten.

Das Gebiet der Werbung hat in unserem Jahrhundert einen Umfang angenommen, der es einem einzelnen Autor nahezu unmöglich macht, eine umfassende Darstellung zu geben. Erst durch eine systematische Verteilung der vielschichtigen Probleme auf die an einem Handbuch mitwirkenden Spezialisten ist eine der Bedeutung der Werbung angemessene Bearbeitung möglich. Im vorliegenden Werk sind in 82 Beiträgen alle mit der Werbung zusammenhängenden Themenkreise behandelt und die zur Verfügung stehenden Lösungsmöglichkeiten fachgerecht erörtert worden.

Dieses Buch ist vor allem für die Hand der Praktiker, also für die Auftraggeber und Durchführenden der Werbung sowie für Studierende der Werbewissenschaft gedacht. Hieraus ergeben sich für die Gestaltung des Werkes insofern Konsequenzen, als die Konzeption einen Kompromiß zwischen dem Aufbau eines wissenschaftlich systematischen Lehrbuchs und den Bedürfnissen der Praxis verlangte.

Völlig neu auf dem Gebiet der Werbeliteratur und für Wissenschaftler wie Praktiker gleichermaßen interessant ist die exemplarische Behandlung mehrerer Werbefeldzüge. Auf über hundert Seiten wird die Planung, Durchführung und Kontrolle tatsächlich erfolgter umfangreicher Werbemaßnahmen in den verschiedenen Wirtschaftszweigen dargestellt.

Mit den an mehreren Stellen des Werkes eingefügten „programmierten Fragen", die zum Überdenken des Gelesenen anregen und der Selbstkontrolle des Lesers dienen sollen, wurde ferner zum erstenmal versucht, gleichzeitig ein umfassendes Lehr- und Studierbuch zu schaffen.

Mein aufrichtiger Dank gilt dem Initiator dieses „Handbuchs der Werbung", dem Verleger Dr. Dr. h. c. Reinhold Sellien, und allen beteiligten Autoren, Wissenschaftlern und bekannten Werbepraktikern, die zu seinem Gelingen beigetragen haben.

Es ist mir ein besonderes Bedürfnis, an dieser Stelle meines langjährigen Mitarbeiters Dr. Helmut Jacobi zu gedenken, der – leider allzu früh verstorben – bei diesem Werk wertvolle Hilfe leistete, und in dem die Werbewissenschaft einen vielversprechenden jungen Gelehrten verloren hat.

KARL CHRISTIAN BEHRENS

Inhaltsverzeichnis

Erstes Kapitel
Grundlagen der Werbung

I. Begrifflich-systematische Grundlagen der Werbung und Erscheinungsformen der Werbung *(Prof. Dr. K. Chr. Behrens, Berlin)* 3

II. Geschichte der Werbung *(H. Buchli, Bern)* 11

III. Heutige Bedeutung der Werbung
 (Prof. Dr. Dr. M. Kjær-Hansen, Kopenhagen) 25

Zweites Kapitel
Grundprobleme der Werbung

I. Wirtschaftswissenschaftliche Probleme der Werbung
 A. Marktformen und Werbung *(Prof. Dr. H. Wilhelm, Braunschweig)* . . . 39
 B. Werbung und Markttransparenz *(Dr. H.-O. Schenk, Berlin)* 57
 C. Werbung und Volkseinkommen *(Dr. T. Seitz, Tübingen)* 69
 D. Werbung und Konzentration *(Dr. G. Friedrichs, Frankfurt am M.)* . . . 79

II. Psychologische Probleme der Werbung
 (Prof. Dr. T. Herrmann, Braunschweig / Dr. F. Denig, Bochum) 91

III. Soziologische Probleme der Werbung *(Priv.-Doz. Dr. L. Clausen, Münster)* . 107

IV. Kybernetik und Werbung
 A. Informationstheoretische Probleme der Werbung
  (Dr. S. Geiger, Konstanz / W. Heyn, Konstanz) 117
 B. Kommunikationstheoretische Probleme der Werbung
  (Prof. Dr. O. W. Haseloff, Berlin) 157

V. Ethische Probleme der Werbung *(Prof. Dr. G. Bergler, Nürnberg)* 201

VI. Rechtliche Probleme der Werbung
 A. Wettbewerbsrechtliche Probleme der Werbung
  (Rechtsanwalt Dr. D. C. Ohlgart, Hamburg) 211

B. Bilanzierungsprobleme der Werbung in Handels- und Steuerbilanz
(Prof. Dr. K. Alewell, Gießen) 227
C. Rechtlich bedeutsame Fragen des Agenturvertrages
(Dipl.-Kfm. Dr. F. Nédela, Hofheim, Taunus) 239

VII. Technische Probleme der Werbung
  A. Der Werbetext *(W. Manekeller, Köln)* 247
  B. Papier in der Werbung *(Werberater BDW P. Michligk, Berlin)* 255
  C. Druckverfahren in der Werbung
    (Werbeberater BDW P. Michligk, Berlin) 263
  D. Typografie und Layout in der Werbung *(A. Stankowski, Stuttgart)* . . . 275
  E. Technik der Werbefotografie *(Dozent G. Jedermann, Berlin)* 285
  F. Filmtechnik in der Werbung *(G. Zauner, München)* 293

Drittes Kapitel
Personen und Institutionen der Werbung

  I. Der Zentralausschuß der Werbewirtschaft (ZAW)
    (Dr. K. H. Jonas, Bad Godesberg) 303
  II. Die Werbungtreibenden *(H. D. Martino, Wiesbaden)* 311
  III. Die Werbungdurchführenden *(Dr. H. Kopsch, Düsseldorf)* 319
  IV. Werbungschaffende
    A. Der Werbeleiter *(H. Damrow, Frankfurt a. M.)* 325
    B. Der Werbeberater *(H. Hartwig, München)* 333
    C. Der Werbegrafiker *(Prof. H. Lortz, Berlin)* 339
  V. Werbemittlungen *(M. F. Binias, Berlin)* 341
  VI. Werbeagenturen *(Dr. J. v. Rohrscheidt, Frankfurt a. M.)* 347
  VII. Die Umworbenen *(Dr. G. Petermann, Berlin)* 359
  VIII. Die Werbung in Lehre und Forschung
    A. Die Werbung in Lehre und Forschung an den Hochschulen
      (Dr. F. Kästing, Köln) 369
    B. Die Werbung in Lehre und Forschung – Werbefachschulen und Werbeakademien (Höhere Werbefachschulen) *(Dr. K. Schreiber, Berlin)* 375
    C. Die Werbung in Lehre und Forschung – Werkkunstschulen und Kunstakademien *(Dir. F. Müller, Bremen)* 381
    D. Die Werbung in Lehre und Forschung – Private Forschungsstätten
      (Dr. H. Steiner, Frankfurt a. M. / Dipl.-Psych. H.-D. Schneider, Frankfurt a. M.) 397

Viertes Kapitel
Planung, Organisation und Revision der Werbung

  I. Die Werbeplanung
    A. Festlegung der Werbeziele *(Prof. Dr. J. Bidlingmaier, Graz)* 403

B. Die Planung des Werbebudgets *(Dr. E. W. Uherek, Berlin)* 417
　　C. Die Planung der Werbestrategien *(Dr. H. Jacobi)* 435
　II. Die Durchführung der Werbung
　　A. Die einzelbetriebliche Organisation der Werbung *(Dr. D. Arnold, Köln)* . 469
　　B. Die kooperative Durchführung der Werbung *(Dr. A. F. Keller, Boll BE)* . 487
　　C. Die Werberevision *(Prof. Dr. H. Blohm, Karlsruhe)* 497

Fünftes Kapitel
Die Werbemittel
　I. Die Werbemittel und ihre Gestaltung
　　A. Anzeigenwerbung *(Dipl.-Psych. R. Klickow, Mönchengladbach)* 513
　　B. Plakatwerbung *(Prof. R. Roth, München)* 531
　　C. Rundfunkwerbung *(Werberater BDW W. Köhler, Frankfurt a. M.)* . . . 543
　　D. Fernsehwerbung *(Dr. I. Ritscher, Berlin)* 551
　　E. Film- und Diapositivwerbung *(F.-G. Amberg, Hamburg)* 559
　　F. Drucksachenwerbung *(H. Fischer, Berlin)* 571
　　G. Display-Werbung *(E. Paszkowiak, Warschau)* 579
　　H. Außenwerbung *(Dr. H. Kopsch, Düsseldorf)* 587
　　J. Verpackungswerbung *(R. G. Stoecker, Hamburg)* 613
　　K. Messen und Ausstellungen *(Dr. E. Skischally, Köln)* 627
　II. Die Streuung der Werbemittel
　　A. Streuarten und Streumedien *(H. Fischer, Berlin)* 635
　　B. Auswahl der Streumedien
　　　1. Zeitungen und Zeitschriften als Streumedien
　　　　(Dr. F.-R. Stroschein, Düsseldorf) 641
　　　2. Rundfunk und Fernsehen als Streumedien
　　　　(Dr. L.-R. Ernst, München / W. Ernst, München) 665
　　C. Räumliche und zeitliche Koordination der Streumedien *(Dr. H. Jacobi)* . . 687
　　D. Media-Selektions-Programme *(F. Möhring, München)* 691

Sechstes Kapitel
Der Werbeerfolg
　I. Kategorien des Werbeerfolgs *(Prof. Dr. J. Bidlingmaier, Graz)* 699
　II. Methoden der Werbeerfolgsprognose
　　A. Demoskopische Methoden der Werbeerfolgsprognose
　　　(Dr. L. Opitz, Heidelberg) 713
　　B. Psychologische Methoden der Werbeforschung und Markterkundung
　　　(Prof. Dr. P. Brückner, Hannover) 731
　III. Methoden der Werbeerfolgskontrolle
　　A. Kontrolle des außerwirtschaftlichen Werbeerfolgs
　　　1. Demoskopische Verfahren zur Messung des außerwirtschaftlichen
　　　　Werbeerfolgs *(Dr. G. Möbius, Düsseldorf)* 743

  2. Methoden der Werbeerfolgskontrolle in psychologischer Sicht
   (Dipl.-Psych. U. Johannsen, Frankfurt a. M.) 753
 B. Die Kontrolle des wirtschaftlichen Werbeerfolgs
   (Prof. Dr. J. Bidlingmaier, Graz) 773

Siebentes Kapitel
Werbung in einzelnen Wirtschaftszweigen

 I. Werbung in der Konsumgüterindustrie
  A. Werbung für Nahrungs- und Genußmittel *(Dr. M. Gloor, Vevey)* 815
  B. Werbung für Körperflege und Reinigungsmittel *(Dr. G. Haedrich, Berlin)* . 827
  C. Werbung für Arzneimittel *(Dipl.-Kfm. H.-J. Geßner, Berlin)* 835
  D. Werbung für Textil und Bekleidung *(Dipl.-Kfm. H.-J. Sohr, Berlin)* . . . 859
  E. Werbung für langlebige Gebrauchsgüter *(Dipl.-Kfm. D. Pusch, Berlin)* . . 875
 II. Werbung in der Investitionsgüterindustrie *(Dr. E. W. Uherek, Berlin)* 881
 III. Werbung in der Landwirtschaft *(Prof. Dr. A. Weber, Kiel)* 893
 IV. Werbung im Handel *(Dipl.-Kfm. G.-M. Weinberg, Berlin)* 905
 V. Werbung der Kreditinstitute *(Dr. J. Schultze, Hamburg)* 919
 VI. Werbung in der Verkehrswirtschaft *(Priv.-Doz. Dr. C. Kaspar, St. Gallen)* . . 931
 VII. Besonderheiten der Werbung im Ausland *(Dr. G. Wilitzki, Berlin)* 939
 VIII. Fremdenverkehrswerbung *(Prof. E. Alkjær, Kopenhagen)* 951

Achtes Kapitel
Besondere Formen der Werbung

 I. Beschaffungswerbung *(Dr. G. Petermann, Berlin)* 963
 II. Public Relations *(Dr. H. Müller, St. Gallen)* 969

Neuntes Kapitel
Werbung in der sozialistischen Volkswirtschaft
   (Prof. Dr. E. P. Ehrlich, Gliwice) 981

Zehntes Kapitel
Praktische Beispiele von Werbefeldzügen

 I. Konsumgüter
  A. Beispiel eines Werbefeldzuges für Konsumgüter: Bellinda
   (L. Freih. v. Holzschuher, Düsseldorf) 995
  B. Beispiel eines Werbefeldzuges für Konsumgüter: merci
   (Dipl.-Volksw. G. Lott, Düsseldorf) 1017
 II. Beispiel eines Werbefeldzuges für Investitionsgüter
   (Werbeberater BDW H. Kraus, Heidelberg) 1047
 III. Beispiele von Public-Relations-Aktionen *(Dr. R. Farner, Zürich)* 1063

Elftes Kapitel
Beispiel einer Packungsgestaltung
   Beispiel einer Packungsgestaltung – Das NÄRFIT-Sortiment
     (R. G. Stoecker, Hamburg) 1083

Zwölftes Kapitel
Methodisches Beispiel einer Untersuchung über Mundwerbung
     (Prof. J. Arndt, New York) 1103

Schlagwortregister 1127

Anhang: Programmierte Fragen zur Durcharbeitung des Handbuchs
   (grauer Teil)
      Fragen   1 bis 82
      Fragen 83 bis 171
      Fragen 172 bis 262

ERSTES KAPITEL

Grundlagen der Werbung

Begrifflich-systematische Grundlagen der Werbung - Erscheinungsformen der Werbung

Von Prof. Dr. Karl Christian Behrens, Berlin

Seit der Jahrhundertwende hat sich die Werbewirtschaft zu einem äußerst wichtigen Wirtschaftszweig entwickelt. Die Gesamtwerbeaufwendungen in den hochindustrialisierten Ländern der westlichen Hemisphäre sind sprunghaft angestiegen, die Konzentration in Industrie und Handel, die Bildung großer Wirtschaftsräume – EWG und EFTA – haben stimulierend auf die Werbung gewirkt. Diese Tatsachen beflügelten das Bestreben, die mit der modernen Werbung zusammenhängenden Probleme systematisch zu erfassen und den Versuch zu unternehmen, fundierte Theorien für ein allgemeines Begriffssystem der Werbung und speziell der Wirtschaftswerbung zu entwickeln. Noch 1914 stellte Paul Rubens in „Die Reklame, ihre Kunst und Wissenschaft" die Frage, warum bisher so wenig zur Entwicklung eines Systems in dieser Wissenschaft geschehen sei. Zur gleichen Zeit beschäftigte sich auch Viktor Mataja in seinem Werk über „Die Reklame" mit demselben Problem; er wollte alle zusammengehörigen Erscheinungen wissenschaftlich erforschen, um auf diese Weise Erkenntnisse über die Reklametechnik zu gewinnen. Mataja bezeichnete die Werbebemühungen jener Tage jedoch noch nicht als „wissenschaftlich"; eine Wissenschaft, so führte er aus, würde erst dann vorliegen, wenn die aus der Praxis gewonnenen Beobachtungen und Erfahrungen nach streng methodischen Grundsätzen verarbeitet und durch systematische, von Zufälligkeiten freie Feststellungen ergänzt werden würden.

Ein halbes Jahrhundert später, anläßlich des Internationalen Kongresses über die Werbung als Forschungsgebiet und Lehrfach der Hochschulen, setzten sich im Herbst 1966 Wissenschaftler und Praktiker aus vielen Ländern mit dem Werbebegriff auseinander, nachdem sich in der Zwischenzeit zahlreiche Autoren mehr oder weniger erfolgreich mit den Grundlagen der Werbung und ihrer Terminologie beschäftigt hatten. Als besondere Eigenart der Wirtschaftswerbung erwies sich ihre Verflechtung mit anderen Disziplinen: nicht nur Betriebs- und Volkswirtschaftslehre sowie Psychologie und Soziologie, sondern auch die Statistik, Mathematik und Pädagogik haben in vielfältiger Weise befruchtend auf die Werbung gewirkt. Angesichts dieser vielschichtigen Einflußnahmen konnte es nicht ausbleiben, daß sich der Werbebegriff – wie andere wissenschaftliche Grundbegriffe – als mehrdeutig erwies.

I. Die Mehrdeutigkeit des Werbebegriffs

Wir können heute die folgenden, voneinander abweichenden Begriffsauslegungen unterscheiden.

Einmal bildet die Werbung – weit ausgelegt – eine Form der Beeinflussung im zwischenmenschlichen Bereich als ganz allgemeine soziale und keineswegs nur wirtschaftliche Erscheinung. Dabei spielt es keine Rolle, ob die Beeinflussung sich gewollt oder ungewollt vollzieht, denn auch die sogenannte „unterschwellige Werbung" fällt unter den Werbebegriff. Hinzu kommt das Kriterium der zwar absichtsvollen, aber zwangfreien Einflußnahme; hieraus ergibt sich zunächst als allgemeine Definition des Begriffes "Werbung":

„Werbung ist eine absichtliche und zwangfreie Form der Beeinflussung, welche die Menschen zur Erfüllung der Werbeziele veranlassen soll."

Diese umfassende Auslegung des Werbebegriffes schließt alle nur denkbaren Erscheinungsformen der Reklame mit ein. Handelt es sich jedoch – wie im wirtschaftlichen Bereich – um eine auf die Verfügung über ökonomische Güter zielende Beeinflussungsform, dann sprechen wir statt von Werbung schlechthin von „Wirtschaftswerbung" oder auch von „Reklame". Der letzte Ausdruck wird zwar von manchen Interpreten auf Fälle besonders aufdringlicher, „marktschreierischer" Werbung eingeengt, und wenn sich die Werbung auf ideelle Zwecke beschränkt, dann liegt „Propaganda" vor, z. B. Werbung für religiöse, politische, künstlerische oder kulturelle Ideen.

Zum andern können die Methoden der Wirtschaftswerbung danach unterteilt werden, ob sie sich auf den Betrieb als Ganzes oder auf einzelne seiner Funktionen beziehen. Im ersten Falle handelt es sich um „Public Relations" (Werbung um öffentliches Vertrauen). Wenn jedoch gewisse Teilfunktionen Gegenstand der Werbung sind, dann liegt in der Regel Absatz- oder Beschaffungswerbung vor. Gehen wir bei der Begriffseinengung noch einen Schritt weiter, dann verstehen wir unter „Werbung" nur die Absatzwerbung. Sobald kein erläuternder Zusatz verzeichnet ist und lediglich ganz allgemein von Werbung gesprochen wird, dann ist fast immer die Absatzwerbung gemeint, deren Zweck auf die Förderung des Absatzes der Leistungen des werbenden Betriebes gerichtet ist.

In der Praxis setzen die werbungtreibenden Unternehmungen sehr unterschiedliche Werbemittel ein, so daß es möglich wäre, entweder sämtliche auf den Absatz bezogenen Maßnahmen als „Absatzwerbung" anzusehen, oder auch diese Bezeichnung auf bestimmte absatzfördernde Mittel zu beschränken. Der auf sämtliche absatzbezogene Maßnahmen angewandte Werbegriff entspräche dann der „Absatzpolitik", zu der – nach Gutenberg – noch die Preispolitik, die Produktgestaltung und die Absatzmethoden hinzukämen. Diese Auslegung erscheint jedoch als zu weitgehend. Treffender ist vielmehr die Beschränkung des Werbebegriffs auf den Einsatz spezifischer Beeinflussungsmittel; bei der Wahl dieses Weges erhalten wir die folgende Definition des Begriffs „Absatzwerbung":

„Die Absatzwerbung umfaßt die verkaufspolitischen Zwecken dienende, absichtliche und zwangfreie Einwirkung auf Menschen mit Hilfe spezieller Kommunikationsmittel."

Mit Hilfe dieser Defination ist es uns möglich, die Absatzwerbung von den genannten anderen Einwirkungsmitteln abzugrenzen, da für sie (Preispolitik, Preisgestaltung und

Absatzmethode) die Heranziehung von Kommunikationsmitteln kein notwendiger Begriffsbestandteil ist.

Schematisch dargestellt ergeben die Ausführungen zum Begriff der Werbung die folgende Übersicht:

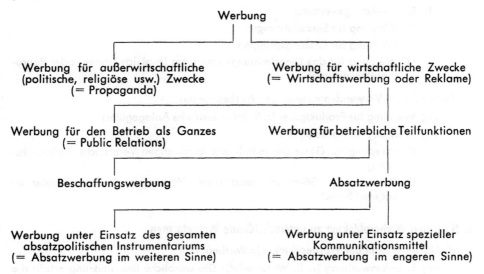

II. Formen der Werbung

Sehr viel zahlreicher als die Auslegungsmöglichkeiten des Werbebegriffs sind die Gesichtspunkte, nach denen die Formen der Werbung klassifiziert werden können. Aus der Fülle der Möglichkeiten sei ein „klassifikatorisches Gerippe" von sieben Einteilungskriterien ausgewählt.

1. Nach den Werbezielen zu unterscheidende Werbeformen

a) Expansionswerbung = Eine Erhöhung des Umsatzes gegenüber dem vorhergegangenen Zeitabschnitt wird angestrebt,

b) Erhaltungswerbung = Es soll verhindert werden, daß die Umsätze in der Planungsperiode zurückgehen im Vergleich mit der vorhergegangenen Periode.

c) Reduktionswerbung = Aus absatzpolitischen Gründen (z. B. Vorbereitung eines neuen Erzeugnisses oder zum Zwecke der gleichmäßigen Nachfrageverteilung) versucht der Werbungtreibende, den Umsatz im gegenwärtigen Zeitabschnitt gegenüber dem vorhergehenden herabzusetzen.

2. Nach den Werbeobjekten zu unterscheidende Werbeformen

a) Nach Art und Umfang des Werbeobjekts:
   aa) Sachleistungswerbung

(1) Produktwerbung
  (2) Produktgruppenwerbung
  (3) Leistungsprogramm-Werbung (zugleich Firmen- oder Repräsentativwerbung)
 bb) Dienstleistungswerbung
  (1) Werbung für Einzelleistungen
  (2) Werbung für Leistungsgruppen
  (3) Werbung für das Dienstleistungsprogramm (zugleich Firmen- oder Repräsentativwerbung)
 b) Nach dem Verwendungszweck der Werbeobjekte:
  aa) Werbung für Produktgüter (z. B. für industrielle Anlagegüter)
  bb) Werbung für Konsumgüter
   (1) Werbung für Güter des mittel- und langfristigen Verbrauchs (Gebrauchsgüter)
   (2) Werbung für Güter des kurzfristigen Verbrauchs (Verbrauchsgüter im engeren Sinne)

3. Nach den Werbesubjekten zu unterscheidende Werbeformen

 a) Nach der Zahl der Werbesubjekte je Werbeappell
  aa) Einzelumwerbung (z. B. Werbebrief): Die werbliche Beeinflussung erfaßt die Werbesubjekte als Individuen.
  bb) Mehrheitsumwerbung (z. B. Inserat). Hierbei lassen sich weiterhin unterscheiden:
   (1) Gruppen- oder Klassenumwerbung: Die Werbesubjekte bilden eine bestimmte Bevölkerungsschicht, die etwa durch ein Inserat in einer Fachzeitschrift angesprochen wird.
   (2) Allgemeinumwerbung: Die Werbung richtet sich an die Bevölkerung schlechthin.
 b) Nach der Stellung des Werbesubjekts im Wirtschaftsprozeß
  aa) Unternehmungswerbung (Werbung bei öffentlichen oder privaten Unternehmen). Dabei kann je nach der Zugehörigkeit der zu umwerbenden Unternehmungen zu einzelnen Wirtschaftszweigen weiter untergliedert werden in Industriellenumwerbung, Händlerumwerbung, Umwerbung von Landwirtschaftsbetrieben usw.
  bb) Haushaltsumwerbung: Werbesubjekte sind die öffentlichen und privaten Haushalte.
 c) Nach der Wirkung auf das Bewußtsein der Werbesubjekte
  aa) Informative Werbung: Das Werbesubjekt wird mit Wareneigenschaften, Einkaufsmöglichkeiten, Zahlungsbedingungen usw. bekannt gemacht; die Werbung appelliert vorwiegend an den „rationalen" Bereich.
  bb) Suggestivwerbung: Die Werbung wendet sich – unter bewußter Umgehung der menschlichen Ratio – vorwiegend an das Emotionale; dabei verzichtet sie weitgehend auf Informationen über Eigenschaften des Werbeobjektes.

Während sich eine gewisse Zahl von Werbeappellen ziemlich eindeutig in die eine oder andere Gruppe einordnen läßt, enthalten andere Werbemittel sowohl informative als auch suggestive Bestandteile; beide Formen der Werbung treten dann kombiniert auf.

d) Nach der psychologischen Form der Beeinflussung der Werbesubjekte
  aa) Überschwellige Werbung: Der Werbeappell wird vom Werbesubjekt bewußt aufgenommen.
  bb) Unterschwellige Werbung (subliminal advertising): Bei dieser in neuerer Zeit diskutierten Technik werden die Werbeimpulse in das Unterbewußtsein des Werbesubjekts gesteuert, ohne daß es den Werbeappell bewußt wahrnimmt*).

e) Nach den Beziehungen zwischen Umworbenen und Erfüllern
  aa) Unmittelbare Werbung: Es wird versucht, das Werbesubjekt selbst zur Realisation des Werbezwecks zu veranlassen.
  bb) Mittelbare Werbung: Die durch Werbung beeinflußte Person oder Personengruppe soll nicht unmittelbar den Werbezweck erfüllen, sondern andere Menschen zum Kauf des Werbeobjektes bewegen (z. B. Werbung bei Kindern, die infolge fehlender Kaufkraft nicht zu Werbeerfüllern werden können).

f) Nach der wirtschaftlichen Stellung der Werbungtreibenden gegenüber den Werbesubjekten
  aa) Stufengleiche Werbung: Werbungtreibender und Werbesubjekt gehören der gleichen Wirtschaftsstufe an.
  bb) Stufenverschiedene Werbung: Die Werbungtreibenden haben in der wirtschaftlichen Stufenhierarchie einen anderen Platz als die Werbesubjekte:
    (1) Stufenunmittelbare Werbung: Die Werbesubjekte werden von Betrieben der unmittelbar vorgelagerten Wirtschaftsstufe umworben (z. B. Verbraucherumwerbung durch Einzelhändler).
    (2) Sprungwerbung (Stufenmittelbare Werbung): Die Werbesubjekte werden von Betrieben beeinflußt, die durch mehrere Stufen von ihnen getrennt sind (z. B. die Verbraucherumwerbung durch Hersteller, die besonders für Markenartikel charakteristisch ist).

4. Vom Blickpunkt des Werbungtreibenden zu unterscheidende Werbeformen

a) Nach der namentlichen Erkennbarkeit und Zahl der Werbungtreibenden
  aa) Namentliche (nicht anonyme) Arten der Werbung
    (1) Namentliche Einzelwerbung: Hierbei wirbt ein einzelner Anbieter unter Nennung seines Namens oder seiner Firma für den Absatz seiner Leistungen. Die namentliche Nennung der Werbungtreibenden ist typisch für die meisten Formen der Absatzwerbung.
    (2) Namentliche Kollektivwerbung (Sammelwerbung): Mehrere Anbieter werben mit einer gemeinsamen Werbemaßnahme unter Nennung ihrer Namen oder Firmen für den Absatz ihrer jeweiligen Leistungen. Dieser Form

---

*) In dieser Abhandlung werden die Begriffe „über-" und „unterschwellige Werbung" aus der Sicht des Werbesubjekts definiert; dies schließt jedoch nicht aus, daß für andere Untersuchungsvorhaben eine Abgrenzung aus der Perspektive des Werbungtreibenden zweckmäßig ist. Im letztgenannten Falle wäre die Art der Beeinflussungsabsicht das maßgebliche Einteilungskriterium.

der werblichen Zusammenarbeit liegen stets irgendwelche gleichartigen Interessen zugrunde, die häufig aus homogenen oder eng verwandten Absatzprogrammen resultieren (z. B. Kollektivwerbung aller Vertragshändler einer Automarke in einem abgegrenzten Wirtschaftsgebiet). Tendenzen zur Zusammenarbeit in Form der Sammelwerbung bestehen jedoch nicht nur bei gleichartigen, sondern auch bei heterogenen Absatzprogrammen, wenn verschiedene Betriebe bei der Erstellung eines Projekts kooperieren (z. B. gemeinsame Werbung aller an der Errichtung eines Neubaues beteiligten Unternehmen).

Die namentliche Kollektivwerbung hat – im Vergleich zur oft suggestiv ausgerichteten namentlichen Einzelwerbung und zur anonymen Kollektivwerbung (Gemeinschaftswerbung) – mehr informatorischen Charakter; sie zielt weniger auf eine Umlenkung der bisherigen Ausgabenverteilung als vielmehr auf den Nachweis von Bedarfsdeckungsmöglichkeiten hin.

bb) Nicht namentliche (anonyme) Arten der Werbung

(1) Anonyme Einzelwerbung: Ein einzelner Anbieter wirbt ohne Nennung seines Namens oder seiner Firma für den Absatz seiner Leistungen. Diese Form der Werbung wird relativ selten angewandt; sie findet sich fast nur noch bei traditionellen Handwerkszweigen (z. B. der Messingteller über dem Geschäftslokal des Friseurs, das Hufeisen des Dorfschmieds) und in manchen Dienstleistungsbetrieben (z. B. der Buchstabe „T" auf Autobahnschildern als Hinweis auf die nächste Tankstelle).

(2) Anonyme Kollektivwerbung (Gemeinschaftswerbung): Mehrere Anbieter werben gemeinsam für den Absatz ihrer Leistungen, wobei der einzelne Beteiligte anonym bleibt. Diese Form des werblichen Zusammenschlusses ergibt sich aus gleichartigen Interessenlagen der angeschlossenen Unternehmen. Ihre Gemeinsamkeiten können in der Branchenzugehörigkeit (Bier-, Milch- und Obstwerbung), in der Art des Rohstoffs (Werbung für Kunstfaser), im Fertigungsverfahren (Werbung für Handarbeit), im Wirtschaftsraum (Werbung für die Betriebe in einer Straße, in einer Stadt oder in einem Lande), im Betriebstyp (Werbung für Fachgeschäfte) usw. bestehen.

b) Nach der Identität von Werbungtreibendem und Werbungvollzieher

aa) Eigenwerbung: Das werbungtreibende Unternehmen führt alle mit der Werbung verbundenen Aufgaben (totale Eigenwerbung) oder zumindest die werblichen Hauptaufgaben (partielle Eigenwerbung) in eigener Regie durch.

bb) Fremdwerbung: Mit der Erfüllung aller (totale Fremdwerbung) oder der hauptsächlichsten Werbefunktionen (partielle Fremdwerbung) werden selbständige Werbeinstitute betraut.

c) Nach der vom Werbungtreibenden geplanten Werbeintensität

aa) Von dominanter oder Intensivwerbung wird dann gesprochen, wenn die Werbung – wie z. B. bei der Markenartikelindustrie – einen hervorragenden Platz im Rahmen der betrieblichen Absatzpolitik einnimmt. Dabei können die Begriffe „dominant" bzw. „intensiv" entweder auf das Unternehmen insgesamt, bestimmte Leistungsgruppen oder einzelne Sach- oder Dienstleistungen bezogen werden:

(1) Intensivwerbung für Einzelleistungen

(2) Intensivwerbung für Teile des Leistungsprogramms

(3) Intensivwerbung für das gesamte Leistungsprogramm

Grundlagen und Erscheinungsformen der Werbung 9

bb) Akzidentelle oder Extensivwerbung liegt vor, wenn die Werbung im Hinblick auf das Leistungsprogramm, spezifische Programmteile oder bestimmte Einzelleistungen lediglich geringe vertriebspolitische Bedeutung hat:
- (1) Extensivwerbung für Einzelleistungen
- (2) Extensivwerbung für bestimmte Programmteile
- (3) Extensivwerbung für das gesamte Leistungsprogramm

5. Nach den eingesetzten Mitteln zu unterscheidende Werbeformen

a) Nach der Art der verwendeten Werbemittel
- aa) Anzeigenwerbung
- bb) Plakatwerbung
- cc) Briefwerbung usw.

b) Nach der Ausrichtung der Werbemittel auf bestimmte Sinnesorgane
- aa) Visuelle Werbung
   - (1) Schriftliche Werbung
   - (2) Bildliche Werbung
- bb) Akustische Werbung
   - (1) Rhetorische Werbung
   - (2) Musikalische Werbung
- cc) Olfaktorische (auf den Geruchssinn wirkende) Werbung
- dd) Geschmackliche Werbung
- ee) Haptische (auf den Tastsinn wirkende) Werbung

6. Nach den Werbeträgern zu unterscheidende Werbeformen

a) Nach der Art des verwendeten Werbeträgers
- aa) Zeitschriften- und Zeitungswerbung
- bb) Werbung an Anschlagstellen
- cc) Rundfunk- und Fernsehwerbung
- dd) Werbung durch Ausstellungen usw.

b) Nach der Zielgenauigkeit des Werbeträgers
- aa) Gezielt gestreute Werbung: Die gewählten Werbeträger sind weitgehend auf die besondere Struktur der Zuumwerbenden abgestimmt (z. B. Postwurfsendungen an alle Kraftfahrzeugbesitzer bei einer Benzinwerbung).
- bb) Ungezielt gestreute Werbung: Ohne genaue Hinordnung der Werbeträger auf die Umworbenen, weil deren soziale Struktur unbekannt oder für den Bedarf an dem zu verkaufenden Erzeugnis ohne Belang ist (z. B. Säulenwerbung für Zigaretten).

7. Nach zeitlichen Gesichtspunkten zu unterscheidende Werbeformen

a) Je nachdem, ob erstmalig oder wiederholt für ein Werbeobjekt geworben wird:
- aa) Einführungswerbung: Darunter wird die erstmalige Absatzwerbung in einem bestimmten Gebiet und bei einer abgegrenzten Umworbenengruppe verstanden.

bb) **Fortführungswerbung:** Ein Werbungtreibender setzt die Werbung – im Anschluß an die Einführungswerbung – in der gleichen Werberegion und bei den gleichen Werbesubjekten fort.

b) Im Hinblick auf die zeitliche Folge der Werbung

aa) **Periodische Werbung:** Die Werbemaßnahmen werden in einem bestimmten zeitlichen Gleichmaß durchgeführt. Dabei kann – je nach der Periodenlänge – zwischen kurz-, mittel- und langperiodischer Werbung unterschieden werden.

bb) **Aperiodische Werbung:** Die Einsatzzeitpunkte der Werbung unterliegen keiner Rhythmik. Der Werbungtreibende muß auf kurz-, mittel- oder langfristige Wandlungen der Absatzsituation spontan reagieren.

c) Im Hinblick auf das Verhältnis von Werbezeiten und temporaler Umsatzentwicklung

aa) **Prozyklische Werbung:** Die Höhe der Werbeausgaben folgt der Entwicklung des Umsatzumfanges im Zeitablauf. Je nach der zugrunde liegenden Periodenlänge kann von prozyklischer Werbung in bezug auf wöchentliche, monatliche, saisonale und konjukturelle Umsatzschwankungen gesprochen werden.

bb) **Antizyklische Werbung:** Für diese Werbeart ist charakteristisch, daß die Werbeausgaben im Vergleich zur Umsatzentwicklung entgegengesetzt verlaufen. Die antizyklische Werbung zielt – bei kurz-, mittel- oder langfristiger Planungsperiode – auf eine kontinuierliche Umsatzhöhe im Zeitablauf.

Literatur:

Behrens, K. Chr.: Absatzwerbung, Wiesbaden 1963.
Buchli, H.: 6000 Jahre Werbung, Bd. I, Berlin 1962.
Friedrichs, G.: Verkaufswerbung, ihre Technik, Psychologie und Ökonomie, Berlin 1958.
Gutenberg, E.: Grundlagen der Betriebswirtschaftslehre, 2. Band: Der Absatz, 4. Auflage, Berlin – Göttingen – Heidelberg 1962.
Hundhausen, C.: Wesen und Formen der Werbung, Essen 1954.
Hundhausen, C.: Wirtschaftswerbung, Essen 1963.
Seyffert, R.: Wirtschaftliche Werbelehre, 4. Aufl., Wiesbaden 1952.
Seyffert, R.: Werbung. In: Handwörterbuch der Betriebswirtschaft, 3. Aufl., Stuttgart 1962.
Seyffert, R.: Die Arten der Werbung. In: Handelsbetrieb und Marktordnung, Festschrift Carl Ruberg, Wiesbaden 1962.
Seyffert, R.: Werbelehre, Stuttgart 1966.
Strauß, G.: Grundlagen und Möglichkeiten der Werbeerfolgskontrolle, Berlin 1959.

Geschichte der Werbung
Von Hanns Buchli, Bern/Schweiz

Die Geschichte der Werbung*) ist im Grunde eine Geschichte der menschlichen Kultur. Seit des Menschen Geist schafft, seit Gut und Böse miteinander im Streite liegen, gibt es Werbung; wobei man sich füglich darüber streiten kann, ob sie sich zunächst im Sinne der Propaganda, also als „Beeinflussung des Menschen, die ihn veranlaßt, sich freiwillig eine Überzeugung anzueignen und sie als wahr anzuerkennen", oder im Sinne der Wirtschaftswerbung betätigt. Klar ist nach dem Gesagten, daß es sich weder bei der Wirtschaftswerbung noch bei der Propaganda um neuzeitliche Errungenschaften handelt, wenn auch die Werbung erst im Gefolge der technischen Entwicklung schließlich den Höhepunkt erreichte, wie wir sie heute im Guten oder Bösen über uns moderne Menschen ergehen lassen müssen. Daß sie sich erst in den letzten Jahrzehnten zur heutigen Höhe entwickelt hat, kann denjenigen nicht in Erstaunen versetzen, der sich bewußt ist, wie spät in der alten und neuen Welt das Papier in Gebrauch kam, wie noch viel später die Buchdruckerkunst erfunden wurde, wie lange es dauerte, sie zur heutigen Höhe zu entwickeln, und daß erst wir modernen Menschen uns des Radios und des Fernsehens bedienen können.

1. Die Erfindung der Schrift und ihre Bedeutung für die Werbung

Schon vieles hat sich mit der Erfindung der Schrift geändert, die bis in die graue Vorzeit der Menschheit zurückgeht. Sie stammt von den Phönikiern, den Sumerern, aber ebensowohl von den Chinesen. Unter diesen Völkern waren in der alten Welt vor allem die Phönikier als eifrige Handelsleute bekannt. Die Sumerer verfügten schon zu Beginn des 4. Jahrtausends vor Christi Geburt über eine Zeichenschrift. Die Schrift öffnete sowohl der Propaganda wie der Wirtschaftswerbung neue Wege.

Da aber die Handels- und Gewerbetätigkeit rasch zur Selbstverständlichkeit wurden, sind uns verhältnismäßig wenige Zeugen einer ausgesprochenen Wirtschaftswerbung jener Zeit erhalten geblieben. Dagegen sind die Zeugen religiöser und politischer Propaganda schon aus der ältesten Zeit zahlreich. Triebfedern waren der Glaube einerseits

---

*) In meinem Werk über die Geschichte der Wirtschaftswerbung und der Propaganda (6000 Jahre Werbung) habe ich diese beiden Begriffe als Unterbegriffe des Oberbegriffs „Werbung" verwendet. Den Terminus „Propaganda" verwende ich ausschließlich auf politischem, religiösem und weltanschaulichem Gebiet.

und das Machtstreben andererseits, das sich im Altertum hauptsächlich von seiten des Priestertums auswirkte; denn die Priesterschaft stand meist einem völlig unwissenden Volk gegenüber, das sie dank ihrem höheren Wissen leicht beeinflussen konnte. Man denke an den ungeheuren propagandistischen Einfluß der Priesterschaft Ägyptens um 3000 vor Chr., der sich nicht nur auf religiösem, sondern auch auf politischem Gebiet auswirkte.

2. Wirtschaftswerbung und Propaganda im Fernen Osten

Der Handel des alten Chinas war bereits sehr ausgebreitet und reichte bis nach Ägypten und den Vorderen Orient. China war im Altertum die am meisten produzierende Nation der Erde, die nicht nur Seide, sondern auch Werkzeuge aus Eisen und Stahl verkaufte. Auch chinesisches Porzellan wurde exportiert und gelangte bis nach Rom. Chinesischer Tee wurde dagegen erst im 16. Jahrhundert durch holländische Kaufleute nach Europa gebracht.

In Indien gab es völlig andere Verhältnisse. Dort muß vor allem auf den Buddhismus verwiesen werden, den die Brahmanen zunächst mit allen Mitteln der Propaganda bekämpften, weil er das Nirvana, das gänzliche Erlöschen und die Gleichartigkeit aller fühlenden Wesen predigte und damit auch die Auflösung der Kasten.

3. Wirtschaftswerbung im alten Europa

Wenn allgemein wenige dokumentarische Nachweise einer Wirtschaftswerbung nachgewiesen werden können, so liegt der Grund wohl darin, daß sie hauptsächlich mündlich ausgeübt wurde. Auch aus dem vorchristlichen Europa sind relativ wenige Zeugnisse einer Wirtschaftswerbung überliefert. Das rührt aber zweifellos vom Mangel an geeigneten technischen Mitteln her, denn Athen und Rom liefern uns Beweise genug, daß das Phänomen der Werbung bekannt war und ausgeübt wurde. Aristoteles hat sich ja eingehend mit der Erwerbskunst befaßt und weist darauf hin, daß es sich beim Gewinn um eine gewisse Erfahrung und Kunst handle, die mit steigender Routine auch mit steigendem Raffinement betrieben werden könne. Messen, Märkte, Ausrufer und Marktschreier kannte man so gut wie heute. In Griechenland gab es bereits 100 Jahre v. Chr. eine Heilmittelwerbung, und auch die Kurpfuscher fehlten nicht.

Nach der Gründung Roms führte die Entwicklung vom Ackerbauvolk bis zum weltbeherrschenden Imperium über endlose politische Kämpfe, und die römische Literatur vermittelt zahlreiche Beispiele politischer Propaganda. Mit ihrem Handel auf allen Meeren, der die ganze damals bekannte Welt umfaßte, übernahmen die Römer außerdem das Erbe der Phönikier und Griechen. Ihnen taten es die Karthager gleich. Wie die Griechen kannten die Römer Messen und Märkte, die ein überaus vielfältiges Bild der eigenen und importierten Waren boten. Ebenso lebhaft war bereits die Wirtschaftswerbung, die uns noch heute in Relieftafeln, Mauerankündigungen, Schildern und Malereien überliefert ist. Ausrufer, Handelsvertreter kannte man ebensogut wie Firmennamen, und in den Tavernen die festliche Beleuchtung als Zugmittel zur Einkehr. Und dann gab es etwas Neues, Sensationelles: das Papier, das aus Alexandrien eingeführt wurde. In erster Linie profitierte davon die Politik, die ihre Wahlaufrufe und Kundgebungen nun in größeren Auflagen schreiben lassen konnte. Sie wurden daneben in großen roten Buchstaben an die Hausmauern geschrieben, ein System, das noch heute in der Wirtschaftswerbung angewendet wird. Ferner gab es Werbung für athletische Spiele, Schaustellungen, Theater, Fechterspiele und Tierbändiger. Die römischen Beispiele sind überaus zahlreich, ganz abgesehen von den Zirkusspielen, welche die Cäsaren und hohe Politiker veranstalteten, und die ausschließlich der Propaganda, der Erhaltung der Macht und dem Buhlen um die Volksgunst dienten. Man kennt aus der römischen Zeit auch bereits Anfänge der Fremdenverkehrswerbung.

4. Das Christentum beginnt zu wirken

In dieser Zeit entstand das Christentum, das hinsichtlich der Propaganda eine ganz besondere Rolle spielte. Es kennzeichnet sozusagen die Weltgeschichte der letzten 2000 Jahre, und das Pro und Kontra hat noch immer kein Ende gefunden. Noch immer ist das Christentum voller Lebenskraft, und in manchen Staaten ist die Kirche auch jetzt mächtiger als die Staatsgewalt. Christus war sich seiner Weltmission bewußt und wies seine Jünger an: „Gehet hin und lehret alle Völker!"; er hat demnach seine Jünger für ihre Mission in der Welt geschult. Schließlich ging mit Paulus der religiöse Kampf auf das römische Reich über, und erst von dort aus hat das Christentum seine Welteroberung vollzogen. Jene Zeit des erstarkenden Christentums hat eine mannigfache Streitliteratur hervorgebracht, weil die energische christliche Propaganda geradezu zu einer Auseinandersetzung mit der religiösen und philosophischen Gedankenwelt des Heidentums zwang.

Das 4. Jahrhundert brachte dann die Alleinherrschaft der Kirche. Theodosius erließ das programmatische Gesetz, in welchem das katholische Bekenntnis zur Reichsreligion erhoben und alle Abweichungen als strafbare Ketzerei erklärt wurden. Zur Popaganda gesellte sich nun der Zwang, denn dem Menschen blieb nur mehr die Wahl zwischen dem Dogma und dem Scheiterhaufen.

5. Kampf um die weltliche Macht

Während das römische Reich zerfiel, die östliche und westliche Kirche sich trennten, die Germanen für das Christentum gewonnen wurden, erstand das Königreich der Ostgoten in Italien. Der römische Stuhl, längst Träger des kirchlichen Primats im Westen, wurde nun auch Erbe des Reichsgedankens. Gregor I. gelang es dann, die kirchliche Herrschaft völlig zu festigen. Er intensivierte die Propaganda und eroberte England, nachdem schon die Langobarden und die Franken für den Katholizismus gewonnen waren. Im heraufsteigenden Mittelalter begann der gigantische Kampf: Augustins „De Civitate Dei" begründete die Herrschaft Christi als gleichbedeutend mit der Herrschaft der sichtbaren Kirche, d. h. des Klerus, der wegen seines priesterlichen und geistlichen Charakters den Vorrang vor allem Weltlichen beanspruchte. An die Stelle des schwachen und unfähigen Kaisertums trat die Macht des Papsttums. Sie wurde unter Gregor VII. und Innozenz III. durch eine eifrige und weitverzweigte Propaganda intensiv untermauert.

Der Propagandakampf der damaligen Zeit war gespickt mit groben, gemeinen und lächerlichen Behauptungen. An Verunglimpfung des Gegners, an der Entstellung von Tatsachen leisteten beide Teile das Menschenmögliche. Es wird sozusagen das ganze Feld des Kirchenrechts durchgepflügt, am tiefsten aber die Stellen, wo Geistliches und Weltliches sich berühren. Unter den Streitschriften fehlte natürlich das Genre der modernen Flugschrift noch ganz. Am häufigsten begegnet man der Form theologischer Abhandlungen, daneben der Form des Briefes. Die Zahl der überlieferten Streitschriften ist groß: 115 sind bekannt, wovon 65 von der gregorianischen und 50 von der antigregorianischen Partei stammen. Wie die Päpste, haben sich auch die Könige an der Politik beteiligt. Ja, der Kampf zwischen Kaiser und Papst gehört geradezu zu den klassischen Beispielen der damaligen Propaganda. Damals wurde der Begriff der Volkssouveränität in einer „Defensor pacis" betitelten Schrift geschaffen, der sich bis in unsere Zeit gehalten hat. Zielte sie damals auf die Vernichtung der päpstlichen und religiösen Vorherrschaft ab, wurde sie nach und nach zu einem Politicum erster Ordnung, welches zum Ursprung der großen sozialen Umwälzungen der letzten Jahrhunderte führte. Mit ihm werden die Namen Marsilius von Padua, Johannes von Jandun und Johann von Paris ewig verbunden sein.

6. Die Kreuzzugspropaganda

Eine gewisse Atempause trat ein, als die intensive Kreuzzugspropaganda anhob. Schon 1073 hatte Gregor VII. einen Zug gegen Osten erwogen. Papst Urban II. gelang es dann, die Massen in flammende Begeisterung zu versetzen. Sicher haben Abenteuerlust, Gewinnsucht und andere Beweggründe bei der Verwirklichung des für die damalige Zeit gigantischen Unternehmens mitgespielt. Andererseits hat die Eroberungslust der Normannen, der Verbündeten des Papstes, dem Unternehmen starken Auftrieb geliehen. Mitgespielt haben zweifellos der Weltherrschaftsanspruch der Päpste und die Rivalität zwischen Christentum und Islam.

Papst Hadrian IV. und Alexander III. bedienten sich in zahlreichen Fällen einer Art „Direktwerbung", wie sie mit den heutigen technischen Mitteln viel angewandt wird, indem sie Briefe mit geringen textlichen Änderungen an besondere Adressen versandten. Ihrer bediente sich auch Honorius III. in vermehrtem Maße; er ließ alle Register der damaligen Propaganda spielen und vervollkommnete sie nach Möglichkeit. Ihr diente natürlich auch die Predigt. Die Propagandaaktionen erstreckten sich vom 11. Jahrhundert bis ins 13. Jahrhundert. Sie erwiesen, wie eine Idee durch das Mittel ihrer Propaganda selbst auf einem ihr völlig fremden Gebiet schöpferisch und fördernd wirken und dabei Leistungen zu vollbringen vermag, die — unscheinbar und unbeachtet in ihren Anfängen — an Lebensdauer und Bedeutsamkeit dem unmittelbar erstrebten Ziel der Propaganda nicht nachzustehen braucht, sondern es sogar übertreffen kann.

7. Mittelalterliche Wirtschaftswerbung

Trotz der primitiven Mittel, welche der Wirtschaftswerbung im Mittelalter zur Verfügung standen, erfreute sich der Handel intensiver Blüte. Die römischen Straßen und Brücken wurden in gutem Zustand erhalten, und zwar keineswegs nur aus militärischen Gründen. Die Häfen wurden ausgebaut und pflegten Verbindungen zu rund 100 Häfen in Ost und West.

Daß sich die Wirtschaftswerbung damals nicht entwickeln konnte, ist nur zu verständlich, wenn auch Ursprungs- und Firmenzeichen, Schilder und Abzeichen noch aus der römischen Zeit bekannt waren, ebenso wie die Direktwerbung, Reisetechnik und persönliche Bearbeitung des Kunden. Das Schwergewicht lag logischerweise auf dem Wort: Ausrufer spielten eine große Rolle, ihr „reclamare" ist denn auch zu dem geworden, was wir heute als „Reklame" bezeichnen. Im Mittelalter gehörten unter diese Rubrik die Herolde, die beruflichen Nachrichtenvermittler, die mit der Trommel oder der Trompete die Aufmerksamkeit auf sich zogen, die Ausrufer oder Ausschreier auf den Märkten, also die Marktschreier, die sich in nichts von den römischen, bezahlten Lobpreisern unterscheiden, die im Dienste der politischen Propaganda arbeiteten. Zuweilen bedienten sich diese Leute auch einer Glocke. Zu dieser Gilde gehören auch die „Clamatores vini", die es schon vor Christi Geburt gab, und die in Frankreich in einem Edikt des Königs Philipp August 1220 und später im Register „de la taille" im Jahre 1292 als „crieurs de vin" erwähnt werden. Sie vereinigten sich sogar wie andere Ausrufer in einer Zunft. Im Jahre

1415 ordnete Karl VI. an, daß sie auch Öl, Zwiebeln, Erbsen und Bohnen sowie zahlreiche andere Bodenerzeugnisse auszurufen hätten, nicht dagegen Holz und Heu. Sie wurden ferner zur Ausrufung von Todesanzeigen, Verlustmeldungen und dergleichen angehalten. Zu den „Clamatores" sind auch die zahlreichen fliegenden Händler und Hausierer zu zählen, welche von altersher die Städte und Dörfer durchzogen. Es gab auch Ausrufer vor den Läden. Man begegnet diesen Ausrufern bisweilen noch heute in ländlichen Gegenden, wo sie amtliche Bekanntmachungen vermitteln.

Neben diesen Stimmgewaltigen gab es auch schon Plakatschreiber und den Maueranschlag. Dafür wurden von geschäftsmäßigen Schriftenmalern, den Vorläufern unserer Graphiker, vornehmlich an Hausmauern, aber auch auf wieder benutzbaren Tafeln Angebote und Bekanntmachungen geschrieben, ein System, das heute noch verwendet wird. Dazu kamen die Schreiber, die sich berufsmäßig mit dem Abschreiben von Handschriften, von Verlagskatalogen, befaßten, nachdem das Papier im Mittelalter endlich Europa erreicht hatte. Um 1260 wurde in Spanien Papier hergestellt und nach Sizilien und Frankreich exportiert, während Italien begann, Papier aus der Levante zu beziehen. Aber noch 1236 wurde in Padua verfügt, daß auf Papier geschriebene Dokumente nicht rechtskräftig seien. Erst 1264 begannen italienische Kreuzfahrer und arabische Gefangene in der Nähe von Ancona mit der Papierfabrikation. Fabriano, der Ort bei Ancona, hatte dann zirka 40 Jahre lang das Monopol in Italien inne. Jahrzehnte später, nach 1400, entstand die erste Papierfabrik in Deutschland, betrieben durch italienische Arbeiter. Bisher war es für die Wirtschaftswerbung hinderlich gewesen, daß die kirchliche und politische Propaganda sozusagen das ganze Schreibmaterial für sich in Anspruch nahm. Jetzt änderte sich die Situation und je mehr das Papier Eingang fand, um so mehr änderte sich auch die Voraussetzung für die Werbung.

8. Weltweite Ausbreitung des Handels und der Werbung

Im Gefolge der Kreuzzüge bildeten sich neue Stapelplätze an den Küsten Palästinas, Kleinasiens und auf den Ägäischen Inseln. Welche riesigen Vermögen sich damals ansammelten, namentlich in Pisa, in Genua, in Venedig, in der Provence, in Florenz, Augsburg, Lissabon, Antwerpen usw. erfährt man, wenn man sich mit den Handelsfürsten der Renaissance befaßt. Sie sind uns ein Beweis dafür, in welch enormem Maße – trotz des Mangels an besseren Werbemitteln als Wort und Schrift – der Handel sich bereits entwickelt hatte. Immerhin entstand – als Vorläufer des Plakates und der Fabrikzeichen – das Handwerks- und Zunftzeichen. Nach und nach kamen auch die Ladenschilder auf, wie man sie heute noch in abgewandelter Form trifft, ebenso die Schilder der Gaststätten.

Von besonderer Bedeutung für die Wirtschaftswerbung waren die großen Messen, die oft auf die Termine kirchlicher Feste gelegt wurden. Hier kamen Käufer und Verkäufer in großer Zahl in direkten Kontakt. Die Champagne-Messen besaßen europäische Bedeutung. Schließlich aber entwickelten sich die Messen auch in den anderen Ländern zu periodischen Unternehmungen, und zwar nicht nur in Europa, sondern bis hinüber zum russischen Nowgorod.

Mit dem wirtschaftlichen Aufschwung im 14. und 15. Jahrhundert und der Bevölkerungszunahme entwickelte sich auch die Wirtschaftswerbung in stärkerem Maße, indem Namenszüge, Wappen und andere Embleme in Gitterwerk und Türbeschlägen angebracht wurden. Viele Branchen legten sich besondere Geschäftszeichen zu, die auffällig in plastischer Form am Hause befestigt wurden. In England wurden solche Zeichen unter

Heinrich III. als obligatorisch erklärt. Mit der Zeit wurden diese Schilder und Tafeln usw. nach künstlerischen, z. T. sehr kostbaren Entwürfen angefertigt.

9. Das Wunder des Buchdrucks

Zu Beginn des 15. Jahrhunderts ereignete sich ein „Wunder", das der Entwicklung der Werbung einen neuen Aufschwung verlieh: Johannes Gutenberg erfand in den Jahren zwischen 1439 und 1444 die Buchdruckerkunst. Der Buchdruck beeinflußte die Entwicklung und Geschichte aller späteren Jahrhunderte aufs tiefste. Für die Werbung bedeutete dieser sensationelle Zuwachs an Werbemitteln neben Wort und Handschrift einen kaum abzuschätzenden Vorteil; denn mit dem Buchdruck kam nicht nur eine rasche Herstellung der Drucksachen, sondern auch eine nahezu grenzenlose Streuung zustande. Das war für die Religion ebenso bedeutsam wie für die Politik und die Wirtschaftswerbung. Gutenberg eroberte mit seinen 24 Buchstaben die Welt. Das erste politische Propagandadruckwerk ist Gutenbergs Astronomischer Kalender, der in Versen die Stände des deutschen Reiches zum Kampf gegen die Türken aufrief und daher auch „Türkenkalender" genannt wurde. Um 1461 wurden in Mainz während einer Bischofsfehde die ersten Flugblätter und Plakate für beide Parteien gedruckt. Von da an schossen die Buchdruckereien überall aus dem Boden, in Köln, Basel, Rom, Augsburg, wo auch die erste Klosterdruckerei entstand. Es folgten Pilsen, Venedig, Straßburg, wo der erste gedruckte Buchprospekt erschien, dem bald darauf in Mainz das erste große Verlagsverzeichnis folgte. Für die Kurie wurde im Auftrag des Papstes Pius II. eine Kreuzzugs-Bulle gedruckt. Auf die Initiative der Pariser Sorbonne errichteten deutsche Buchdrucker auch dort eine Offizin. Es waren übrigens fast ausschließlich Deutsche, die Buchdruckereien in allen Ländern des Kontinents errichteten. Daß dieses massenhafte Erscheinen von Druckereien auch seine Schattenseiten durch eine scharfe Konkurrenz mit sich brachte, beweist der erste Buchdruckerstreik im Jahre 1471 in der Schweizer Stadt Basel.

Um 1500 erschien der erste Stadtplan aus der Vogelschau von Venedig, der — wäre er nicht drei Quadratmeter groß — als gedruckter Vorläufer der Fremdenverkehrswerbung angesprochen werden könnte. Bis zur Jahrhundertwende bestanden an 200 Orten bereits mehr als 1100 Buchdruckereien. Insgesamt waren bis zum Jahre 1500 rund 36 000 Verlagswerke erschienen. Die Zahl der gedruckten Exemplare wird auf 12 Millionen geschätzt. Es kann nicht verwundern, daß die geistigen Kämpfe nun mit weit größerer Schärfe ausgetragen wurden. Dank der Möglichkeit der Großauflage von Schriftsätzen, Streitschriften und Flugblättern zog die Publikation nun bald die ganze Welt in Mitleidenschaft, um so mehr als in allen Nationalsprachen gedruckt werden konnte.

Daß sich die Verleger in erster Linie dieses neuen Werbemediums bedienten, liegt auf der Hand. Ihnen gesellten sich jedoch bald die finsteren Gesellen aus dem Stande der Quacksalber mit ihren vorgeblich alle Krankheiten heilenden Mitteln zu. Ihnen schlossen sich bald auch die Zahnausreißer, Alchimisten und all das fahrende Volk an, das an die Leichtgläubigkeit der Bevölkerung appellierte. Eine zeitungsähnliche Publikation, die „New Zeytung von Orient und Auffgange" erschien bereits 1502. Im Jahre 1507 konnte der Augsburger Wagner bereits ein Muster von 100 verschiedenen Schriften vorlegen.

10. Die Reformation und die Propaganda

Seit dem Abschluß der konziliaren Ära war das Papsttum wieder erstarkt, und sowohl in der Bulle „Execrabilis" von 1460 wie mit planvoller Propaganda hatte es den Boden vorbereitet, der schließlich zu Konkordaten mit den Landesfürsten führte. Damals entstand ferner eine umfangreiche Flugschriftenliteratur, voll von Volkswitz: Reineke Fuchs und Till Eulenspiegel sind Produkte jener Periode. In der gelehrten Literatur war Erasmus von Rotterdam die führende Persönlichkeit der Opposition. Dann erschienen Luthers Thesen, die alsbald die halbe Christenheit durchliefen.

Sehr interessant sind die Zeugen der damaligen Graphik, die man auch heute noch als witzig und bissig bezeichnen darf. Eck, welcher mit der Bulle „Exsurge domini" als päpstlicher Pronotar und Nuntius nach Deutschland reiste, bezeichnete 41 Sätze aus lutherischen Schriften als falsch, anstößig und ketzerisch. Luther bekam eine Frist von 60 Tagen zum Widerruf. Aber die Bulle bereitete erst recht den Abfall vor und rüttelte die Antipathie gegen Rom wach. Inzwischen hatte auch die Streitschrift „Eckius dedolatus" diesen geradezu zur komischen Figur gemacht, da die Druckerpresse die massenhafte Verbreitung gestattete. Eingezogene oder verbrannte Schriften Luthers wurden sofort wieder nachgedruckt.

Neben dem gesprochenen Wort diente damals die Druckerpresse in ungeahntem Maße als Propagandamedium. Die Zahl der Flugschriften stieg ständig an; sie sprachen eine gemeinverständliche Sprache. Luther selbst war ein hervorragender Propagandist, der alle damals bekannten Register zu ziehen wußte. Die beste Propaganda Luthers war seine Bibelübersetzung; sie wirkte am tiefsten.

Nicht unerwähnt darf in diesem Zusammenhang die Gründung der päpstlichen „Sancta Congregatio de Propaganda Fide" bleiben, ein Institut, das noch heute der Verbreitung des Glaubens dient, das jedoch sofort nach seiner Gründung im Jahre 1622 mit großen Geldmitteln ausgerüstet, seine Wirksamkeit über die ganze Welt ausbreitete. Es war Papst Gregor XV., der die Gründung dieser Aktion mit der Bulle „Inscrutabili Divinae Providentiae" verfügte.

11. Die Aufklärung und ihre Folgen

Infolge der Erfindung Gutenbergs und des überraschend schnellen Anwachsens der Zahl der Buchdruckereien ergoß sich ein ungeheurer Bücherstrom über die Welt. Erste Buchlisten um 1500 weisen schon einige hundert Publikationen auf. So gesehen sind die Buchdrucker und Buchhändler die ersten im Kreise der Wirtschaft, die sich der gedruckten Werbung bedienten. Dann folgten die Information und die Politik mit den ersten Zeitungen. Anstoß gab das Bedürfnis nach Orientierung. In England haben Anno 1611 zwei Engländer ein „Public Register for General Commerce" gegründet; aber im Grunde war der erste der Franzose Renaudot, ein Arzt, der 1631 die „Gazette de France" gründete und darin Inserate aufnam. Allerdings stammen die ersten erhaltenen Jahrgänge regelmäßiger deutscher Zeitungen schon aus dem Jahre 1609.

Zu Beginn des 18. Jahrhunderts gründete Peter der Große in Rußland die erste Zeitung, die er sogar selbst redigierte. In Japan war damals das Lesen europäischer Bücher bei Todesstrafe verboten. 20 Jahre nachdem der Mikado dieses Gesetz aufgehoben hatte, tat Friedrich der Große, der vorher vor scharfer Zensur nicht zurückgeschreckt war, den berühmten, einsichtigen Ausspruch, daß die „Gazetten, wenn sie interessant sein sollen, nicht geniert werden dürften", was Friedrich II. allerdings nicht davon abhielt, weiterhin eine strenge Zensur auszuüben. Nicht viel aufgeklärter war man in Frankreich, wo das Parlament zehn Jahre später Rousseaus Roman „Emile" als gottlos erklärte und verbrennen ließ. Und nochmals zehn Jahre später erhielt Friedrich Schiller nach Erscheinen seiner „Räuber" den herzoglichen Befehl, nichts mehr anderes zu schreiben als medizinische Arbeiten.

12. Technische Entwicklung und Werbung

Trotzdem machte die technische Entwicklung Fortschritte über Fortschritte: 1711 unternahm ein deutscher Buchdrucker in Rom die ersten Versuche mit dem Dreifarbendruck; ein Arzt in Halle entdeckte die Lichtempfindlichkeit des Silbernitrats und hatte damit das erste photographische Verfahren erfunden. Noch vor dem Jahrhundertende erfand Senefelder in München den Steindruck.

Doch es dauerte sehr lange, bis sich eine ausgesprochene Wirtschaftswerbung der Buchdruckerkunst zu bedienen verstand. Lokal setzte man lieber den Ausrufer ein; es gab sogar eine besondere Literaturgattung der „Ausrufer-Bücher". Der Grund dazu ist einfach: Die Kunst des Lesens breitete sich nur langsam aus. Vorläufer der Wirtschaftswerbung — wenn auch in bescheidenem Maße — waren die Tabakfabriken, die Weinhändler und die Papierfabrikanten, allerdings erst gegen das 18. Jahrhundert. Man begann damit, daß man Fässer und Ballen der Handelsfirmen mit der Handelsmarke des Fabrikanten, des Importeurs oder des Absenders versah. Alsdann bediente man sich des Plakates, zuerst bei den Buchhändlern, dann bei den fahrenden Schaustellern und endlich beim Theater. Gewerbliche Plakate tauchten erst am Ausgang des 18. Jahrhunderts auf. Immerhin muß ein Plakat aus dem Jahre 1715 erwähnt werden, das für eine Art von „Knirps" (Parapluis et Parasoles à porter dans la poche) warb. Ganz frühe Plakate sind eines für das Kölner Schützenfest von 1501, ein Lotterieplakat von 1518 aus Rostock und ein erstes Fremdenverkehrsplakat des Hotels zu den „Drei Königen" in Basel aus dem Jahre 1754. Die Großhandelshäuser bedienten sich für ihre Werbung meist handgeschriebener und — später — gedruckter Nachrichtenblätter, unter welchen der Nachrichtendienst des Hauses Fugger in Augsburg nicht vergessen werden darf. Bald kamen die illustrierten Geschäftskarten, Etiketten usw. Nach und nach wuchs die Gilde der Gebrauchsgraphiker heran; als einen der ersten kennen wir den Engländer William Hogarth (1697–1764), dann den Italiener Giovanni Battista Cipriani (1732–1790). In Deutschland ist der Augsburger Johann Esais Nilson der erste dieses Berufs. Aus dem Ende des 16. Jahrhunderts ist die Anzeige einer Singschule, geschmückt mit dem Porträt von Hans Sachs, bekanntgeworden. Der bereits erwähnte Renaudot gründete das erste „Centre d'information et de publicité", dem er ein Adreßbuch angliederte. Dort konnte man sich gegen eine Gebühr eintragen und äußern, was man zu kaufen oder zu verkaufen wünschte. Hiervon bis zur eigentlichen gedruckten Anzeige, die bald darauf folgte, war nur ein Schritt. Im deutschen Sprachgebiet besaßen die sogenannten „Intelligenzblätter" das Monopol der Anzeigenaufnahme. Das erste erschien 1722, und 1727 erklärte sie Friedrich Wilhelm I. zu alleinigen Trägern der Anzeige dessen, was „zu verkaufen, zu vermieten oder zu verleihen war". Dieses Monopol bestand bis zur Mitte des 19. Jahrhunderts.

Die erste in England erschienene Anzeige datiert aus dem Jahre 1652 und betraf eine soeben eingetroffene Kaffeeladung, was damals noch eine Sensation war. Als 1666 ein Brand London nahezu vernichtet hatte, so daß keine Maueranschläge mehr möglich waren, übernahmen die Zeitungen die Aufgabe der Anzeigen, und der Fiskus machte ein Geschäft daraus, indem er eine Stempelsteuer für Zeitungen einführte, die seitenweise erhoben wurde; dies beeinflußte das Anwachsen des Satzspiegels erheblich. Außerdem entstanden in England, Frankreich und bald auch in Deutschland die „Adreßbücher" als wertvolle Unterlage für die Wirtschaftswerbung. Als man in Europa und Amerika noch nicht so modern dachte, wurde von der Familie Mitsui in Japan das erste Warenhaus unter der Devise „Einheitspreis und Barzahlung" eröffnet. Bei überraschendem Regen verschenkte man Regenschirme an die Kunden.

Geschichte der Werbung

Daß auch Europa die Zeichen der Zeit erkannt hatte, beweist das Erscheinen eines Buches mit Anleitungen zur Abfassung von Zeitungsanzeigen im Jahre 1802. Aber es dauerte noch lange, bis sich eine selbständige Wirtschaftswerbung zu entwickeln vermochte, denn die wirtschaftliche Entwicklung wurde von politischen Erscheinungen überschattet.

13. Die Französische Revolution

Jean-Jacques Rousseau hatte mit seinem „Contrat Social" die Freiheit des Individuums verkündet, was dazu führte, daß die Völker immer dringender auf ihr Selbstbestimmungsrecht pochten. Ursprünglich war allerdings nicht an eine gänzliche Umwälzung gedacht worden.

Auf die revolutionäre Mentalität wirkte sich zweifellos die englische Revolution und die Erhebung der amerikanischen Staaten aus. Volkstümliche Streitschriften, in der Landessprache geschrieben, wirkten sich rasch aus. Der Freiheitskampf der 13 amerikanischen Staaten von 1775 tat ein übriges, besonders da Frankreich ihn mit Schiffen und Truppen unterstützte, deren Offiziere und Mannschaften erstmals mit der republikanisch-demokratischen Idee in direkte geistige Berührung kamen. Wie wir bereits sahen, hat im Volk, vor allem in den gebildeten Kreisen, auch die Idee der Volkssouveränität nachgewirkt, nach der das Volk die Quelle aller Gesetze und der Regierungsgewalt war.

Nach dem Frieden von Versailles (1783) kehrten die Land- und Seestreitkräfte aus den USA nach Frankreich zurück, und bald ergossen sich die amerikanischen Ideen wie ein Strom über Frankreich. Dazu wurde der amerikanische Sieg in Frankreich als Sieg der Freiheit über die Tyrannei lebhaft gefeiert.

1788 gab es kaum eine größere Stadt in Frankreich, die nicht eine Zeitung gehabt hätte. Die Presse genoß zur Zeit Ludwigs XVI. eine erstaunliche Freiheit. Die Männer der Feder schrieben auch Flugschriften, in welchen Freiheit und Gleichheit gegen die Privilegien ins Feld geführt wurden. Zu den bekanntesten Propagandisten zählte der Graf Mirabeau. Es wurde z. B. ein „Catéchisme du droit naturel" herausgegeben, gleichsam ein Referentenführer, wie man sie heute noch kennt.

Diese und andere Flugschriften wurden in Massen vertrieben und dazu klare Instruktionen für die profane Bevölkerung geliefert. Eine erhebliche Rolle spielten nach und nach die Verbände der Jungen, die sich aus bürgerlichen Kreisen und aus Studenten rekrutierten.

Hatte sich die englische Presse schon seit 1640 mächtig entwickelt, so trat dieses Wachstum in Frankreich erst 150 Jahre später ein. Zu Zeiten Ludwigs XIV. hatten vier Zeitungen bestanden, neben denen geheime Blätter üppig ins Kraut schossen und sich trotz aller Verfolgung hielten. Sie beschränkten sich auf Bücheranzeigen, Theaterberichte und Skandalgeschichten. Das änderte sich radikal von 1789 an mit der Auflehnung gegen den Absolutismus und gegen die Mißwirtschaft. Flugschriften streuten massenhaft revolutionäre Propaganda unter das Volk. Die Presse wurde zur politischen Macht. Zwischen 1789 und 1793 entstanden nicht weniger als etwa tausend Journale.

14. Die Entwicklung der Werbung und die Reaktion

Die Französische Revolution ist eines der augenfälligsten Beispiele für die Macht der Propaganda, der wir im weiteren Verlauf der Weltgeschichte noch oft begegnen werden. Das Britische Museum allein besitzt aus der Zeit dieser Umwälzung eine Sammlung von 50 000 Publikationen, und die Bibliothèque Nationale in Paris eine nahezu lückenlose Sammlung.

Zweifellos haben die französischen Journalisten und Propagandisten sehr viel von ihren englischen Vorläufern gelernt. Dort gab es schon im 17. Jahrhundert eine Literatur über die Agitation und Propaganda. Eines der interessantesten Werke ist wohl die Arbeit von John Arbuthnot, der über die „Kunst der politischen Lüge" schrieb. Nach ihm ist die menschliche Seele ein ausgezeichneter Nährboden für die politische Lüge, eine Tatsache übrigens, welche wir Menschen des 20. Jahrhunderts alle Veranlassung hätten zu studieren.

Die Auswirkungen der Französischen Revolution sind außerordentlich mannigfaltig. Schon während der Revolution hatten die Revolutionäre an eine intensive Auslandpropaganda für ihre Ideen gedacht. Frankreich könne nicht ruhig sein, bis ganz Europa in Flammen stehe. Marat, Danton und Chaumette unterstützten eifrig diesen Gedanken. Es sollte ein allgemeiner Aufstand der Völker ausgelöst werden, wozu eine Armee von Agenten in allen Ländern unterhalten wurde. Es gab auch Emigranten-Zeitungen. In Paris lebten zahlreiche deutsche, belgische, holländische und schweizerische Flüchtlinge, welche den Anschluß ihrer Länder an die Revolution wünschten; sie unterhielten mit Plakaten und Flugschriften eine eifrige Propaganda in ihren Heimatländern.

Schließlich brachte es die mit englischem Geld finanzierte Propaganda dazu, daß nach den Wahlen von 1797 eine Mehrzahl der Gewählten entweder einer sehr gemäßigten Richtung angehörte oder konstitutionelle Royalisten waren. Diese hatten neue Zeitungen gegründet und mit Flugblättern, Plakaten und Flugschriften gearbeitet.

15. Napoleon Bonaparte

Napoleon Bonaparte hatte inzwischen in die Weltgeschichte eingegriffen. Er wußte das Instrument der Propaganda früh zu meistern. In seiner Jugend und als französischer Offizier beteiligte er sich eifrig an der Propaganda seiner korsischen Heimat, die 1768 von Genua an Frankreich verkauft worden war, jedoch Freiheit und Unabhängigkeit forderte. Für seine spätere Karriere waren sein ausgesprochenes Talent und sein brennendes Interesse für Propaganda von entscheidendem Wert. Er hatte feste Ansichten über die Massenpsychologie, und als Truppenführer sammelte er auf diesem Gebiet weitere Erfahrungen. Nicht umsonst war er der Abgott seiner Soldaten; denn seine zahlreichen Proklamationen und Heeresberichte zeugen davon, daß er in jeder Situation die richtigen Worte zu finden wußte, gleich, ob er sich an seine eigenen Leute oder an seine Feinde oder Besiegten wandte; sein Stil war ebenso lakonisch wie bildhaft, großzügig und treffend.

16. Der Kaiser

Napoleons propagandistische Ader wirkte sich jedoch hauptsächlich auf militärischem Gebiet aus, wie die Tagesbefehle des Generals, des Konsuls und des Kaisers es beweisen. Seine Proklamationen wurden nach einem genau überdachten Schema verbreitet; gewisse Exemplare wurden nur an die Armee abgegeben oder sogar nur an Armeeteile. Andere wandten sich an die breitere französische oder sogar europäische Öffentlichkeit, was meistens von gleichlaufenden diplomatischen Aktionen abhing. Auch die sogenannten Heeresberichte wurden sorgfältig redigiert, wie man das später von Hitlers Hauptquartier erlebte.

Im Ausland, wo keine Möglichkeit bestand, die Bulletins derart kritisch zu beurteilen, taten sie zweifellos ihre Wirkung, und sie sind offensichtlich auch an dem Jahrzehnte überdauernden Napoleon-Kult mitschuldig. Im Verlauf der seither vergangenen eineinhalb Jahrhunderte hat sich weder die Technik noch die Taktik des Verfahrens geändert, was uns die historischen Ereignisse nicht nur im 19., sondern deutlich auch im 20. Jahrhundert bis in unsere Zeit beweisen. Der kritische Sinn der Völker ist nicht schärfer geworden, obwohl die Nachrichtentechnik unwahrscheinliche Fortschritte gemacht hat. Immer und immer wieder gelingt es, ganze Völker vor Nachrichten abzuschirmen, welche den herrschenden Persönlichkeiten nicht in ihr Konzept passen.

17. Antibonapartistische Propaganda und Deutschlands Freiheitskampf

Die antibonapartistische Propaganda ging vornehmlich von England aus, regte sich aber auch bald in Deutschland. Damals erschien die berühmte Schrift „Deutschland in seiner tiefen Erniedrigung", die rasche Verbreitung fand und die dem Nürnberger Verleger Johann Philipp Palm das Leben kostete, weil er den Namen des bis heute unbekannt gebliebenen Autors nicht preisgab. Die Schrift war nicht nur gegen Napoleon gerichtet, sondern kritisierte auch die Errungenschaften der Französischen Revolution.

Als schließlich 1813 der König von Preußen den Aufruf „An mein Volk" erließ, enstand eine Flut vaterländischer Dichtung, die sich propagandistisch auswirkte. Theodor Körners „Leier und Schwert" machte tiefen Eindruck, und nach dem Abzug der Franzosen aus Berlin gründete Kotzebue das „Russisch-deutsche Volksblatt"; es erschien die „Preußische Korrespondenz" (Schleiermacher), und in Sachsen begann F. A. Brockhaus mit der Herausgabe der „Deutschen Blätter". Flugschriften und Bilderbogen riefen zum Befreiungskampf auf.

18. Die industrielle Revolution

Gleich wie die Französische Revolution wirkte sich auch die industrielle Revolution an der Wende des 18./19. Jahrhunderts als weltweite Umgestalterin der bisherigen Lebensverhältnisse und Anschauungen aus. Sie leitete ein neues Zeitalter ein. Merkwürdig ist nur, daß sich diese riesige Entwicklung weniger auf die Wirtschaftswerbung auswirkte als auf die Propaganda — wenn wir von den amerikanischen Beispielen absehen wollen. Angesichts der unglaublichen sozialen Verhältnisse kann es nicht wundern, daß damals sozialistische Lehren entstanden, welche Proudhon, Saint-Simon, Blanqui, Fourier, Comte, Leroux, Louise Michel, Codwin, Owen, Cabet, Beslay, Arnould, Lefrancais und schließlich Marx verkündeten. Sie ergossen sich mit einer ungeheuren Welle von Propaganda über die Welt und stellten eine leidenschaftliche Auflehnung gegen die Proletarisierung dar.

In Deutschland blieb die Macht der Zünfte bis kurz vor der Reichsgründung bestehen und übte ihren einschränkenden Einfluß aus. Eine gewisse Änderung trat zögernd ein, als die Schnellpresse, schließlich die Rotationsmaschine und die Setzmaschine erfunden wurden und die Chemigraphie große Fortschritte machte.

19. Erste Schritte moderner Wirtschaftswerbung

Das Verdienst, die moderne Wirtschaftswerbung populär gemacht zu haben, gehört den Amerikanern, obwohl auch einige Beispiele aus Europa, namentlich aus Frankreich, davon künden. In Europa blieb man noch lange im Hintertreffen, da das Publikum allzu leicht geneigt war, die Begriffe Werbung oder Reklame für unmoralisch zu halten. In Amerika investierte dagegen einer der Pioniere der modernen Werbung, Phileas Taylor Barnum, für sein Zirkusunternehmen schon im Jahre 1886 für Plakate, Inserate, Adreßkarten und Illustrationen die damals ungeheure Summe von mehr als 6 Millionen Mark. Merkwürdigerweise haben auch die amerikanischen Zeitungen viel zu spät bemerkt, wie einträglich Inserate sind. Die Penny-Press enstand ohne jede Rücksicht auf Inserate.

Erst in den sechziger Jahren des 19. Jahrhunderts begann die große Ausdehnung des Inseratenwesens, während Ferdinand Lassalle in Deutschland noch 1863 gegen das Inseratenwesen wetterte. Auch Heinrich von Treitschke bekämpfte es, während Werner Sombart die Werbung kurzerhand als ein Ärgernis und Gustav Schmoller sie als eine unlautere Kunst bezeichnete. In Amerika kannte man dagegen schon lange das Zugabewesen, die Wettbewerbe und die Sandwich-Men. Auch die Verpackungsindustrie entwickelte sich rasch, und die Werbung der Quacksalber und Heilmittelfabrikanten wurde zu einer Seuche.

Die Fremdenverkehrswerbung setzte in Europa, namentlich in der Schweiz, um die Mitte des 19. Jahrhunderts ein. Bad Ragaz gab schon 1863 ein Fremdenblatt heraus; ihm folgte 1869 der Vierwaldstätter See. Wir haben gesehen, wie die Buchhändler sich schon früh der Werbung bedienten; ihnen folgten die Hersteller von Heilmitteln und Nahrungs- und Genußmitteln, dann die Hersteller neuer Handwerks- und Industrieerzeugnisse, wie Fernrohre. Haarwässer und Perücken, später die Lebens- und Unfallversicherungen und die Eisenbahn- und Schiffahrtsgesellschaften.

20. Revolutionäre Nachwirkungen

Die Französische Revolution hatte in der Welt außerordentliche Nachwirkungen. Die Revolutionäre in Südamerika huldigten den Ideen Jean Jacques Rousseaus und trieben eifrige Propaganda für die Vertreibung der Spanier.

Auf dem europäischen Kontinent kam es zuerst zu Bauernunruhen in Sachsen, dann – wenn auch zaghaft – in Polen. Trotz der Reaktion der Fürsten blieb in den Völkern das Gedankengut der Französischen Revolution haften. Die philhellenische Propaganda erfaßte ganz Westeuropa, so daß schließlich 1826 mit internationaler Hilfe ein unabhängiges Griechenland erstand. Auch in Spanien, Portugal, in Italien und Frankreich war die revolutionäre Propaganda rege. Sie führte in Frankreich 1830 zur Juli-Revolution und zum Sturz Karls X. und damit zum erneuten Sieg der Volkssouveränität.

In Deutschland wurde die Revolution von 1848 zum Höhepunkt der liberalen deutschen und bürgerlichen Bewegung des 19. Jahrhunderts. Deutschland bestand seit 1815 aus 39 souveränen Staaten, war rückständig und reaktionär und stand unter einer engherzigen Zensur. Die nationale Propaganda ging fast ausschließlich von den Universitäten aus. Doch der Gedanke an eine konstitutionelle Monarchie galt als extrem und revolutionär. Nach dem Tode Friedrich Wilhelms III. von Preußen wurde die freiheitliche Propaganda erheblich intensiviert, wenn auch die Autoren gewisser Bücher und Schriften, ihre Verleger und Buchdrucker bestraft wurden, wenn man ihrer habhaft wurde.

In Deutschland kam es aber nie zu einem revolutionären Feuer wie 1789 in Frankreich. Nur wenige revolutionäre Blätter konnten sich über die Revolutionszeit halten. Ihnen stand von Anfang an eine gut fundierte konservative Presse gegenüber.

1831 entstand der erste deutsche Pressedienst. Ein Jahr später wurde in Frankreich die „Correspondance Garnier" von einem deutschen Emigranten gegründet, aus der in Verbindung mit einem anderen Pressedienst schließlich die „Agence Havas" hervorgegangen ist. 1858 entstand in Paris die bald nach London übergesiedelte „Agence Reuter", die von dort aus mit dem Büro Wolff in Berlin zusammenarbeitete. Bald entwickelte sich auch die Verbindung der europäischen Agenturen mit den nordamerikanischen „Associated Press". Schließlich überspannte das Netz der Agenturen die ganze Welt. Damit wuchs die propagandistische Bedeutung der Presse. Infolge des Ausbaues der Eisenbahnen dehnte sich der Streubereich der Zeitungen aus. Damals enstanden der „Waschzettel" als Informationsgrundlage und die politische Lüge als Kampfmittel.

21. Der Sozialismus

Auch die Geschichte des amerikanischen Bürgerkrieges 1861–1865 und die damals gegen die Sklaverei ausgelöste Propaganda gehören in die Geschichte der Werbung. Sie war echt amerikanisch. In dieser Zeit schrieb Harriet Beecher Stove ihr berühmtes Buch „Onkel Toms Hütte", das in der ganzen Welt einen ungeheuren Widerhall auslöste. Auch die Geburt des Marxismus mit der Idee einer besseren sozialen Stellung des arbeitenden Volkes fand mit den Theorien von Karl Marx konkrete Gestalt; „Proletarier aller Länder vereinigt euch!" erwies sich als ungeheuer wirksamer Propagandaruf, der den Arbeitermassen eine allgemeine Menschenverbrüderung verhieß.

Aber das Ende des 19. Jahrhunderts brachte nicht den Sieg des Sozialismus, sondern den Liberalismus. Damit war der Gedanke der Volkssouveränität zur Grundlage aller Politik geworden.

Immerhin war der 1847 in London gegründete „Bund der Kommunisten" eine reine Propagandaorganisation, welche der Ausbreitung der sozialistisch-kommunistischen Lehren über alle erreichbaren Länder diente.

22. Der Anbruch des 20. Jahrhunderts

Zu Beginn des 20. Jahrhunderts hätte man glauben können, es bräche eine friedliche Zeit an. Der Eisenbahnverkehr nahm stürmisch zu, das Telefon war erfunden, ferner der drahtlose Nachrichtenverkehr, und auf dem Gebiet der Presse ging es rasant vorwärts.

Es gehört zu den Merkwürdigkeiten der Propaganda, daß man sich in Deutschland im bedrohlichen Augenblick nach den Schüssen von Sarajewo nur an das eigene Volk wandte, das seiner Führung geduldig folgte. Von Außenpropaganda, die in solchen Zeiten dringende Notwendigkeit ist, hatte man in offiziellen Kreisen keine Ahnung.

Frankreich, obwohl ebenfalls nicht auf Kriegspropaganda ausgerichtet, hatte den großen Vorteil, über die zahlreichen Vereine der „Alliance Française" verfügen zu können. Es konnte deshalb das „Bulletin de l'Alliance Française" sofort in Dienst nehmen. Dieses Bulletin erschien bald in verschiedenen Sprachen, während die Pariser Handelskammer die sehr geschickt redigierten „Documents de la Grande Guerre" herausgab. Noch kurz vor dem Zusammenbruch Deutschlands gründete Clémenceau das „Commissariat de l'Information et de la Propagande". Die französische Propaganda hat – in den Endphasen von der englischen unterstützt – sehr viel geleistet.

23. Die moderne Wirtschaftswerbung

Es sind kaum 50 Jahre her, seit der Berliner Nationalökonom Werner Sombart einen heftigen Angriff auf die damals aufkommende Wirtschaftswerbung in Deutschland richtete, der er Geschmacklosigkeit, Schwatzhaftigkeit und Zudringlichkeit vorwarf. Sein ebenso berühmter Kollege Gustav Schmoller sah in ihr hauptsächlich Betrug, Schwindelei und Belügen des Publikums, auf dessen Dummheit und Leichtgläubigkeit sie spekuliere.

Zu jenem Zeitpunkt war die Werbung in den Vereinigten Staaten bereits seit mehr als 80 Jahren eine Selbstverständlichkeit und wurde mit großem Können und immer originelleren Ideen betrieben. Auch in Frankreich und England hatte sie sich weitgehend entwickelt, obwohl sie bis weit in die zwanziger Jahre mit den herkömmlichen, allerdings vervollkommneten Mitteln des Buchdrucks, der Lithographie, schließlich des Tiefdrucks und Offsetdrucks arbeiten mußte.

Dann gesellte sich zu den Massenmedien des Buchdrucks der R u n d f u n k , der bald eine außerordentliche Rolle in der Beeinflussung und Information der Massen spielte, da die Zahl der Hörer auf der ganzen Welt lawinenhaft anwuchs. Und die Zahlen steigen weiterhin, obschon inzwischen ein neues Phänomen die Welt erobert hat: das F e r n s e h e n als das verlängerte Auge des Menschen, das sich für die Wirtschaftswerbung als außerordentlich geeignet erwiesen hat, weil es außer der Sprache auch das Sehen vermittelt, was angesichts der optischen Wirkung einer Werbung von außerordentlicher Bedeutung ist. Dann kam 1945 ein englischer Schriftsteller in einem Zukunftsroman auf die Idee, N a c h r i c h t e n s a t e l l i t e n zu schaffen, die heute die Erde umkreisen. Nach vielen Versuchen gelang nicht nur die Übermittlung von Radio- und Fernsehsendungen, sondern auch ihre Speicherung, so daß sie auf Abruf gesendet werden können. Je mehr Nachrichtenanstalten mit ihren Hilfsmitteln vorhanden sind, desto genauer und wahrhaftiger wird das Bild der Welt. Mit ihrer Hilfe kann auch die Werbung zu Freiheit und Wahrhaftigkeit beitragen. Das ist bei allem wirtschaftlichem Wettkampf, der mit zunehmender Schärfe ausgetragen wird, das oberste Gebot. Darüber hinaus ist die P s y c h o l o g i e zu einem wichtigen Hilfsmittel der Werbung geworden, die sich mit der Zeit zu einer Wissenschaft von der Beeinflussung des Menschen entwickelt hat, der heute auch an den Hochschulen viel Raum gegeben worden ist.

Daß sie sich in Mitteleuropa so langsam entwickelte, geht unter anderem aus dem Mißtrauen hervor, das man ihr – lange Zeit zu Recht – entgegengebracht hat, bis sie sich der Wirtschaft mit der technischen und industriellen Entwicklung von selbst aufdrängte. Dabei dürfen wir die Einflüsse der beiden Weltkriege nicht vergessen, die auf dem technischen und taktisch-strategischen Gebiet außerordentliche Anregungen gegeben haben. Heute beschäftigt die Werbebranche Tausende von Mitarbeitern. Eine reiche Literatur befaßt sich mit der Werbung und ihren Erscheinungsformen. In allen zivilisierten Ländern gibt es Fachzeitschriften über Werbung und die mit ihr zusammenhängenden Gebiete. Sie ist eines der faszinierendsten Gebiete menschlicher Betätigung, weil sie sich mit der Beeinflussung des Menschen auf dem Gebiet der Politik, der Religion, der Weltanschauung und im Bereich der Wirtschaft befaßt. Gerade darum lastet auf den Werbetätigen eine moralische Verantwortung, deren sich nicht alle bewußt sind. Auf dem wirtschaftlichen Gebiet haben die Bestrebungen zur Förderung der Lauterkeit in der Werbung Aussicht auf Erfolg. Im religiösen und politischen Bereich dagegen scheint es aussichtslos zu sein, der Propaganda vernünftige Grenzen zu setzen. Der Besessene, der Fanatiker, geht unbeirrt den Weg auf sein Ziel, das wahrhaftig oder lügenhaft sein kann; dies hat der Gang der Weltgeschichte tausendfach bewiesen. Heute dürfte genügend bekannt sein, welche ungeheure Macht die Werbung auf allen Wirkungsgebieten ausübt, so daß die Wissenschaft alle Veranlassung hat, sich sehr ernsthaft mit ihr auseinanderzusetzen.

Literatur:

Buchli, Hanns: 6000 Jahre Werbung, Geschichte der Wirtschaftswerbung und der Propaganda, 4 Bände, Berlin 1962 (Bd. 1 und 2), 1966 (Bd. 3), 1969 (Bd. 4).

Hundhausen, Carl: Wesen und Formen der Werbung, Essen 1954.

Leithäuser, Joachim: Die zweite Schöpfung der Welt, München 1957.

Paneth, Erwin: Entwicklung der Reklame vom Altertum bis zur Gegenwart, München und Berlin 1926.

Heutige Bedeutung der Werbung

Von Prof. Dr. Dr. Max Kjær-Hansen,
Kopenhagen/Dänemark

I. Ausgangspunkte für eine Beurteilung des Wesens der Werbung

Wenn es darum geht, die Bedeutung der Werbung zu untersuchen und zu würdigen, mögen ihre Placierung, ihre Aufgaben und Anwendung in spezifischen Zusammenhängen den Ausgangspunkt bilden, denn die Bedeutung der Werbung wird vom Werbezeitpunkt sowie vom Werbeträger bestimmt und hängt von der allgemeinen Wirtschaftsstruktur, von den Erwerbsverhältnissen und der geltenden Gesellschaftsordnung ab. Gleichzeitig ist die unter den vorliegenden Verhältnissen durchgeführte Darstellung der Werbung davon abhängig, was wir am Untersuchungszeitpunkt rein faktisch über ihre Wirksamkeit und ihren Umfang wissen. Den folgenden Ausführungen liegen diese Voraussetzungen zugrunde. Sie beziehen sich ausschließlich auf die Werbung in unserer modernen Wohlstandsgesellschaft.

Die ökonomischen und erwerbsmäßigen Verhältnisse in Westeuropa haben sich in den Nachkriegsjahren geradezu revolutionär entwickelt, und die Grundlagen der Durchführung aller Distributionstätigkeit haben sich fundamental gewandelt. Eine der Folgen ist eine wesentliche Änderung der Möglichkeiten und der praktischen Durchführung der Werbung. Wir haben im Laufe der letzten 15 Jahre praktische und theoretische Erfahrungen gesammelt und in solchem Umfang Analysen durchgeführt, daß wir in der Lage sind, die Aufgaben und Methoden im Werbungsbereich unter den heute herrschenden Wohlstandsbedingungen gut überschauen und beurteilen zu können. Etwas unsicherer wird unser Urteil, wenn der quantitative Umfang der Werbung und die ökonomischen Konsequenzen in die Untersuchung einbezogen werden sollen. In der modernen Industriewirtschaft muß die betriebswirtschaftliche und volkswirtschaftliche Bedeutung der Werbungskosten und die Produktivität und Rentabilität spezieller Werbungsmaßnahmen sorgfältig beobachtet werden. Was das erstere angeht, so liegen nur sehr wenige wirklich erschöpfende und objektiv ermittelte Zahlen vor. Insbesondere sind die Berechnungsgrundlagen von Land zu Land so unterschiedlich, daß allgemeine Vergleiche schwierig sind, ja, sie werden ganz unmöglich, wenn man die große Zahl subjektiver Schätzungen betrachtet, die uns die meisten Länder als „Reklameinvestierungen" präsentieren. Mit Hinblick auf den konkreten Reklameeinsatz der einzelnen Betriebe ist die Kontrolltechnik heute noch so unentwickelt, daß die Ergebnisse von Produktivitäts- und Rentabilitätsanalysen als höchst unzuverlässig anzusehen sind. Auf diesem Gebiete wird in den letzten Jahren überall in der Welt mit umfassendem und ständig zunehmendem Einsatz gearbeitet, um wirkungsvolle und bessere Kontrollwerkzeuge zu schaffen. Heute stehen wir aber noch in den Anfängen zur Lösung dieser bedeutungsvollen Aufgabe.

Wenn es manchmal schwerfällt, klare und relevante Grundlagen für eine Würdigung der Werbung zu erhalten, so kommt das auch daher, daß wir gegenwärtig noch keine übereinstimmende Auffassung über den Werbebegriff und über die primären Ausgangspunkte für die Möglichkeiten und Aufgaben der Werbewirksamkeit besitzen. In den Nachkriegsjahren hat sich die Werbeforschung – wie alle anderen wissenschaftlichen Disziplinen – geradezu revolutionär entwickelt. Wir haben zusätzliche Erkenntnisse über den prozessuellen Verlauf und die Ergebnisse der Werbungsaktivität gewonnen. Damit hat sich inzwischen eine entscheidende Verlagerung der forschungsmäßigen Ausgangspunkte vollzogen.

Man kann fast sagen, daß die Werbeforschung ihren Charakter – zumindest ihre wissenschaftliche Grundlage – gewandelt hat. Während des letzten Weltkrieges wurde sie als integrierender Bestandteil der Betriebswirtschaftslehre angesehen. Es handelte sich damals um eine ausgeprägte „Marktführungsforschung", die grundsätzlich darauf hinauszielte, die praktische Eignung der Werbung zur Umsatzsteigerung aufzuzeigen und die ökonomischen Folgen darzulegen. Die Werbeforschung gehörte klar zu den ökonomischen Disziplinen, die für die Formulierung ihrer Aufgaben und Ziele entscheidend waren.

Da sich die Werbung damit beschäftigt, Möglichkeiten und Wege zur Einwirkung auf Menschen aufzuzeigen, mußte die ökonomisch ausgerichtete Werbeforschung für ihre Arbeit auch die Ergebnisse der Psychologie heranziehen, jedenfalls soweit sie die Einwirkung menschlicher Reaktionen auf das Verhalten der Menschen behandelt. Das heißt, daß die psychologische „Landgewinnung" eine sekundäre Grundlage für die primär wirschaftlich ausgerichtete Werbeforschung wurde.

Nun liegen die Dinge so, daß in den vergangenen 25 Jahren nur auf wenigen Gebieten eine so gewaltige Entwicklung wie in der Psychologie und Soziologie stattgefunden hat. Diese sog. „Verhaltenswissenschaften" sind in einem früher unvorstellbaren Grad gepflegt worden und haben hervorragende Resultate gezeigt. Die Ergebnisse der Verhaltenswissenschaften werden heute in ständig steigendem Umfang auf zahlreichen Gebieten in Theorie und Praxis angewandt. Es liegt in der Natur der Sache, daß neue Erkenntnisse, die uns Psychologie und Soziologie über Beeinflussungsvorgänge und Einwirkungsreaktionen brachten, die praktischen Werbeuntersuchungen sehr befruchtet haben. Der verhaltenswissenschaftliche Einfluß ist sehr stark gewesen und spielt heute eine so große Rolle, daß er das Gesicht der modernen Werbeforschung geradezu gewandelt hat.

Tatsächlich hat die Entwicklung es mit sich gebracht, daß der Begriff Werbetheorie aus dem wissenschaftlichen Sprachgebrauch verschwindet; er wird durch den Begriff Kommunikationstheorie ersetzt, der dafür im heutigen Schrifttum intensiv ausgebaut worden ist. Abgesehen von der Werbekontrolle werden jetzt nur sehr begrenzte eigentliche Werbeuntersuchungen durchgeführt, während die psychologische und die soziologische Kommunikationsforschung sehr fruchtbar ist. (Beispiele der Literatur zur Kommunikationswissenschaft am Ende dieses Aufsatzes.)

Sie stellen menschliche Aktionen, Reaktionen sowie die Bedeutung und den Einfluß der Umgebung in den forschungsmäßigen Brennpunkt. Das Ergebnis ist, daß der Ausgangs-

Heutige Bedeutung der Werbung 27

punkt, der in früheren Zeiten auf die Optimierung der Umsätze gerichtet war, heute darauf abgestellt ist, die Voraussetzungen und den Verlauf des Kommunikationsprozesses klarzulegen. Kurz gesagt: In der klassischen, betriebswirtschaftlich verankerten Werbeforschung stand die Rücksicht auf die Vermittlung von Umsätzen im Vordergrund. Das ist in der modernen Kommunikationsforschung nicht mehr der Fall; sie ist aber im Begriff, für die rationelle Gestaltung der Werbung und für grundlegende Analysen große Bedeutung zu erlangen. Hauptgesichtspunkt ist inzwischen nicht mehr das Ökonomische, sondern das Verhaltenswissenschaftliche. Wenn die Ergebnisse dieser Forschung auf die Werbung angewandt werden, was namentlich im Hinblick auf Massenkommunikationen in großem Umfang geschieht, führt es dazu, daß in der Zielsetzung der Forschung eine Verschiebung eintritt. Das hat schon die generelle Beurteilung der direkten Aufgaben der Werbung beeinflußt und wird es ohne Zweifel in Zukunft noch mehr tun.

Selbst wenn die kommerzielle Werbung sich eine produktive Umsatzausweitung als ständiges Ziel setzt, wird ihre Bedeutung in höherem Grade als bisher in Übereinstimmung mit der Aufgabe gesehen werden, die bestmögliche Kommunikation zwischen Verkäufern und Käufern herbeizuführen. Trotz der bedeutsamen und wertvollen Ergebnisse, welche die moderne verhaltenswissenschaftliche Kommunikationsforschung erzielt hat, ist ihr Programm noch nicht fertig ausgebaut. So ist es z. B. noch immer unklar, ob die Massenkommunikation oder ob die Anwendung der Massenmedien das Zentralproblem ist. Vom werbeinteressierten Standpunkt aus ist zu hoffen, daß die Massenmedien in den Brennpunkt der neuen Forschung rücken werden. Aber selbst wenn das geschieht, muß man im Auge behalten, daß die Hauptaufgabe dieser modernen Forschung darin liegt, den Kommunikationsprozeß und seine Wirksamkeit klarzulegen, während die Frage nach den Möglichkeiten der kommerziellen Auswirkung zurücktritt. Natürlich muß dieses Problem auch in Zukunft behandelt werden; es wird in sekundäre betriebswirtschaftliche Analysen aufgenommen werden, während die primäre Werbeforschung verhaltenswissenschaftlichen Charakter haben wird.

Wenn die Bedeutung einer Werbemaßnahme untersucht werden soll, müssen bei der Durchführung die vorliegenden besonderen Verhältnisse berücksichtigt werden. Handelt es sich um Aufgaben erwerbsmäßiger Art, wird es notwendig sein, zwei grundlegende Gesichtspunkte zu berücksichtigen: die Wirksamkeit und die Rentabilität der Maßnahmen im Hinblick auf die Lösung der Aufgabe. Die Folge ist, daß die generelle Bedeutung der Werbung von der Bedeutung der Aufgaben abhängt, die sie lösen soll und kann, und ferner davon, wie effektiv und rentabel die vorliegende Aufgabe gelöst werden kann. Nun sind die Verhältnisse so, daß die Werbung im Dienste der „Umsatzvermittlung" steht; sie soll zwischen Käufern und Verkäufern vermitteln und daher im Dienste beider Gruppen stehen, obwohl die Aufgaben nicht zusammenfallen. Sie werden – im Gegenteil – manchmal gegensätzlich sein. Das führt dazu, daß die Werbung jeweils einen ganz anderen Charakter erhält, je nach den Anforderungen, die an sie entweder von seiten der Käufer oder der Verkäufer gestellt werden. Hinzu kommt, daß die Werbung unserer Tage einen solchen Umfang angenommen hat, daß ihre Auswirkungen und Kosten zu gesellschaftlichen Problemen geworden sind. Das heißt: Die Bedeutung der Werbung muß von drei verschiedenen Gesichtspunkten aus untersucht werden:

1. vom Verbraucherstandpunkt,
2. vom umsatzfördernden Standpunkt,
3. vom gesellschaftlichen Standpunkt.

II. Die Werbung und die Verbraucher

Von der Seite der Käufer her gesehen stellt sich die Frage, welchen Einfluß die Werbung auf ihre Möglichkeiten einer optimalen Bedarfsdeckung an Waren und Dienstleistungen ausübt. Daß die Marktkommunikationen einen entscheidenden Einfluß darauf ausüben, wie die Bedarfsdeckung sich vollzieht, steht außer Zweifel. Dagegen kann darüber diskutiert werden, ob alle auf Verbraucher gerichteten Marktkommunikationen unter den Werbebegriff — wie er im allgemeinen definiert wird — fallen. In den letzten Jahren hat sich die Tendenz gezeigt, die Marktkommunikationen in zwei besondere Teile aufzugliedern. Den einen Teil bildet die sogenannte Verbraucheraufklärung, die oft von Organisationen oder Institutionen mit dem Ziel durchgeführt werden, den Konsumenten objektive Ratschläge im Hinblick auf Vorzüge und Mängel der angebotenen Waren zu geben. Den anderen Teil bildet die subjektive Beeinflussung der Käufer, die von den Verkäufern mit Hilfe von Annoncen und anderen Werbemitteln durchgeführt wird. In Übereinstimmung mit dieser Einteilung besteht eine gewisse Neigung, nur die subjektiven Einwirkungen unter dem Werbebegriff zu subsumieren. Selbst wenn unbestreitbar offizielle und offiziöse Verbraucheraufklärung vermittelt wird, die außerhalb der Wirksamkeit der Werbung liegt, bleibt die Tatsache bestehen, daß ein bedeutender Teil der Verbraucheraufklärung durch verkaufende Betriebe an die Käufer vollzogen wird. Daher ist es kaum zweckmäßig, zu versuchen, eine scharfe Trennung zwischen Werbung und Verbraucheraufklärung vorzunehmen, denn die letztere ist sicherlich eine der Aufgaben der Werbung. In welchem Grade sie gelöst wird, hängt in erster Linie davon ab, auf welche Weise sich die Beeinflussung vollzieht, d. h., ob die Werbung auf informativer oder suggestiver Grundlage aufgebaut ist.

Die informative Werbung, die Aufklärung darüber gibt, welche Warenarten, Marken und Sortimente angeboten werden, was für diese charakteristisch ist und wieviel sie kosten, wirkt orientierend und richtet sich praktisch an alle Käufer. Ihre Bedeutung liegt darin, daß sie den Markt überschaubar und durchsichtig macht, so daß die Käufer ihre Wahl ohne vorausgegangene praktische Erfahrungen schneller und besser treffen können, und zwar in Übereinstimmung mit ihren besonderen Wünschen. Die Bedeutung dieser Werbefunktion hat stark zugenommen und ist in unserer heutigen Wohlstandsgesellschaft unentbehrlich.

Diese Wohlstandsgesellschaft, charakterisiert durch eine phantastisch entwickelte Kaufbefähigung der Bevölkerung, hat die Konsumenten daher in ausgeprägte Wahlsituationen hineingestellt. Im übrigen leben die Verbraucher auch nicht länger auf einem relativen Existenzminimum; ihre Einkünfte sind nicht der absolute Knappheitsfaktor. Das hat zur Folge, daß sie ihren Bedarf nicht nur generell ausweiten können und dies auch tun, sondern bei jedem einzelnen Kauf wählen sie, und das Entscheidende ist nicht mehr der absolute Preis, sondern ihre individuellen Qualitätswünsche, verbunden mit der ständig steigenden Befähigung zum Einkaufen. Die damit einhergehende Verbrauchsausweitung hat natürlich ein fortgesetztes Anwachsen der angebotenen Warenarten und Marken zur Folge gehabt. Der Wohlstand bildete die Grundlage für eine ständig erhöhte Nachfrage nach Waren aller Qualitäten und nach immer schnellerem Ersetzen langlebiger Güter. Auf seiten der Hersteller führte dies zu einem wachsenden Angebot von Neuheiten; sie stellten die Produktgestaltung in den Vordergrund ihrer Wettbewerbsbemühungen.

Diese Entwicklung hat unsere heutigen Märkte immer unübersichtlicher und undurchsichtiger gemacht. Für die Käufer hat sich die Werbung daher zu einem wesentlichen

Heutige Bedeutung der Werbung

Orientierungsmittel in einem immer schwieriger zu durchdringenden Warendschungel entwickelt. Trotzdem werden vom Verbraucherstandpunkt scharfe Proteste gegen die Werbung laut. Es wird gesagt, sie bedeute eine Gefahr für die gesunde Gesellschaftsentwicklung, sie schaffe eine ständig stärkere pop-Einstellung und lenke die Verbrauchsentwicklung in eine ungesunde Richtung. Werbebotschaften würden dazu führen, die natürliche Urteilskraft der Käufer zu verwirren mit dem Ergebnis, daß sie Waren anschafften, die sie eigentlich nicht brauchten und deren Kauf sie bald hinterher bereuen würden.

Daß so etwas vorkommt – besonders in einer Periode, in der die Konsumenten mit dem Einkauf von Waren experimentieren, die sie sich infolge ihrer Einkommenssteigerung plötzlich leisten können –, kann nicht bestritten werden. Zweifellos hat ein umfassender Reklameeinsatz auf manchen Gebieten zu bedeutendem Absatz überflüssiger Waren geführt, die die Verbraucher ohne gründliche Überlegung gekauft haben.

Die Ursachen dieser Verluste liegen gegenwärtig in erster Linie im neuen Geldüberfluß. Das wird wahrscheinlich zurückgehen, wenn die Verbraucher sich daran gewöhnt haben, über ihre erhöhten Einnahmen sinnvoller zu disponieren, so daß ihre Einkünfte zu einer vernünftigen Bedarfsbefriedigung führen.

Die Möglichkeiten der Werbung, zu überflüssigem und ungesundem Verbrauch anzuregen, sind zweifellos groß in einer Zeit, in der sich breite westeuropäische Bevölkerungsteile von einem relativen Existenzminimum plötzlich zu kaufstarken Wohlstandsbürgern entwickelt haben. Aber auch unter normaleren Verhältnissen wird die Werbung zu einer Ausweitung der Einkäufe führen, die vom Konsumentenstandpunkt aus gesehen ungünstig sind. Das bedeutet, daß die Werbung – während sie gleichzeitig den Verbrauchern notwendige, ja unentbehrliche Informationen über das Marktgeschehen gibt – gleichzeitig dazu beiträgt, daß er seine Einkäufe auf ungewünschte Weise tätigt. Die Bedeutung der Werbung, d. h. ihre positive und negative Auswirkung für die Umworbenen, hängt davon ab, wie sie von seiten der Werbungtreibenden gehandhabt wird. Es wurde schon gesagt, daß die informativ aufgebaute und durchgeführte Werbung ein wertvolles Hilfsmittel für die Konsumenten bildet, während die suggerierende sie dahin führen kann, unvernünftige Käufe zu tätigen. Daraus kann geschlossen werden, daß die informative Werbung auf alle Fälle positiv zu bewerten ist. Die informative Werbung nahm lange Zeit hindurch die wichtigste Stellung auf dem Produzentenmarkt ein, während die Suggestivwerbung eine Hauptrolle gegenüber dem Letztverbraucher spielte. Seit einiger Zeit ist die Information im Begriff, auch innerhalb des Konsumentenmarktes Terrain zu erobern. Je mehr die Qualität der Waren in den Vordergrund rückt, sobald es sich um Verbraucherbeeinflussung handelt, je mehr die Preise zurücktreten, um so mehr wird es natürlich sein, die Reklamebotschaft auf die Qualitätsverschiebung und -dokumentation zu konzentrieren. Wenn die Entwicklung in der modernen Verkehrswirtschaft in diese Richtung geht – und vieles deutet darauf hin –, werden die bisher nicht immer unberechtigten Einwendungen hinsichtlich der Wirkung der Werbung auf die Verbraucher zurücktreten und immer geringeres Gewicht bei ihrer Beurteilung haben.

III. Werbung und Erwerbsleben

Da der Werbungdurchführende die ganze Verantwortung für die Werbung trägt, bilden die bei ihm vorliegenden Voraussetzungen den Hauptfaktor bei der Erörterung der Bedeutung der Werbung. Seine zentrale Stellung im Problemkomplex bewirkte überhaupt, daß die Werbeforschung enstand, daß sie immer weiter entwickelt und möglichst auf betriebswirtschaftlicher Grundlage ausgebaut wurde. Eine Analyse dieser Grundlage soll hier nicht vorgenommen werden; sie findet sich an anderer Stelle in diesem Werk. Hier sollen lediglich gewisse prinzipielle Gesichtspunkte hinsichtlich einiger Faktoren behandelt werden, die Verfahrensweisen und Umfang der heutigen Werbetätigkeit begründet haben. Bevor ich hierauf näher eingehe, sei bemerkt, daß die Werbungdurchführenden grundsätzlich als im Erwerbsleben stehende Personen angesehen werden sollen, obwohl die Werbung (Propaganda) auch außerhalb der erwerbsmäßigen Zielsetzung angewandt werden kann. Die Gründe für die Durchführung typischer Propagandakampagnen können die gleichen wie bei der erwerbsmäßigen Umsatzausweitung sein.

Die Industrialisierung des Verkaufs hat zur Entwicklung der Werbung in ihrer heutigen Gestalt geführt und sie zu einem bedeutungsvollen Faktor in der Absatzwirtschaft gemacht. Sie war eine natürliche und unumgängliche Folge des Durchbruchs der Massenproduktion. Sie begann um die Jahrhundertwende in den USA und erschien in Westeuropa ernstlich nach dem Schluß des ersten Weltkrieges. Damals war es notwendig, einen Mittler zu finden, mit dessen Hilfe der Absatz der Massenkonsumgüter rationell durchgeführt werden konnte. Hier hatte die Anwendung der Werbung ihre große Chance. Mit ihrer Hilfe konnte der Verkäufer direkt in Verbindung mit den Verbrauchern treten. Der Reklameeinsatz wurde zum Hauptausgangspunkt für den Massenverkauf. Heute können wir sagen, daß der Ausbau der Werbung als verkaufsförderndes Hilfsmittel schlechthin die Grundlage für die Durchführung der Industrialisierung des Verkaufs bildete.

Die reine erwerbsmäßige Durchführung dieses Prozesses ist eine der wichtigsten Erscheinungen unseres Jahrhunderts. Eine notwendige Begleiterscheinung war die Schaffung und Benutzung verkaufspolitischer und verkaufstechnischer Werkzeuge, unter denen die Werbung eine wesentliche Stellung einnahm. Sowohl forschungsmäßig als auch praktisch findet das Interesse für diese Werkzeuge seinen Niederschlag in den „Aktionsparametern", d. h. in den Faktoren, die entscheidenden Einfluß auf die Kaufentschlüsse und die Umsatzstruktur ausüben. Dabei handelt es sich um drei Hauptgruppen:

1. Preis
2. Qualität
3. Verkaufseinsatz.

Rein grundsätzlich können Preis und Qualität als die primären Aktionsparameter aufgefaßt werden, während der Verkaufseinsatz sekundären Charakter hat, da es seine Aufgabe ist, sich der beiden erstgenannten Absatzdeterminanten zu bedienen und sie zu ergänzen. Diese Rangordnung sagt nichts über die Bedeutung und relative Anwendung der drei Parametergruppen aus. Alle drei können unter Berücksichtigung der jeweiligen Verhältnisse auf der Käufer- oder Verkäuferseite ausgetauscht werden. Als Aktionsparameter im Rahmen der absatzfördernden Arbeit gehört die Werbung in den Bereich des Verkaufseinsatzes. Dazu gehört auch die Arbeit der Verkäufer, der Kundendienst und die Schaffung des Goodwill.

Seit der Industrialisierung des Verkaufs ist die Werbung nach dem persönlichen Absatzbemühen der Verkäufer der Verkaufseinsatz-Parameter, für den in der Wirtschaft am meisten Geld investiert worden ist. Die Aufwendungen für diese Investierungen sind bisher keineswegs normal verlaufen, sondern sie waren seit 1920 großen Schwankungen

Heutige Bedeutung der Werbung 31

unterworfen. Das ist auf die wechselnden Möglichkeiten der Werbungsdurchführung in diesen Jahren zurückzuführen. Diese Möglichkeiten waren abhängig von den Bedingungen auf der Käuferseite und den aktuellen Aufgaben, die zu verschiedenen Zeitpunkten gelöst werden mußten.

Mit Rücksicht hierauf ist es ganz natürlich, die Bedeutung der Werbung unter den verschiedenen Absatzverhältnissen, die einander seit 1920 abgelöst haben, zu sehen. Wir können die folgenden **vier Perioden mit stark abweichender Umsatzstruktur** unterscheiden:

1. Die Periode bis zum Kriegsausbruch. Das waren die Pionierjahre der „Absatzindustrie", in denen eine aktive Verkaufsarbeit für massenproduzierte Waren einsetzte, mit Hauptgewicht auf einer manipulativen Werbung für die Erzeugnisse der Verbrauchsgüterindustrie.
2. Die Kriegs- und Rationierungsjahre von 1940 bis 1950. In dieser Zeit herrschte ein reiner Verkäufermarkt, auf dem weder Platz noch Bedarf für eine absatzfördernde Werbetätigkeit war.
3. Die Periode von 1950 bis 1955. Der Käufermarkt erwachte wieder zum Leben, und die Verkaufstätigkeit wurde durch sehr intensives Neubeginnen und Ausbau der Verkaufsaktivitäten geprägt, in deren Dienst die Werbung in starkem Umfang zum Tragen kam.
4. Das Aufkommen der Wohlstandsgesellschaft und ihr Ausbau in der Zeit nach 1955. Die soziale Revolution fällt zusammen mit einer noch nie dagewesenen Entwicklung der Kaufkraft breiter Bevölkerungsschichten und daraus folgender Nachfrage nach Gütern. Aufgabe der Werbung wird es, Interesse zu schaffen für die relativ teuren, langlebigen Wirtschaftsgüter, deren Anschaffung dem größten Teil der Bevölkerung zum ersten Male wirtschaftlich möglich wurde.

Allein schon die kurz erwähnten Umsatz-Charakteristika der vier Zeitabschnitte, in denen die moderne Werbung der Wirtschaft zur Verfügung stand, gibt uns einen klaren Eindruck davon, wie zeitabhängig ihre Aufgaben und ihre Bedeutung sind. Hier ist nicht Raum für eine Analyse des Werbungseinsatzes und seiner Wirkungen unter teilweise gegensätzlichen Nachfrageverhältnissen. Es soll vielmehr nur unterstrichen werden, daß ihr ständig neue Aufgaben gestellt wurden, die laufend andere Anforderungen im Hinblick auf ihren Umfang und ihren Aufbau (Kommunikationsgrundlage) stellten. Nunmehr soll ihre gegenwärtige Situation innerhalb des Absatzbereichs in einem skizzenhaften Versuch behandelt werden, der es gestattet, Schlüsse auf die zukünftige Entwicklung zu ziehen.

Sowohl ein ausgeprägter Käufermarkt als auch vorhandene unausgenutzte Kaufkraft bilden die bestmögliche Grundlage für eine rationelle und ökonomische Verwendung der Werbung als Aktionsparameter. Beides liegt unter den heutigen Wohlstandsbedingungen vor; daher haben die westeuropäischen Länder auch in den vergangenen zehn Jahren einen Reklameboom erlebt. Kaufkraft und Kauflust sind bei neuen, noch ungeprüften Gütern angestiegen; hierdurch hat die Werbung als verkaufsförderndes Mittel außerordentliche Bedeutung erlangt. Speziellen Wert für die Rentabilität der Werbung hatte das Wissen um die Tatsache, daß die stark steigende Kaufkraft die Verbraucher instand gesetzt hat, ihre Nachfrage nach neuen Warenarten und -gruppen zu erhöhen, ohne sie im Hinblick auf andere Güter einschränken zu müssen. Die Umsatzchancen früher nur wenig nachgefragter Güter haben stark zugenommen. Das gibt die allerbesten Möglichkeiten, Werbemittel einzusetzen.

Selbst bei ständiger Einkommenssteigerung ist es nicht immer sicher, daß sich die Werbemöglichkeiten in den nächsten Jahren entsprechend entwickeln werden. Bei den meisten Gütern des kurzlebigen Bedarfs scheint sich die Bedarfsdeckung 100 % zu nähern, und wenn die Konsumenten die bisher unbekannten Güter des langfristigen Bedarfs kennengelernt haben, dann kann es sein, daß bei ihnen die gegenwärtige Nachfragesteigerung nachläßt. Auch bei ihnen wird eines Tages eine Bedarfsdeckung eintreten. Sobald sie sich ankündigt, ist es klar, daß die Rentabilität der Werbung und damit ihre Verwendung im Absatzbereich zurückgehen wird.

Wir können nicht ohne weiteres damit rechnen, daß die kommerzielle Werbung in näherer Zukunft den gleichen Umfang wie in den vergangenen zehn Jahren haben und so große Aufgaben wie bisher lösen wird. Welche Entwicklung die Werbung künftig nehmen wird, hängt auch von den Hauptlinien der allgemeinen Fundierung der Parameterpolitik ab. Unter anderem denkt man daran, welchen Einfluß die Anwendung der Produktentwicklung als einflußreichster Hauptparameter mit sich bringt. In den letzten Jahren können wir eine tendenzielle Verschiebung der quantitativen Anwendung der verschiedensten verkaufsfördernden Einrichtungen feststellen. Selbst wenn die absoluten jährlichen Werbeausgaben zugenommen haben, so herrscht doch kaum Zweifel daran, daß ihr relativer Anteil an den gesamten Absatzkosten zurückgegangen ist. Hier zeichnet sich eine Entwicklung ab, die im Verlauf eines längeren Zeitraums nicht ohne Einfluß auf die künftige Bedeutung der Werbung als Aktionsparameter sein wird.

Gleichzeitig muß berücksichtigt werden, daß sich die Verfahren der Werbungsdurchführung auf den verschiedenen Absatzmärkten ständig ändern. Bis zum letzten Krieg herrschte die Werbung für Erzeugnisse des täglichen Lebensbedarfs vor. In der Nachkriegszeit hat die Werbung größte Bedeutung für Einführung und Absatzbeschleunigung von Gütern des langfristigen Bedarfs gehabt. Gleichzeitig hat sie in anderem Umfange als früher Zutritt zum Produktionsgütermarkt gefunden. Während diese Güter ursprünglich g e kauft wurden im Gegensatz zu den Konsumgütern, die v e r kauft werden, hat es die moderne Wirtschaftsentwicklung mit sich gebracht, daß die Umsätze auf den Produktionsgütermärkten in steigendem Umfange durch Marketing-Bemühungen der Verkäufer gekennzeichnet sind.

Wenn wir die Bedeutung der Werbung als künftigen Aktionsparameter würdigen wollen, müssen wir ihre vielseitige Anwendung auf den verschiedenen Märkten in unsere Betrachtungen einbeziehen. Hinzu kommt, daß Änderungen in der Angebotsstruktur auch auf Umfang und Aufgaben der Werbung Einfluß nehmen. Bis in unsere Zeit hinein hatten die Produzenten eine führende Stellung auf den Märkten, auf denen sie die Absatzpolitik bestimmten. Heute jedoch marschieren die G r o ß b e t r i e b e d e s E i n z e l h a n d e l s kämpferisch voran, und es gelingt ihnen, eine bestimmende Rolle bei Grundlegung und Durchführung der absatzfördernden Aktivitäten zu erreichen. Das hat zur Folge, daß die Werbung in größerem Umfang als bisher den Interessen und den Bedürfnissen des Einzelhandels angepaßt wird.

IV. Die gesellschaftliche Bedeutung der Werbung

Infolge der Industrialisierung des Verkaufs hat sowohl der Einfluß der Werbung auf die Entwicklung der Verbrauchsstrukturen als auch die Höhe der Werbekosten innerhalb des Nationalbudgets eine solche Größenordnung erreicht, daß die Werbung zu einem bedeutenden nationalökonomischen Problem geworden ist. In diesem Handbuch werden ihre makroökonomischen Aspekte und Haupteinflüsse an anderer Stelle analysiert und beschrieben. Hier soll daher nur die Bedeutung des Wechselspiels zwischen Werbung und Gemeinschaftsinteressen behandelt werden. Dieses Wechselspiel nimmt einmal Bezug auf die Durchführung der optimalen Bedarfsdeckung in der Gesellschaft und auf eine produktive Verteilung der Investierungen, die zum Einsatz gelangen, um die Basis für eine künftige wirtschaftliche Entwicklung zu schaffen.

Die großen Verbrauchsänderungen, die wir statistisch nachweisen können, demonstrieren den Einfluß, welchen die Werbung auf die gegenwärtige Verbrauchsstruktur und dadurch auf die Disposition über die zur Verfügung stehenden Einnahmen – beispielsweise auf den inländischen Verbrauch, die Ausfuhr und die Spartätigkeit – hat. Da diese Disposition einen wesentlichen Ausgangspunkt für die einer modernen Gesellschaft gegebenen wirtschaftlichen Zukunftsmöglichkeiten bildet, und da sie in wachsendem Umfange zum Gegenstand gesellschaftspolitischer Überlegungen gemacht werden, kann die verbrauchsmanipulierende Wirkung der Werbung heute und in Zukunft nicht ausschließlich auf die mikroökonomische Interessensphäre hinweisen.

Das findet auch seinen Ausdruck in der Einbeziehung der Werbung in gesellschaftspolitische Diskussionen und ihre gelegentliche Heranziehung zur Förderung einer gewünschten oder geplanten Entwicklung. Dies gilt nicht nur für die relativ liberal gesteuerten und privatkapitalistisch organisierten westeuropäischen Länder. Auch in grundsätzlich sozialistisch geleiteten Gesellschaften, in denen man die kommerzielle Reklame ursprünglich als eine unglückliche kapitalistische Veranstaltung ablehnte, gilt sie nun als ständig mehr verwandter Faktor zur Schaffung einer geplanten Verbrauchsstruktur. Ihre Bedeutung für den Außenhandel geht unter anderem aus der Anwendung bei der oft staatlich gelenkten Fremdenverkehrswerbung hervor.

Es kann daher festgestellt werden, daß die Werbung nicht nur als konkurrenzgeprägte Absatzpolitik der privaten Unternehmer Bedeutung hat. Sie übt darüber hinaus Einfluß auf eine ganze Reihe von Situationen mit rein gesellschaftlichem Charakter aus. Wenn in Übereinstimmung hiermit die Werbung auch aus gesellschaftlicher Sicht beurteilt werden kann, gelangen wir zu der Feststellung, daß sie einmal von dem Einfluß der allgemeinen kommerziellen Werbung auf die gegenwärtige Einkommensverwendung und Verbrauchsstruktur abhängt, und daß sie ferner der Gesellschaft selbst als Mittel dient, um eine bestimmte Zielsetzung zu fördern. Es ist jedoch nicht möglich, in diesem Zusammenhang eine allgemeine Beurteilung des Wertes der Werbung durchzuführen. Sie hängt vielmehr jeweils von den besonderen Verhältnissen in jedem einzelnen Falle ab. Daraus folgt, daß die Werbung ein aktuelles Thema in unseren gesellschaftspolitischen Diskussionen bleiben wird, wobei sie nicht allein von objektiven Tatsachen geprägt wird, sondern in hohem Maße von den subjektiven Gesichtspunkten der Beteiligten.

Ein spezielles Problem ist bei den Diskussionen der letzten Jahre über die Bedeutung der Werbung für die moderne Gesellschaft in der Vordergrund gerückt. Es hat teilweise folgende Gestalt angenommen: Bedeuten die beträchtlichen jährlichen Werbungsausgaben nicht eine unproduktive Verschwendung gesellschaftlicher Mittel? Andererseits hat man das Verhältnis zwischen Umfang der gesamten Werbungsausgaben und den Aufgaben diskutiert, die mit Hilfe der eingesetzten Kosten natürlich und produktiv gelöst werden können. In beiden Fällen wird Wert und Nutzen des Werbungspostens im Nationalhaushalt untersucht. Nun leidet aber die in dieser Hinsicht durchgeführte Diskussion unter der entscheidenden Schwäche, daß die Werbungskosten im Haushaltsplan keines einzigen Landes aufgeführt sind. Es wird also blind geschossen! Die Diskussionen hierüber haben nur sehr wenig Material über den Einfluß der Werbung auf Fragen staatlicher Ökonomie erbracht.

Bei derartigen Betrachtungen muß von zwei Voraussetzungen ausgegangen werden. Zuerst muß eine objektive und verläßliche Zusammenstellung der wirklichen Werbungsausgaben in der betreffenden Gesellschaft vorliegen. Zum anderen muß die Höhe der Ausgaben und ihre Produktivität im Verhältnis zur Bedeutung der zu lösenden Aufgaben und zur ökonomischen Gesellschaftsstruktur gesehen werden. Derartige Analysen sind noch nirgends durchgeführt worden und können auch heute noch nicht erstellt werden, da es nicht möglich sein wird, die benötigten Unterlagen herbeizuschaffen.

Versuche, die Werbungsausgaben in den einzelnen Ländern zu ermitteln, sind neueren Datums. Der erste wurde in Amerika unternommen: Neil H. Borden's „The Economic Effects of Advertising" aus dem Jahre 1942. Danach kam die englische Publikation „Statistics of Advertising" (1947) heraus, erarbeitet vom The National Institute of Economic and Social Research (1947) und in Dänemark „Reklameforbruget i Danmark" (1949). Das letztere hat versucht, die kommerziellen Werbeausgaben in Dänemark in den Jahren 1935 und 1948 festzustellen. Diese Untersuchung wurde vom Verfasser durchgeführt und vom „Institut for Salgsorganisation og Reklame ved Handelshøjskolen i København" versandt.

Es zeigt sich, daß die ersten Versuche, den Umfang der Werbung in einzelnen Ländern zu ermitteln, von ökonomischen Theoretikern durchgeführt wurden. In der Nachkriegszeit wurde diese Arbeit wieder aufgenommen, und die Forschung wurde in einer Reihe von Industrieländern weitergeführt, darunter in den westeuropäischen Ländern. Neben solchen verantwortlich angelegten Analysen, durch die unter anderem die Kosten der wichtigsten Werbemittel in Westdeutschland laufend beleuchtet werden, arbeitet und urteilt man über die Werbungsausgaben in den meisten Ländern der Erde in den Nachkriegsjahren oft auf unzureichender und subjektiver Grundlage. Die „International Advertising Association" versendet jährlich Übersichten mit derartigen Ergebnissen, die überwiegend mehr irreführend als wegweisend sind und damit dazu beitragen, die herrschende Unsicherheit zu vermehren.

Selbst wenn sichere Unterlagen über die Gesamtkosten der Werbung vorliegen, kann man hieraus nicht unmittelbar die Rolle beurteilen, die sie in der Ökonomie des betreffenden Landes spielen. Die Tatsache, daß die absoluten Werbungsausgaben in den Nachkriegsjahren infolge der Inflation und des großen Ansteigens des Kostenniveaus sich in den meisten westeuropäischen Ländern erhöhten und in der Nachkriegszeit exorbitant anstiegen, hat zu dem Eindruck beigetragen, daß die wirklichen Werbungsausgaben entsprechend erhöht seien. Das trifft jedoch nicht zu.

In Dänemark, wo objektiv durchgeführte Berichte über die gesamten Werbeinvestitionen für die Jahre 1935 bis 1963 vorliegen, sind die Ausgaben von 99,3 auf 1029,1 Mill. Kronen angestiegen. Diese Zahlen sagen allerdings nichts über das eventuelle Anwachsen und den Umfang der Werbung aus. Das hängt vom Verhältnis zwischen dem absolut verausgabten Werbungsbetrag und der ökonomischen Wirksamkeit im Lande ab. Die letzte kann man an verschiedenen normal ermittelten ökonomischen Größen messen. Eine brauchbare Grundlage der Werbewirksamkeit finden wir in dem in den meisten Berechnungen des Nationalprodukts enthaltenen Bruttonationalprodukt. Die dänischen Werbungsausgaben wurden für die Jahre 1935, 1948, 1953, 1958 und 1963 ermittelt; im Verhältnis zum Bruttonationalprodukt machten sie in den betreffenden Jahren ungefähr 1,8, 1,1, 1,4, 1,7 und 1,7 % aus.

Diese Prozentzahlen scheinen lediglich richtungweisend für die tatsächlichen Werbungsausgaben in den germanischen westeuropäischen Ländern zu sein, d. h., daß die gesamten Werbungsinvestitionen in diesen Ländern etwas weniger als 2 % des Bruttonationalprodukts betragen. In den USA ist der Prozentsatz höher und in den romanischen europäischen Ländern niedriger.

Während die Produzenten in den westeuropäischen Ländern, deren Gesamtaufzeichnungen laufend erfaßt worden sind, bis zum Jahre 1962 wachsende Zahlen aufwiesen, scheint in den folgenden Jahren ein Rückgang eingetreten zu sein, zumindest ein Stillstand. Das kann mit dem relativen Rückgang in der Verwendung der Werbung als Aktionsparameter zugunsten anderer absatzfördernder Maßnahmen begründet sein. Die Beschaffung verläßlicher Zahlen über die Durchführung von Werbemaßnahmen innerhalb der Verhältnisse, unter denen eine Gesellschaft im allgemeinen ökonomisch arbeitet, kann keine Grundlage für die Beurteilung der gesellschaftlichen Bedeutung der Investierungen bilden. Wir haben heute noch kein Grundmaterial, aus dem man ermitteln kann, ob es zu verantworten ist, knapp 2 % des Bruttonationalprodukts unserer Wohlstandsgesellschaft als Beitrag der Werbung zur Lösung der Aufgabe der Umsatzermittlung anzunehmen. Das ist eine der Fragen, deren Lösung der künftigen Forschung obliegt.

Literatur:

Als charakteristisch für die moderne Kommunikationswissenschaft sei auf folgende allgemeine Werke hingewiesen:

Smith, B. L., Lasswell, H. D., & Casey, R. D.: Propaganda, communication and public opinion, Princeton University Press, Princeton 1946.

Hovland, C. I., Lumsdaine, A. A., & Sheffield, F. D.: Experiments on mass communications, Princeton University Press, 1949.

Hovland, C. I., Janis, I. L., & Kelly, H. H.: Communication and persuasion, Psychological studies of opinion change, Yale University Press, New Haven 1953.

Klapper, J. T.: The effects of mass communications, The Free Press, New York 1960.

Schramm, W. (ed.): Mass communication, University of Illinois Press, Urbana 1960.

Maletzke, G.: Psychologie der Massenkommunikation, Hamburg 1963.

Cohen, A. R.: Attitude change and social influence, Basic Books, Inc., New York 1964.

Berelson, B., & Janowitz, M. (ed.): Reader in public opinion and communication (Sec. ed.), The Free Press, New York 1966.

Nowak, K., Carlman, B., & Wärneryd, K.-E.: Masskommunikation och asiktsförandringär, Norstedts, Stockholm 1966.

Als Beispiele für speziellere Gebiete:

de Sola Pool, I.: Trends in content analysis, University of Illinois Press, Urbana 1959 (Inhaltsanalyse).

Katz, E., & Lazarsfeld, P. E.: Personal influence. The part played by people in the flow of mass communications, The Free Press of Glencoe, New York 1955. (Eine berühmte Untersuchung der Opinionleaders.)

Rogers, E. M.: Diffusion of innovations, The Free Press of Glencoe, New York 1962.

Hovland, C. I., m. fl.: The order of presentation in persuasion, Yale University Press, New Haven 1957. (Bedeutung der Reihenfolge der Argumente.)

Janis, I. L., m. fl.: Personality and persuability, Yale University Press, New Haven 1959. (Bedeutung der Persönlichkeitswerte für den Ablauf von Kommunikationsprozessen, deren Auswirkung auf die Attitüden.)

Festinger, L.: A theory of cognitive dissonance, Stanford University Press, Stanford 1957. (Bedeutung der kognitiven Struktur in Verbindung mit Informationsverhalten.)

ZWEITES KAPITEL

Grundprobleme der Werbung

Marktformen und Werbung

Von Prof. Dr. Herbert Wilhelm,
Braunschweig

Während die Wirtschaftswerbung in den modernen Lehrbüchern der Betriebswirtschaftslehre*)[1] eine ihrer Bedeutung für die Unternehmung entsprechende Berücksichtigung gefunden hat, erscheinen auch noch in der Gegenwart wirtschaftstheoretische Veröffentlichungen, in denen man vergeblich nach einer Diskussion der mit der Werbung zusammenhängenden Probleme Ausschau hält[2]. Zwar haben die Abhandlungen über die Werbung im Rahmen der Preistheorie in den letzten Jahrzehnten, vor allem im Anschluß an die Veröffentlichungen über die Marktformen, ständig zugenommen[3], aber es besteht dennoch manche Unklarheit darüber, wo die Werbung innerhalb des wirtschaftstheoretischen Systems eingeordnet werden kann.

Bevor wir jedoch die eigentlichen Probleme diskutieren, empfiehlt es sich, eine für unsere Zwecke geeignete Definition der Werbung zu versuchen. Im Gegensatz zur betriebswirtschaftlichen und hier speziell der werbewissenschaftlichen Literatur[4] kommt es uns nicht darauf an, in einem einzigen Begriff die vielfältigen Formen und Ausprägungsmöglichkeiten der modernen Wirtschaftswerbung zu erfassen. Auch ist es nicht unsere Absicht, den bisherigen Definitionsversuchen einen neuen hinzuzufügen, der wahrscheinlich doch nur von den bestehenden einen Teil unter Vernachlässigung anderer Aspekte übernähme. Uns geht es hier nur darum, den G e g e n s t a n d zu bestimmen, mit dem wir uns in diesem Beitrag auseinanderzusetzen haben.

Dabei können wir von der Tatsache ausgehen, daß in der s t a t i s c h e n Betrachtungsweise der modernen Preistheorie ein Ansatzpunkt gegeben ist, der unsere Aufgabe wesentlich erleichtert. Der punktuelle Charakter aller statischen Marktmodelle hat nämlich zur Folge, daß die den Marktpreis konstituierenden Elemente des Angebots und der Nachfrage (Angebotskurve und Nachfragekurve) unabhängig voneinander entwickelt werden. Aus der Produktionsfunktion[5] entsteht in Abhängigkeit von Ausbringungsmenge und Preisen der Kostengüter die Grenzkostenkurve, die im Schnittpunkt mit der Grenzerlös-(Grenzumsatz-)kurve das Gewinnmaximum des Anbieters bestimmt. Für die modelltheoretische Behandlung der Marktformen ist es charakteristisch, daß allein die Lage der Kostenkurven ein Ergebnis unternehmerischer Aktivitäten sein kann, während die Nachfragekurve sich aus Faktoren ergibt, auf die bei rein rationalem Verhalten

---

*) Die im Text laufend numerierten Quellenangaben sind am Schluß des Aufsatzes zitiert.

(Gewinnmaximum!) der Unternehmer keinen Einfluß hat: Letzten Endes sind diese Determinanten der Nachfragekurve die Bedürfnisse, die Nutzungserwartungen und die für den Konsum zur Verfügung stehenden Verbrauchereinkommen in Verbindung mit den Marktpreisen. Diese Faktoren muß der Unternehmer im Modell als gegeben hinnehmen; er ist von ihnen so weit abhängig, als sie den von der Nachfrage ausgehenden Aktionsrahmen seiner Entscheidungen definieren.

Diese Unabhängigkeit und Selbständigkeit der Nachfrage und damit der Charakter der Nachfragekurve als Datum für den Anbieter hat für die Entwicklung der Markt- und Preistheorie eine nicht zu unterschätzende Bedeutung. Welche Konsequenzen ausgelöst werden, wenn diese Selbständigkeit aufgegeben wird bzw. auch nur gestört wird, hat in jüngster Zeit Erich Streißler behandelt[6]).

Dieses Konstruktionselement der modernen Preistheorie ist zugleich der Ansatzpunkt für unsere Begriffsabgrenzung. Unabhängig von allen bisherigen Definitionen der Werbung und den damit fast notwendigerweise verbundenen individuellen Formulierungen läßt sich nämlich der Kern der Werbung auf den Versuch zurückführen, Form und Lage der Nachfragekurve im Sinne des Unternehmungsziels des Anbieters zu verändern. Dabei bezieht sich die Werbung nicht auf physische Veränderungen des angebotenen Gutes, nicht auf die Absatzorganisation und nicht auf die als selbständig betrachtete Preispolitik. Mit anderen Worten: Von der Werbung sind die Absatzmaßnahmen zu trennen, welche die Gestalt der Ware verändern (Produktgestaltung), sich auf eine andere Organisation des Absatzes richten (Absatzmethode) und die eine Variation des Angebotspreises unmittelbar bewirken (Preispolitik)[7]). Die Werbung umfaßt daher nur die Aktivitäten eines Anbieters, die unter Einsatz besonderer Mittel in Ergänzung des preispolitischen Verhaltens, der Produktgestaltung und der Absatzorganisation vom Anbieter ausgehen und versuchen, Form und Lage der Nachfragekurve zu seinen Gunsten zu beeinflussen. Zwar wirken auch die anderen absatzpolitischen Instrumente auf die Nachfrage ein. Das besondere Charakteristikum der Werbung ist es aber, alle potentiellen Verbraucher unabhängig von den Kaufgelegenheiten der Ware erreichen und in der Vielseitigkeit der Gestaltung der Werbemittel die Ware zu allen Bestimmungsfaktoren des Konsums in Beziehung setzen zu können[8]).

In der Regel sind mit dem Einsatz der Werbung Aufwendungen verbunden, die sowohl fix als auch variabel in bezug auf die Ausbringung angenommen werden können. Die werbewirtschaftliche Praxis liefert uns konkrete Beispiele für beide Formen der Kosten. Für unsere Zwecke unerheblich ist es, ob der Anbieter die Werbung in erster Linie informativ oder suggestiv gestaltet. Wir haben an einer anderen Stelle[9]) begründet, daß eine exakte Trennung in diese beiden Arten der möglichen Werbepraxis nicht vorgenommen werden kann. Jede „informative" Werbung wird immer auch die Absicht haben, den Angesprochenen zu einem Handeln zu veranlassen, das sich günstig für den Anbieter auswirkt. Jede suggestive Werbung wird andererseits Informationen enthalten müssen, die auf den gleichen Zweck gerichtet sind. Mag diese Unterscheidung in der Werbepraxis und in der Auseinandersetzung in der Öffentlichkeit noch so bedeutsam sein, für unsere Zwecke ist allein entscheidend, daß jede Werbung auf eine für den Anbieter günstige Veränderung der Nachfragekurve abzielt. Ob sie das durch Information oder Suggestion zu erreichen versucht, ist eine Frage, die im Rahmen der uns gestellten Problematik keine entscheidende Bedeutung hat.

Da der Platz für diesen Beitrag nicht ausreicht, um auf alle möglichen Differenzierungen der Marktformen einzugehen, beschränken wir uns auf die Extremfälle der vollkommenen Konkurrenz und des Monopols sowie auf Grundformen des Oligopols, wobei zu gegebener Zeit noch zu prüfen ist, ob der Sonderfall der geknickten Nachfragekurve eine eigene Darstellung erfordert[10]).

I. Werbung und vollkommene Konkurrenz

Soweit wir zu sehen vermögen, haben alle Autoren, die sich im Rahmen der Preistheorie mit der Werbung beschäftigen, das Modell der vollkommenen Konkurrenz nicht in ihre Überlegungen einbezogen. Auf den ersten Blick scheint diese Entscheidung auch richtig zu sein, da in den Voraussetzungen der vollkommenen (atomistischen) Konkurrenz alles enthalten zu sein scheint, was unter anderem mit Hilfe der Werbung in der Praxis erst hergestellt werden soll.

Dazu gehört vor allem die Markttransparenz, die jedem Marktsubjekt erlaubt, alle Daten und Variablen sofort zu erkennen und auf Änderungen ohne Zeitaufwand zu reagieren. Insbesondere ist darin eingeschlossen, daß der potentielle Käufer über Höhe, Art und Preis des Angebotes unterrichtet ist und daß er ohne zeitlichen Aufwand und ohne zusätzliche Kosten bei jedem beliebigen Anbieter kaufen könnte. Mit dieser theoretischen Voraussetzung entfällt in der Tat einer der wichtigsten Anwendungsbereiche der Werbung in der Praxis, die sich darauf erstreckt, die potentiellen Kunden über Art, Größe, Preis und Standort des Angebotes zu informieren. Da die Voraussetzung der Homogenität einer Ware die Werbung eines einzelnen Anbieters zwecklos erscheinen läßt, weil diese dann allen Anbietern zugute käme, entfällt auch der Werbungseinsatz als Mittel der Konkurrenzpolitik. Dem Anbieter bleibt innerhalb der vollkommenen Konkurrenz nur eine einzige Möglichkeit, seinen Gewinn innerhalb der gegebenen Datenkonstellation zu erhöhen: die Reduktion der Kosten.

Daß aber dennoch in diesem Modell Werbung Berücksichtigung finden kann, ergibt sich aus der konsequenten Anwendung unserer Definition. Denn die Zielrichtung des Werbungseinsatzes ist und bleibt in allen Marktformen eine Veränderung der Nachfragekurve zugunsten der werbenden Anbieter. Allerdings kann hier sofort die Frage aufgeworfen werden, ob es bei vollkommener Konkurrenz sinnvoll sei, die Nachfragekurve zu verändern; denn für den *individuellen* Anbieter, der keinerlei Einfluß auf die Preisgestaltung hat, ergibt sich modelltheoretisch bereits eine Nachfragekurve, die als Gerade parallel zur Mengenachse verläuft. Zu diesem gegebenen Preis kann der individuelle Anbieter *im Rahmen seiner Kapazität* alle Produktmengen kostendeckend absetzen, sofern er nicht vom Schnittpunkt der Grenzkostenkurve mit der Preisgeraden abweicht. Welches Interesse könnte er also haben, dennoch Werbung zu betreiben? In der Tat läßt sich kein vernünftiger Grund finden, warum in dieser Situation ein einzelner oder alle Anbieter Werbung betreiben sollten. Das Modell impliziert ja die *gegebene* Nachfragekurve und nur unter diesen Bedingungen der Unveränderlichkeit der Struktur ist dieses Modell konstruiert. Das gleiche gilt allerdings auch für alle anderen statischen Modelle; auch hier ist die Nachfragekurve gegeben, sei es in der Form der konjekturalen Preis-Absatz-Funktion oder als *tatsächliche* Nachfragekurve.

Das ändert sich jedoch sofort, wenn wir von der statischen zur *dynamischen* Betrachtung übergehen. Es ist durchaus denkbar, daß einzelne oder alle Anbieter mit der *absoluten* Höhe ihres Gewinnes nicht zufrieden sind und versuchen, eine günstigere Situation herzustellen. Angenommen, ihre Kosten ließen sich nicht senken, so bleibt ihnen nur die Möglichkeit, über eine *Preiserhöhung* ein besseres Gewinn-Niveau zu erzielen; Voraussetzung hierfür ist jedoch eine Erhöhung der totalen Nachfrage, die wir der Einfachheit halber in Form einer Parallelverschiebung der Nachfragekurve nach rechts annehmen wollen. Unterstellen wir weiter, daß der Einsatz der Werbung zunächst keine Kosten erfordere, dann kann ein einzelner Anbieter (oder alle = „Gemeinschaftswerbung") die Werbung darauf richten, bei den Käufern eine Verstärkung des Bedarfs zu induzieren. Gelingt diese Aktion, dann ergibt sich durch die Verschiebung der Nachfragekurve nach rechts ein neuer Gleichgewichtspreis, der je nach Wirkung der Werbung mehr oder weniger über dem Ausgangspreis liegt. Mit Nachdruck verweisen wir darauf, daß bei diesem Modellansatz *die ceteris-paribus-Klausel* volle Wirkung hat; insbesondere wird unterstellt, daß eine Erhöhung der gesamten Angebots*kapazität* im Betrachtungszeitraum – etwa durch neu auf den Markt kommende Unternehmen – nicht möglich sei. Wir sind uns bewußt, daß darin eine gewisse Einschränkung des strengen Modells der vollkommenen Konkurrenz liegt, die ähnlich zu bewerten ist wie die „Gewinnplanung" des Mengenanpassers in diesem Modell. Denn letztlich bewirkt die vollkommene Konkurrenz, daß der Gewinn verschwindet und der Preis = dem Minimum der Stückkosten. Dort, wie in unserem Fall, handelt es sich also um ein „Planungsmodell", das von einem Preis ausgeht, der sich noch nicht auf das gewinnlose Niveau eingestellt hat. Nachstehende Darstellungen (Abbildungen 1–4) illustrieren diesen Vorgang:

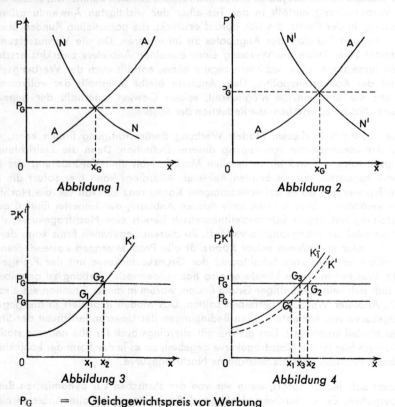

Abbildung 1   Abbildung 2

Abbildung 3   Abbildung 4

P_G = Gleichgewichtspreis vor Werbung
P'_G = Gleichgewichtspreis nach Werbung
AA = Angebotskurve
NN = Nachfragekurve vor Werbung

Marktformen und Werbung

N'N' = Nachfragekurve nach Werbung
X_G = Gleichgewichtsmenge vor Werbung
X'_G = Gleichgewichtsmenge nach Werbung
G_1 = Gewinnmaximum des individuellen Anbieters vor Werbung
G_2 = Gewinnmaximum des individuellen Anbieters nach Werbung
K' = Grenzkosten des individuellen Anbieters
X_1 = Absatz vor Werbung
X_2 = Absatz nach Werbung

Die erfolgreiche Werbung bewirkt also:

1. eine Nachfragerhöhung und
2. eine Verlagerung des Marktgleichgewichtes auf ein höheres Niveau mit $P'_G > P_G$ und $X'_G > X_G$. Für den einzelnen Anbieter ergibt sich daher ein neuer, höherer Preis, aus dem ein höherer Gewinn resultiert. Der individuelle Anbieter vergrößert seine (verkaufte) Produktion nach Maßgabe seiner (unveränderten) Grenzkostenkurve und erhält einen neuen, erhöhten Maximalgewinn.

Wird in diesem Bild (Abbildung 2) die Veränderung der G r e n z k o s t e n berücksichtigt, die sich aus dem Aufwand für die Werbung ergibt, so sind drei Möglichkeiten zu unterscheiden:

1. *Einmaliger Werbeaufwand*[11]): Diese „Investition" ist unabhängig von der Ausbringungsmenge und hat daher keinen Einfluß auf die Grenzkosten, da diese nur eine S t e i g u n g der Gesamtkostenkurve darstellen. Wird die Werbung bei einer Produktion von X_1 eingesetzt, dann springt in diesem Punkt die Gesamtkostenkurve auf ein um den Werbeaufwand höheres Niveau, die K'-Kurve ist in diesem Punkt nicht definiert, weist also bei X eine Unterbrechung auf.

2. Werden die Werbungskosten so verteilt, daß sie *mit der Ausbringungsmenge variieren*[12]), ist den jeweiligen Grenzkosten der Produktion der entsprechende Betrag der Werbegrenzkosten W' zuzurechnen. Nimmt man ein der Praxis vertrautes Bemessungsverfahren an, so wird hier (bei konstantem Preis) jeder zusätzlichen Produkteinheit ein gleichbleibender Werbekostenbetrag W zugeschlagen. Die gesamten Werbekosten stellen dann eine Gerade dar, die bei X = 0 in Höhe der einmaligen Werbekosten beginnen und konstant um W ansteigen würde. Daraus ergibt sich die Kurve der durchschnittlichen Werbekosten in Form einer Parallele zur Mengenachse mit dem Abstand W.

3. Werden die Werbekosten so verändert, daß sie *progressiv zur Produktionsmenge ansteigen*[13]), so entsteht eine Kurve der Werbegrenzkosten, die dem vertrauten Bild der (Produktions-) Grenzkosten ähnlich ist. Dann verschiebt sich der Schnittpunkt K' = Kurve mit der Preisgeraden auf dieser nach links, und es entsteht ein neues Gewinnmaximum, das zwischen G_1 und G_2 auf dem Niveau P'_G liegen mag. Das heißt, die individuelle Absatzmenge reduziert sich von X_2 auf X_3.

Ein Vergleich zwischen Ausgangslage und den beiden Endzuständen zeigt also, daß mit Hilfe der Werbung der Preis erhöht wurde, daß eine Vermehrung der Absatzmenge auf X_3 bzw. X_2 und eine Gewinnveränderung eintrat, die in ihrem Ausmaß von der Umsatzsteigerung abzüglich der Kostensteigerung abhängt, die mit der Werbung verbunden ist. Grundsätzlich gilt auch hier, daß die Umsatzvergrößerung (mittels Werbung) so lange fortgesetzt wird, bis Grenzkosten = Grenzerlös. Dieser Punkt kann entweder vor dem ursprünglich geplanten Ziel liegen; dann ist es unter den gegebenen Umständen nicht voll zu realisieren. Oder es zeigt sich auch nach der Erreichung des Planzieles, daß eine Fortsetzung der Werbung noch lohnend ist; dann war das erreichte Gewinnmaximum nur eine erste Etappe auf dem Weg zur vollen Ausnützung aller Marktchancen.

Verläßt man das rein theoretische Modell der vollkommenen Konkurrenz und betrachtet konkrete Märkte, die diesem Modell in der Struktur nur ä h n l i c h sind, dann ergeben sich auch weitere Ansätze für eine umfassende Berücksichtigung der Werbung. Erwähnt sei vor allem ihre Funktion, die Käufer von einem bestehenden Angebot (Ort, Menge, Qualität, Preis) oder dessen Änderung zu unterrichten (Verbesserung der im Modell vorausgesetzten Markttransparenz). Diese Werbung braucht nicht nur in Form der „Gemeinschaftswerbung" betrieben zu werden, da auch der einzelne Anbieter in einem realen Konkurrenzmarkt Situationen antrifft, in denen er aus der eigenen Werbung in erster Linie einen Vorteil zieht, etwa wenn er neu in den Markt gekommen ist, oder wenn er eine preispolitische Maßnahme bekanntgibt u. ä. Allerdings wird sich eine individuelle Werbung in relativ kurzer Zeit im gesamten Markt auswirken, so daß in der Tat diese reine oder fast vollkommene Konkurrenzform in der Regel Gemeinschaftswerbung nahelegt, die darüber hinaus aber an keine spezielle Marktform, ja nicht einmal an homogene Güter oder einzelne Branchen gebunden zu sein braucht („Werbung für Konsum"). In diesem Fall verdichten sich die zahllosen Erscheinungsformen der Konsumgüter zu einem Gütersortiment, das als solches in Konkurrenz steht mit der zweiten möglichen Verwendung des Haushaltseinkommens, mit dem Sparen. Auf diese marktformfreie Werbung soll hier jedoch nicht eingegangen werden. Dagegen verdient der entgegengesetzte Fall, die Differenzierung des Angebots, eine ausführliche Beachtung.

II. Werbung und Monopol

In der traditionellen theoretischen Literatur wird der Standort der Werbung in die Monopol- und Oligopoltheorie verwiesen. Hier erlauben die gegenüber dem Modell der vollkommenen Konkurrenz weniger umfassenden Voraussetzungen auch eine Behandlung der Wirtschaftswerbung im Rahmen der aktiven Absatzpolitik des Anbieters.

Obwohl die im vorigen Abschnitt gewonnenen Erkenntnisse hinsichtlich der Werbewirkung auf die Nachfrage auch im Monopolmodell anwendbar sind, ergeben sich hier noch zusätzliche Probleme. Denn abgesehen von den sonstigen Faktoren, die den Unterschied zwischen vollkommener Konkurrenz und Monopol ergeben, liegt das für unsere Zwecke wichtigste Kriterium darin begründet, daß die Gesamtnachfrage nach dem Monopolgut identisch ist mit der individuellen Nachfrage, die dem Monopolisten entgegentritt. Mit anderen Worten: Die Unterscheidung und Zerteilung der Kurve der totalen Nachfrage in einzelne, für den Anbieter individuelle Nachfragekurven (die im Modell der vollkommenen Konkurrenz mit der Preisgeraden identisch sind und eine unendlich große Preiselastizität der Nachfrage besitzen), ist im Monopolmodell sinnlos. Damit erschließt sich der Werbung eine neue Einsatzmöglichkeit, die nicht mehr allein auf mengenmäßige Nachfrageerhöhung beschränkt zu sein braucht. Zwar wird dieses Ziel auch hier im Vordergrund stehen, daneben aber sind andere Zwecksetzungen durchaus möglich. Um für unsere weiteren Überlegungen einen Ausgangspunkt zu gewinnen, nehmen wir wiederum die Situation an, in der der Monopolist noch keine Werbung betreibt, d. h., die Nachfrage habe sich im Laufe der Zeit auf die jetzt gegebene Nachfragekurve eingestellt und die Grenzkostenkurve zeige die in der Darstellung (Abbildung 5) enthaltene Form.

Marktformen und Werbung 45

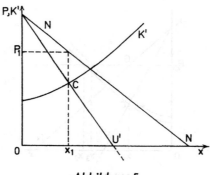

Abbildung 5

Daraus ergibt sich der Cournotsche Punkt C (aus Zweckmäßigkeitsgründen wird hier und im Folgenden der „Cournotsche Punkt" als Schnittpunkt der Grenzerlös- und Grenzkostenkurve bezeichnet) und die diesem entsprechende Absatzmenge X sowie der Preis P, U' ist die Grenzumsatzgerade zu NN. Bekanntlich sind P oder X die Aktionsparameter des Monopolisten, dessen maximaler Gewinn durch den zum Punkt C gehörigen Preis oder durch die zugehörige Menge bestimmt wird[14]).

Im Rahmen der hier angenommenen Bedingungen wird, wenn Gewinnmaximierung angestrebt wird, dem Monopolisten die Entscheidungsfreiheit gelassen, entweder durch Mengen- oder durch Preisfixierung sein Ziel zu erreichen. Diese Entscheidungs"freiheit" ist aber inhaltlich sehr ausgehöhlt; denn sie bezieht sich nur auf die Methode, die er zur Erfüllung des Zieles heranzieht. Da jeder Weg – Mengen- oder Preisfixierung – den gleichen Effekt herbeiführt, kann von „Entscheidung" im engeren Sinne nicht gesprochen werden. Der Monopolist könnte sie auch dem Zufall des Loses überlassen, der Ausgang ist in jedem Fall bekannt. Ein auf eine Strategie gestützte Politik hat in diesem Modell keinen Platz[15]).

Das ändert sich grundsätzlich, wenn die Werbung als absatzpolitisches Instrument eingeführt wird; dann ist sie nicht nur selbst echter Aktionsparameter, sondern Preis und Menge werden zu Instrumenten der Strategie, die unterschiedliche Zielsetzungen mit Variationen der instrumentalen Kombination beantworten kann. Dabei werden nur solche Fälle beachtet, die dem Ziel der Gewinnmaximierung subsumiert werden können. Das heißt, vernünftige andere Unternehmungsziele, wie Erhaltung des Marktanteils, Abwehr der möglichen Konkurrenz usw., werden zwar im praktischen Fall immer eine Rolle spielen, sie werden aber in dem hier zu behandelnden Zusammenhang unberücksichtigt gelassen.

Zunächst gehen wir davon aus, daß die Kosten der Werbung nur E i n m a l a u f w a n d darstellen, also unabhängig vom Beschäftigungsgrad sind. Damit ergibt sich die Möglichkeit, die Grenzkostenkurve unverändert beizubehalten. Unter dieser Annahme ergeben sich f o l g e n d e Z i e l s e t z u n g e n für die Werbung:

 a) Bei konstantem Preis soll die Absatzmenge vergrößert werden.
 b) Bei konstanter Menge soll der Preis erhöht werden.
 c) Sowohl Preis als auch Menge sollen erhöht werden.

Ausgangssituation ist das ohne Werbung erreichte Gewinnmaximum bei P, X.

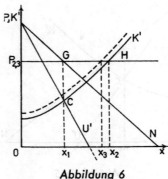

Abbildung 6

Zu a): Das Werbeziel besteht darin, die Nachfragemenge soweit zu erhöhen, bis die dadurch neu entstehende Nachfrage „kurve" die (unveränderte) Grenzkostenkurve schneidet. Voraussetzungsgemäß muß man im Punkte G eine zur Mengenachse Parallele die Nachfragegerade abbilden, die in H die Grenzkostenkurve schneidet. Ein Teil der alten und die neue Nachfragekurve bilden die gebrochene Strecke N_1 G H. Die Werbung muß also so intensiv sein, um die neue gewinnmaximierende Menge X_2 absetzen zu können. In der Werbepraxis ist diese Zielsetzung überall dort anzutreffen, wo für Waren mit festen Preisen geworben wird; am wichtigsten dürfte die Werbung für preisgebundene Markenartikel sein, obwohl hier keineswegs unterstellt wird, daß es sich dabei um ein Monopol handle. Eine Berücksichtigung der vom Beschäftigungsgrad abhängigen Werbekosten schlägt sich wiederum in einer additiven Veränderung der Grenzkosten nieder, so daß das neue Gewinnmaximum bei einer kleineren Absatzmenge X_3 erreicht wird. In diesem Fall muß die Werbung so lange fortgesetzt werden, bis die Produktions- und Werbegrenzkosten zusammen den (konstanten) Verkaufspreis ergeben.

Ein in der Werbepraxis wie in der werbewissenschaftlichen Literatur zentrales Problem ist die Frage, wie der sogenannte Werbeerfolg festgestellt und, wenn möglich, gemessen werden kann[16]. Alle bisher vorgeschlagenen Lösungen und Methoden können nicht recht befriedigen, weil unter anderem die genaue Fixierung des jeweiligen Werbezieles fehlt[17]. In unserem Fall dagegen ergibt sich aus dem Modell der Werbeerfolg exakt, und zwar in einer Maßzahl, die den Abstand zwischen erreichter Absatzmenge und der festen oder sich je nach den Grenzkostenveränderungen variierenden gewinnmaximierenden Absatzmenge mißt ($X_2 : X_1$). Dieser Index gilt nur unter den hier angenommenen Bedingungen. Die volle Zielerreichung hat dann den Wert von 1.

Zu b): Hier besteht das (autonom) gesetzte Werbeziel darin, die Nachfragenden zu einer höheren Preisbewilligung ohne Änderung ihrer Nachfrage(menge) zu veranlassen. Hinter diesem Werbeziel können in der Praxis verschiedenartige Motive stehen, z. B. Erhöhung der Produktionskosten, ungenügender absoluter Gewinn oder Ausnützung des Geltungsnutzens usw. So häufig dieser Fall in der Praxis anzutreffen ist, theoretisch enthält er einige zumindest unorthodoxe Konsequenzen. Denn wenn wir von einem gewinnmaximierenden Monopolpreis ausgehen, scheint es für den Betrieb keinen Grund zu geben, diesen Preis zu verlassen, da hier die Bedingung $U' = K'$ erfüllt ist.

Erhöhen sich die Kosten, so bestimmt sich der neue Maximalgewinn durch den neuen Cournotschen Punkt, bei dem einer Erhöhung des Preises eine Verminderung der Absatzmenge entspricht. Offensichtlich widerspricht daher diese spezielle Zielsetzung der

Preiserhöhung bei konstanter Absatzmenge dem Normalmodell, da die Bestimmung des neuen Cournotschen Punktes nicht möglich ist. Hier kann in der Tat nur eine andere Modellkonstruktion eine Lösung des Problems bieten: Aufgabe der Werbung ist in diesem Fall die Verminderung der Preis-Absatz-Elastizität im Preisbereich $P_2 - P_1$ auf Null.

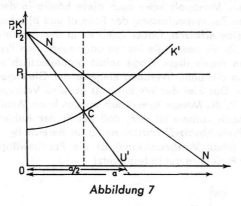

Abbildung 7

Wenn die Werbung Erfolg hat, steht einer Erhöhung des Preises P_1 um $P_1 \cdot (P_2-P_1)$ Prozent k e i n e Absatzminderung gegenüber, in diesem Bereich ist also die Nachfrageelastizität 0. Gibt es auch hier eine Limitierung der möglichen Ausdehnung analog der Mengenveränderung des Falles a)? Wenn die Werbung kostenlos betrieben werden könnte, hinge die Preisobergrenze allein vom Effekt der Werbung auf die Bereitschaft der Käufer ab, höhere Preise zu bewilligen. Sobald der Grenzertrag der Werbung (hinsichtlich Erhöhung dieser Preisbereitschaft) = 0 geworden ist, erreicht der Betrieb das absolute Limit, und es verliert jeder weitere Werbeeinsatz seinen Sinn. Praktisch wird die Obergrenze jedoch durch den erforderlichen Werbeaufwand reduziert, so daß nur so lange rentabilitätssteigernde Werbung betrieben werden kann, wie die Werbekosten niedriger sind als die durch sie verursachte Umsatzsteigerung. Das heißt, jede zusätzliche Geldeinheit für Werbung lohnt sich, solange wie $U' \geq 1$; da X konstant ist, können wir auch formulieren: Das obere Limit für die Werbekosten wird bestimmt durch die Gleichung $\Delta P = \frac{1}{X}$. Mit anderen Worten: Die Werbekosten sind produktiv, bis die Wirkung der zuletzt eingesetzten Werbemark, dividiert durch die Absatzmenge, gleich ist der dadurch verursachten Erhöhung des bewilligten Verkaufspreises. Bezeichnet man diese letzte Einheit der Werbekosten mit W', dann ergibt sich die Gleichung $\Delta P = \frac{W'}{X}$, bzw. $\Delta P \cdot X = W'$; oder auf die Einheitsabsatzmenge bezogen $P' = W'$. Will ein Monopolist bei einer Absatzmenge von 100 000 Einheiten eine Preiserhöhung von 0,10 DM erzielen, dann kann er höchstens dafür 10 000 DM ansetzen. Fraglich bleibt allerdings, ob er mit diesem Betrag sein geplantes Ziel erreicht; das aber ist ein Problem, mit dem sich unser Beitrag nicht zu beschäftigen hat. In der Praxis wird man sich häufig der „trial-and-error"-Methode bedienen müssen, um die oberste Ausschöpfungsgrenze der Marktchancen zu erreichen. Zu diesem Punkt kann also festgestellt werden, daß durch Verminderung der Preis-Absatz-Elastizität auf 0 eine Erhöhung des absoluten Gewinnmaximums bis zum Niveau $P' = W'$ möglich ist. Auch diese Strategie bedient sich also der Werbung.

Zu c): Nicht selten strebt ein Anbieter an, sowohl seinen Preis als auch seinen Absatz zu erhöhen; sei es, daß er eine Produktdifferenzierung vorgenommen hat, die höhere

Kosten verursacht und eine größere Produktionskapazität bedingte, sei es, daß er bei gleichen Umständen nur einen höheren Marktanteil erringen oder seinen absoluten Gewinn verbessern möchte.

Das Normalmodell des Monopols kann auch diese häufig in der Praxis auftretenden Fälle nicht klären. Eine Zusammenfassung der Fälle a) und b) erlaubt es uns, diese Zielsetzung modellmäßig zu erfassen. Dabei spielt es in der theoretischen Analyse keine entscheidende Rolle, ob wir zuerst die Menge oder zuerst den Preis erhöhen, während in der wirtschaftlichen Praxis diese Frage selbst problematisch sein kann. Ausgangssituation sei wiederum die ohne Werbung eingetretene Gleichgewichtslage bei P_1, X_1 und Gewinnmaximum. Das Ziel der Werbung ist es, eine Verlagerung von NN derart zu bewirken, daß bei P_2 die Menge X_2 verkauft werden kann. Analog Fall b) könnte die Lösung zunächst dadurch vorbereitet sein, daß bei X_1 der Anbieter mit der Werbung eine Reduktion der Preis-Absatz-Elastizität auf 0 im Bereich $P_2 - P_1$ hervorruft; nach erfolgreicher Aktion (ohne Werbeaufwand) ist die Preisbewilligungsbereitschaft der Käufer gestiegen, der Preis wird auf P_2 festgesetzt.

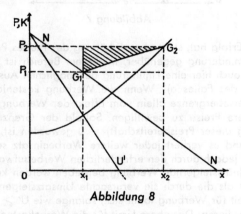

Abbildung 8

Nun folgt die Werbung der im Fall a) behandelten Zielsetzung, und es gelingt ihr, die Bedarfsintensität der Käufer so zu steigern, daß sie bereit sind, zum Preis P_2 die erhöhte Menge X_2 abzunehmen.

Ohne Berücksichtigung der Werbegrenzkosten ist bei geplanter Preiserhöhung und erfolgreicher Werbung das neue Gewinnmaximum eindeutig definiert; es liegt im Schnittpunkt der Geraden des erhöhten Preises P_2 mit der (unverändert gebliebenen) Grenzkostenkurve K'.

Ähnlich verläuft der Prozeß, wenn die Menge zuerst erhöht wird, z. B. auf X_2. Dann muß die Werbung zunächst eine Bedarfsintensivierung bewirken, deren Umfang mindestens eine Erhöhung der Nachfragemenge auf X_2 hervorruft. Dieser Menge entspricht der Preis P_2, so daß zwischen X_1 und X eine Nachfragekurve in Form der Preisgeraden auf dem Niveau von P_2 mit der Elastizität von ∞ entsteht. Auch bei dieser Methode ist das Gewinnmaximum eindeutig definiert. Rein modelltheoretisch kann der durch die Werbung ausgelöste Prozeß der Nachfrageveränderung simultan verlaufend angenommen werden. Dann bewegt sich die Nachfragekurve als Strahl von G_1 auf G_2 zu. Innerhalb des schraffierten Dreiecks G_1 H G_2 liegt, einschließlich der Begrenzungslinien, der Weg, den die Nachfrage nehmen kann, bis sie G_2 erreicht. Betrachtet man das Modell nur

Marktformen und Werbung

punktuell, das heißt ohne time-lag zwischen Werbeeinsatz und Werbeerfolg, spielt es keine Rolle, welcher Weg zuerst beschritten wird. Nimmt man jedoch an, daß eine mehr oder minder lange Zeit zwischen Werbungseinsatz und Zielerreichung erforderlich ist, so muß unter Rentabilitätsgesichtspunkten der Fall b) (= Preiserhöhung als erster Schritt) vorgezogen werden, da er einen „Anpassungsgewinn" in Höhe von $(X_2 - X_1) \cdot (P_2 - P_1) = \Delta X \cdot \Delta P$ liefert; diesen Betrag verliert der Anbieter, wenn der Fall a) (= Mengenvermehrung) zuerst gewählt wird. Zwischen 0 und $\Delta x \cdot \Delta P$ liegt der „Anpassungsgewinn", wenn simultan a) und b) eingesetzt werden; er ist $\frac{\Delta X \cdot \Delta P}{2}$, wenn die Strecke $G_1 \longrightarrow G_2$ beschritten wird.

Während der Monopolist im Normalmodell (konstante Grenzkostenkurve vorausgesetzt) nur mit einer einzigen Menge (oder einzigem Preis) das Gewinnmaximum erzielt und daher hier keine Angebotskurve vorhanden ist, läßt sich mit Hilfe der (erfolgreichen) Werbung eine solche konstruieren. In der Abbildung 8 kann die Strecke $G_1\ G_2$ als Angebotskurve, identisch mit der Nachfragekurve, aufgefaßt werden.

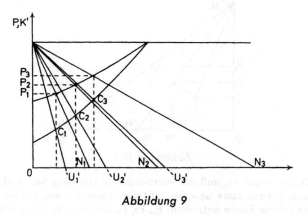

Abbildung 9

Allgemein formuliert, ergibt sich die Angebotskurve aus der Projektion der dicht beieinander gedachten Cournotschen Punkte $C_1, C_2, \ldots, C_n$ auf die zugehörigen Nachfragekurven[18]). Ferner kann man aus nachstehenden Darstellungen (Abbildungen 10 a–c) auch erkennen, wie sich die Preis-Absatz-Elastizität verändert, wenn die Werbung das jeweils gesetzte Ziel erreicht hat.

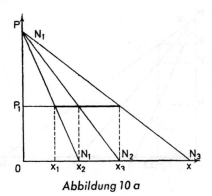

Abbildung 10 a

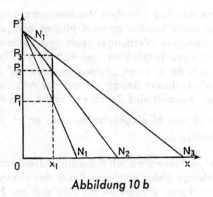

Abbildung 10 b

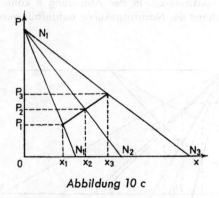

Abbildung 10 c

Durch die einfache Annahme, daß die Werbung eine Drehung der Nachfragekurve und den Scheitelpunkt S nach oben bewirke, läßt sich erkennen, wie bei konstanter Absatzmenge unterschiedliche Preise entstehen: P_1, P_2, P_3 sind die den beispielhaft ausgewählten Nachfragekurven ST_1, ST_2, ST_3 zugehörigen Preise. Auf den ersten Blick zeigt die Anwendung der Marshallschen Elastizitätsregel, wie nach dem Werbeeinsatz sich die Nachfragekurven und die Preiselastizitäten verändert haben:

$$\frac{P_1 T_1}{P_1 S} \langle \frac{P_2 T_2}{P_2 S} \langle \frac{P_3 T_3}{P_3 S};$$

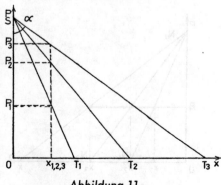

Abbildung 11

Marktformen und Werbung 51

Würde man die Werbung weiterführen und damit die Lage der Nachfragekurve weiter nach oben verändern, erhielte sie beim Preis 0 S als Parallele zur X-Achse die Elastizität von ∞. Darüber hinaus könnte ein durchaus reales Ziel darin bestehen, die Nachfragekurve noch weiter nach oben zu drehen, das heißt den ∢ α bei S über 90° hinausgehen zu lassen. Die Nachfragenden wären dann also bereit, bei höheren Preisen größere Mengen abzunehmen, was unserem Fall c) entspricht.

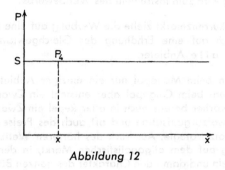

Abbildung 12

Zu beachten ist jedoch, daß bei konstantem X hier eine Preiserhöhung mittels der Werbung angestrebt wird. Das heißt, während der Werbeaktion und während der Zeit der Werbewirkung muß die Preiselastizität zwischen P_1 und P_2 und P_3 sowie zwischen P_3 und P_4 jeweils null sein, damit eine Mengenänderung durch die Nachfragenden nicht ausgelöst wird. Nach Erreichen des neuen Preises, zum Beispiel P_2 auf der neuen Nachfragekurve ST_2, ergibt sich auch eine neue Preiselastizität für den Preis P_2.

Man muß also die Elastizitätsbedingungen w ä h r e n d und nach Ende des Werbewirkungsprozesses unterschiedlich definieren. Insofern trifft die oft in der Diskussion über die Werbung geäußerte Meinung, die Werbung vermindere die Preiselastizität, nur dann zu, wenn bei konstantem Absatz eine Preiserhöhung erzielt werden soll und allein die Veränderung des Preises P_1 auf P_2 beachtet wird. Was für eine Elastizität bei P_2 aber dann tatsächlich vorliegt, hängt von den Nebenwirkungen der Werbung, ausgedrückt in der durch sie hergestellten neuen Nachfragekurve ab, auf der P_2 nur einen Punkt unter vielen darstellt.

Es würde im Rahmen dieses Beitrages zu weit führen, nun alle denkbaren Kombinationen und deren Wirkungen auf die Preiselastizität zu erfassen. Das von uns ausgeführte Beispiel möge nur als Hinweis auf die vielfältigen Möglichkeiten aufgefaßt werden.

Ebenso dürfte es sich auch erübrigen, nochmals auf die Konsequenzen hinzuweisen, die mit der Einführung der Werbegrenzkosten in unseren Modellen verbunden sind. Sinngemäß müssen sie auch hier berücksichtigt werden, wenn man variable Werbekosten annimmt.

III. Werbung im Oligopol

Obwohl im Bereich der Praxis gerade in den verschiedenen Formen des Oligopols am meisten und intensivsten die Werbung anzutreffen ist, können wir uns bei der theoretischen Analyse auf einige wenige Sonderprobleme beschränken. Entscheidender Unterschied der Strategie ist bekanntlich die Notwendigkeit für den Oligopolisten, nicht nur die Reaktionen der Käufer, sondern auch der anderen (wenigen) Mitanbieter zu berücksichtigen. Daraus ergibt sich für die Werbung eine neue Aufgabenstellung, die wir generell darin zu sehen haben, daß mit ihrer Hilfe mittels Beeinflussung der Nachfrage der Oligopolist versucht, für ihn nachteilige Handlungen der Konkurrenten zu mildern oder unwirksam zu machen und eigene konkurrenzpolitische Aktionen wirkungsvoll zu unterstützen: Werbung wird zum Instrument des Wettbewerbs!

Im vollkommenen Konkurrenzmarkt zielte die Werbung auf eine Erhöhung der Gesamtnachfrage und letztlich auf eine Erhöhung des Gleichgewichtspreises des Gesamtmarktes; es profitieren a l l e Anbieter.

Definitionsgemäß kann beim Monopol nur ein einziger Anbieter aus seiner eigenen Werbung Nutzen ziehen; beim Oligopol aber entsteht ein Zwang zur Differenzierung des Werbezieles, wie vorher bereits auch in aller Regel ein Zwang zur Differenzierung des Produktes, der Absatzorganisation und oft auch des Preises entstanden ist. Diese Komplikation der Absatzstrategie, Ausdruck des härteren Wettbewerbs, zeigt sich vor allem in der Werbung auf dem oligopolistischen Markt, in dem laufend Angriff und Verteidigung abwechseln und damit den Charakter des ganzen Bündels absatzpolitischer Maßnahmen prägen.

Zwar bleibt nach wie vor der potentielle Käufer Empfänger der Werbebotschaft, und nach wie vor bleibt die Beeinflussung der individuellen Preis-Absatz-Funktion zugunsten des betreffenden Anbieters das letzte Ziel der Werbung. Aber die eigene Werbung steht jetzt im Wettbewerb mit der Werbung des Konkurrenten, wie auch das eigene Produkt, dessen Preis und die eigene Absatzorganisation dem Konkurrenzkampf ausgesetzt sind. Es ist offensichtlich, daß die Vielfalt der Konstellationsmöglichkeiten aller strategisch wichtigen Faktoren auch die möglichen Ziele der jeweiligen Werbung und ihre konkrete Gestalt bestimmen. Für die theoretische Behandlung der Werbung im Rahmen des Oligopols lassen sich alle diese „modalen" Ziele[19]) dem „finalen" Ziel der Werbung — Beeinflussung der Nachfrage in einer dem geltenden Unternehmungsziel entsprechenden Weise — unterordnen. Welche unmittelbaren Effekte nun die Werbung auszulösen hat, ergibt sich nur aus der jeweiligen Beurteilung des Unternehmenszieles, der vorliegenden Situation und der möglichen instrumentalen Eigenschaften und Fähigkeiten der Werbung.

Unterstellen wir auch hier maximalen Gewinn als geltendes Ziel für die Unternehmung, so können wir die Ergebnisse unserer früheren Überlegungen zunächst auch auf das Oligopol-Modell übertragen. Den Schwierigkeiten des Konkurrenzeinflusses begegnen wir dadurch, daß wir entweder v o l l e n Erfolg der Werbung unterstellen oder annehmen, daß dieser volle Erfolg wegen der zusätzlichen Abwehraufgaben gegenüber der Konkurrenz nur mit erhöhten Kosten bewirkt werden kann. Dann ergeben sich in dieser Phase der Analyse keine grundsätzlich anderen Erkenntnisse, als sie für den Fall der vollkommenen Konkurrenz und des Monopols gewonnen wurden. Hinsichtlich der Zielrichtung und Auswirkungen der Werbung stehen auch im Oligopol die „modalen" Z i e l e

    a) Preiserhöhung bei konstantem Absatz,
    b) Absatzerhöhung bei konstantem Preis und
    c) Preis- und Absatzerhöhung

im Vordergrund.

Marktformen und Werbung

Aber der beim Monopol behandelte Sonderfall, nämlich Preissenkung mit Absatzerhöhung erhält in der Marktform des Oligopols eine zumindest ebenso wichtige Bedeutung wie die unter a), b) und c) genannten Fälle. Auch unter theoretischen Gesichtspunkten verdient er besonderes Interesse, da er mit der geknickten Nachfragekurve (kinky demand-curve) in Verbindung gebracht werden kann. Sehr wahrscheinlich weiß jeder Oligopolist, daß bei einer von ihm ausgehenden Preissenkung die Konkurrenten ebenfalls ihre Preise herabsetzen würden; unbekannt bleibt jedoch, in welchem Umfang die anderen Anbieter den Preis vermindern werden. Durchaus realistisch ist die Annahme, daß sie stärker den Preis reduzieren werden und daß dadurch eine Abwanderung von Käufern zu ihnen ausgelöst wird, die die Absatzmenge reduziert, die der erste Oligopolist als Folge seiner Preisminderung angenommen hat.

Erwartet er zum Beispiel eine Absatzerhöhung von X_1 auf X_2 bei einer Preissenkung von P_1 auf P_2, so könnte es sein, daß er tatsächlich aber nur ein seiner Planung nicht genügendes $X_3 < X_2$ erzielt.

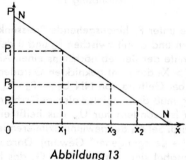

Abbildung 13

Wegen der Unsicherheit über die Auswirkungen einer preispolitischen Aktivität entstehen labile Gleichgewichte in realen Oligopolmärkten, die keineswegs dem gewinnmaximierenden Gleichgewicht etwa des Monopolmodells zu entsprechen brauchen[20].

Die Unsicherheit und das daraus entstehende Risiko ließe sich vermeiden, wenn der eine aktive Preispolitik planende Oligopolist s i c h e r wüßte, daß alle konjektural angenommenen Mengen – seine Preis-Absatz-Funktion – auch dann abgesetzt würden, wenn seine Konkurrenten auf eine von ihm vorgenommene Preissenkung mit einer größeren Senkung ihrer Preise antworten.

Mit anderen Worten: Aufgabe der Werbung wäre es in diesem Fall, die Käufer für die eigene Preisminderung „preisbewußt" gemäß geplanter Preis-Absatz-Kurve zu machen, ihnen aber gleichzeitig eine weitergehende Preissenkung der Konkurrenzgüter als zum Beispiel angebliche Folge von Qualitätsminderung, Einschränkung des Service, ruinöse Konkurrenz usw. einzuprägen. Hat die Werbung Erfolg, dann schafft sie Präferenzen für das eigene Gut und „negative" Präferenzen bei den Konkurrenzgütern, so daß die Nachfrage für das eigene Gut sich gemäß erwarteter Preiselastizität reduziert wird, wenn der Konkurrenzpreis stärker, als den eigenen Planungen zugrunde gelegt, fallen sollte. Durch diese Stoßrichtung kommt deutlich der defensive Charakter dieser Werbeaktion zum Ausdruck, auch dann, wenn sie in der täglichen Praxis außerordentlich aggressiv aufzutreten scheint.

Auch hier läßt sich relativ leicht am Modell nachweisen, welche Werbeaufwendungen für diesen Zweck ohne Beeinträchtigung des Gewinnes bereitgestellt werden können.

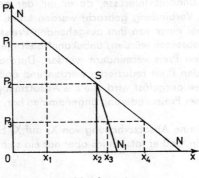

Abbildung 14

Würde ohne Werbung eine unter P_2 hinausgehende Preissenkung zum Knick der Nachfragekurve NN bei S führen und damit zwischen P_2 und 0 den dann geltenden Kurvenabschnitt SN_1 schaffen, könnte der Betrieb höchstens einen Absatz von X_3 beim Preis P_3 realisieren, gegenüber $X_4 > X_3$ der nicht geknickten Geraden NN. Der Umsatz beträgt $P_3 \cdot X_3 = U_3$, während er bei Geltung von NN $U_4 = P_3 \cdot X_4$, $X_4 > X_3$ betragen hätte. Ohne Einsatz der Werbung muß der Anbieter also befürchten, daß sein geplanter Umsatz U_4 nicht zu erreichen ist, sondern nur U_3, das heißt eine Umsatzminderung von $U_4 - U_3 = \Delta U$, eintreten wird. Sei N_4 der gewinnmaximierende Umsatz, so gehört zu ΔU ein entsprechendes $-\Delta G$ (= „entgangener" Gewinn). Daraus ergibt sich, daß Werbeaufwendungen solange rentabel sind, als sie $\leq -\Delta G$; das heißt, $W' = P - K'$ würde die äußerste Grenze der Werbeaufwendungen in diesem Falle darstellen.

Schlußbemerkungen

Wie bereits erwähnt, konnten in diesem Beitrag nur einige wenige Probleme der Werbung und ihrer Beziehungen zu Marktformen behandelt werden. Vor allem mußten wir es uns versagen, auf Probleme realer Märkte näher einzugehen. Abschließend sei jedoch noch ein Aspekt erwähnt, der mit zu den bedeutungsvollsten aktueller Werbung gehören dürfte.

Wenn wir unsere Definition der Werbung auf die Veränderung der Nachfragekurve ausrichten, so scheint eine Zielsetzung konkreter Werbemaßnahmen damit nicht erfaßt zu sein, nämlich Änderung der Marktform selbst, im Idealfall Herstellung eines monopolartigen Zustandes („Meinungsmonopol"), um aus einer wenig befriedigenden Marktsituation auszubrechen. Tatsächlich aber ist auch dieses Werbeziel unserer Definition zu subsumieren, da die Schaffung von Präferenzen für das geworbene Gut oder eine Veränderung der Nachfrageelastizität inhaltlich unter den Begriff „Veränderung der Nachfrage" fällt. Nur über diesen (Um-)Weg könnte ein Anbieter – abgesehen von der Wirkung aller anderen Strategien – mittels der Werbung eine Änderung der Marktform herbeiführen. Welches Ziel die Unternehmung auch zu erreichen sucht, die Werbung selbst hat immer nur instrumentalen, modalen Charakter; ob die Nachfrageänderung aber finaler Zweck ist, kann nicht generell, sondern nur kasuistisch entschieden werden.

Quellenangaben:

[1]) Vgl. Gutenberg, E.: Grundlagen der Betriebswirtschaftslehre, 2. Band, Der Absatz, 8. Aufl., Berlin, Heidelberg, New York 1965, S. 408–496, S. 53 f., S. 496 ff.

[2]) Vgl. z. B. Arndt, H.: Mikroökonomische Theorie, Band I (Marktgleichgewicht) und Band 2 (Marktprozesse), Tübingen 1966.

[3]) Vgl. Chamberlin, Ed.: The Theory of Monopolistic Competition, Cambridge (Mass.) 1933; von Stackelberg, H.: Theorie der Vertriebspolitik und der Qualitätsvariation, Schmollers Jahrbuch, Band 63/I, Berlin 1939, S. 43–85; Abbot, L.: Qualität und Wettbewerb, Berlin und München 1958. Vgl. insbes. Vosgerau, H. J.: Monopol und Werbung, Zeitschrift für die gesamte Staatswissenschaft, Bd. 116, Tübingen 1960; Klatt, S.: Die Qualität als Objekt der Wirtschaftswissenschaft, Jahrbuch für Sozialwissenschaft, Band 12, Heft 1, Göttingen 1961, S. 19–57. In diesen Aufsätzen sind weitere umfangreiche Literaturangaben über dieses Gebiet enthalten.

[4]) Vgl. die Begriffsbestimmungen bei Bergler, G.: Werbung als Mittler zwischen Angebot und Nachfrage. In: Beiträge zur Absatz- und Verbrauchsforschung, Nürnberg 1957, S. 158 ff.; Domizlaff, H.: Die Gewinnung des öffentlichen Vertrauens, 2. Aufl., Hamburg 1951, S. 13–25, S. 35–43, S. 67–76; Gutenberg, E.: a. a. O., S. 408 ff.; Kropff, H. F. J.: Wörterbuch der Werbung, Essen 1959, S. 389/390; Mataja, V.: Die Reklame, 4. Aufl., München u. Leipzig 1926, S. 11/12; Paneth, E.: Grundriß der kaufmännischen Reklame und des Reklamerechts in Deutschland und Österreich, München und Berlin 1927, S. 3/4; Redlich, F.: Reklame (Begriff, Geschichte, Theorie), Stuttgart 1935, S. 2; Seyffert, R.: Wirtschaftliche Werbelehre. In: Die Handelshochschule, Wiesbaden 1951, S. 5; Schäfer, E.: Ansatzpunkte zu einer Rationalisierung in der Absatzwirtschaft, Anhang zu „Die Aufgabe der Absatzwirtschaft", S. 164; ders., Grundfragen einer Wirtschaftslehre der Reklame. In: Festschrift für Eugen Schmalenbach, Leipzig 1933.

[5]) Vgl. Gutenberg, E.: Grundlagen der Betriebswirtschaftslehre, 1. Band, Die Produktion, 11. Aufl., Berlin, Heidelberg, New York 1965, S. 290 ff.

[6]) Vgl. Streißler, E.: Die gesamtwirtschaftlichen Funktionen der Werbung, Zeitschrift für Nationalökonomie, Band XXV, Heft 3–4, 1965, S. 243 ff. Vgl. aber dazu auch die Gedanken, die Karl Bücher schon 1918 angestellt hat. (Die Entstehung der Volkswirtschaft, Die wirtschaftliche Reklame, Tübingen 1918, S. 205 ff.).

[7]) Vgl. Gutenberg, E.: Der Absatz, a. a. O.; Schäfer, E.: Absatzwirtschaft. In: Handbuch der Wirtschaftswissenschaften, Band I, Betriebswirtschaft, 2. Aufl., Köln und Opladen 1966, S. 330 ff.

[8]) Vgl. dazu im einzelnen Gerth, E.: Die Bedeutung des Verbrauchsnutzens für den Absatz, Berlin 1965, insbes. S. 91–116.

[9]) Vgl. Wilhelm, H.: Werbung als wirtschaftstheoretisches Problem, Berlin 1961, S. 60 ff.

[10]) Vgl. Chamberlin, E.: a. a. O.; Cournot, A.: Recherches sur les principes mathématiques des richesses, Paris 1838; Eucken, W.: Grundlagen der Nationalökonomie, 6. Aufl., Berlin, Göttingen, Heidelberg 1950; Ott, A. E.: Marktform und Verhaltensweise, Stuttgart 1959; Recktenwald, H. C.: Zur Lehre von den Marktformen. In: Weltwirtschaftliches Archiv, Band 67/II, 1951; Robinson, J.: The Economics of Imperfect Competition, 2. Aufl., London 1933; Sraffa, P.: The Laws of Returns under Competitive Conditions. In: Economic Journal, Band 36, 1926; Schneider, E.: Einführung in die Wirtschaftstheorie, II. Teil, Wirtschaftspläne und wirtschaftliches Gleichgewicht in der Verkehrswirtschaft, 8. Aufl., Tübingen 1963; von Stackelberg, H.: Grundlagen der Theoretischen Volkswirtschaftslehre, Bern 1948; ders., Marktform und Gleichgewicht, Wien 1934; Stavenhagen, G.: Geschichte der Wirtschaftstheorie, 2. Aufl., Göttingen 1957, S. 306 ff.; Steinbrück, K.: Vom unvollkommenen Markt zur heterogenen Konkurrenz, Mainz, 1954; Willeke, R. J.: Marktformen. In: Handwörterbuch der Sozialwissenschaften, 7. Band, Stuttgart, Tübingen, Göttingen 1961.

[11]) Vgl. Korndörfer, W.: Die Aufstellung und Aufteilung von Werbebudgets, Stuttgart 1966, S. 57 ff.

[12]) Vgl. ebenda, S. 61 f.

[13]) Vgl. ebenda, S. 65 ff.; Gutenberg, E.: Der Absatz, a. a. O., S. 459 ff.

[14]) Vgl. Schneider, E.: Einführung in die Wirtschaftstheorie, II. Teil, a. a. O., S. 329.

[15]) Vgl. dazu die spieltheoretische Behandlung eines Duopolfalles bei Burger, E.: Einführung in die Theorie der Spiele, Berlin 1959, S. 21 f. und S. 30 ff.

[16]) Vgl. Gutenberg, E.: Der Absatz, a. a. O., S. 485 ff.; Jaspert, F.: Methoden zur Erforschung der Werbewirkung, Stuttgart 1963; Korndörfer, W.: a. a. O., S. 97 ff.; Machill, H.: Der heutige Stand der Werbeerfolgskontrolle, Nürnberg 1960; Sundhoff, E.: Die Ermittlung und Beurteilung des Werbeerfolges. In: Betriebswirtschaftliche Forschung und Praxis, 6. Jg., 1954; Strauß, G.: Grundlagen und Möglichkeiten der Werbeerfolgskontrolle, Berlin 1959.

[17]) Vgl. Korndörfer, W.: a. a. O., S. 57 ff.

[18]) Vgl. Zeuthen, F.: Economic Theory and Method, Cambridge (Mass.) 1955, S. 271 ff.; ders.: Kosten und Wirkungen der Reklame in theoretischer Beleuchtung, Archiv für mathematische Wirtschafts- und Sozialforschung, Leipzig 1935, S. 161 ff.

[19]) Vgl. Lowe, A.: On Economics Knowledge, New York and Evanston 1965, S. 14–17.

[20]) Vgl. Schneider, E.: Einführung in die Wirtschaftstheorie, II. Teil, S. 347 f.

Werbung und Markttransparenz

Von Dipl.-Volkswirt Hans-Otto Schenk,
Berlin

I. Markttransparenz

Markttransparenz*)[1]) ist Ausdruck der Informiertheit, der Übersicht über die marktrelevanten Daten seitens der Marktteilnehmer. Sie erstreckt sich sowohl auf S t r u k t u r d a -
t e n bestimmter Märkte, wie zum Beispiel Gütermengen und -qualitäten, Dienstleistungen, Preise und Konditionen, Bezugs- und Absatzwege, Zahl und Verhalten der Marktteilnehmer, als auch auf P r o z e ß d a t e n , wie z. B. Mengen-, Qualitäts-, Preis-, Verhaltensänderungstendenzen, Geschmackswandel usw.

Diese Übersicht über die marktrelevanten Daten ist die Grundlage aller einzelwirtschaftlichen Planung und aller rationalen Wahlakte. Mit zunehmender Markttransparenz mindert sich das Risiko wirtschaftlicher Fehlentscheidung. Für den Anbieter marktbewerteter Güter und Dienste bedeutet Markttransparenz vor allem die Kenntnis der Nachfragestruktur, der Konkurrenzangebote und der Absatzwege auf dem jeweiligen Markt, für den Nachfrager die Kenntnis der Angebotsstruktur und der Beschaffungswege. Markttransparenz ist somit zunächst Ausdruck einer individuellen Beziehung zwischen dem einzelnen Marktteilnehmer – Unternehmen, Haushalt oder Staat – und dem relevanten Markt. Als subjektive Kategorie ist diese M a r k t ü b e r s i c h t zu unterscheiden von der Markteigenschaft der M a r k t ü b e r s i c h t l i c h k e i t , einer objektiven Kategorie[2]).

Aus dem Wesen des Marktes, des organisierten Leistungsaustausches zwischen mehreren Anbietern und mehreren Nachfragern, mindestens jedoch einem Anbieter und mehreren Nachfragern (Monopol) oder einem Nachfrager und mehreren Anbietern (Monopson), folgt darüber hinaus die überindividuelle, gesamtwirtschaftliche Bedeutung der Markttransparenz.

Im Bereich der U n t e r n e h m e n ist in der Regel die Kenntnis zweier Märkte erforderlich: die Kenntnis der vorgelagerten (Beschaffungs-)Märkte und die der nachgelagerten (Absatz-)Märkte. Besonders deutlich zeigt sich diese Bipolarität bei den Handelsunternehmen. Sie überbrücken systematisch die räumlichen, zeitlichen, sachlichen und persönlichen Spannungen (K. Oberparleiter) zwischen vor- und nachgelagerten selbständigen

---

*) Die im Text laufend numerierten Quellenangaben sind am Schluß des Aufsatzes zitiert.

Einzelwirtschaften, Produktionsunternehmen und Haushalten oder wiederum Produktionsunternehmen. Indem Handelsunternehmen Beschaffungsmärkte für Warenverwender und Absatzmärkte für Warenhersteller organisieren, schaffen sie Markttransparenz auf einzelnen „Bedarfsmärkten" (H. Arndt). Bezeichnenderweise spricht Oberparleiter von der „Werbefunktion" des Handels[3].

Im Bereich der H a u s h a l t e – und zwar der privaten Haushalte; die öffentlichen Haushalte (Staat) treten in der Marktwirtschaft nur ausnahmsweise als aktiver Marktpartner auf – spielt in der Regel nur die Übersicht über Beschaffungsmärkte eine Rolle. Diese Übersicht ist jedoch mit zunehmender Zahl von Anbietern, Waren und Dienstleistungen sowie äußerst differenzierter Qualitäts- und Preisabstufungen für den einzelnen Haushalt oder Verbraucher immer schwieriger geworden. Für die Erlangung von Marktübersicht namentlich auf seiten der Verbraucher spielt dabei die moderne Wirtschaftswerbung[4] eine so erhebliche Rolle, daß einige Theoretiker die Untersuchung der Zusammenhänge zwischen Werbung und Markttransparenz bereits ausschließlich auf die Käufer- bzw. Nachfrageseite begrenzen[5].

II. Vollständige und unvollständige Markttransparenz

Als Ausdruck subjektiver, mehr oder weniger umfassender Kenntnis der relevanten Marktdaten ist Markttransparenz zwangsläufig g r a d u e l l v e r s c h i e d e n. Dennoch tauchen in der wissenschaftlichen Diskussion immer wieder die theoretischen Grenzfälle v o l l s t ä n d i g e r M a r k t t r a n s p a r e n z – Übersicht über a l l e Struktur- und Prozeßdaten – und v o l l s t ä n d i g e r M a r k t i n t r a n s p a r e n z – Kenntnis k e i n e s der planungsnotwendigen Marktdaten – auf. Beide Grenzfälle sind jedoch sogenannte Leerformeln und letztlich nicht einmal denkbar. Da die für planvolles ökonomisches Handeln ausschlaggebenden Tatsachen stets in der Gegenwart und der näheren oder ferneren Zukunft liegen, muß sich auch die Annahme vollständiger Markttransparenz auf die Zukunft beziehen und wird damit zur Annahme vollkommener Voraussicht. Bei vollkommener Voraussicht müßte sich das Handeln eines Wirtschaftssubjekts an der Kenntnis der zukünftigen Handlungen aller anderen orientieren. Es könnte also erst determiniert sein, wenn die zukünftigen Handlungen aller anderen bekannt wären. Da diese Bedingungen für alle Marktteilnehmer gelten, müßten praktisch die Handlungen aller determiniert sein, ehe sie determiniert sein könnten, eine offensichtlich sinnlose Annahme[6]. Daß die völlige Unkenntnis eines Marktes und seiner Daten keine Basis für wirtschaftliches Handeln der Marktteilnehmer darstellen kann, leuchtet unmittelbar ein. (Das schließt freilich den Fall nicht aus, daß Nichtmarktteilnehmer, Marktaußenstehende, zwar von der Existenz bestimmter Märkte wissen, von den relevanten Daten jedoch keinerlei Kenntnis erlangen oder erlangen wollen, wie es etwa auf Waren- oder Wertpapierbörsen, auf dem Kunstmarkt oder auf sog. „schwarzen Märkten" oft der Fall ist.) In Wirklichkeit setzt jeder Markt tatsächlich und logisch begrenzte, u n v o l l s t ä n d i g e T r a n s p a r e n z, einen mehr oder weniger hohen Grad an Marktübersicht für die Beteiligten voraus. Die Wirtschaftssubjekte bedürfen stets irgendeines positiven Grades von Wissen über die zukünftige Struktur des Marktes und das Verhalten der Marktteilnehmer.

Die Annahme vollständiger Markttransparenz könnte derart modifiziert werden, daß ihre gesamtwirtschaftliche Irrelevanz zwar zugestanden, aber ihr Zutreffen im einzelwirtschaftlichen Ausnahmefall nicht ausgeschlossen wird. Für den Fall etwa, daß ein Marktteilnehmer tatsächlich eine umfassende Kenntnis aller Struktur- und Prozeßdaten „seines" Spezialmarktes besäße, ließe sich nur sagen, daß diese Kenntnis zwar Orientierungshilfen zum rationalen Wahlakt liefert, daß sie jedoch nicht per se die optimale Entscheidung garantiert. Die „Richtigkeit" der Wahlhandlung kann nur ex post beurteilt werden. Sie ist das Ergebnis umfassender Marktkenntnis u n d individueller Erprobung. Dem Zigarettenraucher mag der inländische Zigarettenmarkt vollständig transparent erscheinen, zumindest was Sortenzahl, Preislagen und Beschaffungswege betrifft. Dennoch läßt ihn erst der auf Erprobung beruhende Nutzenvergleich die Richtigkeit seiner Marktentnahme ermessen.

Wenn die Vorstellung vollständiger Markttransparenz („perfect knowledge") in der klassischen und neoklassischen Nationalökonomie lange Zeit eine zentrale Rolle gespielt hat, so nur als gedankliche Hilfskonstruktion, als eine Modellprämisse unter vielen, zur Erklärung der Gleichgewichtspreis- und -mengenbildung auf idealen, vollkommenen Märkten. Vor diesem Hintergrund wird auch verständlich, daß den Unvollkommenheitsfaktoren auf allen Märkten wenig Beachtung oder eine abwertende Beurteilung zuteil wurde. Noch Alfred M a r s h a l l kritisierte Werbung als gesellschaftliche Verschwendung („social waste"), als ein die ideale Marktbeweglichkeit störender Faktor. Erst die grundlegenden Arbeiten von S r a f f a , T r i f f i n , R o b i n s o n , C h a m b e r l i n , S c h u m p e t e r und M o r g e n s t e r n brachten einen Wandel[7]). Sie haben erstmalig geklärt, daß die moderne Wettbewerbswirtschaft weder durch Homogenität der Güter noch durch unendlich große Anpassungsgeschwindigkeit, völlig rational handelnde „homines oeconomici", atomistisch-machtlose Angebots- und Nachfragestrukturen, Präferenzenlosigkeit oder vollständige Markttransparenz gekennzeichnet ist. Im Gegenteil: die Wirtschaftssubjekte leben in einer „Welt von Monopolen" (J. Robinson) und lassen sich in ihrem Verhalten zu einem großen Teil durch nicht exakt bestimmbare Einflüsse irrationaler Art und Imponderabilien leiten. Die Wettbewerbsbeziehungen der Anbieter untereinander sind in dieser Situation nur in den seltensten Fällen durch machtlose Preis- und Mengenanpassung oder alle Marktdaten willkürlich setzendes Monopolverhalten gekennzeichnet. Vielmehr hält ein permanenter Kampf um Marktanteile, das erfolgreiche Durchsetzen neuer Kombinationen (Schumpeter), neuer Waren, neuer Organisationsformen, neuer Absatzwege den Wettbewerbsprozeß in dauernder Bewegung: monopolistische Konkurrenz (Chamberlin). Die Aussicht, durch eine vom Markt honorierte Neukombination der Produktionsfaktoren „Unternehmerrenten", einen Gewinn zu erzielen, ruft ständige Datenänderungen auf den Märkten hervor – und zwar unter der Voraussetzung unvollständiger Markttransparenz. Sobald Nachahmer „scharenweise auftreten", die Unternehmerrente zum Verschwinden bringen, gleichzeitig die Markttransparenz erhöhen, ergibt sich die Notwendigkeit zu unternehmerischer Reaktion und abermaliger Neukombination der Produktionsfaktoren. Bei der immerwährenden marktwirtschaftlichen Unternehmeraufgabe, einen Marktvorsprung gegenüber den Konkurrenten zu erlangen oder zu verteidigen, spielen namentlich Preis- und Qualitätswettbewerb eine Rolle. Beide stoßen jedoch bald auf Grenzen: die Preispolitik auf kostenbedingte Preisuntergrenzen, die Qualitätspolitik auf Homogenisierungstendenzen des Substitutionsgüterangebots und produktionstechnisch begrenzte Möglichkeiten tatsächlicher Produktdifferenzierung. Hier nun setzt die Werbung ein. Mit ihrer Hilfe ist es möglich, Präferenzen und subjektive Produktdifferenzierungen zu schaffen.

III. Monopolisierung und Manipulation durch Werbung?

Gleichgültig, ob Werbung ein neues Produkt, einen neuen Preis, einen neuen Absatzweg, kurz: neue Marktdaten den Marktpartnern „annoncieren" will, oder ob auf bereits eingeführte Produkte, bestehende Preise oder Absatzwege hingewiesen werden soll – stets bleibt das Hauptziel gleich: „Herabsetzung der Elastizität der Nachfrage nach dem betreffenden Gut einerseits und die Ausdehnung der Nachfrage andererseits" (Eisermann)[8]. Was volkswirtschaftlich als Mittel monopolistischer Konkurrenz interpretiert wird, stellt betriebswirtschaftlich ein wirksames selbständiges „absatzpolitisches Instrument" (Gutenberg) dar. Von den Unternehmern wird Werbung in der Absicht eingesetzt, „die Absatzbedingungen eines Unternehmens oder einer Gruppe von Unternehmen möglichst günstig zu gestalten[9])". Euckens Wort vom „universalen Hang zur Monopolbildung[10])" gilt auch im Bereich der Werbung. Dabei besitzt dieses absatzpolitische Instrument zumindest potentiell die Fähigkeit, einem Unternehmen kurzfristig und prinzipiell unabhängig von Warenqualität, Preis, Zahl der Konkurrenten usw. eine monopolähnliche Stellung in der Meinung der Käufer zu verschaffen, die mit dem anschaulichen, aber umstrittenen Begriff „Meinungsmonopol" gekennzeichnet wird[11]). So kann generell gesagt werden: Werbung als absatzpolitisches Instrument dient den Unternehmen zur Monopolisierung und – dementsprechend – der Meidung von Markttransparenz. Jeder Unternehmer wirbt grundsätzlich für seine Leistungen und nicht für die seiner Konkurrenten. Das gilt selbst für die – in der Bundesrepublik allerdings nicht erlaubte – vergleichende Werbung. Wird ein Markt „unvorteilhaft übersichtlich" („uncomfortably perfect"), wie J. Robinson sagt, dann kann es betriebswirtschaftlich geraten erscheinen, Werbung bewußt zur Verminderung der Markttransparenz einzusetzen. Es hieße jedoch die Bedeutung der Wirtschaftswerbung für die Konsumenten verkennen, wollte man sie allein nach ihrer betriebswirtschaftlichen Motivation beurteilen. Die volkswirtschaftliche Wirkung ist der einzelwirtschaftlichen Motivation entgegengesetzt. Indem j e d e r Anbieter in irgendeiner Form und in durchaus monopolistischer Absicht für sein Erzeugnis wirbt, resultiert am Markt genau das, was der einzelne Anbieter zu mindern bzw. zu meiden trachtet: Markttransparenz. Das Ausmaß an zuverlässiger Produktinformation mag immer unzulänglich sein und der Kritik unterliegen. Dennoch ist nicht zu bezweifeln, daß Werbung in allen ihren Erscheinungsformen „the principle source of information available to consumers" darstellt. Zu diesem Ergebnis gelangte bereits 1942 die bislang umfangreichste empirische Untersuchung über die Wirkungen der Wirtschaftswerbung von Neil H. Borden[12]).

Zu wettbewerbstheoretischen Bedenken gegenüber Monopolisierungstendenzen durch Werbung gesellen sich mit zunehmendem Raffinement der Werbemethoden kulturkritische Warnungen vor der totalen Manipulation des Verbrauchers durch „Suggestionsreklame" (mit der dann Werbung schlechthin identifiziert wird). In der Tat haben Gefühle, Strebungen, Wünsche, Abneigungen und unwägbare Verhaltensmomente unmittelbar Eingang gefunden in moderne Werbungsmethoden und -stile. Namentlich die intensive Verbrauchsforschung Wilhelm Vershofens hat der Werbung neue Impulse gegeben; denn nicht allein bestimmt der stofflich-technische „Grundnutzen" eines Konsumgutes die Kaufentscheidung, sondern auch – und nicht selten in ausschlaggebendem Maße – der seelischgeistige „Zusatznutzen". Letzterer kann sowohl gesellschaftlich („Geltungsnutzen") als auch persönlich („Erbauungsnutzen") motiviert sein und als „Erbauungsnutzen" wiederum aus Leistung oder aus Wertung (ästhetischer oder ethischer Art) herrühren[13]). Diese Erkenntnisse der sogenannten Nürnberger Schule sowie die gesamte psychologische Forschung, insbesondere der gestalt- und der tiefenpsychologischen Richtungen, haben die Methoden der modernen Werbung in entscheidender Weise beeinflußt. Durch die Einbeziehung subjektiver Imponderabilien, unsachlicher Werbeargumente, „unthematischer Informationen" (Brückner) rückte sie in die bedrohliche Nähe reiner Suggestion und Manipulation. Wiederum ist davor zu warnen, die Bedeutung suggestiver Elemente in der Werbung zu überschätzen und die informatorische Funktion auch psychotaktisch angelegter Werbung zu unterschätzen. Es zeigt sich nämlich immer wieder, daß die „geheimen Verführer" (Packard) stets zugleich Gegenkräfte auslösen: Gegenwerbung, Abwehr- und

Trotzreaktionen bei den Umworbenen, Maßnahmen der Verbraucherberatung, Warentests usw. Im übrigen eröffnet gerade ein (von den Verbrauchern als solches empfundenes) Übermaß an unsachlicher, informationsarmer Werbung den Unternehmen die Chance, sich durch betont sachliche, überwiegend auf den Grundnutzen zielende Werbeinformationen um so erfolgreicher von den Konkurrenten abzuheben. Daß die Verbraucher mit zunehmender Warenfülle und zunehmendem Raffinement der Werbung sich oft eher verwirrt als informiert fühlen, kann nicht bezweifelt werden. Andererseits verliert die These vom entmündigten oder gar manipulierten Verbraucher ihre Überzeugungskraft, wenn man sie „beim Worte nimmt." Entmündigung und Manipulierbarkeit setzen Willenlosigkeit des Verbrauchers voraus, und zwar künstlich erzeugte Willenlosigkeit, nicht die natürliche des kranken oder infantilen Menschen. Daß die moderne Wirtschaftswerbung die Umworbenen willenlos der Suggestion erliegen lassen könne, ist in dieser allgemeinen Form nicht haltbar[14]). Wie eigenwillig der Verbraucher reagieren kann, hat Ende der 50er Jahre die Ford-Corporation in den USA erleben müssen: Trotz sorgfältiger Marktforschung und eines aufwendigen Reklamefeldzuges war dem Absatz des neuen Typs „Edsel" ein völliger Mißerfolg beschieden – und dies durchaus in einer allgemeinen Automobilhochkonjunktur. Den Ausschlag gibt immer noch die Konsumentensouveränität, zu verstehen als die Dispositionsfreiheit im Rahmen eines gegebenen Warenangebots und des das Existenzminimum überschreitenden verfügbaren Einkommens. Daher sind es auch nicht das Ausmaß, die Formen und die Methoden der Werbung, sondern „die Verbraucher sind es, die die einen reich und die anderen arm machen" (von Mises)[15]).

IV. Funktionalbeziehungen zwischen Werbung und Markttransparenz

Es konnte gezeigt werden, daß unvollständige Markttransparenz V o r a u s s e t z u n g jeglicher Werbung ist. Darüber hinaus besteht jedoch zwischen Werbung und Markttransparenz eine spezifische F u n k t i o n a l b e z i e h u n g. Werbung wirkt unmittelbar auf die Markttransparenz ein, und Markttransparenz induziert ihrerseits unter bestimmten Bedingungen Werbung.

Einerseits muß Werbung selbst als eine Bestimmungsgröße (unter vielen anderen) der Transparenz eines relevanten Marktes angesehen werden. Sie versorgt den Marktpartner wie auch den Konkurrenten gleichsam mit G r u n d i n f o r m a t i o n e n, die durch zusätzliche Marktforschung, Beratung, Tests, Erprobung usw., also durch Z u s a t z i n f o r m a t i o n e n, vervollständigt werden können. Eine Volkswirtschaft o h n e diese Grundinformation wäre kaum denkbar, jedenfalls nicht in ihrer modernen Spezialisierung und Arbeitsteilung. Allein die Kosten der Information, die dann erforderlich würden, veranschaulichen den (kaum meßbaren) Nutzen der Versorgung mit Grundinformationen durch Werbung. Es liegt auf der Hand, welche Informationskosten der Verbraucher zu tragen hätte, wenn er selbst sich einen Überblick über die Produzenten von Zahnpasta, von Konfektionskleidung, Kühlschränken usw., über ihre Erzeugnisse und deren Preise verschaffen müßte! Das gleiche gilt für die Hersteller sowohl von Investitions- als auch von Konsumgütern. (Zur Veranschaulichung: Die Firma Daimler Benz AG steht allein mit rund 15 000 Zulieferern in Verbindung.) Je nachdem, ob mehr oder weniger Anbieter werbend auf ihre Waren und Dienstleistungen hinweisen und je nachdem, ob ihre Werbebotschaften mehr oder weniger informativ gestaltet sind, stellt sich als gesamtwirtschaftliche Folge ein größerer oder kleinerer Grad von Markttransparenz ein. Entsprechend kann m a r k t t r a n s p a r e n z f ö r d e r n d e, m a r k t t r a n s p a r e n z m i n d e r n d e und m a r k t t r a n s p a r e n z n e u t r a l e Werbung unterschieden werden.

Andererseits wirkt der Grad von Markttransparenz wieder auf die Werbung zurück. Auf Märkten, die durch ein hohes Maß an Transparenz – Übersicht über das Gesamtangebot u n d Erprobung – gekennzeichnet sind, kann markttransparenzneutrale oder sogar -mindernde Werbung eingesetzt werden, wie weithin auf den Produktmärkten für Mineralöle, Benzin, Waschmittel und Zigaretten festgestellt werden kann. Auf derartigen Märkten wird die Funktionalbeziehung so eng, daß der einzelne Werber mit unmittelbarer Reaktion der Konkurrenten zu rechnen hat, die sogar die gleiche Werbestrategie übernehmen, um die neuartige subjektive Produktdifferenzierung zu neutralisieren (vgl. die „Welle" von lotterieähnlichen Werbeaktionen der großen Mineralölgesellschaften Anfang 1968 in der Bundesrepublik). Mit zunehmender Markttransparenz und mangelnder Möglichkeit der objektiven Produktdifferenzierung nimmt folglich die Notwendigkeit des „citius, fortius, altius" in der Werbung zu – ein innerer Zusammenhang, der scheinbar verbraucherfeindlich ist; denn zunehmende Markttransparenz ist mit steigenden Werbekosten verbunden. Gemessen an den Informationskosten des Verbrauchers bei fehlender oder unzureichender Markttransparenz sind jedoch die Werbekostenanteile an den Produktpreisen in der Regel recht unbedeutend[16]).

In welchem Maße unterschiedliche Markttransparenz auf bestimmten Teilmärkten auf den Informationsgehalt der Werbung einwirken kann, zeigt sich deutlich an der differenzierten Werbung auf Hersteller-Händler-Märkten und auf Hersteller-Verbraucher-Märkten. Auf dem Hersteller-Händler-Markt herrscht im allgemeinen wegen der intimen Marktkenntnis der Händler eine größere Transparenz. Sie veranlaßt in der Regel den Hersteller zu sachlicher, hochgradig informativer (Händler-)Werbung. Hingegen kann auf dem Hersteller-Verbraucher-Markt in der „Sprungwerbung" die sachlich-informative Komponente durchaus hinter die emotionale zurücktreten. Sofern der Produktpreis in derart differenzierter Werbung eine Rolle spielt, kann auf den separaten Teilmärkten für ein und dieselbe Ware durchaus gleichzeitig mit der hohen Spanne und mit dem niedrigen Endverkaufspreis geworben werden – ein leicht erklärbares Paradox: Geworben wird um die Gunst von Abnehmern mit unterschiedlichem Informationsgrad und unterschiedlichen Nutzenvorstellungen.

Allgemein wirft ein selbständiger Binnenhandel für die Werbung der Hersteller Probleme auf, die ebenfalls in enger Beziehung zur Markttransparenz stehen. Durch seine Hauptleistung, das Zusammenfügen verschiedener Warensorten von verschiedenen Herstellern zu bedarfsgerechten Sortimenten, schafft der Handel eigene, überwiegend regional begrenzte Bedarfsmärkte und damit für die Verbraucher Markttransparenz. Im Falle des Versandhandels sind diese „Märkte" nicht einmal regional begrenzt. Angesichts der großen Warenfülle in den Auslagen des Handels[17]) und angesichts der Verbindlichkeit der Informationen als Folge der Preisauszeichnungspflicht – die Preise der Versandhandelskataloge gelten vielfach für ein halbes Jahr – scheint die durch den Handel organisierte Gelegenheit zum Marktüberblick zu genügen. Jede weitere Verbraucherwerbung könnte in dieser Situation als „social waste" gedeutet werden. Es muß jedoch auf die Ambivalenz der Marktübersicht durch Handelsunternehmen hingewiesen werden. Der für die einzelnen Handelsunternehmen tendenziell nützliche Werbeeffekt eines breiten und/oder tiefen Sortiments ist dem Produktionsunternehmen tendenziell abträglich. Der Handelsunternehmer wirbt für ein Sortiment, nicht für eine einzige Ware bzw. für ein einziges Produktionsprogramm eines Herstellers, während allein letzteres für den Produzenten von Interesse sein kann. Auf diese Interessenkollision läßt sich zu einem großen Teil die intensive Verbraucherwerbung der Hersteller zurückführen. Insbesondere die Hersteller von Markenwaren sehen sich veranlaßt, ihre Erzeugnisse aus dem Prozeß der Sortimentsbildung, der wachsenden Vergleichbarkeit permanent heraus- und in die Unvergleichbarkeit einer zumindest subjektiv empfundenen Besonderheit hineinzuführen. Insofern ist die „Sprungwerbung" als Maßnahme gegen die durch den Handel bewirkte hochgradige Markttransparenz zu deuten. Ob die überregionale Markenartikelwerbung tatsächlich den „direkten Kontakt zum Verbraucher" bewirkt, der ihr oft zur Begründung nachgesagt wird, oder ob sie in erster Linie die vom Handel geschaffene Markttransparenz beeinflussen soll, kann an dieser Stelle nicht weiter untersucht werden. Letztlich ist jedenfalls herstellerischer und händlerischer Werbung eine Aufgabe gemein: Die räumliche und funktionale Trennung von Produktion und Verbrauch erfordert, daß „an die Stelle der früheren Nachbarschaft ein neues Kommunikationsmittel treten muß" (H. Wilhelm)[18].

Der Zusammenhang zwischen Markttransparenz und Werbung durch Händler und Hersteller ist allerdings vor einer Fehlinterpretation zu bewahren. Es könnte vermutet werden, daß mit der Erfüllung der händlerischen Sortimentsfunktion prinzipiell Markttransparenz geschaffen bzw. ermöglicht wird, während die Werbung der Hersteller diese prinzipiell abschafft bzw. meidet. Selbstverständlich werben beide Unternehmen, Hersteller und Händler, für ihr eigenes und nur für ihr eigenes Angebot (von Ausnahmen der Gemeinschaftswerbung abgesehen), und zwar durchaus in demselben Bestreben, den Umworbenen von anderen, vergleichbaren Angeboten abzulenken. Beide Unternehmen werden nicht auf bessere, preiswertere, vielfältigere Konkurrenzangebote hinweisen. Markttransparenz stellte sich erst als gesamtwirtschaftliche Wirkung des Um-die-Wette-Werbens ein.

V. Funktionen der Werbung und Markttransparenz

Die wichtigste volkswirtschaftliche Funktion der Werbung wird in der Vermittlung von Informationen gesehen[19]. Diese **Informations- oder Bekanntmachungsfunktion** (Gutenberg) bedarf jedoch einer näheren Betrachtung. Versteht man Information im weitesten Sinne, etwa im Sinne der Kommunikationstheorie, dann enthält jeder Werbeappell eine Information. Werbung unterliegt in diesem Falle wie jeder Informationsprozeß „den unerbittlichen Auswirkungen des Entropiesatzes" (Klanfer). In diesem Sinne würde auch der Gemeinschaftswerbeappell „Man geht nicht mehr ohne Hut" „negative Entropie oder Widerstand gegen Energieverlust" bedeuten[20]. Im Hinblick auf die Zusammenhänge zwischen Werbung und Markttransparenz erscheint dieser weite Informationsbegriff jedoch unzweckmäßig. Daher wird in der Wirtschaftstheorie auch ein engerer Informationsbegriff vorgezogen, der sich auf die Vermittlung marktrelevanter Daten beschränkt. Dieser Informationsbegriff läßt eine Unterscheidung in **informative und nichtinformative Werbung** zu. (Die gelegentlich anzutreffende Unterscheidung in informative und suggestive Werbung trennt demgegenüber nicht konsequent in Alternativen. Suggestion in der Werbung als Ausdruck ihrer Intensität und Unwiderstehlichkeit schließt sachliche Information nicht aus. Als Grenzfall kann sogar ein Höchstmaß an sachlich-technischer Information ausgesprochen suggestiv wirken. Andere Unterscheidungen, wie diejenigen in dominante und akzidentelle Werbung [Gutenberg], konstruktive und kombative Werbung usw., brauchen hier nicht weiter untersucht zu werden.) Während nichtinformative Werbung markttransparenzneutral ist, besteht zwischen informativer Werbung und Markttransparenz kein eindeutiger Zusammenhang. Da Markttransparenz erst als Ergebnis vielfältiger Informationen denkbar ist, kann weder eine einzelne noch eine einmalige informative Werbeaktion „die" Markttransparenz beeinflussen. Allgemein kann nur festgestellt werden, daß die Markttransparenz auf relevanten Märkten tendenziell um so mehr erhöht wird, je mehr Anbieter werben, je öfter sie werben und je informativer sie werben. Die markttransparenzerhöhende Wirkung informativer Werbung wird besonders augenfällig bei der Ankündigung von Neuerungen, von objektiven Produktvariationen, Qualitätsverbesserungen, Mengen- oder Preisänderungen usw. Daß hingegen informative Werbung auch markttransparenzmindernd wirken kann, ist unbestreitbar und liegt in der Natur der Werbung als absatzpolitisches Mittel. Insbesondere kann in der häufigen Wiederholung und in der weiten Verbreitung eine markttransparenzmindernde Situation der Überlagerung aller anderen konkurrierenden Werbeappelle eintreten. Diese Gefahren sind wiederum um so größer, je informativer die Appelle der Überlagerungswerbung gestaltet sind.

Gutenberg unterscheidet ferner **bedarfslenkende und bedarfsweckende Funktionen der Werbung**[21]. Die erste Funktion besagt, daß Verbraucher oder gewerbliche Warenverwender durch Werbung veranlaßt werden, einen Teil ihres Bedarfs nunmehr bei einem anderen Unternehmen zu decken als dem, bei dem sie bisher eingekauft haben. Die zweite Funktion besagt, daß Werbung es erst ermöglicht, Bedarf zum Entstehen zu bringen. Dabei stellt Gutenberg allein auf den in effektiver Nachfragegewinnung sich ausdrückenden Bedarfswandel ab. Mit Streißler ist darauf aufmerksam zu machen, daß Werbung darüber hinaus auch „geistige Konsumexperimente", ein „Erproben verschiedener Lebensumstände in der Phantasie", ermöglicht[22]. In der Tat bringt es die Öffentlichkeit der Werbung mit sich, daß ihre „Sendungen" auch von denjenigen „empfangen" werden, die sie gar nicht oder nicht bewußt suchen. Auch hinter diesem Aspekt der „Erfahrungssammlung über Konsumgüter, ohne daß man sie kaufen muß", steht die Tatsache der Markttransparenzschaffung durch Werbung.

Eine allgemein menschliche Verhaltenserfahrung lehrt, daß mit wachsender Auswahlmöglichkeit auch die „Qual der Wahl" zunimmt. (Warentestinstitute werden von Verbrauchern immer wieder darauf hingewiesen, daß weniger eine umfangreiche Übersicht und der Ausweis möglichst aller relevanten Testkriterien als vielmehr ein zusammenfassendes Gesamturteil gewünscht werde!) Von dieser allgemeinen Erfahrung geleitet, hat Feistinger eine besondere **sozialpsychologische Funktion der Werbung nach dem Kauf** festgestellt. Gemäß seiner „Theorie der kognitiven Dissonanz" bewirkt Werbung nach dem Kauf eine spezifische Erhöhung der Konsumbefriedigung. Fe stinger hat – insbesondere auf dem amerikanischen Automobilmarkt – beobachtet, daß mit der Kaufentscheidung zugleich ein Maximum an Unbefriedigtsein erreicht ist, da der Käufer sich in der Regel ein Maximum an Markttransparenz verschafft hat. Im Zeitpunkt der Kaufentscheidung sind ihm die Vorteile der nicht gewählten Substitutionsgüter besonders gegenwärtig. Diejenige Werbung nun, die ihm die „Richtigkeit" seiner Wahl bestätige, bewirke den Abbau dieses Unbehagens[23]. Ob diese Feststellung verallgemeinert werden kann, sei an dieser Stelle nicht weiter untersucht. Jedenfalls kann damit angedeutet werden, daß mit noch so klarer, wahrer, informativer Werbung – oder wie immer die Forderungen an die Werbetreibenden lauten – kurz: mit noch so markttransparenzfördernder Werbung die sozial- und individualpsychologischen Probleme der „richtigen" Marktentnahme nicht beseitigt werden.

VI. Werbung und Markttransparenz als Ordnungsproblem

Leonhard M i k s c h hat in seinem Buch „Wettbewerb als Aufgabe" die Problematik einer Einschränkung der Produzentenwerbung geprüft. Er kommt zu dem Ergebnis, daß nicht die Werbung als solche, sondern die von ihr ausgehende Suggestionswirkung zu unvollständiger Konkurrenz führe[24]. Richtig eingesetzt, sei Werbung ein notwendiges Korrelat des technischen Fortschritts. Sie allein erschließt die Absatzwege, die jedes neue

Werbung und Markttransparenz 65

Erzeugnis braucht und anders nicht finden kann. Sie ist aber auch geeignet, die Marktübersicht zu verbessern und die Voraussetzungen der Konkurrenz zu vervollständigen. In der Tat bildet Werbung in der Marktwirtschaft auch ein Problem der Ordnungspolitik. Der bei Miksch anklingende Gedanke, den suggestiven Teil der Produzentenwerbung, der zur Minderung von Markttransparenz beitrage, einzuschränken, ist allerdings problematisch. Denn die Suggestionswirkung von einzelnen Werbeappellen schließt ein hohes Maß an Information nicht aus, und der markttransparenzmindernde Einfluß ist keineswegs zwangsläufige Folge. Werben alle Konkurrenten eines Produktmarktes „suggestiv", dann neutralisieren sich ihre Werbewirkungen, unbeschadet der Einflüsse auf die Markttransparenz.

Horst A l b a c h , der informierende, motivierende und instruierende Informationen der Werbung unterscheidet, erkennt ebenfalls die Schwierigkeiten der volkswirtschaftlichen Ordnungspolitik im Bereich der Werbung. Bei geringer Fähigkeit, Informationen zu verarbeiten, können bereits viele rein instruierende Werbebotschaften – an sich markttransparenzerhöhende Werbebotschaften – einen negativen Effekt für die Markttransparenz haben: Die Nachfrager werden durch die Vielzahl von Informationen verwirrt, die Werbung führt mithin nicht zu der gewünschten Auslese unter den Anbietern. „Da aber die Kapazität der Informationsverarbeitung individuell verschieden ist, läßt sich ein volkswirtschaftlich ‚erwünschtes' Maß an informierenden Werbebotschaften kaum angeben[25]."
Da ferner eine klare Scheidung in diejenigen Informationen, die der Erhöhung der Markttransparenz auf einem dynamischen Markt dienen, und denjenigen, die lediglich Präferenzverschiebungen bewirken sollen, nicht möglich ist, steht eine Wirtschaftspolitik, die die einzelbetriebliche Werbung in den Dienst volkswirtschaftlich erwünschter Markttransparenz stellen will, vor einem Dilemma. „Sie wird im allgemeinen nur grobe Auswüchse der motivierenden Information, die als unlautere Werbung abgegrenzt werden können, zu verhindern in der Lage sein[26])."

Abschließend sei auf die verwandte wirtschaftspolitische Problematik einer B e s t e u e r u n g v o n W e r b e a u s g a b e n hingewiesen. Beide Begründungen – einmal die Flut der Werbeappelle zum Wohle und zur besseren Orientierung der Verbraucher indirekt zu dämmen, zum anderen die gesamten Distributionskosten zu senken – erscheinen außerordentlich problematisch. Denn im Zeichen zunehmender Warenfülle und -vielfalt, letztlich nur Widerspiegelung der marktwirtschaftlichen Entsprechung der Bedürfnisvielfalt, wird Werbung zur Absatzvorbereitung immer unentbehrlicher. Und zur Senkung der Distributionskosten erscheint eine Besteuerung der Werbung wenig geeignet; denn bei gleichbleibendem Werbevolumen würden die Kosten der Werbung erhöht, und bei sinkendem Werbevolumen würden dem Verbraucher ungleich höhere Kosten der Information zufallen, als er sie derzeit mit dem Konsumgüterpreis abgilt. Nach Untersuchungen von Rudolf S e y f f e r t in den Jahren 1952–1962 betragen die Reklamekosten am Verkaufspreis der Produzenten (ohne Reisekosten und Spesen) im gewogenen Gesamtdurchschnitt durch 116 Artikelgruppen industriell gefertigter Konsumwaren nicht mehr als 2,6 %; und der Anteil der Reklamekosten vom Absatz beträgt 0,8 % im Großhandel, 0,9 % im Einzelhandel[27]).

Die fundamentale Schwierigkeit für den Wirtschaftspolitiker liegt in der m a n g e l n d e n M e ß b a r k e i t v o n M a r k t t r a n s p a r e n z , in der empirisch k a u m d u r c h f ü h r b a r e n O b j e k t i v i e r u n g der subjektiven Beziehungen zwischen Markt und Marktteilnehmer. So bleibt am Ende – von den Fällen unlauterer, unwahrer Werbung abgesehen – Werbung als marktkonformes Medium zur Verschaffung von (unvollständiger) Markttransparenz und von Substitutionsangeboten zu würdigen. Und: Wo es Gelegenheit zur Substitution gibt, da gibt es auch Wettbewerb (Abbott).

Quellenangaben:

[1] Der Ausdruck „Markttransparenz" wurde von Erwin von Beckerath geprägt, wie Heinrich von Stackelberg in einer Anmerkung auf S. 12 seines Buches „Marktform und Gleichgewicht", Wien und Berlin 1934, zu erkennen gibt.

[2] Vgl. hierzu Scherhorn, Gerhard: Information und Kauf. Empirische Analyse der „Markttransparenz", Nr. 1358 der Forschungsberichte des Landes Nordrhein-Westfalen, Köln und Opladen 1964, S. 17.

[3] Oberparleiter, Karl: Funktionen und Risiken des Warenhandels (1930), 2. Aufl., Wien 1955, S. 66 ff.

[4] Die Ausführungen zur Werbung in diesem Beitrag beziehen sich ausschließlich auf Wirtschaftswerbung. Werbung aus nichtökonomischen, etwa kulturellen oder politischen Motiven bleibt außer Betracht.

[5] So Scherhorn, Gerhard: a. a. O.; Krelle, Wilhelm: Preistheorie, Tübingen, Zürich 1961.

[6] Diese logische Paradoxie hat erstmalig Oskar Morgenstern aufgedeckt in seinem berühmt gewordenen Aufsatz: Vollkommene Voraussicht und wirtschaftliches Gleichgewicht. In: Zeitschrift für Nationalökonomie, Bd. 6, 1935; hier zitiert nach Albert, Hans: Ökonomische Ideologie und politische Theorie, Göttingen 1954, S. 61.

[7] Sraffa, Piero: The Laws of Returns under Competitive Conditions. In: Economic Journal (1926); Robinson, Joan: The Economics of Imperfect Competition, London 1933; Chamberlin, Edward H.: The Theory of Monopolistic Competition, Cambridge (Mass.) 1933; Triffin, Rob.: Monopolistic Competition and General Equilibrium Theory, Cambridge (Mass.) 1940; Schumpeter, Joseph A.: Theorie der wirtschaftlichen Entwicklung, Leipzig 1912; Morgenstern, Oskar: Vollkommene Voraussicht und wirtschaftliches Gleichgewicht, a. a. O.

[8] Eisermann, Gottfried: Werbung und Wettbewerb. In: Zeitschrift für die gesamte Staatswissenschaft, Band 117/1961, S. 287.

[9] Gutenberg, Erich: Grundlagen der Betriebswirtschaftslehre, II. Band: Der Absatz (1954), 9. Aufl., Berlin, Heidelberg, New York 1965, S. 411.

[10] Eucken, Walter: Grundsätze der Wirtschaftspolitik, Bern und Tübingen 1952, S. 31.

[11] Vgl. hierzu vor allem Brandt, Karl: Umstrittenes Meinungsmonopol. In: Der Markenartikel, Heft 2/1955. Edmund Sundhoff schlägt vor, den Begriff „Meinungsmonopol", der nur ein sehr schwaches, mit den Mitteln der Gegenwerbung zu beseitigendes, begrenztes Monopol umschreibt, durch die Bezeichnung „monopolistische Komponente" zu ersetzen. Sundhoff, Edmund: Über die Beziehungen zwischen Marktform und Werbung. In: Betriebsökonomisierung durch Kostenanalyse, Absatzrationalisierung und Nachwuchserziehung, Festschrift für Rudolf Seyffert, Köln und Opladen 1958, S. 67. Siehe außerdem Behrens, Karl Christian: Das Meinungsmonopol der Markenartikel. In: Gewerkschaftliche Monatshefte Nr. 12/1951.

[12] Borden, Neil H.: The Economic Effects of Advertising (1942), 4. Aufl., Chicago 1947, S. XXXV und 660 ff.

[13] Vershofen, Wilhelm: Handbuch der Verbrauchsforschung, 1. Band. Grundlegung, Berlin 1940, S. 71.

[14] Schenk, Hans-Otto: Der Verbraucher – Souverän oder Opfer der Marktwirtschaft? In: FfH-Mitteilungen, Nr. V/8/9 NF (1964), S. 1 ff.

[15] von Mises, Ludwig: Artikel „Markt". In: Handwörterbuch der Sozialwissenschaften, 7. Band, Stuttgart, Tübingen, Göttingen 1961, S. 135.

[16] Vgl. Wilhelm, Herbert: Werbung als wirtschaftstheoretisches Problem, Berlin 1961, S. 177; ferner: Wege und Kosten der Distribution der industriell gefertigten Konsumwaren, Nr. 30 der Schriften zur Handelsforschung, hrsg. von Rudolf Seyffert, Köln und Opladen 1966.

[17] Ein durchschnittlicher Lebensmittelfilialbetrieb führt derzeit rund 1500 verschiedene Artikel, ein mittleres Warenhaus nicht selten bis zu 10 000 Artikel, und der Frühjahrskatalog 1968 des Versandhauses Quelle weist über 30 000 Positionen aus.

[18] Wilhelm, Herbert: a. a. O., S. 176.

[19] Behrens, Karl Christian: Absatzwerbung, Wiesbaden 1963, S. 26; Gutenberg, Erich: a. a. O., S. 413 ff.; Steuber, Kurt: Werbung und Wohlstand, St. Gallen 1958; Brückner, Peter: Die informierende Funktion der Wirtschaftswerbung, Berlin 1967.

[20]) Klanfer, Jules: Werbung als Wirtschaftsinformation. In: Jahrbuch der Absatz- und Verbrauchsforschung, Heft 1/1965, S. 45.
[21]) Gutenberg, Erich: a. a. O., S. 412 ff.
[22]) Streißler, Erich: Die gesamtwirtschaftlichen Funktionen der Werbung. In: Zeitschrift für Nationalökonomie, Heft 25/1965, S. 271.
[23]) Festinger, L.: The Theory of Cognitive Dissonance, Stanford (Calif.) 1957, zitiert nach Streißler, Erich: a. a. O.
[24]) Miksch, Leonhard: Wettbewerb als Aufgabe (1937), 2. Aufl., Godesberg 1947, S. 176.
[25]) Albach, Horst: Artikel „Werbung". In: Handwörterbuch der Sozialwissenschaften, 11. Band, Stuttgart, Tübingen, Göttingen 1961, S. 630.
[26]) Ebenda.
[27]) Seyffert, Rudolf: Werbelehre. Theorie und Praxis der Werbung, 2. Band, Stuttgart 1966, S. 1518.

Literatur:

Behrens, Karl Christian: Absatzwerbung. In: Die Wirtschaftswissenschaften, hrsg. von Erich Gutenberg, Wiesbaden 1963.

Bock, Josef, Specht, Karl Gustav (Hrsg.): Verbraucherpolitik, Köln und Opladen 1958.

Borden, Neil H.: The Economic Effects of Advertising (1942), 4. Aufl., Chicago 1947.

Brückner, Peter: Die informierende Funktion der Wirtschaftswerbung, Berlin 1967.

Dreier, Wilhelm: Funktion und Ethos der Konsumwerbung, Münster 1965.

Eisermann, Gottfried: Werbung und Wettbewerb. In: Zeitschrift für die gesamte Staatswissenschaft, Band 117/1961, S. 258 ff.

Geiger, Herbert: Volkswirtschaftliche Probleme der Wirtschaftswerbung, Dissertation, München 1956.

Gutenberg, Erich: Grundlagen der Betriebswirtschaftslehre, 2. Band: Der Absatz (1954), 9. Aufl., Berlin, Heidelberg, New York 1966.

Hundhausen, Carl: Die Werbung im Dienste des Konsumenten. In: Jahrbuch der Absatz- und Verbrauchsforschung, Heft 3/1965, S. 185 ff.

Jacobi, Helmut: Werbepsychologie. Ganzheits- und gestaltpsychologische Grundlagen der Werbung, Band VII der Studienreihe Betrieb und Markt, hrsg. von Karl Christian Behrens, Wiesbaden 1963.

Kaldor, Nicolas: The Economic Aspects of Advertising. In: Review of Economic Studies, Vol. XVIII (1949/50).

Katona, George, Mueller, Eva: A Study of Purchase Decisions. In: Clark, Lincoln H. (Hrsg.): Consumer Behavior, Band I: The Dynamics of Consumer Reactions New York 1955, S. 30 ff.

Klanfer, Jules: Werbung als Wirtschaftsinformation. In: Jahrbuch der Absatz- und Verbrauchsforschung, Heft 1/1965, S. 31 ff.

Lever, Edward A.: Advertising and Economic Theory, London, New York, Toronto 1947.

Meyer-Dohm, Peter: Sozialökonomische Aspekte der Konsumfreiheit, Freiburg i. Br. 1965.

Nieschlag, Robert: Vermag die moderne Werbung den Menschen zu „manipulieren"? In: Gegenwartsfragen der Unternehmung, Festschrift zum 70. Geburtstag von Fritz Henzel, hrsg. von Bernhard Bellinger, Wiesbaden 1961.

Ozga, S., A.: Imperfect Markets through Lack of Knowledge. In: Quarterly Journal of Economics, Band 74/1960.

Petermann, Günter: Marktstellung und Marktverhalten des Verbrauchers, Band IV der Studienreihe Betrieb und Markt, hrsg. von Karl Christian Behrens, Wiesbaden 1963.

Richter, Rudi Albert: Die Entwicklung der Wirtschaftswerbung und ihre volkswirtschaftliche Bedeutung im Rahmen der sozialen Marktwirtschaft, Dissertation, Erlangen 1957.

Röpke, Wilhelm: Aufgaben und Funktionen der Werbung in der Wettbewerbswirtschaft. In: Werbung – eine Unternehmeraufgabe (1958), hrsg. vom ZAW.

Sandage, C. H., Fryburger, Vernon: Advertising Theory and Practice (1936), 6. Aufl., Homewood/III. 1963.

Scherhorn, Gerhard: Information und Kauf. Empirische Analyse der „Markttransparenz", Köln und Opladen 1964.

Schiller, Karl: Verbraucher und Wettbewerb. In: Schiller, Karl: Der Ökonom und die Gesellschaft, Stuttgart 1964, S. 137 ff.

Schneider, Erich: Eine Theorie der Reklame. In: Zeitschrift für Nationalökonomie, Band 9/1939, wieder abgedruckt in: Schneider, Erich: Volkswirtschaft und Betriebswirtschaft. Ausgewählte Aufsätze, Tübingen 1964, S. 304 ff.

Seyffert, Rudolf: Werbelehre. Theorie und Praxis der Werbung, 2 Bände, Stuttgart 1966.

Steuber, Kurt: Werbung und Wohlstand, St. Gallen 1958.

Streißler, Erich: Die gesamtwirtschaftlichen Funktionen der Werbung. In: Zeitschrift für Nationalökonomie, Band 25/1965, S. 243 ff.

Sundhoff, Edmund: Über die Beziehungen zwischen Marktform und Werbung. In: Betriebsökonomisierung, Festschrift für Rudolf Seyffert, Köln und Opladen 1958, S. 55 ff.

Tuchtfeld, Egon: Organisierte Markttransparenz und Wettbewerb. In: Schweizerische Zeitschrift für Volkswirtschaft und Statistik, Band 102/1966, S. 42 ff.

Vosgerau, Hans-Jürgen: Monopol und Werbung. In: Zeitschrift für die gesamte Staatswissenschaft, Band 116/1960.

Weber, Peter: Die Kritik an der Wirtschaftswerbung, Dissertation, Erlangen, Nürnberg 1967.

Wilhelm, Herbert: Werbung und Wettbewerb. In: Der Markenartikel, Heft 19/1959.

Wilhelm, Herbert: Werbung als wirtschaftstheoretisches Problem, Berlin 1961.

Werbung und Volkseinkommen

Von Dr. Tycho Seitz, Tübingen

Zwei Momente sind es, die eine Analyse der gesamtwirtschaftlichen Funktion und Bedeutung der Wirtschaftswerbung so schwierig gestalten. Zum einen ist es die **Vielschichtigkeit dieses Problemkreises**, die eine umfassende Behandlung außerordentlich erschwert. Zum anderen sind es die naheliegenden **subjektiven Wertungen**, die jede Auseinandersetzung mit der Werbung, also auch die in makroökonomischer Sicht, zu belasten drohen. Das erste Moment zwingt uns dazu, nicht allen makroökonomischen Fragen im Zusammenhang mit der Werbung nachzugehen. Wir werden uns auf einige allerdings grundsätzliche Teilaspekte beschränken und uns, eingedenk des zweiten Moments, dabei bemühen, möglichst unvoreingenommen zu objektiven Aussagen zu gelangen.

I. Empirische Aspekte

Beginnen wir zunächst mit Tatsachen. Wenn wir den absoluten Wert des jährlichen Werbeaufwands einer Volkswirtschaft ermitteln wollen, stoßen wir schon auf die ersten Schwierigkeiten. Vielfach fehlen statistische Angaben überhaupt oder aber die vorhandenen Zahlen unterscheiden sich für ein und denselben Zeit- und Wirtschaftsraum um teilweise mehr als hundert Prozent. Zurückzuführen ist dieser Mangel an verläßlichem statistischen Material wohl in erster Linie auf die ganz offensichtlichen Ermittlungs- und Abgrenzungsprobleme, daneben dürfte aber auch die aus Konkurrenzgründen verständliche Zurückhaltung der Unternehmer bei der Veröffentlichung von Angaben über ihre Werbebudgets eine Rolle spielen. Einen allerdings begrenzten Einblick in die Entwicklung des gesamten Werbeaufwands in der Bundesrepublik Deutschland und seines Anteils am Volkseinkommen vermittelt Tabelle 1.

Bei den in Tabelle 1 für Anzeigen in Zeitungen und Zeitschriften, für Hörfunk-, Fernseh- und Anschlagwerbung ausgewiesenen „Bruttowerbeumsätzen" handelt es sich zwar in gewissem Umfange um fiktive Größen, da bei ihrer Ermittlung einerseits keine Mengen- und Wiederholungsrabatte, andererseits aber auch keine Gestaltungskosten berücksichtigt wurden. Es ist jedoch anzunehmen, daß diese Angaben wenigstens unter sich vergleichbar und auch insoweit repräsentativ sind, als aus dem stetigen Anstieg ihres

Anteils am Volkseinkommen auf eine ebensolche Tendenz des Gesamtwerbeaufwands in der Bundesrepublik von 1952–1966 geschlossen werden kann. Tatsächlich bestärkt eine für den Zeitraum 1962–1966 durchgeführte Schätzung des Gesamtwerbeaufwands der westdeutschen Wirtschaft diese Vermutung des tendenziellen Anstiegs des Werbungsanteils am Volkseinkommen (Tabelle 2).

Tabelle 1

Jahr	Bruttowerbeumsätze ausgewählter Werbemittel (Anzeigen in Zeitungen und Zeitschriften, Hörfunk-, Fernseh-, Anschlagwerbung) Mill. DM	Veränderungen gegenüber dem Vorjahr %	Volkseinkommen (Nettosozialprodukt zu Faktorkosten, jeweilige Preise) Mill. DM	Veränderungen gegenüber dem Vorjahr %	Bruttowerbeumsätze ausgewählter Werbemittel in % des Volkseinkommens
1952	565	–	103 770	–	0,54
1953	712	26,0	112 130	8,1	0,63
1954	841	18,1	121 080	8,0	0,69
1955	970	15,3	139 460	15,2	0,70
1956	1173	20,9	154 370	10,7	0,76
1957	1498	27,7	168 290	9,0	0,89
1958	1670	11,5	180 140	7,0	0,93
1959	1902	13,9	193 970	7,7	0,98
1960	2195	15,4	216 920 (229 800)	11,8	1,01 (0,96)
1961	2668	21,5	251 600	(9,5)	1,06
1962	2948	10,5	271 900	8,1	1,08
1963	3295	11,8	289 040	6,3	1,14
1964	3702	12,3	316 500	9,5	1,17
1965	4184	13,0	342 610	8,2	1,22
1966	4643	11,0	362 050	5,7	1,28

Quellen: Bruttowerbeumsätze nach Ermittlungen der Gesellschaft für Wirtschaftsanalyse und Marktforschung Kapferer & Schmidt, Hamburg, entnommen dem ZAW Jahresbericht 1966, S. 26.
Volkseinkommen: 1952–1960: Statistisches Bundesamt, Wirtschaft und Statistik, Jahrgang 1963, S. 579; 1961–1966: Statistisches Bundesamt, Wirtschaft und Statistik, Jahrgang 1967, S. 161. Bis 1960 beziehen sich die Zahlen auf die Bundesrepublik ohne Saarland und Berlin. Für 1960 wurde auch das Volkseinkommen des erweiterten Gebietsstandes der folgenden Jahre in Klammern angegeben. Die auf dieser Zahl basierenden Verhältniswerte wurden durch Klammern gekennzeichnet.

Tabelle 2

Jahr	Geschätzter Gesamtwerbeaufwand der Bundesrepublik Mill. DM	Volkseinkommen Mill. DM	Geschätzter Gesamtwerbeaufwand in % des Volkseinkommens
1962	8 500*)	271 900	3,1
1963	9 400*)	289 040	3,2
1964	10 000*)	316 500	3,2
1965	12 200**)	342 610	3,6
1966	13 400**)	362 050	3,7

Quellen: Werbeaufwand*) nach Klein-Blenkers, Fritz: Schätzung der Gesamtkosten der Wirtschaftswerbung im Jahre 1962 in der Bundesrepublik Deutschland nach zwei Methoden, Mitteilungen des Instituts für Handelsforschung an der Univer-

sität zu Köln, Jahrg. 17 (1965), S. 81 ff. Nach Ansicht von Klein-Blenkers stellen diese Angaben Mindestwerte dar.
W e r b e a u f w a n d**) stellen Fortrechnungen des ZAW auf Grund der Schätzung von Klein-Blenkers dar. Vgl. ZAW Jahresbericht 1966, S. 25.
V o l k s e i n k o m m e n : Wie Tabelle 1.

Derartige Schätzungen sind naturgemäß fehlerbehaftet, die Ergebnisse infolgedessen auch angreifbar. Immerhin lassen sie, auch wenn sie vorsichtig zu interpretieren sind, doch die inzwischen in der Bundesrepublik erreichte, gesamtwirtschaftlich recht beachtliche Größenordnung der Werbung erkennen. Für die Behauptung einer trendmäßigen Zunahme des relativen Werbungsaufwands sind, abgesehen von der Unsicherheit der Angaben, die für die Bundesrepublik vorhandenen Zeitreihen aber doch recht kurz. Eine für die USA über einen Zeitraum von mehr als 40 Jahren vorliegende Zusammenstellung zeigt, wie voreilig es wäre, würde man aus den Angaben der Tabelle 1 bzw. 2 ein Gesetz der mit wachsendem Volkseinkommen überproportional wachsenden Werbeausgaben folgern. Zwar nahm auch in den Vereinigten Staaten der relative Werbeaufwand seit Ende des zweiten Weltkrieges ziemlich stetig zu. Dabei ist aber zu beachten, daß bis zum Jahre 1955 der Anteil des Werbeaufwands am Volkseinkommen in den USA noch nicht das Niveau der zwanziger, ja sogar der frühen dreißiger Jahre erreicht hat (Tabelle 3).

Tabelle 3*)*

Jahr	Index des Werbeaufwands 1914: 1,3 Mrd. $ = 100	Index des Volkseinkommens 1914: 34,1 Mrd. $ = 100	Werbeaufwand in % des Volkseinkommens	Jahr	Index des Werbeaufwands 1914: 1,3 Mrd. $ = 100	Index des Volkseinkommens 1914: 34,1 Mrd. $ = 100	Werbeaufwand in % des Volkseinkommens
1914	100	100	3,8	1935	131	167	3,0
1915	100	109	3,5	1936	146	190	2,9
1916	108	134	3,1	1937	154	216	2,7
1917	115	156	2,8	1938	131	198	2,5
1918	108	173	2,4	1939	152	213	2,7
1919	154	198	3,0	1940	161	239	2,6
1920	177	200	3,4	1941	172	304	2,2
1921	154	149	3,9	1942	166	400	1,6
1922	162	172	3,6	1943	192	493	1,5
1923	177	199	3,4	1944	210	535	1,5
1924	177	199	3,4	1945	221	533	1,6
1925	185	213	3,3	1946	259	526	1,9
1926	192	220	3,3	1947	328	594	2,1
1927	192	216	3,4	1948	374	654	2,2
1928	192	228	3,2	1949	400	636	2,4
1929	200	238	3,2	1950	439	704	2,4
1930	185	200	3,5	1951	494	812	2,4
1931	154	173	3,4	1952	601	849	2,7
1932	115	122	3,6	1953	597	890	2,6
1933	108	116	3,5	1954	628	879	2,7
1934	123	143	3,3	1955	695	945	2,8

*) Tabelle 3 ist mit geringfügigen Änderungen Blöchliger, Carlhermann: Die theoretische Bestimmung der Reklame, Winterthur 1959, S. 18 f., entnommen; dort finden sich auch die Quellenangaben für die einzelnen Werte des Volkseinkommens und des Werbeaufwands. Nach Blöchlinger sind die Zahlen für das Volkseinkommen von 1914 bis 1930 mit denen ab 1931 nicht exakt vergleichbar, wodurch die Reihe der Werbeaufwendungen in % des Volkseinkommens für 1931 ff. nur bis auf einen Fehler von maximal + 0,3 % und − 0,2 % bestimmt ist.

Langfristig scheint sich also ein relativer Anstieg des Anteils der Werbeaufwendungen am Volkseinkommen nicht zu bestätigen. Es sieht eher so aus, als ob der Werbeaufwand bei rund 4 % des Volkseinkommens einer hochindustrialisierten Marktwirtschaft eine Sättigungsgrenze erreichen würde. Wie die in Tabelle 3 enthaltenen Werte für die Kriegs- und Nachkriegsjahre in den Vereinigten Staaten andeuten, scheint es auch eine Art Untergrenze des Werbeanteils bei rund 1,5 % zu geben. Von einigem Interesse ist natürlich das Verhalten des Werbeaufwands in der Weltwirtschaftskrise. Leider liegt gerade zwischen 1930 und 1931 ein Bruch in der Vergleichbarkeit der Werte der Tabelle 3 vor, so daß man nur mit Einschränkungen aus den Angaben auf ein eher stabilisierendes als destabilisierendes Verhalten des Werbeaufwands im Konjunkturverlauf schließen darf.

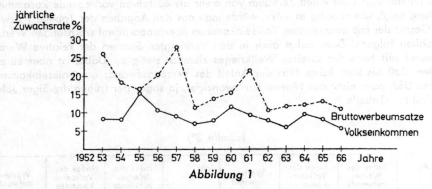

Abbildung 1

Betrachten wir in diesem Zusammenhang noch einmal die Verhältnisse in der Bundesrepublik zwischen 1952 und 1966. Wie aus Abbildung 1 deutlich hervorgeht, liegen in diesem Zeitraum drei Wachstumszyklen des Volkseinkommens mit Zuwachsspitzen in den Jahren 1955, 1960 und 1964. Die Entwicklung der Bruttowerbeumsätze, die wir als ausreichend repräsentativ für die des gesamten Werbeaufwands ansehen können, weist ebenfalls drei Wachstumszyklen auf. Die Zyklen der Wachstumsraten zeigen jedoch nur sehr bedingt eine Parallelentwicklung und damit ein prozyklisches Verhalten des Werbeaufwands. Genausowenig kann man allerdings aus der auftretenden Phasenverschiebung das Gegenteil, also antizyklisches Verhalten, folgern. Die höchsten Zuwachsraten der Bruttowerbeumsätze scheinen gegenüber denen des Sozialprodukts einen „lag", die niedrigsten Zuwachsraten umgekehrt einen „lead" zu besitzen, so daß die Wachstumszyklen des Sozialprodukts mehr linkssteil, die der Werbeumsätze mehr rechtssteil gezahnt verlaufen. Es würde aber eine Überforderung des statistischen Materials bedeuten, wollte man diese Angaben nicht nur informativ, sondern auch konklusiv werten.

An dieser Stelle wollen wir die Betrachtung der Realität abbrechen und uns einigen theoretischen Überlegungen zuwenden.

II. Theoretische Analyse — der Einkommenseffekt

Für die theoretische Analyse der zwischen Werbung und Volkseinkommen bestehenden Beziehungen wählen wir ein einfaches Keynesianisches Modell einer geschlossenen Wirtschaft ohne staatliche Aktivität. Nehmen wir an, diese Wirtschaft befinde sich im Ausgangspunkt in einem stationären, später noch näher zu definierenden Gleichgewichtszustand, wobei keinerlei Werbeanstrengungen gemacht werden. Das Sozialprodukt dieser Wirtschaft wird dann in jeder Periode in vollem Umfange Konsumzwecken zugeführt. Es erfolgt keine Erweiterung der Produktionskapazität. Formal lassen sich diese Bedingungen durch

(1) $$Y_0 = C_0$$

wiedergeben. Bedienen wir uns der üblichen graphischen Darstellung, so läßt sich Gleichung (1) als Schnittpunkt einer Konsumfunktion

(2) $$C = C(Y),$$

die alternativen Einkommenshöhen die zugehörigen Konsumausgaben zuordnet, mit der Einkommenslinie interpretieren (Abbildung 2).

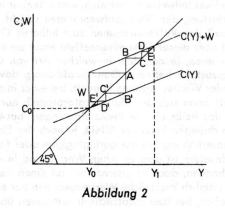

Abbildung 2

Nehmen wir nun an, in irgendeiner Periode entschließen sich einzelne oder die Gesamtheit aller Unternehmer zur Durchführung von Werbeaktionen. Für diese sind Ausgaben in Höhe von W erforderlich, die durch Kredite oder Auflösung von Horten finanziert werden. Zunächst wollen wir hier nur den **Effekt der Werbeausgaben** betrachten. Ihre Wirkung auf das Volkseinkommen hängt nun davon ab, ob es sich um eine einmalige oder um eine ständig fortgesetzte Werbeaktion handelt. Bei einer einmaligen Aktion und damit einmaligen Mehrausgaben würde das Volkseinkommen auf dem Weg der Treppenkurve A B' C' ... nach einem anfänglichen Anstieg um den Betrag W rasch auf das Ausgangsniveau Y_0 zurückkehren. Werden dagegen die Werbeausgaben in der anfänglichen Höhe ständig beibehalten, so strebt das Volkseinkommen auf dem Weg der Treppenkurve A B C ... zu dem durch den Schnittpunkt der um W nach oben verschobenen Konsumfunktion mit der Einkommenslinie gekennzeichneten höheren Niveau Y_1. Das neue Gleichgewichtseinkommen wird also durch die Bedingung

(3) $$Y = C(Y) + W$$

charakterisiert. Das Ausmaß der Änderung des Gleichgewichtseinkommens von der Höhe der stetig beibehaltenen Werbeausgaben erhält man durch Differentiation von (3) nach W mit

(4) $$dY = \frac{1}{1 - \frac{dC}{dY}} \cdot dW = \frac{1}{\frac{dS}{dY}} dW.$$

Bei diesen Voraussetzungen haben demnach zusätzliche Werbeausgaben genau denselben Multiplikatoreffekt wie zusätzliche Investitionsausgaben; er ist gleich dem reziproken Wert der marginalen Sparneigung. In der Regel stellt dann die Einkommenerhöhung ein Vielfaches der ursprünglichen Werbeausgabe dar.

Wie wir gesehen haben, entscheidet jedoch über die endgültige Wirkung auf das Volkseinkommen das Verhalten der Unternehmer, die Werbeaktion und damit die Ausgaben einmalig oder ständig durchzuführen. Wenn wir annehmen, daß über die Einmaligkeit oder Fortdauer dieser Aktivität die Erfahrung der Unternehmer bestimmt, die sie in der ersten Periode gesammelt haben, so zeigt Punkt A in Abbildung 2, daß ein erhöhtes Volkseinkommen bei einer erhöhten Konsumnachfrage erreicht wurde. Eine als Folge der Werbung von den Unternehmern erwartete Umsatzausweitung ist damit allein durch den Einkommenseffekt teilweise eingetreten, was offenbar mehr für eine Beibehaltung als für eine Unterlassung der Werbeaufwendungen spricht. Bei diesen Annahmen ist also zu erwarten, daß das Volkseinkommen zum höheren Gleichgewichtsniveau Y_1 tendiert. Bekanntlich ist aber dieser Einkommenseffekt einer zusätzlichen Ausgabe ganz verschieden zu interpretieren, je nachdem in welcher Art von Gleichgewicht sich die Wirtschaft im Ausgangszustand befindet. Ganz unabhängig davon, ob es sich um zusätzliche Investitions- oder Werbeausgaben handelt, bei einer in der Ausgangslage vollbeschäftigten Wirtschaft kann sich der Multiplikatorprozeß nur in einer nominellen Einkommenserhöhung, das heißt also in Preissteigerungen, auswirken. In einer Unterbeschäftigungssituation dagegen kann der Effekt, je nach der Elastizität des Angebots, in einer Realeinkommenserhöhung bei nur geringfügigen oder überhaupt nicht steigenden Preisen bestehen. Insofern ist also zwischen Werbe- und Investitionsausgaben eine völlige Parallelität vorhanden, doch ist gleichzeitig auf einen beachtlichen Unterschied hinzuweisen. Während nämlich zusätzliche Werbeausgaben nur einen Einkommens- und Beschäftigungseffekt haben, besitzen zusätzliche Investitionen über die damit erstellten neuen Anlagen in aller Regel einen anschließenden Kapazitätseffekt. In einem Unterbeschäftigungs-Gleichgewicht, wo es darum geht, nicht genutzte Kapazitäten und nicht beschäftigte Arbeitswillige wieder in den Wirtschaftsprozeß einzubeziehen, kann der Einkommens- und Beschäftigungseffekt der Werbeausgaben, der ja ohne die Drohung, weitere Kapazitäten zu schaffen, auftritt, vom einzel- wie gesamtwirtschaftlichen Standpunkt aus nur erwünscht sein. Darüber hinaus können hier zusätzliche Werbeausgaben, ähnlich wie ein staatliches „deficit spending", als Initialzündung wirken, indem sie zunächst die bestehenden Produktionsanlagen besser auslasten, anschließend aber sogar zusätzliche Investitionen erforderlich erscheinen lassen. Dieselben Gründe, die für die zusätzlichen Werbeausgaben in einer unterbeschäftigten Wirtschaft sprechen, sind es natürlich, die in einer vollbeschäftigten Wirtschaft gegen sie ins Feld zu führen sind.

III. Theoretische Analyse — der Präferenzeffekt

Wir haben bisher nur den Effekt der Werbeausgaben betrachtet, ohne uns vor Augen zu führen, daß als Gegenwert dieser Ausgaben Plakate, Inserate, Fernsehspots usw., kurz „Werbegüter", geschaffen werden. Ehe wir uns den Eigenschaften und Wirkungen dieser Werbegüter zuwenden, gilt es darauf hinzuweisen, daß es noch einen anderen theoretischen Ansatz für die Behandlung des realen Gegenwerts der Werbeaufwendungen gibt.

Man muß ja die Werbung nicht als Gut sui generis, sondern kann sie auch als Attribut der Waren und Dienstleistungen, für die sie eingesetzt wird, auffassen. Für mikro-

Werbung und Volkseinkommen

ökonomische Analysen bietet dieses Vorgehen zweifellos Vorteile. Man kann sich mit einigem Recht auf den Standpunkt stellen, daß die Werbung für ein Produkt eine Art der Qualitätsvariation darstellt, und daß zwischen einem Hut, der neuerdings mit einer Feder, und einem Hut, der neuerdings mit Werbung verkauft wird, zwar ein sachlicher, aber kein grundsätzlicher Unterschied besteht. Man übersieht hierbei aber die häufig auftretende, räumliche und zeitliche, ja manchmal sachliche Loslösung der Werbung vom Produkt. Dieses Phänomen läßt es uns in makroökonomischer Sicht geraten erscheinen, von selbständigen Werbegütern auszugehen. Von anderen Waren und Dienstleistungen unterscheiden sich diese Güter dann in einer bemerkenswerten Weise. Sie haben nämlich in der Regel gegenüber dem Endverbraucher keinen Marktpreis, sondern sind meist, nach Art der freien Güter, jedermann kostenlos zugänglich. Eine Nachfragefunktion im Sinne der Preistheorie gibt es dann aber nicht, – das bedeutet, daß die Nachfrage nach diesen Gütern sich nicht in der klassischen Weise artikulieren und über den Preismechanismus nicht ihre Produktion steuern kann. Diese Eigenart trägt sicherlich zu der viel beklagten Hypertrophie der Werbung bei. Umgekehrt macht sie es den Verfechtern der Werbung so schwer, das zweifellos in einer modernen arbeitsteiligen Wirtschaft auftretende Bedürfnis nach einer derartigen mechanischen Kommunikation zwischen Anbietern und Nachfragern unwiderlegbar und quantitativ unter Beweis zu stellen. Geht man davon aus, daß auf längere Sicht die beste Werbung ein schlechtes Gut nicht am Markt zu halten vermag, daß im Gegenteil eine gute Werbung das Verschwinden dieses Produkts sogar beschleunigt, so bestimmen die Konsumenten über ihre Nachfrage nach der jeweiligen Ware oder Dienstleistung auch das Angebot des zugehörigen Werbeguts. Diese Steuerung erfolgt aber doch sehr indirekt und möglicherweise schon subjektiv beeinflußt. Ist es doch gerade diese subjektive Beeinflussung der Wirtschaftssubjekte, die zu einer Umschichtung der Nachfrage über Änderungen der Präferenz- und Wertvorstellungen führen soll, auf die man mit der Bereitstellung der Werbegüter abzielt. Daß dies im Einzelfalle auch gelingt, steht außer Zweifel. Die in der Haushaltstheorie als exogene Daten behandelten subjektiven Präferenzordnungen werden dann jedoch, zumindest teilweise, zu wirtschaftsendogenen Variablen. Am Rande sei hier vermerkt, daß eine abgeleitete Nachfrage, wie die der Unternehmer nach Investitionsgütern, die nur beschränkt auf subjektiven Präferenzordnungen beruht, weniger durch Werbung beeinflußt werden kann.

Doch nun zurück zu dem, was wir den „**Präferenzeffekt**" **der Werbegüter** nennen wollen. In erster Linie handelt es sich dabei um einen mikroökonomischen Tatbestand, der nur bedingt einen Niederschlag in gesamtwirtschaftlichen Aggregaten findet. So ist es denkbar, daß sich die Präferenzeffekte bei den verschiedenen Wirtschaftssubjekten gerade ausgleichen und sich dadurch keine Änderung in der Zusammensetzung der gesamtwirtschaftlichen Konsumausgaben ergibt. In diesem theoretischen Spezialfall bleibt, wie wir dies in Abbildung 2 und in der zugehörigen Diskussion unterstellt haben, die makroökonomische Konsumfunktion unverändert. Dasselbe tritt ein, wenn sich zwar nicht die Präferenzeffekte bei den einzelnen Wirtschaftssubjekten kompensieren, wohl aber ein positiver Gesamteffekt bei einer Gruppe von Gütern zu einer völligen oder weitgehenden Entwertung und damit Abkehr von anderen Gütern im selben Umfange führt. Der Präferenzeffekt der Werbegüter erreicht in diesem Falle die Anpassung der Nachfrage an geänderte Produktionsbedingungen und Produktionsergebnisse, eine Anpassung an den technischen Fortschritt also, wie sie ohne diesen Effekt vielleicht gar nicht oder doch langsamer, mit höheren Reibungsverlusten und für die Unternehmungen riskanter, erfolgt wäre. Derartige durch den Präferenzeffekt der Werbegüter bewirkte oder erleichterte Umstrukturierungen der Letztnachfrage und der Produktion finden in einer dynamischen Wirtschaft ständig statt. Bei einem gesamtwirtschaftlichen Aggregat aber, das wie die Konsumfunktion nominal oder real, nicht aber physisch konzipiert sein kann, also auch nicht jede qualitative und quantitative Änderung der Mikrogrößen widerspiegelt, werden diese Struktureffekte möglicherweise keinerlei Auswirkungen zeitigen.

Im theoretisch allgemeinen Fall haben wir jedoch mit einem Niederschlag dieses Präferenzeffekts auch in den Aggregatgrößen zu rechnen. Wollen wir dies in unserem einfachen Keynesianischen Modell berücksichtigen, so müssen wir offensichtlich in die Konsumfunktion eine zusätzliche, den Präferenzeffekt charakterisierende Variable einführen. Es liegt nun nahe, diese neue Variable mit dem Wert der Werbeausgaben in Verbindung zu bringen, indem man voraussetzt, daß zwischen dem Präferenzeffekt Z der Werbegüter und den Werbausgaben W eine funktionale Beziehung

(5) $$Z = \varphi(W)$$

besteht. Diese Funktion soll also die Abhängigkeit zwischen dem Einfluß der Werbegüter auf die Präferenzsysteme der Nachfrager und den hierfür aufgewandten Herstellungs- und Streukosten zum Ausdruck bringen.

Unter Berücksichtigung von (5) wird dann aus der Konsumfunktion (2) die neue, nicht nur vom Einkommen, sondern auch indirekt von den Werbeausgaben abhängige Funktion

(6) $$C = C(Y, \varphi(W)).$$

Entsprechend ändert sich die Bestimmungsgleichung für das Gleichgewichtseinkommen und die Multiplikatorrelation. Aus (3) wird

(7) $$Y = C(Y, \varphi(W)) + W$$

und an die Stelle von (4) tritt

(8) $$dY = \frac{1 + \frac{\delta C}{\delta \varphi} \cdot \varphi'(W)}{1 - \frac{\delta C}{\delta Y}} \cdot dW.$$

Je nach der Wirkung des Präferenzeffekts unterscheidet sich (5) für einen bestimmten Werbeaufwand W von (2) in Lage und/oder Verlauf der Kurve.

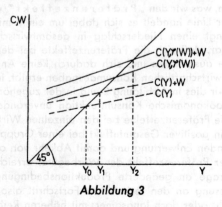

Abbildung 3

In Abbildung 3 haben wir angenommen, daß der Präferenzeffekt der Werbeausgaben W den autonomen Konsum, ebenso wie die Neigung der Konsumenten aus einem gegebenen Einkommen Konsumausgaben zu tätigen, erhöht. In diesem Falle wirken sowohl die Werbeausgaben wie der Effekt der Werbegüter auf eine Erhöhung des Einkommens von Y_0 über Y_1 auf Y_2 hin. Grundsätzlich hätten wir auch hier wieder zu berücksichtigen, daß es sich um einmalige oder ständige Werbeausgaben handeln kann. Da es durchaus denkbar ist, daß selbst einmalige Werbeausgaben einen anhaltenden Präferenzeffekt hervorrufen, hätten wir zwischen einer kurzfristigen und einer langfristigen Funktion vom Typ (5) zu unterscheiden. Sehen wir von diesen Komplikationen ab und interpretieren den Präferenzeffekt als Folge einer ständig durchgeführten Werbeausgabe, so ist es nach dem Vorangegangenen doch zweifelhaft, ob das in Abbildung 3 angenommene „shifting" der Konsumfunktion nach oben wirklich eintritt. Aus der Multiplikatorrelation (8) können wir entnehmen, daß eine Einkommenswirkung der Werbeausgaben über den Präferenzeffekt nicht eintritt, wenn

$$(9) \qquad \frac{\delta C}{\delta \varphi} \cdot \varphi'(W) = 0$$

ist. Diese Bedingung gilt offenbar, wenn entweder der Präferenzeffekt keinen Einfluß auf die Konsumausgaben hat [$\frac{\delta C}{\delta \varphi} = 0$], oder wenn der Präferenzeffekt nicht oder nicht mehr auf die Werbeausgaben reagiert [$\varphi'(W) = 0$]. Theoretisch wäre es auch möglich, daß der Ausdruck in (9) nicht nur Null, sondern sogar negativ wird, man hätte dann über das Ziel hinausgeschossen. Mit a-priori-Argumenten ist dieser Fall nicht auszuschließen; uns allerdings erscheint es wahrscheinlicher, daß der Ausdruck (9) entweder Null oder sogar positiv ist. Kommt es zu der, von uns in Abbildung 3 auf Grund eines positiven Werts von (9) unterstellten Einkommenserhöhung von Y_1 auf Y_2, so hätten wir wieder die oben diskutierte Beschäftigungsfrage zu erörtern. Hier zeigt sich aber eine Besonderheit. Der Präferenzeffekt der Werbegüter kann nämlich neben einer Wirkung auf die Nachfrage auch eine Wirkung auf das Arbeitsangebot besitzen. Die Änderung der Wertvorstellungen der Wirtschaftssubjekte hat möglicherweise die Abwertung des Gutes Freizeit und die völlige Entwertung gewisser Dienstleistungen in den privaten Haushalten zur Folge. Höheren Konsumansprüchen würden dann auch höhere Arbeitskraftreserven gegenüberstehen. Unter diesen, hier nur angedeuteten Umständen würde sich der Präferenzeffekt die zu einer realen Einkommenserhöhung notwendigen Ressourcen teilweise selbst schaffen.

Wir hatten schon am Anfang betont, daß wir nicht alle gesamtwirtschaftlich relevanten Aspekte der Werbung behandeln können. Abschließend wollen wir auch nicht neue Fragen anschneiden, sondern nur die Ergebnisse unserer Überlegungen kurz zusammenfassen. Bei der theoretischen Analyse der Beziehung zwischen Werbung und Volkseinkommen erschien es uns zweckmäßig, den Ausgabeneffekt von einem Präferenzeffekt der Werbung zu trennen. Die Erörterung des Ausgabeneffekts zeigte uns, daß es nicht angeht, wie es vielfach in der Diskussion um die Werbung geschieht, eine gegebene monetäre Gesamtnachfrage vorauszusetzen, um deren Aufteilung die Unternehmer mit sich gegenseitig übersteigernden Werbeausgaben konkurrieren. Dann argumentiert man partialanalytisch und vernachlässigt den kreislauftheoretischen Zusammenhang, durch den zusätzliche Aufwendungen zu zusätzlichen Einkommen werden. Antizyklische Werbeausgaben, so haben wir gesehen, sind unter der wirtschaftspolitischen Zielsetzung einer Stabilisierung von Beschäftigung und Geldwert zu fordern. Das angeführte empirische Material deutet darauf hin, daß dieses wirtschaftspolitische Postulat für die Bundesrepublik nicht – oder noch nicht – Realität ist, ebensowenig allerdings ist es das Gegenteil eindeutig prozyklischer Werbeausgaben. Eine nominale oder auch reale Einkommenserhöhung, wie sie der Ausgabeneffekt der Werbung mit sich bringt, muß sich als Folge des Präferenzeffekts nicht unbedingt einstellen. Zwar sprechen auch hier einige Gründe für eine quantitative Änderung der gesamtwirtschaftlichen Nachfrage, daneben und wohl auch in erster Linie dürfte der Präferenzeffekt in einer qualitativen Abstimmung von Produktion und Verbrauch zum Ausdruck kommen. Diese Wirkung stellt jedoch die Autonomie des Konsumenten in Frage und verkehrt die klassische Auffassung, daß es die Nachfrage ist, die die Produktion bestimmt, teilweise in ihr Gegenteil. So betrachtet, wird die Werbung vom ökonomischen Phänomen zum moralphilosophischen, ethischen Problem.

Literatur:

Bishop, F. P.: The Economics of Advertising, London 1944.

Borden, N. H.: The Economic Effects of Advertising, Chicago 1944.

Blöchliger, C.: Die theoretische Bestimmung der Reklame, Winterthur 1959 (Diss. Zürich).

Braithwaite, D.: The Economic Effects of Advertisement, The Economic Journal, Vol. XXXVIII (1928), S. 16–37.

Friedrichs, G.: Verkaufswerbung, ihre Technik, Psychologie und Ökonomie, Volkswirtschaftliche Schriften, Heft 36, Berlin 1958.

International Advertising Association (IAA): Advertising Investments Around the World – the Five Year Trend, New York, 1965, Auszüge in: Der Markenartikel, Heft 2/1966, S. 56–60, Werbeaufwendungen in 43 Ländern der Erde.

Jacob, K.-D.: Werbung und Wettbewerb: eine theoretische Analyse, Schmollers Jahrbuch, 86. Jg. (1966), S. 385–421.

Kaldor, N.: The Economic Aspects of Advertising, The Review of Economic Studies, Vol. XVIII (1949–1950), abgedr. in Kaldor, N.: Essays on Value and Distribution, London 1960, S. 96–140.

Klein-Blenkers, F.: Schätzung der Gesamtkosten der Wirtschaftswerbung im Jahre 1962 in der Bundesrepublik Deutschland nach zwei Methoden, in: Mitteilungen des Instituts für Handelsforschung an der Universität zu Köln, Jg. 17 (1965), S. 81–91 u. S. 96.

Kruse, A.: Konsument und Werbung, Der Markenartikel, Heft 9, 1957, S. 469–472.

Kruse, A.: Produzent und Werbung, Der Markenartikel, Heft 10, 1957, S. 688–696.

Lever, E. A.: Advertising and Economic Theory, London, New York, Toronto 1947.

Richter, R.: Wirtschaftswerbung in der sozialen Marktwirtschaft, Wiesbaden 1959.

Rothschild, K. W.: A Note on Advertising, The Economic Journal, Vol. LII (1942), S. 112 bis 121.

Simon, J. L.: The Effect of Advertising on the Propensity to Consume, Kyklos, Vol. XX (1967), S. 950–961.

Steuber, K.: Werbung und Wohlstand, Zürich und St. Gallen 1958 (Diss. Handelshochschule St. Gallen).

Streißler, E.: Die gesamtwirtschaftlichen Funktionen der Werbung, Zeitschrift für Nationalökonomie, Bd. XXV (1965), S. 243–277.

Telser, L. G.: Advertising and Competition, The Journal of Political Economy, Vol. LXXII (1964), S. 537–562.

Weirich, H.: Der volkswirtschaftliche Nutzen der Werbung, Band I der ADW-Schriftenreihe, Essen 1966.

Wilhelm, H.: Werbung als wirtschaftstheoretisches Problem, Berlin 1961.

Zentralausschuß der Werbewirtschaft (ZAW): Jahresberichte 1964, 1965, 1966, Bad Godesberg.

Werbung und Konzentration
Von Dr. Günter Friedrichs, Frankfurt a. M.

I. Der Begriff „Konzentration"

Die Interpretation des Konzentrationsbegriffes ist weit gespannt. Sie reicht von der Einkommens- über die Vermögens-, Betriebs-, Unternehmens- bis zur räumlichen Konzentration (Ballungsgebiete). Im Zusammenhang mit der Verkaufswerbung soll eine Beschränkung auf die Betriebs- und Unternehmenskonzentration erfolgen. Diese kann horizontaler, vertikaler oder diagonaler Natur sein.

Bei d i a g o n a l e r Konzentration werden Betriebe und Unternehmen wahllos in einem Konzern zusammengefaßt, wie zum Beispiel Brauereien, Banken, Reedereien und Nahrungsmittelbetriebe bei Oetker. Mit Werbung hat das in der Regel nichts zu tun, es sei denn, die Gewinne aus gewissen werbeintensiven Konzernbereichen sind so hoch, daß sie zum Erwerb neuer Unternehmen verwendet werden.

V e r t i k a l e Konzentration bedeutet die Integration aufeinanderfolgender Produktionsstufen in einem Unternehmen. Darunter fällt zum Beispiel die Herstellung und der Vertrieb bis zum Endverbraucher von Schuhen durch Salamander; desgleichen die Angliederung von Produktionsbetrieben durch Kauf- oder Versandhäuser. Hier gibt es zweifellos einige Fälle, in denen sich ein Zusammenhang zwischen Werbung und Konzentration ableiten läßt. Die Verkaufswerbung kann zum Beispiel die Voraussetzung dafür schaffen, daß Großbetriebe des Handels die Kapazität eines Produktionsbetriebes voll nutzen können. Das gleiche mag für die Integrierung eines Zulieferbetriebes durch den Hersteller eines Endproduktes bzw. für die Selbstherstellung von ursprünglich zugelieferten Teilen gelten.

Bei h o r i z o n t a l e r Konzentration haben Betriebe oder Unternehmen der gleichen Produktionsstufe entweder durch ihre Größe oder durch eine Zusammenfassung (Fusion oder Kooperation) entscheidendes Gewicht am Markt. Der zuverlässigste Indikator ist der jeweils erreichte Anteil am Markt einer Branche. Zunehmende Konzentration bedeutet deshalb wachsenden Marktanteil, und zwar unabhängig davon, ob der betreffende Markt expandiert, stagniert oder ob er rückläufig ist.

Die Ursachen der Konzentration liegen keineswegs nur in der Werbung. Soweit aber Verkaufswerbung eine konzentrationsfördernde Rolle spielt, scheint das am nachhaltigsten bei horizontaler Konzentration zu geschehen. Deshalb werden sich die weiteren Ausführungen mit diesem Bereich befassen.

II. Die Einflüsse der Werbung auf die Konzentration

1. Die Einflüsse der Werbemittel

Die Mittel der Verkaufswerbung sind zahlreich und vielfältig. Die Kosten für ihre G e s t a l t u n g haben fixen Charakter. Wenn man bei konkurrierenden Anbietern qualitativ gleichwertige Werbemittel unterstellt, dann sind die Kosten für Markt- und Motivforschung, für die Gestaltung des Produktes und der übrigen Werbemittel gleich groß. Sie sind unabhängig von Marktanteil und Absatzmenge. Es entfällt dann auf den kleineren Anbieter ein höherer und auf den größeren Anbieter ein niedrigerer Aufwand je Werbeimpuls.

Während die Gestaltungskosten gleich sind, ergeben sich bei der H e r s t e l l u n g vieler Werbemittel mit zunehmenden Mengen Kostendegressionen. Für 100 Plakate sind die Stückkosten notwendigerweise erheblich höher als für 10 000. Das gleiche gilt für hohe Auflagen von Prospekten, Katalogen oder Filmen. Damit werden auch die Herstellungskosten je Werbeimpuls bei zunehmender Menge geringer.

Noch bedeutender wird die Kostendegression bei der S t r e u u n g der meisten Werbemittel. Abgesehen von Fällen, in denen Postversand unvermeidbar ist (Katalog), werden in der Regel für zunehmende Größe und für Wiederholungen beträchtliche Mengenrabatte eingeräumt. Das trifft insbesondere für Anzeigen, Plakatanschlag, Hörfunk und Fernsehen zu. Kleinere Anbieter werden bei Verwendung dieser Werbemittel sehr stark benachteiligt. Überregionale Anzeigen und Werbefernsehen sind so teuer, daß sie völlig ausscheiden (exklusive Werbemittel). Anbieter mit großen Marktanteilen haben außer den Mengenrabatten noch einen weiteren Preisvorteil. Bei der überregionalen Illustriertenanzeige mit Millionenauflage ist nur der absolute Preis hoch. Bezieht man die Kosten auf die erreichten Leser, so sind solche Anzeigen billiger als die den Kleinbetrieben zugänglichen Regionalanzeigen. Hinzu kommt noch, daß der Großbetrieb den Wiederholungseffekt der Werbemittel viel besser nutzen kann. Eine einzige Anzeige für einen Markenartikel ist nahezu wirkungslos. Je öfter sie dagegen wiederholt wird, um so höher wird der Werbeerfolg, der nicht etwa linear, sondern progressiv zunimmt.

Die D e g r e s s i o n d e r W e r b e k o s t e n und die gleichzeitige P r o g r e s s i o n d e s W e r b e e r f o l g e s benachteiligen die kleinen Anbieter ganz entscheidend. Von den sogenannten „exklusiven" Werbemitteln sind sie völlig ausgeschlossen. Sie sind auch dann noch im Nachteil, wenn sie je Produkteinheit mehr für Verkaufswerbung aufwenden als ihre großen Konkurrenten, denn wegen der fehlenden Mengen kommen sie nicht in die Zone der Erfolgsprogression. Wenn sie sich gegen den Expansionsdrang der Großen behaupten wollen, müßten sie je Produkteinheit extreme Werbeaufwendungen tätigen.

Der Kleinbetrieb kann allerdings versuchen, die Werbemittel anders zu kombinieren. Er kann die ihm unter besonders günstigen Bedingungen zugänglichen Werbemittel intensiver einsetzen. Außerdem wird er auf niedriger kalkulierende Berater und Gestalter ausweichen, was nicht notwendigerweise schlechtere Qualität bedeutet. Alle Versuche, den Werbeaufwand mathematisch zu optimieren, sind vorerst noch rein theoretisch. Daran wird sich so lange nichts ändern, bis es endlich gelingt, die psychologisch determinierte Reaktion der Konsumenten und Konkurrenten zu quantifizieren. Große Budgets können noch immer fehlgeleitet oder durch die Gegenaktion anderer Anbieter neutralisiert werden. Andererseits kann ein begabter junger Werbeleiter einem Klein-

Werbung und Konzentration 81

betrieb zum Durchbruch verhelfen. Grundsätzlich gilt jedoch, daß der hohe Werbeaufwand im Großbetrieb besonders sorgfältige Dispositionen sowohl erzwingt als auch ermöglicht. Dagegen ist das Risiko von Fehlentscheidungen im Kleinbetrieb beträchtlich größer.

Eine gewisse Chance des Kleinbetriebes liegt in der Begrenzung seines Angebots auf einen regionalen Markt. Auch dann sind die Werbekosten je abgesetzte Einheit immer noch höher als die der überregional werbenden Konkurrenten. Immerhin können aber gewisse Eigenheiten regionaler Märkte psychologisch genutzt werden. Ein Einzelhändler kann zum Beispiel durch intensive Plakat-, Kino- und Prospektwerbung in seinem Absatzgebiet möglicherweise im Kampf gegen Filialbetriebe und Kaufhäuser bestehen, sofern er seine Verkaufswerbung mit einer geeigneten Sortiments- und Preispolitik verbindet. In ähnlicher Weise könnte auch ein Markenartikelhersteller, der sich auf eine Region beschränkt, einen relevanten Marktanteil erreichen. Insofern ist der Kampf der kleinen Anbieter nicht grundsätzlich hoffnungslos; das gilt aber in der Regel nur so lange, wie ihre großen Konkurrenten sich nicht zu Gegenmaßnahmen veranlaßt sehen, denn dann würden die letzteren den längeren Atem haben.

2. Die Einflüsse verschiedener Werbeformen

Die wirtschaftliche Konzentration wird von den einzelnen Formen der Verkaufswerbung sehr unterschiedlich gefördert. Die geringste Wirkung hat die Gemeinschaftswerbung. Hier werben alle Anbieter der Branche gemeinsam, um die Nachfrage zu stimulieren. Das ist jedoch nicht notwendigerweise völlig wettbewerbs- und konzentrationsneutral. Es wäre denkbar, daß Unternehmen, welche die Gemeinschaftswerbung noch durch zusätzliche firmenbezogene Werbung ergänzen, nicht nur absolut, sondern auch relativ mehr von der gemeinsam aktivierten latenten Nachfrage an sich ziehen.

Eindeutig konzentrationsfördernd ist dagegen die Werbung des Einzelhandels. Wenn auch die Handelsbetriebe versuchen mögen, ihre Kunden emotional an sich zu binden, so ist doch das Schwergewicht der Einzelhandelswerbung informativ. Ob Versandhandel, Kaufhäuser, Kettenläden oder individuelle Einzelhandelsgeschäfte: Das Hauptargument ihrer Werbung ist die Preisinformation und die Preisattraktion. Auch dort, wo der günstige Preis sich nicht auf das gesamte Sortiment, sondern nur auf bestimmte Anreizartikel bezieht, sind doch gewisse Elemente des Preiswettbewerbs vorhanden. Dadurch werden die Markttransparenz erhöht und die leistungsfähigeren Händler begünstigt, die, je größer sie sind, ihrerseits wieder Mengenrabatte oder andere vorteilhafte Einkaufsmöglichkeiten wahrnehmen können. Während des vergangenen Jahrzehntes wurde die Konzentrationsbewegung im Handel der Bundesrepublik durch die Verkaufswerbung sicherlich begünstigt; dies geschah aber nicht nur infolge der Degression der Werbekosten zugunsten der großen Handelsunternehmen, sondern auch wegen der wachsenden Bereitschaft des Handels zur Preiskonkurrenz. Es gibt darüber hinaus Indizien dafür, daß der Händler mit kleinem Marktanteil durch die Werbung weniger behindert wird als der kleine Hersteller von Markenartikeln. Für diese These spricht die wachsende Zahl von modernen, leistungsfähigen und selbständigen Einzelhandelsbetrieben.

Bei der Werbung für Produktionsmittel wird die der Verkaufswerbung so gern zugeschriebene Informationsfunktion am besten erfüllt. Auch hier wird man unterstellen dürfen, daß im Angebot Vorzüge überbetont und Nachteile weggelassen werden.

Die Produzenten von Produktionsmitteln umwerben aber nicht unwissende, unsichere und zu echten Vergleichen unfähige Konsumenten, sondern fachkundige Produzenten, die genau wissen, was sie wollen und die jederzeit die Angaben der Verkaufswerbung überprüfen können und werden. Die Kaufentscheidungen für Produktionsmittel sind durch einen hohen Grad an Rationalität gekennzeichnet. Angesichts der beschränkten Zahl der Umworbenen dürften beim Werbeaufwand die Ausgangsbedingungen unter den Konkurrenten – unabhängig von der Größe ihres Marktanteiles – nicht sehr verschieden sein. Mit Hilfe der Verkaufswerbung für Produktionsmittel wird die Markttransparenz entscheidend erhöht; insofern wird die Nachfrage nicht nur zum leistungsfähigsten Anbieter gelenkt, sondern auch die Konzentration begünstigt.

3. Die Einflüsse der Markenartikelwerbung

Die Einflüsse der Verkaufswerbung für Markenartikel auf die wirtschaftliche Konzentration sind so gravierend, daß sie etwas ausführlicher dargestellt werden sollen. Dabei ist davon auszugehen, daß hier die Produzenten von Konsumgütern unmittelbar mit den Konsumenten unter Ausschluß des Handels kommunizieren.

Die Markenartikelwerbung basiert auf dem Prinzip der Produktdifferenzierung. Ähnliche, bzw. gleichartige und in enger Substitutionskonkurrenz stehende Produkte werden durch Variierung der Produktgestalt (Farbe, Muster, Geruch, Form, Verpackung usw.), der Aussagen der verschiedenen Werbemittel und des Preises so unterschiedlich gemacht, daß in der psychisch bedingten Wahrnehmung durch die Konsumenten die Marken A und B nur noch schwach miteinander konkurrieren. Dieses Verfahren ist um so einfacher, je größer der echte und natürliche Unterschied zwischen substitutionsfähigen Gütern ist, je unsicherer der Konsument über die tatsächliche Qualität der Produkte ist, je weniger er Konkurrenzmarken zuverlässig vergleichen kann und je langfristiger die Gebrauchsdauer des Gutes ist. Umgekehrt können Waren um so schwieriger differenziert werden, je homogener und je vergleichbarer sie von Natur aus sind. Je unvollkommener der Markt und das Güterangebot sind, um so leichter fällt es den Anbietern, die Marktlage durch Markenartikelwerbung zu ihren Gunsten zu beeinflussen und monopolistische Verhaltensweisen erfolgreich durchzusetzen. Mit Hilfe der Produktdifferenzierung ist es aber durchaus möglich, einen vollkommenen Markt mit homogenem Güterangebot in einen Markt mit heterogenem Angebot umzuwandeln. Selbst bei so homogenen Gütern wie Zucker oder Salz und sogar im Bereich der Produktionsmittel, wie zum Beispiel bei chemisch identischen Kunststoffen, ist es mit Erfolg gelungen, Produktdifferenzierungen durchzusetzen und Marken zu kreieren.

Das Funktionieren des Marktmechanismus setzt Markttransparenz voraus. Nur unter dieser Bedingung können sich die Konsumenten für das günstigste Angebot entscheiden. Manche Verfahren der Verkaufswerbung für Markenartikel haben jedoch nicht eine Verbesserung der Markttransparenz zum Ziel, wenngleich sich gewisse informative Inhalte nicht immer vermeiden lassen. Zumindest informiert die Markenartikelwerbung über die Existenz einer bestimmten Marke, was sowohl für die Einführung wie für die künftige Erhältlichkeit von Bedeutung ist. Außerdem informiert sie über Veränderungen des Produktes, wobei völlig offen bleibt, ob sogenannte „Verbesserungen" auch objektiv oder nur werbetechnisch relevant sind. Abgesehen von diesen Minimalinformationen läßt sich in Werbetexten für Markenartikel der indirekte Versuch nachweisen, konkurrierende Marken zu diskriminieren. Denn je besser die Differenzierung von anderen Produkten gelingt, um so eher enstehen jene Präferenzsysteme, die nicht nur eine Markterweiterung, sondern auch eine monopolistische Preis-Mengen-Politik ermöglichen.

Allerdings tendieren die Konsumenten als Individuen auch zu heterogen Verhaltensweisen, während der Kauf einer Marke homogenes Verhalten voraussetzt. Die Produktdifferenzierung und die damit verbundene Verkaufswerbung richtet sich deshalb auf Z i e l g r u p p e n, die so angelegt sein müssen, daß sie einen möglichst großen Teil der Käufer erfassen. Auch die beste Werbung kann jedoch kein Monopol garantieren, weil glücklicherweise ein Teil der potentiellen Konsumenten auf gewisse Impulse der Werbung nicht reagiert oder gar ermüdet. Durch Verkaufswerbung ist lediglich ein großer Marktanteil erreichbar, der beträchtlich über 30 % liegen mag. Von einem gewissen Punkt an nimmt aber der Werbeerfolg bei zusätzlichen Werbeaufwendungen wieder ab („Werbeschwelle").

Die exakte Lage der Werbeschwelle wird durch die Art des Produktes, die Qualität und die Quantität der Werbung und durch die Verhaltensweisen der Konsumenten und der Konkurrenten bestimmt. Ein Anbieter kann jedoch die erreichbare Zielgruppe potentieller Käufer beträchtlich erweitern, wenn er seine Marke nicht nur h o r i z o n t a l gegenüber den Marken konkurrierender Anbieter d i f f e r e n z i e r t, sondern auch noch innerhalb des eigenen Angebots v e r t i k a l nach Preislagen und t e m p o r a l nach modischen Änderungen. Letztlich kann man auch das eigene Angebot noch einmal horizontal differenzieren, sei es durch Variation von Farben oder Mustern, sei es durch die Kreierung eigener Konkurrenzmarken, wie es zum Beispiel bei Zigaretten, Waschmitteln oder Kosmetika üblich ist.

Zu den positiven Aspekten der Markenartikel zählt ihre durch Markierung bedingte Wiedererkennbarkeit. Das zwingt die Hersteller zur Einhaltung einer gewissen M i n d e s t q u a l i t ä t, die gegenüber den Angeboten konkurrierender Hersteller einigermaßen bestehen kann. Ein schlechtes Produkt kann auf die Dauer auch nicht mit Hilfe der aufwendigsten und besten Werbung verkauft werden. Dagegen hat ein qualitativ überlegenes Produkt ohne Verkaufswerbung auf einem werbeintensiven Markt kaum eine Chance. Ein mittelmäßiges Produkt, was den Vorstellungen der Konsumenten entspricht, kann jedoch bei aufwendiger und geschickter Werbung zum Star der Branche werden. Käufer, die nicht unzufrieden waren, neigen dazu, die Ware wieder zu kaufen. Auf diese Weise entsteht zwischen Marke und Konsument eine nur psychologisch erklärbare Bindung. Sie erlaubt dem Anbieter in bestimmten Grenzen monopolistische Verhaltensweisen, das heißt, sie schirmt ihn mindestens kurzfristig gegen preisliche oder qualitative Aktionen seiner Konkurrenten ab.

Unter diesen Bedingungen schafft die Verkaufswerbung für Markenartikel o l i g o p o l i s t i s c h e A n b i e t e r s t r u k t u r e n. Diese zählen zu den klassischen Indikatoren von Konzentrationsprozessen. Die Exklusivität einiger Werbemittel, die Degression der Werbekosten und die Progression des Werbeerfolges kommen auf Markenartikelmärkten voll zur Geltung. Das gilt um so mehr, wenn sich ein Produkt nicht nur horizontal, sondern auch vertikal und temporal differenzieren läßt. Die Opelwerbung für den Typ Kadett begünstigt indirekt auch die Werbung für die Typen Rekord, Kapitän, Admiral und umgekehrt. Mehrproduktunternehmen haben noch einen zusätzlichen Vorteil: Die Farbwerke Hoechst können mit dem gleichen Markenzeichen für ihr gesamtes Arzneimittelangebot werben.

Die Verkaufswerbung für Markenartikel verändert auch die o p t i m a l e U n t e r n e h m e n s g r ö ß e. Das Werbeziel besteht sowohl in der Differenzierung von der Konkurrenz wie in der Expansion des Absatzes, gegebenenfalls auf Kosten der allgemeinen

Zuwachsrate oder auch der Konkurrenten. Wachsender Absatz ermöglicht aber den Einsatz solcher Produktionsverfahren, die aus technischen Gründen große Mindestmengen voraussetzen. Da Markenartikel standardisierte Produkte sind, eignen sie sich ganz besonders für Hochmechanisierung und Automatisierung. Dennoch können bei der Bestimmung der optimalen Unternehmensgröße für Mehrproduktunternehmen oder für Anbieter von horizontal und vertikal differenzierten Marken die Vorteile einer gemeinsamen Absatzorganisation und Werbung produktionstechnische Gesichtspunkte in den Hintergrund drängen. Unter diesen Aspekten wird es verständlich, warum viele Markenartikelmärkte als nahezu geschlossen gelten. Die Eintrittskosten für Neulinge bestehen aus Investitionen in Höhe vieler Millionen für die Produktionsanlagen und für die Werbung. Wenn überhaupt, dann können diese Kosten aber am leichtesten durch Konzerne aufgebracht werden, die schon eine funktionierende Absatzorganisation haben und außerdem als Markenartikelhersteller bekannt sind.

4. Die Einflüsse der Werbe- und Handelsspannenkonkurrenz

Markenartikelmärkte sind oligolistisch strukturiert. Die Verhaltensweisen der Anbieter basieren auf dem Prinzip der o l i g o l i s t i s c h e n I n t e r d e p e n d e n z. Vereinfacht dargestellt: Jeder einzelne der wenigen Oligolisten kann die Aktionen der Konkurrenten durch Gegenmaßnahmen neutralisieren. Reduziert Anbieter A den Preis, dann werden B, C und D sofort folgen. Weil davon niemand einen Vorteil hätte, verzichten alle Beteiligten auf Preiskonkurrenz. Statt dessen weichen sie auf W e r b e k o n k u r r e n z aus. Aggressive Werbemaßnahmen können durch die Konkurrenten zwar ebenfalls pariert und neutralisiert werde, aber immerhin sind Überraschungseffekte möglich. Außerdem lassen sich durch Werbekonkurrenz langfristig doch gewisse Veränderungen in den Marktanteilen erreichen. Auf allen Märkten mit expansibler Nachfrage hat intensive Werbekonkurrenz außerdem die Wirkung, latende Nachfrage zu mobilisieren. Selbst wenn sich die Werbung gegenseitig neutralisieren sollte, so kann sie dann bei unveränderten Marktanteilen höhere Absatzmengen bewirken. Darüber hinaus besteht die reale Chance, kleine Anbieter mit atomistischen Marktanteilen, unter Vermeidung eines Preiskrieges, endgültig aus dem Markt zu drängen. Die oligopolistischen Angebotsstrukturen auf Markenartikelmärkten sind jedoch sehr unterschiedlich. Im Bereich der durch Werbung realisierten monopolistischen bzw. autonomen Zonen sind sogar gewisse Preiskorrekturen möglich. In diesem Beitrag können aber nur solche Varianten angedeutet werden, welche die Konzentration beeinflussen.

Typisch für alle Markenartikelmärkte ist der Versuch der Produzenten, Handelsspannen und Endverbraucherpreise zu kontrollieren. Das gelungenste Beispiel ist die v e r t i k a l e P r e i s b i n d u n g, die ohne Produktdifferenzierung und Werbung nicht realisierbar wäre; ein Umstand, der von vielen Kritikern nur ungenügend gewürdigt wird. Bei gebundenem Endverbraucherpreis verbindet sich der Preis in der Wahrnehmung der Konsumenten mit den übrigen Eigenschaften des Produkts. Er wird zur qualitativen Norm und belastet billigere Produkte mit dem Odium geringerer Qualität. Außerdem erhält der Händler eine garantierte Handelsspanne.

Wenn man realistischerweise unterstellt, daß auf Markenartikelmärkten neben den großen Oligopolisten auch noch Anbieter mit atomistischen Marktanteilen konkurrieren, dann muß der Händler entscheiden, welche Marken er in sein Sortiment aufnimmt. Die Berücksichtigung aller existierenden Marken der Branche würden seine Lagerkosten unangemessen aufblähen, zumal er nur von den bekannten Marken eine schnelle Umschlagshäufigkeit erwarten kann. Der Händler bevorzugt deshalb die Marken der Oligopolisten. Umgekehrt müssen die Oligopolisten, um sicher zu gehen, auch den Händlern mit sehr geringem Umsatz noch eine ausreichende Spanne zugestehen, wenn sie in seinem Sortiment vertreten sein wollen. Für die größeren Händler gibt es darüber hinaus den Anreiz der Mengenrabatte. Dadurch ergeben sich klar determinierbare Rückwirkungen auf die Konzentration. Die Zahl der Händler wird nicht verringert, übersetzte Branchen werden sogar geschützt. Dennoch erfolgt ein Konzentrationsprozeß im Handel. Die Empfänger von Mengen- und Treuerabatten werden ihre überhöhten Gewinne zur Verbilligung solcher Waren benutzen, die nicht der Preiskontrolle der Produzenten unterliegen. Auf diese Weise können sie ihren Geschäftsumfang ausdehnen und gegebenenfalls sogar Investitionen für neue Filialen finanzieren.

Besonders benachteiligt werden jedoch die Markenartikelhersteller mit a t o m i s t i schen Marktanteilen. Sie haben häufig nicht nur höhere Produktions- und Absatzkosten als Oligopolisten, – sie werden auch noch wegen der geringen Umschlagshäufigkeit ihrer Produkte durch den Handel diskriminiert. Die oligopolistische Interdependenz gilt für den atomistischen Anbieter nur zum Teil. Er muß zwar selbst sorgfältig auf die Aktionen der Oligopolisten reagieren; die Oligopolisten ihrerseits reagieren jedoch nicht auf die Aktivitäten der „Atomisten". Das Gesamtvolumen der Werbung eines Atomisten ist so gering, daß es für den Oligopolisten keine Gefahr bedeutet. Die Senkung des Endverbraucherpreises könnte sich für den atomistischen Anbieter sogar als Bumerang erweisen, denn der Bekanntheitsgrad seiner Marken ist so niedrig, daß seine Preissenkung von der Mehrheit der Konsumenten gar nicht bemerkt wird. Wo sie jedoch wahrgenommen wird, könnte der Eindruck entstehen, es handle sich um eine Qualitätsverschlechterung. Die einzige echte Chance, die dem Atomisten bleibt, liegt in einer Erhöhung der Handelsspanne, sofern es ihm gelingt, dies wirtschaftlich zu verkraften. Die höhere Handelsspanne öffnet ihm den Weg in das Sortiment des Handels, der nunmehr bereit ist, unsicheren Kunden derartige Produkte bevorzugt zu empfehlen. Die Oligopolisten können und werden ihrerseits nicht kurzfristig reagieren. Einmal werden sie erst relativ spät darauf aufmerksam, und dann würden ihre Gewinne durch weitere Zugeständnisse an den Handel beträchtlich sinken. Erst wenn es atomistischen Anbietern gelingt. ihre Marktanteile spürbar zu vergrößern, müssen auch die Oligopolisten handeln. Sie entscheiden sich auch dann vorzugsweise nicht für eine allgemeine Preissenkung, sondern für Handelsspannenkonkurrenz.

Handelsspannenkonkurrenz bildet nur in den ersten Stadien des Wettbewerbs das risikolosere Instrument. Im Laufe der Zeit pflegt sie sehr teuer zu werden, und zwar vollzieht sich dieser Vorgang sowohl auf Kosten der Produzenten als auch der Konsumenten und – zum Vorteil des Handels. Handelsspannenkonkurrenz entwickelt sich auch noch aus anderen Gründen, zum Beispiel, wenn die Kapazitäten der Produzenten nicht ausgelastet sind, oder wenn es auf einem Markt so viele oligopolitische Anbieter gibt, daß der Handel ohnehin nur eine begrenzte Zahl von Marken in sein Sortiment aufnehmen kann. In allen diesen Fällen werden große Anbieter begünstigt, deren Produkte die höchste Umschlagshäufigkeit haben. Ihre Konkurrenten versuchen aber, durch weitere Spannungszugeständnisse im Rennen zu bleiben, was zu einer „endlosen Schraube" ausarten kann und doch immer wieder die Großen begünstigt. Sie werden durch Intensivierung ihrer Werbung versuchen, die hohe Umschlagshäufigkeit ihrer Marken zu erhalten und sie nach Möglichkeit zu erhöhen. Auch im Handel geht die Konzentration in diesen Fällen weiter, obgleich die überhöhten Spannen auch dem leistungsschwächsten Händler eine Möglichkeit zum Überleben bieten. Extreme Handelsspannenkonkurrenz führt schließlich zur Bildung g r a u e r M ä r k t e und später zum Zusammenbrechen der vertikalen Preisbindung.

Die Produzenten pflegen nach dem Zusammenbruch der vertikalen Preisbindung auf empfohlene Richtpreise auszuweichen. Im Gegensatz zur Preisbindung versuchen sie dann nicht mehr, den Handel zum Einhalten dieser Preise zu veranlassen. Sie setzen ihre Preisempfehlungen vielmehr so hoch an, daß die Händler 10, 20 oder mehr Prozent nachgeben können, ohne überhaupt etwas nachzulassen. So kann es dahin kommen, daß der Kosument durch empfohlene Richtpreise noch effektvoller ausgebeutet wird als bei der Preisbindung, zumal bei ihm der Eindruck erweckt wird, besonders günstig eingekauft zu haben. Die Chance des atomistischen Herstellers von Markenartikeln mögen sich gegenüber der Preisbindung gerinfügig verbessern; er hat aber auch hier wieder mit dem alten Übel zu kämpfen. Wegen des im Gegensatz zu den Oligopolisten absolut geringeren Werbevolumens erreichen seine Marken keine hohe Umschlagshäufigkeit. In den Fällen, in denen die Einkaufspreise des Händlers durch Mengenrabatte beeinflußt werden, kann der atomistische Anbieter nur im Ausnahmefall mithalten. Völlig anders aber wird die Situation im Handel. Der preisaggressive Händler könnte jetzt sogar legal die Werbung benutzen, um, gestützt auf seine Mengenrabatte, Angebote zu machen, die rein preisorientiert sind und die Position der umsatzschwachen Händler entscheidend verschlechtern. Allerdings scheint die Mehrheit der Händler doch die Einhaltung jenes Rahmens vorzuziehen, der durch überhöhte Preisempfehlungen abgesteckt wird.

Abschließend sei noch eine besondere Variante erwähnt, die ihre Existenz intensiver Werbung und überhöhten gebundenen oder empfohlenen Preisen verdankt. Die Handelsmarken leben im Schatten der großen Oligopolmarken. Qualitativ sind sie in der Regel gleichwertig, denn der anbietende Handelsbetrieb übernimmt mit seinem Namen eine gewisse Qualitätsgarantie, der Preis ist dagegen beachtlich niedriger. In jüngster Zeit haben nicht nur Versandbetriebe, Kaufhäuser und Filialunternehmen, sondern auch freiwillige Ketten von dieser Möglichkeit Gebrauch gemacht. Überregional kann für Handelsmarken — wenn überhaupt — nur durch Versandhäuser geworben werden, weil Handelsmarken immer nur in einer begrenzten Zahl von Geschäften erhältlich sind. Dennoch haben sie sich als eine gewisse Kontrollinstanz gegenüber der Marktmacht oligopolistischer Markenartikelproduzenten bewährt. Gleichzeitig haben sie Konzentrationsbewegungen im Handel zugunsten moderner und leistungsfähiger Vertriebsorganisationen gefördert. Solche Entwicklungen können aus gesamtwirtschaftlicher Perspektive nur begrüßt werden. Darüber hinaus ist der Preisvergleich zwischen Produzentenmarken und Handelsmarken wahrscheinlich der zuverlässigste Indikator für den Monopolisierungsgrad einer Branche.

III. Die wirtschaftliche und politische Bedeutung werbebedingter Konzentration

Wirtschaftliche Konzentration wird nicht nur durch Verkaufswerbung gefördert. Daneben gibt es noch viele andere, technische, rechtliche (Patentrecht), steuerliche (die alte Umsatzsteuer) und sonstige Ursachen. Ob einzelne Konzentrationsvorgänge erwünscht sind oder nicht, kann unter gesamtwirtschaftlichen Gesichtspunkten nur von Fall zu Fall entschieden werden. Wenn zum Beispiel die Technik große Produktionseinheiten erfordert, wie bei Atomkraftwerken, im Automobilbau, in der Stahlindustrie oder bei gewissen Markenartikeln, dann bedeutet eine Verhinderung der Konzentration zugleich den Verzicht auf rationale und leistungsfähige Produktionsverfahren. In solchen Fällen entspräche die Ablehnung technisch notwendiger Konzentrationsvorgänge zugleich einem Verlust an potentiellem Wohlstand. Wenn Produktivitätsgewinne zu erwarten sind, muß von der Wirtschaftspolitik sogar die Förderung der Konzentrationen verlangt werden. Darüber hinaus hat die technisch-wirtschaftliche Beurteilung von Konzentrationsprozessen relativen Charakter. Unternehmen mit beherrschenden Positionen auf nationalen Märkten können auf dem Gemeinsamen Markt der Europäischen Wirtschaftsgemeinschaft zu Anbietern mit mittlerem Marktanteil werden.

Bei der Beurteilung der Verkaufswerbung als Konzentrationsfaktor ist **vor Verallgemeinerungen zu warnen**. Gemeinschaftswerbung ist nahezu konzentrationsneutral. Die Werbung der Produzenten für Produktionsmittel fördert die Markttransparenz. Soweit sich dadurch Vorteile für einige Unternehmen ergeben sollten, ist das eine wünschenswerte Begünstigung leistungsfähiger Betriebe. Ähnlich verhält es sich mit der Werbung des Einzelhandels: Sie erhöht den Preiswettbewerb. Soweit von ihr in der unmittelbaren Vergangenheit Konzentrationswirkungen ausgingen, dürften sie in der Regel die Leistungsfähigkeit des Handels verbessert haben.

Allerdings hat auch die Konzentration nicht nur positive Aspekte. Der gleiche Vorgang, der aus einer Reihe von Gründen wünschenswert zu sein scheint, kann auch Risiken bergen und negative Folgen haben. Handelsbetriebe wie Kauf- und Versandhäuser mögen ihre Marktmacht als Nachfrager dazu mißbrauchen, Produktionsbetriebe abhängig zu machen und ihnen unfaire Bedingungen zu diktieren. Damit wird die Möglichkeit des **Mißbrauchs wirtschaftlicher Macht** angesprochen, die notwendigerweise bei jedem Konzentrationsvorgang latent vorhanden ist. Ein solcher Mißbrauch kann wirtschaftlicher wie politischer Natur sein. Im konkreten Einzelfall lassen sich beide Motive nicht immer voneinander trennen. Wirtschaftlicher Machtmißbrauch liegt dann vor, wenn Abhängigkeiten oder Monopolstellungen mißbraucht werden, um Unternehmer oder Konsumenten zu Verhaltensweisen zu veranlassen, die sie unter anderen Bedingungen nicht akzeptieren würden. Ein typisches Beispiel ist die durch Verkaufswerbung für Markenartikel bewußt verminderte Markttransparenz der Konsumenten. Bei voller Kenntnis des Angebots wären die Verbraucher kaum bereit, überhöhte Preise zu bezahlen. Sehr oft würden sie sich sogar für andere Produkte entscheiden. Das gilt auch für jene Bereiche der Markenartikelwerbung, denen man einen gewissen Informationswert zugestehen muß, wie Einführungswerbung oder die Ankündigung von Produktveränderungen. Für die Verkaufswerbung von Markenartikeln ist bei gesamtwirtschaftlicher Betrachtung entscheidend, daß sie benutzt wird, um Preiskonkurrenz auszuschalten oder zu vermindern. Damit werden gleichzeitig Preissenkungen verhindert oder hinausgeschoben, die betriebswirtschaftlich möglich und volkswirtschaftlich erwünscht wären.

Der Extremfall eines Mißbrauches wirtschaftlicher Macht liegt dann vor, wenn Großindustrielle ihnen genehme politische Parteien einseitig finanziell unterstützen, weil sie sich davon günstigere „Wettbewerbs"- oder „Sozial"-Regelungen oder gar – wie vor und nach 1933 – einen Wirtschaftsaufschwung durch Aufrüstung versprechen. Dieser **politische Mißbrauch wirtschaftlicher Macht** läßt sich auch bei kleineren Objekten feststellen, wenn etwa die wissenschaftlichen Untersuchungen des Ausmaßes und der Wirkungen wirtschaftlicher Konzentration behindert, wenn das Verbot der Preisbindung zweiter Hand verzögert, wenn bei der Erforschung der Wettbewerbsmethoden Personen und Institutionen finanziell gefördert werden, die als einseitig industriefreundlich gelten, oder wenn es etwa gelingt, Elemente echten Wettbewerbs – wie die vergleichende Werbung – jahrzehntelang als unlauter hinzustellen. Bereits die intensive Beobachtung des kleinen Ausschnittes Marktrecht und Verkaufswerbung läßt vermuten, daß Kreise existieren, die geneigt sind, die Grundprinzipien der Produktdifferenzierung – Verminderung der Markttransparenz durch Einseitigkeit und Diskriminierung – auch auf die Bereiche von Wissenschaft und Politik zu übertragen. Am Rande sei noch vermerkt, daß auch durch die Vergabe von Anzeigen politischer Einfluß ausgeübt werden kann.

Die Wirtschaftspolitik sollte die Konzentration des Handels bewußt fördern. Die modernen Vertriebsformen im Handel (Versandhäuser, Filialbetriebe, freiwillige Ketten, Discountgeschäfte) könnten durchaus als eine Gegenkonzentration und damit als eine Art Neutralisierung monopolistischer Werbemethoden betrachtet werden. Wenn ein leistungsfähiger und wettbewerbswilliger Handel wieder volle Kontrolle über die Endverbraucherpreise erhielte, könnten auch die positiven Aspekte der Markenartikel – Wiedererkennbarkeit durch Markierung, die Gewährleistung einer in etwa gleichbleibende Qualität, die technisch begünstigte Massenproduktion – zum Durchbruch kommen, und zwar auch zum vollen Nutzen der Konsumenten.

Der Mißbrauch der Machtstellung einzelner Großhersteller von Markenprodukten sollte gehemmt und erschwert werden. In diesem Zusammenhang taucht immer wieder der Vorschlag auf, Werbeaufwendungen in der einen oder anderen Form zu besteuern. Im Rahmen dieser Abhandlung ist es nicht möglich, darauf näher einzugehen. Die Befürworter und Gegner dieses erwägenswerten Vorschlags sind sich immerhin so weit einig, daß bei seiner Verwirklichung große praktische Schwierigkeiten und möglicherweise neue Ungerechtigkeiten eintreten könnten. Realistischer sind dagegen die Forderungen nach einer Abschaffung der Preisbindungen und Preisempfehlungen, die in einigen EWG- und EFTA-Ländern mit Erfolg durchgeführt worden ist. Auch der in anderen Ländern praktizierten vergleichenden Werbung sollte in gewissem Rahmen freie Bahn gegeben werden.

Nicht minder umstritten sind die Mengenrabatte für den Handel. Die oft konzentrationsfeindlichen Freunde der Mittelstandsförderung wollen den Kleinst- und Kleinhändler gegen eine Benachteiligung durch Mengenrabatt schützen. Andere wiederum betrachten Mengenrabatte als ein Instrument zur Ausmerzung leistungsschwacher Betriebe.

Außerdem sind noch weitere zusätzliche Maßnahmen erforderlich, um den Mißbrauch wirtschaftlicher Macht im Bereich der Werbung zu kontrollieren und zu mindern. Die Hersteller von Markenartikeln könnten zum Beispiel zur Normierung von Packungsgewichten und anderen Leistungskriterien gezwungen werden, die den Konsumenten Preisvergleiche erleichtern. Neutrale Gutachter- und Testorganisationen – an denen die betroffenen Industrien nicht beteiligt sind – sollten Warentests wiederholt und in einer Weise veröffentlichen, die allen Konsumenten zugänglich ist (überregionale Anzeigen; Fernsehen). Außerdem sollten sie konkurrierende Ware in Qualitätsgruppen klassifizieren, um die Unsicherheit der Konsumenten zu verringern und rationalere Kaufentscheidungen zu fördern. Unter solchen Bedingungen könnte vielleicht auch die Verkaufswerbung für Markenartikel das leisten, was man von ihr erwartet: Eine Erhöhung der Qualitäts- und Preistransparenz. Falls erforderlich, sollte die Regierung nicht zögern, preisgünstige Importe zu initiieren und notfalls den Wettbewerb durch preisaggressive staatliche Handels- und Produktionsbetriebe zu verschärfen. Eine unabhängige Konzentrationsbehörde sollte außerdem Mißbrauchsfälle aufgreifen, in öffentlichen Hearings untersuchen und die schweren Fälle einer Konzentrationskommission und einem Konzentrationsgericht vorlegen.

Konzentrationsvorgänge, die durch Werbung zweifellos unterstützt werden, sind nicht notwendigerweise vom Übel. In vielen Fällen ermöglichen sie kostengünstigere Produktions- und Absatzbedingungen. Besonders in einer Zeit der internationalen Ausweitung der Märkte sind Konzentrationsprozesse oft wünschenswert und notwendig. Es muß aber gleichzeitig sichergestellt sein, daß der Versuchung des Mißbrauchs wirtschaftlicher Macht eindeutige Grenzen gesetzt sind.

Literatur zur Konzentration:

Arndt, H. (Hrsg.): Die Konzentration in der Wirtschaft, 3 Bände, Schriften des Vereins für Socialpolitik, Neue Folge, Band 20 I-III, Berlin 1960.

Arndt, H., u. Ollenburg, G.: Begriff und Arten der Konzentration, in: Arndt, H. (Hrsg.), Die Konzentration in der Wirtschaft, a. a. O. Band 20/1, S. 3–39.

Arndt, H.: Die Konzentration der westdeutschen Wirtschaft, Stuttgart 1966.

Arndt, H.: Mikroökonomische Theorie, 2 Bände, Tübingen 1966.

Crousaz, V. v.: Wettbewerb und Wirtschaftskonzentration, Bibliographie, Kieler Schrifttumskunden zu Wirtschaft und Gesellschaft, Arbeiten der Bibliothek des Institutes für Weltwirtschaft, Band 13, Kiel 1964.

Friedrichs, G.: Technischer Fortschritt und wirtschaftliche Konzentration. In: Atomzeitalter, Frankfurt (Main), Jg. 1961, S. 130–132 u. S. 151–154.

Lenel, H. O.: Ursachen der Konzentration, Tübingen 1962.

Marbach, F.: Die Wirtschaftskonzentration, Düsseldorf, Wien 1964.

Marx, K.: Das Kapital, Buch I–III, Ausgabe Berlin 1953.

Neumark, F. (Hrsg.): Die Konzentration in der Wirtschaft, Schriften des Vereins für Socialpolitik, Neue Folge, Band 22, Berlin 1961.

Bericht über das Ergebnis einer Untersuchung der Konzentration in der Wirtschaft, Deutscher Bundestag, 4. Wahlperiode, Drucksache IV/2300.

Kräfte und Gegenkräfte der Unternehmenskonzentration, Arbeitstagung der Schmalenbachgesellschaft 1965. In: Schmalenbachs Zeitschrift für betriebswirtschaftliche Forschung, 17. Jahrgang (1965), Neue Folge, S. 417–500.

Literatur zur Werbung und Konzentration:

Behrens, K. Chr.: Absatzwerbung, Studienreihe Betrieb und Markt, Band X, Wiesbaden 1963.

Borden, N. H.: The Economic Effects of Advertising, Chicago 1944.

Eisermann, G.: Werbung und Wettbewerb. In: Zeitschrift für die gesamte Staatswissenschaft, 117. Band (1961), S. 258–291.

Friedrichs, G.: Verkaufswerbung, ihre Technik, Psychologie und Ökonomie, Volkswirtschaftliche Schriften, Heft 36, Berlin 1958.

Gutenberg, E.: Grundlagen der Betriebswirtschaftslehre, 2. Band, der Absatz, 9. Auflage, Berlin, Heidelberg, New York 1966.

Jacob, K. D.: Werbung und Wettbewerb: eine theoretische Analyse. In: Schmollers Jahrbuch, 86. Jahrgang, S. 385–421.

Kaldor, N.: The Economic Aspects of Advertising. In: The Review of Economic Studies, vol. XVIII (1950–51).

Lönnecke, G.: Reklamesteuer?, Berlin 1954.

Mellerowicz, K.: Die finanzwirtschaftlichen Aspekte werbungsbedingter Konzentration. In: Der Markenartikel, 23. Jahrgang, 1961, S. 849–866.

Meyer, F. W.: Die konzentrationsfördernde Wirkung der klassischen Werbemittel, in: Mittelstand und Wettbewerb, Mittelstandspolitische Schriften, Heft 4, Bonn 1956, S. 5–16.

Mundorf, H.-D. und Rinsche, G.: Finanzwirtschaftliche Aspekte werbungsbedingter Konzentration, als Manuskript vervielfältigt, Institut für Mittelstandsforschung, Köln 1961.

Mundorf, H.-D.: Konzentrationsfördernde Werbung. In: Der Volkswirt, 15. Jahrgang, 1961, S. 1852–1854.

Nieschlag, R.: Die moderne Absatzwirtschaft im Licht der Konzentration. In: Handelsbetrieb und Marktordnung, Festschrift Carl Ruberg, Wiesbaden 1962, S. 197–212.

Redlich, G.: Reklame, Begriff, Geschichte, Theorie, Stuttgart 1935.

Seyffert, R.: Werbelehre, 2 Bände, Stuttgart 1966.

Sundhoff, E.: Über die Beziehungen zwischen Marktform und Werbung. In: Festschrift für Rudolf Seyffert, Köln 1958, S. 55–81.

Sundhoff, E.: Werbung als Faktor der Konzentration. In: Arndt, H. (Hrsg.), Die Konzentration in der Wirtschaft, Schriften des Vereins für Socialpolitik, Neue Folge, Band 20/III, Berlin 1960, S. 1581–1602.

Steuber, K.: Werbung und Wohlstand, Diss. 115 der Handelshochschule St. Gallen, Winterthur 1958.

Streißler, E.: Die gesamtwirtschaftlichen Funktionen der Werbung. In: Zeitschrift für Nationalökonomie, Band XXV (1965), S. 243–277.

Wilhelm, H.: Werbung als wirtschaftstheoretisches Problem, Berlin 1961.

Wilhelm, H.: Wirtschaftstheoretische Probleme der Werbung unter Berücksichtigung der neueren Literatur. In: Der Markenartikel, 25. Jahrgang (1963), S. 845–857.

Organische Steuerreform, Bericht des Wissenschaftlichen Beirats beim Bundesfinanzministerium, Bonn 1953.

Psychologische Probleme der Werbung

Von Prof. Dr. Theo Herrmann, Braunschweig
und Dr. Friedrich Denig, Bochum

I. Zur werbepsychologischen Methodik

Seit einigen Jahrzehnten sind psychologische Sichtweise und psychologische Wissenschaft im Bereich der Werbung fest etabliert. Das Faktum, daß Psychologie auf Werbepraxis – durchaus nützlich – angewandt wird, läßt sich schon dadurch erhärten, daß es sehr viele bemerkenswerte Bücher und Zeitschriftenartikel über „Werbepsychologie", „Reklamepsychologie", „Marktpsychologie" usw. gibt und daß viele doktorierte oder diplomierte Psychologen in den Werbeabteilungen der großen Industriebetriebe, in den Werbeagenturen und in den freiwirtschaftlichen werbewissenschaftlichen Instituten antreffbar sind. Allerdings muß man fragen, was denn unter Anwendung der Psychologie auf die Werbepraxis zu verstehen sei. Die psychologische Wissenschaft kann nach unserer Auffassung m i n d e s t e n s in fünf verschiedenen Arten auf die Werbepraxis angewendet werden und wird auch tatsächlich in dieser Vielgestaltigkeit auf Werbepraxis angewendet. Die Arten der Anwendungsmöglichkeit scheinen weitgehend parallel zu laufen mit dem jeweiligen Entwicklungsstand, den die Psychologie als Wissenschaft erreicht hat.

1. Begriffliche Klassifikation

Psychologie kann zur begrifflichen Klassifikation des werblichen Tuns dienen. Ebenso wie die Psychologie auf ihrer wissenschaftlichen Frühstufe ihre Aufgabe darin gesehen hat, beispielsweise die Seele a priori in Seelenteile zu gliedern, die Menschen a priori in Typen einzuteilen oder die Instinkte des Menschen zu klassifizieren, so kann sie auch das Werben begrifflich einteilen und begrifflich unterordnen.

2. Wesensbestimmungen

Eng verwandt mit dieser Anwendungsweise auf früher Wissenschaftsstufe ist der Versuch psychologischer „Wesensbestimmungen" der Werbung. Beispiele sind die Wesensbestimmung der Werbung als „Hinstimmung" zum Produkt oder das Postulat, Werbung müsse „ganzheitlich" vorgehen.

3. Pragmatische Faustregeln

Einem vergangenen Stadium der wissenschaftlichen Psychologie entspricht die Anwendung der Psychologie auf die Werbepraxis als Bereitstellung pragmatischer „Faustregeln". Solche Faustregeln sind in ihrem Wert für jede Praxis durchaus nicht zu unterschätzen. Auch in der Werbepraxis werden solche — wie auch immer gewonnenen — pragmatischen Hilfen mit Erfolg eingesetzt. Ein Zeichen für den Primitivzustand der Wissenschaftsanwendung ist aber darin gelegen, daß man solche Faustregeln als „wissenschaftliches Ergebnis" der Anwendung von Psychologie ausgibt. Sie besitzen aber nach dem Selbstverständnis der modernen Psychologie keinerlei wissenschaftlichen Charakter. Sie sind nicht einmal „wissenschaftlich falsch", sondern ihrer Natur nach gar nicht nach den Wahrheitskriterien der Wissenschaft bewertbar.

4. Modellvorstellungen

Anwendung der Psychologie auf die Werbepraxis ist bis heute überwiegend die Deskription und Interpretation von werblichen Tatsachen mit Hilfe psychologischer Modellvorstellungen. So mag man der Meinung sein, man erfahre über die Motive zum Kauf eines Sportwagens etwas dadurch, daß man sagt, Sportwagen seien für den Mann so etwas wie eine Geliebte, während die Limousine so etwas wie die legitime Ehehälfte sei. Dieses Vorgehen ist metaphorisch; man drückt das Zu-Erklärende im Bilde (im „Modell") von etwas (angeblich) Bekannterem aus. Ein solches Vorgehen k a n n heuristisch durchaus fruchtbar sein. Damit ist jedoch nicht etwa erwiesen, daß es sich um eine angemessene Vorgehensweise im heutigen wissenschaftlichen Sinne handelt. Die Wissenschaftstheorie fordert nämlich, daß alle wissenschaftlichen Aussagen a u f i h r e R i c h t i g k e i t h i n ü b e r p r ü f b a r sein müssen. Nur wenn man wissenschaftliche Überprüfungsmethoden angeben kann, ist auch die Aussage, Sportwagen seien die Geliebte des Fahrers, von wissenschaftlicher Relevanz. Wissenschaftlichkeit bedeutet primär, sich n a c h w e i s l i c h irren zu können.

5. Systeme gesetzmäßiger Beziehungen

Die Anwendungsart der modernen Psychologie, die dem theoretischen Stand unserer Wissenschaft derzeit am ehesten angepaßt ist, ist die Erforschung gesetz- oder doch regelhafter Zusammenhänge zwischen objektiv und zuverlässig erhebbaren Daten. Wird Psychologie in diesem Sinne angewendet, so entwickelt man theoretische Systeme gesetz- oder (meist) regelmäßiger (korrelativer) Datenbeziehungen im Bereich der Werbung. Ein solches theoretisches System (= quantifizierte Theorie) könnte beispielsweise dazu dienen, von einer Reihe definierter Anzeigen- und Medien-Merkmale aus (beim Vorliegen definierter Rahmenbedingungen) den ebenfalls definierten Werbeerfolg von Anzeigen vorauszusagen. Kennt man nämlich (beim Vorliegen spezifischer Rahmenbedingungen) die regelhaften Abhängigkeitsbeziehungen zwischen Anzeigenmerkmalen, Medienmerkmalen und einem Erfolgskriterium, so kann man bei jeweils konkreten Anzeigen, die den Rahmenbedingungen genügen, die Merkmalsausprägungen dieser Anzeigen und der untersuchten Medien messen, die gefundenen Daten gewissermaßen in die Gleichung einsetzen und so den zu erwartenden Werbeerfolg errechnen. Selbstverständlich sollte man sich solche theoretischen Systeme nicht zu einfach vorstellen. Immerhin zeigt die theoretische Psychologie in wachsendem Maße, daß sie möglich sind. Sie müssen ständig verbessert werden; ihre Bewährung ist laufend zu kontrollieren; ihre Anwendung erfordert eine kontinuierliche theoretische Forschungsarbeit*)[1]).

---

*) Die im Text laufend numerierten Quellenangaben sind am Schluß des Aufsatzes zitiert.

Psychologische Probleme der Werbung 93

Charakteristisch für diese Anwendungsweise der Psychologie auf die Werbung ist das Prinzip, daß man beispielsweise hier nicht für jede zu untersuchende Anzeige eine individuelle „Theorie d i e s e r Anzeige" entwirft, sondern daß man Gesetze oder (meist) Regeln entdeckt, die dann für a l l e Anzeigen bestimmter Kategorie gelten. Die einzelnen konkreten Anzeigen sind dann „Fälle von ...", die den aufgefundenen Regeln unterliegen. Das Ziel der Psychologie ist hier,

(1) solche Beziehungen zu entdecken und zu „überwachen" (= *Grundlagenforschung*);

(2) konkrete *Auftragsuntersuchungen* als Ereignisvorhersagen aufgrund von Subsumption unter Regeln aufzufassen. (Nicht nur sogenannte Pretests, sondern auch Posttests arbeiten im technischen Sinne der Methodologie mit „Ereignisvorhersagen".)

In der werblichen Praxis ist die sich hier andeutende Arbeitsweise jedoch keineswegs so weit verbreitet, wie das wünschenswert wäre. Merkmale, die der I n s t i t u t i o n der Werbung eigen sind, wie beispielsweise die strikte Geheimhaltungskonvention, sind kaum dazu angetan, in dieser Hinsicht förderlich zu wirken. Wird Psychologie auf Werbung angewendet, so wird sie sich zwar selbstverständlich den „Spielregeln" dieses Gebiets, auf die sie angewendet wird, weitgehend unterzuordnen haben. Anderseits ist Werbepsychologie – grob gesprochen – aber auch ihr Geld nur dann wert, wenn sie methodisch und ihrer theoretischen Grundlegung nach so fortschrittlich und modern arbeitet, wie das beim gegenwärtigen Stand der psychologischen Wissenschaft nur eben möglich ist. Daraus folgt unter anderem, daß werbepsychologische Auftragsuntersuchungen heute zwar nur in den wenigsten Fällen auf „fertige Ergebnisse" von Grundlagenuntersuchungen zurückgreifen können. Sie haben – so gut es geht – jeweils stets ein Stück fehlender Grundlagenuntersuchung mitzuvollbringen. Um so mehr müssen aber gerade auch die Auftragsuntersuchungen (Pre- und Posttests) dem methodischen Standard entsprechen, wie er unter dem Stichwort „Systeme gesetzmäßiger Beziehungen" kurz skizziert wurde. Eine notwendige, wenn auch nicht hinreichende Voraussetzung angemessenen werbepsychologischen Arbeitens ist die Gewinnung objektiver und zuverlässiger Untersuchungsdaten[2]. O b j e k t i v i t ä t bezieht sich auf die Person, die ein gegebenes Untersuchungsmaterial in verwertungsreife Form bringt. Man versteht darunter das Ausmaß des persönlichen Fehlers, der bei dieser Arbeit auftritt, und spricht von hoher Objektivität, wenn der persönliche Fehler gering ist, und umgekehrt von niedriger Objektivität, wenn er groß ist. Eine hohe Z u v e r l ä s s i g k e i t erkennt man Untersuchungsdaten generell dann zu, wenn sie unter identischen Bedingungen nahezu oder völlig identisch sind. So müssen merkmalsgleiche Versuchspersonen, wenn man sie unter gleichen Rahmenbedingungen (vgl. unten) befragt, nahezu oder völlig identische Antworten geben. Im übrigen stellt die psychologische Statistik Maße bereit, mit denen man die jeweilige Objektivität und Zuverlässigkeit von Untersuchungsdaten numerisch bestimmen kann.

Beruhen Untersuchungsergebnisse auf wenig objektiven und unzuverlässigen Daten, so sind sie wissenschaftlich fehlerhaft und praktisch kaum brauchbar. Anderseits genügt es aber nicht, wenn Daten lediglich als hinreichend objektiv und zuverlässig gelten können. So muß die Verarbeitung solcher Daten zum Beispiel immer auch in zufallskritischen Analysen einmünden. Führen sehr objektive und hinreichend zuverlässige Daten beispielsweise zu unterschiedlichen Befunden für eine Anzeige A und eine Anzeige B, so ist dieses Ergebnis doch nur interpretierbar, wenn der hinsichtlich A und B aufgefundene Unterschied nicht auch zufällig hätte zustande kommen können. (Theoretisch hängen die Zuverlässigkeit der Daten und die Möglichkeit, Befunde gegen den bloßen Zufall ihres Zustandekommens zu sichern, wiederum zusammen.) Übrigens zeigen schon diese Gesichtspunkte, wie wenig sogenannte „qualitative" Untersuchungen (z. B. Gruppendiskussionen, „Tiefeninterviews") allein in der Lage sind, zufriedenstellende werbepsychologische Befunde zu liefern. Als „Vorversuche" zum Zwecke erster Klärung eines Problems und zur „Hypothesengewinnung" mögen sie gleichwohl von Nutzen sein.

II. Zur Grundaufgabe der Werbepsychologie

Wir betrachten Wirtschaftswerbung vornehmlich als ein Mittel zur Ertragsmaximierung. Ziel der Werbung sind unter anderem Absatzsteigerung, Vergrößerung des Marktanteils, Vertriebskostensenkung und andere erwünschte wirtschaftliche Effekte. Werbepsychologische Grundlagenforschung und Auftragsforschung gehen letztlich darauf aus, *die werblich relevanten Bedingungen zur Erreichung solcher Effekte aufzuklären, um durch systematische Variation solcher Bedingungen diese Effekte zu maximieren*[3]). So kann denn die Werbepsychologie zum Beispiel mithelfen, die Erträge eines Unternehmens langfristig durch die Verbesserung des „Firmen-Images" zu sichern oder die Anzahl der Käufe durch eine Anzeigenaktion kurzfristig zu steigern. Wie aber sieht das konkret aus? Die Werbepsychologie ist kaum in der Lage, den funktionalen oder auch nur den korrelativen Zusammenhang zwischen einer konkreten werblichen Maßnahme und beispielsweise dem in einem Jahr zu erwartenden prozentualen Marktanteil zu bestimmen. Vielmehr untersucht sie zum Beispiel den Zusammenhang dieser Maßnahme mit werblich interessierenden Verhaltensweisen von Menschen, zum Beispiel mit Kaufentscheidungen von Konsumenten, damit durch allfällige Optimierung dieser Werbemaßnahmen die Kaufneigung systematisch erhöht werden kann. Allenfalls sind dann sekundäre Schlüsse von solchen Verhaltensweisen bzw. Verhaltensänderungen beispielsweise auf den zu erwartenden Marktanteil möglich. Ist also das Ziel des Auftraggebers die Maximierung erwünschter werblicher Effekte, so ist das Ziel der Werbepsychologie die *Bereitstellung wissenschaftlicher Voraussetzungen für die Steuerung menschlichen Verhaltens*. Die Ziele des Auftraggebers und die Ziele des Werbepsychologen stehen im Verhältnis von Zweck und Mittel; sie sind aber nicht identisch.

Es bleibt dabei unbestritten, daß die Grundaufgabe der Werbepsychologie nicht nur allein in der Bereitstellung von Voraussetzungen für die Verhaltenssteuerung gelegen ist. Diese Aufgabe scheint uns aber angesichts der Funktion der Werbung im Rahmen unseres Wirtschaftssystems zumindest die üblichste zu sein. (Auf die sich von hierher stellenden gravierenden gesellschaftspolitischen und berufsethischen Probleme ist im gegenwärtigen Zusammenhang nicht einzugehen[4]).

Wie kann man dem Ziel näherkommen, psychologische Voraussetzungen für werbliche Verhaltenssteuerung zu gewinnen? Will man Verhalten steuern, so muß man es in Abhängigkeit von spezifischen Einflußgrößen (d. h. von „Verhaltensursachen") relativ sicher vorhersagen können. Notwendige Voraussetzung für die gerichtete Verhaltenssteuerung ist also die Verhaltensvorhersage.

Man kann Verhalten nur vorhersagen, wenn man die regelhaften oder gar gesetzmäßigen Zusammenhänge (technisch gesprochen: Kovariationszusammenhänge bzw. Interdependenzen) zwischen Verhalten und Verhaltensursachen wissenschaftlich aufgedeckt hat. So können denn die Endziele der Verhaltenssteuerung und Verhaltensvorhersage nur soweit erreicht werden, wie die Werbepsychologie Kenntnis über solche Zusammenhänge gewinnt. Es gehört also zur Grundaufgabe der Werbepsychologie, den jeweiligen Zusammenhang zu erforschen zwischen:

Psychologische Probleme der Werbung

(A) dem werblich interessierenden, vorherzusagenden und allenfalls zu steuernden *menschlichen Verhalten* und

(B) *werblichen Einflüssen* auf dieses Verhalten

(C) unter Berücksichtigung der jeweiligen relevanten *Rahmenbedingungen.*

Diese Aufgabe kehrt in fast jeder empirischen werbepsychologischen Grundlagen- und Auftragsuntersuchung wieder, wenn auch in jeweils sich wandelnder konkreter Gestalt. Kennt man den Zusammenhang zwischen (A) und (B) unter der jeweiligen Rahmenbedingung (C), so kann man das Verhalten (A) unter dem Werbeeinfluß (B) v o r h e r s a g e n ; außerdem kann man durch systematische Änderung von (B) (und eventuell C) das Verhalten (A) ä n d e r n bzw. s t e u e r n.

Ein B e i s p i e l : Das werblich zu steuernde Verhalten (A) sei der Kauf eines von mehreren angebotenen Dampfkochtöpfen. Eine wichtige Rahmenbedingung (C) sei u. a. darin gelegen, daß die präsumptive Konsumentin eine ängstliche, maschinenscheue konservative Hausfrau ist. Ein wichtiger Werbeeinfluß (B) sei die Art des Verkaufsgesprächs in Wechselwirkung mit der mehr oder minder „sicherheitssteigernden" Aufmachung des Produkts. Falls sich werbpsychologisch ermitteln läßt, daß der Kaufentscheid (A) für einen von mehreren Dampfkochtöpfen bei konservativen Hausfrauen (C) sehr eng mit dem im Kaufgespräch betonten Sicherheitsargument und mit der sicherheitsspezifischen Aufmachung des Topfes zusammenhängt (B), kann man bei Kenntnis von (B) (= Art des Gesprächs und Art der Aufmachung) relativ sicher vorhersagen, ob die konservative Hausfrau kaufen wird und (wenn ja) *welchen* Topf sie bei *welchem* Verkäufer (Verkäufertyp, nach welcher Verkäuferschulung usw.) kaufen wird. Durch systematische Änderung von (B) kann das Kaufverhalten (A) geändert bzw. gesteuert werden.

Selbstverständlich betreffen die Feststellung solcher regelhaften oder gar gesetzmäßigen Zusammenhänge ebenso wie die Vorhersagen und Steuerungen stets nur sogenanntes m i t t l e r e s V e r h a l t e n , d. h. das Verhalten von Durchschnittsmenschen (z. B. dasjenige von durchschnittlichen, konservativen Hausfrauen). Werbepsychologie will und kann selbstverständlich nicht das Verhalten eines jeden konkreten Menschen vorhersagen, sondern nur das Durchschnittsverhalten von Menschengruppen. Nur dieses Durchschnittsverhalten kann ja auch von praktischem werblichen bzw. absatzpolitischen Interesse sein.

(A) W e r b l i c h g e s t e u e r t e s V e r h a l t e n : Beim werblich zu steuernden Verhalten von Menschengruppen handelt es sich unter anderem um das Kaufverhalten (die Kaufentscheidung) oder um das Verhalten bei oder nach der Konfrontation mit Anzeigen oder Fernseh-Spots oder etwa um die persönliche Stellungnahme zu Firmen oder Produkten im privaten Gespräch zwischen Konsumenten. Es sind ja solche Verhaltensweisen, die beispielsweise mit Hilfe von Packungsaufmachung, Anzeigengestaltung, Mundpropaganda u. dgl. im werblich erwünschten Sinne der Steuerung unterliegen sollen.

(B) W e r b l i c h e E i n f l ü s s e : Es handelt sich um die Einflüsse, die unter der Kontrolle von Werbetreibenden stehen. Diese Einflüsse sind überaus unterschiedlich. So kann man unter anderem v e r g a n g e n e und g e g e n w ä r t i g e Werbeeinflüsse unterscheiden. Der gegenwärtige Einfluß einer Werbung kann zum Beispiel in der Beachtungsintensität einer Anzeige auffindbar sein; vergangene Werbeeinflüsse können etwa zu einem spezifischen Marken-Image geführt haben. Man kann die Einflüsse des A u f - t r a g g e b e r s von denen der K o n k u r r e n z trennen. Beide Einflußgruppen können in Wechselwirkung stehen: So mag der Einfluß von Waschmittelwerbung auf die Kaufentscheidung danach verschieden sein, wie stark der Werbedruck der Konkurrenz ist. Die B e s c h a f f e n h e i t v o n W e r b e b o t s c h a f t e n ist bei alledem überaus heterogen (Anzeige, Spot, Plakat, Packung, Verkaufsgespräch usw.)[5]. Weiterhin kann man unter

anderem die Wechselbeziehung von Werbebotschaft (z. B. Anzeige) und W e r b e -
m e d i u m (z. B. Zeitschrift) in den Blick rücken. Die einschlägige Literatur ist angefüllt
mit entsprechenden Aufzählungen und Gliederungen.

(C) R a h m e n b e d i n g u n g e n : Der Zusammenhang von (A) und (B) kann, wie betont, grundsätzlich nicht ohne Beachtung von Rahmenbedingungen analysiert werden. Zu
den Rahmenbedingungen gehören − streng genommen − a l l e vergangenen und gegenwärtigen Einflüsse und Bedingungen, denen der Mensch, dessen werblich interessierendes
Verhalten vorhergesagt und gesteuert werden soll, jemals ausgesetzt war, abgesehen von
den als „werbliche Einflüsse" definierten Bedingungen. Rahmenbedingungen sind auch
alle seine vergangenen und gegenwärtigen subjektiven Eigenschaften und Zustände. Eine
ernste theoretische und praktische Schwierigkeit ist selbstverständlich darin gelegen, gerade diejenigen Rahmenbedingungen aufzufinden, die für die jeweilige werbepsychologische Fragestellung wichtig (relevant) sind. So mag es für eine werbepsychologische
Untersuchung wichtig sein, Verwendung und Nichtverwendung eines Produkts als Rahmenbedingung zu kontrollieren. Eine andere Untersuchung mag zu beachten haben, ob
die fraglichen Verbraucher Städter oder Landbewohner sind. Eine dritte Untersuchung
mag insbesondere Alter und sozioökonomischen Status der Konsumenten als relevant behandeln müssen. Die Auffindung relevanter Rahmenbedingungen ist eine der Hauptaufgaben der psychologischen „Motivforschung".

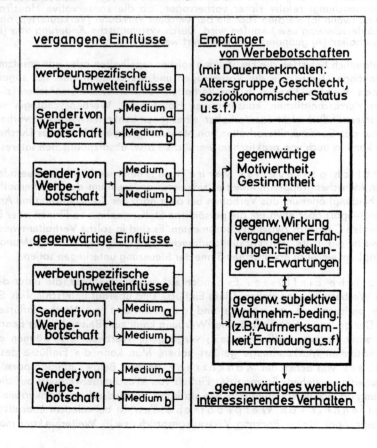

Zwischen und innerhalb (A), (B) und (C) besteht eine Fülle möglicher Zusammenhänge, die es jeweils zu erforschen gilt. Technisch ausgedrückt, bedeutet das, daß die Variablengruppen (A), (B) und (C) ein kompliziertes I n t e r d e p e n d e n z s y s t e m bilden. (Früher sprach man gern von einem „ganzheitlichen Zusammenhang".) Bei werbepsychologischen Untersuchungen wird man, wie vermerkt, – schon um nicht die Übersicht zu verlieren und um im jeweiligen Zeit- und Kosten-Limit zu bleiben – jeweils bestimmte Einflußgrößen (B, C) u n k o n t r o l l i e r t lassen müssen. Einen Einblick in die Vielfalt der möglichen Z u s a m m e n h ä n g e von (A), (B) und (C) gibt die vorstehende v e r - e i n f a c h t e M o d e l l s k i z z e :

In diesem Schema sind die w e r b l i c h e n E i n f l ü s s e (B) als die von verschiedenen S e n d e r n (z. B. Firmen) über verschiedene M e d i e n (z. B. Zeitschriften) vermittelten vergangenen und gegenwärtigen W e r b e b o t s c h a f t e n dargestellt (z. B. frühere und gegenwärtige Anzeigen). R a h m e n b e d i n g u n g e n (C) sind die vergangenen und gegenwärtigen n i c h t w e r b l i c h e n U m w e l t e i n f l ü s s e (z. B. Einfluß der Kochgewohnheiten der Mutter; Einfluß der Anwesenheit der Ehefrau beim Kauf; Einfluß des redaktionellen Teils einer Zeitung usw.). Zu den Rahmenbedingungen gehören weiterhin die konstanten (z. B. Mann – Frau) und die relativ langzeitig gleichbleibenden (z. B. Altersgruppe) D a u e r m e r k m a l e d e s E m p f ä n g e r s v o n W e r b e b o t s c h a f t e n. Rahmenbedingungen sind ebenfalls die g e g e n w ä r t i g e n s u b j e k t i v e n Z u s t ä n d e des Individuums: seine gegenwärtige Gestimmtheit, seine aktuellen Erwartungen und Einstellungen und seine derzeitigen Wahrnehmungsbedingungen. Zwischen allen diesen Einflußgrößen (B, C), die das tatsächliche Verhalten determinieren, bestehen wiederum regelmäßige oder gar gesetzmäßige Zusammenhänge, die zum Teil den Charakter e i n s e i t i g e r, zum Teil w e c h s e l s e i t i g e r Abhängigkeit haben. So mag zum Beispiel die gegenwärtige Einstellung, die der Empfänger der Werbebotschaft bezüglich eines Produkts hegt (vgl. „Marken-Image"), unter anderem von früheren Werbebotschaften abhängig sein (= einseitige Abhängigkeit). Andererseits mag sich diese Einstellung auf die gegenwärtige Gestimmtheit des Individuums auswirken, wie umgekehrt die Gestimmtheit die Einstellung beeinflußt (= wechselseitige Abhängigkeit). Alle diese in vielfältiger Wechselwirkung stehenden Einflußgrößen (B, C) wirken zusammen ein auf das gegenwärtige, werblich interessierende, vorherzusagende und allenfalls zu steuernde Verhalten des Empfängers von Werbebotschaften (A).

Die seit langem von Werbepsychologen durchgeführten Grundlagen- und Auftragsuntersuchungen haben – soweit es sich überhaupt im hier dargestellten Sinne um e m p i r i s c h e F o r s c h u n g handelt – immer nur T e i l a s p e k t e der in unserer Modellskizze gekennzeichneten Zusammenhänge analysiert. Wie schon kurz vermerkt, sind dabei jeweils eine Reihe von Einflußgrößen unkontrolliert geblieben oder doch (unter Verzicht auf systematische Variation) konstant gehalten worden. Das war meist schon von Zeit- und Kostenbeschränkungen her geboten. Zum anderen fehlte der Werbepsychologie sehr häufig das methodische Handwerkszeug (z. B. die sogenannten multivariaten statistischen Methoden), eine größere Anzahl von Einflußgrößen simultan zu erfassen. Allerdings wird die werbliche Untersuchungspraxis nicht umhin können, der Komplexität der Zusammenhänge besser als bisher gerecht zu werden. Nachdem die moderne theoretische Psychologie die methodischen Grundlagen dafür bereitstellt, ist der praktischen Werbepsychologie aber auch der Ausweg versperrt, die Komplexität („Ganzheitlichkeit") der Zusammenhänge zwar zu konstatieren, aber gerade unter Hinweis auf diese Komplexität in ein bloß intuitives Vorgehen auszuweichen; man kann heute auch komplexe Zusammenhänge streng empirisch untersuchen. Und da man das kann, muß man es auch tun. Allerdings ist es leicht verständlich, daß man natürlich nicht in jeder werbepsychologischen Untersuchung die

Gesamtheit aller Einflußgrößen zu kontrollieren vermag. Die Ermittlung der jeweils relevanten Einflüsse und Rahmenbedingungen – die es dann aber allesamt zu beachten gilt! – gehört zu den schwierigsten Problemen der Werbepsychologie. Dieses Problem kann heute nicht ohne Berücksichtigung von in der Entscheidungstheorie fundierten Utilitätsüberlegungen[7]) bewältigt werden.

III. Zum Themenbereich der empirischen Werbepsychologie

Der besseren Übersichtlichkeit wegen soll bei der folgenden kurzen Besprechung üblicher werbepsychologischer Untersuchungsgegenstände eine Einteilung vorgenommen werden, die auch in der modernen Wahrnehmungspsychologie zunehmende Bedeutung gewinnt. Man ist dort der Auffassung, daß am Zustandekommen einer Wahrnehmung in systematischer Weise zwei Faktoren beteiligt sind, nämlich einmal die – auf der Hand liegenden – gegenwärtigen (aktuellen) R e i z b e d i n g u n g e n , sowie zum anderen die S y s t e m b e d i n g u n g e n (z. B. Motivationszustand, Einstellungen, Erwartungen, „Hypothesen", „Strategien" des wahrnehmenden Individuums). Ganz entsprechend kann man die zu diskutierenden werbepsychologischen Untersuchungsgegenstände in solche einteilen, die (a) zu den Reizbedingungen gerechnet werden können, und solche, in denen (b) primär die Systembedingungen des Reizempfängers (= des Empfängers von Werbebotschaften) eine Rolle spielen. Beide Bedingungsgruppen wirken zusammen auf das werblich interessierende Verhalten des Empfängers von Werbebotschaften ein. Der Fragenkomplex, der sich im Zusammenhang mit Problemen der zuerst genannten Art ergibt, gehört in das Gebiet, das man üblicherweise W e r b e m i t t e l f o r s c h u n g nennt. Wenn etwa die Placierung einer Anzeige oder die Formulierung eines Slogans Einfluß auf das werblich zu steuernde Verhalten eines Konsumenten haben sollen, so handelt es sich hier sicherlich um Reizbedingungen, die in Werbemitteln gelegen sind. Die Systembedingungen dagegen fallen in den Bereich der sogenannten M o t i v f o r s c h u n g und I m a g e f o r s c h u n g . Wenn die Einstellung eines Individuums zum Rauchen sein Kaufverhalten beeinflußt, so handelt es sich hier um Systembedingungen für das Konsumentenverhalten, d. h. um Bedingungen, die „im Individuum liegen".

Ebenso wie Reiz- und Systembedingungen in vielfältiger Wechselwirkung miteinander stehen, so kann es sich bei der Unterscheidung von Werbemittel-, Motiv- und Imageforschung nur um eine provisorische Gliederung handeln. In praxi werden konkrete werbepsychologische Untersuchungen diese Einteilungsgrenzen immer wieder überschreiten müssen. So ist beispielsweise die Formulierung eines Anzeigen-Slogans selbstverständlich in seiner Wirkung auf das Konsumentenverhalten nur angemessen zu beurteilen, wenn man auch Systembedingungen, etwa das Image des fraglichen Produkts, in Rechnung stellt.

1. Zur Werbemittelforschung

Die Werbemittelforschung befaßt sich zur Hauptsache mit der Auswirkung von aktuellen werblichen Reizbedingungen auf das werblich interessierende Verhalten des Empfängers von Werbebotschaften. Der praktische Nutzen der Werbemittelforschung besteht primär darin, einzelne werbliche Mittel so zu gestalten und so zu placieren, daß sie

    a) die ihnen zugedachte Aufgabe im Rahmen einer werblichen Gesamtkonzeption optimal erfüllen und

    b) in der Erfüllung dieser Aufgabe mit anderen einzelnen Werbemitteln nicht in Kollision geraten, sowie in sich selbst hinreichend konsistent sind.

So ist es zum Beispiel notwendig, daß ein Werbemittel (etwa eine Anzeige) ein hinreichendes Maß an Aufmerksamkeit und Beachtung hervorruft; Art und Grad der Aufmerksamkeitsweckung müssen jedoch im Einklang mit anderen Teilzielen der Werbung stehen. So kann denn marktschreierisches Anpreisen zwar zu einem Maximum der Markenbeachtung führen; die Werbekonzeption, die vielleicht aber gerade die Gediegenheit und Vornehmheit dieser Marke in den Mittelpunkt treten lassen will, erleidet dabei jedoch möglicherweise Schiffbruch.

Welches Werbemittel und auch welcher Aspekt (Teil) eines solchen Mittels einer speziellen werbepsychologischen Analyse unterzogen werden, hängt von der jeweiligen Fragestellung bzw. der vorliegenden Gesamtkonzeption der Werbung ab. Einmal mag es insbesondere auf das Format und die Placierung einer Anzeige im Werbemedium (Zeitschrift) ankommen. Ein anderes Mal muß viel Mühe darauf verwendet werden, Anzeige und Medium aufeinander abzustimmen. (Hier ergeben sich immer wichtiger werdende Beziehungen zwischen Anzeigenanalyse und Mediaforschung, insbesondere Leserschaftsanalyse, Leseweg-Analyse usw.) Sind Anzeigen farbig, so bedarf es in der Regel gesonderter Untersuchungen der psychologischen Farbwirkungen. Unbuntes Werbematerial muß häufig auf Kontrastwirkungen zwischen Figur und Hintergrund bzw. zwischen einzelnen Teilfiguren geprüft werden. Von psychologischer Bedeutung ist das figurale Zueinander einzelner Anzeigenelemente, sei es zur Erreichung bestimmter optimaler Gestaltverhältnisse (z. B. zur Maximalisierung der figuralen Gespanntheit und Dynamik), sei es zur Erzielung der gewünschten „Blickführung" (etwa bei Plakaten). Bezüglich der Texte (gerade bei „informierender Werbung") spielen die Lesbarkeit und insbesondere der „primäre" und der „sekundäre Lesewiderstand" eine nicht zu unterschätzende Rolle. (Ersterer meint die psychologische Hemmung, mit dem Lesen zu beginnen; der zweite bedeutet die Hemmung, mit dem Lesen fortzufahren bzw. zu Ende zu lesen.) Gleichwohl haben Texte nicht nur semantisch-informierende Funktion[8]). Textblöcke in Anzeigen brauchen nicht einmal gelesen zu werden, um doch ihre psychologische Wirkung ausüben zu können. So kann eine Textanzeige zum Beispiel entweder „uninteressant – langweilig" oder aber „sachlich – aufklärend" anmuten, wenn man kein einziges Wort liest. Solche „unthematischen" Wirkungen von Texten sind nicht zuletzt von figuralen Merkmalen der Schrift abhängig, die es werbepsychologisch zu untersuchen gilt. Analoge Untersuchungen betreffen selbstverständlich Funkdurchsagen und Werbespots im Kino und im Fernsehen, Packungen, Laden-Aufsteller usw., aber auch sogar Aussehen und Verhalten von Verkäufern, die selbstverständlich auch immer „Werbemittel" sind[9]).

Über die Detailanalyse von Werbemitteln darf nicht deren vielfältige Gesamtwirkung vergessen werden. Die Werbepsychologie kann, unter anderem, zum Beispiel mit der Aided Recall Method, den Aufmerksamkeitswert oder den Bekanntheitsgrad einer Anzeige ermitteln[10]). Ungleich wichtiger ist aber ihre motivierende und emotionale Gesamtwirkung[11]). Aktualgenetische Verfahren, Methoden zur Erfassung gefühlsartiger Eindrucksqualitäten (z. B. semantisches Differential, Satzergänzungstests) und des „Aufforderungscharakters" (z. B. Greifbühnen), ja selbst physiologische Messungen (z. B. Augenkamera, Hautwiderstandsmessung) und andere werbepsychologische Reizgabe- und Reaktionserfassungs-Methoden[12]) erlauben die hinreichend objektive und zuverlässige Untersuchung solcher komplexen Wirkungen von Werbemitteln. Es ist bis heute noch immer von weithin unterschätztem werblichen Interesse, daß zum Beispiel eine Zigarettenanzeige nur deshalb erfolglos bleiben kann, weil sie – vom Gestalter der Anzeige unerkannt – in ihrer psychologischen Gesamtwirkung den Gefühlsbereich „Jugend – Unreife – Pubertät" repräsentiert. Ist die psychologische Gesamtwirkung eines Werbemittels verfehlt, so helfen weder der Grad der erreichten Beachtung noch die gelungene Lösung graphisch-figuraler Teilprobleme. Die Gesamtwirkung und alle disparaten Teilwirkungen von Werbemitteln können ihrerseits selbstverständlich nur immer Teildeterminanten werblich interessierenden, vorherzusagenden und allenfalls zu steuernden menschlichen Verhaltens sein. Gerade in der Frühzeit der Werbepsychologie („Reklamepsychologie") sind die Werbemittel (vgl. oben: Reizbedingungen) meist ohne Kontrolle der ebenfalls wichtigen Systembedingungen untersucht worden. Indes weiß man heute, daß der Werbeerfolg zum guten Teil gerade von der Integration verschiedener Teilaspekte der Werbung und insbesondere von der optimalen Wechselwirkung von Werbemitteln und Systembedingungen (Motiven, Images usw.) abhängt[13]. Um ein Bild aus der Radiotechnik zu benutzen: Das beste Programm bleibt ohne jede Wirkung, wenn der Sender auf einer Frequenz ausstrahlt, für deren Empfang keine Geräte zur Verfügung stehen, und weiterhin hängt die Empfangsqualität – nunmehr vorausgesetzt, es seien überhaupt geeignete Geräte vorhanden – von oft sehr speziellen Geräteeigenschaften ab. Ins Psychologische übertragen, bedeutet das unter anderem, daß man feststellen muß, ob für ein angebotenes Produkt überhaupt ein Interesse besteht und ob die spezielle Art des Angebots in der erwünschten Form „ankommt".

2. Zur Motiv- und Imageforschung

Das vorherzusagende Verhalten dessen, der Werbebotschaften empfängt, ist weitgehend abhängig vom B i l d („Image"), das er sich vom in Frage stehenden Produkt, von der betreffenden Konsumgewohnheit, von einer Marke, vom Erzeuger des Produkts und dergleichen macht. Diese seine E i n s t e l l u n g e n und E r w a r t u n g e n bestimmen in wesentlicher Weise, ob er kaufen wird, wie er eine soeben betrachtete Anzeige für diese Marke erlebt, welche Stellung er beziehen wird, wenn man ihn auf diese Marke anspricht, usw.

Die Einstellungen und Erwartungen, die ein Mensch beispielsweise im Ladengeschäft kurz vor der Kaufentscheidung hinsichtlich eines Markenartikels hegt[14], sind ihrerseits nur zu einem Teil auf vergangene und gegenwärtige werbliche Einflüsse, die der Werbungtreibende zu kontrollieren vermag, zurückzuführen. Werbemaßnahmen sind zwar zweifelsfrei wichtige Teilursachen von Einstellungen und Erwartungen, wobei diese – als Systembedingungen – wiederum das tatsächliche Kaufverhalten mitbestimmen. Unter anderem kommen aber diverse gegenwärtige Umwelteinflüsse (= nichtwerbliche Reizbedingungen), wie etwa das Verhalten des die Käuferin begleitenden Ehemanns, die Anzahl der anwesenden Kunden und vieles andere mehr als Teildeterminanten hinzu. Sie alle „färben" die aktuellen Einstellungen und Erwartungen und sind insofern ebenfalls Teilbedingungen des tatsächlichen Kaufverhaltens. Weiterhin treten selbstverständlich die augenblickliche Gestimmtheit des Käufers (z. B. Durst oder Imponierabsicht) und andere subjektive Momentanmerkmale des kaufenden Individuums ins Spiel. Die w e r b l i c h zu k o n t r o l l i e r e n d e n T e i l u r s a c h e n für die erwünschten Einstellungen und Erwartungen des Verbrauchers können also nur die W a h r s c h e i n l i c h k e i t des Kaufs (und überhaupt des werblich erwünschten Verhaltens) e r h ö h e n. Aber auch das ist ein lohnendes Ziel der Werbung.

Traditionellerweise nennt man die psychologische Erforschung der Ursachen erwünschten (und unerwünschten) werblich relevanten Verhaltens, vor allem aber die Erforschung von Kaufursachen, M o t i v f o r s c h u n g[15]. Die werbepsychologische Untersuchung der B i l d e r („Images"), die man sich von Produkten, Marken, Firmen usw. macht, figuriert

Psychologische Probleme der Werbung 101

nach den wissenschaftlichen Anregungen von Gardner und Levy, Boulding, Kleining und anderen meist unter dem Titel „I m a g e - F o r s c h u n g[16]). Vergegenwärtigt man sich indes die obige Modellskizze und die im Zusammenhang mit der Unterscheidung von Reiz- und Systembedingungen dargestellten Gesichtspunkte, so ergibt es sich, daß man Motiv- und Imageforschung nicht streng trennen kann. Beide werbepsychologischen Teildisziplinen betreffen die Systembedingungen werblich interessierenden Verhaltens und deren Wechselbeziehung mit Werbemittelwirkungen. Vielleicht setzen sie verschiedene Akzente; möglicherweise verwenden sie unterschiedliche „Sprachen" zur verbalen Darstellung ihrer Ergebnisse. Eine strikte systematische Trennung beider Arbeitsrichtungen scheint uns aber nicht durchführbar zu sein.

Die Wörter „Image", „Markenbild" usw. können so verwendet werden, daß gewissermaßen eine Marke (und dergleichen) ein „Image" h a t ; sie b i e t e t sozusagen dieses und jenes Bild. Andererseits können „Image", „Bild" usw. bedeuten, daß sich ein konkreter Verbraucher, aber auch der durchschnittliche Angehörige einer sozialen Gruppe usw. ein spezielles Bild von einer Marke m a c h t , daß er diese und jene Einstellungen zu einer Marke sein eigen nennt und hinsichtlich dieser Marke diese und jene Erwartungen hegt. Wir verwenden hier die fraglichen Termini im zweitgenannten Sinne.

Wenn das Bild, das sich der Verbraucher von einer Firma, einer Marke, einem Sortiment macht, auch oft nicht mit der „Wirklichkeit" übereinstimmt, so heißt das n i c h t , daß dieses Bild bloßer Schein, bloße Illusion sei, um die man sich werblich nicht zu kümmern brauche. Nicht wie eine Ware (zum Beispiel ihre technische Qualität) „wirklich" ist, sondern wie sie dem Verbraucher e r s c h e i n t – das ist die p s y c h o l o g i s c h e W i r k l i c h k e i t , die für den Werbepsychologen maßgeblich ist[17]). Analog ist die Aussage K. Sacherls[18]) zu verstehen, wenn er schreibt, werbliche Information sei „keine echte Information"; sie sei vielmehr „veritabilitätsindifferent". Einen guten Einblick in die komplizierten Zusammenhänge, in die die werblich relevanten Einstellungen und Erwartungen eines Individuums integriert sind, vermittelt das „psychologische Umfeld", in dem die jeweils individuellen Einstellungen und Erwartungen zu Markenartikeln, also die M a r k e n - I m a g e s , ihren Platz haben. Hier spielen vergangene und gegenwärtige Werbebotschaften diverser Sender (Auftraggeber und Konkurrenz), diverse Werbemedien, konstante und langdauernd gleichbleibende Merkmale der Empfänger der Werbebotschaften, überaus heterogene vergangene nichtwerbliche Umwelteinflüsse, gegenwärtige Gestimmtheiten, gegenwärtige werbliche unkontrollierbare Einstellungen und Erwartungen und andere psychologische Einflußgrößen eine Rolle. Diese Zusammenhänge hat in besonders klarer und umsichtiger Weise R. Bergler[19]) diskutiert. Wir schließen uns zum Teil seiner Argumentation an.

Die Tatsache, daß der Verbraucher Einstellungen und Erwartungen hinsichtlich eines Markenartikels besitzt, die gegenüber augenblicklichen Einstellungs- und Gestimmtheitsschwankungen relativ konstant sind, genügt bei weitem nicht, den psychologischen Gesamtsachverhalt angemessen zu beschreiben. Man muß mindestens die folgenden Gesichtspunkte zusätzlich in Rechnung stellen:

a) So ist zunächst einmal das Bild zu beachten, das sich der Verbraucher von der gesamten B r a n c h e macht. Das subjektive Markenbild beispielsweise von IDEE-Kaffee ist davon abhängig, wie der Verbraucher überhaupt zum Kaffee bzw. zu Genußmitteln steht. Die Werbepsychologie erforscht neben den Marken-Images auch Branchen-Images: so zum Beispiel gibt es ziemlich prägnante Einstellungen, die sich der Großteil aller Deutschen über chemische Großbetriebe bildet. Ein anderes Beispiel: Wenn der Tabakkonsum durch das Krebs-Problem ein anderes Gesicht erhält, so betrifft das jede Marke.

b) Das Markenbild ist stets abhängig von den **Markenbildern der Konkurrenz**. Ein neuer Mitbewerber kann einem Markenartikel, ohne daß dieser sich selbst in Qualität, Menge, Preis, Werbestil und Werbeaufwand irgendwie änderte, zu anderen Verbrauchereinstellungen verhelfen. Ein Markenartikel hat also nie endgültig ein fertiges Image, ebenso wie ein Markenartikel nie endgültig seinen festen Marktanteil besitzt. Man kann übrigens schon aus diesem Grunde sinnvolle Produkt-Untersuchungen nur insoweit anstellen, wie Branche und Konkurrenz als psychologisches Umfeld mitberücksichtigt werden. Das sollte bei jeder Auftragsvergabe an die Marktforschung berücksichtigt werden. (Ausgenommen von diesem Gebot sind nur sehr spezielle Anzeigen-, Spot- und Packungsuntersuchungen, bei denen es beispielsweise um die Lesbarkeit von Texten gehen möge.)

c) Zum Bild, das ein Verbraucher sich von einem Markenartikel macht, gehört stets auch die Vorstellung vom **Käufertyp**, der das Produkt erwirbt. (Selbstverständlich gibt es in gleicher Weise den Typ des Nichtkäufers.)

Raucher (und etwas weniger auch Nichtraucher) haben ein klares Bild darüber, welcher Menschentyp Pfeife, Zigarillos, schwarze Strangzigaretten, Orientzigaretten usw. konsumiert. Der typische Zigarilloraucher ist in den Augen des Verbrauchers beispielsweise derjenige, der nicht immer angenehmerweise aus der sozialen Schicht, zu der er ursprünglich gehört, ausbricht und gewissermaßen auf dem sozialen Weg nach oben sich befindet; er ist der ehrgeizige **zukünftige** Raucher von „Manager-Zigarren". Auch hier muß hinzugefügt werden, daß das Bild, das sich der typische Verbraucher vom Zigarilloraucher macht, keineswegs mit der Wirklichkeit übereinzustimmen braucht.

d) Man findet beim Verbraucher eine überraschend deutliche Vorstellung davon vor, wie seine Mitwelt auf sein eigenes Verhalten reagiert. Gerade vor dem Kaufentschluß wird es den Käufern oft sehr klar bewußt, wie der Vater, der Freund, die Leute in der Straßenbahn usw. darauf reagieren **würden, wenn** sie diesen oder jenen Markenartikel konsumierten. Diese in Gedanken **vorweggenommene Reaktion der Mitwelt** („soziale Antizipation") beeinflußt die Erwartungen und Einstellungen zu Markenartikeln und damit auch indirekt das **Kaufverhalten** stark[20]).

e) Neben dem Branchenimage, den Konkurrenzimages, dem vorgestellten Käufertyp und der vorweggenommenen Reaktion der Mitwelt sind selbstverständlich vor allem die Vorstellungen, die das in Frage stehende Produkt und seinen Erzeuger **selbst** betreffen, für das Markenimage entscheidend.

Hier geht es neben den Qualitätsvorstellungen (Eignungswert, Geschmackswert, Reifewert, Preiswürdigkeit usw.) heute immer mehr um dasjenige, was man seit langem **Zusatznutzen**[21]) nennt. Ein leicht verständliches Beispiel sind die Filterzigaretten: hier sind bei einer großen Reihe von Marken Eignungswert, Geschmackswert, Reifewert, Preiswürdigkeit usw. für den Verbraucher völlig ununterscheidbar. Und dennoch sind die Images sehr verschieden. Man kauft – vor allem dank der Werbung – nicht nur schlechthin eine Zigarette, sondern zugleich den Duft der großen weiten Welt, das häusliche Glück, Reinheit und Reife usw. Oft kauft man mit einem Produkt Status und Anerkennung, die erlaubte Erfüllung von an sich verbotenen Wünschen (z. B. in der Küche faul zu sein) und anderes mehr. Sicherlich ist es so, daß solche mitverkauften Träume und Wunscherfüllungen nie einen angemessenen Marktanteil dann garantieren, wenn der **Grundnutzen** gering ist, wenn also die Zigarette beispielsweise zu fade oder zu teuer ist. Andererseits kann man aber sagen: Bei gleichem, relativ hohem Grundnutzen entscheidet der Zusatznutzen über den Markterfolg. Sind in einer Warengruppe (z. B. bei

Psychologische Probleme der Werbung 103

den Filterzigaretten) o b j e k t i v f a s t g l e i c h e P r o d u k t e vorhanden, so kann ein Erzeuger durch die prägnante Herausstellung eines — und sei es irrealen — Zusatznutzens für eine gewisse Zeit geradezu das Monopol auf einem von ihm beherrschten p s y c h o - l o g i s c h begründeten Sondermarkt erhalten.

f) Wenn wir soeben von der prägnanten Herausstellung eines Zusatznutzens sprachen, so berühren wir damit einen weiteren wichtigen Gesichtspunkt: Der Empfänger von Werbebotschaften hegt nur dann für einen Markenartikel die werblich erwünschten Erwartungen und Einstellungen, wenn sich die Eigenschaften, die er dem Markenartikel zuschreibt, gut genug von denen aller Konkurrenzmarken unterscheiden. Zum Markenartikel gehört die p s y c h o l o g i s c h e N i s c h e[22]).

g) Die psychologische Eigenständigkeit eines Produkts kann nur erreicht werden, wenn die Markenartikel-Konzeption k o n s t a n t bleibt bzw. wenn die Marke — wie es R. Bergler ausdrückt — eine nicht zu große „Stilamplitude" aufweist. Die o b j e k t i v vorhandene Qualitätskonstanz ist dabei nicht hinreichend; sie muß auch in den Erwartungen des Verbrauchers spürbar sein. Und sie wird es nur sein, wenn die g e s a m t e Markenartikel-Konzeption nicht zu stark schwankt und wenn nicht ein regelrechter „Konzeptionswechsel" erfolgt. Das aber haben die Verkaufs- und Werbefachleute nicht allein in der Hand. Zur Markenartikel-Konzeption gehört es beispielsweise auch, daß das Finanzgebaren und das Betriebsklima sich nicht — vor allem nicht in Richtung auf Verschlechterung — ändern. Wenn es in Anbetracht der Massenmedien in diesen Bereichen zu Aufsehen kommt, nützen objektive Qualitätskonstanz und konstante Werbung auch nichts mehr. Dann ändert sich das Markenimage.

Andererseits sind objektive Qualitätsschwankungen, wie sie etwa bei chemischen Massenprodukten oft unvermeidbar sind, ohne psychologische Folgen, wenn sie gewissermaßen unterschwellig verlaufen, wenn sie also so gering bleiben, daß sie nicht ins Bewußtsein der Verbraucher treten und die Marke in dieser Beziehung nicht ins Gerede der Leute kommt.

Konstanz darf nicht zu statisch aufgefaßt werden. Wenn ein Markt die objektive Qualität der Produkte langsam und unvermerkt anhebt, so wird ein Produkt, das o b j e k t i v genau gleich bleibt, vom Verbraucher als schlechter werdend e r l e b t. Die Psychologie hat zur Erklärung dieses Tatbestandes den Begriff des Adaptationsniveaus entwickelt[23]).

h) Eine der schwierigsten Fragen der Psychologie des Markenartikels liegt in folgendem: Das Image muß einheitlich, prägnant und konstant sein; es muß seine psychologische Nische haben. Außerdem muß ein Markenartikel aber aktuell, modern und lebendig bleiben. Er darf nicht überaltern. Es würde eine eigene Abhandlung benötigen, wenn wir dieses schwierige Problem genügend eingehend behandeln wollten.

Wie schon in unseren wenigen und überaus unvollständigen Anmerkungen sichtbar geworden sein dürfte, sind die Untersuchungsthemen der Werbepsychologie überaus vielfältig. Diese Vielfalt spiegelt einerseits die Breite fruchtbarer Verwendbarkeit werbepsychologischer Arbeitsweisen. Zum anderen unterstreicht sie aber eine schon genannte Gefahr: Werbepsychologische Forschung (Grundlagenforschung und Auftragsforschung) kann einerseits der Vielfalt der zu erwartenden Einflußgrößen dadurch entgehen wollen, daß man im jeweiligen Untersuchungsgang zu viele Reiz- und/oder Systembedingungen unkontrolliert läßt und damit zu höchst unzuverlässigen Befunden kommt, oder daß man zu viele Bedingungen konstant hält, wodurch die Verallgemeinerungsfähigkeit der gewonnenen Ergebnisse in untragbarer Weise eingeschränkt wird. Zum anderen droht die Gefahr, vor der Komplexität der Probleme zu kapitulieren und sich etwa mit der Redensart zu trösten, auch die Werbung stelle eben eine „Ganzheit" dar, der man mit naturwissenschaftlich-empirischen Mitteln nicht Herr werden könne. Wie betont, gestattet es indes die moderne Psychologie, auch komplexe Zusammenhangsverhältnisse objektiv, hinreichend zuverlässig und verallgemeinerungsfähig zu erforschen. Wieweit davon Gebrauch gemacht werden kann, ist zum guten Teil eine Zeit- und Kostenfrage, und diese pflegt nur in geringem Maße allein in der Kompetenz des Werbepsychologen zu liegen. Immerhin kann der Werbepsychologe darauf verweisen, daß der Werbeerfolg und damit der wirtschaftliche Ertrag häufig nicht zuletzt von der Güte der Werbeforschung (und so auch der werbepsychologischen Arbeit) abhängen wird und daß die Güte der Werbeforschung ihrerseits von demjenigen Zeit- und Kostenlimit beeinflußt wird, das man dem Werbeforscher einräumt. Die Güte werbepsychologischer Methodik ist somit aber zu einem gewissen Anteil auch das Resultat der absatzpolitischen Entscheidung von Werbungtreibenden. Und hier stößt man auf das überaus schwierige allgemeine Problem der Anwendung von Wissenschaft und insbesondere auf das Problem der Heteronomie wissenschaftlich-theoretischer und ökonomischer Normen. Diese Problematik ist weder theoretisch noch in der Praxis gelöst und kann auch hier nicht diskutiert werden[24]).

Quellenangaben:

[1]) Vgl. dazu Spiegel, B.: Die Struktur der Meinungsverteilung im sozialen Feld, Bern/Stuttgart 1961.

[2]) Vgl. z. B. Helmstadter, G. C.: Priciples of psychological measurement, New York 1964.

[3]) Vgl. auch Stadler, M.: Von der Marktforschung zur Marketingforschung, Die Anzeige, 1966, Heft 21.

[4]) Vgl. dazu Sacherl, K.: Kulturpsychologische Aspekte der Werbung, Arch. Ges. Psychol., 1964, 116, 299–310.

[5]) Vgl. auch Spiegel, B.: Die Aufgaben der Psychologie in der werbewissenschaftlichen Forschung, Werbewissenschaftliches Referatenblatt, Stuttgart 1965, Heft 3.

[6]) Vgl. u. a. Bergler, R. (Hrsg.): Psychologische Marktanalyse, Bern/Stuttgart 1965; Kropff, H. F. J.: Angewandte Psychologie und Soziologie in Werbung und Vertrieb, Stuttgart 1960; Spiegel, B.: Die Struktur der Meinungsverteilung ..., a. a. O.; ders.: Die Aufgaben der Psychologie ..., a. a. O.

[7]) Vgl. u. a. Cronbach, L. J., und Gleser, G.: Psychological Tests and personnel decisions, Urbana, Jll., 1957; Gäfgen, G.: Theorie der wirtschaftlichen Entscheidung, Tübingen 1963.

[8]) Vgl. Spiegel, B.: Die Aufgaben der Psychologie ..., a. a. O.

[9]) Vgl. dazu u. a. Bergler, R. (Hrsg.): Psychologische Marktanalyse, a. a. O.

[10]) Vgl. dazu die Kritik von Flämig, J., und Johannsen, U.: Zur Problematik des Aufmerksamkeitswertes, Zeitschrift für Markt- und Meinungsforschung, 1963, Heft 6, S. 1469 f.

[11]) Vgl. Sacherl, K.: Information und Motivation in der Konsumwerbung, Schmalenbachs Zeitschrift für betriebswirtschaftliche Forschung, 1966, Heft 18.

[12]) Bezüglich der einzelnen Methoden vgl. u. a.: Gebhard, J. W.: Vision. Annu. Rev. Psychol., 1959, 10, 371–394; Spiegel, B.: Werbepsychologische Untersuchungsmethoden, Berlin 1958; ders.: Die Struktur der Meinungsverteilung ..., a. a. O.: Traxel, W., und Becher, S.: Beiträge zur Meßmethodik und Interpretation von Hautwiderstandsänderungen, Z. Psychol., 1957, 160, S. 282–301.

[13]) Vgl. dazu auch Bergler, R.: Psychologie des Marken- und Firmenbildes, Göttingen 1963, S. 87 ff.

[14]) Vgl. dazu z. B. Girardi, M. R., Steiner, H., und Neffe, L. K.: Messung und Meßbares beim Kaufentscheid. Forschen – planen – entscheiden, Zeitschrift für praktische Marktforschung, 1965, Heft 6.

[15]) Vgl. dazu u. a. Martineau, P.: Kaufmotive, Düsseldorf 1959.
[16]) Vgl. Bergler, R.: Psychologie des Marken- und Firmenbildes, a. a. O.
[17]) Vgl. ebenda, S. 92.
[18]) Sacherl, K.: Motivation ..., a. a. O., S. 306.
[19]) Bergler, R.: Psychologie des Marken- und Firmenbildes, a. a. O.
[20]) Vgl. ebenda.
[21]) Vershofen, W.: Handbuch der Verbrauchsforschung, Berlin 1940.
[22]) Vgl. Spiegel, B.: Die Struktur der Meinungsverteilung ..., a. a. O.
[23]) Vgl. Helson, H.: Adaptation level theory, New York 1964.
[24]) Vgl. dazu Herrmann, Th.: Psychologische Wissenschaft und werbliche Praxis, Wirtschaftsdienst, 1967, Heft 47, S. 153–159.

Literatur:

Bergler, R. (Hrsg.): Psychologische Marktanalyse, Bern/Stuttgart 1965.

Bergler, R.: Psychologie des Marken- und Firmenbildes, Göttingen 1963.

Crisp, R. D.: Absatzforschung, Essen 1959.

Cronbach, L. J., und Gleser, G.: Psychological tests and personnel decisions, Urbana, Jll., 1957.

Flämig, J., und Johannsen, U.: Zur Problematik des Aufmerksamkeitswertes, Zeitschrift für Markt- und Meinungsforschung, 1963, Heft 6, S. 1469 f.

Gäfgen, G.: Theorie der wirtschaftlichen Entscheidung, Tübingen 1963.

Gebhard, J. W.: Vision. Annu. Rev. Psychol., 1959, 10, 371–394.

Girardi, M. R., Steiner, H., und Neffe, L. K.: Messung und Meßbares beim Kaufentscheid. Forschen – planen – entscheiden, Zeitschrift für praktische Marktforschung, 1965, Heft 6.

Helmstadter, G. C.: Principles of psychological measurement, New York 1964.

Helson, H.: Adaptation level theory, New York 1964.

Herrmann, Th.: Psychologische Wissenschaft und werbliche Praxis, Wirtschaftsdienst, 1967, Heft 47, S. 153–159.

Kropff, H. F. J.: Angewandte Psychologie und Soziologie in Werbung und Vertrieb, Stuttgart 1960.

Martineau, P.: Kaufmotive, Düsseldorf 1959.

Newman, J. W.: Motivforschung und Absatzlenkung, Frankfurt (M.) 1960.

Sacherl, K.: Kulturpsychologische Aspekte der Werbung, Arch. Ges. Psychol., 1964, 116, 299–310.

Sacherl, K.: Information und Motivation in der Konsumwerbung, Schmalenbachs Zeitschrift für betriebswirtschaftliche Forschung, 1966, Heft 18.

Schäfer, E.: Grundlagen der Marktforschung, 4. Auflage, Köln/Opladen 1966.

Seyffert, R.: Theorie und Praxis der Werbung, Stuttgart 1966.

Spiegel, B.: Werbepsychologische Untersuchungsmethoden, Berlin 1958.

Spiegel, B.: Die Struktur der Meinungsverteilung im sozialen Feld, Bern/Stuttgart 1961.

Spiegel, B.: Die Aufgaben der Psychologie in der werbewissenschaftlichen Forschung, Werbewissenschaftliches Referatenblatt, Stuttgart 1965, Heft 3.

Stadler, M.: Von der Marktforschung zur Marketingforschung, Die Anzeige, 1966, Heft 21.

Traxel, W., und Becher, S.: Beiträge zur Meßmethodik und Interpretation von Hautwiderstandsänderungen, Z. Psychol., 1957, 160, S. 282–301.

Vershofen, W.: Handbuch der Verbrauchsforschung, Berlin 1940.

Umfassendere Einführungen in den hier diskutierten Themenkreis, wenn auch z. T. unter anderem Aspekt, finden sich u. a. bei Bergler (1963), Crisp (1959), Kropff (1960), Newman (1960), Schäfer (1966), Seyffert (1966).

Soziologische Probleme der Werbung

Von Priv.-Doz. Dr. Lars Clausen, Münster

I. Soziologische Aspekte des Werbebegriffs

Die Werbung ist eine Art der Beeinflussung. Alle Beeinflussung wirft in der menschlichen Gesellschaft Probleme auf. Wie Beeinflussung interpretiert wird, ob sie zum Beispiel Werbung oder Befehl, Bitte, Rat oder Erziehung sei, ist oft strittig, namentlich zwischen dem, der beeinflußt, und dem, der beeinflußt werden soll. Auch von dritter Seite können etwa sittlich-normative Maßstäbe die Definition der Werbung prägen. So kann „Eßt deutsche Zitronen!" als Werbung, aber auch als Erziehung zum Konsum oder als staatliche Autarkie-Propaganda gelten. Werbend kann auch wirken, was weder der Beeinflussende bewußt als Werbung konzipierte, noch was der Umworbene so sah (Tarnwerbung). Zur vorläufigen Verständigung soll hier von „Werbung" in denjenigen gesellschaftlichen Beziehungen gesprochen werden, in denen einerseits der Beeinflussende beeinflussen will, andererseits der Beeinflußte sich legitim dem Einfluß entziehen kann. Wo die Legitimität der Unfolgsamkeit sozial bezweifelt wird, verschwimmen die Grenzen der Werbung, etwa zur Erziehung. Diese noch vage Abgrenzung ergibt, daß „Werbung" ein pragmatisch herausgelöstes Problem der Soziologie der Beeinflussung bleiben soll. Dennoch sollen die folgenden Thesen diese Herauslösung rechtfertigen.

Werbung ist eine besondere Strategie, welche Aktionen im Sinne des Werbenden zu bewirken trachtet, die sich anders nicht bewirken lassen. Die Wirtschaftswerbung ist eine Strategie im Markt. Die Güter, die man anbietet, sollen als Entgelt für Güter, die man haben will, genommen werden. Eine Planwirtschaft totalen Musters oder ein System selbstverständlich normierten Austauschs erübrigte die Werbung. Beides sind utopische Grenzfälle.

Die Werbung richtet sich in erster Linie gegen den Umworbenen — nicht gegen die Konkurrenz. Dies ist daran ersichtlich, daß auch der konkurrenzlose Angebotsmonopolist wirbt. Erst sekundär, wenn der Umworbene sich mit Hilfe anderer Werbeeinflüsse vom gewollten Handlungsweg abbringen läßt, wird auch der Konkurrent zum Gegner der Werbung — aber nur als De-facto-Verbündeter des Umworbenen.

Für die Werbung stellt sich ein soziales Problem in Gestalt der Autonomie der Umworbenen. Diese „Autonomie" ist zunächst eine begriffliche Hülse. In der

„Autonomie" kann angeborene Resistenz stecken, aber auch durch Erziehung geförderte persönliche Unabhängigkeit oder durch konkurrierende Werbung vermittelte Ablenkung zu anderen Angeboten (sekundäre Autonomie). Daß diese — wie auch immer genutzte — Autonomie gesellschaftlich-allgemein (nicht notwendig im Einzelfalle) garantiert wird, grenzt die Werbung von der psychophysischen Gewaltanwendung ab. Wer die Grenze werbend überschreitet, gefährdet seinen Erfolg, weil dritte Mächte mit negativen Sanktionen eingreifen — etwa die Justiz. Diese Grenze verschwimmt aber leicht, weil die negative Sanktion nicht automatisch einsetzt, sondern sozial ausgelöst werden muß. Stets aber soll der Adressat nicht mehr autonom, sondern heteronom, das heißt, beeinflußt, handeln. Wenn dann der Wille, der hinter der Werbung steht, sich auch gegen Autonomie, also Widerstreben, durchzusetzen vermag, so ist dies die Definition der „Macht" nach Max Weber. Werbung ist ein **Machtmittel**.

Werbung ist **jeder Beeinflussungsakt gegenüber dem Umworbenen** (jede „werbende Wirkung" nach Gutenberg). Werbung umfaßt also Aspekte der „Preispolitik", der „Absatzmethode" und der „Produktgestaltung". Mit diesen ökonomischen Mitteln wird im Markt das Produkt auf die erwünschte Aktion des Kaufes hin gestaltet, das heißt, mit subjektiv empfundenen Qualiäten (dem Image) ausgestattet, die den Beeinflußten im Sinne des Beeinflussers motivieren. Dieser Vorgang ist viel universaler als das bloße „absatzpolitische Instrument Werbung" (Gutenberg). Wenn „wirtschaftliche" Produktion mehr ist als nur „technische", nämlich eine Produktion, die im Markte auch honoriert wird (Henzler), dann ist, sozialökonomisch, Werbung die letzte Stufe der Produktion für den Markt.

Sehen wir die Werbung als Schlußstück der „sozialökonomischen Produktion", so ist sie deswegen **noch nicht „Nachfrageproduktion"**. Daß Werbung Wünsche weckt, ist unbestreitbar und hat die Konzeption der „Nachfrageproduktion" begründet. Aber auch der listigst geweckte Wunsch wird immer noch anbietend forciert. Definierte man Werbung als Nachfrageproduktion, wäre man genötigt, eine Psychologie der „produzierbaren" Wünsche für den Begriff der Werbung zu berücksichtigen.

Der Wille zu beeinflussen wird als konstitutiv für den Begriff „Werbung" vorgeschlagen. Dies bedeutet eine Ablehnung ethisch gesetzter Definitionen der Werbung, etwa, Werbung sei (gegenüber der Erziehung) wertezersetzend oder (gegenüber der Reklame) werteschaffend, sie sei (gegenüber der Information) irreführend oder (gegenüber dem Befehl) respektiere den freien menschlichen Willen. Freilich macht erst die Möglichkeit, der Beeinflussung legitim zu widerstehen, sie zur „Werbung". Doch darf das Postulat legitimer Autonomie nicht mit dem Postulat des „freien Willens" der Umworbenen verwechselt werden. Vielmehr beruht die legitime Autonomie des Umworbenen auf dem Einfluß dritter Mächte, die gewisse Mittel der Autonomiebeeinträchtigung durch Sanktionen wirksam illegitim machen.

Wenn der Umworbene als Gegner der Werbung im Markte steht, also der Wirtschaftswerbung ausgesetzt ist, dann ist seine Stellung im Modell besonders ausgeprägt. Je rechenhafter es in dem Markt zugeht, desto deutlicher wird nämlich, daß das Interesse des ökonomisch Werbenden dem des Umworbenen genau entgegen ist. Im Handel um Gut und Gegengut ist der Gewinn des einen der Verlust des andern. Ein soziales Aufeinandertreffen kontradiktorisch definierter Interessen bewirkt aber, sozial gewendet, den Streit (Konflikt). Werbung ist **Signal eines Konfliktes**. Konflikt deutet stets auf verschiedene Werthaltungen, welche von Trägern divergierender Interessen gehegt werden, und bedeutet damit ein grundsätzliches Risiko der Spaltung der Gesellschaft.

Soziologische Probleme der Werbung

Dann ist es auch kein Wunder, daß eine Strategie des Konfliktes, die außerdem ihrer Definition nach Publizität wollen muß, Unbehagen schafft. Daher „stört" Werbung so oft, und daher ist sie oft Zielscheibe der Kulturkritik.

II. Merkmale der Werbung

Der Versuch, aus der Autonomie des Umworbenen Heteronomie zu machen (Werbung), sagt noch nichts darüber aus, wofür geworben wird. Es ist zum Beispiel nicht selbstverständlich, daß die Werbung ein Kind des Kapitalismus sei. Viel überkommener Sprachgebrauch lehrt uns, daß zum Beispiel auch ein „Werber" um die Braut warb, und das Element erfolgreicher Heteronomisierung steht im Liede: „Mädchen und Burgen / Müssen sich geben." Oder, der „Werber" dingte Söldner und preßte sie notfalls. Das abgedrungene Ja, der Handschlag, der Kauf zeigen alle gemeinsam die Annahme eines werbend vorgebrachten Angebots, das Akzeptieren eines Versprechens oder Guts. Die effektive Ü b e r n a h m e e i n e s W e r t e s, wie der Beeinflussende ihn vorstellt, ist der E r f o l g der Werbung.

Es bedarf nicht der Darstellung der menschlichen Bedürfnisse, die der Werber zu befriedigen angibt, um Werbung zu definieren. Ob man sich an Triebe oder bloße Launen wendet, ist eine Frage der Werbetechnik, des „Enforcement". Daß man dem – im Modell „autonomen" – Umworbenen keinen Interessenstreit, sondern eine Interessenkoinzidenz vor Augen rückt, entscheidet (wenn Gewalt verboten ist) alles über den Erfolg, doch das wenigste über das Wesen der Werbung. T r i e b e o d e r L a u n e n des Umworbenen z u e r f ü l l e n, kann die Werbung nicht stärker wollen, als der Anbieter die Nachfrage befriedigen will: Stillt er sie zu gründlich, so setzt er künftig nichts mehr ab. Die Psychologie lehrt, wie ein Umworbener gerüstet ist und wie man ihn gerade in seiner Rüstung fängt; der Stand der Trieblehre ist aber unerheblich für die Werbung an sich.

Da Werbung auf einen Beeinflussungserfolg abzielt, wird sie in der Gesellschaft auch nach ihrem Erfolg angesehen, und da über ihren Erfolg freilich ihre Mittel entscheiden, prägen sodann ihre M i t t e l i h r g e s e l l s c h a f t l i c h e s B i l d. Nicht unähnlich darin dem Kriege wird sie nach den von ihr verwandten Mitteln als zulässig oder unzulässig angesehen, nicht unähnlich ihm kreiert sie auch für ihre Ziele neue soziale Techniken und wird insofern als (fruchtbare oder satanische) Schöpferin beurteilt. Doch auch die Werbemittel konstituieren Werbung noch nicht, sondern richten sich zunächst nach den Werbezielen. Daß aber die Mittel später ein soziales Eigengewicht gewinnen können, ist auch in der Werbung bemerkbar und beeinflußt sie dann.

Die Definition der Werbung von ihrem Urheber („Werbungtreibender") her erlaubt eine Entscheidung über das Verhältnis von Werbung zu I n f o r m a t i o n oder Beratung, welche zugleich auf das Verhältnis von Werbung zur W a h r h e i t eingeht. „Information" und „Wahrheit" sollen hier nicht als die komplexen Begriffe genommen werden, die sie zum Beispiel in der mehrwertigen Logik oder der Epistemologie geworden sind, sondern als Bewußtseinsinhalte, die eindeutig und übermittelbar sind und bei denen der Empfänger keine interessenbestimmte Verfälschung durch den Sender (oder jemanden anderen) vermutet. Diese Interessenunabhängigkeit ist sozial nur durch die „Richtigkeit" der „Information" (die „Wahrheit") dokumentierbar, gemessen an allgemeingesellschaftlichen Werten, z. B. an der wissenschaftlichen Verifizierbarkeit. (Somit scheiden wir in unserer soziologischen Abgrenzung der „Information" die logische Möglichkeit „sinnloser" oder „falscher" Information aus, welche in der Werbediskussion auch nicht gemeint wird, wenn man fragt: „Informiert eigentlich die Werbung?").

Nun gibt die vom Interessendenken eines Werbungtreibenden unbeeinflußte Information dem Umworbenen die Möglichkeit, gegenüber der Werbung autonom zu bleiben und anderer Beeinflussung zu folgen Diese Auswertbarkeit von Information gegen das Interesse des Werbungtreibenden führt dazu, Information auf dasjenige Maß einzuschränken, welches gerade noch den Umworbenen zur Erfüllung des Werbewillens leitet. Es führt also nicht dazu, sie gänzlich auszuschließen: Werbung muß informieren. Jedes Zuviel könnte aber Ablenkung erlauben. Werbung tendiert also zur **Minimierung von Information**.

Dieses Minimum kann, absolut gesehen, recht hoch liegen. Konkurrierende Angebote oder Druck von dritter Seite (Staat, Kirche, Tradition, Gewissen) können es heraufzwingen. Fällt zum Beispiel aber die Werbekonkurrenz fort (Branchenwerbung), so sinkt die monopolistische Werbung aufs kleinste gemeinschaftliche Informationsquantum. Weder ein absolut hohes Minimum noch die Verschleierung des Minimums durch Redundanz (variierende Wiederholung), Verzicht auf Eindeutigkeit (Metaphorik) und „noise" (Verschüttung im Faktenregen) ändern an der Tendenz zur Minimierung der Information etwas.

Das Ersetzen alter oder das Einsetzen neuer Wertvorstellungen beim Umworbenen hat Werbung mit **Erziehung** wie auch mit **Mission** gemein. Da wir von einer Definition der Werte, für die im einzelnen geworben wird, absehen, haben wir den Unterschied zwischen Werbung und Erziehung/Mission auf anderer Ebene zu suchen. Dies fällt schwer, wenn Werbung sich als Konsumerziehung oder Botschaft eines besseren Lebens gewandet. Doch sind graduelle Unterschiede darin auszumachen, daß Erziehen und Missionieren oft ein gesamtgesellschaftliches Interesse und Ziel der Beeinflussung voraussetzen und ihre Vorhaben gerne durch andere gesellschaftliche Mächte unterstützen lassen. – Autonomie wird dann illegitim.

Eine Interesseneinheit von Beeinflusser und Beeinflussenden wird zumal in der Theorie der **„Public Relations"** vorausgesetzt und proklamiert. Dazu ist festzuhalten: Auch in den Public Relations bleibt eine Heteronomisierung des Beeinflußten erhalten, weil die Definition dessen, was ein „gemeinsames" Interesse sei, beim Beeinflusser liegt. Solange der Beeinflußte seine Interessen nicht in den Institutionen der Public Relations direkt mitformulieren kann, bleiben diese eine Art der Werbung.

III. Das Eigeninteresse der Werbebetriebe

Die Qualifikationsanforderungen an die moderne Wirtschaftswerbung sind erheblich. In den industriell geprägten Zivilisationen ergreift die Arbeitsteilung auch Werbeplanung und Werbevollzug; sie läßt eigene Abteilungen und selbständige Betriebe entstehen, die Werbung produzieren (Werbeagenturen). Diese Werbebetriebe entwickeln ein Eigeninteresse, etwa in den Marktwirtschaften ein Interesse an Rentabilitätsmaximierung, grundsätzlich jedenfalls ein Interesse der Selbstzwecksetzung.

Sobald dieses Interesse auftaucht, entsteht zwischen dem Werbungtreibenden, der Werbung als Produktvollendung braucht, und dem Werbevollzieher, der die sozialökonomische Leistung der Produktvollendung („Werbung") realisiert, **ein neuer Markt**. Der Werbebetrieb muß seine Leistung dem Werbungtreibenden verkaufen. Er strebt danach, seine Schwächen zu verbergen, minimiert seine Information, mit anderen Worten: wirbt gegen den Werbungtreibenden. Dieser bekommt eine „Presentation" und ist auf eine eigene Erfolgskontrolle angewiesen. Die soziale Schwierigkeit des kontrollieren-

Soziologische Probleme der Werbung 111

den Werbungtreibenden besteht darin, daß er gerade jene Fachleute aus seinem direkten Herrschaftsbereich ausgegliedert hat, die sich seiner Kontrolle am ehesten entziehen können, weil sie die Fachleute der Selbstrechtfertigung sind. Ohnehin droht diesen leicht eine methodische Selbstverblendung, weil der Zeitdruck sie oft zu improvisieren zwingt.

Das Interesse der Selbsterhaltung der Werbebetriebe wirkt auch gegenüber den Umworbenen. Gerade weil das (aus dem Interessenwiderstreit erklärliche) Umworbenenmißtrauen zu dem der Werbungtreibenden tritt, muß den Werbeinstitutionen daran liegen, sich als erhaltenswert vor der gesamten Gesellschaft darzutun. So führen sie Gemeinschaftsaktionen durch, die sich auf gesellschaftlich wenig umstrittene Werte richten und diese „im Interesse aller" proklamieren (z. B. die Aktion Gemeinsinn in der BRD oder die Aktionen des nordamerikanischen Advertising Council).

Außerdem stehen die verselbständigten Werbefachleute auch einzelnen Umworbenengruppen in ihrer Eigenschaft als Gegenwerber zur Verfügung, so daß nur – und allerdings! – zu fragen bleibt, wieweit Umworbene sich koalieren und dieser Fachleute bedienen können. Das ist eine Frage nach dem sozialen Bereich der jeweiligen Werbung (vgl. Außenhandelswerbung gegenüber Konsumwerbung).

Das Auftreten selbständiger Werbeinstitutionen kompliziert das Phänomen der Werbung, doch ist zugleich zu sehen, daß die Abhängigkeit der Werbebetriebe von der L e g i t i m i t ä t d e s W e r b e n s , also z. B. von der Legitimität einer Marktwirtschaft, sie dazu nötigt, diese Legitimität herzustellen und zu verteidigen. In einer werbeintensiven Marktwirtschaft wirkt daher Werbung gesellschaftlich konservativ; wo aber Märkte wenig entwickelt sind, kann sie die Gesellschaft dynamisieren. Hier ist ein wichtiger Unterschied der sozialen Wirksamkeit der Werbung zwischen den west- und den osteuropäischen Ländern zu finden.

IV. Zur Soziologie des Umworbenen

Der Werbung gegenüber läßt sich das Interesse des Umworbenen so beschreiben: Der Umworbene braucht I n f o r m a t i o n . Artikuliertes soziales Handeln bedarf einer Kenntnis der sozialen Umwelt seines Trägers. Doch nicht jede Information verschafft ihm Autonomie. (Wollen zum Beispiel zwei Leute miteinander telefonieren, so muß, wenn nur einer von der Nummer des anderen informiert ist, er sich die Mühe des Anrufs machen.) Somit dient den eigenen Interessen nur ausgesuchte Information. Alles darüber kann hindern; der Umworbene erstrebt M i n i m i e r u n g d e r I n f o r m a t i o n .

Das Informationsminimum, das der Werbungtreibende anstrebt, und das, welches der Umworbene haben will, sind miteinander nicht identisch. Stimmen die Minima überein, entsteht als Grenzfall die hier so genannte „s o z i a l e B e d a r f s d e c k u n g ". Dabei ist in Erinnerung zu behalten, daß die „ökonomische Bedarfsdeckung", dargestellt in einem Umsatzakt über den Preis, durchaus nicht bedeutet, daß beide Seiten auch mit dem Tausch zufrieden sind. Im Zusammenfall der Informationsminima von Werbungtreibenden und Umworbenen hingegen kommt es zur „Kristallisation" (R. König), zum „Ineinandergriff" (B. Spiegel) der Wünsche (so daß jeder seinen Gegenüber als heteronom betrachten kann). Werber und Umworbener bilden dann eine Wertgemeinschaft, in der die Notwendigkeit zur Beeinflussung aufgehoben ist („Happy-End"-Muster).

Die Reaktionen des Umworbenen auf die Werbung sind a m b i v a l e n t . Nicht nur deswegen, weil ein „Enforcement" seiner eigenen Wünsche ihn zugleich nach den Wünschen des Werbers manipulieren soll, sondern weil – je nach den ihm zugemuteten

Handlungen – zahlreiche soziale Bezüge und damit zahlreiche, oft gar nicht kohärente Werte von der Werbung aufgerufen oder abgestoßen werden. Die Multidimensionalität seiner Reaktionen kann hier nicht dargestellt werden. Sie soll deshalb rigoros zu zweierlei sozialen Handlungen zusammengezogen werden, die kurz als „positive" und „negative soziale Sanktionen" bezeichnet seien. Antwort auf die eigentliche Komplexität der Reaktionen gibt dann viel besser die Sozialpsychologie.

Als „p o s i t i v e S a n k t i o n" gegenüber der Werbung, als Belohnung also, gilt nicht selten – z. B. in mancher betrieblichen Werbeerfolgskontrolle – der Kauf des werbend angebotenen Gutes, oder besser: die Hergabe einer nachgefragten Geldmenge für das Gut. Aber im Sinne einer „sozialen Bedarfsdeckung" ist Werbung dann noch nicht eindeutig positiv sanktioniert worden. Das geschieht erst dann, wenn Umworbenengruppen sie – als Orientierungshilfe für die Mode etwa – gerne wollen. Das kann sogar noch geschehen, wenn Werbung bereits durchschaut wird, aber der Durchschauer sich über sie amüsiert und sich ihr dennoch anvertraut. Er mokiert sich dann über den „Duft der großen weiten Welt", raucht aber glücklich Stuyvesant.

Die geläufige „n e g a t i v e S a n k t i o n" gegen die Werbung ist es, ihr zuwider zu handeln. Doch ist es keineswegs die einzige. Denn negative Sanktionen gegen die Werbung schließen ihren – zumindest kurzfristigen – Erfolg nicht aus. Es sind dann Akte der W e r b e a b w e h r, welche die Zahlung einer geforderten Geldsumme für die werbend angepriesene Ware zulassen, aber kritisieren. Sie wenden sich gegen die Ware selbst, deren letzte Produktzutat das werbegeschaffene Image war, oder gegen die Werbung allgemein. Die Objekte der Kritik werden dabei nicht unbedingt säuberlich geschieden.

Die werbeinduzierte Kritik an der Ware entzündet sich zum Beispiel daran, daß das Warenimage durch hohen Werbedruck ungewollt auch die Qualität „durch Werbung verteuert" aufgenommen hat. Während diese negative Sanktion der Umfrageforschung noch zugänglich war*)[1]), ist eine andere Werbeabwehr bislang völlig unerforscht: Sie findet sich in der *subliterarischen Volksdichtung*. Wir zitieren zur Anschauung meist aus der Sammlung Peter Rühmkorfs[2]), der bereits generell auf den sozialen Revoltecharakter solcher Lyrik aufmerksam geworden war, als der Autor ihn auf die werbungverspottenden Elemente hinwies:

„Bißchen Eisen, bißchen Lack, fertig ist der Hanomag";
„Wer den Tod nicht scheut, fährt Lloyd";
„Der Mann ist tot, die Witwe kichert, hoffentlich allianzversichert";
„Siehst du die Gräber dort im Schnee? Das sind die Raucher von HB"
„Nichts schmeckt gemeiner als reiner Kathreiner"; usw.

Von hier zur Kritik an der Werbung generell ist nur ein Schritt[3]), und das öffentliche Unbehagen kann am besten der Wachsamkeit gegen neue Techniken entnommen werden, etwa anhand der Polemiken gegen die unterschwellige Werbung 1958.

Erst mit bestimmten negativen Sanktionen wirkt die Gegenwerbung merklich auf die Marktform. Denn in vielen Beeinflussungsprozessen obstruiert der Unterschied zwischen einer zahlreichen und nur vereinzelt handlungsfähigen Umworbenschaft und geschlossen operierenden Meinungsmächten jede Gegenwerbung.

Anders, wenn sich die I n f o r m a t i o n s p o l i t i k d e r U m w o r b e n e n o r g a n i s i e r t. Informell geschieht das in der Familie, unter Freunden, in der Nachbarschaft; die Orientierungsanstrengung, welche damit erbracht wird, wird oft von der Kultur-

---

*) Die im Text laufend numerierten Quellenangaben sind am Schluß des Aufsatzes zitiert.

kritik als Nachahmerei bekrittelt; doch nimmt die politische oder wirtschaftliche Werbung dies ernster und bemüht sich, auf die „opinion leaders" in diesen Gruppen zu wirken. Formell suchen dann teils alte Organisationen, welche viele Umworbene vertreten (z. B. Konsumgenossenschaften, Hausfrauenverbände), teils neue (z. B. Testunternehmen) negative Werbefolgen zu bekämpfen und namentlich Umfang und Auswahl der Information zu beeinflussen. Dabei sind ältere Institutionen (in der BRD etwa die Arbeitsgemeinschaft der Verbraucherverbände) oft durch andere Sozialinteressen stärker eingeschränkt als eigens neu gegründete Institutionen (in der BRD z. B. die Testzeitschriften). Doch gilt für die Delegation der Umworbeneninteressen auch in diese Institutionen (z. B. durch die Wahl von Genossenschaftsvorständen) und für die Sammlung der kritischen Qualifikationen, was auch für die Werbebetriebe galt: Die alten Institutionen haben, und die neuen entwickeln separate Interessen. Nicht nur kehrt der Werber Waffen gegen sie (Prozesse, Defamationen), sondern sie müssen sich überhaupt erhalten. So sehr sie einzelne Beeinflussungsmächte durchleuchten mögen, so sehr sind sie genötigt, die sozialen Umstände zu pflegen, die ihre Existenz garantieren. Sie haben mithin ein Interesse am Arrangement, am Kompromiß (vgl. in der BRD die Geschichte der Zeitschrift „DM"). Auch zwischen den Urhebern und den Ausführern der Werbekritik tut sich also eine Situation des Widerstreits auf, welche am besten daran ersichtlich ist, daß jener die Testzeitschrift kaufen soll. Erst delegierte der Umworbene seine Werbekritik, nun kehrt sie sich werbend gegen sein Portemonnaie.

Auch der Versuch, die Werbungtreibenden zu u n t e r w a n d e r n und zu beeinflussen, kommt vor. Diese Strategie zielt auf das Abschaffen des Widerstreits zwischen Beeinflusser und Beeinflußtem von diesem her. So müssen politisch werbende Parteien sich damit befassen, daß unzufriedene Ortsverbände neue Funktionäre entsenden, oder die christliche Laienschaft bemüht sich, auf dem Kirchentag auf die Verkündung zu antworten. In manchen Teilmärkten finden sich Ansätze, etwa in den HO-Beiräten der DDR oder bei den Arbeitsdirektoren der Montanindustrie der BRD (welche von den – innerbetrieblich von den Managements umworbenen – Beschäftigten indirekt delegiert werden). Oft haben Arbeitsdirektoren gerade die innerbetrieblich stark werbenden Aktivitäten unter sich: Werkzeitung, Werksfürsorge, Arbeitsschutz – wobei partiale Interesseneinheiten von Werbern und Umworbenen die Werbeintentionen unter den „Human Relations" verbergen. Doch hat zumindest keines der Beispiele mächtige werbende Apparate überzeugend „umgedreht". Mit der Delegation eines Vertreters der Umworbeneninteressen wird nämlich zumeist auch die Definition dieses Interesses an ihn delegiert, und damit an jemanden, der sich prinzipiell neuen sozialen Bezugsgruppen seines Handelns einverleibt sieht. Auch die rationale Aufhellung eines Interessengegensatzes wird unwahrscheinlich, sobald jemand seine persönlichen Kompromisse formulieren muß. Der Versuch, soziale Konflikte dadurch zu „lösen", daß man jemandem Loyalität gegen zwei Gegner zumutet, bringt zumeist Enttäuschung und deren Folgen: Diskreditierung dieser Kontrollmechanismen, Mißachtung der Ausführenden, Resignation oder Revolte.

V. Zügelung der Werbung?

Der theoretische Ansatz, welcher die Werbung samt ihrer Einhegung aus Phänomenen des Streits (vgl. G. Simmel, L. Coser) erklären will, muß sodann damit arbeiten, daß die Areale sozialer Beeinflussung n i c h t g l e i c h m ä ß i g und n i c h t g l e i c h z e i t i g d i e s e l b e n E r s c h e i n u n g e n zeigen. Europa zum Beispiel hat in der Neuzeit mehrere Wellen gesehen: den durch den Buchdruck erleichterten religiösen Flugblattsturm der Reformationszeit; die politische Werbung und Ideenzirkulation um die Französische Revolution; die Wirtschaftswerbung, als um die Mitte des XIX. Jahrhunderts der moderne Unternehmer, unter den Gesetzmäßigkeiten der industriellen Produktion, mit Hilfe der Werbung aus dem stoffbezogen-gleichförmigen Massenprodukt die absatzbezogen-gleichförmige Markenware machte; und mit dem Ende der seither erstarrten „Volkskirchen" tritt nunmehr sogar die religiöse Werbung wieder auf. Dies sind nur Schlaglichter.

Es läßt sich darin aber schon sehen, wem gegenüber die Werbung in einem bestimmten gesellschaftlichen Bereich zurücktreten kann: der Werbung in einem anderen Bereich. Dies ist nur dann ein Symptom dafür, daß in der Gesellschaft verschiedene Konfliktfronten sich kreuzen. So kann derjenige von den zwei Konflikten, bei dem es um „weniger" geht, d. h. wo sich die Konfliktgegner weniger intensiv mit ihrer werbend verfochtenen Politik identifizieren, eingedämmt werden (etwa als „Burgfriede"). So bremsen „allgemein christlich" orientierte Regierungen oder Parteien die Konfessionspolemik, um ihre Machtbasis zu sichern; so wenden sich Kirchen wider die Wirtschaftswerbung, indem sie über (Unterhaltungs-) Güter zusätzlich informieren und sie zugleich zensieren; so installiert die Wirtschaftswerbung Werte, denen alle politischen Wahlkämpfer folgen müssen (wenn etwa heimische Branchen sich mit den Interessen der Nationen identifizieren).

Nicht damit verwechselt werden dürfen Einschränkungen, welche zwar durch die Halter **anderer sozialer Fronten** (Regierungen) betrieben werden, jedoch unter dem Einfluß werbeabhängiger Gruppen. Sehr viele Bestimmungen des Werberechts der Bundesrepublik sind keine Schutzbestimmungen für Dritte oder den Umworbenen, sondern für andere Werber, wie etwa das Verbot vergleichender Werbung. Hinter der Begrenzung eines Werbers steckt dann das gegen den Umworbenen gerichtete Werbeziel der Branche oder der „Geschäftswelt" (Verhinderung „ruinösen" Wettbewerbs). Vergleicht der Werber sein Angebot mit dem eines Konkurrenten, so hat er ein unsichtbares Werbekartell gebrochen, weil er über dessen Informationsminimum in seiner eigenen Werbung hinausging.

Zu den Einschränkungen, welcher sich Werbung durch Maßnahmen Dritter mit eigenem Interesse, durch Maßnahmen der Umworbenen, durch Interessenabspaltung (Werbeinstitutionalisierung) und Improvisationszwang ausgesetzt sieht, kommt nun, als sozialgeschichtlich erforschbare Erscheinung, noch die **„Pädagogisierung"** (J. Kob). Es geht mit ihr um folgendes:

Die Umwelt, deren Signale das soziale Handeln auslösen, wird gegenwärtig zusehends eine von Menschen produzierte, veränderliche und komplexere Herausforderung an den einzelnen. Die Werbung ist dabei nicht die geringste Kraft, indem sie ständig changierende Mosaike immer konträrerer Signale als „Orientierungshilfen" herstellt. Die immer zahlreicheren Entscheidungsangebote erheischen eine Entlastung (A. Gehlen) des einzelnen, welche er zusehends durch das Bilden von Meinungen über diejenigen Bezirke des Daseins zu erreichen hofft, wo frühere „Selbstverständlichkeiten" (P. R. Hofstätter) abgebaut wurden und fundiertes „Wissen" zu mühselig wird. Im Wirbel der Meinungen wird es notwendig, die eigene Existenz zu rechtfertigen. Da das erzwungene Kappen der Kausalketten („Meinung") die Vorstellung erleichtert, alles Produzierbare habe auch seinen Sinn, alles Machbare sei auch vernünftig, die technische Effizienz bedeute eine soziale – so kann die eigene Existenzrechtfertigung auch leichter unternommen werden. Die Techniken für sie stehen bereit und sind oft von der Werbung selbst entwickelt worden.

Daher tendieren soziale Institutionen, oft besten Gewissens, dazu, neben ihrem definierten Zweck („Grundauftrag" — R. Henzler) es besonders anzustreben, sich mit Hilfe einer lehrsamen Systempropaganda in der sie umgebenden Gesellschaft zu empfehlen. Ob Gewerkschaft oder Hersteller, Kirche oder Truppe, Partei oder Fürsorgeverband, sie zeigen sich als an die Werte der Gesellschaft angepaßt (Öffentlichkeitsarbeit, Public Relations) und passen andere ihnen an (Menschenführung, Human Relations). Dabei kommt es zunächst oft zur demonstrativen Investition; wo aber dann die Werbung den Grundauftrag einer Institution (Arbeitervertretung oder Absatz, Heilsverkündung, Landesverteidigung, politische Vertretung, Nothilfe o. ä.) verläßt und nur mehr die Institution selbstzweckhaft bestätigt, da wird aus der sozialen Investition sozialer Konsum. Dann grenzt die lehrsame, konsumhafte Selbstbestätigung („Pädagogisierung") die Werbung auf gesamtgesellschaftlich anerkannte Werte ein.

Der Pädagogisierung entspricht jene Haltung der Umworbenen, die gleichfalls produzierte Signalmengen noch als sinnvoll einzuordnen versucht. Dabei entsteht leicht eine neue Gläubigkeit, eine „sekundäre Magisierung" der Technikwelt, welche (wie die primäre Magisierung in vorwissenschaftlichen Epochen) dem einzelnen die verwirrende Umwelt zu erklären hilft. Zwar hat darin das wissenschaftliche Denken so weit Spuren hinterlassen, daß die Umwelt dauernd kritisch relativiert wird. Doch wurde dieser Umworbene „aus Mangel an Zeit abergläubig und ungläubig zugleich" (Jean Paul). Er tut kritisch, aber er tut mit. Die Gefühle der Begehrlichkeit, Überlegenheit und Hinnahme hat Arnold Gehlen als „Atmosphäre des Unernstes" beschrieben. Der Umworbene bekommt zu den Signalen ein „kulinarisches" (Bert Brecht) Verhältnis, wird zum „inside dopester" (D. Riesman). Die Umstände, welche die werbungzügelnde Pädagogisierung heraufrufen, engen auch die Werbekritik der Umworbenen ein.

Diese zeitgenössische **Einhegung von Werbung und Werbekritik** ist aber **keineswegs global**. Nur in mit Konsumgütern wohlausgestatteten Gesellschaften tritt sie derart deutlich hervor, also meist in Teilgebieten der Wirtschaften Europas, Nordamerikas und des Pazifikrandes. Doch auch in die zur Pädagogisierung neigenden Sozialsysteme sind instituierte Ungleichheiten sozialer (politischer, ökonomischer, edukativer) Chancen eingegangen. Beeinflussung, Werbung, verteidigt oder attackiert diese Positionen. Beginnen solche Interessendifferenzen sozial manifest zu werden, so zersetzt sich die pädagogisierende Kraft. Begegnen — wie heute — die Zivilisationen einander immer stärker, so enden auch viele der neuen Selbstverständlichkeiten. Dann tritt die Werbung wieder klar hervor.

Quellenangaben:

[1]) Vgl. Clausen, L.: Elemente einer Soziologie der Wirtschaftswerbung, Köln/Opladen 1964, S. 72.
[2]) Rühmkorf, P.: Über das Volksvermögen, Reinbek 1967, S. 243 ff.
[3]) Vgl. DIVO-Pressedienst, April I-II, 1966, S. 12 f.

Literatur:

Kurzauswahl deutschsprachiger Literatur zur werbesoziologischen Anregung:

Bücher, K.: Die Reklame, in: Gesammelte Aufsätze zur Zeitungskunde, Tübingen 1926, S. 237 ff.

Mataja, V.: Die Reklame, 4. Aufl., München, Leipzig 1926.

Redlich, F.: Reklame, Stuttgart 1935.

Stoltenberg, H. L.: Die Werbfibel, Essen 1950.

Teichmann, C.: Ökonomische Grundfragen und Rolle der Wirtschaftswerbung, Neue Werbung, 1956, Band III/8, S. 2 ff.

Berekoven, L.: Die Ambivalenz der Werbewirkung, in: Vershofen, W., u. a. (Hrsg.), Der Mensch im Markt, Berlin 1960, S. 240 ff.

König, R.: Die Funktion der Werbung als Stilelement des Massenkonsums, Wirtschaft und Werbung, Band XIV, 1960, S. 332 ff.

Habermas, J.: Strukturwandel der Öffentlichkeit, Neuwied 1962.

Clausen, L.: Evangelische Werbung als Symptom. Ansätze, 1963, 35, S. 15 ff.

Clausen, L.: Elemente einer Soziologie der Wirtschaftswerbung, Köln/Opladen 1964.

Meissner, H. G.: Öffentlichkeitsarbeit als Instrument der Unternehmenspolitik, in: Kosiol, E., Sundhoff, E. (Hrsg.): Betriebswirtschaft und Marktpolitik, Köln/Opladen 1968, S. 353 ff.

Informationstheoretische Probleme der Werbung

Von Dr. Siegfried Geiger und Wolfgang Heyn, Konstanz

I. Begriffe der Informationstheorie

Die Informationstheorie beschäftigt sich mit grundlegenden Problemen der Nachrichtenübermittlung. Ausgegangen ist die Entwicklung dieses Forschungsgebietes von Problemen der Ökonomie und Präzision der Nachrichtentechnik. Zunächst standen deshalb nachrichtentechnische Aufgaben im Mittelpunkt des Interesses. Die Informationstheorie erschloß sich rasch einen mannigfaltigen Anwendungsbereich, da mit ihrer Hilfe nicht nur nachrichtentechnische Probleme bearbeitet werden können, sondern auch ganz allgemein Analysen von Kommunikationsprozessen möglich werden.

Wie bei allen formalen Disziplinen ist die Anwendung nicht von vornherein auf ein Sachgebiet begrenzt. Die Informationstheorie ermöglicht insbesondere in der Markt- und Werbeforschung völlig neue Forschungsansätze und gestattet die exakte Messung von Faktoren, die bisher weitgehend dem subjektiven Ermessen und der subjektiven Beurteilung überlassen werden mußten. Informationstheoretische Experimente führen übrigens nicht selten zu Ergebnissen, mit denen gängige Meinungen in der Werbeforschung widerlegt werden.

Informationstheorie ist eine generelle Methode, die geeignet ist, über den Nachrichtenfluß und alle mit ihm im Zusammenhang stehenden Probleme Auskunft zu geben. Dabei klingt natürlich das Wort „Theorie" durch.

Eine andere Theorie, die Theorie der Elektrizität, ist auch sehr theoretisch, mathematisch, für den Laien undurchsichtig; aber sie hat sehr konkrete Anwendungsmöglichkeiten. Informationstheorie beschäftigt sich nicht mit dem Fließen von Elektrizität, sondern mit dem Fließen von Information. Sie stellt Hilfsmittel zur Klärung der Frage bereit, wie Informationen so zu verpacken sind, daß sie ungestört beim Empfänger ankommen, wie eine Information gestaltet werden muß, damit sie vom Empfänger beachtet und aufbewahrt wird. Informationstheorie beschäftigt sich also mit dem Transport von Informationen (Nachrichten).

Nachricht

Der Begriff Nachricht oder Mitteilung ist ganz allgemein aufzufassen. In diesem Sinne und je nach der gestellten Aufgabe können Nachrichten Worte oder Werbebotschaften sein, die durch Anzeigen, im Rundfunk oder Fernsehen übertragen werden, ferner Packungsgestaltungen, aber auch Bilder, Musikstücke, Kennmelodien, emotionelle Appelle usw.

Zeichen

Zeichen sind Elemente, mit denen eine Nachricht übertragen werden kann. Solche Elemente sind auf der untersten Ebene Buchstaben und Ziffern. Zeichen sind aber auch Worte, bestimmte Begriffe, Symbole und Markenzeichen, Farbtönungen u. ä. Komplexe Zeichen, die aus einfacheren Zeichen gebildet werden, heißen Superzeichen.

Quelle, Sender, Empfänger

In Anlehnung an nachrichtentechnische Geräte wird als Quelle oder Sender der Teil des Kommunikationsprozesses verstanden, von dem die Nachricht ausgeht. Sender in diesem Sinne sind zum Beispiel Zeitschriften, Anzeigenseiten, Briefschreiber usw. Der Begriff „Empfänger" ist entsprechend zu verstehen; Empfänger einer Werbebotschaft sind beispielsweise bestimmte Verbraucherkreise.

Repertoire

Repertoire ist die Gesamtheit aller Zeichen, über die ein Sender verfügt oder die ein Empfänger aufnehmen kann. Ist die Quelle eine Nachrichtensendung des NWD-Rundfunks, so ist das Repertoire des Senders die deutsche Sprache (oder deren geläufigster Wortschatz); das Repertoire des Empfängers, wenn es sich um einen Deutschen handelt, ist ebenfalls dieser Wortschatz.

Die Repertoires von Sender und Empfänger müssen nicht gleich sein. Das Repertoire des Senders ist von dem des Empfängers überall dort verschieden, wo Lernprozesse stattfinden. Der Volksschullehrer schreibt im Repertoire des deutschen Alphabetes (oder eines Teils von ihm) an die Tafel. Beim Schulanfänger stehen die noch nicht gelernten Buchstaben außerhalb seines Repertoires. Sie werden durch den Lernprozeß erst in sein Repertoire aufgenommen. Innerhalb einer Sprache lassen sich verschiedene Teilrepertoires abgrenzen und für sich analysieren, beispielsweise die Sprache der Werbung für bestimmte Produkte. Die Analyse eines solchen Repertoires ermöglicht eine optimale Nutzung der bestehenden Möglichkeiten zur Gestaltung von Werbebotschaften.

Nachrichten werden in der Regel weder vollständig übermittelt, noch gehen sie völlig verloren. Nachrichten kommen beim Empfänger meist unvollständig an, wobei die Frage entsteht, wieviel beim Empfänger ankommt. Es ist also eine Quantifizierung von Information nötig, es wird ein Maß für die gesendete, die empfangene, die in Verlust geratene Information benötigt.

„bit"

Die Maßeinheit der Information heißt „bit", von binary digit. Unter einem bit stellt sich der Laie genauso wenig vor wie die Hausfrau unter Volt, Ampere, Watt. In beiden Fällen sagt dieser Ausdruck nichts darüber, ob das Maß etwas taugt.

Mit dem Informationsmaß kann man beispielsweise messen, wieviel Information der Text eines Runkfunk-Spots hat. Danach können Werbetexte erarbeitet werden, deren Aussagen sich dem Publikum wirklich einprägen.

Als Richtwert gilt die Faustformel: 10 Sekunden lang kann man 160 bit Informationen im Bewußtsein präsent halten. Einprägen kann man sich aber nur 5 bis 8 bit pro 10 Se-

Informationstheoretische Probleme der Werbung 119

kunden. Wenn also ein Werbetext 200 bit hat, so bedeutet dies: die Hörer oder Leser haben am Ende des Textes schon vergessen, was am Anfang gesagt wurde; am nächsten Tag wissen sie praktisch gar nichts mehr.

Mit Hilfe der Informationsanalyse läßt sich ferner feststellen, wie oft ein Text in gleicher oder ähnlicher Weise wiederholt werden muß, bis die wesentlichen Werbeaussagen oder Produktbotschaften im Gedächtnis der Verbraucher verankert sind. Es läßt sich also sagen, welche Serienlänge für Anzeigen oder Spotserien optimal ist, und wieweit die einzelnen Anzeigen oder Spots sich voneinander unterscheiden dürfen bzw. müssen. Grundlegend für das Verständnis der Informationstheorie sind zwei Begriffe: Information und Redundanz. Der Begriff „Information" hat in der Informationstheorie eine andere Bedeutung als in der Alltags-Sprache.

Information

Formal definiert ist die Gesamt-Information einer Nachricht nach der Shannonschen Formel

$$(1) \qquad I' = n \sum_{i=1}^{n} p_i \, \text{ld} \, \frac{1}{p_i}$$

p_i ist die Häufigkeit, mit der die Zeichen des Repertoires vom Sender verwendet werden; n ist die Zahl der Zeichen der Nachricht; ld ist der Logarithmus dualis, der Logarithmus zur Basis 2.

Die durchschnittliche Information der Zeichen eines Repertoires heißt „Entropie".

Entropie

Die Entropie wird bestimmt nach der Formel

$$(2) \qquad H = \sum_{i=1}^{n} p_i \, \text{ld} \, \frac{1}{p_i}$$

Mit Hilfe der Entropie kann die Leistungsfähigkeit verschiedener Zeichenrepertoires, Formulierungen usw. verglichen werden. Die Entropie ist ein für die Textanalyse sehr wichtiges Maß (siehe Abschnitt „Textverständlichkeit" dieses Beitrags). Die Entropie beziffert den Aufwand, der notwendig ist, um mit den Zeichen eines bestimmten Repertoires eine bestimmte Nachricht zu senden.

Information ist ein Maß, mit dem die Wahrscheinlichkeit einer bestimmten Nachricht erfaßt werden kann. Nachrichten mit hoher Information sind ex definitione seltene, unerwartete Nachrichten. Mitteilungen geringer Information sind sehr häufig auftretende Zeichenkombinationen. Die Nachricht von Kennedys Tod hatte im Vergleich zu einer Nachricht über einen Flugzeugabsturz eine sehr hohe Information. Hohe Information fördert die Aufmerksamkeit. Eine Anzeige, die von ihrer Gestaltung her hohe Information aufweist, erzielt höhere Aufmerksamkeitswerte als eine Anzeige niedrigerer Information. Dies gilt unter Einschränkungen, die noch behandelt werden.

Im konkreten Falle kann die Information gemessen werden, wenn das Zeichenrepertoire und die relativen Häufigkeiten der Zeichen bekannt sind, und zwar sowohl für die Quelle als auch für den Empfänger, also beispielsweise das Publikum. Die oben angegebene Formel (1) gilt dann, wenn die einzelnen Zeichen in den Repertoires von Sender und Empfänger gleich häufig auftreten. Wenn Sender und Empfänger zwar über das gleiche

Repertoire, den gleichen Zeichenvorrat, verfügen, die einzelnen Zeichen aber unterschiedlich häufig benutzen, so berechnet sich die Information der Nachricht des Senders für einen bestimmten Empfängerkreis nach der Formel

$$(3) \qquad I = n \sum_{i=1}^{n} w_i \, ld \, \frac{1}{p_i}$$

w_i ist darin die relative Häufigkeit, mit der das i-te Zeichen im Repertoire des Empfängers benützt wird, p_i ist die relative Häufigkeit, mit der das i-te Zeichen im Repertoire des Senders verwendet wird.

II. Redundanz und Werbewirksamkeit

Wenn ein Empfänger eine von der Quelle gesendete Nachricht vollständig oder teilweise aufgenommen, das heißt gelernt hat, ist die Information für ihn kleiner geworden. Bei vollständiger Aufnahme wird die Information der Nachricht gleich Null. Solche Prozesse der Informationsabnahme werden mit dem Begriff Redundanz erfaßt. Die R e d u n d a n z eines solchen Lernprozesses ist definiert durch

(4) Redundanz des Empfängers $\qquad R_E = \dfrac{I_{vor} - I_{nach}}{I_{vor}}$

„I_{vor}" ist die dem Empfänger zugeführte, also die Information der gesamten gesendeten Nachricht. „I_{nach}" ist die Information des im Lernprozeß vom Empfänger nicht aufgenommenen Teils der Nachricht. $I_{vor} - I_{nach}$ ist der Informationsbetrag des vom Empfänger apperzipierten Teils der Nachricht, also des bereits gewußten oder neu gelernten Teils.

Eine Nachricht hat den Empfänger dann vollständig erreicht, wenn die gesendete Information beim Empfänger vollständig vernichtet, also völlig redundant gemacht wurde. Redundant wird eine Nachricht entweder durch Lernen bisher unbekannter Inhalte oder durch Verarbeitung mit Hilfe des bereits bestehenden Wissens, der verfügbaren Erfahrung und durch Denkprozesse. Ist eine Werbebotschaft für den Empfänger völlig redundant geworden, so hat sie keinen Mitteilungscharakter mehr.

Das Vergnügen für den Betrachter oder Empfänger einer Nachricht besteht darin, die dargebotene Information redundant zu machen. Zu diesem Zweck muß natürlich eine genügend große Information dargeboten werden, damit überhaupt etwas redundant zu machen ist. Auf der anderen Seite darf die Information der gesendeten Nachricht die Möglichkeiten des Empfängers, diese Nachricht einigermaßen redundant zu machen, nicht derart übersteigen, daß der Empfänger im Extremfalle keine Informationen verarbeiten kann. Solche Erscheinungen waren zeitweise beispielsweise in der Werbung für Tonbandgeräte zu beobachten, wo zu viele, dem potentiellen Käufer unverständliche Begriffe den Wert des Apparates demonstrieren sollten.

Die gelegentlich zu beobachtende Nachahmung von Werbekonzeptionen und kreativen Gestaltungen bietet dem Nachahmer eine geringe Werbewirkung; sie vernichtet zum Teil auch die Werbewirkung des Originals. Man kann sagen, daß eine Anzeige dann optimal werbewirksam ist, wenn die Werbebotschaft mit möglichst hoher Information so formuliert ist, daß sie vom Leser relativ rasch redundant gemacht werden kann. Dazu müssen zunächst jeweils Kenntnisse über das Repertoire der speziell entsprechenden Verbraucher erarbeitet werden, damit beurteilt werden kann, wieviel Information die Werbebotschaft für den Verbraucher hat, und wie rasch er sie redundant machen kann.

Informationstheoretische Probleme der Werbung

Zuviel Information bedeutet Unverständlichkeit, zuwenig Information bedeutet Langweiligkeit.

Der **Werbeerfolg** wird also meßbar durch
a) die Summe der bei den einzelnen Verbrauchern erreichten Redundanzbeträge;
b) den durchschnittlich pro Verbraucher erzielten Redundanzbetrag.

Praktisch geschieht dies so, daß die Informationsbeträge der dargebotenen Werbebotschaft vor Beginn und nach Ablauf der Werbekampagne empirisch gemessen werden. Die Möglichkeiten der empirischen Bestimmung von Informationsbeträgen sind vielfältig. Die verschiedenen Methoden bauen entweder auf Lernversuchen oder auf der Shannonschen Ratetechnik auf.

Die Feststellung der Informationsbeträge vor Beginn der Werbekampagne wird in der Regel mit der Prüfung und Auswahl der vorgeschlagenen Werbebotschaften verbunden. Dabei kann nämlich gleichzeitig auch ermittelt werden, welche Botschaften oder Auslobungsrichtungen dem Verbraucher einen höheren Redundanzbetrag anbieten, also mehr Informationen übertragen. Ferner können Richtwerte gewonnen werden über die Wirksamkeitsdauer verschiedener Botschaften, also über den zeitlichen Verlauf des Redundanzprozesses. Das ist für die Bemessung der Wiederholungsfrequenz und der Serienlänge von Anzeigen und Spots bedeutsam.

Abbildung 1 zeigt den Verlauf von vier Werbekampagnen anhand der pro erreichtem Verbraucher erzielten Redundanzbeträge. Die Botschaften der Kampagne D haben eine zu hohe Information; der Empfänger nimmt fast nichts auf. Die Botschaften C bieten wenig Information und daher auch kaum Redundanzmöglichkeiten; der Empfänger erfährt wenig Neues. Die Kampagne B ist wesentlich günstiger als C oder D, aber nicht so wirksam wie A. A erzielt den größten Betrag an Redundanz und an übertragener Infortion.

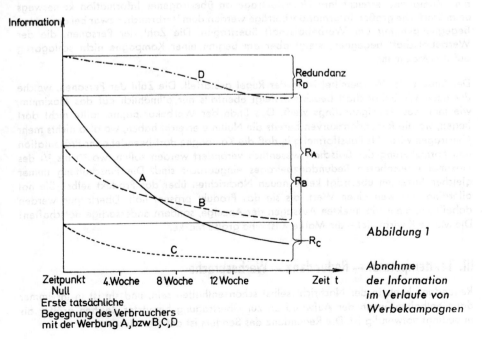

Abbildung 1

Abnahme der Information im Verlaufe von Werbekampagnen

Die Kurven des Schaubildes 1 zeigen allerdings nicht den Ablauf der Kampagne im gesamten Zielpersonenkreis. Dieser Verlauf wird sichtbar in den Redundanzkurven der Abbildung 2.

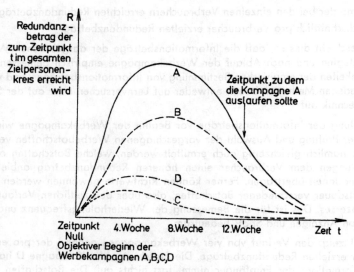

Abbildung 2

Der Verlauf von Werbekampagnen A, B, C, D nach dem Ausmaß der redundant gemachten bzw. übertragenen Information

Eine Kampagne erreicht ihre Höchstbeträge an übertragener Information keineswegs beim Start. Die großen Informationsbeträge werden dem Verbraucher zwar bei den ersten Begegnungen mit der Werbebotschaft übertragen. Die Zahl der Personen, die der Werbebotschaft begegnen, steigt aber am Beginn einer Kampagne nicht schlagartig auf das Maximum.

Der Einsatz der Werbemittel ist in der Regel gestaffelt. Die Zahl der Personen, welche die neue Werbebotschaft beachten, steigt ebenfalls nur allmählich auf das Maximum, wie man aus Anzeigenratings weiß. Das Ende der Werbekampagne sollte nicht dort liegen, wo die Redundanzkurven bereits die Nullinie erreicht haben, wo also nichts mehr übertragen wird. Als Faustformel gilt, daß die Kampagne dort beendet oder Präsentation und Formulierung der Botschaft wesentlich verändert werden sollen, wo $2/3$ bis $3/4$ des maximal erreichbaren Redundanzbetrages eingebracht sind. Die Einschaltung immer gleicher Anzeigen überträgt keine neuen Nachrichten über das Produkt selbst. Sie hat allerdings insoweit einen Wert, als sie das Produkt präsent hält. Übertragen werden dabei nicht mehr die direkten Aussagen der Anzeige, sondern andersartige Botschaften: Die Marke X wirbt viel – die Marke X ist eine große Marke.

III. Texttemperatur — Redundanz — Werbesprache

Redundanz kann in der Nachricht selbst schon enthalten sein, und sie ist in ihr immer dann enthalten, wenn der Aufwand an zur Übertragung benutzter Zeichen größer als unbedingt notwendig ist. Die Redundanz des Senders ist definiert durch

(5) Redundanz des Senders $\quad R_S = \dfrac{I_{max} - I_{eff}}{I_{max}}$

„I_{max}" ist die durch die Zeichen maximal übertragbare Information. „I_{eff}" ist die durch die Zeichen tatsächlich übertragene Information.

Ein weit verbreiteter Irrtum besagt, daß Redundanz in der Formulierung einer Nachricht das sei, was man getrost weglassen könne. Es ist in der Regel gar nicht nötig, die Redundanz einer Nachricht durch Streichen einzelner Zeichen zu verringern. Die Redundanz liegt ja nicht vollständig oder überwiegend bei einzelnen Zeichen, sondern sie entsteht durch bestimmte Zeichenkombinationen. Will man die einer Nachrichtenformulierung innewohnende Redundanz verringern, sich also „knapper" ausdrücken, so muß im allgemeinen eine völlig neue Formulierung erarbeitet werden.

Im übrigen wäre es zumeist ungünstig, Nachrichten nur mit sehr wenig Redundanz auszustatten, denn Redundanz fördert ihre Verständlichkeit; außerdem ermöglicht sie die Überprüfung und Korrektur von Übertragungsfehlern. Ein richtig ausgewogenes Verhältnis von Information und Redundanz ist für die Wirksamkeit von Werbebotschaften außerordentlich bedeutungsvoll.

Es gibt ein sehr einfaches Verfahren, verschiedene Textformulierungen hinsichtlich ihrer Redundanz zu vergleichen. Der Wortschatz natürlich gewachsener Sprachen weist nämlich Gesetzmäßigkeiten auf. Eines der wichtigsten Gesetze ist die sogenannte **Mandelbrotsche Beziehung**.

(6) $$h_r = \text{const.} \left(\dfrac{1}{r}\right)^{\frac{1}{T}}$$

In diesem Gesetz wird die Häufigkeit h_r, mit der ein Wort in einem Text auftritt, in Beziehung gesetzt zum Rang r dieses Wortes in der Rangreihe der Worte des Textes. Diese Beziehung zwischen Häufigkeit und Rang wird durch die Größe T vermittelt, die sogenannte Texttemperatur. Dieser Begriff ist in Anlehnung an die thermodynamische Begriffsbildung entstanden. Aus dem Wortschatz der Thermodynamik entstammen übrigens auch andere Begriffe der Sprachstatistik und Informationstheorie, z. B. Entropie.

Mandelbrot hat nachweisen können, daß die Texttemperatur kein konstantes Merkmal einer bestimmten Sprache ist, sondern ein Stilcharakteristikum. Insofern ist die Texttemperatur geeignet, Werbestile bzw. Werbetexte formal zu charakterisieren. Je höher die Texttemperatur ansteigt, desto geringer wird die Redundanz der Nachricht.

Welche Schlüsse lassen sich nun aus diesen Feststellungen für die Praxis der Werbeforschung ziehen?

Mit einem Werbetext hoher Texttemperatur kann in der gleichen Zeit (etwa einem 30-Sekunden-Spot) mehr Information übermittelt werden bzw. eine Nachricht höherer Information als mit einem Text geringerer Texttemperatur. Dafür können aber Hörfehler, Lesefehler oder Aufmerksamkeitslücken bei oberflächlichem Zuhören bzw. Hinsehen um so schwerer aus dem übrigen Text ergänzt werden, je kleiner die Redundanz bzw. je größer die Texttemperatur gemacht wird.

In einem Vergleich verschiedener Werbetexte bzw. beim Vergleich von Texten verschiedener Marken kann daher mit Hilfe der Texttemperatur geprüft werden, welche relativen Anforderungen die zur Diskussion stehenden Texte an die Empfänger der Werbebotschaften stellen. In Abbildung 3 sind die zur Bestimmung der Texttemperatur notwendigen Stilcharakteristika dreier Marken einer Branche dargestellt. Es zeigt sich, daß die Texte der Marken C und B etwa gleiche Texttemperaturen (T = 0,58 bzw. 0,60) aufweisen. Die Texte der Marke A haben eine höhere Texttemperatur (0,82), also eine kleinere Redundanz. Die Texttemperatur in dem interessierenden Bereich kann aus der Steigung der ausgeglichenen h_r-r-Funktion grafisch abgelesen werden, sofern h_r und r – wie in Abbildung 3 – im logarithmischen Maßstab aufgetragen sind.

Die Werbetexte der Marke A dagegen sind von denen der beiden übrigen Marken B und C stilistisch deutlich abgehoben. Eine Senkung der Texttemperatur von A würde diese Differenzierung verringern, eine Steigerung der Texttemperatur würde den Abstand der Werbestile vergrößern. Dadurch würde auch zu einer stärkeren Differenzierung der Produkte im Bewußtsein der Verbaucher beigetragen werden.

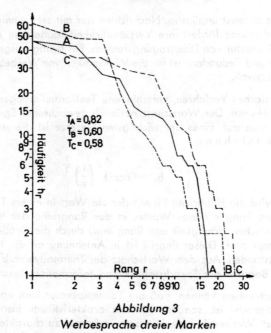

Abbildung 3
Werbesprache dreier Marken

Veränderungen der Texttemperaturen erfolgen durch häufigere oder seltenere Verwendung von Worten, ohne daß deren Rangplatz sich ändert. Auf diese Weise läßt sich die Texttemperatur in weitesten Grenzen variieren. Die extremste Möglichkeit zur Erzielung einer hohen Texttemperatur besteht darin, alle Worte oder fast alle Worte gleich häufig zu verwenden. Beispiel für eine solche hohe Texttemperatur wäre etwa der Text: „Er läuft und läuft und läuft und läuft und läuft und läuft und läuft und läuft" aus der VW-Fernsehwerbung. Da hier nur ein 2- bis 3-Wörter-Repertoire verwendet wird, ist die Beziehung Texttemperatur – Redundanz in einen sehr extremen Bereich gehoben.

Wenn die Texttemperatur gegen Unendlich konvergiert, konvergieren Rang und Worthäufigkeit gegen bestimmte konstante Werte. Solche Vorgänge sind in natürlichen Sprachen nicht möglich, in künstlichen durchaus realisierbar. Insoweit die Werbesprache in weiten Grenzen manipulierbar ist, können derartige von der normalen und gewachsenen Sprache abweichenden Effekte erzielt werden.

Informationstheoretische Probleme der Werbung 125

IV. Textverständlichkeit – Dynamik – Schwerfälligkeit – Ballast

Textverständlichkeit

Bekanntlich liest nur ein bescheidener Teil der Betrachter einer Anzeige auch den zugehörigen Anzeigentext. Das liegt nur zum Teil daran, daß der Text eine zu hohe Information hat oder eine zu niedrige Redundanz verspricht. Mitverantwortlich ist häufig auch die schwer verständliche Sprache.

Freilich wird die Wahrscheinlichkeit, daß ein Anzeigentext gelesen wird, wesentlich auch von der Placierung des Textes, von der Schriftgröße, der Gesamtwirkung des Layouts und schließlich mitbestimmt vom semantischen Inhalt des Textes selbst.

Verständlich geschriebene Texte haben jedoch unter sonst gleichen Bedingungen eine größere Wahrscheinlichkeit, gelesen und verstanden zu werden als schwer verständliche. Das Lesen von Werbetexten darf für den Zeitschriftenleser nicht zu einer mühevollen Schulaufgabe werden, sondern es soll eine amüsante oder interessante Beschäftigung sein. Die syntaktische Information eines Werbetextes muß deshalb möglichst niedrig sein; um so größer ist nämlich die Aufmerksamkeit, die der Leser dem semantischen Inhalt, also der eigentlichen Werbebotschaft, zuwenden kann.

Der Amerikaner Flesh hat einen **Index für die syntaktische Textverständlichkeit** entwickelt, mit dem auch Werbetexte unmittelbar und objektiv miteinander verglichen werden können. Dieser Index gibt an, wie leicht oder schwer sich ein Text von seiner formalen Struktur her, also seiner Syntax, lesen läßt.

Die Indexwerte sind wie folgt zu interpretieren:

	Index der formalen Textverständlichkeit
Sehr leicht verständlich	90 bis 100
leicht verständlich	80 bis 90
mäßig leicht	70 bis 80
normal	60 bis 70
mäßig schwer	50 bis 60
schwer	30 bis 50
sehr schwer verständlich	0 bis 30

Zwischen diesem **Index der Textverständlichkeit** und der **Entropie** der Texte auf Basis der mittleren Silbenzahl besteht ein korrelativer Zusammenhang (siehe Tabelle 1).

Der Verständlichkeitsindex ist ein empirisch auf seine **Verläßlichkeit** geprüftes Maß. Nachgewiesen ist eine positive Korrelation:

a) zwischen Index und Lesegeschwindigkeit (bei hohem Index wird in der gleichen Zeit mehr gelesen bzw. mehr Aufmerksamkeit für das Verstehen der semantischen Aussage frei);

b) zwischen Index und Zahl der Leser (Anzeigen mit hohem Index finden bei empirischen Anzeigentests höhere Beachtungswerte als Anzeigen mit der gleichen Aussage, aber niedrigerem Index).

Tabelle 1
Entropie und Textverständlichkeit verschiedener Anzeigentexte

Anzeigen	Entropie S	Mittlere Silbenzahl pro Wort i	Index der Textverständlichkeit Index	Verständlichkeit
Skip	0,425	1,58	97	sehr leicht
VW	0,490	1,68	93	sehr leicht
Sebald Haartinktur	0,544	1,95	65	normal
Melabon	0,657	2,29	37	schwer

Bessere Textverständlichkeit bedeutet also nicht nur weniger Leseaufwand beim Leser, sondern auch mehr Leser.

Hardi Fischer hat Aufsätze von Mittelschülern ausgezählt und eine deutliche Korrelation zwischen Lebensalter und Schreibstil festgestellt.

Stilanalyse der Aufsätze von Mittelschülern

Alter	Verständlichkeit
13 Jahre	90
14 Jahre	85
15 Jahre	85
16 Jahre	75

Mit zunehmendem Alter wird der Stil komplizierter. Der Verständlichkeitsindex sinkt ab. Je niedriger die Schulbildung des Zielpersonenkreises der Werbung ist, um so höher muß der Verständlichkeitsindex sein. Handelt es sich etwa vorwiegend um Personen mit Hochschulbildung, so darf der Index notfalls auf Werte von 30 oder 40 absinken. Aber auch Personen mit guter Schulbildung lesen lieber syntaktisch leicht verständliche Texte als solche, die wie das HGB mühsam durchgearbeitet werden müssen. (Der Verständlichkeitsindex des HGB liegt bei 12.) Übermittelt werden soll nicht eine schwerfällige Syntax, sondern semantische Information.

Anläßlich der Besprechung des Index der Textverständlichkeit sei noch auf einige weitere Textkriterien hingewiesen.

Dynamik

Das Dynamikmaß zeigt an, wie lebendig ein Text auf den Leser wirkt. Mit der Lebendigkeit steigt der Indexwert. Lebendig geschriebene Reportagen, Dramen, Kriminalromane erreichen hohe Indexwerte. Wissenschaftliche und juristische Texte und technische Beschreibungen enthalten in der Regel wenig Dynamik und kommen auf niedrige Indexwerte.

Die Werbung verlangt Dynamik vor allem für Headlines und Slogans.

Schwerfälligkeit der Sprache

Der Faktor Schwerfälligkeit gibt an, wieweit ein Text mit Begriffen überladen ist. Wissenschaftliche Texte sind in der Regel wesentlich schwerfälliger als Romantexte oder Texte der Alltagssprache. Amtsdeutsch und die Juristensprache sind schwerfällig. Je schwerfälliger ein Text wirkt, um so kleiner ist der Indexwert.

Ballast

Alles, was in einem Text an Worten aufgewendet wird, die zur Informationsübertragung und zur Schaffung von aussagebezogener Redundanz nicht unbedingt notwendig sind, reichert den Text mit Ballast an. Ein gewisser Ballastanteil ist jedoch notwendig, damit der Text im Sprachfluß nicht zerhackt wirkt. Die semantische Verständlichkeit sinkt bei zu kleinem Ballast. Die syntaktische Verständlichkeit hingegen steigt im allgemeinen mit geringer werdendem Ballast an. Ein Text enthält um so weniger Ballast, je größer sein Indexwert ist.

Tabelle 3 bringt die Indexwerte der genannten vier Textkriterien für eine Anzahl ausgewählter Anzeigentexte. Die Verständlichkeit dieser Texte liegt im Durchschnitt beim Indexwert 62. Damit haben diese Texte etwa die gleiche syntaktische Verständlichkeit wie Goethes „Farbenlehre" oder Hegels „Wissenschaft der Logik". Auch Albert Einsteins Buch „Evolution der Physik" ist von der Syntax her nicht schwerer zu lesen als diese Anzeigen.

Im einzelnen zeigen sich jedoch beträchtliche Unterschiede. Insbesondere sticht der Text von IDUNA durch seine schwere Verständlichkeit hervor. Der Indexwert dieses Anzeigentextes liegt noch unter dem von Schliemanns „Trojanische Altertümer", einem Autor, der für seine schwere Verständlichkeit bekannt ist. Der nach seiner Verständlichkeit beste Anzeigentext ist von Hättric. Hättric erreicht einen Indexwert von 90. Dieser Text kommt seiner Syntax nach etwa den Texten von Erich Kästner gleich.

Tabelle 2
Textverständlichkeit verschiedener Autoren*

Autor	Werke	Textverständlichkeit
Fallada	Kleiner Mann, was nun?	102
Goethe	Farbenlehre	65
Goethe	Italienische Reise	78
Hesse	Der Steppenwolf	80
Kästner	Die verschwundene Miniatur	88
Mann	Buddenbrooks	72
Rilke	Weise von Liebe und Tod des Cornets Chr. Rilke	110
Storm	Der Schimmelreiter	85
Einstein	Evolution der Physik	62
Hegel	Wissenschaft der Logik, 1812 (Aus Sämtl. Werke, Bd. II)	59
Heuss	Randbemerkungen	58
Schliemann	Trojanische Altertümer	42

*) Auszählungen von W. Fuchs berechnet.

Tabelle 3
Textkriterien ausgewählter Anzeigentexte**)

Anzeige von	Textverständlichkeit	Dynamik	Schwerfälligkeit	Ballast
Mobil	77	40	35	51
Taxofit	65	46	16	51
Scharpf	58	46	47	52
Hättric	90	110	34	44
Henkell	72	73	28	54
Iduna	33	87	20	24
Antiklerosin	60	73	42	48
Kessler	59	31	18	53
BMZ	58	19	16	58
Bauknecht	50	36	26	56
Durchschnitt	62	56	28	49

**) Sämtliche genannten Anzeigen erschienen im STERN, Heft 48/1966.

V. Multivariate Informations-Analyse

Kein Kokurrent wirbt allein. Die Konkurrenzwerbung wirkt wie ein Störsender. Die Aufgabe lautet: Wie mache ich meine Werbung so prägnant, daß sich mein Produkt, mein Image, meine Aussage deutlich aus dem Störbereich der Konkurrenzwerbung heraushebt? Der einfachste Weg ist eine größere Lautstärke. Das aber kostet Geld. Der Etat liegt fest und sollte auch nur erhöht oder verringert werden, wenn diese Erhöhung zur Erreichung eines genau umrissenen Zieles notwendig ist. Der praktikabelste Weg ist, die Werbebotschaft so zu gestalten, daß sie sich durch ihre Gestalt deutlich aus dem Repertoire der Konkurrenzwerbung heraushebt.

Es gibt nun viele Möglichkeiten, diese Unterscheidung zu bewerkstelligen. Die Informationsanalyse hilft, solche Möglichkeiten aufzuzeigen. Sie vermag dies zwar nicht vollständig, kann aber alle die eliminieren, die nicht in Frage kommen. Das erscheint als einfach, ist aber nicht mit dem Fingerspitzengefühl möglich. Dazu ist Schreibtischarbeit erforderlich, verbunden mit experimentellen Kontrolluntersuchungen.

Zunächst besteht die Möglichkeit, das Text- und Bildrepertoire der eigenen und der Konkurrenzwerbungen zu untersuchen. Die Analyse gibt Aufschluß über die Reizgrundlage der Verbraucherreaktionen. Ausgangspunkt der Analyse des Werberepertoires ist zunächst etwas Ähnliches wie eine Content-Analyse.

Dabei wird registriert, wie häufig bestimmte Zeichen (Worte, Aussagen, Bildzeichen usw.) von den einzelnen Marken verwendet werden. Das ergibt etwa folgendes Bild:

Frequenz der Worte in 1000 Worten spezifischem Anzeigentext der Branche

	Marke A	Marke B	Marke C
köstlich	51	84	0
wunderbar	107	3	0
erprobt	17	2	28

Informationstheoretische Probleme der Werbung

Wenn man nun einen Versuch mit einer kleinen Gruppe von Auskunftspersonen macht und feststellt:

"köstlich"   In der Werbung gesendet

Von den Verbrauchern zugeordnet der	Marke A	Marke B
Marke A	23	38
Marke B	28	46
	51	84

Tabelle 4
Übertragungseffekt maskierter Anzeigenbilder (1)

Schreibmaschinen

Frage: Hier habe ich einige Abbildungen. Diese Abbildungen waren in Schreibmaschinenanzeigen enthalten. Würden Sie diese bitte durchschauen und mir sagen, zu welcher Marke dieses Bild gehört? Wenn Sie es nicht genau wissen, dann raten Sie bitte. (Das war nicht richtig, würden Sie bitte nochmals raten?)

Empfangen: Gesendet:

Wurde zuerst zugeordnet der Marke	Olivetti	Adler	Triumph
Adler	14 %	**24 %**	28 %
Triumph	20 %	28 %	**27 %**
IBM	8 %	12 %	4 %
Olympia	17 %	24 %	32 %
Olivetti	**38 %**	10 %	7 %
Andere Marken	3 %	2 %	2 %
	100 %	100 %	100 %

Multivariate Informationsanalyse dieser Daten:

$H(x) = 8{,}74483 - \frac{1}{429} \cdot 3071{,}615 = 1{,}584$

$H(y) = 8{,}74483 - \frac{1}{429} \cdot 2746{,}656 = 2{,}334$

$H(x,y) = 8{,}74483 - \frac{1}{429} \cdot 2114{,}448 = 3{,}814$

Übertragene Information $T = 0{,}104$
Max. übertragbare Information $T_{max} = 1{,}584$

Übertragungseffekt $\frac{T}{T_{max}} = 6{,}6\%$ des Maximalswertes

Tabelle 5
Übertragungseffekt maskierter Anzeigenbilder (2)

Schreibmaschinen

Frage: Hier habe ich einige Abbildungen. Diese Abbildungen waren in Schreibmaschinenanzeigen enthalten. Würden Sie diese bitte durchschauen und mir sagen, zu welcher Marke dieses Bild gehört? Wenn Sie es nicht genau wissen, dann raten Sie bitte. (Das war nicht richtig, würden Sie bitte nochmals raten?)

Empfangen: Wurde z u e r s t zugeordnet der Marke	Gesendet: IBM 1	IBM 5	IBM 8
Adler	6 %	7 %	1 %
Triumph	8 %	8 %	3 %
IBM	**71 %**	**68 %**	**87 %**
Olympia	8 %	12 %	6 %
Olivetti	5 %	5 %	3 %
Andere Marken	2 %	X	X
	100 %	100 %	100 %

Multivariate Informationsanalyse dieser Daten:

$H(x) = 8,814 - \frac{3253}{450} = 1,589$

$H(y) = 8,814 - \frac{2838}{450} = 2,514$

$H(x,y) = 8,814 - \frac{2676}{450} = 2,874$

Übertragene Information $T = 1,229$

Max. übertragbare Information $T_{max} = 1,589$

Übertragungseffekt $\frac{T}{T_{max}} = 77\%$ des Maximalwertes

Dann läßt sich ohne weiteres folgern, daß mit der Aussage „köstlich" im Vergleich der Marken A und B praktisch keine markenspezifische Information auf den Verbraucher übertragen wird. Für den Verbraucher unterscheiden sich die Marken in dieser Hinsicht nicht, obwohl der Begriff „köstlich" von den beiden Marken unterschiedlich häufig verwendet wird.

Die hier als Beispiel gewählten Zahlenverhältnisse lassen sich leicht überblicken, und es läßt sich auch ohne Rechnung und Theorie sehen, was vor sich geht. Bei komplizierteren

Verhältnissen und bei der Prüfung größerer Repertoires oder zahlreicher Anzeigen oder Packungen ist der Einsatz von Rechenmethoden notwendig, weil sich die übertragene Information nicht mehr mit dem bloßen Auge abschätzen läßt. Mit dieser Technik lassen sich sicher und doch relativ einfach alle Elemente aus Anzeigen und Spots herausfiltern, die eine zu geringe produkt- und markenspezifische Wirkung haben.

Die Differenzierung des Gesamtfeldes der Markenwerbungen wird durch die in diesem Feld von der Werbung auf die Verbraucher übertragene Gesamtinformation gemessen.

(7) Übertragene Information $T(x, y) = H(x) + H(y) - H(x, y)$

$H(x)$ ist die Entropie des Senders, $H(y)$ die Entropie des Empfängers und $H(x, y)$ die Störentropie, die eine Verminderung der im System übertragenen Information bewirkt. Tabelle 5 gibt dazu ein konkretes Beispiel aus einer Studie der Delta Marketingforschung GmbH, Konstanz.

Sehr häufig werden allerdings nicht Übertragungseffekte in der Größe von 70 oder 80 Prozent festgestellt, sondern solche, die bei Werten unterhalb von 20 Prozent liegen. Tabelle 4 gibt dazu ein Beispiel.

Der Unterschied zwischen der herkömmlichen Anzeigenprüfung und dem informationstheoretisch konzipierten Anzeigentest besteht vor allem darin, daß nicht einzelne Anzeigen geprüft oder die Werte einzelner Anzeigen miteinander verglichen werden; es wird vielmehr das ganze Übertragungssystem geprüft. Die eigene Werbung ist – vom Empfänger aus gesehen – Teil dieses Gesamtsystems. Ihre Wirkung kann daher nur im Rahmen dieses ganzen Übertragungssystems beurteilt werden.

VI. Streuplanung: die „Macht" der Werbeträger

Bisher wurden die Kommunikationsprozesse zwischen Sender und Empfänger erörtert. Die Beschaffenheit der Kanäle, welche die Informationen an den Empfänger gelangen lassen, wurde weitgehend ausgeklammert. Nun ist die Anzahl der Übertragungskanäle für Werbeinformationen Legion; Dutzende von Zeitschriften, Hunderte von Zeitungen, der Rundfunk, das Fernsehen bieten ihre Dienste als Übertragungskanal an. Wäre die Benutzung dieser Kanäle kostenlos, so würde man die eigene Werbeinformation durch alle Kanäle leiten. Jede Sendung kostet aber Geld.

Wir stehen also vor der Frage, durch welche Kanäle die Information zu leiten ist, unter der Nebenbedingung, daß das Geld möglichst wirksam angelegt wird. Eine erste Hilfe bei dieser Aufgabe bietet die Zahl der Verbraucher, die durch jeden der Kanäle zu erreichen ist. Aber damit ist das Problem noch nicht gelöst. In der Regel reicht ein Kanal zur Übertragung an den gesamten potentiellen Verbraucherkreis nicht aus. Die Schwierigkeit liegt nun darin, festzustellen, durch welche Kombination von Kanälen ein möglichst großer Verbraucherkreis zu möglichst niedrigen Kosten erreicht werden kann.

Diese Überlegungen führen zur Berechnung der sogenannten „Nettoreichweite" bei minimalen Kosten. Dabei wird jedoch ein Faktor ignoriert, der für die Werbewirkung von grundsätzlicher Bedeutung ist: die Gesamtinformation, die einem Zielpersonenkreis überhaupt zufließt. Der Werbeerfolg der einzelnen Werbung hängt von der Gesamtsumme der Werbeinformationen, die den Zielpersonenkreis erreichen, ab. Diese Überlegung führt zum Begriff der „Macht" einer Zeitschrift über ihre Leser.

Wie ist der Begriff „Macht" zu verstehen?

Die Reaktionen eines Lesers sind wie die jedes Menschen zum Teil innenbestimmt, zum Teil außenbestimmt. Die folgenden Überlegungen befassen sich mit den Einwirkungen, die die Reaktionen eines Individuums von außen bestimmen. Man muß sich also vergegenwärtigen, daß auch 100prozentige Macht von außen den einzelnen und seine Reaktionen keineswegs vollständig bestimmen. Mitentscheidend sind auch von innen bestimmende Faktoren wie Stimmungslage, Interessenlage und der ganze Komplex ursprünglich von außen bestimmender, aber mittlerweile (als Erfahrung) verinnerlichter Gesichtspunkte.

Die Macht einer Zeitschrift über einen einzelnen Leser hängt von den Lesegewohnheiten dieses einzelnen Lesers ab. Informiert sich der betreffende Leser nur aus einer Zeitschrift, so ist die Macht, welche die Zeitschrift über ihn ausübt, größer, als wenn der gleiche Leser regelmäßig oder sporadisch mehrere Zeitschriften liest. Das gilt insbesondere dann, wenn die verschiedenen Zeitschriften Aussagen zu den gleichen Themen machen. Grundsätzlich kann der hier verwendete Begriff der Macht (als Macht der Informationsquelle) über alle einem Menschen zugänglichen Informationsquellen erstreckt werden.

Art und Zahl der Informationsquellen, deren Macht erkundet werden soll, ist jedoch einzuschränken. Im folgenden werden in den Tabellen 6, 7 und 8 Daten für die Macht von 15 Zeitschriften und Wochenzeitungen für den Käuferkreis eines Produktes X vorgelegt. Es handelt sich dabei um einen in seinen Einkaufs- und Lesegewohnheiten speziellen Käuferkreis, wie aus einem Vergleich der Leser-pro-Nummer-Werte der in Tabelle 7 genannten Zeitschriften mit den Daten der allgemeinen Leseranalyse ersichtlich wird.

Basis für die Berechnung der Macht einer Zeitschrift über einen bestimmten Personenkreis sind die Lesegewohnheiten der befragten Personen. Die Macht einer Zeitschrift über einen Personenkreis errechnet sich aus der Macht der Zeitschrift über die einzelnen Angehörigen dieses Personenkreises in einem definitorisch abgesteckten Rahmen. Für das Beispiel der Tabellen 6, 7 und 8 wurde der Rahmen, innerhalb dessen die relative Macht der einzelnen Zeitschriften angegeben ist, durch 15 Zeitschriften eingegrenzt. Grundsätzlich ist es jedoch möglich, diesen Rahmen weiter zu stecken und beispielsweise Fernsehen, Rundfunk oder Tageszeitungen sowie weitere Magazine einzubeziehen. Die Macht wird zweckmäßigerweise nicht als absoluter Betrag angegeben, sondern als Relativzahl, die auf den jeweils gewählten Rahmen bezogen ist.

Bei den Käufern des Produktes X ist die relative Macht des Nachrichtenmagazins „Der Spiegel" 14,4 Prozent, die von „Hör zu" 13,2 Prozent und die des „Stern" 8,0 Prozent der gesamten, durch die 15 Zeitschriften auf diesen Personenkreis ausgeübten Macht. Im Zugriffsbereich dieser 15 Zeitschriften befinden sich allerdings nur 78 Prozent der Käufer des Produktes X. 22 Prozent sind keine Leser pro Nummer einer dieser Zeitschriften; diese Zeitschriften stehen daher dieser 22-Prozent-Gruppe der Produkt-X-Käufer ohnmächtig gegenüber (Tabelle 6).

Die Macht einer Zeitschrift über einen Personenkreis ist natürlich um so größer, je höher die Reichweite der Zeitschrift in diesem Kreis ist. Es wird ja über die Einzelmacht der Zeitschrift auf die einzelnen Leser summiert; die Summe steigt mit der Zahl der Personen, die über die Zeitschrift beeinflußt werden können.

In Tabelle 7 ist für den gleichen Rahmen angegeben, welche Macht die einzelnen Zeitschriften im Durchschnitt aller Leser auf den einzelnen Leser ausüben. Würden alle Zeit-

Informationstheoretische Probleme der Werbung 133

schriften in ihrem Leserkreis die gleiche Macht haben, so würde der in der zweiten Spalte von Tabelle 7 angegebene Index einheitlich auf 100 ausgerichtet sein. Das ist jedoch nicht der Fall.

Die verschiedenen Zeitschriften haben in ihren jeweils unterschiedlich großen Leserkreisen auch pro Leser einen sehr unterschiedlichen Einfluß. Im Käuferkreis des Produktes X haben „Hör zu", „Die Zeit", die „Welt am Sonntag" und „Der Spiegel" eine weit überdurchschnittliche Macht pro Leser. „Schöner Wohnen", „Das Beste", „Stern", „Bild am Sonntag" und „Kristall" üben pro Leser der jeweiligen Zeitschrift im Käuferkreis X eine recht geringe Macht aus. Macht kostet Geld. In Tabelle 8 ist als Beispiel für den Käuferkreis X ausgewiesen, in welchen Zeitschriften der Inserent, der für das Produkt X werben will, viel und wenig Macht über die Käufer seiner Ware für den gleichen Geldbetrag einkaufen kann.

Werden für einen Streuplan die Zeitschriften mit der größten Macht bzw. mit der größten Macht pro Leser oder pro DM Anzeigenkosten ausgewählt, so bedeutet dies: Es wurden die Zeitschriften ausgewählt, die den betreffenden Personenkreis so exklusiv wie möglich erreichen.

Die Macht, wie sie hier berechnet wurde, ist additiv. Die Gesamtmacht einer Zeitschriftenkombination ist daher die Summe der Macht der einzelnen, in diesen Streuplan einbezogenen Zeitschriften. Dies gilt sowohl für eine Berechnung auf der Basis der Leser pro Nummer als auf der Basis von Kumulations-Leserdaten oder von Kumulations-Simulations-Kartensätzen.

Tabelle 6
Macht der Zeitschrift über die Käufer des Produktes X

Spiegel	14,4 %
Hör zu	13,2 %
ADAC Motorwelt	9,5 %
Stern	8,0 %
Quick	7,8 %
TV Hören und Sehen	4,8 %
Auto, Motor und Sport	4,2 %
Welt am Sonntag	3,1 %
Bild am Sonntag	3,0 %
Das Beste	2,9 %
Kristall	2,2 %
Schöner wohnen	1,4 %
Gong	1,4 %
Zeit	1,2 %
Motorrundschau	0,9 %
	78,0 %
Ohnmacht der genannten Zeitschriften bei den Käufern des Produktes X	22,0 %
	100,0 %

Tabelle 7
Käufer des Produktes X

Leser pro Nummer		Macht pro Prozent Leser pro Nummer	Macht pro Leser pro Nummer Index
Hör zu	8,7 %	276	151
Zeit	1,6 %	138	75
Welt am Sonntag	4,6 %	123	67
Spiegel	17,8 %	119	65
TV Hören und Sehen	7,5 %	117	64
Gong	2,5 %	103	56
Motorrundschau	1,7 %	97	53
ADAC Motorwelt	19,1 %	92	50
Auto, Motor und Sport	8,7 %	89	48
Quick	16,6 %	86	47
Schöner wohnen	3,3 %	77	42
Stern	19,1 %	77	42
Das Beste	7,1 %	75	41
Bild am Sonntag	8,8 %	62	34
Kristall	7,5 %	53	29

Tabelle 8
Käufer des Produktes X

	Anzeigenpreis DM ¹/₁ schwarzweiß (Preise von 1966)	Macht pro 1000 DM Index
Auto, Motor und Sport	5 269	250
ADAC Motorwelt	14 400	245
Spiegel	16 320	180
Motorrundschau	1 826	152
Quick	25 824	93
Stern	27 680	90
Kristall	7 520	90
Das Beste	11 950	74
Hör zu	57 600	71
TV Hören und Sehen	24 480	62
Gong	8 600	50
Welt am Sonntag	23 392	40
Schöner wohnen	10 640	40
Zeit	11 286	34
Bild am Sonntag	31 457	28
Durchschnitt	–	100

Die Erstellung eines in einem Käuferkreis für einen bestimmten Werbeetat optimal mächtigen Streuplanes ist wegen dieser additiven Eigenschaft der Macht wesentlich einfacher und daher wirksamer als die Erstellung eines optimalen Planes mit Hilfe von Netto- und Brutto-Reichweiten. Außerdem kann der Streuplaner durch einfache Addition der jeweils größten Machtbeträge die günstigsten Kombinationen aus Standardunterlagen errechnen ohne Sonderzählungen vornehmen zu müssen. Die Reichweiten von Zeitschriften sind wegen der Überschneidungen ja nicht additiv.

Ein Streuplan mit optimaler Macht bevorzugt alle Zeitschriften, die

a) möglichst viele Leser haben;

b) Leser haben, die über möglichst wenige andere Zeitschriften beeinflußt werden können.

Insofern leistet der Machtindex eine weitgehende Verallgemeinerung des Begriffes „Exklusivleser" in der komplexen realen Lesesituation. Mit dem Begriff des Exklusivlesers ist ja unter den tatsächlichen Gegebenheiten des Zeitschriftenmarktes wegen der zum Teil sehr hohen und breiten Überschneidungen kaum wirksam zu operieren.

Ist es Ziel der Werbestrategie, einen relativ kleinen Personenkreis mit soviel Insertionen wie möglich zu treffen, so werden diejenigen Zeitschriften gewählt, die

a) eine möglichst große Gesamtreichweite der Kombination in diesem Kreis ergeben;

b) geringstmögliche Macht in diesem Personenkreis haben.

Die Bedingung b) stellt sicher, daß der zu umwerbende Personenkreis von optimal vielen Anzeigen erreicht wird. Das vorgeschlagene Verfahren ist erheblich wirksamer als etwa die Bemühung, die Bruttoreichweite im Vergleich zur Nettoreichweite möglichst groß zu machen, weil das Berechnungsverfahren nach der Macht die Infrastruktur der Leserkreis-Überschneidungen berücksichtigt und zu einer homogeneren Anzeigenbedeckung führt. Es wird also vermieden, daß ein Teil des Zielpersonenkreises mit sehr vielen Anzeigen, der andere nur mit einigen wenigen Anzeigen konfrontiert wird. Es ist ja im allgemeinen danach zu streben, alle Zielpersonen gleicher Art soweit wie möglich gleichhäufig zu erreichen. Dies ist ausschließlich mit Hilfe von Machtdaten zu erreichen.

Zahlreiche Unternehmen werben für mehrere Produkte. Die Streuplanung steht dann vor der Aufgabe

a) die Anzeigen für jedes einzelne Produkt so zu placieren, daß der Käuferkreis des jeweiligen Produktes möglichst gut getroffen wird;

b) die Anzeigen insgesamt so zu verteilen, daß eine möglichst breite korporative Werbewirkung entsteht.

Diese Aufgabe ist meist nicht einfach zu lösen, da häufig die Käufer verschiedener Produkte besonders günstig über eine Zeitschrift zu erreichen sind. Eine Ballung von Anzeigen läßt aber breite Randzonen im Käuferkreis entstehen, die zu schwach belegt sind und daher nicht einmal einen Werbeeffekt für das werbende Gesamtunternehmen erzielen.

Wegen der additiven Eigenschaften der Macht ist es jedoch relativ einfach, die Aufgabe optimal zu lösen:

Möglichst große Macht Produktwerbung X bei Käufern von X
Möglichst große Macht Produktwerbung Y bei Käufern von Y
Möglichst große Macht Produktwerbung Z bei Käufern von Z
Möglichst große und homogen verteilte Macht Gesamtwerbung bei Käufern X, Y, Z.

Für Linear-programming Streuplanungsmodelle ergeben sich im übrigen in den Machtdaten pro Zeitschrift und Käuferkreis des Produktes einfachere Ausgangsdaten als es die Zahlen der potentiellen Käufer in den einzelnen Leserkreisen bzw. die Reichweiten der einzelnen Zeitschriften in diesen Käuferkreisen sind. Das ist leicht einzusehen: Die Zahl der Käufer im Leserkreis einer Zeitschrift oder die Reichweite sind Daten, die sich isoliert auf eine Zeitschrift beziehen und die Struktur des Zeitschriftenmarktes bzw. die übrigen Lesegewohnheiten und Informationsquellen der Leser außer acht lassen.

VII. Wie mächtig ist die eigene Werbung verglichen mit der Konkurrenzwerbung?

Die Werbestreuung hat nicht nur die Aufgabe, den Zielpersonenkreis möglichst dicht, gleichmäßig und kostengünstig zu erreichen. Die Konkurrenzwerbung bzw. die Werbung für konkurrierende Produkte muß als Störvariable mitberücksichtigt werden. Die Zusatzaufgabe lautet also:

1. wie wird der Zielpersonenkreis so erreicht, daß die Konkurrenzwerbung die eigene Werbung möglichst wenig stören kann?, oder
2. wie kann der von der Konkurrenzwerbung umworbene Personenkreis möglichst direkt auch durch die eigene Werbung erreicht werden?

Bei den folgenden Überlegungen ist davon ausgegangen, daß der Streuplan der Konkurrenz bekannt ist. Das ist eine praktisch nicht erfüllbare, aber durch Einschätzungen und einzelne Nachrichten approximierbare Voraussetzung.

Die Aufgabe 1. wird auf folgende Weise gelöst: Ausgegangen wird von den Lesegewohnheiten des gesamten Zielpersonenkreises, also der Käufer eines Produktes Y. Es wird jene Belegungskombination ausgewählt, für welche die Macht der Konkurrenzstreuung in dem durch diese Kombination erreichten Teil des Zielpersonenkreises ein Minimum wird, unter der Bedingung möglichst großer Macht der eigenen Werbung im gesamten Zielpersonenkreis.

Die Aufgabe 2. ist gelöst, wenn die Macht der eigenen Werbung im gesamten Zielpersonenkreis so groß wie möglich gemacht wird unter der Nebenbedingung, daß die Macht der Konkurrenzwerbung im Rahmen der eigenen Belegungskombination auch maximal wird.

Beide Aufgaben werden zweckmäßigerweise mit Hilfe eines Computers bearbeitet. Für kleinere Belegungskombinationen kann man sich den Optimalwerten jedoch in mehreren Rekursionen mit Tischaddiermaschinen befriedigend annähern.

Die Erarbeitung und Analyse von Werbeplänen nach diesem Modell kann ohne weiteres auch andere Medien wie Rundfunk, Fernsehen und Plakat einbeziehen. Es muß dazu jedoch der Informationswert der einzelnen Informationsquellen für die jeweils speziellen Personenkreise bestimmt sein.

Daß das Modell vorzüglich geeignet ist, Fragen der redaktionellen Macht einzelner Zeitschriften und Zeitungen über die Bevölkerung zu prüfen, versteht sich von selbst. Bei solchen Überlegungen wird allerdings zumeist übersehen, daß die entscheidende Größe für die „Macht" einer Zeitschrift oder eines Verlagshauses nicht die Gesamtzahl der Leser pro Nummer oder die Bruttoauflage aller Verlagsprodukte ist, sondern die Zahl und Struktur der von Lesern sonst noch beachteten Informationsquellen.

VIII. Information von Markenbezeichnungen

Markenbezeichnungen dienen der Kommunikation zwischen Produzenten und Verbrauchern. Sie haben die Aufgabe, als markantes Zeichen für ein bestimmtes Produkt aufzutreten und die Unterscheidung zwischen verschiedenen Produkten zu erleichtern. An einen guten Markennamen stellt man folgende B e d i n g u n g e n :

1. Unterscheidungskraft gegenüber anderen Marken.
2. Er soll nicht zu lang sein, damit nicht die Gefahr besteht, daß der Verbraucher eine dann nicht mehr kennzeichnende Kurzform benutzt.
3. Er soll möglichst Kennzeichnungskraft für die Produktgattung besitzen, also einem Superzeichen leicht zuzuordnen sein.
4. Falls möglich, soll er auch noch ein positives Image entweder schon mitbringen oder zumindest mit positiven Imagekomponenten durch entsprechende Werbebemühungen zu laden sein.

Markenbezeichnungen weisen eine ganze Reihe objektiv feststellbarer E i g e n s c h a f t e n auf, nämlich:

— Sie bestehen aus bestimmten Buchstaben
— Sie haben eine bestimmte Buchstabenfolge, die in der deutschen Sprache eine mehr oder weniger große Geläufigkeit hat
— Sie haben eine bestimmte Silbenzahl.

Ein Mensch, der buchstabenweise und nicht ganzheitlich lesen lernt, steht beim Lesen von Buchstabe zu Buchstabe vor der Situation, einen bestimmten aus allen 26 Buchstaben des Alphabetes als nächsten anzutreffen. Die subjektive Wahrscheinlichkeit für das Auftreten eines bestimmten Buchstabens ist bei Beginn des Lesenlernens zunächst $1/26$; mit fortschreitendem Lernen werden auch die Häufigkeiten, mit denen bestimmte Buchstaben im deutschen Text auftreten, mitgelernt. Der Schüler kann daher das Auftreten des Buchstabens „e" mit einer Wahrscheinlichkeit von 16 Prozent, das Auftreten des Buchstabens „o" dagegen mit einer Wahrscheinlichkeit von 3 Prozent erwarten Das heißt, die Buchstabenreihen werden für den Schüler redundanter; er liest leichter und schneller.

Mit fortschreitendem Lernen werden die Häufigkeiten der Einzelbuchstaben und bestimmter Buchstabenkombinationen gelernt. Es wird also beispielsweise gelernt, daß einem „i" wesentlich häufiger ein „n" als ein „h" folgt.

Von der Häufigkeit, mit der bestimmte Buchstaben in einer Sprache auftreten und von der Häufigkeit, mit der diese Buchstaben in den Worten dieser Sprache Assoziationen eingegangen sind, ausgehend, läßt sich eine Brücke schlagen zu dem Aufwand, der notwendig ist, um bestimmte Buchstaben- und Silbenkombinationen dem Bewußtsein eines Verbraucherkreises einzuprägen. Ein solches Maß für diesen Aufwand ist die I n f o r m a t i o n eines Namens.

Für die folgenden Namen, die bei ihrer Einführung in die deutsche Sprache nicht bekannt waren, ergeben sich für den Zeitpunkt, zu dem der potentielle Verbraucher den Namen zum e r s t e n m a l geschrieben sieht, folgende M ö g l i c h k e i t e n :

— Sie bestehen entweder aus einem, zwei oder drei Worten
— Sie enthalten Zahlen oder nicht
— Sie sind entweder mit semantischer Bedeutung bereits vorgeladen oder nicht.

Markennamen werden aus Gründen einer besseren Schutzfähigkeit häufig aus Buchstaben- und Silbenkombinationen konstruiert, die keinem lebenden Sprachschatz angehören. Grundsätzlich lassen sich unendlich viele solcher Kombinationen denken. Ihre Zahl reduziert sich jedoch sehr rasch, da eine große Reihe dieser Kombinationen unbrauchbar ist; sie entsprechen nicht den elementaren Notwendigkeiten des Sprachrepertoires. Solche Notwendigkeiten im Bereich der europäischen Sprachen ergeben sich aus folgenden Tatsachen: Die mittlere Silbenzahl von Worten der deutschen Sprache beträgt 1,6 Silben pro Wort. Jede Silbe muß zumindest einen Vokal enthalten. Silben können also nicht aus allen 26 Buchstaben zusammengestellt werden. Die Konstruktion einer Silbe erfolgt aus zumindest einem Element aus dem Repertoire der fünf Vokale und (einbuchstabige Silben ausgenommen) mindestens einem Element der 21 Konsonanten.

Die sprachstatistische Untersuchung zeigt, daß nicht nur die einzelnen Buchstaben unterschiedlich häufig in den Texten der deutschen Sprache vorkommen, vielmehr treten auch bestimmte Buchstabenkombinationen häufiger als andere auf. Darin spiegelt sich die Tatsache, daß der Kombination bestimmter Laute durch Anlage und Training des menschlichen Sprechapparates Grenzen gesetzt sind. Bestimmte Laute lassen sich von den Menschen eines bestimmten Sprachraumes flüssig hintereinander aussprechen, andere nicht. Ähnliches gilt für das geschriebene Wort.

Tabelle 9
Information verschiedener Markennamen

Information I des geschriebenen Namens auf dem deutschen Repertoire der Buchstabenkombination beim Neuerscheinen des betreffenden Markennamens		
Name	Insgesamt bit	Durchschnitt pro Buchstabe bit
Stuyvesant	44	4,0
eidran	23	3,8
dash	21	5,2
traital	31	4,4
Kemdex	30	4,9
Meraklon	30	3,7
substral	30	3,8
Kent	12	3,1
Kemt	18	4,5
Tchibo	30	5,0

Vom Gesichtspunkt einer raschen Einprägsamkeit aus gesehen ist es richtig, einen möglichst kurzen Markennamen zu wählen und bei der Auswahl des Namens darauf zu achten, möglichst gängige, d. h. dem Sprachrepertoire nach häufig zu erwartende Buchstabenkombinationen vorzusehen. Andererseits wird dadurch aber die Abhebung des Markennamens aus dem üblichen Wortrepertoire gering. Da die Zahl der Kombinationsmöglichkeiten von Buchstaben, die einen flüssigen und rasch lernbaren Markennamen

Informationstheoretische Probleme der Werbung

ergeben, die also nur zwei, drei oder vier Buchstaben umfassen, klein ist, muß man damit rechnen, daß bei diesen Markennamen eher eine Verwechslungsgefahr aufkommt als mit Namen höherer Information. Die Information eines Namensvorschlages ist insofern auch ein Maß für die grundsätzliche Verwechslungsgefahr dieses Namens; je größer die Information, desto kleiner ist die Verwechslungsgefahr.

Aus dieser Überlegung ergibt sich, daß man einen Markennamen gerade so schwierig erlernbar wählen soll, wie der Werbeetat es gestattet. Dabei sind zwei Gesichtspunkte zu beachten. Eine Marke mit schwacher Werbung wird eher dazu tendieren müssen, Markennamen mit nicht zu hoher Information zu wählen, weil sonst der Markenname im Rahmen dieser Werbung nicht gelernt wird, der Werbeaufwand also nutzlos verpufft.

Der zweite Gesichtspunkt ist folgender: von zwei verwechslungsgefährdeten Namen wird sich derjenige mit der geringeren Information bei gleichem Werbeaufwand durchsetzen. Daraus ergibt sich, daß sich die Werbeaufwendungen proportional zu der für die Einprägung notwendigen Zahl der Wiederholungen und damit proportional zur Information der Namen verhalten müssen. Bei gleich wirksamen Werbebemühungen wird also der informationsschwächere Name mehr zur Verwechslungsgefahr beitragen als der informationsstärkere Name. Nimmt man beispielsweise die Wortbildungen „Kent" und „Kemt", so ergibt sich (abgesehen vom semantischen Gehalt und der für diese Namen durch die bereits gelaufende Werbung erzeugten Produktbeziehung) folgendes: Würden diese beiden Namen heute gleichzeitig und erstmalig vorgestellt werden, so würde Kent von Kemt weniger gestört als umgekehrt; d. h. es werden relativ viele Leute, die tatsächlich Kemt vorgestellt bekommen, Kent lesen, Kemt also mit Kent verwechseln, während nur wenigen Personen eine Verwechslung in der entgegengesetzten Richtung unterlaufen würde.

Die Namen Kent und Kemt würden sich unter den oben genannten Voraussetzungen gegenseitig so stören, daß der Störpegel für Kemt 67 Prozent und für Kent 52 Prozent beträgt. Für die beiden Bezeichnungen Dralon und Drelan liegt der Störpegel bei 56 bzw. 57 Prozent. Zwischen Dralon und Diolen liegt der Störpegel schon erheblich niedriger, nämlich bei rund 40 Prozent. Für die Namen Delona und Charma liegt der Störpegel bei Delona auf 26 Prozent und für Charma bei 11 Prozent. In diesen vereinfachten Beispielen ist davon ausgegangen, daß beide Namen gleichzeitig und neu vorgestellt werden und dem Publikum noch nicht geläufig sind.

Hat sich noch keiner der Namen weitgehend durchgesetzt, so genügt es bei der Prüfung, die Information nach der Häufigkeit der auftretenden Buchstabenkombination zu ermitteln. Das gleiche gilt für den Fall, daß sich ein Name auf dem Markt durchgesetzt hat, der andere aber neu angeboten wird. Haben beide Namen eine gewisse, wenngleich auch unterschiedliche Verkehrsgeltung erlangt, so muß bei der Prüfung der Information der beiden Markennamen der beim Publikum eingetretene Lerneffekt mit berücksichtigt werden.

Die gesamte Verwechslungsgefährdung eines Systems von zwei Markennamen oder zwei Ausstattungen wird informationstheoretisch folgendermaßen ausgedrückt:

(7) $$V = H(X) - H(X Y) = H(X) + H(Y) - H(X Y)$$

$H(X)$ ist die Entropie des tatsächlich vorliegenden Markennamens und $H(X Y)$ ist die bedingte Entropie für den Fall, daß tatsächlich der Markenname X vorliegt, aber der Markenname Y aufgefaßt wurde.

Die bedingte Entropie charakterisiert die Unzuverlässigkeit, mit der die Nachricht (nämlich der tatsächlich vorliegende Markenname) vom Bewußtsein des potentiellen Käufers als solcher oder verwechselt mit einem anderen Namen aufgefaßt wird.

H (X Y) kann man also als Maßstab für die Störung auffassen, die der Markenname X durch das Vorhandensein des verwechselbaren Namens Y erleidet.

H (X Y) kann maximal so groß werden wie H (X); in diesem Falle wird die Verwechslungsgefahr ein Maximum. Im anderen Extremfalle wird H (X Y) gleich Null, was bedeutet, daß die beiden Namen sich überhaupt nicht stören, also keine Verwechslungsgefahr besteht.

(8) $$H(XY) = H(Y) + \sum_k p(Y_k) \left(\sum_i p(X_i Y_k) \text{ ld } p(X_i Y_k) \right)$$

Der Ausdruck $\sum_k p(X_i Y_k) \text{ ld } p(X_i Y_k)$ ist die Entropie des tatsächlich vorliegenden Markennamens X unter der Bedingung, daß dieser Name mit dem zu prüfenden zweiten Namen Y verwechselt wurde. Aus dem mathematischen Ausdruck, in den H (X Y) sich auflösen läßt, kann auch das Ausmaß der für den Umsatz der Marke X schädlichen Verwechslung mit der Marke Y isoliert werden; eine Verwechslung von Y mit der Marke X interessiert von der Marke X aus gesehen naturgemäß weniger.

Bei der Untersuchung von Namen, die neben ihrer Verwendung als Marke auch einen bestimmten semantischen Gehalt haben, wie dies zum Beispiel bei der Marke „Bremen" der Fall ist, muß berücksichtigt werden, daß hier nicht von der aufgrund der Buchstabenhäufigkeiten berechenbaren Information allein ausgegangen werden darf.

Das Wort als solches ist ja von einem Großteil des Publikums bereits vorher gelernt worden; allerdings als Teilgebiet der Aussage „Bremen ist eine Stadt!". Das bewirkt unter anderem, daß die Folge der Buchstaben redundant ist. Bei Verwendung dieses Wortes als Markenname für eine Zigarette muß das Publikum zwar nicht ein neues Wort lernen, wohl aber eine neue Assoziation aufbauen (Bremen ist eine Zigarette) und diese von der bisher bestehenden Assoziation (Bremen ist eine Stadt) differenzieren lernen. In Zukunft sind beide Assoziationen im Gedächtnis greifbar. Dabei bleibt zunächst offen, in welcher Relation die Zugriffszeiten der beiden verschiedenen Aussagen stehen. Der semantische Gehalt des Wortes aus der ursprünglich vorhandenen Assoziation wird dabei zum Teil vernichtet; er steht für die Imagebildung mit fortschreitender Werbung zusehends weniger zur Verfügung.

Die Zugriffszeiten bzw. die relative Stärke der Verbindungen Bremen – Zigaretten bzw. Bremen – Stadt wird ausdrückbar in der objektiven Information dieser Verbindungen, also der logarithmischen Funktion der Häufigkeiten, mit der diese Verbindungen im Sprachrepertoire oder bestimmten Teilrepertoire des Verkehrskreises auftreten. Die objektive Information zu einem bestimmten Zeitpunkt kann jeweils festgestellt werden.

Die Flüssigkeit und Aussprechbarkeit eines Wortes, das nicht einer lebenden Sprache entstammt oder nur selten gebracht wird, läßt sich aus der Information seiner Buchstabenkombinationen ablesen.

Das Wort liest sich um so flüssiger, je gleichmäßiger die einzelnen Buchstabenkombinationen zur Gesamtinformation des Wortes beitragen. Ungünstig sind Worte, aus denen einzelne Kombinationen mit sehr hoher Information herausragen. Solche Worte werden leicht falsch ausgesprochen oder verballhornt. Sie können in manchen Fällen jedoch wegen ihrer hohen Information nützlich sein; es ist dann aber notwendig, auch akustische Werbemittel zu verwenden, um dem Publikum das Wort gesprochen zu lehren.

Tabelle 10
Gleichmäßigkeit der Informationsverteilung in Markennamen

	Informationsbetrag Gesamtinformation bit	Durchschnittliche Information pro Buchstabe bit
S t u y v e s a n t 2,7 2,2 4,6 12,5 6,6 0,6 4,6 4,5 2,5 3,3 bit	44,1	4,0
t r a i t a l 4,5 3,6 3,3 9,5 3,0 3,6 3,2 bit	30,7	4,4
K e m d e x 4,1 2,3 5,6 8,3 1,5 8,1 bit	29,9	4,9
m e r a k l o n 4,6 2,2 2,0 3,3 5,2 4,3 4,8 3,0 bit	29,4	3,7
K e m t 4,1 2,1 5,3 6,6 bit	18,1	4,5
K e n t 4,1 2,1 3,1 3,1 bit	12,4	3,1
d a s h 4,5 3,9 4,2 8,3 bit	20,9	5,2
D r a l o n 4,5 4,1 3,3 3,2 4,8 3,0 bit	22,9	3,8
D r e l a n 4,5 4,1 2,75 3,1 3,4 2,6 bit	20,4	3,4

Die einem Markennamen anhaftende semantische Information über die Produktgruppe oder den Hersteller kann durch entsprechende sprachstatistische Studien bereits von vornherein festgelegt werden. Ausgangspunkt ist die einfache Beobachtung, daß man einem — unbekannten — Markennamen häufig „ansieht", aus welcher Produktgruppe er stammt. Die Markennamen beispielsweise für chemische und pharmazeutische Produkte werden aus einem anderen Repertoire erstellt als etwa die Namen für Textilfasern, und beide Gruppen stammen nicht aus dem normalen Repertoire der deutschen Sprache.

Das Publikum hat diese Spezialrepertoires in vielen Fällen mitgelernt und kann daher erkennen, aus welchem Repertoire ein bestimmter Markenname komponiert wurde. Der Markenname bekommt daher „von Natur aus" eine Nachricht über die Produktart aufgeladen. Eine sprachstatistische Analyse des Repertoires der Markennamen auf dem betreffenden Sektor gestattet es, zu einer in dieser Beziehung optimalen Wahl von Namen zu gelangen. Diese Überlegungen sind auch dort von wesentlicher Bedeutung, wo Unternehmen mit breiter Produktpalette jedem Produkt schon durch die Gestaltung der Markennamen einen deutlichen Hinweis auf den Hersteller mitgeben wollen. Es sei dazu nur angemerkt, daß es günstiger ist, die herstellerbezogenen und mehr oder minder konstanten Buchstabenkombinationen nicht an den Anfang, sondern an den Schluß der jeweiligen Produktnamen zu stellen.

Betrachtet man nicht das Buchstabengefüge der deutschen Sprache, sondern das Wortrepertoire der in der Werbung gebräuchlichen Markennamen, so sind weitere informationstheoretische Eigenschaften von Markennamen zu erkennen, die ebenfalls von Einfluß auf die Werbewirksamkeit einer Markenbezeichnung sind.

Im folgenden werden Ergebnisse aus einer Studie der Delta Marketingforschung GmbH, Konstanz, mitgeteilt. Die Studie stützt sich auf eine repräsentative Stichprobe von Markenbezeichnungen. Das Ausgangsrepertoire ist also nicht die deutsche Sprache, sondern das Repertoire der Markenbezeichnungen, mit denen der Verbraucher bei der Zeitschriftenlektüre konfrontiert wird. Die Silbenzahl einer Markenbezeichnung ist ebenso ein Unterscheidungsmerkmal wie etwa die Buchstabenfolge.

Es zeigte sich, daß der größte Teil der Markenbezeichnungen zwei Silben hat. In genau 46 Prozent aller im Stern veröffentlichten Anzeigen ist die Markenbezeichnung ein zweisilbiges Wort. Einsilbige Markennamen treten nur mit einer relativen Häufigkeit von 10,1 Prozent und sechssilbige mit einer relativen Häufigkeit von 1,2 Prozent auf.

Entsprechend unterschiedlich sind die Informationsbeträge, die sich ergeben. Die zweisilbige Bezeichnung hat die geringste Information, also die geringste Unterscheidungskraft gegenüber anderen Markenbezeichnungen. Das e i n s i l b i g e Wort hat dreimal soviel Information, kann aber leichter gelernt werden als das z w e i s i l b i g e. Es ist also unter den obengenannten Voraussetzungen besser als das zweisilbige Wort als Markenbezeichnung geeignet. Das d r e i s i l b i g e Wort hat etwas mehr Unterscheidungskraft als das zweisilbige. Der Informationsbetrag ist jedoch nur geringfügig größer. Da die Lernzeit nochmals steigt, ist es nahezu ebenso ungünstig für Markenbezeichnungen wie das zweisilbige Wort. Es hat kaum mehr Unterscheidungskraft als das zweisilbige. Es ist deshalb von der Unterscheidungskraft her gesehen immer noch günstiger, ein v i e r s i l b i g e s Wort zu benutzen, wenn man schon kein einsilbiges Wort findet, das von der Buchstabenfolge her genügend Unterscheidungskraft besitzt.

Es gibt Markenbezeichnungen, die nur aus einem Wort bestehen, und es gibt solche, die aus zwei oder drei Wörtern bestehen. Die Auszählung ergab, daß die Markenbezeichnung aus einem Wort weit dominiert. Sie tritt unter den Markennamen, denen der Verbraucher in den Zeitschriften begegnet, mit einer relativen Häufigkeit von 92,2 Prozent auf. Markenbezeichnungen, die aus zwei getrennten Wörtern bestehen (wie z. B. Coca-Cola, Old Spice, Neo Silvikrin), sind wesentlich seltener und haben eine entsprechend größere Information. Sie haben demnach auch eine größere Unterscheidungskraft.

Die meisten Markenbezeichnungen, die heute neu auf dem Markt eingeführt werden, sind Kunstworte. Die Zählung ergab, daß 86 Prozent der Markenbezeichnungen von Haus aus keine semantische Bedeutung mitbringen. Das heißt, in der Werbung begegnen dem Verbraucher überwiegend Markenbezeichnungen, die außer dem Hinweis auf ein bestimmtes Produkt keine andere semantische Bedeutung haben. Im Rahmen des Markenrepertoires haben also umgekehrt die Markenbezeichnungen, die bereits semantische Bedeutung mitbringen, wie etwa die Markennamen Kraft, Rotbart, Adler usw. eine höhere Unterscheidungskraft.

Sie sind darüber hinaus leichter lernbar, weil ja hierbei die Buchstabenfolge nicht mehr gelernt werden muß, sondern lediglich eine neue Kodierung vorzunehmen ist, nämlich: Adler bedeutet nicht nur Vogel, sondern außerdem noch Schreibmaschinenmarke.

Günstig ist unter den aufgeführten Bedingungen ein Markenname, der eine semantische Nebenbedeutung hat, aus zwei Wörtern besteht und sich aus vier Silben zusammensetzt. An zweiter Steller liegt ein Markenname, der semantische Bedeutung mitbringt und aus einer Silbe besteht.

Informationstheoretische Probleme der Werbung 143

Tabelle 11
Markenbezeichnungen nach der Silbenzahl

Silbenzahl	Relative Häufigkeit	Information bit
1	10,1 %	3,3
2	46,0 %	1,12
3	31,1 %	1,69
4	8,1 %	3,62
5	3,6 %	4,80
6	1,2 %	6,40
	100 %	

Tabelle 12
Markenbezeichnungen nach der Zahl der Worte

Anzahl der Worte	Relative Häufigkeit	Information bit
1	92,2 %	0,120
2	7,8 %	3,65
	100 %	

Tabelle 13
Markenbezeichnungen mit und ohne zusätzlicher semantischer Bedeutung

	Relative Häufigkeit	Information bit
Mit semantischer Bedeutung	14 %	2,84
Ohne semantische Bedeutung	86 %	0,218
	100 %	

IX. Kybernetische Gesetze des Marktgeschehens

Normalerweise werden bei Verbraucherbefragungen unter anderem Markenbekanntheit und Marktanteile erkundet. Die Markenbekanntheit ist zwar eine gern gebrauchte Größe; sie erlaubt aber in der Regel keine sehr weitgehenden Schlußfolgerungen. Man kann im allgemeinen nur sagen, daß sie höher oder niedriger als die anderer Marken ist, oder daß sie nach einer Werbekampagne um einen bestimmten Betrag zugenommen hat. Unbefriedigend ist, daß die Markenbekanntheit in keinen direkten und eindeutigen Zusammenhang mit den Marktanteilen und den Werbeaufwendungen gebracht werden kann. Solche Zusammenhänge wären jedoch für Analysen des Markterfolges und der Werbewirkung sehr erwünscht.

Anstelle der Markenbekanntheit kann bei den Befragten ebensogut die Information der verschiedenen Marken der interessierenden Produktgruppe ermittelt werden. Die Delta Marketingforschung hat das Verfahren zur Feststellung dieser Bewußtseinsrepräsentanz der Marken anwendungsreif entwickelt und bei verschiedenen Studien eingesetzt. Die Information der Marken für den Verbraucher im Umfeld der Produktgruppe ist eine Zahl wie viele andere auch. Sie hat aber einen besonderen analytischen Wert. Die analytische Verwendbarkeit dieser Informationsbeträge geht von folgendem empirisch gesichertem Satz aus:

Satz A (Marktanteilsatz)

Wenn die Bewußtseinsrepräsentanz der verschiedenen Marken eines Produktbereiches bei den Verbrauchern durch den Informationsbetrag der Marken erfaßt ist, so gilt:

Die den Informationsbeträgen der Marken zugehörigen Entropiebeträge sind Schätzwerte für die Marktanteile dieser Marken.

B e i s p i e l 1 (Tabelle 14) zeigt die Entropieschätzung des Marktanteils im Vergleich zu den tatsächlichen Marktanteilen der sieben stärksten Marken. In den Vergleich einbezogen sind die sieben stärksten Marken eines Konsumgüterartikels.

Es versteht sich von selbst, daß die einander gegenübergestellten Werte sich zwar auf den gleichen Verbraucherkreis beziehen, aber in voneinander völlig unabhängigen Fragen der gleichen Studie ermittelt wurden.

Der Gesamtmarkt umfaßt noch eine Reihe kleiner Marken, für die keine Aussagen gemacht werden können, weil die Stichprobe der hier Studie III genannten Untersuchung für diesen Zweck zu klein ist.

Tabelle 14
Beispiel 1 zu Satz A

Marke	Studie III (120 Vpn) Relativer Entropiebeitrag der Marke	Relativer Marktanteil bezogen auf den Markt der sieben stärksten Marken
Marke A	44 %	44 %
Marke B	24 %	22 %
Marke C	14 %	13 %
Marke D	9 %	6 %
Marke E	5 %	10 %
Marke F	2 %	–
Marke G	2 %	5 %
	100 %	100 %

B e i s p i e l 2 (Tabelle 15) zeigt eine Gegenüberstellung der Entropiebeiträge (Marktanteilschätzung) und der tatsächlichen Marktanteile. Die gegenübergestellten Daten stammen aus zwei verschiedenen Untersuchungen mit leider sehr unterschiedlich großen Stichproben. Die Daten beziehen sich auf einen Haushalts-Investitionsgüter-Markt.

Informationstheoretische Probleme der Werbung 145

Tabelle 15
Beispiel 2 zu Satz A

Marke	Studie I (71 Vpn) Markenbekanntheit: Information der Marke bit	Studie I (71 Vpn) Entropie der Marken bit	Studie I (71 Vpn) Entropiebeitrag Prozent	Studie II (2000 Vpn) Marktanteil Prozent
Marke A	5,04	0,1525	18,1	18
E	5,97	0,0947	11,3	7
F	6,10	0,0885	10,5	7
B	6,20	0,0838	9,9	12
C	7,30	0,0462	5,5	10
D	7,52	0,0408	4,8	8
H	7,57	0,0396	4,7	5
I	8,13	0,0299	3,6	3
G	8,36	0,0254	3,0	7
J	7,43	0,0429	5,1	*)
K	8,57	0,0225	2,7	*)
L	8,62	0,0218	2,6	*)
M	8,66	0,0214	2,5	*)
N	8,73	0,0205	2,4	*)
O	8,83	0,0193	2,3	*)
P	8,90	0,0186	2,2	*)
Q	8,90	0,0186	2,2	*)
R	8,88	0,0187	2,2	*)
S	8,88	0,0187	2,2	*)
T	8,88	0,0187	2,2	*)
Übrige Marken		0,8431	100,0	23/100

*) Nicht einzeln ausgewertet in Studie II, zusammengefaßt als übrige Marken.

Die Entropieschätzung des Marktanteils ist für die stärkste Marke A punktgenau. Gut getrennt werden auch noch die Marken des Mittelfeldes (B, C, D, E, F) von den wesentlich kleineren Marken (G, H, I).

Eine Varianzanalyse der Gegenüberstellung des Beispiels 2 für das Feld der neun bedeutendsten Marken, für die Einzeldaten aus beiden Untersuchungen vorliegen, ergibt: Das Feld der beiden Zahlenkolonnen aus jeweils neun Daten kann drei Variabilitäten aufweisen:

1. Unterschiede zwischen den Marken bzw. ihren Marktanteilen,
2. systematische Abweichungen zwischen der Kolonne der Entropie-Schätzungen und der Kolonne der tatsächlichen Marktanteile,
3. Restvariabilität, bestehend aus Versuchsfehlern, Wechselwirkungen zwischen Marken und Kolonnen. Die Restvariabilität ist bei dieser Art der Versuchsanordnung nicht weiter auflösbar.

Die Varianzanalyse des Beispiels 2 zeigt, daß von der Gesamtsumme der Abweichungsquadrate des untersuchten Zahlenfeldes nahezu neunzig Prozent auf die unterschiedliche Größe der Marken zurückgeht. Die systematische Abweichung zwischen Schätzung und tatsächlichem Marktanteil ist kleiner, und zwar erheblich kleiner (Varianz 2,2) als die Restvarianz (4,7) und kann daher nicht interpretiert werden. Die Analysedaten weisen also nach, daß die Entropiewerte den weitaus größten Teil der Varianz der Marktanteile erfassen.

Der Entropiebeitrag der Markeninformation ist also, wie Satz A behauptet, eine gute Schätzung des Marktanteils.

Eine vollständige Übereinstimmung von Entropieschätzung und tatsächlichen Marktanteilen ist, abgesehen von Stichprobenunschärfen, ohnedies für die Praxis nicht zu erwarten. Warum das so ist, wird in Satz B besprochen werden.

Mit dem Marktanteilsatz wird übrigens auch die bekannte Erfahrung bestätigt, daß die bei der Frage nach den bekannten Marken vom Befragten zuerst genannte Marke eine validere Aussage über die Marktstellung dieser Marke vermittelt als die Auswertung aller bekannten Marken. Die jeweils zuerst genannte Marke hat nämlich eine niedrigere Information als die an zweiter, dritter usw. Stelle genannten Marken und trägt daher zur Entropie mehr bei als an späterer Stelle genannte Marken.

Satz B (Anomaliesatz)

Abweichungen zwischen den tatsächlichen Marktanteilen und den anhand der Markenentropie geschätzten Marktanteilen weisen auf Anomalien im Marktgeschehen hin.

Eine solche Anomalie ist zum Beispiel gegeben, wenn in das in Tabelle 17 dargestellte Feld der Marken A bis G eine Marke Q neu eingeführt wird.

Kurz nach der Einführung wird für diese Marke Q eine Markeninformation von 7,0 bit im gesamten potentiellen Käuferkreis und eine Information von 1,7 bit in dem Personenkreis gemessen, der diese Marke kennt. Daraus würde sich für Q ein geschätzter Marktanteil von 6 Prozent ergeben.

Wenn nun der tatsächliche Marktanteil von Q im Testzeitpunkt mit 13 Prozent ermittelt wird, so ist sicher, daß dieser Marktanteil rasch wieder unter 10 Prozent zurückfallen wird. Um das zu verhindern, ist es notwendig, die Einführungswerbung der Marke Q solange fortzusetzen bzw. auf einem gehobenen Niveau zu halten, bis die Entropie der Marke Q im Umfeld der Konkurrenzmarken so kräftig gestiegen ist, daß Entropie und Marktanteil einander entsprechen.

Eine ähnliche Lage ist für Marke O im Beispiel 3 (Tabelle 16) gegeben. Marke O hat Marke A angegriffen und vermutlich auch die Marken C und D. Es ist jedoch ganz offensichtlich, daß Marke O in diesem Verbraucherkreis keinen stabilen Marktanteil hat.

Informationstheoretische Probleme der Werbung

Tabelle 16

Beispiel 3 zu Satz B

Marke	Verbrauchergruppe X (45 Vpn)	
	Markenbekanntheit Entropiebeitrag Prozent	Käuferanteil Prozent
Marke A	28	14
Marke B	18	18
Marke C	14	8
Marke D	12	7
Marke E	5	7
Marke F	2	3
Marke G	2	×
Marke H	2	6
Marke I	2	×
Marke J	1	1
Marke K	1	1
Marke L	1	×
Marke M	×	×
Marke N	×	×
Marke O	11	32
Übrige Marken	1	3
	100	100

Die Schlüsse, die aus den Daten gezogen werden können, sind natürlich unterschiedlich, je nachdem, ob die Daten der Tabelle 16 am Beginn oder am Ende der Einführungskampagne von O erhoben wurden. Stammen die Daten aus dem Beginn der Kampagne, so läßt sich sagen, daß Distribution, Promotionmethoden und die Vorteile des Produktes selbst rasch und zufriedenstellend wirksam sind. Die Werbung hatte noch gar keine Zeit, eine stabile Bewußtseinsrepräsentanz der Marke O bei den Verbrauchern zu schaffen. Es dauert immer eine Weile, bis die Verbraucher ihre bisherige Orientierung im Gewirr der verschiedenen Marken ändern und die neue Ordnung lernen, in der die Marke O eine entsprechende Stellung einnimmt.

Stammen die Daten der Tabelle 16 jedoch vom Ende der Einführungskampagne, so ist eine Fortsetzung der werblichen Anstrengungen unbedingt erforderlich, es sei denn, man wolle sich auf einen Marktanteil von etwa zehn Prozent beschränken und Chancen auf einen größeren Marktanteil nicht wahrnehmen.

Durch die 32 Prozent Käuferanteil der Marke O in Tabelle 16 darf man sich nicht irritieren lassen, da sich dieser Marktanteil nur auf einen Marktausschnitt bezieht und der Marktanteil von O im Gesamtmarkt ohnedies erheblich geringer ist; allerdings größer als der Entropiewert als stabil erkennen läßt.

Es läßt sich also durch relativ einfache informationsanalytische Mittel bestimmen, bis zu welchem Zeitpunkt Einführungskampagnen fortgesetzt werden müssen, um Anfangserfolge zu stabilisieren. Dazu ist es notwendig, vor Beginn der Einführung und dann in angemessenen, zunächst kleinen, dann größeren Abständen die Information der Marke und ihren Marktanteil und Käuferkreis im Trend zu beobachten. Einen solchen Trend zu verfolgen ist in jedem Falle weniger kostspielig als Marktanteileinbußen durch zu früh abgeschlossene Einführungskampagnen oder unnötige Werbeausgaben bei zu spät erkannten Einführungsfehlschlägen.

Es läßt sich nämlich umgekehrt aus der Trendanalyse der genannten Daten unschwer sagen, wann eine Einführung aufgegeben werden oder nicht mehr forciert werden soll, weil das Produkt entweder nicht ausreichend „ankommt" oder der Kreis, bei dem das Produkt ankommt, ausgeschöpft ist.

Liegt der tatsächliche Marktanteil beträchtlich höher als der durch den Entropiebeitrag angezeigte Wert, so ist es notwendig, sofort eine sehr breite und starke Markenwerbung durchzuführen. Dieser Fall tritt meist dort auf, wo durch Probenverteilung Nachkäufe ausgelöst werden, aber bei Verzicht auf genügende werbliche Unterstützung und bei fehlenden echten Produktvorzügen der Absatz wieder einschläft.

Ist der Entropiebeitrag höher als der Marktanteil, dann sind Distribution, Abstimmung zwischen Werbung und Produkt, Verpackung, Preis oder das Produkt selbst zu verändern. Eine nackte Steigerung der Werbeaufwendungen bietet jedenfalls in diesem Fall keine Hilfe.

Die Diskussion des Anomaliesatzes macht deutlich, daß die Entropieschätzung der Marktanteile mit den tatsächlichen Marktanteilen nur in Ausnahmefällen völlig zur Deckung kommen kann. Dieser Ausnahmefall tritt ein, wenn die verschiedenen Marken annähernd gleiche Distribution, gleichen Preis, gleichwertige Produktvorteile und gleichwertige Images aufweisen.

Je stärker Vertriebskanäle, Distribution, Preis, Produktvorteile, Images und ihre Wechselbeziehungen sich für die verschiedenen Marken unterscheiden, desto weiter weichen die tatsächlichen Marktanteile einzelner Marken von den Entropiewerten ab. Dort wird allerdings auch der analytische Wert der Entropiebeiträge wirksam. Der Wert besteht ja nicht darin, Marktanteile zu schätzen. Diese kann man ebensogut direkt erheben. Der Nutzen der Entropiebeiträge liegt ja gerade darin, Sollziffern zu gewinnen, an denen die tatsächlichen Marktanteile gemessen, qualifiziert und beurteilt werden können.

Über diese Gesichtspunkte hat man natürlich auch bisher nachgedacht und dazu Untersuchungen angestellt. Jedoch gewinnt man erst durch den Marktanteilsatz einen Maßstab, mit dessen Hilfe die tatsächlich erzielten Marktanteile und ihr Verlauf an verbraucherbezogenen Sollziffern gemessen werden können.

Was hier für die Kontrolle von Einführungskampagnen gesagt wurde, gilt in ähnlicher Weise auch für die Trendbeobachtung von Marken, die seit langem eingeführt ihren Marktanteil halten oder unter dem Einfluß neuer Marken allmählich absteigen. Selbstverständlich sieht man sich diese Daten, ebenso wie die traditionellen Markenbekanntheiten und Markenpräferenzen, nicht nur pauschal für den gesamten Markt, sondern vor allem für die Teilmärkte der einzelnen Marken und die verschiedenen Gruppen markentreuer und fluktuationsbereiter Käufer an. Eine solche Analyse macht die Infrastruktur der Verbraucherschaften der einzelnen Marken recht deutlich. Vor allem wird erkennbar, welche fremden Marken eine Ausgangsstellung im eigenen Käuferkreis haben, die ge-

Informationstheoretische Probleme der Werbung 149

fährlich werden könnte und prophylaktisch bekämpft werden sollte. Das gleiche gilt für die Suche nach Ansatzpunkten für Marktanteilerweiterungen in Käuferkreisen anderer Marken und genereller noch für Studien zur Diversifikation.

Nützlich ist es in jedem Falle, sich nicht nur die Entropiebeiträge der Marken, sondern auch die ihnen unmittelbar zugrunde liegenden Informationsbeträge anzusehen. Und zwar getrennt für den gesamten Markt bzw. den gesamten potentiellen Käuferkreis und für die Käuferkreise der einzelnen Marken oder die potentiellen Käufer, welche die einzelnen Marken kennen. Solche Daten, zu Beispiel 1 gehörend, sind in Tabelle 17 dargestellt.

Die Informationsbeträge der bedeutenden Marken sind naturgemäß wesentlich kleiner als die der kleineren Marken. Etwas oberflächlich ausgedrückt, bedeutet das nichts anderes, als daß die großen Marken den Verbrauchern geläufiger sind als die kleinen. Je mehr Information eine Marke hat, desto weniger fällt sie einem auf, desto schlechter ist sie im Gedächtnis der Verbraucher verankert. Die informationstheoretische Bearbeitung dieser Fragen deckt sich natürlich mit der allgemeinen Erfahrung. Ihr Vorteil besteht nicht darin, die Erfahrung umzustürzen, sondern das präzise meßbar zu machen, was in der allgemeinen Erfahrung nur verschwommen greifbar ist.

Tabelle 17
Daten zu Beispiel 1

Marke	Studie III (120 Vpn)	
	Information der Marke *)	
	bei allen potentiellen Käufern bit	bei potentiellen Käufern, die die betreffende Marke aktiv nennen können bit
Marke A	2,3	1,2
Marke B	4,0	1,7
Marke C	5,2	2,2
Marke D	5,8	2,6
Marke E	7,1	2,4
Marke F	8,6	2,9
Marke G	9,0	2,7

*) Im Rahmen aller Marken der Produktgruppe.

Tabelle 17 zeigt an einem Beispiel, daß die Varianz der Informationsbeträge der Marken im gesamten Verbraucherkreis wesentlich größer ist als zwischen den Käufern der verschiedenen Marken oder zwischen den Personenkreisen, die die einzelnen Marken kennen. Abgesehen von den zwei bedeutendsten Marken A und B haben die Marken größenordnungsmäßig ähnliche Informationsbeträge bei den Personen, die unter anderen Marken auch diese Marke kennen. Dieser Befund ist nicht ganz selbstverständlich, denn auch hier könnte die Varianz ohne weiteres auch wesentlich größer sein als die zweite Spalte von Tabelle 17 anzeigt.

Die Beziehung zwischen Information der Marken und Marktanteil (Satz A) und die dieser Beziehung zugrunde liegenden theoretischen Überlegungen legen eine Quantelung der Werbeaufwendungen nahe.

Hypothese C (Quantelungssatz)

Eine Steigerung des Werbeaufwandes zur Erweiterung des Marktanteils einer eingeführten Marke ist nur sinnvoll, wenn sie so bemessen wird, daß die Information der Marke durch den erhöhten Aufwand bei den Personen des interessierenden Käuferkreises um 1 bit gesteigert werden kann. Es braucht natürlich nicht sichergestellt zu werden, daß die Information der Marke im gesamten Käuferkreis um 1 bit ansteigt. Sichergestellt aber muß werden, daß der Mehraufwand ausreicht, die Information der Marke bei den einzelnen Verbrauchern um 1 bit anzuheben, und das natürlich bei möglichst vielen. Diese Überlegungen gelten nicht für die Festlegung von Einführungsetats, mit denen einer neuen Marke ein bestimmter Marktanteil gesichert werden soll.

Die einzelnen Marken sind im Gedächtnis des Verbrauchers in einer hierarchischen Ordnung kodifiziert. Durch eine Verstärkung der Werbung einer einzelnen Marke muß eine Umkodierung dieser Ordnung erreicht werden. Umkodiert wird die einzelne Marke in diesem System. Das bedeutet in der Regel, daß als Folge der Umkodierung einer Marke mehrere Marken umkodiert werden mssen, also das ganze Ordnungssystem des einzelnen Verbrauchers umstrukturiert werden muß.

Es ist daher unzureichend, bei Überlegungen zur Aufstockung des eigenen Etats nur den bisherigen eigenen Etat, die Aufstockungssumme und eventuell die Etats der einen oder anderen Marke zu betrachten. Die Überlegung muß vielmehr die Gesamtaufwendungen der Produktgruppe und die Aufwendungen der gleich starken und aller stärkeren Marken einbeziehen.

Satz D (Werbeetatsteigerung)

Die zur Erhöhung des Marktanteils notwendigen Mehraufwendungen für Werbung hängen ab vom Verhältnis der Information der eigenen Marke zur Information der gleichstarken und nächststärkeren Marken und deren Marktanteilen im Zielpersonenkreis. Man muß sich die Kodierung der einzelnen Marken im Gedächtnis der Verbraucher wie einen mit verschiedenen Vögeln besetzten Baum vorstellen. Die großen Marken sitzen ganz oben und meist alleine auf einem Ast. Die kleineren Marken sitzen meist zu mehreren auf weiter unten gelegenen Ästen. Jeder Ast entspricht einem Informationsniveau. Es gibt, vor allem bei den kleineren Marken, immer mehrere, die gleich gestuft gleiche oder annähernd gleiche Informationsbeträge haben.

Um den Marktanteil wirksam zu verbessern, muß man die eigene Marke auf den nächsthöheren Ast bringen und nach Möglichkeit die auf diesem Ast sitzenden Marken auf den nächstniedrigeren treiben. Es ist evident, daß der dazu nötige Aufwand von der Zahl und der Marktstellung der zu vertreibenden Marken und vom Abstand der Äste (Informationsniveau und Marktanteilsabstände) abhängt.

Über den gesamten Markt gesehen, ist diese Umstrukturierung ein stetiger Vorgang; die Marktanteile wachsen stetig und nicht in Sprüngen. Das darf aber nicht darüber hinwegtäuschen, daß der Vorgang beim einzelnen Verbraucher, eine gewisse Lern- und Übergangsphase angenommen, unstetig ist. Der Eindruck der Stetigkeit entsteht nur dadurch, daß die Zahl der Verbraucher, die ihre Markenhierarchie umgeordnet haben, im Laufe einer Werbekampagne allmählich zunimmt.

Satz E (Werbewirkungssatz)

Der Werbeaufwand einer Marke in DM ist weitgehend proportional dem Entropiebeitrag des Marktanteils dieser Marke zur Entropie des Gesamtmarktes.

Informationstheoretische Probleme der Werbung 151

Bei der Anwendung dieses Satzes ist zu berücksichtigen, daß die Wirkung der Werbeaufwendungen vergangener Jahre mit Beginn eines neuen Etatjahres bei den Verbrauchern nicht völlig gelöscht wird, auch wenn ein gewisser Abfall in der Gedächtniswirkung eintritt. Bei Neueinführungen kann man also nicht den Werbeaufwand der neuen Marke den Aufwendungen der Konkurrenzmarken im gleichen Zeitraum gegenüberstellen; die der Rechnung zugrunde gelegten Werbeaufwendungen müssen sich auf einen angemessenen längeren Zeitraum erstrecken.

Die Aussage des Werbewirkungssatzes bedeutet, daß ein großer Marktanteil mit disproportional geringeren Mitteln gehalten werden kann als ein mittelgroßer Marktanteil. Je größer der Marktanteil, desto geringer wird der pro Marktanteilsprozent aufzuwendende Aufwand. Das gilt jedenfalls für die in der Praxis häufig auftretenden Marktanteilsverteilungen. **Die Werbung hat also, Märkte mit monopolähnlichen Marken ausgenommen, eine deutlich konzentrationsfördernde Wirkung.**

Die Ergebnisse einer solchen Marktanteilsschätzung nach den Werbeaufwendungen sind in Tabelle 18 dargestellt.

Tabelle 18
Zigarettenmarkt 1963

Marke	Werbeaufwendungen 1963 Mill. DM	Laut Theorie gleich den relativen Entropiebeiträgen der Käuferanteile	Daraus ergibt sich: Näherungswert der Käuferanteile Prozent
HB	23,0	15,2	24,2
Ernte 23	15,0	9,9	15,7
Stuyvesant	12,8	8,4	13,3
Collie	8,2	5,4	4,3*)
Peer Export	7,6	5,0	4,7
Overstolz	6,1	4,0	3,8
Lord-Extra	5,9	3,9	3,3*)
Astor	5,0	3,3	2,4
Lux-Filter	3,2	2,1	2,0
Reval	3,2	2,1	2,0
Juno	2,3	1,5	1,4
Rothändle	2,2	1,4	1,0
Eckstein	2,0	1,3	1,0
Salem	1,5	1,0	1,0
	98,0	64,4	80,1
Restl. Marken	53,9	35,6	19,9
	151,9	100,0	100,0

*) Im Jahre vorher eingeführte Marken, deren Marktanteil vermutlich überschätzt wird, wenn die Berechnung sich lediglich auf die Werbeaufwendungen des Jahres 1963 stützt.

Satz F (Anomaliesatz der Werbewirkung)

Abweichungen zwischen den nach Satz E geschätzten und den tatsächlichen Marktanteilen sind Auswirkungen unterschiedlicher Streustrategie, Werbeaussage, Distribution, Produkt und Preis.

Eine solche Schätzung für den Gesamtmarkt ist natürlich relativ grob und analytisch nicht sehr brauchbar. Für analytische Zwecke müßte nicht der für Tabelle 18 gewählte pauschale Berechnungsweg gewählt werden, sondern eine Berechnungsweise, die dem Umstand Rechnung trägt, daß einzelne der aufgeführten Marken deutliche regionale Schwerpunkte haben oder nicht der gleichen Preisklasse angehören, nicht in allen Automaten erhältlich sind usw. Bezieht man die unterschiedliche Struktur der Streupläne zumindest in großen Zügen in die Überlegungen mit ein und berücksichtigt die obengenannten Variablen, so gewinnt man das Grundmaterial für eine Analyse der Wirkung verschiedener Werbestile, Imageprofile und Streupläne, wenn man das dazu vorliegende Untersuchungsmaterial mit in die Analyse einbezieht.

Zusammen mit der Analyse der Anomalien nach Satz B lassen sich also die Wirkung von Werbestreuung und Werbeaussage quantitativ beurteilen. Der Vorteil gegenüber anderen Beurteilungen ist die unmittelbare Bezugnahme auf den Werbeaufwand in DM und den erzielten Marktanteil. Die nach dem Werbeaufwand geschätzten Marktanteile dienen also zur Messung des Werbeerfolges. Selbstverständlich wird man die konventionellen Imagestudien und Produkttests zur Analyse der Details und der Ursachen günstiger oder nicht ganz zufriedenstellender Werbeerfolge mit heranziehen.

Satz G (Störpegelsatz)

Da Werbeetats überwiegend nicht konstant über das Jahr verteilt, sondern zu Kampagnen geballt eingesetzt werden, kann die Konkurrenzwerbung als Störpegel aufgefaßt werden. Für die eigene Marke sind als Störpegel die Intensitätsschwankungen der gleichstarken, nächststärkeren und nächstschwächeren Marken aufzufassen.

Die Steigerung der Werbeaufwendungen muß so bemessen werden, daß sie diesen Störpegel genügend überragt. Eine Etatsteigerung wird für die Zielpersonen überhaupt nur dann bemerkbar. Nur so können die als Voraussetzung für Satz C genannten Lernprozesse und Umkodierungsprozesse bei den Verbrauchern einsetzen.

Für Einführungskampagnen gilt die gleiche Regel, bezogen auf den Störpegel im Bereich der angestrebten Marktstellung. Es sind also kurzfristige und langfristige Prozesse zu unterscheiden. Kurzfristige Prozesse sind mit Satz G erfaßt; danach wird die Höhe der Werbeaufwendungen während einer Kampagne festgelegt. Langfristige Prozesse sind mit den Sätzen C, D, E und F erfaßt und befassen sich mit der Festlegung bzw. den Wirkungen von Gesamtwerbeaufwendungen über ein Etatjahr oder über mehrere Etatjahre hinweg. Für die Frage nach der günstigsten Strategie, also der Art der Verteilung eines Etats, die Zahl von Kampagnen, ihre Dauer, ihren Abstand und ihre Intensität ist mit informationsanalytischen Methoden eine Lösung zu erreichen. Solche schwierigen Fragen wurden bisher weitgehend dem subjektiven Fingerspitzengefühl entsprechend und fern jeder Forschung beantwortet.

Informationstheoretische Probleme der Werbung

Satz H (Stabilitätssatz)

S t a b i l e M ä r k t e haben etwa folgende Gliederung der Marktanteile:

	Stabilste Verteilung Prozent
Marke A	40
B	24
C	14
D	9
E	5
F	3
Restliche Marken zusammen	5
	100

Werden mehrere Produkte simultan gebraucht, so ist der Satz H nicht auf die Marktanteile, sondern auf die Präferenzen zu beziehen. Ein Beispiel für eine solche stabile Präferenzgliederung ist etwa im Zeitschriftenmarkt zu finden. Tabelle 19 gibt Infratestdaten aus der Stern-Veröffentlichung „Die Leserentscheidung in der extremen Situation" wieder.

R e l a t i v s t a b i l sind die Märkte, in denen der Marktanteil

größer ist als	Marke	kleiner ist als
33 Prozent	A	50 Prozent
dreimal so groß wie F	B	50 Prozent
zweimal so groß wie F	C	33 Prozent
größer als F	D	22 Prozent
größer als F	E	11 Prozent
	F	8 Prozent

Stabile Marktanteile heißt in diesem Zusammenhang nicht von selbst in Bewegung kommende oder nur mit erheblichem Aufwand verschiebbare Anteile. Solche Marktanteilsgliederungen wie die in der zweiten Spalte von Tabelle 20 dargestellten (37, 37, 10 usw.) treten vor allem dort auf, wo entweder zwei Produkte simultan gebraucht werden oder die beiden stärksten Marken unterschiedliche Vertriebskanäle benützen. Das wäre zum Beispiel der Fall, wenn Marke A nur im Fachhandel und Marke B nur oder hauptsächlich im Lebensmittelhandel erhältlich ist.

Der Stabilitätssatz kann wesentlich generalisiert werden. Die Aussage hat nicht nur Bedeutung für Marktgliederungen, sondern ebenso für Sortimentsgliederungen bzw. die Zusammenfassung von Einzelprodukten zu Produktgruppen innerhalb von Markensortimenten. Solche Gliederungen müssen einerseits inhalts- oder sachbezogen sein, andererseits aber der formalen Arbeitsweise des Verbrauchergehirns soweit als möglich entgegenkommen. Sonst akzeptiert der Verbraucher die vom Hersteller angebotene Gliederung nicht oder nur unvollständig.

Aus dem Stabilitätssatz ergeben sich auch Ansatzpunkte für die Auflösung von Schwierigkeiten, die als Folge sehr großer Marktanteile auftreten können.

Tabelle 19

Stabile Präferenzengliederung — Beispiel —

Frage: Angenommen, Sie könnten nur noch eine dieser Zeitschriften lesen. Für welche würden Sie sich entscheiden?					
	Lesezirkel-Leser von				
	Stern	Quick	Revue	Bunte III.	Neue III.
	%	%	%	%	%
Stern	42	40	40	42	41
Quick	25	25	25	24	25
Revue	6	6	6	6	6
Bunte Illustrierte	16	17	17	17	18
Neue Illustrierte	7	8	7	6	8
Keine Angabe	4	4	5	5	4
	100	100	100	100	100
Versuchspersonen	169	164	154	157	157

Satz I (Instabilitätssatz)

Marktanteile von mehr als 40 Prozent sind instabil.

Marken mit Marktanteilen von wesentlich über 40 Prozent (etwa 60, 75 usw. Prozenten) können ihre Marktanteile nur unter besonderen Bedingungen erhalten oder den Abbau wesentlich abbremsen. Diese Bedingungen lassen sich durch informationsanalytische Bearbeitung der speziellen Marktdaten gewinnen.

Stabilitätssatz und Instabilitätssatz haben ihre Grundlage in der Art und Weise, wie im menschlichen Gehirn Daten verarbeitet und gegliedert werden. Diese Prozesse streben zu größtmöglicher Ökonomie und damit zu optimalen Lösungen. Unter Berücksichtigung bestimmter Nebenbedingungen sind die genannten Lösungen optimal. Eine dieser Nebenbedingungen ist definiert durch eine empirische Konstante. Eben wegen dieser Konstanten sind Märkte mit einem halben Dutzend gleich großer Marken von 15 Prozent Marktanteil instabil.

Satz K (Transparenzsatz)

Aus dem Gedächtnis unmittelbar verfügbare Gliederungen von Merkmalen oder Häufigkeitsverteilungen haben maximal eine Entropie von etwa 3,0 bit.

Das heißt, die einzelnen Zeichen (Marken, Merkmale) werden so gegliedert und zu Gruppen zusammengefaßt, daß die durchschnittliche Entropie pro Zeichen oder Superzeichen etwa 3,0 bit nicht übersteigt. Zeichen mit wesentlich höherer Information werden entweder nicht genannt oder erst genannt, wenn ein Zeichen der ersten Gruppierung herausgegriffen, alleine ins Aufmerksamkeitszentrum gerichtet und in Unterzeichen aufgelöst wird.

Informationstheoretische Probleme der Werbung 155

Tabelle 20
Marktanteilsverteilungen – Beispiele –

Marke	Marktanteilsverteilung			
	Sehr stabil	Stabil	Weniger stabil	Instabil
	Prozent	Prozent	Prozent	Prozent
1	40	37	37	74
2	24	37	32	10
3	14	10	16	6
4	9	6	8	4
5	5	4	4	3
6	3	3	2	2
7	2	2	1	1
8	1	1	x	x
9	1	x	x	x
Rest	1	x	x	x
	100	100	100	100

Dieser Satz K ist vereinbar mit der aus der Psychologie bekannten Tatsache, daß man normalerweise nicht mehr als 5 bis 6 verschiedene Inhalte zugleich im Bewußtsein halten kann.

Innerhalb der 3-bit-Grenze hängt die durchschnittliche Information pro Marke natürlich nicht nur vom Interesse des jeweiligen Verbraucherkreises an dem betreffenden Produkt ab, sondern auch von der Zahl und Bedeutung der Marken des jeweiligen Marktes.

Literatur:

Alsleben, Kurd: Aesthetische Redundanz, Quickborn 1962.
Attneave, Fred: Applications of Information Theory to Psychology, New York 1959.
Beer, Stafford: Kybernetik und Management, Frankfurt am Main 1959.
Cherry, Colin: Kommunikationsforschung – eine neue Wissenschaft, Frankfurt a. M. 1963.
Delta Marketingforschung GmbH & Co.: Journal für Marktforschung, Konstanz, verschiedene Hefte der Jahrgänge 1964, 1965, 1966, 1967.
Fey, Peter: Informationstheorie, Berlin 1963.
Flechtner, H.-J.: Grundbegriffe der Kybernetik, Stuttgart 1966.
Frank, Helmar: Kybernetische Grundlagen der Pädagogik, Baden-Baden 1962.
Frank, Helmar: Kybernetische Analysen Subjektiver Sachverhalte, Quickborn 1964.
Frank, Helmar: Kybernetische Maschinen, Frankfurt am Main 1964.
Frank, Helmar: Kybernetik – Brücke zwischen den Wissenschaften, Frankfurt a. M. 1964.
Fucks, Wilhelm: Mathematische Analyse von Sprachelementen, Sprachstil und Sprachen, Köln 1955.

Gunzenhäuser, Rul: Ästhetisches Maß und ästhetische Information, Quickborn 1962.
Herdan, Gustav: The Advanced Theory of Language as Choice and Chance, Berlin – Heidelberg – New York 1966.
Heyn, Wolfgang: Kybernetische Gesetze demokratischer Wahlen, Konstanz 1967.
Kreuzer, Helmut, und Gunzenhäuser, Rul: Mathematik und Dichtung, München 1965.
Neumann, John v., und Morgenstern, Oskar: Spieltheorie und wirtschaftliches Verhalten, Würzburg 1961.
Poletajew, I. A.: Kybernetik, Berlin 1963.

Rechentafeln:

Heyn, Wolfgang, und Geiger, Siegfried: DELTA-Tabellen zur Informationsanalyse, Konstanz 1966.

Kommunikationstheoretische Probleme der Werbung

Von Prof. Dr. Otto Walter Haseloff, Berlin

Die Praxis der Werbung vermag sich noch nicht auf eine umfassende und empirisch bestätigte Theorie zu stützen. Daher vollziehen sich Konzeption, Planung und Durchführung von Werbekampagnen häufig am Leitfaden unanalysierter Erfahrungen oder ungeprüfter Hypothesen. Diese Hypothesen weisen vielfach auf ein psychologisches Denken zurück, das die Einsichten und Ergebnisse der modernen Psychologie und der empirischen Sozialforschung nicht oder noch nicht hinreichend berücksichtigt.

Angesichts der hohen Kosten und der weitreichenden absatzpolitischen und imageprofilierenden Folgen werblicher Fehlkonzeptionen aber wird eine verstärkte Methodisierung und empirische Prüfung der Prinzipien und Hypothesen der Wirtschaftswerbung unabweisbar. Nur die theoretische Klärung ihrer Wirkungsbedingungen und Erfolgsgesetze, nicht aber die intuitionsgeleitete Suche nach neuen Einfällen und Gestaltungsformen vermag die Erfolgsrisiken der Werbung im notwendigen Grade zu begrenzen. Dies gelingt nicht ohne die systematische Auswertung der gegenwärtig verfügbaren Erkenntnisse von empirischer Sozialforschung und Psychologie, von sozioökonomischer Verhaltensforschung, von Kommunikationsforschung und Soziokybernetik*)[1]. Nur eine dergestalt interdisziplinäre, von unterschiedlichen Fragestellungen und methodischen Ansätzen her zunehmend konvergierende Forschungsarbeit vermag die Wirkungsgesetze und Erfolgsbedingungen der vielfältigen Formen werblicher Verhaltenssteuerung durchsichtig zu machen und die bei der Planung und Durchführung werblicher Aktionen laufend anfallenden praktischen Erfahrungen in ein theoretisches System zu integrieren. Eine auf diesem Wege sich konfigurierende erfahrungswissenschaftliche Theorie der Werbung aber benötigt die Ergebnisse und Methoden der modernen Kommunikationsforschung.

I. Werbung und Kommunikation

Die noch unzureichende erfahrungswissenschaftliche Fundierung werblicher Verfahrensweisen und Wirkungshypothesen hängt eng damit zusammen, daß bereits die grundlegende Frage: „Was ist Werbung?" vielfach ohne Bezug auf im strengeren Sinne theo-

---

*) Die im Text laufend numerierten Quellenangaben sind am Schluß des Aufsatzes zitiert.

retische Modelle, sondern ausschließlich im Blick auf plausible Wirkungsziele beantwortet wird. Bei der Definition der Werbung (einschließlich derjenigen für „Reklame", „Propaganda" usw.) stellen die einzelnen Autoren jedoch ganz unterschiedliche Wirkungsziele – von der Aufmerksamkeitsweckung bis zu Umsatzsteigerung – in den Mittelpunkt.

Hier ist beispielsweise auf die Seyffertsche Definition zu verweisen:

„Werbung ist eine Form der seelischen Beeinflussung, die durch bewußten Verfahrenseinsatz zum freiwilligen Aufnehmen, Selbsterfüllen und Weiterpflanzen des von ihr angebotenen Zweckes veranlassen will[2]." Diese in mehreren Bestimmungen uneindeutige Definition wird von Behrens auf die besser begründete Umschreibung „Werbung ist eine absichtliche und zwangfreie Form der Beeinflussung, welche die Menschen zur Erfüllung der Werbeziele veranlassen soll[3]" eingeengt. Die große Mehrzahl dieser Umschreibungen der Aufgaben, Ziele und Wirkungsweisen von Werbung ist meist recht ungenau formuliert. Schon aufgrund der semantischen Vieldeutigkeit der hierbei verwendeten Sprache ergeben sich Modellkonzeptionen von Werbung, die gegen widersprechende praktische Erfahrung immunisiert sind und die die Ableitung empirisch prüfbarer Hypothesen nicht gestatten[4]).

Im folgenden soll eine Bestimmung von Werbung gegeben werden, die sich am theoretischen Modell der Kommunikation orientiert. Die beiden zentralen Merkmale von Kommunikation sind:

– die Übermittlung von Nachrichten und

– die hierdurch zustandekommende Steuerung von Erwartungen, Einstellungen und Verhaltensentscheidungen.

Beide Aspekte kommunikativer Prozesse – Information und Steuerung – kennzeichnen Werbung gleichermaßen: Sie erzeugt bestimmte Formen von Nachrichten und sucht diese zu Mitteln der Verhaltenssteuerung zu machen. Damit erweist sich Werbung als eine Sozialtechnik, die menschliches Verhalten unter Ausschluß negativer Sanktionen wie Drohung oder Zwang mit den Mitteln der Kommunikation zu steuern unternimmt.

Dabei versteht sich „Sozialtechnik" als die Anwendung empirisch bestätigten sozialwissenschaftlichen und psychologischen Wissens, das gemäß eindeutiger Ziele selegiert und organisiert ist. Dieses spezifisch technische Wissen stellt sich dar als ein System praktischer Erfahrungsregeln und theoretisch begründeter Handlungsanweisungen[5]). Den sozialtechnischen Charakter der Werbung und ihre strukturelle Isomorphie mit den kommunikativen Prozessen entsprechend gelangen wir zu folgender Definition:

> Wirtschaftswerbung ist geplante öffentliche Kommunikation zum Zweck einer ökonomisch wirksamen Information, Persuasion und Entscheidungssteuerung.

Dabei konstituiert sich im Erfolgsfall eine verhaltenssteuernde Wechselbeziehung zwischen den Initiatoren und Gestaltern einer Werbung (Kommunikator) und den Umworbenen (Kommunikanten). Als Träger von Information und Persuasionssymbolik fungiert die Werbebotschaft (Kommuniqué). Sie hat die Funktion, Meinungen, Einstellungen und Verhaltensweisen der Umworbenen gemäß den Absichten und Zielen des Werbenden in ökonomisch wirksamer Weise zu verändern.

II. Kommunikation und Interaktion

Soziale Prozesse sind unter anderem dadurch gekennzeichnet, daß Menschen ihnen bedeutsame „Werte", d. h. angestrebte Zustände und bevorzugte Ereignisse sowie die ihr Eintreten begünstigenden Mittel und sozialen Situationen kooperativ oder kompetitiv zu optimieren versuchen. Dabei werden einerseits die i n n e r e n Zustände der Beteiligten in Gestalt von Bedürfnissen, Gefühlen, Zielvorstellungen und Erwartungen wichtig. Zum anderen sind alle Sozialprozesse durch Ereignisse gekennzeichnet und konstituiert, die sich z w i s c h e n den an ihnen Beteiligten vollziehen.

Beide Ereignisklassen – Innenzustände und zwischenmenschliche Prozesse – stehen in direkten Wechselbeziehungen. Dabei reflektieren und verweisen die systeminternen Zustände (subjektive Ereignisse) auf die externen Bedingungen und Umstände, die die Realisierung der subjektiven Bedürfnisse, Erwartungen und Zielwerte ermöglichen, aufschieben oder verhindern. (Hierbei kann es sich sowohl um die Verfügung über die technischen und ökonomischen Bedingungen zur Befriedigung der Bedürfnisse, um passagere Situationen, aber auch um institutionelle Regelungen des Sozialprozesses handeln.) Das Erleben und die Erfahrung dieser begegnenden Realität wirken ihrerseits wieder auf die Gestaltung der im engeren Sinne sozialen, also interindividuellen Prozesse zurück.

Die Ereignisabläufe, die sich zwischen Menschen oder zwischen Menschen und Institutionen vollziehen, haben entweder den Charakter der Interaktion oder denjenigen der Kommunikation. Dabei vermag sich jegliche Interaktion – also alles kooperative, kompetitive oder agonale Handeln – nur zu verwirklichen, soweit ihr zunächst Kommunikationsprozesse vorausgehen: Wechselseitig aufeinander bezogenes Handeln zwischen Sozialpartnern ist nicht möglich ohne den Austausch von Zeichen.

Der Begriff „K o m m u n i k a t i o n" faßt eine ganze Klasse von Ereignissen zusammen, die sich gemäß spezifischer Regeln zwischen „Zeichen-Aussendenden" und „Zeichen-Empfangenden" realisieren. Grundlegende Voraussetzung für das Zustandekommen kommunikativer Prozesse ist es, daß zwischen den Sozialpartnern ein hinreichender Konsensus über die Bedeutung der Zeichen besteht. Nur unter dieser Bedingung kann ein tatsächlich verhaltenssteuernder und -anweisender Informationsaustausch erfolgen. Der Kommunikator trifft hierzu eine Auswahl aus dem Repertoire der Nachrichten, die er auszusenden vermag, und übermittelt diese dem Kommunikanten. Dabei wird diese Auswahl im allgemeinen denjenigen Zielstellungen und Absichten entsprechen, die er gegenüber dem Kommunikanten verfolgt. Dies ist in charakteristischer Weise auch bei der Werbung der Fall. Kommunikation kann jedoch auch den Charakter eines unbeabsichtigten und unbemerkten Austausches von Zeichen haben. Diese unwillkürliche und gefühlsgesteuerte Kommunikation vollzieht sich nur im direkten zwischenmenschlichen Umgang, also in kleinen Gruppen und in affektiv besetzten Situationen. Stets aber lösen die ausgesandten und vom Kommunikanten aufgenommenen Nachrichten in ihm Reaktionen aus. Diese können den Charakter eines „offenen", direkt beobachtbaren Verhaltens haben oder (zunächst) nur die inneren Zuständlichkeiten des Kommunikanten beeinflussen.

Im Falle der Ausgabe einer „offenen" Reaktion kann diese wiederum darin bestehen, daß der Kommunikant antwortet, indem er nun seinerseits eine Nachricht aussendet, die er aus seinem eigenen Repertoire selegiert. Für die Probleme des wechselseitigen Verstehens ist es wichtig, daß Nachrichten stets aus dem Informationspotential (Nachrichtenrepertoire) der Kommunikationspartner gemäß den Erwartungen ausgewählt werden, die sie gegeneinander hegen. Daher ist das Antwortverhalten selbst bei wechselseitigem

Mißverstehen kein „zufälliges" Ereignis. Der Grad des wechselseitigen Verstehens ist vielmehr eine Funktion

1. der strukturellen und inhaltlichen Ähnlichkeit oder Unterschiedlichkeit der Nachrichtenrepertoire von Kommunikator und Kommunikant,
2. der Richtigkeit der gegenseitigen, die Nachrichtenselektion bestimmenden Hypothesen über den jeweiligen Kommunikationspartner sowie
3. der wechselseitigen „Angemessenheit" und Akzeptanz der Ziele und Absichten, die das Aussenden und die Beantwortung von Nachrichten motivieren.

Die ausgegebene ebenso wie die beantwortete Nachricht sind stets von Struktur und Reaktionslage des „Senders" oder des „Empfängers" bestimmt. Die übermittelte Nachricht ist Element einer Situation, in der Verhalten und/oder Zustand eines Kommunikationspartners beeinflußt werden sollen.

Der bedeutende Kommunikationsforscher Carl I. Hovland betont diesen Aspekt der wechselseitigen Einflußnahme als Grundfunktion jeder Zeichenübermittlung innerhalb sozialer Systeme. Damit ist Kommunikation ein dynamisches Geschehen, bei dem Individuen Informationen mit dem Ziel übermitteln, andere Individuen zu beeinflussen[6]. Diese Beeinflussung kann den Charakter einer unmittelbaren, sofortige Wirkungen intendierenden Verhaltensanweisung und -lenkung haben. Dies gilt beispielsweise für Appelle und Befehle, deren Befolgung allerdings stets entweder an gemeinsam akzeptierte Normen und institutionelle Verhaltensregeln oder an Situationen gebunden ist –, nach der Bestimmung Max Webers appropriiert sind mit der Chance der Erzwingbarkeit des Verhaltens anderer. Sie kann aber auch darauf gerichtet sein, das künftige Verhalten des Sozialpartners zielentsprechend zu verändern. Letzteres geschieht vor allem durch Erwartungs-, Meinungs- und Urteilslenkung.

Das Gesagte macht deutlich, daß „Kommunikation" tatsächlich als adäquates Beschreibungs- und Erklärungsmodell von „Werbung" zu gelten hat. Die zentralen Merkmale von Kommunikation: Die Übermittlung von Informationen und Bedeutungsinhalten zum Zweck der Steuerung von Meinungen, Einstellungen, Erwartungen und Verhaltenweisen gemäß spezifischer Ziele betrifft die zentrale Aufgabe jeder Werbung. Werblicher Erfolg ist daher maßgeblich davon abhängig, in welchem Grade die Bedingungen einer effektiven Kommunikation erfüllt sind.

Ereigniskette kommunikativer Prozesse

Kommunikation vollzieht sich in Gestalt einer Ereigniskette, wobei die Einzelereignisse zueinander in einer wechselseitigen Verweisungsbeziehung stehen[7]. Im einzelnen umfaßt der Kommunikationsprozeß die folgenden Teilprozesse:

1. Am Beginn jeder Kommunikation stehen Aktualisierung und Rückmeldung eigener Systemzustände des Kommunikators. Er weiß etwas, fühlt etwas, will etwas mitteilen. Dies ist der Anstoß, um mit einem oder mehreren Menschen in Kommunikation zu treten.

2. Hiernach erfolgt die interne Konzeptionierung der Nachricht und ihre Transformation in eine Abfolge von Zeichen; die Nachricht wird „kodiert", d. h. in eine „Sprache" gebracht. „Sprachen" sind (a) relativ eindeutige Zuordnungen zweier Mengen von Zeichen (Buchstaben, Ziffern) und Symbolen sowie (b) konventionalisierte Regelsysteme, die sich auf die Organisation (Anordnung, Verknüpfung) und Verschlüsselung der Zeichen beziehen.

Kommunikationstheoretische Probleme der Werbung 161

3. Der nächste Schritt ist das „Aussenden" der Zeichenabfolge, d. h. die Eingabe der kodierten Zeichen in übertragungsermöglichende „Kanäle", über die sie an den „Empfänger" weitergeleitet werden.

„Kommunikationskanal" können sein: Telefonkabel, Nervenleitungen, Datenverarbeitungsanlagen, Medien der Massenkommunikation oder soziale Systeme und Organisationen, sofern sie die Übertragung von Zeichen, Symbolen und/oder Signalen in räumlicher oder zeitlicher Richtung gestatten. Damit ein System als „Kanal" zu fungieren vermag, müssen entweder die erste und zweite oder die erste und dritte der nachstehenden Minimalbedingungen erfüllt sein:

(1) Einwirkungen auf den Eingangsteil des Systems führen zu korrespondierenden Systemveränderungen. Die Abbildung von Art und Zahl der eingegebenen Zeichen erfolgt durch Veränderungen (beispielsweise Modulationen) der im Kanal „normalerweise" ablaufenden Prozesse.

(2) Beobachtbare Veränderungen am Ausgangsteil des Systems korrespondieren überdurchschnittlich wahrscheinlich bis eindeutig mit den Vorkommnissen am Eingangsteil des Systems.

(3) Veränderungen, die zum Zeitpunkt t_i im Eingangsteil des Systems erzeugt worden sind, sind überdurchschnittlich wahrscheinlich bis eindeutig Systemzuständen zugeordnet, die zu einer späteren Zeit t_k reproduziert und abgelesen werden können.

Im ersten Fall handelt es sich um einen „Übertragungskanal", im zweiten um ein Gedächtnis oder Speicher (manche „Kommunikationskanäle" wie z. B. das Zentralnervensystem verbinden beide Funktionen). Jeder Kommunikationskanal hat eine charakteristische Aufnahme- und Übertragungskapazität. Sie bestimmt Art und Zahl der über den Informationskanal zu übermittelnden Zeichen, Symbole oder Signale.

4. Die übertragenen „Empfangssignale" werden im Empfänger der Nachricht (Kommunikant) dekodiert und dadurch wieder in eine Zeichenabfolge rücktransponiert.

5. Die Zeichenabfolge wird gemäß den Verknüpfungsregeln und dem Repertoire der Bedeutungszuweisungen der jeweils für Nachricht und Empfänger „zuständigen" Sprache in eine Bedeutung übersetzt: Der Kommunikant „versteht" die Nachricht.

6. Hierdurch wirkt die aufgenommene und verstandene Nachricht auf

   - die rückmeldungsfähigen Systemzustände des Kommunikanten (auf seine Gefühle und Bedürfnisse);
   - seine Deutung des Szenariums (Wahrnehmung der Situation und Hypothesenbildung in bezug auf die Innenzustände, die Absichten und die erwartbaren Verhaltensweisen des Kommunikationspartners);
   - die kognitive Organisation seines Informationspotentials (Wissen, Meinungen);
   - seine Bewertung der ihm begegnenden oder von ihm erwarteten Realität (Wertordnung, Präferenzsystem).

Die folgende Abbildung veranschaulicht die Grundstruktur der Kommunikationskette; dabei bleiben die internen Teilprozesse der Kommunikation, die sich im Kommunikator und im Kommunikanten vollziehen (also 1, 5 und 6 der vorstehenden Darstellung) unberücksichtigt:

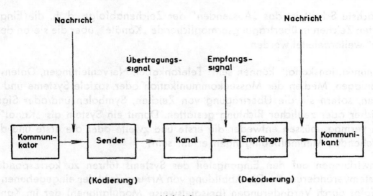

Abbildung 1
Schema der Kommunikationskette

Im Falle einer „idealen" Kommunikation würde die empfangene und verstandene Nachricht genau derjenigen entsprechen, die vom Kommunikator konzipiert, kodiert und ausgesandt worden ist. Tatsächlich tritt jedoch fast immer eine mehr oder weniger weitgehende „V e r z e r r u n g" der aufgenommenen Bedeutung ein. Diese Verzerrung der Nachricht und ihrer Bedeutung ergibt sich aus dem Zusammenwirken mehrerer E i n f l u ß g r ö ß e n :

1. Der „Kanal", über den die Botschaft gesandt wird, kann dauernd oder kurzzeitig gestört sein, so daß die Nachricht durch „Rauschen" verstümmelt wird. (Elektrische Ladungsträger in Leitungen führen Bewegungen aus, die innerhalb der Grenzen der jeweiligen Systembedingungen zufällig sind. Diese rufen Störspannungen hervor, durch die die Informationsübermittlung beeinträchtigt wird. Die Kommunikationstheorie spricht hier von „Rauschen" und wendet diesen Begriff für alle Störungen und Verzerrungen von Nachrichten an, die durch die spezifischen Bedingungen des Kommunikationskanals verursacht werden. Dabei bezeichnet das sogenannte „weiße Rauschen" eine „wahllose", also zufallsgesteuerte Informationsverzerrung. Demgegenüber trifft „farbiges Rauschen" selektiv nur bestimmte Frequenzbreiten des Übertragungssignals und damit bestimmte Aspekte der Nachricht.)

2. Das Wahrnehmungssystem des Kommunikanten ist (vorübergehend oder dauernd) „gestört". Dies kann der Fall sein, wenn der Adressat einer Werbebotschaft zum Beispiel durch andere motivational stärker besetzte Wahrnehmungsreize oder durch die Rückmeldung der eigenen Systemzustände (Triebspannungen, Furcht, affektiv besetzte Erwartungen) „abgelenkt" ist, so daß er die Nachricht nicht bemerkt oder sie nur in einer mehr oder weniger reduzierten Form aufzunehmen vermag.

3. Gleiches tritt ein, wenn der Kommunikant sich starke Hypothesen über Aussagefunktion und Bedeutung einer erwarteten und ihm nun begegnenden Nachricht gebildet hat, die tatsächliche Nachricht jedoch seine Erwartungen nicht bestätigt. Hier wirkt sich aus, daß der Kommunikant die Bedeutung der aufgenommenen Nachricht stets nur in dem Grade versteht, in dem sie sich in die kognitive Organisation seines Informationspotentials einfügt. Das für die aufgenommene Nachricht einschlägige Vorwissen, der jeweilige Bildungsgrad und vor allem die jeweilige persönliche Mentalität entscheiden darüber, ob die vom Kommunikator „gemeinte" Bedeutung vom Kommunikanten auch tatsächlich erfaßt wird.

4. Häufig ist das Kommuniqué selbst so unklar und vieldeutig, daß es mehr oder weniger beliebige Deutungen zuläßt. Nicht selten wird in der Wirtschaftswerbung, vor allem aber in der politischen Propaganda eine wirkungsorientierte Botschaft absichtlich vieldeutig formuliert, damit ihr ein möglichst großer Adressatenkreis die subjektiv jeweils am besten „passende" Bedeutung zuordnet. Meist führt diese „Strategie" nicht zum gewünschten Erfolg, da die Vieldeutigkeit der Nachricht von der Mehrzahl der Umworbenen doch bemerkt oder zumindest gefühlt wird. Damit entsteht ein Mißbehagen, das die innere Abwendung von der Botschaft auslöst.

5. Stets trifft der Kommunikant eine bestimmte, für ihn charakteristische Selektion der bei ihm eintreffenden Nachrichten. Diese ist nicht nur vom Inhalt, sondern auch vom Komplexitätsgrad der Nachricht abhängig. Der Komplexitätsgrad der Nachricht kann zu weit über, aber auch unter der Aufnahmekapazität des Adressaten liegen. Die Nachrichten werden also jeweils der aktuellen Bedürfnislage und den das Erleben des Kommunikanten langfristig bestimmenden Motiven und Zielwerten entsprechend bewertet, was oft verminderte Beachtung der Nachricht oder Fehldeutungen der Botschaft mit sich bringt. Dies gilt nicht nur für die Einstufung der Nachricht als „unwichtig" und deshalb nicht zu beachten. Auch ihre Bewertung als „unangenehm" oder „bedrohlich" kann zu einer so weitreichenden affektiven Aufnahmesperre führen, daß die übermittelte Bedeutung nicht realisiert und sogleich aus dem Bewußtsein verdrängt wird. Etwa gleich häufig ist die Umdeutung einer gefühlsmäßig negativ besetzten Nachricht gemäß positiven Erwartungen. Aber auch die Einstufung einer Nachricht als „sehr wichtig" begünstigt erhebliche Informationsverzerrungen.

Da jeder reale Kommunikationsprozeß Störeinflüssen unterliegt, kann im allgemeinen von einer Identität der vom Kommunikator ausgesandten und der vom Kommunikanten aufgenommenen Nachricht nicht gesprochen werden. Diese Tatsache verdeutlicht viele praktische Probleme und Schwierigkeiten werblicher Kommunikation.

Rückkopplung

Wie bereits erörtert, bildet der Empfang der Nachricht nicht den „Abschluß" des Kommunikationsprozesses. Indem der Kommunikant die Nachricht dekodiert und in Bedeutung übersetzt, vollzieht er zugleich eine Reaktion auf sie. Dabei kann die Rezeption des Kommuniqués von einem „overt" oder einem „covert behavior" gefolgt werden. Entweder beantwortet der Kommunikant die Botschaft mit der Ausgabe eines Verhaltens, oder er vollzieht eine systeminterne Antwort, die keine nach außen gerichteten und damit keine in der aktuellen Kommunikation unmittelbar wirksamen Korrelate aufweist.

Die Antworten des Kommunikanten haben im Falle eines „overt behavior" entweder den Charakter eines Aktionsverhaltens — was sich im Falle der direkten Kommunikation in der Regel auf den Kommunikator richtet — oder sie erweisen sich als Symbolverhalten, indem die empfangene Nachricht mimisch, gestisch oder verbal beantwortet wird. Damit wird der Kommunikant selbst zum Kommunikator.

Im Fall einer „covert response" wird die Nachricht „nur" gespeichert, also als etwas Erfahrenes, Gewußtes oder Gefühltes in das im Laufe der Zeit aufgebaute Informationspotential eingeordnet. Damit ist vielfach nicht nur eine Veränderung des Wissens, sondern zugleich auch der Einstellungen und Erwartungen, der Überzeugungen und der Ansprüche des Kommunikanten eingeleitet. Hierbei erreicht den Kommunikator keine identifizierbare „Antwort". Da nun die ausgesendete und die empfangene Nachricht, aber auch die „gemeinte" und die realisierte Bedeutung fast immer mehr oder weniger voneinander abweichen, ist der Kommunikator darauf angewiesen, das Verständnis und die Wirkung seiner Botschaft laufend zu prüfen. Andernfalls fehlen ihm die „cues", an denen er sich zwecks adressatengerechter Formulierung nachfolgender Nachrichten zu orientieren vermag. Manifestiert dagegen der Kommunikant eine „overt response", so erhält der Kommunikator verwertbare Informationen über die durch sein Kommuniqué erzielte Wirkungen. Er ist in der Lage, diese Wirkungen mit seinem Kommunikationsziel zu vergleichen. Er vermag das erreichte „Wirkungs-Ist" am „Wirkungs-Soll" zu prüfen. Damit aber kann Rückkopplung („feed back") stattfinden. Nur im Wege des feed back kann die eigene Kommunikationstaktik laufend in Richtung auf erhöhte Effektivität korrigiert werden, so daß die bestmögliche Annäherung an das jeweilige Kommunikationsziel zustandekommt. Die Struktur der Rückkopplung im kommunikativen System läßt sich folgendermaßen veranschaulichen:

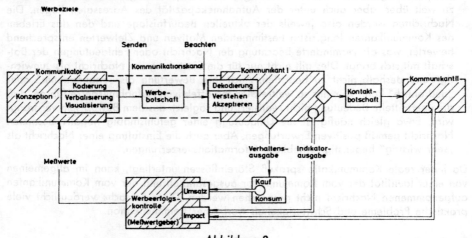

Abbildung 2
Rückkopplung im kommunikativen System Werbung

Der laufende wechselseitige Informationsaustausch, wie er sich zum Beispiel in der unmittelbaren Kommunikation des Gesprächs ereignet, begünstigt die Wahrscheinlichkeit eines hinreichenden Verständnisses zwischen den Partnern und bietet gute Voraussetzungen für das Erreichen des Kommunikationsziels. Der Partner kann hier mimische oder gestische „Verstanden-" oder „Zustimmungssignale" geben oder ergänzende und verdeutlichende Informationen erfragen. In jedem Fall übernimmt er immer wieder auch die Rolle des Kommunikators und vermag daher seinerseits aktiv steuernd in das Geschehen einzugreifen. Unter den Bedingungen der indirekten Kommunikation dagegen, in der sich die Sozialpartner nicht gegenüberstehen, ist es weitaus schwieriger, die tatsächlich gemeinte Bedeutung zu übermitteln und das Partnerverhalten erfolgreich zu steuern. Auch die meisten Formen der Werbung vollziehen sich in mittelbarer Kommunikation, da der Werbende die Umworbenen überwiegend nicht in direktem Kontakt, sondern über die Medien der Massenkommunikation anspricht. Dabei ist die Antwort der Umworbenen auf die Werbebotschaft niemals sogleich zu kontrollieren, so daß weitgehende Ungewißheit und Unsicherheit hinsichtlich der Angemessenheit und Wirksamkeit der Werbebotschaft bestehen, sofern nicht auf die Möglichkeiten der Werbeerfolgskontrolle zurückgegriffen wird.

Zunächst gilt es jedoch, eine Reihe Fragen zu klären, von deren sachgerechter Beantwortung auch die wirkungsgerechte Gestaltung der Werbebotschaft abhängig ist.

III. Informationstheoretische und semantische Probleme der Kommunikation

Das Kommuniqué fungiert als Träger von Nachrichten und damit als Mittel zur Erreichung der Kommunikationsziele. Es vermag Bedeutungsgehalte an den Kommunikanten zu übermitteln, die sein Verhalten oder sein Reaktionspotential verändern. Eine in diesem Sinne erfolgreiche Kommunikation ist an folgende Voraussetzungen gebunden:

1. Die Kommunikationspartner müssen über einen übereinstimmenden Code verfügen, mit dem Signale identifiziert und entschlüsselt werden können.
2. Sie müssen über ein hinreichend identisches Zeichenrepertoire verfügen.
3. Zwischen den Partnern muß ein weitgehender Konsensus hinsichtlich der Bedeutung und Verwendung der Zeichen dieses Repertoires gesichert sein.
4. Das subjektive Informationspotential des Adressaten muß ausreichen, damit die Nachricht ohne wesentliche Verzerrung und gemäß der vom Kommunikator gemeinten Bedeutung aufgenommen und verstanden werden kann.
5. Die Nachricht muß vom Kommunikanten als hinreichend beachtenswert und wichtig eingeschätzt werden, so daß sie in der Beachtungskonkurrenz mit anderen Botschaften selektiv wahrgenommen wird.
6. Die Nachricht muß so gestaltet sein, daß sie zumindest teilweise gelernt werden kann.
7. Durch ihre adressatengerechte Verbalisierung und/oder Visualisierung muß die Nachricht im Kommunikanten subjektiv bedeutsame Überzeugungen, Erwartungen, Wünsche und Motive aktualisieren.
8. Die Nachricht muß ihren Adressaten über die Zielpunkte und Bedingungen eines für ihn realisierbaren und befriedigenden Aktionsverhaltens orientieren.

Bleibt eine dieser Bedingungen unerfüllt, so vermag sich keine verhaltenswirksame Kommunikation zu vollziehen. Auch Werbung ist daher gehalten, eine Reihe informationstheoretischer und semantischer Erkenntnisse zu berücksichtigen, um die von ihr angezielten Wirkungen zu erreichen. Dies gilt bereits für die Konzeption und nicht erst für die Realisierung werblicher Kommuniqués. Anderenfalls bleibt die Werbebotschaft ein vielleicht ästhetisch gelungenes Resultat kreativ-intuitiver Prozesse, das die angesprochenen Personen oder Gruppen nicht nachhaltig und wirksam zu beeinflussen vermag.

Zum hinreichenden Verständnis der obenstehenden Forderungen ist die genauere Klärung der Begriffe Signal, Information, Zeichen, Symbol und Nachricht erforderlich.

Signal und „natürliche Ereignisse"

„Signale" sind – im Unterschied zu „natürlichen Ereignissen" – in einem System organisiert und dienen der Kommunikation; da ihnen stets eine gewisse Unwahrscheinlichkeit eignet, können sie zu Trägern von Information werden. Hier ist „Information" jedoch nicht mit „Bedeutung" gleichzusetzen. Unter „Information" i. e. S. versteht sich die Wahrscheinlichkeit des Eintretens eines Ereignisses oder der Reduktionsgrad von Ungewißheit durch ein Ereignis. Schon das Auftreten eines Signals liefert also Information, unabhängig davon, ob sein Empfänger ihm eine Bedeutung zuzuordnen vermag. „Unerwartetheit" oder „Überraschungswert" stellen subjektive, erlebniswirksame Korrelate des Signals dar. In objektiver Betrachtung sind Signale beobachtbare Ereignisse von erhöhter Unwahrscheinlichkeit, deren Auftreten auf andere, schwerer zu beobachtende oder auf mit erhöhter Wahrscheinlichkeit nachfolgende Ereignisse hinweist.

Grundsätzlich müssen vier Bedingungen erfüllt sein, damit ein Ereignis Signalfunktion übernimmt:

1. Eine hinreichende Unwahrscheinlichkeit („Information", „Überraschungswert"), die sich von den „natürlichen" und „erwartbaren" Ereignisabfolgen abhebt.
2. Vereinbarung, dieses Ereignis als Signal zu interpretieren (eine Rauchwolke hat z. B. für diejenigen Signalwert, die sich über ihre spezielle Bedeutung geeinigt haben; im anderen Falle bleibt sie natürliches Ereignis, das gegebenenfalls als „Anzeichen" zu bewerten ist; „Anzeichen" sind nicht durch Konvention festgelegte und normierte Ereignisabläufe mit Indikatorfunktion; sie haben keine primäre Kommunikationsaufgabe und müssen streng von Signalen unterschieden werden).
3. Zuordnung zu einem situationellen Kontext. Erst durch diesen gewinnt das wahrzunehmende Signal seine Aussagefunktion.
4. Das Signal muß regelhaft oder gesetzmäßig mit anderen Ereignissen korrelieren. Diese Ereignisse können bereits abgelaufen sein, sie können aber auch gleichzeitig mit dem Auftreten des Signals realisiert werden oder sich infolge des Signals vollziehen.

Diese vier Merkmale sichern, daß ein Signal überhaupt als solches erkannt und daß die Information oder Bedeutung, die es trägt, auch empfangen und verstanden werden kann. Im einzelnen sind zwei Arten von Signalen zu unterscheiden:

– Signale als physikalische Korrelate von Einzelzeichen, die zu einem konventionalisierten Zeichensystem gehören (z. B. Morsesignale und Buchstaben). Signale dieser Art sind lediglich „Träger" von Zeichen in einem bestimmten Kanal.

– Signale als Träger vereindeutigter Handlungsanweisungen; sie haben die Funktion, beim Empfänger oder der Adressatengruppe wohldefinierte Aktionen auszulösen (Signale dieser Art sind den Instinktauslösern bei Tieren funktionell eng verwandt). Diese Art von Signalen dient dazu, komplexere Botschaften zeit- und aufwandsökonomisch sowie relativ irrtumssicher zu übermitteln. Hier ist beispielsweise an „Flaggensignale", Ampelsignale oder an handlungssteuernde Kurzformeln in der Sprache des Militärs oder der Medizin zu denken.

Für Werbung ist die letztgenannte Form von Signalen wichtig, da sie einen hohen Aufmerksamkeits- und Stimulationswert besitzen, aber auch in suggestiver Weise verhaltenssteuernd wirken können. Die werbliche Nutzung dieser Signaleigenschaft fordert, daß der Bekanntheits- und Vertrautheitsgrad des in der Werbebotschaft verwendeten Signals bei den Umworbenen gesichert ist. „Signale" sind also beim Kommunikator wie beim Kommunikanten mit spezifischen Erwartungen vergesellschaftet. Erwartungen entweder inhaltlicher oder formaler Art müssen mit einem Signal oder mit Signalketten verbunden sein, um Kommunikation zu ermöglichen.

Zeichen und Nachricht

In Abgrenzung zum „Signal" stellen „Zeichen" sozial normierte und konventionalisierte Ereignisse dar, die relativ frei kombinierbar sind. Dieser Sachverhalt der weitgehenden, jedoch durch die Verknüpfungsregeln von Zeichen begenzten Kombinierbarkeit unterscheidet die Zeichen eindeutig von Signalen der zweitgenannten Art. In zwei weiteren Dimensionen heben Zeichen sich klar von diesen Signalen ab:

1. Sie sind nicht mit eindeutigen Handlungsanweisungen gekoppelt; demgegenüber waren Signale mit präformierten Verhaltensweisen korreliert.

2. Die „lexikalische" Bedeutung von Zeichen wird nicht durch einen spezifischen Kontext definiert; sie ist vielmehr unabhängig von bestimmten Ereignisfeldern und Situationen. Damit erweisen sich Zeichen als hochgradig manipulierbar; sie geben die Möglichkeit, nicht nur Realitäten, Vorstellungen oder Gefühle zu repräsentieren. Zeichen können auch zu Nachrichten gefügt werden, die eine „zweite Welt" konstituieren, der keine antreffbaren Korrelate entsprechen.

Zeichen sind in Systemen („Sprachen") organisiert. Es gibt eine Vielzahl solcher Zeichensysteme. Hier ist nicht nur an unsere „natürlichen" Sprachen wie Deutsch oder Englisch, sondern auch an „Kunstsprachen" zu denken, wie sie Mathematik, Physik oder Logistik verwenden, sowie an Zeichensysteme, die – beispielsweise in den Künsten – mit bildhaften Figurationen, Tönen, Mimik oder Gesten operieren[9]).

Die verschiedenen Sprachen erreichen eine unterschiedliche Eindeutigkeit, da die ihren Zeichen jeweils zugeordneten Bedeutungen mehr oder weniger konventionalisiert und einheitlich definiert sind. So ist die Bedeutung mimischer Ausdruckszeichen weitaus weniger eindeutig als beispielsweise die Bedeutung mathematischer und logischer Zeichen. In jedem Sprachsystem kann das einzelne Zeichen unter verschiedenen Aspekten betrachtet werden. Meist werden hier – im Anschluß an Morris[10]) – drei Funktionen unterschieden:

1. die syntaktische Funktion,

2. die semantische Funktion sowie

3. die pragmatische Funktion.

Dabei gibt die syntaktische Dimension eines Zeichens an, in welcher Beziehung ein Zeichen innerhalb einer Nachricht zu einem anderen stehen kann. Zur Formulierung einer Nachricht müssen stets bestimmte Verknüpfungsregeln von Zeichen berücksichtigt werden, die in ihrer Gesamtheit die Syntax einer Sprache ausmachen. Nicht nur für unsere natürlichen Sprachen steht eine Syntax bereit, sondern für sämtliche Zeichensysteme. So werden auch beispielsweise Töne nach bestimmten Regeln, also gemäß einer spezifischen Syntax zu Melodien oder Harmonien kombiniert. Ein Abweichen von diesen Regeln bedeutet stets ein Kommunikationsrisiko: Der Kommunikator läuft Gefahr, nicht oder nicht hinreichend verstanden zu werden. – Je höher die Elaborationsstufe einer Syntax ist, um so größer kann – bei Erfüllung der anderen Kommunikationsbedingungen – die Eindeutigkeit einer Nachricht sein[11]).

In der semantischen Dimension geht es um die Beziehung zwischen den Zeichen und dem, was sie bezeichnen oder repräsentieren, also um die Frage ihrer Bedeutung[12]). Für die Probleme der werblichen Kommunikation ist die Funktion der Zeichen als Bedeutungsträger besonders wichtig. Hier ist nun zu sagen: Jedes Zeichen besitzt einen standardisierten, „lexikalischen" Bedeutungskern, über den zwischen den Mitgliedern einer Gruppe ein weitgehender Konsens besteht. Dieser „Bedeutungskern" ist durch Tradition und Konvention festgelegt. Zugleich und darüber hinaus aber verfügt fast jedes Zeichen – ausgenommen Zeichen formalisierter Kunstsprachen – über ein mehr oder weniger breites „Bedeutungsspektrum", das sich als ein Fächer von oft stark gefühlsbesetzten Zusatz- und Nebenbedeutungen darstellt. Daraus resultiert die jede Kommunikation erschwerende semantische Vieldeutigkeit von Zeichen.

Diese persönlichkeits- und/oder gruppenspezifischen Nebenbedeutungen erweisen sich als Resultate jeweils unterschiedlicher Erlebnis-, Erfahrungs- und Handlungsräume von Individuen und Gruppen, zu deren „Beschreibung", Erläuterung oder Erklärung jedoch die gleichen Zeichen der Umgangssprache verwendet werden. Allgemein bekannte Wörter gewinnen auf diesem Wege spezielle und für den Außenstehenden weitgehend unzugängliche Bedeutungen. Hierdurch wird die Kommunikation der Majorität mit Minoritäten noch stärker erschwert als durch die Tatsache, daß alle Minoritäten (Eliten ebenso wie negativ privilegierte Gruppen) ihre gruppenspezifischen Erfahrungen und Aktivitäten in gruppeneigenen Worten und Sprachen formulieren. Dabei werden diese Bedeutungserweiterungen den Zeichen und Superzeichen vor allem durch unverbalisiertes Erleben und unreflektierte Erfahrung vermittelt.

Drei Sachverhalte sind in diesem Zusammenhang bedeutsam:

1. Gerade die nur durch „symbolische" Mitrepräsentanz eines Zeichens zu übermittelnde Bedeutung löst verstärkte affektive Resonanz aus und ist von erhöhter subjektiver Wichtigkeit. Diese Tatsache vermag sich nur eine gezielte, auf wohldefinierte Umworbenengruppen hin entworfene Werbung zunutze zu machen, da die Zusatzbedeutung von Zeichen und Superzeichen mit dem jeweiligen erfahrungs- und mentalitätsbedingten Bezugssystem einer Gruppe variiert.

2. Die affektive Besetzung der Nebenbedeutungen kommt nur zustande, wenn Kommunikator und Kommunikant dem Zeichen die gleiche Zusatzbedeutung zuordnen. Gruppenfremde Personen werden dadurch aus der „vollständigen" Kommunikation mehr oder weniger ausgeschlossen.

3. Die Zusatzbedeutungen „konkurrieren" nicht selten mit dem lexikalischen Bedeutungskern eines Zeichens. Dies wird der Fall sein, sofern die Zusatzbedeutung den Charakter des „Selbstverständlichen" angenommen hat.

Nachrichten, in denen Zeichen verwendet werden, die für den Adressaten wichtige Nebenbedeutungen haben und damit eine hohe gefühlshafte Valenz besitzen, werden oft weitgehend subjektiv interpretiert und verstanden. Er orientiert sich in diesem Fall weniger am standardisierten Bedeutungskern, sondern gerade an den seine persönliche Erfahrung und sein individuelles Erleben erst kommunikabel machenden Nebenbedeutungen.

Symbol und pragmatische Zeichenfunktion

In diesem Zusammenhang ist auf die Symbole[13]) als auf eine spezielle Klasse von Zeichen hinzuweisen. Symbole sind Träger einer hochkomplexen, aber meist nur schwach strukturierten Bedeutung. (Hier ist beispielsweise an religiöse und nationale Symbole oder „Hochzeichen" sowie an affektiv besetzte Symbolworte wie „Freiheit", „Liebe" oder „Schönheit" zu denken.)

Im einzelnen sind fünf unterschiedliche S y m b o l k l a s s e n zu unterscheiden:

1. Symbolworte
    z. B. Bezeichnung ideologischer und persönlicher Zielwerte, stereotype Benennung von „Wirgruppen" und Fremdgruppen; Firmen- und Markennamen, Slogans.

2. Symbolverhalten („Bezeugungen")
    z. B. Ehrenbezeugungen, gruppenspezifische Grußformen, Devotionsformen.

3. Abzeichen
   z. B. Uniformen, Rangabzeichen, Amtstrachten, Vereinsabzeichen, aber auch konsumtive „Statussymbole".
4. Regelungszeichen
   z. B.: Gutschein, Scheck, Wechsel, Fahrkarte, Quittung, Urkunde, Stempel.
5. Hochzeichen (tabuiert und nicht tabuiert)
   z. B. Fahnen, Wappen, Insignien, Sakramente, nationale und politische „Heiligtümer".

Kennzeichnend für alle Symbole ist einmal ihr hoher emotional-affektiver Stimulationswert und zum anderen die Tatsache, daß die unter (2.) bis (5.) genannten Symbolklassen einmal als „sie selbst", in Gestalt von sozial wirksamen Dingen oder Verhaltensweisen, zum anderen aber in Gestalt der sie repräsentierenden Symbolworte gegeben sind.

Trotz der fast immer weitgehend die Interaktion steuernden Wirksamkeit der Symbole und Symbolworte ist die Genauigkeit der durch sie im Kommunikationsprozeß übermittelten Nachrichten und Bedeutungen unterschiedlich und nicht selten sehr gering. Hier wirken sich aus:

– die semantische Vieldeutigkeit von Symbolen, die über keinen definitorisch festgelegten und allgemeinverbindlichen Bedeutungskern verfügen und

– die Mentalitätsabhängigkeit der durch sie vollzogenen Wertrepräsentanz; die Mitglieder unterschiedlicher soziokultureller Gruppen ordnen stets den Symbolen in charakteristischer Weise voneinander abweichende, teilweise sogar divergierende Bedeutungen zu. Zugleich werden Symbole gemäß einer Skala bewertet, die von enthusiastischer Zustimmung bis zu feindseliger Ablehnung reicht.

Bei den Symbolen steht die noch zu diskutierende pragmatische Zeichenfunktion im Vordergrund. Sie ist durch die jeweilige Beziehung der Zeichen zu bestimmten Anwendungssituationen sowie durch die dabei sich ergebenden Wirkungen auf den Kommunikanten gekennzeichnet. Allgemein verfügen Zeichen ihrem jeweiligen situationellen Kontext entsprechend über je spezifische Auslösungs-, Steuerungs- und Regulationswirkungen. Dabei ist zu beachten, daß die jeweils zustandekommenden Wirkungen weder für alle Zeichen gleich groß noch für das einzelne Zeichen konstant sind. Je nach den sozialen und situativen Bedingungen und Anlässen einer Übermittlung von Nachricht und Bedeutung variiert die durch ein Zeichen erzielbare Beeinflussung der Kommunikationspartner.

Wirkungsdeterminierend ist weiterhin der Kommunikator selbst: Der Effektivitätsgrad von Zeichen ist im gewissen Grad auch davon abhängig, „wer" sie verwendet. Die Erwartungen, Einstellungen des Kommunikanten gegenüber dem Kommunikator sind mitbestimmend für die pragmatische Wertigkeit von Zeichen.

Im einzelnen kann zur pragmatischen Zeichenfunktion gesagt werden: Indem der Kommunikant die von ihm empfangene Zeichenabfolge in psychische Inhalte übersetzt, werden in ihm die durch vorgängige Lernprozesse an diese Zeichen gekoppelten Erlebnisse und/oder Erfahrungen aktualisiert. Auf diesem Wege findet eine Steuerung des Denkens und Erlebens statt, durch die das vom Kommunikanten jeweils als Antwort ausgegebene Aktions- oder Symbolverhalten mitgeformt wird.

Die pragmatische Funktion von Zeichen schließt darüber hinaus auch sozial normierende und differenzierende Wirkungen ein. (Dieser Sachverhalt war bereits im Zusammenhang mit der Problematik der Neben- und Zusatzbedeutungen von Zeichen hervorzuheben).

Hier ist beispielsweise an spezielle Subsprachen zu denken, die das Militär, die Luftfahrt, die Medizin oder etwa die Computerfachleute hervorbringen. Gleiches gilt aber auch für Verwender bestimmter Konsumgüter oder für die gewohnheitsmäßigen Nachfrager nach bestimmten Dienstleistungen.

Durch die Verwendung von Zeichen aus gruppenspezifisch entweder konventionalisierten oder informellen Repertoirs „signalisiert" der Sprecher, daß er sich der entsprechenden Gruppe zurechnet und über die für sie einschlägigen Erfahrungen und Verhaltensmuster verfügt. Zugleich demonstriert die Verwendung gruppenspezifischer Subsprachen eine Abgrenzung gegenüber anderen Gruppen.

Bei zielgruppenentsprechender Verbalisierung und Visualisierung der Werbebotschaft – durch Slogans, durch werbliche „Kunstwörter" oder durch anschauliche Symbole und Werbekonstanten – ermöglicht es die pragmatische Funktion von Zeichen, die Bildung von Konsumentengruppen zu begünstigen und deren innere Stabilität zu verstärken. Dadurch konfigurieren sich „überzeugte" Verbrauchergemeinschaften, deren Angehörige sich in ihrer Produktbindung wechselseitig bestätigen. (Die informelle Gruppenbildung der Verwender von Konsumgütern wird beispielsweise bei Porsche- oder Mercedes-Fahrern sehr deutlich. Hier übernimmt das Produkt selbst eine Symbolfunktion, die eine Sympathiegruppe integriert.)

Die hierzu erforderlichen Nachrichten können produktbezogene Interessen, Einstellungen und Verhaltensweisen nur aufbauen und stabilisieren, wenn sie Symbole enthalten und Bedeutungen vermitteln, die im Adressaten persönliche Erfahrungen und emotional wichtige Erwartungen aktualisieren. Damit werden Wünsche und Bedürfnisse geweckt, die eine Realisierung der Werbeziele wahrscheinlich machen. „Nachrichten" (Botschaft, Zeichengeflecht) sind geordnete und relativ komplexe Sequenzen oder figurale Kombinationen von Zeichen und/oder Superzeichen. Die Nachricht kann also durch Sätze, aber auch durch Bilder vermittelt werden. Zweck der Nachricht ist es, das Verhalten des Kommunikanten direkt zu beeinflussen oder über Tatsachen sowie über die inneren Zustände des Kommunikators zu informieren.

Der Unterschiedlichkeit dieser Zwecke entspricht der Unterschied von pragmatischer und semantischer Funktion eines Zeichens. Allgemeine Kennzeichen einer „Nachricht" sind:

1. Organisation, d. h. Nachrichten unterscheiden sich von zufälligen Zeichenabfolgen durch die Ordnung, die in ihnen – gemäß syntaktischer Verknüpfungsregeln – realisiert ist. Die Nachricht ist nicht identisch mit der Summe der Bedeutungen der in ihr verwendeten Einzelzeichen; die jeweilige Auswahl und Anordnung der Zeichen gibt der Nachricht eine „eigene", spezielle Bedeutung. Wir sprechen hier von einer „Bedeutung zweiter Ordnung".

2. Redundanz („Weitschweifigkeit"); sie kennzeichnet den quantitativ meßbaren Anteil, um den der Zeichenbestand einer Nachricht gekürzt werden könnte, ohne daß sich dadurch ihr Informationsgehalt reduziert. Redundanz vermindert den statistischen Informationsgehalt der Nachricht. Innerhalb einer Nachricht hat jedes Zeichen bestimmte Übergangswahrscheinlichkeiten in bezug auf die nachfolgenden Zeichen, da u. a. die Kombinationsmöglichkeiten infolge der Syntax eingeschränkt sind. Demzufolge besteht in gewissem Grade auch die Möglichkeit, aus einer bereits vorliegenden Zeichenfolge vorherzusagen, welches Zeichen als nächstes zu erwarten ist[14]).

Eine ausreichende Redundanz ist für den Kommunikationserfolg wichtig, da sie die Störanfälligkeit der Nachricht im „Kanal" vermindert. Je größer die Redundanz – und je höher damit die Vorhersagbarkeit der Zeichenfolgen ist – um so eher vermag der Empfänger der Nachricht die durch Kanalstörungen zustandegekommenen „Leerstellen" selbständig mit zutreffender Bedeutung zu füllen. Wird die Kombinierbarkeit von Zeichen nicht nur durch die Syntax der Umgangssprache, sondern zusätzlich durch eine spezielle Syntax eingeschränkt, so erhöht sich die Vorhersagemöglichkeit. (Das Wort „Herz" an einer bestimmten Stelle der Wortfolge läßt mit recht hoher Wahrscheinlichkeit das Wort „Schmerz" vorhersagen. Je trivialer die künstlerische Syntax ist, um so mehr wächst – z. B. im Fall von „Kitsch" – die Redundanz.)

Der Kommunikant kann unter Umständen durchaus alle Einzelzeichen einer Nachricht verstehen, ohne daß er deshalb auch den Bedeutungsgehalt der Nachricht selbst aufzufassen vermag. „Zeichen" und „Nachricht" liegen auf unterschiedlichen semantischen Komplexitätsebenen.

Unter semantisch-funktionalem Aspekt lassen sich zwei Klassen von Nachrichten unterscheiden:

1. „isomorphe" Nachrichten und
2. „ikonische" Nachrichten.

„Isomorphe" Nachrichten bilden Realitätsausschnitte ab, indem sie Zeichenelemente mit dem Ziel der mehr oder weniger analogen oder zumindest „charakteristischen" Reproduktion der darzustellenden und zu übermittelnden Erfahrungsanordnung kombinieren. Hier ist zum Beispiel an naturalistische Bilder oder Fotografien, aber auch an verbalanschauliche Schilderungen zu denken. Mit Sprachzeichen ist strenge Isomorphie im Sinne einer analogen Punkt-zu-Punkt-Zuordnung von Realität und Nachricht nicht erreichbar. Die Bedeutung von Sprachzeichen – selbst wenn sie als Namen, also als Repräsentanz einmaliger Dinge, Ereignisse oder Personen fungieren – hat stets den Charakter einer abstrahierenden oder typisierenden Selektion aus dem „Repertoire" der fast unbeschränkten potentiellen Bedeutungsmannigfaltigkeit der begegnenden Realität.

Demgegenüber ist der Bedeutungsgehalt „ikonischer" Nachrichten nicht von einer anschaulichen Ähnlichkeit mit den in ihr ausgesagten Sachverhalten abhängig. Vielmehr akzentuieren sie diejenigen Bedeutungsschwerpunkte, die sich aus dem Anlaß der Nachricht und aus ihrem Kontext ergeben. „Ikonen" sind im Bereich der Werbung beispielsweise Werbekonstanten, figurale Firmen- oder Markenzeichen, stark idealisierte Konsumvorbilder oder Slogans.

Eine Werbebotschaft wird isomorphe mit ikonischen Nachrichtenstrukturen verbinden. Einerseits sucht sie den Umworbenen über Natur und Nutzenfunktionen von Produkten zu informieren; andererseits strebt sie an, produktbezogene Erwartungen, Wünsche und Motivationen zur aktivieren. Dabei werden unterschiedliche Zeichensysteme simultan (z. B. in Fernsehspots) oder sequentiell in Werbetexten verwendet. Die Kenntnis und Berücksichtigung der pragmatischen Zeichenfunktionen geben die Möglichkeit, eine vergleichsweise „naive", allein durch Evidenz und Intuition gesteuerte Verwendung von Signalen, Symbolen oder Nachrichten durch eine problembewußte und zielgerechte Übersetzung der Werbeidee in Bild, Text, Ton, Bewegung zu ersetzen. Hierzu bedarf der werbliche Kommunikator allerdings wohlbegründeter Hypothesen über Verhalten und Motivation des Umworbenen, damit Beachtung, Verständnis und Aufnahme der Werbebotschaft gesichert werden können.

Unter den Bedingungen einer mittelbaren, über Massenmedien sich vollziehenden werblichen Kommunikation, bei der die Nachricht nicht sofort in Richtung auf eine bessere

Verstehbarkeit und Überzeugungswirkung korrigiert werden kann, muß der Umworbene bereits über ein Informationspotential verfügen, in das er die Werbebotschaft einzuordnen vermag. Daraus folgt, daß die werblichen Adressaten den Nachrichtenraum einigermaßen zutreffend kennen müssen, aus dem der Werbungtreibende seine jeweils speziellen Botschaften für ein Produkt, eine Marke oder eine Firma auswählt und „sendet". Der Werbende hat demgemäß dauernd zu prüfen, ob die von ihm „ausgesendeten" Nachrichten von den Umworbenen seinen Zielsetzungen entsprechend bedeutungsrichtig entschlüsselt und verstanden werden. Nicht selten wird diese Forderung jedoch zugunsten einer immer erneuten Variation der werblichen Ansprechweisen vernachlässigt.

IV. Werbung unter den Bedingungen öffentlicher, indirekter Kommunikation

Die Erfolgsbedingungen werblicher Kommunikation sind charakteristisch unterschieden von denjenigen der unmittelbaren Kommunikation. Beim Gespräch orientieren sich die Partner an der gleichen Situation und am wechselseitigen Verhalten, so daß eine laufende Anpassung der Kommunikation an das Partnerverhalten möglich ist.

Dagegen wendet sich in der Werbung ein „anonymer" Kommunikator an eine Gruppe, die ihm mehr oder weniger unbekannt ist. Inhalt und Gestaltung der Werbebotschaft müssen daher gemäß möglichst wohlbegründeter Hypothesen entschieden werden. Dabei steht fast nie eine rasche und vollständige Information darüber zur Verfügung, ob das werbliche Kommuniqué seine Adressaten überhaupt erreicht und welche Wirkungen es im einzelnen erzielt hat.

Dieser Sachverhalt eines fehlenden, zumindest aber zeitlich sehr verzögerten feed back erschwert den Erfolg werblicher Kommunikation. So erklärt sich auch, daß den Werbungtreibenden trotz zunehmender Berücksichtigung der Ergebnisse empirischer Werbeforschung für grundlegende werbliche Alternativen keine verbindlichen Auswahl- und Entscheidungsregeln zur Verfügung stehen.

Im einzelnen erweisen sich als die wichtigsten werblichen Entscheidungsalternativen:

1. sichere Verständlichkeit der Werbebotschaft versus überraschende Originalität;
2. zeitlich massierte Streuung versus bereichsbegrenzte Dauerstreuung;
3. Aufmerksamkeitsweckung versus Persuasion;
4. Suggestion versus Information;
5. kreative Gestaltungsvariation versus Penetration mit basaler Botschaft;
6. Motivation über den Produktnutzen versus Motivation über paraökonomische Nutzenfunktionen.

Daß diese immer erneut zu treffenden und stets höchst folgenreichen Entscheidungen immer wieder intuitiv oder gemäß einer einmal akzeptierten Routine getroffen werden, ist nur wegen einer weitgehend fehlenden Rückkopplung möglich. Verminderte und verzögerte Rückkopplung findet sich nicht nur bei spezifisch werblicher Kommunikation. Sie kennzeichnet sämtliche kommunikativen Prozesse, die sich über Massenmedien[15]) vollziehen und bei denen Kommunikator und Kommunikant keine „symmetrische Orientierung" über die jeweils erzielten Wirkungen gewinnen.

Alle Effekte öffentlicher Kommunikationsprozesse – und damit auch diejenigen der Wirtschaftswerbung – sind weiterhin durch die Tatsache mitbestimmt, daß sich innerhalb sozialer Systeme stets „Kommunikationsnetze" herausbilden. Jede Nachricht verbreitet sich also in einem sozialen System über vielfältig verzweigte Kommunikationswege. Je länger eine Kommunikationskette ist, um so stärker wird in der Regel die jeweilige Nachricht verzerrt. (Ein anschauliches Modell für die hierbei ablaufenden informationellen Deformierungen bietet das bekannte Gesellschaftsspiel „Stille Post".) Für den im Schnittpunkt der zu komplexen Netzen sich verknüpfenden Kommunikationsketten Stehenden sind die Anfangs- und Endglieder dieser Kommunikationsketten meist kaum identifizierbar.

Andererseits hat der in ein Kommunikationsnetz „eingefangene" Mensch stets die Möglichkeit, die ihn erreichenden Botschaften nach eigenem Ermessen weiterzuleiten oder zurückzuhalten. Zugleich hat er jede Freiheit, den Inhalt, aber auch die Absicht der Mitteilung zu verändern. Wer eine Nachricht empfängt, die bereits mehrere „Stufen" durchlaufen hat, vermag daher kaum zu erkennen, ob die Botschaft eine Verzerrung ihrer ursprünglich „gemeinten" Bedeutung erlitten hat und wie weit bzw. in welche Richtung diese Verzerrung geht.

Die Kenntnis der Tatsache dauernd sich verändernder Kommunikationsnetze ist für das Verständnis der Wirkungsweise und des Wirkungsgrades werblicher Aktionen bedeutsam. Daraus folgt u. a. die Unrichtigkeit der verbreiteten Annahme, Werbewirkungen ließen sich gemäß der Anzahl der wahrscheinlichen „Kontakte" mit der Werbebotschaft prognostizieren oder planen. Vielmehr sind Werbewirkungen davon abhängig, in welchem Umfang die Werbebotschaft in verzweigte Kommunikationsnetze „einzudringen" vermag. Erfolgsentscheidend ist also, daß „Werbeanstöße" möglichst vielseitige Kommunikationsprozesse induzieren. Große Bedeutung hat dabei die jeweils erreichte Häufigkeit der durch eine Werbung ausgelösten „spontanen" und direkten Kommunikationsprozesse, in denen das beworbene Produkt eine Rolle spielt.

Paul F. Lazarsfeld[16], einer der Begründer der Kommunikationsforschung, aber auch Harold D. Lasswell[17], Berelson[18] und andere haben experimentell nachweisen können, daß die Annahme einer direkten Verhaltensbeeinflussung oder Meinungssteuerung durch die Massenmedien, die ja auch die „Kanäle für Werbebotschaften" sind, ein zu vereinfachtes Modell der hier tatsächlich ablaufenden Prozesse darstellt. Die eindringende Analyse der Wirkungsweisen von Nachrichten, die über Massenmedien verbreitet werden, zeigt sehr eindeutig, daß diese Wirkungen stets von hochkomplexen personalen und sozialen Beziehungen und Bindungen des Adressaten abhängig sind.

Dabei führt die systematische Untersuchung makrokommunikativer Prozesse zu der Einsicht, daß die über Massenmedien in Gang gesetzte Kommunikation sich in der Regel in zwei Stufen[19] vollzieht:

Die ausgesandten Nachrichten werden zunächst bevorzugt von einer speziellen, durch spezifische Persönlichkeitsmerkmale gekennzeichneten Menschengruppe aufgenommen. Diese „Erst-Kommunikanten" formen die Nachricht gemäß ihrer jeweiligen subjektiven Einstellung und Interessenlage um und leiten sie dann weiter. Daher bestimmen die Angehörigen dieser Gruppe weitgehend darüber, in welchem Grade und in welcher Richtung Meinungen geformt und Werbebotschaften verbreitet werden.

Der Begriff „opinion leader"[20] ist der Sozialforschung seit langem geläufig, ohne daß die Werbung die durch dieses theoretische Konzept gegebenen Möglichkeiten einer vertieften Einsicht in werbliche Kommunikationsprozesse systematisch ausgewertet hätte. Allgemein ist hier zu sagen: Die Hypothese, daß Meinungs- und Konsumsteuerung allein durch über Massenmedien gestreute Werbebotschaften zustande kommen, stellt ein übervereinfachtes Modell der bei erfolgreicher Werbung tatsächlich ablaufenden Prozesse dar.

Vielmehr vollzieht sich die über Massenmedien in Gang gesetzte Kommunikation in der Regel in zwei Stufen:

1. Indirekte Kommunikation (= Streuung von Werbebotschaften über Massenmedien).
2. Direkte Kommunikation (= Weitergabe der Werbebotschaft im unmittelbaren Gesprächskontakt).

Die über Media gestreute Werbebotschaft erreicht im Erfolgsfalle ihre Zielgruppen und vermag sie zu überzeugen. Dabei handelt es sich um

— potentielle Verbraucher, deren spezifische Produktinteressen und deren objektiver Bedarf die Beachtung und Rezeption der Werbebotschaft begünstigt sowie

— die zahlenmäßig begrenzte Gruppe der „Induktoren", die nur wenig durch ein spezifisches Produktinteresse als vielmehr durch werblich aufgeschlossene und allgemein an Innovationen interessierte Einstellungen gekennzeichnet sind.

Die Angehörigen der letztgenannten Gruppe entscheiden in oft erheblichem Maße über den Erfolg oder Mißerfolg einer Werbung. Besondere Kennzeichen dieser — meist noch undifferenziert unter dem Begriff „opinion leader" zusammengefaßten — Menschengruppe sind:

— erhöhte Bereitschaft zur Beachtung und Aufnahme von Werbebotschaften,

— allgemeines Interesse an Innovationen und Neuentwicklungen,

— Beantwortung der Werbebotschaft mit einem nur geringen time lag,

— überdurchschnittliche kommunikative Aktivität,

— vergleichsweise erniedrigte Schwelle bezüglich der Kaufentscheidung,

— überdurchschnittlich starke explorative Tendenzen in Richtung auf Erproben und Experimentieren.

Die genauere Analyse dieser die zweite Stufe der direkten werblichen Kommunikation einleitenden Persönlichkeiten führt zu der Einsicht, daß hier mit zwar ähnlichen, jedoch in unterschiedlicher Richtung akzentuierten Zielgruppen zu rechnen ist. Im einzelnen können hervorgehoben werden:

1. „Konsumpioniere" mit erleichterter Kaufentscheidung und starkem Erkundungs- und Erprobungsdrang;
2. „Neophile" mit verstärkter Aufnahmebereitschaft für neuartige Informationen und Werbebotschaften („Informationssammler", D. Riesman) sowie mit intensivem Interesse an Innovationen aller Art;
3. „Fashion leader", die ein verstärkter Drang nach Selbstdarstellung und Beachtung zu betonter „Konsumdemonstration" veranlaßt;
4. „Opinion leader", die bei der Weitergabe der Werbebotschaft an werblich noch nicht erreichte oder nicht überzeugte Verbraucher aufgrund ihrer sozialen Stellung, ihrer Informiertheit und Erfahrung oder ihrer sonstigen „Vorbildlichkeit" oder sozialen Aktivität verstärkte Persuasionswirkungen ausüben.

Kommunikationstheoretische Probleme der Werbung

Dabei ist es interessant, daß diese, die zweite Stufe der werblichen Kommunikation tragenden Gruppen sich im üblichen demographischen Bezugssystem kaum signifikant identifizieren lassen. Vielmehr sind hierzu motivationale und verhaltensbezogene Kennzeichnungen erforderlich. Die nachstehende Abbildung veranschaulicht den zweistufigen Prozeß werblicher Komunikation:

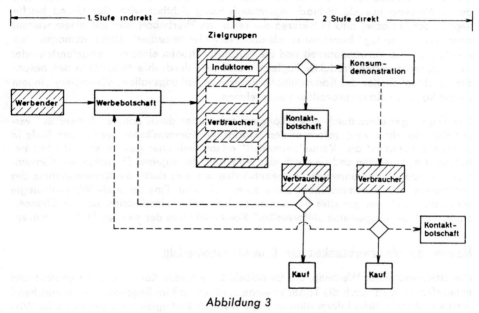

Abbildung 3

Zweistufen-Modell werblicher Kommunikation

Es wird deutlich, daß die Induktoren nach der Streuung der Werbebotschaft im Falle einer für sie zielgruppengerechten Verbalisierung und Visualisierung der Botschaft entweder über den Kauf zu einer Konsumdemonstration gelangen oder zum aktiven Verteiler von „Kontaktbotschaften" werden, die Modifikationen der ursprünglichen Werbebotschaft darstellen.

Sowohl die Kontaktbotschaften als auch die Konsumdemonstrationen können neue, von der Werbung bisher nicht erreichte oder nicht überzeugte Verbraucher veranlassen

1. zur verstärkten Beachtung der über Medien gestreuten Werbebotschaft,
2. zum Kauf des beworbenen Produktes,
3. zur Weitergabe der Kontaktbotschaft.

Werbung kommt also nicht allein und auch nicht vorrangig durch unmittelbaren Kontakt mit der Werbebotschaft zustande, sondern resultiert in oft erheblichem Grade aus der „informellen", direkten Kommunikation. Dabei wird die Werbebotschaft durch die Induktoren in die vielfältigen und verzweigten Kommunikationsnetze eingegeben, die ein Merkmal unserer modernen Großgesellschaft darstellen.

Die Wichtigkeit der Konsumpioniere, Fashion leader, Neophilen und Opinion leader — insgesamt also der Induktoren — für die rationale Planung werblicher Strategien erweist sich sehr deutlich bei der Einführung neuer Produkte und Dienstleistungen sowie beim Aufkommen und der daran anschließenden Durchsetzung von Moden:

Bestimmte Produkte bzw. ganze Produktgruppen gewinnen durch die Induktionswirkungen des Verhaltens der Induktoren „plötzlich" an Aktualität und Attraktivität, bevor eine durch Werbung ausgelöste Nachfrageintensivierung sichtbar wird. Der Grund hierfür liegt in der Tatsache, daß Induktoren die rezipierte Werbebotschaft mit einem weitaus geringeren „time lag" beantworten als die „Normalverbraucher". Daher demonstrieren sie als erste die Verwendbarkeit und die Nutzenfunktionen eines neu eingeführten oder werblich reaktivierten Produkts. Zugleich werden sie durch ihre Aktivität in den besonders „dichten" Stellen des Kommunikationsnetzes zu wirkungsvollen „Mitwerbern", indem sie die Rolle von Konsumvorbildern übernehmen.

Der Empfänger einer durch einen Konsumpionier oder durch andere „Mitwerber" vermittelten Botschaft wird, sofern er den informellen Kommunikator der zweiten Stufe in irgendeiner Hinsicht als „Verhaltensmodell" erlebt, weit eher geneigt sein, die Werbebotschaft anzunehmen und sie durch eine Änderung der eigenen Einstellungen, Konsumwünsche oder Verhaltensweisen zu beantworten, als dies durch die Kenntnisnahme des „offiziellen" Werbekommuniqués allein zu erreichen ist. Eine rationale Werbestrategie wird daher stets ein gezieltes Bewerben von Induktoren einschließen, um die Chancen einer durch sie ausgelösten „informellen" Kommunikation der zweiten Stufe zu nutzen.

Messung der Werbewirksamkeit: Der Kommunikationserfolg

Die Effektivität einer Werbung, die für öffentliche indirekte Kommunikation geplant und entworfen ist, wird durch die Tatsache eingeschränkt, daß im Regelfall keine hinreichend rasche und verläßliche Information über die werblich bedingten Veränderungen im Wissen und in den Meinungen oder in den Bedürfnissen und Verhaltensweisen der erreichten Gruppen zur Verfügung steht. Aber auch für den Fall, daß Rückkopplung in Gestalt laufender Werbeerfolgskontrolle[21]) gewährleistet ist, kann der Werbeerfolg stets nur indirekt, d. h. am Vergleich oder an der Veränderung von Reaktionen geprüft werden, die mehr oder weniger eindeutig und verläßlich den Wahrscheinlichkeitsgrad und die Stärke des Werbeerfolgs einzuschätzen gestatten. Am häufigsten fungieren dabei als Indikatoren: Erinnerungen an Werbung, wachsende Bekanntheitsgrade von Firmen- und Markennamen oder Slogans, Veränderungen der Aufmerksamkeitsverteilung, der Gefühlseinstellungen und der Wertungen. Die Korrelation dieser Indikatoren mit dem Werbeerfolg ist kaum empirisch gesichert. Etwa wird gesagt, daß man sich an eine Werbung zumindest erinnern müsse, wenn sie spätere Kaufentscheidungen beeinflussen solle.

Die der Beobachtung von Indikatoren entgegengerichtete Behauptung vieler Praktiker, daß die beobachtete Veränderung des Absatzes eines beworbenen Produkts als Maß für den Erfolg von Werbeaktionen zu gelten habe, bestätigt sich in der Regel nicht. Ausnahmen sind die Werbung von Versandhausgeschäften, Versandbuchhandlungen oder die Einführung des beworbenen Produkts in einen Testmarkt usw. Gerade hier aber ist die durch Konsumpioniere ausgelöste werbliche Kommunikation zweiter Stufe besonders bedeutsam. Die Beziehungen zwischen Werbung und Kaufverhalten sind stets komplexer Natur und zeigen kaum lineare Abhängigkeiten. Zudem ist in den einzelnen Branchen der relative Erfolgsanteil des Faktors Werbung am Umsatz unterschiedlich und aufgrund exogener Faktoren meist auch nicht konstant.

Die Hypothese linearer Beziehungen zwischen Werbung und Absatz setzt voraus, daß der tatsächlich erzielte Umsatz durch Personen zustandekommt, die die Wirksamkeit der werblichen Nachricht durch Kaufhandlungen bestätigen. Die tatsächliche Kaufhandlung ist jedoch Resultat eines Zusammenspiels vieler Einflußgrößen, unter denen beispielsweise der Einfluß des Verkaufspersonals erheblich ist. Weiterhin ist der Kreis der erfolgreich Beworbenen fast immer größer als der Kreis derjenigen, die zu einer Kaufentscheidung gelangen. Kaufkraft, soziale Bindungen oder fehlende Anwendungs- und Konsummöglichkeiten können den Kauf trotz vollen Werbeerfolgs verhindern. Drittens stellt sich das Problem der zeitlichen Verteilung der Werbewirkung auf die Absatzentwicklung. Psychologische und sozioökonomische Bedingungen bringen es häufig mit sich, daß eine Kaufhandlung bzw. der „probeweise" Übergang zu einer neuen Marke erst nach mehr oder weniger langer „Latenzzeit" zustandekommt, obgleich die Werbung wesentlich früher Produktinteresse und Kaufwünsche aufzubauen vermochte. Manche Nachfragergruppen weisen einen erheblichen time lag auf, so daß sie nicht selten erst kaufen, wenn die Werbekampagne mehr oder weniger „vergessen" ist. Viertens ist zu berücksichtigen, daß auch bei den Umworbenen ein Werbeerfolg erreicht worden ist, die selbst zwar nicht zum Kauf gelangen, die aber dennoch zu aktiven „Mitwerbern" werden. Dies kann in Gestalt bewußten Anratens zum Kauf, aber auch durch unbeabsichtigte Einflußnahme auf potentielle Käufer geschehen.

Eine leistungsfähige Werbeerfolgskontrolle wird sich um die Identifikation und Isolierung der werblichen Beeinflussung der Umsatzentwicklung bemühen. Hierzu ist die langfristige Auswertung eines komplexen Datenkranzes erforderlich, bei der ökonomische, psychologische und kommunikationstheoretische Erkenntnisse und Erfahrungen berücksichtigt werden. Weiterhin: die statistische Analyse der wechselseitigen Abhängigkeiten unterschiedlicher Indikatorvariablen.

Auf diesem Wege läßt sich ein „informatives Kalkülmodell" erarbeiten, das die Beziehungen des Unternehmens zum Markt und zur Konkurrenz simuliert. Solche mathematisch-statistischen Modelle haben im makroökonomischen Bereich ihre prognostische Bewährung bereits vielfach erwiesen. Hier sei etwa auf das Klein-Goldberger-Modell verwiesen[22]. Dieses Modell besteht aus 21 z. T. nichtlinearen Gleichungen mit 20 endogenen und 18 exogenen Variablen. Noch differenzierter ist das Modell des holländischen Central Planning Bureau[23].

Darüber hinaus wird eine effektive Werbeerfolgskontrolle auch den erzielten Bekanntheitsgrad, die Erinnerungsfestigkeit sowie die emotionale und kognitive Resonanz des werblichen Kommuniqués zu messen haben.

Die Leistungsfähigkeit derartiger Meßmethoden ist außerordentlich unterschiedlich. Eine ganze Reihe heute durchaus noch angewendeter Verfahren kann — bezogen auf den Stand der modernen Psychologie und der empirischen Sozialwissenschaften — methodisch nicht mehr akzeptiert werden. In jedem Falle sind Reliabilitäts- und Validitätsprüfungen erforderlich, um den Aussagewert der jeweils angewendeten Methoden der Effektivitätsmessung zu sichern[24].

Neben der ex post facto durchzuführenden Werbeerfolgskontrolle nimmt die Vorprüfung werblicher Kommuniqués im Bereich der Werbeforschung mit Recht einen zunehmend bedeutsamen Platz ein. Eine Vielzahl unterschiedlicher Techniken und experimenteller Anordnungen kommen zur Anwendung, um die Einflußgrößen werblicher Nachrichten zu identifizieren und zu quantifizieren. Im einzelnen geht es dabei um die Überprüfung der Wirksamkeit einzelner Kommuniquévariablen bzw. bestimmter Merkmalskombinationen. Auch hierbei setzen sich „operationale Verfahren" zunehmend durch[25]).

Werbeerfolg kann nur gemessen werden, wenn sich bereits die Werbeplanung auf konkrete und wohldefinierte Ziele richtet. Dabei sollte jedes Werbeziel hinsichtlich der jeweiligen werblichen Zielgruppen mit empirisch prüfbaren Indikatorvariablen verknüpft werden. Zugleich werden sich die Zielstellungen einer sachgerechten Werbung in die übergeordneten Management- und Marketing-Konzeptionen des Unternehmens einfügen.

Unter „Zielen" verstehen wir gemäß der Betrachtungsweise der modernen Strategietheorien[26]) allgemeine oder spezielle Entscheidungsregeln zur Bewertung wählbarer Handlungsalternativen. Sie ermöglichen die Integration der Mittel und Leistungsformen eines Unternehmens, stellen aber auch die notwendige Voraussetzung für die Überprüfung von Erfolg oder Mißerfolg einer Aktion dar: Die nach Durchführung einer Werbekampagne „rückgemeldeten" Veränderungen von Istzuständen und ihr Vergleich mit dem Ausgangswert einerseits und dem geplanten Soll andererseits gestatten die Ausmessung der Effizienz werblicher Aktivitäten[27]).

Die klare Definition der angestrebten „Soll-Zustände" ist vor allem aber notwendig, damit nach Auswertung der ermittelten Zielabweichungen gegebenenfalls eine operationale Reformulierung der Werbeziele erfolgen kann. Damit wird eine Neuanpassung der Werbekonzeption an die Zielgruppen der Umworbenen möglich. Dieses kybernetische Modell der Werbung wird also die Zielplanung „offen" halten, damit die im Wege der Rückkopplung anfallenden Informationen in den einzelnen Erfolgsdimensionen zur Korrektur des die Werbung eines Unternehmens steuernden Ziel- und Hypothesensystems wirksam gemacht werden können.

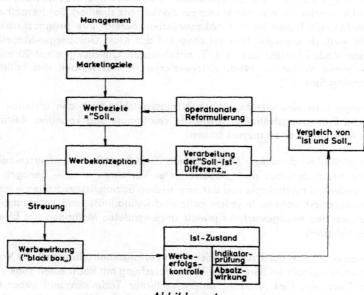

Abbildung 4
Kybernetisches Modell der Werbung

V. Die Konstitutionsgrößen des kommunikativen Systems Werbung

Werbender und Umworbener treten über die Werbebotschaft in eine Beziehung; sie stellt das zentrale Verbindungsglied in der kommunikativen Ereigniskette dar. Beachtet, bemerkt oder beantwortet der Umworbene die Nachricht, übernimmt er also die Rolle des Kommunikanten, so konstituiert sich ein kommunikatives System.

Über den werblichen Kommunikator steht nur wenig Information zur Verfügung. Einsichten lassen sich vor allem indirekt gewinnen: aufgrund der semantischen Analyse der von ihm ausgesandten Werbebotschaften. Dagegen steht heute hinsichtlich des Umworbenen eine Vielzahl von Informationen zur Verfügung, die die Rezeption und Verarbeitung der Nachricht sowie die daraus resultierenden Einstellungs- und/oder Verhaltensänderungen betreffen. Aufgrund der kommunikativen Funktion der Werbebotschaft, nämlich zwischen Werbenden und Umworbenen in spezieller und zielgerichteter Weise zu vermitteln, muß ihre Gestaltung unter hinreichender Beachtung der Struktur und Funktionsweise des kommunikativen Systems der Werbung erfolgen.

1. Das Image des werblichen „Senders" als kommunikationssteuernder Faktor

Öffentliche werbliche Kommunikation erfolgt über Massenmedien. Diese folgt speziellen Bedingungen, die sich jeweils auf einen zwischengeschalteten „Informationskanal" (Rundfunk, Fernsehen, Illustrierte, Zeitung usw.) zurückführen lassen.

Dabei ist der Informationskanal keineswegs ein wirkungsneutraler Träger des werblichen Kommuniqués. (Der Verf. und seine Mitarbeiter haben eine Untersuchung unterschiedlicher Illustrierten und Zeitungen durchgeführt sowie ein entsprechendes contentanalytisches Verfahren entwickelt.) Je nach seiner Einstellung gegenüber dem Medium wird der Kommunikant die Werbebotschaft unterschiedlich aufnehmen und beurteilen. Eine Botschaft wird eher als „wahrheitsgemäß", wichtig oder überzeugend akzeptiert, wenn sie über ein als kompetent oder integer eingeschätztes Medium übermittelt wird. Das Image des Mediums steuert die Einschätzung und die Erwartungen gegenüber dem jeweiligen werblichen Kommunikator: Ein Unternehmen beispielsweise, dessen Produkte häufig durch Fernsehwerbung präsentiert werden, gewinnt allein hierdurch im Bewußtsein der Kommunikanten Merkmale wie „Größe", „Modernität" oder „Erfolg".

Auch das Vorstellungsbild der Umworbenen vom Kommunikator stellt eine bedeutsame Variable im Kommunikationssystem dar. Es beeinflußt die Bereitschaft zur Kommunikation ebenso wie die zur Akzeptierung der jeweiligen Werbebotschaft. (Der Einfluß des Unternehmensimage auf die Akzeptierung und Rezeption einer Werbebotschaft variiert jedoch in den unterschiedlichen Wirtschaftszweigen sehr stark und ist beispielsweise im Bereich der pharmazeutischen Industrie oder der Automobilindustrie sehr hoch. In Wirtschaftsbereichen, in denen preisgleiche Wettbewerber im wesentlichen identische Produkte anbieten [Zigaretten, Waschmittel, Margarine], ist er entsprechend kleiner.) Zum Problem der Beziehung zwischen „Glaubwürdigkeit" und „Prestige" des Kommunikators oder der Informationsquelle einerseits und dem Grad der erzielten Persuasion andererseits wurden experimentelle Untersuchungen – von Hovland und seinen Mitarbeitern[28]) sowie von J. B. Adams[29]) – durchgeführt. Die Ergebnisse weisen aus, daß eine Meinung um so eher übernommen wird, je kompetenter der sie vertretende Kommunikator erlebt und je positiver er beurteilt wird.

Gleiches spielt in der werblichen Kommunikation eine oft wichtige Rolle: Die Selbstdarstellung des Werbenden und das Vorstellungsbild des Unternehmens im Bewußtsein der

Umworbenen sind Faktoren, die die Beachtung, Glaubwürdigkeit und Persuasionskraft der Werbebotschaft mitbestimmen. Eine Werbebotschaft wird um so eher beachtet, akzeptiert und erinnert und sie übt um so eher einen Persuasionsdruck aus, je fester das werbende Unternehmen im Bewußtsein des Umworbenen mit positiven Eigenschaften und Valenzen assoziiert ist. Das Image des Kommunikators wirkt wie ein „Filter", der sowohl die selektive Beachtung als auch die Bewertung der Werbebotschaft steuert. In diesem Zusammenhang wird die Tatsache wichtig, daß sowohl das Marken- als auch das Unternehmensimage erfahrungsgemäß in den verschiedenen Bevölkerungsschichten, aber auch bei den spezifischen Zielgruppen einer Werbung sehr unterschiedlich profiliert sein kann. Unternehmen sollten daher nicht nur ihre Produkte werblich optimal präsentieren, sondern zugleich eine zielgruppenentsprechend differenzierte Imageprofilierung anstreben. Die werbliche Kommunikation kann hierdurch unzweifelhaft in ihrer Effizienz erheblich gesteigert werden.

2. Der Umworbene in seiner Rolle als Kommunikant

Die Wahrscheinlichkeit der Aufnahme und Akzeptierung einer Werbebotschaft wird durch eine Reihe exogener und endogener Faktoren bestimmt. Der ökonomische Inhalt der Werbebotschaft, die in ihr jeweils angesprochenen paraökonomischen Nutzenfunktionen – beispielsweise Geltungsgewinn, Zuwachs an persönlicher Attraktivität usw. – sowie die Visualisierung und Verbalisierung der Werbebotschaft sind hier ebenso zu nennen wie die jeweils gewählten Informationskanäle (d. h. die Massenmedien in ihrer für eine Werbekampagne jeweils gewählten Mischung und wechselseitigen Verstärkung), die situativen Bedingungen beim Kontakt mit der Werbebotschaft sowie die gruppen- und persönlichkeitsspezifischen Kommunikationsgewohnheiten, Motivstrukturen und Zielwerte der Umworbenen. In ihrer Gesamtheit begünstigen oder hemmen diese Faktoren die Rezeption, Akzeptierung und Persuasionswirkung des werblichen Kommuniqués.

Problematik „unterschwellige Werbung"

Die das kommunikative System Werbung kennzeichnenden Variablen können erst wirksam werden, wenn der Adressat einer Werbebotschaft die Rolle des Kommunikanten übernimmt, wenn er also die Nachricht auch tatsächlich empfängt. Hierzu ist erforderlich, daß er über „kanalgerechte Rezeptoren" verfügt. In jedem Fall müssen die Signale (hier: „Signal" als physikalisch definierbares und psychologisch meßbares Korrelat von Zeichen, in die eine Botschaft zum Zweck der Aussendung transformiert wird, zumindest auf die Leistungsfähigkeit der menschlichen Rezeptoren abgestimmt sein. Diese Forderung reicht jedoch, wie zahlreiche experimentelle Untersuchungen nachgewiesen haben, nicht aus: Die Sensibilitätsgrenze unserer Sinnesorgane kann nicht allein als Kriterium für Empfang, Speicherung und Wirkung von Signalen angesehen werden. Die Forderung nach „kanalgerechten Rezeptoren" besagt daher zugleich, daß zumindest die Weiterleitung der Signale in die höheren neuralen Zentren gesichert sein muß. Die Tatsache nämlich, daß ein Signal vom Rezeptor noch „auffangbar" ist, bedeutet nicht, daß es relativ „ungestört" auch in die kortikalen „Neuronenmuster" eingegliedert, also bewußtseinsmäßig erfaßt, behalten und beantwortet wird.

In diesem Zusammenhang stellt sich die vielfach diskutierte Frage nach der Möglichkeit einer „u n t e r s c h w e l l i g e n" R e z e p t i o n v o n R e i z e n. Sie hat bereits in den Anfängen der wissenschaftlichen Psychologie die Forscher beschäftigt, ohne daß bis heute völlig eindeutige experimentelle Ergebnisse vorliegen[30]). Zum Teil muß eine der bewußten Kontrolle entzogene Speicherung unterschwelliger Reize auf die weitgehende

Abschirmung zurückgeführt werden, durch die sich die Wahrnehmungsbedingungen in Experimentalsituationen von Realsituationen unterscheiden. In der Realität muß eine sehr große, kaum abzuschätzende Zahl von qualitativ und quantitativ unterschiedlichen Stimuli dauernd und in kürzester Frist organisiert, interpretiert und bewertet werden.

Sowohl die empirisch gewonnenen Erkenntnisse zur Signal-Rezeption als auch alle modernen Theorien des Gedächtnisses machen die extreme Fragwürdigkeit einer „unterschwelligen Werbung" offensichtlich. Die in den fünfziger Jahren erschienenen sensationsorientierten Publikationen – hier ist vor allem an die tendenziöse Schrift von Vance Packard „Die geheimen Verführer" zu denken – behaupteten eine sublimale Manipulierbarkeit des Menschen durch geeignete Werbemaßnahmen. Die Vorstellung, durch nicht wahrnehmbare und dementsprechend für den einzelnen unkontrollierbare Werbeexponierungen in Denken und Verhalten gesteuert zu werden, ist noch heute für viele Menschen eine düsterbedrohliche Vision, die in Einstellungen und Haltungen gegenüber der Werbung weiterwirkt.

Korrekte empirische Untersuchungen zur Wirksamkeit unterschwelliger Werbung haben die Inadäquatheit dieser Vorstellungen nachgewiesen. So wurden von amerikanischen Fernsehstationen nicht wahrnehmbare Werbespots ausgesandt. Diese Versuche bestätigten die These einer erfolgreichen Beeinflussung durch sublimale Kommuniqués in keiner Weise; es waren keinerlei Werbewirkungen zu verzeichnen[31]. Bei einer anderen Untersuchung zur Verhaltenssteuerung durch unterschwellige Stimulation[32] wurde eine nicht wahrnehmbare Werbebotschaft in das reguläre Fernsehprogramm eingestreut mit der Absicht, dadurch die Zuschauer zum Kauf bestimmter Nahrungsmittel zu veranlassen.

Dabei zeigte sich:
– die alleinige Verwendung sublimaler Werbekommuniqués hatte keinerlei Einfluß auf die Verkaufsergebnisse;
– bei unterschiedlichen Kombinationen von unterschwelligen und wahrnehmbaren Botschaften war eine Umsatzsteigerung festzustellen;
– diese Zuwachsraten waren jedoch signifikant geringer als jene, die auf eine vollständig wahrnehmbare, also „supralimale" Werbung zurückzuführen waren.

Von der „geheimen Manipulierbarkeit" durch Werbung kann nicht ernsthaft gesprochen werden. Die Wirkungsüberlegenheit und Adäquatheit einer werblichen Kommunikation, die die Bedingung „kanalgerechter Rezeptoren" in dem oben ausgeführten Sinne erfüllt, hat sich bestätigt und ist demgemäß als eine der notwendigen Bedingungen erfolgreicher Werbemaßnahmen zu werten.

Spezielle Bedingungen der Empfangssituation

Eine Bestimmungsvariable für die Empfangswahrscheinlichkeit einer Werbebotschaft ist weiterhin das jeweils gewählte Kommunikationsmedium: Ein Werbefilm hat bei seinen Betrachtern in der Regel eine höhere Beachtungschance als eine Anzeige in einer Illustrierten. Im ersten Fall übernehmen die potentiellen Kommunikanten eine passiv-rezeptionsbereite Beobachterrolle; ihre Aufmerksamkeit ist – der „Einengung" des Wahrnehmungsfeldes entsprechend – stark kanalisiert. Damit besteht eine gute Wahrscheinlichkeit, daß die Werbebotschaft rezipiert wird. Dem steht jedoch gegenüber, daß ein Teil der Zuschauer die Werbung als eine unerbetene Verzögerung des Filmerlebnisses werten, um dessentwillen der Besuch des Lichtspielhauses erfolgte. Damit wird nicht selten eine negative Voreinstellung gegenüber der Werbebotschaft geschaffen, die ihren Wirkungsgrad reduziert. Das Abwägen der wirkungsbegünstigenden Wahrnehmungssituation gegenüber der bei einem Teil der Betrachter festzustellenden emotionalen Abwertung und zum Teil auch Abwehr der Werbebotschaft schlägt jedoch zugunsten dieses Werbemittels aus. Allerdings weist die Fernsehwerbung ähnlich günstige Wahrnehmungsbedingungen auf, während bei ihr die Tendenz zur emotionalen Abwertung der Werbebotschaft — schon wegen der freien Wählbarkeit der Werbesendungen — weit geringer ist.

Anzeigen nun stehen in einem „Umfeld" anderer Kommuniqués, von denen sie sich positiv oder negativ abheben, in dem sie aber auch mehr oder weniger unbemerkt untergehen können. Im Gegensatz zur Fernseh- und Kinowerbung hat der Zeitungs- oder Zeitschriftenleser volle Freiheit der Selektion für ihn lohnender Nachrichten. Beachtungssteuernd ist hier die semantische und informationelle Struktur der gesamten Zeitung oder Zeitschrift. Ob und in welchem Grade sich der Leser einer Anzeige zuwendet, hängt mit davon ab, wie weit seine Aufmerksamkeit von dem konkurrierenden Reiz- und Informationsangebot der Zeitschrift absorbiert wird. Die einzelne Anzeige steht nicht nur in einer Beachtungskonkurrenz mit anderen Anzeigen (wie dies irrigerweise vielfach vorausgesetzt wird), sondern vor allem mit den Texten und Bildern des redaktionellen Teils. Prüfung und Optimierung der Medienadäquatheit einer Werbebotschaft setzen daher eine exakte semantische Analyse der Inhaltsstruktur des redaktionellen Informationsangebots voraus.

Eine weitere, nicht selten wichtige, durch den Kommunikator der Werbebotschaft jedoch nicht kontrollierbare Empfangsdeterminante stellt die je aktuelle gefühlsmäßige Befindlichkeit des Umworbenen zum Zeitpunkt des mehr oder weniger zufälligen Kontakts mit der Werbebotschaft dar.

Verläßlicher als die aktuelle emotinale Gestimmtheit spezifischer Adressatengruppen ist, die Dominanz von Zielwerten und relativ überdauernden Motivationen bei den Umworbenen zu erfassen.

Selektive Kommunikation: Wahrnehmung, Motivation und Einstellung

Ein bedeutsamer Faktor in der Wahrnehmungsorganisation[33]) und in der Verarbeitung der Werbebotschaft stellt die Motivation — genauer die Stärke und die thematische Gerichtetheit der Motive[34]) — dar. Motive richten Wahrnehmung und Aufmerksamkeit auf diejenigen Reizgegebenheiten, die in einer direkten oder erwarteten Beziehung zu den erlebten Bedürfnissen stehen. Dabei haben die persönlichen Motivstrukturen und -hierarchien jedoch keinen „rein" individuellen Charakter; sie sind vielmehr stets in maßgeblichem Grade durch die Zugehörigkeit zu sozialen Gruppen und Schichten determiniert. Diese motivationale Thematisierung durch Zugehörigkeit zu einer soziokulturellen Gruppe beeinflußt sowohl situationsbezogene, kurzfristige Motivationen — die in den modernen Motivtheorien meist als „Antrieb" von endogenen „Trieben" und von den soziokulturell bedingten Strebungen abgehoben werden — als auch die langfristig das Erleben des einzelnen steuernden Bedürfnisse und Strebungen.

Die Ergebnisse aus unseren Motivuntersuchungen wiesen signifikante Differenzen zwischen unterschiedlichen sozialen Gruppen aus. So zeigte sich beispielsweise, daß die Motivationsthemen „Gelassenheit", „Gesundheit" und „Zufriedenheit" für Menschen von niedrigerer sozialer Herkunft weitaus relevanter sind als für Menschen aus höheren Sozialschichten; oder: Mit dem Lebensalter nimmt die erlebte Wichtigkeit von „Erfolg" fortschreitend ab, demgegenüber steigt mit wachsendem Alter das motivational bestimmte Interesse an „Gesundheit", „Zufriedenheit", „Gefühl" und „Natur". Auch die

Religionszugehörigkeit erweist sich als eine relevante Determinante für Motivation; so zeigt sich bei Angehörigen der mosaischen Religion gegenüber anderen Religionsgruppen eine erhöhte Erlebnisbedeutung von „Arbeit" und „Wissen"; während „Gesundheit" und „Reisen" für sie bei weitem weniger belangvolle Zielwerte darstellen.

Die zentrale Bedeutung der Motivation für den Erfolg jeder werblichen Kommunikation ist heute allgemein akzeptiert. Dabei wird vor allem die Motivierung des Kaufentschlusses gesehen. Zumindest gleich wichtig ist jedoch der motivationale Einfluß bereits auf Wahrnehmung und Behalten der Werbebotschaft. Hier kann gesagt werden:

Der Wunsch nach Besitz oder Konsum eines Produkts und/oder ein motivational verankertes Interesse an seinen erhofften paraökonomischen Nutzenfunktionen führen dazu, daß die Aufmerksamkeit sich „spontan" den einschlägigen Werbebotschaften zuwendet. Motivation bewirkt also eine „selektive Sensitivierung"[35], die sich vor allem in einer Herabsetzung der Wahrnehmungsschwelle für alle Bedeutungsgehalte von Nachrichten niederschlägt, die die Möglichkeit der Befriedigung dieser Bedürfnisse betreffen. Die Botschaften, die im persönlichen Erleben bereits ein „motivationales Korrelat" besitzen, werden also bevorzugt und beschleunigt aufgenommen[36].

Die Untersuchung des Verhaltens einer Gruppe von Menschen, die vor wenigen Wochen einen Personenwagen gekauft hatte, ergab, daß sie ein deutlich erhöhtes Interesse an Werbung für Kraftwagen[37] zeigte. Die Erklärung für diese und eine größere Anzahl ähnlicher Beobachtungen liefert das wichtige, von Leon Festinger erarbeitete Konzept der „kognitiven Dissonanz"[38].

Diesem theoretischen Modell entsprechend kann davon ausgegangen werden, daß vor dem endgültigen Kauf mehrere Wagentypen oder Marken in Erwägung gezogen werden. Der Kauf stellt sich damit als Auswahlentscheidung zugunsten eines bestimmten Produkts aus der Reihe möglicher Alternativen dar. Diese Entscheidung wird dadurch erleichtert bzw. überhaupt erst ermöglicht, daß die positiven Merkmale der anderen, ebenfalls erwogenen Wagentypen aus dem Bewußtsein zurückgedrängt, zumindest aber abgewertet werden. Damit ist der Tatbestand der kognitiven Dissonanz gegeben: Der dann vollzogene Kauf wird als nicht voll mit den Informationen übereinstimmend erlebt, die vorher über den schließlich erworbenen Wagen sowie über die mit ihm konkurrierenden Produkte gesammelt worden sind.

Nach Festinger wird nun das Bestreben wirksam, die Spannung dieser belastenden Unstimmigkeit von Wissen und Verhalten zu reduzieren. Da die Entscheidung selbst nicht mehr rückgängig gemacht werden kann, muß in unserem Falle also die positive Meinung und Einstellung gegenüber dem erworbenen Wagen stabilisiert und gleichzeitig die Attraktivität der anderen ursprünglich gleichfalls wählbaren Kraftwagentypen herabgesetzt werden. Der Käufer sucht hierzu sekundäre Rationalisierungen, die ihm die Richtigkeit der getroffenen Wahl bestätigen[39] und beginnt – absichtlich oder von ihm selbst unbemerkt – Informationen zu sammeln, die die Vorteile des von ihm gekauften Wagens hervorheben. Diese Informationen wird er mit Sicherheit in den werblichen Botschaften der Hersteller seines Wagens finden. Dieses nach der Kaufentscheidung gesteigerte Informationsinteresse hält nur an, bis der Konsument sich endgültig von den Vorzügen seines Wagens überzeugt hat.

Damit ist dann die kognitive Dissonanz abgebaut und das kognitiv-emotionale Gleichgewicht wieder hergestellt. Diese nachträgliche Auseinandersetzung mit der vollzogenen

Kaufentscheidung sollte durch die Werbung durchaus unterstützt werden, da auf diesem Wege die Zahl aktiver Mitarbeiter verstärkt werden kann, die für die zweite Stufe der Kommunikation bedeutsam sind.

Die selektive Sensitivität für Werbebotschaften ist um so wirksamer, je stärker das Konsummotiv und je dringlicher die paraökonomischen Nutzenerwartungen sind. Dagegen erweist sich das Fehlen oder das Gegebensein der finanziellen Voraussetzungen und der technischen Möglichkeiten des Kaufs als für den Grad der selektiven Sensitivität weniger wichtig.

Die sinnfällige, anschaulich-symbolische Präsentation motivbesetzter Zielobjekte wirkt in starkem Maße wertungs- und einstellungsverändernd. Dabei werden zugleich produktspezifische Ansprüche und Erwartungen konfiguriert, die sich zu „Fragen an das Produkt" verdichten.

Eine Werbebotschaft hat gute Persuasionschancen, wenn sie diese „Fragen an das Produkt" vorausschauend beantwortet. Andererseits kann eine motivational bedingte selektive Sensitivisierung auch zuwendungs- und wahrnehmungshemmende Wirkung haben: Präsentiert eine Werbebotschaft Inhalte, die vom Umworbenen als konfliktprovozierend erlebt werden oder mehr oder weniger „tabuiert" sind, dann erhöht sich die Wahrnehmungsschwelle für diese Inhalte. Entweder wird die Werbebotschaft dann nach einer sehr kurzen Kenntnisnahme sogleich automatisch zurückgewiesen, so daß kein bewußtes Bemerken und Auffassen — im Sinne der Apperzeption — eintritt. Oder es kommt zu einer erheblichen Verzerrung des Inhalts der Werbebotschaft durch eine nur sektorhafte, die konfliktuösen Elemente „aussperrenden" Auffassung der Botschaft. Dieses Phänomen der „perceptual defense"[40]) spielt in allen Formen und Bereichen werblicher Kommunikation — vor allem bei provozierender „Gag-Werbung" sowie bei dem Versuch der Aufmerksamkeitsweckung durch sexuelle oder aggressive „eyecatches" — eine praktisch bedeutsame Rolle.

Von großer Wichtigkeit für die Bereitschaft zur Kommunikation und zur Akzeptierung der Werbebotschaft sind weiterhin die grundlegenden Werthaltungen und Lebenseinstellungen[41]). Diese persönlichen Einstellungen und Haltungen sind eng mit der Motivstruktur des einzelnen verknüpft. In zahlreichen Untersuchungen konnte der Einfluß dieser persönlichen — bei der Mehrzahl der Menschen weitgehend durch gruppengebundene Mentalitäten und Ideologien geformten — Wert- und Zielvorstellungen auf Wahrnehmung und Verhalten nachgewiesen werden[42]). Bevorzugt werden die Nachrichten wahrgenommen und akzeptiert, die mit den eigenen, im Laufe des Lebens in den verschiedenen Formen des sozialen Lernens (Lernforschung und Sozialpsychologie unterscheiden hier Imitation, Identifikation und Internalisierung) übernommenen und verinnerlichten Einstellungen und Bewertungsmustern (z. B. für „wichtig" oder „unwichtig", „gut" oder „schlecht", „vertrauenswürdig" oder „zweifelhaft") konvergieren. Diese Bewertungsmuster wirken in ähnlicher Weise wie die Motivationen steuernd und auswählend auf die Organisation der Wahrnehmungsprozesse.

Die persönlichen Einstellungen und Haltungen werden in individuell unterschiedlichem, meist aber hohem Grade von den Standards und Verhaltensmustern der Gruppe determiniert, denen der einzelne angehört und/oder an der er sich langfristig in seinem Verhalten und in seiner Zielbildung orientiert. Besonders in der industriellen Großgesellschaft der Gegenwart, in der ein konsumfreundliches und „außengeleitetes" Verhalten[43]) vorherrscht, wirken die Meinungen und Einstellungen der anderen Gruppenmitglieder als wichtige Verhaltensnormen für den einzelnen. Um nach außen sichtbare „Nicht-Zugehörigkeit", Nicht-Beachtung oder Mißbilligung zu vermeiden, strebt die außengeleitete Persönlichkeit danach, sich im konsumtiven Bereich möglichst „angemessen" zu verhalten.

D i e Konsumgüter und/oder ihre jeweilige werbliche Präsentation werden akzeptiert, die als kongruent mit den Wertungen und Lebensformen der als „vorbildlich" erlebten Bezugspersonen und -gruppen eingeschätzt werden.

Als weiterer Faktor im „Kommunikations-Filter" des Umworbenen kann schließlich auch eine starke Bindung an bestimmte Firmen oder Marken wirken. Vorgängige Konsumerfahrungen sowie gewohnheitsmäßig durch Werbung oder durch direkte Kommunikation verfestigte Wert- und Qualitätsüberzeugungen beeinflussen das Bemerken oder die Wahrnehmungsabwehr werblicher Kommuniqués ebenso wie ihre Akzeptierung oder Zurückweisung.

Werbliche Auswertung der Reaktionsstruktur von Umworbenengruppen

Die vorstehend dargestellten Bedingungen einer erfolgreichen werblichen Kommunikation lassen sich unschwer weiter aufdifferenzieren. Entscheidend aber ist die Einsicht, daß die Rezeption, das Behalten und die Bewertung einer Werbebotschaft stets von einem komplexen dynamischen Bedingungsgefüge abhängig sind.

Demgemäß wird schon die Konzeption des werblichen Kommuniqés von einem empirisch bestmöglich gesicherten Wissen um die jeweils zu Umwerbenden ausgehen. Hiernach können dann Verbalisierung und Visualisierung der Werbebotschaft – sachgerecht modifiziert gemäß den „Kanalbedingungen" des jeweils gewählten Massenmediums – denjenigen Reaktionsbereitschaften der Zielgruppen angepaßt werden, die von der Seite des Kommunikanten her die Informations-, Persuasions- und Reaktionswirkungen von Werbebotschaften beeinflussen. Forderungen dieser Art werden im Prinzip von allen Werbungtreibenden akzeptiert. Die der Werbeplanung dann zugrunde gelegten konkreten Annahmen hinsichtlich der Kommunikationsbereitschaft und Kommunikationsfähigkeit der jeweils Umworbenen entstammen jedoch noch vielfach dem „gesunden Menschenverstand" sowie einer niemals geprüften werblichen Routine. Selbst bei korrekten Werbeerfolgsmessungen gelingt es daher oft nur schwer, die Gründe dafür zu erkennen, daß zwei werbliche Zielgruppen eine Werbebotschaft in sehr verschiedenartiger Weise beantworten. Je genauer die Reaktionsstruktur der Umworbenen erkannt ist, um so korrekter kann Erfolg oder Mißerfolg einer Werbung erklärt und dann praktisch ausgewertet werden.

Die Sicherung hoher werblicher Effizienz dürfte kaum zu ereichen sein, wenn nicht schon die Werbekonzeption unter systematischer Berücksichtigung der jeweils bestmöglichen Hypothesen über Struktur und Eigenart der Umworbenen erarbeitet wird. Solche Hypothesen beziehen sich im einzelnen auf

– den Grad der Vorinformation der Umworbenen über das zu bewerbende Produkt und seine Konkurrenzprodukte;
– die erwartbare Aktualität und den wahrscheinlichen Beachtungsgrad thematisch einschlägiger Werbung;
– die Stärke des sozioökonomischen „Bedarfs", zu dessen Deckung das beworbene Produkt angeboten wird;
– den Grad der bestehenden Bindung an Konkurrenzprodukte;

- die motivationalen Zielwerte und die Mentalitätsstruktur der Umworbenen; unter „Mentalität" verstehen wir ein System relativ stabiler Motivpräferenzen, Werthaltungen und Einstellungen. Dieses den Angehörigen einer Gruppe gemeinsame Einstellungssystem ist weitgehend unreflektiert und unverbalisiert, vermag aber gerade dadurch das Denken und Verhalten unabhängig von der aktuellen Situation zu bestimmen. Je besser Werbebotschaften der Mentalität einer Zielgruppe angepaßt sind, um so größer ist ihre Chance, Erwartungen, Meinungen und Verhaltensentscheidungen zugunsten des beworbenen Produkts steuern zu können;

- das erwartbare Sprach- und Symbolverständnis der Zielgruppenangehörigen und die daraus sich ergebende Wahrscheinlichkeit, bestimmte werbliche Argumentationen und Schlußfolgerungen zu erfassen und zu akzeptieren. Demgemäß ist für die Verbalisierung der Werbebotschaft beispielsweise entweder ein „restriktiver" oder ein „elaborierter" Kode zu wählen[44]).

Im allgemeinen wird der Gesamtkreis potentieller und/oder aktueller Nachfrager kaum hinsichtlich dieser nachfragebestimmenden und kommunikationssteuernden Faktoren übereinstimmen. Aus diesem Grunde wird es nur in seltenen Fällen – zum Beispiel bei einem völlig neuartigen Produkt, das verbreitete Bedürfnisse in bisher unbekanntem Grade befriedigt – gelingen, einen großen und vielschichtigen Umworbenenkreis mit ein und derselben Werbebotschaft zu erreichen und wirksam zu überzeugen. Zur Konzeption einer Werbestrategie gehört daher auch eine Aufgliederung des „Umworbenenpotentials" in Zielgruppen, die gemäß den obenstehenden oder ähnlichen Merkmalsdimensionen definiert sind. So sollten gleichfalls Eigenart und Erreichbarkeit der Zielgruppen bei der Auswahl bestimmter Werbemedien berücksichtigt werden. Auch spezielle Hörerschaften und Leserschaften sind Träger spezifischer Mentalitäten.

Hiernach bestehen dann zwei Möglichkeiten:

1. Gestaltung, Verbalisierung und Visualisierung der Werbebotschaft sind den reaktions- und kommunikationssteuernden Merkmalen aller erfolgswichtigen Zielgruppen angepaßt (hier besteht natürlich die Gefahr, daß die gute Anpassung an Mentalität und Kommunikationsgewohnheiten der einen Zielgruppe regelmäßig die Angepaßtheit der Werbebotschaft an die anderen Zielgruppen beeinträchtigt).

2. Für jede „Teilgruppe" innerhalb des Umworbenenkreises wird eine die jeweils spezifischen Rezeptionsbedingungen der Gruppe berücksichtigende Version der Werbebotschaft erarbeitet.

Lernen und Einstellungsänderung

Die selektive Wahrnehmung, die Beachtung und die positive Bewertung einer Werbebotschaft bieten keineswegs automatisch die Gewähr, daß diese Botschaft auch längerfristig behalten wird und daß sie ein günstiges „retrieval", also eine sichere Aktualisierung und Verfügbarkeit in später sich ergebenden Situationen erreicht. Eine Werbebotschaft vermag das Kaufverhalten nur zu beeinflussen, wenn sie behalten und in oder vor Kaufsituationen reaktiviert werden kann[45]). Daher ist Werbung immer auch die Einleitung eines Lernprozesses.

In der Praxis der Werbung wird die Tatsache, daß jeder Werbeerfolg an einen Lernprozeß gebunden ist, häufig vernachlässigt. Dies zeigt sich unter anderem an der starken und nicht gerechtfertigten Tendenz, die werbliche Ansprechweise kurzfristig zu variieren.

Kommunikationstheoretische Probleme der Werbung

Eine hinreichend häufige Begegnung mit der Werbebotschaft — sowohl im Medium öffentlicher Kommunikation als auch auf der Ebene der „zweiten", direkten Kommunikation — selbst ist jedoch erforderlich, damit die in ihr enthaltene Basalinformation zu einem verfügbaren und wirksamen „Wissen" wird[46]). Dabei haben die werblich ausgelösten Lernprozesse entweder den Charakter der gedächtnismäßigen Verankerung und Verfestigung von Werbeaussagen, den einer Neubewertung von Konsummöglichkeiten oder denjenigen einer Habitualisierung gerichteter Einstellungs- und Verhaltensänderungen[47]).

Kaufentscheidungen zugunsten des beworbenen Produkts sind nur zu erwarten, wenn der Kommunikant die Werbebotschaft so gelernt hat, daß eine für ihn neuartige Wahlmöglichkeit in die Hierarchie seiner konsumbezogenen Reaktionsbereitschaften aufgenommen wird und wenn ihr eine bevorzugte Position in dieser Hierarchie eingeräumt wird. Erst wenn der hierzu erforderliche Lernprozeß abgeschlossen ist, werden sich Konsumwünsche und Kaufmotive mit hoher Wahrscheinlichkeit auf das beworbene Produkt richten, während Konkurrenzprodukte uninteressant werden.

3. Die Werbebotschaft als Kommuniqué

Das werbliche Kommuniqué vermittelt zwischen Werbenden und Umworbenen. Einerseits soll die Werbebotschaft den Kommunikanten über ein bestimmtes Produkt oder Unternehmen orientieren, andererseits soll sie bestimmte Meinungen, Einstellungen, Erwartungen oder Verhaltensweisen formen oder zumindest aktualisieren. Die Werbebotschaft stellt also eine final organisierte Nachricht dar; sie ist mit dem Ziel einer wirksamen und längerfristigen Einflußnahme entworfen.

Dabei eignet dem werblichen Kommuniqué kein Selbstzweck; seine Konzeption und Gestaltung sollte nicht zum Anlaß eigenwertiger kreativer Ambitionen werden. Eine künstlerisch hochwertige und originelle Gestaltung von Werbeaussagen ist vielfach zweifellos wünschenswert, da sie unter Umständen als eine indirekte Wertsuggestion für das beworbene Produkt wirken könnte. Das Streben nach Steigerung des formalen Niveaus mag auch als ein Teilaspekt einer allmählich sich anmeldenden allgemeinen Tendenz zur Ästhetisierung des Alltagslebens zu würdigen sein. Die in der Werbepraxis zunehmend selbstverständlich und zum „Erfolgsrezept" gewordene Vorstellung aber, ein Werbemittel sei um so wirksamer, je mehr „Kreativität" es enthalte, stellte weder das Ergebnis geprüfter praktischer Erfahrung noch eine theoretisch geklärte Hypothese dar. Um den Werbewert spezifisch „kreativer" Gestaltungen überhaupt messen zu können, wäre zunächst einmal eine verbindliche Klärung des Begriffs „Kreativität" erforderlich. Vielfach fungiert „Kreativität" in der werblichen Praxis als eine semantisch vieldeutige Prestigeformel, die das Versprechen ausdrückt, originelle, ungewöhnliche, überraschende und/oder ästhetisch befriedigende Visualisierungen und Verbalisierungen einer Werbebotschaft beeinflußten das Konsumentenverhalten stärker und veränderten die Wertungen und Überzeugungen potentieller Nachfrager wirksamer, als dies über herkömmlichere, eher „banale", dafür aber mit Sicherheit verständliche Werbeaussagen gelinge.

Ein „optimales" werbliches Kommuniqué übersetzt die Ziele des Werbenden so in Inhalte und Bedeutungen, daß sich der Empfänger der Botschaft spontan diesen Fremdzielen entsprechend verhält, um eigene Ziele zu erreichen und persönliche Bedürfnisse zu befriedigen. Wirkungsoptimal ist eine Gestaltung werblicher Kommuniqués weiterhin, wenn sie die Botschaft in eine den Kommunikanten verständliche und von ihnen als überzeugend erlebte textliche und bildliche „Sprache" zu bringen vermag. Die oft erhebliche Schwierigkeit der Lösung dieser Aufgabe erwächst aus der Heterogenität der Verständnisvoraussetzungen, aber auch der Interessenlagen und der Mentalitäten der jeweiligen Adressaten. In einem befriedigenden Grade wird diese Aufgabe nur durch eine zielgruppendifferenzierende Werbeplanung erfüllbar, die ihre Zielgruppen kommunikationstheoretisch und motivpsychologisch definiert.

Probleme der Bedeutungsübermittlung durch werbliche Nachrichten

Sofern die „Kreativität" der Werbebotschaft die Verständnismöglichkeiten des Kommunikanten nicht überschreitet, gelingt eine Transformation des werblichen Kommuniqués in Signalketten, für die die Angesprochenen leistungsfähige Kodes bereithalten. Damit kann der Bedeutungsgehalt der Werbebotschaft aufgenommen werden.

Jedoch vermag auch die jeweilige Signal-Qualität gegebenenfalls Eigenwirkungen auszuüben. So mutet beispielsweise die eine Drucktype „sympathischer" an als eine andere; die Tonlage des einen Sprechers wird von einem Teil des Rezipienten eines Fernsehspots als angenehm empfunden, während andere hier mit innerlicher Zurückweisung reagieren. Diese Resonanzeffekte der Signal-Qualität werden um so wichtiger, je geringer Bedeutungsgehalt und Informationswert einer Werbebotschaft sind. Die affektiv-emotionalen Begleitwirkungen von Signalen können gezielt eingesetzt werden, soweit ihre Wirkungsgesetzlichkeiten bekannt sind.

Vielfach wird – besonders wenn Laien die Gestaltung einer Werbebotschaft beeinflussen – von der Annahme ausgegangen, daß Information und Argumentation dem Umworbenen durch verbale Kodes übermittelt werden sollten, während Bild oder Handlung der Aufmerksamkeitsweckung oder der Suggestion zu dienen habe. Demgegenüber ist auf die semantische Mehrdeutigkeit aller im Bereich der Werbung verwendbarer Zeichen zu verweisen: Um den Bedeutungskern jedes Zeichens und Zeichenverbandes gruppiert sich ein mehr oder weniger breiter Fächer von erfahrungs- und erlebnisbegründeten Nebenbedeutungen. Diese Neben- und Mitbedeutungen erschweren einerseits die verläßliche und zielentsprechende Übermittlung der Botschaft. Andererseits erweitern und verstärken sie ihre emotionale Resonanz und damit indirekt auch ihre Persuasionskraft.

Die Sicherheit, mit der eine Werbebotschaft ihren B e d e u t u n g s g e h a l t zu ü b e r m i t t e l n vermag, kann durch die Beantwortung von drei Fragen eingeschätzt werden:

1. Wie weit können die dem Kommunikator wichtigen Bedeutungsgehalte überhaupt in verläßlich verständliche Zeichen übersetzt werden? Hier handelt es sich um das A k k u r a n z p r o b l e m.

2. Wie genau übermitteln die gewählten und zur Botschaft kombinierten Zeichen die vom Kommunikator beabsichtigte Bedeutung? Das hier sich stellende P r ä z i s i o n s p r o b l e m ist eine Folge der Uneindeutigkeit und der komplexen semantischen Struktur von Zeichen.

3. Mit welchem Wirkungsgrad und in welcher Richtung vermag die „verstandene" Bedeutung die Einstellung und das Verhalten der Umworbenen zu beeinflussen? Hier handelt es sich um das Problem der E f f e k t i v i t ä t von Zeichen oder Nachrichten. Dieser pragmatische Funktionswert von Zeichen steht in direktem Zusammenhang mit ihrem jeweiligen mentalitätsbedingten Verständnis.

Die Frage nach der Akkuranz betrifft die zielentsprechende Auswahl und Organisation der Zeichen. Sie sollen die vom Kommunikator gewünschten Bedeutungen mit Sicherheit aufnehmen und den Umworbenen übermitteln. Kompetentes Beurteilungskriterium für den Grad der erreichbaren Akkuranz kann nicht das subjektive Evidenzgefühl des Werbefachmanns oder seine Bestätigung des ästhetischen Werts der jeweiligen Visualisierung der Werbeidee sein. Die Lösung dieser Akkuranzaufgabe, also das Finden der „besten" Übersetzung der Werbekonzeption in „reale", übertragungsfähige Zeichensequenzen und/oder anschauliche Konfigurationen sollte unter systematischer Auswertung des gesamten Wissens erfolgen, das über die Umworbenen zur Verfügung steht. Hierbei geht es um die Kodes, die die jeweiligen Zielgruppen zur Entschlüsselung von Nachrichten besitzen, ihre Konsuminteressen, aber auch um die gruppenspezifischen Motivationen, Zielwerte und Mentalitäten. Nur so kann sichergestellt werden, daß die Werbebotschaft verstanden wird und daß sie darüber hinaus – durch Motivweckung und Erwartungslenkung sowie durch Argumentation – Einstellungen und Handlungen den Werbezielen entsprechend zu beeinflussen vermag; hierzu gibt es heute gesichertes und praktikables Wissen sowie nutzbare semantische Techniken, mit denen die Werbung jedoch nicht hinreichend vertraut ist.

Im konkreten Fall wird ein „Kompromiß" zwischen den Akkuranz-Erfordernissen einer Werbung und dem Bedürfnis nach kreativer Ansprache der Adressaten zu suchen sein. Hierzu werden die kreativen Mitarbeiter einer Agentur die in der „Regressionsphase" des schöpferischen Prozesses[48]) gefundenen Ideen in einer nachfolgenden Stufe der Elaboration so durchformen, daß die Werbebotschaft eine für den Umworbenen verstehbare und akzeptable Form gewinnt.

Stets aber ist der Grad der Präzision begrenzt, mit dem die Zeichenfolge einer Werbebotschaft die beabsichtigten Bedeutungen an die Angehörigen der werblichen Zielgruppen zu übermitteln vermag. Es wurde bereits deutlich, daß eine praktisch hinreichende Identität der ausgesendeten und der verstandenen Nachricht nur erreicht wird, sofern die werblichen Kommunikationspartner über die gleichen Kodes und Interpretationsregeln verfügen. Diese Voraussetzung ist bei konkreten Werbeaktionen nicht immer gegeben, da Werbefachleute vielfach nur unzureichende Einsichten in Mentalität und Interessenlage ihrer Kommunikanten haben. Um so mehr gilt es, eine optimale Anpassung der Werbebotschaft an das Zeichenrepertoire und an die Mentalitätsstruktur der werblichen Zielgruppen anzustreben. Hierzu gehört u. a. die Absage an die nicht selten anzutreffende werbliche „Büropoesie" und an die Verwendung werblicher „Kunstwörter", die auf ihren Suggestions- und „Anmutungswert" hin erdacht worden sind, für die jedoch den Umworbenen keine Erfahrungs- und Erlebnismuster bereitstehen. Solche Formulierungen haben zwar fast immer einen „kreativen" Überraschungswert; sie bleiben jedoch entweder für den Kommunikanten „semantische Leerstellen" oder sie werden von ihm individuell – und das heißt häufig: in einer von den Werbezielen abweichenden, wenn ihnen nicht sogar widersprechenden Weise – interpretiert.

Bestenfalls lassen sich auf diesem Wege suggestive Initialeffekte auslösen, die jedoch nur selten Kaufentschlüsse wirksam begünstigen. Der Überraschungswert von Wortneuschöpfungen nimmt zudem stets rasch ab. Ein erheblicher Teil der Umworbenen ist seit langem daran gewöhnt, mit nur partiell verständlichen werblichen „Signalen" konfrontiert zu werden.

Verantwortlich hierfür ist meist der Wunsch, auch die zum täglichen Bedarf gehörenden Produkte gewissermaßen sprachsymbolisch „aufzuwerten" und auf diesem Wege mit qualitativ unterscheidenden Bedeutungen auszustatten. Daraus resultiert fast unvermeidlich ein augenfälliges Mißverhältnis zwischen dem praktischen Nutzwert des beworbenen Produktes und den überaus weitreichenden Versprechungen bezüglich der mit seinem Kauf zu erwerbenden paraökonomischen Nutzenfunktionen. Diese Diskrepanz wird von der Mehrzahl der Umworbenen deutlich erlebt und schafft dann Zweifel an der Glaubwürdigkeit einer Werbung. Das Vertrauen in den Wert einer dramatisierenden und „verklärenden" Bewerbung von Produkten erwächst sehr oft aus einer Fehleinschätzung der Umworbenen. Diese Fehleinschätzung dürfte komplexe sozialpsychologische Gründe haben. Mitverantwortlich für die chronische Unterschätzung der Sachlichkeit und Kritikfähigkeit der Umworbenen aber ist auch die weitgehend fehlende bzw. nicht hinreichende Rückkopplung am gemessenen Erfolg. Zugleich wird bei der werblichen Applikation von Eigenschaften, Nutzenfunktionen und Bedeutungen auf das jeweils beworbene Produkt meist der kreativen Intuition, weniger aber der gruppenspezifischen affektiv-emotionalen Valenz von Sprachsymbolen und „Wert"-Zeichen gefolgt.

Bevorzugt werden erfahrungsgemäß qualitätsverleihende Symbolwörter mit einem breiten, von den verschiedenen Zielgruppen in unterschiedlicher Weise apperzipierten Bedeutungsspektrum und einem nur wenig festgelegten Bedeutungskern. Gerade diese Symbolwörter aber können kaum die den Werbeerfolg entscheidenden Bedeutungsgehalte übermitteln. Ihre Resonanz ist daher außerordentlich unsicher. Erfolgreiche Werbung wird daher soweit möglich mit Symbolworten und figuralen Symbolen operieren, deren Auswahl unter systematischer Beachtung der mentalitätsmäßigen Einstellungen und Haltungen der Adressaten erfolgt.

Akkuranz und Präzision der Bedeutungsübermittlung ist weiter von der Organisation der Zeichen zu komplexen Nachrichten abhängig. Dem Kommunikator erscheint die von ihm konzipierte Botschaft stets völlig verstehbar und einsichtig. Dieses subjektive Evidenz- und Sicherheitsgefühl sollte jedoch keineswegs zu der Annahme führen, daß auch die werblich angesprochenen Gruppen die Botschaft „selbstverständlich" verstehen und akzeptieren. Weicht eine Werbebotschaft in stärkerem Grade von den Erwartungen, dem Zeichenrepertoire und den Verständnismöglichkeiten sowie den Motiven und Interessen der Umworbenen ab, so verfällt diese Nachricht entweder einer Wahrnehmungssperre oder erleidet zumindest starke Verzerrungen.

Reaktionen dieser Art lassen sich schon beobachten, wenn zum Beispiel eine Anzeige Sätze enthält, deren einzelne Wörter dem Kommunikanten durchaus bekannt sind, deren Abfolge und Anordnung ihm jedoch völlig ungewohnt sind. Die vertrauten Bedeutungen der Einzelzeichen sind dann aufgrund ihrer subjektiv unerwarteten Kombination hochgradig verfremdet. Die durch ungewohnte Wortkombinationen angezielten Zusatzbedeutungen können nicht nachvollzogen werden, so daß die Nachricht insgesamt problematisch bis unverständlich wird. Im Entscheidungsfall ist daher die Verständlichkeit werblicher Botschaften stets der kreativen Verfremdung vorzuziehen. Dies gilt nicht nur für Texte, sondern auch für bildliche Darstellungen und figurale Anordnungen.

Ähnliche Probleme ergeben sich bei einer betont auf „Gag" abgestellten Werbung. Zweifellos gelingt es über einen wirkungsvollen Gag häufig, ein erstes Interesse an einer Werbebotschaft zu wecken und die Aufmerksamkeit auf das beworbene Produkt zu lenken. Dennoch bleibt der kommunikative und werbliche Wert von Gags unsicher: Sie werden zwar aufgrund ihres Überraschungswertes von einem erheblichen Teil der Umworbenen zunächst einmal beachtet. Da jeder Gag sich einer verkürzten und überraschenden Aussageform bedient und daher bestimmte Voraussetzungen macht, wird er – insbesondere wenn Zielgruppen umworben werden, deren Angehörige sich überwiegend restriktiver Kodes bedienen – häufig nur teilweise verstanden. Andere Umworbene lehnen Gags aus Niveaugründen ab oder halten sie für wenig seriös. Werblich problematisch aber ist auch die Möglichkeit, daß der Gag besonders gut „ankommt" und spontan akzeptiert wird. Hier besteht dann die Gefahr, daß sich diese Werbung gerade wegen ihres raschen Bekanntwerdens und ihrer allgemeinen „Beliebtheit" vom beworbenen Produkt ablöst und ein „Eigenleben" zu führen beginnt. (Beispiele hierfür sind Slogans wie „Darauf einen Dujardin" oder „Der Duft der großen weiten Welt".)

Kommunikationswichtig ist auch die informationelle Komplexität von Werbebotschaften: Eine Anzeige kann einfache, übersichtliche Bilder oder differenzierte und ästhetisch anspruchsvolle Visualisierungen von Werbebotschaften präsentieren, und sie kann ihre Botschaft in einfacher Sprache oder über eine komplexe syntaktische Struktur verbalisieren. Daher ist es nicht selten, daß die informationelle Struktur der Botschaft über, aber auch unter den kommunikativen Standards der Zielgruppe liegt. Die wohlüberlegte Wahl der Komplexitätsebene einer Botschaft wird sich daher nicht nur am zu bewerbenden Produkt und an seinen verschiedenen kommunikativen, ökonomischen, sozialen oder technischen Aspekten orientieren; sie wird gleichzeitig – neben den gruppenspezifischen Motivationen, Zielwerten und Mentalitäten – auch die verbalen und ikonischen Kodes sowie das Signal- und Symbolrepertoire der Zielgruppe berücksichtigen. Dies gilt bereits für die formale Frage nach dem jeweils „zumutbaren" Informationsgehalt von Bildern oder nach der für eine Werbebotschaft „zulässigen" Textmenge.

In diesem Zusammenhang ist auf empirische Untersuchungen zum Problem der Verständlichkeit von Texten hinzuweisen[49]). Als Faustregel kann gesagt werden, daß sich die Verständlichkeit von Texten umgekehrt proportional zur Anzahl der in ihren syntaktischen Verbänden jeweils verwendeten Wörtern verhält. Eine Satzlänge bis zu acht bis neun Wörtern hat die größte Chance, sicher verstanden und mit spontanen Reaktionen beantwortet zu werden. – Die von uns durchgeführten Untersuchungen zur Resonanz politischer Reden haben gezeigt, daß kurze Sätze neben ihrer besseren Verständlichkeit auch einen erhöhten Stimulationswert besitzen. Demgegenüber werden lange Sätze (mehr als 23 Wörter) in der direkten Kommunikation weitaus seltener mit meßbaren Reaktionen beantwortet; das hier zu verzeichnende Resonanzspektrum ist enger.

Auch für den Bereich der Wirtschaftswerbung gilt, daß Nachrichten von komplexer Struktur nur von zahlenmäßig begrenzten Adressatengruppen schwierigkeitslos aufgenommen und verarbeitet werden. Voraussetzung hierzu ist neben einem höheren Bildungsniveau auch werbliche Aufgeschlossenheit und spezifisches Produktinteresse.

Die leichte Verständlichkeit kurzer, klar strukturierter Sätze läßt zugleich erwarten, daß die Werbebotschaft nicht nur kurzzeitig aufgenommen wird, daß sie sich vielmehr auch „einprägt" und gelernt wird. Da jedoch – wie wir gesehen haben – der Erfolg einer über Massenmedien sich vollziehenden Werbung unabdingbar davon abhängt, daß gezielte Lernprozesse ausgelöst werden, erweist sich eine einprägungsbegünstigende Sprachstruktur bei der Steuerung des Kauf- und Konsumverhaltens als wichtiger Erfolgsfaktor.

Andererseits ist es nicht zweckmäßig, Werbetexte als eine Aneinanderreihung knapper Sätze aufzubauen. Sehr kurze Sätze stützen sich wechselseitig in ihrem Bedeutungsgehalt weniger als Satzgefüge von mittlerer Komplexität. In welchem Umfang die Einzelinformationen einer Botschaft behalten werden, hängt u. a. auch vom Verknüpfungsgrad ab, den die Bedeutungen der Sätze eines Textes aufweisen. Hinzu kommt, daß eine wirksame motivationale Einstimmung am besten über eine Abfolge von Sätzen gelingt, die aufgrund ihrer mittleren Komplexität ein Bedeutungsnetz zu konstituieren vermögen.

Andererseits haben selbst grammatisch unvollständige Sätze eine gute Verständlichkeitschance, dies jedoch nur, sofern nur auf solche Zeichen und Wörter verzichtet wird, die mit Sicherheit eine hohe Redundanz besitzen, d. h. vom Empfänger der Nachricht mühelos selbständig ergänzt werden können. In diesem Zusammenhang ist auf Untersuchungen von Miller und Selfridge hinzuweisen; bei ihrer experimentellen Prüfung der Behaltenschance von Wortsequenzen unterschiedlichen Ordnungs- bzw. Annäherungsgrades an „gewöhnliche" Texte stellten sie fest, daß „normale Texte" nicht besser gelernt und behalten werden als Sequenzen 5. Ordnung. Damit erklärt sich, daß unvollständige Sätze im allgemeinen bis zu hinreichender Verständlichkeit ergänzt werden[50]).

Weiterhin zeigte sich, daß Paranthesen, nähere attributive Kennzeichnungen sowie bereits die gehäufte Verwendung von Eigenschaftsworten innerhalb eines Satzes dazu führen, daß viele Leser einen Text nur unzureichend verstehen und demgemäß eher mit Mißbehagen als mit Zustimmung beantworten. Dies gilt verstärkt für das „gesprochene Wort", da beim Lesen ein individuellen Bedingungen angepaßtes Aufnahme- und Verstehenstempo gewählt werden kann.

Diese Wirkungszusammenhänge demonstriert ein Einzelergebnis aus Interaktionsanalysen der Resonanz politischer Reden: 217 Sätze mit den höchsten Meßwerten für positive und negative Resonanz weisen folgende prozentuale Merkmalsverteilung auf:

	Resonanz	
	hochpositiv	hochnegativ
unvollständiger Satz	12,6	12,9
Paranthesen	44,3	96,0
ungewöhnliche Formulierung und Fachausdrücke	33,6	41,8

In jedem Fall läßt sich werbliche Kommunikation, die sich an einen großen Adressatenkreis wendet, am ehesten über kurze und syntaktisch einfach strukturierte Sätze sichern. Weit problematischer wird dagegen die richtige Entschlüsselung der Nachricht und das adäquate Verständnis von Sätzen, wenn eine Vielzahl von Einzelzeichen zu komplexen Bewandtniszusammenhängen kombiniert sind.

Zielgerechte Kommunikation ist also in erheblichem Grade daran gebunden, daß die semantische Komplexitätsebene der Werbebotschaft den Kommunikations- und Dekodierungsvoraussetzungen der Umworbenen angepaßt ist.

Während die spezifische werbliche Effizienz bestimmter Formen der Visualisierung und Verbalisierung einer Werbebotschaft bereits verläßlich ermittelt werden kann, sind andere, gleichfalls wichtige Probleme der werblichen Bedeutungsübermittlung noch Gegenstand der Kontroverse. Dies gilt für die Klärung der Bedingungen, von denen die wirksame Provokation eines Meinungswechsels[51]) abhängig ist. Dabei zeigte sich unter anderem, daß Versuchspersonen nur diejenigen Kommuniqués exakt zu beurteilen vermögen, deren Inhalt mit der eigenen Meinung konvergiert. Auch Botschaften, die von den Überzeugungen des Lesers nur geringfügig abweichen, werden weitgehend akzeptiert. Hier werden die Abweichungen des Kommuniqués von der eigenen Meinung durch den Mechanismus der selektiven Wahrnehmung nur in einem stark reduzierten Umfang bemerkt (Assimilationseffekt). Überschreitet die Divergenz zwischen dem Inhalt der Botschaft und dem Standpunkt des Lesers jedoch eine bestimmte Grenze, so werden die von der eigenen Meinung abweichenden Bedeutungsgehalte – wiederum im Sinne selektiver Wahrnehmung – überbetont und gewissermaßen „dramatisiert" (Kontrasteffekt). Damit wird die Möglichkeit einer Überzeugung durch das Kommuniqué praktisch aufgehoben, so daß es zur inneren Zurückweisung der Botschaft kommt.

Werbliche Kommuniqués werden bevorzugt als fair, glaubwürdig und objektiv bewertet, wenn der Leser seine persönliche Überzeugung in ihnen wiederzufinden vermag. Die Überzeugungskraft eines Kommuniqués hängt also weitgehend davon ab, wie groß der jeweils erlebte Grad der Übereinstimmung zwischen der von ihm übermittelten Neuinformation und der bereits bestehenden Auffassung des Lesers oder Hörers ist.

Bedeutsam für die Probleme der Werbung sind weiter Untersuchungen zur Wirkungsweise emotionaler und „moralisierender" Appelle. Hier ergaben Untersuchungen eine überwiegend negative Beziehung zwischen der Stärke der ausgelösten Furcht und dem Grad der erzielten Meinungsänderung[52]. Ergebnisse von Hovland und anderen zeigen, daß Botschaften vergleichsweise besonders geringe Verhaltensveränderungen erzeugen, wenn sie starken emotionalen Druck ausüben und dramatische oder bedrohliche Konsequenzen der Nichtberücksichtigung einer Botschaft in Aussicht stellen. Gemäßigte, weniger furchterregende und eher beruhigende Kommuniqués hatten dagegen einen stärkeren Einfluß auf Meinung und Verhalten. Dieser Tatbestand ergibt sich im einzelnen aus jeweils einem von zwei Mechanismen:

– Die beunruhigenden, furchtauslösenden oder Schuldgefühle stimulierenden Signale werden kurzzeitig beachtet, verfallen dann aber beim Einsetzen der negativen Affektreaktion dem bereits erörterten Mechanismus der „perceptual defense".
– Die emotional negativ besetzten Bedeutungsgehalte der Botschaften werden zwar wahrgenommen, aber – zur Sicherung des emotionalen Gleichgewichts – als unrealistisch und übertrieben eingestuft, so daß sich aus ihnen keine Konsequenzen für das Verhalten ergeben.

Für die Werbepraxis beachtenswert sind auch Untersuchungen zur Beziehung zwischen der Effizienz von Botschaften und der Reihenfolge, in der sie jeweils präsentiert werden[53]. Der Einfluß der Reihenfolge der Präsentation von Botschaften auf den von ihnen jeweils zu erzielenden Persuasionsgrad ist bisher jedoch nicht eindeutig geklärt. Sehr wahrscheinlich dürfte sich die Darbietungsabfolge hier ähnlich wie beim sequentiellen Lernen auswirken. Als gesichert kann jedoch gelten, daß der Einfluß der jeweiligen „Order of Presentation" durch die Einstellung des Kommunikanten zum Inhalt des dargebotenen Kommuniqués modifiziert wird.

Contentanalyse werblicher Kommuniqués

Während des zweiten Weltkrieges hat die Contentanalyse erhebliche praktische Bedeutung gewonnen. Diese Tatsache dürfte sich daraus erklären, daß besonders Hovland[54] bei seinen Arbeiten die verhaltenssteuernden Wirkungen verbaler und bildlicher Symbole in den Mittelpunkt gestellt hat. So wurden beispielsweise experimentelle Analysen von Filmen durchgeführt, die der „Meinungsschulung" des amerikanischen Militärs dienen sollten. Eine große Anzahl solcher und ähnlicher Untersuchungen erbrachten wertvolle Einsichten in die Beziehungen zwischen der Persuasionskraft von Kommuniqués und ihrer inhaltlichen und formalen Struktur.

Heute stellt die Analyse des Kommuniqués mit Hilfe der modernen Techniken der Contentanalyse und der Informationsstatistik eine zunehmend wichtige Arbeitsrichtung auch für die im engeren Sinne werbliche Kommunikationsforschung dar. Dabei hängt der Wert einer systematischen und objektiven Untersuchung der Inhalte von Kommuniqués von vier Voraussetzungen ab. Eine Inhaltsanalyse muß

1. methodisch so objektiviert sein, daß auch verschiedene Untersuchungen zu gleichartigen Kategorisierungen von Textelementen, verbalen Symbolen oder Bildern gelangen,
2. so systematisch aufgebaut sein, daß alle im Rahmen der jeweiligen Fragestellung relevanten Inhalte vollständig und unterscheidbar kategorisiert werden können,
3. deutungsfrei die manifesten Inhalte von Botschaften, nicht aber ihre latenten Intentionen erfassen,
4. mit Hilfe geeigneter Skalen und Kodierungsvorschriften eindeutig quantifizierte und verrechenbare Ergebnisse erbringen.

Durch die methodische Anwendung dieser Prinzipien lassen sich wichtige Einsichten auch in die Strukturen und Bedeutungsgehalte von Werbebotschaften gewinnen. Heute darf die prüfbare praktische Leistungsfähigkeit der Contentanalyse im Bereich der Wirtschaftswerbung als eindeutig bestätigt gelten. Der Verfasser hat beispielsweise Verfahren[55] entwickelt, bei denen die Gestaltung, die Bilder und die Texte von Anzeigen gemäß geeigneter, statistisch begründeter Skalen semantisch analysiert werden. Hierzu ist ein vieldimensionales Contentsystem erforderlich.

Dabei unterscheiden wir unter anderem für die mikrolinguistische Analyse von Texten drei semantisch-informationelle Dimensionen, in denen ihr jeweiliger Gehalt an „Information", an „Prädikation" (Bewertung, emotionsbesetzte Eigenschaften) sowie an „Dynamik" (relativer Anteil aktionsbezogener Wörter) gemessen wird. „Textinformation", „Textprädikation" und „Textdynamik" haben jeweils unterschiedliche Resonanzwirkungen.

Die verschlüsselten und gewichteten Ergebnisse der Contentanalyse werden dann zu den Ergebnissen von Copytests in Beziehung gesetzt. Durch Verrechnung der Meßwerte der Contentanalyse einerseits und der verschiedenen, im Feld erhobenen Resonanzreaktionen mit Hilfe der Korrelationsanalyse und der Faktorenanalyse läßt sich ein Kalkülmodell erstellen, mit dem die Anzeigenwirkung mehrdimensional prognostiziert werden kann[56]. In einem bestimmten Grade ist die Wirkung von Anzeigen (und von anderen Werbemitteln) nicht nur von ihr selbst — also von der in ihnen visualisierten und verbalisierten Werbebotschaft — sondern auch von dem jeweiligen kommunikativen Umfeld abhängig, in dem sie dem Umworbenen begegnen. Daher ist theoretisch ebenso wie für die Werbepraxis wichtig, daß exakte semantisch-psychologische Meßverfahren auch für den redaktionellen Teil von Zeitschriften zur Verfügung stehen. Mit Hilfe solcher Verfahren lassen sich unter anderem die oft sehr unterschiedlichen Reaktionen erklären, die die gleiche Anzeige auslöst, wenn sie über verschiedene Zeitschriften gestreut wird. Zugleich läßt sich auf diesem Wege die Leserschaft verschiedener Zeitschriften und Zeitungen nach ihrer jeweiligen Interessen- und Mentalitätsstruktur differenzieren.

Ein Ergebnisbeispiel soll die charakteristischen Verteilungen der „Handlungsorientierung" demonstrieren, die den in verschiedenen Zeitschriften geschilderten Personen zugeschrieben wird. Den Tatsachenschilderungen und Berichten implizierte Bewertungs- und Erklärungsmodelle für das menschliche Handeln haben Einfluß auf die Glaubwürdigkeit der Darstellung sowie auf die Bereitschaft, sich mit den dargestellten Personen zu identifizieren. Die jeweils dominierende Mentalität werblicher Zielgruppen weist daher charakteristische Affinitäten zu den verschiedenen Modellen des menschlichen Handelns auf. — Hierzu nachstehende prozentuale Verteilung der verwendeten Aktionsmodelle in fünf **Publikumszeitschriften:**

	BUNTE	QUICK	STERN	REVUE	SPIEGEL
affektiv-impulsiv; auf motivationale Nahziele gerichtet	15	8	15	15	9
gewohnheitsbestimmt und traditionsgeleitet	18	11	17	19	13
praktisch; umsichtig; situationsbeantwortend	44	52	47	43	36
moralisch und verantwortungsethisch bestimmt; vom eigenen Gewissen geleitet	15	20	12	16	17
rational; abwägend; planend, an Fernzielen orientiert	8	9	12	7	25

Bestimmte Illustrierte schreiben den von ihnen dargestellten Personen bevorzugt ein affektives, impulsives und auf Nahziele gerichtetes Handeln zu. Dagegen unterlegen andere Zeitschriften den in ihnen geschilderten Menschen signifikant häufiger ein rationales, planendes und an Fernzielen orientiertes Handeln. Auch die moralische und gewissensbestimmte Verhaltenslenkung findet in einer Zeitschrift verstärkte Berücksichtigung.

Es wird deutlich, daß jede Zeitschrift ein charakteristisches Spektrum der Beweggründe und Steuerungsformen menschlichen Handelns aufweist, was – im Zusammenwirken mit einer großen Zahl ähnlicher Wirkungsmechanismen – langfristig zu spezifischen mentalitätsmäßigen Selektionen der jeweiligen Leserschaft führt. Dies wieder ist von erheblichem Einfluß auf die Bereitschaft zur Akzeptierung von Werbebotschaften.

Zur Messung beispielsweise der Aktualität bestimmter Themen in der Öffentlichkeit ist es aufschlußreich, gegebenenfalls eine repräsentative Stichprobe der gesamten Presse mit den Mitteln der Contentanalyse zu untersuchen. Es ist dies nicht nur ein für politische Zielstellungen bedeutsamer Forschungsansatz, da die Präferenz bestimmter Themen im öffentlichen Bewußtsein sowie die in der Presse ihnen gegenüber wirksamen Beurteilungstendenzen ein jeweils bestimmtes „Klima" schaffen, dessen genauere Kenntnis und Berücksichtigung für werbliche Planung und Konzeption zweifellos nützlich sind.

Als Beispiel sei die Contentanalyse von 1200 Zeitungsausgaben mitgeteilt. Sie bezieht sich auf die Argumentationen, die in den Nachrichten zum gesamten Themenkreis „Verkehr" auftreten[57]).

	alle	1961	1963
Moralische Argumentationen hinsichtlich des Verhaltens der Verkehrsbeteiligten	10	11	8
Laissez-faire-Argumentationen: Probleme regeln sich im Grunde von selbst	2	1	2
Argumentationen mit der Notwendigkeit praktischer Lösung von Einzelproblemen	34	29	37
Argumentationen mit der Notwendigkeit rationaler Verkehrsplanung und zum Übergang zu neuartigen technischen Lösungen	21	23	20
Anzahl thematisch einschlägiger Nachrichten und Berichte (= 100 %)	2338	1008	1330

Das Beispiel zeigt, daß zwischen 1961 bis 1963 die auf die Notwendigkeit praktischer Lösungen von Einzelproblemen bezogene Argumentation erheblich häufiger geworden ist, während die moralischen, auf das Verhalten der Verkehrsbeteiligten bezogenen Argumentationen genauso stark gesunken sind wie die argumentative Bezugnahme auf rationale Verkehrsplanung und neuartige technische Entwicklungen.

Insgesamt kann gesagt werden, daß informationsstatistische und semantische Verfahren in ihrer Anwendung auf Werbebotschaften und auf ihr kommunikatives Umfeld eine aussichtsreiche und zunehmend wichtige Forschungsrichtung darstellen. Bisher wurden in dieser Weise überwiegend stationäre Werbebotschaften (Anzeigen, Prospekte usw.) untersucht. Das Interesse beginnt sich jetzt auch den dynamischen Werbebotschaften (Fernsehspot, Rundfunkwerbung usw.) zuzuwenden. Allerdings sind hier die Schwierigkeiten sowohl der exakten Kodierung als auch der differenzierenden Analyse der Kommunikantenreaktionen weit größer und technisch noch nicht bewältigt.

Zweifellos lassen sich spezielle Wirkungsmechanismen der Kommunikation und Persuasion nur auf diesem Wege erkennen. Andererseits ist prinzipiell zu beachten, daß jedes (sowohl inhaltliche als auch „formale") Merkmal durch seine Verknüpfung mit anderen Merkmalen in seinen Bedeutungen, aber auch in seinen Wirkungen auf den Umworbenen modifiziert wird. Stets wird dem inhaltlichen Einzelmerkmal sein „spezifisches Gewicht" innerhalb des Kommuniqués durch den Gesamtgehalt der Botschaft und darüber hinaus auch durch ihren Kontext vermittelt. Diese Tatsache wird bei der weiteren Entwicklung leistungsfähiger Verfahren zur Messung und Vorprüfung des Wirkungsgefüges werblicher Kommuniqués und der mit ihnen korrelierenden Wirkungsmechanismen systematisch zu berücksichtigen sein. Die in diesem Zusammenhang in Deutschland vielfach noch bevorzugte Redeweise vom „ganzheitlichen" Charakter u. a. auch der Werbebotschaft führt nicht weiter. Gerade der Ganzheitsbegriff stellt eine charakteristische semantische Leerformel von hoher Vieldeutigkeit dar. Mit seiner Hilfe gelingt zwar die vorsorgliche Immunisierung von Lehrmeinungen gegen empirische Prüfung, kaum aber die Formulierung präziser und praktikabler Erkenntnis.

Zugleich führt diese Forschungsarbeit zur Bereitstellung eines praktisch anwendbaren sozialtechnischen Wissens, mit dessen Hilfe öffentliche gezielte und geplante Kommunikation zielgruppengerecht bereits auf der Stufe der Konzeption und Gestaltung der Werbebotschaft optimiert werden kann.

Quellenangaben:

[1] Zur Einführung in diesen Fragenkreis siehe Flechtner, H. J..: Grundbegriffe der Kybernetik, Stuttgart 1966; Haseloff, O. W. (Hrsg.): Grundfragen der Kybernetik, Bd. I der Schriftenreihe Forschung und Information, Berlin 1967, darin insbesondere die Arbeiten von Wiener, Berteaux, Steinbuch und Haseloff.
[2] Seyffert, R.: Werbelehre, Bd. I, Stuttgart 1966, S. 7.
[3] Behrens, K. Ch.: Absatzwerbung, Wiesbaden 1963, S. 12 f.
[4] Zur Begründung der heute allgemein akzeptierten Notwendigkeit einer Formulierungsweise von Theorien, die vor allem Falsifikation ermöglicht („Popper-Kriterium") siehe Popper, K.: Logik der Forschung, zweite, erweiterte Aufl., Tübingen 1966.
[5] Siehe hierzu Haseloff, O. W.: Kybernetik als soziale Tatsache, Hamburg 1963, S. 20 ff.
[6] Vgl. Hovland, C. I.; Janis, J.; Kelley, H.: Communication and Persuasion, New Haven, Yale University Press, 1953.
[7] Siehe hierzu auch: Berlo, D.: The Process of Communication (An Introduction to Theory and Practice), New York 1960; Cherry, C.: On Human Communication, New York and London 1957; Flechtner, H.-J.: a. a. O.

[8]) Siehe zum Problemkreis Informationstheorie: Shannon, C. E., und Weaver, W.: The Mathematical Theory of Communication, Urbana 1949; Attneave, F.: Applications of Information Theory to Psychology: A Summary of Basic Concepts, Methods and Results, New York 1959; Woodward, P. M.: Probability and Information Theory, London 1953; Meyer-Eppler, W.: Grundlagen und Anwendungen der Informationstheorie, Berlin, Heidelberg, Göttingen 1959.

[9]) Siehe hierzu: Ruesch, J. und Kees, W.: Nonverbal Communication, Berkeley 1956.

[10]) Morris, Ch.: Signs, Language and Behavior, Englewood Cliffs, N. J. 1946

[11]) Hierzu: Carnap, R.: The Logical Syntax of Language, New York 1937. Zum Problemkreis des Lernens syntaktischer Strukturen: Brown, R. W., und Fraser, C.: The Acquisition of Syntax. In: Cofer, Ch. N., und Musgrave, B. S. (Eds.): Verbal Behavior and Learning, 1963, S. 158–197.

[12]) Zur Einführung in den Problemkreis der Semantik: Korzybski, A.: Science and Sanity; An Introduction to Non-Aristotelian Systems and General Semantics, Lakeville, Conn. 1950; Hayakawa, S. I.: Semantik, Sprache im Denken und Handeln, 2, Auflage, Darmstadt 1967; Schaff, A.: Introduction to Semantics, New York 1962; sowie populär: Chase, St.: Wörter machen Weltgeschichte, München 1955.

[13]) Zum speziellen Problemkreis der politischen Symbole siehe: Lasswell, H. D., Leites, N. et al.: Language of Politics: Studies in Quantitive Semantics, New York 1949; Lasswell, H. D., Lerner, D., de Sola Pool, I.: Symbols of Internationalism, Stanford, 1951; dies.: The Comparative Study of Symbols, an Introduction, Stanford 1952. Für den deutschsprachigen Raum siehe: Haseloff, O. W.: Symbolik und Resonanzbedingungen der politischen Reden, Ztschr. für Polit. Psych. (im Druck); ders.: Zur semantischen Wirkungsstruktur der politischen Rede, Berlin 1964.

[14]) Die Methode der Vorhersage zur Bestimmung des Informationsgehaltes von Nachrichten hat zuerst C. E. Shannon angewandt. Vgl. Shannon, C. E.: Prediction and Entropy of Printed English, Bell System Techn. J. 1951 30, 50–64. In neuerer Zeit hat u. a. Baddeley diese Technik im Rahmen von Untersuchungen zum „Short-term memory" verwendet.

[15]) Siehe hierzu: Klapper, J.: The Effects of Mass Communication, Glencoe III. 1960; Schramm, W. (Hrsg.): The Process and Effects of Mass Communication, Urbana, III. 1954 sowie Schramm, W.: Mass. Communication, 2. Auflage, Urbana, III. 1960.

[16]) Lazarsfeld, P. F.: Communication Research, in: Dennies, W. (Hrsg.): Current Trends in Social Psychology, Pittsburgh 1949; Lazarsfeld, P. F. & Stanton, F. N. (Hrsg.): Communications Research, 1948–1949, New York 1949.

[17]) Lasswell, H. D.: The Structure and Function of Communication in Society, in: Bryson, L. (Hrsg.): The Communication of Ideas, Institute for Religious and Social Studies, 1948; Lasswell, H. D. & Goldsen, J. M.: Public Attention, Opinion and Action, Internat. Journ. Opin. & Attitude Research, 1947.

[18]) Berelson, B. & Lazarsfeld, P. F.: The State of Communication Research, Public Opin. Quart. XXIII, 1959.

[19]) Vgl. hierzu: Katz E.: The Two-step Flow of Communication (an Up-to-date Report on an Hypothesis), Publ. Opin. Quart. 1957, 21, 61–78; Lazarsfeld, P. F.; Berelson, B. & Gaudet, H.: The People's Choice, 2. Auflage, New York, Columbia University Press, 1948.

[20]) Siehe hierzu u. a.: Merton, R. K.: Patterns of Influence, in: P. F. Lazarsfeld & F. Stanton (Hrsg.): Communications Research 1948–1949, New York 1949; Larsen, O. N. & Hill, R. J.: Mass Media and Interpersonal Communication in the Diffusion of a News Event, Am. Sociol. Rev. 1954, 19, 426–433; Lowe, F. E. & McCormick, Th. C.: A Study of the Influence of Formal and Informal Leaders in an Election Campaign, Publ. Opin. Quart. 1956, 20, 651–662; Shaw, S.: Behavioral Science Offers Fresh Insights on New Product Acceptance, Journ. Marketing, Jan. 1965.

[21]) Zum Problem der Werbeerfolgskontrolle siehe u. a.: Jaspert, F.: Methoden zur Erforschung der Werbewirkung, Stuttgart 1963; Lucas, D. & Britt, S.: Measuring Advertising Effectiveness, New York 1963; Meyer, P.: Die Werbeerfolgskontrolle, Düsseldorf 1963; Haseloff, O. W.: Advertising as a Research Subject, in: ESOMAR, On Measuring Advertising Effectiveness, München 1965; Spiegel, B.: Werbepsychologische Untersuchungsmethoden, Berlin 1958; Lavidge, R. & Steiner, G.: A Modell for Predictive Measurements of Advertising Effectiveness, Journ. Marketing, Evanston III.,

Oktober 1961; Seyffert, R.: Werbelehre, Theorie und Praxis der Werbung, Bd. 2, Kp. 30–34, Stuttgart 1966.

[22] Klein, L. R. & Goldberger, A. S.: An Econometric Modell of the United States 1929–1952, Amsterdam 1955.

[23] Siehe hierzu: Theil: Economic Forecasts and Policy, Amsterdam 1958. Heute eröffnet der Stand der sozioökonomischen Verhaltensforschung die Möglichkeit, auch mikroökonomische Modelle mit prüfbaren Prognose- und Dezisionsfunktionen zu entwikkeln. Der Verf. hat für die Farbwerke BAYER ein mikroökonomisches Modell der gesamten deutschen Ärzteschaft entwickelt, mit dessen Hilfe eine computerisierte Zielgruppenplanung durchgeführt werden kann, die pro Arzt mehr als hundert Merkmale berücksichtigt. Das Modell stellt ein „selbstadaptives System" dar, das die Reaktionen des Umworbenen im Sinne der Rückkopplung laufend verarbeitet.

[24] Besmer, H.-J.: Die Validität von Effektivitätsmessungen der Werbebotschaft (Diss.), Winterthur 1967.

[25] Ein Verfahren zur Vorprüfung der Wirkungsstruktur von Anzeigen im Bereich der Laienwerbung ist z. B. entwickelt in: Haseloff, O. W. et al.: „EFA 65" eine faktorielle Technik der psychologischen, semantischen und informationellen Anzeigenanalyse, Berlin/Bielefeld 1965; für den Bereich der Fachwerbung siehe Haseloff, O. W.: „Pharma-Anzeigen-Diagnostik", Berlin 1966.

[26] Zum Problemkreis von Strategie, Planung und Entscheidungsoptimierung siehe: Haseloff, O. W.: Strategie und Planung, in: R. Junak & H. J. Mundt (Hrsg.): Modelle für eine neue Welt, Bd. 1 (Der Griff nach der Zukunft), München 1964; ders.: Logik und Technik der Entscheidungsplanung, in: Modelle für eine neue Welt, Bd. 3, München 1964.

[27] Siehe hierzu u. a. Colley, R.: Defining Advertising Goals for Measured Advertising Results, hrsg. v. Association of National Advertisers, New York 1962.

[28] Hovland, C. I. et al.: Communication and Persuasion, a. a. O.

[29] Adams, J. B.: The Relative Credibility of 20 Unnamed News-Sources, Journalism. Quart. 39, 1962, 79–82.

[30] Das „klassische" Werk zu diesem Problemkreis ist: Fechner, G. Th.: Elemente der Psychophysik, Leipzig 1860. Neuere Arbeiten zur Frage der „subception": Bach, S. & Klein, G. S.: Conscious Effects of Prolonged Subliminal Exposure of Words, Am. Psychologist 1957, 12, 397–398; Collier, R. M.: An Experimental Study of the Effects of Subliminal Stimuli, Psych. Mongr. 1940, 52, Whole Nr. 236; Eagle, M.: The Effects of Subliminal Stimuli of Aggressive Content upon Conscious Cognition, J. Pers. 1959, 27, 578–600; Fuhrer, M. & Eriksen, C. W., The Unconscious Perception of the Meaning of Verbal Stimuli, J. Abnorm. Soc. Psych. 1960, 61, 432–439; Goldstein, M. J. & Barthol, R. P.: Fantasy Responses to Subliminal Stimuli, J. Abnorm. Soc. Psych. 1960, 60, 22–26; Smith, G., Spence, D. P. & Klein, G. S.: Subliminal Effects of Verbal Stimuli, Journ. Abnorm. Soc. Psych. 1959, 59, 167–176.

[31] Vgl. McConnell, J., Cutler, R. & McNeil, E.: Subliminal Stimulation: An Overview, The Americ. Psychologist, Mai 1958.

[32] Vgl. De Fleur, M. & Petranoff, R.: A Televised Test of Subliminal Persuasion, Publ. Opin. Quart., Sommer 1959.

[33] Parker, E., Smith, S. & Davenport, J.: Advertising Theory and Measures of Perception, J. Advertising Research, Dezember 1963.

[34] Vgl. hierzu: Bruner, J. S. & Postman, L.: Tension and Tension-Release as Organizing Factors in Perception, J. Person. 1947, 15, 300–308; Postman, L.: The Experimental Analysis of Motivational Factors in Perception, in: Jones, M. R. (Ed.): Current Theory and Research in Motivation, Lincoln, Nebr. 1953, 59–108; Bruner, J. S.: Personality Dynamics and the Process of Perceiving, in: Blake. R. R. & Ramsey, G. V. (Eds.), Perception: An Approach to Personalitiy, New York, 1951, 121–147; Bruner, J. S.. & Goodman, C. C.: Value and Need as Organizing Factors in Perception, J. Abnorm. Soc. Psych. 1947, 42, 33–44.

[35] Vgl. Bruner, J. S. & Postman, L.: Emotional Selectivity in Perception and Reaction, J. Person. 1947, 16, 69–77; Vanderplas, J. M. & Blake, R. R.: Selective Sensitization in Auditory Perception, J. Person. 1950, 18, 252–266.

[36] Vgl. hierzu: Lewin, K.: A Dynamic Theory of Personality, New York 1935; Cardinet, J.: Préférences Esthétiques et Personnalité, Année Psychol. 1958, 58, 45–69; Young, P. T..

Motivation and Emotion. A Survey of the Determinants of Human and Animal Activity, New York 1961.

[37]) Vgl. hierzu: Festinger, L.: Some Theoretical Foundations for Advertising Research, Sixth Annual Conference of the Advertising Research Foundation, New York 1960.

[38]) Festinger, L.: A Theory of Cognitive Dissonance, Evanston, III. 1957.

[39]) Festinger, L.: The Motivating Effect of Cognitive Dissonance. In: Lindzey, G. (Hrsg.): Assessment of Human Motives, New York 1958, 65–86.

[40]) Vgl. hierzu: McGinnies, E.: Emotionality and Perceptual Defense, Psych. Rev. 1949, 56, 224–251; Eriksen, C. W.: The Case for Perceptual Defense, Psych. Rev. 1954, 61, 175–182; Eriksen, C. W. & Browne, C. T.: An Experimental and Theoretical Analysis of Perceptual Defense, J. Abnorm. Soc. Psych. 1956, 52, 224–230; Postman, L.: On the Problem of Perceptual Defense, Psych. Rev. 1953, 60, 298–306.

[41]) Vgl. u. a. Peak, H.: Attitude and Motivation. In: Jones, M. R. (Hrsg.: Nebrasca Symposion on Motivation 1955, Lincoln, Nebr. 1955, 149–189.

[42]) Vgl. hierzu: Postman, L., Bruner, J. S. & McGinnies, E.: Personal Values as Selective Factors in Perception, J. Abnorm. Soc. Psych. 1948, 43, 142–154; Postman, L. & Schneider, B. H.: Personal Values, Visual Recognition, and Recall, Psych. Rev. 1951, 58, 271–284; Klein, G. S. et al.: The Effect of Personal Values on Perception: An Experimental Critique, Psych. Rev. 1951, 58, 96–112.

[43]) Ausgehend von Konzeption Max Webers gelangt David Riesman zu einer Unterscheidung von drei Verhaltensorientierungen, die er „traditionsgeleitet", „innengeleitet" und „außengeleitet" nennt. Die letztgenannte Form der Verhaltensorientierung wird von ihm als charakteristisch für die moderne Industriegesellschaft bezeichnet. Vgl. Riesman, D.: Die einsame Masse, Darmstadt, Berlin, Neuwied am Rhein 1956.

[44]) Bernstein, B.: Soziokulturelle Determinanten des Lernens – mit besonderer Berücksichtigung der Sprache, Kölner Zeitschrift für Soziologie und Sozialpsychologie, 1959, Sonderheft 4.

[45]) Vgl. speziell: Kelvin, R.: Advertising and Human Memory, London 1963; Hovland, C. I.: Human Learning and Retention. In: Stevens, S. (Hrsg.); Handbook of Experimental Psychology, New York 1951.

[46]) Experimentelle Untersuchungen zum „short-term memory" haben nachgewiesen, daß bei einmaliger Konfrontation mit einem Lernangebot stets nur eine begrenzte Anzahl von Inhalten behalten werden kann. Miller spricht im Zusammenhang mit der Definition der „memory span" von der „magischen Zahl 7". Miller, G. A.: The Magical Number Seven, Plus or Minus Two: Some Limits on our Capacity for Processing Information, Psych. Rev. 1956, 63, 81–97.

[47]) Zum Problem der Einstellungsänderung siehe: Rosenberg, M. J., Hovland, C. I. et al.: Attitude Organization and Change, New Haven 1960; Hovland, C. I.: Reconciling Conflicting Results Derived from Experimental and Survey Studies of Attitude Change, Am. Psychologist, 14, 8–17; Katz, D. (Hrsg.): Attitude Change, Publ. Opin. Quart. 1960 (Sondernummer); Schwerin Research Corp., When Should the Effects of Television Advertising be Measured, Changes in Attitude and Behavior, Techn. & Analyt. Review, New York 1960, Nr. 5.

[48]) Zum Thema „schöpferische Prozesse" siehe: Haseloff, O. W.: Über produktive Prozesse und Persönlichkeiten. In: Club Voltaire, Jahrbuch für kritische Aufklärung, München 1963, 294–321.

[49]) Unter anderem hat Flesch eine Formel zur Messung der Lesbarkeit von Texten erarbeitet. Vgl. Flesch, R. F.: A New Readability Yardstick, Journ. Appl. Psych. 1948, 32, 221–233. Eine noch funktionsfähigere Formel wurde von Dale, E. & Chall, J. S. entwickelt. Vgl. A Formula for Predicting Readability, Educ. Res. Bull. 1948, 27, 11–20 und 37–54. Neuere statistische Untersuchungen zur deutschen Sprache haben interessante Ergebnisse gebracht: philosophische Schriften haben eine durchschnittliche Satzlänge von 27,8 Wörtern, für die Schriftsprache insgesamt hat man eine mittlere Satzlänge von 22,1 Wörtern ermittelt; die Sätze im hochdeutschen Filmdialog sind dagegen sehr viel kürzer; zwei Drittel der Dialogsätze haben zwischen 1–6 Wörtern. Vgl. Meier, H.: Deutsche Sprachstatistik, Hildesheim 1967.

[50]) Miller, G. A. & Selfridge, J. A.: Verbal Context and the Recall of Meaningful Material, Am. J. Psych. 1950, 63, 176–185.

51) Vgl. in diesem Zusammenhang u. a. Sherif, M. & Hovland, C. I.: Social Judgement, New Haven 1961. Einen einführenden Überblick über diese Zusammenhänge gibt Schramm, W. (Hrsg.): Grundfragen der Kommunikationsforschung, München 1964.
52) Siehe hierzu auch: Hovland, C. I., Janis, I. & Kelley, H. H.: Communication and Persuasion, a. a. O.; dort insbesondere die Arbeit von Janis & Feshbach.
53) Siehe hierzu: Hovland, C. I. et. al.: The Order of Presentation and Persuasion, New Haven 1957.
54) Hovland, C. I.: Lumsdaine, A. & Sheffield, F. D.: Experiments on Mass Communication, Princeton N. Y. 1949.
52) Siehe hierzu auch: Hovland, C. I., Janis, I. & Kelley, H. H.: Communication and Anzeigendiagnostik, a. a. O., beide Verfahren beruhen auf dem Prinzip der Content-Analyse.
56) Zur Bewährungsprüfung dieses Verfahrens siehe C. V. & P. Market Research Eindhoven: How to Predict Impact — an Evaluation of the EFA Method, Eindhoven 1964.
57) Haseloff, O. W. et al.: Der Verkehr im Spiegel der Presse, Berlin 1964 (im Auftrag des Ministeriums für Wirtschaft, Mittelstand und Verkehr des Landes Nordrhein-Westf.).

Ethische Probleme der Werbung

Von Prof. Dr. Georg Bergler, Nürnberg

1. Spannungen in der Wirtschaftswerbung

Hier soll nur von der Wirtschaftswerbung die Rede sein, denn sie spricht buchstäblich jeden Menschen in jeder denkbaren Erscheinungsform an. Sie übertrifft an Umfang und Intensität unbestritten jedes andere Kommunikationsmittel unserer Tage und steht dabei im Dienste einer eindeutigen ökonomischen Zweckbestimmung. Durch diese Aufgabenstellung trifft sie zwangsläufig auf Gegenwirkungen der verschiedensten Art. Zwar wird ihre Notwendigkeit am Ende anerkannt, aber sie soll anders sein; so viele Kritiker sie hat, so viele Gestalten, Erscheinungsformen und Aussagen soll sie besitzen. Sie soll wahr sein, sie soll die Menschen nicht verführen oder gar manipulieren, sie soll das Wort, das Bild oder die Musik zu ihrem Werkzeug machen. Werbung widerspricht den Normen der Ethik, wie sie heute verstanden werden. Auch stellt sie sich oft kitschig dar, anstatt die Menschen zu Geschmack und Kunstverstand zu erziehen. Schließlich macht sie den Zeitgenossen unzufrieden, weil er nicht alles haben kann, was ihm von der Werbung als erstrebenswert vorgegaukelt wird. So schwankt er taumelnd von einer Blüte der Dingwelt zur anderen, er wird zum perfekten Verbraucher. Die letzte Konsequenz wäre dann die, daß der ausgehöhlte Verbrauchsmensch seine Würde der Menschlichkeit verliert, die Gesellschaft aber in sich zerfällt, um einer neuen, (natürlich) besseren Platz zu machen. Dieser Katalog von dramatisch zugespitzten Einwänden ließe sich leicht noch weiter fortsetzen.

Einwände gegen die Werbung werden auch von den Werbefachleuten selber erhoben. Die bisherige Aufzählung beweist eindringlich genug, wie stark die Spannungen sind, denen die Wirtschaftswerbung unterworfen ist. Es ist eigentlich gleichgültig, von welcher Seite die Kritik ausgeht: im Kern ist sie sich doch in der Ablehnung einig. Dabei wäre es durchaus nicht abwegig, gerade an dieser Stelle darauf hinzuweisen, daß in unserer Umwelt buchstäblich alles in Bewegung geraten ist. Wir befinden uns mitten im „Aufstand der Massen", der aufgewühlten Jugend, die das Neue sucht und leidenschaftlich die Art der Väter ablehnt. Sie verlangt eine Freiheit, die für die ältere Generation vielleicht zum Teil nur Form und Sitte ist, sie lehnt aber eindeutig alle Gebundenheit ab und will nach eigener Form und „in eigener Verantwortung" leben. Mit einem Wort: Die Gesellschaft ist im Aufbruch. Die beharrenden Kräfte stehen gegen die Neuerer.

Das scheint auch da der Fall zu sein, wo wir von den „Ethischen Problemen" der Werbung sprechen. Eine nähere Betrachtung wird ergeben, wie vielschichtig dieser Fragenkreis und wie unmöglich es ist, auf jede Frage eine befriedigende Antwort zu finden. Allerdings sei auch gesagt, daß der Ausgangspunkt fast aller Kritik normativ bestimmt und nicht selten emotional aufgeladen ist. Meist fehlt daher die klare Einsicht in die Aufgabenstellung der Wirtschaftswerbung, die nur auf dem Hintergrund unserer gegenwärtigen Gesellschafts- und Wirtschaftsverfassung zu denken ist, in hochindustrialisierten Ländern aber von der immer perfekteren und leistungsfähigeren Fertigungsapparatur erzwungen wird.

2. Werbung in der Marktwirtschaft

Deshalb sei zuerst vorausgestellt, daß wir in einer demokratischen, freien Gesellschaft leben, die sich nach ihren Grundregeln auch nur einer freien Wirtschaft bedienen kann. Freiheit bedeutet, daß in der Regel jeder ein Geschäft begründen kann, wenn er sich von diesem Vorhaben etwas verspricht; auch dann, wenn es neben ihm schon zahlreiche gleichgeartete Firmen gibt. Er muß dann auch das damit verbundene Risiko übernehmen, er kann alles verlieren, aber auch alles gewinnen. Der Höhe seines Gewinnes ist so wenig eine Grenze gesetzt wie der Höhe des Verlustes. In dieser vereinfachten Form sprechen wir von Erwerbswirtschaft. Es ist gar nicht so lange her, daß an seiner Stelle das Wort Profitmacherei verwandt wurde, das mit ethischen Vorzeichen versehen war. Freiheit hat natürlich in gleichem Maße der Mensch schlechthin, zu kaufen, was er will und so viel er will. Im ersten Fall setzen die Gesetzgebung, im anderen die Kaufkraft eine Grenze.

Aber von der Erwerbswirtschaft muß ergänzend gesagt werden, daß keine Unternehmung unter diesem Vorzeichen allein dasteht. Sie hat es immer mit vielen gleichartigen Firmen zu tun, die dem Markt ein gleiches oder ähnliches Sortiment anbieten. Je größer ihre Zahl, Produktions- und Angebotsmengen werden, desto schwerer wird das Leben der einzelnen Unternehmung. Sie steht in dauerndem, oft hartem Wettbewerb.

Wahrhaftig bewundernswert ist, daß diese Wirtschaft so funktioniert, daß praktisch jeder Mensch zu jeder Zeit und an jedem Ort mit „des Leibes Notdurft und Nahrung" versehen werden kann.

Darüber hinaus ist unsere Güterwelt heute unübersehbar groß geworden. Für alle Dinge wird gleichzeitig geworben. Die umfänglichen Anzeigenteile der Illustrierten, die Werbung in Radio und Fernsehen bringen die Werbebotschaften zu Gesicht oder Gehör. Nicht nur aus der verwirrenden Vielzahl der uns in der Werbung vorgestellten Dinge ergibt sich für so viele das Unbehagen, von dem immer wieder gesprochen wird, sondern auch aus dem wachsenden Werbezwang. Weil eigentlich jeder werben muß, entsteht der Eindruck von ungeheuren Werbeetats. Dabei ist die Werbeintensität des einzelnen Werbers vergleichsweise gering. Doch läßt sich mit ziemlicher Sicherheit sagen, daß mit dem weiteren stürmischen Wachstum der Warenwelt auch die Werbeintensität zunehmen wird. Und sie wird immer auffälliger gestaltet, um Aufmerksamkeit zu erregen. Das führt zu vielfältiger Kritik an der Werbung. Nicht immer ist sie eine künstlerische Augenweide, und die Quantität läßt einen Eindruck in den anderen verschwimmen. So sinkt der Erfolg der Werbemark. Den Werbungtreibenden werden ständig höhere Anstrengungen abverlangt.

Die Werbung ist ein Instrument der Absatzförderung, dessen einzige Aufgabe darin besteht, zu einem Optimum von Käufen zu führen. Die Unternehmung will Erfolg und hat nicht zum Ziel, ein Erziehungsinstitut für kulturelle, ethische, moralische, künst-

Ethische Probleme der Werbung 203

lerische Anliegen zu sein. Wenn dieser Eindruck zuweilen entsteht, weil den Gestaltern ein ganz großer Wurf gelungen ist, so ist das ein Glücksfall. In der Tat ist es immer wieder möglich gewesen, mit Werbung von hohem künstlerischen und ethischen Rang oder erzieherischer Bedeutung große und dauernde Erfolge zu erzielen.

Aber angenommen, die Werbung würde stets allen ästhetischen und ethischen Ansprüchen genügen, so würde sich im Grunde gar nichts ändern. Denn nach wie vor bliebe es bei der Tatsache, daß alle Artikel miteinander in dem gleichen harten Wettbewerb stünden wie heute auch. Freilich müßten dann erst einmal Normen dafür gefunden werden, was als ästhetische und ethische Ausdrucksform anzusehen ist. Das könnte nur durch autoritäre Anordnungen geschehen und wäre keine Lösung des Problems.

3. Geheime Verführer

Selbst wenn ethische Normen aufgestellt werden könnten und beachtet würden, wäre die Werbung zwar von Geschmacklosigkeiten befreit, aber nicht von dem härtesten Vorwurf, daß sie ein willfähriges und probates Mittel der „Geheimen Verführer" sei. Die Warenfülle würde nicht geringer werden, wohl aber könnte das Herz der Menschen noch begehrlicher werden, weil ihm die Dinge in so schöner und angenehmer Form angeboten werden. Der Meister des Wortes spricht einfach und wirkt daher eindrucksvoll. Seine Botschaft bleibt im Gedächtnis, sein Slogan ruft die Menschen ständig an. Wer will sagen, daß derjenige, dem dies gegeben ist, ein „Geheimer Verführer" sei? Ist es doch heute oft kaum auszuhalten, mit welch läppischen Werbebotschaften im Rundfunk und Fernsehen geworben wird. Ist es nicht so, daß jene schauerlichen Werbebotschaften, die sich in Superlativen überbieten, an denen selbst geistig Arme Anstoß nehmen, gerade deswegen für viele eine erstaunliche Gedächtniswirkung erzielen? Läßt sich bei dieser massiven Werbung von „Geheimen Verführern" sprechen?

4. Gleichförmigkeit der Werbung

In diesem Zusammenhang drängt sich noch ein anderes Stichwort auf: Die Werbung wird zusehends gleichförmiger. Für jeden Erzeugniszweig setzt sie sich gewissermaßen das gleiche Gesicht auf. Der Werbeführer, meist einer der Großen des Zweiges, erscheint mit einem neuen – guten oder schlechten – Werbestil und neuen Werbegedanken. Flugs stellen sich alle großen und kleinen Wettbewerber darauf ein und ahmen fleißig nach. Das führt nach der Umstellungszeit zu einer neuen Einförmigkeit anstelle der bisherigen. Aber ist damit nicht auch zwangsläufig eine gewisse Art von Uniformierung oder Gleichmacherei der bisher individuellen Warenpersönlichkeit verbunden?

Da sich die Kritik in der Hauptsache gegen die Werbung für Erzeugnisse für die Hand des Letztverbrauchers wendet, stehen in ihrem Mittelpunkt die Markenartikel. Handelt es sich nun um Güter des Zweckbedarfs, die nur einem rationalen Grundnutzen zu dienen haben, so entsteht eine nicht zu unterschätzende Gefahr, denn der Umworbene nimmt die eine oder die andere Ware und identifiziert sie im Unterbewußten mit derjenigen, die er kaufen wollte. Werbung und Gestalt des Gutes sehen sich ja nur zu oft zum Verwechseln ähnlich. Hinzu kommt, daß mit der Entwicklung neuer Absatzformen im Handel die Handelsmarken im Vormarsch begriffen sind. Kann der Verbraucher wirklich zwischen Hersteller- und Handelsmarke unterscheiden, und nimmt er im Selbstbedienungsgeschäft nicht einfach die jeweils angebotene Marke, wenn er die gesuchte nicht findet?

5. Wandel der Einkaufsgewohnheiten

Die Einkaufsgewohnheiten sind in einem fast gewalttätigen Wandel begriffen. Hierher gehört auch, daß viele Erzeugnisse in Preis und Qualität gleichartig geworden sind, sich aber an Zahl rasch vermehren. Dafür verkürzt sich oft ihre Lebensdauer. So scheint es nur noch möglich zu sein, den Wettbewerb mit Hilfe der Werbung zu bestehen. Der Schluß läge deshalb nahe, daß der Unternehmer mit der stärksten Werbung auch den größten Erfolg haben müßte. Aber diese Werbung steht zwangsläufig unter anderen Vorzeichen. Ihr steht die Werbung der zahlreichen, sich ständig vermehrenden Konkurrenten gegenüber. Ein steigender Anteil des Gesamt-Werbeaufwandes in jeder Unternehmung führt daher zu keinem Erfolg; er neutralisiert nur die Konkurrenzwerbung. Erst nachdem dies gelungen ist, wird die Annahme berechtigt sein, daß von zusätzlichem Werbeaufwand so viele Kaufanstöße ausgehen, daß mit ihnen die erstrebte Umsatzerhöhung erzielt wird. Dies ist angesichts der geschilderten Entwicklung in der Distribution mit wachsenden Schwierigkeiten verbunden. Unter diesem Blickwinkel liegt es nahe zu folgern, daß die Großunternehmung mit der größten Kapitalmacht mit Hilfe ihres Werbeaufwandes den Markt beherrscht. Dafür ließen sich leicht Beispiele – aber auch Gegenbeispiele – anführen. Denn oft zeigt sich, daß sich die Marktanteile dieser Unternehmungen kaum wesentlich verändern. Je vergleichbarer die Erzeugnisse in Preis und Qualität sind, desto schneller tritt dies offenbar ein. Andererseits zeigt sich aber auch, daß das Beharrungsvermögen der Käufer oft sehr stark ist. Zwar wurden sie durch die Werbung mit allen führenden Ezeugnissen bekannt gemacht, aber sie halten unbeeindruckt an der vertrauten Ware fest. Den Käufer überfällt eine Art des Erschreckens vor dem vielen Neuen, das Tag für Tag auf ihn einstürmt. Mit dieser Erscheinung müssen die Großunternehmungen genauso rechnen wie die kleinen.

Noch ein letztes: Der Käufer von heute ist kritischer als der von gestern, und der von morgen wird es noch mehr sein. Er ist auch preisbewußter, rechenhafter, denn er will für sein Geld möglichst viel und dieses in guter Qualität kaufen. Bei Gütern des reinen Grundnutzens ist daher mit einer Marktsättigung zu rechnen, deren Grenzen von keiner Werbung mehr beliebig übersprungen werden können; es tritt vielmehr nur noch eine Verschiebung der Marktanteile einzelner Erzeugnisse untereinander ein.

6. Übertreibungen

Nun erfahren aber auch die Werbemittel viel Kritik. Alles wird schöner und besser als in Wirklichkeit dargestellt. Die Arbeit der Hausfrau erscheint als ein reines Vergnügen. Sie strahlt voll Freude, Kleidung, Wohnung und Küche werden zur wahren Augenweide. Für alles und jedes gibt es Geräte, Apparaturen und andere Hilfsmittel, – die Hausfrau wird zur Chefin eines Laboratoriums, in dem alle Arbeiten von Robotern gemacht werden, die man nur richtig und rechtzeitig zu füttern braucht. Frauen denken jedoch oft rationaler, als viele Werber zu ahnen scheinen. Natürlich sehen sie sich nach einer Erleichterung der Arbeit um; aber sie suchen das Wesentliche, das Gerät, den Automaten und nicht das so romantische Werbeleitbild. Die angebliche Wirkung auf das Unbewußte ist unbewiesen. Es geht schlicht um den Grundnutzen. Die Zeiten der Erhöhung des Ansehens durch einen Waschautomaten oder eine Geschirrspülmaschine sind längst vorüber. Wohl aber werden die Anzeigen und Prospekte der verschiedenen Herstellerfirmen gesammelt, die technischen Daten werden studiert, Warentests, Preisvergleiche, Raummöglichkeiten, Zeitersparnisse spielen eine wesentliche Rolle, wobei nicht zuletzt die Frage nach einem guten Kundendienst gestellt wird.

Kann man also von Übertreibung sprechen? Der Sachverhalt ist doch wohl ein anderer. Jene Beispiele beziehen sich auf Erzeugnisse, die erst in der jüngeren Vergangenheit eingeführt worden sind. Da kam eine neue Welt auf uns zu: Zahlreiche Frauen übten einen Beruf aus. Gleichzeitig gab es keine Hausbediensteten mehr. Die moderne Haus-

Ethische Probleme der Werbung 205

frau versprach sich Hilfe von den neuen Maschinendienern. Während der Einführungszeit war die Werbung Künderin einer leichteren Zukunft. Heute liegen große Erfahrungen vor. Die Apparate wurden technisch verfeinert. Der romantische Ausblick ist den Realitäten kühler Urteile gewichen. Die Frage an den Werbegestalter ist: Wie gestaltest du deine Anzeige heute, damit du dich von einer vergangenen Vorstellungswelt befreien kannst?

Es besteht noch eine andere Art der Übertreibung, die eng mit der Forderung nach Wahrheit in der Werbung zusammenhängt, und zwar bei allen Erzeugnissen, die der Körper- und Schönheitspflege dienen. Der Traum von ewiger Jugend und Schönheit ist einer der ältesten der Menschheit. Dazu gehört auch die Sehnsucht nach Schmuck. Hier können wir eine der vielfältigen Wurzeln der Mode aufspüren. Hinter dem Traum steckt für unsere Zeit auch eine unbarmherzige Notwendigkeit. Wer im Berufsleben steht, darf eigentlich nicht alt werden. Auch wenn er noch so tüchtig ist, hat er mit vierzig Jahren vielleicht schon den Scheitelpunkt seiner beruflichen Laufbahn erreicht; wehe dem, der dann auf die Suche nach einer ihm angemessenen Berufsstellung gehen muß. Seine Aussichten sinken von Jahr zu Jahr. Es ist nicht nur die Erfindung „profitwütiger Unternehmer", daß es jetzt so viele Kosmetika „for men" gibt. Der Mann muß gepflegt, jugendlich, elastisch sein, er darf auch äußerlich nicht altern. Um wieviel mehr muß das alles für die berufstätige Frau gelten! Für sie ist die gepflegte äußerliche Erscheinung, zu der natürlich auch eine gute Garderobe gehört, ebenso zu einem Grundbedarf geworden wie der häufige Besuch des Friseurs. So wird Kosmetik, das „Zurechtmachen", zur Notwendigkeit und zur Kunst.

Wir wissen, daß das Schönheitsideal sich fortwährend ändert und sogar in verhältnismäßig kleinen Regionen unterschiedlich sein kann. Wie dem auch sei, der Mensch sucht sich dem Schönheitsideal seiner Zeit anzupassen. Er strebt den aktuellen Leitbildern nach. Als Leitbilder können Filmstars dienen, auch Sportsleute, oder schlechthin „la Grande Dame", der große Erfolgsmann, der „Playboy". Es ist auch eine Vorliebe zum Adel zu beobachten.

Die Schicksale mancher Männer, aber insbesondere Frauen dieser Gruppe stacheln die Neugierde unablässig an. Ihre Erscheinung ist jedem geläufig. Sie strahlt leitbildhafte Wirkungen aus. Die Werbung für Artikel, die in diesem menschlichen Lebensbereich gesucht und verwendet werden, muß in den bildlichen Darstellungen das Schönheitsideal der Zeit in Reinkultur verwenden. Wir sprechen daher von idealisierender Werbung. Die Kosmetik-Werbung unserer Zeit ist weithin geschmackvoll; sie zeigt das Antlitz der modernen Frau in großer Schönheit und Vollendung. Selbst wenn die verbale Aussage die Unwirklichkeit des Bildes noch überträfe, müßte gefragt werden, ob es sich tatsächlich um echte Übertreibung handelt, die den Käufer täuscht und deshalb unmoralisch ist.

Hier scheint aber ein anderer Sachverhalt vorzuliegen. Jeder Mensch strebt einem Ideal nach, doch weiß die Mehrzahl, daß sie es niemals erreichen wird. Jede Beschauerin schöner Frauenbilder weiß, daß sie im Grunde nicht schöner werden kann, als sie geschaffen ist. Sie wird sich – wie im Kino – mit der unerreichbaren Schönheit für einen kurzen Augenblick identifizieren und dann mit Hilfe der von ihr gewählten Kosmetika versuchen, sich dem geltenden Schönheitsideal anzupassen. Die kosmetischen Korrekturen können das biologische Altern allerdings nicht aufhalten. Die Umworbenen müssen sich mit Teilerfolgen bescheiden. Das Ergebnis der Betrachtung ist einfach: Die Werbung übertreibt nicht. Sie stellt vielmehr idealisierte Leitbilder auf, denen die Umworbenen nacheifern sollen.

Der enge Bereich der Beispiele läßt sich leicht ausweiten. Güter, die neben einem rationalen Zwecknutzen auch noch einen irgendwie gearteten zusätzlichen transrationalen (psychosoziologischen) Zusatznutzen versprechen, sind wahrscheinlich die liebsten Kinder der Werbung. Denn der emotionale Bereich läßt sich leichter ansprechen als der nur rational bestimmte. Der Mensch will sich fortwährend anpassen und sogleich wieder abheben. Er will Erfolg haben, angesehen in seinem Lebensbereich und darüber hinaus tonangebend sein, bewundert und auch beneidet werden. Dieses Wünschen und Wollen bezieht der Mensch auf die Konsumgüter, für die geworben wird. Ist es ein Wunder, daß auf diesen Gebieten die Werbung entsprechend lautstark ist?

7. Sex-Appeal

Die Werbung bedient sich der nach ihrer Meinung wirksamsten Mittel. Im allgemeinen gehört alles dazu, was nicht verboten ist, zum Beispiel der „Sex-Appeal". Wir müssen die Menschen möglichst „sexy" zeigen, um den anderen in seinem „Sex" anzusprechen. Sexualität ist eine Ureigenschaft des Menschen; sexuelle Erregbarkeit führt zu Begierden, löst massive Wünsche aus; der primitive wie der gebildete Mensch weiß sofort, was gemeint ist – selbst wenn er es nicht wahrhaben will. „Sprich den Menschen in seiner verwundbaren Menschlichkeit an, von der er sich nicht trennen kann und will, so wirst du Erfolg haben." Dieses Rezept ist einfach! Deswegen wird es angewandt, solange es eine Werbung gibt. Nur – der „Sex-Appeal" paßt nicht überall und für jeden Zweck. Und er sollte in bestimmten Fällen gar nicht verwendet werden. Das hängt von der Art der Gesellschaft und ihrer Gesetzgebung ab. Sexualität und Sex sind in früheren Zeiten stärker mit Tabus belegt gewesen als heute. Sittlichkeit und Moral waren schon bedroht, lange bevor die Werbung mit der Darstellung des Unsagbaren begonnen hatte.

Die galanten Zeichner des alten Simplizissimus haben dargestellt, was für unsere Väter aufregend war. Nach dem ersten Weltkrieg, und verstärkt nach dem zweiten, erhob sich eine Riesenwoge des Sex über uns. Die Werbung produzierte „Sex für Millionen". Es gibt kaum ein Erzeugnis, für das nicht verdeckt oder unverhüllt nach diesem Rezept geworben worden wäre. Die Gesellschaft nach 1945 hob viele Tabus auf. An dieser Stelle setzte die Kritik an der Werbung ein. Die Verfechter kultureller Werte und die Kirchen erhoben ihre warnenden Stimmen gegen die Verfallserscheinungen. Vance Packards Buch über „Die geheimen Verführer" gehört wie eine Bibel zum Marschgepäck dieser Kritiker. „Tiefenpsychologie" wurde zu einem Wort der Umgangssprache. Der „Große Bruder" wurde fast identisch mit der Werbung, die den Menschen beliebig manipulieren könne. Inzwischen hat sich das Geschrei der Geängstigten gelegt. Wenn alle das gleiche tun, muß die Wirkung sinken; wenn andererseits die Öffentlichkeit ihren Widerspruch so lautstark, wie geschehen, kundgibt, läßt sich auf die Dauer nicht gegen sie handeln. Die „Primitivreaktionen" suchen zwar jeden Menschen heim, aber nicht jede Ware läßt sich mit dem Attribut „Sex für alle" versehen. Auch ist oft genug übersehen worden, daß die Ansprechbarkeit der Frauen auf diesem Gebiet sehr viel geringer ist als die der Männer. Das Gesagte möge genügen um darzulegen, daß auch die Spekulation auf die Primitivreaktionen voller Tücken ist. Jedenfalls – die Sex-Welle in der Werbung verliert ihren Reiz, seitdem viele Periodica diese Aufgabe mit aller denkbaren Schonungslosigkeit übernommen haben, und seit der moderne Film zu einer Schauanstalt nackten Fleisches geworden ist.

Weil das alles seinen Grund hat, ist nichts schwerer, als über Ethik in der Werbung Gültiges auszusagen. Aber auf ein Beispiel aus jüngster Zeit sei hingewiesen. Seitdem in Dänemark Pornographika aller Art zum öffentlichen Verkauf freigegeben worden sind,

Ethische Probleme der Werbung 207

ist der Umsatz fast schlagartig zurückgegangen. Das Erlaubte übt keinen Reiz mehr aus. Das Gesetz des sinkenden Ertrages muß sich zwangsläufig immer dort durchsetzen, wo fortwährend das gleiche konsumiert werden soll. Die Mode bewegt sich ja auch zwischen Entblößung und vollständiger Verhüllung in großen zeitlichen Wellenbewegungen hin und her. Nicht einmal die schärfsten Kleiderordnungen vergangener Zeiten haben das geringste zu ändern vermocht.

8. Kitsch und Geschmacklosigkeiten

Jeder Werbestil erreicht eines Tages seinen Höhepunkt und geht dann in seiner Wirksamkeit zurück, wenn er allgemeine Anwendung gefunden hat. Immer wieder ist von den Kritikern der Werbung gefordert worden, sie müsse den Kitsch meiden; sie habe also zum guten Geschmack zu erziehen. Was Kunst ist und was Kitsch, läßt sich niemals eindeutig definieren. Die Bestimmung unterliegt in unserem Fall dem Werbenden und dem Umworbenen. Auf beiden Seiten läßt sich niemals ein nur halbwegs brauchbares Übereinkommen erzielen. Es muß aber auch noch berücksichtigt werden, daß sich die Kunst der Gegenwart in einem revolutionären Zustand befindet. Sie wird gleichzeitig mit hohem Lob ausgezeichnet und energisch abgelehnt. Nicht wenige Unternehmer haben versucht, ihre Werbemittel den Anforderungen des Geschmacks anzupassen — aber die meisten kehrten zum „Kitsch in der Werbung" zurück, weil die Umworbenen ihn offenbar bevorzugten. Doch muß gesagt werden, daß es auch einigen Unternehmen gelungen ist, ihre Werbung auf einem hohen Stand des echten Schönen zu halten.

Die Werbung ist keine pädagogische Einrichtung, sondern ein Instrument der Absatzförderung. Jeder, der Werbung betreibt, wird sich mit seinen Mitteln dem Wollen und der Vorstellungswelt der Umworbenen anzupassen versuchen. Natürlich tritt sie dann in vielerlei Gestalt auf. Wer Tausende von Anzeigen und Plakaten studiert hat, wird nur wenige unmoralische finden und daneben eine frappierend große Eintönigkeit. Er wird sich andererseits über gute Texte freuen und über gestelzte Wortbildungen weinen können; diese sollen den Leser anziehen und sind weiter nichts als Plattheiten. Auf Beispiele sei verzichtet; eine Einsicht aber drängt sich auf: „Geheime Verführer" müßten schon mit ganz anderen Mitteln arbeiten, wenn sie ihren Ruf wahrmachen wollten.

Trotz aller Bemühungen der in der Werbewirtschaft tätigen Personen ist ein Ende der werblichen Geschmacklosigkeiten nicht abzusehen, denn sie finden immer wieder ihr Publikum. Es geht täglich darum, neue „Gags" zu finden. Die undenklichsten Zusammenhänge werden geschaffen und die absonderlichsten Situationen, Werbesymbole und Werbekunstworte erfunden. Der Text soll hämmern wie ein Schmiedehammer; oft werden die einzelnen Worte abgehackt hervorgestoßen. In der Radio-Werbung erscheinen Werbesymphonien für Schuhwichse oder Schnürsenkel. Das ist ebenso Übertreibung wie das einfache „Interview" mit Hausfrauen; im Laufe eines Jahres kommen Legionen von Hausfrauen bis zum letzten Komma stets zum gleichen Ergebnis. Nein, solche Werbung ist nicht laut, aber sie kann bis zu körperlichem Mißbehagen führen. Je nach Veranlagung lachen oder schelten die Angesprochenen über derartige Zumutungen. Aber alle erkennen die Übertreibung. Das Seltsame, Unmögliche, Biedere, Hochgestelzte erregt demnach einen Aufmerksamkeitseffekt, der zwar nicht immer zur Kaufbereitschaft führen muß, aber doch einen Erfolg erzielen kann. Eine Übertreibung fordert zwangsläufig eine noch größere heraus. Die Erwartung der Verbraucher richtet sich nicht mehr auf die Ware und ihre Eigenschaften, sondern auf die nächste Werbeattraktion. Die übertreibende Werbung aber unterliegt den gleichen Verbrauchserscheinungen wie die unsittliche. Wenn sie nicht sein soll, warum wird sie dann so unbekümmert betrieben? Daß der Wettbewerb für viele Firmen eine Frage auf Leben und Tod ist, mag eine Teilerklärung für diese Erscheinung sein. Sie ist aber nicht nur eine Frage der Ordnung, sondern auch der Ethik.

9. Rationelle Güterwahl

Der Zwang zur Wahl wird, weil die Kaufkraft mit der Vermehrung der Güter nicht Schritt halten kann, in seiner Bedeutung noch kaum richtig gesehen. Die so viel beklagte Emotionalität des Verbrauchers weicht langsam einer neuen Art von Rationalität. Unter dem Einfluß einer solchen Neuorientierung muß die Wirkung der Werbung abnehmen. Die „Werbemark" wird weniger wert. Das Manko wird durch eine Steigerung der Werbeintensität auszugleichen versucht.

Unter diesem Aspekt können auch die Aktionen der Gemeinschaftswerbung betrachtet werden. Sie wirbt für bestimmte Warenbereiche im ganzen, ohne die Einzelerzeugnisse zu nennen. Die Gemeinschaftswerbung wendet sich gegen konkurrierende Warengruppen anderer Art. Die Wegweiserfunktion wird deutlicher, die Entscheidung für Erzeugnisse der einen oder anderen Gruppe leichter, die Wahl einfacher. Nur – der Gestaltung der Gemeinschaftswerbung haften die gleichen Mängel und Vorteile wie der Individualwerbung an. Sie wird als gut oder schlecht empfunden, sie erzielt Erfolg oder Mißerfolg. Immer mehr Waren verschwinden trotz bester Werbung und der dazugehörigen vorherigen Marktforschung nach immer kürzerer Lebensdauer aus dem Markt. Der Käufer wird kritischer und bei fehlender Sachkunde dazu auch noch mißtrauischer.

10. Werbeberatung und Qualität der Werbung

Aus allen diesen Gründen ziehen die Werbungtreibenden den Werbefachmann zur Hilfe heran. Er entwirft den Werbeplan und verwirklicht ihn. In größeren Werbeunternehmen stehen für jeden Teilbereich entsprechende Spezialisten zur Verfügung.

Die Werbeberater und Werbeleiter haben den Bund Deutscher Werbeberater und Werbeleiter e. V. (BDW) begründet, der einen Ehrenkodex aufgestellt hat und die Erfüllung bestimmter Voraussetzungen verlangt, bevor die Führung der Bezeichnung „Werbeassistent BDW" oder „Werbeleiter BDW" gestattet ist. Hierauf wird aus einem besonderen Grunde hingewiesen: Werbefachmann kann jeder – ohne eine Lehre durchzumachen – werden. Es handelt sich also um einen freien Beruf, und die Berufsbezeichnung „Werbeberater" genießt keinen staatlichen Schutz. Ferner wurden mit Hilfe der Wirtschaft private Werbefachschulen gegründet. (Vgl. hierzu die Artikel „Die Werbung in Lehre und Forschung, – an Hochschulen, Werbefachschulen und Werbeakademien, Werkkunstschulen und privaten Forschungsstätten" im dritten Kapitel dieses Handbuchs.) Heute sind noch viele Unberufene neben wenigen Auserwählten tätig, und keiner weiß, wie viele, die sich selbst zu „Werbeberatern" ernannt haben, wieder dahinsinken und schreckliche Zeugnisse ihrer Tätigkeit hinterlassen.

Die Werbung bietet ein umfassendes Betätigungsfeld. Deswegen kann in diesem Beruf auch viel Unfähigkeit vor aller Welt paradieren. Vor allem der Mißstand, daß es sich hier um Mitteilungen handelt, die in jedem Umfang verbreitet werden können, ohne daß Hindernisse zu überwinden wären, kann zu einer Gefahr für die Moral in der Werbung führen. Niemand empfindet dies stärker als die echten Werbefachleute. Denn auch die schlechteste Werbung, die nicht das geringste ethische Gewissen hat, findet geneigte Ohren und Augen. Sicher ist, daß die Fachleute allein keine Ordnung schaffen können. Wie sollen sie die Forderung ihres Ehrenkodex, „Wahrheit in der Werbung", durch-

Fragen aus dem Gebiet
Grundlagen der Werbung

Frage: Wie lassen sich die Begriffe „Werbung", „Absatzwerbung" und „Public Relations" definieren und voneinander abgrenzen?
Antwort: Vgl. S. 4–5.

Frage: Welches sind die wichtigsten Unterscheidungskriterien für die Erscheinungsformen der Werbung, gegliedert
a) nach den Werbezielen,
b) nach den Werbeobjekten,
c) nach den Werbesubjekten,
d) nach dem Blickpunkt der Werbungtreibenden,
e) nach den eingesetzten Mitteln,
f) nach den Werbeträgern,
g) nach zeitlichen Gesichtspunkten?
Antwort: Vgl. S. 5–10.

Frage: In welchen Ländern entstand die moderne Wirtschaftswerbung? Wie wurde sie von deutschen Wissenschaftlern aufgenommen?
Antwort: Vgl. S. 12–15.

Frage: Welche Bedeutung hatte die Erfindung der Buchdruckerkunst für die Werbung?
Antwort: Vgl. S. 16–17.

Frage: a) Wie verlief die Entwicklung der wissenschaftlichen Werbeforschung in den Jahren nach dem 2. Weltkrieg?
b) Welche Nachbarwissenschaften werden in der Werbeforschung bevorzugt herangezogen?
Antwort: Vgl. S. 26–28.

Frage: a) Wie ist die verstärkte Bedeutung der Werbung in der heutigen Käufermarktwirtschaft zu erklären?
b) Welche typischen Arten der Werbung bilden sich in einer solchen Wirtschaft heraus? (Begründung).
Antwort: Vgl. S. 27–28.

Frage: Durch welche Merkmale unterscheidet sich die Werbung auf Produzenten- und auf Konsumentenmärkten?
Antwort: Vgl. S. 29.

Frage: Welche unterschiedlichen Aufgaben erfüllte die Werbung in Deutschland seit 1920 während der einzelnen Perioden (vergegenwärtigen Sie sich dazu die verschiedenen Absatz- und Marktverhältnisse) und welche Bedeutung hatte sie? (Begründung).
Antwort: Vgl. S. 31–32.

Fragen aus dem Gebiet
Werbung und Marktformen

Frage: Inwieweit ist die Einbeziehung der Werbung in das statische Modell der vollkommenen Konkurrenz möglich und sinnvoll?
Antwort: Vgl. S. 41.

Frage: Welche drei Zielsetzungen der Werbung sind im Monopol möglich, und wie verläuft modelltheoretisch der Prozeß der Zielerreichung?
Antwort: Vgl. S. 45–48.

Frage: Wie wirkt sich eine verstärkte Werbung auf die Preis-Absatz-Elastizität der Nachfrage aus?
Antwort: Vgl. S. 49–51.

Frage: Welche Variierung erfahren die Zielsetzungen der Werbung im Oligopol?
Antwort: Vgl. S. 52–53.

Frage: Definieren Sie den Begriff „Markttransparenz".
Antwort: Vgl. S. 57.

Frage: Was verstehen Sie unter „Strukturdaten" und „Prozeßdaten" auf Märkten?
Antwort: Vgl. S. 57.

Frage: Wie ist die klassische Vorstellung von der vollkommenen Markttransparenz im Hinblick auf die tatsächlichen Wettbewerbsbeziehungen auf modernen Oligopolmärkten kritisch zu beurteilen?
Antwort: Vgl. S. 59.

Frage: a) Erklären Sie den Begriff „Zusatznutzen".
b) Wie wirkt sich die heute zunehmende Bedeutung des Zusatznutzens von Produkten (neben ihrem Grundnutzen) auf den Inhalt und die Gestaltung der Werbung aus?
Antwort: Vgl. S. 60.

Frage: Inwiefern besteht eine funktionale Wechselbeziehung zwischen Markttransparenz und Werbung?
Antwort: Vgl. S. 61–62.

Frage: a) Sehen Sie grundlegende Unterschiede in der Werbung für Markenartikel durch Händler und Hersteller?
b) Was bedeutet Sprungwerbung?
Antwort: Vgl. S. 62–63.

Frage: Welche volkswirtschaftliche Grundfunktion hat die Werbung zu erfüllen? (Kritik).
Antwort: Vgl. S. 63–64.

Programmierte Fragen 9 bis 19

Fragen aus dem Gebiet
Volkswirtschaft und Werbung

Frage: Halten Sie eine Werbesteuer für zweckmäßig? (Begründung Ihrer Meinung).
Antwort: Vgl. S. 65.

Frage: Wie hoch schätzen Sie den Werbeaufwand in der BRD 1966? Schildern Sie Ermittlungsprobleme.
Antwort: Vgl. S. 70–71.

Frage: Wie wird die gesamtwirtschaftliche Wirkung von zusätzlichen Werbeausgaben im keynesianischen Volkswirtschaftssystem dargestellt?
Antwort: Vgl. S. 72–74.

Frage: Wie verändern zusätzliche Werbeausgaben das Gleichgewichtseinkommen?
Antwort: Vgl. S. 76.

Frage: Was versteht man unter prozyklischen und antizyklischen Werbeausgaben?
Antwort: Vgl. S. 77.

Frage: Welche Auswirkungen hat der Präferenzeffekt der Werbegüter auf die gesamtwirtschaftliche Konsumfunktion?
Antwort: Vgl. S. 75–78.

Frage: Welche Arten der Betriebs- und Unternehmenskonzentration kennen Sie?
Antwort: Vgl. S. 79.

Frage: Können von Werbemitteln ausgehende Einflüsse konzentrationsfördernd wirken? (Denken Sie an die Kosten der Gestaltung und Streuung der Werbemittel.)
Antwort: Vgl. S. 80.

Frage: Sehen Sie Möglichkeiten für Klein- oder Mittelbetriebe, sich gegen Werbung von Großbetrieben in ihnen nicht zugänglichen Exklusivwerbeträgern erfolgreich zu behaupten?
Antwort: Vgl. S. 80–81.

Frage: a) Welche Bedeutung hat die Produktdifferenzierung in der Werbung für Markenartikel?
b) Nennen Sie verschiedene Arten der Produktdifferenzierung und charakterisieren Sie diese.
Antwort: Vgl. S. 82–83.

Frage: Definieren Sie den Begriff „Werbeschwelle".
Antwort: Vgl. S. 83.

Frage: Wie erklären Sie sich die Begünstigung der Konzentration durch Werbung bei oligopolistischen Angebotsstrukturen?
Antwort: Vgl. S. 83–84.

Programmierte Fragen 20 bis 31

Fragen aus den Gebieten
Konzentration/Psychologie/Soziologie und Werbung

Frage: Was verstehen Sie unter dem Prinzip der oligopolistischen Interdependenz?
Antwort: Vgl. S. 84.

Frage: a) Aus welchen Gründen bzw. auf welchen Märkten kann die sog. „Handelsspannenkonkurrenz" entstehen?
b) Fördert sie eine Tendenz zur Konzentration der Markenartikelhersteller und -händler?
c) Beurteilen Sie den Einfluß der Werbung in diesem Zusammenhang.
Antwort: Vgl. S. 85.

Frage: Welche Vorteile bietet eine stärkere Konzentration des Handels für den Verbraucher?
Antwort: Vgl. S. 88.

Frage: Welches sind die wichtigsten Anwendungsmöglichkeiten der psychologischen Wissenschaft in der Werbepraxis? (Darstellung in groben Zügen).
Antwort: Vgl. S. 91–92.

Frage: Kann mit Hilfe der Werbepsychologie ein direkter Zusammenhang zwischen einer konkreten Werbemaßnahme und dem Erfolg dieser Maßnahme, z. B. einer bestimmten Umsatzerhöhung, bestimmt werden?
Antwort: Vgl. S. 91–92.

Frage: Worin bestehen die Grundaufgaben der Werbepsychologie?
Antwort: Vgl. S. 94–96.

Frage: Welche zwei Faktoren sind am Zustandekommen einer Wahrnehmung beteiligt, und welche Forschungsgebiete ergeben sich daraus entsprechend im Bereich der Werbung?
Antwort: Vgl. S. 98.

Frage: a) Stellen Sie einige psychologische Probleme in der Werbemittelforschung dar.
b) Beschreiben Sie Testverfahren der Werbemittelforschung.
Antwort: Vgl. S. 98–100.

Frage: a) Welche Einflüsse prägen das „Image" eines Markenartikels beim Verbraucher? (Denken Sie auch an das sogenannte „psychologische Umfeld".)
b) Konkretisieren Sie den Inhalt des Begriffs „Image". Ist er objektiv oder subjektiv?
c) Erklären Sie den Begriff des „psychologischen Umfeldes" näher.
Antwort: Vgl. S. 101–103.

Frage: Unter welche zwei sozialen Handlungsweisen (Sanktionen) kann die Reaktion der Umworbenen unter soziologischem Aspekt geordnet werden?
Antwort: Vgl. S. 107–111.

Programmierte Fragen 32 bis 41

Fragen aus den Gebieten
Soziologie/Informationstheorie und Werbung

Frage: Welche Betrachtung würden Sie einer Soziologie der Umworbenen zuordnen?
Antwort: Vgl. S. 112–113.

Frage: Sollte die Werbung „gezügelt" werden?
Antwort: Vgl. S. 113–115.

Frage: Wie sind Begriff und Anwendungsgebiet der Informationstheorie kurz zu skizzieren?
Antwort: Vgl. S. 117.

Frage: Definieren Sie bitte die Begriffe „Nachricht", „Zeichen", „Sender", „Empfänger", „Repertoire" und „bit".
Antwort: Vgl. S. 117–119.

Frage: Was verstehen Sie unter „Entropie" in der Informationstheorie?
Antwort: Vgl. S. 119.

Frage: Welche Aufgaben kann die Informationsanalyse für die Kontrolle der Werbemittelgestaltung und Werbeträgerauswahl erfüllen?
Antwort: Vgl. S. 119

Frage: a) Welche Anforderungen sind an die Werbebotschaften in bezug auf ihre Werbewirksamkeit zu stellen?
b) Durch welche Maßgrößen läßt sich der Grad der Werbewirksamkeit festlegen?
c) Welche Erhebungen sind praktisch nötig, um den Redundanzprozeß von Werbeinformationen bei den Umworbenen kontrollieren zu können?
Antwort: Vgl. S. 120–121.

Frage: a) Was verstehen Sie unter der sogenannten „Mandelbrotschen Beziehung"?
b) Welche Beziehungen werden durch die sogenannte „Texttemperatur" eines Textes ausgedrückt?
Antwort: Vgl. S. 123.

Frage: a) Welche Beziehungen bestehen zwischen der Texttemperatur und der Redundanz von Nachrichten in diesem Text?
b) Welche Schlußfolgerungen sind aus diesen Beziehungen für die praktische Gestaltung von Werbetexten zu ziehen?
Antwort: Vgl. S. 123–124.

Frage: a) In welcher Korrelation steht die Verständlichkeit eines Textes mit der Lesegeschwindigkeit und der Zahl seiner Leser?
b) Wie kann man die Textverständlichkeit messen?
Antwort: Vgl. S. 125.

Programmierte Fragen 42 bis 51

Fragen aus den Gebieten
Informationstheorie/Kommunikationstheorie und Werbung

Frage: Wie ist das Problem der „Macht der Werbeträger" über die Umworbenen zu erklären?
a) Wie ist diese „Macht" meßbar?
b) Welche Einflußfaktoren bestimmen sie?
c) Welche Konsequenzen ergeben sich für die Gestaltung des Streuplans?
d) Nennen Sie Zusatzaufgaben der Werbestreuung, wenn die Konkurrenzwerbung als Störvariable mitberücksichtigt werden soll. Wie sind sie zu lösen?
Antwort: Vgl. S. 132–136.

Frage: a) Welchen Anforderungen muß ein zugkräftiger Markenname genügen, damit er die Kommunikation zwischen Produzenten und Verbrauchern erleichtern soll?
b) Welche Gesichtspunkte sind sprachtheoretisch bei der Auswahl von Markennamen zu berücksichtigen?
c) Welche markenpsychologischen und informationstheoretischen Probleme tauchen ganz konkret bei der Auswahl des Markennamens „Bremen" für eine Zigarette auf?
Antwort: Vgl. S. 137–142.

Frage: Welche Zusammenhänge bestehen zwischen dem Marktanteil einer Marke und ihrem Entropiebeitrag? Ziehen Sie Schlußfolgerungen daraus für Einsatz und Gestaltung der Werbung und anderer absatzpolitischer Maßnahmen.
Antwort: Vgl. S. 147–148.

Frage: Wovon ist der Grad des wechselseitigen Verstehens bei einer Kommunikation abhängig?
Antwort: Vgl. S. 160.

Frage: Was bedeutet „Kodierung" einer Nachricht?
Antwort: Vgl. S. 160.

Frage: Wie definieren Sie den Begriff „Sprache" in der Kommunikationstheorie?
Antwort: Vgl. S. 160.

Frage: Welche Bedingungen müssen erfüllt sein, damit ein „System" als Kommunikationskanal funktionieren kann?
Antwort: Vgl. S. 161.

Frage: Welche Stufen eines in mehreren Stufen stattfindenden Kommunikationsprozesses lassen sich sinnvoll unterscheiden?
Antwort: Vgl. S. 160–161.

Frage: Wie sind die möglichen Ursachen einer Verzerrung des Bedeutungsinhaltes der Nachricht eines Kommunikationsvorganges zu erklären?
Antwort: Vgl. S. 162–163.

Frage: Übertragen Sie das Prinzip des „Feed back" auf eine Werbekommunikation und erklären Sie seine Bedeutung in der Werbeerfolgskontrolle.
Antwort: Vgl. S. 163–164.

Programmierte Fragen 52 bis 61

Fragen aus dem Gebiet
Kommunikationstheorie und Werbung

Frage: Welche Voraussetzungen sind notwendig für eine erfolgreiche Kommunikation, d. h. die Übermittlung der Bedeutungsinhalte an den Kommunikanten?
Antwort: Vgl. S. 165.

Frage: Unter welchen Bedingungen übernimmt ein „Ereignis" eine „Signalfunktion" im Sinne der Kommunikationstheorie?
Antwort: Vgl. S. 166.

Frage: Wie unterscheiden sich die Begriffe „Zeichen" und „Signal" voneinander?
Antwort: Vgl. S. 166–167.

Frage: Welche drei Funktionen, die Zeichen in einem Sprachsystem haben können, unterscheidet Morris, und welchen Inhalt haben sie?
Antwort: Vgl. S. 167–169.

Frage: Überdenken Sie den Begriff „Symbol" und seinen Zusammenhang mit der pragmatischen Zeichenfunktion..
a) Was sagt die pragmatische Zeichenfunktion aus?
b) Welche Bedeutung hat die pragmatische Zeichenfunktion für die Gestaltung von Werbebotschaften?
Antwort: Vgl. S. 169–170.

Frage: a) Worin bestehen die Unterschiede zwischen einer unmittelbaren Kommunikation im Gespräch und einer werblichen Kommunikation?
b) Was folgt daraus für die Auswahl werblicher Entscheidungsalternativen?
Antwort: Vgl. S. 172.

Frage: Welche Einflüsse haben die sich in sozialen Systemen bildenden „Kommunikationsnetze" auf die Weiterverbreitung und Verzerrung von Nachrichteninhalten?
Antwort: Vgl. S. 173.

Frage: Welche Rolle haben die sogenannten „Opinion leader" bei der Weiterverbreitung von Werbebotschaften via direkter Kommunikation?
Antwort: Vgl. S. 173.

Frage: Welche ähnlichen, jedoch unterschiedlich motivierten Zielgruppen gehören bevorzugt zu der Personengruppe, die die Werbebotschaften direkter Kommunikation weiterverbreitet?
Antwort: Vgl. S. 173.

Frage: a) Was ist kritisch zur Hypothese linearer Beziehungen zwischen Werbung und Absatz zu sagen?
b) Welche Aufgaben erfüllt die Werbeerfolgskontrolle in diesem Zusammenhang?
Antwort: Vgl. S. 177.

Programmierte Fragen 62 bis 71

Fragen aus den Gebieten
Kommunikationstheorie/Ethik und Werbung

Frage: Wie wirkt sich das Image des werblichen Senders und des „Informationskanals" auf den Erfolg der Werbekommunikation aus?
Antwort: Vgl. S. 179–180.

Frage: Wie beurteilen Sie das Problem der „unterschwelligen Werbung" (Packard: Die geheimen Verführer) unter Berücksichtigung neuerer empirischer Untersuchungen?
Antwort: Vgl. S. 181.

Frage: Wie ist der Einfluß unterschiedlicher Empfangssituationen auf die Empfangswahrscheinlichkeit einer Werbebotschaft am Beispiel von Werbefilm und Zeitungsanzeige zu erklären?
Antwort: Vgl. S. 181–182.

Frage: a) Wie können bestimmte Motivationen der Umworbenen ihre Wahrnehmungsbereitschaft für Werbebotschaften beeinflussen?
b) Was bedeuten „selektive Sensivität" und „kognitive Dissonanz" in diesem Zusammenhang?
Antwort: Vgl. S. 182–184.

Frage: Welche anderen psychologischen Faktoren können die Aufnahmebereitschaft für Werbebotschaften beeinflussen?
Antwort: Vgl. 184–185.

Frage: Welche Informationen über Struktur und Eigenarten der Umworbenen müssen vom Werbenden erarbeitet werden, um eine hohe werbliche Effizienz zu erreichen?
Antwort: Vgl. S. 185–186.

Frage: Welche Faktoren sind zu beachten, wenn es gilt, den Bedeutungsgehalt einer Werbebotschaft möglichst unverzerrt und verständlich zu übermitteln?
Antwort: Vgl. S. 188–190.

Frage: Welche Anforderungen sind an eine aussagefähige Inhaltsanalyse zu stellen?
Antwort: Vgl. S. 194.

Frage: Was bedeutet der Wandel der Einkaufsgewohnheiten für die Werbung?
Antwort: Vgl. S. 203–204.

Frage: Kennen Sie Organisationen, die eine gewisse Kontrolle über die „Lauterkeit" der Werbung ausüben?
Antwort: Vgl. S. 208–209.

Frage: Welche Fragen tauchen im Zusammenhang mit der „Forderung nach Wahrheit" in der Werbung auf?
Antwort: Vgl. S. 209–210.

Programmierte Fragen 72 bis 82

Ethische Probleme der Werbung

setzen, wenn nicht alle Werbeverantwortlichen erreicht und angesprochen werden können?

Nach 1945 haben die Werbungtreibenden auf freiwilliger Grundlage den Zentralausschuß der Werbewirtschaft (ZAW) begründet (vgl. auch den Artikel „Der Zentralausschuß der Werbewirtschaft" im dritten Kapitel dieses Handbuchs), der bestimmte Standards im Werbewesen durchzusetzen versucht. So hat er zum Beispiel mit Erfolg das weitere Erscheinen von Anzeigen verhindert, an denen die Öffentlichkeit Anstoß genommen hatte.

Das Gewissen rührt sich in den Reihen der Werbewirtschaft. Trotzdem bleibt für Kritik noch viel Raum. Die öffentliche Meinung und die passive Reaktion des Verbrauchers sind die Mächte, die allerstärksten Einfluß ausüben könnten. Auf ihre Willensäußerungen reagieren Wirtschaft und Werbung am schnellsten und empfindlichsten.

Im Mittelpunkt des öffentlichen Interesses stand in den letzten Jahren die Zigarettenwerbung. Amerika hat dieser Werbung mit der Warnung vor der erhöhten Krebsgefahr sogar Auflagen gemacht. Dabei muß es auffallen, daß die Warnung vor der Krebsgefahr bisher so wenig Wirkung gehabt hat.

Die ethische Frage stellt sich immer. Doch kommt es darauf an, wie sie von den Beteiligten beantwortet wird. Es gibt Unternehmer, die aus Gründen der Ethik nicht jede Ware verkaufen wollen. Sie verzichten bewußt auf Gewinnchancen. Ebenso gibt es Unternehmer, die hartnäckig einen Werbestil auf hohem Stande pflegen. Dahinter können sowohl ethische als auch geschmackliche oder künstlerische Normen stehen. Wenn über die Werbung gescholten wird, dürfen diejenigen nicht übersehen werden, die ihren Beitrag für die kulturellen Belange unserer Gesellschaft leisten, auch wenn sie damit auf den maximalen Erfolg verzichten.

11. Wahrheit in der Werbung

Noch ein Problem bietet sich an, das an Ethik und Moral gemessen wird: Die Forderung nach „Wahrheit in der Werbung". Diese Forderung enthält der Ehrenkodex der Werbefachleute. Eigentlich müßte man diesem an und für sich selbstverständlichen Verlangen die Pilatusfrage entgegenhalten: „Was ist Wahrheit?"

Jedes Werbemittel zählt die Vorteile auf, die Qualität, Einfachheit, Bequemlichkeit, kurz alle positiven Fakten, die für ein Gut sprechen. Von den negativen Eigenschaften, den Nachteilen, kurz von den Unvollkommenheiten, ist keine Rede. Es ginge auch über Menschenkraft, wenn der Werbende durch die Aufzählung der Nachteile seines Gutes den Umworbenen abhalten würde, sich dafür zu entscheiden.

Warum eigentlich ziehen wir uns besonders sorgfältig an, wenn wir etwas erreichen wollen? Warum zeigen sich Mann und Frau nur von ihrer allerbesten Seite? Würden sie auf die Schattenseiten ihres Wesens hinweisen, es hätte kaum jemals Ehepaare gegeben. Ist die Werbung des Menschen um den Menschen deswegen zu einer großen Lüge oder ist sie für Ungezählte nicht zu einem Erlebnis von unvergänglichem Glanz geworden? Wie anders kann ein Werbender den geliebten Menschen gewinnen? In diesem Augenblick ist Werbung für den Wahrheit, dem es ernst ist, den anderen zu gewinnen. Ebenso ist die Werbung für Waren und Dienstleistungen zu verstehen. Sie zeigt das Angebot von seiner schönsten Seite. Die Erzeugnisse können nur in der Gestalt gezeigt werden, in der sie verbraucht werden. Nicht die Chemiefaser wird gezeigt, sondern das

Kleid oder die Vorhänge oder die Bettwäsche usw., die daraus entstehen. Mit der Chemiefaser verbindet sich eine ganze Gruppe von Erzeugnissen. Die Chemiefaser für sich selbst würde nur unter besonders glücklichen Umständen zu einer Werbewirkung gelangen. Denn der Mensch der Gegenwart versteht nicht mehr zu lesen, seine Phantasie ist eingeschläfert. Er liest in Bildern, die ihm auch die Erlebnisvorstellungen vermitteln, die ihm selbst nicht einfallen.

Hat die Werbung nun den Grundsatz der Wahrheit verleugnet? Sicherlich nicht. Aber sie zeigt nur die Vorderseite auf. Diese Art von Wahrheit, die man auch eine relative nennen könnte, zeigt die matte Rückseite nicht. Entspricht dann die werbliche Wahrheit den Forderungen nach wahrer Aussage? Auch da muß geantwortet werden, daß einer solchen Forderung nur die reine Information genügen könnte. Weil das aus den dargelegten Gründen nicht möglich ist, wird die Aussage in die verschiedenartigsten Werbestile eingebettet. Der karikaturistisch-humoristische Stil übertreibt oder „verfremdet" ebenso wie der idealistische. Der repräsentative Stil gibt sich zu vornehm, der realistische ist zu nüchtern, der Sex-Appeal lenkt von der Ware ab oder beschäftigt diejenigen am meisten, die für die angebotenen Waren als Käufer nicht in Betracht kommen. Selbst wenn ein einfaches Kleid, das in jeder Einzelheit genau so gekauft werden kann, an einem Mannequin gezeigt wird, so wirkt es doch an der Käuferin anders und meist nicht so elegant, wie sie es sich vorgestellt hat. Das Kleid ist Wahrheit, aber die Vorführung bedeutet bereits eine Idealisierung. Wenn nun noch bedacht wird, daß der Konsument im Ding das Erlebnis zu kaufen versucht, so wird Werbung zu einer Kunst, der nur wenige gewachsen sind. Denn der Beschauer geheimnist auch seine eigenen Vorstellungen hinein.

So brauchen wir dem Stichwort „Manipulierung des Menschen" nicht mehr so viel Gewicht beizumessen, wie dies oft noch geschieht. Dem Menschen von heute wird eine erschreckende Dingbesessenheit zugesprochen. Als einen „satten Unersättlichen" könnte man ihn bezeichnen. Aber konstruieren wir damit nicht eine Spezies Mensch, die es noch niemals gegeben hat? Immer in seiner langen Geschichte hat der Mensch mehr und mehr haben und gelten wollen. Besitz führt zur Gleichheit, noch mehr, zur Überhöhung. Der „demonstrative Verbrauch" erzwingt die neidvolle Aufmerksamkeit der Umwelt. Das Wettrennen um die höhere Anerkennung ist atemberaubend. Aber es bleibt ohne Erfolg, weil sich die Dingwelt nur noch schneller vermehrt. Das Neue ist morgen Besitztum aller. Muß da die Werbung nicht in die gleiche Schnelligkeit verfallen? Indem sie es tut und fortwährend Neues einführt, büßt sie an Wirkung ein. Selbst wenn sie den Menschen manipulieren könnte, würde der Erfolg doch recht gering sein.

Die Dinge sind die Leitbilder dieser Zeit geworden. Der Mensch hat sie gegen das uralte Gebot zu „Bildnis und Gleichnis" gemacht. Sie kommen über ihn; doch voll schmerzlicher Sehnsucht muß er einsehen, daß für seine Träume nur verhältnismäßig wenige Dinge erreichbar sind. Der Mensch ist die Ursache, die Werbung ist die Wirkung. Wo die Kaufkraft fehlt, ist der Werbung das unüberschreitbare Ende gesetzt. Die Wahl, das quälende Abschätzen und die doch oft emotionale Entscheidung werden die Gefährten des Menschen sein, der ungeheuerliche Werke mit seiner technischen Vernunft hervorbringt und in seiner Abhängigkeit vom Ding so unglücklich ist. Es will scheinen, als würde er sich dessen allmählich bewußt. Das aber wäre bereits ein geöffnetes Tor in die neue Zeit. Ihre Menschen werden Wirtschaft und Werbung nach ihrem Bilde gestalten. Sie werden nicht dem Ding untertan sein, sondern es in aller Freiheit beherrschen. Und damit wäre die Frage nach der Ethik in der Werbung auf eine andere Weise beantwortet. Der Mensch wird die u n b e f a n g e n e F r e u d e a m D i n g haben, das er sich unterwirft. So wird auch sein Auftrag: „Beherrscht die Erde und macht sie euch untertan" Schicksal und Aufgabe der Werbung zugleich sein.

Wettbewerbsrechtliche Probleme der Werbung

Von Rechtsanwalt Dr. Dietrich C. Ohlgart, Hamburg

I. Werbung und Wettbewerbsrecht

Wettbewerb und Werbung hängen auf das engste miteinander zusammen. Die Werbung ist eines der wesentlichsten und wirksamsten Mittel im Wettbewerbskampf. Ziel der Wirtschaftswerbung ist es, mit bestimmten Werbemitteln auf das Bewußtsein und das Unterbewußtsein der Marktpartner einzuwirken und dadurch den Absatz von Waren oder gewerblichen Leistungen zu fördern. Da die Werbung durch ihren Beeinflussungseffekt aber auch eines der gefährlichsten Mittel zur Steigerung des eigenen Absatzes auf Kosten der Mitbewerber sowie der Allgemeinheit sein kann, bedarf es eines rechtlichen Schutzes vor sittlich anstößiger und unerlaubter Werbung.

Ein umfassendes Gesetz, das die Ausgestaltung und den Inhalt der einzelnen Werbemittel regelt, gibt es nicht. Abgesehen von einigen Spezialgebieten, wie z. B. dem Heilmittelwesen und dem Lebensmittelbereich, gibt es auch keine besonderen wettbewerbsrechtlichen Vorschriften über die Ausgestaltung und den Inhalt der Werbung. Vielmehr hat die wettbewerbsrechtliche Seite der Werbung ihre Regelung vornehmlich in dem Gesetz gegen den unlauteren Wettbewerb (UWG) und dessen Nebengesetzen gefunden, zu denen vor allem das Rabattgesetz und die Zugabeverordnung gehören.

Die Vorschriften des UWG und seiner Nebengesetze sind durchweg Schutzbestimmungen, die den Zweck haben, den Mitbewerber in seiner gewerblichen Tätigkeit gegen unberechtigte und unzulässige Eingriffe Dritter zu schützen. Neben diesem Individualschutz der Mitbewerber hat das UWG aber auch die Aufgabe, das Publikum, das an einem gesunden und sauberen Ablauf des Wirtschaftslebens interessiert ist, zu schützen. Die soziale Funktion des Wettbewerbs hat die Rechtsprechung seit Ende der zwanziger Jahre in steigendem Maße herausgestellt*)[1]; man kann deshalb heute davon ausgehen, daß die Interessen der Allgemeinheit in gleichem Maße wie die der Mitbewerber geschützt sind. Eine Werbung, die keine Rücksicht auf das allgemeine Anstandsgefühl nimmt oder sich grob taktlos ausnimmt, kann daher gemäß § 1 UWG unlauter sein, obwohl Mitbewerber von ihr nicht in ihrer Rechtssphäre betroffen werden. Nicht zu billigen ist es z. B., wenn in der Werbung für eine Lebensversicherung das Bild einer trauern-

---

*) Die im Text laufend numerierten Quellenangaben sind am Schluß des Aufsatzes zitiert.

den Witwe gezeigt wird, mit der Unterschrift: „Diese Witwe würde weniger weinen, wenn ihr verstorbener Mann bei uns eine Lebensversicherung abgeschlossen hätte[2]". Mit Recht ist eine derartige Werbung als unlauter angesehen worden.

Wie sehr dem UWG heute auch die Aufgabe zukommt, dem Schutze der Allgemeinheit und insbesondere dem Schutze des kaufenden Publikums zu dienen, kommt schließlich auch dadurch zum Ausdruck, daß den Verbraucherverbänden durch Gesetz vom 21. 7. 1965 – durch das § 13 UWG geändert wurde – in beschränktem Umfange das Recht zuerkannt ist, Unterlassungsklage zu erheben.

Die Mittel zur Durchsetzung einer lauteren Werbung sind in erster Linie die Unterlassungs- und Schadenersatzklage. § 1 UWG bestimmt, daß derjenige, der im geschäftlichen Verkehr zu Zwecken des Wettbewerbs Handlungen vornimmt, die gegen die guten Sitten verstoßen, auf Unterlassung und Schadenersatz in Anspruch genommen werden kann. Daneben bestehen die zivilrechtlichen Hilfsansprüche, wie der Anspruch auf Auskunftserteilung und auf Rechnungslegung. In besonders krassen Fällen unlauterer Werbung, wie z. B. bei wissentlich unrichtigen Angaben, kann aber auch im Wege des Strafverfahrens auf Geldstrafe oder Gefängnisstrafe bis zu einem Jahr erkannt werden. Desgleichen sind auch Verstöße gegen die Zugabeverordnung und gegen das Rabattgesetz strafrechtlich verfolgbar.

Obwohl die Form der graphischen oder farblichen Ausgestaltung der Werbung für ihren Erfolg äußerst bedeutsam ist, so spielt sie doch für ihre rechtliche Beurteilung eine untergeordnete Rolle. Die wettbewerbsrechtliche Bewertung einer Werbung knüpft vor allem an ihren Aussagewert an. Der Inhalt der Werbung ist maßgebend. Durch ihn wird in die Rechtssphäre Dritter, insbesondere der Mitbewerber, eingegriffen. Die Werbung kann die Mitbewerber dabei vornehmlich auf zwei Arten beeinträchtigen: Einmal auf Grund unrichtiger oder täuschender Angaben, durch die beim Konsumenten der Eindruck eines besonders günstigen Angebots hervorgerufen wird, so daß er deshalb das angepriesene Produkt der Ware der Mitbewerber vorzieht. Zum anderen in all jenen Fällen, in denen sich der Werbende kritisch mit der Leistung eines Mitbewerbers befaßt. Während im ersten Falle, also bei der täuschenden Werbung, auch die Belange des Publikums betroffen sind, das vor einer täuschenden Werbung zu schützen ist, geht es im zweiten Falle vornehmlich um die Rechtsbeeinträchtigung der Mitbewerber. Von den zahlreichen Problemen, die hieraus entstehen, sollen die für die Praxis wichtigsten in diesem Beitrag behandelt werden.

II. Tatsächliche Angaben in der Werbung

1. Allgemeine Grundsätze des § 3 UWG

Die wichtigste Norm des wettbewerblichen Werberechts ist § 3 UWG, der das Verbot der Verbreitung unrichtiger Angaben postuliert. Nach dieser Vorschrift ist jede Werbeäußerung unzulässig, in der „über geschäftliche Verhältnisse, insbesondere über die Beschaffenheit, den Ursprung, die Herstellungsart oder die Preisbemessung von Waren oder gewerbliche Leistungen, über die Art des Bezuges oder die Bezugsquelle von Waren, über den Besitz von Auszeichnungen, über den Anlaß oder Zweck des Verkaufs oder über die Menge der Vorräte unrichtige Angaben" gemacht werden, die geeignet sind, den Anschein eines besonders günstigen Angebots hervorzurufen. Kurz gesagt, verbietet die Norm also alle Angaben geschäftlicher Art, die unrichtig und geeignet sind, den Anschein eines besonders günstigen Angebots zu erwecken. Ein günstiges Angebot wird dabei schon dann bejaht, wenn Käufer auf Grund der unrichtigen Angabe dazu angelockt werden, sich mit dem Angebot zu befassen, das sie sonst möglicherweise überhaupt nicht beachtet hätten[3]. Da dies regelmäßig der Fall ist, liegt der Schwerpunkt der Vorschrift bei der Frage, was unter einer unrichtigen Angabe zu verstehen ist.

a) Der Begriff der Angabe in § 3 UWG

Angaben sind alle Äußerungen in Wort und Bild, denen ein nicht unerheblicher Teil des Verkehrs einen objektiv nachprüfbaren Inhalt beimißt[4].Nur Aussagen, die als rein subjektive Äußerung verstanden werden, fallen nicht unter § 3 UWG. Die Abgrenzung der Tatsachenbehauptung zum Werturteil wird also nicht streng logisch durchgeführt, sondern nach der Auffassung des Verkehrs vorgenommen. Erblickt der Verkehr in einer Werbeäußerung einen nachprüfbaren Inhalt, so gilt sie als Angabe im Sinne dieser Vorschrift.

b) Objektiv unrichtige Angabe

Selbstverständlich ist zunächst, daß alle objektiv falschen Angaben grundsätzlich unzulässig sind. Dieser Grundsatz wird nur in jenen Fällen durchbrochen, in denen der Verkehr der objektiv falschen Angabe keine Bedeutung beimißt, weil dann eine Irreführung, die gemäß § 3 UWG ja gerade verhindert werden soll, nicht gegeben ist. So ist z. B. die Bezeichnung „Fichtennadelextrakt" auch für ein Erzeugnis erlaubt, dessen Ausgangsstoffe nicht ausschließlich aus Fichtennadeln und nadelbesetztem Fichtenreisig gewonnen werden. Die Bezeichnung ist als zulässig erachtet worden, weil fast alle Erzeugnisse, die als Fichtennadelextrakt bezeichnet werden, nicht ausschließlich aus Fichtennadeln herrühren, und es dem Verkehr bei diesem Produkt lediglich auf die Eigenschaften und Gebrauchsvorteile der Ware ankommt, nicht aber darauf, ob das Erzeugnis tatsächlich auch ausschließlich aus Fichtennadeln extrahiert worden ist[5].

Abgesehen von diesen in der Praxis recht selten vorkommenden Ausnahmefällen, bleibt es bei dem Grundsatz, daß alle objektiv unrichtigen Angaben in der Werbung unerlaubt sind.

c) Subjektive Unrichtigkeit

Aber auch objektiv richtige Angaben können irreführend und damit wettbewerbswidrig sein. Angaben, die zum Teil richtig sind, können nämlich durch Fortlassung wichtiger Tatsachen oder durch Entstellung bei den angesprochenen Verkehrskreisen einen falschen Eindruck erwecken. Bei der Prüfung der Frage, ob eine Irreführung in diesen Fällen vorliegt, ist von der Gesamtwirkung der Werbeaussage auszugehen. Werden Tatsachen, die nach Meinung des Publikums hätten gesagt werden müssen, verschwiegen, so kann darin eine Täuschung liegen, die die Gesamtankündigung unzulässig macht. Häufig wird das Publikum gerade durch die mittelbare Wirkung einer Werbung irregeführt, indem die an sich richtige Werbeäußerung zu falschen Schlußfolgerungen verleitet. So wenn z. B. jemand für Stoffe mit dem Hinweiß wirbt, „mit leichten Fehlern", und dadurch der Eindruck entsteht, es handle sich um hochwertige Ware, bei der sich die Preiswürdigkeit aus geringen, der Qualität nicht abträglichen Fehlern ergibt, während die Ware in Wahrheit minderwertig ist. Auch Abbildungen können in dieser Hinsicht zu Täuschungen führen. Ein Bild kann z. B. irreführen, wenn Briefbögen und Prospekte Abbildungen eines Hochhauses zeigen und damit den falschen Eindruck erwecken, das werbende Unternehmen bewohne das gesamte Gebäude, obwohl es dort nur einige Räume gemietet hat. Wird eine minderwertige Verbrauchsschokolade in einer Aufmachung verkauft, auf der eine Alpenlandschaft mit Kühen auf einer Almwiese abgebildet ist, so denkt der Verbraucher an Schweizer Milchschokolade. Das Bild einer Biene auf der Packung oder in der Werbung für Kunsthonig schafft in dem Käufer leicht die Gedankenverbindung mit echtem Bienenhonig, ähnlich wie Obst auf dem Etikett eines künstlichen Heißgetränks die Vorstellung reinen Fruchtsafts erweckt. In allen diesen Fällen wird der Verbraucher durch die mittelbare Wirkung der Werbung irregeführt. Sie ist daher unzulässig.

Trotz objektiv richtigen Inhalts einer Werbeäußerung kann eine Irreführung vor allem durch einen täuschend wirkenden B l i c k f a n g hervorgerufen werden. Wettbewerbswidrig ist deshalb eine Werbung, in der angekündigt wird: Preissenkung bis zu 30 % und hier bei 30 % in Fett- und Großdruck erscheint, während „bis zu" klein und dünn gedruckt ist[6]). Es gilt der Grundsatz, daß auch der Blickfang stets wahr sein muß, mag er auch nur zur näheren Beschäftigung mit der Werbung anreizen. Denn ein Teil des Publikums wird in aller Regel nur die Schlagzeile in der Werbung lesen, ohne sich die Mühe zu machen, die Gesamtanzeige zu studieren. Der flüchtige Betrachter wird daher auch durch den unrichtigen Blickfang getäuscht.

Ein weiteres Problem, das in diesem Zusammenhang zu behandeln ist, stellt die Werbung mit S e l b s t v e r s t ä n d l i c h k e i t e n dar. Auch hier macht der Werbende zwar objektiv richtige Angaben; sie sind aber häufig geeignet, bei dem Verbraucher einen unrichtigen Eindruck hervorzurufen. Eine Werbung mit Selbstverständlichkeiten liegt vor, wenn auf Umstände besonders hingewiesen wird, die bei allen Wettbewerbern vorliegen. So z. B. wenn jemand in seiner Werbung angibt, seine Marmelade enthalte keinerlei Streckungsmittel, während solche – was weitgehend unbekannt ist– gesetzlich allgemein verboten sind, und der Verkehr in der Weglassung dieser Mittel einen Vorzug sieht[7]); ferner wenn eine Brotfabrik behauptet, es würden nicht chemisch behandelte Mehle benutzt, obwohl alle Wettbewerber solche Mehle benutzen[8]). Genauso ist die Situation in folgenden Fällen: Ein Hersteller preist seine Zahnbürsten schlagwortartig als „Massageborsten" an, obwohl auch die Zahnbürsten seiner Mitbewerber, die gleiches Material verwenden, diesen Vorteil aufweisen[9]). Eine Kornbrennerei vertreibt Steinhäger mit dem Zusatz „doppelt gebrannt". Diese Bezeichnung ist ebenfalls objektiv richtig, wenn Korn tatsächlich doppelt gebrannt ist, wie das für Steinhäger gesetzlich vorgeschrieben ist, sie wirkt aber auf das Publikum täuschend, weil die meisten nicht wissen, daß das doppelte Brennen bei Steinhäger selbstverständlich ist.

Die Werbung mit Selbstverständlichkeiten ist jedoch nicht stets wettbewerbswidrig. Eine Irreführung scheidet dann aus, wenn Eigenschaften einer Ware angepriesen werden, deren Vorhandensein der Abnehmer leicht selbst überprüfen kann und wenn er auch gewohnt ist, eine derartige Prüfung vorzunehmen. Wirbt ein Hersteller von synthetischen Stärkemitteln mit dem Slogan „Meine Hemden scheuern nicht", so liegt darin kein Verstoß gegen § 3 UWG, weil für den Verbraucher die Richtigkeit dieser selbstverständlichen Eigenschaft ohne weiteres nachprüfbar ist[10]).

d) Die Verkehrsauffassung als Beurteilungsmaßstab

Wie schon die bisherigen Ausführungen gezeigt haben, wird die Frage, ob eine Werbeäußerung richtig und damit wettbewerbsgemäß ist, ausschließlich danach beurteilt, wie sie die beteiligten Verkehrskreise verstehen. Maßgebend ist die Bedeutung, die ein nicht völlig unbeachtlicher Teil des Verkehrs, an den sich die Ankündigung richtet, in ungezwungener Betrachtungsweise beilegt[11]). Es kommt also nicht darauf an, ob der überwiegende Teil oder gar die Gesamtheit der Verkehrsteilnehmer irregeführt werden. Unrichtig ist die Angabe vielmehr schon, wenn ein nicht unwesentlicher Teil des Publikums einer Täuschung erliegt. Eine mehrdeutige Angabe ist deshalb bereits wettbewerbswidrig, wenn sie von einem irgendwie beachtlichen Teil der angesprochenen Verkehrskreise in einem Sinne verstanden wird, der den tatsächlichen Verhältnissen nicht entspricht[12]).

Verschärft werden diese Grundsätze noch dadurch, daß bei der Ermittlung der Verkehrsauffassung davon auszugehen ist, daß geschäftliche Ankündigungen und Werbebehauptungen selten aufmerksam gelesen werden. Dafür fehlt es im allgemeinen an der Zeit und am Interesse. Bei dem großen Umfang der Werbung der verschiedensten Unternehmen kann das Publikum die Werbebehauptungen nur flüchtig und ohne großes Nachdenken aufnehmen. Das führt dazu, daß die Werbung weder genau noch kritisch, geschweige denn mit philologischer Akribie gewürdigt oder zergliedert wird. Maßstab für die Beurteilung der Frage, ob eine Irreführung vorliegt, ist deshalb der E i n d r u c k d e s f l ü c h t i g e n D u r c h s c h n i t t s b e s c h a u e r s o d e r D u r c h s c h n i t t s h ö r e r s. Das bedeutet allerdings nicht, daß bei einer an das breite Publikum gerichteten Werbung vom Vorstellungsvermögen von Hilfsschülern auszugehen ist. Besonders unbegabte Personen bleiben ebenso außer Betracht wie besonders begabte, erfahrene oder aufmerksame Personen. Richtet sich die Werbung an Fachleute, so entscheidet die Durchschnittsauffassung auf dem betreffenden Fachgebiet. Zulässig ist deshalb die Bezeichnung „Emaillelack" für pigmentierte Lacke mit harter halbglänzender Oberfläche – die nichts mit Feueremaille zu tun haben – weil der Emaillelack vornehmlich von Fachleuten verwendet und der Ausdruck von diesen richtig verstanden wird[13]).

e) Mehrdeutige Angaben

Bevor festgestellt werden kann, ob ein nicht unbeachtlicher Teil der angesprochenen Verkehrskreise irregeführt wird, ist zunächst stets der Sinngehalt einer Werbung für die angesprochenen Verkehrskreise zu ermitteln. Hat eine Werbeaussage mehrere Bedeutungen, so muß der Werbende die Mehrdeutigkeit gegen sich gelten lassen. Da für die Bedeutung einer Bezeichnung schon die Vorstellung rechtlich relevant ist, die ein nicht unbeachtlicher Teil des Verkehrs mit ihr verbindet, liegen mehrdeutige Angaben recht häufig vor. Eine mehrdeutige Angabe ist schon unrichtig, wenn sie von einem nicht völlig unerheblichen Teil des angesprochenen Publikums in einem Sinne verstanden wird, der den tatsächlichen Verhältnissen nicht entspricht[14]).

Demzufolge hat der Bundesgerichtshof die Bezeichnung „Echt Skai" als irreführend und wettbewerbswidrig erachtet. Im Einklang mit den Vorinstanzen war er der Meinung, in weiten Verbraucherkreisen sei nicht bekannt, daß „Skai" lediglich das Warenzeichen für einen Kunststoff mit lederartigen Eigenschaften sei; vielmehr hafte den Verbrauchern zum Teil die Vorstellung an, „Skai" sei eine Marke für Fertigerzeugnisse im Täschnereibereich, nämlich für Handtaschen und Koffer. Durch die Verwendung der Worte „Echt Skai" würden diese Verbraucher getäuscht, daß sie der Annahme unterlägen, die Bezeichnung weise auf eine bestimmte Ledersorte hin, dies umso mehr, als die Lederindustrie zur Abhebung von den Kunststoffartikeln im Täschnereibereich mit dem Slogan echt Leder umfangreich geworben habe und damit beim Publikum bekanntgeworden sei[15]).

f) Nachwirkende Unrichtigkeit

Eine an und für sich unverfängliche Bezeichnung oder Werbebehauptung kann auch dann gemäß § 3 UWG wettbewerbswidrig sein, wenn sie sich von einer früher gebrauchten jedoch irreführenden Bezeichnung nicht hinreichend abhebt. Wer z. B. in irreführender Weise für ein Tafelwasser mit einem Herzzeichen in Verbindung mit den Worten „Heilquellen-Naturbrunnen" geworben hat, setzt die Irreführung fort, wenn er ohne das Herzzeichen aufzugeben mit den Worten „Naturbrunnen und Limonaden" wirbt[16]). Desgleichen wirkt die Täuschung fort, wenn für eine Margarine die Bezeichnung „Ei-wie-fein" gewählt wird und die früher gewählte aber für unzulässig erklärte Bezeichnung „Ei-fein" dem Publikum noch gut bekannt ist[17]). Solange nämlich eine täuschende Bezeichnung oder ein irreführender Werbeslogan in weiten Kreisen des angesprochenen Publikums noch wach ist, muß der Werbende stets alles vermeiden, was den neuen Slogan irgendwie mit dem alten verknüpft. Wird das Publikum beim Hören oder Lesen des neuen Slogans an den alten erinnert, so setzt sich leicht die Irreführung fort und macht auch den neuen Werbeslogan unzulässig.

2. Irreführung über die geographische Herkunft

Die hier behandelten Grundsätze über die wettbewerbsrechtliche Behandlung tatsächlicher Angaben in der Werbung gelten ganz allgemein, mag es sich um Angaben über allgemeine geschäftliche Verhältnisse handeln oder um Angaben über die Beschaffenheit, die Herkunft, den Ursprung, die Herstellungsart oder die Preisbemessung von Waren oder gewerblichen Leistungen. Natürlich weisen Angaben über die Preisbemessung oder Herstellungsart einer Ware wieder spezielle Probleme auf. Es würde aber den Rahmen dieses Beitrages sprengen, wenn auf alle diese Einzelprobleme eingegangen werden würde. Behandelt seien hier indessen noch die in der Praxis so häufig vorkommenden Angaben über die geographische Herkunft einer Ware und die unmittelbare Herkunftstäuschung.

Auf keinem Gebiet ist wohl so stark gesündigt worden wie bei den Angaben über die Herkunft einer Ware. Es muß aber zugleich hinzugefügt werden, daß über dieses Gebiet bei den Werbenden eine erstaunliche Unkenntnis besteht. Diese Unkenntnis ist jedoch verständlich, denn es handelt sich hier um eines der heißumstrittensten Themen im Wettbewerbsrecht. Die Erfassung und Regelung der Angaben über die geographische Herkunft einer Ware ist nicht nur häufig Aufgabe der deutschen Rechtsprechung gewesen, sondern das Thema ist auch immer wieder auf internationalen Konferenzen zum Gegenstand von Verhandlungen gemacht worden. Seine Bedeutung wird am besten an Hand der Tatsache klar, daß sich ein internationales Abkommen, und zwar das „Madrider Abkommen zur Unterdrückung falscher Herkunftsbezeichnungen", mit der Regelung dieses Problems befaßt hat, und daß sogar der Versailler Vertrag einige Vorschriften dieser Frage gewidmet hat. Seit 1945 sind ferner mehrere bilaterale Staatsverträge über den Schutz geographischer Herkunftsangaben abgeschlossen worden. Nach langen, schwierigen Verhandlungen wurde schließlich am 7. März 1967 in Bonn ein deutsch-schweizerischer Vertrag über den Schutz von geographischen Herkunftsangaben und anderen geographischen Bezeichnungen unterzeichnet[18]).

Es sind vor allem zwei Gedanken, die zu der eingehenden Behandlung dieses Problems geführt haben. Einmal soll der Verkehr vor einer Irreführung geschützt werden. Zum anderen haben aber auch die Länder und Orte, die sich mit der Herstellung bestimmter Waren befassen, einen besonders guten Ruf erworben, was wirtschaftlich gesehen dazu führt, zu verhindern, daß die Mitbewerber diesen Ruf ausnutzen. So darf als Champagner nur ein Schaumwein bezeichnet werden, der auch tatsächlich aus der Champagne stammt, als Cognac nur ein Weinbrand, der aus der Provinz Cognac herrührt. Aber nicht jede Bezeichnung einer Ware mit einer geographischen Angabe ist dieser Forderung nach Wahrheit unterstellt. Erfaßt werden nur die Angaben, die dem Publikum den Begriff besonderer Qualität vermitteln, weil die Herkunft aus dem bestimmten geographischen Bezirk, sei es ein Ort, ein Land oder eine Landschaft, dem Verbraucher als Garant für die besondere Güte oder Eigenart des Produkts erscheint. Herkunftsbezeichnungen sind z. B. „Münchner-", Dortmunder-" oder „Kulmbacher Bier", „Frankfurter Würstchen", „Solinger Stahl", „Kölnisch Wasser" und Meißner Porzellan". Als Gattungsbezeichnungen sind indessen anerkannt: „Italienischer Salat", „Wiener Würstchen" (eine Pseudo-Herkunftsangabe: Sie stammt vom Metzger Wiener), „Berliner Pfannkuchen" und „Steinhäger"[19].

Falls einer geographischen Herkunftsangabe durch Staatsverträge nicht ein besonderer Schutz zuteil wird, wird sie regelmäßig dann zur Gattungsbezeichnung, insbesondere zur Beschaffenheitsangabe, wenn das Publikum der Bezeichnung nicht mehr geographische Hinweisfunktion beimißt, was natürlich im Einzelfall recht schwer zu ermitteln ist.

Ein besonderes Problem stellen die **mittelbaren Herkunftsangaben** dar. Sie weisen nicht ausdrücklich auf ein bestimmtes Land oder einen bestimmten Ort hin, werden aber nach der Auffassung des Verkehrs darauf gedanklich bezogen. So schließt der Verkehr aus der Bezeichnung einer Ware in der Sprache eines fremden Landes regelmäßig auf die Herstellung in diesem Land oder doch auf Verwendung ausländischer Rohstoffe und Rezepte. Unzulässig ist deshalb die Werbung „Ein Duft aus Paris" für ein deutsches Parfüm[20]), oder „Maggy Rouff-Paris empfiehlt" für in der Bundesrepublik hergestellte Miederwaren[21]). Doch können Zusätze die Irreführung ausschließen. Nötig ist dann allerdings ein deutlicher Hinweis auf die deutsche Herkunft der im Inland vertriebenen Ware.

3. Übertreibung und Superlativwerbung

Ein weiteres Problem ist die Übertreibung und Superlativwerbung. Um die eigene Leistung besonders wirkungsvoll herauszustellen und den Kunden suggestiv zu beeinflussen, bedient sich die Werbung häufig der Übertreibung oder des Superlativs.

Einen Rechtssatz, der reklamemäßige **Übertreibung** verbietet oder gestattet, gibt es jedoch nicht. Die Rechtsprechung versucht vielmehr, das Problem mit den §§ 1 und 3 UWG ebenfalls zu erfassen. Liegt eine Übertreibung vor, die keinen Tatsachengehalt besitzt und daher auch nicht objektiv nachprüfbar ist, so scheidet § 3 UWG schon deshalb aus, weil es an einer „Angabe" fehlt. Die Behauptung „die schönsten Blumen der Welt" oder ein Film sei ein „künstlerisches Erlebnis", appellieren an die Ästhetik. Sie enthalten kein objektiv nachprüfbares Urteil. Ähnlich ist es bei anderen Anpreisungen, bei denen das abgegebene Werturteil offensichtlich nur subjektiver Natur sein kann. Natürlich können Werbeaussagen, die in die äußere Form eines Werturteils gekleidet sind, auch verdeckte Tatsachen enthalten. Es ist deshalb jeweils zunächst der Sinngehalt der Werbeäußerung zu prüfen. Enthält eine Anpreisung zum Teil objektiv nachprüfbare Tatsachen, werden diese aber vom Verkehr zweifelsfrei als reklamehafte Übertreibung ohne eigenen Wesensgehalt betrachtet, so ist die Übertreibung zulässig. Sie wird nicht als „Unrichtigkeit" im Sinne von § 3 UWG angesehen. Denn eine lebende Werbung kann sich nicht in der nüchternen Aufzählung der tatsächlich gebotenen Vorteile einer Ware erschöpfen, sondern sie bedarf des unmittelbaren Appells an die umworbenen Kunden, eines Appells, der häufig nur mit Hilfe subjektiv gefaßter Werturteile und einprägsamer Slogans werbewirksam sein kann.

Es ist die Kunst der Werbeberater, den Firmen Schlagworte zu empfehlen, die einerseits beim Publikum ankommen und andererseits das Publikum nicht irreführen. Die Grenzziehung ist allerdings äußerst schwierig, zumal das Publikum heute daran gewöhnt ist, im allgemeinen Werbebehauptungen ernst zu nehmen[22]). Das dürfte jedenfalls für die Werbung bekannter, angesehener Unternehmen zutreffen, wobei allerdings auch hier zu beachten ist, daß jede Werbung subjektiv gefärbt und der Werbende stets Richter in eigener Sache ist. Die subjektive Betrachtungsweise wird von den Käuferkreisen bei der Beurteilung der Werbung üblicherweise in Rechnung gestellt[23]).

Anders ist die Situation indessen, wenn mit übertreibenden Worten konkrete Vorzüge eines Produkts erwähnt werden. Hier kann die Übertreibung leicht zur Schwindelwerbung führen. Je konkreter die Behauptung ist, je mehr sie unmittelbar auf das Erzeugnis abstellt, desto größer ist die Wahrscheinlichkeit, daß sie als nachprüfbare und ernst zu nehmende Tatsachenbehauptung aufgefaßt wird. Einige Beispiele sollen zeigen, wo in etwa die Grenze liegt.

Den Slogan „Seide von unbegrenzter Haltbarkeit" erklärte das Reichsgericht als unzulässig, weil mit ihm für ein Seidenband geworben wurde, das aufgrund der Behandlung mit Zinnbeschwerung nach einer bestimmten Zeit morsch wurde[24]). Das Reichsgericht stellte dazu mit Recht fest, daß der Verkehr natürlich nicht damit rechne, die Seide sei unbegrenzt haltbar, wohl aber dürften die Käufer davon ausgehen, daß es sich bei der angepriesenen Seide um außergewöhnlich gute Qualität handele. Da es aber bereits Seidenbänder gäbe, die nicht das Zinnbeschwerungsverfahren durchlaufen hätten, und die deshalb in ihrer Qualität gerade in bezug auf die Haltbarkeit besser wären, sei die Werbung irreführend.

Der Werbespruch „Mutti gibt mir immer nur das Beste" für einen Baby-Fertigbrei wurde dagegen vom Bundesgerichtshof als erlaubt erachtet[25]). Das Urteil betont, daß sich die Behauptung weitgehend einer objektiven Feststellung entziehe. Das gälte nicht nur deshalb, weil einmal — wie auch die Hausfrau und Mutter weiß — sich überhaupt über die beste Ernährungsweise streiten läßt, sondern in erster Linie auch deshalb, weil hier in geschickter Weise eine schlagwortartige und allgemein gehaltene Floskel gewählt worden sei, die der Verkehr als subjektives Werturteil, nicht aber als konkrete Tatsachenbehauptung auffaßt. Besonders zu betonen ist, daß der Bundesgerichtshof bei der Würdigung des Werbetextes auch die Werbung anderer Firmen auf dem Gebiet der Kleinkindernahrung berücksichtigte. Er stellte fest, daß andere Firmen u. a. mit folgenden Texten warben: „Täglich nur das Beste", „Alete-Kost für's Kind unübertroffen gut", „Es gibt nichts Besseres für Ihr Baby", „Das Beste was ein Baby braucht — alles in Alete", „Herbana, der erste Brei". Angesichts dieser Vielzahl von Werbebehauptungen, die in der Form des Superlativs gehalten seien, könne davon ausgegangen werden, daß die Hausfrauen und Mütter im allgemeinen derartige Werbesprüche auf diesem Gebiet nicht ernst nehmen oder ihnen jedenfalls nur die Bedeutung beilegten, es handele sich um ein Spitzenerzeugnis auf dem fraglichen Warengebiet.

Der Hinweis auf die S u p e r l a t i v w e r b u n g d e r M i t b e w e r b e r ist deshalb besonders interessant, weil es im Gegensatz zum anglo-amerikanischen Recht im deutschen Wettbewerbsrecht den Grundsatz der „unclean hands", der hier anklingt, nicht gibt. Nach diesem Grundsatz darf ein Wettbewerber, der selbst unlauter handelt oder mit unrichtigen Angaben wirbt, nicht gegen dieselbe unlautere Werbung des Konkurrenten vorgehen. In Deutschland findet der Satz deshalb keine Anwendung, weil § 3 UWG nicht nur dem Interesse der Mitbewerber dient, sondern vor allem auch die Allgemeinheit vor unlauterer Werbung schützen will. Obwohl der Bundesgerichtshof diesen Grundsatz im Einklang mit der ständigen Rechtsprechung hier nicht anwendet, so zeigt doch das Urteil, daß die Werbung der Mitbewerber zumindest bei der Würdigung der angegriffenen Werbung mit zu berücksichtigen ist. Denn sicherlich beurteilen auch die Käufer eine Werbung anders, wenn sie aufgrund der Werbung der Konkurrenten an Superlative gewöhnt sind.

Als zulässige Suggestivwerbung sah der Bundesgerichtshof ebenfalls einen Werbespruch für den AEG-Waschautomaten Lavamat an, in dem es hieß: „Den und keinen anderen"[26]). Auch hier hat der Wortsinn des Slogans keinen objektiv nachprüfbaren Inhalt, vielmehr erkennt der Verkehr sofort, daß es sich um eine reklamehafte Übertreibung handelt, die in ihrem sachlichen Gehalt nur eine eindringliche Aufforderung zum Kauf enthält.

4. Alleinstellungswerbung

Im engen Zusammenhang mit der übertreibenden und Superlativwerbung steht die Alleinstellungswerbung. So wurde von dem Kläger in dem zuletzt erwähnten Falle behauptet, der Slogan „Den und keinen anderen" sei eine unzulässige Alleinstellung. Von einer Alleinstellungswerbung spricht man indessen nur, wenn der Werbende allgemein oder in bestimmter Hinsicht eine Spitzenstellung auf dem Markt für sich in Anspruch nimmt. Da auch bei der übertreibenden Werbung eine Spitzenstellung behauptet wird, grenzt sich die Alleinstellung von der übertreibenden Werbung dadurch ab, daß der Alleinstellende ernst genommen werden will und der Verkehr die behauptete Alleinstellung auch als solche ernst wertet. Maßgebend ist also wiederum die Verkehrsauffassung. Als Ausdrucksmittel für die Alleinstellung kommen sowohl die schlagwortartige Hervorhebung einzelner Worte oder Wortfolgen wie auch der Superlativ oder manchmal der bestimmte Artikel in Betracht, wie z.B. „Das" echte Eau de Cologne. Hier wird der irrige Eindruck erweckt, als ob es nur ein echtes Eau de Cologne gäbe[27]).

Alleinstellung kann aber auch auf die verschiedenste andere Weise zum Ausdruck kommen. Es entscheidet weniger die sprachliche und grammatikalische Form als die Wirkung, die eine bestimmte Werbeaussage nach ihrem Sinngehalt auf die angesprochenen Verkehrskreise ausübt. Deshalb hängt es weitgehend von den Umständen des Einzelfalles ab, ob eine Werbung vom Standpunkt des unbefangenen Lesers oder Hörers als Alleinstellung aufzufassen ist.

Um eine Alleinstellung handelt es sich jedoch nicht nur, wenn der Werbende behauptet, überhaupt keinen Mitbewerber zu haben, also im Wortsinne „alleinstehe", sondern auch, wenn er zum Ausdruck bringt, er übertreffe seine Mitbewerber, sei es alle oder jedenfalls eine größere Gruppe. Weiterhin kann eine Alleinstellung nicht nur für das eigene Unternehmen sondern auch für eine kleine Gruppe in Anspruch genommen werden. Als Alleinstellung ist z. B. gewertet worden: „Werkstatt und Betrieb ist heute die größte deutsche Fachzeitschrift ihrer Art"[28]), „Größtes Fachgeschäft am Platze"[29]), „Deutschlands größte Illustrierte"[30]), oder die Behauptung einer Firma, ihre Ware sei als beste ihrer Art anerkannt"[31]).

Die Alleinstellungswerbung ist grundsätzlich zulässig, falls sie wahr ist[32]). Ist sie unrichtig, so wird für gewöhnlich auch zugleich der Anschein eines besonders günstigen Angebots hervorgerufen, so daß sie gegen § 3 UWG verstößt. Ein besonderes Problem ist hierbei die Frage der Beweislast. Grundsätzlich trifft den Kläger die Beweislast für die Unrichtigkeit einer Werbeangabe. Die Unrichtigkeit einer Alleinstellungsbehauptung nachzuweisen, ist für den Kläger aber meist sehr schwierig, denn der Werbende besitzt in der Regel alle Beweismittel. Die Rechtsprechung ist daher in zunehmendem Maße dazu übergegangen, nicht nur von dem Beklagten eine Mitwirkung an der Aufklärung des Sachverhalts zu verlangen, sondern ihn für beweispflichtig zu erklären, weil er durch die Inanspruchnahme der Spitzenstellung auch die Verantwortung für die objektive Richtigkeit der Behauptung übernommen hat[33]). So entschied das Oberlandesgericht Stuttgart, daß der Beklagte die Richtigkeit der Behauptung, seine Fabrik sei die modernste Mühlsteinfabrik des Kontinents, zu beweisen habe[34]).

III. Der Mitbewerber in der Werbung

1. Die bezugnehmende Werbung

Eines der bekanntesten aber auch umstrittensten Probleme des Wettbewerbsrechts ist die bezugnehmende und insbesondere die vergleichende Werbung. Dieses Problem ist immer wieder Gegenstand heftiger Diskussionen und Auseinandersetzungen gewesen. Bekanntlich nimmt das deutsche Recht hier einen erheblich schärferen Standpunkt ein als das in anderen Ländern der Fall ist[35]). Von Kritikern der deutschen Situation sind die ausländischen Rechte des öfteren als Vorbild hingestellt worden. Um Irrtümern vorzubeugen, ist jedoch hierbei zu bemerken: Sowohl nach den meisten ausländischen Rechten als auch nach dem deutschen Recht ist eine bezugnehmende Werbung stets unzulässig, wenn sie unwahre Behauptungen enthält[36]). Die Unzulässigkeit für das deutsche Recht ergibt sich ohne weiteres aus § 3 UWG. Das Problem der bezugnehmenden Werbung beginnt daher erst dort, wo an der Wahrheit der gemachten Angaben keine Zweifel bestehen. Dies wird in der Diskussion häufiger übersehen. Erst hier erhebt sich also die Frage, ob eine Bezugnahme auf den Mitbewerber oder seine Leistungen eine sittenwidrige Wettbewerbshandlung im Sinne von § 1 UWG ist.

Das deutsche Recht geht von dem Gedanken aus, daß der Werbende mit der Güte der eigenen Ware und Leistung werben soll. Diesem Prinzip des Leistungswettbewerbs ist es grundsätzlich fremd, sich durch Bezugnahme auf den Mitbewerber Vorteil zu verschaffen, sei es, daß die Waren des Mitbewerbers herabgesetzt werden, um die eigenen Waren in den Vordergrund zu schieben, oder daß die Vorzüge der Leistungen des Mitbewerbers dazu benutzt werden, sie als Vorspann für die eigene Leistung zu benutzen. Dementsprechend hat die Rechtsprechung die bezugnehmende Werbung im Grundsatz von jeher für unlauter erachtet[37]). Natürlich gibt es auch Situationen, in denen eine Bezugnahme auf die Waren des Mitbewerbers unumgänglich ist, um die eigene Leistung zu verdeutlichen. In diesem Bereich hat die Rechtsprechung die Bezugnahme aber auch durchweg als berechtigt anerkannt[37a]).

Drei Formen der Bezugnahme kommen in Betracht: Erstens die **persönliche Werbung**, in der auf die persönlichen Eigenschaften oder geschäftlichen Verhältnisse des Mitbewerbers in herabsetzender Weise Bezug genommen wird so z. B. wenn auf die Ausländereigenschaft oder die mangelnde Leistungsfähigkeit des Konkurrenten hingewiesen wird. Zweitens die **anlehnende Werbung**. Bei ihr erfolgt die Bezugnahme, um sich an eine bekannte Ware anzulehnen. Man will sich die ganze Einführungsarbeit, die für diese Ware geleistet worden ist, ersparen, indem man lediglich auf die Identität oder die Ähnlichkeit des eigenen mit dem berühmten Erzeugnis aufmerksam macht. Die gröbsten und einfachsten Fälle sind jene, in denen die Bezeichnung des Mitbewerbers einfach übernommen wird, mit dem Zusatz „system", „ersatz", oder „nach" oder „nach Art von". Unlauter ist die anlehnende Werbung, weil der Werbende die Leistungen seines Konkurrenten für sein eigenes Gewinnstreben als Vorspann für sich nutzt.

So erklärte jüngst der Bundesgerichtshof den Werbeslogan „Kleider wie nach Maß" eines Kleiderkonfektionärs als sittenwidrig, weil durch diese schlagwortartige Werbung die Gütevorstellung des Publikums für Maßkleidung in unlauterer Weise ausgenutzt würde[38]). Als dritte Form der Bezugnahme kommt schließlich die kritisierende, vergleichende Werbung in Betracht. Sie hat das Ziel, die eigene Ware durch Vergleich mit konkurrierenden Erzeugnissen hervorzuheben. Hier wird die fremde Ware regelmäßig nicht als Vorspann in obigem Sinne benutzt, sondern als düsterer Hintergrund, auf dem die eigene Ware nur um so strahlender erscheinen soll. Da die einzelnen Spielarten der vergleichenden Werbung die praktisch größte Bedeutung von den drei Gruppen haben, soll auf diese näher eingegangen werden.

2. Vergleichende Werbung

Das Kriterium der vergleichenden Werbung ist die Anpreisung der eigenen Leistung mittels Herabsetzung der fremden Leistung unter deutlicher Bezugnahme auf einen oder mehrere bestimmte Mitbewerber. Die Werbung braucht also nicht einen einzelnen Mitbewerber zu treffen oder diesen gar namentlich zu nennen. Ausreichend ist es, wenn sie auf einen oder mehrere individuelle Mitbewerber so deutlich hinweist, daß die angesprochenen Verkehrskreise diese als betroffen ansieht. In der Regel wird von der Rechtsprechung eine eindeutige Erkennbarkeit der Betroffenen verlangt, wobei allerdings die Bezugnahme auf die Waren einer Gruppe von Mitbewerbern ausreicht. Unzulässig war z. B. der Slogan eines Kölner Fachgeschäfts für Bürobedarf „Kaufen Sie wo man mehr bietet, mehr weiß, und mehr vom Fach versteht, kaufen Sie beim Fachhandel"[39]). Obwohl hier keiner der Konkurrenten namentlich genannt ist, so kann der Verkehr doch deutlich erkennen, daß die Werbung auf den überschaubaren Kreis der Kölner Einzelhändler abzielt, die Bürobedarfsartikel führen. Allerdings ist festzustellen, daß die Rechtsprechung dazu neigt, eine hinreichende Bezugnahme auf bestimmte Mitbewerber zu bejahen, obwohl dies im Einzelfall durchaus zweifelhaft ist. So ist es bedenklich, wenn der Bundesgerichtshof die Behauptung „Größte Klebstoffabrik Bayerns" als vergleichende Werbung mit der Begründung würdigt, es gäbe außer der Klägerin nur Klein- und Mittelbetriebe als Konkurrenten der Beklagten in Bayern, so daß ein erheblicher Teil der angesprochenen Verkehrskreise die Werbung auf die Klägerin beziehe[40]). Derartige Entscheidungen bergen die Gefahr in sich, die Grenzen der Alleinstellungswerbung zur vergleichenden Werbung zu verwischen. Denn eine Alleinstellung hat leicht einen vergleichenden Aspekt in sich. Auch wenn der Verkehr in einer Alleinstellung einen deutlichen Hinweis auf einen bestimmten Mitbewerber sehen sollte, so handelt es sich doch insoweit um eine bloße Nebenwirkung, welche die Inanspruchnahme der Spitzenstellung mit sich bringt. Diese Nebenwirkung muß aber hingenommen werden, da es dem Werbenden gestattet ist, wahrheitsgemäß auf seine Größe, Leistungsfähigkeit oder Spitzenstellung hinzuweisen. Es ist nicht zu billigen, die wahrheitsgemäße und zulässige Alleinstellung wegen dieser Auswirkungen als vergleichende Werbung gemäß § 1 UWG zu verbieten. Die Kritik, die insoweit an der Rechtsprechung geübt wird, erscheint berechtigt[41]).

Wie bereits erwähnt, ist aber nicht jede vergleichende Werbung verboten. Sie ist erlaubt, wenn der Wettbewerber die Vorteile der eigenen Ware oder Leistungen dem Kunden nicht auf andere Weise werbewirksam darlegen kann, oder wenn es aus anderen Gründen notwendig ist, auf einen Wettbewerber Bezug zu nehmen. Als Ausnahme von dem generellen Verbot der vergleichenden Werbung hat deshalb die Rechtsprechung für Fälle besonderer Art die Rechtmäßigkeit des Vergleichs anerkannt, und zwar in den Fällen des sogenannten Systemvergleichs bzw. Fortschrittvergleichs und des Abwehrvergleichs.

3. Systemvergleich

Der Systemvergleich wird in einem Gegensatz zum Warenvergleich gestellt. Bei ihm wird nicht für eine bestimmte Ware geworben, sondern es werden nur die Vorteile und Nachteile erörtert, die das eigene Vertriebssystem oder die eigene Arbeitsweise im Vergleich mit fremden Vertriebssystemen oder Arbeitsweisen besitzt. Der Systemvergleich ist häufig unumgänglich, um einen auf andere Weise nicht darzustellenden Fortschritt zu verdeutlichen. Er wird deshalb auch als Fortschrittvergleich bezeichnet. Die Rechtsprechung unterscheidet hierbei den echten und unechten Systemvergleich. Ein echter Systemvergleich soll vorliegen, wenn unabhängig von einer bestimmten Ware eine abstrakte Vergleichung zweier Systeme gegeben wird und nicht auf einen bestimmten Wettbewerber hingewiesen wird. Ein echter Systemvergleich liegt z. B. vor bei der Gegenüberstellung des Barverkaufs- zum Abzahlungs- oder Kreditsystem[42]) des Konsumhandels zum Einzelhandel[43]) oder des Einnehmens von Pastillen zum Gurgeln mit flüssigen Mitteln zur Desinfektion[44]). Es braucht sich aber nicht um technische Fragen zu handeln. Gegenübergestellt werden können prinzipielle Unterschiede bestimmter Systeme oder Warenarten. Bei dem uneigentlichen Systemvergleich darf der Werbende für ein neues Produkt, also für eine bestimmte Ware darlegen, worin nach seiner Meinung der erzielte Fortschritt gegenüber dem bisherigen Stand der Technik oder bisher bekannten Methoden und Verfahren besteht, vorausgesetzt aber auch hier, daß sich der Vergleich nicht erkennbar gegen einen Mitbewerber oder eine Gruppe von Mitbewerbern richtet. Erfordernis für die Zulassung des Systemvergleichs ist ferner, daß er sich stets im Rahmen wahrheitsgemäßer und sachgemäßer Erörterungen hält. Sobald der Vergleich unsachlich wird oder die Grenzen des Notwendigen überschreitet, verstößt er gegen § 1 UWG. Dementsprechend hat der Bundesgerichtshof eine Anzeige für Pastillen mit desinfizierender Wirkung für wettbewerbswidrig erklärt, weil auf der Anzeige neben Abbildungen gurgelnder und pastilleneinnehmender Personen die Werbeformel schlagwortartig herausgehoben war „Wirksamer als Gurgeln! Gurgeln? Einfacher und wirksamer ist ..." „Kinder gurgeln nicht gern". Gegen die Abbildungen und das Gegenüberstellen des Gurgelns zum Einnehmen von Pastillen hatte der Bundesgerichtshof nichts einzuwenden. Er stellte aber fest, daß der Satz „Kinder gurgeln nicht gern" nicht erforderlich war, um den Vorteil des Einnehmens von Pastillen gegenüber dem Gurgeln hervorzuheben. Dieser Satz gehe deshalb über das zulässige Maß eines Vergleichs hinaus[45]).

Als unzulässigen, unechten Systemvergleich sah auch das Oberlandesgericht Düsseldorf die Werbung eines Sektherstellers an, der bei der Herstellung seines Erzeugnisses nicht die sonst üblichen Zusätze von Zucker und gezuckerter Dosage verwendete, und das in der Werbung hervorhob mit dem Slogan „Trinken Sie keinen SC, wenn Ihnen gezuckerter Sekt lieber ist"[46]). Das Gericht sah die vergleichende Gegenüberstellung als unsachlich, nämlich nach Art und Maß der Äußerung nicht erforderlich an. Ferner sei sie geeignet, die Erzeugnisse der Mitbewerber in den Augen der Verbraucher unnötig herabzusetzen. Zwar sei es unstreitig, daß die Mitbewerber der Beklagten bei der Sektherstellung Zucker verwendeten, das Gericht meinte aber, dies rechtfertige noch nicht, den Sekt der namentlich nicht genannten Konkurrenten als „gezuckerten Sekt" zu bezeichnen, zumal da dieser Ausdruck von einem nicht unbeachtlichen Teil der Verbraucherkreise als abwertendes Werturteil verstanden werde.

Das Urteil zeigt, daß die Rechtsprechung äußerst strenge Maßstäbe an die Erlaubtheit eines Systemvergleichs stellt. Ob die von der Rechtsprechung vorgenommene Abgrenzung zwischen unerlaubtem Warenvergleich und unter bestimmten Voraussetzungen erlaubtem System- bzw. Warenartenvergleich richtig ist, erscheint überhaupt fraglich, zumal die Abgrenzung im wesentlichen darauf ruht, ob die Werbung erkennbar auf einen bestimmten Mitbewerber oder Mitbewerberkreis Bezug nimmt und gerade diese Frage in der Rechtsprechung sehr unterschiedlich gehandhabt wird. Vieles spricht daher für den Vorschlag von Droste[47]) und Moser von Filseck[48]), die dafür plädieren, daß eine vergleichende Werbung nur dann erlaubt sein soll, wenn sie zur Verdeutlichung eines auf andere Weise nicht darzustellenden Unterschieds der Ware erforderlich ist, und wenn sich der Vergleich nach Art und Maß im Rahmen des Erforderlichen hält, oder wenn sie aus Gründen der Abwehr notwendig ist. Nach diesen Maßstäben müßte sich dann auch beurteilen lassen, inwieweit auf Mitbewerber und ihre Leistungen Bezug genommen werden kann.

4. Abwehrvergleich

Trotz des grundsätzlichen Verbots der bezugnehmenden Werbung ist der Abwehrvergleich stets als erlaubt angesehen worden. Er ist ein Unterfall der Notwehr. Damit die kritisierende Werbung durch den Abwehrzweck gedeckt ist, muß jeweils ein rechtswidriger Angriff vorliegen. Doch braucht dieser nicht unbedingt in einer vergleichenden Werbung zu bestehen. Es ist auch zulässig, sich mit der Ware des Mitbewerbers abwehrend zu befassen, um eine gemäß § 3 UWG irreführende Behauptung des Gegners zu widerlegen[49]). Der Abwehrzweck allein reicht jedoch noch nicht aus, die vergleichende Werbung zu rechtfertigen. Der Vergleich muß vielmehr auch nach Art und Maß zur Abwehr des rechtswidrigen Angriffs notwendig und geeignet sein[50]). Diese Voraussetzungen liegen bei einem Warenvergleich nur vor, wenn die angesprochenen Verkehrskreise auch tatsächlich erkennen können, daß durch den Vergleich eine ihnen bekannte, unzulässige Wettbewerbsmaßnahme abgewehrt werden soll[51]). Auch wenn der angreifende Wettbewerber den Konkurrenten nicht namentlich genannt hat, dieser jedoch eindeutig erkennbar war, kann es daher notwendig sein, daß der Abwehrende den Angreifer namentlich erwähnt. Tut er es nicht, so läuft er Gefahr, daß die Abwehr vom Publikum nicht erkannt und der Vergleich als rechtswidrig erachtet wird. Da die Rechtsprechung an die Zulässigkeit des Abwehrvergleichs äußerst scharfe Anforderungen stellt, ist mit diesem Rechtsinstitut sorgsam zu verfahren. Im Regelfall ist es tunlicher, eine einstweilige Verfügung beim Gericht gegen den Angreifer zu beantragen.

5. Werbung mit Warentestergebnissen

Ein in den letzten Jahren viel diskutiertes Problem ist die Werbung mit vergleichenden Warentests. Voraussetzung für die Zulässigkeit einer derartigen Werbung ist zunächst, daß der vergleichende Test selbst unanfechtbar ist. Das war in der Vergangenheit nicht immer der Fall. Für die Zulässigkeit des vergleichenden Tests ist erforderlich, daß er von einer neutralen Institution durchgeführt und veröffentlicht wird. Ferner muß er richtig und sachlich – sowohl in bezug auf die eigentlichen Tatsachen als auch hinsichtlich der Veröffentlichung – sein. Bei den von der durch den Bund ins Leben gerufenen Stiftung Warentest, Berlin, veranstalteten und veröffentlichten Testreihen dürften diese Voraussetzungen gegeben sein. Da die Werbung mit vergleichenden Warentests – im Gegensatz zum Tatbestand der Veröffentlichung solcher Tests durch neutrale Stellen – ein Handeln zum Zwecke des Wettbewerbs ist, beurteilt sich seine rechtliche Zulässigkeit nach dem UWG. Streitig ist hier, ob die oben geschilderten Grundsätze über die vergleichende Werbung zur Anwendung gelangen. Nach Rinck[52]) soll ein Hersteller Testberichte nachdrucken, verbreiten und zur eigenen Werbung benutzen dürfen. Er meint, der Verbreiter hafte zwar für die Wahrheit, Neutralität und Sachlichkeit des Tests, er treibe aber keine wettbewerbsfremde, vergleichende Werbung. Die herrschende Meinung neigt demgegenüber dazu, die geltenden Grundsätze über die vergleichende Werbung auch auf die Werbung mit Warentestergebnissen weitgehend anzuwenden[53]). So ist es nach herrschender Meinung unzulässig, mit Sonderdrucken über das Ergebnis eines Vergleichstests zu werben, weil durch die Erwähnung der Waren, die schlechter abgeschnitten haben als die des Werbetreibenden, eine direkte Bezugnahme auf die Mitbewerber erfolgt[54]).

Das Landgericht Bochum verbot eine Werbung eines Nähmaschinenhändlers, der auf einen von der Zeitschrift „DM" veranstalteten Warentest wie folgt hingewiesen hatte: „Nähmaschinen-Test. Die DM – erste Zeitschrift mit Warentests – untersuchte in ihrem Testinstitut 13 Zickzack-Nähmaschinen führender Marken. An erster Stelle steht die Meister." DM stellt hierzu fest: „Näht von allen getesteten Maschinen am besten. Lesen Sie vor dem Kauf einer Nähmaschine den Testbericht in der DM Nr. 24, die wir Ihnen kostenlos zustellen. Dann wählen Sie selbst."

Das Landgericht begründet die Anstößigkeit dieser Werbung unter anderem mit dem Hinweis, ein Unternehmen, das einen an sich zulässigen Warentest zu Werbezwecken verwende, würde die Zielsetzung des Warentests verfälschen, indem es das Testergebnis zur Waffe im Wirtschaftskampf mache[55]).

Obwohl der Bundesgerichtshof noch keine Gelegenheit gehabt hat, zu dem Problem Stellung zu nehmen, so ist doch zu vermuten, daß er ebenfalls eine Werbung mit vergleichenden Testergebnissen als unlauter erachten wird. So hat nämlich auch der Zentralausschuß der Werbewirtschaft im Mai 1965 „Grundsätze für die Werbung mit den Ergebnissen vergleichender Warentests" bekanntgegeben, die – auf eine kurze Formel gebracht – besagen, daß eine Werbung mit vergleichenden Warentests, sofern sie eine direkte Bezugnahme auf den Mitbewerber beinhaltet, im Grundsatz nicht den kaufmännischen Gepflogenheiten entspricht und deshalb wettbewerbsrechtlich bedenklich sei. Dabei gehen die Grundsätze ebenfalls davon aus, daß der vergleichende Warentest und die Werbung verschiedene Funktionen haben, nämlich einerseits die objektive und unparteiische Unterrichtung und andererseits die lediglich mit einer Information verbundene Förderung des Absatzes von Erzeugnissen. Demzufolge würde die Verwendung eines vergleichenden Warentests in der Werbung schon seinem eigentlichen Charakter widersprechen.

Die Grundsätze des Zentralausschusses der Werbewirtschaft lassen indessen die Frage offen, ob auch dann ein wettbewerbswidriges Verhalten vorliegen soll, wenn der Werbetreibende, dessen Erzeugnis getestet worden ist, zu Werbezwecken lediglich Auszüge aus Testberichten insoweit verwendet, als die eigene Leistung darin angesprochen ist. Im Schrifttum wird hierzu die zu begrüßende Meinung vertreten, daß es zulässig sei, Auszüge aus vergleichenden Warentests zu veröffentlichen, wenn sich diese Auszüge ausschließlich mit dem eigenen Erzeugnis des Werbetreibenden befassen und in jeder Beziehung sachlich korrekt sind[56]). Sachlich korrekt sind die Auszüge, wenn jede Einzelheit, die im Zusammenhang mit dem getesteten eigenen Erzeugnis des Werbenden steht, in einer irrige Schlüsse ausschließenden Weise wiedergegeben wird. Subjektive Werturteile über die Gesamtprädikate dürfen auf keinen Fall verwendet werden. Außerdem ist jeweils darauf zu achten, daß keine zusätzlichen besonderen Umstände vorliegen, die die betreffende Werbemaßnahme als wettbewerbswidrig erscheinen lassen[57]).

IV. Zusammenfassung

Leider ist es im Rahmen dieses Beitrages nicht möglich, auf alle wettbewerbsrechtlichen Probleme einzugehen, denen der Werbetreibende begegnen kann. Die Zahl ist so groß, daß ein umfangreiches Buch damit gefüllt werden könnte. Indessen dürften die aufgezeigten Probleme diejenigen sein, die dem Werbefachmann bei der alltäglichen Arbeit am häufigsten begegnen, und die ihm den größten Kummer bereiten. Die Behandlung der Probleme zeigt, daß es der Rechtsprechung trotz der Komplexheit der Materie durchweg gelungen ist, sachgerechte Kriterien zu entwickeln, mit denen sich befriedigende Ergebnisse erzielen lassen. Das gilt insbesondere für die von der Rechtsprechung aufgestellten Grundsätze zur irreführenden Werbung. Auf der anderen Seite muß aber auch eindringlich davor gewarnt werden, die aufgestellten Leitlinien bedingungslos auf jeden Fall anzuwenden, denn das Wettbewerbsrecht ist im Gegensatz zu anderen Rechtmaterien ein ausgesprochenes „case law", in dem die Eigenart jedes einzelnen Falles einer besonderen Würdigung bedarf, um ihm voll Rechnung tragen zu können. Nur bei Beachtung der Besonderheiten des Einzelfalles kann deshalb die Grenze zwischen erlaubter und unerlaubter Werbung richtig gezogen werden. Der Zweck dieses Beitrages wäre erfüllt, wenn der Leser an Hand der erörterten Probleme ein Gespür für das Erkennen und die Behandlung der täglich auftretenden wettbewerbsrechtlichen Fragen der Werbung erhalten hat.

Quellenangaben:

Abkürzungen:

OLG	– Oberlandesgericht
LG	– Landgericht
KG	– Kammergericht
RGMuW	– Reichsgericht, Markenschutz und Wettbewerb
BGHZ	– Bundesgerichtshof, amtliche Sammlung seiner Entscheidungen in Zivilsachen
BGH GRUR	– Bundesgerichtshof, Gewerblicher Rechtsschutz und Urheberrecht
Baumbach-Hefermehl	– Baumbach-Hefermehl, Kommentar zum Wettbewerbs- und Warenzeichenrecht, Bd. I, 9. Auflage, München 1967
AWD	– Außenwirtschaftsdienst des Betriebs-Beraters
BB	– Der Betriebs-Berater (Zeitschrift)
GRUR	– Gewerblicher Rechtsschutz und Urheberrecht
WRP	– Wettbewerb in Recht und Praxis
WuW	– Wirtschaft und Wettbewerb (Zeitschrift)

[1] RGMuW 29, 383; RGMuW 30, 231; RGMuW 1934, 33; BGHZ 19, 392 – Anzeigenblatt; BGH GRUR 55, 542 – Bestattungswerbung.
[2] RGMuW 1934, 33.
[3] BGH GRUR 1961, 241 – Socsil.
[4] Baumbach-Hefermehl, § 3 Anm. 6.
[5] BGH GRUR 1963, 37 – Fichtennadelextrakt.
[6] Vgl. OLG Dresden, MuW 30, 138.
[7] RGMuW 1939, 137.
[8] BGH GRUR 1956, 550 – Tiefenfurter Bauernbrot.
[9] BGH GRUR 1961, 293.
[10] BGH GRUR 1963, 371 – Wäschestärkemittel.
[11] BGHZ 13, 244 – Cupresa; BGH GRUR 1957, 128 – Steinhäger; BGH GRUR 1960, 567 – Kunstglas.
[12] BGH GRUR 1960, 563 – Sektwerbung; BGH GRUR 1961, 361 – Hautleim.
[13] BGHZ 27, 1 – Emaillelack.
[14] BGH GRUR 1961, 361 – Hautleim.
[15] BGH GRUR 1963, 539 – echt skai.
[16] BGH GRUR 1962, 97.
[17] BGH GRUR 1958, 86. – Ei – fein
[18] GRUR Internationaler Teil 1967, 215.
[19] Vgl. Baumbach-Hefermehl, § 3 UWG Anm. 108 ff.
[20] LG Köln GRUR 1956, 570.

[21]) KG GRUR 1957, 138.
[22]) Vgl. z. B. Bussmann-Droste: Werbung und Wettbewerb im Spiegel des Rechts, Essen 1951, S. 48.
[23]) BGH GRUR 1952, 416.
[24]) RGMuW 1929, 172.
[25]) BGH GRUR 1965, 363.
[26]) BGH GRUR 1965, 365.
[27]) OLG Köln GRUR 1953, 396.
[28]) BGH GRUR 1963, 34.
[29]) LG Köln, WRP 1955, 23.
[30]) LG München GRUR 1955, 594.
[31]) Vgl. Baumbach-Hefermehl, § 3 Anm. 44.
[32]) BGH GRUR 1961, 85 – Pfiffikusdose.
[33]) BGH GRUR 1958, 485.
[34]) OLG Stuttgart GRUR 1961, 630.
[35]) Vgl. Holl: Vergleichende Werbung in Frankreich, WRP 1962, 252; Meinhardt: Vergleichende Werbung in England, AWD 1962, 170; Baumbach-Hefermehl, § 1 Anm. 60 ff.
[36]) Vgl. für das ausl. Recht Baumbach-Hefermehl, § 1 Anm. 60.
[37]) Vgl. KG 165, 14; BGH GRUR 1952, 417 – Dauerdose; BGH GRUR 1962, 45 – Betonzusatzmittel.
[37a]) Vgl. z. B. die neue Entscheidung BGH BB 68, 350.
[38]) BGH BB 1967, 261.
[39]) OLG Köln GRUR 1962, 102 – Bürobedarf.
[40]) BGH GRUR 1961, 85 – Pfiffikusdose.
[41]) Vgl. Heydt GRUR 1962, S. 92; Baumbach-Hefermehl, § 1 Anm. 36.
[42]) RGMuW 1932, 14.
[43]) RGMuW 1932, 448.
[44]) BGH GRUR 1958, 485 – Odol.
[45]) BGH GRUR 1958, 485 – Odol.
[46]) OLG Düsseldorf, BB 1965, 1085.
[47]) Droste: Das Verbot der bezugnehmenden Werbung und die Ausnahmefälle, GRUR 1951, 140.
[48]) Moser von Filseck: Zur Frage der vergleichenden Werbung, GRUR 1963, 182.
[49]) RGMuW 1938, 388.
[50]) BGH GRUR 1954, 337 – Radschutz; BGH GRUR 1957, 23 – Bündner Glas.
[51]) BGH GRUR 1952, 584 – Sprechstunde.
[52]) Rinck: Organisation und Auswertung von Warentests, BB 1963, 1027.
[53]) Vgl. Giefers: Werbung mit Warentestergebnissen, WRP 1964, 289; Borck: Mutmaßungen über vergleichende Werbung, Warentests und die weitere Entwicklung, WRP 1965, 199; Heiseke: Werbung mit vergleichenden Warentests, WuW 1967, 19; LG Bochum GRUR 1963, 437.
[54]) Vgl. Heiseke, WuW 1967, 19 (24).
[55]) LG Bochum GRUR 1963, 437.
[56]) Vgl. Giefers, WRP 1964, 289.
[57]) Vgl. Heiseke, WuW 1967, 19 (24).

Literatur (außer den in den Quellenangaben genannten Veröffentlichungen):

v. Gamm: Wettbewerbsrecht, Köln, Berlin, Bonn, München 1964.
Tetzner: Kommentar zum Rabattgesetz, Berlin 1963.
Michel-Weber-Gies: Das Rabattgesetz, 2. Aufl., München 1957.
Greifelt: Wirtschaftliche Gesichtspunkte zur vergleichenden Werbung, WRP 1962, 142.

Bilanzierungsprobleme der Werbung in Handels- und Steuerbilanz

Von Prof. Dr. Karl Alewell, Gießen

I. Fragestellung

Nach betriebswirtschaftlicher Auffassung ist die Bilanz eine Darstellung des Kapitals einer Unternehmung in Geldeinheiten; sie zeigt Höhe, Herkunft und Verwendung des im Unternehmen vorhandenen und in kommenden Perioden noch nutzbaren Kapitals. Zum Zwecke der Ertragserzielung muß dieses Kapital aus der Geldform in Sachgüter bzw. Dienstleistungen verschiedener Form umgewandelt werden (Investition), die gegebenenfalls nach mehreren Kombinationen und Transformationen durch Absatz wieder zu Geld verflüssigt werden (Liquidation). Die Aktivseite der Bilanz, auf die die folgende Darstellung beschränkt werden kann, weist die Kapitalbestände in ihrer jeweiligen güterlichen Erscheinungsform sowie das Geld aus. Es entspricht dem Wesen einer solchen Kapitalrechnung, daß für die Güterbestände zunächst die Anschaffungswerte (Investitionsausgaben) eingesetzt werden, soweit sich aus der durchgeführten oder noch ausstehenden Liquidation kein anderer Ansatz ergibt.

Diese betriebswirtschaftliche Kennzeichnung der Bilanz gilt prinzipiell auch für die handelsrechtliche und die ertragssteuerrechtliche Bilanz. Jedoch wird in diesen Bilanzen der Bilanzinhalt formell und materiell durch Brauch und Gesetz unter speziellen Zwecksetzungen gestaltet:

(1) Die Bilanzen sollen Außenstehende (Gläubiger, Kapitalbeteiligte, Fiskus, evtl. auch eine breitere Öffentlichkeit) informieren.

(2) Die Bilanzen sind Grundlage von Gewinnausschüttungen an Kapitalbeteiligte und Fiskus, können also ein Instrument der Auseinandersetzung zwischen Unternehmensleitung und Eigentümern oder Fiskus sein, wobei auch die Interessen der Gläubiger beachtet werden müssen.

Um die zum Teil gegensätzlichen Informations- und Gewinnverteilungsinteressen von Unternehmensleitung, Gläubigern, Eigentümern, Fiskus und Öffentlichkeit zu schützen und voneinander abzugrenzen, wurden im Handels- und Steuerrecht die bekannten, später noch zu erörternden Bilanzierungsgrundsätze entwickelt, die über eine rein betriebswirtschaftliche Betrachtungsweise hinaus auf eine den Gesetzeszwecken entsprechende

Bilanzierung hinwirken sollen; insbesondere soll eine zuverlässige und nachprüfbare Bilanzierung nach allgemein bekannten und anerkannten Grundsätzen sichergestellt werden.

In neuerer Zeit wird ein zunehmend größerer Teil des Kapitals im Absatzbereich, speziell auch für Werbemaßnahmen, investiert. Es ist seit langem in Theorie und Praxis anerkannt, daß der Wert einer Unternehmung maßgebend von dem Vorhandensein bestimmter immaterieller Güter bestimmt wird, die unter anderem durch Werbemaßnahmen geschaffen werden. Die Bezeichnung und Abgrenzung dieser Vermögensteile ist durchaus unterschiedlich, so wird vom good will, vom akquisitorischen Potential*)[1], vom Ruf[2], vom „Marktkapital, das den Marktbesitz eines Unternehmens repräsentiert,[3]" gesprochen. Dieser Erkenntnis entsprechend sind seit langem in der Betriebswirtschaftslehre, im Handels- und vor allem im Steuerrecht Überlegungen angestellt worden, ob und wie die Bilanzierung von Werbeinvestitionen ermöglicht oder gefördert werden soll. Angesichts einer beträchtlichen Diskrepanz zwischen der absatzwirtschaftlichen und der bilanziellen Betrachtungsweise soll zunächst der werbliche Kapitalumwandlungsprozeß unter Bilanzierungsgesichtspunkten untersucht werden, bevor die gegenwärtige Rechtslage für Handels- und Steuerbilanzen dargelegt wird. Eine Kritik der sachlich wenig befriedigenden rechtlichen Normen schließt sich an.

II. Die Werbetätigkeit unter Bilanzierungsgesichtspunkten

Wenn im folgenden der werbliche Kapitalumwandlungsprozeß und der diesem zugrunde liegende güterliche Umwandlungsprozeß analysiert werden, so werden im Interesse der Klarheit als Werbemaßnahmen nur jene Maßnahmen einer Unternehmung angesehen, deren einziger oder hauptsächlicher Inhalt die Beeinflussung der Kontrahenten auf dem Absatzmarkt ist; ausgeschlossen sind alle Mehrzweckmaßnahmen wie z. B. die Produktgestaltung.

Zwischen dem Beginn des Werbeprozesses (der Ausgabe für Werbezwecke) und seinem Ende (Eintritt der Werbewirkung durch Steigerung der Einnahmen aus Erlösen) liegt eine Kette von Teilprozessen, die schematisch in fünf Stufen gruppiert werden können. Für jede Stufe läßt sich die Beziehung zu Investitions- und Liquidationsakten aufzeigen und die Art der entstehenden Güter bzw. Dienste kennzeichnen.

Stufe I: Aufbau einer Werbeabteilung

Der Vorbereitung von Werbemaßnahmen dient der Aufbau einer Werbeabteilung (bzw. Werbeorganisation) mit den erforderlichen Räumen und der Raumausstattung, mit Karteien und sonstigen Hilfsmitteln, mit der Einstellung von Personal und der organisatorischen Zuordnung von Personal und Sachmitteln. Durch Nutzung dieser Organisation in den folgenden Stufen können die hier geschaffenen Güterwerte transformiert und schließlich liquidiert werden; bei einigen Gütern ist auch eine anderweitige Verwendung innerhalb des Unternehmens oder außerhalb des Unternehmens (durch Veräußerung) möglich. Die zweite Möglichkeit besteht vor allem für Sachgüter, in Ausnahmefällen auch für den Wert der Organisation (Verselbständigung der Werbeabteilung als Agentur und Veräußerung). Soweit am Jahresende die hier genannten Vermögensteile noch nutzbar sind (d. h. unmittelbar oder mittelbar liquidierbar sind), ist ihre Bilanzierung zu erwägen.

---

*) Die im Text laufend numerierten Quellenangaben sind am Schluß des Aufsatzes zitiert.

Stufe II: Entwicklung von Werbekonzeptionen

Unter Nutzung der in der ersten Stufe geschaffenen Einrichtungen sowie mit Hilfe zusätzlicher Ausgaben für Sachmittel und Personal werden Ziele, Stil und Inhalt von Werbeaktionen, Art, Umfang und Streuung der einzusetzenden Werbemittel sowie gegebenenfalls Marken und Warenzeichen entwickelt und festgelegt. Die entstehenden Konzeptionen und Pläne, gegebenenfalls auch Marken- und sonstige Schutzrechte, können in der Regel nur innerhalb der Unternehmung in den folgenden Stufen des Werbeprozesses verwertet werden, zum Teil jedoch – vor allem bei rechtlicher Sicherung – auch gegen Entgelt an andere Unternehmen übertragen werden. Auch für diese (immateriellen) Güter ist die Bilanzierung zu erwägen, soweit Nutzungen erwartet werden können.

Stufe III: Schaffung von Werbemitteln

Unter Nutzung und Verwendung der in den beiden ersten Stufen geschaffenen Werbegüter werden Werbemittel der verschiedensten Art selbst produziert oder bei Spezialbetrieben gegen Entgelt erworben. Diese Werbemittel können in der Regel nur in der Unternehmung selbst bei der Werbung für ein Produkt, gegebenenfalls für mehrere Produkte oder die Firma, verwendet werden. Nur ausnahmsweise können sie (z. B. zusammen mit Markenrechten) an andere Firmen gegen Entgelt übertragen werden. Die Restbestände am Periodenende kommen für eine Bilanzierung in Betracht, soweit sie in der nächsten Periode noch verwertbar sind.

Stufe IV: Streuung von Werbemitteln

Auch in dieser Stufe werden die in den vorangehenden Stufen geschaffenen Werbegüter eingesetzt und zusätzliche Sachgüter und Arbeitsleistungen erworben. Als Ergebnis dieses vierten Teilprozesses läßt sich jedoch nicht in gleicher Weise wie in den drei ersten Stufen ein konkretisierbares und sichtbares Gut nachweisen: falls die Werbung erfolgreich ist, wird in den Umworbenen eine Vielzahl individuell verschiedenartiger, durch die Werbung angeregter, geprägter oder umgeformter Vorstellungsinhalte geschaffen, die sich auf ein Produkt, eine Produktgruppe oder eine Firma beziehen.

Diese bewußten oder unbewußten Vorstellungsinhalte der Käuferschaft können sich nach Intensität, Beständigkeit und Qualität unterscheiden, sie können auch unterschiedliche Entwicklungsstufen in Richtung auf das Werbeziel – den Kaufakt – enthalten, wie: Kenntnis der Werbebotschaft, Interesse daran, Wünsche nach Erlangung des Werbeobjektes oder Kaufneigungen. Man könnte diese immaterielle, psychische Größe durch den Vergleich mit einem Bauwerk anschaulich werden lassen, das errichtet und gepflegt wird, das aber auch veraltet und zerfällt. Im folgenden wird für diesen immateriellen Tatbestand, in Anlehnung an die werbepsychologische Terminologie, die Bezeichnung P r o d u k t - o d e r F i r m e n b i l d gewählt.

Die Nutzung dieser Werbewirkungen wird in der Regel innerhalb der Unternehmung im Absatzprozeß erfolgen, doch ist es auch denkbar, daß das Produkt- oder Firmenbild, etwa zusammen mit einer Marke, an andere Firmen veräußert wird. Ob und wie ein derartiger Vermögenswert bilanziert werden soll, ist unter anderem deshalb umstritten, weil die Entstehung des Produkt- und Firmenbildes auch durch korrespondierende oder gegenläufige Werbemaßnahmen von Konkurrenten und andere externe Ereignisse behindert oder gefördert wird.

Stufe V: Auslösung von Kaufentschlüssen und Liquidation der Werbeinvestitionen

Im Zusammenwirken mit anderen Einflußfaktoren führen Produkt- und Firmenbild zur Auslösung von Kaufentschlüssen und – unter der Voraussetzung ausreichender Umsatzmengen und Preise – zur Wiedergewinnung der Werbeinvestitionen. Entsprechende Erlöse erscheinen als Forderungen oder Kassenbestände in der Bilanz, brauchen in dieser Untersuchung jedoch nicht näher behandelt zu werden.

Zusammenfassend ist der Werbeprozeß als *mehrstufiger Investitions-, Transformations- und Liquidationsprozeß* zu kennzeichnen. Soweit am Periodenende die in einer Stufe geschaffenen Güter noch nicht in die folgende Stufe übernommen worden sind, entsteht die Frage, ob und wie diese Güter zu bilanzieren sind. Die bei jeder Stufe aufgeführten Güter sind für Bilanzierungszwecke zusammenfassend nach drei Gesichtspunkten zu gruppieren:

1. Nach der Art ihrer Entstehung:
   a) Herstellung in der Unternehmung:
   b) Erwerb von außen
      1) Kauf
      2) unentgeltlicher Erwerb

2. Nach der Art der Konkretisierung der Nutzenpotentiale:
   a) in materiellen Gegenständen
   b) in Rechten
   c) ohne materielle oder rechtliche Konkretisierung
      (sog. immaterielle Werte)

3. Nach ihrer Entfernung von der Stufe der Liquidation:
   (Geldnähe)
   a) unmittelbar liquidierbare
   b) mittelbar liquidierbare

III. Die Bilanzierung in Handels- und Steuerbilanz

1. Bilanzierung in der Handelsbilanz

Nach §§ 39 und 40 HGB sind in die jährlich aufzustellenden Abschlußbilanzen sämtliche Vermögensgegenstände aufzunehmen und „nach dem Werte anzusetzen, der ihnen in dem Zeitpunkte beizulegen ist, für welchen die Aufstellung stattfindet". Diese Grundnorm ist durch die aus der Praxis heraus entwickelten, nicht kodifizierten Grundsätze ordnungsmäßiger Buchführung (GoB) interpretiert worden. Als Ausdruck dieser GoB wurden allgemein die Bestimmungen über den Jahresabschluß der Aktiengesellschaften (§§ 129 ff. des Aktiengesetzes von 1937) angesehen; aus diesem Grunde wurde ihre Gültigkeit auch für Unternehmen anderer Rechtsformen unterstellt. Nachdem diese Normen durch die Aktienrechtsreform von 1965 grundlegend verändert wurden, ist es fraglich, ob die entsprechenden Vorschriften des Aktiengesetzes von 1965 (§§ 148 ff.) ebenfalls über den unmittelbaren Geltungsbereich des Gesetzes hinaus als Grundsätze ordnungsmäßiger Buchführung von Unternehmen anderer Rechtsform zu beachten sind. Ohne diese Frage zu entscheiden, werden im folgenden diese Normen der Betrachtung zugrunde gelegt, um den neuesten Stand des Handelsrechtes zu berücksichtigen. Es ist anzunehmen, daß mindestens in absehbarer Zeit auch diese Vorschriften allgemein Gültigkeit erlangen. Ergänzend wird auf das Aktienrecht von 1937 verwiesen.

Nach der im handelsrechtlichen Schrifttum vertretenen Auffassung dürfen in der Bilanz als Vermögensgegenstände alle Güter eingesetzt werden, die Gegenstände des Rechtsverkehrs (z. B. Kauf oder Verkauf) sein können[4]. Voraussetzung für eine Aktivierung ist, daß die Güter einen Wert haben, d. h. daß sie nach dem Bilanzstichtag noch zu einem Nutzen für die bilanzierende Unternehmung führen. Sachen (d. h. materielle Gegenstände) m ü s s e n , wenn sie die genannten Voraussetzungen erfüllen, aktiviert werden, unabhängig davon, ob sie erworben oder selbst hergestellt wurden. Dementsprechend müssen alle materiellen Werbegüter, soweit sie noch verwertbar sind, in die Bilanz aufgenommen werden (Aktivierungspflicht). Güter, die in einem Recht konkretisiert sind, und ebenso Güter, die weder materiell noch rechtlich konkretisiert sind, dürfen nach dem Aktiengesetz von 1965 nur dann aktiviert werden, wenn sie gegen Entgelt erworben wurden (§ 153 Abs. 3). Ein Beispiel ist der Erwerb von Markenrechten gegen Entgelt. Durch diese Vorschrift will der Gesetzgeber offenbar sicherstellen, daß derartige Immaterialgüter nur dann aktiviert werden, wenn ihr Wert bereits durch einen Tauschakt (Erwerb) bestätigt wurde. Durch diese Entscheidung einer vorher umstrittenen Frage (im Aktiengesetz von 1937 war diese Frage nicht klar entschieden[5])) wird der größte Teil der früher gekennzeichneten Werbegüter von der Bilanzierung ausgeschlossen: soweit die Werbekonzeptionen sowie das Produkt- und Firmenbild von der bilanzierenden Unternehmung selbst geschaffen werden, ist eine Bilanzierung dieser Werte durch Aktivierung der angefallenen Ausgaben nicht möglich. Nur dann, wenn Werbekonzeptionen und Werbeaktionen von anderen Unternehmen entwickelt bzw. durchgeführt werden und die Ergebnisse der bilanzierenden Unternehmung gegen Entgelt überlassen werden, ist nach der Logik des Gesetzes eine Aktivierung zulässig; ungeklärt ist, ob die von Agenturen gegen Entgelt erbrachten Werbeleistungen usw. aus dieser Überlegung heraus aktivierbar sein sollen. Auch wenn der Wortlaut des Gesetzes dem nicht widerspricht, ist nach dem Sinn der dem Gesetzentwurf beigefügten Begründung anzunehmen, daß das Gesetz eine solche Auslegung nicht zuläßt.

Soweit Werbegüter nach dem Vorstehenden überhaupt in die Handelsbilanz aufgenommen werden dürfen, sind sie nach den allgemeinen Bilanzierungsvorschriften zu behandeln; spezielle Normen bestehen nicht.

Die Eingliederung in die Bilanz muß dem Charakter des einzelnen Werbegutes entsprechend an verschiedenen Stellen erfolgen. Folgt man dem Bilanzschema des § 151 des Aktiengesetzes von 1965, so sind materielle Werbegüter, die dem Unternehmen dauernd zu dienen bestimmt sind (Ausstattung der Werbeabteilung – Werbetafeln) unter der Betriebs- und Geschäftsausstattung einzufügen (Position II A 6); immaterielle Güter (Markenrechte; rechtlich nicht geschützte immaterielle Güter), soweit eine Aktivierung zulässig ist, sind in die Position II A 8 Konzessionen, gewerbliche Schutzrechte und ähnliche Rechte oder in eine zusätzliche Position einzugliedern. Werbemittelvorräte können entweder unter den Vorräten (am ehesten bei den Roh-, Hilfs- und Betriebsstoffen in Position III A 1) oder unter den sonstigen Vermögensgegenständen (III B 12) im Umlaufvermögen eingeordnet werden.

Auch die Bewertung folgt den allgemeinen Normen. Für alle zu aktivierenden Werbegüter ist grundsätzlich der Anschaffungswert (bzw. bei Selbsterstellung der Herstellungswert) anzusetzen, der in keinem Fall überschritten werden darf. Bei Gegenständen des Anlagevermögens mit zeitlich begrenzter Nutzbarkeit (Büroausstattung, Werbetafeln) sind nach § 154 planmäßige Abschreibungen vorzunehmen, um der Abnutzung zu entsprechen; darüber hinaus sind für alle Arten des Anlagevermögens außerplanmäßige Abschreibungen vorgesehen, um anderen Wertminderungen (wirtschaftliche Entwertung) Rechnung zu tragen, die gerade bei Werbegütern eine bedeutende Rolle spielen; auch sind Abschreibungen auf einen steuerlich zulässigen niedrigeren Wert gestattet. Bei immateriellen Gütern wird in der Regel eine maximale Abschreibungsfrist von 5 Jahren nicht überschritten werden können (ausdrücklich schreibt der Gesetzgeber dies nur für zwei Spezialfälle – den Firmenwert und die Instandsetzungskosten – vor). Gegenstände des Umlaufvermögens (Werbemittelvorräte) sind auf den Wert am Bilanzstichtag herabzusetzen, wenn dieser niedriger als der Anschaffungs- oder Herstellungswert ist (§ 155 Abs. 2). Auch hier sind nach § 155 Abs. 3 in Sonderfällen weitere Abschreibungen möglich. Zur Anwendung dieser Bewertungsnormen, speziell auf Werbegüter, ist festzustellen, daß grundsätzlich mit Rücksicht auf das Gläubigerschutzprinzip vorsichtig zu bewerten ist, d. h. im Zweifel der niedrigere Wertansatz zu wählen ist. Doch ist im neuen Aktiengesetz eine bewußte Unterbewertung – im Gegensatz zum alten Recht – untersagt. Für die Bewertung von Werbegütern ist daraus zu folgern, daß zwar nach wie vor die Ungewißheit des durch den Einsatz der Werbegüter erzielbaren Nutzens berücksichtigt werden muß, daß diese Ungewißheit aber nicht als Vorwand dienen darf, um von vornherein eine völlige oder weitgehende Abschreibung ohne Prüfung des Einzelfalles vorzunehmen.

2. Bilanzierung in der Steuerbilanz

Die Bilanz, die der Ermittlung des zu versteuernden Erfolges und damit der Einkommen- bzw. Körperschaftsteuerberechnung zugrunde zu legen ist, wird aus der Handelsbilanz abgeleitet. Das Prinzip der Maßgeblichkeit besagt, daß die Ansätze der Handelsbilanz auch für die Steuerbilanz maßgebend sind, wenn nicht spezielle steuerliche Bestimmungen etwas anderes besagen, insbesondere einen Aktivierungs- oder Bewertungsspielraum einengen, den das Handelsrecht dem Bilanzierenden beläßt.

In die Steuerbilanz sind alle „Wirtschaftsgüter" einer Unternehmung aufzunehmen. Als Wirtschaftsgut werden – wie in der steuerlichen Rechtsprechung herausgearbeitet worden ist – nicht nur Sachen und Rechte, sondern auch sonstige Werte angesehen, wenn gewisse, im folgenden darzustellende Voraussetzungen gegeben sind.

Voraussetzung für die Anerkennung einer Sache, eines Rechtes oder eines anderen Objektes als Wirtschaftsgut ist das Vorliegen eines wirtschaftlichen Wertes, d. h. einer Verwertbarkeit durch Gebrauch und Verbrauch im Unternehmungsprozeß oder durch Veräußerung an andere. Der bei der Verwertung des Gutes eintretende Nutzen braucht dabei keineswegs direkt und isoliert zu ermitteln sein (was abgesehen vom Fall der Einzelveräußerung kaum jemals der Fall ist); entscheidend ist, daß das betrachtete Gut im Unternehmensprozeß zum Zwecke der Erfolgserzielung eingesetzt wird.

Als zweite Voraussetzung für das Vorliegen eines Wirtschaftsgutes ist die selbständige Bewertungsfähigkeit des Wirtschaftsgutes zu nennen. Dieses Merkmal weist gewisse Gemeinsamkeiten mit dem für die Handelsbilanz aufgestellten Erfordernis der Verkehrsfähigkeit eines Vermögensgegenstandes auf. Beide bezwecken, die Klarheit, Sicherheit und Nachprüfbarkeit der Bilanzierung durch scharfe Abgrenzung und Konkretisierung der in die Bilanz aufzunehmenden Vermögensgegenstände (Wirtschaftsgüter) sicherzustellen. Das steuerliche Merkmal löst sich jedoch wesentlich mehr von der überwiegend rechtlichen Betrachtungsweise. Eine selbständige Bewertungsfähigkeit setzt voraus

a) die Selbständigkeit des Gutes (als Voraussetzung einer Bewertung) und
b) die Bewertungsfähigkeit.

Bei der Feststellung der Selbständigkeit kommt es einmal darauf an, ob das betrachtete Objekt eine hinreichende Eigenständigkeit hat oder ob es als Teil eines umfassenden Gesamtgegenstandes zu bilanzieren ist (Kriterien: Verkehrsauffassung, unterschiedliche Lebensdauer); zum anderen soll das Objekt „greifbar" sein, d. h., „daß das Gut bei einer angenommenen Veräußerung des Gesamtbetriebes sozusagen als ein greifbarer wirtschaftlicher Tatbestand durch sein Vorhandensein den Gesamtkaufpreis erhöhen würde[6])". Wesentlich ist an dieser Formulierung, daß im Gegensatz zur üblichen handelsrechtlichen Betrachtung die Greifbarkeit nicht zwangsläufig in einer dinglichen oder rechtlichen Konkretisierung zum Ausdruck kommen muß und daß insbesondere auch eine selbständige Verkehrsfähigkeit des Gutes nicht gefordert wird; vielmehr genügt als Indiz für die Eigenständigkeit des Gutes sein Nutzenbeitrag im Rahmen des Unternehmungsprozesses. Für die Werbegüter ist zu folgern, daß alle dinglich konkretisierten Werbegüter aktiviert werden können und müssen, soweit ein wirtschaftlicher Wert dieser Güter am Bilanzierungsstichtag noch gegeben ist. — Für Werbegüter anderer Art war die Frage der Aktivierung von jeher umstritten und immer wieder Gegenstand der Rechtsprechung. Für entgeltlich erworbene immaterielle Güter, für die nach herrschender handelsrechtlicher Auffassung ein Aktivierungsrecht, aber keine Aktivierungspflicht gilt, besteht im steuerlichen Bilanzierungsrecht eine Aktivierungsverpflichtung. Strittig war immer wieder die Bilanzierung selbst geschaffener Immaterialgüter, deren Aktivierungsfähigkeit, wie früher erläutert, im Handelsrecht bis vor kurzem umstritten war. In mehreren Entscheidungen haben RFH und OFH die Ansicht entwickelt, daß durch Werbeausgaben dann und nur dann ein zu aktivierendes Wirtschaftsgut geschaffen wird, wenn die Werbeausgaben einmalig oder mehrfach besonders hoch sind, d. h. über die laufenden Werbeausgaben hinausgehen (z. B. Einführungswerbung, Werbefeldzüge[7]). Die Art des Wirtschaftsgutes (Kundenkreis, Goodwill) und die Abgrenzbarkeit des ‚laufenden' vom ‚erhöhten' Werbeaufwand werden nicht einhellig und eindeutig gekennzeichnet[8]).

Eine eingehendere Darstellung dieser Problematik, insbesondere auch der Frage, ob das entstandene immaterielle Wirtschaftsgut selbst oder der dafür entstandene Aufwand zu aktivieren ist[9]), erübrigt sich, da nach dem Wortlaut und der Begründung des neuen Aktiengesetzes eine Aktivierung selbst geschaffener immaterieller Wirtschaftsgüter ausdrücklich untersagt ist (§ 153 Abs. 3) und nach dem Maßgeblichkeitsprinzip damit eine Aktivierung auch in der Steuerbilanz unterbleiben muß. Diese Feststellung gilt mindestens für die Aktiengesellschaften und Kommanditgesellschaften auf Aktien; anzunehmen ist jedoch, daß diese Deutung für alle Unternehmen zutrifft, zumal in der Begründung des Regierungsentwurfes diese Regelung ausdrücklich als die Entscheidung „einer zum Aktiengesetz entstandenen Streitfrage im Sinne bewährter kaufmännischer Übung" bezeichnet wird[10]).

Soweit nach den bisherigen Ausführungen eine Aktivierung vorzunehmen ist, sind wiederum die allgemeinen steuerlichen Bilanzierungsvorschriften anzuwenden. Auch hier sind grundsätzlich die Anschaffungs- oder Herstellungskosten anzusetzen; sie bilden zugleich die Obergrenze für den Wertansatz. Für abnutzbare Anlagegüter kennt das Steuerrecht die abnutzungsbedingte Abschreibung; für alle Wirtschaftsgüter daneben die Abschreibung auf den sogenannten Teilwert, um anderen Entwertungsursachen gerecht werden zu können. Für immaterielle Werbegüter ist zu berücksichtigen, daß die in der handelsrechtlichen Bilanz üblicherweise geforderte Abschreibung dieser Güter in einer

Frist von maximal 5 Jahren im Steuerrecht nicht anerkannt wird; einem Minderwert kann durch Herabsetzung auf den Teilwert entsprochen werden, doch muß diese Wertminderung im Einzelfall nachgewiesen werden.

IV. Kritik der handels- und steuerrechtlichen Bilanzierung von Werbegütern

Die Ausführungen des vorhergehenden Abschnittes haben gezeigt, daß Werbegütern im Vergleich zu anderen Vermögensgegenständen (Wirtschaftsgütern) bei der Aktivierung in Handels- und Steuerbilanz eine besondere Behandlung zuteil wird. Diese Besonderheiten betreffen in erster Linie die immateriellen Werbegüter, hier wiederum – nach der Terminologie dieses Aufsatzes – das Produkt- und Firmenbild[11]; doch wurden zum Teil auch entsprechende Konsequenzen für materielle Werbegüter gezogen[12]. Ursache dieser Sonderbehandlung ist offenbar ein tiefverwurzeltes Mißtrauen gegenüber immateriellen Gütern, deren Charakter als Vermögensgegenstand im Grunde bezweifelt wird. Allerdings dürften bei dieser Beurteilung nicht nur Beweggründe mitspielen, die vom Sinn der Aktivierungs- und Bewertungsvorschriften her gerechtfertigt sind – Schutz der Gläubiger und Aktionäre vor dem Ausweis nicht vorhandener Werte –, sondern auch das Bestreben, gegenüber Aktionären und Fiskus durch Unterbewertung immaterieller Güter vorhandene Substanz und entstandene Gewinne zu verschleiern.

Geht man den gegen eine Aktivierung vorgebrachten Einwendungen nach, so lassen diese sich in folgender Weise gruppieren und diskutieren:

1. Ein *Nutzen der Werbegüter nach dem Bilanzstichtag* wird bestritten bzw. bezweifelt, oder doch als flüchtig oder so ungewiß angesehen, daß eine Bilanzierung nicht vertretbar sei.
2. Die aus praktischen, vor allem auch rechtlichen Erwägungen bei der Bilanzierung geforderte *Konkretisierbarkeit und Nachweisbarkeit des Werbegutes* gilt nicht als gesichert, so daß die Grundlage für eine nachprüfbare und zuverlässige, für Außenstehende aussagefähige Bilanz nicht gegeben sei.

1. Zur Frage der Erfolgswirksamkeit von Werbegütern

Wenn in der Argumentation (unausgesprochen) gelegentlich die Vorstellung mitschwingt, daß die Werbung „nutzlos" sei, so wird man die Allgemeingültigkeit dieser Aussage ohne ausdrückliche Begründung bestreiten können. Die Tatsache, daß den Werbegütern der auf sie entfallende Nutzen (Zusatzertrag) nicht zugerechnet werden kann, teilen sie mit vielen (genau betrachtet: mit allen) Vermögensteilen einer Unternehmung; wie bei allen bilanzierenden Gütern können exakte Aussagen über den Verwertungs- und Liquidationsprozeß nicht getroffen werden.

Für die Beurteilung der Liquidierbarkeit des in Werbegütern investierten Kapitals ist primär die geplante Liquidierung über die Veräußeung der angepriesenen Leistungen und den dabei erzielten Erlös maßgebend. Diese Liquidierung erfolgt mittelbar, doch läßt sich hieraus kein Argument gegen die Aktivierbarkeit immaterieller Investitionen ableiten, da diese Mittelbarkeit bei fast allen bilanzierten Vermögensgegenständen mit Ausnahme der Fertigprodukte und Handelswaren anzutreffen ist und deren Aktivierung nicht im Wege steht.

Für den Fall, daß die geplante Liquidierung nicht realisiert werden kann, wird man ergänzend andere Verwendungsmöglichkeiten der Werbegüter in Betracht ziehen. Allgemeingültige Aussagen darüber lassen sich kaum machen, doch wird man der zuweilen anzutreffenden Unterstellung, daß Werbegüter im Bedarfsfalle grundsätzlich weder innerhalb noch außerhalb der Unternehmung anderweitig verwendet werden können, entgegentreten müssen. Sowohl das Produkt- bzw. Firmenbild wie materielle Werbegüter können in vielen Fällen innerhalb des Unternehmens, etwa bei der Umstellung des Absatzprogramms für andere Produkte oder auf anderen Teilmärkten, verwendet werden. Auch können Werbegüter unter Umständen aus dem Unternehmensverbund gelöst und gesondert veräußert werden, insbesondere wenn sie durch ein Markenrecht konkretisiert und rechtlich abgesichert sind. Entscheidend ist in sämtlichen genannten Fällen jeweils der Grad der Zweckspezialisierung eines Werbegutes und seiner Verknüpfung mit anderen Teilen der Unternehmung, ein Kriterium, das analog auch für die Verwendbarkeit anderer Teile des Anlagevermögens – etwa von Maschinen im Hinblick auf ihre Spezialisierung und ihre Installation – maßgebend ist. Ein prinzipieller Unterschied zwischen Werbegütern und anderen Gütern ist hier nicht zu erkennen.

Wenn prinzipiell die Verwertbarkeit eines Werbegutes anerkannt wird, so ist weiter zu prüfen, ob diese an sich gegebene Möglichkeit auch mit hinreichender Sicherheit realisiert werden kann. Gegenüber anderen aktivierbaren Gütern wird hier zunächst ein Unterschied gesehen werden müssen: der Erfolg der Werbetätigkeit und damit die Nutzenstiftung der Werbegüter wird in den letzten beiden Stufen des Werbeprozesses im allgemeinen noch als wenig vorhersehbar und im besonderen Maße risikobelastet angesehen, da zahlreiche externe Faktoren die Wirksamkeit getroffener Werbemaßnahmen positiv oder negativ beeinflussen können. Ohne Zweifel ist die Verwirklichung angestrebter Werbeziele, zu denen als Mindestziel auch die Liquidierung der Werbeinvestitionen zu zählen ist, vor allem in den Stufen IV und V nicht in gleicher Weise beherrschbar wie z. B. die Durchführung erprobter technischer Produktions- oder Transportprozesse. Auch bei sorgfältiger Planung und Durchführung des Werbeprozesses kann nicht ohne weiteres von der Investition auf ein Ergebnis, d. h. ein geschaffenes Werbegut, auf eine planmäßige „Weiterverarbeitung" und schließlich auf eine Liquidierbarkeit geschlossen werden. Diese Feststellung begründet jedoch keinen prinzipiellen, sondern höchstens in manchen Fällen einen graduellen Unterschied gegenüber anderen bilanzierbaren Gütern. Auch bei der Verwertung von Produktionsgütern in Produktionsprozessen, deren Ablauf weitgehend vorhersehbar und kontrollierbar ist, tritt im Grunde das gleiche Risiko auf, weil nur über den Absatzprozeß der Fertigprodukte das investierte Kapital liquidierbar ist. Auch dieser Prozeß hat also eine „Schwachstelle", die die Verwertbarkeit der Produktionsgüter letzten Endes ähnlichen Risiken unterwirft wie die der Werbegüter.

Eine spezielle, die Aktivierbarkeit beeinträchtigende Risikenbelastung von Werbegütern könnte auch damit begründet werden, daß ein Teil der Werbegüter, vor allem das Produkt- oder Firmenbild, durch Wandlungen des Abnehmergeschmacks und durch Konkurrenzmaßnahmen von einer „wirtschaftlichen Entwertung" bedroht ist, vor allem dann, wenn ein Rechtsschutz nicht vorliegt. Dieses im Prinzip richtige Argument trifft allerdings jedes Gut einer Unternehmung, wenn auch aus verschiedenen Gründen: so entwertet der technische Fortschritt Gebäude, technische Anlagen und Maschinen, Geschmacks- und Modewandlungen entwerten Fertigwarenbestände, Spezialmaschinen oder Werkzeuge bzw. das Produkt- oder Firmenbild. Darüber hinaus kann von derartigen Risiken das gesamte, im Unternehmensvermögen investierte Kapital indirekt betroffen und bis auf die Summe der Einzelveräußerungswerte vernichtet werden. Derartigen Entwertungsgefahren muß von Fall zu Fall bei sämtlichen Gütern durch die Bewertung Rechnung getragen werden; sie rechtfertigen im Prinzip nicht den Verzicht auf eine Bilanzierung dieser Güter.

2. Zur Frage der Konkretisierung und Nachweisbarkeit von Werbegütern

Die Konkretisierung eines Vermögensgegenstandes bzw. Wirtschaftsgutes, die als Voraussetzung einer Bilanzierung in Handels- und Steuerbilanz gilt, braucht nicht unbedingt in einer materiellen (räumlichen oder sachlichen) Umgrenzung und Nachweisbarkeit des zu bilanzierenden Gutes zum Ausdruck zu kommen, sondern es werden auch rechtliche bzw. andere gedankliche Eingrenzungen und Nachweise anerkannt (bei Rechten und erworbenen immateriellen Gütern). Bei dem Produkt- oder Firmenbild ist eine körperliche Greifbarkeit und materielle Abgrenzbarkeit nicht gegeben. Wohl aber kann dieser psychische Sachverhalt gedanklich erfaßt, gekennzeichnet, auch sein Vorhandensein mit Instrumenten der Marktforschung festgestellt („inventarisiert") und in Ansätzen auch als relative Größe ungefähr quantifiziert werden (Rangfolge, Häufigkeit, Marktanteil).

Der innere Zusammenhalt partieller Vorstellungsinhalte und die Auffindbarkeit und Feststellbarkeit derartiger Vorstellungen werden ermöglicht durch die geistige Verkörperung in einem artikel- oder firmenbezogenen Markenbegriff oder Markenzeichen. So lassen sich Eigenschaften des Produkt- oder Firmenbildes, etwa die Produkt- oder Firmenbezogenheit, die quantitative Eigenart und Intensität der Eindrücke sowie das Ausmaß und die Art der erfaßten Käuferschichten in einer Inventur ähnlichen Marktuntersuchung sichtbar machen. Mit wachsender Erforschung und Erprobung werden diese gegenwärtig unzweifelhaft noch unvollkommenen Methoden verfeinert werden und zunehmend präzisere Angaben über Vorhandensein und Eigenart des Produkt- oder Firmenbildes liefern. Aus rechtlicher Sicht kann eine solche Konkretisierung durch das Vorhandensein von Schutzrechten noch verstärkt werden.

Als Indiz für die Konkretisierbarkeit des zu bilanzierenden Gutes wird vor allen Dingen in der handelsrechtlichen Betrachtung die Verkehrsfähigkeit angesehen, während in steuerrechtlicher Betrachtung, wie oben ausgeführt, eine Verkehrsfähigkeit nicht in jedem Falle als notwendig erachtet wird. Es wurde im zweiten Abschnitt dargestellt, daß diese Verkehrsfähigkeit (Übertragbarkeit) zwar nicht in jedem Fall gegeben ist, aber bei vielen Werbegütern doch möglich ist.

Eine selbständige Bewertbarkeit, wie sie das Bilanzsteuerrecht verlangt, ist bei Werbegütern durch retrograde Zurechnung und Diskontierung zukünftiger Erlösteile nicht zu gewinnen; mit wenigen Ausnahmen gilt dies aber, wie bereits nachgewiesen wurde, für sämtliche anderen zu bilanzierenden Güter ebenfalls. Eine selbständige Bewertbarkeit kann nur darin gesehen werden, daß das zu bilanzierende Gut mit Hilfe von Einzelveräußerungswerten und/oder – häufiger – beschaffungsorientierten Ansätzen bewertet werden kann und somit nicht nur güterlich, sodern auch wertmäßig umgrenzt wird. Eine solche Bewertung ist auch bei Werbegütern durch Zurechnung der Werbeausgaben – in einigen Fällen auch durch Einzelveräußerungswerte – möglich, so daß in dieser Hinsicht keine die Aktivierung beeinträchtigende spezielle Eigenart von Werbegütern erkennbar ist.

In der handelsrechtlichen Betrachtung wird immer wieder als Anhaltspunkt für die Aktivierbarkeit eines Gutes dessen entgeltlicher Erwerb über den Markt angesehen, offensichtlich deshalb, weil die Zahlung eines Entgeltes durch die Unternehmung an einen Außenstehenden als Beweis für den Eingang einer Gegenleistung gewertet wird. Ganz abgesehen davon, daß unter Umständen im Gegensatz zur Absicht der erwerbenden Unternehmung effektiv ein werthabendes Gut nicht erworben wurde oder daß dieses Gut zwischen dem Zeitpunkt des Erwerbs und dem Bilanzstichtag bereits wieder untergegangen sein kann, erscheint es unhaltbar, eine andere Form der Beschaffung von

Werbegütern – die Herstellung im eigenen Betrieb – nicht als gleichrangiges Indiz anzuerkennen, wie dies im neuen Aktiengesetz und schon vorher in einem Teil der Literatur für die immateriellen Anlagewerte geschehen ist. Man könnte einer solchen unterschiedlichen Wertung der Beschaffungsvorgänge nur dann zustimmen, wenn die Selbsterstellung eines Gutes weniger planvoll, rational und erfolgversprechend vollzogen würde, als der Erwerb von einem Außenstehenden. Eine solche Vermutung wird man generell nicht aufstellen können: man wird beide Beschaffungsformen – Anschaffung und Herstellung – gleichstellen müssen. In beiden Fällen wird ein Beschaffungsvorgang nur dann eingeleitet, wenn als Ergebnis ein nutzenstiftendes Gut erwartet wird. In beiden Fällen läßt sich aber die tatsächliche Nutzbarkeit und die Angemessenheit des Aufwandes nicht mit Sicherheit voraussagen. Auch der Hinweis auf „bewährte kaufmännische Übung" und bisherige Bilanzierungsbestimmungen für den Geschäfts- und Firmenwert sind keine überzeugenden Argumente. Letzteres vor allem deshalb nicht, weil der Geschäfts- und Firmenwert eine Wertgröße ist, der sich aus einer Reihe von nicht hinreichend definierten Bestandteilen zusammensetzt, deren gemeinsame Bilanzierung im Regelfalle keine ausreichende Klarheit und Sicherheit gewährleistet und mit Recht nur im Erwerbsfall gestattet wird, um den Anschaffungspreis auf mehrere Geschäftsjahre verteilen zu können.

Die Prüfung der einzelnen Gesichtspunkte ergibt, daß kein Argument die ablehnende Haltung gegenüber einer Aktivierung von Werbegütern, insbesondere soweit es sich um immaterielle Güter handelt, stützt; grundsätzlich ist vielmehr eine **Gleichstellung immaterieller und materieller Güter** angebracht. Die **Aktivierung von Werbegütern**, so kann zusammenfassend gefolgert werden, stellt **kein Sonderproblem** dar, das sich von der Bilanzierung anderer, insbesondere materieller Güter, prinzipiell unterscheidet. Diese Feststellung steht im Gegensatz zu den Ergebnissen jenes überwiegend sach- und rechtsorientierten Denkens, durch das konkret faßbare Dinge oder rechtlich umgrenzte Ansprüche ohne weiteres als aktivierbar akzeptiert werden, Güter hingegen, die weder konkret dinglich noch rechtlich fixiert sind, zunächst mit Mißtrauen betrachtet werden. Unterschiede in der äußeren Erscheinungsform der Güter sind jedoch für ihre Kennzeichnung als Gut und damit als Grundlage einer Aktivierung nicht entscheidend. Insbesondere sagen sie nichts über den ökonomischen Wert eines Gutes aus. Dieses Ergebnis schließt nicht aus, daß innerhalb der Gruppe der Werbegüter ebenso wie innerhalb der Gruppe aller anderen bilanzierten Güter Unterschiede im Hinblick auf Abgrenzbarkeit, Lebensdauer usw. bestehen. Jedoch verlaufen diese Grenzen quer durch die Gruppen, nicht zwischen den Gruppen. Ihnen muß durch eine auf den Einzelfall abgestellte Entscheidung über die Aktivierung, die Höhe des Wertansatzes und der Abschreibung Rechnung getragen werden. Soweit die Aktivierbarkeit von Gütern anerkannt ist, müßte nach den Grundgedanken auch des Handelsrechtes in jedem Falle eine Pflicht zur Aktivierung bestehen, unabhängig davon, ob es sich um materielle oder immaterielle Güter handelt.

Quellenangaben:

[1] E. Gutenberg, Grundlagen der Betriebswirtschaftslehre, 2. Bd.: Der Absatz, 4., neu bearbeitetete Aufl., Berlin–Göttingen–Heidelberg 1962, S. 221 ff.
[2] C. Sandig, Der Ruf der Unternehmung, Stuttgart 1962.
[3] H. Gross, Marktkapital – ein neuer Begriff, in: Handelsblatt v. 28. 12. 1963.
[4] Vgl. Adler-Düring-Schmaltz, Rechnungslegung und Prüfung der Aktiengesellschaft, 3. Aufl., Stuttgart 1957, TZ 26 ff. zu § 129.
[5] In der Praxis wurde weithin unterstellt, daß entgeltlich erworbene immaterielle Güter aktiviert werden dürften, nicht aber mußten. Für selbst erstellte immaterielle Güter

wurde zum Teil die gleiche Ansicht vertreten; von anderer Seite wurde aus der Nichterwähnung des Wertansatzes „Herstellungskosten" in der Bewertungsvorschrift des § 133 Nr. 2 AktG von 1937 gefolgert, daß eine Aktivierung selbst hergestellter Immaterialgüter verboten sei.

[6]) Definition des Reichsfinanzhofs (RFH), wiedergegeben bei H. R. Saur, Die Aktivierung in der steuerlichen Erfolgsbilanz, betrachtet vom Standpunkt der statischen und dynamischen Bilanzauffassung, Diss., Frankfurt (Main) 1958, S. 54.

[7]) RFH-Urteil vom 18. 9. 1934, I A 217/33, StW 1934, S. 761; RFH-Urteil vom 26. 1. 1939, RSTBL III 1939, S. 553; RFH-Urteil vom 26. 9. 1939, RSTBL 1940, S. 34; RFH-Urteil vom 23. 11. 1948, IV 3/48, Deutsche Steuerzeitung 1949, S. 91; BFH-Urteil vom 9. 10. 1962, BSTBL III 1963, S. 7.

[8]) Zur Abgrenzung z. B. RFH-Urteil vom 29. 1. 1942, RSTBL 1942, S. 499.

[9]) Vgl. zu diesem Problem die BFH-Urteile zum Problem der Rechnungsabgrenzungsposten vom 13. 8. 1957, BSTBL III 1957, S. 350; vom 19. 12. 1957, BSTBL III 1958, S. 162; vom 15. 4. 1958, BSTBL III 1958, S. 260 und vom 22. 5. 1958, BSTBL III 1958, S. 333.

[10]) Vgl. Regierungsentwurf eines Aktiengesetzes, Begründung zu § 146.

[11]) In Literatur und Rechtsprechung als Frage der Aktivierung von Kundenkreis, Goodwill, Werbefeldzügen, Reklamekosten behandelt.

[12]) Vgl. J. Fettel, Aktivierung von Katalogkosten, in: Rechts- und Wirtschaftspraxis, D 1/63, 520/31.

Literatur:

Zitzlaff, F.: Steuerliche Aktivierung des Werbeaufwandes?, in: Der Markenartikel, Nr. 2/1952.

Lantelme, H. W.: Die Bewertung von Reklameaufwand in betriebswirtschaftlicher-, handels- und steuerrechtlicher Betrachtung, Diss., Nürnberg 1955.

Adler-Düring-Schmaltz: Rechnungslegung und Prüfung der Aktiengesellschaft, 3. Aufl., Stuttgart 1957, TZ 26 ff.

Saur, H. R.: Die Aktivierung in der steuerlichen Erfolgsbilanz, betrachtet vom Standpunkt der statischen und dynamischen Bilanzauffassung, Diss., Frankfurt a. M. 1958, S. 54.

Mutze, O.: Aktivierung und Bewertung immaterieller Wirtschaftsgüter nach Handels- und Steuerrecht, Berlin 1960.

Kossak, E.: Die immateriellen Wirtschaftsgüter und ihre Behandlung in der Bilanz, Wiesbaden 1960.

Mohr, H.: Die Behandlung des Werbeaufwandes in Handels- und Steuerbilanz, in: Die Wirtschaftsprüfung, 1961, S. 294 ff., S. 324 ff.

Fettel, J.: Aktivierung von Katalogkosten, in: Rechts- und Wirtschaftspraxis, D 1/63, 520/31.

Brunner, D.: Sind Werbeaufwendungen steuerlich aktivierungspflichtig?, in: Der Markenartikel, 1963, S. 926 ff. und 1964, S. 160 ff.

> **Rechtlich bedeutsame Fragen des Agenturvertrages**
>
> Von Dipl.-Kfm. Dr. jur. Friedrich Nédela,
> Hofheim/Ts.

I. Begriffsmerkmale

Die Suche nach einer gesetzlichen Definition im Deutschen Recht für die Werbeagentur ist müßig. Lediglich der § 53 Abs. 1 UStDB nannte neben dem Hopfen- und Weinkommissionär auch den „Werbungsmittler". Man kann auch geteilter Meinung sein, wenn bemängelt wird, daß das Recht der „Werbehelfer" keine nähere gesetzliche Fixierung erfahren hat, zumal das Handelsgesetzbuch zahlreiche Sondergesetze kennt. Das Fehlen einer entsprechenden gesetzlichen Norm sollte aber für „Werbehelfer" nicht überwertet werden. Die freie Werbewirtschaft – insbesondere der Zentralausschuß der Werbewirtschaft (ZAW) – steuert aus eigener Verantwortung darauf hin, Lauterkeitsmaßstäbe zu erarbeiten, die ein Reglementieren über den Gesetzgeber entbehrlich machen. Die heutige Begriffsbestimmung „Werbeagentur" ist als Übersetzung von „Advertisingagency" zu verstehen: Damit sind Dienstleistungsbetriebe angesprochen, die nach „treuhänderischen Grundsätzen" die Werbebetreuung ihrer Kunden (Werbungtreibende genannt) übernehmen. In dieser Richtung formulieren z. B. auch die Berufsgrundsätze des ADW (Verbandes Deutscher Werbeagenturen und Werbungsmittler e. V.) vom 10. 1. 1958*)[1] sowie die GWA-(Gesellschaft Werbeagenturen)-Qualifikationsbestimmungen in § 1 Ziff. 7.

Die moderne Werbeagentur läßt sich möglicherweise rechtlich definieren als ein „selbständiges, kaufmännisches Unternehmen, das auf Grund ständiger Betrauung (Legaldefinition des § 84 HGB – Handelsvertreter) einen anderen (Werbungtreibenden) in Fragen der Werbung und Absatzförderung berät und für ihn die einheitliche Planung, Gestaltung sowie Mittlung (Streuung) seiner Werbung übernimmt, wobei sich die Mittlungstätigkeit als Teilaufgabe der Werbeagentur mit der Tätigkeit eines Werbungsmittlers deckt[2]." Sie ist gem. § 2 HGB (in Verbindung mit § 6 HGB) Kaufmann kraft Eintragung, wenn sie als Einzelunternehmen oder als handelsrechtliche Personengesellschaft (OHG, KG) auftritt. Nach § 6 HGB ist sie Kaufmann kraft Rechtsform, wenn sie – wie das in der Bundesrepublik üblich ist – das Kleid einer GmbH wählt. Nimmt der Werbungtreibende die Dienstleistungen einer Werbeagentur in Anspruch, dann kommt nach all-

---

*) Die im Text laufend numerierten Quellenangaben sind am Schluß des Aufsatzes zitiert.

gemeinen Regeln des bürgerlichen Rechts ein Vertragsverhältnis zustande, das sich „Werbeagentur-Vertrag" nennt. Dieser spezifische Vertrag sollte allerdings nicht mit dem sogenannten „Handelsvertreter-Vertrag" verwechselt werden, der oft als „Agentur-Vertrag" in Erscheinung tritt.

Eingangs ist auf die Wortverflechtung mit dem Englischen „Advertising-agency" hingewiesen worden. Im englischen Recht wird der Ausdruck „agency" schlechthin auf jede Form der Geschäftsbesorgung für einen „principal" verstanden, ohne daß dabei dedizierte rechtliche Unterscheidungen gemacht werden, wie z. B. bei der „Stellvertretung" oder dem „Innen- oder Außenverhältnis". Auf diese rechtliche Terminologie sollte in diesem Zusammenhang wenigstens hingewiesen werden. Die Rechtsform der Aktiengesellschaft – in anderen Ländern geläufig – wird in der Bundesrepublik nicht praktiziert.

II. Vertragsbeziehungen

Der Werbeagentur-Vertrag bildet das Fundament für 3 Gruppen von Ausführungsgeschäften: Unterverträge, Regieverträge und Einschaltverträge (Werbungdurchführungs-Verträge).

1. Bei den „Unterverträgen" handeln die Werbeagenturen im eigenen Namen und für eigene Rechnung. Gemeint sind Verträge (z. B. im Rahmen der Werbeplanung), in denen Leistungen versprochen werden, die unter Umständen auch ohne Inanspruchnahme Dritter ausgeführt werden können (Testen von Text; Ton- und Bildentwürfe): Vertragspartner sind hier Werbeagentur und Dritte. Hierbei gelten die allgemeinen vertragsrechtlichen Grundsätze. Es sollte davor gewarnt werden, den Werbeagentur-Vertrag gegebenenfalls in der Form eines Untervertrages – wegen der zu erwartenden Haftungsfolgen – abzuschließen.

2. Zum zweiten Komplex gehören die „Regieverträge". Gemeint sind hier jene Verträge, in denen die Werbeagentur nur die Regie übernimmt, d. h. Vermittlung und Abschluß des Vertrages, Überwachung seiner ordnungsgemäßen Erfüllung und Abwicklungstätigkeit. In dieser Funktion sind sie gewissermaßen „Regisseure der Werbung". Unabdingbar erscheint hier die ständige Fühlungnahme mit dem Kunden, die laufende Abstimmung z. B. über Kontakter usw. In dieser Gruppe schließt die Werbeagentur als Stellvertreter des Werbungtreibenden ab, ansonsten gelten auch hier die gleichen Normen wie bei den Unterverträgen. Unbeachtet bleibt, welcher Art die Spezialaufgaben sind, die hier übertragen werden, z. B. für Messegestaltung usw., und bei denen sie sich die Hilfe zahlreicher Spezialisten (Grafiker, Fotografen, Architekten usw.) sichert. Grundsätzlich spielen dabei die besonderen Abreden mit und die in der Branche gebräuchlichen Geschäftsbedingungen sowie Gebührenordnungen (BDG = Bund Deutscher Gebrauchsgraphiker, BDW = Bund Deutscher Werbeberater und Werbeleiter), nicht zuletzt die gesetzlichen Hilfsregeln des Werkvertragsrechts.

Die Regieverträge werden besonders auf dem Gebiet der „Werbemittelbeschaffung" abgeschlossen. Die Praxis versteht darunter die „Herstellung" (Produktion). Die Deutung des Begriffs „Produktion" sollte vorsichtig behandelt werden, weil sie zu Fehlschlüssen führen könnte. In den seltensten Fällen ist nämlich die Werbeagentur Werbemittelhersteller. Die Regieverträge erstrecken sich aber auch auf die Werbegestaltung und Werbeplanung (Vorbereitung). Im letztgenannten Fall gilt das dann, wenn z. B. Marktforschungs-Institute eingeschaltet werden. Bei den vorhin angedeuteten Rechtsfolgen spielt unter anderem die Substitution eine Rolle. So darf die Werbeagentur nicht ohne Zustimmung des Kunden den erteilten Werbebetreuungs-Auftrag voll übertragen (§§ 675, 664 Abs. 1 Satz 1, 613 BGB). Weden Gehilfen zur Unterstützung herangezogen – was nicht ausdrücklich untersagt ist –, so hat die Werbeagentur bei verbotswidriger Hinzuziehung auch für den unverschuldeten Schaden einzustehen, der dadurch verursacht wird. Sie kann sich allerdings exkulpieren, indem sie den Nachweis führt, daß der Schaden auch bei Nichthinzuziehung entstanden wäre. Bei erlaubter Einschaltung Dritter gilt für den im Rahmen des Untervertrages eingesetzten Helfer die Bestimmung des § 278 BGB: Als Erfüllungsgehilfe haftet die Werbeagentur dem Kunden gegenüber für dessen Verschulden. Der Dritte aber, der im Rahmen eines Regievertrages eingeschaltet ist, ist nicht Erfüllungsgehilfe der Werbeagentur. Stellt er z. B. Werbemittel her, erfüllt er keine eigene Verbindlichkeit der Werbeagentur. Die Werbeagentur also haftet nicht für ein Verschulden, das Dritte verursacht haben. Dies gilt gleichermaßen auch gegenüber den Werbungdurchführenden (Verlagen, Werbefunk usw.), denn sie gelten nicht als Erfüllungsgehilfen der Werbeagentur.

3. Die dritte Kategorie betrifft die „Werbedurchführungs-Verträge". (In „Der Mittler in der Werbung" schlägt Heuer[3] die Bezeichnung „Ausführungsgeschäft" vor, die in der Praxis öfter gebraucht wird.) Dazu gehören die bereits genannten „Einschaltverträge" oder „Werbeaufträge" auf dem Sektor Streuung (Mittlung). In diesen Fällen handelt die Werbeagentur für andere (Werbungdurchführende) im eigenen Namen. Es ist streitig, ob die Parteien des Werbeagentur-Vertrages – wie es die Richtlinien der Werbeagentur-Verbände und manche Vertragstexte formulieren – ein Handeln für eigene Rechnung im rechtlichen Sinne tatsächlich wollen und bei der Abwicklung – wie es Heider sieht – auch tatsächlich praktizieren.

III. Gibt es einen verwandten Gesetzestyp mit vorgeformtem Arbeitsinhalt?

Ist der Werbeagenturvertrag gegebenenfalls den Handelsvertreter-, Zivilmakler-, Kommissions-, Speditions-Verträgen zuzuordnen?

1. Auf die Werbeagenturarbeit sind die Vorschriften des Handelsvertreter-Rechts nicht anwendbar, denn die Werbeagentur ist auch – selbst wenn sie als unmittelbarer Stellvertreter (§ 164 BGB) des Kunden auf dem Sektor Regieverträge tätig würde – nicht damit betraut, dem Kunden für seinen Warenabsatz einen Kundenstamm zu gewinnen und sogar zu erhalten (z. B. §§ 87, 89 b HGB).

2. Das Handels und Zivilmakler-Recht ist gleichfalls auszuschließen. Zur „Rechtsnatur der Verträge" hat unter anderem Schnupp[3] einige Ausführungen gemacht. Die Anwendung der Handelsmakler-Regeln scheitert u. a. aber auch daran, daß Werbeagenturen keine Waren- und Wertpapiergeschäfte besorgen (§ 93 Abs. 1 und 2 HGB). Schließlich ist die Werbeagentur-Tätigkeit auch nicht auf den Nachweis von Vertragsabschlüssen abgestellt. Zudem wird der Makler nicht verpflichtet (§ 652 BGB), im Gegensatz zur Werbeagentur tätig zu werden.

3. Das Speditions- und Kommissions-Recht könnte[4] unter Umständen auf dem Gebiet der Werbungsmittlung zum Zuge kommen, denn nur auf diesem Sektor schließen Werbeagenturen – ähnlich wie Spediteure und Kommissionäre – für die Kunden im eigenen Namen ab (vgl. §§ 383, 407 HGB). Falsch wäre es, an dieser Stelle die veraltete Rechtsprechung des Reichsgerichts oder des Reichsoberhandelsgerichts zur

Annoncen-Expedition heranzuziehen: In diesem Komplex fehlt es ganz eindeutig an dem vom Gesetz vorausgesetzten „Fracht- bzw. Speditionsgut[5])". Verfehlt wäre es schließlich, das Kommissions-Recht uneingeschränkt auf alle Tätigkeitsbereiche der Werbeagentur auszudehnen. Dem widersprechen Abschlüsse, die im eigenen Namen und auf eigene Rechnung vorgenommen werden. So wird im allgemeinen und oft nach Richtlinien der Werbeagenturen abgeschlossen. Ob in der Praxis ein Handeln für „eigene Rechnung" gewollt ist, möge dahingestellt bleiben.

IV. Zu welchen Gesetzestypen ist der „Werbeagentur-Vertrag" hinzuzurechnen?

Ist der Werbeagentur-Vertrag Geschäftsbesorgungs-, Dienst- und/oder Werkvertrag (§§ 675, 611 ff., 631 ff. BGB)?

Wenn man die verschiedenen Entwicklungsstufen betrachtet, die Werbeagenturen im Laufe der Zeit geformt haben, so wird man feststellen müssen, daß sich ihr Tätigkeitsbereich beachtlich gewandelt hat. Diese Tatsache gilt es zu berücksichtigen. So wertet Heider den Werbeagentur-Vertrag vorwiegend als Geschäftsbesorgungs-Dienstvertrag mit unter Umständen werkvertraglichen bzw. kommissionsrechtlichen Elementen. Sicher ist eine Geschäftsbesorgung im Sinne des § 675 BGB zutreffend, auf die im übrigen die Grundsätze des Werk- und Dienstvertrages einwirken. Es sollte bei dieser Betrachtung nicht verkannt werden, daß sich eine Geschäftsbesorgung „besonderer Art" anbietet. Die rechtliche Ausgangslage fordert daher eine gezielte Abwandlung, denn bei diesem Vertrag werden nicht nur allein Geschäfte für andere in deren Interesse betrieben. In den meisten Fällen werden unstreitig creative, gestalterische Leistungen geboten. Diese „Creativität" vermag aber eine „herkömmliche Vorstellung über eine rechtliche Geschäftsbesorgung" nicht mehr exakt zu erfassen. Der Arbeitsbereich einer modernen „Vollservice-Agentur" hat heute eine rechtliche und eminent wichtige, wirtschaftliche Bedeutung, die mit einer einfachen Rechtskonstruktion nicht den Kern der Sachlage treffen würde: In Praxis und Literatur wird deshalb nicht ohne Grund von einem V e r t r a g s t y p u s b e s o n d e r e r A r t gesprochen. Dabei sprechen einerseits Elemente für einen Geschäftsbesorgungs-Vertrag; andererseits gilt es aber gleichzeitig – je nach Intensität der erbrachten Leistungen – Elemente zu berücksichtigen, die nicht nur auf einen Dienst- bzw. Werkvertrag, sondern auch auf kommissionsrechtliche Normen hinweisen. Burmann[6]) schließt dies aus dem Rahmen des § 667 BGB, wonach Erlangtes herauszugeben ist. Nach seiner Meinung, die geteilt wird, spielt aber oftmals wesentlich das „Geschaffene", also Werbetexte, Slogans, Bildkompositionen usw. eine eminent wichtige Rolle. Solche „creative Leistungen" sind nach urheberrechtlichen Grundsätzen unter Umständen persönlichkeitsgebunden, so daß danach nur die entsprechenden Verwertungsrechte übertragen werden können.

V. Die rechtliche Ausgestaltung des Werbeagentur-Vertrages – dispositives Recht

An den Abschluß eines Werbeagentur-Vertrages sind keine Formvorschriften geknüpft, er kann auch mündlich abgeschlossen werden, ohne daß seine Wirksamkeit leidet. Wegen der Vielschichtigkeit jedoch, und in Anbetracht der zahlreichen Nuancierungen dieses Punkte-Vertrages, empfiehlt es sich, alle Absprachen mindestens in einen Vertragsrahmen einzuordnen. Das sollte schon deshalb geschehen, weil dieser Vertrag in seiner Typisierung den Charakter eines Dauervertrages besitzt. Eine ersprießliche Zusammenarbeit mit den Kontrahenten hängt letztlich davon ab, daß klare Vorstellungen bestehen, was der Kunde anstrebt und was die Werbeagentur zu leisten in der Lage und bereit ist.

Der dispositive Charakter eines Geschäftsbesorgungsvertrages ist kein Hindernis, den individuellen Eigenarten aller Abmachungen im Vertragswerk Spielraum zu gewähren. Das konkrete V e r t r a g s b i l d wird durch fünf Merkmale wesentlich bestimmt, die Burmann so formuliert:

1. Frage der Produktionswerbung oder Unternehmenswerbung; oftmals wird die für das Unternehmen in Betracht kommende Produktionsgruppe verschiedenen Werbeagenturen anvertraut.
2. Frage der Fixierung des Werbeetats; Abgrenzung der Finanzierungsmittel; in Aussicht genommene Werbemaßnahmen.
3. Einführungswerbung oder Ausbau einer schon bestehenden Werbung mit bestimmten räumlichen Zielsetzungen mit Testversuchen pp. eines etwa schon vorhandenen ausländischen Produkts im Inland.
4. Der Agenturvertrag stellt in der Regel einen Dauervertrag dar.
5. Kündigungsmöglichkeiten sind daher von beachtlicher Bedeutung.

Einen g e n o r m t e n A g e n t u r v e r t r a g kann es nicht geben, weil sich die von den Kunden in Anspruch genommenen Agenturleistungen jeweils nach den konkreten werblichen Wünschen des Kunden auszurichten haben. Bei den L e i s t u n g s g r u p p e n – die, so scheint es, fast einen genormten Eindruck erwecken – untergliedern Körner[8] und der bereits hier zitierte Heider unterschiedlich:

Körner unterscheidet: Allgemeiner Agenturservice, Planung, Endgestaltung und Produktion (Herstellung), Streuung (Werbungsmittlung) und Speziolleistungen.

Heider gliedert auf in: Marketinggrundsatzberatung, Werbeplanung, Werbegestaltung, Werbemittelbeschaffung, Werbungsmittlung und Erfolgskontrolle.

Die Geschäftsbesorgung durch den Beauftragten im Rahmen eines Werbeagenturvertrages ist grundsätzlich von der Genehmigung des Auftraggebers abhängig. Seltenheitswert haben Ausnahmen, bei denen die beauftragte Agentur nach eigenem pflichtgemäßem Ermessen vorgeht. Die Genehmigung der gesamten werblichen Konzeption ist jedenfalls anzustreben. Auch Einzelaktionen – was die Praxis bestätigt – können an eine besondere Genehmigungspflicht gebunden werden. Mit der vollen Etatpräsentation wird aber in praxi dem Auftraggeber bereits der Gesamtwerbeplan vorgelegt. Genehmigt er, ist auch die Ausführung generell gebilligt. Selbstverständlich liegt es im Interesse einer harmonischen Zusammenarbeit mit den Kontrahenten, wenn die Werbeagentur alle Zweifel vorher ausräumt, die später zu Unstimmigkeiten führen könnten. Sie muß dabei – wenn sich im einzelnen Differenzen anzeigen – durch ihre Sachkunde überzeugen, also nicht nur beraten, sondern unter Umständen sogar warnen. Das trifft insbesondere dann zu, wenn nicht allein werbliche, vielmehr werbe- und wettbewerbsrechtliche sowie wirtschaftliche Bedenken im Raume stehen.

Im Agenturvertrag wird auch in der Regel ausdrücklich der K o n k u r r e n z a u s s c h l u ß vereinbart, der aus der den Abmachungen zugrunde liegenden Treubindung abgeleitet werden kann.

Ein Treuhandverhältnis im Rechtssinne ist wohl für die Werbeagentur mit Sicherheit auszuschließen. Eine derartige Rechtsstellung fordert, daß jemand „zur Ausübung eines Vermögensrechts bestellt und dazu mit eigener Rechtszuständigkeit an diesem Recht ausgestattet ist, wobei diese Rechtszuständigkeit vom unbeschränkten Vollrecht bis zur eigenrechtlichen Verfügungsmacht (Ermächtigung) reichen kann[8])". Der Werbungtreibende wird einer Werbeagentur eine so ausgestattete Rechtsstellung kaum zubilligen. Dieser Hinweis erscheint angebracht, weil diese Frage bei verschiedenen Anlässen, meistens falsch interpretiert, hochgespielt zu werden pflegt. Was aber für die Handelsvertreter in bezug auf den Konkurrenzausschluß als selbstverständlich gilt, wenn sie Konkurrenzunternehmen betreuen, gilt in noch verstärkterem Maße für eine Werbeagentur. Beide müssen sich des Einverständnisses ihrer Kunden vergewissern[9]).

Bei der **Vergütungsregelung** sind zwei Gesichtspunkte zu beachten. Sowohl „Werbungsmittler" als auch „Werbeagenturen" erhalten ihr Entgelt als Provision vom Werbungdurchführenden (Verlag, Plakatanschlagunternehmen, Werbefernsehen usw.) nach überlieferten Formen. Sie haben bereits nach Maßgabe ihrer Geschäftsbedingungen diese Provision einkalkuliert. Auf diese Weise zahlt der Werbungtreibende nicht mehr als wenn er seine Aufträge direkt an den Durchführenden überschrieben hätte. Der Vergütungsanspruch (auf Zahlung der Mittlervergütung) ist im übrigen auch dann gegeben, wenn eine ausdrückliche Vereinbarung hierüber fehlen sollte. Das geht schon daraus hervor, daß ein Tätigwerden eines berufsmäßigen Mittlers (Werbeagentur/Werbungsmittler) zugunsten des Werbungdurchführenden – nach den aus dem Anzeigengeschäft überkommenen Verhältnisses – nur gegen Zahlung der üblichen Provision zu erwarten ist (§ 612 Abs. 1 BGB, § 345 HGB). An dieser Stelle sei hervorgehoben, daß es ein einheitliches, geschlossenes Abrechnungssystem für Werbeagenturen nicht gibt. Einer beabsichtigten Standardisierung der Agenturleistungen stehen allzu scharfe Bestimmungen des GWB (Gesetz gegen Wettbewerbsbeschränkungen) entgegen.

Es würde zu weit führen, im Rahmen dieser Arbeit auf Einzelheiten der Entgeltabstattung einzugehen. Trotzdem schadet es nicht, darauf hinzuweisen, daß es Modifikationen gibt, wobei auch unter Umständen nach Honorargesichtspunkten abgerechnet wird. Nach diesem Honorar-System richten sich meist die Regieverträge aus (z. B. bei Einschaltung eines freiberuflichen Fotografen). Eine generelle Agenturvergütung zu Honorarvereinbarungen ist demgegenüber den deutschen Agenturverträgen fremd. Auch die mögliche Fakturierung von Einzelleistungen ist – ebensowenig wie die Honorarabrechnung – in der deutschen Praxis nicht geläufig. Seit geraumer Zeit gewinnt das amerikanische Abrechnungssystem immer mehr an Boden. Bei dieser Abrechnungsmodalität werden dem Kunden grundsätzlich nur die effektiven Kosten „Netto" in Rechnung gestellt (Mittlung- und sonstige provisionsbegünstigte Einzelleistungen), d. h. die Bruttokosten ./. Provision ./. Mengen- und Staffelvergütungen, Rabatte usw. Auf diese sogenannten Netto-Netto-Kosten – praktisch sind das die effektiven „Einkaufspreise" – wird ein Vergütungssatz von 17,65 % aufgeschlagen. Im Ergebnis entspricht der von oben gerechnete Bruttobetrag dann dem bekannten Provisionssatz von 15 %[10]).

Die **Auskunfts- und Rechenschaftspflicht** der Werbeagenturen stützt sich auf die §§ 675 und 666 BGB. Da Agenturverträge den Typus von Dauerverträgen besitzen und die gesetzlichen Bestimmungen dispositives Recht darstellen, werden „**Abrechnungen**" vertraglich in kürzeren Abständen (monatlich, vierteljährlich) festgelegt. Die Rechnungslegung stützt sich auf § 259 BGB. Dabei wird die Vorlage von Belegen gefordert. Gemäß § 667 BGB ist ferner ausdrücklich festgelegt, das aus der Geschäftsbesorgung Erlangte herauszugeben (z. B. Rechnungen, die über Konditionen, Provisionen, Skonti usw. Auskunft geben). Streitig bleibt, ob heute noch Originalbelege – im Zeichen einer gewandelten Buchhaltungstechnik – verlangt werden können. Rechnungsbelege müssen aber – wie die üblichen Mittlungsverträge – vorgelegt werden.

Die **Allgemeine Herausgabepflicht** richtet sich nach den Bestimmungen des § 675 BGB in Verbindung mit § 667 BGB, die sinngemäß anzuwenden sind. Danach hat die Werbeagentur alles, was sie zur Ausführung des Auftrages „erhalten" hat, herauszugeben. Darüber hinaus muß sie ferner alles herausgeben, was sie aus der Geschäftsbesorgung erlangt hat: dazu gehören Sachen, Rechte und Ansprüche. Nutzungsrechte und Verwertungsrechte jedoch nur dann, wenn sie durch Fremdleistungen bewirkt sind; schließlich alle sonstigen Belege. In der Regel erhält aber der Auftraggeber bereits Abschriften aus dem gesamten Schriftverkehr, so daß er „im Bilde" ist.

Für die **Haftung bei Beratung und Planung, bei Gestaltung und Werbeeinsatz** gilt die Norm aus § 346 HGB. Die Werbeagentur hat dafür einzustehen, daß die im Vertrag vereinbarten Aktionen mit der Sorgfalt eines ordentlichen Kaufmanns erledigt werden. Die rechtlichen und wirtschaftlichen Folgen sind an anderer Stelle angeklungen, als neben der Werbeberatung auch auf das „Abraten" von bestimmten Aktionen bewußt hingeleitet wurde. Bei Schadensersatzansprüchen des Kunden werden sich die Werbeagenturen – sofern sie ihrer Sorgfaltspflicht nicht ordentlich nachgekommen sind – dann nicht auf die Weisungsbefugnis des Auftraggebers berufen können. Gelingt es ihnen, sich aus der Haftung zu befreien, könnte aber mitwirkendes Verschulden des Werbeleiters (§ 254 BGB) mitentscheiden. Auch bei der Ausarbeitung von Streuplänen müssen die Werbeagenturen für eine sach- und fachgerechte Ausarbeitung geradestehen, wenn möglicherweise die gezielte Ansprache der Verbraucherkreise grobe Fehler ausweist. Werbeagenturen dürfen auch keine anstößige Werbung machen, – was in den Bereich der Werbegestaltung fallen dürfte. Ihre Werbung muß sich vielmehr an die „Grundsätze der lauteren Werbung" anlehnen; auf den gesetzlichen Rahmen gebracht, bedeutet das: Verstöße gegen das UWG sind unzulässig. Die Werbeagentur kann hingegen nicht verlangen, daß ihre Werbegestaltung urheberrechtlich gesichert oder Entwürfe und Warenzeichen etwa rechtlich geschützt werden. Ergänzend sei noch in diesem Zusammenhang erwähnt, daß die Werbeagentur für durch ihr Verschulden eingetretene Schäden haftet; hier kann eine „Schadensliquidierung" im Drittinteresse in Frage kommen. Das heißt, der Schaden, der dem Kunden erwachsen ist, kann unmittelbar im Interesse dieser Firma geltend gemacht werden.

Das Vertragsrecht der Werbeagenturen konnte in diesem Beitrage nur fragmentisch behandelt werden. Das gilt insbesondere für die „Bindungen und Treupflichten" – also für die Behandlung der „zusätzlichen Rechte und Pflichten". Aus Platzmangel mußten Wechselbeziehungen zwischen Werbeagentur-Vertrag und Werbungdurchführungs-Vertrag – unter Berücksichtigung der rechtlichen Auswirkungen – gleichfalls zurückgestellt werden, denn diese recht spröde Materie bedarf einer gesonderten Darstellung. Es ist ferner zu hoffen, daß sich im Einspruchsverfahren des Herausgebers des Düsseldorfer Nachrichtendienstes „context" gegen den Bußgeldbescheid des Bundeskartellamtes eine klare Entscheidung des Berliner Kammergerichts herauskristallisiert. Zur Zeit der Abfassung dieses Berichts (März 1968) war in diesem Musterstreit zur „Preislistentreue" noch nichts Konkretes sichtbar geworden.

Quellenangaben:

[1]) Abgedruckt in: Recht der Publikation, Bd. II, unter Kennziff. 118 b.
[2]) Heider. In: Das Recht der Werbeagentur, Stuttgart 1964, S. 19.
[3]) Heuer: Annoncenexpeditionen, Werbungsmittler, Werbeagenturen. In: Der Mittler in der Werbung, Hrsg. Arbeitsgemeinschaft Deutscher Werbungsmittler, Frankfurt (M.) 1955, S. 84.

[4] Schnupp: Die rechtliche Stellung des Anzeigenmittlers, Diss. Wirtschaftshochschule Mannheim, 1955, S. 26 ff.
[5] Heider, a. a. O., S. 27, sagt, die Anwendung dieser Regeln könnte nur für den Sektor Werbungsmittlung in Betracht kommen.
[6] Dobmann: Rechtsfolgen der Anzeigenmittlung, Der Markenartikel, 1953, S. 363 ff.
[7] Burmann: Werberecht der Wirtschaft, Handbuch für die Praxis, Berlin, ab 1955, 310/III/1.
[8] Siebert: Das rechtsgeschäftliche Treuhandverhältnis, Marburg 1933, S. 22.
[9] Burmann. In: Werberecht der Wirtschaft, III, 310, S. 4.
[10] Körner: Die Agenturleistungen und ihre Berechnung, Informationsschrift der Arbeitsgemeinschaft Werbeagenturen und Marketingberatung, Frankfurt (M.), S. 4/5, o. O. o. J.

Literatur:

Burmann: Werberecht der Wirtschaft, Handbuch für die Praxis, Berlin (ab 1955).

Bussmann/Droste: Werbung und Wettbewerb im Spiegel des Rechts, Essen 1951.

Delp: Das gesamte Recht der Presse, des Buchhandels, des Rundfunks und des Fernsehens, Recht der Publikation, II. Band, Berlin, Neuwied a. Rh. 1963.

Dobmann: Rechtsgrundlagen des Werbungsmittlers, Diss. Hamburg 1952.

Dobmann: Die Rechtsnatur des Vermittlungsgeschäfts des Werbungsmittlers. In: Anz. 1951, S. 466 ff.

Fikentscher: Die Preisunterbietung im Wettbewerbsrecht, 2. Aufl., Heidelberg 1962.

Heuer: Annoncenexpedition, Werbungsmittler, Werbe-Agenturen. In: Der Mittler in der Werbung, 1855–1955, herausg. v. d. Arbeitsgemeinschaft deutscher Werbungsmittler, Frankfurt (M.) 1955.

Heuer: Die Entwicklung der Annoncenexpeditionen in Deutschland, Frankfurt (M.) 1937.

Körner: Die Agenturleistungen und ihre Berechnung, Informationsschrift der Arbeitsgemeinschaft Werbeagenturen und Marketing-Beatung, o. O. o. J.

Löffler/Menzel: Das Standesrecht der Verbände und das Kartellrecht. In: WRP 1960, S. 257 ff.

Müller/Henneberg/Schwarz: Gesetz gegen Wettbewerbsbeschränkungen und Europäisches Kartellrecht, Gemeinschaftskommentar, 2. Aufl., Berlin, Bonn, München 1963.

Palandt: Bürgerliches Gesetzbuch, Kurzkommentar, 25. Aufl., München, Berlin 1966.

Ratz: Kommentar zum Handelsgesetzbuch, früher herausgegeben von Mitgliedern des Reichsgerichts, 5. Bd., 2. Aufl., Berlin 1960.

Schnupp: Die rechtliche Stellung des Anzeigenmittlers, Diss. Wirtschaftshochschule Mannheim 1955.

Siebert: Das rechtsgeschäftliche Treuhandverhältnis, Marburg 1933.

Spormann: Preislistenpflicht. In: WuW 1962, S. 595 ff.

Strauf: Die moderne Werbeagentur in Deutschland, 2. Aufl., Essen 1959.

Ulmer: Urheber- und Verlagsrecht, 2. Aufl., Berlin, Göttingen, Heidelberg 1960.

Ohne Verfasser: ZAW – Wesen und Werk, Informationsschrift, o. O. o. J.

Der Werbetext
Von Wolfgang Manekeller, Köln

I. Die Aufgabe wird unterschätzt

Es ist müßig, darüber zu streiten, ob das B i l d — in weitem Sinne des Wortes — oder der T e x t einer Anzeige, eines Prospektes oder eines anderen Werbemittels den Umworbenen stärker beeinflusse. Wahrscheinlich wäre es auch nicht allgemeingültig zu klären. Bei schwacher Bild- und guter Textgestaltung wird der Text und bei umgekehrter Sachlage das Bild den Ausschlag geben. Sind jedoch beide Teile aussagekräftig und in Einklang miteinander, so lassen sie sich überhaupt nicht mehr voneinander trennen: sie ergeben, wie zwei Elemente einer chemischen Verbindung, etwas Neues mit neuen Eigenschaften — ein Mehr gegenüber den einzelnen Komponenten, das nicht zu errechnen ist.

Trotz solcher Gleichwertigkeit von Text und Bild in der Wirkung fällt der Sprache bei der Gestaltung eines Werbemittels oder einer ganzen Werbekonzeption die entscheidende Rolle zu. Denn jede bildliche Darstellung, also selbst das textlose Plakat, entsteht erst aus einem Gedanken oder, meistens, einer Gedankenkette. Nach Ludwig Wittgenstein aber ist „der Gedanke der sinnvolle Satz". d. h.: Auch für jegliche Bildwerbung ist in erster Instanz die Sprache als Gedankenträger verantwortlich. Die Bildgestaltung setzt Gedachtes, zu Ende Gedachtes, also schlüssig „zur Sprache Gebrachtes" voraus.

Um so verwunderlicher — und viele gelungene Werbe-Ideen und Werbetexte beweisen nichts Gegenteiliges —, daß der Text der Werbung Stiefkind geblieben ist. Alle Fachkräfte, die an Werbeaufgaben arbeiten, haben die Möglichkeit, einen wohldurchdachten Ausbildungsweg zu gehen. Werbetexter haben diese Möglichkeit nicht. Warum ist das so? Weil nicht genügend erkannt und anerkannt wird, daß der wesentliche Inhalt der Werbetexterausbildung eine Sprachausbildung ist, die weit über das hinausgeht, was Grundschule, Höhere Schulen, Fachschulen und Hochschulen in dieser Richtung zu bieten pflegen.

II. Sprachgefühl und Sprachwissen

Ein Fall aus der Praxis: Der Werbetexter formuliert für ein Kaufhaus die Schlagzeile „Gute Qualität zu günstigem Preis". Der Verhandlungspartner ist damit zufrieden, wendet aber ein: „Es muß doch ‚zu günstigen Preisen' heißen, denn wir bieten ja viele

Waren an, haben also auch viele Preise." Der Werbetexter kann zu bedenken geben, daß der Singular klanglich wirkungsvoller ist, weil die Zeile so mit einer betonten Silbe endet, während sie bei „Preisen" mit der unbetonten Silbe „en" sanft verströme. Das sieht der Partner ein, nur ist damit sein Argument nicht aus der Welt geschafft. Der Werbetexter kann ferner darauf hinweisen, daß eine sprachliche Unklarheit in Kauf genommen werden darf, oft auch genommen wird, wenn trotzdem niemand etwas anderes als das Gemeinte herauslese. Beispielsweise ist in dem Satz „Die Bremsen aller startenden Wagen wurden noch einmal überprüft" nicht zu erkennen, ob die Wagen je eine Bremse oder ob jeder Wagen mehrere Bremsen hat. Diese Unklarheit ist jedoch harmlos, weil man dennoch den Sachverhalt genau versteht. Das überzeugt den Gesprächspartner schon eher. Aber ganz ist sein Mißtrauen noch immer nicht geschwunden. Denn der Logik nach — das läßt sich nicht leugnen — muß, wenn eine Mehrzahl von Preisen gemeint ist, auch die Mehrzahl auf dem Papier stehen.

Was wäre bei sprachlichen Zweifelsfragen eindrucksvoller als ein Duden-Beweis! Wenn der Werbetexter in diesem Fall zusätzlich weiß, daß im Grammatik-Duden etwas über den generalisierenden Singular steht, ist er gerettet. Kann er diese Stelle vorweisen, so wird auch der Kaufmann seine zunächst berechtigt gewesenen Zweifel aufgeben und glauben, daß man hier den Singular tatsächlich setzen darf.

Allerdings kann es sein, daß er jetzt fragt (sein Scharfsinn ist geweckt): „Warum schreiben Sie zu ‚günstigem Preis' statt ‚zum günstigen Preis'?" Und wieder wird sich der Werbetexter nur dann durchzusetzen vermögen, wenn er mit der Sprache auf sehr vertrautem Fuß lebt und dabei nicht nur Sprach g e f ü h l , sondern auch Sprach w i s s e n hat.

III. Zusammenarbeit

Man könnte vermuten — obwohl auch das, genau besehen, ein Trugschluß ist —, daß theoretisches Sprachwissen zwar dienlich sei, der Text jedoch, soweit er von einem talentierten Schreiber stamme, auch ohne dieses Hintergrundwissen seine beabsichtigte Wirkung ausübe. Gewiß, der Text eines von jeglicher Sprachtheorie unberührten Naturtalents könnte, auch ohne daß er den Filter strenger Kritik passiert hätte, wirken: könnte — wenn er stets erschiene. Der Texter hat es aber nicht nur mit dem Gegenstand seiner Werbung, dem Umworbenen und seiner Sprache, sondern auch mit Fachleuten verschiedenster Richtung zu tun, mit Fachleuten, die alle ein Wörtchen, und oft ein Wort, mitzureden haben. Das mögen Ingenieure oder Chemiker, Apotheker oder Ernährungsspezialisten, Bankfachleute oder Architekten sein. Kurz, der Fachmann ist dabei, wenn über Werbetexte entschieden wird, die für die Ergebnisse seiner Arbeit werben sollen.

Solche Fachleute, die Aufzählung sagt es schon, haben eine gute Schulbildung genossen und häufig außerdem studiert. Selbst wenn sie auf diesem Ausbildungsweg nicht gelernt haben, sich schriftlich überzeugend auszudrücken — leider ist das in allzu vielen Fällen so —, selbst dann haben sie immerhin im Deutsch- und im Fremdsprachenunterricht eine Menge sprachtheoretischer Kenntnisse gesammelt. Müssen Sie nun mit einem Werbetexter über dessen Textvorschläge diskutieren, so wenden sie dieses Wissen selbstverständlich an. Zum Beispiel könnte ein Konstrukteur über den Textanfang „Eine Heftzwecke einzudrücken ist mühsam" sagen: „Hören Sie, hinter den Infinitivsatz gehört aber ein Komma." Was ist, wenn der Texter nicht weiß, was ein Infinitivsatz ist und wenn er deshalb nicht antworten kann: „Sie haben im allgemeinen recht, aber wenn der Infinitivsatz das Subjekt des Satzes in Anfangsstellung vertritt, fällt das Komma weg."

Der Werbetext

Was geschieht, wenn der Gesprächspartner Ausdrücke wie Infinitiv, Partizip, Prädikatsnomen, Pleonasmus, Paradox, Antithese und Interpunktion gebraucht und der Werbetexter zeigt, daß er keine Ahnung hat, wovon die Rede ist? Der Partner wird sich sagen: Mein Fach ist Chemie (oder Betriebswirtschaft, Verpackungswesen usw.), und trotzdem verstehe ich offenbar viel mehr von dem Fach „Deutsche Sprache" als dieser junge Mann da, der Werbetexter sein will. Das wird mehr so ein Hansdampf in allen Gassen sein, der vieles gehört, aber gar nichts richtig gelernt hat. Damit ist die Stellung des Werbetexters erschüttert. Sein Gesprächspartner hält ihn für unwissend und ungebildet und wird aus solchem Gefühl heraus auch all das skeptisch aufnehmen, vielleicht zerreden und zerpflücken, was – ungeachtet fehlenden Sprachwissens des Texters – tatsächlich gut ist. Er traut ihm einfach nichts mehr zu.

Zusammenarbeit setzt Achtung vor dem Können des anderen voraus. Nicht nur, aber auch aus diesem Grund ist es für den Werbetexter vorteilhaft, ja notwendig, auf e i n e m Gebiet Fachmann zu sein, und dieses eine Gebiet ist das der deutschen Sprache. Erweist er sich hier als sattelfest und dem Fachmann anderer Richtungen überlegen – ohne die Überlegenheit arrogant zu demonstrieren –, dann darf er sicher sein, auch anerkannt zu werden. Und Anerkennung erleichtert die Zusammenarbeit und führt zu besseren Ergebnissen des gemeinsamen Bemühens.

IV. Die Textanalyse

Die Fähigkeit, einen guten Werbetext zu erarbeiten, schließt außerdem das Vermögen zu analysieren ein. Die Analyse erleichtert, nein ermöglicht erst, Stärken und Schwächen von Konkurrenztexten zu erkennen, die eigenen Zielsetzungen dagegen abzugrenzen sowie Sinn und Berechtigung eigener Vorschläge den Mitarbeitern oder Auftraggebern deutlich zu machen. Wo ohne detailliertes Beurteilen fremder und eigener Texte vorgegangen wird, wo man also nur mit „Ich finde...", „Ich meine..." und „Mir gefällt..." ohne faßbare Begründungen arbeiten muß, bewegt man sich auf sehr schwankendem Boden mit vielen Falltüren. Der Zufallsentscheidung – auf Grund von Machtstellungen, Sympathien, Lieblingsideen usw. – sind alle Tore geöffnet. Zur Erläuterung, knapp gefaßt, ein B e i s p i e l analysierender Vorarbeit zu einer Werbetextaufgabe:

A u f g a b e : Kopf-Slogan für Personalanzeigen

Kurzanalyse zweier wichtiger Vergleichstexte:

„Hoechst braucht Sie"

Ziel: mögliche Bewerber.

Klangliche Wirkung:
a) Lautlos gelesen: gut.
   Vorzüge knapp, einsilbige, also straffende, eindringliche Wörter, Vokalreichtum.

b) Laut gelesen: schwächer.
   Es kommt heraus „Höchsbrauchsie", denn „chst-br-cht-s" ist sprechungünstig.

„Schilde AG baut aus"

Ziel: mögliche Bewerber und sonstige Leser (Allgemeinwerbung).

Klangliche Wirkung:
a) Lautlos gelesen: gut.
   Vorzüge: wie bei Hoechst, leicht abgeschwächt.

b) Laut gelesen: besser als bei Hoechst, obwohl die zwei „au" hintereinander auch nicht ideal sind.

Gedanklicher Wert:
Gut:
Das Wertgefühl möglicher Bewerber wird gesteigert.

Schlecht:
1. Auch der Fähige ist gegenüber dem Unternehmen in schwacher Position. Er kann es deshalb als Trick auffassen, sogar mit einem Schuß versteckter Arroganz, wenn die Schlagzeile das Verhältnis umkehrt.
2. Der Text spricht j e d e n möglichen Bewerber an. Weniger Fähige braucht aber Hoechst keineswegs.
3. Es ist ungünstig, absagen zu müssen, wenn man erst behauptet hat: Hoechst braucht Sie.

Gedanklicher Wert:
Gut:
Jeder Leser muß annehmen, daß es dort vorwärts geht, zumal dieser Text auch in allgemein weniger günstigen Zeiten erschien.

V. Einfühlung

Ein Werbetext kann sprachlich und gedanklich gut sein und dennoch den Umworbenen unberührt lassen oder ihn falsch, ihn negativ berühren. Als B e i s p i e l die Anzeige einer Werbeagentur:

Guten Tag, wir hätten gern Ihren Werbe-Etat.
Ein paar kluge Werbeköpfe haben sich zusammengetan. Um verschiedenen Leuten zu zeigen, daß (und wie!) man manches doch noch besser machen kann. Mit Ideen, die wirklich Ideen sind. Aber keine fixen Ideen. (Kann allerdings sein, daß Sie eines Tages sagen, die beste Idee für Ihre Werbung sei Ihre gewesen: Nämlich die, uns kennenzulernen.)

Wenn man diesen Text beurteilen will, muß man sich vor allem fragen: Wen soll er beeindrucken?: Werbeleiter in Unternehmen, die mit Werbeagenturen zusammenarbeiten, Verkaufsleiter, Unternehmensleiter. Daß diese Anzeige in der Frankfurter Allgemeinen Zeitung stand, bestätigt es. Der Werbetexter hatte es also auf der Empfängerseite mit hart arbeitenden, nüchtern denkenden, ernsthaften Fachleuten zu tun. Mit dem Blick auf den Kreis der Umworbenen ergibt sich:

1. „Guten Tag, wir hätten gern Ihren Werbe-Etat."

Die Schlagzeile soll forsch wirken und das Selbstbewußtsein des Inserenten andeuten, aber sie ist nicht forsch und läßt nur Überheblichkeit erkennen. Ferner sagt sie ganz kraß: Du, der Anzeigenleser, bist uns im Grunde völlig gleichgültig. Was uns interessiert, das sind wir selbst, und wenn wir deinen Werbe-Etat hätten, würde uns das schon gefallen.

2. „Ein paar kluge Werbeköpfe haben sich zusammengetan."

Der erste Satz ist wertlos. Es läßt den Anzeigenleser ganz kalt, daß sich irgendwo Köpfe zusammengetan haben. Er will ein Leistungsangebot, einen Leistungsnachweis und eine

Der Werbetext

Leistung sehen; dann schließt er von selbst, daß dort ein paar kluge Köpfe zusammenarbeiten, und seinem eigenen Urteil kann er wesentlich mehr vertrauen als fremder Selbsteinschätzung.

3. „Um verschiedenen Leuten zu zeigen, daß (und wie!) man manches doch noch besser machen kann."

Die Formulierung „verschiedenen Leuten" ist so ungeschickt, wie sie nur sein kann. Der Texter hat überhaupt kein Gefühl dafür gehabt, daß in ihr ein abwertender Unterton mitschwingt, in dem Sinne: Ich habe das schon immer gefordert, aber verschiedene Leute, neunmalkluge, wollten ja nicht auf mich hören.

4. „Mit Ideen, die wirklich Ideen sind. Aber keine fixen Ideen."

Diese beiden Satzbrocken erreichen in dieser Umgebung das Gegenteil von dem, was sie erreichen sollen. Sie stoßen den Leser mit der Nase drauf, daß die Köpfe, die sich da zusammengetan haben, entgegen ihrer Annahme, tatsächlich fixe Ideen ausbrüten.

5. „(Kann allerdings sein, daß Sie eines Tages sagen, die beste Idee für Ihre Werbung sei Ihre gewesen: Nämlich die, uns kennenzulernen.)"

Aus diesem Satz kann man, Wohlwollen vorausgesetzt, herauslesen, daß die Fähigkeiten dieses Texters gar nicht so schwach sind, wie er sie vorstellt. Es ist durchaus möglich, daß er brauchbare Ideen hat. Nur scheint er sie nicht zu Ende zu denken, sondern in der ersten Begeisterung auf seine Gedankenblitze hereinzufallen.

6. Satzbildung und Zeichensetzung passen zum Inhalt; sie unterstreichen jene beabsichtigte Forschheit, die von der Mehrzahl der Leser eher als Albernheit oder sogar als Frechheit ausgelegt werden dürfte.

Was ist also passiert? Der Werbetexter war nicht fähig, sich in seine Leser einzufühlen. Diese Gefahr, die Umworbenen falsch einzuschätzen, ist um so größer, je extravaganter der Werbetexter denkt, fühlt und lebt. Werbetexter sollen Einfälle, Einfälle und immer wieder Einfälle haben. Wenn sie trockene Büromenschen wären, würde sie solches Verlangen überfordern. Die notwendige Eigenwilligkeit und Eigenartigkeit des Texters, welche sich oft auch in einem selbst geformten, nicht imitierten Lebensstil ausdrückt, wird zum Hemmschuh, wenn er diese eigene Art bewußt oder unbewußt als Maßstab nimmt.

Wahrscheinlich ist es günstiger, wenn ein Werbetexter weniger extravagant, weniger außergewöhnlich, als vielmehr „ein Mensch wie du und ich" ist, jedoch mit einem gegenüber dem Durchschnitt erhöhten Bewußtsein vom „Menschen wie du und ich". Aber auch, wo die Außergewöhnlichkeit, die „Verrücktheit" in einem guten Sinne, stark ausgeprägt ist und zu einer Fülle übersprudelnder Gedanken führt, auch dort können gute Werbetexte entstehen. Voraussetzung ist dann nur, daß der Texter mit scharfem Verstand korrigiert, was ihm seiner Besonderheit nach an Empfinden für das Alltägliche, für das Übliche, für die Lebensweise des „Mannes auf der Straße" fehlt. Da er sich in die überwiegend nüchterne, Extravaganzen abholde Betrachtungsweise der meisten Menschen nur schwer hinein f ü h l e n kann, muß er sich, auf dem verläßlichen Boden aufmerksamer Beobachtung, in sie hinein d e n k e n.

Abschließend zwei B e i s p i e l e dafür, wie man anschaulich schreiben und dabei zugleich das Interesse des Angesprochenen in den Mittelpunkt rücken kann:

„Eine Heftzwecke einzudrücken ist mühsam –
im Vergleich zur Arbeit mit dem neuen Philips-Diktiergerät 84"

Der Texter hat berücksichtigt, daß viele immer noch eine Scheu vor der Technik haben, weil sie befürchten, mit deren Feinheiten nicht fertig zu werden. Er versucht deshalb, die Scheu gleich im ersten Satz einzudämmen.

„Für Geld kann man den Teufel tanzen lassen;
aber die folgenden Leistungen konnte man bisher
für Geld nicht haben."
(Wirtschaft und Wort, Institut für Textverarbeitung)

Dieser Texter sagt nicht „Neu!" oder „Sensationelle Neuheit!", denn er weiß, daß solche Ankündigungen nicht mehr für voll genommen werden. Er gebraucht statt dessen ein bekanntes, eindringliches Bild – für Geld den Teufel tanzen lassen – und überzeugt den Leser so davon, daß ihm in diesem Fall wirklich Neues geboten wird.

VI. Fragen zur Textbeurteilung

Wer Werbetexte immer wieder zu beurteilen hat – mag er sie selbst verfaßt haben oder nicht –, wird nach einiger Erfahrung meistens intuitiv vorgehen. Er wird an einer Stelle einhaken, wo ihm, positiv oder negativ, etwas auffällt, und von dort aus den ganzen Text aufrollen, ent-wickeln. Dennoch ist es vielleicht, zur Erinnerung für den Routinierten und als Anhalt für den noch Unerfahrenen, nützlich, die wichtigsten Beurteilungsfragen einmal zusammenzustellen.

1. Ist der Text sprachlich korrekt?

Man könnte meinen, diese Frage von untergeordneter Bedeutung gehöre an den Schluß; sie brauche erst gestellt zu werden, wenn man dem Text den letzten Schliff geben wolle. Dagegen ist zu bedenken: Wenn man sich einem Text geistig nähert, wenn man in ihn eindringen will, dann ist es unvorteilhaft, gleich am Anfang mit den am schwersten zu beantwortenden Fragen an ihn heranzutreten. Als viel günstiger erweist es sich, zunächst einen leichten Zugang zu wählen, indem man sich auf dem festen Boden der Rechtschreibung, der Grammatik, der Interpunktion und der Logik in ihn hineindenkt und mit ihm vertraut wird. Die Zuverlässigkeit der Schlußbeurteilung wächst, wenn man die endlich notwendigen Werturteile zuvor durch Sachurteile untermauert hat.

2. Stimmt die Gedankenführung?

Bei der Beurteilung der sprachlichen Korrektheit kommt man ganz von selbst, wie der Punkt „Logik" schon angedeutet hat, zur Bewertung des gedanklichen Zusammenhanges. Ist es richtig zu sagen „Das neue Lux hat jetzt Spülkraft wie noch nie" oder „Überhöhte Geschwindigkeit an falscher Stelle ist stets gefährlich"? Nein. Beide Formulierungen enthalten einen Denkfehler. Über die Entdeckung solcher Denkfehler klärt der Beurteiler das Ziel der Aussage; im Verlauf dieser Arbeit wird ihm immer deutlicher, worauf es ankommt.

3. Ist der Text anschaulich geschrieben?

Zum Beispiel: „XY ist ein effektives Kontaktmittel zu einem modebewußten und besonders kauffähigem Publikum – in einem Land mit einer hohen Lebenshaltung." Wenig anschaulich sind: Kontaktmittel und Lebenshaltung, auch Publikum, denn es ist zu allgemein. Dazu kommen die ebenfalls lebensfernen Adjektive: effektiv, modebewußt, kauffähig. Gegenbeispiel: „XY spricht Menschen an, die modische Kleidung tragen und bereit sind, Geld dafür auszugeben – in einem Land, in dem gut verdient und anspruchsvoll gelebt wird." Das „effektive Kontaktmittel" hat sich in „spricht an" aufgelöst, aus „modebewußt" ist „modische Kleidung tragen" geworden, das kauffähige Publikum" hat sich in „Menschen" verwandelt, die „bereit sind, Geld auszugeben", und das „Land mit einer hohen Lebenshaltung" hat sich zu einem „Land" verändert, „in dem gut verdient und anspruchsvoll gelebt wird". Menschen, Kleidung, Geld: das sind sichtbare, greifbare Dinge, Kontaktmittel, Publikum, Lebenshaltung sind es nicht. (Vgl. W. Winterfeldt [Pseudonym für: Wolfgang Manekeller], „besser texten – mehr verkaufen", Bad Wörishofen 1965.)

4. Enthält der Text positive Vokabeln?

Das einfachste Beispiel: „Wenn Sie 50 kg dieser Ware abnehmen ...". Das Wort „abnehmen" ist negativ; es klingt, als täte der Abnehmer dem Verkäufer einen Gefallen, während doch ausgedrückt werden muß, daß der Verkäufer dem Käufer einen Dienst erweist.

5. Sind Ausdrucksweise und Art der Darstellung auf den gesuchten Interessentenkreis zugeschnitten?

Siehe: „Guten Tag, wir hätten gern Ihren Werbe-Etat." Ernsthaft arbeitende Menschen in hoher Position dürften das für Geblödel halten. Also: Der Ton ist verfehlt, der Werbepfeil schwirrte am Ziel vorbei.

6. Geht der Text vom Interesse des Lesers aus?

Wiederum, als schlechtes Beispiel: „Guten Tag, wir hätten gern Ihren Werbe-Etat." Ein Gegenstück: „Über 200 000 DM gespart durch Assmann-Sterndiktat – Sie (im Bild wird eine Stenotypistin gezeigt) schreibt für 57 Diktierer!".

7. Weckt die Schlagzeile Aufmerksamkeit?

Es genügt nicht, ein feines Wortspiel zu prägen; der Zusammenhang mit den Interessen des Umworbenen muß schon in der Schlagzeile deutlich werden. Sonst kann es sein, daß er den Rest des Textes nicht mehr wahrnimmt. Schlecht: „Wir haben etwas ganz Neues für Sie." Gut: „Wie erreiche ich sofort drastische Sparmaßnahmen im Korrespondenzwesen?" Die erste Zeile ist vage, die zweite sagt ohne Umschweife, worum es geht.

8. Ist die Textlänge angemessen?

Es stimmt nicht, daß Werbetexte immer kurz sein müßten. Die Textlänge hat sich nach dem Interessentenkreis und nach der Situation zu richten. Es wäre sicherlich falsch, auf einem Plakat, das für Waschmittel wirbt, einen sehr langen Text unterzubringen. Das Entscheidende muß im Vorbeigehen gelesen werden können. Ebenso falsch wäre es aber auch, ein technisches Produkt für Fachleute in einer Anzeige mit zwei lobpreisenden, nichtssagenden Sätzen anzubieten, und wären sie noch so „schön". Die Farbenfabriken Bayer zum Beispiel warben 1966 und in der Folgezeit für Chemiewerkstoffe wie Novodur, Makrolon und Moltopren. Die Anzeigen haben lange Überschriften und lange Texte. Aber – die Texte sagen dem Leser in knapper Form alles Wesentliche. Diese Texte sind also „kurz", obwohl sie vergleichsweise lang sind. Die Angemessenheit ist entscheidend.

9. Fördert eine abwechslungsreiche Satzbildung die Lebendigkeit?

Eine immer wieder zu hörende Hauptregel modernen Werbetextens heißt: Kurze Sätze! Sie ist falsch. Kurze Sätze wirken nämlich nur dann eindringlich, wenn sie hin und wieder durch etwas längere, stärker gegliederte Sätze unterbrochen sind. Nur kurze Sätze reizen genausowenig wie nur lange Sätze. Ein Witz ist es zu behaupten und ein Irrtum zu meinen, man schreibe kurze Sätze, wenn man – wie viele es tun – so formuliert (ein alter Bekannter): „Ein paar kluge Werbeköpfe haben sich zusammengetan. Um verschiedenen Leuten zu zeigen, daß (und wie!) man manches doch noch besser machen kann. Mit Ideen, die wirklich Ideen sind. Aber keine fixen Ideen." Dieser fleißig gewählte Stil bevorzugt, entgegen der Absicht, lange Sätze. Nur weil die Urheber ziemlich willkürlich an die Stelle notwendiger Kommata Punkte setzen, wähnen sie kurze Sätze vor sich zu haben.

10. Gibt der Schluß einen Anstoß?

Viele Texte dürfen einfach mit der letzten Aussage aufhören. Ein Auto wird man sich kaum auf das Lesen einer Anzeige hin kaufen. Die meisten Texte aber brauchen am Ende eine Formulierung, die den Angesprochenen veranlaßt, etwas zu tun. Ob man einen Gutschein anbietet, eine Frage stellt oder einen Versuch vorschlägt: der Aufforderungscharakter ist wichtig, damit es nicht bei einer Reaktion im Sinne von „Hm hm, ganz schön!" bleibt.

VII. Werbetexten – kein Schmalspurjob

Wer das Wort „Werbetexten" hört, denkt sogleich an Anzeigen-, Prospekt-, Plakat- und Fernsehwerbung, an Texte, die einem breiten Publikum etwas verkaufen sollen. Genau genommen, ist diese Betrachtungsweise zu eng, und zu eng ist auch die Meinung, nur Werbetexter hätten werbende Texte zu schreiben. Tatsächlich müssen auch Mitarbeiter ganz anderer Sparten, Fachleute auf ganz anderen Gebieten als dem der Werbung Texte formulieren, die sich von solchen im Behördenton deutlich unterscheiden: Mitarbeiter der Presseabteilung, der Werkzeitschrift-Redaktion, der Personalabteilung, des betrieblichen Vorschlagswesens, der Sozialabteilung, des Ausbildungswesens, der Lohn- und Gehälterabteilung, der Betriebskrankenkasse, der betrieblichen Pensions- und Sterbekasse, der Verkehrsabteilung, der Abteilung für Unfallschutz, des Kundendienstes und – des Verkaufs.

Was in einem Unternehmen geleistet wird, hängt wesentlich davon ab, in welchem Ton dort gesprochen, vor allem aber auch geschrieben wird. Und was von dieser Leistung nach draußen verkauft wird, bestimmt zu einem guten Teil die Art der Briefe an die Kundschaft.

Auch und gerade Korrespondenz, insbesondere Verkaufskorrespondenz, ist Werbetextarbeit. Versandunternehmen wissen das schon lange, und in anderen Bereichen holt man auf. Es gibt mehr und mehr betriebliche Korrespondentenschulung, die bei Grammatik und Gedankenführung beginnt und sich bis zur Verkaufspsychologie erstreckt. Mit der Ausbildung von Textprogrammierern, die für vorformulierbare Texte Korrespondenz-Handbücher erarbeiten, ist man sogar noch einen Schritt, einen entscheidenden Schritt über die Korrespondentenschulung hinausgegangen. Wenn man diese Entwicklung erkennt, liegt der Schluß nahe, daß die große Zeit des Werbetextens im weitesten Sinn des Wortes – trotz vieler Höhepunkte in der Vergangenheit – gerade erst begonnen hat.

Papier in der Werbung

Von Paul Michligk, Werbeberater BDW,
Berlin

In den USA lag 1966 der Pro-Kopf-Verbrauch von Papier bei 225 kg, in der Bundesrepublik bei 100 kg. Naheliegende Frage: Wie erklärt sich der Bedarf? Dokumente und Formulare verlangen – entgegen der landläufigen Meinung – nur einen bescheidenen Prozentsatz der Papiererzeugung. Verarbeiten Zeitungen, Zeitschriften und Bücher nicht weit mehr? Nur 25 % der Papierproduktion sind dafür erforderlich. Rund 50 % verbrauchen Packungen und Verpackungszwecke. Wieviel die Werbung insgesamt beansprucht, haben Schätzungen bisher nicht ermittelt. Wahrscheinlich überschreitet der Bedarf 75 % der Papiererzeugung, sofern wir Anzeigenträger aller Art einbeziehen. Das macht es verständlich, wenn in den USA der Begriff advertising zuweilen mit selling on paper umschrieben wird; denn das Papier dient dort mehr noch als bei uns überwiegend der Werbung und dem Verkauf.

I. Papyrus, chi, Pergament / Woher kommt das Papier?

Der Name Papier ist griechisch-lateinischen Ursprungs, altägyptisch konnte bisher das Wort nicht nachgewiesen werden. Die alten Ägypter benutzten jedoch schon drei oder gar vier Jahrtausende v. Chr. die Sumpfpflanze Cyperus papyrus als Beschreibstoff. Aus dem Mark der Pflanze schnitten sie Streifen, die auf einem Brett kreuzweise übereinandergelegt, gepreßt und mit Hämmern bearbeitet wurden, um derart „Verleimung im eigenen Saft" zu gewinnen, zugleich eine glatte, tintenfeste Oberfläche, verfeinert durch weiteres Bearbeiten.

Papier, wie wir es heute verwenden, ist eine Erfindung der Chinesen; sie wird dem Hofbeamten Tsai Lun (105 n. Chr.) zugeschrieben. Ob er wirklich der Erfinder war oder eine Entwicklung zum Abschluß brachte, die ein besonders geeignetes Schreibpapier lieferte, bleibt dahingestellt. Denn das chinesische Wort für Papier (chi) ist älter. Schon vor der Zeitwende wurde „chi" zum Einwickeln benutzt, mag es sich dabei auch um ein Material gehandelt haben, das aus zerfaserter, aufbereiteter Seide bestand, also um einen sehr weichen, schmiegsamen „Stoff". Hatte Tsai Lun neue Verwendungsmöglichkeiten entdeckt, als er Fasern des Maulbeerbaumes mit solchen aus Geweberesten, mit Leim und sonstigen Zusätzen mischen ließ? Uns genügt die Tatsache: Das chinesische Papier als Beschreibmaterial entstand aus tierischen und pflanzlichen Fasern, die in Wasser gelöst, mit Füllstoffen (Erden: China Clay, Porzellanerde, Kaolin usw.) gemischt, einen geeigneten Brei ergaben. Mit Hilfe eines Siebs aus feinen Bambusstäben wurde der verfilzte, angereicherte Faserbrei abgeschöpft und auf eine durchlässige Unterlage gebracht, die das Wasser aufsaugte. Derart wurde ein dem Siebmaß entsprechendes Blatt gewonnen. Im Prinzip verläuft so noch heute die Gewinnung von Büttenpapier. Bütten hießen im Mittelalter die Bottiche, in denen das „Halbzeug" und im weiteren Mischungsprozeß das „Ganzzeug" fertiggemacht wurde. (Seit etwa 300 Jahren nennen Papiermacher ihre Tröge, in denen maschinell mit Messern ausgerüstete Walzen die Stoffaufbereitung bewirken, „Holländer", je nach der Arbeitsstufe: Halbstoff-, Bleichstoff-, Ganzstoffholländer. Das nur vorab und nebenbei, um einige papiertechnische Begriffe anzuführen.)

Die Chinesen waren sich der Bedeutung ihrer Erfindung bewußt. Über Jahrhunderte gelang ihnen das Geheimhalten. Erst 751 n. Chr. lernten die Araber durch ihre Eroberungszüge in Samarkand die Papierherstellung kennen. Weitere Jahrhunderte vergingen, ehe die Kunst über Nordafrika nach Spanien, Italien und über Frankreich nach Deutschland kam. In Frankreich soll das erste Papier 1338 hergestellt worden sein, in Deutschland 1389 in Nürnberg, also wenige Jahrzehnte vor Gutenbergs Erfindung des Letterngusses und -satzes.

Erwähnen müssen wir noch einen Beschreibstoff der Frühzeit (es gab natürlich noch andere, z. B. Holzscheite, Rinden, Schiefertafeln usw.): das echte Pergament (heute abgelöst durch synthetisches Pergament). Tierisches (echtes) Pergament wurde ähnlich dem Leder gegerbt. Das industrielle Verfahren, bei dem die Felle junger Schafe, Ziegen und Kälber präpariert wurden, deutet dem Namen nach auf die kleinasiatische Stadt Pergamon, die mit diesem Erzeugnis ab etwa 200 v. Chr. einen „Massenartikel" auf den Markt brachte, der insbesondere für Urkunden geeignet war und mit dem ägyptischen Papyrus in Wettbewerb trat.

II. Herstellung und Arten des Papiers

1. Was ist Papier?

Papier nennen wir das Enderzeugnis aus einem Faserbrei, dessen Bestandteile verfilzt und durch geeignete Füllstoffe geschlossen worden sind, so daß nach Entzug des Wassers der gewonnene Stoff, weiter getrocknet und gepreßt, ein flachliegendes Produkt ergibt, das nötigenfalls geglättet und in der Oberfläche weiter behandelt werden kann. Wie sich die handwerkliche Papierfertigung fortschreitend in eine industrielle wandelte, übergehen wir. Wieviel tausend Sorten für unterschiedliche Zwecke heute hergestellt werden, erleben wir täglich in den verschiedensten Anwendungsbereichen, ohne zu ahnen, welche Stoffe bei der Herstellung der mannigfaltigen Papiersorten zur Verwendung gelangen. Drei Hauptgruppen werden unterschieden:

1. *Rohstoffe* wie Holz, Gräser, Stroh, Hadern (Lumpen); als Füllstoffe Mineralien, Leime, Harze und Farben.

2. *Halbstoffe* wie Holzschliff, Braunholzstoff, Zellulose, Altpapier.

3. *Ganzstoffe*, d. h. Papierstoffe, die schon mit Zusätzen versehen und so gemischt sind, daß sie auf der Papiermaschine Papiere mit den gewünschten Eigenschaften ergeben.

2. Stoffklassen

Für die moderne Papierherstellung spielen Holzschliff und Zellulose die entscheidende Rolle, auch für die Einteilung in die Papierstoffklassen.

H o l z s c h l i f f heißt ein Papierrohstoff, gewonnen durch Zerreiben von entrindetem Holz (in der Hauptsache Fichtenholz), das unter Verwendung von Schleifsteinen und Wasser (Weißschliff) weiterläuft. Weiß- wie Braunschliff (Braunschliff vor allem für Packpapiere verwendet, auch für Hand- und Maschinenlederpappen) werden in den schon erwähnten Holländern weiter aufbereitet. Bei diesen Rohstoffen liegt der Akzent auf dem *mechanischen* Zerschleifen. Holzschliff liefert kein dauerhaftes Papier, weil dabei die Inkrusten im Stoff bleiben. Inkrusten sind Einschlüsse in den Holzfasern, die nur der Kochprozeß auslaugt (beim Holzschliff verursachen sie schnelles Gilben des Papiers). Die Auflösung der Inkrusten gelang erst auf *chemischem Wege* (wobei u. a. auch Kiefernholz zerkocht werden konnte). Als Ergebnis unterschiedlicher Kochungsarten entstand die Z e l l u l o s e. Die Sulfitzellstofferzeugung führte zu einem Verfahren, mit dem auch Roggen- und Weizenstroh verarbeitet, auch Buchen, Birken und Pappeln in den Prozeß einbezogen werden konnten.

Uns geht es um den Unterschied zwischen Holzschliff und Zellulose, der die Aufteilung in holzhaltige und holzfreie Papiere bestimmt.

a) Holzhaltige Papiere

Unterschieden werden:

1. Zeitungsdruckpapiere mit 80 % ungebleichtem Holzschliff und 20 % ungebleichtem Zellstoff.
2. Mittelfeine Schreib- und Druckpapiere mit 70 % gebleichtem Holzschliff und 30 % ungebleichtem Zellstoff.
3. Gebleichte, mittelfeine Papiere mit 70 % Holzschliff und 30 % Zellstoff.
4. Feinholzhaltige Papiere mit 50 % gebleichtem Holzschliff und 50 % gebleichtem Zellstoff.
5. Leicht holzhaltige Papiere mit 25 % gebleichtem Holzschliff und 75 % gebleichtem Zellstoff.

b) Holzfreie Papiere

Sie werden aus Holzzellstoff, chemisch aufgeschlossenen Holzfasern, oder Stoffhadern (Leinen, Baumwolle, Hanf, Ramie) hergestellt; sie dürfen höchstens bis zu 5 % Holzschliff enthalten. Holzfreie Papiere sind teurer als holzhaltige, weil unter anderem die Herstellung mehr Holz verbraucht und der chemische Prozeß mehr Zeit in Anspruch nimmt als die mechanische Verarbeitung; die Lebensdauer holzfreier Papiere ist größer.

3. Papierveredlung und -verarbeitung

Beide Begriffe gehen heute ineinander über, weil die Vorgänge bereits auf Papiermaschinen „ablaufen". Dazu zählt zunächst die O b e r f l ä c h e n b e h a n d l u n g.

Bei der *Satinage* (vom französischen Wort satin = Atlas) wird das Papier durch Walzenpaare oder Pressen geführt, die es je nach seiner stofflichen Zusammensetzung, auch nach der Art der Füllstoffe, dichten und glätten. Die Oberfläche wird dadurch mit einem seidenartigen Glanz versehen. Das Glättwerk liefert unterschiedliche Grade der Satinage (matt, leicht, normal, scharf; auch Hochglanz, Autotypie- und Tiefdrucksatinage).

Maschinenglatte Papiere werden zwar ebenfalls durch das Glättwerk geführt, aber ohne Satinage.

Maschinengestrichene Papiere, auch Bilddruckpapiere genannt, zeigen nicht den hohen Glanz von Kunstdruckpapieren; sie geben aber doch die Tondruckwerte kontrastreich wieder und eignen sich vor allem für den Mehrfarbendruck.

Naturkunstdruckpapiere stehen den Original-Kunstdruckpapieren nahe; sie werden durch Füllstoffe (nicht durch Aufstrich) und durch starke Satinage gewonnen.

Hochglanz gewinnen Papiere (auch Pappen) durch Behandeln mit glanzerzeugenden Mitteln oder Polieren.

Kunstdruckpapier wird ein- oder zweiseitig mit einer Emulsion gestrichen und erlangt durch die Bearbeitung eine ideale drucktechnische Oberfläche.

Beschichtungen von Papier sind heute nach den verschiedenen Verfahren außerordentlich mannigfalt. Die Oberfläche des Papiers kann mit Metallfolien belegt (kaschiert), durch Auftragen von Metallstaub verändert, auch mit Prägungen oder Pressungen versehen werden.

Bei der Herstellung des Papiers lassen sich echte, halbechte oder unechte *Wasserzeichen* in den nassen Papierstoff oder in die noch feuchte Papierbahn einarbeiten.

4. Karton

Was vom Papier gesagt wurde, gilt auch für Karton. Als Karton werden Papiere (Steifpapiere) bezeichnet, die eine Blattstärke von mehr als 0,3 mm besitzen und im Gewicht zwischen 120 und 700 g/m² liegen.

Karton wird auf Spezialmaschinen (Kartonmaschinen) hergestellt, entweder einschichtig oder aus mehreren Lagen (die aus verschiedenen Papieren bestehen können) zusammengeklebt. Für die innere Lage wird meist ein holzhaltiger Stoff, für die äußeren Lagen ein holzfreier verwendet. Für werbliche Zwecke kommen insbesondere Chromo- und Chromo-Ersatzkarton zur Verwendung. *Chromokarton* ist ein gestrichener Feinkarton, besonders für Beschriftung geeignet (Plakate, Schilder usw.). *Chromo-Ersatzkarton* dient vor allem zur Herstellung von Verpackungsmaterial; er muß hohen Ansprüchen an Rill-, Ritz- und Biegefähigkeit genügen.

III. Beschaffenheit des Papiers und seine Verwendung

1. Papiergewicht

Das Gewicht wird bei P a p i e r je m² (qm) angegeben. Heißt die Bezeichnung:

Satiniert holzhaltig Illustrationsdruck 50 g/qm

dann handelt es sich um eine billige Qualität, für Massenauflagen (Bilder mit nicht zu feinem Raster) geeignet.

Lautet die Bezeichnung:

Hochgeglättet leicht holzhaltig Illustrationsdruck 80 g/qm

so bietet sich ein Naturkunstdruckpapier an, das feinere Raster erlaubt und länger lebt.

Papier in der Werbung

Besagt die Bezeichnung:

Mittelfein weiß Kunstdruck 100 g/qm

dann ist das Papier geeignet (zufolge der geschlossenen Oberfläche), feinste Raster wiederzugeben.

P a p p e n werden im Regelfall nicht nach dem m²-Gewicht gehandelt, sondern nach der Zahl der Blätter (des Normalformates), die auf 50 kg gehen (bei Handpappen 25 kg). Ausgegangen wird von einem Normalformat. Bei den gängigsten 60er bis 120er Pappen gehen 60 bis 120 Blatt auf 50 kg. Pappen werden zwischen 20er (4,3 mm) und 200er (0,5 mm) Stärken gefertigt.

Pappen sind dicke Papiere, die aus weißem oder braunem Holzschliff, Stroh oder Altpapier hergestellt werden, wobei Hand- und Maschinenpappen unterschieden werden. *Handpappen* (Normalformat beschnitten 70 x 100 cm) können ein- oder zweiseitig beklebt, im Stoff gefärbt, gemasert, bedruckt und geprägt sein. Anforderungen: gut rill-, zieh- und prägfähig. *Maschinenpappen* (Normalformat 75 x 100 cm) werden gedeckt und ungedeckt gefertigt, ohne und mit Einlagen, mit und ohne Überzug, beprägt und auch im Stoff gefärbt. Zu den Maschinenpappen gehören auch Chromokarton und Chromoersatzkarton, die weitergehenden Ansprüchen als Verpackungsmaterial genügen.

Das G e w i c h t verschiedener Papiersorten geht aus der folgenden Übersicht hervor (nach AWF-Schrift Nr. 16):

Sorte	Gewicht in g/qm
Schreibmaschinen-Durchschlagpapier	30
Druckpapier	30– 80
Schreibpapier, 4. Sorte	60– 70
1. bis 3. Sorte	80– 90
Vervielfältigungs-(Abzugs-)Papier	70– 80
Urkundenpapier	90–100
Buchungspapier	90–130
Buchungskarton	120–200
Postkartenkarton	120–180
Bücherzettelkarton	130–170
Manilakarton	140–300
Karteikarton	200–250
Aktendeckel	250–450

2. Papiersorten

Die Einteilung der Papiere in Schreibpapiere und Kartons, Druckpapiere, Packpapiere und Spezialpapiere bringt uns nicht weiter (die oft herangezogene Tintenfestigkeit als Bestimmungsmerkmal ist nur ein Indiz für die Leimung der Papiere).

Eine erweiterte Einteilung unterscheidet z e h n g r o ß e G r u p p e n :

1. Karton (Elfenbein-, Alabaster-, Pergament-, Spielkarten-, Bristol-, Postkarten-, Karteikarten-, Aktendeckelkarton), darüber hinaus schwere Kartons (über 200 g/m² bis etwa 250 g/m²) wie Duplex-, Triplexkarton (die aus mehreren Lagen bestehen), sowie Chromo-Ersatzkarton.

2. Druckpapiere.
3. Schreibpapiere.
4. Zeichenpapiere.
5. Hüll- und Packpapiere einschließlich Seiden- und Zigarettenpapiere.
6. Krepp-Papiere.
7. Saug- und Löschpapiere.
8. Technische Papiere.
9. Sonstige Papiere (für Wertzeichen, Banknoten, Schecks).
10. Behördenpapiere (Normalpapiere), die bestimmte Eigenschaften (Festigkeit) haben müssen, um für Urkunden, Grundbücher, Standesamtsregister usw. verwendet zu werden.

Von der Werbung her gesehen, können wir mit dieser Sorteneinteilung nur wenig anfangen; denn uns geht es heute um jene d r u c k t e c h n i s c h e n E i g e n s c h a f t e n des Papiers, die mit den modernen Druckverfahren zusammenhängen (abgesehen von Verarbeitungseigenschaften bei Karton und Pappen für Packungen und Verpackungszwecke, die wir schon erwähnt haben). Im *Buchdruck* lassen sich nahezu alle Papiere verwenden. Für den *Offsetdruck* werden gut geleimte Papiere gebraucht. Der *Tiefdruck* verlangt gut saugfähige, weiche, geschmeidige Papiere. Der *Anilindruck* fordert harte, meist einseitig geglättete Zellulosepapiere usw.

Der Druckfachmann kennt je nach dem gewählten Druckverfahren die Eigenschaften der Papiere, die er braucht. Es wäre müßig, hier die Papiereigenschaften darzulegen und für die verschiedenen Druckverfahren zu klassifizieren. Wa sagt uns etwa der Begriff Opazität? Der Drucker versteht darunter die Dichte, besser die Deckfähigkeit des Papiers, wie sie durch Füllstoffe erreicht wird (Dichte meint das Verhältnis des eintretenden Lichtes zum durchscheinenden Licht, insbesondere bei Negativen, doch auch bei Positiven). Was interessiert uns die Paßfestigkeit, was die Faserbeschaffenheit, die Papierelektrizität, die Laufrichtung der Papierbahn, die Papierspannung (weiter die Lackierfähigkeit des Papiers, wenn wir sie nicht brauchen)? Das alles berührt den Druckfachmann, der uns aus seiner Sachkenntnis Vorschläge macht.

Ein praktisches Beispiel mag die Situation des Werbefachmannes erläutern. Nehmen wir an, Postkarten (Bestellkarten) werden gebraucht. Früher konnten wir Postkartenkarton („weiß, m'fein, geleimt") mit einem Gewicht zwischen 120 und 180 g/m² wählen; heute ist (neben dem Format DIN A 6) das Gewicht bei uns mit 170 g/m² vorgeschrieben, ferner: holzfreier Stoff, eine Reißlänge von 4000 m, eine Dehnung von 3 % und ein Aschegehalt von höchstens 7 %.

Was bedeutet Reißlänge (und wie könnten wir sie feststellen)? Was heißt Dehnung (und wie wollten wir sie prüfen)? Wie ließe sich von uns der Aschegehalt ermitteln?

Reißlänge meint die Länge einer Papierbahn, die – frei herabhängend – durch ihr eigenes Gewicht reißt (dazu wird ein Zugfestigkeits-Prüfapparat gebraucht). Die Dehnung (Dehnungsgrad und Dehnungsrichtung) interessiert den Buchbinder; denn ein Papier kann sich beim Kleben je Meter bis zu 3 cm verlängern. Schließlich der Aschegehalt: Dabei geht es um den unverbrennbaren mineralischen Rückstand (Füllstoffe) bei der Papierprüfung. Dafür gibt es Spezialgeräte. Aber welche Werbeabteilung ist damit ausgerüstet?

Papier in der Werbung 261

3. Nutzen und Papierformate

Noch vor wenigen Jahrzehnten galt es als ein besonderes Können, die N u t z e n z a h l aus einem Papierbogen zu errechnen. Dabei wurde oft nicht zwischen dem Papier- und dem Drucknutzen unterschieden. Beim *Drucknutzen* kann man den Bogen in Hoch- und Querformate aufteilen (wenn es nicht auf die Laufrichtung des Papiers ankommt). Einfach liegt der Fall, wenn sowohl der Papierbogen wie auch das Drucksachenformat aus der DIN-Reihe stammen. Kompliziert wird das „Berechnen", weil (zumeist nicht beachtet) der Beschnitt des Rohbogens 5 mm an allen vier Rändern fordert, der innere Beschnitt bei abfallenden Bildern und Tonflächen mindestens 3 mm, die Greifer 5 bis 10 mm.

Heute können Druckereien das erforderliche Papier meist vom Lager beziehen, nämlich die Rohbogen in Lagerformaten (mit etwa 5 % Beschnitt):

    43 x 61 cm (DIN A 2)

    50 x 65 cm, 50 x 70 cm

    61 x 86 cm (DIN A 1)

    64 x 96 cm, 70 x 100 cm

    78 x 104 cm, 86 x 122 cm (DIN A 0).

Die D I N - F o r m a t e (Papierformate nach der Deutschen Industrie-Norm) umfassen in der A-Reihe (beschnittene) Fertigformate für Geschäftspapiere, Karteikarten usw. Die Reihen B und C gelten für abhängige Papiergrößen, z. B. für Briefhüllen und Fensterumschläge. Alle Formate haben das Verhältnis 5:7 (Breite zur Länge); die Reihen werden durch forgesetztes Hälften aus dem Ausgangsformat gewonnen.

Format	Benennung	Reihe A mm	Reihe B mm	Reihe C mm
0	Vierfachbogen	841 × 1189	1000 × 1414	917 × 1297
1	Doppelbogen	594 × 841	707 × 1000	648 × 917
2	Einfachbogen	420 × 594	500 × 707	458 × 648
3	Halbbogen	297 × 420	353 × 500	324 × 458
4	Viertelbogen	210 × 297	250 × 353	229 × 324
5	Achtelbogen	148 × 210	176 × 250	162 × 229
6	Halbblatt	105 × 148	125 × 176	114 × 162
7	Viertelblatt	74 × 105	88 × 125	81 × 114
8	Achtelblatt	52 × 74	62 × 88	57 × 81

4. Papierlieferung durch den Auftraggeber und Zuschläge

Werden beim Papier besondere Wünsche geltend gemacht (Format, Färbung, Gewicht usw.), die von den Papierfabriken nicht mit Lagersorten befriedigt werden können, ist „Anfertigung" erforderlich. Jede Anfertigung setzt eine Mindestmenge voraus, meist auch erhebliche Lieferfristen. Die Papierfabriken haben sich weitgehend spezialisiert, und der Papiergroßhandel liefert die gängigen Papiersorten weitaus schneller.

Stellt der Auftraggeber von Drucksachen das Papier in der erforderlichen Menge, berechnet die Druckerei mindestens fünf Prozent des geschätzten Papierwertes für Behandlungskosten; geht es um größere Mengen, die der Drucker auf Lager nehmen muß, kommen dazu die Lagerkosten und die Löhne für Auf- und Absetzen des Papiers. Dazu ist zu bedenken, daß Papier stark hygroskopisch ist und Wasser aus der Luft aufnimmt. Papierlager brauchen meist Räume mit Klimaanlage. Der Papierpreiszuschlag der

Druckereien umschließt außer den Kosten für Lagerbehandlung auch Papierverschleiß, Versicherung des Lagers usw.

Papierzuschuß wird ein Mehrbedarf der Druckerei genannt. Er liegt beim einfachen Werkdruck um 1,5 % und steigt bei qualifizierten (vor allem Farb-)Drucken bis zu 30 %, weil für jede Farbe Zuschuß nötig wird. Am höchsten ist der Zuschußbedarf beim Lichtdruck, nicht ganz so hoch beim Offsetdruck. Je nach der Druckform und der Farbe fallen bis zu 5 % *Makulatur* an. Das alles sind Gesichtspunkte, die nur der Drucker hinreichend übersehen kann.

Papierfachleute meinen, das Papier habe „Klang" und „Seele"; sie für die Werbung (die zu fertigenden Werbedrucksachen) wirksam werden zu lassen, ist ein weiterer Umstand, weshalb wir es dem Drucker überlassen, das geeignete Papier zu empfehlen.

Literatur:

Peltzer, K.: Handbuch der Werbung und Publikation, II. Band, Graphische Techniken und Papierkunde, Thun/München 1963.

Renker, A.: Das Buch vom Papier, 4. Aufl., Wiesbaden 1951.

Schwieger, H.: Papierfibel, 2. Aufl., Karlsruhe 1952.

Druckverfahren in der Werbung

Von Paul Michligk, Werbeberater BDW, Berlin

I. Allgemeines

1. Begriff

Unter Druckverfahren verstehen wir Vorgänge, bei denen eingefärbte Formen die Farbe an vorgesehene Aufdruckträger (Papier, Karton, Pappe, Textilien, Blech, Metall- oder Kunststoffolien usw.) abgeben. Schon bei den Hauptdruckverfahren (Buchdruck, Offset, Tiefdruck) unterscheiden sich die Druckformen (die in einer „Form" zusammengefaßten druckenden Elemente) erheblich. Zwar liefern sie bei manchen (Kunstdruck- und Hochglanz-)Papieren in der Wiedergabe farbiger Originale Ergebnisse, bei denen selbst Druckfachleute auf den ersten Blick kaum unterscheiden, welches der drei Hauptdruckverfahren benutzt worden ist. Die Anwendungsmöglichkeiten der Druckverfahren für die Werbewirtschaft (der sich neben den Hauptdruckverfahren weitere moderne Druckarten anbieten) weichen indessen voneinander ab, vor allem, wenn Zellglas oder Metallfolien, Hohl- oder Preßformen bedruckt werden sollen.

Unsere Darstellung der Druckverfahren kann nur einen Überblick liefern. Einzelheiten, die nur Druckfachleute ihrer Spezialgebiete angehen, vermeiden wir. Das gebietet die erreichte drucktechnische Situation, erst recht die unüberschaubare Weiterentwicklung, die wir später kurz aufzeigen werden. Schalten wir zurück, um die rasche Evolution anzuleuchten.

2. Entwicklung

Bereits vor wenigen Jahrzehnten war in Buchdruckereien der „Schweizer Degen" selten geworden, der sowohl das Setzen wie das Drucken erlernt hatte. Buchdruckfachleute erläutern jetzt den Schweizer Degen als einen Fachmann, der weder richtig setzen noch richtig drucken könne. Das bezeugt nicht Überheblichkeit, sondern die Erkenntnis, daß heute berufliche Ausbildung im Zuge des technischen Fortschrittes eigentümliche Anforderungen stellt und gesonderte Fähigkeiten verlangt. Damit deuten wir nur die Berufsgliederung beim Buchdruckverfahren an. Die ständig zunehmende Differenzierung hebt sich weiter ab, sobald wir an den einstmals (auch von außen her) übersehbaren handwerklichen Betrieb in Buchdruckereien oder lithographischen Anstalten denken, dann an die

Ausweitung des graphischen Gewerbes zur modernen Druckindustrie mit all ihren Haupt- und Nebensparten. Berücksichtigen wir dabei, daß die Druckindustrie sowohl die Fototechnik wie die Fortschritte der Chemie, auch die Elektronik anwachsend nutzt, dann wird verständlich, daß der Arbeitsteilungs-Prozeß uns zur Abgrenzung zwingt zwischen dem, was einerseits den spezialisierten Druckfachmann, andererseits den Werbefachmann „berührt" (wobei wir zugestehen, daß der Einkäufer von Werbemitteln von der Drucktechnik mehr „Ahnung" haben muß als andere Angehörige der heute ebenfalls aufgegliederten werbefachlichen Berufe). Wir fügen weiter unten – um die unterschiedlichen Belange zu verdeutlichen – den Darstellungen der Hauptdruckverfahren (Buchdruck, Offset, Tiefdruck) jeweils ein Beispiel dafür an, wie uns zuweilen drucktechnische Informationen „überfordern" und abseits führen.

3. Werbliche Gesichtspunkte

Für die Werbepraxis entscheiden die Wirksamkeit der zu druckenden Werbesache, die Wirtschaftlichkeit des vorgesehenen Druckverfahrens und die Sicherheit des festgelegten Streuzeitpunktes, d. h. wie gut wir die einzelnen Druckverfahren für uns nutzen können. Damit hängt das Erfordernis zusammen, schon beim Beschaffen (Gestalten) von Text- und Bildunterlagen sowie des Layouts (der Satz- und Anordnungsskizze) alles zu bedenken und zu besorgen, um Änderungen (vermeidbare Kosten und Verzögerungen) während der Herstellungszeit der Druckform auszuschließen.

Druck von Wörtern oder Druck von Bildern?

Texte und Bilder (in ihrer Relation zueinander) verlangen neben der Art des Aufdruckträgers das geeignete Druckverfahren, daneben die Auflagen, zuweilen auch schnelle oder günstige Nachdruckmöglichkeiten. Kernpunkt für die Wahl des Druckverfahrens: Druck von Lettern (überwiegend Satz) oder Reproduktion von Abbildungen im weitesten Sinne. Dazu kommen: Gewicht des Papiers (wegen der Streukosten: Porti, Beilagengebühren für Zeitungen und Zeitschriften), vor allem Überlegungen, ob das mögliche Druckverfahren die Werbewirkung (im Bezugsdreieck: Umworbene, Objekt, Unternehmen) fördert.

Beim Wählen zwischen den heutigen Druckverfahren unter den Anforderungen der Werbung leiten uns überdies Gesichtspunkte, die nicht der veralteten Kaufmannsregel folgen: Wer macht das niedrigste Angebot? Die angestrebte Wirksamkeit des Werbemittels bestimmt das dienliche Druckverfahren, auch nicht Qualitätsvorstellungen des Druckfachmannes. Wir müssen zwischen verschiedenen Qualitätsbegriffen unterscheiden: „Die eine Qualität stellt die höchste Anforderung dar, während eine andere Qualität billiger und nicht so gut, aber für den gedachten Zweck völlig ausreichend ist. Genauso sollten sich auch die Auftraggeber daran gewöhnen, in verschiedenen Qualitätsbegriffen zu denken. Dort, wo höchste Qualität erforderlich ist, kann diese eben zu einem entsprechend hohen Preis geliefert werden; die nicht so gute Qualität ist entsprechend billiger und kommt damit den wirtschaftlichen Gesichtspunkten des Auftraggebers entgegen." (Kollecker-Matuschke, „Der moderne Druck").

Konkreter führen folgende Angaben an den bestimmenden Sachverhalt (Text/Bild : Bild/Text): In Deutschland werden etwa $3/4$ aller Packungen und Verpackungsmaterialien zur Zeit noch im Offsetverfahren bedruckt, $1/5$ im Buchdruck, für den Rest wird Tiefdruck verwendet. Achten wir aber auf die Anwendung der drei Hauptverfahren für die Herstellung von Werbedrucksachen allgemein, dann ist der Buchdruck fast zu $5/10$ beteiligt, Offset liefert $3/10$, der Tiefdruck $2/10$ (ansteigend!).

Druckverfahren in der Werbung 265

Sinnfälliger kennzeichnet die Sachlage: Der Abdruck von Anzeigen wird bei Zeitungen nahezu ausschließlich durch das Buchdruckverfahren (gemäß dem redaktionellen Textteil) bestimmt, dagegen bei Publikumszeitschriften (dominierender Bildteil) durch das Kupfertiefdruckverfahren (der Anteil im Offsetdruck hergestellter Zeitschriften ist gering). Deutlich erkennbar werden bei Zeitungen und Illustrierten durch das Vorherrschen von Text oder Bild im redaktionellen Teil die „veranlaßten" Druckverfahren. Dazu kommen andere Umstände, die wir hier außer Ansatz lassen, insbesondere auch die Auflagen; sie führten bei Katalogen großer Versandhäuser zur Benutzung des Tiefdruckverfahrens.

II. Einteilung der Druckverfahren

Bisher haben wir nur die Hauptdruckverfahren (Buchdruck, Offset und Tiefdruck) erwähnt; die Kennzeichnung der Hauptdruckarten geben wir im Zusammenhang mit anderen Druckverfahren, mit denen sie im Prinzip verwandt sind (auch wenn die Herstellung der Druckform abweicht), und fügen dann Spezialverfahren an, soweit sie werblich beachtlich genutzt werden.

1. Hochdruck
    a) Buchdruck
    b) Anilindruck
2. Flachdruck
    a) Offsetdruck
    b) Steindruck (Litographie)
    c) Lichtdruck
3. Tiefdruck
    Kupfertiefdruck und Stahldruck (Stahlstich-Prägedruck)
4. Siebdruck

1. Hochdruck

Merkmal: Alle druckenden Teile liegen in der Druckform hoch, nehmen die Farbe auf und geben sie an den Werbeträger ab. Nichtdruckende Teile liegen vertieft.

Vertreter des Hochdruckverfahrens: Buchdruck und Anilindruck.

a) Buchdruck

Anwendung in der Werbung: Allgemeine Geschäftsdrucke, Prospekte, Broschüren, Bücher, Textplakate, Zeitungen und Zeitschriften mit vorherrschendem Textteil und die Anzeigen in solchen Werbemedien.

Voraussetzungen für Buchdruck: Hand- und Maschinensatz (unmittelbarer Druck von Lettern [auch Monotypesatz] oder Setzmaschinen-Gußzeilen); für Abbildungen sind Klischees erforderlich: Strichätzungen[1]) für Schwarzweiß-Abbildungen, Autotypien für Halbton-Bilder (Fotos). Raster(-fenster) je nach dem gewählten Papier oder Karton zwischen 24 bis 60 Linien je cm (L/cm), d. h. der Papierqualität zwischen Zeitungspapier (24er Raster), maschinenglattem, leichtsatiniertem (30er Raster), gutsatiniertem (48er Raster), hochsatiniertem Naturkunstdruckpapier (54er Raster) und dem gestrichenen Kunstdruck-

---

[1]) Eine Zusammenstellung wichtiger Begriffe wird am Schluß des Aufsatzes gegeben.

papier (60er Raster). Farbdrucke verlangen beim Buchdruck je Farbe ein Klischee und einen besonderen Druckgang. Druck von Galvanos, wenn die Originalklischees geschont werden sollen, ebenso Verwendung von vernickelten oder verchromten Klischees bei höheren Auflagen. Holzhaltiges, rauhes Papier greift die Druckstöcke stärker an als Kunstdruckpapier mit feinster Oberfläche. Feinrastrige Autotypien sind empfindlicher als solche mit grobem Raster. Eine Zinkautotypie hält etwa 50 000 Drucke aus, eine Kupferautotypie die doppelte Auflage.

Beim Dreifarbendruck werden nur die Farben Gelb, Rot und Blau gebraucht, alle anderen entstehen durch Mischung. Dafür muß eine bestimmte Reihenfolge im Nacheinander der Druckgänge eingehalten werden, die von der chemigraphischen (Klischee-)Anstalt angegeben wird. Beim Vierfarbendruck liefert Schwarz (oder Schwarzgrau) die „Tiefe"; es kann häufig mit der Schrift gedruckt werden. Für Drei- bzw. Vierfarbendrucke sind Fachleute mit gutem Farbsehvermögen nötig (erst recht für die Herstellung von Farbsätzen in der Klischeeanstalt).

Der Buchdruck erlaubt noch Korrekturen während des Umbruchs, der Zurichtung und des Fertigmachens der Form zum Druck; aber diese Möglichkeiten sind nicht mehr so durchschlagend wie in jener Zeit, als die Erkenntnis für das Erfordenis des Layouts noch nicht durchgedrungen war. (Alte Einstellung: „Lassen wir erst mal absetzen, ändern können wir immer noch.")

Und nun ein Beispiel, das wir im Prospekt der Werbeabteilung einer Zeitung akzeptieren, aber in einer werbefachlichen Darstellung der Druckverfahren gern missen: Wenn wir unsere üblichen Unterlagen für eine Anzeige liefern, die im Buchdruckverfahren erscheinen soll, dann interessiert uns wenig, daß die Zeitung für Anzeigen, die über den Bundsteg laufen (d. h. über den Raum, der die Seiten voneinander trennt), i h r e Druckstöcke im Vulkanisierverfahren herstellt, nach der von uns mitgelieferten Zinkätzung in ihrer Stereotypie eine Duroplast-Mater prägt, danach aus thermoplastischem Material einen flexiblen Druckstock fertigt, ihn auf eine Sattelplatte klebt und damit die Rundstereos für den Druckzylinder gewinnt. Das ist Sache der Zeitungsdruckerei, wenn u n s e r e Unterlagen genügen.

b) Anilindruck

Anwendung in der Werbung: Verpackungsmaterial, Tüten, Beutel, Tragetaschen, Einwickler usw.

Voraussetzungen: Anilindruck wird das Druckverfahren genannt, weil (schnelltrocknende) Anilinfarben verwendet werden, die zwar aus Teerfarbstoffen bestehen, aber weder ölige noch Fettbestandteile enthalten. Das macht diese Druckart besonders geeignet für Lebensmittelpackungen. Der Anilindruck benutzt Gummiplatten (z. B. Megum-, Semperit-, Swing-Matrizen), im Regelfall Gummiwalzen. Die Druckform braucht Schriftsatz und Strichklischees oder Autotypien mit grobem Raster, die abgeformt werden müssen. Die Anilindruckform ist in einem gewissen Umfang elastisch, daher ihre besondere Eignung für das Bedrucken von Zellglas und Metall.

2. Flachdruck

Merkmal: Die druckenden und nichtdruckenden Teile liegen in einer Ebene. Der chemigraphische Druckvorgang nutzt den Gegensatz von Fett und Wasser. Die fetthaltigen Druckelemente nehmen die fetthaltige Farbe an und stoßen Wasser ab, umgekehrt nehmen die nichtdruckenden Elemente Wasser an und weisen fetthaltige Farbe ab.

Vertreter: Offsetdruck, Steindruck (Lithographie), Lichtdruck.

a) Offsetdruck

Anwendung in der Werbung: Bildplakate, Prospekte, Packungen, Verpackungsmaterial.

Voraussetzungen: Offset ist ein indirektes Druckverfahren, weil die Metalldruckplatte die Druckfarbe vorab auf ein Gummituch überträgt, von dem sie dem Druckträger übermittelt wird (daher die Bezeichnung: off = ab und set = setzen, also absetzen).

Der Offsetdruck ist eine Fortentwicklung des Steindrucks (den wir, folgten wir der historischen Entwicklung, vorab hätten behandeln müssen; wir stellen jedoch das Hauptverfahren voran). Die Druckform für den Offsetdruck ist heute eine kaum einen Millimeter starke, auf der Druckseite angerauhte und gekörnte Metallplatte. Dafür verwendete man einstmals Zink, dann Aluminium, schließlich Stahl, heute galvanisch gewonnene Zwei- und Dreischichtplatten (Bi- oder Trimetallplatten), um das unterschiedliche „Ansprechen" der Metalle auf Fett und Wasser zu nutzen. Uns genügt es zu wissen, daß Chrom oder Nickel der Wasserführung, Kupfer und Messing dagegen der Farbführung dienen. Die vorbereiteten Platten werden belichtet, das Druckbild auf fetthaltendes Material (Kupfer, Messing) übertragen, während nichtdruckende Stellen (wie Stahl, Nickel und Chrom) gedeckt bleiben. Der Ätzprozeß interessiert uns im einzelnen nicht. Wichtig dagegen ist eine Einschau in die Vorgänge, die dem Belichten und Ätzen der Druckplatte voranliegen. Darauf muß sich die werbliche Vorarbeit einstellen; denn wir haben ein Layout zu liefern, bei dem die Spezialisten der Offsetdruckerei, ähnlich dem modernen Fertigungsbetrieb, „genau nach Zeichnung" arbeiten können, so wie sie heute in der Industrie vom Konstruktionsbüro an die Werkstätten gelangt.

In der Offsetdruckerei ist die Reproduktions-Einrichtung unerläßliche Voraussetzung, um von geliefertem Bildmaterial (Strichzeichnungen, Aquarellen [= Malereien mit lasierenden Wasserfarben], Halbtonbildern [= Fotos]) Negative und davon Diapositive zu fertigen. Moderne Offsetdruckereien lassen den Satz in Layout-Setzereien herstellen, die ein reiches und gepflegtes Schriftenmaterial besitzen. Nach Korrektur des Auftraggebers stellt die Layout-Setzerei ätzreife Maschinenandrucke des Hand- oder Maschinensatzes auf Barytpapier, Cellophan oder Klarsichtfolie her. (Auf das Lichtsetzverfahren sei verwiesen; wir gehen darauf nicht ein, weil wir hier nur die Druckverfahren behandeln.)

Im Offsetbetrieb werden dann Teildiapositive und Schriftabzüge am Leuchttisch auf eine Folie paßgenau (gemäß dem Layout) montiert (mittels Filmklebelack oder Zellglasband „geheftet"), um so die Kopie zu gewinnen, die auf die beschichtete Druckplatte übertragen werden kann. Die Paßgenauigkeit läßt sich durch Blaupausen prüfen, bei modernen Maschinen auch die Farbabstimmung – wenn nötig – noch korrigieren.

Wie die absolute Punktschärfe erreicht wird oder etwa die Vierfarben-Offsetmaschine die vollständige Farbskala „naß in naß" in einem Arbeitsgang druckt, das sind Einzelheiten, die wir übergehen. Erwähnenswert ist noch, daß der Offsetduck bei Verwendung von Kunstdruckpapier und Mikral-Platten mit ihrer mikrofeinen Körnung auf Aluminium Feinheiten bis 120er Raster erreicht (wobei die Körnung keinen Raster braucht wie für Autotypien beim Buchdruckverfahren).

Damit sind wir schon bis an die Grenzen dessen ausgeschritten, was wir uns für die Werbung merken „möchten". Dazu mag auch gehören, daß zu bedruckendes Papier für den Offsetdruck „konditioniert" wird. Die Feuchtigkeit des Papiers muß auf die des Druckraumes abgestimmt werden. Was geht es uns aber an, daß dafür das Papier eine Feuchtigkeit zwischen 55 und 65 % braucht, die mittels Stechheber gemessen wird usw.?

Vorherrschend ist noch die Meinung, beim Offsetdruck müßten die Zinkplatten aufgehoben werden. Darüber ist das Offsetverfahren längst hinausgegangen; die Offsetdruckerei bewahrt jahrelang unsere Filmdiapositive auf, die wir ähnlich nutzen können wie die für den Buchdruck erforderlichen Klischees, auch in völlig anderer Zusammenstellung (Montage).

b) Steindruck (Lithographie)

In der Werbung wird der Steindruck (als direkter Flachdruck vom Stein auf Papier) heute nur noch wenig verwendet (hin und wieder für Plakate), sonst speziell für den Druck von Urkunden, Aktien, Wertpapieren. Der Steindruck war Ausgangsstufe für den Offsetdruck, der ihn überholt hat. Erfinder des Steindrucks ist Alois S e n e f e l d e r, der ihn von 1796 ab entwickelte und dabei auf den Solnhofer Schiefer als „Druckstock" und Druckform stieß. Wie einstmals manuell, später fotomechanisch das Druckbild auf den Lithographiestein übertragen wurde, wie man ihn behandelt, um seine fett- oder wasserabweisenden Eigenschaften bei gefeuchtetem Papier herzugeben, das mag den Fachmann interessieren. Das manuelle Verfahren der Steinzeichnung wird kaum noch gelehrt. Die große Vergangenheit der Lithographie bleibt mit Künstlernamen wie Schadow, Schinkel, Menzel, mit Goya, Daumier, Delacroix, Toulouse-Lautrec verbunden, mit Hodler, Munch, Matisse, Barlach, Corinth, Liebermann, Slevogt.

Heute meint Lithograph Lehrberufe des Handwerks und der Industrie, nämlich die Ausbildung als Fotolithograph, als Schrift- oder Farblithograph (auch Kartolithograph). Darauf verweisen wir, weil die Aufgliederung zeigt, wie auch hier neue Berufe entstanden sind. Die neuen Berufe befassen sich mit tonwertrichtigen Lithographien nach ein- und mehrfarbigen Vorlagen für kopiertechnische Übertragungen, mit dem Abstimmen ein- und mehrfarbiger Abbildungen usw. für jene Druckverfahren, die sich aus dem Steindruck entwickelt haben.

Aber der Steindruck findet noch Anwendung, in der Werbung zum Beispiel, wenn es gilt, Plakate in geringen Auflagen für lokale Bereiche zu drucken. Vereinzelt noch betriebene Steindruck-Schnellpressen liefern 8000 bis 10 000 Drucke pro Tag. Freilich sinkt die Leistung bei mehrfarbigen Drucken bis zur Hälfte ab, weil der Stein zweimal Feuchtung verlangt und zweimal Einwalzen mit Farbe. Früher wurde der Steindruck häufig zur Fertigung kleiner Auflagen von Etiketten herangezogen; darin hat ihn jedoch das Kleinoffsetverfahren verdrängt.

c) Lichtdruck

Der Lichtdruck wird als schönstes, edelstes Reproduktionsdruckverfahren bezeichnet. Gute Lichtdrucke sind kaum von Fotos zu unterscheiden. Die Werbung wendet den Lichtdruck für Modebilder an, auch für technische Prospekte, soweit es sich um Auflagen zwischen 1000 und 2000 Drucken handelt.

Als Druckform wird eine aufgerauhte, im handwerklichen Verfahren präparierte Spiegelglasplatte benutzt. Die Herstellung der Druckplatte gehört zu den schwierigsten Arbeiten beim Lichtdruck. Bei keinem Druckverfahren gibt es so viele Geheimnisse wie beim Lichtdruck, wobei lagebedingt geeignetes Wasser und Klima eine Rolle spielen. Durch Präparieren der Schichtung (unter Benutzung eigener Rezepte und Mixturen) wird ein sehr feines Runzelkorn gewonnen, das etwa einem 500er Raster entspricht. Sofern Schrift in die Bildfläche kommt, läßt sie sich mitdrucken; Unter- und Überschriften müssen im Buchdruck ausgeführt werden. Fotos sollen für den Lichtdruck in den Tiefen gut durchgezeichnet sein. Meist ist Retusche erforderlich, um eine Verflachung der Lichtpartien zu ergänzen. Farbige Drucke bauen auf Gelb, Purpur, Blaugrün und Grau auf (in der Regel auch in dieser Reihenfolge gedruckt). Farbauszüge sind kostspielig, schon wegen der Retuschen; meist genügen mit Schablonen kolorierte Lichtdrucke. Für den Druck wird gutgeleimtes, nicht zu hartes holzfreies satiniertes Papier verwendet. Allein die Herstellung einer Auflage von 1000 bis maximal 2000 Drucken dauert auf Lichtdruckpressen im Regelfall etwa drei Tage.

3. Tiefdruck

Merkmal: Die druckenden Teile der Form werden tief geätzt. Dort dringt dünnflüssige Farbe ein. Eine Rakel (ein linealartiges, geschliffenes und federndes Stahlband) streift die Farbe von den nichtdruckenden Teilen fort. Geeignetes Papier saugt beim Druckvorgang die Farbe aus den vertieften Partien der Druckform heraus.

Vertreter: K u p f e r t i e f d r u c k (auch Rakeltiefdruck genannt — Druckereien unterscheiden Bogentief- und Rotationstiefdruck) und S t a h l d r u c k (auch als Stahlstichpräge- und Stahlstichstempeldruck bezeichnet). — Vom Prinzip her (druckende Teile liegen tief) zählt auch der überwiegend manuelle Kupferdruck[2]) (zur Wiedergabe künstlerischer Originale) als Tiefdruck, aber der Begriff Kupferdruck schließt den Kupfert i e f druck (Rakeltiefdruck) aus.

Werbliche Anwendung: Kupfertiefdruck für illustrierte Zeitschriften (und die Anzeigen darin), Kataloge, Prospekte, Bildplakate, Packungen. Stahldruck für repräsentative Geschäftsdrucksachen, Briefblätter, Glückwunsch-, Einladungskarten.

Kupfertiefdruck (Rakeltiefdruck)

Voraussetzungen: Der Kupfertiefdruck ging aus der noch heute von Künstlern benutzten „gestochenen" Metallplatte hervor. Beim K u p f e r s t i c h wird die Platte mit einem Kreidegrund überzogen, die Zeichnung seitenverkehrt (= Spiegelbild oder -schrift) aufgetragen, das „Bild" mit einem Stahlstichel vertieft, entstandene Metallgrade mittels Schaber entfernt. Danach wird die Farbe eintamponiert, die sich in die vertieften Linien setzt. In der Kupferdruckhandpresse werden dann mittels saugfähiger Papiere die Abzüge hergestellt. Bei der R a d i e r u n g wird die Metallplatte (Kupfer oder Zink) mit säurefestem Lack überzogen und die Originalzeichnung darauf seitenverkehrt übertragen; Radiernadeln legen die Linien bis zum Metallgrund frei. Nach weiteren Zwischenarbeiten wird die Zeichnung vertieft und mit Hilfe verdünnter Salpetersäure u. ä. im mehrstufigen Verfahren in den Metallgrund geätzt.

Damit haben wir jene Ausgangsverfahren, die — kaum noch erkennbar — zum heutigen industriellen Tiefdruck weiterentwickelt worden sind, um ein- oder mehrfarbige Reproduktionen (Nachbildungen, Wiedergabe von Vorlagen) zu drucken. Als Unterlagen die-

---

[2]) K u p f e r d r u c k meint vorwiegend manuelle Künstlerdrucke. Dafür wird die Druckplatte von Hand mittels Stichel oder Nadel (also durch Werkzeuge) bearbeitet. Im Zuge der Entwicklung sind Ätz- und fotografische Übertragungsverfahren hinzugekommen. Wollten wir die m a n u e l l e Technik darstellen, müßten wir u. a. die Crayonmanier, Kaltnadelpraxis und Vernis mou erläutern, auch die Punktmanier, die Schabkunst, das Aquatinta-Verfahren. Wir hätten ebenso auf die fotografischen Halbtonverfahren einzugehen (Netzheliogravur, Photoglyphie, Heliogravur). Für werbliche Zwecke scheiden die Kupferdruckverfahren nahezu völlig aus, so interessant sie auch für Künstler sein mögen. Wie stark der handwerkliche Anteil beim Kupferdruck geblieben ist, mag der Hinweis erläutern: Die Oberfläche der Druckplatte wird mit Walze und Tampon eingefärbt, mit einem Gazelappen gesäubert — dann holt der Kupferdrucker mit dem Handballen besondere Effekte heraus. Wir gehen auf den Kupferstich und die Radierung kurz ein, um die Vorstufen der i n d u s t r i e l l e n Tiefdrucktechnik abzuheben.

nen reproduktionsfähige Bildoriginale (Schwarzweißzeichnungen, Aquarelle oder Fotos), von denen Diapositive (im Regelfall retuschiert) gezogen werden, dazu kommen ätzreife Abzüge von Hand- oder Maschinensatz auf Barytpapier, Cellophan oder Klarsichtfolie als Schriftdiapositive. Bild und Schriftdiapositive werden seitenverkehrt am Montagetisch auf eine Glasplatte kopiert, die exakt dem Satzspiegel und der Seiteneinteilung des Druckbogens (und natürlich wieder dem Layout) entspricht. Die fertige Dia-Montage wird im Kontaktverfahren auf ein Pigmentpapier kopiert, das mit einem Rasternetz (70er bis 80er Raster bei 45 Grad Winkelung) versehen ist (Kreuzraster, auch Backstein-, Punkt- und Kornraster). Das Pigmentpapier (mit einer licht-, temperatur- und feuchtigkeitsempfindlichen Schicht) dient der fotomechanischen Übertragung der Farbseiten auf den Kupferzylinder, wofür auch Filmraster benutzt werden. Wieder lassen wir technische Einzelheiten fallen: wie etwa das belichtete Papier angenommen und maschinell auf den Druckzylinder übertragen, die haftende Kopie im Warmwasserbad entwickelt, die Gelatineschicht ausgewaschen und das „Reliefbild" auf dem Kupferzylinder sichtbar wird, erst recht den Ätzprozeß, der nunmehr beginnt. Kupferzylinder? Sprechen wir besser von Tiefdruckzylinder; denn er ist heute eine verchromte Kupferfolie, im elektrolytischen Kupferbad gewonnen, die rund um den Druckzylinder gelegt wird. Auf der Folie des Druckzylinders entsteht im Ätzprozeß eine Vielzahl kleiner „Näpfchen"; sie nehmen beim Druck die Farbe auf und geben sie an das Papier weiter. So operiert das Verfahren mit tiefenvariablen Näpfchen. Inzwischen ist der technische Fortschritt weitergediehen: Auch die Fläche der Näpfchen ist heute variabel. Und das bestimmt den Tonwert. Er wird erreicht durch Vorschalten eines Rastergitters bei der Aufnahme, die erlaubt, den Ätzprozeß der Farbzylinder mechanisch durchzuführen. Es entstand der halbautomatische Tiefdruck mit Oberflächen-Variabilität, die dem Autotypie-Raster des Buchdrucks ähnelt, gewonnen durch Raster-Dias.

Für den Werbefachmann ist wesentlich, daß es S p e z i a l - T i e f d r u c k f a r b e n für das Bedrucken von Verpackungsmaterial gibt, die weitgehend geruchlos sind, auch frei von Toluol, das sich für Lebensmittelpackungen verbietet. Dafür werden Farben auf Spiritusbasis aufgebaut, auch Ester und Glykole finden Verwendung. Damit sind wir nochmals ausgeschweift, um kenntlich zu machen, was unter dem Blickwinkel der Werbung vordringlich interessiert und von heutigen drucktechnischen Belangen scheidet. Wir erkennen erneut: Was den „Schweizer Degen" einstmals abseits führte, das trennt heute weitaus tiefergreifend den Werbe- vom Druckfachmann.

Stahldruck
(auch die Bezeichnungen Stahlstichpräge- und Stahlstichstempeldruck sind üblich).

Benutzt wird als Druckform enie Stahlplatte mit polierter Oberfläche, in die Schrift- und Bildzeichen eingraviert sind, für den Druck eine Lackfarbe. Als Gegenfom dient eine Pappmatrize, welche die negativen Vertiefungen der Stahlplatte prägt. Im Regelfall werden die Stahlplatten von Hand graviert, teils auch mit Graviermaschinen, neuerdings durch Ätzen mittels Eisenchlorid gefertigt.

Wir haben einige Einzelheiten ausgeführt, um darzutun, wie sich die Entwicklung stetig ausweitet, bei der wir in technischen Details kaum noch zu folgen vermögen, sofern wir uns nicht auf das Wahrnehmen von Wirkmöglichkeiten beschränken (hierzu gehört z. B. die Kombination Tiefdruck/Offset, wobei nicht direkt der Tiefdruckzylinder druckt, sondern eine zwischengeschaltete Gummiwalze. Das Verfahren wird vor allem in der Verpackungsindustrie verwendet). Wie kann sich der Werbefachmann da noch „auskennen"? Deshalb gehen wir auf jene Druckverfahren nicht ein, die sich in Z u k u n f t vielleicht durchsetzen mögen, z. B. auf die Xerografie (Trockendruckverfahren), Ferromagnetografie (Eisenkristalle in Verbindung mit magnetischen Buchstaben), das Electrofaxverfahren (Druckformen für die Xerografie, auch für Offsetplatten usw.), ebenfalls nicht auf das elektrostatische Drucken, auch als Smoke-printing bekannt. (Als Druckform wird eine mit einer lichtempfindlichen Metallschicht überzogene Glasplatte benutzt. Die Farbe, durch einen Zerstäuber über ein elektrostatisches Gitter auf die Papierbahn gespritzt, haftet an Stellen, wo sich unsichtbare, elektrisch geladene Bild- oder Schriftelemente befinden.)

Wieweit die drei Druckverfahren Hoch-, Flach- und Tiefdruck oder ihre hauptsächlichen Vertreter (Buchdruck, Offsetdruck und Tiefdruck) in der fortschreitenden Drucktechnik morgen noch unterscheidbar sind, das untersuchen wir nicht.

Zu den „drei klassischen Druckverfahren" gesellt sich ein viertes, dem wir wegen seiner werblichen Bedeutung gerecht werden müssen.

4. Siebdruck

Der Siebdruck (auch Serigrafie genannt) ist praktisch ein hochentwickelter Schablonendruck (Durchdruck). Von den drei klassischen Verfahren unterscheidet er sich u. a. dadurch, daß die Farbe durch die Druckform auf das Papier getragen wird. Schon vor Gutenberg wurden Schablonen verwendet, Maler benutzen sie noch heute. Dabei sind Stege erforderlich (auch von Metallschablonen beim Übertragen von Initialen bei Stickmustern her bekannt), die berücksichtigt (und „gebessert") werden müssen. Der Siebdruck kennt solche Stege nicht, weil er sie durch dünnste Fäden oder Drähte ersetzt. Beim Druck „verlieren" sie sich. Schon sehr früh haben die Chinesen derart Stoffe dekoriert.

Werbliche Anwendung:
Bedrucken von Glas, Holz, Blech, Textilien, Kunststoffen, Papier (insbesondere auch von Flaschen, Behältern usw.).

Voraussetzungen: Schablonenträger ist ein Holz- oder Metallrahmen, mit einem feinen Siebgewebe (Stahl, Naturseide, Nylon oder Perlon) bespannt. Dafür werden heute „Gewebe" bis zu einer Dichte hergestellt, die einem 150er Raster entspricht. Die Schablone wird mit etwa 2 mm Abstand über den Aufdruckträger gebracht und schlagsahneartige Spezialfarbe mit einer Rakel (aus Gummi oder Kunststoff) aufgestreift. Die Farbe dringt durch das Sieb und schließt sich unter der gedeckten Fläche wieder zusammen. Derart wird der Farbauftrag — wenn erforderlich — teilweise pastos (wie etwa bei der Ölmalerei) aufgetragen, was vom Druck („Drücken"!) der Rakel abhängt.

Die Druckform kann von Hand, aber auch mittels fotomechanischer Verfahren gewonnen werden. Beim maschinellen Betrieb liefert das Siebdruckverfahren ca. 600 bis 1200 Drucke je Stunde. Die Schwierigkeit liegt noch immer beim Trockenvorgang, der besondere Anlagen verlangt. Wenn es sich um zu bedruckende Materialien handelt, bei denen die drei klassischen Verfahren ausscheiden, dann bietet oft der Siebdruck eine werblich brauchbare Lösung.

III. Vom Bogen- zum Rollen- (Rotations-) Druck

Bisher haben wir die Druckverfahren unter dem Blickwinkel der Druckform gesehen. Wie s c h n e l l der Druck geliefert werden kann, ließen wir beiseite. Das aber ist für die Werbung ebenfalls wichtig (Innehalten des vorgesehenen Streuzeitpunktes), außerdem beeinflußt unter anderem der mehr oder weniger schnell mögliche Druck die Herstellungskosten.

Ohne weiteres leuchtet ein, daß ein auf Format geschnittenes Papier, einzeln zum Druck angelegt, langsamer läuft und mehr Kosten verursacht als jenes Verfahren, das Rollenpapier verwendet, bei dem sogar noch eine zylindrische Druckform mitwirkt und der Druck automatisch geschieht.

Dafür gibt es sowohl für die Druckverfahren wie für die Formate verschiedene Druckmaschinen, ebenso Hilfseinrichtungen wie Bogenan- und -ausleger usw. Es werden Tiegel und Tiegelautomaten benutzt, Ein- und Zweitourenmaschinen, Maschinen für Schön- und Widerdruck, Mehrfarbenmaschinen, Platten- und Zylindermaschinen, Maschinen, die zugleich das Numerieren, Perforieren, Schneiden, Falzen und Heften, das Nuten, Stanzen, Prägen, Lackieren und Bronzieren besorgen.

Angaben darüber, wieviel Drucke die unterschiedlichen Maschinen in einer Stunde liefern können, verführen leicht zur Fehlrechnung, in welch kurzer Zeit die bestellte Auflage lieferbar sein müßte (wobei meist zeitraubende Nebenarbeiten zu Trugschlüssen führen). Uns scheint, es ist der Übersicht über die Druckverfahren dienlicher, wenn wir hierzu auf die am Schluß angeführte Spezialliteratur verweisen.

Drucktechnische Begriffe

Autotypien: durch Säureeinwirkung hergestellte Druckstöcke, speziell für den Hochdruck (Buchdruck) gebraucht. Die Tonwerte werden durch Rasterfenster in Bildpunkte zerlegt und mehrstufig geätzt (daher bleiben feinste Punkte in den Lichtern nadelspitz bestehen).

Druckstöcke (Klischees): alle im Buchdruck druckenden Elemente (neben Lettern), insbesondere aus Kupfer, Zink, Magnesium, Kunststoff oder anderen plastischen Massen, die geschnitten, graviert, galvanoplastisch, elektronisch oder durch Ausgießen von Matern (Stereos) gewonnen worden sind. Der Begriff Druckstöcke geht zurück auf die Zeit, als sie noch durch Holzschnitt (Xylographie) hergestellt wurden (zuerst Lang-, später Hirnholz).

Duplex-Autotypie: die doppelt ausgefertigte Netzätzung (die zweite mit einem um 30 Grad gewinkelten Raster). Die 1. Autotypie (Schwarz- oder Zeichnungsplatte genannt) wird in schwarzbrauner oder schwarzblauer Farbe gedruckt, die 2. (Tonplatte) in einem hellen Farbton. Dadurch wird der Tonwertumfang erweitert. Eine ähnliche Wirkung (kostensparend) läßt sich mit dem Doppeltondruck-Verfahren erreichen, wozu Doppeltondruckfarben erforderlich sind, auch durch eine Doppelätzung (Tonwerte offener), aber nur zu empfehlen bis zu 54er Raster. Doppeltondruckfarben verschaffen dem Bild bis zum Trocknungsprozeß um den Rasterpunkt eine zweifarbige Wirkung.

Duroplasten (oder **duroplastische Massen**): Kunststoffe (Bakelite), bei hohem Druck verformbar, insbesondere für Strichätzungen in der Chemiegraphie gebraucht.

Galvanos: auf galvanischem Wege erzeugte Abformungen von Druckstöcken, um Duplikate zu gewinnen. Man unterscheidet Kupfer-, Nickelgalvanos usw. Verchromte oder verstählte Galvanos halten eine sehr hohe Auflage aus. Heute werden zur Abformung auch Kunststoffe verwendet (Venylharzfolien).

Mater: im Buchdruckverfahren die Einprägung von Satz, Strichätzungen und weitrastrigen Autotypien, hergestellt mit Hilfe von Maternpappe (und Maternprägepressen). Matern werden auch gebraucht, um die gerundeten Druckformen für den Zeitungs-Rotationsdruck zu gewinnen.

Gummi-Druckstöcke (Semperit, Megum, Swing usw.): meist mehrlagige Kunststoff-Klischees (für feinrastrige Autotypien nicht geeignet), für Anilindruck, zunehmend auch für Buchdruck verwendet.

Raster: Glasplatten oder Folien, die mit regelmäßigen Punkten und Linien oder unregelmäßigem Korn besondere Effekte oder Halbtöne erzielen, wie sie Reproduktionstechniker oder Graphiker anwenden. Graphiker benutzen dafür Rasterpapiere und -folien, Repro-Techniker Kopierraster; in der Repro-Kamera (Rasteraufnahme) werden Kontaktraster verwendet. Autotypieraster (Kreuz- oder Normalraster genannt) bestehen aus zwei zusammengekitteten Spiegelglasplatten mit eingeschwärzten Diagonallinien, die sich im rechten Winkel kreuzen (Kreuzraster). Bei der Aufnahme durch den Raster, knapp vor der lichtempfindlichen Schicht angebracht, wird das Licht in einzelne Punkte zerlegt. Der Kontaktraster (Filmraster) liegt zwischen Negativ (oder Diapositiv) und Film. Der Tiefdruck- oder Lichtdruckraster ist ein Kornraster. Weitere Möglichkeiten ergeben Repetitions- oder Lochraster, in die kreisförmige oder quadratische Bildelemente eingraviert sind, die bei Drehung zahlreiche Muster liefern.

Stereo: als Blei- oder Kunststoff-Stereo vom Schriftsatz, von Strichätzungen oder groben Rasterätzungen (Autotypien), Blei- oder Linolschnitten mit Hilfe von Matern hergestellte Stereotypieplatte. Dafür sind Flach- oder Rundgießwerke in der Stereotypie vorhanden, ebenso Prägepressen, Fräs-, Hobel- und Bohrmaschinen, die der Stereotypeur braucht.

Strichätzungen: Druckstöcke, die nach ein- oder mehrfarbigen Strichvorlagen in unterschiedlichen Verfahren mehrstufig geätzt werden. Strichvorlagen sind Zeichnungen, die keine Halbtöne enthalten (Schwarzweiß-Originale).

Thermoplasten: Kunststoffe, die immer wieder verformbar sind (geringes Gewicht und gute Druckeigenschaften). Gegensatz: **thermosetisch**; solche Kunststoffe sind nur einmal verformbar.

Literatur:

Allgemein:

Kollecker/Matuschke: Der moderne Druck, Handbuch der grafischen Techniken, Hamburg, 1956.

Peltzer, K.: Enzyklopädisches Handbuch der Werbung und Publikation, Band II, Grafische Techniken und Papierkunde, Thun/München 1963.

Speziell:
Buchdruck:
Krüger, H. A.: Leitfaden der Buchdruckkalkulation, Berlin 1956.
Zürcher, G.: Allgemeine Berufskunde für Buchdrucker, 5. Aufl., Bern 1953.
Anilindruck:
Steinbauer, H. R.: Der Anilindruck, Frankfurt 1954.
Offset:
Engelmann/Schwend: Der Offsetdruck aus der Praxis für die Praxis, Stuttgart 1962.
Lithografie:
Gräfe, R.: Die Farbenlithografie, Chromolithografie und Fotolithografie, Halle (Saale) 1953.
Mayer, R.: Die Lithografie, Dresden, o. J.
Tiefdruck:
Braun, A.: Der Tiefdruck, seine Verfahren und Techniken, Frankfurt 1954.
Siebdruck:
Cermak, W.: Handbuch für den Siebdruck, Leipzig 1955.

Typografie und Layout in der Werbung

Von Anton Stankowski, Stuttgart

Das gedruckte Wort in Verbindung mit der bildlichen Darstellung ist immer noch die vorherrschende Form der werblichen Beeinflussung. Die Anordnung der Schrift, der Bilder und der grafischen Elemente unterstützt die werbliche Aussage. Zur Typografie gehört die Wahl der Type und des Schriftgrades, die Bestimmung des Satzspiegels, der fortlaufende Satz des Textes und der Titel. Hinzu kommt die Stellung und Größe der Illustrationen in Verbindung zum Text. Die Wahl des Papiers und der Druckart werden ebenfalls in dem typografischen Entwurf mit einbezogen. Im Gegensatz zur Buchtypografie wird das Schema zur flächigen Aufgliederung dort, wo sie von werblichen Faktoren beeinflußt wird, als Layout bezeichnet. Nicht alle Regeln, die bei einer Typografie für Bücher Geltung haben, sind auch bei einem Layout für Werbedrucksachen zu berücksichtigen. Bücher leben länger, Werbung wirkt oft nur für den Tag.

1. Schriftarten

Die Buchstaben bilden das Grundelement der Typografie. Diese erscheinen darin als Worte oder als Zeilen in verschiedenen Schriftgraden (Schriftgrößen).

Der Marktkatalog von Schriften bietet ungefähr 1000 verschiedene Schriftfamilien an, jede in den verschiedenen Größen. Die Auswahl der Schriftart und die Anordnung der Schriftzeilen bestimmen den Lesewert der Schrift. Die geeignete Schrift aus dem großen Angebot der Schriftgießereien auszuwählen, ist heute nicht mehr allein eine Frage des guten Geschmacks. Beim Lesen bedienen wir uns einer Übereinkunft auf lang vorher eingeführte Zeichen, die nicht aus künstlerischen Absichten oder aus absatztechnischen Überlegungen ohne weiteres verändert werden können. Die Schriftauswahl erfordert Fachwissen. Die Wertung der Lesbarkeit bei nahen und weiten Entfernungen, die Ausrüstung des Schriftmaterials in den Druckereien für Hand- und Maschinensatz, Kenntnisse der Druckarten, Orientierung über die vorhandenen Schriften sind unter anderem Voraussetzungen, um eine Schrift sachgemäß auszuwählen.

Die gebräuchlichen Schriften sind Abwandlungen alter Schriftformen. Von diesen klassischen Formen und ihren Abwandlungen gilt es, die Grundtypen zu erkennen und daraus eine möglichst kleine Auswahl zu treffen. In jedem Werbeatelier sollte ein Satz von Andrucken dieser Grundschriften als Entwurfsunterlage zur Hand sein. Dazu werden von

Schriftgießereien Layout-Musterblätter geliefert. Die Zeilen der gewählten Schrift werden aus diesen Layoutblättern ausgeschnitten. Als Blindtext dienen sie zur Ermittlung der Anordnung im Entwurf und werden darin eingeklebt.

Die gute Druckerei ist unter anderem an ihrer Schriftausstattung zu erkennen. Es ist nicht die große Anzahl von Schriftabwandlungen, die sie auszeichnet, sondern das Vorhandensein der Vertreter von Grundschriften mit den dazu gehörenden Schriftgraden.

abcdefghjklmnop   ABC   Antiqua-Schrift (Garamond)

abcdefghijklmno   ABC   Antiqua-Schrift (Bodoni)

abcdefghijklmno   ABC   Antiqua-Schrift, serifenbetont (Clarendon)

abcdefghijklmno   ABC   Grotesk-Schrift, serifenlose Antiqua

Abbildung 1
Eine Auswahl von Schriften

Diese Grundformen werden mit nur geringen Abwandlungen von vielen Schriftgießereien angeboten. Die Formen der Buchstaben halten sich an die grundsätzliche Übereinkunft der entstandenen Schriften. Die Gewöhnung an die seit Generationen allmählich entwickelten Buchstaben haben Grundzeichen, die so weit neutralisiert sind, daß sie sich besonders gut als Träger von Informationen eignen.

abcdefghijklmno   ABC   normal

abcdefghijklmno   ABC   halbfett

abcdefghijklmno   ABC   fett

abcdefghijklmno   *ABC*   fett kursiv

abcdefghijklmno   ABC   schmal

abcdefghijklmno   ABC   breit

Abbildung 2
Die hauptsächlichen Schnitte einer Schriftfamilie

Typografie und Layout in der Werbung 277

Fette, schmale oder breitlaufende Schnitte können formale Absichten betonen. Die Leserlichkeit ist gegenüber normalen Schnitten gemindert. Eine größere Schrift aus diesen Gruppen ist nicht immer besser zu lesen als ein normaler Schnitt. Schriften, die auf größere Entfernungen sichtbar sein sollen, stellen andere Anforderungen als die Schriften in einem Buch. Halbfette Schriften sind auf Plakaten besser zu lesen als magere.

Jede der Werbung dienende Schrift soll auch ein gewisses Maß an Schönheit aufweisen. Das Schöne an einer Schrift kann dazu beitragen, Stimmungen hervorzurufen, die uns für die Werbeabsicht empfänglicher machen. Ein häßliches Layout wirkt ebenfalls ungünstig, es läßt auf eine häßliche Firma schließen. Mit häßlichen Produkten will der Verbraucher sich nicht gern identifizieren. Schriften, die für längere Texte gewählt werden, dürfen keine störenden Empfindungen hervorrufen und sollen einen unpersönlichen neutralen Duktus haben.

2. Schriftgröße

Die Größe der Schriften ist nach einem allgemein geltenden Maß genormt. Die Grundeinheit wird als Punktgröße bezeichnet. Ein Punkt = 0,38 mm. Seit Jahren sind Bestrebungen im Gange, die Schriftgrößen auf ein Millimetersystem umzustellen. Die Benennung der einzelnen Schriftgrößen mit besonderen Ausdrücken (vgl. Abbildung 3) ist noch weit verbreitet.

Schriftgröße 6 Punkt = Nonpareille
Schriftgröße 7 Punkt = Kolonel
Schriftgröße 8 Punkt = Petit
Schriftgröße 9 Punkt = Borgis
Schriftgröße 10 Punkt = Korpus
Schriftgröße 12 Punkt = Cicero

Abbildung 3

Wir dürfen als sicher annehmen, daß eine Schrift in der Größe von 10 Punkt = 3,8 mm am flüssigsten lesbar ist. Dort, wo dem Umworbenen längere Texte zugemutet werden, soll diese Erkenntnis berücksichtigt sein. Bei einem guten Druck auf weißem Papier bestehen keine Bedenken, Schriften für längere Texte auch in der Größe 8 oder 9 Punkt zu verwenden. Bevor man, um Raum und Kosten zu sparen, eine zu kleine Schrift wählt, sollte besser die Möglichkeit einer Textkürzung geprüft werden. Was nicht wichtig genug ist, um in einer lesbaren Größe gedruckt zu werden, kann in einem Werbetext meist fortfallen. Durch Vergleiche der innerhalb einer Minute gelesenen Worte wurde festgestellt, daß die Wahl größerer Schriften meist keine Zunahme der Lesegeschwindigkeit ergibt.

Das Auge ermüdet ebenfalls schnell, wenn die Z w i s c h e n r ä u m e zu eng sind. Es ist mühsam, den Anschluß an die nächstfolgende Zeile zu halten, weil zuwenig Weiß zwischen den Zeilen bleibt. Dieser Mangel wird aufgehoben, wenn zwischen den Zeilen dünne Linien, die nicht mitgedruckt werden, gelegt sind. Der Satz wird durchschossen. Bei Graden von 8—10 Punkt ist ein Durchschuß von 1—2 Punkt zu empfehlen. (Dieses Buch ist gedruckt in einer 8 Punkt Futura Buchschrift mit 2 Punkt Zeilen-Durchschuß.)

3. Satzspiegel

In dem sogenannten Satzspiegel sind die Zonen für Text, Bild und Leerraum festgelegt. Durch ihn werden die Zeilenlängen bestimmt und geordnet.

Bei sehr l a n g e n Z e i l e n ist der Übergang von der gelesenen auf die folgende Zeile erschwert. Dadurch wird die Verbindung zusammengehörender Inhalte verzögert. Zeilen von 70 oder mehr Anschlägen, die vielfach in einer als repräsentativ geltenden Typografie auftauchen, sind ihrem Sinn, Informationsträger zu sein, entfremdet. Die günstigste Zeilenlänge von Leseschriften liegt bei 40 bis 60 Buchstaben. K u r z e S p a l t e n e i n t e i l u n g e n mit weniger als 35 Anschlägen wirken ebenfalls lesefeindlich. Besonders bei Texten aus dem technisch-wissenschaftlichen Bereich, in dem viele, lange, ungeläufige Worte vorkommen, entstehen verwirrende Worttrennungen.

Bei B l o c k s a t z werden alle Zeilen auf eine gleiche Länge gebracht. Die einzelnen Längen werden durch den Leerraum zwischen den Worten ausgeglichen. Blocksatz wirkt für das Auge ruhig, er eignet sich für fortlaufende Texte. Bei F l a t t e r s a t z sind die Zeilen verschieden lang, um häufige Worttrennung zu vermeiden.

Die Schweizer Typografen, die täglich mit dreisprachigen Texten zu tun haben, entwickelten dreispaltige Anordnungen mit kurzen Zeilen. Diese Satzspiegeleinteilungen werden vielfach – dieser Aufgabe entfremdet – für einsprachige Drucksachen übernommen. Für Seiten, auf denen mehrere Bilder mit variablen Größen unterzubringen sind, kann eine dreispaltige Einteilung dennoch richtig sein.

Das F o r m a t D I N A 4, auf das sich die Mehrzahl der Empfänger für die Ablage von Prospekten geeinigt haben, ist für eine dreispaltige Anordnung etwas zu schmal. Deshalb werden zunehmend breitere Formate gewählt. Für Prospekte, die als Arbeitsunterlagen in Ordnern gesammelt werden sollen, ist ein Format außerhalb der DIN-Größe 21×29,7 cm aber nicht zu empfehlen.

4. Auszeichnungen

Auszeichnungen (Hervorhebungen durch Änderung der Schriftart) im laufenden Text wirken nur als solche, wenn sie auf ein Mindestmaß beschränkt bleiben. Betonungen im Übermaß wirken wie ein Schlachtfeld, in dem jede Auszeichnung der Feind einer anderen ist. Es sollte deshalb nicht mehr als eine Form der Auszeichnungsart in einer Textseite erscheinen. Dabei kommen folgende Möglichkeiten in Frage:

Betonung durch Verwendung fetter Typen,
Betonung durch Verwendung von Kursivschriften,
Betonung durch Verwendung anderer Schriftfarben (können in sparsamer Folge das Schriftbild beleben und ohne Bedenken angewandt werden),
Betonung durch Verwendung von Versalien oder Kapitälchen,
Betonung durch Unterstreichung von Worten,
Betonung durch Verlagerung der Zeilenrichtung,
Betonung durch Einführung von Leerzeilen,
Betonung durch Verwendung größerer Typen (können nur in Verbindung mit bestimmten Kompositionsabsichten zu einem wirksamen typografischen Bild führen),
Betonung durch Verwendung von Typen aus anderen Schriftarten,
Betonung durch Sperren der Typen, besonders der Kleinbuchstaben,
Betonung durch Verwendung gezeichneter Schriften (sollten vermieden werden, sie ergeben nur selten eine saubere typografische Lösung).

Typografie und Layout in der Werbung 279

5. Das visuelle Firmenbild

Um sich in der Öffentlichkeit besser zu präsentieren und aus der großen Masse im Werbeangebot merklich herauszutreten, hat es sich bewährt, alle möglichen Maßnahmen zu konzentrieren und durch die Wiederholung und Variation gleicher visueller Grundformen den Aufmerksamkeitswert zu steigern. Zu den Maßnahmen, ein firmeneinheitliches Bild zu schaffen, gehört auch eine auf längere Zeit geplante Form der Typografie. Der Schriftcharakter, die Schriftgrößen zueinander, die Zuordnung von Bild- und Schriftzonen, die Farben, der typografische Raster, bis zur Angabe der Stellung des Firmenzeichens, sind in diesem typografischen Plan mit eingeschlossen. Von einer charakteristischen, firmenbezogenen Typografie geht auch ein formaler Einfluß auf andere Werbeträger des Unternehmens aus, die nicht zur Typografie gehören. In Fassadenbeschriftungen, Beschriftung des Wagenparks, in der Produktsignierung und der Gestaltung von Packungen wirken die gleichen Schriften und Maßverhältnisse aus der Typografie zu einem einheitlichen Bild weiter.

Durch ein vorher festgelegtes typografisches Rastersystem ergeben sich außerdem Einsparungen im Werbebudget. Genormte Größen im Klischee lassen sich mehrfach verwenden, Dispositionen über die Form von Drucksachen sind schneller zu treffen, die Mitarbeiter und Lieferanten können bei einer geplanten Typografie, die vorher in Datenblättern festgelegt ist, ihre Arbeit gründlicher durchführen.

Als Beispiel mögen die folgenden Maßblätter zur Typografie für die Iduna-Versicherungen dienen. Die Typografie bekommt für diese Drucksachen besondere Bedeutung, weil keine Produkte gezeigt werden können (Abbildungen 5 bis 9).

Die Buchstaben der Wortmarke (Abbildung 4) sind ähnlich den Satzschriften aus der serifenlosen Antiqua (Groteskschrift). Der Symbol- und Markenwert entsteht durch die Schutz darstellende Linie über den Buchstaben. Der „i"-Punkt erweckt heitere Assoziationen.

Abbildung 4
Wortmarke

Für die Briefbogen ist das DIN-Format mit den Postvorschriften zugrunde gelegt. Die Anordnung bleibt bei allen Briefen bestehen. Die Bezeichnung „Hauptverwaltung" kann durch andere Abteilungen oder Geschäftszweige ausgewechselt werden, ohne daß sich das Gesamtbild ändert (Abbildungen 5, 6, 7).

Das Format DIN A 4, dreispaltig, bietet sich für Lösungen an, in denen viele kleinformatige Bilder gezeigt werden sollen. Die Felderhöhen sind so angelegt, daß die Schriftgrade von 8 Punkt, 9 Punkt und 10 Punkt in den Höhen aufgehen. Die Maße sind so errechnet, daß die gleichen Klischeegrößen auch in den Raster für DIN A 5 passen (Abbildungen 8 und 9).

Diese Bestimmungen verpflichten die Zeitungen zu einer genauen Durchführung des Auftrages. Wo diese Inserate auch erscheinen, sie haben ein einheitliches Bild, das charakteristisch für die Iduna geworden ist.

Hauptverwaltung

Iduna Versicherungen
2 Hamburg 36
Neue Rabenstr. 15-19

Ihre Zeichen	Ihre Nachricht vom	Unsere Zeichen	Ruf-Durchwahl	Datum
		93251 sch-Ko	44184557	12.7.1965

Richtlinien für die Briefgestaltung

Sehr geehrte Mitarbeiter,

der Brief ist die Visitenkarte unseres Unternehmens. Mit Briefen halten wir oft über Jahre Kontakt zu unseren Versicherungsnehmern.

Haben Sie sich schon überlegt, in wieviel verschiedenartigen Formen Briefe getippt werden können?

Breiter oder schmaler Heftrand, Textblock in der Mitte, Textblock rechts, Textblock links, Absätze eingerückt, Unterschriftenzeile rechts, Unterschriftenzeile links, Unterschriftenzeile in der Mitte – um nur einige Formen zu nennen.

Es gibt viele Variationsmöglichkeiten.

Der Briefbogen, auf dem Sie schreiben, ist nach bestimmten Normen entwickelt. Er besticht durch seine unverwechselbare, sachliche, moderne Form. Wir möchten jedoch nicht bei der guten Form des Briefbogens stehen bleiben, sondern jeden geschriebenen Brief für uns werblich nutzen.

Fällt Ihnen dieser Brief durch seine Form auf, dann haben wir das erreicht, was wir durch das Rundschreiben "Richtlinien für die Briefgestaltung" anstreben.

Ihre Briefe sollen durch ihre Klarheit, Übersichtlichkeit und durch einheitliche Erscheinungsform gern gelesen werden.

In den Richtlinien für die Briefgestaltung ist für jeden Brief alles festgelegt, von der Adresse bis zur Unterschriftenzeile. Punkt für Punkt. Es ist nicht bürokratisch, wenn wir diese Richtlinien in allen Einzelheiten verbindlich festlegen.

Wir wissen, daß es für Sie zunächst eine Umstellung und Mehrarbeit bedeutet, diese Richtlinien zu berücksichtigen. Aber eine Mehrarbeit, die sich lohnt.

Iduna Vereinigte Lebensversicherung aG
für Handwerk, Handel und Gewerbe
Vorstand Dr. Wilhelm Hartmann (Vorsitzer)
Horst Becker, Hans-Adolf Pokorny
Vorsitzer des Aufsichtsrats Anton Seidenspinner

Iduna Allgemeine Versicherung AG
Vorstand Dr Ernst v d Thusen, Paul Eggert,
Heinz Wanninger, Vorsitzer des Aufsichtsrats
Dr Wilhelm Hartmann

2000 Hamburg 36, Postfach 261
Neue Rabenstraße 15-19
Ruf: (0411) 44 18 41 FS 02-11 397
Telegramme Iduna Hamburg

Abbildung 5
Briefbogen (DIN A 4, hier verkleinert)

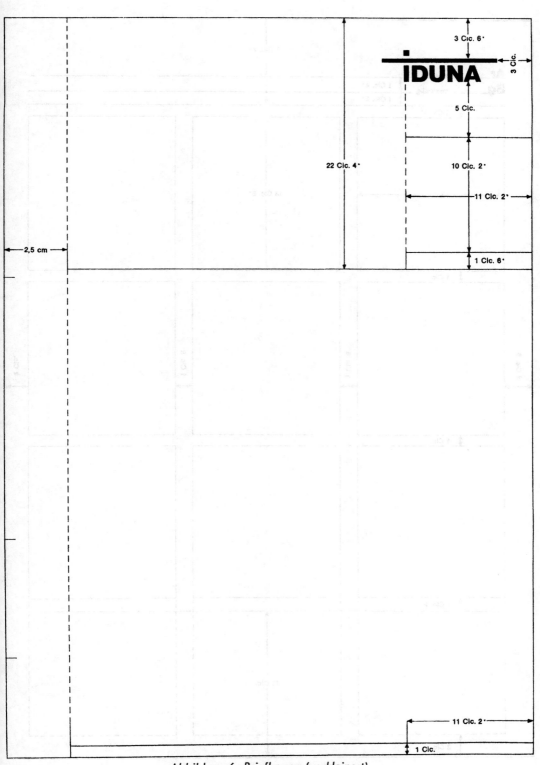

Abbildung 6 Briefbogen (verkleinert)
Angaben für den Setzer. Die Maße sind in Cicero und Punkt angegeben.

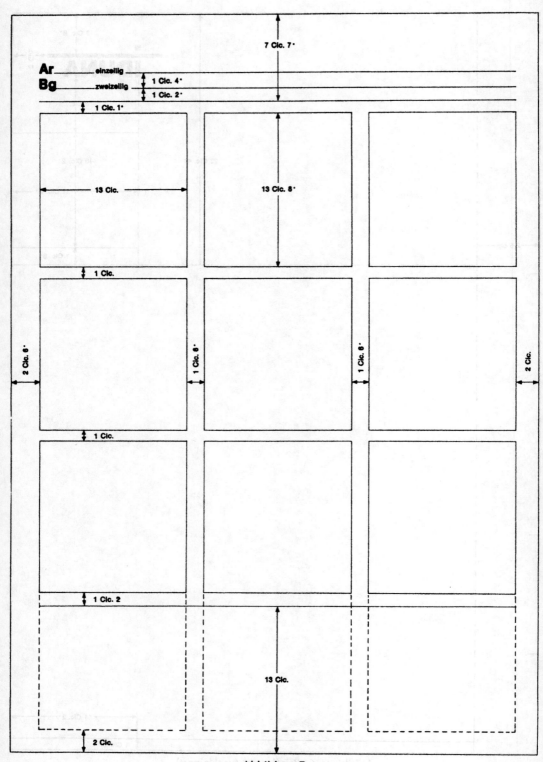

Abbildung 7
Satzspiegel (verkleinert)

Typografie und Layout in der Werbung

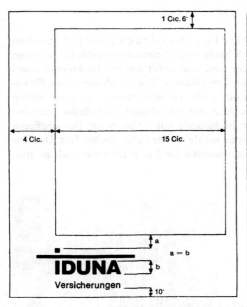

Abbildungen 8 und 9   Maßblatt für Stellenanzeigen

Alle Empfehlungen und Bestimmungen für die Iduna-Typografie sind in einer 60seitigen Broschüre zusammengefaßt. Dadurch wird eine einheitliche Durchführung und ein einheitliches Bild für alle Drucksachen möglich.

Besondere Aufmerksamkeit ist bei der Absicht, die Typografie zum Bestand des visuellen Firmenbildes zu machen, auf die S c h r i f t zu legen. Es darf keine Schrift sein, die durch modische Formen kurzlebig ist, denn nach 10 Jahren soll sie immer noch wirksam sein. Sie muß für Hausbeschriftungen, als Leuchtschrift sowie für die Drucksachen gut zu lesen sein. Muß sich für die Produktbeschriftung in allen Techniken von Sandguß bis Siebdruck eignen. Um die Angebote verschiedener Druckereien mit einzubeziehen, soll die gewählte Schrift in möglichst vielen Druckereien in allen gebräuchlichen Graden für Hand- und Maschinensatz vorrätig sein.

Die Anordnung der F i r m e n b e z e i c h n u n g e n in den Drucksachen gehört zu den Entscheidungen, die für eine längere Zeit gelten; darin sind viele Angaben festgelegt: Größenverhältnisse der Marke zur Gesamtdrucksache. Bei einer kombinierten Zeichen- oder Wortmarke; die Stellung beider Elemente zueinander, ob ein Slogan hinzukommen darf und wo dieser im Verhältnis zur Marke steht; soll die Adresse hinzugefügt werden und wohin. Welche Adressenangaben sollen immer wiederkehrend gezeigt werden.

Beim Versuch, diese Firmenhinweise typografisch zu ordnen, werden oft falsche Werte deutlich. Es mag juristisch wichtig sein, welche Gesellschaftsform eine Firma hat, den Verbraucher im Markt interessiert das aber nicht. Noch weniger kann er mit dem Hinweis ob Sohn oder Bruder die Firma besitzen, etwas anfangen. Angaben, die über Jahre hinaus Geltung haben, sollten gründlich überprüft werden, ehe sie als Bestimmung mit aufgenommen werden. Andere Entscheidungen zur typografischen Anlage, wie die Rasterbestimmung, Hinweis auf modische Varianten im Stil, oder ob eine Typografie lauter oder gedämpfter wirken soll, können sich ohne Bedenken innerhalb weniger Jahre ändern. Sie gehören nicht zu den langfristigen Bestimmungen.

6. Kunst und Mode in der Schrift

Immer ist die Typografie als **künstlerisches Ausdrucksmittel** gesehen worden. Innerhalb der Werbung gibt es auch heute noch Anwendungsgebiete, in denen die Schrift der Sprachbezogenheit entfremdet wird und dafür andere Funktionen übernimmt. Bei Einwickelpapieren, Verpackungen, Umschlägen, Streichholzbriefchen, Plakaten kann durch eigenwillige Anordnungen ein Aufmerksamkeitswert mit einer hohen ästhetischen Aussage erzielt werden. Dieses Spiel mit Buchstaben beeinflußte auch immer wieder Künstler, die die Schrift in den Bildprozeß mit einbezogen. Der grafische Reiz der Schreib- und Schriftbilder alter Meister wirkte in der Letter weiter fort. Die Dadaisten brachten Typobilder zum Tönen. Später wurden die Buchstaben nur noch zu optischen Teilen des Bildfeldes.

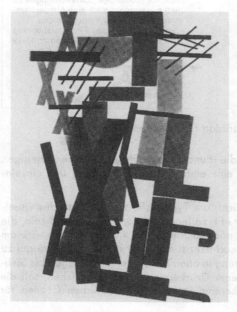
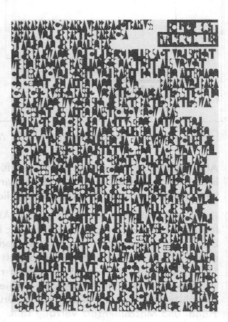

Abbildung 10
Hendrik Nikolaas Werkman
Komposition mit X

Abbildung 11
Klaus-Peter Dienst
Barbara

Daß die Typografie dem Auf- und Ab der **Mode** unterliegt, ist aus dem Wandel der letzten Jahre deutlich abzulesen. Zwei verschiedene Richtungen heben sich dabei merklich voneinander ab. Eine Richtung sucht betont individuelle Wirkungen, die eigenartige, meist alte Schriftformen bevorzugt, um sich vom Bild der Mitbewerber abzuheben. Die Regeln der Buchtypografie haben hier nur noch wenig Bedeutung. Das Plakative dient als Blickfang. Diese formbetonte, arabeske, romantisierte Typografie ist zur Zeit aktuell. Die andere Richtung sieht in der Schrift und Typografie nur Informationsträger und benützt sie nur selten als formales Element. In den zwanziger Jahren entstanden, bekam sie die Bezeichnung „funktionelle Typografie".

Technik der Werbefotografie

Von Dozent Gerd Jedermann, Berlin

1. Das Bild in der Werbung

In der Gegenwart wird dem menschlichen Auge eine Fülle von Informationen in Form von Bildern oder von Bildartigem (Zeichen, Symbole) auf die verschiedenste Weise angeboten. Auch die Werbung bedient sich seit langem in ständig zunehmendem Maße der visuellen Kommunikationstechnik. In der Anwendung von Bildern entdeckte sie schon zu Beginn ihrer Geschichte die Möglichkeit, ihre Aussagen und Aufforderungen wirksamer zu gestalten. Die Entwicklung der Fotografie spielte dabei eine entscheidende Rolle. Das fotografierte Bild tritt auch heute noch mit dem Anspruch der Wirklichkeitstreue auf und wird in den meisten Fällen auch vom Betrachter so erlebt. Selbst da, wo mit fotografischen Mitteln Traumhaftes suggeriert wird, ist dieses durch seine visuelle Realisierung in einen Bereich versetzt, wo sich Wirklichkeit und Möglichkeit vereinen und damit „vorstellbar" werden.

Unbedacht bleibt dabei, daß der Gesamtprozeß von der Aufnahme bis zur sichtbaren Vorlage in sich vielfältige Möglichkeiten enthält, die von der Ausmerzung technischer Unzulänglichkeiten bis zur Verfälschung reichen können. Bis zu dem Stadium, in dem ein reizvoll natürliches, weibliches Wesen auf der Titelseite einer Zeitschrift, auf dem Umschlag eines Prospekts oder in einer farbigen Anzeige erscheint, haben konsequent durchgeführte Korrekturen erheblich zu dieser Wirksamkeit beitragen können.

2. Aufgabe des Werbefotografen

Die Werbefotografie ist auftragsbestimmt. Damit ergeben sich für den Werbefotografen zahlreiche Detailprobleme, die durch Erfahrung und Technik zu lösen sind. Grundvoraussetzung für einen Werbefotografen ist die Fähigkeit, sich in eine werbliche Konzeption hineinzudenken. Durch diese Konzeption wird die sachliche und psychologische Bildaussage bestimmt. Unter diesen Bedingungen sind die Möglichkeiten der Visualisierung mit fotografischen Mitteln zu suchen, sie müssen dem Zweck entsprechend gewählt werden. Innerhalb dieser Grenzen aber bleibt noch Raum genug für persönliche Ambitionen als Nachweis der besonderen, phantasievollen, die technischen Gegebenheiten intelligent ausnützenden Qualität des Werbefotografen. Das Kameraauge erfaßt nur das Bild oder den Bildausschnitt, den das Auge des

Werbefotografen gesehen und bestimmt hat. Der besondere Blick für die Erscheinungsformen unserer Umwelt in Personen, Gegenständen und Situationen ist unerläßlich, um auch in der Werbung immer wieder neue Aspekte zu bringen, um durch unkonventionelle Bildgestaltung Interesse zu wecken und der spezifischen Werbeaussage ein unverwechselbares Profil zu geben.

Diese schöpferische Qualität muß sich aber auch eines entsprechend umfangreichen Instrumentariums bedienen, um die technischen Möglichkeiten voll ausschöpfen zu können.

3. Die Kamera des Werbefotografen

In der Regel wird der Werbefotograf nicht mit einer Kamera auskommen, dazu sind die ihm gestellten Aufgaben zu unterschiedlich. Die ideale Ausrüstung reicht von der klein- bis mittelformatigen Hand- und Stativkamera bis zur großformatigen, vielseitigen Studiokamera. Zahlreich sind die ergänzenden Ausrüstungsgegenstände, die von den Herstellern in sinnvoll durchdachten Systemen angeboten werden. Die dadurch gegebenen Variationsmöglichkeiten richten sich einmal auf verschiedenartige Objektive, dann aber auch auf auswechselbare Kassetten. Im Zusammenhang mit der jeweiligen Aufgabe müssen die verschiedenen Objektive Weitwinkel- oder Teleaufnahmen, weichgezeichnete oder gestochen scharfe Bilder ermöglichen. Ebenso variabel muß der Werbefotograf in der Wahl des Aufnahmematerials sein. Für Plan- oder Rollfilm, für Platten oder Filmpack werden entsprechende, untereinander austauschbare Kassetten benötigt. Reduzierrückteile lassen das Ausgangsformat größerer Kameramodelle auf gewünschte kleinere Formate umstellen.

Ein wichtiges Hilfsmittel in der Werbepraxis ist die Sofortbildausrüstung. Damit wird es möglich, bei Diskussionen vor dem ersten Arrangement der abzubildenden Objekte Kontrollaufnahmen zu machen, die zur Verständigung beitragen können, oder Modelle in typischen Haltungen zu fixieren, so daß spätere Mißverständnisse vermieden werden. Manche umständliche, wortreiche Erklärung wird damit überflüssig. Absprachen werden bilddokumentarisch festgehalten.

Die 35-mm-Kamera ist leicht und schnell zu handhaben. Sie gestattet eine große Zahl von Aufnahmen, ohne neu laden zu müssen. Sie eignet sich vor allem für Schnappschüsse oder Serien bei bewegten Szenen. Die umfangreiche Objektivbestückung reicht bis zum extremen Teleobjektiv. Schwierig ist die, gerade in der Werbung oft gewünschte Herausstellung eines Details durch Schärfenbetonung. Die kleinen Negative sind außerdem besonders sorgfältig zu behandeln. Die Vergrößerungsmöglichkeit ist vor allem bei Farbaufnahmen begrenzt. Für Vergrößerungen sind im allgemeinen Aufnahmen im Format 6 x 6 cm als Mindestformate für die Werbefotografie anzusehen.

Die stabilen ein- oder zweiäugigen Spiegelreflexkameras bieten dieses Format. Die Auswahl der Bildausschnitte wird durch Sucherlinse mit Lichtschacht im entsprechenden Format erleichtert. Besonders bei der einäugigen Kamera ist die Objektivauswahl groß. Die Negativgröße ist praktikabel, dafür fehlt der verstellbare oder ausfahrbare Laufboden. Damit entfällt auch die dadurch gegebene perspektivische Korrektur.

Größere Universalkameras werden bis zum Format 13 x 18 cm hergestellt. Sie verfügen schon über helle Mattscheiben, Verstell- und Verschwenkbarkeiten in der Objektivstandarte und im Kamerarückteil, reichhaltige Objektivauswahl und Sofortbildansatz.

Technik der Werbefotografie 287

Die Studiokamera auf optischer Bank bietet darüber hinaus in ihrem Großformat alle erdenklichen Vorteile. Mit elektromotorischem Antrieb wird die schwere Kamera bis zu 2,80 m Höhe gehoben. Das übersichtliche Bild auf der großen Mattscheibe erlaubt genaueste Einstellung und Überprüfung des Bildaufbaus in allen Details. Das Objektivangebot ist umfassend. Schwenkrahmen, horizontal und vertikal verstellbare Standarte, stabiler Laufboden mit Klappvorrichtung und ausgefeilter Schienenkonstruktion, nach allen Seiten schwenkbares Rückteil und extreme perspektivische Entzerrung ermöglichen weitgehende Anpassung an besondere Gestaltungsaufgaben. Diese teueren Geräte sind die beste Kapitalanlage im Studio eines Werbefotografen.

4. Beleuchtung

Jede fotografische Aufnahme ist abhängig vom Licht, das ein Aufnahmeobjekt empfängt und reflektiert. In den wenigsten Fällen wird bei der Werbefotografie mit den natürlich gegebenen Lichtverhältnissen gearbeitet. Künstliche Beleuchtungsanlagen gehören deshalb ebenfalls zur Ausrüstung eines Studios und eines Werbefotografen.

Für die Beleuchtung im Studio kommen sowohl Glühlampen wie Leuchtstoffröhren in Betracht, dazu Blitzanlagen und Blitzgeräte. Für genaue Kontrolle der Lichtführung, für großdimensionale Ausleuchtungen, aber auch für bewußt gesteuertes Licht bei Personen- und Nahaufnahmen wird Glühlicht am häufigsten im Studio eingesetzt. Die Anschaffungskosten sind relativ gering, die Stromverbrauchskosten dafür erheblich. Ein weiterer Nachteil ist die Wärmeentwicklung. Modelle leiden darunter genauso wie manche Produkte, die bei großer Hitze leicht ihr gutes Aussehen verlieren. Die Leuchtstofflampen sind in dieser Hinsicht angenehmer. Praktische Leuchtstoffwannen mit 6 oder 8 Röhren auf fahrbarem Stativ geben schattenarmes Licht und sind bei langer Lebensdauer sparsam im Verbrauch. Eine Batterie von Scheinwerfern mit Kapazitäten von 500 bis 2000 Watt sowie Spotleuchten mit 100 bis 500 Watt ergänzen die Ausrüstung.

Das Problem der unterschiedlichen Lichtfarbe wird durch neuere Entwicklungen immer einfacher, bei Schwarz-Weiß-Aufnahmen ist es praktisch unbedeutend.

Eine teuere Blitzanlage rentiert sich nur, wenn laufend Modellaufnahmen zu machen sind, wobei die gesamte Lichtkapazität ausgenutzt werden muß. Daneben gibt es eine Reihe von kleineren Geräten, die im Baukastenprinzip ausbaufähig sind. Wichtig ist für den Werbefotografen die Frage der Einstellbeleuchtung, ohne die er nicht auskommt, die aber der Lichtwirkung der Blitzgeräte entsprechen sollte. Die Elektronenblitztechnik hat mit ihren Fortschritten auch dieses Problem gelöst. Geräte mit Einstellung auf Dauerblitz lassen die Originalblitzröhre schon bei der Einstellung in Aktion treten.

5. Studio

Die ausgefallenen Wünsche, die bei werblichen Aufgaben oft an den Werbefotografen herangetragen werden, richten sich weder nach der augenblicklich herrschenden Jahreszeit noch nach dem Wetter oder sonstigen naturgegebenen Bedingungen. In den meisten Fällen ist der Termin für die Arbeit so kurz bemessen, daß keine Wartezeiten eingeschaltet werden können. Ein gut eingerichtetes Studio kann dazu verhelfen, Unmögliches möglich zu machen. Das Geheimnis, das vielen wirksamen Werbefotos zum Erfolg verhilft, liegt in der Tatsache, daß die Kamera, und damit das Auge des Betrachters, auf einen bestimmten Ausschnitt fixiert ist. In diesem Ausschnitt ist nur eine "Schauseite", die in der Achse der Kamera liegt und ihr zugewandt ist, das, was als Wirklichkeit gesehen wird. Was verdeckt hinter der Schauseite oder außerhalb des Bildausschnitts herumsteht, -liegt oder -hängt, spielt keine Rolle. Um die Zauberei im Studio zu ermöglichen und die Arbeit des Werbefotografen zu erleichtern, bedarf es vielerlei Einrichtungen.

Das eigentliche Studio sollte im Grundriß ein Rechteck etwa im Verhältnis 1 : 2 sein, das eine kulissenförmige Tiefenstaffelung erlaubt. Da es wünschenswert ist, Projektoren und Beleuchtungsquellen auch von oben einzusetzen, ist eine Höhe von etwa vier Metern vorteilhaft. Durch eine Schienenkonstruktion unter der Decke können die Geräte beweglich gemacht werden, sie müssen auch in der Höhe bequem verstellbar sein.

Eine Rundkehle an einer Schmalseite des Studios überspielt die sich sonst markierende Linie zwischen Wand und Boden und schafft unmerklichen Übergang aus der Vertikalen in die Horizontale. Der Fußboden selbst muß im Szenenbereich so beschaffen sein, daß in Bedarfsfällen auch Nägel eingeschlagen werden können, um Versatzstücke durch schräge Stützlatten mit geringem Arbeitsaufwand an der gewünschten Stelle zu fixieren.

Zur sonstigen Ausstattung des Studios im weiteren Sinne gehören Nebenräume für Laboreinrichtungen, Umkleide- und Schminkkojen, Garderobe und Requisitenkammer. Auch das unentbehrliche Archiv braucht Platz. Ein ungestörter Arbeits- und Besprechungsraum sowie Wasch- oder Duschgelegenheiten dürfen nicht vergessen werden.

Besonders praktikable Lösungen müssen im einzelnen gesucht werden. Je nach Aufgabenbereich kann dabei Ebenerdigkeit mit großer Zufahrtstür notwendig sein, eine Galerie mit Treppenaufgang wird sich oft als nützlich erweisen.

Für Decke und Wände hat sich weißer Kalkanstrich bewährt, die so gestrichenen Flächen reflektieren das Licht der Beleuchtungsquellen, ohne die Farbtemperatur zu verändern. Fenster müssen verdunkelbar sein und durch einen weißen Vorhang überspannt werden können.

Für farbige Hintergründe ist eine Rollenkonstruktion auf fahrbarem Gestell brauchbar, über die breite Papierbahnen gezogen werden. Die Papierrolle wird am Fuß des Gestells eingehängt, das Papier von dort nach oben über eine Rolle geführt und nach vorn und unten weitergezogen. Es läßt sich so ohne Knick auch auf dem Boden weiter auslegen.

Praktisch in ihrer vielseitigen Verwendung sind Plattformen auf zusammenklappbaren Rahmengestellen. Diese "Praktikabeln" können als erhöhter Standort für Kamera oder Spotleuchten dienen, sie sind aber auch zu benutzen, um in stufenförmigem Aufbau architektonische Bühnen zu erstellen. Spiegel und Reflexionsflächen bringen Spezialeffekte.

Zu allem kommen noch die jeweils eigenen Erfindungen, die aus der Erfahrung entstanden sind und manchmal als strenggehütetes Geheimnis zum Stolz ihrer Besitzer beitragen.

6. Hintergrundprojektion

Eine Anlage für Hintergrundprojektion ist unerläßlich. Sie erspart in vielen Fällen kostspielige Außenaufnahmen. Viele attraktive Werbefotos zeigen im Background Landschaften oder Stadtbilder, ein ausgesuchtes Umfeld, das der fotografischen Szene ein charakteristisches Fluidum verleiht. Das projizierte Hintergrundbild gehört zum praxisüblichen Repertoire der Werbefotografie.

Das billigste Verfahren ist die Aufprojektion auf einen normalen Bildschirm. Der Projektor steht dabei seitlich neben der Kamera, sein Lichtkegel darf das Objekt vor dem Hintergrund nicht anschneiden. Die damit auftretende Verzerrung ist ein Nachteil, sie kann je nach Art des gewünschten Hintergrundbildes manchmal durch Schrägstellung des Bildschirms gemildert werden.

Eine verbesserte Anlage projiziert über einen teildurchlässigen Spiegel, der das Bild in der Kameraachse auf eine Spezialprojektionsfläche wirft.

Die Rückprojektion (Rückpro) auf eine lichtdurchlässige Mattfolie bringt bessere Lichtausbeutung mit sich. Allerdings braucht diese Anlage erheblich mehr Platz, da die Aufnahmekamera etwa 7 m entfernt von der Projektionsfläche stehen muß, der Projektor, dahinter aufgebaut, braucht für seinen Lichtkegel zur Ausstrahlung einer genügend großen Fläche noch mehr Abstand.

Raumsparender ist eine Weiterentwicklung der Rückprojektion durch Einschaltung eines Spiegels. Der Projektor steht dabei auch hinter der Bildfläche, aber im rechten Winkel zur verlängerten Kameraachse, und projiziert auf einen schrägstehenden Spiegel, der das Bild auf die Rückwand der Bildfläche reflektiert. Damit reduziert sich der benötigte Abstand hinter der Bildfläche ganz erheblich. Der Übergang vom Hintergrundbild zu der davor aufgebauten Szene ist durch niedrige Versatzstücke geschickt zu überspielen. Auf klare Trennung der Vordergrundbeleuchtung von der Fläche, auf der das Hintergrundbild erscheint, ist besonders zu achten.

7. Aufnahmetechnik

Das Können des Werbefotografen zeigt sich in der Ausnützung aller fototechnischen Möglichkeiten, die der werblichen Aufgabe gerecht werden und doch das Ungewöhnliche anstreben. Selbstverständlich gehören zum täglichen Brot auch Routineaufgaben, bei denen technische Perfektion vorrangig ist. Oft kann aber schon die Wahl des Kamerastandortes dazu beitragen, das Objekt neu und überraschend zu sehen. Die Glaubwürdigkeit darf dabei nicht leiden.

Der niedrig gewählte Standpunkt zwingt den Betrachter sozusagen selbst in die Knie, das so gesehene Objekt gewinnt an Bedeutung bis zur Monumentalität. Sieht man dagegen von oben auf etwas herab, so kann das zu einem Überlegenheitsgefühl führen, aber auch bessere „Übersicht" vermitteln. Scharfe, informative Bilder haben Überzeugungskraft. Ihre Naturtreue, besonders im Farbfoto, läßt das angebotene Objekt greifbar, prüfbar erscheinen. Sie werden bevorzugt, wo die Qualität für sich spricht. Die Kunst des Werbefotografen besteht dann darin, Material- und Oberflächenbeschaffenheit durch effektvolle Ausleuchtung zur Geltung zu bringen. Jedes Material hat seine eigene Ausdruckskraft. Spiegelnde Metallflächen, durchsichtige Gläser, charakteristische Holzmaserungen, seidige, wollige, glatte oder griffige Fein- und Grobstrukturen der Textilien erfordern Erfahrung in der Aufnahmetechnik. Spezialisten werden daher mit Recht gesucht.

Der große Bereich der Nahrungs- und Genußmittel verlangt nach appetitanregender Präsentation. Farbfotografie, Reproduktions- und Drucktechnik haben im letzten Jahrzehnt so große Fortschritte gemacht, daß kaum noch Wünsche offenbleiben. Daß dabei manche Tricks angewendet werden müssen, um den frischen Eindruck von Speisen und Getränken auch bei großer Hitzeentwicklung unter den Scheinwerfern aufrechtzuerhalten, muß in Kauf genommen werden, da diese Objekte ja auch unter außergewöhnlichen Bedingungen aufgenommen werden. Spezialisten wissen sich zu helfen, wo „Laien" hoffnungslos scheitern würden.

8. Aufgabengerechte Werbefotografie

Das Überangebot an bildlicher Werbung in der Konkurrenzsituation zwingt dazu, immer neue Aspekte zu suchen. Neben der Katalogabbildung eines Badeanzugs, wobei Form, Farbe und Material sachlich gezeigt werden, stehen Anzeigen- oder Prospektbilder, auf denen traumhaft gleitende Wassernixen, durch eine besprenkelte Glaswand aufgenommen, das Spiel im Element Wasser suggestiv miterleben lassen. Durch künstlich erzeugten Luftstrom zum Wehen gebrachte Haare, raffinierte Bewegungsposen der Modelle, leichte Unschärfen und Farbreflexe durch vorgeschaltete Vignetten zaubern so eine Unterwasseratmosphäre, in der die Badeanzüge als farbliche Höhepunkte dargeboten werden.

Vielfach wird gewünscht, das statische Foto durch Bewegung dynamischer zu gestalten, um den psychologischen Anreiz der Bewegung auszunützen. Bei kontinuierlicher Bewegung des Objekts vor der Kamera unter Zeitbelichtung entsteht eine verwischte Darstellung, die Bewegung assoziieren läßt. Auch das phasenmäßige Festhalten von Bewegungsabläufen kann in Frage kommen. Durch unterschiedliche Belichtungszeiten der Einzelphasen können die vielfachen Überschneidungen noch reizvoller im Bild erscheinen. Mit bewegter Kamera aufgenommene „verrissene" Hintergründe verleihen einem davor stillstehenden Objekt bei der Gesamtaufnahme Tempo und suggerieren schnelle Bewegung. Läßt dann noch ein Ventilator die Kleider der radfahrenden Person im Fahrwind wehen, ist die Illusion vollkommen. Daß das Fahrrad irgendwie abgestützt wird, muß geschickt verborgen bleiben. Ob man den Bewegungscharakter durch Bewegung der Kamera oder des Objekts, ob durch Mehrfachbelichtung, durch Montage oder durch Kopierarbeit erzielt, richtet sich nach der jeweiligen Aufgabe und der Findigkeit des Werbefotografen.

9. Verwendbarkeit

Wichtig bei allen Manipulationen sind das Wissen um den Verwendungszweck und Kenntnisse der Reproduktionstechnik für die einzelnen Druckverfahren. Im Zusammenhang damit bedient sich auch die Werbefotografiie verschiedener Techniken, so zum Beispiel für den Zeitungsdruck im Bereich der Schwarz-Weiß-Fotografie. Die Schwierigkeit der Wiedergabe von verlaufenden Grauwerten bei unzureichender Papierqualität führte zu manuellen und fotomechanischen Umsetzungen von Fotos, die damit ein „grafisches" Aussehen bekamen und als Strichvorlagen besser reproduzierbar wurden. Unter der Bezeichnung „Fotografik" entstand damit ein Betätigungsfeld für kontrastreiche Gestaltung. Die Dunkelkammer wurde zum Experimentierfeld.

Ein Ergebnis liegt in der Pseudo-Solarisation unter Ausnützung des Sabatier-Effekts vor (genannt nach dem französischen Chemiker und Nobelpreisträger Sabatier). Dieser Effekt entsteht, wenn ein normal belichtetes Negativ unter vorgeschriebenem Licht entwickelt, für kurze Zeit herausgenommen, weißem Licht ausgesetzt und dann weiterentwickelt wird. Dabei ergibt sich eine teilweise Umkehr der Werte mit reizvollen Linienbildungen in Grenzzonen. Der Spezialeffekt ist durch die Zeit der Erstentwicklung, die Intensität der Zweitbelichtung und durch die Zeit der Weiterentwicklung variierbar. Die Verwendung als Negativ oder Positiv ist möglich.

Wie weit man in diesen Experimenten gehen kann, zeigen Beispiele in den einschlägigen Fachzeitschriften und ihre Ausnützung in der Werbepraxis. Der Werbefotograf wird sich dafür interessieren müssen, auf welchen Wegen neuartige Bildwirkungen zu erzielen sind, und dementsprechend selber seine Versuche machen. Die Verbindung zur Grafik, aber auch zu Experimenten in der freien Kunst ist naheliegend. Wechselseitige Anregungen sind seit Jahrzehnten zu verfolgen.

10. Table-Top

Ein dankbares Betätigungsfeld für den fantasievollen Werbefotografen liegt im „Table-Top", das mit wenig technischem Aufwand auskommt, aber um so mehr optische Einfälle benötigt. Werbliche Szenen werden dabei im Miniaturformat realisiert. Als „Bühne" genügt eine Glas- oder Holzplatte auf einem Rahmengestell oder auf Böcken, etwas schräg gestellt. Die Szenerie, Pappmodelle, Puppen, Papierplastiken, Kleinobjekte jeder Art, wird auf der Bühne hergerichtet. Verwendet man eine Glasplatte als Bühnenboden, kann diese von unten beleuchtet werden und besondere Lichteffekte ermöglichen. Als neutraler oder farbiger Hintergrund dienen im geringen Abstand aufgehängte Papier- oder Folienbahnen. Naturprodukte, Wurzeln, Steine, aber auch technische Abfallprodukte erzielen in dieser kleinen Welt oft interessante Verfremdungseffekte, besonders in der Zusammenstellung mit realen Packungen oder Produkten, vor allem durch überraschende Größenrelationen.

Bei dieser Aufnahmetechnik kommt man mit Abständen bis zu 50 cm aus, Hintergrundflächen brauchen nicht mehr als 1 qm groß zu sein. Für die Grundfläche reicht normale Reißbrettgröße. Die Bildtiefe kann durch künstliche Perspektive verstärkt werden. Aufnahmen im Format 18 x 24 cm auf Color-Planfilm geben die gewünschte Detailzeichnung. Auf der Mattscheibe läßt sich der Eindruck dieser illusionären Kleinwelt gut kontrollieren. Die Freude an dieser Spielwelt, der Reiz, skurrilen Einfällen nachzugeben, müssen sich allerdings ständig an der werblichen Aufgabe korrigieren. Auch beim Betrachter, der Zielperson, soll der Spaß an dieser eigenartigen Zauberwelt die eigentliche werbliche Botschaft nicht verdrängen, sondern sie nur mit gesteigertem Vergnügen akzeptieren lassen. Der somit größere Lerneffekt hat die Table-Top-Technik besonders auch für informative Ton-Bild-Schauen prädestiniert.

11. Sonderinteressen und Aufgabenbereiche

Der Gesamtbereich der Werbefotografie bietet in seiner großen Vielfalt Raum genug für Spezialinteressen. Eine Vorliebe für die Welt der Technik kann ebenso erfolgreich genutzt werden wie das Interesse am Menschen und seiner psychologisch wirksamen Darstellung. Freude am Detail oder Naturbeobachtung, aber auch der Spaß an modischen Extravaganzen kommen in Verbindung mit werblichen Aufgaben zu ihrem Recht. Je stärker die persönliche Motivation, desto leichter wird die „Fron" der Berufsarbeit ertragen, die meistens unter Zeitdruck steht. Wie in jedem Gestaltungsbereich ist auch in der Werbefotografie Durchschnittlichkeit in bestimmten Grenzen akzeptabel, das Überdurchschnittliche befriedigt mehr und setzt neue Maßstäbe. Ausgesprochene Begabungen zeigen sich am klarsten in ihrem besonderen Interessengebiet.

Der Einsatzbereich des Werbefotos umfaßt Anzeigen in Tageszeitungen, Publikums- und Fachzeitschriften, Versand- und Spezialkataloge, Prospekte, Plakate und sonstige

Werbedrucksachen. Werbefotos werden auch gebraucht für Packungsgestaltungen, für Schaufensterwerbung und als Ausgangsmaterial für den Fototrick in Film und Fernsehen. Jeder Einzelbereich hat seine eigene Problematik und verlangt vom Werbefotografen mehr als fotofachliches Können. Seine berufliche Qualität erweist sich endgültig, wenn sein Arbeitsergebnis an dem ihm zugedachten Platz, optimal reproduziert, erscheint und sich da formal und inhaltlich bewährt. Um dieses Endergebnis zu erzielen, muß der Werbefotograf seine Arbeit im Studio, bei Außenaufnahmen, in der Dunkelkammer daraufhin planen und durchführen.

Die Werbefotografie ist ein Beitrag zur visuellen Gestaltung unserer Umwelt unter Ausnützung technischer Perfektion. In ihrer Glaubhaftigkeit und in ihrer Qualität steht sie damit auch im Brennpunkt der Kritik. Es ist Sache des Werbefotografen, durch seine Arbeit einen erfreulichen Beitrag zu leisten, der sich dieser Kritik stellen kann.

Literatur:
Bei dem großen Angebot an fototechnischer Fachliteratur ist eine Auswahl hier kaum möglich.

Als deutschsprachiges Standardwerk ist besonders zu nennen:
Giebelhausen, Joachim: Technik des Werbefotos, München 1962.
    (In diesem Werk mit zahlreichen Abbildungen wird das Thema umfassend und praxisbezogen behandelt. Es gibt auch im Detail wichtige Informationen.)
Ferner sei auf die zahlreichen Werke von O. Croy und A. Feininger hingewiesen:
Croy, Otto: Alles über Nahaufnahmen, München 1962.
    Blitz mit mir, München 1966.
    Die Contaflex mit allen Möglichkeiten, München 1965.
    Schöpferische Foto-Grafik, München 1964.
    Fotokniffe, Düsseldorf 1963.
    Fotomontage, Düsseldorf 1967.
    Fototechnik mit allen Registern, München 1962.
    Das fotografische Porträt am Beispiel großer Meister, München 1965.
    Reproduktion und Dokumentation, München 1964.
    Schritt um Schritt zur Foto-Grafik, München 1964.
Feininger, Andreas: Das Buch der Farbfotografie, Düsseldorf 1964.
    Die neue Fotolehre, Düsseldorf 1965.
    Der Schlüssel zur Fotografie von heute, Düsseldorf 1966.
    Die hohe Schule der Fotografie, Düsseldorf 1961.

Spezialthemen werden in Fachzeitschriften behandelt, auch in werblich ausgerichteten, insbesondere:
    Graphis, Zürich
    Gebrauchsgraphik, München
    Graphik, München
    Die Anzeige, Reutlingen
    Format, Stuttgart
    Camera, Luzern
    Fotomagazin, München.

Filmtechnik

Von Georg Zauner, München

In den folgenden Ausführungen über die Filmtechnik, einem Teilgebiet der Kinematografie, werden die wichtigsten Etappen bei der Herstellung eines Filmes und das Funktionieren einiger filmtechnischer Geräte behandelt. Das Ganze ist auf das Notwendigste und Wichtigste reduziert — sozusagen als Grundstock für das Verständnis der Filmarbeit.

Wenn man diese Filmarbeit auf die knappste Formel bringen will und nur das tut, was unbedingt erforderlich ist, um hinterher ein Lichtspiel auf der Leinwand zu erleben, dann bleiben nur drei Arbeitsgänge:

1. Das Belichten eines Filmnegativs oder Umkehrfilms in der Filmkamera.
2. Das Entwickeln und Kopieren des Films.
3. Das Vorführen eines Filmpositivs mit einem kinematografischen Projektor.
(Die Anwendung des altmodischen Ausdrucks „kinematografisch" geschieht mit provokatorischer Absicht: es wird in der Werbung häufig vergessen, daß ein Film mehr vermag, als nur statische Anzeigen abzufilmen! Ein Film sollte immer die Möglichkeit ausnutzen, wirkliche Bewegungsvorgänge abzubilden.)

Bei der Aufzählung werden zwei Geräte erwähnt: Kamera und Projektor. Sie sind mechanisch sehr ähnlich konstruiert, denn beide sollen das Filmband — sei es nun ein unbelichtetes Negativ oder eine positive Filmkopie — in ganz bestimmter Weise an einem Bildfenster vorbeitransportieren: die Kamera, um das Negativ zu belichten, der Projektor, um die Kopie abzubilden.

1. „Lebende Bilder"

Filmbilder erwachen natürlich nur scheinbar zum Leben, und zwar dann, wenn man „tote" Bilder in rascher Folge auswechselt. Von einer bestimmten Bildfrequenz ab läßt sich das menschliche Auge überlisten, und es kann den Betrug nicht mehr erkennen, der darin besteht, daß man ihm statt kontinuierlicher Bewegung nur Teilabschnitte, also Bewegungsphasen anbietet. — Bei einer Folge von etwa 16 Phasen pro Sekunde glaubt das Auge, eine zusammenhängende Bewegung zu erkennen! Die Idee, solche Bildphasen auf ein langes, zusammenhängendes Filmband zu fotografieren, gab der Kinematografie den entscheidenden technischen Impuls; sie machte es nämlich möglich, eine Vielzahl von Bildern in genauem Abstand und Tempo an besagtem Bildfenster vorbei zu transportieren.

Nun kann man Bilder natürlich nur dann fotografieren oder betrachten, wenn sie für einen Augenblick stillstehen, sie würden sonst unscharf sein. Es erhebt sich also die Forderung, das Filmband abwechselnd stillstehen zu lassen und weiter zu bewegen. Und das geschieht in der Tat! Während eines Sekundenbruchteils wird der Transport des Filmbandes gestoppt – der Film kann belichtet oder betrachtet werden –, und in einer zweiten Phase, während der das Bildfenster durch eine Scheibe zugedeckt ist, wird das Filmband in einer ruckartigen Bewegung um einen Bildabstand weitergezogen, um anschließend wieder für kurze Zeit stehen zu bleiben. Zwischen je zwei Belichtungs- bzw. Betrachtungsphasen der Bildfrequenz ist also eine Transport- bzw. Dunkelphase, die zeitlich dieselbe Länge hat.

Das Auge nimmt den Wechsel zwischen Hell und Dunkel deutlich wahr, wenn die Bildfrequenz gering ist; steigt sie jedoch, dann wird das anfängliche Flackern immer undeutlicher und verschwindet schließlich ganz. Ideal wäre eine möglichst h o h e Bildfrequenz: einmal, um den Unterschied zwischen einer fotografierten Bewegungsphase und der nächsten möglichst gering zu halten und zum anderen wegen des Flackerns der Dunkelphasen, das möglichst auf ein nicht mehr wahrnehmbares Maß reduziert werden soll. Dem stehen nun wieder technische und wirtschaftliche Forderungen entgegen, die in einer möglichst niedrigen Bildfrequenz das Ideal sehen! So setzt zum Beispiel das Material des Filmbandes, das an der beiderseitigen Perforation ruckartig am Bildfenster vorbeitransportiert wird, einer beliebigen Steigerung des Tempos eine Grenze. Es würde schneller verschleißen und soll doch möglichst oft benutzt werden! Auch würde bei einer größeren Bilderzahl pro Sekunde der Materialverbrauch für einen Film immer größer und teurer, die Filmrollen selber würden unhandlich groß oder zu zahlreich.

So einigte man sich anfangs auf 16 Bilder pro Sekunde und späterhin, als die Ansprüche – vor allem des Tonfilmes – höher wurden, auf 24 Bilder pro Sekunde. Heute laufen alle Projektoren mit 24 Bildern. Alte Filme werden auf den heutigen Geräten demzufolge zu schnell vorgeführt und erfahren daher jene eigentümliche Raffung, bei der die Figuren sich lächerlich hastig benehmen, und die ein Charakteristikum der Filme „aus der Stummfilmzeit" geworden ist. Ganz zu Unrecht allerdings, denn zu jener Zeit bewegten sich die Figuren der in flimmernder Langsamkeit vorgeführten Filme ganz richtig.

Wenn ein Film über das Fernsehen gesendet wird, so läßt man ihn mit 25 Bildern pro Sekunde durch die Abtastung laufen. Diese Beschleunigung ist praktisch nicht feststellbar, und es können Filme, die von der Kamera mit einer Frequenz von 24 Bildern aufgenommen wurden, ohne weiteres mit 25 Bildern vorgeführt werden. Ausgesprochene Fernsehfilme werden allerdings auch schon von der Kamera mit 25 Bildern fotografiert.

Man muß sich also vorstellen, daß sowohl in der Kamera als auch im Projektor der Film 24 oder 25mal in der Sekunde um die Breite eines Filmbildes weitertransportiert wird und dazwischen vollständig zum Stillstand kommt. Vor allem in der Stillstandsphase werden hohe Anforderungen an die Präzision gestellt. Jedes Bild muß immer wieder exakt an der gleichen Stelle stehen wie seine Vorgänger! Tut es das nicht, dann ist der Bewegungsablauf des Filmes unsauber, das Bild flattert, wackelt oder „atmet". Ein System von sogenannten Sperrgreifern sorgt bei Kamera und Projektor für den notwendigen Bildstand, desgleichen die sehr genau ausgestanzte Perforation am Rande des Filmbandes,

Filmtechnik

das aus einem Material geschaffen sein muß, welches möglichst dünn und elastisch, aber doch fest und gegen Alterungserscheinungen gefeit ist.

Die Bildfrequenz von 24/25 Bildern bedeutet außerdem, daß während $^1/_{25}$ Sekunde Stand und Transport eines Bildes vonstatten gehen. Da für den Transport etwa die Hälfte der Zeit benötigt wird, bleibt für den Bildstand $^1/_{50}$ Sekunde. Das ist – auf die Kamera bezogen – die Belichtungszeit für jedes einzelne Filmbild. Bei den heutigen, zum Teil hochlichtempfindlichen Filmmaterialien ist die Belichtungszeit von $^1/_{50}$ Sekunde völlig ausreichend. Am Beginn der Kinematografie jedoch wäre man – vor allem bei Atelieraufnahmen – nicht sehr glücklich darüber gewesen. Das war auch einer der Gründe, weshalb man mit einer Bildfrequenz von 16 Bildern arbeitete, bei der die Belichtungsdauer rund $^1/_{30}$ Sekunde betrug – fast doppelt so lang wie heutzutage. Man hätte bei der heutigen Bildfrequenz die doppelte Zahl von Scheinwerfern im Atelier aufstellen müssen. Heute gestatten die lichtempfindlichen Filmmaterialien, daß man beispielsweise bei Industrie-Innenaufnahmen mit ein paar leichten Lampen oder sogar ohne sie auskommt. Von der Bedeutung des „Lichtes" soll jedoch noch später gesprochen werden.

Projektoren sind auf eine Vorführgeschwindigkeit von 24 bzw. 25 Bildern pro Sekunde eingestellt. Diese Geschwindigkeit kann, abgesehen von Amateurgeräten, nicht verändert werden! Das ist schon deshalb wichtig, weil bei der Filmbearbeitung am Schneidetisch und bei der Vertonung dieses Geschwindigkeit zugrunde gelegt wird. Würde man die Vorführgeschwindigkeit verändern, so erführe vor allem der Ton (z. B. die Sprache) eine höchst merkwürdige Veränderung: die Stimmen würden zu einem tragischen Baß absinken oder sich zu nervösem Diskant erheben!

2. Die Filmkamera

Demgegenüber kann die Filmgeschwindigkeit in der Kamera sehr wohl verändert werden, und zwar im Hinblick auf einen später bei der Vorführung ganz bewußt beabsichtigten Effekt: Eine zu langsam laufende Kamera produziert nämlich eine Szene im Zeitraffertempo, eine zu schnell laufende dehnt die Bewegungsvorgänge. Daß sich bei solchen Aufnahmen auch die Belichtungzeiten verändern, ist eine Tatsache, die der Kameramann beachten muß! Bei Werbefilmen wird sehr oft der Zeitdehnereffekt bemüht, um die Weichheit eines Stoffes, das Traumhafte, Überirdische einer Situation darzustellen.

Die übrige technische Ausrüstung einer Filmkamera entspricht im Prinzip der eines Fotoapparates; es können verschiedene Objektive und Filter eingesetzt werden, die Blende und Schärfe ist verstellbar. Anders als beim Fotoapparat ist die Befestigung auf einem Stativ, das eine horizontale und vertikale Bewegung der Kamera während der Aufnahme erlaubt (Schwenk). Die Verkleidung der Kamera mit einem schalldichten Gehäuse (Blimp) wird dann vorgenommen, wenn während der Aufnahme Tonaufzeichnungen gemacht werden sollen. Durch den Blimp wird die Umgebung von den Geräuschen der Kamera abgeschirmt.

Etwas grundsätzlich anderes ist die sogenannte Trickkamera, bei der jeweils nur e i n Bild auf dem Filmband belichtet wird. Die Auslösung der Kamera bewirkt Belichtung und Weitertransport jeweils eines Filmbildes; bis zur Auslösung des nächsten lassen sich dann Veränderungen am Aufnahmeprojekt vornehmen, zum Beispiel gezeichnete Bewegungsphasen austauschen oder Gegenstände bewegen. Bei der Vorführung des entwickelten Filmes im Projektor entstehen dann Bewegungsvorgänge. Wie durch Zauberei beginnen gezeichnete Figuren zu leben oder tote Gegenstände ohne erkennbare Hilfen zu schweben, sich zu öffnen, zu drehen und zu verwandeln; Produkte entledigen sich ihrer Umhüllung, öffnen sich, schütten ihren Inhalt aus und verschließen sich wieder. Solche Trickaufnahmen sind nur mit der Einzelbild-Trickkamera möglich. Sie erlaubt es, alle manuellen Verrichtungen zwischen den einzelnen Aufnahmen gleichsam zu unterschlagen. Selbstverständlich dauert die Herstellung solcher Szenen viel länger als gewöhnliche kinematografische Aufnahmen.

3. Das Film-Material

Vom Filmmaterial wurde schon gesprochen. Es handelt sich dabei grundsätzlich um dasselbe Material, das in sogenannten Kleinbild-Fotoapparaten verwendet wird; seine Breite beträgt 35 mm. Es ist das Standardmaß für die Filmarbeit, die außerdem noch 16-mm- und für Superbreitwandfilme 70-mm-Material kennt. 8 mm wird nur für den Amateurfilm verwendet.

Dieser 35 mm breite Standardfilm hat an beiden Seiten die Perforation, in die die Transportzahnräder eingreifen. Die Bilder haben Querformat und liegen so im Filmband, daß ihre Schmalseiten die Perforation berühren, besser gesagt: berührten! Denn seit der Einführung des Tonfilmes wird für die Tonspur ein schmaler Streifen zwischen Bild und linker Perforation ausgespart. Die lichtempfindliche Schicht hat die gleichen Qualitäten wie beim Fotofilm: es gibt Material verschiedener Lichtempfindlichkeit und Gradation (von Gradation spricht man, wenn ein Filmmaterial „weich" oder „hart" ist, wenn die Zahl der Grauabstufungen zwischen weiß und schwarz gekennzeichnet werden soll).

Sowohl Schwarzweiß- als auch Farbfilme liefern nach dem Entwickeln ein Negativ. Beim Schwarzweißfilm sind die Hell-dunkel-Werte entgegengesetzt, beim Farbfilm außerdem noch die Farbwerte (Komplementärfarben). Von solchen Negativen können zahlreiche Kopien mit den positiven Grau- und Farbwerten hergestellt werden.

Sogenannte Umkehrfilme liefern statt eines Negativs gleich ein Positiv. Die Herstellung von Kopien stößt hier aber wegen der allgemeinen Ausrüstung auf Negativ-Positiv-Betrieb auf Schwierigkeiten.

Das Entwickeln sowie das Anfertigen von Positivkopien wird in den Filmkopieranstalten vorgenommen. Das sind Spezialbetriebe, in denen mit großer Sauberkeit und Präzision gearbeitet werden muß. Jeder Filmproduzent verlangt von den Kopieranstalten eine konstante Qualität im Rahmen der geforderten Normen, jeder Kameramann muß sich darauf verlassen können, daß seine gleichmäßig belichteten Filme gleichmäßig entwickelt werden, heute genauso wie in einem halben Jahr. Filmproduktionen und Kameraleute arbeiten daher auch am liebsten mit ein und derselben Kopieranstalt. Man muß sich gegenseitig kennen und aufeinander abgestimmt sein, wenn man eine gleichmäßig gute Qualität erreichen will.

Das gilt vor allem auch für das Belichten, Entwickeln und Kopieren von Farbfilmen, die im Farbfernsehen gesendet werden sollen; sie müssen eine besonders gute Farbabstimmung haben, denn die Farbabtastung neigt dazu, vorhandene Farbfehler zu vergröbern. So kann es geschehen, daß insbesondere Gesichter entweder rosarot und wie verbrüht aussehen oder grünlich-fahl wie von einer krankhaften Übelkeit gezeichnet. Die richtige Belichtung eines Filmes für das Farbfernsehen gehört zu den technisch besonders schwierigen Arbeiten, und es muß ein handwerklich fundiertes Wissen von seiten der Kameraleute, Maskenbildner, Beleuchter, Bühnenbildner und Regisseure dazu verlangt werden.

4. Die Filmaufnahmen (Dreharbeiten)

Aber da sind wir schon beim „Dreh" (diese substantivierte Wortform hat sich beim Filmbetrieb fest eingebürgert, ähnlich wie der „Schwenk" oder der „Brumm"). Der typische Drehbetrieb findet im Atelier statt. Hier sind alle die Möglichkeiten griffbereit vorhanden, mit denen man die Filmaufnahmen gestaltet: Dekorationen mit Requisiten, Lampen und Lichtflächen, Fahrzeuge für die Kamera, Toneinrichtungen und technische Hilfsmittel aller Art, wie Windmaschine, Rauch, Regen usw. Hier stehen auch die Strommengen zur Verfügung, die man für eine große „Ausleuchtung" braucht.

Das A u s l e u c h t e n ist eine besonders subtile Kunst. Ihr grundsätzliches Problem ist folgendes: Normalerweise gibt es sowohl außen als auch in Innenräumen sehr starke Helligkeitskontraste, die von der Netzhaut des Auges ausgeglichen werden können. Die Netzhaut kann sehr helle Stellen weniger hell und dunkle Stellen heller sehen. Das sieht in der Praxis so aus, daß beim Blick gegen ein helles Fenster Einzelheiten auf der viel dunkleren Wand neben dem Fenster noch gut erkannt werden können. Bei der fotografischen Abbildung ist das jedoch unmöglich. Entweder wird das Fenster richtig belichtet, dann ist die Wand völlig schwarz und unterbelichtet, oder die Wand ist mit allen Details erkennbar, dann aber ist das Fenster überbelichtet und überstrahlt. Wenn man beim Fotografieren ein Bild haben will, wie es die Netzhaut sieht, dann müssen die natürlichen Lichtverhältnisse korrigiert werden. Bei unserem Beispiel würde das bedeuten, daß die Wand neben dem Fenster durch Licht aufgehellt werden muß!

Um auf das Problem zurückzukommen: Bei Foto- und Filmaufnahmen müssen die Lichtverhältnisse korrigiert werden, wenn das spätere Bild natürlich wirken soll. Eine besondere Schwierigkeit ist dabei noch, daß das natürliche Licht meistens diffus ist, die künstlichen Lichtquellen jedoch mehr oder weniger punktförmig sind, das heißt: scharfe Schatten werfen! Man wird daher oft versuchen, zur Aufhellung indirektes Licht zu nehmen (angestrahlte, helle Flächen), oder Anordnungen von vielen nebeneinander montierten Glühlampen, die praktisch ein schattenloses Licht werfen. Auf diese Weise kann man dunkle Stellen aufhellen, ohne daß ein oder gar mehrere Schatten entstehen. Auch soll der Kontrastumfang zwischen beleuchteten und im Schatten liegenden Partien nicht so groß wie in natura sein! Während er bei Räumen, die nur durch ein Fenster beleuchtet werden beispielsweise 1:8 beträgt, soll er bei Farbfilmen für das Farbfernsehen nicht größer als 1:2 betragen. Alle diese Regeln gelten selbstverständlich nur dort, wo realistische natürlich wirkende Lichtverhältnisse dargestellt werden, sie gelten nicht, wenn irreale Stimmungen oder absichtlich harte Kontraste erzeugt werden sollen.

Die richtige Verteilung von hellen und dunklen Bildpartien bei der Aufnahme, anders gesagt: das Vermeiden allzu vieler sehr h e l l e r oder allzu vieler d u n k l e r Bildteile ist für die richtige Wiedergabe eines Filmes entscheidend, der für die Fernsehabtastung gedreht wird. Eine Nachtszene beispielsweise, bei der zuwenig „Bezugsweiß" im Bild ist, wird in der Abtastung automatisch auf „heller" geschaltet: das Bild wird grau statt schwarz. Anders, aber ebenso schlecht, ergeht es einer Szene, in der sehr viel zu helles Weiß ist; das könnte bei einem Waschmittelfilm vorkommen! In diesem Fall schaltet die Automatik auf „dunkler", und das Bild, statt hell zu strahlen, wird ebenfalls grau. Auf diesem Gebiet werden bei den Filmaufnahmen oft noch fundamentale Fehler gemacht, oft auf Grund einer Werbekonzeption, die in der filmdramaturgischen Umsetzung nicht die technischen Gegegebenheiten in Rechnung stellt. Alle diese Schwierigkeiten treten nicht bei einem Film auf, der ausschließlich fürs Kino gedreht wird. Die optische Projektion kann die Kontraste des Filmbildes ohne weiteres abbilden.

Nun dient die „Ausleuchtung", von der hier die Rede ist, nicht nur dazu, Kontraste zu mildern; ganz allgemein soll auch eine größere Lichtmenge zur Verfügung gestellt werden. Abgesehen von den modernen, hochempfindlichen Schwarzweißfilmen, kommen die feinkörnigeren und daher normalerweise verwendeten Filmnegative nicht mit dem Licht aus, das in natürlich beleuchteten Räumen herrscht. Die Farbfilme brauchen – nach dem derzeitigen Stand der Technik – noch mehr Licht! Es ist also notwendig, die Szene künstlich zu beleuchten.

Das Licht dient ferner zum Ausmodellieren der ganzen Dekoration: Manche Gegenstände will man absichtlich plastisch oder flach beleuchten, der Vordergrund soll vom Hintergrund getrennt werden, und man will Tiefe erzeugen durch Zonen verschieden starker Helligkeit. – Soviel vom Licht und seiner Anwendung.

5. Schnitt und Vertonung

Wenn die Filmaufnahmen gedreht sind, gewinnt man über das entwickelte Negativ eine Positivkopie. Nach unserer Kurzformel vom Anfang dieses Kapitels besitzen wir also einen „Film" und können mit Hilfe des Projektors „lebende Bilder" auf eine Leinwand werfen. Im allgemeinen und insbesondere beim Werbefilm wird man sich mit diesem Streifen jedoch nicht zufriedengeben. Man wird die mehrfach vorhandenen Szenen aussortieren, den Streifen auf eine vorgeschriebene Länge bringen und ihn mit „Ton" versehen wollen. Und damit sind wir bereits bei der Arbeit des Cutters und seinem Gerät: dem S c h n e i d e t i s c h .

Wie schon erwähnt, werden die einzelnen Szenen eines Werbefilms fast immer mehrfach gedreht, um eine Garantie zu haben, daß die oft sehr detaillierten Vorschriften des Drehbuches auch tatsächlich exakt verwirklicht wurden. Die Positiv-Kopien der entwickelten Negative nennt man Muster. Sie werden mit dem Projektor vorgeführt, und man entscheidet, welche von den mehrfach vorhandenen Szenen für die endgültige Bearbeitung ausgewählt werden sollen. Dann beginnt die Arbeit am Schneidetisch. In Deutschland ist dieses Gerät eine Art von Filmprojektor in Tischform, bei dem das Filmband offen zugänglich ist und an jeder beliebigen Stelle zerschnitten und zusammengeklebt werden kann. Gleichzeitig können ein oder zwei Tonbänder mitlaufen und ebenfalls zerschnitten und geklebt werden. Der Filmtransport am Schneidetisch kann zu jeder Zeit gestoppt werden. Er läuft vorwärts und rückwärts, und zwar in der Normalfrequenz von 24 oder 25 Bildern. An diesem sehr vielseitigen Gerät wird also der Film „geschnitten", mit anderen Worten: filmdramaturgisch bearbeitet. Dazu gehört, daß man die Szenen in der richtigen Reihenfolge aneinanderklebt und sie so kürzt, daß nicht nur die Übergänge von einer Szene zur nächsten stimmen, sondern daß auch die Gesamtlänge des Filmes der geforderten Bildzahl entspricht.

Man erhält so eine A r b e i t s k o p i e , an Hand deren die Vertonung vorgenommen wird. (Das hier verwendete Schema der Reihenfolge verschiedener Arbeitsvorgänge entspricht zwar der häufigsten Anwendung, ist aber andererseits keineswegs immer richtig. Es ist zum Beispiel sehr oft der Fall, daß eine zuvor vorhandene Musik dazu dient, den Bildteil eines Films synchron zur Musik zu schneiden.) Nach dem hier verwendeten Schema wäre also eine Arbeitskopie vorhanden, die nun anschließend vertont werden soll.

Zum technischen Verständnis dieser Arbeit soll zuvor ein Blick auf die T o n t e c h n i k geworfen werden: Während bei der endgültigen „Vorführkopie" eines Films der Ton als optisch sichtbares Zackenband auf die Tonspur zwischen Bild und linker Perforation

Filmtechnik

aufkopiert ist, verwendet man während der Bearbeitung des Filmes Magnetbänder. Diese Bänder haben die gleiche Perforation wie der Film und können demzufolge auf allen Geräten, auf denen eine exakte Laufgeschwindigkeit verlangt wird, fehlerfrei transportiert werden. In der Regel bespielt man e i n solches „Perfoband" mit Musik, ein anderes mit Sprache und ein drittes mit eventuell vorkommenden G e r ä u s c h e n. Das „Anlegen" der Bänder am Schneidetisch bedeutet nichts anderes, als daß nun diese Bänder so geschnitten und geklebt werden, bis beispielsweise die Sätze des Kommentarsprechers genau dort liegen, wo es das Bild verlangt und die Geräusche ebenfalls ihren Platz als synchrone Tonereignisse gefunden haben. Beim Sprachband geschieht das etwa so, daß vorhandene Sprachpausen verlängert oder gekürzt werden. Der mechanische Vorgang ist der gleiche wie bei der Bildbearbeitung: mit der Schere werden Teile herausgeschnitten und die Schnittstellen mit Klebeband zusammengehalten.

Nacheinander werden nun die verschiedenen Perfobänder synchron geschnitten, wobei der Cutter eine genaue Vorstellung bzw. einen aufgezeichneten Plan von der Gesamtvertonung besitzen muß, denn während dieser Bearbeitungsphase kann er jeweils nur ein Tonereignis zusammen mit dem Bild beurteilen. (An sogenannten Sechstellertischen kann er sogar 2 Tonbänder gleichzeitig hören.) Der Gesamteindruck der Vertonung ist erst dann vorhanden, wenn alle bearbeiteten Tonbänder in der Mischanlage eines Tonstudios zusammen mit dem Bild vorgeführt werden, wobei man am Mischpult das Lautstärkeverhältnis der Tonbänder beeinflussen und regeln kann.

Wenn der Gesamtton befriedigt und keine Änderungen mehr nötig sind, wird die M i s c h u n g vorgenommen. Der technische Vorgang ist dabei folgender: Die am Mischpult eingehenden Tonereignisse werden nach Lautstärke und Frequenzgang beeinflußt und insgesamt auf ein neues, gemeinsames Tonband, das sogenannte Mischtonband, gegeben. Dies ist ebenfalls ein Perfoband und dient als Tonvorlage für das Aufkopieren des Lichttonstreifens auf die endgültige Filmkopie. Zu dem Zweck wird ein sogenanntes „Ton-Negativ" hergestellt, ein normaler Filmstreifen, bei dem allerdings keine Bilder, sondern nur der seitliche Tonstreifen vorhanden sind. Mit diesem Ton-Negativ und dem Bild-Negativ wird später die endgültige „k o m b i n i e r t e K o p i e " hergestellt.

6. Herstellung der Filmkopie

Doch noch ein Wort zum Bildnegativ. Dieses wird analog zur Arbeitskopie geschnitten und geklebt, damit die kombinierte Kopie aus einem Stück besteht und keine Klebestellen hat. Dieses geschnittene Bildnegativ enthält dann noch die sogenannten „optisch bearbeiteten Szenen", zum Beispiel Blenden oder Einkopierungen. Solche Szenen bestehen an sich aus zwei Filmstreifen, die parallel laufen und sich bei der Blende überlappen oder – bei der Einkopierung – überlagern und durchdringen. Da man im allgemeinen nicht gern mit zwei getrennten Negativen in die Kopiermaschine geht, wurde vorher in einem separaten Verfahren alles auf einem Negativ vereinigt: einem optisch bearbeiteten Duplikat-Negativ, kurz: Dup-Negativ. Solche Dup-Negative verursachen oft eine gewisse Qualitätsminderung für das zu kopierende Positiv. Besonders beim Farbfilm ist dieser Verlust gelegentlich deutlich sichtbar, vor allem dort, wo naturalistische Farbtöne gezeigt werden sollen, und noch gravierender ist die Minderung, wenn Farbfilme mit Dup-Szenen im Farbfernsehen gesendet werden sollen. Man wird also schon in der Konzeption solche optisch bearbeiteten Szenen zu vermeiden trachten! – Wenn sie interessant sind, wird man sie ohne weiteres hinnehmen können, sollen sie jedoch schön und farbtreu sein, wird man sie unter Umständen beanstanden. Der Vollständigkeit halber muß hier noch kurz ein Kopierverfahren erwähnt werden – das sogenannte A-B-

Verfahren –, bei dem sich Blenden (und nur diese!) ohne Qualitätsverlust herstellen lassen, indem zwei getrennte Original-Negative gefahren werden. Dieses Verfahren, das man vor allem bei Farbfernsehfilmen anwenden sollte, ist allerdings zeitraubender und teurer.

Die kombinierte Kopie wird also aus Bild- und Ton-Negativ hergestellt und trägt den bereits erwähnten Tonstreifen. Dieser optisch sichtbare Tonstreifen (Zackenband) steuert, indem er an einer anderen Stelle des Projektors kontinuierlich an der Tonlampe vorbeigeführt wird, eine Fotozelle, welche die optischen Signale in elektrische verwandelt. Auf diese Weise wird ein Lautsprecher in Schwingungen versetzt und der „Ton" des Mischbandes wird wieder hörbar.

7. Fernsehtechnik

Alles das, was bisher gesagt wurde, umfaßt die Filmtechnik im herkömmlichen, sozusagen klassischen Sinne. Seit der Entwicklung der Fernsehtechnik gibt es inzwischen Verfahren, die das Gebiet der Filmtechnik überlappen und ganz neue Möglichkeiten eröffnen. Gemeint ist die Speicherung einer Bildaufnahme auf Magnetband. Eine solche Magnetaufzeichnung kann unmittelbar nach der Aufnahme auf einem Monitor vorgeführt werden und unterliegt beim häufigen Abspielen einem geringeren Verschleiß als das herkömmliche Filmband. Solche Magnetbänder eignen sich allerdings kaum zu einer nachträglichen Bearbeitung wie Schnitt, Tricks, Einkopierungen usw. und sind daher für Werbefilme nur bedingt geeignet. Dort, wo ein ausgesprochener Life-Charakter verlangt wird, sind sie denkbar. Auch wäre es bei einer weiteren Vervollkommnung möglich, daß von der gleich am Aufnahmeort kontrollierten und für gut befundenen Magnetaufzeichnung Übertragungen auf ein Filmband vorgenommen werden, die dann in der bisherigen Weise zu bearbeiten wären. Noch stehen einem solchen Verfahren die hohen Ansprüche entgegen, die der Werbefilm an die Bildqualität stellt und auch weiterhin stellen muß. Ferner lassen die ungleich höheren Kosten bei der Aufnahme solche Verfahren unrentabel erscheinen.

Eines ist allerdings sicher: die technische Entwicklung wird fortschreiten, sie wird immer kompliziertere und damit teurere Geräte auf den Plan treten lassen, dazu Spezialisten, die damit umgehen können. Kleine Filmbetriebe werden es daher immer schwerer haben, mit dieser Entwicklung Schritt zu halten. Das Schwergewicht wird sich auf die Großbetriebe verlagern, die in der Lage sind, durch große Investitionen mit der technischen Entwicklung Schritt zu halten.

DRITTES KAPITEL

Personen und Institutionen der Werbung

Der Zentralausschuß der Werbewirtschaft (ZAW)

Von Dr. Karl Heinz Jonas, Bad Godesberg

I. Allgemeine Zielsetzung

Im Jahre 1949, als die Wirtschaftswerbung nach der Währungsreform sich wieder auf ihre Aufgabe der Absatzförderung zu besinnen begann und der in der Zeit des Mangels bestehende Käufermarkt durch den Verkäufermarkt abgelöst wurde, gründete eine Anzahl von Verbänden der Wirtschaft den Zentralausschuß der Werbewirtschaft als eine Arbeitsgemeinschaft von Organisationen, deren Mitglieder Wirtschaftswerbung betreiben, durchführen, gestalten oder vermitteln.

Es war das Ziel dieser Gründerverbände, mit diesem ZAW eine Dachorganisation der Werbung zu schaffen, d. h. alle Gruppen der Werbewirtschaft in einem festen Rahmen zusammenzufügen und zu gemeinschaftlichem Handeln zu befähigen. Der ZAW sollte die Wünsche und Interessen der verschiedenen von, für und durch die Werbung lebenden oder sich ihrer bedienenden Unternehmen und Personen hinsichtlich der Werbung koordinieren, durch vertrauensvolle Zusammenarbeit die Werbung als absatzwirtschaftliches Instrument entwickeln und fördern und alle Möglichkeiten ihres Einsatzes im Rahmen des Rechts und der guten kaufmännischen Sitten gewährleisten.

Diese Ziele wurden erreicht. Statt daß jede Gruppe der Werbewirtschaft ohne Rücksicht auf andere selbständig handelte und ihren Vorteil suchte, statt daß sich insbesondere Auftraggeber und Auftragnehmer des Anzeigen-, Plakatierungs-, Werbefernsehgeschäfts und sonstiger Spielarten des Werbegeschäfts in festgefügten Fronten gegenüberstehen und sich in unfruchtbare Auseinandersetzungen verstricken, sprechen sie am runden Tisch des ZAW über ihre Anliegen, Wünsche, Forderungen, aber auch über ihre Bedenken und Beschwerden, und bemühen sich mit großem Erfolg, die gegenseitigen Standpunkte zu verstehen und eine für alle annehmbare Lösung zu suchen. Kooperation statt Konfrontation verhütet in der Wirtschaftswerbung heute kräfteverzehrende Kämpfe, planlose Unternehmungen und überflüssige Doppelarbeit. Die einleuchtende Wirksamkeit dieses Prinzips der werbewirtschaftlichen Kooperation beginnt sich immer mehr auch in anderen europäischen und außereuropäischen Ländern durchzusetzen.

Auch das dem ZAW gesetzte Ziel, ein für die Gesamtheit der Wirtschaftswerbung repräsentativer Sprecher zu sein, wurde erreicht. Ein wirkungsvolles Eintreten für die Werbung, die nach wie vor umstritten und – teils aus Mißverständnissen, teils aus

Voreingenommenheit – kräftig kritisiert wird, ist nur möglich, wenn alle Kräfte der Werbung zusammengefaßt werden. Der ZAW vereinigt aber – aus seiner Konstruktion heraus – unter seinem Dach alle wichtigen an der Wirtschaftswerbung interessierten Wirtschaftsgruppierungen. Deshalb kann er für die Werbung als Ganzes sprechen, was keiner der einzelnen Fach- oder Berufsverbände des Werbewesens zu tun vermöchte. Denn es liegt in der Natur der Sache, daß eine bestimmte Sparte der Werbewirtschaft bzw. die ihr angehörenden Personen oder Unternehmen die einzelnen Werbeprobleme stets aus der Sicht ihres Fachbereiches beurteilen. Eine Organisation wie der ZAW hingegen, die sich von vornherein zur Aufgabe gesetzt hat, die verschiedenartigen Interessen der werbewirtschaftlichen Partner und Gruppen zu koordinieren, ist sowohl in der Lage als auch dafür ausersehen, sich denjenigen Angelegenheiten der Wirtschaftswerbung zu widmen, die über den Fachbereich der einzelnen Fachverbände hinaus bedeutsam sind. Der Umstand, daß der ZAW nicht Einzelinteressen vertritt, sondern ein Organ des Ausgleichs solcher Interessen ist, verleiht seinen Äußerungen und Handlungen besonderes Gewicht.

II. Frühere Organisationsformen der Werbewirtschaft

Vorgänger des ZAW war in den Jahren 1933 bis 1945 der W e r b e r a t d e r D e u t s c h e n W i r t s c h a f t, eine durch das Gesetz über Wirtschaftswerbung vom 12. 9. 1933 (RGBl. I, S. 625) geschaffene Körperschaft des öffentlichen Rechtes, die namens des Reiches die staatliche Aufsicht über das gesamte Werbewesen ausübte. Die praktischen Erfahrungen mit dem Werberat, der durch Bekanntmachungen zahlreiche Bereiche des Werbewesens ordnete, dessen Aufsichts-, Anordnungs- und Strafbefugnisse jedoch die Freiheit der Werbung und der werblichen Betätigung in mancher Beziehung einengten, veranlaßten die Gründer des ZAW zu dem entscheidenden Entschluß, künftig jeder staatlichen Werberegelung und -aufsicht entgegenzutreten. Der materielle Inhalt der Ordnungsmaßnahmen des Werberates, die in beträchtlichem Umfange den schon vor 1933 – vergeblich – vertretenen Forderungen der beteiligten Wirtschaftskreise entsprachen, erschien insoweit als übernehmenswert, wie die Maßnahmen des Werberats der Rationalisierung des Werbegeschäfts dienten. Die Gründer des ZAW waren allerdings der Meinung, daß anstelle des staatlichen Zwanges die freiwillige Selbstdisziplin der Beteiligten treten sollte.

III. Die Aufgaben des ZAW

Der ZAW hat die Aufgabe, die Interessen der Wirtschaftswerbung gegenüber dem Staat und dem Gesetzgeber, gegenüber der Öffentlichkeit, gegenüber allen gesellschaftlich relevanten Kräfte und Gruppen zu vertreten, allgemein über die Werbung aufzuklären und für sie zu werben. Dazu gehört auch die Förderung des Ausbildungswesens und der Werbewissenschaft. Im Verhältnis der verschiedenen Sparten und Gruppen der Werbewirtschaft untereinander ist die Aufgabe des ZAW, die vorhandenen Gegensätze zu überbrücken, Meinungsverschiedenheiten zu beseitigen, möglichst in allen wesentlichen Fragen eine übereinstimmende Haltung herbeizuführen, ohne jedoch einen Zwang auszuüben. Deshalb begnügt sich der ZAW damit, die Grundsätze, Richtlinien, Konditionen usw., die er erarbeitet, soweit zulässig zur Anwendung und Beachtung zu empfehlen oder auch nur lediglich den Betroffenen zur Kenntnis zu bringen. Er appelliert an die Einsicht der Beteiligten und ist bestrebt, in allen Fragen eine einmütige Auffassung zu entwickeln. Er achtet die Freiheit des einzelnen, auch anders zu handeln, und er bedroht niemanden, der seine eigenen Wege geht, mit Nachteilen irgendwelcher Art.

Die S a t z u n g des ZAW faßt die dem ZAW obliegenden A u f g a b e n wie folgt zusammen:

„Die Aufgabe des Zentralausschusses der Werbewirtschaft besteht darin,
a) alle Bestrebungen zu unterstützen, die der Wirtschaftswerbung eine volle Entfaltung ihrer Anwendungsmöglichkeiten sichern,
b) Hindernisse jedweder Art zu beseitigen, die die Wirtschaftswerbung beeinträchtigen oder ihre Durchführung erschweren,
c) durch Selbstdisziplin in den eigenen Reihen die Voraussetzungen für eine reibungslose Durchführung des Werbegeschäftes zu schaffen,
d) auf eine in Form und Inhalt lautere und vorbildliche Werbung hinzuwirken, um Auswüchse und Mißbräuche zu vermeiden,
e) für eine volkswirtschaftliche und kulturelle Bedeutung der Wirtschaftswerbung Verständnis zu wecken sowie ihre wissenschaftliche Erforschung zu fördern,
f) die Werbewirtschaft gegenüber den Behörden und Gesetzgebungsorganen zu vertreten,
g) Werbeausstellungen, Werbekongresse, Studienreisen und Besichtigungen zu veranstalten,
h) mit den gleichgerichteten Organisationen des Auslandes einen Austausch von Erfahrungen, Werbedrucksachen usw. herbeizuführen."

IV. Die Organisation des ZAW

1. Mitgliedsverbände des ZAW

Der ZAW ist ein Verband von Verbänden. Die Satzung des ZAW faßt diese Mitgliedsverbände in vier Gruppen zusammen, um damit alle Bereiche der Wirtschaft abzudecken, in denen die Werbung eine Rolle spielt.

G r u p p e W e r b u n g t r e i b e n d e

Die in der Gruppe Werbungtreibende erfaßten Verbände gruppieren Unternehmungen, die sich der Werbung als Mittel der Absatzförderung bedienen. Diese Verbände sind also keine werbefachlichen Organisationen im engeren Sinne. Die Gruppe Werbungtreibende umfaßt Industrie, Handel und Gewerbe in allen Verästelungen, und die Mitglieder der Verbände, die unter diese Gruppe fallen, gehören zur Werbewirtschaft, weil sie für ihre Waren oder Leistungen Werbung betreiben. Der Gruppe Werbungtreibende des ZAW gehören folgende Verbände an:

Bundesverband der Deutschen Industrie e. V.
Markenverband e. V.
Hauptgemeinschaft des Deutschen Einzelhandels e .V.
Deutscher Brauer-Bund e. V.
Deutscher Fremdenverkehrsverband e. V.
Arbeitsgemeinschaft ernährungswirtschaftlicher Werbestellen.

G r u p p e W e r b u n g d u r c h f ü h r e n d e

Die Gruppe Werbungdurchführende erfaßt alle Verbände, deren Mitglieder die für die Publizierung der Werbung brauchbaren und für diesen Zweck benötigten Kommunikationsmittel besitzen oder verwalten oder die Werbemittel herstellen. Bei einer Reihe von Verbänden dieser Gruppe ist das „Durchführen der Werbung für andere" Haupterwerbsgegenstand, bei anderen wird die Tätigkeit zusätzlich zu oder neben einer anderen

Tätigkeit ausgeübt. Den Angehörigen dieser Verbände ist gemeinsam, daß sie die Auftragnehmerseite darstellen, daß sie also die Geschäftspartner der Werbungtreibenden (Auftraggeber) bzw. der zwischen Auftraggebern und Auftragnehmern eingeschalteten Werbemittlungen oder Werbeagenturen sind. Folgende Verbände gehören zur Gruppe Werbungdurchführende:

> Adreßbuchverleger-Verband e. V.
> Adressenverleger- und Direktwerbe-Unternehmer-Verband e. V.
> Arbeitsgemeinschaft Rundfunkwerbung
> Arbeitsgemeinschaft Werbefernsehen
> Bundesverband Deutscher Kundenzeitschriftenverleger e. V.
> Bundesverband Deutscher Zeitungsverleger e. V.
> Bundesvereinigung der deutschen graphischen Verbände e. V.
> Deutsche Eisenbahn-Reklame GmbH
> Deutsche Postreklame Gesellschaft mbH
> Fachverband Film- und Diapositiv-Werbung e. V.
> Fachverband Lichtwerbung e. V.
> Fachverband Messen und Ausstellungen e. V.
> Fachverband Plakatanschlag, Verkehrsmittel- und Großflächenwerbung e. V.
> Gemeinschaft Deutscher Großmessen GDG
> Interessengemeinschaft Deutscher Fachmessen und Ausstellungsstädte
> Verband Deutscher Werbefilmproduzenten e. V.
> Verband Deutscher Zeitschriftenverleger e. V.
> Zweites Deutsches Fernsehen.

Gruppe Werbeagenturen und Werbemittlungen

Werbeagenturen und Werbemittlungen sind selbständige Unternehmen, die in die Abwicklung des Werbegeschäfts zwischen Auftragnehmer und Auftraggeber eingeschaltet sind. Sie sollen unabhängig von werbungtreibenden Firmen und auch von Werbungdurchführenden sein, um ihre Aufgabe, den Werbungtreibenden bei der Planung, Gestaltung und Durchführung der Werbung sachgerecht zu beraten, unbeeinflußt erfüllen zu können.

Werbemittlungen im ursprünglichen Sinne des Wortes betreiben das Geschäft, Werbeaufträge für Werbungtreibende an Werbungdurchführende zu erteilen und abzurechnen. Sie wurden früher vielfach Annoncen-Expeditionen genannt. Die ehemals nur im Einzelfalle geforderte werbefachliche Beratung der Kunden hat bei ihnen allmählich an Bedeutung gewonnen. Bei erheblichem Umfang dieser absatzwirtschaftlichen, heute vielfach große Bereiche des Marketing umfassenden Beratung, die Werbevorbereitung, Marktforschung, Planung der allgemeinen absatzwirtschaftlichen und der speziellen werbetechnischen Maßnahmen, Gestaltung und Einkauf von Werbemitteln umfaßt, ist die Bezeichnung Werbeagentur üblich. Die folgenden beiden Verbände gehören der Gruppe Werbeagenturen und Werbemittlungen an:

> Gesellschaft Werbeagenturen (GWA)
> ADW Verband Deutscher Werbeagenturen und Werbemittlungen e. V.

Gruppe Werbungschaffende

Diese Gruppe umfaßt alle diejenigen, die sich eine bestimmte Tätigkeit im Bereich der Werbung als Beruf gewählt haben (Werbeberater, Werbeleiter, Werbeassistenten, Werbegraphiker, Werbetexter, Werbephotographen, Werbekaufleute, Marktforscher usw.). Sie sind zum Teil in Berufsverbänden, zum Teil auf regionaler Basis – zusammen mit anderen Angehörigen der Werbewirtschaft − in Landeswerbefachverbänden organisiert. Die nachstehenden Verbände bilden die Gruppe der Werbungschaffenden:

Bund Deutscher Werbeberater und Werbeleiter e. V. (BDW)
Bund Deutscher Gebrauchsgraphiker e. V. (BDG)
Bund Deutscher Schauwerbegestalter e. V. (BDS)
Arbeitsgemeinschaft der Werbefachverbände (mit insgesamt neun regionalen Werbefachverbänden).

2. Organe des ZAW

Sämtliche Mitgliedsverbände des ZAW entsenden Delegierte in den Präsidialrat des ZAW. Die Zahl der Delegierten, die jeder Mitgliedsverband entsenden darf, entspricht der Bedeutung der Sparte der Werbung, die der Verband vertritt. Der Präsidialrat des ZAW kann als „das Parlament der deutschen Werbewirtschaft" bezeichnet werden. Wie jedes Parlament ist er für alle organisatorischen und haushaltsmäßigen Entscheidungen zuständig; darüber hinaus wird er angerufen, wenn grundsätzliche Fragen der Werbewirtschaft zu klären sind.

Achtzehn Mitglieder des Präsidialrates, die alle drei Jahre neu gewählt werden, bilden das Präsidium des ZAW; es überwacht die Durchführung der Beschlüsse des Präsidialrates und besitzt alle Befugnisse, die nicht dem Präsidialrat vorbehalten sind.

Den Vorsitz im Präsidium führt der Präsident des ZAW, der vom Präsidialrat aus der Mitte des Präsidiums zu wählen ist. Er wird von vier Vizepräsidenten unterstützt.

Die laufenden Geschäfte des ZAW werden von den Geschäftsführern, die das Präsidium zu berufen hat, bearbeitet. Der Hauptgeschäftsführer des ZAW ist verantwortlich für alle Maßnahmen der Geschäftsführung; er hat darüber hinaus die Entscheidungen des Präsidiums, des Präsidialrates und der sonstigen Gremien des ZAW vorzubereiten und durchzuführen.

Die große Vielfalt der Aufgaben, denen sich der ZAW zu widmen hat, macht es erforderlich, für alle wichtigen Fachgebiete Fachausschüsse aus Sachverständigen der jeweils beteiligten Gruppen einzusetzen. Nach Bedarf werden darüber hinaus Unterausschüsse der Fachausschüsse oder Sonderarbeitsgruppen gebildet. Die in die Fachausschüsse entsandten Sachverständigen vertreten in diesen Gremien die Auffassung der sie entsendenden Organisationen. Darüber hinaus fällt ihnen aber auch die Aufgabe zu, ihren eigenen Verband über die in den Sitzungen der Fachausschüsse zutage tretenden Ansichten der anderen Gruppen der Werbewirtschaft zu informieren.

Es bestehen die folgenden ZAW-Fachausschüsse:

Fachausschuß für Anzeigenwesen
Fachausschuß für Plakatanschlag, Verkehrsmittel- und Großflächenwerbung
Fachausschuß für Ausstellungs- und Messewesen
Fachausschuß für Außenwerbung
Fachausschuß für Film- und Diapositivwerbung
Fachausschuß für internationale Werbefragen
Fachausschuß für Werbefunk
Fachausschuß für Werbefernsehen
Fachausschuß für Werberecht und Werbegesetzgebung
Fachausschuß für Werbeträgerforschung
Fachausschuß für Werbestatistik und -dokumentation
Wissenschaftlicher Beirat.

V. Der Arbeitsbereich des ZAW

1. Der ZAW betrachtete die **Ordnung des Werbegeschäftes** in den verschiedenen Sparten des Werbewesens als seine erste und zunächst wichtigste Aufgabe. Für die einzelnen Werbemedien sind Richtlinien geschaffen worden, die sowohl allgemeine Geschäftsbedingungen wie auch Empfehlungen zur Rationalisierung des Werbegeschäftes umfassen. Form und Inhalt der für eine rationelle Geschäftsabwicklung unentbehrlichen Preislisten liegen fest; in einigen Zweigen der Werbung hat der ZAW eine Normung von Größen und Abrechnungseinheiten (z. B. im Anzeigenwesen Normung der Spaltenbreiten und Abrechnung nach mm-Zeilen oder nach Seiten bzw. Seitenteilen) veranlaßt. Einzelfragen der Geschäftsabwicklung, die einer Aussprache unter den Vertragspartnern bedürfen, sind ständig Verhandlungsgegenstand der verschiedenen ZAW-Fachausschüsse. Die weitere Entwicklung der allgemeinen Geschäftsbedingungen, die für eine zügige Geschäftsabwicklung unentbehrlich sind, muß im Einklang mit den Vorschriften des Gesetzes gegen Wettbewerbsbeschränkungen (Kartellgesetz) stehen, das der früher üblichen Empfehlung von Konditionen hinderlich im Wege steht. Es ist allerdings zu erwarten, daß das Verbot der Empfehlung von Konditionen im Zuge der Novellierung des Kartellgesetzes wieder beseitigt wird.

2. Der ZAW ist zugleich auch ein **Organ der Selbstkontrolle** der Werbewirtschaft. Auswüchse und Mißbräuche sind einer gedeihlichen Entwicklung der Werbung ebenso hinderlich wie mangelnde Ordnung in der rein geschäftlichen Abwicklung. Der ZAW sieht es jedoch nicht als seine Aufgabe an, in Einzelfällen gegen unlautere, geschmacklose oder sonst das Ansehen der Werbung gefährdende Handlungsweisen vorzugehen. Er begnügt sich vielmehr damit, auf Gebieten, in denen sich Mißstände zeigen, durch Richtlinien, Grundsätze oder Meinungsäußerungen den richtigen Weg und die Grenzen des Erlaubten aufzuzeigen. Die Stimme des ZAW findet in der Werbewirtschaft auch ohne Sanktion weitgehend Beachtung; seine Verlautbarungen und Äußerungen dienen zugleich den Gerichten und sonstigen zur Bekämpfung unlauteren Wettbewerbs tätigen Stellen als Entscheidungsgrundlage. Von Bedeutung sind hier die Richtlinien für redaktionelle Hinweise, die Grundsätze für redaktionell gestaltete Anzeigen, das Eintreten des ZAW für die Einhaltung der Preislistentreue, seine zahlreichen Erklärungen gegen verunstaltende Außenwerbung –, allerdings auch sein Kampf gegen eine behördliche Geschmacksdiktatur.

3. Der **Förderung der Wirtschaftlichkeit** der Werbung gilt die besondere Aufmerksamkeit des ZAW. Er gründete 1949 die Informationsgemeinschaft zur Feststellung der Verbreitung von Werbeträgern (IVW), eine von Verlagen und sonstigen Werbungdurchführenden, von Werbungtreibenden, Werbungsmittlern und Werbeagenturen getragene Einrichtung zur Kontrolle der Auflagen von Zeitungen und Zeitschriften, zur Kontrolle der Verbreitung des Plakatanschlags und der Verkehrsmittelwerbung und zur Überprüfung der Besucherzahlen in den Filmtheatern. Die Erweiterung der Tätigkeit der IVW ist vorgesehen. Die IVW, deren Tätigkeit vor allem der Auflagenkontrolle gewidmet ist, hat praktisch den sogenannten „Auflagenschwindel" ausgerottet. Die von der IVW veröffentlichten Informationen über die Verbreitung der Werbeträger, bei Zeitungen und Zeitschriften die vierteljährlich erscheinende „Auflagenliste", bilden die unentbehrlichen Grundlagen für die Auswertung der durch Werbeträgeranalysen ermittelten Reichweite-Indikatoren und damit für die Planung des Einsatzes der verfügbaren Werbemedien. Hilfreich sind in diesem Zusammenhang die „Optimierungsprogramme".

Die zunehmende Bedeutung der Werbeträgerforschung, d. h. der Beschaffung vergleichbarer Daten zur Feststellung der Reichweite der Werbeträger, hat den ZAW veranlaßt,

Grundsätze für einheitliche, vergleichbare, den Mindestanforderungen der Praxis genügende Werbeträgeranalysen auszuarbeiten. Während das „Rahmenschema für Werbeträgeranalysen von Massenmedien" bereits vorliegt und beim ZAW erhältlich ist, sind die Arbeiten für die Erstellung eines „Rahmenschemas für Werbeträgeranalysen von Fachmedien" noch nicht abgeschlossen. Bei den Fachmedien, speziell bei den Fachzeitschriften, liegen, im Gegensatz zu den Massenmedien, so geringe praktische Erfahrungen vor, daß der ZAW sich letzten Endes auf Neuland bewegt. Hinzu kommt, daß Fachzeitschriften keine homogene Gruppe bilden, insbesondere hinsichtlich der von ihnen bevorzugten Verbreitungssysteme. Dies erschwert die Formulierung von Standardanforderungen an Werbeträgeranalysen für diese Gruppe der Werbemedien erheblich.

Der ZAW hat ferner Jahr für Jahr statistische Daten zur Werbung, insbesondere über die Werbeumsätze gesammelt, veröffentlicht und analysiert, um die Entwicklung des Werbewesens darzustellen und die Bedeutung der Werbung zu beleuchten. In diesem Zusammenhang ist auch eine vom ZAW veranlaßte Erhebung über die Auffassung der Wirtschaft, welche Kostenarten zu den Werbekosten zu rechnen sind, und die Ausarbeitung eines Gliederungsschemas für Werbekosten in der Industrie zu nennen.

4. Der ZAW fördert die wissenschaftliche Erforschung der Werbung und die Lehre der Werbung an den Hochschulen, Fachschulen und den auf regionaler Ebene von der Werbewirtschaft selbst getragenen Werbefachschulen, er erteilt Forschungsaufträge und veranlaßt die Herausgabe von Fachbüchern und wissenschaftlichen Werken zu Fragen der Werbung. Um die Zusammenarbeit zwischen Praxis und Wissenschaft fruchtbar zu gestalten, gründete der ZAW mit der Deutschen Werbewissenschaftlichen Gesellschaft einen Koordinierungsausschuß Werbewissenschaft/Werbewirtschaft. Die Aufgabe des Ausschusses wird der Ausbau der wissenschaftlichen Forschung, aber auch der Lehre der Werbung an den Hochschulen sein. Auf dem Kongreß der Werbung 1969 in München hat der ZAW inzwischen die Forderung angemeldet, daß im Zuge der Hochschulreform wenigstens an einigen Hochschulen ein besonderer Fachbereich „Werbelehre" eingerichtet wird. Er hat ferner vorgeschlagen, daß den Studierenden ein spezieller Studienabschluß in Werbelehre mit einem entsprechenden Diplom ermöglicht wird.

5. Die Aufklärung der Öffentlichkeit, der meinungsbildenden Schichten und insbesondere auch der Verbraucher über Aufgaben, Funktion und Notwendigkeit der Werbung ist ein weiteres Anliegen des ZAW. Zu diesem Zweck informiert er die Presse und andere Kommunikationsträger, er führt Vortragsveranstaltungen, Tagungen und Kongresse durch. Der oft unsachlichen, weitgehend auf mangelnde Einsicht in die wirtschaftlichen Zusammenhänge beruhenden Polemik gegen die Werbung tritt der ZAW mit Informationen über den Nutzen der Werbung für Wirtschaft und Gesellschaft entgegen.

6. Eine bedeutende Rolle spielt die Mitarbeit des ZAW bei der die Werbung mittelbar oder unmittelbar berührenden Gesetzgebung in Bund und Ländern. Zu nennen ist hier das Recht der Werbung für Heilmittel, das Bau- und Wegerecht mit seinen starken Auswirkungen auf dem Gebiet der Außenwerbung, oder das Recht des Straßenverkehrs, das ebenfalls die Außenwerbung, aber auch die Verkehrsmittelwerbung betrifft. Ein weiteres Arbeitsfeld hat sich für den ZAW in neuerer Zeit ergeben, seitdem auch die EWG-Behörden dazu übergehen, Rechtsvorschriften zu erlassen, welche die Werbung angehen und sie evtl. beschränken können. Hier sind insbesondere die Bestrebungen zu einer Harmonisierung der Rechtsvorschriften zur Bekämpfung des unlauteren Wettbewerbs zu nennen. Aus deutscher Sicht erscheint eine Rechtsangleichung auf diesem Gebiet nur tragbar, wenn die Generalklausel, die bestimmt, daß sittenwidriger Wett-

bewerb unzulässig ist, auch von den anderen EWG-Partnern im Sinne der von der deutschen Rechtsprechung entwickelten, allerdings relativ strengen Anforderungen ausgelegt würde. Wichtig erscheint ferner eine Rechtsangleichung auf prozessualem Gebiet, z. B. die allgemeine Zulassung der Unterlassungsklage und der einstweiligen Verfügung.

7. Die zunehmende internationale Verflechtung der Wirtschaft verlangt auch auf dem Gebiet der Werbung internationale Zusammenarbeit. Während zahlreiche Fachverbände der Werbung jeweils auf ihrem Gebiet mit gleichgerichteten Orgaeinzelnen Ländern bestehenden, dem ZAW in Aufbau und Zielsetzung ähnlichen Dachorgansationen der Werbung. Mit diesen hat der ZAW im Jahre 1967 einen europäischen Arbeitskreis für Erfahrungsaustausch und Information gegründet. Die vom ZAW 1949 geschaffene und als seine Einrichtung anzusehende IVW hat sich der internationalen Organisation der Auflagenkontrollinstitute (IFABC) angeschlossen. Darüber hinaus wirkt der ZAW auch im Werbeausschuß der Internationalen Handelskammer als Vertreter der deutschen Werbewirtschaft maßgebend mit.

Literatur:

Zentralausschuß der Werbewirtschaft (Hrsg.): Jahresberichte des ZAW, seit 1957 jährlich.

Zentralausschuß der Werbewirtschaft (Hrsg.): Werbung nutzt dem Verbraucher, Bericht über den Kongreß der Werbung 1954.

Zentralausschuß der Werbewirtschaft (Hrsg.): Werbung in einer freien Wirtschaft, Bericht über den Kongreß der Werbung 1959.

Zentralausschuß der Werbewirtschaft (Hrsg.): Werbung im Europamarkt, Bericht über den Kongreß der Werbung 1963.

Die Werbungtreibenden

Von Horst Dieter Martino, Wiesbaden

I. Der Begriff „Werbungtreibender"

Werbung kann im Rahmen dieses Handbuches nur im Sinne von Wirtschaftswerbung verstanden werden, d. h. als Bekanntmachen und Anbieten von Waren und Dienstleistungen. In der Marktwirtschaft, die genügend Güter zur Verfügung stellt und diese Güter auf ihrem Weg vom Hersteller zum Verbraucher sich selbst überläßt, d. h. dem Spiel des Wettbewerbs der Anbieter um die Nachfrage, ist Wirtschaftswerbung unerläßlich. Nur solche Güter, die für wenige Nachfrager bereitgestellt werden (beispielsweise Spezialgeräte oder selten verlangte Dienstleistungen) bedürfen keiner Werbung, um den Kontakt des Anbieters mit seiner Kundschaft herzustellen. In aller Regel muß der Hersteller, Händler oder Anbieter einer Dienstleistung sein Angebot öffentlich artikulieren und die potentiellen Nachfrager zur Annahme auffordern und ermuntern. Mit wenigen Ausnahmen hat also jeder Unternehmer in der Wettbewerbswirtschaft in irgendeiner Form für seine gewerbliche Leistung zu werben. Freilich in sehr unterschiedlichem Ausmaße; die Möglichkeiten reichen von gelegentlichen, auf einen engen Abnehmerkreis zielenden Werbemaßnahmen bis zur ständigen, intensiven Publikumswerbung in einem überregionalen Markt.

Werbungtreibender ist der Inhaber eines kleinen Einzelhandelsgeschäftes, der seine Kunden von Fall zu Fall durch Schaufensterwerbung auf Sonderangebote hinweist, ebenso wie der Hersteller eines bekannten Markenartikels oder eine internationale Fluggesellschaft. Dennoch wird der Begriff des Werbungtreibenden in der Fachsprache und in der wirtschaftswissenschaftlichen und wirtschaftspolitischen Diskussion im allgemeinen nur für den beschränkten Kreis der Unternehmen der Industrie, des Handels und der Dienstleistungswirtschaft verwandt, die die Werbung als Teil einer planmäßigen Absatzpolitik handhabt und sie unter Einsatz beträchtlicher Mittel kontinuierlich durchführt.

„Werbungtreibender" ist also, um zu einer Begriffsbestimmung zu kommen, jeder Unternehmer, der auf dem für ihn in Frage kommenden Markt die Öffentlichkeit planmäßig über die von ihm angebotenen Waren oder Dienstleistungen unterrichtet und zugleich dazu auffordert, die Ware zu kaufen oder von der Dienstleistung Gebrauch zu machen.

II. Die Werbung als Unternehmeraufgabe

Für den Werbungtreibenden, d. h. für denjenigen, der für seine eigene gewerbliche Leistung wirbt, ist Werbung nur ein Teil seiner Unternehmeraufgabe. Darin unterscheidet er sich von allen anderen in der Werbewirtschaft beruflich Tätigen. Sie befassen sich zwar mit Werbung, sei es als Angestellte (Werbeleiter, Werbeassistenten, angestellte Werbegestalter usw.) oder als selbständige Unternehmer (Inhaber einer Werbeagentur, Werbeberater, Werbephotographen usw., aber auch Werbeträger, wie Verlage, Adreßbuchunternehmen, Sendeanstalten usw.), werben jedoch nicht für sich, sondern besorgen die Werbung anderer, nämlich die der Werbungtreibenden.

Für jeden Unternehmer bleibt die Aufgabe, die er sich als Werbungtreibender stellen muß, die gleiche: Erhaltung oder Vermehrung seines Umsatzes zur Sicherung oder Vergrößerung seines Unternehmens.

Ein Werbungtreibender ist in der Regel nicht in der Lage, die Werbung für seine Erzeugnisse selbst zu gestalten oder gar durchzuführen. Er bedient sich hierbei nicht nur der verschiedensten Spezialisten und Hilfskräfte in seinem eigenen Unternehmen, sondern nimmt darüber hinaus noch die Dienste von Werbegestaltern, Werbungsmittlern und Werbeträgern in Anspruch. Die Nachfrage der Werbungtreibenden trifft sich auf dem Markt der Werbeleistungen mit dem Angebot der verschiedensten Sparten der Werbewirtschaft. Auch die Gestaltung und Durchführung der Werbung folgt immer stärker der Tendenz zur Spezialisierung. Sie ist zum Betätigungsfeld vieler Berufsgruppen und eines ganzen Wirtschaftszweiges und zum Objekt eingehender wissenschaftlicher Erforschung und Betrachtung geworden.

Vom besten Weg zum Erfolg, d. h. vom Geheimnis erfolgreicher Werbung, der besten Methode, Ideen wirkungsvoll zu mobilisieren und Werbemaßnahmen rationell zu organisieren, kann hier nicht die Rede sein. Ein allgemein gültiges Rezept wird sich ohnehin nicht verschreiben lassen. Was sich bei dem einen Unternehmen und bei einer bestimmten Ware oder Dienstleistung bewähren mag, kann für ein anderes Unternehmen und für eine andere Warengattung oder Dienstleistungsart ungünstig sein. Für jedes Unternehmen, für jedes Gut, für jede Marktsituation kann etwas anderes gelten.

Das Betreiben seiner Werbung stellt mithin jeden Unternehmer vor seine eigene, individuelle Aufgabe. Mit den anderen Werbungtreibenden verbinden ihn jedoch gleiche Interessen und Ziele. Insoweit sind „die Werbungtreibenden" nicht nur eine wirtschaftstheoretische Kategorie, sondern eine Gruppe mit gemeinsamen Anliegen an Staat und Gesellschaft.

Diese Anliegen der Werbungtreibenden lassen sich schlagwortartig zusammenfassen in dem Interesse an einem vielfältigen und ausreichenden Instrumentarium von Werbemöglichkeiten, an der Freiheit der Werbeaussage und an der Ordnung im Werbegeschäft.

III. Lebensraum für die Werbung

Mit der fortschreitenden technischen Entwicklung bieten sich den Werbungtreibenden eine wachsende Fülle von Gestaltungs- und Beeinflussungsmöglichkeiten. Neben die „klassischen" Werbemittel der Anzeige in Zeitungen und Zeitschriften, den Plakatanschlag und die Direktwerbung treten die „modernen" Möglichkeiten der Film- und Diapositiv-Werbung, der Lichtreklame, der Verkehrsmittelwerbung und der Werbung im

Hörfunk und im Fernsehen. Die Werbung mittels farbiger Fernsehspots ist das bisher letzte Glied dieser Kette.

Es ist verständlicherweise das gemeinsame Anliegen der Werbungtreibenden, stets über das komplette Instrumentarium der Werbemittel, das der Stand der Technik jeweils ermöglicht, unbegrenzt verfügen zu können.

Ein Maximum an Werbung kann jedoch der Werbung gefährlich werden. Die Erfahrung lehrt, daß ihr Lebensraum am ehesten durch einen Verzicht auf maximale Werbemöglichkeiten, d. h. durch freiwillige oder hoheitlich verfügte Beschränkung im Gebrauch der Werbemittel, gesichert werden kann. Wenn das Publikum vor lauter Anzeigen den redaktionellen Teil in den Zeitschriften kaum mehr auffindet, wenn ihm Hörfunk und Fernsehen ein Übermaß an Werbesendungen vorsetzen, wenn das gewohnte Orts- und Landschaftsbild durch Werbeanlagen verunstaltet wird, kann die Werbung zur Belästigung werden und sich die geplante Werbewirkung in ihr Gegenteil verkehren.

Besonders wichtig ist eine ausgewogene Regelung des Umfangs der A u ß e n w e r b u n g. Ein Zuviel an Schildern und Lichtreklamen, vor allem in der freien Landschaft, kann dem Ansehen der Werbung und damit auch dem Goodwill der von ihr geförderten Produkte und Dienstleistungen nicht dienlich sein. Die zeitweise in einigen Ländern des Auslandes zu beobachtende Massierung von Plakatanschlägen an den Autostraßen mag als abschreckendes Beispiel genügen. Nur eine taktvolle Außenwerbung, die Auswüchse und gedankenlose Verunstaltungen vermeidet, darf den Schutz der Gesetze in Anspruch nehmen.

Andererseits bleibt es die Aufgabe aller Werbungtreibenden, sich der wirtschaftsfremden Geschmackszensur mancher Behörden entgegenzusetzen, die mit gesetzwidrigen Methoden versuchen, ihren Bereich „reklamefrei" zu machen. Generelle Verbote, Werbeanlagen zu errichten, passen nicht in eine freie Wirtschaftsverfassung und Wettbewerbsordnung. Beschränkungen der Außenwerbung nach anderen Grundsätzen als denen der Verunstaltungsabwehr und Verkehrssicherheit sollten nicht hingenommen werden. Maßgebend für die Beurteilung einer Werbeanlage kann nur das durchschnittliche Geschmacksempfinden eines aufgeschlossenen Betrachters sein. Er wird in einer sich nicht in ästhetischer Harmonie darbietenden Umgebung auch eine Werbeanlage zulassen, die anderswo als störend empfunden werden kann. So wenig Werbung in die freie Natur paßt, um so mehr gehört sie als prägende Kraft in die Geschäftsstraße der City.

In der Bundesrepublik kann der „Lebensraum der Werbung" derzeit im ganzen als gesichert gelten. Die Werbungtreibenden können von den verschiedenen Werbemitteln in ausreichendem Umfang Gebrauch machen. Unbefriedigend ist das Angebot an Werbezeit in der Fernsehwerbung. Hier sperrt weniger der Widerstand der prinzipiellen Werbegegner als der Kampf der Verleger und der Sendeanstalten um das Medium Fernsehwerbung den Weg zu einer Lösung, die den Werbungtreibenden ausreichende Werbezeiten bietet, ohne den Charakter des Fernsehens in unerwünschter Weise zu kommerzialisieren.

IV. Die Freiheit der Werbeaussage

Der Werbungtreibende muß auf ein Höchstmaß an Freiheit bei der inhaltlichen Gestaltung seiner Werbung Wert legen. Aber auch hier lehrt die Erfahrung, daß dieses Höchstmaß an Freiheit nur durch kluge Selbstbeschränkung der Werbungtreibenden gewonnen und erhalten werden kann.

Jede Werbeaussage richtet sich an die Öffentlichkeit und fordert die allgemeine Aufmerksamkeit und damit auch die allgemeine Kritik heraus. Irreführende, anstößige oder übertrieben prahlerische Werbung führt zu negativen Reaktionen; sie kehren sich nicht nur gegen den Verursacher der als belästigend empfundenen Werbemaßnahme, sondern gegen die Werbung überhaupt. Im eigenen Interesse sollten deshalb die Werbungtreibenden stets bei der Formulierung ihrer Werbeaussage und der Gestaltung ihrer Werbemaßnahmen die Grenzen beachten, die Lauterkeit, Anstand und guter Geschmack fordern.

Im Wettbewerbskampf, wo sich neben dem Tüchtigen auch der Skrupellose betätigt, können freilich Mahnung und Warnung allein nicht genügen. Die Lockung eines zumindest kurzfristigen Verkaufserfolges als Frucht einer reißerischen Werbung wird hier und dort immer wieder über die Forderung des Sichversagenkönnens triumphieren. Deshalb bedarf es nicht nur zum Schutze des Verbrauchers, sondern ebenso zum Schutze des anständigen Werbungtreibenden gesetzlicher Regeln gegen unwahre, irreführende und zweideutige Werbeaussagen.

In der Verwirklichung der Forderung nach Klarheit und Wahrheit der Werbung können Gesetzgebung und Rechtsprechung in Deutschland fast durchweg als vorbildlich gelten. Es liegt im wohlverstandenen Interesse der Werbungtreibenden, diesen Zustand zu verteidigen. Das verständliche Interesse einzelner an neuen, interessanten Werbeeffekten sollte gegenüber der Überlegung zurücktreten, daß sich nur eine Werbung, die das Gebot der Fairneß beachtet, auf die Dauer einer kritischen Umwelt gegenüber behaupten kann.

Ein lehrreiches Beispiel bietet die Diskussion um die Zulassung v e r g l e i c h e n d e r W e r b u n g, d. h. der nach geltendem Recht verbotenen Bezugnahme auf Konkurrenzerzeugnisse bei der eigenen Werbung. Hier haben die Werbungtreibenden und ihre Vereinigungen konsequent und bisher erfolgreich den Standpunkt vertreten, daß lautere Werbung sich auf die Bekanntgabe und Darstellung der eigenen Leistung beschränken muß und es dem Anstandsgefühl widerspricht, eine negative Aussage über Konkurrenzprodukte zum Vorspann der Werbung für die eigenen Erzeugnisse zu machen.

Über die gesetzliche Regelung hinaus können die Werbungtreibenden einzelner Wirtschaftsstufen und Branchen durch W e t t b e w e r b s r e g e l n wirksam an sich vom Gesetz nicht verbotene, aber doch unerwünschte Tatbestände erfassen und ausschalten. Bei der Werbung für Produkte, deren Vertrieb Probleme der Volksgesundheit, der Sicherheit, des Jugendschutzes und des öffentlichen Anstandes berühren, beispielsweise Heilmittel, Tabakwaren, Spirituosen, hygienische Produkte usw., lassen sich mögliche Schwierigkeiten durch freiwillige Selbstbeschränkung im Benehmen mit den beteiligten Behörden und Einrichtungen ausräumen.

In den von Wahrheit, Klarheit, Anstand und Geschmack gezogenen Grenzen aber muß der Werbungtreibende den Inhalt seiner Werbebotschaft frei bestimmen können. Die als Grundrecht gewährte Meinungsfreiheit läßt sich nicht auf die Werbung mit Ideen (beispielsweise die Werbung für politische Parteien) beschränken. Sie erfaßt darüber hinaus auch die wirtschaftlichen Äußerungen, d. h. auch die Werbebotschaft für eine Ware oder eine Dienstleistung.

Die oft zu hörende Forderung, der Inhalt der Werbebotschaft solle auf bloße Information beschränkt werden, ist freilich unannehmbar. Sie verkennt die Funktion der Werbung, die auf den Appell an das Irrationale nicht verzichten kann. Information allein ist langweilig. Bloße Richtigkeiten werben nicht. Etwas Zauber, Schmeichelei und Illusion gehören dazu. Ein wenig Charme und Humor muß die Werbung haben dürfen.

V. Geordneter Markt der Werbemittel

Erfolgreiche Werbung setzt nicht nur einen ausreichenden Werbeetat sowie Organisationsfähigkeit, Erfahrung und Phantasie des Werbungtreibenden voraus, sondern zugleich auch eine wohlbegründete Ordnung des Werbegeschäfts und einen funktionsfähigen Markt der Werbemittel, hier im weitesten Sinne als alle Materialien und Dienstleistungen verstanden, die die Werbewirtschaft den Werbungtreibenden zur Verfügung stellt. Neben dem Interesse der Werbungtreibenden an der Freiheit der Gestaltung ihrer Werbebotschaft und an genügenden Entfaltungsmöglichkeiten für diese Werbung ist deshalb die Sauberkeit des Werbegeschäfts ihr wichtigstes Anliegen.

Die Werbemittel stehen den Werbungtreibenden nur dann zu angemessenen Bedingungen zur Verfügung, wenn ihre Nachfrage auf ein genügendes Angebot trifft, d. h. wenn die Marktlage die Anbieter von Werbemitteln zu einem Preis- und Qualitätswettbewerb nötigt. Dazu bedarf es, wie auf anderen Märkten auch, eines leichten Übergewichts des Angebots über die Nachfrage.

Überlastete Werbemittel bringen für die Werbungtreibenden schwerwiegende Nachteile mit sich. Einmal führt eine Verknappung der Werbemittel zwangsläufig zu deren Verteuerung. Ferner muß der Werbungtreibende damit rechnen, daß bei jedem Werbeträger eine Vielzahl von Mitbewerbern in Erscheinung tritt, deren Werbebotschaften den Wert seiner eigenen Werbung beeinträchtigen können. Als Beispiel sei genannt, daß sich die Werbung der Konkurrenten auf einem Markenartikelmarkt bei einem bestimmten Werbeträger, etwa den Zeitschriften, auf einige wenige Blätter konzentrieren muß. Schließlich bedeutet die Überlastung der Werbemittel eine wesentliche Erschwerung der Werbeplanung und -durchführung. Der Werbungtreibende muß seine Streupläne auf lange Zeiträume hinaus im voraus festlegen, ohne die Möglichkeit zu haben, inzwischen eingetretene Veränderungen der Marktlage zu berücksichtigen.

In der Bundesrepublik bietet sich wiederum die Fernsehwerbung als Beispiel an. Hier sind die Werbemöglichkeiten scharf rationiert. Die für die Werbung zur Verfügung stehende Sendezeit steht in keinem Verhältnis zur Nachfrage der werbenden Wirtschaft. Die Folgen sind eine marktbeherrschende Stellung der Sendeanstalten auf dem Markt für Fernsehwerbung, eine Verteuerung der Werbeleistung und das Schlangestehen und Antichambrieren der Werbungtreibenden um die wenigen Sendeminuten.

Ein angemessenes Verhältnis von Angebot und Nachfrage auf dem Werbemittelmarkt ist jedoch nur die eine Voraussetzung eines geordneten Werbegeschäfts. Hinzu tritt die Notwendigkeit, den Geschäftsverkehr zwischen Werbungtreibenden, Werbungsmittlern und Werbungdurchführenden in freier Vereinbarung der beteiligten Berufsvertretungen zu vereinheitlichen und zu vereinfachen.

Die Vielgestalt der Fragen, auf die sich die Bemühungen um eine Ordnung des Werbegeschäfts erstrecken müssen, sei am Beispiel des A n z e i g e n g e s c h ä f t s in Stichworten angedeutet: Einheitliche Form der Preislisten und Geschäftsbedingungen, Normung der Spaltenbreite und Seitenteile, Einheitlichkeit von Mengen- und Malstaffeln, unmißverständliche Kennzeichnung der Bezirksausgaben, Mitteilung der gedruckten Auflage im Impressum aller Ausgaben, Angabe fester Beziehlerzahlen, vollständige Belege, die Titel,

Datum, Bezirksausgabe und Placierung der Anzeige erkennen lassen. Es treten hinzu: Klare Trennung zwischen redaktionellem und Anzeigenteil, Auflagenkontrolle und Leseranalyse. Entsprechendes gilt für die Ordnung des Werbegeschäfts in der Plakatwerbung, der Film- und Diapositivwerbung, der Außenwerbung, der Verkehrsmittelwerbung, der Werbung auf Messen und Ausstellungen, der Direktwerbung usw.

In Deutschland haben diese Fragen für die Werbungtreibenden im allgemeinen befriedigende Lösungen gefunden. Für fast alle Werbeträger wurden dank der Bemühungen des Zentralausschusses der Werbewirtschaft (ZAW) Allgemeine Geschäftsbedingungen vereinbart. Die seit 1949 bestehende Informationsstelle zur Feststellung der Verbreitung von Werbeträgern (IVW) bewirkt eine in diesem Umfang in keinem anderen Land vorhandene Transparenz des Anzeigenmarktes sowie des Plakatanschlag- und Verkehrsmittelwerbewesens.

Freilich bleiben die Angaben, die den Werbungtreibenden über den quantitativen Werbewert der verschiedenen Werbemittel zur Verfügung stehen, unvollkommen, solange die qualitative Werbewirkung im dunkeln bleibt. Bei der Entwicklung von zuverlässigen Methoden der Werbeerfolgskontrolle treffen sich, freilich nicht nur hier, die Interessen der Werbungtreibenden mit den Bemühungen der Werbewissenschaft.

VI. Werbung für die Werbung

Die Werbung hilft verkaufen. Sie schafft den ständigen Kontakt des Herstellers und seiner Produkte mit dem Markt. Ohne diesen Kontakt sowie die ständigen Kaufappelle an die Verbraucher ist der Austausch des Sozialprodukts nicht mehr möglich. Tag für Tag erfüllt die Werbung diese Funktion und trägt zur Vollbeschäftigung und zur ständigen Erhöhung des Lebensstandards bei.

Gleichwohl ist die Öffentlichkeit der Werbung gegenüber vielfach kritisch eingestellt. Häufig wird der Vorwurf erhoben, sie bedeute Leerlauf und Verschwendung, sie verteuere die Produkte und begünstige die Konzentration der Anbieter. Diesen Angriffen sollten die Werbungtreibenden mit sachlicher Information über die Beziehungen der Werbung zum Wettbewerb, zur Preisbildung und zur Strukturentwicklung von Industrie, Handel und Dienstleistungswirtschaft entgegentreten. Die Erkenntnisse der Werbewissenschaft sind hierzu unentbehrlich.

Die Werbung als ein in die breite Öffentlichkeit wirkendes Element unseres Wirtschaftslebens braucht das Vertrauen dieser Öffentlichkeit. Deshalb kann es den Werbungtreibenden nicht gleichgültig sein, wie der Verbraucher über die Werbung denkt. Der durch die Werbung mitgeschaffene Goodwill eines Erzeugnisses oder einer Dienstleistung hängt zum Teil auch von dem Goodwill ab, den die Wirtschaftswerbung im ganzen in der Öffentlichkeit genießt. Die Werbungtreibenden sollten deshalb nicht nur für ihre Produkte und Dienstleistungen werben, sondern auch ein wenig Werbung für die Werbung betreiben.

VII. Die deutsche Interessenvertretung der Werbungtreibenden

Bis zum Ende des Zweiten Weltkrieges wurden die Interessen der Werbungtreibenden in Deutschland von dem Reichsverband der Werbungtreibenden e. V. mit dem Sitz in Berlin wahrgenommen. Der Verband wurde nach dem Krieg nicht mehr reak-

Die Werbungtreibenden

tiviert, weil die Markenartikelindustrie als die bedeutendste Gruppe der Werbungtreibenden im Markenverband zusammengeschlossen ist, der sich intensiv mit Werbefragen aus der Sicht der Werbungtreibenden befaßt. Außerdem werden die Interessen der Werbungtreibenden von den im Zentralausschuß der Werbewirtschaft e. V. vereinigten Verbänden und Organisationen wahrgenommen.

Im M a r k e n v e r b a n d e. V. ist die überwiegende Mehrzahl der bedeutenderen deutschen Markenartikelunternehmen zusammengeschlossen. Er wurde am 3. Oktober 1903 in Berlin als „Verband der Fabrikanten von Markenartikeln" gegründet, nannte sich 1911 „Markenschutzverband" und wurde wiedergegründet am 10. März 1948 als „Markenverband e. V." mit dem Sitz in Wiesbaden. (Vgl. Baumbach-Hefermehl, Wettbewerbs- und Warenzeichenrecht, 9. Aufl., Bd. I, Wettbewerbsrecht, Einl. UWG Anm. 29; Volkmar Muthesius, „Was ist, was will, was leistet der Markenverband, 1963".)

In der Gliederung der deutschen Wirtschaft nimmt der Verband eine Sonderstellung ein, weil er seine Mitglieder nicht aufgrund ihrer fachlichen Zugehörigkeit zu einem bestimmten Wirtschaftszweig, sondern lediglich in ihrer Eigenschaft als Hersteller von Markenartikeln zusammenschließt.

Innerhalb des Markenverbandes beschäftigen sich zwei Fachausschüsse für Wirtschaftswerbung und Fernsehwerbung ausschließlich mit Werbefragen. Sie treten beide mehrmals im Jahr zur Behandlung einer ausgedehnten Tagesordnung zusammen.

Auf Anregung und Betreiben des Markenverbandes hat sich die deutsche Werbewirtschaft bereits im Jahre 1949 im „ Z e n t r a l a u s s c h u ß d e r W e r b e w i r t s c h a f t e. V." in Bad Godesberg eine Stelle der Koordinierung der Wünsche und Bestrebungen aller Sparten der Werbewirtschaft in bezug auf die Wirtschaftswerbung und zugleich ein Sprachrohr der Werbewirtschaft für die gemeinsamen Belange der Werbung geschaffen. Der Zentralausschuß umfaßt sowohl die Verbände der Werbungtreibenden wie diejenigen der Werbungschaffenden, der Werbungdurchführenden und der Werbungsmittler und Werbeagenturen. (Vgl. hierzu den vorstehenden Artikel „Der Zentralausschuß der Werbewirtschaft", insbes. Abschnitt IV 1.)

VIII. Die internationale Vereinigung der Werbungtreibenden

Im internationalen Bereich werden die Interessen der Werbungtreibenden durch die im Oktober 1953 in Brüssel gegründete U n i o n I n t e r n a t i o n a l e d e s A s s o c i a t i o n s d ' A n n o n c e u r s (UIAA) – I n t e r n a t i o n a l U n i o n o f A d v e r t i s e r s A s s o c i a t i o n s (IUAA) wahrgenommen. Der Vereinigung gehören derzeit Vereinigungen von Werbungtreibenden aus 17 Ländern an. (Advertisers Association of Israel – Asociacion Española de Anunciantes – Association of New-Zealand Advertisers, Inc. – Association of Advertisers in Ireland – Association Suisse des Annonceurs – Association of National Advertisers, Inc. (USA) – Australian Association of National Advertisers – Bond van Adverteerders (Niederlande) – Incorporated Society of British Advertisers – Indian Society of Advertisers Ltd. – Japan Advertisers Association – Markenverband (Bundesrepublik Deutschland) – Nordiske Annonsorforeningers Forbund Nordaf (Skandinavien) – Society of Advertisers Ltd. (South Africa) – Union des Annonceurs (France) – Union Belge des Annonceurs – Utenti Pubblicita Associati (Italien).) Die bundesdeutschen Werbungtreibenden sind durch den Markenverband e. V. vertreten. Das Sekretariat der UIAA hat seinen Sitz in Brüssel.

Satzungsgemäßer Zweck der UIAA ist der internationale Informations- und Erfahrungsaustausch, gemeinsame werbewissenschaftliche Forschung und die Zusammenarbeit zur Förderung und Verbesserung der Werbung in allen vertretenen Ländern. In den vergangenen Jahren befaßte sich die UIAA unter anderem mit den Rechtsbeziehungen zwischen Werbungtreibenden und Werbeagenturen, mit der Untersuchung und Gliederung der Agenturleistungen, mit den Beziehungen zwischen Werbungtreibenden und Verbraucherverbänden und mit der Werbung in Staatshandelsländern. Besonders zu erwähnen ist die ständige Zusammenarbeit mit der Internationalen Handelskammer.

Organe der UIAA sind die Generalversammlung und der Verwaltungsrat. Mit den laufenden Arbeiten befaßt sich ein Technischer Ausschuß, der mehrmals im Jahr turnusmäßig in einem der Mitgliedsländer zusammentritt. Eine Untergruppe der UIAA aus den nationalen Verbänden der Werbungtreibenden des Gemeinsamen Marktes vertritt die besonderen Interessen der Werbungtreibenden gegenüber den europäischen Behörden und den auf EWG-Basis organisierten Verbänden und sonstigen Einrichtungen.

Seit 1963 besteht das von der UIAA in Brüssel ins Leben gerufene Internationale Forschungsinstitut für die Werbung: Fondation Internationale pour la Recherche dans le Domaine de la Publicité (FIRP) – International Foundation for Research in the Field of Advertising (IFRA). Das Institut ist bisher vor allem durch die Veröffentlichung von Schriften zur europäischen Werbestatistik und zum Problem der Saisonschwankungen in der Werbung hervorgetreten. (Occasional Papers Nr. 1, „An Appraisal of European Advertising Statistics"; Occasional Papers Nr. 2, „Seasonal Fluctuations in Advertising".)

Die Werbungdurchführenden

Von Dr. Herbert Kopsch, Düsseldorf

I. Begriff „Werbungdurchführende"

Den Werbungtreibenden steht im Ablauf des Werbegeschäfts die große Gruppe der Werbungdurchführenden gegenüber, auch „Werber" genannt. Hierzu gehört jeder Unternehmer, der durch den Einsatz von Werbemitteln und Werbemöglichkeiten jeder Art Werbung für andere durchführt. Es sind alle diejenigen, die ihr Eigentum oder ihren Besitz oder ihre Tätigkeit in den Dienst der Werbung stellen. Rechtsgrundlage hierfür bieten in der Bundesrepublik die einschlägigen Bestimmungen des Grundgesetzes, und zwar für die Berufsausübung Art. 12 i. V. mit Art. 14 und 2 sowie speziell für die Werbefreiheit (Pressefreiheit) Art. 5 GG.

II. Gruppen und Organisationen

Massenproduktion in einem modernen Wirtschaftsleben ist ohne die Erscheinung der Massenkommunikationsmittel undenkbar. Nach Bedeutung und Volumen im gesamten Bereich der Werbewirtschaft stehen die sogenannten „klassischen Werbemittel" an der Spitze aller Medien:

    die Anzeige in Tageszeitungen und Zeitschriften,
    die Fernseh- und Rundfunkwerbung,
    die Außenwerbung (Plakat-, Verkehrsmittel-, Dauer- und Lichtwerbung).

Die Werbungdurchführenden in diesen Bereichen sind in folgenden Fachverbänden organisiert:

A n z e i g e :
    Bundesverband der Deutschen Zeitungsverleger e. V., Bad Godesberg,
    mit 9 Landesverbänden

    Verband Deutscher Zeitschriftenverleger e. V., Frankfurt (Main),
    mit 6 Landesverbänden und 3 Fachgruppen: Allgemeine Zeitschriften,
    Fachzeitschriften, Konfessionelle Zeitschriften

W e r b e f e r n s e h e n u n d W e r b e f u n k :
    Arbeitsgemeinschaft Werbefernsehen und Rundfunkwerbung GmbH., Stuttgart,
    mit 8 Sendern

Zweites Deutsches Fernsehen, Mainz

Arbeitsgemeinschaft Rundfunkwerbung, Stuttgart, deren Mitglieder mit geringen Ausnahmen mit denen der Arbeitsgemeinschaft Werbefernsehen (s o.) identisch sind.

Außenwerbung:

Fachverband Plakatanschlag, Verkehrsmittel und Großflächenwerbung e. V., Düsseldorf, mit 145 Plakatinstituten

Deutsche Eisenbahn-Reklame GmbH., Kassel, mit 15 Bezirksdirektionen

Deutsche Postreklame GmbH., Frankfurt, mit 16 Bezirksdirektionen

Fachverband Lichtwerbung e. V., Heidelberg, mit 86 Mitgliedern.

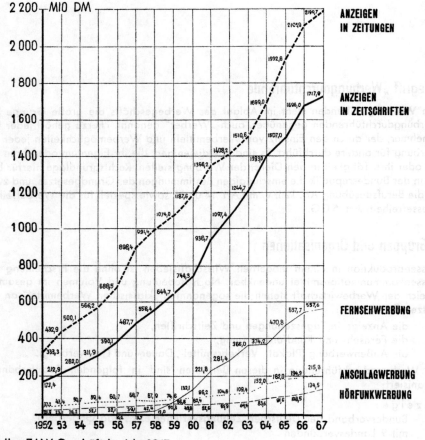

Quelle: ZAW-Geschäftsbericht 1967

Abbildung 1

*Bruttowerbeumsätze 1952 bis 1967
bei Anzeigen-, Hörfunk-, Fernseh- und Anschlagwerbung (absolut)*

Diese Fachverbände bilden zusammen den Hauptteil der Gruppe „Werbungdurchführende" im Zentralausschuß der Werbewirtschaft (ZAW), Bad Godesberg, der Dachorganisation des deutschen Werbewesens (vgl. den oben stehenden Artikel „Der Zentralausschuß der Werbewirtschaft").

Der Bruttoumsatz der Werbemedien Anzeige, Fernseh- und Rundfunkwerbung, Außenwerbung betrug 1967 nach dem Geschäftsbericht des ZAW ca. 4,9 Mrd. DM von insgesamt 14,2 Mrd. DM geschätztem Gesamtwerbeaufwand in der BRD. Der Anteil der einzelnen Werbemedien ergibt sich aus den Darstellungen über die Bruttowerbeumsätze und ihre Veränderungen von 1952–1967 (Abbildungen 1 und 2).

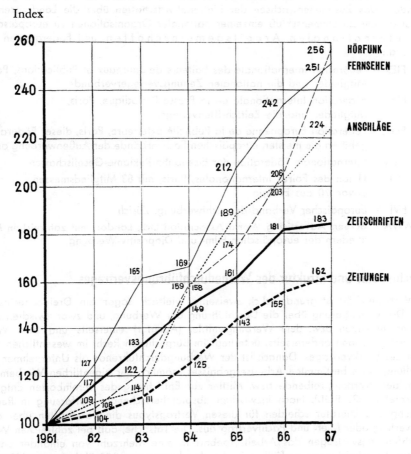

Quelle: ZAW-Geschäftsbericht 1967

Abbildung 2

Veränderung der Bruttowerbeumsätze 1961 bis 1967
bei Anzeigen-, Hörfunk-, Fernseh- und Anschlagwerbung (1961 = 100)

Außerdem gibt es noch weitere wichtige Fachverbände der Werbungdurchführenden, die in der Mehrzahl ebenfalls dem ZAW angehören, u. a.:

Adreßbuchverleger, Adressenverleger, Direktwerbeunternehmer, Film- und Diapositiv-Werbung, Messen und Ausstellungen, Kundenzeitschriftverleger.

Mit der Aufzählung dieser im ZAW organisierten Fachverbände ist aber die Gruppe der Werbungdurchführenden immer noch nicht erschöpft. Der werbungtreibenden Wirtschaft stehen auf seiten der Werbungdurchführenden weitere in ihrem speziellen Einsatz markante Werbemittel zur Verfügung, z. B. Schaufensterwerbung, Schallplattenwerbung, Lautsprecherwerbung, Luftwerbung, Werbegeschenke.

Der Grundsatz der modernen Wirtschaft: „Werbung macht nicht halt an den Landesgrenzen" gilt nicht nur für den Werbungtreibenden, sondern auch für die Werbungdurchführenden. Das Zusammenwachsen der Nationalwirtschaften über die Landesgrenzen hat daher zum Zusammenschluß einzelner nationaler Organisationen zu europäischen bzw. internationalen Arbeitsgemeinschaften und Föderationen geführt, u. a.:

FIEJ — Fédération Internationale des Editeurs de Journaux et Publications, Paris, Mitglieder sind die nationalen Zeitungsverlegerverbände

FIPP — Fédération Internationale de la Presse Périodique, Paris, Mitglieder sind die Zeitschriftenverleger

FEPE — Fédération Européenne de la Publicité Extérieure, Paris, dieser Föderation gehören die meisten europäischen Fachverbände der Außenwerbung an

IFER — Internationale Föderation der Eisenbahn-Reklame-Gesellschaften

UFI — Union des Foires Internationales, Paris, mit 83 Mitgliedsmessen, davon 70 aus Europa

EVL — Europäischer Verband der Lichtwerbung, Zürich

SAWA — Screen Advertising World Association Ltd, London, mit zahlreichen Mitgliedern der europäischen Film- und Diapositiv-Werbung.

III. Rechtsnatur und Struktur des Werbedurchführungsvertrages

Das Werbegeschäft ist grundsätzlich zweiseitig, vielfach sogar ein Dreiecksrechtsgeschäft. Die Vereinbarung über die Durchführung der Werbung, und zwar zwischen den Werbungtreibenden bzw. dem Werbungsmittler (Agentur) einerseits und dem Werbungdurchführenden andererseits, unterliegt im Bürgerlichen Recht im wesentlichen den Regeln des Werkvertrages. Danach ist der Werbungdurchführende als Unternehmer zur Herstellung eines bestimmten Arbeitsergebnisses, nämlich der eigentlichen Werbemaßnahme, der Werbungtreibende bzw. Mittler zur Entrichtung des vereinbarten Entgelts verpflichtet (§ 631 BGB). Nach inzwischen absolut herrschender Auffassung in Rechtsprechung und Literatur scheiden für diesen Vertragstypus die Vorschriften über den Dienstvertrag oder Miet- und Pachtvertrag aus. Die Tatsache, daß bei zahlreichen Werbedurchführungsverträgen das Arbeitsergebnis in eine Mehrzahl von einander unabhängigen Einzelleistungen zerfällt, z. B. das Anschlagen von 100 Plakaten an 100 verschiedenen Anschlagstellen in einer oder mehreren Städten, ändert an der Rechtsnatur dieser Vereinbarung nichts.

Abgesehen von den einschlägigen Vorschriften des allgemeinen und besonderen Vertragsrechts, haben fast alle Gruppen von Werbungdurchführenden von jeher für die Werbeverträge Allgemeine Geschäftsbedingungen (AGB) erlassen, in denen die wichtigsten Grundsätze über die Geschäftsusancen, Auftragsannahme, Auftragsdurchführung, Haftung, Konkurrenzausschluß, Zahlungsbedingungen, Gerichtsstand u. a. m. geregelt sind. Bei der Aufstellung ihrer Gruppengeschäftsbedingungen haben sich die im ZAW organisierten Fachverbände stets bemüht, eine einseitige Behandlung der gemeinsamen Fragen zu vermeiden und die Überlegungen aller derjenigen, mit denen ihre Mitglieder in rechtsgeschäftlichen Beziehungen stehen, zu berücksichtigen.

Die Preislisten, in denen die AGB vermerkt sind, enthalten außerdem Angaben über Preise, Rabatte, Provisionen, Versandadressen usw.

IV. Vertragliche Beziehungen zwischen Werbungdurchführenden und Werbemitteln

Jedes Werbemittel hat einen Werbeträger:
    der Träger der Anzeige ist die Zeitung oder Zeitschrift
    der Träger des Werbefernsehens ist das Fernsehen
    der Träger des Werbefunks ist der Rundfunk
    der Träger des Plakats ist die Anschlagstelle (Säule oder Tafel)
    bzw. das Verkehrsmittel.

Die tatsächliche, wirtschaftliche und rechtliche Abhängigkeit der Medien von ihren Werbeträgern ist in der Bundesrepublik graduell unterschiedlich. Werbeträger, welche ausschließlich der Werbung dienen, nennt man in der Werbewissenschaft „Hauptwerbeträger" oder „Nur-Werbeträger". Träger, welche grundsätzlich anderen Zwecken, nebenher aber auch der Werbung dienen, nennt man „Auch-Werbeträger".

Zu der großen Gruppe der Auch-Werbeträger gehören vor allem die Zeitungen und Zeitschriften, Rundfunk und Fernsehen. Zwar bilden die Einnahmen aus dem Anzeigenteil der Presse bzw. aus der Werbung im Fernsehen und Rundfunk eine wichtige, mitunter entscheidende Finanzierungshilfe, jedoch ist der Hauptzweck dieser Werbeträger auf die Information der Leser und Hörer gerichtet. Ebenso verhält es sich in der Verkehrsmittelwerbung; auch hier tritt der werbliche Nebenzweck des Trägers hinter seinen Hauptzweck, nämlich der Personenbeförderung, zurück.

Bei den Auch-Werbeträgern wird die Werbeeinrichtung regelmäßig von den Trägern selbst verwaltet; dagegen ist bei Hauptwerbeträgern der Abschluß von bürgerlichrechtlichen Gestattungsverträgen mit den Eigentümern der Objekte bzw. den Verfügungsberechtigten, wie z. B. in der Plakatwerbung, der stationären Dauerwerbung und Leuchtwerbung die Regel. Derartige Vereinbarungen gehören rechtlich zur Gruppe der Miet- oder Pachtverträge bzw. pachtähnlichen Vertragstypen eigener Art. Solche Vereinbarungen enthalten Vorschriften über Dauer, Haftung und Entgelt (meist nach dem Umsatz orientierte Pachtsätze), Abrechnung, Erfüllungsort, Gerichtsstand usw.

V. Marketing - eine Aufgabe für jeden Werbungdurchführenden?

Die landläufige Vorstellung, das Studium der Massenmedien sei ausschließlich für den Werbungtreibenden ein unentbehrlicher Bestandteil seiner Absatzstrategie, stimmt nicht mehr. Alle Produktions- und Dienstleistungsbetriebe, gleich welcher Art, und dazu gehören auch die Werbemedien selbst, müssen laufend den Markt, speziell den Einsatz der Massenmedien auf Angebot und Nachfrage, auf ihren Einfluß auf die Marktverhältnisse, ihr Leistungsvermögen, die Preisentwicklung usw. beobachten. Ein zielgerechtes Marketing stützt sich auf fundierte Kenntnisse aller Marktvorgänge. Die Werbungdurchführenden stehen in einem harten Wettbewerb untereinander um die Gunst der Werbungtreibenden. Sie müssen daher täglich bemüht bleiben, den Wert ihrer Medien mit allen ihnen zur Verfügung stehenden Möglichkeiten unter Beweis zu stellen. Diese Wettbewerbssituation zwingt dazu, das Image des einzelnen Mediums stärkstens zu profilieren, und zwar

> durch Marktinformationen
> (Werbestatistik, Entwicklungsindex, jährliche Zuwachsraten),
> durch repräsentative Untersuchungen des Mediums
> (Reichweitenuntersuchungen, Werbewertanalysen),
> durch ständige Verbesserung vorhandener bzw.
> Einführung neuer Rationalisierungsmaßnahmen
> (Zentralstellen für Offerten und Auftragsabwicklung, Einsatz elektronischer Datenverarbeitungsmaschinen),
> durch Planung für die zukünftige Entwicklung des Mediums
> (Studium des Bevölkerungswachstums, Verlagerung der Stadt- und Landbevölkerung),
> durch ständigen Erfahrungsaustausch innerhalb der Gruppe und Organisation – auch mit ausländischen Fachleuten.

Auf dem Media-Markt ist jeder Werbeträger ein Kaufprodukt, dessen Vorteile und Nachteile, vor allem sein Wirkungsbereich für seinen Einsatz durch die Werbungtreibenden entscheidend sind.

Deshalb muß jedes Werbemittel Auskunft und Antwort auf die Fragen geben können: „Wie viele Interessenten werden durch das Medium in der Öffentlichkeit erreicht?" „Was leistet das Medium, d. h. welche Vorteile bietet gerade dieses Medium gegenüber anderen?" Mit seinem Wirkungsbereich in der Öffentlichkeit steht und fällt jedes Werbemittel! Das Zukunftspotential der Werbung ist unbegrenzt!

Literatur:

Peltzer, Karl: Handbuch der Werbung und Publikation, München und Thun 1961.
Seyffert, Rudolf: Werbelehre, Stuttgart 1966.
Ruland, Josef: Werbeträger, Mettmann 1967.
Zentralausschuß der Werbewirtschaft: Geschäftsberichte 1961–67.

Der Werbeleiter

Von Harry Damrow, Frankfurt

I. Der Beruf „Werbeleiter"

Für Werbung werden in der Bundesrepublik mit Westberlin jährlich über zehn Milliarden DM ausgegeben. Dementsprechend hat der Beruf des Werbeleiters ständig an Bedeutung gewonnen. Aber bis heute ist er in der Öffentlichkeit nur wenig bekannt, und es gibt für ihn keine verbindliche Berufsausbildung. Dabei ist dieser Beruf – im Vergleich zu einigen anderen wie etwa Computer-Programmierer – schon jahrzehntealt.

Der Bund Deutscher Werbeberater und Werbeleiter e. V. (BDW) als zuständiger Berufsfachverband beschäftigt sich zwar seit Jahren mit der Erstellung eines Funktionsleitbildes und hat dafür inzwischen wertvolle Vorarbeit geleistet. Bisher haben jedoch weder das Bundeswirtschaftsministerium noch die Wirtschaftsministerien der Länder oder die Berufsberatungsstellen davon Notiz genommen, und mit Ausnahme des Landes Berlin gibt es in der Bundesrepublik keine staatliche Schule, die auf den Beruf des Werbeleiters vorbereitet.

II. Die Funktion des Werbeleiters

„Er ist der Berater des Unternehmens und der Betriebsleitung in allen Werbefragen. Seine Funktion ist die Leitung der Werbeabteilung, die fach- und betriebsgerechte Abstimmung sämtlicher Werbemaßnahmen der Unternehmung, meist auch in enger Zusammenarbeit mit einer Werbeagentur, zu der er den Kontakt zwischen Unternehmensleitung und den Mitarbeitern der Werbeagentur herstellt. Selbstverständlich ist der Werbeleiter der Unternehmensleitung für die Werbemaßnahmen und ihren wirtschaftlichen Ablauf verantwortlich. Sollte keine Bindung an eine Werbeagentur bestehen, dann wird er die Werbekonzeption, die Werbeplanung, die Werbemittelgestaltung und die Werbestreuung mit allen damit verbundenen Vorarbeiten mit eigenen oder freiberuflichen Fachkräften selbst übernehmen." (Ferdinand Frauenknecht im „Werbeleiter-Handbuch").

III. Anzahl und berufliche Herkunft der Werbeleiter

Genau kennt nicht einmal der BDW die Anzahl der Werbeleiter in der Bundesrepublik. Im BDW sind fast 300 Leiter von Werbeabteilungen organisiert, die ihre Qualifikation vor ihrer Eintragung in die Berufsrolle nachgewiesen haben. Es ist jedoch anzunehmen, daß drei bis viermal soviel Werbeleiter ohne Eintragung in die Berufsrolle des BDW tätig sind.

Welche Vorbildung haben die dem BDW angeschlossenen Werbeleiter, und aus welchen Lehrberufen kommen sie? Weitaus die meisten von ihnen haben nach dem Abitur oder der Mittleren Reife eine kaufmännische Lehre durchlaufen, waren später im Verkauf tätig, sind hier der Werbung begegnet und haben sich dann zum Werbeleiter emporgearbeitet, in der Regel nach vorheriger Tätigkeit als Werbepraktikant, Werbeassistent, oft auch nach dem Besuch einer Werbefachschule. (Vgl. die Artikel „Werbefachschulen und Werbeakademien" und „Werkkunstschulen" in diesem Kapitel.)

Andere Werbeleiter haben ihren Berufsweg als Gebrauchsgraphiker begonnen, dabei kaufmännische und organisatorische Talente entwickelt und sind schließlich Werbeleiter geworden. Bei der Investitionsgüterindustrie gibt es eine Anzahl von Diplom-Ingenieuren und Ingenieuren, die über die Beschreibung technischer Produkte zur Werbung gefunden haben. Schließlich gibt es namhafte Werbeleiter, die ursprünglich Bildhauer, Schauspielregisseure oder Journalisten waren. Heute gibt es ferner eine wachsende Zahl von Akademikern, wie Dipl.-Volkswirten und Dipl.-Kaufleuten, die sich auf dem Umweg über die Marktforschung und Mitarbeit im Marketing-Stab zum Werbeleiter entwickelt haben. Alles in allem ist festzustellen, daß es sich beim Werbeleiter – ähnlich dem Beruf des Journalisten – um einen Aufbauberuf handelt, in dem sowohl Akademiker und Abiturienten als auch sich selbst weiterbildende Volksschüler Gutes leisten, wenn sie die richtige Begabung für diese Tätigkeit mitbringen; letzlich ist diese wichtiger als die zwar unentbehrlichen, aber vergleichsweise schnell erlernbaren „technischen" Kenntnisse im Werbeberuf. An sich ist die Überlegung richtig, den Mitgliedern der Unternehmensstäbe, die heute oft ein Hochschulstudium absolviert haben, adäquat vorgebildete Werbepartner zu bieten. Aber alle Versuche, diesen Beruf zu verwissenschaftlichen ändern nichts daran, daß das richtige Fingerspitzengefühl, die Begabung, sich in die Lage des Umworbenen zu versetzen und vor allem der schöpferische Einfall, den Werbemann ausmachen. Das Schöpferische läßt sich nicht erlernen, wohl aber das richtige Herangehen an die Probleme, die Methodik des Fragenstellens.

IV. Die zweckmäßige Ausbildung

Die Berufsberatung und auch die Lehrkörper an den höheren Schulen wissen bis heute nur wenig oder gar nichts vom Beruf des Werbefachmannes. Dementsprechend gibt es nur selten Abiturienten, die bereits vor der Reifeprüfung die Absicht äußern, Werbefachmann und insbesondere Werbeleiter zu werden. Dort aber, wo einer von ihnen diese Absicht hat, steht er vor der Frage, welchen Ausbildungsgang er am zweckmäßigsten wählt. Zu empfehlen ist es in jedem Falle, die Reifeprüfung abzulegen; denn beim Werbefachmann ist es wie beim Eisberg: Nur ein Zehntel des Wissens erscheint normalerweise beim Fachgespräch – neun Zehntel dagegen schwimmen mehr oder minder unsichtbar unter dem Wasser. Diese neun Zehntel aber, die man auch als Allgemeinbildung bezeichnen könnte, sind entscheidend für die Persönlichkeit des Werbeleiters. Erst sie verleihen ihm jene allround-Übersicht, die ihn zum beliebten Gesprächspartner der anderen leitenden Mitarbeiter im Unternehmen qualifiziert. Und wichtig ist, ob der Betreffende die Eigenschaften und Kenntnisse mitbringt, die der Werbefachmann benötigt. Ferdinand Frauenknecht sagt hierzu (a. a. O.): „Vom Wirtschaftswerber wird verlangt: Fleiß und Ausdauer, intensives Denken und Handeln, aufgeschlossene Erlebnisfähigkeit mit guter Kombinationsgabe, bildhafte Vorstellungskraft, gesunde Phantasie, gute Menschenkenntnis, organisatorische Begabung, schöpferisches Analogiedenken und dessen Übertragung in die Praxis, scharfe, kritische Beobachtungsgabe mit unerbittlicher Selbstkritik, starke Überzeugungskraft in Sprache und Schrift, Einfühlungsvermögen, Sprachbeherrschung und Stilgefühl, Erkenntnis der eigenen Grenzen... Es gibt keinen „Königsweg" zur Erfassung und Bewältigung der Wirtschaftswerbung. Wirtschaftswerber ist kein Beruf im üblichen Sinne, sondern mehr eine Berufung, die eine persönliche Hingabe an die verschiedensten Aufgaben verlangt; er steht unter dem Zwang zur ständigen Anpassung, unter der Weiterentwicklung und Ausdehnung des Erfahrungswissens."

Nach dem Abitur sollte der angehende Werbeleiter eine kaufmännische Lehre absolvieren, deren Schwerpunkte im Marketing liegen (Marktforschung, Werbung, Verkaufsförderung, Verkauf), die ihm aber auch im Einkauf, im Rechnungswesen und in mehr verwalterischen Arbeitsstellen nichts erspart. Gerade der leitende Werbefachmann wird sich in der Berufspraxis nicht nur mit schöpferischer Tätigkeit und neuen Konzeptionen zu befassen haben, sondern auch mit Fragen der Etatplanung und Etatkontrolle, des Rechnungsdurchlaufs und schließlich mit Personalfragen. Nach beendeter Lehre oder schon während des letzten Lehrjahres empfiehlt sich der Besuch einer Werbefachschule oder der Fachrichtung „Absatz und Werbung" einer höheren Wirtschaftsschule. Die höheren Wirtschaftsschulen sind Tagesschulen, die Werbefachschulen zumeist Abendschulen. In 1000 bis 1200 Lehrstunden, die sich je nach Schule auf 1¼ bis 2 Jahre verteilen, hat der Aspirant Gelegenheit, die wichtigsten Arbeitsgebiete der Werbung kennenzulernen, angefangen von der Planung des Werbebudgets bis zur Abrechnung und Erfolgskontrolle bereits durchgeführter Werbemaßnahmen.

Der nächste Schritt ist dann im allgemeinen die Tätigkeit als Juniorassistent (Werbepraktikant), sei es in einer Werbeabteilung, sei es als Juniorkontakter bei einem Werbeberater oder in einer Werbeagentur. Wer in dieser Weise einige Jahre tätig war, wird bei guten Leistungen bald aufrücken können, vielleicht – das gilt vor allem für große Unternehmen – zum Leiter einer Werbegruppe, wohl auch zum stellvertretenden Werbeleiter oder gar zum Werbeleiter. Hier läßt sich kein verbindliches Schema aufstellen. Es kommt vor, daß jemand, der in einem kleineren oder mittleren Unternehmen bereits als Werbeleiter tätig war, in ein größeres Unternehmen als Leiter einer Werbegruppe oder auch als Stellvertreter des Werbeleiters eintritt. Für den Außenstehenden ist es in der Praxis schwer zu beurteilen, ob jemand als Werbeleiter bzw. Werbeberater qualifiziert ist. Da der BDW die Aufnahme eines neuen Mitgliedes vom Nachweis der beruflichen Qualifikation abhängig macht, kann man sich immerhin darauf verlassen, daß Werbeleiter BDW oder Werbeberater BDW, die als Leiter einer Werbeabteilung tätig sind, wenigstens guten Durchschnittsanforderungen entsprechen.

V. Persönliche und fachliche Voraussetzungen für den Beruf des Werbeleiters

Der richtige Werbeleiter – also nicht der Verwalter eines Klischeeschrankes – wird meist schon als Kind Begabung für und Freude an der Kommunikation gehabt haben. Er muß vor allem kontaktfähig sein, sich etwas einfallen lassen, er muß Phantasie haben ohne Phantast zu sein, und er muß zu Text und Graphik, zu Photographie und Photographik eine möglichst intime Beziehung haben und auch außerhalb des engeren Berufsfeldes das kulturelle Leben und seine Strömungen, Film, Funk und Fernsehen, vor allem aber die Fortschritte auf dem Gebiet der Kommunikation laufend verfolgen, er muß etwas dazu zu sagen und Spaß daran haben. Das heißt nicht, daß er selber hauptsächlich schöpferisch tätig ist, insbesondere nicht in größeren Werbeabteilungen, wo seine eigene Mitwirkung sich meist auf Anregung und Kritik beschränkt. Aber er sollte die Werbung in seiner Praxis doch einmal selbst gestaltet haben, sei es auch nur, um mit den schöpferischen Kräften, um mit Textern, Graphikern und Photographen eine gemeinsame Sprache zu finden. Und er muß von der heute immer schnelleren Weiterentwicklung auf diesem Gebiet soviel wissen, daß er sachverständig entscheiden kann.

Er sollte ein guter Werbemittelkenner sein, insbesondere der Zeitungen und Zeitschriften. Das heißt nicht, daß er jede Druck- und Verbreitungsauflage im Kopf hat — dafür gibt es Nachschlagewerke und den Mediaspezialisten — aber er muß Zeitungen und Zeitschriften intensiv verfolgen, um ihren inneren Gehalt beurteilen und sie qualitativ werten zu können. Für den Werbeerfolg sind diese Kenntnisse nicht minder wichtig als die mehr und minder verfeinerten Aufbereitungen der Leser-Analysen.

Schließlich muß er ein Menschenführer sein, d. h. die Fähigkeit besitzen, bei sich drängenden Aufgaben kleinere und größere Teilgebiete seinen Mitarbeitern zu übertragen, um sich nicht zum „Flaschenhals" zu machen. Schon bei mittelgroßen Werbeabteilungen kann das bedeuten, daß er manche Entscheidung delegieren muß, wenn er seine Gesamtaufgabe gut lösen will. Manches Werbemittel wird dann anders aussehen als es ihm selbst bei der ersten Besprechung vorgeschwebt haben mag. Wer aber als Werbeleiter Erfolg haben will, braucht starke Mitarbeiter um sich, und starke Mitarbeiter sind nun einmal Persönlichkeiten mit Ehrgeiz und eigenen Auffassungen, denen es nicht genügt, als beflissene Erfüllungsgehilfen zu wirken, sondern die bei der Werbeplanung und -gestaltung ein entscheidendes Wort mitsprechen möchten. So wird der richtige Werbeleiter mehr und mehr zum „Regisseur". Während Schauspieler, Sänger und Kapellmeister jeden Abend den Publikumsbeifall entgegennehmen, wird er wie jener nur selten Anerkennung von der Kritik erfahren.

Vor allem: Der Werbeleiter stand früher einmal im Niemandsland zwischen Kaufmann und Künstler. Der Werbeleiter von heute hat nur Erfolg, wenn er sich eindeutig als Kaufmann fühlt, vielleicht als künstlerisch interessierter, aber doch als Kaufmann, der vor allem auf die Rendite schaut und sich mit der Erfolgs- bzw. Wirkungskontrolle seiner Maßnahmen vertraut macht.

VI. Die innerbetriebliche Stellung des Werbeleiters

Auch hierfür gibt es noch keine allgemein üblichen Regeln; in der Praxis hat sich allerdings herausgestellt, daß der Werbeleiter meistens unmittelbar der Geschäftsführung bzw. dem Vorstand unterstellt ist, häufig auch dem Leiter der Verkaufsabteilung, und nur selten dem technischen Leiter des Unternehmens.

Wenn er der Geschäftsleitung zugeordnet ist, dann sollte er direkt dem Mitglied der Geschäftsleitung unterstellt sein, das für den gesamten Marketingbereich verantwortlich ist. Diese Situation hat einen entscheidenden Vorteil gegenüber Unterstellung unter den Leiter der Verkaufsabteilung: Der Werbeleiter, der gleichberechtigt n e b e n dem Leiter der Verkaufsabteilung(en) steht, kann die Gesichtspunkte der Werbung mit sehr viel mehr Nachdruck zur Geltung bringen.

Allerdings bestehen wichtige Gemeinsamkeiten: Beide Personen kommen vom Absatzdenken her, beide sind auf den Markt bezogen und insofern natürlich Verbündete gegenüber dem Hersteller, der sich nur ungern vom Produktionsdenken löst. Aber zugleich

Der Werbeleiter

unterscheiden sich Werbefachmann und Verkäufer so wie Artillerie und Infanterie. Der Verkäufer steht dem einzelnen gegenüber, Auge in Auge, und muß sich dessen Argumentation erwehren; das ist oft nicht einfach, insbesondere dann, wenn der Kunde Reklamationen vorbringt, auf angeblich niedrigere Preise des Wettbewerbs verweist oder ein unangenehmer Gesprächspartner ist. Aber der Verkäufer hat dabei den Vorteil: er kann die Reaktion seines Gesprächspartners sofort wahrnehmen, seine eigene Argumentation darauf einstellen, und er weiß: Bringt er den Auftrag herein, dann ist er der wichtigste Mann im Betriebe.

Der Werbeleiter spricht dagegen gleichzeitig zu vielen Menschen. Bei der Fachwerbung für Investitionsgüter vielleicht zu einigen Tausend, bei der Werbung für einen großen Markenartikel zur ganzen Nation. Wenn seine Texte für 90 % der Leser richtig sind, können sie zugleich für 10 % falsch sein. Er muß daher immer daran denken, daß auch die Konkurrenz seine Texte mitliest: Was schwarz auf weiß gedruckt ist, kann man nicht nur getrost nach Hause tragen, sondern auch zum Advokaten.

Im Heer würde niemand daran denken, das Kommando über die Artillerieführung dem Kommandeur der Infanterie zu übertragen, sondern selbstverständlich dem Armeeführer. In der Werbe- und Verkaufspraxis der Unternehmen wird dieser Gesichtspunkt noch häufig vernachlässigt. Das kann dazu führen, daß der Werbefachmann, der dem Leiter der Verkaufsabteilungen unterstellt ist, die Berücksichtigung primär werblicher Gesichtspunkte nicht so gut durchzusetzen vermag wie sein Kollege, der unmittelbar der Geschäftsleitung untersteht.

Bei größeren Firmen mit mehreren Verkaufsabteilungen ergibt sich die Frage, ob jeder Verkaufsabteilung eine besondere Werbeabteilung angegliedert werden soll, oder ob eine zentrale Werbeabteilung organisatorisch in Gruppen aufgeteilt wird, die die einzelnen Verkaufsabteilungen betreuen.

In der Praxis führen beide Wege zum Erfolg. Wer unmittelbar dem Verkauf zugeordnet ist, wird von ihm eher als dazugehörig betrachtet und hat leichteren Zugang zu allen Informationen. Andererseits ist hier die Gefahr größer, daß der Werbemann in bloßen Praktizismus verfällt und den Blick für die schnelle allgemeine Weiterentwicklung der Werbung verliert. Eine zentrale Werbeabteilung kann sich eher die Hilfsmittel beschaffen, die heute für eine ständige Fortbildung der Werbemitarbeiter unerläßlich sind. Dazu gehört eine Abteilungsbibliothek mit allen wichtigen Büchern über Marketing, Marktforschung, Werben und Verkaufen sowie die systematische Fortbildung durch Teilnahme an Vorträgen und Seminaren. Dazu gehört vor allem der regelmäßige Gedankenaustausch über erzielte Erfolge (oder Mißerfolge), über neue Werbewege, gelegentlich sogar über die Möglichkeit, mit einer Werbemaßnahme für zwei Produkte verschiedener Verkaufsabteilungen rationeller zum gewünschten Ergebnis zu kommen.

Dieser Rationalisierungseffekt spricht vor allem für die zentrale Werbeabteilung. In Unternehmen, in denen jeder Verkaufsabteilung eine Werbegruppe angeschlossen ist – oft nicht einmal Abteilung genannt – ist die Gesamtzahl aller Werbemitarbeiter in der Regel viel höher als in Unternehmungen mit zentraler Werbeleitung. Parkinsons Gesetz gilt eben auch für Werbefachleute, und seine Einschränkung ist eher möglich, wenn alle gewünschten Planstellen-Vermehrungen für einen Bereich bei einer Stelle –, hier also beim Leiter der zentralen Werbeabteilung – zusammenlaufen, der unmittelbar der Geschäftsführung und deren Kritik untersteht.

VII. Der Werbeleiter und die Unternehmensführung

Ein Werbefeldzug kann schnell geplant werden, notfalls in wenigen Wochen, und manchmal gerät er trotzdem gut. Besser aber ist es, den Werbeleiter nicht erst dann hinzuzuziehen, wenn der Start des Produktes unmittelbar bevorsteht, sondern ihn von Anfang an in die Produktplanung und -entwicklung einzuschalten, sei es auch nur als aufmerksamen Zuhörer und Frager. Einige bruchstückhafte Bemerkungen, in letzter Stunde vor dem Start schnell hingeworfen, tun es nicht! Werbliche Konzeptionen werden oft an einem „Nebenhaken" aufgehängt, den Produktionstechniker und Absatzroutiniers als „unwichtig" übersehen, den der geübte Werbefachmann jedoch schneller erkennt, wenn er alles –, auch das Hintergründige – rechtzeitig erfährt.

Der Werbeleiter braucht ferner einen ausreichenden Werbeetat. Er kann zwar – genausowenig wie die Werbeagentur – den Werbeerfolg mit Sicherheit voraussagen; aber bei entsprechender Berufserfahrung weiß er, wieviel Geld bereitgestellt werden muß, damit das Absatzziel überhaupt mit Aussicht auf Erfolg angepeilt werden kann. Wo sich werbeunkundige Geschäftsleitungen von Beträgen Wunder versprechen, die in Wirklichkeit ein Tropfen auf den heißen Stein bedeuten, da sollte der Werbeleiter den Mut besitzen, das Unterbleiben jeder Werbemaßnahme vorzuschlagen.

Zwar hängt der Erfolg einer Werbung von der Absatzkonzeption und von den schöpferischen Einfällen der Werbefachleute ab. Aber in einer Zeit der Werbeüberflutung nützt eine zündende Idee wenig, wenn der quantitative Aufwand in keinem Verhältnis zu dem der Wettbewerber steht. Die $1/16$ Seite in der Illustrierten mag mit Liebe gestaltet sein – gelesen wird sie erfahrungsgemäß aber nur von der besonderen Schicht, die sich um Kleinstanzeigen kümmert. Mit $1/16$ Seiten, ja auch mit $1/8$ Seiten, kann man sich heute nicht mehr gegen eine Konkurrenz durchsetzen, die ständig halb- oder gar ganzseitig wirbt.

Der Werbeleiter legt außerdem Wert darauf, daß die Kompetenzfrage eindeutig geklärt ist. So wie die Geschäftsleitung die Geschäftspolitik bestimmt, so wie der Verkaufsleiter die Verkaufsziele setzt, so sollten im richtig organisierten Unternehmen die Werbeziele vom Werbeleiter und seinen Mitarbeitern gesetzt werden (was nicht ausschließt, daß Geschäftsführer und Verkaufsleiter ein wichtiges Wort mitsprechen). Geht es aber um das „wie" der Werbung, um Fragen der Gestaltung, dann sollte die Entscheidung eindeutig beim Werbeleiter liegen (was nicht ausschließt, daß sich auch andere dazu äußern).

In Unternehmen, in denen alle in alles hineinzureden haben, kommt es nie zu einer klaren Werbelinie, sondern nur zu einem ständigen Durcheinander. Der Werbeleiter ist Werbefachmann. Er weiß deshalb, daß der Aufbau eines Markenbildes im Kopf des Endverbrauchers viel Zeit erfordert, und er weiß vor allem, daß man diesen Aufbau nicht durch ständiges Zickzack-Steuern der Werbemaßnahmen gefährden darf. Erfolgreiche Werbung setzt Stetigkeit voraus, in der Regel eine mehrjährige Kontinuität. Anzeigen werden – das wird oft vergessen – nicht für abwechslungssüchtige Intellektuelle entworfen, sondern für die 98 % der einfachen Menschen. Das heißt nicht, daß man etwa mit dem „Putzfrauentest" – womöglich noch in Gegenwart der Geschäftsleitung – herausfinden könnte, was „verbrauchernah" ist, was „ankommt". Im Gegenteil: das ist gefährlich, weil dabei das Querschnittergebnis eines Samples durch ausgewählte Einzelstimmen ersetzt werden soll, und solcher „Ersatz" ist immer vom Übel.

Schließlich erwartet der Werbeleiter, daß das Verhältnis seiner Firma zur Werbeagentur von ihm entscheidend mitbestimmt wird. Ob eine Agentur herangezogen werden soll oder nicht, falls ja: welche – das sollte er entscheiden. Dies ist in der Praxis erfreulicher-

Der Werbeleiter

weise auch überwiegend der Fall (bei Firmen, in denen Beziehungen des Chefs zu Rotary- oder Golffreunden diese Frage regeln, ist ein richtiger Werbeleiter im Sinne des BDW ohnehin fehl am Platze).

Zwischen Agentur-Chef und seinen Mitarbeitern einerseits und dem Werbeleiter und dessen Mitarbeitern andererseits bestehen im Normalfall gute, oft sogar freundschaftliche Beziehungen. Wo die Zusammenarbeit klappt, können sich die Fachleute von innen und draußen im Interesse des Werbungtreibenden den Ball zuspielen. Es soll jedoch auch Agenturen geben, die immer wieder versuchen, sich zwischen die Werbeleitung und die Geschäftsleitung bzw. Verkaufsleitung zu schieben, meist unter dem Vorwand der direkten Information, die von keiner Fehlinterpretation gefährdet sei. Darüber pflegt sich der Werbeleiter mehr oder minder zu empören. Dies entfällt jedoch bei gutgeführten Unternehmen; denn bei ihnen wird die Werbeabteilung automatisch eingeschaltet, sobald das Gesprächsthema eines Besuchers die Werbung berührt. Bei solchen Unternehmen sehen die um einen Auftrag bemühten Agenturen schnell ein, daß es sinnlos ist, den Brief „an die Geschäftsleitung" bzw. „an den Vorsitzenden des Vorstandes" zu richten, weil er nach der Geschäftsordnung des Hauses aus sachlichen Gründen ohnehin bei der Werbeabteilung landet.

Schließlich sieht es auch kein Werbeleiter gern, wenn die Agentur unter Umgehung seiner Person und seiner Mitarbeiter bei dem Geschäfts- oder Verkaufsleiter eine „Vorpräsentation" vorlegt, denn eine solche Vorpräsentation legt sowohl die Agentur als auch den Geschäfts- bzw. Verkaufsleiter in gewisser Weise fest. Die innere Bereitschaft des Agenturvertreters, eine Kritik des Werbeleiters zu berücksichtigen, ist begreiflicherweise geringer, wenn die „obere Etage" schon zugestimmt hat. Diese hingegen kennt oft die Details nicht und ist verdrossen, wenn nachträglich auf sie hingewiesen wird. Richtig verfährt deshalb eine Agentur, die ihre Präsentation in häufigem Gedankenaustausch mit dem Werbeleiter vorbereitet und sich seiner Übereinstimmung versichert. Dann werden beide, Werbeleiter und Agentur-Kontakter, den Vorschlag gegenüber der Geschäftsleitung gemeinsam vertreten; auf diese Weise wird es am ehesten möglich sein, den richtigen Werbeweg zu finden.

VIII. Der Werbeleiter und der leitende Werbefachmann in der Agentur

Hier gibt es Gemeinsamkeiten, aber auch Unterschiede. Zunächst ist festzustellen, daß jemand zwar von Geburt an bestimmte Begabungen mitbringt, die ihn zum Werbefachmann prädestinieren mögen, die aber nicht schon die Entscheidung darüber beinhalten, ob er besser in der Industrie, im Handel, im Dienstleistungsgewerbe oder in einer Werbeagentur arbeitet. In der Praxis wechselt der Fachmann oft hin und her. Mitarbeiter oder Leiter von Werbeabteilungen fangen eines Tages bei einer Agentur an, weil sie sich davon einen schnelleren Aufstieg und ein höheres Einkommen versprechen, zumal die Agenturen im allgemeinen nicht das Ancienitätsprinzip kennen. Umgekehrt wünscht sich mancher Agenturmitarbeiter für sein Alter die verhältnismäßige Gesichertheit des Werbeleiters in der Industrie. Dennoch dürfte nicht nur der Zufall entscheiden, sondern bestimmte Wesenszüge spielen bei der endgültigen Wahl eine Rolle. Wer die Werbeabteilung eines Unternehmens leiten will, muß entschlossen sein, sich von seiner Firma assimilieren zu lassen. Er wird sich um administrative, organisatorische und personelle Fragen mehr kümmern müssen als sein Gesprächspartner in der Agentur. Vor allem steht er – selbst in großen Unternehmen mit voll ausgebauter Werbeabteilung – inmitten von Kollegen, die von der Produktion, vom Finanzwesen oder auch vom Verkauf kommen – anfänglich oft wie ein Mann „vom anderen Stern" – und er ist genötigt, sich die Anerkennung seines Berufsstandes täglich neu zu erarbeiten. Und das ist nicht einfach, denn auch hier gilt der Prophet nichts im eigenen Lande. Sein Vorteil ist jedoch: In Werbeabteilungen geht es in der Regel nicht so hektisch wie in Agenturen zu. Überstunden der Mitarbeiter sind seltener, und sie werden schon eher bezahlt, während unbezahlte Überstunden bei der Agentur als selbstverständlich gelten.

Andererseits: Wer in eine Agentur geht, oft mit dem geheimen Ziel, sich später selbständig zu machen, muß sich besser „verkaufen" können, er braucht unbedingt eine starke Überzeugungskraft, weit über das Nur-sachliche-Wissen hinaus. Vor allem aber braucht er Mut zum Risiko. (Jedermann betrachtet den zu Wohlstand gekommenen Agenturinhaber mit kaum verhohlenem Neid; aber er übersieht Dutzende von Agenturgründern, die Schiffbruch erlitten haben und froh sind, wenn sie als Angestellte in die Industrie oder in eine andere Agentur zurückkehren können.)

Im übrigen hat auch das Alter Bedeutung, genauer: die Altersgrenze. Noch der 37jährige kann im Normalfall den Sprung in die Selbständigkeit wagen. Falls er keinen Erfolg hat, wird er mit 39 oder 40 Jahren wieder eine Chance als leitender Mitarbeiter einer Werbeabteilung, vielleicht sogar als Werbeleiter, finden. Für den 45jährigen und noch Älteren aber gibt es in diesem Falle meist kein Zurück mehr in eine leitende Position.

Literatur:

Damrow, Harry: Die Stellung des Werbeleiters im Unternehmen. In: Handelsblatt, Düsseldorf, vom 26./27. 2. 1960.

Frauenknecht, Ferdinand: Die Werbeberufe. In: Werbeleiter-Handbuch, Hrsg. Hans Ludwig Zankl, München 1966.

Mayer, Martin: Madison Avenue – Verführung durch Werbung, Köln 1959.

Michligk, Paul: Elementare Werbekunde, Essen 1958.

Peltzer, Karl: Handbuch der Werbung und Publikation, I. Band „Werbung", Thun und München 1961.

Rupp, August: Werbefibel für die Investitionsgüter-Industrie, Salzgitter Bad 1965.

Seyffert, Rudolf: Werbelehre – Theorie und Praxis, 2. Band, Stuttgart 1966.

Lichey, Werner: Der Werbeleiter „Das moderne Berufsbild". In: Die Welt, Hamburg, 30. Oktober 1965.

Der Werbeberater

Von Heinz Hartwig, München

I. Herkunft und Vorstufen

Wer einen anderen auf einem bestimmten Gebiet beraten soll – und beraten will – der muß mehr von der Sache verstehen als derjenige, der solchen Rat benötigt. Das gilt auch für die Werbung. Solange sie aber noch kein selbständiges Wissens- und Arbeitsgebiet war, sondern nur ein Nebenzweig kaufmännischen Handelns, konnte niemand von den Vorzügen und den Absatzmöglichkeiten eines Artikels mehr verstehen als der Unternehmer selber. Hersteller und Händler überschauten den Markt, wußten um die Bedürfnisse und Wünsche, die zu befriedigen ihrer Branche und ihrem Betrieb aufgegeben war, und kannten die besten und einträglichsten Wege zu diesem einfachen Ziel. Wohl brauchten sie Helfer, aber keine Ratgeber. Schon gar nicht auf dem Gebiet der ohnehin noch verpönten „Reklame", die man – wenn überhaupt nötig – am besten ebenfalls in die eigene Hand nahm!

So versteht es sich, daß in der Frühzeit der Industrialisierung der Beruf des heute Werbeberater genannten Reklamefachmanns sich überhaupt nicht entwickeln konnte. In der Tat verzeichnet Meyers Konversations-Lexikon von 1896 wohl die Reklame selbst als „Anwendung raffinierter Mittel zur Erweckung des öffentlichen Interesses", nennt auch verschiedene Werbemittel und verzeichnet einiges Schrifttum, aber von einem Werbeberuf ist noch keine Rede. Dagegen werden „Reklamehelden" genannt und hierunter hauptsächlich fahrende Künstler verstanden, die sich „erlaubter oder unerlaubter Mittel" bedienen, um die Aufmerksamkeit auf sich zu lenken. Mit fast gleichen Worten hatte schon Jahre zuvor Rudolf Cronau in seinem „Buch der Reklame" Zauberer, Wundertäter, Kanzelredner, Häuptlinge, Sporthelden, Marktschreier, Zirkusleute und Kurtisanen als Reklamemacher vorgestellt. Da, wo Cronau zwischen Hofnarren und Quacksalber auch Handwerker, Kaufleute und Fabrikanten als Nutznießer der Reklame nennt, bescheinigt er ihnen Geschicklichkeit und einen „erfinderischen Kopf", der aber immer ihr eigener war. Männer, die beruflich Reklametricks für andere ausdachten, gab es zunächst noch nicht. Dafür gab es aber eine Reihe von Berufen, die mit der Reklame verschiedener Unternehmen laufend zu tun hatten, dadurch Vergleiche anstellen konnten und aus dieser Sachkenntnis heraus vermutlich auch eigene Vorschläge gemacht haben. Hier sind zu nennen Drucker und Zeichner, Photographen und Lithographen, Holzschneider und Plakatmaler. Inbesondere bei der Gestaltung von Inseraten konnte ein Unternehmer bald auf die speziellen Erfahrungen von Männern zurückgreifen, die täglich mit Geschäftsanzeigen zu tun hatten: Zeitungsmacher und Annoncen-Expediteure. Aus diesen Kreisen rekrutierten sich in Amerika schon um 1880 die Personen, die eine besondere Fertigkeit im Verfassen von Anzeigen hatten und von einzelnen großen Geschäftshäusern mit dieser Arbeit betraut wurden. Hiermit waren also Reklame-Ideen und -Texte erwerbbar geworden und der selbständige Werbefachmann in vorschlagender und beratender Mission geboren, wenngleich auch nur auf einem einzigen Gebiet, dem der Insertion.

II. Die ersten „Freien"

In Deutschland, wo die Unternehmerschicht im allgemeinen gebildeter war als in Amerika, dauerte es sehr viel länger, ehe man sich entschloß, das Formulieren von werbenden Verlautbarungen in fremde Hände zu legen oder gar besondere Reklamegags von außerhalb des Hauses zu beziehen. Man hielt das wohl ein wenig für unter seiner Würde. Daß diese Haltung auch heute noch nicht ausgestorben ist, beweist ein Wort, das Ansgar von Nell, 1. Vorsitzender des Bundes Deutscher Werbeberater und Werbeleiter, bei der Bundestagung 1967 sagte: Von den etwa 9000 deutschen Unternehmen, die laufend werben, beschäftigen höchstens 1200 wirklich qualifizierte Werbefachleute. Man macht bei uns allzugern allzuviel allein.

Nur auf dem Gebiet der Talent und Ausbildung voraussetzenden Grafik fühlt – und fühlte – kein Unternehmer sich voll zuständig. Zur Schaffung von Firmenzeichen, zur Gestaltung von Blickfängen in Anzeigen, zum Entwurf von Plakaten, Packungen und dergleichen mußte man schon um die Jahrhundertwende Künstler heranziehen. Auch diese sammelten ihre Werbe-Erfahrungen und wurden so zu den ersten externen Mitarbeitern modern denkender Unternehmer auf diesem sich immer mehr ausweitenden Felde. Es mag an dieser Entwicklung liegen, daß bei uns heute noch häufig der optische Eindruck über eine Werbung entscheidet, das Bild dem Text übergeordnet wird und das Wort – als eigentlicher Träger jeder Idee – nicht mit gleicher Sorgfalt geformt wird. Schlechtes Deutsch, uneinheitlicher Stil und sprachliche Modetorheiten beweisen es Tag für Tag. Dennoch schulden wir den Grafikern der Frühzeit Dank, denn sie haben die Türen zu den Direktionszimmern unbewußt auch für andere Werbespezialisten geöffnet, so wie es teilweise ja auch heute noch geschieht.

III. Pioniere

Man wird freilich ebensogut sagen können, daß wir auch den aufgeschlossenen Unternehmern, die nicht den Ehrgeiz hatten, alles und jedes selber machen zu wollen, die ersten Fortschritte in Richtung auf eine seriöse und neuzeitliche Wirtschaftswerbung verdanken. Aus der Zeit von der Jahrhundertwende bis zum ersten Weltkrieg sind hier – wenn wir der „Geschichte der deutschen Wirtschaftswerbung" von Johannes Schmiedchen folgen – zu nennen: Rathenau mit der AEG, der den Architekten und Schriftenschöpfer Professor Peter Behrens zum „künstlerischen Beirat" und damit zum Gestalter seiner Werbung machte, Ludwig Roselius mit seiner Kaffee Hag AG, der den Architekten H. Wagner in gleicher Eigenschaft beschäftigte, sowie die Firmen Benz, Borsig, Bosch, Farina, Junghans, Krupp, Lanz, Matheus Müller, Opel, Pfaff, 4711, Siemens, Günther Wagner, Wollff & Sohn, um nur einige zu nennen, die alle ihre Weltgeltung schon damals einer regelmäßigen, im Stil einheitlichen, durch eine starke Persönlichkeit geprägten Werbung verdankten. Noch waren es oft die Inhaber selbst, die den Ton angaben und nur

Der Werbeberater

die künstlerisch-technische Ausführung anderen übertrugen, wie Dr. Hugo Henkel, Christian Adt. Kupferberg, Ernst August Lingner, Dr. August Oetker, Friedrich Soennecken, Franz Stollwerk u. a. Manchmal war der stilprägende Mann aber auch ein leitender Angestellter, wie Dr. Richard Kropeit von der Auergesellschaft, ein befreundeter Maler, wie Ludwig Hohlwein oder — wie wir am Beispiel Amerikas sahen — ein Anzeigenleiter oder Journalist, wie Robert Hösel in Berlin. Werbeberater waren aber auch diese Männer nicht zu nennen.

Der erste, der diese Berufsbezeichnung zwar noch nicht führte, aber verdiente, dürfte der Leiter der Berliner Plakatdruckerei Hollerbaum & Schmidt, Ernst Growald, sein, der um 1900 durch Heranziehung der besten Künstler seiner Zeit als einer der Begründer der modernen Plakatkunst gilt, später „Altmeister der deutschen Reklame" genannt wurde und einer der ersten „Sachverständigen für Reklame" war, die von der Berliner Handelskammer und dem dortigen Kammergericht bestellt waren. (Vgl. den Beitrag „Plakatwerbung" in diesem Handbuch.) Um das Jahr 1910 gab es dann schon eine Reihe von Männern aus verschiedenen Berufen, die schöpferisch schaffend oder begrifflich klärend an der Entwicklung des Werbewesens Anteil hatten. Denken wir nur an Johannes Iversen, den Begründer des Deutschen Werbe-Unterrichts, und an „Werbwart" Johannes Weidenmüller, der u. a. die „Blätter für erfolgreiche Kundengewinnung" herausgab. Dies war die Zeit, in der sich die ersten wirklichen Werbefachleute heranbildeten und sich mit anderen auf diesem Gebiet in irgendeiner Weise Tätigen zusammenschlossen. Der erste Weltkrieg machte diese bemerkenswerten Ansätze zu einem neuen Berufsstand zuschanden. In den zwanziger Jahren aber festigte sich das Bild und mehrten sich die Männer, die sich der Profession eines Werbefachmannes zuwandten; sicher nicht ohne den verstärkten wirtschaftlichen Einfluß, der von jenseits des Ozeans auf uns zukam. Jetzt auch fanden Bezeichnungen wie Werbeleiter und Werbeberater Eingang in die Umgangssprache. Es würde zu weit führen, hier noch Namen zu nennen.

IV. Der moderne Berater und seine Funktion

Es versteht sich von selbst, daß die nicht an einen bestimmten Betrieb gebundenen Männer, also die freien, unabhängigen Geister, sich nun schneller und weiter entwickeln als ihre Kollegen. Sie kommen mehr herum, lernen viel mehr Betriebe und Probleme kennen als es einem Angestellten bei normalem Stellenwechsel möglich ist, und sie haben zahlreichere Kontakte zu Führungskräften aller Art. Ihre von Anfang an recht gute Honorierung sowie der bei einem freiberuflich Tätigen gegebene Vorteile der eigenen Arbeits- und Zeiteinteilung erlaubt es, sich beruflich intensiv weiterzubilden, und durch ständig erneuerte eigene Erfahrungen vertiefen sie ihr Wissen und Können. Hinzu kommt, daß diese neuen Werbeberater sich nicht mehr so sehr als „Künstler" fühlen — wenn auch nach wie vor viele aus entsprechenden Berufen kamen — sondern doch mehr als Kaufleute. Sie lernen, eine Bilanz zu lesen, Organisations- und Personalprobleme zu verstehen und überhaupt unternehmerisch zu denken. Sie wissen etwas von der Psychologie der Massen, denn sie haben Le Bon studiert, und sie begreifen, daß man das Geld anderer Leute nicht leichtsinnig ausgeben darf. Es sind Männer (und ein paar Frauen) von großer Allgemeinbildung und Allround-Könner in ihrem Fach. Sie verstehen nun wirklich mehr von der Sache als ein werblich noch so talentierter Unternehmer und können sich mit Recht unterfangen, selbst große und größte Firmen werblich zu beraten. Dabei hielt man sich seinerzeit stets frei von Aufgaben der Werbungsmittlung und nahm keinerlei Provision für durch den Berater zustande gekommene Aufträge. Wen im Laufe seiner Tätigkeit das Kaufmännisch-Organisatorische ebenso oder gar mehr reizte als das

Schöpferische, der gründete oder ging in eine Annoncen-Expedition (AE) oder in eine der sich aus diesen entwickelnden Werbe-Agenturen, die beratende, gestaltende und vermittelnde Dienstleistungen bei sich vereinten.

V. Zwischenspiel

Da es hier nicht darum geht, eine lückenlose Geschichte des Werbeberaters zu verfassen, sondern die Bedeutung dieses Berufes an einstigen, heutigen und künftigen Aufgaben sichtbar zu machen, sollen die Jahre der Plan- und Zwangswirtschaft von 1933 bis 1948 mit ein paar Sätzen übergangen werden. Eine wirkliche Weiterentwicklung nach internationalen Maßstäben fand in Deutschland zu dieser Zeit nicht statt. Im Gegenteil. Es gab in der Werbung sowohl quantitativ als auch qualitativ zumeist Stillstand und teilweise sogar Rückschritt, womit hervorragende Einzelleistungen der damals Tätigen weder übergangen noch geschmälert werden sollen. Aber insgesamt trat man auf der Stelle. Der Berater wurde — wie der ganze Berufsstand — zwangsorganisiert und durch vielerlei einengende Bestimmungen an der freien Entfaltung seiner Gedanken gehindert. Der scheinbaren Stärkung der beruflichen Position durch die öffentliche Anerkennung mit Reichsfachschaft und Berufsausweis, durch den umstrittenen Werberat der deutschen Wirtschaft und dessen hier und da auch nützliche Anordnungen, und durch die Errichtung der auf hohem fachlichen Niveau stehenden Höheren Reichs-Werbeschule in Berlin stand eine noch stärkere Schwächung gegenüber. Zunächst durch Ausschaltung und Abwanderung der sogenannten „nichtarischen" Kollegen und später durch Opfer, die der Krieg forderte, der zugleich den nötigen Nachwuchs stoppte. An seinem Ende stand ein dezimierter, überalteter und fachlich rückständiger Berufsstand, für den es überdies nur sehr wenig zu tun gab. Auch nach der Währungsreform im Jahre 1948 hatte der Wiederaufbau der Betriebe und das Wiederingangsetzen der geschäftlichen Beziehungen Vorrang. Die kleinen Produktionsmengen setzten sich infolge des allgemeinen Warenhungers und Nachholbedarfs von selbst ab. Zu allem Überfluß trat noch erschwerend hinzu: Die zuerst in der amerikanischen Zone, dann in ganz Westdeutschland eingeführte Gewerbefreiheit, die jedem erlaubte, ein „Werbebüro" zu gründen und sich Berater zu nennen. Im ersten Drittel der 50er Jahre klärten und besserten sich die Verhältnisse.

VI. Wandlung und Fächerung

Im Gefolge des „Wirtschaftswunders" gab es einen Werbeboom bisher ungekannten Ausmaßes, und der Werbeberater wurde zu einer Zentralfigur dieses Geschehens. Am 15. 3. 1953 wurde der „Bund Deutscher Werbeberater und Werbeleiter e. V." neu gegründet, der als „Bund Deutscher Werbeberater" erstmals 1928 entstand und im Jahre 1946 etwas glücklos den Versuch einer Wiederbelebung unternommen hatte. In diesem neuen Bund wurde für die Mitgliedschaft der Erwerb oder Nachweis einer beruflichen Qualifikation obligatorisch. Der BDW stellte Berufsgrundsätze auf und führt eine Berufsrolle, in die Angehörige der „Werbeführung" und der Nachwuchs, der diesen Beruf anstrebt, eingetragen werden. Mit dem Zusatz BDW hinter der Berufsbezeichnung wird der werbungtreibenden Wirtschaft Gewißheit über die fachliche Eignung und Ausbildung der Werbeberater (und Werbeleiter und -assistenten) gegeben. Der weitergehende Plan eines staatlich anerkannten Berufsbildes mit festgelegtem Ausbildungs- und Prüfungswesen konnte noch nicht verwirklicht werden. Das liegt — wenigstens zum Teil — am Strukturwandel der letzten Jahre. Einst war der Werbeberater ausschließlich eine selbständige Einzelpersönlichkeit, in lediglich beratender Funktion auf Honorarbasis arbeitend. Heute gibt es ihn in vielerlei Gestalt: Einmal den Werbeberater traditioneller Art als freiberuf-

Der Werbeberater 337

lich tätigen, künstlerisch betonten (und von der Gewerbesteuer befreiten) Mitarbeiter, der oft weitgehend spezialisiert ist. Dann gibt es den auch Streuaufgaben durchführenden Berater als Provision beziehenden Einmannbetrieb. Hieraus entwickelte sich der Werbeberater mit Angestellten und freien Mitarbeitern, der in der Lage ist, schor sehr komplexe Werbeaufgaben zu übernehmen und bereits eine Kleinagentur darstellt, oder es zum Inhaber einer Großagentur bzw. Werbemittlung gebracht hat. Zu diesen drei selbständigen Beratern kommt der in einem Werbeunternehmen leitend tätige Angestellte, der die Kunden dieser Firma berät, und schließlich der Werbeberater, der sich auf ein Sondergebiet spezialisiert hat und z. B. als Fachschriftsteller, Texter, Fachschuldozent, Gutachter oder Schulungsleiter arbeitet, Fachvorträge hält oder sich anderen beratenden Aufgaben im Rahmen des Marketing zuwendet. Mancher Werbeberater ist auch als Werbeleiter in der Industrie tätig. Bei dieser nur angedeuteten Vielschichtigkeit gibt es nicht allzuviel Gemeinsames. Aber das ist auch weder möglich noch nötig.

VII. Möglichkeiten und Aufgaben – heute und morgen

Das komplizierte Gefüge der modernen Wirtschaft stellt an Werbung und Werbeberater heute sehr differenzierte Anforderungen, von denen der einzelne nur noch die eine oder andere zu erfüllen vermag. Genügte es früher, von allem ein wenig zu wissen, so muß der moderne Berater von einer Sache möglichst alles wissen! Er ist auf einem (seinem!) Gebiet zum Experten geworden, – nicht mehr Allround-Mann, sondern Kapazität auf einem Sonderfeld. Er kann Markenartikler oder Einzelhandelsberater sein, Verlagswerber oder Industriewerber, er kann sich dem Geldwesen oder den modischen Textilien widmen, dem Handwerk oder dem Tourismus, den öffentlichen Anliegen oder den Verbänden, den Pharmazeutika oder den Genußmitteln. Er kann selber gestaltend wirken oder nur wissen, wo die für den Einzelfall richtigen Designer, Texter, Fotografiker u. a. zu finden sind und deren Arbeit koordinieren. Im Idealfall kann er sogar den besser geeigneten Spezialberater herbeiholen, wenn freundschaftliche Gegenseitigkeit dies erlaubt.

Es ist selbstverständlich, daß diese Ausrichtung auf eine gewisse Virtuosität der Leistung, auf eine Meisterschaft im Detail, für den Unternehmer viel vorteilhafter ist als der frühere Zustand. Jetzt tritt der Werbeberater ebenbürtig neben den Rechtsberater, den Betriebsberater, den Steuerberater und die anderen unentbehrlichen freien Mitarbeiter seines Auftraggebers. Es ist ebenso selbstverständlich, daß ein solcher Werbeberater in erster Linie bei den Selbständigen zu finden ist, wobei oft den mittleren und sogar älteren Jahrgängen der Vorzug gegeben wird, weil Lebens- und Berufserfahrung, geordnete private Verhältnisse und ein Höchstmaß an Bildung und Umgangsformen die unerläßliche Basis darstellen, auf der sich Neigung und Eignung zu diesem Beruf entwickeln und bestätigen.

Falls nicht der Umfang der Werbeaufgaben die Zusammenarbeit mit einer größeren Agentur erforderlich macht, findet der Unternehmer deshalb im Kreise dieser selbständigen Werbeberater den idealen Partner, unabhängig davon, ob im Betrieb eine eigene Werbeabteilung mit einem fachkundigen Werbeleiter vorhanden ist oder nicht. Die Aufgabe der „Regie" kann keiner besser lösen. Von Vorteil ist auch, wie Hans Schnupp im „Volkswirt" schreibt, daß der Werbeberater „immer nur so viele Aufgaben übernehmen wird, wie seine motorische Kraft und seine Fähigkeit der Meditation bewältigen können, und daß er immer nur so viele schöpferische Mitarbeiter seines Geistes haben wird, wie er seinem Kraftfeld zuordnen kann". Die Freiheit von Routine, die wirtschaftliche Unabhängigkeit und – so Schnupp – die klare Trennung von beratender und vermittelnder

Tätigkeit sind weitere Pluspunkte für den Berater dieser Kategorie. Hermann Seelmann weist im „Industriekurier" darauf hin, daß ein Einzelberater, der mit fähigen, freien Kräften zusammenarbeitet, nicht selten wendiger und freier als die Kontaktgruppe eines großen Werbeunternehmens arbeiten kann, die stets die gute Auslastung des gesamten Agenturapparates im Auge behalten muß. Heinz G. Schwieger erklärte im „Erfolg", daß „schöpferische Ideen in der Regel keine Gemeinschaftsleistung, sondern vom einzelnen zu erbringen sind". In der Tat hat der selbständige Werbeberater — bei allem Wandel in der Arbeitsweise — seinen Platz in der Wirtschaft nicht nur behauptet, sondern gefestigt. Er wird noch gesuchter werden, wenn einerseits die Hybris der Werbung aus der ersten Hälfte der 60er Jahre abgeklungen ist und andererseits jene Unternehmer, die ihre Werbung heute noch selber „häkeln", erkennen, daß die Ausgaben für einen beratenden Fachmann gut angelegt und keine „Unkosten", sondern Investitionen sind.

Literatur:

Cronau, Rudolf: Buch der Reklame, Ulm 1887.

Schmiedchen, Johannes: Geschichte der deutschen Wirtschaftswerbung, Tübingen 1952.

Wer soll unsere Werbung machen? Sonderdruck des Arbeitskreises selbständiger Werbeberater im BDW, Essen 1965.

Der Werbegrafiker

Von Prof. Helmut Lortz, Berlin

Da der Verfasser dieses Artikels Lehrender ist, wird das Berufsbild des Grafikers insbesondere auch von der Frage her untersucht: Kann man diesen Beruf erlernen?

I. Was ist ein Grafiker? — Voraussetzungen, Fähigkeiten, Kenntnisse

Am Anfang steht das Können, das Handwerk, alles was mitteilbar und erlernbar ist. Stillschweigende Voraussetzung sollte das sein, was diesen Beruf bestimmt: der Einfall, die Idee.

Der Grafiker hat eine dienende Funktion, dessen muß er sich ständig bewußt sein. Es ist ein Beruf, der Aufgeschlossenheit fordert gegenüber allen Problemen unseres Lebens. Man muß alle Schwierigkeiten und Möglichkeiten kennen, damit die Entscheidung für diesen Beruf nicht aus Unkenntnis und Unwissenheit, sondern aus Überlegenheit und voller Kenntnis der Problematik getroffen wird. Wichtige Grundlagen dieses Beruf sind abgeschlossene Ausbildungen in den verschiedenen artverwandten Sparten wie Druck, Satz, Fotografie, Chemigrafie, Lithografie. Auch hier wieder stillschweigende Voraussetzung eine gute Allgemeinbildung. Ich habe bewußt besonderen Wert auf diese Voraussetzungen gelegt, weil gerade bei diesem Berufsbild traditionsgemäß ein Übergewicht auf der „künstlerischen" Seite zu finden ist. Diese Überbewertung schafft verkehrte Vorstellungen und damit verbundene Enttäuschungen. Entscheidend sind: der gute Einfall, das bessere Argument, die Größe des Erfolgs und nicht die romantische Wunschvorstellung, wie der Auftraggeber zu reagieren habe. Es ergibt sich unmißverständlich die Forderung nach Beherrschung der grafischen Mittel, um sie souverän einsetzen zu können. Ein Grafiker muß ein Partner sein, der sein Metier beherrscht, logisch folgert, Assoziationen aufspürt, unternehmerisch denkt und, weil er neue Wege gehen will — und das soll und muß er — ein „Wanderprediger" seiner Überzeugung ist. Es gibt für ihn keinen Endpunkt seiner Ausbildung. Die Zukunft fordert von ihm ein ständiges Weiterlernen. Mir ist bewußt, daß dies große Forderungen sind, aber es wäre verkehrt, sie zu kaschieren oder sie nicht sehen zu wollen — sie sind nun einmal vorhanden.

Ebenso wichtig ist das klare Erkennen des Phänomens Werbung. Werbung an sich ist nicht gut oder schlecht. Sie ist immer so gut oder so schlecht wie ihr Urheber. Sie ist besten- oder schlimmstenfalls ein Spiegelbild unserer Umwelt und damit unserer Gesellschaft. Sollte man einen Computer verbieten, weil man damit einen Bankraub planen kann? Mit dem gleichen Gerät können lebenserhaltende Probleme gelöst werden. Werbung ist so alt wie die Menschheit. Wer an der Werbung verzweifelt, müßte ebenso an der Menschheit verzweifeln.

II. Was erwartet man von einem Grafiker? — Tätigkeit

Vor allem wird Einfühlungsvermögen in die jeweils gestellten Probleme erwartet. Daß der Problemkreis so vielfältig ist, macht diesen Beruf so faszinierend. Hier gilt es einzusetzen. In naher Zukunft wird es mehr denn je darum gehen, schwierige Vorgänge auf den verschiedensten Gebieten unseres Daseins mit optischen Mitteln verständlich zu machen. Übertragene Probleme müssen von Grund auf neu untersucht werden, frei von traditionellen Voreingenommenheiten, von Ballast und Schablonen. Man muß ausgehen vom Nullpunkt, als gelte es, das erste Plakat, die erste Anzeige und die erste Packung zu entwickeln. Nur so kann man die Aufgabe unverstellt lösen. Absicht und Ziel müssen mit den jeweiligen Gegebenheiten koordiniert werden. Einziger Maßstab für die Qualität einer Lösung ist für den Auftraggeber der erzielte Erfolg. Man erwartet von dem Grafiker, daß er ihn anstrebt. Gelingt ihm das, so sind ihm alle Mittel erlaubt, und hier setzt das eigentliche Problem des Grafikers ein. Er kann den großen Erfolg mit konventionellen oder gar mit unlauteren Mitteln und Möglichkeiten erzielen; dabei hat er den geringeren oder gar keinen Widerstand. Er kann mit völlig neuen und lauteren Mitteln dem Problem begegnen und ebenso großen Erfolg haben. Dieser Weg ist der schwierigere, aber der, um den es eigentlich geht. Der sogenannte künstlerische Anteil ist eine völlig interne Angelegenheit des Grafikers. Sein Verhältnis dazu ist eine Selbstverständlichkeit. Darüber sollte nicht gesprochen werden. Zur Kunst hat man ein Verhältnis, man redet nicht darüber. Es gibt Eintagslösungen und zeitlose Lösungen. Die Entscheidung für diese oder jene Lösung ist eine Sache der Persönlichkeit.

III. Was erwartet den Grafiker? — Der Arbeitsbereich

Den Grafiker erwartet ein Auftraggeber, der eine Umsatzsteigerung, eine Verbesserung seiner Marktsituation, anstrebt. Er ist oftmals durch traditionelle Lösungen, die schon Erfolg gebracht haben, beeinflußt und voreingenommen. Diese Vorstellungen müssen untersucht und durch Argumente in die Bahnen gelenkt werden, von welchen dann beide Teile überzeugt sind, daß sie den größeren Erfolg bringen. Bei diesem Gespräch stehen wiederum künstlerisch formale Dinge an zweiter Stelle.

Zwischen Auftraggeber und Grafiker stehen oftmals Mittler. Es sind dies Werbeleiter oder Agenturen. Mit dem Unternehmer kommt man nur selten direkt ins Gespräch. In beiden Fällen kann der Arbeitsablauf erschwert oder erleichtert werden. Beim unmittelbaren Kontakt mit dem Auftraggeber sind Interpretationsverschiebungen ausgeschlossen, doch wird diese Form in Zukunft immer mehr zurücktreten, weil keine Einzelentscheidungen mehr gefällt werden. Die gleiche Situation tritt bei wissenschaftlichen Forschungsaufgaben auf, die vom Unternehmer nicht mehr ohne Einschaltung von Gutachtern, Experten und Spezialisten entschieden werden. Vom Grafiker wird deshalb erwartet, daß er ein ernstzunehmender unternehmerisch denkender Partner ist. Eine krampfhaft nach außen entwickelte Individualität ist völlig fehl am Platz. Mit einer klaren Einstellung zur Breite und zu den Forderungen in diesem Beruf sind gleichzeitig seine großen Möglichkeiten und seine faszinierende Aktualität gekennzeichnet.

Werbemittlungen

Von Max F. Binias, Berlin

I. Entwicklung des Berufsstandes

1. Anfänge

Seyffert schreibt in Band II seiner „Werbelehre": „Das Vermitteln von Werbeaufträgen in Form des Sammelns und Weiterleitens ist eine seit den Anfängen der Reklame ausgeübte Tätigkeit...". Dabei läßt er offen, in welches Land und in welche Zeit diese Anfänge zu legen sind.

Zumindest in Deutschland ist die Geburtsstunde für eine gewerbsmäßige Tätigkeit der von Seyffert umschriebenen Art in das Jahr 1855 zu legen. In diesem Jahre gründete Ferdinand Hasenstein, ein gelernter Buchhändler, in Altona die erste deutsche „Insertions-Agentur". Ob ihm bereits vorhandene ähnliche Einrichtungen französischer (courtiers de publicité), englischer (advertising contractor, advertising agent) oder amerikanischer (advertising agencies) Art als Vorbilder dienten, ist historisch nicht belegt, könnte aber zutreffen. Die Hasensteinsche „Insertions-Agentur" gilt daher in Deutschland als „Stammvater" aller heute bestehenden und noch entstehenden Werbefirmen, die sich in irgendeiner Form — entweder ganz, teilweise oder auch nur „nebenbei" — mittelnd betätigen, d. h. im eigenen Namen Werbeaufträge Dritter an Werbungdurchführende überschreiben und dafür von den Werbungdurchführenden eine Provision erhalten. Ob sich solche Provisionsnehmer nun „Annoncen-Expedition", „Werbungsmittler", „Werbeagentur" oder phantasievoll auch anders, z. B. „Werbeorganisation" oder „Werbebüro" nennen, ändert nichts am sachlichen Tatbestand.

Eine Betriebsform solchen Alters und mit einer internationalen Ahnenreihe muß auf einer vernünftigen kaufmännischen Grundidee basieren. Anders ist es nicht zu erklären, daß sie sich über ein Jahrhundert lang in der von Hasenstein erstmalig praktizierten Arbeitsart hält. An vielfachen Versuchen, sie durch andere Be-, Ab- oder Verrechnungsarten zu ändern oder abzulösen, fehlte es weder in der Vergangenheit, noch ist die Gegenwart frei davon. Eine praktikable bessere Lösung wurde bisher weder in Deutschland noch im Auslande gefunden; alle Versuche blieben in den Anfängen stecken. Das beweisen auch neueste amerikanische Veröffentlichungen. Selbst die größten unter dem

Namen „Werbeagentur" firmierenden Unternehmen (dieses Wort ist eine nicht besonders glückliche Übersetzung des englisch-amerikanischen Begriffs „advertising agency") leben weitgehend von den Provisionserträgen ihrer Tätigkeit als „Annoncen-Expedition".

2. Ausweitung des Funktionsbereichs

Während nun das Wort „Insertions-Agentur" keine Nachahmer fand, blieb das von Rudolf Mosse 1867 bei der Gründung seiner Firma erstmalig benutzte Wort „Annoncen-Expedition" oder die Abkürzung „AE" bis in die heutige Zeit Gattungsbegriff für eine mittelnde Tätigkeit innerhalb der Werbung. Hierbei muß erläuternd bemerkt werden, daß über Jahrzehnte hinweg „Annoncen" oder „Annoncieren" als gängigste Werbeart fast eine Monopolstellung einnahm. Erst später entwickelten sich in größerem Umfange andere interessante Werbearten. So veranschaulichte – zumindest seit der Jahrhundertwende – bei einer steigenden Zahl von „Annoncen-Expeditionen" diese Bezeichnung nicht mehr ihr inzwischen ausgedehntes Tätigkeitsfeld. E. Lysinski schreibt 1924 im Rückblick auf die Vergangenheit: „Die Annoncen-Expeditionen beanspruchen nicht nur Vermittler von Inseraten, sondern auch Berater in Fragen der Inseratreklame, ja sogar der Reklame schlechtweg zu sein. Zu diesem Zwecke übernehmen sie die kostenfreie Beratung in Fragen der Inseratreklame, besonders die Auswahl der geeigneten Insertionsorgane, ja sogar die kostenfreie Ausarbeitung ganzer Inserat- und Reklamefeldzüge."

Besonders das Plakat, schon in der Antike bekannt und im Mittelalter verwendet, erhielt steigende Bedeutung. Gefördert wurde es durch die von dem Unternehmer mit Namen Litfaß in Berlin entwickelte Anschlagsäule, die heute weit verbreitet ist. Für die moderne und künstlerische Gestaltung und Verwendung des Plakats dürfte sicherlich das erste von Toulouse-Lautrec 1891 in Paris für Moulin Rouge geschaffene Plakat „La Goulue" richtungsweisend geworden sein. Plakate oder Affichen wurden demgemäß wie „Annoncen" ebenfalls von „Expeditionen" vermittelt. Selbstredend entwickelten sich auch „Plakat-Expeditionen", von denen Albachary in Berlin wohl am bekanntesten wurde; er gab außerdem einen besonderen Plakat-Katalog heraus.

Auch Rudolf Mosse war inzwischen über sein Firmenbeiwort „Annoncen-Expedition" weit hinausgewachsen. Vorher in vielen Fällen, seit den zwanziger Jahren aber in großem Umfange, bot Rudolf Mosse unter der Leitung des jetzt in Amerika tätigen Alfred Politz umfangreiche werbliche Dienste als „Service" an. Heute werden diese begrifflich allgemein unter der schon vorhin erwähnten Bezeichnung „Werbeagentur" geleistet und registriert. Weder die Worte „Expedition" (abfertigen, befördern), noch der vom Werberat geschaffene „Mittler", noch das Nachkriegskind „Agentur" (man denke nur an das Grundwort „Agent" oder die Ableitung „Agent provocateur") sind vom Sinngehalt her klug und treffend geprägte deutsche Begriffe für die Tätigkeit, die sie umreißen sollen. Sie sind jedoch in den Sprachgebrauch eingegangen. Die Beibehaltung der Branchenbezeichnung „Annoncen-Expedition" oder der Abkürzung „AE" als Grundbegriff ergab sich über viele Jahre durch die am 12. 1. 1912 erfolgte Gründung des „Verbandes Deutscher Annoncen-Expeditionen e. V.". 1934 wurde dieser Verband durch behördliche Anordnung in „Reichsverband der deutschen Werbungsmittler e. V." umbenannt.

3. Die Jahre der Reglementierung

Einen Einschnitt bedeutete das am 12. 9. 1933 erlassene „Gesetz über Wirtschaftswerbung". Die nächste Stufe war die Errichtung des „Werberates der deutschen Wirtschaft" als Körperschaft des öffentlichen Rechts am 14. 9. 1933. In der am 27. 10. 1933 erlassenen

2. Verordnung zur Durchführung des „Gesetzes über Wirtschaftswerbung" taucht im § 7 erstmalig der Begriff „W e r b u n g s m i t t l e r" in folgender Formulierung auf:

(1) Werbungsmittler bedürfen der Zulassung durch den Werberat . . .

(2) Werbungsmittler ist, wer Personen oder Gesellschaften, die Werbung für andere durchführen (Werbern), Werbeaufträge für andere im eigenen Namen und für eigene Rechnung erteilt.

Die Werbungsmittler wurden klassifiziert in Anzeigenmittler, Bogenanschlagmittler, Lesezirkelwerbungsmittler, Mittler für Verkehrsreklame, Mittler für Kinoreklame und Mittler für Auslandswerbung. Alle nunmehr „zugelassenen" Werbungsmittler mußten dem „Reichsverband der deutschen Werbungsmittler" (RddWM) angehören. Niemand konnte Mitglied des „RddWM" sein, dem die Zulassung durch den Werberat versagt blieb oder genommen wurde. Die Werbeberatung oder die bis dahin unter dem Begriff „Service" ausgeübte Tätigkeit wurde den zu „Werbungsmittlern" ernannten Firmen gesetzlich verboten.

4. Die Zeit des Neuaufbaus

Die Vernichtung aller Werbeträger, der Zeitungen, Zeitschriften, Anschlagflächen, Verkehrsmittel, Kinos usw. führte auch zum Zusammenbruch der deutschen Werbewirtschaft im Jahre 1945. Es waren damals „Werbungsmittler", die unmittelbar nach dem Zusammenbruch begannen, nicht nur in den Besatzungszonen sondern auch interzonal Kontakte zu suchen, neue Erfahrungen auszutauschen. Gleichzeitig wurden Verbindungen zu den in den 4 Besatzungszonen im „Lizenzverfahren" geschaffenen Zeitungs- und Zeitschriften-Verlagen aufgenommen. Damit legten sie die Grundlage für die neu aufzubauende Werbung. Die Ausweitung der Betriebsform ergab sich aus der Wiederaufnahme der vor der Reglementierung ausgeübten vielseitigen Tätigkeit. Die oben bereits angedeuteten, durch Anordnungen des Werberates seinerzeit befohlenen Einschränkungen der werblichen Betätigung waren fortgefallen, und neue Wege wurden gesucht. Hierbei konnten die meisten Werbemittlungen an ihre vor 1933 gesammelten Erfahrungen und vielseitigen Service-Einrichtungen anknüpfen. Den entscheidenden Auftrieb brachte jedoch die Währungsreform, die gleichzeitig den Export ankurbelte. In Auswirkung dieser neuen Situation wurden Kontakte zu Werbeunternehmen im europäischen und außereuropäischen Ausland wieder aufgenommen oder im Laufe der folgenden Jahre neu geknüpft. Diese internationale Zusammenarbeit wurde inzwischen vielseitig ausgebaut.

II. Die Werbemittlung in der modernen Wirtschaft

1. Aufgaben und Probleme

Die über 100jährige Geschichte dieses Berufsstandes ist von der jüngeren Geschichte der Werbung und diese wiederum von der Entwicklung zur modernen Marktwirtschaft nicht zu trennen. Wir wissen schon aus den vorhergehenden kurzen Andeutungen, wie sich diese 1855 begründete Betriebsform zum Nutzen der expandierenden Wirtschaft bewährte und sich den Gegebenheiten flexibel anpaßte. Die steigende Produktion, der damit verbundene Zwang zur Absatzausweitung, die Schaffung von Markenartikeln u. a. m. brachten der Werbung immer neue Aufgaben, die gleichzeitig das Wachstum der Werbemittlungen förderten.

Neue Aufgaben und Probleme brachte die Entwicklung des Pressewesens, die Entstehung neuer Zeitungen und Zeitschriften, die Errichtung neuer Werbeträger mit sich. Eine logische Folge war die systematische Ausweitung der Kenntnisse und Arbeitsmöglichkeiten der Werbemittlungen, verbunden mit einer Erweiterung ihrer Einrichtungen und des Arbeitsmaterials.

Die von Werbemittlungen ursprünglich gebotene Streuhilfe und die von ihnen erbrachten Abrechnungsvereinfachungen weiteten sich im Laufe der Jahre zur fruchtbaren Partnerschaft bei der sachlich-fachlichen Bewältigung werblicher Aufgaben aus. Die Methoden für eine differenzierte Bewertung der Werbeträger zum Vergleichen und Erkennen ihrer Vorzüge und Eignung wurden entwickelt und vervollkommnet. So wurde es möglich, einfache oder vielstufige Werbepläne dank der Mithilfe und bohrenden Initiative dynamischer Werbemittlungen immer effektiver zu gestalten. Die laufende archiv- und karteimäßige Sammlung des anschwellenden Materials, das zur Transparenz der verschiedenen Werbemittel, wie Anzeigen, Plakate, Lesezirkelmappen, Dias, Film, Verkehrseinrichtungen, Funk, Fernsehen, Briefwerbung usw. beiträgt, erforderte einen steigenden kosten-, arbeits- und zeitmäßigen Aufwand. Genauso wichtig war die Aufbereitung des Materials zur Erleichterung des raschen und sinnvollen Einsatzes bei den täglich anfallenden, manchmal sehr kurz terminierten Aufgaben.

2. Das Leistungsangebot

Die Qualifizierung der Werbemittlungen hängt nicht von einer bestimmten Größenordnung ab. Der Betriebsumfang hat keinen allgemeinen Aussagewert über die Eignung. Das Wichtigste sind die zur optimalen Erledigung von Werbeaufgaben notwendigen sachlichen, fachlichen und personellen Voraussetzungen, die zu einer individuellen Betreuung des Auftraggebers führen. Die verantwortungsbewußte Werbemittlung gewährleistet mit ihrem fundierten werbefachlichen Wissen, mit ihrem bereits erwähnten Grundlagen- und Zahlenmaterial, mit ihrem leseranalytischen Rüstzeug, mit den von ihr dadurch gebotenen objektiven Vergleichsmöglichkeiten und durch die Nutzung ihres aktuellen umfangreichen Karteiwerks (hierfür hat sich in den letzten Jahren der angloamerikanische Ausdruck „Media-Kartei" eingebürgert) und ihres Archivs sowie der organisierten Sammlung und Sichtung von Konkurrenzwerbungen einen hohen Grad von Service. Sie wird kaum eine Aufgabe übernehmen, der sie sich mit ihrem vorhandenen Apparat nicht gewachsen fühlt. Sie kennt die Bestimmungen des Wettbewerbsrechts und der für Werbung zuständigen Gesetze. Bei ihrer Arbeit achtet sie auf die Einhaltung des Grundsatzes der Wahrheit und Klarheit in der Werbung. Dadurch fördert sie das Vertrauen der Öffentlichkeit in ihre Arbeit. Die Werbemittlung steht zur Preislistentreue, denn sie ist sich dessen bewußt, daß diese allein das Vertrauensverhältnis zu Werbungtreibenden und Werbungdurchführenden fundiert und zu einer gleichmäßigen Behandlung jedes Auftraggebers führt. Preislistentreue bildet aber auch die Basis für einen marktgerechten Ertrag ihrer Tätigkeit. Objektivität, Verschwiegenheit, Rechtlichkeit und Redlichkeit sind die Eigenschaften einer rechten Werbemittlung. Zu ihren Aufgaben gehört es ferner, Daten vieler Art zu ermitteln und Fragen nach Streukreis, Auflagen, Preisen, Rabatten, Placierung, Verbreitung, Leserzusammensetzung, Schwerpunkten, Verkehrsfluß, Einwohnerzahlen, Bevölkerungsstruktur, Altersstufen, Einkommen, Besucherfrequenz, Werbeaufwendungen, Marktanalysen, Befragungen u. a. m. zu beantworten. Sie stellt Werbepläne und in diese organisch eingefügte Streupläne für alle Werbemedien auf, sie überwacht den Ablauf, kontrolliert die Durchführung, prüft laufend die Kosten und verschafft dem werbungtreibenden Unternehmen durch eine klar gegliederte monatliche Abrechnung die notwendige finanzielle Übersicht.

H. F. J. Kropff nennt die Werbemittlung deshalb in seinem „Wörterbuch der Werbung" mit Recht den „treuhänderisch tätigen Helfer der Wirtschaft, der seine fachlichen Erfahrungen und sachverständige Beratung dem Werbungtreibenden bei der Planung, Vorbereitung und Durchführung aller Werbemaßnahmen zur Verfügung stellt". Mit anderen Worten: Die Werbemittlung, ebenso wie ihre Vorgängerin, die Annoncen-Expedition, ist längst über ihre Entstehungsbasis hinausgewachsen und dennoch eine im Grundsätzlichen bewährte Betriebsform geblieben. Sie bietet werbungtreibenden Firmen individuelle Beratungs- und Ausführungsdienste bei der Planung, Vorbereitung, Gestaltung, Durchführung, Placierung, Kontrolle, Abrechnung und Wirkungsprüfung ihrer Werbung. Markt-, Verbrauchs-, Produkt-, Werbe-, Werbemittel-, Leserschafts-, Umfeldforschung u. a. m. nutzt sie im Interesse ihrer Auftraggeber – soweit nicht eigene Kräfte verfügbar sind – durch Beschaffung der erforderlichen Unterlagen von zahlreichen neutralen Instituten oder freien Mitarbeitern, welche die Voraussetzungen für eine sachgemäße Erstellung bieten.

Die „produktiven Mitarbeiter" einer Werbemittlung können völlig verschieden zusammengesetzt sein. Der Fächer, der sich aus Zielsetzung und Aufgaben der einzelnen Unternehmen ergibt, kann umfassen: Leiter der Media-Abteilung, Media-Sachbearbeiter aber auch Texter, Lay-outer, Graphiker oder Produktionsleiter, Produktions-Assistenten und andere versierte Spezialisten. Die Werbemittlung nutzt aber auch die Fähigkeiten und Kenntnisse selbständig tätiger Experten auf den Gebieten Graphik, Fotografie, Display, Ausstellungsbau, Messegestaltung, Film, Funk, Schaufenster-Dekoration usw.

Wie überall ist auch in der Werbung alles in Fluß. Was gestern gut und richtig war, wird heute geändert, verbessert, erweitert und morgen wiederum unter einer anderen Bezeichnung ausgeübt. Dies gilt für alle auf dem Gebiet der Werbung Tätigen, auch für die Werbemittlungen.

3. Berufsausbildung und Berufsaussichten

Und zum Schluß: Werbemittlungen waren durch ihre früheren Zonenverbände an den Vorarbeiten zur Schaffung eines einheitlichen Berufsbildes für die Ausbildung im Lehrberuf „Werbekaufmann" wesentlich beteiligt. Lange Zeit hindurch waren sie die einzigen, im werblichen Sektor anerkannten Berufstätigen; in der Zwischenzeit war nur noch der Lehrberuf „Schaufenstergestalter" geschaffen worden. Im Erlaß des Bundesministers für Wirtschaft – II 6 g – 19347/51 vom 2 .1. 1952 fand das Berufsbild „Werbekaufmann" seinen noch heute gültigen, aber nicht mehr ganz aktuellen Niederschlag. Auf der Grundlage der Ausbildung in Werbemittlungen, die in Abschlußprüfungen vor Fachkommissionen der zuständigen Industrie- und Handelskammern endet, wurden im Laufe der Zeit Tausenden von Werbekaufleuten fundierte Kenntnisse vermittelt. Nach Bestehen der Prüfung haben viel von ihnen die in der Lehrzeit erworbenen praktischen Kenntnisse an Werbefachschulen ergänzt und es in den verschiedensten Unternehmen zu führenden Stellungen gebracht.

Literatur:

Prüfer, Kurt: Handbuch des Anzeigenwesens, Berlin 1937.

Arbeitsgemeinschaft Deutscher Werbungsmittler e. V. (ADW), Frankfurt/M. (Hrsg.): Der Mittler in der Werbung 1855–1955; Teil I Gerd F. Heuer: Annoncen-Expeditionen, Werbungsmittler, Werbe-Agenturen. Teil I Hans A. Münster: Die Mittler der Werbung im Dienste der Werbewirtschaft, 1955.

Binias, Max F.: 50 Jahre im Dienste der Wirtschaftswerbung. In: adw umschau, Frankfurt am Main 1962.

Binias, Max F.: Von der „Insertions-Agentur" über die „Werbungsmittlung" zur „Werbe-Agentur". In: ZV + ZV, Bad Godesberg 1962.

Binias, Max F.: „Gibt es einen Werbe-Adel?" Annoncen-Expeditionen, Werbungsmittler, Werbeagenturen – Strukturelle Wandlungen im Werbewesen. In: Handelsblatt, Düsseldorf 1962.

Verband Deutscher Werbeagenturen und Werbemittlungen e. V. (ADW), Frankfurt/M. (Hersg.): „adw" – „Das Bild eines Wirtschaftsverbandes und seiner Mitglieder", 1967.

Klosterfelde, Helmuth: „Anzeigen-Praxis", Geschäftsüblichkeiten, Grundsätze und Erfahrungen im Anzeigengeschäft, Berlin/Frankfurt/M. 1968.

Werbeagenturen

Von Dr. Joachim von Rohrscheidt,
Frankfurt/M.

I. Wesen und Begriff

Der Begriff „Werbeagentur" ist noch relativ jungen Datums. Ursprünglich aus dem Amerikanischen übernommen (Advertising Agency), ist er – vor allem in der Bundesrepublik – in seinem Inhalt weder rechtlich noch tatsächlich fest umrissen. Auf Grund überwiegender Verkehrsauffassung lassen sich Werbeagenturen jedoch als **Erwerbsunternehmen** definieren, **die gegen Entgelt auf Grund ständiger Betrauung andere Unternehmen oder Institutionen (Werbungtreibende) in Fragen der Werbung und Absatzförderung beraten und für diese die einheitliche Planung, Gestaltung, Streuung und Kontrolle ihrer Werbung übernehmen.** Zu den Medien (Werbungdurchführenden) stehen sie in einem eigenen Auftragsverhältnis, indem sie die gestaltete Werbung „im eigenen Namen" streuen (vermitteln). Bei der Durchführung dieser Aufgaben setzen sie eine eingespielte Mannschaft von festangestellten Werbespezialisten aller Art ein.

Moderne Werbeagenturen sind also Dienstleistungsunternehmen. Ihre Leistungen erstrecken sich auf den Werbungtreibenden (Unternehmen, das Produkte herstellt) und den Werbungdurchführenden (Unternehmen, das Werbung publiziert). Die Werbeagenturen nehmen eine durchaus eigentümliche Stellung zwischen diesen beiden Partnern ein. Den Werbungdurchführenden ersetzen sie Abteilungen, die die Hereinnahme von Einschaltungsaufträgen von seiten der Werbungtreibenden besorgen. Den Werbungtreibenden andererseits ersparen sie Betriebsabteilungen, die sich mit der Anlage und Durchführung von Werbung beschäftigen.

Die Werbeagenturen haben also eine Art „Schleusenwirkung". Ihre **Tätigkeit** läßt sich wie folgt analysieren: Auf der einen Seite steht das Angebot der Werbungdurchführenden an Werbemöglichkeiten, z. B. Insertion, Plakatierung, Vorführung von Werbefilmen, die Sendezeiten von Funk und Fernsehen. Dieses Angebot ist seiner Natur nach sehr homogen, d. h. es läßt sich in Sendeminuten, Farbgebung und Tonqualität ausdrücken. Auf der anderen Marktseite stehen die Werbungtreibenden mit ihrem sehr individuellen Bedarf nach geeigneter Werbung. Das besondere Problem des Marktes in Werbungsleistungen besteht also darin, die außerordentlich heterogene Nachfrage der

Werbungtreibenden und das homogene Angebot der Medien miteinander in Beziehung zu setzen. Diese Übersetzungsaufgabe übersteigt die Fähigkeiten der Werbungtreibenden, die kaum jemals den gesamten Markt der Möglichkeiten für die Unterbringung von Werbemitteln überschauen, als auch die der Werbungdurchführenden, weil sie sich nicht genau genug in den Bedarf der Werbungtreibenden einfühlen können.

II. Geschichtliche Entwicklung

Historisch ist die Werbeagentur das Ergebnis einer längeren Entwicklung, die durch die fortschreitende Ausgliederung der Werbefunktionen aus den werbungtreibenden Unternehmen gekennzeichnet ist. Im Laufe der Zeit gaben diese erst die Werbestreuung, dann die Werbegestaltung und schließlich auch die Werbeplanung an selbständige, auf Werbung spezialisierte Unternehmen ab, die ihrerseits die einzelnen werblichen Funktionen in der Werbeagentur schließlich wieder zusammenfaßten.

1. Die sogenannte Annoncenexpedition hatte zunächst nur die Aufgabe, die von den werbungtreibenden Unternehmen konzipierten und gestalteten Anzeigen an die von diesen selbst ausgewählten Verlage bzw. Zeitungen zu „befördern" (Annoncenexpediteur). Sie übernahm also vor allem den Abschluß entsprechender „Inseratenverträge" und die Kontrolle und Begleichung der Rechnungen. Für die Verlage hatte dies den Vorteil, daß sie vor allem von der Anzeigenakquisition entlastet wurden. Außerdem übernahmen die Anzeigenexpeditionen die Delkredere-Haftung, d. h. sie standen für die Zahlungsfähigkeit der Inserenten ein. (Aus diesem Grund wird die Werbevermittlung auch im eigenen Namen vorgenommen.)

Schon bald gingen die Annoncenexpeditionen aber dazu über, die Werbungtreibenden über die bloße technische Mittlung hinaus auch in Fragen der Werbestreuung (Auflagenhöhe, örtliche Verbreitung, Leserkreis usw.) zu beraten und für sie die Auswahl der Anzeigenträger zu übernehmen. Als nach dem 1. Weltkrieg neue Arten von Werbemitteln und Werbeträgern wie Plakat-, Verkehrs-, Diapositiv-, Film- und Lesezirkelwerbung entstanden, wurden aus den Annoncenexpeditionen Werbungsmittler, die in zunehmendem Umfang auch die der Streuung vorgelagerten werblichen Funktionen (Werbeplanung, Werbegestaltung) in ihr Arbeitsgebiet einbezogen. Als letztes Glied dieser Kette entstanden die Werbeagenturen; sie fassen die aus dem werbungtreibenden Unternehmen ausgegliederten Werbefunktionen wieder unter einem Dach zusammen.

2. Im Gegensatz zu den USA, wo die Annoncenexpeditionen schon früh in den Bereich der Gestaltung und Beratung vorstießen, haben sie sich in Deutschland nicht annähernd im gleichen Umfang in die Breite entwickelt, nicht zuletzt wohl wegen ihrer starken Verlagsbindungen und Pachtblattinteressen. Die Folge davon war, daß die großen Werbungtreibenden gezwungen waren, ihre Werbeabteilungen stärker auszubauen und gleichzeitig die Dienste einzelner unabhängiger Werbeberater in Anspruch zu nehmen. Das Verdienst von Männern wie Hanns W. Brose, Hans Domizlaff, Egon Juda und Hanns F. J. Kropff war es vor allem, die größeren absatzwirtschaftlichen Zusammenhänge zu erkennen, in die die Wirtschaftswerbung hineinwuchs. Sie waren es vor allem, die sich in Deutschland systematisch mit Marktforschungsfragen beschäftigten und die Psychologie in die Werbung einführten. Sie waren es auch, die die Bedeutung unabhängiger werblicher Beratung herausstellten. Damit sind die Werbeberater neben der Annoncenexpedition die zweite wichtige Wurzel der Werbeagentur in Deutschland geworden.

3. Den dritten Ausgangspunkt bilden die Niederlassungen amerikanischer und englischer Werbeagenturen, die Ende der 20er Jahre von H. K. McCann, J. Walter Thompson, Erwin Wasey & Co. und Lintas in Deutschland eröffnet wurden. Sie brachten auf dem Gebiet der Werbeplanung und Werbedurchführung ein neues Denken mit. Entgegen allem bisher Gewohnten übernahmen sie ausschließlich die werbliche Betreuung von Gesamtetats (keine Gelegenheitsaufgaben), setzten ihre werbliche Beratung bei der Markt- und Absatzforschung an, übernahmen jeweils nur einen Kunden für einen Wirtschaftszweig (Konkurrenzausschluß) und blieben unabhängig von Werbeträgern und Werbemittelherstellern. Schließlich trugen sie auch dazu bei, den bis dahin üblichen Preiswettbewerb durch den Gedanken des Leistungswettbewerbs zu ersetzen.

Ab 1933 wirkte sich jedoch die Werbegesetzgebung des Dritten Reiches hemmend auf die Verbreitung des Agenturgedankens aus. Durch sie wurde nicht nur ein Zulassungszwang für Werbungsmittler eingeführt (Befähigungsnachweis), sondern auch eine deutliche Trennungslinie zwischen der eigentlichen Werbungsmittlung und der Werbeberatung gezogen. Soweit Werbungsmittler auch auf dem Gebiet der Werbeberatung tätig wurden, bedurften sie hierzu nicht nur einer besonderen Genehmigung, sondern mußten ihre Beratungsdienste auch gesondert berechnen. Die Vereinigung von Werbungsmittlung und Werbeberatung in einer Hand, wie es bei den Werbeagenturen der Fall ist, war zwar möglich, wurde dadurch aber sehr erschwert. Andererseits – das muß anerkannt werden – ist es der Werbegesetzgebung jener Zeit zu danken, daß die Preisschleuderei abgeschafft und statt dessen Ordnung und Sauberkeit im Werbegeschäft herbeigeführt wurden.

4. Unter diesen Umständen beginnt die Geschichte der Werbeagentur in Deutschland praktisch erst mit dem Ende des Dritten Reiches, genauer: mit der Währungsreform von 1948. Der Fortfall der Werbegesetzgebung des Dritten Reiches beseitigte das wichtigste Hindernis, das der Entstehung von Werbeagenturen im Wege gestanden hatte. Im Zuge des beginnenden Wiederaufbaus Anfang der 50er Jahre entwickelten sich neben zahlreichen Werbunternehmen aller Art auch eine Reihe von Werbeagenturen, die Werbeberatung, Werbegestaltung und Werbungsmittlung in ihrem Leistungsangebot von vornherein organisch zusammenfaßten. Die bedeutendsten von ihnen schlossen sich 1952 in der Gesellschaft Werbeagenturen (GWA) zusammen. Grundlage dieser Agenturvereinigung sind vor allem der Full-Service, die Unabhängigkeit von Werbeträgern und Werbemittelherstellern, der Konkurrenzausschluß und die Preistreue (vgl. unten IV 3.). Von den kaum mehr als 50 Full-Service-Agenturen, die es heute in der Bundesrepublik geben dürfte, gehören 29 der GWA an. Ihre Stellung innerhalb der Werbewirtschaft ist dominierend. Sie betreuten 1967 ein Werbevolumen von mehr als 1,5 Mrd. DM, d. h. etwa ein Drittel der Gesamtaufwendungen in den klassischen Werbemedien. Ihr Anteil an der reinen Markenartikelwerbung liegt höher.

III. Funktionen

Das Leistungsangebot der Werbeagentur umfaßt – wenn auch von Agentur zu Agentur mit Unterschieden – gegenwärtig die folgenden Bereiche:

1. Kernfunktionen
    a) Werbevorbereitung
    b) Werbeplanung
    c) Werbemittelgestaltung

d) Werbemittelherstellung
  e) Werbemittelstreuung
  f) Werbeerfolgs- und Werbewirkungskontrolle
2. Ergänzungsfunktionen

1. Kernfunktionen

a) Werbevorbereitung

Wenn eine Werbeagentur mit einer neuen werblichen Aufgabe betraut wird, muß sie zunächst alle Faktoren gründlich analysieren, die innerhalb und außerhalb des Unternehmens die Werbung für das betreffende Produkt fördernd oder hemmend beeinflussen können. Sie muß sich einen vollständigen Überblick über das U n t e r n e h m e n, seine Geschichte, seine Unternehmenskonzeption, seine führenden Männer, seine Produktions- und Absatzeinrichtungen, seine Konkurrenten und seine Marktstellung verschaffen. Dabei muß die Werbeagentur sich auch intensiv mit dem P r o d u k t, seiner technischen Beschaffenheit, seiner Ge- oder Verbrauchseigenschaften, seinem Zusatznutzen, seiner äußeren Darbietung, seiner Konkurrenzfähigkeit und Marktreife befassen. Ergänzt werden diese Untersuchungen durch die Analyse des B e d a r f s. Wird das Produkt in dieser Form gebraucht, wird es verlangt? In welchem Umfang, wann, wo und vor allem von wem? Wer bietet gleiche Produkte an? Mit anderen, größeren Vorteilen oder Nachteilen? Billiger oder teurer? Wird der Bedarf der Art und der Menge nach gleichbleiben? Oder sich wandeln — durch Mode, Geschmackswandlungen, Kaufkraftänderungen?

Grundsätzlich obliegt es dem Auftraggeber, der Agentur die gewünschten und benötigten Auskünfte zu geben. Das setzt jedoch eine gut organisierte und geleitete Marktforschungs(Marketing)-Abteilung voraus, die nicht jedes Unternehmen besitzt. In vielen Fällen muß daher die Werbeagentur selbst oder in Zusammenarbeit mit entsprechenden Forschungsinstituten die fehlenden Informationen durch Auswertung sekundärstatistischen Materials, Repräsentativerhebungen, Panelbefragungen oder auf anderem Wege beschaffen. Schon in diesem frühen Stadium hat sich die Agentur auch darüber Gedanken zu machen, wie die Werbebotschaft möglichst treffsicher und wirtschaftlich an die gewünschte Verbraucherschaft herangetragen — der Fachmann sagt „gestreut" — werden soll. Um hier zu richtigen Entscheidungen zu gelangen, bedarf es nicht nur einer vollständigen Übersicht über Einschaltpreise und Konditionen sämtlicher in Frage kommender Zeitungen, Zeitschriften, Rundfunk- und Fernsehanstalten, Kinos, Plakatanschlagstellen usw., sondern auch genauester Informationen über Größe, Zusammensetzung und andere wesentliche Merkmale ihrer Leser-, Hörer- und Seherschaft.

Um diese vorbereitenden Arbeiten sachgemäß bewältigen zu können, beschäftigt die Werbeagentur Spezialisten, vor allem auf dem Gebiet der Markt- und Mediaforschung.

b) Werbeplanung

Die Werbeplanung beginnt mit dem Finden der „Werbeidee". Sie ist das tragende Motiv, der rote Faden, der die gesamte Werbekampagne durchziehen wird. Meist handelt es sich dabei um ein einprägsames, ansprechendes Bildmotiv oder eine kurze, wirksame Werbeaussage (Slogan), die nur selten einem bloßen Einfall entspringen, sondern meist das Ergebnis langwieriger und harter Teamarbeit darstellen. Zur Werbeplanung gehört ferner die Festlegung der „Zielgruppen" (Alter, Geschlecht, soziale Schichtung), d. h. der gewünschten Verbraucherschichten, an die sich die Werbebotschaften wenden sollen, sowie die Bestimmung des Einsatzraumes (national, regional, lokal). In dieser Phase muß auch bereits die Auswahl der zu verwendenden Werbemittel und Werbeträger getroffen werden. Dabei bietet die Werbemittel- und Werbeträgerforschung nützliche Hilfe. Während erstere Aufschluß über die Wirksamkeit der einzelnen Werbemittel gibt (Erinnerungs- und Aufmerksamkeitswert!), macht es die Werbeträgerforschung möglich, die Reichweite der einzelnen Werbeträger sowie die Zusammensetzung der „Umworbenen" nach quantitativen und qualitativen Merkmalen zu bestimmen. Eine besonders wichtige Aufgabe der Mediaplaner besteht darin, die sich aus Überschneidungen der Leser-, Hörer- und Seherkreise ergebenden „Streuverluste" so gering wie möglich zu halten. Zum Bereich der Werbeplanung gehört schließlich die Bestimmung des zeitlichen Werbeeinsatzes, d. h. Festlegung der Einschaltfolge und -häufigkeit.

Bei allem ist der Umfang der — eventuell vorgegebenen — Werbeetatmittel zu berücksichtigen.

c) Werbemittelgestaltung

Die Werbemittelgestaltung ist eine der wesentlichsten und ältesten Teilfunktionen der Werbung. Häufig entscheidet sie darüber, ob eine Agentur als „kreativ stark" gilt oder nicht. Manche Werbeagenturen sind durch die Qualität ihrer Gestaltungsarbeit besonders erfolgreich geworden. Bei der Werbegestaltung geht es darum, die bisher nur roh skizzierte Werbeaussage in eine ansprechende optische und akustische Form zu bringen. Dazu beschäftigen die Agenturen Werbegestalter der verschiedensten Art, wie z. B. Texter, Layouter, Grafiker, Fotografen, Typografen und Spezialisten für Film, Funk und Fernsehen. Das Ergebnis ihrer Arbeiten sind Entwürfe von Anzeigen und anderen gedruckten Werbemitteln, Drehbücher für Film- und Fernsehspots mit entsprechenden Bildskizzen sowie Textvorlagen für Anzeigen und Funkspots. Wenn die Werbemittelentwürfe vorliegen, wird ihre Wirksamkeit und gestalterische Qualität mit Hilfe der Werbemittelforschung häufig noch einmal überprüft (Pre-tests).

d) Werbemittelherstellung

Nach Billigung durch den Auftraggeber müssen die Entwürfe in die endgültige streu- und reproduktionsfähige Form gebracht werden. Diese Aufgabe wird von den Agenturen nicht selbst erledigt, sondern an dritte Unternehmen delegiert. Aufgabe der Produktionsfachleute der Agenturen ist es, die wirtschaftlichsten Herstellungsmethoden zu bestimmen, von den leistungsfähigsten Produktionsbetrieben Angebote einzuholen, sie zu überprüfen und dem Auftraggeber zur Entscheidung vorzulegen, ihn die entsprechenden Aufträge erteilen zu lassen, ihre Durchführung aber qualitativ und terminlich zu überwachen sowie an die entsprechenden Medien weiterzuleiten.

e) Werbemittelstreuung

Die Aufgabe der Streuabteilung ist es, dafür zu sorgen, daß die Werbebotschaft zur rechten Zeit an die richtigen Empfänger kommt. Zu diesem Zweck muß sie zunächst unter Berücksichtigung der Ergebnisse der Werbevorbereitung und -planung einen detaillierten, nach Werbemitteln, Werbeträgern, Streuzeiten und Streukosten gegliederten „Streuplan" ausarbeiten. Sobald dieser vom Auftraggeber genehmigt ist, wird dem Werbeträger der Auftrag erteilt, werden die Druckunterlagen und Film- bzw. Spotkopien an die entsprechenden Werbeträger gesandt und die Überwachung der Auftragsausführung (Streukontrolle) und die finanztechnische Abwicklung (Belegprüfung, Rechnungsprüfung, Bezahlung, Kundenrechnung) eingeleitet.

f) Werbeerfolgs- und Werbewirkungskontrolle

Angesichts der Kosten, die die Werbung verursacht, ist die Kontrolle des Werbeerfolgs und der Werbewirkung ein besonderes Anliegen der Agenturen. Während man unter Werbeerfolg im allgemeinen die Messung von Erinnerungs- und Aufmerksamkeitswerten versteht, geht es bei der Werbewirkung um das Verhältnis von Werbeaufwand und Werbeertrag. Bis heute ist es allerdings nicht gelungen, praktikable Methoden zu finden, die es gestatten, den jeweiligen Wert dieses Verhältnisses zahlenmäßig zu ermitteln. Der Umsatz eines Unternehmens hängt neben der Werbung von so vielen anderen Faktoren ab — wie z. B. der Preispolitik, der Vertriebspolitik, der Verkaufsförderung und den anderen Marketinganstrengungen des eigenen Unternehmens und der Konkurrenz —, daß der Einfluß der Werbung nicht isoliert werden kann.

2. Ergänzungsfunktionen

Hierunter versteht man die Mitwirkung der Agentur bei der allgemeinen Marketingplanung und in den einzelnen Teilbereichen des Marketings wie Preispolitik, Produktgestaltung, Merchandising, Sales Promotions, Public Relations usw. In den meisten Fällen handelt es sich hierbei nur um b e r a t e n d e Funktionen; nicht selten werden die Agenturen aber auch bei der D u r c h f ü h r u n g solcher Aufgaben herangezogen, und zwar nicht nur von kleineren, weniger erfahrenen Werbungtreibenden, sondern mehr und mehr auch von großen Unternehmen mit umfassenden, gut organisierten eigenen Marketingeinrichtungen. Das gilt vor allem für den Bereich der Sales Promotions (Verkaufsförderung), die u. a. im Zusammenhang mit dem Vordringen neuer Handelsformen (Handelsketten, Filialbetriebe, Verbrauchermärkte usw.) in letzter Zeit immer größere Bedeutung erlangt haben. Die Notwendigkeit einer engen Koordinierung von Werbung und Verkaufsförderung hat dazu geführt, daß die Werbeagenturen in immer größerem Umfang auch auf diesem Gebiet tätig geworden sind. Hier liegt übrigens einer der entscheidenden Gründe dafür, daß in Fachkreisen bereits von einer Weiterentwicklung der Werbeagentur zur sogenannten Marketing-Communications-Agentur gesprochen wird.

IV. Leistungsgrundsätze

So unterschiedlich das Leistungsangebot der modernen Werbeagentur im einzelnen auch sein mag, es richtet sich doch an einer Reihe von Grundregeln aus, die international gültig sind.

1. Der wichtigste dieser Grundsätze ist der F u l l   S e r v i c e. Die moderne Werbeagentur verfügt über alle Spezialisten und Spezialeinrichtungen, die erforderlich sind, um die werblichen Aufgaben ihrer Kunden als Ganzes zu lösen, angefangen von der vorbereitenden Erforschung der Produktargumente und des Marktes über die Gestaltung der Werbemittel und Überwachung ihrer Herstellung bis hin zur Werbemittelstreuung und Werbeerfolgskontrolle. Es braucht nicht besonders betont zu werden, daß die Vorstellungen darüber, was zum Aufgabenbereich der Agenturen gehört und was die Werbungtreibenden selbst erledigen sollten, nicht ein für allemal gegeben sind. So vertreten manche Werbungtreibende in neuerer Zeit die Auffassung, daß die Marketingplanung und -durchführung vornehmlich Aufgabe der werbungtreibenden Unternehmen selbst sei und die Agenturen nichts angehe, eine Auffassung, die allerdings durch neuere Repräsentativumfragen nicht bestätigt wurde. Auf der anderen Seite bemühen sich die Agenturen im wachsenden Maße darum, weitere Funktionsbereiche, wie z. B. Merchandising und Sales Promotion, in ihr Leistungsangebot einzubeziehen.

2. Es entspricht dem Full-Service-Grundsatz, daß die moderne Werbeagentur nur die verantwortliche B e t r e u u n g v o n G e s a m t e t a t s, zumindest einer bestimmten Marke, übernimmt und Einzel- oder Gelegenheitsaufgaben ablehnt. Einzelne, isolierte und nur gelegentlich eingesetzte Werbemaßnahmen haben sich stets als wenig wirksam und unwirtschaftlich erwiesen. Um Full Service leisten zu können, muß die moderne Werbeagentur auch e i n e g e w i s s e M i n d e s t g r ö ß e haben. Sie ermöglicht es den Agenturen, jederzeit ihre auf den verschiedensten Märkten gewonnenen Kenntnisse und Erfahrungen zu kombinieren. Das macht sie allen anderen Organisationsformen werblicher Arbeit überlegen.

3. Werblicher Full Service setzt schließlich eine tragfähige finanzielle Grundlage der Agentur voraus. Ein wichtiger Grundsatz der modernen Werbeagentur ist deshalb die A b l e h n u n g a l l e r F o r m e n d e r R ü c k v e r g ü t u n g, d. h. der vollen oder teilweisen Weitergabe empfangener Media-Provisionen an die Auftraggeber. Ein solches Verhalten wäre nicht nur unlauter gegenüber den Medien, deren Direktgeschäfte dadurch unterboten würden, sondern müßte auf längere Sicht auch die Werbungtreibenden selbst schädigen, weil mit der Schwächung der Leistungskraft der Agenturen die Qualität ihrer Werbung gefährdet wird.

4. Um ein möglichst enges Vertrauensverhältnis zu ihren Klienten herzustellen, gewährt die moderne Werbeagentur K o n k u r r e n z a u s s c h l u ß, d. h. im Regelfall übernimmt sie für jeden Wettbewerbsbereich nur eine Aufgabe, da sie das Wissen um die Marketing- und Werbekonzeption des Klienten nicht mit einer Aufgabenstellung aus dem gleichen Produktbereich teilen kann. Die Agenturen nehmen diese Verpflichtung auf sich, obwohl ihre eigenen Entwicklungsmöglichkeiten dadurch unter Umständen empfindlich beschränkt werden können. Die weite Auslegung dieser Wettbewerbsklausel durch manche Werbungtreibende hat allerdings dazu geführt, daß die Tragbarkeit der Konkurrenzklausel für die Werbeagenturen in jüngster Zeit in die Diskussion geraten ist. Große Werbungtreibende mit breitem Produktsortiment könnten so Agenturen für Bereiche sperren, für die sie gar nicht arbeiten. Das würde gerade die leistungsfähigsten Agenturen anderen Werbungtreibenden gegenüber „blockieren".

5. Für die Arbeit der modernen Werbeagentur ist auch von entscheidender Bedeutung, daß k e i n e w i r t s c h a f t l i c h e n B i n d u n g e n eingegangen werden, die eine objektive, allein von den sachlichen Erfordernissen bestimmte Werbeberatung beeinträchtigen können. Die Werbeagenturen legen deshalb Wert darauf, ihre wirtschaftliche Selbständigkeit zu wahren, d. h. vor allem von Werbungdurchführenden und Werbemittelherstellern unabhängig zu sein.

6. Immer mehr setzt sich bei Werbungtreibenden und Werbeagenturen auch die Erkenntnis durch, daß P r o b e p r ä s e n t a t i o n e n, d. h. die Ausarbeitung konkreter Werbeempfehlungen zum Zweck der Akquisition, kein geeignetes Mittel der Agenturauswahl sind. Die oft kostenlose Ausarbeitung einer Präsentation durch die Werbeagentur verstößt nicht nur gegen wettbewerbsrechtliche Vorschriften, sondern schädigt auch die bereits vorhandenen Agenturkunden. Diese tragen letzten Endes die Zeche, denn die Agentur zweigt Leistungs- und Finanzkraft an nicht kostentragende Dritte ab.

Sie ist aber auch wertlos, da die Werbungtreibenden im allgemeinen die für die Ausarbeitung von Werbevorschlägen unerläßlichen Marketingunterlagen ohne feste Bindungen – d. h. vor Vertragsabschluß – nicht an die Agentur herausgeben werden. Ohne diese Kenntnisse hängen aber die Werbevorschläge der Agentur in der Luft.

V. Vergütung

Werbeagenturen sind – wie eingangs gesagt – Dienstleistungsunternehmen. Ihr Wirken erstreckt sich sowohl auf den Werbungtreibenden wie auch auf die Medien, denen sie im eigenen Namen Aufträge zuführen. Diese Doppelgesichtigkeit ihrer Arbeit und die gewisse Problematik der Entlohnung jeder Dienstleistung – vor allem wenn sie schöpferischen Charakter trägt – spiegelt sich in den verschiedenen „Abrechnungsmethoden" wieder. Hinzu kommen Branchenüblichkeiten, die – mit gutem Grund – historisch gewachsen und zu verstehen sind. So ergibt sich eine Fülle von Verschiedenartigkeiten und das Suchen nach neuen Wegen einer gerechten Vergütung. Die in Deutschland bisher üblichen Abrechnungssysteme gehen im wesentlichen vom Werbevolumen bzw. -umsatz aus (umsatzabhängiges oder Provisionssystem). In jüngster Zeit werden aber auch kostenabhängige Abrechnungsverfahren diskutiert.

1. Umsatzabhängiges Abrechnungsverfahren

Dabei sind folgende Varianten zu unterscheiden:

a) Reine Mittlungsprovision (AE-Provision)

Hierbei gewähren die Werbungdurchführenden (Medien) den Werbungsmittlern – bezogen auf das Netto-Einschaltvolumen (Brutto-Einschaltvolumen abzüglich Rabatte) – eine in Prozenten festgesetzte Provision. Sie ist das Entgelt für eine Reihe von Serviceleistungen, die die Mittler für die Werbungdurchführenden erbringen, wie z. B. Zusammenfassung der Aufträge, Übernahme des finanziellen Risikos, Lieferung einwandfreier Druckunterlagen, technische Abwicklung der Aufträge, Einhaltung der Termine usw. Die Höhe der Provisionssätze hat sich im Laufe der Zeit – jedenfalls in Deutschland – ziemlich einheitlich auf 15 % eingespielt.

b) Deutsches Abrechnungssystem

Hierbei setzt sich die Agenturvergütung aus zwei Komponenten zusammen:

1. Aus den M e d i a p r o v i s i o n e n in Höhe von 15 % des Netto-Einschaltvolumens. Diese sind als Entgelt für die Dienste anzusehen, die die Werbeagenturen den Medien bei der Vermittlung von Aufträgen (vgl. Punkt 1a), bei der Werbevorbereitung und -planung, bei der Gestaltung einwandfreier Werbemittel, bei der Mitwirkung an Mediaanalysen usw. erbringen. Natürlich kommt der größte Teil dieser Dienstleistungen direkt oder indirekt gleichzeitig auch den Werbungtreibenden zugute.

2. Aus den H o n o r a r e n der Werbungtreibenden für die Herstellung der Werbemittel (Reinzeichnungen, Werbefernsehspots usw.), für die Vermittlung und Überwachung sonstiger Fremdleistungen und bestimmte Eigenleistungen der Agenturen wie Marktforschung, Verkaufsförderung, Public Relations usw. Im allgemeinen besteht dieses Honorar in einem 15%igen Aufschlag auf die vermittelten oder im eigenen Haus erstellten Leistungen.

c) Amerikanisches Abrechnungssystem

Um die Agenturleistungen und die Auswahl der Werbeträger von der jeweiligen Höhe der Provisionssätze unabhängig zu machen, können Agenturen mit ihren Auftraggebern einen einheitlichen Vergütungssatz vereinbaren, der im Falle unterschiedlicher Prvovisionssätze eine Art Differenzausgleich bewirkt. Dieser Ausgleich wird international als amerikanisches Abrechnungssystem bezeichnet und ist allgemein üblich geworden, da er der neutralen Mittlerfunktion der Agenturen gegenüber Werbungtreibenden und Werbungdurchführenden dient.

d) Mischformen

Zwischen den erörterten Abrechnungsverfahren gibt es in der Praxis eine Vielzahl von Mischformen (z. B. Garantiehonorare, Differenzausgleich usw.).

2. Kostenabhängige Abrechnungsverfahren

Unter dem Einfluß von Veröffentlichungen in amerikanischen Fachzeitschriften sind in letzter Zeit aber auch einige vom Umsatz völlig losgelöste Abrechnungsverfahren diskutiert worden. Einzelne Werbungtreibende, aber auch Werbeagenturen, halten die umsatzabhängigen Verfahren für überholt, da die Voraussetzungen ihrer Entstehung heute nicht mehr gegeben seien. Besonders wird kritisiert, daß der Umsatz ein viel zu willkürlicher Maßstab der Agenturvergütung sei, der nicht genügend auf die tatsächliche Leistung und die für den einzelnen Kunden anfallenden Kosten Rücksicht nehme. Es wird deshalb in der einen oder anderen Form eine Vergütung auf Kostenbasis gefordert. Auch hier sind eine Reihe von Spielarten zu unterscheiden.

a) Reines Kosten-Plus-Verfahren

Sämtliche Kosten, die die Erstellung der Agenturleistung verursacht wie z. B. Gehälter, fixe Kosten usw., sind getrennt zu erfassen, dem Werbungtreibenden zu berechnen und auf Wunsch auch nachzuweisen. Dabei kann entweder von den im Einzelfall tatsächlich angefallenen Kosten, d. h. dem Stundenlohn des Grafikers X, des Texters Y usw. oder von den – für die Agentur berechneten – Durchschnittswerten für grafische Gestaltung, Text- und anderen Arbeiten ausgegangen werden. Die erhaltenen Streuprovisionen werden in jedem Fall dem Werbungtreibenden gutgeschrieben. Ein angemessener Prozentsatz, von den Anhängern des Kosten-Plus-Verfahrens mit ca. 25 % angegeben, wird von den Agenturen dem so errechneten Kostenbetrag als Gewinn- und Risiko-Marge zugeschlagen.

b) Pauschal-Kosten-Verfahren (Ogilvy)

Die Errechnung des an die Agentur zu zahlenden Pauschal-Honorars erfolgt auf den gleichen Grundlagen wie bei dem reinen Kosten-Plus-Verfahren. Der Unterschied besteht nur darin, daß die einzelnen Kostenfaktoren anonym bleiben. Die Agentur erklärt, im Etatjahr für einen bestimmten Betrag eine genau umrissene Leistung zu erbringen (Fest-Honorar).

c) Stunden-Honorar-Verfahren

Für alle anfallenden Arbeiten wird ein Stundenhonorar festgesetzt. Das jeweilige Honorar wird entsprechend den abgerufenen Arbeiten dem Kunden in Rechnung gestellt.

d) Zusatzformen

Die unter a) bis c) genannten Verfahren können gegebenenfalls durch eine Anreizvergütung (Gewinnbeteiligung, Umsatzbeteiligung) oder Gewinngarantie ausgebaut werden.

In der Bundesrepublik sind solche kostenabhängigen Verfahren bisher so gut wie nicht angewendet worden. In den USA haben einige größere Werbungtreibende und Werbeagenturen zwar entsprechende Versuche unternommen, die aber in vielen Fällen nach einiger Zeit wegen unbefriedigender Ergebnisse wieder abgebrochen wurden. Vor allem wird dagegen eingewendet, daß eine Vergütung auf Kostenbasis nicht nur der geistig-schöpferischen Leistung der Agentur kaum gerecht wird, auch dem ökonomischen Prinzip widerspricht. Denn solche Formen der Agenturvergütung müssen — da sie auf eine Gewinngarantie hinauslaufen — bei den Agenturen naturgemäß zur Selbstzufriedenheit führen und darüber hinaus den Drang auslösen, möglichst viele „Kosten" zu produzieren, eine Entwicklung, die durch den Wettbewerb nur notdürftig begrenzt werden würde, da die Unterschiedlichkeit der werblichen Leistung exakte Preisvergleiche zumindest sehr erschwert. Fest steht weiter, daß die Werbungtreibenden, um solchen Entwicklungen vorzubeugen, ihre Agenturen unter Kostenaufsicht stellen müßten, was in letzter Konsequenz zum Verlust der Selbständigkeit der Agenturen und zur Bildung von „Hausagenturen" führen müßte. Auf die weiteren Folgen dieser Entwicklung einzugehen würde hier zu weit führen.

VI. Organisation

Organisatorisch gliedert sich die Werbeagentur im allgemeinen in folgende Hauptabteilungen: Forschung und Marketing, Kontakt und Beratung, Gestaltung und Produktion, Streuung und Verwaltung.

1. Forschung und Marketing

Der Forschungsbereich setzt sich im allgemeinen aus den Abteilungen Marktforschung und Werbeforschung zusammen. Häufig tritt dazu noch gesondert die Abteilung Motivforschung. Zum Marketingbereich gehört die Marketingplanung und — in wachsendem Umfang — die Verkaufsförderung. Während es Aufgabe der Forschung ist, die erforderlichen Marketingdaten zu beschaffen und zu interpretieren, werden in der Abteilung Marketingplanung auf dieser Grundlage konkrete Empfehlungen erarbeitet.

2. Kontakt und Beratung

Die Hauptabteilung Kontakt und Beratung übernimmt innerhalb der Werbeagentur Koordinations- und Planungsaufgaben und fungiert gegenüber dem Auftraggeber als Beratungs- und Verbindungsorgan. Aufgabe der Kontakter ist es, die Arbeit der verschiedenen Arbeitsgruppen für die jeweilige Aufgabe zu koordinieren und dafür zu sorgen, daß die einzelnen Arbeiten termingerecht fertiggestellt werden. Jeweils ein oder mehrere Auftraggeber werden einer sogenannten Kontaktgruppe zugeordnet, an deren Spitze der Kontaktgruppenleiter oder Etatdirektor steht.

3. Gestaltung und Produktion

In dieser Hauptabteilung sind in aller Regel die Abteilungen Bild- und Textgestaltung sowie Film, Funk und Fernsehen (FFF) zusammengefaßt. Die Bildgestaltung (Atelier) ist nach Art der angewandten Technik meist in die Gruppen Layout, Reinzeichnung, Typographie, Foto usw. untergliedert. Für die Beschaffung freiberuflicher Gestaltungskräfte gibt es in vielen Werbeagenturen eine Abteilung „Art-buying". Die Produktionsabteilung kann — je nach Größe der Agentur — auch eine eigene Hauptabteilung bilden. Oft gibt es daneben eine besondere Stelle für Terminkontrolle (Traffic-Abteilung).

Werbeagenturen

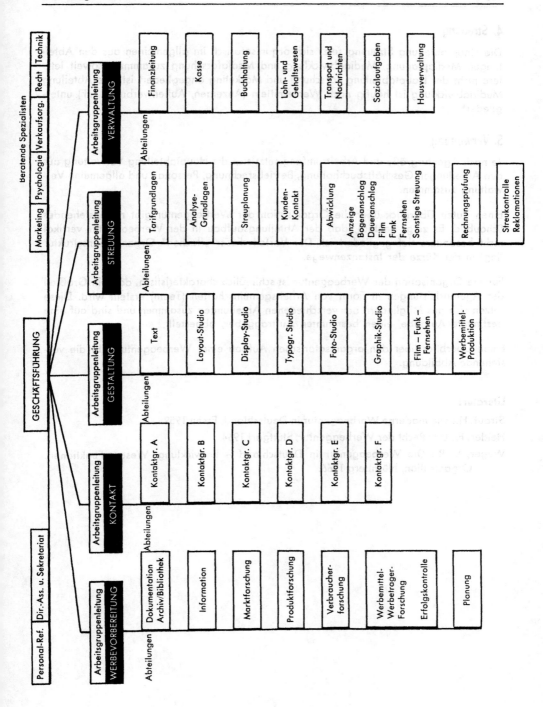

Schematisches Beispiel für die Organisation einer voll ausgebauten Werbeagentur.

4. Streuung

Die Hauptabteilung Streuung setzt sich organisatorisch im allgemeinen aus den Abteilungen Mediaplanung, Mediaabwicklung und Mediaforschung zusammen, soweit letztere nicht der Hauptabteilung Forschung und Marketing angegliedert ist. Die Abteilung Mediaabwicklung ist häufig nach Werbemitteln (Anzeigen, Außenwerbung, FFF) untergliedert.

5. Verwaltung

Je nach Agenturgröße und Arbeitsumfang setzt sich die Hauptabteilung Verwaltung aus den Abteilungen Geschäftsbuchhaltung, Betriebsrechnung, Personal- und allgemeine Verwaltung zusammen.

Einen guten Überblick über die Organisation der Werbeagentur gibt nebenstehendes Schaubild. Es zeigt deutlich, daß der Abteilungsaufbau in der Werbeagentur vertikal nicht besonders tief gegliedert ist. Der Vorteil dieser „flachen" Organisationsstruktur liegt in der Kürze der Instanzenwege.

Für die Organisation der Werbeagentur ist schließlich charakteristisch, daß ein Großteil der Agenturleistungen in Form von Arbeitsgemeinschaften (Team) erstellt wird. Diese setzen sich aus Mitgliedern der verschiedenen Abteilungen zusammen und sind auf eine bestimmte Aufgabe, einen bestimmten Auftraggeber, abgestellt.

Einen Überblick über den organisatorischen Aufbau einer Werbeagentur gibt die vorstehende Abbildung.

Literatur:

Strauf, H.: Die moderne Werbeagentur in Deutschland, Essen 1959.

Heider, F.: Das Recht der Werbeagentur, Stuttgart 1964.

Weger, E. R.: Die Werbeagentur in Deutschland – Entwicklung, Wesen, Funktionen, Organisation, Nürnberg 1966.

Die Umworbenen

Von Dr. Günter Petermann, Berlin

Planung und Durchführung der Wirtschaftswerbung setzen die Kenntnis von Fakten über den Personenkreis, an den die Werbung zu richten ist, voraus. Seyffert*)[1] verwendet in diesem Zusammenhang den Begriff „Zuumwerbende". Des sprachlichen Wohlklangs wegen dürfte der Terminus „Werbesubjekte"[2] hierfür allerdings vorzuziehen sein. Die gleiche Bedeutung soll im folgenden die Bezeichnung „Umworbene" haben, obwohl – vom Wortsinn her – bereits die Realisationsphase impliziert ist; eigentlich wäre dieser Begriff also erst nach Durchführung der geplanten Maßnahmen – etwa im Zuge der Werbeerfolgskontrolle – anzuwenden.

Die nachstehende Untersuchung soll für einzelne Abnehmergruppen, die im Hinblick auf bestimmte Werbeobjekte wesentlichen Eigenschaften und Unterschiede deutlich machen. Insbesondere werden dabei Bereiche behandelt, die im Werbeschrifttum bisher nur wenig erforscht worden sind.

I. Gliederung der Umworbenen

1. Die von der Werbung zu berücksichtigenden Personenkreise können nach einer Vielzahl von Kriterien gegliedert werden; das bestätigt eine Durchsicht der Werbeliteratur, die eine Fülle möglicher Gruppierungen enthält. S e y f f e r t[3] geht von der Intensität der Werbewirkung aus und unterscheidet dementsprechend:

> Werbegemeinte
> Werbeberührte
> Werbebeeindruckte
> Werbeselbsterfüller
> Werbeweiterpflanzer
> Werbevollerfüller

---

*) Die im Text laufend numerierten Quellenangaben sind am Schluß des Aufsatzes zitiert.

Die durch bestimmte Werbemaßnahmen potentiell erreichbaren Personen, quantitativ durch die Adressatenzahl erfaßt, werden als **Werbegemeinte** bezeichnet; soweit Werbesubjekte vom gestreuten Werbemittel Kenntnis erhielten, sind sie nach Seyffert als **Werbeberührte** zu klassifizieren und mittels der Perzeptionszahl mengenmäßig darzustellen. Sie werden zu **Werbebeeindruckten**, wenn sie die Werbung bewußt aufgenommen haben; dieser Erfolg drückt sich in der Apperzeptionszahl aus. Die **Werbeselbsterfüller** sind durch die Werbung als Kunden gewonnen worden, ein Ergebnis, das als Akquisitionszahl zu erfassen ist. Als **Werbeweiterpflanzer** bezeichnet Seyffert einen Personenkreis von Werbebeeindruckten, die für den Werbezweck soweit aufgeschlossen wurden, daß sie sich dafür werbend einsetzen; ihre Beteiligung an der Werbung soll durch die Propagationszahl belegt werden. Die Kategorie der **Werbevollerfüller** schließlich umfaßt Umworbene, die nicht nur dem Werbezweck entsprechend für das Werbeobjekt gewonnen wurden, sondern zugleich auch als Werbeweiterpflanzer tätig sind. Als Maßgröße dient hier die Akquisitions-Propagations-Zahl.

2. Eine andere Sicht von der Vielfalt der Strukturmerkmale, denen sich der Werbungtreibende im Hinblick auf die zu umwerbenden Personen gegenübersieht, vermittelt Behrens[4]. Er trifft verschiedene Einteilungen aufgrund demographischer Merkmale und nimmt dabei Gliederungen nach Alter (Kinder, Jugendliche und Erwachsene), Geschlecht und sozialer Stellung vor. Damit wird berücksichtigt, daß sich die Werbung auf die unterschiedlichen Bedarfsanforderungen, auf mögliche Kaufmotive und Einstellungen auszurichten hat.

Das **Verhältnis zum Kaufobjekt** wird in dreifacher Hinsicht als jeweils relevantes Kriterium für eine Gruppierung angesehen. Mit „**Intensität der Beziehung zum Werbeobjekt**" umschreibt Behrens den Grad der Warenkenntnis beim prospektiven Abnehmer; er differenziert zwischen Umworbenen, die ein bestimmtes Gut schon kennen, kaufen und verbrauchen, und Werbesubjekten, bei denen das nicht der Fall ist. Die Bedeutung der **Kaufkraft** für die Aktualisierung von Bedürfnissen wird als „**Art der Beziehung zum Werbeobjekt**" gekennzeichnet; dabei ergeben sich drei Schichten von Bedarfsträgern: Wirtschaftssubjekte mit zu geringer Kaufkraft und solche mit ausreichender Kaufkraft, wobei die zweite Gruppe nach der Einstellung zum Werbeobjekt nochmals in bereits aufgeschlossene sowie in noch indifferente Umworbene aufgespalten wird. Die Unterscheidung „nach der Art des **Kontaktes** mit dem Werbeobjekt" differenziert zwischen Umworbenen, die ein Gut entweder kaufen oder aber verwenden. Hier wäre eine Erweiterung auf drei mögliche Fälle sinnvoll; grundsätzlich sollte neben dem Nur-Käufer und dem Nur-Verwender noch der Verbraucher, der sowohl Käufer als auch Verwender ist, erwähnt werden.

3. Die **Beziehungen der Umworbenen zum Werbeobjekt** hält Kästing[5] als besonders geeignet für die Gliederung der Werbesubjekte in Käufer, Verbraucher und Konsumberater. Die letztgenannte Personengruppe ist zwar nicht selbst Verbraucher, übt aber aufgrund von Berufsstellung oder personeller Beziehung zum Verwender oder Käufer Einfluß auf die eigentlichen Konsumentscheidungen aus. Derartige „Vermittler"-Berufe sind hauswirtschaftliche Lehrkräfte, Architekten, Ärzte, Betriebsorganisatoren usw.

Im übrigen sieht die Fachliteratur die Werbesubjekte hauptsächlich im Bereich der Konsumtion und wendet sich daher dem Letztverbraucher mit besonderer Sorgfalt zu, während der umworbene Unternehmer oft nur beiläufig erwähnt wird. Es scheint daher zweckmäßig, das Gewicht auf die Unternehmenssphäre zu verlagern.

II. Die umworbenen Unternehmer

1. Unternehmer als Umworbene

Die auf Unternehmer ausgerichtete Werbung ist dadurch gekennzeichnet, daß – im Gegensatz zum Haushalt – geschulte Fachkräfte für die Güterbeschaffung zur Verfügung stehen. Die Einkaufsentscheidungen werden weniger von emotionalen als von sachlichen Erwägungen beeinflußt, so daß sich hier vor allem die Information über objektive Eigenschaften des Angebotes empfiehlt, wobei sich allerdings im Hinblick auf einzelne Bedarfssektoren graduelle Verschiebungen ergeben.

2. Gliederung der Unternehmen

Nach der Stellung im Wirtschaftsprozeß und aufgrund des betriebsindividuellen Leistungsprogramms können die Unternehmer nach ihrer Haltung als Abnehmer von Gütern und Diensten differenziert werden. Dabei erscheint es notwendig, zunächst zwischen Fertigungsbetrieben sowie Handels- und Dienstleistungsbetrieben zu unterscheiden. Als weitere Merkmale sind das Leistungsprogramm und die Betriebsgröße zu berücksichtigen, weil es letzten Endes auch von ihnen abhängt, ob ein Unternehmen zu den Abnehmern und damit zu den Umworbenen gerechnet werden muß. Die nachstehende Übersicht veranschaulicht eine mögliche Einteilung:

Gliederung der umworbenen Unternehmen

I. Fertigungsbetriebe
  A Produktionsgüter
    1 Großbetriebe
    2 Mittel- und Kleinbetriebe
  B Konsumgüter
    1 Großbetriebe
    2 Mittel- und Kleinbetriebe

II. Handelsbetriebe
  A Produktionsgüter
  B Konsumwaren
    1 Großhandlungen
    2 Einzelhandlungen
      a) Großbetriebe
      b) Mittel- und Kleinbetriebe

III. Dienstleistungsbetriebe
  A Produktionsorientierte Unternehmen
  B Haushaltsorientierte Unternehmen

Die Einteilung bringt bewußt keine gleichförmige Berücksichtigung der Merkmale in den drei Kategorien Fertigungs-, Handels- und Dienstleistungsbetriebe; sie geht vielmehr von den essentiellen Charakteristika aus, die für den jeweils Umworbenen signifikant sind.

Bei Fertigungsbetrieben kann es für die Werbung wesentlich sein, ob der Unternehmer Produktions- oder Konsumgüter herstellt und ob er zu den Großbetrieben oder zu den Mittel- und Kleinbetrieben gehört. Selbstverständlich wären im Einzelfalle noch weitere Merkmale, wie etwa die Fertigungsverfahren (Massen-, Sorten- oder Einzelfertigung), die Programmvielfalt, die Mentalität der für die Kaufentscheidung zuständigen Personen u. a. m. einzubeziehen. Das aber würde zu einer unübersichtlichen Darstellung führen und ständige Wiederholungen im Verlauf des Gliederungsschemas zur Folge haben.

Aus dem gleichen Grunde wurden die umworbenen Handelsbetriebe zwar zunächst nach der Zweckbestimmung der gehandelten Güter unterteilt; dabei wurde aber im Bereich des Produktionsgüterhandels auf eine weitere Differenzierung verzichtet. Dagegen erschien es bei Konsumwaren sinnvoll, den Großhandel vom Einzelhandel abzuheben und zumindest die Großbetriebe des Detailhandels von den Mittel- und Kleinbetrieben zu trennen. Selbstverständlich wären auch hier — wenn die prägnanten Züge der Umworbenen zu erfassen sind — weitere Gesichtspunkte heranzuziehen. Im Großhandel mit Konsumwaren haben Betriebsgröße, Abnehmerkreis und Ausdehnung des Absatzgebietes entscheidende Bedeutung; so unterscheidet sich z. B. der Bedarf eines Binnengroßhändlers von dem eines Exporteurs. Beim Einzelhandel dagegen ist die Aufteilung in Groß-, Mittel- und Kleinbetriebe wichtiger als etwa die Sortimentsdimension, die Vertriebsform usw.

Die Berücksichtigung des Abnehmerkreises ermöglicht eine grobe Untergliederung der Dienstleistungsbetriebe in produktions- und konsumorientierte Unternehmen. Die vorliegende Aufteilung vermag die in der Praxis gewachsene Formenvielfalt der Dienstleistungsbetriebe nicht wiederzugeben; man müßte dann schon auf die große Zahl der Handwerksbetriebe, der „freien Berufe", der Transport-, Sicherungs- und Finanzierungsunternehmen eingehen, damit zutreffende Aussagen über die jeweiligen Besonderheiten gewährleistet sind. Gewiß ist die Zuordnung bestimmter Dienstleistungen zu branchentypischen Betriebsgrößen möglich, zumal Fremddienste wie z. B. Beratungsleistungen von „freien Berufen" erbracht werden und andere Dienstleistungen - so Versicherungen — nur Großbetrieben obliegen. Dabei zeigt sich, daß Betriebe ihre Leistungen zum Teil an Unternehmer, zum Teil an Verbraucher abgeben können, daß sie also zugleich produktions- und haushaltsorientiert sind.

3. Betrieblicher Gütereinsatz und Bedarfsarten

Wenn bisher versucht wurde, die Verschiedenartigkeit der umworbenen Unternehmen generell darzustellen, soll nunmehr die spezielle Bedeutung des Werbeobjekts im Zusammenhang mit dem betrieblichen Gütereinsatz erörtert werden. Der Werbetreibende hat die Absicht, bestimmte Güter und/oder Dienste dem Markt zuzuführen und muß sich daher darüber informieren, welche Rolle ihnen im Betriebsprozeß des Abnehmers zufällt. Auszugehen ist zunächst von einer Gruppierung der betrieblichen Einsatzfaktoren in

Werkstoffe und Waren,
Anlagegüter,
Arbeits- und Dienstleistungen sowie
Finanzierungsleistungen (Kapital).

Diese den betrieblichen Kostengüterarten entsprechende Einteilung entscheidet darüber, in welchem Verhältnis das Werbeobjekt des Anbieters zum Bedarf der umworbenen Unternehmen steht. Die Werkstoffe umfassen Güter, die im umworbenen Betrieb als Roh-, Hilfs- und Betriebsstoffe zu Fertigprodukten verarbeitet werden. Im Gegensatz dazu finden bei Waren keine oder nur unwesentliche Formveränderungen statt: Der Betrieb erbringt im Zusammenhang mit der Ware seine Handelsleistungen (Regiefaktor Ware[6]); hier sind also speziell die Unternehmungen des Handels betroffen.

Zu den Anlagegütern (Sachanlagen) rechnen begrifflich neben Immobilien auch Maschinen, Werkzeuge, Einrichtungsgegenstände, Fahrzeuge usw. Der Anbieter richtet seine Werbung bei derartigen Gütern im allgemeinen an die Verwender, also direkt an die Produktionsunternehmen; daneben aber kann sich der Vertrieb auch über den Handel vollziehen, für den die Gegenstände dann als Waren und damit als Werbeobjekte besonderer Art zu gelten haben.

A r b e i t s l e i s t u n g e n werden häufig von der einzelnen, die Leistung erbringende Person, der Arbeitskraft, direkt im Wege der „Bewerbung" angeboten; dabei bemüht sich der Bewerber, seine Fähigkeiten im Hinblick auf die Anforderungen des umworbenen Unternehmens günstig darzustellen und versucht, sich auch psychisch auf die Wünsche des Entscheidungsträgers einzustellen („einen guten Eindruck zu machen").

Dagegen sind Anbieter von D i e n s t l e i s t u n g e n Unternehmer, die als Vollkaufleute oder aber als gewerbsmäßig oder freiberuflich tätige Personen keinen festen Arbeitsvertrag mit dem Umworbenen eingehen. Zur Umschreibung dieses Sachverhaltes finden wir daher auch die Bezeichnung „Fremddienste". Die Bereitstellung von Dienstleistungen macht häufig zugleich auch die Lieferung bestimmter Materialien oder die Nutzung von Anlagegütern notwendig. So liefern Reparaturunternehmen nicht nur Arbeitsleistungen, sondern damit verbunden auch Reparaturmaterial und Maschinennutzung. Auch die Übertragung der Werbefunktion auf selbständige Werbeinstitutionen bedeutet, daß Dienstleistungen in Anspruch genommen werden, die oft zugleich auch die Verwendung von Materialien und Anlagen implizieren. Die absatzpolitischen Bemühungen derartiger Dienstleistungsbetriebe stellen dann „Werbung für die Werbung" dar.

Da sich die betriebliche Leistungserstellung im Zeitablauf vollzieht, die beschafften Güter und Dienste also solange finanziert werden müssen, bis der Produktionsprozeß abgeschlossen ist und der Gegenwert vom Absatzmarkt als Erlös zurückfließt, ergibt sich zusätzlich ein Kapitalbedarf des Betriebes. Spezialisiert auf diese F i n a n z i e r u n g s l e i s t u n g e n sind Banken, Sparkassen, Finanzierungsgesellschaften, Kreditvermittler und private Kapitalgeber. Banken und Sparkassen finden in der Regel im Rahmen der laufenden Geschäftsbeziehungen, die ihnen eine individuelle Kenntnis der Umworbenen gestatten, auch ohne akzentuierte Werbemaßnahmen Gelegenheit, sich den Kapitalbedürfnissen ihrer Kunden anzupassen. Kreditvermittler und Finanzierungsgesellschaften — zu nennen sind hier auch Leasing-Gesellschaften — durchbrechen nicht selten die traditionalen Schranken der Werbung im Kreditgeschäft und sind bemüht, die umworbenen Unternehmen durch gezielte Aktionen als Kunden zu gewinnen.

4. Die Unternehmer als Verwender von Werkstoffen und Anlagegütern (Produktionsgütern)

Der verfügbare Raum gestattet es nicht, alle den umworbenen Unternehmer kennzeichnenden Elemente vollständig zu berücksichtigen. Es muß daher auf die ausführliche Behandlung der in Produktion, Handel und im Dienstleistungsbereich tätigen Unternehmen verzichtet werden. Bei den nachstehenden Ausführungen ist weiterhin vom Bedarf an Kapital und an Arbeits- und Dienstleistungen abzusehen; die umworbenen Unternehmer sollen vielmehr unter dem Aspekt der Werbung für materielle Produktionsgüter, d. h. für Werkstoffe und Anlagegüter, betrachtet werden.

a) Werbung und Marktforschung bei Produktionsgütern

Die Werbung für Produktionsgüter wurde in der Vergangenheit oft vernachlässigt. Das dürfte durch die ständige Expansion unserer Wirtschaft in der Nachkriegszeit bedingt gewesen sein, die eine gesicherte Nachfrage nach Investitionsgütern bewirkte[7]. In letzter Zeit führten allein schon die Tendenzen zur Schaffung eines gemeinsamen Europäischen

Marktes zu intensiveren Absatzbemühungen, die sich bei nachlassender Konjunktur noch verstärkten. Kapitalknappheit und erhöhtes Absatzrisiko bei Großanlagen veranlaßten die Anbieter von Investitionsgütern, sich stärker für die Marktstruktur zu interessieren und sich zum Zwecke der Marktbeeinflussung Informationen über die Umworbenen zu beschaffen. Die Marktforschung wird damit auch auf diesem Bedarfssektor zu einem unentbehrlichen Informationsinstrument. Sie gibt Auskunft über die potentiellen Abnehmer und ermittelt auf Grund der vorliegenden Fertigungs- und Absatzkapazität ihren latenten Bedarf. Der Absatz eines im Automobilbau benötigten Werkstoffes kann z. B. erst dann zutreffend geschätzt werden, wenn über den gegenwärtigen und den geplanten Ausstoß von Kraftfahrzeugen Klarheit besteht. Durch direkte Erhebungen bei den zum Abnehmerkreis gehörenden Unternehmen und durch Befragung der dort tätigen Einkäufer wird wertvolles Material über die Umworbenen gewonnen. Allerdings muß eine empirische Werbeforschung, wenn sie zutreffende Ergebnisse für die weitere Planung liefern soll, die künftige Entwicklung des Marktes und sozialwissenschaftliche Erkenntnisse in ihre Überlegungen einbeziehen.

b) Bedarfsgründe

Die umworbene Unternehmung geht bei der Beschaffung von Produktionsgütern von anderen Überlegungen aus als der Konsument beim Kauf von im Haushalt benötigten Waren. Für das Kaufverhalten und Beschaffungsprogramm der Unternehmung sind in erster Linie Zielsetzung und Betriebszweck maßgebend, so daß subjektive, emotional bedingte Einflüsse viel weniger als beim Verbraucher Bedeutung haben. Es kann also grundsätzlich vorausgesetzt werden, daß bei der Beschaffung von Produktionsgütern der Grund- oder Zwecknutzen (Vershofen) den Ausschlag gibt, während der Zusatznutzen – speziell der Geltungsnutzen – in den Hintergrund tritt. Das gilt natürlich nur graduell, denn Entscheidungen über den Kauf von Kraftfahrzeugen werden z. B. nicht nur bei den Konsumenten unter Prestigeerwägungen gefällt. Auch Überkapazitäten und aufwendige Investitionen von Unternehmen können nicht immer mit objektiven Beschaffungsgründen belegt werden; allenfalls wird damit argumentiert, daß Repräsentation und anspruchsvoller Unternehmensstil die Marktgestaltung positiv beeinflussen und damit schließlich Umsatz und Gewinn sichern oder erhöhen.

c) Bedarfsfaktoren und Entscheidungsträger

Als Bestimmungsgrund für die Absatzmöglichkeiten verdient die Kundenstruktur bestimmter Abnehmerbereiche besondere Aufmerksamkeit. Nicht nur die Anzahl der Betriebe in den einzelnen zu umwerbenden Branchen, sondern auch das Verhältnis von Groß-, Mittel- und Kleinbetrieben wirkt sich auf die Werbung aus. Neben diesen quantitativ wirksamen Faktoren sind die Wasenkenntnisse der Umworbenen hinsichtlich der technischen Eigenarten des Produktionsgutes zu beachten. Bei hochwertigen Erzeugnissen kann sich nur der mit den technischen Problemen vertraute Umworbene ein Urteil darüber bilden, ob hohe Preise ihre Rechtfertigung in der besonderen Eignung des Gutes finden. Es stellt sich hier die Frage, wer die einkaufsentscheidenden Personen in der Unternehmung sind; dabei wird deutlich, daß nicht immer die Unternehmer selbst, sondern die in ihrem Auftrage tätigen Beschaffungsinstanzen als Umworbene anzusprechen sind. Die Werbung muß daher auch auf diesen Personenkreis ausgerichtet sein. Soweit ein Techniker den Ausschlag für die Erteilung einer Bestellung gibt, dürften ihn echte Informationen eher überzeugen als emotionale Argumente.

Eine im Jahre 1967 vom Emnid-Institut für industrielle Markt- und Werbeforschung Dr. K.-H. Strothmann KG, Hamburg, in 50 Orten der Bundesrepublik bei einkaufsentscheidenden Fachleuten in 515 Industriebetrieben durchgeführte Repräsentativ-Befragung erwies, daß 64 Prozent der befragten Personen von der Anzeigenwerbung eine genaue Beschreibung des Produktes erwarten[8]). Noch deutlicher tritt der Wunsch nach der vollständigen Angabe der Firmenanschrift der Anbieter (68 %) und nach Informationen über die wichtigsten technischen Daten des Werbeobjekts (82 %) hervor.

Die Tatsache, daß bei technisch komplizierten und hochwertigen Produktionsgütern das Urteilsvermögen des einzelnen Spezialisten überfordert wird, hat die Tendenz begünstigt, bei derartigen Beschaffungen mehrere Personen heranzuziehen. Die Entscheidung wird dann von den Fachleuten nach ausführlicher Diskussion gefällt. Die Werbung muß die dafür notwendigen Angaben über das betreffende Erzeugnis bringen. Hier wäre eine ausschließlich gefühlsbetonte, auf Repräsentation gerichtete Werbung ohne konkrete Aussagen zum Mißerfolg verurteilt.

Allerdings lassen Erhebungen der Produktionsgüter-Marktforschung in letzter Zeit erkennen, daß eine rein auf den rationalen Fachmann ausgerichtete Werbung nicht immer den gewünschten Erfolg zeitigt; denn auch hier können Prestigeerwägungen bewußt oder unbewußt den Kaufentschluß beeinflussen. Es gilt, in der Werbung für Produktionsgüter das rechte Maß von Informationsgehalt und ansprechender, vielleicht sogar gefühlsbetonter Argumentation im Hinblick auf die umworbenen Entscheidungsträger zu finden.

d) Gruppen von Umworbenen

Wenn mehrere Marktbereiche in ein Vertriebsprogramm fallen, ist es erforderlich, die Abnehmerkreise deutlich voneinander abzugrenzen. Nur so ist es möglich, die Umworbenen in geeigneter Weise anzusprechen und später zu beurteilen, ob eine Werbung erfolgreich war. Eine entscheidende Hilfe hierfür ist eine nach Abnehmerkreisen gegliederte Statistik der Umsätze und Werbekosten. Sie läßt erkennen, in welchen Bereichen relativ geringe Umsätze erzielt wurden und wieweit dort zusätzliche Werbekosten eine Expansion der Verkaufszahlen bewirken. In jedem Falle erzwingt aber eine derartige Untersuchung, sich mit dem Personenkreis der zu Umwerbenden zu beschäftigen und den Effekt von absatzpolitischen Maßnahmen bei den umworbenen Unternehmen zu überdenken. Das wird häufig genug Anlaß dafür sein, sich mit Hilfe der Marktforschung weitere Informationen über die durch Werbung zu erreichenden Personen und Personengruppen in den Unternehmungen zu beschaffen.

III. Die umworbenen Verbraucher

Es wurde bereits darauf hingewiesen, in welchem Umfang das Schrifttum zur Werbung auf den Verbraucher als Werbesubjekt eingegangen ist. Daher sollen sich die Ausführungen über den umworbenen Verbraucher hier auf einige wesentliche Anmerkungen beschränken.

1. Verbraucher als Umworbene

Das wirtschaftliche Geschehen im Haushalt erfährt seine spezielle Ausprägung dadurch, daß die dem Markt entnommenen Waren zur Befriedigung der hauswirtschaftlichen Bedürfnisse verbraucht oder gebraucht werden. Der Unternehmer dagegen muß Beschaffung und Verwendung der Güter auf sein Produktions- und Vertriebsprogramm ausrichten. Er ist damit nicht nur vom Beschaffungsmarkt, sondern vor allem auch vom Absatzmarkt abhängig. Diese doppelte Marktbeziehung fehlt beim Konsumenten; er entnimmt lediglich dem Beschaffungsmarkt die im Haushalt benötigten Güter. Die Notwendigkeit zur Erzielung eines Haushaltseinkommens erfordert allenfalls den Kontakt zum Absatzmarkt für Arbeitsleistungen, d. h. die Mitwirkung am Produktionsprozeß in den Unternehmungen. Das Verhalten der umworbenen Verbraucher wird vom Prinzip der Nutzenmaximierung geleitet, das sich als optimales Verhältnis zwischen hauswirtschaftlichem Mitteleinsatz und Nutzen darstellt. Da der Nutzen von der individuellen Wertschätzung des Konsumenten bestimmt wird, kann nur der Umworbene selbst beurteilen, ob ein Werbeobjekt seiner Zielsetzung entspricht. Es ist symptomatisch für den umworbenen Verbraucher, daß die Werbung es vermag, ihn in seinen Nutzenvorstellungen zu beeinflussen; die Kenntnis seiner Motivstruktur gibt dem Werbungtreibenden die Möglichkeit, dem Konsumenten die Eignung des Werbeobjektes positiv darzustellen. Hier zeigt sich der Unterschied zum Unternehmer als Umworbenem, bei dem die Aussagen über die Eigenschaften des Gutes sich im Zuge des Produktionsprozesses objektiv erweisen müssen, wenn der Werbeerfolg nachhaltig gesichert sein soll.

2. Gliederung der Haushalte

Neben dem Familienhaushalt sind Haushalte zu unterscheiden, in denen Bedürfnisse von Verbrauchern, die nicht miteinander verwandt sind, kollektiv gedeckt werden. In Anlehnung an Egner können die Haushalte wie folgt unterteilt werden[9]):

    I. Einzelhaushalte (Ein-Personen-Haushalte)
   II. Familienhaushalte
      A Großfamilienhaushalte
      B Kleinfamilienhaushalte
  III. Verbandshaushalte
      A Anstaltshaushalte
        1 Gesundheits-Fürsorge-Anstalten
        2 Erziehungsanstalten
        3 Unterkunftsanstalten
      B Kollektivhaushalte (Staatshaushalte)
      C Vereinshaushalte

Im Familienhaushalt sind die einzelnen Mitglieder an den wirtschaftlichen Vorgängen aktiver beteiligt als in den Anstalts- und Verbandshaushalten. Während die Angehörigen des Privathaushalts teils dafür zu sorgen haben, die notwendigen finanziellen Mittel – etwa durch Arbeitstätigkeit – bereitzustellen oder die Güterbeschaffung vorzuplanen und durchzuführen, liegen in den Verbandshaushalten die eigentlichen wirtschaftlichen Funktionen bei wenigen, meist hauptberuflich tätigen Spezialisten. Die den Anstalten, Kollektivhaushalten und Vereinen angehörenden Verbraucher beschränken sich auf die Verwendung der für sie bereitgestellten Waren und Dienste. Dennoch muß sich die Werbeforschung auch mit diesem Personenkreis beschäftigen, weil davon auszugehen ist, daß die Entscheidungsträger die Bedarfsdeckung im Rahmen der wirtschaftlichen Möglichkeiten auf die Bedürfnisse ihrer Haushaltsmitglieder ausrichten werden.

Die Feststellung, daß die Werbung selbst zunächst die Bedarfsstruktur im ökonomischen Aktionsbereich des Käufers kennen muß, damit sie den Umworbenen umfassend über die Eignung des Werbeobjekts informieren kann, gilt selbstverständlich auch für den Familienhaushalt mit Passivkonsumenten (z. B. Kleinkinder). Hinzuweisen ist ebenfalls auf den Einfluß der Jugendlichen auf die Kaufentscheidungen der über die finanziellen Mittel verfügenden Erwachsenen. So überrascht es nicht, daß auch bei uns in den letzten Jahren Kinder und Jugendliche, soweit ihr spezieller Bedarfssektor betroffen ist – und mitunter noch darüber hinaus –, in zunehmendem Maße von der Werbung angesprochen werden. Es besteht hier also die Möglichkeit, sich entweder an den über die Zahlungsmittel Verfügenden, den wir als Käufer bezeichnen wollen, oder an den Verwender zu halten. Schließlich wäre beim Gesundheitsbedarf noch ein weiterer Fall denkbar: bei krankenversicherten Patienten, die ein vom Arzt verordnetes Medikament erhalten, das die Versicherungsanstalt bezahlt, kommt es zur Trennung in Verwender (Patient), Entscheidungsträger (Arzt) und Zahlungsleistendem (Versicherung).

3. Bedarfsstruktur der Haushalte

Der Begriff Bedarfsstruktur bezieht sich im allgemeinen auf die Güternachfrage von Wirtschaftssubjekten. In der vorliegenden Untersuchung wäre eine derartige enge Interpretation unzureichend, weil für die Werbung neben der mehr materiellen Seite der Bedarfsstruktur auch die Eigenarten der Lebensweise, der Sprache und Bildung wichtig sind, wenn die Werbung „milieuadäquat" appliziert werden soll.

Einblick in die Bedarfsstruktur des Haushalts vermittelt die Unterscheidung einzelner Bedarfsfaktoren, die drei Gruppen zuzuordnen sind[10]:

> Natürliche Bedarfsfaktoren
> > Alter
> > Geschlecht
> > Physische Eigenschaften
> > Psychische Veranlagung und Intelligenz
>
> Persönliche Bedarfsfaktoren
> > Erziehung und Bildung
> > Beruf
> > Einkommen und Vermögen
> > Wohngegend
> > Familienstand
>
> Gesellschaftliche Bedarfsfaktoren
> > Allgemeiner Lebensstandard
> > Sozialer Gruppenstandard
> > Regionale Konsumgewohnheiten

Derartige Bedarfsfaktoren wirken auf die Nutzenvorstellungen des Verbrauchers ein und bestimmen seine Haltung zur Werbung. Die von Verbraucher zu Verbraucher auftretenden Abweichungen in den Bedarfsfaktoren und die absatzpolitischen Maßnahmen der Unternehmer führen zu einer differenzierten Wertschätzung gegenüber substantiell gleichartigen Gütern. Diese dem Konsumenten oft nicht bewußten Einflüsse treten als sachliche, personelle, zeitliche und räumliche Präferenzen auf. Werbung und Präferenzen können sich in zweifacher Hinsicht berühren: Einerseits durch den Zweck der Werbung, der auf Schaffung von Präferenzen für das Werbeobjekt gerichtet ist, und andererseits durch die Erforschung der Präferenzstruktur der Umworbenen, deren Kenntnis die Voraussetzung für den Werbeerfolg bildet. Fischer[11] gelangt mit Hilfe von Bedarfsfaktoren im Rahmen einer Leseranalyse zu einer Verbrauchertypologie, die eine auf die Eigenarten der umworbenen Verbraucher ausgerichtete Wahl der Werbeträger erlaubt.

Quellenangaben:

[1]) Vgl. Seyffert, Rudolf: Werbelehre – Theorie und Praxis der Werbung, 1. Band, Stuttgart 1966, S. 87 ff.
[2]) Vgl. Behrens, Karl Chr.: Absatzwerbung, Wiesbaden 1963, S. 61 ff.
[3]) Vgl. Seyffert, Rudolf: Werbelehre, a. a. O., S. 87 ff.
[4]) Vgl. Behrens, Karl Chr.: Absatzwerbung, a. a. O., S. 64 ff.
[5]) Vgl. hierzu Kästing, Friederike: Die Zielung der Werbung – Auswahl der Werbegemeinten, Stuttgart 1966, S. 74 ff.
[6]) Buddeberg, Hans: Betriebslehre des Binnenhandels, Wiesbaden 1959, S. 52 ff.
[7]) Vgl. hierzu und zu den folgenden Ausführungen:
Grünwald, Rolf: Aufgaben einer Wirtschaftsbeobachtung im Produktionsgüterbereich. In: Die Anzeige, Reutlingen 1961, Heft 9, S. 7 ff.
Heinrichs, Fritz: Marktforschung, Publizistik und Werbung für Investitionsgüter. In: Die Anzeige, Reutlingen 1961, Heft 13, S. 15 ff.
John, Erich: Die Bestimmungsfaktoren der Werbung für Investitionsgüter. In: Wirtschaft und Werbung, Essen 1961, Heft 3, S. 84 ff.
Rupp, August: Orientierung nach Absatzverlauf oder Marktentwicklung – Kundenansprache im Investitionsgüterbereich. In: Die Absatzwirtschaft, Düsseldorf 1965, Heft 13, S. 828 f.
Strothmann, Karl-Heinz: Anzeigenwerbung für Produktionsgüter unter neuen Vorzeichen. In: Die Anzeige, Reutlingen 1961, Heft 9, S. 14 ff.
O. V.: Thema Technik in der Werbung. In: Die Anzeige, Reutlingen 1965, Heft 9, S. 33 ff.
[8]) Vgl. o. V.: Information entscheidet. In: Industriekurier, Nr. 177 v. 21. 11. 1967, Düsseldorf, S. 8.
[9]) Vgl. Egner, Erich: Der Haushalt. Eine Darstellung seiner volkswirtschaftlichen Gestalt, Berlin 1952, S. 38 ff.
[10]) Vgl. hierzu Petermann, Günter: Marktstellung und Marktverhalten der Verbraucher, Wiesbaden 1963, und ders.: Wirtschaftsplan des Verbrauchers. In: Wirtschaftsdienst, Hamburg 1966, Heft 3, S. 164 ff.
[11]) Vgl. Fischer, Hans: Bildung von Verbrauchertypen als Gemeinschaftsaufgabe für die Werbeforschung. In: Zeitschrift für betriebswirtschaftliche Forschung, Köln und Opladen 1965, S. 764 ff.

Literatur

Beer, Ulrich: Konsumerziehung gegen Konsumzwang, Tübingen 1967.

Behrens, Karl Chr.: Absatzwerbung, Wiesbaden 1963.

Egner, Erich: Studien über Haushalt und Verbrauch, Berlin 1963.

Geisser, H. O.: Kunde und Markt, Bern und Stuttgart 1968.

Hoffmann, Walther G.: Textilwirtschaft im Strukturwandel, Tübingen 1966.

Jacobs, Alfred, und Jacobs, Margret: Die Berechnung der Marktnachfrage, Köln und Opladen 1968.

Kästing, Friederike: Die Zielung der Werbung – Auswahl der Werbegemeinten –, Stuttgart 1966.

Leitherer, Eugen: Werbelehre, Stuttgart 1966.

Petermann, Günter: Marktstellung und Marktverhalten des Verbrauchers, Wiesbaden 1963.

Schreiber, Klaus: Kaufverhalten der Verbraucher, Wiesbaden 1965.

Seyffert, Rudolf: Werbelehre – Theorie und Praxis der Werbung, Stuttgart 1966.

Wilhelm, Herbert: Werbung als wirtschaftstheoretisches Problem, Berlin 1961.

Zankl, Hans Ludwig: Werbeleiter-Handbuch, München 1966.

Die Werbung in Lehre und Forschung an den Hochschulen

Von Dr. Friederike Kästing, Köln

I. Die an Werbelehre und Werbeforschung beteiligten Fachgebiete

Ein Hauptergebnis der Bestandsaufnahme von Werbelehre und Werbeforschung an den Hochschulen soll an den Anfang gestellt werden, da es die Frage nach dem Standort der Werbelehre und -forschung beantwortet: Die Werbung wird an den Hochschulen vornehmlich im Bereich der Wirtschaftswissenschaft gepflegt, eng verbunden mit der Absatzlehre. Sie ist heute noch mit der Disziplin verbunden, die sich als erste den Fragen der Werbung zuwandte. Der Hochschulunterricht (Nicklisch 1911) und die wissenschaftlich literarische Behandlung (Mataja 1910) hatten von Anfang an den wirtschaftlichen Bezugspunkt, der zu Recht gewählt wurde, da die Werbung in der Wirtschaft ihre breiteste und intensivste Anwendung gefunden hat. Auch die allgemeine Werbelehre, die nicht auf einzelne ausgewählte Werbezwecke und -anwendungsgebiete abgestellt ist, ging von der Wirtschaftswissenschaft aus. (Im Wintersemester 1920/21 hielt Seyffert erstmals ein Kolleg über „Allgemeine Werbelehre", 1929 erschien sein Buch „Allgemeine Werbelehre".) Die zunehmende Anwendung der Werbetechnik zur Erreichung ideeller Ziele, wie z. B. auf politischem, sozial-humanitärem, religiösem Bereich, läßt vermuten, daß die für diese Bereiche zuständigen Hochschuldisziplinen sich künftig ebenso der Behandlung von Werbeproblemen systematisch zuwenden werden.

Eingang in die Hochschulen hat die Werbung erst mit dem Zeitpunkt erlangt, in dem die Betriebswirtschaftslehre nach Gründung der Handelshochschulen zum Hochschulfach wurde. Die Entfaltung und Vertiefung der Wirtschaftswissenschaft war für die Entwicklung der Werbelehre und Werbeforschung auch weiterhin bestimmend.

Vornehmlich die absatzorientierte Ausrichtung der Betriebswirtschaftslehre führte zu der gegenwärtigen Stellung des Hochschulfachs Werbung. Ihr interdisziplinärer Charakter einerseits, traditionelle Facheinteilungen an den Hochschulen andererseits und die Gliederung der Betriebswirtschaftslehre nach Wirtschaftszweigen statt nach Funktionen sind Gründe dafür, daß die Werbelehre an den Hochschulen noch nicht den Umfang erreicht hat, wie es der Bedeutung ihrer wirtschaftlichen, gesellschaftlichen und kulturellen Auswirkungen entsprechend zu wünschen wäre. Die Werbung hat noch nicht die Stellung eines fest abgegrenzten Hochschulfaches; sie wird in Lehre und Forschung von einzelnen interessierten Hochschullehrern getragen.

In engem Zusammenhang mit der Frage nach der Werbung als Hochschulfach steht die nach ihrem W i s s e n s c h a f t s c h a r a k t e r. Die Diskussion hierüber ist breit; sie soll an dieser Stelle weder zusammengefaßt noch um Argumente erweitert werden. Dazu sei auf die Vorträge und Podiumsgespräche des Internationalen Kongresses über „Werbung als Forschungsgebiet und Lehrfach der Hochschulen" verwiesen, der 1966 in Köln stattfand*)[1]).

Für eine Bestandsaufnahme von Werbelehre und Werbeforschung ist die Frage, ob die Werbung als eine eigenständige Wissenschaft anzusehen sei, weniger wichtig als die nach den Wissenschaftsgebieten, die Probleme der Werbung in ihren Fragenkreis einbezogen haben. In die Liste der Disziplinen, die sich ihr zuwenden sollten, sind alle diejenigen aufzunehmen, die menschliches Verhalten, Möglichkeiten und Mittel seiner Beeinflussung zum Forschungsgegenstand gewählt haben. Nach dem heutigen Stand der Fachgebiete wird der Kreis dieser Wissenschaften gebildet aus der Wirtschaftswissenschaft, insbesondere Betriebswirtschaftslehre, aus Psychologie, Soziologie, Kommunikations- und Publizistik-Wissenschaft, Philologie, Pädagogik und Rechtswissenschaft.

Infolge des weiten Kreises der Fachgebiete, in denen Werbeprobleme behandelt werden, trägt die Werbelehre und -forschung einen ausgeprägt interdisziplinären Charakter. Dem Vorteil des Austausches von Spezialkenntnissen steht der Mangel an einer zusammenfassenden Darstellung gegenüber. Der Schritt zur Zusammenfassung zu einem allgemeinen, umfassenden Lehrsystem der Werbung steht heute noch aus.

Eine Untersuchung der Werbevorlesungen, -übungen und -seminare an den deutschen Hochschulen in den vier Semestern vom SS 1965 bis zum WS 1966/67 weist eine beachtliche Gesamtstundenzahl (Wochenstunden) an Vorlesungen und Übungen auf. Eine detaillierte Gliederung nach beteiligten Fachgebieten zeigt jedoch, daß einige Gebiete nicht genügend oder überhaupt noch nicht vertreten sind. Von der Gesamtzeit der Ankündigungen, die in ihrem Titel ausdrücklich auf Werbung Bezug nehmen (147 W o - c h e n s t u n d e n in den Semestern SS 1965 – WS 1966/67), entfielen auf Dozenten aus dem Bereich der

Wirtschaftswissenschaft	91 Stunden
Psychologie	49 Stunden
Philologie	6 Stunden
Rechtswissenschaft	1 Stunde.

In diesem Zeitraum wurden die Veranstaltungen zur Markt- und Absatzforschung (rd. 500 Wochenstunden) fast ausnahmslos von Wirtschaftswissenschaftlern durchgeführt. Die enge Verknüpfung der Werbung mit der Wirtschaftswissenschaft zeigt sich in gleicher Weise in der Zusammensetzung der Gruppe der Hochschullehrer, die Mitglieder der Deutscher Werbewissenschaftlichen Gesellschaft sind[2]). Eine fachbezogene Aufgliederung dieser Gruppe ergibt die folgende Verteilung:

Wirtschaftswissenschaft	37 Mitglieder
Psychologie	14 Mitglieder
Rechtswissenschaft	2 Mitglieder
Publizistik	1 Mitglied
Philologie	1 Mitglied
Pädagogik	1 Mitglied.

---

*) Die im Text laufend numerierten Quellenangaben sind am Schluß des Aufsatzes zitiert.

Eigene Lehrstühle für Werbung bestehen in Deutschland nicht; auch sind bisher keine Habilitationen für Werbelehre ausgesprochen worden. An den Hochschulen wird die venia legendi im allgemeinen nur für umfassendere Gebiete angestrebt und erteilt. Spezielle Werbelehrstühle können Habilitationen für das Lehrgebiet Werbung fördern, wie sie auch zu einer Intensivierung der Beschäftigung mit Werbeproblemen führen können. Eine Gewähr für eine systematische Pflege der Werbelehre und -forschung an den Hochschulen sind sie jedoch nicht. Die Vereinigung der Forschungsergebnisse einer Vielzahl von Fachdisziplinen ist nicht nur denkbar in einer Zusammenfassung zu einem Lehrstuhl, sondern auch in einer Zusammenarbeit zuständiger Fachdisziplinen.

II. Theorie und Praxis der Werbung

An den Hochschulen bildet die Behandlung der Werbung eine Verbindung von praktisch-didaktischer Ausrichtung und zweckfreier Forschung. In den Erfahrungswissenschaften ist den Hochschulen die Verknüpfung von Theorie und Praxis als Aufgabe gesetzt. Dieser Forderung kommt die Zusammensetzung der Dozentenschaft entgegen, indem hervorragenden Werbepraktikern Lehraufträge erteilt werden. Werbewissenschaft als Erfahrungswissenschaft wird sich stets an der Praxis orientieren müssen. Ihre Erfahrungsobjekte sind die vielfältigen Tatbestände und Fragen der Werbepraxis. Die nach dem heutigen Stande überwiegend in die Wirtschaftswissenschaft eingebettete Werbewissenschaft zeigt daher eine intensive Verbindung zur Wirtschaftswerbung, die durch den im Oktober 1967 gegründeten Koordinierungsausschuß für Werbewissenschaft und Werbewirtschaft institutionalisiert ist. Der Ausschuß, ein gemeinsames Gremium der Deutschen Werbewissenschaftlichen Gesellschaft und des Zentralausschusses der Werbewirtschaft, verfolgt das Ziel einer engen und ständigen Zusammenarbeit zwischen Wissenschaft und Praxis auf dem Gebiet der Werbung[3].

Die Verwendung theoretischer Grundlagen bei konkreten Entscheidungen bietet den Vorteil, daß Informationen über mögliche Auswirkungen des praktischen Handelns gegeben werden, die über Faustregeln und enge Erfahrungssätze hinausgehen. Der praktische Wert einer Theorie wird daher um so größer sein, je mehr sie zur Prognose herangezogen werden kann. Zwar können auch in Einzelfällen Faustregeln und Erfahrungssätze zum Erfolg führen, doch grundsätzlich sind die auf ihnen basierenden Entscheidungen mit einem viel größeren Risiko des Mißerfolges behaftet.

Damit die Theorie in der Lage ist, dies zu leisten, muß sie bei praktischer Anwendung auch verstanden werden. Werbetheorie als Verständigungsmittel sollte nicht auf den interwissenschaftlichen Bereich eingeschränkt bleiben, sondern die Verständigung mit der Praxis einbeziehen.

Eine Umsetzung der Forschungsergebnisse in die Praxis kann schwierig sein. Oft scheitert dies an der Begriffsbildung, die daher bei der Realisierung einer Verbindung von Theorie und Praxis gelöst werden muß. Der Gefahr, daß bestimmte Begriffe möglicherweise Theorie und Praxis trennen, kann dadurch begegnet werden, daß sowohl von der Theorie als auch von der Praxis die Begriffe als Werkzeuge gesehen werden, die Denken und Handeln erleichtern.

Nicht alle Erwartungen der Werbepraxis hinsichtlich der Pflege von Werbelehre und -forschung an den Hochschulen können erfüllt werden. Die Hochschulen können die Studenten des Werbefachs nicht zu einem speziellen Beruf ausbilden. Sie vermitteln Urteilsfähigkeit, die natürlich fachbezogen sein kann; Fähigkeit, in Zusammenhängen zu denken und allgemeine Theorien auf konkrete Sachverhalte anwenden zu können. Die Hochschulen sind nicht in der Lage, die Studenten berufsreif in dem Sinne zu machen, daß sie zur Lösung jeder praktischen Frage eingesetzt werden können, zumal wenn diese nur auf Grund langer Berufserfahrung zu lösen ist. Auch kann sich die Werbeforschung verständlicherweise nicht aller aktuellen Probleme der Werbepraxis annehmen. Die Auswahl muß unter dem Gesichtswinkel der wissenschaftlichen Bedeutsamkeit, sowie unter dem der engen Verbindung von Lehre und Forschung getroffen werden.

III. Bestandsaufnahme von Werbelehre und Werbeforschung an den Hochschulen

Werbelehre und Werbeforschung werden an den Hochschulen durch die Lehrveranstaltungen dokumentiert, durch Prüfungsmöglichkeiten und wissenschaftliche Arbeiten (Diplomarbeiten, Dissertationen, Forschungsvorhaben), sowie durch spezielle Seminare und Institute. Soweit hierüber Informationen vorliegen, sind diese in den beiden folgenden Übersichten dargelegt. Sie basieren vor allem auf den Werbewissenschaftlichen Referatenblättern und den Vorlesungsverzeichnissen der Hochschulen.

Die erste Übersicht ist als Synopsis zur Veranschaulichung der Situation an den einzelnen Hochschulen angelegt. Hochschulen mit wiederkehrenden Lehrveranstaltungen zur Werbe- und Absatzlehre, mit speziellen Seminaren oder Instituten und mit Prüfungsmöglichkeiten für Werbung sind durch ein x gekennzeichnet. Für die Lehrveranstaltungen ist zusätzlich die Zahl der Wochenstunden für das Wintersemester 1968/69 aufgenommen.

Zusammengefaßt kann gesagt werden, daß an 25 von 40 deutschen Hochschulen im Universitätsrang regelmäßig Veranstaltungen zur Absatzlehre abgehalten werden, an 13 Hochschulen auch solche zur Werbelehre. Von diesen heben sich die Hochschulen Berlin (FU), Erlangen-Nürnberg, Frankfurt, Köln, Mannheim und München (U) als Schwerpunkte hervor.

Von den 10 Hochschulen ohne Veranstaltungen zur Werbung, Markt- und Absatzforschung befinden sich 6 im Aufbau, bzw. im Stadium der Planung (Augsburg, Bielefeld, Bremen, Dortmund, Konstanz, Ulm); bei 4 Hochschulen sind auf Grund ihres Spezialcharakters keine Veranstaltungen zu erwarten (TH Clausthal, U Düsseldorf, Mediz. und Tierärztl. Hochschule Hannover).

Prüfungsmöglichkeit für das Fach Werbung besteht an den Hochschulen Erlangen-Nürnberg und Köln; hier ist Werbelehre als Wahlfach in der Diplomprüfung für Diplom-Kaufleute und Diplom-Handelslehrer zugelassen. Bei den Hochschulen, an denen die Absatz- und Marktlehre vertreten ist, liegt es nahe, daß bei den Prüfungen in Handelsbetriebslehre und Absatzlehre auch Kenntnisse aus dem Gebiet der Werbung verlangt werden.

Zur Zeit ist die zweckmäßige Gestaltung eines werbeorientierten Studiums dadurch erschwert, daß die Werbelehre noch nicht den Status eines eigenständigen Fachgebietes erreicht hat. Der Koordinierungsausschuß für Werbewissenschaft und Werbewirtschaft hat daher im Juni 1968 die Herausgabe eines Studienführers für das Gebiet der Werbelehre beschlossen.

Die Bestrebungen der Studienreform nach einer Gliederung in Grundstudium, Hauptstudium und Aufbaustudium können der Entwicklung der Werbelehre als Hochschulfach förderlich sein, weil mit dem Aufbaustudium, das der speziellen Ausrichtung dienen soll, auch die Werbung die Möglichkeit erhielte, als spezielle Fachrichtung eingebaut zu werden.

Übersicht zur Situation der Werbelehre an den deutschen Hochschulen

Hochschulen	Wiederkehrende Lehrveranstaltungen, in ( ) Zahl der Wochenstunden im WS 1968/69 Werbung	Absatz	Seminare / Institute, bzw. Abteilungen für Werbung	Absatz	Prüfungsmöglichkeiten für Werbung
TH Aachen	x (1)	x (4)			
FU Berlin	x (10)	x (20)		x	
TU Berlin	x (−)	x (10)		x	
U Bochum	(−)	x (2)		x	
U Bonn	(2)	x (7)		x	
TH Braunschweig	(−)	x (2)			
TH Darmstadt	x (4)	(−)		x	
U Erlangen-Nürnberg	x (5)	x (10)	x	x	x
U Frankfurt	x (−)	x (12)		x	
U Freiburg	(−)	(5)			
U Gießen	(6)	x (13)		x	
U Göttingen	(−)	x (10)		x	
U Hamburg	x (−)	x (8)		x	
TH Hannover	(−)	x (3)		x	
U Heidelberg	x (−)	x (6)			
U Hohenheim	(−)	x (8)		x	
U Karlsruhe	x (2)	x (4)		x	
U Kiel	(2)	x (11)		x	
U Köln	x (7)	x (12)	x	x	x
U Mainz	(1)	(6)			
U Mannheim	x (2)	x (10)		x	
U Marburg	(2)	(2)			
U München	x (8)	x (14)	x	x	
TH München	(−)	x (8)		x	
U Münster	(−)	x (15)		x	
U Regensburg	(2)	x (9)			
U Saarbrücken	(−)	x (10)		x	
U Stuttgart	(−)	x (4)			
U Tübingen	(−)	(−)			
U Würzburg	x (−)	x (7)	x		

Zahl der Diplomarbeiten und Dissertationen über Werbung 1945 bis 1966

Hochschule	Diplomarbeiten	Dissertationen
TH Aachen	—	1
FU Berlin	66	2
TU Berlin	40	2
U Bochum	1	—
U Bonn	—	2
TH Braunschweig	—	1
U Erlangen-Nürnberg	102	16
U Frankfurt	35	2
U Göttingen	14	—
U Hamburg	26	—
U Heidelberg	—	1
TH Karlsruhe	4	—
U Köln	209	18
WH Mannheim	83	5
U München	165	6
U Münster	37	1
U Saarland	11	—
U Tübingen	1	—
U Würzburg	8	—
Gesamt	802	57

Quellenangaben:

[1] Werbewissenschaftliches Referatenblatt Nr. 5, Bericht über den Internationalen Kongreß 1966, Werbung als Forschungsgebiet und Lehrfach d. Hochschulen, Stuttg. 1967.
[2] „Die Deutsche Werbewissenschaftliche Gesellschaft hat die Vertretung und Förderung zur Aufgabe" (§ 1 der Satzung). „Ordentliche Mitglieder der Gesellschaft können nur Personen werden, die sich durch veröffentliche werbewisesnschaftliche Schriften ausgewiesen haben oder an Hochschulen eine Lehrtätigkeit ausüben, die werbewissenschaftliche Fragen einbezieht" (§ 2 der Satzung).
[3] Arbeitsprogramm und Zusammensetzung des Koordinierungsausschusses sind im Werbewissenschaftlichen Referatenblatt, Nr. 6, Stuttg. 1968, S. 105/106, abgedruckt.

Literatur:

Anger, Hans: Werbewissenschaft. In: Werbeleiter-Handbuch, hrsg. von Hans Ludwig Zankl, München 1966, Seite 381 ff.

Berekoven, Ludwig: Entwicklung und gegenwärtiger Stand der Absatzwirtschaftslehre als Teildisziplin der Betriebswirtschaftslehre. In: Jahrbuch der Absatz- und Verbrauchsforschung, 13. Jahrgang, Nürnberg 1967, Seite 421 ff.

Bergler, Georg: Werbung und Gesellschaft, Essen 1965; insbesondere Seite 142–149: Die Werbelehre im Raum der Hochschule.

Seyffert, Rudolf: Werbelehre, Theorie und Praxis der Werbung, 2 Bände, Stuttgart 1966; insbesondere 4. Kapitel, Seite 69–83: Die Werbung in Forschung und Unterricht.

Die Werbung in Lehre und Forschung – Werbefachschulen und Werbeakademien (Höhere Werbefachschulen)

Von Dr. Klaus Schreiber, Berlin

I. Begriffliche Abgrenzung

Nicht zu den Werbefachschulen zählen werbefachliche Fernkurse, die in Deutschland durch den sogenannten „Iversen-Kurs" (Deutscher Werbeunterricht im J.-Iversen-Institut München) repräsentiert werden. Von 1919 bis 1936 bestand die einzige Möglichkeit einer werbefachlichen Ausbildung in der Teilnahme an diesem von Johannes Iversen ausgearbeiteten Fernkurs, der auch heute neben anderen Fernkursen (zum Beispiel „Der Werbefachmann" von F. Thiele im Betriebswirtschaftlichen Verlag Dr. Th. Gabler) und neben den eine umfassendere Ausbildung bietenden örtlichen Werbefachschulen interessiertem Nachwuchs Gelegenheit gibt, werbefachliches Wissen zu erwerben.

Abzugrenzen sind die Werbefachschulen auch von örtlich gebundenen Fach-Lehrgängen. So führt die „Nürnberger Akademie für Absatzwirtschaft" regelmäßig werbefachliche Lehrgänge von mehrtägiger Dauer durch, die sich mit speziellen Themen aus dem Bereich der Werbung befassen und hier insbesondere Nachwuchskräften in der Werbung eine Vertiefung ihres Wissens unter bestimmten Aspekten ermöglichen. Derartige, ein bereits vorhandenes Fachwissen gezielt ergänzende Fach-Lehrgänge werden auch vom Iversen-Institut (als sogenanntes „Marketing College") wie von einigen Werbefachschulen (zum Beispiel die „Hamburger Werbeseminare" der „Werbefachlichen Akademie Hamburg") veranstaltet.

Als ein wichtiges Kennzeichen der Werbefachschulen ist anzusehen, daß die von ihnen gebotene Ausbildung auf Probleme der Werbestrategie konzentriert wird und die Techniken der Werbegestaltung mehr eine Ergänzung des Lehrplanes bilden. Damit ergibt sich eine Zäsur gegenüber allen Ausbildungsstätten, bei denen das Schwergewicht des Unterrichts im Bereich der Werbegestaltung liegt. Allerdings ist als generelle Tendenz zu beobachten, daß auch die letztgenannten Institutionen in der Ausbildung ihrer Studierenden zunehmend die strategischen Probleme der Werbung berücksichtigen.

Nicht zu den Werbefachschulen im Sinne der hier vorgenommenen Abgrenzung zählen die Werkkunstschulen und Kunstakademien, die sich – sofern nicht das Schwergewicht ihrer Ausbildung überhaupt mehr im Bereich der „freien" Kunst liegt – vor allem mit der grafischen Werbegestaltung beschäftigen. Über Werkkunstschulen und Kunstakademien orientiert ein gesonderter Beitrag dieses Handbuches. (Vgl. den nachstehenden Aufsatz „Werkkunstschulen und Kunstakademien".) Die Grafik ist eine grundlegende technische Komponente der Werbung, die heute zunehmend als Teilaspekt der „Visuellen Kommunikation" aufgefaßt wird. Neben die Grafik treten damit Formgestaltung sowie Film und Fernsehen als visuelle bzw. audio-visuelle Ausdrucksformen, die in der werbefachlichen Ausbildung, soweit sie sich auf die entwurfstechnische Seite der Werbegestaltung bezieht, zu berücksichtigen sind.

Die hier vorgenommene Abgrenzung schließt auch Ausbildungsstätten wie die „Staatliche Ingenieurschule für Wirtschafts- und Betriebstechnik der graphischen Industrie Stuttgart" aus dem Kreis der Werbefachschulen aus. Die genannte Institution verfolgt in ihrer Abteilung „Werbetechniken und Herstellungstechnik im Verlag" laut Prospekt das Ziel, „Fachleute für das Werbewesen auszubilden, die im Gesamtbereich der Werbung in der Lage sind, die Herstellung der Werbemittel selbständig und verantwortlich durchzuführen". In Stuttgart liegt demnach das Schwergewicht der werbefachlichen Ausbildung auf der herstellungstechnischen Seite der Werbegestaltung; die angestrebte Heranbildung von Führungskräften bewirkt allerdings, daß das zentrale Fach „Werbemittel-Herstellung" durch allgemeinbildende Fächer wie „Psychologie", „Kulturgeschichte", „Rechts- und Staatslehre" sowie durch spezielle Fächer wie „Werbelehre" und „Werbemittel-Planung" ergänzt wird, also durch Lehrgebiete, die für die mit den strategischen Problemen der Werbung bevorzugt befaßten Werbefachschulen typisch sind. Die Stuttgarter Ausbildungsstätte, die übrigens im Gegensatz zu den meisten als Abend- oder Wochenendschulen betriebenen Werbefachschulen ein viersemestriges Tagesstudium anbietet, demonstriert insoweit die zwischen Werbefachschulen und Ausbildungsstätten für Werbegestaltung vor sich gehende Annäherung.

Eine Sonderstellung nehmen auch die Ausbildungsstätten für Schauwerbung ein. Dieses Gebiet, das aus der Schaufenstergestaltung hervorging und heute darüber hinausgreifend die gesamte Display-, Schaufenster-, Messe- und Ausstellungsgestaltung umfaßt, ist ein anerkannter Ausbildungszweig, der sich ebenfalls mit einer wichtigen Komponente der Werbegestaltung beschäftigt. Da Verkaufsförderungsmaßnahmen, die sich zahlreicher schauwerblicher Mittel bedienen, im Rahmen des Marketing immer größere Bedeutung gewinnen, nimmt das Bedürfnis nach erstklassigen Ausbildungsmöglichkeiten auf dem Gebiet der Schauwerbung ständig zu. Auch die Schauwerbung wird heute nicht nur als eine technische Fertigkeit, sondern als eine Führungsaufgabe verstanden, die im Zusammenhang mit allen Marketing- und Werbemaßnahmen zu lösen ist. Diese Sicht der Dinge veranlaßte die „Staatliche Akademie für Grafik, Druck und Werbung" in Berlin, eine vierte Abteilung für Schauwerbung einzurichten, auf die hier auch deswegen mit Nachdruck aufmerksam gemacht werden soll, weil sie im Titel der Berliner Akademie nicht in Erscheinung tritt.

An dieser Stelle sei erwähnt, daß keine auf die Gestaltung des in der Werbung verwendeten Wortes, des Werbetextes, spezialisierte Ausbildungseinrichtung vorhanden ist. Textgestaltung wird üblicherweise an den Werbefachschulen gelehrt und bildet dort meist den Schwerpunkt der Beschäftigung mit der entwurfstechnischen Seite der Werbung. Unter Textgestaltung wird seit langem neben der Gestaltung von Anzeigentexten und Werbebriefen auch die Entwicklung von Texten für Funk- und Fernsehspots verstanden.

II. Die Werbefachschulen

Nach ihrer Abgrenzung gegenüber ähnlichen Ausbildungseinrichtungen soll nunmehr auf die Werbefachschulen selbst näher eingegangen werden. Das Ausbildungsziel einer

Werbefachschule besteht in der Vermittlung des Wissens, das erforderlich ist, um den Beruf eines Werbefachmannes in verantwortlich leitender Position auszuüben. Für die Beurteilung der Annäherung an dieses Ziel wird eine Unterscheidung innerhalb der Werbefachschulen wichtig, die mit der z e i t l i c h e n A u s d e h n u n g der angebotenen werbefachlichen Studienlehrgänge zusammenhängt. Unter diesem Aspekt stehen die — mit Ausnahme von Hamburg, wo ein einjähriger Tageslehrgang angeboten wird — als Abend- oder Wochenendschulen betriebenen werbefachlichen Ausbildungsstätten mit einem Volumen von rund 1000 Ausbildungsstunden jenen werbefachlichen Studieneinrichtungen mit ganztägigen Lehrgängen gegenüber, deren Ausbildungsvolumen zwischen 3000 und 4000 Stunden umfaßt, das also der zeitlichen Ausdehnung nach dem Studiengang einer „Höheren Wirtschaftsfachschule" entspricht.

1. Werbefachschulen mit Abend- oder Wochenendausbildung

Zu dieser Gruppe der Werbefachschulen zählen in Deutschland:

Die Werbefachschule Ruhr, Essen,
die Werbefachschule Hamburg in der Werbefachlichen Akademie Hamburg,
die Werbe- und Verkaufsfachschule e. V., Hannover,
die Fachschule für Werbung und Verkaufsförderung e. V., Frankfurt (Main),
die Fachschule für Industriewerbung und Absatzförderung, Kassel,
die Rheinisch-Westfälische Werbefachschule, Köln und
das Werbefachliche Institut München — Werbewissenschaftliches Institut e. V.

Diese Werbefachschulen haben sich mit Ausnahme der Werbefachschule Ruhr, die vom „Bildungswerk der Deutschen Angestelltengewerkschaft e. V." getragen wird, zum „A r b e i t s k r e i s d e r D e u t s c h e n W e r b e f a c h s c h u l e n (A W S) " zusammengeschlossen, der sich eine möglichst weitgehende Angleichung der Lehrpläne und Prüfungsordnungen zum Ziel setzt, ohne dabei jedoch die Selbständigkeit der einzelnen Schulen antasten zu wollen. Die sechs AWS-Schulen sind über ihre Schulträger mehr oder weniger eng mit den Werbefachverbänden und der Werbewirtschaft verbunden. In Hamburg fungiert der „Werbefachverband Hamburg/Schleswig-Holstein e. V." allein als Schulträger. Bei den übrigen AWS-Mitgliedern bestehen Schulvereine, in denen Werbefachverbände und Vertreter der werbungtreibenden Wirtschaft mit Gemeindeverwaltungen und Industrie- und Handelskammern zusammenwirken.

2. Höhere Werbefachschulen (Werbeakademien) mit dreijährigem Tagesstudium

Der zweite Typ wird in Deutschland zur Zeit noch sehr uneinheitlich repräsentiert. An erster Stelle ist hier die „Staatliche Akademie für Grafik, Druck und Werbung" in B e r l i n zu nennen, die mit ihrem sechs Semester Vollstudium umfassenden Ausbildungsgang in der Abteilung „Werbung" zum Abschluß als „ S t a a t l i c h g e p r ü f t e r W e r b e w i r t " führt. Formal ähnlich, aber weniger auf die Gesamtheit der mit der Werbung zusammenhängenden Fachgebiete gerichtet, ist der dreijährige Ausbildungsgang zum „Betriebswirt HWF Fachrichtung Werbung" an der „Staatlichen Höheren Wirtschaftsfachschule P f o r z h e i m ". Schließlich ist auf die „Private Werbefachschule Marquardt" in D o r t m u n d hinzuweisen, die sich bis 1966 „Private Höhere Lehranstalt für Werbegestaltung" nannte und heute den Untertitel „Privates Lehrinstitut für Werbegestaltung und Werbeführung" trägt; diese rein private Institution bietet neben kürzeren Ausbildungsmöglichkeiten eine dreijährige „Vollausbildung zum Werbefachmann" im Tagesstudium mit 25 Pflichtstunden und bis zu 15 fakultativen Unterrichtsstunden je Woche an.

Für „Höhere Werbefachschulen" wird im folgenden in Anlehnung an die Bezeichnung der Berliner Institution, die diesen Ausbildungstyp am reinsten repräsentiert, der Begriff „W e r b e a k a d e m i e " verwendet. Bekanntlich sind verschiedene Bundesländer dazu übergegangen, Ingenieurschulen in „Ingenieur-Akademien" und Höhere Wirtschaftsfachschulen in „Wirtschaftsakademien" umzubenennen. Konsequenterweise ist in Berlin das frühere Staatliche Lehrinstitut für Grafik, Druck und Werbung in „Staatliche Akademie für Grafik, Druck und Werbung" umbenannt worden. Damit ist es terminologisch möglich, im Rahmen der werbefachlichen Ausbildung deutlich zwischen Fachschulen mit rund 1000 Stunden Abend- oder Wochenendausbildung einerseits und Akademien mit sechssemestrigem Tages-Vollstudium andererseits zu unterscheiden.

3. Unterschiede zwischen Werbeakademien und Werbefachschulen

In den folgenden Ausführungen wird das Berliner Modell der Werbeakademie von der herkömmlichen Ausbildung in den Werbefachschulen deutlich abgehoben. Damit sollen – dies sei ausdrücklich betont – die Leistungen der Fachschulen keinesfalls gering bewertet werden. Vielmehr ist beabsichtigt, durch diese Kontrastierung das Potential werbefachlicher Ausbildungsmöglichkeiten zu demonstrieren und zugleich auch nachzuweisen, daß viele im Laufe der Zeit zur Verbesserung der werbefachlichen Ausbildung erhobenen Forderungen durchaus – wie das Berliner Modell beweist – realisierbar sind. Auf längere Sicht sollte nach Ansicht des Verfassers das Bestreben dahin gehen, einen Teil der heute bestehenden, um die Ausbildung von Werbefachleuten sehr verdienten Werbefachschulen – und vielleicht auch die beiden anderen Anstalten mit Dreijahreskursen – zu Werbeakademien in dem hier definierten Sinne auszubauen. Damit müßte eine staatliche Anerkennung Hand in Hand gehen, denn „mit der staatlichen Anerkennung verbunden ist die Anerkennung des Berufes ‚Werbefachmann' – und eben das braucht dieser junge Beruf endlich" (Professor Georg Bergler). Andererseits wird sich mancher gute Werbenachwuchs – aus zeitlichen und geldlichen Gründen – eine sechssemestrige Akademieausbildung nicht leisten können, so daß immer Raum für die berufsbegleitende, wertvolle Arbeit der Fachschulen bleiben wird.

a) Die Lehrprogramme

Vergleicht man zum Zwecke der beabsichtigten Kontrastierung die Lehrprogramme verschiedener Fachschulen einerseits und der Berliner Akademie andererseits, so scheinen sich – trotz mancher Schwankungen in der Terminologie – die Kernfächer der werbefachlichen Ausbildung weitgehend zu decken. Werbelehre, Medialehre, Werbemittelherstellung, Werbemittelgestaltung, Volkswirtschaftslehre, Betriebswirtschaftslehre, Marketing, Marktforschung, Psychologie, Soziologie, Werberecht sowie verschiedene werbliche Spezialgebiete wie Exportwerbung oder Gemeinschaftswerbung und Randgebiete wie Public Relations oder Innerbetriebliche Werbung sind in allen Lehrplänen vertreten. Auf den ersten Blick scheint die Akademie vor allem eine intensive, nicht aber eine prinzipiell andersartige Ausbildung als die Fachschule anzubieten.

Eine derartige Betrachtungsweise würde jedoch wesentliche Tatsachen nicht berücksichtigen. Zunächst sei auf die allgemeinbildenden Fächer hingewiesen, die in der Akademie-Ausbildung einen breiten Raum einnehmen. Mit Ausnahme der Abiturienten haben die Studierenden der „Staatlichen Akademie für Grafik, Druck und Werbung" vom 1. bis 4. Semester die Fächer Mathematik, Deutsch, Kunstgeschichte, Englisch sowie Gesellschaft und Politik ständig zu hören. Im 5. und 6. Semester können diese allgemeinbildenden

Fächer fakultativ fortgesetzt werden und eröffnen die Möglichkeit zum Erwerb des Abiturs durch Ablegen einer Ergänzungsprüfung. Im Berufsbild, das der BDW (Bundesverband Deutscher Werbeberater und Werbeleiter e. V.) erarbeitet hat, wird gefordert, daß der Wirtschaftswerber entweder das Abitur oder die Obersekunda-Reife in Verbindung mit dem erfolgreichen Abschluß einer höheren Fachschule nachweist. Staatlich geprüfte Werbewirte der Berliner Akademie haben, sofern sie nicht schon bei Beginn ihres Studiums Abiturienten waren, entweder mit der Ergänzungsprüfung das Abitur erworben oder durch die viersemestrige obligatorische Teilnahme an den fünf allgemeinbildenden Fächern ihre Allgemeinbildung, die in der Zwischenprüfung am Ende des 4. Semesters nachgewiesen werden muß, über den Stand der Obersekunda-Reife hinaus entscheidend verbessert.

b) Die Lehrmethoden

Ein zweiter wesentlicher Unterschied zwischen Fachschul- und Akademie-Ausbildung besteht darin, daß an der Akademie in größerem Umfange als an anderen Ausbildungsstätten mit praktischen Fällen (Case-Method) gearbeitet wird. Nach der Lösung mehrerer kleinerer Aufgaben ähnlicher Art beschäftigen sich die angehenden Berliner Werbewirte mit dem Entwurf einer großen „Präsentation", wie sie heute die meisten Werbeagenturen vor ihren Kunden zur Demonstration geplanter Werbemaßnahmen veranstalten. An solchen Aufgaben können die Studierenden ihr gesamtes theoretisches Wissen unter Bedingungen, die der Praxis entsprechen, systematisch erproben.

Am Anfang der Arbeiten für die große Präsentation, an denen alle Fachgebiete beteiligt sind, steht eine sekundärstatistische Datensammlung, die durch unstrukturierte Interviews mit Verbrauchern, Händlern und Produzenten ergänzt wird und zur Formulierung zahlreicher für die Lösung der gestellten Aufgabe bedeutsamer Hypothesen führt. Hieran schließt sich eine primärstatistische Erhebung an, deren Auswertung zur Abgrenzung einer Zielgruppe und zur Festlegung der Werbekonzeption sowie der Richtlinien für die Werbemittel-Gestaltung beiträgt. Dann folgen die Phasen „Media-Planung" und „Werbemittel-Gestaltung", ebenfalls begleitet durch das Instrument Forschung, indem leseranalytische Informationen benutzt und Gestaltungstests veranstaltet werden. Für die gestalterische Realisierung der geplanten Werbemaßnahmen bietet der Aufbau der Berliner Akademie ideale Voraussetzungen, indem die Abteilungen „Grafik", „Druck" und „Schauwerbung" als entwurfs- und herstellungstechnische Zulieferer bzw. Ateliers zur Verfügung stehen; auch kann die im gleichen Hause untergebrachte „Fachschule für Optik und Fototechnik" zur Lösung filmtechnischer Aufgaben herangezogen werden.

Auf diese Weise wird schließlich eine von den Studierenden selbständig konzipierte und bis zur Präsentationsreife realisierte Aufgabenlösung erarbeitet, die auch in einem mehrstündigen Vortrag der ganzen Abteilung Werbung (Dozenten und Studenten) sowie interessierten Gästen aus der Werbepraxis mit zahlreichen Schaubildern und Gestaltungsbeispielen echt präsentiert wird. Für die intensive Anwendung der Fall-Methode in der werbefachlichen Ausbildung bildet ein so breites werbefachliches Studium, wie es die Akademie bietet, eine wertvolle Hilfe.

Der mögliche Einwand, daß die Schüler der Werbefachschulen weniger praktische Fälle in ihrer Ausbildung benötigen, weil sie meist gleichzeitig in der Werbepraxis oder verwandten Berufen tätig sind, ist nur bedingt stichhaltig. Der ständige Kontakt mit der Werbewirklichkeit, den alle in einer Abend- oder Wochenendschule ihr Fachwissen vertiefende Schüler mit gleichzeitiger praktischer Tätigkeit in der Werbung haben, kann sehr wertvoll sein; diese Möglichkeit ist ein Vorteil der Fachschul-Ausbildung. Andererseits ist die Alltagspraxis der Werbung von den Anforderungen, die an eine systematische Werbung gestellt und im breit angelegten Werbepraktikum der Akademie realisiert werden können, manchmal bedenklich weit entfernt.

c) Wissenschaftliche Forschung

Als dritte, sehr wichtige Unterscheidung ist zu erwähnen, daß die wissenschaftliche Forschung in der Akademie-Ausbildung eine größere Rolle als in der Ausbildung an Fachschulen spielen kann. Zwar sind auch unter den Dozenten der Fachschulen viele anerkannte Autoren werbefachlicher Publikationen, doch ist die Fachschulausbildung wegen der kurzen Ausbildungszeit in erster Linie auf die Weitergabe verfahrenstechnischer Regeln ausgerichtet.

Demgegenüber bietet die Akademie den Studierenden zahlreiche Lehrveranstaltungen, die zugleich ein Stück wissenschaftliche Grundlagenforschung bilden und sie mit dem Instrumentarium wissenschaftlicher Arbeit bekanntmachen. Günstig ist in diesem Zusammenhang die Möglichkeit der Kombination mehrerer Fächer, indem zum Beispiel der Marktforscher mit dem Psychologen oder der Marketing-Fachmann mit dem Gestalter bestimmte, ihre Fachgebiete berührende Themen einer gemeinsamen Seminar-Übung zugrunde legen. In diesem Punkt ist die Werbeakademie sogar der Universität gegenüber im Vorteil, an der die traditionalen Fachgrenzen die wissenschaftliche Beschäftigung mit einer interdisziplinären Materie wie Werbung erschweren.

Die Vorzüge der Akademie als Ausbildungsstätte von Führungskräften in der Werbung werden vielleicht auch andere Bundesländer veranlassen, Werbeakademien neu zu gründen oder bestehende Institutionen entsprechend auszubauen. Die jüngste Entwicklung läßt ferner vermuten, daß Ingenieur-, Wirtschafts- und Werbeakademien demnächst in eine Gesamthochschule eingegliedert werden; in Berlin wird ein entsprechendes Gesetz vorbereitet.

Literatur:

Zankl, Hans Ludwig: Die Werbung als Lehrgebiet an Fachschulen, Werbewissenschaftliches Referatenblatt, Nr. 5, Köln 1967.

> Die Werbung
> in Lehre und Forschung –
> Werkkunstschulen
> und Kunstakademien
>
> Von Dir. Felix Müller, Bremen

I. Geschichtliche Entwicklung

In den Jahren der **Weimarer Republik** wurden **Grafiker** in Deutschland größtenteils an den Kunstgewerbeschulen und Akademien ausgebildet. Entscheidende Impulse hatte der Unterricht aus der Idee des Werkbundes empfangen, als dessen Vertreter Walter Gropius im Jahr 1919 das Bauhaus in Weimar gründete, indem er die Sächsische Kunstgewerbeschule und die Sächsische Hochschule für bildende Kunst zu diesem neuen Institut vereinigte. Gropius holte aus Wien Johannes Itten an das Bauhaus, der mit seinem Vorkurs entscheidenden Anteil an einer neu entwickelten Ausbildungstheorie hatte. Durch die Geistfeindlichkeit des Dritten Reiches, die die Schulen ihrer schöpferischsten Kräfte beraubte, wurde die Kontinuität der Entwicklung gestört.

Nach dem zweiten Weltkrieg war die Ideologie zusammengebrochen, die wenig länger als ein Jahrzehnt auch die Formen der Grafik geprägt und reglementiert hatte. Die Auswirkungen dieser zwölf Jahre sind – davon bin ich überzeugt, – auch heute in Deutschland noch spürbar. Zunächst besannen sich die Kollegien der Akademien und damaligen „Meisterschulen für das gestaltende Handwerk", wie die ehemaligen Kunstgewerbeschulen während des Dritten Reiches genannt wurden, auf die Lehre des Bauhauses. In fast allen Schulen richteten sie eine Vorlehre ein, die auf den Erfahrungen der Bauhaus-Vorkurse von Itten, Albers und Moholy-Nagy basierte. (Zu dieser Zeit war Itten Direktor an der Kunstgewerbeschule in Zürich, Albers und Moholy-Nagy lehrten in den Vereinigten Staaten.) Die Gruppe der „Meisterschulen" gab der veränderten Situation und dem neuformulierten Lehrauftrag durch die Umbenennung in „Werkkunstschulen" deutlich Ausdruck.

II. Ausbildung zum Werbegrafiker

1. Ausbildungsstätten

Auch heute liegt in der Bundesrepublik die Ausbildung von Werbegrafikern bei **öffentlichen Schulen** (Akademien und Werkkunstschulen) und einigen wenigen Privatschulen*)[1]. In der Regel sehen die öffentlichen Schulen ein Studium von acht bis zehn Semestern vor. P r i v a t s c h u l e n haben zum Teil kürzere Ausbildungszeiten von sechs Semestern oder in Ausnahmefällen noch weniger. Von den Schulträgern werden für die öffentlichen Schulen, je nach deren Status (Hochschule, Höhere Fachschule oder Fachschule), Auflagen für die Vorbildung der Studierenden gemacht, die jedoch durch Ausnahmeregelungen zum Teil wieder aufgehoben werden. Die Zulassungsbedingungen zum Studium sind sehr unterschiedlich formuliert, doch ist allgemein die Tendenz erkennbar, echte Begabungen aufzunehmen, gleichgültig, welche Vorbildung nachgewiesen werden kann. Das Mindestalter beträgt meist 17 Jahre, das Höchstalter 30 Jahre.

Bei den öffentlichen Schulen handelt es sich, abgesehen von wenigen Ausnahmefällen, um Institute, die alle Gebiete der freien und angewandten bildenden Künste einschließlich der Formgebung für Industrieerzeugnisse in sich vereinigen. Die Privatschulen hingegen beschränken in der Regel ihre Lehre auf Gestaltung von Werbemitteln und Werbeführung oder nur auf eines der beiden Gebiete.

2. Ausbildungsgang

Eine allgemeine oder für die jeweilige Fachrichtung differenzierte Grundlehre von zwei bis vier Semestern ist dem Fachstudium an den öffentlichen Schulen vorgeschaltet[2]. Die Leistungen des Studierenden in diesen Semestern sind entscheidend für die Zulassung zum Fachstudium.

a) Grundlehre

Basis für den Unterricht in der Grundlehre ist, trotz aller Modifikationen, immer noch die Vorlehre des Bauhauses, in der bindende Einstellungen auf bestimmte Stilbewegungen bewußt vermieden werden. Die Aufgaben in Zeichnen, Farbenlehre, Schriftschreiben und -zeichnen und Werken sind noch nicht auf mögliche Verwendungszwecke gerichtet. Der Schüler soll primär durch Übung und Vorlesung die Grundgesetze bildkünstlerischer Mittel erfahren und seine Ausdrucksfähigkeit mit diesen Mitteln entwickeln.

b) Fachstudium

Soweit der Unterricht in der Vorlehre nicht bereits für die spezifische Fachabteilung differenziert ist, lernt der Studierende der Grafik erst bei Beginn des F a c h s t u d i u m s die Techniken kennen, deren Bedingungen er für seine spätere Berufsausübung zu berücksichtigen hat. Waren bis hierher die Aufgaben noch frei von Bedingungen, die nicht von bildnerischen Gesichtspunkten bestimmt waren, so treten in den Fachklassen in der Aufgabenstellung außerkünstlerische Aspekte hinzu. Unter vielen soll folgendes Beispiel der Verdeutlichung dienen: Textmitteilungen können jetzt nicht mehr allein nach ästhetischen Kriterien in ihrer Bildform bestimmt, sondern müssen auch ihrem Bedeutungsgehalt entsprechend gegliedert werden. Die Bildform soll der inhaltlichen Aussage adäquat sein. Die Anzahl der Buchstaben oder Zeilen kann nicht mehr nach ästhetischen Bedürfnissen beliebig variiert werden. Auswahl und Anordnung der Schrift müssen die Mitteilung verständlich und gut lesbar machen.

Die Aufgaben im Unterrichtsfach Entwurf werden von Semester zu Semester schwieriger und komplexer. Am Ende sind gewöhnlich für bestimmte Güter- oder Dienstleistungsangebote ganze Gruppen von Informations- und Werbemitteln zu entwickeln, die eine erkennbare Einheit bilden.

---

*) Die im Text laufend numerierten Quellenangaben sind am Schluß des Aufsatzes (S. 386) zitiert.

Im Unterrichtsgespräch werden Mängel der Arbeiten geklärt und von den Lehrern Empfehlungen für Verbesserungen gegeben. Der Kontakt zum Lehrer ist fast jederzeit möglich, wenn der Schüler eine Beratung braucht. In einigen Schulen werden Einzelaufgaben für jeden Schüler, in anderen einheitliche Aufgaben für Schülergruppen bevorzugt. Studiengruppen von zehn bis fünfzehn Studierenden gelten als optimal. Ziel ist die Ausbildung des Grafikers für Entwurfsaufgaben mit gutem handwerklichem Können. Nach den Angaben der Schulen gehen mehr als die Hälfte der Absolventen als Mitarbeiter in Werbeagenturen. Die übrigen verteilen sich als Angestellte auf Industrieateliers, Verlage und Entwurfsstudios oder werden selbständig arbeitende Grafiker.

Die Einrichtungen der Schulen zur Vermittlung technischer Kenntnisse und Fähigkeiten in Satz und Druck, Reproduktion, Fotografie, Film und dergleichen sind quantitativ und qualitativ sehr unterschiedlich, in der Mehrzahl jedoch bescheiden. Der Grund hierfür ist einmal in den hohen Kosten zu sehen, die sich für Einrichtungen und Materialien ergeben, zum anderen in der Schwierigkeit, mit ungelernten Kräften, die die Studierenden – selbst bei abgeschlossener Lehrlingsausbildung in e i n e m Beruf – nun einmal sind, komplizierte Maschinen und Geräte zu handhaben. So unerläßlich ein gewisser Standard in der Ausrüstung von Werkstätten auch ist, so wenig werden die Schulen in der Lage sein, alle Neuerungen aufzunehmen und sich dem jeweils erreichten Stand der Technik anzupassen. Auftrag der Schulen kann somit nur sein, den Studierenden exemplarische Grundkenntnisse mitzugeben.

c) Abschluß

An den Akademien sind Prüfungen am Ende der Ausbildung kaum üblich, während bei den Werkkunstschulen staatliche Abschlußprüfungen die Regel sind. Die Prüfungsverfahren weichen sehr voneinander ab. Allein die Zeitspanne, in der Prüfungsarbeiten zu machen sind, reicht von einem Monat bis zu einem Semester. Hieraus ergeben sich verständlicherweise Unterschiede in Aufgabenstellung und Umfang.

III. Entwicklungstendenzen

In den ersten Nachkriegsjahren bis 1948 war die wiedererlangte Freiheit in Formfragen der Kunst ein überaus wichtiger Faktor im Grafikunterricht deutscher Schulen. Die Isolation bestand jedoch zunächst weiter. In vielen Ausstellungen waren zwar Zeugnisse der im Dritten Reich verfemten Kunst zu sehen, die tief beeindruckten, doch blieb es weitgehend bei einer Begegnung mit der eigenen Vergangenheit und führte weniger zur Kenntnis der internationalen Gegenwart. Eine erste umfassende internationale Ausstellung von Gebrauchsgrafik im Herbst 1948 in Düsseldorf war geradezu eine Offenbarung. Auch hier interessierte mehr die Vielfalt der grafischen Mittel als die Werbung, die bis zu diesem Zeitpunkt wegen der Marktverhältnisse bei uns noch keine so wesentliche Rolle spielte.

Erst nach der Währungsreform entwickelten sich in der Bundesrepublik die Verhältnisse, die seither Situation und Tätigkeit des Grafikers entscheidend verändert haben. Der Anteil der selbständigen Grafiker ist immer kleiner geworden, während die Anzahl der in Agenturen und Werbeabteilungen von Unternehmen angestellten Grafiker ständig zugenommen hat. Der Grund dafür liegt in der umfassenderen Dienstleistung der Agentur, die weit über die Möglichkeiten eines einzelnen Gestalters hinausgeht. Bei fortgeschrittener Arbeitsteilung in der Agentur ist der Grafiker mit einer Teilfunktion betraut.

Es ist nur natürlich, wenn in Zeiten rapider und bedeutender Veränderungen F r a g e n
ü b e r   S i n n   u n d   A u f g a b e n an die Ausbildungsstätten neu gestellt werden. So
kann man heute an allen entsprechenden Schulen feststellen, daß Überlegungen zu diesen Fragen angestellt werden und mancherorts auch schon Versuche zur Berücksichtigung
der veränderten Verhältnisse in der Ausbildungsform eingeleitet wurden. Ressentiments
gegenüber den Agenturen findet man in den Schulen heute weniger als noch vor Jahren.
Die geistigen Positionen, aber auch die materiellen Möglichkeiten der Schulen sind heute
so verschieden, daß bestenfalls eine Tendenz in der Entwicklung festgestellt werden kann.
Eine neue allgemeinverbindliche Grundauffassung aber hat sich noch nicht manifestiert.
Bei Besuchen verschiedener Schulen, die dieser Berichterstattung vorausgingen, traf ich
bei der Begegnung mit Lehrkräften auf d r e i deutlich u n t e r s c h e i d b a r e P o s i t i o n e n :

1. Wie schon für die ersten Nachkriegsjahre beschrieben, wird weiterhin die formale
Schulung für allein wesentlich angesehen. Der Umgang mit bildkünstlerischen Mitteln
wird geübt und deren Beherrschung angestrebt. Anwendungsmöglichkeiten dieser Mittel
ergeben sich beiläufig. Sie stehen keineswegs im Mittelpunkt der Untersuchungen. Fragen
der Bildästhetik sind entscheidend. Die Urteilsfähigkeit auf diesem Gebiet zu entwickeln,
ist ein Hauptziel des Unterrichts. Die Aufgabenstellung wird gern von bildnerischen Gesichtspunkten her formuliert. Erst im Laufe der bereits fortgeschrittenen Arbeit wird ein
Anwendungszweck unterschoben. Wirtschaftlichkeit und Zweckmäßigkeit der Anwendung
werden wenig berührt.

Diese Unterrichtsmethode wird als richtig begründet mit dem Hinweis auf die schnelle
Veränderlichkeit wirtschaftlicher Faktoren und der Unmöglichkeit, Marktverhältnisse auch
nur annähernd real im Unterricht zu simulieren. Man ist überzeugt von der Übertragbarkeit der gewonnenen Erkenntnisse und Fähigkeiten im künstlerischen Bereich auf die verschiedensten Bedingungen bei der späteren Berufsarbeit.

2. Das wesentliche Ziel aller Ausbildungsbemühungen ist auf die Vermittlung handwerklicher Fähigkeiten gerichtet. Den aus den Agenturen und Ateliers in den letzten Jahren
wiederholt erhobenen Klagen über mangelnde manuelle Fertigkeiten der Schulabsolventen sind die Abgänger dieser Klassen kaum ausgesetzt. Die im Unterricht entstandenen
Arbeiten zeugen von der ständigen Bemühung, gute Mitarbeiter heranzubilden, die imstande sind, sauber und korrekt zu zeichnen, reproduktionsfähige Reinzeichnungen ohne
technische Mängel anzufertigen. Die Ästhetik wird beachtet, doch es hat den Anschein,
als ob die formale Erfindungskraft nicht so stark angeregt wird wie der Wille zur Tüchtigkeit, brauchbare Entwürfe anlegen zu können.

3. Grundlegende Untersuchungen der künstlerischen Mittel bleiben fester Bestandteil der
gesamten Ausbildungszeit. Die praktische Arbeit ist zu größeren Teilen der Suche nach
neuen bildnerischen Möglichkeiten für vorher bestimmte Inhalte gewidmet. Daneben ist
eine deutlich spürbare Theoretisierung zu bemerken. Die Schüler werden mit Untersuchungsergebnissen der Sozialwissenschaften und der Zeichentheorie durch Vorlesungen
bekanntgemacht. Es wird der Versuch unternommen, diese Bereiche in der praktischen
Unterrichtsarbeit relevant werden zu lassen. Auch hier ist man von der Übertragbarkeit
der Einsichten und Fähigkeiten auf wechselnde Ansprüche in der Praxis überzeugt.

Die übrigen mir bekannten Schulen nehmen Positionen ein, die sich der einen oder anderen der eben geschilderten annähern. Ich glaube, daß eine größere Anzahl Schulen
interessiert und bereit wäre, w i s s e n s c h a f t l i c h - t h e o r e t i s c h e B e r e i c h e
mehr als bisher in den Ausbildungsgang a u f z u n e h m e n , wenn sie dazu reale Chan-

cen hätten. Die Schwierigkeiten, vor denen die Schulen stehen, sind vielfältiger Art. Auf zwei mir besonders gravierend erscheinende Probleme möchte ich hinweisen.

1. Für die Gruppe der Werkkunstschulen, die insgesamt den größten Teil der Grafiker ausbilden, ergeben sich aus mangelnder Anerkennung ihrer Bedeutung bei den Schulträgern und im öffentlichen Bewußtsein erhebliche Schwierigkeiten personeller Art. Solange diese Schulen nicht den Rang erhalten, der ihnen ihrer Aufgabe nach zukommt, bleibt ihre Anziehungskraft auf die Fähigsten, deren Mitarbeit als Lehrer unerläßlich ist, zu klein. Begabte junge Menschen mit abgeschlossener Gymnasialbildung entschließen sich oft trotz ihrer Neigung für andere Berufsziele, weil ihnen heute noch die Werkkunstschulausbildung im Rang als zu gering erscheint.

Es ist leicht einzusehen, daß zur Besserung der Situation auch eine erhebliche finanzielle Stärkung notwendig ist. Solange die Anzahl der Planstellen wie bisher zu eng begrenzt ist und solange die verfügbaren Etats für Gastdozenten und Bibliotheken nicht ausreichen, wird eine sinnvolle Planung in der Aufnahme neuer, die bisherige Lehre ergänzender Wissensgebiete illusionär bleiben. Den Versuchen, welche bislang von den Schulen unternommen wurden, um die Ausbildung auf eine breitere Basis zu stellen, haftet noch zuviel Zufälliges an. Das momentan Erreichbare wird angenommen, Fragen nach Alternativen stellen sich kaum oder gar nicht.

2. Darüber hinaus ergibt sich für die Fachabteilungen der angewandten Grafik innerhalb ihrer Schulen eine eigentümliche Lage. Die jungen Leute, die sich zu einem Studium der Gebrauchsgrafik entschließen, tun dies zum Teil aus Motiven, die zwar verständlich, aber dem Studienziel nicht gerade förderlich sind. Traumziel ist eine Tätigkeit als Künstler. Aus rationalen, wirtschaftlichen Erwägungen entspringt die Entscheidung, Gebrauchsgrafik zu studieren, von der man erhofft, daß sie Gelegenheit zum Künstlertum ebenso bietet wie eine gute wirtschaftliche Existenzsicherung. Aus dieser dubiosen Entscheidung entstehen Konflikte, die oft die Studienzeit weit überdauern und in Enttäuschung und Resignation enden.

Die Gebrauchsgrafik nutzt bildnerische Mittel, um bestimmte Mitteilungen an bestimmte Zielpersonen heranzutragen. Die Freiheit, die der Auftrag in der Wahl der Bildmittel läßt, ist eingeschränkt. Anders als bei der freien Malerei, die nicht die Verständlichkeit von Mitteilungen als Prämisse anerkennt, zielt die Bildformulierung bei der angewandten Grafik auf einen relativ schmalen Bereich, der zwischen dem bereits Bekannten, als harmonisch Empfundenen, und dem neuartig Interessanten, noch Verständlichen liegt. Der Transport der Botschaft funktioniert ja nur, wenn Bereitschaft und Möglichkeit zur Aufnahme beim Empfänger erreicht werden. Wissenschaftliche Grundlagen, die hier für den Unterricht in Entwurf systematisch nutzbar gemacht werden könnten, fehlen den Schulen bislang fast völlig. So nimmt es nicht wunder, wenn bei den Studierenden der Wille zur Form und Selbstdarstellung in der Arbeit noch im Vordergrund steht. Als Folge des Zwangs, verständlich zu bleiben, wird der Werbegrafik leicht der Vorwurf gemacht, sie lebe im bildnerischen Bereich von den Erfindungen der freien Künste. Ihre autonome Situation und Aufgabe gegenüber der freien Kunst ist bislang noch nicht mit der notwendigen Konsequenz erkannt und berücksichtigt worden. Das Unbehagen hierüber ist bei allen Betroffenen spürbar. Die Vorstellungen, wie man zu befriedigenderen Lösungen kommen könnte, sind divergent.

Von Vertretern der Werbeagenturen hörte ich den Wunsch nach eigenen, von den übrigen Disziplinen gelösten Fachschulen für Werbegrafik, die allein imstande wären, ein eigenes Bewußtsein zu finden. Im Gespräch mit dem Vertreter einer Kunstschule plädierte dieser für eine Aufgabenteilung zwischen den Akademien (Hochschulen für Bildende Künste) und den Werkkunstschulen. Die

Aufgabe der Akademien sollte die von der Praxis völlig gelöste Entwicklung von „Denkmodellen" sein, während den Werkkunstschulen die Entwicklung von „Anwendungsmodellen" für die Praxis aufgegeben sein sollte.

Ich halte beide Vorstellungen für bedenklich, da Tun und Denken nicht voneinander zu trennen sind. 1923 beschreibt Walter Gropius den schöpferischen Vorgang von Vorstellung und Gestaltung als einen gleichzeitigen[3]): Das Hirn erdenke kraft des Verstandes durch Rechnung und Messung, die Hand begreife und verwirkliche durch das Können des Handwerks mit Hilfe von Werkzeug und Maschine.

Eine von anderen bildenden Künsten isolierte Fachschule für Werbegrafik würde an dem allgemeinen Prozeß der Auseinandersetzung mit formalen Problemen nicht mehr teilnehmen. Die gemeinsame Grundlehre und die unmittelbare Nähe aller wesentlichen Bereiche wie Malerei, Plastik, Architektur, Industrieform und Grafik bilden die beste Grundlage für eine ständige und gleichzeitige Erneuerung aller Teilbereiche. Nicht die Trennung sondern die Ergänzung scheint mir für eine Besserung der Situation notwendig. Vielleicht ist eine solche Lösung in den Vereinigten Staaten schon vorgezeichnet, wo die bildenden Künste in die Universitäten mit aufgenommen sind. Eine interdisziplinäre Zusammenarbeit, die erreicht werden müßte, ist bei dieser Konstruktion am ehesten möglich. Damit sich eine Zusammenarbeit auf der Basis gegenseitigen Verstehens und gegenseitiger Anerkennung entwickeln kann, werden auf vielen Seiten Vorurteile aufgegeben werden müssen. Es wäre denkbar, die Ausbildung in Abschnitte zu zerlegen, von denen nur die Endstufen in die Universität integriert zu sein brauchten. Studierende könnten entsprechend ihren Qualifikationen verschiedene Stufen der Ausbildung erreichen, deren jede ihnen eine Berufsausübung in vergleichbaren Stufen ermöglicht. Die Studiendauer wäre differenzierbar. Auffächerung und wahlfreie Spezialisierung gäben genügend Spielraum für besondere Entwicklungen, Neigungen und Begabungen. Zu wünschen wäre ein bis zum Eintritt in die Endstufe offenes System, das keine geschlossenen vertikalen Züge kennt, und wo jeder eine seinen geistigen und künstlerischen Qualitäten entsprechende Ausbildung finden kann. Die Zahl derjenigen, die ihre Ausbildung mit der Universitätsstufe abschließen, würde durch Ausleseverfahren naturgemäß klein bleiben. Das dürfte den Verhältnissen der Praxis entsprechen, da der Bedarf an Spitzenkräften relativ klein ist, während die größere Anzahl Mitarbeiter in speziellen oder mittleren und unteren Bereichen benötigt wird.

Bei den differenzierten Studienzielen sollte die Anwendbarkeit der angestrebten Kenntnisse und Fähigkeiten beachtet werden. Es wäre jedoch ein Fehler, sich ausschließlich an den Aufgaben zu orientieren, wie sie heute an den Arbeitsplätzen in Werbeagenturen und anderswo gestellt werden. Der Auftrag der Schulen muß über die bloße Ausbildung und unablässige Nachlieferung „brauchbarer" Mitarbeiter hinausgehen. Die Schulen sollten hinwirken auf die Entwicklung des skeptischen und zugleich schöpferischen Menschen, der bereit ist, Gewohntes in Frage zu stellen, und fähig, neue Mittel und Wege zu ersinnen und zu erschaffen.

Die Bedeutung des Informationswesens für die moderne Gesellschaft, von dem die Werbung ja auch nur ein Teilbereich ist, verdient höchste Beachtung der Öffentlichkeit und die koordinierte Anstrengung aller Beteiligten.

Quellenangaben:

[1]) Format, Zeitschrift für visuelle Kommunikation, Heft Nr. 10, 3. Jahrgang, Stuttgart 1967.
[2]) Hassenpflug, Gustav: das Werkkunstschulbuch, Stuttgart 1956.
[3]) Gropius, Walter: Idee und Aufbau des Staatlichen Bauhauses Weimar, Stuttgart 1956.

Literatur:

Seitz, Fritz: Format, Zeitschrift für visuelle Kommunikation, Beilage Heft Nr. 11, 3. Jahrgang, Stuttgart 1967.

Müller-Brockmann, Josef: Gestaltungsprobleme des Grafikers (Kapitel „Systematische Grafikerausbildung"), Teufen/Schweiz 1961.

Franke, Herbert Werner: Phänomen Kunst. Die naturwissenschaftlichen Grundlagen der Ästhetik, München 1967.

Anhang

I. Aufgabenbeispiele und Arbeitsergebnisse aus dem Unterricht einer Schule

1. Einfluß des Gefüges von Bildteilen auf unsere Wahrnehmung

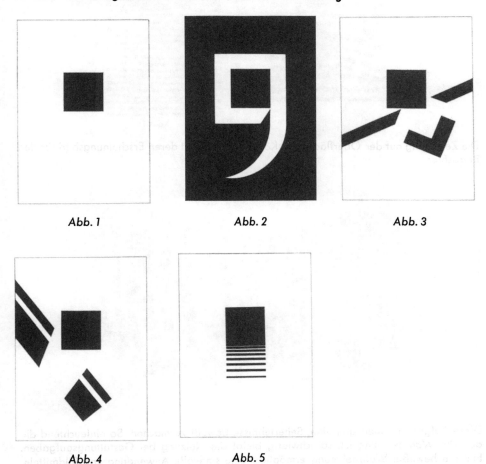

Abb. 1　　　　Abb. 2　　　　Abb. 3

Abb. 4　　　　Abb. 5

Abbildung 1 zeigt ein schwarzes Quadrat auf weißem Grund, dessen Qualität durch einige Zusätze variiert wird.

In Abbildung 2 nimmt man zunächst die weiße Form wahr und ist zu einer Deutung versucht. Das Quadrat verliert seine Figurqualität an die weiße Form. Es wird Teil des Grundes.

In Abbildung 3 tritt eine scheinbare Räumlichkeit auf. Das schwarze Quadrat scheint vor einem weißen und dieses wiederum vor einem darunterliegenden schwarzen Quadrat zu liegen. Es werden somit drei Bildebenen wahrnehmbar.

In Abbildung 4 ist die wahrnehmbare Räumlichkeit von anderer Qualität. Eine weiße viereckige Säule hebt sich aus dem Hintergrund nach vorn und wird mit dem schwarzen Quadrat abgeschlossen.

In Abbildung 5 zeigt das Quadrat durch die zusätzlichen Streifen einen Bewegungsverlauf von unten nach oben, wobei die Bildebene nicht verlassen wird.

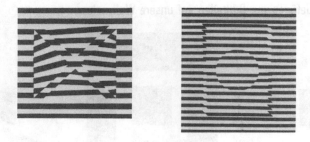

Die Zeichnung auf der Oberfläche von Körpern beeinflußt deren Erscheinungsbild für den Betrachter.

Diese Aufgaben haben den Sinn, Seherlebnisse bewußt zu machen. So einleuchtend die optische Wahrnehmung ist, so schwierig bleibt die Nutzung bei Gestaltungsaufgaben. Erst die bewußte Wahrnehmung ermöglicht eine sinnvolle Anwendung von Bildmitteln.

Werbung an Werkkunstschulen und Kunstakademien 389

2. Einfluß der Bildform auf die Bedeutung von Mitteilungen

Der Studierende lernt in einfachen Übungen für bestimmte Wortmitteilungen übereinstimmende Bildmitteilungen zu finden. Durch die richtige oder falsche Wahl von Bildmitteln wird die beabsichtigte Mitteilung unterstützt oder gestört.

Bevor der Schüler vor komplexe Werbeaufgaben gestellt werden kann, wird der Schwierigkeitsgrad in den Aufgaben eingeschränkt auf den Umgang mit Bildmitteln und auf die Lösung technischer Probleme.

Z e i t s c h r i f t e n - L a y o u t
Eine gegebene Textmenge muß mit eigenen illustrativen Elementen auf zwei Seiten von bestimmtem Maß gebracht werden, die als Titel und Anfang eines längeren Artikels in einer Zeitschrift anzunehmen sind. Für den Satz muß die Type, deren Größe, Zeilenlänge und -durchschuß vom Schüler bestimmt werden.

Für eine A n z e i g e von bestimmtem Format wird der Text (einschließlich Firmenschriftzug und -zeichen) gegeben. Von den Studierenden sind Entwürfe in Varianten zu entwickeln mit dem Bildthema: Geografische Form Afrikas. Gefordert sind zeichnerische Lösungen.

Der Studierende lernt das Medium der Fotografie kennen und entwirft mit der Kamera.
a) Statische Fotos
   (Zeitschriftentitel mit dem Thema „Krebs durch Rauchen?")

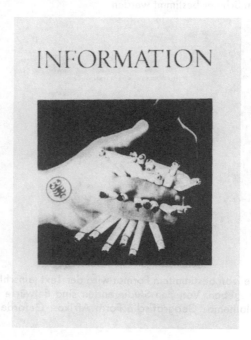

b) Fotos in der Bewegung
(Standfotos aus einer zeitlich ablaufenden Bildfolge, bei der Objekt und Standpunkt des Betrachters sich verändern.)

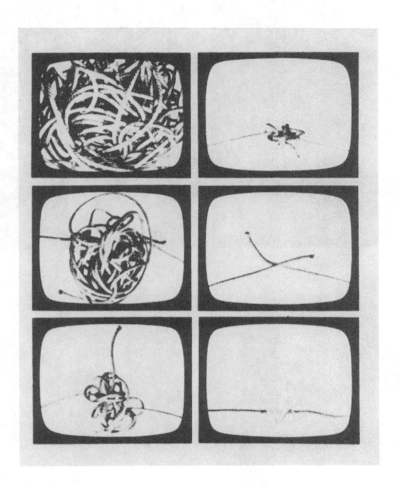

In den letzten Semestern hat der Studierende selbständig E n t w ü r f e v o n W e r b e m i t t e l n zu erarbeiten, zu denen lediglich Informationen über Produkt, Firma und Markt gegeben werden. Die Art des Werbemittels (Anzeige, Plakat, Aufsteller usw.) und die technischen Bedingungen (Reproverfahren, Druckfarbenanzahl, Format usw.) werden durch die Aufgabe vorgeschrieben. Der Schüler hat Bild u n d Text zu formulieren, damit er beide Teile als notwendige Einheit einer Werbeidee zu begreifen lernt. (Da die Schule es nicht als ihre Aufgabe ansieht, Texter auszubilden, wird die bildnerische Leistung kritischer beurteilt als die sprachliche Formulierung.)

Anzeigenentwürfe für Klischee- und Reproanstalt.

Werbung an Werkkunstschulen und Kunstakademien

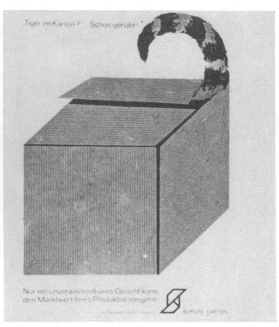

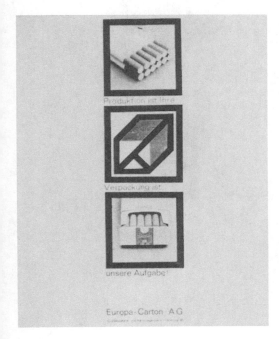

Entwürfe für Firmenzeichen und Anzeigen einer Kartonagenfabrik.

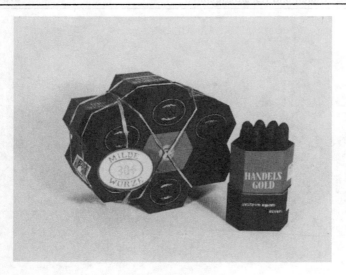

Aufsteller und Packungen für Tabakwaren.

II. Das Lehrprogramm

Der theoretische Bereich, soweit dieser künstlerische oder technische Probleme betrifft, und der gesamte praktische Bereich sind durch traditionell gewordene Fächer vertreten.
Zu den Fächern des praktischen Bereichs gehören:

>   Zeichnen
>   Malen
>   Schriftschreiben und -zeichnen
>   Illustration
>   Fotografie
>   Typografie
>   Layout
>   Reinzeichnen und Retusche

Zu den Fächern des theoretischen Bereichs gehören:

Kunst { Farbenlehre
Ästhetik
Kunst- und Kulturgeschichte

Technik { Reproduktionstechniken
Drucktechniken
Materialkunde
Verarbeitungstechnik

Welche Teilgebiete aus Wissenschaftsbereichen in die Ausbildung mit aufgenommen werden müßten, ist bislang nicht genauer fixiert worden. Teile der Kommunikationslehre, Betriebswirtschaftslehre, Soziologie, Verhaltensforschung und Psychologie könnten darin enthalten sein.

Diese Zusammenhänge kennzeichnet die folgende grafische Darstellung:

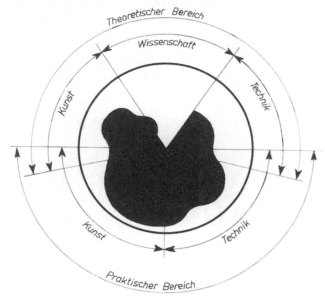

Wenn der Kreis die maximal wünschbaren Kenntnisse und Fähigkeiten umfaßt, so kennzeichnet der Inhalt der schwarzen Fläche den erreichbaren Unterrichtserfolg. Dieser ist kleiner, begrenzt durch das Angebot der Schule, die Studiendauer und die Aufnahmefähigkeit der Studierenden. Die Aufnahme neuer Unterrichtsgebiete oder eine anteilmäßige Bevorzugung bestimmter Gebiete ist nur auf Kosten anderer Unterrichtsbereiche möglich.

Die Ausbildung kennt bisher nur ein einheitliches Ziel: „Grafiker für Entwurfsaufgaben", wobei die mittlere Leistungsfähigkeit der Studierenden berücksichtigt werden muß.

Die Werbung in Lehre und Forschung – Private Forschungsstätten

Von Dr. Herbert Steiner und Dipl.-Psych. H.-D. Schneider, Frankfurt/M.

Im Folgenden soll von Institutionen die Rede sein, die Werbeforschung auf kommerzieller Basis treiben. Einschränkend gilt, daß in diese Betrachtung nur solche Einrichtungen einbezogen werden, die ihre Arbeit mit einer wissenschaftlichen Einstellung verrichten, d. h. sie bedienen sich deduktiver oder induktiver Methoden, die nach der Überzeugung von Fachkollegen und von Vertretern der akademischen Psychologie als dem jeweiligen Problem adäquat anerkannt sind, und sie befürworten eine Überprüfung der jeweiligen Untersuchungsergebnisse zur kontinuierlichen Verbesserung der angewendeten Verfahren. In dieser Einschränkung ist enthalten, daß diese Institute „Grundlagenforschung" treiben. Dabei ist nicht an eine so eingeengte Bedeutung des Terminus gedacht, die die Zweckfreiheit betont, sondern an einen erweiterten Sinn, der die Weiter- oder Neuentwicklung der zur Verfügung stehenden Methoden beinhaltet.

Die Themen, die von den Institutionen in diesem Sinne – auftragsgebunden oder frei – behandelt werden, reichen von der Untersuchung der Pupillenreaktion auf die Darbietung visueller Objekte über die Frage der Lesbarkeit von Schriften bis zur Überprüfung von Befragungstechniken oder zur Entwicklung von trennscharfen Einstellungsskalen. Arbeitsteams, die dagegen überkommene Verfahren routinemäßig und kritiklos anwenden oder die ihre Ergebnisse sogar mittels dubioser, nicht nachprüfbarer Techniken gewinnen, sind glücklicherweise recht selten. Man wird sie vor einer eventuellen Zusammenarbeit am besten entdecken können, wenn man auf einer vorbereitenden Sitzung bespricht, mit welchen Methoden und welchem Präzisionsgrad des Ergebnisses man zu rechnen hätte.

I. Institutionen, die Werbeforschung treiben

Es ist nicht beabsichtigt, irgendwelche Forschungsstätten namentlich anzuführen, denn es bestehen laufend revidierte Nachschlagbände, in denen die Institute mehr oder weniger vollständig verzeichnet sind. Dagegen soll versucht werden, die bestehenden Einrichtungen in Kategorien nach mehreren Kriterien zu beschreiben, um dem Leser auf diese Weise einen möglichst differenzierten Eindruck von den Werbeforschung treibenden Unternehmen zu vermitteln. Wir stützen uns dabei unter anderem auf die Antworten, die wir auf eine briefliche Umfrage hin erhielten. Es ist selbstverständlich, daß diese Form der Materialsammlung nicht zu einer zahlenmäßigen Auswertung berechtigt; der Leser wird daher auf den nächsten Seiten keine Tabellen finden. Die Umfrageergebnisse bieten jedoch ausreichende Informationen, die eine deskriptive Charakterisierung der Institutionen ermöglichen.

1. Institutionen im Hochschulbereich

Wie weit die Werbung mit ihren Fragestellungen Eingang in die Hochschulen gefunden hat und dort in Lehre und Forschung lebt, wird in dem vorstehenden Aufsatz über Hochschulen behandelt. Einige Hochschulinstitute, Ordinarien oder Dozenten sind aber unabhängig von ihren akademischen Aufgaben bereit, im Auftrag und auf Rechnung interessierter Unternehmen bestimmte Fragen auf dem Gebiet der Werbeforschung zu bearbeiten. Das hohe Ansehen, das der Universitätsbereich in unserer Gesellschaft genießt, gibt den Auftraggebern das beruhigende Gefühl, ihre Untersuchung in die besten Hände gelegt zu haben. Selbstverständlich können Spezialisten aus dem Universitätsbereich bei bestimmten Fragestellungen elegantere und ergiebigere Studien konzipieren als ein „Allroundarbeiter" in einem kommerziellen Unternehmen. Die personelle Beschränktheit im akademischen Bereich bringt es jedoch mit sich, daß meist nur kleinere Untersuchungen durchgeführt werden können. Um dem häufigen Mangel der akademischen Forschung, der unzureichenden finanziellen Kapazität zu begegnen, fungieren manche Hochschullehrer von Fall zu Fall als Berater der Marktforschungsbetriebe und setzen ihre Sachkenntnis in den Phasen der Untersuchungsplanung, der Hypothesenerstellung und der Auswertung ein; die Feldarbeit, die Aufbereitung des Materials und dessen Interpretation obliegt dann den Marktforschungsinstituten.

2. Selbständige Institute

Der Hauptumfang der Werbeforschung wird von einer großen Anzahl wirtschaftlich orientierter Institute getragen, die ihre Arbeit als Dienstleistung verkaufen. Die Größenordnung dieser Betriebe läßt sich an der Zahl der festangestellten Mitarbeiter ermessen, die zwischen fünf und zweihundert schwankt. Die größeren unter ihnen führen allerdings neben den direkt oder indirekt mit der Werbung verbundenen Aufgaben Aufträge aus anderen Bereichen wie z. B. Operation Research, Betriebsberatung oder Raumplanung durch.

Bei der Dienstleistung der Werbeforschung handelt es sich noch nicht um eine fest etablierte Einrichtung. Daher gibt es kein Organisationsschema, nach dem sich alle Institute zufriedenstellend beschreiben ließen. Schon bei den leitenden Mitarbeitern besteht keine Einheitlichkeit bezogen auf ihre Ausbildung. Es finden sich Psychologen, Soziologen, Wirtschaftswissenschaftler oder auch Publizisten in führenden Positionen. Immer deutlicher zeichnet sich jedoch die Entwicklung ab, daß die Institutsarbeit von einem Team aus Vertretern mehrerer wissenschaftlicher Disziplinen bestimmt wird.

E i n e klare Trennung läßt sich allerdings vornehmen: ein kleiner Teil der Unternehmen ist personell in der Lage, in kurzer Zeit Repräsentativuntersuchungen mit Stichproben von 2000 bis 10 000 Befragten durchzuführen. Dazu gehört nicht nur ein zuverlässiger und einsatzbereiter Interviewerstab von mindestens 400 über das Gebiet der Bundesrepublik gestreuten haupt- oder nebenberuflichen Mitarbeitern, sondern auch ein umfangreicher Apparat von Statistikern (zur Erstellung der Stichproben), von Kontrolleuren (für Kontrollinterviews und zur Durchsicht der eintreffenden Fragebögen), von Codern, Locherinnen, Datenverarbeitungsspezialisten (zur Aufbereitung des Materials bis zur Auszählung auf EDV-Anlagen) und schließlich ein versiertes Team von akademisch gebildeten Sachbearbeitern (zur tabellarischen und verbalen Darstellung der Ergebnisse).

Die Mehrzahl der Institute führt ‚nur' qualitative Studien durch. Charakteristisch dafür ist, daß sie als Ergebnis nicht aussagen können, in welchen zahlenmäßigen Verhältnissen sich die untersuchten Zusammenhänge finden, wohl aber, daß bestimmte Zusammenhänge wirksam sind. Die Begrenzung einer Problemstellung ist in vielen Fällen durchaus sinnvoll, so daß die Auftraggeber ihre Frage mit gutem Gewissen anhand kleinerer, nicht streng nach dem Zufall ausgewählter Stichproben beantworten lassen.

Manche Institute unterhalten engere Beziehungen zu Universitäten. Neben Beratungsverhältnissen mit Dozenten kam es auch zur inversen Entwicklung: aus der Praxis kommend betraten mehrere Vertreter von Instituten wieder den Boden einiger Universitäten, um als Lehrbeauftragte, Privatdozenten oder ordentliche Professoren den Studenten die Methodik der Markt- und Meinungsforschung nahezubringen.

3. An andere kommerzielle Unternehmen angeschlossene Institutionen

Für die größeren Werbeagenturen und für einige Spezialbetriebe wie Verpackungsproduzenten ist es selbstverständlich geworden, ihren Kunden die Dienste eigener Markt- und Werbeforschungsabteilungen anzubieten. Gut ausgebaute Abteilungen übertreffen nach ihren personellen und apparativen Kapazitäten die kleineren selbständigen Institute. Eigene Interviewerstäbe gestatten ihnen auch die Durchführung von Befragungen oder Tests in begrenztem Umfang.

Es ist jedoch nicht zulässig, von der Größe der Agentur auf die Leistungsfähigkeit der Forschungsabteilung zu schließen. Einige Agenturen, die zu den Großen gehören, beschränken sich auf einen kleinen Mitarbeiterstab und reichen die Kundenwünsche an Spezialinstitute weiter, während manche kleine Werbefirma einen voll leistungsfähigen Forschungsservice offerieren kann.

II. Aufgabenstellungen

Bei werbepsychologischen Untersuchungen handelt es sich nicht um Routinearbeiten, die sich immer nach demselben Schema abwickeln lassen. Vielmehr läßt sich jede Fragestellung je nach dem theoretischen Bezugssystem, das man unterlegt, und je nach den zur Verfügung stehenden finanziellen Mitteln vielseitig lösen. Deshalb sind die Leistungen der einzelnen Forschungsstätten nicht ohne weiteres vergleichbar. Zur Beurteilung der Werbewirksamkeit einer Anzeige wird Institut A vielleicht auf die Wahrnehmungsqualitäten den größten Wert legen und vorschlagen, zu erforschen, was von der Anzeige bei gelockerter Reizbindung (z. B. tachistoskopisch) an emotionalen und bildhaften Gehalten erfaßt wird. Institut B mag dagegen der Ansicht sein, es komme vor allem darauf an, die durch die Anzeige angesprochenen Bedürfnisse (z. B. durch Explorationen) zu ermitteln. Beiden Instituten ist jedoch gemeinsam, daß sie A n z e i g e n untersuchen. In diesem Sinne sollen die Hauptarbeitsgebiete der einzelnen Institutionen dargestellt werden.

1. Werbemitteluntersuchungen

Zu Werbemitteln gehört die Vielfalt der Werbemethoden: Anzeigen, Werbefilme, Fernsehspots, Packungen, Plakte, Rundfunkeinblendungen. Die Ermittlung der Werbewirksamkeit dieser Mittel macht einen Großteil der auftragsgebundenen Studien aus. Diese Aufgabe erwächst aus der Notwendigkeit, aus mehreren Entwürfen der kreativen Abteilungen der Werbeagenturen die produktadäquateste Anzeige, die auffälligste Packung oder den eindrucksvollsten Fernsehspot herauszufinden. Naturgemäß beschäftigen sich die agentureigenen Forschungsabteilungen vorwiegend mit solchen Themen. Wenn der Klient jedoch von sich aus die Aufträge vergibt, oder wenn er Wert darauf legt, daß ein unabhängiges Team die entscheidungsbestimmende Frage beantwortet, übernimmt im allgemeinen eine andere Einrichtung die Bearbeitung.

2. Motivationsstudien

Rückläufige Marktanteile, Marktnischen, Marketingmethoden, kaufentscheidende Details der Produkte lassen sich am ehesten begründen, auffinden oder ausnützen, indem man die produktbezogenen Bedürfnisse abtastet. Interessant ist, daß man hierbei so konventionelle Methoden wie das Experiment oder die Befragung menschlicher Versuchsobjekte beibehält, obwohl die moderne Motivationspsychologie auf Erkenntnissen basiert, die zunächst mit ökonomischen Tierexperimenten ermittelt wurden. Gerade die Schwierigkeiten einer Industrie, die mehr produziert als mit der gegenwärtigen Bedürfnisstruktur verbraucht werden kann, müßte grundlegendere Arbeiten leisten als in der ersten Phase mit Ratten oder Meerschweinchen zu leisten wären.

3. Mediaforschung

Umfassende Leseranalysen an umfangreichen Stichproben sind das Arbeitsgebiet der großen Institute, weil nur ihnen die Kapazitäten für Studien dieser Größenordnung zur Verfügung stehen. Da man im Bereich der Mediaforschung vom reinen „Nasenzählen" abrückt und immer ergiebigere Informationen über die psychologische Struktur der Leser einer Zeitschrift – ihre Motivationen zur Lektüre, ihre Einstellung zu Konsumfragen und ihre Verhaltensmuster – erwartet, verlagert sich die Verantwortung auch für diese Untersuchungen mehr und mehr zu den Fachpsychologen. Von ihrem theoretischen Konzept und von den in gründlichen Vorstudien ermittelten Hypothesen hängt es vor allem ab, ob das angestrebte Ziel erreicht wird.

Literatur:

Rembeck/Eichholz: Im Dienste der Marktforschung. Marktforschungsinstitute in Europa, Bad Wörishofen 1962.

ESOMAR, Jahrbuch 1967, Brüssel.

Wickert: Markt- und Meinungsforschungsinstitute im Europamarkt, 2. Aufl., Tübingen 1968.

Bradford: Bradford's Directory of Marketing Research Agencies and Management Consultants in the United States and the World, 12th Biennial Edition, Fairfax, Virginia, 1968–1969.

VIERTES KAPITEL

Planung, Organisation und Revision der Werbung

Festlegung der Werbeziele

Von Prof. Dr. Johannes Bidlingmaier, Graz/Österreich

I. Die Planung außerwirtschaftlicher Werbeziele

Soweit in der Theorie der W e r b e p l a n u n g die werblichen Zielsetzungen behandelt werden, geht es fast immer um die Herausarbeitung von Zielvariablen, die auf ökonomischen Größen (Gewinn, Umsatz usw.) basieren. Demgegenüber stehen bei der E r f o l g s k o n t r o l l e die außerökonomischen Kategorien (Berührung, Beeindruckung, Erinnerung usw.) meist eindeutig im Vordergrund. Zielplanung und -kontrolle sind nicht integriert. Mit Hilfe der Werbeerfolgsrechnung kann also insoweit weder die Wirtschaftlichkeit des Werbevollzugs überprüft und beurteilt werden noch sind methodisch gesicherte Erfahrungen für die künftige Werbegestaltung zu gewinnen. Will man diesen Mangel beseitigen, so müssen e i n h e i t l i c h e Werbekonzeptionen entwickelt werden, die in allen Entscheidungsphasen, Planung, Realisation und Kontrolle, auf gleichartigen Zielvorstellungen beruhen. Dies bedeutet für unsere Thematik, daß die Werbeplanung nicht auf ökonomische Zielgrößen beschränkt werden darf, sondern daß auch die erstrebten außerwirtschaftlichen Werbezwecke fixiert werden müssen. Erst dadurch gewinnen wir auch im nicht-ökonomischen Bereich jene Sollwerte, die aussagefähige Erfolgskriterien für die tatsächlich erzielten Ergebnisse darstellen.

Es ist in diesem Zusammenhang allerdings unmöglich, ein S y s t e m außerökonomischer Werbeziele zu entwickeln (wir verweisen in dieser Hinsicht auf unseren Beitrag „Kategorien des Werbeerfolgs" im sechsten Kapitel dieses Handbuchs); deshalb geben wir im folgenden lediglich eine Übersicht über die bedeutsamsten a u ß e r w i r t s c h a f t l i c h e n Z i e l e d e r W e r b u n g :

1. *Auf das gesamte Werbeverfahren bezogene nicht-wirtschaftliche Ziele*
    a) Bedürfnisweckung
    b) Verbesserung des Informationsstandes
    c) Bildung von Präferenzen
    d) Weckung von Kaufinteressen
    e) Auslösung von Kaufhandlungen

2. *Auf Komponenten der Werbeverfahren bezogene nicht-wirtschaftliche Ziele*
    a) Das Ziel der Werbeberührung
    b) Das Ziel der Werbebeeindruckung
    c) Das Ziel der Werbeerinnerung.

II. Die Stellung der wirtschaftlichen Werbeziele im Zielsystem der Unternehmung

Unternehmungen sind zielstrebige Handlungseinheiten. Eine Hauptaufgabe der Geschäftsleitungen besteht demnach darin, Zielkonzeptionen für das Gesamtgebilde zu formulieren, durch die sämtliche Teilprozesse so gesteuert werden können, daß auch Mittel- und Großunternehmungen zu Entscheidungseinheiten werden. Diese obersten Ziele sind zugleich Basis für die Formulierung von Unterzielen auf der Ebene der Betriebe, Abteilungen, Arbeitsgruppen usw. (Suboptimierung). In jedem Falle wird durch die Zielplanung die allgemeine Grundrichtung für die interne und marktbezogene Unternehmenstätigkeit festgelegt. Dabei vermögen die Ziele jedoch nur dann handlungsbestimmend zu wirken, wenn sie an den jeweiligen innerbetrieblichen und marktlichen Situationsbedingungen, also an den verfügbaren Mitteln und Möglichkeiten, orientiert sind. Ziele, die ohne Rücksicht auf solche Beschränkungen aufgestellt werden, bleiben Utopien. Bei gegebener Datenkonstellation (vgl. unten IV 2) ist der Freiheitsgrad der Planungsträger um so größer, je ausgedehnter die Planungsperiode ist und umgekehrt.

1. Die ranghöchste Zielsetzung

In der betriebswirtschaftlichen Theorie wird gewöhnlich von einer einzigen obersten Zielsetzung ausgegangen: der Gewinnmaximierung. Alle auf den verschiedenen hierarchischen Ebenen zu vollziehenden Wahlakte sind bloße Mittelentscheidungen, die sich untereinander lediglich durch ihre Nähe zum Gesamtziel unterscheiden. Es sind Mittelentscheidungen erster, zweiter usw. Ordnung. Von der Gewinnmaximierung ausgehend wäre z. B. – bei feststehender Summe an aktiven Verkaufskosten – die Umsatzmaximierung durch die Absatzabteilung eine Mittelentscheidung erster Ordnung, die Umsatzexpansion – bei gegebenem Werbeetat – als Leitmaxime für das Handeln der Werbeabteilung eine Mittelentscheidung zweiter Ordnung, die Minimierung der Kosten für die Herstellung der erforderlichen Werbemittel schließlich eine Mittelentscheidung dritter Ordnung. Dieses Konzept macht deutlich, daß das oberste Ziel der Unternehmung für alle Entscheidungen auf den verschiedenen hierarchischen Ebenen Bewertungsmaßstab ist. Dieser Tatsache ist bei der folgenden Formulierung der Werbeziele Rechnung zu tragen, da nur auf diese Weise eine Integration des arbeitsteiligen Entscheidungsprozesses erreicht wird.

2. Das Zielsystem

Die neuere Unternehmungstheorie beschränkt sich jedoch nicht mehr auf die alleinige Analyse der obersten Ziele, aus denen sodann das Middle und Junior Management selbständig die Maximen für seine jeweiligen Entscheidungsbereiche abzuleiten hat. Vielmehr werden im Zusammenhang mit der Aufgabendelegation zugleich die Handlungsrichtlinien angegeben, an denen die Entscheidungsträger einzelner Teilbereiche ihr Verhalten orientieren müssen. Es entsteht ein vertikal gestuftes Zielsystem, über das die Aktivitäten aller Handlungsträger auf die Gesamtpolitik des Unternehmens ausgerichtet werden. (Man kann im Anschluß an die in der amerikanischen Managementlehre entwickelten Termini „management by objectives" bzw. „management by results" von z i e l g e s t e u e r t e r Unternehmensführung sprechen.) Dieser Effekt wird aber nur dann erreicht, wenn es gelingt, für die einzelnen betrieblichen Sektoren mit den Unternehmenszielen verträgliche (kompatible), möglichst quantitativ bestimmte Unterziele zu formulieren, die zugleich den jeweiligen einschränkenden Bedingungen (z. B. der spezifischen Marktlage und der Höhe des Werbeetats) Rechnung tragen. Ferner ist darauf

Festlegung der Werbeziele.

zu achten, daß die Sektorenziele für diejenigen Organisationsmitglieder motivierende Kraft besitzen, die zu ihrer Erreichung beitragen sollen. Schließlich ist im Rahmen des betrieblichen Informationssystems dafür zu sorgen, daß die Entscheidungsträger auf allen Ebenen der Unternehmungshierarchie über die von ihnen erwarteten Verhaltensweisen Kenntnis erlangen (Zielinformation).

Der **Ablauf** der Zielplanung wird durch die jeweilige Stellung der Zwecke in der Zielhierarchie bestimmt[1])*): Ausgangspunkt sind die ranghöchsten Entscheidungsmaximen. Aus diesen **originären** Zielen leiten sich alle rangtieferen Strebungen, **derivativen** Ziele, in der Folge ihrer hierarchischen Wertigkeit ab: die Hauptabteilungsziele, die Ziele von Unterabteilungen, Arbeitsgruppen usw. Man erhält folgendes **Zieldiagramm**:

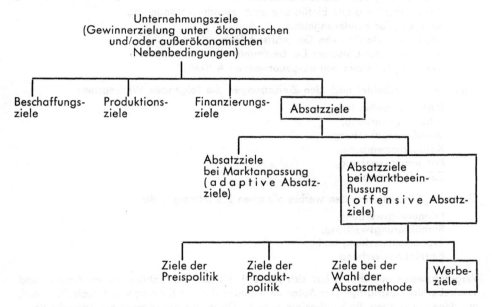

Allen abgeleiteten Zielen (z. B. den Absatz- oder Werbezielen) fehlt jene letzte Verbindlichkeit für die Steuerung des wirtschaftlichen Geschehens, die ursprünglichen Zielen eigen ist. Die derivativen Ziele besitzen ein Janusgesicht: Sie sind einmal Mittel in bezug auf die höherrangigen Ziele und mithin inhaltlich von diesen abhängig; zum anderen sind sie verbindliche Orientierungspunkte gegenüber allen rangtieferen Entscheidungen und bestimmend für deren Gestaltung.

III. Werbeziele als Kriterien werblicher Wahlentscheidungen

1. Die Werbeziele in der betriebswirtschaftlichen Literatur

Die Festlegung der Werbeziele stellt neben der Wahl der Mittel und Wege zu ihrer Erreichung (der Wahl der Werbestrategien) ein **Planungsproblem** dar. Dabei wird unter Planung sowohl die Ermittlung der Zielalternativen als auch die Entscheidung zwi-

---

*) Die im Text laufend numerierten Quellenangaben sind am Schluß des Aufsatzes zitiert.

schen ihnen verstanden. Die Planung der Werbeziele steht grundsätzlich am Anfang aller Werbeaktionen. Da durch die jeweils fixierten Zielinhalte alle weiteren Entscheidungen, wie die Höhe des Werbeetats, die Auswahl der Werbeobjekte, der Werbesubjekte, der Werbemittel und Werbeträger weitgehend bestimmt werden, kommt diesem Planungsbereich eine Schlüsselstellung zu. Um so erstaunlicher ist es, daß in der Werbelehre die Zielentscheidungen nicht oder doch nicht ihrer Bedeutung entsprechend diskutiert werden. Im einzelnen sind die Auffassungen über die Werbeziele höchst kontrovers; ein Blick in die Fachliteratur ergibt ein verwirrendes Bild.

Hülf[2]) nennt als Werbeziele:

„Räumung des Lagers ...
Verdrängung von Konkurrenzfabrikaten,
Bekanntmachung und Einführung einer Standortveränderung,
Werbung für Sonderangebote,
Werbung anläßlich von Geschäftsjubiläen,
Steigerung des Umsatzes bei bestimmten Kundengruppen ...
Werbung für einen neu aufgenommenen Artikel[2])."

Seyffert[3]) unterscheidet nach den Zielsetzungen die folgenden Werbearten:

Einführungswerbung,
Erhaltungswerbung,
Verstärkungswerbung,
Konkurrenzwerbung,
Erinnerungswerbung,
Zukunftswerbung.

Gutenberg[4]) nennt unter den werbepolitischen Zielsetzungen die

Erinnerungswerbung,
Stabilisierungswerbung,
Expansionswerbung und
Einführungswerbung.

Vergleichsweise ausführlich hat sich Meyer[5]) mit der Zielproblematik im Absatz- und Werbebereich beschäftigt. Der Autor stellt zunächst einen Katalog von Absatzzielen auf, aus denen er sodann die Werbeziele ableitet. Dieses Vorgehen trägt der Tatsache Rechnung, daß die Werbeziele nicht selbständig sind, sondern aus den Absatzzielen hergeleitet werden. Die Absatzziele typisiert Meyer wie folgt:

1. Marktschaffung

2. Marktführung

   c) Marktausweitung
   b) Markterhaltung
   c) Markteinschränkung
   d) Marktverzicht.

Die Werbung kann bei der Realisierung aller angeführten Absatzkonzeptionen maßgeblich mitwirken, indem sie (1) die Zahl der Kaufakte und (2) das Kaufverhalten hinsichtlich Menge und Preis beeinflußt.

Behrens[6]) hat die Vielzahl der Leitgesichtspunkte für Werbemaßnahmen auf wenige Grundziele zu reduzieren und diese so zu formulieren versucht, daß sie als Auswahlkriterien in werblichen Entscheidungssituationen geeignet sind. Er unterscheidet:

Festlegung der Werbeziele

1. Kurzfristige Werbeziele
   a) Umsatzexpansion
   b) Umsatzerhaltung
   c) Umsatzreduktion
2. Langfristige Werbeziele: Erhöhung des Goodwills der Firma und damit Absatzsicherung auf lange Sicht.

Um die einzelnen kurzfristigen Werbeziele zu präzisieren, werden sie jeweils auf ein spezifisches Werbeobjekt bezogen und auf eine exakt abgegrenzte Planungsperiode begrenzt.

Neuerdings hat Korndörfer[7]) versucht, die Werbeziele nach der jeweiligen Phase der marktlichen Lebensdauer eines Produkts zu systematisieren:

Phase der marktlichen Lebensdauer der Erzeugnisse	Werbeziele
1. Neue Erzeugnisse	Marktschaffungs- oder Einführungswerbung a) Käufer, die mit Anbieter oder Erzeugnis vertraut sind* b) Käufer, die weder Anbieter noch Angebot kennen

2. Bereits eingeführte Erzeugnisse	1. Marktschaffungs- oder Einführungswerbung*
	   a) Neue Käufer in neuen Märkten
	   b) Neue Käufer in alten Märkten
	2. Erhaltungswerbung
	3. Ausweitungs- oder Expansionswerbung

3. Aus dem Markte ausscheidende Erzeugnisse	Einschränkungs- bzw. Reduktionswerbung

*) „Neue Erzeugnisse" widerspricht Punkt a) „Käufer, die mit ... (dem) Erzeugnis vertraut sind". „Bereits eingeführte Erzeugnisse" ist mit dem Werbeziel „Einführungswerbung" unvereinbar.

Die bisherigen Versuche, die Werbeziele der Unternehmungen zu fixieren, kann man auf den gemeinsamen Nenner „Umsatzbeeinflussung durch Werbemitteleinsatz" bringen. Sie erscheinen konsequent, wenn man — wie etwa Gogarten und Seyffert — den Umsatzeffekt der Werbung in den Vordergrund stellt[8]). Jedoch stehen die erwähnten Umsatzziele oft im Widerspruch zu der in der Werbetheorie vorherrschenden Auffassung, wonach die Werbung einen Gewinnbeitrag zu leisten hat. So sieht Lysinski[9]) — ein Pionier der Werbetheorie — die einzelwirtschaftliche Aufgabe der Werbung darin, den Erfolgskoeffizienten der Reklame, d. h. das Verhältnis Reklameertrag zu Reklameaufwand, zu maximieren, zumindest aber den Quotienten nicht kleiner als eins werden zu lassen. Für Nicklisch bildet die Reklamerentabilität, für Findeisen[10]) der Reklamemehrwert das eigentliche Ziel werblicher Maßnahmen. Auch nach Behrens und Gutenberg ist eine Werbung nur dann als erfolgreich zu bezeichnen, wenn die Differenz zwischen den auf ein oder mehrere Werbemittel zurückzuführenden Umsatzzuwächsen und den Kosten, die der Werbemitteleinsatz verursacht, positiv ist. Man operiert also in der Kontrolle der Werbung mit anderen Maßstäben als in der Werbeplanung. Die Ex-post-Analysen basieren auf Gewinn-, die Ex-ante-Analysen auf Umsatzkategorien. Diese Diskrepanz muß beseitigt werden, wenn man zu handlungsbestimmenden Werbezielen kommen will, die zugleich Erfolgsmaßstab für vollzogene Werbeaktivitäten sind. Daß in der Werbeplanung und der Werbekontrolle unterschiedliche Zielvorstellungen gelten, liegt darin begründet, daß es bisher nicht gelang, aus der Zielkonzeption der Unternehmung kompatible Werbeziele abzuleiten. In den werbepolitischen Programmen muß entsprechend der Gewinnorientierung der Unternehmung zum Ausdruck kommen, daß die Umsatzziele nur insoweit erstrebt werden, als sie zugleich einen Gewinnbeitrag leisten, zumindest aber die werbebedingten Kosten durch den Mehrertrag gedeckt werden (Gesamtgewinn = const.). Nur in Einzelfällen wird man davon ausgehen können, daß die Unternehmung über die Werbung Umsatzexpansion zu Lasten ihres Gewinns betreibt, der Gesamtgewinn mit Werbung also niedriger ist als ohne Werbung.

Aber nicht nur in der Theorie, auch in der Werbepraxis herrscht eine erhebliche Unsicherheit über die der Werbung gesetzten Ziele. Der amerikanische Unternehmensberater Colley[11] faßt die Resultate von Umfragen über die Werbeziele wie folgt zusammen: Die meisten Unternehmungen haben zwar fertige Antworten auf derartige Fragen parat, jedoch zeigt sich bei genauerer Analyse, daß regelmäßig die allgemeinen Unternehmensziele, bestenfalls die Absatzziele als Werbeziele genannt werden. Nur ganz wenige Betriebe hatten nach Inhalt und zeitlicher Geltungsdauer klar fixierte werbepolitische Konzeptionen.

2. Grundlagen eines Zielsystems der Absatzwerbung

Im folgenden wird versucht, Zielkonzeptionen für die Steuerung des Werbebereichs zu formulieren, die der Abhängigkeit aller Reklameaktivitäten von den Unternehmenszielen Rechnung tragen. Dabei ist zunächst das Entscheidungsziel festzulegen. Es enthält jene Größen – ökonomische und/oder außerökonomische – an denen die Alternativen gemessen werden sollen. Eindeutige Zielangaben liegen aber erst dann vor, wenn zugleich bestimmt ist, welche Werte für die einzelnen Zielgrößen zu erreichen sind. Als Entscheidungs- oder Optimierungskriterien kommen die Maximierung, die Minimierung oder die Satisfizierung in Betracht. Die Notwendigkeit, aus den allgemeinen Unternehmungszielen kompatible und möglichst operale Werbeziele abzuleiten, ergibt sich einmal aus der zunehmenden Verwendung mathematischer Modelle in der Werbeplanung und zum anderen aus dem Bestreben, den Erfolg werblicher Maßnahmen möglichst exakt zu messen.

a) Umsatzziele

Soweit gegenwärtig bei der Formulierung von Werbezielen überhaupt auf eindeutige ökonomische Bewertungsmaßstäbe Bezug genommen wird, ist der Umsatz das maßgebliche Kriterium. Aus den möglichen Einflußnahmen auf die Umsatzhöhe resultieren die grundlegenden Werbeziele: Umsatzexpansion, Umsatzerhaltung und Umsatzreduktion. Diese Zielkategorien sind zunächst insoweit problematisch, als sie vielfach keine klaren Anweisungen für die zu wählende Werbestrategie enthalten. Soll die Umsatzexpansion auf lange Sicht oder kurzfristig angestrebt werden? Soll der Gesamtumsatz, der Umsatz einer bestimmten Warengruppe oder der Umsatz eines Artikels vergrößert werden? Soll eine Umsatzausweitung im Vergleich zur Vorperiode, zur Umsatzentwicklung der Branche oder eines bestimmten Konkurrenzunternehmens erfolgen? Auch in bezug auf die Umsatzerhaltung bleibt oft die Frage offen, ob die absolute oder eine relative Umsatz- bzw. Marktanteilserhaltung gemeint ist. Während die absolute Erhaltung darauf gerichtet ist, in der Planperiode Umsätze zu erzielen, die denen der Vorperiode entsprechen, setzt die relative Erhaltung vor-

Festlegung der Werbeziele 409

aus, daß die Umsatzhöhe sich im gleichen Verhältnis wie die Konkurrenzumsätze entwikkelt, der prozentuale Marktanteil also konstant bleibt. Mit der relativen Umsatzerhaltung sind also sowohl absolute Umsatzerhöhungen als auch Umsatzschrumpfungen vereinbar. Im Gegensatz zu den meisten anderen Autoren hat Behrens die am erstrebten Umsatzumfang orientierten Werbeziele folgendermaßen präzisiert: Es handelt sich stets um kurzfristige, auf ein spezifisches Werbeobjekt bezogene Umsatzziele, deren Erreichung jeweils an der Umsatzhöhe der unmittelbar vorangegangenen Periode gemessen wird[12]).

Das problematischste Werbeziel dieser Gruppe ist die **Umsatzreduktion** oder die Marktschrumpfung mittels Werbung. Zwar ergibt sich diese Zielsetzung streng logisch, wenn man die mögliche Umsatzentwicklung eines spezifischen Werbeobjekts in der laufenden Periode im Vergleich zur Vorperiode betrachtet. Geht man jedoch von den tatsächlichen Anlässen für eine werbliche Umsatzreduktion bei einem bestimmten Erzeugnis aus, so stehen zwei Sachverhalte im Vordergrund: (1) Ein Anbieter will ein Gut x aus dem Markt ziehen und dafür einen anderen Artikel y forcieren, der das gleiche Bedürfnis deckt. Diese Absicht wird durch die Maxime „Umsatzreduktion bei x" nur unzutreffend abgebildet; die wirkliche Intention ist vielmehr eine Umsatzexpansion bei y (zu Lasten von x), also eine leistungsbezogene Umsatzverlagerung. (2) Kurzfristiger Lieferschwierigkeiten wegen möchte die Unternehmung die in der Planperiode t erwartete Nachfrage zurückstauen, also auf spätere Perioden verlagern. Diese Form der zeitlichen Nachfragelenkung müßte man – bei nur kurzfristiger Betrachtung – als Reduktionswerbung betrachten. Da es der Unternehmung jedoch um die Absatzentwicklung eines Produkts über einen längeren Zeitraum hinweg geht, handelt es sich in Wirklichkeit um eine Expansionswerbung in den Perioden t + 1, t + 2 usw.

b) Kostenziele

Schließlich muß darauf hingewiesen werden, daß die Werbeziele sich nicht ausschließlich auf die Umsatzbeeinflussung unter Beachtung gewisser Nebenbedingungen zurückführen lassen. Werbemaßnahmen, die darauf gerichtet sind, lediglich die **zeitliche Verteilung** des Umsatzes, nicht aber die Umsatzhöhe zu beeinflussen, können nur aus erstrebten **Kostenersparnissen** erklärt werden, die sich – unter Berücksichtigung der Werbekosten – aus der werblichen Nachfrageumlenkung vor allem im Produktions-, Verwaltungs- und Vertriebsbereich ergeben[13]).

Dasselbe gilt von Werbemaßnahmen, die zur **Absatzrationalisierung** beitragen sollen: z. B. Werbung für Großeinkäufe oder für bestimmte Mindestauftragsgrößen, Werbung für die Inanspruchnahme gewisser Einkaufstechniken (z. B. Ordersätze), für bestimmte Zahlungsmodalitäten u. ä.

c) System der Werbeziele

Beim Aufbau einer **Systematik der Werbeziele** wird sofort offenkundig, daß auch innerhalb des Werbebereichs eine Zielstufung, eine Zielhierarchie, vorliegt: Man kann je nach der Nähe der werblichen Handlungskriterien zur Zielkonzeption der Unternehmung von primären, sekundären, tertiären usw. Werbezielen sprechen.

In ökonomischer Sicht wird Werbung **primär** betrieben, um über den Einsatz von Werbekosten die **Umsatz-** oder **Kostensituation** der Unternehmung so zu beeinflussen, daß eine Gewinnsteigerung erreicht wird. Dabei kann es um **kurzfristige** Gewinnerhöhungen einerseits und um die Verbesserung der **langfristi-**

gen Gewinnchancen andererseits gehen. Im letztgenannten Falle nimmt die Unternehmung zuweilen kurzfristig bewußt Werbeverluste in Kauf, um z. B. einen Konkurrenten im Wege des Reklamewettbewerbs vom Markt zu verdrängen oder um potentielle Wettbewerber am Marktzugang zu hindern. Beide Maßnahmen zielen darauf ab, unter Verlusthinnahme auf kurze Sicht, über längere Zeiträume hinweg die Gewinnposition zu verbessern.

Im einzelnen können — je nach der angewandten Planungsmethodik — gewisse Umsatz- bzw. Kostenziele vorgegeben sein, die mit minimalem Werbeaufwand zu realisieren sind (zielorientierte Werbebudgetplanung). In der Praxis ist es aber oft so, daß der Werbeetat nicht streng zielabhängig fixiert, sondern an vielfältigen anderen Maßgrößen orientiert wird (z. B. an den vorhandenen Geldmitteln, den Werbebudgets der Konkurrenz, am Umsatz der Vorperiode). Unter den letztgenannten Bedingungen besteht das Problem darin, den Werbeetat so aufzuteilen, daß der vergleichsweise größte Gewinnbeitrag erzielt wird.

Die werbepolitische Konzeption der Unternehmung wird durch die **Sekundärziele** weiter spezifiziert. Sie legen fest, über welche Teilziele hinweg die allgemeinen Werbeziele angestrebt werden. Lautet das Primärziel z. B. auf Umsatzmaximierung bei feststehendem Werbeetat, so gibt das Sekundärziel an, ob die Umsatzmaximierung über die Absatzmenge (p = const.), den Absatzpreis (m = const.) oder über Preis u n d Menge erreicht werden soll. Sodann ist etwa darüber zu entscheiden, ob die Nachfrage bei den bisherigen Käufern intensiviert, ob neue Käuferschichten im bisherigen Marktgebiet gewonnen oder ob neue Märkte im In- und Ausland erschlossen werden sollen (werbliche **Tertiärziele**).

Die für die Wirtschaftspraxis allgemein relevanten Werbeziele können folgendermaßen systematisiert werden:

I. Werbeziele, die **unter Verbesserung oder Wahrung der Gewinnsituation, auf Beeinflussung der Umsatzhöhe** bei einem Gut oder einer Gütergruppe gerichtet sind:

A. **Umsatzexpansion** im Vergleich zur Vorperiode
  1. Einführungswerbung: Erstmalige Werbung für ein Einzelgut oder eine Gütergruppe auf dem Gesamtmarkt oder einem Teilmarkt.
  2. Fortführungswerbung mit dem Ziel der Umsatzausweitung für bereits eingeführte Güter.
      a) Umsatzexpansion im bisherigen Marktfeld
          aa) durch Erhöhung der wertmäßigen Nachfrage nach dem Werbeobjekt bei den bisherigen Käufern
              (1) im Wege der Absatzmengensteigerung (z. B. bei preisgebundenen Erzeugnissen) und/oder
              (2) im Wege der Absatzpreiserhöhung
                  (a) im gesamten Marktgebiet
                  (b) innerhalb bestimmter Marktsegmente
                      (In diesem Falle wird Werbung mit dem Ziel der Preisdifferenzierung betrieben; Parthey spricht von **Marktspaltungswerbung**[14].)
          bb) durch Gewinnung neuer Käufergruppen.
      b) Umsatzexpansion durch Erschließung neuer Märkte
          aa) Weitere Erschließung des Inlandsmarktes
          bb) Erschließung von Auslandsmärkten.

B. **Umsatzerhaltung** im Vergleich zur Vorperiode.
  1. Kompensation eines erwarteten Umsatzrückgangs über den Mengen- und/oder Preiseffekt innerhalb des bisherigen Marktgebiets.

a) Kompensation innerhalb der bisherigen Abnehmergruppe
   aa) Werbliche Einflußnahme auf die bisherigen Nachfrager im Sinne einer Stabilisierung der Verhaltensweisen der Vorperiode
   bb) Unaufhaltsame Nachfragerückgänge beim Käuferkreis y sollen durch Nachfragesteigerungen beim Käuferkreis z ausgeglichen werden.
b) Kompensation des Nachfrageschwunds bei den bisherigen Abnehmern durch Gewinnung neuer Käuferschichten.
2. Kompensation eines erwarteten Umsatzrückgangs über den Mengen- und/oder Preiseffekt durch Erschließung neuer Märkte.
   a) Weitere Erschließung des Inlandsmarktes
   b) Erschließung von Auslandsmärkten.

II. Werbeziele, die auf eine K o s t e n e r s p a r n i s gerichtet sind.

Hierzu rechnen jene Werbemaßnahmen, die – wie erwähnt – über eine zeitliche Umverteilung des Umsatzes bzw. durch Absatzrationalisierung eine Kostenersparnis erzielen wollen, die höher ist als die Kosten des Werbemitteleinsatzes. Es handelt sich also jeweils um werbebedingte Kostenreduktionen unter Verbesserung oder Wahrung der Gewinnsituation auf kurze oder auf lange Sicht.

A. Kostenersparnis durch werbliche L e n k u n g   d e r   N a c h f r a g e   i m   Z e i t a b l a u f.
1. Kostenreduktion durch Kontinuitätswerbung: Ausgleich bzw. Glättung der Umsatzschwankungen innerhalb eines Tages, einer Woche, eines Monats, einer Saison oder einer Konjunkturphase.
2. Kostenreduktion durch Synchronisationswerbung, d. h. durch werbliche Anpassung der Nachfrage an die Produktions- bzw. Beschaffungsrhythmen.
3. Kostenreduktion durch Emanzipationswerbung.
   Hier soll mit Hilfe der Werbung die Absatzentwicklung von gegebenen Produktions- bzw. Beschaffungsrhythmen abgehoben werden[15]).

B. Kostenersparnis durch werbebedingte A b s a t z r a t i o n a l i s i e r u n g.
1. Werbung für Großeinkäufe bzw. für bestimmte Mindestauftragsgrößen.
2. Werbung für die Inanspruchnahme gewisser Einkaufstechniken (z. B. der Ordersätze)
3. Werbung für bestimmte Zahlungsmodalitäten (z. B. bargeldlose Zahlung).

IV. Die Festlegung der Werbeziele als Planungsproblem

Die Fixierung der Werbeziele erschöpft sich nicht in der Angabe möglicher Z i e l i n h a l t e, die die Unternehmung unter gewissen Situationsbedingungen erstrebt; die Z i e l b i l d u n g stellt daneben einen eigenständigen Problembereich dar.

1. Formen der Zielplanung

a) Im Hinblick auf die L ä n g e   d e s   P l a n u n g s z e i t r a u m s kann zwischen kurzfristigen und langfristigen Werbezielen unterschieden werden. Die k u r z f r i s t i g e n Werbeziele enthalten Entscheidungskriterien für einzelne, unmittelbar bevorstehende Werbeaktionen oder für grundsätzlich alle werblichen Entscheidungen innerhalb einer überschaubaren Geschäftsperiode. Bei ihrer Festlegung können die internen und marktlichen Gegebenheiten vergleichsweise exakt berücksichtigt werden. Die kurzfristigen stehen in enger Beziehung zu den l a n g f r i s t i g e n Werbezielen, durch die – in groben Umrissen – die werbepolitische Konzeption für mehrere Jahre oder gar für Jahrzehnte festgelegt wird: Einerseits sind die kurzfristigen Werbeziele inhaltlich wesentlich durch die werblichen Fernziele mitbestimmt, andererseits lassen sich die langfristigen Werbeziele nur dann erreichen, wenn es jeweils gelingt, die Etappenziele zu realisieren. Die Nichterreichung (Über- bzw. Unterschreitung) der laufenden Werbeziele führt zu Planrevisionen im langfristigen Bereich, also zu entsprechenden Umstellungen der bisherigen Werbepolitik. Insoweit spielen Lernprozesse bzw. Rückkopplungsvorgänge bei der Planung der Werbeziele eine maßgebliche Rolle.

b) Die Länge des Planungszeitraums steht in engem Zusammenhang mit der bei der Planung der Werbeziele erreichbaren E x a k t h e i t. Je ausgedehnter der zeitliche Planungshorizont ist, um so spärlicher und ungenauer werden die Informationen, die den Planungsträgern zur Verfügung stehen und umgekehrt. Die langfristigen Werbeziele sind demzufolge nur G r o b - oder R a h m e n z i e l e. Sie enthalten lediglich die Grundkonzeption, an der die Werbepolitik ausgerichtet werden soll. Demgegenüber sind die kurzfristigen Werbeziele auf sofort realisierbare Inhalte gerichtet; sie sind D e t a i l - oder F e i n z i e l e.

c) Nach der inhaltlichen F o r m u l i e r u n g ist zwischen operationalen und nicht-operationalen[16]) Werbezielen zu differenzieren. Ein Werbeziel ist unter definitionslogischem Aspekt o p e r a t i o n a l, wenn Meßvorschriften angegeben werden, mit deren Hilfe die Konsequenzen vorhandener Alternativen zu beurteilen sind. Vom Blickpunkt des jeweiligen Entscheidungsträgers aus ist ein Werbeziel dann operational, wenn es durch praktisches Handeln zu verwirklichen und der Grad der Zielerreichung meßbar ist. Werbeziele, die diesen Bedingungen nicht genügen, sind n i c h t - o p e r a t i o n a l oder n i c h t - o p e r a b e l.

d) Vergleichsweise große Bedeutung hat die Differenzierung in wirtschaftliche und außerwirtschaftliche Werbeziele. Die ö k o n o m i s c h e n Werbeziele zeichnen sich dadurch aus, daß bestimmte Kosten-, Umsatz- und Gewinngrößen mit Hilfe des Einsatzes von Werbemitteln erreicht werden sollen. Demgegenüber geht es im Rahmen der a u ß e r - ö k o n o m i s c h e n Werbeziele um die Realisation gewisser Aufmerksamkeits-, Beeindruckungs-, Erinnerungs- und Präferenzwerte. Dabei besteht ein enger Zusammenhang zwischen den wirtschaftlichen und außerwirtschaftlichen Werbezielen insofern, als hohe Aufmerksamkeits-, Beeindruckungs-, Erinnerungswerte usw. eine notwendige, allerdings aber noch keine hinreichende Bedingung für die ökonomische Zielerfüllung darstellen (vgl. Korrelationsstudien im Rahmen der Werbeerfolgskontrolle).

2. Der Planungsprozeß

Der Prozeß der Zielfixierung im Werbebereich wird in der einschlägigen Literatur im allgemeinen nicht erörtert. Dies ist vor allem darauf zurückzuführen, daß die Entscheidungsabläufe, aus denen die handlungsbestimmenden Zielinhalte hervorgehen, in der Betriebswirtschaftslehre bisher kaum untersucht worden sind.

a) Bei der Formulierung der werbepolitischen Konzeption der Unternehmung müssen zunächst jene Gegebenheiten ermittelt werden, die die Unternehmung weder direkt noch indirekt beeinflussen kann oder will (D a t e n a n a l y s e). Diese Größen gehen als konstante Parameter in den Werbekalkül ein. Nur auf der Basis des jeweiligen Datenkranzes lassen sich realisierbare Werbeziele aufstellen. Die für die Zielplanung relevanten Daten können ökonomischer, rechtlicher oder technischer Natur sein. Von den wirtschaftlichen Daten beeinflussen zunächst die B e s c h a f f u n g s v e r h ä l t n i s s e oft die Zielinhalte. Engpässe beim Bezug der Einsatzgüter engen die Entscheidungsfreiheit bei der Wahl der Werbeziele erheblich ein. Noch stärkeren Einfluß üben gewöhnlich die A b s a t z b e d i n g u n g e n, die Nachfrage- und Konkurrenzverhältnisse, auf die Zielformulierung aus. Sie begrenzen die — bei gegebenem Werbebudget — mögliche Umsatzvariation. Von den betriebsinternen Daten sind vor allem die Art und Zusammensetzung

Festlegung der Werbeziele 413

des Leistungsprogramms und der Leistungstyp (z. B. Einzel- bzw. Serien- oder Sortenfertigung), aber auch der jeweilige Beschäftigungsgrad zielbestimmend. Hinzu kommt die allgemeine Finanzlage des Betriebs, insbesondere seine Fähigkeit und Bereitschaft, aktive Verkaufskosten aufzuwenden. Die begrenzte Höhe des Werbeetats ist in der Unternehmungspraxis zumeist dasjenige wirtschaftliche Datum, das die werbepolitischen Konzeptionen am stärksten determiniert. Schließlich muß das auf die ökonomischen Gegebenheiten abgestimmte werbliche Zielsystem den rechtlichen Vorschriften und technischen Möglichkeiten angepaßt werden.

Eine realistische werbepolitische Zielplanung darf sich aber keinesfalls mit einer bloß qualitativen Analyse der Datenvielfalt begnügen, sie ist vielmehr so weit wie möglich auf quantitative Informationen zu gründen. Damit werden an das betriebliche Informationswesen sehr hohe Ansprüche gestellt, zumal meist künftige Sachverhalte zu prognostizieren sind. Wertvolle Hilfe können hierbei die Instrumente der demoskopischen und ökoskopischen Marktforschung sowie ein entscheidungsorientiertes betriebliches Rechnungswesen leisten.

b) Die der Datenanalyse folgende Planungsphase umfaßt die Aufstellung der Zielalternativen. Soweit die Werbeziele a, b oder c realisierbar erscheinen, müssen, bevor ein Ziel endgültig fixiert werden kann, die sich aus einzelnen Zielalternativen ergebenden Auswirkungen ermittelt und bewertet werden. Auch in diesem Planungsstadium sind Erfahrungswissen und Prognoseergebnisse, insbesondere über die Reaktionsweisen der Marktpartner, unerläßlich. Die Bewertung der Alternativen wird dabei in solchen Maßgrößen ausgedrückt, die mit dem Formalziel der Unternehmung identisch oder aus ihm abgeleitet sind.

c) Die Schlußphase des Planungsprozesses bildet die Entscheidung zwischen den Zielalternativen. Es wird ein Einzelziel oder eine Zielkombination fixiert, die sodann Grundlage für den Werbevollzug ist.

d) Die Festlegung der Werbeziele ist jedoch kein einmaliger Entscheidungsakt, sondern ein laufend oder zumindest in gewissen Zeitabständen sich wiederholender Prozeß, der einer dynamischen Erklärung bedarf. Zunächst machen Wandlungen in der Unternehmungsumwelt, also im Verhalten der Nachfrager, der Konkurrenten, des Staates usw., Zieländerungen erforderlich. Hinzu kommen betriebsinterne Vorgänge, insbesondere Umbesetzungen in den Leitungsgremien. Als Folge hiervon werden die bisherigen Werbeziele durch neue ersetzt oder die Zielkomponenten anders gewichtet. Es kommt zur Zielnachfolge bzw. Zielverschiebung[17]). Die Neubewertung von Werbezielen oder eine Umbewertung von Zielelementen ist die Reaktion der Unternehmung auf Diskrepanzen zwischen geplanten und realisierten Werbezielen der Vorperiode. Dies bedeutet zugleich, daß die Zielfixierung für die Periode $t + 1$ abhängig ist vom Ausmaß der Zielerreichung in der Periode t. Im Falle der Zielüberschreitung (Zielerreichung $>$ Planziel) werden gewöhnlich Werbeziele vorgegeben, die auf höherem Niveau als die bisherigen liegen (z. B. wird eine um x % höhere Umsatzwirkung der Werbung angestrebt). Entsprechend führen Zielunterschreitungen (Zielerreichung $<$ Planziel) zu einer Reduktion des Zielniveaus.

e) In der bisherigen Analyse der Zielplanung haben wir bewußt vom Vorhandensein mehrerer Planungsträger abstrahiert. Nunmehr soll der Tatsache Rechnung getragen werden, daß – vor allem in Mittel- und Großbetrieben – die Fixierung der Werbeziele einen

Entscheidungsvorgang darstellt, auf den zahlreiche Personen einwirken (multipersonaler Entscheidungsprozeß). Als wichtigste Träger der Zielplanung kommen das Top und Middle Management in Betracht. Während die oberste Unternehmensleitung in erster Linie für die Festlegung der Gesamtziele und der wichtigsten Bereichsziele (Beschaffungs-, Produktions-, Finanzierungs-, Absatzziele) zuständig ist, entwickelt das Middle Management auf dieser Grundlage Zielkonzeptionen, sog. Subziele, für die Führung der wichtigsten Teilsysteme und mithin auch für den Werbebereich und seine wichtigsten Sektoren. Dabei sind zwei Konstellationen von besonderem Interesse:

(1) Die Werbeziele sind sowohl mit der Zielfunktion der Gesamtunternehmung als auch – horizontal – mit den Zielen der übrigen Sektoren vereinbar. Die Unternehmung besitzt ein kompatibles Zielsystem.

(2) Die Werbeziele stehen mit den Unternehmenszielen oder mit den Zielen einzelner Teilbereiche in Konflikt; es liegen also vertikale oder horizontale Anspruchsüberschneidungen vor. Hierbei kann es sich um Zielantinomien einerseits und um Zielkonkurrenzen andererseits handeln. Im Falle von Zielantinomien schließen sich die Handlungskriterien gegenseitig aus; es liegt eine Entweder-oder-Beziehung vor. Sind hingegen die Werbeziele mit anderen Zielen so verbunden, daß die zunehmende Erfüllung der einen zur wachsenden Nichterfüllung der anderen Maxime führt, so ist Zielkonkurrenz gegeben.

Konflikte zwischen den Werbezielen und übergeordneten Zielen sind vor allem auf die folgenden Gründe zurückzuführen:

– Die vielfältigen, nur teilweise bekannten Verkettungen der betrieblichen Teilbereiche ermöglichen es der Unternehmensleitung nicht, mit dem Gesamtziel oder einzelnen Bereichszielen voll verträgliche Werbeziele vorzugeben.

– In der Unternehmungspraxis werden die Abteilungen oft zum Gegenspieler des Ganzen. Dies ist darauf zurückzuführen, daß die mittleren Führungskräfte ihre Karriereinteressen eher von der Erreichung informeller Subziele abhängig glauben als vom Erfüllungsgrad des Gesamtziels; die Abteilungsloyalität steht über der Unternehmungsloyalität.

– Soweit zwischen der Zielkonzeption der Gesamtunternehmung und den Werbezielen keine operationalen Beziehungen bestehen, ergeben sich oft Kollisionen darüber, welche Werbepolitik den Gesamtinteressen der Unternehmung am ehesten entspricht.

Auch zwischen den Abteilungen, ja sogar innerhalb derselben, kann es zu horizontalen Zielkonflikten kommen. Sie sind in gewissem Umfang in der Unternehmungsstruktur angelegt, da ein Erfolgszuwachs in einer Abteilung vielfach zu Erfolgsrückgängen in anderen Sektoren führt. So entstehen nicht selten Anspruchsüberschneidungen zwischen der Produktions- sowie der Absatz- und Werbeabteilung über die Gestaltung des Leistungsprogramms und über die Aufteilung des Werbeetats auf einzelne Produkte oder Produktgruppen. Schließlich ergeben sich häufig Kollisionen mit der Finanzabteilung bezüglich der Höhe des Werbeetats.

In allen Fällen ist es Aufgabe der Unternehmungsführung, in den Willensbildungsprozeß einzugreifen und aus ganzheitlicher Sicht Prioritäten für einzelne Ziele zu setzen (Zieldominanz) bzw. den jeweiligen Umfang zu fixieren, in dem die konkurrierenden Ziele zugleich realisiert werden können (Zielkompromiß)[18].

Quellenangaben:

[1] Vgl. ausführlich Bidlingmaier, Johannes: Unternehmerziele und Unternehmerstrategien, Band VIII der Studienreihe Betrieb und Markt, Hrsg.: Prof. Dr. Karl Chr. Behrens, Wiesbaden 1964, S. 76 f.

[2] Hülf, Ludwig: Die wirtschaftlichen Bestimmungsfaktoren der Werbung, Diss., Nürnberg 1940, S. 29 f.

[3] Vgl. Seyffert, Rudolf: Werbelehre. Theorie und Praxis der Werbung, Erster Band, Stuttgart 1966, S. 42 ff.

[4] Vgl. Gutenberg, Erich: Grundlagen der Betriebswirtschaftslehre, Zweiter Band: Der Absatz, 9. Auflage, Berlin, Heidelberg, New York 1966, S. 442 f.

[5] Vgl. Meyer, Paul W.: Die Werbeerfolgskontrolle, Düsseldorf, Wien 1963, S. 169 ff.; ders.: Ertragsziele, Absatzziele, Werbeziele. In: Wirtschaftsdienst (Aktuelle Absatzwirtschaft), Hamburg 1964, Heft V, S. 1 ff.

[6] Vgl. Behrens, Karl Christian: Absatzwerbung, Band X der Studienreihe Betrieb und Markt, Hrsg.: Prof. Dr. Karl Chr. Behrens, Wiesbaden 1963, S. 50 ff.

[7] Vgl. Korndörfer, Wolfgang: Die Aufstellung und Aufteilung von Werbebudgets, Stuttgart 1966, S. 25 f.

[8] Vgl. Gogarten, Erich: Die Werbeplanung der Unternehmung, Diss., Frankfurt a. M. 1936, S. 148; Seyffert, Rudolf: Wirtschaftliche Werbelehre, 4. Aufl., Wiesbaden 1952, S. 222.

[9] Vgl. Lysinski, Edmund: Die Organisation der Reklame, Berlin 1924, S. 101.

[10] Vgl. Findeisen, Franz: Der Zweck der Reklame. In: Zeitschrift für Betriebswirtschaft, 3. Jahrgang, Berlin, Wien 1926, S. 330 und S. 431 ff.

[11] Vgl. Colley, Russel H.: Defining Advertising Goals for Measured Advertising Results, Fifth Printing, New York 1965, S. 4 f.

[12] Vgl. Behrens, Karl Christian: a. a. O., S. 51.

[13] In diesem Sinne auch Parthey, Heinz-Georg: Der Verlauf der Werbekosten und die Planung des Werbekosteneinsatzes in betriebswirtschaftlicher und preistheoretischer Sicht, Diss., Frankfurt a. M. 1959, S. 46.

[14] Vgl. Parthey, Heinz-Georg: a. a. O., S. 46.

[15] Zu den Begriffen Kontinuitäts-, Synchronisations- und Emanzipationswerbung vgl. Behrens, Karl Chr.: a. a. O., S. 52 f.

[16] Zu diesen Begriffen vgl. Heinen, Edmund: Das Zielsystem der Unternehmung, Band 1 der Schriftenreihe Die Betriebswirtschaft in Forschung und Praxis, Wiesbaden 1966, S. 115 ff.

[17] Vgl. Mayntz, Renate: Soziologie der Organisation, Reinbek bei Hamburg 1963, S. 71 ff.

[18] Vgl. ausführlich Bidlingmaier, Johannes: Zielkonflikte und Zielkompromisse im unternehmerischen Entscheidungsprozeß, Band XI der Studienreihe Betrieb und Markt, Hrsg.: Prof. Dr. K. Chr. Behrens, Wiesbaden 1968, S. 112 ff.

Literatur:

Behrens, Karl Chr.: Absatzwerbung, Band X der Studienreihe Betrieb und Markt, Hrsg.: Prof. Dr. K. Chr. Behrens, Wiesbaden 1963.

Bidlingmaier, Johannes: Unternehmerziele und Unternehmerstretegien, Band VIII der Studienreihe Betrieb und Markt, Hrsg.: Prof. Dr. K. Chr. Behrens, Wiesbaden 1964.

Bidlingmaier, Johannes: Zielkonflikte und Zielkompromisse im unternehmerischen Entscheidungsprozeß, Band XI der Studienreihe Betrieb und Markt, Hrsg.: Prof. Dr. K. Chr. Behrens, Wiesbaden 1968.

Colley, Russel H.: Defining Advertising Goals for Measured Advertising Results, Fifth Printing, New York 1965.

Findeisen, Franz: Der Zweck der Reklame. In: Zeitschrift für Betriebswirtschaft, 3. Jg., Berlin/Wien 1926.

Gogarten, Erich: Die Werbeplanung der Unternehmung, Diss., Frankfurt a. M. 1936.

Gutenberg, Erich: Grundlagen der Betriebswirtschaftslehre, Zweiter Band: Der Absatz, 9. Auflage, Berlin, Heidelberg, New York 1966.

Heinen, Edmund: Das Zielsystem der Unternehmung, Band 1 der Schriftenreihe Die Betriebswirtschaft in Forschung und Praxis, Hrsg.: Prof. Dr. Edmund Heinen, Wiesbaden 1966.

Hülf, Ludwig: Die wirtschaftlichen Bestimmungsfaktoren der Werbung, Diss., Nürnberg 1940.

Korndörfer, Wolfgang: Die Aufstellung und Aufteilung von Werbebudgets, Stuttgart 1966.

Lysinski, Edmund: Die Organisation der Reklame, Berlin 1924.

Mayntz, Renate: Soziologie der Organisation, Reinbek bei Hamburg 1963.

Meyer, Paul W.: Die Werbeerfolgskontrolle, Düsseldorf, Wien 1963.

Meyer, Paul W.: Ertragsziele, Absatzziele, Werbeziele. In: Wirtschaftsdienst, Hamburg 1964, Heft V.

Parthey, Heinz-Georg: Der Verlauf der Werbekosten und die Planung des Werbekosteneinsatzes in betriebswirtschaftlicher und preistheoretischer Sicht, Diss., Frankfurt am Main 1959.

Seyffert, Rudolf: Wirtschaftliche Werbelehre, 4. Aufl., Wiesbaden 1952.

Seyffert, Rudolf: Werbelehre. Theorie und Praxis der Werbung, Erster Band, Stuttgart 1966.

Die Planung des Werbebudgets

Von Dr. Edgar W. Uherek, Berlin

I. Kurzfristige und langfristige Werbebudgetierung

Unter „Werbebudget" oder „Werbeetat" kann verstanden werden:

1. Kurzfristig die Höhe der von der Unternehmung für eine Werbeperiode geplanten Werbeausgaben. Rein kurzfristige Werbebudgetierung setzt voraus, daß die Leistungen der Werbeaktivität, d. h. der von ihr gestiftete Nutzen (Effekt), in die gleiche Periode fallen, in der die Werbeausgaben getätigt werden. Die Werbeausgaben der Periode stimmen dann mit dem Werbeaufwand bzw. – bei Aussonderung neutraler Aufwendungen und Einfügung von Zusatzkosten – mit den Werbekosten der Periode überein. Kurzfristige Werbebudgetierung ist somit nichts anderes als Werbekostenplanung.

2. Langfristig die Höhe der von der Unternehmung für mehrere Werbeperioden geplanten Werbeausgaben. Langfristige (mehrperiodische) Werbebudgetierung wird immer dann notwendig, wenn Werbeausgaben und Werbeeffekte nicht in die gleiche Periode fallen, wenn sich also „heutige" Werbeausgaben erst in der Zukunft „auszahlen". Die Werbeausgaben einer Periode sind dann nicht mehr mit dem Werbeaufwand identisch; „heutige" Werbeausgaben werden gänzlich oder teilweise erst in späteren Perioden zu Werbeaufwand. Rechnungstheoretisch sind sie daher zu aktivieren und auf mehrere Nachperioden zu verteilen; sie haben demnach den Charakter einer Investition. Langfristige Werbebudgetierung ist somit nicht Kostenplanung im engeren Sinne, sondern Investitionsplanung.

Kaum zweifelhaft ist, daß zahlreiche Werbeaktivitäten in starkem Umfange langfristige Wirkungen ausstrahlen. In besonderem Maße gilt das für die oft spektakuläre Einführungswerbung bei neuen Markenartikeln. Dennoch sind empirischen Erhebungen zufolge längerfristige Budgetierungen in der Praxis kaum zu finden. Begründet dürfte dies vor allem in den erheblichen Schwierigkeiten sein, mit denen eine hinreichend überprüfbare Einschätzung der Wirkungsdauer von Werbemaßnahmen belastet ist; hierunter leiden auch die Bemühungen um eine zutreffende Kontrolle des Werbeerfolges. Die in der Praxis gehandhabte Werbebudgetierung erstreckt sich daher überwiegend auf ein Jahr; das Denken in Werbekosten dominiert, während investorisches Denken noch wenig entwickelt zu sein scheint. Auf höherer Dimension entspricht dies der Präponderanz der kurzfristigen gegenüber der langfristigen Absatzplanung, ein Sachverhalt, der ebenfalls in der mit wachsendem Planungshorizont überproportional zunehmenden Prognoseunsicherheit begründet sein dürfte.

Ein analoges Verhältnis weist die Behandlung der Werbebudgetierung in der Werbetheorie auf. Während für die Analyse kurzfristiger Budgetentscheidungen zahlreiche kosten- und absatztheoretische Modelle entwickelt wurden, sind langfristige (investitionstheoretische und dynamische) Betrachtungen erst in Ansätzen vorhanden.

II. Richtgrößen der Werbebudgetierung

Die Kriterien, nach denen die Höhe des Werbeetats (bei kurzfristiger Budgetierung) in der Praxis bemessen wird, sind sehr unterschiedlich; sie lassen sich jedoch zu zwei großen Gruppen zusammenfassen:

1. I s t g r ö ß e n : Die Etathöhe für die kommende Periode wird entweder anhand von Periodengrößen der Vergangenheit oder anhand von Bestandsgrößen fixiert, die zum Zeitpunkt der Etatplanung gegeben sind. Unter den P e r i o d e n g r ö ß e n finden sich der Umsatz der letzten Periode, die Herstell- oder Gemeinkosten des letzten Jahres, der letzte Jahresgewinn, der Werbeaufwand der Konkurrenten oder der „branchenübliche" Werbeaufwand; als B e s t a n d s g r ö ß e treten insbesondere die zum Zeitpunkt der Werbeplanung verfügbaren liquiden Mittel in Erscheinung.

2. Z i e l g r ö ß e n (Plangrößen): Die Dotierung des Werbeetats richtet sich nach den Zielen, die der Werbung für die kommende Periode gesetzt sind. Diese Werbeziele sind bei rationaler Betriebsorganisation aus den obersten Unternehmenszielen (Endzielen) abgeleitet und haben diesen gegenüber den Charakter von Vorzielen; durch Erreichung der Werbeziele wird zugleich zur Realisierung der Unternehmensziele beigetragen. Typische ökonomische Zielgrößen der Werbebudgetierung sind die Absatzmengen, der Umsatz, der Marktanteil oder die durchzusetzenden Preise; ihnen vorgelagerte „außerökonomische" Zielgrößen stellen etwa das Produkt- oder Firmen-Image oder der Bekanntheitsgrad der Produkt- bzw. Firmenmarke dar.

Die Bemessung des Werbeetats anhand von I s t g r ö ß e n kann nicht als rationales Vorgehen im engeren Sinne qualifiziert werden; da keine Handlungsmaximen vorgegeben sind, handelt es sich nicht um echte Zielerreichungsentscheidungen, sondern um Gewohnheitsverhalten oder um Spontanhandlungen. Gleichwohl haben empirische Untersuchungen ergeben, daß sich die Werbebudgetierung in der Praxis überwiegend an Ist-Größen orientiert, wobei der Umsatz der letzten Periode das bevorzugte Budgetkriterium zu sein scheint: Der Werbeetat wird schematisch als — rational nicht zu begründender — Prozentsatz des letzten Jahresumsatzes veranschlagt.

Dagegen stellt die Bemessung des Werbeetats im Hinblick auf Z i e l g r ö ß e n eine echte Entscheidung für eine bestimmte Handlungsalternative dar. Die Höhe des Werbeetats wird in eine instrumentale Beziehung zum vorgegebenen Werbeziel gestellt; sie erscheint als finanzieller Ausdruck der Aktivitäten, die zur Realisierung des Werbeziels als notwendig betrachtet werden. Dies setzt allerdings operationales Wissen über den funktionalen Zusammenhang zwischen dem betreffenden Zielgrößenwert und der korrespondierenden Budgethöhe voraus, und hierin liegt fraglos der Engpaß rationaler Budgetplanung.

Planung des Werbebudgets 419

Die f a k t i s c h e n Budgetierungsverfahren (einschließlich der Etatbemessung nach Ist-Kriterien) sind Gegenstand der empirischen Verhaltensforschung; die Analyse ihrer Ursachen und Auswirkungen ist Objekt einer deskriptiven betriebswirtschaftlichen Theorie. Dagegen richtet sich die präskriptive („normative") Theorie der Unternehmung nicht auf faktische, sondern auf o p t i m a l e Budgetentscheidungen. Optimal können Entscheidungen jedoch nur in bezug auf vorausgesetzte Ziele sein. Einer präskriptiven Analyse der Werbebudgetierung muß daher notwendig die Bemessung des Werbebudgets an Zielgrößen zugrunde gelegt werden. Soweit empirisch überprüfte Hypothesen über die relevanten Mittel-Ziel-Zusammenhänge fehlen, sind sie zunächst durch Annahmen von möglichst hohem Plausibilitätsgrad zu ersetzen.

III. Elementarmodelle der kurzfristigen Werbebudgetierung

Der hier zur Verfügung stehende Raum zwingt zu einer Beschränkung der Analyse auf die elementaren Züge des Problems der Ableitung des optimalen Werbebudgets. Im folgenden kann daher lediglich eine E i n f ü h r u n g i n d i e T h e o r i e d e s W e r b e b u d g e t s gegeben werden; hierin ist zugleich die Bevorzugung geometrischer gegenüber algebraischen Ausdrucksmitteln begründet.

1. Prämissen

Den vorgeführten Modellanalysen liegen die folgenden, zum Teil erheblichen V e r e i n f a c h u n g e n zugrunde:

a) Die Überlegungen beschränken sich auf die k u r z f r i s t i g e Werbebudgetierung, die Analyse ist einperiodisch-statisch.

b) Gegenüber der Vielfalt möglicher Unternehmensziele wird als Handlungsmaxime der Budgetplanung lediglich die (kurzfristige) M a x i m i e r u n g d e s a b s o l u t e n G e w i n n s unterstellt; optimal ist das gewinnmaximale Werbebudget. Von einschränkenden Nebenbedingungen wird abgesehen. Vorgelagerte außerökonomische Zielgrößen werden „übersprungen".

c) Es besteht v o l l k o m m e n e I n f o r m a t i o n über alle Zusammenhänge zwischen Handlungsalternativen und Entscheidungsfolgen, insbesondere über die funktionalen Beziehungen zwischen alternativen Gewinnbeträgen und den dazugehörigen Budgetwerten.

d) Alle diese Zusammenhänge lassen sich auf s t e t i g e u n d s t e t i g d i f f e r e n z i e r b a r e F u n k t i o n e n abbilden.

e) Der Unternehmer operiert als m o n o p o l i s t i s c h e r Anbieter oder unter den Bedingungen heterogener p o l y p o l i s t i s c h e r K o n k u r r e n z. Anders als bei oligopolistischem Wettbewerb löst also der Einsatz von Werbekosten keine Reaktionen der Wettbewerber aus, namentlich besteht keine Werbekonkurrenz.

f) Es besteht M o n o p r o d u k t i o n ; damit reduziert sich die Analyse auf das gewinnmaximale Werbebudget für ein einziges Werbeobjekt.

g) Die Unternehmung arbeitet mit einem g e g e b e n e n W e r b e v e r f a h r e n, d. h. mit einer bereits fixierten Werbemittel-Werbeträger-Kombination, die ihrerseits im Hinblick auf einen f e s t l i e g e n d e n S t r e u k r e i s ausgewählt wurde.

h) In der betrachteten Periode werden außer werbe- und preispolitischen Maßnahmen k e i n e w e i t e r e n a b s a t z p o l i t i s c h e n I n s t r u m e n t e eingesetzt.

2. Werbeertrags- und Werbekostenfunktionen

Geht man von der kurzfristigen Maximierung des absoluten Gewinns als einziger oberster Handlungsmaxime der Unternehmenspolitik aus, so bilden die beiden Gewinnkomponenten „U m s a t z" und „K o s t e n" die grundsätzlich möglichen Zielgrößen der Werbung: Durch Werbung kann eine Beeinflussung des Umsatzes, der Kosten oder beider Größen beabsichtigt werden.

Beschränken wir uns auf den Umsatz als der praktisch dominierenden Zielvariablen, so kann mit der Werbung weiterhin entweder die E r h ö h u n g o d e r d i e E r h a l t u n g d e s U m s a t z e s angestrebt werden. Engen wir das Werbeziel ein weiteres Mal auf die Umsatzexpansion ein, so kann dies durch eine Erhöhung der Absatzmengen (bei konstanten oder fallenden Preisen), durch eine Erhöhung der Preise (bei konstanten oder geringeren Mengen) oder durch eine Erhöhung der Absatzmengen u n d der Preise erreicht werden. Absatzmengen und/oder Preise bilden demnach die unmittelbaren Zielgrößen der Werbung; „W e r b e e r t r ä g e" sind daher alle durch Werbung ausgelösten positiven Veränderungen des Periodenabsatzes und/oder des Preises. Welche Umsatzkomponente jeweils als Werbeertrag zu betrachten ist, hängt davon ab, auf welche Größe mit der Werbung „gezielt", welche W e r b e s t r a t e g i e also gewählt wird.

„W e r b e k o s t e n" sind bewerteter Güterverzehr zur Erzielung von Werbeerträgen, also von positiven Absatzmengen- und/oder Preisveränderungen mit Hilfe der Werbung (von einer rechnungstheoretischen Differenzierung zwischen „Werbekosten" und „Werbeaufwand" sowie zwischen „Werbeertrag" und „Werbeleistung" wird hierbei abgesehen). Ein derartiger Güterverzehr entsteht zunächst bei der Planung und Kontrolle der Werbung, sodann bei der Herstellung von Werbemitteln und schließlich bei der Werbemittelstreuung. Soweit dafür von der Unternehmung externe Institutionen herangezogen werden (z. B. Marktforschungsinstitute und Werbeagenturen für die Planung und Kontrolle der Werbung; Graphiker, Druckereien oder Werbefilmgesellschaften für die Herstellung der Werbemittel; Zeitschriften, Fernsehanstalten oder Filmtheater für die Werbestreuung), handelt es sich kalkulatorisch um Fremdleistungskosten.

Nehmen wir an, daß die Unternehmung nur ein einziges Werbemittel (eine Anzeige) einsetzt und diese durch einen einzigen Werbeträger (eine Tageszeitung) ausstreut. Es entstehen dann einmal Kosten für Anzeigenentwurf und Klischeeherstellung (Werbemittelkosten), zum anderen für die Aufnahme der Anzeige in den Werbeträger (Streukosten); während die Werbemittelkosten in diesem Fall streumengenfix sind (dies ist durchaus nicht immer so; bei der Plakatwerbung z. B. ist der überwiegende Teil der Werbemittelkosten von der Streuintensität abhängig, d. h. streumengenvariabel), steigen die Streukosten mit zunehmender Zahl der Einschaltungen je Periode (Streufrequenz) an, sie sind streumengenvariabel. Die gesamten d i r e k t e n W e r b e k o s t e n sind definiert als Werbemittelkosten + (Streufrequenz × Streupreis). Sehen wir davon ab, daß der Werbeträger Mengenrabatte gewährt, so läßt sich der Zusammenhang durch eine Gerade veranschaulichen, deren Anstieg vom Streupreis p als Proportionalitätskonstante bestimmt wird (Abbildung 1).

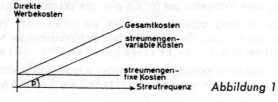

Abbildung 1

Planung des Werbebudgets

Setzt die Unternehmung nun m Werbemittel in n Werbeträgern ein, und sind die Werbemittelkosten wiederum von der Streufrequenz unabhängig, so lassen sich die direkten Werbekosten K_{wd} durch den Ausdruck:

$$（1） \quad K_{wd} = \sum_{j=1}^{m} \sum_{k=1}^{n} (a_{jk} + p_{jk}\, q_{jk})$$

definieren, worin a die Werbemittelkosten, q die Zahl der Einschaltungen und p die Streupreise, qp also die Streukosten repräsentieren. Verfügt die Unternehmung über eine eigene Werbeabteilung, so sind hierzu noch die **indirekten Werbekosten** (anteilige Gehälter, Raumkosten, kalkulatorische Zinsen usw.) hinzuzufügen.

Voraussetzung einer Optimierung des Werbebudgets ist, daß bei gegebenem Werbeverfahren – das gewissermaßen die „qualitative" Dimension der Werbeplanung bildet – eine quantitative Beziehung zwischen den Werbekosten K_w und dem Werbeertrag besteht: Die Werbeerträge sind eine (zunehmende) Funktion der Werbekosten und umgekehrt. Je nachdem, ob als Werbeertrag eine Absatzmengensteigerung Δx, eine Preissteigerung Δp oder eine durch höhere Mengen und höhere Preise bewirkte Umsatzsteigerung ΔU angestrebt wird, lautet die **Werbeertragsfunktion**: $\Delta x = f(K_w)$, $\Delta p = g(K_w)$ oder $\Delta U = h(K_w)$. Durch Umkehrung dieser Beziehungen erhält man die ihnen entsprechenden Werbekostenfunktionen. Gehen wir von einer zu konstanten Preisen angestrebten Absatzmengensteigerung als „typischem" Werbeertrag aus, so lautet die **Werbekostenfunktion**: $K_w = f(\Delta x)$.

Über den Verlauf der Werbeertrags- bzw. Werbekostenfunktionen fehlt es bis heute an empirisch gesichertem Wissen. Als Plausibilitätsannahme wird in der Regel das sogenannte **Werbeertragsgesetz** verwendet: 1) Sehr geringe Werbekosteneinsätze bleiben wirkungslos, weil sie nicht hinreichen, um Verhaltensänderungen auszulösen; 2) jenseits einer Werbewirkungsschwelle nehmen die Absatzmengen zunächst stärker zu als die Werbekosten, da sich überproportionale Steigerungen des Bekanntheitsgrades und des Lernerfolges sowie Weiterpflanzungs- und Demonstrationseffekte ergeben; 3) nach Erreichen eines Optimums steigen die Absatzmengen im Verhältnis zu den Werbekosten nur noch unterproportional, da sich der Bekanntheitsgrad immer weniger erhöhen läßt, die Lernerfolge schwächer werden und Sättigungserscheinungen auftreten. Unter Verwendung einer Spiegelachse S ergeben sich in geometrischer Darstellung die in Abbildung 2 abgebildeten Werbeertrags- und -kostenverläufe.

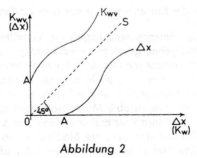

Abbildung 2

Zu beachten ist, daß es sich bei den mit K_{wv} bezeichneten Kosten lediglich um die streumengenvariablen Kosten handelt. In Höhe von OA sind diese streumengenvariablen Kosten absatzmengenfix gemäß Phase 1) des Werbeertragsgesetzes; der Punkt A repräsentiert die **Werbewirkungsschwelle** Die gesamten absatzmengenfixen Kosten erhält man, wenn man zu OA die streumengenfixen und die indirekten Werbekosten hinzurechnet. Zusammen mit den in A beginnenden absatzmengenvariablen Werbekosten ergeben sich die Werbegesamtkosten.

Ferner ist hervorzuheben, daß die abgebildeten Funktionen eine zweifache **Konstanz** voraussetzen: die Konstanz des **Streukreises** in regionaler und soziostruktureller Hinsicht und die Konstanz des **Werbeverfahrens**. Änderungen in diesen Größen führen in der Regel zu Kurvenverlagerungen. Dabei kann eine Änderung des Streukreises eine gleichzeitige Verfahrensvariation notwendig machen, so etwa bei der Ausweitung des Streufeldes von der lokalen auf die überregionale Ebene durch Übergang von einer lokalen auf eine überregionale Tageszeitung als Werbeträger. Dagegen bleibt das Werbeverfahren trotz Änderung des Streukreises konstant, wenn zum Beispiel eine bisher nur in einem Stadtteil durchgeführte Plakatanschlagwerbung auf mehrere Stadtteile ausgedehnt wird.

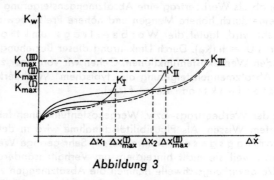

Abbildung 3

Nehmen wir an, das Stadtgebiet gliedere sich in drei Plakatwerbestreufelder. Wird nur im Streufeld I geworben, so ergibt sich die in Abbildung 3 dargestellte Werbekostenkurve K_I als Funktion der Streudichte, d. h. der Zahl der belegten Plakatsäulen; werden sämtliche vorhandenen Säulen belegt, so wird das Kostenmaximum $K_{max}^{(I)}$ erreicht, dem ein Mehrabsatzmaximum $\Delta x_{max}^{(I)}$ entspricht. Wird die Werbung auf zwei Stadtteile ausgedehnt, so resultiert daraus die Kostenkurve K_{II} mit dem Kostenmaximum $K_{max}^{(II)}$ und dem Mehrabsatzmaximum $\Delta x_{max}^{(II)}$. Entsprechend liegen die Verhältnisse bei der Kostenkurve K_{III}, wenn im gesamten Stadtgebiet geworben wird. Es zeigt sich nun, daß die Wahl des Streukreises über die Werbekostenkurvenverläufe hinweg vom angestrebten Mehrabsatz abhängt: Bis zum Mehrabsatz Δx_1 genügt ein einziger Streukreis; bei einem zwischen Δx_1 und Δx_2 liegenden Mehrabsatzziel ist die Werbung in zwei Streugebieten auch dann günstiger, wenn sich der angestrebte Mehrabsatz noch allein im Streufeld I erreichen ließe; soll schließlich ein Mehrabsatz erzielt werden, der Δx_2 übersteigt, so wird die Ausdehnung des Streufeldes auf das gesamte Stadtgebiet vorteilhaft, und zwar auch dann, wenn der angestrebte Mehrabsatz noch in zwei Streufeldern realisiert werden könnte. Die Mengen Δx_1 und Δx_2 markieren daher die **kritischen Punkte des Streufeldwechsels**. Verbindet man die effizienten Teile der drei Kostenkurven, so ergibt sich die in Abbildung 3 als gestrichelte Linie dargestellte **Geringstwerbekostenkurve**.

In methodisch gleicher Weise ist vorzugehen, wenn statt alternativer Streukreise a l t e r ‑
n a t i v e   W e r b e v e r f a h r e n vorliegen oder Streufeldänderungen zwangsläufig
mit Verfahrensvariationen gekoppelt sind; dabei ergeben sich – anders als im hier dar‑
gestellten Fall – häufig auch Änderungen nicht nur der variablen, sondern auch der fixen
Werbekosten.

Grundsätzlich lassen sich analoge Funktionen für den Fall ableiten, daß mit der Wer‑
bung bei konstanter Absatzmenge alternativ höhere Preise durchgesetzt werden sollen.
An die Stelle der Werbekosten-Absatzfunktion $K_w = f(\Delta x)$ tritt dann die Werbekosten-
Preisfunktion $K_w = g(\Delta p)$. Werden mit der Werbung schließlich simultane Preis- und Ab‑
satzmengensteigerungen angestrebt, so ergibt sich eine Werbekosten-Umsatzfunktion
$K_w = h(\Delta U)$.

3. Das optimale Werbebudget bei Mengenstrategie

Wir stellen zunächst die Frage nach dem optimalen (gewinnmaximalen) Werbebudget
unter der Voraussetzung, daß mit der Werbung bei konstantem Preis auf die Absatz‑

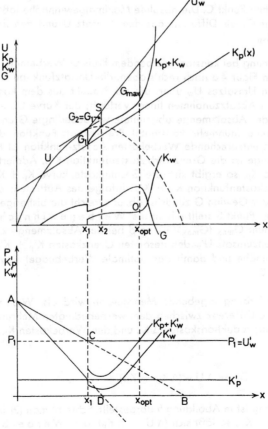

Abbildung 4a (oben) und 4b (unten)

menge gezielt wird (**Mengenstrategie**); die Werbeertragsfunktion lautet dann: $\Delta x = f(K_w)$. Eine solche Verhaltensweise findet sich in der Praxis häufig, insbesondere bei stark preiselastischer Nachfrage, bei Festpreispolitik im Rahmen der vertikalen Preisbindung, bei kollektiver Preispolitik oder staatlichen Preisregulierungen. Wir gehen dabei sowohl für die monopolistische als auch für die polypolistische Marktform von einer linearen und monoton fallenden Preis-Absatz-Funktion aus; der Unterschied besteht lediglich darin, daß Lage und Form der monopolistischen Absatzkurve allein von der Präferenzstruktur der Nachfrager bestimmt sind, während die Gestalt der polypolistischen Kurve auch von den absatzpolitischen Aktivitäten der Wettbewerber abhängig ist, diese aber als konstant betrachtet werden. Es handelt sich also um eine Polypol-Kurve vom Chamberlinschen Typ, die zur Vereinfachung der Darstellung gewählt wurde; die folgenden Ableitungen lassen sich jedoch ebenso anhand einer doppelt geknickten Absatzkurve vornehmen, wie sie von Gutenberg entwickelt wurde.

Eine „klassische" Preis-Absatz-Funktion verbindet in Abbildung 4b die Punkte A und B; sie wird von der Unternehmung **ohne** Werbung erreicht (etwa durch ausschließlichen persönlichen Verkauf mit Hilfe von Offerten, Vertretern, Reisenden usw.). Die dazugehörige Grenzumsatzkurve ist AD. Ohne Einsatz von Werbemitteln ergibt sich bei konstanten Grenzproduktionskosten K'_p die gewinnmaximale Preis-Mengen-Kombination $\{p_1\ x_1\}$ aus dem Cournotschen Punkt C. Die absolute Maximalgewinnhöhe läßt sich aus Figur 4a ablesen; sie beträgt G_1 als Differenz aus dem Umsatz U und den linear verlaufenden Produktionskosten K_p.

Setzt die Unternehmung bei konstant bleibendem Preis p_1 Werbemittel ein, so öffnet sich die Umsatzglocke in Figur 4a nach rechts oben, die Umsatzfunktion U geht in die Kurve des werbebedingten Umsatzes U_w über, die als Produkt aus dem konstanten Preis und den werbebedingten Absatzzunahmen linear verläuft; der Kurve U_w entspricht in Abbildung 4b die nach der Absatzmenge abgeleitete werbebedingte Grenzumsatzkurve U'_w, die zugleich die neue (nunmehr konstante) Preis-Absatz-Funktion darstellt. Die dem Werbeertragsgesetz entsprechende Werbekosten-Absatz-Funktion ist K_w; ihre Ableitung nach der Absatzmenge ist die Grenzwerbekostenfunktion K'_w. Addiert man sie zur Produktionskostenkurve K_p, so ergibt sich die Gesamtkostenkurve $K_p + K_w$; ihre Ableitung ist die Gesamtgrenzkostenfunktion $K'_p + K'_w$. Infolge des Auftretens absatzmengenfixer Werbekosten sinkt der Gewinn G zunächst ab, er erreicht die bisherige Höhe erst bei der Absatzmenge x_2; der Punkt S stellt mithin die **Werbegewinnschwelle** dar. Das neue Gewinnmaximum G_{max} ($G_{max} > G_1$) wird bei der Absatzmenge x_{opt} erzielt; hier ist gleichzeitig der Grenzumsatz U'_w den gesamten Grenzkosten $K'_p + K'_w$ gleich. Die günstigste Werbekostenhöhe und damit das optimale Werbebudget liegt auf der Werbekostenkurve K_w bei 0.

Der sich aus der Werbung ergebende Mehrgewinn wird als **Werbegewinn** G_w bezeichnet. Er ist die Differenz zwischen dem werbebedingten Mehrumsatz ΔU und der Summe aus den Mehrproduktionskosten ΔK_p und den Werbekosten K_w.

Es gilt also:

(2) $$G_w = \Delta U - (\Delta K_p + K_w).$$

Dieser Zusammenhang ist in Abbildung 5 dargestellt. Schreibt man (2) in folgender Form: $G_w = (\Delta U - \Delta K_p) - K_w$, so läßt sich $(\Delta U - \Delta K_p)$ als **Werbe-Bruttogewinn** bezeichnen; G_w ist dann der **Werbe-Nettogewinn**.

Planung des Werbebudgets

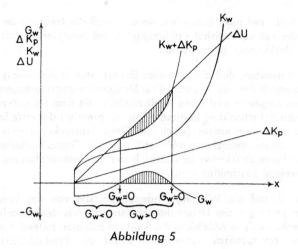

Abbildung 5

Aus Abbildung 4b ergab sich, daß der Werbegewinn und mit ihm der Gesamtgewinn dann maximal wird, wenn die Summe aus Grenzproduktions- und Grenzwerbekosten dem Preis gleich ist. Algebraisch läßt sich dies wie folgt beweisen:

Wird keine Werbung betrieben, so hängt die Absatzmenge allein vom Preis ab. Im Monopolfall lautet die Preis-Absatz-Funktion $x = x(p)$. Bei Einsatz von Werbemitteln und konstantem Preis wird daraus die Werbekosten-Absatz-Funktion:

(3) $\quad x = x(K_w, \overline{p})$.

Nun ist der Gesamtgewinn G definiert durch:

(4) $\quad G = \overline{p} \cdot x(K_w, \overline{p}) - Kp(x) - K_w$

Zur Ermittlung des Gewinnmaximums ist die Gewinnfunktion partiell nach der Absatzmenge zur differenzieren und der Grenzgewin gleich Null zu setzen:

(5) $\quad \dfrac{\delta G}{\delta x} = p - \dfrac{\delta Kp}{\delta x} - \dfrac{\delta K_w}{\delta x} = 0!$

Daraus ergibt sich:

(6) $\quad p = \dfrac{\delta Kp}{\delta x} + \dfrac{\delta K_w}{\delta x}$.

Das so abgeleitete G e s a m t gewinnmaximum impliziert jedoch nicht in jedem Fall auch ein W e r b e gewinnmaximum. Ein Werbegewinn stellt sich gemäß Abbildung 4a nur dann ein, wenn eine Absatzmenge existiert, bei der ein höherer Gesamtgewinn erreicht wird, als er ohne Werbung zu erzielen war. Ist das nicht der Fall, so hat die Werbung keinen positiven Erfolg; das neue Gesamtgewinnmaximum ist dann ein Werbeverlustminimum. Ob sich ein Werbegewinn einstellt, hängt nun offensichtlich von den Neigungen der Werbekostenkurve und der Kurve des werbebedingten Umsatzes ab. Da der Anstieg der Umsatzkurve von der Höhe des (konstanten) Preises bestimmt wird, läßt sich auch sagen, daß die Aussicht auf einen positiven Werbeerfolg um so größer wird, je höher der konstante Preis bei gegebener Neigung der Werbekostenkurve ist und umgekehrt. Dabei darf aber nicht übersehen werden, daß die Neigung der Werbekostenkurve selbst wieder von der Preishöhe abhängig ist, und zwar derart, daß sie sich gerade bei hohem Preis stärker nach oben krümmt.

Ferner ist der Fall denkbar, daß die gesamten Grenzkosten in Abbildung 4 b nicht unterhalb, sondern oberhalb der neuen (parallel zur Mengenachse verlaufenden) Grenzumsatz- (= Preis-)Geraden beginnen und diese somit zunächst mit dem fallenden und dann erst mit dem steigenden Ast schneiden. In diesem Fall repräsentiert der erste Schnittpunkt entweder ein Gesamtgewinnminimum (wenn die Gesamtkostenkurve stets unterhalb der werbebedingten Gesamtumsatzkurve verbleibt) oder ein Gesamtverlustmaximum (wenn die Gesamtkostenkurve streckenweise oberhalb der Gesamtumsatzkurve verläuft, diese also ebenfalls zweimal geschnitten wird).

Schließlich sei noch auf die Wirkung eingegangen, die von der Werbung auf das **Stückkostengefüge** der Unternehmung ausgeht. Aus der Linearität der Produktionsgesamtkostenkurve K_p in Abbildung 4 a folgt ein monoton fallender, sich den Grenzproduktionskosten asymptotisch nähernder Verlauf der Produktionsstückkostenkurve

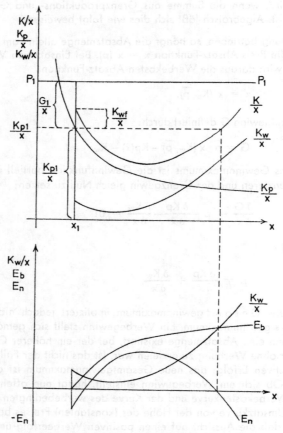

Abbildung 6a (oben) und 6b (unten)

K_p/x, während der dem Werbeertragsgesetz korrespondierenden Werbekostenkurve K_w eine u-förmig gekrümmte Werbestückkostenkurve K_w/x entspricht (vgl. Abbildung 6 a). Addiert man beide Kurven, so erhält man die u-förmig verlaufende Kurve der gesamten Stückkosten K/x. Bei der ohne Werbung optimalen Absatzmenge x_1 betragen die fixen Werbestückkosten K_{wf}, der Stückgewinn ist G_1/x. Aus dem Sinken der Produktionsstückkosten infolge werbebedingter Absatzausdehnung resultiert die in Abbildung 6 b dargestellte Kurve der B r u t t o - S t ü c k k o s t e n e r s p a r n i s E_b; man erhält sie, indem man die Kurve der Produktionsstückkosten K_p/x in Abbildung 6 a von der K_{p1}/x-Linie subtrahiert. Die N e t t o - S t ü c k k o s t e n e r s p a r n i s ist die Differenz aus der Brutto-Ersparnis und den Werbestückkosten; die Netto-Ersparniskurve E_n ergibt sich, wenn man in Abbildung 6 a die Kurve der gesamten Stückkosten K/x von der K_{p1}/x-Geraden oder in Abbildung 6 b die Kurve der Werbestückkosten K_w/x von der Brutto-Ersparniskurve subtrahiert.

4. Das optimale Werbebudget bei Preisstrategie

Wir gehen nun zu dem entgegengesetzten Fall über, daß mit der Werbung bei konstanter Absatzmenge auf den Preis gezielt wird (P r e i s s t r a t e g i e); die Werbeertragsfunktion lautet dann: $\Delta p = g(K_w)$. Diese Verhaltensweise dürfte in der Praxis seltener als die Mengenstrategie anzutreffen sein; sie liegt jedoch bei vollbeschäftigten Kapazitäten, Beschaffungsengpässen oder Quotenkartellen denkbar nahe.

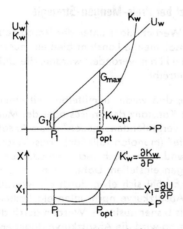

Abbildung 7a (oben) und 7b (unten)

Zur geometrischen Behandlung des Problems muß das übliche Preis-Absatz-Diagramm verändert werden. Auf der Abszisse sind nunmehr die Preise, auf der Ordinate die Absatzmengen abzutragen. Die Zusammenhänge sind in Abbildungen 7 a und 7 b ausschnittweise dargestellt. Die ohne Werbung optimale Preis-Mengen-Kombination ist wiederum $\{p_1\ x_1\}$, der entsprechende Gewinn ist G_1. Durch Einsatz von Werbemitteln wird der Preis bei konstant bleibender Absatzmenge x_1 ständig erhöht. Da die Produktionskosten lediglich von der Menge, nicht aber vom Preis abhängen, sind sie konstant; ihre Einbeziehung erübrigt sich. Der Verlauf der Werbekosten folgt wiederum dem — nun auf den Preis bezogenen — Werbeertragsgesetz. Im Gewinnmaximum sind die Grenzkosten der Werbung dem Grenzumsatz gleich. Das optimale Werbebudget beträgt $K_{w\,opt}$.

Bei der algebraischen Formulierung muß beachtet werden, daß Grenzumsatz und Grenzwerbekosten nun nicht mehr partielle A b l e i t u n g e n des Umsatzes bzw. der Werbekosten nach der Menge, sondern n a c h d e m P r e i s darstellen; der Grenzumsatz ist ist $\delta U/\delta p$, die Grenzwerbekosten sind $\delta K_W/\delta p$; der Grenzumsatz ist nicht dem Preis, sondern der Menge gleich.

Die Preis-Werbekostenfunktion lautet:

(7) $$p = p (K_W, \overline{x})$$

Die Gewinnfunktion ist nunmehr:

(8) $$G = \overline{x} \cdot p (K_W, \overline{x}) - K_W$$

Die partielle Ableitung der Gewinnfunktion nach dem Preis ergibt:

(9) $$\frac{\delta G}{\delta p} = x - \frac{\delta K_W}{\delta p} = 0!$$

Daraus folgt:

(10) $$x = \frac{\delta K_W}{\delta p}.$$

5. Das optimale Werbebudget bei Preis-Mengen-Strategie

Bisher wurde das optimale Werbebudget unter der Voraussetzung abgeleitet, daß entweder der Preis oder die Absatzmenge konstant bleiben; nunmehr ist der Fall darzustellen, daß beide Größen s i m u l t a n verändert werden, die Unternehmung also P r e i s - M e n g e n - S t r a t e g i e betreibt.

Dies hat zunächst zur Folge, daß weder unmittelbar mit einer kontinuierlichen Werbekostenkurve (die ja entweder Konstanz des Preises oder der Menge voraussetzt), noch mit einer parallel zur Abszisse verlaufenden „neuen" Preis-Absatz-Kurve operiert werden kann. Vielmehr wird die „alte" (monoton fallende) Preis-Absatz-Funktion mit zunehmendem Werbeaufwand mehr und mehr nach rechts verschoben, wobei sich jeweils neue Preise und neue Absatzmengen einstellen. Dabei kann sich auch die F o r m der Preis-Absatz-Funktion verändern. Erhöht sich etwa durch die Werbung der Bekanntheitsgrad des Produktes, so wird die Absatzkurve nach unten elastischer; Preissenkungen würden größere Mengenzuwächse als bisher auslösen. Werden durch die Werbung die Präferenzen der Nachfrager verstärkt, so wird die Absatzkurve dagegen nach oben unelastischer; Preiserhöhungen würden einen geringeren Absatzrückgang als bisher zur Folge haben. Aus Gründen der Vereinfachung sollen im folgenden jedoch bloße L a g e veränderungen, d. h. Parallelverschiebungen der Absatzkurve, angenommen werden. Gefragt wird nach jener Preis-Absatz-Funktion, bei der unter Berücksichtigung der Werbekosten der Gesamtgewinn maximiert wird, oder — anders formuliert — nach derjenigen Werbekostenhöhe, bei der die gewinnmaximale Preis-Mengen-Kombination (Preis-Absatz-Funktion) erreicht wird.

Die geometrische Lösung dieses Problems ist in Abbildungen 8 a und 8 b dargestellt. Basis der Ableitung ist die Preis-Absatz-Funktion A_0A_0, die wiederum die ohne Werbeaktivität gekennzeichnete Ausgangssituation repräsentiert. Ihr entsprechen die Umsatzkurve U_0, die Produktionskostenkurve $K_P = K_0$ und die dem Cournot'schen Punkt C_0 korrespon-

Planung des Werbebudgets

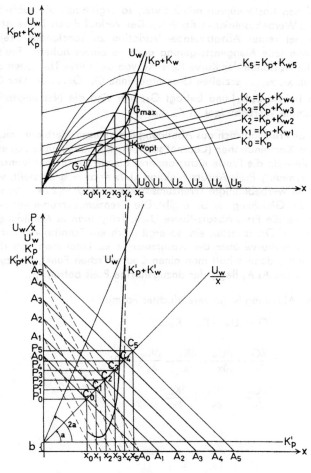

Abbildung 8a (oben) und 8b (unten)

dierende Preis-Mengen-Kombination $\{P_0 X_0\}$ mit dem Maximalgewinn G_0. Es werden nun hypothetisch die alternativen Werbebudgets $K_{w1}, K_{w2}, \ldots$ ($K_{w1} < K_{w2} < \ldots$) eingesetzt. Durch Einsatz des (geringsten) Werbebudgets K_{w1} wird die Preis-Absatz-Funktion nach $A_1 A_1$, die Umsatzkurve nach U_1 und die Kostenkurve nach $K_1 = K_p + K_{w1}$ verschoben; im Cournot'schen Punkt C_1 wird die Preis-Mengen-Kombination $\{p_1 x_1\}$ realisiert, der Gesamtgewinn ist G_1. Soll die Preis-Absatz-Funktion $A_2 A_2$ mit der Umsatzkurve U_2 erreicht werden, so ist dafür das Werbebudget K_{w2} erforderlich, und so fort. Bei jedem Übergang zu einer höher liegenden Preis-Absatz-Funktion erhöhen sich Preis und Menge jeweils simultan um den gleichen absoluten Betrag, während die dafür vorzunehmenden Werbekostensteigerungen zunächst geringer und dann größer werden. Hierin kommt nichts anderes als das nunmehr auf den Umsatz bezogene Werbeertragsgesetz zum Ausdruck. Verbindet man die gewinnmaximalen Punkte auf den Umsatzkurven $U_0, U_1 \ldots$ miteinander, so erhält man die Kurve des werbebedingten Umsatzes U_w; da sie den geometrischen Ort aller optimalen Preis-Mengen-**Produkte** darstellt, hat sie die Gestalt einer quadratischen Parabel vom Typ $U_w = ax^2 + bx$. Verbindet man die entsprechenden Punkte auf den Kostenkurven miteinander, so ergibt sich die kubisch-parabolische Produktions- und Werbekostenkurve Kp + K$_w$. Der Verlauf dieser Kurve ist freilich erheblich steiler als bei reiner Absatzmengen-Variation zu konstantem Preis (vgl. Abbildung 4 a), da nun jede Mengensteigerung auch zu einem höheren Preis durchgesetzt werden muß. Die Abstände der Kurve K$_p$ + K$_w$ von der Kurve U$_w$ geben die bei den jeweiligen Mengen x$_1$, x$_2$, ... erzielten Gesamtgewinne G$_1$, G$_2$ ... an. Der Gesamtgewinn ist am größten bei $\{x_4 U_4 K_4\}$ und beträgt G$_4$; hier sind die Neigungen beider Kurven gleich. Das optimale Werbebudget ist K$_{w\ opt}$.

Der dazugehörige Preis läßt sich aus Abbildung 8 b ablesen. Verbindet man alle optimalen Preis-Mengen-Kombinationen (Cournot'schen Punkte) miteinander, so erhält man eine Preis-Gerade, die – da die Preise nichts anderes als die Durchschnittsumsätze sind – die werbebedingte („neue") Preis-Absatz-Funktion U$_w$/x = ax + b darstellt, wobei b = K'$_p$. Die dazugehörige werbebedingte Grenzumsatzkurve ist U' = 2 ax + b, was sich durch Differentiation der Gleichung für U$_w$ ergibt. Die Grenzumsatzkurve hat mithin den doppelten Anstieg wie die Preis-Absatz-Kurve U$_w$/x. Trägt man in Abbildung 8 b dazu die Kurve der gesamten Grenzkosten ein, so ergibt sich ein Schnittpunkt mit der werbebedingten Grenzumsatzkurve über der Absatzmenge x$_4$. Lotet man von diesem auf die U$_w$/x-Kurve hinunter, dann erhält man einen Cournot'schen Punkt, der zugleich auf der Preis-Absatz-Funktion A$_4$ A$_4$ liegt; der dazugehörige Preis beträgt p$_4$.

Die algebraische Ableitung ist (in vereinfachter Form):

(11) $$G = U_w - K_p - K_w$$

(12) $$\frac{\delta G}{\delta x} = \frac{\delta U_w}{\delta x} - \frac{\delta K_p}{\delta x} - \frac{\delta K_w}{\delta x} = 0!$$

(13) $$\frac{\delta U_w}{\delta x} = \frac{\delta K_p}{\delta x} + \frac{\delta K_w}{\delta x}.$$

Schlußbemerkungen

Die Exaktheit der vorgeführten Ableitungen des optimalen Werbebudgets bei unterschiedlichen Werbestrategien darf nicht darüber hinwegtäuschen, daß sie aus Prämissen von zum Teil erheblicher Restriktivität gewonnen wurden. Anhand der verwendeten Modelle lassen sich daher lediglich die bei der Werbebudgetierung zu beachtenden Einflußgrößen und Grundzusammenhänge erkennen, während ihnen das Merkmal der Operationalität fehlt; (sie wurden deshalb ausdrücklich als Elementarmodelle bezeichnet). Abschließend soll im Überblick gezeigt werden, in welcher Hinsicht sich die realen Verhältnisse von den Modellvoraussetzungen unterscheiden können, und welche Konsequenzen sich daraus für die Werbetheorie ergeben; auf entsprechendes Schrifttum wird in der beigefügten Literaturauswahl verwiesen.

1. Berücksichtigt man den Umstand, daß sich Werbemaßnahmen in vielen Fällen nicht sofort, sondern erst im Zeitablauf auswirken, daß also Werbekosten und Werbeerträge zeitlich auseinanderfallen, so muß an die Stelle der kurzfristigen Budgetplanung die **langfristige Werbebudgetierung** treten.

Planung des Werbebudgets 431

a) Soll die optimale Höhe eines in der Periode t einzusetzenden, sich aber erst in den Perioden $\bar{t}, \bar{t}+1,\ldots, \bar{t}+k$ auswirkenden Werbebudgets bestimmt werden, so können dafür die **statisch-langfristigen Modelle** der Investitionstheorie herangezogen werden. Die in der Periode t getätigten Werbeausgaben stellen dann die Auszahlungen der Investition dar, während die Einzahlungen von den in den Perioden $\bar{t}, \bar{t}+1,\ldots, \bar{t}+k$ entstehenden Brutto-Werbegewinnen gebildet werden. Den Kapitalwert der Werbeinvestition erhält man, indem man die erwarteten Brutto-Werbegewinne mit dem Kalkulationszinsfuß auf den Kalkulationszeitpunkt diskontiert und hiervon die Werbeausgaben abzieht. Die abgezinsten Einzahlungen sind bei gegebenem Kalkulationszinsfuß um so größer, je eher die Werbewirkung durch Gewinnung von Neukäufern eintritt (je näher also $\bar{t}$ an t liegt) und je größer die Zahl der Nachkäufer (die Markentreue) sowie der Werbe-Bruttogewinn ist. Da jedoch eine Erhöhung der Einzahlungen stets auch eine Erhöhung der Auszahlungen bedingt, müssen die Kapitalwerte alternativer Werbebudgets miteinander verglichen werden; optimal ist das Werbebudget mit dem höchsten Kapitalwert.

b) Werden – wie insbesondere bei der sogenannten Erhaltungswerbung – Werbemaßnahmen im Zeitablauf getroffen, so müssen die Werbeperioden (Wiederholungszeitpunkte) und die Werbebudgets in diesen Perioden simultan bestimmt werden, wobei außerdem die temporale Interdependenz der Werbewirkungen zu berücksichtigen ist. Dafür sind **dynamisch-langfristige Modelle** erforderlich; Entscheidungsmaxime der Werbebudgetierung ist dann die Maximierung des langfristigen Gewinns, der sich durch Abzinsung aller innerhalb des Investitionshorizontes erwarteten Periodengewinne auf den Kalkulationszeitpunkt ergibt.

2. Neben der Maximierung des absoluten Gewinns sind für die Werbebudgetierung **weitere unternehmenspolitische Handlungsmaximen** möglich, wie etwa die Erreichung einer befriedigenden Netto-Verzinsung des Kapitals, die Maximierung des Umsatzes, die Maximierung des Marktanteils usw. Dabei treten häufig **Nebenbedingungen** auf, derart etwa, daß ein bestimmter Mindestgewinn erzielt werden soll, Kapazitätsgrenzen beachtet werden müssen, oder daß das Werbebudget finanziellen Beschränkungen unterliegt. Soweit diese Nebenbedingungen die Form von Ungleichungen annehmen, läßt sich die hier herangezogene Marginalanalyse nicht mehr verwenden; falls die Ungleichungen linear sind oder sich linear approximieren lassen, ist sie durch nicht-lineare **Programmierungsmodelle** zu ersetzen.

3. Unrealistisch ist die Annahme vollkommener Information der Unternehmung, insb. über den Verlauf der Werbekostenfunktionen. Da sich die Budgetplanung im praktischen Fall vielmehr – bei monopolistischer oder polypolistischer Marktform – unter mehrwertigen, **subjektiv unsicheren Erwartungen** vollzieht, muß versucht werden, für die werberelevanten Zusammenhänge probabilistische Beziehungen (Wahrscheinlichkeitsverteilungen) zu finden. An die Stelle der hier vorgeführten deterministischen Kalkülmodelle treten dann **stochastische Prognosemodelle**.

4. In der Praxis läßt sich ferner die Werbeintensität (Streufrequenz, Streudichte) nicht immer kontinuierlich, sondern oft nur stufenweise variieren; so ist es der Unternehmung zum Beispiel nicht möglich, bei der Anschlagwerbung eine beliebige Anzahl von Plakatsäulen in einem Streugebiet zu belegen. Dies hat zur Folge, daß die **Werbekostenfunktion unstetig** wird und daher auch nicht stetig differenzierbar ist; hierdurch wird die Anwendbarkeit des Infinitesimalkalküls weiter eingeschränkt.

5. Die größte Werbeintensität findet sich erfahrungsgemäß bei Unternehmungen, die in heterogen-oligopolistischen Konkurrenzbeziehungen stehen; dies gilt insbesondere für Markenartikelhersteller. Unter diesen Bedingungen lösen die Werbeaktionen eines Unternehmens in der Regel Reaktionen der Wettbewerber aus, die ihrerseits in (defensiven) Werbeaktionen, aber auch in preis- oder qualitätspolitischen Gegenmaßnahmen bestehen können; die Betriebe stehen in zirkularer parametrischer Interdependenz. Für den Fall bloßer Werbekonkurrenz bedeutet dies, daß der Verlauf der Werbekostenfunktion eines Unternehmens nicht nur von der Höhe des eigenen Werbebudgets, sondern auch von der Höhe der Werbebudgets abhängt, mit denen die Konkurrenten auf die eigene Werbung reagieren; die Erwartungen über den Zusammenhang zwischen Werbebudgetwert und Gewinnbetrag (oder den Werten anderer Zielfunktionen) werden damit objektiv unsicher. Für die Budgetanalyse sind nunmehr im engeren Sinn strategische, insbesondere spieltheoretische Modelle heranzuziehen.

6. Bei den heutigen Unternehmungen handelt es sich in der Mehrzahl um Mehrproduktbetriebe, so daß in der Regel mehrere Werbeobjekte vorhanden sind. Für die Budgetplanung ist dieser Sachverhalt – sofern Produkt-, nicht Firmenwerbung betrieben wird – nur dann ohne Belang, wenn die Nachfrage nach den einzelnen Erzeugnissen voneinander unabhängig ist. Bestehen jedoch zwischen den Produkten substitutive oder komplementäre Nachfragebeziehungen, so müssen diese bei der Werbebudgetierung berücksichtigt werden, wodurch sich erhebliche Komplikationen ergeben. Besondere Probleme werden ferner aufgeworfen, wenn die Unternehmung nicht Erzeugnis-, sondern Firmenwerbung betreibt, deren Objekt vom gesamten Erzeugnisprogramm repräsentiert wird, und zwar selbst dann, wenn zwischen den einzelnen Programmelementen keine Absatzbeziehungen bestehen.

7. Bei den vorgeführten Modellen wurde stets ein gegebenes Werbeverfahren und damit auch ein bestimmter sozialstruktureller und geographischer Streukreis unterstellt; Werbesubjekte, Werbemittel und Werbeträger wurden als bereits fixiert betrachtet. Nun setzt aber eine isolierte Werbeverfahrensplanung ihrerseits schon ein bestimmtes Werbebudget voraus; die Verfahrensplanung erscheint dann als Disposition über die Verteilung eines vorgegebenen Werbeetats. Die Werbeplanung verläuft daher in einem Zirkel: Isolierte Budgetplanung beruht auf gegebenen Verfahren, isolierte Verfahrensplanung auf gegebenem Budget. Einen Ausweg aus diesem Dilemma bietet allein die simultane Budget- und Verfahrensplanung: Die Höhe des Werbebudgets ist gemeinsam mit seiner Verteilung auf Werbesubjekte (und damit Absatzgebiete), Werbemittel und Werbeträger zu fixieren, wozu sich im Mehrproduktunternehmen gegebenenfalls noch die Verteilung des Werbeetats auf die Werbeobjekte und bei dynamischer Budgetierung seine Verteilung auf die Werbeperioden gesellt. Hierbei handelt es sich um die Lösung des sogenannten Werbe-Mix-Problems.

8. Schließlich muß bedacht werden, daß auch das Werbe-Mix im Rahmen der gesamten Absatzpolitik noch ein Sub-Mix darstellt, so daß auch eine simultane Budget- und Verfahrensplanung nur zu einem Sub-Optimum führt. Von den hier vorgeführten Kalkülen lieferte lediglich das für die Preis-Mengen-Strategie konstruierte Modell eine Lösung, die über den Werbebereich hinausführt; abgesehen vom Preis wurden jedoch alle weiteren absatzpolitischen Parameter als gegeben betrachtet. Ein umfassendes absatzpolitisches Planungskonzept erfordert dagegen die simultane Optimierung aller absatzpolitischen Instrumente; daher gilt es nicht nur, die Werbebudgetierung zur Werbeplanung zu erweitern, sondern es ist das Werbe-Mix-Problem als Teilkomplex des gesamten Marketing-Mix zu lösen.

Literatur:

Gesamtdarstellungen

Behrens, K.: Absatzwerbung, Wiesbaden 1963.

Edler, F.: Werbetheorie und Werbeentscheidung, Wiesbaden 1966.

Gutenberg, E.: Grundlagen der Betriebswirtschaftslehre, 2. Band: Der Absatz, 9. Aufl., Berlin, Heidelberg, New York 1966.

Korndörfer, W.: Die Aufstellung und Aufteilung von Werbebudgets, Stuttgart 1966.

Nöh, D.: Reklamepolitik und Produktvariation in der Preistheorie, Diss. Frankfurt (M.) 1957.

Das faktische Budgetierungsverhalten der Unternehmer

How 150 Firms figure the Advertising Budget, Printer's Ink, Jg. 1947

Jirasek, J., Lösenbeck, H.-D.: Merkmale zielstrebiger Vertriebstätigkeit, Frankfurt (M.) 1963.

Werbeertrags- und Werbekostenfunktionen

Henzler, R.: Werbekosten. In: Handwörterbuch der Betriebswirtschaft, Band IV, Stuttgart 1962.

Parthey, H. G.: Der Verlauf der Werbekosten und die Planung des Werbekosteneinsatzes in betriebswirtschaftlicher und preistheoretischer Sicht, Diss. Frankfurt (M.) 1959.

Werbebudgetierung bei Mengenstrategie

Chamberlin, E. H.: The Theory of Monopolistic Competition, 7. Aufl., Cambridge (Mass.) 1960.

Smith, H.: Advertising Costs and Equilibrium, The Review of Economic Studies, Vol. 2 (1934/35).

Werbebudgetierung bei Preisstrategie

Scitowsky, T.: Welfare and Competition, Chicago 1951.

Zingler, E. K.: Advertising and the Maximisation of Profit, Economica, Vol. 7 (1940).

Werbebudgetierung bei Preis-Mengenstrategie

Buchanan, N. S.: Advertising Expenditures — A suggested Treatment, Journal of Political Economy, Vol. 1 (1942).

Vosgerau, H. J.: Monopol und Werbung, Zeitschrift für die gesamten Staatswissenschaften, Bd. 116 (1960).

Zeuthen, K.: Kosten und Wirkungen der Reklame in theoretischer Beleuchtung, Archiv für mathematische Wirtschafts- und Sozialforschung, Bd. 1 (1935).

Langfristige Werbebudgetplanung

Brems, H.: Product Equilibrium under Monopolistic Competition, Cambridge (Mass.) 1951.

Dean, J.: Werbung als Investition, Der Markt, Heft 21/1967.

Edler, F.: Werbetheorie und Werbeentscheidung, Wiesbaden 1966.

Kuehn, A. A.: A Model for Budgeting Advertising. In: Bass, F. M. et al. (Ed.): Mathematical Models and Methods in Marketing, Homewood (III.) 1961.

Vidale, M. C., Wolfe, H. B.: An Operations Research Study of Sales Response to Advertising. In: Bass, F. M. et al. (Ed.): Mathematical Models and Methods in Marketing, Homewood (III.) 1961.

Werbebudgetierung unter abweichenden Zielsetzungen und Nebenbedingungen

Krelle, W.: Preistheorie, Tübingen, Zürich 1961.

Werbebudgetierung mit Hilfe stochastischer Prognosemodelle

Kuehn, A. A.: A Model for Budgeting Advertising. In: Bass, F. M. et al. (Ed.): Mathematical Models and Methods in Marketing, Homewood (III.) 1961.

Werbebudgetplanung bei Werbekonkurrenz

Blöchliger, C.: Die theoretische Bestimmung der Reklame, Diss. Zürich 1959.

Edler, F.: Werbetheorie und Werbeentscheidung, Wiesbaden 1966.

Eisermann, G.: Werbung und Wettbewerb, Zeitschrift für die gesamten Staatswissenschaften, Band 117 (1961).

Mills, H. D.: A Study in Promotional Competition. In: Bass, F. M. et al. (Ed.): Mathematical Models and Methods in Marketing, Homewood (III.) 1961.

Weinberg R. S.: An Analytical Approach to Advertising Expenditure Strategy, New York 1960.

Werbebudgetierung im Mehrproduktunternehmen

Edler, F.: Werbetheorie und Werbeentscheidung, Wiesbaden 1966.

Parthey, H. G.: Der Verlauf der Werbekosten und die Planung des Werbekosteneinsatzes in betriebswirtschaftlicher und preistheoretischer Sicht, Diss. Frankfurt (M.) 1959.

Shakun, M.: Advertising Expenditures in coupled Markets – A Game Theory Approach, Management Science, Vol. 11 (1965).

Simultane Werbeverfahrens- und Budgetplanung

Jaensch, G., Korndörfer, W.: Ansätze zur Theorie des optimalen Werbebudgets, Zeitschrift für Betriebswirtschaft, Heft 7/1967.

Werbebudgetierung im Rahmen des Marketing-Mix

Brems, H.: The Interdependence of Quality Variations, Selling Efforts and Price, Quarterly Journal of Economics, Vol. 62 (1948).

Dorfman, R., Steiner, P. O.: Optimal Advertising and Optimal Quality, American Economic Review, Vol. 44 (1954).

Stackelberg, H. v.: Theorie der Vertriebspolitik und der Qualitätsvariation. In: Ott, A. E. (Hrsg.): Preistheorie, Köln, Berlin 1965.

Die Planung der Werbestrategien
(Werbeobjekt-, Werbesubjekt-, Werbemittel- und Werbeträgerplanung)

Von Dr. Helmut Jacobi, Berlin

Einleitung

1. Nachdem der Werbungtreibende sein Werbeziel bestimmt oder über die Dotierung des Werbebudgets endgültig entschieden hat steht er vor der nächsten Stufe der Werbeplanung: der Auswahl spezieller Strategien. Unter Wirtschaftlichkeitsgesichtspunkten ausgewählen Werbesubjekten sollen Werbebotschaften für die jeweils gewinnoptimalen Werbeobjekte des Unternehmens durch wirkungsstarke Werbemittel über geeignete Werbeträger vermittel werden. Bei der Wahl von Strategien handelt es sich um die Fixierung von Maßnahmen, die einen Ablauf der Werbeaktivitäten im Sinne höchster Wirtschaftlichkeit sichern sollen. Im Gegensatz zu den rein monetären Planungsproblemen (Bestimmung des optimalen Werbeetats) die unter dem Gesichtspunkt der Rentabilität der Werbung zu lösen sind, sind hier Fragen der optimalen Verfahrenswahl zu lösen. Bei dieser Komponente der Wirtschaftlichkeit — im Bereich der industriellen Produktion als „Technizität" bezeichnet — werden keine monetären Größen (z. B. absatzpolitischer Aufwand gegenüber dem Umsatz oder dem Umsatzgewinn) verglichen. Statt dessen stellt ein Wirtschaftlichkeitsvergleich auf dieser Ebene die folgenden Fragen:

1. Wie kann ein gegebenes außerwirtschaftliches Werbeziel durch spezielle Werbeverfahren kostenminimal erreicht werden?

2. Wie kann mit einem vorgegebenen Werbeaufwand eine möglichst maximale Werbewirkung erzielt werden?

Dazu bieten sich verschiedene Arten des Wirtschaftlichkeitsvergleiches an. Zunächst können die Aufwendungen für das eine Verfahren denen für andere mit voraussichtlich gleicher Wirkungsintensität gegenübergestellt werden. Dieser Aufwandsvergleich ist am wenigsten problematisch, weil die mit der Herstellung und Verbreitung von Werbemitteln befaßten Unternehmungen detaillierte Angaben über die effektiven Kosten einzelner Verfahren in Form von Preislisten bereitstellen.

Auf Grund der vorliegenden Aufwandsziffern kann der Werbungtreibende die möglichen Werbeverfahren in eine nach dem Aufwandshöhe gestaffelte Reihenfolge bringen. Allerdings hat ein Wirtschaftlichkeitsvergleich auf dieser Basis nur dann Sinn, wenn die Voraussetzung „gleiche Werbewirkung" für die zu vergleichenden Maßnahmen zutrifft.

Sucht man nach weiteren Möglichkeiten zur Auswahl optimaler Strategien, so bietet sich die **Gegenüberstellung von Aufwand und Ertrag** für einzelne Verfahren an. In der Werbepraxis wird diese Vergleichsart dadurch erschwert daß der Einsatz unterschiedlicher Verfahren möglicherweise nicht nur sehr voneinander abweichende Aufwandshöhen, sondern auch beträchtliche Ertragsunterschiede erwarten läßt. Zwar besteht im allgemeinen eine gewisse Linearität in der Weise, daß höhere Aufwendungen auch stärkere Werbewirkungen auslösen. Aber die Frage, wie hoch die jeweiligen außerökonomischen Erträge sein werden, kann nach dem Stande der heutigen Werbeforschung in der Regel noch nicht beantwortet werden.

Insofern ist die dritte Methode, ein **Vergleich zwischen den Ertragswirkungen** unterschiedlicher Werbeverfahren mit gleichem Aufwand, noch problematischer. Im Hinblick auf die Wahl der Werbemittel und Werbeträger (Media) müßte diese Vergleichsrechnung eigentlich vorrangig benutzt werden, jedoch sollte darüber Klarheit bestehen daß diesen Berechnungen ein stochastisches Element eigen ist, weil statt Erträgen nur **Ertragserwartungen** in den Kalkül eingesetzt werden können. Analog dem in der Betriebswirtschaftslehre gebräuchlichen Terminus „Technizität" würden sich zur Kennzeichnung dieser Relationen der Wirtschaftlichkeit im Gegensatz zur Werberentabilität die Bezeichnungen „Werbizität" oder „Advertisizität" anbieten; es ist jedoch kaum damit zu rechnen, daß sich diese Begriffe einbürgern werden.

2. Heute wird oft postuliert, es sei nicht zu rechtfertigen, wenn zunächst ein Werbebudget fixiert wird, woran sich dessen Aufteilung an Hand strategischer Überlegungen anschließt (Sukzessivplanung). Richtiger sei es, an Hand der vorliegenden Ziele und Daten zunächst die Strategien zu wählen. Erst auf Grund dieser Ermittlungen ließe sich ein den realen Erfordernissen entsprechender Etat bemessen (Simultanplanung). Zweifellos spricht vieles für dieses Verfahren; in der Praxis kann jedoch bei der Budgetberatung kaum von einer „autonomen" Werbeplanung ausgegangen werden; nach dem „Ausgleichsgesetz der Planung" bestimmt nämlich immer der schwächste Betriebsbereich (Minimumsektor) den Umfang aller geplanten Maßnahmen. So beengt der Sektor Finanzen häufig die gewinnoptimale Ausnutzung des Spielraumes alternativer Werbebudgets. Wir können hier folglich – in Anlehnung an die Werbepraxis – vom Problem der **Aufteilung eines vorgegebenen Werbeetats mit Hilfe alternativer Strategien** ausgehen und uns insbesondere mit den Überlegungen beschäftigen, die der Planungsträger mit einzelnen Verfahrenswahlen verknüpft. Mag der Streit um die jeweiligen Vorzüge oder Notwendigkeiten der Sukzessiv- oder Simultanplanung durchaus berechtigt sein; bei strategischen Kalkülen handelt es sich selten um das Gesamtbudget, sondern in der Regel um Teilbeträge des Etats, die kostenminimal oder wirkungsmaximal für Teilziele zu verwenden sind.

3. Grundsätzlich handelt es sich bei allen werbestrategischen Überlegungen um den Versuch zur Lösung des Problems, die **Werbeziele** mit den jeweiligen **Daten und bereits getroffenen anderen Vollzugsentscheidungen** für

1. die Werbeobjekte (Gegenstände der Werbung),
2. die Werbesubjekte (Zuumwerbende oder Umworbene),
3. die Werbemittel (Kommunikationsmittel) und
4. die Werbeträger (Media) (Streumedien)

miteinander in Einklang zu bringen*)[1].

---

*) Die im Text laufend numerierten Quellenangaben sind am Schluß des Aufsatzes zitiert.

Planung der Werbestrategien

Die Werbeziele sind bereits an anderer Stelle dieses Handbuches ausführlich erörtert. (Vgl. den Artikel „Festlegung der Werbeziele" zu Beginn dieses Kapitels.) Dort wird zwischen k u r z - und l a n g f r i s t i g e n Zielen unterschieden. In einem weiteren Kapitel wird zwischen dem w i r t s c h a f t l i c h e n und dem a u ß e r w i r t s c h a f t l i c h e n Erfolg differenziert. (Vgl. den Artikel „Kategorien des Werbeerfolgs" zu Beginn des sechsten Kapitels.) Für alle Überlegungen hinsichtlich der Auswahl von Strategien klammern wir hier die langfristigen Ziele wie auch die wirtschaftlichen Werbeerfolgskategorien aus. Alle strategischen Entscheidungen im Rahmen des Werbevollzuges betreffen primär die kurzfristig angestrebten außerwirtschaftlichen Werbeerfolgsarten.

I. Daten der Werbeplanung

Jede werbestrategische Entscheidung erfordert zunächst eine Auseinandersetzung mit den Zielen und Daten der Werbeplanung. D a t e n sind im Gegensatz zu den variablen Größen der Werbeplanung (Probleme) solche Gegebenheiten, die der Werbeplaner bei seinen Dispositionen als konstante Faktoren behandelt. Entweder handelt es sich um unabdingbare Fakten oder um vom Unternehmen selbst als unabänderlich vorgegebene Tatsachen.

Da im Rahmen des betrieblichen Planungsprozesses eine ganze Reihe solcher Gegebenheiten vorliegen, sind in der Literatur mancherlei Versuche unternommen worden, die Daten zu systematisieren. Wegen seiner spezifischen Anwendbarkeit auf die Werbeplanung erscheint uns der nach Bereichszugehörigkeiten gruppierte Datenkatalog von Behrens als besonders sinnvoll. Er unterscheidet folgende Datengruppen der Werbeplanung:

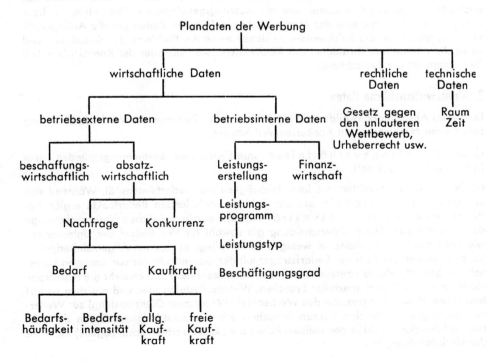

1. Daten des Beschaffungsbereichs

Ebenso wie der Absatzbereich stellt die Sphäre der Beschaffung ein Gebiet dar, aus dem sich betriebsexterne, also weitgehend unabänderliche Daten ergeben. Zum einen fallen beschaffungswirtschaftliche Daten im P r o d u k t i o n s b e r e i c h (Beschaffung von Produktionsfaktoren), zum anderen im eigentlichen W e r b e b e r e i c h (Beschaffung von Werbemitteln und -trägern) an. Namentlich für die Fixierung der Werbeziele sind die produktionswirtschaftlichen Daten relevant. Hierzu zählen die Preise, Mengen und Qualitäten sowie die Lieferfristen für die betrieblichen Produktionsfaktoren (Arbeitsleistungen, Betriebsmittel und Werkstoffe). Je elastischer die Beschaffungsverhältnisse für unsubstituierbare Einsatzgüter sind, desto weniger werden die Dispositionsmöglichkeiten hinsichtlich der Fixierung der Werbeziele eingeschränkt, um so größer wird insbesondere der Entscheidungsspielraum im Falle einer beabsichtigten Umsatzexpansion. Liegen jedoch unelastische Beschaffungsverhältnisse vor, so kann die Realisierung des Werbezieles Umsatzexpansion unter Umständen erhebliche Schwierigkeiten bereiten.

Dagegen wird das Erreichen des Werbezieles Umsatzerhaltung kaum Probleme aufwerfen, während das aus rein absatzstrategischen Überlegungen mitunter angebrachte Werbeziel Umsatzreduktion aus beschaffungswirtschaftlichen Gründen dann nicht intendiert werden kann, wenn langfristige Abnahmeverpflichtungen für bestimmte Einsatzgüter vorliegen.

Während Ermittlung und Analyse der beschaffungswirtschaftlichen Daten für den Produktionsbereich in den Aufgabenbereich der Marktforschungsabteilung fallen (Beschaffungsmarktforschung), wird die Erhebung und Aufbereitung der Daten für Werbemittel- und Werbeträgerbeschaffung meist in der Werbeabteilung selbst (Media-Research) wahrgenommen. Hierzu zählen insbesondere die Unterlagen über die quantitativen und qualitativen Eigenschaften sowie über die Nutzungsgebühren von Werbeträgern. Konzentrierte sich das Interesse der Mediaforscher in früheren Zeiten auf die Auflagenziffern und später auf die Reichweiten, so stehen heute die Probleme der Kumulation und somit die alternativen Strategien des Reichweitenzuwachses oder der Kontakthäufigkeit im Brennpunkt der Betrachtung.

2. Absatzwirtschaftliche Daten

Daten des Absatzmarktes bilden die aktuellen, auf den Zeitraum der Werbedurchführung projizierten Nachfrage- und Konkurrenzverhältnisse.

a) Die N a c h f r a g e v e r h ä l t n i s s e unterliegen zwei Bestimmungsgründen: dem Bedarf und der Kaufkraft.

(1) Der B e d a r f resultiert aus Bedarfshäufigkeit und Bedarfsintensität. Während sich die B e d a r f s h ä u f i g k e i t aus der Zahl der anfallenden Bedarfsakte ergibt, bestimmt sich die B e d a r f s i n t e n s i t ä t aus der durchschnittlichen Verbrauchsmenge der Bedarfsträger. Diese Unterscheidung gilt sowohl für den Bedarf der Unternehmer wie auch den der Haushalte. In wenigen Fällen pflegt es sich um Allgemeinbedarf zu handeln, so daß die Zahl der Bedarfsträger mit der Gesamtzahl der vorhandenen Unternehmen bzw. Haushalte übereinstimmt. In der Mehrzahl der Fälle entsteht die Nachfrage jedoch aus dem Bedarf spezieller Branchen, Wirtschaftsstufen usw. und aus dem Bedarf bestimmter Haushaltstypen, die das Werbeobjekt (Ware oder Dienstleistung) zur Weiterverarbeitung oder für den Konsum brauchen. Für die Ermittlung der Daten der Verbrauchshäufigkeit reicht in den meisten Fällen die ökoskopische (sachbezogene) Methode der Marktforschung aus.

Planung der Werbestrategien 439

Hingegen ist es für die Ermittlung der Verbrauchsintensität der Unternehmungen und Haushalte in den meisten Fällen notwendig, demoskopische Verfahren einzusetzen. Im Bereich der Produktionsgütermarktforschung wird nicht nur versucht, die Intensitäten des Bedarfs bei den einzelnen Unternehmen einer Branche, einer Wirtschaftsstufe usw. zu ermitteln, sondern es lassen sich zugleich wertvolle Erkenntnisse über die Bedarfselastizitäten erforschen.

Besonders aufschlußreiche Ergebnisse im Hinblick auf die Bedarfsintensität liefert die Konsumgütermarktforschung. Häufig läßt sich aus ihren Resultaten auch auf den potentiellen Bedarf der Produzenten und des Handels schließen. Am wichtigsten erscheint jedoch die Auswertung von Umfragen im Hinblick auf die Bedarfsintensität der Haushalte. Die Verbrauchsintensitäten bestimmter Verbraucherkreise, geordnet nach biologisch-demographischen sowie nach soziographischen Merkmalen, bilden wichtige Anhaltspunkte für die Planung der Gestaltung und des Einsatzes der Werbemittel. Die Kenntnis der klimatischen Verhältnisse, der Rassen-, Religions- und anderer Gruppenzugehörigkeiten, der Mentalität, des Bildungsniveaus sowie anderer Faktoren, die zur Entstehung oder Veränderung von Verbrauchsgewohnheiten beitragen und den Werbungtreibenden wichtige Anhaltspunkte geben, sind deswegen unerläßliche Ausgangspunkte der Werbeplanung.

Zwar sind die Kosten demoskopischer Umfragen im Vergleich zu den Aufwendungen für ökoskopische Analysen oft unverhältnismäßig hoch, doch lohnt sich dieser Aufwand für Unternehmen, die Werbeobjekte des Spezialbedarfs anbieten, insbesondere dann, wenn größere Werbeaktionen durchgeführt werden sollen.

(2) Die K a u f k r a f t v e r h ä l t n i s s e bilden die zweite Komponente der Nachfrage. Sowohl bei den Unternehmungen wie bei den Haushalten hängt die Kaufkraft von den effektiv vorhandenen Mitteln wie von den antizipierten Dispositionsmitteln (Krediten) ab. Während sich die im Wege der Produktionsgütermarktforschung betriebene Kaufkraftforschung für den unternehmerischen Sektor fast nur auf mittelbare Verfahren beschränkt, ist die Kaufkraft der Konsumenten – zeitlich, regional sowie gruppenspezifisch differenziert – auch auf demoskopischem Wege meist unmittelbar an Hand einer Reihe von Indikatoren festzustellen.

b) Außer von den Nachfragebedingungen wird das Datum Absatzpotential in wesentlichem Maße von den W e t t b e w e r b s v e r h ä l t n i s s e n bestimmt. Bei gegebener Gesamtnachfrage sind die Absatzmöglichkeiten eines Unternehmens um so größer, je geringer die Wettbewerbsintensität ist, und umgekehrt. Der Werbungtreibende muß daher das werbliche Verhalten der Konkurrenten ständig beachten, um optimale strategische Entscheidungen treffen zu können.

3. Sonstige Daten der Werbeplanung

Neben den bisher behandelten betriebsexternen Daten sind die b e t r i e b s i n t e r n e n Gegebenheiten zu erwähnen. Zu den werbestrategisch relevanten Daten der L e i s t u n g s e r s t e l l u n g zählen außer dem Beschäftigungsgrad auch das Leistungsprogramm und der Leistungstyp des Unternehmens. Ein weiteres betriebsinternes Datum bildet die Ertrags- bzw. L i q u i d i t ä t s l a g e des werbenden Unternehmens, die den Kreis möglicher Werbeziele häufig ebenso beschränkt wie die strategische Umsetzung wünschenswerter Zielsetzungen.

Rechtliche Daten ergeben sich aus den allgemeinen Gesetzesvorschriften wie auch aus speziellen Verordnungen, d. h. vom Bürgerlichen Gesetzbuch bis zu speziellen Naturschutzvorschriften. Ebenso wie die technischen Daten schränken sie die Gestaltungsfreiheit der Werbungtreibenden in mancherlei Hinsicht erheblich ein.

II. Auswahl der Werbeobjekte (Objektstrategien)

Zentrales Anliegen des Werbeobjektplanes ist die Auswahl und Festlegung der Werbegegenstände (Werbeobjekte). Für Unternehmen, die nur für ein Werbeobjekt werben, (z. B. Einzelprodukt, Sortiment, Image usw.) entfällt dieses strategische Problem selbstverständlich. Um so wichtiger wird die Auswahl der Objekte für jene Betriebe, die ein differenziertes Absatzprogramm in Gestalt von Produkten und/oder Dienstleistungen haben. Sie müssen entscheiden, wie viele der abzusetzenden Leistungsarten in den Werbeplan einzubeziehen sind (quantitatives Auswahlproblem) und wie intensiv jeweils für die ausgewählten Objekte zu werben ist (qualitatives Auswahlproblem).

1. Quantitative und qualitative Auswahlstrategien können auch kombiniert angewandt werden. Beim Versuch, die möglichen Verhaltensweisen zu systematisieren, ergeben sich vier strategische Alternativen:

Strategie I
Werbung in gleicher Intensität für alle Objekte

Objekte	A	B	C	D	E	Gesamt
Etatanteil in %	20	20	20	20	20	100

Strategie II
Werbung für alle Objekte in gleicher Intensität unter besonderer Herausstellung eines Werbeobjektes

Objekte	A	B	C	D	E	Gesamt
Etatanteil in %	40	15	15	15	15	100

Strategie III
Werbung in gleicher Intensität für ausgewählte Objekte

Objekte	A	B	C	D	E	Gesamt
Etatanteil in %	33¹/₃	—	33¹/₃	—	33¹/₃	100

Strategie IV
Werbung mit unterschiedlicher Intensität für ausgewählte Objekte

Objekte	A	B	C	D	E	Gesamt
Etatanteil in %	60	—	—	30	10	100

Strategie I: Der Werbungtreibende verteilt den zur Verfügung stehenden Werbeetat auf sämtliche Objekte in gleichem Umfang. Diese Strategie wird bei Unternehmungen mit marktnahem Denken relativ selten vorkommen. Im allgemeinen dürfte vielmehr eine differenzierte Art der Aufteilung auf die einzelnen Objekte vorherrschen. Entweder ergeben sich auf Grund der Werbeziele unterschiedliche Dringlichkeitsstufen der Absatzförderung, oder das Denken im Sinne des „return on investment" veranlaßt den Werbungtreibenden, die Budgetanteile auf Grund der jeweiligen ökonomischen Erfolge bei den einzelnen Objekten differenziert festzusetzen. Theoretisch empfehlenswert wäre diese Strategie der gleichmäßigen Verteilung lediglich bei einem neugegründeten Mehrproduktunternehmen, das vorläufig noch keine Anhaltspunkte für die künftige Umsatzentwicklung bei den einzelnen Objekten hat.

Strategie II: Ähnlich der Strategie I wird der größere Teil des Budgets auf alle Umsatzträger unter Herausstellung eines Werbeobjektes gleichmäßig aufgeteilt. Dieses eine Objekt wird jedoch besonders herausgestellt. Diese Verfahrensweise dürfte vor allem dann angewandt werden, wenn für ein neues Produkt erst ein Markt zu schaffen ist. Während bei den anderen Objekten die Werbeziele „Umsatzerhaltung" oder „bedingte Umsatzexpansion" maßgeblich sind, werden bei dem stärker herauszustellenden Werbeobjekt nachhaltige Umsatzsteigerungen angestrebt. Eine andere Deutungsmöglichkeit bestünde darin, daß – im Sinne einer umsatzorientierten Budgetbemessung – der stärkste Umsatzträger eine besondere Vorzugsstellung genießt, während die übrigen Objekte sich (z. B. auf Grund von Absatzverwandtheit) bei relativ geringen Werbeaufwendungen praktisch „von allein mitverkaufen".

Strategie III: Das Werbebudget wird zu gleichen Anteilen auf speziell ausgewählte Objekte aufgeteilt. Diese Strategie finden wird häufig bei Kuppelproduktion. Für einen Teil der Erzeugnisse – in der Regel die tragenden Säulen der betrieblichen Produktionsprozesse – muß geworben werden, weil der Absatz dieser Betriebsleistungen unbedingt notwendig ist, während Neben- oder Abfallprodukte keinen nennenswerten Rangplatz einnehmen. Der Werbungtreibende kann auch von Konkurrenzerwägungen ausgehen. Besitzt ein Unternehmen zum Beispiel für die Produktgattungen B und D eine Monopolstellung oder haben diese Märkte einen typisch atomistischen Charakter, dann sind hier Werbeaufwendungen möglicherweise unangebracht, während auf den oligopolistischen Märkten A, C und E zumindest das Werbeziel „Umsatzerhaltung" nicht ohne Werbeaufwand erreicht werden kann.

Strategie IV: Diese Form der Budgetaufteilung für einzelne Werbeobjekte ist insofern am meisten differenziert, als sie gleichermaßen quantitative und qualitative Aspekte der Auswahl berücksichtigt. Einerseits wird dem Umstand Rechnung getragen, daß nicht alle Objekte werblich forciert zu werden brauchen, zum anderen findet der unterschiedliche Dringlichkeitsgrad absatzpolitischer Aktivitäten Berücksichtigung. So gesehen bildet die Strategie IV im Mehrproduktunternehmen wohl den erstrebenswerten Idealfall. Selbstverständlich gilt diese Aussage weniger für eine umsatzorientierte Budgetpolitik, sondern vor allem für die marketing-orientierte Auswahl der Werbeobjekte.

2. Rein theoretisch ergibt sich als Entscheidungshilfe das „Gesetz des Ausgleichs der Grenzerträge". Eine optimale Objektwahl wäre danach vollzogen, wenn der Austausch von Werbeobjekten keine Steigerung des Grenzerlöses mehr zu bewirken vermag. Das Ausgleichsprinzip der Grenzerträge kann jedoch empirisch kaum realisiert werden, denn die Werbeforschung erlaubt heute noch keine genaue Messung der Objekterträge. Es ist nicht möglich, Werbeaufwand und Umsatz einzelner Objekte angesichts der entstehenden Verkettungseffekte isoliert zueinander in Beziehung zu setzen. Verkettungen ergeben sich aus der Tatsache, daß jede Werbung für ein Werbeobjekt gewisse Nebenwirkungen auf andere, komplementäre oder substitutive Güter auslöst. Im Falle der Komplementarität (Verbrauchsverwandtschaft sich ergänzender Güter) wird durch die Werbung unter Umständen ein vermehrter Absatz bei beiden Objekten zu verzeichnen sein. Stellt jedoch der Werbungtreibende nur eines der beiden Güter her, so kommt sein Werbeaufwand zum Teil anderen Wirtschaftseinheiten zugute.

3. Jede Werbung für ein einzelnes Werbeobjekt übt – vom Werbungtreibenden oft ungewollt – Wirkungen auf den Absatz anderer Unternehmungen aus[2]. Die meisten Werbemaßnahmen haben nicht nur mittelbare oder unmittelbare Auswirkungen auf die Objekte der gleichen Wirtschaftsstufe, sondern auch auf vor- oder nachgelagerte Stufen. Soweit nachgelagerte Wirtschaftsstufen betroffen sind, liegt oft insofern ein positiver Verkettungseffekt vor, als der Absatz von Warengattungen oder speziellen Produkten, für die durch die vorgelagerte Wirtschaftsstufe kollektiv oder individuell geworben wird, im Sinne einer Interessengleichheit gefördert werden kann. Bieten dagegen zwei stufengleiche Werbungtreibende die komplementären Güter a und b an, so geht von ihren Werbeaktionen immer ein absatzfördernder Effekt auf das jeweils andere Gut aus. Nur die sich unmittelbar auf das spezielle Werbeobjekt erstreckende Werbewirkung kommt dem einzelnen Werbungtreibenden zugute. Die darüber hinausgehenden Erfolge fördern den Absatz eines oder mehrerer anderer Unternehmen. Heben sich die wechselseitigen Aufwendungen und Werbeerfolge gegenseitig auf, so ergibt sich ein „gerechter" Ausgleich. Sobald jedoch die Relationen sehr unterschiedlich sind, wird sich der Werbungtreibende, dem der geringere Werbeerfolg beschieden ist, bemühen, künftig auch das Komplementärgut mitzuvertreiben. Wirbt nämlich derselbe Betrieb für die komplementären Güter, so fällt ihm der gesamte Werbeertrag zu, d. h. der direkte Mehrumsatz und der positive Verkettungserfolg. Die komplementären Absatzleistungen stehen offensichtlich in keinem Konkurrenzverhältnis, sondern in gegenseitiger Förderungsbeziehung. Andere Verkettungseffekte treten auf, wenn für substitutive (einander ähnliche) Güter geworben wird. Auch hier wirkt die Werbung in vielen Fällen nicht nur für ein Werbeobjekt allein. Infolgedessen kann ein Unternehmen, das eine Reihe von Varianten der gleichen Produktgattung herstellt und absetzen will, Umsatzveränderungen bei einem Werbeobjekt unter Umständen nur zu Lasten anderer (eigener) Werbeobjekte erzielen.

III. Auswahl der Werbesubjekte (Werbesubjektstrategien)

In den meisten Fällen produzieren und verkaufen die Unternehmungen ihre Waren oder Leistungen nicht für den allgemeinen Markt, sondern für die Nachfrage spezieller Abnehmergruppen. Die werbestrategischen Entscheidungen müssen infolgedessen gewährleisten, daß vorzugsweise Umworbene angesprochen werden, bei denen mit Kaufreak-

Planung der Werbestrategien

tionen gerechnet werden kann. Rein theoretisch ergibt sich auch hier auf Grund des „Gesetzes des Ausgleichs der Grenzerträge" die strategische Leitmaxime, daß bestimmte Personen nur dann umworben werden dürfen, wenn die Umwerbung anderer Personen keinen höheren Ertrag versprechen würde.

Da die Erfolge der Werbung nicht im voraus bekannt sind, wird es keine absolut gewinnmaximale Gesamt-Auswahlstrategie geben. Dem Werbeplaner obliegt es daher (auf Grund von Marktforschungsergebnissen), mögliche Zielgruppen nach der Wahrscheinlichkeit zu ordnen, die sie für eine erfolgreiche Umwerbung bieten. Das geschieht allerdings weniger mit einem exakten Kalkül als mit Hilfe eines auf relativ vagen Erwartungsstrukturen basierenden Auswahlvorgangs.

1. Insbesondere ist es notwendig, die Nachfrageverhältnisse, d. h. Bedarf und Kaufkraft, zu berücksichtigen. Ist der B e d a r f noch ungesättigt, so wird die M e n g e n s t r a t e g i e zum Erfolg führen, wenn „Umsatzexpansion" das Werbeziel bildet. Dann besteht Aussicht, mehr Bedarfsträger als bisher zum Kauf zu veranlassen. Dies ist im allgemeinen leichter zu erreichen als bei jenen Personengruppen, die bereits Käufer oder Verwender der Ware sind, verstärkte Nachfrage auszulösen. Ist es jedoch nicht möglich, die Umsätze durch Mengenstrategie zu erhöhen, dann kann dieses Ziel mit Hilfe der P r e i s s t r a t e g i e angesteuert werden. Dazu ist es erforderlich, die Bindung der Werbesubjekte an das betreffende Werbeobjekt (Präferenzstruktur) soweit zu festigen, daß eine Preiserhöhung nicht zur Verminderung der mengenmäßigen Nachfrage führt; höhere Preise können nämlich von den Konsumenten entweder mit einer effektiven Einschränkung der Nachfrage nach der betreffenden Güterart oder aber mit einer Substitution des Produkts durch Konkurrenzangebote beantwortet werden. Preisstrategie ist also nur sinnvoll, wenn es gelingt, die Präferenzen für das Werbeobjekt so zu festigen, daß eine Preiserhöhung nicht zu sinkendem Absatz führt; mit anderen Worten, die Werbung muß die Strategie verfolgen, die Nachfrage nach dem Werbeobjekt möglichst unelastisch zu gestalten. Entsprechende Überlegungen ergeben sich für die k o m b i n i e r t e Anwendung der Preis- und Mengenstrategie.

Weniger schwierig ist die Auswahl der Werbesubjekte beim Werbeziel Umsatzerhaltung. In den meisten Fällen wird es angesichts der Dynamik des Marktes (Markenfluktuation) möglich sein, verlorengegangene Nachfragepotentiale durch der Konkurrenz entgangene Umsätze wieder zu kompensieren. Allerdings müssen hierfür die Markenpräferenzen und die Geschmacks- bzw. Modeveränderungen genau beobachtet werden.

2. Aus der zweiten Komponente der Nachfrage, der K a u f k r a f t, ergibt sich folgendes: die Kaufkraft differiert in den sozialen Schichten und darüber hinaus regional. Somit fallen in sozialer Hinsicht jene Schichten als potentielle Nachfrager aus, deren frei disponibles Einkommen nicht für den Erwerb bestimmter Güter ausreicht. Umgekehrt zeigt sich bei einigen Gütern der snob-effect, d. h. ein teures Gut wird auch von Schichten gekauft, die sich dessen Erwerb kaufkraftmäßig eigentlich nicht leisten können und die ein solches gehobenes Konsumgut für Zwecke ihrer wirklichen Bedarfsdeckung nicht brauchen würden, es jedoch aus Gründen des Sozialprestiges erwerben.

Zum anderen variiert die Kaufkraft regional, d. h. es gibt mitunter ein erhebliches Kaufkraftgefälle zwischen industriell und landwirtschaftlich ausgerichteten Gebieten. Deshalb darf bei der Auswahl der Werbesubjekte nicht nur an soziale Schichten gedacht werden, sondern das Absatzgebiet eines Unternehmens muß in kaufkraftstarke und in kaufkraftschwächere Areale gegliedert werden. Bei relativ teuren Gütern ergibt sich in beiderlei Hinsicht eine Beschränkung, die für Ziele der Umsatzexpansion mitunter schwer überwunden werden kann.

3. Ein weiteres Datum, das für die Auswahlstrategie von Umworbenen relevant ist, besteht im Faktor K o n k u r r e n z. Besonders in einer freien Marktwirtschaft haben die Wirtschaftssubjekte zahlreiche Möglichkeiten, den gleichen Bedarf durch verschiedene Konsumgütervarianten zu decken. Sobald daher ein gewisser Grundstamm an Käufern, der eine Bedarfsart bisher nicht gedeckt hat, für eine spezielle Produktvariante gewonnen worden ist, ergibt sich das Problem, entweder Kunden von der Konkurrenz abzuwerben oder zu versuchen, weitere Nichtverbraucher zum Kauf des eigenen Erzeugnisses zu veranlassen. Beide Strategien setzen besondere Bemühungen des Werbungtreibenden voraus. In jedem Falle muß das Bestreben, die Werbeintensität der Konkurrenz zu übertreffen, genauer überprüft werden als die Strategie, bisherige Nichtverwender des Werbeobjektes zum Kauf zu veranlassen. Je stärker die Präferenzen für Konkurrenzprodukte sind, desto weniger Aussicht besteht, ihre Käufer abzuwerben.

4. Im Rahmen der Auswahl der Werbesubjekte hat neben anderen Daten vor allem die Verbreitung bestimmter W e r b e t r ä g e r, an die bestimmte Werbemittel gebunden sind, entscheidende Bedeutung. Je weniger manche Arten von Werbeträgern mit bestimmten Werbesubjekten in Berührung kommen, desto weniger Aussicht besteht, sich auf solche Kreise beschränken zu können. Mitunter können gewisse Verbrauchergruppen nur durch relativ teuere Werbeträger erreicht werden, die jedoch eine breite Streuung innerhalb der betreffenden Schicht gewährleisten. Umgekehrt können zwar erfolgversprechende Werbesubjektgruppen ausgewählt worden sein, es stellt sich jedoch dann heraus, daß diese Schichten nur mit überproportionalem Werbeträgeraufwand zu erreichen sind; im Hinblick auf die Wirtschaftlichkeit erscheint es dann weniger optimal, sich an gerade diese Kreise zu wenden.

5. Zu erwähnen wäre ebenfalls noch das Mehrproduktunternehmen, das mehrere s u b - s t i t u t i v e G ü t e r produziert. Es wäre dann sehr problematisch, sich im Rahmen des Werbezieles Umsatzexpansion oder Umsatzerhaltung an jene Kreise zu wenden, die bereits ein firmeneigenes Substitutivgut verbrauchen, denn der Erfolg könnte sein, daß der Umsatz des Unternehmens auf einem Sektor ansteigt und im gleichen Umfange auf einem anderen Sektor zurückgeht; am Ende träten nur Umschichtungen zwischen verschiedenen Teilumsatzbereichen des Unternehmens ein.

IV. Auswahl der Werbemittel (Werbemittelstrategie)

1. Wahl der Werbemittelart

Werbemittel sollen im Rahmen eines angestrebten Kommunikationsprozesses zwischen der Unternehmung und ihren potentiellen Kunden informieren und motivieren. Der Werbungtreibende muß also solche Werbemittel einsetzen, mit denen bei gegebenem Aufwand ein Maximum an Information und Motivation realisiert oder ein gewünschtes Maß an Information und Motivation kostenminimal erreicht wird. Man könnte daher zu dem Schluß kommen, es handle sich bei der Werbemittelauswahl um recht simple strategische Überlegungen. Eine gewünschte Informationswirkung würde die Verwendung von „Repräsentativ"-Werbemitteln nahelegen, ein geplanter Motivationseffekt den Einsatz von „Suggestiv"-Werbemitteln, und eine Kombination beider Arten müßte informierend und motivierend zugleich wirken.

Abgesehen davon, daß es diese beiden Werbemittelkategorien in Wirklichkeit nicht in reiner Ausprägung gibt, verbleibt noch das Problem der Wirkungsmessung. Gäbe es exakte Methoden zur Ermittlung des isolierten Werbemittelerfolgs, so würden – vom

Planung der Werbestrategien

Standpunkt der **Wirkungsmaximierung** aus gesehen – jene Werbemittelarten bzw. speziellen Werbemittel miteinander kombiniert, bei denen die Grenzerträge gleich hoch sind. Vom Gesichtspunkt der **Kostenminimierung** haben Gutenberg und Behrens das Problem der Wahl von Werbemittelarten eingehend behandelt. Beide gehen davon aus, daß die Kostenkurven für einzelne zur Wahl stehende Werbemittel unterschiedlich verlaufen. Während Gutenberg[3]) die Gesamtkosten der Werbemittel in Beziehung zum Absatz setzt, bevorzugt Behrens[4]) die hier verwendeten Durchschnittskostenkurven. Versucht der Werbungtreibende, eine eindeutig bestimmte Absatzmengensteigerung (x_0) zu realisieren, so gilt es, die minimalen Stückkosten für alle in Frage kommenden Werbemittelarten zu vergleichen und das absolut günstigste Verfahren im Sinne der folgenden Darstellung auszuwählen:

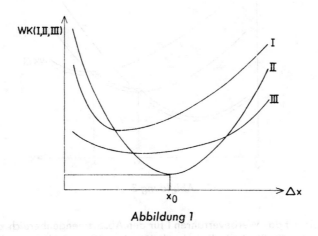

Abbildung 1

Es ergibt sich, daß das Verfahren II mit den Kosten WK II bei der angestrebten Absatzmenge x_0 gegenüber den Werbemittelarten I und II vorzuziehen, ist die im Punkte x_0 jeweils erheblich höhere Aufwendungen verursachen.

Mitunter ergeben sich Kurvenverläufe, die eine bestimmte Werbemittelart nicht nur für eine eindeutig fixierte Absatzmenge, sondern für alle erreichbaren Absatzsteigerungen als optimal erscheinen lassen.

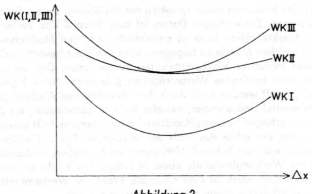

Abbildung 2

Für den gesamten Planungsbereich ist in diesem Beispiel die minimale Werbekostenkurve mit WK I identisch, denn die Durchschnittskosten für die ebenfalls zur Auswahl stehenden Werbemittelarten II und III sind durchweg höher als die für das Werbemittel I. Hierbei handelt es sich um einen theoretischen Idealfall. Deswegen ist noch die Situation zu untersuchen, in der nicht ein einziges Verfahren gewählt werden kann, weil – je nach der angestrebten Verkaufsmenge – andere Werbemittelarten einen kostengünstigeren Verlauf aufweisen.

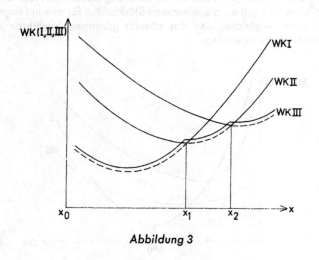

Abbildung 3

In diesem Beispiel ist das Werbeverfahren I für den Absatzmengenbereich x_0–x_1 optimal, während von x_1–x_2 die Strategie II und – bei noch größerem Absatz – das Verfahren III die niedrigsten Durchschnittskosten verursacht. Die gestrichelte Linie ist also nicht mit der Kurve der niedrigsten Kosten für eine spezielle Werbemittelart identisch; sie ergibt sich vielmehr als Umhüllungskurve der einzelnen Geringstkostenkurven.

Theoretisch ist somit die kostenminimale Wahl der Werbemittelart relativ leicht zu vollziehen. Um so schwieriger ist sie es in der Praxis, weil die Kenntnis des Absatzeffekts der einzelnen Mittelarten kaum vorausgesetzt werden kann. Deswegen spielt die Konvention im Bereich der Werbemittelauswahl eine große Rolle. Dem Werbeplaner stehen allerdings eine Reihe von Anhaltspunkten zur Verfügung, die zur Fundierung seiner Entscheidung beitragen. Ein wichtiges Datum ist zum Beispiel das Verhalten der Konkurrenz. Je nach Marktsituation kann es angebracht sein, den Maßnahmen der Wettbewerber mit den gleichen Mitteln zu begegnen oder sich ganz bewußt anderer, von den Konkurrenten nicht benutzter Werbemittelarten zu bedienen. Des weiteren sind die meisten Mittel an eine bestimmte Werbeträgerart gebunden, deren Eignung (Streugebiet, Image usw.) geprüft werden muß. Auch der Charakter des Werbeobjektes ist wichtig. Manche Werbemittel sind weniger, manche mehr objektadäquat; für Juwelen kann beispielsweise kaum erfolgreich durch Handzettel oder Himmelsschrift geworben werden. Außerdem gehen von der Höhe des Etats der werbenden Firma Einflüsse aus. Weil manche Werbemittel, wie zum Beispiel Werbespots im Fernsehen, kostspielig sind, kommen sie für kleinere Werbungtreibende kaum in Frage. Somit gibt es zwar mancherlei Überlegungen anzustellen, doch ist eine rationale Wahl der Werbemittelart nach dem heutigen Stande der Werbeforschung noch immer kaum möglich.

2. Auswahl spezieller Werbemittelvarianten

Von konkreteren Anhaltspunkten kann der Werbeplaner ausgehen, wenn er sich innerhalb der gewählten Mittelart für spezielle Werbemittel entschließt. Dazu gehören die Entscheidungen über Modalitäten wie Größe, Placierung, Farbigkeit usw., die aufwandsmäßig in Wechselbeziehung zueinander stehen. Kosten, die für die besondere Herausstellung eines Werbemittels in einer Beziehung aufgewendet werden, stehen nicht für andere Wirkungsfaktoren zur Verfügung. Wir unterscheiden in diesem Zusammenhand zwischen qualitativen und quantitativen Wirkfaktoren. Rein q u a l i t a t i v kann ein Werbemittel durch die Güte seines Entwurfs hervorstechen. Allerdings: Je mehr Wert hierauf gelegt wird, desto weniger Etatmittel stehen für den differenzierten Einsatz eines speziellen Werbemittels (q u a n t i t a t i v e Wirkungsfaktoren wie Größe, Dauer, Placierung, Farbigkeit, dreidimensionale Darbietung, Wiederholung) zur Verfügung. Im allgemeinen werden zu wenig Mittel für einen hochwertigen Entwurf ausgesetzt. Viele Werbungtreibenden meinen, der großzügige Einsatz eines Werbemittels mit zahlreichen Wiederholungen garantiere automatisch den Erfolg. Hierzu sagt ein amerikanischer Werbefachmann: Wenn der Werbeleiter (nur) 4 % seines Etats für die demoskopische oder psychologische Überprüfung der Entwürfe abzweigt, so kann er damit die Wirkung der restlichen 96 % verdoppeln. Es besteht also ein Substitutionsverhältnis zwischen dem Aufwand für qualitative und quantitative Wirkfaktoren, das in der Praxis wohl aufwandsmäßig, nicht aber ertragsmäßig ausreichend berücksichtigt wird.

Wenn wir von der Tatsache ausgehen, daß die meisten Werbemittel mit wechselnden Werbeträgern und wiederholte Male gestreut werden, so ist das Übergewicht der Streukosten gegenüber den Gestaltungskosten leicht erkennbar. Wie oft werden die Streukosten verschwendet, weil der Entwurf mangelhaft ist. Daher sollte jeder Werbungtreibende einen angemessenen Anteil seines Werbebudgets für demoskopische oder psychologische Pre-Tests verwenden.

Während sich die Faktoren der qualitativen Werbewirkung mit Hilfe von Tests ex ante ermitteln lassen, ist der Werbeplaner hinsichtlich der quantitativen Wirkfaktoren weitgehend auf psychologische Hypothesen angewiesen. Die Effekte einer einsatzbedingten Werbemittelgestaltung können ansonsten nur durch ex-post-Tests ermittelt werden.

a) Die Werbemittelgröße als quantitativer Einsatz- und Wirkfaktor

Wegen seiner starken kostenmäßigen Auswirkungen spielt der Faktor „Größe" seit jeher eine wichtige Rolle. (Bei akustischen Werbemitteln entspricht dem Faktor Größe die Dauer der Werbemittelexposition.) Im Laufe der letzten Jahrzehnte zeigte sich eine klare Tendenz zum großflächigen Werbemittel. Heute bedeuten ganz-, doppel- oder vierseitige Anzeigen, überdimensionale Leuchtreklamen und Riesenplakate nichts Besonderes mehr. Vor allem bei Markenartikeln haben sich Werbemittelgrößen eingebürgert, die ein moderner Unternehmer aus Prestigegründen kaum noch unterschreiten kann.

Im übrigen wird die Tendenz zum Großformat durch die Preispolitik der an der Herstellung und Verbreitung von Werbemitteln beteiligten Firmen verstärkt, wie die folgenden Überlegungen zeigen:

1. Die Kosten für den graphischen Entwurf und dessen experimentelle Überprüfung wachsen nicht proportional zur Werbemittelgröße.

2. Auch die Druckkosten für visuelle Werbemittel steigen im allgemeinen nicht proportional zu ihrer Größe.

3. Die Verbreitungs-(Raum-)Kosten für Plakate usw. pflegen in der Regel nicht proportional zu der von ihnen eingenommenen Fläche anzusteigen. Zwar haben manche Verlage einen Anzeigentarif, bei dem die anteilige Seitenfläche im Werbeträger zum anteiligen Seitenpreis berechnet wird; die meisten Verleger verlangen jedoch für kleinere Anzeigen einen indirekten Zuschlag; gemessen am Preis einer Ganzseite werden kleinere Anzeigen mit abnehmender Größe relativ teurer. Somit besteht — betriebswirtschaftlich gesehen — ein Anreiz zum Einsatz großflächiger Werbemittel.

In erster Linie geht aber die Bevorzugung großflächiger Werbemittel nicht auf Kostenüberlegungen, sondern auf das „Ertragsdenken" zurück. Da der Faktor „Größe" in den Erregungsgesetzen der Aufmerksamkeit einen vorrangigen Platz einnimmt und die Gewinnung der Aufmerksamkeit nach Auffassung älterer, bewußtseinspsychologisch orientierter Werbelehren den Werbeerfolg garantiert, bevorzugen viele Auftraggeber größere Werbemittel. Sinngemäß gelten diese Empfehlungen für Werbemittel aller Art. Da aber bei Anzeigen neben den Entwurfskosten nur Raumkosten anfallen, in denen Druck und Verbreitung zugleich abgegolten sind, richtete sich das Bemühen der Werbefachleute, Relationen zwischen Werbemittelgröße und Aufmerksamkeitswirkung aufzudecken, vorzugsweise auf Inserate. Schon zur Zeit der Jahrhundertwende wurde das Größenproblem psychotechnisch untersucht. Th. König kam zu dem Schluß, „daß die beträchtliche Größe eines Inserates ... eins der sichersten Mittel darstellt, um die Wahrnehmung desselben zu gewährleisten[5]", wobei es ihm nicht auf die absolute, sondern auf die relative Größe der Anzeige ankam.

Die relative Größe eines Inserates ergibt sich aus seinem Anteil an der Gesamtfläche einer Werbeträgerseite. Je größer der Seitenanteil, um so größer wirkt die einzelne Anzeige gegenüber rivalisierenden Annoncen auf der gleichen Seite. So entstand die Frage, um wieviel eine Anzeige größer sein muß, um mehr Beachtung zu erreichen. Bei der Suche nach festen Relationen gingen amerikanische Werbepsychologen offenbar vom „Weber-Fechnerschen-Grundgesetz" aus. Danach bewirkt das Anwachsen der Reizstärke in geometrischer Reihe eine Zunahme der Empfindungsstärke in arithmetischer Reihe. In Abwandlung auf die Beziehungen zwischen Werbemittelgröße und Aufmerksamkeit folgt, daß die Vergrößerung eines Werbemittels zwar steigende Aufmerksamkeit zur Folge hat, die Aufmerksamkeit jedoch nicht in gleichem Maße zunimmt wie die Werbemittelfläche. „Attention value varies as the square root of space[6]" (Quadratwurzelgesetz der Aufmerksamkeitswirkung).

Wird die Ganzseite eines Werbeträgers = 100 gesetzt, so ergeben sich folgende theoretische Aufmerksamkeitswerte:

Werbemittelgröße	Aufmerksamkeitswert
Doppelseite	141
1/1-Seite	100
3/4-Seite	87
1/2-Seite	71
1/4-Seite	50
1/6-Seite	17
1/8-Seite	11

Die Werbepsychologen haben in zahlreichen Experimenten versucht, dieses „Gesetz" zu verifizieren; leider mit widersprüchlichen Ergebnissen.

Einen der ersten Versuche führte der Amerikaner W. D. Scott durch. Er legte fünfzig Probanden eine Versuchszeitschrift vor mit folgenden Resultaten[7]):

Planung der Werbestrategien 449

Anzeigengröße	Aufmerksamkeitswert
1/1-Seite	100
1/2-Seite	45
1/4-Seite	15

Demnach würde sich die Vergrößerung einer Anzeige immer lohnen, da sie einen überproportionalen Anstieg der Aufmerksamkeit bewirkt.

Unter anderen Versuchsbedingungen kam S t r o n g zu Werten, die den theoretischen Relationen des Quadratwurzelgesetzes fast genau entsprechen[8]:

Anzeigengröße	Aufmerksamkeitswert
1/1-Seite	100
1/2-Seite	70,5
1/4-Seite	50

Sehr ähnliche Ergebnisse erzielten G. B. H o t c h k i s s und R. B. F r a n k e n[9]

Anzeigengröße	Aufmerksamkeitswert
Doppelseite	147
1/1-Seite	100
1/2-Seite	71
1/4-Seite	47

Auch aus diesen Zahlen kann auf einen prozentual k o n s t a n t e n Aufmerksamkeitszuwachs beim Übergang vom kleineren zum größeren Inserat geschlossen werden. Da die Zuwächse an Aufmerksamkeit im Vergleich zu den Flächenzuwächsen jedoch u n t e r p r o p o r t i o n a l steigen, „zahlt sich die Vergrößerung des Werbemittels nicht genügend aus".

Demgegenüber sollen andere Versuche beweisen, daß wegen n i c h t konstanter Zuwächse gerade die größeren Formate günstig sind. R. S e i f f e r t[10] und H. F i e l i t z[11] berichten zum Beispiel über folgende Untersuchungsergebnisse:

Anzeigengröße	Aufmerksamkeitswert (Seyffert)	(Fielitz)
1/1-Seite	100	100
3/4-Seite	–	95
1/2-Seite	27,7	30,5
1/4-Seite	16,4	23

Aus beiden Tabellen ergibt sich eine starke Überlegenheit der großen Anzeigen. Auch andere Autoren messen der Ganzseite mehr Vorteile zu, als die Anhänger des „Quadratwurzelgesetzes". Nach R u d o l p h sollen sich die Aufmerksamkeitswerte einer Ganzseite und einer halben Seite wie 100 zu 59,7 und nach Starch wie 100 zu 62,5 verhalten[12].

Zu allen diesen Experimenten ist allerdings kritisch zu bemerken, daß viel zu wenige Versuchspersonen herangezogen wurden, um statistisch gesicherte Ergebnisse zu gewährleisten. Oft lassen sich die abweichenden Resultate aus der Verschiedenheit der angewandten Methoden erklären. Adams arbeitete zum Beispiel mit farbigen Karten und einem Tachistoskop. Einige Experimentatoren stellten Versuchszeitschriften mit fiktiven Anzeigen her, andere verwandten tatsächlich erschienene Anzeigen; teilweise wurde die Recall-Methode, teilweise die Recognition-Methode angewandt. Bei allen Experimenten ist es jedoch zweifelhaft, ob es wirklich gelang, die Wirkung des Faktors „Größe" isoliert zu erfassen, d. h. sämtliche anderen Einflüsse (Qualität des Entwurfs, Prestige oder Bekanntheit eines Werbungtreibenden, Vorteil der ganzseitigen Anzeige infolge Fehlens anderer Inserate auf derselben Seite usw.) konstant zu halten oder zu eliminieren. Vor allem aber muß beanstandet werden, daß die „Aufmerksamkeitswirkung" auf dem Umwege über das Gedächtnis gemessen wurde. Der Gedächtniswert eines Werbemittels hängt aber von ganz anderen Faktoren als von dem äußeren Faktor „Größe" ab.

Wir wollen deshalb versuchen, aus der gestaltpsychologischen Theorie abzuleiten, wie der Faktor „Größe" den Wahrnehmungswert eines visuellen Werbemittels beeinflußt.

Zweifellos sondert sich eine Anzeige, die sich von den anderen im Satzspiegel nur durch ihre Ausdehnung unterscheidet, bevorzugt als Gestalt aus, d. h. sie hat einen höheren Wahrnehmungswert. Experimentell läßt sich leicht beweisen, daß unter mehreren, auf einem homogenen Grund liegenden Gegenständen, die sich nur durch ihre Größe voneinander unterscheiden, jeweils der größte die „Figurstellung" einnimmt. Unter solchen Bedingungen reicht bereits eine relativ geringe Größenabweichung aus, um eine Figur-Grund-Differenzierung zugunsten der größeren Anzeige herbeizuführen.

In der Werbepraxis gibt es keine Gleichförmigkeiten dieser Art. Die auf einem gemeinsamen Grund, d. h. auf der gleichen Anzeigenseite oder an der gleichen Anschlagsäule konkurrierenden Werbemittel zeichnen sich durch eine Fülle von differenzierenden Momenten aus (Layout, Format, Illustration usw.). Soll also ein Werbemittel bei Heterogenität der Gestalten im Satzspiegel eine Vorzugsstellung einnehmen, so müßte es sich schon beträchtlich in der Größe von den konkurrierenden Inseraten unterscheiden. Aber auch eine erhebliche Vergrößerung gibt noch keine Gewißheit, daß sich das betreffende Werbemittel wirklich besonders hervorhebt. Wenn nämlich die Gestaltfaktoren „Verschiedenheit der Form" oder „charakteristische Gestalt" mit dem Faktor „größere Ausdehnung" in Konkurrenz stehen, so unterliegt der Faktor „Größe" fast immer, wie W. Ehrenstein experimentell bewiesen hat[13]). Nach gestaltpsychologischer Auffassung sondern sich vor allem prägnante Werbemittel aus. Die Wahl großer Formate belastet demnach den Werbeetat – vom wahrnehmungspsychologischen Standpunkt aus gesehen – unnötig.

b) Placierung als quantitativer Einsatz- und Wirkfaktor

Nach den Erkenntnissen der Wahrnehmungspsychologie hängt die gestaltliche Aussonderung eines Gegenstandes nicht nur von den Eigenschaften des Reizkomplexes selbst, sondern auch vom Ganzheitsbezug ab, d. h. von der räumlichen Umgebung. Angewandt auf die visuelle Werbung ergibt sich somit die Frage: Kann der Werbetreibende den Wahrnehmungswert eines Werbemittels durch Placierungsmaßnahmen erhöhen? Wie kann zum Beispiel erreicht werden, daß räumliche Bedingungen die gestalthafte Ausgliederung eines einzelnen Werbemittels nicht nur hemmen, sondern nach Möglichkeit fördern? Diese Fragen entstehen beim Einsatz aller visuellen Werbemittel, also zum Beispiel auch für Firmenschilder, Leuchtreklamen, Innen- oder Streckenplakate; die dabei auftretenden Einzelprobleme entziehen sich jedoch wegen ihrer Heterogenität einer systematischen Behandlung.

Psychologische und laienpsychologische Untersuchungen über Placierungsprobleme konzentrieren sich in der Regel auf Plakate und Anzeigen. Bei diesen Werbemittelarten gewinnt die Placierungsfrage besondere Bedeutung, weil Plakate und Inserate fast immer in Nachbarschaft mit ihresgleichen dargeboten werden, und es besteht die Vermutung, ein einzelnes könne sich bei günstiger Platzwahl gegenüber dem anderen besser durchsetzen.

Planung der Werbestrategien 451

Das Hauptinteresse galt von jeher der Anzeigenplacierung. Bei Plakaten bleibt nämlich die Entscheidung, an welcher Stelle einer Litfaßsäule oder Plakatwand das einzelne Stück angebracht wird, dem Anschlagunternehmen überlassen. Dagegen besteht bei Zeitungs- und Zeitschrifteninseraten normalerweise die Möglichkeit, einen bestimmten Platz vorzuschreiben. Nur wenige Verlage können es sich auf Grund ihrer Marktstellung leisten, Placierungswünsche der Inserenten abzulehnen. Die anderen sehen sich wegen der Nachfrage nach „Vorzugsplätzen" gezwungen, Placierungszuschläge zu fordern. Hier handelt es sich um ein echtes Einsatzproblem. Der Werbungtreibende steht vor der Entscheidung, ob er im Vertrauen auf die Werbewirkung des Faktors „Placierung" zusätzliche Aufwendungen machen oder statt dessen die entsprechenden Mittel für andere Wirkungsfaktoren (Entwurf, Prüfung, Größe, Wiederholung o. ä.) verwenden soll.

In Fachkreisen herrscht geteilte Meinung darüber, ob die Wirkung visueller Werbemittel durch Placierung erhöht werden kann. Zahlreiche Diskussionsbeiträge in der Fachliteratur führen gute und schlechte Argumente gleichermaßen an, um den einen oder den anderen Standpunkt zu untermauern. Während viele Werbefachleute dem Faktor „Placierung" überhaupt keine Bedeutung zumessen, halten ihn andere für äußerst wichtig; da der „Aufmerksamkeitswert" einzelner Plätze ungewöhnlich hoch über dem Durchschnitt liege, seien Placierungszuschläge auch vom Standpunkt der Wirtschaftlichkeit ohne weiteres gerechtfertigt.

Vor Stellungnahme hierzu sei klargestellt, daß die Placierungsfrage in psychologischer Sicht unter zwei Aspekten gesehen werden muß: einerseits als Problem der Placierung in einer S i m u l t a n g e s t a l t, d. h. innerhalb einer Seite oder Doppelseite der Zeitung oder Zeitschrift, und andererseits als Problem der Placierung in einer S u k z e s s i v g e s t a l t, d. h. innerhalb der Seitenfolge.

(1) K o n v e n t i o n e l l e P l a c i e r u n g s d o g m e n

Ein fest eingebürgertes Placierungsdogma ist zum Beispiel die Auffassung, daß der rechte obere Eckplatz einen besonders hohen „Aufmerksamkeitswert" besitze. Dieser „Obenrechts-Eckplatz" ist – analytisch gesehen – durch mehrere Dimensionen festgelegt; zu überlegen ist, ob ein Inserat

    1. auf der oberen oder unteren Seitenhälfte,

    2. auf der linken oder rechten Seite und

    3. im Zentrum oder an der Peripherie des Satzsspiegels

untergebracht werden soll.

(a) Placierung auf der oberen oder unteren Seitenhälfte?

Ältere experimentelle Untersuchungen über die Abhängigkeit des „Aufmerksamkeitswertes" von der Placierung haben zur Bevorzugung der o b e r e n Hälfte einer Seite geführt. Als erster führte H. G a l e tachistoskopische Versuche durch. Da er jedoch nicht den Faktor „Lesegewohnheit" zu eliminieren vermochte, ergab sich ein ungewöhnlich hoher „Aufmerksamkeitsvorteil" der oberen linken Ecke[14]. H. F. A d a m s, der wie Gale mit Kartonstücken in der Größe einer Werbeträgerseite, jedoch ohne Tachistoskop, arbeitete, ermittelte unter verbesserten Versuchsbedingungen auch eine starke Überlegenheit der oberen Seitenteile. Nach D. S t a r c h, der mit einer Versuchszeitschrift experimentierte, sind die Unterschiede weniger groß. Die Aufmerksamkeitswerte der Seitenhälften sollen betragen:

für die obere Hälfte 54
für die untere Hälfte 46.

(b) Placierung auf der linken oder rechten Seite?

Über die Frage: „Links oder rechts" wird in der Placierungsdiskussion seit jeher am heftigsten gestritten. Von denen, die Placierungsvorschriften bejahen, den Praktikern, sind die meisten der Meinung, Anzeigen sollten möglichst auf der rechten Seite eines Werbeträgers erscheinen. „Bei einer Doppelseite wird im allgemeinen der rechten Seite die größere Beachtung geschenkt[15]."

Diese Einstellung hat zu Placierungsaufschlägen für Rechtsplätze geführt. Manche Verlage weisen bei ihrer Werbung darauf hin, daß Anzeigen ausschließlich auf den rechten Seiten veröffentlicht werden würden; die Werbekraft der Zeitschrift sei deshalb besonders hoch einzuschätzen. Erstaunlicherweise hat eine der ältesten Untersuchungen über die Beziehungen zwischen Placierung und Aufmerksamkeitswirkung die Ansichten der Werbefachleute bis in die Gegenwart hinein beeinflußt. D. S t a r c h kam im Jahre 1907 bei einem Experiment mit nur 50 Studenten zu dem Ergebnis, die r e c h t e Hälfte einer Zeitschriftenseite, insbesondere aber deren oberer Teil, müsse wirksamer als die übrige Fläche sein. Zwar berichtete H. Münsterberg[16]) über dieses Experiment, doch entstanden die stärksten Präferenzen für rechte Seiten erst, nachdem Th. König die Starchschen Versuche noch einmal als „auch in psychologisch einwandfreier Weise untersucht[17])" herausgestellt hatte. K ö n i g kam an Hand einer Tabelle mit den von Starch ermittelten Aufmerksamkeitswerten einer in vier Viertel unterteilten (rechten) Zeitschriftenseite zu dem Schluß, daß die r e c h t e Anzeigenseite gegenüber der linken vorteilhafter sei.

28 %	33 %
16 %	23 %

Obwohl Starch die linken Seiten der Blätter gar nicht in den Aufmerksamkeitstest einbezogen hatte, wurde das, was eigentlich nur für die rechte Seite von Zeitschriften gelten sollte, später von anderen Autoren einfach auch auf Doppelseiten übertragen.

Andere Experimente gingen von der Hypothese aus, die l i n k e Hälfte einer Seite bzw. Doppelseite sei am günstigsten für die Placierung eines Inserates. Auch in der Allgemeinpsychologie schreiben nämlich manche Autoren der linken Hälfte des Wahrnehmungsfeldes einen höheren Aufmerksamkeitskoeffizienten zu. So vertritt P. R. H o f s t ä t t e r die Ansicht, es gäbe ausgezeichnete Stellen des Gesichtsfeldes; die Position im Quadranten links oben mache einen Gegenstand besonders auffällig[18]). M. T a k a l a[19]) kam an Hand einer Reihe von Untersuchungen ebenfalls zu dem Schluß, daß sowohl in der Wahrnehmung als auch in bezug auf die Leichtigkeit der Reproduktion die linke und obere Hälfte des Wahrnehmungsfeldes gegenüber der rechten und unteren bevorzugt sei[20]).

Werbepsychologische Experimente über die Zweckmäßigkeit der Linksplacierung hat zum ersten Male H. G a l e in den USA durchgeführt; als Ergebnis zeigte sich eine starke Überlegenheit der linken Halbseite gegenüber der rechten. Etwas später ermittelte der Amerikaner H. F. A d a m s experimentell folgende Werte für die Aufmerksamkeitsverteilung in einer gevierteilten Anzeigenseite, die in der oberen Hälfte genau umgekehrt sind wie bei Starch[21]):

Planung der Werbestrategien

33 %	28 %
21 %	17 %

Eine dritte Gruppe von Werbepsychologen versuchte nachzuweisen, daß der Aufmerksamkeitswert von Anzeigen mit der Placierung n i c h t in Z u s a m m e n h a n g stehe. Ein Experiment von H o t c h k i s s und F r a n k e n ergab keine nennenswerten Unterschiede zwischen linken und rechten Seiten. H. J. R u d o l p h hat verschiedene Analysen vorgelegt, nach denen praktisch kein Unterschied im Werbewert der einen oder anderen Placierung besteht, und auch E. E p p l e stellte fest: „Es spielt für die Werbewirksamkeit einer Anzeige keine Rolle, auf welcher Placierung innerhalb einer Anzeigendoppelseite sie erschienen ist[22]." Auf Grund der Ergebnisse einer methodisch ausgezeichnet vorbereiteten Repräsentativerhebung legt er folgende Beachtungswerttabelle vor:

25,4 %	24,6 %
24,4 %	25,6 %

(c) *Placierung im Zentrum oder an der Peripherie des Satzspiegels?*

Von vornherein kommt kein Mittelplatz für einzelne Anzeigenarten in Frage. Kuponanzeigen müssen zum Beispiel am Seitenrand untergebracht werden, damit potentielle Interessenten den Kupon möglichst leicht heraustrennen können. Eckplätze sollten ferner für Anzeigen gewählt werden, die eine starke diagonale Richtungstendenz enthalten; sie werden am besten so placiert, daß ihre Gerichtetheit von der Peripherie in das Zentrum des Blattes hineinwirkt.

Für alle übrigen Anzeigen können dieselben Überlegungen angestellt werden wie hinsichtlich der anderen Placierungsdimensionen. Nach H. F i e l i t z ergeben sich bei der Aufteilung einer Anzeigenseite in einzelne Felder folgende Aufmerksamkeitswerte (mittleres oberes Feld = 100 gesetzt[23]):

105	100	108
94	81	99
87	71	79
100	91	101

Danach müßte die Placierung am Rande, insbesondere aber an den Ecken, vorteilhaft sein. G. B. H o t c h k i s s vertritt den Standpunkt, seitenteilige Anzeigen erzielten am Rande von Doppelseiten einen höheren Aufmerksamkeitswert als in den Spalten nahe am Mittelknick. Demgegenüber ist G. K l e i n i n g der Meinung, gestaltpsychologisch gesehen könne der optimale Platz bei Einzelseiten (z. B. Titel- und Rückseite) nur im Zentrum, d. h. im Schnittpunkt der Diagonalen liegen; bei den Innenseiten komme erlebnismäßig immer die Doppelseite, d. h. also das ganze Blatt zur Geltung. „Die Bereiche der größten Gestaltintensität . . . befinden sich an der Mitte des ganzen Blattes. Auf einer Innenseite ist eine Anzeige am besten placiert, wenn sie in die Mitte der dem Falz nächsten Spalte, rechts oder links gesetzt wird[24])."

Einen neutralen Standpunkt nimmt W. M o e d e ein; in seinen Musterbeispielen für vorteilhafte Placierung stellt er sowohl zentral als auch peripher gelegene Plätze als günstig heraus.

(2) Das Placierungsproblem in gestaltpsychologischer Sicht

1. Alle Versuche, die Placierungswirkung unter dem Aspekt der Stellung isolierter Reize im Blickfeld der Aufmerksamkeit zu untersuchen, müssen in gestaltpsychologischer Sicht zurückhaltend beurteilt werden. Das gilt insbesondere für die Experimente von A d a m s und S t a r c h , deren Versuchszeitschriften nur einzelne Buchstaben oder vermeintlich völlig sinnlose Silben enthielten. Diese wurden absichtlich gewählt, denn in der Sicht der seinerzeit auf „letzte Elemente" ausgerichteten Forschung hätten Sinnbezüge nur störende Einflüsse bedeutet. Von Reproduktionsversuchen mit sinnlosem Material kann aber kaum auf den Wahrnehmungswert von Anzeigen geschlossen werden. Auch bei neueren Versuchen, denen fiktive Testanzeigen mit gleichartigem Layout zugrunde lagen[25]), wurden Faktoren isoliert, die in der Praxis gerade entscheidend wichtig sind. In der Realität werden nämlich kaum Anzeigen dargeboten, die das gleiche Layout oder den gleichen Inhalt haben.

Auch die Überlegungen von G. K l e i n i n g , nach denen eine Anzeige am besten in der Schnittlinie der Diagonalen placiert werden sollte, gelten lediglich dann, wenn der die Anzeigenfigur umgebende Grund völlig homogen ist. Nur unter dieser Voraussetzung befindet sich nämlich der Verdichtungsbereich oder Schwerpunkt der Gestalt „Anzeigenseite" in der Mitte einer Doppelseite. Das geometrische Zentrum einer Gestalt braucht ansonsten keineswegs mit dem Zentrum im dynamischen Sinne zusammenzufallen.

Eine Inseratenseite bildet bekanntlich eine Gesamtfigur, aus der sich die seitenteilige Anzeige des Werbetreibenden möglichst stark als Gestalt aussondern soll. Da die Gestaltgesetze für die Gliederung der Seite bzw. Doppelseite sorgen, und die Umgebung, d. h. die anderen Anzeigen, dem Werbungtreibenden vorher nicht bekannt sind, werden jegliche Placierungsüberlegungen relativiert.

Diese gestaltpsychologischen Überlegungen werden durch ein realitätsnahe angelegtes Experiment bestätigt, über das H. F i e l i t z[26]) berichtet. Eine Anzeigen-Doppelseite wurde in 70 gleichgroße Felder unterteilt und mit der gleichen Anzahl gleichartiger Anzeigen beeindruckt. Die nach der M a n d e l - E i c h h o r s t -Methode durchgeführte Untersuchung ließ zunächst eine relativ unbedeutende Überlegenheit des rechten oberen Teiles erkennen. Geringfügige Differenzierungen in der formalen Gestaltung einzelner Test-Anzeigen (Umrandung, abweichende Schriftart oder -größe, Einfügen einer Illustration oder Verdoppelung der Fläche) zeigten jedoch einwandfrei, daß jede Inhomogenität sofort zu einer anderen Auffassung des Satzspiegels als Ganzem durch die Befragten führt. Die variierten Anzeigen gliedern sich infolge der Kontrastwirkung leichter aus und besitzen an allen möglichen Plätzen einen höheren Wahrnehmungswert als die übrigen.

Vom Standpunkt der Gestaltpsychologie sind also Einsatzkosten für die Placierung n i c h t gerechtfertigt. Sie haben nur dann einen Sinn, wenn der Auftraggeber die nähere Umgebung des eigenen Werbemittels mit dem Verlag absprechen kann. Praktisch wird das nur bei großflächigen Anzeigen möglich sein, gerade bei diesen spielt

Planung der Werbestrategien 455

aber die Placierung durchaus nicht die Rolle wie bei den Kleininseraten, die durch den Gestaltfaktor „Gleichheit" sehr leicht am Einnehmen der Figurstellung gehindert werden können.

Statt für Placierungszuschläge sollten die entsprechenden Mittel demnach besser für die Herstellung eines guten Entwurfs verwendet werden, denn auch trotz ungünstiger Umgebungseinflüsse setzen sich gestaltfeste Anzeigen am leichtesten durch.

2. Zu den bisherigen, auf Einzelseiten von Werbeträgern bezogenen Placierungsproblemen kommt die Überlegung des Werbungtreibenden, ob er die Wirksamkeit seiner Anzeige durch die Wahl einer bestimmten Seite, d. h. eines besonders günstigen Platzes innerhalb der Sukzessivgestalt einer Zeitung, Zeitschrift usw. erhöhen kann.

Wie sich aus der Tarifgestaltung der Verleger ablesen läßt, werden insbesondere die U m s c h l a g s e i t e n mehrseitiger Werbeträger für werbewirksam gehalten. Zweifellos haben die beiden Außenseiten einen höheren Wahrnehmungswert. Da in der Regel immer eine dieser beiden Seiten so liegt, daß sie auch von Personen, die das Heft nicht durchblättern, wahrgenommen werden kann (Aushang im Kiosk, Aufbewahrung im Haushalt, Wartezimmer usw.) und beide Außenseiten beim Durchblättern nur den halben Sukzessivkontrast zu bestehen haben, dürften Placierungsaufschläge durchaus gerechtfertigt sein, sofern sie sich in „annehmbaren" Grenzen bewegen.

Nicht akzeptabel sind jedoch konventionelle Praktikerregeln, nach denen der Aufmerksamkeitswert regelmäßig bei der ersten und vierten Umschlagseite das Doppelte der Innenseiten und bei der zweiten und dritten Umschlagseite das Eineinhalbfache beträgt. Solche durch sogenannte „exakte Messungen" ermittelten „Gesetze" haben ihren Ursprung in Experimenten, die D. S t a r c h vor sechzig Jahren (1908) durchführte. 50 Versuchspersonen schrieben dabei nach flüchtigem Durchblättern eines 12seitigen Heftes, das keine Anzeigen, sondern sinnlose Silben enthielt, nieder, was sie behalten hatten. Dabei zeichneten sich das erste und letzte Glied der „Gedächtniskette" aus (serialer Positionseffekt).

3. Nach gestaltpsychologischer Auffassung kann die Leistungsfähigkeit des Gedächtnisses nicht an Hand sinnloser Silben erforscht werden, da gerade die Sinnhaftigkeit des Materials wesentlicher Faktor jedes Einprägens ist. Daher sind vor allem mit Hilfe älterer Gedächtnismethoden ermittelte Wertigkeiten der I n n e n s e i t e n eines Heftes unbrauchbar. Auch der Ermüdungsfaktor (Nachlassen der Aufmerksamkeit gegenüber den am Ende eines größeren Anzeigenteiles placierten Inseraten) kann sich heute nur noch bedingt auswirken. Die früher übliche Trennung in einen redaktionellen Teil und den daran anschließenden „Anzeigenfriedhof" ist bei fast allen Werbeträgern einer gelockerten Aufteilung gewichen, und selbst bei stellenweiser Konzentration von Anzeigen auf den letzten Seiten eines Heftes wird sich ein guter Entwurf dort besser durchsetzen als ein schwaches Layout in der Nähe des Heftanfangs.

4. Auch die Frage, ob e i n z e l n e S e i t e n , zum Beispiel gegenüber dem Inhaltsverzeichnis von Katalogen, gegenüber der Seite mit dem Kinoprogramm oder den Familienstandsanzeigen usw., im Vergleich zu anderen besonders wertvoll sind, läßt sich wegen der Unterschiedlichkeit der individuellen Lesegewohnheiten nicht allgemeingültig beantworten. Da nur verhältnismäßig wenige Werbemitteilungen an einem bestimmten oder gewohnten Platz gesucht werden, im übrigen aber mit recht großer Indifferenz der Leser gerechnet werden muß, dürften Placierungsüberlegungen auch im Hinblick auf die Sukzessivanalyse von mehrseitigen Werbeträgern nicht die ihr von vielen Autoren beigemessene Bedeutung haben. Wie in einer Simultangestalt regieren auch hier die Gestaltgesetze und sorgen für eine im einzelnen nicht vorausbestimmbare Gliederung der Gesamtgestalt.

c) Werbemittelfarbe und dreidimensionale Darbietung als quantitative Einsatz- und Wirkfaktoren

1. In den vergangenen Jahrzehnten herrschte ein starker Trend zum „b u n t e n" (d. h. mit Schmuck- oder Zusatzfarben versehenen) und zum „(m e h r -) f a r b i g e n" Werbemittel, der sich auch künftig fortsetzen dürfte. Während früher vorwiegend die Publikumsillustrierten Gelegenheit zur Mehrfarbinsertion boten, haben heute auch größere Zeitungen die technischen Möglichkeiten dazu und — seit neuestem — nunmehr das Werbefernsehen.

Alle diese farbigen Werbeappelle sind kostspieliger als die Schwarz-Weiß-Werbebotschaften; der Werbungtreibende muß sowohl höhere Kosten für qualitative Wirkfaktoren (anmutungsorientierte Herstellkosten), also für den Anzeigen- oder Spot-Entwurf, in Kauf nehmen als auch höhere Streukosten pro Werbeimpuls (Farbzuschläge der Werbeträger) aufbringen.

Zweifellos wird ein Unternehmer, der nicht nach formal-ästhetischen Grundsätzen, sondern nach dem Wirtschaftlichkeitsprinzip handelt, höhere Kosten nur dann aufwenden, wenn er dafür einen Mehrertrag erwartet. Fragen wir nach den q u a l i t a t i v e n Wirkungserwartungen, so ergeben sich eindeutige Vorteile des farbigen Werbemittels gegenüber dem schwarz-weißen. Bei vielen Werbeobjekten kommt es z. B. sehr darauf an, ob sie naturgetreu wiedergegeben werden können.

In q u a n t i t a t i v e r (einsatzbezogener) Sicht ist jedoch von den erzielbaren Wahrnehmungs- und Gedächtniswerten auszugehen. In der Literatur finden sich mancherlei Angaben über die vervielfachte Effektivität farbiger Werbemittel, die sich von einer Verdoppelung bis zu einer Verhundertfachung der Werbewirkung erstrecken. Diese großen Unterschiede können nur erklärt werden, wenn man die Werbeträgerwirkung mit einbezieht. Enthält ein Medium nur wenige farbige unter zahlreichen schwarzweißen Werbemitteln, so nehmen die farbigen eine „Figur-Stellung" ein. Andererseits würde eine Schwarz-Weiß-Anzeige in einem Werbeträger mit fast ausschließlich farbigen Werbemitteln besonders auffallen. Insofern sind jegliche Aussagen über die Farbgebung als quantitativer Wirkfaktor relativiert.

2. Die gleichen Überlegungen gelten hinsichtlich der d r e i d i m e n s i o n a l e n Werbemittel. Sie sind derzeit so selten, daß sie sich unwillkürlich von anderen Werbemitteln im Hinblick auf den Wahrnehmungs- und Gedächtniswert abheben. Allerdings sind die Kosten für ihre Herstellung vergleichsweise noch sehr hoch. Experimentelle Erhebungen über ihre „potenzierte" Wirkung stehen überdies noch aus. Dennoch dürfte die Effektivität dreidimensionaler Werbemittel — vor allem wegen ihres derzeit noch seltenen Einsatzes — den entsprechenden quantitativen Aufwand durchaus rechtfertigen.

3. Substitutionsbeziehungen zwischen qualitativen Wirkfaktoren der Werbung und quantitativem Werbemitteleinsatz

Das dynamische Bild der Verbraucherpsyche läßt erkennen, daß massiver Werbeaufwand (Reizstärke und Wiederholung) nicht immer zu einer erfolgreichen Beeinflussung des Konsumverhaltens führt. Werbemaßnahmen sind viel wirtschaftlicher angelegt, wenn sich die qualitativen Wirkungsfaktoren der Werbemittel entfalten können. Der Wahrnehmungs- und Gedächtniswert visueller Werbemittel hängt nämlich entscheidend von ihrem inhaltlichen und formalen Aufbau ab. Daher sollte bei der Werbeplanung die Marktforschung herangezogen werden, damit ein zweckmäßiges „Ansprechen" der Umworbenen durch guten inhaltlichen Aufbau der Werbemittel gewährleistet wird. Im Hinblick auf den formalen Aufbau dürfen die Kosten für den graphischen Entwurf und dessen experimentelle Überprüfung nicht zu niedrig veranschlagt werden. Bei festem Werbeetat ist es ratsam, lieber den für den Werbemitteleinsatz vorgesehenen Betrag zu kürzen.

Schließlich bestehen zwischen den qualitativen Faktoren der Werbewirkung und den quantitativen, sowie innerhalb der letzteren folgende Substitutionsbeziehungen:

1. Der Faktor „Größe" ist in gestaltpsychologischer Sicht nicht so wirksam wie die Gestaltfestigkeit eines Werbemittels oder seine wiederholte Exposition.

2. Besondere Aufwendungen für „Vorzugsplätze" sind in der Regel nicht gerechtfertigt, denn nach gestaltpsychologischer Auffassung hängt die figürliche Aussonderung eines visuellen Werbemittels mehr von seiner Gestaltfestigkeit als von der Placierung ab.

3. Zusätzliche Kosten für die Farbgebung visueller Werbemittel sind vor allem in qualitativer Hinsicht gerechtfertigt. Ihre Verwendung unter quantitativen Aspekten ist weitgehend von der Gesamtgestaltung der benutzten Werbeträger abhängig. Dagegen haben derzeit dreidimensional dargebotene Werbebotschaften erhöhte Wahrnehmungs- und Gedächtnischancen.

4. Die Wiederholung des Werbemitteleinsatzes ist – wenn auch die „Holzhammerreklame" von der modernen Psychologie abgelehnt wird – durchaus notwendig. Die Wirkung der Wiederholung bleibt jedoch unzulänglich, wenn der Entwurf keine Prägnanz besitzt. Je weniger prägnant ein Werbemittel in formaler und inhaltlicher Hinsicht wirkt, um so häufiger muß es eingesetzt werden, bis das Werbeziel erreicht ist.

V. Auswahl der Werbeträger (Werbeträgerstrategie)

Wie bei den übrigen Auswahlentscheidungen, könnten auch bei der Auswahl der Werbeträger die marginalen Ansätze der Grenznutzentheorie Anwendung finden, wären sie nicht gar zu abstrakt. In praxi fällt es jedoch nicht nur schwer, den „Trägernutzen" vom Werbemittelerfolg eindeutig abzugrenzen; vor allem kommt hinzu, daß sich das Problem der Mediawahl in verschiedene Teilprobleme gliedert:

1. Wahl der Werbeträgerart (Intermedia-Vergleich),
2. Wahl spezieller Medien innerhalb einer Mediagruppe und
3. Wahl von Kombinationen zwischen a) Werbeträgergruppen und
   b) speziellen Media.

Selbstverständlich gelten auch in diesem Bereich der Werbeplanung die Grundprinzipien, nach denen entweder ein bestimmter Werbeerfolg kostenminimal erreicht oder ein verfügbarer Etat wirkungsmaximal aufgeteilt werden soll. Allerdings ergeben sich auf dem Sektor der Werbeträgerstrategie insofern besondere Probleme, als wir nicht mit Kontakten rechnen können, sondern uns auf Kontaktchancen beschränken müssen. Somit ergibt sich die Notwendigkeit, jegliche Entscheidungen zur Trägerauswahl unter zwei Gesichtspunkten zu sehen, nämlich

    a) streutechnisch-ökonomische Aspekte (Reichweiten, Tausenderpreise usw.)

    b) außerökonomische Wirkungswahrscheinlichkeiten (Trägerimage, Leseintensität usw.)

Kriterien z. Bewertung	Publikumszeitschriften	Tageszeitungen	Fernsehen	Film	Funk	Plakatsäule/Tafel
1. Funktion des Werbeträgers	Unterhaltung, Orientierungshilfe	akt. Information, Neuigkeiten	gr. Teil Unterhaltung, kl. Teil Information	ausschließlich Unterhaltung	vorw. Musik-Unterhaltung, daneben akt. Information und Bildung	Out-door-Werbung
2. Situation	häusl. Atmosphäre Nachmittag/Abend	häusliche Atmosphäre Büro Vormittag	häusliche Atmosphäre Gruppenerlebnis Abend	später Nachm./Abend	auch unterwegs (Auto) während des ganzen Tages	auf der Straße, im Vorübergehen, oft auf dem Wege zum Einkaufsort, schneller, flüchtiger Eindruck
3. Verhältnis Werbung/ Medium	unabh. vom Werbeträger-Image. Einfluß des redaktionellen Umf. und der Zeitschr.-Parzelle. Sinnzusammenhang; Image-Auf- und -Ausbau, emotionale Hinstimmung zum Angebot	mehr aktuelle, informierende und argumentierende Werbung, muß bes. Aufmerksamkeit und Interesse erwecken	suggestiv, modern, aktuell, hoher „Impact", Einf. und Bekanntmachung, aber auch Image-Aufbau und -Wandel, günstiges Verhältnis Werbeträger/Werbemittelkontakt	intensive, suggestive atmosph. Beeindruckung, entspannte, aufnahmebr., Gesamtsituation, zwangsl. Konzentration auf Geschehen, Konkurrenzausschluß, Größe des Bildes	Musikeinbettung, unterschwellige, haftende Wahrnehmung eher emotionaler Appell, bes. zur Verstärkung bestehender Handlungsbereitschaften geeignet	Produktpräsentation und Vermittlung von Kurzinformationen, Impulse, Reaktualisierung von Werbebotschaften in „konzentrierter" Form
4. Darstellungsmöglichkeit	Bild (Farbe) und Text, kein Bewegungsablauf	T e x t und Bild, kein Bewegungsablauf	bewegte Optik und Akustik, jetzt auch Farbe, multisensorische Ansprache	Kombination von Optik einschl. Farbe, Akustik und Motorik, multisensorische Ansprache	rein akustische Wirkung, Überzeugungskraft der menschl. Stimme, Musikuntermalung/Stimmungsgehalt und Atmosphäre	nur Optik, vorwiegend Bild (4farbig), wenig Text, Beschränkung auf Produkt- und Herstellername bzw. Slogan
5. Zeitfaktor	Möglichkeit der wiederholten Betrachtung, verschiedene Nutzungsphasen	Nutzungsdauer praktisch maximal nur während eines Tages	einmalige Betrachtung, nicht reproduzierbar, starke flüchtige Eindrücke	einmalige Betrachtung, nicht reproduzierbar	einmaliger Kontakt, nicht reproduzierbar, rasch vorbeiziehende Eindrücke	Mindesteinschaltdauer 10 Tage, Möglichkeit interner und externer Überschneidungen, Intensivierung und Verfestigung der Werbebotschaft
6. Auswahlmöglichkeit	Selektion der Zielgruppen nach Demo-Merkmalen durch Zeitschriften-Auswahl, überregionale und Teilbelegung (Split) möglich	beschr. Selektion der Zielpersonen nach Zeitungsgattungen, an sich Ansprache eines breiten Personenkreises, überregionaler, regionaler und lokaler Einsatz	echte Wahl nur zw. 1. u. 2. Programm, nur geringfüg. regionale Überscheidungen zw. einzelnen Sendern der ARD, beschr. Selektion nach Zielpersonen (70% der Haushaltungen haben Fernsehapparate). Einsatz nur in regionalen Großräumen bzw. überregional möglich	Differenzierung nach best. Filmtheater-Kategorien, nach rentablen Filmtheatern, regionale und lokale Abgrenzung möglich, automatisch Schwerpunkt bei jungen Leuten (unter 30 Jahren)	geringe regionale Überscheidung, deshalb keine echte Alternativ-Entscheidung zw. einzelnen Sendern, beschr. Selektion nach Zielpersonen, fast jeder Haushalt hat ein Radiogerät	keine Selektion nach Zielpersonen nach Demo-Merkmalen Diff. nach regionalen Gesichtspunkten (Testmärkte)
7. Durchdringung und Reichweite	hohe Reichweite, kumuliert ca. 80–85 %, starke Überschneidungen, dadurch weitgehende Substituierbarkeit v. Zeitschriften-Titeln	hohe Reichweite bei Gesamtbelegung, verhältnismäßig wenig Doppelleser zw. den einzelnen regionalen und überregionalen Zeitungen, wohl aber zw. regionalen und Kaufzeitungen	relativ gering, 15% pro Woche, bei rentablen Filmtheatern 7–10 %	relativ gering. bei Belegung der sog. Optimalzeiten nur ca. 12–15 %, aber stark kumulierendes Medium, rasches Wachsen der Reichweite, in Süddeutschland wesentlich höher als in Norddeutschland	pro Einschaltung relativ niedrig, aber regelmäßig rasche Kumulation bis max. 70%	bis dato keine allgemein verbindlichen Angaben

Die einzelbetriebliche Organisation der Werbung

Von Dr. Dieter Arnold, Köln

I. Die organisatorische Aufgabenstellung

Die Untersuchung der einzelbetrieblichen Organisation der Werbung beinhaltet die Ermittlung der Gestaltungsmöglichkeiten, die in Form von Regelungen des betrieblichen werblichen Geschehens in bestimmter Weise vorzunehmen sind. Organisation wird dabei als ein „System geltender organisatorischer (betriebsgestaltender) Regelungen*)[1]" aufgefaßt. Diese Regelungen erfolgen dergestalt, daß gleichartig wiederkehrende Tätigkeiten hinsichtlich ihrer Zuordnung und hinsichtlich des Verlaufs der Erfüllung festgelegt werden. Innerhalb des Betriebes wird dadurch eine Ordnung geschaffen, die eine sinnvolle Gestaltung der gesamten Aufgabenerfüllung gewährleiset und die optimale Leistungserstellung sichert. Alle zu erfüllenden Aufgaben und die im arbeitsteiligen Betriebsprozeß mit der Erfüllung dieser Aufgaben Betrauten werden als Glieder des Ganzen in ein bestimmtes Ordnungsverhältnis zueinander gebracht. Durch diesbezügliche Regelungen wird eine Gleich-, Über- oder Unterordnung der verschiedenen Aufgaben und der für ihre Erfüllung eingesetzten Aufgabenträger vorgenommen. Eine derartige Ordnung wird als „Struktur" bezeichnet[2]. Für die besondere ordnende Gestaltung ist somit das Merkmal des Strukturierens kennzeichnend.

Der durch strukturierende Maßnahmen zu schaffende Ordnungszusammenhang aller Glieder erfolgt einerseits im Hinblick auf den gefügehaften Aufbau des Betriebes – bzw. einzelner betrieblicher Bereiche –, wobei Gliedeinheiten (Stellen und Abteilungen) für die Aufgabenerfüllung gebildet werden, zum anderen aber im Hinblick auf den Verlauf der Aufgabenerfüllung zwischen diesen Gliedern durch Regelung der Arbeitsprozesse in ihrem Verlaufe. Je nach Betonung des organisatorischen Aspekts wird dabei einerseits von Aufbau-, andererseits von Ablauforganisation gesprochen. Auf die Interdependenz beider Aspekte kann an dieser Stelle nur hingewiesen werden.

In der vorliegenden Darstellung steht der Gesichtspunkt der Gestaltung des Organisationsaufbaus, der A u f b a u s t r u k t u r i e r u n g , im Vordergrund. Dabei treten vornehmlich Probleme der Aufgabengliederung und der Aufgabenverteilung auf[3]. A u f g a b e n g l i e d e r u n g bedeutet in organisatorischer Betrachtung, die in der gesamt-

---

*) Die im Text laufend numerierten Quellenangaben sind am Schluß des Aufsatzes zitiert.

1. Auswahl von Werbeträgergruppen (Mediagruppen)

Lange Zeit hindurch beschränkte sich die Werbeträgerforschung lediglich auf den Paarvergleich spezieller (Einzel-)Medien. Das Problem der Mediagruppenwahl wurde gemeinhin unter Berücksichtigung einiger Daten wie Konkurrenzwerbung, finanzielle Belastung (Exklusivwerbung) u. ä. gelöst; in den meisten Fällen dürfte die Wahl jedoch mehr auf Gewohnheitsverhalten als auf echten Entscheidungen beruht haben. Darüber hinaus ist zu berücksichtigen, daß die Wahl einer Trägergruppe bereits fast immer vorausgenommen ist, wenn ein Werbungtreibender von vornherein ein bestimmtes Werbemittel in Aussicht genommen hat, das an eine Mediagruppe gebunden ist.

Mit Beginn der 60er Jahre setzte sich die Auffassung durch, daß es nicht ausreicht, die Mediagruppenauswahl lediglich auf Grund streutechnischer Daten zu vollziehen. Man begann vielmehr, Entscheidungen unter Berücksichtigung von Zielkomponenten (z. B. spezielle Eignung für Einführungswerbung) und qualitativen Daten (wie z. B. „Einbettung der Werbung in das Medium") zu treffen. So erschienen 1962 die ersten Leitstudien des Contest-Instituts, die 1965 dem Infratest-Institut als Grundlage einer größeren Erhebung zum Thema „Mediavergleich zwischen Zeitschriften und Fernsehen" diente. P. Brückner führte eine größere vergleichende Untersuchung über den Informationswert von Anzeigen- und Funkwerbung durch. Diese Paarvergleiche ergaben im einzelnen recht aufschlußreiche Ergebnisse im Sinne einer Mediapsychologie. Wie schwierig es jedoch ist, eine umfassende Systematik für sämtliche Medien aufzustellen zeigt eine Analyse der klassischen Werbeträger, die sich auf 10 Bewertungskategorien beschränkt:

1. Funktion der Werbeträger
2. Situation
3. Verhältnis Werbung/Medium
4. Darstellungsmöglichkeiten
5. Zeitfaktor
6. Auswahlmöglichkeiten (Zielpersonen)
7. Durchdringung, Reichweite
8. Erscheinungshäufigkeit
9. Verfügbarkeit
10. Kosten.

E. Engelsing und U. Johannsen stellten an Hand dieser Punkte das vorstehende Bewertungsschema auf[27]).

2. Auswahl spezieller Werbeträger

Innerhalb jeder Mediagruppe besteht die Auswahlmöglichkeit zwischen mehr oder weniger vielen speziellen Trägern. Haupteinflußgrößen sind dabei nach K. Chr. Behrens:

a) die räumliche Reichweite
b) die zeitliche Verfügbarkeit
c) die quantitative (globale) Reichweite
d) die qualitative (gruppenspezifische) Reichweite
e) der Nutzungspreis.

1. Neben der zeitlichen (zeitpunkt- oder zeitraumbezogenen) Verfügbarkeit der Werbeträger bilden vor allem ihre räumlichen Reichweiten wichtige Daten für

Planung der Werbestrategien

eine optimale Werbeträgerstrategie. Nur bei größeren Markenartikelfirmen, die „national advertising" betreiben, ist die räumliche Reichweite der überregionalen Publikumsillustrierten mit dem Absatzgebiet kongruent. In den meisten Fällen stimmen jedoch geplantes Absatzareal und Streugebiete regionaler oder lokaler Werbeträger nicht überein. Geht man – zunächst unter Auslassung der streuökonomischen Aspekte – von streutechnischen Überlegungen aus, so erscheint jeder Werbeträger als optimal, der mit der Ausdehnung des Streugebietes übereinstimmt. Dieser Idealfall dürfte sich jedoch bei regionaler oder lokaler Werbung relativ selten ergeben. Man wird deshalb fast immer mehrere Media belegen müssen. Bei einer Werbeträgerkombination sollte die Summe der räumlichen Reichweite mit der Zahl der Werbesubjekte in dem geplanten Absatzgebiet möglichst weitgehend identisch sein, um Über- oder Unterdeckungen zu vermeiden. Ehe der Mediaplaner sich mit einer Unterdeckung zufriedengibt, wird er – sofern das Werbebudget es zuläßt – eher eine Überdeckung in Kauf nehmen; diese führt zwar zu räumlichen Streuverlusten, jedoch bringt sie den Vorteil einer Überschneidung der Einzelreichweiten, also einer aus gedächtnispsychologischen Erwägungen nicht unerwünschten Mehrfachansprache eines Teiles der im Streugebiet ansässigen Werbesubjekte mit sich. Zu den streutechnischen Überlegungen gehört auch die Streudichte, die Streuintensität, sonstige Streumodalitäten wie gezielte oder ungezielte, feine oder grobe Streuung usw. Ihnen gebührte an dieser Stelle ebenfalls Raum. Da sie jedoch weniger mit der eigentlichen Werbeträgerstrategie sondern mehr mit der Streutaktik zusammenhängen, werden sie an anderer Stelle dieses Handbuches behandelt. (Vgl. den Artikel „Streuarten und Streumedien" im fünften Kapitel.)

Die größte Bedeutung nehmen in Literatur und Praxis die streuökonomischen Entscheidungen ein. Hierbei handelt es sich darum, Wirtschaftlichkeitsvergleiche an Hand der Nutzungspreise der Werbeträger sowie leseranalytischer (dsgl. hörer- oder seheranalytischer) Daten aufzustellen. In früheren Zeiten bildete der „unqualifizierte" Tausenderpreis die wichtigste Grundlage. Für den Werbeträger Presse lautet seine Formel:

$$\text{Tausenderpreis} = \frac{\text{Preis einer Anzeigenseite} \cdot 1000}{\text{(Druck-)Auflage}}$$

Für die anderen Werbeträgerarten sind Sendezeiten des Fernseh-Spots, Vorführdauer von Werbefilmen usw. anstelle der Anzeigenseite einzusetzen. Die Auflagenziffer wird entsprechend durch die Zahl der angemeldeten Fernsehgeräte, durch das Sitzplatzangebot in Filmtheatern usw. ersetzt. Nun sagen aber Auflagen, Anmeldeziffern oder Sitzplatzzahlen nichts darüber aus, wie vielen Werbesubjekten die Streuleistung eine Kontaktmöglichkeit geben. Deswegen war es nur folgerichtig, wenn die demoskopische Marktforschung ihre Spezialzweige Leser-, Seher- und Hörerforschung entwickelte. Erst dadurch wurde es möglich, die Werbeträgerstrategien genauer zu fundieren. Maßgeblich für einen Wirtschaftlichkeitsvergleich spezieller Media werden damit von der Werbung erreichte Personen, und – noch genauer – erreichte Zielpersonen. Zunächst ist jedoch die Tausenderpreisformel noch zu verfeinern, denn die Druckauflage (s. o.) vermag zu wenig über die effektive Verbreitung eines Werbeträgers auszusagen. Wegen der besonderen Eigenarten des Zeitungs- und Zeitschriftenvertriebes verbleiben von jeder Ausgabe jeweils mehr oder weniger unverkaufte Exemplare, die der Händler an den Verlag zurückgibt (Remittendenstücke). Infolgedessen ist die Verkaufsauflage immer kleiner als die Druckauflage. Die Benutzung der Druckauflage in der Tausenderpreisformel würde mithin zu positiv verzerrten Ergebnissen führen. Andererseits ist die Verkaufsauflage eigentlich zu niedrig, weil die Verlage einen gewissen Teil der Auflage als Werbe- oder Gratisexemplare verwenden. Schlägt man diese Stücke zur Verkaufsauflage hinzu, so ergibt sich die **Vertriebsauflage**, die der Zahl der effektiv verbreiteten Auflage einer Zeitungs- oder Zeitschriftennummer entspricht. Die korrigierte Formel würde demnach lauten:

$$\text{Tausenderpreis} = \frac{\text{Seitenpreis} \cdot 1000}{\text{Vertriebsauflage}}$$

(Wie bereits erwähnt, ergeben sich für andere Werbeträger, zum Beispiel des akustischen oder des audio-visuellen Bereichs, genau die gleichen Überlegungen; wir können deswegen unsere Erörterungen paradigmatisch auf das Medium „Presse" beschränken.)

2. Mit Hilfe der auf die effektive Vertriebsauflage bezogenen Tausenderpreisformel lassen sich nunmehr genauere Kalküle für die Werbeträgerwahl aufstellen. Wir fragen zunächst nach der **quantitativen** Reichweite des Werbeträgers. Dabei stellt sich auf Grund von Leseranalysen zumeist heraus, daß jedes Exemplar der Vertriebsauflage durchschnittlich mit mehreren Lesern in Berührung kommt. Wie hoch diese Durchschnittszahl ist, hängt vom Charakter der jeweiligen Zeitung oder Zeitschrift ab. Während die Zahl der „Kontaktpersonen" bei manchen Fachzeitschriften nur wenig über der Auflagenziffer liegt, weisen manche Tageszeitungen und Publikumsillustrierten ein im Vergleich zur Auflage Mehrfaches an Lesern und somit an potentiellen Umworbenen aus.

Wir können deshalb alle Wirtschaftlichkeitsvergleiche bei der Auswahl spezieller (Einzel-)Media auf die Basis „Kosten pro erreichte Person" umstellen. Dann ergibt sich die Formel:

$$\text{Tausenderpreis} = \frac{\text{Seitenpreis} \cdot 1000}{\text{Leserschaft je Ausgabe*}}$$

*) Leserschaft je Ausgabe = quantitative Reichweite mal Gesamtbevölkerung.

Im Falle der Umwerbung spezieller demographisch zu definierender Zielgruppen reicht jedoch die Berücksichtigung der Gesamtleserschaft nicht aus. Die Zahl der Leser je Ausgabe, die sich aus der quantitativen Reichweite in der Gesamtbevölkerung errechnet, wird durch den prozentualen Anteil der Zielpersonen unter der Gesamtleserschaft (= qualitative Reichweite) korrigiert. Die Tausenderpreisformel verändert sich damit wie folgt:

$$\text{Tausenderpreis} = \frac{\text{Seitenpreis} \cdot 1000}{\text{Leserschaft je Ausgabe*}) \cdot \dfrac{\text{qualitative Reichweite}}{100}}$$

*) Leserschaft je Ausgabe = quantitative Reichweite mal Gesamtbevölkerung.

Welche Bedeutung die Einbeziehung der Zielgruppenanteile hat, mag ein Beispiel verdeutlichen. Wir unterstellen folgende Daten:

	Werbeträger A	Werbeträger B
Seitenpreis	3 000 DM	3 600 DM
Vertriebsauflage	100 000	100 000
Gesamtbevölkerung im Verbreitungsgebiet	1 000 000	1 000 000
Quantitative Reichweite	30 %	30 %
Somit Leserschaft je Ausgabe	300 000	300 000
Qualitative Reichweite (Anteil der Zielpersonen an der Gesamtleserschaft)	40 %	60 %

Planung der Werbestrategien

Für die beiden Werbeträger ergeben sich folgende Berechnungen:

$$\text{Tausenderpreis A} = \frac{3000 \cdot 1000}{300000 \cdot \frac{40}{100}} = \frac{10}{1 \cdot \frac{4}{10}} = \frac{100}{4} = 25 \text{ DM}$$

$$\text{Tausenderpreis B} = \frac{3600 \cdot 1000}{300000 \cdot \frac{60}{100}} = \frac{36}{3 \cdot \frac{6}{10}} = \frac{360}{18} = 20 \text{ DM}$$

3. Auf Grund der unterschiedlichen q u a l i t a t i v e n Reichweiten liegt also der Tausenderpreis des Werbeträgers B (bezogen auf die erreichten Zielpersonen) trotz eines höheren Seitenpreises effektiv günstiger. Der niedrigere Nutzungspreis des Werbeträgers A zahlt sich im Endergebnis nicht aus, weil das Medium B einen höheren Anteil an Zielpersonen ausweist.

In unserem Beispiel unterscheiden sich die Werbeträger A und B lediglich durch ihre Seitenpreise und die abweichenden qualitativen Reichweiten. Die übrigen streutechnischen oder streuökonomischen Daten werden als gleich angenommen. Abgesehen von den quantitativen Reichweiten ist die Berechnung vor allem insofern rein theoretischer Natur, als fast immer mehrere Werbeträger eingesetzt werden, deren Leserschaften sich regional und quantitativ überschneiden. Wir müssen deswegen noch das Problem des kombinierten Einsatzes einzelner Medien erörtern.

3. Auswahl von Werbeträgerkombinationen

Die bisherigen Ausführungen beschränken sich auf den Vergleich (Paarvergleich) einzelner Werbeträger. Auf dieser Basis läßt sich der jeweils geeignetere von zwei zur Auswahl stehenden Werbeträgern fixieren. In einer Mediaabteilung fallen allerdings wesentlich kompliziertere Entscheidungen an, denn selten ist nur eine Auswahl zwischen zwei substitutiven Werbeträgern zu treffen, die sich lediglich im Hinblick auf den Tausenderpreis pro erreichte Zielperson unterscheiden. Im Normalfall werden m e h r e r e T r ä g e r k o m b i n i e r t eingesetzt, weil

a) die räumlichen Reichweiten (Verbreitungsgebiete) der einzelnen Träger verschieden groß sind, und das fixierte Streufeld nicht mit einem einzelnen abgedeckt werden kann, oder

b) die quantitative Reichweite eines Trägers allein nicht ausreicht, um genügend Werbesubjekte zu erreichen oder

c) die mangelnde qualitative (gruppenspezifische) Reichweite (ungünstiger Strukturwert) eines Trägers es nahelegt, mehrere Media gleichzeitig zu benutzen, oder

d) ein bestimmter Träger nur für einen Zeitpunkt, jedoch nicht für eine Zeitspanne in der Werbeperiode zur Verfügung steht, oder

e) weil der Werbungtreibende eine Steigerung des Erinnerungserfolges durch wiederholte Werbemittelexposition in verschiedenen Werbeträgern zu erreichen versucht.

Der Einsatz mehrerer Werbeträger, die ihrerseits wiederum aus einer größeren Anzahl von zur Verfügung stehenden Medien auszuwählen sind, stellt den Werbeplaner vor wesentlich kompliziertere Rechenoperationen als der reine Paarvergleich. Deswegen arbeiten die Mediaabteilungen größerer Werbeagenturen bereits seit längerer Zeit mit Computern.

Wie schwierig bereits die Auswahl einer optimalen Kombination von 3 Medien aus 5 in die engere Wahl gezogenen ist, verdeutlicht ein Beispiel von P. Weber[28]:

Zur Verfügung steht eine Streukostensumme von 2700 DM. Dafür soll — unter Berücksichtigung der wechselseitigen Überschneidung der Leserkreise — eine Kombination aus den Werbeträgern A — E ausgewählt werden, über die folgendes Datenmaterial vorliegt:

Werbeträger	Projektion Leser pro Nummern in der Zielgruppe	Werbeträgerkosten je $^1/_1$ Seite DM
A	32 000	800
B	45 000	1500
C	18 000	900
D	35 000	1000
E	27 000	600

Außerdem ist aus Leseranalysen zu entnehmen, daß folgende Doppelüberschneidungen vorliegen:

	A	B	C	D	E
A		7500	3000	6500	4200
B			500	7000	8000
C				3500	3600
D					4800
E					

Insgesamt ergeben sich 10 Dreierkombinationen mit den folgenden Kosten pro Ganzseite (in DM):

```
A B C   3200
A B D   3300
A B E   2900
A C D   2700
A C E   2300
A D E   2400
B C D   3400
B C E   3000
B D E   3100
C D E   2500
```

Wegen des limitierten Budgetanteils von 2700 DM sind 6 der Kombinationen auszusondern; es verbleiben ACD, ACE, ADE und CDE. Für diese verbliebenen Dreierkombinationen ist nunmehr die Nettoreichweite mit Hilfe der Agostini-Formel zu errechnen:

$$\text{Nettoreichweite} = \frac{(\text{Summe der Nettoreichweiten})^2}{1{,}125 \cdot \text{Summe aller Doppelleser} + \text{Summe der Bruttoreichweiten}}$$

Für die Kombination ACD ergäbe sich z. B. folgende Rechnung:

$$\text{Nettoreichweite} = \frac{(32\,000 + 18\,000 + 35\,000)^2}{1{,}125 \cdot [(3000 + 6500 + 3500) + (32\,000 + 18\,000 + 35\,000)]}$$

$$= \frac{85\,000^2}{1{,}125 \cdot 13\,000 + 85\,000} = 72\,520$$

Führt man die gleiche Rechenoperation für die übrigen Kombinationen durch, so ergibt sich folgende Nettoreichweitentabelle:

Kombination ACD = 72 520
Kombination ACE = 66 500
Kombination ADE = 79 290
Kombination CDE = 68 530

Um die wirtschaftlichste dieser Kombination zu ermitteln, müssen wir nach der Formel

$$\text{Tausenderpreis} = \frac{\text{Seitenpreis} \cdot 1000}{\text{Nettoreichweite}}$$

vorgehen. Wir erhalten folgende Resultate:

Kombination ACD = 37,23 DM = 4. Rangplatz
Kombination ACE = 34,59 DM = 2. Rangplatz
Kombination ADE = 30,27 DM = 1. Rangplatz
Kombination CDE = 36,47 DM = 3. Rangplatz

Demnach stellt die Kombination ADE das Optimum dar. Sie erreicht die Zielgruppe mit dem niedrigsten auf die Nettoreichweite bezogenen Tausenderpreis.

4. Zweidimensionale Werbeträgerstrategien

Abschließend wäre noch auf die besondere Bedeutung der „Kumulation" hinzuweisen, mit der sich die Werbeträgerforschung erst seit einigen Jahren beschäftigt. Dabei ergeben sich folgende Grundüberlegungen: Die meisten Werbemittel werden nicht nur einmal, sondern in aller Regel mehrfach durch Werbeträger gestreut. Infolgedessen treten neben den erwähnten externen (Brutto- und Nettoreichweite) auch interne Überschneidungen auf, wenn sich die Leserschaft einer Zeitschrift zum Teil aus Stammlesern zusammensetzt. Ausgangspunkt für die Auswahl von Werbeträgerkombinationen sind dann Streupläne, in denen die Einschalthäufigkeiten und durchschnittlichen Kontaktchancen Berücksichtigung finden. In der Werbepraxis hat sich dafür die Bezeichnung „Webeplanung in der zweiten Dimension" eingebürgert.

In der Werbeforschung wird derzeit hauptsächlich über die Probleme der demoskopischleseranalytischen Ermittlung der internen Überschneidungen diskutiert. Es sei jedoch kritisch vermerkt, daß die Fixierung von Werbestrategien auf „zweidimensionaler" Ebene solange nur auf Hypothesen beruht, als nicht von psychologischer Seite geklärt ist, wie viele (Wiederholungs-)Kontakte (die in werblicher Hinsicht ohnedies nur als Kontaktchancen zu bezeichnen sind) notwendig sind, um ein bestimmtes Werbeziel zu erreichen. Erst wenn feststeht, wie häufig eine Gruppe von Zielpersonen durch Werbemaßnahmen berührt oder beeindruckt sein muß, ehe die Wahrscheinlichkeit eines bestimmten Werbe(aktions)erfolges gegeben ist, lassen sich auf Grund der gegensätzlichen Daten „Kontakthäufigkeit" oder „Reichweitenzuwachs" zielgerechte Streuverfahren auf dieser Basis auswählen.

Quellenangaben:

[1] Vgl. Behrens, K. Chr.: Absatzwerbung, Band X der Studienreihe Betrieb und Markt, Wiesbaden 1963.
[2] Keller, A.: Die Gemeinschaftswerbung, Zürich/St. Gallen 1955.
[3] Gutenberg, E.: Grundlagen der Betriebswirtschaftslehre, Bd. 2: Der Absatz, 9. Aufl., Berlin, Heidelberg 1966, S. 461 f.
[4] Behrens, K. Chr.: Absatzwerbung, Bd. X der Studienreihe Betrieb und Markt, Wiesbaden 1963.
[5] König, Th.: Reklamepsychologie – ihr gegenwärtiger Stand – ihre praktische Bedeutung, 3. Aufl., München, Berlin 1926, S. 41.
[6] Hotchkiss G. B.: An Qutline of Advertising, 3. Aufl., New York 1950, S. 312.
[7] Vgl. Scott, W. D.: The Psychology of Advertising, Boston 1908, S. 166; zitiert nach Münsterberg, H.: Psychologie und Wirtschaftsleben – Ein Beitrag zur angewandten Experimental-Psychologie, 4. Auflage, Leipzig 1919 S. 154 (Zahlen vom Verfasser umgerechnet).
[8] Vgl. Poffenberger, A. Th.: Psychology in Advertising, 2. Aufl., New York und London 1932, S. 189 (Zahlen vom Verfasser umgerechnet).
[9] Vgl. Hotchkiss, G. B. and Franken, R. B.: Attention Value od Advertisements, Report of New York University Bureau of Business Research, 1920. (Ohne Seitenangabe zitiert bei Poffenberger, A. Th.: Psychologie . . ., a. a. O, S. 195.)
[10] Seyffert, R.: Wirtschaftliche Werbelehre, Wiesbaden 1951, S. 22.
[11] Fielitz, H.: Die Aufmerksamkeitswirkung bei der Anzeigenwerbung, Wirtschaft und Werbung 9. Jg. (1955), S. 650 ff. (Zahlen vom Verfasser umgerechnet.)
[12] Vgl. Seifert, J. H.: Die äußeren Wirkungsbedingungen der Anzeigenwerbung, Graphik, 7. Jg. (1954), S. 65 (Zahlen von Starch vom Verfasser umgerechnet).
[13] Vgl. Ehrenstein, W.: Untersuchungen zur Bewegungs- und Gestaltwahrnehmung, Archiv für Psychologie, 66. Band (1928), Leipzig, S. 188 ff.
[14] Vgl. Gale, H.: Psychological Studies from the University of Minnesota, 1900, pp. 51 (zitiert nach Poffenberger, A. Th.: Psychology in Advertising, 2. Aufl., New York/London 1932, S. 237).
[15] Fielitz, H.: Die Aufmerksamkeitswirkung bei der Anzeigenwerbung, a. a. O., S. 652.
[16] Vgl. Münsterberg, H.: Psychologie und Wirtschaftsleben – Ein Beitrag zur angewandten Experimental-Psychologie, 2. Aufl., Leipzig 1913, S. 149 ff.
[17] König, Th.: Reklamepsychologie, a. a. O., S. 91.
[18] Vgl. Hofstätter, P. R.: Psychologie, Das Fischer-Lexikon, Bd. VI, Frankfurt a. M. 1957, S, 34.
[19] Vgl. Takala, M.: Asymmetrics of the Visual Space, Helsinki 1951.
[20] Epple, E.: Rechte Seite – rechts oben! – Eine experimentelle Untersuchung über die Abhängigkeit des Aufmerksamkeitswertes von der Placierung einer Anzeige, Frankfurt a. M. 1959, S. 22.
[21] Vgl. Michligk, P.: Der Irrtum vom besonderen Wert der „rechten Seite oben rechts", Wirtschaft und Werbung, 10. Jg. (1956), S. 572.
[22] Epple, E.: Rechte Seite – rechts oben, a. a. O., S. 109.

[23] Fielitz, H.: Die Aufmerksamkeitswirkung, a. a. O., S. 652.
[24] Kleining, G.: Psychologisches zur Placierung, zur Form und zur Größe von Anzeigen, Die Anzeige, Nr. 10/1954, S. 956.
[25] Vgl. z. B. Epple, E.: Rechte Seite – oben rechts, a. a. O., S. 17 ff.
[26] Fielitz, H.: Haben Placierungswünsche einen Sinn? Die pharmazeutische Industrie, 19. Jg. (1957), S. 452 ff.
[27] Engelsing, E., und Johannsen, U.: In welchen Medien soll man werben? – Checkliste zum Intermediavergleich. In: Die Anzeige, Nr. 17/1967.
[28] Zitiert nach Billeter, H.: Werbeträgerkombinationen. In: Die Idee, Nr. 3/1966.

Literatur:

Billeter, H.: Werbeträgerkombinationen. In: Die Idee, Nr. 3/1966.

Behrens, K. Chr.: Absatzwerbung, Wiesbaden 1963.

Ehrenstein, W.: Untersuchungen zur Bewegungs- und Gestaltwahrnehmung. In: Archiv für Psychologie, 66 Bd. (1928), S. 188 ff.

Epple, E.: Rechte Seite – rechts oben! – Eine experimentelle Untersuchung über die Abhängigkeit des Aufmerksamkeitswertes von der Placierung einer Anzeige, Frankfurt (Main) 1959.

Engelsing, E., und Johannsen, U.: In welchen Medien soll geworben werden? – Checkliste zum Intermedia-Vergleich – In: Die Anzeige, Nr. 17/1967.

Fielitz, H.: Die Aufmerksamkeitswirkung bei der Anzeigenwerbung. In: Wirtschaft und Werbung, 9. Jg. (1955), S. 650 ff.

Fielitz H.: Haben Placierungswünsche einen Sinn? In: Die pharmazeutische Industrie, 19. Jg. (1957), S. 452 ff.

Grimm, R.: Neue Entwicklungen in der Mediaforschung. In: Werben und Verkaufen, Nr. 23/1967.

Grimm, R.: Intermediauntersuchungen. In: forschen – planen – entscheiden, Nr. 3/65.

Gutenberg, E.: Grundlagen der Betriebswirtschaftslehre, Bd. II, Der Absatz, 9. Aufl., Berlin, Heidelberg 1966.

Haedrich, G.: Kumulation in der Mediaplanung. In: Der Marktforscher, Nr. 1/1966.

Harder, Th.: Kontaktchancen und Werbeeffekt. In: die absatzwirtschaft, Nr. 10/1966.

Hess, E.: Die zweite Dimension in der Mediaforschung. In: Die Anzeige, Nr. 17/1966.

Hofstätter, P. R.: Psychologie, Das Fischer-Lexikon, Bd. VI, Frankfurt (Main) 1957.

Hotchkiss, G. B.: An Outline of Advertising, 3. Aufl., New York 1950.

Jacobi, H.: Werbepsychologie, Ganzheits- und gestaltungspsychologische Grundlagen der Werbung, Wiesbaden 1963.

Jahn, K.: Chancen für einen neuen Arbeitsstil in der Mediaplanung. In: ZV + ZV, Nr. 35–36/1967.

Johannsen, U. und Fläming, J.: Die Bedeutung der Erkenntnisse der Lernpsychologie für Werbung und Marktforschung. In: GfM-Mitteilungen, Nr. 4/1964.

Keller, A.: Die Gemeinschaftswerbung, Zürich/St. Gallen 1955.

Kleining, G.: Psychologisches zur Placierung, zur Form und zur Größe von Anzeigen. In: Die Anzeige, Nr. 10/1954.

König, Th.: Reklamepsychologie – ihr gegenwärtiger Stand – ihre praktische Bedeutung, 3. Aufl., München 1926.

Landgrebe, K.: Streuplanung in zwei Dimensionen, München 1966.

Michligk, P.: Der Irrtum vom besonderen Wert der „rechten Seite – oben rechts". In: Wirtschaft und Werbung, 10. Jg. (1956), S. 572 ff.

Möhring, F.: Wieviel Kontakte kann man für sein Geld haben? In: die absatzwirtschaft, Nr. 4/1968.

Münsterberg, H.: Psychologie und Wirtschaftsleben — Ein Beitrag zur angewandten Experimental-Psychologie, 4. Aufl., Leipzig 1919.

Noelle, E. und Geiger, H.: Neuer Weg der Insertionswert-Bestimmung. In: die absatzwirtschaft, Nr. 4/1967.

o. V.: Kumulation: Definition — Maßstäbe — Modelle, Hamburg 1967.

Poffenberger, A. Th.: Psychology and Advertising, 2. Aufl., New York, London 1932.

Seifert, J. H.: Die äußeren Wirkungsbedingungen bei der Anzeigenwerbung. In: Graphik, 7. Jg. (1954), S. 65 f.

Seyffert, R.: Wirtschaftliche Werbelehre, Wiesbaden 1951.

Seyffert, R.: Werbelehre. Theorie und Praxis der Werbung, Stuttgart 1966.

Stroschein, F.-R.: Betrachtungen zur neuen Phase der Mediaplanung einer zweidimensionalen Werbeträgerauswahl. In: Die Anzeige, Nr. 17/1967.

Die einzelbetriebliche Organisation der Werbung

Von Dr. Dieter Arnold, Köln

I. Die organisatorische Aufgabenstellung

Die Untersuchung der einzelbetrieblichen Organisation der Werbung beinhaltet die Ermittlung der Gestaltungsmöglichkeiten, die in Form von Regelungen des betrieblichen werblichen Geschehens in bestimmter Weise vorzunehmen sind. Organisation wird dabei als ein „System geltender organisatorischer (betriebsgestaltender) Regelungen*)[1]" aufgefaßt. Diese Regelungen erfolgen dergestalt, daß gleichartig wiederkehrende Tätigkeiten hinsichtlich ihrer Zuordnung und hinsichtlich des Verlaufs der Erfüllung festgelegt werden. Innerhalb des Betriebes wird dadurch eine Ordnung geschaffen, die eine sinnvolle Gestaltung der gesamten Aufgabenerfüllung gewährleistet und die optimale Leistungserstellung sichert. Alle zu erfüllenden Aufgaben und die im arbeitsteiligen Betriebsprozeß mit der Erfüllung dieser Aufgaben Betrauten werden als Glieder des Ganzen in ein bestimmtes Ordnungsverhältnis zueinander gebracht. Durch diesbezügliche Regelungen wird eine Gleich-, Über- oder Unterordnung der verschiedenen Aufgaben und der für ihre Erfüllung eingesetzten Aufgabenträger vorgenommen. Eine derartige Ordnung wird als „Struktur" bezeichnet[2]. Für die besondere ordnende Gestaltung ist somit das Merkmal des Strukturierens kennzeichnend.

Der durch strukturierende Maßnahmen zu schaffende Ordnungszusammenhang aller Glieder erfolgt einerseits im Hinblick auf den gefügehaften Aufbau des Betriebes – bzw. einzelner betrieblicher Bereiche –, wobei Gliedeinheiten (Stellen und Abteilungen) für die Aufgabenerfüllung gebildet werden, zum anderen aber im Hinblick auf den Verlauf der Aufgabenerfüllung zwischen diesen Gliedern durch Regelung der Arbeitsprozesse in ihrem Verlaufe. Je nach Betonung des organisatorischen Aspekts wird dabei einerseits von Aufbau-, andererseits von Ablauforganisation gesprochen. Auf die Interdependenz beider Aspekte kann an dieser Stelle nur hingewiesen werden.

In der vorliegenden Darstellung steht der Gesichtspunkt der Gestaltung des Organisationsaufbaus, der A u f b a u s t r u k t u r i e r u n g, im Vordergrund. Dabei treten vornehmlich Probleme der Aufgabengliederung und der Aufgabenverteilung auf[3]. A u f g a b e n g l i e d e r u n g bedeutet in organisatorischer Betrachtung, die in der gesamt-

---

*) Die im Text laufend numerierten Quellenangaben sind am Schluß des Aufsatzes zitiert.

bzw. teilbetrieblichen Aufgabe beinhalteten Glied(Teil-)aufgaben nach besonderen Gesichtspunkten zu isolieren, so daß eine Vielzahl von Unteraufgaben deutlich wird, die zur Erfüllung der Oberaufgabe erforderlich sind. Die Aufgabenverteilung beinhaltet im Anschluß daran die Zuordnung der ermittelten Teilaufgaben an Erfüllungseinheiten sowie die Regelung der sich zwischen diesen ergebenden Beziehungen.

II. Die Gestaltung des Organisationsaufbaus für den Bereich betrieblicher Werbeaufgaben

1. Ermittlung der werblichen Teilaufgaben als Ansatzpunkt zur Gestaltung des Organisationsaufbaus

Ansatzpunkt zur einzelbetrieblichen Organisation der Werbung ist die Ermittlung aller zu erfüllenden Werbeaufgaben. Hierzu wird die betriebliche Werbeaufgabe als Oberaufgabe in einem stufenartig analysierenden Prozeß in die ihr immanenten Teilaufgaben gegliedert. Diese Analyse ist im praktischen Falle bis hin zu letzten Einzelaufgaben vorzunehmen, die ganzheitlich von einem Aufgabenträger zu erfüllen sind[4].

Wird – wie im vorliegenden Falle – nicht das Aufgabengesamt eines konkreten Betriebes ermittelt, sondern der Versuch einer allgemeingültigen Aufgabengliederung unternommen, so erfordert die Fülle möglicher werblicher Teilaufgaben eine Beschränkung auf die Feststellung genereller werblicher Teilaufgabenbereiche, die grundsätzlich bei einem in umfassender Weise werbenden Betrieb auftreten können. Dabei sind zunächst die vier Aufgabenbereiche

> Werbeplanung
> Werberealisation
> Werbeverwaltung und
> Werbekontrolle

zu unterscheiden, die jeweils im Zuge weiterer analytischer Stufen in Komplexaufgaben und schließlich in einzelne Aufgaben zu spezifizieren sind.

Das Wesen der Werbeplanung ist wie bei jeder Planung in einem „geistigen Prozeß der Überlegungen und Entscheidungen im Hinblick auf die Festlegung und Verwirklichung von Zielen[5]" zu erfassen. Diese Überlegungen und Entscheidungen beziehen sich auf die werblichen Ziele und auf den zur Erreichung der Zielsetzung erforderlichen Werbevollzug, der sich auf die Werbeobjekte, die Werbesubjekte, die Werbemittel und die Werbeträger erstreckt[6]. Zur Vorbereitung dieser Planungsaufgaben wird die Erfüllung einer Vielzahl werbeanalytischer Untersuchungen erforderlich.

Die Werberealisation als Aufgabe der Übertragung des Geplanten in zweckentsprechende Handlungen bewirkt die Werbung als artspezifisches Vorgehen. Grundsätzlich gliedert sich diese Aufgabe in die Teilaufgaben der Herstellung und der Streuung. Bei der Herstellung der Werbemittel sind die Teilaufgaben der kreativen Gestaltung im Sinne der Einzelausführung sowie der vielfach erforderlichen mechanischen Fertigung und Vervielfältigung zu unterscheiden. Eine weitere Untergliederung der erstgenannten Aufgabe zum Zwecke der arbeitsteiligen Erfüllung kann grundsätzlich nach Werbemitteln und nach den dabei zu gestaltenden Faktoren (z. B. Schrift und Bild) erfolgen. Teilaufgaben der mechanischen Fertigung und Vervielfältigung sind entsprechend den anzuwendenden Verfahren zu ermitteln. Die Aufgabe der Werbestreuung beinhaltet die Verbreitung der streufähigen Werbemittel mit Hilfe hierfür geeigneter Werbeträger. Eine weitere Gliederung kann demnach entsprechend den eingesetzten Werbeträgergruppen bzw. Werbeträgern vorgenommen werden.

Die Aufgabe der Werbeverwaltung erwächst als endogene Aufgabe aus den vorausgehend behandelten ursächlichen Betriebsaufgaben. Hierbei sind die Teilaufgaben Organisation, Rechnungswesen, Finanzverwaltung, Personalverwaltung, Sachverwaltung und Schriftverkehr zu unterscheiden. Diese Aufgaben stellen keine spezifischen Werbeaufgaben dar und sollen daher nicht ausführlicher behandelt werden. Als spezifisch werbliche Verwaltungsaufgabe ist hingegen die Ermittlung des Werbeerfolgs anzusehen. Bei dieser Aufgabe, die auch als Werbeerfolgskontrolle bezeichnet wird, handelt es sich nicht um eine Kontrollaufgabe in dem im folgenden verstandenen Sinne, sondern um die verwaltungsgemäßige Ermittlung des Erfolges werblicher Maßnahmen.

Als letzter großer Aufgabenbereich wurde die Werbekontrolle angeführt. Dabei ist die Kontrolle als Überwachung der Aufgabenausführung aufzufassen, die unmittelbar mit der Erfüllung verbunden ist oder sich an diese anschließt[7]). Sie beinhaltet den Vergleich zwischen den Plan- und den Realisationsgrößen[8]). Eine Gliederung ergibt sich damit nach den zugrunde liegenden Aufgaben der Planrealisation.

2. Vereinigung werblicher Teilaufgaben in Stellen und (Unter-) Abteilungen

Die vorausgehend in groben Zügen angedeutete Ermittlung der werblichen Teilaufgaben dient als vororganisatorische Arbeit der Aufgabenverteilung an Organisationseinheiten.

Durch die Bildung von Aufgabeneinheiten, die jeweils ein „logisches, einheitliches und geschlossenes Ganzes[9])" darstellen und auf einen fiktiven, nicht subjektiv bestimmten Aufgabenträger ausgerichtet sind, werden „Stellen" als Grundeinheiten der betrieblichen Aufbaustruktur geschaffen[10]). Die Bildung dieser Gliederungseinheiten setzt bei dem „sachlich-technologischen Aufgabengehalt", d. h. bei den analytisch ermittelten Realitionsaufgaben an und schließt die Aufgaben der Werbeverwaltung als spezifische Verrichtungsaufgaben ein. Dabei orientiert sich die Stellenbildung an den Berufsbildern, um die Möglichkeit späterer Zuordnung der Aufgabenbereiche an verfügbare spezialisierte Aufgabenträger zu sichern und von personellen Veränderungen unberührt zu bleiben[11]).

In einem zweiten Schritt können die Planungs- und Kontrollaufgaben, die sich jeweils auf die sachlich-technologischen Aufgabengehalte beziehen, besonderen Organisationseinheiten als formale Aufgaben zugeordnet werden. Da die Aufgabe der Planung als Entscheidung über die Zielsetzung und die zur Zielverwirklichung anzuwendenden Mittel mit dem Anspruch auf entsprechende Verwirklichung verbunden ist, bildet sie einen Hauptbestandteil der Leitungsaufgabe, so daß die für die Planung der Aufgabenausführung zuständige Stelle als Leitungsstelle zu gelten hat. Die Kontrolle als Vergleich zwischen Plan- und Realisationsgrößen bedingt ebenfalls den Anspruch auf Entscheidungskompetenz, um Abweichungen von Soll und Ist beseitigen zu können. Sie ist daher als weiterer wesentlicher Bestandteil der Leitungsaufgabe anzusehen[12]).

Der Umfang der im Rahmen von Planung und Kontrolle zu erfüllenden Aufgaben läßt vielfach ihre gesamte Zuordnung an eine Leitungsstelle (Instanz)[13]) nicht zu, so daß eine Gliederung dieser Aufgaben und deren Zuweisung an mehrere nachgeordnete Instanzen erforderlich wird. Diese Gliederung orientiert sich an den sachlich-technologischen Gehalten der Realisationsaufgaben. Den Instanzen obliegt jeweils die Leitung gleichartiger

Ausführungsstellen, wodurch einzelne (Unter-) Abteilungen geschaffen werden. Auch bei dieser Abteilungsbildung ist davon auszugehen, daß jeweils ein einheitliches, logisches Aufgabengesamt entsteht.

a) Stellenbildung durch Zentralisation sachlicher Werbeaufgaben (Bildung der Grundstruktur)

Die Zentralisation sachlicher Aufgaben setzt bei dem verrichtungs- bzw. objektbetonten sachlich-technologischen Gehalt der Werbeaufgaben an und ordnet diese vorwiegend ausführenden Aufgaben einzelnen Stellen zu. Dabei ist von den Teilaufgaben Herstellung und Streuung der Werbemittel auszugehen. Im Anschluß daran werden die Verwaltungsaufgaben als besondere Verrichtungsaufgaben behandelt.

(1) Stellenbildung für Aufgaben der Herstellung von Werbemitteln

Zur Erfüllung der Einzelherstellung von Werbemitteln bietet sich zunächst die Möglichkeit einer Stellenbildung für einzelne „personelle und sachliche Ausdrucksformen der Werbung". Da die mit der Herstellung einzelner Werbemittel verbundenen Gestaltungsaufgaben jedoch in sehr unterschiedlicher Weise zu erfüllen sind und sehr verschiedenartige Anforderungen an die Aufgabenträger stellen, ist eine derartige Gliederung nicht angebracht. Es liegt vielmehr nahe, die zur Herstellung grundsätzlich erforderlichen Aufgaben der Gestaltung einer eng begrenzten Anzahl von Werbefaktoren für die Stellenbildung heranzuziehen, so daß die Aufgaben der Gestaltung von Schrift, Bild, Sprache, Musik, Handlung, Gegenstand und Vergünstigung hinsichtlich ihrer Zuordnung zu Stellen untersucht werden müssen.

Die Aufgaben der Gestaltung der Werbefaktoren S c h r i f t und S p r a c h e beinhalten in gleicher Weise einerseits die Bestimmung der gedanklichen Aussage, die in Form eines Textes geschaffen werden muß, zum anderen aber die optische bzw. akustische Erscheinungsform von Schrift und Sprache, durch die der Text in den Werbemitteln zum Ausdruck gebracht wird[14]).

Bei der Aufgabe der Textgestaltung ist die Formulierung der werblichen Aussage vorzunehmen. Der Umfang dieser Aufgabe wird durch das Ausmaß der textlich verschiedenartig zu gestaltenden Werbemittel bestimmt. Bedient sich ein werbungtreibender Betrieb in begrenztem Umfange gleichartiger Werbemittel, so wird es vielfach möglich sein, die Aufgaben der Textgestaltung einer Stelle zu übertragen, für die ein umfassend vorgebildeter Werbetexter vorzusehen ist. Sind hingegen vielfältige Aufgaben der Textgestaltung für unterschiedliche Werbemittel zu erfüllen, so wird es erforderlich sein, mehrere Stellen für diese Aufgaben vorzusehen. Dabei empfiehlt es sich, Stellen zur Textgestaltung nach Werbemittelgruppen zu bilden, da diese jeweils besondere Anforderungen an den Aufgabenträger stellen, auf die sich der Werbetexter spezialisieren kann. In einer systematischen Darstellung können dabei – in einer hier und im folgenden nach Seyffert[15]) vorgenommenen Gliederung – die folgenden Stellen gebildet werden:

Text Sprachlich-musikalische Werbemittel	Text Grafische Werbemittel	Text Demonstrative Werbemittel	Text Theatrische Werbemittel	Text Gegenständl. Werbemittel

Werden bestimmte Werbemittel der genannten Gruppen jeweils in größerem Umfange eingesetzt, so ist die Stellenbildung nach diesen spezifischen Mitteln vorzunehmen.

Einzelbetriebliche Organisation der Werbung

Hierbei kommen im Rahmen der sprachlich-musikalischen Werbemittel vornehmlich Stellen für Werberede und Werbehörfunk, bei den demonstrativen Werbemitteln für Werbeaktion und Werbeumzug, bei den theatrischen Werbemitteln für Werbefilm bzw. Werbelichtbild und Werbefernsehen und bei den gegenständlichen Werbemitteln für Werbeausstellung und Werbepackung in Betracht.

Eine bevorzugte Stellung nehmen die grafischen Werbemittel ein, da ihr Anteil an den textlichen Aufgaben im Regelfalle der größte ist. Sofern die mit diesen Werbemitteln verbundenen textlichen Aufgaben nicht einer Stelle zugeordnet werden können, ist eine Stellenbildung wiederum nach Untergruppen bzw. nach einzelnen Werbemitteln möglich. In einer systematischen Gliederung nach grafischen Werbemittelgruppen ergibt sich der folgende Stellenplan:

Text Literarische Werbemittel	Text Zirkulare Werbemittel	Text Werbeanzeigen in Druckwerken	Text Plakative Werbemittel

Je nach Schwerpunkten der betrieblichen Werbung können einzelne Stellen insbesondere für Broschüre, Werbebuch und -zeitschrift, für Werbezettel, Brief, Prospekt und Katalog, für Inserat und Beilage sowie für Plakate gebildet werden.

Die optische Erscheinung des Textes wird durch die Schriftgestaltung geschaffen. Das Ausmaß der Stellenbildung für diese Aufgabe wird durch den Umfang der zu gestaltenden Techniken bestimmt. Neben gezeichneten bzw. gemalten sind gedruckte (gesetzte) Schriften und solche, die durch Herstellung besonderer Lettern entstehen (Reklamebuchstaben), zu unterscheiden. Da die mit der letztgenannten Schriftart verbundenen Aufgaben regelmäßig nur im Rahmen der Dekoration von den werbungtreibenden Betrieben selbst zu erfüllen sind, werden sie als dekorative Aufgaben behandelt.

Für die Aufgaben grafischer und typografischer Schriftgestaltung ist wegen der erforderlichen spezifischen Fertigkeiten jeweils die Bildung einer oder mehrerer besonderer Stellen angebracht, für die einerseits Grafiker, andererseits aber Typografen einzusetzen sind.

Erlaubt der Umfang grafischer Schriftgestaltung die Zuordnung dieser Aufgaben an eine Stelle „Grafik Schrift" (bzw. „Schrift" im Gegensatz zu „Typografie"), so ist hierfür ein mit allen Techniken grafischer Schriftgestaltung vertrauter Grafiker vorzusehen. Bei einem größeren Aufgabenumfang kann die Einrichtung mehrerer Stellen nach unterschiedlichen Gesichtspunkten vorgenommen werden. Dabei bestehen die Möglichkeiten der Stellenbildung nach bestimmten Mal- und Zeichentechniken, nach unterschiedlichen Schriftarten oder aber nach einzelnen zu gestaltenden Werbemittelgruppen bzw. Werbemitteln[16]).

Wegen der vielfältigen betriebsindividuellen Gesichtspunkte, die bei den beiden erstgenannten Gliederungskriterien zu berücksichtigen sind, kann an dieser Stelle lediglich die Bildung von Organisationseinheiten nach Werbemitteln näher behandelt werden. In einer systematischen Gliederung können dabei die folgenden Stellen nach Werbemittelgruppen gebildet werden:

Schrift (Grafik) Grafische Werbemittel	Schrift (Grafik) Theatrische Werbemittel	Schrift (Grafik) Demonstrative Werbemittel	Schrift (Grafik) Gegenständliche Werbemittel

Eine Stellenbildung nach Untergruppen bzw. nach letzten Werbemitteln ist wiederum bei einem großen Aufgabenumfang möglich.

Für die grafischen Werbemittel kann dabei eine Stellenbildung in gleicher Weise wie bei den Aufgaben der Textgestaltung vorgenommen werden. Bei den theatrischen Werbemitteln können Stellen insbesondere für Werbelichtbild und Werbefilm vorgesehen werden. Die Gliederung der Aufgaben bei demonstrativen und gegenständlichen Werbemitteln wird nur in Ausnahmefällen von Bedeutung sein.

In analoger Weise ist bei der Stellenbildung für die typografischen Aufgaben zu verfahren, durch die der Text drucktechnisch gestaltet wird. Es besteht auch hier grundsätzlich die Möglichkeit, eine tiefere Gliederung der Aufgaben nach Schriftarten, Drucktechniken bzw. Werbemittelgruppen vorzunehmen. Bei der letztgenannten Gliederung spielen die Aufgaben der typografischen Gestaltung von theatrischen, demonstrativen und gegenständlichen Werbemitteln eine vergleichsweise geringe Rolle gegenüber den grafischen Werbemitteln, bei denen eine Stellenbildung in analoger Weise wie bei den Aufgaben der grafischen Schriftgestaltung erfolgen kann. In einer systematischen Gliederung ergeben sich die folgenden Stellen:

Typografie Literarische Werbemittel	Typografie Werbemittel in Druckwerken	Typografie Zirkulare Werbemittel	Typografie Plakative Werbemittel

Ergibt sich die Notwendigkeit der Erweiterung der Stellen, so können diese nach den letzten Werbemitteln gebildet werden.

Hierbei kommen insbesondere Stellen für Werbeflugblätter, Broschüren, Werbebücher und -zeitschriften, für Inserate und Werbebeilagen, für Werbezettel, Briefe, Prospekte, Kataloge sowie für Plakate in Frage.

Die akustische Gestaltung des Textes wird durch die Sprache geschaffen. Die Aufgabe der Sprachgestaltung tritt bei sprachlich-musikalischen, bei demonstrativen sowie bei theatrischen Werbemitteln auf. Dabei kommen als Aufgabenträger jedoch normalerweise keine betriebsinternen Stellen, sondern freischaffende Künstler als Sprecher bzw. Sänger in Frage. Eine Ausnahme bildet verschiedentlich die Gestaltung demonstrativer Werbemittel, für die – wie weiter unten auszuführen sein wird – betriebsinterne Stellen insbesondere zur Handlungsgestaltung vorgesehen werden können, die zugleich die Aufgabe der Sprachgestaltung (des Sprechens) übernehmen.

Bei der Aufgabe der Bildgestaltung handelt es sich um die mit Hilfe verschiedenartiger Techniken vorzunehmende „Wiedergabe von Gegenständen und Formen der Wirklichkeit oder Erzeugnissen der Phantasie ...[17]". Die Wiedergabe erfolgt in Form der Grafik bzw. der Malerei, der Fotografie und/oder des Films. Bei der Anwendung dieser verschiedenen Bildtechniken ergibt sich die Notwendigkeit, jeweils spezialisierte Stellen zu bilden.

Erlaubt der Umfang der grafischen Aufgaben nicht die Erfüllung durch eine Stelle, die mit einem den spezifischen Anforderungen entsprechenden Werbegrafiker zu besetzen ist, so kann eine Gliederung der grafischen Bildgestaltungsaufgaben in gleicher Weise wie bei der Schriftgestaltung nach bestimmten Gestaltungstechniken (Illustration, Reinzeichnung, Umzeichnung und dgl.), Gestaltungsobjekten (Modezeichnung, technische Zeichnung usw.) bzw. nach einzelnen Werbemittelgruppen durchgeführt werden. Auch hier kann in einer allgemeingültigen systematischen Gliederung wiederum nur der letztgenannte Fall dargestellt werden. Es ergibt sich dabei die folgende Stellengliederung:

Bild (Grafik) Grafische Werbemittel	Bild (Grafik) Theatrische Werbemittel	Bild (Grafik) Demonstrative Werbemittel	Bild (Grafik) Gegenständliche Werbemittel

Je nach den im praktischen Falle bevorzugt verwendeten Werbemitteln einer oder mehrerer der angeführten Gruppen ist die Bildung besonderer Stellen in der angeführten Weise möglich. Von besonderer Bedeutung ist dabei wiederum die Gliederung der Aufgaben für die Bildgestaltung grafischer Werbemittel.

Für die Aufgaben fotografischer Bildgestaltung kann bei einem eng begrenzten Aufgabenumfang die Bildung einer Stelle vorgesehen werden, für die ein umfassend ausgebildeter Werbefotograf vorzusehen ist[18]). Ergibt sich die Notwendigkeit der Gliederung der fotografischen Aufgabe für mehrere Stellen, so ist auch hier eine Stellenbildung nach Werbemitteln möglich. Wegen der Gleichartigkeit der fotografischen Bildgestaltung für die verschiedenen Werbemittel erscheint eine derartige Gliederung jedoch wenig sinnvoll, vielmehr wird in diesem Falle eine Stellenbildung nach Werbeobjekten, nach fotografischen Techniken (schwarzweiß, farbig; Dia, Negativ usw.), nach fotografischen Sachgebieten (technische Fotografie, Modefotografie usw.) oder aber bei gleichartigen Aufgaben nach mengenmäßigen Gesichtspunkten vorzunehmen sein. Es ist somit nicht möglich, eine bestimmte Art der Stellenbildung allgemeingültig aufzuzeigen.

Da die Aufgabe filmischer Bildgestaltung nur in Ausnahmefällen innerhalb des werbungtreibenden Betriebes erfüllt wird, soll sie in diesen Ausführungen nicht weiter berücksichtigt werden.

Für die Aufgabe der Gestaltung des Werbefaktors M u s i k erübrigt sich die Untersuchung der Gliederung und Zuordnung, da diese Aufgabe regelmäßig nur durch freischaffende Künstler erfüllt wird.

Die Aufgabe der Gestaltung des Werbefaktors H a n d l u n g stellt sich bei den theatrischen und demonstrativen Werbemitteln. Für Werbespiel und Werbefilm sind als Aufgabenträger Schauspieler bzw. Laienspieler vorzusehen, die jedoch nicht als betriebsinterne Stellen in den Organisationsaufbau einzugliedern sind. Für Werbeaktionen und Werbeumzüge können bei regelmäßig in entsprechendem Umfange anfallenden Aufgaben besondere Stellen vorgesehen werden, wobei eine Gliederung nach den Teilaufgaben der Verteilung bzw. der Vorführung, nach Werbeprojekten sowie nach lokalen Gesichtspunkten möglich ist. Als Aufgabenträger sind Propagandisten, Werbedamen usw. einzusetzen[19]).

Bei der Gestaltung des Werbefaktors G e g e n s t a n d sind nahezu ausschließlich Dekorationen, Werbepackungen und Werbegeschenke von Bedeutung. Dabei ist der Werbefaktor V e r g ü n s t i g u n g in der Regel mit dem Werbegeschenk verbunden.

Die Aufgabe der Dekoration umfaßt die Gestaltung von Schaufenstern (Schaukästen, Vitrinen und dgl.), die Raumausstattung sowie die Messe- und Ausstellungsdekoration.

Auszugehen ist zunächst von der Möglichkeit, diese Aufgaben einer Stelle zuzuordnen, für die ein umfassend ausgebildeter Dekorateur (Werbeschaugestalter) vorzusehen ist. Ein derartiges Vorgehen wird jedoch nur für Betriebe möglich sein, in denen dekorative Aufgaben in geringem Umfange zu erfüllen sind. Bei einem größeren Aufgabenumfange ist die Bildung spezialisierter Stellen erforderlich. Diese können im Bedarfsfalle jeweils für die drei angeführten Aufgabenbereiche geschaffen werden. Da die Aufgaben der Raumausstattung und der Ausstellungsdekoration in gleichartiger Weise als Innendekoration zu erfüllen sind, werden sie im folgenden als ein Aufgabenbereich behandelt.

Mit der Aufgabe der Schaufensterdekoration sind grundsätzlich die Aufgaben der dekorativ-gegenständlichen und der dekorativ-grafischen Gestaltung verbunden, so daß die Stellenbildung nach diesen Gesichtspunkten vorgenommen werden kann.

Eine Gliederung der dekorativ-gegenständlichen Aufgaben und deren Zuordnung an einzelne Stellen kann in unterschiedlicher Weise erfolgen. Dabei sind Stellenbildungen nach Dekorationsmaterialien (Stoff, Holz, Farbe usw.), dekorativen Verrichtungsaufgaben (spannen, stecken usw.) oder aber bei gleichartigen Aufgaben mengenmäßig (Schaufenster 1, Schaufenster 2) durchführbar. Je nach der Spezialisierung der Stellenbildung sind entsprechend qualifizierte Dekorateure einzusetzen.

Bei den Aufgaben dekorativ-grafischer Gestaltung empfiehlt sich eine Gliederung nach den beiden Teilaufgaben der dekorativen Schrift- und Bildgestaltung mit der Möglichkeit, eine tiefere Stellengliederung jeweils nach Gestaltungstechniken oder nach Dekorationsobjekten vorzunehmen. Als Aufgabenträger sind auch hier Dekorateure vorzusehen, die über besondere grafische Fähigkeiten verfügen.

Die mit der Innendekoration verbundenen Aufgaben weisen eine weitgehende Gleichartigkeit mit den vorausgehend behandelten Aufgaben der Schaufensterdekoration auf, so daß eine analoge Stellenbildung vorgesehen werden kann.

Die Packung als „Umhüllung der Ware, ... die den Zwecken der Werbung und des Verkaufs dient[20])", bedarf als gegenständliches Werbemittel der Formgebung, für die eine besondere Stelle – bzw. bei entsprechendem Aufgabenumfang eine Mehrzahl von Stellen – vorzusehen ist. Eine Gliederung der Stellen kann nach Verpackungsobjekten und/oder Verpackungsmaterialien vorgenommen werden. Als Aufgabenträger ist ein „Packungsgestalter" (Packungsdesigner) bzw. ein „Verpackungsingenieur" einzusetzen[21]).

Die Aufgabe der Herstellung von Werbegeschenken ist normalerweise nur durch hierfür spezialisierte Betriebe zu erfüllen.

Für die Aufgaben mechanischer Fertigung und Vervielfältigung ist eine allgemeingültige Aussage zur Stellenbildung nicht möglich, da diese Aufgaben durch sehr verschiedenartige Verfahren und in mehr oder minder hohem Maße betriebsextern zu erfüllen sind.

(2) Stellenbildung für Aufgaben der Werbestreuung

Setzt ein werbungtreibender Betrieb eine Vielzahl von Werbeträgern ein, so können die damit verbundenen Streuungsaufgaben häufig nicht durch eine Stelle „Werbestreuung" verrichtet werden, sondern es sind mehrere Stellen zu bilden. Die Aufgabenverteilung kann dabei nach Werbeträgergruppen bzw. Werbeträgern erfolgen, wobei für die Stellen entsprechend spezialisierte Streuungsfachleute als Aufgabenträger vorzusehen sind[22]). Die Stellenbildung kann in einer systematischen Gliederung nach den Werbeträgergruppen zu dem folgenden Gliederungsplan führen:

Werbestreuung Zusteller/Post	Werbestreuung Insertionsorgane	Werbestreuung Anschlagstellen	Werbestreuung Film/Funk/Fernsehen

Können die Streuungsaufgaben einer oder mehrerer dieser Stellen nicht durch den vorgesehenen Aufgabenträger bewältigt werden, so besteht die Möglichkeit, jeweils mehrere Stellen nach Werbeträgeruntergruppen bzw. nach einzelnen Werbeträgern zu bilden.

(3) Stellenbildung für Aufgaben der Werbeverwaltung

Da die eingangs angeführten Verwaltungsaufgaben nicht als spezifische Werbeaufgaben anzusehen sind, sondern als Aufgaben, die in allen Betrieben anfallen und deren organisatorische Gestaltungsmöglichkeiten umfassend in der Literatur behandelt werden, sollen sie nur in einigen allgemeinen Anmerkungen berücksichtigt werden.

Die Aufgabe der Organisation der Werbung ist ein Teilbereich der gesamtbetrieblichen Organisation. Ihre Zuordnung zur betrieblichen Organisationsabteilung ist daher angebracht.

Die Bestimmung der mit einzelnen Leistungen verbundenen Kosten legt es nahe, zum Zwecke der Ermittlung der Kosten am Orte ihrer Entstehung eine besondere Stelle „Rechnungswesen" bzw. bei einem größeren Aufgabenumfang eine Mehrzahl spezialisierter Stellen zu bilden. Diesem Aufgabenbereich ist auch die Finanzverwaltung zuzuordnen, die den Werbeetat rechnungsmäßig zu verwalten hat.

Für die Personalverwaltung kann eine einzelne Stelle oder eine Mehrzahl von Stellen nach Personengruppen vorgesehen werden.

Die Sachverwaltung wird bei Bedarf nach den Teilaufgaben Beschaffung, Lagerung (bzw. Instandhaltung), Versand und/oder nach Sachmittelgruppen mehreren Stellen zugeordnet.

Für den Schriftverkehr können mehrere Stellen nach den vorausgehend angeführten Sachbereichen der Verwaltung eingesetzt werden.

Die Werbeerfolgskontrolle, die bei der analytischen Untersuchung als Verwaltungsaufgabe angeführt wurde, kann insbesondere nach einzelnen Untersuchungsmethoden, Werbemedien und/oder Werbeaktionen an mehrere Stellen delegiert werden. Aus Gründen der Objektivität erscheint es jedoch angebracht, diese Aufgaben durch Stellen außerhalb der Werbeabteilung erfüllen zu lassen. Hierfür eignen sich insbesondere die Abteilungen „Allgemeine Betriebsverwaltung" bzw. „Marktforschung".

b) Abteilungsbildung durch Vereinigung formaler Werbeaufgaben in Leitungsstellen (Bildung der Leitungsstruktur)

Mit den vorausgehend behandelten sachlich-technologischen Aufgabengehalten sind jeweils – wie eingangs dargestellt wurde – formale Aufgaben verbunden, die ebenfalls einer oder mehreren Stellen zuzuordnen sind. Dabei bestehen die Möglichkeiten, die formalen Aufgaben zugleich mit den Aufgaben der Realisation den oben beschriebenen Stellen zuzuordnen, die damit die Planung und Kontrolle ihrer Aufgabenerfüllung selbst übernehmen, oder aber die Planungs- und Kontrollaufgaben an besondere Stellen zu delegieren, denen damit die Leitung der Ausführungsstellen übertragen wird. Damit findet eine Überordnung der formalen Aufgaben als Leitungsaufgaben über die Ausführungsaufgaben statt, wodurch die betriebliche Aufbaustruktur geschaffen wird[23]).

(1) Zuordnung formaler Werbeaufgaben an eine Leitungsstelle

Bei der Untersuchung der organisatorischen Gestaltungsmöglichkeiten wird zunächst davon ausgegangen, daß alle mit der Erfüllung der Werbeaufgaben verbundenen Planungs- und Kontrollaufgaben in einer Leitungsstelle (Instanz) vereinigt werden können, wodurch eine Organisationseinheit für alle werblichen Aufgaben, die Werbeabteilung, geschaffen wird. In theoretischer Betrachtung verbleiben bei einer derartigen Zentralisation der Planungs- und Kontrollaufgaben den Ausführungsstellen keinerlei formale

Aufgaben. Eine solche vollständige Zentralisation ist jedoch nicht möglich und auch nicht sinnvoll. Die Aufgabenerfüllung der Ausführungsstellen erfordert jeweils in begrenztem Umfange die Möglichkeit eigener Planung und Kontrolle der Aufgabenerfüllung. Die Zuordnung der Planungs- und Kontrollaufgaben an eine Leitungsstelle bedeutet daher praktisch die Vereinigung aller grundsätzlichen formalen Aufgaben in der Instanz, wobei den Ausführungsstellen jedoch nachgelagerte Entscheidungen verbleiben.

Die Möglichkeit einer derartigen Zentralisation der Planungs- und Kontrollaufgaben in e i n e r Leitungsstelle „Werbeleitung" ist bei einem eng begrenzten Umfang der Werbeaufgaben gegeben, für deren Erfüllung eine eng begrenzte Anzahl von Stellen gebildet wird. Als Aufgabenträger ist ein mit werblichen Planungs-, Herstellungs-, Streuungs- und Verwaltungsaufgaben in besonderem Maße vertrauter Werbefachmann vorzusehen[24]. Dieser Instanz sind die Aufgaben der Werbezielplanung, der Bestimmung des Werbevollzugs sowie der Kontrolle der Aufgabenerfüllung zu übertragen. Die im Rahmen der Planung erforderlichen werbeanalytischen Untersuchungen sind als vorbereitende Aufgaben durch die Marktforschungsabteilung zu erfüllen.

Die Bildung einer größeren Zahl von Stellen zur Erfüllung werblicher Aufgaben läßt die Zuordnung der damit verbundenen Planungs- und Kontrollaufgaben an eine Leitungsstelle bei einem nicht genau abgrenzbaren Aufgabenumfang jedoch nicht mehr zu. Es sind in diesem Falle Maßnahmen zur Entlastung der Instanz zu treffen.

Zunächst bietet sich die Möglichkeit, Aufgaben der Werbeplanung zur vorbereitenden Behandlung einer bzw. mehreren besonderen Planungsstellen zuzuordnen. Zu diesem Zweck ist die Bildung einer einzelnen oder einer Mehrzahl sogenannter „Stabsstellen"[25] zu erwägen, die der Stelle „Werbeleitung" zugeordnet werden. Die Aufgabe der Stabsstelle ist aus dem Aufgabengesamt der Instanz abgeleitet und beinhaltet die Mitwirkung bei allen angeführten Planungsaufgaben der Instanz oder aber die Erfüllung einzelner spezieller Planungsaufgaben, womit jedoch grundsätzlich keine Leitungsbefugnis verbunden ist[26]. Die Entwicklung von Alternativplänen zur Werbedurchführung durch diese Stabsstelle(n) in Verbindung mit den werbeanalytischen Untersuchungen der Marktforschungsabteilung läßt die Entscheidung über das werbliche Vorgehen offen. Diese Entscheidungen und die daraus resultierenden Anordnungen können nur von der Werbeleitung vorgenommen werden. In gleichartiger Weise besteht die Möglichkeit, diesen Stellen Kontrollaufgaben zuzuordnen. Als eine derartige Stabsstelle ist die Stelle des Werbeassistenten anzusehen, der Aufgaben werblicher Vorplanung sowie der Überwachung der Planerfüllung übertragen werden. (Den in der Praxis häufig als Assistenzstellen bezeichneten Organisationseinheiten kommt vielfach Leitungsbefugnis für bestimmte Aufgabenbereiche zu. Es handelt sich dabei nicht um Stabsstellen im angeführten Sinne, sondern um Zwischeninstanzen, denen nachfolgend behandelte Leitungsaufgaben übertragen werden.)

Die Bildung einer bzw. mehrerer Stabsstellen als Assistenzstellen der Werbeleitung wird im folgenden Schaubild wiedergegeben:

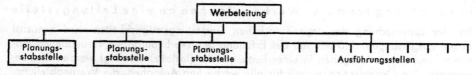

Die dargestellten Stabsstellen können in gleicher Weise gegliedert werden wie im folgenden die Zwischeninstanzen.

Einzelbetriebliche Organisation der Werbung

Bei der Bildung mehrerer Stabsstellen zur Erfüllung von Planungsaufgaben der Stelle „Werbeleitung" besteht die Möglichkeit, eine Zwischeninstanz „Leitung des Planungsstabes" bzw. „Stabsleitung" vorzusehen, wodurch eine Planungs(stabs-)abteilung gebildet wird. Es ergibt sich die folgende Leitungsstruktur:

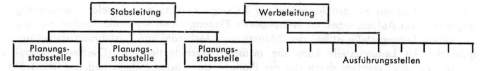

(2) Zuordnung formaler Werbeaufgaben an mehrere Leitungsstellen

Der Umfang der werblichen Planungs- und Kontrollaufgaben und die erforderlichen Spezialkenntnisse lassen vielfach die Zuordnung der Leitungsaufgaben an eine Stelle „Werbeleitung" auch bei der Bildung von Stabsstellen nicht zu. Es ergibt sich die Notwendigkeit, zur Entlastung der angeführten Instanz eine Gliederung und Zuordnung bestimmter Planungs- und Kontrollaufgaben an mehrere nachgelagerte Leitungsstellen vorzunehmen. Dabei können jedoch diejenigen Aufgaben, die in Form von Grundsatzentscheidungen den Rahmen für die werbliche Tätigkeit bilden, nicht delegiert werden[27]. Sie sind grundsätzlich von der obersten Leitungsstelle zu erfüllen, die sich dabei jedoch der Kenntnisse der im folgenden zu erörternden nachgelagerten Instanzen bedient.

Zunächst besteht die Möglichkeit einer Gliederung der Planungs- und Kontrollaufgaben nach Werbeobjekten bzw. Marktbereichen.

In Betrieben, die für eine größere Anzahl von Leistungen werben, können die jeweils auf bestimmte Werbeobjekte bzw. Objektgruppen bezogenen Planungsaufgaben besonderen Instanzen übertragen werden, die ihre Aufgaben innerhalb der Rahmenplanung der obersten Leitungsstelle erfüllen. Sie leiten die Werbung für die jeweiligen Werbeobjekte und übernehmen die Kontrolle[28]. Dabei kann jeweils eine selbständige Werbeunterabteilung für die mit den einzelnen Objekten bzw. Objektgruppen verbundenen Werbeaufgaben gebildet werden[29]. Werden die werblichen Aufgaben hingegen in einer zentralen Werbeabteilung erfüllt, so sind die dabei auftretenden Koordinationsaufgaben nur durch die oberste Leitungsstelle zu erfüllen.

In gleichartiger Weise können die Planungsaufgaben nach Marktbereichen gliedert und jeweils besonderen Stellen als Leitungsaufgaben zugeordnet werden (z. B. Werbung Inland, Werbung Ausland; Großhandel, Einzelhandel usw.)[30].

Eine weitere Möglichkeit leitungsmäßiger Gliederung besteht darin, Planungs- und Kontrollaufgaben, die sich auf bestimmte werbliche Ausführungsaufgaben beziehen, besonderen Leitungsstellen als Zwischeninstanzen zuzuordnen. Diese Gliederung kann als einzige erfolgen; sie kann sich jedoch auch an eine zunächst nach Werbeobjekten bzw. Werbebereichen vorgenommene Gliederung anschließen. Dabei sind im folgenden die Möglichkeiten der Bildung nachgeordneter Instanzen für die Aufgaben der Gestaltung der Werbemittel, der mechanischen Herstellung und Vervielfältigung, der Streuung und der Verwaltung zu untersuchen. Es ist bei diesen Ausführungen zu berücksichtigen, daß sich die Notwendigkeit der Bildung von Zwischeninstanzen im praktischen Falle nicht für alle Aufgabenbereiche ergeben muß, daß vielmehr die Planung und Kontrolle einzelner Aufgabenbereiche unmittelbar durch die oberste Leitungsstelle erfolgen kann. Es ist weiterhin zu berücksichtigen, daß die Vielzahl organisatorischer Gestaltungsmöglichkeiten der Leitungsstruktur eine Beschränkung auf allgemeingültige Aussagen erfordert.

Die Gliederung der mit den Aufgaben kreativer Gestaltung der Werbemittel verbundenen formalen Aufaben und ihre Zuordnung an besondere Leitungsstellen hat bei gleichartigen sachlich-technologischen Aufgabengehalten der vorgesehenen Ausführungsstellen anzusetzen.

Die Delegation der mit den Aufgaben der Textgestaltung als relativ selbständig abgrenzbarem Aufgabengesamt verbundenen Planungs- und Kontrollaufgaben an eine besondere Leitungsstelle ist bei der Bildung einer Mehrzahl von Ausführungsstellen angebracht. Als Leitungsstelle kann die Instanz „Werbetextleitung" (Cheftexter, copy-chief)[31] gebildet werden, durch die die Planung der Textgestaltung und die Überwachung der Aufgabenerfüllung erfolgt. Die mit der Aufgabe der Planung verbundene Entwurfsaufgabe kann als Vorplanung unmittelbar von dieser Instanz erfüllt, einer oder mehreren besonderen Entwurfsstellen zugeordnet oder aber den Realisationsstellen zugewiesen werden. Da der Textentwurf sehr eng mit der Planung des Inhalts, aber auch mit der eigentlichen Gestaltung verbunden ist, kann diese Aufgabe sowohl der Leitungsstelle als auch den Realisationsstellen übertragen werden. Eine starre Regelung ist nicht angebracht; die Bildung besonderer Entwurfsstellen erübrigt sich.

Durch die Institutionalisierung der Stelle „Werbetextleitung" wird eine (Unter-)Abteilung „Werbetext" geschaffen, die beispielsweise folgendermaßen strukturiert sein kann:

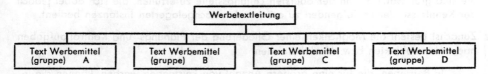

Zur Erfüllung eines großen Umfangs von Textaufgaben in einer Vielzahl von Textstellen können jeweils mehrere Stellen nach gleichartigen Werbemitteln einem (Gruppen-)Leiter zugeordnet werden, wodurch nochmals Unterabteilungen entstehen. Es ergibt sich damit beispielsweise die folgende Leitungsstruktur:

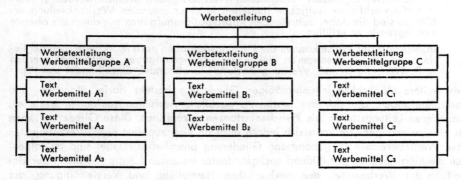

Für die mit den Aufgaben der Schriftgestaltung verbundenen Planungs- und Kontrollaufgaben kann in gleichartiger Weise die Bildung einer speziellen Leitungsstelle vorgesehen werden. Hierbei ist jedoch zu berücksichtigen, daß die mit der grafischen Schriftgestaltung verbundenen Planungs- und Kontrollaufgaben und die gleichen mit der grafischen Bildgestaltung verbundenen formalen Aufgaben eine sehr enge Verwandtschaft vom sachlich-technologischen Aufgabengehalt her aufweisen, so daß die Bildung einer gemeinsamen Leitungsstelle für alle grafischen Aufgaben (Grafik

Einzelbetriebliche Organisation der Werbung

Schrift, Grafik Bild) angebracht erscheint. Diese „grafische Leitung" wird wegen der Aufgabe der Leitung des grafischen Ateliers verschiedentlich auch als „Atelierleitung" bezeichnet. (Die Berufsbezeichnungen werden sehr unterschiedlich verwendet. Die Bezeichnung als Atelierleitung wurde für die genannte Stelle bei der Untersuchung verschiedener Werbeabteilungen angetroffen.) Als Aufgabenträger ist ein begabter Grafiker vorzusehen.

Die zur Erfüllung der typografischen Aufgaben gebildeten Stellen können einer besonderen Instanz „typografische Leitung"[32]) oder aber der für die grafischen Aufgaben zuständigen Leitungsstelle untergeordnet werden, da die mit der Typografie verbundenen Planungs- und Kontrollaufgaben gleichartige Anforderungen an die Leitung stellen wie die formalen Aufgaben der Grafik. Die Art organisatorischer Gestaltung wird vornehmlich durch den Umfang der typografischen Aufgaben bestimmt. Damit ergibt sich die im folgenden Schaubild beispielhaft dargestellte Leitungsstruktur:

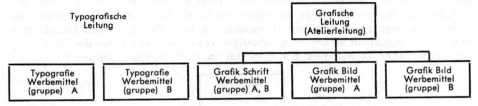

Ergibt sich die Notwendigkeit, die typografische bzw. die grafische Leitung durch Bildung von Zwischeninstanzen zu entlasten, so können Leitungsstellen für die typografischen Aufgaben entsprechend der Gliederung der Ausführungsstellen nach Werbemitteln, nach Gestaltungstechniken oder nach Schriftarten, bei den grafischen Aufgaben primär nach den Faktoren Schrift und Bild, sekundär nach Werbemitteln, nach Zeichen- bzw. Maltechniken oder nach Werbeobjekten gebildet werden.

Als besonderer Bestandteil der Planung können die mit der Schrift- und Bildgestaltung verbundenen Entwurfsaufgaben der Leitungsstelle vorbehalten bleiben, einer bzw. mehreren besonderen mit der Leitungsstelle unmittelbar verbundenen Entwurfsstellen zugeordnet oder aber den Realisationsstellen zugewiesen werden. Insbesondere wegen der für die Entwurfsaufgabe erforderlichen ganzheitlichen Gestaltung der Werbemittel in Schrift und Bild mit einer ausgeglichenen Gliederung der Werbeelemente erweist sich die Zuordnung der Entwurfsaufgabe an eine bzw. mehrere besonders qualifizierte Stellen als angebracht. Die von der Entwurfsstelle geschaffenen „Layouts" dienen dem Grafiker, dem Typografen aber auch dem Fotografen als Arbeitsunterlagen[33]). Als Aufgabenträger ist der „Layouter" bzw. „Layout-Mann"[34]) als künstlerisch hochbegabter Grafiker vorzusehen.

Je nach dem Aufgabenumfang sind alle Layouts durch eine oder durch eine Mehrzahl von Layoutstellen zu entwickeln, die nach Zeichen- bzw. Maltechniken oder nach Werbemitteln gegliedert werden können. Bei einer Mehrzahl von Layoutstellen kann durch Bildung einer besonderen Leitungsstelle die (Unter-)Abteilung „Layout" geschaffen werden. In einer systematischen Gliederung ergibt sich die folgende Leitungsstruktur:

Die Bildung einer besonderen Instanz „Fotografische Leitung" für die mit der fotografischen Bildgestaltung verbundenen Planungs- und Kontrollaufgaben ist bei einer größeren Anzahl fotografischer Stellen vorzusehen. Als Aufgabenträger ist ein mit allen Techniken der Fotografie vertrauter Werbefotograf einzusetzen. Ist infolge des Umfangs der fotografischen Aufgaben die Bildung einer speziellen Leitungsstelle jedoch nicht angebracht, so kann die Zuordnung der Planungs- und Kontrollaufgaben an die für die grafische Gestaltung zuständige Instanz wegen der Gleichartigkeit des Werbefaktors vorgesehen werden. Die Anforderungen an den Leiter sind entsprechend zu erweitern.

Für alle vorausgehend behandelten Stellen der Gestaltung von Bild und Schrift als grafischen Aufgaben in weitem Sinne ist bei einem größeren Umfang der Gestaltungsaufgaben die Bildung einer besonderen gemeinsamen Leitungsstelle möglich, um eine einheitliche Gestaltung innerhalb dieses bedeutenden Aufgabenbereiches zu gewährleisten. Der mit der Leitung betraute Aufgabenträger wird als „Art-director" oder als „Gestaltungsleiter" bezeichnet[35]). Diese Stelle kann als Zwischeninstanz entweder unmittelbar den Ausführungsstellen oder aber den für die Bild- und Schriftgestaltung gebildeten Leitungsstellen übergeordnet werden, wie es in den folgenden Schaubildern beispielhaft dargestellt wird[36]). In gleichartiger Weise wird von Baker die Gliederung der künstlerischen Abteilung der B. F. Goodrich Co. in Akron, Ohio, dargestellt.

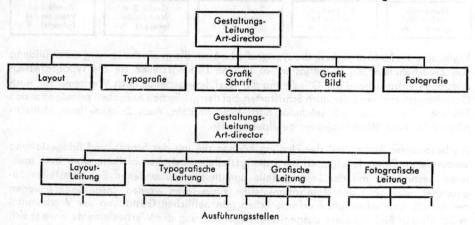

Zur Leitung der Handlungsgestaltung bei theatrischen und demonstrativen Werbemitteln sind die Möglichkeiten der Bildung besonderer Instanzen zu untersuchen.

Bei Werbespiel und Werbefilm ist zur Erfüllung der Planungs- und Kontrollaufgaben der Einsatz eines für diese werblichen Aufgaben qualifizierten Regisseurs (oder einer Mehrzahl von Regisseuren) erforderlich. Dieser Aufgabenträger wird als meist freischaffender Künstler nur in Ausnahmefällen in den betrieblichen Organisationsaufbau einzugliedern sein. Für die mit Werbeaktionen und Werbeumzügen verbundenen Leitungsaufgaben kann bei der Einrichtung mehrerer Ausführungsstellen eine besondere Instanz geschaffen werden, die als „Werbeaktionsleitung" bzw. „Chef-Propagandist" zu bezeichnen ist. Da die genannten Aufgaben normalerweise jedoch durch spezialisierte Betriebe erfüllt werden, ist eine weitere Untersuchung der leitungsmäßigen Organisation nicht vorzunehmen.

Die Bildung einer eng begrenzten Anzahl von Ausführungsstellen für Aufgaben der Gestaltung des Faktors Gegenstand im Sinne der Dekoration ermöglicht die Zuordnung der damit verbundenen Planungs- und Kontrollaufgaben an eine Leitungsstelle „Dekorationsleitung" bzw. „Chefdekorateur", wodurch die (Unter-)Abteilung „Dekoration" geschaffen wird. Mit der Leitung ist ein erfahrener, umfassend vorgebildeter Dekorateur zu betrauen. Die bei einem größeren Aufgabenumfang erforderliche Entlastung dieser Instanz kann, sofern durch den Betrieb Aufgaben der Schaufensterdekoration und der Innendekoration zu erfüllen sind, zunächst durch die Bildung besonderer nachgeordneter Leitungsstellen für diese Aufgabenbereiche geschaffen werden. Es entstehen damit die Stellen „Leitung der Schaufensterdekoration" und „Leitung der Innendekoration", denen die jeweiligen Ausführungsstellen unterstehen. Es ergibt sich damit die folgende Leitungsstruktur (nach eigenen Untersuchungen des Autors):

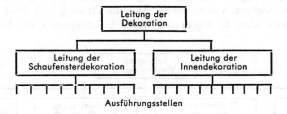

Zur Erfüllung eines größeren Umfangs dekorativer Aufgaben können jeweils für die Stellen dekorativ-gegenständlicher bzw. dekorativ-grafischer Gestaltung besondere Zwischeninstanzen vorgesehen werden, wobei für die erstgenannten Aufgaben die Stelle eines „Ersten Dekorateurs", für die Aufgaben grafischer Gestaltung die Stelle „Grafische Leitung" bzw. „Atelierleitung" geschaffen werden kann. Zur Verdeutlichung dient das folgende Schaubild:

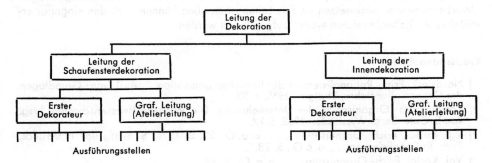

Die Bildung weiterer Zwischeninstanzen kann in Form von Gruppenleitungen erfolgen.

Die Regelung der Zuständigkeit für die Entwurfsaufgaben kann in unterschiedlicher Weise vorgenommen werden. Grundsätzlich besteht die Möglichkeit, diese Aufgaben der Dekorationsleitung (der Leitung der Schaufensterdekoration bzw. der Innendekoration) zuzuordnen. Zur Entlastung dieser Stelle kann ihr eine besondere Entwurfsabteilung zugeordnet werden, für die grafisch besonders qualifizierte Dekorateure vorzusehen sind. Es besteht weiterhin die Möglichkeit, die Entwurfsaufgaben von den Ausführungsstellen erfüllen zu lassen, wobei die Entscheidung über die Gestaltung der Dekoration von der Leitungsstelle zu fällen ist. Bei der Bildung einer besonderen Leitungsstelle „Grafische Leitung" bietet sich schließlich die Möglichkeit, dieser Instanz die Entwurfsaufgaben zuzuordnen.

Die Notwendigkeit der Einrichtung einer besonderer Leitungsstelle für die Gestaltung von Werbepackungen – und damit der Einrichtung einer besonderen Abteilung „Packungsgestaltung" (packaging department)[37] – kann sich bei der Bildung mehrerer für diese Aufgaben spezialisierter Stellen ergeben. Als Aufgabenträger ist ein Packungsgestalter bzw. Designer (Packaging Manager)[37] vorzusehen. Zur Erfüllung der Entwurfsaufgaben bestehen wiederum die Möglichkeiten der Zuordnung einer besonderen Entwurfsstelle (bzw. -abteilung) zur Instanz, der Erfüllung dieser Aufgaben durch die Leitungsstelle oder der Entwicklung der Entwürfe durch die Ausführungsstellen.

Erfordert der Umfang der für die Streuung gebildeten Stellen die Einrichtung einer besonderen Instanz „Leitung der Werbestreuung" (Media Director)[38], so ist hierfür ein qualifizierter Streuungsfachmann vorzusehen, dem die Planung und Kontrolle der Werbestreuung übertragen wird. Es ergibt sich damit beispielsweise die folgende Leitungsstruktur:

Die evtl. erforderliche Bildung weiterer Zwischeninstanzen kann durch Zuordnung der mit einzelnen Werbeträgergruppen bzw. Werbeträgern verbundenen Planungs- und Kontrollaufgaben an besondere Gruppenleitungen erfolgen.

Als besondere Instanz für eine Mehrzahl von Stellen der V e r w a l t u n g ist die „Verwaltungsleitung" vorzusehen, für die ein kaufmännisch und werblich vorgebildeter „Werbekaufmann" einzusetzen ist. Die Leitungsaufgaben können nach den eingangs ermittelten Aufgabenbereichen weiter aufgegliedert werden.

Quellenangaben:

[1]) Nordsieck, Fritz: Rationalisierung der Betriebsorganisation, 2. Aufl. von: Grundlagen der Organisationslehre, Stuttgart 1955, S. 23.
[2]) Kosiol, Erich: Organisation der Unternehmung, Die Wirtschaftswissenschaften, hrsg. von E. Gutenberg, Wiesbaden 1962, S. 19.
[3]) Vgl. Kosiol, Erich: Organisation . . ., a. a. O., 32, S. 45 ff., S. 81 ff.; vgl. Nordsieck, Fritz, Rationalisierung . . ., a. a O., S. 78.
[4]) Vgl. Kosiol, Erich: Organisation . . ., a. a. O., S. 47.
[5]) Grochla, Erwin: Planung, betriebliche, Handwörterbuch der Sozialwissenschaften, hrsg. von Erwin von Beckerath, Hermann Bente u. a., 8. Band, Stuttgart, Tübingen, Göttingen 1964, S. 314.
[6]) Vgl. Behrens, Karl Christian: Absatzwerbung, Die Wirtschaftswissenschaften, hrsg. von E. Gutenberg, Wiesbaden 1963, S. 50 ff.
[7]) Vgl. Wall, Fritz: Revision (Prüfung) und Kontrolle, Handwörterbuch der Betriebswirtschaft, begründet von Heinrich Nicklisch, 3. Aufl., hrsg. von Hans Seischab und Karl Schwantag, Band III, Stuttgart 1960, Sp. 4679.
[8]) Vgl. Grochla, Erwin: Planung . . ., a. a. O., S. 316.
[9]) Bleicher, Knut: Grundsätze der Organisation. In: Organisation, TFB-Handbuchreihe, hrsg. von Erich Schnaufer und Klaus Agthe, 1. Band, Berlin, Baden-Baden 1961, S. 154.
[10]) Vgl. Kosiol, Erich: Organisation . . ., a. a. O., S. 89 f.; Nordsieck, Fritz: Rationalisierung a. a. O., S. 126.
[11]) Kosiol, Erich: Organisation . . ., S. 81 und S. 82.

[12]) Vgl. Bleicher, Knut: Grundsätze..., a. a. O., S. 129 f.
[13]) Vgl. Kosiol, Erich: Organisation ..., a. a. O., S. 85; Nordsieck, Fritz: Rationalisierung..., a. a O., S. 93.
[14]) Vgl. Seyffert, Rudolf: Werbelehre. Theorie und Praxis der Werbung, Stuttgart 1966, S. 235 und S. 574 ff.
[15]) Vgl. Seyffert, Rudolf: Werbelehre. Theorie..., a. a. O., S. 266 ff.
[16]) Vgl. Apelt, Walther: Werbeabteilung und Werbewirtschaft, Handbuch des Werbeleiters, hrsg. von Hans Egon Adolf, Walther Apelt u. a., München 1960, S. 52.
[17]) Der große Herder, Nachschlagewerk für Wissen und Leben, 1. Bd., 5. Aufl., Freiburg 1952, Sp. 1451.
[18]) Vgl. Bohrer, Peter: Die Vollzieher der betrieblichen Werbung. Diss. Köln 1962, S. 96ff.; Troost, Hubert: Berufe..., a. a. O., S. 50 f.
[19]) Vgl Bohrer, Peter: Die Vollzieher..., a. a. O., S. 117 f.
[20]) Kropff, H. F. J.: Die Werbemittel und ihre psychologische, künstlerische und technische Gestaltung, 2. Aufl., Essen 1961.
[21]) Vgl. Peltzer, Karl: Enzyklopädisches Handbuch der Werbung und Publikation, 1. Band, Werbung, Thun und München 1961, S. 193 und S. 787.
[22]) Vgl. Bohrer, Peter: Die Vollzieher..., a. a. O., S. 89.
[23]) Vgl. hierzu Kosiol, Erich: Organisation..., a. a. O., S. 100 ff.; Kosiol, Erich: Die Unternehmung als wirtschaftliches Aktionszentrum. Einführung in die Betriebswirtschaftslehre, o. O., 1966, S. 69 ff.
[24]) Zum Berufsbild des Werbeleiters vgl.: Kleppner, Otto: Advertising Procedure, Fifth Edition, Englewood Cliffs, New Jersey 1966, S. 481; Burton, Philip Ward: Principles of Advertising, New York 1955, S. 66; Hepner, Harry Walker: Modern Advertising, Practice and Principles, New York, Toronto, London 1956, S. 35 ff.; Bohrer, Peter: Die Vollzieher..., a. a. O., S. 67 ff.
[25]) Vgl. Kosiol, Erich: Organisation..., a. a. O., S. 134 ff.
[26]) Vgl. Kosiol, Erich: Organisation..., a. a. O., S. 137.
[27]) Vgl. Sandig, Curt: Die Führung des Betriebes, Betriebswirtschaftspolitik, Stuttgart 1953, S. 95 ff.
[28]) Vgl. Sandage, C. H., Fryburger, Vernon: Advertising Theory and Practice, Sixth Edition, Homewood, Illinois 1963, S. 605, mit einem Beispiel.
[29]) Vgl. Burton, Philip Ward: Principles of Advertising, a. a. O., S. 67.
[30]) Als Beispiel hierzu vgl. Nixon, H. K.: Principles of Advertising, London, New York 1937, S. 31.
[31]) Vgl. Troost, Hubert: Berufe..., a. a. O., S. 38; Vgl. Nixon, H. K.: Principles of Advertising, a. a. O., S. 14, mit einem Beispiel.
[32]) Vgl. Apelt, Walther: Werbeabteilung und Werbewirtschaft, a. a. O., S. 51.
[33]) Vgl. Peltzer, Karl: Enzyklopädisches Handbuch..., a. a. O., S. 447.
[34]) Vgl. Apelt, Walther: Werbeabteilung und Werbewirtschaft, a. a. O., S. 52; Kropff, H. F. J.: Wörterbuch..., a. a. O., S. 182.
[35]) Vgl. Apelt, Walther: Werbeabteilung und Werbewirtschaft, a. a. O., S. 51.
[36]) Vgl. zu dem ersten Schaubild: Baker, Stephen: Advertising Layout and Art Direction, o. O. 1959, S. 290.
[37]) Margulies, Walter: Packaging. In: Advertising today, yesterday, tomorrow. An omnibus of advertising prepared by Printers' Ink in its 75 th year of publication, New York, Toronto, London 1963, S. 378.
[38]) Vgl. Burton, Philip Ward: Principles of Advertising, a. a. O., S. 84.

Literatur:

Barton, Roger: Media in Advertising, New York, Fan Francisco, Toronto, London 1964.

Buddeberg, Hans: Absatz und Absatzorganisation. In: Handwörterbuch der Betriebswirtschaft, begründet von Heinrich Nicklisch, 3. Aufl., hrsg. von Hans Seischab und Karl Schwantag, Band I, Stuttgart 1956.

Dale, Ernest: Planning and Developing the Company Organization Structure, New York 1952.

Dale, Ernest; Urwick, Lyndall F.: Staff in Organization, New York, Toronto, London 1960.

Dirksen, Charles J.; Kroeger, Arthur: Advertising Principles and Problems, Homewood, Illinois 1964.

Kropff, H. F. J.: Standort und Aufgaben von Werbeleiter und Werbeagentur im Marketing. In: Die Absatzwirtschaft, Zeitschrift für Marketing, 1. Bd. 1961, S. 10–13.

Sampson, Robert C.: The Staff in Management. It's Creative Uses, New York 1955.

Die kooperative Durchführung der Werbung

Von Dr. Arthur Fred Keller, Boll BE/Schweiz

I. Kooperation im allgemeinen

Die Geschichte zeigt, daß sich die Betriebe immer wieder zu Gemeinschaften verschiedenster Art zusammenschließen. Das der Wirtschaft immanente Gruppierungsbedürfnis setzt sich aus den mannigfaltigsten Kräften zusammen, die rationaler und irrationaler sowie wirtschaftlicher und außerwirtschaftlicher Natur sind.

Jede kollektive Tätigkeit setzt den Verzicht auf einen Teil der einzelbetrieblichen Handlungsfähigkeit voraus; denn eine Zusammenarbeit ist ohne ein gewisses Maß an Ordnung und Pflichten nicht möglich. Diese kann einen verschiedenen Umfang annehmen, je nachdem, ob der Zusammenschluß auf Neben- oder Hauptgebieten erfolgt oder ob er sich auf mehr oder weniger Funktionen erstreckt. Es lassen sich Gemeinschaften feststellen, die von den „losesten Konventionen bis zur ausgeprägten Kartellierung oder bis dicht vor die Fusion" (Rieger) gehen.

Immer aber wird die Handlungsfähigkeit nur in einzelnen Bereichen eingeschränkt, und die Betriebe behalten ihre rechtliche und einen Rest ihrer wirtschaftlichen Selbständigkeit. Es liegen deshalb immer nur teilweise Verknüpfungen vor, die wieder aufgelöst werden können. Daher ist es schwer, die Betriebe einheitlichen Plänen zu unterstellen. Zudem gewährleisten diese Kooperationen keine dauerhafte Zusammenfassung von gemeinsamen Kräften und Mitteln.

Es handelt sich somit stets nur um Teilgemeinschaften, d. h. um solche, denen lediglich Teile der einzelbetrieblichen Funktionen übertragen werden. Diese sind nicht mit den sogenannten Voll- und Totalgemeinschaften zu verwechseln, welche eine Zusammenfassung von Betrieben als Ganzes zu Konzernen, Trusts usw. darstellen.

Die Kooperation von Betrieben kann sich auf Betriebsfunktionen wie Marktforschung, Produktentwicklung, Einkauf, Fabrikation, Werbung und Verkauf beziehen, aber auch auf Teilfunktionen wie Informationsbeschaffung und Normung. Im folgenden wollen wir uns besonders mit den kooperativen Formen der Marktbeeinflussung befassen, gleichzeitig aber auch die Bedeutung der Gemeinschaftswerbung für die anderen Formen der zwischenbetrieblichen Zusammenarbeit aufzeigen.

II. „Gemeinschaftswerbung" als Oberbegriff für alle Formen der kooperativen Werbung

Die Werbetätigkeit kann einerseits von jedem Betrieb für sich, ohne irgendwelche Zusammenarbeit mit anderen Wirtschaftseinheiten, vorgenommen werden. Andererseits ist es möglich, daß sich Firmen zu einer Zweckgemeinschaft vereinigen und Teile der einzelbetrieblichen Werbefunktion gemeinsam durchführen. Im ersten Fall wird von Einzel-, im zweiten von Gemeinschaftswerbung gesprochen. Damit ist gleichzeitig auch gesagt, nach welchem Kriterium entschieden wird, ob Einzel- oder Gemeinschaftswerbung vorliegt. Die letztere setzt, „wie schon im Namen zum Ausdruck kommt, eine Gemeinschaft voraus, die entsprechend der wirtschaftlichen Zielsetzung des Phänomens naturgemäß nur eine wirtschaftliche (Zweck-)Gemeinschaft sein kann". Dabei kommt es nicht darauf an, ob eine Beeinflussung nach außen als Einzel- oder als Gemeinschaftswerbung wirkt; denn häufig wird die Zusammenarbeit vom Markte her nicht erkannt oder die Außenstehenden vermuten eine Gemeinschaft, wo keine besteht. Wesentlich ist immer das gemeinsame Handeln.

Auch ist es nicht entscheidend, wie weit die Zusammenarbeit geht. Sie kann sich auf die Vorbereitung von Werbemaßnahmen beschränken, die dann in der Folge von jedem Betrieb individuell durchgeführt werden. Viele Gemeinschaften beginnen ihre Tätigkeit in dieser Form, da sie eine längere Anlaufzeit benötigen, bis die Betriebe zu einer weitergehenden Zusammenarbeit fähig und bereit sind. Andererseits gelingt es in Ausnahmefällen, die Werbefunktion fast vollständig auf die Gemeinschaften zu übertragen (z. B. bei Verkaufssyndikaten). Jedoch werden immer Teilfunktionen bleiben, die von keinem Betrieb abgetreten werden können. Es ist deshalb nicht möglich, eine totale Zusammenfassung der Werbung durchzuführen.

Die Kooperationen lassen sich vom Gesichtspunkt der Gemeinschaftswerbung in zwei Gruppen einteilen: Es gibt solche, die besonders zum Zwecke der Marktbeeinflussung gegründet wurden, und solche, die ursprünglich zur Erledigung anderer einzelbetrieblicher Funktionen entstanden sind. Es wird noch zu zeigen sein, daß die letzteren unwillkürlich ebenfalls Gemeinschaftswerbung betreiben und vielfach früher oder später bewußt dazu übergehen, den Markt für ihre Mitglieder zu beeinflussen. Zweckgemeinschaften sind somit auch Werbegemeinschaften – ob dies den Betrieben im einzelnen bewußt ist oder nicht.

Die kooperativen Formen der Werbung sind äußerst vielgestaltig und komplex. Es haben sich deshalb auch im Laufe der letzten Jahrzehnte verschiedenartige B e g r i f f e vor allem für einzelne Erscheinungen der zwischenbetrieblichen Marktbeeinflussung herausgebildet, die leider nicht immer im gleichen Sinne verwendet werden. Es scheint deshalb zweckmäßig zu sein, alle Formen der kooperativen Werbung unter einem Oberbegriff zusammenzufassen. Unter G e m e i n s c h a f t s w e r b u n g (im weiteren Sinne) verstehen wir im folgenden das bewußte oder nicht bewußte Tun oder Lassen einer Zweckgemeinschaft auf dem Gebiete der Marktbeeinflussung.

Von den Begriffen, die sich im Laufe der Zeit für einzelne T e i l e r s c h e i n u n g e n der Gemeinschaftswerbung im weiteren Sinne herausgebildet haben, möchten wir die folgenden besonders hervorheben:

Gruppenwerbung: Werbung für eine Auswahl von Betrieben der gleichen Branche unter Nennung von Firmen und/oder Marken.

Sammelwerbung: Werbung für eine Auswahl von Betrieben verschiedener Branchen unter Nennung von Firmen und/oder Marken.

Verbundwerbung: Werbung für eine Auswahl von Betrieben gleicher oder verschie-

dener Branchen mit unterschiedlichen Produktionsprogrammen, meist sich ergänzender bedarfsverwandter Erzeugnisse unter Nennung von Firmen und/oder Marken.
Verbandswerbung: Werbung für die Mitglieder eines Verbandes ohne Nennung der Firmen und Marken (anonyme Werbung).
Gattungswerbung: Werbung für Gattungswaren (vor allem für Rohstoffe, wie Wolle, Stahl usw.).

Sowohl in der Theorie als auch in der Praxis wird der Begriff der Gemeinschaftswerbung oft nur für die Verbands- und die Gattungswerbung verwendet, bei denen für generelle Interessen ohne Nennung von Firmen und Marken geworben wird. In diesem engeren Sinne liegt nur dann Gemeinschaftswerbung vor, wenn der Grundsatz der Anonymität bezüglich der beteiligten Firmen und Marken erfüllt ist. Der Begriff „Gemeinschaftswerbung" wird also lediglich für zwei — wenn auch wichtige — Spezialfälle der kooperativen Marktbeeinflussung benützt und kann nicht als Gegenbegriff zur Einzelwerbung verwendet werden. Es scheint uns zweckmäßig zu sein, den Begriff „Gemeinschaftswerbung" in Zukunft nur noch im Sinne des Oberbegriffes resp. Gegenbegriffes zur Einzelwerbung zu verwenden und im allgemeinen bei der anonymen Werbung von Verbands- oder von Gattungswerbung zu sprechen.

Die Gemeinschaftswerbung hat seit der Jahrhundertwende, zunächst in den Vereinigten Staaten, dann aber auch in Europa, immer stärkere Anwendung gefunden. Einen starken Aufschwung nahm sie besonders in den Zwischenkriegsjahren. Heute ist sie zu einer bedeutenden Form der Marktbeeinflussung geworden. Das heute offensichtliche Bedürfnis nach kooperativer Zusammenarbeit gibt ihr einen neuen Aufschwung. Allerdings haben in den verschiedenen Zeitabschnitten nicht alle Teilformen der Gemeinschaftswerbung die gleiche Bedeutung gehabt. Früher und bis nach dem zweiten Weltkrieg dominierten vor allem die Verbands- und die Gattungswerbung. Deshalb ist es verständlich, daß für die Werbung, die in einem anonymen Kleide in Erscheinung trat, der Sammelbegriff „Gemeinschaftswerbung" verwendet wurde. Daneben entwickelten sich immer mehr auch andere Formen der kooperativen Marktbeeinflussung, wie die Sammel-, die Gruppen- und die Verbundwerbung, die von vielen Autoren der Gemeinschaftswerbung im engeren Sinne gegenübergestellt wurden. Dieser Gegensatz trägt auch heute noch zur Begriffsverwirrung in Theorie und Praxis bei.

In den letzten Jahren hat die Bedeutung der Gruppen-, der Sammel- und der Verbundwerbung stark zugenommen. Es bilden sich Kooperationen sorgfältig ausgewählter Betriebe, die auffallend viele Funktionen koordinieren und integrieren. Soweit sie im Sinn und Geist des Marketings arbeiten, kann von Marketinggemeinschaften gesprochen werden. Bei diesen spielt zwangsläufig die gemeinsame Marktbeeinflussung eine ganz entscheidende Rolle. Es kann vorkommen, daß die Einzelwerbung weitgehend durch die Gemeinschaftswerbung ersetzt resp. in diese integriert wird.

III. Die Träger der Gemeinschaftswerbung

1. Allgemeines

Die werbliche Zusammenarbeit ist grundsätzlich überall möglich, wo sich Betriebe zu irgend einem Zweck zusammenfinden. In der Praxis hat sich eine Fülle von Kooperationsformen herausgebildet, die gemeinsame Werbung betreiben. Es gibt so viele Möglichkeiten als es betriebliche Funktionen bzw. Funktionskombinationen gibt. Die Kooperationen, welche in irgend einer Form Gemeinschaftswerbung betreiben, lassen sich auf zehn Grundtypen zurückführen, die wir nachfolgend kurz umschreiben. Diese Trägerarten kommen meistens nicht in ihrer reinen Form, sondern in mannigfaltigen Bündelungen vor. Die Gemeinschaften 1–5 zeichnen sich dadurch aus, daß sie primär zur Übernahme der Werbefunktionen gegründet werden. Bei den Trägern 2–5 steht zudem je ein Werbemittel im Vordergrund, welches ihnen ein besonderes Gepräge gibt.

Häufig dehnen diese Betriebszusammenschlüsse ihren Funktionskreis im Laufe der Entwicklung aus, indem sie für ihre Mitglieder ganz oder teilweise auch andere Aufgaben übernehmen. Die kooperative Zusammenarbeit weitet sich meistens in den Bereich der Forschung aus (Erfahrungsaustausch, Marktforschung usw.). Sie wird dann oftmals durch den gemeinsamen Verkauf und später durch die gemeinsame Produktion ergänzt.

Der zweiten Gruppe sind jene Vereinigungen zugezählt, die primär nicht die Werbe-, sondern eine andere Funktion übernommen haben. Diese Gemeinschaften erweitern jedoch mit der Zeit häufig ihren Tätigkeitsbereich. So gehen sie vielfach dazu über, für die angeschlossenen Betriebe einen Teil der Werbung zu besorgen – sei es, um die primäre Funktion besser erfüllen zu können, sei es, weil die Mitglieder aus anderen Gründen eine kollektive Marktbeeinflussung wünschen und es als zweckmäßig erscheint, die bereits bestehende Organisation mit dieser Aufgabe zusätzlich zu betreuen. Häufig werden bereits bei der Gründung zwei oder sogar drei verschiedene Funktionen übernommen, wobei in solchen Fällen meist auch die Werbung dazu gehört. Dies ist oft bei Verkaufs- und Interessengemeinschaften der Fall, welche sich der Marktbeeinflussung bedienen müssen, um ihre Ziele überhaupt erreichen zu können.

Die Gemeinschaftswerbung ist eine zwischenbetriebliche Funktion, die nicht einfach neben andere Funktionen, wie gemeinsamer Einkauf, gleich- und nebengeordnet werden kann, sondern eine solche, welche bewußt oder unbewußt durch die anderen hindurchwirkt; denn es gibt keine Lebensäußerung der zusammengeschlossenen Betriebe, von welcher der Markt nicht direkt oder indirekt Kenntnis nimmt und die somit werberisch neutral wäre. Deshalb sollten sich die Kooperationen, gleichgültig, welche Aufgaben sie zu erfüllen haben, in vermehrtem Maße bemühen, ihre Tätigkeit bewußt so zu gestalten, daß sie nach außen positiv wirkt und damit zur Goodwillförderung beiträgt. Die kollektive Marktbeeinflussung stellt ein meist unentbehrliches Hilfsmittel dar, um verschiedene Funktionen, wie Verkauf, Rabattgewährung, Kreditvermittlung, überhaupt auf kollektiver Basis durchführen zu können, denn der Markt ist immer wieder über die Existenz solcher Gemeinschaften und ihre Leistungen zu unterrichten, damit sie überhaupt hinreichende Beachtung finden.

2. Trägerarten

a) Reine Werbegemeinschaften

Diese Zusammenschlüsse dienen lediglich der kollektiven Marktbeeinflussung und üben keine weitere Funktion aus. Besonders zahlreich sind die lockeren und vorübergehenden Verbindungen, die durch mündliche Abreden zwischen zwei oder mehreren Betrieben entstehen und mit einem Minimum an Organisation auskommen oder sie vielfach überhaupt entbehren. Häufig beginnen die ersten Versuche kooperativer Zusammenarbeit auf dieser Basis.

b) Rabattmarkengemeinschaften

Stark verbreitet sind Werbeträger, die sich der organisierten Rabattmarkenabgabe als primäres Werbemittel bedienen. Rabattmarken werden vorwiegend zur Bekämpfung verschiedener Tatbestände eingesetzt, die für das Kleinhandelswesen Gefahren bilden (Borgunwesen, Rückvergütung der Konsumvereine, Mängel der einzelbetrieblichen Preisnachlässe und dgl.). Ferner dient die gemeinsame Rabattmarke dazu, die Konsumenten zum Einkauf in den rabattgewährenden Geschäften zu erziehen und dadurch die Schaffung eines festen Kundenkreises zu ermöglichen.

c) Zugabegemeinschaften

In den letzten Jahren haben Gemeinschaften an Bedeutung gewonnen, deren primäres Werbemittel die Zugabe ist. Diese kann sowohl in der sofortigen Vermittlung bestimmter sachlicher Zugaben als in der Aushändigung von Gutscheinen bestehen, die – im Laufe der Zeit gesammelt – Anspruch auf bestimmte Sachgüter geben. Mit der Zugabe wird der Zweck verfolgt, einen verstärkten Kaufanreiz zu schaffen und das Interesse des präsumtiven Käufers auf die Waren und Leistungen der Zugabefirmen und -gemeinschaften zu lenken. Soweit mit dem Gutscheinsystem gearbeitet wird, fällt der Zentralstelle in der Regel die Aufgabe zu, die vom Publikum gesammelten Bons entgegenzunehmen und die Zugaben auszuhändigen.

d) Garantiegemeinschaften

Eine weitere Trägerart stellen jene Gemeinschaften dar, welche gegenüber den Kunden ihrer Mitglieder bestimmte Garantien übernehmen, die sich auf die Qualität oder die Herkunft von Gütern sowie auf die Arbeitsbedingungen beziehen können, unter denen diese hergestellt werden. Die kollektive Qualitätsgarantie kommt dem wachsenden Sicherheitsbedürfnis der Kundschaft entgegen, da der Laie nicht über genügend Sachkenntnis verfügt, um wertvolle von minderwertigen Qualitäten zu unterscheiden. Die Herkunftsgarantie stellt ein Mittel dar, um den Absatz von Waren bestimmter Orte, Regionen, Länder oder Kontinente zu fördern. Dabei wird der Ruf, der einem geografischen Raum aus wirtschaftlichen, kulturellen oder anderen Gründen zukommt, werblich ausgenutzt.

e) Kreditgemeinschaften

Zu den Werbemitteln sind auch die verschiedenen Formen der Finanzierung (wie Vorspar- und Abzahlungsgeschäfte, Leasing) zu zählen. Da derartige Werbemöglichkeiten kleineren und mittleren Betrieben nicht ohne weiteres offenstehen, schließen sie sich zu Zweckgemeinschaften zusammen, welche auf kollektiver Basis die Organisation verschiedener Finanzierungssysteme übernehmen. Diese Gemeinschaften treten gegenüber dem Markt als Treuhänder auf, indem sie für die von den Konsumenten vorausbezahlten Beträge oder von den Lieferanten und Banken gewährten Kredite Garantien leisten.

f) Einkaufsgemeinschaften

Ihr Hauptvorteil liegt in der Zusammenfassung der Nachfrage und der damit verbundenen Möglichkeit, die Lieferanten sorgfältiger auszuwählen und bessere Preis- und Lieferungsbedingungen zu erzielen. Es genügt jedoch nicht, den Konsumenten die Einkaufsvorteile nur stillschweigend zu demonstrieren. Es ist notwendig, sie dem Markt mitzuteilen und eine der Konkurrenz ebenbürtige Werbung zu betreiben. Aus diesem Grunde gehen die Betriebe immer mehr dazu über, auch auf dem Gebiet der Werbung zusammenzuarbeiten. In einzelnen Gemeinschaften erscheint heute die plan- und sinnvolle Organisation der gemeinschaftlichen Werbung wichtiger als das bereits gelöste Problem der Organisation des gemeinschaftlichen Einkaufs.

g) Forschungsgemeinschaften

Hierbei handelt es sich um Zusammenschlüsse von Betrieben, die technische und wirtschaftliche Forschungsarbeiten auf kollektiver Basis durchführen. Werden bei technischen Forschungsgemeinschaften wesentliche Ergebnisse erzielt, so tritt die Gruppe oft gemeinschaftlich an den Markt heran. Je nach den besonderen Verhältnissen werden die Betriebe auch mehr oder weniger intensiv zu einer gemeinsamen Absatzförderung übergehen. Verschiedene Forschungsgemeinschaften verfolgen den Zweck, die Produkte und Leistungen ihrer Mitglieder auf wissenschaftlicher und praktischer Grundlage zu prüfen, über die Ergebnisse Atteste und teilweise auch Gütezeichen auszustellen sowie die Ergebnisse zu veröffentlichen, wodurch der Absatz der begutachteten Produkte und Leistungen gefördert wird. Forschungsgemeinschaften besonderer Art stellen die Erfahrungsaustauschgruppen dar. Sie werden in der Regel von gleichartigen Betrieben gegründet, um einen Vergleich der technischen und wirtschaftlichen Leistungsfähigkeit zu ermöglichen. Dies regt zum gemeinsamen Vorgehen in der Gestaltung und der Bestellung von Werbemitteln an; in einzelnen Fällen auch zu unmittelbaren Werbeaktionen. Immer wichtiger wird die kollektive Marktforschung, wobei deren Ergebnisse laufend publiziert werden (z. B. kooperativ festgestellte Auflagezahlen von Zeitungen und Zeitschriften).

h) Produktionsgemeinschaften

Sie haben zum Ziel, Güter ganz oder teilweise in Zusammenarbeit herzustellen oder zu veredeln, woraus sich häufig eine gemeinsame Werbung ergibt.

i) Absatzgemeinschaften

Der Absatz läßt sich, wie alle betrieblichen Funktionen, ganz oder teilweise gemeinschaftlich lösen. Damit sind auch gemeinsame Maßnahmen auf dem Gebiet der Werbung verbunden; denn eine Verkaufstätigkeit ohne Marktbeeinflussung in dieser oder jener Form ist nicht denkbar. Der Auftragsbeschaffung dienen Sammelofferten, Gemeinschaftsvertreter oder -reisende, vorübergehende oder ständige Verkaufsorganisationen und dgl. Jenen Verkaufsgemeinschaften, die den Absatz der Waren ihrer Mitglieder auf ausländischen Märkten zu erleichtern oder überhaupt erst zu ermöglichen haben, kommt heute eine besondere Bedeutung zu.

k) Interessengemeinschaften

Dies sind Zusammenschlüsse von Betrieben zur Wahrung, Förderung und Vertretung gemeinsamer Belange, z. B. Berufs-, Branchen- und Wirtschaftsgruppen, die von lokaler, regionaler oder internationaler Bedeutung sein können. Die Funktion, gemeinsame Interessen zu vertreten und diese der Öffentlichkeit bekanntzumachen, ist ihrem Sinne nach Werbung. Immer mehr Interessengemeinschaften befassen sich aber zusätzlich mit der direkten Absatzförderung für die Produkte und Leistungen ihrer Mitglieder.

IV. Die Arten der Gemeinschaftswerbung

Bei der kollektiven Beeinflussung handelt es sich keineswegs nur um ein wirtschaftliches Phänomen; denn jede Vereinigung, sei sie zu kulturellen, sozialen, religiösen, politischen oder wirtschaftlichen Zwecken gegründet worden, beeinflußt ihre Umwelt. Auch bei Betriebszusammenschlüssen, die nicht-wirtschaftliche Ziele anstreben, läßt sich häufig feststellen, daß ihre Werbebemühungen auch wirtschaftliche Wirkungen zeitigen und den Absatz der angeschlossenen Betriebe beeinflussen. Weiter ist darauf hinzuweisen, daß die von wirtschaftlichen Gemeinschaften ausgehende Marktbeeinflussung indirekt auch in starkem Maße nicht-wirtschaftliche Belange fördern hilft. Bei zahlreichen Vereinigungen stellt die Werbung für außerwirtschaftliche Bereiche sogar eine wesentliche Voraussetzung für die Wirksamkeit der wirtschaftlichen Marktbeeinflussung dar, wobei als Beispiel der Fremdenverkehr genannt sei.

Die Gemeinschaftswerbung wird im allgemeinen als w i l l k ü r l i c h e , d. h. bewußte, beabsichtigte, zweckgerichtete und damit planmäßige Beeinflussung betrachtet. Deshalb wird leicht übersehen, daß es daneben auch eine u n w i l l k ü r l i c h e , d. h. unbeabsichtigte und damit nicht geplante Gemeinschaftswerbung gibt, deren Vorhandensein vielfach weder den Sendern noch den Empfängern bewußt ist. Diese geht allein schon vom Bestehen einer Gruppe aus, unabhängig davon, ob sie in ihre Funktionen die willkürliche Werbung eingeschlossen hat oder nicht.

Die kollektive Marktbeeinflussung wird entweder so gestaltet, daß sie vom Empfänger als solche zu e r k e n n e n ist, oder sie wird in v e r s t e c k t e r Weise eingesetzt, so daß sie der Markt nicht als Gemeinschaftswerbung empfindet. Besonders gut können die unwillkürlichen Formen als Mittel der versteckten Marktbeeinflussung verwendet werden, wie z. B. der Standort der Betriebe, die innere und äußere architektonische Gestaltung der Liegenschaften, die Organisation der Betriebe und Gemeinschaften (Zubringerdienst auf kollektiver Basis u. ä.), die Preisgestaltung, die Größe der Gemeinschaften und dergleichen.

Der kollektiven Marktbeeinflussung kann einmal die Aufgabe zufallen, die B a s i s f ü r d i e E i n z e l w e r b u n g zu schaffen. Dies geschieht hauptsächlich durch allgemein gehaltene Information, Aufklärung und Suggestion, wodurch die Meinungen vorgeformt und bestimmte Bedürfnisse geweckt oder gesteigert werden sollen. Es ist dann Aufgabe jedes einzelnen Betriebes, den vorbereiteten Boden weiter zu beackern. Die Gemeinschaftswerbung kann aber auch die Funktion haben, die E i n z e l w e r b u n g zu e r g ä n z e n und allenfalls auch zu vertiefen. Es gibt immer wieder Werbeziele, die sich nicht besonders für die einzelbetriebliche Marktbeeinflussung eignen. Immer wichtiger wird heute im Zuge der Entwicklung der zwischenbetrieblichen Zusammenarbeit die Ersetzung der Einzelwerbung durch kooperative Formen der Werbung. Die Marktbeeinflussung wird in Sektoren, wo die Zusammenarbeit stark entwickelt ist, weitgehend koordiniert, wie z. B. in Exportgruppen. Damit nehmen in vielen Betrieben die kooperativen Formen der Werbung eine zentrale Stellung ein.

Die Werbekooperationen lassen sich weitgehend als solche horizontaler, vertikaler und komplementärer Natur charakterisieren. H o r i z o n t a l e Zusammenschlüsse liegen dort vor, wo sich gleichstufige und damit nebengeordnete Betriebe zu gemeinsamen Werbeaktionen zusammenschließen. Im allgemeinen wird als horizontale Werbegemeinschaft eine Vereinigung von Betrieben der gleichen Branche mit verwandten Produktionsprogrammen betrachtet. Daneben lassen sich jedoch auch horizontale Gruppierungen von Firmen gleicher oder verschiedener Branchen mit sich ergänzenden Produktionsprogrammen feststellen. Bei der ersten Form kann von den echten oder homogenen, bei der zweiten von den heterogenen oder komplementären Horizontalgemeinschaften gesprochen werden. Bei der ersten Gruppierungsart herrscht zwischen den Betrieben direkte, bei der zweiten indirekte Konkurrenz. Unter dem Einfluß des Marketingdenkens nimmt die Bedeutung der komplementären Kooperation immer mehr zu. Man geht von den Bedürfnisbündelungen und den Erlebnissituationen der Kunden aus und sucht entsprechend marktgerechte Sortimente zusammenzustellen, die Gegenstand der Marktbeeinflussung bilden.

Von v e r t i k a l e n Werbegemeinschaften wird gesprochen, wenn verschiedenstufige Betriebe, d. h. solche, die sich innerhalb der gleichen Wirtschaftskette in verschiedener Entfernung vom Konsumenten befinden, gemeinsame Werbeaktionen durchführen. Es handelt sich um ein Zusammengehen von vor- und nachgelagerten Betrieben, die gleiche, meist auf den letzten Konsumenten bezogene Interessen haben. Die vertikale Werbekette ist vollständig, wenn sich, von der Urproduktion bis zum letzten Wiederverkäufer sämtliche Betriebe zusammenschließen, die an der Erzeugung, Umformung und Verteilung bestimmter Güter interessiert sind. Dazu gehören auch jene Betriebe, die auf einer der verschiedenen Stufen durch die Lieferung von Hilfsstoffen oder durch Verrichtung von Hilfsdiensten zur Förderung der Konsumtionsfähigkeit der Güter beitragen. Solche Ketten können – vor allem bei internationalen Gütern, wie Seide, Wolle, Kaffee oder Tee – eine beträchtliche Länge einnehmen. Jedoch sind die Beispiele gelungener vollkommen vertikaler Zusammenfassungen selten. Diese sind besonders dort zu finden, wo die Ketten aus relativ wenigen Gliedern bestehen. Am häufigsten trifft man unvollständige Vertikalgemeinschaften an, die nur einen Teil der Stufen umfassen, wobei die Zusammenarbeit zwischen Produktion und Kleinhandel überwiegt.

Die Werbegemeinschaften haben in der Regel die Tendenz, sich a u s z u w e i t e n : Einmal dadurch, daß sie in vertikaler oder horizontaler Richtung immer mehr Mitglieder zu umfassen versuchen; sodann auf dem Wege des Zusammenschlusses verschiedener horizontaler und vertikaler Gruppierungen, um entweder den Markt besser in einer bestimmten Hinsicht beeinflussen zu können oder die Möglichkeit zu erhalten, für ein ganzes Bedarfsgesamt zu werben. Vielfach geht es darum, die einzelnen kleineren Gruppen in einem Dachverband zusammenzuschließen, der dann die Großaktion vorbereitet und durchführt.

V. Betriebswirtschaftliche Bedeutung der Gemeinschaftswerbung

Ein wesentlicher Vorteil der Gemeinschaftswerbung liegt in der Tatsache, daß den einzelnen Betrieben die M ö g l i c h k e i t e n z u r M a r k t b e e i n f l u s s u n g stark e r w e i t e r t werden. Einmal lassen sich Werbemittel verwenden, die für eine Wirtschaftseinheit zu teuer kämen (z. B. Filme, Hausfrauenabende) oder schwer zugänglich wären (z. B. Presse). Sodann sind jene Werbemittel und -wege zu erwähnen, die eine Gemeinschaft voraussetzen (wie z. B. die gegenseitige Empfehlung) oder durch sie besonders wirkungsvoll gestaltet werden können (z. B. Modeschauen). Sodann birgt die Zusammenarbeit zahlreiche Möglichkeiten in sich, die W e r b e w i r k u n g e n i n q u a l i t a t i v e r u n d q u a n t i t a t i v e r H i n s i c h t z u s t e i g e r n . Verschiedene Betriebe erhalten erst in den Gemeinschaften die Anregung, ihrer individuellen Werbung vermehrte Beachtung zu schenken und diese planmäßiger und regelmäßiger einzusetzen. Vielen Betrieben fehlen die Mittel, um eine leistungsfähige Werbeabteilung zu halten und gut ausgewiesene Fachkräfte zu beschäftigen oder von Fall zu Fall heranzuziehen. Die Gemeinschaften füllen deshalb oft eine wirkliche Lücke aus, wenn sie über Spezialisten oder Berater verfügen, die eine psychologisch einwandfreie Vorbereitung und Durchführung der einzelbetrieblichen und der gemeinschaftlichen Aktionen gewährleisten.

Die Gemeinschaftswerbung zeichnet sich weiter durch eine im Vergleich zur Einzelwerbung g r ö ß e r e T i e f e n w i r k u n g aus, die durch die Ausgliederung und Zusammenfassung der Kräfte erzielt wird. Die kollektiven Maßnahmen üben in der Regel einen stärkeren Einfluß auf den Markt aus als diejenigen einzelner Betriebe; denn die Werbung ist im allgemeinen um so wirksamer, in je größerem Stil sie betrieben werden kann. Die Progressivität kommt vor allem bei Zusammenschlüssen kleinerer Betriebe zum Ausdruck. Diese können Aufgaben in Angriff nehmen und ihrer Erfüllung entgegenführen, für die der einzelne zu schwach wäre.

Kooperative Werbung 495

Ein weiterer Vorteil der kollektiven Marktbeeinflussung liegt in der Möglichkeit r e l a tiver Kosteneinsparung. Wesentlich ist vor allem, daß die Werbemittel bei der Zusammenarbeit mehrerer Betriebe in größeren Auflagen bestellt werden können, so daß die Kosten pro Werbemitteleinheit sinken. Eine relative Kostenreduktion tritt aber auch überall dort ein, wo sich die Werbemittel durch eine Zusammenarbeit wirtschaftlicher ausnützen lassen. Z. B. können Schaufensterdekorationen nacheinander von verschiedenen Betrieben verwendet werden. Dadurch ist es möglich, die Kosten auf eine Mehrzahl von Wirtschaftseinheiten aufzuteilen. Die verbreitete Ansicht, daß die Zusammenarbeit durchweg auch absolute Einsparungen zur Folge habe, trifft jedoch nicht zu; denn die Erfahrungen zeigen, daß die Werbeausgaben der einzelnen Betriebe in der Zusammenarbeit meist steigen. Dies hängt einmal damit zusammen, daß gewisse Wirtschaftseinheiten erst durch die Gemeinschaft angeregt werden, ihre Einzelwerbung intensiver und planmäßiger zu pflegen. Ob eine Senkung der Werbeausgaben möglich oder eine Steigerung notwendig ist, hängt weitgehend von den Funktionen ab, die erfüllt werden sollen. Überall dort, wo es darum geht, den Absatz auszuweiten oder einen bestimmten Umsatz mit allen Mitteln zu halten, kann von einer Kostensenkung kaum die Rede sein. Sodann darf nicht übersehen werden, daß sich bei der Zusammenarbeit verschiedene neue Werbemöglichkeiten ergeben, deren Ausnutzung teilweise mit zusätzlichen Kosten verbunden ist. Dort, wo die einzelnen Betriebe zuerst für den Gedanken der kollektiven Marktbeeinflussung sowie für die einzelnen Pläne zu gewinnen sind, können hohe Vorbereitungskosten entstehen. Die Werbekosten sollen jedoch niemals allein, sondern immer in Verbindung mit dem ausgelösten Erfolg betrachtet werden.

Bei den Erfolgskontrollen darf nicht übersehen werden, daß sich ein Teil der Wirkungen nicht − oder wenigstens nicht direkt − in einer Umsatzerhöhung äußert. Die Zusammenarbeit hat vielfach eine S t e i g e r u n g d e r a l l g e m e i n e n L e i s t u n g s f ä h i g k e i t der Betriebe zur Folge; denn aus der Erkenntnis heraus, daß der Werbeerfolg weitgehend durch das Leistungsniveau der Betriebe bestimmt wird, geht das Streben dahin, dieses in verschiedener Hinsicht zu heben. Dabei spielen die Normung, Typisierung, Spezialisierung und Zusammenfassung auf gemeinsamer Basis eine nicht unbedeutende Rolle.

VI. Voraussetzungen der Gemeinschaftswerbung

Die meisten Formen der kooperativen Werbung setzen die B e r e i t s c h a f t voraus, mit anderen Betrieben zusammenzuarbeiten und zugunsten der Kooperation auf einen Teil der einzelbetrieblichen S e l b s t ä n d i g k e i t z u v e r z i c h t e n. In vielen Fällen müssen die Initianten bei den potentiellen Partnern erst das Verständnis für die Gemeinschaftswerbung wecken und die Vorteile der angestrebten Form der Zusammenarbeit aufzeigen. Ob im Einzelfall mehr oder weniger Schwierigkeiten zu überwinden sind, hängt von den verschiedensten Faktoren ab. So dürfte es im allgemeinen leichter sein, Betriebe für die Kollektivwerbung zu interessieren, die bereits zu irgendwelchen Zwecken zusammengeschlossen sind.

Bei der Gründung einer Werbegemeinschaft sind verschiedene Grundsätze zu beachten. Von besonderer Bedeutung ist das Prinzip der A u s l e s e ; denn die Art und das Ausmaß der Schwierigkeiten, denen eine Kooperation begegnet, hängen weitgehend von ihrer Zusammensetzung ab. Diese Tatsache zwingt dazu, die Betriebe nicht wahllos als M i t g l i e d e r aufzunehmen, sondern sie nach bestimmten Gesichtspunkten auszuwählen. Es ist darauf zu achten, daß sie möglichst viele gleiche oder ähnliche Züge aufweisen oder sich vorteilhaft ergänzen. Die Partner sollen in verschiedenen Beziehungen zueinander passen oder innerhalb nützlicher Frist aufeinander abgestimmt werden können. Wir denken dabei an Faktoren wie Standort, Kundenkreis, Absatzkanäle und -gebiete, Goodwill, Kapitalkraft und Dynamik. Nicht zu vergessen ist die Auslese der verantwortlichen Leiter hinsichtlich Charakter, Lebens- und Geschäftsauffassung.

Das Prinzip der Auslese bezieht sich auch auf die richtige Wahl der Personen, die sich mit der Vorbereitung und Durchführung der kooperativen Werbung zu befassen haben. Grundsätzlich kommen dafür Verbandssekretäre, Werbeleiter einzelner Mitgliedsbetriebe, Werbe- und Marketingberater usw. in Frage. Im allgemeinen dürfte es vorteilhaft sein, Persönlichkeiten mit diesen Aufgaben zu betrauen, die eine neutrale Rolle spielen können und dadurch in der Lage sind, die Interessen aller Beteiligten optimal zu koordinieren. Sodann ist das Gebiet der Marktbeeinflussung dermaßen komplex geworden, daß es vorzuziehen ist, einen ausgewiesenen Fachmann als Angestellten der Gemeinschaft oder als Berater zu gewinnen, der die Spielregeln des modernen Marktes beherrscht.

Es empfiehlt sich ferner, sowohl in der Phase der Gründung einer Zweckgemeinschaft als auch bei der Vorbereitung und Durchführung der kooperativen Werbung mit wissenschaftlichen Managementmethoden zu arbeiten. Die Beteiligten müssen sich bewußt sein, daß die zwischenbetriebliche Tätigkeit entscheidend auf die weitere Entwicklung der Betriebe einwirken kann und auch soll. Beispielsweise ist es unerläßlich geworden, auf kollektiver Basis gründliche Marktforschungen durchzuführen, um fundierte Unterlagen für die Festlegung der Gemeinschaftsziele und die Planung der zwischenbetrieblichen Aktivität zur Verfügung zu haben.

Von wesentlicher Bedeutung ist die Aufstellung eines den besonderen Verhältnissen gemäßen Finanzierungsschlüssels. In erster Linie sind die Mitglieder der Werbegemeinschaft zur Leistung von Beiträgen heranzuziehen. Wenn dies nicht in genügendem Maße möglich ist, werden die Aktionen von den Gemeinschaften ganz oder teilweise aus eigenen Mitteln finanziert, die z. B. aus dem Erlös der übrigen, primär nicht in das Gebiet der Marktbeeinflussung fallenden Tätigkeit stammen können. Vereinzelt gelingt es auch, die Werbeempfänger zur Finanzierung der Aktionen heranzuziehen (z. B. durch entgeltliche Abgabe von Katalogen).

Literatur:

Keller, A.: Die Gemeinschaftswerbung – Wesen, Arten und betriebswirtschaftliche Bedeutung, Zürich 1955.

Keller, A.: Gewerbe und vertikale Gemeinschaftswerbung. In: Internationales Gewerbearchiv, St. Gallen 1955.

Keller, A.: Gewerbe und horizontale Gemeinschaftswerbung. In: Probleme der Gewerbeförderung, Sonderheft von „Wirtschaft und Recht", Zürich 1965.

Keller, A.: Gemeinschaftswerbung ja oder nein? In: Wirtschaft und Werbung, Essen 1956.

Wolff, W.: Gemeinschaftswerbung. In: Der Werbeleiter im Management, Darmstadt 1957.

Veit, R.: Die Gemeinschaftswerbung als aktuelle Werbeform in der Textilwirtschaft, 1961.

Keller, A.: Die Marketinggemeinschaft – eine neue Form der zwischenbetrieblichen Zusammenarbeit. In: Orientierungen, Juni 1963, Bern 1963.

RKW: Ist die Beteiligung an einer Gemeinschaftswerbung sinnvoll?, Frankfurt a. M. 1964.

Die Werberevision

Von Prof. Dr. Hans Blohm, Karlsruhe

I. Einführung, Grundbegriffe

Revisionen (Revisionen + Kontrollen = Überwachung)*)[1] richten sich noch in der Zeit zwischen den Weltkriegen fast ausschließlich auf das Rechnungswesen und darin insbesondere auf Buchhaltung und Bilanz. Namentlich durch den Ausbau der betriebseigenen („internen") Revision ist aber das Aufgabengebiet immer mehr erweitert worden und erstreckt sich heute im Normalfall auf fast alle Funktionsbereiche eines Unternehmens, also auch auf den Vertrieb einschließlich der Werbung, auf die Organisation und damit auch auf die Organisation der Werbung. Dabei gehört die Werberevision zu den neueren Revisionsgebieten[2].

In einer Erhebung (1964) des Instituts für Interne Revision (Frankfurt am Main) wurde unter anderem die Frage gestellt, welche der in einem beiliegenden Katalog aufgeführten Prüfungsgebiete zum Aufgabenbereich der internen Revisionsabteilung gehörten. 67 % der antwortenden Industriebtriebe, 29 % der Banken und Versicherungsbetriebe und 77 % der Handelsbetriebe bezogen bereits die Absatzwirtschaft einschließlich der Werbung in ihr Arbeitsgebiet ein[3]. Damit ist aber keineswegs gesagt, daß zur Zeit die Werberevision schon zu einem bedeutenden Arbeitsgebiet der Innenrevision geworden ist und über eine ausgefeilte Methodik verfügt.

Die durch Wirtschaftsprüfer, Betriebsprüfer des Finanzamtes, Organisatoren usw. durchgeführten „externen" Prüfungen können sich ebenfalls – wie die internen Revisionen – auf die Werbung erstrecken. Auch kombinierte interne und externe Revisionen sind üblich, um Distanz und speziellen Sachverstand mit Betriebskenntnis zu verbinden.

Es ist nunmehr der zu behandelnde engere Prüfungsgegenstand, die Organisation der Werbung, begrifflich zu bestimmen. Unter Werbung wird hier die Funktion der Absatzwerbung (Abgrenzung im Sinne von Behrens[4]) verstanden. Freilich sind die behandelten Revisionsmethoden grundsätzlich auch auf die Werbung für andere betriebliche Teilfunktionen (z. B. Beschaffungswerbung) anwendbar.

---
*) Die im Text laufend numerierten Quellenangaben sind am Schluß des Aufsatzes zitiert.

Als Prüfungsgegenstand ist von der Funktion Werbung die Institution Werbung (in der Regel „Werbeabteilung") zu unterscheiden. Die Funktion Werbung oder Teile der Funktion können von anderen Institutionen (z. B. von den Verkaufsbüros) oder von Außenstehenden (z. B. von Werbeagenturen) wahrgenommen werden. Andererseits kann die Werbeabteilung auch Funktionen ausüben, die nicht unmittelbar zur Funktion Werbung gehören (z. B. Redaktion einer Betriebszeitung für die Belegschaft). Dementsprechend umfaßt die Werberevision im weitesten Sinne die Prüfung aller Institutionen, soweit sie Werbe-Teilfunktionen von der Planung bis zur Werbeerfolgskontrolle[5] beinhalten. Prüfungsschwerpunkt ist im Regelfall die Werbeabteilung.

Organisationsprüfungen im Bereich der Werbung haben alle organisatorischen Tatbestände der Werbung (Struktur und Ablauf) zum Gegenstand. Darunter fallen das bestehende „Soll" (d. h. alle generellen Regelungen) und das bestehende „Ist" (d. h. der tatsächliche Vollzug) des zielgerichteten Zusammenwirkens der Elemente einer Organisation (Menschen und sachliche Hilfsmittel).

Der konkrete Prüfungsauftrag kann sich erstrecken auf:

1. die Strukturorganisation der Werbeabteilung, einschließlich der Aufgabenverteilung und der personellen Besetzung in qualitativer und quantitativer Beziehung;
2. Arbeitsabläufe, an denen die Werbeabteilung maßgeblich beteiligt ist, z. B. Beschaffungsvorgänge für Werbezwecke;
3. spezielle Fragestellungen, wie z. B. die Zusammenarbeit und Aufgabenabgrenzung mit Werbeagenturen;
4. die normale kaufmännische Revision im Werbebereich in formeller und materieller Beziehung, aus der sich auch Organisationsprobleme (im Sinne von Punkt 1, 2, 3 dieser Aufzählung) ergeben können. Dazu gehört auch die Prüfung der Werbeziele und der Angemessenheit des Aufwandes zur Erreichung der Ziele.

II. Ablauf einer Organisationsprüfung

Eine Organisationsprüfung ist – wie jede Prüfung – im Kern ein Soll-Ist-Vergleich[6]; sie wird im allgemeinen in folgenden Schritten abgewickelt:

1. Vorbereitung der Prüfung;
2. Aufnahme und Darstellung des Istzustandes (tatsächliche Handhabung) und des bestehenden Solls (geltende innerbetriebliche und überbetriebliche Vorschriften und Richtlinien)[7];
3. Analyse des bestehenden Solls und Ists und gegebenenfalls Entwicklung eines neuen Sollzustandes;
4. Durchsetzung des Sollzustandes (wird nicht weiter ausgeführt).

Die Verfahrensweise der Organisationsprüfung im Bereich der Werbung schließt sich im wesentlichen der Technik der Organisationsprüfung in anderen Bereichen an. Besonderheiten ergeben sich aus dem jeweiligen Prüfungsauftrag. Erwähnt sei noch die mehrfach in der Literatur vertretene Auffassung, die Werberevision sei ein noch zu junger Zweig des Prüfungswesens, um sich auf bewährte Revisionsschemata zu stützen. So sollen hier auch keine Schemata dargestellt, wohl aber die speziellen Fragestellungen der Organisationsprüfung in der Werbung behandelt werden.

III. Die Organisationsprüfung im Bereich der Werbung

A. Prüfung Organisationsstruktur einschließlich Aufgabenverteilung und personeller Besetzung

Es können folgende Problemkreise der Strukturprüfung einer Werbeabteilung unterschieden werden:

1. Das angemessene Verhältnis (quantitativ und qualitativ) der Funktion Werbung zu der Gesamtaufgabe des Betriebes bzw. Unternehmens.
2. Die zweckmäßige Aufgabenverteilung und Zusammenarbeit innerhalb der Werbeabteilung sowie zwischen der Werbeabteilung einerseits und den übrigen Betriebsabteilungen andererseits.
3. Die zweckmäßige Koordinierung der Werbung mit allen Funktionen bzw. Institutionen des Betriebes.
4. Die organisatorische Sicherung einer zweckmäßigen Abgrenzung von Eigen- und Fremdleistung.
5. Die angemessene personelle Besetzung innerhalb der Werbeabteilung und die angemessene Ausstattung mit Betriebsmitteln.

1. Verhältnis Werbung — Gesamtaufgabe

Hier wird die Frage gestellt, ob die Funktion Werbung über- oder unterentwickelt ist. Von der Revision kann eine gründliche Auseinandersetzung mit diesem Problem nur im Rahmen einer Sonderprüfung erwartet werden. In normalen Organisationsprüfungen können aber folgende Fragen behandelt werden:

1. Versucht man bei den zuständigen Leitungsstellen überhaupt, sich irgendwie einem Optimum anzunähern? Damit wird von der Prüfung keine Beurteilung des Entwicklungsstandes der Werbung selbst erwartet.
2. Besteht ein offensichtliches Mißverhältnis zwischen der Werbung und den übrigen Funktionen, namentlich den übrigen Vertriebsfunktionen?
3. Werden ungeeignete Beurteilungskriterien für die Frage der angemessenen Entwicklung der Werbung verwendet? Z. B.: ist klargestellt, was „Werbekosten" sind?

Ist zum Beispiel die Werbung als Ganzes „unterentwickelt", was sich in „niedrigen" Werbekosten ausdrückt, so kann das bedeuten, daß andere Vertriebskosten, wie Gehälter für Reisende, Spesen, Provisionen überhöht sind. Unter Umständen werden die letztgenannten Kosten als Bestandteil der Werbekosten aufgefaßt.

Ein Vergleich der Werbekosten unter konkurrierenden Unternehmen einer Branche besagt nur etwas, wenn man eine einheitliche Abgrenzung hat und die Kosten nach dem Einsatz der Werbemittel vergleicht. Es ist für die Bildung von Entscheidungsgrundlagen geradezu irreführend, wenn in einer Branche mit 100 Unternehmen 10 Unternehmen überwiegend Kosten für die Einführung völlig neuer Fabrikate, 20 Unternehmen nur für die Prestigewerbung, 15 nur für die Dauer- und Nachfaßwerbung und 5 Firmen überwiegend für informative Werbung haben. Vergleicht man die Werbesummen dieser Unternehmen global miteinander, so ist überhaupt kein Aussagewert vorhanden. Staffelt man sie nach Betriebsgrößen und Sortimentsgrößen, vergleicht man sie mit den Kosten für Vertreter und Reisende, so besitzt dieser Vergleich immerhin schon einen Aussagewert, aber höchstens für das Verhältnis zu den übrigen Auftragserlangungskosten, wenn man den Sortimentsaufbau der Konkurrenzunternehmen einigermaßen kennt[8]).

Diese wenigen Hinweise dürften genügen, die Schwierigkeiten einer gründlichen – der Arbeitsweise der Revision entsprechenden – Beantwortung der Frage zu zeigen und die Notwendigkeit zu begründen, sich bei normalen Organisationsprüfungen einer Werbeabteilung auf Teilfragen zu beschränken.

2. Aufgabenverteilung innerhalb der Werbeabteilung und im Verhältnis zu anderen Abteilungen

Die Organisationsform der Werbeabteilung ist betriebsindividuell. Um die betriebsindividuelle Organisationsform beurteilen zu können, müssen zunächst einmal die T e i l f u n k t i o n e n der Werbung unabhängig von ihrer organisatorischen Zuordnung vollständig erfaßt werden:

1. Konzeption der Werbung
   Werbeplanung in übergeordnetem Sinne

2. Harmonisierung
   aller Bereiche des Unternehmens im Sinne werblicher Haltung

3. Werbeplan
   Werbeziel, Werbemaßnahmen, Kostenvoranschlag

4. Werbeerfolgsprognose
   a) Auseinandersetzung mit dem Werbeplan:
      In welchem Umfang ist die Erreichung des Werbezieles und die Verbesserung der Erlöse zu erwarten?
   b) Auseinandersetzung mit den Werbemaßnahmen:
      Welche Wirkung kann veranschlagt werden? (z. B. auf der Grundlage von Pre-Tests?)
   c) Auseinandersetzung mit den Kosten:
      Inwieweit sind sie vertretbar? Steigern sie den Gewinn bzw. sind sie erforderlich zur Erreichung des Werbeziels?

5. Werbemittelanwendung
   einschließlich der Handhabung von Messen und Ausstellungen, ständiger Kontakt mit der Absatzorganisation sowie den Abteilungen für Verkaufsförderung und Öffentlichkeitsarbeit

6. Information
   Sammeln innerhalb des Unternehmens und auf den Märkten; Aufbereiten; gezielte Verteilung

7. Werbeforschung
   Erkundung und methodische Auswertung wissenschaftlicher Erkenntnis und praktischer Erfahrung auf dem Gebiet der Werbung

8. Werbeentwicklung
   Entwicklung neuer Werbemethoden, Werbemittel und Forschungsmethoden

9. Herstellung und Streuung
   von Werbemitteln (Werbeträger – Kontrolle)

10. Verwaltung
Vorbereiten der Vergabe von Aufträgen; Statistik der Leistung und der Kosten; Waren- und Leistungseingang; Verbindungsstelle zu funktionsverwandten Abteilungen; sonstige Verwaltungsaufgaben wie Verwaltung der Werbemittel.

Hinsichtlich der dargestellten Teilfunktionen hat sich die Prüfung mit folgenden F r a g e n zu befassen:

a) Welche Funktionen werden
   innerhalb
   außerhalb
   der Werbeabteilung ausgeübt? Ist die Zuordnung zweckmäßig?
b) Welche Funktionsbereiche, die besser getrennt wären, werden von einer einzigen Stelle wahrgenommen?
c) Welche Funktionsbereiche sind getrennt, die rationeller vereinigt wären?
d) Wo sind
   Erweiterungen oder
   Einschränkungen
   der Funktionsbereiche ratsam?
e) Welche fehlenden Funktionen sind
   in Betracht zu ziehen?
   jetzt schon einzugliedern?

Eine zweckmäßige Abgrenzung der Aufgaben innerhalb einer Werbeabteilung und mit anderen Abteilungen, insbesondere anderen Abteilungen des Vertriebes, kann zwar nur von Fall zu Fall gefunden werden; es gibt aber eine Reihe allgemeiner (nicht auf den Bereich der Werbung beschränkter) und spezieller (auf die Werbung bezogener) G r u n d s ä t z e , deren Einhaltung von dem Organisationsprüfer überwacht werden kann. Dabei ist zu beachten, daß Grundsätze in der üblichen Formulierung, d. h. ohne genaue Kennzeichnung aller wesentlichen Voraussetzungen ihrer Anwendung, keine unabdingbaren Forderungen darstellen können. Die Befolgung des Grundsatzes hat eine größere Erfolgswahrscheinlichkeit als die Nichtbefolgung[9]. Der Prüfer muß also bei Verstößen gegen geltende Organisationsgrundsätze feststellen, ob die Abweichung durch die Bedingungen des Einzelfalles ausreichend begründet ist. Insbesondere sind folgende Grundsätze zu beachten:

A l l g e m e i n e   G r u n d s ä t z e

a) Übereinstimmung von Kompetenz und Verantwortung[10]
b) Beachtung elementarer organisatorischer Gestaltungsprinzipien[11]:
   Gleiches zu Gleichem,
   Auseinanderhalten des Ungleichen,
   Vollständige Erfassung der Aufgaben,
   Richtige Rangordnung der Zwecksetzungen,
   Fixierung eines kausalgerecht, in der Bestform organisierten Handlungsablaufs,
   Wirkungsvollste Zusammenfassung der einzelnen Organisationsteile,
   Verbindung aller Aufgabenträger mit der Zielsetzung der Organisation,
   Spezialisierung zwecks qualitativer und quantitativer Leistungssteigerung.

Im ganzen gesehen kommt es bei der Zuordnung eines Funktionsbündels an eine Institution wie die Werbeabteilung oder an einzelne Funktionsträger darauf an, dieses Bündel so abzugrenzen, daß ein klar übersehbarer Bereich geschaffen wird, der eine wirkungsvolle Spezialisierung erlaubt, ohne daß die Vorteile der Spezialisierung durch Koordinierungsschwierigkeiten mit anderen Institutionen bzw. Funktionsträgern aufgezehrt werden.

Spezielle Grundsätze

Für die Zuordnung von Werbefunktionen können folgende Grundsätze angeführt werden[12]):

a) Der Werbeabteilung sollten im allgemeinen die schöpferischen und gestaltenden Werbetätigkeiten zugeordnet werden. Es liegt nahe, damit die Übertragung ähnlicher Aufgaben aus anderen Bereichen der Publicity zu verbinden.

b) Andere Institutionen auf dem Gebiet der Absatzförderung sollten in erster Linie für die Vorbereitung von Material für Reisende, Verkaufsanalysen und Marktforschung verantwortlich sein.

c) Institutionen, die nicht speziell der Absatzförderung dienen, können insbesondere Entscheidungs- (bzw. Billigungs-) und Überwachungsfunktionen im Zusammenhang mit der Werbung haben.

Aus den allgemeinen und speziellen Grundsätzen können **konkrete Prüfungsfragen** abgeleitet werden; die wichtigsten lauten nach Arbeitsunterlagen des Instituts für Interne Revision, Frankfurt am Main:

a) Ist die Werbeabteilung zum „Mädchen für alles" geworden, indem alle Lasten verwaltungstechnischer Dinge, Druckereiaufgaben, die mit der Werbung nichts zu tun haben, und ähnliches ihr aufgebürdet wurden?

b) Ist gesichert, daß Aufstellung und Genehmigung des Werbekostenbudgets und Etat-Kontrolle in verschiedenen Händen liegen?

c) Sind die Bevollmächtigungen zur Erteilung und Genehmigung von Werbeaufträgen eindeutig abgegrenzt? Wer kauft ein?

d) Wer führt die Rechnungsprüfung durch und wer die Kontierung der angefallenen Werbekosten-Belege? (Kontrolle durch Arbeitsteilung, vgl. Abschnitt „Arbeitsabläufe"!)

e) Ist die Aufgabenabgrenzung insbesondere zu den übrigen Abteilungen des Vertriebes und des Einkaufs sachlich zu begründen, oder sind Auswirkungen besonderer Machtkonstellationen und traditionellen Denkens erkennbar?

f) Ist die Organisation so flexibel, daß die Abteilung sich schnell größenmäßig oder strukturell zu verändern vermag, wie es durch veränderte Anforderungen oder Bedingungen notwendig werden kann?

g) Ist die Auslastung innerhalb der Abteilung gleichmäßig?

h) Bestehen informelle Strukturen, die die offizielle Organisationsstruktur überlagern?

i) Ist die schöpferische Arbeit von der ausführenden Arbeit getrennt?

k) Besteht eine Übereinstimmung von Vollmacht und Verantwortung?

l) Ist die Unterrichtung über Ziele, Methoden, betriebliche und außerbetriebliche Bedingungen funktionsgerecht?
m) Besteht ein „Team-Geist"?

3. Koordinierung

Je größer ein Unternehmen wird, desto differenzierter wird sein organisatorischer Aufbau und desto mehr rücken Koordinierungsprobleme in den Vordergrund. Ein zielgerechtes Zusammenwirken der verschiedenen Abteilungen kann nicht allein dem guten Willen und der Einsicht der Beteiligten überlassen werden, es bedarf der Absicherung durch eine entsprechende Gestaltung der Organisationsstruktur.

Für den Revisor lautet also die Frage: „Bietet der Organisationsaufbau eine ausreichende Gewähr für ein zielgerechtes Zusammenwirken der Werbung mit anderen Stellen bei Erledigung von Aufgaben, die den Kompetenzbereich der Werbeabteilung überschreiten?"

Der Revisor muß versuchen, die speziellen „Spannungsfelder" der Werbung mit anderen Stellen durch Befragung und Durchsicht des innerbetrieblichen Schriftverkehrs zu ermitteln, die vorhandene organisatorische Sicherung zur Koordinierung innerhalb der Spannungsfelder kritisch beurteilen und geeignete Sicherungen vorschlagen.

Derartige Spannungsfelder der Werbung bestehen insbesondere zu folgenden Abteilungen: Alle übrigen Stellen des Vertriebes, Produktion, Entwicklung, Rechnungswesen, Einkauf, Rechnungskontrolle, Personalabteilung. Eine Koordinierung „nach oben" muß zu allen oberen Leitungsorganen durch Werbung um Verständnis für die Arbeit der Werbeabteilung erfolgen.

In der Praxis werden neben der einfachen Aufforderung, zusammen-zu-arbeiten, meist folgende Formen der Koordinierung gewählt:

1. Die sich arbeitsmäßig am stärksten berührenden Sachgebiete erhalten eine gemeinsame Führungsspitze (Werbung und Verkauf untersteht der Vertriebsleitung).
2. In der Leitungsebene, die den zu koordinierenden Abteilungen vorgesetzt ist, wird eine gemeinsame Verantwortung für mehrere Bereiche begründet (Werbung und Verkauf sind für die Vertretung auf Messen gemeinsam verantwortlich).
3. Ausschüsse und Arbeitskreise werden zur Institutionalisierung der Koordinierung begründet. Diese Form kann sehr wirkungsvoll sein, sofern die Sitzungen nicht Selbstzweck werden.
4. Zweckmäßige Information über Werbefragen an alle interessierten Stellen[13]).

Besonderes Augenmerk ist auf die Zusammenarbeit mit den übrigen Vertriebsabteilungen zu richten. Es sollte Übereinstimmung in folgenden Fragen herbeigeführt werden:

1. Die Werbeabteilung erhält sämtliches Informationsmaterial über die grundlegenden Verkaufsprobleme, -ziele und -pläne.
2. Die Werbeabteilung nimmt aktiv an Verkaufstreffen und Konferenzen des Unternehmens teil.
3. Die Werbeabteilung wird von seiten der Verkaufsabteilung tatkräftig unterstützt in ihren Bemühungen, persönlichen Kontakt mit Händlern und Verbrauchern aufzunehmen. Alle technischen Kniffe nützen nichts, wenn der Werbeabteilung das

Wissen aus erster Hand um die Verwendung des Produktes sowie ein persönliches Verständnis der menschlichen Elemente, die den Kauf beeinflussen, fehlt.

4. Die Werbeabteilung nimmt an der Marktforschung teil. Sie kann diese in Sonderfällen (kleinere Unternehmen) sogar selbst übernehmen.

4. Eigen- und Fremdleistung

Auch hier gibt es zentrale Probleme, die besser einer speziellen Prüfung überlassen werden, wie die Aufgabenabgrenzung und die Zusammenarbeit mit Werbeagenturen bzw. Werbeberatern. Im übrigen (z. B. bei Fragestellungen wie Hausdruck oder Druck außer Haus) gelten die allgemeinen betriebswirtschaftlichen Grundsätze auch für die Abgrenzung von Eigen- und Fremdleistung im Werbebereich[14]).

Bei einer Organisationsprüfung zu diesem Thema ist zunächst festzustellen, ob die praktizierten Abgrenzungen von Eigen- und Fremdleistung überhaupt auf rationale Entscheidungen zurückzuführen sind, oder ob einfach Tradition oder Gutdünken bestimmen. Bei einer Revision kann es also einmal um die **zweckmäßige Abgrenzung selbst** und zum anderen um die **Zweckmäßigkeit der Methode**, die zu einer gegebenen Abgrenzung geführt hat, gehen. Letzteres ist auch ein Strukturproblem, da eine rationale Entscheidung, die die Belange aller beteiligten Funktionsbereiche berücksichtigt, der organisatorischen Verankerung bedarf.

5. Personelle Besetzung

Eine Werbeabteilung wird in ihrem Leistungsniveau wesentlich von den **Qualitäten des Werbeleiters** bestimmt. Dazu schreibt Seyffert: „Von den Risiken, die in der Werbetechnik stecken, ist vor allem das Personenrisiko hervorzuheben. Von den persönlichen Qualitäten des Werbeleiters hängt alles ab. Es gibt in der Werbung kein Schema, das etwa der gewissenhafte und gut ausgebildete Beamte nach bestem Wissen und Gewissen anzuwenden hätte. Es gibt nur wenige, von vielen gemeisterte Kunstregeln; das Entscheidende und Wichtige ist individuelle Leistung. Ein Vergreifen in der Person bringt der Werbung über kurz oder lang den Mißerfolg. Dabei besagt der Umstand, daß ein Werbeleiter anderswo schon erfolgreich geworben hat, nicht allzuviel bezüglich seiner Eignung für eine andere, neue Werbeaufgabe. Er kann z. B. ausgezeichnet die Reklame einer Markenartikelfabrik durchgeführt haben und bei der Organisation der Werbung eines Versandgeschäftes versagen . . ." „. . . Beachtet muß weiter werden, daß auch der ideenreichste Werbeleiter im Laufe der Jahre, wenn er immer der gleichen Aufgabe gegenübersteht, an Originalität einbüßt. Das sind alles Gründe, die schon der Auffrischung zuliebe eine Werberevision erwünscht erscheinen lassen. Durch sie erhält der Werber neue, sachverständige Urteile, findet sein eigenes entweder bestätigt — und die sich darauf gründende Sicherheit ist eine Revision schon wert — oder wird auf andere Lösungsmöglichkeiten gestoßen, die, von fachmännischer Seite empfohlen, zum mindesten der Prüfung wert sind. Es liegt daher durchaus im Interesse der Werber, von der Möglichkeit der Werberevision mehr als bisher Gebrauch zu machen[15])."

Hier wird eine Funktion der Revision deutlich, den Angehörigen der geprüften Stelle selbst zu helfen. Das ist auch aus Prüfungsfragen[16]) zu erkennen, deren Beantwortung durch die Revision dem **Werbeleiter zu besseren Arbeitsbedingungen** verhelfen kann:

1. Steht dem Leiter der Werbeabteilung für die Ausübung seiner Pflichten ausreichend Zeit zur Verfügung?

Die Werberevision

Das bedeutet: Die Erledigung gedanklicher Arbeit, die er ohne Störungen und Unterbrechungen durchführen muß, ist für ihn lebenswichtig. Er muß sich die Zeit dafür schaffen, indem er nach Möglichkeit Pflichten und Verantwortung delegiert. Von größter Bedeutung für den Leiter der Werbeabteilung ist es deshalb auch, daß ihm seine Abteilung größenmäßig und qualitativ überhaupt ermöglicht, Pflichten und Verantwortlichkeiten bis zu einem gewissen Grad an andere zu verteilen. Die Organisation einer Werbeabteilung steht und fällt mit der Pflichtauffassung und der Arbeitseinstellung der einzelnen Beschäftigten in gehobenen Positionen. Dazu gehört, daß sie neben den eigenen Pflichten auch die der anderen innerhalb und außerhalb der Abteilung würdigen.

2. Sind der Organisationsplan und die Funktionsbeschreibung der Werbeabteilung so aufgegliedert, daß jedem der dort Beschäftigten Stand und Aufgabe der eigenen Position wie auch der Kollegen deutlich ist, damit sie die Beziehungen, die zwischen ihnen bestehen, erkennen können?

Das bedeutet: Pflichten und Verantwortung, die jedem Inhaber einer Position obliegen, sollten genauestens definiert und niedergelegt sein, so als ob ein Neuling in seine Aufgabe einzuweisen wäre. Die genaue Tätigkeitsbeschreibung kann als Basis für die Überwachung der Leistungen des einzelnen verwendet werden.

Freilich dient die Revision auch der Erarbeitung von Unterlagen zur B e u r t e i l u n g d e r p e r s o n e l l e n V e r h ä l t n i s s e durch übergeordnete Leitungsorgane. Hierzu einige grundlegende Fragestellungen:

1. Widersteht ein Werbeleiter, der von einer untergeordneteren Position zu seinem jetzigen Rang aufgestiegen ist, der Versuchung, seinem Nachfolger auf dem vorher eingenommenen Platz hineinzureden? Seine Aufgabe besteht doch jetzt darin, die Abteilung insgesamt zu führen[17]).

2. Entspricht die personelle Besetzung der Werbeabteilung den beiden Anforderungen: Kenntnis und Erfahrung in Werbetechnik, und Kenntnis von und Erfahrung mit den Produkten und dem Markt der Unternehmung[18])?

Hinsichtlich der A u s s t a t t u n g m i t B e t r i e b s m i t t e l n (Maschinen und Einrichtungen) muß bezüglich der Prüfungsfragen auf die Fachliteratur verwiesen werden.

B. Die Prüfung von Arbeitsabläufen, an denen die Werbeabteilung maßgeblich beteiligt ist

Die Prüfung von Arbeitsabläufen soll allgemein deren Zweckmäßigkeit kritisch beurteilen und durch Verbesserung bestehender oder durch Einrichtung neuer Kontrollen die Ordnungsmäßigkeit der Abläufe sichern. Die letztgenannte Aufgabe gewinnt immer mehr an Bedeutung mit einer neuen Konzeption des Revisionswesens, sich langsam durch Verbesserung der Kontrollen selbst überflüssig zu machen. Das ist freilich nur ein niemals wirklich erreichbares Orientierungsziel, da ständig neue Aufgaben hinzukommen und eine endgültige Perfektion der Kontrollen auch nicht möglich erscheint.

In Anlehnung an K. Post[19]) können folgende K o n t r o l l e n unterschieden werden, deren richtige Einordnung wichtigster Prüfungsgegenstand im Sinne einer Ablaufsicherung ist:

    1. Kontrollen durch Arbeitsteilung. Durch Aufteilung der Arbeit auf mehrere Ausführende wird eine gegenseitige Kontrolle herbeigeführt.

2. **Kontrollen durch Parallelarbeit.** Die Arbeit wird von mehreren Personen zu verschiedenen Zwecken gemacht; das Ergebnis muß übereinstimmen.
3. **Kontrollen durch Doppelarbeit.** Eine Arbeit wird lediglich zum Zwecke der Kontrolle durch eine andere Person wiederholt.
4. **Kontrollen durch Aufsicht.** Bei der Arbeit wird eine spezielle Aufsicht ausgeübt.
5. **Kontrollen durch Arbeitswiederholung.** Der Arbeitsgang wird später wiederholt.
6. **Kontrollen durch Vergleichen.** Mehrere Unterlagen werden auf Übereinstimmung geprüft.

Als repräsentatives Beispiel für Prüfungsfragen zu einem Arbeitsablauf im Bereich der Werbung seien Fragen zur Prüfung eines Werbemittellagers angeführt[20]):

1. Entspricht die Karteiführung den Anforderungen der Zweckmäßigkeit und Ordnungsmäßigkeit?
2. Ist eindeutig festgelegt, wer Artikel aus dem Lager entnehmen darf und in welchem Umfang? Ist die Festlegung zweckmäßig?
3. Wird die Entnahme im Hinblick auf den erstrebten Erfolg kontrolliert?
4. Werden zumindest die Bestände an wertvollen Werbeartikeln laufend kontrolliert, lagern sie unter ausreichendem Verschluß?
5. Kann die Lagerhaltung als zweckmäßig (z. B. Prospekte staubfrei usw.) angesehen werden?
6. Ist festgelegt, was mit denjenigen Werbematerialien geschehen soll, die unbrauchbar bzw. uninteressant geworden sind (z. B. bei Aufgabe von Artikeln oder Verkaufszweigen)? Ist diese Festlegung zweckmäßig?
7. Ist es sinnvoll, Werbematerial in Rechnung zu stellen?

Falls Werbe-Außenläger vorhanden sind (z. B. in Verkaufsbüros):

8. Ist eine regelmäßige Überwachung dieser Bestände (durch Kontrollen, stichprobenmäßige Revision u. ä.) gewährleistet?
9. Wird auf einen den jeweiligen verkaufs- und werbemäßigen Erfordernissen bzw. Schwerpunkten angepaßten Ausgleich zwischen den verschiedenen Außenlägern geachtet?

C. Organisationsprüfungen mit speziellen Fragestellungen

Organisationsprüfungen mit speziellen Fragestellungen sollen aus gegebenem Anlaß oder als Maßnahme der allgemeinen Rationalisierungsarbeit wesentliche Probleme einer besonders gründlichen Bearbeitung unterziehen.

Organisationsprüfungen aus gegebenem Anlaß sind zum Beispiel Unterschlagungsprüfungen, die angesetzt werden, um darzulegen, welche organisatorischen Mängel vorgekommene Unterschlagungen ermöglichten und wie etwaige Organisationsmängel beseitigt werden können.

Zur Unterstützung der allgemeinen Rationalisierungsarbeit kann zum Beispiel die Prüfungsfrage gestellt werden, ob bei der Abgrenzung von Eigen- und Fremdleistung die richtigen Kriterien herangezogen werden. Diese Frage kann noch präzisiert werden, indem insbesondere die Abgrenzung der Aufgaben zwischen Werbeabteilung, Werbeagenturen und Werbeberatern untersucht wird[21].

Für eine solche Prüfung gibt es keine Schemata; es ist Schritt für Schritt zu prüfen, bis zu welcher Grenze der Ausbau einer unternehmenseigenen Werbung funktional und wirtschaftlich vertretbar ist. Es ist zu prüfen, inwieweit es vernünftig ist, Aufgaben selber zu lösen oder Außenstehenden zu übertragen. „Manchmal ist es lediglich eine Frage vorhandener Kraft und Befähigung im Umgang mit Menschen, ob man Probleme mit eigenen Mitarbeitern löst oder ob man fertige Problemlösungen von außen bezieht. Die Frage der fixen Kosten einer Werbeabteilung spielt eine nicht unwesentliche Rolle. Es ist jeweils zu prüfen, inwieweit die Kontinuität, die in der Leistung der eigenen Werbeabteilung liegt, der Fungibilität, also der Austauschbarkeit außenstehender Dienstleistungsbetriebe vorgezogen werden soll. Dies ist um so stärker der Fall, je erläuterungsbedürftiger Produkt und Dienstleistung sind und je feinernerviger die institutionelle Werbung mit anderen Aufgaben des eigenen Hauses (beispielsweise Öffentlichkeitsarbeit, Pressedienst, Pflege der Aktienkurse) verbunden ist[22]."

Das Feld der Organisationsprüfungen mit speziellen Fragestellungen ist praktisch unbegrenzt. So können auch Untersuchungen über die Auslastung des Personals mit Hilfe moderner Methoden (wie der Multimomentaufnahme) oder Prüfungen, um die Möglichkeiten des Einsatzes von Datenverarbeitungsanlagen darzustellen, durchaus fachlich entsprechend vorgebildeten Revisoren zugemutet werden.

D. Organisationsprobleme im Zusammenhang mit der kaufmännischen Revision

A. Steven nennt **vier Teilziele** (general objectives) der hier nicht näher ausgeführten kaufmännischen Werberevision. Der Unternehmensleitung soll sichergestellt werden, daß

1. den Werbeausgaben ein angemessener Werbeerfolg im Hinblick auf das Werbeziel gegenübersteht;
2. die Kontrollen über den Werbeaufwand (bzw. über die Kosten oder die Ausgaben für Werbung), die Berichterstattung und die Werbefunktionen ausreichend sind;
3. wirkungsvolle Arbeitsmethoden angewendet werden;
4. keine unnötige Doppelarbeit geleistet wird.

Aus allen Teilzielen ist bereits die Verbindung mit organisatorischen Problemen zu erkennen[23].

Die engen Zusammenhänge zwischen der eigentlichen kaufmännischen Revision, die sich mit Soll- und Ist-Ausgaben, Aufwendungen und Kosten befaßt, und der Organisation zeigt auch K. Fechtner mit seinen „neun Fragen zur Überwachung der Werbeaufwendungen[24]".

Schließlich sind die Arbeitsunterlagen der Werbeabteilung im Rahmen einer kaufmännischen Revision auf Vollzähligkeit und Zweckmäßigkeit zu prüfen.

Es ist also bei der kaufmännischen Revision nicht nur zu ermitteln, ob das Rechenwerk formell und materiell in Ordnung ist, sondern auch die ausreichende organisatorische Verankerung zu prüfen. Aus dieser Verflechtung zwischen kaufmännischer Revision und Organisation ist auch wiederholt die Forderung abgeleitet worden, die mit dem Organisieren befaßten Institutionen mit den Revisionsinstitutionen möglichst eng zu verbinden[25].

IV. Der Revisionsbericht

Das Ergebnis der Revision wird normalerweise in einem Revisionsbericht niedergelegt. Dieser hat den Gang der Revision wiederzugeben, das Ergebnis und entsprechende Schlußfolgerungen für die weitere Werbetätigkeit abzuleiten. Die schriftliche Berichterstattung soll bewirken, daß der Revisor ein vollständiges Bild seiner Revisionsergebnisse liefert und durch seine fixierten Erfahrungen die Revisionstechnik fördert. Die Berichte sind übersichtlich unterzugliedern und müssen im wesentlichen enthalten: Beschreibung des Revisionsauftrags, eine Darstellung des vorgefundenen Ists und des bestehenden Solls, Art, Gang und Umfang der Revision, die Revisionsergebnisse und eine Kritik mit Verbesserungsvorschlägen. Statistiken und sonstige Materialien, die die Übersichtlichkeit und leichte Lesbarkeit des Berichtes stören würden, werden am besten als Anlagen beigefügt[26]).

Vergessen werden darf nicht, daß ein Bericht mit Verbesserungsvorschlägen nur dann einen Sinn hat, wenn er zu praktischen Maßnahmen führt; das gilt für die Revision als Ganzes.

Quellenangaben:

[1]) Vgl. Blohm, H., und Brenneis, F. J.: Wegweiser für den Einsatz von interner und externer Revision, Berlin 1964, S. 11–22.
[2]) Seyffert, R.: Werbelehre, Bd. II, Stuttgart 1966, S. 1499.
[3]) Institut für Interne Revision e. V.: Interne Revision in Deutschland – Untersuchungsbericht des Instituts für Interne Revision e. V., München 1964, S. 5.
[4]) Behrens, K. Ch.: Absatzwerbung, Wiesbaden 1963, S. 14.
[5]) Vgl. Adolf, H. E. u. a.: Handbuch des Werbeleiters, München 1960, III. Werberevision, S. 958.
[6]) Blohm, H.: Die Innenrevision als Funktion der Leitung in Industriebetrieben, Essen 1957, S. 18.
[7]) Anregungen zur Darstellung organisatorischer Tatbestände sind insbesondere zu finden bei: Nordsieck, F.: Betriebsorganisation – Lehre und Technik, 2 Bde., Stuttgart 1961; Institut für Interne Revision (Hrsg.): Unternehmungsprüfung, München 1962, S. 137–162.
[8]) Vgl. Schnutenhaus, O. R.: Absatzpolitik und Unternehmensführung, Freiburg i. Br. 1961; Dean, J.: Managerial Economics, New York 1955, S. 385 ff.; Gesellschaft für Konsumforschung e. V., Nürnberg (Hrsg.): Sonderdienst – Absatzwirtschaftliche Auswertung fremdsprachiger Fachzeitschriften, Nr. 11: Organisation und Funktion der betrieblichen Werbeabteilung, o. J., S. 433 ff.
[9]) Vgl. Schnutenhaus, O. R.: Allgemeine Organisationslehre, Berlin 1951, S. 23.
[10]) Nach Schnutenhaus, O. R.: Allgemeine Organisationslehre, a. a. O., S. 144 ff.
[11]) Nach Theisinger, K.: Grundsätze der Betriebsorganisation. In: Die Führung des Betriebes, Festschrift Kalveram, Berlin/Wien 1942, S. 142 ff.
[12]) Nach Gesellschaft für Konsumforschung (Hrsg.): a. a. O., S. 448 ff.
[13]) Ebenda, S. 435 ff.
[14]) Vgl. Krüger, G.: Betriebswirtschaftliche Überlegungen zur Frage Eigenerstellung oder Fremdbezug von Leistungen. In: Gegenwartsfragen der Unternehmensführung – Festschrift zum 65. Geburtstag von Wilhelm Hasenack, Herne/Berlin 1966, S. 479–497, dort auch weitere Literaturangaben; Blohm, H./Lüder, K.: Eigenleistung oder Fremdleistung. In: Industrieanzeiger, 87. Jg. (1965) Nr. 74, S. 1760–1764.
[15]) Seyffert, R.: a. a. O., S. 1496 f.
[16]) Nach Gesellschaft für Konsumforschung (Hrsg.): a. a. O., S. 433 ff.
[17]) Ebenda, S. 432.
[18]) Ebenda, S. 450.

[19]) Post, K.: Die Unterschlagung im Betrieb und ihre Bekämpfung, 2. erw. Aufl., Düsseldorf 1955.

[20]) Nach Arbeitsunterlagen des Instituts für Interne Revision, Frankfurt (Main); vgl. Acker, H. B.: Organisationsanalyse, Baden-Baden 1963, S. 77 ff.; Fechtner, K.: Leitfaden für Organisation und Revision, 2. Aufl., Essen 1952, S. 142 ff.

[21]) Seyffert, R.: a. a. O., S. 1497; The Institute of International Auditing Inc., New York: Internal Audit and Control of Advertising and Sales Promotion – Research Comittee Report No. 13, New York 1963, S. 13 ff.; Brink, V. Z./Cashin, J. A.: Interne Revision (deutsche Übersetzung von Internal Auditing, Second Edition, New York 1958), Berlin 1962, S. 324 f.; Lorenz, W.: Funktion und Organisation einer Werbeabteilung. In: Zankl (Hrsg.), Werbeleiter-Handbuch, München 1966, S. 312 f.

[22]) Lorenz, W.: a. a. O., S. 312–313.

[23]) Steven, A.: Auditing Advertising and Sales Promotion Expenses. In: The Internal Auditor 4/1964, S. 43, übersetzt vom Verf. Mit „kaufmännischer Revision" soll das klassische Prüfungsgebiet angesprochen werden: „Advertising and Sales Promotion Expenses".

[21]) Vgl. Fechtner, K.: a. a. O., S. 75. Vgl. hierzu auch Engel, E.: Werbe-Etat-Kontrolle, 3. erw. Aufl., Stuttgart 1953; Ergänzungen: Institut für Interne Revision, e. V.: Arbeitsunterlagen zum Seminar „Prüfung des Vertriebs" von F. W. vom Baur, Köln o. J.

[25]) Blohm, H./Brenneis, F. J.: a. a. O., S. 35–37.

[26]) Seyffert, R.: a. a. O., S. 1499; Adolf, H. E., u. a.: a. a.O., S. 958; Blohm, H./Brenneis, F. J.: a. a. O., S. 67 ff.

Literatur:

Acker, H. B.: Organisationsanalyse, Baden-Baden 1963.

Adolf, H. E., u. a.: Handbuch des Werbeleiters, München 1960, III. Werberevision, S. 958–960.

Ballmann, W.: Leitfaden der Internen Revision, München 1967.

Behrens, K. Ch.: Absatzwerbung, Wiesbaden 1963.

Blohm, H.: Die Innenrevision als Funktion der Leitung in Industriebetrieben, Essen 1957.

Blohm, H. und Brenneis, F.-J.: Wegweiser für den Einsatz von interner und externer Revision, Berlin 1964.

Blohm, H. und Lüder, K.: Eigenleistung oder Fremdleistung. In: Industrie-Anzeiger, 87 (1965), S. 1760–1764.

Brink, V. Z. und Cashin, J. A.: Interne Revision (deutsche Übersetzung von Internal Auditing, Second Edition, New York 1958), Berlin 1962.

Engel, E.: Werbe-Etat-Kontrolle, 3. erw. Aufl., Stuttgart 1953.

Fechtner, K.: Leitfaden für Organisation und Revision, 2. Aufl., Essen 1952, S. 75.

Gesellschaft für Konsumforschung e. V., Nürnberg (Hrsg.): Sonderdienst – Absatzwirtschaftliche Auswertung fremdsprachiger Fachzeitschriften, Nr. 11: Organisation und Funktion der betrieblichen Werbeabteilung o. J.

Institut für Interne Revision (Hrsg.): Unternehmensprüfung, München 1962, S. 137–162.

Institut für Interne Revision e. V.: Interne Revision in Deutschland – Untersuchungsbericht des Instituts für Interne Revision e. V., München 1964.

Kosiol, E.: Grundlagen und Methoden der Organisationsforschung, Berlin 1959.

Krüger, G.: Betriebswirtschaftliche Überlegungen zur Frage Eigenerstellung oder Fremdbezug von Leistungen. In: Gegenwartsfragen der Unternehmensführung – Festschrift zum 65. Geburtstag von Wilhelm Hasenack, Herne/Berlin 1966, S. 479–497.

Lorenz, W.: Funktion und Organisation einer Werbeabteilung. In: Zankl, H. L. (Hrsg.): Werbeleiter-Handbuch, München 1966, S. 295–315.

Maecker, E. J.: Planvolle Werbung, Essen 1953, S. 199–200.

Nordsieck, F.: Betriebsorganisation – Lehre und Technik, 2 Bde., Stuttgart 1961.
Post, K.: Die Unterschlagung im Betrieb und ihre Bekämpfung, 2., erw. Aufl., Düsseldorf 1955.
Schnutenhaus, O. R.: Allgemeine Organisationslehre, Berlin 1951.
Schnutenhaus O. R.: Absatzpolitik und Unternehmensführung, Freiburg i. Br. 1961.
Seyffert, R.: Werbelehre, Bd. II, Stuttgart 1966.
Steven, A.: Auditing Advertising and Sales Promotion Expenses. In: The Internal Auditor 4/1964, S. 42–45.
The Institute of Internal Auditing Inc., New York: Internal Audit and Control of Advertising and Sales Promotion – Research Committee Report No. 13, New York 1963.
Theisinger, K.: Grundsätze der Betriebsorganisation. In: Die Führung des Betriebes, Festschrift Kalveram, Berlin/Wien 1942, S. 142 ff.

5. KAPITEL

Die Werbemittel

Anzeigenwerbung

Von Dipl.-Psych. Reinhard Klickow, Mönchengladbach

Die Anzeige ist fester in ein „Umfeld" eingefügt als andere Werbemittel. Der Leser hält eine Zeitung oder Zeitschrift in der Hand, die er als etwas Ganzes erlebt. Er beschäftigt sich nicht ausschließlich mit e i n e r Anzeige, sondern hat andere davor gesehen und sieht weitere danach. Größere Anzeigen stehen zudem meist nicht in einem geschlossenen „Anzeigenteil", sondern zwischen den Spalten und Bildern des redaktionellen Teils der Zeitschrift, der an die Anzeige angrenzt.

Genauer formuliert, ist eine Anzeige somit nicht in e i n Umfeld eingefügt, sondern in z w e i verschiedenartige U m f e l d e r : in den redaktionellen Teil der Zeitung oder Zeitschrift und in das „Anzeigengesamt" (d. h. in die Gesamtheit der anderen Anzeigen, die mit der eigenen Anzeige zusammen erscheinen). Aus dem Eingefügtsein in zwei verschiedenartige — oft sehr umfangreiche — Umfelder ergibt sich die besondere werbliche Situation der Anzeige. Die Gestaltung muß dieser Situation Rechnung tragen; d. h. Anzeigen dürfen nicht als etwas Isoliertes gestaltet werden. Vielmehr muß durch sorgfältiges Studium der vorgesehenen Werbeträger — ihres redaktionellen Teils und ihres Anzeigengesamts sichergestellt sein, daß die Anzeige nicht im Umfeld „aufgeht", sondern sich von ihm abhebt. Wirksame Werbung ist vom Umfeld her gestaltet.

I. Anforderungen an die Gestaltung einer Anzeige

1. Aufmerksamkeit

Aus der Umfeldsituation ergibt sich die Anforderung, daß eine Anzeige zuerst die Aufmerksamkeit des Zeitschriftenlesers erregen muß. Wenn dies nicht geschieht, sind alle sonstigen Gestaltungsvorzüge der Anzeige nutzlos; denn der Leser bemerkt sie gar nicht. Aufmerksamkeitserregung ist daher die erste Voraussetzung des Anzeigenerfolges; alle weiteren Erlebnisse, die die Anzeige im Leser auslöst, bauen darauf auf.

Aufmerksamkeit ist eine Reaktion auf ungewohnte, unerwartete Dinge oder Sachverhalte. Auch Gegenstände, die Triebe oder Instinkte ansprechen, und menschlicher Ausdruck (z. B. Gesten) lösen Aufmerksamkeitsreaktionen aus. Wenn ein Spaziergänger im Wald plötzlich etwas knacken hört und er blickt, psychisch und körperlich gespannt, mit erhöhter Aufnahmebereitschaft in die Richtung des Geräusches, so ist eine Aufmerksamkeitsreaktion eingetreten. Im Prinzip der gleiche Vorgang – nur abgeschwächt – findet statt, wenn der Leser auf Anzeigeninhalte oder formale Gestaltungsmomente stößt, die ihn ungewohnt oder ungewöhnlich anmuten und daher das gleitende Auge „stoppen". (Die hier beschriebene Form der Aufmerksamkeit wird in der Psychologie als „unwillkürliche Aufmerksamkeit" bezeichnet. Daneben gibt es noch ein Aufmerksamkeitsverhalten, das einen Willensvorgang darstellt [etwa wenn man sich bei einer langweiligen Tätigkeit oder bei Ermüdung zur Aufmerksamkeit zwingt]. In der Werbung geht es nur um die unwillkürliche Aufmerksamkeit.)

2. Interesse

Aufmerksamkeit – als eine bloße Hinwendungsreaktion – ist kurzwährend. Es wäre wenig gewonnen, wenn der Blick des Lesers nur für einen Moment zum Anhalten veranlaßt wird. Vielmehr soll der Leser bei der Anzeige verweilen. Daher muß die Art der Gestaltung nicht nur Aufmerksamkeit, sondern auch ein Interesse wecken. Interesse ist eine gefühlsbetonte – daher längerwährende – Zuwendung. Die Begriffe „Aufmerksamkeit" und „Interesse" werden in der Praxis oft verwechselt, oder es ist gar nicht bekannt, daß es sich um zwei verschiedene psychische Vorgänge handelt, die jeder für sich – mit bestimmten Gestaltungsmethoden – im Leser ausgelöst werden müssen.

Interesse heißt zunächst – im ersten Augenblick der Begegnung von Leser und Anzeige – noch nicht „Interesse fürs Produkt", sondern „Interesse für die Anzeige". Es geht vorerst nur darum, den Leser durch die formale und inhaltliche Gestaltung der Anzeige zum Verweilen zu veranlassen. Aufmerksamkeit und Interesse sind Vorstadien der Anzeigenwirkung. Sie sollen den Leser vorbereiten, die Werbebotschaft aufzunehmen.

3. Darstellung des Produkts

Ebenso wichtig wie die Werbebotschaft ist die Darstellung des Produkts (oder sonstigen Gegenstandes der Werbung). Im Grundprinzip ist jede Werbung – gleich, welchen Weg sie geht – so gestaltet, daß den Werbeadressaten sowohl das Produkt gezeigt oder genannt wie auch eine Aussage über dieses Produkt gemacht wird. Nicht selten sieht man Anzeigen, die eine wohldurchdachte Aussage über ihr Produkt enthalten, das Produkt jedoch zuwenig herausstellen. Eine solche Werbung ist verfehlt, weil dem Leser allein die Werbebotschaft, jedoch nicht das dazugehörige Produkt, im Gedächtnis bleibt. Eine Werbewirkung kann nur eintreten, wenn Produkt und Werbeaussage gemeinsam aufgenommen und (meist erst durch Wiederholung) im Gedächtnis assoziativ verknüpft werden. Die W e r b e a u s s a g e kann durch Text (v e r b a l) oder durch Abbildung (i m a g i n a l) dargeboten werden. Ebenso kann das P r o d u k t v e r b a l (durch Herausstellung des Markennamens) oder i m a g i n a l (durch Produkt- oder Packungsbild) dargestellt werden. Aus diesen 4 Möglichkeiten ergeben sich 4 A s s o z i a t i o n s - t y p e n (d. h. 4 Arten, Produkt und Werbeaussage gedächtnismäßig zu verknüpfen):

    verbal-verbal (Produkt und Werbeaussage verbal)
    verbal–imaginal (Produkt verbal, Werbeaussage imaginal)
    imaginal-verbal (Produkt imaginal, Werbeaussage verbal)
    imaginal-imaginal (Produkt und Werbeaussage imaginal)

Wenn eine Anzeige ihr Produkt deutlich abbildet und den Markennamen herausstellt, dazu die Werbebotschaft durch Abbildung und Text ausspricht, so enthält sie alle 4 Assoziationstypen. Eine Anzeige, die möglichst viele assoziative Verbindungen zwischen Produkt und Werbeaussage herstellt, ist einem Gerüst vergleichbar, das durch mehrfache Verstrebungen gesichert ist. Eine einzige „Verstrebung" zwischen Produkt und Aussage ist dagegen in der Gedächtniswirkung schwächer.

4. Werbewirksamkeit

„Werbewirksamkeit" (im engeren, eigentlichen Sinn des Wortes) ist das Vermögen eines Werbemittels, beim Leser einen Kaufentschluß, einen Kaufwunsch, eine Kaufbereitschaft, mindestens aber eine positive Einstellung zum Produkt hervorzurufen. Diese Aufgabe muß von der Werbeaussage geleistet werden. Die Werbeaussage sollte zunächst – gleichsam als Grundlage – eine Information über das Produkt enthalten. Sodann werden die in der Information mitgeteilten Eigenschaften des Produkts dem Leser als besondere Vorzüge dargestellt. Im allgemeinen wendet sich die Information an die rationale Persönlichkeitsschicht des Lesers, während die Darstellung der Produkteigenschaften als Vorzüge ihn emotional ansprechen soll. Es empfiehlt sich, durch eine qualitative Befragung – schon sehr kleine Gruppen können nützliche Hinweise geben – vor der Gestaltung herauszufinden, welche Eigenschaften eines Produkts den Verbrauchern wesentlich erscheinen.

II. Aufmerksamkeitsmethoden

Um eine Aufmerksamkeitsreaktion beim Leser auszulösen, steht dem Anzeigengestalter eine Reihe von Gestaltungsmöglichkeiten zur Verfügung. Da es sich in der Werbung nicht um ein zweckfreies Gestalten handelt, vielmehr die Gestaltung bewußt auf ein bestimmtes, sozusagen gestaffeltes Ziel (Aufmerksamkeitserregung, Interesseweckung, Werbewirksamkeit) ausgerichtet ist, erscheint es sprachlich angemessen, an Stelle der vagen Bezeichnung „Gestaltungsmöglichkeiten" den Terminus „Gestaltungsmethoden" zu verwenden (oder speziell „Aufmerksamkeitsmethoden", „Methoden der Werbewirksamkeit" usw.). M e t h o d e heißt – dem griechischen Wortsinn nach – so viel wie „Weg", dem man „nach"geht, um ein Ziel zu erreichen. Das Wort „Methode" besagt auch, daß es sich um etwas Ganzheitliches (die Wirkung der ganzen Anzeige betreffend) handelt; eine Methode ist kein bloßes Gestaltungselement, das isoliert an irgendeiner Stelle der Anzeige steht. Die genauere Erforschung der methodischen Möglichkeiten[*][1] führt zu dem Ergebnis, daß es zwei große Gruppen von Aufmerksamkeitsmethoden gibt:

1. Methoden, deren Wirkung darauf beruht, daß die bildliche G e s t a l t u n g der Anzeige oder die optische Gestaltung des Textes (Typographie, Layout) i n G e g e n s a t z z u d e r ü b l i c h e n, gewohnten Gestaltungsweise von Zeitungen oder Zeitschriften steht. Beispielsweise ist der übliche Zeilenverlauf gerade und parallel zum oberen Rand der Seite. Eine Abweichung von diesem Prinzip mutet den Leser ungewohnt an und erregt seine Aufmerksamkeit. Die Schrägstellung einer Zeile *(Abbildung 1)* oder eine gewölbte Zeile *(Abbildung 2)* ist daher als Aufmerksamkeitsmethode zu bezeichnen.

2. Andere Aufmerksamkeitsmethoden beziehen ihre Wirkung nicht aus der Abhebung von der gewohnten Zeitschriftengestaltung, sondern tragen das aufmerksamkeitserregende Prinzip gleichsam i n s i c h s e l b s t. Diese Methoden können als „s a c h i m m a n e n t e Aufmerksamkeitsmethoden" bezeichnet werden. In diese Gruppe gehören alle Methoden, die ein Triebziel oder einen Instinktauslöser darstellen. Der mütterliche

---

[*] Die im Text laufend numerierten Quellenangaben sind am Schluß des Aufsatzes zitiert.

Instinkt etwa wird durch die Abbildung eines Kleinkindes („Kindchen-Schema" im Sinne von K. Lorenz) angesprochen. Ferner gehören in diese Gruppe Methoden, die ein soziales (auf einen Partner gerichtetes) Verhalten darstellen, das Zuwendungsreaktionen (bisweilen auch Abwendungsreaktionen) auslösen will, wie die Darstellung von Gesten *(Abbildung 3)* oder mimischem Ausdruck *(Abbildung 4)*. Schließlich finden sich hier einige Methoden, deren aufmerksamkeitserregende Wirkung auf wahrnehmungspsychologischen Prinzipien beruht; als Beispiel sei der Kontrast genannt[2]. *Abbildung 4* stellt einen Helldunkelkontrast dar.

Alle Aufmerksamkeitsmethoden – gleich, auf welchem Prinzip sie beruhen – sind jedoch nur „theoretisch" Aufmerksamkeitsmethoden. Ihr wirklicher, „praktischer" Aufmerksamkeitswert ergibt sich erst daraus, wie oft der Zeitschriftenleser die Methode überhaupt oder in der ihm vorliegenden Zeitschrift schon gesehen hat. Die Stärke der Aufmerksamkeitsreaktion hängt immer von zwei Gegebenheiten ab: einmal von der Wirksamkeit des aufmerksamkeitserregenden Prinzips einer Methode (primärer Aufmerksamkeitswert), zum anderen von der Häufigkeit, mit der dieses Prinzip in der Werbung verwendet wird (sekundärer Aufmerksamkeitswert). Eine Aufmerksamkeitsmethode, die der Leser in jeder vierten oder auch zehnten Anzeige realisiert findet, kann keine starke Reaktion auslösen, weil sie nicht als ungewohnt erlebt wird.

Es muß demnach bei der Gestaltung ermittelt werden, wie häufig die vorgesehene Aufmerksamkeitsmethode – etwa eine gewölbte Schlagzeile – im Anzeigengesamt (nicht nur in den Konkurrenzanzeigen!) verwendet wird. Dies darf keinesfalls so geschehen, daß schnell ein paar Zeitschriftennummern durchgeblättert werden; vielmehr muß eine exakte Umfeldanalyse mit einem genügend großen, repräsentativ ausgewählten Anzeigenmaterial vorgenommen werden, die auch die optische Gestaltung des redaktionellen Teils berücksichtigt. Eine Umfeldanalyse gilt nur für die Zeitschrift, mit der sie vorgenommen wurde (allenfalls für eine Zeitschriftengruppe, sofern die einzelnen Titel auch eine ähnliche Zusammensetzung des Anzeigenteils aufweisen). In Zeitschriften mit andersartigem Charakter darf man nicht jeweils das gleiche Umfeld voraussetzen. Zur Anzeigengestaltung gehört daher eine Umfeldanalyse j e d e r Zeitschrift(engruppe), in der die Anzeige erscheinen soll. Es ist ein Irrtum, zu meinen, „der" Aufmerksamkeitswert einer Anzeige sei eine feste Größe, gleichsam eine unveränderliche Eigenschaft einer Anzeige, die ihr anhinge, wie der Preis einer Ware anhängt. Vielmehr ist der Aufmerksamkeitswert von Anzeigen eine abhängige Variable des jeweiligen Umfeldes. (Diese Erkenntnis ergibt sich aus der Anwendung der Figur-Grund-Forschung auf die Anzeigengestaltung. Die Figur-Grund-Forschung ist ein Teilgebiet der Gestaltpsychologie, welches die Bedingungen untersucht, unter denen eine Wahrnehmungsgegebenheit „Figurcharakter" erhält, d. h. sich für den Betrachter als etwas Eigenes, in sich Geschlossenes von ihrer Umgebung abhebt, die damit zum „Grund" [Hintergrund] wird.) Dies gilt allgemein, nicht nur in der Werbung. Ein Uniformträger zum Beispiel unter lauter Zivilisten wird jedermann auffallen; in einer „Einheit" von Soldaten ist sein Aufmerksamkeitswert (als einzelner) praktisch gleich Null.

Aufmerksamkeitsmethoden lassen sich dadurch verstärken, daß sie mit anderen Aufmerksamkeitsmethoden kombiniert werden. Durch die K o m b i n a t i o n entstehen Ganzheitswirkungen eigener Art, die sich nicht einfach additiv aus den Teilmethoden ergeben. Hier gilt der gestaltpsychologische Satz, daß das Ganze mehr ist als die Summe seiner Teile. Durch eine „Methodenballung" können starke Wirkungen entstehen; andererseits kann eine „Überkombination" auch zu Unübersichtlichkeit führen und weniger Erfolg haben, als mit einer einzelnen Aufmerksamkeitsmethode zu erreichen gewesen wäre.

Das Beispiel *Abbildung 4* sollte die Aufmerksamkeitsmethoden „mimischer Ausdruck" und „Helldunkelkontrast" veranschaulichen. Eine Methodenanalyse zeigt jedoch, daß die Anzeige einige andere aufmerksamkeitserregende Momente enthält, welche die Wirkung methodisch verstärken. Zunächst ist die Schlagzeile mitten ins Bild gesetzt. Üblicherweise steht bei Abbildungen die Schrift nicht im Bild, sondern darüber, darunter oder daneben. Eine Abweichung von dieser Regel ist eo ipso als Aufmerksamkeitsmethode zu werten. Eine weitere Verstärkung ergibt sich aus der Schrägstellung der Schlagzeile, die noch dazu in Negativschrift gehalten ist oder – werbepsychologisch ausgedrückt – einen Wechsel von Figur- und Grundfarbe (Schrift- und Papierfarbe) aufweist.

Die meisten Aufmerksamkeitsmethoden lassen sich auch g r a d u i e r e n („dosieren"); sie können leicht angedeutet bis stark ausgeprägt oder sogar extrem gestaltet werden[3]. Die Schrägung der Schlagzeile von *Abbildung 4* ist mäßig; dagegen zeigt *Abbildung 1* eine extreme Schrägung, die fast schon als Querschreibung anmutet.

Sofern die Umfeldanalyse ergibt, daß die vorgesehene Aufmerksamkeitsmethode – etwa ein Helldunkelkontrast oder eine Schrägung – zu häufig im Anzeigengesamt vorkommt, um eine sichere Wirkung zu gewährleisten, ist es nicht immer erforderlich, sich für eine neue Methode zu entscheiden; häufig ist es möglich, durch Methodenkombination eine Verstärkung zu erzielen oder die Methode in einem solchen Ausprägungsgrad einzusetzen, daß sie sich von der durchschnittlichen Gestaltungsweise abhebt.

III. Interessemethoden

1. Sachinteresse

Es gibt eine Reihe von Produkten (oder anderen Gegenständen der Werbung), bei denen es nicht erforderlich ist, das Interesse der „Zielgruppe" an der Anzeige durch spezielle Methoden auszulösen, weil bei diesen Produkten von vornherein mit einem Sachinteresse der Leser(innen) zu rechnen ist. Ein Sachinteresse wird vor allem durch solche Produkte geweckt, die Triebe, Instinkte und Bedürfnisse befriedigen oder indirekt der Erreichung von Triebzielen dienen (z. B. modische Kleidung). Eine Anzeige zum Thema „Babykost" wird am Interesse einer jungen Mutter nicht vorbeigehen, weil für sie jeder Gegenstand, der Bezug zu ihrem Kind hat, affektiv besetzt ist.

Sachimmanente Aufmerksamkeitsmethoden, die sich an einen Trieb oder Instinkt wenden, sind in der Regel auch Interessemethoden, weil sie nicht nur eine Hinwendungsreaktion, sondern darüber hinaus eine gefühlsbetonte Zuwendung zum Anzeigeninhalt auslösen. Bei Anzeigen, die ein Sachinteresse ausnutzen, ist es wichtig, daß das Produkt auf den ersten Blick erkennbar ist; solche Anzeigen müssen „produktspezifisch" sein.

Auch bei Anzeigen, die mit einem Sachinteresse rechnen können, darf die Beobachtung des Umfeldes nicht vernachlässigt werden, weil jedes Interesse – als eine gefühlsbetonte Zuwendung – dem psychologischen Gesetz unterworfen ist, daß Gefühle, die allzuhäufig ausgelöst werden, abstumpfen. Anzeigen für Kleidung finden, besonders bei Leserinnen, ein Sachinteresse. Wenn zu viele Anzeigen dieser Art aufeinander folgen, wird die Zuwendung flüchtiger. In diesem Fall ist es erforderlich, das Interesse am Anzeigeninhalt über ein Interesse an der Gestaltung „aufzuladen".

2. Interesse an der Gestaltung

Wo ein Sachinteresse von vornherein nicht (sicher) zu erwarten ist – und das gilt für viele Produkte –, muß das Interesse an der Anzeige durch die formale Gestaltung (oder Inhalte, die nicht das Produkt sind) geweckt werden. Die Anzeige enthält dann neben der Produktinformation gleichsam eine Unterhaltungskomponente, die sie dem redaktionellen Teil der Zeitschrift gleichstellt.

Untersuchungen mit dem Verfahren der Aspektanalyse (die aspektive Analyse oder kurz: Aspektanalyse, ist ein analytisches Untersuchungsverfahren, das ganzheitspsychologisch orientiert ist und bei Sachverhalten Anwendung findet, deren Wesen bei einer Zergliederung verlorenginge. Das Verfahren dient vor allem der Erforschung der Aspekte, unter denen Gegenstände [auch auf Abbildungen] erlebt und bewertet werden)[4] haben gezeigt, daß es vor allem drei übergeordnete Gestaltungsweisen sind, die eine gefühlsbetonte Zuwendung zur Anzeige – also ein Interesse – auslösen:

1. Gestaltungsweisen, die der Betrachter ä s t h e t i s c h erlebt. Dies gilt für Anzeigen, die einen künstlerischen Akzent tragen.

2. Gestaltungsweisen, die der Betrachter als o r i g i n e l l erlebt. Originalität eignet keineswegs nur Anzeigen, die Komik in irgendeiner Form enthalten; vielmehr erstreckt sich der Begriff der Originalität auf jede Anzeigenidee, die dem Betrachter einen „geistigen Genuß" vermittelt.

3. Gestaltungsweisen, die der Betrachter als a u s d r u c k s h a l t i g erlebt, die etwa eine besondere Stimmung ausdrücken. In der Anzeige *Abbildung 5* ist Herbststimmung eingefangen worden.

Starke Gefühlswirkungen können entstehen, wenn der Betrachter eine Anzeige unter zwei oder allen drei Aspekten erlebt.

3. Einzelmethoden

Außer den drei genannten übergeordneten Gestaltungsweisen ist es auch möglich, durch bestimmte Einzelmethoden ein Interesse an der Anzeige wachzurufen; jedoch gibt es nur wenige Interessemethoden dieser Art. Als Beispiel mag der Dialog dienen. Anzeigentexte, die als Dialog dargestellt sind, finden – abgesehen vom Inhalt, allein auf Grund dieser Darstellungsart – ein Interesse, das sich sprachpsychologisch durch das Spannungsmoment von Rede und Gegenrede (sprachlicher Leseanreiz) und durch die aufgelockerte Textanordnung (optischer Leseanreiz) verstehen läßt.

IV. Methoden zur Darstellung des Produkts

Methoden zur Darstellung des Produkts sind Aufmerksamkeitsmethoden. Es kommt darauf an, das Produkt (verbal oder/und imaginal) innerhalb der Anzeige so zu betonen, daß die „Blickwanderung" des Lesers darauf stößt. Die Aufmerksamkeitsmethoden, welche den Blick auf die Produktdarstellung lenken, sind die gleichen wie diejenigen, die den Blick im Anzeigengesamt auf die Anzeige überhaupt lenken; nur sind sie auf einen kleineren Wirkungsraum berechnet. Im einen Fall sollen sie den Aufmerksamkeitswert einer Anzeige in der Zeitschrift begründen; im anderen Fall sollen sie den Aufmerksamkeitswert eines Details – der Produktdarstellung – innerhalb der Anzeige begründen. Methoden mit der erstgenannten Funktion können daher als „Aufmerksamkeitsfänger im Außenraum", Methoden mit der letztgenannten Funktion als „Aufmerksamkeitsfänger im Innenraum" bezeichnet werden.

V. Methoden der Werbewirksamkeit

Wenn man ein umfangreicheres Anzeigenmaterial daraufhin analysiert, mit welchen Methoden die Werbewirksamkeit der einzelnen Anzeigen intendiert wird, so findet man eine große Mannigfaltigkeit. Die Methoden der Werbewirksamkeit zielen auf ganz verschiedene Schichten, Funktionen und Verhaltensdispositionen in der Persönlichkeit der Werbeadressaten, so daß sie sich kaum ohne Zwang in ein System bringen lassen. Bestenfalls ist eine Gruppierung möglich[1].

1. Methoden, die das **Produkt** (oder den Hersteller) in den Mittelpunkt stellen. Ein Beispiel für diese Methodengruppe ist die Darstellung der Herkunft des Produkts. Auf *Abbildung 2* sind die in der Dose enthaltenen Früchte in frischem Zustand dargestellt. Die Leiter zeigt, daß die Früchte soeben gepflückt worden sind. Im Text wird die geographische Herkunft der einzelnen Fruchtarten angegeben (Bretagne, Provence usw.).

2. Methoden, die den **Verbraucher** (oder Nicht-Verbraucher) in den Mittelpunkt stellen. Eine häufig verwendete Methode dieser Art ist die Darstellung von Verbrauchertypen, in denen der Leser sein Abbild oder sein Vorbild sieht, so daß eine Identifikation erfolgt. Eine Weiterentwicklung dieser Methode ist es, die Abbildung des Verbrauchers zurücktreten zu lassen und dafür biographische Daten oder sein Milieu darzustellen. Eine amerikanische Anzeige für Uhren beispielsweise zeigt die Verbraucherin im Hintergrund ihres mit Stilmöbeln ausgestatteten Wohnzimmers. Aus dem Anzeigentext erfährt der Leser, daß ihre Wohnsitze Paris und Tanger sind. Das Frühjahr verbringt sie gern auf dem Kontinent, während sie im Sommer in den Anden Ski läuft. Das Meer überquert sie lieber im Schiff als im Flugzeug usw.

3. Methoden, welche die **Beziehung zwischen Produkt und Verbraucher** in den Mittelpunkt stellen. Ein Beispiel aus dieser Gruppe ist es, Produkteigenschaften durch Verbrauchertypen darzustellen. Eine schweizerische Anzeige, die für eine Schuhcreme und zugleich für eine mühesparende Art des Auftragens wirbt, stellt die Produkteigenschaft der leichten Anwendbarkeit dadurch dar, daß ein Kind die Creme aufträgt.

4. Methoden, die eine Beurteilung des Produkts, des Verbrauchers oder der Beziehung zwischen beiden seitens einer **neutralen Instanz** (historische Persönlichkeit, Sprichwort oder dgl.) in den Mittelpunkt stellen. Als Beispiel mag die *Abbildung 7* dienen, in der „archetypische Autorität" dargestellt wird. Archetypen sind in der Tiefenpsychologie von C. G. Jung Urerfahrungen der Menschheit, die sich im kollektiven (allen Menschen gemeinsamen) Unbewußten zu Bildern verdichtet haben. Ein solcher Archetypus ist das Bild der Magna Mater. Die amerikanische Anzeige, die für chinesische Gerichte wirbt, zeigt dem Leser das Bild einer „grandma" und erklärt im Text, daß die Gerichte so (vollkommen) sind, als hätte Großmutter selbst sie zubereitet.

Die Methode ist bei der Anzeigengestaltung nur ein **gedanklicher Rahmen**, innerhalb dessen der konkrete Anzeigeninhalt — der werbliche Einfall — liegen soll, außerhalb dessen er nicht liegen darf. Die beiden Anzeigen *Abbildungen 8 und 9* wirken auf den ersten Blick recht verschieden; dennoch konkretisieren sie die gleiche Methode: das Produkt unter besonderen (erschwerenden) Bedingungen darzustellen. Die Anzeige *Abbildung 8*, die für eine Dauerbügelfalte in Wollstoffen wirbt, zeigt einen Mann, der bei Regen durchs Wasser watet. *Abbildung 9* demonstriert die Haltbarkeit eines Reißverschlusses, den auch ein Athlet nicht zu sprengen vermag. Der methodische Rahmen: das Produkt unter besonderen Bedingungen darzustellen, hat die Originalität des werblichen Einfalls nicht beeinträchtigt.

Es ist in der Gestaltung üblich geworden, die methodische Vorarbeit als **Anzeigenkonzeption** und die Konkretisierung durch den Einfall als **kreative Arbeit** zu bezeichnen. Die Konzeption ist keine Gängelung des kreativen Denkens, sondern eine Bereichsangabe, die dem Gestalter zwar eine gewisse Arbeitsdisziplin auferlegt, ihm zugleich aber die Sicherheit gibt, daß sein Einfall „richtig liegt". Einfälle ohne Konzeption sind blind; Konzeptionen ohne kreatives Leben sind Konstrukte, die keine gefühlsmäßige Resonanz auslösen können.

Ludwig Klages hat die Lehre begründet, daß Niveau entsteht, wo Gegensätze in einer Gestaltung vereinigt sind. Dies bedeutet im Bereich der werblichen Gestaltung, daß diskursives und intuitives Denken einander durchdringen und ergänzen müssen. Eine gut durchdachte, vom Umfeld her entwickelte Konzeption und der individuelle Einfall eines Gestalters ergeben gemeinsam das Wirkungsniveau einer Anzeige.

Die Umfeldanalyse richtet sich bei den Methoden der Werbewirksamkeit vor allem auf die produktgleichen (zum Teil auch auf die branchengleichen) Anzeigen. Eine Analyse des Anzeigengesamts ist aber auch hier zu empfehlen. Es irritiert den Leser bei der Bildung eines Kaufentschlusses, wenn für allzu viele Produkte zwar mit verschiedenen Inhalten, aber mit der gleichen Methode geworben wird.

VI. Der Gestaltungsablauf

Auf seiten des Lesers vollzieht sich die Begegnung mit einer Anzeige so, daß sie zunächst die Aufmerksamkeit erregt, durch ein Interesse zum Verweilen auffordert und dann in Richtung auf einen Kaufwunsch oder Kaufentschluß wirkt. Wenn man bei der Gestaltung den gleichen Weg geht, gerät man in – oft unüberwindliche – Schwierigkeiten. Der richtige Gestaltungsablauf folgt vielmehr dem Weg in umgekehrter Richtung: Zuerst muß die Methode – und auch der konkrete Einfall – festgelegt werden, die zum Kauf des Produkts führen soll. Die ästhetische, originelle oder/und ausdrucksstarke Gestaltung des Einfalls bleibt dann lediglich eine Frage der kreativen Fähigkeiten. An letzter Stelle werden der Anzeige die Aufmerksamkeitsfänger – wie Lichter gleichsam – aufgesetzt. Wenn der Gestaltungsablauf dieser Richtung folgt, wirkt die Anzeige nicht zusammengestückt, sondern als ein Ganzes.

VII. Das Methodenarchiv – eine Gestaltungshilfe

Ein nach Produkten oder Produktgruppen geordnetes Anzeigenarchiv, das Anregung und Orientierung vermittelt, ist für jeden Gestalter eine Selbstverständlichkeit. Etwas völlig anderes ist dagegen die Anlage eines Methodenarchivs[5]. In einem solchen Archiv werden Anzeigen unter dem Gesichtspunkt der angewandten Methode gesammelt und geordnet. Beispielsweise enthält eine Mappe oder ein Fach nur solche Anzeigen – unter Absehung vom Produkt –, die eine Schrägung aufweisen; eine andere Mappe enthält Anzeigen mit gewölbten Zeilen, mit Gesten, mit mimischem Ausdruck, mit Farbkontrasten. Das Archiv ist nach **Aufmerksamkeitsmethoden, Interessemethoden** und **Methoden der Werbewirksamkeit** unterteilt. Im Bereich der Werbewirksamkeit enthält eine Mappe beispielsweise Anzeigen, welche die Herkunft des Produkts herausstellen; eine andere Mappe enthält Verbrauchertypen oder die Darstellung von Produkteigenschaften durch Verbrauchertypen oder Anzeigen, die durch „archetypische Autorität" werben. Für das Archiv werden nur Anzeigen ausgewählt, die eine

Abbildung 1
Die französische Anzeige verwendet als Aufmerksamkeitsmethode eine schräggestellte Schlagzeile. Die Schrägungen in der Anzeige sind sowohl steigend (von links unten nach rechts oben) als auch fallend (von links oben nach rechts unten).

Abbildung 2
Die im Original farbige französische Anzeige weckt die Aufmerksamkeit des Lesers durch eine doppelt gewölbte Schlagzeile. Das aufmerksamkeitserregende Prinzip beruht darauf, daß sich gewölbte Zeilen von der üblichen, geraden Zeilenrichtung in Zeitschriften abhebt. Die Abbildung der Früchte zeigt dem Leser die Herkunft des Produkts.

Abbildung 3
Die Anzeige intendiert beim Betrachter eine Aufmerksamkeitsreaktion, indem sie Gesten darstellt. Die eine Hand zeigt das Produkt, die andere erhebt den Zeigefinger, um beim Betrachter eine „punktuelle Aufmerksamkeitsspannung" (H. Strehle) zu bewirken.

Abbildung 4
Die Aufmerksamkeitswirkung der Anzeige beruht vor allem auf dem mimischen Ausdruck. Die Darstellung von Mimik ist durch weitere Aufmerksamkeitsmethoden verstärkt worden: Helldunkel-Kontrast, Schrift im Bild, Schrägstellung und Negativschrift der Schlagzeile.

Abbildung 5
Die im Original farbige Anzeige drückt Herbststimmung aus. Das Bild will im Betrachter die gleiche Stimmung zum Anklingen bringen und ihn dadurch zum Verweilen bei der Anzeige veranlassen. Die gefühlsbetonte Zuwendung des Lesers verhindert ein rasches Überblättern der Anzeige.

Abbildung 6
Die in den USA erschienene, im Original farbige Anzeige verwendet einen Archetypus im Sinne der Tiefenpsychologie von C. G. Jung. Das Urbild der „magna mater", konkretisiert in der Abbildung einer chinesischen Großmutter, strahlt Autorität aus, die jeden Zweifel an der echten Herstellung des Produkts abweist.

Abbildung 7
Die beiden französischen Anzeigen – für eine Dauerbügelfalte und einen Reißverschluß – beruhen auf dem gleichen methodischen Vorgehen: das Produkt unter erschwerten Bedingungen zu zeigen. Die Verschiedenheit der beiden Anzeigen beweist, daß der gestalterische Einfall durch die Methode nicht gehemmt wird.

Abbildung 8
Erläuterung vergleiche Abbildung 7.

Methode in beispielhafter Weise darstellen. Das Archiv hat somit den Charakter einer Sammlung. Bei der Anzeigenkonzeption läßt sich mit dem Archivmaterial jede Methode – ihre Leistungsfähigkeit, ihre Kombinationsmöglichkeiten mit anderen Methoden – an typischen Beispielen studieren.

VIII. Das Image

Das Image ist die Gesamtheit der Vorstellungen, die – teils rational, teils emotional vermittelt – in der Bevölkerung über ein Produkt (oder seinen Hersteller) bestehen. Dieses Vorstellungsbild läßt sich durch bestimmte Methoden der Werbeforschung (semantisches Differential, Polaritätsprofil) erkunden und kann, falls notwendig, besonders durch Veränderungen des Werbestils korrigiert werden. Bei der Neueinführung von Produkten ist die Festlegung des Image ein wesentlicher Teil der Marketing-Konzeption. Obwohl der Begriff des Image bei Werbefachleuten allgemein bekannt ist, wird erfahrungsgemäß nur selten die Anzeigengestaltung in strenger Abhängigkeit vom Image durchgeführt. Häufig begnügt man sich mit kurzfristigen Werbemaßnahmen, die eine Belebung oder Ausweitung des Verkaufs intendieren, ohne zugleich das Vorstellungsbild des Produktes zu profilieren.

Ein solches Vorgehen ist letztlich unbefriedigend. Die Arbeit am Image sollte grundsätzlich ein Teil der Anzeigengestaltung sein. Und wenn man sich – vielleicht aus unternehmenspolitischen Erfordernissen – zu einer langfristig angelegten Image-Werbung nicht entschließen kann, so sollte doch als Mindestforderung gelten: die Gestaltung daraufhin zu überprüfen, ob sie nicht im ganzen oder mit einzelnen Gestaltungselementen in Gegensatz zum Image steht.

IX. Differenzierte Anzeigengestaltung

Nicht nur methodische Überlegungen und die Berücksichtigung des Image bestimmen die Anzeigengestaltung, sondern auch die „Zielgruppe". Üblicherweise werden die Menschen, denen eine Anzeige gilt, hinsichtlich ihrer biologischen (Alter, Geschlecht) und soziologischen (Einkommens- und Bildungsschicht) Merkmale gesehen. Dabei wird vergessen, daß sie sich auch nach psychologischen Merkmalen unterscheiden. Die für die Werbung wichtigsten Typenunterschiede sind:

> Farbbeachter und Formbeachter,
> ganzheitliche und analytische Wahrnehmungsweise[6]).

Da der Gestalter selbst einem Typ zugehört, besteht die Gefahr, daß er nur für den eigenen Typ gestaltet und den Gegentyp nicht anspricht. Diese Einseitigkeit läßt sich nur überwinden, wenn der Gestalter die Eigenart seiner Persönlichkeit kennt.

Quellenangaben:
[1]) Vgl. Klickow, R.: Methodenlehre und Methodenarchiv – Aufgaben der Werbeforschung. In: Der Marktforscher, Heft 6/1966. In dieser Arbeit, die sowohl auf die Aufmerksamkeitsmethoden als auch auf die Methoden der Werbewirksamkeit eingeht, sind das hier gemeinte Vorgehen und die wichtigsten Ergebnisse der Methodenforschung veröffentlicht.
[2]) In der Werbung werden mehrere Arten des Kontrasts verwendet. Vgl. Klickow, R,: Die zehn häufigsten Formen des Kontrasts in der Anzeigenwerbung. In: Graphik, 4/1964.

[3] Zu den Ausprägungsgraden – wie auch den Kombinationen – von Aufmerksamkeitsmethoden, vgl. Klickow, R.: Methodenlehre und Methodenarchiv – Aufgaben der Werbeforschung, a. a. O., S. 198 ff. (Anm. 1).

[4] Zur Darstellung der aspektiven Analyse und ihrer methodischen Verbindung mit dem Rangreihenversuch vgl. Klickow, R.: Die Rangreihe als standardisiertes Prüfverfahren: In: Der Marktforscher, 6/1965.

[5] Einzelheiten zur Anlage eines Methodenarchivs, vgl. Klickow, R.: Methodenlehre und Methodenarchiv – Aufgaben der Werbeforschung, a. a. O.

[6] Klickow, R.: Die Ausrichtung der Produkt- und Werbegestaltung auf psychologische Typen. In: Der Marktforscher, 1/1968 (Nachtrag).

Plakatwerbung

Von Prof. Richard Roth, München

I. Der Begriff „Plakat"

Die deutsche Sprache kennt zahlreiche Worte, die sowohl im positiven als auch im negativen Sinne verwendet werden können. Dazu zählt vorzugsweise das Wort „Plakat". Sprachgeschichtlich nach Kluge aus dem niederländischen „plak" stammend, bedeutete es im französischen „plaque" und im provenzalischen „placa", Platte, Täfelchen. Es dürfte jedenfalls, wenn man von der akustischen Werbung der Ausrufer absieht, das älteste noch verwendete Werbemittel sein. Das Wort „plakativ" hat in der Werbung eine positive Bedeutung. Ja, es ist schlechthin eine conditio sine qua non für gute Werbung auf öffentlichen Verkehrsflächen. Dasselbe Wort „plakativ" wird aber in der sogenannten freien Kunst und vom Kunsthistoriker als abwertendes Kriterium verwendet. Das Wort „plakatieren" kann die Bekanntmachung einer Nachricht durch Anschlagen an bestimmten Flächen bedeuten. Man findet es aber auch im Sprachgebrauch charakterisierend für Menschen, die ihre vermeintlichen guten Eigenschaften zu stark propagieren wollen.

Da das Plakat schon ein sehr altes Werbemittel darstellt, wird es auch schlechthin als Begriff für Werbung verwendet. Werbelaien glauben noch heute vielfach, daß „Werbung" und „Plakat" dasselbe sind, obwohl der Plakatanschlag seine einstmals dominierende Position längst an andere Werbemittel verloren hat und in der Wirtschaftswerbung fast nur mehr im Konzert vieler anderer Werbeträger verwendet wird. Wahrscheinlich ist für diese besondere Einstellung zum Plakat unter anderem der Umstand maßgebend, daß es auch zum Sammelobjekt wurde, daß an das Plakat über seine Aufgabe hinaus künstlerische Maßstäbe angelegt wurden und werden, und, daß es damit schon lange vor dem Siegeszug der Anzeigen-, der Rundfunk- und Fernseh-Werbung Gewicht und Ansehen erhalten hat.

II. Geschichte der Plakatwerbung

Wie kam es nun zu dem, was wir heute Plakat nennen? Es gibt kaum mehr Zeugnisse dafür, daß im Römerreich oder in den ersten nachchristlichen Jahrhunderten ein Reklamewesen im heutigen Sinne bestanden hat. Die fehlenden Reproduktionsmöglichkeiten für Massenherstellung konnten ja auch zu keiner Entwicklung dieser Art führen.

1. Erste Ansätze

Erst aus dem Mittelalter ist eine Anzahl von Drucksachen erhalten, die gewissermaßen als Plakate (zwar nicht unbedingt im heutigen Sinn) zu bezeichnen sind. Sie beschäftigten sich vorwiegend mit den Ankündigungen von Buchhändlern, sie warben für reisende Ärzte und Kurpfuscher und sie enthielten vor allem auch Bekanntmachungen der Kirche. Eines der frühesten, als Plakat zu bezeichnenden Blätter ist die Ankündigung eines Ablasses für die Kirche Notre Dame in Reims aus dem Jahre 1482. Daneben gehören die sogenannten Schützen-, Schieß- oder Lade-Briefe zu den ältesten gedruckten Plakaten.

Als erste uns bekannte Arbeit geschäftlicher Werbung und zugleich als ein Plakat, dessen Künstler überliefert ist, kann man die Glückshafenwerbung in der Stadt Rostock im Jahr 1518 bezeichnen: Einen Holzschnitt von Erhard Altdorfer, einem Bruder des großen Regensburger Meisters Albrecht Altdorfer. Auf diesem Plakat ist der Vogang des Ziehens aus zwei Glückstöpfen dargestellt. Darunter sind die Gewinne abgebildet. Ein Text unterrichtet diejenigen über den Glückshafen, die dergleichen noch nicht gesehen haben. Am Schluß ist die Konzessionsurkunde abgedruckt.

Ich erwähne dieses Plakat besonders, weil es ein gutes Beispiel für den informativen Plakatstil darstellt. Solche „Plakate" hatten ihre Berechtigung noch bis zum Beginn unseres Jahrhunderts. Man kann sogar davon ausgehen, daß Anschläge dieser Art auch heute noch in kleineren Gemeinden, in denen sich z. B. das Leben am Sonntag vorzugsweise zu Fuß und auf einigen wesentlichen Plätzen und Orten, wie am Marktplatz oder vor der Kirche abspielt, Berechtigung hätten. Die Anschläge an den Kirchentüren und in den Kirchenvorräumen sind dafür ein Zeugnis.

2. Drucktechnik und Plakat

Die großen Möglichkeiten für das Plakat begannen mit der Erfindung der Lithographie. 1796 hatte Senefelder seine ersten lithographischen Versuche gemacht und mit dem Hofmusikus Gleißner eine kleine Steindruckerei gegründet. Er wollte zunächst nur den Notendruck verbilligen, und deshalb waren Musikstücke auch seine ersten Druckarbeiten. Etwa 20 Jahre nach der Erfindung begann in Frankreich der Siegeszug der neuen Reproduktionstechnik. Dort hatte vor allem Engelmann erkannt, daß der Steindruck durch die Möglichkeit der leichten Handhabung, der Eignung für große Formate und der schnellen Herstellung von großen Auflagen für die Reklame eine neue, besonders wohlfeile und wirkungsvolle Möglichkeit brachte. Man konnte nun nicht nur flächig im Druck volle Deckung und Leuchtkraft erzielen, sondern war auch in der Lage, in der Kreidetechnik Halbtöne wiederzugeben und durch Farbwahl und Überdruck praktisch alle Mischfarben zu realisieren. Der Steindruck erreichte zur Zeit der Jahrhundertwende eine Vervollkommnung, die es heute im Zeitalter einer stürmischen technischen Entwicklung des auf dem Steindruck (Flackdruck) basierenden Offsetdrucks bedauern läßt, daß fototechnische, ja bereits schon elektronische Verfahren die manuelle Arbeit des Lithographen übernommen haben. Sammler werden einmal zu unterscheiden haben zwischen Plakaten, bei denen die nachschöpfende Hand des Lithographen noch im Spiel war (oder wo sonst immer der Künstler selbst seinen Entwurf auf Stein oder Zinkplatte brachte), zwischen Plakaten, die zwar bereits photographisch übertragen wurden, aber dann wenigstens vom Stein oder der Zinkplatte direkt gedruckt wurden und zwischen denen, die nur photolitographisch reproduziert, im Offsetdruck die Farbe zu Papier bringen. Sie haben nicht mehr die Deck- und Leuchtkraft der Steindruckfarben. Wir können heute fast sagen, daß Photolithographie und Offsetdruck, mit deren Hilfe alles realisierbar ist, auch der Durchschnittsqualität der Plakatproduktion nicht besonders gut bekommen sind. Eines kann mit Gewißheit gesagt werden: Der Steindruck hat erst die Möglichkeiten für das moderne Plakat geschaffen.

3. Entwicklung des Anschlagwesens

Aber es waren noch eine Reihe von Vorbedingungen und ganz allgemein auch die zivilisatorische Entwicklung nötig, bis man von Plakaten im heutigen Sinn sprechen konnte. Wir haben vorher schon erwähnt, daß die früheren Plakate ja nur klein waren – sie mußten nicht groß sein, denn sie fielen auf jeden Fall ins Auge und wurden gelesen, da das Angebot an gedruckter Information noch sehr gering war. Mit der durch den Steindruck möglich gewordenen Massenherstellung von – wir wollen es in diesem Fall nun mal nicht Plakate nennen – Anschlagzetteln begann die Unsitte durch Anschlag an Hauswänden, Toren, Zäunen, die Straßen aller großen Städte zu verunzieren. Man sann auf Abhilfe und erfand die Plakatsäule. Eine Lithographie aus dem Jahr 1850 zeigt eine Pariser Anschlagsäule. In Berlin wurde wenig später die erste Anschlagsäule am 1. Juli 1855 durch den Drucker Ernst Litfaß aufgestellt. Er hat damit ihrer Gattung den Namen gegeben. In vielen anderen deutschen Städten, z. B. in München, wurde die Plakattafel konzessioniert. Daneben wurden allerdings vor allem in Paris, aber auch in London, Plakate in Großformaten auf Giebelwänden und Bauzäunen immer mehr verwendet.

Ich erwähne schon in diesem Zusammenhang die Plakatierungsmöglichkeiten, weil sie für die Entwicklung des Plakats und vor allem des sogenannten Künstlerplakats entscheidend wichtig sind. Das Konzentrieren einer ganzen Anzahl von Plakaten auf einer gemeinsamen Anschlagfläche zeigte nämlich sehr bald, daß derjenige, der sein Angebot aus der Vielzahl von Angeboten hervorheben wollte oder der beabsichtigte, den Straßenpassanten nicht nur an die Säule, sondern gerade an s e i n Angebot heranzuführen, nicht mehr mit den Mitteln der illustrierten Information etwas erreichen konnte. Der Begriff des „Plakativen" war geboren.

4. Das frühe Künstlerplakat

Es gibt schon vor der Zeit der Hochblüte des Künstlerplakats eine Arbeit des genialen Edouard Manet: ein Buchplakat für „Les chats". Gleichzeitig mit ihm aber lebte der vielfach als Schöpfer des modernen Plakats bezeichnete Jules Chéret. Wenn uns auch die Plakate von Chéret heute veraltet vorkommen, wenn sie auch nicht die künstlerische Bedeutung der höchstbezahlten Plakate von Toulouse-Lautrec besitzen, so verdanken wir ihm doch eine Formulierung seiner Absichten als Plakatzeichner, die jetzt noch so gültig wie vor 80 Jahren ist. Ich gebe auszugsweise zwei besonders bezeichnende Abschnitte wieder:

„Stets ist es mein Bestreben gewesen, meine Entwürfe sowohl auffallend als künstlerisch zu gestalten; darum trachte ich immer darnach, eine wirksame, zugleich aber harmonische Farbenzusammenstellung zu schaffen. Ich vermeide Schwarz und Weiß und ziehe im allgemeinen vor, mit den Grundfarben Rot, Blau und Gelb, statt mit zusammengesetzten Farben, wie Grün oder Purpur, zu arbeiten. Die Farbengebung eines Plakats ist von außerordentlicher Wichtigkeit. Der große Nachteil bei der Verwendung lebhafter Farben ist die ungeheure Schwierigkeit, sie so zusammenzubringen, daß die Harmonie nicht verletzt wird. Freilich kann sich der Künstler bei Plakaten, die ja ausschließlich für Mauern bestimmt sind, Dinge erlauben, die bei einem Ölgemälde oder Aquarell absolut unzulässig wären. So wären Kontraste von der Kühnheit eines Dunkelblau auf Gelb oder eines Rot auf Lichtblau bei einer für den Innenraum bestimmten Leinwand durchaus nicht am

Platze, während sie doch von einem geschickten Plakatkünstler ganz wohl verwendet werden können, ohne unharmonisch zu erscheinen.

Meine Plakate sollten nicht von näher als fünf, sechs Metern angesehen und nie in einem Zimmer verwendet werden. Plakatzeichnen ist wie Freskomalerei; man muß die besonderen äußeren Umstände in Betracht ziehen, unter denen das Werk erscheinen wird, und danach seine Methode einrichten. Ich bestrebe mich, mit einfachen Mitteln angenehm und doch packend zu wirken. Plakate nach Ölgemälde- oder Holzschnittart sind nicht mein Geschmack. Meine Lieblingsfarben sind, wie bemerkt, Gelb, Rot und Blau in verschiedenen Abtönungen, wiewohl ich der Abwechslung halber gelegentlich auch Grün und andere Farben verwende. Wiederholungen vermeide ich so viel als möglich; ich bin beständig auf der Jagd nach neuen Ideen. Ein Hauptgewicht lege ich darauf, daß mein Plakat sowohl von der Wand als namentlich auch von den es umgebenden Plakaten stark absticht. Auf die Jahreszeit Rücksicht zu nehmen, ist in Frankreich nicht notwendig, denn das Licht ist hier keinen allzu großen Schwankungen unterworfen."

Und: „Einer der wichtigsten Teile des Plakats ist die Inschrift. Sie liefert gewissermaßen den Schlüssel zum Bilde und ist sozusagen dessen Apologia pro vita sua. Ausnahmslos sollte sie vom Künstler selbst gemacht und so eingerichtet werden, daß sie das Plakat in augenfälliger Weise interpretiert, ohne doch seine künstlerische Wirkung zu zerstören. Ich habe gefunden, daß dunkelblaue oder rote Buchstaben auf lichtblauem Grunde sehr viel Effekt machen; aber in Betreff der Farben läßt sich keine Regel aufstellen; das ist Geschmacksache.

Für die Vervielfältigung halte ich mich an die lithographische Methode und zeichne stets direkt auf den Stein – eine Arbeit, die man geradezu embêtant nennen muß, obgleich ich der Vereinfachung halber nur wenige, höchstens vier bis fünf Farben gebrauche; doch kommt man darüber nicht hinaus, daß für illustrierte Plakate die Lithographie die einzig richtige Herstellungsart ist."

III. Plakat und Kunst

Chéret sagt im ersten Satz, er will Plakate auffallend und künstlerisch gestalten. Er hat hier eine Forderung aufgestellt, um die heute wieder die Diskussion entbrannt ist. S i n d P l a k a t e K u n s t w e r k e ? Haben sie überhaupt künstlerisch zu sein? Dürfen sie nicht vielmehr im Zeichen des neuen Begriffs „visuelle Kommunikation" nur klar ablesbare Zeichen enthalten? Ooder wird nach wie vor nichtprogrammierter künstlerischer Ausdruckskraft genügend Gewicht zugetraut, werbliche Ziele in dem Konzert anderer Werbemittel zu erfüllen? Dürfen sich Gebrauchsgraphiker denn – so nennen sich heute in Deutschland die „Plakatkünstler" von früher – überhaupt als Künstler bezeichnen? Man geht um diese Frage aller Orten herum wie die Katze um den heißen Brei, wird aber nie eine klare Lösung dafür finden können. Ich glaube, man sollte sowohl mit dem Wort „Kunst" als auch mit der extremen Behauptung, daß Plakate schlechtweg mit Kunst nichts zu tun haben, vorsichtig sein. Die Placierung des Plakats mitten im Straßengetriebe stellt e i n e Forderung für seine Gestaltung vor allem heraus: P l a k a t e m ü s s e n S i g n a l e s e i n . Sie müssen in erster Linie gut wahrnehmbar sein. Wenn sie darüber hinaus als Zeichen stark sind, wenn sie Erinnerungswert besitzen, dann haben sie schon die meisten Forderungen erfüllt. Die gute Wahrnehmbarkeit verlangt Ordnung, Kontraste, Harmonie oder Disharmonie, je nach Aufgabe. Für Deutschlands Maler aber ist das Wort „plakativ" herabsetzend, vielleicht nur mehr durch den Begriff „kunstgewerblich"

Plakatwerbung

zu unterbieten. Kein Wunder also, daß dann in diesem Klima „Plakate" entstehen und auf die Anschlagflächen gelangen, über die vielleicht als Originalgrafik noch diskutiert werden könnte, die aber ihre Aufgabe, in klarer Zeichensprache zu signalisieren, nie und nimmer erfüllen können, denn welcher junge Kunststudent ließe sich nachsagen, er arbeite unkünstlerisch, nur „plakativ"?

Bei der Beurteilung von Plakaten ist letzthin auch ganz entschieden ihre Rolle im Konzert aller Werbemittel zu beachten. In einer geruhsameren Zeit war die Litfaßsäule neben der Tageszeitung Informationsquelle. Im Zeichen des Massen-Schnellverkehrs kann sie diese Funktion nur mehr für den Fußgänger wahrnehmen. Der Autofahrer, der seine Aufmerksamkeit ohnehin dem übrigen Verkehr widmen muß, kann nur durch gleichsam telegrafische optische Impulse beeinflußt werden. Die A u f g a b e n des Plakats haben sich dadurch entscheidend gewandelt. Während noch vor 50 Jahren Plakate durchaus illustrieren und erzählen konnten, muß heute die Kurzformel gefunden werden, die geeignet ist, die Informationen, die andere Werbemittel ausführlich geben, schnell und eindringlich nochmals aufleuchten zu lassen und dadurch die Erinnerung zu verstärken.

Um aber auch denen recht zu geben, die an Plakate kunstkritische Maßstäbe anlegen wollen, können zahlreiche P a r a l l e l e n   z w i s c h e n   P l a k a t   u n d   b i l d e n d e r   K u n s t festgestellt werden. Zweimal wurde die Kultur Europas entscheidend von J a -p a n beeinflußt: Vom Ende des 19. Jahrhunderts bis zu den Ausklängen des Jugendstils vor dem ersten Weltkrieg in Malerei und Grafik. Die schönsten, heute seltensten und im Preise anderen Originallithographien vergleichbaren Plakate entstanden in dieser Zeit. Die Linie der japanischen Holzschnitte, ihr unperspektivischer Aufbau, ihre klaren und bei aller Noblesse der Farben klar und kontrastreich zueinander abgesetzten Farbflächen sind es, die sowohl der Malerei und Grafik in hervorragendem Maße, aber auch dem Plakat zugute kamen. Niemand wird hier mehr den künstlerischen Anspruch der Werke zum Beispiel von Toulouse-Lautrec in Frage stellen. Ein zweites Mal war die Anregung genauso intensiv, wenn sie sich zunächst auch mehr auf die Malerei und die Architektur bezog. Fraglos war aber die Typographie, die in den 20er Jahren das Bauhaus zum Vorkämpfer hatte, für einen neuen Standpunkt zum Plakat entscheidend. Sie bezog wie die Architektur ihre Anregungen aus der japanischen Architektur. Die Ganzheitsforderung des Bauhauses brachte erstmals enge Beziehungen zwischen Architektur und Gebrauchsgrafik zuwege. Neben diesen äußersten Gegensätzen in den Kunstprinzipien, deren Ursprung jeweils von Japan beeinflußt ist, die einerseits im illustrativen Plakat vor und nach der Jahrhundertwende einen unerhörten Höhepunkt brachten, andererseits vor allem durch Bauhaus und STIJL ständig den Blick für Neuordnung der Fläche schärften, finden wir ein gegenseitiges B e f r u c h t e n   v o n   f r e i e r   K u n s t   u n d   P l a k a t, so beispielsweise in den 70er Jahren des vorigen Jahrhunderts eine Bewegung, die im engen Anschluß an die Leistungen des 16. Jahrhunderts eine Erneuerung von Kunst und Kunsthandwerk anstrebt. Die Bewegung hatte starken Erfolg. Die deutsche Renaissance wurde die Lösung sowohl für die Architektur der Häuser als auch für ihre Inneneinrichtung wie überhaupt für das ganze Kunstgewerbe. Die Buchkunst, aber auch die Gebrauchsgrafik liefen mit. Wir brauchen nur an die ausgezeichneten Arbeiten von Otto Hupp Mitte der 80er Jahre denken, z. B. an seinen Mohrenkopf für das Tucherbräu. Der Beginn des 20. Jahrhunderts brachte eine neue Bewegung in Architektur, Malerei, Kunsthandwerk, Buchkunst und vor allem auch in der Gebrauchsgrafik. In Frankreich „art nouveau", in Italien „arte nuovo" genannt, bezeichnet das deutsche Werk Jugendstil eine der interessantesten und fruchtbarsten Kunstabschnitte.

Zu den besten Leistungen des zur Zeit wieder so geschätzten Jugendstils zählen Plakate von Peter Behrens, Eckmann und anderen. Der noble Klassizismus des bekannten Industrieausstellung von Franz Stuck hat ebenso seine Parallele zur zeitgenössischen Malerei und Architektur wie später in den 20er Jahren die großartigen Plakate von Cassandre stilistisch ohne den Einfluß von Picasso und Braque, aber auch von Chirico, nicht zu denken sind. Es gibt aber auch Beispiele dafür, daß das P l a k a t seinerseits d a s ü b r i g e K u n s t s c h a f f e n b e e i n f l u ß t e. Im Kubismus, vor allem bei Picasso, bei Braque, bei Juan Griz spielen Teile von Plakatdrucken, teils eingeklebt, teils gemalt, vor allem einzelne Buchstaben, die aus Plakaten entnommen zu sein scheinen, formal ihre Rolle. Im Vor- und Hintereinander, in der Durchsichtigkeit des kubistischen Bildaufbaus, sind sie oft die am deutlichsten erkennbaren Bestandteile.

Schon in den 20er Jahren beginnt in immer stärkerem Maße die Verwendung der F o t o - g r a f i e im Plakat, begünstigt durch eine ständige Verbesserung der Fotolithographie. Dies begünstigte die Technik der Kollage (mit Kollage bezeichnet man Produkte der bildenden Kunst, vor allem in Malerei und Grafik, in denen durch Zusammenfügen von Teilen von Bildern, Druckwerken oder auch nur Material [Papier, Holz, Metall usw.] ein neues Bild entsteht) für den Entwurf und eine Reihe sehr geistreicher, vom Surrealismus beeinflußter Lösungen. El Lissitzki, Herbert Bayer, aber auch Jan Tschichold müssen neben vielen hier genannt werden.

Die letzten Jahre brachten eine Einwirkung des Plakats auf die Malerei in einer Weise, wie sie wohl noch nie zu spüren war. In den Kollagen des P o p - a r t werden nicht nur zur Profanierung des Bildgegenstandes ganze Teile von Plakaten unverändert verwendet. Man bemüht sich gerade als Antikunst, als Antiästhetizismus die Plakatmassenware, wie sie heute die fotolithographische Reproduktion von Farbfotos begünstigt, als Bildmittel zu verwenden.

Selbstverständlich hat die nun schon seit über zwei Jahrzehnten dominierende g e g e n - s t a n d s l o s e M a l e r e i ebenfalls das Plakatschaffen beeinflußt. Aber — und das liegt nun wohl in der Aufgabe des Plakats begründet — in nur sehr geringem Maße. Ich kenne eigentlich nur einen einzigen mehr oder weniger geglückten, aber viel angegriffenen Versuch: Die Plakatserie der schweizerischen Expo Lausanne, die allerdings kaum als Einzelplakat, sondern fast immer in der Reihe von mindestens 4 oder 5 Plakaten Anwendung fand. Dieser Idee kam die einmalige Anschlagart der Schweiz, die mit wenig Ausnahmen nur Anschlagflächen, diese aber genau abgestimmt auf das Format der Schweizer Plakate, besitzt, entgegen. Die Flächen sind so angelegt, daß immer die gleiche Zahl von Plakaten nebeneinander auf ihnen angebracht werden kann, die genau den Raum ausfüllen und von einem Rahmen gefaßt sind; also 2, 3, 4 usw. nebeneinander. Diese Tatsache war Anlaß zu der Idee, für eine Ausstellung, die zwar recht und schlecht durch ein Signet, aber kaum durch ein einziges Plakat zu umschreiben war — war sie ja nicht nur eine Leistungsschau, sondern gab darüber hinaus Aussage über den Standpunkt der Schweiz in unserer Welt, eine Anzahl nichtgegenständlicher Plakate zu schaffen. Der Beschauer konnte aus ihnen, die nur auf sensibler Farbigkeit basierten, selbstverständlich vielerlei herauslesen. Daß sie für die Expo werben sollten, dafür zeugte nur ihre verhältnismäßig bescheiden angebrachte Beschriftung. Die Häufung aber und die sympathische Farbigkeit bewirkten eine Hinstimmung auf die Ausstellung, eine Anregung der Phantasie des Beschauers ohne zu viel auszusagen und ohne das Interesse an der Veranstaltung vorzeitig zu beeinträchtigen.

IV. Heutige Bedeutung der Plakatwerbung

Abgesehen von der Schweiz, von Frankreich und auch teilweise England, dient heute das sogenannte Künstlerplakat kaum noch wirtschaftlichen Zwecken. Die viel gerühmten pol-

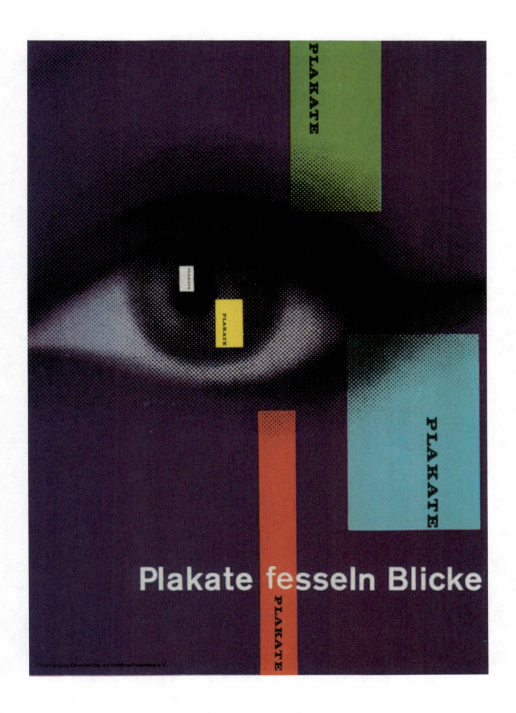

Abbildung 1
„Plakate fesseln Blicke", Werbung für Plakatanschlag.
Fachverband Plakatanschlag, Düsseldorf, Entwurf: Richard Roth, München; Offsetdruck.

Abbildung 2
„Fremdenverkehrswerbung für Nizza" von Henri Matisse; Originallithographie.

Abbildung 3
Plakat von Fernand Léger für die Ausstellung seiner eigenen Werke; Lithographie.

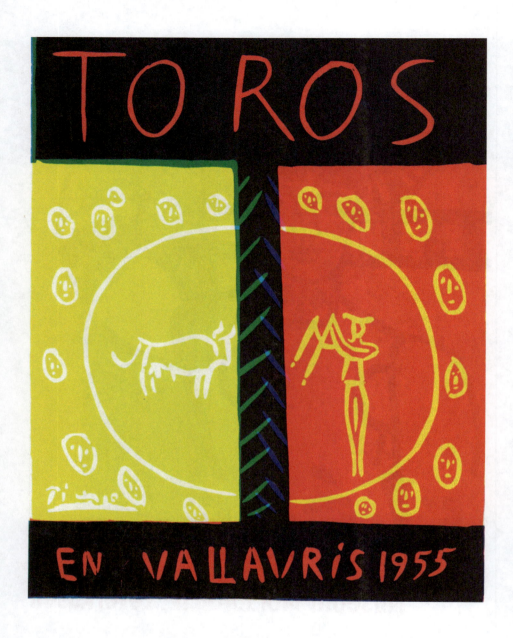

Abbildung 4
Plakat von Pablo Picasso für Stierkampf in seiner Wahlheimat Vallauris.

Alle Abbildungen sind entnommen aus:
Annual of Advertising & Editorial Art & Design: Art Directors Club of New York.

nischen Plakate sind ausschließlich Plakate für kulturelle Veranstaltungen, sind mehr oder weniger genial vereinfachte Illustrationen, können aber, bei Sammlern und Kunstkritikern hoch geschätzt, kaum Anregungen für die Wirtschaftswerbung bringen. Es ist zum Beispiel schon bezeichnend, daß der „polnische" Plakatstil bisher bei Messeplakaten kaum wesentliche Leistungen zeigte.

Die Forderung, alle Werbemittel auf einen Grundgedanken abzustimmen, die in der Werbung unserer Zeit primär erhoben wird, führt immer mehr dazu, die eigentlichen Wirtschaftsplakate mit Anzeigen, Prospekten und anderem abzustimmen. Wird eine bloße Abstimmung, eine nur stilistische Ähnlichkeit dabei erstrebt, die aber den eigenen Gesetzen des Plakats, wie schon Chéret formulierte, gerecht wird, dann wäre gegen dieses Verfahren nichts zu sagen. Immer mehr aber ist zu beobachten, daß auf den Anschlagflächen ganz einfach nichts anderes mehr als vergrößerte Farbinserate erscheinen. Dieses Verfahren ist nicht nur ideenlos, sondern auch unwirksam. Ich habe schon einmal ausgeführt, daß das Plakat im Straßengewühl wie ein Signal wirken muß; ein Signal, das ganz einfach in Kurzform die Ware, den Gedanken, die Empfindung aufleuchten läßt, die in anderen Werbemitteln dargelegt werden. Das Plakat kann heute nicht mehr informieren. Kaum jemand begibt sich mehr an die Säule oder an die Anschlagfläche, um dort zu lesen. Eine Ausnahme nur machen vielleicht noch die Bekanntmachungen der Theater, die aber auch inzwischen vom angeklebten „Theaterzettel" früherer Zeiten zum Abonnementplakat übergegangen sind. Wer die Kurzform, die knappe Aussage, nicht beherrscht, sollte keine Plakate entwerfen. Man kann dabei ebenso mit flächigen, signethaften Darstellungen arbeiten, als auch einen mehr malerisch körperlichen Stil und letzten Endes die Fotografie benützen. Man muß dann aber auch bedenken, daß eine Fotografie, die nicht kompositionell richtig verwendet wird, die nicht schon von der Aufnahme her genau geplant und vom Auschnitt zwingend begrenzt wird, im öffentlichen Verkehrsraum matt und abgestanden wirken muß. Die Roth-Händle-Plakate des leider schon jung verstorbenen Michael Engelmann sind gute Beispiele beherrschter fotografischer Mittel.

Der Zusammenhang zwischen Art des Plakatanschlags und Plakatgestaltung spielt eine große und wichtige Rolle. Es wurde bereits auf die Möglichkeiten des sehr geregelten Anschlags in der Schweiz hingewiesen, der bestimmt mitverantwortlich ist für die viel zitierte gute Durchschnittsqualität des Schweizer Plakatschaffens. Die Riesenformate, die auch heute noch auf französischen Giebelflächen und Bauzäunen Anwendung finden können, brachten einen monumental vereinfachten Plakatstil mit sich, da allein die große Entfernung der Plakate vom Beschauer jede Anbringung kleiner Details überflüssig, ja schädlich macht. Die Normung der englischen Untergrundbahn-Plakate wieder führt, ähnlich wie in der Schweiz, zu disziplinierten Lösungen. Der deutsche Säulenanschlag dagegen — eine sehr unglückliche Anschlagart — brachte die Erkenntnis, daß extreme Hochformate auf der Rundung schneller zu erfassen sind als breite Plakate, die nur mit einer Begehung rund um die Säule voll aufgenommen werden können. Die vielerlei verschiedenartigen Größen, die auf den deutschen Anschlagflächen verwendbar sind, haben ebenfalls das Plakatschaffen ungünstig beeinflußt. Die Chancen aber, welche die neuen Großflächen bieten, sollten genützt werden. Frankreich wäre ein gutes Beispiel dafür.

Literatur:
Sailer, A.: Das Plakat. Geschichte, Stil und gezielter Einsatz eines unentbehrlichen Werbemittels, München 1965.
Kluge, F.: Etymologisches Wörterbuch der deutschen Sprache, Berlin 1963.

Sponsel, J. L.: Das moderne Plakat, Dresden 1907.
Westen, W. von zur: Reklamekunst aus zwei Jahrtausenden, Berlin 1925.

Zeitschriften:

Graphis Annual: Jährlich, Zürich.
Annual of Advertising & Editorial Art & Design: Art Directors Club of New York.
Gebrauchsgraphik: Monatlich erscheinende Zeitschrift, München.
Graphis: Periodisch erscheinende Zeitschrift, Zürich.
Graphik: Monatlich erscheinende Zeitschrift, München.

Rundfunkwerbung

Von Willy Köhler, Werbeberater BDW,
Frankfurt/M.

I. Grundsätzliches

Hören ist leichter als Lesen. Weghören wiederum ist schwerer als Wegsehen. In dieser Feststellung liegt ein Ausgangspunkt für die Bewertung und Anwendung des Mediums Funkwerbung. Es hat sich aus echten, primitiven Anfängen, die in die ersten Rundfunkjahre zurückreichen, in die Reihe der klassischen Werbemittel hineinexperimentiert und entwickelt. Fragen wir uns, ob in den Werbesendungen die akustischen Wirkungsmöglichkeiten und ihre Gesetze richtig ausgewertet werden.

Fangen wir beim Anfang an: Bei der Einführung des Werbefunks in den letzten 20er Jahren. Damals entsprach er durchaus dem ursprünglichen Charakter des Funks, denn die ersten Werbesendungen waren zu jener Zeit echte Werbenachrichten. So wurden sie auch im Programmteil der Sender bezeichnet. Denn zunächst lag das Reizvolle des Radios darin, eine absolut aktuelle Nachricht zu bringen. Der Hörer konnte bereits im Augenblick des Geschehens darüber unterrichtet werden. So wurde die Funkwerbung in den ersten Jahren ihrer Einrichtung für aktuelle werbende Nachrichten benutzt und zunächst nicht für die Markenartikelwerbung, sondern in ihrem Wert für täglich wechselnde Angebote des Einzelhandels erkannt. Mutige Einzelhandelsunternehmer waren die ersten Kunden des Werbefunks. Man war nämlich durch das „Radio" in der Lage, in der damals sehr krisenhaften Zeit täglich sich ändernde Preise durchzusagen, Sonderangebote aktuellster Art zu veröffentlichen und so – in einer Zeit heftigster Preiskämpfe und -unterbietungen – der Konkurrenz oft um Stunden voraus zu sein. Es waren also neueste, echte Nachrichten, die von der werbenden Wirtschaft den Verbrauchern über den Funk vermittelt wurden. In den ersten Anfängen handelte es sich durchweg um life-Durchsagen, deren Inhalt oft erst im Studio mit dem Werbenachrichten-Sprecher auf letzte Aktualität gebracht wurde.

Heute zeigt sich die Funkwerbung nur noch selten – wenn überhaupt – im Sinne aktueller Information, sondern im Tone der Koordination mit anderen Werbemitteln, deren Aussagen, wochen- und monatelang vorbereitet, nicht mehr den Reiz funkischer Aktualität aufweisen, sondern mit den Mitteln akustischer Manipulation dem Stil der optischen Aussagen entsprechen sollen. Das eigentliche Charakteristikum des Rundfunks, die taufrische oder noch heiße Nachricht, ist dem Werbefunk nicht mehr eigen. Er ist tönender Anz e i g e n t e i l geworden und besteht aus oft mühsam gestalteten, langfristig vorbereiteten Spots, die mehrere Wochen vor der Ausstrahlung den Rundfunkstationen als sendereife Bänder zur Verfügung stehen müssen. Mit dem Wegfall der Aktualität ist ein an sich grundsätzlicher Unterschied zwischen der Funk- und der Anzeigenwerbung – was ihre Gestaltung und Streuung anbetrifft – nicht mehr vorhanden. Ein Irrtum ist es jedoch, etwa diese Tatsache als entscheidende Voraussetzung dafür zu sehen, die Funkwerbung den klassischen Werbemitteln einzureihen und sie bei der Planung und Ausarbeitung einer Werbekampagne zum selbstverständlichen Teil eines Etats zu erklären.

Die klassische Eigenschaft des Mediums Funk für den Bereich der Werbung beruht auf der Möglichkeit, optisch ausgerichtete Ansprachen phonetisch zu ergänzen und zu bestätigen. Wer mit den Massen der Verbraucher Kontakte haben will, darf sich nicht nur sehen lassen, sondern er muß auch zu hören sein. Denn unter den Menschen gibt es Hörer und Seher. Der eine reagiert mehr auf Gehörtes, ein anderer mehr auf Gesehenes. Die Massenansprache bedarf also nicht nur der lesbaren, sondern auch der hörbaren Medien.

Heute stellt die Marken-Aussage den wesentlichen Anteil der Sendungen. Das entscheidende Wirkungs-Element liegt nicht in der Aktualität, sondern in der S t e t i g k e i t d e r A r g u m e n t a t i o n und in d e r K o n t i n u i e r l i c h k e i t d e r w e r b l i c h e n A n s t ö ß e. Aktualität zum Beispiel ist auch dann nicht festzustellen, wenn das Wort „neu" als oft meist verwendetes Attribut und sehr vordergründig in Erscheinung tritt. Damit ist der Werbefunk zum Weiterträger regelmäßig verwendeter Argumente geworden, die, wenn auch variierend eingeleitet oder umgeben, im Zuge unterbewußter Verankerung und in oft monotoner Manier weniger durch sich selbst, als durch das tönende Tablett umrahmter, gefälliger Musik und zu guter Letzt durch die Stetigkeit ihrer Wiederholung aufgenommen werden.

Das Ohr ist an sich kritischer als das Auge. Man kann hundertmal den gleichen Satz lesen, ohne sich belästigt zu fühlen. Denn das Auge nimmt plakative Appelle schließlich auch in häufigster Wiederholung ohne Widerspruch auf. Dem Ohr jedoch ist das nicht ohne unwillkürliche Abwehr möglich. Das scheinen die meisten Werbefunkgestalter bei der Durchsicht ihrer Manuskripte zu übersehen und beim Abhören ihrer Leistungen zu überhören. Also: Die Stetigkeit einer Aussage – ursprüngliches Gesetz in der Werbung – kann im akustischen Bereiche zur nicht überhörbaren Aufdringlichkeit werden. In diesem Punkte trennen sich die Denk- und Gestaltungswege der optischen und akustischen Werbung. Ein hörbarer, best-ausgefeilter Slogan kann die Reaktion hervorrufen: Ich kann das nicht mehr hören! Ein sichtbares, graphisch kultiviertes Schlagwort führt selten zu der Resonanz: Ich kann das nicht mehr sehen! Bei der Werbefunkgestaltung muß dieser entscheidende Unterschied berücksichtigt werden. Wird er ignoriert – und das geschieht in 80 von 100 Fällen – dann ist der Werbefunk eine Paradoxie in sich: Nämlich eine tönende Litfaßsäule.

Es ist schwer, auf der einen Seite das Gesetz der argumentalen Stetigkeit zu beachten, also praktisch immer wieder das gleiche und dies besonders eindringlich sagen zu müssen, auf der anderen Seite jedoch das Ganze h ö r e n s w e r t zu erhalten und zu gestalten. Ein Funkspot darf keine gesprochene Anzeige sein. Das hörbare Wort hat – wie das lesbare – seine eigenen Gestaltungsvoraussetzungen; ihre Beachtung kann zu weit schnelleren Kontakten führen. Ein berühmtes Beispiel: Die maßlose Ausnutzung des Mediums Funk hat dem sogenannten „Dritten Reich" mehr Anhänger zugeführt als die seinerzeit gleichgeschaltete deutsche Presse. Hitlers Befehl, einen billigen Volksempfänger auf den Markt zu bringen und damit seiner hörbaren Propaganda den Weg in die „gute Stube" jedes Bürgers zu bahnen, war ein entscheidender Faktor der damaligen Massenbeeinflussung.

Ein in der Bewertung des Mediums Funk selten erkannter V o r t e i l ist die Tatsache, daß die hörbare Werbung bei all ihrer Lautstärke und oft störend plakativen Erscheinungsart ein im Grunde genommen rücksichtsvolles Werbemittel ist. Denn: Das Abhören des Werbefunks verlangt nicht die ganze Aufmerksamkeit und Konzentration. Die Hausfrau kann trotzdem abwaschen. Der Mann dennoch Zeitung lesen, frühstücken oder Skat spielen. Im Gegensatz zum Fernsehen kann das Leben zu Hause weitergehen. Werbefunk ist Kulisse — Werbefernsehen Hauptdarsteller der Häuslichkeit. Diese an sich höfliche Methode des Eindringens in die Sphäre des Privaten ist vielleicht der sachlichste Grund dafür, das Medium Werbefunk in die Gruppe der klassischen Werbemittel aufzunehmen. Denn das Charakteristikum des Werbens ist die freiwillige Aufnahme einer Botschaft, keinesfalls das aufgezwungene Lesen, Sehen und Hören.

II. Hauptelement der Funkwerbung: Das Wort

Am Anfang jeder Werbung steht das Wort. Namen von Firmen und Produkten — also auch Packungen und Marken — sind Worte. Es gibt keine Aussage — um so mehr beeinflussender Art — die ohne Worte denkbar ist. Selbst bestimmte Farben und Signale, die ohne weiteres bereits inhaltlich verständlich wären, lösen bestimmte, vertraut gewordene Worte aus.

Die Funkwerbung lebt vom hörbaren Wort, das wie das lesbare im Sinne höherer Wirksamkeit variabel manipuliert werden kann. Ebenso, wie man einen geschriebenen Text durch die persönliche Note der Handschrift, einen gedruckten durch Typographie und Grafik einflußreicher werden lassen kann, so ist eine werbliche Aufstufung auch beim hörbaren Wort möglich — vielleicht in noch zahlreicheren Varianten der zweckgerechten Anwendung. Das gesprochene Wort im Werbefunk, das — wie gesagt — selten eine echte, neue Nachricht bringt, bedarf deshalb in den meisten Fällen der S t i m u l a t i o n d u r c h S t i m m e u n d S p r a c h f ü h r u n g. Es ist kein Zufall, daß die Worte Stimmung, Abstimmung, Hinstimmung (auch das Negativum Verstimmung!) ihren Ursprung in dem Worte Stimme — also im phonetischen Bereich der Wahrnehmung und Resonanz beziehen.

Und so beginnt das Stimulans der hörbaren Sprache bereits bei der richtigen A u s w a h l d e r S t i m m e ; sie kann der Aussage eine starke, persönliche Note geben und dem Funktext ein größeres Echo garantieren. Es gibt beruhigende und aggressive, plaudernde und plakative, überzeugende und zum Widerspruch reizende Stimmen. Bei ihrer Auswahl ist darauf zu achten, ihre jeweilige Konformität mit dem Inhalt einer Botschaft zu finden. Das ist ein Kausalprinzip erster Ordnung.

Starke Stimulierungen ergeben sich aus der S p r a c h f ü h r u n g. Man kann durch (dosierte!) Dramatisierung des Ausdrucks den Inhalt einer Durchsage wesentlich dynamisieren. Dialog-Regie für den Werbefunk bedarf deshalb einer ungewöhnlichen Feinhörigkeit, um auch im Rahmen abgemessener Sekunden zu guter Letzt jenen Ton zu finden, der die Musik der Sprache macht. Der Vorgang der Dramatisierung darf nicht heraushörbar sein. Ein übertriebener, falsch pathetischer oder überhallter Ton in der Sprachführung kann eine ernsthafte Ankündigung zur Banalität werden lassen. Vorbedingung für das gezielte Ankommen werbender Sprache im Funk ist ein auf Hörbarkeit geschriebenes M a n u s k r i p t. Texte, die ins Ohr gehen, haben ihre eigenen Wirkungsgesetze. Man kann nicht so sprechen wie man schreibt. Lesetexte sind nur dann Sprechtexte, wenn man ausdrücklich sagt, daß man etwas vorliest. Dialoge im Schriftdeutsch klingen leblos und gekünstelt, weil sie sich auch vom besten Sprecher nicht zwanglos und natürlich interpretieren lassen.

Die Werbefunksendungen werden wegen ihrer **gefälligen Unterhaltungsmusik** gehört. Je weniger nun ein Werbespot als störender Eindringling in dieser fröhlichen Atmosphäre erscheint, also je passender er sich einfügt, desto aufgeschlossener werden ihm die Hörer seine Empfehlung abnehmen. Ein Beispiel für eine **gute Eingliederung:**

Dem Ausklang einer Samba schließt sich die folgende Durchsage an:

    Er: Nicht wahr? – so eine Samba,
         die bringt auf die Idee:
         Heut 'mal tanzen beim 5-Uhr-Tee!
         Da taucht gleich die Frage auf:
         Was trinkt der Mensch zum 5-Uhr-Tee?
    Sie: Wer Kaffee liebt – trinkt Nescafé.
    Er: Netter Vers!
    Sie: Netter Kaffee!
    Er: Paßt ins Leben irgendwie –
    Sie: wie diese kleine Melodie.
         (Aufblendung der nächsten Tanzmelodie!)

Dieser Text ist paßgerecht eingefügt als kleine Liebenswürdigkeit zwischen zwei Tanzmelodien. Eine solche einfache, schlichte Durchsage kann sich auch der gebundenen, sprachlich ausgeklügelten Sprache bedienen, denn Rhythmus ist ein starkes Wirkungselement der hörbaren Sprache. Und daraus ergibt sich die Konsequenz, die werbende Sprache zu musikalisieren.

Man kann einen **Slogan in Musik setzen**, wenn er in seiner Sprachführung und Vokalität die akustischen und musikalischen Voraussetzungen dafür aufweist. Ein Beispiel dafür:

    „Mach mal Pause! –
    COCA-COLA!"

Slogan und Marken-Name haben hier den gleichen Rhythmus und jeweils 4 gleichbetonte Silben. Daraus ergab sich die Komposition:

Diese **Kenn-Melodie** wurde zunächst als privates Pausenzeichen propagiert in beabsichtigter Verkettung mit der Tatsache, daß ein Pausenzeichen eine allgemeine funkische Einrichtung ist. Die Melodie ist selbständig genug, um den Namen „COCA-COLA" oder die Worte „Mach mal Pause" jeweils allein, oder im Ablauf hintereinander zu tragen. Eine solche einfache Melodie kann so populär werden, daß sie auch ohne Sprache eine Aussage werden kann. Man kann sie pfeifen, trompeten und in vielen instrumentalen Varianten bekanntwerden lassen.

Das Reizvolle an dieser Kenn-Melodie ist, daß sie sich auch in ständiger Wiederholung – also in kontinuierlicher Verankerung – zu einem **Lied** erweitern läßt, wie das nachstehende Notenbild zeigt.

Rundfunkwerbung

Kenn-Melodie und -Lied – das Lied immer mit neuen Texten – lassen sich zu einer Folge sehr wirkungsvoller Werbespots kombinieren.

Texte, die gesungen werden sollen, müssen im Rhythmus des Musiktaktes – nicht nach den rhythmischen Gesetzen der Poetik geschrieben werden. Es läßt sich zwar jeder gute Reim in Musik setzen, doch besser ist es, die Sprache der Musik anzupassen und nicht umgekehrt. Hierfür ein Beispiel eines Liedertextes:

„Drum sagt man ‚Ja' –
zu C & A –
ist alles da –
bei C & A –
was elegant,
beschwingt charmant –
ist alles da –
bei C & A."

Gesprochen ist dieser Text rhythmisch nicht gelungen – Klang erhält er erst gesungen:

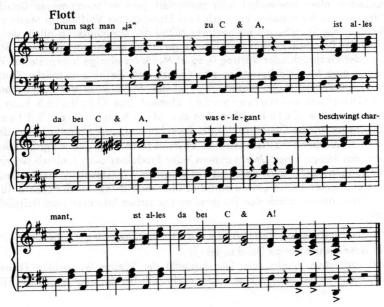

Man kann der Sprache im Werbefunk auch durch die Persönlichkeit des Sprechers eine starke Wirkung geben. Man darf aber dann die Persönlichkeit nicht durch banale Texte entwerten. Die Aussage muß in ihrem Wort oder in ihrem Humor dem Image dieser Persönlichkeit entsprechen. Selbst mundartlich gesprochene Funktexte können bei bestimmten Menschen in bestimmten Gegenden auch sachliche Argumente wesentlich anwärmen.

Wir kennen auch beim gesprochenen Wort die einfache, nüchterne Darstellung des kompreß gesetzten Textes. Das ist zum Beispiel die neutrale Stimme des Nachrichtensprechers. Sie bedarf keiner Stimulation, denn sie bringt ausschließlich Neues. Der Hörer muß und will das erfahren. Deshalb braucht die Stimme des Sprechers keine besondere Modulation; diese könnte sogar die Objektivität der Nachricht gefährden. Übertragen auf die Funkwerbung bedeutet das: Eine wirkliche Neuigkeit (keine konzeptionell konstruierte!) soll sachlich vermittelt – keinesfalls schreiend oder singend verkündet werden.

Doch da die originale Neuheit in der Welt der Wirtschaftswerbung eine Seltenheit ist, bedarf auch das gesprochene Wort „neu" einer plakativen Anhebung. Denn es wird mehr wegen seiner schier unverbrauchbaren Reizwirkung und weniger aus sachlicher Richtigkeit heraus verwendet. Diese Tatsache bezieht sich auch auf andere rationale Attribute, zumal die Zahl vernunftgemäßer Argumente immer kleiner und der Ansturm neuer Markenartikel immer größer wird. Damit richtet sich das Suchen und Sichten reizvoller Verkaufspunkte oft in die Richtung der emotionalen Aussage. Dieses Tendieren zur Verzauberung der Dinge schreibt der gestalterischen Arbeit auch auf dem Gebiete des Werbefunks ungewöhnliche Fantasie – aber auch systematische Methodik vor. Fantasie läßt sich durch ein Fachbuch nicht erlernen. Aber die Methode des aktustischen Denkens bei einer funkischen Aussage sollte jedem vertraut sein, der sich der Werbung verschrieben hat.

III. Weitere Elemente: Musik und Geräusch

Welche Möglichkeiten haben wir nun, um dem Urstoff der hörbaren Aussage, dem Wort, das Hörenswerte einer interessiert oder zumindest gern aufgenommenen Botschaft zu geben? Neben dem Wort stehen uns noch zwei Elemente zur Verfügung: Musik und Geräusch. Vermag die Sprache als elementares Mittel der Beeinflussung allein der Träger einer werbenden Botschaft zu sein – als Durchsage mit einzelnen oder mehreren Stimmen, als Dialog oder Gespräch oder Vortrag –, so ist Musik als einzige Interpretation nur vertretbar, wenn eine Melodie bereits so populär ist, daß sie eine werbliche Konzeption inhaltlich ausdrücken kann. Im wesentlichen ist die Musik in der Funkwerbung ein illustratives und stimulierendes Element. Das Geräusch kann nur als atmosphärische Zutat wirken. Aus der Mischung aller 3 Elemente ergibt sich eine akustische Dreigestaltigkeit, die in harmonischer Abgestimmtheit den optischen Stil einer Werbung ins Akustische zu übersetzen vermag. Die Aufgabe besteht jeweils darin, das Image eines Unternehmens oder Produktes auch funkisch wachzurufen oder zu bestätigen oder – auch dafür gibt es Beispiele – entstehen zu lassen. Eine Reihe von bekannten Marken haben ein wesentliches Charakteristikum durch hörbare Aussagen erhalten, – insbesondere durch den Stil ihrer musikalischen Interpretation. Beispiel: Peter Stuyvesant.

Im wesentlichen sind die folgenden Arten der Funkwerbung bekannt:
1. Die ein- oder mehrstimmige Durchsage:
    Sie muß sachlichen Inhalts sein. Die Auswahl der Stimme ist wichtig. Frauen zum Beispiel reagieren leichter bei Sendungen nachrichtlichen Stils auf männliche Stimmen.

Beim Einsatz zweier oder mehrerer Stimmen – gemischt aus weiblichen und männlichen – achte man auf die thematisch richtige Verteilung des Textes.

2. Der Dialog oder die Szene:
Hier muß wie im Alltag gesprochen werden. Keine gekünstelten Sätze. Keine allzu große Begeisterung beim Empfehlen. Keine übertriebene Überraschung beim Informiertwerden. Zumeist wird der Fehler gemacht, den einen als Dummen und den Partner als klug herauszustellen.

3. Die plakative Äußerung:
Sie kann – musikalisch serviert, zumeist dabei untermalt – ein werbliches Konzentrat einer ganzen Kampagne sehr eindringlich im Gedächtnis verankern. Der Text kann auch gesungen werden. Doch zumeist ist es besser, ihn im gleichen Takt der Musik melodramatisch zu interpretieren. Zumeist ist es problematisch, plakativ im Funk zu werben. Denn plakative Sprache ist immer imperativ, und je weiter man sich bei der Funkwerbung im Ton und Inhalt vom Befehl entfernt, desto mehr wird die Sprache zur Werbung. Plakative Sprache erhält leicht einen Befehlston und verliert dadurch eher den Charakter des Werbens. Außerdem: Gehörtes ist nie im Augenblick zu erfassen. Sehen zum Beispiel ist: Vieles zugleich, – hören ist immer: Eins nach dem anderen.

4. Das kleine Musical der Werbung:
Hier wird die Musik – wozu auch Gesang gehört – zum dominierenden Element. Gesungene Zeilen wechseln mit gesprochenen. Beispielhafter Aufbau: Kernmelodie – mit und ohne Gesang thematisch wiederkehrend – geht in Background-Musik über, die dem gesamten Text die rhythmische Grundlage gibt. Voraussetzung: Sprache und Musik müssen im Duktus konform verlaufen.

5. Das werbende Lied:
Es ist nur im engeren geistigen Bereich eines Schlagers empfehlenswert; textlich sind ihm Grenzen gesetzt. Sachliche Argumente soll man nicht singen. Auch Unangenehmes – zum Beispiel Mundgeruch – ist kein Gesangsthema. Wenn das Lied inhaltlich verständlich und eingängig ist, ergänze man es nicht durch einen plakativen Abschluß. Das kann die ersungene Sympathie wieder abkühlen.

6. Die Sondersendung:
Das können Reportagen, Vorträge oder kleine Hörspiele neutralen Inhalts sein, die gewissermaßen als kleiner unterhaltsamer Service vom Werbungtreibenden dem Hörer geboten werden. Die Durchführung solcher Sondersendungen scheitert leider am Platzmangel der zumeist ausverkauften Sendezeiten. Zu den Sondersendungen kann man jedoch auch Kurzdurchsagen rechnen – beispielsweise die Koppelung der Zeitansagen oder Wetternachrichten mit thematisch passenden Werbedurchsagen.

IV. Faustregeln der Funkwerbung

Man verwende kurze Sätze. Worte und Namen mit vollen Vokalen sind phonetisch klang- und reizvoller und auch leichter verständlich. Das gilt insbesondere für Namen und Marken. Jeder für den Funk geschriebene Text sollte nach dem Verfassen nochmals laut diktiert werden, um die Hörbarkeit zu überprüfen. Oft werden dadurch aus einem langen Satz zwei kurze Sätze. Man erreicht damit, daß man so einfach schreibt, wie man spricht.

Die ersten Worte eines Funktextes dürfen niemals die wichtigsten sein, weil sie unmittelbar der Musik angeschlossen, verlorengehen können. Das Ohr braucht einige Sekunden der Umstellung von musikalischer Unterhaltung auf sprachliche Informationen.

Der Deutsche liebt das R e i m e n. Also wird viel gereimt. Vorsicht! Man werbe in gebundener Sprache möglichst nur dann, wenn es sich psychologisch zwingend ergibt. Das ist selten. Aber es ist immer angebracht, wenn das Ganze aphoristisch mehr wirkt als werblich. Eine gereimte kleine Lebensweisheit zur Anwärmung einer werbenden Botschaft ist besser, als diese poetisch zu bringen.

Es gibt fertige Musiken zu kaufen. Das ist zwar billiger als eine Maßkomposition – kann aber nie eine individuelle Aussage, sondern lediglich eine allgemeine Illustration sein. Also: M u s i k als Charakteristikum muß b e s o n d e r s k o m p o n i e r t und a r r a n g i e r t werden.

Z e i t i s t G e l d in der Funkwerbung. Eine Sekunde im bundesdeutschen Sendebereich kostet etwa einen Hundertmarkschein; sie kann aber Tausende kosten, wenn man mit ihr geizt und die Worte deshalb im Telegrammstil setzen muß.

Wenn die Frage auftaucht, ob beim Ausdruck der Funkwerbung die Kraft wichtiger sei als der Stil, dann denke man daran, daß Stil allein immer kraftlos – Kraft allein immer stillos ist. Das richtige Rezept: K r a f t m i t S t i l – oder S t i l m i t K r a f t.

Man spare nicht bei den Gestaltungskosten. Hier kann das T e u e r s t e am b i l l i g s t e n sein, weil es vom Hörer gebilligt wird.

Man vergesse nie: Funkwerbung ist eine h ö r b a r e V i s i t e n k a r t e. Dennoch ist nicht für jeden Zweck ein Stahlstich notwendig.

Man soll nicht Produkte im Abendkleid offerieren, wenn sie mit Rock und Bluse l e b e n s n ä h e r wirken.

Der Werbefunk lebt von der Musik um ihn herum. Schöneres als die Musik kann dem Ohr nicht geboten werden. Also kann man ihm n i c h t s S c h l e c h t e r e s zufügen, a l s die M u s i k rücksichtslos zu u n t e r b r e c h e n. Wie gut muß also ein Werbespot sein, der zwischen fröhlicher Musik von Kopfschmerzen oder Körpergeruch plaudert, um seiner Botschaft die Qualität einer Empfehlung zu geben.

Wichtigste Erfahrung: L a u t e s t e W e r b u n g i s t k e i n e l a u t e r e !

Doch sei man n i c h t z u l e i s e im Chor der kommerziellen Minnegesänge. Darüber ein abschließendes Wort von Theodor Fontane:

> „Wer ängstlich abwägt, sagt gar nichts.
> Nur die scharfe Zeichnung, die schon
> die Karikatur streift, macht eine Wirkung.
> Glauben Sie, daß Peter von Amiens
> den ersten Kreuzzug zusammengetrommelt
> hätte, wenn er so etwa beim Erdbeerpflücken
> einem Freunde mitgeteilt hätte,
> das Grab Christi sei vernachlässigt und
> es müsse für ein Gitter gesorgt werden?"

Fernsehwerbung

Von Dr. Ingolf Ritscher, Berlin

I. Produktion der Fernsehwerbung

Die Produktion von Werbespots erfolgt üblicherweise in enger Zusammenarbeit zwischen Auftraggeber, Werbeagentur und Filmproduktionsfirma. Im allgemeinen dürfte die Mitarbeit einer Agentur zweckmäßig sein, insbesondere um die Fernsehwerbung, die ja nur ein Teil der Gesamtwerbung eines Unternehmens ist, mit den übrigen Werbemaßnahmen abzustimmen. Von der Erteilung des Auftrages bis zum Versand des fertigen Spots an den Sender vollzieht sich die Produktion in zwei aufeinander folgenden und voneinander abhängigen Stufen: Planung und Gestaltung.

Zur Planung gehört unter anderem die Budgetplanung, die sich insbesondere auf die Kalkulation der Einschaltkosten hinsichtlich Spotlänge und Einschalthäufigkeit sowie auf die Planung der Produktionskosten erstreckt. Die Produktionskostenplanung beeinflußt gleichzeitig die Gestaltung eines Spots, da die Wahl einer Gestaltungstechnik außer von qualitativen Faktoren der maximalen Werbewirkung wesentlich von den Herstellungskosten bestimmt wird.

Die Gestaltung eines Fernsehspots gliedert sich in eine technische und in eine schöpferisch-kreative Seite. Der technische Ablauf der Gestaltung erfolgt üblicherweise in folgender Reihenfolge:

1. Entwickeln der Idee und schriftliche Fixierung im Exposé.
2. Ausarbeitung eines Treatments; das ist die schriftliche Darstellung des Handlungsablaufs nach Szenenfolge und akustischer Gestaltung.
3. Schreiben des Drehbuches. Das Drehbuch enthält die vollständige Aufzeichnung des gesamten Spotablaufs. Es bringt nicht nur den zu sprechenden Text, sondern gleichzeitig sämtliche Anweisungen hinsichtlich der Handlungsführung, wie Gestaltung der Dekoration, Charakter der Darsteller und Regieanweisungen hinsichtlich der Kameraführung. Der akustische Ablauf ist ebenfalls im Drehbuch lückenlos festgehalten.
4. Zeichnen des Story-Boards. Dieses ist eine bildliche, d. h. zeichnerische Darstellung des Drehbuches. Es dient dazu, dem Auftraggeber bereits vor Drehbeginn eine optische Anschauung von den Hauptszenen zu vermitteln. Das Story-Board kann außerdem für

Testzwecke benutzt werden, indem es ausgewählten Personen vorgelegt wird, um aus deren Reaktionen im voraus Aufschluß über den mutmaßlichen Erfolg des Spots zu erhalten.

5. **Bildaufnahme im Filmstudio.** Hier gelangt der gesamte technische Apparat der Produktionsfirma, bestehend aus Regisseur, Kameramann, Darsteller, Komponist, Bühnenbildner und technischem Personal zum Einsatz. Werbespots sind kurze Werbefilme; die Besonderheiten der Filmproduktion gelten daher auch bei der Herstellung der Fernsehwerbung.

6. **Tonaufnahme.** Die akustische Aufnahme erfolgt üblicherweise getrennt von der optischen Aufzeichnung und wird nachträglich in den Film einkopiert.

7. **Kopieherstellung.** Das aufgenommene Filmmaterial wird zunächst nach Anweisung des Regisseurs unter Verwendung der besten Einstellungen zur Musterkopie und nach letzter Prüfung zur Abnahmekopie zusammengestellt. Die vom Auftraggeber genehmigte endgültige Fassung wird dem Sender zur Einschaltung übersandt.

II. Gestaltungsfaktoren

Aus der Grundkonstellation **Verbraucher** einerseits als Fernsehzuschauer, der als Kunde geworben werden soll, und **Werbeobjekt** andererseits, das im Mittelpunkt der werblichen Aussage steht, ergibt sich die Notwendigkeit einer Analyse dieser beiden Faktoren. Erst aus der Kenntnis der individual- und sozialpsychologischen Struktur der Verbraucher und – damit verbunden – aus der Kenntnis der psychologischen Wirkfähigkeit der optischen Elemente Bild und Schrift und der akustischen Elemente Sprache, Musik und Geräusch sowie aus dem Wissen um die verkaufsfördernden Eigenschaften eines Produktes lassen sich die gestalterischen Mittel wirksam einsetzen. Die schöpferische Idee und damit der Inhalt des Werbefilms hat sich darum allgemein am Fernsehzuschauer als Verbraucher und am Werbeobjekt mit seinen spezifischen Eigenschaften auszurichten. Es ergibt sich daher zunächst die Notwendigkeit einer **Verbraucheranalyse**. Die Persönlichkeit des Verbrauchers ist einmal als Einzelwesen hinsichtlich seiner individuellen psychologischen Anlagen zu erforschen und zum anderen sozialpsychologisch hinsichtlich seiner durch Zugehörigkeit zu einer sozialen Gruppe mitbestimmten Verhaltensweisen. Es gilt, aus der Analyse der Seele des Verbrauchers und seiner Stellung innerhalb der sozialen Umwelt Erkenntnisse hinsichtlich seiner ökonomischen Motivationen zu gewinnen. Die komplexen Probleme der werbepsychologischen Forschung, die sich zudem nach verschiedenen psychologischen Schulrichtungen unterscheiden, lassen sich hier kaum andeutungsweise streifen; es seien daher nur einige vereinfachende Stichworte für die psychologische Basis der Gestaltung gegeben.

Ausgehend von der psychologischen Tatsache, daß die menschliche Psyche aus zwei Schichten besteht, nämlich dem Bewußtsein, das ist das verstandesmäßig rationale Potential, und dem emotionalen, vegetativ-vitalen Unterbewußtsein, ergibt sich, daß der Verbraucher eine Werbebotschaft sowohl bewußt als auch unbewußt aufnimmt. Der Werbefilm, der über Einwirkung auf die Psyche des Verbrauchers diesen zu einer Aktivität, nämlich zum Kaufentscheid, veranlassen will, muß also gleichzeitig an das Bewußtsein und an das Unterbewußtsein appellieren. Der Inhalt der Werbung muß daher rationale und emotionale Kaufgründe bieten, da letztere oftmals überwiegend den Ausschlag für einen Kaufentscheid geben, obwohl der Verbraucher selbst überzeugt davon ist, einzig von Vernunftgründen beeinflußt worden zu sein. In der rationalen Schicht hat die Werbung vor allem die Aufgabe, die Aufmerksamkeit des Zuschauers und verkaufsfördernde

Fernsehwerbung 553

Assoziationen zu wecken. Im emotionalen Bereich soll insbesondere auf die Triebökonomie des Zuschauers Einfluß genommen werden; hier haben stärkste Wirkung die Appelle an Glück, Sex-Appeal, Erfolg, Sicherheit und soziale Geltung. Weiterhin ist zu beachten, daß der Werbefilm, obwohl er einen zeitlichen Verlauf hat und aus den verschiedensten optischen und akustischen Elementen besteht, vom Zuschauer als einheitliche Ganzheit aufgefaßt wird. Nach gestaltpsychologischen Erkenntnissen ist demgemäß die Wirkung eines Spots von seiner Gestalt abhängig. Für die Qualität der Gestalt des Spots, also der Gesamtheit seiner optisch-akustisch formalen Darstellung einschließlich seiner bewußt-rationalen und unbewußt-emotionalen Inhalte, sind bestimmte Gestaltgesetze maßgeblich. Damit ein Spot eine gute Gestalt aufweist, müssen demnach die Gesetze der Wahrnehmung berücksichtigt werden.

Die Produktanalyse soll dazu dienen, diejenigen Produkteigenschaften zu ergründen, die geeignet sind, beim Zuschauer bestimmte, für einen Kaufentscheid zugunsten des Werbeobjekts förderliche psychische Wirkungsabläufe auszulösen. Dazu sind die Eigenschaften des Produktes systematisch zu erforschen, um diejenigen, von denen man die stärksten psychologischen Kaufantriebe erwartet, in den Mittelpunkt der Gestaltung zu stellen, bzw., falls dem Produkt spezifische absatzdynamische Eigenschaften fehlen, diese durch entsprechende Gestaltung des Filminhalts in das Produkt hineinzuinterpretieren. Die Eigenschaften des Werbeobjekts sind zweckmäßigerweise nach seinen objektiven und subjektiven Merkmalen zu gliedern. Zur ersten Gruppe gehören vor allem die materiell-funktionalen Qualitäten des Produktes, d. h. seine substantiellen Vorzüge, seine Wirtschaftlichkeit, Verpackung, Nutzungsdauer usw., also insgesamt sein objektiver Gebrauchsnutzen. Die subjektiven Eigenschaften erstrecken sich auf die Attraktivität des Produktes, d. h. seine Anmutungsqualitäten, also auf die Gesamtheit der Eigenschaften, die die Phantasie und das Gefühl der Zuschauer ansprechen sollen. Hierzu gehört insbesondere der Zusatznutzen des Werbeobjekts, also seine Fähigkeit, geheime Wünsche der Zuschauer hinsichtlich irrationaler individueller Bedürfnisse und sozialer Geltung befriedigen zu können.

III. Gestaltungstechniken

Es sind optische und akustische Gestaltungstechniken zu unterscheiden.

Optische Gestaltungstechniken sind:

    Realfilm
    Zeichentrick
    Sachtrick
    Puppentrick
    Fototrick

Akustische Gestaltungsmöglichkeiten sind:

    Sprache: Kommentar
                  Monolog, Dialog
                  Trickstimme
    Musik: vokal
                  instrumental
                  vokal-instrumental
    Klangeffekte
    Geräusch

1. Der Realfilm ist gefilmte Wirklichkeit; er wirkt darum besonders lebensnah und glaubwürdig. Er zeigt das Werbeobjekt in naturgetreuer Darstellung, meist in Situationen des täglichen Lebens, und spricht die Zuschauer darum unmittelbar an. Diese Technik ist gleichermaßen geeignet für die Darstellung des objektiven Gebrauchsnutzens und der subjektiven Eigenschaften eines Produkts, da sowohl sachliche Vorzüge als auch emotionale Produktinhalte mit den Mitteln des Realfilms gestaltet werden können. Insbesondere dann, wenn innerhalb des Spots Personen auftreten sollen, ist der Realfilm vorzuziehen. Er tritt üblicherweise in zwei Formen auf: als gegenständliche oder als szenische Darstellung.

Bei der gegenständlichen Darstellung werden die Eigenschaften des Werbeobjekts nicht im Rahmen einer dramatisierten Spielhandlung gezeigt, sondern seine Vorzüge ergeben sich aus der Veranschaulichung seiner Funktionen, wozu es üblicherweise im Gebrauch vorgeführt wird, während akustisch ein unsichtbarer Sprecher die besonderen Eigenschaften des Produktes kommentiert. In der szenischen Darstellung wird demgegenüber das Werbeobjekt innerhalb einer dramaturgisch gestalteten Spielhandlung gezeigt, in deren Verlauf handelnde Personen auftreten, welche dem Zuschauer die Vorzüge des Produktes auf Grund ihrer eigenen positiven Erfahrung nahebringen. Die szenische Darstellung kann als Monolog ausgeführt werden, so z. B. oft in der Form, daß eine prominente Persönlichkeit als Leitbild für alle Verbraucher ein bestimmtes Produkt anpreist, oder sie kann in Dialogform mehrere Personen in die Handlung einbeziehen.

Als Sonderform des Realfilms ist noch das szenische Musical zu erwähnen, bei dem das Produkt nach Art einer Revue mit Tanz und Gesang vorgestellt wird.

2. Der Zeichentrickfilm erfüllt eine Hauptforderung, die an Werbespots gestellt wird, in besonderem Maße, nämlich den Zuschauer zu unterhalten. Durch seine humor- und phantasievolle Art fesselt er das Interesse der Zuschauer, so daß Spots in Zeichentrick mit erhöhter Aufmerksamkeit betrachtet werden. Die Gefahr beim Zeichentrick besteht jedoch darin, daß die werbliche Aussage vom Zuschauer weniger aufgenommen wird, da er sich überwiegend von der Originalität der Gestaltung gefangennehmen läßt. Im Vergleich zum Realfilm hat der Zeichentrick auch weniger Überzeugungskraft; er wendet sich mehr an die emotionale Sphäre, ist hier jedoch von besonderer Wirksamkeit. Seine Stärke liegt vor allem darin, daß es mit seiner Hilfe möglich ist, das Werbeobjekt zu personifizieren und ihm über seine abstrakte Existenz hinaus phantasieanregende Eigenschaften zu verleihen.

3. Der Sachtrick bringt das Werbeobjekt und die Requisiten in Bewegung. Die Gegenstände bewegen sich scheinbar von selbst, so daß ihr statischer Zustand in eine dynamische Aktivität umgeformt wird. Die Objekte selbst werden somit Träger des Handlungsablaufs. Mit dieser Technik besteht daher die Möglichkeit, den Zuschauer in Spannung zu halten, auch ohne daß Personen auf dem Bildschirm erscheinen.

4. Beim Puppentrick finden Marionetten, Handpuppen und Trickpuppen Verwendung. Die beiden ersten Arten werden in ihrem Bewegungsablauf gefilmt, Trickpuppen müssen für jede Bewegungsphase neu aufgestellt und fotografiert werden. Puppentrick erweckt häufig märchenhafte, kindliche, also stark gefühlsbetonte Vorstellungen; jedoch auch humoristisch-groteske Darstellungen sind insbesondere mit Trickpuppen möglich.

5. Mit Hilfe von Fototrick kann der Eindruck des Realfilms oder des Sachtricks erweckt werden. Nacheinander aufgenommene, retuschierte Fotografien oder Zeichnungen vermitteln die Illusion einer Bewegung, so daß eine Filmwirkung entsteht, ohne daß eine Produktion im Filmstudio erforderlich ist. Der Vorzug dieser Technik besteht vor

allem in den geringeren Herstellungskosten. Ebenfalls aus Kostengründen, jedoch auch aus Gründen der besseren Wirksamkeit, werden die genannten Techniken häufig innerhalb eines Spots miteinander kombiniert.

6. Zu allen Techniken gehört in akustischer Hinsicht die S p r a c h e. Es gibt wohl kaum einen Spot, in dem nicht zumindest der Name des Werbeobjekts auch ausgesprochen wird, denn eine gleichzeitige optische und akustische Darbietung der Werbebotschaft erhöht wesentlich ihren Wahrnehmungswert und ihre Eindruckskraft. Die sprachliche Gestaltung kann sein: Kommentar – in diesem Fall bleibt der Sprecher üblicherweise außerhalb des Bildes – bzw. Monolog oder Dialog innerhalb der szenischen Darstellung. Neue Möglichkeiten ergeben sich mit den Mitteln der Elektroakustik, um besondere Klangeffekte, wie z. B. Trickstimmen, Hall- und Echowirkungen, zu erzielen.

7. Die M u s i k tritt in der Fernsehwerbung meist als Hintergrundmusik im Stil der Unterhaltungs- bzw. Tanzmusik auf. Nur selten sind Spots kompositorisch durchgestaltet; dann bildet die Musik nicht nur einen mehr oder weniger unauffälligen Stimmungshintergrund, sondern interpretiert mit musikalischen Charakterisierungen den Inhalt der Werbebotschaft. Eine weitverbreitete Kurzform der musikalischen Gestaltung sind die Klangeffekte. Hierbei handelt es sich um kurze, signalartige Klangfolgen, die die optische und sprachliche Beweisführung der Werbebotschaft gewissermaßen unterstreichen sollen.

Ähnliches gilt für G e r ä u s c h e f f e k t e, soweit sie irgendwelche Charakteristika des Werbeobjekts illustrieren und nicht lediglich akustischer Bestandteil des Handlungsablaufs sind.

IV. Gestaltungsgrundsätze

Die Gestaltung der Fernsehwerbung erfolgt generell nach dem Grundsatz, ein M a x i - m u m a n W e r b e w i r k u n g zu erzielen. Werbewirkung hat ein Spot dann, wenn durch ihn ein erstrebtes Werbeziel erreicht wird, Kriterium der Werbewirkung ist demnach der Werbeerfolg. Maßgebliche E r f o l g s k a t e g o r i e n für die Gestaltung der Fernsehwerbung sind:

1. Der Berührungserfolg; d. h. die Spots müssen so eingeschaltet werden, daß eine möglichst große Zahl aller potentiellen Fernsehzuschauer erreicht wird.
2. Der Beeindruckungserfolg; die Zuschauer müssen die Sendung nicht nur empfangen, sondern auch apperzipieren.
3. Der Gedächtnis- oder Erinnerungserfolg; die durch den Spot vermittelte Werbebotschaft muß im Gedächtnis der Zuschauer eine Zeitlang haften bleiben.
4. Der Interesseweckungserfolg; der Spot soll bei den Zuschauern den Entschluß auslösen, den Kauf des Werbeobjekts in Erwägung zu ziehen und des weiteren in den definitiven Kaufentscheid, also den Aktionserfolg, münden.

Werbewirkung und Zielstrebigkeit erhält ein Spot durch seine formale und inhaltliche Gestaltung.

1. Zur f o r m a l e n G e s t a l t u n g gehören, ausgehend von der quantitativen und der qualitativen Zuschauerforschung, also der Erforschung ihrer demographischen Struktur, ihrer Sehgewohnheiten sowie ihrer Einstellungen und Meinungen zur Fernsehwerbung alle dispositiven Maßnahmen hinsichtlich Einschaltzeit, Einschalthäufigkeit, Spotlänge

und dergleichen. Die formale Gestaltung zielt vor allem auf den Berührungserfolg ab. Hierbei handelt es sich hauptsächlich um Probleme der optimalen Streuung (vgl. hierzu den Artikel „Rundfunk- und Fernsehen als Streumedien" im gleichen Kapitel dieses Handbuchs) und hinsichtlich der Einschalthäufigkeiten und der Spotlängen auf den Gedächtniserfolg.

2. Zur inhaltlichen Gestaltung gehört die Darstellung der Werbeidee, des Rahmens der Werbebotschaft, als zeitlicher Handlungs- bzw. Bewegungsablauf mit optischen und akustischen Mitteln. Im geistigen Zentrum jedes Werbespots hat das Werbeobjekt zu stehen; wesentlicher Gestaltungsgrundsatz ist daher, daß es optisch mit profilierter Prägnanz dargeboten wird. Daraus können sich unter Umständen Rückwirkungen auf fernsehwirksame Produkt- bzw. Packungsgestaltung ergeben. Eine Intensivierung der Werbeobjektprägnanz und damit der Beeindruckungs- und der Gedächtniswirkung kann durch weitere optische Mittel, zum Beispiel durch schriftliche Wiederholung des Produktnamens, sowie durch akustische Mittel, wie zum Beispiel durch sprachliche oder gesangliche Darbietung des Namens des Werbeobjekts, erreicht werden.

Die Darstellung des Werbeobjekts allein ergibt noch keinen Werbespot. Damit dieser bis zu Ende betrachtet wird, müssen die Neigungen und Interessen der Zuschauer angesprochen werden. Die Fernsehwerbung soll darum nicht nur eine Information vermitteln, obwohl dies allein in verschiedenen Fällen ausreichen kann — zumal wenn es sich um technisch neueste Waren handelt, die sich von vornherein des allgemeinen Interesses erfreuen. Vor allem aber soll die Fernsehwerbung den Zuschauer unterhalten. Die spannende, amüsante, unterhaltende Form des Werbespots erhöht entscheidend die Werbewirkung, da auf diese Weise bestehende allgemeine Aversionen der Zuschauer gegen Werbung überspielt werden. Information und Unterhaltung sollen daher die beiden Säulen der schöpferischen Gestaltung einer Fernsehwerbung sein.

Um einer Werbebotschaft Gestalt zu verleihen, bedarf es zunächst einmal der schöpferischen Idee — des Einfalls —, es muß eine werbewirksame Situation erfunden werden, in der das Werbeobjekt präsentiert wird. Analytische Aussagen über den schöpferischen Akt lassen sich kaum machen. Es kann lediglich festgehalten werden, daß die Ideen in einer bestimmten Richtung verlaufen müssen, d. h. die inhaltliche Konkretisierung des schöpferischen Einfalls soll nach den Prinzipien der Werbewirksamkeit erfolgen. In der Literatur werden demzufolge weitgehend Regeln aufgestellt, nach denen die inhaltliche Gestaltung zu vollziehen ist. Allgemein soll die Fernsehwerbung nicht zu laut und nicht aufdringlich sein; sie wird innerhalb der häuslichen Atmosphäre empfangen und muß sich dieser anpassen. Die Spots sollen im übrigen so gestaltet sein, daß der Betrachter genügend Zeit hat, ihren Inhalt wahrzunehmen und zu erfassen. Zuviel Bewegung, zu viele Bildschnitte, zu viele Argumente und zu unruhiger Ablauf werden demnach die Aufnahme erschweren. Des weiteren wird gefordert, daß die Fernsehwerbung glaubwürdig und vertrauensvoll sein soll; Übertreibungen sind daher zu vermeiden. Die Spots sollen eine Kurzgeschichte erzählen, sich dabei jedoch auf das Wesentliche beschränken und nicht mehr sagen als nötig. Insbesondere soll die Fernsehwerbung Sympathien beim Zuschauer wecken, sie soll sich daher weitgehend an das Gefühl wenden.

Bei einer derartigen Aufzählung von Regeln kann das Wesen der Gestaltung der Fernsehwerbung sicher nur unvollkommen erfaßt werden, denn es lassen sich immer wieder Fälle denken, bei denen diese Regeln versagen. Die Wirksamkeit eines Spots geht häufig genug mit dem Grade seiner Ausgefallenheit einher, also gerade die Abweichung von der Regel führt oft zum Werbeerfolg. Hier soll daher auf Gestaltungsrezepte verzichtet werden. Demgegenüber wird, ausgehend von einer ganzheitlichen Konzeption, eine systematische Grundlegung der gestalterischen Prinzipien angestrebt.

Werbespots sollen demnach so entworfen werden, daß sie eine „g u t e G e s t a l t" im gestaltpsychologischen Sinne aufweisen. Um dieses zu erreichen, müssen sie sowohl eine äußere als auch eine innere Einheit haben. Die äußere Einheit wird von der Gestaltfestigkeit bestimmt, für die wiederum die Prägnanz der Darstellung maßgeblich ist. Prägnanzbildend sind alle gestalterischen Komponenten, die insbesondere auf den Wahrnehmungs-, Aufmerksamkeits- und Beeindruckungswert abzielen. Die Gestaltfestigkeit ist zudem entscheidend für den Gedächtnis- und Erinnerungswert eines Spots. Die innere Einheit erhält ein Werbefilm durch seinen Aufforderungscharakter und seine Anmutungsqualitäten. Ein Aufforderungscharakter entsteht allgemein über Einflußnahme auf spezielle Bedürfnisse und Interessen des Zuschauers mittels logisch-rationaler Argumente. Ein Beeindruckungs- und Interesseweckungserfolg mit einem Appell an die Vernunft allein kann jedoch üblicherweise nicht erzielt werden. Ein Spot muß daher gleichzeitige Anmutungen auslösen, d. h., er muß das Werbeobjekt dem Zuschauer durch Akzentuierung seiner subjektiven Eigenschaften auch gefühlsmäßig nahebringen.

Der Werbespot wird zwar vom Betrachter als Ganzheit aufgenommen, aber eine gesonderte Betrachtung der g e s t a l t b i l d e n d e n K o m p o n e n t e n ist dennoch erforderlich, da sich aus diesen die Qualität der Gestalt ergibt. Allgemein wurde bereits zwischen optischen und akustischen Komponenten unterschieden. Entsprechend dem übergeordneten, von der Eigenart des Werbeobjekts bedingten Entwurf kann die optische Seite des Spots eine Demonstration oder eine symbolische Darstellung beinhalten.

Die D e m o n s t r a t i o n betont im allgemeinen den objektiven Gebrauchsnutzen des Werbeobjekts durch Herausstellen seiner Wirtschaftlichkeit und technischen Effizienz. Das Werbeobjekt wird hierbei daher meist im Gebrauch bzw. in der Anwendung gezeigt. Die s y m b o l i s c h e D a r s t e l l u n g akzentuiert demgegenüber subjektive Produkteigenschaften. Hierbei wird allgemein weniger die Gebrauchsanwendung des Werbeobjekts gezeigt, sondern gewissermaßen das Ergebnis seiner Verwendung, das Werbeobjekt als Begründer von Glück, Erfolg, Genuß oder Prestige.

Der a k u s t i s c h e n S e i t e der Gestaltung kommt besondere Bedeutung zu, denn über den Gehörsinn kann die Eindringlichkeit der Fernsehwerbung ganz entscheidend beeinflußt werden.

Gegenstand der s p r a c h l i c h e n G e s t a l t u n g ist die Argumentation. Je nach Anlage der Werbung – ob objektive oder subjektive Eigenschaften herausgestellt werden sollen – ist die Argumentation mit logisch-rationalen Mitteln durchzuführen, sie ist dann Erklärung oder Überzeugung, oder mit emotionalen Mitteln, in diesem Fall ist sie Überredung bzw. Suggestion. Überzeugungs- bzw. Überredungskraft erhält die Argumentation einerseits durch sprachliche Dynamik hinsichtlich Wortwahl und Satzbildung, zum anderen durch sprachklangliche Durchführung hinsichtlich Stimmton, Timbre und Sprachmelodie.

Auch die m u s i k a l i s c h e n M i t t e l sind entsprechend der rationalen oder emotionalen Konzeption des Spots einzusetzen. Musik ist geeignet, sowohl objektive als auch subjektive Produktinhalte zu interpretieren. Eine Illustration objektiver Produkteigenschaften durch tonmalerische Verwendung der musikalischen Mittel ist durchaus möglich. Von besonderer Wirksamkeit ist die Musik infolge ihrer stimulierenden Wirkung naturgemäß im Bereich des Emotionalen. Sie ist darum hervorragend geeignet, die gefühlsbetonten, lustauslösenden Eigenschaften des Werbeobjekts auszudrücken. Illustration und Stimulierung sind daher die beiden wesentlichen Kategorien der musikalischen Gestaltung.

Auch die Verwendung der G e r ä u s c h e soll in objektiver und subjektiver Hinsicht erfolgen. Geräusche sind zunächst einmal die akustischen Begleiterscheinungen des realen Handlungsablaufs und führen somit zu einer naturgetreuen Darstellung. Darüber hinaus können Geräusche den Zuschauer unbewußt zu einer bestimmten gefühlsmäßigen Einstellung zum Werbeobjekt veranlassen. Bestimmte Eigenschaften eines Produktes können so oftmals durch ein charakteristisches, seine Qualität demonstrierendes Geräusch in knappster Form plastisch veranschaulicht werden.

Literatur:

Behrens, Karl Christian: Absatzwerbung. In: Die Wirtschaftswissenschaften, hrsg. von Erich Gutenberg, Wiesbaden 1963.

Bessler, Hansjörg, u. Bledjian Frank: Systematik der Massenkommunikationsforschung, hrsg. von Karl Gustav Specht, München, Basel 1967.

Jacobi, Helmut: Werbepsychologie – Ganzheits- und gestaltpsychologische Grundlagen der Werbung, Bd. 7 der Studienreihe „Betrieb und Markt", hrsg. von Karl Christian Behrens, Wiesbaden 1963.

Köhler, Willy: Gesprochene Werbung – Hörbare Visitenkarten, Berlin 1957.

McMahan, Harry Wayne: Fernsehwerbung – Gestaltung und Produktion wirksamer Werbesendungen, Düsseldorf 1957, deutsche Übersetzung von: The Television Commercial, New York 1954.

Schweizer, Hans Ulrich: Schöpferische TV-Werbung, Thalwil – Zürich 1964.

Steinmann, Mathias: Das Werbefernsehen im Konkurrenzkampf der Werbemittel und Werbeträger, Zürich 1967.

Winkler, Ernst: Die Fernsehwerbung, eine betriebswirtschaftliche Untersuchung, Zürich 1963.

Film- und Diapositivwerbung
Von Friedrich-Georg Amberg, Hamburg

I. Entwicklung

1895 fanden die ersten Filmvorführungen durch die Brüder Skladanowsky im Wintergarten in Berlin statt, 1896 durch Pathé in Paris, aber erst nach der Jahrhundertwende entstanden die ersten bescheidenen Kinotheater. Im Jahre 1922 wurden die ersten Tonfilme gezeigt, und noch jünger ist der Mitte der dreißiger Jahre eingeführte Farbfilm. Im Jahre 1910 läßt sich Julius Pinschewer den Gedanken, den Filmstreifen für Werbung zu nutzen, patentamtlich schützen. Die starke Aussagekraft des Filmes zwingt Millionen Menschen in ihren Bann, sie schafft Vorstellungen, prägt Meinungen, weist Richtungen, spiegelt das Zeitgeschehen und den Zeitgeschmack wider, ist Triebfeder und weckt Wünsche. Besonders die jüngere Generation, die nach Erlebnissen strebt, sieht sich – trotz Fernsehen – durch den Film angesprochen. Einen Film auf der Riesenleinwand zu sehen ist schon durch das Gemeinschaftserlebnis von großer Eindringlichkeit. Während es in den Jahren vor dem Kriege vielen Menschen zur Gewohnheit geworden war, „i h r Stammkino" an „i h r e m Kinotag" zu besuchen, hat sich in dieser Gewohnheit heute ein Strukturwandel vollzogen. Man geht heute zu d e m Film, den man sich ausgesucht hat, der Gesprächsthema ist und der eigenen Mentalität und Stimmung entspricht.

II. Besonderheiten und Wirkungsprinzipien

Der Werbefilm bietet durch die große Zahl der Filmtheater und ihre gleichmäßige Verteilung über das Bundesgebiet die Möglichkeit gezielter Streuung. Seine außerordentlich überzeugende und eindringliche Wirkung ergibt sich aus folgenden Faktoren:

1. Der Umworbene befindet sich – bequem sitzend – in einer aufnahmebereiten Stimmung.
2. Das lebendige Geschehen macht neugierig, fesselt die Aufmerksamkeit, steigert die Spannung. Durch Bild und Ton werden Auge und Ohr gleichzeitig angesprochen.
3. In dem verdunkelten Raum ist der Blick zwangsläufig auf das leuchtende, farbige Bild auf der Leinwand gerichtet. Der Lichtstrahl dringt technisch und physisch offensiv auf den Besucher ein.

4. Allen Werbungtreibenden steht eine gleich große Leinwand zur Verfügung. Die Werbeaussage kommt allein und voll zur Geltung; keine andere Werbung zieht das Interesse ab.
5. Da die für den Werbefilm zur Verfügung stehende Zeit auf etwa 7 – 8 Minuten begrenzt ist, was etwa 200 Meter Werbefilm entspricht, wird der Besucher nicht mit Werbung überfüttert.
6. Als einziges der Massenmedien gewährt der Werbefilm im Prinzip Konkurrenzausschluß. Dieser Grundsatz bereitet den Kinos zwar oftmals Dispositionsschwierigkeiten und führt in der Saison bei größeren Theatern zu Engpässen; aber am Grundsatz des Konkurrenzausschlusses wird im Interesse der Werbungtreibenden festgehalten.

III. Werbeträger und Werbemittel

1. Die Leinwand

Werbeträger ist die Leinwand, deren Ausmaße je nach Größe und baulichen Möglichkeiten verschieden sind und von etwa 10 qm bei kleineren Kinos bis zu etwa 100 qm bei Spitzentheatern reichen. Abgesehen von überdimensionalen Breiten auf der Leinwand, sind drei Größenverhältnisse üblich:

Normal-Format im Verhältnis Höhe 1 zu Breite 1,2
Breitwand-Format im Verhältnis Höhe 1 zu Breite 1,85
Cinemascope-Format im Verhältnis Höhe 1 zu Breite 2,25.

Materialmäßig vollzieht sich die Projektion auf die Leinwand entweder über das Diapositiv (Stehbild) oder den Werbefilm.

2. Das stumme Dia

Das Diapositiv besteht aus zwei Glasplatten im Außenformat von 85 x 85 mm. Auf der einen Glasplatte befindet sich das zu projizierende Bild, oder zwischen den beiden Glasplatten liegt ein Film als Bildträger. Der Bildausschnitt soll nach der Deutschen Industrienorm für das Normalformat eine Höhe von 55 mm und eine Breite von 66 mm nicht überschreiten. Wenn dieses Format in der Höhe überschritten wird, dann wird das Bild bei der Projektion oben und unten angeschnitten, wodurch manchmal wichtige Teile (Adresse) fehlen und sich ein unschönes Gesamtbild ergibt.

Fast alle Filmtheater können heute Diapositive im Breitwandformat wiedergeben. Hierfür soll der Bildausschnitt im Diapositiv 38 mm hoch und 70 mm breit sein. Eine begrenzte Zahl von Filmtheatern kann auch Diapositive im Cinemascope-Format vorführen. Dabei ist der Bildausschnitt im Dia der gleiche wie beim Normalformat, jedoch wird der Entwurf bei der Herstellung des Dias durch anamorphotische Aufnahme in der Breite zusammengerafft und bei der Projektion wieder entzerrt.

Die Standzeit des stummen Diapositivs beträgt nach den Geschäftsbedingungen zehn Sekunden; während seiner Vorführung wird von Industrieschallplatten Musik gespielt.

3. Das bewegliche Dia

Oft ist versucht worden, in das stehende Diapositiv einen Bewegungseffekt einzubauen. Hierzu wurde zwischen den beiden Deckplatten ein Mechanismus konstruiert, der durch einen sanduhrartigen Vorgang oder durch eine ölige Flüssigkeit einen auf dem Prinzip der Schwerkraft beruhenden Vorgang auslöste. Durch Freigabe eines zunächst verdeck-

Film- und Diapositivwerbung 561

ten Bildteiles und durch eventuelle Verdeckung eines anderen Teiles wird eine Bildveränderung bewirkt. Auch rein mechanische Lösungen sind versucht worden. Diese Bemühungen haben sich jedoch in der Praxis nicht durchgesetzt.

4. Das Tondia
Zum stehenden Bild ertönt meist über Schallplatte oder Tonband ein individueller Werbetext, evtl. untermalt mit Musik oder Geräuschkulisse. Die Vorführzeit eines Ton-Diapositivs dauert allerdings 20 Sekunden. In dieser Zeit läßt sich ein Werbetext von etwa 60 Silben durchgeben.

5. Das Filmdia
Eine Zwischenstufe zwischen dem Diapositiv und dem Werbefilm bildet das Filmdia. Es wurde geschaffen, um in Kostengrenzen, die dem des Diapositivs nahe liegen, echte Bewegung in das Bild zu bringen. Materialmäßig besteht es aus einem Filmstreifen. Da die Länge jedoch nur sechs Meter beträgt (Vorführdauer von 13,2 Sekunden), ist eine filmische Gestaltung im eigentlichen Sinne kaum möglich und verbietet sich auch vom Produktionspreis her. In der Gestaltung entwickelt sich in einfacher Schiebe-, Lege-, Einblende- und Überblendetechnik in Schrift und Bild ein plakatives Endbild, ähnlich einem Diapositiv. Der Streifen ist ohne eigenen Ton und wird bei der Vorführung von Schallplattenmusik begleitet.

6. Das Filmlet
Das Filmlet ist ein kleiner Filmstreifen von 10 bis 19 Metern. Die Gestaltung kann unterschiedlich sein, je nach den Kostengrenzen, die der Auftraggeber setzt. So gibt es Filmdias als Filmlets oder aufwendigere bis zu allen filmischen Möglichkeiten in Real- und Trickmanier. Das Filmlet hat im Gegensatz zum Filmdia eigenen Ton, seine Laufzeit beträgt bei 10 Metern Länge 22 Sekunden. Da sich die Einschaltkosten beim Filmlet wie beim Werbefilm nach der Filmlänge, also nach Metern, errechnen, ist es heute bei großen Markenfirmen sehr beliebt. Die infolge der Kürze niedrigen Einschaltungskosten ermöglichen eine breite Streuung.

7. Der Werbefilm
Der Werbefilm beginnt erst mit einer Länge von 20 Metern bis zur theoretischen Höchstlänge von etwa 200 Metern. Diese Höchstlänge ergibt sich aus der für Werbevorführungen zur Verfügung stehenden Zeit. Werbliche Filme von größeren Längen werden als Public-Relations-, Dokumentar-, Werk- und Industriefilme bezeichnet und können im Filmtheater nur in besonderen Matinéen gezeigt werden. Die heute gebräuchlichsten Längen liegen bei 30–50 Metern.

Schier grenzenlos sind die Darstellungsmöglichkeiten in den verschiedenen Produktionstechniken, wie Real-, Zeichentrick-, Sachtrick-, Puppenfilmen und Mischungen der verschiedenen Techniken. Bildliche Darstellungen überzeugen mehr als Worte. Die oft schwierige Erklärung der praktischen Anwendung angebotener Artikel läßt sich durch den Film überzeugend illustrieren. Fast alle Filmtheater sind auf die normale Filmbreite von 35 mm eingerichtet. Auf einen Filmstreifen von einem Meter reihen sich 52,6 Bilder hintereinander.

Die sich für die verschiedenen Meterlängen ergebenden Bildzahlen und Vorführsekundenzeiten zeigt die nachfolgende Tabelle. In ihr ist auch die Silbenzahl angegeben, die normalerweise gesprochen werden kann. Selbstverständlich wird man diese Höchstgrenze niemals ausnutzen, zumal ein Werbefilm neben dem Text Musik und Geräuschkulissen zu bringen pflegt.

Film-Laufzeit-Tabelle

Meter	Bilder	Silben	Sekunden
1	52,6	7	2,2
10	526	70	22,0
20	1052	140	44,0
30	1578	210	66,0
40	2104	280	88,0
50	2630	350	110,0

IV. Die Gestaltung

1. Das Diapositiv

Wenn man mit den Augen des Ästheten oder des Werbefachmannes sieht, ist es keine reine Freude, vor dem Hauptfilm die Dia-Schau passieren zu lassen. Dabei läßt uns nicht die Zahl der Dias uninteressiert werden, denn es sollen nicht mehr als 30 (Höchstzahl der Dias) mal 10 Sekunden (Standzeit), also 300 Sekunden sein, und das wären nur fünf Minuten. Aber es ist kein Geheimnis, daß diese Zahl bezahlter Diapositive heute oft nicht erreicht wird. Eigentlich wäre dies ein zur Dia-Werbung anreizender Grund, weil die Werbung nicht in der Masse untergeht. Das Dia als Werbemittel ist also nicht schuld daran, wenn an der Dia-Werbung Kritik geübt wird. Es besitzt vielmehr hervorragende Werbeeigenschaften!

Grund zur Unzufriedenheit gibt jedoch die mangelhafte technische und künstlerische Gestaltung. Nun könnte man zwar einwenden, daß es ebenso viele schlechte Anzeigen wie unbefriedigende Dias gibt und mindestens so viele hervorragende Dias wie gute Anzeigen. Aber damit kommen wir nicht voran. Das Dia ist eine „Mußwerbung". Wir können an ihm nicht vorbeisehen. Dem von der Leinwand reflektierten Lichtstrahl, der offensiv auf uns eindringt, können wir uns nicht entziehen. So kann diese werbliche Stärke zu einem Nachteil werden, wenn uns das Leinwandbild unbefriedigt läßt.

Das Dia kann nichts dafür. Seine Einschaltung kostet gleich viel, ob es gut oder schlecht gestaltet ist.

Verstehen nun die Gebrauchsgraphiker und Werbefachleute, die Dias entwerfen, weniger als jene, die gute Anzeigen und Plakate machen? Nein, denn es sind ja in der Regel die gleichen Personen. Aber sie nehmen oft zu wenig Rücksicht auf die technischen Bedingtheiten der Gestaltung eines Dia-Entwurfes. Darum sei klar gesagt: Diese Bedingtheiten sind grundverschieden von denen des Anzeigen-, Plakat- und Prospekt-Entwurfs. In einzelnen Punkten fordern sie geradezu das Gegenteil.

Zunächst der Untergrund: Was man schwarz auf weiß besitzt... – so gilt es für die Druckerkunst. Das weiße Papier ist etwas Neutrales. Wir empfinden es nicht mehr als Farbe, sondern es ist einfach da, und wir sehen nur das darauf Gedruckte. Da wirkt

Film- und Diapositivwerbung

die Farbe, je voller sie ist, und das Papier wird ganz vergessen. Deshalb auch die belebende Wirkung, wenn der Drucker statt des weißen Papiers ein farbiges wählt.

Genau umgekehrt liegt es beim Dia-Entwurf: Da ist der schwarze oder tiefdunkle Untergrund das Neutrale, das wir gar nicht empfinden, weil es in dem verdunkelten Raum untergeht. Aber die hellen, weißen, gelben oder hellroten Stellen reflektieren den Lichtstrahl von der Leinwand.

E r s t e E r k e n n t n i s : Alles, was in Schrift oder Bild in Erscheinung treten soll, muß hell hervortreten, und alles, was weniger wichtig ist, muß satte Farben tragen, um im tiefdunklen Ton oder Schwarz zurückzutreten.

Dann die S c h r i f t g r ö ß e : Normalerweise lesen wir mühelos Texte in Nonpareille oder Petit. Das ist im Filmtheater nicht anders. Man lasse sich nicht dadurch täuschen, daß die Schrift in dem ja größer gezeichneten Originalentwurf gut lesbar war, und daß sie auf der Leinwand, nach Zentimetern gemessen, sogar riesengroß erscheint. Das wird durch die Entfernung aufgehoben, in der wir zur Leinwand sitzen. Erkennbar für den Kinobesucher ist nur ein Text, der auf dem Original-Dia mühelos zu lesen ist.

Z w e i t e E r k e n n t n i s : Der Entwurf muß so angelegt sein, daß die Schrift bei einer Verkleinerung des Entwurfes auf 55 x 66 mm noch 2½ bis 3 mm hoch bleibt; kleinere Texte kann man gleich fortlassen, denn die Betrachter können sie doch nicht lesen.

Nun zur G r ö ß e d e s E n t w u r f e s : Warum ist die Schrift auf so vielen Diapositiven zu klein? Weil die Originalzeichnung zu groß angefertigt wurde! Man verliert dann den Maßstab, weil ja alles schön zu erkennen ist und man die starke Verkleinerung nicht bedenkt. Natürlich wäre es Unsinn, den Entwurf in Originalgröße des Dias zu zeichnen. Das wäre nicht nur zu mühevoll und nur mit der Lupe zu schaffen, sondern es müßte zwangsweise auch ungenau werden. Der goldene Mittelweg ist auch hier der beste.

D r i t t e E r k e n n t n i s : Die Originalvorlage soll etwa vier- bis fünfmal so groß wie der 55 x 66 mm betragende Dia-Bildausschnitt angefertigt werden. Also etwa 25 x 30 cm, und natürlich im Querformat, denn die Leinwand ist ja auch breiter als hoch.

Und nun zum T e x t : Sicher ist über Geschäft, Ware, Leistung ein ganzer Roman auszusagen. Aber muß dieser Roman auf das arme Dia? Niemand ist ein Gedächtniskünstler, der die Telefonnummer auswendig behält oder sie etwa im Dunkeln notiert. Ein Dia steht zehn Sekunden auf der Leinwand. In dieser Zeit spricht man normalerweise dreißig Silben; mehr sollte man auch dem Leser nicht zumuten.

V i e r t e E r k e n n t n i s : Auf einem Dia sollen nicht mehr als dreißig Silben Text stehen. Das wird gelesen und aufgenommen. Mehr ist vom Übel, denn es hält von der Lesefreudigkeit ab. Was zeitlich nicht mehr gelesen werden kann, wirkt nicht und belastet nur den zur Verfügung stehenden Raum.

I n F a r b e n könnte man sich austoben. Viele Dias werden heute im Farbtonverfahren hergestellt. Da können unzählige Farben Verwendung finden. Aber auch wenn sie nach alter Methode im Handkolorierverfahren gefertigt werden, spielt die Anzahl der Farben im Gegensatz zum Druck keine Rolle. Diese Möglichkeit sollte genutzt werden, um dem Dia farblich die richtige Stimmung zu geben, um die Hausfarben anzubringen und um schon im Farbwert Wichtiges vom Unwichtigen zu distanzieren. Man braucht diese Farben aber nicht, um Aufmerksamkeit zu erregen. Wenn Farben im Plakat, im Prospekt und in der Anzeige die Aufgabe haben, die Werbung besonders ins Auge springen zu lassen, so ist diese Zielsetzung beim Dia überflüssig. Das Dia steht ja für sich allein und kann somit darauf verzichten, sich durch Farben besonders hervorheben zu wollen. Gewiß, die technische Möglichkeit verleitet zum Schwelgen in vielen und grellen Farben. Werblich besteht aber dazu keine Notwendigkeit.

Fünfte Erkenntnis: Man nehme so viele Farben wie man will, aber vermeide grelle, allzu aufdringliche Töne und passe die Farbstimmung des Entwurfes der Stimmung des Kinobesuchers an.

Und nun noch zum Entwurf selbst: Man erlebt oft, daß ein Plakatentwurf einfach zum Diaentwurf übersetzt wird. Abgesehen von den bereits oben geschilderten daraus hervorgehenden Mängeln haben die meisten Plakate Hochformat, das Dia dagegen Querformat. Wer beispielsweise ein Plakat, das im Verhältnis 5 hoch und 3 breit ist, einfach in den Dia-Entwurf übernimmt, nutzt damit nur die Hälfte der Leinwand aus. Wer einen Rand um den Entwurf zieht, begrenzt das Feld ebenfalls. Verzichtet man aber auf den Rand und läßt Bild und Schrift einfach stehen, so erweitert sich die Wirkung in den ganzen Raum hinaus.

Die Frage, ob Foto oder Zeichnung verwendet werden soll, kann natürlich nicht grundsätzlich entschieden werden. Fest steht, daß auf der Leinwand, die von Natur aus dazu ausersehen ist, Fotografien wiederzugeben, auch ein Foto als Dia oder im Dia besonders wirksam ist. Für die moderne grafische, fotografische und typografische Entwurfsgestaltung ist das Dia besonders prädestiniert. Man vermeide jedoch Überladungen. Das Dia steht zehn Sekunden, und in dieser kurzen Zeit soll – ähnlich wie beim Plakat – die gesamte Werbeaussage mit einem Blick erfaßt werden.

Sechste Erkenntnis: Nicht zuviel Text in den Entwurf; Querformat im Verhältnis 5 zu 6, kein Rand! In bezug auf die moderne Gestaltung braucht man sich jedoch keine Grenzen aufzuerlegen.

2. Film

Im Film lassen sich ohne weiteres unrealistische, ja utopische Vorstellungen bildlich darstellen, aber auch der praktische Wert und Nutzen einer Ware oder Leistung kann nirgends überzeugender als durch den Film veranschaulicht werden. Wenn also die Darstellungsmöglichkeiten des Filmes dank der modernen Technik fast unbegrenzt sind, so ergeben sich doch beim Werbefilm zwangsweise Begrenzungen durch die zur Verfügung stehende Zeit bzw. die vorgegebene Meterlänge. Wie aus der oben verzeichneten Filmlaufzeittabelle ersichtlich, hat das Filmlet eine Länge von 10 – 19 Metern und damit eine Laufzeit von 22 bis 41,8 Sekunden. Der eigentliche Werbefilm beginnt mit 20 Metern (44 Sekunden), über die heute bevorzugte Länge von 33 Metern (66 Sekunden), also gut eine Minute, bis zu größeren Längen. Damit sind die zeitlichen Grenzen der werblichen Aussage festgelegt. Immerhin beginnt die Länge selbst kleiner Filmlets dort, wo der Fernsehspot, der heute in der Regel bei 10 und 20 Sekunden liegt, aufhört. Dieser längere Zeitraum sollte daher genutzt werden, die nüchterne Produktaussage und damit die oft zu „Holzhammermethoden" zwingende Gestaltung in einen atmosphärischen Rahmen zu bringen, der die rechte Aufnahmebereitschaft für die Annahme der Werbebotschaft durch den Umworbenen schafft.

Wichtig ist es jedoch, sich bei der Konzeption einer Werbefilmidee die Situation des Kinobesuchers klarzumachen. Er geht ins Kino, um sich unterhalten zu lassen, Entspannung, Anregung und Freude zu finden. Das ist die „weiche Stelle" des Kinobesuchers. Diese Seite muß anklingen, und die übliche Länge des Werbefilms bietet dazu ausreichend Zeit.

Film- und Diapositivwerbung

Die dennoch vorhandene Begrenzung zwingt zur Konzentration und läßt den Werbefilm nicht langweilig werden. Werbefilme sind heute eine Bereicherung des Spielfilmprogramms und werden von den Besuchern mit Interesse und – wenn humorvoll gestaltet – mit Vergnügen aufgenommen. Der Zeichentrickfilm kommt im übrigen infolge seiner Darstellungsart oft mit geringeren Längen aus, während dem Realfilm dagegen wohl mehr Überzeugungskraft innewohnt. Zwischen beiden Techniken liegt aber noch das weite Feld des Sachtricks, des Puppenfilms und anderer Kombinationen.

V. Streuung und Kosten

1. Transparenz, Voraussetzung für Streuung

Ende 1967 führten in der Bundesrepublik einschl. West-Berlins rund 4500 stationäre Filmtheater regelmäßige Vorstellungen durch. 1959 gab es dagegen noch 7000 Filmtheater. Noch stärker hat sich die Besucherzahl verringert, die 1967 mit etwa 245 Millionen Personen ausgewiesen wurde. Nach dem Krieg hatte zunächst ein beispielloser Aufschwung der Filmwirtschaft eingesetzt. Doch schon 1956 war die Besucherspitze mit etwa 800 Millionen Personen erreicht. In Verkennung der alten Erfahrung, daß Bäume nicht in den Himmel wachsen, wurden aber noch drei Jahre hindurch ständig neue Filmtheater errichtet. Seitdem hat eine „Gesundschrumpfung" eingesetzt, und heute mehren sich die Anzeichen, daß dieser Vorgang zum Stillstand kommt. Im übrigen spielten 1932 im gesamten damaligen Reichsgebiet rund 5000 Filmtheater mit einer Besucherzahl von rund 238 Millionen. Wenn man bedenkt, um wieviel kleiner das heutige Bundesgebiet ist, dann ergibt sich erst der rechte Maßstab für die Bedeutung des Kinofilms. Dabei verteilen sich die Filmtheater gleichmäßig über die Bundesländer, und in dieser Tatsache liegt eine der größten Stärken des Filmmediums, wenn es in einen Streuplan eingebaut werden soll. Denn Filmwerbung ermöglicht dem Werbenden eine gezielte Massenstreuung. Bei der Prüfung der Eignung eines Werbemediums zielen die ersten Untersuchungen nicht nur auf die Zahl der erreichten Menschen hin, sondern vor allem darauf, wie viele von ihnen als Interessenten in Frage kommen und wie stark sie beeindruckt werden können. Massenmedien sind immer dann gut, wenn es darauf ankommt, möglichst viele Menschen zu erreichen, die als Konsumenten in Frage kommen. Gezielte Werbung richtet sich auf einen bestimmten Personenkreis, sei es nach Alter, sozialer Schichtung, gebietsmäßig oder nach sonstigen Gruppierungen. Da die Filmtheater ziemlich gleichmäßig über das Bundesgebiet verteilt sind, kann unser Streubereich nach Nielsengebieten, Bundesländern, Postleitzahlen oder Regierungsbezirken bis in einzelne Landkreise hinein abgegrenzt werden.

Alle Überlegungen laufen darauf hinaus, daß es sich beim Werbefilm um ein Medium handelt, das trotz Massenstreuung einen gezielten Einsatz ermöglicht. Man muß nur diejenigen Filmtheater auswählen, in denen die meisten anzusprechenden Menschen zu finden sind. Wie treffen wir nun die r i c h t i g e A u s w a h l ? Es ist notwendig, daß sich heute Spezialfirmen mit der Werbung im Filmtheater befassen. Sie haben auf diesem Gebiet dieselben Kenntnisse und Erfahrungen, über die ein Anzeigenmittler auf seinem Sondergebiet verfügt. Diese Firmen nehmen für alle Filmtheater Aufträge zu Originalpreisen entgegen und finden ihre Rechnung in einer ihnen von den Kinos gezahlten Umsatzvergütung. Sie vermitteln dem Werbungtreibenden den für seine Planung notwendigen Überblick. Unter Berücksichtigung der Wünsche der Werbungtreibenden wählen sie Filmtheater aus, welche die erforderlichen Voraussetzungen erfüllen. Hohe Einschaltpreise, ja selbst die hohe Frequenz eines Filmtheaters besagt noch nicht, daß es für eine bestimmte Werbung geeignet ist.

Ferner muß der Werbungtreibende oder seine Agentur die Einsatztermine der Werbung bestimmen. Dabei ist zu beachten, daß die Werbung in den einzelnen Theatern zu dem wirkungsvollsten Zeitpunkt eingesetzt wird. Dabei können Schwerpunkte gebildet werden, je nachdem wie es die Abstimmung mit den anderen Werbemitteln verlangt.

Befindet sich ein Theater in einer größeren Stadt, dann läßt schon die Lage — ob im Stadtzentrum, in den Wohngebieten oder am Stadtrand — gewisse Schlüsse zu. Die Eintrittskarten werden bei der Beurteilung der einzelnen Theater und ihrer Besucher viel zu wenig beachtet. Es leuchtet ein, daß ein Filmtheater, dessen Eintrittspreise bei 2,50 DM beginnen und sich bis zu 7,00 DM oder mehr staffeln, einen anderen Besucherkreis erfaßt als ein Kino, dessen Eintrittspreise bei 1,50 DM liegen. Diese Beurteilung wird durch die Kenntnis des Spielfilmprogramms und der Dauer des Einsatzes einzelner Spielfilme ergänzt.

Jeder Werbungsmittler muß über die von ihm betreuten Filmtheater derartige Auskünfte geben können, ferner über die allgemeine Ausstattung des Theaters und seine technischen Einrichtungen. Ein Theater mit einer Normalfilmleinwand ist anders zu beurteilen als ein Theater mit Breitwand oder sogar Cinemascope-Vorführungsmöglichkeiten (mit Lichtton, Magnetton resp. Mehrkanalmagnetton). Von entscheidender Bedeutung ist natürlich die Größe des Filmtheaters und die Zahl seiner wöchentlichen Vorstellungen. Dennoch reichen diese Angaben allein nicht aus, denn den Werbungtreibenden interessiert ja nicht das Sitzplatzangebot, sondern die Frequenz des Theaters; für ihn ist es wesentlich, wie viele Kontakte er bei Belebung eines Theaters gewinnen kann.

2. Wie steht es mit den Preisen?

Seit es die Informationsgemeinschaft zur Feststellung der Verbreitung von Werbeträgern (IVW) gibt, sind auch die Preise transparent geworden. Obgleich die Meldungen zur IVW freiwillig sind, offenbaren ihr über 70 % der Filmtheater die Besucherzahlen. Die Relation zwischen dem geforderten Filmmeterpreis und der sich aus der IVW-Staffel ergebenden Besucherzahl ermöglicht die Errechnung eines Tausenderpreises. So interessant und aufschlußreich dieser Preis auch ist, so gefährlich ist es, sich durch ihn zu einer allgemeinen Schematisierung verleiten zu lassen. Die allgemeinen Voraussetzungen bei den einzelnen Theatern sind viel zu unterschiedlich, als daß man sie preislich „über einen Kamm scheren" könnte. Stadt- und Landkino, Erstaufführer oder Nachspieler, Studio oder Aktionskino, Altbau oder luxeriöser Neubau, nicht zuletzt das Spielfilmprogramm und vielerlei andere Eigenarten müssen berücksichtigt werden. Der Nutzen einer Tausenderpreiserrechnung liegt also vor allem darin, daß man erkennt, wieweit sich der für die Werbung geforderte Preis der aufgezeigten Linie nähert. Die Berechnungsgrundlagen sind für Diapositive und Werbefilme grundsätzlich verschieden. Während die Dia-Einschaltpreise auf Monatspreisen basieren, ist die Berechnungsgrundlage für Werbefilme der Wochen-Meter-Preis.

a) Einschaltbedingungen für stumme Diapositive

Aufträge auf Einschaltung von stummen Diapositiven werden über eine bestimmte Anzahl von Monaten erteilt, wobei der Normalfall der 12-Monats-Auftrag ist. Die Einschaltpreise sind je nach Größe und Bedeutung der Filmtheater unterschiedlich und bewegen sich von etwa 20 DM bis zu etwa 300 DM je Monat. Die monatlichen Einschaltpreise sind je nach Dauer des Auftrages gestaffelt. Der Grundpreis gilt im allgemeinen für Aufträge von 1 – 5 Monaten; bei 6 – 11 Monaten liegt der Preis 10 bis 20 % niedriger, bei Aufträgen auf 12 Monate um 20 oder mehr Prozent unter dem Einmonatspreis.

b) Einschaltbedingungen für Tondiapositive

Berechnung wie für stumme Diapositive zum monatlichen Staffelpreis. Da die Standzeit des Tondiapositivs jedoch mit 20 Sekunden doppelt so lang wie die eines stummen Diapositivs ist, und da zusätzlich noch der Tontext gebracht wird, kommt auf den Stummdiapreis im allgemeinen ein Aufschlag von 100 %.

c) Einschaltbedingungen für Filmdiapositive

Filmdias laufen grundsätzlich im Regelfall in einem Theater über 12 Monate, jedoch bieten die Kinowerbefirmen auch Turnusmöglichkeiten durch Wechsel zwischen zwei oder mehr Theatern an. Der Einschaltpreis wird wie beim Diapositiv ebenfalls monatlich berechnet, jedoch wird im allgemeinen für den 12-Monats-Filmdia-Auftrag der 6-Monats-Stummdia-Einschaltpreis angesetzt.

d) Einschaltbedingungen für Filmlets

Die Einschaltung und Berechnung erfolgt wochenweise, beginnend mit dem üblichen Programmwechsel am Freitag, endend am Donnerstag der folgenden Woche. Filmlets müssen jedoch immer mindestens für zwei aufeinander folgende Wochen eingeschaltet werden, damit die Mindestberechnungsgrenze von 20 Metern erreicht wird. Berechnungen zum Film-Meter-Wochenpreis wie bei Werbefilmen.

e) Einschaltbedingungen für Werbefilme

Die Einschaltung erfolgt jeweils für eine Woche, beginnend am Freitag bis einschl. Donnerstag der folgenden Woche. Der Film-Meter-Wochenpreis ist ebenfalls — wie bei den Diapositiven — je nach Größe, Bedeutung und Besucherzahl des Theaters unterschiedlich. Er beginnt bei kleinen und schwach besuchten Theatern bei etwa 1,50 DM je Woche und Meter und staffelt sich bei Spitzentheatern bis zu etwa 10 DM je Woche und Meter. Auf diese Preise wird entweder ein Mengen- oder ein Längen-Rabatt gewährt.

Die Mindestberechnung für einen Film beträgt, gleichgültig ob der Film kürzer ist, 20 Meter. Der Grundpreis gilt ohne Rabatt bis zu einer Länge von 49 Metern. Bei Längen zwischen 50 und 74 Metern Längennachlaß 5 %, bei Filmen von 75 und mehr Metern 10 %.

Anstelle des Längennachlasses wird nach Wahl des Auftraggebers ein Mengennachlaß gewährt, und zwar bei Abnahme innerhalb eines Jahres von insgesamt 100 Metern 5 %, bei 150 Metern 7½ %, ab 200 Meter 10 %. Werbefilme von weniger als 30 Metern Länge bleiben bei der Nachlaßberechnung unberücksichtigt, werden jedoch auf die Jahresabschlußmenge angerechnet.

Die Möglichkeit, die Filme von Woche zu Woche von einem zum anderen Theater wechseln zu lassen, ergibt eine außerordentliche Beweglichkeit dieses Werbemittels.

VI. Die Besucherfrequenz der Filmtheater

Die Zahl der Sitzplätze ist für jedes Filmtheater bekannt. Multipliziert man sie mit der Zahl der wöchentlichen Vorstellungen, so ergibt sich die Wochenkapazität des Theaters. Sitzplätze und Zahl der wöchentlichen Vorstellungen sagen schon etwas über die Bedeutung eines Theaters aus. Der Werbungtreibende möchte jedoch mehr wissen; ihn interessiert die Zahl der wirklichen Kontakte, die er durch die Vorführung seiner Werbung erreichen kann und nicht so sehr das Platzangebot.

Anders als bei Zeitungen und Zeitschriften, die ihre Druckauflage vorausbestimmen können, läßt sich beim Kino schwer die wahrscheinliche Anzahl der Besucher voraussagen, da sie nicht vorher bestimmbaren Schwankungen unterliegt. Es ist nicht so sehr die Jahreszeit, die den Kinobesucher beeinflußt. Seit Jahren ist bekannt, daß die monatliche Besucherkurve relativ gleich bleibt und in den besten und schlechtesten Besuchermonaten nur etwa um 10 % vom Mittel abweicht. Eher kann schon anhaltend schönes Wetter oder ein „Krimi-Reißer" im Fernsehen die Besucherzahlen senken. Umgekehrt beeinflußt sogenanntes „Kinowetter", also trübe Witterung, die Besucherzahlen günstig. Entscheidend ist aber, welcher Film gespielt wird. Dabei bringen keineswegs die kulturell wertvollsten Filme die höchsten Besucherzahlen. Die Kinobesitzer stehen immer wieder vor der Frage, ob ein neuer Film auch einschlagen wird. Im übrigen sind sie von dem jeweiligen Angebot der Verleihfirmen und den Verleihbedingungen abhängig.

Unter diesen Umständen war es früher sehr schwierig, den Werbungtreibenden verläßliche Unterlagen über die Streuung ihres zum Einsatz vorgesehenen Werbefilmes zu liefern. Seit dem Jahre 1959 versucht die IVW, dem Problem der Besucherfrequenz der Filmtheater näherzukommen. Sie weist die Besucherzahlen in 21 S t a f f e l n aus, und aufgrund der Besucherzahlen des Vorjahres werden die einzelnen Theater in IVW-Staffeln eingeteilt. Dabei genügt es nicht, daß das Theater die Besucherzahl angibt, sondern sie muß durch die Steuerbehörde aufgrund der zur Vergnügungssteuer abgerechneten Eintrittskarten beglaubigt sein. Die Staffeln gliedern sich wie folgt:

Staffel	jährliche Besucherzahl	wöchentliche Besucherzahl
1	bis 26 000 Besucher	bis 500 Besucher
2	bis 52 000 Besucher	bis 1 000 Besucher
3	bis 78 000 Besucher	bis 1 500 Besucher
4	bis 104 000 Besucher	bis 2 000 Besucher
5	bis 130 000 Besucher	bis 2 500 Besucher
6	bis 156 000 Besucher	bis 3 000 Besucher
7	bis 182 000 Besucher	bis 3 500 Besucher
8	bis 208 000 Besucher	bis 4 000 Besucher
9	bis 234 000 Besucher	bis 4 500 Besucher
10	bis 260 000 Besucher	bis 5 000 Besucher
11	bis 286 000 Besucher	bis 5 500 Besucher
12	bis 312 000 Besucher	bis 6 000 Besucher
13	bis 338 000 Besucher	bis 6 500 Besucher
14	bis 364 000 Besucher	bis 7 000 Besucher
15	bis 390 000 Besucher	bis 7 500 Besucher
16	bis 416 000 Besucher	bis 8 000 Besucher
17	bis 442 000 Besucher	bis 8 500 Besucher
18	bis 468 000 Besucher	bis 9 000 Besucher
19	bis 494 000 Besucher	bis 9 500 Besucher
20	bis 520 000 Besucher	bis 10 000 Besucher
21	über 520 000 Besucher	über 10 000 Besucher

VII. Die Struktur der Umworbenen

Mit Hilfe der Marktforschung werden heute gelegentlich Angaben über den Kinobesuch ermittelt. Umfassende Ermittlungen über die Reichweite der Filmtheaterwerbung und die Struktur der Kinobesucher sind noch verhältnismäßig selten. 1965 wurde eine wichtige Untersuchung im Auftrag des FDW, Fachverband Film- und Diapositiv-Werbung e. V. von der GfM, Gesellschaft für Marktforschung, durchgeführt, bei der im Bundesgebiet und West-Berlin 10 695 Personen im Alter ab 14 Jahre interviewt wurden. Die Untersuchung vermittelte wertvolle Einsichten in die Zusammensetzung der Kinobesucher und in deren hervorstechende soziale Merkmale:

Etwas mehr als die Hälfte der Männer und knapp die Hälfte der Frauen der Gesamtbevölkerung der Bundesrepublik bezeichnen sich als regelmäßige Kinobesucher (einmal oder häufiger pro Monat). Weitgehend gleichartig ist die Aufgliederung der männlichen und weiblichen Kinobesucher nach Altersstufen. Den Löwenanteil macht die Altersgruppe von 14–30 Jahren aus. Sie stellt fast 75 % der regelmäßigen Kinogänger. Dieser Tatbestand ist für die Kinowerbung bedeutsam. Sie trifft ganz überwiegend auf jüngere Menschen. Filmliebhaber über dreißig sind deutlich seltener als solche unter dreißig.

Das Filmtheater als Stätte regelmäßiger Unterhaltung ist in allen Ortsgrößen erstaunlich gleichmäßig beliebt. Der Anteil regelmäßiger Kinobesucher in Dörfern und Städten der verschiedenen Größenklassen entspricht weitgehend der Bevölkerungsverteilung nach Ortsgrößen. Die Filmtheaterwerbung kann demnach regional gezielt eingesetzt werden und dabei einen gleichmäßigen Wirkungsgrad erreichen. Besondere Bedeutung erlangt diese Tatsache bei der Erfassung der ländlichen Bevölkerung, die durch andere Medien nur schwer gezielt zu erreichen ist. Sie ist als Zielgruppe mit einem Anteil von 43 % an der Gesamtbevölkerung (in Orten bis 10 000 Einw.) nicht zu unterschätzen.

Die häufig anzutreffende Meinung, daß Kinobesucher sich relativ stark aus den unteren Einkommensschichten rekrutieren, wird durch die Erhebung widerlegt. Familien, deren Haushaltseinkommen unter 350 DM monatlich liegt, finden sich nur mit 1 % unter Kinobesuchern, gegenüber einem Anteil von 4 % an der Gesamtbevölkerung. Beim Haushaltseinkommen bis 500 DM ist der Anteil an den Kinobesuchern gerade halb so groß wie an der Gesamtbevölkerung. Erst bei Haushaltseinkommen bis 1000 DM beginnt der Anteil der Kinobesucher den Anteil an der Gesamtbevölkerung zu übersteigen. Aus diesen Relationen läßt sich ablesen, daß die Kinofreudigkeit mit dem Einkommen stark zunimmt. Die gleiche Beobachtung ist bei der Korrelation von Schulbildung und regelmäßigem Gang in das Filmtheater zu machen. Mit höherer Bildungsstufe steigt der relative Anteil an den Kinobesuchern.

Interessant ist der Zusammenhang zwischen dem Besitz von Fernsehgeräten und der Häufigkeit von Kinobesuchen. In etwa ²/₃ aller Haushalte ist ein Fernsehgerät vorhanden. Die Vermutung, daß dieser Umstand stark vom Kinobesuch abhält, liegt nahe. Die Untersuchung zeigt jedoch, daß insbesondere bei häufigen Kinobesuchern die Fernsehbesitzer nicht seltener vertreten sind als Personen ohne Fernsehgerät im Haushalt. Bei diesem Tatbestand ist wohl zu bedenken, daß in Haushalten mit Fernsehgeräten vor allem die jüngeren Menschen den Kinobesuch dem Fernsehen vorziehen, während die älteren sich umgekehrt verhalten.

Die Untersuchung führte demnach klar zu folgenden Erkenntnissen:

1. Eine Werbung im Filmtheater erreicht in starkem Maße die jüngeren Jahrgänge.

2. Die Bevölkerung in ländlichen Gegenden, die oft in der Streuung nur schwer erfaßbar ist, kann durch Werbung im Filmtheater gezielt erreicht werden.

3. Menschen, die nach sozialer Schicht, Bildungsgrad und Einkommen den gehobenen Gruppen angehören, sind im Kino relativ häufiger anzutreffen als die unteren Bevölkerungsschichten.

Drucksachenwerbung

Von Heinz Fischer, Berlin

1. Begriff und Wesen

Drucksachen im Sinne der Werbung und Verkaufsförderung sind Prospekte, Kataloge, Broschüren, Preislisten, leaflets (Flugblätter), Werbekarten, Antwortkarten, Gutscheine, Bestellscheine und als Nonplusultra der gedruckte Werbebrief. Im erweiterten Sinne gehören auch mit Werbebotschaften bedruckte Umschläge und Streifbänder dazu.

Alle Kategorien der Drucksachen sind als Werbemittel der D i r e k t w e r b u n g zugeordnet. Die englische Definition „Direct Mail Advertising" klassifiziert zugleich die Direktwerbung als eine Form des Einsatzes der Drucksachenwerbung, gestreut an Interessenten und Kunden durch die Post, gerichtet an Einzelpersonen, Firmen oder bestimmte Empfängergruppen. Auch wenn die Streuung der Drucksachen nicht durch die Post vorgenommen wird – z. B. über Verteiler, durch Vertreter, durch Auslegung bei Ausstellungen und Veranstaltungen usw. –, gehören sie zum Direct Advertising, zur Direktwerbung. In der Direktwerbung verbindet die Drucksache als integrierender Bestandteil aller übrigen, ebenfalls gedruckten Werbebotschaften – wie z. B. Anzeigen und Informationen in Zeitungen und Zeitschriften – die verschiedenen Medien des gesamten Werbekonzeptes.

2. Aufwendungen für die Direktwerbung

Der Statistische Jahresbericht der Bundesvereinigung der Graphischen Verbände weist für 1966 für die Herstellungskosten für Werbungsmaterial 1,2 Mrd. DM auf. Die Kosten für die Streuung (die Mehrzahl der Drucksachen wird über die Post gestreut), Adressierung und das Postfertigmachen hinzugerechnet, sind 1967 rd. 2,4 Mrd. DM für die Direktwerbung aufgewendet worden. Verglichen mit den Aufwendungen anderer Medien liegen damit die Kosten für die Direktwerbung an zweiter Stelle. Dieser Aufwand wird noch vermehrt, wenn man die Streukosten für Direktwerbesendungen hinzurechnet, die nicht über die Post verteilt werden.

Zum Vergleich bekannte Zahlen aus anderen europäischen Ländern und aus den USA bestätigen die besondere Bedeutung des Mediums Direktwerbung. Gemessen am Gesamtwerbeaufkommen entfallen auf die Direktwerbung in

Bundesrepublik	26 %
Belgien	17,6 %

Dänemark	14,6 %
England	12,9 %
Frankreich	16,3 %
Niederlande	32,5 %
Österreich	22,2 %
Schweiz	18,7 %
USA	15,9 %

3. Welche Branchen werben direkt?

Abgesehen von der besonderen Struktur des Versandhandels, dessen Werbeetat zu 75 % die Direktwerbung berücksichtigt, ist es in erster Linie die Produktions- und Investitionsgüterindustrie einschließlich der Pharmazeutik, die zwischen 30 und 40 % aller Werbemaßnahmen mit Hilfe der Werbemittel der Direktwerbung abwickelt. Es folgen Verlage und Dienstleistungsunternehmen (bis zu 15 %), der Großhandel (10 %) und in zunehmendem Maße die Konsumgüterindustrie. Der Einzelhandel wendet rd. 10 % für die Direktwerbung auf. Die Industrie verwendet einen Teil ihrer Drucksachenwerbung zur Unterstützung der verkaufsfördernden Maßnahmen ihrer Vertretungen bzw. ihrer Verkaufsorganisationen einschließlich des Handels.

Industrie und Handel verfolgen in jüngster Zeit den Weg des Direkt-Marketing. Ohne besondere Mittel für den Aufbau einer Verkaufsorganisation aufwenden zu müssen, lassen sich Produkte oder Dienstleistungen sozusagen per Post verkaufen. Alle Branchen eignen sich für das Direkt-Marketing, sofern das Produkt im direkten Kontakt mit dem Endverbraucher Verkaufschancen bietet. Vornehmlich sind es Konsumgüter, auch die des gehobenen Bedarfs wie Gartengeräte und Ausrüstungen, Heimkinos und Foto-Ausstattungen, Kühlschränke, Fernsehapparate u. a., aber auch Investment-Papiere, Versicherungen, Urlaubsreisen, Fernstudiumsprogramme u. a.

Die Drucksachenwerbung nimmt auf diesem Gebiet einen hervorragenden Platz ein und hilft mit, Engpässe im Einsatz von Verkäufern, Vertretungen und Händlern zu schließen.

4. Die einzelnen Werbemittel

Nahezu ein Drittel der vielfältigen Skala der Werbemittel in der Direktwerbung nimmt der Prospekt ein. Ihm folgen in etwa gleicher Größenordnung Kataloge, Broschüren und Preislisten. Die gedruckten Werbebriefe, hergestellt im Offset- oder Buchdruckverfahren bzw. im Farbbandtuchdruck oder als A V A - B r i e f e (Prägedruck über Adrema-Maschinen) sind mit etwa 16–17 % beteiligt, es folgen Werbekarten und sonstige Drucksachen.

Eindeutig ist die Stellung des K a t a l o g e s in diesem Bereich. Seine Aussage ersetzt die Arbeit kostspieliger Vertreterbesuche bzw. ergänzt die Anforderungen im Kommunikationsbereich über das gesamte Produktionsprogramm. Seine Dauerwirkung unterstützt die verkaufsfördernden Maßnahmen über einen langen Zeitraum hinaus. Versehen mit Preisen und genauen Produktbeschreibungen ist der Katalog gewissermaßen ein stets vorrätiges Angebot.

Der P r o s p e k t informiert den Interessenten über einen besonderen Teil des Produktionsangebotes und dient, ausgerüstet mit technischen Details, als Arbeitsunterlage. Versehen mit Preisangeboten und Lieferungsbedingungen, ist er ein echtes Werbemittel für die Verkaufsförderung.

Mehr auf die Marke oder den Produkt-Trend abgestellt, sind B r o s c h ü r e n oder l e a f l e t s. Sie können durch Preislisten, die wiederum, insbesondere beim Groß- und Einzelhandel, zur Disposition des Einzelhandels besonders geeignet sind, ergänzt werden.

Der W e r b e b r i e f bietet vielfältige Möglichkeiten, verbindet den Katalog- und Prospektversand mit den jeweiligen Werbemaßnahmen und fordert die Interessenten zu einer Sofort-Reaktion heraus. Die Beilage von Antwortkarten, Bestellscheinen oder auch Gutscheinen stärkt die Position des Werbebriefes. Für ihn ist wichtig, daß er als eine persönliche Botschaft gestaltet wird. Der Briefcharakter muß auf jeden Fall gewahrt bleiben. Seine Gestaltung muß dem Firmenimage unbedingt angepaßt sein.

Durch die zur Verfügung stehenden technischen Möglichkeiten auf dem Gebiet der Herstellung von Drucksachen ist der werbungtreibenden Wirtschaft ein weites Feld der Gestaltung und Ausstattung ihrer Informationen geöffnet. Alle Drucksachen müssen jedoch mit den anderen zum Einsatz kommenden Werbemedien eine E i n h e i t bilden. Das betrifft sowohl die textliche als auch die graphische Gestaltung der Drucksachen. Beispiele aus den USA oder aus England zeigen, daß sogar Rundfunkwerbung und Fernsehspots auf die folgenden oder mit ihnen in Zusammenhang stehenden Direktwerbungsmaßnahmen abgestimmt werden.

Die H e r s t e l l u n g der Werbemittel ist abhängig von der Empfängergruppe und der Auflage der einzelnen Drucksache. Die zur Verfügung stehenden Druckverfahren, Offset-, Tief-, Flach- oder Hochdruck, ermöglichen eine individuelle Gestaltung der Werbemittel. Bei der Anfertigung von Werbebriefen stehen außerdem eine Reihe von Verfahren zur Verfügung, wie z. B. der AVA-Druck, Farbbandtuchdruck u. a. Die buchbinderische Verarbeitung der Werbedrucksachen ermöglicht eine vielfältige Ausstattung und macht die Beilage von Werkmustern oder Proben möglich. In der Kombination von Beiheftern in Zeitschriften und Versand der gleichen Drucksachen direkt per Post bieten sich weitere Wege, die Werbedrucksache erfolgreich für die Verkaufsförderung einzusetzen.

Der C o m p u t e r - B r i e f nimmt unter den Werbemitteln einen besonderen Platz ein. Seine Herstellung erfolgt über ein Schreibaggregat der verschiedenen Datenverarbeitungsanlagen (IBM, Siemens, UNIVAC, BULL u. a.). Gespeicherte Adressen, versehen mit charakteristisch auf den Adressaten abgestimmten Merkmalen, werden mit kompletten Werbebrieftexten ergänzt. Die persönliche Anrede ist gegeben, im Text wird der Name oder die Funktion des Empfängers „zitiert" und Daten aus seiner Kaufgewohnheit, seinen tatsächlich bekannten Kaufmerkmalen, eingeschaltet. Das Ausdrucken über EDV-Anlagen gestattet auch einen Briefabschluß mit Original-Unterschrift.

5. Anwendung und Beachtung

Das A n w e n d u n g s g e b i e t der Direktwerbung ist nahezu unbegrenzt. Eine amerikanische Statistik nennt etwa 50 Anwendungsgebiete. Die Werbedrucksache verkauft direkt (z. B. beim Versandhandel) oder hilft verkaufen. Die Investitionsgüterindustrie setzt die Drucksache als direktes Verkaufs- oder Leistungsangebot ein oder fördert den Verkauf bei Endabnehmern und beim Handel. Mit ähnlichen Aktionen wendet sich die Konsumgüterindustrie an ihren Markt. Absatzmittler werden durch die Direktwerbung unterstützt und erhalten die für sie wichtigen Informationen. Im Direktkontakt mit Kunden ergänzt die Drucksache Verkaufsgespräche, erinnert an Besuche der Außendienstmitarbeiter und übernimmt die Funktionen der Nachfaßwerbung. Als Kommunikationsmittel fördert und verbindet die Drucksache den Kontakt mit Kunden und Interessenten. Als Bestandteil des gesamten Werbekonzepts ergänzt die Drucksache die Werbung per Anzeigen, Fernsehen, Rundfunk usw. Als firmeneigene Informatoin, in Form von Geschäftsbriefen, Rundschreiben, Hauszeitschriften, Broschüren usw., nimmt die Drucksache im Arbeitsgebiet Public Relations eine besondere Stellung ein.

Der bekannte Empfängerkreis ermöglicht einen rationellen Einsatz aller Werbemittel der Direktwerbung. Ausgehend von der Kundenkartei, lassen sich die potentiellen Interessenten aus den in Frage kommenden Wirtschaftskreisen maximal erfassen und Fehlstreuungen vermeiden. Neu zu erschließende Marktgruppen können über Testaktionen auf ihren Wert für den Produktverkauf überprüft werden. Hier bietet sich der Direktwerbung ein besonders erfolgreiches Arbeitsgebiet an. Beispiele aus den USA haben erwiesen, daß auch die Ansprache an Privatpersonen über die Direktwerbung, selbst für Massenkonsumgüter-, eine geeignete Grundlage für die Konzeption des gesamten Werbeprogramms bietet. In Deutschland sind vor allem Verlage, Versandhäuser und einige Hersteller von Konsumgütern (Kaffee, Kraftfahrzeuge z. B.) auf diesem Wege erfolgreich gewesen. Das DIVO-Institut, Frankfurt (Main), hat festgestellt, daß das Interesse der Bundesbürger an Prospekten und Werbebriefen, die ihnen ins Haus geschickt werden, recht groß ist, und daß grundsätzlich nur ein Drittel aller Empfänger selten, bzw. überhaupt nicht von derartigen Werbebotschaften Kenntnis nimmt. Vom Verbraucher her gesehen, beachten Frauen Prospekte und Werbebriefe häufiger als Männer. Besonders aufgeschlossen sind Inhaber oder Leiter von größeren Unternehmen und freiberuflich Tätige für Werbesendungen per Post. Die im Verbund mit Werbesendungen verschickten Warenproben werden mit besonderem Interesse seitens der Empfänger bedacht. Etwa nur ein Fünftel aller Bundesbürger beachten solche Informationen nicht (DIVO-Bericht April I, II/67). Das DIVO-Institut stellte fest, daß von je 100 Personen 27 Werbedrucksachen oder Prospekte immer beachten, 15 häufiger, 26 gelegentlich, 17 selten und 15 überhaupt nicht. In der vom DIVO-Institut ermittelten Struktur liegen die Frauen mit 31 % an der Spitze, die Empfänger in Städten bis zu 20 000 und die selbständigen Gewerbetreibenden sowie Personen mit einem Einkommen unter 400 DM an erster Stelle. Aus dem gewerblichen Bereich liegen für die Direktwerbung noch keine sicheren Ergebnisse vor. Bei einer der stärksten umworbenen Empfängergruppe, der Ärzteschaft, liegt der positive Beachtungsgrad von Drucksachen bei etwa 34 %.

6. Vorzüge der Direktwerbung

Hervorragend ist die unmittelbare Verbindung zwischen Angebot und Aussage zum Interessenten. Die Alleinstellung ist hierbei einer der Hauptvorteile. Mit der Drucksache, mit der Direktwerbung kann jeder Empfänger einzeln erreicht werden. Der Empfang der Werbebotschaft schließt das Zusammentreffen mit einem Konkurrenzangebot nahezu aus. Das Produktangebot wird mittels Drucksache dem Empfänger ausschließlich und allein offeriert. Die Drucksache kann mit der ungeteilten Aufmerksamkeit des Empfängers rechnen. Die Verkehrszahlen der Bundespost beweisen, daß umgerechnet auf die Haushaltungen in der Bundesrepublik maximal nicht mehr als zwei Drucksachen pro Woche im Briefkasten stecken. Gewerbliche Empfängergruppen, Handwerks- und Handelsbetriebe, Industriefirmen, Büros u. a. zählen durchschnittlich 10–12 Werbedrucksachen pro Woche in ihrem Posteingang.

Die übermittelten Werbedrucksachen vom Katalog bis zum Werbebrief wirken nachhaltig und werden häufig bis zum Zeitpunkt des tatsächlichen Bedarfs aufgehoben. Dieser Vorzug sichert auch den Werbungtreibenden vor der Konkurrenz ab. Über die Größenordnung und den Umfang des angesprochenen Interessentenkreises kann sich im Gegensatz zum Beispiel bei einer Anzeigenwerbung der Konkurrent kein Bild machen.

Die Genauigkeit in der Auswahl der Empfängerkreise bedeutet einen weiteren Vorteil der Direktwerbung. Praktisch kann die Drucksache, der Katalog, der Prospekt oder der Werbebrief an einen einzelnen, nur dem Versender bekannten Empfänger verschickt werden. Erfordert der Markt die Ansprache eines größeren Empfängerkreises, so ist die Möglichkeit gegeben, diesen nach soziologischen oder fachlich unterteilten Interessentengruppen aufzugliedern.

Die vielfachen Möglichkeiten der Repräsentation der Drucksachenwerbung beim Empfänger tragen mit dazu bei, die Werbebotschaft erfolgreich zu machen. Text und Gestaltung, Umfang, Graphik, Farbe usw. der Werbedrucksache können auf den Empfänger genau abgestimmt werden. Abgesehen von der Ausstattung der Drucksachen, können diese zu besonders geeigneten Zeitpunkten den Empfänger erreichen. So werden zum Beispiel Drucksachen an neu vermählte Paare, zum Anlaß der Geburt, bei Geschäftseröffnungen, bei der Eröffnung eines Neubaus, zu Jubiläen und anderen Gelegenheiten verschickt. Der Prospekt oder der Werbebrief erreicht den Interessenten immer dann, wenn ein tatsächlicher Bedarf für das angebotene Produkt vorliegt.

Für den Kunden oder Interessenten ist es wichtig, daß er in möglichst bequemer Weise auf die Werbebotschaft reagieren kann. Hierzu bietet die Drucksache eine Reihe von guten Möglichkeiten an. Einmal sind es Antwortkarten oder Gutscheine, die lediglich auszufüllen und in den Briefkasten zu stecken sind, zum anderen vorbereitete Antwortsformulare oder Stellungnahmen, die der Interessent von seinem Standort aus leicht bearbeiten kann. Die Werbedrucksache ist eine persönliche Botschaft und wird gern als eine solche aufgenommen. Am Wochenende oder zu den Feierabendstunden kann sie der Empfänger gründlich studieren. Eine besonders bequeme Situation! Sie fördert den Entschluß, sich mit dem Angebot auseinanderzusetzen.

Durch die Anpassungsfähigkeit der Direktwerbung können insbesondere auch der Handel sowie Vertreter und Verkaufsmittler individuell angesprochen werden. Regionale Schwierigkeiten lassen sich leicht überbrücken. Der Prospekt, Werbebrief oder der Katalog, vom Produzenten dem Handel zur weiteren Streuung übermittelt, ist eine echte Verkaufshilfe für den Einzelhandel und entlastet seinen Etat, da ihm zumeist auch die geeigneten Mitarbeiter fehlen, um Direktwerbung in eigener Regie durchzuführen (Dealer's help).

Schließlich bietet die Direktwerbung sichere Kontrollmöglichkeiten. Nicht erst bei der Erfolgskontrolle, sondern schon vor der Konzeption der Kampagne können die Kosten für jede Ansprache einzelner Markt- und Zielgruppen ziemlich genau getestet werden.

7. Die Direktwerbungskampagne

Wenn auch die Idee, wie überall in der Werbung, tragendes Element bei der Planung einer Direktwerbungskampagne bleiben wird, sichern erst eine Reihe von wichtigen Details den Erfolg. Wohl bei keinem anderen Medium sind so verschiedenartige Vorgänge sinnvoll aneinanderzureihen, zu entwickeln und in die Tat umzusetzen wie bei der Direktwerbung. Aus diesem Grunde ist die Direktwerbung in Deutschland heute noch zum überwiegend großen Teil in den Werbeabteilungen der Unternehmen selbst oder sogar beim Chef des Hauses beheimatet. Es gehören beste Kenntnisse und Erfahrungen nicht nur über die Werbemittel, deren Herstellung und Streuung, sondern auch über den Markt, den richtigen Bedarfszeitpunkt usw. hinzu. Die Planung muß die gesamten Werbemaßnahmen des Unternehmens, also auch die über Anzeigen, Plakatanschlag,

Fernsehen usw. berücksichtigen. Eine Prüfung der Werbemaßnahmen der Konkurrenz und das gründliche Studium aller hier bekannten Drucksachen gehört mit zu den vorbereitenden Arbeiten.

Ein oft schwieriges Problem ist die Auswahl und Bereitstellung der in Frage kommenden A d r e s s e n g r u p p e n. Die eigene Kundenkartei gibt die ersten Strukturhinweise. Das Produkt bestimmt neue Empfängergruppen. Hierbei erweist es sich als vorteilhaft, daß der maximal anzusprechende Markt in eine Vielzahl von einzelnen Segmenten zerlegt werden kann.

Die k r e a t i v e A r b e i t muß diesen Ermittlungen folgen. Das Gesetz der Serie erfordert auch in der Direktwerbung bei der kreativen Arbeit eine umfassende Konzeption. Ihr steht hierzu eine große Palette der verschiedenartigsten Werbemittel zur Verfügung. Text und Gaphik gehören in die Hände von Spezialisten. Der Werbebrief verbindet die Reihe der Drucksachen, die gestreut werden sollen. Auf seine ausgewogene textliche Bearbeitung kommt es an; schließlich soll der Werbebrief individuell auf die soziologische Struktur und die Marktsituation der betreffenden Empfängerkreise eingehen.

Der t e c h n i s c h e S e r v i c e für alle Direktwerbungsmaßnahmen ist heute nahezu perfekt. Sämtliche Druckverfahren, einschließlich der modernen Vervielfältigungstechnik, werden eingesetzt. Die Bearbeitung der Adressenkarteien erfolgt neben der noch manuell zu bearbeitenden Zettelkartei bei größeren Beständen rationell und zweckmäßig durch Adressierverfahren, wie sie die Firmen ADREMA, STIELOW, ADRESSOGRAPH u. a. bieten, oder mit Hilfe der verschiedenen Datenverarbeitungssysteme.

Die einzelne Adresse sollte mit möglichst vielen Merkmalen gekennzeichnet sein, also neben der Anschrift und Berufsangabe oder Branchenbezeichnung auch mit Merkmalen über Kaufgewohnheiten (bei Kundenadressen), Betriebs- oder Umsatzgröße, Autotypen oder Fahrzeugpark, im privaten Bereich mit Angaben über Grundbesitz u. ä. Bei der G e s t a l t u n g und Ausführung der Werbedrucksachen muß auf die eigene technische Ausrüstung mit Adressiermaschinen, Kuvertierautomaten usw. oder die der Dienstleistungsbetriebe Rücksicht genommen werden. Die Postvorschriften lassen eine ziemlich freizügige Gestaltung und Ausstattung der einzelnen Werbemittel zu. Maße, Formen und Gewicht der einzelnen Sendungen sind vor dem Versand der Drucksachen zu ermitteln. Da der Anteil der Portokosten z. B. bei einer normal ausgestatteten Direktwerbesendung im Gewicht von 20 g nahezu ein Drittel der Gesamtkosten ausmacht, sind die Gegebenheiten der Postordnung nicht nur ein Kostenfaktor im Direktwerbeetat, sondern ein entscheidendes Kriterium bei der Erfolgskontrolle.

Je nach Höhe der Reaktionsquote erfordern die Direktwerbungskampagnen eine sorgfältige N a c h b e a r b e i t u n g. Bei gründlicher Planung ist bereits Vorsorge getroffen, in welcher Weise auf die Antwort der Kunden reagiert werden kann. Hierzu sind nicht nur ausreichende Mengen weiteren Informationsmaterials, Kataloge, Muster, Preislisten usw. bereitzustellen, vielmehr müssen auch Vertreter- und Besuchsanforderungen, also die anfallenden Aktionen im Bereich der Verkaufsförderung bzw. innerhalb der Vertriebsorganisation, in Rechnung gestellt werden.

8. Kosten und Erfolgskontrolle

Noch weniger als bei der Planung, Kreation und Durchführung einer Direktwerbungskampagne ist die Direktwerbung — wenn sie als ökonomisch und rationell eingesetztes Werbemedium erfolgreich sein soll — eine Angelegenheit des Do-it-your-self.

Zu den Kosten gehören nicht nur die Herstellungskosten der Werbemittel und die Streukosten. Hinzugerechnet werden müssen: der Agentur-Service, der Werbeberater, sämtliche kreativen Arbeiten, die Karteiarbeiten für die Adressen, der Adressenkauf oder die Adressenmiete, die Briefumschläge, die Versandhüllen, das Verpackungsmaterial, ferner Muster oder andere 3-D-Beilagen und die dazugehörigen Verwaltungsaufgaben.

Diesen Kosten stehen die Daten der Erfolgskontrolle gegenüber:

1. Kosten der Direktwerbungskampagne einschließlich Porto
2. Anzahl der Aussendungen
3. Anzahl der erhaltenen Antworten
4. Prozentanteil der Antworten an der Aussendung
5. Kosten je Antwort (Punkt 1 zu Punkt 3)
6. Anzahl der Aufträge (gemessen etwa nach sechs Monaten)
7. Kosten je Auftrag (Punkt 1 zu Punkt 6)
8. Prozentanteil der Aufträge an eingegangenen Antworten (Punkt 6 zu Punkt 3)
9. Erfolgswert (gemessen etwa nach sechs Monaten, Auftragssumme dem Punkt 1 gegenübergestellt).

Es sollte keine Drucksachenwerbung – zumindest nicht bei größeren Auflagen – begonnen werden, bevor nicht Kosten und Erfolg ausreichend ermittelt worden sind. In der Direktwerbung ist es möglich, nahezu alle Faktoren gründlich zu testen. Hierzu gehören:

1. Test der ausgewählten Empfängergruppen (Mindestquote 10 %, repräsentativer, fachlicher und regionaler Querschnitt)
2. Test des Werbemittels
   (Text, Grafik, Farbe, Umfang, Ausstattung)
3. Angebotstest (Bedarf, Marktsegmente, Zeitpunkt des Angebots).

Diese Testgruppen könnten noch beliebig erweitert werden. Wichtig ist, daß immer eine ausreichende Anzahl von Empfängern bearbeitet wird, daß die Testaktionen in der Zielsetzung gleich sind und daß sie von Zufälligkeiten freigehalten werden. Den Test als Instrument der gezielten Werbung und Verkaufsförderung nicht richtig anzuwenden, ist gleichzusetzen mit einer Fehlinvestition.

9. Die Dienstleistungen im Bereich der Direktwerbung

Heute stehen der werbungtreibenden Wirtschaft, dem Handel, Verbänden und Organisationen usw. zahlreiche Dienstleistungsunternehmen zur Verfügung, die mit ihrem Leistungsangebot den Anforderungen einer qualitativen Direktwerbung entsprechen. Werbeagenturen, zumindest die größeren, sind mit besonderen Abteilungen für die Direktwerbung ausgerüstet. Das Angebot an Textern und Grafikern ist ausreichend, gleichfalls die Kapazität der grafischen Industrie. Leistungsfähige qualifizierte Adressenverlage stellen mehrere Tausend verschiedene Adressenkollektionen für die einzelnen Bereiche zur Verfügung: Industrie, Handel, Handwerk, Verbände und Vereine, Privatpersonen. Die große Gruppe der Privatpersonen und Haushaltungen ist bereits untergliedert nach den verschiedenen Merkmalen, z. B. Kraftfahrzeugbesitzer, Fernseh- und Rundfunkbesitzer, Telefonteilnehmer, Fernschreibteilnehmer u. a. Das Adressenmaterial ist selbstverständlich regional aufgegliedert und im wesentlichen nach den Bezirken des Postleitzahl-Systems sortiert.

Die Dienstleistungs-Unternehmen in der Bundesrepublik sind im ADV, **Adressen- und Direktwerbe-Unternehmer-Verband**, Sitz Frankfurt am Main, organisiert. Je nach Spezialisierung bieten diese Adressenverlage eine Full-Service-Leistung an und verfügen über Adressenarchive, Drucksachenlager und Versandeinrichtungen, die auch eine großangelegte Direktwerbekampagne terminsicher abwickeln können.

ADV-Mitglieder sind die folgenden Unternehmen:

Walter Günther
Direktwerbung
8600 Bamberg
Küchelstraße 1
Tel. (09 51) 2 62 93

RICHARD SCHOLZ OHG
Direktwerbung
1000 Berlin 33
Postfach 40
Bismarckplatz 1
Tel. (03 11) 8 86 10 57
Telex: 01 84891

Verlag KOOP GmbH
4000 Düsseldorf 1
Zimmerstraße 9–11
Tel. (02 11) 34 40 34
Telex: 08 581836

MERKUR Adressenverlag
3352 Einbeck
Postfach 206
Kapellenstraße 44
Tel. (0 55 61) 22 76
Telex: 09 65624

GfW Gesellschaft
für Werbung mbH
4300 Essen-Kray
Joachimstraße 120
Tel. (0 21 41) 59 10 71–72

Deutsche Postreklame GmbH
6000 Frankfurt am Main 1
Kaiserstraße 63
Tel. (06 11) 25 21 86 u. 23 40 41

Adressen-Archiv Otto Conrad
KG, vorm. Robert Tessmer AG
6000 Frankfurt am Main 90
Marburger Straße 15
Tel. (06 11) 77 77 88

DELOS-Verlag Netzer KG
8100 Garmisch-Partenkirchen
Waxensteinstraße 25
Tel. (0 88 21) 25 19 und 30 58

ADRESSEN-ZENTRALE
Inh. Reinhard Mohn
4830 Gütersloh
Friedrichsdorfer Straße 75
Tel. (0 52 41) 8 41
Telex: 09 33832

industrie-service
Reinhard Mohn OHG
4830 Gütersloh
Friedrichsdorfer Straße 75
Tel. (0 52 41) 8 61
Telex: 09 33827

Hermann J. W. Meyer
Werbeberatung
2000 Hamburg 20
Bismarckstraße 130
Tel. (04 11) 48 82 61

SCHOBER OHG
Direktwerbeunternehmen
7251 Hirschlanden
Max-Eyth-Straße 6–10
Tel. (0 71 56) 80 01
Telex: 07 245238

Egon Faber
Direktwerbedienst
3500 Kassel 2
Postfach 1044
Hegelsbergstraße 21
Tel. (05 61) 8 60 21
Telex: 09 92326

Adressenverlag
Karl Trebbau
5000 Köln-Bayenthal
Schönhauser Straße 21
Tel. (02 21) 38 80 33

PAN ADRESS
Direktwerbe GmbH
8000 München 49
Forstenrieder Allee 132
Tel. (08 11) 75 10 84
Telex: 05 24013

Süddeutscher Adressenverlag
Johann Paul Zehetbauer
8000 München 22
Thierschstraße 17
Tel. (08 11) 29 43 25

Direkt-Werbung
Lorenz Minderer KG
8000 München 2
Tal 18
Tel. (08 11) 29 02 05

Donnelly & Gerardi
GmbH & Co. KG
7530 Pforzheim
Postfach 670
Adolf-Richter-Straße 13
Tel. (0 72 31) 4 06 14
Telex: 07 83785

Wettbewerbe für beispielhafte Direktwerbungs-Kampagnen fördern den Einsatz dieses Mediums. Die Werbefachschulen in der Bundesrepublik unterrichten den Nachwuchs zusätzlich zu den Themen Text, Grafik, Druckausführung auch über den Einsatz aller Werbemittel in der Direktwerbung.

Die ersten Marktforschungsergebnisse über die Beachtung der Direktwerbung liegen bereits vor, und auf verschiedenen Arbeitsgebieten sind Analysen greifbar. Für den Werbungtreibenden ist es wichtig, daß er sich ausreichend über die zur Verfügung stehenden Dienstleistungen informiert. Die Direktwerbung erscheint als gut geeignet, einen maximalen Werbeerfolg zu erzielen und die Werbekosten zu senken. Um dies zu erreichen, sind – ebenso wie bei den anderen Werbemedien – gründliche Fachkenntnisse erforderlich. Jede Werbebotschaft, vor allem jede Drucksache, ist eine persönliche Ansprache, eine Visitenkarte; der erste Eindruck entscheidet über Erfolg oder Mißerfolg!

Display-Werbung

Von Edmund Paszkowiak, Warschau/Polen

I. Definition - Entwicklung

Die klassischen Werbemedien: Presse, Rundfunk, Fernsehen müssen heute im wachsenden Maße einer neuen Werbepraxis Platz machen, deren Konturen sich soeben erst herauszubilden beginnen: der Display-Werbung. „Display is visual salesmanship" – Display ist visuelle Verkaufskunst (The Practical Display Instructor von H. C. Murrills – Blandford, London 1967).

Die ethymologische Analyse dieses Begriffes führt uns zum lateinischen „displicare", was so viel wie auseinanderfallen, darlegen, ausbreiten und Zurschaustellen bedeutet. Das Ziel dieses Zurschaustellens ist es, zunächst einmal einen Blickfang zu schaffen, Aufmerksamkeit zu erregen, den Wunsch des Besitzens zu erwecken und schließlich den Kaufentschluß auszulösen. Diesen Zielen dienen alle Werbemaßnahmen schlechthin. Daraus kann man jedoch nicht den Schluß ableiten, daß wir es beim Display schon mit einem ausgewachsenen Werbemedium zu tun haben. Es gibt nämlich noch keine abgerundete Strategie und Taktik des Displays, obwohl bereits vielversprechende Ansätze vorhanden sind. Das Display ist vielmehr immer noch eine Werbepraxis, die sich auf ein neues Werbemedium hinbewegt.

Dieser Entwicklungsprozeß dauert zwar schon vier Jahrzehnte an, doch alles deutet darauf hin, daß in den letzten zwei bis drei Jahren ein größerer Fortschritt auf diesem Gebiet erzielt worden ist als in den vorangegangenen drei Jahrzehnten. Seit vier Jahren gibt es sogar eine deutschsprachige Zeitschrift, welche dem Display den Weg in die Familie der respektablen Werbemedia bahnen möchte. Anfang 1967 wurde in Großbritannien ein einschlägiges Institut gegründet, das der Display-Werbung zum Status eines gesonderten Spezialgebietes in der Werbung verhelfen soll.

Diese wenigen Fakten unter vielen anderen deuten darauf hin, daß die Display-Werbung aufgehört hat, das Aschenbrödel des Werbeberufs zu sein. Daß sie bisher ein solches Dasein führte, geht unter anderem daraus hervor, daß ihre Geschichte kaum zu erfassen ist – Aschenbrödel haben keine Geschichte. Wir haben es mit einer namenlosen Entwicklung zu tun, die sehr wahrscheinlich im Zunftzeichen oder Wirtshausschild ihren Anfang nahm. Ihnen schloß sich der Holzindianer vor den Tabakgeschäften, gefolgt von der Messingscheibe der Friseure, an.

Vom Standpunkt der bereits heute vorhandenen ersten Ansätze der Strategie und Taktik der Display-Werbung würden wir alle diese Elemente nur als Vorläufer des Displays im heutigen Sinne gelten lassen. Sie hatten nämlich keinen konkreten Artikel zum Gegenstand und wiesen nur allgemein auf ein ganzes Sortiment oder den Verkaufsort hin. Ganz anders verhält es sich schon mit der nachfolgenden Entwicklungsetappe des Displays in den dreißiger Jahren, als die ersten Persil- und Maggischilder auftauchten, die bereits ausdrücklich produktbezogen waren, obwohl sie von den Verbrauchern später auch nur als Kennzeichen eines Lebensmittelladens angesehen wurden. An diese Schilder schlossen sich dann Schaufenster- und Ladentischdekorationen an, die von den Werbungtreibenden schon bald serienmäßig an den Einzelhandel verschickt wurden. Wie bereits erwähnt, zog sich diese Entwicklung nur schleppend hin, im Gegensatz zur Media-Werbung (Werbung unter Verwendung von Massenmedien wie Presse, Rundfunk, TV usw.), die damals schon in Blüte stand.

Wenn man aus dem nur spärlich vorhandenen Quellenmaterial die G r ü n d e d i e s e s Z u r ü c k b l e i b e n s des Displays hinter der Media-Werbung erforschen möchte, so stößt man unter anderem auf folgende Faktoren:

Das Display wird während seiner gesamten Entwicklung als eine nur schwer meßbare und kontrollierbare Werbepraxis angesehen. In ihrem ausgezeichneten Universitätslehrbuch „Advertising" (Mac Graw Hill Book Company 1962, New York) treffen J. S. Wright und D. S. Warner noch die Unterteilung in „measured" und „unmeasured media" und zählen das Display zu den letzteren.

Ein weiterer hemmender Faktor in der Entwicklung des Displays waren die fast unüberwindlichen Schwierigkeiten und riesigen Scherereien in der Produktion und vor allem in der Distribution von Display-Artikeln. Diese Schwierigkeiten schreckten die Agenturen von Anfang an vom Display-Geschäft ab. Display wird daher von jeher vom Werbungtreibenden selbstgestrickt, mit allen daraus erwachsenden Konsequenzen, — vor allem hinsichtlich des unbefriedigenden Gestaltungsniveaus.

Unter den hemmenden Faktoren verdient noch der Mangel an jeglichem Forschungsmaterial über die Wirkung der Display-Werbung erwähnt zu werden. Die Werbungtreibenden hielten sich an die Media-Werbung, da hier die Forschungsergebnisse den Mechanismus der Beeinflussung der Verbraucher immer transparenter machten. Hingegen bestanden gegenüber der Display-Werbung von jeher Zweifel und Befürchtungen, daß sie die Masse der Verbraucher in den hunderttausend Einzelhandelsläden kaum oder nur sehr zersplittert erreiche, und daß die Mehrzahl des verschickten Display-Materials im Lagerraum des Einzelhändlers stecken bleibe.

Wenn sich heute in dieser geschichtlichen Entwicklung der Display-Werbung ein g r u n d - l e g e n d e r W a n d e l vollzieht, so ist dies auf f o l g e n d e G r ü n d e zurückzuführen:

Die Display-Werbung hat es in den sechziger Jahren immerhin zu einem Anteil von 10 bis 20 % an den gesamten Werbeaufwendungen der entwickelten Industrieländer gebracht. Sie stellt also einen Machtfaktor in der Werbewirtschaft dar, der nicht mehr übersehen werden kann.

Ein weiterer Grund ist der wachsende Sättigungsgrad der Massenkommunikationsmittel mit Werbung und die daraus erwachsende rückläufige Wirksamkeit der Werbung. Hinzu kommt, daß immer nur ein Teil der gesamten Kraft der Media-Werbung wirklich ans Ziel gelangt, da ja nicht jeder Zeitungsleser an jedem Produkt interessiert ist, für das

Display-Werbung

mit Anzeigen geworben wird. Wenn man die Media-Werbung mit einem Artillerie-Flächenbeschuß vergleicht, so entspricht die Display-Werbung dem Scharfschützen, der nur selten am Ziel vorbeischießt. Der Wettbewerb verlagert sich immer stärker in den Einzelhandel, da die Media-Werbung sich in ihrem wachsenden Volumen gegenseitig aufzuheben beginnt. Man braucht sich nur die ungeheure Masse an Warenzeichen vor Augen zu führen, für die heute Media-Werbung betrieben wird, um sich ihre abstumpfende Wirkung auf die Verbraucher zu vergegenwärtigen.

II. Strategie der Display-Werbung

Aus dieser Situation wurde die moderne Display-Werbung geboren, deren Träger heute der Einzelhandel ist. Damit nimmt auch die alte Display-Technik ein Ende, die durch Anschlagsäulen und andere Mittel an verkehrsreichen Stellen — gleich der Media-Werbung — Blickfänge schuf, um beim Verbraucher den Kaufentschluß vorzubereiten, ehe er noch den Laden betritt.

Die Hinwendung der Display-Werbung zum Einzelhandel findet in vielen Synonymen ihren Ausdruck, die in anderen Sprachräumen gültig sind. Im anglo-amerikanischen Sprachgebrauch wird von PoP-Display (Point of Purches-Display) gesprochen und M. R. Nelkéne (früher bei M. Publinel, heute „R. Nelkéne Publicité"), einer der größten französischen Display-Strategen, spricht ebenfalls von: publicité en lieu d'achat.

Die Display-Werbung im modernen Sinne umfaßt also alle **Hilfsmittel, die am Verkaufsort auf den Verbraucher einwirken sollen, um bei ihm den Kaufentschluß auszulösen.** Dabei wird die Ware selbst als Display-Medium ausgeschlossen, obwohl besonders ihre Verpackung in manchen Fällen die Display-Werbung wesentlich unterstützen kann. Diese Definition der Display-Werbung ermöglicht nun die Entwicklung einer entsprechenden **Display-Strategie**.

1. Das erste Gebot der Display-Strategie

Eine auf den Einzelhandel bezogene Display-Werbung muß in ihrer Strategie vor allem die **drei Grundtypen des Einzelhandels** berücksichtigen, um den Ablauf des Geschehens im Laden zu fördern und nicht zu behindern. Das erste Gebot der Display-Strategie ist daher die Unterordnung unter das Hauptziel des Einzelhandels, das heißt unter das Gesetz des **schnellen und gewinnbringenden Warenumschlags**. Dieses Gebot kann schwerlich übertreten werden, da der Einzelhandel wohl kaum bereit wäre, Display-Wrebung unter seinem Dach zu dulden, wenn sie nicht diesem Ziele dienen würde. Dieses Ziel des schnellen und gewinnbringenden Warenumschlags versuchen die einzelnen Grundtypen des Einzelhandels auf verschiedene Art zu erreichen:

a) Das **Fachgeschäft** erfordert eine äußerst vorsichtige Display-Strategie. Es scheint, daß auf diesem Gebiet heute wohl am meisten gesündigt wird. Display-Werbung drängt ja aus ihrem Wesen heraus zur Selbstbedienung. Der Kunde wird im Fachgeschäft beraten und informiert, um dann aus eigenem Antrieb den Kauf der Ware zu tätigen. Das Fachgeschäft mit problemvoller Ware widersetzt sich somit der Tendenz zur Selbstbedienung. Hier soll die Display-Werbung höchstens auf eine Vorwahl ausgerichtet sein. Daher wird sie einen bestimmten Rahmen nicht überschreiten können. Allerdings kann es vorkommen, daß Fachgeschäfte neben problemvollen auch problemlose Waren anbieten, so daß in manchen Fachgeschäften immerhin eine sehr beachtliche Display-Werbung durchgeführt wird. Bestimmte Sortimente, z. B. Autozubehör in Tankstellen, können durch Display-Werbung problemlos gemacht werden. Dies schwächt das Vorhergesagte keinesfalls ab, wonach das Fachgeschäft keinen konzentrierten Einsatz der Display-Werbung verträgt.

b) Das W a r e n h a u s ist diesbezüglich schon in einer ganz anderen und in manchen Fällen in einer geradezu entgegengesetzten Lage. Das Warenhaus verfolgt jedoch seine eigene Verkaufsstrategie, in die sich die Display-Werbung sinnvoll einordnen muß. Die Verkaufsstrategie des Warenhauses ist meistens saisonbezogen. Diesem Prinzip muß sich auch die Display-Werbung unterordnen. Daher fällt ihr im Rahmen des Warenhauses meistens die Aufgabe zu, die erwünschte jahreszeitliche Atmosphäre zu schaffen, die die gewünschten Kaufimpulse erzeugen soll.

Ein zweites Element der Verkaufsstrategie des modernen Warenhauses ist das shop-in-shop-Prinzip. In diesem Sinne hat die Display-Werbung die Aufgabe, entsprechende Verkaufsschwerpunkte zu schaffen und besondere Sortimente hervorzuheben. In einem Wort: Display-Werbung im Warenhaus muß als Funktion der Verkaufsstrategie und im gewissen Sinne auch seiner Innenarchitektur aufgefaßt werden.

c) Das D i s c o u n t - H o u s e dagegen begnügt sich nicht mit solchen Akzenten und Schwerpunkten, sondern setzt die Display-Werbung auf der ganzen Verkaufsfront ohne jegliche Unterschiede ein, wobei lediglich rein räumliche Grenzen berücksichtigt werden. Der massierte Einsatz von Display-Werbung soll in Discount-Häusern jene Karnevals- und Jubel-Trubel-Atmosphäre schaffen, die diese als wesentliches Merkmal ihrer Verkaufsstrategie ansehen. Der Verbraucher soll in einen Trancezustand versetzt werden, der ihn dann durch die non-stop-Darbietung der Ware zu Impulskäufen verleiten soll. Ohne den massierten Einsatz von Display-Werbung wären Discount-Häuser trostlose Lagerhallen. Andererseits ermöglicht die Display-Werbung die Aufnahme bestimmter Warenarten in das Sortiment dieser Häuser, indem sie problemvolle Waren in problemlose verwandelt. Daher hat die Display-Werbung in Discount-Häusern eine zweifache Aufgabe: sie soll Atmosphäre schaffen und zugleich Waren problemlos machen, so daß bei ihrem Verkauf keine Kundenberatung mehr notwendig ist.

2. Das zweite Gebot der Display-Werbung

Hierunter ist die möglichst genaue Ü b e r e i n s t i m m u n g der Display-Werbung m i t der Media-Werbung zu verstehen. Das augenblickliche gesteigerte Interesse an der Display-Werbung hat so manchen Praktiker und Theoretiker zu der Feststellung verleitet, daß Media-Werbung durch Display-Werbung ersetzbar sei. Vor allem glaubt der Handel, seine Eigenmarken allein durch Display-Werbung forcieren zu können. Ob dies überhaupt möglich oder rentabel ist, muß sich erst erweisen. Die Verkaufsfläche ist heute so kostbar geworden, daß kaum an einen erfolgreichen Einzelgang der Display-Werbung gedacht werden kann. Der Einzelhändler wird vielmehr jener Display-Werbung den Vorrang geben wollen, die durch eine entsprechende Media-Werbung vorbereitet worden ist. So muß die Zukunft die getrennt verlaufenden Entwicklungsströme der Media-Werbung und der Display-Werbung wieder zusammenführen. Eine wesentliche Voraussetzung dafür ist, daß die Werbeagenturen ihre negative Haltung gegenüber der Display-Werbung aufgeben und sich ernsthaft mit dieser Problematik beschäftigen. Es bedarf ja keines besonderen Hinweises, daß erst eine einheitliche Konzeption sowohl für die Media- als auch für die Display-Werbung jenen konzentrierten Einsatz der Werbung ermöglichen kann, der unter den aktuellen Bedingungen des Werbemarktes und nach den neuesten Erkenntnissen der Werbestrategie allein zum Erfolg führen kann.

III. Display-Taktik

Im Rahmen der Display-Werbung gelangen verschiedene A r t i k e l zum Einsatz, die hier nicht einmal alle aufgezählt, geschweige denn besprochen werden können. Dazu gehören, um nur wenige zu nennen: Dekorationsmittel, Schaustücke, Verkaufshilfen, Warenträger, Schaufensterblickfänge, Großschaustücke, Prospektständer, Drehbühnen, Werbetransparente, Innenleuchten, Leuchtkästen mit Blink- oder Dauerlicht, Kleinwerbemittel, Aufstellschilder, Preissstreifen, Fensterkleber, Plakate, Schilder usw.

Zur Erläuterung ihres taktischen Einsatzes ist eine Unterteilung der verfügbaren Artikel in H a u p t g r u p p e n erforderlich.

1. Schilder

Sie schlagen die eigentliche Brücke zwischen der Media-Werbung und der Display-Werbung. Sie können sowohl zur out-door-Werbung als auch zur Display-Werbung gezählt und auch dementsprechend angewendet und gestaltet werden. Die wichtigste Aufgabe, die Schilder zu erfüllen haben, ist, darauf hinzuweisen, daß an dem entsprechenden Verkaufsort die durch die Media-Werbung popularisierten Artikel auch wirklich erhältlich sind.

2. Schaufenster-Display

Es erfüllt in seiner modernen Gestalt wichtige Werbe- und Verkaufsfunktionen, vor allem bei sogenannten shopping-Artikeln. Unter diesem Sammelbegriff sind solche Artikel zu verstehen, die erst nach einem Qualitätsvergleich an mehreren Verkaufsorten erworben werden. Schaufenster-Display ist auch für solche Artikel von grundlegender Bedeutung, die Gegenstand von Impulskäufen sind. Shopping-Artikel bilden die Grundlage z. B. des Warenhausangebots, während Süßwarenläden meistens der Schauplatz von Impulskäufen sind. Dementsprechend wird auch das Schaufenster-Display angewendet. Die große Bedeutung des Schaufenster-Displays für beide Einzelhandelsgruppen bewirkt, daß bei der Standortwahl der Läden häufig die Möglichkeit des Einsatzes von Schaufenster-Display entscheidend ist. Das heißt, der beste Standort für diese Läden ist der, wo große Passantenströme zu erwarten sind. Das Schaufenster-Display soll Passantenströme in ihrem Fluß verlangsamen, möglichst zum Stillstand bringen und an den Verkaufsort umleiten.

Eine andere wichtige Aufgabe des Schaufenster-Displays ist die Projektion eines bestimmten Image des gegebenen Ladens, damit sich der Verbraucher mit diesem Image identifizieren kann. Beide Aufgaben können nur dann erfolgreich erfüllt werden, wenn die Schaufenstergestalter interessante Einfälle für das Display haben, wenn die Ausstellungen häufig, nach einem sorgfältig ausgearbeiteten Plan, gewechselt werden, der den Passanten die Höhepunkte des angebotenen Sortiments in dem jahreszeitlichen Rhythmus veranschaulicht und somit zur Verwirklichung der eingangs behandelten Verkaufsstrategie des jeweiligen Einzelhandels-Grundtyps beiträgt.

3. Wand-Display

Diese Gruppe von Werbemitteln setzt in ihrer Wirkung auf den Ladenbesucher dort ein, wo das Schaufenster-Display aufhört. Beim Betreten des Ladens richtet der Käufer nämlich seinen Blick erfahrungsgemäß auf die gegenüberliegende Wand und bemerkt so die plakatartigen Anzeigen, die auf das aktuelle Angebot des Ladens hinweisen. An den anderen Wänden befinden sich gewöhnlich verschiedene Kleinwerbemittel und Leuchtkästen, Preisstreifen und Schilder, die den Blick des Käufers förmlich einkreisen, so daß er nicht umhin kann, den ihm zugedachten Werbeappell oder die Werbeinformation zu bemerken.

4. Stand-Display

Stand-Display kommt dem Käufer auf seinem Weg durch den Laden förmlich entgegen. Immer stärker setzen sich dabei Warenträger aus Kunststoffen, Holz, Draht usw. durch, die oft dank ihrer einfallsreichen Gestaltung eine außergewöhnliche, starke Werbewirkung besitzen. Sehr beliebt sind ebenfalls Vergrößerungen der laufenden Anzeigen in der Tageszeitung in Form von Ständern, die von den Einzelhändlern besonders gern aufgestellt werden, da sie die Breitenwirkung der laufenden Media-Werbung für die Auslösung des direkten Kaufimpulses nutzbar machen. Dies ist von größter Wichtigkeit, da ja der Einzelhändler allein darüber entscheidet, ob das Display-Material, welches er vom Hersteller erhält, aus dem Lager überhaupt in den Verkaufsraum gelangt. Dabei werden vor allem die Ständer einer sorgfältigen Auswahl unterzogen. Sie nehmen ja Raum auf dem Boden, auf der Ladentheke (soweit es noch eine gibt) und auf dem Regal ein, der ja bekanntlich schon heute sehr teuer ist. Diesem Umstand scheinen Display-Gestalter bisher nicht immer Rechnung zu tragen, worin auch der Grund dafür zu suchen ist, daß die Display-Werbung in vielen Fällen reine Verschwendung sein kann, nur weil sie in ihrer Gestaltung nicht davon ausgeht, daß es letzten Endes im Ermessen des Einzelhändlers liegt, ob die Display-Artikel direkt nach dem Eingang auf den Müllhaufen wandern oder aufgestellt werden. Es muß jedoch den Display-Gestaltern hoch angerechnet werden, daß sie sich dieser Kinderkrankheiten der Display-Werbung schnell entledigen, was von den alljährlich veranstalteten Euroshop-Ausstellungen eindringlich unterstrichen wird.

IV. Kreative Aspekte

Das Niveau der Display-Werbung ist nicht nur deshalb so unbefriedigend, weil sich die Agenturen, in denen sich heute die kreativen Talente konzentrieren, nicht damit befassen. Ein nicht minder wichtiger Grund dafür ist der Mangel an solchen Grafikern, die im **dreidimensionalen Raum** gestalten können. Wenn man die Sache auf die Spitze treibt, kann man sagen, daß heute eigentlich zum Werbegrafiker der Werbebildhauer hinzutreten müßte, das heißt der gestaltende Künstler, dessen Begabung auf dem Gebiet der Organisierung des Raumes und nicht der Fläche liegt. In dieser Beziehung haben Display und industrielle Formgestaltung viel gemeinsam. Hinzu kommt noch, daß der Display-Künstler nicht nur einen Sinn für das Körperhafte, sondern auch fundierte handwerkliche Fähigkeiten und Kenntnisse besitzen muß. Die Display-Werbung wird nämlich sehr stark vom **Werkstoff** her beeinflußt. Die vier Jahrzehnte der geschichtlichen Entwicklung der Display-Werbung haben ihre deutlichen Epochen, die nacheinander im Zeichen der Pappe, des Holzes, des Drahtes und heute der Kunststoffe standen. Der Display-Gestalter muß die Möglichkeiten dieser Rohstoffe kennen und muß mit ihnen umzugehen wissen. Dies macht seine Aufgabe bedeutend schwerer als die des Werbegrafikers, der sich mit solchen Dingen nicht herumzuplagen braucht.

Jedes Werbemedium, die Display-Werbung einbegriffen, wirft bestimmte Probleme auf, die vom gestaltenden Künstler gelöst werden müssen. Wie weit es ihm gelingt, bestimmt später in entscheidendem Maße den Werbeerfolg.

Display-Werbung

Auch in der Display-Werbung üben kreative Probleme einen entscheidenden Einfluß auf die Erreichung der vom Werbungtreibenden angestrebten Ziele aus. Diese Ziele umfassen, wie bereits dargelegt, die Fortführung der Media-Werbung am Verkaufsort zwecks totaler Markenidentifikation durch den Verbraucher in allen Situationen des Lebens und zwecks Auslösung von Impulskäufen. Dies sind die zwei grundlegenden Ziele einer jeden Display-Werbung, denen sich der gestaltende Künstler unterordnen muß. Das klingt verhältnismäßig einfach, ist jedoch in Wirklichkeit äußerst kompliziert. Die Übertragung zweidimensionaler Media-Werbung in dreidimensionale Display-Werbung stellt den gestaltenden Künstler vor bedeutend schwierigere Aufgaben als der Entwurf einer gänzlich neuen Konzeption.

Noch größere Schwierigkeiten türmen sich vor dem Display-Künstler auf, wenn ihm die Aufgabe gestellt wird, I m p u l s k ä u f e a u s z u l ö s e n. Die Lösung dieser Aufgabe erfordert eine genaue Kenntnis des Verhaltens des Verbrauchers am Verkaufsort. Die auf diesem Gebiet vorliegenden behavioristischen Forschungsarbeiten sind sehr bescheiden. Daher muß sich der Display-Gestalter in dieser Hinsicht ganz auf seine eigene Initiative und Intuition verlassen. Das bedeutet keinesfalls, daß nun alles vom genialen Einfall des Display-Gestalters abhängt. Ganz im Gegenteil! Im Gegensatz zu vielen anderen Werbemedien kann der Display-Gestalter kaum auf seine Einfallskraft und sein Vorstellungsvermögen bauen. Ehe er nämlich den Verbrauchern mittels moderner Display-Technik jene Informationen übermitteln kann, die einen Impulskauf auszulösen imstande sind, muß er selbst Informationen einholen. Er muß sich am Verkaufsort nach Daten und Fakten umsehen, die ihm bei seiner Arbeit behilflich sein können. Wer besucht den Einzelhandel? Mit welchen Absichten? Welches sind die wirklichen Kaufmotive usw. – auf diese Frage findet der Display-Gestalter die richtige Antwort nur am Verkaufsort selbst.

Noch komplizierter wird die Aufgabe für den Display-Gestalter, wenn er problemvolle Ware durch Display i n p r o b l e m l o s e W a r e v e r w a n d e l n soll. Der Gestaltung des Display-Materials muß in diesem Falle eine genaue Beurteilung des Produktes vorangehen. Der Gestalter muß erstens genau ergründen, aus welchen Werkstoffen das Produkt besteht. Daran schließt sich das Studium des Produktes unter dem Gesichtspunkt an, wie gut es ausgeführt ist. Wenn zwei dasselbe tun, ist es noch lange nicht dasselbe. Sobald zwei Produzenten dieselben Rohstoffe verwenden, sind die Enderzeugnisse noch lange nicht identisch. Nun muß der Display-Gestalter ergründen, wie gut das Produkt seinen Zweck erfüllt. Manche Produkte erfüllen mehrere Zwecke zugleich. Dann kommt alles darauf an, welcher von ihnen den Verbraucher am meisten zufriedenstellt. Von nicht geringerer Bedeutung ist auch der Vergleich des eigenen Produktes mit dem der Konkurrenz, da der Display-Gestalter auch hier eine Quelle der Inspiration finden kann. Wenn nämlich das eigene Produkt allen ähnlichen Produkten auf dem Markt nur eine einzige Eigenschaft voraus hat, dann wird diese Eigenschaft wohl für den Display-Gestalter der springende Punkt sein.

Von nicht geringerer Bedeutung ist auch der Umstand, an welchen Merkmalen der Verbraucher das eigene Produkt am besten erkennen und identifizieren kann. Der Display-Gestalter wird wohl kaum jemals vor die Aufgabe gestellt werden, einen Bedarf überhaupt erst zu wecken. Vielmehr wird es meistens darauf ankommen, daß er den bestehenden Bedarf so differenziert, daß das betreffende Produkt gegenüber allen anderen vergleichbaren Erzeugnissen bessere Absatzchancen erhält.

Daher gilt es, beim Display vor allem P r ä f e r e n z e n z u w e c k e n. Daraus ergibt sich dann folgerichtig das Problem der Erleichterung der Identifikation der Ware. Der gesamte riesige Aufwand der Media-Werbung kann nämlich vertan sein, wenn der Verbraucher das umworbene Produkt am Verkaufsort nicht zu identifizieren vermag. Hier soll und kann die Display-Werbung gute Dienste leisten, wenn dem Künstler die Sublimierung der wichtigsten Erkenntnismerkmale des Produktes gelingt. Versagt der Display-Gestalter in dieser Hinsicht, dann versagt das letzte, entscheidende Glied in der langen Kette der komplizierten Absatzbemühungen.

Der **Erfolg der Display-Werbung** hängt also letzten Endes **von der Gestaltung des Display-Materials ab**. Daher tut der Werbungtreibende gut daran, mit der Display-Werbung so lange zu warten, bis wirklich ein einwandfreier Entwurf des Display-Materials vorliegt. Dem Werbungtreibenden kommen dabei im wachsenden Maße die Hersteller von Display-Material zur Hilfe, die eigene Ateliers und Studios unterhalten und meistens im Rahmen eines erweiterten Kundendienstes solche Entwürfe – im Hinblick auf den kommenden Großauftrag – kostenlos anfertigen.

Diese Entwicklung wird dadurch begünstigt, daß immer neue Werkstoffe auftauchen, die die Gestaltung im gewissen Maße vorherbestimmen. Ein freischaffender Gestalter kann nur mit Mühe mit dieser Entwicklung Schritt halten und sich die erforderlichen Fachkenntnisse über die Neuheiten auf diesem Gebiet aneignen.

V. Ausblick

Alles deutet darauf hin, daß sich die Entwicklung der Display-Werbung in den kommenden Jahren noch weiter beschleunigen wird. Dem Fabrikanten ist allein mit der Produktion und dem Kaufmann ist mit dem Lagern der Ware nicht gedient. Beide verdienen am Verkauf. Media-Werbung verkauft aber nicht mehr so stark und so schnell wie vor Jahren. Wer verdienen will, muß mit neuen Mitteln den Umsatz steigern, an erster Stelle mit einer wirksamen Display-Werbung.

Die Display-Werbung ist auf dem Wege, den gesamten **Einzelhandel in einen einzigen, riesigen Werbeträger zu verwandeln**. Von allen Werbeträgern wird dieser in Zukunft die besten Wirksamkeitskoeffizienten aufweisen, weil kein Werbeträger eine derartige Verbrauchernähe aufweisen kann wie der Einzelhandel. Am Verkaufsort hat der Verbraucher nämlich Gelegenheit, das Produkt zu sehen, zu untersuchen und nach vollzogenem Qualitätsvergleich zu kaufen. Die hohe wachsende Wirksamkeit der Display-Werbung ergibt sich gerade aus dem Umstand, daß sie nicht – wie jede übrige Media-Werbung – mit einem Abbild der Ware, sondern mit der Ware selbst als Gestaltungselement operiert.

Die Zukunft wird daher eine immer stärkere Verflechtung der Media- und Display-Werbung mit sich bringen. Amerikanische Berechnungen besagen, daß die Display-Werbung schon heute beim Verkauf von 50 % aller Konsumgüter ausschlaggebende Bedeutung erlangt hat. Angesichts der Tatsache, daß die Aufwendungen für die Display-Werbung bisher 20 % der gesamten Werbeaufwendungen nicht überschreiten, ergibt sich das äußerst günstige Verhältnis von Werbeaufwendungen zum Werbeerfolg von 20 : 50. Daran kann kein Werbungtreibender achtlos vorbeigehen, um so weniger, da ja in der Display-Werbung bisher kaum mehr als der erste Schritt getan worden ist.

Außenwerbung

Von Dr. Herbert Kopsch, Düsseldorf

A. Begriff

Zur Außenwerbung im w e i t e s t e n S i n n e gehören grundsätzlich sämtliche Werbemittel, welche den Umworbenen außerhalb seiner Wohnung (engl.: Outdoor Advertising) erreichen. Nach Kropff ist der Begriff „Außenwerbung" eine Sammelbezeichnung für sämtliche werblichen Maßnahmen, die außerhalb geschlossener Räume erfolgen. In zahlreichen Landesgesetzen (Bauordnungen) werden als Anlagen der Außenwerbung alle ortsfesten Einrichtungen in- und außerhalb von Bauten bezeichnet, die der Ankündigung oder Anpreisung oder als Hinweis auf Gewerbe oder Berufe dienen und vom öffentlichen Verkehrsraum aus sichtbar sind. Außer den klassischen Medien der Außenwerbung — Plakatanschlag, Verkehrsmittel- und Dauerwerbung — zählen somit auch hierzu: Lautsprecherwerbung, Werbung an Lastwagen, Himmelschreiber usw. (Wirtschaftswerbung an dafür reservierten Flächen gab es schon in den Hauptstädten des Altertums [Babylon, Alexandria, Rom u. a.]. Bei Ausgrabungen in Pompeji wurden Werbetafeln an Hausflächen entdeckt, die weiß gestrichen und mit schwarzer oder roter Schrift zum Besuch von Schenken, Gladiatorenkämpfen, Theateraufführungen usw. aufforderten, die aber auch für Wahlreklame verwendet wurden.)

Im e n g e r e n S i n n e zählt man zur Außenwerbung:

> Plakatanschlag (kurzfristig), unterteilt in
>> Allgemeinen Anschlag,
>> Ganzstellen,
>> Großflächen,
>> Kleintafeln,
>> Spezialstellen.
>
> Verkehrsmittelwerbung (lang-, mittel- und kurzfristig)
> in und an öffentlichen Verkehrsmitteln.
>
> Dauerwerbung (langfristig)
> an Giebeln, Fassaden, Dächern, insbesondere in Form
> der Leucht- und Neonwerbung.

B. Die einzelnen Arten der Außenwerbung

I. Die Plakatwerbung

1. Allgemeines

Am 1. Juli 1968 waren 113 Jahre vergangen, seit der Berliner Verleger und Buchdruckereibesitzer Ernst Litfaß aufgrund der Polizeiverordnung vom 18. Juni 1855 des damals Königl. preußischen Polizeipräsidenten von Hinckeldey das „Institut der Anschlag-Säulen" – mit zunächst 150 Säulen – der öffentlichen Benutzung in Berlin übergeben hat. Diese Geburtsstunde der Litfaßsäule ist zugleich der Beginn des organisierten öffentlichen Plakatanschlags in Deutschland, den es bis dahin nur in Form eines unkontrollierten, verunstaltenden „Wildanschlags" gab, der übrigens in zahlreichen Ländern außerhalb der Bundesrepublik noch heute anzutreffen ist. (Charles Dickens schildert in einer Kurzgeschichte „Plakatklebung", daß ein Geschäftsmann in England Anfang des 18. Jahrhunderts über 2000 kleine Plakate anschlagen ließ.)

Die Plakatwerbung ist Werbung für Massenkonsumgüter; sie eignet sich hauptsächlich als Komplementärwerbung für sämtliche Funktionen eines Werbefeldzuges; für die politischen Parteien im Wahlkampf und als Veranstaltungswerbung ist sie unentbehrlich. Ihre unleugbaren Vorzüge gegenüber anderen Werbemedien sind:

Die Allgegenwärtigkeit im öffentlichen Raum
die ständige Wiederholung der Werbebotschaft
die Präzision der Streuung
häufig: letzte Ansprache der Zielgruppe vor dem Kaufentschluß
die unbestrittene Preiswürdigkeit dieses Mediums.

Ihre Nachteile liegen in dem komplizierten Auftrags- und Rechnungswesen wegen der großen Zahl der Plakatinstitute und der Pachtorte sowie in der ziemlich umständlichen Kontrolle der Anschlagstellen. Die Tranzparenz der Plakatwerbung wird durch ständige Reichweiten- und Kontakt-Untersuchungen verbessert.

Wegen seiner Zweckbestimmung als Werbemedium für den Massenkonsum unterliegt das Plakat bezüglich seiner Gestaltung besonderen Gesetzen (vgl. hierzu den Artikel „Plakatwerbung" in diesem Kapitel). Die in der Bundesrepublik einheitlichen Plakatformate sind sowohl in der Querlage, aber auch in der Hochlage aus dem bewährten DIN-Normensystem des Deutschen Normenausschusses hervorgegangen (vgl. Normenblatt DIN 683). Der $^1/_1$-Bogen als Grundformat entspricht der Papiergröße DIN A 1 = 84 cm hoch und 59 cm breit bzw. 59 cm hoch und 84 cm breit. Sämtliche kleineren bzw. größeren Formate sind aus diesem Grundformat entwickelt.

Demgegenüber sind die Formate der Litfaßsäule nicht einheitlich; in Anpassung an ihren Standort (Klein-, Mittel-, Großstädte) variieren die Maße in Höhe und Umfang; dabei überwiegt die Höhe von 3 bis 3½ m und von 10 bis 14 qm Oberfläche. Die Säulenform stellt trotz mehrfacher Kritik noch immer die verkehrsgünstigste und wirtschaftlichste Ausnutzung des vorhandenen Raumes dar. Der Kreis als Grundfläche und damit die Säule als Aufbau hat gegenüber Dreieck- und Sternsäulen bzw. ziehharmonikaartigen Werbeträgern den Vorzug der größten Anschlagfläche, zumal im Blickfeld des Betrachters ein Plakat an der Litfaßsäule allmählich in das andere übergeht.

Auf dem flachen Land, vor allen Dingen in den kleinen Ortschaften, dominieren die Plakattafeln in verschiedener Größe, die jedoch regelmäßig eine Anschlagfläche von mehr als 8 qm aufweisen. Mit dem Aufkommen der Großflächenwerbung nach 1950

werden erstmalig einheitliche Größen für diese neue Werbeart geschaffen, und zwar zur Aufnahme von 18 ¹/₁-Bogen = 2,60 m hoch und 3,60 m breit.
In den letzten Jahren sind in Großstädten auch b e l e u c h t e t e A n s c h l a g s t e l l e n und L e u c h t f l ä c h e n - W e r b u n g anzutreffen.

2. Arten der Plakatträger

a) Allgemeine Anschlagstellen

Anschlagstellen, die dem Plakatanschlag m e h r e r e r Werbungtreibender vorbehalten und aufgrund eines Pachtvertrages mit der zuständigen Gemeinde in der Regel auf öffentlichem Grund und Boden errichtet sind – in den Groß- und Mittelstädten fast ausnahmslos als Litfaßsäulen, auf dem Lande überwiegend als Plakattafeln.

Im Bundesgebiet gibt es gegenwärtig in 11 Ländern in 19 365 Orten (von insges. 24 594) mit 59,8 Millionen Einwohnern 73 188 Allgemeine Stellen.

Zwischen den Gemeinden und dem jeweiligen Plakatinstitut wird ein Gestattungsvertrag – meist auf die Dauer von 5–10 Jahren – abgeschlossen; die Pachtabgaben hierfür sind – im Gegensatz zu den früher festgesetzten Pachtsätzen durch den „Werberat der deutschen Wirtschaft" (1934) – je nach Größe der Gemeinden unterschiedlich; die Abgaben von den Netto- bzw. Bruttoerlösen variieren von 20 % bis über 50 %. In einigen Städten wird der Bogenanschlag an Allgemeinen Stellen von den Gemeinden selbst – mitunter als Regiebetrieb in der Gesellschaftsform der GmbH – verwaltet. Grundsätzlich gibt es für jede Stadt nur e i n e n Pächter des Allgemeinen Bogenanschlags. Auf 1000 Einwohner entfällt im Durchschnitt 1 Allgemeine Anschlagstelle (Bestzahl). Grundsätzlich wird ein Auftrag für die Plakatierung in geschlossenen Ortschaften nur für sämtliche vorhandenen Allgemeinen Stellen angenommen (Netzanschlag). Das gilt nicht für Großstädte, in denen durch Bildung von Stadtgruppen eine Teilbelegung von Stellen, die einheitlich über das ganze Stadtgebiet verteilt sind, möglich ist. Die Anschlagdauer beträgt im allgemeinen 10 Tage. Der zuständige Fachverband hat durch die Organisation einer einheitlichen Beklebung der Stellen in Blöcken zu 35 Dekaden im gesamten Bundesgebiet dafür gesorgt, daß Anschläge überörtlicher Art zur gleichen Zeit im ganzen Lande ausgeführt werden. Falls nicht ausdrücklich ein Festauftrag vereinbart wird, hat jede Partei ein ordentliches Rücktrittsrecht, das 90 Tage vor Anschlagbeginn abläuft. Daneben steht dem Plakatinstitut ein außerordentliches, unbefristetes Rücktrittsrecht zugunsten von unaufschiebbaren Terminanschlägen, z. B. bei amtlichen Bekanntmachungen, bei wichtigen örtlichen Veranstaltungen, in der Zeit von Wahlplakatierungen (vgl. Allgemeine Geschäftsbedingungen für den Plakatanschlag) zu. Während noch bis 1952 einheitliche Preise aufgrund einer Tarifstaffel nach Ortsgrößen bestanden, sind die Preise infolge der gestiegenen Kosten in den letzten Jahren in Bewegung geraten. Der Allgemeine Anschlag wird nach Bogentagen berechnet, d. h. als Grundpreis gilt der Preis für ¹/₁ Bogen pro Stelle und Tag (Beispiel: die gesamten 100 Stellen eines Ortes für einen 10tägigen Anschlag eines ⁴/₁-Bogen-Plakates zu je 0,14 DM (per Tag und ¹/₁ Bogen) kosten: 100 x 4 x 0,14 x 10 = 560 DM). Wie bei der Anzeigenwerbung gibt es verschiedene Mengennachlässe: je intensiver die Werbung eines Werbungtreibenden, desto größer der Rabatt. Dieser beträgt im allgemeinen 1 % bis 10 % der Auftragssumme je nach Dauer und Umfang des Anschlags in einem Kalenderjahr.

b) Ganzstellen

Sie bestehen fast ausnahmslos in Form von Litfaßsäulen und sind im Gegensatz zu den Allgemeinen Anschlagstellen jeweils nur für den Plakatanschlag e i n e s Werbungtreibenden vorbehalten. Sie sind in der Regel auf öffentlichem Grund und Boden errichtet und werden von dem jeweiligen örtlichen Pächter des Allgemeinen Plakatanschlags verwaltet. Schon seit längerer Zeit haben die Plakatinstitute auf die ursprünglich vorgeschriebene Kombination der Abgabe von Ganzstellen mit der Belegung sämtlicher Allgemeinen Anschlagstellen verzichtet. Die Ganzstelle kann also für sich allein bzw. in Stadtgruppen von den Werbungtreibenden belegt werden. Dadurch wurde die Ganzstelle zur neuen eigenen Werbeeinheit in der Plakatwerbung. Während zur Zeit des Werberats (bis 1945) auf 25 000 Einwohner eine Ganzstelle entfiel, gibt es jetzt kein einheitliches Verhältnis in der Zahl der Ganzstellen zu den Allgemeinen Stellen. Schon in Orten mit 5000 Einwohnern sind Ganzstellen anzutreffen. Der Preis beträgt pro Tag und Stelle 7,50 DM, in den Großstädten 10,– bis 12,50 DM. Beleuchtete Ganzstellen kosten bis 20,– DM. Insgesamt gibt es im Bundesgebiet zur Zeit ca. 9000 Ganzstellen in 1500 Orten.

c) Großflächen

Großflächen bestehen ausschließlich in Tafelform und sind – wie die Ganzstelle – dem Plakatanschlag jeweils nur e i n e s Werbungtreibenden vorbehalten; in der Regel stehen sie auf privatem Grund und Boden und sind durchweg normiert auf eine Größe von 2,52 m hoch und 3,56 m breit zur Aufnahme von 18/1 Bogen. Die Großflächen, welche zunächst an Bauzäunen und zur Ausfüllung der durch den Krieg entstandenen Baulücken in den Städten errichtet wurden, haben in überraschender Weise den Zuspruch der Werbungtreibenden, vor allem der Markenartikelindustrie, für ihre Werbefeldzüge auf Bundesebene gefunden. Sicherlich hat hier die Plakatwerbung des Auslandes vielfach als Vorbild gedient. (Mit Ausnahme von Holland, Schweiz und Österreich werden im Ausland Plakatstellen durchweg nur von einem einzigen Werbungtreibenden belegt.) Gegenwärtig gibt es mehr als 72 000 Großflächen. Auch in Kleinstädten, sogar unter 5000 Einwohnern, sind Großflächen anzutreffen. Im Gegensatz zum Allgemeinen Anschlag gibt es in jeder Stadt durchweg mehrere Großflächenunternehmen. Der Preis pro Tag und Stelle beträgt 4,– bis 5,– DM, vermindert durch – unterschiedliche – Rabatte von 1% bis 15%.

Die Großfläche bietet dem Werbungtreibenden den großen Vorteil, daß er nicht – wie im Netzanschlag – sämtliche Großflächen eines Ortes zu belegen braucht, sondern einzelne Stellen auswählen kann; meist werden gewisse Gruppen unterschiedlicher Zahl und Standorte belegt. Einheitliche Typenbezeichnungen, Standortfotos, Lageskizzen usw. erleichtern dem Auftraggeber seine Auswahl.

Über die zahlenmäßige Entwicklung von Allgemeinen Anschlagstellen, Ganzstellen und Großflächen orientiert die folgende Übersicht 1:

Übersicht 1

Jahr	Allgemeine Anschlagstellen	Ganzstellen	Großflächen
1951	36 998	590	—
1953	43 659	720	—
1955	51 600	1 142	—
1957	59 387	1 486	—
1959	62 619	2 236	—
1961	66 196	3 926	—
1962	67 839	5 611	38 538
1963	68 523	6 130	43 913
1964	69 297	6 720	47 408
1965	70 280	7 010	51 259
1966	72 065	7 846	54 685
1967	73 188	8 882	72 828

d) Kleintafeln

Das sind Werbetafeln, deren Größe in der Regel 180 cm hoch x 120 cm breit bzw. 260 cm hoch x 120 cm breit beträgt. Wo Großflächen aus standortbedingten Gründen behördlich nicht genehmigt werden, haben seit 1964 Kleintafeln die Aufgabe der Plakatwerbung auf privaten Grundstücken in den Städten übernommen. Zur Zeit gibt es ca. 8000 Stück in den obengenannten Formaten. Sie werden vorwiegend für $^4/_1$ bzw. $^6/_1$ Bogen verwendet, insbesondere, wenn die Litfaßsäulen ausverkauft sind. Ihr Preis pro Stück und Zahl ist unterschiedlich, meist beträgt er 2,– DM; auch die Mengennachlässe sind nicht einheitlich, im allgemeinen 1% bis 10%.

e) Spezialstellen

Säulen, Tafeln oder Flächen, die weder Allgemeine Anschlagstellen noch Ganzstellen noch Großflächen noch Kleintafeln sind und im Hinblick auf Format, Errichtungs- oder Anbringungsdauer, Verwendungsmöglichkeit, Standort oder sonstige Besonderheiten Abweichungen aufweisen. In ihren verschiedenen vorgenannten Arten entziehen sie sich einer organisierten Plakatwerbung und werden meist nur vorübergehend bei Ausstellungen, Messen, Tagungen sowie in Wahlzeiten, auch für Zirkuswerbung und für lokale Veranstaltungen verwendet; es gibt keine einheitlichen Formate und daher auch keine einheitlichen Preise und Rabatte.

3. Streuung und Umsätze in der Plakatwerbung

a) Die Werbungtreibenden schätzen an der Plakatwerbung die im Gegensatz zu manchen anderen Werbemitteln günstige Streumöglichkeit. Im Durchschnitt können durch den Plakatanschlag mehr als 93% der Bevölkerung, in Orten über 20 000 Einwohnern sogar 100% erreicht werden. Die Stellen- und Kostenübersicht der Plakatwerbung, unterteilt nach Allgemeinen Stellen, Ganzstellen und Großflächen zeigt, daß die größte Stellendichte der belegbaren Orte in Nordrhein-Westfalen, gefolgt von Bayern und Württemberg, und die wenigsten Stellen – von den Stadtstaaten abgesehen – in Schleswig-Holstein und im Saarland vorhanden sind (Übersicht 2).

Im Durchschnitt sind sämtliche Stellen in der Bundesrepublik im Jahre etwa zu $^2/_3$ belegt. Mit dieser Stellendichte rangiert die Bundesrepublik in der Plakatwerbung, berechnet auf 1000 Einwohner, erst an 5. Stelle im Vergleich zu anderen europäischen Ländern.

Belgien	81 qm Anschlagfläche
Frankreich	58 qm Anschlagfläche
Italien	43 qm Anschlagfläche
Großbritannien	30 qm Anschlagfläche
Bundesrepublik Deutschland	18 qm Anschlagfläche
Schweden	13 qm Anschlagfläche
Luxemburg	7 qm Anschlagfläche
Niederlande	5 qm Anschlagfläche

Die ständige Fluktuation des Marktes und die wechselnden Bedürfnisse der Konsumenten, aber auch eine unterschiedliche Kostenlage bei den einzelnen Werbemitteln und gewisse unerforschbare psychologische Momente beeinflussen die Wahl der Werbungtreibenden im Einsatz der Medien. Im großen und ganzen verteilt sich die Plakatwerbung auf Branchen und Produktgruppen nach einer Zusammenstellung aus dem Jahre 1963 wie folgt:

	%	%
Zigarren, Zigaretten, Rauchtabak		37,2
Kaffee, Tee, Kakao, Schokolade		9,0
Getränke		8,9
davon alkoholfreie Getränke	3,4	
Bier	2,6	
Schaumweine	1,9	
Spirituosen	1,0	
Textilien und Kleidung		7.0
darin Chemiefaserstoffe	2,6	
Nahrungsmittel		6,8
Wasch- und Putzmittel		4,2
Haushaltsgeräte		1,7
darin Kunststoffe	0,9	
Kosmetik		1,1
Papier		0,8
Schuhe		0,7
Kraftfahrzeuge		0,6
		78,0
Messen und Ausstellungen		1,2
Tageszeitungen und Zeitschriften		1,5
Theater, Konzerte, Vorträge, Kino Varieté und sonstige Veranstaltungen		19,3
		100,0

b) Weiterhin beweist die **Umsatzentwicklung** in der Plakatwerbung einschl. Verkehrsmittelwerbung die hohe volkswirtschaftliche Bedeutung und die Beliebtheit dieses Werbemittels bei den Werbungtreibenden.

1952	37,2 Millionen DM	1960	82,4 Millionen DM
1953	43,4 Millionen DM	1961	96,2 Millionen DM
1954	50,7 Millionen DM	1962	104,6 Millionen DM
1955	59,4 Millionen DM	1963	109,4 Millionen DM
1956	61,7 Millionen DM	1964	152,0 Millionen DM
1957	68,7 Millionen DM	1965	182,0 Millionen DM
1958	67,9 Millionen DM	1967	215,8 Millionen DM

Die verschiedenen Arten der Plakatwerbung sind in den Umsätzen der Jahre 1964 bis 1967 wie folgt verteilt:

	1964	**1965**	**1966**	**1967**
Allgemeiner Plakatanschlag einschl. Ganzstellen	69,6	84,0	92,2	86,9 Mill. DM
Großflächen einschl. Kleintafeln	42,2	51,6	55,6	79,4 Mill. DM

Umsätze in Spezialstellen sind aus den schon genannten Gründen nicht erfaßbar.

4. Kontrolle und Werbewertanalyse in der Plakatwerbung

a) Das Vertrauen zwischen Auftraggeber und Plakatinstitut ist wie kaum bei einem anderen Werbemittel Grundlage des ganzen Geschäfts. Bei der Anzeigenwerbung kann sich der Werbungtreibende durch einen kurzen Blick in den Anzeigenteil eines einzigen Exemplars der Ausgabe des von ihm in Anspruch genommenen Publikationsorgans über-

Außenwerbung

Übersicht 2
Stellen- und Kostenübersicht für den Plakatanschlag in der Bundesrepublik Deutschland (Stand vom 1.7.1968; Einwohner 1.1.1968)

Länder	Alle Orte	Einwohner	Allgemeine Stellen Orte	Allgemeine Stellen Einwohner	Allgemeine Stellen Stellen	Preis für 1/1 Bogen 10 Tage	Ganzstellen Orte	Ganzstellen Einwohner	Ganzstellen Stellen	Preis für 1 x 10 Tage	Großflächen Orte	Großflächen Einwohner	Großflächen Tafeln	Preis für 1 x 10 Tage
Schleswig-Holstein	1 379	2 472 526	830	2 252 691	3 030	7 876,—	105	1 609 078	438	39 199,50	36	1 160 348	1 290	54 540,80
Hamburg	1	1 836 418	1	1 836 418	2 415	4 505,—	1	1 836 418	304	34 377,50	1	1 836 418	3 407	153 038,—
Niedersachsen	4 233	6 981 511	3 136	6 424 452	9 449	22 427,50	156	3 334 173	960	87 020,20	147	3 182 477	3 200	136 233,20
Bremen	2	750 530	2	750 530	895	1 410,50	2	750 530	185	16 660,—	2	750 530	2 241	93 024,—
Nordrhein-Westf.	2 334	16 832 217	1 642	15 966 054	16 828	34 790,—	284	12 680 165	2 931	272 583,—	318	12 913 945	31 134	1 354 867,—
Hessen	2 687	5 250 184	1 950	5 056 143	7 332	17 197,60	133	2 917 551	1 024	95 065,—	145	2 900 650	4 619	211 219,80
Rheinland-Pfalz	2 917	3 620 506	2 332	3 521 942	5 320	13 802,40	166	1 781 459	589	50 212,30	95	1 578 189	3 600	157 077,—
Saarland	347	1 131 844	300	1 102 015	1 058	2 690,60	12	425 217	108	9 690,—	46	672 750	1 336	54 188,—
Baden-Württemberg	3 378	8 549 441	3 105	8 415 015	10 303	25 291,40	450	5 285 945	1 045	89 417,—	357	4 865 538	4 491	195 444,20
Bayern	7 099	10 231 192	6 441	9 992 749	16 827	41 602,—	212	4 769 191	1 344	138 520,—	204	4 678 702	8 139	353 940,20
Westberlin	1	2 171 316	1	2 171 316	2 870	5 834,40	1	2 171 316	75	10 875,—	1	2 171 316	6 301	263 693,—
BRD Gesamt:	24 378	59 827 685	19 740	57 489 325	76 327	177 427,40	1 522	37 561 043	9 003	843 619,50	1 352	36 710 863	70 758	3 027 265,20
Ortsgrößenklassen														
— 2 000	20 469	12 366 218	16 017	10 764 517	23 383	62 421,70	34	44 162	48	3 821,—	75	72 792	102	4 401,—
— 5 000	2 374	7 284 857	2 223	6 827 121	9 821	24 700,50	488	1 621 895	533	36 796,—	304	1 049 886	502	21 374,20
— 10 000	856	5 904 025	829	5 733 268	6 794	18 314,70	414	2 917 693	634	55 461,80	396	2 816 566	1 218	52 406,40
— 20 000	370	4 990 861	363	4 905 558	5 339	14 448,50	284	3 885 345	778	69 511,50	280	3 806 601	1 889	81 182,40
— 50 000	198	6 099 341	197	6 076 478	6 180	14 670,80	191	5 909 565	1 298	118 072,20	186	5 782 635	5 395	232 816,—
— 75 000	36	2 175 455	36	2 175 455	2 232	4 787,50	36	2 175 455	591	54 301,—	36	2 175 455	4 121	175 988,20
— 100 000	18	1 578 742	18	1 578 742	1 715	3 375,40	18	1 578 742	466	42 167,50	18	1 578 742	3 539	152 212,40
— 500 000	46	8 848 830	46	8 848 830	9 436	14 340,30	46	8 848 830	2 759	256 738,50	46	8 848 830	25 542	1 087 122,80
über 500 000	11	10 579 356	11	10 579 356	11 967	20 401,—	11	10 579 356	1 896	206 750,—	11	10 579 356	28 450	1 219 761,80
Gesamt	24 378	59 827 685	19 740	57 489 325	76 327	177 427,40	1 522	37 561 043	9 003	843 619,50	1 352	36 710 863	70 758	3 027 265,20

Quelle: Universal Anzeigen- und Werbedienst GmbH, Frankfurt, Abteilung Außenwerbung.

zeugen, ob und wie seine Anzeige gedruckt wurde. Ähnlich verhält es sich bei der Kontrolle von Einschaltungen im Werbefunk und Werbefernsehen.

Bei der Plakatwerbung fehlt eine solche einfache unmittelbare **Kontrollmöglichkeit**. Bei einem überörtlichen Auftrag auf Bundesebene sind die mit den Plakaten des Auftraggebers belegten Stellen bei einer Gesamtbelegung auf mehr als 19 000 Orte verteilt. In der Kenntnis dieser vom Objekt bedingten Erschwerung der Stellenkontrolle hat der „Zentralausschuß der Werbewirtschaft (ZAW)" in Bad Godesberg die zunächst in erster Linie für die Auflagenkontrolle der Zeitungen und Zeitschriften eingerichtete „Informationsgemeinschaft zur Feststellung der Verbreitung von Werbeträgern (IVW)" den Unternehmen der Außenwerbung als Kontrollorgan zur Verfügung gestellt. Diese 1950 gegründete Gemeinschaftseinrichtung der deutschen Werbewirtschaft führt satzungsgemäß ein Generalkataster, aus welchem sämtliche im Bundesgebiet vorhandenen und gemeldeten Stellen und Standorte ersichtlich sind. Die Einsichtnahme und Entnahme von Abschriften ist allen Werbungtreibenden, Werbungsmittlern und Agenturen sowie an der Werbung Interessierten gestattet. Außerdem werden sowohl von den Plakatinstituten als auch von den Agenturen, von letzteren im Auftrage ihrer Kunden, ständig Kontrollfahrten im ganzen Bundesgebiet durchgeführt.

b) Jeder Werbungtreibende hat ein Recht auf Information über die **Reichweite und Kontaktfähigkeit** seines Werbemittels, d. h. über die Zahl der Begegnungen der Bevölkerung mit seiner Werbebotschaft. Während andere Werbemittel schon frühzeitig mit derartigen Untersuchungen zur Erhöhung der Transparenz begonnen haben, setzten die Versuche in der Plakatwerbung erst zögernd ein, weil der Umfang der Aufgabe bei mehr als 19 000 Orten und 150 000 Anschlagstellen zurückschrecken ließ, ganz zu schweigen von der finanziellen Seite einer solchen Aktion. Bereits 1961 war durch die zuständigen Fachverbände und einzelne fortschrittliche Unternehmer mit einigen Versuchsstudien in München, Bamberg und Württemberg begonnen worden. 1964 fand eine gleichzeitige Reichweitenuntersuchung im Plakatanschlag und in der Verkehrsmittelwerbung in Düsseldorf statt, jedoch handelte es sich bei diesen Studien in erster Linie um die Erarbeitung der richtigsten und zweckmäßigsten Erhebungsmethode. Die Resultate dieser Untersuchungen reichten jedenfalls nicht aus, um von diesen Werten verläßliche Durchschnittszahlen für das ganze Bundesgebiet zu errechnen. Permanente Untersuchungen in sämtlichen Orten des Bundesgebiets schienen damals unvermeidbar. Inzwischen hat jedoch in England der Verband der Werbeagenturen, das „Institut of Practioners in Advertsing" (IPA) nach 3jährigen Vorarbeiten eine empirisch ermittelte mathematische Formel gefunden, deren Anwendung auch auf deutsche Verhältnisse sich empfahl. Die inzwischen abgeschlossenen Untersuchungen der Infratest im Auftrage des zuständigen Fachverbandes haben in der Tat diese Anwendungsmöglichkeit bestätigt, so daß nunmehr für sämtliche Gemeinden bis zu 300 000 Einwohner zuverlässige Analysenwerte – ohne Primärerhebungen – ermittelt werden konnten. Diese Werte stehen in Form von Tabellen und Nomogrammen für die praktische Arbeit den Media-Abteilungen der Agenturen und Industriefirmen zur Verfügung.

II. Die Verkehrsmittelwerbung

1. Entwicklung und Wesen

Die ersten Pferdebahnen in unseren Großstädten (Hamburg, München, Berlin) trugen bereits um 1825 auf ihren Rumpfflächen Werbeschilder, mit denen bekannte Gaststätten und Vergnügungsbetriebe, vereinzelt aber auch schon Fabrikanten, auf sich aufmerksam

Außenwerbung

machten. Mit dem Wachstum der Städte und der Organisation sowie der Elektrifizierung der öffentlichen Straßenbahnen um 1890 vergrößerte sich der Anteil der Verkehrsreklame immer mehr; heute liegt der Anteil dieses wichtigen Zweiges der Außenwerbung bei ca. 25 % der Umsätze. Die Wertschätzung der werbenden Wirtschaft für dieses Kommunikationsmittel erklärt sich aus seiner besonderen Stellung im öffentlichen Verkehr. Wendet es sich doch in einem psychologisch günstigen Augenblick an den Umworbenen als Verkehrsteilnehmer, sei es als Fußgänger, sei es als Fahrgast. Millionen Menschen sehen bzw. benutzen Tag für Tag die öffentlichen Verkehrsmittel und werden geradezu zwangsläufig veranlaßt, sich bewußt oder unbewußt mit den an ihnen vorbeifahrenden Werbebotschaften zu beschäftigen. Gerade an den Brennpunkten des Verkehrs in den Groß- und Mittelstädten, wo der Plakatwerbung aus Platzgründen Grenzen gesetzt sind, aber auch im Berufsverkehr zwischen Stadt und Land bieten die Nahverkehrsmittel ideale Werbemöglichkeiten.

Im Gegensatz zum kurzfristigen Plakatanschlag dient die Verkehrsreklame hauptsächlich **lang- und mittelfristiger Werbung**. (In Paris und London ist es gerade umgekehrt: Während die Werbung an den Verkehrsmitteln kurzfristig ist, ist die Plakatwerbung dort meist lang- und mittelfristig.)

Die Wirtschaftswerbung im **linienmäßigen Verkehr** umfaßt die Werbung durch Anschläge an und in sämtlichen Wagen der öffentlichen Verkehrsmittel, des Eisenbahn-, Post-, Bergbahn-, Schiffs- und Luftverkehrs, die dazu bestimmt sind, planmäßige Fahrten auf bestimmten Linien durchzuführen; auch die Werbung an und in den dazu gehörenden Einrichtungen, wie z. B. Bahnhöfen, Wartehallen, Haltestellen u. a. gehört dazu.

Es liegt in der Natur des Werbeträgers, daß technische und verkehrspolizeiliche Gesichtspunkte hier eine ungleich größere Rolle als in der Plakatwerbung spielen. Die Leichtigkeit des Verkehrs und die Rücksicht auf die übrigen Verkehrsteilnehmer darf durch die Werbung an und in Verkehrsmitteln nicht beeinträchtigt werden. Im übrigen wird die rollende Werbung hauptsächlich als **Repräsentativwerbung**, weniger als aktive Verkaufswerbung verwendet. Diese Erkenntnis bestimmt bzw. sollte die Gestaltung der Werbebotschaften maßgebend bestimmen. Verkehrsreklame verlangt kürzeste Appelle in möglichst großer Schrift und auffallende, knappe Werbeslogans mit markanten Zeichen und Abbildungen usw., da den Verkehrsteilnehmern nur kurze Zeit zum Lesen der vorbeifahrenden Werbung verbleibt.

Im allgemeinen werden die für die Werbung in Frage kommenden Bahnobjekte von den Nahverkehrsbetrieben aufgrund von Pachtverträgen meist mit 5 bis 10jähriger Dauer an den Verkehrsmittelwerber verpachtet. Einige Bahngesellschaften führen die Werbung an ihren Fahrzeugen selbständig oder durch eigene Regiebetriebe durch.

Nach den neuesten Mitgliederzahlen des „Verband der öffentlichen Verkehrsbetriebe (VÖV)" und des „Bundesverbandes Deutscher Eisenbahnen (BDE)" gibt es gegenwärtig ca. 320 Gesellschaften des öffentlichen Nahverkehrs, von denen den Werbungtreibenden etwa 50 % mit folgenden Fahrzeugen zur Verfügung stehen:

	1964	1965	1966
Straßenbahnwagen	7400	6187	8 564
Omnibusse, Obusse	7766	9424	12 319
U-, Hoch- und S-Bahnen	1790	1810	1 616

Während in früheren Jahren die Straßenbahnen (Betriebswagen, Beiwagen) den städtischen Verkehr weitaus beherrschten, werden wegen der Schwerfälligkeit der Schienenfahrzeuge im Stadtverkehr neuerdings Omnibusse bevorzugt, zumal die Aufnahmefähigkeit von Fahrgästen in den neuzeitlichen Gelenkbussen und Doppeldeckern erheblich verbessert wurde. Alle diese Fahrzeuge bieten der werbungtreibenden Wirtschaft zahlreiche Möglichkeiten für die Anbringung ihrer Werbebotschaften.

2. Möglichkeiten der Verkehrsmittelwerbung

a) Außenwerbung

(1) Die Rumpfflächenwerbung bildet heute vor allem an den Fahrzeugen moderner Bauart den Hauptanteil der Verkehrswerbung. Bei der Mehrzahl der Wagen werden Bilder und Texte der Werbung unmittelbar auf den Wagenrumpf gemalt bzw. durch Folien angebracht. Vereinzelt sind auch noch die früher üblichen Schilder an den Rumpfflächen anzutreffen. (Im Ausland heute noch sehr häufig!) Wie bei sämtlichen Werbemöglichkeiten an Fahrzeugen richten sich die Formate nach den hierfür vorhandenen technischen, häufig sehr unterschiedlichen Flächen der einzelnen Werbetypen. Im Durchschnitt weisen die Formate eine Höhe von 0,40 bis 0,70 m und eine Länge von 5 bis 20 m auf.

(2) Die Werbung mit Hilfe von Dachschildern ist infolge des modernen Fahrzeugbaus mehr in den Hintergrund getreten und befindet sich gegenwärtig nur noch an Fahrzeugen älterer Bauart. Eine Direktbemalung der Karosserie der Fahrzeuge kommt hier nicht in Frage, sondern die meist 5 bis 8 m langen und etwa 0,40 bis 0,50 m hohen bemalten Schilder werden auf dem Dach der Straßenbahn montiert. An Omnibussen, Obussen sowie an U- und Hochbahnen finden Dachschilder aus technischen Gründen keine Verwendung.

Rumpf- und Dachschilder werden schon wegen der hohen Bemalungs- und Montagekosten nicht unter 1 Jahr vermietet. Die Durchschnittsbelegungsdauer beträgt 3 bis 5 Jahre; die Rabatte betragen für diese Zeit 10 % bis 20 %. Im übrigen sind die Preise je nach Größe der Werbung und nach Größe der Städte unterschiedlich (vgl. Übersicht 3).

(3) Perronflächen (Plattformschilder) — für kurzfristige Werbung —, welche links oder rechts neben dem Einstieg außen an den Wagen angebracht werden, sind in letzter Zeit infolge des Einsatzes moderner Wagentypen etwas in den Hintergrund getreten. Der Vorteil dieser kurzfristigen Plakatwerbung im Einheitsformat von 59 x 84 cm (DIN A 1) liegt darin, daß die auf Schilder aufgeklebten Affichen die gleiche Größe wie im Bogenanschlag aufweisen und sich somit für eine gleichzeitige Werbeaktion auch in der Plakatwerbung eignen. Bei einer Mindestanschlagdauer von 7 Tagen und wenigstens 100 Stück beträgt der Preis pro Plakat und Tag durchschnittlich 0,50 DM zuzüglich der einmaligen Anbringungskosten von etwa 1,— DM pro Stück.

Der gesamten Preisbildung in der Verkehrsmittelwerbung liegt ein Ausfallsatz von 25 % bis 30 % für vorübergehende Stillegung der Fahrzeuge wegen Reparatur- und Kontrollarbeiten oder aus sonstigen technischen Anlässen zugrunde. Aus den gleichen Gründen wird bei Abnahme von mindestens 10 Flächeneinheiten ein Freiaushang von 10 % der gemieteten Wagen bzw. Flächen gewährt.

b) Innenwerbung

(1) Seitenscheiben. Bei der Innenwerbung bedarf es nicht der starken Konzentration der Werbeaussage wie bei der Werbung an dem äußeren Teil der Fahrzeuge. Der Fahrgast hat Zeit und Muße, ausführlich die Werbetexte zu lesen und aufzunehmen, wenn sie nach Inhalt und Aufmachung für ihn interessant gestaltet sind. Die Werbung an den Fensterscheiben steht an der Spitze der Werbung im Inneren der Fahrzeuge. Neuerdings können Scheibenplakate entweder direkt als Abziehplakate (Siebdruck) oder als Aus-

Übersicht 3
Durchschnittsangaben über Maße und Preise für Rumpfflächen und Dachschilder

Stand: Anfang 1966

Flächenart	Fahrzeugtyp	übl. Flächenmaße Höhe cm	Länge (1 Seite) m	⌀ Brutto-längenpreis lfm	DM je lfm u. Monat
Rumpfflächen an Straßenbahnen	Normalwagen	50–60	5–6	11,5	9,30
	Großraumwagen	60–70	9–11	16,3	16,70
	Großraum-Gelenk-wagen, 4 u. 6 Achsen	60–70	11–12,5	25,0	16,90
	Großraum-Gelenkwagen, 8 Achsen	60–70	12–20	32,5	18,30
Rumpfflächen an Omnibussen	Normal-Omnibusse	50–60	8–9	16,7	13,40
	Eineinhalbdeck-Omnibusse	30 und 50–70	10–15	24,0	13,40
	Doppelstock-Omnibusse	60	10–11	22,4	15,90
	Gelenk-Omnibusse	50–70	10–12	24,0	16,–
Dachschilder an Straßenbahnen	Normalwagen	40–50	5–6	10,2	5,80
	Großraumfahrzeuge 2 Schilder	40–50	5–8	14,3	7,70
	Großraumfahrzeuge 4 Schilder	40–50	5–7	24,0	8,40

hang auf bedrucktem Hartkarton sowohl nach innen als auch außen sichtbar angebracht werden. Bei allen öffentlichen Verkehrsmitteln hat sich erfreulicherweise das Einheitsformat 15 x 50 cm weitgehend durchgesetzt, so daß Werbungtreibende bei einer überregionalen Streuung im großen und ganzen von einer einheitlichen Größe der Scheibenplakate ausgehen können. Der monatliche Mietpreis bei einer Mindestauftragszeit von 3 bis 6 Monaten beträgt pro Fläche 4,– bis 5,– DM zuzüglich der einmaligen Anbringungs- und Entfernungskosten von 1,– bis 2,– DM pro Plakat.

(2) Außerdem ist im Inneren der Wagen häufig noch Platz für Schilder an den **Deckenrundungen**, an den **Stirn-** und **Trennwandflächen** sowie an den **Türen** der Fahrzeuge.

(3) Die früher häufig anzutreffenden **Ganzwagen**, das sind ausschließlich für Werbezwecke, also nicht im Personenverkehr eingesetzte mit Plakaten verkleidete Straßenbahnplattenwagen, sind wegen der Verkehrsnot in den Städten fast verschwunden; nur bei Messen und Ausstellungen ist der Einsatz dieser Spezialfahrzeuge in einigen Großstädten noch gestattet.

3. Umsätze und Reichweitenuntersuchungen

a) Die **Umsätze** in der Verkehrsmittelwerbung zeigen – ebenso wie im Plakatanschlag – steigende Tendenz. Die Abwanderung von Fahrgästen zu den Individualverkehrsmitteln (Auto, Moped und Fahrrad) hat keineswegs zu Umsatzrückgängen in der

Verkehrsreklame geführt, zumal Streckennetze und Linien durchweg intensiviert und der Gesamtfahrzeupark modernisiert und vergrößert wurden. Der Bruttowerbeaufwand in der Verkehrsmittelwerbung betrug:

1963	1964	1965	1966	1967
36,7 Mill. DM	40,2 Mill. DM	45,1 Mill. DM	47 Mill. DM	49,6 Mill. DM

b) Durch eingehende Untersuchungen wurden 1963 erstmalig quantitative Resultate über die Aufmerksamkeitswirkung in der Verkehrsmittelwerbung erzielt; es wurde festgestellt, wieviel Prozent der erwachsenen Bevölkerung einer westdeutschen Großstadt (Düsseldorf) durch die Verkehrsmittelwerbung erreicht wurden und wie viele Kontakte mit der rollenden Werbung durchschnittlich am Tage vorkommen. Dabei wurden außer einer Personenstichprobe Parallelbeobachtungen der Passanten mit Hilfe fotografischer Apparate durchgeführt und dadurch genau ermittelt, wieviel Personen sich im Verlauf eines Stichtages einmal oder mehrmals im Wirkungsbereich des in Frage kommenden Werbeträgers (Straßenbahn, Omnibus) aufhielten. Erstmalig wurden hierbei mit Hilfe von Fotoaufnahmen nicht nur Bruttokontakte, sondern auch Nettokontakte gezählt. Rund 52 % der Bevölkerung von Düsseldorf begegneten an einem Durchschnittstag mindestens einem Straßenbahnzug bzw. Omnibus und hatten dadurch die Chance, die Werbebotschaft zu bemerken (Bruttokontakt); 21 % der Bevölkerung sahen bei dieser Aktion direkt auf den jeweiligen Werbeträger (Nettokontakt).

Die Werbung an kommunalen Verkehrsmitteln wird vielfach kritisiert, weil sie angeblich gegen die Vorschriften des Gemeinderechts über die wirtschaftliche Betätigung der Gemeinden, gegen das Baurecht, gegen das Verkehrsrecht und gegen den guten Geschmack verstoßen soll. Diese Einwände sind sämtlich unbegründet; die normale Werbung ist nach herrschender Rechtsprechung und überwiegender Auffassung der einschlägigen Literatur ebenso zulässig wie der Plakatanschlag in der Öffentlichkeit.

4. Eisenbahnwerbung

Die gesamte Wirtschaftswerbung der Bundesbahn liegt in Händen der „Deutschen Eisenbahn-Reklame GmbH", Kassel (12 Bezirksdirektionen). Bereits seit 1866 war durch ein Dekret in den Wagen der Königlich-Württembergischen Staatseisenbahn Werbung zugelassen, deren Erlös zur Aufbesserung der Unterstützung „für die niederen Diener der Verkehrsanstalt" verwendet werden sollte. Für die Werbung standen zunächst nur die Eisenbahnwagen 3. Klasse zur Verfügung. (In England gab es schon seit 1893 eine Reklame in den Eisenbahnen, in denen die ganzen Breitwände der Personenwagen mit Werbeplakaten behängt wurden.) Weder an Personenwagen der Bundesbahn noch an Güterwagen ist eine Werbung erlaubt.

Dagegen sind die gegenwärtig ständig im Straßenverkehr eingesetzten Omnibusse der Bundesbahn sowohl außen für die Rumpfflächenwerbung als auch für die Innenwerbung freigegeben. Die Bedingungen, Formate und Preise entsprechen denen der öffentlichen Nahverkehrsmittel.

Im einzelnen stehen der werbungtreibenden Wirtschaft folgende Fahrzeuge zur Verfügung (Stand 1967):

    7 000 D- und Eilzugwagen
  14 000 Nahverkehrswagen
    3 200 Triebwagen (einschl. Schienenbusse und Beiwagen)
      250 Wagen der Hamburger S-Bahn (hier ist Außenwerbung gestattet)
    1 500 Omnibusse
      60 Gelenkbusse

Auch außerhalb und innerhalb der Bahnhöfe gibt es eine Vielzahl von Werbemöglichkeiten; hier handelt es sich allerdings ausschließlich um stationäre Dauerwerbung, vor allem Leuchtwerbung (vgl. unten).

5. Postreklame

Ebenso wie die Eisenbahn hat die Post eine eigene Gesellschaft für die Organisation und Ausführung von Werbung an ihren Betriebsmitteln und Betriebseinrichtungen, nämlich die „Deutsche Postreklame GmbH", Frankfurt. Rumpfflächenwerbung ist an den 4000 Postomnibussen jedoch nicht gestattet; zugelassen ist nur die Innenwerbung in Form von Seitenscheiben und an den Deckenrundungen. Die Preise entsprechen denen, die bei den öffentlichen Nahverkehrsmitteln üblich sind.

III. Die stationäre Dauerwerbung

1. Entwicklung und Wesen

Die Werbung am Bau im öffentlichen Raum ist die älteste Form der Außenwerbung. Sie hat beim Aufbau unserer Städte in unübersehbarer Weise mitgewirkt; ohne diese Form der Werbung sind die großen Städte unseres Zeitalters nicht mehr vorstellbar, die Geschäftszentren, die Ausfallstraßen und alle wichtigen Brenn- und Blickpunkte des Verkehrs sind Standorte der Giebel-, Fassaden-, Dach-, Leucht- und Neonwerbung. Begreiflicherweise sind diese Arten der Dauerwerbung stärker als alle anderen Formen der Außenwerbung der ständigen Kritik durch die Öffentlichkeit ausgesetzt.

Die ältesten Formen der Außenwerbung waren Hausschilder, auf denen die Handwerker auf ihren Namen, ihre Fähigkeiten und Erzeugnisse hinwiesen. In Ostia wurde eine Tafel aus vorchristlicher Zeit gefunden, auf welcher ein Eisenwarenhändler außer seinem Namen sämtliche von ihm angefertigten Werkzeuge bildlich aufgezeichnet hatte. Wirtshausschilder mit entsprechenden Hinweiszeichen waren schon im Altertum bekannt. Im Mittelalter machten kunstvoll gestaltete Zunftwappen und Innungszeichen an der Stätte der eigenen Leistung entweder in Reliefform auf der Hausfassade oder an eisernen Masten bzw. Auslegern in den Straßen auf die Handwerksbetriebe aufmerksam. Im 12. Jahrhundert wurde das Schildermacherhandwerk bereits urkundlich erwähnt und als Zunft anerkannt. Mit Beginn des 19. Jahrhunderts, dem Zeitalter des Industriealismus, wurden dann die Zunftzeichen immer mehr verdrängt durch große Ladenschilder mit der Firmenbezeichnung der Inhaber. Diese wurden schließlich durch die weitere Entfaltung des Wirtschaftslebens von den Firmenzeichen und Markennamen abgelöst, welche nicht nur an der Stätte der Herstellung oder des Vertriebs, sondern schließlich überörtlich und überall anzutreffen sind, wo sich werbewirksame Standorte in den Geschäftszentren der Städte anbieten. „Heute können wir uns eine Wirtschaft ohne Werbung nicht mehr vorstellen; sie ist volkswirtschaftlich nicht mehr zu entbehren, ja notwendig" (Nettelhorst).

Unter Dauerwerbung ist diejenige Außenwerbung zu verstehen, welche **für eine lange Zeit an einem festen Standort** in Form von Schildern, Hauswandschriften und Bemalungen sowie Leuchtanlagen jeder Art in Erscheinung tritt. Öffentlichkeit und Verwaltung sind sich mit der Werbewirtschaft darin einig, daß die freie Landschaft grundsätzlich von jeder Werbung ausgenommen werden muß, mit Ausnahme gewisser örtlich bedingter Hinweisschilder in einfacher Form auf Tankstellen, Gaststätten usw. Außenwerbung jeder Art gehört in geschlossene Ortschaften; dabei sind das Orts- und Straßenbild sowie die Verkehrssicherheit zu beachten.

Dauerwerbung hat ihren berechtigten Standort in erster Linie in den Geschäftsstraßen der Städte und Ortschaften. Erfahrungsgemäß findet man in der City, im geschäftlichen Mittelpunkt der Städte, den Kern-, Gewerbe- und Industriegebieten die meisten Anlagen der Dauerwerbung; aber auch in gemischten Stadtteilen, wo Wohnbezirke mit gewerblichen Stadtteilen und Geschäftsstraßen vermischt sind, hat die Dauerwerbung, speziell an Läden und Stätten der eigenen Leistung, unbestreitbaren Besitzstand. In reinen Wohngegenden, Dorf- und Kleinsiedlungsbetrieben wird die Dauerwerbung nur eine untergeordnete Rolle spielen; die hier anzutreffenden Geschäfte werden in aller Regel mit Kennzeichen einfacherer Art auskommen. Ebensowenig wie in Wohnbezirke und Dörfer gehört die Dauerwerbung in Stadtteile mit bau- und kulturhistorischen Gebäuden. Jede Form der Außenwerbung sollte zunächst einmal die Nachbarschaft, also ihre zukünftige Umgebung beachten, welcher sie sich anzupassen hat. Diese Einschränkung soll keineswegs bedeuten, daß in einer architektonisch häßlichen Umgebung auch die Außenwerbung nur häßlich und verunstaltend wirken könnte. Gerade hier kann durch eine vom Zeitgeist, Optimismus und vom Lebensgenuß erfüllte, geschmackvolle Werbeanlage eine ästhetische und freundliche Note in das triste Straßenbild gebracht werden. Nur hoffnungslos rückständige Bürokraten werden auch in einer solchen Umgebung jede Dauer- und Leuchtwerbung verwerfen. Daß bei Errichtung stationärer Dauerwerbung, speziell in einer typischen Kleinstadt, im Altstadtteil, in der Nachbarschaft von Baudenkmälern in noch stärkerem Maße auf die Umgebung Rücksicht zu nehmen ist, bedarf keiner besonderen Erwähnung.

2. Arten der stationären Dauerwerbung

a) Fassadenwerbung

Die Fassadenwerbung steht im Vordergrund der Außenwerbung am Bau. Im Regelfall wird ihre Anbringung nicht schon bei der Errichtung des Hauses berücksichtigt, sondern erst — meist mehrere Jahre — nach Fertigstellung. Noch mehr als bei anderen Arten der Dauerwerbung muß hier die Architektur, die Form und Gliederung des Bauwerks berücksichtigt werden. Überschneidungen der einzelnen Geschosse, des Hauptgesims, der Fenster- und Balkonöffnungen, von Säulen und Ornamenten sind zu vermeiden. Strukturgröße, Material und Farbe der Werbeanlage sollen einen wohltuenden Ausgleich zu dem gesamten Bauwerk schaffen. Bei jeder Außenwerbung, die stationär gebunden ist, spielt die Schrift eine große Rolle, die Größe der Schriftzeichen und Buchstaben muß in einem angemessenen Verhältnis zur Größe des gesamten Bauwerks, aber auch zur Größe der einzelnen Stockwerke und der Unterteilung des Gebäudes stehen. Das gleiche gilt in noch stärkerem Maße für Abbildungen naturalistischer oder symbolhafter Art. Gemalte und in den Putz eingelassene Fassadenwerbung wurde in den letzten Jahren aus Witterungsgründen von aufliegenden, plastischen Anlagen verdrängt, häufig in Kombination mit unterlegter Neon- und Leuchtwerbung. Die hierbei in Betracht kommenden Lettern werden vorwiegend in Leichtmetall und in Kunststoff gestanzt und gepreßt; dabei können zusätzlich sämtliche Farbtönungen verwendet werden. Bei der Wahl der Lettern sollte vor allem die gute Lesbarkeit, Klarheit und richtige Placierung berücksichtigt werden. Die Form der Schrift und Zeichen soll stets im Einklang mit der Architektur des Bauwerks stehen; individuelle Schriftzeichen eignen sich seltener hierfür als die herkömmlichen bekannten Buchstabentypen.

b) Giebelwerbung

Die Größe der bei dieser mitunter umstrittenen Form der Dauerwerbung zur Verfügung stehenden Fläche birgt mancherlei Gefahren. Maßlosigkeit beeinträchtigt an sich schon

Abbildung 1
Allgemeine Anschlagstelle

Abbildung 2
Ganzstelle

Abbildung 3
Großfläche

Abbildung 4
Spezialstelle

Abbildung 5
Rumpffläche

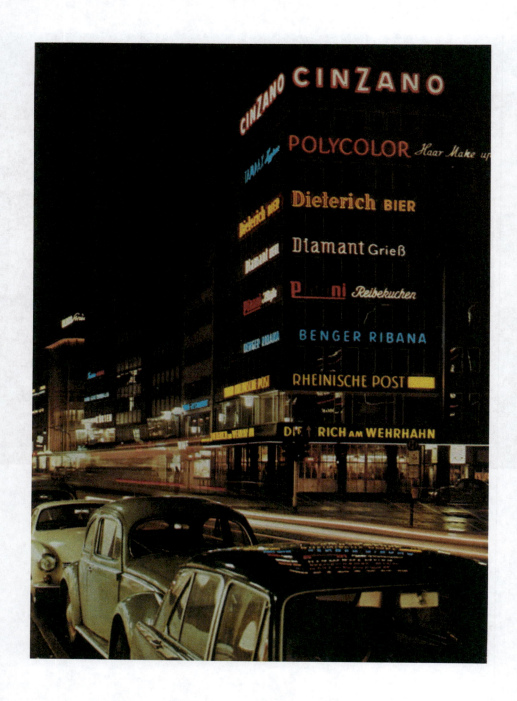

Abbildung 6
Leuchtwerbung

Abbildung 7
Leuchtwerbung (Flughafen)

die Wirksamkeit jeder Werbung, erst recht an einer Giebelwand. Die Vergrößerung eines Plakates als Giebelwerbung ist ebenso abzulehnen, wie die Häufung von Werbeschriften nach Art der Anzeigen. Durch maßgerechte Placierung der Schrift möglichst nicht am oberen oder unteren Rand des Giebels, durch ruhige, unaufdringliche Farbtönung ist eine Giebelwerbung durchaus geeignet, die Häßlichkeit düsterer, freistehender Brandmauern der Verkehrskanäle industrieller Vororte und Stadtteile zu mildern, sowie Licht, Leben und Bewegung in triste Großstadtteile zu tragen.

c) Dachwerbung

Werbeanlagen auf Dächern werden fast ausnahmslos sowohl für Tag- als auch für Nachteinwirkung konstruiert. Solche Anlagen müssen daher den allgemeinen Gesetzen der ortsfesten Dauerwerbung wie den Gesetzen der Lichtwerbung (vgl. unten) entsprechen. Leichte Lesbarkeit der Schrift und Zeichen auf weite Entfernung ist eine Vorbedingung. Die Silhouette solcher Anlagen sollte benachbarte Türme und architektonisch gestaltete Hochbauten nicht überschneiden; deshalb werden häufig Anlagen der Dachwerbung wegen der unförmigen Versteifungen und Haltekonstruktionen am Tage umgeklappt. Dachreklamen gehören grundsätzlich nicht auf Wohnhäuser, sondern sollten ausschließlich auf Geschäftshäusern in den Geschäftszentren der Städte und auf Industriebauten in den gewerblichen Stadtbezirken verwendet werden. Flachdächer sind zweifellos hierfür besser als Satteldächer geeignet. Die Schriftform sollte sich auch hier der architektonischen Gestaltung des Baues anpassen und die Anlage selbst möglichst an der vorderen Dachkante angebracht werden.

d) Leuchtwerbung

Die Geburtsstunde der Leuchtwerbung in Deutschland war zweifellos die Neujahrsnacht 1900, als an der Fassade des „Wintergartens" in Berlin die erste Leuchtwerbung mit Glühlampen erstrahlte; ebenfalls in Berlin wurde 1920 zum erstenmal eine Neonlampenanlage errichtet.

Im technischen Sinne unterscheiden sich die beiden Hauptgruppen der Werbung durch Licht, nämlich die Leuchtwerbung von der Lichtwerbung, durch die Einwirkung einerseits und durch die Art der Lichtquelle andererseits. Die L e u c h t w e r b u n g ist nicht auf eine unmittelbare, sondern eine mittelbare, möglichst nahe Einwirkung eingestellt; die Flächen und Buchstaben sind leuchtend transparent; die Anlagen der Leuchtwerbung sollen auch am Tage Verwendung finden. Die Lichtquellen sind Lichtspiegel, Neonröhren in Buchstaben- und Zeichenform sowie Reflektoren. Bei der L i c h t w e r b u n g erfolgt die sinnliche Einwirkung des Lichtes unmittelbar; die Intensivität des Lichtes ist verhältnismäßig groß und auf Fernwirkung eingestellt. Diese Art der Leuchtwerbung ist jetzt am meisten verbreitet. Glühlampen (Niederspannung) werden gegenwärtig nur noch zur Ausleuchtung kleinerer Transparente verwendet. Leuchtstofflampen (Niederspannung) und Leuchtröhren (Hochspannung) werden wegen ihrer größeren Wirtschaftlichkeit und der geringen Stromkosten, aber auch wegen ihrer beliebig langen Linienführung und der großen Farbauswahl, speziell für bewegliche Leuchtwerbung bevorzugt. Erfahrungsgemäß sollte die Buchstabengröße von Anlagen der Lichtaußenwerbung betragen:

20 bis 30 cm bei einer Fernwirkung von 15 bis 30 m,
50 bis 100 cm bei einer Fernwirkung bis 100 m,
100 bis 120 cm bei einer Fernwirkung von 200 bis 400 m, und mindestens
200 bis 300 cm bei einer Fernwirkung bis 1000 m und mehr.

Weiße Farben sind sichtbarer als grün und gelb; blau und rot sind aus der Entfernung weniger sichtbar.

Die meisten Anlagen der Lichtaußenwerbung sollen auch am Tage von ihrer Werbewirksamkeit möglichst wenig einbüßen; daher kommt es bei ihrer Gestaltung wiederum in erster Linie auf die Umgebung an. In den Geschäftsstraßen der großen Städte sind entsprechend größere und farbige Leuchteffekte, auch Blink- und Wechsellicht sowie laufende Schriftwerbung am Platze. Dagegen spielt in Kleinstädten das Verhältnis von Entfernung und Helligkeit eine weit wichtigere Rolle als in der Großstadt. Einfügung in die Umgebung nach Maßstab, Form und Farbe ist hier unerläßlich.

IV. Außenwerbung im Bau- und Straßenrecht

Das Recht der Außenwerbung in der Bundesrepublik ist Angelegenheit der Gesetzgebung der Länder: 11 Länder = 11 Landesbauordnungen. Zwar stimmen die B a u o r d n u n g e n in den Grundzügen, keineswegs aber in wichtigen Einzelheiten überein. Die Landesgesetze enthalten außerdem Ermächtigungsvorschriften für Stadt- und Landgemeinden zum Erlaß von regionalen und lokalen Ortssatzungen. Abgesehen von dieser an sich schon bedauerlichen Rechtszersplitterung enthält das Ortsrecht der Gemeinden und Gemeindeverbände noch dazu Vorschriften mit generellen Werbeverboten für Einzelfälle, welche nach ständiger Rechtsprechung der höchsten Verwaltungsgerichte rechtsunwirksam sind. Diese Mißstände hat der ZAW 1966 in einer Denkschrift öffentlich kritisiert und anhand rechtskräftiger Urteile der höchsten Verwaltungsgerichte vor den Auswirkungen derartiger gemeindlicher Ortssatzungen gewarnt.

Grundsätzlich bedarf in allen Bundesländern jeder Werbungtreibende zur Errichtung von Anlagen der Außenwerbung außer der Einwilligung des jeweiligen Eigentümers, auf dessen Grund und Boden die Anlage errichtet werden soll, der Genehmigung durch die zuständige Bauaufsicht. Falls der Genehmigungsantrag abgelehnt wird, steht ihm der Widerspruch bei der übergeordneten Verwaltungsbehörde und bei erneuter Ablehnung das Recht zu, Klage im Verwaltungsstreitverfahren zu erheben (Instanzenzug: Verwaltungsgericht, Oberverwaltungsgericht, Bundesverwaltungsgericht). Die Ablehnung des Antrags auf Genehmigung einer Werbeanlage kann nur bei vorliegender nachweisbarer Verunstaltung bzw. bei Verkehrsgefahr aufgrund der örtlichen Verhältnisse im Einzelfall erfolgen. Nach der ständigen höchstrichterlichen Rechtsprechung kann als Maßstab des Tatbestandes der Verunstaltung nur „das Empfinden des für ästhetische Eindrücke offenen Durchschnittsbetrachters" maßgebend sein, keineswegs der Maßstab eines besonders empfindsamen oder geschulten Betrachters.

Für die Regelung des Straßenverkehrs und damit auch für die Frage einer etwaigen Störung des Verkehrs durch Werbeanlagen sind ausschließlich die Vorschriften der S t r a ß e n v e r k e h r s o r d n u n g (§ 42 StVO) maßgebend. Ein Verbot von Werbung durch Bild, Schrift, Licht oder Ton ist danach nur gerechtfertigt, wenn die Werbung geeignet ist, die Aufmerksamkeit der Verkehrsteilnehmer in einer die Sicherheit des Verkehrs gefährdenden Weise abzulenken oder die Leichtigkeit des Verkehrs zu beeinträchtigen. Dieses Verbot ist außerdem auf Werbungen außerhalb geschlossener Ortschaften begrenzt. In geschlossenen Ortschaften muß jeder Verkehrsteilnehmer mit unvorhergesehenen Ablenkungen oder Störungen rechnen und sich auf den Verkehr entsprechend konzentrieren; dies ist auch die Auffassung in der Rechtsprechung.

Diese höchstrichterliche Rechtsprechung zur Außenwerbung innerhalb geschlossener Ortschaften wird auch in der für 1970 erwarteten neuen StrVO berücksichtigt werden. Vermutlich wird in der Begründung zu dieser Verordnung ein Hinweis darauf enthalten sein, daß sich der innerörtliche Verkehr auf Werbemaßnahmen, die sich im Rahmen des sonst Zulässigen halten, zu beschränken hat, was als Selbstverständlichkeit nicht einer ausdrücklichen Erwähnung im Gesetzestext bedarf.

Im übrigen werden Werbemaßnahmen weiterhin verboten sein, wenn sie „durch Form, Farbe, Größe sowie Ort und Art der Anbringung zu Verwechslungen mit Verkehrszeichen und -einrichtungen Anlaß geben oder deren Wirkung beeinträchtigen können". Das gleiche gilt für das Verbot, Werbung und Propaganda in Verbindung mit Verkehrszeichen oder Verkehrseinrichtungen auszuüben.

Beabsichtigt ist ein absolutes Verbot des „Umherfahrens auf der Straße nur zum Zwecke der Werbung". Damit wird der Betrieb von „Ganzwagen" und das Umherfahren von Lastkraftwagen mit Werbeaufbauten grundsätzlich verboten werden, unabhängig davon, ob jeweils an Ort und Stelle eine verkehrsbehindernde Beeinträchtigung in Form der Ablenkung oder Belästigung festgestellt wird. Der Betrieb von Lautsprechern soll — wie schon bisher — nur dann erlaubt sein, wenn die zuständige Straßenbehörde dies gestattet.

Ein Verbot der Verkehrsmittelwerbung ist in der neuen Straßenverkehrsordnung nicht vorgesehen, so daß auf diesem Gebiet auch in Zukunft keine Beeinträchtigungen für die Verkehrsmittelwerbung an öffentlichen Nahverkehrsmitteln und an Omnibus-Fahrzeugen der Bundesbahn zu erwarten ist.

Literatur:

Nettelhorst, Leopold: Außenwerbung — Werbung am Bau und im öffentlichen Raum, München 1952.
INFRATEST: Reichweite der Plakatwerbung und Verkehrsmittelwerbung — Studien 1961 bis 1963.
Kopsch, Herbert: Plakatanschlag und Verkehrsmittelwerbung, Berlin 1955.
Kropff, H. F. J.: Wörterbuch der Werbung, Essen 1959.
Peltzer, Karl: Handbuch der Werbung und Publikation, München 1961.
Potthast, Hans: Die Situation der Plakatwerbung. In: Der Markenartikel, Heft 10/63, S. 869 ff.
Potthast, Hans: Zur Werbung an Nahverkehrsmitteln. In: Der Markenartikel, Heft 9/66.
Püttner, Günter: Reklame an städtischen Verkehrsmitteln? In: Archiv für Kommunalwissenschaften, Berlin 1967 (I).
Ruhfus, Hans: Der wachsende Nachruhm des Geheimen Kommerzienrats Litfaß. In: die absatzwirtschaft, Heft 15/16 1966.
Ruland, Josef: Werbeträger, Mettmann 1967.
Seyffert, Rudolf: Werbelehre, Theorie und Praxis der Werbung, Stuttgart 1966.
Schlaf, Friedrich: Die Verkehrsmittelwerbung und ihre Zweige im Laufe der Zeit, Jahrbuch der Außenwerbung, Bremen 1955.
Schneider, Horst: Außenwerbung in Ortssatzungen. In: Der Betrieb, 1966, S. 969.

Zentralausschuß der Werbewirtschaft e. V.: ZAW-Jahresberichte, 1960–1967.
ZAW – Schrifttum: Außenwerbung – Recht und Verpflichtung.
  Außenwerbung in der Neuordnung.
  Außenwerbung – Lebensäußerung unserer Zeit.
  Mitverantwortung in der Außenwerbung.
  Sämtlich erschienen Darmstadt 1952–1958.

Verpackungswerbung

Von Robert G. Stoecker, Hamburg

I. Vorbemerkungen zur wirtschaftlichen Bedeutung der Verpackung

Der V e r b r a u c h an Verpackungsmitteln hat in der Bundesrepublik in den letzten Jahren außerordentlich zugenommen: Produktionswert 1964 7,5 Mrd. DM, 1965 8,3 Mrd. Mark, 1966 8,7 Mrd. DM und 1967 8,7 Mrd. DM *) [1]), verbunden mit einem vermehrten Angebot neuartiger Packstoffe und Zunahme neuer Anwendungsgebiete. Den raschen Anstieg verdankt die Verpackungsmittelindustrie dem allgemeinen Wirtschaftsaufschwung der voraufgegangenen Jahre, in zunehmendem Maße aber auch der heute allenthalben anerkannten Bedeutung der Verpackung als wichtiges Instrument des absatzpolitischen Instrumentariums. Mit wachsendem Wohlstand, erhöhtem Streben nach Verbrauchsdifferenzierung und veränderten Einkaufsgewohnheiten auf der Verbraucherseite und dem Wandel in den Bedingungen der Warendistribution und der Produktdarbietung auf der Angebotsseite haben sich auch die Funktionen der Verpackung verändert und in ihrer Gewichtung verlagert. Vor allem im Konsumgüterbereich, in dem das Verkaufsgespräch bei vielen Produkten mit der Selbstbedienung im Groß- und Einzelhandel zurücktritt, übernimmt die Verpackung neben ihren Grundfunktionen, das Produkt vor schädigenden äußeren Einflüssen zu bewahren, seine originäre Beschaffenheit bis zum Verbrauch zu erhalten, Transport und Lagerung des Produktes zu erleichtern und seinen Gebauchsnutzen zu erhöhen, mindestens ebenso wichtige Zusatzfunktionen im Bereich der Absatz- und Produktpolitik, wie das Informieren, Differenzieren und Motivieren.

Am Markt der Verpackungsmittel nimmt die Gruppe „Papier und Pappe" mit einem Anteil von 47,5 % (1967) am Bruttoproduktionswert aller industriell erzeugten Verpackungsmaterialien den ersten Platz ein, gefolgt von „Metall" mit 22,6 %, „Kunststoff" mit 17,6 %, „Glas" mit 8,9 % und „Holz" mit 2,8 %. Mit einer nicht unwesentlichen Verschiebung dieser Quoten – insbesondere zugunsten der Kunststoffe – wird für die Zukunft gerechnet. Bereits in den zurückliegenden Jahren verlief die Produktionsentwicklung bei den verschiedenen Verpackungsmitteln keineswegs einheitlich. Während die anfänglich hohen Zuwachsraten bei den traditionellen Packstoffen Papier und Pappe, Metall und Glas im Jahre 1966 erstmals stark zurückgingen und im Rezessionsjahr 1967 sogar einen negativen

---

*) Die im Text laufend numerierten Quellenangaben sind am Schluß des Aufsatzes zitiert.

Verlauf nahmen, konnten die Verpackungsmittel aus Kunststoff ihre bisherige überdurchschnittliche Expansion selbst 1967 noch mit einer Steigerungsrate von knapp 10 % fortsetzen. Eine unterproportionale Entwicklung verzeichnete vor allem der älteste Packstoff, das Holz. Seit 1965 gingen die jährlichen Produktionswerte von Verpackungsmitteln aus Holz verstärkt zurück, was in erster Linie auf das Vordringen von Kunststoffen und spezialbehandelter Mehrschichtenpappe bei Flaschenkästen auf dem Getränkesektor zurückzuführen ist, wozu aber auch die allgemeine Tendenz zur gewichtsparenden Einwegverpackung bei den Packmitteln für leichtere Güter beigetragen hat. Die Veränderungen am Verpackungsmittelmarkt sind zweifellos eine Folge der gerade in jüngerer Zeit zu beobachtenden stärkeren Spezialisierung und Differenzierung der Nachfragewünsche der Verpackungswirtschaft an die Verpackungsmittelindustrie. Die Bemühungen um eine Modernisierung und Rationalisierung der Warenherstellung und -distribution sowie um eine werbewirksamere Warendarbietung an der Einkaufsstätte haben dazu geführt, daß neben einer fortlaufenden Verbesserung der bestehenden Packstoffe neuartige Verpackungstechniken entwickelt wurden, insbesondere die sogenannten Verbundstoffe, die aus einer Kombination von Kunststoffen mit herkömmlichen Packstoffen bestehen und aufgrund vielfältiger chemisch-technischer Variationsmöglichkeiten der Kunststoffe mit den für die jeweilige Verpackungsaufgabe erforderlichen Eigenschaften ausgestattet werden können. Wegen ihrer großen Flexibilität in der Anpassung an den geforderten Verpackungszweck werden den Verbundstoffen besonders günstige Zukunftsaussichten auf dem Verpackungsmittelmarkt eingeräumt. Insgesamt gesehen rechnet die Verpackungsmittelbranche mit guten Wachstumschancen für die kommenden Jahre, da der Verbrauch an Packstoffen mit dem weiteren Vordringen der Selbstbedienung im Groß- und Einzelhandel sowie mit der voraussichtlichen Intensivierung des Wettbewerbs in vielen Abnehmerbranchen zunehmen wird. Längerfristig wird jährlich eine wertmäßige Produktionssteigerung von etwa 6 % im Jahr für wahrscheinlich gehalten.

II. Zum Begriff „Verpackung"

Ehe wir uns den werblichen Aufgaben der Verpackung zuwenden, erscheint es aus terminologischen Gründen notwendig, den Begriff „Verpackung" gegenüber den Ausdrücken „Packung" und „Ausstattung" abzugrenzen, da diese drei Begriffe in Theorie und Praxis häufig zu Unrecht synonym angewandt werden.

1. Ausstattung

Den weitesten Begriff stellt die Ausstattung dar. Sie kann sich – im allgemeinen Sprachgebrauch – sowohl auf die Verpackung und Aufmachung eines Produkts als auch auf das Produkt selbst, z. B. seine besondere Formgestaltung, beziehen. Sie umfaßt „jede Erscheinungsgestalt, in der die Ware ihrer äußeren Form oder ihrer Verpackung nach auf dem Markt erscheint[2]". Der Begriff Ausstattung fällt also immer dann, wenn das Insgesamt des Erscheinungsbildes einer Ware gemeint ist.

Mit ihm verwandt ist der rechtliche Begriff der Ausstattung; sie ist „die eigenartige Erscheinungsform, in der ein Betrieb seine Waren in den Verkehr bringt, um sie von gleichen oder gleichartigen Waren anderen Ursprungs zu unterscheiden[3]". Die Ausstattung im Rechtssinne ist demnach ein Kennzeichnungsmittel, mit dem Waren oder ihre Verpackung individualisiert werden, damit sie sich von gleichen oder gleichartigen Waren anderer Herkunft differenzieren lassen. Wegen ihrer Kennzeichnungsfunktion kann daher die Ausstattung als rechtlicher Begriff grundsätzlich nicht mit der Ware selbst identisch sein. Ebensowenig gilt die wesensbestimmende, technisch-funktionelle Gestaltung der Ware oder ihrer Verpackung als Ausstattung im Rechtssinne, wobei unter „wesensbestimmender technisch-funktionell bedingter Gestaltung" solche Formelemente anzusehen sind, ohne die eine Ware entweder nicht herstellbar ist oder aber ohne die sie ihren Gebrauchs- und Verwendungszweck nicht erfüllen kann. Dagegen zählen ohne weiteres vertauschbare Gestaltungselemente, sofern sie innerhalb beteiligter Verkehrskreise als Herkunftshinweis auf die Ware eines bestimmten Betriebes angesehen werden, eindeutig zur Ausstattung, „und zwar auch dann, wenn sie zugleich den Gebrauchszweck der Ware unterstützen und fördern, also technischen Zwecken dienen[4])". Ebenso rechnet die ästhetische Formgebung der Ware oder ihrer Verpackung immer dann zur Ausstattung im Rechtssinne – selbst wenn sie körperlicher Bestandteil der Ware ist –, wenn die ästhetischen Formelemente Kennzeichnungswirkung besitzen und nicht das Wesen der Ware bzw. ihrer Verpackung ausmachen, z. B. Seife in Kugelform, Färbung einer Flüssigkeit, Traubenform einer Weinbrandflasche oder die braune Umhüllung der Underberg-Flasche[5]).

Der Begriff „Ausstattung" bezieht sich demnach im allgemeinen Sprachgebrauch auf die Ware als Ganzes in ihrer individuellen Erscheinungsform und umfaßt Produkt, Aufmachung und Umhüllung; Ausstattung im Rechtssinne dagegen ist nur jener Teil des Gesamterscheinungsbildes eines Produkts, der diesem Produkt als Kennzeichen dient.

2. Verpackung

Der Ausdruck „Verpackung" ist demgegenüber begrifflich eindeutig auf Packmittel und Packhilfsmittel bezogen, wie Schachteln, Dosen, Flaschen, Beutel, Büchsen, Fässer, Kisten u. a. m., und wird infolgedessen ausschließlich auf die Warenumhüllung angewendet. In seinen Norm-Entwürfen, veröffentlicht im Mai 1966, bezeichnet der Fachnormenausschuß (DNA) die Verpackung als den „Oberbegriff für die Gesamtheit der Packmittel und Packhilfsmittel[6])". Zur Anwendung des Begriffs im Sprachgebrauch der Praxis wird erläuternd bemerkt, daß durch Vorsetzen der Packgutbenennung der „Verwendungszweck des Packmittels" gekennzeichnet wird, z. B.: Obstverpackung = Verpackung für Obst, und daß durch Vorsetzen eines funktionellen Bestimmungswortes der „Bestimmungszweck des Packmittels" ausgedrückt wird, z. B. Versandverpackung = Verpackung für den Versand.

Als Verpackung können wir daher generell jede Umhüllung eines Produkts oder mehrerer Produkte bezeichnen, die dazu bestimmt ist, das Packgut zusammenzuhalten und zu umschließen, damit es verkehrs-, lager- und vertriebsfähig wird.

3. Packung

Der Verpackung begrifflich untergeordnet ist die Packung. Sie ist gewöhnlich die V e r - k a u f s - bzw. V e r b r a u c h s e i n h e i t eines Produkts. Als unmittelbare Umschließung der für den individuellen Konsumzweck bestimmten Wareneinheit ist sie mit dem Produkt am längsten verbunden, zumeist als „Originalpackung" vom Ort der Herstellung bis zum Letztverbraucher.

Diese innige Verbindung zwischen Produkt und Packung kommt auch in der Begriffsauslegung des Fachnormenausschusses zum Ausdruck, der die Packung als „Ergebnis der Vereinigung von Packgut, Packmittel und/oder Packhilfsmittel" bezeichnet[7]). Wegen dieser engen Beziehung der Packung zum Füllgut, die mitunter so weit geht, daß Produkt und Packung im Erleben des Verbrauchers als organische Ganzheit empfunden werden, liegen ihre Aufgaben vornehmlich im Bereich der W e r b u n g und der P r o d u k t p o l i t i k.

Zusammenfassend können wir sagen, daß mit dem Begriff „A u s s t a t t u n g" stets das Gesamterscheinungsbild des Produkts gemeint ist, so wie es von Produktform und -farbe, Aufmachung und Verpackung geprägt wird. Unter „V e r p a c k u n g" werden demgegenüber alle Pack- und Packhilfsmittel verstanden, die ein Produkt umschließen, damit es marktfähig wird. Von beiden begrifflich zu unterscheiden ist der Ausdruck „P a c k u n g", der nur jene Packmittel bezeichnet, die dem Produkt als Verkaufs- und/ oder Verbrauchseinheit dienen und mithin dessen für den Konsumzweck vorgesehene Anbietungsform darstellen.

Weil uns in diesem Beitrag vornehmlich die Frage nach den w e r b l i c h e n F u n k t i o n e n der Verpackung und den Bedingungen, unter denen sie wirken und wirksam werden, interessiert, wollen wir im weiteren Verlauf unserer Betrachtung nur von solchen Verpackungen sprechen, deren Verwendung bewußt unter absatzwirtschaftlichen Gesichtspunkten erfolgt. Zu diesen w e r b e n d e n V e r p a c k u n g e n, wie wir sie bezeichnen wollen, zählen alle Verkaufspackungen, speziell Markenartikelpackungen und Eigenpackungen des Handels sowie Versandpackungen, Lagerverpackungen und sonstige Großgebinde, sofern diese neben ihrer primären Verpackungsaufgabe noch eine werbende Funktion zu erfüllen haben. Der Begriff „werbende Funktion" steht hier für alle bewußt ergriffenen, auf die Vorbereitung und Förderung des Absatzes zielenden Maßnahmen, wie sie Behrens als Teilaufgabe der Absatzwerbung i. w. S. betrachtet[8]).

III. Die werbende Verpackung und ihre Kernfunktionen

Ohne eine funktionsgerechte, verbraucher- und händlerorientierte Verpackung wären die Vertriebsformen der modernen Absatzwirtschaft undenkbar, ließe sich das System der Selbstbedienung nicht verwirklichen und könnten Produkte wie z. B. Tiefkühlkost keine allgemeine Verbreitung finden. Für die wirtschaftliche Fertigung und den rationellen Vertrieb zahlreicher Produkte aus dem Konsumgüterbereich ist die Verpackung gewöhnlich eine zwingende Voraussetzung. Zudem gewährt sie in ihrer technisch und funktionell zweckmäßigen Gestaltung der Ware optimalen Schutz auf dem Transport, bei der Lagerung und während der Handhabung. Nicht selten zielen ihre praktischen Funktionen auch darauf ab, dem Konsumenten Einkauf, Transport, Ver- bzw. Gebrauch und Aufbewahrung eines Produkts zu erleichtern und kommen somit seinem Wunsch nach vermehrter Bequemlichkeit nach. Der Verbraucher honoriert seinerseits diese Zusatzleistungen durch eine wachsende Bereitschaft zum Kauf vorverpackter Waren und dadurch, daß er gewillt ist, selbst eine durch die Verpackung eintretende gewisse Verteuerung des Angebots hinzunehmen, wenn die Bequemlichkeit in der Verwendung der Ware dadurch erhöht wird.

Neben den praktischen Funktionen[9]), die eine Verpackung wahrnimmt und die für den Verkaufserfolg eines Produkts von erheblicher Bedeutung sein können, spielen für den absatzorientierten Unternehmer namentlich die absatzvorbereitenden und verkaufsstimulierenden Aufgaben der Verpackung eine bedeutsame Rolle. Ihre verhaltensbeeinflussenden und handlungsauslösenden Wirkungen auf den Verbraucher, aber auch auf den Händler, machen sie zu einem vielseitigen Instrument der Absatzpolitik, mit dem insbesondere die Unternehmer in der Konsumgüterindustrie auf das Marktgeschehen Einfluß zu nehmen versuchen. Daher ist auch verständlich, daß die Verpackung heute in zunehmendem Maße zum i n t e g r i e r t e n B e s t a n d t e i l d e r u n t e r n e h m e r i s c h e n M a r k t - u n d W e r b e s t r a t e g i e wird, und daß man sich mehr denn je mit ihrer technischen Entwicklung, vor allem aber mit ihrer werblichen Gestaltung und ihren werbenden Funktionen auseinandersetzt. Entwicklung und Gestaltung einer werben-

Verpackungswerbung 617

den Verpackung zählen zu den zentralen Aufgaben der Produktpolitik eines marktorientierten Unternehmens. Wegen der Komplexität der zu lösenden Probleme läßt sich die Entwicklungsaufgabe allerdings kaum noch allein vom Standpunkt des Technikers, des Kaufmanns oder des Werbegraphikers planen und ausführen; die Problemstellung zwingt vielmehr in den meisten Fällen zur interdisziplinären Zusammenarbeit eines gut aufeinander abgestimmten Teams von Absatzwirtschaftlern, Graphikern, Psychologen, Technikern und Werbefachleuten, denn nur ein solches Expertenteam vermag die vielfältigen Aspekte, die für den Wirkungserfolg der zu entwickelnden Verpackung von Bedeutung sind, angemessen zu berücksichtigen.

Betrachtet man die Verpackung als I n s t r u m e n t d e r A b s a t z p o l i t i k und überdies als ein K o m m u n i k a t i o n s m i t t e l d e s G e s a m t u n t e r n e h m e n s, wie es im folgenden geschehen soll, so bestehen die ihr für die Erledigung ihrer werblichen Zwecke zugedachten Aufgaben vorwiegend in der wirksamen Unterrichtung und Motivierung der umworbenen Konsumenten zugunsten des angebotenen Produktes und der betreffenden Marke sowie des anbietenden Unternehmens. Hieraus leiten sich die Funktionen des Informierens, Differenzierens und Motivierens ab, durch die der Kommunikationsprozeß zwischen Produkt und Verbraucher entscheidend bestimmt wird, und die wir aus diesem Grunde als die Kernfunktionen der werbenden Verpackung bezeichnen möchten. Mit ihnen und ihrer Überprüfung werden wir uns in den weiteren Abschnitten beschäftigen.

1. Die informierende Funktion

Jede werbende Verpackung wirkt als ein System visueller und verbaler Signale, die entsprechend ihrer Anordnung und Gewichtung in der Verpackung für die Zielpersonen bestimmte Reize bedeuten. Mittels dieser Reize entstehen unterschiedlich stark ausgeprägte Vorstellungs- und Erwartungsbilder über das verpackte Produkt, von deren Qualität der Wirkungserfolg einer Verpackung für die intendierte werbliche Aufgabe entscheidend abhängen kann. Der R e i z ist somit I n f o r m a t i o n und die V e r p a c k u n g als reizaussendendes Medium I n f o r m a t i o n s t r ä g e r. Wirkungsintensität und -verlauf des Kommunikationsprozesses werden in starkem Maße davon beeinflußt, ob eine Verpackung überhaupt formal in der Lage ist, als Reizquelle zu wirken, und in welcher Art und in welchem Umfang sie ihre Informationsfunktion erfüllt. Weiterhin kommt es für den Informationstransfer darauf an, wie störungsfrei der Kommunikationsprozeß zwischen Reizquelle und Empfänger verläuft.

Vorbedingung für die optimale werbliche Wirkung einer Verpackung ist die P r ä g n a n z i h r e r R e i z k o n f i g u r a t i o n und die K l a r h e i t d e r v i s u e l l e n I n f o r m a t i o n s k o m m u n i k a t i o n. Erst wenn die farblichen, figuralen, typographischen und materiellen Gegebenheiten einer Verpackung insgesamt so beschaffen sind, daß die in ihnen enthaltenen Informationen von den Zielpersonen im optischen Konkurrenzumfeld beachtet, schnell und zweifelsfrei aufgenommen, emotional und rational verarbeitet sowie im Gedächtnis gespeichert werden können, besitzt eine Verpackung die formalen wahrnehmungspsychologischen Voraussetzungen zur Erfüllung ihrer Informationsfunktion. Dabei sind insbesondere der formale Aufmerksamkeitswert (im Sinne des Auffälligkeitswertes) einer Verpackung, die Prägnanz des Gesamtbildes, die Erkennbarkeit und Gewichtung ihrer Einzelelemente, die formal-optische Eigenbeständigkeit des Packungsbildes und schließlich auch die formale Klarheit der Marken- und Produkterkennung für den weiteren Informationsvorgang von Bedeutung, denn sie bestimmen zu einem entscheidenden Teil, ob und gegebenenfalls wie die übrigen Informationselemente einer Verpackung wirksam werden. Eine solche Feststellung darf indes nicht zu der Annahme verleiten, daß der Wirkungserfolg allein oder auch nur überwiegend von der Art, Intensität und formalen Beschaffenheit des Reizmaterials und der klaren, störungsfreien Kommunikation dieser Reize abhinge, etwa im Sinne eines einfachen Reiz-Reaktions-Schemas, bei dem Intensität und Qualität des Reizes bestimmen, wie die Reaktion ausfällt. Wenn überhaupt, so mag dies allenfalls für die Übermittlung einiger sachhaltig-rationaler Informationen gelten. Keineswegs trifft es hingegen für jene emotionalen, ausdruckshaltigen und unreflektiert wahrgenommenen Informationen zu, die das Gros der für eine Verpackung relevanten Aussagen ausmachen. Aufnahme und Verwertung dieser Informationen, also ihre Reizwirkung, werden vielmehr durch die Aufnahme-, Erlebnis- und Verarbeitungsstrukturen, -inhalte und -mechanismen des Empfängers selektiv gesteuert, was bedeutet, daß die Persönlichkeitsstruktur des Empfängers, seine individuelle Einstellungs-, Motivations- und Gefühlslage, die sozialen Umwelteinflüsse, denen er ausgesetzt ist, und schließlich seine aktuelle Bedürfnissituation bestimmenden Einfluß auf den Informationsgehalt und mithin auf das Zustandekommen des Informationserfolgs nehmen, ja, daß sie gleichsam die vermittelte Reizwirkung konditionieren.

Neben dem Wie der Kommunikationsformen und -bedingungen interessiert uns das Was der Kommunikationsinhalte und deren Wirkung. Es gehört zu den wesentlichen Erkenntnissen der psychologischen Verpackungsforschung, daß die von der Verpackung vermittelten werblichen Ausagen zwei in ihrer psychologischen Wirkung unterschiedlichen Informationsgruppen zugeordnet werden können, die pauschal als Sachinformationen und Anmutungen, oder auch als „thematische" und „unthematische" Informationen (Brückner, Spiegel) bezeichnet werden. Zur Gruppe der Sachinformationen gehören beispielsweise Produktbezeichnung, Beschaffenheitsangabe, Gebrauchsanweisung sowie Hinweise auf besondere technische Eigenschaften und den speziellen Verwendungszweck des Angebots, also Informationen, denen sich der Empfänger „bewußt aufmerksam zuwendet" und die er „bewußt aufnehmen und verstehen (thematisieren) muß[10])", um über das Angebot angemessen informiert zu sein. Unter diese Kategorie fallen ebenfalls alle Deklarationen und ergänzenden Sachinformationen, die zur Norm des vollständigen Produkts gehören. Die thematischen Informationen bedürfen demnach der bewußten Zuwendung und Aufnahme sowie der rationalen Verarbeitung durch den Empfänger, damit ihr intendierter Wirkungserfolg eintreten kann. In dieser Zuwendungsleistung und Thematisierung unterscheiden sie sich grundsätzlich von der zweiten Informationsgruppe, den Anmutungen oder unthematischen Informationen.

Als Anmutungen werden allgemeine, zunächst noch produktunabhängige unreflektierte Vorstellungen und Gefühlsregungen bezeichnet, die beim Empfänger spontane emotionale Reaktionen und Stimmungen erzeugen, bestimmte Erwartungen auslösen und gegebenenfalls feldbedingte Handlungsabläufe steuern können, wie beispielsweise das Öffnen einer Packung an der hierfür vorgesehenen Stelle. Sie bestimmen wesentlich mit, ob sich der Betrachter einem Objekt, z. B. einer Packung, nach dem ersten diffusen Eindruck interessiert zuwendet oder nicht, und inwieweit die vorbewußte Hinstimmung die spätere, scheinbar rationale Erfassung und Verarbeitung der durch das Objekt gegebenen Informationen färbt. Folglich dienen sie auch nicht – wie die thematischen Informationen – der sachlichen Unterrichtung der Empfänger, sondern der Erzeugung von Empfindungen, Stimmungen und Gefühlslagen, die zu Handlungsbereitschaften in den Empfängern führen und letztlich Anlaß zu einem konkreten Kaufverhalten werden sollen.

Worin liegt nun die Bedeutung der unthematisch rezipierten Informationen für die werbende Verpackung und ihre Gestaltung? Generell kann gesagt werden, daß Art, Material, Form und graphischer Entwurf einer Verpackung wesentliche Anmutungsgehalte und

Eindrucksqualitäten implizieren, die nicht nur erheblichen Einfluß auf die emotionale Grundreaktion und die sich daraus ergebende vorkritische Einstellung des Empfängers gegenüber der Verpackung und ihrem Inhalt nehmen, sondern darüber hinaus auch als Hinweis auf das verpackte Produkt und seine differentiellen Eigenschaften dienen können. Die frühen, spontanen Anmutungen werden in der Regel durch die allgemeinen ästhetischen Reize der Verpackung hervorgerufen und gelten als pauschales Maß für die Art und Intensität der Sympathiebekundung durch den Empfänger im Sinne des „Gefällt mir" bzw. „Gefällt mir nicht". Sie sensibilisieren bei adäquater Gestaltung der Verpackung den Empfänger für die Rezeption weiterer nunmehr im wesentlichen inhaltsbezogener und produktabhängiger Informationen. Es sind dies Anmutungsgehalte der Verpackung, die bestimmte Produktvorstellungen und Eigenschaftserwartungen auslösen, mit deren Hilfe sich der Konsument in seinem Kaufverhalten orientieren kann. Sie bestimmen weitgehend, ob und in welchem Maße der Verbraucher eine Verpackung als produkttypisch oder produktadäquat empfindet, und welche Vorstellungen er sich – ausgehend vom Eindruck der Verpackung – über die besonderen Eigenschaften des angebotenen Produktes macht. So kann beispielsweise das optische und taktile Anmutungsprofil des verwendeten Verpackungsmaterials bereits ein ziemlich genaues Erwartungsbild vom Produkt, seinem Qualitätscharakter und etwa seinem Prestigewert hervorrufen; oder es können bestimmte Farb- und Formeindrücke Produktassoziationen aus einem präzisierbaren Produkt- bzw. Gattungsbereich auslösen. Die Anmutungswirkung der Verpackung beruht dabei – wie bereits kurz angedeutet wurde – einmal auf den von ihren farblichen, figuralen und typographischen Gegebenheiten ausgehenden Reizen, zum andern auf den Aufnahme- und Verarbeitungsstrukturen der Informationsempfänger. Hier sind es insbesondere die Erwartungshaltungen und -normen sowie etwa vorhandene Vorstellungsstereotypien, die selektiv entscheiden, ob, wie und welche Informationen aufgenommen und verwertet werden. Im Bereich der Markenartikelpackungen spielen in diesem Zusammenhang die vielfältigen Aspekte der mehr oder weniger verfestigten Marken- und Produktimages eine große Rolle, oder es werden auch sehr globale Vorstellungsinhalte, wie zum Beispiel die Vorstellung von einer „typischen" Mehlpackung (vgl. den Artikel „Praktisches Beispiel einer Packungsgestaltung" im 11. Kapitel dieses Handbuches) wirksam, die mitentscheiden, ob ein Produkt in einer bestimmten Verpackung überhaupt in seinem Produktcharakter richtig identifiziert wird. Hieraus wird deutlich, wie wichtig die Erwartungsnormen der Verbraucher als Orientierungs- und Entscheidungshilfe für den Wahl- und Kaufakt sind, hängt es doch weitgehend von ihnen ab, ob Verpackung und Produkt als stimmig empfunden werden.

Zusammenfassend läßt sich sagen, daß die werbende Verpackung Träger erlebnisbestimmender und verhaltenssteuernder Informationen ist, deren Wirkungserfolg von der Beschaffenheit und optischen Prägnanz der Verpackung, der störungsfreien Kommunikation ihrer Reize und – sehr wesentlich – von den Aufnahme-, Erlebnis- und Verarbeitungsstrukturen der Zielpersonen abhängt.

2. Die differenzierende Funktion

Der Einfluß, den eine Verpackung und die in ihr enthaltenen Informationselemente mittelbar oder unmittelbar auf die Produktvorstellung und -einschätzung im Erleben des Konsumenten nehmen, läßt sie zu einem wirksamen Mittel der Produktdifferenzierung werden. So können Produkte, die ihrer Art und technisch-qualitativen Beschaffenheit nach weitgehend homogen sind, was bekanntlich für die Mehrzahl der Massenverbrauchsgüter zutrifft, allein durch eine eigenständige und kennzeichnungskräftige Gestaltung ihrer Verpackung individualisiert werden, so daß sie sich für den Verbraucher erkennbar und erlebbar von konkurrierenden Produkten unterscheiden lassen und somit in den Genuß der Vorteile einer heterogenen Konkurrenz gelangen. Oder es werden objektiv gleiche Produkte im unternehmenseigenen Programm in unterschiedlicher Verpackung angeboten, um auf diese Weise verschiedene Marktsegmente erfassen zu können. Ein Beispiel für eine solche Segmentierung des Marktes mit Hilfe von Packungsvarianten ist der Vertrieb gleicher Produkte unter derselben Marke sowohl in handelsüblichen Verkaufspackungen als auch in zweckgebundenen Sonderausstattungen, etwa in Luxus- und Geschenkpackungen oder in Reise-, Camping- und Party-Packungen. Hier ist die technisch-funktionelle und werbliche Gestaltung der betreffenden Verpackung eigens auf die besondere Konsumgelegenheit abgestellt, von der die primäre Nutzenerwartung des Verbrauchers an das Produkt ausgeht. Ein weiteres Beispiel für eine verpackungsabhängige Produktdifferenzierung im unternehmenseigenen Angebot ist der Absatz von preisgebundenen Produkten in handelsüblicher Verpackungsgröße und -form über den Fachhandel und der gleichzeitige Verkauf derselben Produkte in nicht preisgebundenen Großbehältern über Discountläden und Verbrauchermärkte. In diesem Fall sind Art und Größe der Verpackung das ausschlaggebende Differenzierungsmerkmal des Produkts.

Für den Verbraucher spielt die differenzierende Funktion der Verpackung demgegenüber eine wichtige Rolle als Orientierungs- und Entscheidungshilfe, da ihm die immer reicher werdende Angebotsfülle objektiv kaum noch unterscheidbarer Güter den Zugang zu den tatsächlichen Beschaffenheiten der Produkte erschwert bzw. unmöglich macht, so daß er auf andere Unterscheidungskriterien während des Wahl- und Kaufaktes angewiesen ist.

Wenn wir von der differenzierenden Funktion der Verpackung sprechen, unterscheiden wir nach Form und Wirkung der Einflußnahme auf das Bewußtsein des Verbrauchers zwei Arten der Differenzierung:

1. Die formal-optische Differenzierung

Mit ihr ist eine für den Betrachter klar erkennbare formal-optische Unterscheidung einzelner Sorten, Typen oder Varianten innerhalb eines Produktsortiments bzw. einer Produktgruppe sowie gegenüber entsprechenden Konkurrenzprodukten gemeint. Die formal-optische Differenzierung wird durch gestalterische Maßnahmen erreicht, die darauf abzielen, die Andersartigkeit des betreffenden Produkts leicht und zweifelsfrei bemerkbar zu machen. So lassen sich beispielsweise Farbunterschiede als Sortenhinweis verwenden, oder Form- und Figuralelemente werden dazu benutzt, die Verschiedenartigkeit selbständiger Produktgruppen innerhalb eines Sortiments zu kennzeichnen und gegebenenfalls eine eindeutige Sortendifferenzierung innerhalb der einzelnen Produktgruppen zu sichern. Die für die Zwecke dieser Produktdifferenzierung gewählten gestalterischen Unterscheidungsmerkmale müssen eine genügend starke optische Prägnanz und formale Eigenständigkeit besitzen, damit sie im Erleben des Verbrauchers wirksam werden können.

2. Die psychologisch bedingte Differenzierung

Sie umfaßt Maßnahmen auf dem Gebiet der Verpackungsgestaltung, die das Ziel verfolgen, ein Produkt in seiner emotionalen Ansprache und seiner Anmutungscharakteristik mit Hilfe seiner Verpackung gegenüber Konkurrenzprodukten positiv zu unterscheiden, um so für das angebotene Produkt Verbraucherpräferenzen zu schaffen. Die Bedeutung der psychologisch bedingten Produktdifferenzierung nimmt in dem Maße zu, in dem die objektive Verschiedenartigkeit der miteinander konkurrierenden Produkte des

Massenkonsums in unserer modernen Wettbewerbswirtschaft im Schwinden begriffen ist, und der Konsument sich in Ermangelung echter Produktunterschiede immer mehr in seinem Kaufverhalten von den psychologischen Unterscheidungsmerkmalen leiten läßt. Sein Verhalten wird dadurch begünstigt, daß ihm die überwiegend gefühlsgelenkte Orientierung zudem noch die Last einer rationalen Angebotsprüfung und den daraus möglicherweise resultierenden Entscheidungskonflikt erspart.

Zu den psychologischen Differenzierungsmerkmalen zählen neben den Image-Qualitäten eines Produktes insbesondere die von seiner Verpackung aktuell, d. h. in der jeweiligen Begegnungssituation mit dem Verbraucher, evozierten Erlebnisqualitäten und Anmutungen. Im Gegensatz zur optischen Differenzierung geht es bei der psychologischen Produktunterscheidung nicht um formale Unterschiede im Packungsbild, sondern um Differenzen im Ausdrucksgehalt und in der emotionalen Wirkung der Verpackung. Ob und gegebenenfalls wie solche im psychologischen Bereich liegenden Differenzen vom Konsumenten wahrgenommen und erlebt werden, hängt gleichermaßen von der Art und Intensität der Einzelreize sowie von der Prägnanz der Gesamtkonfiguration und nicht zuletzt auch von der jeweiligen Umfeldkonstellation ab, wobei auf der Verbraucherseite außerdem interindividuelle Unterschiede in der Reizempfänglichkeit eine weitere entscheidende Rolle spielen können. Eine zwingende Voraussetzung für den Wirkungserfolg der psychologisch bedingten Produktdifferenzierung via Verpackung ist folglich die Berücksichtigung der Bedingungen, unter denen die Aufnahme der differenzierenden Informationen bei den Zielpersonen erfolgt. Diese Bedingungen lassen sich jedoch nur durch eine psychologische Analyse, die Auskunft über die relevanten Unterschiedsschwellen der Zielgruppe zu geben vermag, verläßlich ermitteln.

III. Die motivierende Funktion

Wir haben dargestellt, daß der Verpackung die Aufgabe zufällt, den Umworbenen rasch und zweifelsfrei über das Produktangebot zu unterrichten sowie das Produkt in formal-optischer und psychologischer Hinsicht von Wettbewerbsprodukten abzusetzen. Eine Verpackung informiert bzw. differenziert indessen nicht nur; sie motiviert zugleich den Umworbenen, indem sie vermittels ihrer Reizwirkung mittelbaren oder unmittelbaren Einfluß auf das Kaufverhalten des potentiellen Nachfragers nimmt, wobei sie darauf abzielt, seine Kaufbereitschaft zu fördern und seinen Kaufentschluß zugunsten des angebotenen Produktes zu lenken. Das gilt generell für jeden Fall einer Begegnung zwischen Verbraucher und verpacktem Produkt, gleichgültig, ob sie sich im Geschäft vollzieht, auf dem Bildschirm des Fernsehgerätes oder beim Betrachten einer Anzeige.

Die Bedeutung der motivierenden Wirkung einer Verpackung besteht darin, daß sie kurzfristig den speziellen, d. h. den auf das spezifische Angebot bezogenen Zusatz-Aufforderungswert[11]) eines Produktes zu erhöhen vermag, längerfristig aber auch Aufbau und Gestaltung des betreffenden Produktbildes beeinflussen kann. Mit der H e r a u f - s e t z u n g d e s s p e z i e l l e n Z u s a t z - A u f f o r d e r u n g s w e r t e s eines Produktangebots erhöht sich dessen Aufforderungsgröße im Vergleich zu den konkurrierenden Angeboten, da die Aufforderungsgröße sich aus der Addition des primären, d. h. des für die jeweilige Produktgattung spezifischen Aufforderungswertes — der wiederum eine unmittelbare Funktion der Bedürfnishöhe in den Zielpersonen ist — mit dem speziellen, also dem angebots-individuellen Zusatz-Aufforderungswert ergibt. Als Folge der gestiegenen Aufforderungsgröße nimmt die Stärke des Aufforderungscharakters zu, den die Zielpersonen individuell verschieden gegenüber dem Produktangebot erleben und der bei einer bestimmten, vom Individuum und seiner jeweiligen Bedürfnissituation abhängigen Höhe für die Zielpersonen wirksam, d. h. entscheidungs- und handlungsbestimmend, wird.

Der besondere, auf das individuelle Produktangebot bezogenene **Aufforderungswert** kann dadurch erhöht werden, daß das Anmutungsprofil der Verpackung und die von ihr signalisierten differenziellen Produkteigenschaften motivationsgerecht akzentuiert werden, so daß sie den Erwartungen und Wunschvorstellungen der Zielpersonen möglichst optimal entsprechen. Hierzu gehört im wesentlichen die Forderung nach einer attraktiven, die Emotionen stimulierende Gestaltung, vorzugsweise mit einer ausdrucksstarken, phantasieanregenden Illustration versehen, die dem Angebot einen hohen psychischen Realitätsgrad verleiht sowie ein vergleichsweise positives Eigenschaftssignalement auslöst. Eine solche Verpackungsgestaltung vermag Einfluß auf die Aktivierung von Erinnerungen, Vorstellungen und Erwartungen zu nehmen, und auf diese Weise latente Bedürfnisse bewußt zu machen sowie vorhandene Bedürfnisse zu steigern. Sie ist ferner imstande, die aktualisierten Bedürfnisse so zu lenken, daß Kaufwunsch und Kaufentscheidung zugunsten des Produktangebots ausfallen. Im besonderen Maße wirkt sich die motivierende Funktion der Verpackung beim sogenannten Impulskauf aus, bei dem bekanntlich überhaupt erst durch den äußeren Reiz des Produktangebots, namentlich durch die Wahrnehmung der farblichen und figuralen Elemente des Packungsbildes, eine Bedürfnisaktualisierung erfolgt, die dann zum Kaufwunsch und schließlich zum eigentlichen Kaufakt führen kann.

Wir deuteten bereits kurz an, daß die Verpackung auch wegen ihrer Beteiligung am Zustandekommen und an der weiteren Gestaltung eines Produkt- und Markenimage motivierend wirksam wird. Als Teilbeschaffenheit des Vorstellungsbildes, welches der Verbraucher von einem Produkt oder einer Marke hat, übt sie einen maßgeblichen, mitunter sogar entscheidenden Einfluß auf Artung und Ausprägung des entsprechenden Image aus. Dies wird besonders deutlich am Beispiel der weitgehend homogenen Verbrauchsgüter des Massenkonsums, denen vielfach erst eine eigenständige Verpackung die angestrebte und für den Markterfolg erforderliche Individualität verleiht. Diese Produkte sind daher in hohem Maße auf die Verpackung als Bestimmungsfaktor für die Gestaltung des betreffenden Produktbildes angewiesen. An dieser Stelle erscheint es zweckmäßig, kurz auf die marktpsychologische Bedeutung eines solchen Vorstellungsbildes einzugehen.

Es gehört zu den allgemeinen Erkenntnissen der Marktpsychologie, daß der Verbraucher sich in seinem Konsum- und Kaufverhalten weit weniger an den realen Gegebenheiten eines Produktes orientiert als an dem Vorstellungsbild, das er von ihm besitzt. Spiegel bemerkt hierzu: „Nicht die objektive Beschaffenheit einer Ware ist die Realität in der Marktpsychologie, sondern einzig die Verbrauchervorstellung[12]". Dies besagt, daß der Konsument seine Entscheidung gegenüber einem Produkt nicht danach richtet, wie das Produkt tatsächlich ist, sondern danach, wie er meint, daß es wäre. Mit anderen Worten, der Konsument entwickelt ein subjektives Vorstellungsbild oder Image von einem Produkt bzw. einer Marke, das allein für sein Konsum- und Kaufverhalten relevant ist. Ein solches Image ist in der Regel ein vielschichtiges, komplex-qualitatives Gebilde, in das alle mit dem betreffenden Produkt oder der betreffenden Marke bewußt oder unbewußt, rational oder nicht rational verknüpften Vorstellungen, Empfindungen, Gefühlsqualitäten, Wünsche, Wertungen, Erwartungen und Prestigeüberlegungen konstituierend mit eingehen, so wie sie vom Konsumenten erlebnismäßig aufgenommen und verarbeitet worden sind. Es entsteht meistens in einem längeren Entwicklungsprozeß, in dessen Verlauf es sich beim Verbraucher unter dem Einfluß der Werbung und anderer imagebildender Faktoren oder der zunehmenden persönlichen Kontaktnahme mit dem betreffenden Produkt verfestigen oder wandeln kann, wobei insbesondere das konkrete Produkterlebnis und die dabei gebildeten Erfahrungen das Vorstellungsbild maßgeblich beeinflussen können. Produktvorstellung und Produkterlebnis stehen also gewissermaßen in Wechselwirkung zueinander: sie beeinflussen sich gegenseitig, ergänzen sich und bereichern das Gesamterlebnis vom Produkt.

Für den Kaufentscheid und die eigentliche Kaufhandlung ist die weitgehende Ü b e r e i n s t i m m u n g der persönlichen Bedürfnisse, Erwartungen, Interessen und Vorstellungen des Konsumenten mit seinem Vorstellungsbild vom Produkt eine Grundvoraussetzung. Erst wenn dieses subjektive Produktbild mit der Motivationsstruktur eines potentiellen oder realen Verbrauchers, insbesondere seiner gerade aktuellen Motivationslage und Bedürfnissituation in Einklang gebracht werden kann, kommt es zur optimalen Kommunikation zwischen Verbraucher und verpacktem Produkt und damit zu einer entscheidungsauslösenden und handlungsbestimmenden Verhaltensreaktion im Sinne des Angebots[13]). Zu einer solchen innigen Korrespondenzbeziehung zwischen Verbraucher und Produkt kann die werbende Verpackung wesentlich beitragen, indem sie zum Beispiel die Image-Qualitäten des Produkts auf das gesetzte Ziel hin verstärkt, oder die Bedürfnislage des Umworbenen so umstrukturiert, daß in ihm neue Bedürfnisse geweckt, vorhandene Bedürfnisse gesteigert sowie streuende Bedürfnisse vereinheitlicht und in neue Bahnen gelenkt werden, wodurch seine Antriebshierarchie zugunsten des offerierten Produkts verändert werden soll. Dieser motivationale Einfluß der Verpackung realisiert sich in einem Kommunikationsprozeß, in dessen Verlauf die wahrgenommenen Reize im Verbraucher Spannungen erzeugen, die nach Bedürfnisbefriedigung drängen und so sein Verhalten steuern. Als Folge dieses Zustandes können sich positive Valenzen, d. h. psychologische Bereitschaften, bilden, die schließlich bei genügend hohem Bedürfnisdruck und weitgehender Übereinstimmung der Motivationsstruktur mit dem Produktbild zur Handlungsausführung, also zum eigentlichen Kaufakt, führen, sofern der Produkterwerb innerhalb der finanziellen Möglichkeiten des umworbenen Konsumenten liegt.

Das Zustandekommen der angestrebten Motivationswirkung einer Verpackung, mithin ihr motivierender Erfolg, erfordert zwingend eine ausreichende Berücksichtigung der relevanten psychologischen Aspekte in der Packungsentwicklung. Hierzu gehört, daß sich die einzelnen Gestaltungselemente in der Gesamtausstattung anmutungshaft zu einem harmonischen Ganzen, einer g u t e n „G e s t a l t", zusammenfügen, die als Einheit wahrgenommen und wirksam werden kann. Neben dieser Forderung nach Harmonie des Gesamterscheinungsbildes steht die Forderung nach einer sorgfältigen A b s t i m m u n g u n d A u s r i c h t u n g d e r w e r b l i c h e n A u s s a g e n einer Verpackung m i t d e n e n d e r ü b r i g e n W e r b e m a ß n a h m e n , speziell die Forderung nach einer optimalen Entsprechung der Verpackung mit den anderen Teilbeschaffenheiten des Produkts (Kongruenzprinzip). Wird insbesondere die letztgenannte Forderung nicht oder nur ungenügend erfüllt, so können empfindliche Störungen im Produkterlebnis des Konsumenten eintreten, namentlich dann, wenn − wie bei vielen in ihrer tatsächlichen Beschaffenheit weitgehend homogenen Massenverbrauchsgütern (Zigaretten, Kaffee, Schokolade, Mehl, Seife, Waschpulver, Kosmetika) − das Produkt überwiegend ganzheitlich emotional erlebt wird. Seine Einzeleigenschaften sind infolge der Komplexhaftigkeit und hohen Integriertheit des Produkterlebnisses nur wenig ausgegliedert und werden folglich vom Konsumenten kaum isoliert und bewußt erlebt. Gerade deswegen aber können solche Teilqualitäten, wie z. B. Geruch, Farbe und Geschmack eines Produktes, oder Form, Farbe und Material seiner Verpackung, mit ihrem Ausdrucks-, Stimmungs- oder Bedeutungsgehalt auf das Produkterlebnis insgesamt oder aber auf ein Teilerlebnis des Produktes abstrahlen (irradiieren) und damit erlebnisbestimmend werden.

Diese von Spiegel als Phänomen der Irradiation[14]) bezeichnete Erscheinung tritt immer dann ein, wenn das Gesamterlebnis oder ein Teilerlebnis vom Detail her, d. h. von einem zunächst als nicht maßgeblich angesehenen Einzelfaktor, entscheidend beeinflußt wird. So kann beispielsweise eine Änderung im Verpackungsmaterial, auch wenn sie sich scheinbar unmerklich vollzieht und äußerlich kaum wahrnehmbar ist, wie der Austausch eines dem Konsumenten vertrauten Glasbehälters für ein Kosmetikprodukt durch einen ebensolchen Behälter aus Kunststoff, auf das gesamte Produkterlebnis irradiieren und dieses Erlebnis wegen der in diesem Fall vorliegenden Abweichung von der tradierten Norm und der damit verbundenen gestörten Vertrautheit empfindlich beeinträchtigen, obwohl das Produkt selbst in seiner objektiven Beschaffenheit unverändert geblieben ist, und ohne daß die Änderung im Verpackungsmaterial dem Konsumenten als solche bewußt geworden wäre. Das Irradiationsphänomen äußert sich ferner auch darin, daß Änderungen einer Teilqualität zu störenden Wandlungen im Erlebnis einer oder mehrerer anderer Teilqualitäten des Produkts führen können, die sich objektiv nicht verändert haben. Als Beispiel sei hier die Farbänderung einer in den übrigen Teilbeschaffenheiten konstant gebliebenen Feinseife genannt. Seifen dieser Art zählen zu den sehr komplex erlebten Produkten, so daß Änderungen in der Farbgebung des Seifenkörpers, aber auch seiner Verpackung, maßgeblichen Einfluß auf das Erlebnis der anderen Eigenschaften, beispielsweise den Duft der Seife, nehmen können, zumal solche Teilbeschaffenheiten wie der Duft einer Seife ohnehin sehr diffus und unausgegliedert erlebt werden. Das veränderte Teilerlebnis wirkt seinerseits auf das Gesamterlebnis des Produkts ein, wodurch wiederum neue Qualitätsvorstellungen und -einschätzungen hinsichtlich der betreffenden Seife entstehen können. Störungen dieser Art im Produkterlebnis des Konsumenten lassen sich gewöhnlich erst durch eine psychologische Packungsanalyse zuverlässig bestimmen. Schließlich sei noch die für eine verbrauchergerechte Packungsgestaltung unerläßliche Forderung nach Kontinuität in der Produktdarbietung genannt. Sie kann sich sowohl auf die Identität eines Produktes in der Zeit beziehen als auch auf „die Einheitlichkeit und wechselseitige Angemessenheit seiner Präsentation quer durch sämtliche Werbe-Medien[15])". Welche Gestaltungselemente für die Wahrung der Kontinuität im Einzelfall relevant sind und welchen Veränderungen sie unterzogen werden können, ohne daß es zu einem Kontinuitätsbruch kommt, kann ebenfalls nur eine eingehende psychologische Überprüfung sinnvoll beantworten.

IV. Überprüfung der Kernfunktionen

Die Aufgabe der Verpackungsüberprüfung ergibt sich naturgemäß aus den bisher dargestellten Funktionen der werbenden Verpackung. Sie läßt sich pauschal in die Frage kleiden: Wie und in welchem Maße erfüllt eine Verpackung ihre werblichen Funktionen? Aus der Formulierung dieser Grundfrage geht schon hervor, daß die Verpackungsüberprüfung verschiedenen Wirkebenen und -formen methodisch angepaßt werden muß und nicht auf ein Ergebnis abzielt, das eindimensional auf einer Skala zwischen „richtige Lösung – falsche Lösung" eingeordnet werden kann. Es ist nicht nur theoretisch denkbar, sondern der Regelfall, daß eine Verpackung nicht unter allen Wirkaspekten gleich positiv bzw. negativ zu bewerten ist, sondern ein Eigenschaftsprofil im weitesten Sinne aufweist, in dem sich sowohl positive als auch negative Schwerpunkte zeigen. Die pauschale Frage nach der Erfüllung der Funktionen muß deshalb durch die individuelle Zielsetzung ergänzt bzw. modifiziert werden, auf die hin die in Frage stehende Verpackung entwickelt wurde. Die allgemeine Definition der Aufgabe der Verpackungsüberprüfung gilt sowohl für die technischen, die graphischen und die psychologischen Funktionsbereiche. Im folgenden soll entsprechend den im Mittelpunkt dieses

Fragen aus dem Gebiet
Wettbewerbsrecht und Werbung

Frage: In welchem Gesetz werden die wettbewerbsrechtlichen Probleme überwiegend behandelt?
Antwort: Vgl. S. 211.

Frage: Welche Doppelfunktion hat das Gesetz gegen den unlauteren Wettbewerb (UWG)?
Antwort: Vgl. S. 211.

Frage: Wie ist im Hinblick auf die nach § 3 UWG verbotenen „unrichtigen Angaben" in der Werbung der Begriff „Angabe" und der juristische Unterschied zwischen „objektiv" und „subjektiv unrichtige Angabe" zu definieren? (Beispiele)
Antwort: Vgl. S. 212–214.

Frage: Welches Kriterium wird bei der Beurteilung, ob eine Werbeaussage unrichtig ist, zugrunde gelegt?
Antwort: Vgl. S. 214–215.

Frage: Geben Sie einige Beispiele für unrichtige und irreführende Werbeaussagen.
Antwort: Vgl. S. 216.

Frage: Inwieweit sind Herkunftsangaben über eine Ware (mittelbare oder unmittelbare) in Werbebotschaften zugelassen?
Antwort: Vgl. S. 216–217.

Frage: Wird jede Übertreibung objektiv nachprüfbarer Tatsachen als „Widrigkeit" im Sinne von § 3 UWG angesehen?
Antwort: Vgl. S. 217–218.

Frage: Grenzen Sie den Begriff „Alleinstellungswerbung" von dem Begriff „Superlativwerbung" ab und nennen Sie Kriterien für eine erlaubte Alleinstellungswerbung.
Antwort: Vgl. S. 219–220.

Frage: a) Welche Vorschriften des UWG behandeln die sogenannte „bezugnehmende Werbung"?
b) Welche Arten der bezugnehmenden Werbung kennen Sie und wie ist ihre unterschiedliche juristische Beurteilung zu erklären?
Antwort: Vgl. S. 220–221.

Frage: Worin besteht der wirtschaftliche Beweggrund für die Erlaubnis des System- und Abwehrvergleichs? (Beispiele)
Antwort: Vgl. S. 222–223.

Programmierte Fragen 83 bis 92

Fragen aus den Gebieten
Bilanzierung und Werbung/Agenturvertrag

Frage: Welche Fragen tauchen bei der Werbung mit Warentests auf und wie ist die juristische Beurteilung?
Antwort: Vgl. S. 223–224.

Frage: In welche Stufen mit entsprechenden Investitions- und Liquidationsvorgängen läßt sich der Werbeprozeß unter Bilanzierungsgesichtspunkten sinnvoll aufgliedern?
Antwort: Vgl. S. 228–230.

Frage: Können Güter, die weder materiell noch rechtlich konkretisiert sind (sogenannte Immaterialgüter, z. B. ein Produkt- oder Firmenbild) nach dem neuen Aktiengesetz von 1965 in der Handelsbilanz aktiviert werden?
Antwort: Vgl. S. 231.

Frage: Besteht ein Unterschied in der bilanzmäßigen Bewertung der von einem Unternehmen selbst erbrachten und der ihm von einer Werbeagentur zur Verfügung gestellten Werbeleistung?
Antwort: Vgl. S. 231.

Frage: Wie sind in der Bilanz materielle Werbegüter zu bewerten und wie immaterielle, soweit ihre Aktivierung zulässig ist?
Antwort: Vgl. S. 231–232.

Frage: Wie ist der Begriff des „Wirtschaftsgutes" im Sinne der Steuerbilanz zu definieren und welche Bewertungsvorschriften für Werbegüter (materielle und immaterielle) sind daraus abzuleiten?
Antwort: Vgl. S. 232–233.

Frage: Läßt sich die Erschwerung der Aktivierung von Werbegütern in der Handels- und Steuerbilanz im Vergleich zu anderen Wirtschaftsgütern im Hinblick auf die Erfolgswirksamkeit von Werbegütern nach Ihrer Ansicht rechtfertigen?
Antwort: Vgl. S. 234–237.

Frage: In welchen Gesetzen finden sich Aussagen über die rechtliche Gestalt von Werbeagenturen?
Antwort: Vgl. S. 239–240.

Frage: Welche differenzierten Vertragsbeziehungen (Ausführungsgeschäfte) innerhalb eines Werbeagenturvertrages sind möglich?
Antwort: Vgl. S. 240–241.

Frage: Wie würden Sie den Werbeagenturvertrag rechtlich einstufen: als Geschäftsbesorgungs-, Dienst- oder Werkvertrag?
Antwort: Vgl. S. 242.

Programmierte Fragen 93 bis 102

Fragen aus den Gebieten
Agenturvertrag/Technische Durchführung der Werbung

Frage: Welche Merkmale bestimmen wesentlich das konkrete Vertragsbild des Werbeagenturvertrages?
Antwort: Vgl. S. 242–243.

Frage: Beschreiben Sie einige Varianten der Vergütungsregelung für Werbeagenturen und die auftretenden Probleme.
Antwort: Vgl. S. 244.

Frage: Haben Werbeagenturen eine Auskunfts- und Rechenschaftspflicht, und inwieweit haften sie dem Auftraggeber?
Antwort: Vgl. S. 245.

Frage: Soll ein Werbetext möglichst originell, einfallsreich und kreativ sein?
Antwort: Vgl. S. 249–252.

Frage: Welche Kriterien lassen sich sinnvollerweise zur Beurteilung eines Werbetextes heranziehen?
Antwort: Vgl. S. 252–254.

Frage: Welche Papiersorten sind jeweils für den normalen Buchdruck, Offsetdruck und Tiefdruck geeignet?
Antwort: Vgl. S. 260.

Frage: Was verstehen Sie unter der Reißlänge eines Papiers?
Antwort: Vgl. S. 260.

Frage: Welches sind die Kennzeichen der gebräuchlichsten Druckverfahren und wie sind sie zur Anwendung in der Werbung geeignet?
Antwort: Vgl. S. 265 ff.

Frage: Welche Vorteile bieten das Anilindruck- und das Tiefdruckverfahren für die Herstellung von Werbemitteln?
Antwort: Vgl. S. 269–270.

Frage: Erklären Sie einige drucktechnische Begriffe, wie zum Beispiel: Autotypie, Mater, Raster.
Antwort: Vgl. S. 272–273.

Frage: Was versteht man unter einem Satzspiegel?
Antwort: Vgl. S. 278.

Frage: Welche Vorteile bringt eine einheitliche firmenbezogene Typografie?
Antwort: Vgl. S. 279–283.

Programmierte Fragen 103 bis 114

> Fragen aus dem Gebiet
Personen und Institutionen der Werbung

Frage: Welches sind die Grundaufgaben des ZAW, wie sie in der Satzung festgelegt sind?
Antwort: Vgl. S. 305.

Frage: Welche drei Gruppen von Verbänden der Werbewirtschaft sind im ZAW organisiert, und worin besteht das besondere Kriterium dieser Organisationsform?
Antwort: Vgl. S. 305–306.

Frage: Auf welche Bereiche erstreckt sich die praktische Arbeit des ZAW für die Werbewirtschaft?
Antwort: Vgl. S. 308–309.

Frage: Welches sind die Hauptgesichtspunkte der Werbungtreibenden bezüglich der inhaltlichen Gestaltung von Werbeaussagen?
Antwort: Vgl. S. 313–315.

Frage: Welche wichtigen Organisationen vertreten die Interessen der Werbungtreibenden im nationalen und internationalen Rahmen?
Antwort: Vgl. S. 316–318.

Frage: Erklären Sie den Begriff „Werbungdurchführende". Nennen Sie einige Gruppen und ihre Fachverbände.
Antwort: Vgl. S. 319–322.

Frage: Zählt der Werbedurchführungsvertrag zu den Dienst- oder zu den Werkverträgen nach dem BGB?
Antwort: Vgl. S. 322.

Frage: Welche Marketingaktivitäten sollten die Werbedurchführenden zweckmäßigerweise unternehmen, um den Wert ihrer Medien für die Werbungtreibenden darzustellen und ihn recht lange zu erhalten?
Antwort: Vgl. S. 323–324.

Frage: Worin bestehen die hauptsächlichen Funktionen des Werbeleiters?
Antwort: Vgl. S. 325.

Frage: Welche Hauptfähigkeiten sollte ein Werbeleiter besitzen, um seine Funktionen erfüllen zu können?
Antwort: Vgl. S. 326–328.

Frage: Welche Argumente sprechen für die Einrichtung einer zentralen Werbeabteilung im Betrieb?
Antwort: Vgl. S. 328–330.

Programmierte Fragen 115 bis 125

Fragen aus den Gebieten
Personen und Institutionen der Werbung/Werbeziele

Frage: Stellen Sie einen Katalog des Grundmaterials auf, das die Werbemittlungen zur Erfüllung ihrer Aufgaben benötigen.
Antwort: Vgl. S. 344.

Frage: Wie würden Sie die Werbeagenturen als Institution definieren?
Antwort: Vgl. S. 347.

Frage: Welche Kernfunktionen werden im allgemeinen von der Werbeagentur übernommen? Geben Sie eine kurze Beschreibung.
Antwort: Vgl. S. 349–351.

Frage: Was ist unter dem Grundsatz des „Full-Service" zu verstehen?
Antwort: Vgl. S. 352.

Frage: Schildern Sie das in Deutschland übliche Abrechnungssystem bei der Vergütung von Agenturleistungen.
Antwort: Vgl. S. 354.

Frage: Nach welchem Kriterium gliedert Seyffert die von der Werbung zu berücksichtigenden Personenkreise?
Antwort: Vgl. S. 359.

Frage: Aus welchem Grunde empfiehlt es sich, bei der Umwerbung von Unternehmen der Informationswerbung den Vorzug zu geben?
Antwort: Vgl. S. 361.

Frage: Welche Hochschulen sind als Schwerpunkte für Veranstaltungen zur Absatz- und Werbelehre anzusehen?
Antwort: Vgl. S. 372.

Frage: Inwieweit sind Werbeplanung und Erfolgskontrolle oftmals nicht integriert, und welche Schwierigkeiten ergeben sich daraus?
Antwort: Vgl. S. 403.

Frage: Versuchen Sie, einen vollständigen Katalog der außerökonomischen Werbeziele aufzustellen.
Antwort: Vgl. S. 403.

Frage: Welches sind die kurzfristigen Werbeziele nach Behrens? Geben Sie eine kurze Erläuterung.
Antwort: Vgl. S. 407, 408 ff.

Frage: Welche Werbeziele sind auf eine Kostenersparnis gerichtet? Beschreiben Sie sie kurz.
Antwort: Vgl. S. 411.

Programmierte Fragen 126 bis 137

Fragen aus dem Gebiet
Planung der Werbung

Frage: Was verstehen Sie unter Zielkonkurrenz?
Antwort: Vgl. S. 414.

Frage: Wie ist die folgende Aussage zu beurteilen: „Unser Betrieb geht bei der Dotierung des Werbebudgtes vom angestrebten Jahresumsatz aus."?
Antwort: Vgl. S. 418.

Frage: Welche Probleme wirft der Tatbestand der unvollkommenen Voraussicht für die Planung des Werbebudgets auf?
Antwort: Vgl. S. 419–421.

Frage: Welches ist der Unterschied zwischen streumengen-fixen und absatz-fixen Werbekosten?
Antwort: Vgl. S. 420–422.

Frage: Versuchen Sie, einen vollständigen und systematischen Katalog aller Faktoren aufzustellen, die als Daten in der Werbeplanung berücksichtigt werden sollten.
Antwort: Vgl. S. 437.

Frage: Welche strategischen Alternativen ergeben sich unter Berücksichtigung qualitativer und quantitativer Gesichtspunkte bei der Auswahl der Werbeobjekte in Mehrproduktunternehmen? Kennzeichnen Sie kurz die einzelnen Alternativen.
Antwort: Vgl. S. 440–441.

Frage: Was verstehen Sie unter Preis- und Mengenstrategie in der Werbung?
Antwort: Vgl. S. 443.

Frage: Beschreiben Sie die Prinzipien der Wirkungsmaximierung und der Kostenminimierung bei der Werbemittelauswahl. Welche Bedeutung haben sie in der Praxis?
Antwort: Vgl. S. 445–446.

Frage: Was besagt das Weber-Fechnersche Grundgesetz im Hinblick auf das Verhältnis von Werbemittelgröße und Aufmerksamkeitswirkung? Inwieweit ist es durch Experimente bestätigt?
Antwort: Vgl. S. 448.

Frage: Welches ist das in der Praxis am weitesten verbreitete Placierungsdogma für eine Werbeanzeige und wie weit ist seine Richtigkeit durch Tests erwiesen?
Antwort: Vgl. S. 451–452.

Frage: Wie lautet die „Agostini-Formel" zur Ermittlung der Nettoreichweite von Werbeträger-Kombinationen?
Antwort: Vgl. S. 465.

Programmierte Fragen 138 bis 148

Fragen aus den Gebieten
Organisation und Revision der Werbung/Anzeigenwerbung

Frage: Welche vier Grundaufgabenbereiche der Werbung bieten Ansatzpunkte für eine weitere organisatorische Gliederung der Werbeabteilung?
Antwort: Vgl. S. 470–471.

Frage: Von welchen Aufgaben wird zweckmäßig bei der Stellenbildung zur Herstellung von Werbemitteln ausgegangen?
Antwort: Vgl. S. 472.

Frage: Wann empfiehlt sich die Zuordnung formaler Werbeaufgaben an mehrere Leitungsstellen?
Antwort: Vgl. S. 479 f.

Frage: Was wird unter dem Begriff Gemeinschaftswerbung im weiteren Sinne verstanden?
Antwort: Vgl. S. 488.

Frage: Definieren Sie die Begriffe „Gruppenwerbung", „Sammelwerbung", „Verbundwerbung" und „Gattungswerbung".
Antwort: Vgl. S. 488–489.

Frage: Was ist im allgemeinen Gegenstand der Werberevision und was ist im Regelfall Prüfungsschwerpunkt?
Antwort: Vgl. S. 498.

Frage: Auf welche Problemkreise kann sich die Werberevision erstrecken? (Kurze Schilderung).
Antwort: Vgl. S. 498.

Frage: Was ist beim Vergleich der Werbekosten konkurrierender Unternehmen zu beachten?
Antwort: Vgl. S. 499.

Frage: Nennen Sie die Umfelder, in die eine Zeitschriftenanzeige einzufügen ist.
Antwort: Vgl. S. 513.

Frage: Welches sind die Unterschiede der Begriffe „Aufmerksamkeit" und „Interesse" in psychologischem Sinne?
Antwort: Vgl. S. 514.

Frage: Was sind sachimmanente Aufmerksamkeitsmethoden?
Antwort: Vgl. S. 515.

Programmierte Fragen 149 bis 159

Fragen aus dem Gebiet
Werbemittel — Gestaltung

Frage: Was verstehen Sie unter primärem und sekundärem Aufmerksamkeitswert? Welche Konsequenzen ergeben sich daraus für die Beachtung des Anzeigenumfeldes?
Antwort: Vgl. S. 516.

Frage: Ist das Gesetz der argumentalen Stetigkeit für den Werbefunk ohne Einschränkungen anwendbar? Geben Sie eine kurze Begründung Ihrer Meinung.
Antwort: Vgl. S. 544.

Frage: Schildern Sie kurz den technischen Ablauf der Gestaltung eines Fernsehspots.
Antwort: Vgl. S. 551–552.

Frage: Welche Werbemittel werden in der Kinowerbung eingesetzt? Beschreiben Sie sie kurz.
Antwort: Vgl. S. 560–561.

Frage: Machen Sie einige Angaben zur Reichweite der Filmtheater-Werbung und der Struktur der Kinobesucher.
Antwort: Vgl. S. 569.

Frage: Was sind Drucksachen im Sinne der Werbung, und was verstehen Sie unter Direktwerbung?
Antwort: Vgl. S. 571.

Frage: Welches sind die Vorzüge der Direktwerbung?
Antwort: Vgl. S. 574–575.

Frage: Welche Institution verbirgt sich hinter der Bezeichnung ADV?
Antwort: Vgl. S. 578.

Frage: Was wird unter Display-Werbung im modernen Sinne verstanden, und welche Hauptgruppen von Display-Mitteln werden unterschieden?
Antwort: Vgl. S. 581, 583–584.

Frage: Welche Werbearten zählt man im engeren Sinne zur Außenwerbung?
Antwort: Vgl. S. 587.

Frage: Inwieweit kann die Verpackung ein Instrument der Absatzpolitik für ein Produkt sein?
Antwort: Vgl. S. 616–617.

Frage: Welchen unterschiedlichen Informationsgruppen können die durch eine Verpackung vermittelten werblichen Aussagen zugeordnet werden?
Antwort: Vgl. S. 618.

Programmierte Fragen 160 bis 171

Aufsatzes stehenden Gesichtspunkten nur von der Überprüfung der Funktionen auf der psychologischen Wirkebene die Rede sein.

Die **informierende Funktion** wird entsprechend den verschiedenen Ebenen, auf denen Information wirksam wird, unterschiedlich angegangen. Auf der Seite des Objekts, d. h. des Informationsträgers, ist zunächst zu ermitteln, wie das Objekt seine Reizfunktion formal erfüllt. Man benutzt zu dieser Analyse Tachistoskope der verschiedensten Art, Blickwinkelmesser, Erkennungsschwellenmeßgeräte u. ä. Das Was der vermittelten Information wird sowohl mit verbalen Methoden (Zuordnungsverfahren, Polaritätenprofilen, direkten und indirekten Explorationen) als auch nicht-verbalen Methoden (Bilder- und Zeichenzuordnungstests) zu erfassen versucht.

Die **differenzierende Funktion** wirft vor allem die Frage nach den Unterschiedsschwellen auf. Es muß hier getrennt werden zwischen der Unterscheidbarkeit, zum Beispiel der Einzelprodukte in einer Sortimentslinie, und der Abhebung, d. h. der positiven Absetzung von Konkurrenten. Berührt das erste mehr einen formalen Aspekt, so das zweite bereits stark den Motivationsbereich (Unterscheidung durch individuelle emotionale Ansprache). Es ist immer Aufgabe psychologischer Verpackungsüberprüfung, zu ermitteln, ob eine Ausstattung auch dieser zweiten Forderung entspricht und sich nicht nur formal von anderen unterscheidet. Hier kommt vor allem der Image-Aspekt gewichtig ins Spiel. Das Methodenreservoir zu diesem Funktionsbereich schließt vor allem Projektionsmethoden, aber auch Wahlversuche unter Zeitdruck, Orientierungsexperimente und Gedächtnisversuche ein.

Die Überprüfung der **motivierenden Funktion** ist der dritte Aufgabenbereich der psychologischen Verpackungsüberprüfung. Es geht hier pauschal um die Frage, ob die durch eine Verpackung hervorgerufenen Vorstellungen und Ewartungen genügend positive Valenzen haben, um zum Kauf oder Nachkauf führen zu können. Im Mittelpunkt steht die Frage nach der Good-will-Mobilisierung und der Kommunikationsfähigkeit der motivierenden Informationen. Identifikations-, Wahl- und Entscheidungsversuche in einer quasibiotischen Situation (B. Spiegel) sowie neuerdings apparative Methoden zur Messung des aktivierten Erregungspotentials und seiner qualitativen Färbung (Pupil-Response-Camera) sind wesentliche Methoden in diesem Bereich.

Jede psychologische Verpackungsüberprüfung wendet sich den einzelnen Fragenkreisen je nach Problemträchtigkeit mit mehr oder minderem Gewicht zu. Eine isolierte Betrachtung eines isolierten Problemkreises hat sich jedoch als ebensowenig sinnvoll erwiesen wie die Anwendung einer einzigen Überprüfungsmethode. In der Regel wird eine **Testbatterie** zusammengestellt, durch die alle behandelten Funktionsbereiche abgedeckt und in der die Ergebnisse der Einzelmethoden untereinander abgesichert werden. Zwei Hauptbereiche sollten jeder psychologischen Verpackungsüberprüfung zugrunde liegen: Die Analyse der **wahrnehmungspsychologischen Gegebenheiten** und die Erhellung der **motivationspsychologischen Wirkungen**. Darüber hinaus wird sich in vielen Fällen die Untersuchung der **handhabungstechnischen Funktionen** einer Verpackung als wünschenswert, wenn nicht sogar als unerläßlich erweisen.

Quellenangaben:

[1]) Rationalisierungs-Gemeinschaft Verpackung im RKW, RGV Nr. 309, 9/68.
[2]) Bräuer, H.: Die Verpackung als absatzwirtschaftliches Problem, Schriftenreihe der GfK e. V., Bd. 9, Nürnberg 1958, S. 17.

[3]) BHG, Urteil vom 22. 1. 1952, BGHZ 5, S. 1, 3.
[4]) Baumbach-Hefermehl: Wettbewerbs- und Warenzeichenrecht, Bd. II, Warenzeichenrecht, 9. Aufl., München/Berlin 1967, S. 409.
[5]) Ebenda, S. 400.
[6]) Fachnormenausschuß Verpackung im Deutschen Normenausschuß (DNA).
[7]) Ebenda.
[8]) Behrens, K. Chr.: Absatzwerbung, Studienreihe Betrieb und Markt, Bd. X, Wiesbaden 1963, S. 14.
[9]) Hier sei hingewiesen auf die ausgezeichnete Darstellung dieser Funktionen bei C. Kapferer und W. K. A. Disch. In: Absatzwirtschaftliche Produktpolitik, Kompendium der Absatzwirtschaft, Band 2, Köln/Opladen 1967, S. 78 ff.
[10]) Brückner, P.: Werbepsychologie. In: Werbeleiter-Handbuch, München 1966, S. 129 ff.
[11]) Spiegel, B.: Die Struktur der Meinungsverteilung im sozialen Feld. Das psychologische Marktmodell, Bonn/Stuttgart 1961, S. 66.
[12]) Ebenda, S. 29.
[13]) Ebenda, S. 89 ff.; Wiswede, G.: Motivation und Verbraucherverhalten, München/Basel 1965, S. 247 ff.
[14]) Spiegel, B.: Werbepsychologische Untersuchungsmethoden, Berlin 1958, S. 133 ff.
[15]) Brückner, P.: Die informierende Funktion der Wirtschaftswerbung, Berlin 1966, S. 136.

Literatur:

Baumbach-Hefermehl: Wettbewerbs- und Warenzeichenrecht, Bd. II, Warenzeichenrecht, 9. Aufl., München/Berlin 1967.

Behrens, K. Chr.: Absatzwerbung, Studienreihe Betrieb und Markt, Bd. X, Wiesbaden 1963.

Bräuer, H.: Die Verpackung als absatzwirtschaftliches Problem, Schriftenreihe der GfK e. V., Band 9, Nürnberg 1958.

Brückner, P.: Die informierende Funktion der Wirtschaftswerbung, Berlin 1966.

Brückner, P.: Werbepsychologie. In: Werbeleiter-Handbuch, München 1966.

Fachnormenausschuß Verpackung im Deutschen Normenausschuß, Berlin 1966.

Kapferer, C., und Disch, W. K. A.: Absatzwirtschaftliche Produktpolitik, Kompendium der Absatzwirtschaft, Bd. 2, Köln/Opladen 1967.

Spiegel, B.: Werbepsychologische Untersuchungsmethoden, Berlin 1958.

Spiegel, B.: Die Struktur der Meinungsverteilung im sozialen Feld. Das psychologische Marktmodell, Berlin/Stuttgart 1961.

Wiswede, G.: Motivation und Verbraucherverhalten, München/Basel 1965.

Messen und Ausstellungen

Von Dr. Erich Skischally, Köln

I. Volkswirtschaftliche Aspekte

1. Geschichtliche Entwicklung

Wahrscheinlich gab es Messen im Sinne von Marktveranstaltungen schon in der Antike, bestimmt jedoch, wie Dokumente beweisen, im Mittelalter. Während das deutsche Wort „Messe" darauf schließen läßt, daß diese Märkte im germanischen Sprachbereich in Verbindung mit kirchlichen Festen veranstaltet wurden, dürften in den romanischen Ländern die heutigen Bezeichnungen Foire, Feria und Fiera auf das römische Forum hinweisen. Die Struktur dieser Marktveranstaltungen hat sich den wandelnden Bedürfnissen der Zeit angepaßt. An die Stelle des direkten Warenumschlages trat mit der Verbesserung der Verkehrsverhältnisse, aber auch mit dem Wachstum von Produkten und Konsum im vergangenen Jahrhundert, die Mustermesse, auf der nur Bestellungen nach Warenmustern entgegengenommen wurden, die nach Messeschluß ausgeführt wurden. Auf diesen Messen, den größten Werbeveranstaltungen ihrer Zeit, wurde ursprünglich alles gehandelt, was handelswert war. Universalmessen dieser Art existieren auch heute noch. In der Bundesrepublik Deutschland ist jedoch nach 1945 an die Stelle der Universalmesse die Branchen- oder Mehrbranchenmesse getreten, eine Marktveranstaltung also, die sich mit einem branchenmäßig begrenzten Angebot begnügt, dafür aber mit ihrem Sortiment mehr in die Tiefe geht und um eine möglichst internationale Komplettierung bemüht ist. Für diese Entwicklung war die zunehmende Fülle des Güterangebotes ebenso verantwortlich wie das Bestreben, dem Messebesucher in seinem Bereich bei möglichst geringem Zeitaufwand die denkbar beste Marktübersicht zu bieten. Statt einer räumlich kaum zu bewältigenden und für die Besucher strapaziösen Universalmesse werben heute in der Bundesrepublik rund 40 international beschickte Branchen- oder Mehrbranchenmessen für die Erzeugnisse der Aussteller. Als Beispiel für die erste Gattung sei die Hausrat- und Eisenwarenmesse in Köln, für die zweite die Hannover-Messe genannt.

2. Entwicklungstendenzen

Konzentration einerseits und Dezentralisierung andererseits sind die Merkmale der Entwicklung im deutschen Messe- und Austellungswesen. Unter K o n z e n t r a t i o n ist die des A n g e b o t e s gemeint. Sie ist eine zwangsläufige Folge der Branchenmesse, die nur dann ihre Existenzberechtigung erfolgreich unter Beweis stellt, wenn sie die einschlägigen Lieferquellen möglichst lückenlos vereint. Das gilt für die Herstellerseite. Unternehmen des Großhandels zählen im allgemeinen zu den Anbietern zweiter Hand und werden in der Regel nur dann zugelassen, wenn sie Alleinvertreter eines ausländischen Produzenten oder zur Abrundung des Sortiments unentbehrlich sind. Die gleichen Prinzipien gelten für die Nachfrageseite. Nur wenn es gelingt, einen Großteil von Fachbesuchern für die Marktveranstaltung zu interessieren, ist diese in der Lage, ihren Aufgaben gerecht zu werden.

Zu den Entwicklungstendenzen der Bundesrepublik gehört aber auch ein Trend zur Dezentralisierung, insofern nämlich, als eine steigende Zahl von Branchen oder Sparten glauben, durch Verselbständigung Vorteile zu gewinnen. Ursache für ihr Ausscheren sind meist Divergenzen in bezug auf den Messetermin, oder aber die Ansicht, mit einer eigenen Veranstaltung eine stärkere Wirkung auf die Öffentlichkeit zu erreichen. Gewiß gibt es eine untere Grenze für diese Zersplitterungstendenzen. Wo sie liegt, ist jedoch schwer zu ermitteln. Der AUMA hat im Jahre 1961 Empfehlungen zur Lösung dieses Problems ausgearbeitet. Wenn die Organisationen auf der Angebots- und auf der Nachfrageseite die wirtschaftliche Notwendigkeit eines eigenen Messeprojektes bejahen, so ist volkswirtschaftlich nichts dagegen einzuwenden, sobald ein Messeunternehmen das Risiko für die Gründung und Fortführung einer solchen Messe übernimmt.

Eine weitere Tendenz in der Entwicklung des deutschen Messe- und Ausstellungswesens stellt das Streben nach stärkerer Internationalisierung sowohl der Aussteller als auch der Besucher dar. Die Anteile, mit denen das Ausland an der Aussteller- und an der Besucherzahl internationaler Messen und Ausstellungen der Bundesrepublik partizipiert, sind seit Jahren im Steigen. Der Vervollständigung des Warenangebotes der Messen und Ausstellungen sowie ihrer Internationalisierung entspricht die Tendenz zur Vergrößerung der Hallen und des Freigeländes.

Wesentlich für die Entwicklung der internationalen Marktveranstaltungen in Deutschland ist ferner der ständige Ausbau des Messe-Service, der von den Dolmetscherdiensten, Ausstellerempfängen, der Veranstaltung von Vorträgen und Diskussionsabenden über Informationsschauen bis zur Beauftragung von Marktforschungsinstituten reicht. die das Messegeschehen statistisch einfangen und auswerten mit dem Ziel, diese aufschlußreichen Daten Ausstellern und Besuchern zur Verfügung zu stellen.

Den Trend zur Branchenmesse hat die Bundesrepublik Deutschland mit anderen westeuropäischen Ländern gemeinsam. Immer mehr Branchen lösen sich von den bestehenden Universalmessen und bilden eigene Fachmärkte. In den osteuropäischen Ländern, in denen das westliche Branchenprinzip vorerst nur als Ausnahme befolgt wird, ist die Tendenz zu erkennen, daß man auch dort die Vorteile dieser Art der Warendarbietung einzusehen beginnt. Zur Zeit herrscht jedoch noch das Nationalitätenprinzip vor. Leider setzt sich in Europa offenbar die Tendenz durch, erfolgreiche Messen oder Ausstellungen anderer Nationen nachzuahmen. Hierdurch wird einer Inflation auf diesem Gebiete der Weg geebnet, die den Beteiligten nur Nachteile bringen kann. Die wirtschaftlichen Chancen einer Beschickung oder eines Besuches neuer Marktveranstaltungen sollten gewissenhaft abgewogen werden.

II. Begriffe „Messen", „Ausstellungen", „Musterungen"

Im Einvernehmen mit dem Ausstellungs- und Messeausschuß der Deutschen Wirtschaft (AUMA) hat der Zentralverband der Werbewirtschaft (ZAW) den Begriff Messe wie

folgt definiert (in der Fassung von 1950, unwesentlich verändert 1961, veröffentlicht: 1964):
„Messen sind Veranstaltungen mit Marktcharakter, die ein umfassendes Angebot eines oder mehrerer Wirtschaftszweige bieten. Sie finden im allgemeinen in regelmäßigem Turnus am gleichen Ort statt. Auf Messen wird aufgrund von Mustern für den Wiederverkauf oder für gewerbliche Verwendung verkauft. Der Zutritt zur Messe ist grundsätzlich dem Fachbesucher vorbehalten." Hieraus geht hervor, daß Messen überwiegend dem Ausgleich von Angebot und Nachfrage dienen. Dieser muß auf einer Messe neuzeitlicher Prägung nicht gleich in einem Kaufvertrag seinen Niederschlag finden, vielmehr werden häufig aufgrund des dargebotenen Güterangebotes erst Kontaktgespräche geführt, die zu späteren Abschlüssen führen können. Messen sollen einen Überblick über den jeweiligen Markt verschaffen und dienen somit der Werbung und Information.

Um diese wirtschaftlichen Zielsetzungen zu erreichen, bleibt der Zutritt den Fachbesuchern vorbehalten. Daher wird entweder der Nachweis verlangt, daß der Besucher Fachmann ist, oder der Eintrittspreis wird so hoch angesetzt, daß „Sehleute" vom Besuch abgehalten werden.

Die auch vom ZAW empfohlene Definition des Begriffes A u s s t e l l u n g lautet wie folgt: „Fachausstellungen dienen der aufklärenden und werbenden Darstellung einzelner Wirtschaftszweige und sprechen neben den Fachkreisen auch die Allgemeinheit an. Allgemeine Ausstellungen sind Veranstaltungen, die sich aufklärend und werbend für bestimmte Wirtschaftsräume oder Wirtschaftsprobleme an die Allgemeinheit wenden. Ausstellungen können dem Verkauf dienen." Aus diesem Text geht hervor, daß Ausstellungen keine Marktveranstaltungen sind, sondern daß sie in erster Linie der Information, der Werbung und Unterrichtung dienen sollen.

Für die Durchführung von W e l t a u s s t e l l u n g e n wurden Richtlinien festgelegt, die von 31 Nationen, darunter der Bundesrepublik Deutschland, unterzeichnet wurden. Diese Richtlinien sehen unter anderem vor, daß nach der bereits fixierten Weltausstellung in Osaka im Jahre 1970 Großveranstaltungen der ersten Kategorie nur alle 6 Jahre, allgemeine Ausstellungen zweiter Ordnung nur alle 4 Jahre veranstaltet werden dürfen. Für die Einhaltung dieser Bestimmung ist das „Bureau International des Expositions (BIE)" in Paris zuständig.

Schließlich seien auch noch die A u s m u s t e r u n g e n oder kurz: „M u s t e r u n g e n" erwähnt, die von Handelsvertretern organisiert werden und in der Regel nur eine, ausnahmsweise auch mehrere artverwandte Branchen umfassen. Ihr Wirkungskreis beschränkt sich auf eine Stadt oder Region; sie wenden sich ausnahmslos an den Fachhandel.

Die klare Abgrenzung der Begriffe „Messe", „Ausstellung", „Ausmusterung" gereicht den Ausstellern und den Besuchern zum Vorteil. Jeder weiß sofort, was er zu erwarten hat und wird Fehldispositionen vermeiden.

III. Betriebswirtschaftliche Aspekte

1. Standort

Für die Veranstaltung einer Messe oder Ausstellung bildet nicht allein ein attraktives Angebot die Voraussetzung, auch der Wahl des Messeortes kommt große Bedeutung zu. Eine Marktveranstaltung kann nur dann die Erwartungen erfüllen, wenn sie über eine verkehrsgünstige Lage verfügt, wobei neben guten Schienen- und Straßenverbindungen auch dem Anschluß an das internationale Luftverkehrsnetz Bedeutung zukommt. Umfang und Güte der Hotellerie und Gastronomie sind gleichfalls von Wichtigkeit, wenn auch viele Messebesucher in dieser Hinsicht an Provisorien gewöhnt sind und sie bis zu einem gewissen Grade in Kauf nehmen. Wichtig ist die Leistungsfähigkeit der Messe- und Ausstellungsgesellschaft in finanzieller, organisatorischer und werblicher Hinsicht, wichtig sind die technischen Einrichtungen zur Bewältigung der Gütertransporte. Bei Messen wird in der Regel immer der gleiche Standort gewählt. Aussteller und Besucher schätzen die Kenntnis gleicher Domizile, die ihnen das Arbeiten erleichtern. Ausstellungen pflegen dagegen häufig das Domizil zu wechseln, um die Besucher verschiedener Einzugsbereiche anzusprechen. Hier stellen sich die vorerwähnten Fragen der Standortwahl jedes Mal aufs neue.

2. Organisation und Aufgaben

a) Rechtsformen

Die Ausstellungs- und Messegesellschaften der Bundesrepublik Deutschland haben unterschiedliche Rechtsformen. So hat die Veranstalterin der Hannover-Messe die Rechtsform einer AG, die Veranstalterin der DRUPA und anderer bedeutender internationaler Branchenmessen die einer GmbH, die Veranstalterin der Internationalen Spielwarenmesse die einer Genossenschaft, während es sich bei der Veranstalterin der Deutschen Industrieausstellung und anderer Berliner Ausstellungen um einen Regiebetrieb der Stadt Berlin handelt. In der Regel sind Kommunal- oder Landesbehörden, teils auch Industrie- und Handelskammern finanziell beteiligt. Die Betätigung der an einer Messe oder Ausstellung interessierten Wirtschaftskreise reicht von einer losen Verbindung bis zur Übernahme der wirtschaftlichen Durchführung. Tritt eine Wirtschaftsorganisation als ideeller Träger auf, dann wird sie zu verstehen geben, daß das Ausstellungs- und Messevorhaben von ihr gefördert wird. In der Rolle als Veranstalter nimmt die Wirtschaftsorganisation stärkeren Einfluß auf die Ausstellung oder Messe und arbeitet bei der Vorbereitung und Durchführung aktiv mit. Die wirtschaftliche Durchführung und das damit verbundene Risiko liegt jedoch in den Händen von Messe- und Ausstellungsgesellschaften. Eigene Ausstellungsgesellschaften von Wirtschaftsverbänden gehören zu den Ausnahmen. In diesen Fällen fungieren die Messe- und Ausstellungsgesellschaften lediglich als Vermieter des Messe- und Ausstellungsgeländes. (So vermietet die Düsseldorfer NOWEA ihr Messegelände an die IGEDO – Internationale Modemesse GmbH zur Durchführung der Damen-Oberbekleidungs-Messen.) Die Internationale Spielwarenmesse in Nürnberg und die Internationale Lederwarenmesse in Offenbach werden von der Industrie selbst getragen. Bei den größeren Messen und Ausstellungen in Deutschland bestehen Aussteller- bzw. Fachbeiräte, welche die veranstaltenden Gesellschaften in allen die Aussteller oder Besucher betreffenden Fragen beraten.

b) Turnus

Der Turnus einer Messe oder Ausstellung muß sich den wirtschaftlichen Notwendigkeiten der Aussteller und Besucher anpassen. So kann der Turnus auf dem Investitionsgütersektor, auf dem nur in verhältnismäßig langen Zeitabständen Neukonstruktionen zu erwarten sind, langfristig sein. Dagegen empfiehlt sich für Konsumgüterveranstaltungen ein jährlicher, mitunter halbjährlicher Rhythmus, da hier die Neuheitentermine kurzfristig und häufig saisongebunden sind. Ausstellungen und Messen für Textilien und Oberbekleidung finden zum Teil bis zu viermal im Jahr statt, um den kurzfristigen Saison- und Modeschwankungen gerecht zu werden. Handelt es sich um eine Veranstaltung, die mehrere oder eine Vielzahl von Branchen umfaßt, so werden bei den Überlegungen, den günstigsten Turnus festzulegen, Kompromisse zu schließen sein, wobei eventuellen Nachteilen der Vorzug einer Eingliederung in eine Großveranstaltung gegenübersteht.

c) Termin

Termin und Dauer einer Marktveranstaltung richten sich nach den Wünschen der Aussteller und der Besucher. Bei der Festlegung eines günstigen Termins ist nicht nur an Bestellgewohnheiten zu denken, sondern auch die Vermeidung möglicher Überlappungen mit anderen Messen oder Ausstellungen ist zu berücksichtigen. Bei der Dauer der Veranstaltung soll die physische und psychische Beanspruchung des Ausstellerpersonals und der Besucher ebenso bedacht werden, wie die mit der Länge der Zeit verbundenen Kosten. Je enger der Bereich ist, der für eine Fachmesse angesprochen wird, desto kurzfristiger kann die Veranstaltung in der Regel sein. Fachausstellungen, die neben den Fachleuten auch das allgemeine Publikum ansprechen wollen, werden länger dauern.

d) Vollständigkeit

Zu den Voraussetzungen einer erfolgreichen Marktveranstaltung gehört eine möglichst komplette Erfassung der Lieferquellen und der Kunden. Bei einer Regionalveranstaltung sind diese Voraussetzungen dann erfüllt, wenn alle maßgebenden Aussteller und Besucher aus dem angesprochenen Bereich an der Veranstaltung teilnehmen. Bei einer Ausstellung oder Messe, deren Bedeutung über die Landesgrenzen hinausreicht, wirken Wirtschaftsverbände auf Bundesebene und ausländische Aussteller und Besucher mit. Bei einer Ausstellung, die sich in erster Linie an das allgemeine Publikum wendet, bietet ein lückenloser Überblick über das Thema der Ausstellung die beste Gewähr für den gewünschten Publikumserfolg. Erzeugnisse, die mit dem Messe- und Ausstellungsthema nichts zu tun haben, sollten nicht zugelassen werden. Diese Frage wird stets dann aktuell, wenn zu dem Produktionsprogramm eines Ausstellers auch Erzeugnisse von Branchen oder Sparten gehören, die nicht Thema der Veranstaltung sind. Vollständigkeit darf nicht mit einem Verlust an Übersichtlichkeit erkauft werden. Gerade im Hinblick darauf, daß die heutigen Marktveranstaltungen nicht mehr allein die Funktion von Warenumschlagplätzen haben, sondern informativen Zwecken dienen, ist das Ausstellungsgut so zu gliedern, daß es den Besuchern den Überblick erleichtert. Bei Veranstaltungen, die sich an Einkäufer und an das Schaupublikum wenden, hat sich die Einrichtung von Einkäufertagen, an denen lediglich gewerbliche Besucher zugelassen sind, bewährt.

e) Service

Dem auf einer Marktveranstaltung gebotenen Service wird von seiten der Aussteller und der Besucher steigende Beachtung geschenkt. Hierher gehören technische Einrichtungen wie Belüftung, Heizung und Beleuchtung der Hallen, die Bereitstellung ortsfester und mobiler Hebezeuge für eine schnelle Be- und Entladung der Ausstellungsgüter, Sitzmöglichkeiten, Ruheräume, Restaurationen u. a. m. Langfristige Mietverträge kommen dem Wunsch der Aussteller entgegen, die gleichen Standplätze zu behalten und hierdurch Montage- und Demontagekosten einzusparen. Empfänge, Kongresse und Fachtagungen in Verbindung mit der Veranstaltung dienen der allgemeinen Kontaktpflege. Handelskammern, Fachverbände, Speditionen, Banken, Reiseagenturen sowie Postnebenstellen gehören längst zum selbstverständlichen Service größerer Messen oder Ausstellungen. Wesentlich ist heute auch die Bereitstellung ausreichender Parkmöglichkeiten sowie die reibungslose Abwicklung der Zu- und Abfahrten. Hannover und Köln verfügen über eigene Messebahnhöfe, Hannover auch über einen eigenen Flughafen für den Zubringerverkehr. Nicht zuletzt hat der Veranstalter auch auf dem Gelände selbst für Verkehrserleichterungen zu sorgen, sei es durch den Einsatz von Pendelbussen, mit Hilfe schienengebundener Fahrzeuge oder durch „rollende Bürgersteige". Zu den Aufgaben eines Messe- oder Ausstellungsveranstalters gehört selbstverständlich auch Hilfestellung bei der Unterbringung der Gäste durch entsprechende Kontakte mit den Fremdenverkehrsbüros, die Anmietung von Schlafwagen, Wohnschiffen, die Einrichtung von Campingplätzen u. a. m.

f) Aussteller- und Fachbeiräte

Bei Marktveranstaltungen und Fachausstellungen von überregionaler Bedeutung ist es üblich, Aussteller- und Fachbeiräte zu bilden, von denen alle die Veranstaltung betreffenden Fragen diskutiert und auf der Basis von Mehrheitsbeschlüssen Empfehlungen an die Messeleitungen gerichtet werden. Die Mitglieder dieser Beiräte setzen sich aus Repräsentanten der Fachgebiete zusammen, die das jeweilige Messe- oder Ausstellungsprogramm tragen.

IV. Organisation im Ausstellungs- und Messewesen

An der Spitze der Organisationen im deutschen Ausstellungs- und Messewesen steht der bereits oben erwähnte Ausstellungs- und Messeausschuß der Deutschen Wirtschaft e. V. – AUMA –, Köln, eine Gründung der Spitzenorganisationen der Wirtschaft. Laut § 1 seiner Satzung hat er die Aufgabe, die gemeinsamen Belange der deutschen Wirtschaft auf dem Gebiet des Ausstellungs- und Messewesens im In- und Ausland zu wahren. Er gibt die Ansichten der Wirtschaft wieder und spricht messepolitische Empfehlungen aus. Zu seinen Aufgaben gehören die Abstimmung über Angebotsschwerpunkte, die Koordinierung divergierender Wünsche im Hinblick auf Termin, Turnus und Dauer der Veranstaltungen, die Erteilung von Auskünften und die Beratung. Daneben bestehen folgende organisatorische Zusammenschlüsse:

die 1966 gegründete Gemeinschaft Deutscher Großmessen, zu der sich die Ausstellungsgesellschaften in Düsseldorf, Frankfurt, Hannover, Köln und München zusammengeschlossen haben – Nürnberg und Offenbach wurden assoziiert –,

die 1952 gegründete Interessengemeinschaft Deutscher Fachmessen und Ausstellungsstädte, ein loser Zusammenschluß der Ausstellungs- und Messegesellschaften Berlin, Essen, Friedrichshafen, Hamburg, Saarbrücken und Stuttgart,

sowie der 1950 gegründete Fachverband Messen und Ausstellungen e. V. mit Sitz in Kiel, dem 19 Ausstellungsveranstalter und Zeltverleiher von überwiegend lokaler und regionaler Bedeutung angehören.

Erwähnt sei in diesem Zusammenhang auch die 1965 gegründete Gesellschaft zur freiwilligen Kontrolle von Messe- und Ausstellungszahlen – FKM –, deren Mitglieder – die Messe- und Ausstellungsgesellschaften in Düsseldorf, Frankfurt, Hannover, Köln, München, Nürnberg, Offenbach und Stuttgart – die Aussteller- und Besucherzahlen sowie die Größe der Ausstellungsfläche nach einem einheitlichen Schema ermitteln und von einem neutralen Wirtschaftsprüfer überprüfen lassen.

Größere Wirtschaftsverbände haben besondere Ausschüsse für Messe- und Ausstellungsfragen gegründet. So z. B.

Arbeitskreis Messen und Ausstellungen im Deutschen Industrie- und Handelstag – DIHT

Fachausschuß für Ausstellungs- und Messewesen im Zentralausschuß der Werbewirtschaft – ZAW

Arbeitsgemeinschaft Messen und Ausstellungen im Deutschen Städtetag
Arbeitskreis Messen und Ausstellungen im Bundesverband der Deutschen Industrie – BDI
Messepolitischer und Werbeausschuß des VDMA im Verein Deutscher Maschinenbauanstalten – VDMA
Arbeitskreis Werbung und Messewesen im Verband der Chemischen Industrie
Ausschuß für Messe- und Ausstellungsfragen im Wirtschaftsverband Eisen, Blech und Metall verarbeitende Industrie – EBM
Messeausschuß im Zentralverband der Elektrotechnischen Industrie – ZVEI

Die Landwirtschaft hat sich in der **Arbeitsgemeinschaft Agrarexport e. V.**, Bad Godesberg, eine eigene Organisation geschaffen, die sich unter anderem mit der Präsentation agrarwirtschaftlicher Produkte sowohl auf innerdeutschen Märkten als auch auf internationalen Messen im Ausland befaßt.

Für die Auslandsarbeit wichtige Organisation ist die **Union des Foires Internationales** (UFI), Paris, die 85 Mitglieder zählt, darunter 22 aus der Bundesrepublik. Die UFI will die Zusammenarbeit zwischen den internationalen Messen wirksamer gestalten und ihre Rechte schützen. Sie hat Bedingungen festgelegt, die eine Messe erfüllen muß, wenn sie auf die Bezeichnung „international" Anspruch erhebt. Ferner besteht das **Bureau International des Expositions** (BIE), Paris, das die Anerkennung und Durchführung internationaler Ausstellungen regelt.

Literatur:

Nachschlagewerke

Handwörterbuch der Betriebswirtschaft, 3. Auflage, Stuttgart 1956/1962; siehe Beiträge: Ausstellungen, Messen, Messetest.
Dr. Gablers Wirtschaftslexikon, 7. Auflage, Wiesbaden 1967, Stichworte: AUMA – Ausstellung – Ausstellungskosten – Ausstellungswerbung – Deutsche Handwerksmessen – Messe – Messekontingente – Messe- und Ausstellungs-Versicherung – Messewerbung – Standgeld – Union des Foires Internationales – Werbemittel.

Einzeldarstellungen

Ausstellungs- und Messe-Ausschuß der Deutschen Wirtschaft e. V. – AUMA –: Rückblick auf ein halbes Jahrhundert, Köln 1957.
Blom, H.: Messen und Ausstellungen als Mittel der Absatzförderung in der schweizerischen Maschinenindustrie, Winterthur 1960.
Döhnert, H.: Messe- und Ausstellungsbauten, München 1961.
Döhring, W.: Handbuch der Messen und Ausstellungen, Darmstadt 1956.
Engst, H.: Allgemeine Messen – Fachmessen, Düsseldorf 1952.
Franck, K.: Ausstellungen – Exhibitions, Stuttgart 1961.
Gutmann, R., und Koch, A.: Ausstellungsstände, Stuttgart 1954.
Haeberle, K. E.: Ausstellungstechnik, Stuttgart 1954.
Haeberle, K. E.: Erfolg auf Messen und Ausstellungen – Handbuch für Teilnahme, Organisation, Gestaltung und Technik, Stuttgart 1967.
Heil, E. B.: Messen und Ausstellungen – Entwicklung und Ausgestaltung nach dem zweiten Weltkrieg in Deutschland, Nürnberg 1966.
Martius, Th.: Wörterbuch des internationalen Messewesens, Leipzig 1968.
Mössner, K. E.: Die Mustermesse, Stuttgart 1956.

Reuther, K. H.: Die betriebswirtschaftliche Bedeutung der Messen und Ausstellungen für die Konsumgüterindustrie, Dissertation, München 1956.

Roth, G. D.: Messen und Märkte, München 1965.

Tietz, B.: Bildung und Verwendung von Typen in der Betriebswirtschaftslehre, dargelegt am Beispiel der Typologie der Messen und Ausstellungen, Köln–Opladen 1960.

Zankl, H. L.: Werbeleiter-Handbuch, München 1965, Artikel: Messen und Ausstellungen.

Gesellschaft für Betriebsberatung und Absatzförderung mbH: Systematische Messearbeit, Ludwigshafen 1965.

(Ohne Verfasser) Messen und Märkte – Aus der Geschichte des Handels – Von der Warenmesse zur Mustermesse, München 1965.

Ausstellungs- und Messeverzeichnisse

AUMA-Kalender – Ausstellungen und Messen; erscheint halbjährlich, Köln.

AUMA-Diagramm; erscheint jährlich, Köln.

m + a – Kalender, halbjährlich, Frankfurt a. M.

Zeitschriften

m + a – report; Frankfurt a. M.

Messe-Kurier; Hannover.

Streuarten und Streumedien

Von Heinz Fischer, Berlin

I. Streuarten

1. Wesen der Streuung

Die Streuung ist ein fester Begriff, ein geschlossenes Arbeitsgebiet im Bereich der Werbung. Alle Maßnahmen, die zur Verbreitung des verschiedenartigsten Werbematerials gehören und dazu dienen, Werbebotschaften, Produktinformationen an einen bestimmten Empfängerkreis zu bringen bzw. mit ihm in Kontakt zu kommen, werden unter dem Sammelbegriff Streuung zusammengefaßt.

Die Streuung aktiviert gewissermaßen das Werbematerial, es wird zum Werbemittel. Diese Schlüsselstellung entscheidet in der Werbung über Erfolg oder Mißerfolg. Hervorragend gestaltetes Werbematerial, gute Drucksachen, brillante Anzeigen, zündende Themen in Fernseh- und Rundfunkspots, gute Plakate, praktische Ausgestaltung von Dekorationen und Mustern, ja selbst die hervorragende Schulung der Mitarbeiter im Außendienst versagen der Werbung und Verkaufsförderung den Erfolg, wenn ihre Streuung, ihr Einsatz beim umworbenen Verbraucher, nicht zum richtigen Zeitpunkt, nicht über den richtigen Werbeträger erfolgt.

Die Streuung des Werbematerials setzt nicht nur eine profunde Kenntnis aller Werbeträger voraus, sondern ihr muß auch eine exakte Marktanalyse zugrunde liegen. Die Analyse aller nur möglichen Werbeträger und die produktbezogene Erforschung des Marktes sind die erforderlichen Grundkenntnisse zur Aufbereitung eines Streuplanes. Stellt das Werbeziel eine geschlossene Einheit dar, so bedeutet das für die Streuung, daß hier die Vielzahl der gegebenen Möglichkeiten zusammengefaßt und ausgenutzt werden muß, um einen maximalen Erfolg zu gewährleisten. Erfahrungen aus der Absatzpolitik, der Verkaufsförderung und nicht zuletzt der Produktion erfordern eine gründliche Synthese aller Verbrauchergruppen. Wenn die Streuung auf der einen Seite erreichen will, daß sie möglichst ohne Streuverluste den gesamten potentiellen Interessenten- und Kundenkreis erreicht, muß sie auf der anderen Seite, so paradox es klingen mag, auch einzelne, kleine Gruppen, ja selbst individuelle Einzelpersonen, erreichen können.

Diese Aufgabe erfordert, daß für die Aufstellung des Streuplanes, die Durchführung der einzelnen Maßnahmen, eine Fachkraft zur Verfügung steht, die einem Experten aus der kreativen Arbeit in der Werbung durchaus gleichzusetzen ist. Im Gegensatz zu dem kreativen Werbefachmann muß sich der Streufachmann auch im wirtschaftlichen Bereich bewähren. Die Erkenntnis, welches Werbematerial für wen und was das richtige ist, verlangt neben großer praktischer Erfahrung Fingerspitzengefühl und Anpassungsvermögen. Emotionell gesteuerte Streuung kann ebeno das Werbeziel verfehlen wie eine zu streng nach rationellen Gesichtspunkten abgewickelte Aktion.

2. Der Streuplan

Der Streuplan legt die Streuwege und Streumittel fest, bestimmt die Streumenge, den Zeitpunkt der Streuung, berücksichtigt das Zielfeld mit allen möglichen Nebenbereichen und Überschneidungen und kontrolliert zuletzt den Streuerfolg. Er bildet das Kernstück innerhalb der gesamten Konzeption für das Werbeprogramm. Vom S t r e u p l a n e r wird daher verlangt, daß er die einzelnen Aktionen miteinander abstimmt, die Termine für die Streuung unter der Berücksichtigung der besonderen Eigenheiten der verschiedenen Werbemedien richtig auswählt und das Zusammenwirken aller Streumaßnahmen im Hinblick auf das zu erreichende Werbeziel sinnvoll harmonisiert.

Die Streuplanung ist also eine harte Arbeit. Zusätzlich zur Harmonisierung des gesamten Werbeprozesses muß der Streuplaner auf betriebliche Arbeiten Rücksicht nehmen, muß Informationen aus dem bisher bekannten Kunden- und Verbraucherkreise verwerten, muß über die Tendenz im Groß- und Einzelhandel unterrichtet sein und deren Werbegewohnheiten berücksichtigen.

In einer gut geleiteten Werbeabteilung werden dem Streuplaner diese notwendigen Unterlagen zur Verfügung stehen. Sind sie nicht neuesten Datums, dann müssen sie vor der Aufstellung des Streuplanes angefordert und ausgewertet werden. Gerade im Bereich der Konsumgüterwerbung, aber auch bei der Werbung für die Investitionsgüterindustrie wird das Werbeziel nicht erreicht, wenn diese Faktoren bei der Streuung des Werbematerials unberücksichtigt bleiben.

Bei der Ausarbeitung des Streuplanes müssen berücksichtigt werden:

Ziel der Werbung (vom Objekt bestimmt)

Der Markt, seine Eigenschaften, wie soziologische oder Kaufkraftstruktur (Hilfsmittel z. B. die Kaufkraftklassifikation der Gesellschaft für Konsumforschung oder die Nielsen-Karte), Nachfrage und Bedarf, Konkurrenzwerbung

Werbetechnische Gesichtspunkte, Möglichkeiten der kreativen Arbeit, Agenturleistungen und -beratungen, Wettbewerbsbestimmungen, bestehende gesetzliche Verordnungen, z. B. bei der Direktwerbung die Postordnung, konjunkturpolitische Tendenzen, Tagespolitik

Werbemedien, Eigenarten der einzelnen Werbeträger in bezug auf die Zielgruppen, Werbeträgeranalyse.

In den letzten Jahren haben alle Werbeträger, vor allem die wichtigsten unter ihnen, wie Zeitungen und Zeitschriften, Film, Funk, Fernsehen, Direktwerbung usw., so viele neue Werbemöglichkeiten geboten, daß die Werbemittel heute nicht mehr ohne eine gründliche Erforschung des Marktes, Analyse der Werbeträger usw. getrennt werden können. Die Werbeträger stellen eine Reihe von quantitativen Analysen (Leser-, Hörer- und Seherschaft-Analysen) zur Erleichterung der Streuarbeit zur Verfügung und ergänzen und vervollständigen sie regelmäßig. Die Werbeagenturen erstellen eigene Statistiken für die Media-Forschung. Hierbei interessiert sie nicht nur die Feststellung, wie groß zum Beispiel der Leserkreis einer Zeitschrift ist, sondern auch seine Zusammensetzung. Gesichtspunkte, wie Einkommen, Bildungsstufen, Familienstand oder Kauf- und Lebensgewohnheiten, werden ebenso analysiert wie Reaktion und Verhältnis zu den einzelnen Werbeträgern. Ein typisches Beispiel hierfür ist die in jüngster Zeit verbreitete und sehr intensiv beobachtete Konsumgruppe der Jugendlichen (Teenager, Twens). Die Media-Forschung hat nachgewiesen, daß Werbeträger, die sich ausschließlich an diesen Verbraucherkreis richten (Publikumszeitschriften für junge Leute), diese Gruppe nicht ausreichend erfassen. Eine Streuung über andere Publikumszeitschriften und sogar über Zeitungen sowie über Funk und Fernsehen ist notwendig, um einen ausreichenden Erfolg sicherzustellen. Bei der Auswertung der Werbeträgeranalysen sind eine Reihe von Eigenheiten zu berücksichtigen, die für die Streuplanung von besonderer Bedeutung sind. Die Mehrzahl der Analysen von Zeitungen, Zeitschriften usw. ist nach absatzpolitischen bzw. verkaufsfördernden Gesichtspunkten abgestellt. Sie werden vom Werbeträger daraufhin ausgewählt, daß sie neue Kunden und Interessenten ins Haus führen. Die gegebenen Daten sind nicht darauf ausgerichtet, etwa einen allgemeingültigen Entwurf für ein Gesamtkonzept einer Werbekampagne zu liefern. Abgesehen von der Direktwerbung, der Werbung für Messen und Ausstellungen – die eine durchaus präzise Klassifikation der in Frage kommenden Interessentenkreise bieten können –, muß sich der Streuplaner aus den Analysen anderer Werbeträger mit Prozentzahlen der einzelnen Interessentengruppen zufriedengeben. Massenmedien, wie Fernsehen und Rundfunk, können weniger als Fachzeitschriften einen exakt umgrenzten Interessentenkreis für bestimmte Konsum- oder Investitionsgüter bestimmen. Hierbei müssen zum Teil sehr erhebliche Streuverluste in Kauf genommen werden; die Auswahl der geeigneten Werbeträger wird schwieriger.

3. Die Streuarten

Die im Streuplan festgelegten Streuarten gliedern sich in zwei Hauptgruppen:

(1) Auswahlstreuung und
(2) Zufallsstreuung.

Anders gesagt: g e z i e l t e oder u n g e z i e l t e Streuung.

Je nachdem, welche Werbeträger eingesetzt werden können und wie diese ihren „Markt" erreichen, können noch weitere Unterscheidungen vorgenommen werden, z. B. feingezielt, grobgezielt oder fein- bzw. grobungezielt.

a) Gezielte Streuung

Wenn sich die Werbung an einen bestimmten Personenkreis richtet, der für das Produkt oder die angebotene Leistung die einzige Bedarfsgruppe darstellt, kann das Werbematerial gezielt gestreut werden. Beispiel: Jede Firma, die eine Datenverarbeitungsanlage unterhält, muß sich mit Lochkarten, Magnetbändern, Papierbändern für den Schnellschreiber usw. ausrüsten. Hier kann in Fachzeitschriften gezielt gestreut werden, die sich mit der Datenverarbeitung befassen oder über Adressen der Betriebe mit Datenverarbeitung. Das gilt auch für Zulieferer von Hilfsgeräten, Karteischränken usw.

Wenn der Interessenten- oder Personenkreis so klein ist, daß man sicher sein kann, eine Gruppe anzusprechen, die bereits gewillt ist, das Produkt zu kaufen oder anzuwenden, dann ist eine f e i n g e z i e l t e Streuung möglich. Beispiel: Streuung an die als Kunden bekannten Adressen; im Investitionsgüterbereich wären dies Benutzer gelieferter Maschinen und Einrichtungen, denen Ergänzungsgeräte oder besondere Dienstleistungen angeboten werden sollen, ferner Werbung bei Interessenten, die bereits Kunden einer Buchgemeinschaft, eines Schallplattenringes o. ä. sind. Die feingezielte Streuung bildet einen besonders sicheren Weg, neue Produkte oder Ergänzungen zu ihnen zu verkaufen. Sie wird immer dann anzuwenden sein, wenn der Werbungtreibende eine Kundenkartei führt oder wenn der Interessentenkreis in irgendeiner Weise organisiert ist bzw. für seine Fach- oder Berufsgruppe ein Fachorgan, eine Fachzeitschrift erscheint, die regelmäßig wichtige Informationen aus seinem Arbeitsbereich vermittelt.

Kategorien von Konsumenten, die der Anbieter zum Beispiel mit der Post oder als Leser einer bestimmten Fachzeitschrift erreichen kann, werden mit der sogenannten g r o b - g e z i e l t e n Streuung erfaßt. Beispiel: eine Postwurfsendung an alle Schließfachinhaber, eine Anzeigenwerbung an alle Tischler in einer Fachzeitschrift für diese Berufssparte.

b) Ungezielte Streuung

Das Gebiet der ungezielten Streuung ist vielgestaltig; sie kann nur bei bestimmten Konsumgütern angewandt werden. Beispiel: Postwurfsendungen oder Handzettelverteilungen, Diapositiv- oder Filmwerbung in Lichtspieltheatern, Fernsehspots und Rundfunkwerbung u. a.

Die ungezielte Streuung wird f e i n e r, wenn die Postwurfsendung auf alle Haushaltungen in einem bestimmten Stadtbezirk oder auf bestimmte Straßen begrenzt wird. Bei Anzeigen: wenn für ein Produkt für das Tischlergewerbe in allgemeinen Fachzeitschriften der Holzbranche geworben wird.

4. Einzel-, Gruppen- und Allgemeinstreuung

Aber nicht nur in bezug auf die anzusprechende Interessentengruppe und den Personenkreis unterscheiden sich die Streumaßnahmen in gezielte und ungezielte Auswahl- bzw. Zufallsstreuung, vielmehr ist auch eine Verbreitung des Werbematerials nach Einzel-, Gruppen- und Allgemeinstreuung vorgesehen. Hierbei ergeben sich verschiedene K o m - b i n a t i o n s m ö g l i c h k e i t e n. Beispiel: Ein einzelner Prospekt wird auf dem Wege der Zufallsstreuung verbreitet, oder: eine Werbematerialgruppe wird an einen ausgesuchten Empfängerkreis gestreut. Umgekehrt können natürlich auch verschiedene Werbemittel wechselweise allgemein, einzeln oder in Gruppen gestreut werden. Dieses Verfahren ist allerdings am schwierigsten, denn die wechselweise Streuung erfordert nicht nur besondere Umsicht, sondern auch einen gut ausgestatteten Werbeetat.

Aus England ist das folgende Beispiel bekannt, das die Kunst dieser Streumaßnahmen besonders demonstriert. Es handelt sich bei dem Produkt um ein Haushaltsgerät. Während der Abendsendung des Rundfunks wird dieses Haushaltsgerät angepriesen. Das Fernsehen bringt um 20.00 Uhr einen 30-Sekunden-Spot. Am nächsten Morgen findet die Hausfrau im Briefkasten einen Prospekt mit ausführlicher Beschreibung des Geräts und den Adressen der Händler in ihrer Stadt. Die Tageszeitung, die der Hausherr wahrscheinlich auf dem Weg zur Arbeit liest, wirbt für das Gerät in Anzeigen. Einzel- und Großhandel werden für den gleichen Tag ausreichend mit Prospekten und Mustern versorgt und erfahren Einzelheiten über die Technik des Verkaufs dieses Geräts. Ferner wird an den wichtigsten Plätzen der Stadt mit Plakaten für das Gerät geworben.

Eine solche Streuung stellt höchste Anforderungen an den Streuplaner. Er muß nicht nur die Eigenarten der Werbemedien berücksichtigen, sondern sich auch um Termine der Einschaltung, Bereitstellung des Werbematerials und deren Verteilung kümmern.

II. Streumedien

Welche Streumedien stehen zur Verfügung?

    Tageszeitungen
    Zeitschriften
    Drucksachen (Direktwerbung)
    Fernsehen
    Rundfunk
    Anschlagwerbung
    Kinowerbung
    Messen und Ausstellungen
    Schaufenster- und Ladenwerbung
    Verkehrsmittel
    Adreßbücher
    Leuchtwerbung
    Werbung in der Luft (Flugzeuge, Ballons)
    Werbung durch Verteiler und Besucher.

Die Bedeutung der Streumedien für die Streuung ist produktbezogen und nicht unmittelbar von den Werbeumsätzen innerhalb der einzelnen Medien abhängig. Gemessen an den Werbeumsätzen stehen in Deutschland Anzeigen in Zeitschriften an erster Stelle, gefolgt von der Werbung mit Drucksachen (Direktwerbung), der Fernsehwerbung, der Anschlagwerbung und der Rundfunkwerbung. Diese Medien zusammengenommen haben 1967 Werbeumsätze in Höhe von mehr als 7,4 Milliarden DM erreicht. Die größten Werbeträger, die Zeitungen und Zeitschriften, veröffentlichen über ihre Verbreitung, über die Zusammensetzung des Leserkreises, in periodischen Abständen sogenannte „Leseranalysen". In gleicher Weise wird fortlaufend der Zuhörer- oder Seherkreis der Film-, Rundfunk- und Fernsehwerbung analysiert. Diese Unterlagen bieten eine zuverlässige Basis für alle Streuplanungen. Für das große Gebiet der Direktwerbung (Drucksachen) kennen wir solche Analysen zur Zeit noch nicht. Bis auf eine Aufschlüsselung der maximal erreichbaren Empfängergruppen (z. B. über die Post mit adressierten Werbedrucksachen) stehen Auswertungen über den Beachtungsgrad, Reaktion und Kaufverhalten bisher nicht zur Verfügung. Ähnlich ist die Situation bei den — vom Umsatz her gesehen — kleineren Werbemedien, wenn auch hier die Streuplanung, z. B. beim Plakatanschlag, sich nach regional aufgeschlüsselten und aufbereiteten Zahlen ausrichten kann.

Fast alle Streumedien berichten in periodischen Abständen über ihre Einsatzmöglichkeit. Handbücher, wie „Der Leitfaden" (Verlag Stamm, Essen), die „Media-Daten" (Verlag in Frankfurt), sowie eine Vielzahl von Analysen der einzelnen Fachzeitschriften und Zeitungen, Rundfunk- und Fernsehgesellschaften, gehören auf den Schreibtisch des Streuplaners, des Media-Beraters. Zusätzlich zu den genannten Streumedien, die als Fremdstreuwege, also als gemietete oder gekaufte Werbeträger, dem Werbungtreibenden zur Verfügung stehen, kann der Werbende das Werbematerial auch selbst durch eigene Angestellte oder Einrichtungen streuen. Zu den Eigenstreuwegen gehört die Verteilung von Prospekten, z. B. bei der Eröffnung eines Ladengeschäfts an die umliegenden Haushaltungen, die Verteilung von Werbemitteln im Geschäft über den Ladentisch, die eigene Schaufensterdekoration, Plakate oder Beschriftungen an eigenen Fahrzeugen, die Durchführung von Werbeveranstaltungen und die hierbei gezeigten Filme oder Diapositive. Im Vergleich zum Einsatz fremder Werbeträger liegen die Kosten für den eigenen Streuweg relativ höher. Eigene Streuwege werden insbesondere dann beschritten, wenn der in Frage kommende Interessentenkreis klar abgesteckt und die Zielgruppe entsprechend klein ist. Der zu erwartende Nutzeffekt muß hierbei genauso gründlich wie bei einer Streuung über Fremdwege genau vorher berechnet werden.

III. Bedeutung der Streuung

Aus allem geht hervor, daß die Streuung der Werbemittel über ihren **Erfolg oder Mißerfolg** entscheidet. Eine gut gestaltete Anzeige, ein hervorragender Prospekt, ein bemerkenswertes Plakat, eine beachtenswerte Fernsehsendung werden nicht das Werbeziel erreichen, wenn die Zielgruppe zu weit oder zu eng gestreut worden ist. Der Klein- oder Mittelbetrieb, der nicht über ausreichende Fachkenntnisse verfügt, sollte sich daher bei der Konzeption seiner Werbemaßnahmen ganz besonders mit der Streuplanung befassen. Aber auch für den Bereich der Konsumgüterindustrien, die ohne den Einsatz der Massenmedien nicht auskommen, bildet die Streuung der Werbemittel oft ein schwieriges Problem. Hier gelten Auswahl der Streumedien, ihre räumliche und zeitliche Koordination als ausschlaggebend für den Erfolg der Werbung schlechthin.

**Zeitungen und Zeitschriften
als Streumedien**

Von Dr. Fritz-Reinhard Stroschein,
Düsseldorf

Vorbemerkung

Im folgenden werden die verschiedenen Aspekte erörtert, die bei der A u s w a h l v o n
A n z e i g e n t r ä g e r n Beachtung verdienen. Selbstverständlich muß eine vorzubereitende Werbekampagne stets a l s G a n z e s gesehen werden. So sind sämtliche in
Aussicht genommenen Werbeträger gleichzeitig zu betrachten. Vielmehr noch: Die
Gesamtheit aller Werbemaßnahmen ist Bestandteil aller übrigen unternehmerischen
Aktionen, wie zum Beispiel der Verkaufsförderung, der Public-Relation-Kampagnen oder
auch der Vertreter- oder Reisendenorganisation. Jede zu planende werbliche Maßnahme
muß somit stets im Zusammenhang mit sämtlichen übrigen unternehmerischen Verkaufsbemühungen gesehen werden. Ein Herauslösen aus der unternehmerischen Gesamtheit,
wie es im folgenden weitgehend geschieht, ist eine Notwendigkeit, die sich aus der
Vielfalt aller unternehmerischen Einzelmaßnahmen zwangsläufig ergibt. Es scheint, als
nähmen die nachfolgenden Ausführungen dadurch einen sehr hypothetischen Charakter
an und glichen nahezu einem Planspiel. Trotzdem darf wohl vermerkt werden, daß
gerade Praxisnähe das Hauptziel nachstehender Ausführungen ist.

I. Grundbegriffe zur Media-Auswahl

1. Einmalige Einschaltung

a) Einschaltung eines einzigen Anzeigenträgers

(1) A u f l a g e , D r u c k a u f l a g e , v e r k a u f t e A u f l a g e u n d v e r b r e i t e t e
 A u f l a g e

Unter A u f l a g e versteht man die Anzahl der Zeitungen bzw. Zeitschriften, die von
einer Ausgabe (Nummer) gedruckt werden; sie wird zur Unterscheidung von der verkauften bzw. verbreiteten Auflage auch als D r u c k a u f l a g e bezeichnet. Im Normalfall – anders z. B. bei den Supplements oder Kundenzeitschriften – wird der größte
Teil der Druckauflage verkauft (verkaufte Auflage). Die verkaufte Auflage setzt
sich aus A b o n n e n t e n - u n d E i n z e l v e r k a u f s e x e m p l a r e n zusammen. Ein

anderer Teil der Druckauflage gelangt überhaupt nicht zur Auslieferung oder geht von den Verkaufsstellen als unverkaufte Exemplare wieder an die Verlage zurück (Remittenden). Die verbreitete Auflage ist grundsätzlich größer als die verkaufte Auflage, weil zur Ermittlung der Gesamtheit aller verteilten Exemplare zu der verkauften Auflage noch gratis verteilte Exemplare (Freiexemplare) sowie als Anzeigenbelege verteilte Exemplare (Belegexemplare) hinzugezählt werden müssen.

Im Hinblick auf die Leser und die Kontaktchancen der in Anzeigenträgern eingeschalteten Anzeigen erscheint es außerdem wichtig, zwischen den im Abonnement- und Einzelverkauf (A.- + E.-Exemplare) abgesetzten und den im Lesezirkel verbreiteten Exemplaren (LZ-Exemplare) zu unterscheiden.

(2) Mitleser, Leser pro Nummer (Reichweite) und Leser pro Exemplar

Jedes verkaufte oder gratis verbreitete Exemplar einer bestimmten Ausgabe (d. h. die verbreitete Auflage) erreicht nicht nur den Käufer bzw. den unmittelbaren Empfänger des jeweiligen Exemplars, sondern sehr häufig darüber hinaus auch eine mehr oder weniger große Anzahl weiterer Personen, die als Mitleser bezeichnet werden. Somit setzt sich die Gesamtzahl aller mit einem Anzeigenträger erreichten Personen (Netto-Reichweite des Anzeigenträgers) aus der verbreiteten Auflage zuzüglich der Mitleser zusammen. Die Netto-Reichweite ist identisch mit dem Begriff Leser pro Nummer. Die Zahl der Mitleser ist bei den verschiedenen Anzeigenträgern sehr unterschiedlich hoch. Aus diesem Grunde fällt eine Beurteilung der Anzeigen, gemessen an der verkauften bzw. an der verbreiteten Auflage, ganz anders aus als eine, welche die Netto-Reichweite bzw. den Leser pro Nummer als Maßstab hat. Zur Abschätzung der Relation zwischen verbreiteter Auflage und Leser pro Nummer gibt es den Begriff Leser pro Exemplar, der die Leser ausweist, die im Durchschnitt von einem (verbreiteten) Exemplar eines Anzeigenträgers erreicht werden. Dieser Mittelwert ist der Quotient aus Netto-Reichweite und verbreiteter Auflage eines Anzeigenträgers.

(3) Erst-, Wiederholungs- und Gesamtkontakte

Derselbe Anzeigenträger, d. h. dieselbe Ausgabe einer bestimmten Tageszeitung oder einer bestimmten Publikumszeitschrift, wird gelegentlich von derselben Person, die schon einmal von dem Anzeigenträger erreicht worden war, ein zweites, drittes, viertes Mal oder gar noch öfter gelesen, was als Wiederholungskontakt bezeichnet wird. Der erste Kontakt, den eine erreichte Person mit dem Werbeträger hat, wird als Unterscheidung zu Wiederholungskontakten Erstkontakt genannt und die Summe aller Erst- und Wiederholungskontakte Gesamtkontakte pro Nummer.

Die von der Arbeitsgemeinschaft Leseranalyse e. V., Essen, alljährlich herausgegebene Leseranalyse, in der die Reichweiten der größten Publikumszeitschriften der Bundesrepublik Deutschland ausgewiesen sind, bemüht sich, das Ausmaß der Wiederholungskontakte dadurch zu erfassen, daß die Anzahl der Lesetage erhoben und ausgewiesen wird, d. h. die durchschnittliche Anzahl der Tage, an denen ein bestimmtes Exemplar einer bestimmten Zeitschrift gelesen oder durchblättert wurde. Das Ausweisen der Wiederholungskontakte durch die Lesetage ist insofern eine durchaus wichtige Information für den Mediaplaner, weil sie unter Berücksichtigung der erhebungstaktischen Möglichkeiten zu kennzeichnen versucht, inwieweit bestimmte Publikumszeitschriften in gruppenstatistischer, also durchschnittlicher Betrachtungsweise häufiger gelesen bzw. durchblättert werden als andere; denn ein Erfassen der einzelnen Leseakte hätte nur dann Sinn, wenn auch deren jeweilige Dauer stets miterfaßt werden würde, was aber die Grenzen der Ermittlungen aussagefähiger Erhebungsdaten überschreitet. Abbildung 1 soll die erläuterten Begriffe noch einmal grafisch darstellen.

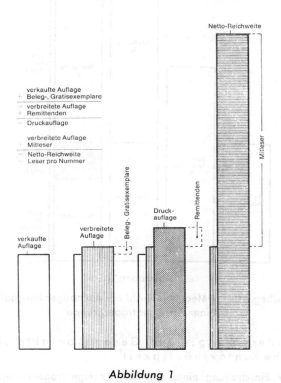

Abbildung 1

Grundbegriffe zur Media-Auswahl bei einmaliger Einschaltung eines einzigen Anzeigenträgers

b) Einschaltung einer Anzeigenträgergruppe

(1) Brutto- und Netto-Reichweite

In nahezu allen Werbekampagnen wird — was in der bisherigen Terminologie vernachlässigt wurde — nicht nur ein, sondern eine Vielzahl verschiedener Anzeigenträger gleichzeitig eingeschaltet. Dies erfordert eine Erweiterung der Terminologie. Werden beispielsweise zwei Anzeigenträger — kennzeichnen wir sie mit A und B — während einer Werbekampagne eingeschaltet, so führt die Addition beider Einzelreichweiten zur Brutto-Reichweite. Weil aber ein Teil der vom Anzeigenträger B erreichten Personen bereits von dem Anzeigenträger A erfaßt wird, ist die Anzahl der insgesamt erreichten Personen nicht identisch mit der Brutto-Reichweite, sondern kleiner. Der erreichte Personenkreis wird als Netto-Reichweite bezeichnet und ist um die Anzahl der von A und B gleichzeitig Erreichten (Doppelkontakte) kleiner als die Brutto-Reichweite (vgl. hierzu auch Abbildung 2).

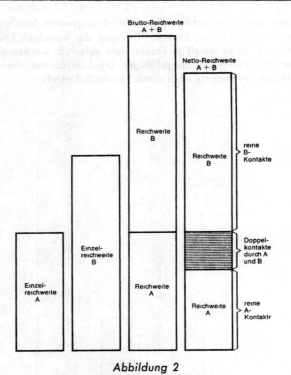

Abbildung 2
Grundbegriffe zur Media-Auswahl bei einmaliger Einschaltung einer Anzeigenträgergruppe

(2) Erst-, Wiederholungs- und Gesamtkontakte sowie durchschnittliche Kontakthäufigkeit

Für den Fall der Einschaltung eines einzigen Anzeigenträgers wurden die Begriffe „Erst-," „Wiederholungs-" und „Gesamtkontakte" definiert; sie gelten bei Einschaltung einer Anzeigenträgergruppe in gleicher Weise. Analog zu dem bereits erläuterten Begriff „Leser pro Exemplar" wird auch bei Kombinationen von Anzeigenträgern ein Mittelwert zur Abschätzung der Relation zwischen Gesamtkontakten und Netto-Reichweite benutzt, nämlich die durchschnittliche Kontakthäufigkeit pro Leser. Sie errechnet sich aus der Anzahl der Gesamtkontakte der Kombination dividiert durch ihre Netto-Reichweite. Ausdrücklich betont werden muß, daß die durchschnittliche Kontakthäufigkeit als Vergleichswert nichts darüber aussagt, wie stark sie innerhalb des erreichten Personenkreises streut. Für eine gezielte Anzeigenträgerauswahl ist es jedoch sehr wichtig zu wissen, ob alle mit einer Anzeigenträgerkombination erreichten Personen beispielsweise 3,5mal erreicht werden, oder aber einige Personen nur einmal, andere aber dafür 7mal. Zur Abschätzung der Streuung um die durchschnittliche Kontakthäufigkeit werden in der Praxis der Mediaplanung unter anderem die Anteile der Lesezirkel-Leser und der Exklusivleser in die Betrachtung mit einbezogen, wobei beispielsweise ein hoher Anteil an Exklusivlesern, d. h. Leser, die durch keinen anderen Anzeigenträger der Anzeigenträgerkombination erreicht werden, für eine größere Streuung um die durchschnittliche Kontakthäufigkeit spricht.

2. Wiederholte Einschaltung

Die bisherigen Begriffserläuterungen vernachlässigen, daß während einer Werbekampagne die einzelnen Anzeigenträger nicht nur einmal, sondern wiederholt eingeschaltet werden. Insofern müssen noch Begriffe nachgetragen werden, welche die Sachverhalte kennzeichnen, die sich durch mehrmalige Berücksichtigung derselben Anzeigenträger ergeben. Man spricht in diesem Zusammenhang auch von einer Streuplanung in zwei Dimensionen.

Die wohl wichtigste Veränderung erfährt der Begriff „Reichweite", der in diesem Zusammenhang zur kumulierten Reichweite ausgedehnt wird. Dieser Begriff kennzeichnet, inwieweit sich die Reichweite bei wiederholter Einschaltung desselben Anzeigenträgers dadurch vergrößert, daß von Aktion zu Aktion die regelmäßigen Leser zwar dieselben bleiben, die unregelmäßigen jedoch jeweils andere Personen sind.

Die Reichweitenausdehnung, die sich durch den Anteil der unregelmäßigen Leser bei wiederholter Einschaltung derselben Anzeigenträger ergibt, wird als Reichweitenzuwachs bezeichnet. Er ergibt sich rechnerisch aus der kumulierten Reichweite abzüglich der für eine einmalige Einschaltung ermittelten Reichweite. Inhaltlich kann an dieser Stelle bereits festgehalten werden, daß der Reichweitenzuwachs mit zunehmender Anzeigenwiederholung deshalb kleiner wird, weil die Chance, die Personen schon einmal erreicht zu haben, größer wird, je häufiger der Anzeigenträger zuvor schon berücksichtigt war. So ist die in Abbildung 3 wiedergegebene Skizze eines Reichweiten-

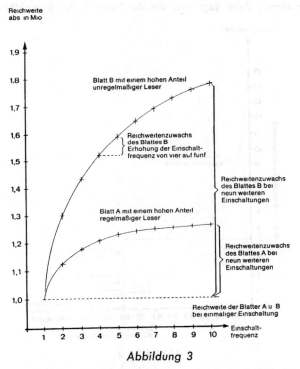

Abbildung 3

Die Kumulation der Reichweite (Reichweitenzuwachs) bei wiederholter Einschaltung zweier Anzeigenträger

zuwachses als Schema allgemein gültig: Die Kurve wird mit zunehmender Einschaltfrequenz flacher und verläuft schließlich nahezu parallel zur Abszisse. Bei welcher Einschaltfrequenz sie diesen Kurvenverlauf einnimmt und mit welchem Steigungsgrad sie sich diesem Punkt nähert, hängt indessen von der Zusammensetzung der Leserschaft ab: Je mehr regelmäßige Leser vorhanden sind, desto flacher verläuft die Kurve von Anfang an, je mehr unregelmäßige Leser da sind, desto steiler ist die Kurve bei den ersten Einschaltungen (vergleiche Abbildung 3).

Die **zweidimensionale Streuplanung** geht mangels geeigneter Erhebungsmethoden von einem konstanten Leser pro Nummer aus, d. h. sie vernachlässigt Reichweitenschwankungen und unterstellt, daß bei wiederholter Berücksichtigung desselben Anzeigenträgers jeweils dieselbe Personenzahl erreicht wird, nur daß es sich je nach Anteil regelmäßiger bzw. unregelmäßiger Leser um dieselben bzw. andere Personen handelt. Dies aber hat zur Folge, daß sich bei erneuter Berücksichtigung derselben Anzeigenträger bei einem vergleichsweise großen Reichweitenzuwachs verhältnismäßig wenig **Wiederholungskontakte** und bei einem kleinen Reichweitenzuwachs vergleichsweise viel Wiederholungskontakte ergeben. Bei der zweidimensionalen Streuplanung wird dieser Sachverhalt ersatzweise durch die **durchschnittliche Kontakthäufigkeit aller während einer Werbekampagne erreichten Personen** zum Ausdruck gebracht (Quotient aus der Summe aller Kontakte bei allen Einschaltungen dividiert durch die Netto-Reichweite).

Ist unter Berücksichtigung des Werbeziels für den Werbeplaner eine bestimmte Kontakthäufigkeit optimal, dann sagt ihm die durchschnittliche Kontakthäufigkeit nur be-

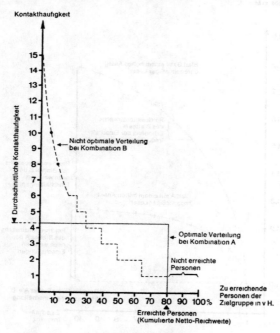

Abbildung 4

Modellbeispiel einer optimalen und einer nicht-optimalen Verteilung der Kontakthäufigkeit bei zwei Anzeigenträger-Kombinationen

Zeitungen und Zeitschriften als Streumedien

dingt etwas. Viel wichtiger ist für ihn, aus welchen Einzelwerten diese durchschnittliche Kontakthäufigkeit errechnet wurde. Streuen die Einzelwerte stark um die durchschnittliche Kontakthäufigkeit, so ist dies für ihn letzlich wenig erwünscht (vgl. Abbildung 4).

In analoger Anwendung des zweiten Gossenschen Gesetzes wäre der Werbemitteleinsatz dann optimal genutzt, wenn alle in der Werbekampagne überhaupt erreichten Zielpersonen gleich oft angesprochen werden.

Im Rahmen der Begriffsbestimmung sind in diesem Zusammenhang keine weiteren Ausführungen mehr erforderlich; zu ergänzen wäre allenfalls, daß in der zweidimensionalen Streuplanung ein hoher Anteil regelmäßiger Leser für die erwünschte geringere und ein hoher Anteil unregelmäßiger Leser für die weniger erwünschte größere Streuung um die durchschnittliche Kontakthäufigkeit spricht. Streng genommen gilt dies zunächst nur bei Einschaltung eines einzelnen Anzeigenträgers; denn bei Einschaltung einer Anzeigenträgergruppe können durchaus unregelmäßige Leser mehrerer in der Kombination berücksichtigter Einzeltitel zu regelmäßigen Lesern innerhalb der Anzeigenträgergruppe werden (dies wären z. B. Leser, die jede Woche eine andere Zeitschrift der Kombination lesen). An dieser Stelle genügt es im übrigen, wenn eines klar geworden ist: Dem Werbeplaner sagt der Wert einer kumulierten Netto-Reichweite nur dann etwas, wenn er neben dem Reichweitenzuwachs mit unter Kontrolle hält, wie sich durch die Reichweitenausdehnung die Kontakte auf die mit der Werbekampagne insgesamt erreichten Personen verteilen.

II. Voraussetzungen für die Auswahl bestimmter Zeitungen und Zeitschriften

1. Höhe des Werbeetats

Die in einer Werbekampagne zu berücksichtigenden Anzeigenträger werden verständlicherweise vor allem durch die Höhe der zur Verfügung stehenden Geldmittel beeinflußt, und diese werden wiederum maßgeblich durch die in der Vergangenheit erzielten Umsätze bestimmt. Weitere Kriterien für die Höhe der bereitzustellenden Geldmittel sind das Absatzziel des Unternehmens sowie konjunkturelle Erwägungen.

a) Werbeaufwands- und Umsatzanalysen für die zurückliegende Zeit

Über die Streuung der verschiedenen Anzeigenträger stehen durch umfangreiche Repräsentativbefragungen dem Werbeplaner heute sehr detaillierte Informationen zur Verfügung. Diese machen es ihm nicht nur möglich, Werbekampagnen fundiert vorzubereiten — worauf noch im folgenden einzugehen ist —, sondern erlauben es ihm darüber hinaus auch, den Erfolg früherer Werbeaufwendungen nach verschiedensten Gesichtspunkten aufzugliedern. Wohlbemerkt handelt es sich hierbei nur bedingt um Werbeerfolgskontrollen, mehr dagegen um eine vergleichende Gegenüberstellung von Werbeaufwand und Umsatz in bestimmten regional begrenzten Gebieten, beispielsweise Vertreter-, Kundendienst- oder auch Distributionsbezirken.

Diese Werbeaufwands-Umsatzanalysen gehen davon aus, daß die Kosten einer Insertion in einer bestimmten Zeitschrift gemäß der Regionalverbreitung der Leserstruktur umgelegt werden, die für Publikumszeitschriften beispielsweise unter anderem aus der von der Arbeitsgemeinschaft Leseranalyse e. V., Essen, alljährlich erstellten Leseranalyse (LA) bekannt ist. Die Umsätze sind im Regelfall durch die Vertreterabrechnungen in gleicher Weise auf die für das Unternehmen gültigen Regionalgebiete aufteilbar, so daß es letzlich möglich ist, aus diesen beiden Werten Koeffizienten verschiedenster Art zu errechnen, wie:

1. **Meßziffern zu den Werbeaufwendungen**
   a) Werbeaufwand in absoluter Höhe insgesamt und in den einzelnen Medien
   b) Prozentuale Verteilung aller oder bestimmter Werbeaufwendungen auf die verschiedenen Regionalgebiete, wie Vertreterbezirke oder Kundendienstgebiete
   c) Pro-Kopf-Werbeaufwand pro Regionalgebiet
   d) Entwicklung der Werbeaufwendungen in Form verschiedener Indices (Basisbeispiel: Einführungshalbjahr oder -jahr)

2. **Meßziffern zum Umsatz**
   a) Umsatz in absoluter Höhe insgesamt und bei den einzelnen Produktgruppen und -arten
   b) Prozentuale Verteilung auf die verschiedenen Regionalgebiete
   c) Pro-Kopf-Umsatz pro Regionalgebiet
   d) Umsatzentwicklung in Form verschiedener Indices (Basisbeispiel: Einführungshalbjahr oder -jahr)

3. **Meßziffern zur Relation „Werbeaufwand — Umsatz"**
   a) Werbeaufwand für tausend verkaufte Einheiten in absoluter Höhe
   b) Werbeaufwand für tausend verkaufte Einheiten in Form verschiedener Indices (Basisbeispiel: Einführungshalbjahr oder -jahr)

Alle diese detaillierten Aufbereitungen vermitteln einmal Informationen über eine angemessene Etathöhe, zum anderen aber auch Hinweise über die Zweckmäßigkeit bzw. Unzweckmäßigkeit bestimmter Werbeträger, wenn die zuvor erläuterten Aufbereitungen auch nach verschiedenen Werbeträgergruppen und sogar Werbeträgern durchgeführt werden.

b) Absatzziel und Umsatzprognosen

Wenn auch die Finanzierung der Werbeaufwendungen aus den Erträgen der Vergangenheit vorgenommen werden muß, so ist es doch nicht ratsam, die Höhe des Werbeetats und damit die Auswahl der in einer Werbekampagne zu berücksichtigenden Anzeigenträger ausschließlich durch Werte der Vergangenheit zu bestimmen. Viel entscheidender ist das für die vorzubereitende Werbeperiode gesteckte Absatzziel. Dies wird gewiß maßgeblich durch die Werbeaufwands-Umsatzanalysen bestimmt, und doch ist es erforderlich, daß darüber hinaus weitere Daten in die Umsatzprognosen mit eingehen. So wäre beispielsweise der bei Kinderpflegemitteln zu erwartende Absatz nicht nur durch bloße Extrapolation der Umsatzentwicklung jüngster Vergangenheit zu bestimmen, sondern durch gleichzeitige Berücksichtigung verschiedenster exogener Kräfte. Zu diesen gehören unter anderem die zu erwartende Entwicklung der Geburtenzahl, die ihrerseits ausgezeichnet durch die jeweilige Anzahl von Frauen im gebärfähigen Alter und durch die Geburtenrate vorher bestimmt werden kann, sowie zu erwartende Änderungen bei der Pflege von Kleinkindern, wie die Verwendung spezieller Kinderseife, Kindershampoo oder eines speziellen Kinderbadzusatzes.

Ist durch verschiedenste Marktanalysen, in welche die Werbeumsatzdaten der Vergangenheit unter anderem mit eingeflossen sind, eine realisierbare Umsatzprognose erstellt, so kann aus diesen Werten in retrograder Kalkulation ein Werbeetat bestimmt werden, der möglichst keine Fremdfinanzierung erforderlich macht. Langfristige Analysen machen es darüber hinaus möglich, die Aufnahme von Fremdgeldern zu begründen bzw. zu verwerfen, wobei in diesem Sinn bereits dann von Fremdfinanzierung gesprochen wird, wenn der zu erwartende Umsatz der zu bewerbenden Produkte die Kosten der Werbung nicht allein trägt.

c) Möglichkeiten und Grenzen einer antizyklischen Werbeplanung

In den mehr theoretisch ausgerichteten Erörterungen über die Werbeplanung findet man immer wieder den Gedanken einer antizyklischen Planung. Bei ihr geht man — fälschlicherweise — im allgemeinen weniger davon aus, daß es in Zeiten des Überflusses abwegig wäre, umsatzadäquat zu werben. So findet man durchaus, daß in Epochen ausgesprochener Hochkonjunktur, die bereits durch ungewöhnlich hohen Auftragsbestand und lange Lieferzeiten gekennzeichnet sind, selbst solche Unternehmen große Werbeetats einsetzen, die sonst eine straffe Werbeplanung aufzuweisen haben. Erst in Zeiten des Konjunkturrückganges wird der Wunsch nach einer antizyklischen Werbung laut. Dann aber ist normalerweise das Geld für die erforderlichen Werbeaufwendungen bzw. Mehraufwendungen nicht verfügbar, zumal der Werbeplan im allgemeinen jährlich verabschiedet wird, während Investitionsprogramme mitunter den Finanzplan bis zu fünf und mehr Jahre belasten.

Trotz der zuvor beschriebenen Diskrepanz zwischen Theorie und Praxis erscheint eine antizyklische Werbeplanung e r w ü n s c h t, die nicht nur von der Etathöhe her zu bestimmen ist, sondern auch von der Auswahl der zu berücksichtigenden Werbeträger im allgemeinen und der Anzeigenträger im besonderen. Auch hier ist in gleicher Weise der Grundgedanke jeder antizyklischen Argumentation bestimmend: Die Anzeigen für das Eigenprodukt werden in einem Anzeigenträger dann viel bessere Beachtung aufzuweisen haben, wenn in demselben Anzeigenträger nicht eine Fülle anderer Marken derselben Produktgruppen mit beworben werden. Nur müssen die Theoretiker sich hier wie dort die Argumente vortragen lassen, die gegen einen antizyklischen Plan sprechen.

In Zeiten der Hochkonjunktur darf man nicht generell bei der Bewerbung der Marken und Produkte fehlen, die sich um das verfügbare Einkommen potentieller Käufergruppen bemühen. Ebenso erscheint es bei der Streuplanung zumindest kritisch, wenn man versucht, die Anzeigenträger zu meiden, die von den Konkurrenten bevorzugt werden. Immer wieder hört der Theoretiker in diesem Fall den Hinweis des Praktikers: „Wenn all die großen Konkurrenzmarken in diesen Anzeigenträgern drin sind, dann dürfen wir dort keinesfalls fehlen." Eine antizyklische Werbeplanung ist somit aus betriebswirtschaftlicher Sicht völlig anders zu beurteilen als nach volkswirtschaftlichen Aspekten.

Volkswirtschaftlich mag das antizyklische Verhalten durchaus erwünscht sein; das einzelne Unternehmen indessen kann sich bei der Werbeplanung nicht antizyklisch verhalten, wenn die Höhe des Werbeetats und die Auswahl der Werbeträger nach homogener Planung festgesetzt werden.

Es wird also Aufgabe des Staates sein, durch gesamtwirtschaftliche — wie beispielsweise steuerliche — Maßnahmen eine antizyklische Festlegung des Werbeetats zu ermöglichen und zu fördern. Dies könnte dadurch geschehen, daß der Gesetzgeber für erst später einzusetzende Werbeaufwendungen die Bildung steuerlicher Rücklagen erlaubt, die für später notwendig werdende Großinvestitionen bei Fabrikationsanlagen heute nicht nur steuerlich zulässig sondern in der Unternehmenspraxis durchaus gebräuchlich sind.

Wie wenig der einzelne Unternehmer mit einer antizyklischen Festlegung seines Werbeetats zu erreichen vermag, zeigt sich deutlich, wenn in Zeiten einer Depression nicht nur die Werbeaufwendungen der Konkurrenten zurückgehen, sondern auch das verfügbare Einkommen der Umworbenen, das aber für eine Verwirklichung der Absatzziele von entscheidender Bedeutung ist. Die antizyklische Auswahl der Werbeträger wäre dann Aufgabe der zuständigen Werbefachleute. In jedem Fall darf man aber wohl davon ausgehen, daß durch Verwirklichung des antizyklischen Planungsgedankens zunächst die Gesamtwirtschaft bzw. die vernachlässigten Anzeigenträger profitieren und erst in zweiter Sicht jeder an ihr beteiligte Einzelunternehmer.

2. Tätigkeit der Konkurrenz

Die Auswahl der Werbeträger wird in der Unternehmenspraxis maßgeblich durch die Situation des eigenen Unternehmens im Markt bestimmt. Diese wiederum erfährt ihre wichtigsten Daten aus der Konkurrenzsituation, die einmal durch die Marktdaten und zum anderen durch die werblichen Maßnahmen der Konkurrenz charakterisiert wird.

a) Marktdaten der Konkurrenz

Die Marktforschung stellt dem Unternehmen und somit auch dem Werbeplaner eine Fülle verschiedenster Informationen über die einzelnen Konkurrenten zur Verfügung. Absatz- und Verbrauchsdaten, aufgegliedert nach bestimmten „Nielsengebieten", Bundesländern, Vertreter- oder auch Distributionsbezirken sind bei verschiedenen Marktforschungsinstituten bereits als Standardwerke ohne Schwierigkeit käuflich zu erwerben. Ein Einbeziehen unterschiedlicher Bevölkerungsdichte führt zu Pro-Kopf-Umsätzen, die das Informationsmaterial bereits beträchtlich verfeinern. Gerade die regionalen Unterschiede, die sich bei einem Vergleich der eigenen Marktdaten mit denen der Konkurrenz zeigen, sind die wichtigsten Informationen bei der regionalen Anzeigenplanung. Unter den Anzeigenträgern ermöglichen es vor allem die Tageszeitungen, bis in kleinste Teilbezirke regional gezielt zu werben. Im Konkurrenzkampf der Anzeigenträger untereinander erwies sich hier eine objektive Überlegenheit der Tageszeitungen im Vergleich zu den überregional streuenden Publikumszeitschriften. Aus diesem Grunde schufen die Verleger der Publikumszeitschriften in vielen Fällen regionale Teilbelegungsmöglichkeiten, um so auch bei diesen Anzeigenträgern eine regionale Auswahl — zumindest nach Nielsengebieten — zu ermöglichen.

In welcher Richtung die Marktdaten der Konkurrenz die Auswahl der Anzeigenträger beeinflussen, kann nicht generell gesagt werden: Erst eine detaillierte Marktanalyse gibt dem Werbeplaner Hinweise darüber, ob er bessere Absatzchancen erschließt, wenn er bewußt in den Gebieten wirbt, in denen die Konkurrenz besonders stark ist, oder wenn er gerade umgekehrt die Gebiete bevorzugt, in denen die Marktposition der Konkurrenten relativ schwach ist. Kriterien hierbei sind Informationen über Markentreue und Markenfluktuation sowie Bevorzugung bestimmter Vertriebswege, vor allem dann, wenn sich die eigenen Absatzwege von denen der Konkurrenten unterscheiden. Ohne mit der Erwähnung bestimmter Marktforschungsinstitute in irgendeiner Weise eine Wertung abgeben zu wollen, sei an dieser Stelle vor allem auf die Institute hingewiesen, die in standardisierten Panelprogrammen das Verbraucherverhalten für jeweils bestimmte Produktgruppen ermitteln und unter Kontrolle halten. Zu denen gehören als Einzelhandelspanel der A. C. Nielsen-Dienst, Frankfurt (Main), und als Haushaltsdienst vor allem das Attwood-Panel, Wetzlar, sowie die Dienste der GfK, Nürnberg, und der GfM, Gesellschaft für Marktforschung m. b. H., Hamburg.

b) Werbliche Maßnahmen der Konkurrenz

Auch über die werblichen Maßnahmen der Konkurrenz stehen umfangreiche Informationen zur Verfügung. Die Höhe der Werbeaufwendungen je Produktgruppe und Marke können käuflich zu erwerbenden, relativ preiswerten Nachschlagewerken entnommen werden, ebenso die Bevorzugung bestimmter Werbeträger durch diesen oder jenen Konkurrenten sowie die zeitliche Verteilung des Jahresetats auf die einzelnen Quartale, Monate, Wochen und Tage. Selbst die Gestaltung der Konkurrenzanzeigen kann ohne Mühe bei der Werbeplanung mitberücksichtigt werden. So ist es möglich, gegen ein festes Honorar die Zusammenstellung sämtlicher Konkurrenzanzeigen zu beziehen. Die wichtigsten Informationsquellen über die werbliche Maßnahmen der Konkurrenz sind für die Werbeträger „Tageszeitungen", „Publikums"- und „Fachzeitschriften" sowie „Werbefunk", „Werbefernsehen" und „Bogenanschlag" bei Kapferer & Schmidt, Gesellschaft für Wirtschaftsanalyse und Markterkundung, Hamburg, zu erwerben, für „Werbefunk" und „Werbefernsehen" beim Institut für Werbebeobachtung, Joachim Stresemann von Hochstetter, Konstanz sowie ausschließlich für Publikumszeitschriften bei Paul Schwakenberg, Bonn. Die werblichen Maßnahmen der Konkurrenz erweisen sich bei der Werbeplanung mitunter als so gewichtig, daß man – insbesondere bei der Einführung neuer Produkte, d. h. bei der Erstbewerbung eines bestimmten Produktes oder einer bestimmten Marke – von den werblichen Maßnahmen der Konkurrenz für die jüngste Vergangenheit Streupläne rekonstruiert. Diese können sogar zu Sujetplänen der Konkurrenz verfeinert werden. Während der Streuplan nur zeigt, in welchen Anzeigenträgern – aber auch in welchen anderen Medien – sowie zu welchem Zeitpunkt und mit welcher Ausstattung geworben wurde, erlaubt der Sujetplan bereits eine Berücksichtigung sämtlicher gestalterischer Aspekte, d. h. er zieht mit in Erwägung, mit welcher Intensität die Konkurrenz beispielsweise mit rationalen Argumenten oder aber mit mehr gefühlsbetonten an den Verbraucher herangetreten ist.

c) Gleichzeitige Berücksichtigung von Marktdaten und werblichen Maßnahmen der Konkurrenz

Die über die Konkurrenz ermittelten Marktdaten und rekonstruierten werblichen Maßnahmen müssen miteinander verbunden werden. Weil die Umsätze sowie die Werbeaufwendungen der Konkurrenz dem Werbeplaner zugänglich sind, ist es möglich geworden, auch für die Konkurrenten eine Werbeaufwands-Umsatz-Analyse durchzuführen. Diese wird in der Unternehmenspraxis in der Tat für die wichtigsten Konkurrenten durchgeführt. Erst wenn man weiß, wie hoch die Werbeaufwendungen für tausend verkaufte Einheiten bei der Konkurrenz sind, ist eine echte Beurteilung der eigenen Markt- und Werbesituation möglich. Wenn diese Werte nicht nur für das gesamte Umsatzgebiet als eine einzige Meßzahl bekannt sind, sondern auch für die verschiedensten regionalen Teilgebiete, ist für das eigene Produkt eine fundierte, regionale Werbeplanung möglich. Sind auch noch die von der Konkurrenz berücksichtigten Werbeträger mit den von ihr erzielten Umsätzen in Beziehung gesetzt, dann ist für das eigene Produkt eine zweckgerechte Auswahl der Werbe- und insbesondere der Anzeigenträger realisierbar. Diese vom Modellfall her äußerst überzeugende Denkweise führte dazu, daß die größten Marktforschungsinstitute der Bundesrepublik gleichzeitig die Reichweiten bestimmter Anzeigenträger und den Verbrauch bestimmter Produktgruppen und Marken des jeweils untersuchten Personenkreises erfassen. Dadurch wird es theoretisch möglich zu ermitteln, zu welchen Umsätzen die in einen bestimmten Anzeigenträger investierten Werbeaufwendungen geführt haben. Die Erfolge und Mißerfolge der Vergangenheit sind bei der Auswahl der Anzeigenträger künftiger Werbekampagnen die wichtigsten Informationen.

So bestechend das zuvor beschriebene Modell grundsätzlich ist, so sind doch einige kritische Anmerkungen angebracht: In der Praxis der Markt- und Mediaforschung müssen die Reichweiten der einzelnen Anzeigenträger ebenso in einer Stichprobenerhebung ermittelt werden wie die Werte über das Verbrauchsverhalten der von dem Anzeigenträger Erreichten. Die Repräsentanz von Stichprobenerhebungen erfordert jedoch, daß derartige Korrelationsanalysen nur dann durchgeführt werden, wenn die Fallzahl der Stichproben noch ausreichend groß ist. Dies dürfte immer dann der Fall sein, wenn es sich bei dem Anzeigenträger um einen Massenwerbeträger und bei der zu analysierenden Produktgruppe bzw. Marke um ein Massenprodukt handelt, d. h. um ein Produkt, das vom größten Teil der Bevölkerung verbraucht wird. Die Struktur der von einem Massenmedium Erreichten unterscheidet sich aber von der Struktur der Massenbevölkerung nicht, sonst würde es sich bei dem analysierten Anzeigenträger nicht um ein Massenmedium handeln. Die Struktur der Verbraucher eines Massenproduktes differiert auch nicht von der Struktur der Gesamtbevölkerung. In Stichprobenerhebungen können also zwar genügend große Fallzahlen bei Massenmedien und Massenprodukten vorhanden sein, eine Gegenüberstellung der jeweiligen Strukturwerte wird dem Mediaplaner jedoch kaum wertvolle Informationen vermitteln.

Analysiert man dagegen die Leserschaftsstruktur von exklusiven Blättern – beispielsweise die Leserschaft einer Fußballzeitschrift –, so zeigen sich erhebliche Abweichungen zur Gesamtbevölkerung. In einer für die Gesamtbevölkerung repräsentativen Umfrage ist die Anzahl derjenigen Personen, die eine solche exklusive Zeitschrift lesen, so gering, daß von der Fallzahl her eine Strukturanalyse der Leserschaft ebenso wenig möglich ist, wie eine Aufbereitung der Verbraucherstruktur von solchen Produktgruppen und Marken, die nur von einer ganz kleinen Bevölkerungsgruppe gekauft oder verbraucht werden.

Die Möglichkeiten gleichzeitiger Betrachtung von Reichweitenstruktur der Leserschaft bestimmter Anzeigenträger und Struktur der Verbraucherschaft bestimmter Produktgruppen und Marken sind noch immer Gegenstand methodischer Grundlagenuntersuchungen der Markt- und Mediaforschung. Es ist durchaus denkbar, daß sich hier in Kürze analytische Verfahrensweisen anbieten, die eine empirische Anwendung dieses – rein theoretisch fast faszinierenden – Modells rechtfertigen mögen, was im gegenwärtigen Stadium nach Auffassung des Verfassers jedoch noch nicht der Fall ist. Auf diesem Spezialgebiet arbeiten u. a. folgende Marktforschungsinstitute der BRD: Attwood-Institut für Marktanalyse GmbH, Wetzlar, Infratest GmbH & Co. KG, München, Gesellschaft für Marktforschung m. b. H. (GfM), Hamburg, Gesellschaft für Konsumforschung e. V. (GfK), Nürnberg, und das Institut für Demoskopie Allensbach (IfD), Allensbach (Bodensee).

3. Aufgaben und Ziele der Werbekampagne

In Werbekreisen wird häufig der Begriff „Werbeerfolgskontrolle" verwandt, die nur möglich ist, wenn der Erfolg einer Werbekampagne nicht nur durch eine bloße Gegenüberstellung der Werbeaufwendungen und des erzielten Umsatzes gemessen wird: Das Hauptziel „Umsatzsteigerung" ist zwar letztlich zu ermitteln, jedoch im Rahmen einer Werbeerfolgskontrolle in die verschiedenen Unterziele aufzuspalten. Diese speziellen Ziele aber entscheiden über die Zweckmäßigkeit der für eine Werbekampagne in Aussicht genommenen Werbe- und Anzeigenträger. In welcher Weise diese Ziele von den jeweiligen Marktgegebenheiten bestimmt werden, wird in den nächsten Unterabschnitten detaillierter erläutert.

a) Einführung einer neuen Produktgruppe

Gilt es, einen Anzeigenplan für die Bewerbung einer Produktgruppe aufzustellen, die bislang noch nicht im Markt eingeführt ist, so bestimmt allein die A u s w a h l der verschiedenen denkbaren A n z e i g e n t r ä g e r die Erfolgsaussichten der Neueinführung.

Käme — generell gesehen – die Gesamtbevölkerung als potentielle Verbraucherschaft dieser Produktgruppe in Betracht, so sind allein vom Image her vor allem solche Anzeigenträger zu berücksichtigen, die durch das den Anzeigen vermittelte Umfeld der Produktgruppe das Bild der Alltäglichkeit vermitteln. Ist dagegen (aus welchem Grunde auch immer: z. B. der hohe oder niedrige Preis des Produktes oder auch seine ganz speziellen Verwendungsmöglichkeiten) die potentielle Verwenderschaft des neu einzuführenden Produktes nicht in der Gesamtbevölkerung zu suchen, sondern in einer mehr oder weniger eng zu definierenden Teilgruppe, so bemüht sich wiederum der Werbeplaner, vor allem d i e Anzeigenträger zu berücksichtigen, die das angestrebte Image der zu bewerbenden Produktgruppe in erwünschter Weise beeinflussen.

b) Einführung einer neuen Marke aus einem eingeführten Produktbereich

Grundsätzlich gelten bei der werblichen Unterstützung einer Markenneueinführung in einem vorhandenen Produktbereich die gleichen Erwägungen wie für den Fall der Einführung einer neuen Produktgruppe. Nur ergeben sich einige Sonderaspekte: Es gilt weniger, den Verwendungszweck einer neu geschaffenen Produktgruppe zu erläutern, als vielmehr eine neue Marke bei der Verbraucherschaft einer bestimmten Produktgruppe bekanntzumachen und im Hinblick auf den Verbrauch durchzusetzen. Wie dies in der Werbepraxis aussieht, soll an Hand eines B e i s p i e l e s aus der jüngsten Werbeplanung beschrieben werden.

Bei Neueinführung der im Rauch nikotinarmen Zigaretten-Marke „Krone" gab es bereits eine im Rauch nikotinarme Zigarettenmarke, die sich einen eigenen, recht umfangreichen Verbraucherkreis erobert hatte – die „Lord Extra". Ohne Rücksicht darauf, ob man bei der Neueinführung der „Krone" den zukünftigen „Krone"-Verbraucher mehr in dem früheren „Lord-Extra"-Raucher erblickte oder in dem Raucher irgendwelcher anderen Zigarettenmarken, galt es zunächst einmal, den Markennamen „Krone" bekannt zu machen. Allein diese detailliertere werbliche Zielsetzung der ersten Bewerbungsphase erforderte sowohl gestalterisch als auch bei den zu berücksichtigenden Werbe- und Anzeigenträgern eine ganz bestimmte Werbestrategie. Diese wurde dadurch verwirklicht, daß man zunächst, ohne in irgendeiner Weise einen Rauchgenuß zu versprechen, an Hand einer Gag-Anzeige einen Zigarettenraucher darstellte, der eine Kaiser- oder Königskrone auf dem Kopf oder zumindest in entsprechender Abbildung in seinen Händen hatte. Diese irreale Darstellung sollte weniger durch Versprechen eines Rauchgenusses zu einem unmittelbaren Konsum der Zigarettenmarke führen, als vielmehr den Bekanntheitsgrad der Marke anheben. Diese werbliche Auslobung wurde als Anzeige ausschließlich in den größten Anzeigenträgern eingeschaltet, so daß binnen kürzester Zeit jeder potentielle Raucher der Marke beim Hören des Wortes „Krone" nicht mehr an einen Kaiser oder König – aber auch nicht an irgendeine Weinbrandmarke – dachte, sondern an die gerade eingeführte Zigarettenmarke „Krone". Nachdem sich die Bekanntheit der Marke „Krone" in der ersten Bewerbungsphase durchgesetzt hatte, galt es nun, eine werbliche Gestaltung zu finden, die das mit dem Rauchen der „Krone" zu verbindende Genußerlebnis vermittelte. Durch die bereits gut eingeführte Marke „Lord Extra" war die Zielgruppe der Raucher bzw. potentiellen Raucher nikotinarmer Zigaretten schon klar umrissen. Für das Versprechen des Rauchgenusses interessierte bei der Anzeigenträgerauswahl vor allem, wie groß der Anteil der Raucher im Publikum der Anzeigenträger war. Gestalterisch war es nicht empfehlenswert, von der irreal dargestellten Anzeige „Mann mit Krone" sprungartig auf das bloße Versprechen des mit der Krone verbundenen Rauchgenusses überzugehen. Es wurde daher stufenweise die mit dem Markennamen assoziierende Krone zunächst aus dem Bild der Anzeige entfernt und schließlich nur noch als Symbol sehr verkleinert zur Darstellung gebracht. Diese Änderung der Anzeigensujets – bedingt durch die stufenweise angepaßte Zielsetzung der Werbekampagne – beeinflußte nicht minder die Auswahl der Anzeigenträger: Zunächst Bekanntmachung des Markennamens mit Paukenschlag – um im Jargon der Werbepraktik zu sprechen – in den Massenmedien, sodann Versprechen des Rauchgenusses bezogen auf die potentielle Raucherschaft in entsprechend spezielleren Werbeträgern. In Wirklichkeit wurden auch in der Durchsetzungsphase die größten Anzeigenträger berücksichtigt. Dies ist aber nur ein scheinbarer Widerspruch zum zuvor Gesagten: Die Raucherschaft der „Krone" entspricht in ihrer Zusammensetzung in etwa der Bevölkerungsstruktur, so daß ein Verlagern der Werbeintensität auf spezielle Anzeigenträger von der Zielgruppe her nicht nötig war. (Die verschiedenen Phasen der „Krone"-Einführungswerbung sind so beschrieben, wie sie sich in retrograder Analyse aus Sicht des Verfassers ergeben, der an ihrer Entwicklung wohlbemerkt nicht aktiv mitwirkte und so nicht beurteilen kann, inwieweit seine Erwägungen denen der Werbeplaner der „Krone"-Einführungswerbung im einzelnen entsprechen.)

Die dargestellte Diskrepanz zwischen zuvor erörterter Theorie und oben im empirischen Beispiel beschriebener Werbepraxis ist ein Hinweis auf ein weiteres Kriterium, das für jede Auswahl von Anzeigenträgern gilt: Die Preiswürdigkeit der großen Anzeigenträger – beispielsweise der großen Publikumszeitschriften – führt dazu, daß sie sehr häufig auch dann in der Werbeplanung berücksichtigt werden, wenn die Struktur der durch sie Erreichten nur bedingt der Zielgruppenstruktur entspricht. Trotz vorhandener Streuverluste sind die Massenmedien den spezielleren Werbeträgern häufig überlegen, d. h. der Anteil der in der Zielgruppe Erreichten kann im Massenmedium größer und auch preisgünstiger sein als die Gesamtheit der Erreichten im nach Zielgruppe spezieller ausgerichteten Anzeigenträger.

c) Markterhaltung, -sicherung und -ausweitung

Die in diesem Abschnitt zu behandelnden werblichen Ziele kommen in der Werbepraxis am häufigsten vor. Das Mindestziel jedes Unternehmens muß sein, den vorhandenen Marktanteil zu erhalten. Altbekannte Marken müssen sich gegenüber den neu hinzugekommenen Konkurrenzprodukten behaupten, entweder durch Herausstellen ihrer Markentradition oder durch Anpassen an die Konkurrenten, wie es beispielsweise durch Umbildung des Markenimages (z. B. neue Verpackung) geschehen könnte. Neu eingeführte Produkte müssen dagegen den einmal eroberten Marktanteil sichern, indem sie die Erstverwender als Dauerverwender gewinnen. (Vgl. nochmals das „Krone"-Beispiel.) Bei ausreichend vorhandener Produktionskapazität muß schließlich das erstrebenswerteste Ziel jedes Unternehmens sein, bestehende Marktanteile auszuweiten. Die Festlegung, inwieweit dies durch Gewinnung der Verbraucher von Konkurrenzprodukten oder durch Erschließung neuer Verwenderkreise geschehen soll, ist wohl die wesentliche Voraussetzung für die zu erstellende Werbekonzeption und die mit ihr verbundene Anzeigenträgerauswahl. Werte über die vorhandene Markentreue und Markenfluktuation, Beziehungen zu komplementären und konkurrierenden Produktgruppen und Marken sowie Daten aus der Preisabsatzfunktion und Erkenntnisse über die Verbraucherstruktur erlauben es heute, durchaus gezielt zu entscheiden, inwieweit es zweckmäßig ist, je nach Marktziel gerade die Anzeigenträger zu berücksichtigen, die im Rahmen der Zielsetzung angemessen sind (vgl. hierzu auch oben II. 2. „Tätigkeit der Konkurrenz").

III. Erwägungen zur Auswahl von Zeitungen und Zeitschriften

Selbstverständlich wird die Auswahl unter den in engere Wahl genommenen Zeitungen und Zeitschriften stets unter gleichzeitiger Betrachtung aller übrigen in der Werbekampagne mit berücksichtigten Werbeträgern vorgenommen. Dies geschieht einmal in bezug auf g e s t a l t e r i s c h e und s o n s t i g e p s y c h o l o g i s c h e A s p e k t e, zum anderen aber auch im Hinblick auf die R e i c h w e i t e n und Ü b e r s c h n e i d u n g e n aller vorgesehenen Werbeträger. Wird im folgenden vor allem über die Auswahl von Zeitungen und Zeitschriften nach bestimmten Kriterien gesprochen, so geschieht dies aus methodischen Darstellungsgründen.

1. Möglichkeiten eines regional gesteuerten Werbemitteleinsatzes

Das zu diesem Kapitel einleitend Gesagte gilt besonders im Hinblick auf die Möglichkeiten, die sich aus der unterschiedlichen regionalen Streuung von Zeitschriften und vor allem Zeitungen ergeben. In ständiger gleichzeitiger Betrachtung von Marketingziel und regionaler Streuung aller in der Kampagne mitberücksichtigten Werbeträger entscheidet vor allem die regionale Streuung der einzelnen Titel bei den in die engere Wahl genommenen Anzeigenträgern. Beispielsweise ist der Werbefunk in Süddeutschland stark verbreitet. Das kann bei der Zielsetzung, die Werbung über die Bundesrepublik gleichmäßig zu streuen, dann erwünscht sein, wenn überregionale Publikumszeitschriften als Anzeigenträger mit eingesetzt werden, die umgekehrt ein Nord-Süd-Gefälle haben. In ähnlicher Weise kann bei gleicher Zielsetzung und regionaler Konzentration des übrigen Werbemitteleinsatzes, z. B. Bogenanschlag, Werbefilm usw., oder aber bei unterschiedlicher Zuteilung der Spotsekunden durch die einzelnen regionalen Fernsehsender eine regionale Konzentration der durch die Anzeigenträger erreichten Werbekontakte den Ausgleich herbeiführen.

2. Streuung nach bestimmten Zielgruppen

Es wurde bereits erwähnt, daß die Struktur der Massenmedien der Struktur der Gesamtbevölkerung entspricht. Der Preis des zu bewerbenden Produktes, aber auch zum Beispiel sein Verwendungszweck oder sein Vertriebsweg, können es jedoch zweckmäßig erscheinen lassen, solche Anzeigenträger zu bevorzugen, die ganz s p e z i e l l die potentielle Verbraucherschaft erreichen. Dies kann dadurch der Fall sein, daß sich der Anzeigenträger in seinem redaktionellen Teil inhaltlich mit solchen Gebieten befaßt, die dem zu bewerbenden Produkt entsprechen oder aber ihm zumindest nahekommen. So kämen bei der Werbung für Autoreifen, Autozündkerzen oder Benzin Zeitschriften in Betracht, die sich vom Titel her speziell an Autofahrer wenden, z. B. „Auto Motor Sport" und „ADAC Motorwelt". Doch diese unmittelbare Beziehung zwischen redaktionellem Teil des Anzeigenträgers und dem zu bewerbenden Produkt ist in der Werbepraxis nur selten gegeben. Im Regelfall bedient man sich hier des „g e m e i n s c h a f t l i c h e n N e n n e r s" bestimmter demografischer Klassifizierungen. Man weiß, daß ein Blatt wie die „Reiterrevue" fast ausschließlich die besonders vermögenden Oberschichten der Gesamtbevölkerung erreicht. Allein von der Zielgruppe her gesehen ist ein solcher Anzeigenträger für Produkte, die noch zum Luxusbedarf gehören (z. B. Geschirrspüler) ein sehr geeigneter Anzeigenträger. Schließlich wäre in diesem Abschnitt noch darauf hinzuweisen, daß sich die einzelnen für eine Kampagne ausgewählten Werbeträger hinsichtlich ihrer Reichweite ergänzen sollen, um in der werblichen Gesamtkampagne eine möglichst breite Ausdehnung innerhalb der vorher definierten Zielgruppe zu erreichen. Jedoch werden die hier dem Werbeplaner zur Verfügung stehenden Möglichkeiten im allgemeinen überschätzt. Inhaltlich wäre zu vermuten, daß die Leser einer Programmzeitschrift auch vom Werbefunk oder Werbefernsehen erreicht werden. Eine gleichzeitige Berücksichtigung von Werbefunk, Werbefernsehen und Programmzeitschriften würde demnach nicht zu einer größeren Gesamtreichweite der Werbekampagne führen, sondern zu einer Häufung von Kontakten, d. h. also zu Wiederholungskontakten bei den in der Kampagne ohnehin schon erfaßten Personen. Reichweitenanalysen der Programmzeitschriften, des Werbefunks und des Werbefernsehens haben jedoch ergeben, daß alle drei genannten Werbeträgergruppen heute in der Bundesrepublik zu den Massenmedien zählen. So sind unter den Lesern einer Programmzeitschrift nur wenig mehr Werbefernseher bzw. Werbefunkhörer als unter den Lesern einer aktuellen Illustrierten oder einer Frauenzeitschrift (vgl. Abbildungen 5 und 6).

Es sahen am Tag vor der Befragung	Leser einer Programmzeitschrift	Leser einer aktuellen Illustrierten	Leser einer Frauenzeitschrift
a) im ersten Programm			
mindestens einmal das Werbefernsehen	35 %	30 %	31 %
das Werbefernsehen nicht	65 %	70 %	69 %
b) im zweiten Programm			
mindestens einmal das Werbefernsehen	14 %	12 %	13 %
das Werbefernsehen nicht	86 %	88 %	87 %
c) im ersten oder zweiten Programm			
mindestens einmal das Werbefernsehen	38 %	33 %	34 %
das Werbefernsehen nicht	62 %	67 %	66 %

Abbildung 5
Die Reichweiten-Überschneidung zwischen Programmzeitschriften und Werbefernsehen*

* Die Überschneidung zum Werbefernsehen wurde durch die Frage ermittelt: „Haben Sie gestern zwischen 18 ud 20 Uhr ferngesehen? Nur die Filme oder auch die Reklame? 1. bzw. 2. Programm?" Bei am Montag durchgeführten Interviews wurde nach dem v o r g e s t e r n gesehenen Werbefernsehen gefragt.

Es wurden am Tag vor der Befragung	Leser einer Programmzeitschrift	Leser einer aktuellen Illustrierten	Leser einer Frauenzeitschrift
nur vom Werbefunk erfaßt	16 %	19 %	19 %
nur vom Werbefernsehen erfaßt	25 %	21 %	21 %
vom Werbefunk und Werbefernsehen erfaßt	13 %	12 %	13 %
vom Werbefunk oder Werbefernsehen erfaßt	54 %	52 %	53 %
weder vom Werbefunk noch vom Werbefernsehen erfaßt	46 %	48 %	47 %

Abbildung 6
Die Reichweiten-Überschneidung zwischen Programmzeitschriften einerseits, Werbefunk und Werbefernsehen andererseits*

* Zur Einstufung wurden die in den Tabellen 5 und 6 zitierten Fragen verwandt, wobei ein Befragter als „vom Werbefernsehen erfaßt" eingestuft wurde, wenn er am Stichtag nur im ersten, nur im zweiten oder in beiden Programmen Werbefernsehen sah.

3. Reichweiten, Kontakte und Preise

Bislang wurde noch nicht berücksichtigt, daß nicht nur die Streuung der Anzeigenträger von Belang ist, sondern daß auch die Kosten der Anzeigenträger ständig kontrolliert werden müssen. Erst wenn festgestellt ist, was ein Anzeigenkontakt in der von der Marketingkonzeption angestrebten Zielgruppe bei einem geplanten Anzeigenträger kostet, und wenn dieser Wert mit den Kosten anderer Anzeigenträger verglichen werden kann, sind Kriterien zur Beurteilung der Preiswürdigkeit einzelner Anzeigenträger gegeben. Zum Vergleich der Preiswürdigkeit wird der jeweilige Anzeigenpreis einmal zur Netto-Reichweite (Tausendleserpreis) und zum anderen zu den erzielten Kontakten (Tausendkontaktpreis) in Beziehung gesetzt. Daraus könnte man folgern, daß stets dem Anzeigenträger der Vorzug zu geben wäre, der den billigsten Reichweiten- oder Kontaktpreis in der Zielgruppe hat. Der folgende Abschnitt soll zeigen, daß dieser Maßstab in der Planungspraxis nicht immer angewendet werden kann. Anzeigenträger mit exklusiver Leserschaft, die zu einem hohen Anteil solche Personen erreichen, welche von anderen Werbeträgern kaum erreicht werden, sind in den Augen des Werbeplaners auch dann preiswürdig, wenn ihr Tausendkontaktpreis für die Zielgruppe vergleichsweise hoch liegt. Inwieweit ein bestimmter Anzeigenträger tatsächlich Personen exklusiv erreicht, ist heute dank detaillierter Mediaanalysen weitgehend bekannt. Im Rahmen der Erörterungen zu den Anzeigenträgern muß an dieser Stelle vor allem auf die von der Arbeitsgemeinschaft Leseranalyse e. V., Essen, alljährlich erstellte Leseranalyse für die Reichweiten der Publikumszeitschriften hingewiesen werden. Für den Bereich der Tageszeitungen liegen umfassende Mediaanalysen noch nicht vor, weil diese vorwiegend regional streuen. Somit liegt die Initiative für Mediaanalysen bei vielen Verlegern, und überregionale Gemeinschaftsaktionen haben wenig Erfolgsaussichten. Dennoch stehen auch hier bereits Nachschlagewerke zur Verfügung, z. B. die vom BdZV (Bund deutscher Zeitungsverleger) herausgegebene Verbreitungsanalyse.

4. Auszählungsbeispiel einer Illustrierten-Kombination an Hand der genannten Auswahlkriterien

Zwei tabellarische Beispiele sollen modellartig darstellen, wie in der Werbepraxis unterschiedliche Streuung und Kosten der einzelnen Anzeigenträger gleichzeitig betrachtet und bei der Auswahl der Werbeträger berücksichtigt werden. In einer ersten Tabelle werden die verschiedenen in Aussicht genommenen Illustrierten-Kombinationen mit ihren Kosten einander gegenübergestellt (vgl. Abbildung 7).

Hier ist zunächst einmal aufgeführt, welche Zeitschriften zu welchen Kombinationen zusammengefügt werden sollen. Sodann ist jeweils mit ausgewiesen, wieviel die einzelnen erwogenen Illustrierten-Kombinationen bei einer einmaligen Anzeigeneinschaltung kosten würden. Hierbei handelt es sich um einen mehr fiktiven Wert, denn während einer Werbekampagne werden die Anzeigenträger grundsätzlich wiederholt eingeschaltet. Anders liegt der Fall, wenn ein Heft einer bestimmten Zeitschrift zum zu bewerbenden Produkt durch ein redaktionelles Thema in unmittelbarer Beziehung steht. Diese „Sonderhefte" werden jedoch weniger nach Reichweiten-Aspekten ausgesucht. Einzelhefte bestimmter Titel werden mehr aus qualitativen Gründen berücksichtigt; man erwartet von dem speziellen redaktionellen Thema einen positiven Einfluß auf die Kontaktchancen. Doch zurück zur Auswahl der Illustrierten-Kombination, die während der gesamten Werbekampagne als Grundstock dienen soll: Nachdem die Kosten der ausgewählten Illustrierten-Kombinationen für eine einmalige Einschaltung ermittelt und miteinander verglichen sind, wird in retrograder Weise festgestellt, wie häufig

Kombinationen	I	II	III
Zeitschrift A B C D E	A B C	A B C D	B C D E
Netto-Kombinationspreis bei einmaliger Einschaltung in DM (¹/₁ Seite schwarz/weiß)	100 640	103 520	85 760
Einschaltfrequenz bei einem Etat von 1 Mill. DM	10	10	12
Gesamtpreise der Kombinationen bei allen Einschaltungen in DM (¹/₁ Seite schwarz/weiß) Anzeigen insgesamt	1 006 400 30	1 035 200 30	1 029 120 48

Abbildung 7
Die Illustrierten-Kombinationen und ihre Preise

während der Werbekampagne die einzelnen Illustrierten-Kombinationen bei einem als konstant angenommenen Etat eingeschaltet werden könnten. Die in der nächsten Zeile wiedergegebenen Gesamtpreise der Kombinationen bei allen Einschaltungen addieren sich deshalb nicht auf den im Beispiel angenommenen Etat von 1 Mill. DM, weil man von der Einschaltung ganzer Anzeigen ausgehen muß. Bei großen Kombinationen wird zur Vermeidung hoher Spitzenbeträge nicht jeder ausgewählte Titel mit gleicher Einschaltfrequenz berücksichtigt, was mitunter auch schon aus rein streutechnischen Gesichtspunkten ratsam ist, weil sowohl unterschiedliche Leserstruktur als auch unterschiedliche Erscheinungsweise der einzelnen Illustrierten gegen eine gleichmäßige Einschaltfrequenz sprechen. Die letzte Zeile dieser Tabellenübersicht zeigt, wieviel Anzeigen insgesamt bei gegebener Etathöhe in der jeweiligen Illustrierten-Kombination möglich sind.

In einer weiteren Übersicht wird dann ermittelt **wie viele Personen** zu welchen Kosten mit den in Aussicht genommenen Kombinationen erreicht werden. In jedem Fall werden zunächst einmal die Werte für die Gesamtbevölkerung ermittelt. Für diese Zielgruppe im weitesten Sinne werden jeweils Netto- und Brutto-Reichweiten als absolute Werte wiedergegeben. Bei der Netto-Reichweite interessiert ferner der prozentuale Anteil der mit der Kombination erreichten Personen an der jeweiligen Gesamtbevölkerung sowie die für tausend erreichte Personen zu zahlenden Preise. Im Beispiel ist die Kombination III atypisch, obgleich sie echte Werte einer der neuesten Leseranalysen widerspiegelt: Denn üblicherweise ist der Preis für tausend erreichte Personen dann höher, wenn auch die Anzahl der Erreichten, d. h. der Anteil der von der Gesamtbevölkerung erfaßten Personen höher ist; denn Zeitschriften mit vielen Exklusivlesern haben im allgemeinen einen höheren Tausendleserpreis, was aber auch den Tausendleserpreis der Kombination noch oben zieht. Ein dritter Abschnitt der Abbildung befaßt sich mit verschiedenen Daten zu den Gesamtkontakten der Kombinationen, während der letzte Abschnitt die durchschnittliche Kontakthäufigkeit untersucht, die sich bei Durchführung der Gesamtaktion ergibt. In Abbildung 8 ist die Preiswürdigkeit von drei in Aussicht genommenen Zeitschriften für den Fall beispielhaft dargestellt, daß die Zielgruppe die Gesamtbevölkerung ist. Hat sich aus Marktanalysen jedoch ergeben, daß nach Möglichkeit nur ein bestimmter Teil der Gesamtbevölkerung erreicht werden soll, so schließen sich dann diesem ersten Reichweitenvergleich weitere an, die analysieren, wie weit diese oder jene Kombination Frauen eines bestimmten Alters oder auch Haushaltsvorstände mit einem bestimmten Mindesteinkommen besonders preisgünstig erfaßt. Gegebenenfalls sind weitere Analysen für regionale Teilgebiete zu erstellen. Es ist so durchaus denkbar, daß eine Anzeigenträger-Kombination zwar im Hinblick auf die Gesamtbevölkerung besonders preisgünstig ist, eine andere Kombination durch eine der Zielgruppe besonders adäquate Leserschaft jedoch vorgezogen werden muß (vgl. Abbildung 8).

	Kombination		
	I	II	III
Männer und Frauen im Alter zwischen 14 und 70 Jahren – Leser pro Nummer			
a) Netto-Reichweiten (Erreichter Personenkreis) absolut in Mill.	19,34	19,65	14,87
in v. H. zur gesamten Bevölkerung (absolut 42,44 Mill.)	45,6	46,3	35,0
Tausend-Leser-Preis in DM	5,20	5,27	5,77
b) Brutto-Reichweiten*) (Erstkontakte pro Heft) absolut in Mill.	25,84	25,79	21,04
c) Gesamtkontakte bei allen Einschaltungen (Erst- und Wiederholungskontakte) Anzahl der Kontakte in Mill. (beim jeweiligen Kombinationspreis)	706,80	721,60	502,08
Tausend-Kontakt-Preis in DM	1,42	1,43	2,05
Anzahl der Kontakte in Mill. (gewichtet auf einen Kombinationspreis von 1 000 000 DM)	702,31	697,06	487,87
d) Durchschnittliche Kontakthäufigkeit*) beim jeweiligen Kombinationspreis	13,4	13,1	17,0
gewichtet auf einen Kombinationspreis von	13,3	12,7	16,5

*) Erstkontakte pro Heft bei allen Einschaltungen.

Abbildung 8
Zielgruppe im weitesten Sinne

IV. Der Werbeplan für den Einsatz der ausgewählten Zeitungen und Zeitschriften

Der Werbeplan ist stets Bestandteil des unternehmerischen Gesamtplanes, und zwar einmal im Hinblick auf die verschiedenen absatzpolitischen Maßnahmen des Unternehmens (wie Verkaufsförderung oder PR-Aktionen), zum anderen als Bestandteil des unternehmerischen Finanzplanes.

1. Der Kostenplan

Die Planung des Finanzbedarfs für die Gesamtwerbung eines Unternehmens innerhalb einer Periode bedingt differenzierte Kostenpläne für jede berücksichtigte Werbeträgergruppe bis hin zum einzelnen Werbeträger. Als Beispiel wird in diesem Abschnitt nur auf den als Beispiel wiedergegebenen Anzeigen-Kostenplan hingewiesen (vgl. Abbildung 9). Hierin sind für jeden berücksichtigten Titel eine Fülle verschiedenster Detailangaben aufgeführt, die alle für den Mediaplaner von Belang sind, wie vor allem Netto- und Bruttopreise, Kosten für die Farbzuschläge in Prozent und absolut oder die vorgesehene Einschaltfrequenz.

2. Der Streuplan

Wie der Kostenplan in den Finanzplan des Gesamtunternehmens eingebettet ist, so ist der Streuplan Bestandteil des absatzpolitischen Gesamtplanes. Aus diesem Grunde ist in dem im folgenden wiedergegebenen Beispiel nicht nur der Streuplan (hier der Etatplan) der Anzeigenträger Publikumszeitschriften und Tageszeitungen wiedergegeben, sondern einige andere Werbeträgergruppen wurden gleich mit berücksichtigt. Eine isolierte Betrachtung der Publikumszeitschriften und Tageszeitungen in dieser letzten Stufe der Werbeplanung entspräche nicht mehr der Handhabung in der Werbepraxis (vgl. Abbildung 10).

Andererseits ist häufig der Katalog der in der Werbekampagne insgesamt berücksichtigten Tageszeitungen so umfangreich, daß eine namentliche Ausweisung der Titel nur in einem ganz speziellen Tageszeitungsanzeigenplan denkbar ist. Ein derartiger Streuplan beinhaltet selbstverständlich genau die vorgesehenen Einschalttermine. Die Abbildung 11 kennzeichnet, wie in etwa ein solcher Streuplan für Tageszeitungen aufzubereiten ist. Er wird im allgemeinen für jeden Monat gesondert angefertigt. Lediglich die Summen der Spezialpläne erscheinen im Etatplan für die Gesamtkampagne.

Zeitungen und Zeitschriften als Streumedien

ANZEIGEN-KOSTENPLAN

19..

DATUM X
KUNDE Y Z
PRODUKT 1
Blatt

Erscheinungsort Titel	T Verk.-Aufl. Ersch.-Weise	Seiten-Pr./ mm-Pr. Brutto DM	Anz.-Größe Format	Einzel-Brutto DM	Rabatt %	Farbzuschlag %/DM	Zuschlag ür Anschnitt %/DM	Einzel-Netto DM	A.E.- Verg %	Einzel Netto-Netto DM	15 % Agentur- vergutung	Einzel- Rechg-Netto DM	Anzahl	Gesamt Rechg.-Netto DM	Bemerkung
1 Publikumszeitschriften															
Hör zu	3 764 wo	57 600,—	1/4 S.	72 000,—	20	—	—	57 600,—	15	—	—	57 600,—	4	230 400,—	
Neue Revue	1 770 wo	27 680,—	1/1 S	27 680,—	22	70 % 19 376,—	5 % 1 384,—	42 350,40	15	—	—	42 350,40	3	127 051,20	
Das Beste	1 210 mo	11 950,—	1/1 S	11 950,—	5	—	10 % 1 195,—	12 487,75	15	—	—	12 487,75	2	24 975,50	
2 Tageszeitungen															
Tagesspiegel, Berlin	90	8 260,— 1,25	2 s 472 × 130	3 304,—	20	—	—	2 643,20	15	—	—	2 643,20	7	18 502,40	
Hamburger Abendblatt	299	15 392,— 3,70	1/2 520 × 174	7 696,—	20	—	—	6 156,80	15	—	—	6 156,80	7	43 097,60	
Braunschweiger Zeitung	137	5 796,— 2,30	2/3 415 × 106	2 318,40	20	—	—	1 854,72	15	—	—	1 854,72	7	12 963,04	
3 Fachzeitschriften															
Werkstatt und Betrieb	12 mo	1 260,—	1/1 S	1 260,—	10	Platz- zuschlag 10 % 126,—	—	1 260,—	10	1 134,—	189,—	1 323,—	2	2 646,—	
MTZ Motortechnische Zeitschrift	4 mo	840,—	1/1 S	840,—	15	20 % 168,—	—	856,80	15	—	—	856,80	3	2 570,40	
Antriebstechnik	7 mo	1 090,—	1/1 S	1 090,—	10	25 % 272,50	—	1 253,50	12	1 103,08	188,03	1 291,11	3	3 873,33	
														466 099,47	

Abbildung 9

ETATPLAN

19..

DATUM
KUNDE X
PRODUKT Y Z
Blatt 1

Werbeträger	verk Aufl i T	Format	Netto DM für 1 Einschaltung	Zahl	Gesamt DM	27 2 7 – 8 7	28 9 7 – 15 7	29 16 7 – 22 7	30 23 7 – 29 7	31 30 7 – 5 8	32 6 8 – 12 8	33 13 8 – 19 8	34 20 8 – 26 8	35 27 8 – 2 9	36 3 9 – 9 9	37 10 9 – 16 9	38 17 9 – 23 9	39 24 9 – 30 9	40 1 10 – 7 10	41 8 10 – 14 10	42 15 10 – 21 10	43 22 10 – 28 10	44 29 10 – 4 11	45 5 11 – 11 11	46 12 11 – 18 11	47 19 11 – 25 11	48 26 11 – 2 12	49 3 12 – 9 12	50 10 12 – 16 12	51 17 12 – 23 12	52 24 12 – 30 12
I Werbefernsehen angem. Geräte																															
W D R	3 550	20 sec	9 200,—	16	147 200,—										X	X	X	X	X	X	X	X	XX	X	X	X	X	X	X		
N D R	2 430	30 sec	6 412,50	20	128 250,—										X	XX	X	X	X	XX	X	XX	XX	X	X	X	XX	X	X		
II Werbefunk																															
Radio Luxemburg		30 sec	945,—	46	43 470,—										●●●	●●●	●●●	●●●	●●●	●●●	●●●	●●●	●●●	●●●	●●●	●●●	●●●	●●●	●●●		
III Insertion																															
1 Publikumszeitschriften																															
Hör zu	3 764	1 1/4	57 600,—	4	230 400,—										□				□				□				□				
Neue Revue	1 770	1/1	42 350,40	3	127 051,20											■				■				■							
Das Beste	1 210	1/1	12 487,75	2	24 975,50													■								■					
2 Tageszeitungen																															
20 region Ztg	2 500	2/5	50 000,—	6	300 000,—															■	■	■		■	■	■					
VI Plakatanschlag																															
Berlin		8/1	30 000,—	4	120 000,—												▬				▬				▬			▬			
Hamburg		8/1	25 000,—	4	100 000,—												▬				▬				▬			▬			
					1 221 346,70																										

Abbildung 10

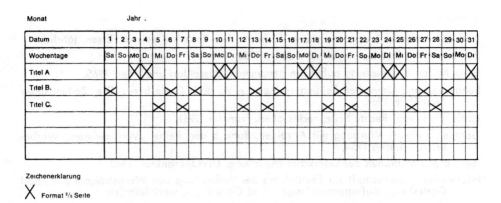

Abbildung 11
Streuplan für Tageszeitungen

Zusammenfassende Schlußbetrachtung

Dieser Beitrag über die Auswahl von Zeitungen und Zeitschriften als Streumedien eines umfangreichen Gesamtwerbeplanes sollte einmal die verschiedenen Begriffe und Aspekte aufzeigen, mit denen der Mediaplaner bei der Vorbereitung der Werbekampagne arbeitet. Außerdem schien es wichtig zu sein, immer wieder darauf hinzuweisen, daß nie eine Werbeträgergruppe oder gar ein Werbeträger als Einzelbestandteil gesehen werden darf. So mußte laufend bei den Erörterungen auf die werbliche Verflechtung der Anzeigenträger mit anderen Werbeträgergruppen (wie z. B. Fernsehen oder Werbefunk) hingewiesen werden.

Bei Drucklegung dieses Beitrages befindet sich die Werbeplanung, mithin auch die spezielle Vorbereitung von Anzeigenkampagnen, in einer Umbruchsphase. Die Kumulationsforschung, auf die bereits bei der Begriffsbestimmung ausdrücklich eingegangen wurde, ist in ein solches Stadium gerückt, daß erste empirische Anwendungen in der Werbepraxis zu verzeichnen sind. Es wäre nach Auffassung des Verfassers übereilt, in einem Nachschlagewerk bereits die verschiedenartigen noch in einem Experimentierstadium befindlichen Ansätze zu besprechen.

Diese zurückhaltende Einstellung soll abschließend begründet werden: Ausgangspunkt aller dieser neuen Planungsversuche ist es, daß seitens der Marktforschung vorgegeben ist, wie viele Kontakte man mindestens aber auch höchstens bei der Zielgruppe im Planungszeitraum als optimal bezeichnet. Die Marktforschung aber ist in jedem Fall heute noch nicht dazu in der Lage, diese unter Berücksichtigung des jeweiligen Werbezieles optimale Kontaktspanne fundiert zu bestimmen, so daß ein Ermitteln, mit welcher Anzeigenträger-Kombination diese vorgegebenen — jedoch nur sehr vage begründeten — Ziele erreicht werden können, wenig praxisnah erscheint.

Literatur:

Arbeitsgemeinschaft Leseranalyse e. V., Essen: Die Zeitschriftenleser, Essen, jährlich.

Behrmann, H.: Das Inserat, Wien–Leipzig 1928.

Biow, Milton H.: Werbung aufs Korn genommen, Düsseldorf und Wien 1965.

Bundesverband Deutscher Zeitungsverleger e. V., Bad Godesberg: Die Zeitungsleser 1960/61 + 1966.

Epple, Ernst von: Rechte Seite, rechts oben, Frankfurt 1961.

Gantzer, Ludwig: Werbung mit Anzeigen, Band 5 der Reihe „Werbewissen, Werbepraxis", Berlin 1954.

Hess, E. M.: Methoden der Leserschaftsforschung, DIVO, Frankfurt 1962.

Informationsgemeinschaft zur Feststellung der Verbreitung von Werbeträgern e. V., Bad Godesberg: Auflagenmeldungen, Bad Godesberg, vierteljährlich.

Kettel, P.: Werbewissen/Werbepraxis, Band 1: Werbeplanung, Berlin 1954.

Kettel, P.: Werbewissen/Werbepraxis, Band 8: Werbemittel erfolgreich streuen, Berlin 1957.

Klosterfelde, Helmuth: Anzeigen-Praxis. Geschäftsüblichkeiten, Grundsätze und Erfahrungen im Anzeigengeschäft, West-Berlin 1968.

Nußberger, Ulrich: Der Anzeigenpreis, Stuttgart 1958.

Stamm, Willi: Leitfaden für Presse und Werbung, Essen, jährlich.

Zentralausschuß der Werbewirtschaft e. V., Bad Godesberg: Jahresbericht, Bad Godesberg, jährlich.

Zankl, Hans Ludwig: Grundfragen der Zeitungswirkung, München 1954.

> **Rundfunk und Fernsehen als Streumedien**
>
> Von Dr. Lena-Renate Ernst
> und Wolfgang Ernst, München

I. Vorbemerkung

Im 1. Halbjahr 1968 betrugen die Bruttoaufwendungen für Fernsehwerbung ca. 277,2 Mill. Mark und für Rundfunkwerbung (Hörfunk) ca. 74,7 Mill. DM. Im Vergleich zum Vorjahr ging die Fernsehwerbung um 1,2 % zurück, dagegen hat die Rundfunkwerbung einen Zuwachs von 11,5 % zu verzeichnen. Fernsehen und Hörfunk hatten einen Marktanteil von 25,7 % (Presse insgesamt 74,3 %). In den USA hat die Fernsehwerbung einen weitaus höheren Anteil (47 %) an den Werbe-Bruttoaufwendungen. Für 1968 schätzt „TIME" die Ausgaben für die Herstellung und Ausstrahlung von Fernsehspots in den USA auf 12,4 Mrd. DM. In der Bundesrepublik ist eine Zunahme der Fernsehwerbung kaum möglich, da – aufgrund des Beschlusses der Ministerpräsidenten der Länder vom 12. 7. 62 – die Werbung auf 20 Minuten pro Werktag beschränkt wurde. Die Wünsche der Werbetreibenden übersteigen das Angebot an Sendezeit um ca. 300 %.

Damit ist die Aufgabe, einen vorgegebenen Etat auf die Werbemittel Fernsehen und – bei ebenfalls ausgebuchten Sendern – Hörfunk zu verteilen, nicht optimal zu lösen. Die Ist-Situation bei den Fernseh- und Rundfunkanstalten läßt eine „normale Streuung" nicht zu. Wir haben daher diesen Artikel auf Grundzüge beschränkt. Auf der anderen Seite ist seit einiger Zeit die Fernseh- und Hörerforschung in einer „stürmischen" Entwicklungsphase; das betrifft vor allem Werbewirkungsuntersuchungen und die Anwendung der Ergebnisse in der Streuung. Wir müssen daher die ausführliche Darstellung dieser Untersuchungsergebnisse und Verfahren bis zu einer späteren Auflage des Handbuchs zurückstellen.

Zur Situation bei den Rundfunkanstalten

Eine einheitliche Aussage über die jetzige Situation für alle Anstalten kann wegen der unterschiedlichen Auftragslage bei den Sendern und einem daraus resultierenden unterschiedlichen Verhalten bei der Einplanung der Aufträge nicht gemacht werden.

Als Beispiel für die tatsächlichen Gegebenheiten bei den Rundfunkanstalten sei an dieser Stelle die Situation bei einer ARD-Rundfunkanstalt angeführt.

In den letzten Jahren stand Sendezeit für 24 000 Spots zur Verfügung. Die Aufträge jedoch übersteigen diese Zahl seit 1964 um ein beträchtliches. Dies macht eine systematische A u s w a h l d e r S p o t s notwendig, die gesendet werden. Die Auswahl erfolgt nach übergeordneten, d. h. weder firmen- noch produktorientierten Gesichtspunkten.

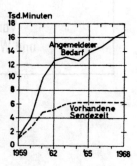

Nachfrage und Angebot von Sendezeit

In einem ersten Schritt wird die K ü r z u n g s q u o t e festgelegt. Kleine Kunden werden hierbei bevorzugt behandelt. Dies drückt sich einmal in der Tatsache aus, daß Regionalkunden (das sind solche, die für Produkte mit ausschließlich regionaler Bedeutung werben) die von ihnen gewünschte Sendezeit in vollem Umfange erhalten und auch Kunden, die für Markenartikel werben und nur eine geringe Spotzahl wünschen, mit einer relativ geringen Kürzungsquote rechnen können. Die Kürzung erfolgt also nicht proportional zur Auftragshöhe. Im Extremfall, wenn eine festgesetzte Auftragshöhe überschritten wird, wird ein generelles Limit festgelegt.

Eine Kürzung nach dem Kriterium der Auftragshöhe ist nicht zwingend. Andere Sender orientieren sich bei der Kürzung an dem Gewicht einzelner Produktgruppen.

In einem zweiten Schritt werden die Spots den Sendungen zu b e s t i m m t e n Z e i t e n u n d T a g e n z u g e o r d n e t. Die Einplanung der Spots erfolgt durch den jeweiligen Sender nach einem systematischen Verfahren in der Reihenfolge der Sendungen. Wünscht ein Kunde zum Beispiel 3 Spots in der Woche, so erhält er einen Spot am Morgen, den zweiten am Vormittag und den dritten am Nachmittag. Eine produktorientierte Einplanung, die auch die Struktur der Fernsehzuschauer und Rundfunkhörer der jeweiligen Werbesendung berücksichtigt, ist nur in Ausnahmefällen möglich. Ein Beispiel hierfür wäre die Einplanung der Werbung für eine Tageszeitung, die den Verkauf am Morgen fördern soll, in der Frühsendung des Werbefunks oder die Einplanung der Werbung für Tabakwaren in einer Sendung mit einem relativ hohen Anteil männlicher Hörer.

II. Rundfunkwerbung

1. Werbemöglichkeiten

Am 1. 1. 1968 waren 18 586 929 Rundfunkgeräte angemeldet. 96 % der Haushalte in der Bundesrepublik haben mindestens ein Rundfunkgerät (Tabelle 1).

Tabelle 1
Angemeldete Rundfunkgeräte

Sender	Stand der Anmeldung		
	1.1.1966	1.1.1967	1.1.1968
Bayerischer Rundfunk	2 928 971	2 991 958	3 057 949
Hessischer Rundfunk	1 553 037	1 592 013	1 630 696
Radio Bremen	248 000	252 470	257 586
Saarländischer Rundfunk	306 311	310 581	316 747
SFB	908 108	920 083	926 847
SDR	1 613 207	1 656 313	1 701 116
SWF	1 915 645	1 962 110	2 001 291
Sender mit Werbefunk	9 474 279	9 685 528	9 892 232
WDR	4 943 952	5 023 403	5 109 281
NDR	3 460 689	3 523 202	3 585 416
Sender ohne Werbefunk	8 403 641	8 546 605	8 694 697
Alle Sender	17 877 920	18 232 133	18 586 929

Werbefunkspots schalten 1968 acht Sender ein. Bei den ARD-Sendern sind bestimmte Werbeblöcke für die Werktage festgelegt, für die unterschiedliche Preise gelten (Tabelle 2).

Termine für Auftragsannahme und Sendeunterlagen sind unterschiedlich. Die Sender behalten sich vor, Spots wegen Inhalt oder technischer Form abzulehnen. Eine frühzeitige Auftragserteilung ist unbedingt erforderlich, da die meisten Sendezeiten bereits Monate vor dem Termin ausgebucht sind (Tabelle 3).

2. Werbestatistik

Für die Hörfunkwerbung wurden 1967 134,5 Mill. DM an Bruttostreukosten*) [1] aufgewandt. Die Verteilung auf einzelne Produktgruppen zeigt Tabelle 4. Besonders ist auf die regionale Werbung im Rundfunk hinzuweisen.

3. Hörerforschung

Für die gezielte Streuung im Hörfunk sind Daten der Hörerforschung unentbehrlich[2]).

Die Methoden der Hörerforschung wurden laufend geprüft und verbessert: Random-Stichproben nach dem Stichtagsverfahren, Verbindung von qualitativen und quantitativen Fragen, Verfolgung des Tagesablaufs der Hörer (zusammen mit anderen Tätigkeiten) zur Ermittlung der potentiellen und tatsächlichen Hörzeit. In einigen Ländern (z. B. Niederlande) werden Tagebücher ausgewertet, die allerdings nur unbefriedigende Resultate erbringen. Ein Rahmenschema für Deutschland wurde vom ZAW erstellt[3]).

---

*) Die im Text laufend numerierten Quellenangaben sind am Schluß des Aufsatzes zitiert.

Tabelle 2   Sendezeiten und Preise der Hörfunksender

Sender	Tag	Uhrzeit	Kosten pro Sek.*)	Preis für 30 Sek. DM
Radio Bremen	Mo.–Sa. Mo.–Fr. Sa.	7.05– 8.00 12.00–14.25 13.10–14.15	17,28	518,40
Hessischer Rundfunk	Mo.–Fr. Sa. Sa. Mo.–Sa.	8.15– 9.50 8.15– 9.00 11.15–11.50 13.15–14.00	22,80 22,80 17,10 22,80	684,00 684,00 513,00 684,00
Südwestfunk	Mo.–Fr. Sa. Mo.–Fr.	8.05–10.00 8.05– 9.30 17.10–17.40	30,00 30,00 24,00	900,00 900,00 720,00
Süddeutscher Rundfunk	Mo.–Sa. Mo.–Sa.	7.10– 8.00 13.00–14.30	19,20 17,30	576,00 519,00
Bayerischer Rundfunk	Mo.–Sa. Sa. Mo.–Fr. Mo.–Fr. Di.–Do.	6.25– 7.00 7.45– 8.00 9.20–10.00 13.45–14.30 17.55–18.00	24,00 24,00 21,00 21,00 24,00	720,00 720,00 630,00 630,00 720,00
Saarländischer Rundfunk	Mo.–Sa. Mo.–Sa. Mo.–Sa. Mo.–Sa. Mo.–Sa. Mo.–Sa. Mo.–Sa. Mo.–Sa. Mo.–Sa. Mo.–Sa. Mo.–Sa. Mo.–Sa. Sponsor-Sendungen möglich, Kosten auf Anfrage	6.05– 6.55 7.05– 8.00 8.05– 8.55 10.03–11.00 11.05–12.00 12.05–12.30 13.10–14.00 14.05–15.00 17.05–18.00 18.05–18.45 19.20–20.00 23.10–24.00	18,00 13,00	540,00 390,00
Sender Freies Berlin	Mo.–Sa. Mo.–Sa. Mo.–Sa. Mo.–Fr. Sa.	6.30– 7.00 7.15– 8.00 11.45–12.30 15.05–15.30 15.15–16.00	17,00	510,00
NDR WDR	- kein Werbefunk - - kein Werbefunk -			
BRD Gesamt Radio Luxemburg	MW Mo.–Sa. Mo.–Sa. Mo.–Sa. Mo.–Sa. Sa. Sponsor-Sendungen möglich, Kosten auf Anfrage UKW Mo.–Sa. Mo.–Sa. Mo.–Sa. So. So.	 6.15– 9.00 12.00–14.00 14.00–18.00 18.00–19.30 14.00–19.00 6.00– 6.15 7.30–12.00 19.00–24.00 7.30–14.00 19.00–24.00	 25,00 35,00 38,00 35,00 35,00 10,00	 750,00 1 050,00 1 140,00 1 050,00 1 050,00 300,00

*) Nettopreis ab 1. 1. 1968

Tabelle 3
Termine für Werbeaufträge und Sendeunterlagen

Werbefunk-Gesellschaften	Späteste Termine vor der Sendung Auftragsannahme Wochen	Sendeunterlagen Wochen
Bayerischer Werbefunk	4	2
Berliner Werbefunk	4	2
Deutsche Funkwerbung (Südwestfunk)	4	3
Europawelle Saar	4	2
Norddeutsche Funkwerbung	4	2
Radio Luxemburg	2	10 Tage
Rundfunkwerbung (Süddeutscher Rundfunk)	10	4
Werbung im Rundfunk (Hessischer Rundfunk)	6	3

Tabelle 4
Die Bruttoumsätze des Werbefunks nach Produktgruppen (1961–1966)

Werbefunk		1961	Ant. in %	1962	1963	1964	1965	1966	Ant. in %
Nahrungs- u. Genußmittel	Mill. DM	23,5	44,6	24,3	27,5	33,4	38,3	42,8	39,4
	Index	100		104	117	142	163	182	
	jährl.Veränd.%	–		+4	+13	+21	+15	+12	
Körperpflege, Reinigung, Gesundheit	Mill. DM	19,2	36,5	20,6	24,3	34,3	36,5	47,2	43,5
	Index	100		107	126	179	190	246	
	jährl.Veränd.%	–		+7	+18	+41	+6	+29	
Haushalts- u. Einrichtungsgegenstände	Mill. DM	2,6	5,0	2,3	2,3	2,2	3,1	2,9	2,8
	Index	100		88	88	85	119	112	
	jährl.Veränd.%	–		–12	–	–4	+41	–6	
Textil und Bekleidung	Mill. DM	2,5	4,8	3,4	2,2	2,5	2,3	2,6	2,4
	Index	100		136	88	100	92	104	
	jährl.Veränd.%	–		+36	–35	+14	–8	+13	
Güter des persönlichen Bedarfs	Mill. DM	0,8	1,5	1,1	1,4	2,1	1,6	1,4	1,7
	Index	100		138	175	263	200	175	
	jährl.Veränd.%	–		+38	+27	+50	–24	–12	
Maschinen und Fahrzeuge	Mill. DM	0,1	0,2	0,2	0,4	0,5	1,0	1,2	1,1
	Index	100		200	400	500	1000	1200	
	jährl.Veränd.%	–		+100	+50	+25	+100	+20	
Dienstleistungen	Mill. DM	0,3	0,6	0,1	0,2	0,5	0,5	0,8	0,7
	Index	100		33	67	166	166	266	
	jährl.Veränd.%	–		–67	+100	+250	–	+60	
Sonstige Produktgruppen	Mill. DM	3,6	6,8	3,9	6,0	8,2	8,3	9,6	8,8
	Index	100		108	167	228	231	266	
	jährl.Veränd.%	–		+8	+54	+37	+1	+16	
Werbefunk insgesamt	Mill. DM	52,6	100	55,9	64,4	83,6	91,6	108,5	100
	Index	100		106	122	159	174	206	
	jährl.Veränd.%	–		+6	+15,2	+29,8	+9,4	+18,4	

Quelle: ZAW (Hrsg.), Jahresbericht 1967, Bad Godesberg 1968, S. 37.

Beispiel: ZAW-Werbefunkhöreranalyse 1968[4])

Erhebungsmethode: 2 Wellen; erste Welle 6029 persönliche Interviews (mit Zusatzerhebungen 7544 Interviews). Random-Auswahlverfahren mit Adressenvorgabe. Gesamtbevölkerung ab 14 Jahren als Grundgesamtheit. Stichtagerhebung (gleichmäßige Verteilung der Interviews auf die Wochentage).

Erhebungsgegenstand: Tagesablauf zur Bestimmung der Werbefunkhörer pro Tag und pro Sendung, Nutzungshäufigkeit, Werbefunkhörer pro Woche, Überschneidungen mit anderen Medien usw.

Berichterstattung: Bericht pro Welle; Reichweiten und Struktur für Werbefunkhörer pro Tag, Werbefunkhörer pro Woche, Werbefunkhörer pro Tag und pro Sendung; Kumulation, Überschneidungen. Zur Funktion des Werbefunks.

Begriffe:

Werbefunkhörer pro Tag = Personen, die während des Vortages mindestens einmal eine Werbefunksendung eines Werbefunksenders gehört haben.

Werbefunkhörer pro Woche = Werbefunkhörer, die in der letzten Woche mindestens einmal eine Werbefunksendung eines Senders gehört haben. (Nicht vergleichbar mit der Definition 1966.)

Reichweite = Anteilswert in der Gesamtbevölkerung oder deren Unterteilungen in Prozent für die Hörerschaften.

Zusammensetzung = Anteilswert in Prozent für die soziodemographische Struktur einer Hörerschaft.

Projektion = Hochrechnung auf die Grundgesamtheit (hier: 46,65 Mill. Personen ab 14 Jahren).

Die Tabelle 5 wurde aus der ZAW-Gemeinschaftsuntersuchung entnommen. Demnach sind durchschnittlich „Werbefunkhörer pro Tag" von der Gesamtbevölkerung ab 14 Jahren 26,5 % (nur ARD 18,5 %). Von einigen Sendern werden von Zeit zu Zeit Spezialanalysen vorgelegt, die die Gemeinschaftsuntersuchungen ergänzen.

Tabelle 5

Reichweite der Werbefunksender

Reichweite der Werbefunksender	Hörer pro Tag					
	Insgesamt	Männer	Frauen	Hausfrauen	14–29 Jahre	30–49 Jahre	50 Jahre oder älter
Gesamtbevölkerung ab 14 Jahren in Mill.	46,65	21,91	24,74	20,23	12,60	15,56	18,49
Bevölkerungsanteile ab 14 Jahren in %	100,0	47,0	53,0	43,4	27,0	33,4	39,6
Basen Mo–Sa (ungewichtet)	6133	2570	3563	3149	1252	2073	2808
Reichweite Basis: Bevölkerung jeder statistischen Gruppe = 100 %							
Radio Bremen	2,0	1,9	2,2	2,1	3,0	2,0	1,4
Hessischer Rundfunk	3,1	2,2	4,0	4,0	2,5	3,6	3,2
Südwestfunk	2,2	1,5	2,8	3,1	2,2	3,0	1,5
Süddeutscher Rundfunk	3,3	2,6	4,0	3,8	4,6	3,4	2,4
Bayerischer Rundfunk	5,3	4,3	6,2	6,3	6,0	6,0	4,2
Saarländischer Rundfunk	2,6	2,8	2,3	2,2	3,7	2,5	1,9
Sender Freies Berlin	0,9	0,9	0,8	0,9	0,8	0,7	1,0
Nettoreichweite ARD	18,5	15,7	21,1	21,3	21,2	20,5	14,9
Radio Luxemburg o. Sonntag	9,4	9,0	9,8	7,7	18,3	9,3	3,3
Nettoreichweite ARD + RL	26,5	23,7	29,1	27,5	37,3	27,9	17,7
Projektion							
Radio Bremen	0,95	0,42	0,53	0,42	0,37	0,31	0,26
Hessischer Rundfunk	1,45	0,48	0,98	0,81	0,31	0,56	0,58
Südwestfunk	1,01	0,32	0,69	0,62	0,28	0,46	0,27
Süddeutscher Rundfunk	1,56	0,56	1,00	0,76	0,58	0,53	0,44
Bayerischer Rundfunk	2,47	0,93	1,54	1,27	0,75	0,93	0,78
Saarländischer Rundfunk	1,20	0,62	0,58	0,44	0,46	0,39	0,34
Sender Freies Berlin	0,40	0,20	0,20	0,17	0,11	0,11	0,18
Nettoreichweite ARD	8,64	3,44	5,22	4,30	2,68	3,19	2,76
Nettoreichweite ARD + RL	12,36	5,18	7,20	5,56	4,69	4,34	3,28

III. Fernsehwerbung

1. Werbemöglichkeiten

Am 1.1.1968 waren 13 805 653 Fernsehgeräte angemeldet (Tabelle 6).

Eine besondere Zunahme zeigen 1968 die Farbfernsehempfänger (PAL-Verfahren). Insbesondere Lebens- und Genußmittel und Zigaretten wurden mit farbigen Spots seit August 1967 eingeschaltet. (Zum Vergleich: In den USA wird 90 % des Abendprogramms in Farbe gesendet.) Eine Aufstellung der Sendezeiten und Preise 1968 enthalten die Tabellen 6 und 7. Die Sendezeit ist pro Werktag auf 20 Minuten vor 20 Uhr beschränkt.

Termine für Auftragsannahme und Sendeunterlagen (etwa 14 Tage vor der Sendung) entfallen, da die Buchungen bereits bis 31. 8. für das folgende Jahr erfolgen müssen. (Siehe unten IV). Wie bei der Rundfunkwerbung behalten sich die Sender vor, Spots wegen Inhalt oder technischer Form abzulehnen. Der ZAW-Fachausschuß für das Werbefernsehen beschloß ferner folgende Beschränkungen:

- Keine Werbung für sexuelle Stärkungsmittel,
- keine Werbung für Schlankheitsmittel,
- keine Darstellung von Personen in weißen Kitteln,
- keine Jugendlichen in der Werbung für alkoholische Getränke,
- keine im Fernsehprogramm an diesem Tag mitwirkende Personen.

Weitere Bestimmungen können den Geschäftsbedingungen der Werbefernsehgesellschaften entnommen werden.

Tabelle 6
Angemeldete Fernsehgeräte

Sender	Stand der Anmeldung		
	1.1.1966	1.1.1967	1.1.1968
Bayerischer Rundfunk	1 588 258	1 831 155	2 033 297
Hessischer Rundfunk	985 317	1 116 073	1 218 906
NDR	2 314 984	2 573 117	2 780 693
Radio Bremen	174 525	191 386	205 927
NDR/Bremen zus.	2 489 509	2 764 503	2 986 620
Saarländischer Rundfunk	219 594	239 688	258 267
SFB	574 337	635 542	680 311
SDR	845 386	970 656	1 077 587
SWF	1 061 800	1 231 940	1 366 150
SDR/SWF zus.	1 907 186	2 202 596	2 443 737
WDR	3 614 848	3 930 042	4 184 515
Bundesrepublik einschließlich Westberlin	11 379 049	12 719 599	13 805 653

Quelle: ZAW (Hrsg.), Jahresbericht 1967, Bad Godesberg 1968, S. 118.

Tabelle 7
Werbefernsehen / Sendezeiten und Sehbeteiligung

Sendezeit 1968			TAMRATING I/1967 eingeschaltete Geräte in %	in 1000
Nord Mo.–Fr.	Block I Block II Block III Block IV	ca. 18.13–18.19 Uhr ca. 18.57–19.00 Uhr ca. 19.18–19.26 Uhr ca. 19.51–19.59 Uhr	16 16 50 60	471 457 1428 1763
Sa.	Block II Block III Block IV	ca. 18.53–19.00 Uhr ca. 19.08–19.15 Uhr ca. 19.51–19.58 Uhr	38 40 59	1085 1142 1681
West Mo.–Sa.	Block A Block B Block C	ca. 19.10–19.15 Uhr ca. 19.40–19.45 Uhr ca. 19.54–19.59 Uhr	30 49 50	1207 1966 2009
Hessen Mo.–Fr. Mo.–Sa.	Block I Block II Block III Block IV Block V	ca. 18.10–18.14 Uhr ca. 18.37–18.41 Uhr ca. 18.45–18.50 Uhr ca. 19.15–19.21 Uhr ca. 19.47–19.55 Uhr	24 28 29 34 60	276 322 332 397 699
Südwest Mo.–Sa.	Block I Block II Block III	ca. 18.30–18.40 Uhr ca. 19.05–19.20 Uhr ca. 19.45–19.59 Uhr	25 24 48	576 559 1100
Bayern Mo.–Fr. Mo.–Sa.	Block I Block II Block III Block IV	ca. 18.30–18.37 Uhr ca. 19.00–19.07 Uhr ca. 19.20–19.27 Uhr ca. 19.52–19.59 Uhr	30 21 29 42	576 386 559 803
Sa.	Block I Block II	ca. 18.35–18.40 Uhr ca. 19.08–19.13 Uhr	48 36	923 685
ZDF Mo.–Fr. Mo.–Sa.	Block I Block II Block III Block IV	ca. 18.15–18.22 Uhr ca. 18.49–18.56 Uhr ca. 19.21–19.27 Uhr ca. 19.54–19.59 Uhr	5 19 14 15	628 2375 1680 1796
Mo.–Sa.	Werbeuhr	ca. 19.27 Uhr	Keine Werte vorhanden	
Sa.	Block I	ca. 18.25–18.32 Uhr	7	806
Saar Mo.–Sa.	Block I Block II Block III Block IV	ca. 18.40–18.45 Uhr ca. 19.10–19.20 Uhr ca. 19.30–19.35 Uhr ca. 19.50–19.58 Uhr	Keine Werte vorhanden	
Berlin Mo.–Sa.	Block I Block II Block III Block IV Block V	ca. 18.27–18.33 Uhr ca. 18.59–19.05 Uhr ca. 19.09–19.15 Uhr ca. 19.18–19.23 Uhr ca. 19.50–20.00 Uhr	Keine Werte vorhanden	

Quelle: Infratam: Berichtszeitraum Januar–Mai 1967

Tabelle 8

Werbefernsehen / Einschaltkosten

Sender	Blöcke	Einschaltkosten 1968 in DM**)				
		15 sec.	20 sec.	30 sec.	45 sec.	60 sec.
NDR/RB	II–IV	3 900	4 740	6 750	9 450	12 000
	I	(1 950)	(2 370)	(3 365)	(4 725)	(6 000)
WDR	A–C*)	8 500	10 100	13 900	19 400	24 200
	A–C	(7 400)	(8 800)	(12 100)	(16 800)	(21 100)
Hessischer Rundfunk	IV–V	1 663	1 948	2 755	3 753	4 750
	I–III	(1 045)	(1 235)	(1 710)	(2 375)	(2 945)
Süddeutscher Rundfunk	II–III	2 900	3 450	4 600	6 300	7 900
Südwestfunk	I	(2 000)	(2 500)	(3 350)	(4 500)	(5 500)
Bayerischer Rundfunk	I–IV	2 100	2 600	3 450	4 750	5 900
Sender Freies Berlin	I–V	1 240	1 610	2 280	3 140	3 800
Saarländischer Rundfunk	I–IV	950	1 100	1 600	2 200	2 700
ARD max. Kosten		21 252	25 548	35 335	48 293	61 250
min. Kosten	16 685	16 685	20 215	27 865	38 490	47 945
ZDF		10 000	12 800	18 300	25 400	30 400
		(5 000)	(6 400)	(9 150)	(12 700)	(15 200)

*) Farbtage
**) Nettopreise ab 1. 1. 1968 (Mehrwertsteuer berücksichtigt)

Tabelle 9

Werbefernsehen / Rabatte

Minuten	Berlin %	Nord %	West %	Hessen %	Bayern %	Südwest %	Saar %	ZDF %
ab 12	5,0	5,0	5,0	5,0	5,0	5,0	5,0	5,0
ab 24	7,5	7,5	7,5	7,5	7,5	7,5	7,5	7,5
ab 48	10,0	10,0	10,0	10,0	10,0	10,0	10,0	10,0
ab 96	-	-	-	-	-	-	20,0	-

2. Werbestatistik

Für Fernsehwerbung wurden 1967 557,6 Mill. DM ausgegeben. Die Verteilung nach Produktgruppen zeigt Tabelle 10. Demnach liegt – wie beim Werbefunk – die Produktgruppe „Körperpflege, Reinigung, Gesundheit" an erster Stelle.

3. Zuschauerforschung

Seit dem 1. 4. 1963 wird die Fernseh-Zuschauerforschung von den Instituten INFRATEST und INFRATAM durchgeführt. Die Methoden werden hier skizziert[5]:

Tabelle 10
Die Bruttoumsätze des Werbefernsehens nach Produktgruppen (1961–1966)

Werbefernsehen		1961	Ant. in %	1962	1963	1964	1965	1966	Ant. in %
Nahrungs- u. Genußmittel	Mill. DM Index jährl.Veränd.%	84,3 100 –	(38)	107,0 127 +27	145,7 173 +36	150,1 178 +3	171,6 204 +14	191,8 228 +12	(36)
Körperpflege, Reinigung, Gesundheit	Mill. DM Index jährl.Veränd.%	72,5 100 –	(33)	88,7 122 +22	107,0 146 +21	110,4 152 +3	167,3 231 +52	199,5 275 +19	(37)
Haushalts- u. Einrichtungsgegenstände	Mill. DM Index jährl.Veränd.%	16,4 100 –	(7)	22,8 139 +39	25,1 153 +10	24,8 151 –1	27,4 167 +10	30,5 186 +11	(6)
Textil und Bekleidung	Mill. DM Index jährl.Veränd.%	13,8 100 –	(6)	16,4 119 +19	22,6 164 +38	24,3 176 +8	27,1 196 +12	31,5 228 +16	(6)
Güter des persönlichen Bedarfs	Mill. DM Index jährl.Veränd.%	7,0 100 –	(3)	8,9 127 +27	15,1 216 +70	12,4 177 –18	15,5 221 +25	15,7 224 +1	(3)
Maschinen und Fahrzeuge	Mill. DM Index jährl.Veränd.%	5,1 100 –	(2)	7,3 143 +43	11,4 224 +56	10,9 214 –4	8,9 175 –18	7,5 147 –16	(1)
Dienstleistungen	Mill. DM Index jährl.Veränd.%	2,8 100 –	(1)	3,6 129 +29	4,4 157 +22	5,2 186 +18	6,5 232 +25	7,6 271 +17	(1)
Sonstige Produktgruppen	Mill. DM Index jährl.Veränd.%	19,9 100 –	(9)	27,2 137 +37	34,7 174 +28	36,1 181 +4	46,5 234 +29	53,5 269 +15	(10)
Werbefernsehen insgesamt	Mill. DM Index jährl.Veränd.%	226,4 100 –	(100)	281,8 125 +24,6	366,0 162 +29,9	374,2 165 +2,2	470,8 208 +25,8	537,7 238 +14,2	(100)

Quelle: ZAW (Hrsg.), Jahresbericht 1967, Bad Godesberg 1968, S. 36.

a) INFRATEST-Index

Erhebungsmethode: In jedem der Gebühreneinzugsbereiche NDR/RB – WDR – HR – SDR/SWF – BR werden täglich 50 Fernsehhaushalte mit Wahlmöglichkeit zwischen dem ARD- und dem ZDF-Programm besucht, im Bundesgebiet also 250. Gefragt wird nach dem Sehverhalten aller Familienangehörigen zu den Sendungen gestern und vorgestern. So werden in jedem Sendegebiet pro Sendetag für die Zuschauerstruktur ca. 300 Aussagen von einzelnen Personen ermittelt, im Bundesgebiet (bis 1969 ohne Westberlin und Saarland) insgesamt ca. 1500. Für die Beurteilung der überregionalen Sendungen steht pro Tag eine Basis von 500 Fernsehzuschauern ab 14 Jahren zur Verfügung. Die zu befragenden Fernsehhaushalte werden so ausgewählt, daß sie demographisch das Spiegelbild aller Fernsehhaushalte mit Wahlmöglichkeit zwischen dem ARD- und dem ZDF-Programm in den fünf Untersuchungsbereichen darstellen, also repräsentativ sind.

Erhebungsgegenstand: a) Struktur der Zuschauerschaft zu den einzelnen Sendungen;
b) Beurteilung der Sendungen nach Urteils-Skala und Kommentar der befragten Person zu den Sendungen.

Berichterstattung: INFRATEST INDEX (Abbildung 1)
Wochenübersicht.
Inhalt:
Sehbeteiligung und Urteils-Index und -Verteilung für die einzelnen Sendungen des Abendprogrammes (wöchentlich).
INFRATEST INDEX (Abbildung 2)
Abendprogramme/Nachmittagsprogramme
Inhalt:
Wochenübersicht, Tages graphik mit Urteils-Index, -Verteilung und Sehbeteiligung mit einer Analyse des Tagesprogrammes ARD/ZDF sowie Einzelanalysen zu Sendungen der ARD und des ZDF.
INFRATEST INDEX
Sendereihen im Rahmenprogramm
des Werbefernsehens
Inhalt:
Familiaritäts-Index, Urteils-Index und -Verteilung zu Sendereihen der fünf ARD-Sendegebiete und des ZDF, sowie Eigenschaftsprofile für einzelne Sendereihen auf Bestellung durch die Auftraggeber (ARD, ZDF).

Begriffe:
Der INFRATEST-Urteils-Index basiert auf den Stellungnahmen aller befragten Fernsehteilnehmer, die die jeweilige Sendung ganz oder teilweise gesehen haben und daher in der Lage waren, ein Urteil abzugeben. Befragungsperson kann jede im Haushalt lebende Person ab 14 Jahren sein. Das Urteil wird nach einer Skala erhoben, die folgende Einstufungen zuläßt: ausgezeichnet, gut, zufriedenstellend, mäßig, sehr schlecht. Der ausgewiesene Urteils-Index gibt Aufschluß über den Zustimmungs- oder Ablehnungsgrad, der aufgrund vorstehender Beurteilung errechnet wird. Dieser Urteils-Index reicht von + 10 bis − 10, wobei + 10 bedeuten würde, daß alle befragten Fernsehzuschauer „ausgezeichnet" gesagt hätten. Bei − 10 müßten dementsprechend alle Zuschauer „sehr schlecht" gesagt haben. Gleichlautende Indices können jedoch eine unterschiedliche Urteils-Verteilung zeigen.

Wochentag Datum	Beginn Sender	Titel der Sendung	Sehbeteiligung in %	INFRATEST-Urteils-Index	ausgezeichnet	gut	zufriedenstellend	mäßig	sehr schlecht	Beginn	Titel der Sendung	Sehbeteiligung in %	INFRATEST-Urteils-Index	ausgezeichnet	gut	zufriedenstellend	mäßig	sehr schlecht
Montag 1.7.1968										20.00	Tagebuch aus der evangelischen Welt	4	1)					
	20.20 WDR	Panorama	23	+4	13	65	19	3	–	20.15	Der menschenleere Kontinent: Reise durch einen jungen Erdteil (F)	22	+6	29	67	4	–	–
	21.10 BR	Alles oder nichts	30	+6	33	59	7	1	–	21.05	Zwischen Frauen und Seilen	36	+4	25	51	12	12	–
	21.55 WDR	Wir und der Kosmos: Die Erde als Raumschiff	11	+7	52	45	3	–	–									
	23.05 BR	Revolution in der Kunst	3	1)														
Dienstag, 2.7.1968										20.00	Der Sport-Spiegel	4	1)					
	20.15 WDR	Darf ich mal reinkommen?	47	+3	19	47	15	15	4									
										20.30	Europa – Traum oder Wirklichkeit: Teil I: Hoffnungen	5	+5	23	51	26	–	–
										21.05	Gauner gegen Gauner: Der Hai	46	+3	14	44	24	15	3
	21.15 ARD	Vor der Revolution	12	+2	10	51	16	21	2									
										21.55	Bilanz	10	+4	23	46	23	8	–

Abbildung 1

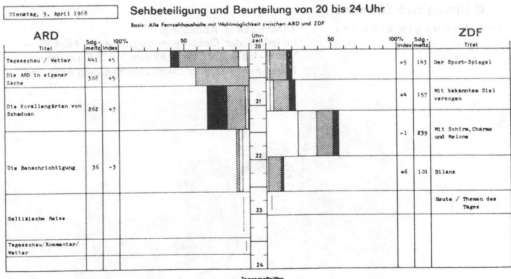

   ARD 193   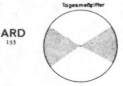   ZDF 169

In der Berechnung der Tagesmeßziffer wird nur die Sendezeit von 20.00 bis 22.30 Uhr berücksichtigt.

INFRATEST - INFRATAM

Abbildung 2

Tagesanalyse
(Dienstag, 9.4.1968)

Die Tagesmeßziffern sind ziemlich ausgewogen (ARD: 193, ZDF: 169), was bei einem normal ablaufenden Dienstagprogramm nicht oft vorkommt. Meist hat ARD an diesem Tag die höhere Tagesmeßziffer (TMZ für Dienstag 1. Quartal 1968: Ø ARD 284, ZDF 174). Diese Ausgewogenheit ist nicht auf ein besonders attraktives ZDF-Programm zurückzuführen - seine Tagesmeßziffer liegt knapp unter dem Durchschnitt - sondern vielmehr auf eine zeitliche Verschiebung im ARD-Programm, die den gewohnten Dienstag-Seh-Rhythmus der Zuschauer empfindlich störte. Unsicherheit in der Programmwahl und ein sich daraus ergebendes Hinundherschalten waren die Folgen. Mit Ausnahme des ZDF-Krimis wurde keine einzige Sendung des Abends kontinuierlich verfolgt.

Verursacht wurde diese Zeitverschiebung durch die kurzfristig in das ARD-Programm eingeschobene Zeichentricksendung von Alfred G. Wurmser zur geplanten Gebührenerhöhung 'DIE ARD IN EIGENER SACHE' (41% +5), durch die sich das anschließende ARD-Programm um rund 25 Minuten verschob. Die Sendung selbst wurde positiv beurteilt und als "Interessante Aufklärung" gewürdigt. Ihre Zuschauerschaft sank aber von ca. 55% auf ca. 38% ab. Vor einem weiteren Absinken bewahrten sie ihre kurze Sendedauer und vor allem das Interesse an dem nachfolgenden Bericht von Helmut und Günther Fleißner 'DIE KORALLENGÄRTEN VON SCHADUAN' (31% +7), das aber um 21.00 Uhr mit dem Interesse am ZDF-Krimi in Kollision geriet. Die Zuschauerschaft für den "wunderbaren, einmalig fotografierten" Naturfilm schmolz nach 21.00 Uhr bis auf 10% zusammen, was bestimmt nicht eingetreten wäre, hätte die Sendung - wie vorgesehen - um 20.15 Uhr begonnen. Auch das anschließende Fernsehspiel von Vaclaf Havel 'DIE BENACHRICHTIGUNG' (21.25 Uhr, 10% -3) hatte noch unter dieser zeitlichen Verschiebung zu leiden. Die Anfangssehbeteiligung von 10% bröckelte vor allem nach Beendigung des ZDF-Krimis wieder an, um anschließend dann wieder abzusinken. Dieses bruchstückhafte Sehen mußte sich bei einem Stück, das schon bei einem vollständigen Zuschauen Schwierigkeiten gemacht hätte - es handelte sich um eine Satire auf die marxistisch-kommunistische Parteibürokratie - zwangsläufig besonders ungünstig auswirken +).

Die ZDF-Sendungen zwischen 20.00 Uhr und 21.00 Uhr, 'DER SPORT-SPIEGEL' (19% +4) sowie die Gespräche mit deutschen Wissenschaftlern in Amerika unter dem Titel 'MIT BEKANNTEM ZIEL VERZOGEN' (23% +4), erreichten aufgrund des Hinundherschaltens gute Sehbeteiligungen, wurden aber ebenfalls meist nur als Torso gesehen und verzeichneten dementsprechend oberflächliche und unprofilierte Kommentare. Lediglich der allerdings diesmal besonders ungünstig beurteilte ZDF-Krimi 'Filmstar Emma Peel' aus der Serie 'MIT SCHIRM, CHARME UND MELONE' (54% -1) wurde von fast allen seiner Zuschauer vollständig gesehen. Auch das anschließende Wirtschaftsmagazin 'BILANZ' (13% +6) konnte sich parallel zum ARD-Fernsehspiel recht gut behaupten.

Die ARD-Spätsendung 'GALILÄISCHE REISE' (22.35 Uhr/5%) erreichte nur noch einen sehr kleinen Interessentenkreis.

Abbildung 3

b) Messung durch Tammeter

Erhebungsmethode: TAMMETER (s. Abbildung)
In jedem der Gebühreneinzugsbereiche NDR/RB – WDR – HR – SDR/SWF – BR sind in 125 Fernsehhaushalten mit Wahlmöglichkeit zwischen dem ARD- und

dem ZDF-Programm mechanische Meßgeräte, sogenannte TAMMETER aufgestellt, insgesamt im Bundesgebiet (ohne Westberlin und Saarland) 625 Geräte. Diese Fernsehhaushalte werden ebenfalls so ausgewählt, daß sie repräsentativ sind für alle Fernsehhaushalte mit Wahlmöglichkeit zwischen dem ARD- und dem ZDF-Programm.

Das präzise Uhrwerk des TAMMETER transportiert ein magnetisierbares Meßband, auf dem elektrische Impulse die Einschaltzeiten zu den verschiedenen Programmen minutengenau markieren.

Erhebungsgegenstand: Minutengenaue Aufzeichnung der Zahl eingeschalteter Fernsehgeräte zu den verschiedenen Programmen.

Berichterstattung: INFRATAM-2-Wochen-Bericht (Abbildung 4)
Gesamtsendezeit
Inhalt:
Zahl der eingeschalteten Fernsehgeräte — TAMRATING — in 5-Minuten-Abständen in graphischer Darstellung und tabellarischer Übersicht für die einzelnen ARD- und ZDF-Sendungen.
INFRATAM-2-Wochen-Bericht (Abbildung 5)
18.00 Uhr bis 20.15 Uhr
Inhalt:
Zahl der eingeschalteten Fernsehgeräte — TAMRATING — Minute für Minute in graphischer Darstellung für die fünf ARD-Sendegebiete und das ZDF, eine tabellarische Übersicht über alle einzelnen Sendungen und Werbeblöcke sowie eine Tabelle der durchschnittlichen Sehbeteiligung zu den Werbeblöcken.
INFRATAM-Werbefernsehen-Zuschaueranalyse (Abbildung 6)
(Der Berichtszeitraum wird von den Auftraggebern jeweils neu festgelegt.)
Inhalt: Struktur der Zuschauerschaft nach Reichweite, Projektion und Zusammensetzung zu den einzelnen Werbeblöcken nach demographischen Merkmalen für die ARD-Sendegebiete und das ZDF.

Begriffe:

Unter Sehbeteiligung oder Zahl der eingeschalteten Fernsehgeräte wird der Prozentsatz eingeschalteter Fernsehgeräte zu einer Sendung verstanden. Dieser Prozentsatz stellt einen Mittelwert dar aus dem über die Dauer der Sendung zu jeder einzelnen Minute gemessenen Prozentsatz eingeschalteter Geräte (TAMRATING). Die Basis dieser Messung sind alle angemeldeten Fernsehgeräte, die das ARD- und das ZDF-Programm empfangen können.

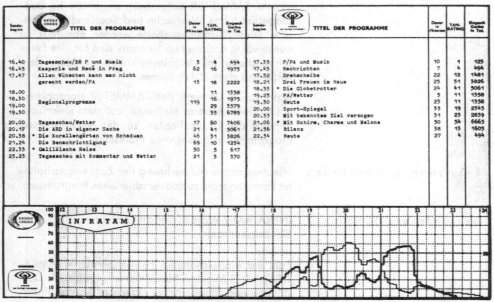

Abbildung 4

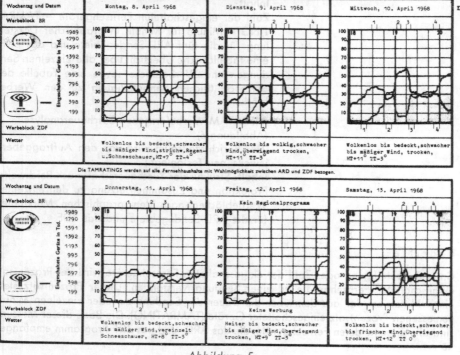

Abbildung 5

INFRATAM BR SEHVERHALTEN ZU DEN WERBEBLÖCKEN	Zahl der Zuschauer (14-70 Jahre) gesamt	GESCHLECHT				ALTERSGRUPPEN								BERUFSGRUPPEN des Haushaltsvorstandes							
		Männer	Frauen	Hausfrauen (gesamt)	Hausfrauen mit Kindern von 4 bis 13 Jahren	4 - 13 Jahre	14 - 19 Jahre	20 - 29 Jahre	30 - 39 Jahre	40 - 49 Jahre	50 - 59 Jahre	60 - 70 Jahre	71 Jahre und älter	Inhaber und Leiter von Unternehmen, Direktoren Freie Berufe	Selbständige Gewerbetreibende	Leitende Angestellte und Beamte	Sonstige Angestellte und Beamte	Facharbeiter, nicht selbständige Handwerker	Sonstige Arbeiter	Landwirtschaftliche Arbeiter	Selbständige Landwirte
Zahl der Fernsehhaushalte in 1000	1980													75	245	175	592	501	308	4	80
Zahl der Fernsehhaushalte in %	100													4	12	9	30	25	16	ø	4
Zahl der Personen GESAMT (14-70 Jahre) in Fernsehhaushalten in 1000	4709	2243	2466	1870	693	1082	575	852	967	952	760	603	256	170	589	408	1353	1178	765	6	240
Zahl der Personen GESAMT (14-70 Jahre) in Fernsehhaushalten in %	100	48	52	40	15		12	18	21	20	16	13		4	12	9	29	25	16	ø	5
Reichweite in %																					
Werbeblock 1	14	15	12	12	12		17	9	11	14	14	18		11	11	8	13	13	21	•	13
Werbeblock 2	13	13	13	13	11		13	9	11	13	13	17		6	10	13	13	14	14	•	11
Werbeblock 3	18	19	18	19	14		14	13	16	19	22	27		13	12	21	19	19	20	•	20
Werbeblock 4	29	30	29	30	24		21	23	28	31	34	42		23	21	32	31	31	32	•	25
Preisklasse B	18	19	18	18	15		16	14	17	19	21	26		14	13	20	19	19	21	•	18
Projektion abs. in 1000																					
Werbeblock 1	636	339	297	220	83	167	96	80	106	137	107	110	46	18	64	34	177	151	162	•	30
Werbeblock 2	591	282	309	242	73	128	74	78	111	121	102	105	42	10	56	54	178	161	105	•	26
Werbeblock 3	861	424	437	346	97	105	80	113	156	181	170	161	62	22	72	84	256	225	154	•	48
Werbeblock 4	1386	681	705	561	167	128	120	192	270	292	257	255	100	39	125	132	418	367	243	•	60
Preisklasse B	869	432	437	342	103	127	93	116	160	184	158	158	65	23	79	82	256	224	161	•	44
Zusammensetzung in %																					
Werbeblock 1	100	53	47	35	13		15	13	17	21	17	17		3	10	5	28	24	25	–	5
Werbeblock 2	100	48	52	41	12		13	13	19	20	17	18		2	10	9	30	27	18	ø	4
Werbeblock 3	100	49	51	40	11		9	13	18	21	20	19		3	8	10	30	26	18	–	5
Werbeblock 4	100	49	51	40	12		9	14	19	21	19	18		3	9	10	30	26	18	ø	4
Preisklasse B	100	50	50	39	12		11	13	19	21	18	18		3	9	9	29	26	19	ø	5

Abbildung 6

INFRATAM BR SEHVERHALTEN ZU DEN WERBEBLÖCKEN	GEMEINDEGRÖSSENKLASSEN					Monatliches NETTO-HAUSHALTSEINKOMMEN						KAUFKRAFTMERKMALE bzw GÜTER DES GEHOBENEN BEDARFS										
	bis unter 2 000 Einwohner	2 000 bis unter 20 000 Einwohner	20 000 bis unter 100.000 Einwohner	100 000 bis unter 500.000 Einwohner	500 000 und mehr Einwohner	bis unter 400 DM	400 DM bis unter 600 DM	600 DM bis unter 800 DM	800 DM bis unter 1 000 DM	1 000 DM bis unter 1 500 DM	1 500 DM und mehr	Personenkraftwagen: PKW-Besitz gesamt	Personenkraftwagen: Klasse A/B	Personenkraftwagen: Klasse C	Personenkraftwagen: Klasse D	Personenkraftwagen: Klasse E/F/G	Elektrische Waschmaschine	Tiefkühltruhe	Telefon	Eigenes Haus Eigentumswohnung	Hauptmieter	Untermieter
Zahl der Fernsehhaushalte in 1000	493	626	294	271	296	57	200	438	538	451	296	1066	83	493	390	100	1337	253	563	807	1164	9
Zahl der Fernsehhaushalte in %	25	32	15	14	14	3	10	22	27	23	15	54	4	25	20	5	68	13	28	41	59	ø
Zahl der Personen GESAMT (14-70 Jahre) in Fernsehhaushalten in 1000	1291	1503	675	581	659	58	337	960	1340	1181	833	2737	212	1247	1013	265	3409	709	1361	2084	2602	23
Zahl der Personen GESAMT (14-70 Jahre) in Fernsehhaushalten in %	28	32	14	12	14	1	7	20	29	25	18	58	5	26	21	6	72	15	29	44	56	ø
Reichweite in %																						
Werbeblock 1	7	21	12	8	16	21	20	14	15	12	10	14	22	13	14	10	14	13	8	16	11	•
Werbeblock 2	9	15	12	14	15	33	13	14	14	12	8	11	10	13	10	9	12	9	11	12	13	•
Werbeblock 3	11	21	17	23	23	41	21	19	22	16	13	17	15	20	14	13	18	14	17	17	19	•
Werbeblock 4	17	36	34	33	32	59	34	35	31	25	22	27	28	29	25	27	29	25	26	26	32	•
Preisklasse B	11	22	19	20	22	43	22	21	20	16	13	17	17	19	16	15	18	15	16	18	19	•
Projektion abs. in 1000																						
Werbeblock 1	84	320	84	44	104	12	68	138	194	138	86	374	46	159	143	26	482	95	130	340	281	•
Werbeblock 2	111	219	81	80	100	19	44	135	187	138	68	306	21	160	101	24	414	66	146	249	337	•
Werbeblock 3	146	313	116	134	152	24	71	187	288	186	105	459	31	249	145	34	607	102	227	359	502	•
Werbeblock 4	218	534	232	192	210	34	114	335	421	300	182	743	59	357	255	72	999	176	352	547	837	•
Preisklasse B	144	337	128	116	144	25	74	197	274	191	108	466	36	233	157	40	619	109	216	369	494	•
Zusammensetzung in %																						
Werbeblock 1	13	51	13	7	16	2	11	22	30	22	13	59	7	25	23	4	76	15	18	54	44	2
Werbeblock 2	19	37	14	13	17	3	7	23	32	23	12	52	4	27	17	4	70	11	25	42	57	1
Werbeblock 3	17	36	13	16	18	3	8	22	33	22	12	53	3	29	17	4	70	12	26	42	58	–
Werbeblock 4	16	38	17	14	15	2•	8	24	31	22	13	54	4	26	19	5	72	13	25	40	60	ø
Preisklasse B	17	39	15	13	16	3	8	23	32	22	12	54	4	27	18	5	71	13	25	42	57	1

Abbildung 7

c) Zur mechanischen Messung der Sehbeteiligung

International verwendet werden folgende Geräte[6]), die – mit Ausnahme INTOMETER – eine ähnliche technische Konstruktion haben:

    TAMMETER (Attwood, INFRATAM), neues Gerät „Mark IV";

    SETMETER (AGB), seit 1968 in England;

    AUDIMETER (Nielsen), seit 1942 in USA;

    INTOMETER, seit 1967 in Holland.

Installiert werden pro Land 600 bis 1200 Geräte. Sie müssen unauffällig aussehen (wie eine Uhr mit Holzgehäuse), leise laufen, eine einfache Verbindung zum Fernsehgerät haben, und sie sollten erst dann registrieren, wenn das Bild auf dem Schirm erscheint. Die Geräte halten für jede Fernsehstation fest: Beginn, Dauer, Ende des Einschaltens.

Für New York wird eine sofortige Auswertung geliefert, basierend auf 280 Audimetern, die über Telefon mit einer Zentrale in Chicago verbunden sind.

IV. Zur Streuung in Rundfunk und Fernsehen

Es wurden die Informationen beschrieben, die für die Rundfunk- und Fernsehwerbung als Unterlagen bei der Mediaplanung vorliegen.

Die folgenden zwei Aspekte bestimmen die Arbeit des Mediaplaners:

1. Die Situation bei den Werbefunk- und Werbefernsehgesellschaften gestattet nicht, das moderne Instrumentarium der Streuplanung uneingeschränkt für Rundfunk- und Fernsehwerbung einzusetzen. Wenn für mehr als ein Produkt vom Mediaplaner geworben wird, ist etwas mehr Flexibilität bei den Einschaltungen möglich. In der Regel wird aber der Mediaplaner zu einem fixierten Block der Rundfunk- und Fernsehwerbung andere, passende Werbeträger – z. B. Tageszeitungen – auswählen (Tabellen 11 u. 12).

2. Die Rundfunk- und Fernsehwerbung ist in besonderem Maße abhängig von der jeweiligen Kampagne. Je nach Marketing- und Werbekonzept, Zielgruppe, Gestaltungsmöglichkeit der Spots (z. B. 1967 Möglichkeit, Produktpackungen farbig darzustellen) und Werbeziel wird der Streuplaner vorgehen müssen. Die Rundfunk- und Fernsehwerbung ist nicht eine unmittelbare Konkurrenz der Pressewerbung, d. h. es wird ihr im Marketing-Mix eine besondere Stellung zugeschrieben[7]). Insbesondere hat der Werbefunk eine mehr ergänzende Funktion zu anderen Medien, während Werbefernsehen eher als Hauptwerbeträger eingesetzt wird.

Neben der Prüfung von Werbemöglichkeiten, Reichweiten usw. sind unter anderem folgende Punkte vom Mediaplaner zu berücksichtigen:

3. Überschneidungen mit anderen Medien: Einen Reichweitenvergleich enthält Tabelle 11, die äußeren Überschneidungen erhält man aus Tabelle 12. Es ist bei den Werten für Werbefunk und Werbefernsehen zu bedenken, daß diese Medien in der Regel mehrmals belegt werden, daß also die kumulierte Nettoreichweite – die sehr viel höher liegt – zu berücksichtigen ist.

Tabelle 11
Reichweitenvergleich der Medien

	Reg. Tageszeitungen[1] %	Nat. Tageszeitungen[1] %	Kaufzeitungen %	Zeitschriften[2] %	Fernsehen[3] 1. Pr. %	Fernsehen[3] 2. Pr. %	Fernsehen[3] 1. u. 2. Pr. %	Funk[4] %
Ges. Bevölkerung	68	4	30	83	20	8	24	27
Geschlecht								
Männer	71	5	36	84	19	8	24	24
Frauen	65	2	24	83	20	8	24	30
Alter								
14 bis 19 Jahre	63	2	36	90	23	10	28	42
20 bis 29 Jahre	63	4	36	89	12	7	16	30
30 bis 39 Jahre	67	4	31	85	19	8	23	26
40 bis 49 Jahre	72	4	29	85	22	9	26	27
50 bis 59 Jahre	70	3	27	80	23	8	27	23
60 Jahre u. ä.	73	3	21	72	27	8	30	18
Haushaltseinkommen								
Bis unter 400 DM	56	1	17	68	12	2	13	23
400 bis 600 DM	62	2	28	72	24	8	27	23
600 bis 800 DM	65	2	31	82	25	9	28	27
800 bis 1000 DM	68	2	29	85	24	11	28	28
1000 bis 1500 DM	71	4	34	86	17	8	20	20
1500 DM und mehr	77	10	28	91	15	6	18	25
Wohnortgröße								
Unter 2000 EW	70	1	24	74	16	7	19	30
2 bis 20 000 EW	70	3	27	83	22	8	25	31
20 bis 100 000 EW	74	4	30	87	23	10	28	28
100 bis 500 000 EW	69	4	32	88	20	8	24	20
500 000 EW u. m.	58	6	38	89	19	9	23	22

Quellen: [1] BDZV-Analyse 1966
[2] LA 67
[3] Infratam Zuschaueranalyse 67/RW pro Block
[4] ZAW-Funkanalyse 1968
(Veröffentlicht durch Werbeagentur J. W. Thompson, Frankfurt (Main), 1968.)

Tabelle 12
Die Überschneidung von Medien

	Reg. Tageszeitung	Nat. Tageszeitung	Kaufzeitung	Werbefunk	ARD-Werbefernsehen	ZDF-Werbefernsehen	Illustrierte	Programmzeitschriften	Frauenzeitschriften ohne Schnittmuster	Frauenzeitschriften mit Schnittmuster	Meinungsbildende Wochenblätter	Unterhaltende Wochenblätter	Monatszeitschriften
Reg. Tageszeitung	100	4	30	19	24	3	42	49	29	20	39	17	19
Nat. Tagesztg.	74	100	38	16	18	7	50	57	38	27	61	13	48
Kaufzeitung	65	5	100	20	29	12	49	33	31	21	30	24	18
Werbefunk insg.	73	4	35	100	27	11	48	47	33	24	38	21	10
ARD-Werbefernsehen	71	3	39	21	100	22	45	56	31	19	39	22	16
ZDF-Werbefernsehen	71	3	44	23	61	100	48	65	31	22	42	23	17
Illustrierte	73	5	39	32	26	11	100	54	42	26	49	25	23
Programmzeitschriften	70	5	38	30	28	13	45	100	34	24	43	21	20
Frauenzeitschr. ohne Schnittm.	73	6	36	31	27	10	63	60	100	38	46	27	29
Frauenzeitschr. mit Schnittmuster	74	6	35	35	24	9	54	61	54	100	49	25	32
Meinungsbild. Wochenblätter	75	7	42	27	22	9	55	57	35	26	100	22	26
Unterhaltende Wochenblätter	70	3	45	35	30	11	60	61	45	29	49	100	19
Monatszeitschriften	78	12	35	31	19	9	57	58	47	37	57	19	100

Quelle: LA 67
(Veröffentlicht durch Werbeagentur J. W. Thompson, Frankfurt (Main) 1968.)

4. Die Einschaltung der Spots:

Es sollten unter anderem folgende Fragen geklärt werden:

a) Die Zahl der Einschaltungen liegt in der Regel erheblich über der Zahl der Belegungen bei anderen Werbeträgern. Besonders die Rundfunkwerbung kennzeichnet eine hohe Einschaltfrequenz; mehr als 100 Einschaltungen pro Jahr und pro Sender sind keine Seltenheit. Wo liegt der „Sättigungswert" und wo der „Schwellenwert"? Hier ist – wie bei den folgenden Punkten – die Entscheidung kampagnenabhängig.

b) Dauer der Spots: Abhängig von Kampagne. Die Erinnerungswerte steigen bis 30 Sekunden Dauer bei Fernsehspots steiler an als bei längeren Einschaltungen.

c) Intervall zwischen den Spots: Abhängig von Kampagne. Die Erinnerungswerte liegen bei Wiederholung in kürzeren Abständen höher. Ferner abhängig, ob ein oder mehrere Spots von unterschiedlicher Dauer gesendet werden.

d) Wiederholung eines Spots: Abhängig von Kampagne (und selbstverständlich von gestalterischen Momenten). Die Erinnerungswerte steigen im allgemeinen nach 10 Einschaltungen steil an.

e) Konkurrenzwerbung: Abhängig von Kampagne. Die Konkurrenzwerbung kann reduzierend oder verstärkend wirken. Zu berücksichtigen sind auch eigene, parallele Werbemaßnahmen.

f) Umfeld: In welches Programm ein Spot eingeschaltet wird, ist besonders bei der Rundfunkwerbung wichtig (z. B. Beat-Musik oder sogenannte gehobenene Unterhaltungsmusik).

5. Kontrollmöglichkeiten:

Die Auszählung von äußeren und inneren Überschneidungen liefert dem Mediaplaner wichtige Informationen zur Vorbereitung der Entscheidung. Zusätzlich kann beim Werbefernsehen — wie bei keinem anderen Medium — die Reichweite eines Spots aus den kontinuierlichen INFRATAM-Berichten entnommen werden.

Beispiel: Kumulierte Reichweite und — als zweite Dimension — Kontakte pro Person von Fernsehspots[8]).

Einschaltung 3mal monatlich Reichweite nach 8 Wochen 77 %		Einschaltung 2mal monatlich Reichweite nach 8 Wochen 75 %
Kontaktverteilung:		
Keinen Spot gesehen	23 %	25 %
1 Spot gesehen	30 %	38 %
2 Spots gesehen	17 %	22 %
3 Spots gesehen	23 %	12 %
4 Spots gesehen	1 %	3 %
5 Spots gesehen	3 %	—
6 Spots gesehen	2 %	—

INFRATAM liefert die Zahl der eingeschalteten Fernsehgeräte, pro Minute oder kumuliert[9]). Die Personenzahl pro eingeschaltetes Gerät kann den Vierteljahresberichten entnommen werden. Z. B. 45 % = 842 000 Fernsehgeräte eingeschaltet; 2,4 Zuschauer pro Gerät, daher erhält man 2 021 000 Zuschauer.

Eventuell können derartige Analysen aus einer Produkt-Multi-Media-Datenbank erstellt werden, wobei auch Überschneidungen mit anderen Medien berücksichtigt werden. Es ist auch möglich, aufgrund der Informationen aus Mediaanalysen über den Computer durch Media-Selektions-Programme einen „optimalen" Streuplan zu konstruieren.

Bei der Mediaplanung sollten die Informationen aus den vorliegenden Mediaanalysen verwendet werden. Wegen der Abhängigkeit von der jeweiligen Kampagne kann meistens auf Pretests von Spots und Spezialanalysen nicht verzichtet werden. Dazu kommen selbstverständlich Erfahrungen und Kenntnisse (z. B. Preise und Rabatte). Für viele Probleme fehlen aber Informationen, z. B. „An welchen Wochentagen soll ein Spot eingeschaltet werden?" Nach und nach wird dieser Bereich der Schätzungen und Vermutungen (bis zum Glauben und Aberglauben) schrumpfen. Zahlreiche Untersuchungsansätze werden zur Zeit geprüft. Bereits jetzt ist festzustellen, daß die Werbung bei Rundfunk und Fernsehen über mehr empirische Daten verfügen kann als bei anderen Werbeträgern. Trotzdem sind noch umfangreiche Arbeiten notwendig, bis alle wichtigen Fragen beantwortet werden können[10].

Quellenangaben:

[1] ZAW (Hrsg.): Jahresbericht 1967, Bad Godesberg 1968.
[2] Vgl. Behrens, K. Chr.: Demoskopische Marktforschung, Wiesbaden 1961; König, R. (Hrsg.): Das Interview, Praktische Sozialforschung I, Köln 1957; Leverkus-Brüning, I.: Die Meinungslosen, Berlin 1966; Merk, G.: Wissenschaftliche Marktforschung, Berlin 1962.
[3] ZAW (Hrsg.): Rahmenschema für Werbeträgeranalysen von Massenmedien, Bad Godesberg 1968.
[4] ZAW (Hrsg.): Werbefunkhörer-Analyse 1968, München 1968.
[5] Vgl. Bayerisches Werbefernsehen (Hrsg.): Fernseh-Zuschauerforschung, BWFS 1, München 1967; Eckert, G., Niehus, F.: Zehn Jahre Fernsehen in Deutschland, Frankfurt 1963; Fernsehen in Deutschland, Mainz 1967; INFRATAM (Hrsg.): Fernsehzuschauerforschung, Sonderanalysen, Frankfurt 1967; INFRATAM (Hrsg.): Methodenbeschreibung zur Fernsehzuschauerforschung in der Bundesrepublik (Manuskript), Frankfurt 1965.
[6] Webb, N.: The hardware of audience research. In: Admap 8, 1968.
[7] ARD: Rundfunkanstalten und Tageszeitungen, Frankfurt 1966.
[8] Bayerisches Werbefernsehen (Hrsg.): Fernseh-Zuschauerforschung, BWFS 1, München 1967.
[9] INFRATAM (Hrsg.): Fernsehzuschauerforschung, Sonderanalysen, Frankfurt 1967.
[10] Jaspert, F.: Methoden zur Erforschung der Werbewirkung, Stuttgart 1963; Lucas, D. B., Britt, St. H.: Messung der Werbewirkung, Essen 1966.

Literatur (Auswahl):

ARD: Rundfunkanstalten und Tageszeitungen, Frankfurt 1966.

Bayerisches Werbefernsehen (Hrsg.): Fernsehzuschauerforschung, BWFS 1, München 1967.

Eckert, G., Niehus, F.: Zehn Jahre Fernsehen in Deutschland, Frankfurt 1963.

Fernsehen in Deutschland, Mainz 1967.

INFRATAM (Hrsg): Fernsehzuschauerforschung, Sonderanalysen, Frankfurt 1967.

INFRATAM (Hrsg.): Methodenbeschreibung zur Fernsehzuschauerforschung in der Bundesrepublik (Manuskript), Frankfurt 1965.

König, R. (Hrsg.): Das Interview, Praktische Sozialforschung I, Köln 1957.

Leverkus-Brüning, I.: Die Meinungslosen, Berlin 1966.

Lucas, D. B., Britt, St. H.: Messung der Werbewirkung, Essen 1966.

Ruland, J.: Werbeträger, Mettmann 1967.

Webb, N.: The hardware of audience research. In: ADMAP 8, 1968.

ZAW (Hrsg.): Jahresbericht 1966, Bad Godesberg 1967.

ZAW (Hrsg.): Jahresbericht 1967, Bad Godesberg 1968.

ZAW (Hrsg.): Werbefunkhörer-Analyse 1968, München 1968.

ZAW (Hrsg.): Rahmenschema für Werbeträgeranalysen von Massenmedien, Bad Godesberg 1968.

Räumliche und zeitliche Koordination der Streumedien

Von Dr. Helmut Jacobi, Berlin

I. Die Wechselbeziehungen zwischen räumlichen und zeitlichen Aspekten

Zwischen den räumlichen und zeitlichen Aspekten der Werbestreuung bestehen meist enge Wechselbeziehungen. Deswegen sind zunächst diese Interdependenzen zu betrachten, ehe jeder Aspekt einzeln analysiert wird. Je mehr sich räumliche und zeitliche Ausdehnung von Werbemaßnahmen steigern, um so mehr Aufwand wird notwendig. Legt der Werbeplaner also Wert auf eine möglichst weite räumliche Verbreitung der Werbebotschaften, so muß er — bei fest vorgegebener Etatsumme — auf Wiederholungen verzichten und umgekehrt. Er steht immer vor der Entscheidung, eine m ö g l i c h s t   g r o ß e   r ä u m l i c h e   R e i c h w e i t e (im Sinne einer Ausweitung des Absatzgebietes) mit der notwendigen M i n d e s t z a h l   v o n   W i e d e r h o l u n g e n des Werbeimpulses (im Sinne einer Gedächtniswirkung der Werbemittel) in Einklang bringen zu müssen. Um eine minimale Eindringlichkeit der Werbemaßnahmen zu erzielen, wird es in den meisten Fällen notwendig sein, eine räumliche Beschränkung des Streugebiets in Kauf zu nehmen. Selbst etatstarke Markenartikelfirmen, die „national advertising" betreiben, akzeptieren häufig die Rhein-Main-Linie als Begrenzung für Enführungskampagnen. Als Unsicherheitskomponente ergibt sich allerdings das Problem, wie umfangreich der zeitliche Einsatz der Werbemaßnahmen sein muß, um die geplante Wirkung zu erreichen. Als „magische Zahl" haben sich etwa 6 Wiederholungen eingebürgert. Zwar gibt es einstweilen keine stichhaltigen Beweise dafür, doch lassen die Ergebnisse der Kumulationsforschung darauf schließen, daß bei 5–6maliger Wiederholung ein Maximum an Werbewirkungszuwachs erreicht wird. Danach nehmen die Erinnerungserfolge nur noch unterproportional zu. Jedoch ist nicht nur dieses Ertragsdenken maßgeblich. Viele Werber befürchten auch, die zunehmende Zahl von Werbemittelexpositionen könne eine Abstumpfung, wenn nicht gar eine Antipathie, bei den Umworbenen auslösen. So darf zum Beispiel im schweizerischen Werbefernsehen der gleiche Werbespot nur 6mal nacheinander gezeigt werden. Insofern liegt zwar eine mengenmäßige Beschränkung in bezug auf den jeweiligen Werbeträger vor, jedoch stehen dem Unternehmen vielerlei Media zur Verfügung.

Grundsätzlich wird immer eine Kompromißlösung zwischen der Bevorzugung einer möglichst großen räumlichen Reichweite und der Häufigkeit der Darbietung von Werbebotschaften angebracht sein. In der Praxis bestimmen die Z i e l e und D a t e n die jeweiligen Verhaltensweisen. Während es bei einer Erinnerungswerbung (Umsatzerhaltung) ausreichen mag, ein weites Areal weniger intensiv zu bestreuen, wird für die Neueinführung eines Produktes (Umsatzexpansion) fast immer eine häufige Wiederholung des Werbeappells in einem begrenzten Streugebiet gegenüber seinem selteneren Einsatz in einem weitläufigen Streukreis zu bevorzugen sein. Aber auch Daten, wie zum Beispiel die verfügbare Etatsumme, dürfen nicht vernachlässigt werden. In vielen Branchen, insbesondere in der Markenartikelindustrie, haben sich nämlich Werbeintensitäten eingebürgert, die ein einzelner Werbungtreibender kaum unterschreiten kann. Gehen wir davon aus, daß pro Kopf der Bevölkerung oder pro verkaufte Einheit im Verkaufsgebiet ein bestimmter Mindestaufwand erforderlich ist, wenn die Wirkungsschwelle der Aktionen überschritten werden soll, dann ergibt sich ebenfalls ein Primat der Wiederholung vor der räumlichen Ausdehnung. Nach den Wechselbeziehungen zwischen räumlichem und zeitlichem Einsatz der Werbung sollen nunmehr beide Aspekte isoliert analysiert werden.

II. Die räumliche Koordination der Werbestreuung

Die Neueinführung eines Produktes ist häufig von einem Testmarktexperiment abhängig; dabei kommt es darauf an, in einem häufig sehr begrenzten Areal das (vorläufig experimentell) festgesetzte Absatzgebiet mit dem einstweiligen Streugebiet zu koordinieren. Einerseits soll gewährleistet sein, daß weder Unter- noch Überdeckungen des Streugebiets auftreten, zum anderen ist erstrebenswert, daß die Absatzradien des im Testgebiet ansässigen Handels nicht über das bestreute Areal hinausreichen. Nur unter diesen Voraussetzungen ist ein Markttest unter simulierten realen Bedingungen möglich. In den meisten Fällen wird es demzufolge notwendig sein, sich auf lokale Werbeträger zu beschränken.

Hinsichtlich der regionalen Abstimmung innerhalb eines bereits bearbeiteten Marktes sind vor allem die Daten Kaufkraft und Konkurrenz von Bedeutung. Einen geeigneten Maßstab zur Überprüfung der getätigten (Regional)-Umsätze bilden die GfK-Kaufkraftkennziffern. Hohe Kaufkraftpotentiale müßten normalerweise mit hohen Umsätzen korrelieren. Ist dies in einzelnen Verkaufsbezirken nicht der Fall, so ergibt sich die Notwendigkeit, die Werbung in den Regionen zu verstärken, die ihr „Verkaufssoll" nicht ausreichend erfüllten. Außerdem ergibt sich häufig die Notwendigkeit zur räumlichen Konzentration von Werbemaßnahmen, wenn die Konkurrenz das Schwergewicht ihrer Werbemaßnahmen besonders auf einzelne Gebiete richtet, um dort ihren Marktanteil zu vergrößern.

Dem Streben der Werbungtreibenden, ihre werbliche Aktivität regional zu differenzieren, kommen überregional verbreitete Werbeträger vielfach entgegen, indem sie eine Teilbelegung nach Nielsen-Gebieten oder anderen Gesichtspunkten bieten.

III. Die zeitliche Koordinierung der Werbestreuung

Von größerer Bedeutung als die räumliche erscheint die zeitliche Koordinierung der Werbestreuung, denn hier ergeben sich noch gewichtigere Überlegungen als hinsichtlich der räumlichen Abstimmung. Wir haben dabei zwischen synchronischer und diachronischer Betrachtungsweise zu unterscheiden.

1. Synchronisch — zeitpunktmäßig — koordinierte Werbung

Bei der Synchronisation der Werbung müssen wir zwei Unterfälle berücksichtigen: Zum einen handelt es sich um die zeitliche Abstimmung des E i n s a t z z e i t p u n k t e s der Werbemaßnahmen mit dem erwarteten Zeitraum des Umsatzerfolges. Der längste zu betrachtende Zeitraum ist der Konjunkturzyklus. Empirische Untersuchungen dazu beweisen, daß die Werbeaufwendungen — als Konsequenz der umsatzorientierten Budgetplanung — der Konjunkturphase fast immer mit einem time-lag nachfolgen. Wesentlich zielorientiertere Verhaltensweisen ergeben sich, wenn man die zeitlichen Werbeschwerpunkte zu den umsatzstarken Jahreszeiten in Beziehung setzt. Hier finden wir kein „Nachhinken", sondern ein zieladäquates Voraneilen der werblichen Bemühungen. Das gleiche gilt für die Monats- und Wochenrhythmen, die allerdings innerhalb der Wirtschaftsstufen wie auch Branchen wechseln.

Andere Abstimmungsprobleme ergeben sich hinsichtlich der Synchronisierung des W e r b e m i t t e l e i n s a t z e s. Bekanntlich stehen die diversen Media zu den verschiedensten Zeitpunkten zur Verfügung. Je nach dem erforderlichen Intensitätsgrad der Werbemaßnahmen ist es — insbesondere bei stufenunabhängiger Werbung — notwendig, die Streuzeitpunkte bzw. -zeiträume in sich sowie mit den übrigen absatzpolitischen Maßnahmen des Unternehmens optimal zu koordinieren. Ein typischer Fall für die Synchronisierung ist die Abstimmung von individuellen und kollektiven Streumaßnahmen für Firmen, die sich an einer Gemeinschaftswerbung beteiligen.

2. Diachronisch — im Zeitablauf — koordinierte Werbung

Als weiteres Problem ergibt sich, wie die Streuungszeitpunkte i n n e r h a l b e i n e r W e r b e p e r i o d e aufzuteilen sind. Im Prinzip ergeben sich zwei Möglichkeiten*)[1]:

„(1) Die Produkteinführung wird durch eine massierte und intensive Einführungswerbung vorbereitet und begleitet, und zwar über einen Zeitraum von einem bis zu zwei Jahren im Normalfalle. Danach werden die Werbeausgaben auf einen Betrag reduziert, der sich aus dem laufenden Umsatz errechnet.

(2) Die Werbung setzt nur mit einem Mindestaufwand, der sich an der unteren Grenze des in der Branche üblichen orientiert, ein und wird erst im Laufe der Zeit den Umsätzen entsprechend gesteigert. Diese Methode des ‚Sich-vorsichtig-in-den-Markt-Hineintastens' möchte größere Risiken vermeiden und die werblichen Erstinvestitionen, die zwar voller Vertrauen und Hoffnung, aber trotz aller Bemühungen doch ‚blind' getätigt werden, auf einen Betrag zurückdrängen, der verschmerzt werden kann, wenn sich der Start des Produktes nicht als Erfolg erweist."

Es stellt sich also die Frage, ob es günstiger ist, die Streuzeitpunkte m a s s i e r t o d e r i n g r ö ß e r e n Z e i t a b s t ä n d e n anzusetzen. Da jedwedes Experimentieren im Einzelfall zu kostspielig wäre, empfiehlt sich ein Rückgriff auf die psychologische L e r n t h e o r i e. Diese hat ihren Ursprung in den Gedächtnisversuchen von Ebbinghaus, der bereits im vorigen Jahrhundert feststellte, daß verteiltes Lernen effektiver ist als massiertes. Zu gleichem Resultat — wenn auch mit anderen Ausgangspunkten — kamen später Jost, Pawlow und Hull, und zwar unabhängig davon, ob die Recall-, die Wiedererkennungs- oder Ersparnismethode angewandt wurde. Die Kardinalfragen, die sich aus diesen Erkenntnissen ergeben, sind:

---

*) Die im Text laufend numerierten Quellenangaben sind am Schluß des Aufsatzes zitiert.

1. Welches ist die optimale Pausenlänge?
2. An welcher Stelle sollen die Pausen liegen?

Welche Schlußfolgerungen ergeben sich aus diesen psychologischen Experimenten für die Werbung?

Zunächst muß einschränkend angemerkt werden, daß die Unterschiede zwischen verteiltem und massiertem Lernen um so größer sind, je mehr Lernstoff geboten wird. Das trifft insbesondere auf die Verteilung der Pausen zu. Die Werbung bietet jedoch – unternehmensspezifisch gesehen – keinen umfassenden Lernstoff. Zum anderen wird in der Werbeforschung mit sinnvollem Material gearbeitet, während sich die allgemeine Psychologie sinnloser Silben bediente. Unter natürlichen Bedingungen wurde jedoch bisher (soweit dem Verfasser bekannt) nur ein Versuch in den USA durchgeführt, über den hier berichtet werden soll.

H. A. Zielske[2]) versuchte 1958 experimentell zu klären, ob es günstiger sei, die zur Verfügung stehende Streusumme in einem Vierteljahr oder auf Jahresfrist verteilt für eine Markenwerbung auszugeben. Dabei ergab sich, daß bei wöchentlichem, aber insgesamt auf ein Quartal beschränktem Einsatz (massiertes Lernen) bei $2/3$ der im Streugebiet ansässigen Hausfrauen ein Erinnerungserfolg verzeichnet werden konnte, der aber sehr schnell wieder abzufallen begann. Demgegenüber wurde bei einem auf Jahresfrist mit vierwöchigen Abständen verteilten Werbeeinsatz ein langsameres, dafür aber stetiges Anwachsen des Erinnerungserfolges festgestellt. Am Jahresende, als die auf das 1. Quartal massierte Werbung bei fast allen Befragten fast wieder vergessen war, wurde bei verteiltem Lernen eine Gedächtniswirkung bei der Hälfte der Umworbenen festgestellt.

Verglichen mit dem massierten Einsatz ergaben sich also – auf die einjährige Werbeperiode beschränkt – anfangs niedrigere Gesamterfolge, dafür aber kontinuierliche Steigerungen.

Zielske beläßt es dabei, diese beiden Ergebnisse für sich zu interpretieren. Für die diachronische Betrachtung der Streuplanung drängt sich allerdings die Schlußfolgerung auf, es müsse günstiger sein, „wenn die Werbemaßnahmen **zunächst** in einem **kleineren** Zeitraum konzentriert und **dann** über einen **längeren** Zeitraum gleichmäßig gestreut werden[3])".

Quellenangaben:

[1]) Flögel, H.: Kleckern oder klotzen – Betrachtungen zur Problematik des Einsatzes der Werbung. In: Die Anzeige, Nr. 1/1967, S. 5.
[2]) Zielske, Hubert A.: The remembering and forgetting of advertising. In: The Journal of Marketing, Vol. 23, Nr. 3 (Januar 1959).
[3]) Johannsen, U., und Flämig, J.: Die Bedeutung der Erkenntnisse der Lernpsychologie für Werbung und Marktforschung. In: GFM-Mitteilungen zur Markt- und Absatzforschung, Nr. 4/1964.

Literatur (außer der in den Quellenangaben genannten):
Jacobi, H.: Werbepsychologie, Wiesbaden 1963.

Media-Selektions-Programme

Von Friedrich Möhring, München

I. Einleitung

Es ist Aufgabe des Streuplaners, einen **vorgegebenen Etat** auf die zur Verfügung stehenden Werbemittel **so zu verteilen, daß ein Maximum der beabsichtigten Werbewirkung erreicht wird**. Dabei sind bei der **Auswahl von Werbemitteln und Werbeträgern** mehrere Gesichtspunkte zu berücksichtigen, von der Marktsegmentation (Zielgruppenbestimmung) bis zu Problemen der Gestaltung. Zunächst müssen, um Streuverluste zu vermeiden, die äußeren und inneren Überschneidungen der Medien berücksichtigt werden. Eine Berechnung der Überschneidungen am Schreibtisch würde aber (nach Th. Harder) bei 30 Medien einen Zeitaufwand von $1,6 \times 10^{11}$ Jahren erfordern*)[1]; bei 50 Medien würde sich ein Zeitaufwand von $1,6 \times 10^{23}$ Jahren ergeben. Es ist daher verständlich, daß man Computer mit hoher Rechengeschwindigkeit einsetzt.

Die Methoden, die bei der sogenannten „Media-Selektion durch Computer" angewandt werden, sind aus der Unternehmensforschung (Operations-Research) bekannt. Unter Operations-Research faßt man die Anwendung von mathematischen Methoden zusammen, die zur Vorbereitung optimaler Entscheidungen dienen[2]. Voraussetzung ist das Aufstellen eines mathematischen Modells für einen realen Sachverhalt.

Die Anwendung von **Methoden der Unternehmensforschung** bei der Media-Selektion wird seit einigen Jahren international heftig diskutiert. Eine erste Übersicht brachte das IREP-Seminar in Paris 1966[3]. Die Entwicklung erfolgte parallel in den USA, Frankreich, England und Deutschland. Dabei stehen in den USA Methoden des Linear Programing im Vordergrund, häufig im Zusammenhang mit umfassenderen Modellen, die – zum Teil über Rückkopplung – auch zur Bestimmung des Werbeetats eingesetzt werden. In Europa lag der Schwerpunkt auf Methoden des Non Linear Programing und der Entwicklung von Simulationsmodellen.

In der Bundesrepublik wurden die Streuplanzählungen und Quantuplikationen aus Media-Analysen seit 1967 ergänzt durch „Kumulations"-Auszählungen. Anschließend

---

*) Die im Text laufend numerierten Quellenangaben sind am Schluß des Aufsatzes zitiert.

wurde in Computer-Programme eine Bewertung durch Gewichtung eingeführt (sog. „Evaluierungsprogramme"). Diese Bewertungsmodelle sind ein wesentlicher Bestandteil der seit 1968 zur Verfügung stehenden Computer-Programme zur Teil-„Optimierung" und „Optimierung"[4]). Man hat sich geeinigt, statt des Begriffs „Optimierungsprogramme" den zutreffenderen Begriff „Media-Selektions-Programme" zu verwenden, und zwar

a) wegen der mathematischen Modelle in den verfügbaren Programmen (siehe unter 3 c) und

b) wegen der komplexen Bewertungsmodelle.

Wir setzen daher den Begriff „Optimierung" in senkrechte Striche, wenn wir von der Auswahl von Werbeträgern durch den Computer sprechen.

II. Zu den Grundlagen der Media-Selektions-Programme

1. Daten

Es ist heute möglich, relativ komplizierte und komplexe Programme zu verwenden. Entscheidend für das Ergebnis sind jedoch die zur Verfügung stehenden Daten. Auflagenmeldungen (zum Teil nach IVW), Bezieher-Analysen der Verlage und Media-Analysen stehen zur Verfügung. Für die meisten Medien liegen Frequenzangaben vor, aus denen die Kontaktchancen pro Individuum berechnet oder simuliert werden können. Es fehlen aber noch zum Beispiel präzise und vergleichbare Messungen der Werbemittelkontakte. Insbesondere fehlt eine empirische Absicherung zum Intermedia-Vergleich. (Zum Beispiel: Entspricht eine Seite, vierfarbig, in einer Illustrierten einem Fernsehspot von 20 Sekunden Dauer?) Bis zum Vorliegen von allgemeingültigen Forschungsergebnissen müssen daher die Gewichtungsfaktoren pro Werbekampagne mehr oder weniger grob geschätzt werden.

Für Media-Selektions-Modelle können die Daten in einer „Datenbank" organisiert werden. Diese aus quantitativen und qualitativen Informationen bestehende Datenbank kann Bestandteil eines umfassenderen Marketing-Informations-Systems sein. Folgende Media-Analysen stehen für eine Datenbank zur Verfügung:

Publikumszeitschriften: LA der AGLA, 12 000 Fälle, jährlich.
Tageszeitungen: Überregionale BDZV-Analysen, 12 000 Fälle, zuletzt 1966. Regionale Titelanalysen, 1000 bis 2000 Fälle, unregelmäßig erscheinend.
Werbefunk: ZAW-Analyse, 12 000 Fälle, alle zwei Jahre.
Werbefernsehen: INFRATAM-TAMRATINGS, 625 Fälle, kontinuierlich. INFRATEST-Index, 90 000 Fälle pro Jahr, kontinuierlich.

Für Kreuzauswertungen zwischen mehreren Media-Analysen wurden Experimente zum Ineinanderfügen von Stichproben, die aus derselben Grundgesamtheit stammen müssen, durchgeführt. Diese sogenannte „Fusion" verbessert den Analogieschluß über die soziodemographischen Merkmale in Richtung einer Erhebung der Daten bei identischen Personen. Erstmals angewandt wurden diese Verfahren zum Ineinanderfügen von Informationen über Publikumszeitschriften und über Werbefunk/Werbefernsehen.

2. Bewertungsmodell

Durch Gewichten von Personen, Medien und Kontakten können Streupläne bewertet (evaluiert) werden. Dabei werden die Gewichte in der Regel multiplikativ verrechnet, also eine Unabhängigkeit der Gewichtsfaktoren voneinander vorausgesetzt. Als Ergebnis der Bewertung erhält man einen „Indexwert". Der Indexwert wird auch häufig als „Ergebnis", „Effekt" oder „Leistung" bezeichnet. Der Streuplan mit dem höchsten Indexwert ist unter allen im Rahmen des Etats möglichen Streuplänen der „beste" Streuplan (s. unten, Zielfunktion bei Optimierungsrechnungen). Wesentlich für die modernen Programme ist, daß die Gewichtung im Hinblick auf die geplante Werbewirkung erfolgt. Die einzelnen Gewichtungsfaktoren:

a) Personengewichte

Es können einzelne Merkmale (z. B. männlich/weiblich) oder Merkmalskombinationen (z. B. Probierer einer Marke in Großstädten = Marktsegment) gewichtet werden. Die Gewichtung ergibt sich aus dem Marketing-Konzept und ist von der Art der Werbung (Einführungs- oder Erinnerungswerbung usw.) abhängig. Bei den meisten Media-Selektions-Programmen sind Personengewichte zwischen 0,00 und 1,00 vorgesehen. Selbstverständlich kann auch auf eine Gewichtung verzichtet werden, z. B. kann für alle Personen das Gewicht 1,00 eingegeben werden.

b) Mediagewichte

Die Mediagewichte werden von Experten am meisten diskutiert. Zur Zeit wird vorsichtig bewertet, da nur unzulängliche Informationen über diese mehr qualitativen Faktoren vorliegen. Man kann trennen in Faktoren zur Errechnung der Werbemittel-Kontaktchancen und in Faktoren zur Voraussage der Werbemittelwirkung (die technisch vor und nach der Lesefrequenzsimulation eingesetzt werden).

Ansätze für die Ermittlung von allgemeinen Faktoren für Werbemittel-Kontaktchancen werden zur Zeit geprüft. Dabei ist häufig eine personengebundene Verrechnung erforderlich, da der Werbemittelkontakt von Art und Intensität der Nutzung abhängt. Im Bereich von Rundfunkwerbung und Fernsehwerbung liegen Daten über Werbemittelkontakte vor. Bei Publikumszeitschriften ist zur Zeit nur eine grobe Schätzung der „Seitenkontaktchancen" möglich.

Ferner sind medienspezifische Faktoren zu berücksichtigen: z. B. Format und Druckqualität bei Zeitschriften oder Glaubwürdigkeit des Werbeträgers. Schließlich sollte nicht nur die Aufnahme der Werbebotschaft, sondern auch die zu erwartende Wirkung der Werbebotschaft mit als Gewichtungsfaktor eingegeben werden.

c) Response Function

Aus der Multiplikation von Personengewichten und Mediagewichten ergibt sich pro Individuum eine Zahl von gewichteten Kontakten, d. h. eine „Kontaktdosis" pro Individuum.

Welche Kontaktdosis, d. h. welche Zahl von gewichteten Kontakten, ist aber pro Individuum erforderlich? Diese für die Bewertung von Mediaplänen entscheidende Frage wird als „Response Function", übersetzt als „Kontaktbewertungskurve" oder „Wirkungskurve", in Media-Selektions-Programme eingegeben. Es handelt sich dabei um mehr oder weniger abgesicherte Hypothesen über die Werbebewirkung. Im einfachsten Fall würde bereits durch einen Kontakt 100 % der Werbewirkung erreicht; es ist verständlich, daß diese Hypothese, die einer Auswahl von Werbeträgern nach Nettoreichweite zugrunde liegt, nur in Ausnahmefällen Gültigkeit hat. In einer Diskussion wurde als Beispiel gebracht: Würde man 1 kg Gold in einer Anzeige verschenken, so würde ein Kontakt bereits 100 % der Wirkung erbringen. In der Regel wird die Werbewirkung mit der Zahl der Kontakte ansteigen, und zwar relativ schnell nach einem bestimmten Schwellenwert[5])

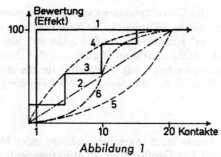

Abbildung 1
Graphik über mögliche Response Functions

An dieser Stelle kann auf die zahlreichen Arbeiten über Response Functions nicht näher eingegangen werden. Hingewiesen wird nur noch auf die Möglichkeit, mehrere Response Functions in Media-Selektions-Programme einzugeben, z. B. Hypothesen über größere erforderliche Kontakthäufigkeiten bei älteren Hausfrauen als bei jüngeren Hausfrauen.

Aus der Verrechnung der — zum Teil kombinierten — Personengewichte, Mediagewichte und Werte der Response Function erhält man den bereits erwähnten „Indexwert" pro Mediaplan. Das hier geschilderte Bewertungsmodell enthalten im Prinzip alle Evaluierungs- und Media-Selektions-Programme, wobei allerdings die Zahl der möglichen Kriterien unterschiedlich ist.

3. „Optimierung"

a) Zielfunktion

Die zur Verfügung stehenden Media-Selektions-Programme haben als Zielfunktion: Maximum des sich aus dem Bewertungsmodell ergebenden Indexwertes bei einem vorgegebenen Budget oder innerhalb eines Budgetrahmens. Es soll ein Maximum der Werbewirkung bei einem Minimum an Kosten erreicht werden. Restriktionen sind Budget, fixe Belegungen von Medien (z. B. zugeteilte Einschaltungen im Werbefernsehen) usw.

Die Media-Selektions-Programme zwingen den Streuplaner zur eindeutigen Festlegung einer Zielfunktion; die durch das Bewertungsmodell vorgeschriebenen Eingabedaten sind möglichst empirisch abzusichern.

b) Optimierungsverfahren

Unter „Optimierung" versteht man immer eine Maximierung oder Minimierung. Je nach Zielfunktion und Restriktionen unterscheidet man:

Linear Programing, die häufigste Optimierungsmethode der Unternehmensforschung; dabei müssen Zielfunktionen und Restriktionen linear sein.

Non Linear Programing, wenn Zielfunktionen und/oder Restriktionen nicht linear sind. Das ist bei einer „Optimierung" der Werbewirkung der Fall.

Neben der mathematischen Programmierung ist in Zukunft die dynamische Programmierung von Interesse[6]. Durch die dynamische Programmierung wird der Zeitaspekt eingeführt. Die bisherigen Media-Selektions-Programme vernachlässigen in der Regel die für den Mediaplaner außerordentlich wichtigen Werbephasen.

c) Praktische Optimierungsrechnung

Die zur Zeit angewandten Media-Selektions-Programme können unter den Oberbegriff „heuristische Verfahren" eingeordnet werden[7]). Sie liefern Näherungslösungen, die im Durchschnitt einen konventionellen Streuplan um ca. 20 % verbessern können. Mehr oder weniger vollständige Beschreibungen der Programme liegen vor[8]). Die Programme basieren meistens auf zwei Verfahren:

Permutationsverfahren:

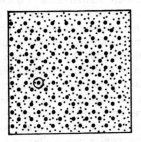

- • = mögliche Lösungen
- ● = durch das Permutationsverfahren und Vorschriften über Belegungsschritte überprüfte Lösung
- ⊙ = Ausgangsplan

Abbildung 2

Aus den in einem Budgetrahmen möglichen Mediaplänen wird ein Teil überprüft; und zwar kann die Bestimmung dieser zu überprüfenden Pläne durch ein „Gitter" von Belegungsschritten erfolgen – wie in der Abbildung gezeigt –, oder es können abgegrenzte „Räume" durch mathematische Verfahren bestimmt werden. Unter allen überprüften Lösungen wird vom Computer die entsprechend dem Bewertungsmodell beste Lösung ausgegeben. Die „optimale Lösung" liegt dabei ausreichend genau am absoluten Optimum. Grundsätzlich wäre es möglich, nach diesem Verfahren a l l e möglichen Lösungen zu überprüfen, dabei wird jedoch – auch bei den schnellsten derzeitigen Computern – der Aufwand an Zeit und Geld zu hoch.

Iteratives Verfahren:

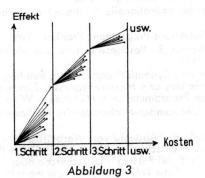

Abbildung 3

Bei dem sogenannten iterativen Verfahren geht der Computer schrittweise vor. Es werden auf- bzw. abbauend von einem Ausgangsplan oder vom Nullpunkt ausgehend alle Möglichkeiten der Belegung überprüft; der beste Plan ist dann der Ausgangsplan für den nächsten Schritt. Dieses Verfahren ist von Nachteil bei mehrgipfligen Funktionen. Der Vorteil des Verfahrens ist, daß nur – je nach Vorgaben – einige tausend Kombinationen überprüft werden müssen, der Computer also sehr wirtschaftlich arbeitet.

Sowohl beim Permutations- als auch beim iterativen Verfahren wird der Zuwachs an „Effekt" (d. h. Zuwachs des Indexwertes aufgrund des Bewertungsmodells) in Beziehung gesetzt zum Zuwachs an Kosten. Dem „Effektzuwachs pro Kostenzuwachs" (Grenznutzen) kommt zur Zeit eine größere Bedeutung zu als der Relation „Effekt pro Kosten" (Nutzen).

III. Zur Anwendung der Media-Selektions-Programme

Media-Selektions-Programme werden in den nächsten Jahren eine z u n e h m e n d e B e d e u t u n g erhalten. Zur Zeit werden in den USA und in Europa nur ein Teil der Mediapläne – auch bei größeren Etats – durch den Computer konstruiert. Einschränkungen beim Einsatz von Media-Selektions-Programmen sind weniger durch die zur Verfügung stehenden Modelle als durch die Unzulänglichkeit der Daten gegeben. In Deutschland haben werbungtreibende Firmen, Agenturen und Verlage Media-Selektions-Programme zur Verfügung. Es werden in die Programme immer kompliziertere Bewertungsmodelle eingebaut. Damit möchte man Instrumente zur Verfügung stellen, die eine möglichst große Praxisnähe haben, ein wirtschaftlicheres und gezielteres Einsetzen des Etats erlauben und Rechenarbeit abnehmen. Dabei werden die Mediaplaner nicht ersetzt, sondern im Gegenteil zu einer differenzierten Arbeitsweise angehalten, die eine intensivere Zusammenarbeit mit Marketing und Gestaltung voraussetzt.

Die weitere Entwicklung der Media-Selektions-Programme wird durch schnellere Computer mit mehr Speichermöglichkeiten gefördert werden. Die z u r Z e i t zur V e r f ü g u n g s t e h e n d e n M e d i a - S e l e k t i o n s - P r o g r a m m e sind mehr oder weniger als E x p e r i m e n t i e r m o d e l l e anzusehen.

Quellenangaben:

[1] Nach Harder, Th.: Elementare mathematische Modelle in der Markt- und Meinungsforschung, München – Wien 1966.

[2] Ackhoff, R. L., Sasieni, W.: Fundamentals of Operations Research, New York 1968; Kern, W.: Optimierungsverfahren in der Ablauforganisation, Essen 1967; Stahlknecht, P.: Operations Research, Braunschweig 1965/66.

[3] IREP (Hrsg.): La recherche opérationelle appliquée à l'élaboration des plans média, Paris 1967.

[4] GWA (Hrsg.): Media-Selektions-Programme, Frankfurt 1968.

[5] Broadbent, S. R., und Segnit, S.: Response Functions in Media Planning (The Thomson Medals 1967), London 1968.

[6] Hadley, G.: Non linear and Dynamic Programming, Reading, Mass. 1964; Howard, K.: Dynamische Programmierung und Markov-Prozesse, Zürich 1965; Wentzel, J. S.: Elemente der dynamischen Programmierung, München – Wien 1966.

[7] Nemtschinow, W. S.: Ökonomisch-Mathematische Methoden und Modelle, München-Wien 1966.

[8] Durand, J.: Eine Methode der Auswahl von Werbeträgern – Die Sequentialmethode. In: forschen + planen + entscheiden, Nr. 6, 1967; GWA (Hrsg.): Media-Selektions-Programme, Frankfurt 1968; IREP (Hrsg.): La recherche opérationelle appliquée à l'élaboration des plans média, Paris 1967; Marc, M.: Low we select magazines in an advertising campaign plan, Paris 1966.

SECHSTES KAPITEL

Der Werbeerfolg

Kategorien des Werbeerfolgs

Von Prof. Dr. Johannes Bidlingmaier, Graz

Einleitung

Werbeerfolgskategorien sind sowohl wichtige Grundlagen der **Werbeplanung** als auch der **Werbekontrolle**. Im Planungsbereich haben die Werbeerfolgskategorien den Charakter von Teilzielen und üben mithin Steuerungsfunktionen für den werblichen Mitteleinsatz aus. Werbeerfolgspläne beschreiben den von einer Entscheidungseinheit erstrebten Optimalzustand, das Plansoll. In der Werbekontrolle als Ex-post-Analyse ist hingegen festzustellen, in welchem Umfang das Erstrebte erreicht worden ist, wie sich das Ist zum Soll verhält. Die geplanten Erfolgskomponenten bilden den Maßstab der Kontrolle. Dabei wirken Planunter- bzw. -überschreitungen auf die Werbeplanung der folgenden Periode zurück; sie führen zu Planrevisionen.

Bei wirtschaftlicher Betrachtung steht der auf **ökonomischen Größen**, wie Umsatz, Gewinn, Kosten, basierende Werbeerfolg im Vordergrund. Jedoch begnügt man sich hiermit nicht in der Werbepraxis. Um für einzelne Werbemaßnahmen, z. B. die Werbemittelstreuung und die Werbemittelgestaltung, oder für bestimmte Werbeverfahren Richtlinien und Beurteilungsmaßstäbe zu haben, wurden schon frühzeitig **außerökonomische Erfolgskomponenten** konzipiert. Sie fanden allerdings fast ausschließlich bei der Kontrolle des Werbeerfolgs als technische Wirkungskennzahlen Anwendung. Lediglich in Einzelfällen werden außerökonomische Kriterien, z. B. die Kontaktaufnahme oder die Interesseweckung, als Planziele verwendet.

Geht man von bestimmten ökonomischen Zielen der Absatzwerbung aus, so erscheinen die außerwirtschaftlichen Erfolgskategorien als **Teilziele**, die einen unterschiedlichen Rang in der Zielhierarchie einnehmen. Soll zum Beispiel der Umsatz mittels Werbung möglichst stark ausgeweitet werden, so ist es für die Erreichung dieses Ziels zunächst unabdingbar, die Werbemittel so zu streuen, daß die potentiellen Käufer von der Werbebotschaft erreicht werden. Weiterhin ist eine nachhaltige Beeindruckung durch eine entsprechende Gestaltung der Werbemittel anzustreben. In umgekehrter Richtung besteht kein so strenger Zielzusammenhang: Hohe Berührungs-, Beeindruckungs- und Erinnerungserfolge bilden – wie Korrelationsstudien zeigen – zwar eine notwendige, aber keineswegs eine hinreichende Bedingung für einen wirtschaftlichen Werbeerfolg. Allein die mangelnde Kaufkraft der Umworbenen kann dazu führen, daß einer psychologisch und streutechnisch hervorragenden Werbearbeit der wirtschaftliche Erfolg versagt bleibt.

I. Kategorien des außerwirtschaftlichen Werbeerfolgs

1. Erfolgskennziffern im Überblick

Die zunächst darzustellenden nicht-ökonomischen Erfolgsrelationen sind durchweg technische Wirkungskennzahlen. Sie werden gewöhnlich in der Weise gebildet, daß die in einer bestimmten Phase des Werbevollzugs erreichten Personen (z. B. die Werbeberührten, die Werbebeeindruckten, die Werbeerinnerer) einem andersartig abgegrenzten Personenkreis, z. B. den Werbegemeinten oder Adressaten, gegenübergestellt werden. Der Werbeplaner erhält dadurch Anhaltspunkte, in welcher Weise er die Effizienz werblicher Maßnahmen steigern kann. Die Hauptbedeutung nicht-wirtschaftlicher Erfolgskategorien liegt jedoch nicht im Planungsbereich, sondern auf dem Gebiet der Werbeerfolgskontrolle. Dies erklärt sich vor allem daraus, daß die außerwirtschaftlichen Erfolgsindizes im Vergleich zum ökonomischen Werbeerfolg leicht und exakt meßbar sind. Nicht selten werden die technischen Wirkungskennzahlen von vornherein so konzipiert, daß sie mit den verfügbaren empirischen, insbesondere demoskopischen Methoden, numerisch genau zu ermitteln sind.

Im Bereich der Wirtschaftswerbung gebührt Seyffert das Verdienst, auf der Elementenpsychologie aufbauend, Wirkphasen des Werbemitteleinsatzes herausgearbeitet zu haben. Er unterscheidet die Sinnes-, Aufmerksamkeits-, Vorstellungs-, Gefühls-, Gedächtnis- und Willenswirkung*)[1]. Durch Gegenüberstellung der jeweiligen Personenkreise, bei denen die Werbung die obengenannten Wirkungen hatte, mit den **Werbegemeinten**, d. h. jenen Personen, die mit einem Werbeträger oder einer Werbeträgerkombination überhaupt erreichbar sind, erhält man die Varianten des außerökonomischen Werbeerfolgs. Zur Feststellung der interessierenden Wirkungen verwendet Seyffert folgende **Dispersionszahlen**:

(1) Die **Adressatenzahl** (positive und negative)
  = Zahl der Werbegemeinten

(2) Die **Perzeptionszahl** (beabsichtigte und nichtbeabsichtigte)
  = Zahl der Werbeberührten

(3) Die **Apperzeptionszahl** (beabsichtigte und nichtbeabsichtigte)
  = Zahl der Werbebeeindruckten

(4) Die **Akquisitionszahl** (beabsichtigte und nichtbeabsichtigte)
  = Zahl der Werbeerfüller

Auf diesen Grundlagen aufbauend, hat Sundhoff den nachstehenden Katalog von Werbewirkungen und Wirkungsgrößen entwickelt[2]:

Werbewirkungen	Wirkungsgrößen	
(1) Sinneswirkung	Perzeptionszahl	
(2) Aufmerksamkeitswirkung	Apperzeptionszahl	
(3) Gedächtniswirkung	Rekordationszahl	Zahlen der psycho-physischen Wirkung
(4) Vorstellungswirkung	Imaginationszahl	
(5) Gefühlswirkung	Affektionszahl	
(6) Willenswirkung	Affektationszahl	
(7) Weiterpflanzungswirkung	Propagationszahl	Akquisitionszahlen
(8) Kaufwirkung	Emptionszahl	
(9) Umsatzwirkung	Umsatz	Zahlen der ökonomischen Wirkung
(10) Gewinnwirkung	Gewinn	

*) Die im Text laufend numerierten Quellenangaben sind am Schluß des Aufsatzes zitiert.

Ähnliche Kommunikationsstufen werden in der amerikanischen Werbelehre unterschieden. Nach L a v i d g e und S t e i n e r sind im Prozeß der werblichen Beeinflussung folgende P h a s e n nachweisbar[3]:

>   Awareness (Bewußtheit)
>   Knowledge (Wissen)
>   Liking (Zuneigung)
>   Preference (Bevorzugung)
>   Conviction (Überzeugung)
>   Purchase (Kauf).

C o l l e y entwickelt nachstehendes S t u f e n m o d e l l[4]:

>   Unawareness (Unkenntnis)
>   Awareness (Bewußtheit)
>   Comprehension (Einsicht)
>   Conviction (Überzeugung)
>   Action (Handlung).

Die angeführten Systematiken der Erfolgskategorien enthalten eine doppelte Problematik: Einerseits verwenden die Autoren zur Abgrenzung einzelner werblicher Wirkphasen zuweilen Begriffe, die – wie zum Beispiel die Aufmerksamkeit[5] – in ihrem psychologischen Gehalt stark umstritten sind. Zum andern dürfte es kaum möglich sein, eine exakte Trennung zwischen den Kommunikationsstufen, zum Beispiel zwischen der Vorstellungs-, Gefühls- und Willenswirkung, vorzunehmen. Überhaupt gehen alle diese Stufenmodelle der Werbewirkung von einem im Blickwinkel der Ganzheitspsychologie als überholt anzusehenden Konzept aus.

Da bisher keine abgesicherte Theorie der Werbewirkungen vorliegt, ist B e h r e n s bestrebt, o p e r a t i o n a l e T e i l e f f e k t e der Werbung abzugrenzen. Er unterscheidet zwischen Berührungs-, Beeindruckungs-, Erinnerungs-, Interesseweckungs- und Aktionserfolg[6]. (Zur empirischen Ermittlung dieser Erfolgskategorien vgl. den in diesem Kapitel nachstehenden Artikel „Methoden der Werbeerfolgskontrolle".) Die entsprechenden Kennzahlen sind die Berührten-, Beeindruckten-, Erinnerer-, Interessenten- und Erfüllerzahl. Innerhalb der einzelnen Erfolgskategorien werden – vom Berührungserfolg abgesehen – jeweils mehrere K e n n z a h l e n ermittelt, in dem die Beeindruckten, Erinnerer, Interessenten und Erfüller zur Zahl der Werbegemeinten (Adressatenzahl) und zu jeder anderen, in der Wirkungsfolge vorangegangenen Personengruppe in Beziehung gesetzt werden. Für den Aktionserfolg zum Beispiel erhält man fünf Erfolgsrelationen mit unterschiedlicher Aussage:

(1) Aktionserfolg (Werbegemeinte): $\dfrac{\text{Erfüllerzahl}}{\text{Adressatenzahl}}$

(2) Aktionserfolg (Werbeberührte): $\dfrac{\text{Erfüllerzahl}}{\text{Berührtenzahl}}$

(3) Aktionserfolg (Werbebeeindruckte): $\dfrac{\text{Erfüllerzahl}}{\text{Beeindrucktenzahl}}$

(4) Aktionserfolg (Werbeerinnerer): $\dfrac{\text{Erfüllerzahl}}{\text{Erinnererzahl}}$

(5) Aktionserfolg (Werbeinteressenten): $\dfrac{\text{Erfüllerzahl}}{\text{Interessentenzahl}}$

Edler weist bei der Erörterung nicht-ökonomischer Zielgrößen und Erfolgskennziffern nach, daß die bisher aufgeführten Kategorien unterschiedlichen Aussagewert besitzen. Sie berücksichtigen teilweise Wirkungen des gesamten Werbeverfahrens, teilweise aber lediglich die Wirkungen einzelner Komponenten des Werbeverfahrens (z. B. die Wirkungen des Werbeträgers, der Werbebotschaft oder der Werbemittel)[7]. Dieser für den Erkenntniswert einzelner Erfolgskategorien bedeutsame Aspekt soll im folgenden berücksichtigt werden.

2. Erfolgskategorien des gesamten Werbeverfahrens

Die Absatzwerbung wird von den Unternehmungen als ein Instrument betrachtet, das die Umworbenen letztlich zum Kauf der Werbeobjekte veranlassen soll. Die Werbungtreibenden wollen gewöhnlich den Kauferfolg (Aktionserfolg) der Werbung. Dies schließt jedoch nicht aus, daß — zumindest kurzfristig — die Bedürfnisweckung, die Information potentieller Abnehmer und die Schaffung günstiger Absatzvoraussetzungen im Vordergrund des Interesses stehen können. Nachstehende Systematik trägt diesen verschiedenartigen Intentionen Rechnung.

a) Auf Nicht-Kaufhandlungen bezogene Wirkungskategorien

(1) Der Bedürfnisweckungserfolg[8]

Der Werbungtreibende sieht seine Aufgabe darin, bei den Werbesubjekten Bedürfnisse für bestimmte Gütergattungen zu schaffen. Die Bedürfnisstruktur der Zielpersonen soll durch den Einsatz gewisser Werbeverfahren so verändert werden, daß sie sich entschließen, die werblich forcierte Gütergattung in ihrer Einkommensverwendungsplanung zu berücksichtigen. Stellt man die Werbegemeinten (gemessen durch die Adressatenzahl) der Zahl der durch die Werbung zu Bedürfnisträgern gewordenen Personen gegenüber, so erhält man den Bedürfnisweckungserfolg. Diese Kennziffer hat den Maximalwert eins, wenn alle Umworbenen zu Bedürfnisträgern geworden sind. In der Regel ist der Quotient $\frac{\text{Zahl der Bedürfnisträger}}{\text{Adressatenzahl}}$ jedoch kleiner als eins.

(2) Der Informationserfolg

Auch im Rahmen dieser Wirkungskategorie sollen nicht direkt Kaufhandlungen induziert werden. Das Werbeverfahren wird vielmehr eingesetzt, um an einer Gütergattung bereits Interessierte genauer über das Werbeobjekt, seine Eigenschaften und Verwendungsmöglichkeiten zu informieren oder den Informationsstand der Werbesubjekte zu verbessern:

$$\text{Informationserfolg} = \frac{\text{Informiertenzahl}}{\text{Adressatenzahl}}$$

Werbegemeinte (Adressaten) sind bei dieser Zielsetzung selbstverständlich andere Personen als bei der Bedürfnisweckung; als Adressaten kommen prinzipiell nur Bedürfnisträger in Betracht.

(3) Der Überzeugungserfolg

Hierbei sollen die Werbesubjekte über die Beeinflussung von Teilbedürfnissen oder durch Änderung ihrer Imagestruktur von der Überlegenheit des Werbeobjekts gegenüber den Konkurrenzleistungen überzeugt werden. Als Kennziffer erhält man den

$$\text{Überzeugungserfolg} = \frac{\text{Zahl der Überzeugten}}{\text{Adressatenzahl}}$$

Kategorien des Werbeerfolgs

Das werbliche Teilziel ist voll erreicht (Kennziffer = 1), wenn bei allen Umworbenen aufgrund der Werbung nachweislich starke Präferenzen für das Werbeobjekt hervorgerufen wurden. Je mehr sich hingegen die Kennziffer Null nähert, um so geringer ist der erzielte Überzeugungserfolg.

b) Auf Kaufhandlungen bezogene Wirkungskategorien

Ziel der unter diese Rubrik fallenden Werbeaktionen ist es, K a u f i n t e r e s s e n (Anforderung von Katalogen, Prospekten usw.), K a u f a b s i c h t e n oder unmittelbare K a u f h a n d l u n g e n auszulösen. Im Vordergrund des Interesses steht in der Literatur der Kauferfolg der Werbung. Personengruppen, bei denen die Werbung über die Beeindruckung hinaus ein starkes Interesse für die Werbeobjekte oder sogar feste Kaufabsichten ausgelöst hat, werden gewöhnlich nicht gesondert erfaßt. Die Umworbenen katalogisiert man – zu unrecht – entweder als Werbebeeindruckte oder gar als Werbeerfüller. So zählt zum Beispiel Seyffert alle Leser, die aufgrund einer Anzeigenwerbung eine Preisliste anfordern, oder alle Zuschauer, die aufgrund der Filmwerbung Prospekte mitnehmen, zu den Werbebeeindruckten. Bei der Schaufensterwerbung wiederum werden alle Personen, die nach Betrachtung der Schaufensterauslagen das Geschäft betreten, bereits als Werbeerfüller registriert, obwohl die Umworbenen damit zunächst bestenfalls ihr Interesse am Werbeobjekt bekunden. Behrens trägt der werbebedingten Interesseweckung im Rahmen seiner außerökonomischen Wirkungskategorien Rechnung, indem er den I n t e r e s s e w e c k u n g s e r f o l g besonders herausstellt. Darüber hinaus wird erwogen, zwischen den Interesseweckungserfolg und den Kauf- oder Aktionserfolg noch eine weitere Erfolgskategorie zu placieren, den I n t e n t i o n s e r f o l g. Mit dieser Erfolgsvariante könnte nämlich jener Personenkreis noch gesondert abgegrenzt werden, bei dem die Werbung einen festen Kaufentschluß ausgelöst hat, ohne daß die Kaufentscheidung bereits realisiert wurde. Da jedoch die Aufstellung werblicher Wirkungskategorien nur insoweit gerechtfertigt erscheint, als Möglichkeiten zu ihrer empirischen Feststellung bestehen, wird auf die Abgrenzung des Intentionserfolges verzichtet; seine empirische Ermittlung bereitet gegenwärtig aus erhebungstechnischen und befragungstaktischen Gründen nahezu unüberwindliche Schwierigkeiten.

(4) D e r I n t e r e s s e w e c k u n g s e r f o l g

„Werbeberührte, bei denen der Werbeappell den Entschluß ausgelöst hat, den Kauf des Werbeobjekts oder seinen Mehrverbrauch je Zeiteinheit in Erwägung zu ziehen, bezeichnenn wir als ‚I n t e r e s s e n t e n‘, sofern sich dies noch nicht in entsprechenden endgültigen Kaufentschlüssen oder -handlungen realisiert hat[9])." Dabei können, je nachdem, auf welche Personengruppe man die Zahl der Interessenten bezieht, drei Varianten des Interesseweckungserfolgs unterschieden werden:

(a) Interesseweckungserfolg (Werbegemeinte): $\frac{\text{Zahl der Interessenten}}{\text{Zahl der Werbegemeinten}}$

(b) Interesseweckungserfolg (Werbeberührte): $\frac{\text{Zahl der Interessenten}}{\text{Zahl der Werbeberührten}}$

(c) Interesseweckungserfolg (Werbebeeindruckte): $\frac{\text{Zahl der Interessenten}}{\text{Zahl der Werbebeeindruckten}}$

Für die Werbeplanung, insbesondere aber für die Analyse des außerökonomischen Werbeerfolgs, haben diese Beziehungen unterschiedlichen Aussagewert.

Die unter (a) aufgeführte Kennziffer gibt an, in welchem Umfange die werblich potentiell Erreichbaren tatsächlich zu Interessenten für das Werbeobjekt geworden sind. Dabei ist – bei ausschließlicher Berücksichtigung der geplanten Interessenten – der Erfolg maximal, wenn sich die Kennziffer eins ergibt. Bezieht man hingegen, was bei der Gruppenwerbung notwendig erscheint, auch die ungeplanten Interessenten ein, so ist das Erfolgsmaximum durch einen Wert größer als eins gekennzeichnet.

In der Relation (b) Interessenten/Werbeberührte kommt zum Ausdruck, in welchem Umfange diejenigen Personen, die von der Werbeaktion tatsächlich Kenntnis erlangt haben, den Kauf des Werbeobjekts erwägen. Da für eine werbebedingte Interesseweckung die Aufnahme der Werbebotschaft unumgängliche Voraussetzung ist, kann die Zahl der Interessenten bestenfalls mit der Zahl der Werbeberührten übereinstimmen. Praktisch ist jedoch die Interessentenzahl erheblich kleiner als die Berührtenzahl. Neben dem Werbeobjekt bestimmt vor allem die Werbemittelgestaltung, in welchem Umfang Werbeberührte zu Interessenten werden.

Setzt man – wie unter (c) – die Interesenten zu den Werbebeeindruckten in Beziehung, so ergibt sich empirisch vielfach ein hohes Maß an Übereinstimmung; die entsprechende Kennzahl liegt nahe bei uns. Die Interesentenzahl unterschreitet aber dann erheblich die Beeindrucktenzahl, wenn – trotz wirksamer werblicher Darbietung – das Werbeobjekt den Vorstellungen der Umworbenen qualitativ und preislich nicht entspricht oder wenn bereits ein hoher Grad der Marktsättigung vorliegt.

(5) Der Kauferfolg

Die Kaufwirkung der Werbung wird unter verschiedenen Bezeichnungen und unter Rückgriff auf unterschiedliche Bezugsgrößen in allen bekannten Erfolgssystematiken berücksichtigt. Seyffert und Sundhoff beziehen die Zahl der Käufer – sie sprechen von „Akquisitionszahl" bzw. „Emptionszahl" – jeweils auf die Adressatenzahl. Gutenberg wählt für die Erfolgskennziffer $\frac{\text{Anzahl der Bestellungen}}{\text{Anzahl der Adressaten}}$ den ungewöhnlichen Ausdruck „Streuererfolg"[10]). Nach Edler stellt der „Kauferfolg" der Werbung das Verhältnis von Käuferzahl zur Zahl der Werbesubjekte dar. Behrens schließlich spricht generell vom „Aktionserfolg"; hierbei wird die Zahl derjenigen, die durch Werbung als Käufer gewonnen bzw. zum Kauf größerer Mengen je Zeiteinheit als bisher veranlaßt wurden, zu anderen Umworbenengruppen in Beziehung gesetzt. Die in der Literatur häufig anzutreffende Bezeichnung „Werbeerfüller" für die Käufer wird im folgenden vermieden; wir sprechen genauer von der Käuferzahl. Der Terminus „Werbeerfüller" wird hingegen als generelle Bezeichnung für alle jene Personen gebraucht, die dem jeweiligen, spezifischen Werbezweck nachkommen; Berührte, Beeindruckte, Erinnerer, Informierte usw. können also ebenso Werbeerfüller sein wie die Käufer.

Die absolute Käuferzahl (im Sinne von neugewonnenen Käufern bzw. von zum Mehrverbrauch veranlaßten Käufern) hat für die Kaufwirkung der Werbung nur geringen Erkenntniswert. Aufschlußreicher sind relative Wirkkenziffern. Setzt man die Käuferzahl zur Adressatenzahl in Beziehung, so erhält man gewöhnlich einen Wert, der wesentlich kleiner als eins ist. Dies ist darauf zurückzuführen, daß sich zwischen die Streuung der Werbemittel und die Erfüllung des Werbezwecks durch Kauf gewöhnlich zahlreiche Hemmnisse schieben: Die Werbebotschaft gelangt nicht an die Adressaten, sie vermag die Werbesubjekte nicht von der Vorteilhaftigkeit des Angebots zu überzeugen, mangelnde Kaufkraft läßt trotz starker werblicher Beeindruckung keine Nachfrage entstehen usw.

Wesentlich günstigere Kauferfolgswerte erhält man, wenn anstelle der Adressaten die W e r b e b e r ü h r t e n, die W e r b e b e e i n d r u c k t e n oder gar die K a u f i n t e r e s s e n t e n als Bezugsgröße gewählt werden. In der Relation $\frac{\text{Käuferzahl}}{\text{Interessentenzahl}}$ wird oft nahezu Deckungsgleichheit erreicht; der Wert des Bruches beträgt annähernd eins.

3. Erfolgskategorien der Komponenten der Werbeverfahren

Die dargestellten Erfolgskennziffern gaben an, inwieweit es der Werbung insgesamt gelungen ist, die gesetzten Ziele, z. B. die Bedürfnisweckung, zu erfüllen. Im folgenden werden nun Erfolgsrelationen behandelt, die die relative Wirksamkeit einzelner Elemente innerhalb des Gesamtverfahrens zu bestimmen erlauben.

a) Der Berührungserfolg

Eine Werbeberührung ergibt sich aus der gelungenen Heranführung der Werbemittel an die Werbesubjekte, so daß bei ihnen eine sensorische Empfindung ausgelöst wird. Der Berührungserfolg: $\frac{\text{Zahl der Werbeberührten}}{\text{Zahl der Werbegemeinten}}$ ist ein Maßstab für die E i g n u n g d e r g e w ä h l t e n W e r b e t r ä g e r, die Werbebotschaft den Adressaten zu vermitteln. Er charakterisiert den spezifischen Beitrag, der vom Werbeträger auf die Gesamtwirkung der Werbung ausgeht, und liefert wichtige Grundlagen für eine Erfolgsanalyse und gegebenenfalls für eine Revision des Werbeprozesses.

Generell ist der Erfolgsbeitrag der Werbeträger um so größer, je geringer die S t r e u v e r l u s t e sind. Bei der Einzel- und Allgemeinumwerbung ist der Berührungserfolg maximal, wenn die Zahl der Werbeberührten gleich der Zahl der Werbegemeinten ist, also alle geplanten Personen von den ausgestreuten Werbemitteln erreicht wurden. Bei der Gruppenwerbung hingegen können auch solche Personen von der Werbebotschaft berührt werden, die, der Planung zufolge, überhaupt nicht „angesprochen" werden sollten. Der Kreis der Werbeberührten besteht also aus der Gruppe der geplanten (gemeinten) und der Gruppe der ungeplanten (nicht-gemeinten) Berührten; das Verhältnis $\frac{\text{Berührtenzahl}}{\text{Adressatenzahl}}$ kann größer als eins werden.

b) Der Beeindruckungserfolg

Der Beeindruckungserfolg wird durch den Quotienten $\frac{\text{Zahl der Werbebeeindruckten}}{\text{Zahl der Werbeberührten}}$ bestimmt. Zu den Werbebeeindruckten rechnen alle Werbesubjekte, bei denen das Werbemittel eine bewußtheitliche oder – bei unterschwelliger Werbung – unbewußte Wahrnehmung ausgelöst hat. Will man die Beeindruckungswirkung der Werbung vom Berührungseffekt isolieren, so muß im Nenner der Erfolgsrelation die Zahl der Werbeberührten aufgeführt werden. Während der Berührungserfolg ein Eignungskriterium für die zweckmäßige Auswahl der Werbeträger ist, kann anhand des Beeindruckungserfolgs vor allem die Q u a l i t ä t d e r W e r b e m i t t e l g e s t a l t u n g (Größe, Placierung, Farbkombination, Argumentation usw.) beurteilt werden. Obwohl die Beeindruckung eine theoretisch sauber abgrenzbare Erfolgskategorie darstellt, ist zu beachten, daß die M e s s u n g des Beeindruckungseffekts mit erheblichen Schwierigkeiten verbunden ist. Es gelingt kaum, exakt zwischen beeindruckten Nicht-Erinnerern und Werbeerinneren zu trennen. Auch die Direktbefragungen nach der Beeindruckung führen gewöhnlich zu unbrauchbaren Ergebnissen, da die Werbemittel zuweilen unbewußt wirken und bei bewußter Wirkung ein Einfluß der Werbung oft geleugnet wird. (Vgl. den in diesem Kapitel nachstehenden Artikel „Die Kontrolle des wirtschaftlichen Werbeerfolgs.)

c) Der Erinnerungserfolg

$$\text{Der Erinnerungserfolg} = \frac{\text{Zahl der Werbeerinnerer}}{\text{Zahl der Werbeberührten oder Zahl der Werbebeeindruckten}}$$

dient — ebenso wie der Beeindruckungserfolg — der Beurteilung der Effizienz der Werbemittelgestaltung. Während jedoch die Werbebeeindruckung unmittelbar nach der Wahrnehmung der Werbebotschaft gemessen wird, liegt bei der Erinnerungswirkung eine mehr oder weniger umfangreiche Zeitspanne zwischen der Werbeberührung und der Feststellung, ob die Umworbenen die Werbebotschaft reproduzieren oder wiedererkennen können. Daraus geht hervor, daß der Erinnerungserfolg in besonderem Maße die Intensität der Werbebeeindruckung widerspiegelt. Will man mit Hilfe des Erinnerungserfolgs stichhaltige Aussagen über die Qualität der Werbemittelgestaltung machen, so müssen zwei Gesichtspunkte beachtet werden: (1) Bei der Beurteilung der Gedächtniswirkung muß stets der Erinnerungzeitraum berücksichtigt werden. Ein bestimmter Anteil von Erinnerern kurz nach der Werbeberührung ist anders zu bewerten als derselbe Anteil nach Ablauf mehrerer Monate. (2) In bezug auf die Erinnerungswirkung von Werbebotschaften gelangt man nur dann zu vergleicharen Ergebnissen, wenn auch die zur Messung des Gedächtniseffekts angewandten Verfahren in Betracht gezogen werden. Unter sonst gleichen Umständen erhält man beim Wiedererkennungsverfahren (Recognition-Test) höhere Erinnererzahlen als beim Gedächtnistest unter Verwendung von Gedächtnisstützen (Aided Recall-Test); die letztgenannte Methode wiederum führt zu günstigeren Werten als der reine Gedächtnistest (Pure oder Unaided Recall-Test)[11].

II. Kategorien des wirtschaftlichen Werbeerfolgs

In einer Zeit, in der die Unternehmungen zunehmend die Werbung als Instrument ihrer Absatzpolitik einzusetzen pflegen, erlangt die Feststellung des ökonomischen Werbeerfolgs besondere Bedeutung. Allgemein ist die Frage nach dem Erfolg wirtschaftlichen Handelns identisch mit der Frage nach dem Ausmaß der Zielrealisation. Im Rahmen der Werbeerfolgsbestimmung ist also zu klären, in welchem Umfang die Werbeziele erfüllt wurden. Es sind die faktischen Auswirkungen betrieblicher Werbeentscheidungen auf das zugrunde liegende System von Zielfunktionen zu ergründen. Hierzu müssen die positiven und negativen Komponenten des Werbeergebnisses analysiert werden.

Eine aussagefähige Werbeerfolgsrechnung hat — vom Gewinnstreben der Unternehmung ausgehend — die Werbeaktivitäten unter dem Aspekt ihres Gewinnbeitrags auf kurze oder lange Sicht zu untersuchen. (Vgl. dazu ausführlich den Artikel des Verf., „Die Festlegung der Werbeziele", im vierten Kapitel dieses Handbuchs.) Dabei ist es erforderlich, zwischen einer werblichen Gewinnbeeinflussung über den Umsatzeffekt und einer solchen über den Kosteneffekt zu unterscheiden. Bei umsatzbezogener Werbestrategie will die Unternehmung ihre Gewinnsituation dadurch verbessern, daß sie auf Absatzmengen und/oder -preise einwirkt. Demgegenüber bleibt bei den kostenorientierten Werbestrategien die Umsatzhöhe prinzipiell konstant; es wird versucht, durch Nachfrageumlenkung im Zeitablauf, durch Änderung der Einkaufsmengen pro Einkaufsakt und ähnlichem Kostenersparnisse zu erzielen.

1. Kategorien des Werbeerfolgs im Falle der Gewinnbeeinflussung über den Umsatzeffekt

a) Werbebedingte mengen- oder wertmäßige Umsatzänderungen

Bei den auf Umsatzbeeinflussung gerichteten Werbestrategien müssen bei der Erfolgsbestimmung sowohl die werbebedingten Preis- und Mengenwirkungen als auch die damit zusammenhängenden unmittelbaren Kosteneffekte berücksichtigt werden. Der w e r b l i c h e Umsatzeinfluß ist nur vollständig zu erfassen, wenn die g e s a m t e Differenz zwischen werbebeeinflußtem und werbelosem Gesamtumsatz eingefangen wird. Bei solcher Abgrenzung des Umsatzeffekts ist ersichtlich, daß eine absolute Umsatzsteigerung für eine positive Werbewirkung nicht notwendig ist, vielmehr ergibt sich auch bei bloßer Umsatzerhaltung, ja sogar im Falle eines Umsatzrückganges dann ein Umsatzerfolg, wenn feststeht, daß der Umsatz niedriger gewesen wäre, wenn die Unternehmung keine Werbemaßnahmen ergriffen hätte. Eine korrekte Werbeerfolgsabgrenzung setzt also voraus, daß a l l e nur-werbeverursachten Umsatzänderungen berücksichtigt werden. Dies erfordert die Lösung der folgenden T e i l p r o b l e m e. (Vgl. ausführlich in dem in diesem Kapitel nachstehenden Beitrag „Die Kontrolle des wirtschaftlichen Werbeerfolgs".)

1. Die klare A b g r e n z u n g d e r W e r b u n g innerhalb des absatzpolitischen Instrumentariums. Dies erscheint trotz der engen Verflechtung aller Verkaufsaktivitäten grundsätzlich möglich, wenn man die Absatzwerbung als die verkaufspolitischen Zwecken dienende, absichtliche und zwangfreie Einwirkung auf Menschen mit Hilfe solcher Kommunikationsmittel begreift, die ausschließlich oder doch überwiegend im Dienste der Werbung stehen.

2. Da die faktische Umsatzhöhe einer Unternehmung die Resultante vielfältiger betrieblicher und außerbetrieblicher Einflußfaktoren aus früheren Zeitabschnitten und aus der laufenden Periode ist, steht die Werbekontrolle vor der schwierigen Aufgabe, die R e k l a m e w i r k u n g e n z u i s o l i e r e n. Zur Lösung dieses Problems kommen demoskopische Befragungsexperimente, Gebiets-Verkaufstests, das Noreensche Modell, Test- und Kontrolläden und – speziell in Versandgeschäften – die Zurechnung der eingehenden Bestellungen zu bestimmten Werbemitteln in Betracht.

3. Die vollständige Erfassung der werblichen Umsatzeffekte ist erst dann gewährleistet, wenn Wirkungsbeginn und -ende des Werbemitteleinsatzes feststehen. Die W i r k d a u e r b e s t i m m u n g im Werbebereich weist insofern besondere Schwierigkeiten auf, als oft nicht zweifelsfrei angebbar ist, ab wann das Investitionsgut Leistungen abgibt und ob es zu einem bestimmten Zeitpunkt verbraucht ist oder noch mit einem Restwert zu Buche steht. Mit der Unsicherheit in der Festlegung des werblichen Wirkzeitraumes geht eine entsprechende Unbestimmtheit im Werbeerfolgskalkül einher: Wird die Zurechnung zu früh abgebrochen oder setzt sie zu spät ein, so bleiben werbebedingte Umsatzvariationen unerfaßt.

4. Aus den Erörterungen zur Bestimmung des Wirkungszeitraums der Reklame geht hervor, daß man sich nicht – wie dies in der Praxis der Erfolgsmessung oft geschieht – auf die Feststellung der k u r z f r i s t i g e n Umsatzeffekte beschränken darf, sondern auch die l a n g f r i s t i g e n Werbewirkungen einbeziehen muß. Dies gilt zunächst für den Fall, daß die Werbung Instrument der langfristigen Absatzpolitik ist. Im Rahmen einer solchen, über mehrere Jahre sich erstreckenden Absatzkonzeption ist die Stärkung des Goodwills eines Produkts oder der Unternehmung überhaupt und damit die Absatzsicherung auf lange Sicht primäres Werbeziel. Neben diesen geplanten gehen aber von jeder

Werbemaßnahme u n b e a b s i c h t i g t e und den Umworbenen oft unbewußt bleibende Einflüsse auf das Produkt- und Firmenimage aus, die sich letztlich in Goodwill-Änderungen niederschlagen. Diese Fernwirkungen der Reklame können — je nach ihrer Wirkungsrichtung und ihrer Intensität — das kurzfristige Ergebnis steigern oder verringern. Da in der Praxis der Werbeerfolgskontrolle die langfristigen Wirkungen überhaupt nicht oder nur recht willkürlich erfaßt werden, zeigt sich, wie problematisch und ungenau jede quantitative Wirkungsanalyse immer dann ist, wenn die Reklame sowohl kurzfristige als auch langfristige Elemente enthält.

5. Bisher sind wir — vereinfachend — von einem Einproduktunternehmen ausgegangen. In diesem Modell ist die Umsatzvariation beim einzigen Werbeobjekt identisch mit der Veränderung des Gesamtumsatzes der Unternehmung. Im Mehrproduktunternehmen bleibt demgegenüber die werbliche Förderung eines bestimmten Objekts oder einer Objektgruppe nur dann auf diese begrenzt, wenn keine A b s a t z v e r k e t t u n g e n zwischen den einzelnen Gütern des Leistungsprogramms vorliegen. In Wirklichkeit stehen die Absatzleistungen eines Unternehmens aber oft in einseitigen oder gegenseitigen Komplementaritäts- oder Substitutionsbeziehungen. Liegen K o m p l e m e n t ä r r e l a t i o n e n vor, so führt jede werbebedingte Umsatzvariation bei einem Gut zu einer gleichsinnigen Umsatzänderung beim Komplement. In der Werbeerfolgsrechnung darf in diesem Falle der eingesetzten Werbekostensumme nicht nur der unmittelbare Umsatzeffekt beim Werbeobjekt x_1 gegenübergestellt werden, vielmehr ist auch der p o s i t i v e V e r k e t t u n g s e f f e k t bei x_2 zu berücksichtigen. Werbung für das Gut x_1 kann die Absatzbedingungen für die anderen Erzeugnisse des Leistungsprogramms aber auch dann verbessern, wenn diese nicht komplementär sind. Dies resultiert aus dem G o o d w i l l - E f f e k t erfolgreicher, produktbezogener Werbemaßnahmen. Sie erhöhen das Ansehen der Firma und machen den Firmennamen bei den Käufern bekannt oder steigern den Bekanntheitsgrad und wirken damit auch auf andere Güter im Sortiment absatzfördernd. Die Verkaufsmenge des Gutes x_2 ist also nicht nur eine Funktion seines Preises, sondern zugleich vom Werbeaufwand für x_1 abhängig. Die entsprechende K r e u z - W e r b e k o s t e n e l a s t i z i t ä t, d. h. die relative Änderung der Nachfrage bei x_2 bei einer relativen Änderung der Werbekosten für x_1, ist positiv[12]).

Liegen ohnehin Komplementärbeziehungen zwischen den Gütern vor, so werden diese durch den Goodwill-Effekt verstärkt. In jedem Falle sind in der Werbeerfolgsrechnung neben den werbeobjektbezogenen (kurz- und langfristigen) Absatzeffekten die Goodwill-Wirkungen auf andere Güter des Absatzprogramms zu berücksichtigen. Selbstverständlich kann auch ein „ B a d w i l l " hervorgerufen werden, der zu negativen Umsatzwirkungen auf die übrigen Sortimentsteile führt.

Sind die im Leistungsprogramm des Werbungtreibenden enthaltenen Güter S u b s t i t u t e , so führt die werbliche Forcierung der Marke x_1 oft dazu, daß der erzielte Umsatzzuwachs mehr oder minder stark auf Kosten der Umsätze von x_2, x_3 usw. erzielt wird. Diese i n t e r n e Konkurrenz ist insbesondere dann sehr intensiv, wenn die Gesamtnachfrage nach einer Warenart weitgehend konstant ist und die werbende Firma mehrere Marken mit hohem Marktanteil anbietet. Auch die n e g a t i v e Verkettung zwischen den Sortimentsteilen kann einseitig oder wechselseitig sein. Neben den direkten Umsatzänderungen beim Werbeobjekt sind in der Werbeerfolgsrechnung auch diese indirekten Effekte auf die Substitutionsgüter der Firma zu beachten. Aber auch im Falle der Konkurrenz zwischen den Gütern x_1 und x_2 wird gewöhnlich der Goodwill- bzw. Badwill-Effekt der Werbung wirksam. Dies führt dazu, daß die werbebedingten Substitutionswirkungen gemildert oder verstärkt werden.

b) Werbebedingte Kostenänderungen

Offene Fragen bestehen jedoch nicht nur in der Abgrenzung der werblichen Umsatzwirkungen, sondern auch — wie im folgenden zu zeigen ist — bezüglich der **Kosteneffekte** der Reklame.

1. In allen gewinnorientierten Werbeerfolgskonzeptionen werden den Umsatzergebnissen zumindest diejenigen Kosten gegenübergestellt, die durch **Herstellung und Streuung der Werbemittel** verursacht werden. Selbst wenn man sich über diese Abgrenzung der Werbekosten einig ist und Auffassungen zurückweist, die unter die Werbekosten die Kosten **aller** absatzpolitischen Aktionen subsumieren, die — wie z. B. Qualitätsverbesserungen — einen werblichen Nebeneffekt haben, gelangt man noch nicht zu einheitlichen Ergebnissen. Dies ist vor allem darauf zurückzuführen, daß der Terminus „Werbemittel" erhebliche Inhaltsunterschiede aufweist und demzufolge auch die Kosten des Werbemitteleinsatzes differieren. Während viele Autoren zu den Werbemitteln nur solche Instrumente rechnen, die in ihrer Gesamtwirkung primär dazu bestimmt sind, die Umsatz- oder Kostensituation der Unternehmung zu beeinflussen, treten andere dafür ein, außer den eigentlichen Werbemitteln noch die vielfältigen Werbehilfen angemessen zu berücksichtigen. Von der Arbeitsgruppe „Werbekosten" des ZAW/RKW wird neuerdings sogar vorgeschlagen, die Instrumente der Öffentlichkeitsarbeit (Public Relations) und der Verkaufsförderung schlechthin als Werbemittel anzusehen und deren jeweilige Einsatzkosten als Werbekosten anzusetzen[13]. Noch größer als in der betriebswirtschaftlichen Theorie ist die Verwirrung in der Praxis. Eine Sondererhebung des ZAW bei 3000 Firmen, welche Kosten jeweils zu den Werbekosten gerechnet würden (Fragebogenrücklauf: 545 Firmen = ca. 18 %)[14] ergab, daß bei allen nicht direkt mit dem Einsatz klassischer Werbemittel verbundenen Kosten die Handhabung außerordentlich unterschiedlich ist. Die skizzierten Auffassungsunterschiede sind letztlich darauf zurückzuführen, daß es bisher nicht gelungen ist, die Werbefunktion scharf abzugrenzen.

Auch wenn man von einem einheitlichen Werbemittelbegriff ausgeht, bleibt in gewissem Umfange offen, welche Kosten der **Werbemitteleinsatz** tatsächlich verursacht. Dabei bereitet die Bestimmung der den Werbeleistungen direkt zurechenbaren Kosten (= Werbe-Einzelkosten), z. B. für die Anfertigung der Werbemittel und ihre Heranführung an die Werbesubjekte, kaum Schwierigkeiten. Wohl aber ergeben sich bei der mengenmäßigen Zuordnung der **Werbe-Gemeinkosten**, z. B. bei der Ermittlung der werbebedingten Marktforschungs-, Raum-, Kapital- und allgemeinen Verwaltungskosten, oft erhebliche Unschärfen. Zu den bisher erörterten **sachlichen** kommen **zeitliche** Abgrenzungsprobleme, wenn Werbemittel eingesetzt werden, deren Nutzungsdauer sich über mehrere Jahre erstreckt, und wenn es gilt, den Periodenerfolg der Werbung zu ermitteln.

2. Neben diesen unmittelbaren Werbekosten müssen bei werbebedingter Absatzmengensteigerung auch alle Kosten für die **Herstellung**, die **Verwaltung** und den **Vertrieb** einbezogen werden, die mit dem Absatzzuwachs verbunden sind. Entsprechend sind im Falle eines trotz der Werbung eintretenden Absatzrückganges die Kostenersparnisse gutzubringen, die aus der Verminderung der Produktionsmenge resultieren. Demgegenüber werden in manchen Werbeerfolgskonzeptionen ausschließlich die für den Werbemitteleinsatz entstehenden Kosten berücksichtigt. Ein solches Vorgehen ist nur dann gerechtfertigt, wenn die Umsatzerhöhung — bei konstanter Absatzmenge — allein über den **Preiseffekt** der Werbung erfolgt oder wenn die Reklame — bei allgemein rückläufiger Absatzentwicklung — zwar keine Umsatzsteigerung, wohl aber die **Erhaltung des Umsatzes** auf dem bisherigen Niveau bewirken konnte.

3. Vermag die Werbung – wie meist angestrebt – eine Absatzmengensteigerung herbeizuführen, so ergeben sich daraus vielfältige Einflüsse auf die übrigen Funktionsbereiche der Unternehmung, vor allem auf den Produktions- und Beschaffungssektor. Es stellt sich die Frage, ob die über reklamebedingte Verkaufsmengensteigerungen ausgelösten **Veränderungen der Produktionskosten, der Einstandspreise** usw. der Werbung zuzurechnen sind oder nicht. In der Werbetheorie wird dieses Problem kaum diskutiert, obwohl offensichtlich konträre Auffassungen bestehen. Viele Autoren[15]) gehen auf diese Reklamewirkungen im weiteren Sinne überhaupt nicht ein. Sie operieren mit einem enggefaßten Werbeerfolgsbegriff, dessen negative Komponente nur die Kosten des Werbemitteleinsatzes und die zusätzlichen Selbstkosten für die erhöhte Verkaufsmenge enthält. Demgegenüber modifizieren die Vertreter eines umfassenden Erfolgsbegriffs[16]) die eigentlichen Werbekosten in der Weise, daß sie alle aus reklamebedingten Mengensteigerungen resultierenden Kostenersparnisse von den Werbekosten subtrahieren und eventuelle Kostenzuwächse den Werbekosten zuschlagen. Hierdurch wird der engere Wirkungszusammenhang der Reklame verlassen; ihr werden Kostenveränderungen zugerechnet, die sich aufgrund der spezifischen Gesamtsituation der Unternehmung in anderen Funktionsbereichen ergeben. Dies führt dazu, daß eine Werbung etwa auch dann als erfolgreich deklariert wird, wenn zwar die unmittelbaren Werbekosten größer als der Umsatzgewinn sind, sich jedoch – über die Beseitigung des Absatzengpasses – im Produktions- oder Beschaffungsbereich Kosteneinsparungen realisieren lassen, welche die Werbekosten entsprechend schmälern, kompensieren oder sogar überkompensieren. Umgekehrt kann für eine Werbeaktion, bei der die Reklamekosten in einem sehr günstigen Verhältnis zum Umsatzeffekt stehen, dadurch ein Werbeverlust ausgewiesen werden, daß man ihr mittelbare Kostenerhöhungen aus anderen Betriebssektoren anlastet. Der Begriff „Werbeerfolg" wird durch die sogenannte Totalbetrachtung inhaltsleer.

Zu den genannten Einwendungen gegen einen so weit gefaßten Erfolgsbegriff kommen solche, die seine **Ermittlung** betreffen. Neben der Analyse der Umsatzwirkungen müßten nämlich eingehende Untersuchungen über die Höhe der sogenannten **mittelbaren Werbekosten** durchgeführt werden. Diese gestalten sich in Einproduktfirmen noch vergleichsweise einfach, da sich der Mengeneffekt der Reklame in Absatzerhöhungen des Werbeobjekts erschöpft. Sehr komplexe, rechnerisch oft nicht mehr zu isolierende Kosteneinflüsse gehen jedoch von werblichen Absatzerhöhungen in Mehrproduktunternehmen aus.

Die vorangegangenen Erörterungen dürften gezeigt haben, zu welch fragwürdigen Ergebnissen ein Werbeerfolgsbegriff führt, der **alle** von werbebedingten Absatzmengenänderungen ausgehenden Umsatz- und Kostenwirkungen umfaßt. Es erscheint uns daher zweckmäßig, an einer engeren Definition festzuhalten, die unter **Werbegewinn** die positive **Differenz von Umsatzgewinn und unmittelbaren Werbekosten** begreift.

2. Kategorien des Werbeerfolgs im Falle der Gewinnbeeinflussung über den Kosteneffekt

Während bisher das Problem der Erfolgsermittlung stets unter dem Werbeziel der Gewinnerhöhung über den Umsatzeffekt behandelt wurde, ist nunmehr die entsprechende Frage für den Fall zu erörtern, daß eine **Gewinnerhöhung über den Kosteneffekt der Werbung** erstrebt wird. Solche Zielsetzungen werden in der Theorie der Erfolgsermittlung bisher nicht berücksichtigt. In diesem Zusammenhang erlangen vor allem Werbemaßnahmen Bedeutung, die darauf gerichtet sind, eine **zeitliche Umverteilung der Nachfrage** – nicht jedoch der Umsatzhöhe – herbeizuführen.

Bei der Kontinuitätswerbung haben die Werbungtreibenden die Intention, starke Umsatzschwankungen (Tages-, Wochen-, Monats-, Saison- oder gar Konjunkturschwankungen) soweit als möglich zu egalisieren. Aufgabe der Synchronisationswerbung ist es, die Nachfrage den Produktions- bzw. Beschaffungsrhythmen anzupassen und damit die Absatzläger möglichst klein zu halten. Die Emanzipationswerbung schließlich will die Absatzentwicklung von gegebenen Produktions- bzw. Beschaffungsverläufen abheben.

Der Werbeerfolg resultiert bei allen Varianten der zeitlichen Nachfragelenkung allein aus Kostendifferenzen: Den Kosten, die sich bei unbeeinflußter Umsatzverteilung ergeben, sind jene gegenüberzustellen, die nach der werblichen Umsatzbeeinflussung entstehen. Eventuelle Kostenersparnisse stellen jedoch lediglich den Brutto-Werbeerfolg dar. Ein Reinerfolg der Werbung liegt erst dann vor, wenn die Kostenvorteile aus der zeitlichen Umsatzumverteilung die Kosten des Werbemitteleinsatzes übersteigen.

Neben der Nachfragelenkung im Zeitablauf besteht das Ziel werblicher Aktivitäten oft darin, die Abnehmer zu einem Einkaufsverhalten zu veranlassen, das der werbungtreibenden Unternehmung eine rationellere Absatzdurchführung ermöglicht. Als Beispiele seien die Werbung für Einkäufe in großen Mengen oder für bestimmte Mindestauftragsgrößen und die Werbung für die Inanspruchnahme gewisser Einkaufstechniken, z. B. der Ordersätze, genannt. Der Bruttoerfolg besteht in allen Fällen in der werbebedingten Absatzkostenersparnis, also in der positiven Differenz zwischen den Kosten der Absatzabwicklung vor und nach der werblichen Beeinflussung. Übersteigt diese Absatzkostenersparnis zugleich die Kosten des Werbemitteleinsatzes, so liegt ein Werbegewinn vor.

Schlußbetrachtung

Aus unseren Untersuchungen geht hervor, wie vielfältig die aus betrieblichen Werbeaktivitäten resultierenden Umsatz- und Kostenwirkungen sind und welch hohen Anforderungen eine korrekte Werbeerfolgsrechnung genügen muß. Mißt man die in der Werbelehre und Werbepraxis angewandten Methoden der Erfolgskontrolle an der entwickelten Konzeption, so wird deutlich, daß bisher ausschließlich werbliche Teilwirkungen erfaßt werden. Dabei beschränken sich zahlreiche Erfolgsanalysen auf die Kontrolle der außerökonomischen Effekte der Werbung. Soweit der ökonomische Werbeerfolg analysiert wird, basieren die Ermittlungen auf einem stark vereinfachten Erfolgsmodell: Auf der Umsatzseite werden gewöhnlich nur die kurzfristigen, unmittelbar am Werbeobjekt eingetretenen Umsatzänderungen erfaßt. Die langfristigen Werbewirkungen, insbesondere aber die Absatzverkettungen, bleiben unbeachtet. Auf der Kostenseite besteht keine einheitliche Auffassung, ob alle als Folge der werbebedingten Nachfragesteigerung auftretenden Kostenänderungen im Produktions- und Beschaffungsbereich zuzurechnen sind oder ob man sich – wofür wir eintreten – auf die Erfassung der unmittelbaren Werbekosten beschränken darf. Außerhalb des Blickfeldes bleiben bisher all jene werblichen Bemühungen, durch eine kostenwirksame Abnehmerbeeinflussung die Unternehmungssituation zu verbessern. Die Praxis der Werbeerfolgsbestimmung steht noch vor vielen offenen Fragen.

Quellenangaben:

[1] Vgl. Seyffert, Rudolf: Wirtschaftliche Werbelehre, 4. Auflage, Wiesbaden 1952, S. 23 f. und S. 140 ff. Siehe auch König, Theodor: Reklame-Psychologie, 3. Aufl., München und Berlin 1926, S. 32.

[2]) Vgl. Sundhoff, Edmund: Die Ermittlung und Beurteilung des Werbeerfolges. In: Betriebswirtschaftliche Forschung und Praxis, 6. Jahrgang 1954, S. 129 ff.

[3]) Vgl. Lavidge, Robert C., Steiner, Gary A.: A Model for Predictive Measurements of Advertising Effectiveness. In: Journal of Marketing, Vol. 25, Oct. 1961, S. 59 f.

[4]) Vgl. Colley, Russell H.: Defining Advertising Goals for Measured Advertising Results, Fifth Printing, New York 1965, S. 55 ff.

[5]) Zur Problematik des Aufmerksamkeitsbegriffes vgl. Jacobi, Helmut: Werbepsychologie, Band VII der Studienreihe Betrieb und Markt, Hrsg.: Prof. Dr. Karl Chr. Behrens, Wiesbaden 1963, S. 58 ff.

[6]) Vgl. Behrens, Karl Chr.: Absatzwerbung, Band X der Studienreihe Betrieb und Markt, a.a. O., Wiesbaden 1963, S. 107 ff.

[7]) Vgl. hierzu und im folgenden Edler, Folkard: Werbetheorie und Werbeentscheidung, Wiesbaden 1966, S. 69 ff.

[8]) Edler (a. a. O., S. 70) spricht in diesem Zusammenhang von Interesseweckungserfolg. In unserer Erfolgssystematik bleibt diese Kategorie jener Umworbenengruppe vorbehalten, bei der der Werbeappell Kaufentschlüsse ausgelöst hat.

[9]) Behrens, Karl Chr.: a. a. O., S. 116.

[10]) Vgl. Gutenberg, Erich: Grundlagen der Betriebswirtschaftslehre. Zweiter Band: Der Absatz, 9. Aufl., Berlin, Heidelberg, New York 1966, S. 491 f. In der Werbelehre versteht man nämlich allgemein unter Streu- oder Berührungserfolg den Quotienten
Zahl der Werbeberührten
Adressatenzahl

[11]) Zu den zahlreichen Varianten von Wiedererkennungs- und Erinnerungstests vgl. ausführlich Lucas, D. B., Britt, St. H.: Messung der Werbewirkung. Deutsche Ausgabe von Carl Hundhausen, Essen 1966, S. 65 ff.

[12]) Vgl. auch Parthey, Heinz-Georg: Der Verlauf der Werbekosten und die Planung des Werbekosteneinsatzes in betriebswirtschaftlicher und preistheoretischer Sicht, Diss., Frankfurt am Main 1959, S. 149 ff.

[13]) Vgl. Arbeitsgruppe „Werbekosten" des ZAW/RKW: Gliederungsschema zur Erfassung der Werbekosten in der Industrie, München 1966, S. 5 f.

[14]) Vgl. ZAW: Welche Geschäftsausgaben sind Werbekosten?, München 1957.

[15]) Vgl. z. B. Gutenberg, Erich: Grundlagen..., Zweiter Band, a. a. O., S. 492 f., Suter, Franz: Feststellung und Analyse des Werbeerfolges, Winterthur 1962, S. 40 ff.

[16]) Vgl. vor allem Behrens, Karl Chr.: a. a. O., S. 134 ff.

**Demoskopische Methoden
der Werbeerfolgsprognose**

Von Dr. Lieselotte Opitz, Heidelberg

I. Die Werbeerfolgskriterien

Welche Ansprüche verbindet die Werbepraxis mit Werbeerfolgsprognosen? Diese Frage ist mit den Aufgaben zu beantworten, welche die Werbe m i t t e l im Rahmen des gesamten Werbekonzepts übernehmen müssen. Sie sollen dazu beitragen, die spezifischen Werbeziele zu erfüllen, die zum Beispiel definiert werden als

1. auf Nicht-Kaufhandlungen bezogene Werbeziele,
2. auf Kaufhandlungen bezogene Werbeziele.

Mit dieser Abgrenzung allein ist jedoch der Formulierung einer Werbemittelprognose noch nicht gedient. Sie ist zwar allgemein auf eine Formulierung der Zielfunktion werblicher Anstrengungen anwendbar, nicht jedoch gleichzeitig auf konkrete Fragestellungen, die sich auf die Gestaltung der Werbemittel konzentrieren müssen. Es dürfte kaum zu leugnen sein, daß die Werbemittel das Verhalten des Konsumenten in ganz bestimmter Richtung beeinflussen sollen. Somit darf der Werbemittelerfolg primär nicht mit Kategorien definiert werden, die dem Konsumverhalten möglicherweise vorgelagert sind, wie Berührung, Beeindruckung, Erinnerung, sondern er muß in erster Linie an diejenigen Komponenten anknüpfen, die für das Zustandekommen von Verhaltensweisen verantwortlich sind. Primär verantwortlich für eine bestimmte Handlungsweise ist nicht etwa die Erinnerung; denn es bleibt die Frage offen, warum sich der Konsument zu gegebener Situation an eine bestimmte Werbung erinnert. Schließlich kann eine Erinnerung durchaus mit negativen Gefühlen verbunden sein, woraus wohl kaum eine im Sinne der werblichen Bemühungen positive Kaufbereitschaft resultieren dürfte. (Die Werbepraxis liefert genügend Beispiele für werbliche Erfolge im Bekanntheitsgrad oder für Erinnerungsgrade von Slogans, ohne daß ihnen jemals ein entsprechend positives Verhalten folgte.)

Aus diesen Überlegungen empfiehlt es sich, die Werbemittelprognose in gewisser Weise mit der Verhaltensprognose zu verknüpfen. Wenn Werbemittel das Konsumverhalten beeinflussen sollen, müssen sie zwangsläufig die Verhaltensmotive in ihre konzeptionelle Gestaltung eingehen lassen. Diese Forderung ist zwar leicht gestellt, die Basis für ihre Erfüllung ist jedoch schmal, denn sie ist von ihrer wissenschaftlichen Erklärung her diffus. Eine Theorie menschlichen Verhaltens, die das konsumtive Verhalten einschließt, gibt es nicht. Vorhanden sind allenfalls Ansätze, welche Soziologie, Psychologie und Wirtschaftswissenschaften unter jeweils isoliertem Aspekt entwickelt haben, ohne daß es bisher zu einem gültigen Konnex zwischen diesen Ansätzen gekommen wäre. Die Werbepraxis steht daher vor dem Problem, diesen Konnex notdürftig herzustellen oder sich dem einen oder anderen Aspekt je nach individueller Zuneigung zu verschreiben.

Die Ansprüche der Praxis an Werbeerfolgsprognosen, welche die Grundlagen ihrer Planung bilden, sind notwendigerweise zweistufig zu verstehen. Zuerst steht die Frage, welchen I n h a l t die Werbebotschaft in Form von Anzeigen, Funk-, Fernsehspots usw. dem zu umwerbenden Verbraucher offerieren muß, um ein Interessen- oder gar Aktionspotential treffen zu können. Die zweite Fragestellung richtet sich auf die A u s s c h ö p f u n g dieser Potentiale. Die Forderungen an die Werbeerfolgsprognosen verstehen sich also gestaltungs- und mediabezogen.

A. Gestaltungsbezogene Erfolgskriterien

1. Inhaltliche Gestaltung

a) Werbemittel als Spiegelbild der Marketing-Konzeption

Betrachtet man mit Behrens*)[1] die Werbeerfolgsprognose als Werbemittelprognose, und besinnt man sich auf die Funktion, die der Werbung im Rahmen der Absatzpolitik zugeteilt wurde, so steht die Marketing-Konzeption eines Unternehmens im Vordergrund der Überlegungen brauchbarer Vorhersagen zur Werbemittelgestaltung. Ohne tiefer in die Schwierigkeiten einer exakten Definition des „Marketing" einzudringen, soll davon ausgegangen werden, daß die Marketing-Konzeption eines Herstellers von Massenkonsumgütern heute auf die objektiv gegebene Käufermarktsituation ausgerichtet ist. Diese Tatsache enthält die Konsequenz, daß das für den Absatz vorzubereitende Massenprodukt auf die effektiven Bedürfnisse oder Wünsche – bewußt oder unbewußt empfunden – des potentiellen Käuferkreises abgestimmt werden muß. Mit anderen Worten: Eine realistische Marketing-Konzeption stützt sich auf die Motive des Verbrauchers, die ihn zum Kauf bestimmter Produkte stimulieren. Nur auf diese Weise kann sich der Unternehmer die Plattform für den Absatz im Käufermarkt verschaffen.

Unterstellen wir, daß eine qualifizierte Absatzmarktforschung – begrenzt durch die fehlende gültige Theorie zum Konsumverhalten – Komponenten herausgefunden hat, die Einfluß auf das Verhalten des Verbrauchers ausüben können, und daß sie zusätzlich die Verbreitung der gefundenen Motive ermittelt hat. (Es dürfte außer Frage stehen, daß die Bestimmungsgründe des Konsumverhaltens nicht in allen Käuferschichten auf gleichem Niveau ausgeprägt sind.) Aus dem Ergebnis der Absatzmarktforschung läßt sich dann die spezifische Marketing-Konzeption formulieren und der Einsatz des absatzpolitischen Instrumentariums von der Produktgestaltung bis hin zur Werbung festsetzen. Die Werbung erhält dann die Aufgabe, die spezifiziert definierte Zielgruppe in einer ihrer Motivation adäquaten Weise zu umwerben. Hier zeigt sich offensichtlich die Nahtstelle zwischen globalem Marketing und der ihm anzupassenden Werbung. Somit läßt sich die Forderung eines marketing-orientierten Unternehmers an eine Werbeerfolgsprognose als eine Aufforderung konkretisieren, die Gestaltung von Werbemitteln auf ihre Angemessenheit in der inhaltlichen Aussage zum Marketing-Ziel hin zu prüfen. Diese Forderung ist mit ein-

---

*) Die im Text laufend numerierten Quellenangaben sind am Schluß des Aufsatzes zitiert.

schneidenden Konsequenzen für die „Gestaltung" als kreative Instanz verbunden. Sie beschränkt die Kreativität auf einen genau definierten Rahmen, — eine Tatsache, die häufig als unvereinbar mit dem Begriff „Kreativität" betrachtet wird. Diese Argumentation geht jedoch an der Wirklichkeit vorbei, weil entgegen jeder Alltagspraxis ein Begriff als allumfassend und unbeschränkt definiert wird. Eine „Kraft" benötigt nicht das Universum, um sich schöpferisch zu engagieren. Das kreative Moment besteht vielmehr darin, eine g e g e b e n e Situation in sogenannter unkonventioneller Weise zu interpretieren. Eine Kreativität an sich kann es schon deshalb nicht geben, weil sie ohne Bezugsrahmen von niemandem identifiziert werden könnte. Somit erklärt sich auch die Notwendigkeit, die kreativen Äußerungen in der Werbemittelgestaltung auf ihre Kongruenz mit dem Marketing-Ziel als Bezugsrahmen zu überprüfen.

b) Aktions- und Interessenwirksamkeit als Funktion von Verhaltensmotivationen

Interessenweckungs- und Aktionserfolg werden im allgemeinen als die entscheidenden Kontrollinstanzen für den Werbeerfolg angesehen. Nur ist diese isolierte Betrachtung inkonsequent und losgelöst von der Forderung nach einer marketing-adäquaten Werbemittelgestaltung. Wenn man sich dazu entschlossen hat, die Werbemittelgestaltung auf die Marketing-Ziele abzustimmen, und wenn diese sich an der Motivationsstruktur des Konsumenten orientieren, dann ist in diese Entscheidung auch der Interessenweckungs- und Aktionserfolg eingeschlossen. Nur wenn die Frage der Motivation offenbleibt, also auch das Marketing-Konzept auf unsicherem Boden steht, kann die Forderung nach Kontrolle und Prognose des Interessenweckungs- bzw. Aktionserfolgs n e u erhoben werden. Andererseits sind die Möglichkeiten der demoskopischen Marktforschung, die Adäquanz der Werbemittelgestaltung zur Verhaltensstruktur der Konsumenten zu prüfen, begrenzt, und man schließt implizit aus der Messung eines bestimmten Intentionserfolges, daß die inhaltliche Aussage des Werbemittels die Verhaltensmotive der Konsumenten widerspiegelt.

c) Image und Bekanntheitsgrad

Beide Begriffe werden als notwendige Ziele einer Werbung hingestellt, die glaubt, sich von solcher Werbung emanzipieren zu müssen, die Teil des sog. „Marketing-Mix" ist[2]. Image- und Bekanntheitsgradförderung werden als eigenständige Ziele deklariert, weil man gedanklich nicht anders aus der Verquickung der Werbung mit den übrigen absatzpolitischen Instrumenten herauszukommen meint. Das Problem ist jedoch in der Tat nicht, dieser Verquickung zu entfliehen, sondern sich ihr vielmehr sinnvoll einzuordnen. „Sinnvoll" kann nichts anderes bedeuten als Integration (anstelle von Isolierung) der Werbung in das vielzitierte Marketing-Mix. Dieser Vorgang ist um so einfacher zu vollziehen, je deutlicher die Tatsache vor Augen schwebt, daß die Werbung die Verhältnisse im Absatzmarkt in adäquate Werbebotschaften umwandelt. Ein positives Image eines Produkts ist somit nicht anders zu interpretieren als ein Erfolg im Hinblick auf die Motivationsstruktur des potentiellen Käuferkreises. Ähnliches kann, muß aber nicht für den Bekanntheitsgrad gelten, von dem wir wissen, wie wenig er mit Kaufinteresse oder gar Aktion korrespondieren muß. Diese Beobachtung legt den Schluß nahe, ihn aus der Liste der Werbeerfolgskriterien für eine Prognose zu streichen.

Zusammenfassend kann festgestellt werden, daß ein entscheidendes Kriterium für die gestaltungsbezogene Werbeerfolgsprognose die Angemessenheit der inhaltlichen Gestaltung der Werbemittel an die Marketing-Konzeption ist. Interessenweckungsprognosen sowie auch Prognosen zum Image gelten ausschließlich als Parameter für die Adäquanz von Werbemittel- und Marketing-Strategie. Der Bekanntheitsgrad ist aus den zitierten

Gründen völlig von spezifischen Werbeerfolgskategorien loszulösen. Somit bleibt als konstitutives Element für die Formulierung von Erfolgsprognosen für Werbemittel nur die Orientierung an der Marketing-Konzeption übrig. Diese ist spezifisch zielgruppenbezogen, d. h. motivationsorientiert, so daß damit auch die Entscheidung gefallen ist, woran sich Werbeerfolgsprognosen primär auszurichten haben.

2. Intensität und Glaubwürdigkeit der inhaltlichen Werbemittelgestaltung

Die Prüfung einer Anzeige im Hinblick auf ihre Adäquanz zur Verhaltenstendenz der Konsumenten ist nicht zu trennen von der Glaubwürdigkeit und Intensität ihrer Wirkung. Selbst wenn die Übereinstimmung der Werbemittelgestaltung mit den Verhaltensmotiven gegeben ist, kann dies in einer übertriebenen Weise geschehen, die dem Umworbenen unglaubwürdig erscheint. Insofern ist der Inhalt der Werbebotschaft in dosierter Form zu offerieren, die das Wahrheitsempfinden des Umworbenen nicht verletzt. Daher ist „Glaubwürdigkeit" als abgeleitetes Kriterium zur Adäquanz-Prüfung unerläßlich.

An die Glaubwürdigkeit einer Werbebotschaft schließt sich notwendig ihre Intensität an. Weder Übereinstimmung mit der Konsumverhaltensstruktur noch Glaubwürdigkeit dieser Aussage finden ein Echo beim Konsumenten, wenn ihnen die Intensität der Ansprache fehlt. Es ist inzwischen allgemein bekannt, daß Zeitungen und Zeitschriften nicht wegen ihres Anzeigenangebots, noch Funk und Fernsehen wegen ihrer Werbespots gekauft oder eingeschaltet werden. Nicht zuletzt aus dieser Einsicht resultieren die Forderungen nach einer kreativen Werbemittelgestaltung, von der eine Intensität der Ansprache ausgehen muß, die bis zu den Motiven der Konsumenten vorzudringen vermag.

Insofern dürften Glaubwürdigkeit und Intensität von Werbebotschaften Bedingungen sein, die in letzter Instanz den Zusammenhang zwischen Werbebotschaften und Konsumverhalten mitbestimmen. Werbeerfolgsprognosen können somit auf beide Kriterien nicht verzichten.

B. Mediabezogene Werbeerfolgskriterien

Mit der inhaltlichen Gestaltung von Werbebotschaften und ihrer antizipativen Prüfung wird sich kein werblich engagierter Unternehmer zufriedenstellen lassen. Vielmehr wird er weitere Forderungen anmelden:

Welche Kanäle muß die Werbebotschaft gehen, um das Zielgruppenpotential zu erreichen?

Welche Kanäle sind für die effektive Ausnutzung des Zielgruppenpotentials geeignet?

1. Werbemittelkontaktchancen

Für die Übermittlung von Werbebotschaften stehen die verschiedensten Kommunikationskanäle zur Verfügung. Bei der Media-Planung stellte sich damit die prognostische Frage, welche Auswahl zu treffen ist, um das durch die Marketing-Konzeption definierte Zielgruppenpotential maximal zu treffen, das heißt, es ist vorab zu schätzen, mit welchen Werbeträgern die größte Chance besteht, die Zielpersonen anzusprechen.

2. Werbemittelkontakte

Selbstverständlich reicht es noch nicht aus, einer Werbebotschaft allein die Chance zu geben, von den Zielpersonen erreicht zu werden. Hinzukommen müssen effektive Kontakte der Zielpersonen mit den jeweiligen Werbemitteln. An dieser Stelle wird deutlich, daß die Überlegungen zur erfolgswirksamen Werbeträger-Auswahl die bekannte Kategorie der „Werbeberührung" ins Spiel bringen, — allerdings betont gesehen in Verbindung mit spezifischen Werbeträgern. Es wäre wenig realistisch, den Brührungserfolg einer Anzeige zum Beispiel losgelöst von den Bedingungen zu prognostizieren, die ihn in der Realität beeinflussen können.

Bereits vielfach ist erkannt und erörtert worden[3]), daß es meßtechnisch nicht möglich ist, den Berührungserfolg, wie er von Seyffert definiert wird, als sensorische Empfindung des Umworbenen[4]) auf demoskopischer Basis zu ermitteln. Die Meßergebnisse liefern immer m e h r als bloße Berührung mit dem Werbemittel, nämlich: Erinnerung. Dieser Tatbestand ist nicht zuletzt Folge der fehlenden Einsicht, daß der Mediaforscher keinen Beobachtungsposten in der menschlichen Psyche aufstellen kann, sondern auf externe Faktoren angewiesen ist, die über die psychische Verarbeitung von Einflußfaktoren Aufschluß geben können. (Auch die psychologischen Laborversuche mit Hilfe eines Tachistoskops o. ä. liefern noch keine Rechtfertigung für „Berührung" als Werbeerfolgskriterium; denn der Zusammenhang zwischen dieser Art von Perzeption und Umsetzung in Verhaltensweisen bleibt weiterhin unbeantwortet.) Die notwendige Konsequenz ist, den Berührungserfolg vom Erinnerungserfolg ablösen zu lassen. Dieser kann über die effektiven Kontakte eines Werbemittels mit der umworbenen Person Auskunft geben. Er ist andererseits nicht von den spezifischen Eigenschaften und damit Einflüssen des Werbeträgers auf das Verhalten des Lesers, Hörers oder Zuschauers loszulösen. Der Beitrag der Media-Planung zum Marketing-Ziel besteht also darin, eine Media-Selektion zu finden, die nicht nur das Zielgruppenpotential erreicht, sondern es auch durch effektive Kontakte mit der Werbebotschaft ausschöpft.

II. Methoden der Werbeerfolgsprognose

Die Darstellung methodischer Bemühungen um prognostische Aussagen zu den relevanten Werbeerfolgskriterien beschränkt sich auf die Anwendung nur eines Instruments: der demoskopischen Befragung. Bekanntlich bedient sie sich der Erhebung von Stichproben aus ausgewählten Grundgesamtheiten wie Gesamtbevölkerung, Verbraucher, Verbrauchergruppen oder auch Nutzern bestimmter Medien wie Funk, Fernsehen, Zeitschriften, Zeitungen usw. Der Vorteil demoskopischer Erhebungen besteht darin, daß ihre Ergebnisse innerhalb gewisser Sicherheitsgrenzen genaue Rückschlüsse auf die jeweils interessierenden Grundgesamtheiten erlauben. Dieser „Repräsentationsschluß" ist dagegen bei einer Reihe psychologischer Methoden nicht möglich, die zwar auch zu prognostischen Aussagen über die Wirksamkeit bestimmter Werbemittel gelangen können, deren effektive, als Verbreitung ausgedrückte Wirkung jedoch offenbleiben muß.

A. Gestaltungsbezogene Werbewirkungsprognose

1. Das Experiment als methodisches Instrument

Wenn die primäre Aufgabe der Werbemittelprognose darin besteht, die Übereinstimmung der inhaltlichen Gestaltung des Werbemittels mit der Marketing-Konzeption zu untersuchen, so ist das Layout das Untersuchungsobjekt demoskopischer Erhebungen, d. h. die Bestandteile beispielsweise einer Anzeige (Format, Farbe, Bild, Text, Slogan) sind nicht isoliert Gegenstand der Prüfung. Vielmehr kann allein das Zusammenwirken aller Anzeigenelemente Auskunft über die Adäquanz der Werbeaussage zum Marketing-Ziel und der damit gekoppelten Strategie geben[5]).

Wie bereits an anderer Stelle ausgeführt, kann der Konsument nur dann zum Kauf eines bestimmten Produkts angeregt werden, wenn es auf seine individuellen Bedürfnisse und Strebungen abgestimmt ist. Da der Werbung die Aufgabe zukommt, die Konsumenten über das Produkt zu informieren, ergibt sich für die antizipierte Kontrolle eines Layouts die Fragestellung: Inwieweit spricht es die Verhaltensmotive des Konsumenten an?

Diese Frage kann nur auf e x p e r i m e n t e l l e m Wege beantwortet werden; denn die Wirkung eines Faktors, der als Ursache betrachtet wird, läßt sich nur dann exakt nachweisen, wenn andere Faktoren, die ebenfalls auf das Verhalten Einfluß nehmen können, ausgeschaltet sind. Die vermutete kausale Beziehung zwischen zwei Variablen (Layout und Verhaltensweisen) ist nur dann ohne zusätzlich wirkende Störfaktoren zuverlässig zu isolieren, wenn in der demoskopischen Erhebung zwei voneinander genau abgegrenzte Situationen konstruiert werden können:

1. Eine Versuchssituation, in der die unabhängige Variable enthalten ist, beispielsweise der Entwurf einer Anzeige, dargeboten als Information für den Befragten.

2. Eine Kontrollsituation, die sich bis auf die unabhängige Variable nicht von der Versuchssituation unterscheidet. Hier wird dem Probanden also kein Layout vorgelegt.

Ein Vergleich von Versuchs- und Kontrollsituation im Hinblick auf die als abhängig angenommene Variable (Verhaltensweisen) erlaubt unter den gegebenen Bedingungen der Testsituation zuverlässige Rückschlüsse auf die Wirkung der unabhängigen Variablen, d. h. des Anzeigenentwurfs.

Nun ist die geschilderte Versuchsanordnung nicht allein typisch für die Prognostizierung von Wirkungen. Sie trifft ebenso zu, wenn bereits in der Realität bestehende Verhältnisse auf „Ursache" und „Wirkung" hin kontrolliert werden sollen, wie es z. B. auch bei der Werbeerfolgskontrolle der Fall ist. Daher ist für unseren Fall ein zusätzliches Merkmal in der experimentellen Anordnung notwendig; es handelt sich hier um die p l a n m ä ß i g e Variation von Bedingungen, d. h. um ein p r o j e k t i v e s Experiment, in dem die notwendige Variation von Bedingungen vom Experimentator künstlich herbeigeführt wird[6]).

Die Kennzeichnung des Experiments zur Werbeerfolgsprognose von Werbemitteln als projektives Experiment ist deshalb notwendig, weil damit gleichzeitig angedeutet ist, daß bei Übertragung seiner Befunde auf die Zukunft prinzipiell Zurückhaltung geboten ist. Sie ist angebracht, da die künstliche Herbeiführung eines Sachverhalts für alle Individuen der Testgruppe zu anderen Wirkungsbefunden führen kann, als derselbe Sachverhalt bei Einführung in die Realität möglicherweise hervorruft. Es sei dabei an die Tatsache erinnert, daß die Komplexität menschlicher Verhaltensursachen beim heutigen Stand der Erkenntnisse weitgehend unbekannt ist. Da ein Layout nur wenige Verhaltensmotive werblich umsetzen kann, ist damit nicht die Garantie gegeben, daß aus einem im Interview geäußerten Produktinteresse ein Produktkauf wird. Mit dieser Einschränkung müssen wir uns abfinden. Sie entwertet jedoch nicht die Wirkungsprognose, weil sie heute noch auf keinem absolut sicheren Fundament stehen kann.

2. Messung der Adäquanz von Werbebotschaft zur Marketing-Konzeption

Die Situation auf den Absatzmärkten für Massenkonsumgüter ist vom Käufer her bestimmt. Ein aktuelles Marketing stellt sich auf diese Prämisse ein, d. h. die Motive des Konsumentenverhaltens sind der Ansatzpunkt für die unternehmerische Initiative, – sei es im Hinblick auf Anpassung oder auf Veränderung gegebener Konsumgewohnheiten. Insofern ist eine marketing-orientierte Werbung gleichfalls auf die Motivationsstruktur der Konsumenten ausgerichtet. Das Problem ist nun, wie die demoskopische Befragung die Übereinstimmung von Werbeaussage und Marketing-Ziel antizipativ prüfen kann, um einem Fehlschlag bei der Streuung bestimmter Werbemittel vorzubeugen.

Die Notwendigkeit des experimentellen Ansatzes wurde bereits erläutert. Die damit bewirkte Isolierung läßt immer noch die Frage offen, welche Maßstäbe gewählt werden müssen, die eine Adäquanz von Werbebotschaft zu Verhaltensstruktur äußerlich zu erkennen geben. Hier kommen die Kriterien zur Anwendung, die im allgemeinen als eigenständige Werbeerfolgsziele postuliert werden: Interessenweckungs-, Aktions- und Imageerfolg. Inwieweit die Gestaltung eines Werbemittels die Motivationsstruktur des Verbrauchers anspricht, läßt sich an den Reaktionen der befragten Personen in Form von Kaufintention, -interesse oder positiver Einstellung zu dem u m w o r b e n e n P r o d u k t ablesen. Direkte Reaktionen auf den vorgelegten Anzeigenentwurf, indem dessen Eindruck auf den Befragten abgetestet wird, gehören nicht zu den Techniken, die einen Rückschluß auf die Angemessenheit der Werbemittelgestaltung an die Verhaltensstruktur erlauben[7]).

Dies ergibt sich selbstverständlich aus der Tatsache, daß sich die Werbemittel in ihrem Inhalt an das Verhalten des Umworbenen wenden. Eine Messung der Werbewirkung kann folglich auch nur an diesem Punkt ansetzen. Damit erklären sich die Fehlschläge, die amerikanische Untersuchungen erlitten, als sie die Werbewirkung über die persönlichen Vorstellungen ermitteln wollten, welche die Auskunftspersonen mit bestimmten Anzeigen verbanden[8]).

Die V e r s u c h s a n o r d n u n g zur projektiven Messung der Werbewirkung einer Anzeige[9]) auf Umfragebasis läßt sich wie folgt abwickeln:

1. V o r m e s s u n g : Die Zielpersonen, definiert nach demografischen und soziografischen Merkmalen[10]), werden in einem Mehrthemen-Interview nach ihren bisherigen Kaufgewohnheiten einschließlich Markenangaben zur Produktgruppe X befragt.

2. Das projektive Experiment :

a) Vorlage eines Layouts I an die in sich repräsentative Teilstichprobe A (Experimentalgruppe).

b) Keine Vorlage eines Layouts an die Teilstichprobe B (Kontrollgruppe), jedoch Übermittlung einer „Leerinformation", in der das untersuchte Produkt erwähnt wird (allerdings keinesfalls als Aufforderung zu einer Wertung). Die Leerinformation ist deshalb notwendig, um die Kontrollgruppe auf ein vergleichbares Niveau mit der Versuchsgruppe zu bringen; denn es ist bekannt, daß allein die Nennung eines Produkts oder einer Marke im Interview die Aufmerksamkeit des Befragten auf das spezifisch erwähnte Produkt lenkt. Daher werden alle nachfolgenden Aussagen davon beeinflußt. Insofern muß auch die Kontrollgruppe – nur in anderer Form – mit dem Untersuchungsprodukt konfrontiert werden.

3. N a c h m e s s u n g : Hier kommt es darauf an, die mögliche Veränderung gegenüber der Vormessung, d. h. den Einfluß des vorgelegten Layouts auf die Verhaltensstruktur, sichtbar zu machen. Um den notwendigen Vergleich zur Vormessung nicht zu zerstören, sind daher dieselben Maßstäbe – also Intention bzw. Kaufinteresse – als operationale Definition der Wirkung des Layouts zu wählen.

Es ergibt sich daraufhin zum Beispiel folgendes Auswertungsschema:

I. Teilstichprobe A
(Experimentalgruppe als dem Wirkungsfaktor – Layout – ausgesetzt)

	Bisherige Verwender des Produkts	Bisherige Nicht-verwender des Produkts
Kaufabsicht-Vormessung	20 %	10 %
Kaufabsicht-Nachmessung	35 %	20 %
Faktorwirkung (= Diff. vorher–nachher)	+ 15 %	+ 10 %

II. Teilstichprobe B
(Kontrollgruppe als dem Wirkungsfaktor – Layout – nicht ausgesetzt)

	Bisherige Verwender des Produkts	Bisherige Nicht-verwender des Produkts
Kaufabsicht-Vormessung	20 %	10 %
Kaufabsicht-Nachmessung	24 %	12 %
Faktorwirkung (= Diff. vorher–nachher)	+ 4 %	+ 2 %

„Qualifizierte Faktorwirkung": Bisherige Verwender (+ 15 % – 4 %)
= + 11 %

Bisherige Nicht-Verwender (+ 10 % – 2 %)
= + 8 %

Aus dem gewählten Zahlenbeispiel wird ersichtlich, daß das vorgegebene Layout offenbar mit der Verhaltensstruktur der angesprochenen Personen korrespondiert, weil es sowohl bei den Verwendern als auch Nichtverwendern des Produkts einen positiven Effekt auslöst. Ebenso wird die Notwendigkeit der Kontrollgruppenmessung sichtbar. Sie mißt den Effekt auf die Konsumtendenzen, der allein schon durch die Nennung des Produkts auch in der Experimentalgruppe hervorgerufen wird. Um diesen Effekt mußte die Wirkung des Layouts reduziert werden, damit allein die Effizienz der Werbemittelgestaltung ermittelt werden konnte.

Es zeigt sich, daß es relativ einfach ist, durch Anwendung der Logik des Experiments – innerhalb demoskopischer Befragungen durch Teilstichprobenbildung möglich – die antizipative Messung der materiellen Wirkung eines Werbemittels vorzunehmen. Allerdings ist der Hinweis auf einen Tatbestand unerläßlich, der Anlaß zu Mißverständnissen geben könnte. Im allgemeinen haben sich Messungen zur Intention in Richtung auf ein bestimmtes Kaufverhalten als sehr unzuverlässig erwiesen, wenn man daraus direkte Rückschlüsse auf das Ausmaß des künftigen Absatzes ableiten wollte. Schon allein die notwendige Abgrenzung des Zeitraums, in dem Kaufabsichten realisiert werden sollen, bringt eine prinzipielle Unsicherheit ins Spiel; denn Absichten lassen sich nur unter bestehenden Bedingungen bzw. Erwartungen äußern. Neue Ereignisse, die im Planungszeitraum auftreten und vorher geäußerte Intentionen revidieren, finden demnach keine Berücksichtigung. Prognosen auf der Basis individueller Intentionen sind daher mit so beträchtlichen Unsicherheitsfaktoren belastet, daß sich ihre Anwendung verbietet. Dies ist jedoch keine Überlegung mit genereller Konsequenz. Insbesondere kommt es in unserem Zusammenhang des „Adäquanztests" nicht darauf an, in Quantitäten vorherzusagen, wie sich die Intentionen der Verbraucher in Absatzzahlen niederschlagen werden. Wichtig ist vielmehr die indikative Brauchbarkeit geäußerter Intentionen für bestimmte Einflüsse, – hier der inhaltlichen Aussage von Werbemitteln. Wenn man von der nicht ganz unbegründeten Hypothese ausgeht, daß Intentionen Verhaltenstendenzen unter einer gegebenen Bedingungskonstellation widerspiegeln und die Werbeaussage des Layouts eine dieser Bedingungen darstellt, läßt sich wenig dagegen einwenden, Intentionen zum Indiz für künftige Verhaltensweisen unter den experimentell gesetzten Bedingungen zu wählen.

Ergebnisse von Versuchsanordnungen, wie sie hier exemplarisch dargestellt wurden, sind somit geeignet, die Angemessenheit eines Werbemittels für die Marketing-Konzeption eines Unternehmens brauchbar antizipativ zu prüfen.

3. Messung der Intensität und Glaubwürdigkeit von Werbebotschaften

a) Intensität

Wie stark eine Werbebotschaft sein muß, damit ihr die Übermittlung gelingt, kann beim gegenwärtigen Stand der Kommunikationsforschung nicht ohne weiteres ausgesagt werden. Es steht nicht nur die notwendige Eingliederung des kommunikationstheoretischen Systems in das Gesamtkonzept menschlichen Verhaltens aus, es fehlt vielmehr schon an einem vollständigen empirischen Rahmen für die Motivation menschlichen Handelns. Aus diesem Grund gibt es keinen anderen Weg, als die Tauglichkeit einer Werbebotschaft im Hinblick auf ihre Stärke auf experimenteller Basis aufzuspüren. Die Werbeaussagen einer Anzeige werden so lange verstärkt, bis die Fassung ermittelt ist, die dem Untersuchungsziel am ehesten entspricht. Der stufenweise Aufbau von Werbebotschaften, deren Kern die umgesetzten Verhaltensmotive sind, muß so angelegt werden, daß die unterste und oberste Schwelle der Botschaftsaufnahme bzw. -verarbeitung sichtbar wird. Die Beweglichkeit experimenteller Techniken bedeutet noch nicht, daß die Fixierung der sogenannten „kritischen Punkte" gelingt. Da auch Experimente nicht mehr aussagen können, als an Hypothesen in sie hineingegeben wurde, tragen ihre Ergebnisse weder umfassenden noch endgültigen Charakter.

Die Möglichkeit der stufenweise Verstärkung von Inhalten einer Werbebotschaft – gemessen am Ausmaß der Reaktionen durch die Auskunftspersonen – soll an einem fiktiven Beispiel demonstriert werden:

Die Gesamtheit der Befragten wird in vier strukturell gleiche Gruppen gegabelt, von denen drei mit jeweils einem bestimmten Anzeigenentwurf konfrontiert wurden:

    Gruppe A erhielt Layout I ⎫
    Gruppe B erhielt Layout II ⎬ Versuchsgruppen
    Gruppe C erhielt Layout III ⎭
    Gruppe D erhielt kein Layout als Kontrollgruppe.

Von Layout I–III wird angenommen, daß sie ihre Information unterschiedlich stark darbieten. (Es wird vorausgesetzt, daß der Kern der Anzeigenentwürfe I–III zuvor den „Adäquanztest" bestanden hat.) Der Einfluß, der von der vermuteten unterschiedlich starken Dosierung möglicherweise ausgeht, läßt sich zum Beispiel mit Hilfe der Technik der Polaritätsprofile[11]) im Hinblick auf das umworbene Produkt messen. Dabei sollte jedoch vermieden werden, daß die Auskunftspersonen einen direkten Zusammenhang von Layout-Exponierung zur Messung ihrer Reaktionen herstellen. Aus diesem Grunde darf die

"Profilmessung" nicht unmittelbar im Anschluß an die Anzeigen-Vorlage, sondern erst an späterer Stelle eines Mehrthemeninterviews stattfinden. Außerdem wird der Gefahr, daß die Auskunftspersonen den Test unterlaufen können, durch indirekte Ermittlung entgegengewirkt. Dies kann in der Weise geschehen, daß die Nachmessung sich auf mehrere Produkte bezieht.

Die Ergebnisse des fiktiven Experiments zeigen an, daß die stufenweise Verstärkung der Werbebotschaft von Layout I–III in der Wirkung keine entsprechende Abstufung erbracht hat:

	Gruppe A	Gruppe B	Gruppe C	Gruppe D
Positive Reaktion*	30 %	32 %	40 %	20 %
Negative Reaktion*	40 %	22 %	30 %	20 %
Keine Reaktion*	30 %	46 %	30 %	60 %
	100 %	100 %	100 %	100 %

* Definiert durch das Ergebnis der Profilangaben.

Nach diesem Ergebnis würde die Entscheidung für Layout III in der Gruppe C fallen. Am wenigsten günstig erscheint Layout II, das in der Gruppe B in relativ hohem Maße desinteressiert aufgenommen wurde. Damit wird angedeutet, daß Layout II an der unteren Schwelle einer Anzeigenaufnahme gelegen haben muß. Es war schwach genug, um unter verschiedenen Auskunftspersonen zunächst mehr Unsicherheit als Entscheidungswillen zu bewirken.

Ein anderes Beispiel, das auf empirischen Erhebungen beruht (durchgeführt vom Institut für Markt- und Verbrauchsforschung der Freien Universität Berlin 1966), sich jedoch nicht auf Produktwerbung bezieht, erscheint geeignet, den Mechanismus und die Leistungsfähigkeit demoskopischer Prognoseexperimente im Hinblick auf die Stärke von Werbebotschaften aufzuzeigen.

Gegenstand der Problemstellung war die Frage, ob die Teilnehmer am Straßenverkehr durch mahnende Plakationen zu vorsichtigem Verhalten im Straßenverkehr veranlaßt werden können. Die Zielsetzung der experimentellen Untersuchungen stellte somit die prognostische Frage: Welche Änderung ist im Verhalten der Straßenverkehrsteilnehmer zu erwarten, wenn sie durch humorvolle oder mehr bedrohlich wirkende Plakate zu besonnener Verhaltensweise aufgefordert werden?

Vier in sich repräsentativen Teilstichproben wurde jeweils ein Plakatentwurf vorgelegt. Die Plakate waren mit folgendem Text versehen:

Plakat I: „Schutzengel haben auch mal Pause"
Plakat II: „Schnell bist du ein Krüppel"
Plakat III: „Muß das jeden Tag passieren?"
Plakat IV: „Eine Cinzano-Anzeige" (als Leerfassung ohne Information).

Die grafische Darstellung der Entwürfe war dem jeweiligen Text angepaßt.

Die Reaktionen auf den verschieden dargebotenen Informationsinhalt zeigen kein einheitliches Bild. Die sehr realistische Darstellung der Folgen leichtsinnigen Verhaltens (Plakat II) verursachte unter Frauen keinen größeren Effekt als das humorige Plakat. Demgegenüber löste das Plakat III unter der männlichen Bevölkerung im Vergleich zur humorvollen Darstellung tendenziell unbeabsichtigte Reaktionen aus. Ein bedeutsamer Unterschied zur Nullinformation ist jedoch nicht erkennbar, so daß zunächst der Schluß naheliegt, daß die sehr realistische Darstellung keinerlei Effekt erzielt hat (vgl. Tabelle 1).

Tabelle 1

FRAGE: „Herr Schwarz und sein Freund kommen gerade von der Post. Plötzlich bemerkt Herr Schwarz, daß er seine Brieftasche mit dem ganzen Geld im Postamt liegen ließ. Trotz des starken Verkehrs will er schnell zurück über die Straße. Sein Freund will ihn festhalten: ‚Laß doch erst die vielen Autos vorbei. Die Brieftasche wird doch nicht gleich weg sein!'

Herr Schwarz darauf: ‚Hast du eine Ahnung, da kommt es auf jede Sekunde an. Ich werde schon aufpassen.' Und läuft los.

Was würden Sie sagen, was macht man in dieser Lage. Gibt man vorerst auf und bleibt stehen, oder muß man hier sofort handeln?"*)

PLAKAT I	Gesamtbevölkerung	Männer	Frauen
Es handeln vorsichtig	66 %	64 %	68 %
Es handeln unvorsichtig	33 %	34 %	31 %
Weiß nicht / unentschieden	1 %	2 %	1 %
	100 %	100 %	100 %
Bezugszahlen	(800)	(336)	(464)
PLAKAT II			
Es handeln vorsichtig	69 %	64 %	72 %
Es handeln unvorsichtig	30 %	34 %	27 %
Weiß nicht / unentschieden	1 %	2 %	1 %
	100 %	100 %	100 %
Bezugszahlen	(800)	(323)	(477)
PLAKAT III			
Es handeln vorsichtig	64 %	58 %	67 %
Es handeln unvorsichtig	35 %	41 %	31 %
Weiß nicht / unentschieden	1 %	1 %	2 %
	100 %	100 %	100 %
Bezugszahlen	(1000)	(409)	(591)
PLAKAT IV			
Es handeln vorsichtig	62 %	60 %	63 %
Es handeln unvorsichtig	36 %	38 %	35 %
Weiß nicht / unentschieden	2 %	2 %	2 %
	100 %	100 %	100 %
Bezugszahlen	(700)	(288)	(412)

*) Die Frage wurde an Frauen in entsprechender Abwandlung gestellt.

1966

In der anschließenden Auswertung wird dagegen deutlich, daß die Information III gruppenspezifisch gewirkt hat, und zwar in einer Richtung, die nicht im Sinne einer erwünschten Realisierung liegt. Männer im Alter zwischen 30 und 49 Jahren werden von der Information III, die das Endergebnis unvorsichtigen Handelns realistisch demonstriert, häufiger veranlaßt, unbesonnen zu reagieren als ohne Hinweis auf die täglichen Gefahren im Straßenverkehr. Es lag nahe, daß die sehr drastische Darstellung eine Abwehrreaktion heraufbeschwor, die das Gegenteil von dem produzierte, was ursprünglich beabsichtigt war (Tabelle 2). Eine Aktion im Straßenverkehr mit diesem Grundtenor wird somit zu keinem Erfolg führen, es sei denn, daß Verhaltensweisen gefördert werden, die ursprünglich abgewendet werden sollten.

Die Tatsache, daß es nicht auf die Stärke einer Botschaft schlechthin ankommt, sondern daß Rücksicht auf die individuellen Dispositionen zu nehmen ist, sollte in dem vorangegangenen Beispiel deutlich werden.

b) Glaubwürdigkeit

Die formale Trennung von Glaubwürdigkeit und Intensität einer Werbebotschaft bedeutet nicht, daß beide Attribute unabhängig voneinander wirksam werden müssen. Es besteht vielmehr Grund zu der Annahme, daß eine relativ starke Werbebotschaft in ihrer Wirksamkeit neutralisiert wird, wenn sie einem Teil der Umworbenen nicht glaubwürdig erscheint. Andererseits sei an die häufig zu beobachtende Erscheinung erinnert, daß eine wiederholte Konfrontation mit demselben Informationsinhalt einer Werbebotschaft anfängliche Zweifel beseitigen kann. In ähnlicher Richtung verläuft eine demoskopische Untersuchung, die in der Prognose folgenden Inhalts münden sollte:

Wenn man davon ausgeht, daß die Furcht vor ungewissen Ereignissen als Antriebskraft zum Sparen in Betracht kommt, wie wird sich dann das Sparverhalten der Bevölkerung ändern bei einer Konfrontation mit dieser Variablen (Furcht) in der Realität? (Dieses Beispiel wurde gewählt, weil es für die Werbung analog interpretierbar ist, auch wenn nur ein einzelner Bestandteil – das Werbeargument – das Verhaltensmotiv „Furcht" werblich umsetzt. Die beabsichtigte Demonstration, wie „Glaubwürdigkeit" antizipativ gemessen werden kann, wird davon nicht beeinträchtigt.)

Die Versuchsanordnung innerhalb einer größeren Repräsentativbefragung wurde wie folgt gewählt:

Teilstichprobe A: „Was halten Sie von dem Spruch: SPAREN HILFT DIE ZUKUNFT SICHERN. Finden Sie, daß er zutrifft, oder würden Sie sagen, er ist nicht so zutreffend?"

Teilstichprobe B: „Was halten Sie von dem Spruch: WER NICHT SPART, MUSS IM ALTER NOT LEIDEN. Finden Sie, daß er zutrifft, oder würden Sie sagen, er ist nicht so zutreffend?"

Teilstichprobe C (Kontrollgruppe): Ohne Information dieser Art.

Zunächst zeigt der Gruppenvergleich, daß der Slogan A ein beachtlich höheres Maß an Glaubwürdigkeit besitzt als Slogan B (vgl. Tabelle 3). Daraufhin läge es nahe, Slogan A in die Realität einzuführen, da er offensichtlich die größere Chance bieten müßte, den angesprochenen Personenkreis günstig zu beeinflussen. Nun ergibt die Reaktionsmessung ein Ergebnis, das dieser Entscheidung eindeutig widerspricht. Selbst wenn die gewählten Slogans A und B den Befragten unglaubwürdig erscheinen, erzielt Slogan B einen Effekt in der beabsichtigten Richtung: Gerade der Personenkreis, der

		Tabelle 2

FRAGE: „Herr Schwarz und sein Freund kommen gerade von der Post. Plötzlich bemerkt Herr Schwarz, daß er seine Brieftasche mit dem ganzen Geld im Postamt liegen ließ. Trotz des starken Verkehrs will er schnell zurück über die Straße. Sein Freund will ihn festhalten: ‚Laß doch erst die vielen Autos vorbei. Die Brieftasche wird doch nicht gleich weg sein!' Herr Schwarz darauf: ‚Hast du eine Ahnung, da kommt es auf jede Sekunde an. Ich werde schon aufpassen.' Und läuft los.

Was würden Sie sagen, was macht man in dieser Lage. Gibt man vorerst auf und bleibt stehen oder muß man hier sofort handeln?"*)

	Männer			Frauen		
	16-29 Jahre	30-49 Jahre	50 Jahre u. älter	16-29 Jahre	30-49 Jahre	50 Jahre u. älter
PLAKAT I						
Es handeln vorsichtig	59 %	67 %	66 %	64 %	72 %	68 %
Es handeln unvorsichtig	41 %	30 %	33 %	36 %	28 %	31 %
Weiß nicht/unentschieden	**)	3 %	1 %	**)	**)	1 %
	100 %	100 %	100 %	100 %	100 %	100 %
Bezugszahlen	(102)	(77)	(157)	(89)	(116)	(259)
PLAKAT II						
Es handeln vorsichtig	61 %	62 %	67 %	64 %	77 %	72 %
Es handeln unvorsichtig	36 %	37 %	32 %	36 %	21 %	27 %
Weiß nicht/unentschieden	3 %	1 %	1 %	**)	2 %	1 %
	100 %	100 %	100 %	100 %	100 %	100 %
Bezugszahlen	(100)	(76)	(147)	(83)	(121)	(273)
PLAKAT III						
Es handeln vorsichtig	59 %	54 %	60 %	61 %	68 %	69 %
Es handeln unvorsichtig	40 %	46 %	37 %	37 %	30 %	29 %
Weiß nicht/unentschieden	1 %	**)	3 %	1 %	2 %	2 %
	100 %	100 %	100 %	100 %	100 %	100 %
Bezugszahlen	(119)	(106)	(184)	(112)	(134)	(345)
PLAKAT IV						
Es handeln vorsichtig	51 %	60 %	64 %	54 %	59 %	69 %
Es handeln unvorsichtig	49 %	36 %	34 %	44 %	39 %	29 %
Weiß nicht/unentschieden	**)	4 %	2 %	2 %	2 %	2 %
	100 %	100 %	100 %	100 %	100 %	100 %
Bezugszahlen	(70)	(67)	(151)	(89)	(102)	(221)

*) Die Frage wurde an Frauen in entsprechender Abwandlung gestellt.
**) Weniger als 0,5 Prozent.

> **Tabelle 3**
>
> FRAGEN: „Was halten Sie von dem Spruch: SPAREN HILFT DIE ZUKUNFT SICHERN. Finden Sie, daß er zutrifft, oder würden Sie sagen, er ist nicht so zutreffend?" (Teilstichprobe A)
>
> „Was halten Sie von dem Spruch: WER NICHT SPART, DER MUSS IM ALTER NOT LEIDEN. Finden Sie, daß er zutrifft, oder würden Sie sagen, er ist nicht so zutreffend?" (Teilstichprobe B)
>
> | | Teilstichprobe A | | Teilstichprobe B | |
> | --- | --- | --- | --- | --- |
> | | Sparer *) | Nichtsparer *) | Sparer *) | Nichtsparer *) |
> | Zutreffend | 63 % | 50 % | 46 % | 33 % |
> | Nicht zutreffend | 31 % | 42 % | 51 % | 63 % |
> | Unentschieden | 6 % | 8 % | 3 % | 4 % |
> | | 100 % | 100 % | 100 % | 100 % |
> | Bezugszahlen | (213) | (137) | (221) | (129) |
>
> *) Als Sparer wurden Befragte definiert, die jährlich Geldbeträge zurücklegen konnten. Als Entsparer wurden Befragte definiert, die jährlich ausschließlich auf alte Ersparnisse zurückgriffen oder gar nichts zurücklegen konnten.
>
> 1965

bislang nicht sparte oder ausschließlich alte Ersparnisse auflöste, zeigt eine größere Neigung zum künftigen Sparen unter Einfluß von Slogan B, obwohl er ihn bewußt nicht für zutreffend hält (Tabelle 4).

B. Media-bezogene Werbewirkungsprognose

Wenn die vorangegangene Problemstellung auf die Werbemittelgestaltung abgestellt war, so schließt sich nunmehr die Fragestellung an, was die Media-Seite, d. h. Media-Planung, zur Wirksamkeit einer Werbekampagne beisteuern kann. Wie bereits dargestellt, sieht die Planung den Werbemittelerfolg zwangsläufig in Verbindung mit den Werbeträgern, die für die Übermittlung der Werbebotschaften in Betracht zu ziehen sind. Es ist demnach von der Media-Seite eine Media-Strategie aufzubauen, die sich ihrerseits wiederum an der Marketing-Strategie orientiert. Dazu gehört:

1. In welchen Werbeträgern ist die vorgegebene Zielgruppe maximal erreichbar? (Messung der Kontaktchancen zur Ausschöpfung des Zielgruppenpotentials.)

2. In welchen Werbeträgern wird die Zielgruppe effektiv von den eingeschalteten Werbebotschaften erreicht? (Messung der effektiven Werbemittelkontakte.)

Tabelle 4

FRAGE: „Haben Sie die Absicht, in nächster Zeit regelmäßig etwas Geld für den Notfall zu sparen?"

	Sparer, die		Nichtsparer, die	
	die Information für glaubwürdig hielten*)	für nicht glaubwürdig hielten*)	die Information für glaubwürdig hielten*)	für nicht glaubwürdig hielten*)
Teilstichprobe A				
Absicht zu sparen	83 %	70 %	50 %	37 %
Keine Absicht zu sparen	15 %	26 %	41 %	62 %
Unentschieden	2 %	4 %	9 %	1 %
	100 %	100 %	100 %	100 %
Bezugszahlen	(134)	(66)	(68)	(57)
Teilstichprobe B				
Absicht zu sparen	86 %	63 %	63 %	49 %
Keine Absicht zu sparen	14 %	35 %	35 %	46 %
Unentschieden	—	2 %	2 %	5 %
	100 %	100 %	100 %	100 %
Bezugszahlen	(103)	(112)	(43)	(81)
Teilstichprobe C	Sparer*)		Nichtsparer*)	
Absicht zu sparen	73 %		46 %	
Keine Absicht zu sparen	22 %		48 %	
Unentschieden	5 %		6 %	
	100 %		100 %	
Bezugszahlen	(214)		(136)	

*) Zu den Definitionen vgl. Tabelle 3

1965

1. Messung der Werbemittelkontaktchancen

a) Reichweite

Kennzeichnend für die Ermittlung von Kontaktchancen ist der Rückgriff auf in der Vergangenheit erhobenes Material, das durch einfache Extrapolation für die Zukunft interpretiert wird. Welche Chancen einem Werbemittel eingeräumt werden können, um das Zielpersonen-Potential auszuschöpfen, drückt sich in der R e i c h w e i t e aus, die ein Werbeträger in der Gesamtbevölkerung oder spezifizierten Konsumzielgruppen erzielt. Innerhalb demoskopischer Befragungen läßt sich mit Hilfe verschiedener Techniken herausfinden, wie groß der Personenkreis ist, der im Durchschnitt mit einem Illustrierten- oder Zeitungstitel bzw. einer Rundfunk- oder Fernsehsendung erreicht wird.

Derartige Reichweitenuntersuchungen sind sehr aufwendig, so daß sich die werbungtreibende Wirtschaft zu gemeinschaftlichen Untersuchungen entschlossen hat (Arbeitsgemeinschaft Leseranalyse oder ZAW-Werbefunkhöreranalyse). Die Verwendung solcher Analysen für die künftige Werbeplanung beschränkt sich im allgemeinen auf die Annahme, daß das Verhalten der Bevölkerung gegenüber den Massenmedien sich im Laufe eines Jahres nicht verändert. Die Vorhersage der Werbemittelkontaktchancen in einem bestimmten Werbeträger oder einer Werbeträgerkombination wird also aus Vergangenheitsmaterial entnommen.

b) Media-Nutzung

Nun drückt sich die Kontaktchance eines Werbemittels nicht nur in den Reichweitenwerten aus. Als entscheidendes Kriterium wird die sogenannte „Media-Nutzungsintensität" hinzugefügt, welche die Kontaktchance eines Werbemittels um ein Vielfaches erhöht. Maßstab für die Nutzungsintensität sind im allgemeinen Frequenzangaben und Dauer der Beschäftigung mit den entsprechenden Medien. Man gelangt auf diese Weise zu bestimmten „Kontaktziffern", welche den Wert für die Kontaktchancen eines Werbemittels näher bestimmen.

Die Techniken zur Messung der Media-Nutzung, wie sie in demoskopischen Befragungen möglich sind, sollen hier ebensowenig erörtert werden wie die verschiedenen Techniken zur Reichweitenermittlung. Es erscheint der Hinweis ausreichend, daß die prognostische Abschätzung für die Exponierungschance eines Werbemittels – bestehend aus Reichweiten- und Medianutzungswerten – nichts anderes ist als die Übertragung von Vergangenheitsdaten in die nahe Zukunft. (Problematisch wird dieser Weg bei Werbeträgern, die sich neu im Media-Markt plaziert haben, wie es besonders bei Zeitschriften immer wieder der Fall ist. Ihre Entwicklung läßt sich nicht mit Hilfe einer einzelnen Analyse einfangen.)

2. Messung der effektiven Werbemittelkontakte

Es bedarf keiner näheren Diskussion, daß extrapolierfähige Werte zur Werbemittelkontaktchance den Beitrag der Mediaseite zum effizienten Werbemitteleinsatz sehr bescheiden halten. Die Chancenwerte müssen zu Effektivzwecken qualifiziert werden, d. h. die Werbeträger sind auf ihre Fähigkeit hin zu untersuchen, Werbemittelreichweiten zu bieten, zumal die Massenmedien nicht wegen ihrer werblichen Beiträge, sondern um ihrer redaktionellen Leistungen willen genutzt werden.

Inwieweit sich eine Anzeige, ein Spot oder Plakat gegenüber der Zielperson exponieren wird, läßt sich auf der Basis repräsentativer Befragungen nur über die Erinnerung der Befragten an das Werbemittel erfassen. Prognosen für zu erwartende effektive Kontakte sind somit immer Aussagen über einen künftigen Erinnerungserfolg. Das methodische Instrumentarium auf diesem Sektor ist sehr vielfältig und vom Ideenreichtum des Explorators abhängig. Am weitesten fortgeschritten sind die Experimente auf dem Zeitschriftensektor, möglicherweise begründet durch die Aktivität der Verlage bzw. die leichtere Handhabung dieses Untersuchungsobjekts innerhalb repräsentativer Bevölkerungsumfragen, die sich bislang als das zuverlässigste Instrument – bezogen auf die empirische Gültigkeit der Befunde – erwiesen haben. Aus diesem Grunde soll zunächst nur auf die antizipative Erinnerungserfolgsmessung für Anzeigen eingegangen werden.

Wir gehen von der Hypothese aus, daß die spezifischen Eigenarten der verschiedenen Zeitschriftengattungen und -titel Einfluß auf den Umfang der effektiven Anzeigenkontakte mit der umworbenen Zielperson nehmen. Da gegenwärtig wenig über die sogenannte qualitative Nutzung von Zeitschriften durch ihre Leser bekannt ist, kann der effektive Exponierungserfolg – prognostisch formuliert – nur mit Hilfe von Experimenten ermittelt werden.

Es sind repräsentative Teilstichproben von Lesern in einer Zahl zu bilden entsprechend der Zahl der Zeitschriftentitel, die von ihrer Leserstruktur als zielgruppenrelevant zu berücksichtigen sind. Nehmen wir beispielsweise an, daß es sich um drei Zeitschriftentitel handelt, jeweils ein Titel aus der Programmpresse (P), aktuellen Illustrierten (A) und Frauenzeitschrift (F). In Absprache mit den Verlagen ließe sich dasjenige Heft wählen, das erst zu einem späteren Zeitpunkt erscheint, jedoch in seinem Inhalt (einschließlich Anzeigenteil) nahezu festliegt. Die Testanzeige(n) wäre(n) in die jeweiligen Hefte so einzukleben, daß sie für den Leser nicht als nachträglich eingesetzt zu erkennen sein dürfen.

Jeder Leserstichprobe P – A – F wird ein so präpariertes Heft zugestellt (beispielsweise als Werbeexemplar). Nach Ablauf einer Woche (des Erscheinungsintervalls der ausgewählten Zeitschriften) erfolgt der Besuch durch einen Interviewer, der anhand eines standardisierten Fragebogens den Erinnerungserfolg der Testanzeigen erfaßt, d. h. echte Anzeigenkontakte mißt. Hierfür sind besondere befragungstaktische Techniken entwickelt worden, die alternativ angewendet werden können[12]:

   Das Wiedererkennungsverfahren (Recognition-Test),
   Der Gedächtnistest (Recall-Test),
   Das Impact-Verfahren.

Sofern sich zwischen den gebildeten Teilstichproben der Leser von P, A und F eine Differenz im gemessenen Erinnerungsumfang aufzeigen läßt, ist diese auf den spezifischen Zeitschriftentitel unmittelbar zurückzuführen. Der Media-Planung wird damit Basismaterial in die Hand gegeben, um von ihrer Seite in der Media-Auswahl in Form eines Kontakterfolges zum Werbeerfolg der eingesetzten Werbemittel beizutragen.

Das Verfahren der Prognose des Anzeigenkontakterfolges auf experimenteller Basis ist in seiner Anwendung wenig flexibel. Die notwendige Bildung von Teilstichproben entsprechend der Zahl der zu prüfenden Werbeträger setzt diesem Verfahren von der Kostenseite her die Grenze, weil die einzelnen Teilstichproben nicht zu klein gewählt werden dürfen, wenn die Signifikanz der Ergebnisse nicht einer zu großen Fehlerspanne unterliegen soll. Hinzu kommt, daß der Pre-Test mit Hilfe nur eines Heftes, eines Titels genaugenommen, keine generelle Aussagekraft besitzt. Insofern wäre eine ganze Reihe derartiger Experimente notwendig, um die Zeitschriften im Hinblick auf ihre Leistungsfähigkeit zu effektiven Anzeigenkontakten empirisch fundiert einstufen zu können.

Die methodische Konzeption zur Antizipation eines Exponierungserfolgs ist im Prinzip ebenso auf den Werbefunk und das Werbefernsehen anzuwenden; dies wird bereits in sogenannten Teststudios praktiziert. Die Ergebnisse scheitern dort jedoch oft am fehlenden Repräsentationsschluß.

Zusammenfassung

Werbeerfolgsprognosen mit Hilfe demoskopischer Befragungen haben sich vor dem Hintergrund praktischer Ansprüche als zweistufig herausgestellt:

   Prognosen zum gestaltungsbezogenen Werbeerfolg und
   Prognosen zum mediabezogenen Werbeerfolg.

In ihnen kehren die bekannten Begriffe des Interessenweckungs- und Erinnerungserfolgs wieder, jedoch in einem Zusammenhang, dessen Bezug zur Praxis pointierter hervortritt.

Es hat sich weiterhin gezeigt, daß der entscheidende Ansatzpunkt demoskopischer Prognosemethoden das Experiment darstellt, das die Isolierung von möglicher „Ursache" zu möglicher „Wirkung" erlaubt. Wenn wir prognostische Fragen in der Werbung stellen, geht es um nichts anderes als die genaue Prüfung, inwieweit mit bestimmten Maßnahmen in der Werbemittelgestaltung oder Streuung ganz bestimmte Wirkungen erzielt werden können. Der gegenwärtige Stand nicht nur von Absatz- und Werbetheorie, sondern allgemeiner Verhaltenstheorie zwingt die Praxis, sich auf das Experimentieren einzulassen, weil es keinen anderen Weg gibt, mit einiger Aussicht auf Erfolg im Hinblick auf den Konsumenten und damit auch Konkurrenten Millionenbeträge werblich einzusetzen.

Quellenangaben:

[1] Vgl. Behrens, K. Chr.: Absatzwerbung, Wiesbaden 1963, S. 85.
[2] Vgl. z. B. Johannsen, U.: Die Werbeerfolgskontrolle – ein Scheinproblem. In: Forschen–Planen–Entscheiden, 5/1966.
[3] Vgl. hierzu Behrens, K. Chr.: a. a. O., S. 150.
[4] Vgl. Seyffert, R.: Wirtschaftliche Werbelehre, Wiesbaden 1952, S. 149.
[5] Vgl. hierzu auch Haedrich, G.: Empirische Prüfung von Anzeigenentwürfen. In: Die Anzeige, Heft 21/1965.
[6] Vgl. Greenwood, E.: Das Experiment in der Sozialforschung, Hrsg. René König, Köln und Berlin 1962, S. 182.
[7] Vgl. Haedrich, G.: Empirische Prüfung von Anzeigenentwürfen. In: Die Anzeige, Heft 21/65.
[8] Vgl. Haskins, J. B.: Factual Recall as a Measure of Advertising Effectivness. In: Journal of Advertising Research, March 1964.
[9] Das Prinzip ist analog anwendbar auf andere Werbemittel. Technisch schwieriger zu bewältigen dürfte jedoch die Darbietung von Funk- und Fernsehspots sein, da die entsprechenden Apparaturen zu kostspielig sind, um einen Interviewerstab von 70 bis 100 Personen damit auszustatten. Nicht zuletzt aus diesem Grunde dominieren zum gegenwärtigen Zeitpunkt Pre-Tests zur Werbewirkung im Anzeigenbereich.
[10] Es muß betont werden, daß diese Merkmale heute nicht mehr ausreichen, um Zielpersonen exakt zu definieren. Insbesondere auf den Massenkonsummärkten haben sich Alter, Geschlecht, Einkommen, Schulbildung und berufliche Position als wenig geeignet erwiesen, Differenzierungen der Zielgruppen zu schaffen. Wenn es gilt, die objektiv gegebene Austauschbarkeit vieler Marken in Präferenzen umzuwandeln, dann sind empfindlichere Maßstäbe erforderlich. Gegenwärtige Bestrebungen prüfen die Brauchbarkeit psychologisch definierter Zielgruppen.
[11] Vgl. Zur Technik der Polaritätsprofile z. B. Hofstätter, R.: Gruppendynamik, Hamburg 1957.
[12] Vgl. Behrens, K. Chr.: a. a. O., S. 153 f.

> **Psychologische Methoden
> der Werbeforschung
> und Markterkundung**
>
> Von Prof. Dr. Peter Brückner, Hannover

I. ‚Organisationsprobleme' werbe- und marktpsychologischer Untersuchungen

Wie in jedem empirischen Arbeitsfeld hängt auch im Aufgabenbereich der psychologischen Werbemittelforschung und Markterkundung die Qualität diagnositischer oder prognostischer Leistungen mit von der methodischen Sauberkeit der Untersucher ab, aber auch von sehr vielem anderen. Er muß seine Tätigkeiten angemessen ‚organisieren'.

1. Die Tätigkeit des Psychologen beginnt weit v o r der Methodenwahl, noch vor der zeitlichen, räumlichen und technischen Planung: nämlich mit der Formulierung der U n - t e r s u c h u n g s f r a g e, die nur in seltenen Fällen mit jener Frage identisch sein kann, die der Auftraggeber stellt. Schon Münsterberg erklärte, es sei besser, ‚eine nur annähernd korrekte vorläufige Antwort auf eine richtig gestellte Frage zu gewinnen, als eine bis zur letzten Dezimalstelle genaue Antwort auf eine falsch gestellte Frage'.

2. Die Werbe- und Marktpsychologie hat ihre spezifischen Probleme der Stichprobenbildung: In der Regel ermöglicht der Gegenstand der Untersuchung eine erste Reduzierung des Universums aller Verbraucher (etwa indem Schichten exklusiven bzw. geringen Konsums, bestimmte Altersgruppen, Bildungsschichten usw. auszuscheiden sind). Die Hypothesen der Untersuchung führen zur virtuellen Ausgliederung bestimmter Zielgruppen aus der Restpopulation, bei denen man hoffen darf, faktische, potentielle oder präsumtive Verbraucher (bzw. Träger bestimmter Meinungen, Einstellungen oder Konsummerkmale) zu finden. Auf diese Zielgruppen werden v e r s c h i e d e n e M i t a r - b e i t e r angesetzt, deren Kontaktbreite und -richtung jeweils vorgegeben wird bzw. bekannt ist (und, zur weiteren Kontrolle, in verschiedenen Regionen). Aus den jeweils gemeldeten Angaben, in welcher Zeit unter wie vielen Kontaktpersonen die ersten richtigen Personen gefunden wurden, der sehr wichtigen Z e i t - M e n g e n - F u n d - R e l a - t i o n, wird auf die Dichte der Verteilung der gesuchten Personen in den vorgegebenen Zielgruppen geschlossen. Sobald das Verhältnis von Aufwand zur Anzahl der „Funde" zu ungünstig wird, erfolgen gezielte Korrekturen an der Zusammensetzung der Stichprobe: Die Suchvektoren der Studie gleiten aus ihrer ursprünglichen Richtung ab. Den gleichen Effekt können u n e r w a r t e t e F u n d e haben. Diese Korrekturen, die nicht nur die Suchvektoren, sondern auch die Methodik betreffen, erfordern ständigen Kontakt zwischen den Untersuchern und ständige Zwischenauswertungen des jeweils vorliegen-

den Materials. Schon bei diesen Zwischenauswertungen sollen nach dem „Prinzip des Aufgehens ohne Rest" Begründungszusammenhänge gesucht werden. Schließlich wird ein Zeitpunkt erreicht, von dem ab neue Interviews, Tests, Zielgruppen usw. keine neuen Informationen mehr erbringen („Stereotypie-Faktor"); die Studie kann abgebrochen werden. Erst dann liegen Umfang und Struktur der Stichprobe endgültig fest (was in der Regel nur grobe Vorkalkulationen der Kosten zuläßt).

3. Andere Probleme ergeben sich im Zusammenhang mit der optimalen Ablaufstruktur der Untersuchungen.

Diese eben skizzierten Fragen ließen sich mit gutem Grund zur „Methodik" der Werbe- und Marktpsychologie rechnen. Wir beschränken uns im folgenden auf die Darstellung besonders häufig angewendeter oder wichtiger einzelner Methoden bzw. Methodengruppen im engeren Sinne. Nicht verzichtet werden konnte auf eine Erörterung möglicher Fehlerquellen und ihrer Berücksichtigung (denn vermeiden lassen sich Fehler nur zum Teil) und auf Probleme der abschließenden Interpretation. „Methoden-Batterien" oder „Test-Batterien" für spezifische Zwecke (etwa für den Werbewert von Anzeigen usw.) wird der Leser jedoch nicht vorfinden.

Der Psychologe kann nicht von der Aufgabe entbunden werden, die je geeigneten Methoden von Fall zu Fall auszuwählen, der Untersuchungsfrage und ihrem Gegenstand sorgfältig anzupassen, was jede Standardisierung ausschließt. Der Verfasser hat sich außerdem nie davon überzeugen können, daß Test-Batterien „Ergebnisse" liefern, was man vielfach von ihnen erwartet: Es ist immer die „exakte Phantasie" des Psychologen, die den Befunden ihren Wahrheitsgehalt, ihre Bedeutung erst entreißen muß. Auch dies entzieht sich der Standardisierung. Am Wert einer „Methoden-Gesinnung" darf trotzdem nicht gezweifelt werden.

II. Methoden der Werbemittelforschung und Markterkundung

1. Apparative Verfahren

Lisowski hatte die „Laboratoriumsexperimente" in der Werbemittelforschung schon 1951 für überwunden erklärt, aber nach wie vor bewähren sie sich als eines der Mittel zur systematischen Erforschung von Tatsachen und zur Verifikation von Hypothesen. Unter den zahlreichen experimentellen Forschungs- und Prüfverfahren in der Werbepsychologie haben namentlich die apparativen in der letzten Zeit wieder an Bedeutung gewonnen. In früheren Jahren führte ihre Überforderung (namentlich des Tachistoskops, siehe unten) gelegentlich zu unbefriedigenden Resultaten; inzwischen sind jedoch die für Laborexperimente erforderlichen präzisen Fragestellungen und Hypothesen längst ausgearbeitet worden, das Verständnis für die Bedeutung der Instruktion ist gewachsen, und zudem stehen heute zahlreiche statistische Prüfmethoden zur Verfügung. Namentlich die apparativen Verfahren der Aktualgenese (siehe unten), die in irgendeiner Form Erschwerungen der Wahrnehmungsbedingungen herbeiführen, haben ihren Wert für prognostische Untersuchungen von Werbemitteln erwiesen; sie „bestehen im wesentlichen aus der zeitlichen Verkürzung, aus der Verkleinerung, der Verseitlichung und der Verdunklung"*)[1] des Dargebotenen. Von besonderer praktischer Bedeutung ist das Tachistoskop, das der „Mikrotomisierung", der zeitlichen Verkürzung des

---
*) Die im Text laufend numerierten Quellenangaben sind am Schluß des Aufsatzes zitiert.

Wahrnehmungsprozesses dient (bis auf 1/1000 sec.). Ursprünglich dafür gedacht, „frühe Anmutungen ohne Überlagerung oder Korrektur durch rationale Erwägungen, durch Reflexion zu ermitteln[1]", wird es in letzter Zeit als vermeintlicher Universalschlüssel für alle Werbefragen mißbraucht – wenn auch nicht von den Psychologen.

Die Theorie, die diesen Verfahren oder ihrer Anwendung zugrunde liegt, die der A k t u - a l g e n e s e, kann aufgegeben und durch neuere Grundannahmen ersetzt werden, ohne daß die Methoden an Wert verlören[2]). (Aktualgenese: „Optische Wahrnehmungen ... sind nicht, wie man zunächst annehmen möchte, plötzlich – ‚augen-blicklich' – da, sondern entstehen prozessual; und zwar so, daß zuerst die tieferen Schichten der Person affiziert werden ... Die höheren, klarbewußten Schichten werden erst später erfaßt[3]" –). Für die Untersuchung von Packungen und Werbemitteln bei stark verkürzten Darbietungszeiten stehen neuerdings verbesserte zweikanalige E l e k t r o n e n t a c h i - s t o s k o p e zur Verfügung. Verwandt ist das S p o n t a n h a n d l u n g s v e r f a h - r e n, mit dem Wahlakte untersucht werden, wenn sie unreflektiert verlaufen und somit von Anmutungen, Aufforderungscharakteren, unthematischen Informationen usw. determiniert sind; es bedient sich der S c h n e l l g r e i f b ü h n e, die von Spiegel und Kuller entwickelt wurde[4].

Im Gegensatz zu den bisher genannten Verfahren, bei denen der Kontakt der Versuchsperson zum Objekt der Untersuchung g e m i n d e r t w i r d, zielt das Wahrnehmungsverfahren in W o l l r a b - S i t u a t i o n gerade auf die Erzielung eines besonders innigen, ablenkungsfreien und konzentrierten Kontaktes ab: Die Versuchsperson sitzt entspannt in einem abgedunkelten Raum. Mit stufenlos wachsender Helligkeit werden Untersuchungsgegenstände von außen auf eine Sichtfläche projiziert. Das Verfahren ist namentlich bei motivations- und tiefenpsychologischen Fragestellungen nützlich. Untersucht werden Anzeigen, Plakate, Packungen. Andere apparative Verfahren dienen der Prüfung der Gestaltfestigkeit (von Markenzeichen o. ä., etwa das Torsionsstereoskop), der akustischen Sättigungsschwelle (bei Slogans, Durchsagen; z. B. mit Hilfe einer „endlosen Schleife"), dem Nachweis von Erinnerungsresten; ferner der Wirkungskontrolle von Plakaten, Werbefunksendungen usw., teilweise in „biotischer Situation".

„ B i o t i s c h e" u s w. S i t u a t i o n e n. Die Mehrzahl der Klassifikationsversuche werbepsychologischer Methoden (in: apparative, biotische, tiefenpsychologische, oder: wissentliche/unwissentliche Verfahren.) bleibt unbefriedigend. Spiegel ging bei seiner bislang unübertroffenen Systematisierung von der psychischen Situation der Versuchsperson gegenüber dem Versuchsgeschehen aus und unterschied offene, nicht-durchschaubare, quasibiotische und (voll-)biotische Situationen[5]). Als Versuche in biotischer Situation werden solche bezeichnet, „bei denen die Versuchsperson weder um ihre Situation als Versuchsperson weiß, noch um eine Aufgabe, geschweige denn um den Zweck des Versuchs"; in ihnen kann daher das Verhalten der Versuchspersonen in möglichst natürlicher, l e b e n s e c h t e r W e i s e beobachtet bzw. aufgezeichnet werden. Neuerdings wurde von Spiegel, Gutjahr und Mitarbeitern eine Methode zur biotischen Registrierung von Blickverläufen entwickelt, die sich zur Untersuchung von Zeitschriften, Zeitungen, Prospekten eignet (also zur Analyse von Anzeigen, des Leseverhaltens usw.): In einer lebensechten „Wartezimmer"-Situation wird, von den Versuchspersonen unbemerkt, die aufgeschlagene Seite der Lesevorlage kinematografisch aufgenommen; in dieses Kamerabild wird gleichzeitig die Augenpartie des Lesers eingespiegelt. Aus dem besonderen räumlichen Verhältnis von Lesevorlage und Augenpartie ergibt sich die Möglichkeit, die Stellen der Vorlage, auf denen der Blick zum Zeitpunkt der Aufnahme jeweils ruht, unmittelbar festzustellen. Die Auswertung zeigt chronologische Beobachtungsfolgen, typische Blickverläufe, Zonen der intensiven oder flüchtigen Beachtung u. v. a. m. Es hat sich dabei bestätigt, daß der Blick nicht mit dem Öffnen und Schließen eines Kamera-Verschlusses verglichen werden darf: Blick ist „Aktion", ist Geschehen und Begegnung[6]).

2. Explorative Verfahren

Die (in der Marktforschung übliche) Technik der Befragung und das Experiment schließen einander nicht aus, Befragungen können Experimente sein (und umgekehrt enthalten Experimente oft Phasen der Befragung). Die Leistungsgrenzen der Befragung konnten trotz dieser Verflochtenheit beider Vorgehensweisen genau festgelegt werden[7]): Durch direkte Befragung zu erheben sind nur erlebte und reaktivierbare Sachverhalte. Da der Befragung im Arbeitsfeld der Markt- und Werbepsychologie bestimmte, enge Grenzen gezogen sind, die Psychologie in der Werbeforschung und Markterkundung aber auf das differenzierungsfeine Instrument des Gesprächs mit Marktteilnehmern nicht verzichten kann, hat sie Techniken des psychologischen Explorationsgesprächs entweder selbst entwickelt oder bereits erprobte Techniken aus anderen Disziplinen (namentlich der empirischen Sozialforschung und der klinischen Psychologie) ihrem Aufgabenbereich angepaßt.

Das sogenannte freie Interview, gern auch als qualitatives, nicht gelenktes oder (fälschlich) als Tiefen- bzw. Intensiv-Interview bezeichnet, kennt – „freies Interview" – an Stelle der Standardisierung nur den „Leitfaden" als loses Orientierungsschema für den Gesprächsleiter. Das Gespräch kann sich, elastisch gehandhabt, den Intentionen und der gesamten Erfahrungsstruktur der Versuchspersonen anpassen, gestattet es, unerwartete Umstände festzustellen, mit denen nicht zu rechnen war, und wird ermittelte Einstellungen durch geschickt lancierte improvisierte Alternativfragen noch während des Gesprächs abtesten. Ungleich plastischer als die klassische Befragung ist die freie Exploration, gleichzeitig die schwierigste und am schwersten handhabbare aller psychologischen Methoden[8]). Über den technisch-psychologischen Problemen der Gesprächsführung wird gern übersehen, welche Rolle das Sachwissen des Explorators für das Interview spielt. Er muß ja in der Lage sein, schneller und vollständiger als die Versuchsperson zu erkennen, wann ihre Einfälle und Entgegnungen möglicherweise einen noch verdeckten „Anspielungscharakter" haben, er muß in der Lage sein, bestimmte Verweisungszusammenhänge usw. vorzufühlen.

Bei der nicht-direktiven Exploration werden alle Fragen, soweit Untersuchungsziel und -gegenstand es zulassen, durch streng neutrale Aufforderungen ersetzt. Die Ergiebigkeit dieses Vorgehens hängt von der Fülle der erhaltenen Spontanaussagen der Versuchspersonen ab. Zu diesem Zweck wird eine aus der klinischen Psychologie (Rogers, Axline) stammende Methode verwendet und damit unter anderem vermieden, die Versuchspersonen unter einen ständigen „Fragedruck" mit seiner verhängnisvollen Tendenz zur Rationalisierung und zur Produktion von Schein- und Kulissenmotiven zu setzen.

Gezielte Explorationen: Die nicht-direktive Exploration erbringt zwar eine Fülle höchst verschiedenartiger individueller Aussagen (die mit einem komplizierten Kategorisierungsverfahren signiert und danach quantitativ behandelt werden können), sichert aber noch nicht, daß alle die Werbepsychologie jeweils interessierenden Probleme schon ausreichend beantwortet sind. Es ist daher erforderlich, einerseits zu speziellen Themen mit vorsichtig formulierten gezielten Fragen nachzustoßen, die Nachfaßfragen, und andererseits in das Gespräch gelegentlich projektive Fragen einzuführen. Fragen dieser Art räumen dem Gesprächspartner die Möglichkeit ein, eigene Erlebnisse, Empfindungen, Vorurteile usw. einem anonymen Dritten beizulegen, was es ihm erleichtert, sie preiszugeben und zu formulieren. Sie erneuern außerdem die psychische Situation des Gesprächs und sind auch geeignet, unbewußte Verteidigungshaltungen der Versuchsperson (Abwehrmechanismen) zu durchbrechen oder zu umgehen. Sie führen bereits zu den sogenannten projektiven Methoden über (siehe unten). Selbst provokative Fragen können von geübten Psychologen gelegentlich mit Erfolg verwendet werden; sie zeigen zum Beispiel, welches Maß an affektiver Erregung die Versuchsperson an speziellen Themen und Situationen entwickeln kann, und wie sie diese Erregung kontrolliert.

Diese und viele andere Techniken des Interviews werden auf sehr verschiedenen Konkretionsebenen angewandt und auch in unterschiedlichen Phasen einer Untersuchung eingesetzt. Von standardisierten Fragebögen macht die Werbepsychologie, die im wesentlichen qualitativ-psychologische Aufgaben zu lösen hat (auch beispielsweise Repräsentationsbefragungen durch Leitstudien [pilot studies] vorbereitet), nur selten Gebrauch. Im Gegensatz zu manchen statistischen Erhebungen sind bei werbepsychologischen Explorationen die Untersuchungsbefunde nicht mit den Ergebnissen, wie sie dem Auftraggeber mitgeteilt werden, identisch. Verbalisierte oder verbalisierbare Sachgehalte machen nur einen Teil dessen aus, was wir wirklich von Gegenständen wissen. Daher muß der Psychologe ein mimisches Protokoll führen, d. h. Ausdruckserscheinungen registrieren (Zögern, Erröten, Abwenden, Stocken, Lachen ...), das mit in seine Auswertungen eingeht. Auch aus diesem Grund ist es wenig nützlich und zweckmäßig, dem Auftraggeber das Rohmaterial (Explorationsprotokolle) zur Verfügung zu stellen. Dies gilt besonders für die Niederschriften von Gruppengesprächen. Gruppen-Diskussionen (mit wenigstens fünf, höchstens acht Versuchspersonen) stehen entweder am Anfang einer Studie und dienen dabei einer ersten Erkundung des Problemfeldes, oder sollen zu einem späteren Zeitpunkt dabei helfen, Hypothesen abzusichern. Läßt sich der Gesprächsleiter im ersten Falle stärker von den Versuchspersonen führen, so versucht er im zweiten Falle, mögliche Entwicklungstrends zu provozieren („testing the limits"). Steuernde Funktionen soll der Versuchsleiter freilich immer übernehmen. Im Gegensatz zu spontan ablaufenden Gruppenprozessen muß hier der Interaktionsprozeß unter thematischer Kontrolle gehalten werden. Es wird in den Gruppen-Gesprächen ein kleines soziales Feld aufgebaut und beobachtbar, in dem Meinungen, Standpunkte der Versuchspersonen sich wechselseitig hochschaukeln oder auch wieder ausgleichen; in ständiger Umformung treten alle Stufen von Meinungsbildung auf: gegenseitige Informierung, Differenzierung, Überspitzung, Überzeugung, Aufgeben von Ansichten, Angleichung usw. Die Anforderungen an den Versuchsleiter sind ungewöhnlich hoch: Theoretisch müßte er in der Lage sein, alle verbalen und nichtverbalen Kundgaben der Versuchspersonen permanent auszuwerten, um in der richtigen Weise einzugreifen; er muß einerseits das Gruppenklima zur Spontaneität anregen, die Sprecher am Thema halten und es gleichzeitig verhüten, daß ein Standpunkt die Chance zum Dominieren erhält (Stützung der „schwachen" Stimme, Dämpfung des „opinion leaders"). Der Tendenz vieler Gruppen, sich auf einem für alle akzeptablen Niveau und Meinungsbestand einzupendeln, hat er vorsichtig entgegenzutreten.

Man bringt sich um den Ertrag von Gruppen-Diskussionen, wenn man sie in der Auswertung in sechs oder sieben getrennt auszuwertende Einzel-Explorationen zerlegt, wie es gelegentlich geschieht. – Versuchsleiter und Protokollant müssen voneinander unabhängig Eindrucksprotokolle anfertigen, da das Tonband (oder die vom

Stenografen festgehaltene wörtliche Folge) später den Zugang zu den Prozessen der Meinungsentwicklung eher verstellt. Dort, wo Eindruck und Tonband voneinander abweichen, liegt in der Regel der fruchtbare Einstieg in das Untersuchungsproblem; nicht selten liegt die tiefere Wahrheit bei den Protokollanten. Es versteht sich, daß auch der Protokollant sozialwissenschaftlich voll ausgebildet und erfahren sein muß.

3. Zuordnungsverfahren

Sie sind ein Feld des Einfallsreichtums und der Experimentierfreude. Ihr Anwendungsbereich ist außerordentlich groß. (Selbst geschlossene Fragen ließen sich als Alternative auffassen, denen die Versuchsperson „Ja", „Nein", „Ich weiß nicht" zuordnet.) In der einfachsten Form läßt man vorgegebene Eigenschaften einem Testobjekt zuordnen: die Versuchsperson muß aus Vorlagen auswählen, was zu dem Objekt besonders gut paßt. Die erzielten Lösungen können die Versuchspersonen in sehr verschiedenem Ausmaße befriedigen bzw. ihre Instruktionsspannung reduzieren. Meist ist entweder einer von mehreren Gegebenheiten ein Produkt zuzuordnen, oder einer Gegebenheit eines von mehreren Produkten; komplizierter: mehrere Gegebenheiten sind mehreren Produkten, oder mehrere Gegebenheiten der einen Art mehreren Gegebenheiten der anderen Art zuzuordnen. Distler[9] gliedert nach Art und Anzahl der Untersuchungsgegenstände, nach Art und Anzahl der vorgegebenen Items, nach deren Beziehungen zueinander und nach den Regeln, nach denen die Zuordnungen erfolgen müssen. Auf „Halo"-Effekte ist hier besonders zu achten (siehe unten). Neuerdings wird in markt- und werbepsychologischen Untersuchungen auch die Zuordnung von (oder zu) P h y s i o g n o m i e n angewendet[10], die sogenannten „Bilder-Tests" oder „Physiognomischen Tests".

Das sogenannte s e m a n t i s c h e D i f f e r e n t i a l, das gleichfalls hier eingeordnet werden darf, wurde von Osgood zur Analyse von Wortbedeutungen entwickelt, von Hofstätter weiter ausgebaut[11]. Der Versuchsperson werden eine Anzahl von skalierten Kontinuen vorgelegt, die aus Gegensatz-Paaren gebildet werden (eckig-rund, laut-leise usw.). Die Eigenschaften stehen zum Untersuchungsgegenstand in einem metaphorischen Bezug, sind also in übertragenem Sinne darauf anwendbar. Als „Zuordnungsversuche" deutlicher erkennbar sind abgewandelte Formen des Polaritätenprofils: die metaphorisch anwendbaren Begriffe werden durch sachbezogene Gegensatz-Paare ersetzt (Beispiel: „nur in der boutique erhältlich – auch im Warenhaus erhältlich" bei Mänteln, näher am Differential: „vertrauenerweckend – unsolide", etwa bei einer Testung von Anzeigen). Das Polaritätenprofil bzw. das semantische Differential ist eine der Methoden, ein I m a g e zu erfassen. Ein exaktes Verfahren ist hier um so mehr notwendig, als es der einzelne nur äußerst unvollkommen vermag, den Inhalt eines Image näher zu bezeichnen. Der Vergleich verschiedener Profile ist auf mathematischem Wege möglich, da man die verwendeten Kontinuen als die Dimensionen eines n-dimensionalen Raumes auffassen kann.

Einwände gegen das Profilverfahren sind erhoben worden. Nicht immer sind die verwendeten Eigenschaftspaare wirklich voneinander unabhängig; dies, die sogenannte Orthogonalität, wäre aber eine Voraussetzung für die übliche mathematische Behandlung des Sachverhalts[12]. Mit dem Einfluß von „Halo"-Effekten (siehe unten) ist bei der Einordnung des Testobjekts zu rechnen. Im übrigen haben selbst ganz einfache Begriffe und Qualitäten „ein ausgedehntes Streufeld der Bedeutsamkeit", was die Streuung der Skalenergebnisse erhöhen und die Befunde mehr als nötig verwischen kann. Unipolare Skalen haben deshalb einige Vorteile[13]).

4. Projektive Untersuchungsmethoden

Die projektiven Methoden dienen in der Werbepsychologie vor allem dazu, "die Motive des Verbraucherverhaltens zu erfassen, und zwar vor allem jene, die nicht erfragbar sind. Es sind dies solche Motive, die entweder die betreffende Person nicht oder nur ungern offenbaren will, oder die sie – da ihr selber (und damit auch der direkten Erfragung) unzugänglich – nicht offenbaren kann[14])". Methoden wie das R o s e n z w e i g - V e r f a h r e n, das S a t z e r g ä n z u n g s v e r f a h r e n, das E i n k a u f s l i s t e n v e r f a h r e n usw. werden durch Zuordnungsverfahren, die von Aufgabe zu Aufgabe jeweils neu konstruiert werden müssen, und viele andere "getarnte Methoden" ergänzt. Psychodiagnostische Verfahren (Rorschach, TAT usw.) werden zur Charakterisierung bestimmter Verbraucherschaften verwendet.

Auch das T i e f e n i n t e r v i e w ist

    a) ein projektionshaltiges Gespräch,
    b) bei dem der Explorator indirekt
    c) Motive menschlichen Verhaltens zu eruieren versucht,
    d) die nicht direkt erfragt werden können, weil sie von der Versuchsperson nicht ausgesagt werden können
    e) oder weil diese sie nicht aussagen will.

Zu a): Das Gespräch kann stattfinden als echtes (offenes) Gespräch, das durch einen besonders intensiven Rapport zwischen den Gesprächspartnern ausgezeichnet ist (und auf Einzelfälle beschränkt bleibt), oder als Scheingespräch, insofern nämlich der Explorator sich darauf beschränkt, die Aussagen der Versuchsperson zu reflektieren und ihr nur gelegentlich ihre emotionale Einstellung deutend bewußt macht (vgl. die Technik des non-directive Counseling in der Psychotherapie), oder endlich als gelenktes Gespräch; in diesem Falle allerdings wird aus dem Interview ausschließlich durch den zweiten Arbeitsgang, die Beziehung der erhaltenen Antworten auf ein antriebpsychologisches Denkmodell, ein "Tiefeninterview".

Zu b): Unter "indirekt" ist zu verstehen, daß gegebenenfalls von den präsenten Inhalten auf "dahinterliegende" dynamische Prozesse geschlossen wird.

Zu c): Der Explorator hat sich beim Tiefeninterview als Katalysator passiv-stimulierend zu verhalten, um Hemmungen in der Versuchsperson abzubauen; er muß als Seismograph in "freischwebender Aufmerksamkeit" (Freud) gegenwärtig sein, damit er auch subtile Äußerungen in Wortwahl und Aussageform, Stimmlage und Sprechrhythmus, Mimik und Gestik sorgfältig registrieren kann; er muß sich ferner als Interpret gegen die Gefahr willkürlicher Auslegungen durch Selbstkritik sichern. Eine gründliche Beherrschung tiefenpsychologischer Technik und Theorie ist unentbehrlich.

Zu d): Motive werden infolge von Defensivmechanismen nicht bewußt und sind daher auch nicht aussagbar. In anderen Fällen des "Nichtkönnens" ist das Motiv zwar als isoliertes Moment bewußt, aber der Wirkzusammenhang zwischen Motiv und gegenwärtigem Verhalten ist nicht bewußt und damit nicht einfach aussagbar.

Zu e): In diesem Falle sind Motive zwar bewußt, dürfen aber infolge ihrer Unvereinbarkeit mit kollektiven Normen nicht preisgegeben werden.

Es ist keineswegs immer ratsam, das "passiv-stimulierende" Verhalten (siehe oben) durch ein gewährend-ermutigendes Verhalten zu ersetzen. Nicht nur V e r s a g u n g e n

(Strenge), auch Versuchungen („Gewährungen") können bei der Versuchsperson zur Versteifung ihrer (unbewußten) Abwehrreaktionen führen (und den Zugang zu wichtigen Sachverhalten erschweren).

III. Fehlerquellen, Probleme der Anwendung

1. Einflüsse der Methoden: „Veränderung"

Jede Untersuchungsmethode, die wir in der Werbemittelforschung und Markterkundung verwenden, verändert, verzerrt, verfeinert, vergröbert, vergrößert, nivelliert den Sachverhalt, den es zu erkunden gilt. Im einzelnen:

a) Wir beobachten bei vielen, sonst sehr unterschiedlichen Verfahren den „error of central tendency". In der Beurteilung, Bewertung, Bestimmung irgendwelcher Sachverhalte tendieren die Versuchspersonen zur Nivellierung von Differenzen; auch wer im Gespräch spontan ein Item als „abschreckend häßlich" bezeichnet, wird es, bei Vorlage der bipolaren Skala „sehr häßlich – häßlich – weder/noch – hübsch – sehr hübsch" oft in Richtung auf mittlere Werte einstufen.

b) Viele Situationen zwingen die Versuchsperson zu Alternativ-Entscheidungen, die, falls Instruktion, Konstruktion oder andere Umstände des Verfahrens ein Ausweichen auf den neutralen Mittelwert („central tendency") nicht zulassen, die (vermutliche) psychische Realität extremisieren: Aus einer beliebigen Anzahl von Vorlagen, etwa Zigaretten, Anzeigen oder dergleichen, gliedern sich bei der Zuordnung von Eigenschaften „Spitzen" heraus, die alle positiven Merkmale erhalten, während andere die Funktion von „Sündenböcken" und damit alle negativen Merkmale übernehmen (Halo-Effekte). Erkundungsgespräche (Explorationen usw.) sind hiervon weniger betroffen. Auch bei Rangreihen kann der Abstand einzelner Items voneinander überhöhte Werte annehmen.

c) Wo Meinungen oder Einstellungen zu bestimmten Vorlagen oder Themen zu erheben sind, wird in den Gesamtergebnissen regelmäßig eine sogenannte idealtypische Überhöhung beobachtet. Verhalten sich die wirklichen Marktanteile eines Angebots, bezogen auf die soziale Schichtung der Käufer, wie 38 % (A, B) : 28 % (C_1) : 22 % (C_2) : 11 % (D), so verteilen sich die von Versuchspersonen vermuteten Käufer auf die Sozialschichten etwa wie 70 % : 20 % : 10 % : 0 %.

d) Von nivellierendem Einfluß kann in manchen Fällen jede Instruktion sein, wie immer sie formuliert sein mag. Bei der vergleichenden Untersuchung von Farb- und Schwarzweiß-Anzeigen waren, jedenfalls in den ersten zwei oder drei Jahren der Verwendung von Farben, die beobachteten Differenzen in beliebigen (nicht-biotischen) experimentellen Situationen immer geringer als die in streng biotischen, „lebensechten" Situationen nachweisbaren.

e) Wenn mehrere Items vorgelegt werden (Packungen, Anzeigen, Produkte, Marken), bilden sich die Bezugssysteme für das Verhalten der Versuchspersonen in Abhängigkeit von der Anzahl der Vorlagen aus. Soll aus vier Packungs-Varianten die empfehlenswerte herausgefunden werden, so kann es auf das Ergebnis von Einfluß sein, ob man zusätzlich eine oder zwei Packungen der Konkurrenzangebote mit in den Test einbezieht oder nicht, bzw. ob man vier Varianten je Versuchsperson in den Test gibt oder nur drei je Versuchsperson (bei entsprechender Erhöhung der Zahl); bei Umwandlung in den Paarvergleich können sich noch einmal andere Resultate zeigen.

S e l e k t i o n. Jede Untersuchungsmethode übt durch Anlage, Instruktion, evtl. Material einen seligierenden Einfluß auf die Begegnung der Versuchsperson mit dem Untersuchungs-Gegenstand aus und ist auch deshalb mit gewissen Unsicherheitsfaktoren belastet. Nicht j e d e s Objekt zeigt a l l e seine relevanten Aspekte in j e d e m Verfahren; nicht j e d e Versuchsperson kann ihre Einstellungen, Entscheidungen usw. in a l l e n Verfahren g l e i c h gut zum Ausdruck bringen. Überdies bildet sich über Versuchsleiter, Verfahren, Objekt und Versuchsperson immer ein G a n z z u s a m m e n h a n g aus, der den Ausgang des Versuchs beeinflussen kann; mit einem Wechsel der Verfahren gliedert sich der Ganzzusammenhang entsprechend um, und die Ergebnisse können divergieren. (Beispiele sind den Psychologen aus der Psychodiagnostik hinreichend vertraut.) Man befolge daher das aus der Testpsychologie stammende Prinzip der mehrdimensionalen Diagnostik: Zentrale (oder gegen Umfeld-Einflüsse besonders empfindliche) Untersuchungsprobleme sollen mit mindestens zwei voneinander unabhängigen Verfahren geprüft werden.

2. Einflüsse der Situation

Jede Untersuchungssituation ist von Einfluß auf das beobachtete Verhalten und seine Dynamik. Ergebnisse, die im psychologischen Labor, im „Omnibus", am Eßtisch im Haushalt der Versuchsperson oder auf der Gartenbank gewonnen wurden, können voneinander abweichen, ohne daß man eines von ihnen als „richtiger" als die anderen bezeichnen dürfte.

3. Einfluß des Versuchsleiters

Zur „Situation" gehört der Versuchsleiter (dessen Einfluß auch in den einleitenden Phasen eines Explorationsgesprächs groß sein kann). Der nonverbale Einfluß des Interviewers kann über Aktionssignale, reflexartige Bewegungen, Ausdrucksbewegungen, die äußere Erscheinung, aber auch durch ein betontes Sich-still-Verhalten ausgeübt werden. Die Ersetzung des Gesprächs durch standardisierte Fragen muß den Einfluß des Versuchsleiters nicht ausschließen. Dieser Einfluß soll daher unter Kontrolle gebracht werden. Er kann sogar als ein zusätzliches Instrument der Einsicht in Sachverhalte dienen: Der Versuchsleiter muß erstens lernen, das, was e r im Explorationsgespräch oder Versuchsablauf erlebt, zu registrieren und in Bezug auf das Zusammenhangspaar „Gegenstand (Thema) – Versuchsperson" zu reflektieren; er soll zweitens in der Lage sein, seine unausgesprochenen Obersätze in Form von Hypothesen zu artikulieren. Ein Versuchsleiter, der sich in andere einfühlen, sich von den eigenen Einfällen, Anmutungen usw. reflektierend distanzieren kann (ohne sie im geringsten abzuweisen), und der weiß, von welchen allgemeinen oder speziellen Voraussetzungen er ausgeht, ist vielfach objektiver und fündiger als jedes sogenannte „objektivierende Verfahren", das ihn ausschaltet. (Diese Probleme sind besonders in der gegenwärtigen Psychoanalyse thematisiert worden.) Um in Fühlung mit dem Gegenstand seines Vorgehens zu bleiben, muß der Versuchsleiter, so zeigt die Erfahrung, nicht nur „sachkundig" sein, was die Interpretation beobachteten Verhaltens angeht, sondern er sollte auch innere Beziehungen zum Thema der Untersuchung finden.

4. Einfluß des Problem-Zusammenhangs

Die Art und der Umfang der Zusammenhangsbildung im Bereich schon der P r o b l e m s t e l l u n g ist von Einfluß auf Anlage und Durchführung der Untersuchung und auf die Interpretation der Befunde. Man muß wissen, ob ein Produkt X als Störmarke gegen Y eingesetzt werden soll, als sogenanntes „me to"-Produkt den Erfolg von Y ausnützen muß, oder für eine Marktnische gedacht ist. Die Funktion des Untersuchungsgegenstandes im Ganzen des Marktverhaltens der Auftraggeber sollte soweit als möglich bekannt sein. Das umfassendste Bezugssystem ist immer der Fluß der Ware bzw. der Fluß von Informationen; die je kleinste Einheit der Analyse ist abhängig (1) von der strategischen Situation des Unternehmens, (2) von der motivationalen Einbettung des Produkts, (3) von übergeordneten psychischen Einheiten bzw. (4) von Handlungszusammenhängen der Verbraucher.

Namentlich in der Werbemittelforschung kann eine zu enge Zusammenhangsbildung bedenkliche Folgen haben. Reine Anzeigen-Testungen etwa wird der Psychologe in der Regel aus methodischen Gründen ablehnen. Die Güte der Untersuchungs-Ergebnisse ist jedenfalls zum Teil davon abhängig, ob dem Psychologen ganze Problemzusammenhänge oder nur einzelne, vordefinierte Fragen mitgeteilt werden[15]).

III. Probleme der Interpretation

Was im Untersuchungs-Protokoll an Verhaltensweisen der Versuchspersonen registriert (notiert, aufgezeichnet, gespeichert, kinomategrafisch aufgenommen . . .) wird, sind in der Regel nur erst Befunde. Der Befund ist von mehreren Größen abhängig.

a) Vom G e g e n s t a n d : wir gehen von der Annahme aus, daß bestimmte Objekte (Vorlagen, Themen) auch nur bestimmte Formen der Auseinandersetzung mit ihnen ermöglichen; das als „Reizkonfiguration" beschreibbare Item oder das Gesprächsthema mit seinem spezifischen Bedeutungsgehalt lassen aus dem Universum abstrakt möglicher Reaktionsweisen nur relativ wenige zu. Die Untersuchung beginnt und endet daher mit einer (Schreibtisch-)Analyse des Gegenstands oder Themas.

b) Von der V e r s u c h s p e r s o n , die sich immer als Agent sozialer Gruppen verhält, also in ihren Möglichkeiten, sich zu verhalten, gleichfalls beschränkt ist. Mit ihrer Gruppe steht sie unter dem Einfluß gesamtgesellschaftlicher Großwetteranlagen (etwa der generellen Vorausschätzung künftiger Einkommensentwicklungen), Stimmungen, „Moden", die zu den konstitutiven Bedingungen des anschaulichen „Gegenstands" der Untersuchung gehören.

c) Vom V e r s u c h s l e i t e r , von dem Einflüsse auf das Verhalten des Partners ausgehen (unter Umständen sogar normative, falls die Situation zu seinen Gunsten sozial asymmetrisch ist): Befunde können als Ergebnisse einer sozialen Interaktion betrachtet werden, als fixierte Spuren immaterieller sozialer Prozesse; auf diese müssen sie manchmal eigens zurückgeführt werden.

d) Von der S i t u a t i o n (siehe oben).

e) Von den B e o b a c h t u n g e n des Versuchsleiters, die wiederum mit von seinen Bezugssystemen abhängen. Was wir wissen, ist von Einfluß auf das, was wir sehen. Wer glaubt, ein nicht oder wenig informierter Psychologe werde zu besonders objektiven, d. h. verläßlichen, „unvoreingenommenen" Resultaten gelangen, irrt also zum eigenen Schaden.

f) Von der F r a g e , die der Psychologe an seine Befunde richtet. Wer etwa, bei der experimentellen und/oder explorativen Testung von Werbemitteln nach deren Angemessenheit an die sinnespsychologische Organisation der Empfänger fragt (Ausgliederung, Erkennbarkeit, Lesbarkeit usw.), wird ein vorliegendes Befundmaterial anders auslegen als Untersucher, die ihre Befunde im Sinne der Theorie der s o c i a l p e r c e p t i o n auf die motivationale Organisation menschlichen Wahrnehmens zu beziehen trachten.

Die selektive Wirkung der eigenen Auswertungsfragen hat den bemerkenswerten Effekt, daß Untersuchungsmaterial nie vollständig ausgewertet wird.

B e f u n d e s i n d schon aus diesen Gründen n o c h k e i n e E r g e b n i s s e. Man muß den Befunden ihren Gehalt entreißen. Zwischen Befund und Ergebnis steht ein entscheidender Arbeitsvorgang, der die einzelnen Befunde bestimmten übergeordneten Bezugssystemen subsumiert und ihre Relation zur Fragestellung der Untersuchung prüft. (An jeden notierten Befund muß die Frage gerichtet werden, was er für das gestellte Problem bedeutet.) Die Bezugssysteme gehen zum Teil schon in die Hypothesen ein, die vor jeder werbepsychologischen Untersuchung expliziert werden müssen, und die ihrerseits aus sekundär-statistischem Material, aus primären Datenerhebungen, aus sozial- und marktpsychologischen Kenntnissen, Erfahrungen und (theoretischen) Prinzipien zu erarbeiten sind. Alle Befunde müssen erst interpretiert sein, ehe man sie „verstehen" und zu mitteilungswürdigen „Ergebnissen" verarbeiten kann. „Mitteilungswürdig" ist ein Ergebnis schließlich erst dann, wenn es so formuliert worden ist, daß der Auftraggeber es v e r s t e h t. Zugleich sind Informationsverluste zu vermeiden. Hier treten häufige und oft recht lästige Übersetzungsprobleme auf, die im weiteren Sinne zu den methodischen (und technischen) Problemen der psychologischen Markterkundung rechnen.

Quellenangaben:

[1]) Spiegel, B.: Werbepsychologische Untersuchungsmethoden, Berlin 1958.
[2]) Vgl. Brückner, P.: Die informierende Funktion der Wirtschaftswerbung, Berlin 1967.
[3]) Spiegel, B.: a. a. O.
[4]) Spiegel, B.: a. a. O.
[5]) Spiegel, B.: a. a. O., S. 44.
[6]) Böhmer, M.: Praktische Möglichkeiten der „Mannheimer Blickregistrierung". In: Der Marktforscher 5 (1964).
[7]) Spiegel, B.: a. a. O.
[8]) Meili, R.: Lehrbuch der psychologischen Diagnostik, Bern 1951.
[9]) Distler, W.: . . . In: Bergler, R., und Mitarbeiter: Psychologische Marktanalyse, Bern und Stuttgart 1965.
[10]) Bergler, R.: Ausdruckspsychologie und Werbeforschung, in (9).
[11]) Spiegel, B.: Die Struktur der Meinungsverteilung im sozialen Feld, Bern und Stuttgart 1961. Dort auch weitere Literatur.
[12]) Spiegel, B.: Die Struktur der Meinungsverteilung, a. a. O.
[13]) Bergler, R., und Mitarbeiter: a. a. O.
[14]) Spiegel, B.: Werbepsychologische Untersuchungsmethoden, a. a. O.
[15]) Brückner, P.: a. a. O.

Literatur (außer den in Quellenangaben zitierten Werken):

Haedrich, G.: Formen der Kommunikation zwischen Interviewer und Auskunftsperson usw. In: Zeitschrift für Markt- und Meinungsforschung 3 + 4 (1961/62).

Hofstätter, Peter R., und Lubbert, H.: Die Untersuchung von Stereotypen mit Hilfe des Polaritätsprofils. In: Zeitschrift für Markt- und Meinungsforschung 3 (1957/58).

Smith, George H.: Motivation Research in Advertising and Marketing, New York 1954.

Wiswede, G.: Das Motivvakuum. Zur Psychologie des Überfragtseins, Zeitschrift für Markt- und Meinungsforschung 2 + 3 (1963).

> **Demoskopische Verfahren zur Messung des außerwirtschaftlichen Werbeerfolgs**
>
> Von Dr. Georg Möbius, Düsseldorf

I. Kategorien des außerwirtschaftlichen Werbeerfolgs

Der außerökonomische Werbeerfolg erschließt die psychologischen bzw. sozialpsychologischen Beeinflussungsbereiche der Werbung. Das Attribut „außergewöhnlich" soll nicht bedeuten, daß die so bezeichneten Werbeerfolge ökonomisch nicht relevant wären. Es soll damit lediglich angedeutet werden, daß der Maßstab für ihre Bewertung nicht durch monetäre Einheiten definiert wird.

Die außerökonomischen Werbeerfolgskategorien beziehen sich auf den werblichen Kommunikationsprozeß zwischen dem Unternehmer und den potentiellen und tatsächlichen Verbrauchern der Werbeobjekte. Dieser Prozeß beginnt mit der Konzipierung einer Werbebotschaft und endet in der letzten Stufe mit der gewünschten Beeinflussung. Dazwischen liegt ein Feld technischer, psychologischer und soziologischer Barrieren, die überwunden werden müssen. Andernfalls wird der Kommunikationsfluß an irgendeiner Stelle unterbrochen oder verzerrt, und es kann nicht zu der handlungsbeeinflussenden Wirkung kommen. Unter diesem Gesichtspunkt betrachtet, eröffnet sich für die Werbeerfolgskontrolle ein weites Betätigungsfeld. Ihre Aufgabe ist es dann, Engpässe im Kommunikationsprozeß aufzudecken, damit geeignete Maßnahmen für ihre Beseitigung entwickelt werden können.

Die außerwirtschaftlichen Werbewirkungen werden in der Literatur unterschiedlich aufgegliedert. (Zur Systematik der „Kategorien des Werbeerfolgs" vgl. ausführlich den Beitrag von J. Bidlingmaier am Anfang dieses Kapitels.) Ein Katalog außerökonomischer Werbeerfolgskriterien findet sich u. a. bei Behrens, der den Werbeerfolg in wenige, abgrenzbare Teilerfolge gliedert, die auf empirischem Wege zu ermitteln sind*)[1]. Hierzu gehören:

1. Der Berührungserfolg

Er ist das erste Ziel im Kommunikationsprozeß der Werbung, denn sofern das Werbemittel nicht hinreichend an die Zielgruppe der potentiellen Konsumenten herangeführt

---

*) Die im Text laufend numerierten Quellenangaben sind am Schluß des Aufsatzes zitiert.

wird, muß auch jeder weitere Erfolg ausbleiben. In der Praxis treten bereits hier mehr oder weniger große „Streuverluste" auf, je nachdem, welche Werbeträger verwendet werden und wie der Kreis der Werbegemeinten abgegrenzt ist.

2. Der Beeindruckungserfolg

Der Berührung muß die Beeindruckung folgen, d. h. die Werbebotschaft muß bewußt oder unbewußt wahrgenommen und sinngemäß verstanden worden sein. Vielfach wird in diesem Fall auch von einem Aufmerksamkeitserfolg gesprochen. Dieser Begriff ist jedoch psychologisch umstritten, so daß sich seine Verwendung in unserem Zusammenhang nicht empfiehlt[2]).

3. Der Gedächtnis- oder Erinnerungserfolg

Wenn sich die Verbraucher an eine Werbebotschaft erinnern, so deutet dies auf einen weiteren Teilerfolg einer Werbeaktion hin. Ein derartiger Gedächtniserfolg entspricht bereits einer hohen Intensität an Werbebeeindruckung, die längere Zeit hindurch im Bewußtsein der Umworbenen erhalten bleibt.

4. Der Interesseweckungserfolg

Ein wichtiger Abschnitt im Kommunikationsprozeß ist erreicht worden, wenn die Werbebotschaft ein Interesse der Umworbenen am Werbeprojekt erregt hat. Hierbei können verschiedene Stadien unterschieden werden, die von positiven Einstellungen zum Werbeobjekt über vage Kauferwägungen bis zu konkreten Kaufentschlüssen reichen können.

5. Der Aktionserfolg

Die letzte Stufe im Kommunikationsprozeß ist erreicht, wenn die Werbeberührten zu Handlungen veranlaßt werden konnten, die dem Werbeziel entsprechen.

Im folgenden soll nun auf einzelne Techniken zur Kontrolle der verschiedenen außerökonomischen Werbeerfolge eingegangen werden. Allerdings müssen wir uns hier auf die wichtigsten methodischen Ansätze beschränken. Sie gehören dem Bereich der demoskopischen Marktforschung an und ermöglichen für bestimmte Zielgruppen quantitative Aussagen auf repräsentativer Basis. Die Untersuchungsmethoden stützen sich auf Befragungen und Beobachtungen unter gelegentlicher Verwendung von technischen Hilfsmitteln.

II. Untersuchungsmethoden für außerökonomische Werbeerfolge

1. Die Ermittlung des Berührungserfolges

Die Feststellung der Werbeberührten wird im allgemeinen reduziert auf die Untersuchung der Reichweite des verwendeten Werbeträgers in der interessierenden Zielgruppe. Allerdings wird dabei unterstellt, daß bei Berührung des Werbesubjekts durch den Werbeträger das Werbemittel auch exponiert war. Die Tatsache, daß dies nicht immer zutrifft, schränkt die Genauigkeit der ermittelten Befunde in gewisser Weise ein, wenn es nicht gelingt, auch hierüber Aufschlüsse zu gewinnen.

Wenden wir uns zunächst den Werbeträgern Zeitschrift und Tageszeitung zu. Hier kann der Anteil der durch eine Anzeige berührten Zielpersonen ermittelt werden, indem durch eine Befragung festgestellt wird, wer die entsprechende Nummer einer Zeitschrift oder Zeitung gelesen hat. Dagegen ist eine Frage danach, ob die Anzeige gesehen wurde, in diesem Fall nicht möglich, weil zwischen der Anzeigen-Berührung und der Befragung bereits längere Zeit verstrichen ist, und man daher nicht die Berührten, sondern bereits die Erinnerer der Anzeige ermitteln würde[3]).

Bei der Identifizierung der Werbeberührten durch eine Frage nach den gelesenen Zeitschriften wird jedoch von einer Voraussetzung ausgegangen, die nicht unbedingt gegeben sein muß. So ist es durchaus zweifelhaft, ob die Leser des entsprechenden Werbeträgers die Anzeigenseite überhaupt aufgeschlagen hatten. Um diesem Problem nachzugehen, hat Politz in den USA folgenden Versuch unternommen[4]): In Absprache mit einer Vertriebsorganisation einer Zeitschrift wurde einer Stichprobe der Abonnenten ein normales Exemplar zugestellt, bei dem die interessierende Anzeigenseite mit der Nachbarseite durch kaum sichtbare, leicht aufzubrechende Klebstellen versiegelt war. Nach einer gewissen Zeit wurden die Versuchspersonen aufgesucht und um Vorlage der Zeitschrift gebeten. So konnte objektiv festgestellt werden, ob eine Anzeigenberührung vorlag. Diese Methode erlaubt jedoch nur die Ermittlung eines Berührungserfolges auf Haushalts- und nicht auf Personenbasis, da die Zeitschriften im allgemeinen von mehreren Personen im Haushalt gelesen werden.

Die Messung des Berührungserfolges von Werbesendungen im Rundfunk bzw. Fernsehen ist ebenfalls nicht unproblematisch. Fragte man die Auskunftspersonen danach, ob sie am Vortag – der als Stichtag betrachtet wird – einen bestimmten Spot gesehen oder gehört hätten, so ermittelte man wiederum nicht die Werbeberührten, sondern bereits die Werbeerinnerer. Daher wird meist danach gefragt, ob die Auskunftspersonen am Vortag irgendwelche Werbesendungen gehört bzw. gesehen haben und zu welcher Zeit dies geschah, um auf diesem Umweg auf eine eventuelle Berührung mit dem Werbespot schließen zu können. Selbstverständlich können hierbei die Ergebnisse durch Erinnerungslücken der Befragten verfälscht sein. Genauere Ergebnisse in dieser Hinsicht ermöglichen sogenannte Audimeter und Tammeter[5]). Das sind mechanische oder elektronische Kontrollgeräte, die mit Zustimmung der Versuchspersonen an den Rundfunk- bzw. Fernsehgeräten eines repräsentativen Bevölkerungsquerschnittes angebracht werden und den jeweils eingestellten Sender sowie die Empfangsdauer automatisch aufzeichnen. Abgesehen davon, daß hierbei nur Aussagen über den Berührungserfolg in bezug auf Haushalte möglich sind – die Zahl der Zuhörer bzw. -seher in jedem Haushalt bleibt unbekannt –, hat auch dieses Verfahren seine spezifische Fehlerquelle. Sie liegt darin, daß nicht feststeht, in wie vielen Haushalten das Empfangsgerät zum Zeitpunkt des ausgestrahlten Werbespots eingeschaltet war, ohne daß jemand zugehört bzw. zugesehen hat.

Ein weiterer Ansatz besteht schließlich in der einem Werbespot unmittelbar folgenden telefonischen Befragungsaktion, wobei man sich danach erkundigt, ob die Empfangsgeräte eingeschaltet waren. Es muß hier aber – zumindest in Deutschland – einkalkuliert werden, daß die Ergebnisse keine genaue Repräsentanz aufweisen, weil nicht alle Fernseh- bzw. Rundfunkhaushalte ein Telefon besitzen. Hinzu kommt, daß die Verweigerungsrate bei telefonischen Interviews sehr groß ist, so daß dadurch zusätzliche Verzerrungen entstehen.

Für die Messung des Berührungserfolgs von Plakataktionen hat man sich erst in letzter Zeit eingehender interessiert, weil die Erfassung der Passanten an den mehr als 100 000 Anschlagstellen in der Bundesrepublik methodisch und praktisch nur schwer zu verwirklichen ist. Im Prinzip werden Stichproben der Anschlagstellen gebildet und an den entsprechenden Stellen Verkehrszählungen durchgeführt, die sich ebenfalls nur auf Stichproben innerhalb der gesamten Zeitspanne erstrecken, in der das zu untersuchende Plakat aushängt. Zweifelhaft bleibt bei derartigen Unterschungen jedoch, ob die ermittelten Passanten den Plakatanschlag tatsächlich im Blickfeld hatten. Auch dieser Frage ist nachgegangen worden. Hinter den Anschlagstellen wurden Kameras angebracht, die den Passantenstrom fotografierten. Nach dem Bildmaterial ließ sich dann die Zahl der Werbeberührten genau feststellen.

Die Ermittlung der Werbeberührten auf fotografischem Wege ist von Politz insbesondere für die V e r k e h r s m i t t e l w e r b u n g weiterentwickelt worden[6]). Speziell für diesen Zweck konstruierte Kameras mit einem Aufnahmewinkel von 120 Grad wurden hinter den Werbeschildern von Omnibussen bzw. Straßenbahnen montiert, so daß für die gesamte Fahrstrecke alle Personen ermittelt werden konnten, die der Werbung ausgesetzt waren. Derartige Methoden sind auch in Deutschland bereits praktiziert worden.

2. Die Ermittlung des Beeindruckungserfolges

Die Beeindruckungswirkung eines Werbemittels ist mit einer direkten Befragung nicht feststellbar, weil auch hier – infolge der Zeitspanne zwischen Beeindruckung und Befragung – nur Werbebeeindruckte festgestellt werden können, die zugleich Werbeerinnerer sind. Es kommt nur eine Sofort-Befragung in Betracht, die unmittelbar nach der Beeindruckung durchgeführt wird[7]).

Diese Methode ist jedoch nur anwendbar, wenn der Zeitpunkt der Exponierung des Werbemittels bekannt ist. Bei Z e i t u n g e n und Z e i t s c h r i f t e n sind daher Beeindruckungsmessungen nur mit – meist nicht repräsentativen – Laborversuchen möglich. Einfacher ist die Situation dagegen bei der Ermittlung der Werbebeeindruckten von R u n d f u n k und F e r n s e h s p o t s . Hier bietet sich die Möglichkeit der telefonischen Befragung unmittelbar nach ihrer Sendung, wobei sich aber das bereits erörterte Repräsentanzproblem als nachteilig erweist.

Für die Feststellung der durch eine P l a k a t a k t i o n oder V e r k e h r s m i t t e l w e r b u n g „beeindruckten" Personen ließe sich an die oben beschriebene Passantenzählung zur Ermittlung der Werbeberührten eine Befragungsaktion unmittelbar anschließen. Nach dem Zufallsprinzip ausgewählte Passanten werden dann befragt, ob sie das betreffende Werbemittel kurz zuvor gesehen haben. Aus Beobachtungsdaten allein kann nicht auf den Beeindruckungserfolg geschlossen werden, da Passanten das Werbemittel nicht unbedingt wahrgenommen haben müssen, selbst wenn es sich in ihrem Gesichtsfeld befand.

3. Die Ermittlung des Erinnerungserfolges

Der Ermittlung der Werbeerinnerer wird in der Praxis große Bedeutung beigemessen, weil es sich hier um einen Aspekt des Werbeerfolges handelt, der bereits eine nachhaltige Wirkung bei den Umworbenen dokumentiert und wichtige Ansatzpunkte für weitere werbestrategische Aktionen bietet. Auf diesem Gebiet haben sich vor allem zwei Kontrollmethoden herausgeschält, das Wiedererkennungsverfahren (Recognition-Test) und der Gedächtnistest (Recall-Test).

Beim Wiedererkennungsverfahren wird das zu kontrollierende Werbemittel zunächst einer repräsentativen Stichprobe der Zielgruppe präsentiert. Dies geschieht bei Anzeigen und Plakaten entweder durch Vorlage des Originals oder verkleinerter Reproduktionen. Zur Präsentation von Werbespots des Hörfunks können Tonbandgeräte verwendet werden. Selbst die Demonstration von Fernsehspots ist in der Wohnung der Auskunftspersonen mit Hilfe tragbarer Geräte, sogenannter „Videometer", möglich. Im Anschluß an die Vorführung des entsprechenden Werbemittels sollen die Auskunftspersonen die Frage beantworten, ob sie es schon irgendwo gesehen bzw. gehört haben. Bei diesem einfachen methodischen Aufbau handelt es sich um die sogenannte „unkontrollierte Wiedererkennungsprüfung". Da jedoch die Gefahr besteht, daß Auskunftspersonen das Werbemittel verwechseln, wird häufiger die „kontrollierte Wiedererkennungsmethode" angewandt. Zur Feststellung der Irrtumswahrscheinlichkeit werden den Auskunftspersonen mehrere Werbemittel präsentiert, von denen einige tatsächlich nie erschienen sind. Hier ist aber die Schlußfolgerung durchaus problematisch, daß solche Befragte nicht zu den Werbeerinnerern gehören, die angeben, außer dem Testobjekt auch ein nicht gestreutes Werbemittel gesehen zu haben. Eine falsche Angabe stellt nicht unbedingt die Richtigkeit der anderen Antworten in Frage.

Der Gedächtnistest stellt die Auskunftspersonen vor eine wesentlich schwierigere Aufgabe. In seiner einfachsten Form wird auf jede Gedächtnishilfe verzichtet. Bei diesem „Unaided Recall-Test" werden die Auskunftspersonen befragt, mit welchen Werbeträgern sie in letzter Zeit Kontakt hatten und welche Werbemittel nach ihrer Erinnerung dort erschienen sind. Zumeist interessieren auch Teile der Werbeappelle (Marke, Slogan, Text, Darstellungsweise), an die sich die Auskunftsperson erinnern kann.

Ein Nachteil dieser Methode ist jedoch die Tatsache, daß Auskunftspersonen sich vielfach in der Befragungssituation nicht an das Befragungsobjekt erinnern, obwohl sie über entsprechende werblich vermittelte Informationen verfügen, die möglicherweise sogar bei ihren Kaufentscheidungen von Bedeutung sind. Daher wird der Gedächtnistest meistens in Verbindung mit geeigneten Gedächtnishilfen angewendet (Aided Recall-Test). Dies geschieht zum Beispiel in der Weise, daß den Befragten eine Markenliste vorgegeben wird, damit die Erinnerung an wahrgenommene Werbemittel für diese Marken unterstützt wird. Vielfach werden auch Slogans genannt, wobei die Auskunftspersonen dann die dazugehörige Marke oder weitere Einzelheiten des Werbemittels nennen sollen, in dem der Slogan verwendet wurde. Bei der Erinnerungskontrolle für verbreitete Anzeigen legt man den Auskunftspersonen auch Abbildungen vor, von denen bestimmte Teile (z. B. der Markenname oder das abgebildete Produkt) abgedeckt sind. Sie müssen dann von den Befragten identifiziert werden. Diese Methode wird als „Masken- bzw. Identifikationstest" bezeichnet.

Beide Methoden der Erinnerungsmessung, das Wiedererkennungsverfahren und der Gedächtnistest, finden häufig auch in der kombinierten Form Anwendung. In diesem Fall sollen sich die Auskunftspersonen zunächst ohne Gewährung von Gedächtnishilfen an wahrgenommene Werbemittel erinnern. Abschließend präsentiert man ihnen verschiedene Werbemittel und stellt fest, welche davon tatsächlich wiedererkannt werden. Dieses Verfahren ist unter der Bezeichnung „Impact-Test" bekanntgeworden.

Die Erörterung der verschiedenen methodischen Ansätze zur Ermittlung der Werbeerinnerer läßt erkennen, welche Schwierigkeiten einer genauen Erfassung dieses Personenkreises im Wege stehen. Jedes Verfahren hat seine spezifischen Vor- und Nachteile, die bekannt sein müssen, wenn man Untersuchungsergebnisse interpretiert.

4. Die Ermittlung des Interesseweckungserfolges

In der Praxis hat der sogenannte „Anfragenkontrolltest" zur Ermittlung des Interesseweckungserfolges eine gewisse Bedeutung erlangt. Als Interessenten werden hier Personen angesehen, die unter Bezug auf ein Werbemittel zugesagten Gratisproben, Prospekte oder dergleichen anfordern. Dieses Verfahren ist jedoch äußerst unzuverlässig, weil einerseits vielfach Anfragen eingehen, die weniger von tatsächlichen Interessenten als vielmehr von Personen stammen, denen das Anfordern von Gratisproben zur Routine geworden ist. Andererseits ist erwiesen, daß viele Interessenten sich nicht die Mühe einer schriftlichen Anfrage machen. Daher vermittelt der Anfragenkontrolltest keine repräsentativen Ergebnisse.

Eine genauere Ermittlung des erweckten Interesses ist nur mit Hilfe der Befragung unter Verwendung geeigneter Befragungstaktiken möglich. Die hierbei auftauchenden Schwierigkeiten bestehen einerseits in der Definition brauchbarer Indikatoren für ein Interesse an den Werbeobjekten und andererseits in dem Nachweis, daß ein festgestelltes Interesse bei den Auskunftspersonen auf das zu kontrollierende Werbemittel zurückzuführen ist.

Als Indizien für ein werblich vermitteltes Interesse kommen verschiedene Dimensionen in Frage. Eine Interessesteigerung durch eine Werbeaktion liegt bereits vor, wenn sich die Einstellungen der Verbraucher zu dem Werbeobjekt weiter verbessert haben oder negative Vorurteile abgebaut wurden. Zur Ermittlung derartiger Einstellungsänderungen haben sich in der Demoskopie einige Befragungstaktiken bewährt, die hier lediglich angedeutet werden können. Dazu gehören – abgesehen von einzelnen Indikatorfragen[8] – vor allem verschiedene Skalentechniken sowie aus der Psychologie übernommene projektive Tests. Ein vertieftes Interesse wird demgegenüber angezielt, wenn man den Personenkreis ermittelt, der sich bereits mit Kauferwägungen beschäftigt hat. Auch zur Erhebung dieses Sachverhalts stehen verschiedene methodische Ansätze mit direkter oder indirekter Fragestellung zur Verfügung. Das gleiche gilt auch für die Ermittlung der intensivsten Stufe des Interesses, das sich bereits in einem konkreten Kaufentschluß manifestiert hat.

Die zweite Frage, ob ein wie auch immer definiertes Interesse der Befragten am Werbeobjekt tatsächlich die Folge einer Werbeaktion oder auf andere Bedingungen zurückzuführen ist, läßt sich im Rahmen von Repräsentativbefragungen zuverlässig nur mit Hilfe eines statistischen Gruppenexperiments prüfen. Dazu ist eine zweistufige Wiederholungsbefragung erforderlich. Mit einer ersten Befragungsaktion wird der Stand des Interesses an dem geplanten Werbeobjekt vor der Werbeaktion ermittelt. Die nach Ablauf der Werbekampagne stattfindende Wiederholungsbefragung bei denselben Personen stellt zunächst mit gleicher Fragestellung erneut das Interesse fest und an späterer Stelle im Fragebogen die Erinnerung an das gestreute Werbemittel nach einem der oben näher beschriebenen Verfahren. Bei den anschließenden Analysen wird dann die Veränderung des Interesses sowohl bei den als Versuchsgruppe dienenden Werbeerinnerern als auch bei der Kontrollgruppe der Nicht-Erinnerer ermittelt. Interessenveränderungen in der Kontrollgruppe geben Aufschluß über die „normalen" Entwicklungstendenzen, die von anderen Faktoren als der Erinnerung an das Werbemittel ausgelöst wurden. Somit ergibt sich der werbebedingte Interesseweckungserfolg aus der Differenz zwischen den Interesseveränderungen in der Versuchs- und in der Kontrollgruppe. Das folgende Beispiel veranschaulicht den methodischen Aufbau und die Art der Interpretation.

	Versuchsgruppe (in der Wiederholungs- befragung festgestellte Werbeerinnerer)	Kontrollgruppe (in der Wiederholungs- befragung festgestellte Nichterinnerer)
Befragung vor der Werbekampagne		
Interessenten	40 %	35 %
Keine Interessenten	60 %	65 %
	100 %	100 %
Befragung nach der Werbekampagne		
Interessenten	70 %	45 %
Keine Interessenten	30 %	55 %
	100 %	100 %
Werbewirkung: Interesseweckung bei (70 % – 40 %) – (45 % – 35 %) = 20 % der Bevölkerung		

Selbstverständlich kann das so ermittelte Ergebnis nicht genauer sein als das angewendete Verfahren zur Identifizierung der Werbeerinnerer. Außerdem muß noch eine weitere Einschränkung berücksichtigt werden. Bei dem erörterten Experiment wurde lediglich die Beziehung zwischen der Erinnerung an ein Werbemittel und dem daraus resultierenden Interesse am Werbeobjekt geprüft. Damit bleiben diejenigen Fälle ausgeschlossen, in denen ein Interesse bei der Wahrnehmung des Werbemittels entstanden ist, aber eine Erinnerung an das Werbemittel nicht mehr vorliegt. Im Prinzip könnte man natürlich in dem beschriebenen Untersuchungsmodell statt von Werbeerinnerern auch von Werbebeeindruckten ausgehen. Die im allgemeinen bestehende größere Unsicherheit bei ihrer Ermittlung läßt diesen Ansatz jedoch nur in Ausnahmefällen empfehlenswert erscheinen.

Schließlich ist noch eine weitere Fehlerquelle zu erwähnen. Wesentliche Voraussetzung für eine sichere Interpretation experimenteller Untersuchungsbefunde ist die strukturelle Vergleichbarkeit der experimentellen Gruppen. Experimente der hier beschriebenen Art, bei denen die Abgrenzung der Versuchs- und der Kontrollgruppe erst nach Eintritt des Wirkungsfaktors möglich ist (sogenannte Ex-post-facto-Experimente), bergen prinzipiell die Gefahr in sich, daß möglicherweise vorhandene strukturelle Differenzen der Experimentalgruppen trotz intensiver Bemühungen nicht erkannt und daher auch nachträglich nicht durch statistische Operationen eliminiert werden können.

5. Die Ermittlung des Aktionserfolges

Die Isolierung der Werbewirkung ist auch bei der Messung des Aktionserfolges das entscheidende Problem, weil Kaufhandlungen durch die verschiedensten Faktoren motiviert sein können. Auf Grund dessen gibt auch ein Vergleich der Absatzmengen vor und nach einer Werbekampagne keinen verläßlichen Aufschluß über den erzielten Werbeerfolg, weil die übrigen Einflußfaktoren nicht unter Kontrolle sind und mithin der Wirkungsbeitrag der Werbung nicht exakt kontrolliert werden kann. Daher empfiehlt sich hier ebenfalls die Anwendung experimenteller Erhebungsverfahren.

Der Aufbau der Untersuchungsanordnung entspricht dem Modell, wie es oben zur Feststellung des Interesseweckungserfolges erläutert wurde. Anstelle des Interesses werden hier die Käufer und gegebenenfalls auch ihre Verbrauchsintensität vor und nach der Werbekampagne festgestellt. Schwierigkeiten bereitet jedoch die Tatsache, daß die werblich bedingten Kaufanreize nicht sofort realisiert werden und die Stärke des Aktionserfolges somit auch von der Länge des Zeitintervalls abhängt, das zwischen der Werbekampagne und der Wiederholungsbefragung liegt.

Wenn auch die experimentell angelegte Wiederholungsbefragung bei sachgerechter Anwendung als das zuverlässigste Verfahren zur Ermittlung des Aktionserfolges gelten kann, dürfen wir doch auch hier die verfahrensspezifischen Fehlerquellen nicht übersehen, die bereits im vorangegangenen Abschnitt erörtert wurden. Es handelt sich einmal um die problematische Isolierung der Werbebeeindruckten und zum anderen um die eingeschränkte Aussagefähigkeit des zugrunde liegenden Ex-post-facto-Experiments, bei dem die Abgrenzung von Versuchs- und Kontrollgruppe erst nach Eintritt des Wirkungsfaktors Werbung möglich ist.

In einem Ausnahmefall wäre es denkbar, eine Versuchsanordnung zu konstruieren, die sich zur Messung des Aktionserfolges auf ein klassisches Experiment stützt. Das wäre die bekannte Testmarkt-Methode, bei der Werbung lediglich in einem Teilmarkt eingesetzt wird und der Aktionserfolg durch Vergleich der Ergebnisse von Vor- und Nachmessungen im Versuchs- und Kontrollgebiet festgestellt wird. Derartige Testmarkt-Untersuchungen bedürfen zunächst noch nicht einmal demoskopischer Erhebungen, weil sich die Erfolgsmessung an der Entwicklung der Absatzmengen im Test- und Kontrollgebiet orientieren kann. Die praktische Situation sieht allerdings so aus, daß in der Bundesrepublik kaum vergleichbare Test- und Kontrollmärkte zur Verfügung stehen. Hier könnte der zusätzliche Einsatz der Demoskopie weiterhelfen, weil es in diesem Fall möglich wäre, im Rahmen der Erhebungen im Versuchs- und Kontrollgebiet jene Faktoren zu kontrollieren, die die Vergleichbarkeit stören.

Zusammenfassung und Ausblick

Die Ausführungen zeigen, daß es für die Kontrolle des Werbeerfolgs keine Patentlösung gibt. Ein Erfolg der Werbung kann sich in den verschiedensten Dimensionen widerspiegeln, die sämtlich berücksichtigt werden müssen, wenn man in der Beurteilung der Werbung nicht fehlgehen will. Erst die mehrdimensionale Betrachtungsweise ermöglicht es, Einblick in den komplizierten Kommunikationsprozeß der Werbung zu gewinnen und dadurch im Einzelfall Ansatzpunkte für Verbesserungen der Werbekonzeption von der Werbemittelgestaltung bis zur Mediaauswahl aufzudecken.

Obwohl uns heute ein reichhaltiges – hier nur fragmentarisch angedeutetes – Instrumentarium zur Ermittlung der verschiedenen Aspekte von Werbeerfolgen zur Verfügung steht, darf nicht übersehen werden, daß die Werbeerfolgsbestimmung noch immer nicht theoretisch hinreichend erforscht ist. Wir wissen wenig über die Bedeutung der einzelnen Werbeerfolgsdimensionen für einen kontinuierlichen Absatzerfolg. Wie hoch muß zum Beispiel der Erinnerungserfolg sein, damit ein befriedigender Aktionserfolg erzielt wird? In dieser Frage gibt es unterschiedliche Erfahrungen. Danach ist es durchaus fragwürdig, ob es kurzfristig immer auf einen möglichst hohen Erinnerungserfolg ankommt, obwohl andererseits die Erinnerung an bestimmte Werbebotschaften eine Voraussetzung für eine Steuerung der Kaufentschlüsse darstellt. Hier müße man also mehr über die Bedingungen in Erfahrung bringen, unter denen der Kommunikationsprozeß sich von einer Stufe zur anderen entwickelt.

Sicherlich lassen sich die im einzelnen erörterten Methoden der Werbeerfolgskontrolle noch weiter verfeinern, und es bedarf auch dringend ihrer Verbesserung, weil wir im Rahmen empirischer Untersuchungen noch mit vielen Fehlerquellen rechnen müssen. Doch erst der Einblick in die theoretischen Zusammenhänge der Werbewirkungsebenen, d. h. in das System förderlicher bzw. hemmender Faktoren und Randbedingungen des Kommunikationsablaufes, wird eine entscheidende Verbesserung der Methoden zur Werbeerfolgskontrolle ermöglichen.

Quellenangaben:

[1] Vgl. hierzu K. Chr. Behrens: Absatzwerbung, Bd. X der Studienreihe Betrieb und Markt, Wiesbaden 1963, S. 106 und 107.
[2] Vgl. hierzu auch H. Jacobi: Zur Problematik von Aufmerksamkeitsmessungen in der demoskopischen Werbeforschung, GFM-Mitteilungen, Nr. 4, 1964.
[3] Vgl. K. Chr. Behrens: a. a. O., S. 149 f.
[4] Vgl. hierzu D. B. Lucas und St. H. Britt: Messung der Werbewirkung, Essen 1966, S. 311 ff.
[5] Vgl. hierzu auch W. Irle: Methoden der Erfolgskontrolle in der Funkwerbung, Köln und Opladen 1960.
[6] Vgl. hierzu D. B. Lucas und St. H. Britt: a. a. O., S. 324.
[7] Vgl. K. Chr. Behrens: a. a. O., S. 151.
[8] Zum Begriff und zur Funktion von Indikatorfragen vgl. E. Noelle: Umfragen in der Massengesellschaft, Reinbek bei Hamburg 1963, S. 47, 290 u. 316.

Literatur:

Bücher und Sammelwerke

K. Chr. Behrens: Absatzwerbung. Band X der Studienreihe Betrieb und Markt, Wiesbaden 1963.

H. J. Besmer: Die Validität von Effektivitätsmessungen der Werbebotschaft, Winterthur 1967.

H. M. Fischerkoesen: Experimentelle Werbeerfolgsprognose, Wiesbaden 1967.

W. Irle: Methoden der Erfolgskontrolle in der Funkwerbung, Köln und Opladen 1960.

F. Jaspert: Werbeerfolgskontrolle. In: Werbeleiter-Handbuch, München 1966, S. 171–191.

Lucas/Britt: Messung der Werbewirkung, Essen 1966.

H. Machill: Methode und Technik der Werbeerfolgskontrolle, Nürnberg 1960.

P. W. Meyer: Die Werbeerfolgskontrolle, Düsseldorf–Wien 1963.

Zeitschriften

J. Bidlingmaier: Wie man Werbeerfolge kontrolliert. In: Der Volkswirt, Nr. 21, 1968.

W. Ernst u. G. Schröder: Werbeerfolgskontrollen durch Anzeigen-Kompaß. In: ZV + ZV 5, 65.

J. Gerha: Ist der Effekt von Kaufappellen meßbar? Die Absatzwirtschaft 20, 64.

G. Greenwald: Effects of Prior Commitment on Behavior Change after a Persuasive Communication. In: Public Opinion Quarterly, 1965/66.

H. Hirtens: Werbeerfolgskontrollen – Gibt's die? In: ZV + ZV 14, 1967.

A. Juchems: Werbung: Wirkung auf die Kaufeinstellung? In: Marketing Journal, 3, 1968.

K. Koeppler: Kritische Darstellung einiger Methoden zur Messung der Wirksamkeit von Anzeigen. In: Die Anzeige, 1, 1967.

K. Koeppler: Einstellungs- und Verhaltensänderung. In: Die Anzeige, 15, 1968.

W. Korndörfer: Zur Feststellung der Werbewirkung. In: Der Markenartikel, 10, 1967.

H. Krage: Anzeigenerinnerung und Produktinteresse. In: W + V, 18, 1965.

R. Langenegger: Ist der Werbeerfolg meßbar? In: Kriterion, 32, 1964.

J. W. Machnik: Läßt sich der Werbeerfolg messen? In: ZV + ZV, 35, 1966.

M. Rokeach: Attitude Change and Behavioral Change. In: Public Opinion Quarterly 1966/67, No. 4.

K. Schreiber: Die Komponenten der Werbewirkung und die Kontrolle des Werbeerfolges. In: Die Anzeige, 3, 1965.

K. Scheiber: Experimentelle Methoden der Werbeerfolgsprognose und der Werbeerfolgskontrolle. In: ZV + ZV, 36, 1965.

H. Stumpf: Eine neue Methode zur Bestimmung der Wirksamkeit der Werbung. In: ZV + ZV, 18, 1965.

H. Jacobi: Zur Problematik von Aufmerksamkeitsmessungen in der demoskopischen Werbeforschung. In: GFM-Mtteilungen, 4, 1964.

U. Johannsen: Die Werbeerfolgskontrolle – ein Scheinproblem? In: forschen – planen – entscheiden, 5, 1966.

J. Flämig und U. Johannsen: Messung und Vorhersage der Verkaufswirkung von Werbemitteln. In: forschen – planen – entscheiden, 2, 65.

U. Johannsen: Ist der Werbeerfolg wirklich nachweisbar? In: ZV + ZV, 48, 1967.

> **Methoden der Werbeerfolgskontrolle in psychologischer Sicht**
>
> Von Dipl.-Psych. Uwe Johannsen, Frankfurt (M.)

Grundsätzlich ist mit Herrmann*)[1] auch von den Methoden der Werbeerfolgskontrolle zu fordern, daß sie objektiv, zuverlässig (reliabel), gültig (valide) und ökonomisch sind. Des weiteren muß stets geklärt sein, was im Rahmen der betreffenden Methode unter „Werbeerfolg" zu verstehen ist (Kriterienproblem).

Nun ist es nicht möglich, in diesem Rahmen auch nur annähernd die Vielzahl der psychologischen und außerpsychologischen Methoden der Werbeerfolgs- und Wirkungskontrolle zu referieren. Wir verweisen deshalb auf die Veröffentlichungen von Machill[2], Jaspert[3] und Lucas und Britt[4], ferner von Spiegel[5] und Irle[6]. Aus der Sicht der Psychologie des Umworbenen wollen wir in Anlehnung an die Gliederung von Lavidge und Steiner[7] einige Methoden kurz darstellen, die n a c h e r f o l g t e r W e r b u n g zutreffen. (Zu anderen Aufgliederungen der außerökonomischen Werbewirkungen vgl. den am Anfang dieses Kapitels stehenden Artikel „Kategorien des Werbeerfolgs".)

1. Methoden, die auf das K o g n i t i v e[8], also vorwiegend auf die Wahrnehmungsseite zielen (Bekanntheitsgradmessung, Recognition- und Recall-Tests);
2. Methoden, die auf das A f f e k t i v e, die emotional-motivationale Seite abheben (wie z. B. die EQ-Skala und die Imageanalyse);
3. Methoden, die trotz aller Einwände auf das C o n a t i v e, die Kaufhandlungsseite (wie z. B. die NETAPPS-Untersuchung)[9] gerichtet sind.

I. Die Messung des Bekanntheitsgrades

Grundsätzlich gibt es hier zwei Möglichkeiten – z. B. im Rahmen einer Repräsentativbefragung von 2000 Personen der erwachsenen Bevölkerung der Bundesrepublik – vorzugehen: die sogenannte „Recall-Method" und die sogenannte „Aided-Recall-Method". Bei der R e c a l l - M e t h o d wird die Bekanntheit einer Firma, einer Marke o h n e Hilfsmittel ermittelt. Die Frage nach diesem spontanen, „aktiven" Wissen kann entweder lauten:

a) „Wenn Sie an die Branche XYZ denken, welche Firmen, Marken fallen Ihnen da ein?"

---

*) Die im Text laufend numerierten Quellenangaben sind am Schluß des Aufsatzes zitiert.

Oder aber:

b) „Haben Sie das Wort XYZ schon einmal gehört oder gelesen?"

c) „Und könnten Sie noch sagen, um was für eine Firma/Ware/Marke es sich dabei handelt?"

Bei der Aided-Recall-Method wird der Bekanntheitsgrad unter Zuhilfenahme von „Gedächtnisstützen", wie zum Beispiel des Original-Schriftzuges, des Markenzeichens oder sogar unter Angabe des Produktes oder Firmenbereiches festgestellt. Die Frage nach diesem gestützten, „passiven" Wissen, das verständlicherweise höhere Werte erbringt, lautet:

a) „Hier ist ein Wort/Zeichen aufgeschrieben, haben Sie das schon einmal gehört, gesehen oder gelesen?"

b) „Und könnten Sie noch sagen, um was für eine Firma/Ware/Marke es sich handelt?"

Oder sogar:

c) „Hier ist ein Wort/Zeichen aufgeschrieben, es handelt sich um etwas zum ... (z. B. Essen, Trinken, Rauchen). Haben Sie von dieser Firma/Ware/Marke schon einmal gehört oder gelesen?"

Diskussion:

Es erhebt sich die Frage nach dem Aussagegehalt eines Bekanntheitsgrades. Kritisch läßt sich unter anderem ausführen, daß ein Bekanntheitsgrad von 98 % aller Befragten für die BILD-Zeitung und 93 % für den STERN nichts darüber aussagt, wie die Betreffenden über diese Objekte wirklich denken, was sie ihnen persönlich bedeuten und ob sie sich positiv oder negativ von ihnen angesprochen fühlen. Ein Bekanntheitsgrad von 85 % für den MERCEDES-Stern und von 69 % für den SAROTTI-Mohren sagt auch nichts darüber aus, wie viele Personen diese Produkte kaufen. Eine Marke, die einen niedrigen Bekanntheitsgrad besitzt, dafür aber von den meisten, die sie kennen, auch konsumiert wird, wäre zweifellos einer Marke mit hohem Bekanntheitsgrad und geringerer Kaufbevorzugung vorzuziehen.

Das Institut für Markt- und Verbrauchsforschung der Freien Universität Berlin prüfte im Dezember 1966 innerhalb einer aus 565 Berliner Hausfrauen bestehenden repräsentativen Stichprobe die Beziehungen zwischen Bekanntheitsgrad und Kauf von zwölf Waschmittelmarken. „Von zwölf auf dem Markt befindlichen Waschmittelmarken sind durchschnittlich beinahe neun den Berliner Hausfrauen wenigstens dem Namen nach bekannt. Verwendet wird jedoch im allgemeinen kaum mehr als eine Marke, d. h. die Präferenzen für ein bestimmtes Waschmittel dürften außerordentlich groß sein. Interessant sind die sehr unterschiedlichen Beziehungen zwischen Bekanntheitsgrad und dem gegenwärtigen Verbrauch der einzelnen Waschmittelmarken. Es zeigt sich, daß ein relativ hohes Niveau in der Bekanntheit noch keine Garantie für einen entsprechenden Absatz darstellt[10]." Hohe Bekanntheit läßt sich durch hohe Werbeaufwendungen und „Gag-Werbung" relativ schnell erreichen. Bergler[11] weist darauf hin, daß es durch empirische Analysen als nachgewiesen gelten kann, daß extrem hohe Aufmerksamkeits- und Erinnerungswerte, also auch Bekanntheitsgrade, durchaus mit extrem negativen psychologischen Qualitäten korrelieren können. So gesehen kann der hohe Bekanntheitsgrad sogar ein trügerisches Ziel und Indiz sein! Die Kenntnis und Analyse von Bekanntheitsgraden sagt also wenig über Intensität und nichts über die Art, Richtung und Begründung des mit einem bestimmten Gegenstand, zum Beispiel einer Firma, einer Marke, verbundenen Gefühlswertes und Erlebens aus.

II. Die Recognition-Tests

Die Recognition- oder Wiedererkennungstests werden ebenso wie die Recall- oder Erinnerungstests (siehe nächsten Abschnitt) zur Feststellung, ob und was der Umworbene von der Werbung im Gedächtnis behalten hat, benutzt. Das bekannteste Wiedererkennungsprüfverfahren ist der seit 1931 durchgeführte, nach Daniel Starch genannte Starch-Test.

1. Der Starch-Test

„Beim Starch-Test[12]) wird so vorgegangen, daß die Interviewer mit der jeweils letzten Nummer einer Zeitschrift Personen – in der Regel je 150 Frauen und Männer – aufsuchen, die diese Nummer gelesen haben. Die Interviewer sind instruiert, die Interviews nach einigen demographischen Merkmalen zu streuen. Außerdem werden die Interviews entsprechend der geographischen Verteilung der Auflage gestreut. Der Interviewer geht mit den Vpn (Versuchspersonen) Seite für Seite durch und fragt, ob diese oder jene Anzeige gesehen, ob das Produkt bemerkt worden ist, und ob dieses oder jenes Anzeigenelement wahrgenommen wurde. Der Interviewer blättert dabei die Seiten um... In der Regel werden Anzeigen getestet, die eine halbe Seite oder mehr einnehmen, pro getestetes Heft rund 100 Anzeigen. Die Interviews werden jeweils an einer anderen Stelle der Zeitschrift begonnen, um nicht die am Schluß des Heftes stehenden Anzeigen von vornherein zu benachteiligen (Ermüdungserscheinungen). Der Bericht besteht zunächst aus einem Exemplar der untersuchten Zeitschrift. Jede getestete Anzeige ist mit einem Aufkleber versehen, auf dem angegeben wird, wieviel Prozent der Leserschaft des Blattes die Anzeige als Ganzes sowie jedes ihrer Teile zur Kenntnis genommen haben."

Die genauen Maßgrößen, S c o r e s, lauten bei Starch: N o t e d (Prozentsatz derjenigen, die angeben, daß sie eine Anzeige in der betreffenden Zeitung bereits früher gesehen bzw. wahrgenommen, bemerkt haben); S e e n / A s s o c i a t e d (Prozentsatz derjenigen, die nicht nur bestätigen, daß sie die Anzeige gesehen, sondern daß sie auch Teile von ihr gelesen haben und sich relativ klar z. B. an den Namen des Erzeugnisses erinnern); r e a d m o s t (Prozentsatz derjenigen, die bestätigen, daß sie mehr als die Hälfte des Textes der Anzeige gelesen haben). Starch gibt jährlich Rangskalen für alle Anzeigen heraus, die im Vorjahr untersucht worden sind, und zwar getrennt nach Warengruppen und getrennt für Männer und Frauen ausgewiesen.

2. Der INFRATEST-Anzeigen-Kompaß

Der INFRATEST-Anzeigen-Kompaß ist die deutsche Variante des Starch-Tests. Er soll ein „Orientierungsinstrument für den Werbungtreibenden" sein, an dem der Aufmerksamkeitswert einer Anzeige abzulesen ist, er soll ermitteln, wie eine Anzeige im Vergleich zu anderen Anzeigen und wie die einzelnen Anzeigenelemente beachtet werden. Schließlich bietet er noch die Möglichkeit, die Anzeigen kontinuierlich über einen längeren Zeitraum hin zu beobachten. Koeppler beschreibt diese Methode[13]) wie folgt: „Die Stichprobe besteht aus 200 per Quota ausgesuchten Lesern im Alter zwischen 14 und 70 Jahren. Die Befragung wird am Ende des Erscheinungsintervalls der Testnummern durchgeführt. Es werden aber nur 25 bis 30 Anzeigen getestet, weil Infratest festgestellt hat, daß schon bei wesentlich weniger als bei 100 Anzeigen Ermüdung eintritt, welche die Zuverlässigkeit der Aussagen reduziert. Das Interview läuft so ab, daß dem Befragten ein jeweils neues Testheft vorgelegt wird. Es wird festgestellt, ob die Vp das Testheft tatsächlich gelesen hat, indem Fragen zu ausgewählten redaktionellen Beiträgen gestellt werden.

Dann wird das Heft durchgeblättert, und es wird festgestellt, ob die einzelnen Testanzeigen wiedererkannt werden, und welche Elemente der Anzeigen wahrgenommen worden sind. Die Reaktionen der Befragten werden dann direkt im Testheft vermerkt. Ausgewertet wird, wie viele Befragte eine Anzeige oder ihre Bestandteile gesehen, wie viele Befragte den Marken- oder Firmennamen bemerkt und wie viele Befragte die Hälfte oder mehr als die Hälfte vom Text der Anzeige gelesen haben." (Vgl. Abbildung 1).

Diskussion:

Obwohl diese Wiedererkennungsverfahren bei uns und in Amerika sehr verbreitet sind, lassen sich – bei aller Nützlichkeit – doch gravierende E i n w ä n d e gegen sie erheben:

1. Hohe Aufmerksamkeitswerte korrelieren durchaus mit extrem negativen psychologischen Qualitäten; die Kenntnis von Aufmerksamkeitswerten sagt wenig über Intensität und nichts über Art, Richtung und Begründung des mit einem bestimmten Meinungsgegenstand verbundenen Gefühlswertes und Gesamterlebens aus.

2. Hinzu kommt, daß zwar ein Minimum an Aufmerksamkeit notwendig ist, daß wir aber „vor jeder vollbewußten Zuwendung durch die Aufmerksamkeit . . . bereits einen entscheidenden und richtungweisenden Gefühls- und Stimmungseindruck durch das Werbemittel[14])" empfangen, daß wir aber gerade über diese wichtigen Kriterien der Werbewirkung durch diese Art von Verfahren keine oder nur sehr begrenzte Auskünfte erhalten.

3. Schließlich kann auf Grund solcher Tests nicht gesagt werden, ob und inwieweit eine Anzeige mehr „unterschwellig" und nicht „vollbewußt" wahrgenommen und wirksam wird.

4. Dabei ist zu bedenken, daß durch die Werbung beispielsweise Aufmerksamkeit und Erinnerung ja eigentlich auf das Angebot gelenkt und nicht gegenüber der Werbung selber aktiviert werden sollen...

5. Darüber hinaus wird hier ein Detail, dem ungebührlich große Aufmerksamkeit gewidmet wird, künstlich aus dem Gesamterleben herausgelöst. Und dies geschieht unter unzulässiger Vernachlässigung der empirischen und gesicherten Erkenntnisse der Ganzheits- und Gestaltpsychologie und in Anlehnung an die überholte „klassische" Werbepsychologie, die sich die „Psyche" des Menschen aus relativ eigenständigen Elementen additiv zusammengesetzt vorstellte.

Selbst wenn man diesen Einwänden nicht folgen will, so ist noch genügend Anlaß zur Skepsis gegenüber der Recognition-Methode (insbesondere Starcher Prägung).

6. Es besteht eine erhebliche Unsicherheit darüber, w a s diese Methode eigentlich mißt!

7. „Es ist sehr zweifelhaft, ob die Angabe, eine Einzelheit der Vorlage früher einmal gesehen zu haben, zutrifft, oder ob diese Angabe beim Anblick der Originalvorlage auf einer Erinnerungstäuschung beruht bzw. nur aus Verlegenheit oder Gefälligkeit gegeben wird[15]."

So geht zum Beispiel aus dem umfassenden Experiment der Advertising Research Foundation (ARF) unter anderem hervor,

8. daß ein Zeitintervall bis zu 14 Tagen zwischen dem letzten Lesen des Magazins und dem Interview keinen sichtbaren Einfluß auf die erhaltenen Werte hatte;

Abbildung 1
Ein Beispiel für den INFRATEST-Anzeigen-Kompaß
(Eine VW-Anzeige aus der Illustrierten STERN 1964)

9. daß bei Leserschaftsuntersuchungen 25 bis 50 % der Versuchspersonen nach Ansicht der Vorlage des Titelblattes behaupteten, die Zeitschrift gelesen zu haben, obgleich das gar nicht der Fall war (Suggestionseffekt), daß diese Tatsache aber nicht dazu beitrug, die Recognition-Werte zu reduzieren;

10. daß die ermittelten Aufmerksamkeitswerte unabhängig vom Bildungsstand usw. sind. So fragt Koeppler mit Recht: „Was kann eine Methode leisten, die unabhängig vom Auswahlverfahren ist, mit der man kaum andere Scores erhält, wenn der Anteil der Personen, die die Testausgabe nicht gelesen haben, recht groß ist, die sich als unabhängig von der Geschicklichkeit des Interviewers erweist, die ebenfalls unabhängig ist vom Alter, sozioökonomischen Status, ja sogar von der Bildung der Leser, die nicht empfindlich ist gegenüber der Zeit, die zwischen Exposition und Befragung liegt? Was mißt eine solche Methode wirklich?" (a. a. O., S. 32).

11. Die Tatsache, daß die Werte bei Befragten, die die Testausgaben nachweislich nicht gelesen hatten, fast genau so hoch waren wie bei denen, die sie gelesen hatten, führte zu der Folgerung, daß die Wiedererkennungsverfahren k e i n e n Aufschluß darüber geben, ob eine Anzeige bemerkt oder nicht bemerkt worden ist. Sie lassen aber vielleicht eine Aussage darüber zu, ob eine Anzeige (beim Durchblättern in der „Testsituation") zumindest für beachtenswert g e h a l t e n (!) wird ... (Wells).

12. Hinzu kommt schließlich noch, daß ein für eine ganz bestimmte Anzeige ausgewiesener Wert das Ergebnis der Bekanntheit und des Images der Marke bzw. des Herstellers und/oder einer gesamten Werbekampagne und nicht der e i n e r getesteten Anzeige sein kann.

Trotz dieser gravierenden Einwände gegen die Recognition-Methode nach Starch werden immer wieder Untersuchungen dieser Art angeboten. So zum Beispiel die Anfang 1967 vom Institut für Demoskopie, Allensbach, im Auftrage der Zeitschrift DAS BESTE aus Readers Digest durchgeführte Studie über Anzeigenbeachtung (vgl. Abbildung 2).

Pro 1000 Mark Insertionskosten haben diese Anzeige in DAS BESTE angesehen:		262 700 Personen ingesamt	
	1. Beachtung	2. Beachtungsintensität	3. Interesse
Leser pro Nummer insgesamt	Anzeige angesehen 51 %	Anzeige eingehender betrachtet 21 %	Anzeige weckte ein persönliches Interesse 44 %
	4. Erreichter potentieller Käuferkreis		
Leser pro Nummer insgesamt	Es beachteten die Anzeige und sagten, sie hätten schon Geld für LINCOLN ausgegeben 20 %	... und sagten, sie seien interessiert und würden vielleicht Geld dafür ausgeben 10 %	Insgesamt: Personen, die die Anzeige beachteten und als potentielle Käufer zu betrachten sind 30 %

Methoden der Werbeerfolgskontrolle in psychologischer Sicht

Abbildung 2
Eine LINCOLN-Anzeige aus der Zeitschrift DAS BESTE aus dem Jahre 1966

III. Das Recall-Verfahren

Es handelt sich hier um ein Verfahren, das im wesentlichen auf dem Erinnern (Recall) von Anzeigen und Anzeigenelementen basiert, und das entweder mit gestützter (aided recall) oder ungestützter Erinnerung (unaided recall) arbeitet.

1. Der EMNID-Impact-Test

Dieses von Gallup und Robinson in Amerika entwickelte Verfahren ist auch Grundlage des in Deutschland beziehbaren Impact-Tests des EMNID-Institutes. Mindestens je 200 Männer und Frauen, die per Quota ausgewählt werden, wird – ähnlich wie bei Starch – ein Zeitschriftenheft mit der Frage, ob sie es gelesen haben, vorgelegt. Hier gilt aber nur derjenige als tatsächlicher Leser, der sich an einen Teil des Inhaltes der betreffenden Nummer erinnern kann. Dabei bleibt die Zeitschrift geschlossen. „Dann wird das Heft wieder fortgelegt und dem Befragten werden Kärtchen, auf denen die Namen von Firmen oder Marken gedruckt sind, vorgelegt, für die zum Teil in der betreffenden Testnummer inseriert wurde. Zur Kontrolle sind auch Kärtchen für Marken dabei, für die keine Werbung in dem Heft enthalten ist (worauf die Befragten hingewiesen werden). Der Befragte hat zu jedem Kärtchen anzugeben, ob er eine Anzeige für diese Marke oder Firma gesehen hat. Dann beginnt das eigentliche Interview. Der Befragte wird aufgefordert, jede der erinnerten Anzeigen zu beschreiben. Es wird danach gefragt, was auf der Anzeige stand, was ihm beim Ansehen der Anzeige durch den Kopf gegangen ist, welchen Eindruck die Anzeige bei ihm hinterlassen hat. Die Antworten werden dabei wörtlich niedergeschrieben[16]." Der Impact-Test ermittelt demnach:

1. wieviel Prozent der Befragten sich an die Anzeige erinnern konnten;

2. wie stark sich die einzelnen Anzeigenelemente dem Gedächtnis der Befragten eingeprägt haben;

3. ob die Anzeige eine positive oder negative Resonanz gefunden hat, ob sie verstanden oder mißverstanden wurde;

4. zu welchen Assoziationen die Anzeige die Befragten geführt hat;

5. Unterschiede im Erinnerungsvermögen männlicher und weiblicher Leser;

6. wie die Anzeige im Vergleich zu anderen im gleichen Testheft analysierten Anzeigen – speziell der Konkurrenz – abgeschnitten hat. Laut Prospekt (S. 5/7) des EMNID-Institutes aus dem Jahre 1967 werden ingesamt folgende Fragen gestellt:

„a) Entsinnen Sie sich, ob Abbildungen in dieser Anzeige waren? Welche? Können Sie sich noch an andere Abbildungen in dieser Anzeige erinnern?

b) Wissen Sie noch, was man in dieser Anzeige lesen konnte? Wüßten Sie noch etwas?

c) Können Sie mir sagen, was diese Anzeige nun berichten wollte? Was wollte sie deutlich machen? Was sagte diese Anzeige aus?

d) Welchen Eindruck machte diese Anzeige auf Sie? An was dachten Sie, als Sie die Anzeige sahen?

e) Stand irgend etwas in der Anzeige, das für Sie nützlich und wichtig war? Was?

Abbildung 3
Ein Beispiel für den EMNID-Impact-Test
(Eine NESCAFÉ-Anzeige aus der Illustrierten STERN aus dem Jahre 1964)

f) (VORLAGE EINER LISTE) Hier habe ich eine Liste mit Eigenschaften. Damit wollen Sie bitte den Eindruck beschreiben, den diese Anzeige auf Sie als Ganzes gemacht hat. Nennen Sie alle Eigenschaften, die auf diese Anzeige zutreffen.

lebensnah	vertrauenswürdig
glaubwürdig	auffällig
aufdringlich	vornehm
lustig	eindrucksvoll
charmant	geschmacklos
phantasievoll	hübsch
modern	verständlich
sachlich	unglaubwürdig
unnatürlich	interessant
originell	künstlerisch
geschmackvoll	ungewöhnlich
raffiniert	wissenswert
gemütvoll	volkstümlich

g) Ist dies hier genau dieselbe Anzeige, an die Sie sich erinnern? Oder hatten Sie vielleicht eine ähnliche, andere Anzeige gemeint? Ist die Anzeige ... Andere gemeint ... Weiß nicht genau ...

N i c h t gesagt werden kann jedoch, ob und inwieweit eine Anzeige zu einem K a u f e n t s c h l u ß beigetragen hat, da hierbei viele Imponderabilien mitsprechen, die nicht durch den Impact-Test erfaßt werden können. Ebensowenig können die Ergebnisse des Impact-Tests Gegenstand der Bewertung einer Anzeige im Sinne von „gut" oder „schlecht" sein. Impact-Tests dienen nicht der Bewertung, sondern der Verwertung." (Vgl. Abbildung 3.)

Die Interviews finden am Dienstag und Mittwoch der auf das Erscheinungsdatum folgenden Woche statt.

Diskussion:

Da der Bundesbürger täglich einer Vielzahl werblicher Reize ausgesetzt ist, verwundert es nicht, daß ein solches „hartes" Recall-Verfahren verhältnismäßig niedrige Erinnerungswerte ausweist. Der durchschnittliche Erinnerungswert einer Schwarz-Weiß-Anzeige beträgt nach einer umfangreichen Untersuchung (1962) des EMNID-Institutes mit 1411 Anzeigen aus 65 Artikelgruppen bei Männern und Frauen im Durchschnitt 5,4 %; der vergleichbare Wert für eine Vierfarbanzeige liegt zwischen 9 und 11 %. Selbst in stark werbenden Branchen, wie zum Beispiel bei Waschmitteln, lag der durchschnittliche Erinnerungswert bei 10 % (Frauen), bei alkoholischen Getränken bei 12 % (Männer), bei Zigaretten bei 13 % (Männer), bei Pkw 16 % (Männer) und bei Kaffee schließlich bei 15 % (Frauen).

Bei einer k r i t i s c h e n B e t r a c h t u n g des Verfahrens sind viele der oben angeführten methodischen und allgemeinen Bedenken weitgehend gültig. Deshalb sei auf die kritischen Anmerkungen zur Bekanntheitsgradmessung einerseits und zum Recognition-Test andererseits verwiesen. Immerhin wird hier aber doch ein erster Versuch gemacht, über die reinen Erinnerungswerte hinaus Teilaspekte von Kommunikations- und Werbezielen, wie zum Beispiel Einstellungen, Bereitschaften und Vorstellungen, die die Anzeige vermitteln und weckt, zu messen. Allerdings müßte gerade auf diese Punkte zukünftig stärkeres Gewicht gelegt werden. So ist zum Beispiel die beim Impact-Test

NESCAFÉ		
Geprüfter Erinnerungswert	Männer 3 % Frauen 11 %	

Bildinhalte:	M	F
Junge Leute am Kaffeetisch	0,7	0,8
Junge Leute allgemein	0,3	0,2
Nescafé allgemein	0,3	0,2
Glas Nescafé	0,7	0,7

Textinhalte:	M	F
Wochenend und Sonnenschein	0,2	0,1
Liebe Freunde bewirten mit Nescafé	0,2	0,2
Überall eine Selbstverständlichkeit	–	0,1
Volles Aroma	–	0,1
So gut im Aroma	0,8	0,4
So gut im Geschmack	0,5	0,5
Frisches Aroma	–	0,1
Köstlich	–	0,1
Beliebt	–	0,1
Reiner Kaffee	0,3	0,2
Löslicher Kaffee	0,3	0,3
Beliebtester Kaffee	0,2	0,1
Schnelle Zubereitung	0,2	0,3
Guter Kaffee	0,2	0,2
Interesse	–	0,1

Anmutungsbeurteilung			
altmodisch	–	modern	9
anspruchslos	–	plump	–
auffällig	7	sachlich	1
bescheiden	1	üblich	–
eindrucksvoll	10	übertrieben	–
ernsthaft	3	ungewöhnlich	–
glaubwürdig	11	unklar	–
hübsch	10	vergnügt	9
interessant	5	verspielt	1
künstlerisch	2	verständlich	7
langweilig	–	wissenswert	–
		keine Angaben	–

vorgelegte Eigenschaftsliste sehr grob, weder skaliert und geeicht noch faktoriell untersucht und damit unbefriedigend. Insgesamt nimmt es aber nicht wunder, daß Werbeforscher des In- und Auslandes dem Recall- oder Erinnerungsprüfverfahren gegenüber alles in allem und unter besonderer Berücksichtigung methodischer Überlegungen in der Regel eine etwas positivere Haltung einnehmen.

Immerhin spricht f ü r das Impact-Verfahren unter anderen:

daß der Test mißt, welche Anzeigen und Anzeigendetails genauer beachtet werden;

daß der Test imstande ist, gewisse Informationen über die „Wirkung" der Anzeige zu geben;

daß die Testwerbebedingungen biotisch sind (die Befragten haben die Illustrierten so gelesen, wie sie sie üblicherweise lesen. Dadurch fand eine Begegnung mit der Anzeige unter echten Bedingungen statt);

daß die Methode im Rahmen ihrer – allerdings begrenzten – Möglichkeiten zuverlässig zu sein scheint.

Wells[17]) vertritt im übrigen die Auffassung, daß aided-recall-scores von dem Grad der Einprägung des Marken- bzw. Firmen n a m e n s entscheidend abhängig sind!

2. Die EQ-Skala

Um im Rahmen des Impact-Verfahrens auch zu Aussagen über das „Engagement", d. h. die e m o t i o n a l e Beziehung und Bindung des Umworbenen an bestimmte Anzeigen zu kommen, wurde von Wells die EQ (Emotional Quotient)-Skala entwickelt. Die erste EQ-Skala, die Dimensionen des emotionalen Appeals von Anzeigen differenzierter und verläßlicher als zum Beispiel der EMNID-Impact-Test mit seinen Eigenschaftszuordnungen mißt, umfaßte 12 Items und wurde in der Zwischenzeit von Wells zur „Son of EQ"-Skala[18]) weiter entwickelt. Sie besteht aus drei Skalen, die folgende Faktoren messen:

A t t r a c t i v e n e s s (Appeal einer Anzeige),

M e a n i n g f u l n e s s (Verständlichkeit, Akzeptanz, persönliche Bedeutsamkeit einer Werbebotschaft),

V i t a l i t y (Lebendigkeit, Frische, Neuartigkeit der Anzeige).

Das Verfahren wird von Koeppler wie folgt beschrieben: Wells hatte „eine 26 Items umfassende Skala entwickelt. Diese Skala entstand so, daß Wells Wörter zusammenstellte, die Befragte zu benutzen pflegten, wenn sie eine Anzeige beschrieben. Um festzustellen, wie viele verschiedene Dimensionen mit dieser Skala gemessen werden, wurde eine Befragung durchgeführt, in der je 50 Hausfrauen 48 ganzseitige Anzeigen, die in einer Life-Ausgabe erschienen waren, mit dieser Skala einzustufen hatten. Insgesamt wurden 600 Hausfrauen befragt. Es wurden folgende Ergebnisse erhalten: a) alle Subskalen differenzierten signifikant zwischen den versiedenen Anzeigen, b) eine Faktorenanalyse (multiple goup factor analysis) ergab, daß 25 der 26 scales drei Trauben (clusters) bildeten, c) die Subskalen sind bis zu einem gewissen Grad unabhängig voneinander, d. h., sie messen verschiedene Dimensionen (s. o.) . . .

Mit Hilfe der Faktorenanalyse war es möglich, die 26 Skalen auf die folgenden 10 Skalen zu reduzieren.

1. Beautiful – Ugli
2. Attractive – Unattractive
3. Appealing – Unappealing
4. Interesting – Uninteresting
5. Meaningful – Meaningless
6. Convincing – Unconvincing
7. Honest – Dishonest
8. Fresh – Stale
9. Lively – Lifeles
10. New, different – Common, ordinary

(Zwischen den Gegensatzpaaren liegen jeweils 8 Stufen)[19])."

Vom „Arbeitskreis für werbliche Grundlagenforschung" wurde eine Untersuchung über den Einfluß der Lesegewohnheiten auf die Anzeigenwirkung initiert. In diesem Zusammenhang übertrug die angewandte Psychologie (Steiner) des DIVO-Institutes, Frankfurt am Main, die EQ-Skalen auf bundesdeutsche Verhältnisse, übersetzte und eichte (Faktorenanalyse) sie sachgemäß. Anstelle der mehrstufigen, einem Polaritätenprofil sehr ähnlichen Skala von Wells, auf der die Probanden die erinnerte Anzeige nach ihrem emotionalen „Eindruck" einordnen sollen, treten die 18 auf Kärtchen geschriebenen Eigenschaften, die durch die Vpn entweder in das Kästchen „trifft zu" oder „trifft nicht zu" einzuordnen sind. Die Eigenschaften lauten:

lebendig − langweilig − anziehend − gewöhnlich − interessant − nicht klar − frisch − alt − überzeugend − nicht glaubwürdig − ruhig − bewegt − schön − nicht schön − bedeutungsvoll − nicht bedeutungsvoll − nicht seriös − ernst.

Die drei hier gefundenen Faktoren lauten:

1. Dynamik (Eigenschaftspole dieses Faktors sind alt, ruhig <—> frisch, bewegt). Dieser Faktor ist übrigens in hohem Maße von der Gestaltung der Anzeige abhängig;

2. Engagement (mit Eigenschaftspolen bedeutungsvoll, überzeugend, interessant <—> nicht schön, nicht klar, nicht bedeutungsvoll). Dieser Faktor, der über die subjektive Bindung an eine Anzeige etwas aussagt, ist anscheinend neben der Gestaltung auch vom Produkt und Produktinteresse abhängig.

3. Subjektive Klarheit / Überzeugungskraft / Glaubwürdigkeit (mit den Polen nicht seriös, nicht glaubwürdig, nicht klar <—> ruhig, überzeugend, klar).

Einige weitere interessante Randbefunde dieser Untersuchung, deren Ergebnisse im statistischen Sinne als verläßlich angesehen werden können, lauten: Es gibt drei wichtige Gesichtspunkte, nach denen Anzeigen gruppiert werden: 1. das Vorhandensein von Farbe, 2. die Größe der Bilder (Verhältnis Bild zu Text), 3. die Produktdarstellung (Produkt im Vordergrund oder nicht). Dagegen konnte ein Einfluß des Images der einzelnen Objekte eines Werbeträgers, also zum Beispiel die Abhängigkeit der „Anzeigenwirkung" (im obigen Sinne) vom Image der einzelnen Illustrierten, in der die Anzeige veröffentlicht wurde, nicht festgestellt werden.

Diskussion:

Auch bei der EQ-Skala deutscher Fassung, die das Recall-Verfahren hinsichtlich seines Aussagegehaltes zweifellos bereichern kann, darf aber − mit Steiner − nicht vergessen werden, daß es sich bei dieser Anzeigenwertung um vorgegebene (!) verbale Äußerungen und kein reales Verhalten handelt. Schließlich sind auch die oben im Zusammenhang mit dem Impact-Verfahren gemachten grundsätzlichen Bedenken weitgehend gültig.

Des weiteren bleiben andere entscheidende Wirkfaktoren hier völlig ausgeklammert. Darüber hinaus stellt es wohl ein interessantes, aber doch relativ grobes Klassifikationsmodell dar, das zum Beispiel differenziertere werbepsychologische Untersuchungsverfahren[20]), die zu viel spezifischeren Ergebnissen kommen können, zwar ergänzen, nicht aber überflüssig machen kann.

IV. Die NETAPPS-Untersuchung

Bei der NETAPPS-Untersuchung, ebenfalls von D. Starch, die auf dem weiter oben ausführlicher behandelten Recognition-Test aufbaut, geht es – wie bei einer Reihe anderer Verfahren ähnlicher Art – um das d i r e k t e Verhältnis von Werbeaufwand zu V e r k a u f s e r f o l g.

Ganz grundsätzlich handelt es sich bei all diesen Verfahren um den Vergleich des Kaufverhaltens derjenigen, die Berührung mit der Werbung hatten, mit denen ohne Werbekontakt. So wurden beispielsweise 1966 auch in Deutschland erstmals von namhaften Marktforschungsinstituten wie ATTWOOD, GFK, GFM und INFRATEST u. a. P a n e l als Instrumente der Werbeplanung und Werbekontrolle angeboten, in denen Markt- und Mediadaten kombiniert werden. („Vergleich der Gruppe der Panelteilnehmer, die mit den belegten Medien Kontakt hatten [Testgruppe], mit der Gruppe, die keinen Kontakt hatte [Kontrollgruppe]..., und zwar in bezug auf die Entwicklung des Bekanntheitsgrades, der Beurteilung des Produktes oder des Kaufverhaltens oder anderer Marktindikatoren[21].")

In 5 Fortsetzungen berichtete Starch 1964 in der Zeitschrift PRINTERS' INK unter dem Titel: „How to measure the effect of ads on sales" über die sogenannten NETAPPS-Untersuchungen, die durchgeführt wurden, um die **„net-ad-produced-purchases"**, d. h. die „Nur-durch-Werbemittel-bewirkten-Käufe" zu erfassen und so den eingebrachten Ertrag mit den Werbekosten vergleichen zu können. Um zu erkennen, inwieweit die Werbung ihrer Aufgabe – nach Starch –, ein Produkt zu verkaufen, gerecht wird, stellt Starch die Frage: Wer nimmt die Werbebotschaft wahr und wer nicht, und wer kauft (bzw. kauft nicht) die Marke, für die geworben wurde?

Die Beantwortung dieser Frage würde es seiner Meinung nach nämlich erlauben, die Aufnahme einer Werbebotschaft und den Kauf der betreffenden Marke miteinander in Beziehung zu setzen und so die Verkaufswirkung der Werbung, die Erhöhung des Umsatzes, aufzurechnen gegen die Kosten der Werbung, die Werbeaufwendungen. Dazu ist es aber notwendig, außer den Kosten der Werbemaßnahmen, die bekannt sind, die Zahl der nur durch den Einsatz der Werbemittel hervorgerufenen Käufe (net-ad-produced-purchases, abgekürzt NETAPPS) zu kennen. Diese Zahl zu ermitteln, den Kaufwert (in Dollar) zu berechnen und mit den Kosten der Werbemittel (in Dollar) zu vergleichen, ist das Ziel der Untersuchung... Um die Verkaufswirkung von Werbemitteln messen, d. h. die Kosten der Werbemittel gegen ihren Ertrag (= nur auf Grund der Werbemittel getätigte Käufe) aufrechnen zu können, erhebt Starch folgende Informationen: 1. die Zahl der Personen, die das Werbemittel wahrnahmen; 2. die Zahl der Personen, die das Werbemittel wahrnahmen und die Marke, für die geworben wurde, in einem bestimmten Zeitraum kauften; 3. die Zahl der Personen, die das Werbemittel n i c h t wahrnahmen; 4. die Zahl der Personen, die das Werbemittel nicht wahrnahmen und die Marke, für die geworben wurde, in demselben bestimmten Zeitraum n i c h t kauften; 5. die Kosten für das Werbemittel pro Person, die es wahrnahm; 6. der Ertrag in Form von Käufen, die auf Grund der Wahrnehmung des Werbemittels getätigt wurden.

Diese Informationen müssen an einer Gruppe von Lesern derselben Nummer einer Zeitschrift usw. oder von Hörern (bzw. Fernsehteilnehmern) desselben Rundfunk- (bzw. Fernseh-) Programms erhoben werden, und zwar innerhalb einer angemessenen kurzen Zeit nach Erscheinen des Werbemittels (etwa einer Woche)... In dem Falle werden die 6 Arten von Daten (Informationen) an einer Personengruppe erhoben, die im selben

Zeitraum dieselbe Nummer einer Veröffentlichung gelesen und ihre Käufe innerhalb desselben Zeitraums getätigt hat und die im übrigen denselben „Umweltbedingungen" wie − in bezug auf Werbung − anderen Anzeigen, Geschäftsauslagen usw. ausgesetzt war. Der einzige Unterschied in bezug auf irgendein Werbemittel besteht darin, daß ein Teil der Gruppe es wahrgenommen hat und ein anderer Teil nicht. Nach diesem Gesichtspunkt, ob sie ein bestimmtes Werbemittel wahrgenommen haben oder nicht, können die Personen dieser Gruppe für jedes beliebige Werbemittel in zwei Gruppen, etwa Leser und Nicht-Leser einer Anzeige, aufgespalten werden, ohne ansonsten ihre Homogenität im obigen Sinne zu verlieren.

Auf diese Weise läßt sich nach Starchs Meinung der Unterschied feststellen, der durch das Lesen dieser Anzeige hervorgerufen wurde. Eine weitere Möglichkeit, die Werbewirkung einer Anzeige zu erfassen, besteht darin, die Käufe von Lesern der Nummer einer Zeitschrift, die keine Anzeige für eine bestimmte Marke enthielt, zu vergleichen mit den Käufern von Lesern einer anderen Nummer derselben Zeitschrift, die eine Anzeige für eben diese Marke enthielt, und zwar jeweils innerhalb eines angemessenen Zeitraumes nach Erscheinen der betreffenden Nummer der Zeitschrift. Denn es muß beachtet werden, daß auch unter den Nicht-Lesern von bestimmten Anzeigen Käufer der betreffenden Marke sind, für die geworben wurde und daß andererseits auch unter den Käufern, die zu den Lesern einer Anzeige gehören, solche sind, die ohnedies, d. h. auch ohne die Beeinflussung durch die betreffende Anzeige, gekauft hätten.

Gerade das ist die Absicht der NETAPPS-Untersuchung: herauszufinden, ein wie großer Teil der Käufe von Lesern einer Anzeige hervorgerufen wurde durch eben diese Anzeige und ein wie großer Teil der Käufe ohnedies getätigt worden wäre.

Als ein Ergebnis auf Grund zehnjähriger Erfahrung mit der NETAPPS-Untersuchung gibt Starch an, daß von den Nicht-Anzeigen-Lesern durchschnittlich 10 % innerhalb einer Woche, nachdem die Anzeige erschienen war, das betreffende Produkt kauften, während von den Anzeigen-Lesern innerhalb desselben Zeitraums durchschnittlich 15 % das Produkt kauften. Aus den Unterschieden zwischen Anzeigen-Lesern und Nicht-Lesern und den Angaben der Befragten über die Höhe ihrer Käufe in Dollar errechnete Starch ein durchschnittliches Verhältnis zwischen Werbeaufwendungen und Umsatz von 1 : 3, d. h., die Firmen erhielten durchschnittlich 3 Dollar Umsatz für jeden Dollar Werbeaufwendung.

Diskussion:

Auf Grund der bekannten Schwierigkeiten der Kontrolle des ökonomischen Werbeerfolges und der ausführlichen kritischen Anmerkungen bei der Behandlung der Messung des Bekanntheitsgrades und besonders der Methode des Recognition-Tests können wir uns im folgenden bei der kritischen Würdigung der Anlage, Methode und Ergebnisse des NETAPPS-Verfahrens kurz fassen:

1. Werbung ist kein isolierbares Vorgehen, sondern ein integrierter Bestandteil des Marketing-Mix, dessen sämtliche Maßnahmen, wie zum Beispiel Produkt, Verpackung und Preisgestaltung, Distribution, Außen- und Kundendienst usw., in ihrer Gesamtheit dem Verkauf eines Produktes dienen. Die NETAPPS-Untersuchung von Starch berücksichtigt diesen „Ganzheitsaspekt", wovon die Werbung nur ein − allerdings nicht unwichtiger − Teil ist, nicht.

2. Werbung im Sinne von Kommunikation dient außer der „Hinstimmung" zum Produkt und dem „Vor-Verkaufen" einer ganzen Reihe von Zielen und Aufgaben. Durch

die Beschränkung der Aufgaben der Werbung, ja jeder einzelnen Anzeige (!) auf den konkreten Verkauf wird das Vorgehen von Starch zu punktuell und zu unganzheitlich, der Komplexität der Werbung, ihrer Wirkung, ihrer Aufgaben und Ziele nicht gerecht.

3. Nach Meinung Starchs motiviert die einzelne, hic et nunc vorliegende Anzeige die Leser zum Kauf. Abgesehen davon, daß es methodisch nicht möglich ist, die „Verkaufswerbung" einer Anzeige zu isolieren, ist unseres Erachtens diese Kaufmotivierung jedoch sehr oft und/oder partiell – bereits schon v o r h e r, zum Beispiel durch die Vielzahl der vorausgegangenen Werbemaßnahmen, die Begegnung und die Erfahrung mit dem Produkt und der betreffenden Firma usw. – erfolgt. Sie haben überhaupt erst zur Aufgeschlossenheit und damit zur Lektüre der betreffenden Anzeige geführt! Es ist deshalb nicht gerechtfertigt, sondern geradezu irreführend, die auf das Lesen einer bestimmten Anzeige folgenden Käufe als n u r durch diese b e w i r k t anzusehen. Es kann nämlich der Fall eintreten, daß eine Anzeige auf diese Weise als „verkaufswirksam" bezeichnet wird, die in Wirklichkeit ein relativ unbedeutendes, schwaches, mit Mängeln behaftetes Endglied einer ansonsten erfolgreichen Gesamtwerbekonzeption ist.

4. Starch berücksichtigt demnach in seinem Modell nicht die Motivierung der Verbraucher zur Anzeigenlektüre hin, die Frage also, warum einige Leute die betreffende Anzeige bemerken, lesen und erinnern und andere nicht. Seine Behauptung, das Lesen einer Anzeige bewirke den Kauf (Kausalverbindung), stellt demnach die unzulässige Vereinfachung eines viel komplexeren Tatbestandes dar.

5. Leser und Nicht-Leser einer bestimmten Anzeige stellen demnach verschiedene Konsumententypen dar, die sich vor allem durch ihre motivationale Lage, ihre bereits vorhandene Hinstimmung auf und Bindung an das betreffende Produkt voneinander unterscheiden. Anzeigen-Leser lesen eine Anzeige u. a. auch auf Grund ihrer positiven Einstellung zu dem betreffenden Produkt. Oft wird Werbung nämlich überhaupt erst nachträglich, also nach erfolgtem Kauf, im Sinne der wichtigen Bestätigung der Richtigkeit des Konsums (Markentreue, Markenbindung) bewußt beachtet und erlebt!

6. Darüber hinaus gestattet die Methode der NETAPPS-Untersuchung auch nicht die Erhebung der zahlreichen überaus wichtigen Ziele und Arten der Werbewirkung (Imageaufbau usw.).

So nimmt es denn auch nicht wunder, daß die Untersuchung, die hier e x e m p l a r i s c h für die Verfahren steht, die den ö k o n o m i s c h e n Werbeerfolg bzw. den n u r durch die Werbung bewirkten Verkaufserfolg diagnostizieren wollen, inzwischen weitgehend Bedeutungslosigkeit erlangt hat!

V. Die Image-Analyse

Die beste Möglichkeit eines Post-Tests zur Diagnose von Werbewirkung bzw. Werbeerfolg stellt nach allem letztlich die Image-Analyse dar. Denn: „Im Image schlagen sich die Gehalte einer Anzeige (eines Fernseh- oder Rundfunkspots) direkt oder indirekt nieder. Allerdings kann hier der psychologische Effekt der einzelnen Anzeige (des einzelnen Spots) bzw. der einzelnen Schaltung einer Anzeige (eines Spots) nicht mehr gemessen werden. Die einzelne Schaltung einer Anzeige (eines Spots) ist im übrigen für das I m a g e in seiner Vielschichtigkeit unbedeutend, wenn nicht über einen beachtenswerten Zeitraum nur mit einer Anzeige (einem Spot) geworben wird.

1. Grundsätzlich zeigt sich, daß das Messen eines Erinnerungswertes allein nichts über den psychologischen Effekt und damit die Qualität einer Anzeige (eines Spots) aussagt. Die Anzeige (der Spot) ist e i n e Möglichkeit der Präsentation von Produkt oder Firma in der Öffentlichkeit. Daneben sind von identischer, schwächerer oder stärkerer Bedeutung andere Werbemedien.

2. Der Effekt einer Anzeige liegt in der von ihr im Rahmen der Gesamtwerbung zu erwartenden Prägung des I m a g e. Erst auf dem Umweg über die Imageprägung und damit erst im Zusammenhang mit anderen Werbemaßnahmen kommt auch der Anzeige indirekt eine verhaltenssteuernde Wirkung zu.

3. Ob überhaupt und ob in richtiger oder falscher Form eine Anzeige wiedererkannt wird, sagt über diesen, ihren psychologischen Effekt grundsätzlich nichts aus.

4. Der Erinnerungswert einer Anzeige ist demnach ein möglicherweise interessanter, aber letztlich wenig aussagekräftiger Faktor[22])."

Mit diesem neuen, dynamischen, von Gardner und Levy[23]) 1955 in die Markt-, Werbe- und Wirtschaftspsychologie eingeführten und besonders von Boulding[24]), Kleining[25]), Bergler[26]) und Spiegel[27]) erweiterten und präzisierten Konzept ist der Imagebegriff gemeint. Im Gegensatz zu dem strapazierten, nur an einem Detail orientierten Bekanntheitsgrad, Aufmerksamkeits- und Erinnerungswert ist er der differenziertere, umfassendere und inhaltlich viel reichere Begriff, der imstande ist, unter anderem über Art, Richtung, Intensität und Begründung des mit einem bestimmten Gegenstand (einer Marke, einer Firma) verbundenen Gesamterlebens Auskunft zu geben. Dieses unser Konsumverhalten psychologisch begründende Image läßt sich – hier stark vereinfacht – beschreiben als

„ G a n z h e i t " aller Einstellungen, Kenntnisse, Erfahrungen, Wünsche, Gefühle usw., die mit einem bestimmten „Meinungsgegenstand" (z. B. einer Marke, einer Firma) verbunden sind.

Der Imagebegriff bildet eine neue Konzeption der Orientierung und Kommunikation im Bereich von Wirtschaft und Werbung und weist nachdrücklich auf die psychologische und „soziale" Natur von Märkten, Firmen, Dienstleistungen und Produkten hin. Das Image ist Mittel und Methode der Kommunikation. Es dient unter anderem der Bedürfnisbefriedigung, Individualisierung und Orientierung, da es unübersichtliche Sachverhalte im Sinne der Entlastung des Individuums auf eine vereinfachte, z. B. für ein Produkt (Firma) günstige, aber charakteristische Formel bringt. Insofern beeinflußt es unsere Wahrnehmung, unser Urteil und unser Verhalten. Damit wird es zur „Basis der Weltbewältigung und Verhaltenssteuerung" (Bergler).

Im Branchen-, Firmen- oder Marken-Image liegt die Faszination und Bedeutung von etwas, das auf Psychisches zielt und gleichzeitig kommerziellen Zielen dienen kann. Das Image ist nicht selten das „Kapital" einer Marke/Firma – auch oder gerade in Krisenzeiten. Imageaufbau, Imagepflege, Imagewandel sind wesentliche Aufgaben der modernen Wirtschaftswerbung. Das Image und eben nicht der i s o l i e r t e Bekanntheitsgrad, Aufmerksamkeits- und Erinnerungswert aus den Tagen der „Elementenpsychologie", des in g e t r e n n t e Bereiche unterschiedlichen „Vermögens" zerfallenden „homo oeconomicus" wird damit zum wichtigen Ergebnis werblicher, marktpsychologischer und absatzwirtschaftlicher Bemühungen und auch zum Kriterium für die Bestimmung des Werbeerfolgs. Denn der Aufbau einer „Produktpersönlichkeit" und damit letztlich die Schaffung eines angemessenen, positiv strukturierten Images eines Produkts oder einer Firma durch die Werbung beim Verbraucher ist – mit Bergler – das Entscheidende.

Daran, inwieweit dies beispielsweise durch die g e s a m t e n werblichen Maßnahmen erreicht worden ist, läßt sich der Werbeerfolg ablesen (Vergleich des Images v o r und n a c h der Kampagne). „Imagestudien sollen über die Images von interessierenden Meinungsgegenständen, ihren Stärken und Schwächen absolut und relativ zu Konkurrenzimages Aufschluß geben. Darüber hinaus sollen Imagestudien die psychologischen Hintergründe aufzeigen, die zur Einschätzung einer Marke führen. Der Beurteilungsgegenstand muß in einer Imagestudie von vielen Dimensionen her angegangen werden, damit keine der vielen möglichen Dimensionen (vielleicht gerade die ausschlaggebende) unberücksichtigt bleibt. Eine Standardmethode gibt es nicht. Die Imageforschung dient der Erkundung bestehender Images und ihres Umfeldes. Sie kann psychologische ‚Sperren' aufdecken helfen, die zur Blockade einer Marke führen[28]." Einer Imageanalyse, die auch zu prüfen hat, ob die Werbeziele (Kommunikationsziele) erreicht worden sind, und ob sich beim Verbraucher das gewünschte positive Vorstellungsbild, besser: Image, entwickelt hat, gehen umfassendes „deskwork", Literatur und Methodenstudium, Gruppendiskussionen und Probeexplorationen voraus. Alle diese ausführlichen Recherchen finden ihren Niederschlag in einer umfangreichen Versuchsanordnung, die im Sinne eines Gesprächsleitfadens für den Versuchsleiter gedacht ist. Von Fachpsychologen wird in sogenannten Tiefeninterviews, d. h. „geführten" Explorationen (Haupt), die im Gegensatz zum (Fragebogen-)Interview z. B. die Spontaneität der Untersuchten nicht einschränken, eine entsprechend große und aussagekräftige Anzahl (z. B. 100 Versuchspersonen) der definierten Zielgruppe, die nach sozio-demographischen und psychologischen Gesichtspunkten ausgewählt wurde, mit psychologischen Methoden in langen Einzelgesprächen befragt.

Im Rahmen einer Imageanalyse kommen sowohl projektive Verfahren (wie z. B. Farb-, Form-, Bilderzuordnungs-, Satzergänzungs-, Sprechblasen-, thematische Apperzeptions- und Physiognomien-Tests) wie standardisierte, quantifizierbare und statistisch abgesicherte Verfahren (wie z. B. Skalen zum Einstellungswandel und Polaritätenprofile) zum Einsatz. Es ist leider nicht möglich, hier alle methodischen Ansätze, die z. B. im Rahmen einer eineinhalbstündigen Exploration verwendet werden, näher zu beschreiben.

Diskussion:

Das Ergebnis der Imageanalyse sind verläßliche und sehr differenzierte Aussagen über das Vorstellungsbild, das der Konsument zum Beispiel auf Grund der Werbung von einer Marke bzw. einer Firma oder Dienstleistung (beispielsweise im Vergleich zu vorher) hat und ob zum Beispiel Divergenzen zwischen dem Hersteller- und Verbraucherimage bestehen. Darüber hinaus werden auf diese Weise auch Gefährdungen, Belastungen und Zukunftsaspekte einer Marke und deren Werbung sowie Verbrauchereinstellungen und -motivationen und Konsumententypologien diagnostiziert. Es ist üblich und empfehlenswert, zur Absicherung wenigstens einen Teil der wesentlichsten Befunde einer Imageanalyse — wenn irgend möglich — nachträglich repräsentativstatistisch quantifizieren und damit verifizieren zu lassen. So läßt sich ein Höchstmaß an Sicherheit erreichen.

Die Imageanalyse hat sich zu dem gebräuchlichsten, differenziertesten, aussagekräftigsten Instrument der Werbeerfolgskontrolle bzw. Werbewirkungskontrolle entwickelt[30]. Das hat nur einen Nachteil: Ein Image ist nicht ganz so „billig" zu ermitteln und unkritisch zu benutzen wie zum Beispiel ein Bekanntheitsgrad.

Quellenangaben:

[1] Vgl. Herrmann, Th.: Forderungen an die psychologische Methodik der Anzeigenanalyse. In: Medium und Anzeige, Bericht der ersten Arbeitstagung für angewandte Psychologie des DIVO-Institutes, Frankfurt 1966, S. 2–17.
[2] Vgl. Machill, H.: Methode und Technik der Werbeerfolgskontrolle, Nürnberg 1960.
[3] Vgl. Jaspert, F.: Methoden zur Erforschung der Werbewirkung, Stuttgart 1963.
[4] Vgl. Lucas, D. B., und Britt, St. H.: Messung der Werbeerfolgskontrolle, Nürnberg 1960.
[5] Vgl. Spiegel, B.: Werbepsychologische Untersuchungsmethoden, Berlin 1958.
[6] Vgl. Irle, W.: Methoden der Erfolgskontrolle in der Funkwerbung, Köln und Opladen 1960.
[7] Lavidge, L. J., Steiner, G. A.: A model for predictive measurements of advertising effectiveness. In: Journal of Marketing, Vol. 25 (1961), p. 59 f.
[8] Vgl. Herrmann, Th.: Psychologie der kognitiven Ordnung, Berlin 1964.
[9] Vgl. Flämig, J., und Johannsen, U.: Messung und Vorhersage der Verkaufswirkung von Werbemitteln – Ein kritisches Referat über die NETAPPS-Untersuchung nach D. Starch und den Schwerin-Test. In: forschen, planen, entscheiden, 2. u. 4/1965.
[10] Berliner Briefe, 4/1967, S. 2.
[11] Vgl. Bergler, R. (Hrsg.): Psychologische Marktanalyse, Bern und Stuttgart 1965, S. 26 f.
[12] Koeppler, K.: Kritische Darstellung einiger Methoden zur Messung der Wirksamkeit von Anzeigen. In: Die Anzeige, 1/1967, S. 30 f.
[13] Vgl. Ernst, W., und Schröter, G.: Der Anzeigenkompaß – Ein Instrument im Feld der Werbewirkungsforschung. In: Die Anzeige, 17/1964.
[14] Flämig, J., und Johannsen, U.: Zur Problematik des Aufmerksamkeitswertes. In: Zeitschrift für Markt- und Meinungsforschung, 2/3 1963, S. 1469 f.
[15] Hartmann, K. D.: Die „Gefügeanalyse" von Werbeanzeigen und ihre statistische Auswertung. In: Psychologie und Praxis, 2/1963, S. 7.
[16] Koeppler, K.: a. a. O., S. 37.
[17] Vgl. Wells, W. D.: Recognition, Recall, and Rating scales, J. of Marketing Research, Vol. 4, Nr. 3, 1963, p. 2 f.
[18] Vgl. Wells, D.: EQ, Son of EQ, and the Reaction Profile, J. of Marketing, Vol. 28, Nr. 4, p. 45 f.
[19] Koeppler, K.: Die klassischen Verfahren der Anzeigenprüfung, Veröffentlichung der Heinrich-Bauer-Stiftung, 1966, S. 26 f.
[20] Vgl. Haupt, K., und Distler, G.: Die psychologische Anzeigenanalyse, Arbeitsgruppe für psychologische Marktanalysen, Nürnberg 1967 (z. Z. noch nicht veröffentlicht).
[21] Vgl. Grimm, R.: Kombinierte Panel als Instrument der Werbeplanung und Kontrolle. In: Marktforscher 1/1967, S. 13–15.
[22] Unveröffentlichte empirische Studie der Arbeitsgruppe für psychologische Marktanalysen, Nürnberg, April 1965, S. VI/VII.
[23] Vgl. Gardner, B., and Levy, S.: The Product and the brand, Harvard Business Review, Vol. 33/1955, p. 33–40.
[24] Vgl. Boulding, K.: The Image, Michigan 1956. (Deutsch: Die neuen Leitbilder, Düsseldorf 1958).
[25] Vgl. Kleining, G.: Zum gegenwärtigen Stand der Imageforschung. In: Psychologie und Praxis, 4/1959.
[26] Vgl. Bergler, R.: Psychologie des Marken- und Firmenbildes, Göttingen 1963.
[27] Vgl. Spiegel, B.: Die Struktur der Meinungsverteilung im sozialen Feld, Das psychologische Marktmodell, Bern/Stuttgart 1961, S. 29–55.
[28] Pöhlmann, E.: Grundlagen der Imageforschung. In: GFM-Mitteilungen zur Markt- und Absatzforschung, 1/1967, S. 9.
[29] Vgl. Johannsen, U.: Das Marken- und Firmen-Image – Theorie, Praxis, Methodik, Analyse, Dissertation an der TU Braunschweig, 1968.
[30] Vgl. Johannsen, U.: Die Werbeerfolgskontrolle – Ein Scheinproblem? In: Die Absatzwirtschaft, 22/1966.

Ergänzende Literaturhinweise:

Achenbaum, A. A.: An answer to one of the unanswered questions about the measuring of advertising effectiveness, in: 12 th annual ARF conference, Oct. 1966.

Behrens, K. Chr.: Demoskopische Marktforschung, 2. Aufl., Wiesbaden 1966.

Behrens, K. Chr.: Absatzwerbung, Wiesbaden 1963.

Brückner, P.: Die informierende Funktion der Wirtschaftswerbung, Berlin 1967.

Colley, R H. (Hrsg.): Defining Advertising Goals for Measured Advertising Results, New York 1961.

Engelsing, E., und Johannsen,U.: In welchen Medien soll man werben? Checkliste zum Intermediavergleich. In: forschen, planen, entscheiden, 5/1967.

Fischerkoesen, H. M.: Die experimentelle Werbeerfolgsprognose, Wiesbaden 1967.

Haupt, K., und Distler, G.: Reality Comparison Test RCT, 1966, unveröffentlicht.

Höger, A., und Münster, R.: Marketing Research. Versuch einer Exemplifizierung, Düsseldorf 1968 (Verlag DAS BESTE).

Jacobi, H.: Werbepsychologie, Ganzheits- und gestaltpsychologische Grundlagen der Werbung, Wiesbaden 1963.

Johannsen, U.: Psychologie in der Werbung. Aufgaben und Methoden des Psychologen, SAW Süddeutsche Agentur für Wirtschaftswerbung GmbH, Frankfurt a. Main, 3. Aufl., 1964.

Johannsen, U., und Flämig, J.: Die Bedeutung der Erkenntnisse der „Lernpsychologie" für Werbung und Marktforschung. In: GFM-Mitteilungen zur Markt- und Absatzforschung, Heft 4/1964.

Johannsen, U.: Die Praxis der Werbeforschung in einer GWA-Agentur. In: Die Anzeige 17/1968.

Lovell, M. R. C., John, S., Rampley, B.: Pre-Testing Press Advertisments, London 1968.

Mayer, M.: The intelligent man's guide to sales measures of advertising, an ARF report, New York 1965.

Meyer, P. W.: Die Werbeerfolgskontrolle, Düsseldorf und Wien 1963.

Stadler, M.: Zukunftsaspekte der Werbung im Rahmen des Marketing. In: Die Anzeige, 17 und 19/1965.

Weeser-Krell, L.: Anzeigenkompaß kontra Impact-Test. In: Werben und Verkaufen 24 und 25/1967.

Die Kontrolle des wirtschaftlichen Werbeerfolgs

Von Prof. Dr. Johannes Bidlingmaier,
Graz / Österreich

I. Aufgaben, Objekte, Formen und Träger der Werbeerfolgskontrolle

Kontrollrechnungen sind Vergleichsrechnungen, in denen den Soll- oder Plangrößen die Ist- oder Realisationsgrößen gegenübergestellt werden. Die Werbeerfolgsermittlung als Teilgebiet der betrieblichen Kontrollrechnung hat demzufolge die **A u f g a b e** festzustellen, in welchem Umfange die jeweiligen Werbeziele realisiert werden konnten. „Erfolg" wird als Relationsbegriff definiert; er drückt eine Beziehung zwischen der gewollten und der tatsächlichen Beschaffenheit eines Gegenstandes aus*)[1]. Dabei kommt es zu einem Rückkopplungsprozeß insoweit, als festgestellte Abweichungen zwischen Zielsetzung und Zielrealisation die künftige Gestaltung werblicher Prozesse beeinflussen. Mangelnde Zielerreichung ist entweder auf Fehler im Planungsvollzug (= Realisationsfehler) oder auf Fehler in der Zielplanung zurückzuführen. Die Ergebnisse der Kontrollrechnung werden also gewöhnlich zu Revisionen in der Werbedurchführung oder zu einer Neuformulierung der Werbeziele bzw. zu einer Korrektur der bisherigen Zielwerte führen. Überschreiten hingegen die realisierten die geplanten Werte, so ist das oft darin begründet, daß — möglicherweise unter dem Einfluß der Werbeabteilung — zu niedrige Zielniveaus vorgegeben wurden. Durch Festlegung von — an den realen Bedingungen gemessen — bewußt niedrigen Zielwerten kann nämlich der Werbevollzug von vornherein gegen kritische Einwände immunisiert werden. Unterstellt man, daß die Werbeziele unter Berücksichtigung der realen Gegebenheiten aufgestellt wurden und auch die Werbedurchführung völlig zielkonform verlief, so können sich Planüber- oder -unterschreitungen nur durch im Planungszeitpunkt unvorhersehbare Umweltänderungen ergeben.

Die Werbeerfolgskontrolle kann hinsichtlich der zu überprüfenden **O b j e k t e** zunächst danach unterschieden werden, ob außerökonomische oder ökonomische Zielgrößen auf ihren Erfüllungsgrad hin zu untersuchen sind. In der Werbepraxis steht die Kontrolle des **a u ß e r w i r t s c h a f t l i c h e n** Werbeerfolgs, z. B. des Berührungs-, Beeindruckungs-, Erinnerungs-, Interesseweckungs- und Aktionserfolges, eindeutig im Vordergrund. Dies ist nicht zuletzt eine Folge neuerdings zahlreich entwickelter psychologischer und demo-

---

*) Die im Text laufend numerierten Quellenangaben sind am Schluß des Aufsatzes zitiert.

skopischer Methoden, die eine relativ exakte Messung der außerwirtschaftlichen Werbewirkungen ermöglichen. Demgegenüber hat man sich der Erforschung der ö k o n o m i s c h e n Werbeeffekte bisher weit weniger angenommen, ihre Kontrolle vereinzelt sogar als Scheinproblem abzutun versucht[2]). Dieser Zustand stellt insoweit eine besondere Herausforderung für die Betriebswirtschaftslehre dar, als Informationen über den Erfüllungsumfang wirtschaftlicher Werbeziele für die Steuerung der Unternehmung entscheidende Relevanz besitzen.

Im Rahmen der Kontrolle des ökonomischen Werbeerfolgs wird der zu überprüfende Gegenstand unterschiedlich bestimmt: Aufgabe kann es sein, eine aus zahlreichen, gegenseitig verzahnten Werbemaßnahmen bestehende W e r b e k a m p a g n e insgesamt zu überprüfen. Häufiger stellt jedoch eine einzelne W e r b e s t r a t e g i e das Kontrollobjekt dar. Hierbei kann eine experimentell angelegte Prüfung über den Erfolgsbeitrag einzelner Werbeträger, Werbeargumente und Werbemittel sowie deren Gestaltungsmodalitäten informieren.

Unabhängig hiervon ist nach dem U m f a n g d e s z u k o n t r o l l i e r e n d e n M a r k t f e l d e s zu differenzieren: Entweder ist der Werbeerfolg auf dem G e s a m t m a r k t oder auf T e i l m ä r k t e n festzustellen, wobei bestimmte Umworbenengruppen, Absatzgebiete, Absatzformen usw. als Marktsegmente in Betracht kommen. Ferner determiniert die A b r e c h n u n g s m o d a l i t ä t das Kontrollobjekt. Im allgemeinen werden die reklamebedingten Aufwendungen und Erträge nur einmal am Wirkungsende der Werbemaßnahme ermittelt. Bei der Feststellung des werblichen A k t i o n s e r f o l g s entsteht demnach kein Periodisierungsproblem. Weisen Werbemaßnahmen jedoch sehr ausgedehnte Wirkungszeiträume auf, so liegt der Unternehmensführung daran, zwischenzeitlich über die P e r i o d e n e r f o l g e der Werbung unterrichtet zu werden. Der Gesamterfolg einer Werbeaktivität ergibt sich sodann aus der Summe der Periodenerfolge. Alle Formen der Teilerfolgsrechnung komplizieren die Erfolgsbestimmung erheblich, da sie zusätzliche Abgrenzungsprobleme aufwerfen.

Bisher wurde implizite angenommen, daß die Werbemaßnahmen jeweils von Einzelunternehmungen initiiert und überprüft würden; es ging um den b e t r i e b s i n d i v i d u e l l e n Werbeerfolg. Gegenstand der Kontrolle können aber auch – wie bei der Gemeinschafts-, Verbund- und Sammelwerbung – k o l l e k t i v e Werbeerfolge sein. Hierbei sind ebenfalls spezifische Zurechnungsprobleme zu lösen: Bei der Bestimmung des kooperativen Werbeerfolgs auf der Ebene der beteiligten Unternehmungen sind nämlich zusätzlich diejenigen Wirkungseinflüsse auszuschalten, die von den meist gleichzeitig unternommenen einzelbetrieblichen Werbeanstrengungen ausgehen.

Kontrollen des ökonomischen Werbeerfolgs können grundsätzlich parallel zum Werbevollzug oder erst nach Abschluß aller Vollzugshandlungen und deren Auswirkungen durchgeführt werden. Die P a r a l l e l k o n t r o l l e hat zweifelsohne den Vorteil, Unwirtschaftlichkeiten im Werbevollzug so rechtzeitig aufzudecken, daß die Unternehmensleitung noch auf den laufenden Prozeß korrigierend einzuwirken vermag. Da mit Hilfe von Parallelkontrollen aber wesensgemäß nur T e i l w i r k u n g e n der Werbung zu überprüfen sind, erlauben sie kein abschließendes Urteil über Erfolg oder Mißerfolg einer Reklameaktion. E x - p o s t - K o n t r o l l e n liefern demgegenüber Erkenntnisse über die G e s a m t w i r k u n g der Werbung, jedoch können die Resultate erst bei künftigen Werbemaßnahmen gestaltend berücksichtigt werden.

Im Hinblick auf die T r ä g e r der Erfolgskontrolle kann zwischen betriebsinternen und betriebsexternen Instanzen unterschieden werden. B e t r i e b s i n t e r n e Werbeerfolgskontrollen werden meist von Personen durchgeführt, die als Arbeitnehmer in einem Abhängigkeitsverhältnis zur Unternehmung stehen und zuweilen sogar selbst für die Planung und Durchführung der Werbepolitik verantwortlich sind. Die Werbekontrolle ist insoweit S e l b s t k o n t r o l l e. Dabei kommt es im Falle erheblicher Zielunterschreitung gewöhnlich zu einem Interessenkonflikt zwischen der Planungs- und der Kontrollinstanz, wodurch die Objektivität und Neutralität der Erfolgsermittlung beeinträchtigt werden kann. Diese Verfälschungsgefahr läßt sich im allgemeinen vermeiden, wenn b e - t r i e b s e x t e r n e Institutionen, z. B. Marktforschungsinstitute oder Werbeagenturen, mit der Werbeerfolgskontrolle betraut werden. Jedoch stellt auch die externe Überprüfung der Werbewirtschaftlichkeit nur dann eine echte F r e m d k o n t r o l l e dar, wenn die Prüfungsinstanz nicht zugleich maßgeblich in die Vorbereitung und Abwicklung der Werbemaßnahmen eingeschaltet war. Ferner sollte gewährleistet sein, daß das Prüfungsinstitut von der zu kontrollierenden Unternehmung ökonomisch unabhängig ist, also die Aufdeckung von Unwirtschaftlichkeiten nicht deshalb unterläßt, weil es wirtschaftliche Sanktionen (z. B. den Entzug der Etatbetreuung) befürchtet.

II. Die Bestimmung des ökonomischen Werbeerfolgs als Meßobjekt

Bevor man geeignete Meßverfahren für die Werbeerfolgsermittlung entwickeln bzw. Aussagen über die Eignung vorhandener Kontrollinstrumente machen kann, muß das Maßstabsproblem gelöst werden. Es ist anzugeben, in welchen ökonomischen Größen sich der Erfolg der Werbung niederschlägt. Da jedoch die Frage nach dem Erfolg wirtschaftlichen Handelns allgemein identisch ist mit der Frage nach dem A u s m a ß d e r Z i e l - r e a l i s a t i o n, ist auch im Rahmen der Werbeerfolgsermittlung zu bestimmen, in welchem Umfange die Werbeziele erreicht worden sind. Die P l a n z i e l e der Werbung als präskriptive Aussagen bilden den Ausgangspunkt jeder Kontrollrechnung.

Versuche, die E r f o l g s e r m i t t l u n g an den in der Literatur aufgeführten Werbezielen zu orientieren, stoßen auf sehr heterogene, sich teilweise widersprechende Kategorien. (Vgl. ausführlich den Handbuchbeitrag des Verfassers: „Die Festlegung der Werbeziele", im vierten Kapitel.) Für unseren Untersuchungszweck sind zunächst solche Zielangaben völlig unbrauchbar, die bloße Leerformeln darstellen. Sie lassen überhaupt keine Erfolgsaussage zu, da das vom Werbungtreibenden Gewollte nicht auf seinen Erfüllungsumfang hin überprüft werden kann. Daraus wird zugleich ersichtlich, daß die Erfolgsermittlung auf o p e r a t i o n a l e n, möglichst q u a n t i t a t i v formulierten Werbezielen aufbauen muß. Operationale Ziele zeichnen sich dadurch aus, daß der Grad ihrer Erfüllung überprüfbar ist; ihrer Formulierung liegen Kardinal-, Ordinal- oder Nominalskalen zugrunde. Hält man nach operationalen, insbesondere kardinalen Zielformulierungen im Werbebereich Ausschau, so stößt man vornehmlich auf zwei werbepolitische Steuerungsprinzipien: Während z. B. Gogarten, P. W. Meyer und Seyffert der Werbung U m s a t z z i e l e (z. B. Umsatzexpansion, Umsatzerhaltung und Umsatzreduktion) aufgeben, stellen andere Autoren — vor allem Findeisen, Lysinski, Nicklisch und Suter — auf die G e w i n n - bzw. R e n t a b i l i t ä t s z i e l e der Werbung ab.

Konsequenterweise hätte im Falle der umsatzbezogenen Werbeziele die Kontrollrechnung lediglich festzustellen, ob bzw. bis zu welchem Grad unter dem Einfluß der Werbung die vorgegebenen Umsatzziele erreicht worden sind. Der Werbeerfolg bestünde vor allem in erzielten absoluten Umsatzzuwächsen sowie — zum Beispiel im Falle der Rezession — in der Sicherung des bisherigen Umsatzniveaus. Ausschließlich umsatzbezogene Erfolgskonzepte sind zwar — zumindest als offizielle Zielformulierung — nicht selten in der Wirtschaftspraxis anzutreffen, entsprechen jedoch grundsätzlich nicht den betriebswirtschaftlichen Erfordernissen. In ökonomischer Sicht wird Werbung nicht zu dem Zweck betrieben — unabhängig von den erforderlichen Etats —, den Umsatz zu steigern oder zu erhalten, vielmehr soll über den Einsatz von Werbemitteln die Umsatzsituation der Unternehmung gewöhnlich so verändert werden, daß kurz- oder zumindest längerfristig eine Gewinnsteigerung erreicht wird. Obwohl also Gewinnziele im Bereich der Werbeplanung oft weder explizite noch implizite erwähnt werden, muß davon ausgegangen werden, daß der Erfolgsmaßstab der Werbung — der Zielkonzeption der Unternehmung entsprechend — grundsätzlich im **reklamebedingten Gewinn** zu sehen ist. Ökonomischer Werbeerfolg, Werbegewinn bzw. Werberendite ist nach Gutenberg die positive „Differenz zwischen der auf ein oder mehrere Werbemittel zurückzuführenden Umsatzzunahme und den Kosten . . ., die die Benutzung dieses Werbemittels oder dieser Werbemittel verursacht hat[3]". Mit dieser Definition wird der Kontrollrechnung zweifelsohne die Richtung gewiesen: Werbebedingte Umsatzvariationen **und** Werbekosten sind die großen Komponenten des wirtschaftlichen Werbeerfolgs. Dennoch bleibt manche Frage bezüglich des Werbegewinns offen: Ein Grundproblem besteht in der **Abgrenzung der Werbeaktivitäten** von anderen verkaufsfördernden Maßnahmen. Je nach der Grenzziehung erhält man unterschiedliche Erfolgsgrößen. Sodann ist der Werbegewinn **zeitlich** zu konkretisieren. Soll der kurzfristige oder langfristige Werbegewinn Erfolgsmaßstab sein? Da die unmittelbaren und die Fernwirkungen der Werbung sich oft unterschiedlich entwickeln, kommt man — je nach dem Kontrollzeitraum — zu einer verschiedenartigen Beurteilung des Werbeerfolgs. Ferner ist — bei gegebener Periodenlänge — der Werbegewinn **inhaltlich** zu bestimmen. Dabei existieren, wie noch ausführlich zu zeigen ist, erhebliche Auffassungsunterschiede darüber, welche Kosten der Werbemitteleinsatz **verursacht** hat.

Auch wenn der Werbegewinn für erwerbswirtschaftliche Unternehmen grundsätzlich das entscheidende Erfolgskriterium darstellt, so darf nicht unberücksichtigt bleiben, daß unter gewissen betrieblichen Bedingungen andere Zielgrößen gleichberechtigt neben den Gewinn treten oder sogar für das Werbeverhalten bestimmend werden können. Der Gewinn ist also — je nach der Zielkonzeption — die unter gewissen Nebenbedingungen zu maximierende Variable, oder er ist selbst bloße Nebenbedingung, während zum Beispiel der Umsatz die zu maximierende Zielgröße darstellt. So ist — nach Erreichung eines Mindestgewinns — den Unternehmungen kurzfristig oft mehr daran gelegen, ihren Marktanteil auszuweiten, als weitere Gewinne zu erzielen. In diesem Falle ist ein Erfolg schon dann zu verzeichnen, wenn es — bei Deckung aller Werbekosten, also bei einem Werbegewinn von Null — gelingt, den Umsatz über das bisherige Niveau zu steigern. Bei der Einführung neuer Produkte, oder wenn es darum geht, einen Konkurrenten aus dem Markt zu drängen, mag es kurzfristig sogar zweckmäßig sein, über die Werbung Umsatzexpansion zu Lasten des Gewinns zu betreiben, so daß der Gesamtgewinn bei Werbung niedriger ist als ohne Werbung. Bei Erfolgsanalysen in der Wirtschaftspraxis müssen jeweils diese spezifischen Zielaussagen Grundlage der Erfolgskontrolle sein.

III. Probleme bei der Messung des Umsatzerfolgs der Werbung

Beschränkt sich die Kontrolle der Werbung auf typische Marktkonstellationen der Unternehmung, so stellt — wie die vorangegangenen Ausführungen zeigen — der **Werbegewinn** das maßgebliche Erfolgskriterium dar. Er kann als positive Differenz zwischen dem werbeinduzierten Umsatzzuwachs und den dafür zusätzlich entstandenen Kosten (Selbstkosten für den werbebedingten Mehrabsatz + Werbekosten) definiert werden.

Die Umsatzerfolgskontrolle hat festzustellen, welcher Anteil am Umsatz der Unternehmung auf Werbeaktivitäten zurückzuführen ist. U m s a t z e r f o l g der Werbung (U_e) ist also die Differenz zwischen dem werbebeeinflußten (U_w) und dem werbelosen (U_{ow}) Umsatz: $U_e = U_w - U_{ow}$. In dieser Definition liegt die Hauptproblematik der Werbeerfolgskontrolle überhaupt beschlossen. Im einzelnen steht die Umsatzerfolgsmessung vor den folgenden Schwierigkeiten.

1. Isolierung der werbebedingten Umsatzwirkungen

Umsatzerfolgskontrollen sind nur dann aussagefähig, wenn sie so konzipiert sind, daß sie die nicht-werblichen Umsatzwirkungen zu eliminieren vermögen. Es müssen alle betrieblichen und außerbetrieblichen umsatzbeeinflussenden Faktoren aus früheren Perioden und aus der laufenden Periode ausgeschaltet werden. Hierzu gehören vor allem: Einkommens- und Kaufkraftänderungen, Modewandlungen, saisonale und konjunkturelle Nachfrageschwankungen, Produkt- bzw. Sortimentsänderungen sowie Preisvariationen der werbungtreibenden Unternehmung und konkurrierender Betriebe, Wandlungen in den Absatzwegen und Absatzformen usw. Aus der fehlenden Konstanz der nicht-werblichen Faktoren ergibt sich, daß die Ermittlung des werbebedingten Umsatzes durch irgendwelche Formen des Z e i t v e r g l e i c h s keine geeignete Methode ist[4]. Diese in der Praxis – ihrer leichten Durchführung wegen – noch durchaus gebräuchliche Art der Kontrollrechnung wäre nur dann vertretbar, wenn im Kontrollzeitraum ausschließlich die Reklame als Variable wirksam würde. Da aber die Konstanzannahme selbst unter einfachsten Bedingungen nicht aufrechtzuerhalten ist, kommen grundsätzlich nur Meßverfahren in Betracht, die eine Trennung der in der Werbewirkperiode eingetretenen Umsatzänderungen in werbebedingte und nicht-werbebedingte erlauben.

2. Abgrenzung des Wirkungszeitraums zu kontrollierender Werbeaktivitäten

Eine vollständige Erfassung der reklamebedingten Umsatzeffekte verlangt, daß der Wirkungsbeginn und vor allem das oft nur schwer bestimmbare Wirkungsende des Werbemitteleinsatzes feststehen. Es müssen – je nach den gewählten Werbemitteln und -trägern, dem umworbenen Personenkreis, dem Werbeobjekt usw. – individuelle „Nutzungsdauerschätzungen" vorgenommen werden. Dabei bleibt gewöhnlich eine gewisse Ungenauigkeit in der Festlegung des werblichen Wirkungszeitraums bestehen, die zu einer entsprechenden Unbestimmtheit in der Werbeerfolgsrechnung führt. Verzerrungen können bei der Kontrolle aber auch dadurch zustande kommen, daß frühere Werbemaßnahmen in die Abrechnungsperiode hineinwirken und den Erfolg der zu überprüfenden Aktion erhöhen. Solche Störfaktoren sind durch geeignete Verfahren auszuschließen.

Im einzelnen gehen von der Werbung kurz- und/oder langfristige Umsatzwirkungen aus. Demzufolge darf man sich in der Praxis der Erfolgsmessung nur dann mit der Feststellung der unmittelbaren Umsatzwirkungen begnügen, wenn zuvor geklärt worden ist, daß – z. B. auf Grund der angewandten Werbemittel oder wegen der Beschaffenheit der Werbeobjekte – keine Fernwirkungen der Reklame zu erwarten sind. Nur wenn dies feststeht, vermögen E r f o l g s a n a l y s e n m i t k u r z e m K o n t r o l l z e i t r a u m zutreffende Resultate zu liefern. In der Realität wirkt sich jedoch die Werbung vielfach – bewußt oder unbewußt – l a n g f r i s t i g aus. Diese Umsatzeffekte auf lange Sicht können – je nach ihrer Wirkungsrichtung und -intensität – das kurzfristige Ergebnis erhöhen, schmälern, aufheben oder sogar negativ werden lassen. Wegen der möglichen Gegenläufigkeit kurz- und langfristiger Werbeeffekte darf man sich keinesfalls mit der Feststellung der werblichen Nahwirkungen und deren eventueller Extrapolation begnügen, vielmehr sind grundsätzlich E r f o l g s a n a l y s e n m i t l a n g e m K o n t r o l l -

zeitraum durchzuführen. Dies resultiert aus dem allgemeingültigen Satz, daß Kontroll- und Wirkungszeitraum kongruent sein müssen. Mit der hieraus abgeleiteten Forderung nach der Kontrolle der Fernwirkungen wird zugleich auf einen erheblichen Mangel vieler Meßverfahren aufmerksam gemacht, die ihrer Konzeption zufolge nur kurzfristige Effekte zu erfassen vermögen. Noch immer fehlen empirische Methoden, die eine zuverlässige Messung des Image-Einflusses, des Aufbaus von Absatzpotentialen u. ä. ermöglichen. Dieser Mangel wird bei der Umsatzkontrolle gemeinschaftlicher Werbemaßnahmen sehr offenkundig, da diese typischerweise auf eine langfristige Umsatzbeeinflussung abzielen.

Unabhängig vom Wirkungszeitraum einer Werbemaßnahme spielt der zeitliche Aspekt noch insoweit eine Rolle, als innerhalb einer mehrere Stufen umfassenden Absatzkette die durch Werbung induzierte Nachfragesteigerung bei den einzelnen Unternehmen oft zu sehr unterschiedlichen Zeitpunkten wirksam wird. Weist ein Gut zum Beispiel den Absatzweg Hersteller – Großhandel – Einzelhandel – Verbraucher auf, so wird sich eine Direktwerbung der Produktionsfirma zunächst in einer Nachfragesteigerung beim Einzelhandel niederschlagen. Je nach dem Lagerbestand und der Lagerpolitik der einzelnen Handelsbetriebe führen werbebedingte Mehrverkäufe an die Konsumenten zu früheren oder späteren Nachbestellungen beim Großhandel; entsprechende time-lags ergeben sich im Verhältnis Großhandel – Hersteller. Auf der Produktionsstufe kommen also die Werbewirkungen unter Umständen gar nicht voll zum Ausdruck, da ein mehr oder minder großer Teil der Zusatznachfrage durch den Lagerabbau im Handelsbereich aufgefangen wird. Will man solche Verzerrungen bei der Erfolgskontrolle der Produzentenwerbung vermeiden, so muß die Umsatzwirkung der Werbung auf der Verbraucher- bzw. der Einzelhandelsebene erfaßt werden.

3. Verkettungen im Umsatzbereich der Unternehmung

Sieht man den Umsatzeffekt der Werbung in der Beeinflussung des Gesamtumsatzes, so darf die Erfolgsanalyse – wie dies in der Praxis meist geschieht – nur dann auf das spezifische Werbeobjekt begrenzt werden, wenn der Werbungtreibende eine Einproduktfirma ist oder wenn im Falle einer Mehrproduktunternehmung das Absatzprogramm so strukturiert ist, daß zwischen der kurzfristigen Umsatzsteigerung beim Werbeobjekt und den übrigen Programmteilen weder direkte noch indirekte Zusammenhänge bestehen. Vorhandene Verkettungen zwischen den Gütern des Leistungsprogramms könnten aber auch dann unberücksichtigt bleiben, wenn feststünde, daß sich die indirekt umsatzfördernden und umsatzschmälernden Einflüsse völlig ausgleichen. Solche Kompensationsannahmen sind jedoch in der Umsatzerfolgsrechnung deshalb besonders problematisch, weil deren Aufgabe ja gerade darin besteht, im konkreten Falle die eventuelle Umsatzneutralität von Werbemaßnahmen nachzuweisen. Entsprechende Ergebnisse früherer Untersuchungen sind auf neue Situationen grundsätzlich nicht übertragbar.

Liegen – entgegen den bisherigen Annahmen – etwa Komplementärrelationen vor, so führt jede werbebedingte Mengenvariation bei einem Gut zu einer gleichsinnigen Mengenänderung beim Komplement. Einseitig komplementäre Beziehungen zwischen dem Absatz des unabhängigen Gutes x_1 und dem des abhängigen Gutes x_2 sind mathematisch dadurch gekennzeichnet, daß die Differentialquotienten $\frac{dx_2}{dx_1} > 0$ und $\frac{dx_1}{dx_2} = 0$ sind. Im Falle gegenseitiger Komplementarität hingegen sind beide Differentialquotienten positiv[5]). In der Werbeerfolgsrechnung darf im Komplementaritätsfalle der eingesetzten Werbekostensumme nicht nur der unmittelbare Umsatzeffekt beim Werbeobjekt x_1 gegenübergestellt werden, vielmehr ist auch der p o s i t i v e V e r k e t t u n g s e f f e k t bei x_2 zu berücksichtigen.

Werbung für das Gut x_1 kann die Absatzbedingungen für die anderen Erzeugnisse des Leistungsprogramms aber auch dann verbessern, wenn sie n i c h t komplementär sind. Dies resultiert aus dem G o o d w i l l - E f f e k t erfolgreicher, produktbezogener Werbemaßnahmen. Sie erhöhen das Ansehen der Firma, machen den Firmennamen bei den Käufern bekannt oder steigern den Bekanntheitsgrad und wirken damit auch auf andere Güter im Sortiment absatzfördernd. Die Verkaufsmenge des Gutes x_2 ist also nicht nur eine Funktion seines Preises, sondern zugleich vom Werbeaufwand für x_1 abhängig: $x_2 = f(p_{x_2}, W_{x_1})$. Die entsprechende K r e u z - W e r b e k o s t e n e l a s t i z i t ä t, d. h. die relative Änderung der Nachfrage nach x_2 bei einer relativen Änderung der Werbekosten für x_1, ist positiv[6]).

Liegen ohnehin komplementäre Beziehungen zwischen den Gütern x_1 und x_2 vor, so werden sie durch den Goodwill-Effekt verstärkt. In der Umsatzerfolgsrechnung sind also neben den werbeobjektbezogenen Absatzeinflüssen die Goodwill-Wirkungen auf andere Güter des Absatzprogramms zu berücksichtigen. Selbstverständlich kann auch ein „ B a d - w i l l " hervorgerufen werden, der negative Umsatzwirkungen bei den übrigen Sortimentsteilen zur Folge hat.

Sind nun die im Leistungsprogramm des Werbungtreibenden enthaltenen Güter S u b - s t i t u t e, so führt die werbliche Forcierung der Marke x_1 oft dazu, daß der erzielte Umsatzzuwachs mehr oder minder stark zu Lasten der Umsätze der übrigen Produkte geht. Diese i n t e r n e Konkurrenz ist insbesondere dann sehr intensiv, wenn die Gesamtnachfrage nach einer Warenart weitgehend konstant ist und die werbende Firma mehrere Güter mit hohem Marktanteil anbietet. Auch die n e g a t i v e Verkettung zwischen den Sortimentsteilen kann einseitig oder wechselseitig sein. E i n s e i t i g e Substitute zeichnen sich dadurch aus, daß die Differentialquotienten zwischen dem Absatz des unabhängigen Produkts x_1 und dem des abhängigen Produkts x_2, also $\dfrac{dx_2}{dx_1} < 0$ und entsprechend $\dfrac{dx_1}{dx_2} = 0$ sind. Bei g e g e n s e i t i g e n Substituten sind hingegen beide Differentialquotienten negativ. Aus diesen werbetheoretischen Zusammenhängen folgt, daß bei der Erfolgsermittlung nicht nur — wie dies oft geschieht — die direkten Umsatzänderungen beim Werbeobjekt, sondern auch die indirekten Effekte auf die Substitutionsgüter der Firma beachtet werden müssen.

Aber auch im Falle der „Konkurrenz" wird der G o o d w i l l bzw. B a d w i l l der Werbung wirksam. Dies führt dazu, daß der Substitutionseinfluß, der von der Reklame für x_1 auf x_2 ausgeht, gemildert oder verstärkt wird.

4. Abgrenzungsprobleme bei simultanem Einsatz mehrerer Werbestrategien

Sind die einzelnen Werbestrategien Kontrollobjekt, so bereitet die Erfolgsermittlung dann vergleichsweise geringe Schwierigkeiten, wenn im Kontrollzeitraum nur e i n e Werbestrategie angewandt wurde. Das Problem wird erheblich komplizierter, wenn während der Wirkungsdauer der Werbestrategie S_1 weitere Werbestrategien ($S_2 \ldots S_n$) eingesetzt werden und Umsatzeffekte hervorrufen. Geht man zunächst davon aus, daß alle Strategien auf dasselbe Werbeobjekt bezogen sind, so müßte bei der Umsatzerfolgsanalyse neben der Ermittlung der werbebedingten Umsatzvariation insgesamt der jeweilige Umsatzerfolg der einzelnen Werbemaßnahmen festgestellt werden. (Eine ähnliche Problemstellung liegt bei der Erfolgsanalyse von kooperativen Werbeaktivitäten vor.) Das hierbei auftretende Zurechnungsproblem ist insbesondere dann schwer zu lösen, wenn die Werbestrategien in hohem Umfange dieselben Zielpersonen erreichen. Eine Ausnahme bilden die Fälle, in denen – wie typischerweise im Versandgeschäft – bei Kundenbestellungen auf gewisse Werbemittel bzw. -träger Bezug genommen wird.

Die Zurechnungsfrage wird weiterhin erschwert, wenn – was in der Realität nicht selten ist – während der Wirkungsdauer der auf das Objekt x_1 bezogenen Werbestrategie S_1 eine weitere Werbestrategie S_2 direkt beim Objekt x_2 zu wirken beginnt und die Güter gegenseitig verflochten sind. Bei allen von der Werbung direkt oder indirekt betroffenen Gütern müßte nämlich ermittelt werden, inwieweit eine reklamebedingte Umsatzänderung auf die eine oder andere Strategie zurückzuführen ist. Die vielfältigen Abgrenzungsprobleme können in diesem Zusammenhang nur beispielhaft erörtert werden:

Sind die beiden Güter des Sortiments **gegenseitig komplementär**, so bewirkt dies, daß über den Mengeneffekt der Werbestrategie S_1 für x_1 auch der Umsatz von x_2 erhöht wird. Geht von S_1 außerdem ein **Goodwill-Effekt** für das Gesamtsortiment aus, so entsteht, mit zeitlicher Verzögerung, eine weitere Absatzerhöhung bei x_2, die wiederum auf x_1 zurückstrahlt. Zu den aufgezeigten indirekten Umsatzsteigerungen kommt der direkte Umsatzeinfluß, der von S_2 auf x_2 ausgeht. Zugleich wirkt nun S_2 über die Komplementaritätsbeziehung und eventuell über den Goodwill absatzfördernd auf x_1. Ähnliche Verkettungen treten im Falle **gegenseitiger Substitution** auf: Wird eine Werbemaßnahme S_1 für x_1 durchgeführt, so geht der mengenmäßige und damit auch der Gesamtumsatz für x_2 mehr oder weniger stark zurück. Auf längere Sicht verstärkt sich die negative Verkettung, wenn von S_1 ein **Badwill** in der Abnehmerschaft erzeugt wird, wodurch in weiterer Folge wiederum der Absatz von x_1 zurückgeht. Kommt hingegen durch S_1 ein **Goodwill** zustande oder wird der bestehende Goodwill erhöht, so verringert sich der substitutionsbedingte Absatzrückgang. Absatzerhöhend auf x_2 wirken ferner direkte Werbeaktionen (S_2). Allerdings erfolgt eine solche Absatzförderung je nach dem Substitutionsverhältnis mehr oder minder zu Lasten von x_1. Mit S_2 einhergehende Goodwill-Wirkungen schwächen, selbstverständlich mit erheblichem time-lag, den Substitutionseffekt ab, während er durch Badwill-Wirkungen forciert wird.

Es zeigt sich, daß die Umsatzwirkung einzelner Werbestrategien schon unter diesen vergleichsweise einfachen Bedingungen kaum einigermaßen genau bestimmbar ist. Noch undurchdringlicher wird das Geflecht, wenn die Zahl der betrachteten Güter und der gleichzeitig wirksamen Strategien erhöht wird und teils komplementäre, teils substitutive Beziehungen vorliegen.

IV. Verfahren zur Messung des Umsatzerfolgs

In den bisherigen Ausführungen wurde aufgezeigt, auf welch vielschichtige Fragen die empirischen Methoden der Erfolgsmessung Auskunft geben müssen. Mißt man die Leistungsfähigkeit der im folgenden darzustellenden Verfahren an den in der Wirtschaftspraxis auftretenden Problemstellungen, so zeigt sich, daß genaue Messungen des Umsatzerfolgs nur unter vergleichsweise einfachen Bedingungen möglich sind. **Gute Meßergebnisse** erhält man insbesondere dann, wenn der **Umsatzeffekt** sich nur in einer **kurzfristigen Umsatzerhöhung** bei einem **spezifischen Werbeobjekt** niederschlägt.

1. Die indirekte Messung des Umsatzerfolgs

Der werbliche Umsatzerfolg kann entweder direkt oder indirekt gemessen werden. Obwohl im folgenden die Verfahren zur Direktmessung im Vordergrund stehen, soll auch auf die Möglichkeiten und Grenzen der neuerdings an Bedeutung gewinnenden i n d i - r e k t e n Erfolgsmessung eingegangen werden. Die indirekte Messung kann sich vor allem deshalb als notwendig erweisen, weil eine Direktmessung nicht möglich oder aus Zeit- und Kostengründen unzweckmäßig ist. Das indirekte Messen vollzieht sich in der Weise, daß für die eigentlich zu messende Größe (den Umsatzerfolg) eine Ersatzgröße herangezogen wird. Der Rückgriff auf indirekte Maßstäbe des Umsatzerfolgs wird deshalb oft als unbrauchbar angesehen, weil die angeblich hierarchisch gegliederten außerökonomischen Kommunikationsstufen der Werbung durch errechenbare Korrelationskoeffizienten unterschiedlicher Größe mit dem Umsatzerfolg verbunden sind: Je höher die durch Werbung erreichte außerökonomische Erfolgsstufe ist, um so höher ist angeblich die Wahrscheinlichkeit, daß die Werbung auch verkaufswirksam ist[7]. An Ersatzgrößen kann aber der interessierende Sachverhalt nur dann gemessen werden, wenn das indirekte und das direkte Meßobjekt durch eine berechenbare (proportionale oder nichtproportionale) Funktion miteinander verbunden sind. Im Bereich der Umsatzerfolge wird gelegentlich versucht, als Ersatzmaßstäbe einzelne oder mehrere der relativ exakt meßbaren außerwirtschaftlichen Erfolgskriterien, z. B. die Berührten-, Beeindruckten-, Erinnerer- oder Interessentenzahl, heranzuziehen. Zwar wird man häufig davon ausgehen können, daß Werbeappelle, die zu hohen außerökonomischen Erfolgswerten geführt haben, tendenziell auch günstige Verkaufswirkungen implizieren. Diese Feststellungen haben aber bestenfalls Wahrscheinlichkeitscharakter und lassen selbst im Falle ihrer Geltung keine Quantifizierung des werbebedingten Umsatzerfolges zu. Darüber hinaus wird die angenommene Parallelität zwischen den außerökonomischen und den ökonomischen Werbewirkungen durch sogenannte „intervenierende Variablen" durchbrochen: Mangelnde Kaufkraft, Sättigung, Änderungen in der Präferenzstruktur u. ä. bewirken, daß trotz hoher Beeindruckungs-, Erinnerungswerte usw. der werbliche Umsatzeffekt ausbleibt oder doch sehr niedrig ist. Allgemein bleibt festzustellen, daß es — wie auch die folgenden Ausführungen zeigen — nur schwer gelingen wird, leicht zu ermittelnde Ersatzgrößen zu finden, die durch eine berechenbare Funktion mit dem Werbeertrag verbunden sind.

Bei der indirekten Messung des werblichen Umsatzerfolges tritt generell die Frage nach der K o r r e l a t i o n der Ergebnisse auf einzelnen Kommunikationsstufen mit den werbebedingten Umsätzen auf[8]. Im einzelnen werden vor allem die folgenden Beziehungen analysiert:

a) Die Wahrnehmung als Indikator des Umsatzerfolgs

Neuerdings wurde verschiedentlich versucht, enge Korrelationen zwischen den Ergebnissen von Exponierungstests und den durch Werbung hervorgerufenen Mehrumsätzen nachzuweisen. Zu diesem Zwecke stellte etwa Coffin[9] auf der Basis von 2400 Interviews zunächst fest, welche Auskunftspersonen das zu testende Produkt vor kurzem gekauft hatten. Die ermittelten Käufer wurden sodann in zwei Gruppen aufgeteilt: Die erste Gruppe bildeten solche Personen, die zwischen der ersten und der zweiten Messung im Vergleich zum davorliegenden Zeitraum z u n e h m e n d Werbesendungen im Fernsehen beachteten. Die zweite Gruppe bestand hingegen aus Befragten, die der Fernsehwerbung w e n i g e r als zuvor ausgesetzt waren. Messungen in beiden Gruppen ergaben, daß der Käuferanteil der Fernsehintensität entsprechend zu- bzw. abnimmt. Lucas/Britt geben hierzu die folgende Wertetafel (Tabelle 1)[10].

Tabelle 1

Produktart	Produktbesitz bei unterschiedlicher Fernsehintensität		
	häufig	gelegentlich	gar nicht
R-Marke von Rasierklingen	11	8	7
M-Marke eines flüssigen Zahnpflegemittels	13	11	8
T-Marke einer Handwaschseife	27	22	19
C-Marke einer backfertigen Mischung	21	18	16
B-Marke eines Frühstücknährmittels	9	7	4

Aus diesen Resultaten darf nicht gefolgert werden, daß damit die enge Korrelation zwischen Wahrnehmung der Werbebotschaft und dadurch ausgelösten Käufen bzw. Mehrkäufen nachgewiesen sei. Die mangelnde Validität dieser Meßmethode ist vor allem darin begründet, daß die beiden Gruppen sich höchstwahrscheinlich in ihrer demographischen und sozialen Struktur erheblich voneinander unterscheiden. Ferner sind Wahrnehmungsmessungen in der Fernsehwerbung sehr problematisch. Schließlich ist die Exponierung als e r s t e Stufe im werblichen Kommunikationsprozeß ein vergleichsweise schlechter Indikator für den Umsatzerfolg – die l e t z t e Stufe des Werbeablaufs. Dieser Einwand hat dazu geführt, daß man bei Korrelationsuntersuchungen in erster Linie von Wiedererkennungs- und Erinnerungsmessungen ausgeht.

b) Wiedererkennung und Erinnerung als Umsatzmaßstäbe

Wiedererkennungs- und Erinnerungswerte gelten vielfach als valide außerwirtschaftliche Indikatoren des werblichen Umsatzerfolgs. Im Wiedererkennen bzw. Erinnern von Werbebotschaften sehen manche Autoren bereits eine Vorentscheidung des Umworbenen für ein bestimmtes Produkt[11]).

In Korrelationsuntersuchungen konnte jedoch der vielfach angenommene enge Zusammenhang zwischen Erinnerungs- und Verkaufserfolg der Werbung meist nicht verifiziert werden. So ergaben zum Beispiel Testmarkt-Experimente der Firma DuPont, daß von zwei Werbebotschaften B_1 und B_2 das Medium B_2 zwar höhere Wiedererkennungs- und Erinnerungswerte für ein bestimmtes Produkt aufwies als B_1, dennoch aber mit B_1 höhere Umsätze erzielt wurden[12]). Auch Haskins kam bei der Überprüfung von siebzehn methodisch einwandfrei durchgeführten Studien über die Eignung der Erinnerung an Fakten als Maßstab für die wirkungsvolle Kommunikation von Botschaften zu keinen überzeugenden Ergebnissen: In dreizehn Fällen lag keine oder nur eine schwache, in zwei Fällen sogar eine negative Korrelation vor. Lediglich in zwei Analysen konnte eine stark positive Korrelation nachgewiesen werden.

Die ungleichsinnige Entwicklung von Wiedererkennungs- bzw. Erinnerungswerten und den Verkaufsergebnissen ist vor allem auf folgende Gründe zurückzuführen:

1. Die nachhaltige Beeinflussung durch eine Werbebotschaft ist nicht selten mit eindeutig negativen Assoziationen (Badwill) verbunden.

2. Wiedererkennung und Erinnerung sind vielfach nicht Ausdruck für eine mehr oder minder starke Motivation zum Kauf, vielmehr sind hierfür die Darstellungsformen der Kommunikation (z. B. mnemotechnische Aspekte) von maßgeblicher Bedeutung.

3. Ferner bewirken rein ökonomische Gründe, z. B. Kaufkraftmangel, Marktsättigung, daß − trotz hoher Wiedererkennungs- bzw. Erinnerungswerte − Kaufhandlungen nicht zustande kommen.

4. Schließlich vermögen Wiedererkennungs- und Erinnerungsmessungen oft keine objektiv richtigen Ergebnisse zu erbringen. So werden in Korrelationsstudien gewöhnlich nur die kognitiven, nicht aber die affektiven Kommunikationsinhalte erfaßt. Hinzu kommen erhebungs-, insbesondere befragungstechnische Probleme.

c) Einstellung und Präferenz in Korrelation zum Umsatz

Da diese beiden werblichen Wirkungskategorien den Kaufhandlungen noch näherstehen, wird vielfach vermutet, sie wiesen auch engere Korrelation zum Umsatzerfolg als Wiedererkennnungs- und Erinnerungswerte auf. Experimentelle empirische Einstellungsmessungen erbrachten hingegen unterschiedliche Ergebnisse: Während Barclay in einer Studie eine starke Korrelation nachweisen konnte, fand Haskins teils gut und teils schlecht korrelierende Zahlengruppen[13]. Allerdings kann die Validität der Ergebnisse nicht überprüft werden, weil keine ausreichenden Angaben über die Untersuchungsmethodik vorliegen. Da die Einstellung bzw. Einstellungsänderung gegenüber einem Produkt oder einer Produktgruppe sowohl Ursache als auch Folge des Kaufes sein kann, müssen Einstellungsmessungen in solchen Personenkreisen vorgenommen werden, die das Produkt vor Beginn der Werbung nicht gekauft haben. In einer entsprechenden Studie wurden die bisherigen Nicht-Käufer aufgefordert, die zu testenden Produkte einer der folgenden Kategorien zuzuordnen: Eines der besten, sehr gut, gut, mäßig, schlecht. Spätere Ermittlungen über den Kauf der Produkte erbrachten folgende Ergebnisse[14]:

Tabelle 2

Produkteinstufung	Käufer in %
Eines der besten	32 %
sehr gut	26 %
gut	18 %
mäßig oder schlecht	15 %

Überraschend an diesen Resultaten ist, daß sich trotz der Einstufung des Produkts in die Kategorie „mäßig oder schlecht" ein vergleichsweise hoher Käuferanteil (15 %) ergab.

Der Überprüfung der Zusammenhänge zwischen werbebedingten Präferenzänderungen und Umsatzerfolg dient ein von der Schwerin Research Corp. entwickeltes Labor-Testverfahren[15]. Beim Schwerin-Test, der in der Rundfunk-, Fernseh- und Kinowerbung Anwendung findet, werden zunächst die bestehenden Produktpräferenzen wie folgt ermittelt: Die Versuchspersonen (ca. 350) werden nach dem Random-Verfahren aus dem Fernsprechbuch ausgewählt und schriftlich in ein Studiotheater eingeladen. Sodann bittet man sie, auf drei Listen mit je drei Konkurrenzmarken jeweils diejenige Marke anzukreuzen, die sie bei der folgenden Verlosung gewinnen möchten. Nach durchgeführter Verlosung wird ein halbstündiger Film gezeigt, der bisher noch nirgends zu sehen war. In diese Darbietung werden drei 60-Sekunden-Spots eingeblendet, die für jeweils ein Erzeugnis der drei Wahllisten werben.

Nach Beendigung der Vorführung fordert man die Versuchspersonen wiederum auf, jene Produkte zu markieren, die sie bei der nunmehr stattfindenden zweiten Verlosung gewinnen möchten. Eingetretene Änderungen in der Präferenzskala („competitive preference") gelten als werbebedingt.

Neben der „competitive preference"[16]) werden zum Zwecke der Bestimmung von reklamebedingten Marktanteilsänderungen noch zwei weitere Größen berücksichtigt:

— Das sogenannte „momentum", das ist die Differenz zwischen dem Prozentsatz der Versuchspersonen, die sich bei der ersten Wahl für eine bestimmte Marke entschieden haben und dem effektiven prozentualen Marktanteil des Gutes. Das „momentum" gilt als Ausdruck für das Markenimage.

— Die Höhe des Werbeetats („advertising-expenditure-share").

Aus den drei genannten Werten wird im Wege der multiplen Korrelationsanalyse auf die bewirkten Marktanteilsänderungen geschlossen. Gelegentlich wurde auch versucht, die Ergebnisse dieser Laboratoriumsuntersuchungen im Testmarkt zu überprüfen. Hierzu wird berichtet, daß bei Messungen im Studio das Produkt B nach Einblendung der Werbung einen um 11 % höheren Präferenzwert erreichte, während bei Produkt A die entsprechende Steigerung nur 7 % betrug. Im Testmarktexperiment hingegen verdoppelte A nahezu seinen Marktanteil, während der Absatz des Erzeugnisses B um das Dreifache anstieg[17]. In solchen, nur tendenziell zutreffenden Ergebnissen wird von den Vertretern des Schwerin-Tests bereits eine Bestätigung für dessen Eignung zur Messung von Präferenzänderungen gesehen. Dem ist – abgesehen von der doch nur sehr groben Entsprechung der Resultate – entgegenzuhalten, daß aus einem Testfall nicht die allgemeine Eignung des Studio-Experiments hergeleitet werden kann. Zu diesem Zwecke wären umfangreiche Testreihen durchzuführen. Darüber hinaus ist der Schwerin-Test in vielerlei Hinsicht problematisch:

1. Die repräsentative Auswahl der Versuchspersonen ist oft nicht gewährleistet.

2. In der Testsituation wird die Werbebotschaft — im Vergleich zur Feldsituation — ungewöhnlich stark beachtet.

3. Die Wahlsituation für ein Geschenk kann nicht mit der realen Kaufsituation gleichgesetzt werden.

4. Es wird die Wirkung nur eines einzigen Spots einer Marke gemessen und von hier aus auf die Effizienz einer ganzen Werbekampagne geschlossen.

d) Der Aktionserfolg als Indikator des Umsatzerfolgs

Eine Sonderstellung im Rahmen der indirekten Messung nimmt jene Erfolgskategorie ein, die an der Nahtstelle von außerwirtschaftlichem Erfolg und Umsatzerfolg steht, der Kauf- oder Aktionserfolg. Unter dieser Rubrik werden die sogenannten Werbeerfüller ermittelt, also alle Personen, die durch die Werbung entweder als neue Käufer gewonnen oder zu höheren Einkaufsmengen pro Periode veranlaßt wurden. Kann man nun von einer typischen werbebedingten Absatzmengenzunahme pro Erfüller ausgehen

(z. B. bei Werbeobjekten, die in längeren Intervallen nur einmal gekauft werden), so erhält man durch Multiplikation mit den Preisen die Mehrumsätze je Erfüller, die, addiert, den Werbeertrag beim spezifischen Werbeobjekt ergeben. In diesem Spezialfall liegt eine berechenbare Funktion zwischen Erfüllerzahl und Umsatzerfolg vor. Die indirekte Messung führt zu brauchbaren Ergebnissen.

e) Zusammenhänge zwischen der Höhe des Werbeetats und dem Umsatzerfolg

Es gibt zahlreiche Ansätze (die Indexmethode, das Nielsen-Panel u. ä.), in denen der Werbeerfolg grundsätzlich in der Weise zu ermitteln versucht wird, daß man — über einen längeren Zeitraum hinweg — die Umsatzänderungen im Vergleich zur vorangegangenen Periode und die Veränderungen in der Höhe der Werbeausgaben für ein bestimmtes Produkt gegenüberstellt. Da jedoch zahlreiche Faktoren festgestellte Umsatzvariationen verursacht haben können, werden diese, etwa von konjunkturellen und saisonalen Schwankungen, bereinigt. Die so modifizierte Werbeausgaben-Umsatz-Relation, die oft noch an einem Normwert gemessen wird, repräsentiert den Werbeerfolg. Allen diesen Methoden ist gemeinsam, daß sie gewöhnlich eine strenge Isolierung der nur-werbebedingten Umsatzänderungen nicht ermöglichen, da neben den berücksichtigten Störfaktoren gleichzeitig noch andere Variable umsatzwirksam sind. Lediglich wenn die Absatzverhältnisse über längere Zeiträume hinweg annähernd konstant bleiben, liefert der Werbeausgaben-Umsatzänderungsindex signifikante Ergebnisse.

An folgendem Beispiel soll die Methodik der beschriebenen Verfahren verdeutlicht werden. Hier wird versucht, prozentuale Veränderungen in der Höhe der Werbeausgaben auf einzelnen Lokalmärkten mit prozentualen Variationen der Umsatzhöhe auf diesen Märkten in Verbindung zu bringen[18]. Auf dem Teilmarkt Syracuse im Staate New York wurde zum Beispiel das Werbebudget um 5,6 % gegenüber dem Totalbudget aller Testmärkte reduziert: Während im ersten Untersuchungsjahr der Anteil von Syracuse an den gesamten Werbeausgaben 29,2 % betrug, ging er im folgenden Jahr auf 23,6 % zurück. Entsprechend verringerte sich der Umsatzanteil auf diesem Markt von 43,9 % auf 42,5 %, also um 1,4 %. Gleichartige Ermittlungen wurden in zahlreichen anderen Marktgebieten durchgeführt, wobei die Werbeausgaben teilweise erhöht und teilweise gesenkt wurden. Auf diese Weise konnten Feststellungen über die Umsatzreaktionen verschiedener Märkte auf zu- bzw. abnehmende Werbebudgets getroffen werden. Einige Märkte reagierten atypisch: Bei steigenden Werbeausgaben traten Umsatzrückgänge, bei fallenden Werbeinvestitionen Umsatzsteigerungen ein. In der Regel war das Marktverhalten jedoch typisch: Zunehmende Werbeausgaben führten zu Umsatzsteigerungen und umgekehrt. In der folgenden Graphik (Abbildung 1) werden sowohl die Einzelreaktionen der Märkte als auch die durchschnittliche Relation zwischen einer Veränderung der Werbeausgaben und der im gleichen Zeitraum eingetretenen Umsatzänderung wiedergegeben: Eine Erhöhung des Werbeetats um 1 % des Totalbudgets bringt im Durchschnitt eine Umsatzerhöhung von 3 ‰ des Gesamtumsatzes mit sich.

Der Aussagewert solcher Durchschnittswerte ist — wie die angeführten Ergebnisse zeigen — unter realen Marktbedingungen relativ gering, da sich gewöhnlich zahlreiche Kriterien verändern, so daß die Werbung jeweils unterschiedliche Wirkungen hervorruft. Insbesondere sind die Resultate dann invalide, wenn die Unternehmung — neben der Werbung — in größerem Umfange andere absatzpolitische Instrumente einsetzt. Dasselbe gilt, wenn konkurrierende Unternehmen ihre Marktstrategie oder die Nachfrager ihre Verhaltensweisen erheblich ändern. Das Werbeausgaben-Umsatz-Verfahren erlaubt keine Isolie-

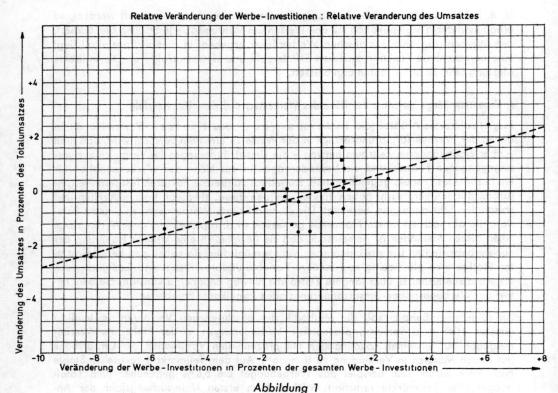

Abbildung 1

rung des Werbeeffekts. Ferner hat die Durchschnittsrelation Werbeausgabenänderung: Umsatzvariation kaum prognostischen Wert, da jeder Markt eine spezifische Reaktionsfunktion aufweist.

2. Direkte Verfahren der Umsatzerfolgsmessung

Durch die folgenden Methoden wird unmittelbar festzustellen versucht, welche Umsätze durch Werbung realisiert werden konnten[19]). Dabei werden die praktisch relevanten Meßverfahren gleichgeordnet aufgeführt; auf eine weitergehende Systematik, für die sich eine Klassifikation in experimentelle und nichtexperimentelle Methoden anböte, wird in diesem Zusammenhang verzichtet.

a) Das BuBaW-Verfahren

In Unternehmungen, die ausschließlich auf schriftlichem Wege direkt verkaufen, ist eine verhältnismäßig einfache und kostengünstige Methode der quantitativen Umsatzkontrolle anwendbar: die „**B**estellung **u**nter **B**ezugnahme **a**uf **W**erbemittel". Die genannten Voraussetzungen sind vor allem in Versandgeschäften erfüllt: Hier kann — unter Einhaltung gewisser technischer Vorkehrungen — die Erfolgswirksamkeit einzelner Werbestrategien ohne großen Kontrollaufwand ermittelt werden. Die schriftlichen Werbemittel (Inserate, Werbebriefe u. ä.) werden z. B. mit einem Bestellcoupon versehen. Bei der Katalogwerbung tritt die Bezugnahme auf die Warennummern an die Stelle der

Coupons. Um dem Werbungtreibenden Aufschluß darüber zu geben, welche seiner Werbeaktionen zu der Bestellung geführt hat, können – neben oder als Ersatz für Coupons, Katalogziffern usw. – in die Anschrift der werbenden Firma sogenannte Schlüsselzeichen (Abteilungszahlen, verschiedene – postalisch falsche – Hausnummern) aufgenommen werden[20]). So kann der Versender eine Umsatzzurechnung nach einzelnen Werbemitteln oder -trägern und – über Absenderangaben und andere Merkmale (Alter, Beruf usw.) – sogar nach bestimmten Bevölkerungsgruppen vornehmen. Unter Berücksichtigung der entstandenen Kosten ist sodann der Werbeerfolg zu errechnen.

Kritisch ist gegen das BuBaW-Verfahren einzuwenden, daß hierbei eine Umsatzzurechnung auf einzelne Werbemaßnahmen grundsätzlich nur f o r m a l gelingt. Jedoch kann bei fortlaufender Werbung über verschiedene Medien nicht zwingend nachgewiesen werden, welche der zahlreichen Werbeaktivitäten letztlich für den Kaufentscheid ausschlaggebend war.

b) Die Methode der Direktbefragung

Bei diesem Verfahren wird nach Streuung der Werbemittel durch unmittelbare Befragung der Käufer festzustellen versucht, inwieweit ihre Nachfrage werbebedingt bzw. auf nichtwerbliche Ursachen (andere absatzpolitische Maßnahmen des Werbungtreibenden, die Verkaufspolitik der Konkurrenten, Kaufkrafterhöhungen der Nachfrager usw.) zurückzuführen ist. Man ist bestrebt, den Werbeeinfluß von anderen Faktoren, die ebenfalls nachfragewirksam sein können, zu isolieren. Soweit die Unternehmung gleichzeitig mehrere Werbeinstrumente einsetzt, stellt sich darüber hinaus das Problem, den Effekt einzelner Werbemittel und -träger im Rahmen der Gesamtwirkung der Werbung isoliert zu bestimmen.

Die Direktbefragung gehört zwar zu den am häufigsten angewandten Verfahren der quantitativen Umsatzerfolgskontrolle, sie stößt jedoch auf schwerwiegende methodische Bedenken: Die Käufer sind vielfach nicht in der Lage und auch nicht willens, die wirklichen Ursachen ihres Handelns mitzuteilen. Über die Kaufwirksamkeit von Werbemaßnahmen können sie insbesondere dann keine Auskunft geben, wenn sie – wie bei unterschwelliger Werbung – die Werbeimpulse überhaupt nicht bewußt wahrgenommen haben. Da jedoch die Auskunftspersonen bei der Direktbefragung zu Angaben über die Verursachung ihrer Kaufhandlungen aufgefordert werden, kommt es im Falle unbewußter Beeinflussung leicht zu erfundenen Motivierungen und bei bewußter Wahrnehmung der Werbeappelle oft zu „Rationalisierungen": Es werden nicht die wirklichen, sondern solche Kaufgründe angeführt, die innerhalb der jeweiligen sozialen Gruppe als vernünftig gelten, die prestigeerhöhend wirken u. ä. Der Gefahr rationalisierter Auskünfte kann in gewissem Umfange durch die Anwendung spezifischer Befragungstaktiken entgegengewirkt werden. So wird in dem von George Gallup entwickelten „Activation"-Verfahren[21]) der erstmalige Käufer des Werbeobjekts unmittelbar nach dem Einkauf in fein abgestufter Folge über alle dem eigentlichen Kaufakt vorangegangenen Motive befragt. Ist er auch mit dem zu überprüfenden Werbemittel bzw. der Werbemittelkombination in Berührung gekommen, so wird er aufgefordert, genaue Angaben über die Werbeaktion und ihre kaufbestimmende Wirkung zu machen. Für die als werbebedingt klassifizierten Kaufakte wird der jeweilige Ausgabenbetrag ermittelt; sodann bildet man die Summe dieser Werte, die die direkte Umsatzwirkung der Werbung darstellt.

Es ist einsichtig, daß diese Meßmethode keine V a l i d i t ä t besitzt[22]), da es hierbei unmöglich ist, die Rolle der Werbung beim Kaufentscheid objektiv zu bewerten.

c) Das demoskopische Befragungsexperiment

Die moderne Marktforschung bedient sich zur Isolierung von Faktorwirkungen zunehmend des Experiments, insbesondere des Befragungsexperiments. Hierbei lassen sich die der Direktbefragung anhaftenden Mängel vermeiden. Im folgenden wird die Methodik der **experimentellen Umsatzerfolgskontrolle** an einem Beispiel demonstriert[23]. Durch wiederholte Werbung im Nachmittagsprogramm des Fernsehens führte eine Firma ein neues Küchengerät ein. Der direkte Umsatzerfolg dieser Werbeaktion soll ermittelt werden. Hierzu wird zunächst ein **projektives** Experiment durchgeführt. Man bildet von vornherein zwei Gruppen: Einen repräsentativen Querschnitt von Hausfrauen, die am Nachmittagsprogramm des Fernsehens teilnehmen (= Versuchsgruppe), und eine entsprechend zusammengesetzte Gruppe von Hausfrauen, die zu dieser Zeit nicht fernsehen (= Kontrollgruppe). Am Ende des Wirkzeitraums der Fernsehwerbung wird ermittelt, in welchen Haushalten das neue Küchengerät vorhanden ist:

Tabelle 3

	Hausfrauen, die am Nachmittags-Fernsehen teilnehmen	Hausfrauen, die am Nachmittags-Fernsehen nicht teilnehmen
Gerät vorhanden	28,35 % (= 567 Pers.)	6,65 % (= 133 Pers.)
Gerät nicht vorhanden	71,65 % (= 1433 Pers.)	93,35 % (= 1867 Pers.)
	100,00 % (= 2000 Pers.)	100,00 % (= 2000 Pers.)

Aus dieser Übersicht ergibt sich, daß — ohne Berührung durch die Fernsehwerbung — 6,65 % das Gerät gekauft haben. Infolge gleichartiger Strukturierung der Versuchsgruppe kann davon ausgegangen werden, daß auch hier 6,65 % das Produkt ohne Beeinflussung durch das Werbefernsehen gekauft hätten. Der Umsatzeffekt der Werbung beträgt demnach nur 28,35 % — 6,65 % = 21,70 %.

Will man nun die betriebswirtschaftlich in erster Linie interessierende Frage klären, welcher Anteil des Gesamtabsatzes des neuen Küchengeräts auf Fernsehwerbung zurückzuführen ist, so sind im Rahmen eines **Ex-post-facto-**Experiments zwei weitere Daten zu erheben: der Anteil der Gerätebesitzerinnen und der Anteil der am Nachmittags-Fernsehen Teilnehmenden an der Gesamtheit der Hausfrauen. Bei der Befragung einer Stichprobe von 4000 Hausfrauen mögen die in Tabelle 4 dargestellten Ergebnisse ermittelt werden:

Tabelle 4

	Hausfrauen, die am Nachmittags-Fernsehen teilnehmen	Hausfrauen, die am Nachmittags-Fernsehen nicht teilnehmen	Hausfrauen insgesamt
Gerät vorhanden	28,33 % (= 680 Pers.)	12,50 % (= 200 Pers.)	22 % (= 880 Pers.)
Gerät nicht vorhanden	71,67 % (= 1720 Pers.)	87,50 % (= 1400 Pers.)	78 % (= 3120 Pers.)
	100,00 % (= 2400 Pers.)	100,00 % (= 1600 Pers.)	100 % (= 4000 Pers.)

Die Kontrolle des wirtschaftlichen Werbeerfolgs

Diese Übersicht zeigt, daß 22 % aller Hausfrauen das Küchengerät besitzen und 60 % der Hausfrauen (= 2400 Pers.) das Nachmittagsprogramm sehen. Der Umsatzeffekt der Werbung stellt sich nur auf 15,83 % (= 28,33 % — 12,50 %). Die Abweichung gegenüber Tabelle 3 (= 21,70 %) erklärt sich daraus, daß Strukturunterschiede (z. B. Berufstätigkeit bzw. Nicht-Berufstätigkeit der Hausfrauen) zwischen den Vergleichsgruppen bestehen, die in Tabelle 3 zunächst ausgeschaltet wurden. Zwischen Berufstätigkeit und Teilnahme am Nachmittags-Fernsehen mögen die folgenden Beziehungen bestehen (Tabelle 5):

Tabelle 5

	Hausfrauen, die am Nachmittags-Fernsehen teilnehmen	Hausfrauen, die am Nachmittags-Fernsehen nicht teilnehmen	Alle Hausfrauen
Berufstätig	16,67 % (= 400 Pers.)	75 % (= 1200 Pers.)	40 % (= 1600 Pers.)
Nicht berufstätig	83,33 % (= 2000 Pers.)	25 % (= 400 Pers.)	60 % (= 2400 Pers.)
	100,00 % (= 2400 Pers.)	100 % (= 1600 Pers.)	100 % (= 4000 Pers.)

Ob die Berufstätigkeit den Besitz des Küchengeräts beeinflußt, wird deutlich, wenn die in Tabelle 4 aufgeführte Analyse für berufstätige und nicht-berufstätige Hausfrauen getrennt durchgeführt wird (vgl. Tabelle 6).

Tabelle 6

	Berufstätige, die am Nachmittags-Fernsehen teilnehmen	Berufstätige, die am Nachmittags-Fernsehen nicht teilnehmen	Berufstätige Hausfrauen insgesamt
Gerät vorhanden	70 % (= 280 Pers.)	15 % (= 180 Pers.)	28,75 % (= 460 P.)
Gerät nicht vorhanden	30 % (= 120 Pers.)	85 % (= 1020 Pers.)	71,25 % (= 1140 P.)
	100 % (= 400 Pers.)	100 % (= 1200 Pers.)	100,00 % (= 1600 P.)
	Nicht-Berufstätige, die am Nachmittags-Fernsehen teilnehmen	Nicht-Berufstätige, die am Nachmittags-Fernsehen nicht teilnehmen	Nicht-Berufstätige insgesamt
Gerät vorhanden	20 % (= 400 Pers.)	5 % (= 20 Pers.)	17,50 % (= 420 P.)
Gerät nicht vorhanden	80 % (= 1600 Pers.)	95 % (= 380 Pers.)	82,50 % (= 1980 P.)
	100 % (= 2000 Pers.)	100 % (= 400 Pers.)	100,00 % (= 2400 P.)

Aus Tabelle 6 ergibt sich, daß die Berufstätigkeit ein den Absatz des Küchengerätes selbständig beeinflussender Faktor ist: In allen Gruppierungen ist der Gerätebestand bei den Berufstätigen höher als bei den Nicht-Berufstätigen. In unserem Zusammenhang stellt sich nun das Problem, den Störfaktor „Berufstätigkeit" auszuschalten. Schreiber sieht ein geeignetes Verfahren darin, die am Fernsehen nicht teilnehmenden Hausfrauen strukturell den teilnehmenden anzugleichen. Danach dürfen von den 1200 Frauen, die berufstätig sind und am Nachmittag nicht fernsehen, nur 80 berücksichtigt werden, so daß sich dann unter den insgesamt 480 Nicht-Fernsehern auch nur – wie bei den Fernsehern – 16,67 % berufstätige Hausfrauen befinden. Wählt man die 80 berufstätigen Nicht-Fernseher nach Randomgesichtspunkten aus der Gesamtgruppe von 1200 aus, so dürfte dieser Personenkreis wiederum 15 % (= 12) Gerätebesitzerinnen und 85 % (= 68) Nichtbesitzerinnen umfassen. Eine nach dieser **strukturellen Angleichung** analog zu Tabelle 4 vorgenommene Gegenüberstellung zeigt folgende Werte (vgl. Tabelle 7):

Tabelle 7

	Hausfrauen, die am Nachmittags-Fernsehen teilnehmen	Hausfrauen, die am Nachmittags-Fernsehen nicht teilnehmen
Gerät vorhanden	28,33 % (= 680 Pers.)	6,67 % (= 32 Pers.)
Gerät nicht vorhanden	71,67 % (= 1720 Pers.)	93,33 % (= 448 Pers.)
	100,00 % (= 2400 Pers.)	100,00 % (= 480 Pers.)

Auf Grund der Reduktion der Nicht-Fernseher von 1600 auf 480 ergeben sich gegenüber Tabelle 4 Verminderungen im Gerätebestand in Höhe von 5,83 % (12,50 — 6,67).

Die Hochrechnung aus der Stichprobe auf die Gesamtbevölkerung wird nun folgendermaßen vorgenommen: Auf Grund der Fernsehwerbung erwarben 21,66 % (28,33 % — 6,67 %) das Gut, das sind 520 von 2400 Frauen. Gemäß Tabelle 4 besitzen 880 der in der Stichprobe erfaßten Frauen das Gerät. Die werbebeeinflußten Geräteinhaberinnen machen demnach 59 % (520 ausgedrückt in Prozenten von 880) aus; 41 % erwarben das Produkt unabhängig von der Fernsehwerbung.

Das vorgenannte Ergebnis, das im Wege der **strukturellen Angleichung** der Kontrollgruppe an die Versuchsgruppe ermittelt wurde (vgl. Tabelle 7), erhält man auch durch das Verfahren der **Faktorenisolierung**: Anknüpfend an Tabelle 6 ist zunächst festzustellen, daß 55 % (70 % — 15 %) der fernsehenden berufstätigen Hausfrauen das Gerät unter dem Einfluß der Werbung gekauft haben; das sind 220 der insgesamt 400 Frauen dieser Gruppe. Von den nicht berufstätigen fernsehenden Frauen kauften 15 % (20 % — 5 %), das sind – auf 2000 bezogen – 300 Personen, das Werbeobjekt. Insgesamt erhält man wiederum 520 (220 + 300) Werbeerfüller.

Befragungsexperimente erscheinen zur Kontrolle der direkten kurzfristigen Umsatzwirkungen **methodisch** immer dann als geeignet, wenn sehr intensive Formen der Käuferbeeinflussung mit spürbaren Umsatzzunahmen zu testen sind; schwache werbliche Umsatzeinflüsse hingegen bleiben unterhalb der Informationsschwelle. Ferner stoßen Befragungsexperimente im Bereich der Werbeerfolgskontrolle vielfach auf **wirtschaftliche** Grenzen: Um signifikante Ergebnisse zu erhalten, muß – bei je zwei Befragungen der Versuchs- und Kontrollgruppe – mit sehr großen Stichproben (in der Praxis rechnet man mit 8000–10 000 Fällen) operiert werden.

d) Der Gebiets-Verkaufstest

Während das demoskopische Befragungsexperiment auf **einem** Regionalmarkt eine gruppenstatistische Trennung zwischen zum Beispiel Werbebeeinflußten und Nicht-

Die Kontrolle des wirtschaftlichen Werbeerfolgs

Werbebeeinflußten vornimmt, wird beim Testmarketing das Problem der Isolierung des Werbeeinflusses durch eine regionale Trennung der Märkte zu lösen versucht. Bei dieser Variante der experimentellen Marktforschung werden bestimmte Regionen, Städte oder Stadtteile als Vergleichspaare einander gegenübergestellt. Mit Hilfe des Gebiets-Verkaufstests können unterschiedliche Kontrollprobleme gelöst werden: (1) Es läßt sich feststellen, welche Umsätze beim Einsatz bestimmter Werbemittel im Vergleich zu einer werbelosen Verkaufspolitik erzielbar sind. (2) Untersuchungsobjekt kann aber auch sein, die Umsatzwirkung einer neuen Werbekonzeption gegenüber der bisherigen zu testen. (3) Schließlich kann es darum gehen, Unterschiede in der Verkaufswirksamkeit gleichzeitig eingesetzter Werbestrategien aufzudecken. Aus diesen Darlegungen geht hervor, daß der Gebiets-Verkaufstest vor allem zur Kontrolle der Wirkungen grundlegender Werbemaßnahmen in Betracht kommt; für die Messung der Effekte geringfügiger Variationen des Werbemitteleinsatzes ist dieses Instrument kaum geeignet.

Je nach der Aufgabenstellung sind beim Gebiets-Verkaufstest unbedingt zwei oder mehrere Regionalmärkte erforderlich. Soll lediglich die Effienz einer bestimmten Werbeaktion gegenüber einem reklamelosen Zustand überprüft werden, so genügt unter Umständen ein Test- und ein Kontrollmarkt. Geht es hingegen darum, die Umsatzwirkungen verschiedener Werbekonzeptionen $W_1, W_2 \ldots W_n$ im Vergleich zu einer werbelosen Situation zu kontrollieren, so sind ebenso viele Testmärkte erforderlich wie Werbestrategien vorhanden sind; hinzu kommen – zur Erfassung des Entwicklungseffekts – entsprechende Kontrollmärkte. Die Verkaufswirkung der Werbung im Test- und Kontrollmarkt stellt sich beispielsweise wie folgt dar:

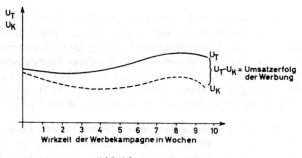

Abbildung 2

Arbeitet man – wie im obigen Beispiel – mit nur einem Test- und einem Kontrollmarkt, so treten in den Ergebnissen unter dem Einfluß lokaler Besonderheiten leicht Verzerrungen auf. Aus diesem Grunde ist es generell zweckmäßiger, mit mehreren Testmärkten und zugehörigen Kontrollgebieten zu operieren. Als Testgebiete werden gewöhnlich Städte gewählt, da die Verkaufswirkungen der Werbung in ländlichen Gebieten kaum überprüfbar sind. Hinzu kommt, daß die Verhaltensweisen der ländlichen Bevölkerung für den Gesamtmarkt oft atypisch sind. Im Hinblick auf die Ortsgröße bevorzugt man Klein- (50 000 bis 100 000 Einwohner) und Mittelstädte (100 000 bis 250 000 Einw.) [24] insbesondere aus zwei Gründen: Erstens entstehen – im Vergleich zu Großstädten – geringere Kosten für die Streuung der Werbemittel und die Messung der Umsatzwirkungen. Zweitens entsprechen die Werbereaktionen der Großstadtbevölkerung oft weniger dem Durchschnittsverhalten als die Reaktionen der Mittelstädter. Von den Mittelstädten eignen sich wiederum jene für Testzwecke besonders gut, deren Bevölkerungsstruktur in möglichst hohem Maße mit der typischen Abnehmerschaft eines Produkts übereinstimmt. Ein weiterer Gesichtspunkt bei der Auswahl der Testgebiete ist das Vorhandensein geeigneter, d. h. den lokalen Raum genau abdeckender Werbeträger. Ferner sollten die Teststädte genügend weit von anderen größeren Städten entfernt liegen, um die von diesen ausgehenden Nachfrageeinflüsse auszuschalten. Während in der Bundesrepublik die Städte Passau und Straubing, z. T. auch Berlin (West) und das Saarland favorisierte Testgebiete sind, gelten in den USA die Orte Springfield (Mass.), South Bend (Indiana), Rockford (Illinois), Cedar Rapids (Iowa) und San Bernardino (California) als besonders geeignet.

Die Kontrollstädte sind so zu wählen, daß sie in bezug auf Größe, Bevölkerungsstruktur, Mentalität, Organisation des Handels, Konkurrenzverhältnisse usw. den Teststädten entsprechen, eine in der Realität nur schwer erfüllbare Forderung. Ferner ist streng darauf zu achten, daß die Test- und Kontrollstädte genügend weit auseinanderliegen. Es muß gewährleistet sein, daß die Käufer des Kontrollmarktes von den zu testenden Werbeaktivitäten grundsätzlich nicht berührt werden.

Die Länge der Testperiode ist so zu wählen, daß sich die werbebedingten Nachfragereaktionen voll auswirken können. Da jedoch die nicht-werblichen Einflüsse im Test- und Kontrollmarkt über längere Zeiträume hinweg nicht konstant bleiben und sich nicht gleichmäßig entwickeln, eignet sich das Testmarketing in erster Linie zur Kontrolle von Werbestrategien mit kurzer Wirkungsdauer. Ferner ist im Hinblick auf die prognostische Funktion der Werbeerfolgsrechnung darauf zu achten, daß — insbesondere soweit saisonale Einflüsse wirksam sind — die Testperiode für die zu überprüfenden Werbeaktionen auch zeitlich repräsentativ ist[25]).

Die Messung der Umsatzwirkungen kann grundsätzlich auf der Hersteller-, der Handels- und der Verbraucherebene vorgenommen werden. Ermittlungen im Herstellerbereich mittels regionaler Absatzstatistiken führen jedoch nur im Falle des Direktverkaufs oder — beim Absatz über den Handel — dann zu validen Ergebnissen, wenn die Händler ihre Läger mengenmäßig konstant halten, also bei Mehrumsätzen unmittelbar entsprechende Nachbestellungen aufgeben. Da dies gewöhnlich nicht der Fall ist, mißt man den Umsatzeffekt der Konsumgüterwerbung in der Regel auf der Einzelhandelsebene.

Dabei ist sicherzustellen, daß die beteiligten Geschäfte das Experiment während der Untersuchungsperiode nicht stören: Die Einzelhändler dürfen ihre Werbepolitik weder qualitativ noch quantitativ ändern. Sonderangebote oder ständige atypische Preisunterbietungen beim Werbeobjekt und bei konkurrierenden Waren sind zu vermeiden. Schließlich müssen die Verkaufsmethoden soweit als möglich konstant gehalten werden.

Zur Ermittlung des Umsatzerfolgs einer bestimmten Werbeaktion sind in den Geschäften des Testgebiets und des Kontrollgebiets jeweils zwei Messungen durchzuführen: Es ist der Warenbestand vor Beginn und nach Abschluß der Werbeaktion zu ermitteln. Weiterhin müssen die Wareneingänge in der Testperiode erfaßt werden. Bei der Umsatzfeststellung wird nach der bekannten Formel:

Warenbestand vor Beginn der Werbeaktion
+ Zugänge
= Wareneinsatz insgesamt
./. Warenbestand nach Abschluß der Werbeaktion
= Umsatz in der Werbewirkperiode

verfahren, die auch dem Nielsen-Panel zugrunde liegt. Stellt man nun dem Umsatz im Testmarkt die Umsatzentwicklung im Kontrollmarkt gegenüber, in der sich alle nichtwerbebedingten Einflüsse niederschlagen, so ist – Strukturgleichheit vorausgesetzt – eine sich ergebende Umsatzdifferenz ausschließlich der Werbeaktivität zuzuschreiben (vgl. Tabelle 8) [26]).

Tabelle 8

Stadt	Verkäufe vor Beginn der Werbeaktion (1. 2. bis 31. 3.)	Verkäufe *innerhalb* der Werbewirkperiode (1. 4. bis 31. 5.)	Zunahme bzw. Abnahme in %	Berichtigte Zu- bzw. Abnahme in %
Kontrollstadt (Umsatz in DM)	30 000	27 000	− 10,0	−
Teststadt (Umsatz in DM)	40 000	48 000	+ 20,0	+ 30,0

Die Gebietstest-Informationen können im Rahmen von Vollerhebungen oder durch Repräsentativerhebungen gewonnen werden. **Vollerhebungen** bieten sich an, wenn die Werbeobjekte nur über relativ wenige, ausgewählte Geschäfte vertrieben wurden. Dagegen sind – vor allem aus Kostengründen – **Repräsentativerhebungen** durchzuführen, wenn die durch Werbung geförderten Güter in einer sehr großen Zahl von Betrieben erhältlich sind.

Die Umsatzwirkung der Werbung kann aber auch auf der **Verbraucherebene** gemessen werden. Besser als die Wiederholungsbefragung bei wechselnden repräsentativen Querschnitten dürfte sich hierfür ein Haushaltspanel (z. B. zur Erfassung des Markenwechsels) eignen. Oft wird auch das Tagebuchverfahren (Diary-Method) angewandt: Die repräsentativ ausgewählten Haushalte zeichnen im Test- und im Kontrollgebiet ihren mengen- und wertmäßigen Verbrauch vor Beginn der Werbekampagne und während des werblichen Wirkzeitraums auf. Die Errechnung des werbebedingten Umsatzerfolgs vollzieht sich wie im obengenannten Falle. Schließlich kommen als unmittelbare Erhebungstechniken die Vorratskontrolle und die Leerpackungskontrolle in Betracht[27]).

Gebiets-Verkaufstests können auch – wie erwähnt – der Überprüfung gleichzeitig wirksamer, aber **unterschiedlich gestalteter Werbestrategien** dienen. Über eine empirische Untersuchung dieser Art berichtet Meissner[28]). 1959 wurde von der Washington State Apple Commission die Wirkung zweier Werbekonzeptionen nach der Methode des rotierenden Experiments kontrolliert. In den Versuch wurden die folgenden Städte einbezogen: Cedar Rapids und Davenport (Iowa); Joplin und Springfield (Missouri), Lincoln (Nebraska) und Topeka (Kansas). Diese Städte faßte man zu drei Paaren so zusammen, daß die Orte jedes Paares in bezug auf die Obstversorgung, die Einwohnerzahl und die wichtigsten wirtschaftlichen Parameter (Pro-Kopf-Einkommen usw.) vergleichbar waren. Auch gab es zwischen den ausgewählten Städten kaum Überdeckungen bei den Lokalzeitungen und beim Werbefernsehen.

Nun wurden zwei Werbestrategien eingesetzt: Strategie A (S_A) warb mit dem Thema „Gesundheit", Strategie B (S_B) mit Hinweisen auf die vielfältigen Verwendungsmöglichkeiten für den Absatz frischer Äpfel. Die Konzeptionen A und B setzte man – unter Einschaltung von Kontollphasen (C) – in den sechs Städten nach folgendem Schema ein:

Tabelle 9
Anlage eines Experiments zur Kontrolle einer Werbekampagne für Äpfel

Test-Perioden	Joplin	Topeka	Cedar Rapids	Springfield	Lincoln	Davenport
			Werbethemen			
19. 1. — 14. 2.	A	B	C	A	B	C
16. 2. — 14. 3.	B	C	A	C	A	B
16. 3. — 11. 4.	C	A	B	B	C	A
13. 4. — 9. 5.	C	A	B	B	C	A

In allen Städten wurde die Effizienz der beiden Werbestrategien mit Hilfe eines Panels gemessen, an dem zwölf repräsentativ ausgewählte Lebensmittelgeschäfte beteiligt waren, die verschiedene geographische Bezirke vertraten. Der Umsatz der Panel-Geschäfte lag in allen Orten zwischen 50 und 80 Prozent des gesamten Lebensmittel-Einzelhandelsumsatzes. Jede Woche wurden die Umsätze für Äpfel, Orangen, Grapefruits und Bananen festgestellt. Ferner kontrollierte man die Verkaufsmethoden (Art, Größe und Placierung der ausgestellten Waren; Einsatz von Verkaufshilfen; verwendetes Verpackungsmaterial usw.) sowie die Preisgestaltung.

Dieses systematische Experiment brachte folgende Ergebnisse:

Tabelle 10

Herkunft der Äpfel	Durchschnittsumsätze pro Geschäft und Test-Periode [1]			Umsatzdifferenzen zwischen		
				Zeitraum ohne Werbung und		„Verwendung" und „Gesundheit"
	Ohne Werbung	„Verwendung"	„Gesundheit"	„Verwendung"	„Gesundheit"	
	in Pfund pro Test-Periode					
Washington State	3124	4117	3784	993	660	333
Andere Gebiete [2]	2227	2322	2026	95	—201	296*
Insgesamt	5351	6439	5810	1088	459	629
	in vom Hundert					
Washington State	—	—	—	31,8 %	21,1 %*	8,8 %
Andere Gebiete [2]	—	—	—	4,3 %	-9,1 %	14,6 %
Insgesamt	—	—	—	20,3 %	8,6 %	10,8 %

[1] Bei allen Umsatzangaben sind Abweichungen zwischen den drei Werbemaßnahmen (Keine Werbung, Thema „Verwendung" und Thema „Gesundheit"), die auf Unterschieden in der Zahl der Kunden und der Kaufkraft der Kunden beruhen könnten, ausgeglichen. [2] Einschließlich anderer Mittelwest- und Oststaaten sowie Kanadas.
*) Vom Verfasser berichtigte Zahlen

Die Kontrolle des wirtschaftlichen Werbeerfolgs

Die Umsatzerfolgskontrolle zeigt, daß sowohl Strategie A als auch Strategie B erhebliche Absatzmengensteigerungen bewirken konnten. Dabei übertraf der Mengeneffekt des Themas „Verwendung" (= 31,8 %) den des Arguments „Gesundheit" (= 21,1 %). Die Umsatzsteigerungen waren bei S_A und S_B statistisch signifikant bei einer Wahrscheinlichkeit von 90 bzw. 95 %, d. h., daß nur in 10 bzw. 5 von 100 Fällen die Wahrscheinlichkeit besteht, daß eine Absatzausdehnung in der angegebenen Höhe durch Zufallsvariation oder durch einen Auswahlfehler bedingt ist. Mit sehr hoher Wahrscheinlichkeit ist also der ermittelte Mengeneffekt werbebedingt. Statistisch nicht signifikant war hingegen der Unterschied zwischen „Verwendung" und „Gesundheit" (= 8,8 %). Wahrscheinlich bestanden in Wirklichkeit keine erheblichen Wirkungsdifferenzen zwischen den beiden Werbethemen.

Beim Gebiets-Verkaufstest wird der Umsatzerfolg der Werbung (U_w) allgemein nach folgender Formel ermittelt[29]:

$$U_w = U_{tn} - [U_{tv} + (U_{kn} - U_{kv})]$$

Den Erfolgs-(Gewinn-)koeffizienten der Werbung (E_w) erhält man als Quotienten von werbebedingter Umsatzänderung zur Variation der Werbeausgaben im Test- und Kontrollmarkt:

$$E_w = \frac{U_{tn} - [U_{tv} + (U_{kn} - U_{kv})]}{W_{tn} - [W_{tv} + (W_{kn} - W_{kv})]}$$

Die Symbole haben folgende Bedeutung:

E_w = Erfolgskoeffizient = $\frac{\text{Werbebedingte Umsatzänderung}}{\text{Variation der Werbeausgaben}}$

U_{tn} = Umsatz im Testmarkt n a c h Auswirkung der Werbeaktion
U_{tv} = Umsatz im Testmarkt v o r Auswirkung der Werbeaktion
U_{kn} = Umsatz im Kontrollmarkt n a c h der Testmarktwerbung
U_{kv} = Umsatz im Kontrollmarkt v o r der Testmarktwerbung
W_{tn} = Werbeausgaben im Testmarkt n a c h der Ausgabenänderung
W_{tv} = Werbeausgaben im Testmarkt v o r der Ausgabenänderung
W_{kn} = Werbeausgaben im Kontrollmarkt n a c h der Ausgabenänderung
W_{kv} = Werbeausgaben im Kontrollmarkt v o r der Ausgabenänderung.

Der Zähler der Gleichung drückt — unter Berücksichtigung des Entwicklungseffekts — die nur-werbebedingte Umsatzvariation aus. Im Nenner werden nach dem gleichen Prinzip die Werbeausgaben aufgeführt. Bei Gebiets-Verkaufstests kann allgemein davon ausgegangen werden, daß die Werbekostenänderung im Kontrollmarkt ($W_{kn} - W_{kv}$) gleich oder annähernd Null ist. E_w drückt also praktisch das Verhältnis von werbebedingter Umsatzänderung zu den für die Testperiode zusätzlich getätigten Werbeausgaben aus.

Gegen den Gebiets-Verkaufstest als Instrument der Werbeerfolgskontrolle kann geltend gemacht werden, daß die Werbepolitik, insbesondere die Streuung der Werbemittel, fast ausschließlich kontrolltechnischen Kriterien unterliegt. Die Werbekontrolle wird Selbstzweck. Ferner muß — zumindest auf oligopolistischen Märkten — damit gerechnet werden, daß die Konkurrenz das Experiment durch absatzpolitische Gegenmaßnahmen stört, sich also auf dem Testmarkt anders verhält als auf dem Gesamtmarkt.

Auch können Feststellungen über den Erfolg oder Mißerfolg gewisser Werbemaßnahmen im Testmarkt oft nicht Grundlage für die Steuerung künftiger Werbeprozesse sein, da sich die Marktbedingungen zwischenzeitlich erheblich gewandelt haben.

e) Die Netapps-Methode

Begründer des im folgenden darzustellenden Meßverfahrens ist Daniel Starch[30]). Er geht davon aus, daß – bei gegebenen Werbekosten – das eigentliche Ziel der Wirtschaftswerbung darin besteht, einen möglichst hohen Umsatz für die Werbeobjekte zu erzielen. Im Rahmen der Erfolgskontrolle ist mithin zu ermitteln, in welchem Umfange die erzielten Umsätze allein auf die Werbeaktivitäten der Unternehmung zurückzuführen sind. Zu diesem Zwecke sind die nur durch den Einsatz von Werbemitteln induzierten Käufe (net-ad-produced-purchases, kurz: netapps) abzugrenzen und deren Umsatzwert zu errechnen. Hierzu sind nach Starch die folgenden Informationen einzuholen:

1. Die Zahl der Personen, die die Werbebotschaft wahrgenommen haben.

2. Die Zahl der Umworbenen, welche die Werbebotschaft wahrnahmen und das Werbeobjekt innerhalb einer bestimmten Periode – meist einer Woche – kauften.

3. Die Zahl derjenigen Werbesubjekte, welche die Werbemittel nicht wahrgenommen haben.

4. Die Zahl von Personen, die die Werbebotschaft nicht wahrnahmen, aber innerhalb des Wirkzeitraums das Werbeobjekt kauften.

Diese Fakten werden gewöhnlich mit Hilfe von Panelbefragungen erhoben. Es wird zunächst bei einer repräsentativen Bevölkerungsgruppe festgestellt, wieviel % der Leser einer bestimmten Nummer bzw. der Hörer oder Seher einer bestimmten Sendung die Werbebotschaft wahrgenommen haben. Sodann sind die Käufe der Werbe-Wahrnehmer und der Werbe-Nichtwahrnehmer zu registrieren. Wenn z. B. von 30 Versuchspersonen, die die Werbebotschaft wahrnahmen, 15 % das Werbeobjekt gekauft haben, so zählt das für 4,5 Käufe. Haben 10 % von 70 Versuchspersonen, die der Werbung gegenüber nicht exponiert waren, das Erzeugnis erworben, so entspricht das 7 Käufen. Die Gesamtzahl der berichteten Käufe ist also 11,5. Hätten nun die 30 Personen die Werbung nicht zur Kenntnis genommen, so hätten von ihnen auch nur 10 % (= 3 Käufe) das Produkt nachgefragt. Demnach sind anscheinend 1,5 Käufe (4,5 – 3) oder 13,04 % der Käufe (11,5 = 100 %) auf die Wahrnehmung der Werbebotschaft zurückzuführen.

Soweit es sich um die Überprüfung des Erfolgs von Anzeigen handelt, kann man auch die Zahl der Käufe von Lesern einer Zeitschriftennummer, die eine Anzeige für das Werbeobjekt enthielt, denjenigen Käufen gegenüberstellen, die von Lesern einer anderen Nummer derselben Zeitschrift getätigt wurden, in der keine Anzeige für das Werbeobjekt enthalten war. Die Differenz zwischen den Käufen der Testnummer-Leser und denen der Kontrollnummer stellt den werbebedingten Kaufeffekt dar.

Im Rahmen von Netapps-Studien können aber nicht nur die Kaufeffekte der Werbe-Wahrnehmer und der -Nichtwahrnehmer gegenübergestellt werden, vielmehr lassen sich nach Starch auf diese Weise grundsätzlich auch die Verkaufswirkungen verschieden gestalteter Werbemittel bzw. die Absatzeffekte gleichartiger Werbemittel, die über verschiedene Werbeträger gestreut wurden, kontrollieren.

Den jeweiligen werbebedingten Umsatzwirkungen werden sodann die K o s t e n für den Werbemitteleinsatz gegenübergestellt; die Rechnung schließt ab mit der Feststellung des Werbegewinns bzw. -verlusts.

Gegen das Netapps-Konzept sind folgende E i n w e n d u n g e n zu erheben:

1. Es wird nur jener Umsatzeffekt der Werbung erfaßt, der unmittelbar nach der Streuung der Werbemittel eintritt. Längerfristige Umsatzwirkungen, die die kurzfristigen

Ergebnisse verstärken, schmälern, aufheben oder sogar überkompensieren können, bleiben unbeachtet.

2. Bei Werbemitteln, die – wie oft Anzeigen oder Werbespots – in sehr kurzen Intervallen gestreut werden, ist es höchst problematisch, die unmittelbar nach deren Erscheinen getätigten Mehrkäufe der Werbewahrnehmer kausal dem einzelnen Werbemittel zuzurechnen. Sehr häufig wird es so sein, daß vorangegangene Werbeaktivitäten, Erfahrungen mit dem Produkt und der Firma sowie bestehende Kaufabsichten die Aufmerksamkeit und das Interesse potentieller Nachfrager geweckt haben. Eine so „gestimmte" Abnehmerschaft beachtet entsprechende Werbemaßnahmen eher als bisher unmotivierte Personen. Johannsen weist in diesem Zusammenhang zu Recht darauf hin, daß bei Anwendung der Starch-Methode durchaus der Fall eintreten kann, „daß eine Anzeige als ‚verkaufswirksam' bezeichnet wird, die in Wirklichkeit ein relativ unbedeutendes Endglied einer ansonsten erfolgreichen Gesamt-Werbekonzeption ist[31]."

f) Das Noreensche Modell

Diese von der Noreen Company, USA, in Verbindung mit einem Marktforschungsinstitut entwickelte Kontrollmethode stellt eine Variante des Gebiets-Verkaufstests dar. Sie dient insbesondere der Bestimmung des d i r e k t e n U m s a t z e r f o l g s einzelner Werbeprogramme. Dem Verfahren liegen die folgenden V o r a u s s e t z u n g e n zugrunde[32]:

1. Es sind mehrere – im folgenden vier – verschiedene Werbeprogramme gegeben.

2. Diese werden in vier räumlich voneinander getrennten Absatzmärkten eingesetzt.

3. Pro Jahr werden vier Werbeaktionen durchgeführt, die jeweils drei Monate dauern.

4. Auf jedem Teilmarkt wird in jeder Saison nur eines der vier Werbeprogramme angewandt.

5. Die verschiedenen Werbemaßnahmen laufen vier Jahre hindurch.

Die E r m i t t l u n g des Umsatzerfolgs je Werbeprogramm geschieht in der Weise, daß die jeweiligen Verkaufserfolge in einzelnen Gebieten und zu den verschiedenen Jahreszeiten festgestellt und summiert werden. Für die e f f e k t i v e n Absatzwirkungen je Programm während der vier Jahre mögen sich die folgenden Werte ergeben:

Programm 1 = 172
Programm 2 = 192
Programm 3 = 184
Programm 4 = 204

Sodann werden für jedes Programm a r i t h m e t i s c h e M i t t e l w e r t e (M_1, M_2, M_3, M_4) errechnet, indem die Werbeprogrammsumme durch 16 dividiert wird:

Tabelle 11

Programm 1 = 172:16 = 10,75 (M_1)
Programm 2 = 192:16 = 12,00 (M_2)
Programm 3 = 184:16 = 11,50 (M_3)
Programm 4 = 204:16 = 12,75 (M_4)

Anschließend an diese Operation wird der sogenannte Normwert (N), der Mittelwert der einzelnen Mittelwerte, bestimmt. Er beträgt im Beispiel 11,75.

Die relative Werbewirksamkeit der Programme (W_1, W_2, W_3, W_4) ergibt sich aus der jeweiligen Gegenüberstellung der einzelnen Mittelwerte und des Normwerts:

Tabelle 12

Programm 1 = 10,75 — 11,75 = — 1,00 (W_1)
Programm 2 = 12,00 — 11,75 = + 0,25 (W_2)
Programm 3 = 11,50 — 11,75 = — 0,25 (W_3)
Programm 4 = 12,75 — 11,75 = + 1,00 (W_4)

Der relative ökonomische Werbeerfolg (E) jedes Programms verlangt die Berücksichtigung der entstandenen Werbekosten (K):

Tabelle 13

Werbeprogramm	Verkaufserfolg (= W + N bzw. M)	Werbekosten (K)	Werbeerfolg E = (W + N) : K
1	10,75	1,5	7,2
2	12,00	2,5	4,8
3	11,50	2,0	5,75
4	12,75	2,5	5,1

Während bei alleiniger Beachtung der Umsatzwirkung die Programme die Rangordnung 4, 2, 3, 1 aufweisen, ergibt sich unter Gewinngesichtspunkten (Umsatz in DM pro DM Werbekosten) die Sequenz 1, 3, 4, 2.

Gegen das Noreensche Modell als Verfahren der Werbeerfolgsbestimmung können folgende Einwendungen geltend gemacht werden:

1. Es wird nur der kurzfristige, direkte Umsatzeffekt berücksichtigt.

2. Der Werbungtreibende wird nur über den mittleren Werbeerfolg jedes Programms informiert. Er erfährt nicht, wo und wann er die Werbemaßnahmen einsetzen muß, um einen möglichst großen Gesamterfolg zu erreichen.

3. Mit Hilfe des Noreenschen Modells kann nur der relative Werbeerfolg der vier Programme bestimmt werden. Will man sich darüber hinaus über den absoluten Werbeerfolg informieren, so muß ein Nullprogramm eingeführt werden.

4. Die Versuchsanordnung verlangt, daß das Unternehmen seine Werbepolitik weitgehend in den Dienst der Werbekontrolle stellt. Die Werbemaßnahmen müssen auf vier Jahre hinaus exakt festgelegt werden; Anpassungen an die sich gewöhnlich schnell verändernden Marktbedingungen sind ausgeschlossen.

5. Die vergleichende Betrachtung des Werbeerfolgs auf Grundlage der ermittelten Durchschnittswerte liefert nur dann zutreffende Ergebnisse, wenn zwischen Werbe-

programm, Teilmarkt und Saison keine gegenseitigen Abhängigkeiten bestehen. Diese implizite Annahme wird in der Realität oft nicht verifizierbar sein.

6. Die Kontrollrechnung liefert teilweise weit in der Vergangenheit liegende Meßwerte, die keine einigermaßen sichere Basis für die Planung künftiger Werbeaktivitäten darstellen.

Heyn sucht die Haupteinwände gegen das Noreensche Modell auszuräumen, indem er – unter Beibehaltung der Versuchsanordnung – den Kontrollzeitraum auf ein Jahr reduziert und alle in den erhobenen Daten enthaltenen Informationen für die Werbepolitik verfügbar macht. Die innerhalb eines Jahres erhobenen 16 Meßwerte werden mit Hilfe der Varianzanalyse ausgewertet. Man erhält folgende Aufschlüsse:

1. Angaben darüber, in welchem Umfange der unterschiedliche Umsatzerfolg aus den Spezifika der vier Teilmärkte resultiert.

2. Unterlagen über die Wirkung von Saisoneinflüssen auf die Umsatzergebnisse.

3. Informationen über die Umsatzwirkungen, die ausschließlich durch das Werbeprogramm bestimmt sind.

4. Die nur werbebedingten Erfolgswerte der einzelnen Programme.

Der besondere Vorteil des kurzen Kontrollzeitraumes besteht darin, daß man frühzeitig Werbeprogramme aufgeben kann, deren Schwächen offenkundig sind, und diese nicht allein des Tests wegen weiterhin beibehalten muß. Allerdings verlangt das abgewandelte Verfahren, daß die Werbemaßnahmen sofort in vollem Umfange wirksam werden.

g) Test- und Kontrolläden

Ähnlich wie beim Gebiets-Verkaufstest kann im Einzelhandel mit Feldexperimenten dann eine Umsatzkontrolle durchgeführt werden, wenn mehrere Geschäfte mit annähernd gleichem Sortiment, gleicher Umsatzhöhe und Bedienungsform, gleicher Kundenstruktur u. ä. vorhanden sind. Diese Bedingungen sind vor allem in den Massenfilialbetrieben, aber oft auch in solchen Unternehmungen erfüllt, die der gleichen freiwilligen Gruppe oder derselben Einkaufsgenossenschaft angehören.

Die Zahl der zu beteiligenden Geschäfte variiert mit dem Kontrollzweck. Soll lediglich festgestellt werden, wie der Einsatz von Werbemitteln im Geschäft A dessen Umsatz beeinflußt, so kommt man mit zwei gleichstrukturierten Betrieben aus: Geschäft A ist der Test- oder Versuchsladen, Geschäft B der „werbelose" Kontrolladen. Der Umsatzerfolg der Werbung wird im Wege einer Vergleichsrechnung ermittelt. Zunächst stellt man die in der Werbewirkperiode erzielten Umsätze bei A fest. Sodann ist zu ermitteln, welche Umsätze auch ohne werbliche Unterstützung erzielbar gewesen wären (Entwicklungseffekt). Maßstab für den Entwicklungseffekt ist die im Geschäft B im gleichen Zeitraum eingetretene Umsatzentwicklung:

$$\frac{\text{Umsatzentwicklung bei A} - \text{Umsatzhöhe von B (Entwicklungseffekt)}}{= \text{Werbebedingte Umsatzvariation bei A}}$$

Mindestens drei ähnlich strukturierte Geschäfte sind erforderlich, wenn der Kontrollzweck darin besteht, den Umsatzerfolg einzelner Werbemittel zu isolieren[33]. Dabei kann so verfahren werden, daß – außer im Kontrollgeschäft – in jeder Filiale ein anderes Werbemittel verwandt wird (Ein-Werbemittel-Vergleich). Man kann jedoch auch mit unterschiedlichen Werbemittelkombinationen arbeiten (Werbemittelkombinationen-Vergleich). Im erstgenannten Falle stellen die Geschäfte A_1 und A_2 Versuchsläden dar; beide erstreben eine Umsatzänderung durch Werbung. Während jedoch A_1 zum Beispiel mit Postwurfsendungen wirbt, operiert A_2 im gleichen Zeitraum mit Anzeigen in einer Tageszeitung. Die Kontrollfiliale führt während dieser Zeit keinerlei Werbemaßnahmen durch. Ihre Umsatzkurve erfaßt – wie im vorherigen Falle – den Entwicklungseffekt.

Beim Einsatz von Werbemittelkombinationen in den Versuchsläden ermittelt man den Umsatzeffekt eines einzelnen Werbemittels folgendermaßen:

Tabelle 14

Betrieb	Werbemittelkombination	Umsatz insgesamt	Umsatz eines Werbemittels
A 1	Dias, Auslagen, Postwurfsendungen	U_1 (= absoluter Umsatz v. A_1)	$U_1 - U_2 = U_D$ (= durch Diapositivwerbung bedingter Umsatzerfolg)
A 2	Auslagen, Postwurfsendungen	U_2 (= absoluter Umsatz v. A_2)	

Will man den Effekt einer Werbemittelkombination überhaupt ermitteln, so muß als Kontrolladen ein gleichstrukturierter Betrieb einbezogen werden, der während der Wirkdauer der zu überprüfenden Werbeaktivitäten von A_1 und A_2 keine Reklame betreibt.

Bei der Umsatzerfolgsbestimmung mit Hilfe von Test- und Kontrolläden werden die vielfältigen „Verzerrungen", die im demoskopischen Interview auftreten können, vermieden. Hinzu kommt, daß die Kontrolle des Werbeerfolgs vergleichsweise einfach und kostengünstig durchzuführen ist. Schwierigkeiten bereitet jedoch in der Praxis die Erfüllung der Experimentalbedingungen: Es müssen mehrere Geschäfte vorhanden sein, die strukturgleich oder zumindest in hohem Maße strukturähnlich sind. Die Läden müssen darüber hinaus räumlich hinreichend abgegrenzt sein, da ansonsten die Werbemaßnahmen des Geschäfts A_1 auch die Umsätze bei A_2 und bei der Kontrollfiliale B beeinflussen.

h) Operations-Research-Methoden

Neben den bisher bevorzugt behandelten demoskopischen Verfahren der Umsatzerfolgskontrolle werden bei der Erfolgsermittlung neuerdings auch operationsanalytische Methoden angewandt. Pionierarbeit auf diesem Gebiet leistete die E. I. DuPont de Nemours Company[34]. Es werden mathematische Modelle entwickelt, die unter gewissen Bedingungen Aufschluß über die Zusammenhänge zwischen den Werbeausgaben und den Umsatzeffekten zu geben vermögen. An der folgenden, von Levinson[35] analysierten Werbekampagne soll die OR-Methodik dargestellt werden. Gegenstand der Analyse ist die Erfolgswirksamkeit der Anzeigenwerbung eines Warenhauses („Bamberger's"). Dabei werden jeweils nur die kurzfristigen Effekte berücksichtigt, also die unmittelbar nach Erscheinen der Inserate eingetretenen Veränderungen des Verkaufsvolumens. Die Untersuchung wurde auf solche Zeitabschnitte begrenzt, in denen Störungen durch Sonderverkäufe u. ä. nicht auftraten. Im einzelnen wurden folgende Faktoren erfaßt:

Die Kontrolle des wirtschaftlichen Werbeerfolgs

Tabelle 15

	Bamberger's	Andere Warenhäuser im Absatzgebiet
(a) Die gesamten Verkaufserlöse in einer Woche i o h n e Anzeigenwerbung (Beobachtungen des Verhältnisses $B_i : O_i$ wiesen über einen längeren Zeitraum hinweg keine nennenswerten Schwankungen auf; $B_i : O_i = c$)	B_i	O_i
(b) Die gesamten Verkaufserlöse in der i-ten Woche u n t e r d e m E i n f l u ß der Anzeigenwerbung	S_i	$S_i{}^o$
(c) Die Ausgaben für die Anzeigenwerbung innerhalb der i-ten Woche	z_i	$z_i{}^o$
(d) Durchschnittlicher Erfolgsfaktor (= Diejenigen Verkaufserlöse, die während der gesamten Untersuchungsperiode durchschnittlich pro Dollar Werbeausgaben erzielt wurden)	p	p^o

Die gesamten werbebedingten Verkaufserlöse werden ermittelt, indem man die wöchentlichen Werbeausgaben (z_i) mit p multipliziert $= z_i \cdot p$. Dabei ergeben sich — auf eine Woche bezogen — gewisse Abweichungen (r_i) insofern, als p einen Durchschnittswert repräsentiert.

Die als konstant ermittelte Relation $B_i:O_i$ kann nun auch wie folgt ausgedrückt werden:

$$\frac{B_i}{O_i} = \frac{S_i - pz_i}{S_i{}^o - p^o z_i{}^o} = c$$

oder $\qquad S_i - pz_i = c S_i{}^o - cp^o z_i{}^o$

oder (1) $\qquad S_i - pz_i - c S_i{}^o + c p^o z_i{}^o = 0$

Ersetzt man nun die Koeffizienten der Gleichung (1) in der folgenden Weise $p \equiv p_1$; $p^o c \equiv p_2$; $c \equiv p_3$, und fügt die neuen Koeffizienten in die obige Gleichung ein, so erhält man bei gleichzeitiger Multiplikation mit (-1) die folgende Gleichung:

(2) $\qquad p_1 z_i - p_2 z_i{}^o + p_3 S_i{}^o - S_i = 0$

Berücksichtigt man, daß p als Wert pro Woche nicht genau stimmt, so kann auch Gleichung (2) nicht Null sein, sondern

(3) $\qquad p_1 z_i - p_2 z_i{}^o + p_3 S_i{}^o - S_i = r_i$

Eine zahlenmäßige Bestimmung des Erfolgs ist aufgrund von Gleichung (3) aber nur möglich, wenn man die Koeffizienten p_1, p_2, p_3 kennt. Nun kann angenommen werden, daß die Koeffizienten p_1, p_2, p_3 dann gute Mittelwerte darstellen, wenn der durchschnittliche Fehler r minimal ist. Da aber die Fehler r und deren Vorzeichen nicht feststehen, kann auch keine Summe gebildet werden. Levinson wendet zur Minimumberechnung die A u s -

gleichsrechnung von Gauß an; hierbei werden die Quadrate der Fehler gebildet und summiert:

Fehler im Quadrat:
$$r_i^2 = (p_1 z_i - p_2 z_i{}^0 + p_3 S_i{}^0 - S_i)^2$$

Fehlersumme:
$$\sum_{i=1}^{i=n} r_i^2 = \sum_{i=1}^{i=n} (p_1 z_i - p_2 z_i{}^0 + p_3 S_i{}^0 - S_i)^2$$

Da p_1, p_2, p_3 immer noch unbekannte und variable Größen sind, ergibt sich eine Funktion mit den Variablen p_1, p_2, p_3:

$$F = \sum_{i=1}^{i=n} (p_1 z_i - p_2 z_i{}^0 + p_3 S_i{}^0 - S_i)^2$$

Ein Minimum erhält man durch Nullsetzen der ersten Ableitung der Funktion. Wird nun jede partielle Ableitung gleich Null gesetzt, so bekommt man die entsprechenden Gleichungen für p_1, p_2, p_3; p_1, p_2, p_3 und damit auch p, p⁰ und c sind bestimmt.

Die zahlenmäßige Lösung der Gleichungen ergab in der ersten Saison folgende Werte:

$$c = 1{,}37$$
$$p = 12{,}00$$
$$p^0 = 7{,}00$$

Während also die Anzeigenwerbung von Bamberger's einen Erfolgsfaktor von 12 (p) aufwies, erzielten die anderen Warenhäuser pro $ Werbeausgaben nur einen durchschnittlichen Verkaufserlös von 7 $. Der Wert c = 1,37 besagt, daß Bamberger's aufgrund seiner Anzeigenwerbung etwa ⅓ mehr verkaufte als die übrigen Warenhäuser innerhalb des Absatzgebiets.

Aus dem über einen längeren Zeitraum hinweg als konstant ermittelten Verhältnis des Umsatzes von Bamberger's zum Umsatz der anderen Warenhäuser ($B_i : O_i = c$) folgerte Levinson zu Recht, daß der Effekt der Anzeigenwerbung sich jeweils in kurzfristigen Umsatzsteigerungen erschöpfte.

V. Die Werbekosten im Rahmen der Kontrolle des ökonomischen Werbeerfolgs

Unumstritten in allen gewinnorientierten Werbeerfolgskonzeptionen ist, daß den reklamebedingten Umsatzergebnissen die Werbekosten gegenüberzustellen sind, um den Nettoerfolg zu ermitteln. Jedoch bestehen in Theorie und Praxis erhebliche Auffassungsunterschiede über Inhalt und Umfang des Werbekostenbegriffs, die letztlich darin begründet sind, daß bisher kein Konsens über die Abgrenzung der Werbefunktion im Rahmen des betrieblichen Funktionskombinats erreicht werden konnte[36]. Auch von der Kostenseite her werden also starke Unsicherheitsmomente in die Werbekontrollrechnung hineingetragen.

Ein zunächst sehr logisch erscheinender Versuch zur Bestimmung der Werbekosten stammt von Chamberlin[37]. Nach ihm gliedern sich die Gesamtkosten der Unternehmung in zwei große Gruppen: Produktions- und Werbekosten. Die Produktionskosten umfassen den gesamten bewerteten Güterverzehr, der bei der Herstellung, Verpackung und Verteilung eines Produkts entsteht. Demgegenüber gehören zu den Werbekosten alle jene Kosten, die zur Marktschaffung, Markterhaltung oder zur Markterweiterung für die Erzeugnisse eingesetzt werden. Dieser Definitionsversuch ist für unsere Zwecke deshalb ungeeignet, weil die Werbung nicht als selbständiges Absatzinstrument behandelt, sondern als Sammelbezeichnung für absatzpolitische Aktivitäten im weitesten Sinne begriffen wird.

Ist einerseits eine endlose Ausweitung der Werbekosten über eine extensive Auslegung des Werbemittelbegriffs zu vermeiden, so erscheint andererseits eine Beschränkung der Werbekosten auf die unmittelbaren Kosten der Werbemittelherstellung und -streuung[38]) als unzweckmäßig. Es sind vielmehr auch die vielfältigen und gewöhnlich sehr erheblichen mittelbaren Kosten der Planung und des Einsatzes von Werbemitteln anzusetzen.

Noch größer als in der betriebswirtschaftlichen Theorie ist die Verwirrung offensichtlich in der Praxis. Der ZAW stellte in einer bei 3000 Firmen durchgeführten Sondererhebung (Fragebogenrücklauf rund 18 % = 545 Firmen) fest, daß unter der Rubrik „Werbekosten" außerordentlich unterschiedliche Sachverhalte ausgewiesen werden. Übereinstimmung besteht lediglich darin, die direkt mit dem Einsatz klassischer Werbemittel verbundenen Kosten als Werbekosten anzusetzen. So werden zum Beispiel die Kosten für den Werbefunk, für Plakatanschläge, Anzeigen, Werbefilme bei rund 98 % der antwortenden Firmen als Werbekosten angesehen, hingegen rubrizieren z. B. nur 48 % der Unternehmen die Gehälter für Mitarbeiter der Werbeabteilung unter Werbeaufwendungen[39]).

Will man zu einer praktikablen s a c h l i c h e n Abgrenzung kommen, so sind zunächst jene – oft als f u n k t i o n a l bezeichneten – Auffassungen zurückzuweisen, die die Kosten betriebspolitischer Maßnahmen immer dann unter Werbekosten subsumieren, wenn von ihnen – wie etwa von Preisunterbietungen und Qualitätsverbesserungen – ein werblicher Nebeneffekt ausgeht[40]). Demgegenüber vertreten wir – der Werbeertragskonzeption analog – einen engeren, am Einsatz gewisser Kommunikationstechniken orientierten Werbekostenbegriff:

W e r b e k o s t e n s i n d a l l e K o s t e n , d i e m i t d e r P l a n u n g u n d d e m E i n s a t z s p e z i e l l e r K o m m u n i k a t i o n s m i t t e l (W e r b e m i t t e l) z u m Z w e c k e d e r U m s a t z b e e i n f l u s s u n g v e r b u n d e n s i n d[41]).

Versteht man nun unter Werbemitteln nur solche Instrumente, die in ihrer Gesamtwirkung primär dazu bestimmt sind, die Umsatzsituation der Unternehmung zu variieren, so entfällt die Notwendigkeit, die Kosten für sog. W e r b e h i l f e n in vollem Umfange oder angemessen als Bestandteil der Werbekosten zu berücksichtigen[42]). Ferner erscheint es, will man Werbung als einen überschaubaren selbständigen unternehmerischen Aktionsbereich behandeln, unzweckmäßig, die Instrumente der Öffentlichkeitsarbeit und der Verkaufsförderung schlechthin als Werbemittel anzusehen und deren jeweilige Einsatzkosten – wie von der Arbeitsgruppe „Werbekosten" des ZAW/RKW vorgeschlagen – als Kosten der Reklame anzusetzen[43]).

Die Probleme der K o s t e n e r m i t t l u n g im Rahmen der Werbeerfolgsrechnung stellen sich im einzelnen wie folgt dar:

1. Unabhängig von der jeweiligen praktischen Handhabung sind in einer betriebswirtschaftlich korrekten Werbeerfolgsrechnung sämtliche Kosten zu berücksichtigen, die durch die G e s t a l t u n g , H e r s t e l l u n g und S t r e u u n g von Werbemitteln jedweder Art bedingt sind. Hierin eingeschlossen sind die Kosten zur Fundierung werbe-

politischer Entscheidungen. Entgegen der Auffassung von W. Koch und Suter[44]) halten wir es aber – zumindest im Rahmen der Werbeerfolgsrechnung – nicht für vertretbar, auch die Aufwendungen für Werbekontrollen zu berücksichtigen, da zwischen der Höhe der Kontrollkosten und dem Umsatzerfolg der überprüften Werbeaktion kein sachlogischer Zusammenhang besteht. Es erscheint eher gerechtfertigt, die Kontrollkosten als Kosten der Entscheidungsvorbereitung für künftige Werbemaßnahmen zu verrechnen.

Auch wenn man von einem einheitlichen Werbemittelbegriff ausgeht und bestrebt ist, die vom Einsatz a l l e r Werbemittel verursachten Kosten zu erfassen, sind Unschärfen in der Kostenzurechnung kaum auszuschließen. Während die mengen- und wertmäßige Bestimmung der den Werbeaktivitäten direkt zurechenbaren Kosten, der W e r b e - E i n z e l k o s t e n, kaum Schwierigkeiten bereitet, ergeben sich bei der mengenmäßigen Zuordnung der W e r b e - G e m e i n k o s t e n erhebliche Ermittlungsprobleme.

Im einzelnen setzen sich die Werbekosten aus zahlreichen Kostenarten zusammen: P e r - s o n a l kosten (Löhne, Gehälter, Sozialaufwendungen) für Mitarbeiter, die ausschließlich oder teilweise Werbeaufgaben erledigen; M a t e r i a l kosten für die Erstellung sachlicher Werbemittel; Kosten für f r e m d e D i e n s t l e i s t u n g e n, die durch die Übertragung von Werbeaufgaben auf andere Betriebe (z. B. Werbeagenturen, Marktforschungsinstitute und Werbemittelhersteller) entstehen; K a p i t a l kosten in Form von Zinsen für das in werblichen Zwecken dienenden Einrichtungen und in Werbemitteln investierte Kapital[45]).

Zu den erwähnten Kostenarten rechnen gegebenenfalls sowohl die aufwandsgleichen als auch die aufwandslosen Kosten. Die k a l k u l a t o r i s c h e n K o s t e n erlangen insbesondere in Klein- und Mittelbetrieben Bedeutung, in denen der Inhaber selbst manche Werbeaufgaben wahrnimmt (kalkulatorischer Unternehmerlohn) sowie Kapitalteile und Räumlichkeiten für Werbemaßnahmen zur Verfügung stellt (kalkulatorische Zinsen bzw. kalkulatorische Miete). Außer der Bestimmung der Mengenkomponente entsteht bei den „kalkulatorischen Werbekosten" noch ein spezifisches Bewertungsproblem.

Die Kosten der Werbung lassen sich – in Abhängigkeit vom Umsatz – in fixe und variable Werbekosten einteilen. Als a b s o l u t f i x, k o n s t a n t oder u m s a t z i n d i f - f e r e n t werden alle jene Werbekosten bezeichnet, die vom erreichbaren Umsatzbereich der Unternehmung unabhängig sind. Eine Variante der Fixkosten sind die S p r u n g - k o s t e n oder die i n t e r v a l l f i x e n Kosten der Werbung. Ihre Eigenart besteht darin, daß sie nur für gewisse Zonen des betrieblichen Umsatzbereichs konstant sind. Zu den v a r i a b l e n oder u m s a t z d i f f e r e n t e n Werbekosten rechnen schließlich jene Kostenbestandteile, deren Höhe eine Funktion des jeweiligen Umsatzumfangs ist (z. B. die Kosten der Werbemittelherstellung).

Ging es bisher um sachliche, so ist nunmehr auf z e i t l i c h e Abgrenzungsfragen im Werbekostenbereich hinzuweisen. Eine Zurechnung der Werbekosten auf gewisse Perioden entfällt nur dann, wenn – unabhängig von deren zeitlicher Erstreckung – der Erfolg einer bestimmten Werbeaktion zu ermitteln ist. Ist aber nicht der Aktionserfolg, sondern ein irgendwie definierter Periodenerfolg zu errechnen, so ist festzustellen, welcher Teil der Werbeausgaben in die Abrechnungsperiode fällt und welcher Teil erst – wie insbesondere bei Werbemitteln mit langer technischer Lebensdauer – künftig werbewirksam wird, also zu aktivieren ist. Entgegen diesem betriebswirtschaftlichen Erfordernis nimmt die Werbepraxis oft keine Rücksicht auf die Wirkungsdauer der Werbemittel. Sie lastet gewöhnlich derjenigen Periode, in der die Werbemittel gestreut werden, die gesamten Kosten an. Dadurch entstehen immer dann falsche Periodenergebnisse, wenn die

Werbemittel über die Einsatzzeitpunkte hinaus wirken. Werbepolitische Fehldispositionen dürften häufig die Folge fehlender Periodenabgrenzung sein.

Sind die Werbekosten aktiviert worden, so ist der Verzehr derartiger Werbeinvestitionen – wie der anderer Anlagegüter – in Form von Abschreibungen zu erfassen. Über die Abschreibungshöhe ist von Fall zu Fall zu entscheiden. Allgemein ist eine zutreffende Bemessung der Abschreibungen im Werbebereich deshalb schwierig, weil – anders als bei vielen materiellen Anlagegütern – oft nicht annähernd exakt angegeben werden kann, ab wann die Werbeinvestition Leistungen abgibt, in welchem Umfange sie zu einem bestimmten Zeitpunkt verbraucht ist bzw. mit welchem Restwert sie noch zu Buche steht. Werbeinvestitionen haben meist eine u n b e s t i m m t e wirtschaftliche Lebensdauer[46]).

2. Führt der Einsatz von Werbemitteln dazu, daß die gleiche Absatzmenge zu höheren Preisen je Einheit verkauft werden kann (P r e i s e f f e k t der Werbung), oder kann die Reklame nur – etwa bei allgemein rückläufiger Absatzentwicklung – zur Erhaltung der bisherigen Verkaufsmenge beitragen, so ergibt sich der Werbegewinn aus der Differenz von werbebedingtem Mehrumsatz und den Werbekosten. Bewirkt hingegen die Werbung Absatz m e n g e n steigerungen, so müssen neben den Werbekosten auch alle für die B e s c h a f f u n g bzw. H e r s t e l l u n g, die V e r w a l t u n g und den V e r t r i e b der zusätzlich verkauften Einheiten entstandenen Kosten in die Rechnung einbezogen werden. Der Werbeerfolg ergibt sich als Differenz zwischen werbeinduziertem Umsatzzuwachs und den dafür zusätzlich entstandenen Kosten, die neben den Werbekosten auch die Selbstkosten für den werbebedingten Mehrabsatz umfassen.

3. Vermag die Werbung, wie dies meist angestrebt wird, eine Absatzmengensteigerung herbeizuführen, so ergeben sich daraus vielfältige Rückwirkungen auf die übrigen Funktionsbereiche der Unternehmung, insbesondere auf den Produktions- und Beschaffungssektor. Es stellt sich die Frage, ob die über reklamebedingte Verkaufsmengensteigerungen ausgelösten Produktionskostenänderungen, Einstandspreissenkungen usw. d e r W e r b u n g z u z u r e c h n e n sind oder nicht. In der Werbetheorie wird dieses Problem kaum diskutiert, obwohl offensichtlich konträre Auffassungen bestehen. Manche Autoren[47]) gehen auf die mit der werblichen Nachfragesteigerung verbundene Erhöhung der Beschäftigung oder – längerfristig – der Produktionskapazitäten und auf sich daraus herleitende Herstellungskostenänderungen usw. überhaupt nicht ein. Sie operieren mit einem enggefaßten Werbeerfolgsbegriff, der auf der Kostenseite nur die Kosten des Werbemitteleinsatzes und die zusätzlichen Selbstkosten für die erhöhte Verkaufsmenge berücksichtigt. Demgegenüber modifizieren die Vertreter eines umfassenden Erfolgsbegriffs[48]) die eigentlichen Werbekosten in der Weise, daß sie alle aus reklamebedingten Absatzmengensteigerungen resultierenden Kostenersparnisse von den Werbekosten subtrahieren bzw. eventuelle Kostenzuwächse den Werbekosten zuschlagen. Hierdurch wird der engere Wirkungszusammenhang der Werbung verlassen; ihr werden Kostenveränderungen zugerechnet, die sich aufgrund der spezifischen Gesamtsituation der Unternehmung in anderen Funktionsbereichen ergeben. So wird zum Beispiel eine Werbung auch dann als erfolgreich deklariert, wenn zwar die unmittelbaren Werbekosten größer als der Umsatzgewinn sind, sich jedoch – durch Beseitigung des Absatzengpasses – im Produktions- oder Beschaffungsbereich Kostenersparnisse realisieren lassen, welche die Werbekosten entsprechend schmälern, kompensieren oder sogar überkompensieren. Umgekehrt kann für eine Werbeaktion, bei der die Reklamekosten in einem sehr günstigen Verhältnis zum Umsatzeffekt stehen, dadurch ein Werbeverlust ausgewiesen werden, daß man ihr mittelbare Kostenerhöhungen aus anderen Betriebssektoren anlastet. Da der Begriff „Werbeerfolg" durch die sogenannte Totalbetrachtung inhaltsleer wird, treten wir für eine enge Begriffsfassung ein.

VI. Über den Aussagewert von Werbeerfolgsrechnungen

Abschließend stellt sich die Frage, ob die Werbeerfolgsrechnung in ihrer gegenwärtigen Form die einleitend formulierten Aufgaben der Wirtschaftlichkeitsüberwachung bzw. – über methodisch gesicherte Erfahrungen – der Steuerung künftiger Werbeprozesse zu erfüllen vermag. Hierzu ist – unabhängig von allen Ungenauigkeiten in der Messung bzw. Ermittlung der Erfolgskomponenten – generell festzustellen, daß die positive oder negative Differenz zwischen zwei Istgrößen für sich allein kein hinreichendes Beurteilungskriterium dafür bildet, ob die aufgewandte Werbekostensumme mit höchster Umsatzeffizienz eingesetzt bzw. ob eine erstrebte Umsatzwirkung mit einem Werbekostenminimum erreicht wurde. Der Aussagewert der Rechnung kann auch unter Heranziehung von Vergleichswerten früherer Perioden kaum erhöht werden, da die Absatzbedingungen, unter denen die Marktbeeinflussung stattfindet, sich meist schnell ändern.

Ferner sind die Werbesituationen einzelner Unternehmungen gewöhnlich so spezifisch, daß auch zwischenbetriebliche Vergleichszahlen keinen verläßlichen Maßstab abgeben. Stellt nun der Soll-Ist-Vergleich im Sinne eines Ziel-Zielrealisations-Vergleichs einen Ausweg aus dem Dilemma dar? Dies kann für jene Fälle bejaht werden, in denen die Unternehmungen situationsentsprechende Werbeziele vorzugeben vermögen. Gelingt es hingegen, bestehender Informationslücken wegen oder aus dem Streben nach Immunisierung gegen Fehlschläge, nicht, realistische Zielniveaus festzulegen, so geben Zielüber- oder -unterschreitungen bzw. Zielerreichungen keinen Aufschluß über die Rationalität des Werbevollzugs. Jedoch kann die Werbeerfolgsrechnung, auf dem Ziel-Zielrealisations-Vergleich aufbauend, dadurch zu einem brauchbaren Instrument der Wirtschaftlichkeitsüberwachung weiterentwickelt werden, daß man die effektive Zielrealisation im Werbebereich an der bei rationalem Werbevollzug erreichbaren Zielerfüllung, also an einem objektiven Maßstab mißt. Während die Werbeerfolgskontrolle in ihrer gegenwärtigen Gestalt am absoluten Erfolg orientiert ist, hat für die Steuerung der Werbeaktivitäten vor allem der relative Erfolg Bedeutung, d. h. derjenige Erfolg, der sich aus der Gegenüberstellung von objektivem Erfolg (= Erfolg bei ökonomisch-rationalem Werbevollzug) und absolutem Erfolg ergibt. Die gestellte Werbeaufgabe wurde um so besser erfüllt, je weniger objektiver und absoluter Erfolg voneinander abweichen[49]).

Mißt man schließlich die den einzelnen Kontrollmethoden zugrunde liegende Konzeption der ökonomischen Werbewirkungen an der einleitend entwickelten Auffassung (S. 775 ff.), so ist festzustellen, daß derzeit gewöhnlich nur ein Teil der werblichen Umsatzeffekte erfaßt wird, nämlich die unmittelbar beim Werbeobjekt eingetretenen Umsatzzuwächse. Die Werbeerfolgsrechnung ist am Einproduktbetrieb orientiert, der ausschließlich kurzfristig wirkende Werbemaßnahmen durchführt. Die für das Mehrproduktunternehmen charakteristischen Verkettungen im Absatzsektor bleiben ebenso unbeachtet wie die langfristigen Umsatzeffekte der Werbung. Nicht zuletzt wird der Aussagewert der Kontrollrechnungen durch die mannigfachen Unsicherheiten in der Abgrenzung der Werbekosten stark beeinträchtigt.

Quellenangaben:

1) Vgl. Flohr, Heiner: Probleme der Ermittlung volkswirtschaftlicher Erfolge, Göttingen 1964, S. 10.
2) Vgl. Johannsen, Uwe: Die Werbeerfolgskontrolle – ein Scheinproblem? In: Die Absatzwirtschaft, 9. Jg., Heft 22, Düsseldorf 1966, S. 1646 ff.
3) Gutenberg, Erich: Grundlagen der Betriebswirtschaftslehre. 2. Band: Der Absatz, 9. Aufl., Berlin, Heidelberg, New York 1966, S. 492; vgl. auch Behrens, Karl Chr.: Absatzwerbung, Studienreihe Betrieb und Markt, Band X, Wiesbaden 1963, S. 122.
4) Zur Problematik des Zeitvergleichs siehe Gerth, Ernst: Die Probleme der Erfolgskontrolle der Werbung für Konsumgüter in absatzpolitischer Sicht. In: Zeitschrift für betriebswirtschaftliche Forschung, Neue Folge, 20. Jg., Köln und Opladen 1968, S. 277 ff.
5) Vgl. Edler, Folkard: Werbetheorie und Werbeentscheidung, Wiesbaden 1966, S. 154 f.
6) Vgl. Parthey, Heinz-Georg: Der Verlauf der Werbekosten und die Planung des Werbekosteneinsatzes in betriebswirtschaftlicher und preistheoretischer Sicht, Inaugural-Diss., Frankfurt am Main 1959, S. 149 ff.
7) Zur Kritik an dieser These vgl. Palda, Kristian S.: The Hypothesis of a Hierarchy of Effects: A Partial Evaluation. In: Journal of Marketing Research, Vol. 3, No. 1, 1966, S. 13 ff.
8) Vgl. zu den folgenden Ausführungen Besmer, Hans-Jörg: Die Validität von Effektivitätsmessungen der Werbebotschaft, Winterthur 1967, S. 36 ff.
9) Vgl. Coffin, Thomas E.: A Pioneering Experiment in Assessing Advertising Effectiveness. In: Journal of Marketing, Vol. 27, No. 3, 1963, S. 1 ff.
10) Vgl. Lucas, D. B., und Britt, St. H.: Messung der Werbewirkung, Essen 1966, S. 213.
11) Vgl. z. B. Haskins, Jack B.: Factual Recall as a Measure of Advertising Effectiveness. In: Journal of Advertising Research, Vol. 4, No. 1, 1964, S. 2 ff.; Cox, Donald: Clues for Advertising Strategists. In: Harvard Business Review, Vol. 39, Cambridge, Mass., 1961, No. 5, S. 160 ff. und No. 6, S. 160 ff.
12) Vgl. McNiven, M.: Post-Testing Media Effectiveness, Vortrag anläßlich der 11. Jahrestagung des National Industrial Conference Board, New York 1963. Zitiert nach Besmer, Hans-Jörg: a. a. O., S. 38.
13) Vgl. Barclay, William: The Semantic Differential as an Index of Brand Attitude. In: Journal of Advertising Research, Vol. 4, No. 1, 1964, S. 30 ff.; Haskins, Jack B.: a. a. O., S. 3 ff.
14) Vgl. Landis, J.: Measuring Advertising Effectiveness, Vortrag anläßlich der Jahresversammlung der American Association of Advertising Agencies, New York 1962. Zitiert nach Besmer, Hans-Jörg: a. a. O., S. 40. Zu ähnlichen Resultaten kamen Foote, Cone and Belding, Inc.: The Story of Brand XL. How Consumer Attitudes Affected its Market Position, New York 1959, S. 8 f.
15) Vgl. Anderson, Charles E.: Der Schwerintest. In: forschen – planen – entscheiden, Heft 3, Hamburg 1965, S. 124 ff.; Fläming, J., Johannsen Uwe: Messung und Vorhersage der Verkaufswirkung von Werbemitteln, ebenda, Heft 2, S. 74 ff.; Irle, Wolfgang: Methoden der Erfolgskontrolle in der Funkwerbung, Köln und Opladen 1960, S. 51 ff.
16) Vgl. Buzzell, R., and Kolin, M.: Competitive Preference and Sales Effectiveness – A Statistical Analysis of the Relationship between Schwerin Test Scores and Changes in Market Share for Tested Brands, Ed. by Schwerin Research Corp., New York 1964.
17) Vgl. Schwerin Research Corp.: Validating the Competitive Preference Technique. In: Technical and Analytical Review, Nr. 2, New York 1959.
18) Vgl. Farner, Rudolf: Der Effekt von Werbeinvestitionen auf den Absatz von Konsumgütern. In: Wirtschaft und Werbung, 10. Jg., Heft 8, 1956, S. 197 ff.; vgl. auch Magee, John F.: The Effect of Promotional Effort on Sales. In: Operations Research for Management, Fourth Printing, Baltimore 1956, S. 305 ff.
19) Vgl. auch Bidlingmaier, Johannes: Wie man Werbeerfolge kontrolliert. In: Der Volkswirt, Nr. 21, Frankfurt a. M. 1968, S. 34 ff.
20) Eine ausführliche Darstellung der Technik der Umsatzerfolgskontrolle im Versandgeschäft gibt Strauss, Georg: Grundlagen und Möglichkeiten der Werbeerfolgskontrolle. Dargestellt am Beispiel des Versandgeschäftes, Berlin 1959, insb. S. 109 ff.

[21]) Vgl. Gallup, George: Acivitation: A Major Development in Advertising Research, Princeton, N. J., 1957.
[22]) Vgl. auch Besmer, Hans-Jörg: a. a. O., S. 75.
[23]) Vgl. hierzu Schreiber, Klaus: Marktforschung, Berlin und Frankfurt am Main 1966, S. 94 ff. Zur Kritik am Befragungsexperiment vgl. Gottwald, Günter: Die experimentelle Bestimmung des Werbegewinns. In: Der Markenartikel, 29. Jg., 1967, S. 517 ff.
[24]) Vgl. auch Sittenfeld, Hans: Der Testmarkt – Instrument des Marketing, München 1966, S. 63.
[25]) Vgl. Benesch, Charles: Sales Test as a Measure of Advertising Effectiveness. In: The Journal of Marketing, Vol. 17, 1952, S. 179.
[26]) Vgl. das analoge Beispiel bei Luck, David J., Wales, Hugh G., Taylor, Donald, A.: Marketing Research, Second Edition, Englewood Cliffs, N. J., 1961, S. 430.
[27]) Vgl. ausführlich Jaspert, Friedhelm: Methoden zur Erforschung der Werbewirkung, Stuttgart 1963, S. 206 ff.
[28]) Vgl. Meissner, Frank: Wege der Werbe-Erfolgs-Kontrolle – ein Beispiel aus den USA. In: GFM-Mitteilungen zur Markt- und Absatzforschung, Hamburg 1962, S. 110 ff.
[29]) Vgl. Little, John D. C., Ackoff, Russel L.: How Techniques of Mathematical Analysis have been Used to Determine Advertising Budgets and Strategy, Proceedings of the 4th Annual Conference of the Advertising Foundation, New York 1958, S. 19 ff.
[30]) Vgl. Starch, Daniel: Do Ad Readers Buy the Product? In: Harvard Business Review, Vol. 36, May – June 1958, S. 49 ff.; ders.: Measuring Product Sales Made by Advertising, New York 1961.
[31]) Johannsen, Uwe: Messung und Vorhersage der Verkaufswirkung von Werbemitteln. In: Die Anzeige, Nr. 11, 41. Jg., 1965, S. 30. Zur Kritik siehe auch Rotzoll, Kim: The Starch and Ted Bates Correlative Measures of Advertising Effectiveness. In: Journal of Advertising Research, Vol. 4, No. 1, March 1964, S. 22 ff.
[32]) Vgl. Vejpustek, Heinz: Das Noreen'sche Modell – die neue Methode der Werbeerfolgsbestimmung. In: Zeitschrift für Markt- und Meinungsforschung, 4. Jg., Tübingen 1960/61, S. 871 ff.; ders.: Werbeerfolgskontrolle auf neuen Wegen. In: Der Marktforscher, 5. Jg., Hamburg 1961, S. 101 ff.; Heyn, Wolfgang: Werbeerfolgsbestimmung – Vergleich zweier Verfahren. In: Zeitschrift für Markt- und Meinungsforschung, 4. Jg., Tübingen 1960/61, S. 960 ff. und Heuser, Heinrich, und Korndörfer, Wolfgang: Die Bedeutung der Varianzanalyse für die Bestimmung des ökonomischen Werbeerfolges im Testmarkt. In: Der Marktforscher, 10. Jg., Heft 1, Bad Wörishofen 1967, S. 6 ff.
[33]) Vgl. auch Vejpustek, Heinz: Werbeerfolgskontrolle im Massenfilialgeschäft. In: Zeitschrift für Markt- und Meinungsforschung, 3. Jg., Tübingen 1959/60, S. 807 f.
[34]) Vgl. ohne Verfasserangabe: How DuPont Measures Ad Results. In: Tide, Vol. 32, 1958, S. 61 ff.
[35]) Vgl. hierzu Levinson, Horace C.: Experiences in Commercial Operations Research. In: Operations Research for Management, Ed. by Joseph F. Mc Closkey, and Florence N. Trefethen, Fourth Printing, Baltimore 1956, S. 265 ff., insb. S. 277 ff. Zum Problem der Umsatzerfolgsbestimmung in der Warenhauswerbung mit Hilfe operationsanalytischer Methoden vgl. auch Marantz, Marcel: Evaluating Department Store Advertising. In: Journal of Advertising Research, Vol. 7, No. 1, 1967, S. 16 ff.
[36]) Vgl. Henzler, Reinhold: Werbekosten – Werbemittel – Umsatz. In: Zeitschrift für Betriebswirtschaft, 23. Jg., Wiesbaden 1953, S. 515.
[37] Vgl. Chamberlin, Edward H.: The Theory of Monopolistic Competition, Third Edition, Cambridge, Mass., 1938, S. 123.
[38]) Vgl. hierzu Maecker, E. J.: Planvolle Werbung, Teil I, Essen 1953, S. 56.
[39]) Vgl. ZAW: Welche Geschäftsausgaben sind Werbekosten?, München 1957.
[40]) Vgl. insb. Steiner, Helmut: Werbekostenabgrenzung und Werbepraxis. In: Die Anzeige, 41. Jg., 1965, Heft 21, S. 38 ff.; Strauss, Georg: a. a. O., S. 19.
[41]) Eine ähnliche Definition gibt Henzler: „Werbekosten sind . . . alle mit der Ausübung der selbständigen Funktion Wirtschaftswerbung verbundenen Kosten." Henzler, Reinhold: Werbekosten. In: Handwörterbuch der Betriebswirtschaft, 3. Aufl., Stuttgart 1961, Sp. 6247.

[42]) Die Einbeziehung der Kosten für Werbehilfen in die Werbekosten wird vor allem von Seyffert und Klein-Blenkers gefordert. Vgl. Seyffert, Rudolf: Werbelehre. Theorie und Praxis der Werbung, 1. Band, Stuttgart 1966, S. 235 ff.; Klein-Blenkers, Fritz: Die Werbehilfen. In: Betriebswirtschaft und Marktpolitik. Festschrift für Rudolf Seyffert zum 75. Geburtstag, hrsg. von E. Kosiol und E. Sundhoff, Köln und Opladen 1968, S. 251 ff.

[43]) Vgl. Arbeitsgruppe „Werbekosten" des ZAW/RKW: Gliederungsschema zur Erfassung der Werbekosten in der Industrie, München 1966, S. 5 f.

[44]) Vgl. Koch, Waldemar: Grundlagen und Technik des Vertriebes, Band I, 2. Aufl., Berlin 1958, S. 488 f.; Suter, Franz: Feststellung und Analyse des Werbeerfolges, Winterthur 1962, S. 26.

[45]) Vgl. auch Bouffier, Willy: Werbekosten – Werberisiko – Werbeeffekt. In: Die Anzeige, 34. Jg., Heft 12, 1958, S. 992 ff.; Henzler, Reinhold: Werbekosten, a. a. O., Sp. 6248.

[46]) Vgl. Dean, Joel: Werbung als Investition. In: Der Markt, Heft 1, Wien 1967, S. 9; Witte, Eberhard: Forschung, Werbung und Ausbildung als Investitionen. In: Hamburger Jahrbuch für Wirtschafts- und Gesellschaftspolitik, 7. Jahr, Tübingen 1962, S. 213; Alewell, Karl: Die Bilanzierung von Werbeinvestitionen. In: Zeitschrift für Betriebswirtschaft, 34. Jg., Wiesbaden 1964, S. 516 ff.

[47]) Vgl. z. B. Gutenberg, Erich: a. a. O., S. 492 f.; Suter, Franz: a. a. O., S. 40 ff.

[48]) Vgl. vor allem Behrens, Karl Chr.: a. a. O., S. 134 ff.

[49]) Vgl. auch Schmidt-Sudhoff, Ulrich: Unternehmerziele und unternehmerisches Zielsystem, Band 10 der Schriftenreihe „Betriebswirtschaftliche Beiträge", Wiesbaden 1967, S. 151 ff.

Literatur:

Zu I: Aufgaben, Objekte, Formen und Träger der Werbeerfolgskontrolle

Flohr, Heiner: Probleme der Ermittlung volkswirtschaftlicher Erfolge, Göttingen 1964, S. 3 ff.

Johannsen, Uwe: Die Werbeerfolgskontrolle – ein Scheinproblem? In: Die Absatzwirtschaft, 9. Jg., Heft 22, Düsseldorf 1966, S. 1646 ff.

Lavidge, Robert C., Steiner, Gary A.: A Model for Predictive Measurements of Advertising Effectiveness. In: Journal of Marketing, Vol. 25, Oct. 1961, S. 59 ff.

Zu II: Die Bestimmung des ökonomischen Werbeerfolgs als Meßobjekt

Behrens, Karl Chr.: Absatzwerbung, Studienreihe Betrieb und Markt, Band X, Wiesbaden 1963, S. 122 ff.

Bidlingmaier, Johannes: Die Festlegung der Werbeziele. In: Handbuch der Werbung, a. a. O., viertes Kapitel; ders.: Unternehmerziele und Unternehmerstrategien, Studienreihe Betrieb und Markt, Band VIII, Wiesbaden 1964.

Gutenberg, Erich: Grundlagen der Betriebswirtschaftslehre. 2. Band: Der Absatz, 9. Aufl., Berlin, Heidelberg, New York 1966, S. 492 ff.

Zu III: Probleme der Messung des wirtschaftlichen Werbeerfolgs

Edler, Folkard: Werbetheorie und Werbeentscheidung, Wiesbaden 1966, S. 154 ff.

Gerth, Ernst: Die Probleme der Erfolgskontrolle der Werbung für Konsumgüter in absatzpolitischer Sicht. In: Zeitschrift für betriebswirtschaftliche Forschung, Neue Folge, 20. Jg., Köln und Opladen 1968, S. 277 ff.

Parthey, Heinz-Georg: Der Verlauf der Werbekosten und die Planung des Werbekosteneinsatzes in betriebswirtschaftlicher und preistheoretischer Sicht, Diss., Frankfurt am Main 1959, S. 149 ff.

Zu IV: **Verfahren zur Messung des Umsatzerfolgs**

1. Indirekte Messung des Umsatzerfolgs

Anderson, Charles E.: Der Schwerintest. In: forschen – planen – entscheiden, Heft 3, Hamburg 1965, S. 124 ff.

Barcley, William D.: The Semantic Differential as an Index of Brand Attitude. In: Journal of Advertising Research, Vol. 4, No. 1, March 1964, S. 30 ff.

Besmer, Hans-Jörg: Die Validität von Effektivitätsmessungen der Werbebotschaft, Winterthur 1967, insb. S. 36 ff.

Buzzel, R., and Kolin, M.: Competitive Preference and Sales Effectiveness, Ed. by Schwerin Research Corp., New York 1964.

Coffin, Thomas E.: A Pioneering Experiment in Assessing Advertising Effectiveness. In: Journal of Marketing, Vol. 27, No. 3, 1963, S. 1 ff.

Farner, Rudolf: Der Effekt von Werbeinvestitionen auf den Absatz von Konsumgütern. In: Wirtschaft und Werbung, 10. Jg., Heft 8, 1956, S. 197 ff.

Haskins, Jack B.: Factuall Recall as a Measure of Advertising Effectiveness. In: Journal of Advertising Research, Vol. 4, No. 1, March 1964, S. 2 ff.

Irle, Wolfgang: Methoden der Erfolgskontrolle in der Funkwerbung, Köln und Opladen 1960.

Lucas, D. B., und Britt, St. H.: Messung der Werbewirkung, Essen 1966.

Palda, Kristian S.: The Hypothesis of a Hierarchy of Effects. In: Journal of Marketing Research, Vol 3, No.1, 1966, S. 13 ff.

Szyperski, Norbert: Zur Problematik der quantitativen Terminologie in der Betriebswirtschaftslehre, Berlin 1962, S. 67 ff.

2. Direkte Messung des Umsatzerfolgs

Benesch, Charles: Sales Test as a Measure of Advertising Effectiveness. In: The Journal of Marketing, Vol. 17, 1952, S. 176 ff.

Bidlingmaier, Johannes: Wie man Werbeerfolge kontrolliert. In: Der Volkswirt, Nr. 21, Frankfurt a. M. 1968, S. 34 ff.

Gallup, George: Activation: A Major Development in Advertising Research, Princeton, N. J., 1957.

Heuser, Heinrich, und Korndörfer, Wolfgang: Die Bedeutung der Varianzanalyse für die Bestimmung des ökonomischen Werbeerfolges im Testmarkt. In: Der Marktforscher, 10. Jg., Heft 1, Bad Wörishofen 1967, S. 6 ff.

Heyn, Wolfgang: Werbeerfolgsbestimmung – Vergleich zweier Verfahren. In: Zeitschrift für Markt- und Meinungsforschung, 4. Jg., Tübingen 1960/61, S. 960 ff.

Jaspert, Friedhelm: Methoden zur Erforschung der Werbewirkung, Stuttgart 1963, S. 206 ff.

Johannsen, Uwe: Messung und Vorhersage der Verkaufswirkung von Werbemitteln. In: Die Anzeige, Nr. 11, 41. Jg., 1965, S. 26 ff.

Levinson, Horace C.: Experiences in Commercial Operations Research. In: Operations Research for Management, Fourth Printing, Baltimore 1956, S. 265 ff.

Little, John D. C., Ackoff, Russel L.: How Techniques of Mathematical Analysis have been Used to Determine Advertising Budgets and Strategy, Proceedings of the 4th Annual Conference of the Advertising Foundation, New York 1958, S. 19 ff.

Luck, David J., Wales, Hugh G., Taylor, Donald A.: Marketing Research, Second Edition, Englewood Cliffs, N. J., 1961.

Magee, John F.: The Effect of Promotional Effort on Sales. In: Operations Research for Management, Fourth Printing, Baltimore 1956, S. 305 ff.

Marantz, Marcel: Evaluating Department Store Advertising. In: Journal of Advertising Research, Vol. 7, No. 1, 1967, S. 16 ff.

Meissner, Frank: Wege der Werbe-Erfolgs-Kontrolle. In: GFM-Mitteilungen zur Markt- und Absatzforschung, Hamburg 1962, S. 109 ff.

Rotzoll, Kim B.: The Starch and Ted Bates Correlative Measures of Advertising Effectiveness. In: Journal of Advertising Research, Vol. 4, No. 1, March 1964, S. 22 ff.

Schreiber, Klaus: Marktforschung, Berlin und Frankfurt a. M. 1966.

Sittenfeld, Hans: Der Testmarkt – Instrument des Marketing, München 1966.

Starch, Daniel: Measuring Product Sales Made by Advertising, New York 1961.

Strauss, Georg: Grundlagen und Möglichkeiten der Werbeerfolgskontrolle, Berlin 1959.

Vejpustek, Heinz: Werbeerfolgskontrolle im Massenfilialgeschäft. In: Zeitschrift für Markt- und Meinungsforschung, 3. Jg., Tübingen 1959/60, S. 807 f.

Vejpustek, Heinz: Das Noreensche Modell – die neue Methode der Werbeerfolgsbestimmung. In: Zeitschrift für Markt- und Meinungsforschung, 4. Jg., Tübingen 1960/61, S. 871 ff.

Vejpustek, Heinz: Werbeerfolgskontrolle auf neuen Wegen. In: Der Marktforscher, 5. Jg., Hamburg 1961, S. 101 ff.

Zu V: **Werbekosten**

Alewell, Karl: Die Bilanzierung von Werbeinvestitionen. In: Zeitschrift für Betriebswirtschaft, 34. Jg., Wiesbaden 1964, S. 516 ff.

Arbeitsgruppe „Werbekosten" des ZAW/RKW: Gliederungsschema zur Erfassung der Werbekosten in der Industrie, München 1966.

Bouffier, Willy: Werbekosten – Werberisiko – Werbeeffekt. In: Die Anzeige, 34. Jg., Heft 12, 1959, S. 992 ff.

Chamberlin, Edward H.: The Theory of Monopolistic Competition, Third Edition, Cambridge, Mass. 1938

Dean, Joel: Werbung als Investition. In: Der Markt, Heft 1, Wien 1967.

Henzler, Reinhold: Werbekosten – Werbemittel – Umsatz. In: Zeitschrift für Betriebswirtschaft, 23. Jg., Wiesbaden 1953, S. 515 ff.

Henzler, Reinhold: Werbekosten. In: Handwörterbuch der Betriebswirtschaft, 3. Aufl., Stuttgart 1961, Sp. 6247 ff.

Klein-Blenkers, Fritz: Die Werbehilfen. In: Betriebswirtschaft und Marktpolitik. Festschrift für Rudolf Seyffert zum 75. Geburtstag. Hrsg. von E. Kosiol und E. Sundhoff, Köln und Opladen 1968, S. 251 ff.

Koch, Waldemar: Grundlagen und Technik des Vertriebes, Band I, 2. Aufl., Berlin 1958.

Schwalbe, Heinz: Allgemeine und spezielle Problematik der Werbekosten-Rechnung. In: Die Anzeige, 41. Jg., 1965, Heft 17, S. 46 ff.

Seyffert, Rudolf: Werbelehre. Theorie und Praxis der Werbung, I. Band, Stuttgart 1966, insb. S. 235 ff.

Steiner, Helmut: Werbekostenabgrenzung und Werbepraxis. In: Die Anzeige, 41. Jg., 1965, Heft 21, S. 38 ff.

Suter, Franz: Feststellung und Analyse des Werbeerfolges, Winterthur 1962, S. 24 ff.

Witte, Eberhard: Forschung, Werbung und Ausbildung als Investitionen. In: Hamburger Jahrbuch für Wirtschafts- und Gesellschaftspolitik, 7. Jahr, Tübingen 1962, S. 210 ff.

ZAW: Welche Geschäftsausgaben sind Werbekosten?, München 1957.

Zu VI: **Über den Aussagewert von Werbeerfolgsrechnungen**

Colley, Russell H.: Defining Advertising Goals for Measured Advertising Results, New York 1961.

Schmidt-Sudhoff, Ulrich: Unternehmerziele und unternehmerisches Zielsystem, Band 10 der Schriftenreihe „Betriebswirtschaftliche Beiträge", Wiesbaden 1967, insbes. S. 151 ff.

Schwenzner, Julius E.: Probleme und Wege der Messung der Wirksamkeit der Werbung. In: GFM-Mitteilungen zur Markt- und Absatzforschung, Jg. 1957, No. 1, S. 5 ff.

Sundhoff, Edmund: Die Ermittlung und Beurteilung des Werbeerfolges. In: Betriebswirtschaftliche Forschung und Praxis, 6. Jg., Heft 3, 1954, S. 129 ff.

Suter, Franz: Feststellung und Analyse des Werbeerfolges, Winterthur 1962.

Wolfe, H., Brown, J., Thompson, G.: Measuring Advertising Results, Ed.: National Industrial Conference Board, New York 1962.

SIEBENTES KAPITEL

Werbung in einzelnen Wirtschaftszweigen

Werbung für Nahrungs- und Genußmittel

Von Dr. Max Gloor, Vevey/Schweiz

Es hätte nahegelegen, die vorliegende Betrachtung der Werbung im Bereich der Nahrungs- und Genußmittel nach den für den Werbebereich gültigen Gesichtspunkten aufzugliedern. Nachdem es sich aber in diesem Kapitel um eine vergleichende Betrachtung der Werbung in verschiedenen Bereichen der Wirtschaft handelt, soll versucht werden, diejenigen Charakteristika herauszuarbeiten, die die Nahrungs- und Genußmittelindustrie im Vergleich zu anderen Zweigen der Wirtschaft besonders auszeichnen. Ganz bewußt wird auf die Darlegung generell anwendbarer Werbeprinzipien verzichtet. Unter Nahrungs- und Genußmitteln im Sinne unserer Ausführungen werden – vielleicht nach nicht ganz orthodoxen Maßstäben – auch Tabakwaren und alkoholische Getränke verstanden, oder plastischer ausgedrückt: all das, was im modernen Lebensmittel-Supermarkt (mit Ausnahme der sogenannten Non-Food-Items) angeboten wird.

Die besonderen Charakteristika der Nahrungs- und Genußmittel, die für die Werbepolitik ihre Bedeutung haben, werden nach folgenden Gesichtspunkten gegliedert:

I. Merkmale, die in der Struktur der Industrie liegen.

II. Merkmale, die in den Erzeugnissen des Nahrungs- und Genußmittelbereichs liegen. In diesem Zusammenhang wird auch auf den Konsumenten als Abnehmer dieser Produkte eingegangen.

III. Merkmale, die in der von der Industrie unabhängigen Außenwelt liegen, wie Gesetzgebung, Handel und allgemeine wirtschaftliche Entwicklung.

Allerdings ist bei diesem vielleicht nicht ganz konventionellen Vorgehen kaum zu vermeiden, daß sich einzelne Gesichtspunkte überschneiden. Leider hat es sich als schwierig bzw. unmöglich erwiesen, einzelne der nachfolgenden Thesen durch generelles, namentlich international gültiges Zahlenmaterial zu untermauern.

I. Merkmale, die in der Struktur der Industrie liegen

1. Die Lebensmittelindustrie rangiert in den meisten Ländern der entwickelten Welt unter den größten, in vielen bedeutenden Ländern sogar als die größte Gruppe innerhalb des Gesamtbereichs der Industrie. Dies ist weiter nicht verwunderlich, wenn man

bedenkt, daß mit Abstand der größte Prozentsatz der verfügbaren Kaufkraft der Bevölkerung in den Sektor Nahrungs- und Genußmittel fließt, innerhalb dessen die industriell hergestellten oder auch nur konservierten oder verpackten Produkte einen ständig zunehmenden Anteil einnehmen. Entgegen landläufiger Meinung herrscht allerdings das mittlere und kleinere Unternehmen sowohl zahlenmäßig als auch im Verhältnis zum Gesamtumsatz vor.

Aus diesen und anderen Gründen, die namentlich unter II. 2. hiernach aufgeführt werden (Zersplitterung des Produkte-Mix, Großzahl der Konsumenten usw.), ist die W e r b e -
i n t e n s i t ä t auf dem Sektor Nahrungs- und Genußmittel ausgesprochen s t a r k.

2. Wenn auch, wie unter 1. erwähnt, die Größenstruktur der Lebensmittelindustrie durch eine verhältnismäßig hohe Zahl kleinerer und mittlerer Betriebe ausgezeichnet ist, so ist während der letzten Jahre ein zunehmender Trend zum Großunternehmen festzustellen. Solche Großunternehmen zeichnen sich durch ausgeprägte Internationalität ihrer Tätigkeit aus, die wir, historisch gesehen, in der Lebensmittelindustrie vor allen anderen Industriezweigen antreffen können. Dabei handelt es sich zunächst um die bekannten europäischen Firmen wie Nestlé, Unilever, Wander usw., denen sich aber vermehrt die amerikanische Konkurrenz anschließt, die nach dem letzten Weltkrieg aus verschiedenen Gründen den Spaß am internationalen Geschäft entdeckt hat. Diese Unternehmen stehen sich in ihren Ressourcen und Fähigkeiten kaum nach, sei es in Forschung, Produktion, Kapital oder Marketing Skill. Das Problem des sogenannten internationalen Marketing hat sich daher auf dem Sektor der Nahrungs- und Genußmittel früher und viel intensiver gestellt als in anderen Bereichen. Dieses Problem stellt sich nicht für das Marketing generell, sondern muß für jedes Element des Marketing Mix getrennt untersucht werden.

Hinsichtlich der außerhalb der Werbung liegenden Probleme wollen wir lediglich für die Produkte- und Markenpolitik verallgemeinernd feststellen, daß der Trend in Richtung einer stärkeren i n t e r n a t i o n a l e n A u s r i c h t u n g zu gehen scheint, die von den Zentralen der Unternehmen koordiniert wird, d. h. gleiche Erzeugnisse werden möglichst überall unter gleicher Verpackung und gleicher Marke angeboten. Wo in der Vergangenheit bewußt oder unbewußt ein anderer Weg beschritten wurde, wird versucht werden, die internationale Ausrichtung nachträglich sukzessive durchzusetzen. Die zunehmenden Grenzüberschreitungen oder Overlaps von einem Markt zum anderen: a) von Konsumenten durch Tourismus oder Binnenwanderung, b) von Produkten durch Aufhebung von Zollgrenzen und c) von Werbemitteln, wie Illustrierten, Fernsehen und Radio, machen eine andere Politik unökonomisch. Dies hat zu der bekannten Erscheinung geführt, daß sich die Lebensmittelgeschäfte, namentlich die großen Supermärkte, praktisch aller Länder der Welt in ihrem Angebot immer mehr gleichen.

Das Prinzip der Internationalität ist aber gerade auf dem Gebiete der Werbung besonders umstritten und beinahe zu einer Glaubenssache geworden. Auf der einen Seite stehen die Unternehmen, die der festen Überzeugung sind, der Werbe-Approach, der sich in einem Markt einmal als erfolgreich erwiesen hat, werde sich auch anderswo durchsetzen. Sie gehen davon aus, daß die auf ihre Produkte zutreffenden grundlegenden Marktbedingungen und damit die darauf fußenden Marketing-Ziele sich, vielleicht nicht unbedingt auf der ganzen Welt, aber innerhalb gewisser Räume, mehr und mehr gleichen, folglich auch die daraus abgeleiteten Marketing- und Werbeziele. Sie nehmen ferner an, die Motivationen der in diesen Räumen lebenden Konsumenten seien ebenfalls mehr oder weniger die gleichen und die Werbung, die darauf abzielt, könne daher gleich und gleich wirksam sein. Andere Unternehmen sind genau vom Gegenteil überzeugt, und diese Meinung ist naturgemäß öfter in den Tochtergesellschaften der international tätigen Unternehmen anzutreffen als in der Zentrale. Der Verfasser ist der Meinung, daß die Frage nicht einfach in der einen oder anderen Richtung entschieden werden kann, es sich also nicht um eine Glaubenssache handelt, sondern daß je nach Produkt, Raum und Zeit und auf Grund eingehender Analysen der Marktgegebenheiten festgestellt werden muß, ob die Werbeziele dieselben sind. Wenn dies der Fall ist, so gibt es aber dafür nicht x-beliebige beste Lösungen, sondern es wird sich dann lohnen, d i e beste Lösung – vor allem, wenn sie ihre Richtigkeit praktisch schon in einem Markt erwiesen haben sollte – auch für die anderen Märkte zu übernehmen. Bedingt durch die Integrierung der Märkte, besonders aber durch den vorhin erwähnten, zunehmenden Overlap von Konsumenten, Produkten und Werbemedien dürfte der Trend in Richtung größerer Internationalität in der Werbung gehen. Dies wird sich nicht nur im Bereich der sogenannten Mediawerbung bemerkbar machen, sondern auch im Bereich der Promotionen, ja selbst des sogenannten Merchandising, worunter der Verfasser die Produkteförderung am „Point of sale" versteht. Als Beispiel für Internationalität auf dem Gebiet der Mediawerbung wird auf die Abbildungen 1–5 verwiesen.

II. Merkmale, die in den Produkten und in den die Produkte konsumierenden Verbrauchern liegen

1. Das Sortiment im Bereich der Nahrungs- und Genußmittel wird vom Markenartikel beherrscht, zu dem wir für die Bedürfnisse einer werblichen Betrachtung vermehrt die Eigenmarken hinzurechnen müssen. Der Anteil der losen Ware wird zusehends geringer. Die Werbung zeichnet sich daher durch die zweifellos anderweitig dargelegten Grundsätze einer M a r k e n w e r b u n g aus. Auf diese Besonderheiten wird daher nicht eingegangen, weil sie für den Bereich der Nahrungs- und Genußmittel nicht typisch sind.

2. Der Produktebereich der Nahrungs- und Genußmittel ist mehr als in irgendwelchen anderen Industriezweigen zersplittert: zunächst in eine Vielzahl von Hauptsektoren, wie Milcherzeugnisse, Fette, Backwaren, Süßwaren, kulinarische Erzeugnisse, Tiefkühlgerichte, Erfrischungsgetränke (Soft Drinks) usw. Aber selbst innerhalb dieser Hauptgruppen zersplittert sich das Sortiment weiter. Man denke an die Hunderte von Artikeln der Süßwarenindustrie oder an das Sortiment der Suppenerzeugnisse. Die Lebensmittelindustrie ist ein schillerndes Konglomerat einzelner Teile. Die Zeiten sind vorbei, in denen sich ein Unternehmen mit nur einem einzigen Erzeugnis im Markt behaupten konnte, und selbst Coca-Cola, der Prototyp dieser Politik, hat sich in den letzten Jahren einer zunehmenden D i v e r s i f i k a t i o n s p o l i t i k befleißigen müssen.

Es ist jedoch unmöglich, jeden einzelnen Artikel im Sortiment werblich zu unterstützen: zunächst rein kostenmäßig, aber auch aus anderen Gründen, wie zunehmender Saturierung der Werbekanäle, die das ständig wachsende Werbevolumen einfach nicht mehr aufnehmen können. Daher zeigt sich im Bereich der Markenpolitik vermehrt eine Tendenz zur Verwendung von F a m i l i e n m a r k e n statt oder neben Individualmarken und folgerichtig im Bereich der Werbung eine Tendenz zur besonderen Profilierung der Familienmarke. Häufiger als früher wird unter der Klammer der Familienmarke für ein ganzes Sortiment geworben. Eine Ausnahme stellt nach wie vor die Waschmittelindustrie dar, bei der aber das Volumen so groß und die Zersplitterung in einzelne Produkte-Marken noch so begrenzt ist, daß die einzelne Marke volle Marketing- und Werbeunterstützung erhalten kann. Ansonsten ist aber selbst bei den sehr auf die Individualmarke eingeschworenen amerikanischen Werbetreibenden eine eindeutige Tendenz zur Familienmarke festzustellen.

3. Nahrungs- und Genußmittel werden konsumiert, indem sie gegessen oder getrunken werden. Diese Feststellung ist nur scheinbar banal, denn sie führt zu dem alle anderen überragenden Werbe-Objektiv, daß das Ziel jeder Werbung darin bestehen muß, den Konsumenten zu veranlassen, das Produkt wenigstens einmal zu essen oder zu trinken, in der Annahme, daß bei positivem Urteil der Artikel nachgekauft wird. Hier liegt die Bedeutung des sogenannten „ A p p e t i t e A p p e a l", d. h. der Absicht, dem Konsumenten das Wasser im Munde zusammenlaufen zu lassen. Der „Appetite Appeal" kann durch Hervorhebung der Atmosphäre und der Begleitumstände (Geselligkeit, Lebensfreude usw.) verstärkt werden. Diese Erkenntnis verlangt nach Bild, Farbe und Handlung und bestimmt somit die kreative als auch die Media-Politik (vgl. Abbildungen 1-5 sowie „Knöpfli"-Inserat, Abbildung 6).

In kreativer Hinsicht führen diese Überlegungen zu einer besonderen Betonung der Illustration (wobei der Wert des Textes nur zu gerne unterschätzt wird), der Darstellung der Ware auf der Packung (namentlich wenn die Werbung auf einen Produktevorteil ausgerichtet ist) oder der Menschen in der Situation, in der der Verzehr des geworbenen Produkts dargestellt wird (vgl. die Abbildungen). Farbe ist außerordentlich bedeutsam, um den „Appetite Appeal" oder das Stimmungsmoment hervorzuheben, doch kann mittels geeigneter technischer Behandlung ein durchaus ähnlicher Effekt in Schwarzweiß erzielt werden, wenn Farbe entweder nicht vorhanden oder zu teuer ist.

In der Media-Politik führen diese Überlegungen zu einer gewissen Prädominanz des Fernsehens, der Illustrierten-Presse (weil sie Farbe ermöglicht) und des Großraum-Plakats. Ein besonders wirksamer Werbekanal und oft der wirksamste überhaupt ist — wenn richtig gezielt — die Bemusterung in irgendwelcher Form, sei es durch Postversand, Kostproben im Laden oder an Sportveranstaltungen, Coupons, Versprechen auf Kaufpreis-Rückerstattung, Angebote zu reduziertem Preis oder ähnliches mehr.

4. Nur ein Teil der Nahrungs- und Genußmittel ist konsumfertig wie Schokolade oder Brot; der überwiegende Teil ist Hilfsmittel zum Kochen, muß gekocht oder kann abgewandelt werden. Hier kann der Werbetreibende durch Beratung des Konsumenten, namentlich der Hausfrau, einsetzen. Wie im Kapitel zuvor, hat dies wiederum Auswirkungen auf die kreative Strategie und die Mediawahl; auf die kreative Strategie, indem zusehends ein Teil des Media-Raums für R e z e p t d i e n s t e und A u f k l ä r u n g verwendet wird, z. B. in Inseraten mittels der sogenannten Home-Economics-Ecke oder indem das Bild vorwiegend zur Demonstration verwendet wird. Auf dem Gebiet der Mediapolitik führen diese Bedürfnisse zur bevorzugten Wahl von farbigen Zeitschriften, Prospekten und Rezeptdiensten, im besonderen aber zur Bevorzugung des Fernsehens, weil hier Rezept oder Zubereitung demonstriert werden kann.

Ein besonderer Aspekt dieses Problems liegt im sogenannten H o m e - E c o n o m i c s - S e r v i c e , wie ihn z. B. die Suppen- und Margarine-Industrie vorwiegend entwickelt haben. Seine Tätigkeit ist zunächst nach innen gerichtet, und zwar als Berater verschiedener Abteilungen des Unternehmens, wie z. B. für Produktentwicklung, Verpackungs- und Etikettengestaltung oder Werbung. Der uns hier interessierende Teil ist jedoch der eines selbständigen, nach außen an Handel und Konsumenten gerichteten Kommunikationskanals. Der Home-Economics-Service ist der Berater der Hausfrau für die Produkte des Unternehmens, deren Auswahl und Verwendung (Rezepte). Seine beratende Tätigkeit geht jedoch sehr oft darüber hinaus, nämlich auf das Gebiet hauswirtschaftlicher Fragen im allgemeinen. Die Kommunikation erfolgt durch eigene Publikationen als Teil der normalen Media-Werbung (siehe Abbildung 6), durch Demonstrationen in den Räumen des Instituts selbst oder außerhalb. Vielfach sind sogar die von der Nah-

Werbung für Nahrungs- und Genußmittel

rungsmittelindustrie eingesetzten Demonstrationen in Läden und anderswo unter Kontrolle dieser Abteilung. Die hauswirtschaftliche Abteilung erscheint dem Publikum gegenüber als ein möglichst vom Hersteller losgelöstes Institut, wie das „Kochstudio" oder das „Food Information Centre", oder aber auch in Gestalt einer fingierten oder richtigen Person.

5. Das A b n e h m e r - S p e k t r u m der Nahrungs- und Genußmittelindustrie ist das umfassendste aller Industrien, weil jeder Mensch essen muß, und zwar jeden Tag essen muß. Die Massenmedien (Fernsehen, Radio, Zeitung, Plakate) drängen sich auf und bewirken im allgemeinen einen nur geringen Streuverlust. Allerdings wenden sich nicht alle Erzeugnisse an jedermann – wie Kindernährmittel, Kaffee, alkoholische Getränke –, und der Markt ist weiter segmentiert nach Qualitäts- und Preiskategorien. Hier kann es dann schwierig werden, eine gezielte Werbung ohne großen Streuverlust über Medien vorzunehmen. Ein Beispiel für derartige Schwierigkeiten sind Baby Foods, mit denen etwa 2 % der Bevölkerung angesprochen werden müssen. Es zeigt sich denn auch, daß gerade im Heimatland dieser Nahrungsmittel, nämlich den USA, kaum Massenmedien eingesetzt werden, im Gegensatz zu Europa, wo diese Erzeugnisse noch in der Entwicklung begriffen sind. Die Wahl dieser Werbekanal-Politik bleibt jedoch unbefriedigend.

6. Die Kehrseite der Tatsache, wonach – wie unter 5. angeführt – jeder Mensch essen muß, ist die Tatsache, daß der Nahrungsaufnahme gewisse Grenzen gesetzt sind. Es geht nun einmal über 3000 Kalorien Nahrungsaufnahme pro Tag und im Schnitt nicht hinaus, was ohnehin schon 200 Kalorien mehr sind als das, was der Arzt als angemessen empfiehlt. Man könnte daher meinen, daß der Markt für Lebensmittel gesättigt sei. Abgesehen davon, daß innerhalb dieses Gesamtkalorienbereichs der Anteil der von der Industrie gelieferten Kalorien noch weiter vergrößert werden kann, gilt das Wort vom gesättigten Markt höchstens für seine Gesamtheit, nie aber für einzelne Segmente. Es kämpft daher innerhalb des Gesamt-Lebensmittelbereichs ein Konkurrent nicht nur gegen den anderen, sondern ein Segment gegen alle anderen. Die Werbepolitik ist folglich noch in großem Umfang auf die E r s c h l i e ß u n g neuer Märkte, neuer Konsumentenschichten und neuer Konsumgewohnheiten ausgerichtet. Als Beispiel solcher Umwälzungen kann auf den teilweisen Ersatz von Tee durch Kaffee in England, Japan und Australien hingewiesen werden, von wärmesterilisierten Produkten durch tiefgekühlte oder gefriergetrocknete. Die Werbung ist im allgemeinen dynamisch, aggressiv und expansiv.

7. Die Kaufentscheidung, auch wenn die Erzeugnisse von den anderen Mitgliedern der Familie gegessen werden, liegt vorwiegend bei der Hausfrau. Sie ist die Käuferin im Einzelhandel, selbst wenn durch die Entwicklung der Supermärkte, der Selbstbedienung, des freien Samstags auch in Europa mehr und mehr der Mann die Frau begleitet. Die Werbung richtet sich daher in erster Linie an die F r a u a l s E i n k ä u f e r i n, als Köchin, aber auch als Mutter oder Ehefrau, als die Person, die die größte Befriedigung empfindet, wenn den anderen Familienmitgliedern das Essen schmeckt, oder die dank der „Built-in Convenience" Zeit und Arbeit spart, welche sie für sich oder die Familie verwenden kann. Auch dieser Gesichtspunkt ist sowohl für die kreative Gestaltung als auch für die Mediapolitik mitbestimmend: für die kreative Gestaltung, indem diese Gefühle angesprochen werden oder indem der Aufmerksamkeitswert der Illustration durch Dienstleistungsideen, wie Rezepte, Kochtips usw., erhöht wird. Entgegen vielfacher Meinung sind für die Hausfrau gute Rezepte nach wie vor von großem Wert. Im Bereich der Mediapolitik wird man Medien wählen, die vorwiegend von Frauen gelesen werden, wie Frauenzeitschriften, oder man läßt Einschaltungen zu einem Zeitpunkt erfolgen, zu dem die Hausfrau angesprochen werden kann (Radio am Vormittag, Fernsehen in den

Nachmittags- oder Abendstunden). Schließlich ist für den Nicht-Media-Bereich auf die unter 4. erwähnte Home-Economics- oder hauswirtschaftliche Beratung hinzuweisen.

Für Genußmittel gilt das eben Gesagte allerdings weitgehend nicht. Tabakwaren, Alkohol oder auch Schokolade werden in der Regel von den tatsächlichen Konsumenten gekauft.

8. Auf dem Gebiet der Nahrungs- und Genußmittel ist der K o n s u m e n t E x p e r t e, d. h. er hat ein eigenes, sicheres Gefühl für Qualität und Qualitätsunterschiede. Der kreative Inhalt der Werbung muß darauf Rücksicht nehmen: a) in dem Sinne, daß es sich nicht bezahlt macht, sachlich nicht fundierte Produktevorteile herauszustellen, weil sie vom Konsumenten leicht überprüft werden können, und b) daß es sich umgekehrt aber bezahlt macht, auf die Qualität des Produktes im weitesten Sinne (Produkt als solches oder Service-Leistung) hinzuweisen.

III. Außenwelt-Einflüsse

1. Die Entwicklung des Handels, durch den Nahrungs- und Genußmittel angeboten werden, spielt in der Werbepolitik eine entscheidende Rolle. Zunächst ist festzustellen, daß der Lebensmittelhandel zusehends auf Selbstbedienung umschaltet, bei der die Ware entweder vorverkauft werden muß oder am Verkaufsort zu wirken hat. Daraus resultiert die große Werbeintensität, auf die unter I. hingewiesen wurde, daraus resultiert aber auch der relativ hohe Anteil der Verkaufsförderungs-Maßnahmen im Verhältnis zu den Media-Werbekosten. Maßgebliche Schnittzahlen anzuführen, ist nicht möglich, doch kann man in Europa während der letzten Jahre eine zunehmende Verstärkung der Nicht-Media-Werbung feststellen, die in dynamischen Betrieben vielfach über die Hälfte des gesamten Werbeetats ausmachen dürfte. Eines der wesentlichen Ziele jeder Media- und Nicht-Media-Werbung ist die indirekte V e r p f l i c h t u n g d e s E i n z e l - h a n d e l s, der betreffenden Ware einen größeren Platz im Regal einzuräumen, als es normalerweise der Fall wäre.

Ein anderes, vom Handel ausgehendes und die Werbepolitik wesentlich beeinflussendes Element ist der zunehmende Trend des maßgeblichen Einzelhandels (Filialbetriebe, Supermärkte, freiwillige Ketten, Konsumgenossenschaften) zur E i g e n m a r k e. Diese Entwicklung ist für den Markenartikelfabrikanten im Lebensmittelbereich die wahrscheinlich größte auf ihn zukommende Gefahr überhaupt. Die beste Abwehr liegt zunächst in der Erzielung und Bewahrung eines spürbaren Produktevorteils. Daneben aber liegt die Hauptlast der Abwehr auf der Werbung. Das führt zu Verstärkungen der Werbeetats, zur Ausrichtung des kreativen Inhalts auf besondere Hervorhebung des Produktevorteils und des Markenkonzepts sowie zur Durchführung ganz besonders auf das Problem zugeschnittener Verkaufsförderungs-Maßnahmen. Hier und da unternommene Versuche, die Gefahr der Eigenmarken durch Gemeinschaftswerbung für die Idee des Markenartikels zu bannen, sind entweder überhaupt nicht gestartet worden oder relativ rasch im Sande verlaufen.

2. Die richtige Ernährung des Menschen ist nach modernen Erkenntnissen der Wissenschaft für die Gesundheit von viel größerer Bedeutung, als gemeinhin angenommen wird. Daher ist der Bereich der Lebens- und Genußmittel der vom G e s e t z g e b e r am weitgehendsten reglementierte. Dies bleibt nicht ohne Auswirkung auf die Werbung, indem vereinzelt versucht wird, den Genuß der als schädlich empfundenen Mittel durch Beschränkung oder Erschwerung der Werbung einzudämmen. Verwiesen sei auf das Werbeverbot für Tabakwaren in Amerika und auf das Fernsehwerbeverbot für dieselben Produkte in Großbritannien.

Werbung für Nahrungs- und Genußmittel 821

Abbildung 1
F r a n k r e i c h : diese auf die spezifisch französischen Marketingziele ausgerichtete Anzeigengestaltung fand schnell das Interesse anderer Länder und wurde der Ausgangspunkt einer internationalen Serie.

Abbildung 2
Norwegen: weitgehend gleiche Marketingziele ermöglichten die fast unveränderte Übernahme der französischen Gestaltungselemente.

Werbung für Nahrungs- und Genußmittel 823

Abbildung 3
Chile erkannte wertvolle Elemente in den französischen und norwegischen Kampagnen, die dementsprechend übernommen wurden.

Abbildung 4
J a p a n lehnte die Gestaltung der Nescafé-Werbung eng an das überzeugende französische Grundthema an.

Werbung für Nahrungs- und Genußmittel 825

Abbildung 5
H o l l a n d : andere Marketingziele erforderten eine Änderung der Angebotsargumentation. Aber auch hier erkannte man die Intensität des graphischen Motivs, das daher übernommen wurde.

Abbildung 6
S c h w e i z : die Verwendung bewährter Elemente und Gestaltungsregeln bestimmten den Erfolg dieser Lebensmittelanzeige.

Werbung für Körperpflege- und Reinigungsmittel

Von Dr. Günther Haedrich, Berlin

I. Bedeutung des Werbeaufwandes und der Verbrauchsausgaben

Die Gruppe Körperpflege- und Reinigungsmittel umfaßt eine breite Skala verschiedener Produkte, teils für den persönlichen Bedarf, teils zur Verwendung im Haushalt. Nach der Systematik der Gesellschaft für Wirtschaftsanalyse und Markterkundung Kapferer & Schmidt, Hamburg, zählen dazu Kosmetika für die Haut- und Haarpflege, Zahnpflegeprodukte, Seifen sowie Wasch- und Putzmittel. Im Rahmen des Gesamtwerbeaufwandes der Bundesrepublik für Markenartikel nahm die Werbung für Mittel zur Körperpflege und Reinigung 1966 mit 494,4 Mill. DM den zweiten Platz ein. Dabei weisen einzelne Sektoren in den letzten fünf Jahren unterschiedliche Entwicklungstendenzen auf: Putzmittel liegen mit einer Steigerungsrate von 113,8 % an der Spitze der Rangskala; es folgen die Gruppen Waschmittel und Körperpflegeprodukte mit Werbezuwächsen von 69,3 % bzw. 63,8 %; im gleichen Zeitraum ist die Werbung für Seifen nur um 25,5 % ausgeweitet worden (Übersicht 1, nächste Seite).

Allgemein zeigt die Werbezuwachsrate in diesem Bereich eine Tendenz zur Abflachung: Während die Werbeaufwendungen für alle Markenartikel von 1965 auf 1966 um 8,7 % zunahmen, sind die Werbeausgaben hier nur noch um 4,4 % angestiegen.

Gleichzeitig ist im Sektor Körperpflege und Reinigung in den vergangenen fünf Jahren eine starke Zunahme der Verbrauchsausgaben festzustellen gewesen, die allerdings mit der Erhöhung der Werbeaufwendungen in einzelnen Bereichen nicht parallel läuft, sondern einer eigenen Gesetzmäßigkeit unterliegt (Übersicht 2).

Verbrauchsausgaben und Werbeaufwendungen für Körperpflegemittel sind stark expansiv: 1961 entfielen 2,2 % aller Ausgaben für den privaten Verbrauch auf *Körperpflegemittel*, 1965 war diese Summe auf 2,4 % angewachsen. Negativ entwickelt hat sich dagegen der Ausgabenanteil für *Reinigungsmittel*: Er sank von 1,8 % im Jahre 1961 auf 1,5 % 1965. Der Markt ist in diesem Bereich relativ gesättigt; die stark erhöhte Werbung hat den Konsum nur schwach steigern können. Ein Maßstab zur Beurteilung des deutschen Verbrauchsniveaus bei Mitteln zur Körperpflege und bei Reinigungsartikeln könnte am ehesten in amerikanischen Verhältnissen gefunden werden. Obwohl exakte Vergleichswerte nicht vorliegen, ist zahlreichen Informationen zu entnehmen, daß die

Übersicht 1

Werbeaufwendungen für Markenartikel im Bereich von Körperpflege und Reinigung*)

	1961 Mill. DM	1962 Mill. DM	1963 Mill. DM	1964 Mill. DM	1965 Mill. DM	1966 Mill. DM	Veränderung von 1961 : 1965
Kosmetika	99,5	134,0	147,6	141,4	160,6	173,2	+ 61,4 %
Zahnpflegemittel	26,6	31,7	33,2	41,0	45,7	45,0	+ 71,8 %
Körperpflege insgesamt	126,1	165,7	180,8	182,4	206,3	218,2	+ 63,8 %
Waschmittel	120,1	122,2	160,6	198,6	203,3	204,3	+ 69,3 %
Putzmittel	17,4	26,7	28,0	29,7	37,2	41,5	+ 113,8 %
Seifen	21,2	27,7	29,9	26,1	26,6	30,4	+ 25,5 %
Reinigung insgesamt	158,7	176,6	218,5	254,4	267,1	276,2	+ 68,0 %
Körperpflege und Reinigung insgesamt	284,8	342,3	399,3	436,8	473,4	494,4	+ 66,3 %

*) Nach Kapferer & Schmidt, Hamburg

Übersicht 2

Monatliche Ausgaben für den privaten Verbrauch bei Körperpflege und Reinigung*)

	1961 (DM)	1962 (DM)	1963 (DM)	1964 (DM)	1965 (DM)	Veränderung von 1961 : 1965
Körperpflege	14,45	15,87	16,97	19,92	21,71	+ 50,1 %
Reinigung	11,86	13,22	13,56	12,45	13,52	+ 14,0 %
insgesamt	26,31	29,09	30,53	32,37	35,23	+ 33,9 %

*) Statistisches Jahrbuch für die Bundesrepublik Deutschland, Stuttgart und Mainz 1962, 1965 und 1966. Die Angaben sind bezogen auf 4-Personen-Arbeitnehmerhaushalte mit mittlerem Einkommen.

Ausgabenbeträge vor allem für Körperpflege dort erheblich höher sind als in der Bundesrepublik. Die Periode des stetigen Aufschwungs ist bei uns vermutlich noch nicht zum Abschluß gekommen; dieser Markt bietet gute Entwicklungsaussichten.

Für die Werbung auf den Gebieten der Körperpflege und Reinigung gelten vielfach unterschiedliche Gesetzmäßigkeiten, die sich großenteils aus den Einstellungen und Gewohnheiten der potentiellen Verbraucher derartiger Produkte erklären lassen. Grundsätzlich ist jede Werbestrategie w e r b e o b j e k t - s p e z i f i s c h zu sehen; die gesonderte Behandlung der beiden erwähnten Bereiche in den folgenden Abschnitten darf daher nicht darüber hinwegtäuschen, daß die Ausführungen sehr allgemein gehalten und in der Praxis stets auf den konkreten Fall zugeschnitten werden müssen.

II. Spezielle Gesichtspunkte der Werbung

1. Körperpflegemittel

Hier wird die Entwicklung in erster Linie von den Kosmetika bestimmt, die einen weit gespannten Rahmen von Produkten umfassen: Mittel zur *Verschönerung der Haut* auf der einen Seite, darunter besonders zu nennen die beiden Gruppen der betont pflegenden Präparate − z. B. Hygienewasser und Hautcreme − und der „dekorativen" Erzeugnisse − beispielsweise Parfüm und Make-up −, andererseits der Bereich der *Haarpflegemittel*, unter denen die festigenden und färbenden Produkte in den letzten Jahren in besonderem Maße das Interesse der Verbraucher auf sich gezogen haben. Verfolgt man den Verbrauchstrend bei einzelnen Erzeugnissen, so stellt man in letzter Zeit teilweise erhebliche Zuwachsraten fest, die einmal aus erhöhten Pro-Kopf-Ausgaben resultieren, zum anderen aus einer generellen Ausweitung der Verbraucherkreise. Auch Männer werden zunehmend kosmetikbewußt, und die Angebote in diesem Teilmarkt nehmen immer breiteren Raum ein.

Diese Beobachtung ist der Ausgangspunkt für die Werbeplanung. Die Bestimmung der vorgesehenen Ausgaben für Werbung sollte sich in moderner Sicht nicht allein an den Umsätzen vergangener Jahre orientieren, sondern stets zukunftgerichtet sein und die Erfolgschancen eines Artikels in den Mittelpunkt rücken. Tatsächlich stellen die Werbeaufwendungen für Kosmetika vieler Bereiche vom unternehmerischen Standpunkt aus gesehen häufig echte Investitionen dar, die sich jedoch durch die steigenden Verbrauchsausgaben der Bevölkerung rechtfertigen lassen. Das eigene Erzeugnis soll an dem Verbrauchszuwachs in möglichst großem Umfang partizipieren und so schnell wie möglich seinen festen Platz im Markt finden, um auf diese Weise den Spielraum für Mitbewerberangebote einzuengen. Generell muß sich der Unternehmer darum bemühen, psychologische Barrieren abzubauen, die auch heute noch breite Bevölkerungskreise vom Kosmetikkonsum fernhalten. Gerade die Verwendung sogenannter dekorativer Kosmetika gilt vielfach als „anrüchig", als Luxus und Verschwendung — Momente, die beim Verbraucher ein schlechtes Gewissen hervorrufen und unter Umständen sogar Konsumverzicht zur Folge haben können. Schließlich spielt es sicherlich eine Rolle, daß der potentielle Verbraucher trotz der effektiv kürzer bemessenen Arbeitszeit im Beruf zuwenig Muße für sich selbst und für seinen persönlichen Bedarf aufbringt. Einfach anzuwendende Erzeugnisse mit unmittelbar spürbarer Wirkung sind daher Voraussetzung, um den Kosmetikmarkt für neue Verbraucherschichten interessant zu machen.

Aufgabe der Werbung ist es, den in Frage kommenden Verbraucherkreisen (Werbesubjekten) plausible Motivationen für den Konsum zu vermitteln. Diese Notwendigkeit resultiert aus der wichtigen Funktion der Werbung im Rahmen der absatzpolitischen Instrumente, eine Brücke der Kommunikation vom anbietenden Unternehmen zum Markt zu schlagen. Den Werbesubjekten — seien es zwischengeschaltete Handelsglieder oder genau definierte Gruppen von Letztverbrauchern — müssen alle Produktvorteile nahegebracht werden, von denen anzunehmen ist, daß sie eine Verkaufs- bzw. Kaufbereitschaft auslösen. Dabei spielt die Auswahl bestimmter Werbemittel und Werbeträger eine wichtige Rolle, da sie gleichzeitig über die Art und Ausgestaltung der werblichen Botschaft und über die Wege ihrer Weitergabe an die Werbesubjekte entscheidet. Auf der Basis der übermittelten Informationen entwickelt sich schließlich eine „Produktpersönlichkeit", die der Ware Eigenständigkeit verleiht und sie aus der großen Zahl der Konkurrenzangebote heraushebt. Gerade bei der Werbung für Kosmetika empfiehlt es sich oftmals, die vordergründige Ansprache in einen emotionalen Rahmen einzubetten, der dem Verbraucher einen zusätzlichen Nutzen suggeriert und auf diese Weise seinem Schönheits-, Prestige- und Geltungsstreben entgegenkommt. Die teils rational, teils emotional gefärbte werbliche Information braucht einen allgemeinen Hintergrund, auf den sie sich berufen kann. Wir finden ihn in den für die Produktgattung gültigen Verbrauchererwartungen. Diese sind weniger auf das persönliche Bedarfsgefüge des potentiellen Verbrauchers zurückzuführen, sondern dürfen in den meisten Fällen lediglich als Widerspiegelung früherer Kommunikationsvorgänge und erlernter Produkterfahrungen gedeutet werden. Für den Werbungtreibenden ist es wichtig, sich das stets vor Augen zu halten; zum Aufbau einer „Produktpersönlichkeit" sind solche generellen Produktvorstellungen nämlich zu unspezifisch und müssen daher durch neuartige Informationen über das eigene Produkt angereichert werden. Trotzdem dürfen die allgemeinen Verbrauchererwartungen schon allein wegen ihres teilweise normativen Charakters nicht völlig aus der Betrachtung ausgeklammert werden.

Das folgende Beispiel zeigt, wie sich rationale und emotionale Erwartungskomponenten bei den Werbesubjekten zu einem Gesamtbild ineinanderfügen (Übersicht 3).

Die Profillinien für die Produkte 1 und 2 aus derselben Gattung liegen in der Nähe der Erwartungskurve. Dabei treten bei beiden Produkten mehr oder weniger starke Abweichungen vom allgemeinen Erwartungsniveau auf, welche die Produktimages sowohl im positiven als auch im negativen Sinne prägen. Daran ist die Zielrichtung der Werbung besonders deutlich abzulesen.

Wie bereits angeklungen, bezieht jede systematische Werbeplanung Überlegungen im Hinblick auf Werbesubjekte, Werbeobjekte und Werbeträger ein. Damit fällt die Ent-

Werbung für Körperpflege- und Reinigungsmittel

Übersicht 3

Allgemeine Erwartungen der Verbraucher und Profile von zwei Produkten derselben Gattung *) **)

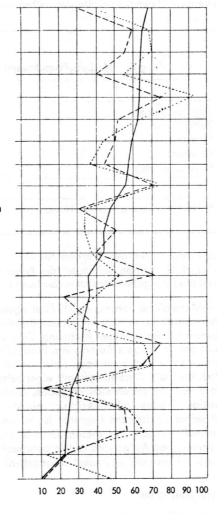

Merkmale
Preiswert
Angenehmer Duft
Erfrischend, belebend
Hautunreinigkeiten beseitigend
Einfach in der Anwendung
Gesund für die Haut
Ein gepflegtes Aussehen vermittelnd
Auch für empfindliche Haut angenehm
Natürlich
Für alle Hauttypen gleich gut verträglich
Mild
Man kann sich überall damit sehen lassen
Kosmetisch
Vielseitig
Sehr mild
Jung, fortschrittlich
Auch für höhere Ansprüche
Medizinisch
Vornehm
Große, bekannte Firma
Speziell auf bestimmte Hauttypen abgestimmt
Männlich

*) INTERMARKET, repräsentative Meththemenumfrage bei 2177 Frauen zwischen 16 und 70 Jahren im Bundesgebiet einschließlich Berlin (West), Februar 1966
**) —— allgemeine Erwartungen ···· Produktprofil 1 ––– Produktprofil 2

scheidung, auf welchem Wege welche Form der werblichen Botschaft an welche Kreise der Bevölkerung herangetragen werden soll. Bei der breit angelegten Thematik sind hierzu lediglich generelle Anmerkungen möglich. Durch vorgelagerte Marktanalysen kann der Kreis der potentiellen Interessenten für das umworbene Erzeugnis abgesteckt werden; die Subjekte der Werbung determinieren gemeinsam mit den Werbezielen Mittel und Träger der Werbung. Betrachtet man im Bereich der Werbeträgerplanung die fünf sogenannten klassischen Medien Tageszeitung, Zeitschrift, Werbefernsehen, Rundfunk- und Bogenanschlagwerbung, so verteilt sich der Gesamtwerbeaufwand für Markenartikel der Körperpflegemittelbranche 1966 wie folgt (Übersicht 4):

Übersicht 4

Verteilung der Werbeaufwendungen für Markenartikel zur Körperpflege*)

	in Mill. DM	in %
Tageszeitungen	11,5	5,3
Zeitschriften	138,5	64,1
Fernsehen	58,7	27,2
Rundfunk	6,7	3,1
Bogenanschlag	0,6	0,3
	216,0	100,0

*) Nach Kapferer & Schmidt, Hamburg

Knapp zwei Drittel des Werbeaufwandes sind 1966 den Zeitschriften zugeflossen. Die zweitstärkste Position behauptet die Fernsehwerbung, die einen Anteil von gut einem Viertel aller Ausgaben für sich verbuchen konnte.

Obwohl die hier widergespiegelte Planungsstrategie der Unternehmen der Körperpflegemittelindustrie keine feste und unumstößliche Norm darstellt, trägt sie sicherlich psychologischen Gesichtspunkten Rechnung. Zum Wesen der Werbung für Körperpflegemittel gehört der behutsame Aufbau von Produktimages, die auf längere Zeit Bestand haben und eine enge Vertrauensbasis zwischen Werbeobjekten und Werbesubjekten schaffen. Zeitschriften als Werbeträger mit einer relativ langen Nutzungsdauer kommen diesen Anforderungen am ehesten entgegen. Gleichzeitig werden die Kaufgewohnheiten bei derartigen Produkten berücksichtigt; ein Medium, dessen Werbewirkung auf den Augenblick seines Erscheinens begrenzt ist, ist am ehesten für Güter geeignet, die spontan eingekauft werden. Aus diesem Grunde wurde auch ein überdurchschnittlicher Anteil des gemessenen Aufwandes im Werbefernsehen für das Angebot von Zahnpflegemitteln, weniger für kosmetische Artikel ausgegeben.

2. Reinigungsmittel

Relativ ungünstig haben sich in den vergangenen Jahren die Verbrauchsausgaben für Reinigungsmittel entwickelt. Die Aufnahmebereitschaft des Marktes ist begrenzt; der Gesamtwerbeaufwand in diesem Bereich läßt eine Tendenz zur Stagnation erkennen. Hieran wird die Orientierung des Unternehmerverhaltens an den Marktgegebenheiten deutlich erkennbar. Die Gruppe der Reinigungsprodukte gliedert sich auf in Feinseifen, Wasch- und Putzmittel. *Waschmittel,* vor allem für die Grobwäsche, behaupten etwa

50 % dieses Marktes; die stetige Verbrauchszunahme wird hier besonders durch den Trend zu höherpreisigen Erzeugnissen bestimmt, die gegenüber traditionellen Produkten einen erweiterten Anwendungsbereich abdecken. Auch an den in den vergangenen fünf Jahren stark gestiegenen Werbeaufwendungen für Waschmittel ist die Bedeutung dieses Marktsegments für die unternehmerische Planung abzulesen (vgl. Übersicht 1). Ähnlich günstig ist die Entwicklung bei *Putzmitteln* verlaufen; den sich wandelnden Bedürfnissen der Verbraucher wird heute durch eine breite Skala moderner, zeitsparender Produkte mit erhöhtem Wirkungsgrad Rechnung getragen. Dagegen läßt der *Seifenmarkt* ein hohes Sättigungsniveau erkennen. Hier erweist es sich offenbar als besonders schwierig, den Konsum durch neuartige Produktideen anzuregen.

Die Werbung für Reinigungsmittel unterliegt anderen Gesetzmäßigkeiten als die Werbung für Körperpflegemittel. Die Breite dieses Marktes ist zunächst ein günstiger Ausgangspunkt für die Anbieter: Als V e r b r a u c h e r z i e l g r u p p e kommen mehr oder weniger alle erwachsenen Personen in Betracht. Allerdings ergeben sich durch die vielseitig genutzten Chancen zur Produktdifferenzierung auch hier spezifische Ansprechgruppen für einzelne Artikel: Die im letzten Jahrzehnt veränderte Technik im Haushalt – beispielsweise beim Wäschewaschen und Geschirrspülen – hatte neue Verbrauchsgewohnheiten zur Folge und öffnete den Markt für Produkte mit bisher unbekannten Anwendungsbereichen. Die w e r b l i c h e A u s s a g e ist im allgemeinen direkt und produktbezogen: Der in diesem Bereich besonders spürbare und noch ständig zunehmende Konkurrenzdruck – in letzter Zeit durch das Eindringen ausländischer Hersteller in den traditionellen Markt deutscher Produkte noch verschärft – erfordert eine harte und sachliche Argumentation. Davon macht die Werbung für Feinseife bis zu einem gewissen Grade eine Ausnahme: In diesem Sektor ist am ehesten eine Verwandtschaft zur kosmetischen Körperpflege zu erkennen, die in der Werbung ihre Parallele findet.

Übersicht 5

Profile von zwei Produkten derselben Gattung im Vergleich zu den allgemeinen Erwartungen der Verbraucher*)

	Bewertung von Produkt X**)	Bewertung von Produkt Y**)
Wäscht strahlend weiß	84	42
Hat eine ungewöhnlich hohe Waschkraft	89	31
Duftet angenehm	86	59
Schäumt nicht über	89	26
Läßt sich gut ausspülen	56	7
Schont die Waschmaschine	50	38
Ist auch für moderne Gewebe geeignet	52	45
Pflegt die Wäsche	58	76
Ist aus reiner Seife	29	89

*) Berlin-Test, repräsentative Mehrthemenumfrage bei 170 Frauen ab 14 Jahren, November 1964
**) Allgemeine Erwartungen der Verbraucher = 100

Hinsichtlich Aufbau und Inhalt der Werbemittel kann auf die Ausführungen oben (Abschnitt II, 1) verwiesen werden. Das Prinzip, das eigene Produkt im Rahmen der durch fundamentale Erwartungen der Konsumenten gesetzten Schranken so klar wie möglich zu profilieren und ihm dadurch Eigenständigkeit auf dem Markte zu sichern, muß hier als ebenso wichtige Forderung aufgefaßt werden. Übersicht 5 zeigt das Ergebnis dieser Bemühungen an Hand der Profile der Waschmittelmarken X und Y.

Das Waschmittel X hat in der Vorstellung der Hausfrauen eine hohe Waschkraft und einen angenehmen Duft; es schäumt nicht über und läßt sich relativ leicht ausspülen. Waschmittel Y dagegen pflegt die Wäsche in besonderem Maße; wie man nachweisen kann, ein Einfluß des hohen Anteils von reiner Seife, den diese Marke aufweist.

Die folgende Übersicht 6 vermittelt abschließend einen Eindruck von der Strategie der **Werbemittel-Streuung** bei Reinigungsprodukten im Jahre 1966.

Übersicht 6

Verteilung der Werbeaufwendungen für Markenartikel zur Reinigung*)

	in Mill. DM	in %
Tageszeitungen	24,0	8,8
Zeitschriften	91,7	33,4
Fernsehen	122,2	44,6
Rundfunk	33,7	12,3
Bogenanschlag	2,6	0,9
	274,2	100,0

*) Nach Kapferer & Schmidt, Hamburg

Der vergleichsweise starke Anteil der Fernsehwerbung verwundert nicht; die hohe Aktualität dieses Werbeträgers deckt sich mit der Eigenart der umworbenen Produkte. Parallel dazu erfolgt ein Image-Aufbau vorzugsweise durch Zeitschriftenwerbung, der den im Fernsehen unmittelbar wirksamen Kaufappell abstützen soll.

III. Abschließende Betrachtung

Jede Werbung basiert auf einem festen Fundament: Die Überlegungen über die Zielsetzung der Werbung für bestimmte Werbeobjekte münden ein in die Auswahl von Werbesubjekten, Werbemitteln und Werbeträgern. Damit wird generellen Planungsgrundsätzen Rechnung getragen, um eine optimale Wirkung der veranstalteten Maßnahmen zu erreichen.

Trotzdem behält jede Werbung ihren eigenen Charakter, der sich aus werbeobjektspezifischen Eigenheiten erklären läßt. Körperpflegemittel und Reinigungsprodukte sprechen stark unterschiedliche Bedürfnisbereiche im Konsumenten an. Die Verbrauchs- und Kaufgewohnheiten stimmen nur in Grenzfällen überein. Selbst innerhalb der verglichenenen Produktgruppen zeigen sich bei näherer Betrachtung Besonderheiten, auf welche die Werbeplanung Rücksicht nehmen muß.

Werbung für Arzneimittel
Von Dipl.-Kfm. Hans-Jürgen Geßner, Berlin

Einführung

Die Diskussion um die Bereitstellung von Arzneimitteln zur allgemeinen Gesundheitsfürsorge war von jeher interdisziplinär angelegt. Der Indikation entsprechend überwiegen die medizinisch-pharmazeutischen Aspekte, jedoch lassen die fehlende Identität zwischen den Trägern eigenverantwortlicher Therapie, der Heilmittelherstellung und des -vertriebs sowie der daraus resultierende „Marktzwang" des Patienten die Arzneimittelversorgung zugleich als ein spezifisch ökonomisches Problem erscheinen. Als Verbrauchsgüter werden Arzneimittel zwangsläufig zum Gegenstand des Wirtschaftsverkehrs. Ebenso zweifelsfrei ist jedoch, daß es sich hierbei um Verbrauchsgüter besonderer Art handelt, die sich insbesondere durch folgende vier Charakteristika auszeichnen:

1. Arzneimittel haben ihrer Bestimmung gemäß Einfluß auf die Funktionsweise des menschlichen Organismus zu nehmen. Ihre Anwendung ist mit speziellen Risiken verbunden (Wirkungsweise, Indikation, Dosierung, Verträglichkeit), so daß hinsichtlich des therapeutischen Erfolgs A m b i v a l e n z besteht.

2. Arzneimittel werden in der Regel von Verbrauchern nachgefragt, die sich in einer körperlichen und/oder seelischen Ausnahmesituation befinden. Monetärer Wert und individuelle Nutzenerwartungen sind somit i n k o m m e n s u r a b e l.

3. Die gewerbsmäßige Herstellung von Arzneimitteln ist anzeigepflichtig und bedarf der E r l a u b n i s durch die Gesundheitsbehörden. Der Nachweis ausreichender Sachkenntnis sowie der notwendigen fabrikationstechnischen Voraussetzungen ist unabdingbar. Die Produkte selbst unterliegen der Registrierpflicht beim Bundesgesundheitsamt.

4. Der Vertrieb von Arzneimitteln ist zu einem erheblichen Teil durch den Gesetzgeber an bestimmte Absatzorgane gebunden, indem auf der Einzelhandelsstufe die Abgabe an Endverbraucher grundsätzlich den Apotheken vorbehalten bleibt (A p o t h e k e n p f l i c h t). Darüber hinaus wird dies wiederum zum Teil von der Vorlage eines ärztlichen bzw. zahnärztlichen Rezeptes abhängig gemacht (R e z e p t p f l i c h t).

Sind vorstehende Charakteristika bereits spezifische Rahmenbedingungen für eine produktbezogene Absatzpolitik, so ergeben sich weitere Differenzierungsmöglichkeiten sowohl hinsichtlich der Deklarierung von Arzneimitteln als Werbeobjekte als auch bei der Frage nach den in diesem Zusammenhang Zuumwerbenden: Für verschreibungspflichtige Arzneimittel sowie Präparate, die der Behandlung von Schlaflosigkeit und bestimmter schwerer Krankheiten dienen, hat sich die Werbung auf Fachkreise zu beschränken, d. h. auf Angehörige der Heilberufe bzw. des Heilgewerbes (§§ 8 und 10 Heilmittelwerbegesetz). Somit vollzieht sich die Arzneimittelwerbung weitgehend unter „Ausschluß der Öffentlichkeit". Praktisch steht der Arzt im Mittelpunkt pharmawerblichen Interesses, werden doch über 70 % der in der Bundesrepublik vertriebenen Medikamente auf Grund einer ärztlichen Verordnung nachgefragt.

Die bisherigen Ausführungen lassen es angeraten erscheinen, einer Analyse der Arzneimittelwerbung folgende Disposition zugrunde zu legen: Zunächst ist von den Besonderheiten des Arzneimittelmarktes auszugehen, wie sie sich in Herstellung, Vertrieb und Verbrauch strukturell manifestieren. Sodann sollen die spezifischen Probleme der am werblichen Kommunikationsprozeß Beteiligten angesprochen werden, was jeweils aus der Sicht der pharmazeutischen Industrie, des Arztes, des Apothekers und des Verbrauchers bzw. Patienten geschieht. Die bereits erwähnten rechtlichen und institutionellen Regelungen des Marktgeschehens machen es erforderlich, sowohl einen zusammenfassenden Überblick der speziellen, pharmawerblich relevanten Normen des Gesetzgebers zu geben als auch auf Maßnahmen der Selbstkontrolle durch die beteiligten Wirtschaftskreise hinzuweisen. Darüber hinaus wird von den Bemühungen der EWG-Mitgliedstaaten um eine Angleichung diesbezüglicher Rechtsvorschriften zu berichten sein. Bibliographische Hinweise schließen die Arbeit ab.

Es wäre sicher auch reizvoll, die Erscheinungsformen des pharmawerblichen Kommunikationsprozesses von der Antike bis zur Gegenwart zu verfolgen, läßt sich doch seit Aufgabe der theurgischen Bindung der Heil- und Arzneikunde bereits im antiken Griechenland und Rom Werbung für Arzneimittel nachweisen*)[1]. Wegen der umfangmäßigen Begrenzung dieses Beitrages muß der Verfasser darauf verzichten. Nur zwei Anmerkungen seien hier erlaubt:

1. In Deutschland nennt die Frankfurter Meßhandelsliste von 1582 bereits 500 Arzneimittel, für die durch Handzettel Preislisten und Reisevertreter geworben wurden[2].

2. Als unabdingbare Voraussetzung produktbezogener werblicher Differenzierung gilt auch bei pharmazeutischen Erzeugnissen die Verwendung von Warenzeichen. Somit kann das Reichsgesetz zum Schutze der Warenbezeichnungen vom 12. 5. 1894 auch für die Pharmawerbung als ein wichtiges Datum angesehen werden.

I. Die Struktur des Arzneimittelmarktes

1. Das Arzneimittel

Wenn eingangs vom Arzneimittel als „Verbrauchsgut besonderer Art" gesprochen wurde, so bedarf es nunmehr einer weitergehenden begrifflichen Konkretisierung. Dabei soll der Legaldefinition des Gesetzgebers gefolgt werden (§ 1 Arzneimittelgesetz)[3], nach der zu den Arzneimitteln diejenigen Stoffe bzw. Zubereitungen hieraus zählen, die durch Anwendung im oder am menschlichen Körper dazu bestimmt sind,

„1. die Beschaffenheit, den Zustand oder die Funktionen des Körpers oder seelische Zustände erkennen zu lassen oder zu beeinflussen,

---

*) Die im Text laufend numerierten Quellenangaben sind am Schluß des Aufsatzes zitiert.

Werbung für Arzneimittel

2. vom menschlichen ... Körper erzeugte Wirkstoffe oder Körperflüssigkeiten zu ersetzen oder

3. Krankheitserreger, Parasiten oder körperfremde Stoffe zu beseitigen oder unschädlich zu machen."

Obgleich § 1 AMG auch die veterinär-pharmazeutischen Erzeugnisse berücksichtigt, soll sich diese Untersuchung bewußt nur auf den humanmedizinischen Bereich beschränken.

Der Arzneimittelbegriff orientiert sich demnach weniger an der objektiven Zusammensetzung des Präparats, sondern stellt einzig und allein auf dessen Zweckbestimmung ab. Er erfüllt damit eine Abgrenzungsfunktion gegenüber dem Lebensmittel-, Futtermittel- und Körperpflegemittelbegriff. Die Rechtsprechung zeigt jedoch, daß derartige Abgrenzungen insbesondere gegenüber diätetischen Lebensmitteln und Körperpflegemitteln mitunter schwierig sind, so daß eine Klärung nur von Fall zu Fall unter Hinzuziehung eines Sachverständigen herbeigeführt werden kann. Die rechtliche Einordnung ist insofern von großer Bedeutung, als jede produktbezogene Werbeargumentation, die auf gesundheitsfördernde bzw. gesundheitlich unbedenkliche Wirkungen verweist, gesetzlichen Beschränkungen unterliegt. Darüber wird an anderer Stelle noch zu berichten sein.

Der eigentliche therapeutische Erfolg eines Arzneimittels leitet sich aus dessen Zugehörigkeit zu einer indikationsmäßig definierbaren Gruppe von A r z n e i s t o f f e n ab, von denen beispielsweise die Antibiotika, Chemotherapeutika, Psychopharmaka und Antidiabetika Ergebnisse jüngerer pharmakologischer Forschung sind. Die vom Arzneibüro der „Arbeitsgemeinschaft der Berufsvertretungen deutscher Apotheker", Frankfurt (ABDA), geführte Stoffliste enthält ca. 3500 derartiger Arzneistoffe; von ihnen gehen ca. 85 % als Hauptbestandteil in die Erzeugnisse deutscher Arzneimittelhersteller ein.

Die Pharmaproduktion erstreckt sich dabei zumeist auf A r z n e i s p e z i a l i t ä t e n , d. h. auf Arzneimittel, die in gleichbleibender Zusammensetzung und in abgabefertigen Packungen unter besonderer Bezeichnung (Warenzeichen) in den Verkehr gebracht werden und in ihrer Aufmachung als Erzeugnisse bestimmter Hersteller ausgewiesen sind (§ 4 AMG). Unabdingbare Voraussetzung hierfür ist jedoch die Anmeldung der Arzneispezialität zur Eintragung in das beim Bundesgesundheitsamt geführte S p e z i a l i t ä t e n r e g i s t e r . Nach Angaben von Gewehr enthielt es bereits 1964 60 500 Eintragungen, wobei diese Zahl zugleich die unterschiedlichen Darrreichungsformen (Tropfen, Pillen, Suppositorien usw.) und Stärken berücksichtigt. (Nach Auskunft des Bundesgesundheitsamts umschließt diese Zahl auch die vet.-pharm. Präparate. Sie hat überdies nur bedingten Aussagewert, da es sich zumeist um sog. Voranmeldungen handelt, über deren endgültige Registrierung als Arzneispezialität erst nach Abschluß eines Prüfungsverfahrens entschieden werden kann. Das ist bis Ende Mai 1968 in 21 204 Fällen geschehen, von ihnen entfielen 9830 auf die Zeit nach Inkrafttreten des Arzneimittelgesetzes [1961]. Der zur Zeit immer noch bestehende große Überhang an Voranmeldungen, dessen Bearbeitung sich aus personaltechnischen Gründen stark verzögert, macht es daher vorerst unmöglich, einen genauen Überblick der am Markt gehandelten Arzneispezialitäten zu geben.) Den Arzneistoffen steht somit eine unverhältnismäßig große Zahl von Arzneispezialitäten gegenüber. Für die Pharmawerbung ergeben sich hieraus typische Differenzierungsschwierigkeiten produktbezogener Werbeargumentation.

Eine Besonderheit des Pharmamarktes sind die H a u s s p e z i a l i t ä t e n der Apotheken. Sie werden ausschließlich in einer oder von Dritten für eine Apotheke hergestellt und haben daher lediglich regionale Bedeutung. Im Gegensatz zu den industriell gefertigten Arzneispezialitäten brauchen sie nicht zur Eintragung in das Spezialitätenregister angemeldet zu werden (§ 20 Abs. 4 S. 1 AMG), unterliegen aber ebenfalls den strengen Deklarierungspflichten (§ 9 Abs. 1 AMG).

Ein weiteres Spezifikum des Pharmamarktes ist in der staatlichen Vertriebsbindung zu sehen, indem der Gesetzgeber die Arzneimittelabgabe auf der Einzelhandelsstufe grundsätzlich den Apotheken vorbehält (§ 1 Apothekengesetz[4]), § 28 AMG). Den Umfang der a p o t h e k e n p f l i c h t i g e n bzw. f r e i v e r k ä u f l i c h e n Arzneimittel regelt die Exekutive auf dem Verordnungswege. Daß hierbei gesundheitspolitische, wirtschaftliche und juristische Überlegungen mitunter in Zielkonflikt geraten können, hat die jüngste Diskussion über die Ablösung der Kaiserlichen Verordnung von 1901 durch Verordnungsentwürfe des Bundesministers für Gesundheitswesen zu den §§ 30 und 32 AMG deutlich gemacht.

Allein gesundheitspolitische Zielsetzungen – wie die Abwehr risikoreicher Selbstbehandlung durch fachunkundige Verbraucher – verfolgen jene Bestimmungen, nach denen ein Teil der apothekenpflichtigen Präparate nur nach Vorlage einer ärztlichen Verschreibung abgegeben werden dürfen. Auch hier regelt sich der Umfang der V e r s c h r e i b u n g s p f l i c h t nach Maßgabe zu erlassender bzw. bereits erlassener bundes- und landesrechtlicher Verordnungen.

Somit läßt sich der Kreis der Arzneimittel wie folgt gliedern:

Tabelle 1

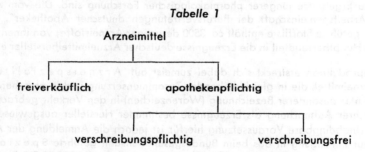

Für rezeptpflichtige Arzneimittel besteht außerhalb der Fachkreise ein Werbeverbot. Unter Berücksichtigung der vorgenommenen Produktdifferenzierungen ist mithin zwischen F a c h - und P u b l i k u m s w e r b u n g zu unterscheiden.

2. Die Arzneimittelherstellung durch die pharmazeutische Industrie

Die Ausübung des Heilberufs und die Zubereitung stofflicher Therapeutika waren ursprünglich in einer Hand vereinigt. Mit fortschreitender Arbeits- und Berufsteilung verlagerte sich jedoch die Arzneimittelherstellung vom Arzt über den Apotheker auf die pharmazeutische Industrie, so daß heute das industriell gefertigte Arzneimittel dominiert. Die deutsche pharmazeutische Industrie, einst als „Apotheke der Welt" apostrophiert, durch Kriegs- und Nachkriegseinwirkungen zur Bedeutungslosigkeit herabgesunken, hat inzwischen auf dem Weltmarkt wichtige Positionen wiedererlangen können[5]). An der Welt-Pharmaproduktion beteiligte sie sich 1967 – hinter den USA und Japan stehend – mit 4496 Mill. DM, sie gilt mit einer Exportquote von rd. $^1/_3$ (1424 Mill. DM) nach den USA als der zweitgrößte Arzneimittel-Exporteur der Erde. Im nationalen Rahmen (Bundesrepublik Deutschland einschließlich West-Berlin) kann die deutsche Pharma-

Industrie als eine ausgesprochene Wachstumsindustrie angesehen werden; sie erreichte 1967 gegenüber 1966 einen Produktionszuwachs von rd. 10,5 % und liegt damit noch vor der chemischen Industrie (4,1 %).

Entsprechend der Vielfalt therapeutischer Möglichkeiten bietet sich das Produktionsprogramm der Pharma-Industrie als ein breites Spektrum von Arzneimittelgruppen an. Der überwiegende Teil (= rd. 75 %) entfällt jedoch auf die – bereits in anderem Zusammenhang charakterisierten – human-pharmazeutischen Spezialitäten (vgl. Tabelle 2). Ihrer Bedeutung gemäß werden sie zum Mittelpunkt des eigentlichen werblichen Interesses der Pharmahersteller.

Tabelle 2

Die Produktion der pharmazeutischen Industrie 1967[6])
– Aufteilung nach Arzneimittelgruppen –
(Bundesrepublik einschl. Westberlin)

	%
Vitamine und Hormone	5,2
Enzyme	0,1
Alkaloide und deren Salze	2,4
Drogen und Extrakte	2,1
Sera und Impfstoffe hum.	1,7
Homöopathische Präparate	3,3
Hum.-pharm. Spezialitäten	75,2
Vet.-pharm. Sera und Impfstoffe	0,9
Sonstige vet.-pharm. Erzeugnisse	1,7
Dentalmedizinische Erzeugnisse	0,7
Verbandzeug, Watte, Pflaster, chir. Nahtmaterial usw.	3,0
Desinfektionsmittel	0,9
Sonstige anderweitige nicht genannte Erzeugnisse	2,8
	100,0
	(4 496 Mill. DM)

3. Die Apotheken als Träger der Arzneimittelversorgung

Der mit „Sicherstellung einer ordnungsgemäßen Arzneimittelversorgung" definierte öffentliche Auftrag (§ 1 Apothekengesetz) und die Verfolgung dieses Ziels mit Hilfe eines Gewerbebetriebes machen die Apotheke zu einer Institution besonderer Art. Der in ihr verkörperte Spannungszustand zwischen gesundheitspolitischer Zielsetzung und merkantilem Interesse drängt nach obrigkeitlichem Eingriff. So verwundert es nicht, daß in Deutschland bereits seit über 700 Jahren von einer Apothekengesetzgebung gesprochen werden kann. Privilegien, Real- und Personalkonzessionen galten in der Vergangenheit als unabdingbare öffentlich-rechtliche Voraussetzung zur Führung einer Apotheke.

Inzwischen ist durch das Urteil des Bundesverfassungsgerichts vom 11. 6. 1958[7]) an die Stelle staatlich gelenkter Konzessionierung die unbeschränkte Niederlassungsfreiheit getreten. Sie kann allerdings nach wie vor nur von demjenigen wahrgenommen werden, der bestimmte subjektive Voraussetzungen erfüllt, wie insbesondere die Approbation als Apotheker. Unter dem Einfluß der Liberalisierung hat sich die Zahl der öffentlichen Apotheken im Jahre 1967 auf rd. 10 500 erhöht. Das bedeutet gegenüber 1958 eine Steigerung um rd. 50 %. Parallel hierzu verminderte sich die auf eine öffentliche Apotheke entfallende Einwohnerzahl um über 20 % auf rd. 5500. (Unberücksichtigt bleiben hier die Krankenhausapotheken und Dispensieranstalten[8]).)

Die Abwendung vom „Sprengel-Denken" bedeutet aber für einen wichtigen Teilbereich der Geschäftspolitik, wie der Standortwahl, zwangsläufig stärkere Beachtung des Aufwands-Ertrags-Kalküls. Gleichwohl stehen der erwerbswirtschaftlichen Ausrichtung des Apothekenbetriebes grundlegende Hindernisse entgegen. Über staatliche Eingriffe hinausgehend, die zum Beispiel die zur Berufsausübung notwendige Erlaubnis (§ 1 Abs. 2 Apothekengesetz) oder die Einhaltung von Bestimmungen der Apothekenbetriebsordnung über Betriebseinrichtung, Betriebsablauf einschließlich Personal betreffen, handelt es sich dabei insbesondere um Beschränkungen hinsichtlich des Einsatzes absatzpolitischer Instrumente:

Die Sortimentsbestimmung des Apothekers hat sich im Rahmen ärztlicher Verordnungsmöglichkeit und deklarierter Apothekenpflicht zu bewegen. Damit wird ihm eine Mindestlagerhaltung von 7000 Arzneispezialitäten auferlegt, von denen wegen ihrer zumeist ungewissen Umschlagshäufigkeit ca. 80 % in ein oder zwei Exemplaren vorrätig gehalten werden[9]). Mithin kann sich der sortimentspolitische Spielraum lediglich auf die sogenannten „Randsortimente" beziehen (vgl. Tabelle 3).

Tabelle 3

Der Apothekenumsatz 1967[10])

— Aufteilung nach Rezept- bzw. Apothekenpflicht —

1. Rezeptpflichtige Mittel	
a) Krankenkassenumsatz	ca. 50 %
b) Privatumsatz	ca. 20 %
2. Rezeptfreie, apothekenpflichtige Mittel	ca. 25 %
3. Freiverkäufliche Mittel	ca. 5 %
(Randsortimente: Kosmetik, Körperpflegemittel, Kindernahrung usw.)	100 %
	(rd. 5 Mrd. DM)

Preispolitisch kann der Apotheker ebensowenig wirksam werden, da 90 % seines Sortiments mit Spannen bzw. Preisen zu kalkulieren sind, wie sie die Deutsche Arzneitaxe vorschreibt. (Wohlgemerkt bezieht sich das nur auf die Absatzseite, denn gegenüber dem Großhandel, als dem noch immer traditionellen Glied der pharmazeutischen Absatzkette, besteht nach Aufhebung der Großhandelspreisbindung durch das Bundeskartellamt durchaus die Möglichkeit der Einflußnahme auf die Beschaffungspreisgestaltung. Ähnlichen Zielen dient der Direktbezug sowie der Zusammenschluß der Apotheken zu Einkaufsgenossenschaften.)

Somit liegt die Vermutung nahe, auch dem werbepolitischen Verhalten des Apothekers nur geringe Bedeutung beizumessen. Die dabei jedoch vorzunehmende Differenzierung zwischen rechtlichen Normen und berufsständischen Empfehlungen wird Gegenstand späterer Erörterungen sein.

4. Die Nachfrage nach Arzneimitteln

Ein Spezifikum des Pharmamarktes ist die nur p a s s i v e T e i l n a h m e d e s V e r -
b r a u c h e r s am Marktgeschehen. Sie äußert sich in zweifacher Weise:

1. Der Verbraucher als Bedarfsträger begibt sich größtenteils der Auswahlfunktion, indem er die Entscheidung über den Einsatz bestimmter Arzneimittel als Therapeutikum einem unabhängigen, aber durch wissenschaftliche Ausbildung hierzu befähigten Dritten, d. h. dem Arzt überträgt. Es handelt sich hierbei um die bereits erwähnte Rezeptpflicht für rd. 70 % der in Apotheken nachgefragten Arzneimittel.

2. Die Finanzierung dieses Heilmittelbedarfs erfolgt durch Einkommensbeträge, die der unmittelbaren Verfügungsgewalt des Verbrauchers entzogen sind: Für den überwiegenden Teil der Bevölkerung übernehmen gesetzliche (hierzu gehören die Orts-, Landes-, Betriebs-, Innungs- und Seekrankenkassen, knappschaftliche Krankenkassen sowie die Ersatzkassen für Arbeiter und Angestellte)[11] (= 85 %) und private Krankenversicherungen (= 12 %) das finanzielle Krankheitsrisiko[12].

Kennzeichnend für die Arzneimittelnachfrage ist deren steigende Tendenz (vgl. Tabelle 4):

Tabelle 4

Der Pro-Kopf-Verbrauch an Pharmazeutika
– Bundesrepublik einschließlich Westberlin –

1956	1958	1960	1962	1965
30,– DM	37,– DM	45,– DM	54,– DM	70,– DM

Diese in mehreren Tageszeitungen und Mitteilungsblättern von Krankenkassen veröffentlichten spezifischen Pharmaumsätze sollen zumeist auf einen „bedenklichen Arzneimittelkonsum" hinweisen. Dabei wurde jedoch versäumt, zu erläutern, daß es sich hierbei lediglich um Pro-Kopf-Apothekenumsätze handelt, die über den reinen Arzneimittelverbrauch auch die sog. Randsortiments usw. erfassen. Außerdem haben die Änderung der Deutschen Arzneitaxe vom 26. 10. 1965, Vertragsänderungen und Preissteigerungen der pharmazeutischen Industrie zahlenmäßig Einfluß ausgeübt, so daß unter zusätzlicher Berücksichtigung der o. a. Indikatoren des Arzneimittelmehrverbrauchs kaum noch von besorgniserregender Entwicklung gesprochen werden kann.

Als Indikatoren des Mehrverbrauchs an Arzneimitteln sind zu nennen: zunehmende M o r b i d i t ä t als Folge zivilisatorischer Daseinsform und sozialer Mangelerscheinungen (z. B. Herz- und Kreislauferkrankungen, Diabetes, vegetative Störungen), der infolge m e d i z i n i s c h e n F o r t s c h r i t t s sich weitende Kreis medikamentös zu behandelnder Krankheiten (z. B. Typhus, Tuberkulose, Pneumonie) und die mit s t e i g e n d e r L e b e n s e r w a r t u n g zwangsläufig vermehrte Inanspruchnahme medizinischer Leistungen.

Unter Berücksichtigung der skizzierten Marktschwäche des Verbrauchers wird p r o d u k t - b e z o g e n e Werbepolitik nur bei nichtrezeptpflichtigen Arzneimitteln potentielle Kaufentscheidungen zur Folge haben.

II. Die Beteiligten am pharmawerblichen Kommunikationsprozeß

1. Der Werbemitteleinsatz durch die pharmazeutische Industrie

Die Erörterungen zu den Besonderheiten des Pharmamarktes haben bereits erkennen lassen, aus welchen Gründen die pharmazeutische Industrie als einer der werbeintensivsten Industriezweige angesehen werden kann:

1. Produktbezogene Werbepolitik führt bei der Vielzahl der am Markt befindlichen und zum Teil dichtsubstitutiven Arzneimittel (z. B. Analgetika) zwangsläufig zu hohen Werbeumsätzen[13]).

2. Pharmazeutika unterliegen einer hohen „Veraltungsrate"; 80 % der zur Zeit gebräuchlichsten Arzneimittel entstammen Entwicklungs- bzw. Forschungsvorhaben der Nachkriegszeit. Für den Arzt, dem es eine Standesverpflichtung ist, sein medizinisches Wissen auf den neuesten Stand zu bringen, erwächst hieraus das erhöhte Bedürfnis nach Aktualisierung seiner diagnostischen bzw. therapeutischen Möglichkeiten. Die pharmazeutische Industrie versucht diesen Intentionen werblich zu entsprechen.

3. Die Vertriebssphäre der Arzneimittel-Hersteller unterliegt weitgehender staatlicher Reglementierung. Festpreisvorschriften, Standardisierung der Qualitätsmerkmale sowie Vertriebsbindung haben eine Fixierung wichtiger absatzpolitischer Instrumente zur Folge. Sie initiieren den Unternehmer — unbeschadet der auch hier erlassenen Sonderbestimmungen — zur verstärkten werblichen Einflußnahme auf das Marktgeschehen.

Art und Umfang der verwendeten Kommunikationsmittel sowie der Inhalt der Werbebotschaft richten sich nach dem Kreis der Zuumwerbenden. Der Struktur des Arzneimittelmarktes entsprechend bieten sich folgende Adressaten an: der Arzt, der Pharmagroßhändler, der Apotheker und der Verbraucher. Unter Beachtung der in anderem Zusammenhang bereits erörterten Unterscheidung zwischen Fach- und Publikumswerbung ergibt sich somit das in Tabelle 5 wiedergegebene Spektrum werblicher Einflußmöglichkeiten[14]). Dabei gelangen die Werbemittel bzw. -träger entweder direkt (z. B. Anzeigen) oder indirekt über einen Absatzmittler (z. B. Verkaufshilfen) in den Wahrnehmungsbereich des Zuumwerbenden.

Als typische Erscheinungsformen der pharmawerblichen Kommunikation seien hier lediglich der „Ärztebesucher" und das „Ärztemuster" hervorgehoben. Mit dem Ärztebesucher versucht die pharmazeutische Industrie sowohl dem bereits erwähnten Informationsbedürfnis des Arztes entgegenzukommen als auch dessen persönlichkeitsbezogenes Firmenbild positiv zu beeinflussen. Neben menschlicher Befähigung erfordert das hinreichende Kenntnisse pharmakologischer, medizinischer und chemischer Zusammenhänge, so daß zumindest größere Unternehmen bestrebt sind, vorwiegend auf Mitarbeiter mit möglichst abgeschlossener medizinischer bzw. naturwissenschaftlicher Hochschulausbildung zurückzugreifen (approbierte Ärzte, Apotheker, Chemiker, Biologen). In der produktbezogenen Werbeargumentation dienen dagegen die Ärztemuster der Verifizierung zugesicherter therapeutischer bzw. diagnostischer Eigenschaften. Sie dürfen nur nach Aufforderung an die zur Ausübung der Heilkunde und Zahnheilkunde berechtigten Personen versandt werden.

Unabhängig davon gibt der Bundesverband der pharmazeutischen Industrie alljährlich die sogenannte „Rote Liste" heraus, die in ihrer 1967er Ausgabe auf 8488 Arzneispezialitäten von 578 im Verband organisierten Produzenten hinweist. Die über einen

Werbung für Arzneimittel 843

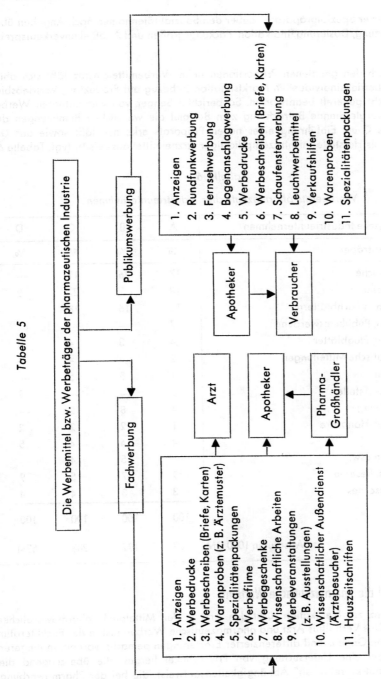

Tabelle 5

Marktanteil von 95 % verfügenden Hersteller wollen damit allen freien, angestellten bzw. beamteten Ärzten in einer Auflage von über 100 000 Exemplaren ein wertvolles und kostenloses Informationsmittel zur Verfügung stellen, indem dieses „Verzeichnis pharmazeutischer Spezialpräparate" außer den Spezialitätennamen noch Angaben über Zusammensetzung, Dosierung, Indikation, Packungsgrößen und Apothekenverkaufspreise enthält.

Die Frage nach den gebotenen Proportionen beim Werbemitteleinsatz läßt sich ohne Kenntnis der betriebsindividuellen Marktsituation in bezug auf Produktart, Vertriebsbindung usw. nicht generell beantworten. So berichtet Senger von vier mittleren Werbeetats, deren vergleichende Betrachtung zum Beispiel die werblichen Bemühungen des Unternehmens C um Einführung eines neuen Präparats erkennen läßt sowie das Unternehmen D als Hersteller nichtrezeptpflichtiger Arzneimittel ausweist[15]) (vgl. Tabelle 6).

Tabelle 6

Werbeetats pharmazeutischer Industrieunternehmen

Pharmazeutische Industrieunternehmen	A	B	C	D
Werbemittel/-träger	%	%	%	%
1. Ärztebesuche	17	36	11	—
2. Ärztemuster	18	1	27	2
3. Anzeigen in Fachblättern	18	16	18	—
4. Anzeigen, Publikumswerbung	7	—	—	67
5. Prospekte, Flugblätter	4	3	4	2
6. Therapeutische Mitteilungen	2	—	4	—
7. Preislisten	1	5	5	—
8. Plakate, Aufsteller	2	—	—	9
9. Briefwerbung	4	8	12	—
10. Graphiker-Honorare	1	2	2	2
11. Beratung	4	4	4	5
12. Gutachten usw.	—	5	4	—
13. Sonstiges, Reserve	19	17	5	9
14. Fotos, Klischees	3	3	4	4
	100	100	100	100
(Absolut in 1000 DM:	283	192	283	524)

2. Der Arzt und die pharmazeutische Werbung

Seine Kompetenz zur Medikation rückt den Arzt in den Mittelpunkt pharmawerblicher Bemühungen. (Das Verhältnis Arzt und pharmazeutische Werbung ist in der Fachliteratur zum bevorzugten Gegenstand differenzierter Erörterungen gemacht worden. In jüngerer Zeit ragt hierbei eine Untersuchung von Friesewinkel heraus, die überzeugend die „mehrdimensional-korrelativen" Abhängigkeiten aufweist, die bei der Pharmawerbung zwischen dem Arzt als Werbesubjekt und dem Werbegestalter, aber auch gegenüber dem Werbesujet, der Marktsituation, dem Arzneimittel als Werbeobjekt, dem Goodwill bzw. Image der Unternehmung usw. bestehen. Dieser Disposition zu folgen, hieße den

Werbung für Arzneimittel

für diese Untersuchung vorgesehenen Rahmen sprengen. Es sei jedoch an dieser Stelle ausdrücklich auf sie verwiesen[16]).)

Die ethische Verpflichtung zur optimalen medizinischen Versorgung des Patienten sowie das Risiko mangelnder Überschaubarkeit des therapeutischen Fortschritts schaffen jene I n f o r m a t i o n s l ü c k e , die die pharmazeutische Industrie durch den Einsatz spezieller Kommunikationsmittel zu schließen versucht. In dieser Ausgangssituation kommt bereits das Desinteresse des Arztes an Daten mit ö k o n o m i s c h e r Entscheidungsrelevanz zum Ausdruck. Mit anderen Worten: Je mehr sich die Pharmawerbung als Vermittlung p h a r m a k o - t h e r a p e u t i s c h e r Erkenntnisse versteht, um so eher wird sie den Intentionen des Arztes entsprechen können.

Welche Werbeträger bieten sich hierfür an? Die konventionelle Mediaforschung beschränkt sich bei der Lösung dieses Problems zunächst auf bestimmte Fachzeitschriften und deren Leserschaft, indem sie durch Angabe von Reichweitenzahlen, Kumulationsdaten, Eigenschaftsprofile und Quantuplikationstabellen dem Mediaplaner Entscheidungshilfen zur werbeoptimalen Placierung von Inseraten in die Hand gibt.

Ähnliche Wege ist auch die L e s e r a n a l y s e m e d i z i n i s c h e r F a c h z e i t s c h r i f t e n 1 9 6 6 („Ärzte – LA 66") der Gesellschaft Mediaplanung, Bremen, gegangen, nur mit dem Unterschied, daß sie gleichzeitig ihr Untersuchungsfeld auch auf andere Kommunikationsmittel ausdehnte, um durch Intermediavergleich zu einer Rangfolge zu gelangen[17]). So ergab sich bei der Frage nach den Informationsquellen für die neuesten Erkenntnisse auf dem Gebiet der Medizin für alle Ärztegruppen eine deutliche Bevorzugung der Fachzeitschriften (vgl. Tabelle 7). Eine entsprechende Frage zur Informationsgewinnung über Neuentwicklungen auf dem Arzneimittelmarkt ließ sowohl nach Rang-

Tabelle 7

Beurteilung der verschiedenen Informationsquellen über neue Erkenntnisse der Medizin[18])

Frage: „Um sich einen allgemeinen Überblick über die neuesten Erkenntnisse der Medizin zu verschaffen, wie nützlich sind für Sie Aufsätze in Fachzeitschriften? Und wie nützlich sind für Sie . . . ?"

Antworten (in % der befragten Ärzte):

Quellen	P*)	I*)	D*)	K*)
Aufsätze in med. Fachzeitschriften	92	92	92	95
Fachbücher	78	86	83	90
Fachtagungen	80	83	82	84
Fachkurse	75	70	69	73
Vertreterbesuche	48	36	40	31
Prospekte	31	22	19	13

*) P = Praktiker, I = Internisten, D = Dermatologen, K = Klinikärzte.
(Ausgewiesen wurden nur die als „sehr nützlich" oder „nützlich" bezeichneten Informationsquellen.)

folge als auch Ärztegruppierung deutliche Akzentverschiebungen erkennen, indem zum Beispiel bei den Praktikern nunmehr Vertreterbesuche und Ärztemuster die erste Stelle einnahmen (vgl. Tabelle 8).

Tabelle 8
Beurteilung der verschiedenen Informationsquellen über neue Medikamente[19]

Frage: „Und zur Information über neue Medikamente? Wie nützlich sind Ihnen...?"

Antworten (in % der befragten Ärzte):

Quellen	P*)	I*)	D*)	K*)
Aufsätze in med. Fachzeitschriften	77	80	83	77
Fachbücher	48	61	63	63
Fachtagungen	67	72	77	76
Fachkurse	62	63	66	61
Vertreterbesuche	80	73	78	61
Prospekte	52	48	47	33
Ärztemuster	80	72	79	66

*) P = Praktiker, I = Internisten, D = Dermatologen, K = Klinikärzte.
(Ausgewiesen wurden nur die als „sehr nützlich" oder „nützlich" bezeichneten Informationsquellen.)

Weitere statistische Zusammenhänge dieser Untersuchung zu repetieren, hieße den Erkenntniswert nicht erhöhen. Erst die Beachtung eines korrelativen S a c h z u s a m m e n - h a n g s z w i s c h e n M e d i u m , P r o d u k t u n d A r z t vermag Hinweise auf die hier interessierenden Verhaltensmuster des Arztes bei der Selektion von Medikamenten zu geben. Damit wird aber die Frage nach den Indikatoren unterschiedlichen Rezeptionsverhaltens akut, von denen hier einige diskutiert und – soweit in der Literatur nachgewiesen – empirisch belegt werden sollen.

1. Die Wahl der Informationsquelle über Therapiemöglichkeiten wird weitgehend durch die Art der diagnostizierten K r a n k h e i t bestimmt. So ergaben Untersuchungen von Menzel und Katz, daß chronische Krankheitsbedingungen den Arzt verstärkt auf Informationsquellen seines Berufstandes zurückgreifen lassen, während die werblichen Bemühungen der pharmazeutischen Industrie eher bei akuten Krankheiten genutzt werden[20] (vgl. Tabelle 9).

2. In entsprechender Weise wird davon auszugehen sein, daß der Arzt mit steigendem Risiko des verwendeten A r z n e i m i t t e l s die Fachinformation der werblichen Äußerung vorzieht. Das hierin zum Ausdruck kommende unterschiedliche Vertrauen in die jeweilige Informationsquelle führt jedoch nicht nur zu einer Differenzierung zwischen berufsständischer und pharmawerblicher Kommunikation, sondern auch zu einem unterschiedlichen Rezeptionsverhalten gegenüber der Werbeargumentation verschiedener Arzneimittelhersteller. So zeigt Bauer in einer Untersuchung, daß die Präferenzierung eines Unternehmens mit der seiner Produkte durch den Arzt weitgehend korrespondiert[21].

Tabelle 9

Die Benutzung von Informationsquellen durch den Arzt bei akuten und chronischen Krankheitsbedingungen

	akute	chronische
	Krankheitsbedingungen	
	%	%
1. Postsendungen und Hauszeitschriften der pharmazeutischen Industrie	23	17
2. Ärztebesucher	33	27
3. Fachzeitschriften	26	27
4. Ärztekollegen	7	22
5. Tagungen	0	5
6. Andere Informationsquellen	10	2
	100	100

3. Die Übernahme des Arzneimittels in den Heilplan des Arztes ist zugleich Ausdruck eines individualpsychologischen Adoptionsprozesses, den die Diffusionsforschung in die folgenden fünf Stufen gliedert[22]:

(In zeitlicher Dimension läßt sich der individualpsychologische Adoptionsprozeß als aggregierte Größe in den Letalitätskurven der Gesundheitsstatistik deutlich nachweisen. Schretzenmayr nennt hierfür u. a. als Beispiel die Typhusletalitätskurven in Deutschland, aus denen klar die „Latenzzeit" zu erkennen ist, die zwischen der Einführung eines neuen Präparats und der allgemeinen Nutzung seiner therapeutischen Möglichkeiten liegt.)

a) Stufe des Gewahrwerdens (awareness stage)

b) Stufe des Interesses (interest stage)

c) Stufe des Bewertens (evaluation stage)

d) Versuchsstufe (trial stage)

e) Annahmestufe (adoption stage)

Pharmawerbliche Kommunikation wird damit auch bei der Einführung neuer Präparate von differenzierten Informationsbedürfnissen auszugehen haben. Den empirischen Nachweis erbrachten unter anderem Untersuchungen von Coleman, Katz und Menzel über die zeitliche Reihenfolge der benutzten Informationsquellen bei Produkteinführungen. Danach bestand ein signifikanter Sachzusammenhang zwischen Anspruchsniveau bzw. Überzeugungsqualität der Informationsquelle und dem Zeitpunkt ihrer Nutzung[24]) (vgl. Tabelle 10).

4. Der Adoptionsprozeß verläuft innerhalb der Ärzteschaft in zeitlicher Hinsicht nicht gleichförmig, sondern hängt weitgehend von den vorliegenden Sozialstrukturen ab. Hierzu berichten die bereits genannten Autoren Coleman, Katz und Menzel in ihrer Analyse, daß mit fortschreitender sozialer Isolierung eine Verzögerung des Übernahmeprozesses zu beobachten ist[25]) (vgl. Tabelle 11).

Damit wird aber das Problem der sozialen Bindung zugleich ein wichtiges Datum für den Mediaplaner, indem unterschiedliche soziale Stellung selektives werbliches Vor-

Tabelle 10

Die Benutzung von Informationsquellen durch den Arzt über ein Arzneimittel im Zeitablauf

	erste Quelle %	mittlere Quelle %	letzte Quelle %
1. Persönliche Kontakte	65	46	41
a) Ärztebesucher	52	27	5
b) Ärztekollegen	10	15	28
c) Tagungen, Kongresse	3	4	8
2. Literatur	34	53	58
a) Direktpostsendungen der Pharma-Industrie	22	16	14
b) Fachzeitschriften	6	21	21
c) Hauszeitschriften	3	11	21
d) Sonstige Literatur	3	2	—
e) Inserate	—	3	2
3. Andere	—	2	1
	100	100	100

Tabelle 11

Zeitdauer des Adoptionsprozesses bei Ärzten mit sozial unterschiedlicher Bindung

Zeitdauer des Adoptionsprozesses (Monate)	Charakteristik der sozialen Bindung
1— 4	dichte professionelle Beziehungen zwischen Ärzten
4— 5	dichte Freundschaftsbeziehungen zwischen Ärzten
4— 6	relativ isolierte Ärzte
7—14	individuelle Übernahme, unberührt durch Beziehungen zwischen Ärzten
15 und mehr	einige weitere Übernahmen

gehen erfordert. Zu erinnern sei auch an das alte Erscheinungsbild des Opinion Leader bzw. Innovatoren, dem im Bereich der Medizin große Bedeutung zukommt. Seine besondere Stellung macht ihn zu einem bevorzugten Werbesubjekt mit spezifischem Informationsbedürfnis.

Diese wenigen, jeweils nur andiskutierten Indikatoren unterschiedlichen Rezeptionsverhaltens lassen bereits die Vielschichtigkeit des Problems „Arzt und pharmazeutische Werbung" erkennen. Ihr gemeinsamer Nenner liegt in der Feststellung, daß u n t e r s c h i e d l i c h e n   M e d i e n   i n   u n t e r s c h i e d l i c h e r   S i t u a t i o n   u n t e r s c h i e d l i c h e   B e d e u t u n g   z u k o m m t. Damit werden aber die traditionellen mediabezogenen Beurteilungsqualitäten f u n k t i o n a l e n Kategorien zu weichen haben.

3. Die Apothekenwerbung

Die Beteiligung der Apotheken am pharmawerblichen Kommunikationsprozeß ist grundsätzlich in zweifacher Weise denkbar:

1. Als Absatzorgan mit öffentlichem Arzneimittelversorgungsauftrag ist die Apotheke zunächst ein potentielles W e r b e s u b j e k t der pharmazeutischen Industrie. Umfang und Intensität pharmawerblichen Bemühens hängen dabei weitgehend von den Möglichkeiten der Apotheke ab, ihrerseits produktbezogene und damit selektive Absatzpolitik zu treiben. Andererseits wird durch die Bindung der Arneimittelabgabe an die Vorlage eines ärztlichen Rezepts das apothekenbezogene werbliche Interesse der Pharmaindustrie in entsprechender Weise eingeengt. Die verwendeten Kommunikationsmittel beschränken sich zumeist auf Vertreterbesuche, Warenproben, Verkaufshilfen sowie Inserate in den Standesblättern, sind also nicht von derartig spezifischer Erscheinungsform, als daß sie hier besonders zu erläutern wären.

2. Anders steht es dagegen um das Erscheinungsbild des Apothekers als W e r b u n g t r e i b e n d e r. Wie bereits in anderem Zusammenhang vermerkt, hat die Einführung der unbeschränkten Niederlassungsfreiheit die Sorge um die Standortgunst und damit die Bedeutung eines hinreichenden Absatzpotentials auch für den Apotheker akut werden lassen. Dabei dürfte dem Verkaufsinstrument der Werbung – wie im übrigen Einzelhandel – ein absatzpotentialerhöhender Effekt zukommen. Unabhängig von den ohnehin bestehenden Werbeverboten für bestimmte Arzneimittel-Kategorien würde die Apothekenwerbung gegenüber Verbrauchern keine reine Produktwerbung sein (mögliche Ausnahme: Hausspezialitäten), sondern vielmehr auf Bekanntgabe des Ortes potentieller Bedürfnisbefriedigung und Schaffung persönlicher Präferenzen hinauslaufen, mithin Firmenwerbung sein.

Wie sieht jedoch die Werbewirklichkeit aus? Der Apotheker versteht sich – unabhängig von der rechtlichen Würdigung – als Angehöriger eines freien Berufs, der seinem Gewerbebetrieb lediglich akzidentelle Bedeutung beimißt. Ausdruck dieser besonderen Standesauffassung ist nicht zuletzt eine äußerste Zurückhaltung gegenüber jedem Konkurrenzdenken und damit auch seiner absatzpolitischen Manifestation in Form von Werbung. Selbst für den Fall, daß der einzelne Apotheker zur Frage der Verbraucherwerbung eine etwas differenziertere Stellung einnehmen sollte[26]), verpflichten ihn die Richtlinien von Bundes- und Landesapothekerkammer zu einem weitgehenden Verzicht auf werbepolitische Aktivität.

Als Beispiel seien hier die „R i c h t l i n i e n f ü r d i e W e r b u n g d e r ö f f e n t l i c h e n A p o t h e k e n" der Landesapothekerkammer Baden-Württemberg vom 16. Februar 1966 in ihren Grundzügen wiedergegeben: In allgemeingehaltenen L e i t s ä t z e n werden die Apotheker zunächst zur Beachtung der wettbewerbs- und heilmittelwerberechtlichen Normen, aber auch der hier interessierenden berufsständischen Auffassung über eine „angemessene und lautere Werbung" verpflichtet. Als s t a n d e s ü b l i c h gilt lediglich die Gemeinschaftswerbung sowie die Einzelwerbung durch Schaufenster- und Verkaufsraumgestaltung, durch Hauszeitschriften, Werbeartikel und Proben nichtapothekenpflichtiger Arzneimittel. Die Abgabe apothekenpflichtiger (aber rezeptfreier) Arzneimittel darf jedoch nur in begründeten Einzelfällen und nach Anforderung durch den Patienten erfolgen. Der Katalog s t a n d e s w i d r i g e r Werbemittel umfaßt dagegen die Anzeigenwerbung in Tageszeitungen, Zeitschriften, Hotelprospekten, Telefonbüchern, Fahrplänen usw., die Versendung von Werbebriefen und die Diawerbung in Filmtheatern, aber auch die Verwendung öffentlicher Hinweisschilder, soweit sie vornehmlich Wettbewerbszwecke verfolgen.

Damit gehen diese Richtlinien weit über die einschlägigen gesetzlichen Vorschriften hinaus, so daß über deren rechtliche Würdigung an anderer Stelle noch einiges zu sagen sein wird.

4. Der Verbraucher im Blickfeld der pharmazeutischen Werbung

Pharmawerbung bei Verbrauchern als Mittel der Absatzpolitik gilt trotz ihrer inzwischen eindeutigen rechtlichen Regelung noch immer als heftig umstritten. Das Spektrum der Meinungen reicht dabei von der Feststellung, „daß das Heilmittelwerbegesetz an sich ein Unding sei, weil man für Heilmittel überhaupt nicht werben dürfe und Arzneimittelverkauf und Arzneiabgabe eben zweierlei seien[27])" bis hin zur Erklärung eines „moralischen und verfassungsmäßigen Rechts auf Selbstbehandlung", aus dem sich notwendigerweise „das Recht auf Werbung für Heilmittel" (wenn auch innerhalb bestimmter Grenzen) herleite[28]).

Aktueller Anlaß für die neuerliche Diskussion sind die geplanten Rechtsverordnungen zu den §§ 30 und 32 Arzneimittelgesetz, die eine große Anzahl von Arzneimitteln aus der Apothekenpflicht entlassen und damit für frei verkäuflich erklären. In der Kritik gegen die geplanten Bestimmungen haben sich die Standesvertretungen der Apotheker und Ärzte stark exponiert, indem sie in ganzseitigen Inseraten überregionaler Tageszeitungen sowie in Publikationen besonders auf die Gefahr einer nunmehr gesteigerten intensiven Publikumswerbung hinweisen. Auf ihren gesundheitspolitischen Kern zurückgeführt (daß es dabei auch um wirtschaftliche Interessen geht — z. B. erwartete Umsatzeinbußen der Apotheker von ca. 15 % — sei nur am Rande vermerkt), erklärt sich die Ablehnung aus der befürchteten unmittelbaren Patientenschädigung durch Werbung gegenüber sachunkundigen Verbrauchern (risikoreiche Selbstbehandlung, Verhinderung rechtzeitiger Konsultation des Arztes, Arzneimittelmißbrauch sowie irriger Glaube an die völlige Unbedenklichkeit freiverkäuflicher Arzneimittel usw.).

Der Werbemitteleinsatz in der Verbraucherwerbung beschränkt sich seitens der pharmazeutischen Industrie ganz überwiegend auf Inserate[29]). Die Zurückhaltung bei der Apothekenwerbung wurde bereits in anderem Zusammenhang erörtert, wobei allerdings die zusätzliche Öffentlichkeitsarbeit bzw. überregionale Werbung der **Werbe- und Vertriebsgesellschaft Deutscher Apotheker mbH** in der ABDA nicht unerwähnt bleiben darf.

III. Die rechtlichen und institutionellen Regelungen der pharmazeutischen Werbung

1. Das Gesetz über die Werbung auf dem Gebiete des Heilwesens

Die ersten Bemühungen um eine rechtliche Regelung der Heilmittelwerbung gehen in Deutschland auf das Jahr 1933 zurück[30]), als auf Grund des Polizeiverwaltungsgesetzes vom 1.6.1931 eine „Polizeiverordnung über die öffentliche Ankündigung oder Anpreisung von Mitteln oder Verfahren, die zur Verhütung, Linderung oder Heilung von Menschen- oder Tierkrankheiten bestimmt sind", erging. Sie wurde abgelöst durch die vom Reichs- und Preußischen Minister des Innern am 5. 5. 1936 erlassene „Polizeiverordnung über die Werbung auf dem Gebiete des Heilwesens". Dieser entsprach inhaltlich die vom Reichsminister des Innern am 29. 9. 1941 erlassene „Polizeiverordnung über die Werbung auf dem Gebiete des Heilwesens", jener Verordnung, die 24 Jahre Gültigkeit hatte und somit als der unmittelbare Vorläufer des zur Zeit gültigen bundesdeutschen Heilmittelwerberechts anzusehen ist: des „Gesetzes über die Werbung auf dem Gebiete des Heilwesens" vom 15. 7. 1965 (BGBl I S. 604).

Das Gesetz regelt in 18 Paragraphen – unbeschadet der Vorschriften des allgemeinen Wettbewerbsrechts und Strafrechts – die Werbung für Arzneimittel sowie all jener Mittel, Verfahren, Behandlungen und Gegenstände, denen in der Werbeargumentation die Bedeutung eines Arzneimittels zugesprochen wird. Somit geht das Heilmittelwerbegesetz über den Anwendungsbereich des Arzneimittelgesetzes hinaus.

Unter stichwortartiger Angabe ihres jeweiligen Inhalts lassen sich die Bestimmungen wie folgt gliedern[31]:

§ 1 Anwendungsbereich
§ 2 Begriff „Fachkreise"
§§ 3–7 Allgemeine Werbeverbote
  § 3 Irreführung
  § 4 Gutachten und Zeugnisse
  § 5 Werbegaben
  § 6 Versandhandel
  § 7 Fernbehandlung
§§ 8–10 Verbote für die Werbung außerhalb der Fachkreise
  § 8 Rezeptpflichtige und Schlaf-Mittel
  § 9 Spezialverbote für die Publikumswerbung
    § 9,1 Gutachten und Veröffentlichungen
    § 9,2 Ärztliche Empfehlungen und Prüfungen
    § 9,3 Krankengeschichten
    § 9,4 Bildliche Darstellung von Ärzten
    § 9,5a Bildliche Darstellung von Krankheiten
    § 9,5b Vergleichende bildliche Darstellung
    § 9,5c Bildliche Darstellung des Wirkungsvorganges
    § 9,6 Fremdsprachliche Bezeichnungen
    § 9,7 Erweckung von Angstgefühlen
    § 9,8 Werbevorträge
    § 9,9 Hauszeitschriften
    § 9,10 Selbstbehandlungsvorschriften
    § 9,11 Dankschreiben
    § 9,12 Werbung gegenüber Kindern
    § 9,13 Preisausschreiben
    § 9,14 Muster und Gutschein dafür
  § 10 Krankheiten und Leiden, auf die sich die Werbung nicht beziehen darf (lt. Anlage zu § 10, hier nur die angeführten Krankheiten und Leiden beim Menschen):
    1. Nach dem Bundes-Seuchengesetz vom 18. 7. 1961 (BGBl I S. 1012), zuletzt geändert durch das Gesetz vom 23. 1. 1963 (BGBl I S. 57), meldepflichtige Krankheiten,
    2. Geschwulstkrankheiten,
    3. Krankheiten des Stoffwechsels und der inneren Sekretion, ausgenommen Vitamin- und Mineralstoffmangel und alimentäre Fettsucht,

　　　　　　　　　4. Krankheiten des Blutes und der blutbildenden Organe, ausgenommen Eisenmangelanämie,
　　　　　　　　　5. organische Krankheiten
　　　　　　　　　　a) des Nervensystems,
　　　　　　　　　　b) der Augen und Ohren,
　　　　　　　　　　c) des Herzens und der Gefäße, ausgenommen allgemeine Arteriosklerose, Varikose und Frostbeulen,
　　　　　　　　　　d) der Leber und des Pankreas,
　　　　　　　　　　e) der Harn- und Geschlechtsorgane,
　　　　　　　　　6. Geschwüre des Magens und des Darms,
　　　　　　　　　7. Epilepsie,
　　　　　　　　　8. Geisteskrankheiten,
　　　　　　　　　9. Trunksucht,
　　　　　　　　10. krankhafte Komplikationen der Schwangerschaft, der Entbindung und des Wochenbetts.

§ 11　　　Werbung von Unternehmen mit Sitz außerhalb des Geltungsbereiches des Gesetzes

§§ 12–17　Straf- und Bußgeldvorschriften, Einziehung von Werbematerial[32])

　　　　§ 12 Strafvorschrift (Verantwortlichkeit, Schuld)
　　　　§ 13 Ordnungswidrigkeiten, Verwaltungsverfügung, Unterlassungsanspruch
　　　　§§ 14–16 Haftung der Organe und ihrer Verantwortlichen
　　　　§ 17 Einziehung von Werbematerial

§ 18　　　Weitergeltende Vorschriften

　　　　Gesetz gegen den unlauteren Wettbewerb v. 7. 6. 1909 (RGBl S. 499), zuletzt geändert durch das Gesetz vom 11. 3. 1957 (BGBl I S. 172); § 21 des Gesetzes zur Bekämpfung der Geschlechtskrankheiten vom 23. 7. 1953 (BGBl I S. 700); Zugabeordnung vom 9. 3. 1932 (RGBl I S. 121).

2. Die pharmawerbliche Selbstkontrolle

Wie wir sahen, werden mit der Zuordnung zum Geltungsbereich des Heilmittelwerbegesetzes der produktbezogenen Werbeargumentation bestimmte Beschränkungen auferlegt. Zweifel über die Zuständigkeit ergeben sich für den Werbungtreibenden mitunter bei jenen Mitteln, Gegenständen usw., die, über herkömmliche Vorstellungen hinausgehend, nur noch ihrer Zweckbestimmung nach als Arzneimittel anzusehen sind. Hierzu zählen zum Beispiel Raucherentwöhnungsmittel, Schlankheitsmittel, Empfängnisverhütungsmittel, Tonika, Büstenmittel usw., deren werbliches Erscheinungsbild von Kernd'l einmal treffend als die „graue Zone der Arzneimittelwerbung" bezeichnet wurde[33]).

Aus dem Interesse der pharmazeutischen Industrie an der Beseitigung der auf diesem Gebiet oft zu beobachtenden werblichen Mißstände sind zunächst zahlreiche W e r b e g r u n d s ä t z e erarbeitet worden, die die Mitglieder der entsprechenden Fachverbände zu einem bestimmten werbepolitischen Verhalten verpflichten. Als Beispiel mögen die vom B u n d e s f a c h v e r b a n d d e r H e i l m i t t e l i n d u s t r i e (der ausschließlich publikumswerbungtreibende Pharmahersteller vertritt) bereits 1958 herausgegebenen

"Werbegrundsätze für die Publikumswerbung auf dem Gebiet des Heilwesens" dienen[34]). Allgemein formuliert fordern sie

1. Wahrhaftigkeit und Redlichkeit,
2. Verbot ungehöriger Beeinflussung sowie
3. Achtung des ausschließlichen Arztbereiches.

Im übrigen korrespondieren die Grundsätze weitgehend mit den entsprechenden Bestimmungen des inzwischen in Kraft getretenen Heilmittelwerbegesetzes.

Zur Durchsetzung derartiger Grundsätze hat sich der „Gemeinschaftsausschuß zur Selbstkontrolle der Heilmittelwerbung" konstituiert[35]). Ihm gehören folgende Mitglieder an:

1. die Verbände der pharmazeutischen Industrie
   (Bundesverband der pharmazeutischen Industrie, Bundesfachverband der Heilmittelindustrie, Verband der Reformwarenhersteller),
2. der Verband der Körperpflegemittelindustrie,
3. die Presseverbände
   (Bundesverband Deutscher Zeitungsverleger und Verband Deutscher Zeitschriftenverleger),
4. die Begutachtungsstelle für Arzneimittelwerbung und
5. der Verein zur Wahrung einer lauteren Werbung auf dem Gebiete des Gesundheitswesens.

Tätigwerdendes Kontrollorgan ist zunächst die Begutachtungsstelle für Arzneimittelwerbung, indem sie die von der Werbewirtschaft zur Begutachtung vorgelegten Werbevorhaben auf ihre Vereinbarkeit mit den Vorschriften des Heilmittelwerbegesetzes untersucht. Dabei stammten im Jahre 1966 ca. 80 % der 4500 schriftlichen und mündlichen Aufforderungen zur kostenlosen Begutachtung von der – um ihre strafrechtliche Mitverantwortung besorgten – Presse. Dagegen betrachtet es der Verein zur Wahrung einer lauteren Werbung auf dem Gebiete des Gesundheitswesens als seine Aufgabe, immer dann in Aktion zu treten, wenn nach vorherigem Versäumnis werblicher Unbedenklichkeitsüberprüfung spätere Unkorrektheiten im Werbevorhaben zu bemängeln sind.

Ein anderes Beispiel pharmawerblicher Selbstkontrolle ist in den bereits erwähnten „Richtlinien für die Werbung der öffentlichen Apotheken" zu sehen. Sie dienen insbesondere der Konkretisierung standesüblicher Werbung, werden aber wegen ihrer weit über die gesetzlichen Bestimmungen hinausgehenden Regelungen von Kreisen der Werbewirtschaft als „eine wesentliche Störung der Rechtsentwicklung im Bereich des Heilmittelwerberechts[36])" empfunden. Der ZAW hat daher bereits 1966 in einem Gutachten nachzuweisen versucht, daß die genannten Richtlinien weder aus den Apothekenkammergesetzen herzuleiten sind noch den Intentionen des § 1 GWB entsprechen, mithin also unwirksam seien. Gespräche zwischen dem Bundeskartellamt und der Apothekenwirtschaft haben zum Teil eine Bestätigung der werbewirtschaftlichen Auffassung erbracht, jedoch kann die Diskussion über die kartellrechtliche Zulässigkeit noch nicht als beendet angesehen werden.

3. Die Angleichung der Rechtsvorschriften über die Arzneimittelwerbung in der EWG

Wenn es als die Aufgabe der EWG angesehen werden kann, durch Errichtung eines gemeinsamen Marktes die harmonische Entwicklung, Ausweitung und Stabilität der Wirtschaft sowie eine Annäherung der Wirtschaftspolitik aller Mitgliedsländer herbeizuführen, so werden sich die Koordinierungsmaßnahmen notwendigerweise auch auf den Sektor der Pharmaprodukte zu beziehen haben.

Der Bestandsanalyse diente eine Untersuchung der OECD über die die Werbung für Arzneimittel betreffenden Bestimmungen[37]. Der Ländervergleich ergab, daß die Hälfte aller OECD-Staaten keinerlei Einschränkungen der Fachwerbung kennt, während bei den übrigen Ländern zum Teil erhebliche Unterschiede hinsichtlich des Umfanges staatlicher Überwachung bestehen. Andererseits unterliegt die Laien- bzw. Publikumswerbung übereinstimmend mehr oder weniger starkem staatlichem Eingriff bzw. freiwilliger Selbstkontrolle.

Können die unterschiedlichen Bestimmungen bereits ganz allgemein als ein großes Hindernis für den internationalen Handel mit Pharmaprodukten angesehen werden, so ergeben sich die Schwierigkeiten und damit die Notwendigkeit zur Rechtsangleichung insbesondere aus der potentiellen Diskriminierung ausländischer Werbungtreibender sowie den Gestaltungsproblemen grenzüberschreitender Werbemedien.

Vor diesem Hintergrund wurde am 6. Juni 1967 von der EWG-Kommission dem EWG-Ministerrat der „**Vorschlag einer Richtlinie des Rates für die Angleichung der Rechtsvorschriften der Mitgliedstaaten über die Werbung für Arzneispezialitäten und über die Packungsbeilage**" zur Beschlußfassung vorgelegt[38]. In zahlreichen Gutachten und Gegendarstellungen der unmittelbar angesprochenen Wirtschaftskreise wurden die Bestimmungen kommentiert und mit Verbesserungsvorschlägen versehen. Übereinstimmende Kritik besteht hinsichtlich des Artikels 14 des EWG-Richtlinienentwurfs, wonach für alle Werbemaßnahmen eine Vorlagepflicht gegenüber den zuständigen Behörden des jeweiligen Landes, in dem geworben werden soll, vorgesehen ist. Dies kommt aber einer öffentlich-rechtlichen Vorzensur gleich, mithin einem Verfahren, das nach Artikel 5 Grundgesetz ohne jede Einschränkung verboten ist. Die Bundesregierung wird daher dem Artikel 14 des Richtlinienvorschlags ihre Zustimmung versagen.

Die EWG-politische Erfahrung lehrt, daß bei dieser Konstellation dem Ziel der Rechtsangleichung kein baldiger Erfolg beschieden sein dürfte.

Quellenangaben:

[1] Vgl. Buchli, Hanns: 6000 Jahre Werbung, Band I bis III, Berlin 1962 und 1966.
[2] Vgl. Gunzert, Rudolf: Die Stellung der Heilmittel in der modernen Gesellschaft. In: Die Werbung auf dem Gebiete des Gesundheitswesens, Schriftenreihe zur Heilmittelwerbung, Heft 7, hrsgg. vom Bundesfachverband der Heilmittelindustrie und der ihr verbundenen Werbewirtschaft e. V., Köln, Uelzen o J. (1962), S. 13.
[3] Gesetz über den Verkehr mit Arzneimitteln (AMG) — Arzneimittelgesetz — vom 16. 5. 1961 (BGBl I S. 533).
[4] Gesetz über das Apothekenwesen — Apothekengesetz — v. 20. 8. 1960 (BGBl. I S. 697).
[5] Vgl. o. V.: Der Export beweist das Vertrauen. In: Arzneimittel — Ware besonderer Art. Beilage zu: Industriekurier, 21. Jg., Nr. 82 v. 28. 5. 1968, S. 15.
[6] Errechnet aus: o. V.: Der Export beweist das Vertrauen, a. a. O., S. 15.
[7] (— 1 BvR 596/56 —). Vgl. hierzu auch o. V. (Dr. M.): Die Entscheidung. In: Pharmazeutische Zeitung, 103. Jg., Nr. 25/1958, S. 603 ff.

[8] Vgl. Schriftleitung der Deutschen Apothekerzeitung (Bearb.): Apotheker-Jahrbuch 1968, Stuttgart 1968, S. 597 und 603; Apotheker-Jahrbuch 1959, Stuttgart 1959, S. 481.
[9] Vgl. ABDA: Die Apotheke – Verantwortung und Geschäft. In: Arzneimittel – Ware besonderer Art, a. a. O., S. 21.
[10] Nach Angaben der Geschäftsführung der ABDA am 10. 1. 1958 auf einer Pressekonferenz der Abteilung Öffentlichkeitsarbeit der ABDA über die Freiverkäuflichkeit von Arzneimitteln. In: Pharmazeutische Zeitung, 113. Jg., Nr. 3/1968, S. 84 ff.
[11] Zum Mitgliederbestand vgl. Apotheker-Jahrbuch 1968, S. 622 ff.
[12] Vgl. o. V. (H. W.): Gesundheit – ein materielles Problem. In: Gesundheit – ein Wirtschaftsfaktor. Beilage zu: Industriekurier, 20. Jg., Nr. 77 v. 24. 5. 1967, S. 19.
[13] Über Partialanalysen hinausgehend enthält die einschlägige Literatur keine neueren Angaben über die absolute Höhe der Werbeumsätze in der pharmazeutischen Industrie. So publiziert z. B. der Zentralausschuß der Werbewirtschaft e. V. (ZAW) in seinem Jahresbericht 1967 nach Angaben der Gesellschaft für Werbestatistik Schmidt & Pohlmann, Hamburg (vormals Kapferer & Schmidt) lediglich die Verteilung der Bruttostreukosten ausgewählter Werbeträger (Zeitungen, Zeitschriften, Hörfunk, Fernsehen). Bei diesen Pharmawerbeumsätzen wird nur die Publikumswerbung berücksichtigt und zudem noch in einer Summe mit den entsprechenden Ausgaben für Körperpflege- und Reinigungsmittel.
[14] Vgl. hierzu auch: Schneider, Erich: Absatzpolitik pharmazeutischer Industrieunternehmen, Berlin, Heidelberg, New York 1965, S. 125.
[15] Prozentsätze errechnet aus den absoluten Zahlen bei Senger, K. Th.: Die Werbung in der pharmazeutischen Industrie. In: Die Anzeige, 30. Jg., Nr. 3/1954, S. 266.
[16] Vgl. Friesewinkel, Harald: Der Arzt und die Werbung. In: Die Pharmazeutische Industrie, 28. Jg. (1966), Nr. 3, S. 133 ff., Nr. 4, S. 200 ff., Nr. 5, S. 286 ff., Nr. 6, S. 372 ff., Nr. 7, S. 448 ff., Nr. 8, S. 535 ff.
[17] Vgl. Reinhard, Horst: Was lesen Ärzte? In: Die Absatzwirtschaft, 10. Jg., Nr. 4/1967, S. 177 ff., und Schaefer, Wolfgang: Zielsetzung und Methoden einer Leseranalyse medizinischer Fachzeitschriften. In: Die Pharmazeutische Industrie, 29. Jg., Nr. 2/1967, S. 69 ff. Zur kritischen Würdigung (Auswahl der Ärztegruppen, Methodische Aspekte), vgl. Rall, W.: Was lesen Ärzte wirklich? In: Die Pharmazeutische Industrie, 29. Jg., Nr. 9/1967, S. 688 ff. Als Erwiderung hierauf vgl. Schaefer, Wolfgang: Zur Problematik der Leseranalysen bei Ärzten. In: Die Pharmazeutische Industrie, 30. Jg., Nr. 3/1968, S. 142 ff. und o. V.: Ärzte – LA 68 zum Sommer. In: Die Pharmazeutische Industrie, 30. Jg., Nr. 1/1968, S. 27.
[18] Vgl. Reinhard, Horst: a. a. O., S. 178.
[19] Ebenda.
[20] Vgl. Menzel, Herbert, und Katz, Elihu: Social Relations and Innovation in the Medical Profession: The Epidemiology of a New Drug. In: The Public Opinion Quarterly, 19. Jg., Nr. 4/1955–56, S. 345.
[21] Vgl. Bauer, Raymond A.: Risk Handling in Drug Adoption: The Role of Company Preference. In: The Public Opinion Quarterly, 25. Jg., Nr. 4/1961, S. 546 ff.; zum Problem der Attitüdenbeeinflussung durch unternehmensbezogene Werbung vgl. auch: Neadle, Dexter: The Relationship of Corporate Image to Product Behavior. In: The Public Opinion Quarterly, 28. Jg., Nr. 2/1964, S. 293 ff.
[22] Vgl. Kiefer, Klaus: Die Diffusion von Neuerungen, Tübingen 1967, S. 40.
[23] Vgl. hierzu die Ausführungen auf dem 56. Deutschen Ärztetag 1953.
[24] Vgl. Coleman, James S., Katz, Elihu, und Menzel, Herbert: Medical Innovation. A Diffusion Study, Indianapolis, New York, Kansas City 1966, S. 59. Zu ähnlichen Ergebnissen kommen bereits Caplow, Theodore und Raymond, John J.: Factors Influencing the Selection of Pharmaceutical Products. In: The Journal of Marketing, 19. Jg., Nr. 1/1954, S. 20.
[25] Vgl. Coleman, James S., Katz, Elihu, und Menzel, Herbert: a. a. O., S. 131.
[26] Vgl. hierzu z. B. Beyer-Enke, Siegfried: Apothekenwerbung tut not! In: Der Deutsche Apotheker, 18. Jg., Nr. 10/1966, S. 529 ff.; als Kritik hierzu: o. V.: Apothekenwerbung tut not. In: Pharmazeutische Zeitung, 111. Jg., Nr. 47/1966, S. 1747 f.; als Erwiderung: Beyer-Enke, Siegfried: Freiheit, die ich meine... eine Erwiderung! In: Der Deutsche Apotheker, 18. Jg., Nr. 12/1966, S. 633 ff.

[27]) o. V.: Pressekonferenz über die Freiverkäuflichkeit von Arzneimitteln. In: Pharmazeutische Zeitung, 113. Jg., Nr. 3/1968, S. 85.

[28]) Gunzert, Rudolf: a. a O., S. 23.

[29]) Vgl. Schneider, Erich-Dieter: a. a. O., S. 140 ff.

[30]) Vgl. Bernhardt, Fritz: Gesetz über die Werbung auf dem Gebiete des Heilwesens (Kommentar), Berlin und Frankfurt a. M. 1966, S. 12 ff.

[31]) Vgl. hierzu auch: Bundesfachverband der Heilmittelindustrie und der ihr verbundenen Werbewirtschaft e. V. Köln (Hrsg.): Gesetz über die Werbung auf dem Gebiet des Heilwesens vom 11. Juli 1965. Rechtsprechung, Materialien und Kommentare zum Heilmittelwerberecht, Uelzen 1966, S. 30 ff.

[32]) Vgl. hierzu auch: Kohlhaas, Max: Die Strafbestimmungen des Arzneimittelwerbegesetzes. In: Die Pharmazeutische Industrie, 27. Jg., Nr. 9/1965, S. 590 ff.

[33]) Vgl. Kernd'l, Alfred: Die graue Zone der Arzneimittelwerbung. In: Die Pharmazeutische Zeitung, 25. Jg., Nr. 2/1963, S. 61 ff.

[34]) Vgl. Bundesfachverband der Heilmittelindustrie und der ihr verbundenen Werbewirtschaft e. V. Köln (Hrsg.): Gesetz über die Werbung auf dem Gebiet des Heilwesens..., a. a. O., S. 11 und S. 361 ff.

[35]) Vgl. Kernd'l, Alfred: Das Heilmittelwerbegesetz – Erfahrungen und Erwartungen. In: Die Pharmazeutische Industrie, 29. Jg., Nr. 4/1967, S. 212.

[36]) Vgl. hierzu auch: Zentralausschuß der Werbewirtschaft e. V. (ZAW) (Hrsg.): Werbung 1967. Jahresbericht des ZAW, Bad Godesberg 1968, S. 85 f.

[37]) Vgl. o. V.: Werbung für pharmazeutische Produkte – Eine Untersuchung (Umfrage) der OECD. In: Die Pharmazeutische Industrie, 27. Jg., Nr. 6/1965, S. 409 ff.

[38]) Vgl. o. V.: Entwurf der EWG-Richtlinie über die Werbung für Arzneispezialitäten. In: Die Pharmazeutische Industrie, 29. Jg., Nr. 6/1967, S. 415 ff.

Literatur:

Selbständige Bücher und Schriften

Buchli, Hanns: 6000 Jahre Werbung, Band I bis III, Berlin 1962 und 1966.

Buchner, Dietrich: Hauszeitschriften für Ärzte, Stuttgart 1967.

Bundesverband der Pharmazeutischen Industrie, Frankfurt a. M. (Hrsg.): Rote Liste 1967, Aulendorf (Württemberg) 1967.

Coleman, James S., Katz, Elihu und Menzel, Herbert: Medical Innovation. A Diffusion Study, Indianapolis, New York, Kansas City 1966.

Kiefer, Klaus: Die Diffusion von Neuerungen, Tübingen 1967.

Schneider, Erich-Dieter: Absatzpolitik pharmazeutischer Industrieunternehmen, Berlin, Heidelberg, New York 1965.

Schriftleitung der Deutschen Apotheker-Zeitung (Bearb.): Apotheker-Jahrbuch 1968, Stuttgart 1968.

Werbeagentur Frankfurt am Main (WEFRA) (Hrsg.): WEFRA-Heilmittelwerbung, 8. Ausgabe, Frankfurt a. M. 1967.

Zentralausschuß der Werbewirtschaft e. V. (ZAW) (Hrsg.): Werbung 1967, Jahresbericht des ZAW, Bad Godesberg 1968.

Beiträge in Zeitschriften und Zeitungen

Bauer, Raymond A.: Risk Handling in Drug Adoption: The Role of Company Preference. In: The Public Opinion Quarterly, 25. Jg., Nr. 4/1961.

Beyer-Enke, Siegfried: Apothekenwerbung tut not! In: Der Deutsche Apotheker, 18. Jg., Nr. 10/1966.

Beyer-Enke, Siegfried: Freiheit, die ich meine... eine Erwiderung! Über die Notwendigkeit der Apothekenwerbung. In: Der Deutsche Apotheker, 18. Jg., Nr. 12/1966.

Caplow, Theodore und Raymond, John J.: Factors Influencing the Selection of Pharmaceutical Products. In: The Journal of Marketing, 19. Jg., Nr. 1/1954.

Friesewinkel, Harald: Der Arzt und die Werbung. In: Die Pharmazeutische Industrie, 28 Jg., Nr. 3, 4, 5, 6, 7, 8/1966.

Gunzert, Rudolf: Die Stellung der Heilmittel in der modernen Gesellschaft. In: Die Werbung auf dem Gebiete des Gesundheitswesens, Schriftenreihe zur Heilmittelwerbung, Heft 7, hrsgg. vom Bundesfachverband der Heilmittelindustrie und der ihr verbundenen Werbewirtschaft e. V., Köln, Uelzen o. J. (1962).

Herold, Georg: Die Begriffe Lebensmittel und Arzneimittel in Gesetz und Rechtsprechung. In: Die Ernährungswirtschaft, 9. Jg., Nr. 9/1962.

Kernd'l, Alfred: Die graue Zone der Arzneimittelwerbung. In: Die Pharmazeutische Industrie, 25. Jg., Nr. 2/1963.

Kernd'l, Alfred: Das Heilmittelwerbegesetz – Erfahrungen und Erwartungen. In: Die Pharmazeutische Industrie, 29. Jg., Nr. 4/1967.

Kohlhaas, Max: Die Strafbestimmungen des Arzneimittelwerbegesetzes. In: Die Pharmazeutische Industrie, 27. Jg., Nr. 9/1965.

Menzel, Herbert und Katz, Elihu: Social Relations and Innovations in the Medical Profession: The Epidemiology of a New Drug. In: The Public Opinion Quarterly, 19. Jg., Nr. 4/1955/56.

Nasse, Herbert und Sopp, Hellmut: Der Arzt und die pharmazeutische Werbung. In: Die Pharmazeutische Industrie, 22. Jg., Nr. 12/1960.

Neadle, Dexter: The Relationship of Corporate Image to Product Behavior. In: The Public Opinion Quarterly, 28. Jg., Nr. 2/1964.

Rall, W.: Was lesen Ärzte wirklich? In: Die Pharmazeutische Industrie, 29. Jg., Nr. 9/1967.

Reinhard, Horst: Was lesen Ärzte? In: Die Absatzwirtschaft, 10. Jg., Nr. 4/1967.

Schaefer, Wolfgang: Zielsetzung und Methoden einer Leseranalyse medizinischer Fachzeitschriften. In: Die Pharmazeutische Industrie, 29. Jg., Nr. 2/1967.

Schaefer, Wolfgang: Zur Problematik von Leseranalysen bei Ärzten. In: Die Pharmazeutische Industrie, 30. Jg., Nr. 3/1968.

Senger, K. Th.: Die Werbung in der pharmazeutischen Industrie. In: Die Anzeige, 30. Jg., Nr. 3/1954.

m. V.: Gesundheit – ein Wirtschaftsfaktor. In: Industriekurier, 20. Jg., Nr. 77 v. 24. 5. 67 (Sonderbeilage).

m. V.: Arzneimittel – Ware besonderer Art. In: Industriekurier, 21. Jg., Nr. 82 v. 28. 5. 68 (Sonderausgabe).

o. V.: (Dr. M.): Die Entscheidung (betr. Niederlassungsfreiheit der Apotheken, Anm. d. V.). In: Pharmazeutische Zeitung, 103. Jg., Nr. 25/1958.

o. V.: Werbung für pharmazeutische Produkte – Eine Untersuchung (Umfrage) der OECD. In: Die Pharmazeutische Industrie, 27. Jg., Nr. 6/1965.

o. V.: „Apothekenwerbung tut not". In: Pharmazeutische Zeitung, 111. Jg., Nr. 47/1966.

o. V.: Entwurf der EWG-Richtlinie über die Werbung für Arzneispezialitäten. In: Die Pharmazeutische Industrie, 29. Jg., Nr. 6/1967.

o. V.: Ärzte-LA 68 zum Sommer. In: Die Pharmazeutische Industrie, 30. Jg., Nr. 1/1968

o. V.: Pressekonferenz über die Freiverkäuflichkeit von Arzneimitteln. In: Pharmazeutische Zeitung, 113. Jg., Nr. 3/1968.

Gesetze und Kommentare

Bernhardt, Fritz: Arzneimittelgesetz (Kommentar), Berlin und Frankfurt a. M. 1961.

Bernhardt, Fritz: Gesetz über die Werbung auf dem Gebiete des Heilwesens (Kommentar), Berlin und Frankfurt a. M. 1966.

Breyer, Martin: Gesetz über das Apothekenwesen, Köln, Berlin, München, Bonn 1961.

Bundesfachverband der Heilmittelindustrie und der ihr verbundenen Werbewirtschaft e. V., Köln (Hrsg.): Gesetz über die Werbung auf dem Gebiet des Heilwesens vom 11. Juli 1965. Rechtsprechung, Materialien und Kommentare zum Heilmittelwerberecht, Uelzen 1966.

Hügel, Herbert: Pharmazeutische Gesetzeskunde, 12. neubearbeitete Auflage, Stuttgart 1965.

> **Werbung für Textil und Bekleidung**
>
> Von Hans-Jürgen Sohr, Berlin

I. Struktur der Branche

Hinter dem Doppelbegriff „Textil und Bekleidung" steht eine äußerst heterogene Branche, die sich aus mehreren Bereichen mit Unternehmen unterschiedlicher Art und Größe zusammensetzt. Entsprechend der im Titel genannten Zweiteilung kann man generell zwischen Textilindustrie und Bekleidungsindustrie unterscheiden. Beiden gemeinsam als zentrales Gut ist die textile Ware. Häufig wird deshalb auch die Bezeichnung „Textilbranche" als Oberbegriff für den gesamten Wirtschaftszweig verwendet.

Zur Textilindustrie im engeren Sinne kann man alle Unternehmungen zählen, die in irgendeiner Form an der Herstellung von Stoffen beteiligt sind. Die Produzenten von Rohmaterial für textile Stoffe, also von Naturfasern (Wolle, Baumwolle) und Kunstfasern (Chemische Fasern) gehören zwar theoretisch zur landwirtschaftlichen bzw. chemischen Industrie, wir wollen sie aber wegen ihrer großen Bedeutung für die Textil-Werbung in unsere Überlegungen einbeziehen; außerdem natürlich die Verarbeiter dieser Rohstoffe zu Garnen (Spinner) und schließlich die Weiterverarbeiter der Garne zu gewebten und gewirkten Stoffen (Weber und Wirker). Ferner gibt es verschiedene Arten von Veredlern dieser Zwischenprodukte, die man als Hilfsindustrien ebenfalls der Textilindustrie zuordnet. Zur Textilindustrie muß außerdem der Kreis der Haus- und Heimtextilien (Teppiche, Gardinen, Bettwäsche, Bezugs- und Dekorationsstoffe) herstellenden Betriebe gerechnet werden.

Die Bekleidungsindustrie besteht aus denjenigen Unternehmungen, die die von der Textilindustrie gelieferten Zwischenprodukte zu Bekleidungsstücken verarbeiten. Im einzelnen kann man dabei unterscheiden: Herrenkleidung (Haka), Damenoberbekleidung (DOB), Kinderbekleidung, Wäsche und Mieder, Berufs- und Sportbekleidung.

Betrachtet man die Textil- und Bekleidungsindustrie im Hinblick auf ihre Größenordnung innerhalb der gesamten deutschen Industrie, so zeigt sich, daß beide Branchen zusammen fast ein Sechstel aller Betriebe (9655 = 16,3 %) stellen. (Vgl. hierzu Statistisches Jahrbuch für die Bundesrepublik Deutschland 1966, Herausgeber: Statistisches Bundesamt, Stuttgart und Mainz.) Davon entfallen auf die Textilindustrie 4096 Betriebe = 6,9 % und auf die Bekleidungsindustrie 5559 Betriebe = 9,4 %. Gemessen am Umsatz liegt der Anteil der Textilindustrie mit 20 922 Mill. DM = 6,5 % etwa in gleicher Höhe, bei der Bekleidungsindustrie dagegen nur halb so hoch wie der Anteil der Betriebe, nämlich bei 12.252 Mill. DM = 4,7 % des Gesamtumsatzes der deutschen Industrie; beide Sparten zusammen kommen demnach auf einen Umsatzanteil von 11,2 %. (In diesen Zahlen sind nur Betriebe mit 10 und mehr Beschäftigten enthalten. Unter Einbeziehung der Betriebe mit weniger als 10 Beschäftigten würden sich die absoluten Zahlen wesentlich erhöhen, die Prozentangaben aber nur unwesentlich verändern). Daraus ergibt sich ein durchschnittlicher Umsatz je Betrieb von 5,1 Mill. DM für die Textilindustrie und von 2,2 Mill. DM für die Bekleidungsindustrie. Beide Zweige liegen damit unter dem Durchschnitt der gesamten Industrie (6,3 Mill.). Die Höhe dieser Durchschnitts-Umsätze zeigt bereits an, daß sich für die Mehrzahl der Betriebe Werbeetats, wie sie für eine überregionale Publikumswerbung notwendig sind, schon aus Kostengründen verbieten. Diese Tatsache wird noch erhärtet, wenn man die Verteilung der Bruttostreukosten derjenigen Werbemittel, die für eine solche Werbung hauptsächlich in Frage kommen, nämlich Zeitungen, Zeitschriften, Hörfunk und Fernsehen auf verschiedene Produkt- und Dienstleistungsbereiche betrachtet. (Vgl. hierzu ZAW-Jahresbericht 1966, herausgegeben vom Zentralausschuß der Werbewirtschaft e. V., Bad Godesberg, S. 42.) Der Bereich Textil und Bekleidung liegt hierbei mit 206,7 Mill. DM an 9. Stelle aller 12 genannten Bereiche. Sein Anteil beträgt 4,6 %, ist also im Vergleich zu dem obengenannten Umsatzanteil (11,2 %) oder Betriebsanteil (16,3 %) äußerst niedrig.

Wir haben bei Textil und Bekleidung das strukturelle Bild einer Branche mit vielen kleinen und mittleren und wenigen großen Unternehmungen. Nur die letztgenannten sind umsatz- und kapitalstark genug, eine durchdringende Publikumswerbung zu treiben. Fachwerbung dagegen wird auch von vielen Unternehmen mittlerer Größenordnung betrieben.

Im folgenden soll unter Beibehaltung der obengenannten Branchengliederung die We r bung der einzelnen Bereiche getrennt dargestellt werden. Dabei wird eine dreistufige Einteilung zugrunde gelegt:

1. Grundstufe: Werbung der Rohstoffhersteller
2. Zwischenstufe: Werbung der Spinner, Weber, Wirker
3. Endstufe: Werbung der Bekleidungshersteller.

Da die Marketingstrategien der werbungtreibenden Unternehmungen sich zum Teil auf mehrere nachgelagerte Stufen bis hin zum Endverbraucher erstrecken, wird es unerläßlich sein, auch den Zweig der Branche, der den unmittelbaren Kontakt zum Verbraucher hat, in die Überlegungen mit einzubeziehen. Es werden daher auch einige Aspekte der Werbung des textilen Einzelhandels behandelt werden.

II. Werbung in verschiedenen Zweigen der Textil- und Bekleidungsindustrie

1. Werbung der Rohstoffhersteller

Bei den Rohstoffen für textile Produkte unterscheidet man zwischen Naturfasern und Kunst- oder Chemiefasern. Hersteller dieser Rohstoffe sind einerseits diverse Unternehmen der chemischen Industrie und andererseits Baumwoll- und Wollproduzenten, vielfach in außereuropäischen Ländern (insbesondere Australien, Südafrika). Auf allen textilen Märkten ist der Wettbewerb dieser konkurrierenden Produktgruppen spürbar. Besonders in der Werbung – sowohl auf fachlicher als auch auf Endverbraucherebene –

Werbung für Textil und Bekleidung 861

wirken sich die Bemühungen der verschiedenen Rohstoffproduzenten in vielerlei Hinsicht aus.

Seitdem die Bedeutung der c h e m i s c h e n F a s e r n für textile Produkte entdeckt worden ist, haben ihre Hersteller sich bemüht, sie im Rahmen umfassender Marketingaktionen sowohl im Fachbereich als auch im Publikum durchzusetzen. Von Anfang an wurde dabei die Bedeutung der Marke erkannt und im vollen Umfang für die Werbung nutzbar gemacht. Das Rohprodukt Chemiefaser wurde in Form einer Vielzahl von Marken aus der Anonymität herausgehoben und von den verschiedenen Anbietern gegeneinander abgegrenzt, auch wenn sich die Eigenschaften der verschiedenen Fasern überhaupt nicht oder nur wenig voneinander unterschieden. Eine Aufzählung der b e k a n n t e s t e n , auf dem deutschen Markt befindlichen in- und ausländischen M a r k e n gibt von dieser Entwicklung ein anschauliches Bild:

1. Polyesterfasern: Trevira, Diolen, Vestan, Terylene, Tergal, Terlenka, Terital, Wistel, Dacron.

2. Acrylfasern: Dralon, Dolan, Redon, Orlon, Courtelle, Crylor, Acrilan, Exlan, Velicren, Euracril.

3. Polyamidfasern: Nylon (kein geschütztes Markenzeichen, vielfach als Gruppenbegriff für alle Polyamidfasern verwendet), Perlon, Blue C Nylon, Celon, Enkalon, Antron, Rilsan, Nylsuisse, Fabenyl, Bri-Nylon, Du Pont Nylon, Cantrece, Grilon. Hierhin gehören auch Marken für bestimmte Chemiefasern-Garne wie Softalon, Nevábel, Nevatricon, Nevaflor, Nyltest.

4. Elastische Fasern: Dorlastan, Nevaswing, Lycra, Vyrene, Blue C Elastomer.

5. Polypropylenfaser: Meraklon.

6. Polyvinylchloridfaser: Rhovyl.

7. Triacetatfasern: Tricel, Arnel, Rhonel, tri-a-faser, Stella.

8. Polynosicfasern: Colvera, Zantrel, Vincel, Phryon.

9. Zellwolle: Danuflor, Danufil, Cuprama, Flexan, Flox, Zehla, Phrilan, Phrix, Fibrenka.

10. Reyon: Cupresa, Bemberg.

11. Markennamen von texturierten Fasern (Verfahrensmarken): Helanca, Bani-lon, Agilon, Astralon, Astralene, Taslan, Schapira, Trevira 2000, Diolen-loft, Crimplene, Bucaroni, Tricel texturé.

Für das Durchsetzen einer Marke auf einem derart stark besetzten Markt spielt die Werbung eine wesentliche Rolle. Viele Faserhersteller gehen dabei von zwei Seiten an den Markt heran. Auf der einen Seite steht im Rahmen der direkten Verkaufsunterstützung die Werbung bei den A b n e h m e r n d e r F a s e r . Hier wird in der Regel mit Anzeigen in der textilen Fachpresse gearbeitet. Zugleich wird mit diesen Anzeigen um Goodwill bei den Unternehmen der weiterverarbeitenden Stufen (Weber, Bekleidungsindustrie, Einzelhandel) geworben, obwohl diese Stufen die betreffende Chemiefaser ja nicht im Urzustand, sondern in der Regel als Mischgewebe mit anderen textilen Rohstoffen (Wolle, Baumwolle) kennenlernen. Auf der anderen Seite steht eine oft großzügig angelegte P u b l i k u m s w e r b u n g in Form von Anzeigen in Zeitungen und Zeitschriften, Plakatanschlag und Spots im Hör- und Fernsehfunk. Abgerundet werden diese Werbeaktionen durch umfangreiches Displaymaterial (Schaufensteraufsteller und -plakate, Matern, Kinodiapositive, Prospekte usw.), das dem Einzelhandel kostenlos zur Verfügung gestellt wird. Dadurch soll erreicht werden, daß die auf dem Wege über die Publikumswerbung erzeugte Nachfrage auch im Angebot des Einzelhandels eine Entsprechung findet.

Gleichzeitig ist der Faserhersteller dabei auf die Mitwirkung der Bekleidungsindustrie angewiesen. Um den Verbraucher in einer zweckmäßigen, nämlich Kaufanreiz schaffenden Form anzusprechen, muß das betreffende Endprodukt in der Werbung gezeigt werden. Denn der Verbraucher interessiert sich nicht für Chemiefasermarken, sondern für Bekleidung. Deshalb zeigt auch die Chemiefaserwerbung die von der Bekleidungsindustrie gefertigten Produkte, wobei dann meist der Name oder die Marke des betreffenden Herstellers zitiert wird. Ferner werden häufig Werbezuschüsse an Weber und Bekleidungshersteller gezahlt, damit diese in ihrer Publikumswerbung die Fasermarke ebenfalls herausstellen. Außerdem werden den Konfektionären Einnäh-Etiketten für die Fertigware zur Verfügung gestellt, damit auch über den im Einzelhandelsgeschäft gekauften Artikel der Kreis zum Endverbraucher geschlossen ist.

Um dem eigentlichen Verwendungszwecke der Faser noch näherzukommen, geben manche Faserhersteller ihren Marken ferner Zusatzbezeichnungen für eine unterschiedliche Ansprache der Verbraucher-Zielgruppen. So werden zum Beispiel die mit Diolen-Fasern gemischten Stoffe als „Diolen-apart" für Damenoberbekleidung, als „Diolen-markant" für Herrenkleidung und als „Diolen-Tobi" für Kinderbekleidung werblich herausgestellt (vgl. Abbildung 1).

Es liegt auf der Hand, daß derartig umfassende, sich auf alle nachgelagerten Stufen bis zum Endverbraucher erstreckende Werbekonzeptionen Millionenetats beanspruchen und nur von kapitalstarken Unternehmen (wie z. B. in Deutschland Farbwerke Hoechst AG, Glanzstoff AG, Faserwerke Hüls AG, Farbenfabriken Bayer AG) durchgeführt werden können. Es gibt aber auch die Möglichkeit, eine Fasermarke auf den Fachbereich zu beschränken und damit auf Publikumswerbung zu verzichten. In diesem Falle wird der Werbeetat nur einen Bruchteil des für die oben geschilderte Konzeption benötigten Etats beanspruchen.

Als Gegengewicht zu den vielfältigen Werbeanstrengungen der Chemiefaserindustrie haben die Naturfaserproduzenten ebenfalls mehrstufige Werbekampagnen ins Leben gerufen. Das Internationale Wollsekretariat, die Dachorganisation der Wollproduzenten, hat hier ein eindrucksvolles Beispiel gegeben. Als Marke wird in diesem Falle ein „Wollsiegel" benutzt, das allen Stoffen, die aus 100 % reiner Schurwolle bestehen, verliehen wird. Entsprechend werden alle fertigen Bekleidungsstücke aus diesen Stoffen mit Wollsiegel-Einnähetiketten versehen. Diese Maßnahmen erfordern ein kooperatives Zusammengehen mit Webern und Konfektionären. Für die Durchsetzung des Wollsiegels beim Publikum wird eine umfangreiche Werbung in Zeitungen, Zeitschriften sowie im Fernsehen durchgeführt, während der Einzelhandel mit Display-Material versorgt wird. Auch hierbei wird Verbundwerbung mit der Bekleidungsindustrie praktiziert, indem in der Publikumswerbung des Wollsiegels Bekleidungsstücke dieser Marken-Hersteller gezeigt und diese Marken genannt werden (vgl. Abbildung 2). Als Gegenleistung wird in der Eigenwerbung der Bekleidungsindustrie das Wollsiegel abgebildet. Außerdem wird in der Fachpresse mit Anzeigen für den Goodwill des Wollsiegels bzw. der reinen Schurwolle geworben.

Eine ähnlich geartete, wenn auch nicht so umfangreiche Werbekampagne gibt es für die Naturfaser Baumwolle.

Das Marketing und die werblichen Bemühungen der Rohstoffproduzenten erstrecken sich nicht nur auf den Sektor Bekleidung, sondern auch auf den Bereich der Haus- und Heimtextilien. Auch mit den Betrieben dieser Sparte wird in ähnlicher Weise werblich zusammengearbeitet.

Zusammenfassend kann gesagt werden, daß die Problematik der Werbung bei allen Rohstofferzeugern die gleiche ist. Der Absatz eines Produkts, das in eine Vielzahl von verschiedenen textilen Gebrauchsgütern als wesentlicher Bestandteil eingeht, soll gefördert werden. Bei dem mehrstufigen, vielschichtigen Textilmarkt genügt nicht die einfache werbliche Ansprache der direkten Abnehmer, wenn der Rohstoff den Markt wirklich durchdringen und sich einen enstprechenden Marktanteil sichern soll. Deshalb wird die Werbung unter Verwendung eines Markenzeichens innerhalb eines sich auf alle Stufen der Branche sowie den Endverbraucher erstreckenden Marketings eingesetzt.

2. Werbung der Spinner und Weber

Die Zwischenstufe zwischen Rohstoff und Fertigprodukt befindet sich in bezug auf die Werbung in einer ähnlichen Situation wie die Rohstofferzeugung. Sie bietet ein Produkt an, das vom Endverbraucher als solches nicht nachgefragt wird (abgesehen vom Meterwarenverkauf zum Selbstschneidern). Um den Absatz auf dem Wege über das Fertigprodukt Bekleidung zu fördern, wäre es also auch hier notwendig, Marken zu schaffen und für ihre Durchsetzung bei den nachgelagerten Stufen Bekleidungsindustrie und Einzelhandel sowie beim Endverbraucher zu sorgen. Im Gegensatz zur Rohstoffsparte gibt es diese Art des Marketings in der Zwischenstufe jedoch nur selten. Die Gründe hierfür dürften in hohem Maße in der Eigenart des Produkts selbst liegen. Es ist nicht einfach, für einen Stoff (oder ein Sortiment verschiedener Stoffe) ein festes Image im Bewußtsein des Endverbrauchers zu verankern, weil der Stoff – nicht zuletzt infolge des häufigen Wechsels der Mode – in seiner äußeren Erscheinungsform (Oberflächenstruktur, Farbe usw.) und in seiner Verwendung im Endprodukt (Mäntel, Kostüme, Kleider, Jacken, Anzüge, Hosen usw.) zu wenig konstante Faktoren aufweist. Als Ausweichmöglichkeit bietet sich die Argumentation über bestimmte, gleichbleibende Stoff-Eigenschaften an. Diesen Weg gehen die Rohstoffhersteller auch in weitem Umfang, zumal es gerade die Faser ist, die einem Gewebe Eigenschaften wie „knitterarm", „pflegeleicht", „bügelfrei" u. a. m. verleiht. Der Endverbraucher setzt infolge der starken Werbeimpulse der Rohstoffmarken deshalb häufig die Fasermarke mit dem Stoff gleich, da ihm die Zusammenhänge nicht geläufig sein können. Ein Stoffhersteller hat es deshalb außerordentlich schwer, sich neben den werbeintensiven Rohstoffmarken einerseits und den Marken für Bekleidung andererseits auf dem Verbrauchermarkt zu behaupten. Hinzu kommt noch die Schwierigkeit, den Markt mit dem Produkt einer Garnspinnerei oder Weberei wirksam zu durchdringen. Bei der Vielzahl der Anbieter auf der einen und der Bekleidungshersteller und Einzelhändler auf der anderen Seite lassen sich diese Produkte kaum auf einer so breiten Basis durchsetzen, daß einer überregionalen Endverbraucherwerbung auch ein äquivalentes Warenangebot im Einzelverkauf gegenüberstünde. Damit entfällt eine weitere wichtige Voraussetzung für eine markenbezogene Publikumswerbung.

Aus den bisher erörterten Gründen beschränkt sich die Mehrzahl der Unternehmen der Zwischenstufe auf die Propagierung von Fachmarken. Die werbliche Aktivität ist dabei auf Anzeigen in Fachzeitschriften begrenzt, wobei auch hierbei vielfach Verbundwerbung mit Faserherstellern zum Zuge kommt. Ferner gibt es Verbundaktionen auf horizontaler, fachlicher Ebene. Als Beispiel wäre hier der Marketing- und Werbeverbund von vier Aachener Tuchfabriken zu nennen, die unter dem Markenzeichen „top Aachen" ihre jeweils besten Qualitäten gemeinsam anbieten und auf diese Weise gleichzeitig den bekannten Goodwill Aachener Tuch für sich nutzbar machen.

Es gibt allerdings trotz der geschilderten Schwierigkeiten eine Anzahl von Unternehmen der Zwischenstufe, die P u b l i k u m s w e r b u n g treiben. Aus dem Bereich der Weber ist hier an erster Stelle die Firma NINO mit einer Reihe von Marken (NINO-Flex, NINO-Flair, NINO-Airy, NINO-Sepic u. a.) zu nennen. Ein weiteres Beispiel ist die Gloria-Weberei mit der Marke „Juwel"-Gewebe. In beiden Fällen ist die Markenbildung insofern begünstigt worden, als sich die betreffenden Produkte dem Endverbraucher in einer relativ konstanten Aufmachung und Verarbeitung darbieten. Bei „Juwel" handelt es sich um ein hochwertiges Kammgarn-Gewebe für überwiegend klassisch-elegante, zeitlose Damen-Mäntel und Kostüme (vgl. Abbildung 3). Bei NINO handelt es sich hauptsächlich um Baumwollstoffe für sportliche Mäntel, Jacken, Anoraks, Hosen usw. Auf dem Popelinemantel-Sektor sind der Bekanntheitsgrad und das Image von NINO derart ausgeprägt, daß die Gefahr besteht, vom Verbraucher nicht für den Stofflieferanten, sondern für den Hersteller des Mantels gehalten zu werden. Begünstigt wird dieser Vorgang noch dadurch, daß NINO in seiner Werbung aus bereits genannten Gründen selbstverständlich die Produkte seiner Abnehmer aus der Bekleidungsindustrie herausstellt, und nicht etwa die unverarbeiteten Stoffe. Da diese Stoffe häufig mit Chemiefasern vermischt sind, ergibt sich ein weiterer Vorteil für diese Werbung: Zur gleichen Zeit, ja in der gleichen Anzeige kann der Stoffweber eine dreistufige Verbundwerbung mit Chemiefasermarken und Bekleidungsherstellern betreiben.

Ein weiteres Beispiel für die Endverbraucherwerbung der Zwischenstufe ist die Marke „cottonova" (vgl. Abbildung 4). Auch hier handelt es sich um Verbundwerbung: acht Baumwollwebereien betreiben unter einer gemeinsamen Marke Werbung für die von ihnen hergestellten Hemdenstoffe. Dabei steht im Mittelpunkt der werblichen Aussage eine bestimmte Stoffeigenschaft („bügelfrei").

Schließlich sei noch ein Beispiel aus dem Bereich der Spinnereien aufgeführt. Die Spinnerei Adolff AG hat für die von ihr produzierten reinwollenen Garne die Fach- und Endverbrauchermarke „Cargill" geschaffen. Im Verbund mit ihren Abnehmern (Stricker, Wirker, Bekleidungshersteller) wird für das „Cargill-Set-Programm" geworben, eine Kombinationsmöglichkeit von farblich aufeinander abgestimmten Kostümen, Kleidern, Pullovern, Strümpfen usw. Gleichzeitig handelt es sich auch hier wieder um eine Verbundwerbung mit der Vorstufe, nämlich dem „Wollsiegel" des Internationalen Wollsekretariats.

Generell läßt sich für die Zwischenstufe feststellen, daß eine Publikums-Markenwerbung hier ganz besonders problematisch und daher relativ selten ist. Wenn sie durchgeführt wird, handelt es sich aus zwingenden Gründen immer um eine Form der Verbundwerbung.

3. Werbung in der Bekleidungsindustrie

Für die Werbung der Bekleidungsindustrie stellt sich das Problem der richtigen, produktbezogenen Ansprache des Verbrauchers nicht wie bei den Betrieben der Vorstufe. Denn es besteht Klarheit darüber, was im Mittelpunkt jeder Publikums-Werbung zu stehen hat: das Bekleidungsstück selbst. Trotzdem gibt es im Vergleich zur Zahl der Betriebe nur eine relativ geringe Zahl von Endverbrauchermarken, wobei das Gewicht der Marken in den einzelnen Sparten der Bekleidungsindustrie unterschiedlich ist.

In der D a m e n o b e r b e k l e i d u n g s i n d u s t r i e liegt die P r o b l e m a t i k der Werbung einmal im P r o d u k t s e l b s t und zum anderen im S y s t e m der W a r e n d i s t r i b u t i o n. Diese beiden Faktoren verhindern eine Markenwerbung im herkömmlichen Sinne, bei der für ein in gleicher Form und Aufmachung überall erhält-

Werbung für Textil und Bekleidung

liches Produkt geworben wird. Der modischen Ware fehlt das Einheitliche und Gleichbleibende im äußeren Erscheinungsbild, das die „klassischen" Markenartikel auszeichnet. Deshalb versucht man seitens der Hersteller, die Ware durch Anhänge- und Einnäh-Etiketten zu markieren. Es ist jedoch nicht gewährleistet, daß die Kleidungsstücke diese Markierung auf ihrem Wege zum Endverbraucher behalten, weil es Einzelhändler gibt, die infolge ihrer ablehnenden Haltung gegenüber den Herstellermarken sämtliche Hinweise auf die Herkunft des Produktes entfernen. Damit berühren wir bereits den zweiten Faktor, der eine echte Markenwerbung behindert. Das Distributionssystem der Branche bringt es mit sich, daß Markenware nicht überall erhältlich ist. Die Gründe hierfür liegen sowohl in der Konkurrenz der verschiedenen Geschäftstypen (Waren- und Kaufhäuser, Filialgeschäfte, selbständiger Facheinzelhandel) untereinander, als auch im Bestreben des Facheinzelhandels, insbesondere in kleinen und mittleren Städten, eine Marke möglichst exklusiv für sich allein zu beanspruchen. Diese Gegebenheiten erschweren es den Herstellern von Damenoberbekleidung, für eine breite Streuung ihrer Produkte zu sorgen und damit die Grundlage für eine überregionale Publikumswerbung zu schaffen.

Ziel der Werbung innerhalb der Marketing-Konzeption eines Herstellers ist es, über die Durchsetzung der Marke beim V e r b r a u c h e r die Nachfrage nach dem Produkt seitens des E i n z e l h a n d e l s zu erhöhen. Er kann mit seiner Publikumswerbung seinem unmittelbaren Kunden, dem Einzelhandel, eine wirksame Verkaufsunterstützung bieten, indem er Modewünsche – im weitesten Sinne – weckt. Voraussetzung für eine Umwandlung dieser Wünsche in echte Nachfrage und schließlichen Kauf der betreffenden Marke ist eine möglichst eng geschlossene Verbindungskette zwischen Produzent, Einzelhändler und Verbraucher. Eine solche Geschlossenheit ist aus den obengenannten Gründen nicht immer gegeben. Außerdem übertrifft der Anteil der markenfreien Ware den der Markenware im gesamten Angebot um ein Mehrfaches. Deshalb nehmen es die Markenhersteller in Kauf, daß es aufgrund ihrer Werbung möglicherweise zum Kauf eines Konkurrenzproduktes kommt. Insofern ist die Publikumswerbung der Markenfabrikanten in gewissem Umfang gleichzeitig eine Werbung für die gesamte Damenoberbekleidungsindustrie und den Einzelhandel.

Die geschilderte Problematik sowie die Struktur der Branche – sehr viele kleine und mittlere Betriebe, einige wenige große Betriebe – bewirken, daß es nur eine geringe Zahl von DOB-Marken gibt. Für die meisten Betriebe verbietet sich eine Publikumswerbung schon aus Kostengründen, ja selbst die wenigen Markenfabrikanten müssen sich im Vergleich zu anderen Konsumgütern mit relativ kleinen Werbeetats begnügen, die in den meisten Fällen unter einer Million DM pro Jahr liegen.

Einige der bekanntesten Damenoberbekleidungs-Marken seien nachstehend aufgeführt: Jobis, Delmod, Velisch, Maris, Ralph, Classic als Mantel- und Kostümhersteller, Fink, Betty Barclay, Chiwitt, Queisser als Kleiderhersteller.

Als W e r b e m i t t e l kommen für diese Marken überwiegend Anzeigen in Frauenzeitschriften und Illustrierten zur Anwendung (vgl. Abbildung 5). Dabei ist die gestalterische Seite insofern unproblematisch, als das Bekleidungsstück selbst den Blickfang bildet, zumal durch den Wechsel der Mode zu jeder Saison neue Variationen in Formen und Farben gegeben sind. Außerdem wird die Verbraucherin in diesen Anzeigen meist dazu ermuntert, einen Bezugsquellennachweis und einen Prospekt beim Hersteller anzufordern. Solche Publikumsprospekte sowie umfangreiches Display-Material stellen die Hersteller auch dem Einzelhandel kostenlos oder gegen eine geringe Beteiligungsgebühr zur Verfügung, um die Verbindung zwischen ihrer Publikumswerbung und der Werbung des Einzelhandels zu schaffen.

Die **Herrenkleidungssparte** steht in der Werbung vor den gleichen Problemen wie die DOB. Hier hat diese Situation dazu geführt, daß es noch wesentlich weniger Markenware gibt als in der DOB. Bei Anzügen gibt es gegenwärtig nur die Marken „Groß-Glockner" und „Korrekt", für die — wenn auch in relativ geringem Umfang — Publikumswerbung getrieben wird. Bei Mänteln wären die Namen „Eres", „Valmeline" und „Lodenfrey" zu nennen, die allerdings sämtlich gleichzeitig DOB-Marken sind. Eine Ausnahme bilden wiederum die Faserhersteller, die einen großen Anteil ihrer hohen Werbeetats auch für die Herrenoberbekleidung (Haka) einsetzen.

Ganz andere Bedeutung hat die Markenware für einige andere Sparten der Bekleidungsindustrie. Es handelt sich dabei um Anbieter von Produkten, die im Vergleich zu denjenigen der DOB und Haka „**problemloser**" sind, weil sie

— weniger den saisonalen Modeschwankungen unterliegen,

— preislich wesentlich niedriger liegen und daher schneller umgeschlagen werden,

— eine nahezu lückenlose Distribution in allen in Betracht kommenden Verkaufsstellen ermöglichen.

Das trifft insbesondere auf die Bereiche Wäsche, Mieder und Strümpfe zu, außerdem in gewissem Maße auch auf Bademoden, Herrenhemden und Strickwaren (vgl. Abbildung 6). Hier treffen wir vielfach ein Marketing an, das die Produkte von der Planung bis zum Verkauf an den Endverbraucher über befestigte Absatzzweige (zum Teil auch mit festen oder empfohlenen Preisen) steuert und dadurch eine wirkungsvolle Markenbildung mit entsprechender Publikumswerbung ermöglicht.

Die **Fachwerbung** der Bekleidungsindustrie richtet sich an den unmittelbaren Abnehmer, den Einzelhandel. Ihre Erscheinungsweise ist, wie übrigens auch diejenige der Publikumswerbung, überwiegend durch den Saisonrhythmus von Frühjahr/Sommer und Herbst/Winter bestimmt. Die Themen der Anzeigen in der Textil-Fachpresse beschränken sich häufig auf Einladungen zu Kollektionsvorführungen und allgemeine Produktaussagen. Es gibt allerdings auch Beispiele von ausgearbeiteten Kampagnen in Serienform, die interessante fachliche Informationen für den Einzelhandel bieten (z. B. Steilmann, Velisch, vgl. Abbildung 7). Daneben haben solche Anzeigen den zusätzlichen Zweck, ein positives Image für den Hersteller in der gesamten Textilbranche zu schaffen, also auch bei der Vorstufe und bei der Konkurrenz.

Schlußbemerkung

Die Textil- und Bekleidungsindustrie zeigt sich als eine Branche, die kein ideales Feld für eine klassische Markenwerbung darstellt. Trotzdem hat die Werbung — sowohl auf fachlicher als auch auf Endverbraucherebene — ihre wichtigen absatzwirtschaftlichen Funktionen für den textilen Bereich. Während sich eine Vielzahl von Unternehmungen der Fachwerbung bedient, erweist sich die Publikumswerbung nur für einen relativ kleinen Kreis von Unternehmungen als sinnvoll.

Infolge der gegenseitigen Abhängigkeit der einzelnen Stufen der Branche gewinnt die Verbundwerbung in der Textil- und Bekleidungsindustrie eine ganz besondere Bedeutung. Sie ist daher sowohl in horizontaler als auch in vertikaler Richtung stark verbreitet, wobei in organisatorischer und finanzierungstechnischer Hinsicht diverse Formen werblicher Kooperation praktiziert werden.

Literatur:

Behrens, Karl Christian: Absatzwerbung, Wiesbaden 1963.

Hundhausen, Carl: Wirtschaftswerbung, Essen 1963.

Kropff, H. F. J.: Wörterbuch der Werbung, Essen 1959.

Peltzer, Karl: Enzyklopädisches Handbuch der Werbung und Publikation, Bd. 1: Werbung, Thun und München 1961.

Seyffert, Rudolf: Wirtschaftliche Werbelehre, 4. Aufl., Wiesbaden 1952.

Seyffert, Rudolf: Werbelehre – Theorie und Praxis der Werbung, 1. und 2. Band, Stuttgart 1966.

Handbuch des Werbeleiters, München 1960.

Werbeleiter-Handbuch, Hrsg. Ludwig Zankl, München 1966.

Werbung in Deutschland, Jahrbuch der deutschen Werbung 65, Hrsg. Eckhard Neumann, Wolfgang Sprang, Düsseldorf und Wien 1965; desgl. 1966.

Abbildungen ▶

Abbildung 1
Publikumswerbung eines Chemiefaserherstellers,
Verbundpartner aus der Bekleidungsindustrie

Werbung für Textil und Bekleidung

Abbildung 2
Publikumswerbung des Wollsekretariats,
Verbundpartner aus der Bekleidungsindustrie

Abbildung 3
Publikumswerbung einer Weberei,
Verbundpartner aus Chemiefaserindustrie und Bekleidungsindustrie

Werbung für Textil und Bekleidung 871

Abbildung 4
Publikumswerbung eines Markenverbundes von mehreren Webereien

Abbildung 5
Publikumswerbung aus der Damenoberbekleidungsindustrie

Werbung für Textil und Bekleidung

Abbildung 6
Publikumswerbung aus der Miederindustrie (Markenartikel)

Abbildung 7
Fachwerbung aus der Damenoberbekleidungsindustrie

Werbung für langlebige Gebrauchsgüter

Von Dipl.-Kfm. Dietrich Pusch, Berlin

I. Allgemeines zum Absatz langlebiger Konsumgüter

1. Der Begriff „langlebige Konsumgüter"

Unter K o n s u m g ü t e r w e r b u n g soll hier eine letztlich auf den Verbraucher in seinem hauswirtschaftlichen Bereich abzielende Werbung verstanden werden. Es erscheint daher als zweckmäßig, die an dieser Stelle verwendete Fassung des Konsumgüterbegriffs nicht funktional, sondern institutionell zu interpretieren. Demgemäß sollen als K o n s u m g ü t e r nicht generell alle zum Zwecke des Konsums, sondern vielmehr ausschließlich die von Konsumenten nachgefragten Güter bezeichnet werden. Dieser institutionelle, auf den V e r b r a u c h e r und seine Sphäre abgestellte Konsumgüterbegriff deckt sich nicht mit der funktionalen, auf die Tätigkeit des Konsumierens bezogenen Begriffsinterpretation: Einerseits bleiben alle diejenigen Güter außer Betracht, die innerhalb der Produktionssphäre konsumtiven Zwecken dienen; andererseits werden aber auch Güter einbezogen, die innerhalb der Konsumsphäre zur (hauswirtschaftlichen) Produktion Verwendung finden.

Unterteilt man den derart umrissenen Konsumgüterbegriff weiterhin nach dem Kriterium der „Lebensdauer", oder, genauer gesagt, der Nutzungshäufigkeit der Güter, so bezeichnen die l a n g l e b i g e n K o n s u m g ü t e r Gegenstände mit m e h r f a c h e r N u t z b a r k e i t, während die kurzlebigen Konsumgüter gleichzeitig mit ihrer erstmaligen Nutzung verbraucht werden und somit untergehen*)[1].

Zu den langlebigen Konsumgütern sind daher alle die Güter zu zählen, die von Konsumenten nachgefragt werden und mehr als einmal benutzt werden können.

2. Bestimmungsgründe des Absatzes langlebiger Konsumgüter

Für den Absatz langlebiger Konsumgüter gelten — vor allem im Vergleich zu den kurzlebigen — einige Besonderheiten, die auch für die Konzeption der Werbung für diese Güter bedeutsam sind und deshalb hier nicht unbeachtet bleiben dürfen. Die Kenntnis

---

*) Die im Text laufend numerierten Quellenangaben sind am Schluß des Aufsatzes zitiert.

dieser Bestimmungsgründe des Güterabsatzes, der Ursachen von Nachfrageänderungen, vermittelt nämlich dem Unternehmer die Ansatzpunkte für seine absatzpolitischen Hebel, unter denen die Werbung an hervorragender Stelle zu nennen ist.

So beruht der Absatz kurzlebiger Konsumgüter weitgehend auf Verhaltensweisen der Verbraucher, die überwiegend traditionell geprägt oder auch physiologisch determiniert sind (z. B. bei Nahrungsmitteln). Die Nachfrage nach langlebigen Konsumgütern dagegen läßt in bestimmten Grenzen Raum für echte Konsumentenentscheidungen. Diese Grenzen bieten dem einzelnen genügend individuellen Spielraum und belassen ihm das Gefühl der eigenen Entscheidungsfreiheit hinsichtlich der Auswahl und dem Zeitpunkt seiner Anschaffungen. Obwohl es im Einzelfall sehr schwierig ist, präzise Aussagen über Verhaltensweisen eines Individuums zu treffen, ist dennoch – im ganzen gesehen – die Gesamtheit der Nachfrageentscheidungen aller Konsumenten in der Form kollektiver Verhaltensweisen erfaßbar, bestimmbar und somit auch beeinflußbar.

Betrachtet man die Determinanten des Absatzes langlebiger Konsumgüter, so lassen sich deutlich die in erster Linie langfristig wirkenden und strukturell bedingten von den ausschließlich kurzfristig wirksamen, den zeitlichen Verlauf des Absatzes bestimmenden Faktoren unterscheiden.

Zu den ersteren gehören vor allem die Bevölkerungsstruktur und die kollektiven Konsumgewohnheiten der Verbraucher, wie sie sich zum Beispiel aus gesellschaftlichen Einflüssen, regional oder traditionell bedingten Charaktereigenschaften und anderem herleiten. Sie sind für unsere Fragestellung insofern von untergeordneter Bedeutung, weil die Werbung sie im wesentlichen als feststehende Gegebenheiten – Daten[2]) – zu akzeptieren und sich ihnen anzupassen hat, während der eigentliche Zweck der Werbung – die Beeinflussung des variierenden Absatzverlaufs – bei den kurzfristig wirkenden Faktoren anknüpfen muß.

Hier sind in erster Linie die Einstellungen der Verbraucher zu nennen. Diese Einstellungen und Erwartungen beeinflussen sehr stark das Konsum- und Nachfrageverhalten der Verbraucher; sie sind zudem außerordentlich variabel und basieren – neben der Einschätzung der eigenen wirtschaftlichen Lage aufgrund des derzeitigen Einkommens- und des Preisniveaus und der Beurteilung der allgemeinen wirtschaftlichen und politischen Situation – vor allem auf Vorstellungen über Gunst oder Ungunst der Kaufbedingungen.

Schließlich konkretisieren sich diese Einstellungen zu mehr oder weniger exakten Kaufplänen, die dann letztlich zum eigentlichen Kaufakt führen. Es ist Aufgabe der Werbung, diesen Entscheidungsprozeß des Konsumenten in Gang zu setzen, in ihn einzugreifen und vor allem in die „richtige" Richtung zu lenken: nämlich zum Kauf des spezifischen Produktes, für das geworben wird.

II. Die Werbung für langlebige Konsumgüter

1. Gegenwärtige Bedeutung

Versucht man sich zunächst einen konkreten Überblick darüber zu verschaffen, welche Bedeutung die Werbung für langlebige Konsumgüter gegenwärtig in der Bundesrepublik Deutschland innerhalb des gesamten, nach Güterbereichen aufgeteilten Komplexes der Werbung hat, so ist man auf Hilfsgrößen angewiesen, da der Begriff der langlebigen

Konsumgüter in dieser Form in den offiziellen Statistiken nicht existiert. Eine angemessene Orientierungsmöglichkeit bieten hier die beim Zentralausschuß der Werbewirtschaft e. V. (ZAW) innerhalb seiner Jahresberichte erscheinenden aktuellen Zahlenangaben („Die Werbung im Spiegel der Zahlen"), die die Werbeaufwendungen der Wirtschaft für Anzeigenwerbung in Zeitungen und Zeitschriften, Rundfunkwerbung, Fernsehwerbung und Anschlagwerbung darstellen und sich dabei auf Feststellungen der „Gesellschaft für Wirtschaftsanalyse und Marktforschung Kapferer & Schmidt", jetzt Schmidt und Pohlmann, Gesellschaft für Werbestatistik, Hamburg (Anzeigen-, Rundfunk-, Fernsehwerbung) sowie auf Ermittlungen des Fachverbandes Plakatanschlag, Verkehrsmittel- und Großflächenwerbung e. V., Düsseldorf (Anschlagwerbung) beziehen. Gezeigt werden die Bruttostreukosten, d. h. die gesamten Werbeaufwendungen einschließlich der Rabatte, Vermittlergebühren usw. für ausgewählte Güterarten[3]. Hiervon entsprechen die Bereiche „Haushalts- und Einrichtungsgegenstände" und „Güter des persönlichen Bedarfs" etwa dem oben entwickelten Begriff der langlebigen Konsumgüter.

Die Haushalts- und Einrichtungsgegenstände dieser Statistik umfassen im einzelnen:

- elektrische Haus- und Küchengeräte,
- Haushaltsgeräte für Gas, Kohle und Öl,
- Haushaltsmöbel und Matratzen,
- Markisen und Jalousien,
- Metallwaren,
- Nähmaschinen,
- Porzellan und Glaswaren,
- Rundfunk-, Fernsehgeräte und Plattenspieler,
- Strickapparate.

Als Güter des persönlichen Bedarfs werden vom ZAW erfaßt:

- Foto und Optik,
- Schreibgeräte,
- Uhren und Schmuck,
- Rasierapparate und -klingen.

Als nachteilig ist zu vermerken, daß der für die Darstellung der Werbeaufwendungen für langlebige Konsumgüter zweifellos bedeutsame Bereich der Werbung für Personenkraftwagen in dieser Statistik unter der Gruppe „Maschinen und Fahrzeuge" erfaßt ist, die auch Produktionsmittel enthalten, und somit ein besonderer Ausweis der Konsumentenwerbung auf diesem Produktsektor entfallen muß. Ähnliches gilt für die unter „Sonstige Produktgruppen" ausgewiesenen Sportartikel und Spielwaren, obwohl ihre Bedeutung unter den langlebigen Konsumgütern mit wachsender Freizeit der Verbraucher langfristig zunimmt, so daß sie auch hier einbezogen werden sollten.

Für Teilbereiche der langlebigen Konsumgüter — unter Vernachlässigung der bereits erwähnten, an sich bedeutsamen Produktarten — gewähren die Zahlen[4] der folgenden Tabelle 1 (Haushalts- und Einrichtungsgegenstände) einen gewissen Überblick.

Die Bruttostreukosten der Werbung für Haushalts- und Einrichtungsgegenstände sind gegenüber dem Basisjahr 1961 um zwei Drittel gestiegen; der Anteil dieses Produktbereichs an den Werbeaufwendungen aller Bereiche lag seit 1961 konstant zwischen 4 und 5 %. Ebenfalls nahezu konstant blieb im Beobachtungszeitraum die Verteilung der Werbeaufwendungen auf die einzelnen Werbemittel.

Tabelle 1 – Haushalts- und Einrichtungsgegenstände

	1961	1962	1963	1964	1965	1966	1967
Bruttostreukosten in Mill. DM	126,8	142,1	146,5	157,5	213,4	223,4	204,0
Index	100	112	116	124	168	176	161
Jährl. Veränderg. (%)	.	+ 12,1	+ 3,1	+ 7,5	+ 35,5	+ 4,7	– 8,7
Anteil an allen Produktgruppen in %	5	5	5	4	5	5	4
Käufe der privaten Haushalte in Mrd. DM	24,58	26,42	27,26	30,00	32,66	.	.
Index	100	107	111	122	133	.	.
Jährl. Veränderg. (%)	+ 8,9	+ 7,5	+ 3,2	+ 10,1	+ 8,9	.	.
Anteil an allen Produktgruppen in %	13,4	13,2	12,8	13,1	13,0	.	.
Bruttostreukosten in % der Käufe	0,52	0,54	0,54	0,53	0,65	.	.
Verteilung der Bruttostreukosten auf Werbemittel (%)							
Zeitungen	32,2	31,0	31,5	28,0	32,0	31,2	26,6
Zeitschriften	52,8	51,4	49,8	54,9	53,7	53,8	56,4
Hörfunk	2,1	1,6	1,6	1,4	1,5	1,4	1,1
Fernsehen	12,9	16,0	17,1	15,7	12,8	13,6	15,9

Bei den Gütern des persönlichen Bedarfs (Tabelle 2) beträgt die Steigerung des Werbeaufwands gegenüber dem Basisjahr 82 %; sein Anteil an den gesamten Bruttostreukosten aller Güterbereiche blieb unverändert bei 2 %. Dagegen schwankten die Anteile

Tabelle 2 – Güter des persönlichen Bedarfs

	1961	1962	1963	1964	1965	1966	1967
Bruttostreukosten in Mill. DM	45,7	54,4	62,1	67,6	74,6	80,1	83,0
Index	100	119	136	148	163	175	182
Jährl. Veränderg. (%)	.	+ 19,0	+ 14,2	+ 8,9	+ 10,4	+ 7,4	+ 3,6
Anteil an allen Produktgruppen in %	2	2	2	2	2	2	2
Verteilung der Bruttostreukosten auf Werbemittel in %							
Zeitungen	22,5	29,4	24,3	28,0	31,6	29,2	24,3
Zeitschriften	60,4	52,2	49,1	50,6	45,4	49,3	49,9
Hörfunk	1,8	2,0	2,3	3,1	2,2	1,8	1,2
Fernsehen	15,3	16,4	24,3	18,3	20,8	19,7	24,6

Werbung für langlebige Gebrauchsgüter 879

der einzelnen Werbemittel im Beobachtungszeitraum, wobei die Zeitungen und das Fernsehen ihre Anteile seit 1961 zu Lasten der Zeitschriften erhöhen konnten. Faßt man die genannten Anteile der Werbeaufwendungen für Haushalts- und Einrichtungsgegenstände und für Güter des persönlichen Bedarfs an den Bruttostreukosten aller Güter- und Dienstleistungsbereiche zusammen, so ergibt sich ein Gesamtanteil von 6 bzw. 7 %. Berücksichtigt man weiterhin die Werbeaufwendungen für verwandte, in diesen Zahlenangaben nicht enthaltene Güterarten – insbesondere die Pkw-Werbung für private Verbraucher –, so erscheint ein Gesamtanteil der Werbeaufwendungen für langlebige Konsumgüter in Höhe von 10 % aller Werbeaufwendungen als nicht zu hoch geschätzt.

2. Besonderheiten der Werbung für langlebige Konsumgüter

Eine Einsatzplanung absatzpolitischer Instrumente, die den maximalen Erfolg der vorgesehenen Maßnahmen anstrebt, hat sich an den produktspezifischen Bestimmungsgründen des Absatzes zu orientieren; das gilt auch für die P l a n u n g dieser Werbung.

Um einer Werbekampagne von vornherein höchste Effektivität zu sichern, ist es deshalb ratsam, vorher durch Händler- und Konsumentenbefragungen, Imagestudien, Absatzgebietsuntersuchungen, Kaufkraft- und Konkurrenzerhebungen usw. die M a r k t v e r - h ä l t n i s s e der Anbieter- und Nachfragerseite für das betreffende Produkt genau zu studieren. Aus der Detailkenntnis des Marktes lassen sich entscheidende Schlüsse über Form und Inhalt der geplanten Werbung sowie über die erfolgsversprechendste Einsatzkombination der Werbemedien ableiten.

Bedingt durch die Branchenverschiedenheit des unter dem Begriff „langlebige Konsumgüter" zusammengefaßten Produktspektrums kann an dieser Stelle naturgemäß keine umfangreiche Rezeptsammlung geboten werden, die für jedes Erzeugnis dieser Gattung zu jedem beliebigen Zeitpunkt die jeweils optimale Werbestrategie offenlegt. Es soll jedoch mit einigen allgemeinen Überlegungen auf grundsätzliche Probleme der Werbung in diesem Güterbereich hingewiesen werden.

Bedeutsam ist zunächst die Frage: Ist das Gut, für das geworben werden soll, bereits in dieser oder ähnlicher Form auf dem Markt, oder handelt es sich um eine Novität? Bei einem völlig neuartigen Produkt dürfte der Hersteller ohnehin umfangreiche Untersuchungen über den Bedarfskreis der potentiellen Abnehmer und seine Struktur, über einzuschlagende Absatzwege, preispolitische und produktgestalterische Maßnahmen u. a. angestellt haben, ehe er die Werbung für dieses Produkt bis ins Einzelne gehend plant. Zu diesem Zeitpunkt kann bereits die grundsätzliche Entscheidung aktuell werden, ob überhaupt für das Produkt geworben werden soll, oder ob man es beispielsweise dem Facheinzelhandel oder einem Vertreterstab überläßt, das Erzeugnis den Konsumenten nahezubringen. Da die Verbraucher in der Regel bei der Anschaffung eines langlebigen Konsumgutes nicht von Existenznotwendigkeiten bestimmt sind, sondern den Anschaffungszeitpunkt in gewissen Grenzen variieren können, würde unter Umständen eine Werbung, die auf eine zu geringe Anzahl solcher Konsumenten trifft, die sich gerade in der Entscheidungssituation vor der Anschaffung dieses Produktes befinden, wirkungslos verpuffen. Hier findet sich übrigens ein typisches Beispiel für die häufig zitierte Werbung, die „mit Kanonen auf Spatzen schießt" und deren Aufwand deshalb in keinem wirtschaftlichen Verhältnis zum erzielten Effekt steht.

Für Gebrauchsgüter, die bereits auf dem Markt vorhanden sind, treten andere bedeutsame Aspekte der Werbeplanung in den Vordergrund. Hier empfiehlt es sich, zunächst in Form von I m a g e s t u d i e n möglichst eingehende Kenntnisse über die bei den

Verbrauchern ausgeprägten Vorstellungen über Firmen-, Produkt- und Markenpersönlichkeit der eigenen Erzeugnisse und der Konkurrenzprodukte zu sammeln. Form und Inhalt der Werbung haben sich daran auszurichten, das Image des eigenen Produktes — je nach Sachlage — zu befestigen oder zu korrigieren und in unverwechselbarem Abstand von den Erscheinungsbildern der Konkurrenzprodukte zu halten. Dabei ist zu berücksichtigen, daß langlebige Konsumgüter, deren Anschaffung häufig mit hohen Ausgaben verbunden ist, dem Verbraucher einen entsprechend großen Gebrauchsnutzen bieten müssen. Dem hat die Werbung durch einen vergleichsweise hohen Informationsgehalt Rechnung zu tragen. Darüber hinaus vermittelt gerade diese Güterkategorie — man denke an das Paradebeispiel „Automobil" — dem Konsumenten häufig über den simplen Warengebrauch hinaus einen Zusatznutzen, wobei die Art des Konsumierens in gegenseitiger Wechselbeziehung zum Status des Konsumenten in seiner sozialen Umwelt steht. Daher tritt zu der Argumentation über die Gebrauchsvorteile des Produktes die werbliche Darstellung des spezifischen Konsumerlebnisses, das der Kauf des betreffenden Gutes dem Verbraucher garantieren soll und das vielfach Fragen des Sozialprestiges der umworbenen Verbrauchergruppe tangiert. Da es zudem nicht regelmäßig möglich sein wird, durch die Werbung ad-hoc-Entscheidungen der Verbraucher für ein Gebrauchsgut zu induzieren, weil bei dieser Güterart andere, durch Werbung nicht beeinflußbare Faktoren den Kaufzeitpunkt mitbestimmen, gilt es, die Einstellungen potentieller Käufer auf das spezifische Produkt hinzustimmen, so daß sich bei der Konkretisierung dieser Einstellungen zu Kaufplänen die Verbraucherwünsche wie von selbst in die vom Werbungtreibenden gewollte Richtung bewegen. Vor dem Erwerb kostspieliger langlebiger Konsumgüter dauert der Entscheidungsprozeß des Verbrauchers oftmals geraume Zeit, während der er den vielfältigen Informations- und Ausdrucksmöglichkeiten der Werbung besonders aufgeschlossen gegenübersteht.

Schließlich sei auch noch auf die gerade für diese Güterkategorie besonders wichtige Mediaplanung hingewiesen. Unter den Werbeträgern erweisen sich Fernsehen und Film für langlebige Konsumgüter als besonders geeignet, weil sich mit Hilfe dieser Medien die Gebrauchsvorteile der Produkte mit oftmals komplizierten technischen Eigenschaften durch eigene Anschauung überzeugend demonstrieren lassen. Andererseits ist die Streuung dieser Werbeträger besonders breit, während es gerade bei langlebigen Konsumgütern unter Umständen entscheidend sein kann, bestimmte ausgewählte Verbraucherschichten und -gruppen unter Vernachlässigung anderer, als potentielle Käufer kaum in Frage kommender Verbraucherkreise zu erreichen. Zu Bestimmung des optimalen Werbeträgereinsatzes ist daher vom Produkt her zu entscheiden, ob bevorzugt Medien mit großer quantitativer oder hoher qualitativer (gruppenspezifischer) Reichweite[5] einzusetzen sind. Vielfach wird man auch den Weg der zweigleisigen Werbung beschreiten, indem für allgemeine, auf breite Verbraucherkreise zugeschnittene Werbeaussagen Medien mit großer quantitativer Reichweite gewählt werden, während man gleichzeitig bestimmte Verbrauchergruppen durch gezielte Appelle über Werbeträger mit großer gruppenspezifischer Reichweite anspricht.

Quellenangaben:

[1] Zu den folgenden Ausführungen vgl. Plassmann, Chr.: Bestimmungsgründe der Nachfrage nach dauerhaften Konsumgütern, Berlin 1964, S. 12 ff.
[2] Vgl. hierzu im einzelnen: Behrens, K. Chr.: Absatzwerbung, Wiesbaden 1963, S. 39 ff.
[3] Vgl. ZAW-Jahresbericht 1967: Zentralausschuß der Werbewirtschaft e. V., Bad Godesberg 1968, S. 24 ff., insbesondere S. 48 ff.
[4] Vgl. ZAW-Jahresbereicht 1967: a. a. O., S. 52.
[5] Vgl. Behrens, K. Chr.: a. a. O., S. 98 f.

Werbung in der Investitionsgüterindustrie

Von Dr. Edgar W. Uherek, Berlin

I. Der Investitionsgüterbegriff

Unter „Investitionsgütern" im u m f a s s e n d e n Sinne werden im folgenden alle Sachgüter verstanden, die von Unternehmungen oder öffentlichen Haushalten zur Produktion von Sachgütern geringerer Ordnung oder Dienstleistungen verwendet werden; außerdem solche Sachgüter, die dem Bau von privaten Eigenheimen dienen. Die genannten Unternehmungen können also mit Hilfe der Investitionsgüter ihrerseits Investitionsgüter produzieren, aber auch Konsumgüter erzeugen oder Dienstleistungen erstellen. Von öffentlichen Haushalten werden Investitionsgüter entweder zum Bau öffentlicher Sachanlagen (Straßen, Kanäle usw.) oder (wie z. B. Verwaltungsgebäude) zur Erbringung öffentlicher Dienstleistungen verwendet. Ein Gut ist demnach nicht per se ein Investitionsgut; so können zum Beispiel Kraftwagen und Schreibtische sowohl in Unternehmungen und öffentlichen Haushalten als auch in Privathaushalten Verwendung finden.

Investitionsgüter, die vom Verwender l a n g f r i s t i g genutzt werden (Gebäude, Produktionsanlagen, Betriebs- und Büroeinrichtungen) bezeichnet man als „Investitionsgüter im e n g e r e n Sinne", auch als „Produktionsmittel", „Gebrauchs-" oder „Anlagegüter"; unterliegen sie dagegen k u r z f r i s t i g e r Nutzung (als Werk- und Betriebsstoffe oder Fertigbestandteile), so spricht man von „Produktionsgütern", „Produktionsstoffen" oder (produktiven) „Verbrauchsgütern". Im folgenden soll aus Gründen der Klarheit im ersten Fall von „A n l a g e g ü t e r n", im zweiten von „P r o d u k t i o n s s t o f f e n" die Rede sein.

II. Die Bedeutung der Werbung in der Investitionsgüterindustrie

In der Praxis wird — dem amerikanischen Sprachgebrauch folgend — die Werbung für Investitionsgüter („industrial goods") oft (ungenau) als „industrielle Werbung" („industrial advertising"), „Industriewerbung" oder „Werbung für Industriegüter" bezeichnet. Vergleicht man ihre Stellung mit der Bedeutung der Konsumgüterwerbung, so zeigt sich ein erhebliches Relevanzgefälle zugunsten der Verbrauchsgüterindustrie, das sich am sinnfälligsten an der relativen Werbeintensität ablesen läßt. Während im Jahre 1962 der

Anteil der Werbekosten am Umsatz der Konsumgüterindustrie in der Bundesrepublik 2,6 % betrug, machte er in der Investitionsgüterindustrie lediglich 1,05 % aus*)[1]. Im Jahre 1967 war ein Drittel aller Investitionsgüterbetriebe gänzlich ohne Werbeetat (und damit ohne Werbeabteilung); die jährlichen Werbebudgets der werbeintensivsten Unternehmen bewegten sich durchschnittlich in einer Größenordnung zwischen 100 000 DM und 250 000 DM, während sie bei Markenartikeln des Massenverbrauchs zwischen 3 und 10 Mill. DM lagen. Von den Großbaufirmen in der Bundesrepublik verfügen gar nur je 20 % über einen Werbeleiter bzw. eine Werbeabteilung und nur 10 % betreiben systematische Werbeplanung[2]. Da zudem die Inanspruchnahme externer Werbeberater gering ist, bedeutet dies zugleich, daß die Investitionsgüterwerbung zu einem beträchtlichen Teil in den Händen von Nichtfachleuten liegt.

Die Gründe für das Zurückbleiben der Werbeausgaben in der Investitionsgüterindustrie liegen vor allem in folgenden Umständen:

1. Wie insbesondere eine umfassende Untersuchung des Batelle-Instituts gezeigt hat[3], ist der Marketing-Gedanke in der Investitionsgüterindustrie bisher – abgesehen von einzelnen Produktionszweigen – noch wenig entwickelt. Im Zeichen Jahrzehnte hindurch bestehender und sich erst in jüngerer Zeit wandelnder Verkäufermärkte hat sich überkommenes „technisches" Produktionsdenken weithin und unangefochten behaupten können; Werbekosten werden daher vielfach als bloße Belastung von fragwürdigem Wert empfunden.

2. Die unternehmerische Nachfrage nach Investitionsgütern ist abgeleitete Nachfrage; und zwar gilt dies in einem weiteren Sinne nicht nur für die „induzierten", sondern auch für die „autonomen" Investitionen im Sinne der Wirtschaftstheorie. Andererseits ist die öffentliche Nachfrage nach Investitionsgütern – auch soweit sie originär ist – werbeunelastisch. Anders als bei Konsumgütern läßt sich daher der gesamte Investitionsgüterumsatz durch Werbung nicht wesentlich erhöhen. Werbung hat primär einen Selektionseffekt in bezug auf einzelne Branchen, die in Substitutionswettbewerb stehen, und bezüglich der Unternehmungen, die innerhalb einer Branche miteinander konkurrieren; Markterweiterungseffekte sind dagegen von sekundärer Bedeutung.

3. Vom gesamten Investitionsgüterumsatz entfallen etwa zwei Drittel auf Produktionsstoffe, bei denen es sich zu einem beträchtlichen Teil um Güter mit hohem Homogenitätsgrad handelt, so daß sich sachliche Präferenzen kaum erzeugen lassen.

4. In manchen Zweigen der Investitionsgüterindustrie erübrigt sich Werbung weitgehend, da entweder nur wenige (Dauer-)Abnehmer existieren oder (wie z. B. im Anlagenbau) Auftragsfertigung betrieben wird; an die Stelle von Werbung tritt der persönliche Kontakt durch Vertriebsingenieure und technische Berater.

5. Schließlich kommen für die Investitionsgüterwerbung gerade solche Werbeträger kaum in Betracht, deren Einschaltpreise besonders hoch sind; das gilt vor allem für Fernsehen, Hörfunk und Publikumszeitschriften.

III. Besonderheiten der Werbeplanung bei Investitionsgütern

Wie in der Konsumgüterindustrie vollzieht sich auch die Werbeplanung bei Investitionsgütern in folgenden Schritten: Formulierung der Werbeziele – Festlegung des Werbeverfahrens – Fixierung des Werbebudgets. Dabei ergeben sich jedoch hinsichtlich der

---

*) Die im Text laufend numerierten Quellenangaben sind am Schluß des Aufsatzes zitiert.

Zielformulierung und der Budgetfestlegung keine grundsätzlichen Besonderheiten. Für die Investitionsgüterindustrie charakteristische Tatbestände treten dagegen bei der Festlegung des Werbeverfahrens in Erscheinung, das die Entscheidungen über die Werbeobjekte, die Werbesubjekte und die Werbemittel umfaßt.

1. Werbeobjekte

Hinsichtlich der Werbeobjekte sind – neben der üblichen Produktwerbung – für die Investitionsgüterindustrie die folgenden Sachverhalte charakteristisch.

1. Bei Produktionsstoffen (Kohle, Metalle usw.) handelt es sich – wie bereits erwähnt – häufig um technisch homogene Erzeugnisse, die sich auch durch Werbung nicht differenzieren lassen. In diesen Bereichen dominiert notwendigerweise die Gemeinschaftswerbung; die Produktgattung wird zum Werbeobjekt. Soweit daneben Einzelwerbung betrieben wird, rücken als Werbeobjekte die von den einzelnen Betrieben gebotenen Nebenleistungen (Zahlungsziele, Kundendienst usw.) in den Vordergrund, die allein eine gewisse Heterogenisierung des Angebots ermöglichen. Bei Anlagegütern tritt die Gemeinschaftswerbung dagegen meist nur akzidentell in Erscheinung, insbesondere zur Demonstration des branchentypischen technischen Fortschritts[4]).

2. Für zahlreiche Unternehmungen der Investitionsgüterindustrie ist eine starke Heterogenität des Kundenkreises charakteristisch, die sich entweder aus der universellen Verwendbarkeit der Erzeugnisse (so namentlich bei Produktionsstoffen) oder aus der Breite des Produktionsprogramms herleitet. Daher wird im Investitionsgütersektor in hohem Maße von der Produktgruppen- und insbesondere von der Firmenwerbung (institutional advertising) Gebrauch gemacht; das Werbeobjekt wird von bestimmten Erzeugnisgruppen bzw. vom Firmennamen repräsentiert, wobei die Werbung auf die Konstitution eines spezifischen, programmbezogenen Firmen-Images abzielt. Darüber hinaus wird in der Investitionsgüterindustrie in besonderem Umfange das Unternehmen als solches zum Werbeobjekt; durch Public-Relations-Arbeit wird namentlich versucht, starke Unternehmenskonzentrationen und hohe Erträge unter Hinweis auf die Verdienste des Unternehmens für das gesellschaftliche Ganze zu rechtfertigen.

3. Dagegen gelingt es nur in wenigen Bereichen der Investitionsgüterindustrie, den Erzeugnissen durch koordinierte produkt-, werbe- und distributionspolitische Maßnahmen den Charakter von Quasi-Markenartikeln zu verleihen, wie dies etwa bei Lastkraftwagen, Büromaschinen oder Kunstfasern zu beobachten ist; in diesen Fällen wird die Produktmarke bzw. die kombinierte Produkt-Firmenmarke zum Werbeobjekt.

2. Werbesubjekte

Gegenüber den Verhältnissen in der Konsumgüterindustrie ergeben sich bei der Zielung der Werbung für Investitionsgüter besondere Schwierigkeiten. Drei Entscheidungsbereiche sind es, auf die sich die Werbesubjektplanung bezieht:

1. Die vertikale Zielung der Werbung erstreckt sich auf die Frage, an welcher Wirtschaftsstufe bzw. an welchen Wirtschaftsstufen die Werbung ansetzen soll. In der Investitionsgüterindustrie ist die Zahl der möglichen Ziel-Wirtschaftsstufen erheblich größer als im Konsumgütersektor. In Betracht kommen:

(1) die unmittelbaren Verwender bzw. Verarbeiter des Investitionsgutes (Unternehmungen oder öffentliche Haushalte),

(2) die gewerblichen oder öffentlichen Abnehmer der unmittelbaren Verarbeiter des Produktes (für Spinnereien z. B. sind das Konfektionsbetriebe als Verarbeiter der Webwaren, die aus den Erzeugnissen des werbetreibenden Unternehmens hergestellt werden),

(3) private Haushalte,

(4) der Produktionsverbindungshandel zwischen dem werbetreibenden Unternehmen und den unmittelbaren Verwendern bzw. Verarbeitern,

(5) der Einzelhandel, soweit private Haushalte die Letztabnehmer sind,

(6) Berater (Ingenieure, Architekten usw.), von deren Urteil die Investitionsentscheidungen der Unternehmungen und insbesondere auch der öffentlichen und privaten Haushalte beeinflußt werden.

Beim Absatz von Anlagegütern dominiert im allgemeinen die Umwerbung der unmittelbaren Verwender der Erzeugnisse, da der Direktvertrieb überwiegt oder mit Werks- bzw. Vertragshändlern gearbeitet wird; daneben spielt die Werbung bei Beratern eine erhebliche Rolle. Bei Produktionsstoffen kommt dem indirekten Vertrieb und damit der Werbung beim Produktionsverbindungshandel dagegen bereits größere Bedeutung zu. Die Umwerbung der privaten Haushalte und des Einzelhandels schließlich ist auf private Bauinvestitionen und auf solche Fälle beschränkt, in denen die Erzeugnisse zu wesentlichen Bestandteilen der aus ihnen gefertigten Konsumgüter werden und den Charakter von Markenartikeln des Massenverbrauchs annehmen, wie das insbesondere für Kunstfasern (Dralon, Trevira usw.) gilt; die Nachfrage wird durch S p r u n g w e r b u n g beim Letztverbraucher geweckt und soll — nach dem „Pull-Prinzip" — ihrerseits abgeleitete Nachfrage auf den vorgelagerten Wirtschaftsstufen (Konfektion, Weberei) induzieren.

2. Die h o r i z o n t a l e Zielung der Werbung beinhaltet die Entscheidungen darüber, auf welche Wirtschaftszweige, Branchen oder Haushaltsgruppen die Werbung innerhalb der einzelnen Wirtschaftsstufen gerichtet werden soll; für den in der Investitionsgüterindustrie bedeutsamen Fall der Einzelumwerbung („Direktwerbung") ist ferner festzulegen, an welche konkreten Betriebe sie sich zu wenden hat. Diese Fragen treten immer dann auf, wenn entweder für gegebene Produkte neue Verwendungsmöglichkeiten (und damit meist neue Verwender) erschlossen werden sollen, oder wenn neue Produkte entwickelt wurden, die von den bisherigen Kunden nicht nachgefragt werden. In beiden Fällen kommt der Werbesubjektplanung die marktanalytische Aufgabe zu, die potentiellen Verwender oder Verarbeiter des erzeugten Investitionsgutes bzw. jene Handelsbetriebe zu ermitteln, die für seinen Umsatz in Frage kommen. Dieses Problem bereitet dann keine besonderen Schwierigkeiten, wenn — wie das z. B. für Büroausstattungen gilt — das Produkt so universell verwendbar ist, daß praktisch alle im Absatzgebiet ansässigen Unternehmungen oder öffentlichen Haushalte als potentielle Verwender betrachtet werden können; dieser Fall entspricht der im Konsumgütersektor sehr verbreiteten Allgemeinumwerbung. Auch dann, wenn die Verwendung des Produkts umgekehrt auf einzelne Wirtschaftszweige (z. B. auf die Land- oder Transportwirtschaft), bestimmte Branchen (Schiffsbau) oder öffentliche Haushalte (Rüstungsproduktion) beschränkt ist, läßt sich die horizontale Zielung der Werbung ohne allzu großen Aufwand bewerkstelligen, da die Zielgruppen klar umrissen sind. Zieht sich die potentielle Verwendbarkeit des Produkts jedoch durch mehrere Wirtschaftszweige, so setzt die Ermittlung der Werbesubjekte unter Umständen umfangreiche und mühevolle Primäranalysen (Application Research) voraus. Es sind dann jene Betriebe herauszufinden, die vom Pro-

duktionsprogramm (bei Handelsbetrieben vom Sortiment) und/oder von der Produktionsmethode her als potentielle Verwender in Frage kommen. Diese Aufgabe wird um so schwieriger, je breiter das Funktionsspektrum des Werbeobjekts ist; so lassen sogenannte Vielzweckstoffe und -anlagen (z. B. moderne Kunststoffe und Elektromotoren) eine Unzahl von Verwendungsmöglichkeiten zu, ohne jedoch den Charakter von Universalgütern zu erlangen. Ferner kompliziert sich die Verwendungsforschung um so mehr, je heterogener die Produktionsprogramme der potentiellen Nachfrager und je unterschiedlicher ihre Produktionsmethoden sind. Ähnlich läßt sich auf der Stufe der privaten Haushalte die Zielgruppe oft nur mit Hilfe einer demoskopischen Befragung definieren.

3. Die p e r s o n e l l e Zielung der Werbung schließlich bezieht sich auf die Frage, an welche Funktionsträger in den Unternehmungen bzw. in den öffentlichen oder privaten Haushalten die Werbung zu richten ist. Dazu ist zu ermitteln, von welchen Instanzen oder Personen die Investitions- bzw. Einkaufsentscheidungen jeweils getroffen werden. Bei Kleinbetrieben und Privathaushalten läßt sich diese Aufgabe verhältnismäßig leicht bewältigen. In Großbetrieben und öffentlichen Haushalten finden sich dagegen häufig äußerst komplexe Entscheidungsstrukturen, so daß die Werbesubjektplanung vor der Notwendigkeit steht, Einblicke in die Organisation der Entscheidungsprozesse zu gewinnen.

Nach den bisher vorliegenden Untersuchungen wechseln in größeren Unternehmungen die einkaufsentscheidenden Instanzen mit der Art, dem Wert und der Menge des Beschaffungsgutes, und zwar sowohl hinsichtlich ihrer Stellung in der Leitungshierarchie (vom Vorstandsmitglied bis zum Werkmeister) als auch bezüglich ihrer Ressortzugehörigkeit (technischer Bereich, Produktion, Einkauf, Verwaltung). Über kostspielige Anlageinvestitionen wird in der Regel auf höherer, über laufende Vorratsinvestitionen auf unterer Leitungsebene entschieden; zum überwiegenden Teil liegen die Einkaufsentscheidungen in den Händen von Technikern. Ferner hat sich gezeigt, daß Investitionsentscheidungen meist kollegial getroffen werden, wobei die Zahl der beteiligten Instanzen — sie schwankt zwischen zwei und acht — mit wachsender Unternehmensgröße zunimmt. Zudem variiert die Struktur des Entscheidungskollegiums nicht nur mit dem jeweiligen Investitionsobjekt, sondern häufig auch mit dem Verwendungszweck ein und desselben Beschaffungsgutes.

Diese Befunde zeigen, daß die personelle Werbesubjektplanung — wie die horizontale — in der Investitionsgüterindustrie vor äußerst schwierigen Forschungsproblemen steht. Von einer zutreffenden Erfassung der Entscheidungsstrukturen in den Abnehmerbetrieben hängt jedoch nicht nur die personelle Zielgenauigkeit der Werbung, sondern auch die Qualität der Werbemittelplanung ab, und zwar deshalb, weil sich Auswahl, Streuung und Gestaltung der Werbemittel am Verhalten der Einkaufsentscheider orientieren müssen; bleiben diese dem werbetreibenden Unternehmen aber unbekannt, so läßt sich auch hier ihr Verhalten nicht erforschen, und es entfällt die Möglichkeit, die Werbemittelplanung rational zu fundieren.

3. Werbemittel

a) Auswahl

Das quantitative Verhältnis, in dem in der Investitionsgüterindustrie von den einzelnen, heute zur Verfügung stehenden Werbemitteln Gebrauch gemacht wird, unterscheidet sich wesentlich von deren relativen Anteilen an den Werbebudgets der Konsumgüterhersteller. Wie sich die Werbeausgaben in einigen typischen Branchen des Investitionsgütersektors prozentual auf die Werbemittel verteilen, zeigt die folgende Tabelle[5]).

Werbemittel \ Branche	Maschinen-bau %	Bau-maschinen %	Bau-stoffe %	Groß-Baufirmen %
Druckschriften	33	30	52,7	50
Anzeigen und Beilagen	30	23,5	26,2	30
Messen und Ausstellungen	24	34,7	10,0	–
Vorträge	1,9	–	2,0	4
Filme und Diapositive	2,8	1,9	2,3	1,7
Werbegeschenke, Adreßbuchanzeigen und Außenwerbung	8,3	9,9	6,8	14,3
	100,0	100,0	100,0	100,0
Werbekosten in % des Umsatzes	1,6	2,08	1,7	0,4

Dabei ist jedoch zu beachten, daß es sich bei Messen und Ausstellungen nicht um Werbemittel, sondern um Werbeträger handelt; die Werbemittel werden bei der Teilnahme an diesen Veranstaltungen vom Produkt selbst, von Demonstrationen, Werbegesprächen und von Druckschriften repräsentiert. Im Unterschied zu den anderen Positionen werden unter „Messen und Ausstellungen" demnach vor allem Streukosten ausgewiesen (abgesehen davon, daß es sich bei der Beschickung von Messen nur insoweit um Werbung handelt, als sie den Charakter von Kontakt- und nicht von Verkaufsmessen haben, auf denen Verkaufs- und nicht Werbegespräche geführt werden). Bleibt man sich dessen bewußt, so kann verallgemeinernd gesagt werden, daß in der Investitionsgüterindustrie die Druckschriften-, die Anzeigen- und die Messe- und Ausstellungswerbung dominieren und zusammen durchschnittlich etwa 80 % des Werbeetats zu ungefähr gleichen Teilen beanspruchen; alle anderen Werbemittel haben in der Regel nur sekundäre Bedeutung. Zu den Druckschriften gehören dabei in der Investitionsgüterindustrie im einzelnen Werbeblätter, Prospekte, Kataloge, Werbebriefe, Kundenzeitschriften und Forschungsberichte.

Von welchen Werbemitteln Gebrauch zu machen ist und in welcher Kombination und Reihenfolge sie einzusetzen sind, hängt vom Informationsverhalten der Einkaufsentscheider in den Abnehmerbetrieben ab. Untersuchungen K.-H. Strothmanns haben zu einer Typologie des Informationsverhaltens geführt, nach der zum Beispiel Anzeigen und Prospekte von Fachleuten mit literarisch-wissenschaftlichem Informationsverhalten nur ergänzend herangezogen werden, bei Einkaufsentscheidern mit „objektiv" wertendem Informationsverhalten dagegen Anstöße auslösen und bei Personen mit spontanem Informationsverhalten sogar dominierende Bedeutung haben[6]). Beim zweiten Typ bewirken Anzeigen einen ersten Impuls, während Messebeschickungen zu engeren Kontakten und erst Angebote zu Abschlüssen führen.

Wie die Werbemittel-Auswahl im einzelnen Fall vorzunehmen ist, läßt sich daher nur mit Hilfe einer Befragung ausmachen, die das Informationsverhalten der Einkaufsentscheider in den potentiellen Abnehmerbetrieben zum Gegenstand hat. Methodisch wirft eine solche Analyse für die Werbeforschung jedoch nur dann keine besonderen Probleme auf, wenn die Zahl dieser Betriebe so gering oder bei schriftlicher Befragung die Rücklaufquote so hoch ist, daß sich eine Vollerhebung durchführen läßt. Wird hingegen die mündliche Befragung einer Stichprobe notwendig, so ergeben sich spezifische Schwierigkeiten, die sich aus der für die Investitionsgüterindustrie charakteristischen

Werbung in der Investitionsgüterindustrie

Inhomogenität der nun zur Grundgesamtheit werdenden statistischen Gesamtgruppe der Abnehmerbetriebe herleiten. Diese Inhomogenität ergibt sich aus den unterschiedlichen potentiellen Beschaffungsmengen der potentiellen Verwender des Werbeobjekts; dadurch wird die Anwendung des einfachen Random-Verfahrens und der Quotenauswahl unmöglich. Wären die genannten Differenzen nun allein die Folge abweichender Produktionsmengen und somit reine Betriebsgrößeneffekte, so ließe sich, falls die individuellen Umsätze der Arbeitnehmer bekannt sind, bei einfach-teiloligopolistischer Marktstruktur nach dem Konzentrationsprinzip und bei mehrfachen Abstufungen mit einer geschichteten Stichprobe arbeiten. Die Unterschiede in den potentiellen Beschaffungsmengen leiten sich jedoch vielfach nicht nur aus den Betriebsgrößen, sondern auch aus unterschiedlich strukturierten Produktionsprogrammen und unterschiedlichen Produktionsverfahren her; in diesen Fällen scheidet das Konzentrationsprinzip aus, und die geschichtete Stichprobe ist nur anwendbar, falls sich die Ausprägung der genannten Stratifikationsmerkmale transparent machen läßt. Somit hat die Werbemittelforschung in der Investitionsgüterindustrie unter Umständen beträchtliche Probleme zu bewältigen.

b) Streuung

Die Streuplanung wirft in der Investitionsgüterindustrie so lange keine besonderen Probleme auf, wie Einzelumwerbung (D i r e k t - W e r b u n g) betrieben wird und die Werbesubjekte in horizontaler und personeller Hinsicht zutreffend ermittelt worden sind. Insbesondere werden Druckschriften und Werbegeschenke (über Post, Reisende, Vertreter), aber auch Vorträge und Tonbildschauen (durch Vorführung in den Abnehmerbetrieben) überwiegend im Wege der Direkt-Werbung gestreut. Schwierigkeiten entstehen jedoch, wenn zur M e h r h e i t s u m w e r b u n g gegriffen wird und Fremdwerbeträger eingesetzt werden. Bei der Anzeigenwerbung ist dann sowohl über die Werbeträgerart (Fachzeitschrift, Branchenadreßbuch usw.) als auch über den konkreten Werbeträger (Fachzeitschrift X oder Y) zu entscheiden. Druckschriften, Demonstrationen und Werbegespräche lassen sich dagegen auf indirektem Wege nur über Messen und Ausstellungen streuen, so daß lediglich festzulegen ist, an welchen konkreten Veranstaltungen dieser Art teilgenommen werden soll; das gleiche gilt bei Werbefilmen hinsichtlich internationaler Industriefilm-Festspiele.

Grundsätzlich lassen sich auch diese Fragen nur beantworten, indem das Informationsverhalten der Einkaufsentscheider in den Abnehmerbetrieben untersucht wird. Soweit dies im Wege einer Primäranalyse geschieht, treten die gleichen methodischen Probleme auf, die bei der Werbemittelauswahl zu lösen sind. Ferner sind Informationen über die Verbreitung der einzelnen Werbeträger erforderlich. Dabei ist im Einzelfall zu prüfen, inwieweit diese Informationen auf sekundäranalytischem Wege gewonnen werden können, wie das im Konsumgüterbereich durch die Veröffentlichung von Leser-, Hörer- und Seheranalysen ermöglicht wird.

A n z e i g e n werden im Investitionsgütersektor überwiegend durch F a c h z e i t s c h r i f t e n gestreut. Im Unterschied zu Publikumszeitschriften gab es bei Fachzeitschriften in der Bundesrepublik jedoch bis in die sechziger Jahre hinein kaum zuverlässige Angaben über die für die Streuplanung bedeutsamen Reichweitenwerte. Sofern Leseranalysen veröffentlicht wurden, beruhten diese gewöhnlich — unter Vernachlässigung des Streuversandes — lediglich auf Abonnentenumfragen und waren zudem von zweifelhaftem Aussagewert; so wurde 1966 die Leseranalyse einer Fachzeitschrift vom Landgericht Düsseldorf als unzulänglich verworfen, da bei einer Vollerhebung lediglich 12 % der Abonnenten Auskünfte erteilt hatten und als Indikator für die Leser pro Heft die Zahl der Abteilungen herangezogen wurde, die jedes Exemplar durchschnittlich durchlief. Zuverlässigere Entscheidungsunterlagen sind jedoch zu erwarten, seitdem sich im Jahre 1966 im Rahmen des Verbandes Deutscher Zeitschriftenverleger der „Arbeitskreis Media-Informationen Fachzeitschriften (AMF)" konstituiert hat, dessen Bestreben dahin geht, vergleichbare Aussagen über Umfang, Auflagengliederung und geographische Verbreitung von Fachzeitschriften zu geben; ferner sind in den letzten Jahren immer mehr Fachzeitschriften der Auflagenkontrolle durch die Informationsgemeinschaft zur Feststellung der Verbreitung von Werbeträgern (IVW) beigetreten[7]. Zu beachten ist jedoch, daß Informationen über die betriebliche (vertikale und horizontale) Verbreitung von Zeitschriften für eine exakte Streuplanung nicht hinreichen, sondern daß darüber hinaus auch personelle (innerbetriebliche) Reichweitenwerte bekannt sein müssen; in personeller Hinsicht sind wiederum nicht nur quantitative Reichweitenwerte von Bedeutung, die die Zahl der Leser je Heft und Unternehmen angeben, sondern es sind auch die qualitativen und „regionalen" Reichweiten von Interesse, aus denen die Führungsebenen bzw. die Ressortzugehörigkeiten der Leser in den Betrieben hervorgehen.

Neben den Fachzeitschriften haben als Streumedien für die Anzeigen der Investitionsgüterindustrie ferner W i r t s c h a f t s z e i t u n g e n, politische W o c h e n z e i t u n g e n und letzthin auch überregionale T a g e s z e i t u n g e n Bedeutung erlangt, sofern betriebliche Führungskräfte einen ins Gewicht fallenden Teil ihrer Leserschaft ausmachen; die von diesen Organen veröffentlichten Leseranalysen zeichnen sich in der Regel durch beträchtlichen Informationswert aus. Bei A d r e ß b ü c h e r n ist die Einführung von Verbreitungsanalysen dagegen zur Zeit erst im Gange.

Die für M e s s e n und A u s s t e l l u n g e n von ihren Veranstaltern zur Verfügung gestellten Aussteller-, Besucher- und Standflächenzahlen waren früher nicht überprüfbar. Erst im Jahre 1965 wurde von den bedeutendsten westdeutschen Messeträgern die „Gesellschaft zur freiwilligen Kontrolle von Messe- und Ausstellungszahlen (FKM)" gegründet, deren erster Bericht 1967 erschienen ist; soweit sich die dort veröffentlichten Angaben auf Besucherzahlen beziehen, weisen sie jedoch lediglich quantitative Reichweitenwerte aus.

c) Gestaltung

Für die einzelnen, in der Investitionsgüterindustrie benutzten Werbemittel ergeben sich jeweils spezifische Gestaltungsprobleme, insbesondere auch formaler und technischer Art, auf die an dieser Stelle nicht einzugehen ist. Im folgenden werden vielmehr nur einige allgemeine Aspekte der i n h a l t l i c h e n Werbemittelgestaltung hervorgehoben, die für die Investitionsgüterindustrie von grundsätzlichem Belang sind. (Vgl. auch den Artikel „Praktische Beispiele von Werbefeldzügen – Investitionsgüter" im zehnten Kapitel dieses Handbuches.)

Wie sich die Auswahl und Streuung der Werbemittel am I n f o r m a t i o n s v e r h a l t e n der Einkaufsentscheider in den potentiellen Abnehmerbetrieben zu orientieren hat, so muß die Werbemittelgestaltung von den M o t i v a t i o n s s t r u k t u r e n der Investoren ausgehen. Gegenüber der normativen Investitionstheorie, die nur ein einziges oder nur wenige Entscheidungskriterien zugrunde legt, zeigen empirische Untersuchungen des faktischen Verhaltens der Investitionsentscheider ein diffuseres Bild[8]. Allgemein scheint sich heute folgendes feststellen zu lassen:

1. Gemessen an der Konsumgüterwerbung hat die informativ-rationale Komponente in der Werbung für Investitionsgüter ein ungleich höheres Gewicht, aber es ist falsch,

sie zu verabsolutieren; zu einem gewissen Grade unterliegt auch das unternehmerische Einkaufsverhalten irrationalen Einflüssen, die bei der Werbung berücksichtigt werden können und früher offenbar unterschätzt worden sind.

2. Bei rationaler Argumentation rückt die Verwendungsbetonung gegenüber der Hervorhebung technischer Daten und Vorzüge in den Vordergrund. Die Werbung bietet Problemlösungen an und akzentuiert die Vorteile, die die Verwendung des Produkts dem Investor bietet. Dabei bildet die Wirtschaftlichkeit das bedeutsamste Argument; die durch die Investition ermöglichten Rationalisierungseffekte werden hervorgehoben. Hinweise auf Preisgünstigkeit, Lebensdauer, Lieferzeit und Kundendienst treten erst sekundär hinzu.

3. Unter den irrationalen Motivationen, die bei Investitionsentscheidungen eine Rolle spielen, ist vor allem das Prestigestreben von Bedeutung; es wirkt sich nicht nur beim Kauf von Büroausstattungen, sondern beispielshalber auch bei der Installation von Anlagen der Elektronischen Datenverarbeitung aus[9]. Andere irrationale Beweggründe des Einkaufsverhaltens sind das Streben nach Sicherheit, Fortschrittlichkeit oder Bequemlichkeit, ferner Habitualismus und Ästhetizismus. Insbesondere bei fehlender qualitativer und preislicher Differenziertheit des Werbeobjekts bietet sich der Werbeargumentation der Rekurs auf diese Motive an.

4. Die Motivationsstrukturen variieren häufig mit der Ressortzugehörigkeit der Einkaufsentscheider (Techniker, Produktionsleiter, Einkäufer usw.); die Werbeargumentation muß daher differenziert werden, sofern die Ressortzugehörigkeit der Einkaufsentscheider in den einzelnen Abnehmerbetrieben voneinander abweicht oder die Entscheidungskollegien von Instanzen unterschiedlicher Ressortzugehörigkeit gebildet werden.

5. Durch Institutional-Werbung gelingt vielfach die Schaffung eines spezifischen Firmen-Images. Dabei richtet sich die Werbeargumentation auf Tradition, Erfahrung, Forschungsintensität, Innovationserfolge, Marktanteile oder sonstige Merkmale des Unternehmens, die von den Einkaufsentscheidern auf seine Produkte projiziert werden können. Hierfür ist neben der Repetition der Argumente auch die Konzeption und Beibehaltung eines spezifischen Werbestils erforderlich.

Im konkreten Fall läßt sich die Gestaltung der Werbemittel nur auf Grund einer speziellen Motivationsanalyse bei den jeweiligen Investitionsentscheidern in den potentiellen Abnehmerbetrieben festlegen. Hierbei treten jedoch nicht nur die bereits bei der Erörterung der Werbemittelauswahl angedeuteten statistischen Probleme auf, sondern es entsteht auch die Frage, in welchem Umfange die Geschäftsleitungen bereit sind, einer derartigen Befragung ihre Zustimmung zu geben.

Gegen eine solche Einwilligung spricht vor allem die Befürchtung, daß die eigene Informationsbereitschaft geeignet sei, die „bargaining power" der Lieferanten im sogenannten Stufenwettbewerb zu stärken oder daß die erteilten Informationen durch ungewisse Kanäle der Konkurrenz zu Gehör kommen könnten; ferner ist nicht auszuschließen, daß das werbetreibende Unternehmen bei vertikal gestaffelter Produktionsstruktur selbst Konkurrent des zu umwerbenden Betriebes ist. Lassen sich nun die wichtigsten Unternehmen innerhalb der Stichprobenauswahl von solchen Gesichtspunkten leiten, so wird der Wert der Motivationsanalyse äußerst fragwürdig. Liegt aber die grundsätzliche Auskunftsbereitschaft aller ausgewählten Betriebe vor, so müssen ferner hinreichende qualitative Vorstudien möglich sein, die unter Umständen sehr zeitraubend sind. Schließlich müssen die Einkaufsentscheider darin einwilligen, sich in der Hauptuntersuchung standardisierten Interviews zu unterwerfen, bei denen sie als bloße „Auskunftsautomaten" fungieren. Bestehen sie dagegen aus Prestigegründen auf sogenannten freien Befragungsgesprächen, so sind statistisch exakte Auswertungen nicht mehr möglich, abgesehen davon, daß damit das befragungstaktische Instrumentarium der Motivationsforschung sterilisiert wird. Somit stehen einer auf wissenschaftliche Motivanalysen gestützten Gestaltung der Werbemittel in der Investitionsgüterindustrie erhebliche Schwierigkeiten entgegen.

IV. Zur Organisation und Kontrolle der Investitionsgüterwerbung

Innerbetrieblich dürfte die O r g a n i s a t i o n der Werbung in den Unternehmungen der Investitionsgüterindustrie eine erheblich geringere Differenzierung aufweisen als in größenmäßig vergleichbaren Betrieben der Konsumgüterherstellung. Dies läßt sich aus der sehr viel eingeschränkteren Bedeutung herleiten, die der Werbung im Investitionsgüterbereich eingeräumt wird; auch die erheblich kleineren durchschnittlichen Werbeetats sprechen für diese Annahme. Jedoch verfügen nach der von R. W. Wilkens in Auftrag gegebenen Untersuchung bereits zwei Drittel aller Betriebe und 90 % aller Unternehmen mit mehr als 1000 Beschäftigten über eine Werbeabteilung.

Auch die Inanspruchnahme von Agenturleistungen steht bis heute in keinem Verhältnis zu dem Umfang, in dem im Konsumgüterbereich von ihnen Gebrauch gemacht wird. Dies ist teils in der schwachen Dotierung der Werbebudgets, teils aber auch darin begründet, daß Werbefachleute mit den jeweils geforderten technischen Spezialkenntnissen nicht gerade häufig sind; außerdem ist – wie gezeigt wurde – die Werbeforschung oft mit großen Schwierigkeiten belastet. Immerhin hat sich vor einigen Jahren in Heidelberg ein „Arbeitskreis Fachagenturen und Berater für Industriewerbung (AIW)" gebildet, dessen Mitglieder sich speziell mit der Investitionsgüterwerbung befassen.

Gegenüber den für Konsumgüterbetriebe tätigen Unternehmen bringen für diese Agenturen die beschränkten Werbeetats ihrer Kunden jedoch eine Reihe von Besonderheiten mit sich. Umsätze und Beschäftigtenzahl sind in der Regel sehr viel geringer. Das Aktionsfeld ist meist regional begrenzt, da sich hohe Reisekosten verbieten. An die Stelle von Full Service tritt ein Bukett an Spezialleistungen, die von den Industriefirmen je nach ihren individuellen Bedürfnissen nachgefragt werden. Schließlich führt die starke Verbreitung der Direkt-Werbung dazu, daß der Honoraranteil an den Umsätzen größer, der Provisionsanteil dagegen geringer ist.

Einer methodisch zuverlässigen W e r b e e r f o l g s k o n t r o l l e stehen in der Investitionsgüterindustrie immer dann nahezu unüberwindliche Hindernisse im Wege, wenn dazu demoskopische Befragungen, insbesondere experimentelle Versuchsanordnungen, erforderlich sind; die Befragungspersonen lehnen es in der Regel ab, sich derartigen Explorationen zu unterwerfen. Damit entfällt die Möglichkeit, den Berührungs-, den Beeindruckungs- und den Erinnerungserfolg von Werbeaktionen zu messen. Günstiger liegen die Verhältnisse hinsichtlich der Feststellung des Interesseweckungserfolges, namentlich dann, wenn Direktwerbung betrieben, Couponanzeigen gestreut oder Messen und Ausstellungen beschickt werden. In diesen Fällen lassen sich unter Umständen auch Aktionserfolge feststellen. Dagegen scheint eine statistisch exakte Ermittlung des Werbegewinns, die ja auch in der Konsumgüterindustrie äußerst schwierig ist, wegen der kaum zu bewerkstelligenden Werbeertragsbezifferung heute außerhalb des Möglichen zu liegen. Ohne eine grundlegende Änderung des Verhaltens der Befragungspersonen in den Abnehmerbetrieben dürfte die oft vorgetragene Forderung nach einer Werbeerfolgskontrolle in der Investitionsgüterindustrie daher kaum zu realisieren sein

Quellenangaben:

[1] Nach F. Klein-Benkers, Schätzung der Gesamtkosten der Wirtschaftswerbung im Jahre 1962 in der BRD nach zwei Methoden, Werbewissenschaftliches Referatenblatt, Bd. 3 (1965), S. 29 f.

[2] Zahlen nach H. Bruder, Investitionsgüterwerbung – eine Bilanz und ein Ausblick, Die Absatzwirtschaft, Heft 10/1964, S. 606 ff., sowie nach einer Repräsentativerhebung, die im Auftrag der Fachagentur Dr. Rolf William Wilkens GmbH, Hamburg, bei 300 Werbeleitern der Investitionsgüterindustrie durchgeführt wurde.

[3] Probleme und Methoden des Marketing in der Produktions- und Investitionsgüterindustrie, 6 Bände, Frankfurt/M. 1967.

[4] Vgl. etwa die vom Verein Deutscher Maschinenbau-Anstalten herausgegebene Werbeschrift „Produktive Investitionen", Frankfurt/M. 1968.

[5] Vgl. Die Absatzwirtschaft, Jg. 1964, S. 1020.

[6] Vgl. Kleiner Almanach der Marktforschung 1967, S. 80 ff.

[7] Vgl. Jahresbericht 1967 des ZAW, S. 103 ff.

[8] Vgl. hierzu E. Gutenberg, Untersuchungen über die Investitionsentscheidungen industrieller Unternehmen, Köln und Opladen 1959.

[9] Vgl. hierzu H. Kreikebaum, Das Prestigeelement im Investitionsverhalten, Berlin 1961.

Literatur:

Bücher und Schriften

Albach, H., Blasberg, C. et. al.: Industrielle Werbung, Essen 1965.

Alexander, R. S., Cross, J. S., Cunningham, R. M.: Industrial Marketing, 2. Aufl., Homewood (Ill.) 1961.

Batelle-Institut: Probleme und Methoden des Marketing in der Produktions- und Investitionsgüterindustrie, 6 Bände, Frankfurt/M. 1967.

Blasberg, C.: Industriewerbung nach Maß, Würzburg 1962.

Berekoven, L.: Die Werbung für Investitions- und Produktionsgüter, ihre Möglichkeiten und Grenzen, München 1961.

Dix, W. R.: Industrial Advertising for Profit and Prestige, New York 1956.

Emnid-Institut Dr. K. H. Strothmann KG, Hamburg: Informationen, Entscheidungen, Erfolge: Ergebnisse einer repräsentativen Befragung einkaufsentscheidender Fachleute, Würzburg 1967.

Hautle, W.: Die Werbung in der Metallindustrie, Diss., Neuchatel 1954.

Kassner, E.: Werbung für Maschinen, München 1959.

Lindner, P.: Die Auslandswerbung für Investitionsgüter auf der Grundlage systematischer Marktuntersuchung, Berlin 1966.

Messner, F. R.: Industrial Advertising, New York – Toronto – London 1963.

Pfeiffer, W.: Absatzpolitik bei Investitionsgütern der Einzelfertigung, Stuttgart 1965.

Preisig, H.: Marketing in der Produktionsgüterindustrie, Winterthur 1962.

Rupp, A.: Werbefibel für die Investitionsgüterindustrie, Salzgitter 1965.

Sonnek, J.: Marketing-Politik in der Investitionsgüterindustrie, Diss., TU Berlin 1962.

Spiegel-Verlag (Hrsgb.): Die industrielle Einkaufsentscheidung. Eine empirische Untersuchung zum Informations- und Entscheidungsverhalten, Hamburg o. J.

Verlagshaus Die Welt: Industriewerbung auf neuen Wegen, Hamburg – Essen – Berlin o. J.

Wenzel, W.: Die Gestaltungselemente der Verkaufswerbepolitik für Investitionsgüter, Diss., TU Berlin 1964.

Williams, L. A.: Industrial Marketing, London 1967.

Beiträge in Sammelwerken

Blasberg, C.: Industrielle Werbung. In: H. L. Zankl (Hrgb.): Werbeleiter-Handbuch, München 1966.

Müller, O. H.: Technische Werbung. In: Handbuch des Werbeleiters, München 1960.

Schmidt, F.: Industrielle Absatzwerbung. In: VDI (Hrgb.): Industrieller Vertrieb, Düsseldorf 1957.

Strothmann, K.-H.: Das Informations- und Entscheidungsverhalten von Fachleuten der Industrie als Erkenntnisobjekt der industriellen Werbeforschung. In: Emnid-Institut (Hrgb.): Kleiner Almanach der Marktforschung 1967, Bielefeld – Berlin – Hamburg 1967.

Zeitschriften

Der Marktforscher
Die Absatzwirtschaft
Die Anzeige
Industrieanzeiger
Industrielle Marktforschung
Industrielle Werbung
Printer's Ink
Wirtschaft und Werbung
ZAW-Nachrichten.

Werbung in der Landwirtschaft

Von Prof. Dr. Adolf Weber, Kiel

Einleitung

Der Einsatz von Werbemitteln in der Landwirtschaft dient der Beeinflussung von Personen in ihrer Eigenschaft als Käufer oder als Staatsbürger. Im ersten Fall sind landwirtschaftliche Erzeugnisse das Werbeobjekt. Im zweiten Fall tritt die Landwirtschaft als Wirtschaftszweig und Lebensform an die Öffentlichkeit, um die im parlamentarischen Staat sich öffentlich vollziehende Meinungs- und Willensbildung in ihrer Werthaltung zugunsten der Landwirtschaft zu beeinflussen. Der Beitrag beschäftigt sich mit Aufgaben und Problemen der Werbung in der Landwirtschaft. Die Ansatzpunkte der Werbung werden für drei Absatzbereiche aufgezeigt. Daran schließt sich eine Diskussion der besonderen Bedingungen und Probleme der landwirtschaftlichen Absatzwerbung an. Abschließend wird ein Überblick zur Organisation der Werbung im Bundesgebiet für landwirtschaftliche Produkte und die Landwirtschaft als Ganzes gegeben.

I. Landwirtschaftliche Absatzbereiche

1. Produktionsmittel landwirtschaftlicher Herkunft

In der Landwirtschaft sind drei Gütergruppen als Werbeobjekte zu unterscheiden. Es sind erstens landwirtschaftliche Güter, die Produktionsmittel (Saatgut, Futtermittel, Zucht- und Nutzvieh) für andere landwirtschaftliche Erzeugnisse darstellen. Die Käufer sind mit oder ohne Einschaltung des Handels Landwirte. In der Werbegestaltung werden leistungsgerichtete Produkteigenschaften (Sortenmerkmale, Nährstoffgehalt, Leistungsnachweise usw.) herausgestellt. Die gebräuchlichsten Werbemittel sind – neben Anzeigen in der Fach- und Tagespresse – Werbedrucke (Prospekte, Kataloge, Preislisten usw.) und Werbebriefe. Die Werbung für Produktionsmittel landwirtschaftlicher Herkunft hat infolge der zunehmenden Spezialisierung in den landwirtschaftlichen Betrieben eine wachsende Tendenz. Sie fördert damit gleichzeitig die zur beschleunigten Einführung leistungsfähigeren Zuchtmaterials oder neuer Produktionsverfahren erforderliche Arbeitsteilung (z. B. Einschaltung spezieller Saatgut- und Aufzuchtbetriebe) in der Feld- und Viehwirtschaft.

2. Rohstoffe landwirtschaftlicher Herkunft

Eine zweite Gütergruppe stellen Rohstoffe landwirtschaftlicher Herkunft dar, die ausschließlich durch industrielle Verarbeitungsprozesse ihre Verwendungsreife (Wolle, Baumwolle, Faserpflanzen, Häute, Kautschuk) oder Verbrauchsreife (Hopfen, Braugerste, Tabak usw.) erlangen. Die werbliche Aussage nationaler oder internationaler landwirtschaftlicher Produzentenzusammenschlüsse richtet sich vielfach gegen die neu auftretende Konkurrenz industriell gefertigter Rohstoffe. Als typisches Beispiel hierfür kann die Werbung des von den Wolle exportierenden Ländern eingerichteten Internationalen Wollsekretariats in London gelten, das die Qualität der Naturfaser Wolle betont. Die streutechnische Auswahl der verschiedenen Werbeträger erfolgt in gezielten Kombinationen, damit sowohl Verwender (Industrie) als auch Handel und Endverbraucher gleichzeitig angesprochen werden.

3. Landwirtschaftliche Produkte

Eine dritte Gütergruppe bilden die der menschlichen Ernährung und dem Genuß dienenden Erzeugnisse. Ein Teil von ihnen erlangt seine Konsumreife (Kartoffeln, Gemüse, Obst, Eier, Geflügel) entweder im landwirtschaftlichen Betrieb oder in landwirtschaftseigenen Einrichtungen (z. B. Molkerei- und Winzergenossenschaften, Zucker-, Konserven-, Fruchtsaftfabriken, Tieffrostereien). Die Absatzwerbung für diese Gütergruppe steht im Mittelpunkt dieses Beitrages. Da als Käufer bei diesen Produkten fast stets die Gesamtbevölkerung in Betracht kommt, kann bei entsprechender Organisation der Werbung die Auswahl unter der Gesamtheit der Werbeträger (Funk, Presse, Werbeanschlag usw.) getroffen werden. Ein anderer Teil der Erzeugnisse muß zur vollen Konsumreife erst vom Ernährungshandwerk und der Ernährungsindustrie be- und verarbeitet werden. Es hängt in erster Linie von den Größenverhältnissen zwischen der Landwirtschaft und ihren Abnehmern ab, ob gemeinsame Werbebemühungen beim Verbraucher als zweckmäßig angesehen werden. Sind die Abnehmer Konzerne der Ernährungsindustrie, die ihre Produkte durch hohe Werbeaufwendungen beim Verbraucher als Markenartikel einführen, dann entfällt in der Regel eine Werbung der Landwirtschaft. Eine gemeinsame Werbung der Landwirtschaft mit dem Handel, dem Handwerk und Teilen der Ernährungsindustrie ist jedoch vielfach anzutreffen, weil die Landwirtschaft auch über diese Institutionen den Kontakt mit dem Verbraucher verwirklichen kann.

II. Allgemeine Bedingungen der Absatzwerbung für landwirtschaftliche Produkte

1. Soziologische und sozialpsychologische Bedingungen

Die Wertschätzung der Konsumenten für die einzelnen Produkte bildet sich durch die verschiedensten Informationsquellen*)[1]. Am nachhaltigsten verankert sind die vom Erziehungssystem sozialer Gruppen[2] internalisierten Werte. Sie erlauben es dem Individuum, die bei der Bedarfsbildung widerstreitenden Motive des individuellen (des Erwünschten) und des sozialen Bereichs (des Erlaubten oder Möglichen) zum Ausgleich zu bringen. Die Wertordnung der Verbraucher gegenüber einzelnen landwirtschaftlichen Produkten wird im schwer überschaubaren gesellschaftlichen Prozeß der Gruppenbildung und Gruppenauflösung entschieden. Die Werte, die die einzelnen Gruppenmitglieder ihrer Bedarfsbildung zugrunde legen, bilden sich letzten Endes durch das den

---

*) Die im Text laufend numerierten Quellenangaben sind am Schluß des Aufsatzes zitiert.

Markttausch tragende Kommunikationssystem der Gesellschaftsgruppen. Dieses Kommunikationssystem ist im Hinblick auf landwirtschaftliche Produkte außerordentlich komplex. Außerhalb der Landwirtschaft und der Markt- und Preisberichterstattung verbreiten nämlich noch die Institutionen der öffentlichen Erziehung, die allgemeine Publizistik, die Werbung des Handels und der Ernährungsindustrie aktuelles Wissen über das jeweilige Angebot an landwirtschaftlichen Produkten. Für die Werbung betreibende Landwirtschaft kommt es darauf an, die von diesen Informationsquellen lang- und kurzfristig ausgelösten Wertverschiebungen (z. B. Diätbewußtsein gegenüber einzelnen Produkten) zu erkennen. Die werbliche Argumentation bei landwirtschaftlichen Produkten stützt sich vielfach darauf, den Frischezustand oder die gesundheitsfördernde Wirkung (z. B. Eiweiß- und Mineralstoffgehalt der Milch, Vitamingehalt des Obstes) in rationaler Weise in Broschüren, Rezepten u. a. herauszustellen. Die nicht am Äußeren eines Produktes erkennbaren Qualitäten (Geschmack, Gefüge, Schaligkeit, Kocheigenschaften usw.) werden gleichfalls betont[3]). Da die Verbraucherwünsche aber weit komplexer sind, als daß sie nur den schlichten Wunsch nach gesunder Ernährung zuließen, werden auch die Argumente sozialer Geltung oder der Kennerschaft (hochwertige Fleischsorten, Delikatessen, Weine usw.), der Sicherheit (ausreichende Lagerhaltung), der Möglichkeit schöpferischer Erfüllung der Hausfrauentätigkeit, der Freude an Entdeckungen (neue Produkte) oder der Weckung ästhetischer Gefühle[4]) (z. B. Farb- und Formharmonie) benutzt.

2. Ökonomische Bedingungen

a) Einzelwerbung

Die landwirtschaftliche Absatzwerbung tritt entweder als Einzelwerbung, als Gemeinschaftswerbung oder in sich zeitweilig gegenseitig stützenden Kombinationen auf. Bei der Einzelwerbung wird die Werbeplanung auf die absatzwirtschaftlichen Ziele des Betriebes ausgerichtet. Die Einzelwerbung als regelmäßiger Einsatz von Werbemitteln im Rahmen eines landwirtschaftlichen Betriebes findet sich eher bei größeren Betrieben (Saatgut-, Zucht-, Weinbaubetriebe), spezialisierten Qualitäts- oder Großproduzenten (Erzeugern von Markentrinkmilch, Eiern, Geflügel, Gemüse, Obst usw.) als im durchschnittlichen Betrieb.

b) Gemeinschaftswerbung

Die Werbung läßt sich von den übrigen absatzpolitischen Mitteln des einzelnen landwirtschaftlichen Betriebes: Produktgestaltung, Wahl der Absatzwege, Preisgebaren usw., vergleichsweise leicht abtrennen. Die durch Erzeugergruppen, Genossenschaften, spezielle Werbegemeinschaften sowie Verbände organisierte Gemeinschaftswerbung stellt daher in der Landwirtschaft eine charakteristische Form der Absatzbeeinflussung dar. Die Gemeinschaftswerbung ist dabei entweder anonym, oder die beteiligten Betriebe treten unter einer gemeinsamen Idee namentlich hervor (Sammelwerbung). Eine anonyme Gemeinschaftswerbung findet sich in vielen Ländern bei der Werbung für Milch, Käse, Wein, Obst, Blumen und andere Erzeugnisse. Sie tritt bei einzelnen Werbemaßnahmen auch als Verbundwerbung auf, indem beispielsweise die Produktionszweige Milcherzeugung und Weinbau bei bestimmten Anlässen gemeinsam und gleichzeitig für Käse und Wein werben.

Die Gemeinschaftswerbung hat in der Landwirtschaft durch das in internationalen, nationalen, regionalen und lokalen Körperschaften und Verbänden ständig erneuerte territoriale Bewußtsein eine weitere Stütze. Sie wird zum wirtschafts- und agrarpolitischen Instrument. Zur Stärkung der heimischen Wirtschaftskraft und zur Förderung des Exportes stellen die erwähnten Körperschaften der Landwirtschaft (wie auch anderen Wirtschaftszweigen) öffentliche Mittel für die Auslandswerbung (Beteiligung an den Ausstellungskosten usw.) bereit[5]. Diese Entwicklung mag vom Standpunkt einer binnenwirtschaftlich orientierten Wettbewerbsauffassung Anlaß zur Kritik geben, weil die Werbung für Produkte ausschließlich als privatwirtschaftliche Aufgabe angesehen wird. Die staatliche Förderung der Gemeinschaftswerbung im Ausland für Produkte und Produktgruppen eines Landes ist jedoch üblich und notwendig, weil die Markterschließung für den einzelnen Betrieb, einen Produktionszweig oder ein Land hohe Kosten verursacht. Impulse zur staatlichen Aktivität – auf verschiedenen gebietlichen Ebenen – kommen gleichfalls vom Binnenmarkt, denn allein die auf Ausstellungen geschlossen auftretende Werbung der ausländischen Landwirtschaft zwingt das davon bedrängte einheimische Angebot zu einer entsprechenden Werbung. Die finanzielle Beteiligung der öffentlichen Hand an der Werbung ist im übrigen vom Fremdenverkehr und anderen Bereichen (z. B. Industrieausstellungen im In- und Ausland) her bekannt. Eine Förderung der Gemeinschaftswerbung ist in der Landwirtschaft bei entsprechender Standardisierungseignung des Produktes auch aus anderen Gründen am Binnenmarkt sinnvoll. Dadurch können die Gesamtkosten der Werbung für konkurrierende Marken begrenzt werden, denn ein nicht durch ausgeprägte Präferenzen gestörter Preiswettbewerb fördert die räumliche und zeitliche Integration zwischen Erzeugung und Verbrauch. Von einer Gemeinschaftswerbung gehen darüber hinaus günstige Rückwirkungen auf die Aktivität der Erzeuger, der Erzeugerorganisationen, des Handels, der verarbeitenden Industrie und der Publizistik aus[6].

1) Ansatzpunkte und Probleme

In den Industriestaaten kann die Landwirtschaft infolge der Auswirkung des Engelschen Gesetzes auch durch Werbung den Gesamtabsatz ihrer Erzeugnisse nicht auf Kosten anderer Wirtschaftszweige erhöhen. Die Landwirtschaft eines Landes oder eines Gebietes kann sich dagegen immer darauf einigen, zur Abwehr oder zur Belebung der Konkurrenz für die Gesamtheit oder Teile der eigenen Erzeugnisse zu werben. Hinsichtlich des Umfanges kommt jedoch der in einzelnen Produktionszweigen gemeinsam finanzierten Produkt- und Markenwerbung die größere Bedeutung in der Landwirtschaft[7] zu, denn im Produktionszweig verdichten sich die auf den Absatz gerichteten Interessen deutlicher als im Sammelbegriff der Landwirtschaft. Es ist die vom einzelnen Produktionszweig finanzierte Werbung, die versucht, die Nachfrage nach einzelnen Nahrungsmitteln zu beeinflussen.

Die landwirtschaftliche Gemeinschaftswerbung sieht sich bei der Festlegung der Werbeziele Problemen gegenüber, die in der Einzelwerbung nicht in der gleichen Schärfe auftreten.

Versucht eine Produzentengruppe, durch Werbung die Nachfrage und damit den Preis eines Erzeugnisses zu erhöhen, so begrenzt die Kreuzpreiselastizität der Nachfrage bei einer hohen Austauschbarkeit der Produkte den Preisanstieg. Ist jedoch eine unmittelbare Austauschbarkeit der Produkte durch vorgegebene Verwendungen (z. B. Hopfen, Braugerste) oder auch der Nachfrage (z. B. hochwertige Qualitäten an Weinen, Käsesorten) nicht gegeben, die Kreuzpreiselastizität der Nachfrage also relativ gering, dann wird das Angebot bei einem hohen Preis in der folgenden Periode steigen. Der einzelne Erzeuger richtet seine Produktionsentscheidung an diesem Preise aus. Da die Gesamtheit der Erzeuger die Produktionshöhe nicht – wie der Einzelbetrieb – untereinander abstimmen kann, tritt in der nächsten Periode ein Preisverfall ein[8]. Damit die Erzeugung von einer durch Werbung ausgelösten Preiserhöhung keine übermäßigen Impulse erhält, besteht deshalb bei einem geringen Zeitbewußtsein der Erzeuger die Aufgabe, bei steigenden Preisen die Werbung einzuschränken und sie bei fallenden Preisen auszudehnen. Bei einer relativ stabilen Nachfrage wären deshalb Werbepläne anzustreben, die mehrere Produktionsperioden umfassen und antizyklische Werbeeinsätze ermöglichen. Eine antizyklische Werbeplanung weist aber nicht alle Einsatzmöglichkeiten auf. Der Erfahrungshorizont der Verbraucher führt zu unterschiedlichen Wahrnehmungsschwellen der Werbung, die es nahelegen, die Werbeplanung auch auf die unteren und oberen Wendepunkte der Saisonpreise oder auf bestimmte Anlässe (Einkaufsneigung am Wochenende, vor Festtagen, erhöhter Trinkmilchbedarf an heißen Tagen usw.) hin auszurichten[9]). Auch beim Zusammentreffen einer expansionsfähigen Nachfrage mit kapitalintensiven modernen Produktionsverfahren und Erzeugungsschwerpunkten (z. B. Hähnchenerzeugung) bietet sich eine Gemeinschaftswerbung zur Marktausdehnung an. Es kann nämlich das neu in den Produktionsprozeß eingesetzte Kapital nicht von der Nachfrageseite erkannt werden, wenn das neue Produkt nicht rechtzeitig beim Verbraucher bekannt gemacht wird.

Von grundsätzlicher Bedeutung ist die Werbung für hoch verderbliche Saisonprodukte (z. B. Obst und Gemüse, Schnittblumen). Eine vorankündigende Werbung leistet dem Erzeuger, dem Handel und dem Verbraucher wertvolle Unterstützung, denn ohne sie vermag der Verbraucher die möglichen Leistungsangebote des Verteilungsapparates nicht zeitgerecht zu nutzen. Die Werbung ist ferner bei plötzlichen Angebotsschwemmen von großer Hilfe, weil bei einer nur zeitweilig starren Nachfrage die auf ihr beruhenden Preisausschläge in langfristiger Betrachtung als funktionslos gelten müssen. Sie führen leicht zu Anbauentscheidungen, die der langfristig zu erwartenden Nachfrage nicht entsprechen.

Ein weiteres Ergebnis planvoller Gemeinschaftswerbung für ein Produkt, eine Marke oder die Produkte der heimischen Landwirtschaft bilden zeitlich begrenzte Werbeaktionen, die unter einem Generalthema zusammen mit dem Handel durchgeführt werden, oder auch die Beteiligung an Ausstellungen (z. B. Tag der Milch, Deutsche Weinwoche, Aus deutschen Landen – frisch auf den Tisch[10]), Grüne Woche).

2) Güte- und Prüfzeichen

Die Gemeinschaftswerbung übt bei landwirtschaftlichen Produkten keinen unmittelbaren Einfluß auf Qualitätsniveau, Verpackung, Länge der Absatzwege, orts- und zeitgerechte Lieferung, persönliche Verkaufsbemühung, Preispolitik usw. aus, auf die der Einzelbetrieb seinen Werbeplan abstimmt. Für eine erfolgreiche Gemeinschaftswerbung gilt deshalb der vielfach angewandte Grundsatz, daß mit Gütezeichen versehene landwirtschaftliche Produkte dem Verbraucher eine bei anonymen Produkten nicht anzutreffende Qualitätsgarantie verschaffen[11]). Gütezeichen werden damit zur Basis der Werbung[12]).

Gütezeichen werden in der Landwirtschaft von verschiedenen Stellen verliehen[13]). In der Molkereiwirtschaft geschieht es für Butter und Käse durch die obersten Landesbehörden (Abbildung 1 a). Der Verband der Landwirtschaftskammern[14]) vergibt Gütezeichen nach strengen Qualitätsrichtlinien für andere landwirtschaftliche Produkte (Abbildung 1 b). Ein Gütezeichen stellt auch das Deutsche Weinsiegel der Deutschen Landwirtschafts-Gesellschaft (DLG dar (Abbildung 1 c).

Außer den erwähnten Stellen haben noch Genossenschaften, regionale Zusammenschlüsse, Verbände und das Bundesland Schleswig-Holstein eigene Gütezeichen. Von den Gütezeichen sind Prüfzeichen zu unterscheiden. Mit Gütezeichen versehenen Waren

Abbildung 1

unterliegen einer laufenden Kontrolle, während Prüfzeichen nur die erfolgreiche Teilnahme an einem Qualitätswettbewerb bescheinigen. So veranstaltet die DLG zur Verbesserung der Qualität für verschiedene Produktgruppen **freiwillige öffentliche Prüfungen** eingesandter Warenproben. Hohe Qualitäten erhalten Urkunden, Preismünzen oder die von der Werbung gern benutzten Prüfzeichen mit der Angabe des Prüfungsjahres (vgl. *Abbildung 2*). Bei Brot- und Backwaren erlischt z. B. die Berechtigung zur Führung des Prüfzeichens nach drei Jahren.

Abbildung 2

3) Finanzierung der Gemeinschaftswerbung

Die Finanzierung von Gemeinschaftswerbungen erfolgt in der westdeutschen Landwirtschaft entweder freiwillig, durch Organisationsbeschluß oder durch gesetzliche Vorschriften. Eine freiwillige Finanzierung ist dann vorteilhaft, wenn die Produkte durch Marken- oder Gütezeichen identifizierbar sind. Andernfalls würden die nicht an der Finanzierung der Werbung beteiligten Produzenten begünstigt. Auf freiwilliger Basis wurde z. B. im Jahre 1949 von der DLG die Werbung für das Deutsche Weinsiegel ins Leben gerufen. Die auszuzeichnenden Weinpartien werden von einer neutralen Kommission nach festgelegten Qualitätsrichtlinien überprüft. Die Betriebe erhalten Kontrollnummern. Bis Ende 1966 wurden 320 Millionen Weinsiegel verliehen. Der Anteil der jährlich mit dem Weinsiegel gekennzeichneten Weine an der Gesamtweinernte des Bundesgebietes

Werbung in der Landwirtschaft

ist gegenwärtig auf ungefähr 12 % gestiegen. Ein Nachteil der freiwilligen Finanzierung liegt in der langen Anlaufzeit, die vergeht, ehe ein ausreichendes Werbebudget zur Verfügung steht.

Im Absatz tätige Organisationen (Genossenschaften, Importhandel usw.) können durch einen entsprechenden Beschluß schneller ein ausreichendes Werbebudget für die Produkt- oder Markenwerbung erlangen. Die landwirtschaftlichen Genossenschaften stützen sich hierbei auf ihr weitverzweigtes Organisationssystem, um eigene Marken einzuführen[15][16][17][18].

Die Erhebungsgrundlage des Werbebeitrages beruht gewöhnlich auf einem festen Prozentsatz des Umsatzes oder einem festen Betrag je Produkteinheit. Im ersten Fall schwanken bei unelastischer Nachfrage die Werbeeinnahmen in gleicher Richtung wie die Preisänderungen, im zweiten Fall jedoch mit den Mengen. Es bleibt je nach der Situation (Angebots- und Nachfragerhythmus, ein- oder mehrjährige Werbepläne) zu prüfen, welche Finanzierungsmethode dem angestrebten Werbeziel am besten entspricht. Infolge der mangelnden Vorhersehbarkeit des Angebots und der unelastischen Nachfrage ist es in der Gemeinschaftswerbung fast unmöglich, die Finanzierung am künftigen Umsatz oder Gewinn auszurichten[19]. Da bei gesetzlichen Vorschriften alle Produzenten Beiträge leisten, ist der auf den einzelnen entfallende Anteil relativ gering. Die Finanzierung der Gemeinschaftswerbung durch die Produzenten auf gesetzlicher Grundlage bot sich vielfach an, wenn Verbände (z. B. Landesvereinigungen der Milchwirtschaft in Deutschland) oder Institutionen (z. B. Stabilisierungsfonds für Wein, Marketing Boards in England, Australien, Neuseeland, USA usw.) schon beratende oder regulierende Funktionen im Absatz ausüben. Sie beziehen dann die mittels Umlage aufgebrachten Beiträge für die Werbung in ihre Aufgaben ein. Bei sehr ungleicher Betriebsgrößenverteilung, regionalen Schwerpunkten und ungenügender Zusammenarbeit im Produktionszweig ergeben sich leicht Konflikte mit der vorhandenen Markenwerbung einzelner Erzeuger oder von Erzeugergruppen.

3. Beobachtungen zur Werbung bei einzelnen Produkten

Untersuchungen und Beobachtungen legen den Schluß nahe, daß Verbrauchssteigerungen durch Werbung am ehesten in Gebieten oder bei Familien eintreten, die schon einen relativ hohen Verbrauch eines Produkts haben. Hier bieten sich k u r z f r i s t i g e W e r b e k a m p a g n e n zur Beseitigung von Angebotsüberschüssen an[20]. Eine negative Einstellung der Verbraucher gegenüber einem Produkt kann nur durch eine l a n g f r i s t i g   a u s g e r i c h t e t e   W e r b u n g verändert werden. Die mannigfachen Ursachen[21][22][23] der Ablehnung (Preishöhe, persönliche Abneigung bei Zubereitung oder Genuß, mangelnde Vertrautheit mit unerprobten Verwendungen) müssen zuvor erkundet und bewertet werden, ehe größere Mittel eingesetzt werden. Für landwirtschaftliche Produzentengruppen ist es bei vielen Werbekampagnen wichtig, eine Koordinierung der Werbung und Verkaufsförderung mit dem Einzelhandel zu erreichen. Der Verbraucher verfolgt die Einzelhandelswerbung nämlich aufmerksamer als die Produzentenwerbung. So konnte der Absatz von Geflügelfleisch in amerikanischen Supermärkten gesteigert werden, wenn die vermehrte Anzeigenwerbung der Erzeuger mit einer größeren Ausstellungsfläche und einer Preisherabsetzung kombiniert wurde[24]. Das durch häufige Preissenkungen geschärfte Preisbewußtsein der Verbraucher beim Geflügelfleisch wirkte sich im wesentlichen nur auf die Stammkunden aus, die in Erwartung weiterer Werbeaktionen Geflügelfleisch stoßweise bevorraten. Eine Werbung für Rindfleisch dagegen führte nicht nur zu einem Mehrumsatz dieses Produktes, sondern während der Werbekampagne wurde eine Steigerung des gesamten Warenumsatzes der Supermärkte erreicht. Die

Rindfleischwerbung führte den Geschäften außer den Stammkunden neue Käufer zu. Sobald deshalb günstige Nebenwirkungen von einem landwirtschaftlichen Produkt auf den Absatz des Gesamtsortiments eines Einzelhandelsgeschäftes ausgehen, erweist sich die Zusammenarbeit zwischen Handel und Landwirtschaft als äußerst vorteilhaft.

4. Werbeforschung und Werbeerfolgskontrolle

Zuverlässige Aussagen über einen Werbeerfolg hängen unmittelbar vom Stand der Beobachtungsmethoden der Werbeforschung und der Definition des Werbezieles ab. Die Messung, ob ein außerökonomisches Werbeziel (z. B. Erhöhung der Bekanntheit eines Markennamens oder Werbespruchs) erreicht wurde, ist natürlich auch bei landwirtschaftlichen Produkten möglich. Eine rein ökonomische Erfolgskontrolle der Gemeinschaftswerbung, die den durch Werbung verursachten Mehrgewinn erfaßt, wird bei der unterschiedlichen Ertragslage der beteiligten Betriebe ein unerreichbares Ideal bleiben. Wie die amerikanische Untersuchung zeigte[25], läßt sich ein durch Werbung hervorgerufener Mehrumsatz jedoch unter bestimmten Bedingungen messen. Die eine Messung des Mehrumsatzes ermöglichenden Methoden der Werbeerfolgskontrolle setzen allerdings bestimmte Annahmen voraus. Die Meßmethoden sind im übrigen sehr aufwendig, so daß sie in der deutschen Praxis noch nicht Eingang fanden. Gegenwärtig konzentriert sich die wissenschaftliche Diskussion[26][27][28][29] der Werbeforschung[30][31][32][33][34][35][36][37][38][39][40] bei landwirtschaftlichen Produkten fast ausschließlich auf die USA.

III. Institutionen der Werbung auf Bundesebene

1. Produktwerbestellen

In der landwirtschaftlichen Absatzwerbung sind dauerhafte Institutionen notwendig. 1926 wurden deshalb erstmals Reichsausschüsse für die Milch- und Weinwerbung ins Leben gerufen[41][42][43]. Ausschüsse für weitere Produkte (Milch, Wein, Obst und Gemüse, Brot und Mehl, Fleisch, Kartoffeln, Fisch, Fruchtsaft, Eier und Geflügel) folgten. Mit den Landesvereinigungen der Milchwirtschaft verfügt die Milchwerbung heute über einen regionalen Mittelbau. Verschiedene Produktwerbestellen schlossen sich nach dem zweiten Weltkrieg zum Erfahrungsaustausch in der Arbeitsgemeinschaft ernährungswirtschaftlicher Werbestellen (AEW) zusammen[44].

2. Exportwerbung

Die 1958 gegründete Arbeitsgemeinschaft Agrarexport e. V., die über 40 Bundesverbände der Land-, Forst- und Ernährungswirtschaft als Mitglieder zählt, widmet sich der Auslandswerbung und Exportförderung. Sie unterhält gegenwärtig fünf Außenstellen und drei Handelszentren im Ausland. Für einzelne landwirtschaftliche Produktionszweige bestehen außerdem davon unabhängige Exportförderungsgesellschaften. Verbände der Tierzucht unterhalten z. B. die Deutsche Zucht- und Nutzvieh-Import- und Export-GmbH (Imex).

3. Gesellschaft für Absatzförderung der Deutschen Landwirtschaft e.V. (GAL)

Um die Werbung der verschiedensten Institutionen in einer übergreifenden Marketing-Konzeption zu verwirklichen und die Marktstellung der heimischen Landwirtschaft zu verbessern, wurde im Jahre 1966 die GAL gegründet. Gründungsmitglieder sind der

Deutsche Bauernverband, der Deutsche Raiffeisenverband, der Verband der Landwirtschaftskammern, die Deutsche Landwirtschafts-Gesellschaft, der Zentralverband des Deutschen Gemüse-, Obst- und Gartenbaues, der Deutsche Weinbauverband und der Deutsche Landfrauenbund. Das Bundesministerium für Ernährung, Landwirtschaft und Forsten fördert die GAL. Die von der GAL angestrebte Koordinierung betrifft zwei Bereiche. Im äußeren, auf den Empfänger von Werbebotschaften gerichteten Bereich soll der Werbung für das inländische Angebot eine erkennbare, gemeinsame Aussage zugrunde gelegt werden. Im inneren Bereich landwirtschaftlicher Organisationen wird ein die Gemeinschaftlichkeit des deutschen Angebots versinnbildlichendes Stilelement angestrebt. Um der Landwirtschaft einen besseren Zugang zu teuren Werbemitteln durch Ausnützung der von den Werbeträgern gewährten Rabatte usw. zu verschaffen, wird versucht den Kauf von Werbemedien zu koordinieren. – Auch in den übrigen Ländern – wie z. B. den EWG-Ländern[45]) – gibt es entsprechende Institutionen auf nationaler Ebene, die die Werbung für landwirtschaftliche Erzeugnisse im In- und Ausland fördern und zu koordinieren suchen.

IV. Public-Relations-Arbeit der Landwirtschaft

Die Landwirtschaft wird wegen ihrer strukturellen Nachteile (Einkommensdisparität infolge rasch steigender Produktivität bei wenig ausdehnungsfähiger Nachfrage; unzureichende Betriebsgrößen, Überalterung landwirtschaftlicher Erwerbspersonen usw.) in allen Industriestaaten subventioniert. Die von der staatlichen Agrarpolitik zugunsten der Landwirtschaft vorgenommene Umverteilung des Volkseinkommens und das notwendigerweise öffentliche Wirken agrarpolitischer Gruppen wird damit zu einem häufigen Gegenstand öffentlicher Diskussion[46]). Die Kosten der Public-Relations-Arbeit, die die Landwirtschaft aufbringt, sind sowohl eine Folge der parlamentarischen Demokratie, die die Koalitions- und Agitationsfreiheit der Gruppen schützt und stützt, als auch der dezentralisierten marktwirtschaftlichen Ordnung, die durch Öffnung der Grenzen von der Landwirtschaft den permanenten Leistungsnachweis auf internationaler Ebene fordert. In der planwirtschaftlichen Ordnung, die die grundlegende Entscheidungsbildung über die Prioritäten in eine Zentralbehörde verlegt, sind die Kosten der Public-Relations-Arbeit für die Landwirtschaft in den Aktionen und Verlautbarungen der Zentralbehörde zu finden. Die Kosten der Public-Relations-Arbeit werden durch einen Wechsel des Wirtschaftssystems also nicht gespart, sondern sie fallen in der Wirklichkeit nach dem jeweiligen Mischungsverhältnis zwischen dezentraler und zentraler Willens- und Entscheidungsbildung entweder vorwiegend beim Betrieb, bei der organisierten Gruppe oder vorwiegend bei der Zentrale an.

Der permanente Aufbruch der ländlichen Sozialstruktur und die Einordnung der Landwirtschaft in die Industriewirtschaft schafft deshalb Konflikte, die in dieser Form früher nicht bestanden. Mit der wachsenden sozialen Distanz der Stadtbevölkerung zum Land steigt aber gleichzeitig ihr Informationsbedürfnis. Eine kürzliche Untersuchung[47]) zeigte, daß mit steigendem Bildungsgrad das Verständnis für die besonderen Probleme der Landwirtschaft zunimmt. Im Interesse der Landwirtschaft liegt es daher, als Empfänger öffentlicher Leistungen und als Verkäufer landwirtschaftlicher Produkte durch Öffentlichkeitsarbeit ein Vertrauensklima herzustellen. Erschwert wird die Aufklärung der Stadtbevölkerung auch dadurch, daß es den Autoren der Kinder- und Schulbücher oder der zeitgenössischen Literatur offenbar nur mit großen zeitlichen Verzögerungen gelingt, die von der Technik hervorgerufenen Änderungen in der Landwirtschaft und der bäuerlichen Arbeitswelt treffend zu beschreiben. Ebenso erscheint die der Landbevölkerung unterstellte Geisteshaltung mehr der Widerschein einer vergangenen Epoche als der Gegenwart zu sein.

Die älteste Institution zum Meinungsaustausch zwischen Wirtschaftspartnern stellt die 1927 gegründete „Verbindungsstelle Industrie/Landwirtschaft" dar[48]). Im Jahre 1957 folgte die Gründung der Vereine „Stadt und Land", die die Stadt- und Landbevölkerung durch Vorträge und gemeinsame Besichtigung von Landwirtschafts- und Industriebetrieben anspricht. Eine höhere Breitenwirkung wird jedoch erst mit der 1960 gegründeten Informationsgemeinschaft für Meinungspflege und Aufklärung (IMA) entfaltet, die moderne Werbemittel einsetzt und sich an maßgebliche Meinungsbildner in der Stadt und im öffentlichen Leben wendet.

Quellenangaben:

[1]) Weber, A., Absatzwerbung für landwirtschaftliche Erzeugnisse. Gründe, Ziele, Situationen, Argumente, München, Basel, Wien 1965, S. 76.
[2]) Bayton, J. A., Psychological problems in the promotion of farm products. In: Proceedings of National Workshop on promotion of farm products. East Lansing, Michigan, Oct. 26/27 (1961), USDA/MED/ERS-58, Washington, D. C., 1962, S. 31–35.
[3]) Dailey, E., Guidelines, Advertising & promotion of farm products, Cooperative Extension Service, Purdue University Lafayette, Indiana, Extension Circular 530, Lafayette 1964, S. 7.
[4]) Havas, N., M. G. van Dress, H. Linstrom and others, Consumer acceptance of Florida oranges with and without color added, UDSA/MRR-537, Washington, D. C., 1962.
[5]) U. S .Department of Agriculture (Hrsg.), Proceedings of workshop-seminar on market development and promotion for agricultural products, University of California, Berkeley, June 21–25, 1965, Washington, D. C., 1966, ERS-274, S. 72.
[6]) Ihle, H. A., Marktwirtschaftliches Abc für Landwirte, Schriftenreihe der Gesellschaft für Absatzförderung der Deutschen Landwirtschaft e. V., H. 1, Frankfurt 1966.
[7]) Arbeitsgemeinschaft Ernährungswirtschaftlicher Werbestellen, Offensives Marketing der deutschen Landwirtschaft, Frankfurt o. J. (vermutlich 1967), S. 6.
[8]) Nerlove, M., und F. V. Waugh, Advertising without supply control: Some implications of a study of the advertising oranges, Journal of Farm Economics, Vol. 43 (1961), S. 813–837.
[9]) Weber, A., Absatzwerbung für landwirtschaftliche Erzeugnisse. Gründe, Ziele, Situationen, Argumente, München, Basel, Wien 1965, S. 59.
[10]) Hielscher, O., Deutsche Gemeinschaftswerbung. Aus deutschen Landen – frisch auf den Tisch, Deutsche Bauernkorrespondenz, Bonn, Jg. 10, Nr. 10 vom 31. Mai 1963.
[11]) Hanau, A., und A. Weber, Aufgaben im Bereich des landwirtschaftlichen Marktwesens der Bundesrepublik Deutschland, Agrarwirtschaft, Jg. 11 (1962), S. 237–264.
[12]) Krone, H., Qualitätsprüfungen und Gütezeichen, in: Qualitäts- und Absatzförderung, Arbeiten der DLG, Bd. 89, Frankfurt am Main 1963, S. 24–34.
[13]) Hanau, A., und A. Weber, Aufgaben im Bereich des landwirtschaftlichen Marktwesens der Bundesrepublik Deutschland, Agrarwirtschaft, Jg. 11 (1962), S. 257.
[14]) Verband der Landwirtschaftskammern, Wie stehen Ihre Marktchancen in einem Jahr? Bad Godesberg o. J. (vermutlich 1967).
[15]) Frye, R. E., H. W. Boyd und R. Westfall, Advertising procedures and practices of agricultural commodity promotion groups, USDA/ERS/MED/MRR-No. 567, Washington, D. C., 1962.
[16]) Hoofnagle, W. S., Evaluation of commodity promotional programs and other research designed to expand markets, in: Proceedings of National Workshop on promotion of farm products, Michigan State University, East Lansing, Michigan, October 26–27, 1961, USDA/MED/ERS-58, Washington, D. C., 1962, S. 36–44.
[17]) Twining, C. R. und P. L. Henderson, Promotional activities of agricultural groups, USDA/MRR-742, Washington, D. C., 1965.

[18] Weber, A., Absatzwerbung für landwirtschaftliche Erzeugnisse. Gründe, Ziele, Situationen, Argumente, München, Basel, Wien 1965, S. 96.
[19] Shaffer, J. D., Advertising in the marketing process, in: Agricultural market analysis, Hrsg. V. Sorenson, Michigan 1964, S. 124–153.
[20] Hoofnagle, W. S., Evaluation of commodity promotional programs and other research designed to expand markets, in: Proceedings of National Workshop on promotion of farm products, Michigan State University, East Lansing, Michigan, October 26–27, 1961, USDA/MED/ERS-58, Washington, D. C., 1962, S. 36–44.
[21] Henderson, P. L., und S. E. Brown, Effectiveness of a special promotional campaign for frozen concentrated orange juice, USDA/AMS/MDRD-Nr. 457, Washington, D. C., 1961.
[22] van de Mark, Mildred S., Homemaker response to poultry promotion, Agricultural experiment station Auburn University, Bulletin 364, Auburn, Alabama, Dezember 1965.
[23] Meimberg, P., J. E. Schwenzner, E. Uecker, Zucker in der Vorstellung der Haushaltsverbraucher, Ergebnisse von Absatzforschung und Absatzförderung, Schriftenreihe der Marktforschungsstelle Zucker, H. 34, Bonn 1962.
[24] Brown, S. E., Retail sales of broilers and meat as affected by price, display area and newspaper advertising, USDA/MED/ERS-180, Washington 1964.
[25] Henderson, P. L., und S. E. Brown, Effectiveness of a special promotional campaign for frozen concentrated orange juice, USDA/AMS/MDRD-No. 457, Washington, D. C., 1961.
[26] Shaffer, J. D., Advertising in the marketing process, in: Agricultural market analysis, Hrsg. V. Sorenson, Michigan 1964, S. 124.
[27] Seaver, S. K., und I. W. Hardie, The economics of advertising: milk, a special case, Agricultural experiment station, The University of Connecticut, Storrs, Research Report 12, June 1966.
[28] Clement, W. E., Market development in agriculture, in: Agricultural markets in change, U. S. Department of Agriculture, Economic Research Service, Agricultural Economic Report No. 95, Washington, D. C., 1966.
[29] U. S. Department of Agriculture (Hrsg.), Proceedings of workshop-seminar on market development and promotion for agricultural products, University of California, Berkeley, Juni 21–25, 1965, Washington, D. C., 1966, ERS-274.
[30] Baker, L., und P. L. Farris, An empirical measurement of short run price elasticities, cross elasticities and the effect of advertising among retail meat cuts, Purdue University, Lafayette, Indiana, 1956.
[31] Hunter, J., E. Clement und N. Davas, Promotion of lamb. Results of a compaign in Cleveland, Ohio, USDA/AMS/MRR-292, Washington, D. C., 1958.
[32] Hoos, S., Advertising of farm products, Journal of Farm Economics, Vol. 41 (1959), S. 349–363.
[33] Waugh, F. V., Needed research on the effectiveness of farm product promotions, Journal of Farm Economics, Vol. 41 (1959), S. 364–376.
[34] Havas, H., M. G. van Dress, H. Linstrom and others, Consumer acceptance of Florida oranges with and without color added, UDSA/MRR-537, Washington, D. C., 1962.
[35] Henderson, P. L., S. E. Brown und J. F. Hind, Special promotional programs for apples. Their effects on sales of apples and other fruits, USDA/ERS/MRR-No. 446, Washington, D. C., 1962.
[36] Henderson, P. L., J. F. Hind und S. E. Brown, Promotional programs for lamb and their effects of sales, USDA/ERS/MED/MRR-No. 522, Washington, D. C., 1962.
[37] Schrimper, R. A., und R. J. Peeler, Jr., Commodity promotion, a controlled experiment evaluation, A. E. Information Series, No. 119, Department of Agricultural Economics, North Carolina State University at Raleigh, April 1965.
[38] Clement, W. E., P. L. Henderson und C. E. Eley, The effect of different levels of promotional expenditures on sales of fluid milk, USDA/ERS-259, Washington, D. C., 1965.
[39] U. S. Department of Agriculture (Hrsg.), Proceedings of workshop-seminar on market development and promotion for agricultural products, University of California, Berkeley, Juni 21–25, 1965, Washington, D. C., 1966, ERS-274.

[40] Havas, N., V. D. Grubbs und H. M. Smith, Combining kinds of retailer promotions, Effect on sales of selected food products, USDA/MDRD/AMS-397, Washington, D. C., 1960.

[41] Seedorf, W., Bedeutung und Stellung des Werbewerkes im landwirtschaftlichen Marktwesen, Deutsche landwirtschaftliche Presse, Jg. 55, Nr. 21 vom 26. Mai 1928.

[42] Reichardt, F., Absatzwerbung für deutsche landwirtschaftliche Erzeugnisse, Berichte über Landwirtschaft, Sh. 73, Berlin 1933.

[43] Krone, H., Voraussetzungen und Grenzen einer Gemeinschaftswerbung, Berichte über Landwirtschaft, Bd. 34 (1956), S. 132–151.

[44] Arbeitsgemeinschaft Ernährungswirtschaftlicher Werbestellen, Offensives Marketing der deutschen Landwirtschaft, Frankfurt o. J. (vermutlich 1967).

[45] Reinwald, M., Die Absatzförderungsorganisation der EWG-Länder. „Der Förderungsdienst", Wien, Jg. 15 (1967), S. 109–105.

[46] Ziche, J., Der Einfluß von Presse und Funk auf die agrarpolitische Meinungsbildung der Öffentlichkeit, Agrarpolitik und Marktwesen, H. 3, Hamburg und Berlin 1964.

[47] Emnid – Institut für Meinungsforschung, Die Landwirtschaft und ihre Produkte im Spiegel der öffentlichen Meinung, Spezialerhebung, Bielefeld 1967 (vervielfältigtes Manuskript).

[48] Wehland, W., Landwirtschaftliche Public Relations. Wesen, Funktionen und bisherige Ansätze in der Bundesrepublik Deutschland, Berichte über Landwirtschaft, Bd. 44 (1966), S. 651–671.

Werbung im Handel

Von Dipl.-Kfm. Georg-Michael Weinberg, Berlin

I. Grundlegung

1. Begriffliche und thematische Abgrenzungen

Eine Analyse der Werbung im Handel müßte grundsätzlich die doppelte Marktverbundenheit (zum Beschaffungs- und Absatzmarkt) der Betriebe berücksichtigen, d. h. sowohl Beschaffungs- als auch Absatzwerbung behandeln. Da das betriebliche Geschehen des Handels — abgesehen von den sogenannten Aufkaufgroßhandlungen — jedoch eindeutig auf den Absatzsektor ausgerichtet ist, erlangt die Beschaffungswerbung regelmäßig nur periphäre Bedeutung. Damit wird hier lediglich die **Absatzwerbung** des Handels zum Untersuchungsobjekt. Die Absatzwerbung umfaßt nach Behrens, der ihren selbständigen instrumentalen Charakter betont, „die verkaufspolitischen Zwecken dienende, absichtliche und zwangfreie Einwirkung auf Menschen mit Hilfe spezieller Kommunikationsmittel".

Im funktionalen Sinne ist die Aufgabe des **Handels** der Güteraustausch zwischen den einzelnen Wirtschaftseinheiten; der institutionelle (reine) Handelsbegriff umfaßt jedoch nur diejenigen Dienstleistungsbetriebe, die von andern Unternehmungen hervorgebrachte Sachleistungen ohne wesentliche Be- oder Verarbeitung weiterleiten. Handelsbetriebe können, je nachdem, ob sich der Schwerpunkt ihrer betrieblichen Tätigkeit innerhalb oder außerhalb der Grenzen des Landes, in dem sie ihren Standort haben, einordnen läßt, in **Binnen- und Außenhandelsbetriebe** unterschieden werden. Eine weitere Unterteilung ergibt sich auf Grund des Merkmals „Abnehmergruppe", d. h. danach, ob sie ihre Leistungen an Verbraucher und/oder Verbrauchergruppen oder an andere Sach- und/oder Dienstleistungsbetriebe absetzen. **Einzelhandlungen** sind Betriebe, die ihre Waren im Regelfall an konsumtive Verbraucher und/oder Verbraucherhaushalte verkaufen; von **Großhandlungen** ist dagegen die Rede, wenn der Güterverkauf grundsätzlich an andere Sach- und/oder Dienstleistungsbetriebe (Verwender) erfolgt. Das von manchen Autoren als begriffskonstitutiv erachtete Merkmal „Absatzmenge je Verkaufsakt" wird für unsere Definitionen nicht herangezogen, da auch Einzelhandelsbetriebe (Großhandelsbetriebe) unter bestimmten Bedingungen größere (kleinere) Warenmengen je Verkaufsakt absetzen können, ohne daß diesen Verkaufsstätten ihr Einzelhandels- (Großhandels-)charakter sinnvoll abzusprechen wäre.

Hier ist nunmehr die Absatzwerbung des i n s t i t u t i o n e l l e n Handels zu analysieren. Da an anderer Stelle dieses Sammelwerkes auf die Besonderheiten der Außenhandelswerbung eingegangen wird, erstreckt sich unsere Untersuchung lediglich auf die werbliche Tätigkeit der Betriebe des B i n n e n h a n d e l s mit ihren Erscheinungsformen: Groß- und Einzelhandlungen. Dabei erscheint es zweckmäßig, die Analyse ausschließlich auf die Spezifika der Handelswerbung – wenn erforderlich, getrennt nach Groß- und Einzelshandelswerbung – abzustellen, die besonders in der Werbeplanung (Daten der Planung, Zielplanung, Vollzugsplanung) ihren Ausdruck finden. Dagegen werden „allgemeine" Probleme der Werbung, d. h. solche, die sowohl für den Handel als auch für andere Wirtschaftszweige Gültigkeit haben – etwa Fragen des Werbebudgets, der Erfolgskontrolle usw. – vernachlässigt. Das fällt um so leichter, da sich innerhalb des vorliegenden Handbuches Spezialaufsätze mit diesen Problemen befassen.

2. Werbung und Distribution

Historisch gesehen war die Werbung zunächst eine typische und nahezu ausschließliche Aufgabe des institutionellen Handels. „Eindeutig der Handel hat sie in die Welt gesetzt, sei es der Großhandel in Gestalt der französischen Buchverleger, sei es der Einzelhandel in Gestalt der Pariser Warenhäuser" (Redlich). Zwar kann auch heute nicht von einer vollkommenen Übernahme der Werbefunktion durch die Industrie – insbesondere Verbrauchsgüterindustrie – gesprochen werden, doch haben sich die Gewichte deutlich in diese Richtung verlagert.

Das bestätigt auch eine Betrachtung der deutschen Werbeliteratur, in der die Probleme der Handelswerbung nur am Rande behandelt werden. Angesichts des vielberufenen Expansionsprozesses der „tertiären" Produktion, der zur überproportionalen Steigerung des Dienstleistungsbereiches und mit ihm des Handels führte, ist es erstaunlich, so wenig auf den Handel ausgerichtete werbe w i s s e n s c h a f t l i c h e Untersuchungen zu finden. Das trifft jedoch nicht auf die zahlreichen p r a g m a t i s c h motivierten Schriften zu, die Rezepte und Ratschläge zur Durchführung händlerischer Werbung und Verkaufsförderung geben. Schließlich erfordert der Absatz der von der industriellen Massenproduktion bereitgestellten Güter auch intensive Anstrengungen aller an der Distribution beteiligten Organe. Unter den absatzpolitischen Instrumenten steht dabei die Handelswerbung an hervorragender Stelle. Das ergibt sich daraus, daß die Werbung innerhalb der händlerischen Absatzpolitik z w e i relevante Funktionen erfüllt. Einmal ist sie dazu ausersehen, eigene spezifische Ziele zu verfolgen und zu erfüllen, zum anderen hat sie die Aufgabe, die weiteren Instrumente der Absatzpolitik zu unterstützen, indem sie die potentiellen Kunden des Unternehmens über die betriebliche Preispolitik, die Sortimentsgestaltung und die Absatzmethoden informiert. Dieser Doppelfunktion steht der eigenständige instrumentale Charakter der Werbung nicht entgegen.

Als letztes Glied der „Handelskette" im Sinne Seyfferts erfüllt der Handel seine Werbeaufgaben in ganz spezieller Weise. Das wird durch einen skizzenhaften Vergleich zwischen Industrie- und Handelswerbung besonders deutlich: Die I n d u s t r i e wirbt vornehmlich produkt- oder markenorientiert; die Konsumgüterindustrie wendet sich dabei typischerweise durch das Mittel der Sprungwerbung (stufenmittelbare Werbung) direkt an die konsumtiven Verbraucher, wobei die Werbemittel regelmäßig überregional gestreut werden. Anders liegen die werbepolitischen Verhältnisse des H a n d e l s. Der Handel betreibt in aller Regel sortimentsorientierte Firmenwerbung, die stufenunmittelbar ausgerichtet ist (z. B. Einzelhandelsumwerbung durch Großhändler oder Verbraucherumwerbung durch Einzelhändler); im Vordergrund der Handelswerbung steht die Verkaufsstätte, das Sortiment und die gebotenen Serviceleistungen. Dabei ist charakteristisch, daß

Werbung im Handel

die Werbung sich primär an einen regelmäßig lokal oder regional begrenzten Kundenkreis wendet und diesen an die Verkaufsstätte durch Schaffung von Präferenzen zu binden sucht. Erst in zweiter Linie kommt es darauf an, ob dann von potentiellen Käufern diese oder jene Ware aus dem meist breiten Angebot von bedarfs- und absatzverwandten Gütern des Händlers gewählt wird.

3. Handelswerbung und Einplanwirtschaft

Vor der eigentlichen Analyse der Handelswerbung, die — wenn nötig — getrennt nach den beiden Formen Groß- und Einzelhandel vorgenommen wird, sei noch auf eine Besonderheit hingewiesen, die sich gerade für die Handelswerbung in einer zentralgeleiteten Wirtschaftsordnung ergibt. Obwohl die vorliegende Analyse auf die Werbung des Handels in marktwirtschaftlichen Systemen abgestellt ist, darf eine — wenigstens skizzenhafte — Behandlung ihrer Bedeutung in der Einplanwirtschaft (Preiser) nicht fehlen. Der Handel ist ein typisches Instrument der Tauschwirtschaft. In der Ausübung seiner Distributionsaufgabe fungiert er als Bindeglied zwischen Produktion und Konsumtion und ist somit eine Erscheinungsform sämtlicher r e a l e r Wirtschaftsordnungen. Über die besondere Bedeutung der den Verteilungsprozeß unterstützenden Handelswerbung bestehen in marktwirtschaftlichen Systemen wohl kaum Zweifel. Jedoch kommt auch der händlerischen Werbetätigkeit in einplanwirtschaftlichen Ordnungen offenbar — vor der Werbung anderer Wirtschaftszweige — besondere Relevanz zu. Die dominierende Bedeutung der Handelswerbung liegt offensichtlich darin, daß sie als ein Instrument dazu angesehen wird, Divergenzen des zentral vorgegebenen Wirtschaftsplans zu korrigieren, um so — rückwirkend — eine Planerfüllung zu ermöglichen. Der Handel ist letztlich den Entscheidungen der freien Konsumwahl unmittelbar ausgesetzt, während die mehr an die Sollauflagen des Planes gebundene Produktion davon regelmäßig weniger betroffen ist. „Im Handel werden die Stauungen der übrigen Produktions- und Wirtschaftszweige deshalb zuerst bemerkt und veranlassen die Planbehörden zur fortwährenden Korrektur der Produktionsauflagen" (Weber). Es wird deutlich, daß, da sich die Nachfrage der Verbraucher keinesfalls exakt planen läßt und die an das vorgegebene „Soll" gebundene Produktionssphäre wenig Möglichkeiten hat, werbliche Aktivität zu entwickeln, die Anpassung an den Plan in ganz spezieller Weise durch den Handel zustande kommt. Damit hat ,der Handel in diesem Zusammenhang zwei Funktionen zu erfüllen: Er ist einmal I n d i k a t o r für die Erkennbarkeit von Planabweichungen auf dem Konsumgütersektor und zum anderen ausgleichender R e g u l a t o r der planverschiedenen Nachfrage. Die Werbung ist dabei ein Hilfsmittel, um über die Bedarfslenkung (je nach der Angebotssituation Bedarfsbildung oder -umschichtung) eine Planverifizierung zu erreichen.

Bei der einzelbetrieblichen Durchführung von Werbeaktionen handelt es sich im einplanwirtschaftlichen System um eine von der zentralen Leitung delegierte Funktion, d. h., daß sich der einzelne werbende Händler an den Interessen und genauen Vorgaben der Planungsbehörde ausrichten muß. Gerade in dieser „genauen Vorgabe" liegt der sich aus der Systemzugehörigkeit ergebende Unterschied. Da im einplanwirtschaftlichen System die Handelswerbung integrativ mit dem globalen Volkswirtschaftsplan verknüpft ist, hat sie die vorgegebenen Zielsetzungen des zentralen Planungsträgers — ohne Berücksichtigung verkaufsstätteindividueller Belange — einzuhalten. Damit hat der Handel in diesem System regelmäßig keine Entscheidungsfreiheit im Hinblick auf die Werbeziele und die Wahl der Werbeobjekte, also auf die Güter, deren Qualitäten oder Quantitäten — positiv oder negativ — vom vorgegebenen Gesamtplan abweichen. Streng logisch betrachtet, handelt es sich hierbei gar nicht um Werbung des Handels, sondern vielmehr um die Werbung einer außerhalb der Distributionssphäre stehenden Instanz. Lediglich die Realisation ihrer Planungen findet im Handel ihre Gestalt und ihren Anwendungsbereich. – Nach diesem Exkurs wollen wir uns wieder der Handelswerbung in der marktwirtschaftlichen Ordnung zuwenden.

II. Wirtschaftliche Plandaten der Handelswerbung

Da wir uns die Aufgabe gestellt haben, speziell auf die Besonderheiten der Handelswerbung einzugehen, erscheint es sinnvoll, die Behandlung der werbeplanrelevanten Daten nur auf die wirtschaftlichen Größen zu beziehen. Gerade hier lassen sich typisch händlerische Aspekte nachweisen, die in dieser Art bei den rechtlichen oder technischen Daten nicht so zum Ausdruck kommen. Die beiden letzteren Datengruppen bleiben deshalb unberücksichtigt.

Die Werbedaten beider Distributionsformen Groß- und Einzelhandel weisen eine gewisse Identität auf, haben jedoch gegenüber den in die Werbeplanung einzubeziehenden Faktoren anderer Wirtschaftszweige oftmals unterschiedlichen Charakter. Daten sind solche Größen, die innerhalb einer Planungsperiode der direkten oder indirekten Beeinflussung des Planenden entzogen sind, weil der Planungsträger keinen Einfluß auf sie ausüben kann oder will. Durch sie werden die grundsätzlichen Möglichkeiten regelmäßig relativiert.

1. Betriebsexterne Daten

Eindeutig zu den betriebsexternen, vom Markt her vorgegebenen wirtschaftlichen Daten der Werbeplanung gehören diejenigen Größen, die Gutenberg als Trendvariable bezeichnet: der Trend der gesamtwirtschaftlichen Entwicklung (allgemeiner Wachstumstrend), der Trend der speziellen Entwicklung eines Geschäftszweiges und der Unternehmungstrend. Von ihnen werden sowohl die Beschaffungs- als auch die Absatzseite eines Unternehmens, mit denen wir uns jetzt näher beschäftigen wollen, nachhaltig beeinflußt. Der Umfang des Beschaffungspotentials eines Betriebes ist ein unerläßlicher Ausgangspunkt für seine Werbeplanung. Die werbepolitischen Aktivitäten bedürfen einer Abstimmung mit den qualitativen, quantitativen, pretialen und zeitlichen Beschaffungsverhältnissen für die später abzusetzenden Güter, um Diskrepanzen mit dem möglichen Umsatzumfang zu vermeiden. Auch die vorhandene Angebotssituation für die im Werbevollzug zu verwendenden Werbemittel und -träger ist zu berücksichtigen.

Einen weiteren planrelevanten beschaffungswirtschaftlichen Ansatzpunkt bildet für konsumgütervertreibende Handlungen die Intensität des „Vorverkaufs" der Industrie durch Sprungwerbung bei den Konsumenten. Oftmals ist der Handel nur dann bereit, eine bestimmte Ware in sein Sortiment aufzunehmen, wenn der industrielle Erzeuger soviel Sprungwerbung (Konsumentenumwerbung) betreibt oder betrieben hat, daß das Produkt von den Verbrauchern möglichst ohne wesentliches eigenes Bemühen nachgefragt wird.

Von der beschaffungswirtschaftlichen Sphäre her ergeben sich im Vergleich zu anderen Wirtschaftsbereichen nur wenige Besonderheiten für die Planung der Handelswerbung; das trifft jedoch nicht auch auf die konstanten absatzwirtschaftlichen Größen zu.

Wenn auch allgemein gilt, daß sich die Daten des Absatzmarktes aus den zum Zeitpunkt der Werbeplanung vorliegenden Nachfrageverhältnissen (= Bedarf und Kaufkraft) und Konkurrenzbedingungen ergeben, so sind doch deren Bestimmungsfaktoren für den Handel wegen seiner speziellen raum- und absatzwirtschaftlichen Situation besonders gelagert. Mit Ausnahme der wenigen Handelsbetriebe, die gleich der Industrie über einen überregionalen Absatzmarkt verfügen (im Einzelhandel zählen dazu nur die Distanzhandelsbetriebe), ist das Absatzgebiet regelmäßig eng, d. h. regional oder lokal begrenzt. Naturgemäß sind bei grundsätzlicher Enge die Absatzgebiete der Großhandlungen im Verhältnis weiter als die der Einzelhandlungen. Die Nachfrage- und Konkurrenzanalyse ist dann nur in relativ kleinräumlichen Dimensionen zu vollziehen; besonders trifft das auf die betriebsindividuellen Verhältnisse des „konsumgebundenen" Groß- und Einzelhandels zu. Dabei zeigt sich die geradezu existentielle Bedeutung des Standortes der Handelsbetriebe für ihre betriebliche Außenpolitik. Zur Bestimmung der werberelevanten Daten des Absatzbereiches können die Komponenten der A b s a t z p o t e n t i a l a n a l y s e (Behrens) herangezogen werden, auch wenn die Faktorengewichte im Einzelfall unterschiedlich gelagert sind.

Die Plandaten der G r o ß h a n d e l s werbung sind danach zu unterscheiden, ob die Handlungen Produktionsgüter (Absatz an Erzeugungsbetriebe) oder Konsumgüter (Absatz an Einzelhandlungen) vertreiben. Im ersten Fall ist die Anzahl der Bedarfsträger im Absatzgebiet von der Zahl der Erzeugungsbetriebe abhängig, die auf Grund ihres Leistungsprogramms als potentielle Käufer des angebotenen Sortiments zu betrachten sind, während die Bedarfsintensität von den Kapazitäten dieser Betriebe bestimmt wird. Die Kaufkraft der Erzeugungsbetriebe hängt von ihren Kapital- und Liquiditätsverhältnissen ab, wie auch von den Kreditbeschaffungsmöglichkeiten. Soweit Großhandlungen jedoch Konsumgüter vertreiben oder je konsumreifer die Absatzleistungen der von ihnen umworbenen Erzeugungsbetriebe sind, können die nun zu behandelnden Faktoren des Absatzpotentials der Einzelhandlungen als mittelbare Daten herangezogen werden.

Die Zahl der Bedarfsträger für das Sortiment einer E i n z e l h a n d l u n g wird durch die im betriebsindividuellen Absatzgebiet vorliegende Einwohnerdichte, Passantendichte, Bevölkerungsstruktur und den Verbrauchsgewohnheiten bestimmt. Die beiden letzten Faktoren begründen auch die Bedarfsintensität. Je kleiner die räumliche Dimension des Einzugsgebietes einer Einzelhandlung und je geringer der Absatz an Laufkundschaft ist, desto mehr wird die *Einwohnerdichte* zum relevanten Datum der Werbeplanung (haushaltsorientierte Nachbarschaftsläden). Die *Passantendichte* erlangt dagegen für Einzelhandlungen mit weiteren Absatzgebieten regelmäßig besondere Bedeutung, wobei hier zwischen Einwohnerdichte und Passantendichte Substitutionsbeziehungen bestehen. Ist die Laufkundschaft der dominierende Faktor, so kann die Einzelhandlung als „passantenorientiert" bezeichnet werden. Die sozialökonomischen und demographischen *Strukturen der Bevölkerung* im Absatzgebiet haben für die Einzelhandlungen ebenso werbepolitische Konsequenzen, wie die Kenntnisse über die Zugehörigkeit der potentiellen Käufer zu bestimmten sozialen Gruppen, wie auch über Mentalität, Bildungsgrad usw., die zur Entstehung der *Verbrauchsgewohnheiten* der Bevölkerung beitragen.

Die durch die Liquiditätsverhältnisse und „Verschuldungsbereitschaft" der potentiellen Kunden bestimmte *Kaufkraft* hat weiterhin werbeplanbeeinflussendes Gewicht.

Ein weiteres werbewirtschaftliches Plandatum bilden die *Konkurrenzbeziehungen*, in denen die Einzelhandelsbetriebe zueinander stehen. Grundlage zur Beurteilung der komplexen Wettbewerbssituation ist jeweils das betriebsindividuelle, mehr oder minder begrenzte Absatzgebiet. Innerhalb eines Marktbereichs wird durch Bedarf und Kaufkraft für alle konkurrierenden Einzelhandlungen ein bestimmtes Gruppenabsatzpotential (Behrens) konstituiert, wobei bei konstanter Potentialgröße die betriebsindividuellen Absatzmöglichkeiten mit steigender Konkurrenzdichte abnehmen. Ein Ansatzpunkt zur Konkurrenzanalyse einer Einzelhandlung ist die Anzahl der in ihrem Absatzbereich vorhandenen anderen Betriebe gleichen oder unterschiedlichen Typs, deren Teil- oder Gesamtsortimente mit dem eigenen annähernd kongruent sind. Weiterhin sind diejenigen Einzelhandlungen zu berücksichtigen, deren räumliche Absatzdimensionen das betriebliche Absatzgebiet lediglich überschneiden; dabei kann der Markt des oder der anderen größer oder kleiner sein als der eigene, oder er kann ihn „überlappen". Konkurrenzanalytische Unterschiede ergeben sich auch daraus, welcher Bedarfsfaktor für die Verkaufsstätte entscheidend ist: Einwohnerdichte oder Passantendichte. Weiterhin sind unter Wettbewerbsbedingungen die Sortimente und Konditionen der Einzelhandlungen mit überregionalem Absatzgebiet (Distanzhandlungen) zu berücksichtigen, die praktisch mit jedem anderen kleinräumlich strukturierten Einzelhandelsbetrieb konkurrieren.

Für Einzelhandlungen mit lokalen und/oder regionalen Absatzgebieten kann auch die *Absatzagglomeration* zum Plandatum werden. Der Agglomerationseffekt kommt durch die räumliche Ballung zahlreicher Einzelhandelsbetriebe an einem Ort zustande, dessen dadurch geschaffener Ruf als Einkaufszentrum auf die Verbraucher wegen des vielfältigen Angebots auf engem Raum so anziehend wirkt, daß sich das Absatzpotential jedes einzelnen Betriebes allein durch die spezifische standortliche Lage erhöht. Es liegt auf der Hand, daß die Werbeplanung der Einzelhandlungen in Ballungszentren den Agglomerationseffekt berücksichtigen muß, da jede kundenanziehende einzelne Werbemaßnahme grundsätzlich auch absatzfördernd für alle agglomerierten Betriebe wirkt.

2. Betriebsinterne Daten

Die betriebsinternen, auf Grund betrieblicher Verhältnisse vorgegebenen Daten der Werbeplanung können sowohl aus dem Strukturbereich als auch aus dem Ablaufbereich der Handelsbetriebe stammen.

Wesentliche Ausgangspunkte für die Planung sind die mit dem angebotenen *Sortiment* verbundenen Faktoren. So werden Branchenzugehörigkeit (Lebensmittel, Textilien usw.), Warencharakter (Neu-, Gebraucht- und Altwaren), Bedarfsinhalte (Einrichte-, Sport-, Reisebedarf usw.), die geführten Preislagen (hohe, mittlere, niedrige) wie auch die Sortimentsdimensionen (Breite und Tiefe) zu entscheidenden Werbedaten. Regelmäßig bestimmen die vom Sortiment ausgehenden Wirkungen nachhaltig die Auswahl aller Komponenten des Werbevollzuges.

Unter *preispolitischen* Gesichtspunkten erlangen sowohl die den Kunden eingeräumten Zahlungsmodalitäten des Betriebes (Bar- und Abzahlung, Rabattierung oder Nicht-Rabattierung) sowie die Art der betrieblichen Preisstellung (Verkauf zu vorgeschriebenen, empfohlenen oder üblichen Preisen einerseits oder zu Preisen, die erheblich unter diesen liegen andererseits) für die zu distribuierenden Waren Datencharakter.

Der Auslastungsgrad der betrieblichen *Kapazitäten* ist eine Einflußgröße für die jeweiligen Planungen des Werbeziels. Im einzelnen sind dazu der Beschäftigungsgrad, die Umschlaggeschwindigkeit und der Auslastungsgrad der personellen (Verkaufspersonal), finanziellen (Liquiditäts- und Kapitalverhältnisse) und betriebsräumlichen (Größe und Zweckmäßigkeit der Verkaufs- oder Versandräume) Kapazitäten zu nennen. Dabei sind auch – im Zusammenhang mit den bereits behandelten Beschaffungs- und Absatzverhältnissen – unter qualitativen Gesichtspunkten die Lagerfähigkeit der Waren (Verderblichkeit, Sperrigkeit, Zerbrechlichkeit) sowie unter quantitativen Aspekten die vorhandene Lagerkapazität in die Werbeplanung einzubeziehen.

Speziell für Handelsbetriebe mit lokalen oder regionalen Absatzgebieten wird eine weitere, sich aus der Art der *Bedienungsorganisation* ergebende Komponente werbeplanrelevant. Die angewendeten Bedienungsprinzipien, Fremd- oder Selbstbedienung im Einzelhandel und Auslieferungs- oder Cash-and-Carry-Prinzip im Großhandel, bestimmen die Möglichkeiten zur werbeaktiven Ausgestaltung der Verkaufsstätte.

III. Werbeziele des Handels

1. Die betriebliche Zielstruktur

Da innerhalb dieses Sammelwerkes die Probleme der werblichen Zielsetzungen in einem Spezialaufsatz eingehend behandelt werden, können wir diesen Problemkreis stichwortartig behandeln. Bevor wir uns den konkreten Werbezielen des Handels zuwenden, sind lediglich einige Hinweise auf die strukturellen Beziehungen der betrieblichen Ziele und damit auf die Stellung der Werbeziele innerhalb des Zielsystems der Unternehmung zu geben. Im Rahmen des unternehmerischen Zielsystems haben Werbeziele stets d e r i v a t i v e n C h a r a k t e r , d. h., sie können nicht autonom formuliert werden, sondern ergeben sich letztlich aus der betriebspolitischen Gesamtkonzeption der Unternehmung. An oberster Stelle der betrieblichen Zielhierarchie und damit als Datum für die folgenden Partialziele steht das generelle Ziel des Unternehmens (Globalziel). Die betrieblichen Partialziele, die sich auf sämtliche Betriebsbereiche erstrecken, sind aus der obersten Zielsetzung abgeleitet. Aus dieser strukturellen Zielstufung ergibt sich ein bestimmter Ziel-Mittel-Zusammenhang, da die untergeordneten Ziele (Bereichs-, Zwischen-, Teil- oder Unterziele) letztlich Mittel zur Erreichung der jeweils übergeordneten Zielsetzungen sind.

2. Konkrete Werbeziele des Handels

Wie die Werbeziele des Handels im konkreten Fall auch formuliert sein mögen, regelmäßig geht von ihnen eine B e e i n f l u s s u n g d e r U m s a t z h ö h e des betrieblichen Sortiments im Zeitablauf aus (absolute Umsatzveränderungen oder zeitliche Umsatzumverteilung), die durch eine werbebedingte Variation der Warenpreise und/oder Warenmengen sowie der Einkaufshäufigkeiten erreicht wird. Wenn im Sinne des erwerbswirtschaftlichen Prinzips das Streben nach l a n g f r i s t i g e r G e w i n n m a x i m i e r u n g als oberstes Unternehmensziel angesehen wird, so ergibt sich damit eine „Richtschnur" für sämtliche nachfolgenden Subziele. Die oberste Maxime der — abgeleiteten — werblichen Zielsetzung ist dann eine in bestimmter Weise zu vollziehende Umsatzbeeinflussung im Hinblick auf die l a n g f r i s t i g e G e w i n n m a x i m i e r u n g , wobei jedoch die einzelnen Werbeziele sowohl k u r z f r i s t i g e r als auch l a n g f r i s t i g e r Art sein können (Fristigkeitsproblem der Werbeziele). Es wird deutlich, daß z. B. eine als Werbeziel genannte „Beeinflussung der Umsatzhöhe" nur dann mit der obersten Zielsetzung übereinstimmen kann, „wenn das Verhältnis zwischen dem durch Werbung hervorgerufenen Mehrertrag und dem dazu notwendigen Einsatz an Werbekosten langfristig einen positiven Erfolg erbringt. Die mögliche Erreichung des als Beispiel herangezogenen Werbeziels wird immer dann nicht unternehmenszielkonform sein und kann deshalb als Werbeziel nicht sinnvoll vorgegeben werden, wenn langfristig der zur Zielerfüllung notwendige Werbekosteneinsatz den Mehrerträgen entspricht oder sie überschreitet (negativer Werbeerfolg). Typischerweise besteht die Umsatzbeeinflussung in einer *Umsatzexpansion* (Expansionswerbung) oder *Umsatzerhaltung* (Erhaltungswerbung), jedoch auch eine *Umsatzreduktion* (Reduktionswerbung) ist denkbar, wenn dadurch die gewünschte Rentabilitätsverbesserung im Sinne des obersten Unternehmensziels erreicht werden kann.

Wenden wir uns nun einigen konkreten händlerischen Werbezielen zu. Dabei können an dieser Stelle nur einige Beispiele genannt und auch nur skizzenhaft erörtert werden. Ein Werbeziel des Handels kann die *Erschließung neuer Käuferschichten* sein. Einmal kann daher das Bestreben des Handels darin liegen — bei unveränderter betrieblicher Sortimentsstruktur —, allein durch Werbung eine Informationslücke bei den angesprochenen Werbesubjekten (Zuumwerbenden) zu beseitigen, um sie so auf die Verkaufsstätte aufmerksam zu machen und zu einer betriebsgünstigen Haltung hinzustimmen. Der andere Weg setzt eine Veränderung der Absatzpolitik (Sortiment, Preise) voraus, die auf die zu gewinnenden Käuferschichten abgestellt wird. Die Funktion der Handelswerbung besteht dann darin, die potentiellen Käufer auf das nunmehr gruppenspezifische Angebot hinzuweisen, um damit latenten Bedarf zu wecken (Bedarfskreation).

Aus einem ähnlichen Motiv heraus kann die *Erhaltung eines optimal zusammengesetzten Kundenstammes* zum Ziel der Handelswerbung werden. Hier geht es darum, einen mit Hilfe bestimmter absatzpolitischer Maßnahmen gewonnenen Käuferkreis durch werbliche Beeinflussung weiterhin an die Verkaufsstätte zu binden. Durch gruppenspezifische Firmenwerbung kann ein neues Verkaufsstättenimage aufgebaut oder ein bereits vorhandenes stabilisiert werden. Der Kunde verbindet mit jeder Einkaufsstätte bestimmte Qualitätserwartungen, Niveauvorstellungen und auch — oft irrationale — Einschätzungen von Angebot, Bedienungsform und Lieferfähigkeit. Das Ziel wird dann erreicht, wenn es gelingt, ein spezifisches — positives — Imageprofil in der Vorstellungswelt der Zuumwerbenden zu etablieren. Die Dimensionen der Imagefaktoren ergeben sich — wenn auch mit unterschiedlicher Gewichtung bei einzelnen Verkaufsstättentypen — aus folgenden Komponenten: Warenangebot, Qualitäts- und Preisniveau, äußere und innere Geschäftsgestaltung, Service, Geschäftskonzilianz, Atmosphäre usw.

Auf einer anderen Ebene liegt das Werbeziel: *Erweiterung des Absatzgebietes*. Das Absatzgebiet der Handelsbetriebe ist, mit Ausnahme der nach dem Distanzprinzip arbeitenden Unternehmen (Distanzhandelsbetriebe = Versandgroß- und -einzelhandlungen), regelmäßig begrenzt. Im Auslieferungsgroßhandel (der Händler übernimmt den Transport der Waren) und Abholgroßhandel (der Verwender holt die Ware beim Händler ab) ergibt sich eine relativ enge absatzräumliche Dimension durch die Gegebenheiten der Transfermethode, d. h. durch die Art und Weise der Raumüberbrückung der Ware vom Verkaufs- zum Verwendungs- oder Verbrauchsort mit den daraus resultierenden Transferzeiten und -kosten. Für den Einzelhandel kommt als weiterer raumbegrenzender Faktor noch das Problem der Bedarfsfristigkeit (Waren zur Deckung des kurz-, mittel- oder langfristigen Bedarfs) und/oder der Güterart (convenience-goods oder shopping-goods) der Distributionsobjekte hinzu. Das Ziel der Handelswerbung besteht dann darin, die Werbesubjekte so zu beeinflussen, daß diese „gegebenen" Grenzen überschritten werden. Im Auslieferungsgroßhandel können auch weiter entfernt situierte Bedarfsträger für das angebotene Sortiment als Kunden in Frage kommen, wenn die durch Werbung verursachten Mehrerträge infolge größerer nachgefragter Gütermengen die vom Händler zu tragenden höheren Transferkosten mindestens ausgleichen. Abholgroß- und -einzelhandel — hier fallen Transferzeiten und -kosten allein den Käufern zur Last — haben ihr Ziel dann erreicht, wenn die Werbeargumentation den Werbesubjekten glaubhaft machen kann, daß auch „der weitere Weg" und damit der höhere Einsatz an objektiven und subjektiven Transferkosten lohnt.

Bisher sind wir davon ausgegangen, daß „eigentliche", von der absatzpolitischen Konzeption vorgegebene Werbeziele verfolgt wurden. Es ist jedoch denkbar, daß die

Handelswerbung als „Mittel" auch andere nicht absatzwirtschaftliche Teilziele der Unternehmung unterstützt. So könnte sie direkt als Mittel zur Verbesserung der Rentabilität und Wirtschaftlichkeit des Handelsunternehmens herangezogen werden, etwa als Mittel zum Ausgleich von Beschäftigungsschwankungen oder Umsatzrhythmen sowie zur Steigerung der Umschlagsgeschwindigkeit. Dabei muß der „Anstoß" nicht unmittelbar vom Absatzbereich erfolgen. Das bedeutet jedoch nicht, daß dabei die Werbung ihren eigenständigen Charakter verliert. Sie wird zum Hilfsmittel für andere übergeordnete, nicht unmittelbar dem Absatzbereich des Handels zugehörige Ziele, um auf diesem Wege einen Beitrag zur Rationalisierung und Kostensenkung des Betriebes zu leisten.

IV. Die Komponenten des händlerischen Werbevollzuges

Alle dem Werbevollzug dienenden Maßnahmen richten sich – unter Berücksichtigung der Daten – grundsätzlich an dem festgelegten Werbeziel aus. Vor der eigentlichen Abwicklung einer Werbeaktion (Werbevollzug) bedarf es dann bestimmter Entscheidungen darüber, wofür geworben wird, wer mit welchen Mitteln angesprochen werden soll und womit diese Instrumente an die Zuumwerbenden herangeführt werden. Die Entscheidungen richten sich also auf die vier Komponenten des Werbevollzuges: Werbeobjekte, Werbesubjekte, Werbemittel und Werbeträger. Wenn diese Faktoren für den Groß- und Einzelhandel unterschiedlichen Inhalt besitzen, werden beide Distributionsglieder getrennt behandelt. Da jedoch die Probleme des Werbevollzuges in einem Spezialaufsatz behandelt werden, können wir uns auf eine knappe Darstellung – aus händlerischem Blickwinkel – beschränken. Hier bleibt lediglich noch anzumerken, daß die einzelnen werbestrategischen Vollzugsentscheidungen des Handels regelmäßig nicht autonom getroffen werden können. Die Bestimmung der Komponenten: Werbeobjekte, Werbesubjekte, Werbemittel und Werbeträger vollzieht sich in einem integrativen, die engen Zusammenhänge zwischen diesen Fakten berücksichtigenden Entscheidungsprozeß.

1. Werbeobjekte

Grundsätzlich können alle Marktleistungen der Handelsbetriebe, also ihr Angebot an Sachgütern und Dienstleistungen, zum Objekt der Absatzwerbung werden. Typischerweise werben die Handelsunternehmen – von einigen Spezialhandlungen abgesehen – nicht produktorientiert. Vielmehr stellen sie ihre Werbestrategien auf die Firma ab, die so das geführte Sortiment und die angebotenen Dienstleistungen (Service usw.) repräsentiert; damit wird regelmäßig die Firma als Inbegriff der Gesamtheit der Marktleistungen zum Werbeobjekt. Im Gegensatz zur produktorientierten Werbung der Industrie (Produktwerbung) ist die Firmenwerbung eine Domäne des Handels; d. h., das Handelsunternehmen schlechthin mit seiner spezifischen Preispolitik, seiner Sortimentspolitik und seiner Absatzmethode wird zum Repräsentanten des gesamten Absatzprogramms. Werbeslogans, in denen die Firma in besonderer Weise herausgestellt wird, wie etwa: „Bolle bietet Bestes" oder „Erst einmal – bald öfter – dann immer zu Hefter", können als typische Erscheinungen der Handelswerbung angesehen werden. Der grundsätzlichen Dominanz der Firmenwerbung steht nicht entgegen, daß oftmals auch bestimmte Artikel des Sortiments – so auch Handelsmarken – werblich hervorgehoben werden. Dadurch wird versucht, bei den Zuumwerbenden eine positive Vorstellung über die Leistungsfähigkeit des Unternehmens als Ganzes zu etablieren. Derartige „Lockvogelangebote" sollen letztlich potentielle Käufer auf das Handelsunternehmen aufmerksam machen, für die Verkaufsstätte Präferenzen schaffen und einen Sog in das Geschäft auslösen. Im Hintergrund steht dabei die Absicht, die Konkurrenzwerbung, d. h. die Imagegestaltung der konkurrierenden Handelsunternehmen, zu eliminieren (kompetitive Werbung). Sind die Kunden erst einmal in dieser Form gewonnen worden, dann kommt es nur in zweiter Linie darauf an, welche Waren sie aus dem Sortiment kaufen.

2. Werbesubjekte

Bei der Betrachtung der Zuumwerbenden des Handels ergibt sich naturgemäß ein Unterschied zwischen Groß- und Einzelhandelswerbung, da sich die absatzpolitischen Aktivitäten beider Distributionsformen auf verschiedene Ebenen des Wirtschaftsprozesses richten: Der Großhandel wirbt bei Unternehmen (Verwendern), der Einzelhandel wendet sich an Haushalte (Konsumenten). Grundsätzlich ist auch der Handel – wie jeder Werbungtreibende – bestrebt, seine Werbeappelle stets an diejenigen Wirtschaftssubjekte zu richten, welche die höchsten Erfüllungsquoten im Sinne des vorgegebenen Werbeziels erwarten lassen. Die A u s w a h l der Zuumwerbenden wird nachhaltig durch die werbliche Z i e l s e t z u n g beeinflußt. So werden – um nur zwei Beispiele zu nennen – regelmäßig unterschiedliche Werbesubjekte anzusprechen sein, wenn das Werbeziel die Erweiterung des bisherigen Absatzgebietes oder etwa die Absatzintensivierung im gegenwärtigen Absatzbereich vorsieht oder wenn Werbesubjekte beeinflußt werden sollen, die bisher noch keinen Kontakt zur Verkaufsstätte hatten (Einführungswerbung) oder solche, die bisher schon dort gekauft haben (Fortführungswerbung). Weiterhin wird die Auswahl der Werbesubjekte durch das betriebliche Sortiment und die angewendete Preis- und Preislagenpolitik bestimmt.

Der G r o ß h a n d e l setzt seine Waren entweder an Produzenten und/oder an Verteiler (Einzelhändler) ab. In die Auswahl der Zuumwerbenden können alle Unternehmen einbezogen werden, die auf Grund ihres Leistungsprogramms oder einzelner Programmteile, resp. ihres Sortiments oder einzelner Sortimentsteile, als potentielle Bezieher der Absatzleistungen in Frage kommen könnten. Dabei sind auch diejenigen Unternehmen zu berücksichtigen, die zur Neuaufnahme bestimmter Absatzleistungen veranlaßt werden sollen, d. h. solche, deren Sortimentsprogramm eine bestimmte Warengattung bisher noch nicht beinhaltete.

Regelmäßig können die Großhandlungen die in Frage kommenden Werbesubjekte individuell bestimmen oder sie sind ihnen zumindest als Gruppe (Branchengruppe) bekannt. Nur selten wird sich die Großhandelswerbung an die „Allgemeinheit" wenden. In allen Fällen schränken die betriebliche Sortimentsstruktur und die geführten Preislagen die Auswahl der Werbesubjekte ein. Weiterhin übt – und das gilt auch für den nun zu betrachtenden Einzelhandel – das werbliche Verhalten der Konkurrenz oft erheblichen Einfluß auf die Auswahl der Zuumwerbenden aus.

Für den E i n z e l h a n d e l ist die Wahl der Werbesubjekte weit differenzierter, obwohl er auf der Absatzseite nur einer Marktpartei gegenübersteht, den konsumtiven Verbrauchern. Nur selten wird hier versucht, die Zuumwerbenden individuell zu bestimmen; die Gruppen- oder Allgemeinwerbung steht im Vordergrund. Durch die betriebliche Sortimentsgestaltung wird – besonders bei Gütern zur Deckung des mittel- oder langfristigen Bedarfs – der Kreis der Zuumwerbenden oftmals durch ihre Altersklasse oder Geschlechtszugehörigkeit begrenzt, während durch die Preislagenpolitik die werblichen Aktivitäten des Einzelhändlers häufig in Richtung auf bestimmte soziale Bevölkerungsgruppen, die sich durch Bildung, Einkommen usw. ergeben, festgelegt sind. Des weiteren wird die Auswahl der Werbesubjekte danach vorzunehmen sein, ob sich die betrieblichen Bedarfsträger überwiegend aus Stamm- oder Laufkunden zusammensetzen; entsprechend müßte die Wahl der Zuumwerbenden haushalts- oder passantenorientiert vorgenommen werden. Ein Problem der „Auswahl" der Werbesubjekte liegt dann nicht vor, wenn sich die Einzelhandlung mit ihrer Werbestrategie an „die Allgemeinheit" wenden will. In diesem Zusammenhang sind die Dispositionen über die einzusetzenden Werbemittel, die von verschiedenen Bevölkerungsgruppen in unterschiedlichem Maße beachtet werden und die zu verwendenden Werbeträger mit ihren differenzierten quantitativen und qualitativen Reichweiten weit bedeutungsvoller.

3. Werbemittel und Werbeträger

Ausgangspunkt für die Auswahl einer einzelnen Werbemittelart oder einer Kombination von Werbemittelarten ist wiederum das vorgegebene Werbeziel im Zusammenhang mit den Überlegungen, die hier bereits für Werbeobjekte und Werbesubjekte angestellt wurden. Wir wollen hier nur diejenigen Instrumente herausstellen, die für die Handelswerbung von besonderer Bedeutung sind; es würde auch zu weit führen, Auswahlkriterien herauszuarbeiten, in die der gesamte Problemkomplex der Werbemittelgestaltung, ihrer wahrnehmungspsychologischen Wirksamkeit und der Werbemittelerfolgskontrolle einbezogen werden müßte.

Bei Behandlung der händlerischen Werbemittel kann es nicht ausbleiben, daß gleichzeitig die Probleme der Werbeträger der Handelswerbung berührt werden. Es besteht eine enge Verbindung zwischen diesen beiden Komponenten des Werbevollzuges, wobei regelmäßig die Auswahl der Streumedien durch die vorher zu vollziehende Werbemittelwahl völlig begrenzt oder zumindest stark eingeschränkt wird. So entfällt die Wahl der Streumedien immer dann, wenn sich der Werbungtreibende für die Verwendung von Werbemitteln entschieden hat, die nur durch ganz spezifische Werbeträger an die Werbesubjekte herangeführt werden können. Deshalb erscheint es als zweckmäßig, Werbemittel und Werbeträger in einem Abschnitt gemeinsam in der Weise zu behandeln, daß den Werbemitteln die jeweils relevanten Werbeträger zugeordnet werden. Es sei nur noch darauf hingewiesen, daß die Wahl bestimmter Werbeträger — sofern Wahlmöglichkeiten überhaupt bestehen — nach Behrens durch fünf Kriterien bestimmt werden: durch räumliche, quantitative und qualitative Reichweite, zeitliche Verfügbarkeit sowie durch Nutzungspreise. Typische Werbemittel des G r o ß h a n d e l s sind Werbeanzeigen (Annoncen) in Fachzeitschriften, die eine bestimmte gruppenspezifische Reichweite besitzen, sowie Prospekte, Kataloge und Preisverzeichnisse mit Illustrationen und Qualitätsbeschreibungen der Absatzgüter, die regelmäßig durch die Post oder durch Vertreterbesuch an die Zuumwerbenden herangeführt werden. Weiterhin wären Werbebriefe sowie Werbestände und Werbeveranstaltungen auf Fachmessen und/oder Fachausstellungen zu nennen. Dagegen treten hier die innerbetrieblich anzuwendenden Werbemittel in den Hintergrund; sie sind lediglich — aber in weit geringerem Maße als bei den Selbstbedienungsläden des Einzelhandels — beim Cash-and-Carry-Handel anzutreffen. Bei dieser Betriebsform des Großhandels kann der Kunde (Abholer) die Verkaufsräume des Großhändlers betreten, die gewünschten Waren selbst auswählen, an Ort und Stelle prüfen, kaufen und sofort mitnehmen. Für diese nach dem Selbstbedienungsprinzip arbeitenden Großhandlungen wird eine verkaufsfördernde Ladengestaltung und die planmäßige werbewirksame Aufstellung der Waren in bestimmter Form und Reihenfolge zum Mittel der Werbung. Dadurch wird der gesamte „Ort des Verkaufs" zum Werbemittel (Point-of-Purchase-Werbung).

Die vom E i n z e l h a n d e l verwendeten Werbemittelarten sind außerordentlich vielgestaltig; je nach Betriebstyp, nach Branchenzugehörigkeit, nach Betriebsgröße und nach der Dimension ihres Absatzgebietes erlangen sowohl die anwendbaren Werbemittel- und Werbeträgerarten als auch die Werbeintensität unterschiedliches Gewicht.

Wir wollen hier nach der G r ö ß e d e s A b s a t z b e r e i c h e s differenzieren und unterscheiden Einzelhandlungen mit lokalen, regionalen und überregionalen Absatzgebieten. Bei diesen Einzelhandelstypen nimmt sowohl die Vielgestaltigkeit der möglichen Werbemittelarten als auch die Intensität der Werbung in aufsteigender Reihenfolge zu. Die von Einzelhandlungen mit *lokalen* Absatzbereichen verwendeten Werbemittel sind hauptsächlich durch Boten zu verteilende Handzettel und Flugblätter sowie Kundenzeitschriften (als „verlängertes Werbegespräch") und werbewirksame Verpackungsmittel (Tragtaschen, Einschlagpapier usw.). Die aufgezählten Werbemittelarten erlangen ebenfalls für Einzelhandlungen mit *regionalen* Absatzgebieten gewisse Bedeutung, doch hier dominieren eindeutig die Werbeanzeigen (Annoncen) in der „Standortpresse". Die besondere Relevanz dieses Werbemittels für den Einzelhandel wurde durch den New Yorker Zeitungsstreik vor Augen geführt, der sich für den Handel durch den zeitweiligen Ausfall des Werbeträgers „Zeitung" geradezu katastrophal auswirkte. An zweiter Stelle stehen Werbefunksendungen und Spots im Werbefernsehen. Als weitere bedeutsame Werbemittelarten sind für diese Betriebe Anschläge und Tafeln an Plakatsäulen, Hauswänden, Giebeln, Brückenbogen und Fahrzeugen sowie Leucht- und Laufschrift (also die „typische Außenwerbung") zu nennen, ebenso die sog. „Sonderanschläge" durch „Himmelsschreiber" oder „Sandwichmänner". Nicht unerwähnt dürfen Werbefilme und Diapositive in Lichtspieltheatern, Modeschauen (in der Textilbranche) und Preisausschreiben bleiben.

Für Einzelhandelstypen mit lokalen und regionalen Absatzgebieten kommt – sofern sie als Ladengeschäfte betrieben werden – ein weiteres Instrument der Werbung in Betracht, das in der Literatur oftmals als „Werbemittel Nummer 1" bezeichnet wird: das Schaufenster. Jedoch ist das Schaufenster nur dann ein Werbe m i t t e l, wenn eine gewisse bauliche Einheit zwischen Fenster und Verkaufsraum besteht, so daß durch das Schaufenster der gesamte werbewirksam gestaltete Ladenraum für den Betrachter (Werbesubjekt) sichtbar wird. Das ist regelmäßig nur bei modernen Läden der Fall. Bei traditionellen Ladengeschäften bietet das Schaufenster üblicherweise keinen Einblick in den Verkaufsraum, sondern dient lediglich der Warenpräsentation. In diesem Fall ist das Schaufenster – ebenso wie etwa vor dem Laden stehende Schaukästen oder Vitrinen – als Werbe t r ä g e r einzuordnen. Weiterhin ist für Ladengeschäfte die bereits beim Cash-and-Carry-Handel erwähnte Point-of-Purchase-Werbung und das Display ein Mittel der Werbung im Ladenraum, also am Verkaufsort.

Schaufensterwerbung und Point-of-Purchase-Werbung bleiben Einzelhandlungen mit *überregionalen* Absatzgebieten, zu denen lediglich die Distanzhandelsbetriebe (Versandeinzelhandlungen) zählen, naturgemäß verschlossen, da sie bei ihrer Verkaufstätigkeit keinen persönlichen Kontakt zu ihren Kunden erlangen. Die für diese Unternehmen bedeutungsvollsten Werbemittel sind Anzeigen sowohl in der jeweiligen Standortpresse als auch in überregional gestreuten Zeitungen und Zeitschriften sowie mit der Post zu versendende Kataloge und auch Spots im Werbefunk und Werbefernsehen.

V. Werbung und Zusammenschlüsse im Distributionsbereich

Bisher sind wir jeweils von der Werbung der einzelnen Verkaufsstätten ausgegangen. Die Möglichkeit, eine kumulative Werbewirksamkeit dadurch zu erzielen, daß eine Vielzahl von Betriebsstätten eine gemeinsame Werbestrategie betreibt, blieb unberücksichtigt. Gerade hier zeigt sich aber eine weitere Besonderheit der Handelswerbung gegenüber der Werbung anderer Wirtschaftszweige. Durch die gemeinschaftliche Werbung von Verkaufsstättenmehrheiten, die entweder organisatorisch in e i n e r Unternehmung untereinander verbunden (unternehmens g l e i c h e Verkaufsstättenmehrheiten) oder durch bestimmte andere Gegebenheiten miteinander verknüpft sind (unternehmens v e r s c h i e d e n e Verkaufsstättenmehrheiten), können die so zusammengeschlossenen Verkaufsstätten regelmäßig ihre Werbeziele eher und besser realisieren als andere nichtintegrierte Handlungen.

1. Unternehmensgleiche Verkaufsstättenmehrheiten

Die Werbewirkung einer Verkaufsstätte, die als Glied eines zu einem Unternehmen gehörenden Verkaufsstättengefüges in Erscheinung tritt, ist nicht nur auf sich selbst, sondern vielmehr auf das Unternehmen als Ganzes, das sämtliche Betriebsstätten repräsentiert, zu beziehen.

Das ist immer bei den nach dem Prinzip der S t a n d o r t s p a l t u n g (Behrens) strukturierten Unternehmen der Fall. Durch das Auftreten mehrerer Betriebsstätten eines Unternehmens an unterschiedlichen, räumlich voneinander getrennten Orten kumuliert sich die werbliche Wirkung jeder einzelnen Verkaufsstätte. Ein Kunde, der für eine Einkaufsstätte gewonnen wurde, wird auch den anderen Betriebsstätten des Unternehmens positiv gegenüberstehen. Durch die breite Verteilung von Betriebsstätten mit lokalen Absatzgebieten wird das Unternehmen als Ganzes einen regionalen oder auch überregionalen Absatzbereich erlangen. Der Werbevollzug muß dann auf den regelmäßig wirksameren Komponenteneinsatz der regionalen oder überregionalen Werbung abgestellt werden. Hinzu kommt, daß derartige Unternehmen allein durch ihre Größe die (finanziellen) Möglichkeiten haben, unter Werbegesichtspunkten relativ höherwertige Werbemittel- und Werbeträgerarten (Exklusivwerbung) einzusetzen. Diese werblich relevanten Möglichkeiten erschließen sich neben den „reinen" Filialunternehmen (chainstores) auch den Konsumgenossenschaften und den Waren- und Kaufhausketten. Bei der Werbung der unternehmens g l e i c h e n Verkaufsstättenmehrheiten handelt es sich grundsätzlich um die Werbung e i n e s Unternehmens, das lediglich eine Vielzahl von Verkaufsstätten betreibt. Daher ist hier von namentlicher E i n z e l w e r b u n g zu sprechen.

2. Unternehmensverschiedene Verkaufsstättenmehrheiten

Diesen Zusammenschlüssen von Handlungen kommt gleichfalls die beschriebene kumulative Werbewirkung zugute. Der grundlegende Unterschied zu der eben betrachteten Form liegt darin, daß es sich hier nicht um Verkaufsstätten handelt, die zu einem Unternehmen gehören, sondern vielmehr um eine Gemeinschaft von Handelsbetrieben, die selbständige Unternehmen sind. Die primäre Ursache ihrer Gemeinschaftsbildung kann dabei unterschiedlichen Charakter tragen. Die Einzelunternehmen können etwa ihre betriebliche Beschaffungsfunktion ausgliedern und gemeinsam ausüben, oder sie schließen sich auch speziell zusammen, um die spezifische Wirkung der Werbung von Verkaufsstättenmehrheiten zu erzielen.

Den einzelnen Unternehmen steht es dabei regelmäßig frei – zusätzlich –, Einzelwerbung zu treiben; unser Betrachtungsobjekt ist jedoch die Werbung der kollektiven Gesamtheit, die wir als K o l l e k t i v w e r b u n g bezeichnen wollen. Sie tritt in zwei Formen auf: einmal als S a m m e l w e r b u n g, zum anderen als G e m e i n s c h a f t sw e r b u n g. Für die Kollektivwerbung ist es typisch, daß der die Gruppe von Verkaufsstätten bezeichnende Oberbegriff zum Werbeobjekt wird.

Die Einkaufsgenossenschaften des Einzelhandels heben in dieser Weise ihren Kollektivnamen (z. B. Edeka, Rewe usw.) werblich hervor, ebenso wie die freiwilligen Ketten (z. B. Spar, VIVO, A & O usw.). Während die Mitglieder dieser beiden Gemeinschaften – die kooperierten selbständigen Unternehmen betreiben regelmäßig betriebsform- und branchengleiche Verkaufsstätten – primär zur Ausübung der gemeinsamen Beschaffungsfunktion zusammenkommen, liegt bei anderen Vereinigungen die Gemeinsamkeit darin, daß sie etwa in dem gleichen Wirtschaftsraum tätig sind. So bilden oft die Unternehmen einer bestimmten Straße oder eines Einkaufszentrums Gemeinschaften, die ausschließlich einer kollektiven Ausübung der Werbefunktion dienen. Hierbei ist es typisch, daß die gruppenbildenden Verkaufsstellen regelmäßig betriebsform- und branchenverschieden strukturiert sind.

Literatur:

Behrens, Karl Christian: Absatzwerbung, Band X der Studienreihe „Betrieb und Markt", Hrsg.: Karl Christian Behrens, Wiesbaden 1963.

Behrens, Karl Christian: Der Standort der Handelsbetriebe, Band 2 der Reihe „Der Standort der Betriebe", Hrsg.: Karl Christian Behrens, Köln und Opladen 1965.

Behrens, Karl Christian: Kurze Einführung in die Handelsbetriebslehre, Stuttgart 1966.

Gutenberg, Erich: Grundlagen der Betriebswirtschaftslehre, 2. Band „Der Absatz", 8. Aufl., Berlin-Heidelberg-New York 1965.

Redlich, Fritz: Die Reklame, Begriff – Geschichte – Theorie, Stuttgart 1935.

Seyffert, Rudolf: Werbelehre, Theorie und Praxis der Werbung, 1. Band, Stuttgart 1966.

Weber, Adolf: Absatzwerbung für landwirtschaftliche Erzeugnisse, München, Basel, Wien 1965.

Werbung der Kreditinstitute

Von Dr. Jutta Schultze, Hamburg

Einleitung

Wenn in wissenschaftlichen Abhandlungen über Werbung gesprochen wird, dann steht im Vordergrund die Absatzwerbung für Güter. Der Grund hierfür erklärt sich historisch. Es waren die großen Unternehmen der Konsumgüterindustrie, die als erste die Notwendigkeit erkannten, mit Hilfe der Werbung einen möglichst konstanten Absatz ihrer Produkte zu erreichen. Die Statistiken über die Werbeaufwendungen zeigen, daß tatsächlich die höchsten Beträge für Sachgüterwerbung ausgegeben werden. Im Kreditgewerbe kann erst in den letzten Jahren von einer sichtbaren Ausdehnung der Werbung gesprochen werden. Da neue Publikumskreise bankfähig geworden sind und der Wettbewerb sich zwischen den einzelnen Institutsgruppen verstärkt hat, begannen die Kreditinstitute – insbesondere die privaten Banken unter Aufgabe ihrer jahrzehntelang geübten standesbedingten Zurückhaltung –, sich zum Massengeschäft hin zu orientieren und das absatzpolitische Instrument der Kundenwerbung verstärkt einzusetzen. Von den erfaßbaren Bruttostreukosten des Jahres 1967 für die ausgewählten Werbemittel Anzeigen in Zeitungen, Zeitschriften, Hörfunk und Fernsehen in Höhe von 4,6 Mrd. DM entfielen 146,5 Mill. DM auf Werbung für Dienstleistungen (vgl. Werbung 1967 – ZAW-Jahresbericht S. 47), davon ca. 45 Mill. DM auf die Werbung kreditwirtschaftlicher Institutionen – ohne Bausparkassen. 1961 waren es noch weniger als 8 Mill. DM, die von Kreditinstituten für Werbung in den genannten Medien ausgegeben wurden. (Zahlen nach Feststellungen von Schmidt & Pohlmann, Gesellschaft für Werbestatistik, vorm. Kapferer & Schmidt, Hamburg.)

Der nachstehende Beitrag soll einen knappen Einblick in die besonderen Probleme der Bankwerbung geben. Da im Kreditgewerbe mit vielfältigen Werbemitteln gearbeitet wird, die häufig keine Kommunikationsträger sind – wie z. B. Bereitstellung kostenloser Dienstleistungen, Ausdehnung und Gestaltung des Filialnetzes, Konditionen –, soll der Betrachtung die von Behrens verwendete allgemeine Fassung des Werbebegriffes, bei der die Werbung unter Einsatz des gesamten absatzpolitischen Instrumentariums gesehen wird, zugrunde liegen. Diese Abgrenzung entspricht auch der Definition des Werbungsbegriffes, den die kreditwirtschaftlichen Organisationen in ihren Wettbewerbsabkommen verwenden. Im Sinne dieses Abkommens ist Werbung jede Maßnahme, die dem Zwecke dient, neue Kunden zu gewinnen.

I. Problematik der Werbung für Bankleistungen

Wenn die Werbung für Bankleistungen mehr Probleme aufwirft als die Sachgüterwerbung, so liegt dies zum ersten an der S t a n d e s a u f f a s s u n g des Bankiergewerbes, zum zweiten an den g e s e t z l i c h e n u n d f r e i w i l l i g g e z o g e n e n G r e n z e n des Wettbewerbs – die erst 1967 liberalisiert wurden – und drittens am W e r b e o b j e k t der Kreditinstitute.

Die Banken glaubten, im Wirtschaftsleben besondere Aufgaben zu erfüllen und pflegten in ihrem Geschäftsgebaren vornehme Zurückhaltung. Ausdruck dieser Würde war z. B. die besondere Sprache im Geschäftsverkehr, das „Bankdeutsch"; die Bankbauten dokumentierten den innen herrschenden Geist durch Marmorfassaden und schmiedeeiserne Gitter nach außen. Diese Standesauffassung übte ihren Einfluß auf die Einstellung zur Werbung aus. Viele Bankvertreter der alten Schule hielten Reklame mit der Würde eines Kreditinstituts für unvereinbar. Als Konsequenz schufen sich die Kreditinstitute eine Art „Ehrenkodex" des Wettbewerbs in Form des sogenannten „Wettbewerbsabkommens".

Die erste Regelung des Wettbewerbs und der Werbung für das Bankgewerbe erfolgte bereits 1928; der sogenannte Mantelvertrag von 1932 übernahm das Wettbewerbsabkommen von 1928 und enthielt zusätzlich eine Absprache über Zins- und Provisionsbedingungen. 1936 wurden diese Vereinbarungen neu gefaßt. Mehr als dreißig Jahre hat dieses Abkommen Wettbewerb und Werbung im Kreditsektor beschränkt. Nachdem das Zinsabkommen jedoch häufig umgangen wurde und im März 1965 und Juli 1966 bereits partielle Zinsfreigaben erfolgten, können die Zinsen für Kredite und Einlagen zwischen Kreditinstitut und Kunden ab 1. April 1967 frei ausgehandelt werden. Das alte Wettbewerbsabkommen war mit den Methoden moderner Werbung nicht mehr in Einklang zu bringen, und es sollte durch eine liberalere „Allgemeine Anordnung zur Verhütung von Mißständen in der Werbung von Kreditinstituten" ersetzt werden. Die Entwürfe des Bundesaufsichtsamtes stießen jedoch im Kreditgewerbe auf starke Kritik. Im Zuge der Anpassung des Kreditgewerbes an die Gegebenheiten moderner Werbung wurde die Anordnung schließlich zu den Akten gelegt und das alte Wettbewerbsabkommen nebst ergänzenden amtlichen Vorschriften durch Erlaß des Bundesaufsichtsamtes zum 1. Dezember 1967 aufgehoben. Allerdings besteht der Zentrale Wettbewerbsausschuß weiter und wird sich – wie bisher – mit Wettbewerbsstreitigkeiten im Kreditgewerbe befassen. Von nun an sind aber für die Beurteilung von Werbe- bzw. Wettbewerbsmaßnahmen im Kreditgewerbe – wie auch in der übrigen Wirtschaft – in erster Linie das Gesetz gegen den unlauteren Wettbewerb sowie die Zugabeverordnung zu berücksichtigen. Damit ist ein wesentlicher Schritt getan, der es nunmehr auch den Kreditinstituten erlaubt, ungehemmter durch standesgebundene Wettbewerbsbeschränkungen marktgerechte Werbung zu betreiben.

Neben dem Standesdenken und den inzwischen liberalisierten Standesabsprachen beeinflußt die von den Kreditinstituten angebotene abstrakte Ware die Werbung für Bankleistungen. Jeder Werbungtreibende, der mit Gütern handelt, kann in seinen Werbemitteln sein Produkt abbilden. Die Werbeobjekte der Kreditinstitute: Kredithergabe, bargeldloser Zahlungsverkehr, Wertpapiergeschäft, Devisenhandel oder Sparen können dagegen nicht unmittelbar dargestellt werden.

II. Gestaltung der Werbung für Bankleistungen

Die Gestaltung der Bankwerbung wird also durch die Abstraktheit des Werbeobjektes und durch das Verbot der originalgetreuen Nach- oder Abbildung von Banknoten zu werblichen Zwecken erschwert. Die Konsequenz aus dieser Gestaltungsproblematik zogen die Kreditinstitute lange Zeit hindurch in der Weise, daß sie die Darstellung ihrer Werbeobjekte vermieden und nicht Werbung für einzelne Leistungen, sondern Prestigewerbung in Gestalt von Repräsentationsanzeigen betrieben, indem sie sich auf die Herausstellung des Namens, die Erwähnung der haftenden Mittel und den Hinweis auf die nächstgelegene Zweigstelle beschränkten. Dadurch wirkte das Werbebild des Kreditgewerbes wenig differenziert. Dieses „Werbeklischee" wurde insbesondere durch folgende Faktoren hervorgerufen: Der Werbegestaltung fehlte die tragende Idee; die visuellen Werbemittel waren gleichförmig aufgebaut (Visitenkarteninsertion), die Sprache war für den Laien unverständlich, und es wurden gleichartige Gestaltungselemente verwendet. Um die angebotenen Leistungen doch in irgendeiner Form illustrieren zu können, wurden Gestaltungsumwege verschiedener Art versucht; am beliebtesten war die Abbildung der B a n k g e b ä u d e. Das einzige Unterscheidungsmerkmal der Anzeigen verschiedener Institute ergab sich aus der Wiedergabetechnik und der variierten Typografie des Firmennamens. Andere grafische Elemente wurden der H i s t o r i e entlehnt oder stellten S y m b o l e dar. Das Sparen wurde durch Bäume und Pflanzen versinnbildlicht, die wachsen und Früchte tragen. Auch M ä r c h e n f i g u r e n (Goldesel, Sterntaler) erschienen in der Werbegestaltung.

Die Bankwerbung braucht sich aber nicht in einem Gestaltungsklischee zu bewegen, wenn genau bedacht wird, w a s, d. h. welche Leistungen angeboten werden sollen, und w i e, d. h. in welcher Form die Dramatisierung der Werbeidee das Interesse der Zielgruppe am ehesten erweckt. Kreditwirtschaftliche Leistungen können für den Umworbenen u n t e r s c h i e d l i c h e V e r b r a u c h e r n u t z e n enthalten und damit das W a s der Werbung bestimmen:

Hebung des Prestiges
  durch den Besitz eines Bankkontos; Barkauf und Anschaffung von Gütern des gehobenen Bedarfs durch Kleinkredite oder Anschaffungsdarlehen

Sicherheit
  durch Sparen für die Wechselfälle des Lebens

Schutz vor Verlust
  durch Benutzung von Schließfächern und Nachttresoren; Mitnahme von Reisedevisen statt Bargeld

Erholung
  durch Reisen auf Kredit

Zeit und Arbeitsersparnis
  durch Einrichtung eines Girokontos; bargeldlose Lohn- und Gehaltszahlung; Durchführung von Daueraufträgen, Vermögensverwaltung

Gewinnmöglichkeit
  durch Ertragserzielung ohne eigene Tätigkeit in Form von Zinsen und Dividenden, d. h. Erwerb von Aktien, festverzinslichen Papieren oder Investmentanteilen; prämienbegünstigte Sparformen; Gewinnsparen

Risikominderung bei der Geldanlage
  durch Kauf von Investmentanteilen oder Gold

Teilhaben an weltweiten Verbindungen
  durch Außenhandelsgeschäfte

Verbesserung der Rentabilität, Anpassung an Wirtschaftsentwicklungen
  durch Kreditaufnahme Möglichkeiten der Investition.

Für die Präsentation des Verbrauchernutzens, das Wie, gibt es viele Möglichkeiten. Durch Abbildung passender Leitfiguren in den Werbemitteln wird den Werbesubjekten die Identifizierbarkeit mit den angebotenen Leistungen erleichtert. Der „human touch" eignet sich besonders für die Gestaltung abstrakter Bankleistungen, da die Einbeziehung des menschlichen Elements die kühle Atmosphäre der Unpersönlichkeit aufhebt. Durch Anpassung an saisonale Gegebenheiten der Streuzeit (Kalenderfeste, Jahreszeiten) oder durch kurzfristige Bezugnahme auf Ereignisse des Tagesgeschehens wird die werbliche Ansprache aktualisiert. Lokale und branchentypische Dramatisierung des Leistungsangebots oder Herausstellung der Beratungsfunktion sind weitere Wege der Werbegestaltung. Gerade die Werbung mit dem Personalstab kann neben erhöhter Aufmerksamkeitswirkung auch den Effekt haben, das Vorstellungsbild über den unpersönlichen Bankbeamten abzubauen. Schließlich kann die Ansprache in humorvoller Weise durch Karikaturen geschehen. Die Deutsche Pfandbriefanstalt z. B. pflegt schon seit Jahren eine „freundliche Werbung" (vgl. Abbildung 1).

Diese Hinweise mögen zeigen, daß es für die Bankwerbung durchaus produkt- und zielgruppengerechte Variationsmöglichkeiten gibt.

III. Zielgruppen der Werbung der Kreditinstitute

Bei der Werbegestaltung sollten die Kreditinstitute an die neuen potentiellen Kunden denken. Insbesondere drei Personenkreise kommen als Abnehmer für die neugeschaffenen Massendienstleistungen der Kreditinstitute in Frage. Da das Realeinkommen der Unselbständigen gegenüber früher stärker als bei den Selbständigen gewachsen ist, hat sich der Arbeitnehmer, der „kleine Mann", zu einem interessanten Bankkunden entwickelt. Nachdem zunächst Sparkassen und Kreditgenossenschaften den kleinen Kunden betreuten, haben auch die Großbanken seine Bedeutung inzwischen erkannt. Die Förderung des bargeldlosen Zahlungsverkehrs in Verbindung mit der Einrichtung von Lohn- und Gehaltskonten gehört zur Werbung um diesen neuen Kundenkreis. Ebenso soll der Kleinkunde durch Kleinkredite gewonnen werden. Ferner unterstützte der Staat durch Herausgabe der „Volksaktien" das Bemühen der Banken um die sozial schwächeren Kreise. Durch diese Aktion hat ein großer Teil des Publikums zum erstenmal den Weg zu einem Bankschalter gefunden.

Diese Leistungen reichen jedoch noch nicht, um den genannten Personenkreis an die Banken heranzuführen. Notwendig ist vielmehr die „Demokratisierung des Geschäftsgebarens", d. h., die Banken müssen eine zielgruppengerechtere Werbung betreiben, um die im Publikum noch weitgehend vorhandene Scheu vor den marmornen Bankpalästen zu beseitigen.

Ein großer Teil des Volkseinkommens geht in Gestalt des Wirtschaftsgeldes durch die Hände der Frauen. Jeder fünfte Aktienbesitzer ist eine Frau; überdies beziehen die Frauen vielfach selbst Einkommen (34 % der verheirateten Frauen in der Bundesrepublik sind berufstätig). Aus diesen Gründen stellen die Frauen eine weitere interessante, nicht selten vernachlässigte Zielgruppe der Bankenwerbung dar. Die Sparkassenorganisation spricht diese Kundengruppe seit Jahren mit Hilfe der Zentralstelle für rationelles Haushalten an. Diese Informationsstelle wirbt mit Prospekten, Broschüren, Haushaltsbüchern, Vorträgen und der Zeitschrift „Die hohe Kante" und will die Hausfrauen zum vernünftigen Umgang mit Geld anleiten. Seit Oktober 1966 hält die Deutsche Bank in verschiedenen Großstädten „Informationsgespräche für Damen" ab, bei denen Filme vorgeführt, Kurzreferate gehalten und Fragen beantwortet werden.

Der Bankwerbung kommt eine hohe Erziehungsfunktion zu. Daraus resultiert die Notwendigkeit, bereits die J u g e n d l i c h e n , denen — von einem bestimmten Alter ab — Millionenbeträge für Konsumzwecke zur Verfügung stehen, über die Bedeutung der Kreditinstitute im Wirtschaftsleben zu informieren und für ihre Leistungen zu werben. Viele Geldinstitute verteilen mehr oder weniger sporadisch jugendadäquate Werbemittel (Spardosen, Malbücher, Schulutensilien oder Geschenkgutscheine). Drei Institutionen des deutschen Kreditgewerbes betreiben planmäßige und langfristige Jugendwerbung: die Sparkassenorganisation, der Bundesverband des privaten Bankgewerbes und der Gemeinschaftsdienst der Pfandbrief- und Kommunalkreditinstitute. Sie wenden sich über Schulen und Lehrer an die Jugendlichen mit Hilfe von Werbemitteln, die Probleme der Kreditwirtschaft behandeln und zum Teil für den Unterricht geeignet sind.

IV. Formen und Organisation der Bankwerbung

Auch die Werbearbeit der Kreditinstitute muß von geeigneten Instanzen, den Planungsträgern, erledigt werden, deren Organisation von der Firmenstruktur und dem Ausmaß der Werbeaufgabe abhängig ist. Die Unternehmen des Kreditsektors sind nach Art und Umfang ihres Geschäftsbetriebes unterschiedlich strukturiert; hieraus ergeben sich unterschiedliche Formen der Werbung. Unter diesem Gesichtspunkt sind die folgenden Unterscheidungen zu treffen.

1. Einzelwerbung von Regionalinstituten

Bei den Kreditinstituten mit regionalem bzw. lokalem Geschäftsbereich (z. B. Bayerische Regionalbanken, Berliner Bank, Vereinsbank Hamburg, Frankfurter Bank, Privatbankhäuser) herrscht E i n z e l w e r b u n g vor. Gelegentlich verbinden sich diese Institute zu Kollektivmaßnahmen in regionalem Rahmen (z. B. Sammelanzeigen zum Weltspartag). Die persönliche Werbung wird überwiegend als E i g e n w e r b u n g von Angestellten oder Abteilungen — auch als deren Nebentätigkeit — durchgeführt. In geringem Umfang lassen die Regionalinstitute ihre Werbemaßnahmen teilweise oder ständig von Werbemittlern betreuen und betreiben F r e m d w e r b u n g.

2. Einzelwerbung der auf Bundesebene tätigen Institute

Die auf Bundesebene tätigen überregionalen Kreditinstitute, die neben ihrer Hauptniederlassung und etwaigen Hauptnebenstellen Filialen in allen Bundesländern unterhalten (Deutsche Bank, Dresdner Bank, Commerzbank, Bank für Gemeinwirtschaft), betreiben ebenfalls in erster Linie E i n z e l w e r b u n g. Während die Werbung bei ihnen früher durch die volkswirtschaftlichen oder die Organisationsabteilungen mit erledigt wurde, gründeten die Großbanken in den letzten Jahren regionale und auch zentrale eigene Werbeabteilungen. Nicht zuletzt diese Tatsache spricht für die steigende Bedeutung der Werbung. Da die Erfahrungen, die mit der Auftragserteilung an außenstehende Werbeplanungsträger gewonnen wurden, nach Meinung dieser Bankengruppe eher negativ zu beurteilen waren, wurde die Werbung bisher überwiegend als E i g e n w e r b u n g erledigt, wobei die zentrale Leitung mehr oder weniger stark ausgeprägt ist.

3. Gemeinschaftswerbung überregional organisierter Institutsgruppen mit Einzelwerbung der Regionalinstitute

Eine andere Form der zentralgesteuerten Werbung findet sich bei solchen Instituten, die zwar regionale Eigenständigkeit besitzen, jedoch überregional verbandsmäßig gebunden sind. Hierzu gehören die Sparkassen und Kreditgenossenschaften. Bei ihnen stehen Gemeinschafts- und Einzelwerbung gleichrangig nebeneinander. Die Werbezentrale des Dachverbandes konzipiert einen Rahmenplan, der das Fundament der werblichen Arbeit der angeschlossenen Institute bildet und Hinweise für die Jahreswerbearbeit gibt. In organischer Ergänzung dazu steht die Einzelwerbung der beteiligten Institute. Die Werbemittel werden – kostengünstig – zentral hergestellt und vertrieben, so daß auch kleine und kleinste Institute beteiligt werden können. Dabei sind die Werbemittel so gestaltet, daß regionale Gegebenheiten der Einzelinstitute berücksichtigt werden können. Für die Sparkassenorganisation stellt der Deutsche Sparkassenverlag die Werbemittel her und bietet sie den Mitgliedsinstituten in einem Katalog an. Für die Kreditgenossenschaften übt der Deutsche Genossenschaftsverlag diese Funktion aus.

4. Gemeinschaftswerbung im Kreditgewerbe

Gemeinschaftswerbung empfiehlt sich immer dann, wenn bestehende Verhaltensweisen beeinflußt werden sollen und einzelwerbliche Maßnahmen dieses Ziel nicht erreichen. Im Kreditsektor könnten durch Gemeinschaftsaktionen notwendige generelle Informationen vermittelt und Verbrauchereinstellungen geändert werden. Daher verwundert es, daß es bis 1966 im Bankgewerbe außer der Gemeinschaftswerbung der Sparkassen und Kreditgenossenschaften nur eine kollektive Kampagne gab, und zwar die Gemeinschaftswerbung für den Absatz von Pfandbriefen und Kommunalobligationen. Diese Werbung setzte bereits 1958 ein. Sie wird von mehr als 50 emittierenden Instituten getragen und ist unter der Prestigeansprache „Haste was – biste was" bekannt geworden. Die Einzelwerbung der Deutschen Pfandbriefanstalt unterstützt diese Gemeinschaftskampagne.

Im Oktober 1966 begann das private Bankgewerbe – nach einem mißglückten Versuch in den zwanziger Jahren unter dem Leitmotiv „Die Bank ist Dein Freund", das von Spöttern durch den Zusatz „sie will Dein Bestes, Dein Geld" ergänzt und in Frage gestellt wurde – mit einer Gemeinschaftswerbung zur Publizierung des Banksparens unter dem Motto „Banken sind erfahren – darum Banksparen" (vgl. Abbildung 2). Über ihre Mitgliedschaft im Bundesverband des privaten Bankgewerbes sind 297 regional und überregional tätige private Banken an dieser Gemeinschaftsaktion beteiligt.

Nach langer Vorbereitung setzte im Frühjahr 1967 schließlich die dringend notwendige Vertrauenswerbung für die Aktie ein. Sie fordert mit dem Slogan „Es lohnt sich, mehr über Aktien zu wissen" (vgl. Abbildung 3) zum Bezug einer Informationsschrift auf und wird vom Arbeitskreis zur Förderung der Aktie getragen. Alle diese Gemeinschaftsaktionen werden von namhaften Werbeagenturen geplant und betreut.

V. Mittel der Bankwerbung

Die Werbung der Kreditinstitute wird mit unterschiedlichen Mitteln betrieben, deren Einsatzmöglichkeiten wiederum von der Firmenstruktur abhängen. Weitgestreute Allgemeinwerbung mit Hilfe von Massenkommunikationsmitteln empfiehlt sich nur für Institute, die ein weit verbreitetes Filialnetz unterhalten. Regionalinstitute bieten ihre Leistungen besser in Form der Gruppen- oder Einzelwerbung einem begrenzten Personenkreis an.

Grundsätzlich kann man die von Kreditinstituten benutzten Werbemittel in Standard-Werbemittel und bankenspezifische unterteilen.

1. Standard-Werbemittel

Zu den herkömmlichen Mitteln der Allgemeinwerbung gehören die reichweitenstarken Werbeträger Presse (Illustrierte, Tageszeitungen, Fachblätter, konfessionelle Organe), Fernsehen, Funk, Plakatanschlag und Film. Diese Medien wirken auf die Zielgruppen nur kurzzeitig. Da die Bankleistungen jedoch erklärungsbedürftige Werbeobjekte sind, spielen in der Bankwerbung Mittel informativen Charakters eine große Rolle. Hierzu zählen Druckschriften jeder Art (Faltblätter, Prospekte, Periodika, Broschüren, Börsenbriefe, Wirtschaftsinformationen). Diese Werbemittel erreichen in Abhängigkeit von ihrer Auflagenhöhe begrenztere Publikumskreise. Sie werden häufig im Wege der Gruppenstreuung verteilt (Postwurfsendung an Haushalte, Verteilung an Mitglieder bestimmter Berufsstände und Branchen, Versendung an Schulen) und auch in den Bankfilialen ausgelegt. Hier sprechen sie allerdings einen Personenkreis an, der schon in irgendeiner Form Kontakt mit dem Kreditinstitut hat.

Persönlich gehaltene Einzelwerbung geschieht durch Werbegeschenke oder durch Werbebriefe, bei denen allerdings zu beachten ist, daß persönlich gehaltene Werbeschreiben nur an Personen gesandt werden dürfen, die nicht bereits mit einem anderen Kreditinstitut zusammenarbeiten.

Als gelegentlich eingesetzte Mittel der Gruppenumwerbung sind noch zu nennen Werbeveranstaltungen für bestimmte Personenkreise (Schüler, Studenten, Hausfrauen), Preisausschreiben (im Rahmen des Schulsparwesens) und Werbeschallplatten, die z. B. vom Gemeinschaftsdienst der Boden- und Kommunal-Kreditinstitute an Effektenberater oder als Verbundwerbung zwischen der Bayerischen Vereinsbank und dem Pfanniwerk an Einzelhändler verteilt wurden.

2. Bankenspezifische Werbemittel

Neben den herkömmlichen spielen im Kreditgewerbe eine Reihe von branchentypischen Werbemitteln eine Rolle, auf die nachstehend kurz eingegangen werden soll. Wegen der bisher eingeschränkten Preiskonkurrenz auf Grund der Zinsabkommen bildet der Umfang der Dienstleistungen ein wichtiges Werbemittel. Der persönliche Kundendienst umfaßt die Betreuung des Bankkunden durch das Bankpersonal und beginnt bereits beim Betreten des Bankgebäudes durch Pförtner, Auskunftspersonen und Fahrstuhlführer. Das Personal am Schalter erfüllt mit seinem Beratungsgespräch die wichtigste Werbefunktion im Rahmen des persönlichen Kundendienstes. Von seiner Haltung hängt es ab, ob das Image abgebaut werden kann, nach dem die Banken immer noch als private „Behörde", die Angestellten als „Beamte" empfunden werden.

Die persönliche Kundenberatung kann durch den sachlichen Kundendienst sinnvoll unterstützt werden. Hierzu gehören alle Hilfsmittel, die dem Kunden den Geschäftsverkehr mit der Bank erleichtern. Schließfächer, Börsenticker, die Fülle der von den Banken herausgegebenen Sonderanalysen und die Schaffung neuer Geschäftsarten (bargeldlose Lohnzahlung, persönliche Kleinkredite) sind werbende Dienstleistungen, und schließlich haben auch Parkplätze bei der wachsenden Motorisierung steigende Bedeutung.

Ein Kreditinstitut kann erst dann massenkonsumfähige Leistungen anbieten, wenn die Nachfrage nach seinen Leistungen überall durch ein ausgedehntes Filialnetz befriedigt werden kann. Insbesondere die Sammlung der Spareinlagen ist von der Ausdehnung des Geschäftsstellennetzes abhängig. Die Kreditinstitute bemühen sich daher um Erweiterung ihres Filialnetzes, die seit Wegfall der Bedürfnisprüfung bei der Zulassung von Kreditinstituten im Jahre 1958 auch keinen Beschränkungen mehr unterliegt. Ende 1967 unterhielten in der Bundesrepublik 10 859 Kreditinstitute aller Gruppen insgesamt 37 144 Bankstellen. Dies bedeutet im Vergleich zum Jahre 1957 – dem Jahr vor dem Wegfall der Bedürfnisprüfung – eine Expansion des Bankenapparates um 10 808 Bankstellen. Zahlenmäßig führen die Sparkassen, die in dem Zehnjahreszeitraum von 1957 bis 1967 ihr Zweigstellennetz um 5247 (d. h. um 58 v. H.) auf 14 310 erweiterten und im Zuge der Propagierung der bargeldlosen Lohn- und Gehaltszahlung sogar auf dem Werksgelände großer Unternehmen Zweigstellen etablierten. Relativ am stärksten expandierten jedoch die Großbanken, die ihre Bankstellen um 1314 auf 2106, d. h. um 165 v. H. erhöhten (vgl. Monatsbericht der Deutschen Bundesbank, Februar 1968, S. 32 f.). Hier zeigt sich der Trend dieser Institute, den neu fixierten Zielgruppen näherzukommen und das Massengeschäft zu forcieren.

Die Bankstellen erscheinen in vielfältiger Form. Neben festen Bauten werden Busse als „rollende Filialen" für die Versorgung von Rand- und Neubaugebieten eingesetzt. Autoschalter und Automatenfilialen sind weitere Varianten, um den Kunden – auch nach Schalterschluß – die Inanspruchnahme von Bankleistungen zu erleichtern.

Neben Ausdehnung und Erscheinungsform haben auch Architektur und Gestaltung der Bankbauten werbende Wirkung.

In vielen Branchen spielt die K o n d i t i o n e n g e s t a l t u n g eine Rolle als Mittel des Wettbewerbs. Im Kreditgewerbe haben die Zinsabkommen bisher die völlig freie Festsetzung der Soll- und Habenzinsen verboten. Da das Zinsabkommen ab 1. April 1967 endgültig aufgehoben worden ist, können die Kreditinstitute das Mittel der Preisdifferenzierung stärker einsetzen. Bisher wurden schon ca. 30 bis 40 % aller Kreditfälle bei den Privatbanken zu „Minderkonditionen" vergeben. Zu den Minderkonditionen sind nicht nur Höhe der Verzinsung oder Berechnung der Provisionen, sondern auch Kreditbesicherung und Höhe der Kredite zu zählen. Oft genug wird bei hartem Wettbewerb ein Kreditnehmer akzeptiert, der bei entspannterer Konkurrenzlage in der Reihe der Insolventen erscheinen würde.

Wenn auch an die Stelle persönlicher Beziehungen heute vielfach rein institutionelle Bindungen treten, so ist die Kundengewinnung durch p e r s ö n l i c h e A k q u i s i t i o n im Kreditgewerbe doch ein wichtiges Werbemittel geblieben. Besonders ausgeprägt ist sie heute noch im Bereich der Privatbankiers, bei denen die öffentliche Werbung mit Hilfe von Massenmedien – bedingt durch die mangelnde Ausdehnung des Filialapparates – für die Kundengewinnung weit geringere Bedeutung hat als etwa bei den Groß- und Regionalbanken. „Persönliche Beziehungen" zwischen einer maßgeblichen Persönlichkeit eines Kreditinstituts und der umworbenen Person sind bekanntlich auch Voraussetzung für weitergehende Aktivitäten werblicher Art (Versendung von Werbebriefen). Welche Bedeutung die persönliche Kundengewinnung im Bankgewerbe hat, ergibt eine Fülle von Anordnungen zu diesem Problem. Oftmals erfolgte in früheren Zeiten eine Verschiebung leitender Angestellter zwischen Banken nur in der Hoffnung, daß alte Kunden ebenfalls zum neuen Institut überwechseln würden. Der Reichskommissar für das Bankgewerbe verbot daher dieses „Wegengagieren" von Angestellten. Trotz aller Einschränkungen bleiben den Kreditinstituten Möglichkeiten für persönliche Kundenansprache, insbesondere bei bereits gewonnenen Kunden. Die Sparkassen pflegen z. B. das Prinzip, daß leitende Mitarbeiter der Filialen wenigstens einen Tag in der Woche Kundenbesuche durchführen, dabei Einlagen kassieren und den menschlichen Kontakt fördern.

VI. Public Relations der Kreditinstitute

Neben der unmittelbaren Kundenwerbung führen große Unternehmen noch eine andere Form der Öffentlichkeitsansprache durch, die von unmittelbar absatzfördernden Appellen frei ist: die Pflege der Public Relations. Sie dienen dazu, das Ansehen des Unternehmens in der Öffentlichkeit zu festigen. Die Gewinnung von Vertrauen wurde von den Kreditinstituten stets als Grundlage der Geschäftsbeziehung angesehen, und die dezente Form, in der Public Relations möglich waren, kam dem Bedürfnis der Kreditinstitute nach Zurückhaltung in der Öffentlichkeitsansprache entgegen. Während Empfänger der absichtsvollen Kundenwerbung Personen sind, die unmittelbar die Bankleistungen in Anspruch nehmen, richtet sich die Public Relations-Tätigkeit der Banken an andere Kreise. Es sind dies kleine Zielgruppen mit meinungsbildender Funktion, die im Wege des kumulativen Prozesses auf einen größeren Personenkreis einwirken. Hierzu gehören bestimmte Kreise des Wirtschaftslebens, die Kommunikationsträger Presse, Funk, Fernsehen und Film, Pädagogen, Jugendorganisationen, Studenten, Hausfrauenverbände und die Bankangestellten selbst.

Als Medien der Public Relations können die Kommunikationsträger der Absatzwerbung eingesetzt werden, daneben werden Kontakte zu den Meinungsbildnern mit Hilfe von Pressediensten oder Diskussionsabenden angestrebt. Jubiläums- und Festschriften sind ein weiteres Mittel, den Namen eines Kreditinstituts bekanntzumachen. Besichtigungen und Führungen für meinungsbildende Personengruppen geben ebenfalls die Möglichkeit, das Ansehen der Bank zu stärken. Vielfach erscheinen die Namen von Kreditinstituten im Zusammenhang mit der Begründung von Stiftungen, die kulturellen oder künstlerischen Zwecken dienen. Auch dieses Mäzenatentum hat den Zweck, Goodwill für das spendende Institut aufzubauen.

Schlußwort

Abschließend ist herauszustellen, daß die Bankwerbung – trotz einschränkender Bestimmungen und der hemmenden Standeseinstellung – ein wichtiges Mittel der Absatzpolitik darstellt. Ihre Aufgabe liegt darin, die Leistungen der Bank absetzen zu helfen (Verkaufsfunktion), über die Bedeutung der Kreditinstitute zu unterrichten (Informationsfunktion), bestimmte Bevölkerungskreise den Umgang mit Geld zu lehren (Erziehungsfunktion) und nicht zuletzt daran mitzuwirken, das überkommene Vorstellungsbild von den Banken zu ändern (Image bildende Funktion).

Literatur:

Ein ausführliches Literaturverzeichnis zum Thema „Bankwerbung" findet sich in:

Schultze, J.: Kundengewinnung und Öffentlichkeitsarbeit der Kreditinstitute – Werbung und Public Relations –, Dissertation FU Berlin, 1965, erschienen als Privatdruck bei Ernst-Reuter-Gesellschaft, Berlin.

Abbildung 1
Illustrierten-Anzeige der Deutschen Pfandbriefanstalt

Werbung der Kreditinstitute

Abbildung 2
Motiv aus einer Serie von Anzeigen
der Gemeinschaftswerbung des privaten Bankgewerbes

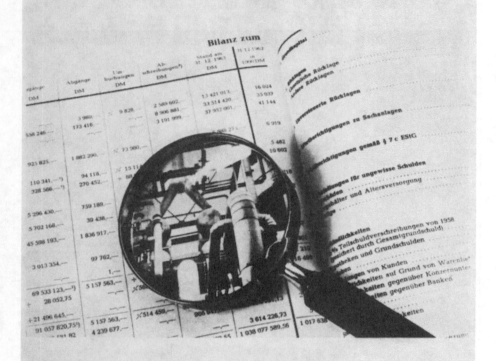

Abbildung 3
Anzeigenbeispiel aus einer Aktien-Gemeinschaftswerbung

Werbung in der Verkehrswirtschaft

Von Priv.-Doz. Dr. Claude Kaspar, St. Gallen/Schweiz

I. Definitorische Abgrenzung

Unter Werbung in der Verkehrswirtschaft oder Verkehrswerbung sind in Anlehnung an Behrens alle Maßnahmen zu verstehen, die sich eine absichtliche und zwangsfreie Beeinflussung zugunsten der Inanspruchnahme von Verkehrsleistungen zum Ziele setzen.

Die Verkehrswerbung ist demnach auf die Erfüllung eines besonderen Zweckes, der Inanspruchnahme, des Absatzes von Verkehrsleistungen gerichtet und stellt einen besonderen Zweig der Wirtschaftswerbung, genauer ausgedrückt der Absatzwerbung dar. Um indessen die Werbung in der Verkehrswirtschaft ganz präzise abzugrenzen und insbesondere gegenüber dem absatzpolitischen Instrumentarium (Gutenberg) die selbständige Bedeutung der Werbung zu unterstreichen, sind Preisstellung, Produktgestaltung und Absatzmethodik als übrige Bestandteile des absatzpolitischen Instrumentariums sowie die Werbung um öffentliches Vertrauen (Public Relations) von der Betrachtung auszuklammern. Im vorliegenden engeren und eigentlichen Sinn versteht sich die Werbung in der Verkehrswirtschaft in der **Verwendung von Werbemitteln zur absichtlichen und zwangsfreien Beeinflussung, Verkehrsleistungen in Anspruch zu nehmen**. Diese Einschränkung ist allerdings mit gewissen Schwierigkeiten verbunden, zumal die absatzpolitischen Maßnahmen der Verkehrsunternehmungen nicht immer klar auseinandergehalten werden können und der Einsatz von Werbemitteln vielfach erst im Zusammenhang mit den anderen Trägern des absatzpolitischen Instrumentariums erkennbar und sinnvoll ist. Gute Verkehrsverbindungen und vorteilhafte Tarife müssen durch Werbemittel bekanntgegeben werden, da die Betriebsleistungen sonst keinen erfolgreichen Absatz finden. Allerdings kann das bei der Werbung vorausgesetzte Ziel der Absatzförderung, d. h. einer Maximierung des Unternehmergewinnes durch bestmöglichen Absatz von Verkehrsleistungen in der Verkehrswerbung, beschränkt oder unter Umständen sogar überhaupt nicht vorhanden sein. Letzterer Fall ist gegeben, wenn die gemeinwirtschaftliche Verkehrsbedienung im Vordergrund steht, mit anderen Worten, keine Gewinn-, sondern Bedarfsdeckungs-Maximierung zum eigentlichen Unternehmungsziel gehört, was öfters für den öffentlichen Verkehr zutreffen wird. Dies erklärt unter anderem auch, weshalb Verkehrswerbung im engen Sinn verhältnismäßig spät betrieben wurde.

II. Kurzer historischer Abriß

Die beschränkte Kapazität und örtlich begrenzte Bedeutung der einzelnen Verkehrsmittel früher Jahrhunderte ließ keine eigentliche Verkehrswerbung aufkommen. Erst mit der Einführung der Eisenbahnen und der dadurch erzielten Vervielfachung der Beförderungsmöglichkeiten wurde eine aktive Absatzpolitik der Verkehrsunternehmungen aktuell. Die Verwendung von Werbemitteln beschränkte sich indessen auf Fahrplanplakate mit Fahrpreisangaben, die Bekanntmachungs- und Offertfunktionen zu erfüllen hatten. Die weitgehende Monopolstellung, welche die Eisenbahn im letzten Jahrhundert besaß, war nicht dazu geeignet, sie zu besonderen Werbeanstrengungen zu veranlassen. Bezeichnend ist auch, daß eine eigentliche Verkehrswerbung weniger oder überhaupt nicht von den Verkehrsträgern, sondern von Reiseagenturen ausging, seit Thomas Cook in den vierziger Jahren des letzten Jahrhunderts den Gesellschaftsreiseverkehr eingeführt hatte.

Der Übergang privater Eisenbahngesellschaften an den Staat institutionalisierte die eigentliche Unternehmeraufgabe und ließ die Gemeinwirtschaftlichkeit der Verkehrsbedienung immer deutlicher zum Durchbruch kommen, zumal der Staat den Eisenbahnen die Erfüllung immer weitergehender Aufgaben im Dienst der Allgemeinheit übertrug.

Erst die mit dem Aufkommen des motorisierten Straßenverkehrs – dem Verlust der Monopolstellung – prekär werdende finanzielle Lage der Staats- und Privatbahnen ließ die Bedeutung und Notwendigkeit einer aktiven Absatzpolitik erkennen. Im Vorwort zu seinem in der Verkehrsliteratur bahnbrechenden Werk „Die Verkehrswerbung bei den Eisenbahnen" stellt A. Sarter, damaliger Präsident der Reichsbahndirektion Trier, im Jahre 1927 fest: „Das Schrifttum über die Werbetätigkeit des Kaufmanns ist in den letzten Jahren stark gewachsen. Wissenschaftliche Erörterungen und praktische Ausarbeitungen über die Kundenwerbung mehren sich. Demgegenüber fehlt es überhaupt noch an einer wissenschaftlichen Darstellung des Werbegedankens im Eisenbahnverkehr."

Der sich verschärfende Konkurrenzkampf Schiene–Straße, noch erweitert durch den Kurz- und Mittelstreckenflugverkehr, hat inzwischen die Werbung zu einem wesentlichen Absatzinstrument werden lassen, dessen Gestaltung sich nach Verkehrsart (Personen-, Güterverkehr) und Verkehrsmittel stark unterscheidet.

III. Aufgabe und Bedeutung der Verkehrswerbung

Die Verkehrswerbung als absatzpolitische Maßnahme hat – betriebswirtschaftlich gesehen – eine Hebung des Absatzes von Verkehrsleistungen und letzten Endes eine Erhöhung des Unternehmergewinnes bzw. eine Verbesserung der Erlös/Aufwand-Relation der Verkehrsunternehmung zur Aufgabe. Die Notwendigkeit der Verkehrswerbung ergibt sich weitgehend aus der Form des Verkehrsmarktes und der spezifischen Funktion der Verkehrsunternehmung.

Technisch gesehen erscheint die Verkehrsleistung als Gegenstand des Verkehrsmarktes eindeutig und klar umschrieben. Es handelt sich bei einer Verkehrsleistung immer darum, daß Menschen, Güter und/oder Nachrichten von einem Punkt der Erdoberfläche zum anderen befördert werden (Seidenfus). Eine genaue Betrachtung des Wesens der Verkehrsleistung lehrt uns indessen, daß der Transportvorgang z. B. schneller oder langsamer, pünktlicher, häufiger und sicherer erfolgen kann und somit Qualitätsunterschiede aufweist. Ein hoher Grad der Heterogenität der Verkehrsleistung ergibt sich aus den persönlichen Präferenzen im Personenverkehr. Die an sich technisch gleichwertige Verkehrsleistung von A nach B wird von den Reisenden stark verschieden bewertet, vergegenwärtigen wir uns lediglich die Präferenzunterschiede je nachdem, ob diese Verkehrsleistung durch die Eisenbahn oder das private Motorfahrzeug erbracht wird. Diese Präferenzen, die vor allem beim nicht zwingenden „Kann-Verkehr" mit ausgesprochenem Konsumcharakter, z. B. Ferien- und Ausflugsverkehr, auf eine hohe Nachfrageelastizität schließen lassen, sind besonders geeignet, durch Werbung beeinflußt zu werden. Vielfach können Leistungsdifferenzierungen trotz Gleichartigkeit der technischen Leistung durch geschickte Werbung konstruiert werden und einen ausschlaggebenden Einfluß bei der Wahl eines Verkehrsmittels ausüben. Wir verweisen in diesem Zusammenhang insbesondere auf die Werbung der einzelnen Fluggesellschaften für dieselbe Flugstrecke.

Einer grundsätzlich anderen Situation begegnen wir auf dem Verkehrsmarkt für Güterverkehrsleistungen. Vorausgesetzt, daß die Verkehrsleistungen in ihrer Qualität (Sicherheit, Schnelligkeit, Regelmäßigkeit, Pünktlichkeit) identisch sind, ergeben sich keine Differenzierungsmöglichkeiten. Die hohe technische und faktische Identität der Güterverkehrsleistung macht sie beliebig substituierbar. Die Verkehrswerbung wird sich dann vor allem auf die Qualitätsunterschiede, z. B. Haus-Haus-Verkehr, Beförderung mit großen Transportgefäßen ohne mehrmaligen Umschlag, Preisvorteile usw., stützen müssen. Die Wirksamkeit der Werbemaßnahmen wird zudem stark von der bescheidenen Elastizität der Nachfrage nach Güterverkehrsleistungen und der Richtunggebundenheit oder Unpaarigkeit der Verkehrsströme (Rohstoff – Verarbeitungsort – Verbrauchsort) eingeschränkt.

Mit diesen Ausführungen ist dargelegt, daß der Verkehrsmarkt unvollkommen ist. Mehr noch im Personenverkehr besteht infolge der Präferenzen eine ausgesprochene Heterogenität der Leistungen, die allerdings innerhalb gewisser Teilmärkte, z. B. gemeinsam von verschiedenen Fluggesellschaften beflogene Strecken, einer weitgehenden Homogenität und Markttransparenz (verstärkt durch einheitliche Preisfestlegung durch Kartellabsprache) weichen kann.

Die Beurteilung der Werbeaufgabe in der Verkehrswirtschaft muß indessen auch von der Anzahl der Marktteilnehmer und ihrem Wesen ausgehen. Generell kann gesagt werden, daß der Verkehrsmarkt durch eine mehr oder minder wirksame monopolistische Konkurrenz charakterisiert ist. Doch erst die räumliche Isolierung unter Beachtung der effektiven Verhältnisse des einzelnen Verkehrsmittels, seines Status gegenüber der Öffentlichkeit (Gemeinwirtschaftlichkeit), gegenüber anderen Unternehmungen desselben Transportmittels sowie gegenüber anderen Verkehrsträgern erlaubt, eine gültige Antwort zu geben. Je nach dem es sich um Eisenbahn-, Seeschiffahrts- oder Luftverkehrsunternehmungen handelt, die als potentielle Anbieter auftreten, ist ihr Einfluß auf dem Verkehrsmarkt sehr verschieden. Auf der Angebotsseite treffen wir auf das Einzelmonopol der Eisenbahnen und auf Kollektivmonopole mit verschiedener Marktposition bei der Seeschiffahrt und im Luftverkehr, denen auf der Nachfrageseite eine Vielfalt von Einzel- und Kollektivnachfragenden gegenübersteht. Nachdem diese Angebotsformen überdies untereinander im Sinne eines Oligopols im Wettbewerb stehen, erfüllt die Werbung im Rahmen der festgestellten Unterschiede auf dem Personen- und Güterverkehrsleistungsmarkt eine bedeutsame Aufgabe. Diese wird noch durch die Dienstleistungsfunktion des Verkehrs mit der Unmöglichkeit, Verkehrsleistungen auf Vorrat zu produzieren, sowie durch die ungünstige Angebots-Nachfrage-Relation hinsichtlich ihrer zeitlichen und räumlichen Intensität unterstrichen. Die verhältnismäßig hohen Angebotskapazitäten mit überdurchschnittlichem Fixkostencharakter stehen einer sich zeitlich (nach Jahr, Monat, Tag, Stunden) und räumlich (wirtschaftliche Ballungs- und Entleerungsgebiete) stark verändernden Nachfrage gegenüber. Es versteht sich deshalb, daß auch den weiteren Bestandteilen des absatzpolitischen Instrumentariums, der Leistungsgestaltung (Qualitätswerbung) und der Preispolitik (Preiswerbung) besondere Bedeutung zukommen, die eng mit der eigentlichen Verkehrswerbung zusammen das Unternehmensziel verwirklichen sollen. Sowohl Leistungsgestaltung als auch Preispolitik bewegen sich allerdings aus technischen (Eigenart des betreffenden Verkehrsmittels) und institutionellen Gründen (öffentliche Tarifpflicht, Tarifkartelle) in relativ beschränktem Rahmen.

Schließlich wäre auf die spezifisch volkswirtschaftliche Bedeutung der Werbung in der Verkehrswirtschaft hinzuweisen. Die dargelegte betriebswirtschaftliche Aufgabe und Stellung der Verkehrswerbung lassen erwarten, daß nicht unbedeutende Geldsummen jährlich sowohl für die Organisation (Verwaltung) als auch für Werbemittel selbst ausgegeben werden. Zudem hat die Verkehrswerbung eine Erhöhung der Konsumneigung für Verkehrsleistungen zur Folge. Beide Funktionen führen zu einer volkswirtschaftlich anzustrebenden Erhöhung des Volkseinkommens.

Auf die gegenläufige Wirkung der Werbung auf die Markttransparenz hat Behrens bereits hingewiesen. Angesichts der in der Verkehrswirtschaft vorgenommenen ausgedehnten Preisdifferenzierungen – abgesehen von anderen Maßnahmen der Marktanpassung – zur Erfassung der vielfältigen Verkehrsnachfrage, erfüllt die Verkehrswerbung die wichtige Aufgabe der Marktinformation. Durch diese Informationsfunktion wird die Markttransparenz zweifellos erhöht. Andererseits hat insbesondere die suggestive Werbung im Gegensatz zur informativen die Aufgabe, die Präferenzen – wichtig im Personenverkehr – zu fördern und damit die Markttranparenz einzuschränken.

IV. Organisation der Verkehrswerbung

Die Verkehrswerbung ist von Verkehrsmittel zu Verkehrsmittel verschieden gestaltet. Während die Organisation der Werbung als wichtiger Bestandteil des absatzpolitischen Instrumentariums in Verkehrsunternehmungen des privaten Rechts entsprechend hoch gewertet wird und daher in der Unternehmungshierarchie eine bedeutende Stellung einnimmt, hat die Werbeabteilung der öffentlich-rechtlichen Verkehrsverwaltungen vielfach eher untergeordnete Bedeutung. Diese Differenzierung in der Rangwertung entspringt bei der Verkehrsunternehmung des öffentlichen Rechts, z. B. der Staatsbahn, dem stark institutionalisierten und zum Teil konservativen Denken der Verwaltung. Zudem liegt die Zielsetzung oft nicht in einer Gewinn-, sondern Bedarfsdeckungsmaximierung, welche durch zahlreiche Vorschriften und Weisungen gemeinwirtschaftlichen Charakters bestimmt wird. Eine wesentliche Voraussetzung des wirksamen Einsatzes der Werbung, das Marketing oder die marktgerichtete Unternehmungspolitik, fehlt weitgehend. Dieser Tatbestand ist nicht nur institutionell erklärbar. Die Schwierigkeiten in der technischen Anpassung bzw. Ausrichtung der Verkehrsleistungen an die spezifischen Wünsche der Verkehrsnachfrage – z. B. fehlende Flächenhaftigkeit der Verkehrsbedienung der Eisenbahnen infolge der Spurgebundenheit – setzen der Verkehrswerbung Grenzen. Die Werbedienste der Verkehrsunternehmungen sind sozusagen in ihrer Gesamtheit in der Hauptverwaltung zentralisiert und vielfach als Stabsstellen ausgebildet. Als Bestand einer Linienorganisation müßte der Werbedienst unmittelbar unter der Betriebsleitung oder jedenfalls der Vertriebsleitung figurieren, um seine Weisungen allen unterstellten Abteilungen erteilen zu können. Der damit unterstrichene Instanzencharakter der Werbeabteilung dürfte allerdings zahlreiche Kompetenzstreitigkeiten heraufbeschwören. Als Stabsstelle der Linienorganisation wird demgegenüber die Beraterfunktion der Werbestelle gegenüber der Direktion und den übrigen Abteilungen unterstrichen. Um indessen die Nachteile einer zentralen Werbestelle zu mildern, werden Kompetenzen oft an Fach- und Außenstellen delegiert, womit die Durchschlagskraft (differenzierte und nachfragenähere Gestaltung) der Werbung erhöht wird. Praktisch ist diese Art dezentralisiert/zentralisierter Organisation der Verkehrswerbung bei den Eisenbahnen (Bahnhöfe, Auslandsvertretungen) wie beim Flugverkehr (Agenturen) realisiert. Dem Werbeamt (Deutsche Bundesbahn) obliegt dabei nicht nur die Koordination der Verkehrswerbung einzelner Außendienststellen, sondern insbesondere die gesamte Werbeplanung einschließlich der für eine wirksame Werbeaktion notwendigen Aufgaben der Festlegung der Werbeziele, der Marktforschung, der Werbemittelanalyse und der Werbeerfolgskontrolle. Die zentrale Werbestelle arbeitet Weisungen über die Verkehrswerbung aus und delegiert die vor allem für örtlich und regional gebundene Werbeaktionen notwendigen Ausführungskompetenzen an die betreffenden Außenstellen.

Die Wirksamkeit der Verkehrswerbung einzelner Verkehrsträger wird durch gemeinsame Werbeanstrengungen zu erhöhen versucht. Zu diesem Zweck haben beispielsweise die im Internationalen Eisenbahnverband (UIC) zusammengeschlossenen europäischen Eisenbahnen im Jahre 1958 eine Informations- und Werbezentrale der europäischen Eisenbahnen (Centre d'Information et de Publicité des Chemins de fer Européens, CIPCE) gegründet, die ihre Vorgängerin, die Informationszentrale (CICE) aus dem Jahre 1950, ablöste. Die beiden Aufgaben dieser Institution, kommerzielle Werbung und Pflege der öffentlichen Beziehungen, werden auseinandergehalten, obwohl das Hauptziel der CIPCE nach ihren Statuten in der Schaffung des Vertrauens und der Sympathie zugunsten der Eisenbahn liegt und somit insbesondere Vertrauenswerbung ist. Die Abteilung „Kommerzielle Werbung" bezweckt eine Koordination der Werbeanstrengungen der einzelnen Eisenbahnverwaltungen, einen Erfahrungsaustausch, das Studium der Bedeutung und der Art der Werbung von Konkurrenzunternehmungen, die Suche nach Werbemitteln, die den Bedürfnissen der Eisenbahn entsprechen, die Durchführung gemeinsamer Werbeaktionen (Plakate, Schriften), die Gründung gemeinsamer Vertretungen in Übersee (Eurailpaßverkaufsstellen) und die Durchführung gemeinsamer Ausstellungen bei Messen usw.

V. Werbemittel und ihre Verwendung

Mit Recht weist Süß auf die bereits erwähnte Beschränkung hin, der sich insbesondere die öffentlich-rechtlich organisierten Verkehrsunternehmungen wie Staatsbahnen hinsichtlich der Werbung unterziehen müssen. Die Öffentlichkeit erwartet offenbar, daß die öffentlichen Transportunternehmungen bei ihrer Werbung eine gewisse Zurückhaltung üben. Massive, marktschreierische Anpreisungen über ein gewisses Maß an Extravaganz (Walz) sowie eine aggressive Werbepolitik werden mißbilligt, auch wenn diese Art von Werbung durch private Unternehmungen akzeptiert wird. Vielfach wird in diesem Zusammenhang die Bedeutung der Werbung als absatzpolitisches Mittel verkannt. Die Öffentlichkeit versteht es oft nicht, wenn finanziell notleidende oder vom Staat subventionierte Verkehrsunternehmungen einen hohen Werbeaufwand treiben. Diese Auffassung hängt nicht zuletzt mit der irrigen Vorstellung zusammen, Unternehmungen des öffentlichen Verkehrs hätten nicht Maßnahmen zugunsten der Eigenwirtschaftlichkeit in Betracht zu ziehen, mit anderen Worten, der öffentliche Verkehr könne durchaus defizitär sein. Nimmt diese Feststellung in erster Linie auf die Art und den Werbestil Bezug, so ist doch festzuhalten, daß bei der Verkehrswerbung alle üblichen Werbemittel verwendet werden.

Die Werbung im Personenverkehr unterscheidet sich in ihrer Art und in der Heranziehung der verschiedenen Werbemittel grundsätzlich von derjenigen im Güterverkehr. Die Reiseverkehrswerbung richtet sich an eine Vielzahl von potentiellen Kunden, sozusagen an die gesamte Öffentlichkeit, und zwar mit einer Fülle von Präferenzvorstellungen. Um mit Walz zu sprechen, bedeutet dies, daß die Reiseverkehrswerbung ihr Hauptgewicht in der optischen Werbung sehen muß, die möglichst viele Interessenten anspricht und erfaßt. Als Werbemittel kommen in erster Linie in Frage: das Plakat, der Prospekt, die Anzeige, die Beilage in Zeitungen und Zeitschriften, die Filmwerbung (Werbedia, Werbekurzfilm, Werbevortragsfilm, Werbung im Fernsehen) und Werbeartikel aller Art. Neben die überwiegend optische Werbung tritt die akustische mit Schallplatten und Werbedurchsagen der Rundfunkanstalten. Je näher die Beziehung zum letzten Konsumenten ist, was in der Verkehrswirtschaft in der Regel vorliegt, desto umfassender wird die Auswahl der Werbemittel.

Unter den Werbemittelkonstanten wäre die Bedeutung der Marke in Form einer Abkürzung oder besonderen Schrift zu erwähnen. Bereits Sarter hat darauf hingewiesen, daß gewisse Abkürzungen von Bahnbezeichnungen (DB) oder besondere Schriften (Lufthansa) auf Plakaten eine zusätzliche Werbewirkung auszuüben imstande sind. Als Träger der Verkehrswerbung sind neben den Verkehrsunternehmen selbst im Personenverkehr das Reisebüro, im Güterverkehr die Spedition zu erwähnen.

Weil die Verkehrsanlagen (Bahnhöfe, Flughäfen, Schiffsanlegestellen) und Verkehrsmittel stark frequentiert sind, bilden diese Konzentrationspunkte menschlichen Aufenthalts bevorzugte Werbeorte. Es wird deshalb oft die Werbung an und in Verkehrsmitteln als Verkehrswerbung oder Verkehrsmittelwerbung bezeichnet. Seyffert betrachtet die sogenannten plakativen Werbemittel als typische Vertreter der Verkehrswerbung. Im Hinblick auf die ausgesprochene Wirkung der sogenannten Verkehrswerbemittel entfällt ein bedeutender Teil der Werbung der Verkehrsunternehmungen auf diese Form plakativer Werbung. Die Gestaltung dieser Plakate muß auffallend sein und nur einen kurzen, schnell erfaßbaren Text aufweisen, damit die Aufmerksamkeit des eiligen Reisenden oder Passanten (Werbung an öffentlichen Verkehrsmitteln des Nahverkehrs) erregt wird. Es sind vor allem die Eisenbahngesellschaften, die sich dieser plakativen Werbung bedienen, wobei die Slogans, wie „Der Kluge reist im Zuge", „Zuverlässige Güterbeförderung mit der Bahn", besonders einprägsam sind.

Die bedeutende Rolle der Bekanntmachungs- und Informationsfunktion zwingt die Verkehrswerbung, insbesondere mit Drucksachen zu arbeiten. Der Prospekt hat dabei nicht nur eine anregende, induzierende, sondern als Informationsmittel auch eine aufklärende und Offertfunktion (Tarif-, Fahrplanprospekt) zu erfüllen. Andere Drucksachen, wie Kalender und geographische Karten, Werbepostkarten mit Landschafts- und Betriebsbildern, können in der Verkehrswerbung zur direkten Verkehrsförderung herangezogen werden.

Inserate und Anzeigen werden mit Vorteil lediglich im Rahmen großer Werbeaktionen oder zur Bekanntgabe besonderer Transportangebote (Extrazüge, neue Flugstrecken) verwendet. Der Auswahl der Tages- bzw. Fachzeitungen und Zeitschriften ist besondere Aufmerksamkeit zu schenken. Schließlich ist auf die Bedeutung der Schaufensterwerbung hinzuweisen, zumal die Ausstellung von Fahr- und Flugzeugmodellen sehr attraktiv wirkt.

Die Werbung im Güterverkehr kann im Gegensatz zum Personenverkehr gezielter vorgenommen werden. Die wesentlichen „Werbemittel" sind der Kundenbesuch, das Werbegespräch bzw. der Werbebrief. Das Werbegespräch wird ergänzt durch Werbekurzfilme über die Transportgefäße und Prospekte mit Angaben über die Lademittel. Die Beeinflussungsmöglichkeiten durch Werbemaßnahmen werden indessen durch den Produktionscharakter mit beschränkter Nachfrageelastizität sowie durch die technischen und betrieblichen Gegebenheiten der Verkehrsleistung eingeschränkt. Als Werbedrucksache ist besonders der Kundenbrief zu erwähnen.

Der Dienstleistungscharakter der Verkehrsleistung erschwert zweifellos die Verkehrswerbung und räumt der menschlichen Leistung große Bedeutung ein. Die sogenannte innere Werbung, d. h. Werbung durch Leistung, einschließlich Gesinnungswerbung (Einstellung des Personals zur Verkehrsunternehmung) erhält dadurch eine besondere Aufwertung.

VI. Spezifische Werbung der einzelnen Verkehrsträger

Die organisatorische Zusammenfassung der Verkehrswerbung auf regionaler (z. B. Werbedienste der 16 DB-Direktionen), nationaler (Werbeämter der Staatsbahnen und der Verbände nichtbundeseigener Eisenbahnen) und internationaler Ebene (CIPCE) ermöglicht eine konzentrierte Werbeaktion der Eisenbahnen.

Demgegenüber muß sich die Werbeaktion des Straßenverkehrs – von großen Unternehmungen mit weitreichendem Tätigkeitsgebiet abgesehen – auf bestimmte örtlich und regional abgegrenzte Schwerpunkte beschränken. Die Absatzpolitik des Straßenverkehrs stützt sich deshalb noch mehr auf die übrigen Träger des absatzpolitischen Instrumentariums wie Preispolitik und Produktgestaltung (differenziertes Angebot an Verkehrsleistungen). Persönliche Kontakte und Bindungen führen oft zu besonderen Präferenzen, die durch ein hohes Maß an Anpassung des Angebots an die Wünsche der Nachfrage unterstrichen werden.

Ein ähnliches Bild ergibt sich in der Binnenschiffahrt, soweit die Partikulierschiffahrt ins Auge gefaßt wird. Demgegenüber wird die eigentliche Werbung mit Werbemitteln, verstärkt durch die Reedereien insbesondere in der Hochseeschiffahrt, als absatzpolitische Maßnahme herangezogen.

Bei der Linienluftfahrt wie auch der Linienseeschiffahrt konzentriert sich die Absatzpolitik stark auf die Verkehrswerbung, da der Preis- und Konditionenwettbewerb durch Kartellabsprachen (IATA, Seeschiffahrtskonferenzen) weitgehend ausgeschaltet ist.

Die Verkehrswerbung der verschiedenen Fluggesellschaften versucht nun, Präferenzen zu schaffen, welche die Wahl zwischen technisch und preismäßig weitgehend gleichen Verkehrsleistungen beeinflussen sollen.

Literatur:

K. C. Behrens, Absatzwerbung, Wiesbaden 1963.
R. Couvé, Psychologie und Praxis der Eisenbahn-Verkehrswerbung, Jahrbuch des Eisenbahnwesen, Hamburg 1950.
E. Gutenberg, Grundlagen der Betriebswirtschaftslehre, 2. Bd. Der Absatz, 6. Aufl., Berlin/Göttingen/Heidelberg 1963.
C. Kaspar, Marketing im Verkehr, St. Gallen 1967.

S. Klatt, Die ökonomische Bedeutung der Qualität von Verkehrsleistungen, Hamburg 1963.
A. Sarter, Verkehrswerbung bei den Eisenbahnen, Berlin 1927.
H. S. Seidenfus, Verkehrsmärkte, Basel/Tübingen 1959.
R. Seyffert, Werbelehre, Theorie und Praxis der Werbung, Stuttgart 1966.
H. Süss, Die wichtigsten Grundfragen der Eisenbahnwerbung, Bern 1952.
Swissair Advertising Manual, Zürich 1967.

Besonderheiten der Werbung im Ausland

Von Dr. Günter Wilitzki, Berlin

Das Geschäft mit ausländischen Abnehmern unterscheidet sich in vielem vom Inlandsgeschäft: z. B. bestehen dort größere Risiken und Entfernungen, andere Zoll-, Ein- und Ausfuhrbestimmungen; hinzu kommt die schwierigere Kenntnis der Märkte, die unterschiedliche Mentalität der Menschen im Auslande, ferner andere Sprachen und Währungen. Das Auslandsgeschäft stellt deshalb an den Unternehmer und seine Mitarbeiter höhere Anforderungen. Das gilt auch im Hinblick auf die Werbung. Grundsätzlich sind die Ziele der Werbung im Ausland die gleichen wie im Inland; sie müssen jedoch oft auf andere Art und Weise erreicht werden. Der Unterschied zur Inlandswerbung liegt hauptsächlich in der G e s t a l t u n g d e r W e r b e m i t t e l, bei der auf zum Teil unterschiedliche Voraussetzungen Rücksicht genommen werden muß.

D e n Auslandsmarkt – von dem so oft gesprochen oder geschrieben wird – gibt es überhaupt nicht. Die ausländischen Märkte sind so differenziert, daß von einem einheitlichen Auslandsmarkt keine Rede sein kann. Deshalb kann auch d i e Auslandswerbung nicht einheitlich aufgefaßt werden. Die Voraussetzungen für eine Werbekampagne in einem europäischen Nachbarland und in asiatischen oder nordamerikanischen Absatzgebieten sind äußerst verschieden, und zwar nicht nur in sprachlicher, sondern auch in politischer und wirtschaftspolitischer Hinsicht. Unterschiedlich sind auch die Voraussetzungen in den exportierenden und importierenden Unternehmen. Hierbei spielen die Größe des Betriebes, die Exportquote (also der Anteil des Exportes am Gesamtumsatz), die Art der Exporterzeugnisse, die Absatzwege usw. eine Rolle. Für die Exportwerbung können also k e i n e a l l g e m e i n g ü l t i g e n R e g e l n aufgestellt werden außer der, daß sie sehr viel komplizierter als die Inlandswerbung ist. Der zur Verfügung stehende Raum gestattet es lediglich, auf einige besondere Eigentümlichkeiten der Werbung im Ausland einzugehen.

I. Marktforschung im Ausland

Im Ausland wie im Inland muß die Marktforschung der Werbung vorangehen. Sie dient dazu, die betrieblichen Exportziele zu ermitteln und die richtigen Wege zu ihrer Erreichung zu finden. Hierzu gehören auch die Werbeanalyse und die Ermittlung erfolgversprechender Werbemaßnahmen. Dabei kommt es in erster Linie darauf an, solche L ä n d e r zu ermitteln, nach denen der Absatz eigener Exporterzeugnisse auf Grund der Einfuhrbestimmungen und wirtschaftspolitischen Gegebenheiten ohne größere Schwierigkeiten möglich ist. Außerdem muß festgestellt werden, welches M a r k t p o t e n t i a l besteht und welche W e t t b e w e r b s v e r h ä l t n i s s e vorhanden sind. Dieses Ziel kann oft schon durch die Auswertung des Informationsmaterials, das Wirtschaftsorganisationen oder amtliche Stellen im Inland zur Verfügung gestellt haben, erreicht werden. Von den Industrie- und Handelskammern, den Fachverbänden der Industrie und des Handels, insbesondere aber von der Bundesstelle für Außenhandelsinformationen in Köln wird hierfür unentgeltlich Material bereitgehalten, das sonst mit erheblichem Aufwand von den Unternehmen selbst beschafft werden müßte.

Anders verhält es sich mit der Frage nach Art und Umfang der von den W e t t b e w e r b e r n durchgeführten Werbung. Hierzu bedarf es spezieller Ermittlungen in den einzelnen Ländern, in denen die deutschen Auslandshandelskammern und der Wirtschaftsdienst der diplomatischen und konsularischen Vertretungen im Ausland wichtige Hinweise zu geben vermögen. Auch etwa bereits bestehende Auslandsvertretungen des Unternehmens können hierüber berichten, wobei die Erfahrung jedoch zeigt, daß Auslandsvertreter nicht sehr berichtsfreudig sind, da sie oft eine große Zahl ausländischer Lieferanten vertreten; eine regelmäßige Berichterstattung würde für sie eine umfängliche, zusätzliche Arbeitsbelastung bedeuten. Außerdem wird die Objektivität der Vertreterberichte aus dem Ausland häufig in Zweifel gezogen, weil sie erfahrungsgemäß hauptsächlich dazu dienen sollen, die eigene Aktivität zu unterstreichen und eine stärkere Unterstützung durch das Exportunternehmen zu erreichen.

Für umfangreichere Erhebungen können Marktforschungsinstitute im In- und Ausland in Anspruch genommen werden, wobei jedoch vorher zu prüfen ist, ob die damit verbundenen Kosten in einer vernünftigen Relation zum Exportumsatz stehen.

II. Planung und Vorbereitung der Werbung im Ausland

Für regelmäßig exportierende Unternehmen sollte der Export nicht das Ergebnis von Zufallsaufträgen sein. Der Exporthandel und exportintensive Produktionsunternehmen müssen in der Lage sein, auf Grund eines möglichst gleichmäßigen und wachsenden Exportvolumens zu disponieren. Zum „Marketing" im Export gehört eine wohlüberlegte Planung und Vorbereitung auch der Werbung im Ausland. Sie baut auf Überlegungen auf, die innerbetriebliche Voraussetzungen für die Ausfuhr betreffen, zum Beispiel der Frage, ob das Produkt w a r e n m ä ß i g und t e c h n i s c h den Erfordernissen einzelner Auslandsmärkte angepaßt werden kann. Ein Elektrogerät muß beispielsweise für bestimmte Länder von 220 V auf 110 V umgestellt werden, oder Form, Beschriftung, Aufmachung und Verpackung müssen den gesetzlichen Einfuhrbestimmungen bzw. Kundenwünschen einzelner Länder angepaßt werden.

Neben der Marktforschung und der Werbeanalyse ist die Überprüfung des eigenen E r z e u g n i s s e s a u f S e l b s t w e r b u n g (einschl. Formgebung, Exportpackung und auch im Ausland verständlicher bzw. werbewirksamer Bezeichnung) eine wichtige Voraussetzung der Werbung im Ausland. Deutsche Marken- und Firmennamen können im Ausland schwer lesbar, unaussprechlich oder mißverständlich sein. Ä, ö, ü wirken häufig erschwerend. Bevor Packungen, Prospekte usw. ihre endgültige Gestalt erhalten, muß in den Bestimmungsländern Umfrage gehalten werden, ob sie den dortigen Gepflogenheiten entsprechen.

III. Unterschiede zur Inlandswerbung

Bei der Werbung im Ausland sind zahlreiche Faktoren zu berücksichtigen, die auf den abweichenden örtlichen Voraussetzungen beruhen und sich deshalb oft in vielem von der Inlandswerbung unterscheiden. So ist unter anderem die Frage des richtigen U m - f a n g s der Auslandswerbung interessant. Ein Unternehmen, das beispielsweise 30 % seiner Fertigung exportiert und seine Werbeaufwendungen im Verhältnis 30 : 70 auf das Ausland und das Inland aufteilt, müßte mit den 30 % des Werbeetats den ganzen Weltmarkt erfassen, während 70 % auf dem geschlossenen, übersehbaren und recht einheitlichen Binnenmarkt eingesetzt würden. Die 30 % der Werbemittel – auf viele Länder verteilt – reichen oft nicht aus, um eine genügende Werbewirkung zu erzielen. Eines der Hauptprobleme der Exportwerbung ist zweifellos, daß sie – bezogen auf einzelne Länder – quantitativ nicht mit der Werbung der im Lande ansässigen einheimischen Konkurrenten mithalten kann. Ein europäischer Hersteller, der den größeren Teil seiner Produktion im Binnenland absetzt und dessen Hauptexportmarkt Europa ist, wird es sich nicht leisten können, auf dem US-Markt Werbemittel in einem Umfang einzusetzen, welcher der Werbung der amerikanischen Hersteller gleichkommt. Obwohl der US-Markt für viele europäische Exportunternehmen unter allen Auslandsmärkten das größte Potential besitzt, ist er doch nur einer von vielen Auslandsmärkten, in dem noch dazu – schon wegen des Wechselkurses – Werbung für europäische Auftraggeber sehr kostspielig ist. Hieraus ergibt sich, daß die Festlegung des Umfangs der Auslandswerbung schwer zu bestimmen ist, und daß dem sorgfältigen und richtigen Einsatz der finanziellen Mittel entscheidende Bedeutung zukommt.

In manchen Fällen ist eine Zusammenarbeit mit Importeuren und Vertragshändlern im Ausland möglich (z. B. im Automobilexport); sie führt zu einer Ausweitung der Werbung im Ausland.

Mittel- und Kleinbetriebe, die nur in beschränktem Umfang Mittel für die Werbung im Ausland aufwenden können und denen es an Erfahrungen mangelt, laufen Gefahr, entweder zu hohe Beträge für Auslandswerbung aufzuwenden, die dem möglichen Exportumsatz nicht entsprechen, oder wegen zu geringer Aufwendungen vorhandene Chancen ungenutzt zu lassen. Nur für Großunternehmen lohnt es sich, Firmennamen und Marken mit entsprechender Werbung im Ausland dauernd herauszustellen.

Wichtig ist ferner die Frage, w a n n im Ausland geworben werden soll, weil zeitliche und terminliche Unterschiede den Werbeerfolg wesentlich beeinträchtigen können. So beginnt zum Beispiel in Südafrika der Sommer, wenn er in Mitteleuropa vorüber ist. Bei Saisonartikeln müssen die unterschiedlichen Jahreszeiten in anderen Breitengraden berücksichtigt werden. Es wäre verfehlt, während ausgesprochener Hitzeperioden in überseeischen Ländern Werbeaktionen durchzuführen. Auch religiöse Feiertage und Festperioden sind bei Werbemaßnahmen im Ausland zu beachten. Ob zum Beispiel während der mehrwöchigen Fastenzeit, dem „Ramadan" in Ländern mit islamischer Religion, geworben werden soll, ist sorgfältig zu prüfen, weil Aufnahmefähigkeit und geschäftliche Aktivität der Umworbenen, die von Sonnenaufgang bis -untergang nicht essen und trinken dürfen, begrenzt ist. Von den inländischen Terminen abweichende Ferienzeiten, Messe- und Ausstellungsperioden sind bei der zeitlichen Disposition der Auslandswerbung zu beachten. Ferner sind die Einkaufstermine, d. h. die Zeitpunkte, zu denen den Einkäufern Mittel zugewiesen werden oder Einkaufsstellen den Wirtschaftsplan für das kommende Jahr aufstellen, auf bestimmten ausländischen Märkten sehr unterschiedlich, so daß der Zeitfaktor bei der Werbung im Ausland oft großes Gewicht hat, abgesehen davon, daß bei der Auslandswerbung ebenso wie bei der Werbung im Inland die kapazitätsmäßige Unterbringung der auf Grund der Werbung eingehenden Aufträge eingeplant werden sollte.

Im übrigen bereiten Unterschiede in A u s d r u c k und S p r a c h g e b r a u c h oft größte Schwierigkeiten bei der Exportwerbung. Die Übersetzung fachlicher, auf das jeweilige Erzeugnis bezogenen Informationen und technischen Daten muß in Händen von Fachleuten liegen. Werden keine Spezialisten als Übersetzer hinzugezogen, also Leute, die für derartige Arbeiten in einer bestimmten Branche qualifiziert sind, dann entstehen völlig ungeeignete Texte. Bei der Übersetzung von Prospekten für ausländische Märkte müssen Übersetzer und Techniker zusammenarbeiten. Es empfiehlt sich deshalb, schwierige technische Übersetzungen im Inland vorzunehmen und im Ausland überprüfen zu lassen. Übersetzt ein Inländer den Text, so wird er vielleicht nicht die korrekte Ausdrucksweise in der fremden Sprache treffen; übersetzt ein Ausländer, so erfaßt er oft nicht die Feinheiten der deutschen Sprache und überträgt den Text ungenau und mißverständlich in seine eigene Sprache. Viel schwieriger noch als die Übersetzung technischer Daten ist die Wiedergabe werblicher Texte in einer anderen Sprache. Hier genügt nicht reines Übersetzen, sondern der Werbetext muß in der anderen Sprache neu gefaßt werden. Der Übersetzer muß in der Lage sein, den Urtext in eine andere Sprache zu übertragen, ohne daß Sinn und Funktion beeinträchtigt werden. Ein wörtlich übersetztes deutsches Schlagwort hat im Ausland selten die gleiche Wirkung wie in der deutschen Sprache. Wieviel schwieriger ist es, Texte zu übertragen, die sich an das Gefühl, das Unterbewußtsein, an Empfindungen und Vorstellungskraft wenden. Deshalb müssen Übersetzungen dieser Art sorgfältig ausgewählten Fachleuten übertragen werden. Die hierdurch entstehenden Kosten sind durchaus in Relation zum Erfolg des Werbemittels zu sehen. Häufig werden mit hohem Mittelaufwand Werbemittel hergestellt, die ihre Wirkung völlig verfehlen, weil bei ihnen an Übersetzungskosten gespart wurde.

Auch auf die Wahl der richtigen S p r a c h e kommt es an. Brasilianer wollen zum Beispiel nicht gern auf spanisch angesprochen werden; man darf daher die Kosten der Übersetzung ins Portugiesische nicht scheuen. Die Länder, in denen mehrere Sprachen gesprochen werden, erfordern besonders sorgfältige Überlegungen, damit kein Volksteil den Eindruck erhält, zurückgesetzt worden zu sein.

Auch i n h a l t l i c h müssen Besonderheiten in den einzelnen Ländern bei der Werbung berücksichtigt werden. Die Werbebotschaft, die Argumentation, hat auf unterschiedliche Wettbewerbssituationen und Unterschiede in der Mentalität Rücksicht zu nehmen. Bei technischen Erzeugnissen ist auf den Informationsgehalt der Werbemittel besonderer Wert zu legen. Angaben über technische Eigenschaften, Gebrauchsnutzen, Wirtschaftlichkeit und bildliche Darstellungen des Exporterzeugnisses im täglichen Gebrauch wirken überzeugender als gestalterisch gelungene graphische Elemente.

Während im Inland nicht selten die Erinnerungswerbung ausreicht, sollte im Ausland davon ausgegangen werden, daß das eigene Produkt dort nicht so gut wie in der Heimat bekannt sein kann, so daß eine den Ausländer wirklich überzeugende A r g u m e n t a t i o n gefunden werden muß (statt generelle Werbebehauptungen zu bringen). Im übrigen sind die Unterschiede in der Investitionsgüterwerbung außerhalb der Landesgrenzen im Vergleich zum Inland nicht so stark wie in der Werbung für Konsumgüter. Bei Konsumgütern hat die unterschiedliche Mentalität großes Gewicht, weil der Umworbene in anderen Ländern emotional anders reagiert. Das erfordert daher oft andere Motive als im Inland, es sind andere Moralbegriffe, andere religiöse Sentiments zu berücksichtigen, und es sollte sorgfältig geprüft werden, ob Elemente und welche Elemente der Inlandswerbung in die Auslandswerbung übernommen werden können. Manche Werbemittel sind zwar in bestimmten Ländern wirkungsvoll, sie stoßen dagegen in anderen auf Desinteresse oder gar Ablehnung. Deshalb hat es in vielen Fällen etwas für sich, die Werbung ganz neutral auszugestalten und Tatsachen für sich sprechen zu lassen. In manchen Fällen kann es andererseits auch ratsam sein, nationale Eigenheiten und im Inland bewährte Methoden im Ausland beizubehalten mit dem Ziel, sich von der dort üblichen Werbung abzuheben. Wer sich einen großen Werbeaufwand leisten kann, wird hiermit Erfolg haben, wie zum Beispiel die Werbung für nichtalkoholische amerikanische Getränke (Coca Cola u. a.).

Bei der Auswahl der Argumente, mit denen eine Ware werbend offeriert werden soll, sind auf den verschiedenen Auslandsmärkten sehr unterschiedliche Wege einzuschlagen, wenn die Werbung Erfolg haben soll. Es bedeutet ganz etwas anderes, ob zum Beispiel ein Fahrrad als Beförderungsmittel angesehen wird (Asien und Afrika) oder als Sportartikel bzw. Spielzeug (USA).

Mit steigendem Lebensstandard verwischen sich die nationalen Besonderheiten in der Haltung des Verbrauchers zweifellos. Hierzu tragen auch Aufgeschlossenheit und Interesse bei, die nach Überwindung der nationalen Abgeschlossenheit durch den internationalen Tourismus sowie infolge des Informations- und Kulturaustauschs auftreten (z. B. steigender Kaffee- und Weinkonsum in England). Die wachsende Kaufkraft junger Leute in Industrienationen in Verbindung mit der geringeren nationalen Voreingenommenheit dieser Verbrauchergruppe und ihrem weltweiten gleichartigen Trend in Musik, Mode und Sport führt ebenfalls zum Abbau nationaler Unterschiede bei der Werbung für Konsumgüter. Die von der Internationalen Handelskammer herausgegebenen „Internationalen Verhaltensregeln für die Werbepraxis" sind ein gutes Hilfsmittel zum Abbau nationaler Unterschiede in der Werbedurchführung; sie geben uns einheitliche Richtlinien und Grundsätze für Klarheit und Wahrheit in der Werbung an Hand. Grundsätzlich sei festgestellt, daß nationale Besonderheiten in der Werbung bei Dienstleistungen die geringste Rolle spielen (z. B. Flugreisen); sie wirken sich schon stärker aus bei technischen Erzeugnissen und am meisten im Konsumgüterbereich. Es kommt im übrigen sehr darauf an, ob sich die Werbung nur an Importeure und den Handel wendet oder ob sie die Konsumenten direkt anspricht.

Im Hinblick auf die Werbegestaltung sind in den verschiedenen Ländern abweichende Wege einzuschlagen, damit die nationalen Besonderheiten Berücksichtigung finden. Schon bei der Gestaltung der Briefbogen für die Auslandkorrespondenz ist darauf zu achten, daß dem Ausländer der Schriftwechsel erleichtert wird. Ein Korrespondenzpartner, der die deutsche Sprache nicht beherrscht, wird oft nicht in der Lage sein, auf normalem Inlands-Firmenbogen die Anschrift des Unternehmens zu finden. Firmengründungsjahr, Postleitzahl, Inlandsniederlassungen und Hauptsitz der Firma, Bankverbindungen und Werbehinweise auf Briefbogen verwirren den ausländischen Leser. Deshalb empfiehlt es sich, im Briefkopf für Auslandskorrespondenz neben der deutlich erkennbaren Adresse keine anderen Hinweise aufzunehmen. Wenn dies nicht durchführbar sein sollte, dann empfiehlt es sich, unter Voranstellung des Wortes „Adresse" — eine Bezeichnung, die in englischer, französischer, spanischer und portugiesischer Sprache ähnlich lautet — Ort, Straße und Hausnummer anzugeben. Da es in anderen Sprachen — selbst im schweizerischen Deutsch — kein „ß" gibt, so daß dieser Buchstabe nicht verstanden oder als B gelesen wird, ist er zu vermeiden (z. B. statt Großbeerenstraße: Grossbeerenstrasse). Statt „Fernsprecher", „Fernschreiber" und „Tag" sind „Telefon", „Telex" und „Datum" auf Briefbogen einzusetzen, weil sie den Ausländern das Verständnis erleichtern und damit mehrsprachige Briefbogen überflüssig machen. Maße und Gewichte sollten mit den landesüblichen Bezeichnungen angegeben werden, um zeitraubende Rückfragen zu vermeiden.

Neben den technischen Fragen der Gestaltung der Exportwerbung sind noch weitere Gesichtspunkte zu beachten. Erfahrungsgemäß begegnet man in afrikanischen und asiatischen Ländern Zeichnungen mit Skepsis, während F o t o g r a f i e n von Exportprodukten viele größere Überzeugungskraft haben, insbesondere solche Bilder, die das angebotene Produkt im Gebrauch zeigen. Die sprachlichen und sonstigen regionalen Unterschiede in den Auslandsmärkten machen es fraglich, ob zum Beispiel ein einziger Prospekt in e n g l i s c h e r S p r a c h e genügt, um in Großbritannien, in den USA und in Indien zugleich zu werben. Die Voraussetzungen bei der Werbeargumentation, bei der bildlichen Wiedergabe von Menschen in Verbindung mit dem Exportprodukt, ja sogar die sprachlichen Darstellungen sind sehr unterschiedlich: Reines Oxford-Englisch wird möglicherweise bei Interessenten in den USA weniger „gut ankommen" als eine typisch amerikanische Ausdrucksweise. Auch die Frage des H u m o r s in der Werbung kann sehr heikel sein, wenn ein Werbemittel für verschiedene Kontinente und Rassen bestimmt ist. Hinzu kommt die unterschiedliche Einstellung zu S y m b o l e n und F a r b e n. Der Löwe wird oft mit Großbritannien assoziiert und ist deshalb als Warenzeichen nicht überall beliebt. Schlangen gelten im Iran und in Indien als etwas Teuflisches; Vogeldarstellungen können in orientalischen Ländern, das Schwein kann bei Moslems und Israelis nachteilige Wirkungen auslösen, ebenso wie christliche Symbole und der Davidstern in arabischen Ländern. Unterschiedlich ist auch in einzelnen Ländern die Einstellung zu Farben, z. B. bestimmten Nationalfarben, religiösen Farben oder Farben, die Tod oder Trauer symbolisieren, wie Blau im Iran, Weiß in Japan, Purpurrot in lateinamerikanischen Staaten und Schwarz in europäischen Ländern. Sie alle zu vermeiden, ist in einem mehrsprachigen Prospekt, der für a l l e Exportmärkte verwendet werden soll, nicht immer möglich. Sicherlich kann man bei der Konzeption derartiger Prospekte nicht alles als „tabu" ansehen, was in irgendeinem Lande möglicherweise falsch aufgefaßt werden könnte. Diese Ausführungen sollen jedoch erkennen lassen, daß eine wirksame Gestaltung eines Prospektes für das gesamte Ausland nur selten möglich sein wird. Je mehr eine Werbung auf die unterschiedlichen Verhältnisse einer Bevölkerung oder einer Ländergruppe abgestellt ist, um so wirkungsvoller wird sie sein.

IV. Durchführung der Werbung im Ausland

Von wem die Werbung im Ausland geplant und durchgeführt werden soll, ist eine nicht leicht zu entscheidende Frage. Auf jeden Fall sollte sichergestellt sein, daß die mit dem V e r t r i e b i m A u s l a n d beauftragten Mitarbeiter Gelegenheit erhalten, auf Grund ihrer Auslandserfahrungen bei der Gestaltung der Werbemittel m i t z u w i r k e n. Der Verkäufer, der Vertreter und der Ländersachbearbeiter wissen in der Regel am besten, welche Argumente zugkräftig sind und worauf potentielle Käufer positiv reagieren.

Ob man dem Vertreter im Ausland die Werbedurchführung überläßt, ist nicht nur eine Kostenfrage, sondern auch eine Frage des Werbestils eines Unternehmens. Zwar kann der Vertreter wichtige Hinweise für die Werbung geben, nur selten jedoch wird er in der Lage sein, Werbemittel so zu gestalten, daß sie sowohl den werblichen Voraussetzungen als auch dem Werbestil des von ihnen vertretenen Unternehmens entsprechen.

A u s l ä n d i s c h e Werbeagenturen haben oft den besten Überblick über die in ihrem Land bestehenden Werbemöglichkeiten. Ohne eine enge Zusammenarbeit mit dem Ex-

Werbung im Ausland

portunternehmen oder seinem Vertreter und ohne detaillierte Kenntnis des Produktes werden sie jedoch kaum wirkungsvoll werben können. Entscheidend sind meist die Hinweise und Argumente des Exportunternehmens in Verbindung mit einer geschickten Gestaltung des Werbemittels durch die Agentur.

Oft sind jedoch auch Werbeagenturen und Berater i m I n l a n d durchaus in der Lage, auf Grund ihrer weltweiten Erfahrung unter Hinzuziehung geeigneter Mitarbeiter oder in Zusammenarbeit mit ausländischen Agenturen geeignete Werbemaßnahmen im Ausland durchzuführen. Besteht schon eine länger dauernde Verbindung zu einem Exportunternehmen, dann wird sich die Agentur auf den Werbestil des Exporteurs einstellen und über Druckstöcke für die verschiedenen Länder verfügen. Die Zusammenarbeit mit leistungsfähigen Agenturen hat den Vorteil, daß Spezialisten hinzugezogen werden, bringt aber den Nachteil mit sich, daß Agenturen in erster Linie Großaufträge abwickeln wollen, während sie kleine Aufträge vernachlässigen oder durch unerfahrenere Kräfte bearbeiten lassen.

Die e i g e n e W e r b e a b t e i l u n g eines Betriebes ist am leichtesten in der Lage, die Auslandswerbung mit anderen Bereichen des Unternehmens abzustimmen und eventuell in Zusammenarbeit mit Agenturen die Auslandswerbung durchzuführen.

Die Entscheidung darüber, wer die Werbung im Ausland machen soll, hängt von der Größe des Unternehmens, der Art des Produktes, dem Umfang der Auslandswerbung, dem Grad der unterschiedlichen werblichen Voraussetzungen auf einzelnen Auslandsmärkten und von sonstigen Faktoren ab. Deshalb kann diese Frage nur von Fall zu Fall entschieden werden.

Zu erwähnen ist in diesem Zusammenhang noch die V e r b u n d - und G e m e i n s c h a f t s w e r b u n g im E x p o r t. Sie vollzieht sich oft auf nationaler Basis und stellt die nationalen Exportprodukte heraus. So gilt zum Beispiel die Gemeinschaftswerbung für Schweizer Uhren in den USA als eine der erfolgreichsten gemeinschaftlichen Werbeaktionen. Besonders häufig ist die Gemeinschaftswerbung für Agrarerzeugnisse (z. B. Werbung in Deutschland für landwirtschaftliche Produkte aus Dänemark, Holland und Frankreich). Die Werbung für Exporterzeugnisse, die nicht für einzelne Marken oder Firmen, sondern generell für eine bestimmte Art von Produkten eines Landes wirbt, wird oft mit Regierungsmitteln gefördert. Gemeinschaftswerbung mehrerer Unternehmen oder ganzer Wirtschaftszweige im Ausland ist deswegen vorteilhaft, weil sie es leichter ermöglicht, den Konkurrenten im Absatzland entgegenzutreten. In Deutschland wurde die Werbung für ausländische Agrarerzeugnisse so stark, daß eine Gegenaktion unter dem Motto „aus deutschen Landen frisch auf den Tisch" gestartet wurde. Gemeinschaftliche Exportwerbung findet jedoch nicht nur auf nationaler Basis statt; auch für kleinere Firmengruppen wird eine erfolgreiche Gemeinschaftswerbung durchgeführt. Sie kann dazu dienen, im Ausland zu werben, gleichzeitig aber auch Ausländer, die in das Inland kommen, werblich zu beeinflussen (z. B. Berlin Fashion Export GmbH – BFE – eine Werbegemeinschaft Berliner Betriebe der Damenoberbekleidungsindustrie). Gemeinschaftswerbung wird im übrigen nicht nur von einzelnen Unternehmen, sondern von Wirtschaftsorganisationen und Verbänden getragen, die zu diesem Zweck spezielle Institutionen unterhalten (z. B. Berliner Absatz-Organisation GmbH – BAO).

V. Werbemittel

Für die Exportwerbung kommen die gleichen Werbemittel wie für die Inlandswerbung in Betracht. Auf die bei der Gestaltung zu berücksichtigenden Besonderheiten wurde bereits hingewiesen; auch bei der Auswahl geeigneter Werbemittel gelten zum Teil sehr unterschiedliche Voraussetzungen.

Werbebriefe ins Ausland werden dann erfolgreich sein, wenn das Adressenmaterial gut ist, wenn die Briefe fremdsprachig einwandfrei formuliert und so individuell wie möglich adressiert sind. Der Text kann ohne weiteres für mehrere Adressaten gleich lauten, und es macht nichts aus, wenn der ganze Brief einschließlich Anschrift auf „Elektrotypisten" geschrieben worden ist, damit dem Empfänger der Eindruck entsteht, der Brief sei individuell an ihn gerichtet.

Für den Werbewert von Anzeigen ist die Auswahl des richtigen Mediums von größter Wichtigkeit. Deutsche Exportzeitschriften – vor allem die der „Arbeitsgemeinschaft Exportzeitschriften" in Düsseldorf angeschlossenen, die hauptsächlich im Streuversand verschickt werden – erzielen beachtliche Erfolge. Bei ausländischen Zeitschriften ist sorgfältig zu prüfen, ob und in welchem Umfang sie von potentiellen Kunden gelesen werden. Aufschluß hierüber geben Rückfragen beim Auslandsvertreter der Firma oder bei Industrie- und Handelskammern und Verbänden, die auf Grund der Berichte der „Arbeitsgruppe Auslandswerbung" in der „Arbeitsgemeinschaft Außenhandel" der deutschen Wirtschaft Auskunft geben können. Diese Arbeitsgruppe befaßt sich mit Auslandswerbeprojekten und gibt den Exporteuren Empfehlungen. Außer Zeitungen und Zeitschriften gehören auch Adreßbücher und Filmprojekte zu ihrem Arbeitsbereich. In vielen Ländern erscheinen wenige oder gar keine Fachzeitschriften. Hier ist der Exporteur auf überregionale, internationale Fachzeitschriften angewiesen, die von Fachleuten in vielen Ländern gelesen werden. Auch im Ausland gilt, daß die redaktionelle Qualität einer Fachzeitschrift Einfluß auf die Lesehäufigkeit hat.

Public-Relations-Anzeigen, die dazu dienen, das Image des Exporteurs zu verbessern und Markenpflege zu betreiben, sind sehr kostspielig und werden deshalb hauptsächlich von großen Konzernen aufgegeben.

Redaktionelle Pressenotizen, in denen Informationen über neue Produkte, technische Innovationen oder Firmennachrichten enthalten sind, nehmen die ausländischen Zeitungen und Zeitschriften mitunter unentgeltlich auf; sie können beachtliche Werbewirkung haben.

Die Anzeigen- und Plakatwerbung im Ausland dient überwiegend dem Absatz von Konsumgütern. Für Investitionsgüter sind Druckschriften in Form von Prospekten und Katalogen unentbehrlich. Der Interessent wünscht Informationen, die ihm verständlich sind, das heißt in vielen Überseeländern, daß hauptsächlich mit Bildern gearbeitet werden und der praktische Nutzen des Erzeugnisses und nicht seine komplizierte Technik im Vordergrunde stehen sollte. Dabei empfiehlt es sich oft, mehrere Druckschriften zu einem Katalog zusammenzufassen, eventuell als Loseblattsystem; dann können überholte Teile ausgewechselt werden. Aus dem gleichen Grunde empfiehlt es sich, Preisblätter immer gesondert – bei mehreren Preiskategorien farbig – herauszubringen. Der Wunsch, dem Kunden zu sagen, was man für ihn leisten kann, sollte die Mitteilung darüber einschließen, wer man ist. Diesem Zweck dienen auch Auszüge aus Geschäftsberichten, die in der Landessprache abgefaßt ins Ausland verschickt werden. Kundenzeitschriften bewähren sich auch bei kleineren Firmen als Mittel zur Verbindung des Abnehmers mit dem Exporteur. Beispiele der Anwendung des Erzeugnisses, Erfolge auf Auslandsmärkten, technische Beratung und Vertiefung der Kenntnisse, Berichte über Herstellungsverfahren und Produktverbesserungen erweisen sich – in inhaltlich aufgelockerter Form – als absatzfördernd.

Wichtig für die Exportwerbung ist ferner die Teilnahme an **Messen und Ausstellungen** im In- und Ausland; sie muß gut vorbereitet werden. Die straffe Trennung zwischen Messen und Ausstellungen — wie in Deutschland — ist im Auslande nicht gebräuchlich. Da der Besuch derartiger Veranstaltungen beträchtliche Kosten verursacht, ist eine Entscheidung darüber zu treffen, welche Messen und Ausstellungen für den Betrieb wichtig sind. Bei zahlreichen ausländischen Messen und Ausstellungen wird mit amtlicher finanzieller Förderung die Beteiligung deutscher Firmen ermöglicht; diese Arbeit liegt in Händen von sogenannten „Durchführungsgesellschaften", die vom „Ausstellungs- und Messe-Ausschuß der Deutschen Wirtschaft (AUMA)" in Köln beauftragt werden, der auch von Zeit zu Zeit deutsche Industrieausstellungen im Ausland veranstaltet. Messen und Ausstellungen im Ausland bieten hervorragende Gelegenheiten, mit den Abnehmern Kontakt aufzunehmen.

Natürlich spielen bei der Auslandswerbung auch **Werbegeschenke** eine Rolle. Hierbei ist darauf zu achten, daß der Empfänger durch das Geschenk nicht in Verlegenheit gebracht wird. Kleinere Aufmerksamkeiten sind oft wirksamer als wertvolle Werbegaben. Eine Kiste Wein zum Beispiel, die den Empfänger mehr Zoll kostet als den Absender die ganze Sendung (hinzu kommen Ungelegenheiten wegen der Formalitäten), Kalender mit Landkarten, deren politische Grenzen im Empfängerland nicht anerkannt werden, Gasfeuerzeuge, für die es im Land des Empfängers keine Auffüllpatronen gibt, sind Beispiele für ungelegene Werbegeschenke.

Filme, Vorträge und Tonbildschauen bilden ebenfalls wichtige Mittel der Auslandswerbung, wenn es gelingt, bei diesen Veranstaltungen den für den Verkauf entscheidenden Personenkreis zu erfassen.

VI. Werben in sozialistischen Ländern

In den planwirtschaftlich orientierten Ländern hat die Werbung eine **viel geringere Bedeutung** als in Ländern, die verkehrswirtschaftlich ausgerichtet sind. In einem System, in dem der Staat alleiniger Produzent ist, sich aber auch als Interessenvertreter der Verbraucher betrachtet, kann die Werbung nur in begrenztem Maße wirksam werden. (Vgl. hierzu den Artikel: „Die Werbung in der sozialistischen Volkswirtschaft" im 9. Kapitel dieses Handbuches.) Schon der äußere Eindruck, wie ihn Besucher aus westlichen Ländern in ost- und südosteuropäischen Hauptstädten gewinnen, zeigt, daß Umfang und Wirksamkeit der Werbung in Staatshandelsländern sehr viel kleiner sind als in Ländern, in denen der Wettbewerb einzelner Unternehmen eine entscheidende Rolle im Wirtschaftssystem spielt.

Besonderer Wert wird in Staatshandelsländern auf die **Werbung im Ausland für ihre Exportprodukte** gelegt, ohne daß bisher hierbei große Leistungen vollbracht wurden. Die Exportwerbung der Ostländer hat in der Regel mehr repräsentativen Charakter und ist weniger eine Werbung für bestimmte Erzeugnisse. Dies mag teilweise mit der Art der exportierten Produkte zusammenhängen, ist aber weitgehend auf die Tatsache zurückzuführen, daß die staatlichen Außenhandelsgesellschaften das „absatzwirtschaftliche Instrumentarium" nicht beherrschen, das für den erfolgreichen Aufbau eines Marktanteils in westlichen Ländern erforderlich ist. (Näheres hierzu siehe: L. Großkopf, Osteuropa-Waren und ihr Absatz in der Bundesrepublik. In: partner ADB-Journal zur Förderung des internationalen Handels. Herausgeber ADB Ausstellungs-Dienst Berlin, Nr. 2 Dezember 1967.)

Trotz vielfacher Übereinstimmung in den Grundsätzen des Wirtschaftssystems bestehen zwischen den einzelnen Staatshandelsländern durchaus Unterschiede, die auch im Bereich der Werbung deutlich werden. Diese Unterschiede vergrößern sich in dem Maße, wie durch Wirtschaftsreformen in einzelnen Ländern den Betriebsleitungen größere Entscheidungsbefugnisse übertragen werden. Damit dürfte auch die Werbung mehr als bisher an Bedeutung gewinnen.

Der westliche Exporteur, der für seine Erzeugnisse in Staatshandelsländern werben will, muß davon ausgehen, daß diese Werbung nach anderen Gesichtspunkten zu gestalten und durchzuführen ist als im westlichen Ausland. In Ostländern kann Marktforschung nur in sehr eng begrenztem Umfang betrieben werden. Primärerhebungen sind so gut wie gar nicht möglich und unterliegen der Gefahr, als Wirtschaftsspionage verurteilt zu werden. Eine intensive Auswertung von Sekundärmaterial kann jedoch wertvolle Anhaltspunkte bieten. Die Schwierigkeiten des Marketing sind im Osthandel viel größer als im Verkehr mit anderen Ländern. (Siehe: Marketing im Osthandel. In: Der Volkswirt, Beiheft zu Nr. 19 vom 13. Mai 1966, Frankfurt (Main).)

Häufige Reisen und Gespräche mit Wirtschaftsfunktionären sind die besten Informationsquellen. Auch Berichte von Spezialinstituten, z. B. Institut für Ostmarktforschung GmbH, Hamburg, kommen in Betracht.

Da der westliche Exporteur in jedem Staatshandelsland nur einen oder einige wenige direkte Kunden hat, und zwar die Staatshandelsbetriebe, die das Außenhandelsmonopol für die von ihm angebotenen Erzeugnisse ausüben, war lange Zeit die Ansicht weit verbreitet, daß die Werbung in diesen Ländern überflüssig und statt dessen nur Akquisition bei den Monopolunternehmen zu betreiben sei. Die Staatshandelsbetriebe beschaffen jedoch zu einem großen Teil Erzeugnisse aus dem Ausland, die bei ihnen von den einzelnen Industrie- und Handelsbetrieben angefordert oder von Planungsgremien bestimmt werden. Hierbei kann es sich durchaus um einen größeren Personenkreis handeln, der auf die Entscheidungen Einfluß nimmt und den werblich zu erfassen sich lohnt. Leiter und Techniker einzelner Betriebe, Mitglieder der Ingenieurvereine und Forschungsinstitute und nicht zuletzt die Funktionäre in den Fachministerien und Außenhandelsunternehmen sind daran interessiert, stetig über den Stand der Technik im Ausland und das ausländische Angebot informiert zu werden. Da sie auf die Auftragsentscheidungen Einfluß haben, kann also auch ein Werbeerfolg eintreten. Es ist damit zu rechnen, daß die einzelnen Betriebe als Folge der Wirtschaftsreformen in mehreren Oststaaten in wachsendem Umfang bei der Erteilung von Aufträgen mitwirken werden.

Dagegen hat es keinen Zweck, die breite Öffentlichkeit werblich anzusprechen, da hierbei keineswegs gewährleistet ist, daß einer Nachfragesteigerung durch erhöhte Warenbezüge entsprochen wird. (Eine Ausnahme ist die Werbung, mit der die westlichen Touristen erfaßt werden, die in Devisenläden kaufen.) Soweit eine derartige Werbung dennoch stattfindet, handelt es sich in der Regel um eine allgemeine Prestigewerbung und Kontaktpflege oder um die nachträgliche Honorierung von erteilten Aufträgen.

Ausländische Unternehmen können in Staatshandelsländern nur über die jeweiligen staatlichen Werbegesellschaften werben, die das Werbemonopol ausüben und auch Marktforschungsaufträge übernehmen. Diese Werbegesellschaften raten in der Regel auch von einer Werbung für westliche Konsumgüter, für die keine Einfuhrmöglichkeiten bestehen, ab. Sie wirken als Filter, durch den nur solche Werbung aus dem Ausland gelangt, die dem eigenen Wirtschaftssystem angepaßt ist und den politischen Auffassungen entspricht.

Bei der Werbung für westliche Erzeugnisse in Oststaaten sollte auf einen **hohen Informationswert** geachtet werden. Wirksamer als auffallende Gestaltung ist oft der informative Text. Da Anzeigen westlicher Unternehmen nicht häufig erscheinen und auch sonst die Zahl der Anzeigen nicht groß ist, werden sie häufiger gelesen, als das in westlichen Ländern der Fall ist. Dies gilt vor allem für Fachzeitschriften, die oft als „Pflichtlektüre" gelesen werden.

Die staatlichen Werbegesellschaften können neben Anzeigen in Tages-, Wirtschafts- und Fachzeitschriften seit einigen Jahren auch alle anderen üblichen Werbemöglichkeiten anbieten. Werbefernsehen ist in den meisten Oststaaten durchaus möglich, würde sich aber nur für Markenartikel lohnen. Diese werden jedoch nur in geringem Umfang in die Oststaaten exportiert und rechtfertigen daher diesen Aufwand nicht. Das gleiche gilt für den Werbefunk, die Kinowerbung und die Außenwerbung.

Sogenannte **Fachsymposien** und **technische Konferenzen**, die mit Hilfe der staatlichen Werbegesellschaften veranstaltet werden, haben für die Werbung in sozialistischen Ländern große Bedeutung, weil sie den großen Vorteil bieten, mit den Technikern und Leitern von Industriewerken unmittelbar ins Gespräch zu kommen und nicht nur mit den staatlichen Außenhandelsgesellschaften, die das Außenhandelsmonopol für das jeweilige Erzeugnis ausüben. Auf diesen Veranstaltungen werden kurze Fachvorträge gehalten, die durch Filme und Vorführungen, eventuell auch durch eine kleine Ausstellung, ergänzt werden. Neben Informationen und Werbung spielt hierbei die Kontaktvermittlung eine Rolle.

Die Teilnahme an **Messen und Ausstellungen** in Ost- und südosteuropäischen Ländern ist zwar relativ teuer, bietet aber eine gute Gelegenheit zu Informationsgesprächen über Bedarfs- und Absatzfragen. Der Erfolg ist, abgesehen von der Absatz- und Konkurrenzfähigkeit des Erzeugnisses, von der sorgfältigen Vorbereitung der Messebeteiligung abhängig. Mitunter wird auf Messen im Osten die Auftragserteilung vollzogen, wobei die eigentlichen Verkaufsverhandlungen bereits vorher stattfinden. Westliche Firmen, die stetig nach Osteuropa exportieren, betreiben das Messegeschäft über mehrere Jahre hinweg und verbinden Repräsentation mit Akquisition. Hinzu kommt die Beratung und Information der Endverbraucher, die diese Messen in großer Zahl besuchen und zu denen der westliche Exporteur sonst nur selten Kontakt aufnehmen kann.

Die Werbung in den Oststaaten erfordert auf seiten des westlichen Exporteurs in besonderem Maße Einfühlungsvermögen, Geduld und Ausdauer. Trotzdem sollte er vor auftauchenden Schwierigkeiten nicht zurückschrecken. Mit dem Versand von Prospekten an die staatlichen Außenhandelsgesellschaften, die mit derartigem Material überschüttet werden, ist es nicht getan. Gerade beim Geschäft mit diesem Teil der Welt zeigt sich, wie sehr es darauf ankommt, die Möglichkeiten der Werbung richtig zu nutzen.

Literatur:

Dancy, J. C.: Markt und Werbung in Frankreich. In: Die Anzeige, 1. Juni-Heft 11/67, S. 18.

Erasmus, Johannes F. A., und Abt, Henri A.: Werbung in den USA, Berlin 1957.

Farner, Rudolf: Wie wirkt internationales Marketing sich werblich aus? In: Die Absatzwirtschaft, Zeitschrift für Marketing, Nr. 12, 2. Ausgabe, Juni 1967.

Henderson, Kenneth, und Scotti, Anna: Bewegte italienische Werbewirtschaft. In: Die Anzeige, 1. Juni-Heft 11/67, S. 24.

Hoffmann, Karl: Ein Streifzug durch die Exportwerbung. In: Der Volkswirt, Deutsche Werbewirtschaft, Beilage zu Nr. 25 vom 22. Juni 1957.

Hübbers, Hans: Märkte und Mentalitäten. In: Die Absatzwirtschaft, Zeitschrift für Marketing, Juli/August 7/8 1963, S. 526.

Großkopf, Leo: Osteuropa-Ware und ihr Absatz in der Bundesrepublik. In: partner ADB-Journal zur Förderung des internationalen Handels, Herausgeber ADB Ausstellungsdienst Berlin, N. 2, 2. Dezember 1967.

Kahle, Georg: Werbung im Wirtschaftswunderland Japan. In: Die Anzeige, 1. Juni-Heft 11/67, S. 30.

Koerber, Frederic: Hähnchen aus Dänemark. Neue Wege einer Gemeinschaftswerbung. In: die absatzwirtschaft, Zeitschrift für Marketing, Juli/August 7/8 1963, S. 524.

Mohrstedt, Herbert: Exportwerbung. In: Werbeleiter-Handbuch, herausgegeben von Hans Ludwig Zankl, München 1966.

Waduschat, Günter: Exportleiter-Handbuch, München 1963.

An Advertising Approach Tailor-made for Importers. In: German American Trade News, April 1967.

Die Werbung im Ausland, herausgegeben von der Internationalen Handelskammer, 2. Auflage, Basel 1964.

Internationale Verhaltensregeln für die Werbepraxis, herausgegeben von der Internationalen Handelskammer, Paris, Köln 1966.

Marketing in Osthandel. In: Der Volkswirt, Beiheft zu Nr. 19 vom 13. Mai 1966.

Werbung im Ausland, Schriften zur Außenhandelsförderung der Bundesstelle für Außenhandelsinformation, Köln 1955.

Werbung überbrückt Ländergrenzen, Reklame-Kongreß Hamburg 1951, Kongreßbericht, herausgegeben vom Werbefachverband Hamburg/Schleswig-Holstein e. V.

Westwind auf Ost-Märkten? Die Vertriebswege in der Planwirtschaft, William Wilkens Werbeagentur GWA, Hamburg – Frankfurt – Köln 1967.

Fremdenverkehrswerbung

Von Prof. Ejler Alkjær,
Kopenhagen/Dänemark

I. Umfang der Besonderheiten des Fremdenverkehrs

Es ist aus verschiedenen Gründen richtig und wichtig, der Fremdenverkehrswerbung in diesem Handbuch einen besonderen Platz einzuräumen. Im Wirtschaftsverkehr über die Landesgrenzen bildet der Tourismus heute einen der wichtigsten Faktoren, und auch für die binnenländische Umsatztätigkeit hat er ständig steigende Bedeutung erlangt. Der „Fremdenverkehrsumsatz" wächst schneller als der Umsatz bei den meisten anderen Waren und Leistungen. Er wird ferner mehr durch den Einsatz von Werbemitteln und anderen verkaufsfördernden Maßnahmen beeinflußt als die Mehrzahl der anderen Waren und Leistungen. Schließlich muß unterstrichen werden, daß die Besonderheit der Werbung für den Fremdenverkehr hauptsächlich darin besteht, daß sie den Charakter einer G e m e i n s c h a f t s w e r b u n g hat oder zumindst ein starkes Element der Gemeinschaftswerbung in sich birgt. Die genannten vier wesentlichen Tatsachen werden im folgenden Gegenstand einer kurzen Beschreibung und Würdigung sein.

Die internationale Union der offiziellen Fremdenverkehrsorganisationen (Touristenorganisationen) bringt in ihrer jährlichen Statistik*)[1] eine Zusammenstellung verkehrsstatistischer Mitteilungen und ergänzender Schätzungen, die ein auf alle Fälle annähernd richtiges Bild des gesamten globalen Fremdenverkehrs und der sich hieraus ergebenden Umsätze bringt. Die neuesten Zahlen hierüber liegen aus dem Jahre 1965 vor, in dem ca. 113 Millionen Menschen die Landesgrenzen als Touristen – im Sinne der traditionellen Definition des Touristenbegriffes – überschritten haben, wie er im Völkerbundskomitee der statistichen Sachverständigen im Jahre 1937 festgelegt worden war. Das heißt, daß unter anderem Geschäftsreisende in dieser Zahl einbegriffen sind, aber nicht Gastarbeiter und andere Personen, die für längere Zeit in einem fremden Land Fuß fassen. Andererseits· sind Personen, die ein fremdes Land für weniger als 24 Stunden besuchen oder nur im Transitverkehr durch das Land fahren, n i c h t mitgerechnet. Das bedeutet, daß der umfangreiche „kleine Grenzverkehr", der in den letzten Jahren entstanden ist, und zwar nicht nur in Europa, bei Berechnung der obigen Zahl nicht einbezogen worden ist.

---

*) Die im Text laufend numerierten Quellenangaben sind am Schluß des Aufsatzes zitiert.

Der gesamte Touristenstrom verteilt sich auf die verschiedenen Regionen wie folgt:

Tabelle 1

	Millionen angekommene Touristen	in %
Europa	82,8	73
Mittlerer Osten	3,4	3
Afrika	2,1	2
Lateinamerika und Karibien	3,8	3
Asien und Australien	1,7	2
Nordamerika	19,4	17
In der ganzen Welt	113,2	100

Die internationale Union der offiziellen Fremdenverkehrsorganisationen teilt gleichzeitig mit, daß der grenzüberschreitende Tourismus — im oben genannten eigentlichen Sinne — aus der Touristik Gesamteinnahmen in Höhe von ca. 11,3 Milliarden US-Dollar errechnet hat, die sich auf die einzelnen Regionen wie folgt verteilen:

Tabelle 2

	Milliarden in US-$	in %
Europa	7,2	64
Mittlerer Osten	0,3	3
Afrika	0,2	2
Lateinamerika und Karibien	1,3	12
Asien und Australien	0,4	3
Nordamerika	1,9	16
In der ganzen Welt	11,3	100

Wenn man den Gesamtumsatz des Fremdenverkehrs mit den Warenumsätzen über die Landesgrenzen in der ganzen Welt vergleicht, ergibt sich die interessante Tatsache, daß er einen höheren Betrag ausmacht als irgendeine einzelne Warengruppe. Die größte Warengruppe im internationalen Handel bilden bekanntlich die sogenannten Primärwaren wie Mineralöle, Fleisch, Weizen, tierische und pflanzliche Öle, Baumwolle, Kaffee, Kupfer, Zucker, Gummi usw. Die Umsätze in diesen Waren im internationalen Handel machen im Durchschnitt der Jahre 1959–1961[2]) jährlich ungefähr 5,3, 2,8, 2,6, 2,5, 2,3, 1,9, 1,6 1,6 und 1,3 Milliarden US-Dollar aus, während die entsprechenden Fremdenverkehrsumsätze bei 7–8 Milliarden Dollar lagen. Sie waren also ungefähr ebenso groß wie bei den beiden größten Warenpositionen im internationalen Handel zusammengenommen: Mineralöl und Fleisch.

Dagegen läßt die gleiche Verteilung der Fremdenverkehrsumsätze und die der regionalen internationalen Warenhandelsumsätze erkennen, daß die am höchsten entwikkelten Länder der Welt (Europa, Nordamerika, Japan und einzelne andere Länder außerhalb Europas und Nordamerikas) nicht nur den überwiegenden Teil des gesamten Ein- und Ausfuhrhandels bestreiten, sondern auch den Löwenanteil aller Fremdenverkehrsumsätze auf sich ziehen. Aus den obigen Tabellen geht hervor, daß Europa und Amerika im Hinblick auf die Zahl der ankommenden Touristen und die Höhe der Fremdenverkehrseinnahmen an der Spitze stehen; 90 % aller Grenzpassagen ereignen sich in diesen beiden Weltteilen, die im übrigen auch 80 % der gesamten Fremdenverkehrseinnahmen verzeichnen. Die Dinge liegen ja so, daß diese Kontinente einerseits einen enormen intereuropäischen und interamerikanischen Verkehr aufweisen; andererseits ist das bevorzugte Reiseobjekt der europäisch-amerikanische Verkehr, und schließlich werden diese beiden Gebiete auch in sehr großem Umfange von Reisenden aus der ganzen übrigen Welt aufgesucht. Es versteht sich von selbst, daß diese Weltteile auch die absolut führenden „Zulieferer" von Touristen nach den übrigen Teilen der Welt sind. Also: Afrikaner reisen zwar besonders gern nach Europa und Nordamerika, aber vor allem reisen Europäer und Amerikaner nach Afrika, wogegen der interafrikanische Touristenstrom bis heute noch sehr beschränkt ist, wenn man – wie bereits erwähnt – vom „kleinen Grenzverkehr" absieht. Das gleiche gilt für die Verhältnisse in Asien und Lateinamerika.

Wie bereits erwähnt, decken die oben genannten Zahlen nur den grenzüberschreitenden Tourismus. Der binnenländische Tourismus umfaßt größere Teile der Erdbevölkerung; er schlägt sich in viel größeren „Fremdenverkehrsumsätzen" als beim grenzüberschreitenden Reisestrom nieder. Schätzungen gehen dahin[3]), daß der binnenländische Tourismus in allen Ländern der Welt im Jahre 1965 einen Umsatz in der Größenordnung von ca. 46 Milliarden US-Dollar ausgemacht hat, also mehr als viermal soviel wie der Auslandstourismus. Dabei wird darauf hingewiesen, daß sich diese Berechnungen und Begutachtungen samt und sonders ausschließlich der Ausgaben der Touristen für Verkehrsmittel verstehen. Von diesen wird angenommen, daß sie die genannte Zahl um etwa 30 % – oder insgesamt 17 Milliarden US-Dollar – erhöhen würden. Damit stellt sich der gesamte „Fremdenverkehrsumsatz" – der ausländische und binnenländische – also auf etwa 74 Milliarden US-Dollar.

Demnach basieren die globalen Durchschnittszahlen für den Tourismus – wie soeben ausgeführt – auf außerordentlich verschiedenen Verhältnissen auf den einzelnen Kontinenten. Die Einnahmen und Ausgaben im Fremdenverkehrsgeschäft variieren also auf den einzelnen Kontinenten stark von Land zu Land. So haben wir z. B in Westeuropa große Schwankungen beim Anteil der Fremdenverkehrseinnahmen im Rahmen der gesamten Valutaeinnahmen. Spaniens Einnahmen aus dem ausländischen Touristenstrom betragen etwa 42 % des gesamten Exports des Landes von Waren und Leistungen, und die entsprechende Zahl für Österreich und Griechenland ist ungefähr 24 und 18 %. Dagegen machen die Einnahmen aus dem Fremdenverkehr in Schweden, Großbritannien und in der deutschen Bundesrepublik nur etwa 2 %, 3 % und 3 % der gesamten Valutaeinnahmen aus. Auch als „Lieferanten von Touristen" haben die verschiedenen Länder sehr unterschiedliche Bedeutung. Von Spaniens gesamten Ausgaben für den Import von Waren und Leistungen machen seine Ausgaben für Touristen (also der Währungsverbrauch der Spanier für Auslandsreisen) nur 3 % aus. Die entsprechende Zahl für Österreich und Griechenland ist etwa 5 % und 4 %. Andererseits verzeichnen Länder wie Schweden, Großbritannien und die deutsche Bundesrepublik vergleichsweise größere Ausgaben für die Reisen ihrer Bürger ins Ausland als sie Einnahmen von ausländischen Touristen erzielen, nämlich ungefähr 4 %, 4 % und 7 % der gesamten Ausgaben für die Einfuhr von Waren und Leistungen.

II. Das Anwachsen des Fremdenverkehrs und die Elastizität der Nachfrage

Das besonders schnelle Anwachsen der Umsätze im Fremdenverkehr — verglichen mit der Entwicklung anderer ökonomischer Phänomene — ist im Zuge der Ausweitung der modernen Märkte wohlbekannt. Wir sind in dem vom Verfasser geleiteten Institut für Verkehrs-, Touristik- und Standortforschung an der Handelshochschule in Kopenhagen mit Untersuchungen beschäftigt, in denen wir das Anwachsen des Bruttonationalprodukts, des Außenhandels, der Transportaktivität und des Tourismus in den verschiedenen Ländern vergleichen. Für Westeuropa haben wir für die 5 Jahre von 1960 bis 1965 festgestellt, daß der Außenhandel um etwa die Hälfte mehr als das Nationalprodukt angestiegen ist, während Transport und Tourismus um ca. 100 % zugenommen haben. Das entspricht ganz und gar der in zahlreichen empirischen Untersuchungen in der ganzen Welt konstatierten Tatsache, daß die Touristenreisen eine größere Preis- und Einkommenselastizität haben. Deswegen sind bekanntlich die Möglichkeiten zur Stimulierung der Umsätze durch Werbung und andere verkaufsfördernde Veranstaltungen sehr groß.

Verschiedene andere Erscheinungen bei der Nachfrage nach Reisen tragen ferner dazu bei, daß der Umsatz auf dem Fremdenverkehrsmarkt in ganz besonders hohem Maße durch die Einwirkungen von Werbemaßnahmen gekennzeichnet ist. Selbst wenn es viele verschiedene Formen und Ziele von Touristenreisen gibt — hierüber in einem folgenden Abschnitt Näheres —, müssen doch die speziellen Ferienreisen als zentrale Aufgabe des Fremdenverkehrs bezeichnet werden, vor allem also die Touristenreisen um Ferien zu machen, um eine Abwechslung vom häuslichen Alltag zu erleben, um etwas Neues zu sehen oder zu erleben. Hieraus geht hervor, daß die Touristen mit der einzelnen Reise und dem einzelnen Ferienaufenthalt zum mindesten nicht nur etwas sehen und erleben wollen, was sich vom täglichen Einerlei abhebt, sondern sie wollen auch etwas sehen und erleben, das sich von dem unterscheidet, was sie in ihren früheren Ferien gesehen und erlebt haben. Natürlich gibt es auch Touristen oder Gruppen von Touristen, die ein Lieblingsreiseziel gefunden haben, wohin es sie immer und immer wieder zieht. Sie werden gern alle Ferien in ein und demselben Land verbringen, vielleicht sogar in ein und derselben Gegend, in der gleichen Stadt, ja, im gleichen Hotel wohnen und dort möglichst das gleiche Zimmer bekommen wollen. Aber in der Regel haben sie ein solches festes „Ferienideal" erst nach längerem Suchen gefunden, nach dem Besuch mehrerer, vielleicht sogar vieler Länder, oder sie haben in einem Land mehrere Gegenden, Orte oder Hotels besucht, bis sie den idealen Ferienort gefunden haben. Für viele Leute bedeutet dies eine recht lange Prozedur; sie finden erst an einem späten Zeitpunkt ihres Lebens solche festen Feriengewohnheiten. Noch mehr Menschen scheinen in ihrem ganzen Leben niemals die ewig wechselnden Ferien aufgeben zu können oder aufgeben zu wollen — sie reisen nach immer neuen Ländern, Gegenden oder Städten, sie wechseln zwischen verschiedenen Jahreszeiten, sie benutzen verschiedene Verkehrsmittel, bald reisen sie allein, bald mit anderen zusammen usw. Wir finden also auf dem „Reisemarkt" einen ständigen Wechsel, eine Dynamik, einen Mangel an festen Gewohnheiten und an Verläßlichkeit hinsichtlich früherer Reiseziele und Reiseformen; das unterscheidet diesen Markt außerordentlich von den meisten üblichen Konsumwarenmärkten. Dies ist immer wieder in den Analysen der Reisegewohnheiten der Bevölkerung verschiedenster Länder dokumentiert worden, die in einzelnen Reisegebieten durchgeführt worden sind. So hat der Verfasser in einer Untersuchung der Reisegewohnheiten der Bevölkerung Dänemarks[4] nachgewiesen, wie die meisten Leute ihre Ferienreise dauernd variieren, wie sie zwischen Reisen im Inland und ins Ausland wechseln, von einem zum anderen

Land gehen, von Transportform zu Transportform, von Übernachtungsmöglichkeit zu Übernachtungsmöglichkeit und so weiter.

Es ist klar, daß die Geneigtheit der Konsumenten, ihre Reiseziele von Jahr zu Jahr zu ändern, einen guten Einfluß für die Werbung und andere verkaufsfördernde Veranstaltungen bietet, diesen Wechsel zu beeinflussen. Vom Markt für Konsumwaren wissen wir, daß die Verbraucher oft große Treue zu bestimmten Warentypen und -marken zeigen, die sie immer wieder bevorzugen. Es verbirgt sich Ernst hinter dem Scherz, wenn wir in Dänemark z. B. behaupten, daß die wirklich tiefe Trennlinie innerhalb der dänischen Bevölkerung nicht die Grenze zwischen den politischen Parteien bildet, sondern zwischen der „Carlsberg-Partei" und der „Tuborg-Partei", d. h. die Bevölkerungsteile, die entweder Carlsberg- oder Tuborg-Bier trinken. Es ist Tatsache, daß die Reklame und der übrige Verkaufseinsatz, den die beiden großen Brauereien zur Beeinflussung der Nachfrage durchführen, auf die Dauer nur einen recht kleinen Bruchteil der Konsumenten von der einen Biermarke zur anderen überreden können und daß sich die Abwendung größerer Verbrauchergruppen auf diesem „zuverlässigen" Markt nur ganz langsam vollziehen würde. Die Wahrscheinlichkeit spricht dafür, daß ein Däne, der heute Tuborg trinkt, auch morgen Tuborg trinken will — und das bis ins nächste Jahr hinein. Der Däne, der seine Ferien gerade in Deutschland verlebt hat, ist dagegen aller Wahrscheinlichkeit nach auf der Suche nach einem neuen Reiseziel fürs nächste Jahr, oder er kann mit Hilfe der Werbung auf alle Fälle verhältnismäßig leicht für ein neues Reiseziel gewonnen werden. Er ist mit anderen Worten im nächsten Jahre schneller ein potentieller „Touristkunde" für irgendein anderes Land als das, was er gerade in diesem Jahr besucht hatte. Andererseits ist der Däne, der in diesem Jahre z. B. in England Ferien machte, im nächsten Jahre potentieller Gast in Deutschland. Tatsächlich variieren die Marktanteile der verschiedenen Länder, Gegenden und Städte am Touristenmarkt recht stark von Jahr zu Jahr; hinzu kommt, daß diese Marktanteile sich auch auf stark wechselnde Personen beziehen.

III. Bedeutung des „Images" im Fremdenverkehr

Theoretisch werden die Kaufentschlüsse der Verbraucher bei der Wahl von Warenarten und -marken, der Einkaufsstätte usw. auf Grund einer Auslese zwischen allen bestehenden Alternativen und auf Basis einer genauen Kenntnis der objektiven qualitätsmäßigen Eigenschaften dieser Alternativen getroffen. In Wirklichkeit verhält sich das in der Regel ganz anders. Die Konsumenten achten keineswegs auf die Alternativen, und die unter ihnen, die etwas davon wissen, kennen sie nicht lückenlos. Sie wählen unter ihnen nicht auf Grundlage sämtlicher Kriterien aus, und die von ihnen angewandten Kriterien wollen und können sie nicht völlig realistisch und rational abwägen. Die Wahl zwischen recht wenigen Alternativen vollzieht sich oft ziemlich zufällig, oder richtiger: auf Grundlage von mehr oder minder zufälligen „Images" von Warenarten, Warenmarken und Einkaufsstätten. Was hier als charakteristisch für den modernen Konsumwarenmarkt angeführt wird, gilt in noch höherem Maße für den heutigen „Touristenmarkt". H i e r s p i e l t d a s „ I m a g e " e i n e g a n z b e s o n d e r e R o l l e . Persönliches Wissen und Erfahrungen, die der einzelne hat oder nicht hat, Dinge, die er von anderen mit oder ohne eigene Erfahrungen gehört oder nicht gehört hat, das — richtige oder verkehrte — Wissen, das aus erster, zweiter oder dritter Hand, das aus Publikationen oder von Massenmedien stammt, hat enormen Einfluß auf die Entscheidungen der Touristen hinsichtlich der Wahl neuer Reiseziele oder neuer Reiseformen. Daher zielt die heutige

Fremdenverkehrsforschung bevorzugt darauf hin, festzustellen, welche Vorstellung die potentiellen Touristen von den verschiedenen Ländern, Gegenden, Städten, Transportmitteln, Übernachtungseinrichtungen usw. haben. Hier soll die Aufmerksamkeit z. B. auf eine interessante Untersuchung über das „Image" einer Reihe europäischer Großstädte bei den Einwohnern einer deutschen Großstadt (Berlin-West) gelenkt werden (Kopenhagen, Wien, Paris, Venedig, London), die unter der Leitung von Prof. Dr. Karl Christian Behrens durchgeführt worden ist[5]).

Der Haupteindruck dieser vergleichenden Image-Untersuchungen geht dahin, daß von Reisezielen, die nur ein wenig realistische Aussicht haben, von den Touristen vorgezogen zu werden, ganz bestimmte „Images" vorhanden sind. Das soll noch nicht heißen, daß diese „Images" korrekt sind und daß sie mit den tatsächlichen Verhältnissen übereinstimmen, soweit man das überhaupt feststellen kann. Es bestehen vielmehr von fernen und damit unrealistischen Reisezielen sehr viel diffuse „Images", oder sie fehlen überhaupt. Bei manchen Reisezielen dominieren sicher völlig falsche „Images" gegenüber objektiveren und richtigeren. So spiegelt z. B. das „Image", das man in Europa so ungefähr von Hawaii hat, die tatsächlichen Verhältnisse, die Tahiti gegenwärtig bietet. Das heutige „Tahiti-Image" in Europa dagegen entspricht in etwa dem Tahiti vor einem Menschenalter, also auch dieses „Image" ist objektiv falsch.

So wie auf dem Markt des Fremdenverkehrs eine stark schwankende Nachfrage besteht, vollziehen sich auf der Angebotsseite häufige und oft durchgreifende Veränderungen, die sich nur nach einer gewissen, möglicherweise längeren Zeit – und dies vielleicht nur partiell – im bisherigen „Image" als ein Reiseziel oder eine Reiseform niederschlagen. Ein Land wird vielleicht zu einem bestimmten Zeitpunkt ein beliebtes Reiseziel, weil das Preisniveau niedrig ist. Dann steigen jedoch die Preise – und schnell ändert sich das „Image" der Preiswürdigkeit. Das betreffende Land nützt einerseits eine Zeitlang den Vorteil aus, daß die Touristen hereinströmen, denn sie glauben, daß das Land immerfort billig sei – aber auf der anderen Seite werden viele Touristen davon enttäuscht, daß die Wirklichkeit weit entfernt von dem aus der Heimat mitgebrachten „Image" ist. Vermutlich wäre dem Land besser damit gedient, wenn der Touristenstrom vorher über die Preisverhältnisse informiert werden würde. Vielleicht liegt sogar ein Vorteil darin, sich mit einem eventuell kleineren Touristenstrom zu begnügen, wenn diese Leute dafür zufrieden in ihre Heimat zurückkehren und unter anderen, zukünftigen Touristen das „Image" verbreiten, daß das bewußte Land zwar nicht mehr so billig wie früher sei, aber daß es das Geld wert sei angesichts eines gleichbleibenden, herrlichen Klimas, einer freundlichen Bevölkerung, der schönen Landschaft usw. Oder eine Stadt steht mit Recht in dem Rufe, daß sie wenige Hotels hat. Noch lange Zeit, nachdem die Hotelkapazität erhöht worden ist, kann sich dieses negative „Image" in gewissem Umfang in der ganzen Welt halten – eine in jeder Hinsicht ungünstige Situation.

Im Fremdenverkehrswesen liegen die Verhältnisse so, daß die heutige und künftige Marktlage der Reiseziele und Reiseformen stark von einem Wirrwarr von „Images" bestimmt wird, und zwar hinsichtlich der eigenen Ziele und Formen und derer der direkten und indirekten Konkurrenten. Die Aufgabenstellung der Werbung und der anderen verkaufsfördernden Arbeiten besteht daher darin, frühere „Images" zu beseitigen oder sie auf alle Fälle zu ändern – vielleicht auch ganz neue „Images" zu schaffen. Ebenso wie auf dem Konsumwarenmarkt hat sich auf dem „Touristenmarkt" folgendes gezeigt: Fragt man die Touristen – ebenso wie die Konsumenten – direkt nach dem Hintergrund des „Images", nach dem Grund für ihre Wahl des Reisezieles usw. und nach ihren diesbezüglichen Informationsquellen, dann sprechen sie nur selten von der

Werbung. Der Verfasser schließt sich der vermutlich allgemeinen Auffassung an, daß die Werbung einen wesentlich größeren Einfluß hat, als demoskopische Umfragen erkennen lassen. Es ist klar, daß die Werbung in vielfältiger Weise einen zwar ergänzenden, aber nichtsdestoweniger entscheidenden Einfluß auf das „Image" und die Entschlüsse der Verbraucher hat. Ebenso ist es evident, daß die faktische Einwirkung – zeitlich und im Bewußtsein des Befragten – oft so weit zurückliegt, daß er außerstande ist, hierüber Rechenschaft abzulegen; er weist vielmehr statt dessen auf andere, neuere und wahrscheinlich mehr direkte Einflüsse hin, von denen er glaubt, daß sie ausschlaggebend gewesen seien.

Von einer im Jahre 1967 veröffentlichten Analyse der Reisepläne der westdeutschen Bevölkerung aus dem Jahre 1966[6]) seien hier die folgenden typischen Ergebnisse genannt. Auf die Frage, w a r u m die Interviewten die gewählten Reiseziele 1966 allen anderen vorgezogen haben, und zwar Reisen ins In- und Ausland, lauteten die Antworten:

Tabelle 3

	v. H.
Empfehlung von Bekannten	21
eigene Erfahrung	23
Reisebüro-Beratung	3
Reisebüro-Werbung	2
Prospekte	1
Plakate, Anzeigen	1
Funk, Fernsehen	–
Reiseberichte	2
Sport	4
Verwandtenbesuch	21
Bildung, Information	6
Kuraufenthalt	4
sonstige	16
keine Angabe	5
	109*)

*) Mehrfachnennungen

Auch hier wird die Werbung in ihren verschiedensten Erscheinungsformen nur in recht bescheidenem Umfang genannt, während die eigene Erfahrung (sicher nicht immer identisch mit eigenem früherem Besuch der betreffenden Orte, aber sich deckend mit persönlich eingeholten Erfahrungen anderer Personen) und die Empfehlungen von Bekannten eine große Rolle spielen.

Der gleiche Bericht bringt Antworten auf die Frage, wieweit sich die Befragten vor der Reise näher über die Reiseziele informiert haben, und wenn ja, auf welche Weise. Das Ergebnis war:

Tabelle 4

	v. H.	v. H.*)
Vor der Reise informiert	61	
Auskunft von Bekannten		32
Auskunft durch das Reisebüro		11
Auskunft durch Informationsbüros		3
Lesen von Prospekten, Katalogen		10
Lesen von Reiseführern		5
sonstige Informationsquellen		8
nicht informiert	37	
keine Angabe	2	
	100	

*) Mehrfachnennungen

Hierbei wird der Werbung in ihren verschiedenen Erscheinungsformen ganz natürlich größere Bedeutung beigemessen — unter anderem selbstverständlich, weil sie das Lesen von Prospekten, Reiseführern usw. frisch in Erinnerung haben. Was hier besonders ins Auge springt, ist die Tatsache, daß bis zu zwei Fünftel aller Befragten erklären, sich vor der Abreise n i c h t näher über das Reiseziel unterrichtet zu haben. Das k a n n natürlich darauf zurückzuführen sein, daß sie es kennen oder meinen, es von vornherein genügend zu kennen, aber es kann ebenso ein Beweis dafür sein, daß eine große Anzahl von Touristen sich n i c h t vorher informieren will, sondern mehr auf Grund eines mehr oder weniger genauen „Image" von diesem Reiseziel drauflosfahren. Außerdem müssen Umfang, Gründlichkeit und Objektivität der Informationen, welche der Hauptteil derjenigen erhält, die sich vor der Reise unterrichten lassen, natürlich oft bezweifelt werden.

IV. Bedarf an Gemeinschaftswerbung im Fremdenverkehr

Wenn alte Reisegewohnheiten und „Images" geändert und neue geschaffen werden sollen, dann müssen Werbung und andere absatzfördernde Veranstaltungen in großem Umfange und in k o l l e k t i v e r F o r m eingesetzt werden. Zum Beispiel wird der Hauptteil der amerikanischen Europareisenden — eine Zahl von ca. 2 Millionen im Jahre 1967 — zumindest, wenn nicht ganz Europa, so doch mehrere europäische Länder gleichzeitig besuchen wollen. Daher wird ein bedeutender Teil der diesem Touristenstrom zugewandten Verkehrswerbung das g a n z e Europa umfassen oder Gruppen europäischer Länder (z. B. die skandinavischen oder Mittelmeerländer). Die Touristenwerbung der einzelnen Länder unter Amerikanern wird besonders darauf hinweisen, daß gerade das betreffende Land in · ein Europareiseprogramm hineingehöre, sei es das Land, mit dem man seine Reise beginnt oder abschließt, oder dasjenige, in dem man den Hauptteil der Ferien verbringt. Die Schweizer verwenden z. B. den Slogan: „Reise in Europa — raste in der Schweiz." Wo das einzelne Hotel oder Restaurant, das einzelne Warenhaus oder die kleinere oder größere Stadt oder eine Landschaft Interesse hat, speziell amerikanische Touristen zu gewinnen, da muß der Propagandaeinsatz speziell hierfür so durchgeführt werden, daß unter der Reklame-Idee eines Landes oder einer Ländergruppe entweder direkt oder im Rahmen einer Gemeinschaftswerbung oder im Anschluß an eine Gemeinschaftsaktion geworben wird. Nur das allergrößte und/oder attraktivste Touristenzentrum kann es sich leisten, mit individuellem Werbeeinsatz auf dem amerikanischen Markt zu arbeiten. Anders liegen die Dinge selbstverständlich mit Bezug auf die nähergelegenen Fremdenverkehrsgebiete. Flensburg ist natürlich wie jede andere deutsche Stadt daran interessiert, Besuch von überseeischen Touristen zu bekommen, aber es empfiehlt sich kaum ein weltweiter Werbefeldzug. Flensburg führt vielmehr eine ganz natürliche und intensive Auslandspropaganda in den nördlich von seiner Grenze gelegenen dänischen Landgemeinden durch, ebenso wie auch die einzelnen Hotels, Restaurants, Warenhäuser und Sehenswürdigkeiten in gewissem Umfang Direktwerbung im nahe gelegenen Ausland durchführen können.

Das Gesamtbild der Fremdenverkehrswerbung und der übrigen Verkehrsförderung besteht daher aus einer Verbindung von Gemeinschafts- und Einzelwerbung mit bemerkenswert großem Gewicht auf dem kollektiven Element. Selbst ein bedeutender Teil der Fremdenverkehrswerbung, die von speziellen Transportgesellschaften, Hotels, Restaurants usw. durchgeführt wird, hat einen kollektiven Einschlag, weil z. B. Luftverkehrsgesellschaften nicht nur die Leistungen und den Service usw. des eigenen Unternehmens als Argument benutzen, sondern weil sie in hohem Maße das betreiben, was „Reisezielpropaganda" genannt wird. Also: SAS (Scandinavian Airlines System) werben nicht nur mit Komfort und Service ihrer Maschinen, mit der Häufigkeit der Verbindungen usw., sondern in großem Umfang für Skandinavien als Reiseziel. Oder wenn ein Hotel selbst Auslandswerbung durchführen will, dann muß ein Teil des Prospekts natürlich den Ort behandeln, in dem das Hotel als Reiseziel gelegen ist.

Schließlich muß auf die häufige Arbeitsteilung zwischen der Gemeinschafts- und Einzelwerbung hingewiesen werden, die darin besteht, daß der G e m e i n s c h a f t s einsatz die m a n i p u l a t i v e n Aufgaben wahrnimmt, während die i n d i v i d u e l l e Werbung mehr i n f o r m a t i v e Funktionen ausübt. Also: Die Gemeinschaftswerbung für die Bundesrepublik hat zum Hauptziele, Touristen für das Land zu werben, während die Propaganda der einzelnen deutschen Städte hauptsächlich darauf hinzielt, den ausländischen Touristen – sobald sie in der Bundesrepublik angekommen sind – detaillierte Informationen darüber zu geben, was diese Städte zu bieten haben. Hiermit ist ganz natürlich die verschiedene Anwendung andersartiger Werbemedien verbunden. Im wesentlichen manipulativ geprägte Werbemittel, wie z. B. Plakate und Filme, haben ihre besondere Heimstatt innerhalb der Gemeinschaftswerbung, während der ausführliche Prospekt das typische Werbemittel der Einzelwerbung bildet. Kennzeichnend für jede Form der Fremdenverkehrswerbung – sei sie Gemeinschafts- oder Einzelwerbung, manipulativ oder informativ – ist im übrigen, daß sie von intensiver Public-Relations-Tätigkeit unterstützt wird: Pressedienste, Werbung durch den Rundfunk und das Fernsehen, Filmvorführungen, Arrangierung von Empfängen usw.

In dieser Abhandlung ist besonders an den zentralen Teil des Tourismus gedacht worden – die vermehrte Reiseaktivität mit dem Ziel, Ferien zu machen, neue Länder und neue Völker zu sehen und zu erleben. Viele besondere Formen des Tourismus verlangen inzwischen einen spezialisierten Werbeeinsatz: der Camping-Tourismus, der Kreuzfahrer-Tourismus, der Sozialtourismus, der Jugendtourismus, das touristmäßige Element bei Geschäfts- und Studienreisen ebenso wie der Kongreß-Tourismus. Was den letzteren angeht, so ist hierüber kürzlich eine umfassende Untersuchung des vom Verfasser geleiteten Instituts für Verkehrs-, Touristik- und Standortforschung durchgeführt worden[7]).

Da Länder, Städte und Fremdenverkehrsbetriebe ihren Werbeeinsatz innerhalb dieser und vieler anderer Spezialgebiete variieren können und da sie gleichzeitig mit Hinblick auf viele verschiedenartige Auslands- und Inlandsmärkte zu differenzieren vermögen, ist es verständlich, daß die moderne Verkehrswerbung ein schillerndes Phänomen darstellt — ebenso reich facettiert wie die schnell und stark wechselnden Reisegewohnheiten der Touristen.

Aus Raumgründen können hier leider keine Beispiele für die praktische Durchführung gebracht werden, obwohl die moderne Fremdenverkehrswerbung mit ihrem meist guten gestalterischen Niveau dazu sehr geeignet wäre. Der Leser erhält jedoch ohne besondere Mühe eine Fülle von Werbemitteln in jedem Reisebüro. Er wird dabei feststellen, daß es im Bereiche des Fremdenverkehrs schwierig ist, die reine Wirtschaftswerbung der Beherbergungsbetriebe, der Reiseunternehmen sowie der privaten und öffentlichen Verkehrsträger von den Public Relations der Kurorte, Landesverkehrsverbände und der nationalen Fremdenverkehrsorganisationen zu unterscheiden. Wir finden deswegen im Bereiche des Fremdenverkehrs vielfach die Form der Gemeinschaftswerbung. Ein besonders gut gelungenes Beispiel der Fremdenverkehrswerbung bildet das „Entenmotiv" aus Kopenhagen:

Quellenangaben:

[1] International Union of Official Travel Organizations: International Travel Statistics 1965, Genf 1967.
[2] Gerhard M. Meier: International Trade and Development, New York 1965.
[3] Organization for Economic Co-Operation and Development: Tourism in OECD Member Countries 1966, Paris 1966.
[4] Ejler Alkjær: Features of the Danish Travel Pattern, Kopenhagen 1964.
[5] K. C. Behrens: Kopenhagen als Reiseziel, Kopenhagen 1964.
[6] H. Hoffmann: So reisten die Deutschen 1966, Frankfurt am Main 1967.
[7] Ejler Alkjær & Jørn L. Eriksen: Location and Economic Consequences of International Congresses, Kopenhagen 1967.

Fragen aus dem Gebiet
Werbemittel – Gestaltung und Streuung

Frage: Kann die Verpackung durch Auslösung von Anmutungen bestimmte Produktionsvorstellungen und Eigenschaftserwartungen beim Verbraucher initiieren?
Antwort: Vgl. S. 619.

Frage: Welche Bedeutung hat die Verpackung beim Impulskauf und für die Gestaltung eines Produkt- und Markenimages?
Antwort: Vgl. S. 622–623.

Frage: Wie kann die Erfüllung der drei wichtigsten Funktionen der Verpackung – informierende, differenzierende und motivierende Funktion – sinnvoll kontrolliert werden?
Antwort: Vgl. S. 625.

Frage: Schildern Sie kurz einige Entwicklungstendenzen im deutschen Messewesen.
Antwort: Vgl. S. 627–628.

Frage: Welche Funktion sollte eine Messe erfüllen? (Benutzen Sie die Definition des AUMA.)
Antwort: Vgl. S. 628.

Frage: Nennen Sie einige Spitzenorganisationen im deutschen Ausstellungs- und Messewesen und charakterisieren Sie Ihre unterschiedlichen Funktionen.
Antwort: Vgl. S. 632–633.

Frage: Welche Aufgaben erfüllt der Streuplan?
Antwort: Vgl. S. 636.

Frage: Wie sind die wichtigsten Daten, die in den Streuplan eingehen, zu charakterisieren?
Antwort: Vgl. S. 636–637.

Frage: Aus welchen Gründen kann eine gezielte oder ungezielte Streuung zweckmäßig sein?
Antwort: Vgl. S. 637–638.

Frage: Unterscheiden Sie die Begriffe „Leser pro Nummer" und „Leser pro Exemplar".
Antwort: Vgl. S. 642.

Frage: Was versteht man in der Mediaforschung unter einem Kontakt?
Antwort: Vgl. S. 642–643.

Frage: Wie errechnet man die durchschnittliche Kontakthäufigkeit pro Leser?
Antwort: Vgl. S. 644.

Programmierte Fragen 172 bis 183

Fragen aus dem Gebiet
Auswahl der Streumedien

Frage: Definieren Sie den Begriff „kumulierte Reichweite".
Antwort: Vgl. S. 645.

Frage: Wie entwickelt sich die Reichweite eines Anzeigenträgers bei mehrmaliger Einschaltung, wenn
a) der Anteil der regelmäßigen Leser sehr hoch ist?
b) der Anteil der unregelmäßigen Leser sehr hoch ist?
Antwort: Vgl. S. 645–647.

Frage: Welche Möglichkeiten gibt es für eine antizyklische Werbeplanung und wo liegen ihre Grenzen?
Antwort: Vgl. S. 649–650.

Frage: Welche Informationsquellen stehen dem Werbeplaner für eine Analyse der werblichen Aktivität der Konkurrenten zur Verfügung?
Antwort: Vgl. S. 650.

Frage: Beeinflußt das werbliche Verhalten der Konkurrenz die eigene Werbeplanung?
Antwort: Vgl. S. 650–652.

Frage: Welche Kriterien können für die Auswahl der Anzeigenträger bestimmend sein?
Antwort: Vgl. S. 655–657.

Frage: Anhand welcher Daten kann man die Preiswürdigkeit eines Anzeigenträgers beurteilen?
Antwort: Vgl. S. 657.

Frage: Welche Informationen muß der Anzeigen-Kostenplan enthalten?
Antwort: Vgl. S. 660–661.

Frage: Wie ist ein Streuplan aufgebaut?
Antwort: Vgl. S. 660–663.

Frage: Charakterisieren Sie die gegenwärtige Situation der Rundfunk- und Fernsehwerbung in Deutschland!
Antwort: Vgl. S. 665–674.

Frage: Welche Informationen enthält die Werbefunkhöreranalyse?
Antwort: Vgl. S. 670.

Frage: Welches sind die wichtigsten Methoden der Fernseh-Zuschauerforschung? (Kurze Erläuterung)
Antwort: Vgl. S. 674–682.

Programmierte Fragen 184 bis 195

> Fragen aus dem Gebiet
> # Auswahl der Streumedien

Frage: Definieren Sie den Begriff „kumulierte Reichweite".
Antwort: Vgl. S. 645.

Frage: Wie entwickelt sich die Reichweite eines Anzeigenträgers bei mehrmaliger Einschaltung, wenn
    a) der Anteil der regelmäßigen Leser sehr hoch ist?
    b) der Anteil der unregelmäßigen Leser sehr hoch ist?
Antwort: Vgl. S. 645–647.

Frage: Welche Möglichkeiten gibt es für eine antizyklische Werbeplanung und wo liegen ihre Grenzen?
Antwort: Vgl. S. 649–650.

Frage: Welche Informationsquellen stehen dem Werbeplaner für eine Analyse der werblichen Aktivität der Konkurrenten zur Verfügung?
Antwort: Vgl. S. 650.

Frage: Beeinflußt das werbliche Verhalten der Konkurrenz die eigene Werbeplanung?
Antwort: Vgl. S. 650–652.

Frage: Welche Kriterien können für die Auswahl der Anzeigenträger bestimmend sein?
Antwort: Vgl. S. 655–657.

Frage: Anhand welcher Daten kann man die Preiswürdigkeit eines Anzeigenträgers beurteilen?
Antwort: Vgl. S. 657.

Frage: Welche Informationen muß der Anzeigen-Kostenplan enthalten?
Antwort: Vgl. S. 660–661.

Frage: Wie ist ein Streuplan aufgebaut?
Antwort: Vgl. S. 660–663.

Frage: Charakterisieren Sie die gegenwärtige Situation der Rundfunk- und Fernsehwerbung in Deutschland!
Antwort: Vgl. S. 665–674.

Frage: Welche Informationen enthält die Werbefunkhöreranalyse?
Antwort: Vgl. S. 670.

Frage: Welches sind die wichtigsten Methoden der Fernseh-Zuschauerforschung? (Kurze Erläuterung)
Antwort: Vgl. S. 674–682.

Programmierte Fragen 184 bis 195

Fragen aus dem Gebiet
Methoden der Werbeerfolgsprognose

Frage: Welche doppelten Ansprüche stellt die Praxis an sinnvolle Werbeerfolgsprognosen?
Antwort: Vgl. S. 714.

Frage: In welcher Weise ist die Zweckmäßigkeit gestaltungsbezogener Erfolgskriterien der Werbung innerhalb des Marketingkonzepts zu beurteilen?
Antwort: Vgl. S. 714–716.

Frage: a) Inwieweit kann mit Hilfe einer demoskopischen Befragung die Adäquanz von Werbebotschaften zur Marketing-Konzeption antizipativ geprüft werden?
b) Wo muß die Messung bevorzugt ansetzen?
Antwort: Vgl. S. 718–721.

Frage: Mit Hilfe welcher Methoden kann die Intensität und Glaubwürdigkeit von Werbebotschaften gemessen werden? (Problemdarstellung!)
Antwort: Vgl. S. 721–726.

Frage: Stellen Sie einige demoskopische Methoden zur prognostischen Messung der effektiven Werbemittelkontakte dar.
Antwort: Vgl. S. 728–729.

Frage: Was verstehen Sie unter dem sogenannten „Stereotypie-Faktor"?
Antwort: Vgl. S. 732.

Frage: Welche apparativen Verfahren in der Werbemittelforschung kennen Sie? Schildern Sie deren Funktionsweise.
Antwort: Vgl. S. 732–733.

Frage: Charakterisieren Sie einige explorative Verfahren der Werbemittelforschung und erklären Sie deren Anwendung.
Antwort: Vgl. S. 734–736.

Frage: a) Welche Aufgaben kann das sogenannte Polaritätenprofil in der Werbemittelforschung erfüllen?
b) Was ist ein „semantisches Differential"?
Antwort: Vgl. S. 736.

Frage: Was können Sie über Charakter und Anwendungsweise des Tiefeninterviews sagen?
Antwort: Vgl. S. 737–738.

Frage: a) Inwieweit können Fehler bei der Anwendung psychologischer Verfahren in der Werbemittelforschung die Ergebnisse verzerren?
b) Nennen Sie Ursachen für Fehlerquellen.
Antwort: Vgl. S. 738–740.

Programmierte Fragen 209 bis 219

Fragen aus dem Gebiet
Methoden der Werbeerfolgskontrolle

Frage: Welche außerökonomische Werbeerfolgskriteren kennen Sie?
Antwort: Vgl. S. 743–744.

Frage: Wie kann man den außerökonomischen Werbeerfolg ermitteln und gegebenenfalls messen? Schildern Sie einige Testmethoden.
Antwort: Vgl. S. 745–750.

Frage: Welche Ursachen für mögliche Fehler bei den einzelnen Testverfahren sind zu nennen? Erklären Sie sie.
Antwort: Vgl. S. 745–750.

Frage: Welche Beziehungen bestehen zwischen dem Bekanntheitsgrad und dem Marktanteil eines Produkts?
Antwort: Vgl. S. 753–754.

Frage: a) Skizzieren Sie die wesentlichen Unterschiede in den Verfahren zur Wiedererkennung von Werbeanzeigen.
b) Welche methodischen Einwände bestehen gegenüber den Recognition-Tests?
Antwort: Vgl. S. 755–758.

Frage: Wie sind die erheblichen Differenzen in den Erinnerungswerten, die durch die Recognition-Tests und die Recall-Verfahren ausgewiesen werden, zu erklären?
Antwort: Vgl. S. 760–763.

Frage: Welche Eigenschaften einer Anzeige sollen mit Hilfe der Faktoren-Analyse ermittelt werden?
Antwort: Vgl. S. 764–765.

Frage: a) Welches Ziel verfolgt das Netapps-Verfahren im Rahmen der Werbeerfolgsmessung?
b) Auf welchen Voraussetzungen basiert das Modell?
Antwort: Vgl. S. 766–768.

Frage: a) Was ist unter dem „Image" eines Produkts zu verstehen?
b) Welche Erhebungsmethoden werden zur Analyse herangezogen?
Antwort: Vgl. S. 769–770.

Frage: An welchen betriebsindividuellen Zielvorstellungen kann die Messung des Werbeerfolgs ausgerichtet werden?
Antwort: Vgl. S. 775–776.

Frage: Vor welchen Schwierigkeiten steht eine produktorientierte, ökonomische Werbeerfolgskontrolle?
Antwort: Vgl. S. 777–780.

Programmierte Fragen 220 bis 230

Fragen aus den Gebieten
Werbeerfolgskontrolle/Werbung in der Konsumgüterindustrie

Frage: a) Was ist unter einer indirekten Werbeerfolgskontrolle zu verstehen?
b) Welche Erfolgskriterien besitzen in diesem Zusammenhang eine mögliche Aussagefähigkeit?
Antwort: Vgl. S. 781 bzw. S. 782–785.

Frage: An welche methodischen Voraussetzungen ist der Aufbau eines Gebiets-Verkaufstest gebunden?
Antwort: Vgl. S. 791–793.

Frage: Wie ist das Noreensche Modell als Verfahren der Werbeerfolgsmessung zu bewerten?
Antwort: Vgl. S. 797–799.

Frage: Kennen Sie einige Merkmale der Nahrungs- und Genußmittelindustrie, die die Werbepolitik dieser Branche beeinflussen?
Antwort: Vgl. S. 815–820.

Frage: a) Inwieweit unterscheidet sich die Skala der Produkte in der Nahrungs- und Genußmittelindustrie von anderen Branchen?
b) Welche Konsequenzen ergeben sich daraus für die Werbepolitik?
Antwort: Vgl. S. 817.

Frage: a) Was verstehen Sie unter dem „appetite appeal"?
b) Wie wirkt er sich auf die Gestaltung der Werbung aus?
Antwort: Vgl. S. 818.

Frage: Welche Aufgabe hat die Werbung speziell bei der Propagierung sogenannter dekorativer Kosmetika?
Antwort: Vgl. S. 830.

Frage: Welche besonderen Gesetzmäßigkeiten sind bei der Werbung auf dem Markt für Reinigungsmittel zu beachten?
Antwort: Vgl. S. 833–834.

Frage: Kennen Sie besondere, werberelevante Charakteristika des Verbrauchsguts „Arzneimittel"?
Antwort: Vgl. S. 835.

Frage: Welche Güter zählen nach der Definition des Arzneimittelgesetzes zu den Arzneimitteln?
Antwort: Vgl. S. 836–837.

Frage: Bestehen Beschränkungen hinsichtlich des Einsatzes der absatzpolitischen Instrumente für Apotheker?
Antwort: Vgl. S. 840–841.

Programmierte Fragen 231 bis 241

Fragen aus den Gebieten
Werbeerfolgskontrolle/Werbung in der Konsumgüterindustrie

Frage: a) Was ist unter einer indirekten Werbeerfolgskontrolle zu verstehen?
b) Welche Erfolgskriterien besitzen in diesem Zusammenhang eine mögliche Aussagefähigkeit?
Antwort: Vgl. S. 781 bzw. S. 782–785.

Frage: An welche methodischen Voraussetzungen ist der Aufbau eines Gebiets-Verkaufstest gebunden?
Antwort: Vgl. S. 791–793.

Frage: Wie ist das Noreensche Modell als Verfahren der Werbeerfolgsmessung zu bewerten?
Antwort: Vgl. S. 797–799.

Frage: Kennen Sie einige Merkmale der Nahrungs- und Genußmittelindustrie, die die Werbepolitik dieser Branche beeinflussen?
Antwort: Vgl. S. 815–820.

Frage: a) Inwieweit unterscheidet sich die Skala der Produkte in der Nahrungs- und Genußmittelindustrie von anderen Branchen?
b) Welche Konsequenzen ergeben sich daraus für die Werbepolitik?
Antwort: Vgl. S. 817.

Frage: a) Was verstehen Sie unter dem „appetite appeal"?
b) Wie wirkt er sich auf die Gestaltung der Werbung aus?
Antwort: Vgl. S. 818.

Frage: Welche Aufgabe hat die Werbung speziell bei der Propagierung sogenannter dekorativer Kosmetika?
Antwort: Vgl. S. 830.

Frage: Welche besonderen Gesetzmäßigkeiten sind bei der Werbung auf dem Markt für Reinigungsmittel zu beachten?
Antwort: Vgl. S. 833–834.

Frage: Kennen Sie besondere, werberelevante Charakteristika des Verbrauchsguts „Arzneimittel"?
Antwort: Vgl. S. 835.

Frage: Welche Güter zählen nach der Definition des Arzneimittelgesetzes zu den Arzneimitteln?
Antwort: Vgl. S. 836–837.

Frage: Bestehen Beschränkungen hinsichtlich des Einsatzes der absatzpolitischen Instrumente für Apotheker?
Antwort: Vgl. S. 840–841.

Programmierte Fragen 231 bis 241

Fragen aus dem Gebiet
Werbung in verschiedenen Wirtschaftszweigen

Frage: Auf welcher Grundlage läßt sich eine gemeinschaftliche Werbeaktion (speziell in der Landwirtschaft) finanzieren?
Antwort: Vgl. S. 898–899.

Frage: Welche absatzfördernde Aufgaben können von landwirtschaftlichen Instituten und Ausschüssen übernommen werden?
Antwort: Vgl. S. 900–902.

Frage: Wie sind die Besonderheiten der Handelswerbung gegenüber industriellen Werbeproblemen zu charakterisieren?
Antwort: Vgl. S. 906–910.

Frage: Welche Funktion hat die Werbung der Distributionsstufe in zentralverwalteten Volkswirtschaften?
Antwort: Vgl. S. 907.

Frage: Welche Schlußfolgerungen ergeben sich daraus für die Auswahl der Werbeträger?
Antwort: Vgl. S. 915–916.

Frage: Durch welche Werbeinhalte kann das Verbraucherinteresse an Dienstleistungen des Kreditgewerbes geweckt werden?
Antwort: Vgl. S. 921–922.

Frage: a) Wie ist die Nachfrage- und Angebots-Elastizität in der Verkehrswirtschaft zu beurteilen?
b) Welche speziellen Aufgaben sind daraus für die Werbung abzuleiten?
Antwort: Vgl. S. 932–934.

Frage: Vor welchen besonderen Schwierigkeiten steht die Auslandswerbung in sozialistischen Ländern?
Antwort: Vgl. S. 947–949.

Frage: Von welchen Aspekten muß eine Zielgruppenbildung in der Verkehrswerbung ausgehen?
Antwort: Vgl. S. 954–956.

Frage: Nennen Sie die wichtigsten Informationsquellen, die zur Festlegung eines Reiseziels führen.
Antwort: Vgl. S. 957–958.

Frage: Welche Personenkreise können in der Public-Relations-Werbung grundsätzlich als Zielgruppen unterschieden werden?
Antwort: Vgl. S. 971–976.

Programmierte Fragen 252 bis 262

ACHTES KAPITEL

Besondere Formen der Werbung

Beschaffungswerbung

Von Dr. Günter Petermann, Berlin

I. Die Besonderheiten der Beschaffungswerbung

Im allgemeinen steht die Wirtschaftswerbung im Dienste der Vertriebspolitik der Unternehmung; sie soll eine Abstimmung zwischen der Leistungserstellung des Betriebes und den sich aus den Marktverhältnissen ergebenden Absatzmöglichkeiten herbeiführen. Das bedeutet fast immer, daß im Absatzbereich vorliegende oder erwartete Engpässe beseitigt werden sollen, denn bei normalen wirtschaftlichen Verhältnissen liegt ein Käufermarkt und damit der Wettbewerb der Anbieter vor; der Wettbewerbsdruck der Anbieter gleicher oder für den gleichen Verwendungszweck geeigneter Produkte zwingt den einzelnen Betrieb zum Einsatz absatzpolitischer Mittel. Treibt jede Wirtschaftsstufe eine aktive Absatzwerbung, so scheint eine Beschaffungswerbung auf den ersten Blick überflüssig zu sein. Hier entsteht allerdings die Frage, ob die von der Absatzwerbung der Anbieter gegebenen Informationen für die betriebliche Beschaffungspolitik wirklich a u s r e i c h e n.

Die Absatzwerbung ist ein Mittel zur Realisierung der Absatzziele der werbenden Unternehmung. Dieses Mittel führt nicht zwangsläufig zu einer vollständigen Information aller potentiellen Nachfrager. Einerseits kann angesichts der Werbekosten, die bei gegebenem Werbeziel nur in gewisser Höhe wirtschaftlich vertretbar sind, der Kreis der Zuumwerbenden nicht allzu weit gespannt werden, andererseits unterliegen die vermittelten Informationen einer einseitigen Auswahl im Hinblick auf das absatzpolitische Ziel: die den Verkauf fördernden Informationen rücken in den Vordergrund.

Für den Kaufinteressenten ergibt sich daraus, daß er durch die Absatzwerbung – wie durch andere vertriebspolitische Maßnahmen der Anbieter – nur eine lückenhafte Kenntnis über die Werbeobjekte erhält. Infolge der ungleichen Werbeanstrengungen der konkurrierenden Anbieter läßt sich auch keine objektive Übersicht über die gesamte Angebotslage bei den relevanten Gütern erreichen. Die A b s a t z w e r b u n g d e r A n b i e t e r erweist sich dann für die betriebliche Beschaffungspolitik als u n z u r e i c h e n d, wenn es notwendig ist,
1. die Lieferanten eines bestimmten Gutes möglichst vollständig zu erfassen und/oder
2. möglichst lückenlose Aussagen über alle positiven und negativen Eigenschaften des Beschaffungsgutes zu erhalten.

Dabei besteht eine enge Beziehung zur Beschaffungsmarktforschung*)[1]), die ihrerseits feststellt, wieweit noch Angaben über Lieferanten oder Produkteigenschaften und -preise fehlen.

Eine vom EMNID-Institut für industrielle Markt- und Werbeforschung Dr. K. H. Strothmann KG, Hamburg, bei 500 einkaufsentscheidenden Fachleuten durchgeführte Repräsentativ-Erhebung ergab, daß mehr als die Hälfte der Unternehmen sich bei der Einholung von Angeboten nur an bekannte oder befreundete Lieferanten wandte; ein großer Teil der Auftraggeber (46 %) verzichtete auf genauere Informationen, weil sie sich schon vorher für ein bestimmtes Gut entschieden hatten[2]). Mit Recht äußert sich Strothmann hierzu kritisch, denn Beschaffungsentscheidungen ohne ausreichende Angebotsorientierung sind oft gleichbedeutend mit dem Verzicht auf günstigste Bezugsmöglichkeiten.

Im Interesse einer rationalen Beschaffungspolitik muß daher ein genügend **weit gezogener Kreis** von Lieferanten **zur Abgabe von Informationen veranlaßt** werden. Derartige mündliche, fernmündliche oder schriftliche Anfragen bei Lieferanten bilden bereits eine Form der Beschaffungswerbung, wobei sicherlich – ebenso wie bei der Absatzwerbung – die Grenzen zwischen dem Nachrichtenaustausch durch Gespräch oder Korrespondenz und der eigentlichen Beschaffungswerbung fließend sind. Es erscheint aber als gerechtfertigt, in der Einholung von Informationen für einkaufspolitische Zwecke eine Maßnahme der Beschaffungswerbung zu sehen, auch wenn die einschlägige Literatur diese begriffliche Beziehung bisher nicht kennt.

Im Gegensatz zur Absatzpolitik, die auf den Vertrieb eines Fabrikates oder einer begrenzten Gruppe von Fertigerzeugnissen ausgerichtet ist, wirkt die Beschaffungspolitik infolge der Vielfalt und Unterschiedlichkeit der Einsatzgüter kompliziert. Neben Roh-, Hilfs- und Betriebsstoffen sowie Fertigwaren müssen dem Bezugsmarkt oft auch langfristige Anlagegüter entnommen werden. Obwohl das Schrifttum im allgemeinen den Beschaffungsbegriff nur mit den genannten Materialien, Waren und Anlagegütern verbindet, soll er hier auf **alle für die betriebliche Leistungsherstellung notwendigen Einsatzgüter** erweitert werden. Zum Aktionsbereich der Beschaffungswerbung gehört daher auch die Bereitstellung von Arbeits- und Dienstleistungen sowie von Kapital.

Beschaffungswerbung und Absatzwerbung sind nicht nur durch ihre Wirkungsrichtung auf einander entgegengesetzte Märkte gekennzeichnet, sondern es liegt ein unterschiedlicher Umfang der zu lösenden Aufgaben vor. Während die Absatzwerbung bezweckt, auf den Kaufentschluß der Kunden einzuwirken, steht die Beschaffungswerbung in Zusammenhang mit den Kaufentscheidungen des werbenden Unternehmens selbst; sie muß daher nicht nur Daten über die Lieferbereitschaft aller in Frage kommenden Anbieter, sondern vor allem **detaillierte Informationen** für eine rationale Beschaffungsentscheidung liefern.

Damit sei die Beschaffungswerbung definiert als „zwangsfreie Einwirkung auf Personen durch bestimmte Kommunikationsmittel mit dem Ziel, sie zur Mitteilung von Informationen über in ihrem Verfügungsbereich befindliche Einsatzgüter und deren Lieferung (Bereitstellung) zu bewegen[3]".

---

*) Die im Text laufend numerierten Quellenangaben sind am Schluß des Aufsatzes zitiert.

II. Die beschaffungswirtschaftlichen Daten und Probleme

Es wurde schon angedeutet, daß der Betrieb für den Betriebsprozeß in der Regel nicht nur eine Kategorie von Einsatzgütern benötigt, sondern daß er auf den Bezug differenzierter Güter von verschiedenen Märkten angewiesen ist. Während bei vielen Waren keine besonderen Beschaffungsprobleme auftreten, weil entweder Käufermärkte bestehen oder Beschaffungsengpässen durch Substitutionsmöglichkeiten ausgewichen werden kann, ergeben sich bei knappen Einsatzfaktoren von ausgewählter Qualität mitunter Bezugsschwierigkeiten, denen nur mit intensiver Beschaffungswerbung begegnet werden kann. Das gilt für die Gewinnung von Führungskräften und Fachpersonal sowie für den Erwerb standortgünstiger Grundstücke und Betriebsräume; hier sind spezielle Aufgaben der Beschaffungswerbung zu lösen. Diese Ausführungen zeigen, daß die Beschaffungswerbung oft mit Hilfe der Beschaffungsmarktforschung – nach einzelnen Teilmärkten (Rohstoff-, Investitionsgüter-, Arbeits-, Dienstleistungs- und Kapitalmarkt) getrennt – durchzuführen ist. Häufig finden derartige Erhebungen der Einkaufs-, Personal- oder Finanzabteilung ohnehin auf Initiative statt, so daß sich die Beschaffungswerbung ihrer bedienen kann. Da die Werbemaßnahmen im konkreten Falle von der Qualitätsanforderung, der Dringlichkeit des Bedarfs, der Beschaffungsfrequenz, der Menge und dem Wert der Bestellung und schließlich auch von der Genauigkeit und Stabilität der im Beschaffungsplan enthaltenen Fakten beeinflußt werden, seien nunmehr die hierbei wesentlichen Gesichtspunkte erörtert. Dabei wird es zweckmäßig sein, zwischen betrieblichen Einflußgrößen und Marktdaten zu unterscheiden.

Durch das betriebliche Produktions- und Absatzprogramm, das Fertigungsverfahren sowie durch die Lager-, Investitions-, Personal- und Finanzierungspolitik werden auch das Beschaffungsprogramm und die Beschaffungspolitik mitbestimmt. Der letztgenannte Bereich hat in der Regel über die optimale Bestellmenge[4]) zu entscheiden.

Da es schließlich vom Absatzmarkt abhängt, wieweit die aus den beschafften Einsatzgütern hergestellten Erzeugnisse und Leistungen in den geplanten Mengen rentabel verwertet werden können, bestimmen die Absatzverhältnisse, ob Beschaffungspolitik und -werbung gegebenenfalls zu revidieren sind. Daher liefert die Absatzmarktforschung nicht nur dem Vertrieb, sondern auch der Beschaffungswerbung wesentliche Anhaltspunkte.

Die Struktur des Beschaffungsmarktes bestimmt die Auswahlmöglichkeiten und den Verhandlungsspielraum gegenüber den Lieferanten; auf die Auswirkungen eines Käufermarktes wurde bereits hingewiesen. Selbstverständlich haben die charakteristischen Besonderheiten der verschiedenen Güter- und Leistungskategorien (Wert, Transport und Transportkostenempfindlichkeit, Standardisierungsgrad) Einfluß auf die Beschaffungspolitik und -werbung. Einen Sonderfall bildet der Kapitalmarkt wegen der Interdependenz zwischen betrieblichem Güterbedarf und Unternehmensfinanzierung, denn die für das Güterbeschaffungsprogramm erforderlichen finanziellen Mittel müssen unter Berücksichtigung der betrieblichen Liquidität am Kapitalmarkt aufgenommen werden; sofern dieser Markt den Betrieb nur unzureichend versorgen kann, wird er zum Minimumsektor und erzwingt Einschränkungen in der Beschaffung von Realgütern. Die innerbetrieblichen Daten der Beschaffungswerbung lassen sich mit den für die Beschaffungspolitik gültigen Bedingungen weitgehend gleichsetzen. Auch die Marktdaten haben ähnliches Gewicht für diese beiden Bereiche; für die Beschaffungswerbung kommt jedoch die Notwendigkeit hinzu, sich auf die psychischen Besonderheiten der Umworbenen einzustellen.

Zum Aufgabenbereich der Beschaffungswerbung gehört – wie erwähnt – die Gewinnung von Marktdaten. Neben der Feststellung der Auswahl der möglichen Bezugsquellen interessieren Qualität und Preis sowie gegebenenfalls die Lieferkapazität. Wesentlich sind auch die räumliche Entfernung zu den Lieferanten und die Bezugs- und Zahlungsbedingungen. In engem Zusammenhang damit stehen die Konkurrenzverhältnisse zwischen den Anbietern.

Zur Messung des **wirtschaftlichen Erfolges** der Beschaffungswerbung sind die dafür aufzuwendenden Kosten mit ihrem Ertrag zu vergleichen. Dieser Ertrag drückt sich als Ersparnis im Einstandspreis der Beschaffungsgüter (Bezugskosten und Beschaffungspreis) und als mögliche Senkung der Fertigungskosten bei qualitativ besser geeigneten Einsatzgütern sowie als mögliche Absatzpreiserhöhung infolge verbesserter Qualität des Fertigproduktes aus. Der Sachverhalt kann algebraisch wie folgt verdeutlicht werden:

Bezeichnet man

die Kosten der Beschaffungswerbung mit k_b,
den **ohne** Beschaffungswerbung erreichten Einstandspreis mit P_e,
den **mit** Beschaffungswerbung erreichten Einstandspreis mit $\overline{P_e}$,
die **ohne** Beschaffungswerbung erreichten Fertigungskosten mit k_f,
die **mit** Beschaffungswerbung erreichten Fertigungskosten mit $\overline{k_f}$,
den **ohne** Beschaffungswerbung erreichten Erlös mit e und
den **mit** Beschaffungswerbung erreichten Erlös mit $\overline{e}$,
den **ohne** Beschaffungswerbung erreichten Gewinn mit g,
den **mit** Beschaffungswerbung erreichten Gewinn mit $\overline{g}$,

dann gilt als Bedingung für die Wirtschaftlichkeit der Beschaffungswerbung:

$$k_b < \underline{P_e} - \overline{P_e} + \underline{k_f} - \overline{k_f} + \overline{e} - \underline{e}.$$

Wenn der Einfluß der Beschaffungswerbung auf Einstandspreis, Fertigungskosten und Erlös nicht detailliert verfolgt wird, also die von Beschaffungsmarkt, Betriebsprozeß und Absatzmarkt ausgehenden Wirkungen vernachlässigt werden, sondern allein auf den Gewinn als Gesamteffekt abgestellt werden soll, dann lautet die Bedingung einfach

$$k_b < \overline{g} - \underline{g}.$$

III. Beschaffung und Beschaffungswerbung

Der Bezug von **Roh-, Hilfs- und Betriebsstoffen** vollzieht sich im allgemeinen auf Grund langfristiger Geschäftsbeziehungen, so daß dann auf besondere Maßnahmen der Beschaffungswerbung häufig verzichtet wird. Allerdings besteht dabei die Gefahr, daß neue, günstigere Einkaufsmöglichkeiten übersehen werden. Nur bei gestörten wirtschaftlichen Verhältnissen wie in Krisenzeiten oder bei schwierigen Bezugsbedingungen, wenn für bestimmte Vorhaben bisher nicht verwendete Stoffe notwendig sind, kommt es auf diesem Gebiete zu verstärkter Aktivität.

Besonders ausgeprägt finden wir die Beschaffungswerbung im Aufkaufhandel; insbesondere **Gebrauchtwarenhändler** (mit Antiquitäten, Maschinen, Einrichtungsgegenständen) bemühen sich oft durch Zeitungsinserate und Postwurfsendungen um den Bezug ihrer Waren.

Beschaffungswerbung

Beim Kauf hochwertiger I n v e s t i t i o n s g ü t e r werden erhebliche finanzielle Mittel verausgabt; das Risiko von Fehlinvestitionen infolge mangelnder Eignung solcher Güter oder ihrer zu hohen Preise macht die Beschaffungswerbung notwendig. Zu einer Existenzfrage kann das Beschaffungsproblem werden, wenn ein Unternehmen Betriebsräume an einem bestimmten Standort benötigt; die Beschaffungswerbung vollzieht sich dann in Gestalt von Inseraten in Fachzeitschriften und Zeitungen oder durch Anfragen bei Fachverbänden, Industrie- und Handelskammern oder Behörden.

Erhebliche Bedeutung hat die Beschaffungswerbung für die Gewinnung von A r b e i t s k r ä f t e n, wenn die Arbeitsämter für bestimmte Berufsgruppen keine Bewerber nachweisen können. Dann finden wir in regionalen und überregionalen Zeitungen und Zeitschriften Anzeigen, in denen die zu besetzenden Positionen beschrieben und die einzureichenden Unterlagen genannt werden. (Vor einigen Jahren durchgeführte Erhebungen erwiesen, daß 6,6 % der gesamten britischen Werbeausgaben auf Stelleninserate entfielen. Besonders gute Werbeerfolge bei der Arbeitskräftebeschaffung erzielte man im britischen Fernsehen; ein Spot erbrachte bis zu 200 Bewerbungen[5].) Manche Betriebe wenden sich an Fachschulen, Akademien und Universitäten und versuchen dort durch ausgehängte Stellenangebote, Plakate oder Broschüren geeignete Nachwuchskräfte zu werben. Neugegründete Betriebe bemühen sich, in der näheren Umgebung – zum Beispiel durch Handzettel – ihren Personalbedarf zu decken. Bei diesen Maßnahmen ergänzen sich Werbung und betriebliche Arbeitsmarktforschung[6]).

Bei gewissen Funktionen empfiehlt es sich, fremde Dienstleistungsfirmen einzuschalten. Es handelt sich hierbei häufig um Verrichtungen, die langfristig und aperiodisch auftreten oder um laufende Aufgaben, für die besonderes Fachwissen, ergänzt durch überbetriebliche Erfahrungen, erforderlich ist. Es wäre in solchen Fällen unzweckmäßig oder gar unmöglich, die Bearbeitung im Betrieb selbst vorzunehmen. So werden zum Beispiel Handwerksbetriebe für Reparatur- und Wartungsleistungen oder Rechtsanwälte für die Vertretung vor Gericht eingeschaltet. Diese Reihe läßt sich mit dem Hinweis auf Hausverwaltungen, Handelsvertreter, Steuerberater usw. fortsetzen. Für eine sorgfältige Auswahl derartiger Dienstleistungsbetriebe bieten Inserate in Tageszeitungen und Fachzeitschriften sowie schriftliche, fernmündliche oder persönliche Anfragen geeignete Möglichkeiten der Beschaffungswerbung.

Ein anderes „Beschaffungsgut" ist das K a p i t a l. Auch seine Bereitstellung macht den Kontakt zum Markt mit Hilfe der Beschaffungswerbung notwendig. Fremdfinanzierung durch Emission von Obligationen und Pfandbriefen wie auch die Eigenfinanzierung im Wege der Ausgabe von Aktien sind begleitet von „Prospekten" in den einschlägigen Publikationsorganen. Auch Personengesellschaften und Einzelunternehmen wenden sich durch Inserate in Fachzeitschriften und Tageszeitungen an Kapitalgeber, um sie als Kreditgeber oder Teilhaber zu interessieren.

Im Zeichen eines verstärkten Wettbewerbes zwischen den Kreditinstituten werben auch Sparkassen und Banken um Kapitaleinleger. Das gilt besonders, seitdem das Bundesaufsichtsamt für das Kreditwesen den Spitzenverbänden mitgeteilt hat, daß ein staatlich sanktioniertes Wettbewerbsabkommen aus dem Jahre 1936 ersatzlos aufgehoben worden ist[7]). Zu den vorher schon üblichen Maßnahmen – etwa durch die Errichtung von Filialen – trat nunmehr die direkte Werbung um den Kapitaleinleger. Die „Schaufensterwerbung" der Filialen wurde durch attraktive Sparprogramme, durch Insertionswerbung und Werbebriefe ergänzt.

Schließlich bleibt noch zu prüfen, wie weit es im Rahmen des Haushaltsplanes und der Bedarfsdeckung der K o n s u m e n t e n zu wirtschaftlichen Aktionen kommt, die der

Beschaffungswerbung zuzuordnen sind. Sicherlich überläßt der Verbraucher die Initiative der Marktinformation und Warendarbietung dem Anbieter, der sich mit Hilfe seines absatzpolitischen Instrumentariums bemüht, Kaufentscheidungen auszulösen. Das gilt in der Hauptsache für den laufenden Bedarf, aber auch für weite Bereiche der längerfristig zu deckenden Bedarfe[8]). Wenn jedoch der Beschaffungsmarkt für bestimmte Güter und Leistungen dem Konsumenten nicht in ausreichendem Maße die für den Kauf wesentlichen Informationen über Bezugsquellen, Liefer- und Zahlungsbedingungen, Beschaffenheit und Preis der Ware bietet, ist der Verbraucher genötigt, von sich aus Beschaffungswerbung zu treiben. Sammler von Briefmarken, Kunstgegenständen usw. versuchen durch Inserate und schriftliche Anfragen Kaufmöglichkeiten zu erkunden. Die „kleinen Anzeigen" in Tageszeitungen und Zeitschriften sowie Aushänge an Zeitungskiosken und in Ladengeschäften repräsentieren die Beschaffungswerbung des privaten Haushalts in ihrer ganzen Vielfalt. Neben Inseraten, die sich auf den Kauf von Gebrauchtwaren (Schmuck, Kraftfahrzeuge, Möbel und Haushaltsmaschinen) oder auf Wohnungen oder Grundstücke beziehen, finden sich hier auch Stellenangebote für Hauspersonal und Aufträge für handwerkliche oder freiberufliche Dienstleistungen.

Quellenangaben:

[1]) Vgl. RKW: Leitfaden für die industrielle Beschaffungsmarktforschung mit Beispiel, Frankfurt/M. 1967.
[2]) Vgl. Strothmann, Karl-Heinz: Marktorientierung im Beschaffungswesen, Frankfurt/M., Berlin 1967, S. 17 f.
[3]) Vgl. hierzu auch die Definition der Absatzwerbung bei Behrens, Karl Chr.: Absatzwerbung, Wiesbaden 1963, S. 12. ff.
[4]) Vgl. Pack, Ludwig: Optimale Bestellmenge und optimale Losgröße. Zu einigen Problemen ihrer Ermittlung, Wiesbaden 1964, S. 32 ff., und Weiss, Kurt: Die wirtschaftliche Bestellmenge. In: Zeitschrift für betriebswirtschaftliche Forschung, Heft 6, Juni 1967, Köln und Opladen, S. 381 ff. Allerdings bleiben dort zusätzliche Maßnahmen der Beschaffungswerbung außer Betracht.
[5]) Vgl. o. V.: Stellenangebote im Fernsehen. In: die absatzwirtschaft, Nr. 20, Oktober 1964, Düsseldorf, S. 1282.
[6]) Vgl. hierzu Rippel, Kurt: Betriebliche Arbeitsmarktforschung, Baden-Baden und Bad Homburg v. d. H. 1967.
[7]) Vgl. o. V.: Aufwertung des Sparers. In: Der Tagesspiegel, Nr. 6761 v. 5. 12. 67, S. 13.
[8]) Vgl. Matthews jr., John B., Buzzell, Robert D., Levitt, Theodore, Frank, Ronald E.: Marketing, an introductory Analysis, New York, San Francisco, Toronto, London 1964, S. 51.

Literatur:

Rippel, Kurt: Betriebliche Arbeitsmarktforschung, Baden-Baden und Bad Homburg v. d. H. 1967.

RKW: Leitfaden für die industrielle Beschaffungsmarktforschung mit Beispiel, Frankfurt/M. 1967.

Scherhorn, Gerhard: Information und Kauf, Köln und Opladen 1964.

Strothmann, Karl-Heinz: Marktorientierung im Beschaffungswesen, Frankfurt/M., Berlin 1967.

Uhr, Dieter: Psychologische Probleme der Personalwerbung. In: Der Arbeitgeber, 13. Jg., H. 17 v. 5. 9. 61.

Zankl, H.-L.: Werbeleiter-Handbuch, München 1966.

Public Relations

Von Dr. Hanno Müller, St. Gallen/Schweiz

Einleitung

Unter Public Relations verstehen wir eine umfassende Tätigkeit, die Gesamtheit aller Bestrebungen, die darauf gerichtet sind, das Ansehen einer einzelnen Unternehmung, einer Branche, eines Wirtschaftszweiges oder einer Behörde zu heben. Indirekt profitieren von dieser Werbung um Vertrauen und Verständnis auch die Produkte und Dienstleistungen des Veranstalters, wobei hervorzuheben ist, daß die Public Relations direkt nichts mit Absatzwerbung zu tun haben. Public Relations bedeuten vielmehr die Information der Öffentlichkeit über die Zielsetzungen, Leistungen und die soziale Aufgeschlossenheit privater Unternehmungen oder staatlicher Stellen. Diese Tätigkeit unterscheidet sich von den Human Relations durch die Zielsetzung. Public Relations haben die Beziehungen zu einer mehr oder weniger breiten Öffentlichkeit zum Gegenstand, während Human Relations sich vorwiegend mit den Beziehungen zwischen Unternehmungsleitung und Arbeitnehmern und der Arbeiter unter sich befassen. Es besteht jedoch eine ständige Wechselwirkung zwischen diesen Teilgebieten, denn ein gutes Betriebsklima bildet eine der wesentlichen Voraussetzungen für erfolgversprechende Public Relations. In diesem Sinne muß die „freie Übersetzung" „Tue Gutes und rede davon" verstanden werden. Echte Public Relations bedeuten nicht nur Information, sondern beginnen mit einem Verhalten, das die Öffentlichkeit als vernünftig und richtig ansieht. Zusammenfassend gilt, daß unter Public Relations „die Pflege der öffentlichen Meinung" verstanden wird.

Die Public Relations sind der Betriebswirtschaft zuzuordnen. Da die Public Relations Botschaften an eine unbestimmbare Menschenmenge sind, gelten für sie die Erkenntnisse der Soziologie, der Psychologie, der Werbelehre und auch der Volkswirtschaftslehre.

1. Die öffentliche Meinung

Die öffentliche Meinung ist die Gesamtheit von Ansichten, Wünschen und Vorstellungen der Masse, wobei diese nicht als uniforme, gleichgerichtete Einheit zu betrachten, sondern in Gruppen aufgegliedert ist. Die Unterscheidungsmerkmale der in diesem Zusammenhang relevanten Bevölkerung lassen sich aufteilen nach Geschlecht, Alter, Beruf,

Bildung, Einkommen, Selbständigkeitsgrad im Beruf usw. Die öffentliche Meinung setzt sich also aus den Ansichten einer Mehrzahl einer bestimmten Gruppe zusammen. Je nach dem zur Diskussion stehenden Problem können sich Querverbindungen zu Ansichten der einzelnen Gruppen ergeben. Es zeigt sich ferner, daß die Meinungen einzelner Gruppen über bestimmte Probleme leichter oder weniger leicht durch äußere Einflüsse verändert werden können. Der Meinung bestimmter Bevölkerungsgruppen kommt in der Regel erhöhte Bedeutung zu, sie sind weniger leicht zu beeinflussen, und gleichzeitig stellen sie an die Qualität der Informationsmittel höhere Ansprüche. Bei der Durchführung der Public-Relations-Arbeit werden daher die den jeweiligen Bevölkerungsgruppen entsprechenden Kommunikationsmittel eingesetzt und differenziert abgestimmt.

2. Abgrenzung der Public Relations zur Werbung

Während bei der Werbung die Auslösung einer bestimmten wirtschaftlichen Handlung, meistens eines Kaufaktes, das Ziel bildet, geht es bei den Public Relations um die Weckung von Verständnis, Wohlwollen und Vertrauen. Werbung und Public Relations fließen allerdings oft ineinander über, und da sie sich in vielen Fällen der gleichen Werbeträger bedienen, bereitet es Mühe, eine scharfe Begriffstrennung vorzunehmen. Der Schwerpunkt der Public Relations liegt bei der Information. Auch die Werbung will und muß informieren; sie ist zweckgebunden und auf den Kaufakt abgestellt. Die Public-Relations-Information ist einerseits umfassender und andererseits auf die Schaffung von Goodwill oder auf ein günstiges Image der Unternehmung ausgerichtet. Bei der Öffentlichkeit liegt stets ein Informationsbedürfnis vor. Ebenso haben die Informationsträger dauernd Interesse daran, Informationen zu erhalten und sie weiterzuleiten. Aus dieser Interessenlage ergibt sich die Problematik der Public Relations und der Werbetätigkeit. Sehr deutlich wird dies am Beispiel der Presse. Public-Relations-Informationen werden von den Redaktionen ohne Bezahlung aufgenommen. Auf den Verkauf eingestellte Informationen können dagegen nur in Form bezahlter Inserate vermittelt werden. Man erliegt nun allzu leicht der Versuchung, den Schluß zu ziehen, daß alles, was in der Presse erscheint und nicht bezahlt zu werden braucht, unter den Begriff der Public Relations falle, während umgekehrt alle bezahlten Anzeigen mit Werbung gleichzusetzen seien. Dieser Trugschluß hat zum Begriff der „Schleichwerbung" geführt, der besagt, daß versucht wird, in Public-Relations-Informationen Werbeideen einzustreuen.

Eine enge Beziehung zwischen Public Relations und Werbung ergibt sich auch aus dem bildhaften Vergleich, daß mit Hilfe der Public Relations der Ackerboden bearbeitet wird, auf dem die Saat der Werbung aufgehen soll.

3. Der Public-Relations-Plan

Wohl jedes Unternehmen wird versuchen zu erreichen, daß seine Umgebung sich positiv zu ihm einstellt. Die meisten Unternehmungen sind vom Wohlwollen bestimmter Personengruppen und Behörden abhängig und daher darauf angewiesen, zwischenmenschliche Probleme zu lösen. Früher nannte man das, was heute mit Public Relations bezeichnet wird, die „Pflege des guten Rufes". In neuerer Zeit sind die Umweltbeziehungen der Unternehmungen außerordentlich ausgeweitet worden, und umgekehrt hat die technische Verbesserung der Kommunikationsmittel zu einer umfassenden Planung und Programmierung der Public Relations geführt, und zwar schon im Hinblick darauf, daß die verschiedenen Gesellschaftsgruppen nur mit Hilfe eines wohldurchdachten Planes in gewünschter Weise beeinflußt werden können.

Zum Public-Relations-Plan gehört grundsätzlich die Schaffung guter Beziehungen zu den Aktionären und möglichen künftigen Geldgebern, zu den Kunden und den Lieferanten, sowie zu den die Meinung dieser Kreise beeinflussenden Personen. Wir können diese Beziehungen unter den Begriff der „privatwirtschaftlichen Beziehungspflege" zusammenfassen. Ein wesentlicher Teil des Public-Relations-Planes besteht in der Schaffung guter Beziehungen zu staatlichen Instanzen, öffentlich-rechtlichen Körperschaften, Verbänden und Handelskammern. Die zweite Gruppe können wir in diesem Falle unter den Begriff der Beziehungspflege zur öffentlichen Hand und deren Ordnungselementen einordnen. Infolge der zunehmenden Eingriffe staatlicher Instanzen in das Wirtschaftsleben und der steigenden Abhängigkeit der privaten Unternehmungen vom Wohlwollen der Behörden und einzelner ihrer Mitglieder erhält dieser Teil der Public-Relations-Arbeit immer stärkeres Gewicht.

Innerhalb des Public-Relations-Planes, in dem zunächst die anvisierten Ziele festgelegt werden, müssen wir ein Programm aufstellen, um die höchste Effizienz der Public-Relations-Arbeit zu erreichen. Hierunter fällt unter anderem die zeitliche und organisatorische Programmierung der zur Verfügung stehenden Informationsträger, wie zum Beispiel:

1. Presse (Tageszeitungen, Zeitschriften, Fachblätter)
2. Rundfunk
3. Dokumentarfilm
4. Fernsehen
5. eigene regelmäßige Publikationsorgane
6. Jubiläumsschriften
7. Jahresberichte.

4. Einordnen der Public Relations in die Betriebsorganisation

Mit Rücksicht auf die Bedeutung der Public-Relations-Tätigkeit und im Interesse inhaltlich wahrheitsgetreuer Informationen muß die planende Stelle der obersten Leitung angehören. Sie trägt auch die Verantwortung für die Public-Relations-Tätigkeit und kontrolliert laufend – im Rahmen des Möglichen – den angestrebten Erfolg. Ob eine Person allein mit der Public-Relations-Arbeit beauftragt wird, ob ein außenstehender Berater hinzugezogen wird oder ob die Unternehmungsleitung diese Aufgabe selbst in die Hand nimmt, hängt davon ab, wie groß der Betrieb ist. Mitbestimmend sind auch die zur Verfügung stehenden finanziellen Mittel und die Möglichkeit, geeignete Leute für diese verantwortungsvolle Aufgabe zu finden.

5. Public Relations und Aktionäre

Da der Aktionär durch das Zurverfügungstellen des Kapitals ein legitimes Interesse am Stand und an den Entwicklungsmöglichkeiten der Unternehmung hat, kommt der Beziehungspflege zu ihm erstrangige Bedeutung zu. Bei steigendem Kapitalbedarf muß der Blick auch auf potentielle Geldgeber gerichtet werden.

Mit den Public Relations gegenüber den Aktionären wird versucht, Verständnis für die Probleme der Geschäftsleitung zu wecken. Ferner haben sie die Förderung und Erhaltung der Loyalität und des Vertrauens in die Richtigkeit der eingeschlagenen Geschäftspolitik zum Gegenstand. Diese Ziele werden dadurch erreicht, daß man dem Aktionär die Überzeugung vermittelt, es handle sich um sein eigenes Unternehmen. Ferner muß er rechtzeitig über neue Produktionsentwicklungen und über die gegenwärtige Marktlage orientiert werden; darüber hinaus muß ihm das Gefühl der Sicherheit vermittelt werden. Für die Beziehungspflege zu den Aktionären stehen zur Verfügung:

1. Der Jahresbericht

Er gibt Aufschluß über die Geschäftstätigkeit und die finanzielle Lage, soll auch die zukünftigen Entwicklungen aufzeichnen und muß so klar sein, daß keine Rückfragen nötig sind.

2. Die Generalversammlung

Bereits die Einladung zur Generalversammlung ist ansprechend zu gestalten. Die Versammlung selbst muß attraktiv aufgemacht werden, damit viele Aktionäre kommen. Die Geschäftsleitung muß in der Lage sein, auf alle Fragen lückenlos Antwort zu geben.

3. Zwischenberichte

Entweder in bestimmten Abständen oder anläßlich besonderer Ereignisse können dem Aktionär spezielle Berichte zugeleitet werden. Es ist besonders darauf zu achten, daß der Aktionär über alle ihn interessierenden Vorgänge informiert wird, bevor er von Außenstehenden eventuell entstellte Nachrichten erhält. Der Aktionär bildet ein wesentliches Bindeglied für die „Von-Mund-zu-Mund"-Public-Relations.

4. Korrespondenz

Persönliche Anfragen der Aktionäre sind mit aller Sorgfalt zu behandeln. Jeder einzelne Brief soll die Unterstützungsbereitschaft stimulieren. Neue Aktionäre sind freundlich zu begrüßen und durch Aushändigung einer Dokumentation in das Wesen der Unternehmung einzuführen.

5. Vorzugsofferten

Konsumartikel herstellende Betriebe sollten ihre Erzeugnisse den Aktionären zu Vorzugspreisen anbieten. Von der Entwicklung neuer Produkte sind die Aktionäre zu informieren.

6. Dokumentationsmaterial

Da die Werbung die Lebendigkeit der Geschäftstätigkeit veranschaulicht, sind dem Aktionär neue Prospekte, Inserate und andere Werbemittel laufend zuzuleiten.

7. Betriebsbesichtigungen und Spezialveranstaltungen

Betriebsbesichtigungen durch Aktionäre sind auf ihre speziellen Interessen abzustimmen. Dokumentarfilmvorführungen und Ausstellungen geben über die Tätigkeit des Unternehmens Aufschluß. In Verbindung mit der Generalversammlung werden oft gesellige Veranstaltungen durchgeführt.

6. Public Relations und Kunden

Die Kunden zu informieren, ihr Verständnis für das Unternehmen zu wecken und sie in seine Probleme einzuführen, ist ein Teil der Public-Relations-Tätigkeit, der nahe Berührung zur Verkaufswerbung aufweist, insbesondere wenn sie sich an eine unbestimmte Zahl von Personen richtet.

Grundlegend für eine an Kunden gerichtete Public-Relations-Aktion ist ihre Einteilung in Kundenkreise (Grossisten, Detaillisten, Konsumenten). Die Kunden sind ferner nach Geschlecht, Alter, nach der Art des Produktes, der Dienstleistung oder nach anderen Kriterien zu gliedern.

Je intensiver die Public-Relations-Tätigkeit gegenüber der Kundschaft gepflegt wird und je mehr sie auf Gegenseitigkeit ausgerichtet ist, desto bessere Informationen erhält das Unternehmen aus Kundenkreisen. Zur „Kundenpflege" gehören:

1. Korrespondenz und Telefon

   Daß der Briefwechsel und Telefongespräche in gewinnendem Tone zu führen sind, ist an sich selbstverständlich, vor allem ist darauf zu achten, daß auch Reklamationen, bei denen die Kunden die Schuld trifft, zuvorkommend behandelt werden.

2. Publizitätsmittel

   Hier kommen in Frage: Presse, Rundfunk, Fernsehen, Broschüren, Dokumentarfilme usw. Der Einsatz dieser Mittel setzt genaue Kenntnis der geographischen Verbreitung der Kundschaft voraus.

   Der Presse kommt im Rahmen dieser Betrachtungen erhöhte Bedeutung zu, da sie mit ihren festumrissenen Leserkreisen am ehesten regionale Informationsbedürfnisse befriedigen kann. Schaffung und Erhaltung guter Beziehungen zur Prese sind daher erstes Gebot der Public-Relations-Tätigkeit. Den Publizitätsorganen sind allgemein interessierende Nachrichten zu übermitteln, wie zum Beispiel Ergebnisse von Forschungsarbeiten, Berichte über die Entwicklung neuer Erzeugnisse, über Betriebsvergrößerungen, besondere Leistungen, Arbeitsverträge und neue Einrichtungen, die der Wohlfahrt der Betriebsangehörigen dienen.

   Zur Politik der offenen Tür gehört auch die Pflege des persönlichen Kontaktes zu den maßgebenden Presseleuten. Pressekonferenzen dienen der Behandlung allgemein interessierender Ereignisse. Bei allen Kontakten mit Pressevertretern wird der Betrieb darauf bedacht sein müssen, ihnen ihre Arbeit zu erleichtern, z. B. durch Aushändigung von Fotomaterial. Ein regelmäßiger Pressedienst ist nur dann zu empfehlen, wenn er durch die Häufung von Ereignissen (z. B. Neuentwicklungen) gerechtfertigt ist. Pressedienste werden zweckmäßigerweise oft nicht vom Unternehmen selbst organisiert, sondern von Wirtschaftsgruppen, Verbänden oder speziell für eine Branche geschaffenen Instituten.

3. Besondere Dienstleistungen

   Hierunter fallen die Kundendienste jeglicher Art, die über das Maß der Bedürfnisbefriedigung durch Warenlieferungen hinausgehen, z. B. Aufklärungsschriften, die der Kunde an seine Abnehmer weitergeben kann. Manchmal kommen auch Dienstleistungen in Betracht, die der persönlichen Wohlfahrt der prospektiven Kunden oder der Allgemeinheit dienen, wie z. B. der Mittagstisch in betriebseigenen Kantinen, Betriebssportplätze und Einrichtungen ähnlicher Art.

4. Werkbesichtigungen

   Die Werkbesichtigungen dienen in erster Linie dazu, auf die Bestrebungen der Geschäftsleitungen hinzuweisen, Produktion oder Dienstleistungen dem neuesten Stand der Technik anzupassen. Werkbesichtigungen bilden eine gute Gelegenheit zu beweisen, daß den Anforderungen der Hygiene, der Unfallverhütung u. a. m. entsprochen wird.

5. Trainingskurse

   Betriebsangehörige, die regelmäßig mit Kunden in Berührung kommen, werden durch spezielle Kurse auf ihre Aufgabe vorbereitet. So sollen die Telefonistinnen und das Empfangspersonal eine einwandfreie Sprechtechnik und höfliche Umgangsformen beherrschen.

6. Empfangsräume

Der Kunde, der einen Betrieb betritt, formt seine Meinung über das Unternehmen unter anderem auf Grund des Eindruckes, den die Geschäftsräume auf ihn machen. Schlichte Zweckmäßigkeit ist einer Zurschaustellung von Prunk vorzuziehen. In diesem Zusammenhang ist auch auf die gärtnerische Gestaltung der Umgebung der Werkanlagen hinzuweisen. Auch der Wagenpark und die Chauffeure müssen einen angenehmen Eindruck hinterlassen.

7. Jahresbericht

Einem ausgewählten Kundenkreis wird regelmäßig der Jahresbericht zugestellt und Vorsorge getroffen, daß die Presse Auszüge publiziert.

8. Belehrendes Material für Schulen

Das Informationsbedürfnis und die Aufnahmefähigkeit der Jugend sind besonders groß. Und doch soll das Dokumentationsmaterial keinen Reklamecharakter tragen; es muß Freude und Interesse wecken; damit wird nicht zuletzt der Nachwuchsgewinnung gedient.

7. Public Relations und Lieferanten

Ziel der Public Relations im Verkehr mit den Lieferanten ist auch Erhaltung des Vertrauens und Bereitschaft zur Zusammenarbeit. Niemals sollte man gegenüber dem Lieferanten den Eindruck kleinlichen Geschäftsgebahrens erwecken. Stets ist er auf die gemeinsamen Interessen hinzuweisen, und am wichtigsten ist die pünktliche Einhaltung der Verpflichtungen. Im übrigen ist die Public-Relations-Arbeit die gleiche wie im Umgang mit den Kunden.

8. Beziehungspflege zur öffentlichen Hand

Je nach Größe des Unternehmens spielen die Public Relations zum Staate eine wichtige Rolle. Diese Aufgabe übernehmen bei den Klein- und Mittelbetrieben in der Regel die Branchenverbände. Durch kontinuierlichen Informationsaustausch wird von ihnen versucht, ein günstiges politisches Klima zu erreichen. Ein privates Unternehmen hat Interesse daran, daß der Staat ihm größtmögliche Freiheit einräumt und seiner Initiative Rechnung trägt. Grundlage dauernd guter Beziehungen zu den Behörden ist die peinlich korrekte Einhaltung der staatlichen Vorschriften, so daß ein echtes Vertrauensverhältnis geschaffen wird.

Für die Public-Relations-Tätigkeit gegenüber staatlichen Stellen muß man den Verwaltungsablauf genau kennen und darüber orientiert sein, ob neue Gesetze und Verordnungen geplant und ob Tendenzen vorhanden sind, den Einfluß des Staates zu stärken. Hauptgegenstand der Public-Relations-Aktionen wird sein, daß die privaten Unternehmen ihre Bestrebungen mit dem öffentlichen Interesse koordinieren. Das gibt dem Staat die Gewißheit, daß ihm ohne Not keine neuen Aufgaben aufgebürdet werden. Am besten wird dieses Ziel durch persönliche Kontaktaufnahme erreicht. Darüber hinaus sollen laufend Details über die Geschäftspolitik, den Ausbau der Sozialinstitutionen u. a. m. der Öffentlichkeit mitgeteilt werden.

Ein wesentlicher Teil dieser Arbeit kann in der Schaffung und Erhaltung guter Beziehungen zum eigenen Berufsverband und im weiteren Sinne auch zur Konkurrenz erblickt werden. Nicht selten muß zur Durchsetzung von Spezialbewilligungen die Hilfe des Verbandes angerufen werden, und die Hilfsbereitschaft der Verbandsleitung hängt oft von dem Eindruck ab, den sie von dem betreffenden Betrieb im Laufe der Zeit gewonnen hat.

Neben den staatspolitischen Public Relations sind auch die Beziehungen zu den lokalen Behörden zu pflegen mit dem Ziel, das Ansehen des Unternehmens als eines wichtigen Mitgliedes der Gemeinde zu heben. Dies geschieht unter anderem durch Offenlegung der gemeinsamen Interessen und der gegenseitigen Abhängigkeit, unterstützt durch loyales Verhalten und durch Beiträge zu den Wohlfahrtseinrichtungen der Gemeinde. Selbstverständlich trägt das strikte Einhalten behördlicher Vorschriften, wie zum Beispiel über den Gewässerschutz, dazu bei, das Goodwill des Unternehmens zu festigen.

Die Betriebsangehörigen sind zu ermuntern, aktiv in den gemeindlichen Institutionen mitzuarbeiten. Bei wichtigen Maßnahmen im Interesse der Gemeindewohlfahrt sollte der Betrieb mitwirken, wenn auch bei Publizität hierüber behutsam vorzugehen ist, damit kein falsches Licht auf ihn fällt.

9. Die Human Relations oder Arbeitnehmerbeziehungen

Man spricht vielfach von den externen Public Relations im Gegensatz zu den internen „Human Relations" und bezeichnet diese auch als „interne Werbung". Das Ziel dieser auf den Betriebsablauf gerichteten Tätigkeit liegt in der Steigerung der Leistungsfähigkeit und in der Erhaltung der freien Marktwirtschaft. Ein zufriedener und loyaler Arbeitnehmer, welcher der Geschäftsleitung Verständnis und Vertrauen entgegenbringt, wird gute Arbeit leisten und gegebenenfalls auch bestrebt sein, sich weiterzubilden; wenn er in das freie Unternehmertum Vertrauen hat, trägt er zur politischen Stabilität bei.

Die Mittel, die der Geschäftsleitung zur Förderung der Human Relations zur Verfügung stehen, sind verschiedener Art. Die mit wachsender Betriebsgröße steigende Kompliziertheit der Führungsaufgaben hat die Beziehungen zu den Arbeitern in der Regel entpersönlicht. Daher sind die noch verbliebenen Möglichkeiten zur persönlichen Kontaktnahme planmäßig zu fördern. Die Zufriedenheit der Betriebsmitglieder wird nicht allein durch den Lohn erreicht, sondern durch die Überzeugung, zweckmäßige Leistungen zu vollbringen und hierfür entsprechend geachtet zu werden.

Zu den betriebsinternen Kommunikationsmitteln zählen:

1. Der Angestelltenleitfaden
   Er orientiert neu eintretende Arbeitnehmer in leicht faßlicher Art über die Geschichte des Unternehmens, seine Organisation, seine Produkte oder Dienstleistungen und enthält auch die Grundzüge der Geschäftspolitik, der Arbeitsregeln und gibt Aufschluß über die Sozialeinrichtungen.

2. Das Anschlagbrett
   Es dient dazu, dauernde Anordnungen und neue Instruktionen bekanntzumachen. Interessante und saubere Gestaltung und Abwechslung in der Darbietung erhöht den Aufmerksamkeitswert.

3. Die Werkzeitung
   Sie spiegelt das Leben und die Arbeit im Unternehmen wider. Ihrer psychologisch geschickten Gestaltung und Abstimmung auf die Interessen der Betriebsangehörigen kommt große Bedeutung zu. Ziel muß es sein, die Arbeitnehmer auch innerlich positiv zum Betrieb zu stimmen und sie für die aktive Mitarbeit zu gewinnen.

4. Briefe an die Arbeitnehmer
Durch sie werden besonders wichtige Mitteilungen bekanntgegeben, oder die Unternehmensleitung bekundet hiermit ihr Interesse am persönlichen Wohlergehen der Angestellten durch Anteilnahme an Familienereignissen usw.

5. Beilage im Zahltagstäschchen (Lohnbeutel)
Am Zahltag ist der Arbeitnehmer gut gestimmt und daher besonders aufnahmefähig für Mitteilungen positiver Natur.

6. Die Werklautsprecheranlage
Sie sollte nur in Ausnahmefällen für die Vermittlung von Nachrichten benutzt werden. Sie dient in erster Linie zum Übertragen von Musik zur Stimulierung bei monotoner Arbeit.

7. Betriebsausflüge
Sie gelten als geeignetes Mittel, den Kontakt zwischen der Betriebsleitung und Arbeitnehmern zu fördern; den gleichen Zweck verfolgen firmeneigene Sportveranstaltungen.

8. Betriebssoziologe und Betriebsfürsorgerin
Eine vernünftige Arbeitsleistung setzt voraus, daß Angestellte und Arbeiter nicht durch seelische Probleme belastet sind. Größere Unternehmungen stellen daher speziell ausgebildete Betriebssoziologen und/oder Betriebsfürsorgerinnen ein. Sie helfen den Arbeitnehmern bei der Lösung persönlicher Konflikte, sie erforschen die herrschende Einstellung zum Betrieb und andere Probleme, die Aufschluß darüber geben, wo und an welcher Stelle mit Public Relations anzusetzen ist.

9. Betriebsbesichtigungen durch die Angehörigen
Der Familie kann es nicht gleichgültig sein, unter welchen Voraussetzungen und in welcher Umgebung ein Familienmitglied seine Arbeit verbringt. Wenn Betriebsbesichtigungen durch die Angehörigen richtig organisiert werden, ist dies ein wesentlicher Beitrag im Rahmen der Public Relations.

10. Das betriebliche Vorschlagswesen
Durch die Möglichkeit, Vorschläge zur Verbesserung der Produktion, der Administration oder auch zur Erzielung von Einsparungen zu machen, kann der Arbeitnehmer über seinen unmittelbaren Arbeitsbereich hinaus in das Betriebsgeschehen eingreifen. Dieses Mittel muß jedoch psychologisch richtig gehandhabt werden, wobei es vor allem auf eine zufriedenstellende Prämiierung der Vorschläge ankommt.

10. Die Public Relations des Staates

Ziel der staatlichen Public-Relations-Tätigkeit ist die Förderung und Erhaltung des Verständnisses gegenüber dem Staat und seinen Einrichtungen. Je nach dem Grad der Demokratisierung und der Ausbildung der bürgerlichen Freiheiten geht es ferner darum, die Unterstützungsbereitschaft der Bürger zu fördern und sie in dem Vertrauen zu bestärken, daß der Staat rechtzeitig die von ihm erwarteten Maßnahmen trifft. Der einzelne Bürger muß das Gefühl haben, daß seine Steuergelder richtig und wirksam eingesetzt werden.

Die dem Staat zur Verfügung stehenden Public-Relations-Mittel sind im wesentlichen die gleichen, wie sie auch vom privaten Unternehmen verwendet werden. In der praktischen

Anwendung zeigt sich jedoch, daß bei der Presse und den anderen Massenkommunikationsmitteln größere Bereitschaft besteht, staatliche Informationen zu verbreiten. Gerade bei der staatlichen Public-Relations-Tätigkeit soll hervortreten, daß sie nicht einseitig informieren will, sondern daß sie bestrebt ist, kritische Situationen festzustellen.

Der Bürger in den westlichen Demokratien legt Wert darauf, seine Umweltsbeziehungen selbst zu gestalten, und jeder Versuch, ihm von oben Ansichten aufzuzwingen, berührt ihn unangenehm. Information und Beeinflussung durch den Staat müssen daher sehr subtil vorgenommen werden. Die staatlichen Public Relations umfassen im wesentlichen seine Bemühungen um die loyale Haltung des Bürgers, während die staatliche Propaganda dem einzelnen in einer bestimmten Situation ein bestimmtes Verhalten abverlangt.

Schlußfolgerungen

Die Pflege der Beziehungen zur Öffentlichkeit ist eine wichtige Aufgabe im Rahmen der Unternehmertätigkeit und der Arbeit öffentlicher Stellen. Oberstes Ziel ist die Schaffung von Verständnis und Vertrauen. Aus der Aufgabe, die Öffentlichkeit zu orientieren und ihre Meinung zu beeinflussen, ergibt sich die Notwendigkeit, die am besten geeigneten Publikationsmittel auszuwählen und sie zeitlich und räumlich richtig einzusetzen. Dies erfordert das Aufstellen eines Public-Relations-Planes, der auf die jeweiligen Verhältnisse abgestimmt werden muß.

Infolge seiner Mittelstellung zwischen der Unternehmensleitung und der Öffentlichkeit ist dem Arbeitnehmer eine wichtige Rolle für die Erreichung der Public-Relations-Ziele übertragen, woraus sich die Notwendigkeit ergibt, die innerbetriebliche Moral durch Pflege der Human Relation zu heben.

Echte Public Relations, getragen von der Wahrheit, ausgeübt von verantwortungsbewußten Unternehmern oder Behörden, bilden schließlich im weitesten Sinne einen Baustein zur Verständigung unter den Völkern.

Literatur:

Baus, H. M.: Public Relations at Work, New York 1948.

Bernays, E. L.: Public Relations, Normann 1953.

Bogardus, Emory S.: The Making of Public Opinion, New York 1951.

Cyprès, E.: Précis de Public Relations, Bruxelles 1952.

Domizlaff, H.: Die Gewinnung des öffentlichen Vertrauens, Hamburg 1951.

Etienne, B.: Les Relations Publiques des Entreprises Privées, Paris 1950.

Greber, E.: Public Relations – Die Politik der Unternehmung zur Pflege der öffentlichen Meinung, Diss., Bern 1952.

Harlow, Rex F., Black, Marvin: Practical Public Relations, 1 ed., New York 1947, enl. ed. 1952.

Heini, Bruno: Public Relations – Die Vertrauenswerbung der Privatunternehmung, Diss., Freiburg i. Ue./Winterthur 1960.

Helbling, A.: Public Relations Handbuch, St. Gallen.

Helbling, A.: Public Relations, Thalwil 1952.

Hundhausen, Carl: Industrielle Publizität als Public Relations, Band 5, Essen 1958.
Hundhausen, Carl: Werbung um öffentliches Vertrauen „Public Relations", 1. Band, Essen 1951.
Lesley, Philip: Public Relations Handbook, New York 1950.
Matrat, L.: Les Public Relations, Paris 1951.
Oeckl, Albert: Öffentlichkeitsarbeit in Theorie und Praxis, Stuttgart 1960.

NEUNTES KAPITEL

Werbung in der sozialistischen Volkswirtschaft

Werbung in der sozialistischen Volkswirtschaft

Von Prof. Dr. Emil Peter Ehrlich, Gliwice/Polen

I. Definitionen

Ebenso wie es in der kapitalistischen Werbelehre, in der Fachliteratur und in Lehrbüchern vielfältige Definitionen der Werbung gibt, ist der Werbungsbegriff auch in der sozialistischen Werbelehre nicht genau umrissen; er wird vielmehr von den verschiedenen Autoren abweichend ausgelegt.

Anastas Mikojan hat auf der Allunionsversammlung der Handelsangestellten im Jahr 1953 die Aufgaben der Werbung wie folgt formuliert: „Die Aufgabe unserer sowjetischen Werbung beruht darauf, der Bevölkerung genaue Informationen über Waren zu erteilen und so zur Schaffung des neuen Bedarfs, der Erweckung neuer Neigungen und Bedürfnisse beizutragen. Sie soll neue Waren einführen und ihre Verwendung erläutern. Werbung ist also Propaganda im großen Stil, die den alten Verbrauch verdrängen und dem neuen den Weg bahnen soll."

W. Wasiljew führt in seiner Arbeit „Sowjetskaja torgowaja reklama" die folgende Definition an: „Werbung ist die Gesamtheit aller vielfältigen Mittel und Methoden der Informierung der Bevölkerung über das Warenangebot und die Formen des vom Handel geleisteten Kundendienstes."

Das Universitätslehrbuch von S. W. Serebrakow bringt überhaupt keine Definition, sondern beschränkt sich auf die Feststellung, daß die Werbung mit dem Verkaufsprozeß von Waren zusammenhänge und eine Methode der Einwirkung auf den Verbrauch und auf die Nachfrage darstelle. Serebrakow geht jedoch auf die Ziele der Werbung ein, die er in der Weckung eines bestimmten Bedarfs und Geschmacks bei den Verbrauchern sieht.

Das Lehrbuch für politische Ökonomie des Ökonomischen Instituts der Akademie der Wissenschaft der UdSSR definiert als Werbung „ein Mittel zur aufrichtigen Informierung der Verbraucher über die Qualität und den Nutzungswert dieser oder jener Waren".

Die bekannte große sowjetische Enzyklopädie legt schließlich in Band XXXVI den Begriff der Werbung wie folgt aus: „Sie popularisiert die Waren, um ihren Verkauf zu fördern. Sie dient der Weckung von Bedarf und soll die Verbraucher mit der Qualität und den charakteristischen Merkmalen der Waren sowie mit den Verkaufsstellen bekanntmachen. Sie soll ferner darüber aufklären, wie die einzelnen Waren verwendet werden sollen."

In der **polnischen Fachliteratur** finden sich unter anderem die folgenden Definitionen: Die polnische „Kleine Enzyklopädie" erläutert den Begriff der Werbung als „die von Produzenten und Verkäufern angewandten massenhaften Mittel zur Einwirkung auf die Präferenzen der Käufer (auf ihre Ansichten, Vorlieben und Neigungen)". Polnische Autoren, wie z. B. W. Jastrzebowski, legen den Begriff Werbung wie folgt aus: „Die bewußt auf dieses Ziel ausgerichtete aktive Organisation von Kontakten zwischen dem Käufer und der Ware, die vom Verkäufer oder den in seinem Namen wirkenden Vertretern unter Verwendung von Methoden und technischen Mitteln betrieben wird, die eigens diesem Ziel angepaßt sind." Tadeusz Sztucki sagt zur Werbung: „Diese Tätigkeit beinhaltet die Informierung des Verbrauchers über konkrete Waren und Dienstleistungen unter Ausnutzung der Vorzüge der Ware selbst und unter Verwendung sämtlicher Formen und Mittel der Massenkommunikation mit dem Ziel, dem Verbraucher rationelle Voraussetzungen für die freie Wahl der Ware zu verschaffen und ihn zum Kauf von Waren und Dienstleistungen anzuhalten, die den vorhandenen oder erst geweckten Bedarf am besten befriedigen können."

Ich verwende in den Umdrucken meiner Vorlesungen im Rahmen der Polnischen Ökonomischen Gesellschaft die folgende Begriffsdeutung: „Die Werbung soll die Aufmerksamkeit für eine Ware oder für bestimmte Dienstleistungen erregen und den Wunsch nach dem Besitz der Ware und der Inanspruchnahme der gegebenen Dienstleistungen erwecken."

In der **Deutschen Demokratischen Republik** bringt C. Teichmann in „Einige Probleme der Werbung im Binnenhandel" die folgende Definierung: „Die Hauptaufgabe der Werbung im Prozeß der sozialistischen Reproduktion ist die Hilfeleistung beim Absatz materieller Güter sowie die Bedarfsweckung in der Bevölkerung für bisher auf dem Markt unbekannte Waren."

Im Jahr 1957 hat sich der Kongreß der Werbefachleute mit diesem Problem beschäftigt und als Ergebnis einer lebhaften Diskussion festgestellt: „Die sozialistische Handelswerbung ist dazu berufen, Vorliebe und Bedarf zu wecken und Nachfrage nach Waren zu erzeugen. Im Ergebnis der Anwendung einer so aufgefaßten Werbung kommt es zu einer qualitativen Verbesserung des Verbrauchs, werden neue Neigungen und neuer Bedarf geweckt, was wiederum ein Anreiz für die weitere Entwicklung der Erzeugung ist."

Unter allen Definitionen dürfte schließlich die im polnischen Lehrbuch über die Organisation und Technik des Handels für Universitäten verwendete den Kern treffen: „Unter dem Begriff der sozialistischen Werbung ist eine planmäßige Tätigkeit zu verstehen, die auf der aktiven Informierung der Verbraucher über Waren und Dienstleistungen mittels sämtlicher Formen und Mittel der Massenkommunikation beruht und die darauf abzielt, eine rationelle Wahl und Kauf von Waren und Dienstleistungen im Einklang mit den Interessen des Verbrauchers und mit den Interessen der sozialistischen Volkswirtschaft zu gewährleisten."

II. Der Unterschied zwischen der sozialistischen und kapitalistischen Werbung

In der sozialistischen Literatur über die Werbung nehmen Veröffentlichungen einen wichtigen Platz ein, die sich mit der Unterscheidung zwischen kapitalistischer und sozialistischer Werbung beschäftigen. Autoren, die sich mit diesem Problem auseinandersetzen, führen die folgenden Unterschiede an:

1. Die kapitalistische Werbung ist in erster Linie ein Instrument des Wettbewerbs. Dieser Wettbewerb hat einen dualistischen Charakter. Er ist einerseits eine Offensive, da sein Ziel ja die Ausdehnung des Absatzes durch die Bekämpfung der auf demselben Markt wirkenden Konkurrenten ist. Er ist andererseits aber auch eine Defensive gegenüber diesen Konkurrenten, die ebenfalls in den gegebenen Markt einbrechen möchten. In der sozialistischen Gesellschaftsordnung gibt es keinen Wettbewerb im kapitalistischen Sinne. Die Werbung ist daher zugleich ein Instrument der planmäßigen Nachfragebeeinflussung vom Standpunkt der Vorteile des Käufers und der gesamtnationalen Interessen.

2. Die kapitalistische Werbung hat die Werbung der Firma, des Produzenten und Verkäufers, als Hauptmotiv, während in der sozialistischen Gesellschaftsordnung die Warenwerbung im Mittelpunkt des Geschehens steht.

3. Die kapitalistische Werbung ist sehr teuer und bindet bedeutende Mittel, die bei einigen Waren, z. B. bei Pharmazeutika urnd Kosmetika, sogar 26 Prozent des Warenpreises erreichen können. Mikojan sagte bereits 1951, daß „die USA mehr für Werbung als für die Volksbildung und für soziale Versicherungen" ausgeben. Die sozialistische Werbung dagegen ist im Vergleich mit der kapitalistischen bedeutend billiger.

4. Die kapitalistische Werbung hat sehr oft einen marktschreierischen Charakter. Sie bedient sich – besonders in Amerika – sexueller Motive. Die sozialistische Werbung ist demgegenüber diskret und keineswegs marktschreierisch. Sie enthält sich aller sensationellen Motive und sexuellen Reize.

5. Die kapitalistische Werbung ist egoistisch und dient in erster Linie dem Gewinnstreben. Dagegen dient die sozialistische Werbung der gesamten Volkswirtschaft.

In der letzten Zeit haben die Auffassungen über die Werbung interessante Wandlungen durchgemacht. Während der ersten Jahre nach dem 2. Weltkrieg, der die sozialistischen Länder besonders hart mitgenommen hatte, herrschte in allen diesen Ländern eine große unbefriedigte Nachfrage nach zahlreichen Waren, die entweder überhaupt nicht vorhanden waren oder deren Angebot nicht ausreichte, um den Bedarf zu befriedigen. Es leuchtet ein, daß unter diesen Bedingungen die Rolle der Werbung ziemlich bescheiden war; sie beschränkte sich vorwiegend auf die Informierung über neue, bisher unbekannte Waren. Diese Zeiten gehören jedoch in der sozialistischen Volkswirtschaft der Vergangenheit an. Das Ergebnis der Industrialisierung und der Planwirtschaft auf den sozialistischen Märkten sind immer neue Waren, die das Angebot bereichern, die Wahlmöglichkeiten erweitern und somit zur wachsenden Rolle der Werbung beitragen. Der Verbraucher hat die Freiheit der Wahl und hält nicht nur Ausschau nach irgendeiner Ware wie in den ersten Nachkriegsjahren, sondern er sucht Waren einer ganz bestimmten Art und Ausführung. Damit wächst die Bedeutung der Herstellerfirma, des Warenzeichens, des Firmenzeichens usw. ähnlich wie auf den kapitalistischen Märkten. Nichtsdestoweniger bleibt doch das grundlegende Merkmal der sozialistischen Werbung erhalten: Sie wirkt in einem Wirtschaftssystem, in dem der sozialistische Staat gleichzeitig ein Superproduzent und auch Vertreter der Interessen der Verbraucher als Ganzes ist, d. h. sowohl des einzelnen Käufers als auch aller Käufer zusammen. So dient die sozialistische Werbung allgemeinen gesellschaftlichen Zielen und bringt die allgemein-gesellschaftlichen Interessen mit denen des Individuums in Einklang. (Vgl. hierzu den Beitrag „Besonderheiten der Werbung im Ausland" im 7. Kapitel dieses Handbuchs.)

III. Die Funktion der Werbung

Auf dem Hintergrund des Unterschiedes zwischen der kapitalistischen und der sozialistischen Werbung hebt sich das Problem der Funktion der Werbung ab. Die älteren Handbücher gingen hierauf nicht ein. Sie beschränkten sich auf die Definition der Werbung durch Darlegung ihres Zieles und wiesen besonders auf die Unterschiede zwischen der sozialistischen und der kapitalistischen Werbung hin. In den letzten Jahren wenden sich die polnischen Autoren jedoch immer stärker dem Problem der Funktion der Werbung zu, oft beeinflußt von Hundhausens Werk „Über die Funktionen der Werbung".

Tadeusz Sztucki, Direktor des Instituts für Binnenhandel in Warschau, bezeichnet in seiner letzten Publikation „Wesen und Charakter der Werbung" die Funktionen der Werbung wie folgt:

1. Die Funktion der Information
2. Die Funktion der Beeinflussung des Verhaltens
3. Die ökonomische Funktion, die darauf beruht, daß die Werbung zur Verwirklichung der Produktion, des Absatzes von Waren in den Größen und Proportionen beiträgt, die vom Wirtschaftsplan festgelegt werden
4. Die Funktion der Qualität
5. Die Funktion der Preis- und Kostensenkung.

Ich selbst möchte die folgenden vier Funktionen in den Mittelpunkt stellen:

1. Die Funktion der Information
2. Die Funktion der Wahrheit
3. Die Funktion des Anstands, d. h. die Werbung soll nicht wertmindernd wirken, indem sie Konkurrenzerzeugnisse in ungünstigem Licht darstellt, sie soll Maß halten, nicht aggressiv oder sogar aufdringlich sein
4. Die ökonomische Funktion, denn die Werbung hat in der Tat eine starke ökonomische Wirkung. Sie steigert den Absatz und erhöht den Grad der Beschäftigung. Durch die Steigerung des Absatzes wirkt sie kostensenkend und trägt gleichzeitig zur Erhöhung der Rentabilität bei. Damit bildet sie einen wichtigen Faktor der Entwicklung und des wirtschaftlichen Fortschritts.

IV. Die Systematik der Werbung

Die Gliederung der Werbung in den sozialistischen Ländern weicht kaum von der in den kapitalistischen Ländern üblichen ab. Sie wird grundsätzlich unterteilt in Wirtschaftswerbung und alle andere Werbung. Eine andere Unterteilung umfaßt: die Einführungswerbung, die Festigungswerbung und die Erinnerungswerbung. Ferner wird auch zwischen offener und Schleichwerbung und schließlich zwischen Konsumgüter- und Investitionsgüterwerbung unterschieden. Bei den angeführten Begriffen ergibt sich eine vollkommene Übereinstimmung mit dem Inhalt gleichlautender Begriffe in der „kapitalistischen Werbung".

Eine grundsätzliche Bedeutung kommt jedoch der Unterteilung der Werbung in die Binnenhandelswerbung und in die Außenhandelswerbung zu, wobei diese weiter in die Exportwerbung in den kapitalistischen und in den sozialistischen Ländern unterteilt wird.

In der **Binnenhandelswerbung** werden alle Grundsätze angewendet, die sich aus der Gesetzmäßigkeit der sozialistischen Volkswirtschaft ergeben, wobei der wichtigste Produzent — wie gesagt — der Staat ist. Dagegen entspricht die **Exportwerbung** auf den Auslandsmärkten in ihrer Wirkungsweise der kapitalistischen Werbung, denn die Waren der sozialistischen Länder sind dort dem freien Wettbewerb ausgesetzt. Der Konkurrenzkampf hat, wie jeder Kampf, immer einen defensiven und offensiven Charakter. In der Offensive fällt der Werbung die Aufgabe der Eroberung der kapitalistischen Märkte für sozialistische Waren zu. Sie konkurriert also mit der Werbung der übrigen Anbieter derselben Waren anderer Herkunft. In der Defensive ist es Aufgabe der Exportwerbung, die auf den Auslandsmärkten bereits errungenen Positionen zu halten und sich von anderen Waren nicht verdrängen zu lassen.

Einen weniger scharfen Wettbewerbscharakter hat die Exportwerbung der sozialistischen Länder auf den Märkten der anderen sozialistischen Länder, da der Handel zwischen diesen Ländern auf Grund langfristiger Wirtschaftsabkommen und -vereinbarungen im Rahmen des „Rates für gegenseitige Wirtschaftshilfe" abgewickelt wird. Nichtsdestoweniger wird auch auf den sozialistischen Märkten geworben, obgleich lange nicht so intensiv wie auf den kapitalistischen. So stößt zum Beispiel die polnische Werkzeugmaschine auf der Technischen Messe in Brünn in der Tschechoslowakei auf die Konkurrenz ähnlicher Werkzeugmaschinen aus der Deutschen Demokratischen Republik, aus Ungarn usw. Daraus ergibt sich die Notwendigkeit entsprechender Werbemaßnahmen, die den Transaktionen zwischen zwei sozialistischen Ländern den Weg bahnen, unbeschadet des Umstandes, daß in beiden Fällen Produzent und Käufer staatliche Betriebe sind, und daß die Transaktionen von zwei staatlichen Außenhandelsunternehmen abgewickelt werden. Dabei kommt es zum Geschäftsabschluß zwischen dem tschechoslowakischen und dem polnischen Außenhandelsunternehmen, wenn die tschechoslowakische Fabrik, die bestimmte Werkzeugmaschinen benötigt, das Angebot aus Ungarn und der Deutschen Demokratischen Republik ausschlägt und sich für die polnische Werkzeugmaschine entscheidet.

V. Psychologie der Werbung

Überaus interessant ist das Verhältnis der Werbelehre zu Fragen der Psychologie. In den Zeiten des Warenmangels oder einer nur unvollkommenen Sättigung des Marktes wurde das Problem der Psychologie der Werbung überhaupt nicht erörtert. Bei der wachsenden Warenfülle tritt dagegen automatisch das Problem der Beeinflussung des Verbrauchers und die Notwendigkeit der Analyse der Motive in Erscheinung, die die Kaufentscheidung beeinflussen. Diese Probleme gehören in den Bereich der Psychologie der Werbung. Die Psyche des Menschen ist zwar kompliziert, aber sie entzieht sich nicht der Erkenntnis. Hierauf haben schon die Klassiker des Marxismus deutlich hingewiesen. Karl Marx bringt die Ansicht der gesellschaftlichen Bedingtheit des menschlichen Wesens zum Ausdruck, wobei er betont, daß das Wesen des Menschen keine Abstraktion sei, die in dem Einzelwesen stecke. Sie sei in Wirklichkeit die Gesamtheit der gesellschaftlichen Beziehungen. Diese These muß so verstanden werden, daß man die Natur des Menschen nicht als feststehend, fertig und unveränderlich, sondern als einen sich unablässig weiter entwickelnden Punkt betrachten soll, als ein Objekt der gesellschaftlichen Veränderungen, die in letzter Instanz von den materiellen Lebensbedingungen der Gesellschaft bestimmt werden.

Immer stärker wird die Bedeutung der Psychologie für die Werbung erkannt. Polen ist auf diesem Fachgebiet unter den sozialistischen Ländern führend, gefolgt von der Tschechoslowakei. Im Maß der Sättigung des Marktes mit Konsumgütern wächst die Notwendigkeit, psychologische Analysen der Verbraucher vorzunehmen und sie für die Werbung zu nützen. Im Rahmen der Werbepsychologie zeichnet sich besonders die Psychologie des Verbrauchers ab. Sie ist für die Werbelehre von größter Bedeutung, vor allem für die Formulierung der richtigen Werbepolitik, d. h. für die zweckmäßigste Anwendung der zur Verfügung stehenden Werbemittel. Damit ist auch die Notwendigkeit verbunden, die Motive zu erkennen, von denen sich die Verbraucher bei ihren Kaufentscheidungen leiten lassen. Diese Motive müssen daher erforscht werden. Dies geschieht in den sozialistischen Ländern in wachsendem Umfang, und die Forschungsergebnisse haben einen immer bedeutenderen Einfluß auf die Werbegestaltung. Sie wirken auch stark auf die sogenannte Verkaufskunde ein, die die Grundsätze der Werbung beim Absatz von Waren im Einzelhandel umfaßt.

VI. Die erzieherische Rolle der sozialistischen Werbung

In der sozialistischen Volkswirtschaft zeichnet sich die gesellschaftliche und erzieherische Funktion der Werbung äußerst scharf ab. Die hier bisher durchgeführten Werbekampagnen hatten immer die Harmonisierung der Interessen im Rahmen der gesellschaftlichen Belange zum Ziel und dienten nicht dem egoistischen Gewinnstreben einzelner Produzenten. Dieses Problem wird am besten durch Beispiele veranschaulicht:

So war zum Beispiel die polnische Regierung bestrebt, den Verbrauch von Obstweinen zu steigern. Dabei ließ sie sich von zwei Zielen leiten. Das erste Ziel hatte wirtschaftlichen Charakter und war auf die richtige Ausnutzung der anfallenden Obstmenge ausgerichtet, das zweite bestand in der Verringerung des Verbrauchs von Alkohol in Form von Wodka. Die in der gesamten Presse geführte Werbekampagne zeitigte ausgezeichnete Resultate. Heute wird Obstwein, der bisher auf dem Land so gut wie unbekannt war, sogar während bäuerlicher Festlichkeiten getrunken.

Ähnliche Werbekampagnen werden für die Steigerung des Verbrauchs von Seefischen geführt. Der Konsum von Seefischen war in Polen bis zum Ausbruch des Krieges gering, weil Polen ja keinen breiten Zutritt zum Meer besaß und die Binnengewässer einen außerordentlichen Fischreichtum aufwiesen. Heute ist der Fischbestand in den Binnengewässern infolge der Industrialisierung (Verunreinigung von Flüssen und Seen) zurückgegangen. Polen hat einen breiten Zutritt zum Meer erhalten und eine beachtliche Fischereiflotte aufgebaut. Der Genuß von Seefischen war in Polen früher nicht sehr beliebt. Eine großangelegte Werbekampagne für den Verbrauch von Seefischen, die mit dem hohen Eiweißgehalt der Fische operierte, hat auch hier das Bild grundlegend gewandelt.

Das beste Beispiel für die erzieherische Rolle der sozialistischen Werbung bildet jedoch die Wirkung des Schaufensters. Während das Schaufenster in den kapitalistischen Ländern ausschließlich für die Verkaufswerbung ausgenützt wird, hat es in den sozialistischen Ländern neben der verkaufsfördernden Funktion auch eine erzieherische Aufgabe als eines der wichtigsten Mittel der Massenbeeinflussung. Das Schaufenster wirkt auf die Entwicklung des Verbrauchs ein und fördert die Hebung des Lebensstandards breiter Verbraucherschichten.

Mittels des Schaufensters können dem Verbraucher bestimmte Zusammenhänge erläutert, kann ihm die Herkunft der Ware und ihre Anwendung aufgezeigt und können ihm

Informationen über die neuesten Errungenschaften der sozialistischen Produktion übermittelt werden. Das Schaufenster soll zur Erhöhung des Warenumsatzes beitragen und eine Brücke zwischen dem staatlichen Handelsapparat und der Masse der Verbraucher darstellen. Da es den Verbrauchern Waren von immer besserer Qualität zeigt, entwickelt das Schaufenster den Schönheitssinn und das ästhetische Empfinden der breiten Massen. Es dient ferner der Popularisierung der wirtschaftlichen Errungenschaften des Staates, indem die Warenausstellungen durch Schaubilder über die Entwicklung der Produktion und statistische Diagramme, Losungen und Fotografien ergänzt werden. Das Schaufenster informiert also nicht nur über die Waren selbst, sondern auch über die Errungenschaften der Nation in ihrer täglichen Arbeit für die Hebung des Lebensstandards im ganzen Land. Das Schaufenster dient in den sozialistischen Ländern also nicht nur als Element der Wirtschaftswerbung, sondern auch als Mittel der politischen Propaganda.

VII. Werbemittel

Das Erreichen bestimmter Ziele ist nur unter Einsatz der verschiedensten Werbemittel möglich. Der Reichtum an Werbemitteln hat eine spezifische Technik ihrer Anwendung hervorgebracht, wobei die sozialistische Werbung dieselben Mittel wie die kapitalistische Werbung benutzt. Die von der Werbelehre in den kapitalistischen Ländern getroffene Unterteilung in audiovisuelle, gedruckte und Lichtwerbung (im Rahmen der audiovisuellen) gilt auch für die sozialistische Werbung. Der Unterschied beruht lediglich in der unterschiedlichen Häufigkeit der Anwendung oder auch in der unterschiedlichen Bedeutung der einzelnen Werbemittel. So nützt zum Beispiel die gedruckte Werbung in den sozialistischen Ländern im bedeutend geringeren Umfang Elemente des Sex-Appeals und die Reizwirkung des Frauenkörpers aus als zum Beispiel die westeuropäische oder die amerikanische Werbung. Die P l a k a t w e r b u n g verwendet im übrigen dieselben erzieherischen Elemente wie die Schaufensterwerbung, von denen schon die Rede war.

Das W a r e n z e i c h e n als Werbemittel dient der sozialistischen Werbung genauso häufig wie der kapitalistischen. Nichtsdestoweniger kommt ihm in der kapitalistischen Werbung angesichts der großen Zahl von Anbietern derselben Warengattungen eine viel größere Bedeutung als in der sozialistischen Werbung zu. Aber auch in den sozialistischen Ländern ist infolge des ständig wachsenden Warenangebots eine steigende Bedeutung des Warenzeichens als Werbemittel zu beobachten, was jedoch nicht sagen soll, daß das Warenzeichen in der sozialistischen Werbung bereits dieselbe Stellung wie in der kapitalistischen einnimmt. Ein weiteres Beispiel für die Unterschiede zwischen der sozialistischen und kapitalistischen Werbung auf dem Gebiet der Anwendung von Werbemitteln sind W e r b e g e s c h e n k e. Werbegeschenke werden auch in der sozialistischen Werbung angewendet. Ihr Sortiment ist jedoch — verglichen mit den kapitalistischen Ländern — verhältnismäßig begrenzt und umfaßt Artikel wie Kalender, Notizbücher, Bleistifte, Aschenbecher, Schlüsselringe, Taschenmesser, Puppen in Volkstrachten usw. Werbegeschenke haben einen verhältnismäßig hohen kommerziellen Wert; zur Deckung des Bedarfs an diesen Artikeln ist eine eigene Industrie entstanden.

VIII. Die Planung der Werbung

Die sozialistische Volkswirtschaft gehört zum System der Planwirtschaft. Sie beruht auf der Verwirklichung eines das ganze Land und die gesamte Wirtschaft umfassenden

Plans. Die einzelnen Gebiete des Wirtschaftslebens, wie Industrie, Bauwesen, Landwirtschaft und Binnen- und Außenhandel, verwirklichen die einzelnen Teile des Wirtschaftsplans. Dabei ist die Werbetätigkeit der Unternehmen keine Ausnahme. Auch die Werbung wird auf Grund eines Plans durchgeführt, wobei drei Arten von Werbeplänen unterschieden werden:

1. Der gesamtnationale Werbeplan
2. Der lokale Werbeplan
3. Der Werbeplan des einzelnen Unternehmens.

Der gesamtnationale Werbeplan umfaßt das ganze Land. Solche Werbepläne sind nur in den sozialistischen Ländern bekannt. Dieser Plan ist mit dem Plan des Warenumsatzes synchronisiert, was ebenfalls seine Übereinstimmung mit dem nationalen Wirtschaftsplans bewirkt. Der gesamtnationale Werbeplan sollte folgende Elemente enthalten:

a) Gegenstand der Werbung, also verschiedene Waren und Dienstleistungen,

b) Waren und Dienstleistungen, die Mittelpunkt von zentralen Werbekampagnen und Werbeaktionen sein werden,

c) Werbeformen und Werbemittel, die im Rahmen der zentral angelegten Werbung ausgenützt werden,

d) Werbeformen und Werbemittel, die den untergeordneten Wirtschaftseinheiten, also den Unternehmen, zur Anwendung empfohlen werden.

Der Staat als genereller Disponent des Wirtschaftslebens weiß, welche Waren erzeugt werden, welche Waren aus dem Import erhältlich sein werden, welche Fabriken in Betrieb genommen werden, welche Werke ihre Produktion steigern werden. In einem Wort: Der Staat hat einen generellen Überblick darüber, auf welchen Waren in der Werbung die Betonung ruhen soll.

Die Direktiven des gesamtnationalen Werbeplans werden von den lokalen Handelsbehörden im Rahmen des lokalen Plans den Bedürfnissen der gegebenen Wirtschaftsregion im Einklang mit ihrer wirtschaftlichen Besonderheit, ihrer Kaufkraft und den Neigungen ihrer Bevölkerung angepaßt.

Die Werbung selbst führen die Handelsunternehmen durch, die ihren eigenen Werbeplan aufstellen. Dieser Werbeplan umfaßt für das jeweilige Wirtschaftsjahr folgende Elemente:

a) Gegenstand der Werbung, also Waren, für die geworben werden soll,
b) Zeitperioden, in denen die Werbung durchgeführt werden soll,
c) Werbeformen und Werbemittel,
d) personelle und sachliche Aufwendungen,
e) erwartete Werbeeffekte,
f) Ausführende der Werbung,
g) Absichten hinsichtlich der Erforschung der Werbewirksamkeit.

Die Ausarbeitung des Werbeplans folgt einer genauen Analyse des Liefer- und Verkaufsplans. Dieser Plan formuliert die Aufgaben auf dem Gebiet des Einkaufs von Waren und schätzt ihre Absatzmöglichkeiten ein, und zwar auf Grund der geschätzten Entwicklung des Verbrauchs. Als Hilfsmaterial bei der Ausarbeitung des

Werbeplans dient der bereits erwähnte gesamtnationale Werbeplan und der auf seiner Grundlage ausgearbeitete lokale Werbeplan.

Die erste Etappe in der Planung der Werbung ist die Festlegung der Warensortimente, die Gegenstand der Werbung sein sollen, damit die im Verkaufsplan festgesetzten Ziele erreicht werden können. Anschließend ist es bereits möglich, die saisonalen Besonderheiten der Werbung festzulegen, die sich sowohl aus der Art der Ware als auch aus dem zeitweilig für diese Ware auftretenden Bedarf ergeben. Auf Grund eines auf diese Weise ausgearbeiteten Plans entwickelt das gegebene Unternehmen anschließend detaillierte Pläne für die Ausnutzung bestimmter Werbemittel, über die Höhe der Werbekosten und die erwarteten Werbeeffekte. Zum Schluß wird der Jahresplan in Quartalspläne und bei bestimmten Artikeln sogar in Monatspläne unterteilt. So haben Buchhandlungen, die zum Beispiel Schulbücher verkaufen, den höchsten Andrang in den Monaten August und September, in denen also auch die einschlägige Werbekampagne ihren Höhepunkt erreicht.

IX. Die Kosten der sozialistischen Werbung

Die Kosten der sozialistischen Werbung sind im Vergleich mit den Werbeaufwendungen in der kapitalistischen Wirtschaft bedeutend niedriger. Dies ist ebenfalls einer der Hauptunterschiede zwischen der sozialistischen und kapitalistischen Werbung. Da die Wirtschaft in den sozialistischen Ländern geplant wird, sehen die Unternehmen bereits in ihren Jahresfinanzplänen entsprechende Summen für die Werbekosten vor, wobei diese Kosten grundsätzlich als Relation zum Umsatz errechnet werden. Die durchschnittlichen Werbekosten im polnischen Einzelhandel machen zum Beispiel 0,20 Prozent des Umsatzes und ungefähr 1 bis 2 Prozent der gesamten Handelskosten aus. Im Großhandel sind sie noch niedriger und schwanken um ungefähr 0,05 Prozent des Umsatzes.

Interessant in der Struktur der Werbeaufwendungen ist ihre Verteilung auf die einzelnen Werbemittel. Als Beispiel sei die Struktur der Werbeaufwendungen eines Warschauer Lebensmittel-Handelsunternehmens angeführt. Das genannte Unternehmen hat 0,05 Prozent vom Umsatz für die Werbung verausgabt, wobei sich die Aufwendungen wie folgt auf die einzelnen Werbemittel verteilen:

Schaufensterwerbung	26,8 %
Werbung in der Presse	8,0 %
Rundfunkwerbung	27,5 %
Fernsehwerbung	4,9 %
Kinowerbung	8,4 %
Vorführungen und Veranstaltungen	3,5 %
Straßenwerbung (ohne Lichtwerbung)	6,3 %
Rundfunkwagen und andere Audio-Werbung	9,5 %

Auch die Außenhandelsunternehmen weisen bedeutend geringere Werbeaufwendungen auf als ähnliche Unternehmen in den kapitalistischen Ländern; in manchen Fällen sind sie ausgesprochen gering.

Es verdient jedoch unterstrichen zu werden, daß angesichts des ständigen Anstiegs des Warensortiments eine fortschreitende Sättigung der sozialistischen Märkte mit den verschiedensten Konsumgütern eintritt. Desgleichen führt die ansteigende Exporttätigkeit zu wachsenden Werbeaufwendungen, obwohl auch sie im Vergleich zur kapitalistischen Werbung gering sind. Zusammenfassend kann gesagt werden, daß die sozialistische Wirtschaft vielleicht etwas zu wenig für die Werbung ausgibt, daß andererseits aber die Werbeaufwendungen in der kapitalistischen Wirtschaft bestimmt übersteigert sein dürften.

X. Organisation der Werbung

Da in allen sozialistischen Ländern zwischen dem Binnen- und Außenhandel unterschieden wird, gibt es hierfür zwei Ministerien. Dies hat natürlich weitgehenden Einfluß auf die Organisation der Werbung in diesen Ländern.

Als Beispiel möge die Werbungsorganisation in P o l e n dienen; in den anderen sozialistischen Ländern liegt eine ähnliche Organisationsstruktur vor.

Im Binnenhandel befaßt sich das staatliche Werbeunternehmen „Reklama" mit diesem Fragenkomplex. Es handelt sich dabei um ein Unternehmen, das zugleich eine Werbeagentur und ein Produktionsunternehmen darstellt. Es befaßt sich nämlich mit dem Entwurf und der Produktion von Werbemitteln in eigenem Bereich, die es in eigenen oder fremden Werkstätten erstellt.

Mit der P r e s s e w e r b u n g befaßt sich die PAR (Allgemeine Werbe-Agentur). Sie ist ein Teilstück des Unternehmens RSW „Prasa", das 25 Verlagshäuser umfaßt. Die erwähnte PAR-Agentur nimmt Anzeigen an, die sie in den einzelnen Presseorganen, vor allem aber in den Tageszeitungen und in der periodischen Presse, einschaltet. Dieses Unternehmen beschränkt sich jedoch nicht auf Dienstleistungen auf dem Gebiet der Pressewerbung. Es bearbeitet und verlegt verschiedene Werbedrucke, angefangen bei kleinen Flugschriften bis zu mehrfarbigen Plakaten.

Mit der R u n d f u n k - u n d F e r n s e h w e r b u n g befaßt sich das Unternehmen Radio-Tele-Reklama, welches der Rundfunk- und Fernsehverwaltung unterstellt ist und dem staatlichen Rundfunk- und Fernsehunternehmen angehört. Üblich sind Werbesendungen von 3, 10 und 15 Minuten Dauer. Darüber hinaus gibt es Musik-Wort-Sendungen im Fernsehen von 5 Minuten Dauer.

Beim Polnischen Rundfunk und Fernsehen besteht ebenfalls ein Zentrum für Filmdienstleistungen, das Werbefilme für den Handel herstellt. Beim Minister für Binnenhandel wirkt ein Programmrat für die Werbung, der sich mit der Entwicklung, Koordinierung und Organisation aller mit der Werbung zusammenhängenden Fragen, darunter auch Fragen der wissenschaftlichen Forschung befaßt.

Auf ähnliche organisatorische Grundlagen stützt sich die Organisation der Werbung in der S o w j e t u n i o n. Dort arbeitet das Unternehmen „Gostorgreklama", in der T s c h e c h o s l o w a k e i befaßt sich „Reklama Obchodu" mit der Werbung und in der D D R die „Dewag" (Deutsche Werbe- und Anzeigengesellschaft). Das zuletzt genannte Unternehmen ist nicht nur für den Binnenhandel tätig, sondern es ist auch mit der Herstellung bestimmter Elemente der politischen Propaganda beschäftigt.

Der Zentrale der „Dewag" ist das Institut für Werbemethodik unterstellt, dessen Aufgabe die Lösung der grundlegenden Probleme der Theorie und Praxis der sozialistischen Werbung in der DDR ist. Das Institut führt darüber hinaus zahlreiche Forschungen durch und befaßt sich mit der Entwicklung der sozialistischen Werbelehre. Das Niveau

Werbung in der sozialistischen Volkswirtschaft

der Arbeiten der Dewag ist besonders eindrucksvoll, ihre Ausführung ist von hoher Qualität. Das Unternehmen blickt ferner auf große Erfolge bei der Schulung von Dekorateuren und Werbefachleuten zurück.

In Ungarn gibt es das Unternehmen „Magyar Hirdeto" und in Bulgarien das Unternehmen „Reklama".

Im polnischen Außenhandel bestehen zwei Werbeunternehmen, und zwar der Außenhandelsverlag und das Außenhandelswerbebüro AGPOL, beide in Warschau. Der Außenhandelsverlag WHZ in Warschau befaßt sich mit dem Entwurf und der Veröffentlichung von Werbedrucksachen (Katalogen, Montage- und Betriebsdokumentation, Flugschriften, Prospekte, Preislisten, Exportzeitschriften usw.). Das Unternehmen umfaßt Branchenredaktionen (z. B. eine Redaktion für die Maschinenbranche, Chemiebranche, Fahrzeugbranche, Lebensmittelbranche usw.). Den Redaktionen gehören Vertreter der Exportunternehmen und der einschlägigen Industriezweige an. Die Redaktionen legen die Veröffentlichungspläne fest, arbeiten die erforderlichen Unterlagen aus, nehmen Übersetzungen vor und beaufsichtigen den Druck.

Zum Aufgabenbereich des zweiten Unternehmens gehört die Betreuung des polnischen Außenhandels auf dem Gebiet der klassischen Werbung. Das Außenhandelswerbebüro AGPOL arbeitet Werbeprogramme und Werbepläne aus, stellt Werbemittel aller Art her und führt Werbekampagnen im Ausland durch. AGPOL stellt ferner in enger Zusammenarbeit mit den einzelnen Außenhandelsunternehmen langfristige Programme der Exportwerbung auf, stimmt sie mit den polnischen diplomatischen Vertretungen im Ausland und mit seinen ausländischen Vertretern ab und analysiert die einzelnen Werbemärkte. Für die Außenhandelsunternehmen unterhält die AGPOL einen Beratungsdienst auf dem Gebiet der Werbung und der ausländischen Werbemärkte. In allen Ländern, die Gegenstand des Interesses des polnischen Außenhandels sind, besitzt die AGPOL vertragliche Agenturen, die die Werbeelemente in die einzelnen Werbemittel einschalten, analytisches Material über die Werbung in ihren Ländern liefern usw.

Eine große Bedeutung kommt im Außenhandel auch den Messen und den Beteiligungen an Auslandsmessen zu. Messen und Ausstellungen üben nämlich neben ihrer Handelsfunktion eine bedeutende Werbefunktion aus. Auf diesem Gebiet ist die Polnische Außenhandelskammer tätig. Sie befaßt sich mit der allgemeinen Propaganda des polnischen Außenhandels, die sozusagen der Warenwerbung den Weg bahnt, die schon in den Kompetenzbereich der Außenhandelsunternehmen fällt. Polen wird im Rahmen dieser allgemeinen Propaganda als günstiger Handelspartner dargestellt. Diesem Ziel dienen fremdsprachige Exportzeitschriften, Sondernummern in ausländischen Werbeträgern über die Volkswirtschaft und Artikel, die in ausländischen Presseorganen und Wirtschaftszeitschriften untergebracht werden.

Die Polnische Außenhandelskammer organisiert ferner Beteiligungen an Messen und Ausstellungen, die für die einzelnen Industriebranchen und Außenhandelsunternehmen interessant sind. Sie unterhält Kontakt mit internationalen Organisationen, die sich mit Fragen der Werbung und der Wirtschaftspropaganda befassen. Im Verein mit dem Außenhandelsverlag bringt sie fremdsprachige Exportzeitschriften anläßlich internationaler Messen, an denen sich Polen beteiligt, heraus.

Auf ähnlicher Grundlage hat der Außenhandelswerbungsapparat in den anderen sozialistischen Ländern seine Tätigkeit entwickelt. In der Sowjetunion befaßt sich das Unternehmen Vnestorgreklama mit diesen Fragen, in der Tschechoslowakei gibt es zwei Werbeagenturen: Rapid und Made in Publicity, in der DDR befaßt sich die

Interwerbung und in Ungarn die Presto mit der Werbung für Exportprodukte. In allen sozialistischen Ländern gibt es ähnlich wie in Polen Außenhandelskammern, denen die Organisation der Beteiligung ihrer Länder an internationalen Messen obliegt.

Im Rahmen der vor einiger Zeit durchgeführten Dezentralisierung in der Volkswirtschaft der sozialistischen Länder und der Einführung elastischerer Methoden der Planung und Leitung tendieren die größeren Unternehmen, die vor allem für den Export produzieren, dahin, die Werbung für ihre Erzeugnisse auch im Ausland in eigener Regie durchzuführen. Hierdurch soll die Werbung einen stärker individuell betonten Charakter erhalten, der den Erzeugnissen des betreffenden Unternehmens am besten entspricht.

XI. Werbung als Lehrfach

In den mittleren Handelsschulen einiger sozialistischer Länder bildet die Werbung ein gesondertes Lehrfach (in Polen, in der DDR und in der CSSR), in anderen gehört sie zur „Organisation und Technik des Handels". Gegenstand des Lehrfachs Werbung sind ausschließlich ausgewählte Probleme des Einzelhandels, vor allem die Schaufensterwerbung, sowie die Werbung in der Verkaufskunde. Dabei kommt es in erster Linie auf Werbung durch entsprechende Behandlung der Kunden an. Auf den Hochschulen der sozialistischen Länder, d. h. den ökonomischen Hochschulen, gibt es keine gesonderte Disziplin „Werbung". Sie gehört zu anderen Lehrfächern, vor allem zur „Organisation und Technik des Binnen- und Außenhandels".

Polen besitzt als einziges Land des sozialistischen Lagers zwei Sonderlehrgänge: Lehrgang über die Werbung im Außenhandel sowie Lehrgang über die Werbung im Binnenhandel. Diese Lehrgänge sind für die Fortbildung der Mitarbeiter des Werbe- und Handelsdienstes in den Handels- und Industrieunternehmen bestimmt. Der Lehrgangsteilnehmer soll eine höhere Schulbildung, zumindestens aber Mittelschulbildung und langjährige Berufserfahrung besitzen. Parallel zu diesem Lehrgang läuft ein Lehrgang für die Gestalter, wie Architekten, Fotografen, Graphiker, Filmschaffende und Redakteure. Diese Lehrgänge werden von der polnischen Ökonomischen Gesellschaft veranstaltet, einer gesellschaftlichen Organisation, die sich vor allem die berufliche Fortbildung ihrer Mitglieder zum Ziel setzt.

Abschluß

In den Ländern des sozialistischen Lagers ist mit Hilfe der Planwirtschaft und bedeutender Investitionen auf dem Gebiet der Werbung ein riesiger Schritt vorwärts getan worden. Von Jahr zu Jahr wächst der Anteil der sozialistischen Länder an der Weltindustrieproduktion, und das Sortiment an Konsumgütern auf dem Binnenmarkt wird ständig erweitert. Aus Rohstoffexporteuren haben sich die sozialistischen Länder zu Exporteuren von Maschinen und langlebigen Konsumgütern entwickelt. Heute sind sie ein bedeutender Handelspartner und Konkurrent der kapitalistischen Länder. Dies bewirkt ein wachsendes Interesse für Fragen der Werbung, Marktforschung, des Marketing und der Public Relations. In dem Maß, wie die Bedeutung der Werbung wächst, wächst auch das Interesse der Wissenschaft für Fragen der Werbung und der wissenschaftlichen Forschung auf diesem Gebiet.

ZEHNTES KAPITEL

Praktische Beispiele von Werbefeldzügen

Beispiel eines Werbefeldzuges für Konsumgüter: Bellinda

Von Ludwig Freiherr von Holzschuher, Düsseldorf

I. Vorgeschichte

Die Feinstrumpfmanufaktur Bellinda existiert in Schongau seit 1951. Sie wurde gegründet von Fred Vatter und Dr. Otto Palme. Beide stammen aus der Strumpfindustrie; die väterlichen Betriebe befanden sich im sudetendeutschen Schönlinde (daher übrigens der Name „Bellinda").

Als die Bellinda-Strümpfe auf den Markt kamen, war der Textileinzelhandel schon weitgehend auf andere Strumpfmarken festgelegt. Auch bestand keine Vertreterorganisation, um die in Betracht kommenden etwa 20 000 Einzelhandelsgeschäfte direkt zu bearbeiten. So entschloß man sich, primär den Textilgroßhandel als Geschäftspartner zu gewinnen. Das ermöglichte es, schneller und mit geringeren Kosten, in den Strumpfmarkt einzudringen, wenn man dabei auch weitgehend auf einen direkten Kontakt mit den Detaillisten verzichten mußte.

Dieser anfängliche Nachteil verwandelte sich zunächst sehr bald in einen Vorteil: Bellinda wurde zum bevorzugten Lieferanten des Großhandels. Damit hatte sich das Werk einen Abnehmerkreis gesichert, den die übrigen Strumpfhersteller nicht oder nur mangelhaft belieferten, ja auch nicht beliefern durften, wenn sie den ihren Einzelhändlern häufig eingeräumten Gebietsschutz nicht durchbrechen wollten. Bellinda dagegen drang — dem Abnehmerkreis des Großhandels entsprechend — unbehindert und weit gestreut in die ländlichen Gebiete sowie besonders in die Landstädte vor. Das brachte sehr bald große und immer weiter steigende Umsätze.

Als die Werbeagentur von Holzschuher, Bauer & Ulbricht KG, München (damals Werbestudio von Holzschuher firmierend) 1954 den Werbe-Etat von Bellinda übernahm, um eine **Werbung auf Bundesebene** auszubauen und durchzuführen, ergab sich aber aus der überwiegenden Belieferung der kleineren Geschäfte und der kleineren Plätze ein grundlegendes Problem: Die durch die Anzeigen in Zeitschriften und durch Rundfunkdurchsagen gewonnenen Interessenten konnten in Großstädten nur schwer Geschäfte finden, die Bellinda führten. Ja, selbst auf Rückfragen beim Werk nach Bezugsquellen konnten solche häufig nicht angegeben werden, da es den Gepflogenheiten des Großhandels entspricht, die Adressen der von ihm belieferten Detaillisten dem Werk gegenüber geheimzuhalten. Selbstverständlich war Bellinda bemüht, durch den Auf- und Ausbau eines Vertriebsnetzes auch eine direkte Bearbeitung des Einzelhandels, vor allem der großen Geschäfte (Kettengeschäfte, Filialisten, Warenhäuser, Konzerne usw.), zu organisieren. Damit kam man jedoch nur sehr langsam vorwärts. Das Ansehen der Marke war bei einem Teil des Fachhandels durch die oft nicht branchentreuen Grossisten geschädigt; eine Marke, die in Gemischtwarenhandlungen, ja vereinzelt sogar in Lebensmittelgeschäften geführt wurde, wollten die Textilhäuser nicht mehr aufnehmen.

II. Aufgabenstellung

Diese Entwicklung führte schließlich (1963/1964) zu folgender Aufgabenstellung:

Verbesserung der Distribution
Verbesserung des Marken-Images.

Im Zuge eines hierauf ausgerichteten Marketings ergaben sich die folgenden fünf Phasen des gesamten „Werbefeldzuges".

1. Phase: Beschleunigter Ausbau einer leistungsfähigen Verkaufsorganisation zur direkten Bearbeitung des Einzelhandels

Dazu waren von der Agentur folgende Werbemittel zu gestalten:
1. Tonbildschauen, Informationsbroschüren, Argumentationskarten und anderes Instruktionsmaterial für die Vertreterschulung;
2. Vorträge, die von Mitabeitern der Agentur bei Vertretertagungen zu halten waren;
3. Material für die Vertreter zur Unterstützung ihrer Verkaufsgespräche, wie
Fact-Cards (listenmäßige Aufstellung der Verkaufsargumente – auch zur Weitergabe an das Verkaufspersonal des Handels);
Flip-over-Presentations und Sales-Folders (kurz gefaßte, bilderbuchähnliche Drucksachen, an Hand derer die Reisenden beim Einzelhandel ihr Verkaufsgespräch zu entwickeln haben);
4. Display-Material (Werbematerial für den Einzelhändler wie Ladenplakate, Preisschilder, Dekorationsschilder, Verkaufsständer usw.);
5. Direct-Mail (Werbebriefe bzw. Serien von Werbebriefen an die Einzelhändler zur Vorbereitung des Vertreterbesuches, häufig attraktiv gestaltet durch kleine Werbebeigaben);
6. Anzeigen für Textilfachzeitschriften (dabei Herausstellung neuer speziell von Bellinda entwickelter Artikel wie auch modischer Neuheiten; Angaben über die von Bellinda geplante Publikumswerbung).

2. Phase: Konzeption, Gestaltung und Planung sowie Durchführung einer Werbung, mit der Hauptaufgabe, das Ansehen von Bellinda zu heben (Image-Werbung)

Zu diesem Zweck wurde der Vorschlag akzeptiert, die Bellinda-Strümpfe der höheren Preisklassen mit dem Beiwort „grand chic" auszuzeichnen. Ferner wurde den Anzeigen und Fernsehspots eine möglichst elegante Note verliehen. Ein Beispiel damaliger Anzeigen zeigt Abbildung 1. Für das Werbefernsehen konnte die ehemalige Miß World und Fernsehansagerin Petra Schürmann gewonnen werden (Abbildung 2).

Werbefeldzug für Konsumgüter: Bellinda 997

3. Phase: Werbung für den Einzelhandel

Die Aufgabe wurde vom Unternehmer Fred Vatter so formuliert: „Ich will eine Aktion haben und Anzeigen sehen, die in erster Linie nicht verkaufen, sondern Händler gewinnen helfen sollen." Dieser der Werbeagentur im Juni 1964 erteilte Auftrag führte zur Ausarbeitung einer Präsentation im Herbst 1964, bei der die Unterlagen für die gesamte Werbung 1965 vorgelegt wurden.

Das Kernstück bildete ein P r e i s a u s s c h r e i b e n auf Bundesebene:

>Die große Bellinda-Preisfrage
>„Welche Beine gefallen Ihnen am besten?"
>mit einem Häkelwettbewerb um die „Goldene Masche".

Abbildung 3 zeigt die Anzeige mit der Preisfrage, bei der es darum ging, von fünf abgebildeten Mädchen das mit den schönsten Beinen auszuwählen. Preisausschreiben-Bedingungen und Wahlzettel waren beim Handel zu haben oder direkt vom Werk zu beziehen.

Das spezielle Interesse des H a n d e l s an diesem Preisausschreiben wurde dadurch geweckt,

1. daß Wahlurnen in den Textilgeschäften aufgestellt wurden, in die die Stimmzettel einzuwerfen waren, und

2. daß für die Wähler derjenigen Beine, die die meisten Stimmen bekamen, über 5000 Einkaufsschecks im Werte von insgesamt 26 700 Mark ausgegeben wurden. Diese Schecks wiederum berechtigten zum direkten Einkauf bei einem der Einzelhändler, die an der Bellinda-Aktion mitmachten und bei denen außer den ausgesetzten Bellinda-Strümpfen beliebige Waren ihres Geschäftes bezogen werden konnten.

Um das P u b l i k u m in erhöhtem Maße zum Mitmachen und also zum Aufsuchen eines Textileinzelhändlers anzuregen, wurde die gesamte Aktion mit dem Wettbewerb um die „Goldene Masche" gekrönt.

Näheres ist der unter Abbildung 4 wiedergegebenen Einladung zu entnehmen.

Zur B e k a n n t m a c h u n g d e s W e t t b e w e r b s wurden entworfen und eingesetzt:

1. Preisausschreiben-Bedingungen
2. Wahlzettel
3. Wahlurnen und Versandkartons zur Rücksendung nach Wahlschluß ans Werk
4. Ladenplakate für Schaufenster und Innenraum
5. Ankleber für die Schaufenster
6. Werbebriefe an die Händler
7. Anzeigen in den Textilfachzeitschriften für die Händler
8. Anzeigen in der Publikumspresse
9. Plakate für den Großflächenanschlag
10. Anzeigen für die Bekanntgabe des Wahlergebnisses und der Gewinner der „Goldenen Masche"
11. Fernsehspots (20-Sekunden-Film) mit der Aufforderung, am Wettbewerb teilzunehmen

Ludwig von Holzschuher

Streuplan BELLINDA 1965

Werbeträger	März 9	10	11	12	13	14	April 15	16	17	18	19	Mai 20	21	22	September 36	37	38	39	40	Oktober 41	42	43	44	45	November 46	47	48
Stern																								■			
Bunte Illustrierte							■	■										■									
Quick			■							■													■				
Bravo								■	■											■							
Für Sie		■				■											■										
Constanze				■							■											■			■		
Brigitte																			■			■					
Neuer Schnitt					■							■								■							
Burda-Moden							■			■					■									■			
Hör Zu		■										■											■				

Werbefeldzug für Konsumgüter: Bellinda

12. Programm für die Veranstaltung der „Goldenen Masche" unter Mitwirkung des Düsseldorfer Kabaretts „Das Kom(m)ödchen" und Darbietung einer Strumpfmodenschau für den geladenen Fachhandel und für die Presse.

Bei der Aufstellung des **Streuplanes** für den Einsatz der Werbung in den verschiedenen Werbeträgern kam es darauf an, zwei „Zielgruppen" optimal zu erfassen:

1. **einerseits** die weiblichen Konsumenten im Alter von 14 bis 60 Jahren,
2. **andererseits** die Inhaber und Einkäufer des führenden Textilhandels.

Letzteres wiederum erforderte nicht nur Anzeigen und redaktionelle Notizen in den Textilfachzeitschriften; vielmehr kam es ebenso sehr darauf an, die Publikumspresse in einer Weise zu belegen, daß der Händler den Eindruck einer seinen Verkauf unterstützenden, großzügigen Verbraucherwerbung erhielt. Der Media-Plan hierzu ist auf S. 998 wiedergegeben.

Der **zeitliche Ablauf** der gesamten Werbeaktion wurde in einer Tabelle zusammengestellt, die zur Orientierung der Textileinzelhändler diente.

WOCHE	DATUM	FERNSEHEN	ILLUSTRIERTE	DEKORATION	WAHLURNEN
14.	28. 3. - 3. 4.				
15.	4. 4. - 10. 4.	54 Fernsehausstrahlungen über alle Sender des 1.+2. Programms (ARD u. ZDF)	9 ganzseitige 4-farbige Anzeigen in Illustrierten, Frauen- und Rundfunkzeitschriften in einer Gesamtauflage von 12 271 942 Mill.	In dieser Zeit Bellinda Dekoration in Ihrem Schaufenster und Verkaufsraum	30.3. Aufstellung (In dieser Zeit kommen die Interessenten in Ihr Geschäft und fragen nach Bellinda Wahlkarten)
16.	11. 4. - 17. 4.				
17.	18. 4. - 24. 4.				
18.	25. 4. - 1. 5.				
19.	2. 5. - 8. 5.				
20.	9. 5. - 15. 5.				10.5. letzter Wahltag und Rücksendung der Urne
21.	16. 5. - 22. 5.		17./18.5. Auslosung der Gewinner		
22.	23. 5. - 29. 5.				
23.	30. 5. - 5. 6.				
24.	6. 6. - 12. 6.		6./7.6. Wetthäkeln „Goldene Masche"		

Zeittafel zur großen Bellinda-Preisfrage. Sie diente zur Information der Händler, bei denen die Wahlurne aufgestellt wurde und die möglichst zur gleichen Zeit ihre Dekoration hierauf abstellen sollten.

Der **Erfolg** der Aktion war sehr gut:
Über 3000 Händler machten mit.
Über 1000 Händler wurden als neue Kunden gewonnen.
Über 500 000 Stimmzettel wurden abgegeben.

Der Häkelwettbewerb um die „Goldene Masche" fand im „Malkasten", Düsseldorf, vor der Presse und 300 geladenen Händlern statt. Der Sieger brachte es mit 652 Maschen auf einen Barpreis von 16 300 DM; 2. Preis 12 300 DM; 3. Preis 10 150 DM.

4. Phase: Vereinheitlichung und Festigung des Markenbildes

Bellinda hatte im Jahre 1965 erhebliche Fortschritte gemacht. Die „Preisfrage" hatte ihren Teil dazu beigetragen, die Distributionen zu verbessern. Nun hieß es aber, den gewonnenen Boden **festigen und ausbauen**.

Hektische Zustände waren auf dem Strumpfmarkt eingetreten. Der Minirock hatte eine nie dagewesene Betonung des weiblichen Beines zur Folge. Er stellte Anforderungen an die Strumpfgestaltung: Größere Längen, schmalerer Doppelrand. Auch Strumpfhosen. Auch farbig. Auch Häkel-Look.

Die Agentur war ebenso hektisch damit beschäftigt, dauernd zu neuen Artikelsorten und neuen Namen neue Packungen zu schaffen. Durch diese überstürzte Entwicklung war das Markenbild immer mehr zersplittert worden. Es ergab sich die Notwendigkeit, für die **Packung** ein Gestaltungsschema zu finden, das durch feststehende, immer wiederkehrende Elemente ein „**Bellinda-Gesicht**" auch dann sichert, wenn sich Titel, Sorte und dementsprechend die Bilder im einzelnen ändern.

Gemäß Abbildung 5 besteht das **Gestaltungsschema**, das die Agentur im Sommer 1965 in Vorschlag brachte, aus je einem weißen Streifen am oberen und unteren Rand der Packung. Oben mit dem Bellinda-Schriftzug, unten mit den sachlichen Angaben. Vom oberen Streifen beginnend, ragen ein Paar Beine hinunter bis in den unteren Streifen (also freistehend) in einer bestimmten, gleichbleibenden Stellung. Der zwischen den Streifen frei bleibende Illustrationsraum dient zur Aufnahme eines Bildes, das möglichst genau auf die entsprechende Strumpfsorte abgestimmt ist, wie bei dem abgebildeten Beispiel zu der Sorte „Bellinda ultra chic" — ein Mädchenkopf mit der damals modernen Lackmütze. Die Darstellerin ist ein Pariser Starmodell (**Bernadette**), das noch auf mehreren anderen Packungen Verwendung fand. Ebenso in Anzeigen und im Fernsehen.

Das neue Packungsschema eignete sich vorzüglich zur Wiedergabe in allen wesentlichen Werbemitteln: im Film bzw. Fernsehen sozusagen als Bühne, die zwischen den beiden Streifen und den davorstehenden Beinen freigegeben wird. Im Text der Anzeigen wurden nur die teureren Strumpfsorten angeführt, mit der Tendenz, das **Preisniveau zu heben** und Bellinda das Odium des billigen Strumpfes zu nehmen. Aus diesen Überlegungen heraus wurden zudem die „Bellinda Modesterne" (2, 3 oder 4 Sterne zur Klassifizierung der Strumpfsorten) in das Packungsbild eingefügt.

Alle diese Maßnahmen waren unter der Zielsetzung der Marketing-Strategie zu sehen, die das Grundthema der Agentur-Präsentation für 1966 bildete. Die Losung hierzu für die Verkaufsorganisation lautete: „Wir verkaufen mehr Strümpfe zu 2,95 DM und höher!". Als Spitzenqualität wurde „Bellinda-Cantrece" (zu 3,90 DM je Paar) eingeführt. Cantrece war ein neu von Dupont, USA, herausgebrachtes elastisches Material. Mit angelernten Werbedamen, die vor allem in Strumpfabteilungen großer Waren- oder

Werbefeldzug für Konsumgüter: Bellinda

Textilhäuser eingesetzt wurden, konnte das Werk dem Handel beweisen, daß man mit einer entsprechenden Personalschulung Strümpfe dieser hohen Preisklasse sehr wohl absetzen kann. An einzelnen Verkaufsstellen wurden pro Werbedame bis zu 400 Paar pro Tag verkauft!

In diesem Zusammenhang arbeitete die Agentur erstmals sogenannte „programmierte Instruktionen" aus. Das sind kleine Druckschriften mit einem Frage- und-Antwort-Spiel, durch das sich das Verkaufspersonal in genau dosierten, kleinen Lernschritten die Argumente für die zu forcierenden Strumpfsorten mühelos einprägen kann. Um den Anreiz zu erhöhen, waren Lösungen einzusenden, die nach Maßgabe einer Auslosung prämiiert wurden.

Im Zuge der aufgezeigten Entwicklungen wurden für 1967 folgende Maßnahmen vorgesehen:

1. Entwicklung weiterer Packungen für neue Strumpfsorten und Preisklassen nach Maßgabe des im Vorjahr eingeführten Gestaltungsschemas.
2. Anzeigen, die in Übereinstimmung mit den neuesten „Packungsgesichtern" entwickelt waren.
3. Fernsehspots in der gleichen Linie.
4. Entsprechendes Display-Material, insbesondere kleine Aufstellplakate.
5. Eine Anzeigenserie für Textilfachzeitschriften, abgestellt auf den Verkauf höherer Preisklassen.
6. Entwicklung von Verkaufsständern zur Placierung in Detailgeschäften.
7. Programmierte Instruktionen.
8. Warenhausaktionen unter Einsatz von Werbedamen (als Modeberaterinnen).
9. Neue Werbebriefe für eine weitere Verbesserung der Distribution.
10. Einsatz der Werbung nach einem zeitlich abgestimmten Streuplan.

Zu letzterem ist noch zu sagen: Die guten Erfolge des Jahres 1965 hatten eine beträchtliche Erhöhung des Werbeetats für 1966 ermöglicht. Die Media-Forschungsabteilung der Agentur erarbeitete – zusammen mit der Gesellschaft für Konsumforschung (GfK) – einen optimalen Streuplan für die Insertion in Publikumszeitschriften. Die GfK stand im Vertrag mit Bellinda, um mittels ihres „Haushalts-Panels" laufend die Bewegungen auf dem Strumpfmarkt bzw. die Einkäufe der dem Panel angehörenden Personen zu messen. Eine von der GfK eingeführte Zusatzmeldung der Panel-Teilnehmer über ihre Lesegewohnheiten ermöglichte nun, eine Relation zwischen den Käufern der einzelnen Strumpfmarken und den gelesenen Werbeträgern herzustellen. Schließlich ist ja bei einem Panel auch die Verteilung der zur regelmäßigen Berichterstattung verpflichteten Personen über Stadt und Land bzw. über verschiedene Ortsgrößen bekannt. Und wenn man nun (wie bei Bellinda) feststellt, daß die Mehrzahl der Käufer nicht in den Großstädten vorhanden ist, dann mußte man sich hinsichtlich der Festlegung der Zielgruppe entscheiden: Will man die auf dem Land und in kleineren Städten gewonnene Position festigen und weiter ausbauen, oder aber will man das größere Gewicht auf die Eroberung der Haupt- und Großstädte legen?

Bei Bellinda entschied man sich zunächst für ersteres. Und so entstand der Media-Plan für 1966 (vgl. S. 1002). Ziel war die preisgünstigste Erfassung von weiblichen Personen im Alter von 14 bis 60 Jahren durch Zeitschriften, die eine höhere Verbreitung in der Provinz haben. Der Struktur der bestehenden Zeitschriften nach ist das selbstverständlich nur in

Ludwig von Holzschuher

Streuplan BELLINDA 1966

Werbeträger	März 9 10 11 12 13 14	April 15 16 17 18	Mai 19 20 21 22	Juni 23 24	September 35 36 37 38 39	Oktober 40 41 42 43 44	Nov. 45 46 47
Quick							
Bunte Illustrierte							
Neue Revue							
Für Sie							
Brigitte							
Constanze							
Burda-Moden							
Neuer Schnitt							
Hör Zu							

Werbefeldzug für Konsumgüter: Bellinda 1003

geringen Prozentsätzen zu erreichen. Denn wollte man Zeitschriften belegen, die exklusiv auf dem Lande gelesen werden, dann müßte man schon in rein landwirtschaftliche Blätter gehen. Und diese wiederum erreichen keine geeigneten Käufer für Feinstrümpfe. Besonderer Wert dagegen wurde auf die Erfassung der Jugend gelegt, die für modische Appelle noch empfänglicher ist, bei der noch keine festgelegten Kaufgewohnheiten bestehen und bei der eben solche zugunsten von Bellinda für die Zukunft gegründet werden sollen (Belegung von „Bravo"). Beachtenswert bei dem Streuplan ist ferner noch die große Streubreite über Stadt und Land durch das Fernsehen und durch die Programmzeitschriften. Das Fernsehen wurde für 1966 verstärkt belegt (soweit es die beschränkte Zuteilung von Sendezeiten überhaupt zuließ). An Programmzeitschriften wurde neben den Großen wie „Hör zu" und „TV Hören und Sehen" noch eine Tageszeitungs-Beilage „RTV" belegt, da diese bevorzugt von Provinztageszeitungen beigefügt wird.

Bei dieser Gelegenheit wurde noch eine sehr interessante Frage untersucht: „Macht die Werbung im Fernsehen eine gleichzeitige Belegung der Programmzeitschriften überflüssig?". Obwohl die Agentur der Überzeugung war, daß dies nicht der Fall ist, führte sie zur Absicherung doch eine umfangreiche Spezialuntersuchung über P r o g r a m m z e i t s c h r i f t e n durch. Das Ergebnis war äußerst beachtlich:

1. Jeder dritte Leser einer Programmzeitschrift verfügt über kein Fernsehgerät.

2. Insgesamt gesehen haben zwar $^2/_3$ aller Leser irgendeiner Programmzeitschrift ein Fernsehgerät, während bei Lesern irgendeiner aktuellen Illustrierten bzw. einer Frauenzeitschrift nur 55 bis 57 % ein Fernsehgerät besitzen. Aber:

3. Reichlich die Hälfte der Leser einer Programmzeitschrift werden nicht vom Werbefernsehen erfaßt (weil sie es nicht ansehen bzw. es abschalten).

4. Programmzeitschriften erfassen fast genausooft wie die aktuellen Illustrierten und Frauenzeitschriften jene Personen, die vom Werbefernsehen nicht erreicht werden.

Im übrigen ist die so oft diskutierte Überschneidung einzelner Werbeträger durchaus kein absoluter Nachteil. Beruht doch die Werbewirkung prinzipiell auf mehreren, ja auf sehr vielen Anstößen (und also auch Kontakten), sei es durch Wiederholung, sei es eben durch Überschneidung.

5. Phase: Eroberung der Großstädte

Der Erfolg des Jahres 1966 war ungewöhnlich gut. Der schon 1965 zu einer beträchtlichen Höhe angewachsene Umsatz war um weitere 26 % gestiegen. So konnte auch der Werbeetat für 1967 um etwa eine weitere Million erhöht werden.

Das ergab die Möglichkeit, nun auch einen Großangriff auf die H a u p t s t ä d t e und – Hand in Hand damit – eine Großaktion zur Gewinnung weiterer G r o ß a b n e h m e r , wie Warenhauskonzerne, Textilhandelsketten usw. zu starten.

Der Anzeigenplan 1967 ist auf S. 1004 wiedergegeben. Im Vergleich zu 1966 ist er insofern abgewandelt, als die bedeutendste und „städtischste" W o c h e n i l l u s t r i e r t e , der „Stern", wieder aufgenommen wurde. Übrigens war der „Stern" inzwischen auch an die Spitze aller Illustrierten gerückt, während die „Quick" mit deren Übernahme durch den Bauer-Verlag, Hamburg, damals in der Streubreite wie auch im Anzeigenumfang zurückfiel und folglich weggelassen werden konnte. Dagegen wurde die „Neue Revue", die durch die Vereinigung der „Neuen Illustrierten" und der „Revue"

Ludwig von Holzschuher

Streuplan BELLINDA 1967

Werbeträger	Februar 6 7 8 9	März 10 11 12 13	April 14 15 16 17 18	Mai 19 20 21 22	Juni 23 24	September 35 36 37 38 39	Oktober 40 41 42 43 44	Nov. 45 46 47
Stern								
Neue Revue								
Bunte Illustrierte								
Hör Zu								
TV – Hören u. Sehen								
Für Sie								
Constanze								
Burda-Moden								
Bravo								
RTV								

Werbefeldzug für Konsumgüter: Bellinda

in der Auflage sehr vorangekommen war, stärker belegt und TV (Hören und Sehen) hinzugenommen. Schließlich wurde auch „Bravo" einbezogen als die führende Zeitschrift zur Erfassung der Jugend wie insbesondere der Teenager. Ebenfalls erneut verstärkt wurde die Werbung im F e r n s e h e n. Die Werbespots selber wurden nach dem gleichen Prinzip aufgebaut wie im Vorjahr und zeigten Jugend in Bewegung.

Bei der Entwicklung neuer Illustriertenanzeigen ergab sich nebenher ein besonders interessantes Problem: Sollte man die r e i n e I m a g e - W e r b u n g nach dem Packungsschema fortsetzen oder sollte man die Anzeigen d u r c h seitliche Anfügung k l e i n e r M i l i e u b i l d e r a n r e i c h e r n (gemäß Abbildung 6)?

Die Agentur vertrat zwar generell den Standpunkt, daß es nur von Vorteil sein kann, wenn man die reichlich plakativen Anzeigen, die sich aus der reinen Wiedergabe des Packungsgesichtes ergeben, etwas beachtenswerter gestaltet, und zwar durch Hinzufügen modisch interessanter Bilder. Denn modische Dinge sind für Frauen von nie ermüdendem Interesse. Trotzdem schien es geboten, eine Untersuchung durchzuführen. Bestand doch immerhin die Möglichkeit, daß die Hinzufügung kleiner Bilder den großzügigen, eine große Marke widerspiegelnden Eindruck schmälern könnte. Um der Entscheidung objektive Daten zugrundelegen zu können, wurden beide Anzeigen in Test gegeben. Es konnte jedoch nur ein Test in Frage kommen, der neben den Impact-Werten (Werte, gemessen an der Erinnerung, die vom Probanden nach Durchblättern der Zeitschriften ausgesagt werden kann) auch Aufmerksamkeits-Zuwendungswerte ergibt: das Verfahren der Blickregistrierung. Der Auftrag wurde an das Institut für Marktpsychologie von Professor Dr. Bernt Spiegel in Mannheim vergeben, da dieses Institut als einziges über ein biotisches Verfahren der Blickregistrierung verfügt. Die Agentur lieferte zwei gleiche Ausgaben der „Constanze": In der einen war die reine Packungsbild-Anzeige, in der anderen die mit seitlichen Milieu-Bildern angereicherte Anzeige eingeheftet. Der Verlag hatte diese Hefte gesondert hergestellt, damit nicht durch Einkleben oder irgendwelche Abweichungen von der normalen Griffigkeit des Papiers verfälschende Faktoren ins Spiel kommen.

Das Ergebnis fiel wie erwartet zugunsten der angereicherten Anzeige aus. Diese wurde im Durchschnitt doppelt so lange betrachtet wie die reine Packungsbild-Anzeige (5,15 Sekunden gegenüber 2,25 Sekunden).

Aber auch die Impact-Werte waren bei der neuen Anzeige erheblich günstiger als bei der alten:

60 Versuchspersonen	wiedererkannt bei Vorlage	aided recall	spontane Reproduktion
neue Anzeige	20	7	3
alte Anzeige	10	2	–

Die neue Anzeige führte damit nicht nur zu längerer, sondern auch zu intensiverer Betrachtung.

In dem Untersuchungsbericht des Instituts für Marktpsychologie heißt es in bezug auf die explorativen Befunde, die in der Schlußphase des Tests zutage gefördert wurden:

„Die stärkere Fesselung der Betrachterinnen durch die neue Anzeige ist nicht allein darauf zurückzuführen, daß einfach m e h r I n f o r m a t i o n e n, insbesondere Bildinformationen, angeboten werden; — die seitlich angeordneten ‚Milieubilder' haben die Bellinda-Anzeige nicht nur ‚quantitativ', sondern auch ‚qualitativ' bereichert.

* Durch die seitlichen Bilder wird die n e u e Anzeige von den Frauen als informativer, reichhaltiger, interessanter erlebt; sie hat — im Vergleich zur alten Anzeige — fast ein redaktionelles Gepräge erhalten.

* Die b i s h e r i g e Bellinda-Anzeige wird dagegen — vor allem im direkten Vergleich — als ruhiger, alltäglicher, gewohnter bezeichnet; sie entspricht in den Augen der Frauen mehr dem ‚typischen Anzeigenstil'.

Allein die Tatsache, daß sie gestalterisch dem formalen Anzeigenschema der Verbraucher entspricht, senkt also bereits die Attraktivität im Vergleich zur neuen Anzeige.

* Zusammengefaßt ergeben sich für beide Anzeigen folgende Eigenschaftsordnungen:

n e u e A n z e i g e	a l t e A n z e i g e
modern	modern
interessant	gewohnt
abwechslungsreich	alltäglich
belebt	ruhig
beschwingt	gedämpft
betont jugendlich	weniger betont jugendlich
informativ	plakativ
redaktionelles Gepräge	typischer Anzeigenstil

Die qualitativen Befunde ergänzen die Ergebnisse der Blickregistrierungsversuche zu einem geschlossenen Bild, das die neue Anzeige als deutlich besser geeignet für die Bellinda-Werbung erscheinen läßt."

Natürlich ist bei der neuen Anzeige ein Teil der Beobachtungszeit von dem Hauptbild abgezogen worden zugunsten der kleinen Bilder. Das mußte bei der E n t s c h e i d u n g auf jeden Fall berücksichtigt werden. Diese zu treffen, war auch nicht so einfach. Denn die Erregung der Aufmerksamkeit und die Betrachtungsdauer einer Werbedarbietung sind nicht allein maßgebend für die letztliche Auswirkung auf den Kaufentscheid. Auch nach der Theorie, die der Verfasser in seinem Buch „Psychologische Grundlagen der Werbung" (2. Auflage, Essen 1969) entwickelt hat, sind Anzeigen, mit denen sich das Publikum besonders b e s c h ä f t i g t, keineswegs ohne weiteres auch diejenigen, die besser v e r k a u f e n. Der Kaufentscheid wird im Unterbewußtsein, d. h. in unterbewußter Kompensation aller Faktoren für und wider gefällt. Mehr Gewicht haben dabei die primitiven Faktoren, vor allem bei Kaufobjekten, bei denen rationale Faktoren bzw. rationale Unterschiede zwischen den einzelnen Marken nur in geringem Umfange gegeben sind. Und die Reaktionsweise der Primitivperson im Menschen, die als Hauptempfänger der Werbung und als Rezeptor des Marken-Images gelten kann, wird in erster Linie zu berücksichtigen sein.

Da ist allerdings nur zu vermuten, daß die imagebildende Wirkung der Anzeige infolge der Ablenkung durch die verschiedenen Bilder nicht im gleichen Maße verliert, wie sie durch die modische Anreicherung gewinnt. So ergab sich die Entscheidung zugunsten der Seitenbilder, wo immer ganzseitige Anzeigen vorgesehen waren.

Hiermit müssen wir den Bericht über eine erfolgreiche Werbekampagne abbrechen. Bis dieses Buch gedruckt ist, wird die Bellinda-Werbung aber wohl mit steigendem Erfolg weitergelaufen sein. Der Leser wird inzwischen vielleicht auch die weiteren Anzeigen in den Illustrierten und die neuen Fernsehspots mit den 7 Mädchen wahrgenommen haben (Abbildungen 7 und 8).

Die Verwendung des Hits „Puppet on a String" als Kennmelodie in der Fernsehwerbung – wofür die Lizenz rechtzeitig gesichert war – wird erheblich dazu beigetragen haben, erhöhte Aufmerksamkeit zu erregen und das Image von Bellinda weiter anzuheben.

Abb. 1

Abbildung 2

Abbildung 3 →

ΞGROSSE Bellinda -PREISFRAGE

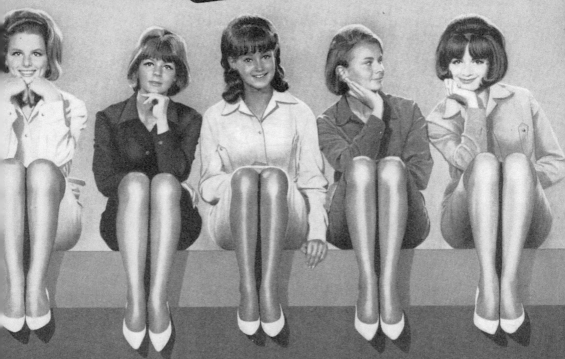

elche Beine gefallen Ihnen am besten?

chen Sie mit bei der Wahl des Bein-Ideals 1965

Wadeln" waren noch vor das heute kaum mehr ver- e Schönheitsideal. Mit der g des Beines durch die kürzer werdenden Röcke sich der Geschmack. Die nbeine wurden immer länger mer schlanker, in der modi- rstellung ebenso wie merk- rweise auch in natura.

ber nicht den Anschein, als überlange Bein jetzt lang- der Mode? Sieht es nicht so fänden Mädchen mit kräfti- einen wieder mehr Anklang? Strumpfhersteller ist es wich- Entwicklung zu kennen. Und nsere Preisfrage: Welche efallen Ihnen am besten?

rumpfmanufaktur Vatter GmbH, 892 Schongau

Teilnahmebedingungen mit Stimmzettel erhalten Sie in Textilfachgeschäften in denen Strümpfe verkauft werden oder direkt vom Werk Bellinda, 892 Schongau.
Der Stimmzettel zeigt das gleiche Bild wie diese Anzeige. Sie haben darauf nur die Beine Ihrer Wahl anzukreuzen,

Namen und Anschrift einzutragen u. den Zettel im Strump geschäft in die dort aufgestellte Wahlurne zu werfe oder direkt an Bellinda zu schicken. Letzter Wahl- bzw Postabsendetag ist der 10. Mai 1965. Wir wünsche Ihnen beim Wählen viel Glück! Denn: es sind

mehr als 5000 Preise zu gewinnen

Die »Goldene Masche«

1. bis 3. Preis: Beteiligung an einem Wetthäkeln, das jedem der 3 Hauptgewinner DM 10000 in bar und mehr einbringen kann!

Die Gewinner — Männer wie Frauen — dürfen zehn Minuten lang häkeln und bekommen für jede Masche 25 Mark! Probieren Sie aus, wieviel tausend Mark Sie sich damit erhäkeln könnten. Wenn Sie schnell häkeln, können Sie vielleicht noch mehr als DM 10.000 gewinnen! Das Wetthäkeln findet zu Pfingsten in Düsseldorf statt. Die 3 Hauptgewinner sind selbstver- ständlich unsere Gäste.

4. bis 10. Preis:
je ein Textileinkauf-Scheck à DM 500

11. bis 20. Preis:
je ein Textileinkauf-Scheck à DM 250

21. bis 50. Preis:
je ein Textileinkauf-Scheck à DM 100

Diese von BELLINDA ausgestellten Schecks werden v allen Textilfachgeschäften, die BELLINDA-Strümpfe fü ren, für Einkauf nach Wahl in Zahlung genommen. Ferne

1.000 Schecks für je 2 Paar BELLINDA Strümpfe grand chic zum Preis von DM 2,95 oder 2 Pa Herrensocken Marke BELLINDA oder VATTER

4.000 Schecks für je 1 Paar BELLINDA Strümpfe bzw. Herrensocken dito.

Die Reihenfolge der Gewinne bestimmt das Los. Bei der Verlosung ist ein Notar anwesend. Rechtsweg ausgeschlosse

achen Sie mit! Frisch gewählt ist halb gewonnen

Abbildung 4
Vorder- und Rückseite einer Einladungskarte zum Wettbewerb um die „Goldene Masche"

Abbildung 5

Bellinda

Leisten Sie sich den Chic dieser modischen Strümpfe

Bellinda 30 den. grand chic mit Bellinda accurat-Ferse.

Bellinda 20 den. »Helanca« elegant an kühlen Tagen

Bellinda 22 den Cantrece ein sensationeller Strumpf

Das sind die Favoriten der neuen Strumpfmode

sensationell schön und angenehm im Tragen:
Bellinda 22 den. Cantrece aus einem ganz neuen, naturelastischen Garn. Er kostet nur DM 3.90

faszinierend in den neuen Modefarben:
Bellinda 30 den. grand chic – hervorragender Sitz durch die Spezialferse Bellinda-accurat! DM 2.95

wärmend und trotzdem elegant transparent:
Bellinda 20 den. »Helanca« – dank seiner hohen Elastizität von ausgezeichneter Paßform DM 2.95

Fragen Sie beim nächsten Strumpfkauf nach Bellinda

Abbildung 6

Abbildung 7
Szenenfoto aus dem ersten Bellinda-Fernsehspot mit den 7 Mädchen (Herbst 1967), die für die weitere Bellinda-Werbung typisch werden sollten

Abbildung 8
Beispiel einer Bellinda-Anzeige aus dem Jahre 1969

Beispiel eines Werbefeldzuges für Konsumgüter: merci

Von Dipl.-Volkswirt Günter Lott, Düsseldorf

Die Werbekonzeption als Teil der Marketingkonzeption für die Schokolade „merci"

Eine Werbekonzeption für ein Produkt, das auf dem Markt neu eingeführt wird, das also noch nicht distribuiert ist und weder beim Handel noch beim Verbraucher ein Image besitzt, muß Teil einer umfassenden Marketingkonzeption sein. Die Werbung für ein neues Produkt hat – stärker als für ein Produkt, das distribuiert ist, bereits Nachfrage findet und ein Image besitzt – ganz klar umrissene Aufgaben, die anderen Marketing-Maßnahmen vor-, parallel- oder nachgeschaltet sind.

Stellt man diese Aufgaben den werblichen Aufgaben für ein bereits distribuiertes Produkt gegenüber, so ergibt sich folgendes Bild:

Werbeaufgaben für Produkte, die	
neu eingeführt werden	bereits auf dem Markt sind

1. Erweckung der Aufnahmebereitschaft bei Groß- und Einzelhandel
2. Ankündigung und Bekanntmachung des Produktes beim Verbraucher
3. Aufbau eines Vorstellungsbildes über das Produkt bei Handel und Verbraucher
4. Aufbau
   a) der Distribution
   b) der Nachfrage
   c) des Produktimages
	1. Vergrößerung der Produktbekanntheit
	2. Erhöhung der Nachfrage durch
	   a) Gewinnung neuer Käufer
	   b) Intensivierung der Käufe nach Menge und/oder Häufigkeit bereits gewonnener Käufer
	3. Festigung oder Umformung des vorhandenen Images
	4. Erhöhung der Distribution im Handel

I. Die Marktgegebenheiten zur Zeit der Produktplanung

Im Zeitpunkt des Planungsbeginns für die Einführung der Schokolade „merci" (1963) stellt sich die Situation auf dem Schokoladenmarkt folgendermaßen dar:

1. Die Gesamtmarktgröße

Der nationale Markt für Tafelschokolade ist mengenmäßig seit einigen Jahren nahezu konstant. Jährlich werden dem Verbraucher etwa 1,35 Mrd. Tafeln Schokolade in einer Vielfalt von Geschmacksrichtungen und Darbietungsformen angeboten. Bis auf Trumpf-Schogetten, einer Schokolade in Einzelstücken, sind es stets unportionierte, zusammenhängende Tafeln. Der Markt der 50- und 20-g-Tafeln sowie der in Packungen verkauften Schokoladentäfelchen ist ohne Bedeutung. Jeder der etwa 200 Schokoladenhersteller bietet Schokolade in mehreren Geschmacksrichtungen und in vielen Fällen auch mehrere Sortimente in unterschiedlichen Qualitäts- und Preisklassen an.

2. Die Konkurrenzverhältnisse

Es gibt nur wenige große nationale, aber eine Vielzahl kleiner und kleinster Anbieter, die lokal oder regional Verbraucherbedeutung haben. Geht man nur vom Lebensmittelhandel als Verkaufsmittler für Tafelschokolade aus — er setzte 1963 insgesamt 392,2 Mill. Tafeln, d. h. rund 30 % des Gesamtangebots an den Endverbraucher ab —, so zeigt sich, daß die sieben bedeutendsten Marken-Schokoladen mengenmäßig einen Marktanteil von 23,4 %, alle anderen Schokoladen jedoch einen Marktanteil von 76,6 % erreichten. Die bedeutendsten Marken im Tafelschokoladenfeld sind Sarotti und Suchard. Beide Marken bleiben jedoch im nationalen Lebensmittelhandel unter dem Marktanteil von 5,2 % nach Menge und 6,8 % nach Wert. Was für den nationalen Markt gilt, hat jedoch nicht unbedingt Gültigkeit für regionale Märkte. Sarotti weist zum Beispiel in Berlin einen Marktanteil von mengenmäßig 15,3 % aus; Sprengel ist in seinem Heimatgebiet Norddeutschland 13,6 % stark; Suchard hat sich in Baden-Württemberg und Bayern einen Marktanteil von 10,6 % bzw. 10,1 % gesichert.

3. Die Absatzsituation im Einzelhandel

Die Zahl der Absatzmittler von Tafelschokolade ist nicht genau bekannt. Die bedeutendste Gruppe ist der Lebensmittelhandel mit mehr als 180 000 Geschäften. Es folgen die Bäckereien und Konditoreien, die Süßwarenfachgeschäfte, die Kioske und Bahnhofsverkaufsstellen, die Kaffee- und Spirituosengeschäfte, die Gaststätten, die Drogerien und nicht zuletzt die sogenannten „Rucksackgrossisten" des Lebensmittel- und Drogenhandels, über die ein bedeutender, aber in seiner Größenordnung nicht erfaßbarer Teil des Gesamtverkaufs abgewickelt wird. Die für den Absatzerfolg einer Markenschokolade ausschlaggebenden Einflüsse gehen jedoch ausschließlich vom Lebensmittelhandel und hier vor allem vom organisierten Lebensmittelhandel aus (Ketten, Filialunternehmen, Einkaufsgenossenschaften usw.). Er entscheidet durch Aufnahme und Forcierung einer Marke, ob sie einen Anfangserfolg hat und stetig verkauft wird oder ob sie nur kurzfristig geführt und dann wieder aufgegeben wird. Ausschlaggebend für die Kette oder die Lebensmitteleinzelhandelsorganisation ist nicht der absolute Preis der Schokolade, sondern einzig und allein der von ihm speziell geforderte Preis. Der Schokoladenmarkt wird also im wesentlichen von Distributionseinflüssen bestimmt, die zwar scheinbar von Gruppen des Handels, in Wirklichkeit aber, wie bei vielen anderen Produkten, vielfach von wenigen, einflußreichen Einzelpersonen ausgehen, die für die Handelsgruppen Einkaufsentscheidungen treffen.

4. Die Preissituation im Einzelhandel

Im August/September 1963 gibt es für Tafelschokolade außerordentlich unterschiedliche Preise. Bekannte Schokoladenmarken wie Sarotti, Suchard, Waldbauer, Sprengel werden

Werbefeldzug für Konsumgüter: merci 1019

seit Frühjahr 1963 zu einem gebundenen Endverbraucherpreis von 1,10 DM, vorher 1,30 DM, verkauft. Die meistverkaufte Storck-Marke, die sogenannte Frischsahne-Serie, kostet ebenfalls 1,10 DM. Die Entwicklung der Schokoladenpreise deutet bereits den Trend zur billigeren Schokolade an. Handelsmarken und Pseudomarken, die nur in wenigen Verkaufsstellen angeboten werden, die aber zusammen fast 75 % des Gesamtangebots ausmachen, kosten im Frühherbst 1963 nur noch durchschnittlich 80,4 Pfg. Es ist nicht selten, daß im Sonderangebot Tafelschokolade bereits zu einem Preis von 50 Pfg. und darunter angeboten wird.

5. Die Stellung des Herstellers im Markt

Die aktive Stellung des Herstellers im Markt für Schokolade wird von Monat zu Monat schwächer, während sich die Bedeutung des Handels, vor allem des gruppenorientierten Handels, verstärkt. Früher lieferte der Hersteller dem Handel solche Schokolade, die er nach eigener Marktorientierung produzierte. Jetzt wird ihm weitgehend vom Handel vorgeschrieben, welche Schokolade er in welcher Menge herstellen und wann er sie dem Handel zu einem von diesem bestimmten Preis verkaufen darf. Dem Diktat des Handels kann sich kaum ein Hersteller entziehen.

Zum regelmäßigen Absatz der Schokoladenproduktion muß der Hersteller ständig neue Mittel und Wege der Markterhaltung suchen. Sie sind verhältnismäßig teuer und schmälern die Herstellermarge beträchtlich. Der Hersteller einer Markenschokolade muß sich selbst in die Verteilung seiner Produkte einschalten; das geht bis zur Placierung seiner Ware im Verkaufsregal eines Supermarktes, bis zum Aufstellen eines Verkaufskartons auf der Theke des kleinsten Einzelhändlers.

6. Verbraucher und Verbraucherverhalten

Die Verbraucher von Schokolade bilden für den Hersteller keine anonyme Masse, sondern gliedern sich in vielerlei Kategorien, deren Größenordnung und Bedeutung ihm bekannt sind. Es gibt wenige Verbraucher, die keine Schokolade essen, hierunter sind mehr Männer als Frauen. Viele Verbraucher konsumieren nur gelegentlich Schokolade, und es gibt andere, die oft und viel Schokolade essen. Nur wenige Verbraucher bevorzugen eine bestimmte Geschmacksrichtung und lehnen andere Schokolade ab. Die meisten von ihnen bevorzugen zwar eine bestimmte Sorte, konsumieren aber auch andere Schokolade. Entsprechendes gilt für einzelne Marken.

Die Bevorzugung einer Marke ist abhängig vom Standort und der regionalen Vertriebstradition des Schokoladenherstellers. Die Marke mit der größten regionalen Tradition und der stärksten Präsenz im Handel genießt das höchste Ansehen, sie wird am wenigsten substituiert. Storck-Schokolade, erst seit 1954 auf dem Markt, ohne jegliche Tradition, wird in allen Bundesländern relativ gleichmäßig konsumiert.

Eine auf Empfehlung der Storck betreuenden Werbeagentur durchgeführte Untersuchung über das Image verschiedener Schokoladenmarken zeigt für die Schokoladenmarke Storck folgende Ergebnisse:

Storck ist als Schokoladenmarke rund der Hälfte der erwachsenen Bevölkerung bekannt. Daß Storck Bonbons herstellt, wissen 56 %. Die Doppelproduktionsfunktion der Firma Storck ist in unterschiedlichem Maß bekannt. 45 % der Storck-Bonbon-Kenner wissen auch von Storck-Schokolade, aber nur 24 % der Storck-Schokoladen-Kenner wissen auch von Storck-Bonbons.

Während die Kenntnis der Schokoladenproduktion bei Sarotti und Trumpf keine Unterschiede in der Altersaufgliederung der Verbraucher aufweist, zeigt sich für Storck-Schokolade ein starkes Übergewicht bei jüngeren Verbrauchern. Storck-Schokolade entzieht sich einer eindeutigen Zuordnung zu Sozialtypen. Das Vorstellungsbild dieser Schokolade ist für viele Verbraucher nicht profiliert genug.

Zusammenfassend ergibt die Untersuchung, daß das Image der Firma Storck zweipolig ist. Storck ist eine Bonbonfirma, die auch viel Schokolade herstellt. Die Beurteilung von Storck ist unterschiedlich, aber niemals negativ, wie z. B. bei Trumpf. Die Markenkenntnis ist wesentlich geringer als bei Sarotti oder Trumpf.

7. Folgerungen, die für ein neues Storck-Produkt sprechen

Das Schokoladenangebot ist riesig und vielseitig. Die Höhe der Nachfrage nach bestimmten Marken oder Sorten bestimmt weniger der Verbraucher als vielmehr der Einkäufer von Handelsorganisationen. Traditionell gewachsene Marken weisen den größten, wenn auch absolut geringen, Marktanteil auf. Eine neue Marke kann sich im Wettbewerb mit den seit Jahrzehnten bekannten Marken nur durch Konzessionen an Handelsorganisationen, ständig wiederkehrende teure Verkaufsaktionen und überproportionale Werbung behaupten.

Es ist zu befürchten, daß sich der bisher erzielte Marktanteil von mengenmäßig 1,9 % rückwärts entwickelt, wenn das Storck-Schokoladen-Angebot weiter im Rahmen des üblichen bleibt. Eine neue Schokolade von Storck, die nur als Erweiterung des bisherigen Sortiments angesehen werden kann, wird sich nur für kurze Zeit neben dem bisherigen Absatzvolumen behaupten können. Sie wird, selbst bei relativ starker werblicher Unterstützung, in kurzer Zeit vom einkaufenden Handel als Teil des gesamten Storck-Schokoladen-Sortiments angesehen und nicht zusätzlich gekauft. Dafür gibt es nicht nur bei Storck zahlreiche Beweise, sondern das zeigt sich auch bei anderen Marken.

Im Gegensatz dazu zeigt jedoch die Entwicklung von Trumpf-Schogetten, daß es möglich ist, mit dem Angebot einer neuen Darbietungsform, die Produktvorzüge bietet, einen Marktanteil von über 2 % zu erreichen, ohne das eigene normale Tafel-Schokoladen-Geschäft negativ zu beeinflussen. Die Folgerungen der Werbeagentur werden dem Hersteller in Form von F o r d e r u n g e n bekanntgemacht.

1. Storck muß eine Schokolade herstellen, die dem Verbraucher wahrnehmbare Vorteile bietet.
2. Die Schokolade muß sich durch Aufmachung und Ausstattung aus dem übrigen, vielfältigen Schokoladensortiment herausheben, ein schnelles Bekanntwerden begünstigen, leicht merkbar und erinnerungsstark sein.
3. Das Produkt muß außerhalb der „Zwangsanonymität" einer durch viele, stark differenzierte Produkte repräsentierten Firmenmarke stehen.
4. Die wahrnehmbaren Vorteile der Schokolade müssen mit Qualität und bestem Geschmack assoziierbar sein.
5. Die Schokolade darf im Handel nicht substituierbar sein, sondern muß eine echte Bereicherung des Einzelhandelssortiments darstellen.
6. Die Schokolade muß einen Einzelhandelspreis rechtfertigen, der es erlaubt, kalkulierbar Geld für Verkaufsförderung und Werbung auszugeben.

Die von der Werbeagentur erarbeitete Konzeption wird b e g r ü n d e t :

Die Produktvorteile der neuen Schokolade dürfen nicht nur im Qualitäts- und Geschmacksbereich liegen, denn die Erfahrungen, die Storck mit der „Frischsahne"-Schokolade und Stollwerk mit der „Schwarzen Herrenschokolade" gemacht haben, zeigen deutlich, daß der Verbraucher nicht in der Lage ist, objektiv vorhandene Qualitätsvorteile zu erkennen und durch ständig wachsende Nachkäufe zu honorieren. Als herauszustellender Produktvorteil bietet sich am ehesten ein Gebrauchsvorteil an, der in der Art und Weise der Produktdarbietung liegt. Das Beispiel Trumpf-Schogetten – eine Schokolade, die nicht als zusammenhängende Tafel, sondern als 18 Einzelstücke in einer Tafelpackung angeboten wird – zeigt, daß die Verbraucher gern zu einem solchen Angebot greifen.

Bisher mußte die Schokolade beim Schokoladenkonsum stückweise von einer mehr oder weniger stark eingekerbten Tafel abgebrochen werden. Die Folge: Schokoladenkrümel, beschmierte Finger und oft genug beschmutzte Kleidung. Trumpf-Schogetten gehen auf dem Weg zum angenehmen und ästhetischen Schokoladenessen nur den ersten Schritt. Sie sind portioniert; es gibt keine Krümelei. Aber immer noch bleibt es dem Schokoladenkonsumenten nicht erspart, die Schokolade vor dem Genuß mit den Fingern anzufassen. Die Werbeagentur schlägt ihrem Kunden daher vor, einen Schritt weiterzugehen und portionierte Schokolade, am zweckmäßigsten Riegel, einzeln so zu verpacken, daß sie ohne Krümel und ohne die Finger zu beschmutzen gegessen werden kann. Die Firma Storck beauftragt die Werbeagentur LPE Internationale Werbe und Marketing GmbH in Düsseldorf, auf der Basis der von ihr vorgestellten Produktkonzeption eine Marketing- und Werbekonzeption zu erarbeiten. Eine gemeinsame Agentur/Hersteller-Arbeitsgruppe wird gebildet. Sie hat die Aufgabe, Einzelprobleme, die sich aus der zu erarbeitenden Marketing- und Werbekonzeption ergeben, im Zeitpunkt ihrer Entstehung zu diskutieren, eine Lösungsmöglichkeit zu erarbeiten und die notwendigen Aufträge an Dritte so schnell wie möglich zu erteilen.

II. Vorbereitungen für die Einführung einer neuen Markenschokolade

1. Auswahl der Produktdarbietungsform

Die von der Werbeagentur vorgelegte Produktkonzeption sieht einzeln verpackte Schokoladenriegel vor. Die Displayabteilung der Werbeagentur formt aus Kunststoff verschiedene Musterriegel im Maßstab 1:1, die aus Schokolade hergestellt je 12,5 Gramm wiegen würden. Der Kunde wählt drei Vorschläge aus und läßt in seinem Versuchslabor entsprechende Schmeckmuster herstellen. Dann prüft die Marktforschungsabteilung der Agentur, welcher der drei Riegel den Verbraucherwünschen am ehesten entspricht und vor allem, ob der Riegel in zwei oder drei Bissen verzehrt wird. Es stellt sich heraus, daß es keine Bevorzugung irgendeines der Probierriegel gibt und daß die Riegel nur eine Einkerbung für zwei Bissen haben sollten.

Der Kunde beschließt, auf weitere Riegelformtests zu verzichten und einen Riegel als verbindlich zu erklären, der, mit einer Einkerbung versehen, am formschönsten ist. Daraufhin baut die Displayabteilung der Werbeagentur eine Gußform, mit der Riegelmuster aus schokoladenbraun gefärbtem Kunstharz hergestellt werden. Mit diesen Mustern werden Entwürfe der Riegelverpackung erarbeitet, die außerordentlich vielseitig sind. Sie reichen von einer Stanniolgesamtverpackung bis zur Zellglasverpackung nur eines Riegelteils.

Bei der nächsten Arbeitsbesprechung, an der Verpackungsspezialisten teilnehmen, werden von den über 20 Verpackungsvorschlägen 16 als technisch kaum lösbar ausgeschieden. Für vier Verpackungsvarianten werden von den Maschinenherstellern Kostenvoranschläge eingeholt. Als zu testende Riegelverpackung wird schließlich eine Kombination von Zellglas und Stanniolpapier ausgewählt. Zu testen bleibt, wie das Verhältnis von Zellglaslänge und Stanniollänge sein sollte und bei welcher Verklebung die Riegelverpackung am leichtesten geöffnet werden kann. Von den verschiedenen Möglichkeiten entscheidet sich eine signifikante Mehrheit von Testpersonen für einen Riegel, der im unteren Riegelteil aus goldfarbenem Stanniol und in seinem oberen Teil aus durchsichtigem Zellglas besteht, wobei das Zellglas auf dem Stanniol angeklebt ist.

Durch diese Verpackung erhält der Riegel seinen Schwerpunkt am Goldstanniolteil. Dort wird der Riegel angefaßt und festgehalten. Mit einer leichten Drehung läßt sich die Zellglashülle vom oberen Riegelteil abziehen, und der Riegel präsentiert sich zum Genuß. Da die Stanniolfolie erst unterhalb der Hälfteneinkerbung endet, bleibt auch nach dem Abbeißen des oberen Riegelteils ein genügend großer Sckokoladenriegelteil stehen, der es ermöglicht, die restliche Schokolade mit den Lippen oder Zähnen zu ergreifen und — ohne die Finger zu benutzen — zu essen. Die Riegelverpackung ist also absolut funktionsgerecht.

2. Auswahl der Rezepturen, Entscheid für Sortendifferenzierung

Während die Werbeagentur neben anderen Problemen an der Riegelform und Riegelverpackung arbeitet, probiert die technische Versuchsabteilung der Firma Storck, ob die von dem Versuchslabor entwickelten Rezepturen sich so verarbeiten und formen lassen, wie es die Produktkonzeption erfordert.

Das Labor wird beauftragt, ohne Rücksicht auf Rohstoffkosten Rezepturen zu entwickeln, welche die qualitativ bestmögliche Schokolade ergeben. Da bekannt ist, in welchem Verhältnis einzelne Schokoladensorten bevorzugt werden, muß neben der beliebtesten Schokoladensorte „Vollmilch" eine Zartbitterschokolade und eine Schokolade entwickelt werden, die entweder Nüsse oder Mandeln enthält. Bei allen Beteiligten setzt ein fleißiges Probeessen der Rezepturalternativen ein. Die letzte Vorauswahl treffen Verbraucher, die das Problem nicht kennen, sondern je nach Bevorzugung einer bestimmten Geschmacksrichtung aus drei Schokoladenriegeln denjenigen auswählen, der ihnen am besten schmeckt. Die ausgewählten Rezepturen, die sich als großtechnisch anwendbar erweisen, werden nach den gesetzlichen Bestimmungen wie folgt klassifiziert: 1. Edel-Vollmilch-Schokolade; 2. Edel-Mandel-Milch-Nuß-Schokolade; 3. Edel-Zartbitter-Schokolade.

3. Auswahl eines geeigneten Namens

Die von der Agentur erarbeitete Konzeption fordert einen Markennamen, der das Produkt aus der Zwangsanonymität des durch viele differenzierte Produkte repräsentierten Markennamens „Storck" heraushebt. Die neue Schokolade darf also nicht einfach „Storck-Riegelschokolade" heißen, denn damit wäre die Assoziation zu Storck-Bonbons und zu Storck-Dauerlutschern, d. h. zu preiswerten Pfennigartikeln, gegeben; der Handel würde nach kurzer Einführungszeit der neuen Storck-Schokolade nur einen Teil seines bisherigen Bestellungsvolumens für Storck-Schokolade einräumen. Zu suchen ist deshalb ein völlig eigenständiger Name, der im Vorstellungsbereich des reinen, sauberen, ästhetischen Genusses qualitativ hochwertiger Schokolade liegt. Der Name der neuen Schokolade muß weitere Bedingungen der Konzeption erfüllen: Er muß leicht merkbar und erinnerungsstark sein und ein schnelles Bekanntwerden begünstigen. Er darf sich in seinen Endsilben nicht an Schogetten anlehnen. Diese einschränkenden Bedingungen machen die Namenssuche schwer, erleichtern jedoch die Auswahl unter den vielen Namensvorschlägen, die innerhalb der Werbeagentur zusammengetragen werden. Namen wie Schoko-Sticks, Schokletten, Schoko-Bar, Schoko-Barren, Svedessen und Hostessen werden nach kurzer Prüfung abgelehnt. Namen wie Stickies, Storckos, Junioren werden verworfen, weil sie als reine Phantasiebezeichnungen ohne jeden Assoziationsgehalt schwer einprägsam sind.

Geeignete Namen werden einem Namenstest unterzogen, um festzustellen, inwieweit die Bedingungen der Produktkonzeption erfüllt sind. Wenn es der Fall ist, geht der Name an einen Anwalt, der feststellt, ob dieser Name nicht bereits eingetragen und damit für einen Wettbewerber geschützt ist. Es ist zum Verzweifeln: Wenn immer ein Name sich als besonders geeignet erweist, ist er bereits eingetragen und damit geschützt. Was nicht geschützt ist, erweist sich im Assoziationstest als nicht vollkommen geeignet. Ein geeigneter Name ist „Schoko-Lady", die Dame unter den Schokoladen und die Schokolade für die Dame. Der Name ist jedoch mehrfach geschützt. Bemühungen, ihn zu kaufen, scheitern nach vielversprechenden Vorverhandlungen. Die Agentur sucht nach weiteren Namen, nach gangbaren Alternativen zur „Schoko-Lady", die die Grafiker der Werbeagentur bereits zu entsprechenden Packungsgestaltungen inspiriert hatte. Ein Namenswettbewerb innerhalb der Werbeagentur, der von der Geschäftsleitung mit 250 DM dotiert wird, erbringt die Namen „for you" und „merci". Assoziationstests ergeben, daß beide Namen die gestellten Konzeptionsbedingungen nahezu gleichwertig erfüllen. Die Agentur schlägt dem Kunden den Namen „for you" vor. Der Kunde akzeptiert den Namen und läßt ihn auf seine rechtliche Verwendungsmöglichkeit überprüfen. Es dauert Wochen intensiver Arbeit in der Werbeagentur, die ihre Werbekonzeption auf den Markennamen „for you" abstellt, bis sich herausstellt, daß ausgerechnet ein Konkurrent auf dem Schokoladensektor den Namen „for you" bereits seit Jahren angemeldet, aber niemals genutzt hat. Verhandlungen über den Tausch von Namensrechten zerschlagen sich. Der Name „for you" darf für das neue Produkt nicht benutzt werden. Es bleibt der Name „merci".

„merci" als oft gebrauchtes Wort der Umgangssprache ist als Freizeichen nicht eintragungsfähig und damit nicht geschützt. Erst wenn es Verkehrsgeltung erlangt, kann es als schutzfähig betrachtet werden. Das ist bei näherer Betrachtung der einzige Nachteil im Vergleich zu „for you". Ohne aus der Not eine Tugend machen zu müssen, zeigt sich nämlich, daß der Markenname „merci" eine Reihe von Pluspunkten gegenüber „for you" aufweist. Er ist kürzer, prägnanter, noch leichter auszusprechen. Er ist französisch und damit assoziiert mit elegant, etwas raffiniert, etwas extravagant, leicht spritzig. „merci" als „danke" ist auch allen denen mit seiner Wortbedeutung bekannt, die nicht Französisch lesen oder schreiben können. „merci" ist emotionell wesentlich stärker als „for you". Der Name ist noch produktadäquater als „for you". Werblich ist „merci" stärker als „for you".

4. Auswahl einer geeigneten Packung

Die Produktkonzeption stellt ganz bestimmte Anforderungen an die Packung. Die Einzelriegel machen eine geschlossene und wieder leicht verschließbare Schachtel im Tafelformat erforderlich. Verhandlungen mit Kartonagenfabrikanten und den Herstellern von Verpackungsmaschinen schränken die Gestaltungsmöglichkeiten stark ein. Handhabungstests mit älteren, weniger fingerfertigen Verbrauchern ergeben eine optimale

Packungsform. Die Grafiker der Werbeagentur schlagen statt des bei Schokolade üblichen Querformats ein Hochformat vor. Damit hebt sich die Packung automatisch aus dem üblichen Schokoladenangebot heraus. Auf einem je nach Sorte unterschiedlichem Farbfond — blau für Vollmilch, braun für Zartbitter und grün für Mandel-Milch-Nuß — erhält die Vorderseite der Packung als illustratives Element eine weißbehandschuhte Hand, die einen Riegel hält.

Verbrauchertests, in mehreren Städten durchgeführt, ergeben, daß die Wahl dieses Illustrationselements verstanden wird:

1. Die Hand mit dem Riegel wirkt wie ein Signal: Hier ist die Schokolade, die sich in dieser Schokoladenpackung befindet.
2. Die Hand, die den Schokoladenriegel hält, ist eine Art Geste, die, von dem Wort „merci" begleitet, ein „Dankeschön" ausdrückt.
3. Die Hand ist ein Symbol, wobei der Handschuh eine doppelte Symbolik erhält: (1) Diese Schokolade ist so sauber verpackt, daß man sie selbst mit einem weißen Handschuh anfassen und essen kann. Der Handschuh ist also eine Übersetzung des Gedankens der Sauberkeit, der Ästhetik, der Reinheit, des Genusses. (2) Diese Schokolade ist absolut gesellschaftsfähig, sie ist „Klasse".

Die Wahl einer englischen Schreibschrift für die Sortenbezeichnung gibt der Packung ein Element des Gesellschaftlichen, des Vornehmen, Wertvollen. Der Produktname in einer hochgeprägten, goldfarbenen Schrift mit einem roten Herz als Punkt über dem „i" gibt den Eindruck des leicht Verspielten, Liebenswürdigen.

Bei einer mit 40 Versuchspersonen durchgeführten Exploration über die Packung ergibt sich folgende Charakterisierung der Packung: Die „merci"-Packung fordert zum „In-die-Hand-Nehmen" auf (wichtig für die Selbstbedienungsgeschäfte), sie hebt sich, allein vom Format her, vom üblichen Schokaladenangebot ab, sie zeigt das in der Packung befindliche Produkt, sie macht deutlich, wie ästhetisch diese Schokolade genossen werden kann. Die Packung ist außergewöhnlich, interessant, auffordernd, wertvoll, nobel, bürgt für Qualität, wirkt teuer, zeigt Geschenkcharakter.

Die Schmalseiten der Packung bleiben weiß, um den Sorten- bzw. Geschmackshinweisen die notwendige Kontrastfläche zu geben. Die Rückseite der Packung weist bis auf ein großes, weißes Feld, von Goldornamenten umrahmt, denselben Fondton auf wie die Vorderseite. In dem weißen Feld steht, wie auf einer kalligraphisch verzierten Urkunde, die weitestreichende Geschmacks- und Qualitätsgarantie, die jemals auf einer Packung Pralinen oder einer Tafel Schokolade zu finden war. Sie besagt nicht weniger als: „Wenn Sie von den einmaligen „merci"-Vorzügen nicht überzeugt sind, so senden Sie bitte die angebrochene Packung zurück. Wir erstatten Ihnen Einkaufspreis und Porto." Also Ersatz jeglicher Unkosten bei einfachem Nichtgefallen, nicht, wie sonst üblich, bei verdorbener, schlechter oder unansehnlich gewordener Schokolade. (Insgesamt mußten innerhalb von 30 Monaten nach Einführung der Marke auf dem Markt nur acht Packungen vergütet werden.) Ein Beweis für die Richtigkeit der Herstelleraussage auf der Rückseite der „merci"-Packung: „Storck garantiert den erlesenen Geschmack."

5. Vorbereitung der werblichen Maßnahmen

Die Werbung für „merci" muß den besonderen Bedingungen der allgemeinen Marketingkonzeption für „merci" genügen. Sie hat vor allem die Aufgabe, das neue Produkt bekanntzumachen. Die Bekanntmachung hätte in zwei Hauptaussagen erfolgen können:

Werbefeldzug für Konsumgüter: merci 1025

1. Hier ist eine neue Schokolade, die in besonderer Form, nämlich als eingewickelter Riegel, angeboten wird.

2. Hier ist eine neue Schokolade, die besonders gut schmeckt und die geschmackserhaltend verpackt ist.

Die Werbeagentur entscheidet sich für die werbliche Herausstellung der besonders guten Qualität der Schokolade „merci", wobei der Packungs- oder Verpackungsvorteil nur als ebenbürtige Aussage gewertet wird. Sie begründet dies damit, daß die neue Schokolade, die teurer als andere Schokolade ist, nicht ausschließlich vom Verpackungsvorteil her Verbraucher gewinnen darf: 1. Der Verbraucher ist nur bedingt bereit, für einen Verpackungsvorteil wesentlich mehr zu bezahlen. 2. Der Verpackungsvorteil führt zwar Probierer an das Produkt heran, er hält sie jedoch nicht, wenn die Qualität des Produktes nicht ständig Rechtfertigung für den Kauf gibt. 3. Der Eindruck, daß es sich bei „merci" um eine besonders gute Schokolade handelt, muß sofort und schnell gefestigt werden, ehe stärkere Anbieter die Verpackung von „merci" nachahmen und dank ihrer besseren Marktposition, ihrer längeren Tradition und ihrer größeren Bekanntheit „merci" als einfache, in Einzelriegeln verpackte Schokolade vom Markt verdrängen.

Die Werbung stellt also das Qualitätselement in den Vordergrund. Als Beispiel hierfür der Text der Einführungsanzeigen:

Schlagzeile: merci ist unbeschreiblich gut!

Text: Sie schmecken es beim ersten Bissen.
Jeder Riegel ist einzeln verpackt. So bleibt der unbeschreibliche Geschmack bis zum Genuß bewahrt.
So können Sie Schokolade essen, wann und wo Sie wollen. Ohne „Schokoladenfinger", ohne Krümelei — ganz wie Sie es sich immer wünschten! Genießen Sie, schenken Sie, servieren Sie: merci

Slogan: Riegel für Riegel reiner Genuß.

Das im Slogan herausgestellte Produktversprechen ist nicht die einzigartige Verpackung, sondern der „reine Genuß", der, wie der Anzeigentext aussagt, dadurch garantiert ist, daß durch die Einzelverpackung „der unbeschreibliche Geschmack" bewahrt bleibt. Die Hauptaussage „Riegel für Riegel reiner Genuß" kehrt in allen Werbemaßnahmen wieder. Sie wird später ergänzt durch das Schlagwort „merci — die reinste Schokoladenfreude".

Die vorzubereitenden Maßnahmen auf dem Gebiet der Werbung sind zahlreich und entsprechend ihrer Zielrichtung außerordentlich vielgestaltig. Die Werbekonzeption sieht folgende Zielgruppen für die „merci"-Werbung vor:

1. Die Reisenden der Firma Storck
2. Die Süßwaren- und Lebensmittelgroßhändler
3. Die Einzelhändler, die in ihrem Sortiment Schokolade führen
4. Die Verbraucher, ohne Einschränkung nach Alter, Geschlecht, Wohnort und Einkommen.

Diese Reihenfolge entspricht auch der zeitlichen Folge der notwendigen Aufklärung und Beeinflussung.

Die Agentur schlägt folgende **M a ß n a h m e n** vor:

I. Reisendenwerbung:
1. Große Reisendenkonferenz mit Ansprachen der Geschäftsführer und Inhaber der Firma Storck und des Geschäftsführers der Werbeagentur
2. Verkaufstraining durch Verkaufsförderer der Firma Storck und der Werbeagentur
3. Bereitstellung des Argumentationsmaterials in einem Salesfolder (Gesprächsleitfaden für den Reisenden)
4. Verkaufswettbewerb für die Reisenden

II. Großhandelswerbung
1. Aussendung einer „Teaser"-(Anreiz-)Schallplatte
2. Ordersatzblätter für die Ordersätze der Großhandelsreisenden
3. Anzeigen in den Organen des organisierten Großhandels

III. Einzelhandelswerbung:
1. Schaukarton zum Display auf der Theke
2. Regalstopper für Selbstbedienungsgeschäfte
3. Aufstellplakat
4. Schaufensterstopper, der auch als Aufstellstück oder Deckenhänger benutzt werden kann
5. Anzeigen in Organen des Einzelhandels

IV. Verbraucherwerbung:
1. Verbraucherprospekte zur Verteilung in Geschäften, an Wohnungstüren und in Briefkästen der Haushaltungen in unmittelbarer Nachbarschaft der „merci" führenden Einzelhandelsgeschäfte
2. Vierfarbanzeigen in Illustrierten
3. Funkspots in verschiedenen Sendern, vor allem in Radio Luxemburg
4. Fernsehspots in allen ARD-Fernsehprogrammen
5. Plakatanschlag in Städten über 50 000 Einwohnern

Der Kunde akzeptiert diese Vorschläge und stimmt auch dem vorgeschlagenen Zeitplan zu. Während Grafiker, Fotografen und Displaylayouter zusammen mit freischaffenden Fotografen, Kartonagenfabriken, Filmproduktionsgesellschaften und anderen Lieferanten darangehen, die werblichen Vorschläge der Werbeagentur zu verwirklichen, arbeitet die Marketing-Abteilung des Kunden zusammen mit den Marketing-Beratern der Agentur an der Lösung der distributären Aufgaben.

6. Vorbereitung der distributären Maßnahmen

Die dem Kunden vorgelegte Marketing-Konzeption sieht vor, die neue Schokolade „merci" sofort national einzuführen und nicht, wie das üblicherweise geschieht, erst auf einem Testmarkt die Richtigkeit der verschiedenen, den Absatz beeinflussenden Maßnahmen und Fakten zu überprüfen. Die nationale Einführung erscheint deshalb als notwendig, weil die Nachteile eines Testmarkt-Marketings in einer Zeit, in der die Schokoladenpreise so stark in Bewegung waren wie im Frühjahr 1964, größer gewesen wären als die Risiken eines nationalen Marketings. Dieser Argumentation kann sich

Werbefeldzug für Konsumgüter: merci 1027

der Hersteller nicht verschließen; trotz des bedeutenden Risikos entscheidet er sich im Mai 1964, die neue Schokoladenmarke „merci" im ganzen Gebiet der Bundesrepublik und West-Berlin einzuführen.

Der Distributionsbeginn, Mitte September 1964, bestimmt für die nächsten vier Monate das Arbeitstempo in der Werbeagentur und legt auch für viele Betriebsangehörige der Firma Storck bestimmte Termine und ihre unbedingte Einhaltung fest. 500 Tonnen, das sind 5 Mill. Packungen „merci", werden als ausreichende Menge für den Start der Verkaufsaktion errechnet. Um sie ohne überhöhte Kapazitätsausnutzung der erst ab 25. Juni zur Verfügung stehenden Fabrikations- und Verpackungsstraßen produzieren zu können, muß mit dem Betriebsrat Übereinkunft darüber erzielt werden, daß unter Umständen Nachtschichten eingelegt werden können. Für die Dispositionsabteilung wie auch für die Vertriebsabteilung der Firma Storck kommen Wochen echter Marketing-Arbeit. Auch die anderen Abteilungen des Herstellers bleiben von den Vorbereitungen für die Einführungsaktion nicht unberührt.

Die Werbeagentur, deren eigentliche Aufgabe während der nächsten Monate die Vorbereitung der Werbegestaltung ist, wird in die Probleme der **Vertriebs- und der Verkaufsförderung** einbezogen. Einige Beispiele:

1. Vorbereitung der Reisendenkonferenz (Tischordnung, Saaldekoration mit Werbestücken, Verkaufsschulung, Vortrag über Werbung)
2. Durchführung schnellster Schmeckmustertests (jeweils 50 Testpersonen, je 6 Schmeckmuster, telefonische Berichterstattung über Ergebnisse am Abend des Tests.)
3. Entwurf eines Ordersatzblattes für Großhändler
4. Neugestaltung einer Gesamtsortimentspreisliste, die „merci" enthält
5. Entwurf eines Vorklebers für Umkartons
6. Gestaltung der Arbeitsmappen für die Reisendenkonferenz
7. Gestaltung von Namensschildern und Tischkarten für die Konferenz
8. Layout eines Einzelsortenkartons
9. Entwurf eines Regalstoppers
10. Entwurf von Reisendenmappen für die Einlage von Auftrag, Scheck usw.
11. Gestaltung von Abrechnungs- und Geschäftsformularen
12. Gestaltung der Verkaufsmeldungen
13. Entwurf eines „merci"-Ständers für die Reisendenfahrzeuge
14. Konfektionierung und Versand von 6500 Schallplatten
15. Vollständige Gestaltung eines Umkartons

usw.

III. Neueinführung von „merci" auf dem Markt

1. Maßnahmen zur Einführung von „merci" im Großhandel

Am Großhandel als Absatzmittler kann nur ein Hersteller vorbeigehen, der in der Lage ist, mit Hilfe einer außergewöhnlich großen Mannschaft firmeneigener Einzelhandelsreisender den gesamten Schokolade führenden Einzelhandel regelmäßig in kurzen Abständen zu besuchen. Storck ist dazu nicht in der Lage. Die Storck-Reisenden sind zahlenmäßig zu wenige, um außer der Erstdistribution bei den wichtigsten Einzelhändlern die Ergänzungsdistribution und stetige Weiterbelieferung der bereits gewonnenen Einzelhändler zu garantieren. Darum ist es notwendig, sich der wohlwollenden Unterstützung des Großhandels zu versichern. Der Großhandel ist jedoch wegen der Unruhe im Schokoladengeschäft nicht ohne weiteres bereit, einen neuen Artikel in sein Sortiment aufzunehmen. Er denkt mehr in kleinsten Preisen, in Mengenrabatten, als es für die Aufnahme des relativ teuren Produkts „merci" gut wäre, denn hier kann von großen Mengen, die entsprechende Rabatte garantieren, noch keine Rede sein. Hier muß im Gegenteil — soweit wie möglich — das Preis- und Rabattgespräch vermieden werden.

Aus diesen Gründen ist es erforderlich, bestimmt zu erwartende Widerstände des Großhandels von vornherein abzubauen und in interessierte Erwartung umzukehren, ehe es zum eigentlichen Verkaufsgespräch zwischen Großhändler und Großhandelsreisenden der Firma Storck kommt. Die Werbeagentur schlägt dem Kunden deshalb vor, den Großhandel gesprächsbereit zu machen, ihn auf „merci" neugierig werden zu lassen. Da sie genau weiß, daß der Großhändler Werbeprospekte oder Werbebriefe seiner Lieferanten kaum noch liest, bereitet sie eine Schallplatte vor, die von der Hülle her produktneutral ist, ihrer ganzen Aufmachung nach jedoch so viel Neugierde erweckt, daß kaum ein Großhändler, dem sie ohne Absenderangabe ins Haus geschickt wird, sie nicht abspielen wird.

So erhalten — 14 Tage vor dem vom Kunden geplanten Reisendenbesuch — 6500 Einkäufer der Großhändler in ganz Deutschland eine Schallplatte in einem neutralen Umschlag mit der Post zugesandt. Die Schallplattenhülle zeigt das Bild eines jungen Mädchens, das durch eine weit auf der Nase heruntergerutschte Brille und einen lächelnden Mund eine sympathisch frische Burschikosität ausstrahlt. Die Titelangabe auf der Vorderseite der Schallplattenhülle lautet: „Sind Sie ansprechbar?". Die Hüllenrückseite zeigt in breiten Streifen die drei (merci-Packungsfond) Farben blau, grün und braun. Wenn der Großhändler sich die Schallplatte selbst genau ansieht, so sieht er auf der ersten Seite außer der Frage „Sind Sie ansprechbar?" und einem roten Herzen nur den außergewöhnlichen Hinweis, daß das Überspielen auf Tonband erlaubt sei. Die Rückseite gibt auch keinen Hinweis auf die Herkunft der Schallplatte. Er liest: „merci, Text und Musik: IWM/Pahnke; Gesang: Hans Uwe Schneider". Für den Großhändler bleibt es unbekannt, was oder wer „merci" ist. Er kennt weder IWM, die Abkürzung der Werbeagentur „Internationale Werbe und Marketing GmbH", deren Texter das Lied „merci" schrieben, noch Pahnke, den Komponisten, der Geschäftsführer der Werbeagentur ist. Bekannt aus Rundfunk und Fernsehen kann ihm nur der Sänger Hans Uwe Schneider sein. Sein Interesse ist geweckt, und er hört als Titelstück, von einer Frau gesprochen und von einschmeichelnder Musik, der „merci"-Melodie, untermalt und unterbrochen:

> Frauenschritte: „Sind Sie ansprechbar? Ich bin „merci".
> Ich bin ganz anders, als die vielen anderen,
> die Ihnen vor mir gefallen wollten.
> Das werden Sie schon auf den ersten Blick erkennen.
> Ich habe ganz anderes Format, ein ungewöhnlich hohes Format.
> Der elegante Handschuh und das Herz am rechten Fleck!"
> Musik blendet ein:
> „Ich bin eine Dame von ungewöhnlichem Geschmack.
> Bei unserem Rendezvous demnächst werde ich ein
> Deux-pièces tragen, oben durchsichtig, unten Goldlamé.

Noch bevor die Hüllen fallen, werden Sie sagen: ‚Zum Anbeißen'."
Musik blendet auf:
„An mir stimmt einfach alles!
Ich bin zwar teuer, aber ich habe Ihnen viel zu bieten.
Unsere Bekanntschaft wird jedenfalls gewinnbringend für Sie sein!
Sie haben die Chance, mich zu entdecken,
bevor Film, Fernsehen und Presse mich umwerben.
Bevor ich in aller Munde sein werde, bin ich
zuerst für Sie da – ganz allein für Sie!
Mir liegt viel daran, weil ich weiß,
daß Sie Sinn für Klasse haben – und für Kasse!
Ich werde Ihnen sehr, sehr gefallen, natürlich allen anderen auch –
und das wird Ihnen recht sein!
Wir müssen uns bald darüber unterhalten.
Ich komme auf Sie zu. (Schnelle Frauenschritte)
Mit sehr hohen Absätzen!" Musik blendet auf:
Frauenstimme singt: „merci, merci, merci,
das ist die neue mhmhmhmhmhmhmmh merci!"
Musik klingt aus.

Seine Neugierde ist geweckt. Er weiß nicht, was er von dem Inhalt dieses sehr persönlich und sehr menschlich gehaltenen Angebots halten soll. Hier bietet sich eine Dame an, die so ungewöhnlich scheint, wie die Art ihrer Offerte. Er kann nicht ahnen, um welche Dame es sich handelt, welches Produkt damit gemeint sein mag. Auch der „merci"-Schlager auf der Rückseite der Platte hilft ihm nicht beim Rätselraten, denn er umschreibt lediglich die Semantik des Wortes „merci", das man „statt vieler Worte" braucht.

Das Interesse des Großhändlers, über die Bedeutung der Schallplatte aufgeklärt zu werden, ist groß. Als 14 Tage später der Storck-Großhandelsreisende in das Büro des Großhändlers kommt und sich mit der Frage einführt: „Sind Sie ansprechbar?", ist das Eis aufgetaut, der latente Widerstand gegen ein neues Produkt bereits gebrochen. Die Unterhaltung kreist fast ausschließlich um die Schallplattenbeschreibung des Schokoladenriegels „merci", oben durchsichtig (wie die zu jener Zeit aus den USA kommende modische Torheit), unten Goldlamé. Die Verkaufsargumente des Storck-Reisenden bedürfen weit weniger der Diskussion als es normalerweise nötig wäre. Die erhoffte Verkaufsmenge an „merci" erweist sich in den meisten Fällen als bereits vorverkauft, vorverkauft durch eine Werbung, die überhaupt nicht vom Produkt selbst gesprochen hat und trotzdem die wichtigste Information gegeben hat: 1. Hier ist ein neues Produkt. 2. Es sieht ungewöhnlich aus. 3. Es ist teuer. 4. Es bietet viel. 5. Es wird beworben. 6. Es wird zuerst dem Großhändler angeboten. 7. Es ist für ihn finanziell interessant.

Das echte Verkaufsangebot an den Großhändler: Wieviel kg, wieviel Tonnen „merci" glaubt der Großhändler in den nächsten 4 bis 6 Wochen an seine Kunden direkt absetzen zu können? Ist er bereit, für die Ersteinführung bei seinen größeren Kunden den Einzelhandelsreisenden der Firma Storck das Streckengeschäft mit Abrechnung über ihn zu erlauben? Nachdem der Großhändler über die Art und Weise der Einzelhandelseinführung und über die geplante Endverbraucherwerbung informiert ist, erklärt sich der Storck-Reisende bereit, die für das Streckengeschäft bei den Kunden des Großhändlers notwendige Warenmenge von ihm in gewisser Menge zurückzukaufen.

Er begründet diese ungewöhnliche Maßnahme damit, daß die Firma Storck überhaupt nicht in der Lage sei, so viel Schokolade auf Vorrat zu produzieren, wie für den parallel laufenden Absatz durch Storck-Einzelhandelsreisende und Großhändler nötig ist.

Der Rückkauf zum Großhandelsabgabepreis erfolgt nur bis zu einem Drittel der Großhandelsbestellung. Für den Großhändler geht die Kalkulation sehr schnell auf: Je höher seine Gesamtbestellung, um so größer ist das eine Drittel, an dem er, ohne sich bemühen zu müssen, sofort seine normale Spanne verdient hat, um so höher sind aber auch seine möglichen Erlöse (Großhandelsspanne), die ihm aus dem mit dieser Warenmenge vorgenommenen Streckengeschäft der Storck-Reisenden arbeits- und risikolos zufließen. Die ihm zum Eigenabsatz verbleibenden zwei Drittel der bestellten Warenmenge verschwinden aus dem Feld seiner Überlegungen. Wenn er, so rechnet er zu Recht, an einem Drittel seines Einkaufs – quasi ohne eigenes Dazutun – zweimal seine normale Spanne verdienen kann, dann darf dieses Drittel nicht klein, sondern es sollte so groß wie möglich sein. Die Rechnung geht auf; sowohl für den Großhändler, der sofort bei der Warenbestellung einen Scheck über das zurückgekaufte Drittel der Bestellung erhält, wie auch für den Storck-Großhandelsreisenden, dem nicht nur ohne Schwierigkeiten das Streckenabrechnungsgeschäft erlaubt wird, sondern der weit mehr merci-Schokolade absetzen kann, als er ursprünglich vermutet hat.

2. Maßnahmen zur Einführung von „merci" beim Einzelhandel

Wichtigstes Gebot für die Einführung eines neuen Produktes beim Einzelhandel ist, die Aufnahmebereitschaft des Einzelhändlers zu gewinnen. Dies gilt ganz besonders, wenn das neue Produkt offensichtlich zusätzlich in das bestehende Sortiment aufgenommen werden muß. Bei der Erstdistribution der merci-Schokolade mußte als zusätzliches Handikap der Preis von 1,30 DM je Tafel angesehen werden. Die Preisfrage darf, das erscheint wesentlich für den Erfolg der Erstdistributions-Besuche der Storck-Einzelhandelsreisenden, überhaupt nicht bewußt aufkommen, und wo sie eventuell doch aufkommen sollte, muß sie leicht und einleuchtend zu widerlegen sein.

Über den Preis würde beim Einführungsgespräch nur dann nicht gesprochen werden, wenn entweder genügend andere Gesprächsthemen interessanter erscheinen oder wenn andere Dinge genügend stark davon ablenken. Da über Schokolade, selbst wenn sie in einer besonders interessanten Aufmachung präsentiert wird, nicht allzuviel zu sagen ist, muß also ein psychologischer Ablenkungsgegenstand gefunden werden. Die Agentur schlägt dem Kunden vor, seinen 108 Einzelhandelsreisenden für die mit sechs Wochen errechnete Einführungszeit jeweils eine „merci"-Hostess mitzugeben. Die Aufgabe dieser Hostessen soll es sein, das Gespräch beim Händler zu eröffnen, das Produkt vorzustellen, einen Riegel als Probe zu überreichen und damit das gesamte Angebot interessanter zu machen. Sie sollen dem neu angebotenen Produkt eine sympathische Umfeldatmosphäre geben, Produktproben im Einzelhandelsgeschäft an Konsumenten verteilen und Werbeprospekte und Schmeckmuster an den Wohnungstüren der dem besuchten Geschäft benachbarten Häuser abgeben. Der Kunde akzeptiert diesen kostspieligen Vorschlag, weil er einsieht, daß durch den Einsatz der Hostessen folgendes erreicht wird:

1. Der Einzelhandelsreisende besucht mehr Geschäfte als sonst, denn er will „seiner" Hostess durch seinen Verkaufserfolg imponieren. Ihm bleibt durch die mahnende Gegenwart der Hostess nicht soviel Zeit wie sonst, mit dem Einzelhändler den Verkauf durch nicht direkt berührende Gespräche zu führen. Der Einzelhändler vermißt diese

Werbefeldzug für Konsumgüter: merci 1031

„Aufweich"- und „Abgangsgespräche" auch nicht, denn die hübsche Hostess lenkt ihn durch ihre Aktivität ab. Erreicht wird: Ausweitung der möglichen Distribution.

2. Mehr Einzelhändler als gewöhnlich erklären sich bereit, die neue Schokolade in ihr Sortiment aufzunehmen. Sie sagen ungern „nein", wenn ihnen ein nettes Mädchen, adrett angezogen, mit einem weißen Handschuh einen Riegel „merci" zum Kosten anbietet und können auch kaum noch „nein" sagen, wenn sie sehen, daß dieses Mädchen in höflicher Form seinen im Geschäft stehenden Kunden Schokoladenriegel überreicht und sie fragt, ob diese Schokolade nicht wirklich gut schmecke. Erreicht wird: Verringerung der „Fehlkontakte".

3. Eine große Zahl von Verbrauchern wird direkt, eine größere Zahl indirekt mit den Vorzügen von „merci" bekannt und vertraut gemacht. Erreicht wird: intensive Verbraucherwerbung ohne Fehlkontakte, ohne Überschneidungen.

4. Über die Hostessen und das, was sie verteilen, wird nach ihrem Besuch sowohl beim Einzelhandel als auch beim Verbraucher gesprochen. Jede Erwähnung, die nur positiv sein kann, potenziert die einmalige Werbewirkung der Hostessen. Erreicht wird: „merci" erhält Aufmerksamkeit und positive Erinnerung.

5. Wer die Hostessen und ihre Produktverteilung gesehen und erlebt hat, wird bei der später einsetzenden Werbung mit größerer Aufmerksamkeit, mit mehr Hintergrundkenntnis und deshalb mit erhöhter positiver Bereitschaft zuhören und zusehen. Erreicht wird: stärkerer Impact der künftigen Werbung.

6. Der Einsatz der Hostessen ist – weil er in direkter menschlicher Begegnung erfolgt – werblich so stark, daß die sonst notwendige Frequenz anderer Werbemaßnahmen verringert werden kann. Die Folge ist: Einsparung von Werbeausgaben.

Diese Ziele können natürlich nur erreicht werden, wenn die Hostessen dem Charakter des Produktes entsprechend nett aussehen, ansprechend gekleidet sind und auch charmant auftreten. Die mit der Durchführung der Hostessenaktion beauftragte Sales Promotion Agentur sucht die geeignetsten Hostessen aus, die von Verkaufstrainern des Herstellers, der Werbeagentur und der eigenen Agentur für ihre besondere Aufgabe ausgebildet werden. Alle Hostessen tragen ein blaues Kostüm mit passender Kappe, eine Anstecknadel mit dem Schriftzug „merci" und als zusätzliches erinnerungsstarkes und produktbezügliches Zubehör stets weiße Handschuhe.

Da Einzelhändler jedoch nicht nur für weiblichen Einfluß empfänglich, sondern in erster Linie Kaufleute sind, wird vorgesehen, den Einzelhändlern anzubieten, sofort ein Fünftel der von ihnen erworbenen Schokalade zum Einzelhandelsverkaufspreis zurückzukaufen. Die Begründung für diesen Rückkauf, der sofort bar bezahlt wird, während der Einzelhändler die erworbene Schokolade erst später mit seinem Großhändler abrechnen muß, sieht der Einzelhändler mit eigenen Augen: Die Hostess öffnet die zurückgekauften Packungen und beginnt, sie an die im Geschäft einkaufenden Verbraucher zu verteilen. Sie verläßt das Geschäft und verteilt weitere Schmeckmuster zusammen mit einem kleinen Verbraucherprospekt in Größe und Aussehen einer Tafel „merci" in den benachbarten Häusern, wobei sie erwähnt, welcher Händler der Nachbarschaft „merci" führt.

Auch diese Marketing-Maßnahme erweist sich als richtig. Die Kombination von sofort ausgezahltem Bargeld, dem Bild des bereits sichtbar leerer gewordenen Aufstellkartons, der 30 Tafeln verschiedener Geschmacksrichtungen enthält, mit dem Vertrautwerden seiner Kunden mit seinem neuen Angebot wirkt verkaufsfördernd: Fast jeder Einzelhändler kauft zu dem ersten bereits zu einem Fünftel geleerten Einführungskarton einen weiteren Karton und erlebt, daß seinem ersten Karton, der sofort auf die Theke gestellt wird, weitere 6 Tafeln zur Verteilung entnommen werden. In sehr vielen Fällen kann er sofort einigen Kunden, die von der Qualität des probierten Schokoladenriegels überzeugt und von der Art seiner Darbietung angetan sind, „merci" verkaufen. Der Einzelhändler sieht ein, daß er die ihm im Verkaufsgespräch erläuterte Verbraucherwerbung durch Werbung in seinem Geschäft unterstützen muß. Er läßt bereitwillig an exponierter Stelle seines Verkaufsraumes ein relativ großes Aufstellplakat placieren, er erlaubt die Aufhängung eines Deckenhängers und das Anbringen eines Schaufensterstoppers an der Außenseite seiner Schaufenster oder seiner gläsernen Eingangstür. Das Aufstellplakat zeigt das Motiv der ersten vierfarbigen Illustriertenanzeige, der Aufhänger und Schaufensterstopper zeigen die drei verschiedenfarbigen Packungen in Form eines Dreikantprismas, das sich sowohl aufstellen, aufhängen oder auch ankleben läßt.

3. Verbraucherwerbung für „merci"

Am Vortag des Beginns der Einzelhandelsverkaufstätigkeit durch 108 Reisende und 110 Hostessen beginnt die Verbraucherwerbung für „merci". Das erste Werbemedium ist Radio Luxemburg, wo von nun an bis zum 24. November 2mal täglich, durch die kostenlosen UKW-Wiederholungen eine Woche später sogar an vielen Tagen 4mal täglich, insgesamt einhundert 30-Sek.-Rundfunkdurchsagen mit der „merci"-Musik und insgesamt 8 verschiedenen Texten im Wechsel ausgestrahlt werden. Ursprünglich ist daran gedacht worden, zu Beginn der Verbraucherwerbung das für ein Geschenkprodukt wie „merci" ideale Werbemedium Fernsehen einzusetzen. Dieser Plan muß jedoch schon relativ früh aufgegeben werden, denn die Werbefernsehgesellschaften können bis auf zwei Dezembertermine keine zusätzlichen Termine zur Verfügung stellen. Andere für Storck-Produkte gebuchte Termine sind nicht so zahlreich, wie es zur Erreichung der notwendigen Minimalfrequenz notwendig wäre, zugunsten von „merci" umzubuchen.

Aus diesem Grunde muß die Hauptwerbeunterstützung für die Einführung von „merci" in der Anzeigenwerbung liegen. Die Werbeagentur bucht für die Einführungszeit (Mitte September 1964 bis Mitte Dezember 1964) in 6 Publikumszeitschriften insgesamt 36 ganzseitige Vierfarbanzeigen. Die Anzeigen werden zeitlich so gegeneinander versetzt, daß 13 Wochen lang wöchentlich 3 bzw. 2 Anzeigen stehen.

Diese medienbeschränkte Werbekampagne ist der Einführungsteil einer kontinuierlich fortgeführten und für mehrere Jahre im voraus geplanten Kampagne zur Einführung und Marktfestigung der Schokolade „merci". Die gesamte „klassische" Einführungswerbung für „merci" erfordert 1,1 Millionen DM, das sind genau 48,9 % der gesamten für die Einführung verwendeten Werbeausgaben. Die restlichen 51,1 % werden auf Empfehlung der Werbeagentur für Marketing und Merchandising sowie, zu einem relativ unbedeutendem Anteil, für die Produktion von Werbemitteln ausgegeben.

Wie sieht die Werbung für „merci" aus? Im Abschnitt „Vorbereitung der werblichen Maßnahmen" ist bereits detailliert klargestellt worden, daß und wie in der Einführungswerbung das Qualitätselement stark in den Vordergrund geschoben und der Packungsvorteil nur der Qualitätsaussage ebenbürtig wird. Die Anzeigen zeigen sympathische, moderne, erfolgreiche Menschen, die „merci" verzehren. Sie konsumieren Schokolade ohne besondere Aufmerksamkeit und ohne besondere Vorsichtsmaßnahmen, obwohl die dargestellte Situation beim Genuß einer normalen Tafelschokolade Schwie-

Abbildung 2
„merci"-Edel-Vollmilch-Packung / Einzelriegel „merci"

◄ Abbildung 1
Einführung von „merci" im Lebensmittelhandel

Abbildung 3
Aufstellkarton „merci", Sortierung: 15 Vollmilch, 10 Mandel-Milch-Nuß, 5 Zartbitter

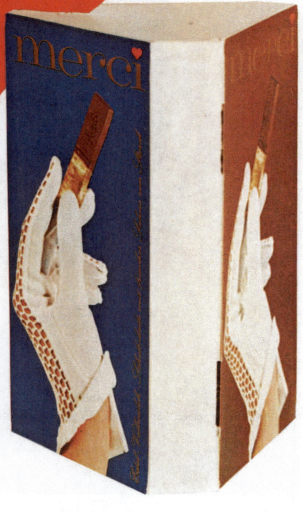

Abbildung 4
Kombinierter Schaufensterstopper – Deckenhänger – Regalstopper

Abbildung 5
Drei Motive der Einführungs-Anzeigenwerbung 1964

Abbildung 6
Plakat der Fortführungs-Plakatwerbung 1965

Abbildung 7
Plakate der Ergänzungs-Plakatwerbung 1966

Werbefeldzug für Konsumgüter: merci 1041

Medium	1964	1965	1966
Publikumszeitschriften	36 x ¹/₁ Seite, vierfarbig 6 Zeitschriften	—	11 x 1½ Seite, vierfarbig 1 x ¹/₁ Seite, vierfarbig, Teilausgabe 1 x Beilage, vierfarbig, Teilausgabe 9 Zeitschriften
Tageszeitungen	—	—	30 Formatanzeigen in 5 lokalen Tageszeitungen
Plakatanschlag	—	3 x 10 Tage in 127 Städten ab 50 000 Einwohner (Bayern ab 20 000) 24 100 Stellen	3 x je 10 Tage in 294 Städten ab 20 000 Einwohner (26 000 Stellen) und 2 x je 10 Tage in 111 Städten ab 50 000 Einwohner (18 000 Stellen)
Werbefunk	100 x 30 Sek. Radio Luxemburg	302 x 30 Sekunden in 4 Sendern (dar. 155 in Radio Luxemburg)	—
Werbefernsehen	2 x 20 Sekunden im WWF	78 x 30 Sek. und 216 x 20 Sek. in allen ARD-Sendern und im ZDF	297 x 20 Sekunden oder 30 Sekunden in allen ARD-Sendern
Ausgaben	1000 DM	%	1000 DM	%	1000 DM	%
Publikumszeitungen	1002,6	90,0	—	—	691,8	28,2
Tageszeitungen	—	—	—	—	37,5	1,5
Plakatanschlag	—	—	443,4	28,3	786,9	32,1
Werbefunk	89,3	8,0	192,4	12,2	—	—
Werbefernsehen	18,4	2,0	931,2	59,5	935,5	38,2
Gesamtausgaben	1110,3	100,0	1567,0	100,0	2451,7	100,0

Media-Disposition für die Verbraucherwerbung

rigkeiten bereiten würde. Als „Stopper" haben die „merci" konsumierenden Personen einen weißen Handschuh an. Dieses etwas Irreale gibt den Anzeigen einen besonderen Aufmerksamkeitswert und führt zur Bereitschaft, sich mit dem dargestellten Produkt und dem Problem des „modernen Schokoladenessens" auseinanderzusetzen. Es ist damit zu rechnen, daß die Anzeigenwerbung bei vielen Verbrauchern dazu führt, „merci" als die „Schokolade mit dem weißen Handschuh" anzusehen, so, wie sie ihnen auf der Packung, mit Schaufensterklebestreifen oder Stell- und Hängeplakaten im Geschäft wieder begegnet.

Die Werbekampagnen der Jahre 1965 und 1966 als Fortführungs- und Ergänzungskampagnen verlagern ihr Gewicht mehr und mehr auf die emotionellen Umfelder des Produktes, nämlich auf die Situation des Geschenks, des Verschenkens und damit auch des Sich-selbst-Schenkens.

Die Fernsehkampagne des Jahres 1965 zeigt Szenen, in denen „merci" als eine Selbstverständlichkeit, als gern angenommenes, ja sogar als selbstverständlich erwartetes, der Situation angepaßtes Geschenk von einem sympathischen jungen Mann gegeben und von einem netten jungen Mädchen angenommen wird. Die Situation ist so klar, „merci" als Geschenk so verständlich, so selbstverständlich, daß erklärende Worte neben der „merci"-Melodie unnötig erscheinen. Aus diesem Grunde beschränkt sich der gesprochene Text in den 20-Sek.-Fernsehspots auf das eine Wort „merci". In einem Spot, der zeigt, wie ein junger Mann seine Freundin auf einem Bahnsteig verabschiedet und ihr, bevor sie in den Zug einsteigt, eine Packung „merci" schenkt, wird überhaupt nicht gesprochen. Anstelle des gesprochenen Wortes „merci" hält das Mädchen, das sich vergeblich bemüht, das Abteilfenster zu öffnen, um sich zu verabschieden, die Packung „merci" an das Fenster und schickt ihrem Freund durch Hand- und Lippenbewegung einen Abschiedskuß. Diese verhaltene zärtliche Stimmung, die durch die Fernsehspots vermittelt wird, trägt die gesamte Verbraucherkampagne.

Der Plakatanschlag dient im Jahre 1965 eindeutig der weiteren Bekanntmachung des Produktes: auf einer nach oben hin verlängerten „merci"-Vollmilchpackung, d. h. auf einem blauen Fond, steht der Hinweis: Das ist die neue Schokolade „merci", Riegel für Riegel reiner Genuß. Erst im nächsten Jahr, 1966, als Teil der Ergänzungskampagne, werden die Plakate den aktuellen Schokoladen-Verschenk-Gelegenheiten angepaßt: mit einem Clown vor Karneval, mit einem Osterhasen vor Ostern und mit einem Mädchen mit Blumenstrauß vor dem Muttertag. Da „merci" nun bereits bekannt ist und es nur notwendig erscheint, die Geschenkaktualität mit einem Qualitätshinweis zu ergänzen, lautet der Text über der auf dem Plakat dargestellten Packung nur: „die reinste Schokoladenfreude".

Die Media-Disposition für die Verbraucherwerbung zeigt die vorstehende Übersicht.

IV. Marktsituation zur Zeit der Produkteinführung

In der Zeit vom Erfassen der Produktidee bis zu ihrer Verwirklichung durch die Einführung auf dem Markt im September 1964 gerät der Markt für Tafelschokolade in starke Bewegung. Die Schokoladenfabriken steigern ihre Produktion, erhöhen ihren Absatz im Lebensmittelhandel und vor allem im Pseudo-Großhandel, der direkt, zu reduzierten Preisen, an den Endverbraucher verkauft.

Werbefeldzug für Konsumgüter: merci

Im Herbst 1963, als die ersten Besprechungen zwischen Hersteller und Werbeagentur über das Projekt „merci" geführt werden, kosten die bekannten Schokoladenmarken wie Sarotti, Suchard, Sprengel, Stollwerck 1,10 DM je Tafel. Von Monat zu Monat ist jedoch eine Aufweichung des Preisgefüges zu beobachten. Der graue Markt wächst immer stärker an. Das Bundeskartellamt sieht dem von den Produzenten offensichtlich geduldeten Dauerverstoß gegen die Richtlinien der Preisbindung der zweiten Hand nicht länger zu und fordert von den bedeutendsten Firmen die Aufhebung der Preisbindung. Der Einzelhandel deckt sich mit großen Mengen Tafelschokolade ein und verkauft in Sonderangeboten zu Preisen, wie sie bisher kaum im grauen Markt bekannt waren. Preise von 69, 70, 75 Pfg. je Tafel Sarotti, Suchard oder Tobler sind keine Seltenheit. Der Durchschnittspreis für eine Tafel Sarotti fällt im Lebensmittelhandel von 1,11 DM im April/Mai 1964 auf 1,01 im Juni/Juli und auf 90 Pf im August/September 1964, dem Einführungsmonat von „merci". Das bedeutet für „merci", die preisgebunden zu einem Endverbraucherpreis von DM 1,30 eingeführt wird, daß diese Schokolade nicht nur in ihrem Preis scheinbar gegen den Markt und seine Preisentwicklung gestellt wird, sondern daß sie auch gegen eine übermächtig starke Konkurrenz eingeführt werden muß.

Während die gesamten Schokoladeneinkäufe im Herbst 1964 um 27,7 % höher waren als in der entsprechenden Zeit des Jahres 1963, werden die Marken Sarotti, Suchard, Sprengel und Stollwerck fast doppelt so stark eingekauft. Die zum Teil riesigen Mengen je Geschäft werden zu einem Preis angeboten, der den Verbrauchern als Schleuderpreis erscheinen muß. Die Verbraucher nutzen die Chance und kaufen mehr Schokolade als früher. Während die gesamte vom Lebensmittelhandel verkaufte Menge Tafelschokolade in der Zeit von Juni/Juli 1964 bis Dezember/Januar 1964/65 um 32,1 % höher ist als in der entsprechenden Zeit des Vorjahrs, sind es bei Sarotti 116,8 % mehr und bei Suchard 85,8 % mehr. Neben der rein wirtschaftlichen Betrachtung der Marktsituation zur Zeit der Einführung von „merci" darf jedoch die psychologische Situation auf dem Schokoladenmarkt nicht außer acht gelassen werden. Denn während die rein zahlenmäßigen Marktverhältnisse der Einführung einer neuen Schokolade zu einem Preis von 1,30 DM eher entgegenstehen, sind es im wesentlichen die psychologischen Verhältnisse, die für eine Schokolade wie „merci" sprechen. Es zeigt sich nämlich, daß die bekannten Schokoladenmarken, die früher 1,30 DM gekostet hatten und jetzt in großen Mengen zu rund 79 Pf auf den Markt geworfen werden, zwei Nachteile aufweisen: Der Einzelhändler, dessen Spanne gekürzt wurde, kann wegen der starken Mengenkonkurrenz seine Schokoladenpreise nicht so hoch halten, daß er noch etwas daran verdient, und beim Verbraucher sinkt das Qualitätsansehen. Was weniger kostet, kann auch nicht mehr so gut sein! Es kommt noch etwas hinzu: Was so billig ist, kann man nicht verschenken! Eine Tafel Sarotti-Schokolade zu 1,30 DM wurde früher oft verschenkt, denn es war eine angesehene Schokolade von anerkannter Qualität. Eine Tafel Sarotti zu 79 Pf, wie sie in jedem größeren Lebensmittelgeschäft in großen Schütten angeboten wird, mit einer von vielen bezweifelten Qualität, ist nicht länger eine Geschenkschokolade. Mit ihr kann man sich nicht bedanken, mit ihr kann man keine Aufmerksamkeit beweisen.

V. Die Markteinführung von „merci"

In der Zeit vom 24. August bis 11. September 1964 besuchen insgesamt 75 Vertreter der Firma Storck den Großhandel. Sie treffen auf ein relativ großes Interesse, nicht nur an dem angebotenen Rückkauf, der von den meisten Großhändlern ausgenutzt wird, sondern auch an dem normalen Angebot. Trotz der auf 12,5 % verringerten Großhandelsspanne – sie betrug ursprünglich 15 % und wurde entsprechend der allgemein üblichen Spannenreduzierung ermäßigt – erkennt der Großhandel die interessante Verdienstmöglichkeit von mindestens 12,4 Pf je Packung (ohne Rückkauf, Abschlußrabatt, Rückvergütung und Skonti). In einer Zeit, in der durch den Großhandel zwar unbekannt große Mengen Schokolade ge- und verkauft werden, jedoch kaum noch die Kosten und die Umsatzsteuer verdient werden können, wird mit „merci" ein vernünftiges Geschäft angeboten und von den meisten auch akzeptiert.

Die Großhändler, die „merci" bestellen, erhalten ihre Ware, vermindert um die Rückkaufmenge, erst ab 14. September, dem Beginn der Einzelhandelstätigkeit der 108 Einzelhandelsreisenden und der sie begleitenden Hostessen. Sie haben damit keine Gelegenheit, die Einführungsarbeit der Storck-Reisenden zu stören, sondern können sie nur ergänzen. Auch für den Einzelhandel, der zur Zeit mehr Schokolade als je zuvor verkauft, ist das Angebot des Storck-Einzelhandelsreisenden interessant. Der Einzelhändler honoriert nicht nur die Art und Weise der Einführung, sondern anerkennt auch, daß ihm mit „merci" eine Schokolade angeboten wird, wie er sie zur Zeit nicht in seinem Geschäft führt, eine Schokolade, die er mit der neuen branchenüblichen Spanne von 23,8 % mit Gewinn verkaufen kann und die er, überzeugt von Qualität und Aufmachung, auch als Schokolade zum Verschenken anbieten kann.

Die 108 Einzelhandelsreisenden notieren an den insgesamt 3072 Arbeitstagen zwischen dem 14. September und dem 23. Oktober insgesamt 45 055 Aufträge über 62 582 Kartons „merci", d. h. sie versorgen 40 498 Lebensmittelgeschäfte und 4557 sonstige Verkaufsmittler für Schokolade, wie Bäckereien, Cafés, Gaststätten und Kioske mit insgesamt 1,5 Millionen Tafeln „merci".

Die Reisenden leisten sehr gute Arbeit, denn im Durchschnitt nehmen sie je Arbeitstag 14,6 Aufträge entgegen und placieren 20,4 Kartons „merci" mit den dazugehörigen Ladenwerbemitteln. Auch der übliche Kontrollbesuch der Geschäfte, die vom Einzelhandelsreisenden „merci" bezogen hatten, ist erfolgversprechend. In 491 Geschäften, die Storck-Reiseinspektoren eine Woche nach dem Einzelhandelsreisendenbesuch kontrollieren, finden sie noch 488 Werbestücke placiert. Im Durchschnitt sind je Geschäft bereits 9,6 Tafeln „merci" verkauft. Bei einem 2. Kontrollbesuch in 473 Geschäften – nach genau 4 Wochen seit Beginn der Wareneinführung – werden noch 240 Werbestücke festgestellt und im Schnitt 24,1 Tafeln je Geschäft als an den Konsumenten verkauft festgestellt. Daraus darf geschlossen werden, daß die Einführungsarbeit der Storck-Reisenden gut ist, und daß die Einzelhändler sich für den Verkauf von „merci" einsetzen, denn sie verdienen daran, und daß die Werbung bereits Nachfrage auslöst. Es bleibt abzuwarten, ob der Anfangserfolg gehalten werden kann, wenn die Hauptverteilerlast nicht mehr beim Storck-Reisenden, sondern beim Großhändler liegen wird. Die große Unbekannte bleibt vor allem die Reaktion des Verbrauchers. Wird er bereit sein, für eine Schokolade, wie sie ihm in besserer Qualität und in besserer Aufmachung nicht angeboten werden kann, 1,30 DM zu bezahlen, wenn ihm überall Schokolade zu fast der Hälfte des Preises angeboten wird?

Die folgenden Grafiken beweisen, daß die Marketingkonzeption richtig war, d. h. daß Produktidee, Produktdarbietung, Preis, Art der Einführung, Zeit der Einführung und die dazu gehörende Werbekonzeption stimmen.

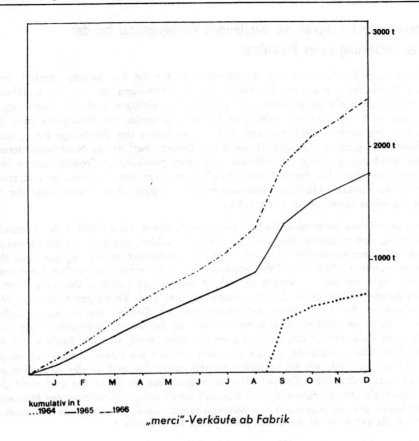

"merci"-Verkäufe ab Fabrik
kumulativ in t
...1964 —1965 ---1966

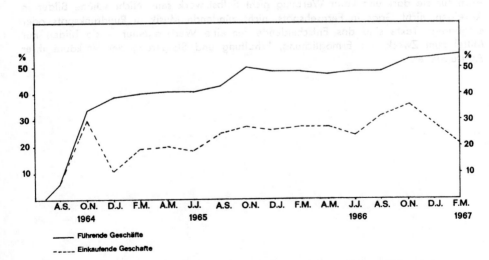

Entwicklung der Distribution von „merci" im Lebensmitteleinzelhandel
(„merci"-führende und -einkaufende Geschäfte in % aller Geschäfte)

VI. Stellung und Aufgabe der beratenden Werbeagentur bei der Neueinführung eines Produktes

Die Darstellung der Produkt- und Marktkonzeption für die Schokolade „merci" zeigt in aller Deutlichkeit, wie sich die Konzeption der Werbung bei der Neueinführung eines Produktes in die gesamte Marketingkonzeption einfügen muß. Die Werbung, so wichtig sie auch ist, darf nur integraler Teil des gesamten Marketing-Mix sein. Die beste, die „kreativste" Werbung nützt nichts – höchstens der Werbeagentur –, wenn die Distribution nicht in Ordnung ist, wenn der Verbraucher, dessen Nachfrageinteresse von der Werbung angeregt ist, mühsam nach dem gewünschten Produkt suchen muß. Die Werbung kann das Produkt vorverkaufen, an dem der Verbraucher interessiert ist. Sämtliche anderen Marketingmaßnahmen dienen dazu, dem Verbraucher die Befriedigung seines Interesses zu ermöglichen.

Die Interdependenz jeder einzelnen Marketingmaßnahme, einschließlich der Werbung, setzt voraus, daß zwischen dem Hersteller des Produktes, das neu eingeführt werden soll, und der beratenden Werbeagentur ein außerordentlich enges gegenseitiges Vertrauensverhältnis besteht. Die Werbeagentur ist nicht einer von vielen Lieferanten des Werbungtreibenden, sie empfängt nicht Aufträge und versucht, sie zur Zufriedenheit des Kunden auszuführen. Sie ist vielmehr Berater ihres Vertragspartners, des Werbungtreibenden. Sie kennt mehr Betriebsinterna des Kunden als irgendein Außenstehender, denn sie steht nicht „draußen", wenn sie ihre Arbeit ernst nimmt. Sie weiß, was sie dem Außendienst des Kunden zumuten kann, weiß, wie die Struktur der Abnehmer ihres Kunden aussieht, wie sie aussehen soll und wie darauf hingewirkt werden kann, daß sie so wird, wie sie idealerweise sein sollte. Sie muß in der Lage sein und die Kraft dazu haben, dem Kunden offen zu sagen, was sie denkt. Sie darf nicht „Ja" sagen, wenn ein „Nein" notwendig ist. Sie muß bereit sein, Maßnahmen des Marketing vorzuschlagen, die der Agentur keine Mittlerprovision eintragen, wenn sie notwendiger erscheinen als Werbemittel, an denen die Agentur 15 % verdient.

Auch für sie darf und kann Werbung nicht Selbstzweck sein. Nicht schöne Bilder in Anzeigen, nicht Gags in Fernsehspots, nicht zündende Musik in Rundfunkspots oder eingängige Texte sind das Entscheidende für eine Werbeagentur – sie bilden nur Mittel zum Zweck, zur Ermöglichung, Erhaltung und Steigerung der Verkäufe ihrer Auftraggeber.

> **Beispiel eines Werbefeldzuges für Investitionsgüter**
>
> Von Horst Kraus, Werbeberater BDW, Heidelberg

I. Einführung

Das Hauptproblem des Verfassers*) war die Entscheidung, welcher der praktisch durchgeführten Werbefeldzüge für Hersteller technischer Erzeugnisse wohl am besten geeignet sei, hier dargestellt zu werden. Nicht etwa, weil es an Beispielen mangelte — nein, es sollte ein „typischer Fall" sein, wie er möglichst oft auch in Zukunft auftreten kann.

Die Wahl fiel ganz folgerichtig auf ein mittleres Industrieunternehmen mit Einzel- und Serienfertigung, das seit 75 Jahren besteht und heute 350 Menschen beschäftigt. Es befindet sich in der zweiten Generation im Familienbesitz. Ein Teil der Erzeugnisse wird in viele Länder exportiert. Die Firma hat in den letzten Jahrzehnten einen raschen Aufstieg erlebt, dem durch umfangreiche Investitionen in die Produktionsanlagen Rechnung getragen wurde.

Dieses Firmenbild kann für den weitaus größeren Teil aller deutschen Unternehmen der Investitionsgüterindustrie gelten. Von insgesamt 26 472 Betrieben der Investitionsgüterindustrie entfallen rund 22 % auf den Maschinenbau und rund 17 % auf die Elektrotechnik. Nur 6,6 % der Unternehmen des Maschinenbaus und 10,6 % der elektrotechnischen Betriebe beschäftigen mehr als 500 Mitarbeiter.

Der Wettbewerb des In- und Auslandes verstärkt sich zunehmend. Die rasch fortschreitende technische Entwicklung auf allen Gebieten der Industrie — erinnert sei nur an neue Werkstoffe, an „Minimizing" (Verkleinerung der Abmessungen technischer Elemente bei erhöhter Leistung), an die Elektronik als Schalt- und Antriebselemente — wirkt sich in stets wachsenden Ansprüchen der Verwender technischer Erzeugnisse aus. Heute müssen auch kleine und mittlere, traditionsreiche oder neuentstandene Unternehmen echt verkaufen — nicht mehr „beliefern" wie noch in den Jahren bis 1955. Es bedarf also der Investition in den M a r k t. Das heißt: Umstellung vom produktionsbestimmten Denken in marktgerechtes Denken. Dieser Prozeß ist oft schmerzlich, wenn die Erkenntnis

---

*) Inhaber einer Werbeagentur mit Schwerpunktausrichtung auf technische Werbung (Impuls Werbung Horst Kraus GmbH, Heidelberg).

über die Notwendigkeit nicht selbst von der Unternehmensleitung gewonnen, sondern vom Marktgeschehen, also von der Abnehmerseite her, diktiert wird.

Dieser Umwandlungsprozeß ist in vielen Fällen noch nicht abgeschlossen. Marktgerechte Werbung für Investitionsgüter ist aus diesen Gründen heute wichtiger als je zuvor in der deutschen Industrie. Dazu bedarf es der Aufgeschlossenheit, des zukunftsgerichteten Denkens, Mut, mit überlieferten „Traditionen" zu brechen, und der Bereitschaft zur Investition in Bereiche wie Werbung und Verkaufsförderung, die früher als zweit- oder drittrangig behandelt werden konnten, ohne die Existenz der Unternehmen zu gefährden.

II. Werbliche Grundüberlegungen

1. „Am Anfang steht die Analyse"

Nicht eine, sondern zumindest fünf verschiedene Analysen, um es präziser auszudrücken, sind die ersten Schritte zur Erarbeitung eines Werbefeldzugs. Der Übersichtlichkeit halber steigen wir gleich in die Praxis, indem die Untersuchungsziele knapp genannt und gleich beantwortet werden. In diesem Fallbeispiel soll der Gang der Erarbeitung folgerichtig von Anbeginn der Zusammenarbeit mit dem Unternehmen bis zur Erfolgsanalyse nachvollzogen werden.

a) Marktstellung des Unternehmens

Für die Erzeugnisse besteht ein treuer Kundenstamm, für dessen systematische Erweiterung jedoch in den vergangenen Jahren nicht sehr viel getan wurde. Im Markt aller potentiellen Abnehmer bestreicht die Firma somit nur relativ kleine Segmente. Der Marktanteil ist nach Erzeugnissen unterschiedlich, jedoch in vielen Fällen erweiterungsfähig. Beherrschend sind drei wesentlich größere Unternehmen mit ähnlichem Programm. Mit Ausnahme eines Erzeugnisses, das durch Patente abgesichert ist, werden alle auch von verschiedenen Wettbewerbern in ähnlicher Form angeboten. Also ist das Unternehmen starker Konkurrenz ausgesetzt.

b) Die Erzeugnisse und ihre Förderungswürdigkeit

Einige der Serienerzeugnisse bedürfen der technischen und formgeberischen Überarbeitung. Bei einer Untersuchung werden ferner Lücken im Programm festgestellt, die den Mitbewerbern im Markt Argumente für deren „komplette Reihe" bieten — Verdrängungskonkurrenz. Alle Erzeugnisse haben bei den Kunden jedoch den Ruf, in Konstruktion, Fertigung und Funktion qualitativ hochwertig zu sein („solide Arbeit", „zuverlässig" usw.). Aus dem breiten Programm werden einige Serienerzeugnisse und Anlagen ausgewählt, die als „förderungswürdig" (entsprechend ihrer fortschrittlichen Konstruktion und des noch offen liegenden Absatzpotentials) angesehen werden können. Gleichzeitig ist in einem Stufenplan festgehalten, welche weiteren Erzeugnisse zu welchem späteren Zeitpunkt bevorzugt zu fördern wären.

c) Transparenz der Abnehmergruppen

Ausgangspunkt bildet eine statistisch vergleichende Aufstellung der Kunden- und Interessentenkartei, die bei dieser Gelegenheit erstmals gründlich ausgewertet und in eine neue Form als ständig zu gebrauchende Arbeitsunterlage gebracht wird. Durch eine Gegenüberstellung der Anzahl überhaupt möglicher Abnehmer für die einzelnen

Werbefeldzug für Investitionsgüter 1049

Erzeugnisse mit der Zahl eigener Kunden und den geschätzten Marktanteilen ergibt sich das Absatzpotential. Im Rahmen dieser Untersuchung müssen natürlich gleichzeitig die jeweils kaufentscheidenden Personenkreise nach ihrer betrieblichen Funktion (z. B. Fertigungsleiter, Einkäufer, kaufmännische Leitung, Konstrukteur usw.) ermittelt und festgehalten werden. Es liegt auf der Hand, daß die Informationsbedürfnisse jeder dieser Gruppen unterschiedlich sind. Darauf sind später Inhalt und Argumentation der Werbemittel abzustellen. Diese Grundarbeit ist eine der wichtigsten Voraussetzungen für die Werbeplanung. Nur daraufhin ist ein gezielter Einsatz von Werbemitteln möglich. Nur dann kann auch ein realistisches Werbeziel festgelegt werden.

d) Untersuchung der Vertriebssituation

In unserem Fall sind als Außendienstmitarbeiter zu 80 % freie Handelsvertreter, für einen Teilmarkt eines der Serienerzeugnisse auch Großhändler eingesetzt. Die Beratung für das Anlagengeschäft geschieht vom Werk aus, wo die entsprechenden Mitarbeiter in die Vertriebsabteilungen eingegliedert sind. Da auf Grund der vorgesehenen intensiven Werbung größere Zahlen von Anfragen zu erwarten sind, wird vorgeschlagen, den Beratungsstab zu vergrößern und in den wichtigsten regionalen Absatzgebieten sobald wie möglich Werksvertreter mit Fixum und Provision einzusetzen. Bis dato wurden die hereinkommenden Anfragen zwar bearbeitet, aber es wurde nicht systematisch versucht, das Anfragevolumen wesentlich zu erhöhen.

Die Exportsituation sei hier zunächst ausgeklammert – sie wurde in der Tat auch erst in den darauffolgenden zwei Jahren kritisch durchleuchtet, um dann schrittweise auch auf den Auslandsmärkten aus dem Stadium der werblichen Improvisation und der nach Gutdünken der Vertreter durchgeführten sporadischen Maßnahmen heraus- und zu einer planmäßigen Absatzförderung zu kommen.

2. Analyse der bisher durchgeführten Werbung

Eine auf einheitlichen Grundüberlegungen und gleichbleibenden Elementen aufgebaute Werbelinie fehlte ebenso wie ein umfassend geplanter, gut durchdachter Werbeplan. Ganz zu schweigen von mittelfristiger, mit den präzisierten Absatzzielen koordinierter Rahmenplanung. Die Werbung wurde von einem Prokuristen des Hauses miterledigt. Anzeigen bestanden zumeist aus einer fotografischen Abbildung der betreffenden Erzeugnisse neben einer Aufzählung der als wichtig angesehenen technischen Daten und allgemeinen, nichtssagenden Hinweisen. Die Streuung wurde mehr oder weniger sporadisch vorgenommen – auch hier fehlte es an der Planung wie an einer Analyse der für die einzelnen Abnehmergruppen wichtigsten Zeitschriften. Man verließ sich – wie so häufig – auf die spärlichen Verlagsangaben, die miteinander nicht vergleichbar sind.

Die typografische Anordnung und Auswahl der Schriften wirkte willkürlich – selbst der Firmenschriftzug erschien in unterschiedlicher Wiedergabe.

Auf dem Sektor Druckschriften sah es etwas besser aus: Es war ein Sammelkatalog mit einer Beschreibung der einzelnen Erzeugnisse vorhanden, der als Grundlage für verschiedene Werbemittel dienen konnte. Im übrigen fehlte es auch hier an guten, firmentypischen Unterlagen. Firmenzeichen, Briefbogen usw. muteten „altväterlich" an, ebenso wie alle übrigen Drucksachen. Druckschriften wurden im wesentlichen nur auf Anfrage versandt oder durch Vertreter verteilt. Auch hier keine Systematik, keine Ausnutzung zu Verkaufsförderungszwecken.

III. Die Werbekonzeption als Ergebnis der durchgeführten Untersuchungen

Kurz zusammengefaßt ergeben sich folgende F o r d e r u n g e n für die Werbung:

1. Der Bekanntheitsgrad des Unternehmens und seiner Erzeugnisse ist vergleichsweise gering gegenüber dem der größten drei Mitbewerber im Markt. Das bedeutet: Vertrauenswerbung mit interessanter Darstellung der Leistungsfähigkeit des Unternehmens, der Nützlichkeit seiner Erzeugnisse für die Allgemeinheit, der Spezialerfahrung, also des „know-how".

2. Das Unternehmen trägt einen keineswegs außergewöhnlichen und einprägsamen Namen, arbeitet jedoch auf einem klar abgegrenzten Gebiet. Das bedeutet: Begriffsbildung durch Koppelung des Firmennamens mit seinem Programm, und zwar, wo immer der Firmenschriftzug auftaucht: auf Briefbogen, in Anzeigen und Druckschriften, auf Visitenkarten und Wagenbeschriftungen, auf Paketaufklebern und Umschlägen.

3. Nur Bruchteile aller potentiellen Käufer sind über das für sie in Frage kommende Angebot informiert. Das bedeutet: systematische Erfassung der bekannten Abnehmergruppen für die einzelnen Erzeugnisse durch Direktwerbeaktionen, in denen der Gebrauchsnutzen und die spezifischen Vorteile des jeweiligen Angebots branchenbezogen herausgestellt werden.

4. Der Großteil dieser kaufentscheidenden Leute — vorwiegend Techniker und Ingenieure — informieren sich auch durch Fachzeitschriften. Daher: Unterstützung der unter 3. genannten Aktionen durch Anzeigen in den durch Insertionswertanalysen als bestgeeignet herausgefundenen Werbeträgern.

5. Wegen der begrenzten Etatmittel können mit diesen Maßnahmen nicht genügend Anstöße und damit nicht genügend Informationen vermittelt werden. Das bedeutet: Schaffen einer laufenden Verbindung zwischen dem Unternehmen, seinen Kunden und potentiellen Abnehmern durch einen vier- bis sechsmal im Jahr erscheinenden Informationsdienst über das spezielle Fachgebiet, das in seiner Anwendung sehr breit und daher für zahlreiche Branchen interessant ist.

6. In den bisherigen Werbemitteln ist kein klarer Stil, kein einheitliches Gesicht zu erkennen. Das bedeutet: Gestaltung eines einheitlichen Firmenbildes in allen Geschäftsdrucksachen und Werbemitteln, Festlegen von Kennfarben für Erzeugnisgruppen bzw. nach Anwendungszwecken (z. B. braun für Energieversorgungsunternehmen, gelb für Meßgeräte usw.).

7. Die Beteiligung an in- und ausländischen Messen bzw. Ausstellungen ist für Investitionsgüterunternehmen unbestritten ein wichtiges Instrument der Verkaufsvorbereitung und -förderung. Das bedeutet: die zukünftigen Messestände dürfen nicht mehr mit den Primitivmitteln gestaltet werden, die von den Messeveranstaltern leihweise zur Verfügung gestellt werden. In der Auswahl der Erzeugnisse, ihrer messereifen Herrichtung (Schnittmodelle, Farbgebung, Beschriftung) und in der gesamten Standgestaltung muß ein repräsentativer und informativer Stil gefunden werden, der mit den neu zu schaffenden Werbemitteln und -ideen harmoniert.

8. Betriebsanleitungen, Beschriftung und Beschilderung sowie Farbgebung der Erzeugnisse spiegeln ebenfalls das Firmenbild wider. Das bedeutet, daß auch auf diesem oft nicht genügend beachteten Gebiet die werbliche Mitarbeit einsetzen muß. Das gleiche gilt bei kleineren Serienerzeugnissen auch für die Verpackung.

Im wesentlichen ergeben sich daraus zwei S c h w e r p u n k t e für die durchzuführenden Werbemaßnahmen:

1. *Vertrauenswerbung*, die den Bekanntheitsgrad des Unternehmens stärken soll und die „Plattform" für eine breite, jedoch gezielt angelegte Produktwerbung bildet. Zielrichtung: kaufbeeinflussende und -entscheidende Kreise in einer breiten Öffentlichkeit.

2. *Verkaufswerbung* durch eine Kombination von Direktwerbemaßnahmen und Anzeigenwerbung zur Förderung der einzelnen Erzeugnisgruppen in den bisherigen und neuen potentiellen Abnehmerkreisen.

Natürlich war von vornherein klargelegt worden, daß die Vertrauenswerbung keine ad-hoc-Erfolge in Form von Anfragen erbringen könne. Sie wirkt sich erst im Laufe eines längeren Zeitraums aus, also in zwei bis vier Jahren. Der Aufgeschlossenheit der Unternehmensleitung ist zu danken, daß dieser Weg dennoch beschritten wurde, obwohl darin in den Augen mancher Mitarbeiter ein Risiko liegen mußte, zumal ein beachtlicher Teil des Etats dafür aufzuwenden war.

Die Verkaufswerbung dagegen mußte darauf angelegt sein, möglichst rasch Anfragen herbeizuführen, die direkt oder über den Außendienst weiterverfolgt werden müssen.

In der werblichen Zielsetzung waren zwei Wege zu beschreiten: 1. allen potentiellen Abnehmern einen einprägsamen Überblick über das gesamte Erzeugungsprogramm zu vermitteln, da sich aus der Kundenkartei ergeben hat, daß viele bisherige Kunden immer die gleichen Erzeugnisse gekauft haben, obwohl sie auch Bedarf an anderen Waren aus dem Gesamtprogramm haben mußten; 2. bestimmte Erzeugnisse gezielt in Kreisen der Hauptbedarfsträger anzubieten.

IV. Die Werbeplanung

Der Detailplanung wurden folgende W e r b e z i e l e vorangestellt:

1. Stärkung des Bekanntheitsgrades
2. Festigung des Vertrauens
3. die werbende Information

Alle Maßnahmen gemeinsam verfolgten den Zweck, das werbende Unternehmen als technisch aufgeschlossen, wendig, fortschrittlich, erfahren und zukunftweisend darzustellen.

Dafür wurden die folgenden W e r b e m i t t e l eingesetzt:

1. Direktwerbeaktionen mit Briefen und eigens dafür gestalteten Prospekten an acht Branchen mit 9000 Empfängern.
2. Eine Anzeigenserie mit Gesamtdarstellung der Erzeugnisse, bestehend aus vier grafisch gestalteten Motiven (bestimmt zur Veröffentlichung in Zeitschriften, die einen weiten Bereich der Technik und Wirtschaft abdecken — Abbildung 1).
3. Eine technisch-informative Anzeigenreihe mit sachlichem Charakter zum Einsatz in speziellen Fachzeitschriften der wichtigsten Abnehmerbranchen.
4. Ein Informationsdienst, der Konzentrate aus Veröffentlichungen in einer englischen und einer französischen angesehenen Fachzeitschrift, gemischt mit kurzen Nachrichten und Notizen aus der Tätigkeit des Unternehmens, enthält. Umfang acht Seiten in Schreibmaschinenschrift mit Abbildungen, Erscheinungsweise 4- bis 6mal im Jahr.

Verbreitung an die gleichen Empfängergruppen, die mit der Direktwerbung angesprochen wurden.

5. Ausführliche Druckschriften, die auf Anforderung gezielt an Interessenten verteilt werden. Sie sind so angelegt, daß aus den Einzelblättern auch individuelle Kataloge oder Angebotsergänzungen zusammengestellt werden können.

6. Pressenotizen, Kurzberichte und Informationen für die Wirtschafts- und Fachpresse, je nach Thema auch für Tageszeitungen.

7. Unterlagen für Außendienstmitarbeiter (vorgedruckte Fragebogen, eine Repräsentationsmappe, die das Unternehmen in Bild und Kurztext einprägsam darstellt, Referenzkarten usw.).

Die Werbeplanung, die hier nicht im Detail wiedergegeben werden kann, umfaßte 23 Seiten und 6 tabellarische Aufstellungen, dazu Einschalt- und Kostenpläne.

Im Rahmen der Grundüberlegungen zur Werbeplanung wurde eine zweite Serie von Vertrauensanzeigen entwickelt (½ Seite, schwarzweiß), die im Anschluß an die erste Serie (siehe Abbildung 1) in den Zeitschriften „Spiegel" und „Bild der Wissenschaft" eingesetzt wurden. Sie hatten das Ziel, über die Techniker hinaus einen noch breiteren, meinungsbildenden Kreis mit dem Unternehmen bekannt zu machen. Dementsprechend sind Illustration und Text angelegt worden (Abbildung 2).

Als gleichbleibende Stilelemente enthielten alle technischen Anzeigen, der Firmenschriftzug, der verbindende Slogan und die „Grundschrift". Das gleiche gilt für die in einem Rastersystem entwickelten Druckschriften und für die Gestaltung von Messe- und Ausstellungsständen im In- und Ausland. Hierfür wurde ein Normbausystem angeschafft, das eine gleichartige Präsentation auf unterschiedlichen Standgrößen ermöglichte, also variabel einzusetzen und dabei leicht zu transportieren ist.

V. Werbewirkung, Werbeerfolg

Mit der Realisierung dieser Vorschläge wurden alle Geschäftsdrucksachen innerhalb von drei Monaten neu gestaltet. Die erste Werbephase umfaßte 1¼ Jahre, die daran anschließenden jeweils ein Jahr. Der Planungszeitraum war zunächst auf drei Jahre angelegt, wobei die Werbeergebnisse des Vorjahres jeweils für die Detailplanungen des nächsten Jahres ausgewertet wurden.

Die Ergebnisse der ersten Werbephase bestätigten im wesentlichen die Richtigkeit der Konzeption. Die Anfragen wurden laufend ausgewertet, um Schwerpunkte des Interesses an einzelnen Erzeugnissen in den verschiedenen Abnehmerbranchen herauszufinden. Daraus ergaben sich brauchbare Anhaltspunkte für nachfolgende gezielte Werbeaktionen zur Förderung einzelner Produkte aus dem Gesamtprogramm. Nach 1½ bis 2 Jahren konnten die Außendienstmitarbeiter berichten, daß ihr Unternehmen inzwischen einen weitaus höheren Bekanntheitsgrad erzielt hat, was ihnen ihre Verhandlungen zweifellos erleichterte. Als entscheidend hat sich erwiesen, daß eine klare Unternehmenskonzeption mit einer gründlichen Absatzplanung, die auch Neuentwicklungen und Produktverbesserungen vorausschauend berücksichtigt, vor dem Beginn der Werbeplanung bestehen muß. Ist das nicht der Fall, so ergeben kurzfristige Einzelaktionen werbliche Improvisationen, die sich bestenfalls in Zufallstreffern niederschlagen.

VI. Möglichkeiten der Werbeerfolgskontrolle *)

Beispiel A: „Werden Anzeigen beachtet?"

Eine führende Schaltgerätefabrik entwickelte eine Informationsschrift, die vom technischen Niveau her eigentlich nur wenige Spezialisten richtig erfassen und verwenden konnten. Bei Auflage des Sonderdrucks dachte man deshalb zunächst an nur 100 Exemplare. Die Werbeabteilung machte jedoch den Vorschlag, die Informationsschrift trotz (oder gerade wegen) ihres Schwierigkeitsgrades in der Werbewirkungskontrolle einzusetzen. Der Wert der Schrift wurde durch laufende Ausgabenummern und Eindruck des jeweiligen Empfängernamens erhöht.

Im Zeitraum von anderthalb Jahren erschien in 34 Zeitschriften jeweils einmal unter den üblichen Anzeigen des Unternehmens ein Hinweis auf diese Broschüre – in allen Fällen als kleiner, schmaler, ca. 3 cm hoher Anforderungscoupon. Bei der geringen Größe des Coupons ist es unwahrscheinlich, daß die Einsender zuvor nicht auch den gesamten Anzeigentext zumindest überflogen haben. Eine entsprechende Anforderungsquote bot also nicht nur Vergleichsmöglichkeiten unter den einzelnen Fachorganen; sie mußte darüber hinaus beweisen, daß die informativen, aber durchaus nicht kurzen Anzeigentexte des Unternehmens tatsächlich beachtet und gelesen werden. Weiter ging es darum festzustellen, ob derartige Anforderungen in der Mehrzahl von wirklich ernsthaft interessierten Fachleuten oder überwiegend nur von Studenten und Nachwuchskräften kommen, wie oft behauptet wird. Die nachstehende Tabelle bringt einen Teil der Ergebnisse. Die Zeitschriften wurden charakterisiert, ihre Titel durch laufende Nummern ersetzt. Selbstverständlich deckt sich die Zahl der Couponeinsender nicht mit jener Anzahl der Leser, denen die Anzeige aufgefallen ist. Sie ist mit Sicherheit um ein Vielfaches größer. Die Einsender machen ja erfahrungsgemäß immer nur einen Bruchteil der tatsächlichen Leser aus; besonders bei den nichtelektrotechnischen Fachzeitschriften, deren Leser mit einer Broschüre über die „algebraische Berechnung von Steuerschaltungen" wohl kaum etwas anfangen konnten. Der Erfolg mußte also bei den Fachzeitschriften im Maschinenbau z. B. sehr viel schwächer sein als bei den reinen Elektroblättern.

Es wäre deshalb abwegig, die Bedeutung einzelner Fachzeitschriften nach diesem Ergebnis zu beurteilen – das war auch nicht beabsichtigt. Der Test diente nur zur Abrundung des bestehenden Bildes.

Ganz allgemein ist zu sagen, daß die unerwartet hohe Zahl der Einsendungen überraschte. Die Broschüre war wochenlang „ausverkauft". Sie mußte dreimal neu aufgelegt werden. Erstaunlich bleibt auch die hohe Anzahl der Anforderungen, die auf Grund der Coupons eingingen. Die Einsender machten sich zu 60 bis 70 % die Mühe, den Coupon auszuschneiden, auszufüllen und im Briefumschlag einzuschicken. Nur eine kleinere Zahl von Interessenten gab die Anforderung auf Postkarten oder Briefen herein, wobei es aber mit Hilfe von drei verschlüsselten Kennzeichen noch in fast allen Fällen gelang, die Bezugnahme auf eine bestimmte Fachzeitung festzustellen.

Interessant war auch die Gliederung nach Berufsgruppen. Nur etwa 4 %, also ein verschwindend geringer Teil der Anforderungen, ging von Studierenden aus. Überwiegenden Anteil hingegen hatten Konstrukteure, Ingenieure, Techniker und darüber hinaus die reinen Firmenanforderungen.

---

*) Beispiele aus der Praxis von Hermann Seelmann, Werbeberater BDW.

Auch für die Belegung der Fachzeitschriften wurden wichtige Erkenntnisse gewonnen. Nur ein Beispiel: Für ein Verbandsorgan – also sozusagen ein Pflichtblatt – ergab sich damals mit 0,1 % eine der geringsten Anfragequoten. Das vergleichbare Konkurrenzblatt hingegen, das keine entsprechende Bindung nachweisen konnte, erzielte mit 381 Anfragen oder 10,9 % der Anforderungen eine der höchsten Quoten.

Insgesamt gingen über 3500 Anforderungen ein. Das entspricht bei 34 Zeitschriften einem Schnitt von rund 100 Anfragen. Faßt man ausschließlich die Ergebnisse in den Elektrozeitschriften zusammen, dann sind es im Schnitt sogar 200 Zuschriften pro Zeitschrift, wobei die Spitzenzeitschrift 563 Anforderungen oder 16,1 % für sich buchen konnte.

Die prozentuale Verteilung der Anfragen nach Berufsgruppen ergab:

- 44 % Konstrukteure und Ingenieure
- 24 % Techniker
- 8 % Firmen
- 4 % Studenten

Die restlichen 20 % setzten sich aus vielen Gruppen zusammen.

Tabelle 1
Ergebnisse der Coupon-Aktion*)

Zeitschrift Nr.	Fachliche Ausrichtung	Konstr./Ing.	Techniker	Firmen	Studierende	Diverse	Zahl	%
1	Metallbearbeitung	6	4	–	1	1	12	0,3
6	Elektrotechnik (praktisch)	57	273	21	6	24	381	10,9
9	Elektrotechnik (wissenschaftlich)	388	81	31	17	46	563	16,1
25	Maschinenbau und gesamte Industrie	116	25	21	8	16	186	5,3
34	Spez.Maschinenbau (Werkzeugmaschinen)	165	67	29	26	20	307	8,8

*) Aus der Gesamtheit der Anfragen:
Bundesrepublik 84 %
Ostzone 6 %
Ausland 10 %

Beispiel B: „Dramatik" um jeden Preis?

Wer eine Fachzeitschrift regelmäßig durchgeht und dabei auch den Anzeigenteil auf technische Hinweise und Neuheiten prüft, ist von vornherein auf Informationen, Argumente, Leistungsangaben und Arbeitsbeispiele aus. Aufmerksamkeitsweckung kann das Erkennen fördern – dazu braucht man aber keine „eye catchers" ohne jede Beziehung zum Informationsgehalt der Veröffentlichung.

Die erste Anzeige (Abbildung 3) hat stärkste Aufmerksamkeitswirkung – aber um welchen Preis. Hier werden ganz unverfroren so negative Assoziationen wachgerufen, daß man eine Gänsehaut kriegen könnte. Und doch will das werbende Unternehmen nach dieser Einleitung ernstgenommen werden.

Anders die zweite Anzeige (Abbildung 4) – ähnlich aufmerksamkeitsstark, aber viel weniger erregend. Dafür aber mit glaubhafter ruhiger und sympathischer Aussage, die Vertrauen erweckt. Eine Anzeige, die auffällt, aber keinen Augenblick über ihren Inhalt hinwegtäuscht.

Beispiel C: Welches Format ist am erfolgreichsten?

Bei der Einführung eines tragbaren Kleinkompressors ergab sich die Frage nach der zweckmäßigsten Anzeigengröße.

Da es sich um eine Teilproduktion ohne jeden Zusammenhang mit der sonstigen Fertigung des Unternehmens handelte, war es nicht notwendig, diese Anzeigen auf die übrige Werbung abzustimmen. Es zeigte sich außerdem, daß die Wirksamkeit reiner Verkaufsanzeigen nicht an das Format gebunden ist, daß hingegen der Preis des Erzeugnisses ebenso wie die Größe des möglichen Abnehmerkreises fast immer das Format der Anzeige bestimmen.

Kleinere „Allerweltsartikel" und Geräte, die in fast jedem Betrieb oder jeder Werkstatt benötigt werden, verlangen eine breite Streuung bei häufiger Wiederholung in mehreren sorgfältig ausgesuchten Fachzeitschriften, mit denen die gesamte Industrie erreicht wird. Dabei ist es meist gleichgültig, ob sich diese überschneiden.

Größere Maschinen und Geräte jedoch, die für einen ausgesuchten Käuferkreis bestimmt sind, können dem Abnehmerkreis mit wenigen großformatigen Anzeigen in der besten und auf die Zielgruppe beschränkten Fachzeitschrift erfolgreicher angeboten werden, zumal noch die Möglichkeit besteht, diese Bemühungen gezielt durch Direktwerbung zu unterstützen.

Wie weit eine Kontrolle des Anzeigenerfolges gehen kann, zeigt das folgende Beispiel aus der Werbung für ein kleines technisches Gerät, die mit Unterbrechungen drei Jahre lang durchgeführt wurde.

Belegt wurden zwei übergeordnete Fachzeitschriften mit starkem Kleinanzeigenteil, dazu mehrere Fachblätter. Zum Einsatz kamen sowohl ¼- wie ⅛-seitige Anzeigen. Die nachfolgenden Tabellen 2 und 3 demonstrieren die Ergebnisse; aus verständlichen Gründen wurden die Namen der Blätter durch Buchstaben ersetzt.

Die Zusammenstellung zeigt, daß zum damaligen Zeitpunkt die ⅛ Seiten um ein geringes erfolgreicher waren als das größere Format der ¼ Seite. Damit ist der oft gehörte Einwand entkräftet, daß das größere Format bessere Gestaltungsmöglichkeit für die Anzeige erlaubt als das kleinere; es kommt auf den Gestalter an.

Natürlich kann man mit der größeren Anzeige mehr Anfragen erzielen als mit dem halben Format. Wichtig ist aber nur das Ergebnis unter Berücksichtigung der Kosten.

Das Beispiel zeigt darüber hinaus, daß sich Kontrollziffern in der kleinen Anzeige ebensogut anbringen lassen wie in der größeren. Nur eines wäre möglich: Es kann Fälle geben, in denen die Kleinanzeige keine gute Abbildung des angebotenen Erzeugnisses mehr erlaubt. Das aber ist eine wichtige Voraussetzung für jeden Anzeigenerfolg. Im gezeigten Beispiel konnte der Gesichtspunkt der Repräsentation vernachlässigt werden. Die Dinge werden sich wesentlich anders darbieten, sobald neben der reinen Verkaufsaufgabe auch das Firmenprofil eine Rolle spielt.

Die Frage des kleineren oder größeren Anzeigenformats wird stets durch das Erzeugnis, durch den Abnehmerkreis, die notwendige Breitenstreuung sowie die Stellung der Firma am Markt und ihre Verkaufsziele bestimmt. Auch die Etathöhe spielt eine Rolle.

Der Verkaufserfolg einer Anzeige ist zweifelsfrei nicht vom Anzeigenformat abhängig. Deshalb kann man nur raten, jede neue Werbekampagne als einen Schritt in unbekanntes Neuland zu betrachten. Die Risiken lassen sich durch Klugheit, Vorsicht und ständige Arbeit an der Verbesserung und Vervollkommnung der als richtig erkannten Methoden vermindern und ausschalten.

Tabelle 2

Insertionszeitraum: 1. Beobachtungsjahr Mai–August, erneut ab November				
	Zeitschrift A (breitstreuende Fachzeitschrift mit starkem Kleinanzeigen-Angebotsteil)		Zeitschrift B (breitstreuende Fachzeitschrift mit starkem Kleinanzeigen-Angebotsteil)	
	¼ Seiten	⅛ Seiten	¼ Seiten	⅛ Seiten
Gesamtkosten der Inserate	1310,–	1490,–	1310,–	1310,–
Gesamtzahl der Anfragen	128	141	118	136
	Zeitschrift C (Fachzeitschrift geringerer Auflage für eine besondere Branche)		Zeitschrift D (Allgem. techn. Zeitschrift mit starker Auslandsstreuung)	
	¼ Seiten	⅛ Seiten	¼ Seiten	⅛ Seiten
Gesamtkosten der Inserate	–	200,–	1100,–	–
Gesamtzahl der Anfragen	–	21	55	–

Gesamtaufwand im Testzeitraum: 6720 DM
Gesamtzahl der Antworten: 599
Kosten pro Anfrage etwa 11,30 DM.

Der Schwerpunkt der Insertion in den Blättern A und B lag mit einer Häufung von 15 Kleinanzeigen in den Monaten Juni, Juli und August, während im September/Oktober keine Anzeige erschien, im November und Dezember hingegen wieder acht.

Zwischen Insertion und Auftragseingang wurde folgende Abhängigkeit festgestellt:

1. Beobachtungsjahr: Mai   – Anfragen ⎫
                      Juni   2 Anfragen ⎬ Erscheinen
                      Juli   10 Anfragen ⎪ der Anzeigen
                      August   42 Anfragen ⎭
                      September 60 Anfragen
                      Oktober   73 Anfragen
                      November 39 Anfragen ⎫ Erscheinen
                      Dezember 24 Anfragen ⎬ der Anzeigen

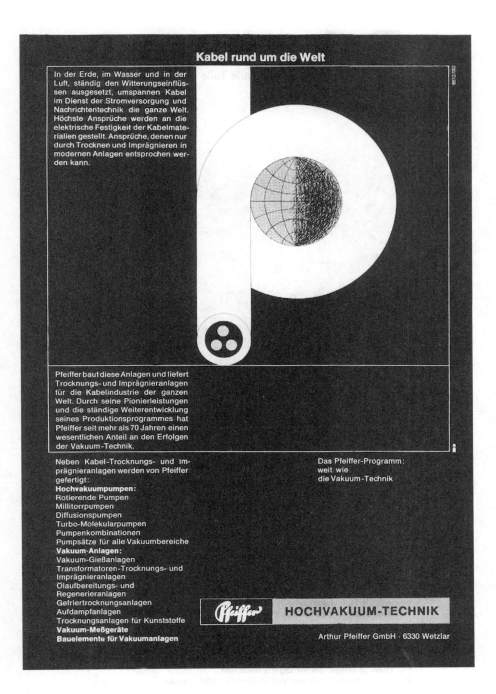

Abbildung 1
*Motiv aus der ersten Anzeigenserie „Vorstellung des Programmes" mit neuer Firmenleiste
(im Original zweifarbig)*

Raketenstart
(hoffentlich arbeiten alle Teile zuverlässig)

Der kleinste Fehler, der unter den Einwirkungen des luftleeren Raumes auftreten könnte, muß vorher erkannt werden. Millionenwerte sind sonst nutzlos in die Luft geschossen ..
Bevor die Rakete zusammengesetzt wird, werden alle Teile geprüft und nochmals geprüft. In sogenannten Weltraumsimulatoren. Das sind Hochvakuumanlagen, in denen alle Teile den Druck-, Temperatur- und Strahlungsverhältnissen des Weltraumes ausgesetzt werden.
Hochvakuumanlagen mit ihren komplizierten Pumpsystemen erzeugen die Druckverhältnisse jeder Höhe. 10^{-6} Torr für etwa 200 km, 10^{-8} Torr für 500 km Höhe. Turbo-Molekularpumpen von Pfeiffer evakuieren sogar bis auf 10^{-10} Torr. Nur die Pfeiffer Hochvakuumtechnik GmbH und ein US-Lizenzunternehmer bauen diese Konstruktionen mit einem Saugvermögen bis zu 15 000m³/h.
Nicht nur in der Weltraumtechnik, sondern überall wird bei der Herstellung von Industrieerzeugnissen Vakuum benötigt. In Laboratorien und Fabriken. Große, kleine und kleinste Pumpen oder komplette Hochvakuum-Anlagen.
Für tausend Dinge, die wir täglich brauchen.
Arthur Pfeiffer Hochvakuumtechnik GmbH, 6330 Wetzlar.   66/008

 **HOCHVAKUUMTECHNIK**

Abbildung 2
Motiv aus der Serie „Vertrauensanzeigen" (½seitig einfarbig), die sich an eine technisch interessierte, breite Öffentlichkeit richtete

Abbildung 3
Beispiel einer „dramatischen" Anzeigengestaltung, wie sie nicht sein sollte

Abbildung 4
Gegenbeispiel zu Abbildung 3: Vertrauen erzeugende, glaubhafte wirkungsstarke Aussage in Bild und Text

2. Beobachtungsjahr: Januar   14 Anfragen
                      Februar 43 Anfragen

Das Anschwellen erfolgte also stets etwa 2 bis 3 Monate nach dem Erscheinen der Anzeigen, während die Zahl der Aufträge nach den insertionsfreien Monaten ganz erheblich absank.

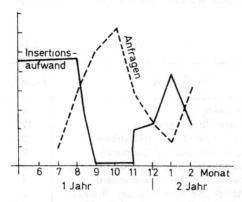

Zusammenhang zwischen Insertionsaufwand und Ertrag (Schlupfwirkung)

Tabelle 3

Zeitraum November (2. Beobachtungsjahr) bis Dezember (3. Beobachtungsjahr)				
	Zeitschrift A (breitstreuende Fachzeitschrift mit starkem Kleinanzeigen-Angebotsteil)	Zeitschrift B (breitstreuende Fachzeitschrift mit starkem Kleinanzeigen-Angebotsteil)	Zeitschrift E (weitere Fachzeitschrift geringerer Auflage für besondere Branche)	Zeitschrift F (breitstreuende allgem. techn. Zeitschrift mit geringerem Anzeigenteil als A + B)
	Anzahl der Anfragen	Anzahl der Anfragen	Anzahl der Anfragen	Anzahl der Anfragen
November ⎫ 2. Jahr Dezember ⎭	26 8	18 11	4 3	7 4
Januar bis Juni ⎫ 3. Jahr Juli bis Dezember ⎭	124 124	90 77	23 18	21 20
Gesamtergebnis der Anfragen	282	196	48	52
Anzahl der Anzeigen	28	28	14	10
Gesamtkosten im Testzeitraum	3304,— DM	.3214,— DM	630,— DM	800,— DM
Werbungskosten pro Anfrage	**11,71 DM**	**16,39 DM**	**13,10 DM**	**15,38 DM**
Geworben wurde in diesem Zeitraum nur mit ⅛-seitigen Kleinanzeigen.				

Beispiel D: Erfolgskontrolle bei der Direktwerbung

Beispiel für die Durchführung einer Erfolgskontrolle in der Direktwerbung, Teststufe, regional begrenzt.

Resonanz auf den ersten Werbebrief für einen Kleinkompressor; die Antwortkarten für jede Adressengruppe wurden speziell gekennzeichnet (Adressenmaterial Verlag Koop, Düsseldorf).

Tabelle 4

Adressen-zahl	Gruppe	Retouren	Ant-worten	%
360	N er (Bremen)	4	3	0,9
400	Autolackierer (Bundesgebiet)	12	5	1,2
175	Textilveredlungsbetriebe (Nordrhein)	2	3	2
66	Textil-Stoffdruckereien (Nordrhein)	2	2	3
85	Farbspritzanlagen und Apparatefabriken	4	17	20
100	Baumschulen (Bremen + Südbaden)	4	2	2
21	Kauf-, Mode- und Warenhäuser (Bremen)	—	—	—
49	Kauf-, Mode- und Warenhäuser (Hamburg)	—	—	—
62	Kammerjäger (Hamburg)	16	1	2
32	Schädlingsbekämpfungsgroßhandlungen (Nordwestdeutschland)	3	4	12
59	Theater- u. Opernhäuser (Süddeutschland)	5	—	—
51	Blumengroßhandlungen	2	—	—
1460	Ergebnis:	54	37	
	in Prozent:	4 %	2,5 %	

Beispiele von Public-Relations-Aktionen

Von Dr. Rudolf Farner, Zürich

Einführung

Public Relations, oft kurz als „Öffentlichkeitsarbeit" oder „Sympathiewerbung" umschrieben, sind aus dem modernen Leben nicht mehr wegzudenken. Sie erfüllen eine Mittlerfunktion zwischen Körperschaften und Menschen, welcher nicht zuletzt deshalb große Bedeutung zukommt, weil trotz der heutigen praktisch zeitverzugslosen Kommunikationsmittel Mißverständnisse und semantische Schwierigkeiten an der Tagesordnung sind. Je mehr das politische und wirtschaftliche Geschehen jeden einzelnen beeinflußt, und je komplizierter die Struktur der Massengesellschaft wird, desto kategorischer entsteht das Bedürfnis nach Public Relations, nach einer Technik der Information. Es braucht Spezialisten, welche Geist, Maßnahmen und Äußerungen von Unternehmungen, Verwaltungen, politischen Gremien aller Art, kulturellen und sozialen Organisationen usw. den verschiedenen Publikumskreisen nahebringen können, die für die erwähnten Körperschaften von besonderem Interesse sind.

Public Relations sind somit das planmäßige Schaffen, Erhalten und Fördern einer freundschaftlichen Atmosphäre zwischen der Unternehmung (Verwaltung usw.) und einem bestimmten Publikum auf Grund einer bestimmten Politik – welche die Interessen der Unternehmung mit denjenigen der Publika in Übereinstimmung bringt –, damit diese Atmosphäre es gestatte, das Unternehmerziel leichter und rascher zu erreichen und zu erhalten. (Vgl. auch die Definition der Schweizerischen Public-Relations-Gesellschaft: „PR sind das Verhalten und die Gesamtheit der bewußt geplanten und dauernden Bemühungen, durch den Kontakt mit allen Öffentlichkeitsgruppen gegenseitiges Verständnis und Vertrauen in der Öffentlichkeit aufzubauen und zu pflegen.")

Aus dieser Umschreibung geht zweierlei hervor. Einmal, daß Public Relations zunächst der Ausdruck einer Geisteshaltung sind. Man will dem anderen näherkommen, man betaßt sich mit ihm. Public Relations sind deshalb so gut wie das Marketing-Denken Ausdruck eines modernen Unternehmertums. Anstelle rücksichtslosen Vorgehens oder – umgekehrt – anstelle von Pessimismus und Selbstmitleid tritt aktives, positives Handeln, gleichsam ein „geistiges Marketing", das die geistige Verfassung und die Informationslage der Umwelt analysiert und Maßnahmen trifft, um beide zu verbessern.

Methodisch geht es zum anderen darum, durch kontinuierliche Information, die sich gezielt an die verschiedenen Publikumsgruppen richtet, Vertrauen und Sympathie für den Wirtschaftszweig oder die Unternehmung zu erwerben, indem zunächst ein Minimum an Wissen vermittelt und später danach getrachtet wird, die sogenannte „Bewußtseinsschwelle" zu überschreiten. Das heißt, daß die Botschaft, die man übermitteln wollte, angekommen ist, daß der erreichte Mensch anfängt, unsere Argumentation aufzunehmen und sie zu seiner eigenen zu machen. Er wird sogar bereit sein, einen Entschluß in unserer Richtung zu fassen.

Nun gibt es Unternehmungen, welche Public Relations recht vordergründig als zusätzliches Werbemittel verstehen und danach trachten, möglichst viel Produktinformation gratis in die Zeitung zu bekommen. Dies ist der Grund, warum Verleger und Redakteure Public Relations oft als „Schleichwerbung" deklarieren und eine echte Zusammenarbeit mit der Wirtschaft verweigern.

Diese Auffassung ist falsch. Es geht nicht um eine Verstärkung der Produktionsformation im redaktionellen Teil, obwohl dies unter gewissen Voraussetzungen und nach durchaus üblichen Usancen, beispielsweise in der Modebranche, auch der Fall sein kann. Es geht darum, den heutigen Verbraucher und zahlreiche Schlüsselpersonen, die auf die Unternehmertätigkeit mehr denn je ihren Einfluß ausüben, über die eigene Geisteshaltung, über die Absichten der Unternehmungsführung, über Wissenswertes aus dem Produktionsprozeß usw. zu orientieren und damit die vorgenannte Verbindung herbeizuführen. Das Publikum soll nicht nur in den Beziehungskreis der Gesamtwirtschaft, sondern in den speziellen Beziehungskreis der einzelnen Unternehmung einbezogen werden.

Somit besteht das Ziel auch nicht darin, mittels eines Feuerwerks von originellen Anlässen usw. die Beachtung der Öffentlichkeit für einen kurzen Moment auf sich zu ziehen. Es geht vielmehr um eine kontinuierliche, systematische Informationstätigkeit, die auf Grund echter Leistungen Achtung und Sympathie erzeugt. Public Relations sind daher eine ständige Bemühung um den anderen, die nicht abreißen darf, wenn eine Atmosphäre des Vertrauens zwischen Publikum und Unternehmung geschaffen und aufrechterhalten werden soll.

Eine derartige Wirkung kann aber nur der erzielen, der zutiefst überzeugt ist, daß Offenheit nach außen und Bemühung um den Nächsten nicht nur der Schlüssel zu den Märkten, sondern auch die ethisch richtige Haltung ist. Mit anderen Worten: Public Relations lassen sich nicht dadurch bewältigen, daß man irgendeinen Spezialisten anstellt und ihn einsam seinen Auftrag erfüllen läßt. Wenn das Unternehmen nicht von oben bis unten von dem Geist erfüllt ist, der echten Public Relations zugrunde liegen muß, werden diese Spezialisten keinen Erfolg haben können. Daraus geht hervor, daß derjenige, der sich weigert „Gutes zu tun", auch nichts Gutes über sich berichten kann, ohne daß früher oder später der innere Zwiespalt zutage tritt und die gesamte Public-Relations-Tätigkeit als Bluff entlarvt wird.

Wir haben bis hierher versucht, einige Wesenszüge echter Public Relations freizulegen und sie gegen falsch verstandene Publizität abzugrenzen. Diese sozusagen philosophischen Grundlagen sind äußerst wichtig und markieren den Standort des Public-Relations-Treibenden. Aber es ist klar, daß man dabei nicht stehenbleiben darf. Für die Praxis der Sympathiewerbung ergeben sich ähnliche Bedürfnisse wie bei der Produktwerbung. Den **Aufbau eines Public-Relations-Planes** kann man sich folgendermaßen vorstellen:

1. Festlegung des generellen Firmenleitbildes (Image). Bei Verbänden usw. tritt anstelle des Firmenimages die Leitidee.

Definition der anzusprechenden Publikumskreise und Bezeichnung von für diese spezifischen Leitbildelementen.

Damit ist der Sollzustand fixiert.

2. Ermittlung des Istzustandes durch Goodwill-Analysen, Meinungs- und Motivforschung.
3. Eventuelle Modifikation des Leitbildes auf Grund der Forschungsergebnisse.
4. Entwicklung der Public-Relations-Grundkonzeption und Ableitung der kurz- und langfristigen Public-Relations-Ziele.
5. Erstellen von Informationsplattformen, bzw. Sicherstellung des internen Informationsflusses.
6. Public-Relations-Detailplanung (Anlässe, Information auf redaktionellem Raum, Information auf gekauftem Raum, direkte Kontakte usw.).
7. Public-Relations-Budget.
8. Durchführung der Public-Relations-Tätigkeit.
9. Public-Relations-Kontrolle
   - quantitativ (Streuung, Sättigung)
   - qualitativ (neue Goodwill-Analysen in gleichen Abständen).

Die folgenden Beispiele wurden aus verschiedenen Teilbereichen der Public Relations ausgewählt. Sie umfassen **Öffentlichkeitsarbeit für einen gemeinnützigen und einen kulturellen Zweck (Institutionelle Public Relations), für Unternehmen (Unternehmens-Public-Relations) sowie als Grenzbereich Öffentlichkeitsarbeit für Produkte (Produkt-Publizität).**

I. Institutionelle Public Relations

1. Public Relations im Dienst des Gewässerschutzes

Industrialisierung und Bevölkerungsvermehrung haben, wie jedes Land, auch die Schweiz vor Probleme gestellt, die früher, wenn überhaupt vorhanden, zumindest nicht mit der gleichen bedrängenden Schärfe auftraten. Die Gewässerverschmutzung gehört zu ihnen. Ihre Gefahren wurden zwar von weitblickenden Persönlichkeiten früh erkannt, aber nirgends genügend ernst genommen. Die gesetzlichen Grundlagen entsprachen lange Zeit nicht der Notwendigkeit, über verdienstvolle Einzelmaßnahmen hinaus das **Gesamtproblem** zu lösen.

In dieser Situation hat die private Initiative eingesetzt und dort eingegriffen, wo staatliche Instanzen zu langsam oder unzureichend handelten. Im Frühling 1961 wurde auf Anregung eines angesehenen Industriellen von Vertretern von Wissenschaft und Wirtschaft der Grundstein für die „**Stiftung der Wirtschaft zur Förderung des Gewässerschutzes in der Schweiz**" gelegt. Das Anliegen der Stiftung ist ein doppeltes: Einmal will sie alle Maßnahmen, welche die Abklärung der wissenschaftlichen, technischen, personellen, juristischen und finanziellen Probleme des Gewässerschutzes zum Ziele haben, tatkräftig fördern, zum andern will sie das gesamte Schweizer Volk über die Bedeutung des Gewässerschutzes aufklären. Grundlagenforschung einerseits und Aufklärung und Erziehung andererseits sind also zu bewältigen. Die erste Aufgabe obliegt vorab den Gewässerschutzfachleuten, Industriellen und Juristen sowie natürlich den staatlichen Gewässerschutzinstanzen. **Die Aufklärung** wurde von der Stiftung der Public-Relations-Agentur anvertraut.

Bei der Festlegung ihres e r s t e n Z i e l e s ließ sich die PR-Agentur von folgenden Erkenntnissen leiten: Eine Gefahr wie die Gewässerverschmutzung kann nicht allein durch Verordnungen und Sanktionen gebannt werden. Jeder, der auf reines Wasser angewiesen ist, das ganze Volk also, muß sie erkennen und gewillt sein, etwas dagegen zu tun. Aufgabe der Public-Relations-Arbeit der Stiftung war es deshalb zunächst, weitesten Kreisen die Gefahr zum Bewußtsein zu bringen. Der Inhalt der Information ließ sich in die Formel fassen: „Rettet das Wasser." Diese Aufforderung sollte man an alle richten. Jeder sollte seine Mitverantwortung im Gewässerschutz erkennen. Die Verbreitung dieser Botschaft erforderte den Einsatz a l l e r M e d i a. Die Stiftung konnte von vornherein auf diese Hilfe zählen. Presse, Radio, Fernsehen, Wochenschau nahmen das Thema auf und informierten ihr Publikum in eindrücklicher Form über den Stand der Gewässerverschmutzung und ihre Auswirkungen. Die zahlreichen Fischsterben, widrige Bilder von Kehrichtablagerungen, Berichte über Kadavermengen in Flüssen ließen jedermann aufhorchen. Ein eindrückliches Plakat, die Abbildung eines Totenkopfes im Wasserglas, rüttelte auf. Das erste Ziel, die Auslösung einer eigentlichen Welle zugunsten des Gewässerschutzes im Schweizer Volk, war relativ bald und mit geringem Aufwand erreicht.

Als schwieriger erwies sich selbstverständlich die Realisierung des Gewässerschutzgedankens. Auch wenn sich in verantwortlichen Kreisen die Erkenntnis allmählich durchsetzte, daß eine nationale Aufgabe dieser Größenordnung von der Bundesgewalt nicht einfach den gliedstaatlichen Gewalten (Kantone) und von diesen den Gemeinden überlassen werden kann, kostete es manchen parlamentarischen Schweißtropfen, bis sich eine weitherzigere Praxis in der Gewährung von Subventionen anbahnte. Auch hier spielte das Mittel der Public Relations eine entscheidende Rolle: Die warnende Stimme der Fachleute mußte den Behörden eindringlich nahegebracht werden; Vorträge, Beiträge in der Tagespresse sowie wiederholte Stellungnahmen der Fachgremien zu Einzelfragen standen im Vordergrund. In einem Bulletin wurde den Parlamentariern und anderen wichtigen Persönlichkeiten die Zielsetzung der Stiftung dargelegt und auf die Pflichten der einzelnen Ausschüsse hingewiesen.

Das z w e i t e P R - Z i e l lautete: Interesse und Anteilnahme wachhalten. Die vielversprechenden Anfangserfolge durften aber nicht darüber hinwegtäuschen, daß die Schlacht um den Gewässerschutz in der Schweiz noch keineswegs gewonnen war. Der nüchterne Sinn des Schweizers bewahrt ihn vor dauernder Begeisterung. Daß alles, was Geld kostet, nur mühsam mundgerecht gemacht werden kann, ist ebenso unbestritten. So stellte sich der Stiftung schon bald die zweite, schwerere Aufgabe, die Welle des Gewässerschutzgedankens nicht abebben zu lassen, sondern das Bewußtsein der Gefahr zu vertiefen und Entscheidungen vorzubereiten. Echte Public-Relations-Methoden, die immer auf Dauer ausgehen und welche das Wecken von Achtung vor bloße Beachtung stellen, empfahlen sich auch hier. Es handelt sich um eine erzieherische Arbeit, die nie ganz abgeschlossen sein wird. Die wichtigen Publikumsgruppen müssen immer wieder auf neue, interessante Art über den Stand der Verschmutzung, die Methoden der Sanierung und die Verantwortlichkeiten unterrichten werden, ohne daß eine Sättigung eintritt.

Da die Stiftung nicht über die erforderlichen Mittel verfügt, um sich in großem Stil an die Gesamtbevölkerung zu wenden, treten gezielte Einzelinformationen in den Vordergrund. Bei deren Vermittlung waren hinsichtlich der Adressaten und der eingesetzten Mittel folgende Überlegungen maßgebend: Die Haltung gegenüber den Lebenselementen wird in der Jugend geprägt. Erfährt bereits das Kind, wie notwendig die

Reinhaltung der Gewässer ist, wird es sich auch später als Staatsbürger darum bemühen. Den Gewässerschutzgedanken über Lehrer und Seminaristen in die Schülerschaft zu tragen, ist deshalb wohl die wirkungsvollste, wenn sich auch zeitlich nur langsam auswirkende Maßnahme. Schulfunksendungen, Dokumentationsmaterial, Unterlagen zum Aufbau ganzer Schulstunden, Ausstellungs- und Anschauungsmaterial sind hier die Träger der Information. Die Gewinnung der Lehrerschaft ist natürlich Voraussetzung.

Eine andere Spezialaufgabe ist die Aufklärung der Gemeinden. Die hohen Kosten, welche eine Gewässersanierung im allgemeinen verursacht, bereiten manchem Gemeinderat ehrliches Kopfzerbrechen. Nicht allein die Subventionen, sondern namentlich auch die Aufklärung der Gemeindebevölkerung sind hier ausschlaggebend. Vermittlung von Referenten, Überlassung von Unterlagenmaterial aller Art, Unterstützung von Ausstellungen usw. sind Public-Relations-Mittel, um dem Gewässerschutzgedanken dort zum Durchbruch zu verhelfen. Eine erfolgreiche PR-Tätigkeit muß deshalb auf einer genauen Kenntnis der regionalen Sonderprobleme fußen. Erhebungen unter den Gemeinden, bei den kantonalen Ämtern sowie ein sorgfältiges Verfolgen aller Presseberichte und deren systematische Auswertung gehören zur Grundlage einer solchen kontinuierlichen Aufklärungstätigkeit. Generelle Informationen sind nur in einem sehr beschränkten Maß verwendbar.

Die Beziehung der Stiftung zu den Hauptverschmutzern stellt vielleicht das schwierigste Public-Relations-Problem. Es ist nicht möglich, Industrien, Betriebe usw. anzuprangern, sollen nicht unerwünschte Widerstände herausgefordert werden. Vielmehr handelt es sich darum, den Finger auf die Probleme zu legen und die Lösung unter Mitwirkung der Verschmutzer und nicht gegen sie herbeizuführen.

Eine Aufklärungsaufgabe ist eine Arbeit, die keine noch so ausgebaute Informationszentrale allein leisten kann. Ein Hauptaugenmerk der Public Relations im Gewässerschutz muß deshalb darauf gerichtet sein, den Kader heranzuziehen, der den Gedanken immer wieder aufgreift und weiterträgt. Hier ist es nötig, intern zu informieren, den zahlreichen Fachleuten, Organisatoren oder Vorstehern von Vereinen und Vereinigungen zu zeigen, was überall im ganzen Land auf diesem Gebiet vor sich geht, und sie aufzufordern, sich selbst in die Öffentlichkeitsarbeit einzuschalten. So wurden von der Agentur systematisch Jugendvereine, Frauenorganisationen u. a. angegangen.

2. Aventicum — Beispiel einer Public-Relations-Aktion im kulturellen Sektor

Südlich des Neuenburger Sees und nördlich des Genfer Sees im Westteil des schweizerischen Mittellandes liegt Avenches, eine kleine Stadt mit großer Vergangenheit. Hier stand in vorrömischer Zeit der Hauptort des wichtigsten Teilstammes der keltischen Helvetier. Nachdem Cäsar den Versuch des germanischem Druck weichenden Stammes, nach dem heutigen Frankreich auszuwandern, vereitelt und ihn zur Rückkehr in das bisherige Siedlungsgebiet zwischen Rhein und Jura gezwungen hatte, entwickelte sich A v e n t i c u m zu einer der blühendsten Siedlungen nördlich der Alpen und zur Hauptstadt der Helvetier. Sie zählte bis zu über 20 000 Einwohner und wies eindrückliche Bauwerke auf.

Diese archäologische Fundgrube, der namentlich für die Erforschung der Geschichte des schweizerischen Gebiets in römischer Zeit große Bedeutung zukommt, blieb bis in die jüngste Zeit trotz vereinzelter Anstrengungen weitgehend vernachlässigt. Hauptsächlich wegen der baulichen Entwicklung des heutigen Avenches und der damit gegebenen

Gefahr der Überbauung wertvoller Sektoren der archäologisch bedeutsamen Fläche von 2 320 000 qm, von der nur ein Bruchteil untersucht worden war, griff der zuständige Kanton Waadt 1963 mit einem Baureglement im Interesse der Erhaltung der römischen Überreste ein. Zudem wurde eine S t i f t u n g P r o A v e n t i c o ins Leben gerufen, die sich den Unterhalt der sichtbaren und konservierten Ruinen, die Durchführung von Not- und Plangrabungen und die Konservierung der Funde zum Ziele setzte. Ein entsprechendes Zehnjahresprogramm wurde aufgestellt, dessen Vollzug auf 4 Mill. Schweizer Franken veranschlagt wurde. Die Schweizerische Eidgenossenschaft und der Kanton Waadt, auf dessen Gebiet die Gemeinde Avenches liegt, sagten Zuwendungen im Umfang von 65 Prozent des vorgenannten Betrages zu. Die verbleibenden 1,4 Mill Schweizer Franken mußte die Stiftung aus eigener Kraft beschaffen.

Die Stiftung Pro Aventico wandte sich an die Public-Relations-Agentur. Sie erteilte ihr den A u f t r a g, die fehlende Summe durch eine landesweite Sammlung beizubringen.

Vorarbeiten im Hinblick auf diese Sammlung waren einmal durch die vorausgegangene Bildung des nicht nur als Auftraggeber, sondern auch gegenüber der Öffentlichkeit als Treuhänder bei Verwaltung und Einsatz der Spenden in Erscheinung tretenden Stiftungsrates und zudem durch die vorsorgliche Bildung eines Patronatskomitees geleistet worden. Dieses umfaßte 108 angesehene Persönlichkeiten aus Politik, Kultur und Wirtschaft, darunter mehrere im Amt befindliche oder ehemalige Angehörige der eidgenössischen Regierung, deren Namen für die nationale Bedeutung der zu lösenden Aufgabe bürgten.

Bei ihrer B e u r t e i l u n g der Lage hatte sich die Agentur als erstes mit der spezifischen Problematik des Auftrags zu beschäftigen. Diese lag namentlich in folgendem: Das Schweizer Volk wird sehr häufig um Spenden, vor allem solche humanitären Charakters, angegangen. Der Zweck, dem die Spende in diesem Fall galt, war vergleichsweise abstrakt, Verständnis dafür setzte offensichtlich ein Minimum an historischer Kenntnis sowie kultureller Aufgeschlossenheit voraus. Die föderative Tradition und Struktur des schweizerischen Staates und die damit zusammenhängende Verwurzelung des Bürgers in seiner „engeren Heimat", der Gemeinde und dem Kanton, wirken sich besonders auf kulturellem Gebiet in der Förderung zunächst der Anliegen des engeren Lebensbereiches aus. Da sich auf diesem Gebiet der Denkmalpflege im weitesten Sinn in allen Kantonen mannigfaltige Aufgaben stellen, mußte damit gerechnet werden, daß die Erhaltung der Überreste Aventicums a priori als Sache des betreffenden Kantons und seiner Bewohner angesehen würde. Eine weitere Voraussetzung, mit der man sich abzufinden hatte, lag darin, daß für den Augenblick jedenfalls keine weiteren Beiträge von seiten der Eidgenossenschaft oder des Kantons Waadt erwartet werden konnten. Schließlich mußte man sich Rechenschaft darüber geben, daß verschiedene wirksame Methoden, wie Briefmarken- oder öffentlicher Verkauf von Schokoladetalern, die bei Sammlungen angewendet wurden, aus verschiedenen Gründen nicht in Frage kommen konnten.

Diese Überlegungen führten zu einer ersten Entscheidung, welche die anzugehenden P u b l i k a betraf: Es wurde zwischen der gesamten Öffentlichkeit einerseits und der Kategorie der potentiellen leistungsfähigen Gönner unterschieden. Aus den oben dargelegten Gründen sowie mit Rücksicht auf das zu erwartende Verhältnis zwischen Aufwand und Wirkung drängte sich überdies eine weitere Differenzierung bei der gesamten Öffentlichkeit auf. Sollte diese direkt zur Leistung eines Beitrages, beispielsweise mittels eines Einzahlungsprospektes, eingeladen werden, so war bei einer Zahl von 1,75 Mill. zu beliefernder Haushaltungen mit Kosten zu rechnen, die der Ertrag

Public-Relations-Aktionen

angesichts des nüchternen Zwecks der Sammlung wahrscheinlich nicht gerechtfertigt hätte. Daher beschränkte man sich auf die direkte Ansprache der Personen mit einem größeren Einkommen und außerdem der gesamten Lehrerschaft.

Bei den potentiellen leistungsfähigen Gönnern handelte es sich um 2000 Unternehmen (diejenigen mit mehr als 100 Beschäftigten), um kulturellen Zwecken gewidmete Fonds, die schweizerischen Kantone (außer dem bereits verpflichteten Kanton Waadt) sowie alle Gemeinden mit mehr als 5000 Einwohnern. Bei der Bestimmung der zu berücksichtigenden Einkommenskategorien mußte auf die Einteilung in den vorhandenen Karteien abgestellt werden. Es erwies sich als zweckmäßig, die „reichen" und die „wohlhabenden" Personen zu wählen, mit der Lehrerschaft insgesamt 170 000 Personen.

Die nächste Frage war die nach der Art, dem Umfang und der Intensität der den verschiedenen Publikumsgruppen zu vermittelnden Informationen. Grundsätzlich konnte davon ausgegangen werden, daß — hauptsächlich bei den leistungsfähigen Geldgebern, auf welchen das Schwergewicht liegen sollte — auf gewissen Vorkenntnissen aufgebaut werden könnte. Daß Aventicum einstmals die Hauptstadt des römischen Helvetien gewesen war, war keine Neuentdeckung, sondern wohl überall im Geschichtsunterricht gelehrt worden. Das seit längerem bestehende, die wesentlichen Funde beherbergende römische Museum von Avenches war vielen, jedenfalls den gebildeteren Schweizern bekannt. Wer durch das malerische Städtchen, durch welches eine wichtige Verkehrsader führt, fährt, wird unvermeidlich mit den vielerorts sichtbaren Zeugen römischer Vergangenheit konfrontiert.

Andererseits war die archäologische Bedeutung des Bodens um Avenches nicht genauer bekannt. Noch viel weniger waren es die drohende Überbauung und die Tatsache, daß nur Bruchteile des bedeutsamen Areals untersucht worden waren. Und vor allem war unbekannt, daß ein Programm für die „Rettung der Überreste der ersten Hauptstadt der Schweiz" vorlag, was seine Verwirklichung kosten würde und wie diese Mittel aufgebracht würden.

Die PR-Agentur entschloß sich unter diesen Umständen, in drei Phasen vorzugehen: In einer ersten sollte auf die Frage „Was war Aventicum?" Antwort gegeben werden, der damalige Stand der Erforschung erklärt und auf die finanziellen Probleme hingewiesen werden. In einer zweiten Phase würde der Nachdruck auf die Gefahren, denen die Ruinen Aventicums ausgesetzt waren, und auf die finanziellen Probleme gelegt. In einer dritten endlich erging der Appell zur Spende.

Die Wahl der Mittel, die die Information der Publika und die Sammlung als solche ermöglichen sollten, richtete sich naturgemäß nach den besonderen Merkmalen der Publika, nach der ihnen bei der Aufbringung der erforderlichen Summe zugedachten Rolle und, wie schon oben angedeutet, nach den für die Durchführung dieser Aktion verfügbaren finanziellen Mitteln, die, gemessen am Ziel, bescheiden waren. Die allgemeine Information aller Publika sollte mittels der Presse, des Rundfunks und Fernsehens sichergestellt werden. Dem nämlichen Zweck sollten Vorträge und Führungen in Avenches selbst dienen. Presse, Rundfunk und Fernsehen sollten zunächst für diese Sache gewonnen werden, sodann regelmäßig mit Material versehen und an zwei Pressekonferenzen eingehender unterrichtet werden. Die Belieferung der Presse mit Beiträgen, sei es von Persönlichkeiten des Stiftungsrates, sei es von der PR-Agentur selbst, versprach bei der besonderen Struktur des schweizerischen Pressewesens Erfolg. Die Presse war auch bei dem vorliegenden Thema und der ausgeprägten Pressefreundlichkeit des schweizerischen Publikums das wirksamste Informationsmittel. Die potentiellen leistungsfähigen Geldgeber sollten direkt angegangen werden. Neben dem persönlichen Kontakt mit diesen Spendern, der in erster Linie über die Angehörigen des Patronatskomitees gesucht würde (dessen Mitglieder waren vielfach gleichzeitig die Verantwortlichen der anzugehenden Unternehmen und Behörden), sollte diesen eine umfassende und formal gediegene Information vermittelt werden. Das letztere war um so wichtiger, als diese Kreise ständig eine große Zahl solcher Gesuche empfangen. Als das zweckmäßigste Mittel erschien der individuelle Brief, der die Unterschrift der Präsidenten des Patronatskomitees und des Stiftungsrates trüge, begleitet von einer eleganten gediegen illustrierten, im Stil anspruchsvollen Druckschrift. Die gleiche Aufgabe sollte bei den „reichen" und „wohlhabenden" Personen sowie bei der Lehrerschaft ein ebenfalls illustrierter Einzahlungsprospekt erfüllen. Die übrige Öffentlichkeit sollte durch Aufrufe in den Massenmedien, welche die Zahlungen in Empfang nehmende Stelle erwähnen würden, zur Leistung eines Beitrags bewogen werden.

Auf Grund dieser Überlegungen gelangte die PR-Agentur zu folgender A b s i c h t : Sie wollte das Schweizer Volk mit dem Problem Aventicum vertraut machen und die Aufmerksamkeit der einflußreichen Kreise auf die Bedeutung der Erhaltung dieser Stätte lenken, das Volk von der Notwendigkeit der Rettung Aventicums überzeugen, in ihm die Bereitschaft wecken, seinen Beitrag an die Lösung dieser nationalen Aufgabe zu leisten und auf diese Weise das Hauptziel, die Beschaffung von 1,4 Mill. Schweizer Franken, erreichen. Zu diesem Zweck entschloß sie sich, während 12 Monaten eine intensive Informationskampagne mit Hilfe der Massenmedien und unterstützt durch einflußreiche Persönlichkeiten durchzuführen und aufbauend auf dieser Kampagne verschiedene Kategorien potentieller Spender sowie das Volk insgesamt durch verschiedene Aktionen zur Spende aufzurufen. Die potentiellen leistungsfähigen Gönner wollte sie erstmals nach Ablauf von 6 Monaten, sodann erneut nach 9 Monaten direkt angehen.

Die A u s f ü h r u n g ging nach einem Detailplan vor sich. Zwei Monate nach Beginn der sich zunächst auf die Information beschränkenden Tätigkeit der PR-Agentur gelangte die Stiftung an die Redaktionen der wichtigsten Medien sowie kultureller Organisationen, um sie um die Unterstützung ihrer Bestrebungen zu bitten. Dieser Demarche war Erfolg beschieden. Schon zu Anfang der Informationstätigkeit zeichnete sich ein gutes Ergebnis ab. Dieses trat dann auch ein, wurden doch mit 18 von der PR-Agentur verschickten Aufsätzen, Bildberichten und Meldungen, mit zwei Pressekonferenzen und direkter Unterrichtung von Redaktionen innerhalb eines Jahres 641 Abdrucke in der Presse erzielt, dazu kamen 6 Fernsehsendungen und Radiomeldungen. Das in der Zahl vermittelter Informationsbotschaften ausgedrückte technische Informationsziel wurde weit übertroffen. War die Planung davon ausgegangen, daß im Durchschnitt 6 Botschaften jede der 1,75 Mill. schweizerischen Haushaltungen im Verlauf dieser Zeitspanne erreichen mußten, also eine Auflage von 10,5 Mill. Informationsbotschaften erforderlich sein würde, damit das Anliegen der Stiftung einigermaßen bekannt werde, so wurden schließlich mit der obengenannten Zahl von Abdrucken 22 Mill. erschienener oder ausgestrahlter Botschaften erzielt. Hinter den Erwartungen zurück blieben indessen die Spenden. Wohl bekundeten viele potentielle leistungsfähige Gönner (2000 Adressen) Sympathie und Interesse, doch reagierte nur ein Fünftel mit einem Beitrag. Die bedeutendsten Spenden stammten von Kantonen und reichen Gemeinden. Auf diesem Weg konnten Fr. 500 000 gesammelt werden.

Hatte die erste Pressekonferenz in erster Linie der Vorbereitung der Sammlung bei den potentiellen leistungsfähigen Gönnern zu dienen, so war der zweiten die Aufgabe zugedacht, dem Aufruf zur Spende die größtmögliche Verbreitung zu sichern. Den

Public-Relations-Aktionen 1071

Media wurde bei dieser Gelegenheit ein Aufruf des schweizerischen Bundespräsidenten zugunsten Aventicums zur Verfügung gestellt. Unmittelbar anschließend ging den oben erwähnten 170 000 Personen ein Einzahlungsprospekt zu. Das Ergebnis dieser Maßnahme bestätigte die Richtigkeit der Annahme, nach der der Hauptbeitrag von Unternehmen und staatlichen Stellen zu erwarten sei. Auf den Versand des Einzahlungsprospektes und die Aufrufe in der Öffentlichkeit gingen über eine längere Periode Fr. 200 000 ein.

Aus den publizitätsmäßigen und aus den finanziellen Ergebnissen konnte die PR-Agentur eine Reihe von S c h l u ß f o l g e r u n g e n ziehen: Erstens hatte sich bewahrheitet, daß Verständnis gegenüber dem Anliegen der Stiftung ein gewisses Interesse und eine gewisse Bildung zur Voraussetzung hatte. Interesse vermochte man offensichtlich bei den Media, aber auch bei einem großen Teil des Publikums zu wecken. Die Zahl der Personen (ohne die juristischen Personen), die gespendet hatten, legte vom Erfolg der Informationsarbeit Zeugnis ab. Sie zeigte auch, daß das gewählte Vorgehen richtig gewesen war, indem zuerst während einiger Monate informiert und erst danach zur Spende aufgerufen wurde. Dagegen war es nicht gelungen, innerhalb der Frist, die sich die PR-Agentur gesetzt hatte, die benötigte Summe zu erhalten. Dies war wohl vor allem darauf zurückzuführen, daß trotz lebhafter Unterstützung durch die Media das Auslösen einer emotionalen Welle patriotischen Charakters nicht geglückt war. Das wiederum dürfte vornehmlich mit dem Zweck der Sammlung, „die Freilegung und Erhaltung von Ruinen", zusammengehangen haben. Es war bei dieser Sachlage nicht möglich, wie bei anderen, namentlich humanitären Zwecken, an das Herz und die menschliche Hilfsbereitschaft oder auch deren Kehrseite, das schlechte Gewissen im Wohlstand, zu appellieren.

Die Stiftung betrachtete die gesammelte Summe als einstweilen ausreichend und verzichtete nach Abschluß des 12-Monate-Programms fürs erste auf neue Aktionen.

II. Unternehmer-Public-Relations

1. Public Relations zugunsten einer Bank

Seit einiger Zeit war in der Schweiz ein allgemeiner Rückgang der Spartätigkeit zu verzeichnen. Zu dieser Tendenz gesellte sich die Tatsache, daß die Schweizer Großbanken bezüglich der Spareinlagen und Depositenhefte hinter die Kantonal- und Lokalbanken zurückfielen.

Eine Großbank erteilte der PR-Agentur den A u f t r a g , mit ihren Mitteln eine Vermehrung der Fremdgelder der Bank in allen Sparten herbeiführen zu helfen.

Um die tiefere P r o b l e m a t i k des Rückgangs der allgemeinen Spartätigkeit erfassen und damit ein langfristiges Public-Relations-Programm festlegen zu können, führte die PR-Agentur als erstes eine M a r k t u n t e r s u c h u n g durch. Mit dieser Studie sollten die psychologischen Aspekte des Sparens überhaupt sowie das Verhältnis des Schweizers zu den Banken abgeklärt und dabei unter anderem folgende Fragen beantwortet werden: Aus welchen Gründen wird im allgemeinen gespart? Welche realen und emotionellen Faktoren beeinflussen die Einstellung verschiedener Kundenkategorien gegenüber den Banken? Nach welchen Gesichtspunkten beurteilen die verschiedenen Kundenkategorien Großbanken, Kantonalbanken (Banken der Länder), Lokalbanken usw.? Wie sieht das Leitbild der betreffenden Bank aus?

Die Ergebnisse der Marktuntersuchung — es wurde mit Tiefeninterviews und Projektions- und Assoziationstests gearbeitet — waren hinsichtlich der grundsätzlichen Fragen befriedigend: Der Schweizer hat offenbar das Bedürfnis, seine finanziellen Verhältnisse zu verschleiern. Die Verwendung des Geldes wird von realen und emotionellen Bedürfnissen bestimmt. Die Notwendigkeit der Kontaktnahme und die damit verbundenen Schwierigkeiten sowie negative Erfahrungen erzeugen eine Abneigung gegen den Gang zur Bank. Nichtsparer könnten durch ein „attraktiveres" Sparen zu einer Änderung ihres Verhaltens veranlaßt werden. Immer noch wird relativ viel Geld zu Hause gehortet. Das ermittelte Leitbild der betreffenden Bank, das in den wichtigsten Punkten mit denen der anderen Großbanken übereinstimmte, war für die Bestimmung der Absicht hinsichtlich der Public-Relations-Maßnahmen von entscheidender Bedeutung: Es lautete dahin, die Bank sei absolut sicher, seriös, traditionsbewußt, diskret, kompetent, reserviert, altmodisch, unnahbar, am „kleinen" Sparer nicht interessiert. Eine weitere wichtige Erkenntnis, die sich bei der Befragung herauskristallisierte, war die, daß verschiedene Publikumskreise — einschließlich der Akademiker — über die Banken sehr unvollständig informiert waren.

Nach dem Studium der Unterlagen und Besprechungen mit dem Auftraggeber gelangte die PR-Agentur betreffend P u b l i k a zu folgendem Konzept: Für den Fremdgeldersektor der Bank müßten vermehrt oder neu gewonnen werden: bisherige Kunden der Bank, natürliche und juristische Personen, die bisher bei keiner Bank Fremdgelderkunden waren, Jugendliche, die später als Kunden in Betracht kommen, Fremdgelderkunden anderer Banken. Dabei wurde differenziert nach Hauptpublika, Spezialpublika und übrige Publika. Auf Grund der vorstehenden Überlegungen gelangte die PR-Agentur zu folgender A b s i c h t : Es handelte sich darum, die zur Lösung der gestellten Aufgabe erheblichen Publika mit einer ihrer jeweiligen Wichtigkeit entsprechenden Intensität fortlaufend und systematisch über die Dienstleistungen der Bank auf dem Sparsektor so zu orientieren, daß sie deren Vorteile zur Kenntnis nehmen und sich entschließen, diese Dienstleistungen in Anspruch zu nehmen oder Dritten anraten, dies zu tun. Zu diesem Zweck würden das gemäß Meinungsforschung bestehende positive Leitbild der Bank vertieft, die negativen Aspekte korrigiert und neue Elemente hinzugefügt. Diese neue geistige Haltung der Bank, das heißt die Bemühungen der kompetenten Vertreter der Bank um das Publikum, würden durch Public-Relations-Maßnahmen unterstrichen, wie die Bank auch alle allgemein auf das Sparen ausgerichtete Informationstätigkeit Dritter unterstützen sollte.

Zur Verwirklichung der Zielsetzung sah die PR-Agentur eine Reihe von Maßnahmen im Sinn der Sympathiewerbung vor, von denen eine Wirkung auf lange Sicht erwartet wurde. Die Agentur war sich schon vor Beginn der Tätigkeit über eine Schwierigkeit im klaren: Die allgemeine Aufgabe war die, mittels einer vorurteilslosen und offenen Informationspolitik zu zeigen, daß die betreffende Bank bereit war, die Informationslücke bei den Banken in bezug auf das eigene Haus zu schließen und sich darüber hinaus gewisser speziell interessanter Informationsprobleme anzunehmen. Dieser Absicht lief indessen die von allen Schweizer Banken hochgehaltene Diskretion diametral zuwider, die durch das Bankengesetz vorgeschrieben ist (Bankgeheimnis). Einerseits also Information, auf der anderen Seite Diskretion. Beinahe während eines ganzen Aktionsjahres führte dieser Gegensatz denn auch zu Meinungsverschiedenheiten zwischen Auftraggeber und PR-Agentur. In Kenntnis dieses Problems sah die Agentur, die die Publizität in allen ihren Formen als wirksamstes Mittel betrachtete, spezielle Public-Relations-Maßnahmen vor, die Anlaß zu einer größeren Publizität bieten könnten.

L e i t b i l d und I n h a l t der Information wurden von der Agentur folgendermaßen konzipiert: Die Bank besteht aus Menschen, die mit dem Publikum in Kontakt treten

Public-Relations-Aktionen 1073

wollen, sie orientiert „persönlich" über die Tätigkeit, informiert so, daß jeder für seine Verhältnisse die Summe ihrer Organisation und Erfahrungen optimal ausnützen kann, ist an j e d e m Kunden, ungeachtet der Größe des Geschäfts, interessiert, offeriert für jedes Budget Spar- und Anlagemöglichkeiten nach Maß, erledigt alle Bankgeschäfte, verfügt über qualifizierte Mitarbeiter, reiche Erfahrung, einen ausgezeichneten Namen im In- und Ausland, erstklassige Verbindungen zu allen Märkten der Erde, bietet deshalb kompetente Beratung in allen Fragen und absolute Sicherheit, genießt einen Ruf, der auch für ihre Kunden einen Prestigefaktor darstellt. – Diese Grundinformation sollte in jeder Teilinformation mit den wesentlichen Elementen enthalten sein, wobei je nach Publikumsgruppe einzelne Punkte besonders betont und ein entsprechendes konkretes Angebot an Spar- und Anlagemöglichkeiten gemacht würden.

Bei der A u s f ü h r u n g des Programms galt, daß PR-Maßnahmen, welche die Bank selbst und mit Erfolg durchführte, von der PR-Agentur jeweils publizistisch ausgewertet wurden. Es handelte sich um die periodische Herausgabe von Wirtschaftsnachrichten, um Vorträge von führenden Mitarbeitern der Bank, um Eröffnungen und Einweihungen von neuen Niederlassungen, Schenkungen und auch interne PR, wie Personalfeste, Sportveranstaltungen usw. Die Agentur schlug dem Auftraggeber eine Reihe weiterer Maßnahmen vor, von denen zwei durchgeführt wurden: In der deutschsprachigen wie französischsprachigen Schweiz wurde je ein Seminar dem Thema „Jugend und Sparen" gewidmet. An diesen Anlässen, denen als Diskussionsgrundlage ein von der PR-Agentur geschaffener Film, in dem das Verhältnis der Jugend zum Geld dargestellt wurde, sowie eine auf Tonband aufgenommene Diskussion zwischen Jugendlichen über das Thema „Sparen" vorangestellt wurden, äußerten sich namhafte Psychologen, Soziologen, Pädagogen, Seelsorger und Persönlichkeiten aus der Wirtschaft. Nicht nur bekundeten die Seminarteilnehmer großes Interesse: Die Presse beschäftigte sich während fast eines Jahres mit den beiden Anlässen. Später veranstaltete die PR-Agentur einen Fotowettbewerb für Jugendliche, bei dem es darum ging, die Themen „Geld" und „Sparen" auf möglichst prägnante Weise fotografisch darzustellen. Auch dieser Anlaß bot der PR-Agentur Gelegenheit, eine rege publizistische Tätigkeit zu entfalten: Reportagen, illustrierte Berichte und Aufsätze hatten diesen Wettbewerb zum Inhalt. Zudem wurden einige sehr gute Aufnahmen in einer Anzahl Niederlassungen der Bank ausgestellt.

Nach Ablauf von zwei Jahren war es nicht möglich, sich ein abschließendes Urteil über den Erfolg zu bilden. Wohl bestand Grund zur Annahme, daß die Fremdgelder der Bank zugenommen haben, doch fiel es sehr schwer, die einzelnen Faktoren zu bestimmen, auf die diese Einlagen-Steigerung zurückzuführen war. Allgemein konnte die PR-Agentur nach Ablauf dieser Frist die ihr gesteckten Ziele als erreicht betrachten.

2. Public Relations bei der Übersiedlung eines Unternehmens von der Stadt aufs Land

Eine internationale Gesellschaft wandte sich an die PR-Agentur im Hinblick auf die Lösung der Probleme, die sich aus ihrer Übersiedlung von der Stadt auf das Land ergaben. Sie plante, für die in der Stadt örtlich verzweigten Geschäftsstellen ein für alle Dienste bestimmtes Gebäude zu bauen, welches zwei Jahre später bezogen werden könnte.

Die Verlegung des Geschäftssitzes außerhalb der Stadt würfe besonders für die Erhaltung und Rekrutierung des Mitarbeiterstabes eine Reihe von Problemen auf. Wegen der Entfernung vom Stadtzentrum bestände praktisch keine Möglichkeit zur Erledigung privater Angelegenheiten während der Bürozeit oder über die Mittagszeit. Der Anfahrtsweg würde für die meisten Mitarbeiter länger und kostspieliger. Die Mittagsmahlzeiten müßten vom weitaus größten Teil der Mitarbeiter im Restaurant des eigenen Betriebs eingenommen werden.

Der **Auftraggeber** war ein großes internationales Marktforschungsunternehmen, das in der Schweiz 250 Personen beschäftigte. Die Firma erteilte der PR-Agentur den **Auftrag**, das eingereichte Programm durchzuführen, welches sich vorläufig über eineinhalb Jahre erstreckte, infolge von Verzögerungen in der Fertigstellung des Baues jedoch später verlängert werden mußte.

Bei der **Beurteilung der Lage** ging die PR-Agentur von folgenden Gesichtspunkten aus: Durch die Mittel der Public Relations, welche in diesem Fall vor allem geschäftsinterner Natur waren, sollte ein positives Klima für die Gesellschaft selbst und deren Übersiedlung geschaffen werden. Bei den gegenwärtigen Angestellten und ihren Familien sollte Verständnis gegenüber dem Betrieb geweckt und die Treue zum Betrieb gefestigt werden, indem man sie am Werden des Hauses durch fortlaufende Unterrichtung teilnehmen ließe, ihnen die Vorteile des neuen Hauses zeigte und sie auch über Struktur und Wachstum der Firma auf dem laufenden hielte. Darüber hinaus sollte vor allem durch publizistische Maßnahmen darauf hingearbeitet werden, daß das Unternehmen stärker ins Bewußtsein der städtischen wie ländlichen Bevölkerung eindringen könnte und zum Begriff eines modernen, pionierhaften Unternehmens würde. Besonderer Pflege bedurften die Beziehungen zur neuen Gemeinde auf dem Land.

Im Vordergrund standen folgende **Publika**: die Beschäftigten des Hauses und deren Angehörige; die Schlüsselpersonen in Presse, Politik und Kirche des Einzugsgebietes der Firma.

Die **Mittel**, welcher man sich im vorliegenden Fall bedienen wollte, konnten in zwei Gruppen, interne und externe Maßnahmen, aufgegliedert werden. Unter „internen Maßnahmen" verstand man eine Hauszeitung, welche in möglichst regelmäßigen Abständen an die Angestellten gelangen sollte. Sie sollte sich vorwiegend mit den verschiedenen Bauetappen und dem Innenausbau des Hauses beschäftigen, ferner regelmäßig Meldungen des Betriebs enthalten. Das Personal sollte durch Prämien und Verlosungen auch zur persönlichen Mitarbeit aufgemuntert werden.

Die redaktionellen Themen würden für jedes einzelne Bulletin neu festgelegt, so daß man beweglich bleiben und sich der aktuellen Situation anpassen könnte. Das Bulletin sollte den Angestellten durch die Post an die Heimadressen geschickt werden, damit die Familien mit in das Geschehen einbezogen würden.

Zusätzlich würden auf einem Anschlagbrett laufend Informationen über das Haus, Separatabzüge von PR-Inseraten usw. figurieren. Schon frühzeitig sollten sich die Mitarbeiter ein konkretes Bild von ihrem zukünftigen Arbeitsort machen können. Deshalb würden sie zu Festlichkeiten wie Grundsteinlegung, Aufrichte und selbstverständlich zur Einweihung eingeladen.

Die „externen Maßnahmen" bezogen sich hauptsächlich auf die lokale Presse, die über den Bau und über das Unternehmen orientiert werden sollte. Bis zur Fertigstellung des neuen Hauses waren kleine Presseanlässe und Mitteilungen informativer Art vorgesehen. Zur Einweihung würden alle maßgebenden Tageszeitungen, Wirtschaftszeitungen und selbstverständlich die Lokalpresse eingeladen.

Zwischen den verschiedenen öffentlichen Anlässen sollten jeweils ganzseitige PR-Inserate in die drei bedeutendsten Tageszeitungen der Stadt eingerückt werden und generelle Informationen über die Firma und über den Neubau vermitteln sowie der Personalwerbung dienen.

Die PR-Agentur erachtete es als sehr wesentlich, auch Goodwill bei den Behörden und der Öffentlichkeit zu schaffen. Das Z i e l der PR-Arbeiten war es, sowohl das Interesse als auch den Goodwill der Beschäftigten, der Presse, der Öffentlichkeit und der Behörden für die Firma und das neue Haus und die damit zusammenhängenden Veränderungen zu erwecken, was bis zum Zeitpunkt der Einweihung geschehen mußte.

Die A u s f ü h r u n g des Programms gestaltete sich im wesentlichen entsprechend der Planung der PR-Agentur. Als erstes erschien das geplante Bulletin „Unser Haus", zuerst alle zwei Monate, später in immer rascherer Folge, je näher die Hauseinweihung rückte. Dazwischen wurden in den drei großen lokalen Tageszeitungen PR-Inserate gestreut. Die letzte große PR-Inseratenkampagne erübrigte sich, da sich, dank den internen Orientierungsmaßnahmen, keine Personalprobleme eingestellt hatten.

Nach eineinhalb Jahren konnte das Haus bezogen werden, und im darauffolgenden September fanden die Einweihungsfeierlichkeiten statt, die fünf Tage dauerten. Sie wurden vom Unternehmer und von der PR-Agentur durchgeführt. Der erste Tag galt den Behörden und der Presse, der zweite und dritte Tag den Kunden, Direktoren und hohen Angestellten der eigenen Unternehmungen aus aller Welt, der vierte Tag den Werbeberatern und am fünften Tag fand ein Open House Day für die Angestellten, deren Angehörige und Freunde statt. Mit dem Bezug und der Einweihung des neuen Hauses war die Public-Relations-Aufgabe beendet.

Rückblickend zeigte sich, daß die ins Leben gerufene Hauszeitung sehr wirksam gewesen war. Die befürchtete Abwanderung des Personals trat nicht ein. Es konnte eine bessere Kommunikation nicht nur unter den Beschäftigten, sondern auch zwischen Arbeitgeber und Arbeitnehmern festgestellt werden, die sich einerseits auf die Hauszeitung, andererseits auf das neue Haus zurückführen ließ.

III. Produkt-Publizität

1. Public Relations und Mode

Die PR-Agentur sah sich vor ein doppeltes P r o b l e m gestellt: Einerseits war auf dem schweizerischen Markt eine Marke auf breiter Basis einzuführen, die in den USA bereits seit Jahrzehnten zu einem Begriff für modisch funktionell und qualitativ hochstehende Freizeitbekleidung geworden war und zur Zeit der Aufgabenstellung in der Schweiz erst in ganz kleinem Umfang verkauft wurde. Andererseits handelte es sich darum, das neu entstandene Schweizer Unternehmen, eine Verkaufsorganisation, die teilweise das Markenprodukt importierte und teilweise in Lizenz produzierte, auf dem bereits durch harten Konkurrenzkampf gezeichneten Markt der Textil- und Bekleidungsindustrie einzuführen. Im Hinblick auf diese Aufgaben war von folgenden Gegebenheiten, die den Bekleidungssektor kennzeichnen, auszugehen: Vergrößerung der Wirtschaftsräume, zunehmende Freizeit, stärkeres Modebewußtsein und damit auch das Bedürfnis nach ungezwungener, modischer und sportgerechter Freizeitbekleidung auf dem gesamten Bereich der Freizeitmode.

Der A u f t r a g g e b e r war ein in der Schweiz bereits gut bekanntes größeres Unternehmen der Herrenbekleidungs- und Wäscheindustrie, dem die neue Verkaufsorganisation als Zweigfirma, aber unter neuer Firmenbezeichnung, angeschlossen werden sollte, nachdem deren Entstehung jahrelanges Planen, Abwägen und Experimentieren vorausgegangen war.

Der definitive A u f t r a g an die Agentur lautete dahin, daß einerseits Marke und neugegründetes Unternehmen im Frühjahr bei den maßgebenden Detaillisten (Wiederverkäufern) zusammen mit der neuen Produktlinie vorgestellt und eingeführt werden müßten und andererseits auf den Herbst hin die potentiellen Käuferschichten über die neue Kollektion der Freizeitbekleidung orientiert sein sollten.

Bei der B e u r t e i l u n g der Lage ging die Agentur von folgenden Tatsachen aus: Das Produkt bzw. die Kollektion der Markenartikel zeichnete sich gegenüber anderen ähnlichen Produkten durch besondere Merkmale aus, die positiv ausgewertet werden konnten. Die Modelle der Kollektion standen modisch und funktionell sowie auch in bezug auf die Breite des Angebots über dem Durchschnitt und durchbrachen den konventionellen Rahmen. Sie folgten einer einheitlichen Linie und wurden einer weltweiten (internationalen) Modeinformation gerecht. Auf der anderen Seite schaffen vermehrte Freizeit (Fünftagewoche), unabhängigere Freizeitgestaltung usw. einen großen Bedarf an typischen Produkten für die Freizeit. Der Wunsch nach modischer, sportgerechter und bequemer Freizeitbekleidung wächst überall. Das Problem war insofern unter günstigen Voraussetzungen zu lösen. Der Bedarf für die neu einzuführenden Markenartikel war vorhanden, es galt nun, dieses latente Bedürfnis auf das Angebot hinzulenken.

Als P u b l i k a kamen die folgenden drei Gruppen in Frage: Detaillisten (Wiederverkäufer), Schlüsselpersonen (Fach- und Modepresse) und potentielle Käufer. Das Endziel bestand darin, die Freizeitbekleidung als „gehobenen Massenartikel" zu verkaufen.

Als M i t t e l , um die Fachleute des Handels, bzw. Detaillisten zu orientieren, sollten folgende Media eingesetzt werden: Fachzeitschriften und -zeitungen der Textil- und Bekleidungsindustrie, Wirtschaftspresse, Textil- und Bekleidungsausstellungen, Messen. Die potentiellen Käufer sollten durch modisch orientierte Zeitschriften, Sportpresse und Tageszeitungen mit Modebeilagen angesprochen werden. Für die Planung und Durchführung der Einführungsaktion standen der Agentur rund vier Monate zur Verfügung; es war aber von vornherein festgelegt worden, daß die Publizitätsarbeit auch nach der Einführungsphase fortgesetzt würde.

Aufgrund der Lage, wie sie sich im Januar der PR-Agentur darbot, wurden die Z i e l e so g e s e t z t , daß zunächst im April die neue Kollektion der kommenden Wintersaison und das neugegründete Unternehmen einer breiten Schicht von Detaillisten aus der ganzen Schweiz direkt vorgestellt werden sollten, um Sympathie und Begeisterung und damit die Bereitschaft zu wecken, die Markenprodukte als Wiederverkäufer ins Verkaufssortiment aufzunehmen. Gleichzeitig handelte es sich darum, der Fach- und Wirtschaftspresse genügend Informationen zu vermitteln, damit sie die Detaillisten laufend zu orientieren und die neue Marke und Firma immer wieder in Erinnerung zu rufen vermöchte. Endlich mußten als weiterer Schritt bereits im Sommerhalbjahr die potentiellen Käufer über die Verfügbarkeit der neuen Freizeitbekleidung vom Herbst an orientiert werden. Das sollte durch ansprechende Veröffentlichungen von fotografierten und gezeichneten Modellen sowie durch Kollektionsbesprechungen und Hinweise geschehen.

Im Rahmen der A u s f ü h r u n g kam es zunächst zu einer Modeschau im April, zu der ca. 300 Detaillisten und Vertreter der Fachpresse eingeladen wurden. Die gesamte

Public-Relations-Aktionen

nächste Winterkollektion wurde dem Publikum vorgeführt und über Produkte und neugegründete Firma eingehend orientiert. Die Dokumentationsmappe, die anläßlich der Modeschau den Teilnehmern überreicht wurde, enthielt Zeichnungen von Modellen, Kollektionsbesprechung, Referattexte, die vor allem die Organisation und Zielsetzung der neugegründeten Firma sowie die Entwicklung der Markenprodukte zum Thema hatten.

Die Detaillisten erhielten zudem einen Inserate-Erscheinungsplan und eine Liste der für den Detailhandel einsetzbaren Werbemittel, die es ermöglichten, die Detaillistenwerbung auf die nationale Werbung für die neue Marke abzustimmen.

Im Anschluß an die Modeschau erhielten auch Modezeitschriften und Tagespresse Bild- und Textmaterial und redaktionelle Beiträge, die auf die neue Kollektion hinwiesen, die im Herbst auf den Markt kommen würden.

Unterstützt durch eine intensive Pressetätigkeit und Werbung gelang es bereits innerhalb des ersten Jahres, die neue Freizeitbekleidung und die Marke bei Detaillisten und beim Publikum auf relativ breiter Basis einzuführen. Die Agentur beurteilte die getroffenen Maßnahmen als richtig und sinnvoll. Das gesetzte Ziel wurde erreicht und bildete eine gute Basis für weitere Arbeit. Im Anschluß an die Einführung wurde in den darauffolgenden Jahren die Sympathie für die Marke und den Hersteller der Freizeitbekleidung weiter gefestigt. Es handelte sich dabei vor allem um Produktpublizität, d. h. darum, das Publikum (potentielle Käufer) durch Veröffentlichungen von Text und Bild über die Kollektionen und deren Neuheiten zu informieren. Großes Gewicht wurde auf Veröffentlichungen im Zusammenhang mit den Themen: Sport, Freizeit, Auto, usw. gelegt

Ganz allgemein gesehen ergeben sich bei der Produktpublizität für ein modeorientiertes Produkt zwei Schwerpunkte pro Jahr, jeweils beim Erscheinen der neuen Kollektion im Frühjahr und Herbst. Es ist bei der Public-Relations-Tätigkeit speziell darauf zu achten, daß Fachzeitschriften, Modezeitschriften und Tageszeitungen mit Modebeilagen gestaffelt und zum richtigen Zeitpunkt mit Bild- und Textmaterial beliefert werden.

In der Folge hatte die PR-Agentur zusätzlich zur Weiterführung der Produktpublizität in der Schweiz die Aufgabe, die Einführung der neuen Marke und Freizeitbekleidung auch auf anderen europäischen Märkten zu unterstützen.

Die Maßnahmen in Deutschland entsprachen etwa den schweizerischen, jedoch konnte bei der Auswahl der Mittel vermehrt differenziert werden. In Deutschland liegen eine Reihe spezifischer Herrenmodezeitschriften und ein viel größeres Angebot an großauflagigen Familien- und Modezeitschriften bzw. Illustrierten vor. Zudem war es möglich, die Freizeitmodelle verschiedene Male im Fernsehen zu zeigen, Fernseh- und Sportstars mit Freizeitmodellen einzukleiden und auf diese Weise die Marke bei einer breiten Schicht des Publikums bekannt zu machen.

In den Ländern Belgien, Holland, Frankreich und Italien wurden ebenfalls neue Unternehmen bzw. Verkaufsorganisationen gegründet, die gleichzeitig mit der Marke auf den Märkten eingeführt wurden. In all diesen Märkten übernahm es die Agentur, in Zusammenarbeit mit ihren eigenen Auslandsagenturen (in Italien, Belgien und Holland) und befreundeten Agenturen (in Frankreich), die Einführungsaktion zu unterstützen, wobei sich die Produktpublizität und die Firmeninformationen hauptsächlich auf Fach- und Modepresse beschränkten.

In Frankreich wurde über die Produktpublizität hinaus im Zusammenhang mit der Eröffnung eines neuen Verkaufsbüros in Paris eine Modeschau, ähnlich derjenigen in der Schweiz, veranstaltet, zu der sowohl Wiederverkäufer als auch Vertreter der Fach- und Modepresse eingeladen wurden.

Zur internationalen Tätigkeit kann folgendes bemerkt werden: Es erwies sich als wichtig, einerseits die Tätigkeit in jedem einzelnen Markt den gegebenen Verhältnissen anzupassen (z. B. Auswahl der Media, Präsentation der Presseunterlagen, Verkehr mit Redaktionen), und andererseits in bezug auf Aufgabe und Zielsetzung zu koordinieren. Dem Auftraggeber gegenüber mußte eine einzige Stelle verantwortlich sein und die Federführung und Überwachung der gesamten internationalen Tätigkeit übernehmen.

Im vorliegenden Fall versah die PR-Agentur in der Schweiz die Funktion des Hauptquartiers; ihr angeschlossen waren in jedem der bearbeiteten Märkte die Netzagenturen, bei denen es sich mit einer Ausnahme um eigene Agenturen handelt.

Das Hauptquartier legt Zielsetzung und Aufgabe der einzelnen Netzagenturen generell fest und arbeitet mit ihnen zusammen eine detaillierte Tätigkeitsplanung aus. Vorschläge und Wünsche der ausländischen Agenturen werden vom Hauptquartier geprüft. Ferner wird nach Möglichkeit ein Teil des pressegerechten Bild- und Textmaterials zentral produziert, um auf diese Weise die Produktionskosten niedrig zu halten. Das Hauptquartier übernimmt es, dieses Material an die Netzagenturen zur Weiterleitung an die Presse bzw. zur Überarbeitung und Weiterleitung zu verteilen.

Die Netzagenturen ihrerseits stehen mit der Verkaufsorganisation des betreffenden Landes im Kontakt, um spezielle Maßnahmen und kleinere Aktionen im Rahmen der generellen Zielsetzung durchzuführen.

2. Public-Relations-Aktion zugunsten eines traditionellen Nahrungsmittels

Für Zeiten des Überflusses war von altersher bezeichnend, daß der Brotkonsum zurückgeht und der Mensch der tierischen Nahrung und raffiniert verfeinerten Speisen den Vorzug gibt.

Die Dachorganisation der Müller und Bäcker erteilte der Werbeagentur den **Auftrag**, das Problem zu prüfen und Vorschläge im Hinblick auf die Steigerung des Brotkonsums im allgemeinen und die Vermehrung des Brotverkaufs in den privaten Bäckerläden im besonderen auszuarbeiten. Dieses letztere wurde aus Sorge um die Erhaltung eines ausgeglichenen Verhältnisses zwischen Gewerbe und Großunternehmen angestrebt. Im vorliegenden Fall handelte es sich nicht um das einmalige Absetzen eines Artikels, sondern um die stetige Beeinflussung des Konsumenten. Die Erfahrung zeigt, daß die Konsumgewohnheiten der Masse, besonders auf dem Gebiet der Ernährung, durch einzelne Werbestöße nicht entscheidend beeinflußt werden können. Dementsprechend mußten Werbepolitik und Werbekampagne auf lange Sicht geplant werden.

Im Rahmen der Werbekampagne wurde vorgesehen, von Zeit zu Zeit eine neue Brotsorte zu schaffen oder eine mit dem Brot zusammenhängende, auf die veränderte Lebenshaltung der Gegenwart abgestimmte Idee zu verbreiten. Um die Öffentlichkeit jeweils mit der neuen Brotsorte oder der „Brot-Idee" vertraut zu machen, sollten die werblichen Mittel durch PR-Maßnahmen ergänzt werden, woraus ein entsprechender Auftrag an die PR-Agentur folgte.

Public-Relations-Aktionen

Folgende P R - A k t i o n e n wurden innerhalb einer Zeitspanne von sieben Jahren durchgeführt:

Die erste Aktion suchte den alten Brauch, den Dreikönigstag mit einem Königskuchen zu feiern, wiedererstehen zu lassen. Im Rahmen der PR-Maßnahmen wurde folgende Veranstaltung durchgeführt: In Anwesenheit von Pressevertretern begaben sich in feierlichem Zug die drei Könige im Gefolge in ein Kinderkrankenhaus. Dort wurde unter den kleinen Patienten der Drei-Königs-Kuchen feierlich verteilt und die schüchtern strahlenden Gewinner gekrönt. Für ein paar Stunden war das Spital in eine Märchenwelt verwandelt, waren Traurigkeit und Leid vergessen.

Zum nächsten Anlaß bot die Aktion „Spezial-Bauernbrot mit Frischmilch" Gelegenheit. Die PR-Agentur veranstaltete eine Pressekonferenz, in deren Rahmen das Bauernbrot vorgestellt und gleichzeitig für den Verkauf freigegeben wurde. Das angewendete Rezept gründete auf den neuesten Erkenntnissen der Ernährungsforschung. Dieser Zusammenkunft der Fachleute und Pressevertreter wurde durch die Vorführung von Trachten aus zwölf Kantonen eine besondere Note gegeben. Ein Wettbewerb stellte die heimatkundlichen Kenntnisse auf eine harte Probe.

Die nächste Pressekonferenz diente der Einführung der sogenannten „Parisette". Dieses Brot entspricht in Form und Riß dem echten Pariser Brot, das man in der Schweiz bis dahin nur selten zu kaufen bekam. Die Backdemonstrationen sowie die Vorführung der Verwendungsmöglichkeiten mit Rezepten fanden bei den Gästen guten Anklang. Die Vorführung eines Werbefilmes belebte den Anlaß.

Im Rahmen der Aktion „Brötchen zum Mittagessen" wurde eine Diskussionstagung „Arbeitszeit und Verpflegung" durchgeführt, welche vorwiegend für Hauswirtschaftslehrerinnen, -beraterinnen, Fachjournalistinnen und Journalisten bestimmt war. Es galt, bei dieser Gelegenheit zu zeigen, daß das Brot neuen Bedürfnissen gerecht wird, die hinsichtlich der Ernährung aus veränderten Lebensbedingungen und -gewohnheiten entstehen. Den Kernpunkt der Tagung bildete der Vortrag eines bekannten Hochschullehrers. Auch an dieser Tagung wurden Rezepte und Ideen für Menügestaltung „Brot zum Mittagessen" vermittelt. Ein bekannter Traiteur veranschaulichte die Zubereitungsarten.

Zur nächsten Aktion bot dieselbe Problematik Anlaß. Im Sinn eines Beitrags zur Förderung der Volksgesundheit wurde vom Auftraggeber ein Spezialbrötchen, das „Pausebrötchen", geschaffen. Dieses aus Grahammehl gebackene, mit Haselnüssen und Sultaninen bereicherte Brötchen wurde in der Folge in erster Linie für Schulkinder und im Zusammenhang mit dem Kampf gegen Zahnkaries und Schlecksucht empfohlen. Als Anreiz für die Kinder wurden insbesondere während der Einführungszeit künstlerisch gestaltete Karl-May-Bilder mit Sammelbogen abgegeben. Die Bekanntmachung in der Presse erfolgte an einem Presseempfang, an welchem ein bekannter Kinderarzt und ein Vertreter des Bäckergewerbes sprachen.

Die PR-Agentur konnte feststellen, daß diesen Anlässen, die alle mit bescheidenen finanziellen Mitteln durchgeführt wurden, ein beachtlicher Erfolg beschieden war, der sich namentlich in zahlreichen redaktionellen Beiträgen in der Presse, in Rundfunk und Fernsehen äußerte.

ELFTES KAPITEL

Beispiel einer Packungsgestaltung

> **Beispiel einer Packungsgestaltung – Das NÄRFIT-Sortiment**
>
> Von Robert G. Stoecker, Hamburg

I. Der Markt für Haushaltsmehl

Seit 1950 weist der Markt für Haushaltsmehl eine erstaunliche Entwicklung auf. Der Prokopfverbrauch an Haushaltsmehl hat sich in den Jahren von 1950 bis 1964 von 19,8 kg auf 8,5 kg, also um mehr als die Hälfte, verringert. In nur scheinbarem Widerspruch zu dieser Entwicklung steht die Beachtung, die eine deutsche Mühlenorganisation durch den Aufbau von Marken dem Mehlmarkt schenkt, zumal der Verbrauch in den kommenden Jahren voraussichtlich noch weiter zurückgehen wird. Die Ursachen für diesen Rückgang sind in der Hauptsache der Zeitmangel der berufstätigen Hausfrauen und das preiswerte, attraktive und immer breiter werdende Angebot an Fertigbackwaren. Das bereitwillig angenommene Angebot an Konsumkomfort findet allerdings seine Grenze an der Freude der Hausfrauen über die eigene Zubereitung von Backwerk und Speisen. Der mit der Verwendung von Mehl vielfach verbundene große Arbeitsaufwand – vor allem beim Kuchenbacken – wird gern in Kauf genommen, da er durch die Freude am Backen und am gelungenen Kuchen kompensiert wird. Ein Spezialmehl, ein Markenmehl, das den Arbeitsaufwand niedrig hält und in seiner Zusammensetzung eine größtmögliche Gewähr für das Gelingen des Backwerks bietet, kommt daher der Bequemlichkeit des Verbrauchers und der Selbstbestätigung der Hausfrau beim Backen entgegen.

Das Angebot von Haushaltsmehl ist gekennzeichnet durch einige Hersteller- und Handelsmarken von überregionaler Bedeutung sowie durch etliche Handelsmarken, die nur regional verbreitet sind. Dieses abgepackte Haushaltsmehl nimmt etwa 75 % des Gesamtmarktes für Haushaltsmehl ein. Es wird in Papiertüten zu ½, 1 und 2½ kg zum größten Teil im Lebensmitteleinzelhandel angeboten.

Mehl wird von Hausfrauen aller Altersstufen verwendet, der Verbrauch ist vom Alter unabhängig und für alle Stufen gleich. Von der niederen zur höheren Einkommensklasse sinkt der Mehlkonsum. Die Hausfrauen kaufen Mehl vorwiegend am Wochenende zusammen mit anderen haltbaren Lebensmitteln ein. Ihr Markenbewußtsein in diesem Produktbereich ist nur wenig ausgeprägt. Es gibt für sie kaum Kriterien der Markendifferenzierung. Eine Orientierungshilfe bieten ihr namentlich die Qualitätstypen – Typenmehle 405 und 550.

Für die Verbraucherinnen ist Mehl als tägliches Grundnahrungsmittel von großer Bedeutung, zugleich aber ist es relativ inaktuell. Mehl ist selbstverständlich und hat keine außergewöhnliche Eigenschaft. Ihm kommt nur wenig erlebnismäßige Bedeutung zu.

II. NÄRFIT-Mehl-instant — mehr als nur ein Marktneuling

Einen Markstein auf dem Wege zur stärkeren Profilierung der Mühlenprodukte setzte die Firma Kurt Kampffmeyer Mühlen. Seit Februar 1965 bietet sie ein instantisiertes Weizenmehl der Type 405 unter der Markenbezeichnung „NÄRFIT-Mehl-instant" an. Der Instantisierungsprozeß bietet die Möglichkeit, das Mehl durch offensichtliche Produktvorteile vom übrigen Angebot abzuheben.

Vom normalen Mehl derselben Type — 405 — unterscheidet sich NÄRFIT-Mehl-instant durch arbeitserleichternde und zeitsparende Eigenschaften. Beim Anrühren klumpt es nicht, die gleichbleibende Rieselfähigkeit macht Vorsieben überflüssig und ermöglicht ein genaues Dosieren, und da es aufgrund seiner strukturbedingten Griffigkeit nicht staubt, garantiert es Sauberkeit bei der Verwendung.

Die Neuartigkeit und Modernität des Produktes wurde sichtbar präsentiert durch eine vom Mehlpackungs-Stereotyp abweichende Verpackung. Anstatt der üblichen relativ einfach bedruckten Tüte verwendet Kampffmeyer eine Faltschachtel mit graphisch anspruchsvoller Gestaltung, die NÄRFIT-Mehl-instant optisch eindeutig vom übrigen Mehlangebot unterscheidet und überlegene Handhabungseigenschaften besitzt. Mit der neuartigen Packung sollte der Hinweis auf das neue, arbeitserleichternde und bis dahin in Deutschland einmalige Mehl in ansprechender Weise gegeben werden (Bild 1).

III. Die Marktposition von NÄRFIT-Mehl-instant nach einem Jahr Bewährung im Markt

Obwohl NÄRFIT-Mehl-instant eine echte Marktneuheit war, entwickelte sich der Absatz nicht zufriedenstellend. Zwar wurden seine echten Vorteile von Frauen, die das Produkt verwendeten, erkannt und begrüßt, aber zwei wesentliche Faktoren standen einer Markterweiterung entgegen. Die Preisdifferenz, die bei NÄRFIT-Mehl-instant im Vergleich zu normalem Mehl offenbar die Grenze überstieg, bis zu der die Verbraucherinnen die Produktvorteile zu honorieren bereit waren, und die Verpackung, die zwar von den Verwenderinnen des neuen Produkts als schön und praktisch bezeichnet wurde, aber keine ausreichend rasche und eindeutige Inhaltserkennung und -erklärung ermöglichte. Oftmals weckte die Faltschachtel-Ausstattung Assoziationen in Richtung Kuchenfertigmischung und ähnlicher Produkte.

Der hohe Preis war insbesondere deshalb als kaufhemmend anzusehen, weil in der Zwischenzeit ein zweites, zunächst billigeres Instant-Mehl in einer konventionellen Tüte auf dem deutschen Markt erschienen war (Bild 2). Eine große Rolle spielte der Preis für NÄRFIT-Mehl-instant namentlich bei Nachkäufen und erwies sich als Hinderungsgrund, NÄRFIT-Mehl-instant anstelle des normalen Mehls zu verwenden und nicht nur als Ergänzungsprodukt für besondere Zwecke. Die für Mehl atypische Aufmachung wurde dagegen hauptsächlich für die mangelnde Bereitschaft zu Erstkäufen verantwortlich gemacht.

Die durch die Markenbezeichnung ausgelösten Erwartungen konnten als durchweg positiv beurteilt werden. Zwar löste der Name NÄRFIT isoliert Vorstellungen von besonderem

Beispiel einer Packungsgestaltung

Nährwert, zusätzlichen Vitaminen oder Kalorien aus, deren etwaige negative Auswirkungen wurden aber durch die prominente Herausstellung des Wortes „Mehl" zum Teil neutralisiert. Der Begriff „instant" wurde dagegen wiederholte Male falsch interpretiert und gab durch seine vertikale Anordnung einen nur unzureichenden Hinweis auf die außergewöhnlichen Produkteigenschaften.

IV. Die Gestaltungsziele für die „instant"-Packung und die Sortimentslinie

Aufgrund der verfügbaren Voruntersuchungen ergab sich zur Verbesserung der Absatzchancen für NÄRFIT-Mehl-instant die Notwendigkeit, die Aufmachung der Packung zu verändern. Die bestehende Ausstattung war eine gute graphische Leistung, die aber von den Verbraucherinnen nicht durch Kaufentscheidungen honoriert wurde. Ziel der Packungsumgestaltung sollte es deshalb sein, den durch die Aufmachung begründeten negativen Eindruck der Produkterwartung zu beseitigen. Außerdem eignete sich die erste Ausstattung nicht als Ausgangspunkt für ein NÄRFIT-Sortiment verschiedener Mühlenerzeugnisse. Dieses Gestaltungsziel, Sortimentsmutter zu sein, hatte die neue Packung anzustreben. Das einzige dabei gestalterisch unverändert beizubehaltende Element der ersten Ausstattung für NÄRFIT-Mehl-instant war das Firmenzeichen.

Eine den Absatz stimulierende Preissenkung in erforderlichem Umfang hätte es als naheliegend erscheinen lassen, aus Kostengründen in Zukunft auf die Faltschachtel-Packung zugunsten von Tüten zu verzichten. Die allein dadurch schon bewirkte Einordnung des Produkts in das mehltypische Packungsbild wäre in bezug auf die Identifizierung als Mehl von Vorteil, würde jedoch die Möglichkeit der Vorzugsstellung als Instant-Mehl gegenüber dem herkömmlichen Mehlangebot und insbesondere gegenüber dem jüngeren Konkurrenzprodukt wesentlich erschweren.

Außerdem führte die moderne Faltschachtel-Schüttpackung nicht nur zur rein optischen Differenzierung von NÄRFIT-Mehl-instant gegenüber dem bisherigen Mehl-Sortiment, sondern bot auch eine Reihe von Vorteilen. Sie wies neben der Möglichkeit der Bedruckung mit ansprechenden Farben eine handliche Form auf, war aus stabilem Material, schloß dicht ab und hielt das Mehl trocken, sauber und frisch. Das Mehl war dadurch hervorragend schüttfähig, und die Packung erlaubte eine relativ genaue Dosierung. Da die unkonventionelle Packung den Eindruck unterstrich, daß es sich bei NÄRFIT-Mehl-instant um ein neuartiges und besonderes Mehl handelt, und die Haltbarkeit der Packung von vielen Verbraucherinnen direkt positiv auf das Mehl übertragen wurde, sollte die Faltschachtel-Packung beibehalten werden, zumal die Nachteile der konventionellen Mehltüte offensichtlich sind: Mehltüten sind schlecht zu öffnen, sie müssen aufgerissen oder aufgeschnitten werden, das Mehl quillt leicht heraus. Da die meisten Mehltüten doppelt sind, gerät Mehl leicht zwischen die beiden Tüten.. Die Tüte muß zugerollt, gestützt oder gelegt werden und bietet ein nur wenig attraktives Äußeres.

Die gestalterische, auf das gesamte NÄRFIT-Sortiment zu übertragende Konzeption für NÄRFIT-Mehl-instant hatte alle Anforderungen zu berücksichtigen, die an eine echte Markenartikelaufmachung gestellt werden, wie Eigenständigkeit, Unverwechselbarkeit, Einprägsamkeit, Klarheit, Abhebungs- und Displaywert. Die Schlüsselaufgabe war, die NÄRFIT-Mehl-instant-Packung so weit der Konsumentenvorstellung von Mehlpackungen zu nähern, daß keine falschen Inhaltserwartungen ausgelöst werden konnten. Innerhalb dieser Grenzen mußte sich die Umgestaltung trotzdem deutlich von den Aufmachungen normaler Mehlqualitäten und konkurrierender Markenmehle unterscheiden und in Text und Bild eindeutig über die Produktvorteile informieren.

Zwar sollte die Aufmachung der Packung die einwandfreie Produktqualität widerspiegeln, der Eindruck des Exklusiven war jedoch zu vermeiden. Das Produkt sollte von den Verbraucherinnen als ein Erzeugnis für den täglichen Verbrauch akzeptiert werden können. Wohl hatten Voruntersuchungen ergeben, daß die moderne, anspruchsvolle, Neuerungen und Arbeitserleichterungen zugängliche Hausfrau aller Altersstufen dem NÄRFIT-Mehl-instant-Angebot gegenüber besonders aufgeschlossen ist, die Packungsgestaltung sollte indes auf die mehr und mehr zur Leitfigur avancierende jüngere Hausfrau derselben Gruppierung abgestimmt sein.

Die Rücksichtnahme auf das im Verbraucherbewußtsein schon verankerte Verpackungsbild von NÄRFIT-Mehl-instant legte es außerdem nahe, soweit es mit den oben genannten Zielen vereinbar war, so viel wie möglich von den optischen Gegebenheiten und den vermuteten positiven Eigenschaften der ersten Ausstattung zu tradieren, um die Markenkontinuität und den bisher erreichten Goodwill bei den Verwendern von NÄRFIT-Mehl-instant nicht zu verlieren.

V. Die Ausarbeitung der neuen Ausstattung

Die wesentlichen Elemente der Gestaltungsarbeit waren die graphische Überarbeitung des Markennamens „NÄRFIT" sowie die Ausarbeitung der auf einer Sortimentskonzeption aufbauenden produktadäquaten NÄRFIT-Mehl-instant-Packung.

Bei der Umgestaltung der NÄRFIT-Mehl-instant-Packung wurde die Anordnung der einzelnen Austattungselemente im wesentlichen unverändert gelassen. Die Farbwerte wurden indes abgeändert. Eine Analyse des herkömmlichen Mehlumfelds hatte Blau und Rot als typische Mehlfarben ergeben. Der Farbton des Fonds wurde daher abgeändert. Die Gestaltungsarbeiten führten über Braun-, Rot- und Orange-Fond schließlich zum produktadäquaten Weiß-Fond. Das Firmenzeichen blieb in Größe und Form unverändert, wurde aber höher und damit prominenter gestellt. Der Logotype (Markenschriftzug) „NÄRFIT" wurde von der ursprünglichen Packung unverändert übernommen. Der „Mehl"-Schriftzug behielt seine Position, erhielt aber einen blauen Farbton, der zusammen mit dem weißen Fond eine mehltypische Grundaussage vermittelte. Mangels einer Alternativ-Bezeichnung wurde „instant" als spezifisches Kriterium des Produkts weiter verwendet, als Unterscheidungsmerkmal zum übrigen Sortiment jedoch im Gewicht verstärkt, zwischen die dominierend angeordneten Worte „NÄRFIT" und „Mehl" gesetzt und mit einem Orange-Farbton versehen.

Zusammen mit den anderen roten Farbanteilen vermittelte die „instant"-Schriftzeile einen freundlichen, warmen Eindruck, der durch den frisches, reines Mehl andeutenden Farbton des Fonds eine positive Ergänzung erfuhr. Die den „instant"-Charakter verdeutlichende Packungsillustration wurde von den irreführenden, nur auf den Verwendungszweck als Backmehl hinweisenden Accessoires befreit. Die „instant"-Interpretation beschränkte sich auf den Schüttvorgang, der, wie sich später herausstellte, zu wenig die spezifischen Eigenschaften demonstriert.

Tradiert wurde „Type 405, reines Weizenmehl". Dem Käufer sollte mit dieser Information die Gewißheit eines qualitativ guten, aber mit zusätzlichen Eigenschaften versehenen Mehls gegeben werden.

Die umgestaltete Packung hatte die als positiv vermuteten Ausstattungselemente ihrer Vorgängerin übernommen, aber durch die Farbaufhellung ein freundliches, mehltypischeres Aussehen gewonnen (Bild 3).

VI. Die qualitative psychologische Überprüfung der Packungen

Die angestrebten Ziele der Marketing-Konzeption für NÄRFIT-Mehl-instant waren Grundlage für die Ausarbeitung von verschiedenen graphischen Vorschlägen, aus denen zwei Versionen für einen Test ausgewählt wurden, der klären sollte, welche konzeptionelle Richtung einzuschlagen ist.

Ziel der Überprüfung sollte es sein, festzustellen,
1. welches die optisch prägnantesten Gestaltungselemente der ursprünglichen NÄRFIT-Ausstattung sind, und welche es wert sind, tradiert zu werden;
2. ob sich die Ausstattungen als Mehlausstattung und Ausstattung für weitere Mühlenprodukte außer Mehl eignen;
3. ob bei NÄRFIT-Mehl-instant eben dieser „Instant-Charakter" neben der Verbalbezeichnung durch eine Illustration zum Ausdruck gebracht werden kann;
4. welcher der drei zur Wahl stehenden Logotypes sich als Marken- und Sortimentsschriftzug eignet;
5. welche Vorstellungen durch das bestehende Firmenzeichen ausgelöst werden.

Die durch die Untersuchung zu klärenden Fragen berührten sowohl wahrnehmungs- als auch motivationspsychologische Problemkreise, zu deren Klärung Methoden angewandt wurden, die einmal die optischen Gegebenheiten bei den zu untersuchenden Ausstattungen als Ganzheit und im Detail prüften, zum anderen die verbalisierbaren Anmutungen und emotionalen Reaktionen bzw. ausgelöste Vorstellungsbilder, Erwartungen und Urteile erfaßten. Die wahrnehmungspsychologischen Aspekte wurden mit Hilfe eines Elektronen-Tachistoskops erfaßt, das den Versuchspersonen die Testobjekte kurzzeitig – im Bereich von $1/1000$ bis zu 10 Sekunden – präsentierte. Hierbei konnten sowohl Art, Schnelligkeit und Verlauf der durch die Packungen ausgelösten Wahrnehmungen vergleichbar ermittelt, als auch die spontanen, noch unreflektierten Anmutungen erfaßt werden, die bei der Konfrontation mit den Packungen im Verbraucher entstehen. Da die spontan entstehenden Anmutungen nicht statistisch vergleichbar sind, wurden den Versuchspersonen in einem Polaritätenschema Anmutungsbegriffe vorgelegt, die den einzelnen Ausstattungsalternativen in einer Skala zuzuordnen waren. Aus der Einordnung in dieses Schema ergab sich für jede Ausstattung ein Polaritätsprofil, das die Schwerpunkte der jeweiligen Ausstrahlung widerspiegelte (Bild 4).

Die Fragen nach den durch die Ausstattungen signalisierten Produkteigenschaften wurden mit Hilfe zuzuordnender Beurteilungskriterien und indirekten Projektionsmaterials geklärt. Diese indirekten Verfahren werden deshalb angewandt, weil es den Verbraucherinnen häufig schwerfällt, emotional geladene Eindrücke in Worte zu kleiden.

Die zu dieser Untersuchung herangezogenen Verbraucherinnen waren Hausfrauen aus Hamburg im Alter zwischen 20 und 60 Jahren. Durch eine entsprechende Quotierung war sichergestellt, daß die Befragten zu etwa gleichen Teilen den Altersgruppen 20–40 und 41–60 Jahre sowie den mittleren sozialen Schichten angehörten.

Als kennzeichnende Elemente der ersten Ausstattung erwiesen sich der rote Logotype „NÄRFIT" im linken oberen Drittel der Packung sowie das Schüssel-Motiv unten rechts. Der braune Fond hatte keine vorrangige Wiedererkennungsfunktion; die Accessoires (Nudelrolle u. a.) waren für die Wiedererkennung ganz ohne Bedeutung. Für die Umgestaltung war daher, um die Markenkontinuität zu sichern, die Beibehaltung der räumlichen Anordnung und der Farbe des Logotype sowie des Schüssel-Motivs zu beachten.

Der Vergleich der farblichen Grundstimmung der Packungsalternativen hatte zum Ergebnis, daß eine optimale Ausstattung für NÄRFIT-Mehl-instant starke Weißanteile enthalten müßte, damit sie mehltypisch erschien.

Da die allgemeine Anmutung der bestehenden Ausstattung einen hohen Werteindruck auslöste, der dazu beiträgt, die Vorstellungen über das Produkt aus dem Bereich des „Normal-Mehls" herauszuführen, schien eine Reduzierung des Werteindrucks auf ein normales Niveau angeraten. Trotzdem sollte weiterhin der Vermittlung eines Qualitätseindrucks, ohne indes den Charakter der Exklusivität zu erreichen, besondere Beachtung geschenkt werden.

Der Vergleich der drei Ausstattungskonzeptionen hinsichtlich ihrer Eignung für ein Mühlensortiment ergab unterschiedlich breite Paletten der Zuordnung. Die Version mit den weitesten Toleranzgrenzen, mit der größten Sortimentseignung, war außerdem die mehltypischste und sollte weiter verfolgt werden.

Der spezielle Produktvorteil, der NÄRFIT-Mehl-instant vom Konkurrenzumfeld abhebt, wurde durch die bestehende Ausstattung nicht zum Ausdruck gebracht. Das Wort „instant" ist nicht geeignet, die Information über den Produktvorteil allgemeinverständlich zu vermitteln. Häufig weckte es sogar konträre Vorstellungen. In der Exploration wurden Interpretationsversuche wie „fest", „stark", „kräftigend", stabil" usw. festgestellt, die zeigen, daß „instant" nicht nur unrichtig interpretiert wird, sondern auch Vorstellungen weckt, die seiner Bedeutung diametral entgegengesetzt sind. Eine weniger mißverständliche Information des Verbrauchers über den Produktvorteil wird durch die Kombination von „instant" mit einer erklärenden Illustration auf dem Untergrund einer mehltypischen Packung erreicht. Die Hauptschwierigkeit bei der Mehlverarbeitung sahen die Versuchspersonen in der Gefahr des Klumpens. Ihre Erfahrungen sagten ihnen, daß man Mehl nicht direkt in Flüssigkeit einrühren kann, sondern den Vorgang umkehren muß. Die auf der bestehenden Ausstattung verwendete Demonstration, zuerst das Mehl in ein Gefäß zu geben, ist ihnen als normaler Vorgang bekannt und dient daher nicht der Erhellung des Verständnisses vom NÄRFIT-Mehl-instant. Dagegen ergab sich, daß eine Demonstration des direkten Einrührens von Mehl in Flüssigkeit – weil bisher unmöglich – von den Hausfrauen als sehr interessant angesehen wurde, den Wunsch des Ausprobierens aktivierte und damit das wesentliche Hemmnis für NÄRFIT-Mehl-instant, den Erstkauf, beseitigen würde.

In der Gestaltung sollte daher das Wort „instant" durch die Verwendung eines neuen Schüssel-Motivs, bei dem das direkte Einrühren von Mehl in Flüssigkeit gezeigt wird, in Verbindung mit einem zusätzlich über die Produkteigenschaft informierenden Slogan „Klumpt nicht – klebt nicht – läßt alles gelingen" erläutert werden. Dabei sollte das Schüssel-Motiv eine weite Deutung bei der Bestimmung des gezeigten Mehlteigs ermöglichen; es sollte daher offengelassen werden, ob dieser Teig zum Kochen oder zum Backen bestimmt ist.

Die Mehrzahl der Befragten assoziierte mit dem Firmenzeichen die Vorstellung von Mehl. Deutungen des Firmenzeichens als Extrakt des Firmennamens – Kampffmeyer – und damit als Buchstabenkombination „ff" kamen nicht vor und konnten auch bei entsprechendem Hinweis nur schwer nachvollzogen werden. Vielmehr sahen die Befragten im Zeichen spontan ein Ährenbündel, das natürliche Affinität zu Mehl hat. Neben den produktbezogenen Assoziationen ergaben sich auch recht präzise Vorstellungen von einer großen Firma, deren Produkte als mittelgut bis gut eingestuft wurden. Da das Firmenzeichen klaren Markenzeichen-Charakter besitzt, gut zu Lebensmittel-Produkten, speziell zu Mehl, paßt, sollte es beibehalten und prominenter als vorher herausgestellt werden.

Abbildung 1
Die NÄRFIT-Mehl-instant-Packung im Konkurrenzumfeld zur Zeit der Einführung des Produkts im Jahre 1965

Abbildung 2
Die ursprüngliche NÄRFIT-Mehl-instant-Packung und das später eingeführte
Aurora-Instant-Mehl in herkömmlicher Mehl-Verpackung

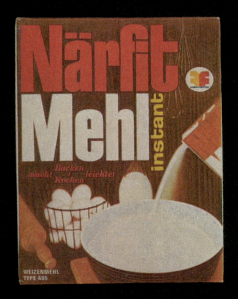 

Abbildung 3
Links die ursprüngliche NÄRFIT-Mehl-instant-Packung im Vergleich zum Hauptvorschlag für die neue Ausstattung

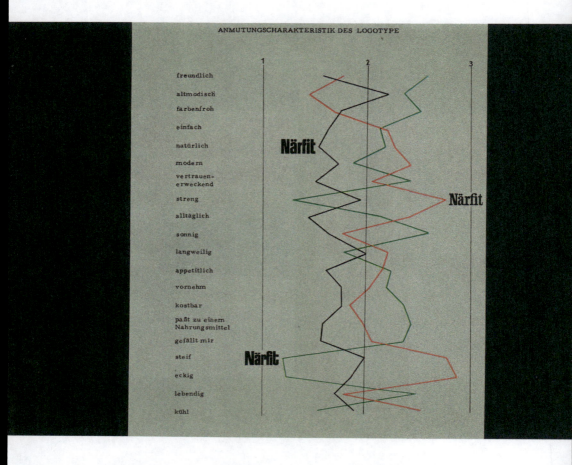

*Abbildung 4
Anmutungscharakteristik der in die engere Wahl gezogenen Alternativen für den
NÄRFIT-Logotype. Die Darstellung zeigt die mittleren Rangplätze*

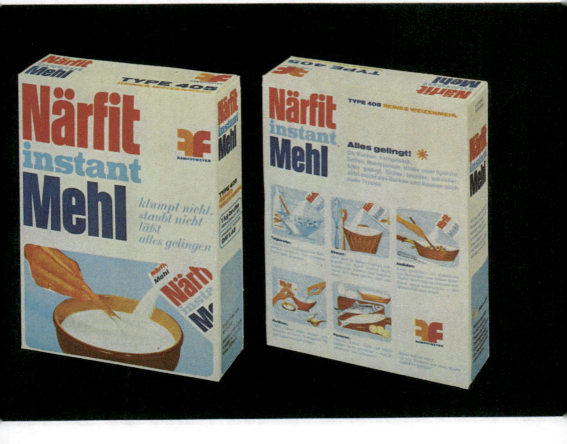

Abbildung 5
Vorder- und Rückseite der neuen NÄRFIT-instant-Mehl-Packung

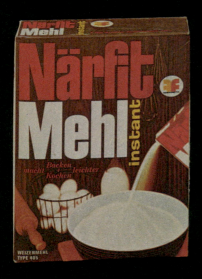

Abbildung 6
Links die ursprüngliche, in der Mitte die neue Ausstattung für NÄRFIT-instant-Mehl, rechts die Packung für das konventionelle Weizenmehl, den zweiten Artikel des neuen NÄRFIT-Sortiments

Abbildung 7
Das NÄRFIT-Sortiment vom Herbst 1967

Abbildung 8
Die Übertragung der Gestaltungskonzeption auf die Versandverpackungen

VII. Die Weiterführung der Umgestaltung

Aufgrund der Ergebnisse der qualitativen psychologischen Überprüfung wurde die Packungsgestaltung weitergeführt.

Der NÄRFIT-Logotype wurde überarbeitet, um eine bessere Lesbarkeit zu erzielen, seine rote Farbe blieb jedoch erhalten. Erreicht wurde dadurch eine Kontinuität zur ursprünglichen Packung sowie die Eignung als prominenter Name des Marken-Sortiments. Die „instant"-Schriftzeile wurde in ihrer waagerechten Anordnung beibehalten, ihr Orange-Farbton war aber durch einen blauen ersetzt worden. Der graphischen Anordnung von „NÄRFIT", „instant" und „Mehl" entsprechend lautete die Produktbezeichnung nunmehr „NÄRFIT-instant-Mehl".

Der Eigenschaftshinweis „instant" erfuhr eine doppelte Unterstützung. Neben der „Mehl"-Schriftzeile erschien in Hellblau das Produktversprechen „Klumpt nicht – klebt nicht – läßt alles gelingen". In der unteren Packungshälfte zeigte die Illustration das Schütten und gleichzeitige Einrühren von NÄRFIT-instant-Mehl, eine ungewöhnliche Verarbeitung von Mehl. Der Untergrund der Illustration war ein hellblaues Farbfeld mit abgerundeten Ecken, das eine Brücke für das Verständnis der „instant"-Eigenschaft bildete. Es korrespondierte mit dem Blauton von „instant" und „Klumpt nicht..." und schuf eine optische Verklammerung der drei Elemente.

Um eine Überladung der Frontseite mit Ausstattungselementen zu vermeiden, erschien die Typenbezeichnung 405 an prominenter Stelle auf Stirn-, Boden- und Seitenfläche.

Bei der Gestaltung der Rückseite wurden zusätzliche Informationen über die verschiedenen Verwendungsmöglichkeiten von NÄRFIT-instant-Mehl untergebracht und durch Illustrationen aufgelockert (Bild 5).

VIII. Die Übertragung auf das übrige Sortiment

Das NÄRFIT-Sortiment besteht neben NÄRFIT-instant-Mehl sowie den Standardmehlen der Typen 405 und 550 aus zwei Sorten Grieß und den Fertigmehl-Mischungen für Eierpfannkuchen und für Windbeutel (Bild 6).

Bei der Packungsgestaltung für NÄRFIT-instant-Mehl war der Sortimentseignung besondere Beachtung geschenkt worden. Die Packung sollte einerseits die für NÄRFIT-instant-Mehl spezifische Produktbotschaft verkünden, andererseits in ihren Ausstattungselementen einen großen Spielraum besitzen, der die Übertragung der für Markenartikel wichtigsten Kriterien auch auf das übrige Sortiment gestattete. Als zu übertragende Sortimentsfixpunkte hatten sich während der Gestaltungsarbeiten der NÄRFIT-Schriftzug, das Firmenzeichen und das Fond-Farbfeld der Packungsillustration herauskristallisiert.

Bei der Übertragung der für das NÄRFIT-Sortiment charakteristischen Ausstattungselemente wurde nicht einheitlich verfahren. Zwar blieben der NÄRFIT-Logotype und das Firmenzeichen unverändert, aber das Farbfeld des Fonds wies je nach Inhalt eine unterschiedliche Größe auf. Während es bei den beiden Grießsorten etwa die untere Packungshälfte einnahm, dominierte es in der Ausstattung der Fertigmehl-Mischungen und vermittelte den Eindruck eines wertvollen Inhalts.

Auf die Mehltüten Type 405 und 550 wurden nur das Firmenzeichen und der NÄRFIT-Logotype tradiert. Um das Firmenzeichen prominenter herauszustellen, wurde „NÄRFIT" tiefer angeordnet. Entsprechend dem einfachen Mehlinhalt wurde auf Illustration verzichtet. Als typisches Mehlsymbol ist jedoch eine stilisierte Ähre untergebracht. Die Typenbezeichnung wurde deutlich herausgestellt. Ähnlich der NÄRFIT-instant-Mehl-Packung sind die Farbtöne der Logotypes; der Unterschied in der Ausstattung gegenüber der NÄRFIT-instant-Mehl-Packung ist jedoch bewußt so groß gehalten, daß keine Verwechslung dieser Mehlsorten möglich ist (Bild 7).

Bei der Gestaltung der Versandkartons wurde sorgfältig auf eine präzise Inhaltsinformation geachtet. Die Erläuterungen über Zahl und Gewicht der enthaltenen NÄRFIT-instant-Mehl-Packungen sind in mehltypischem Blau gegeben. Zusammen mit dem roten Farbton findet sich der blaue auch bei der Wiedergabe der Logotypes „NÄRFIT" und „Mehl" wieder. Um beim Zweifarbendruck des Umkartons – blau und rot – das schwächere Blau des „instant"-Schriftzuges der Faltschachtel wiederzugeben, wurde „instant" mit der blauen Grundfarbe konturiert.

Entsprechend den Faltschachtelpackungen wurde bei der Gestaltung der übrigen Versandkartons verfahren. Das Firmenzeichen wurde in unterschiedlicher Farbenkomposition übertragen, eine gewisse Einheitlichkeit wurde aber dadurch erzielt, daß bei „ff" die linke Seite in hellem, die rechte in dunklem Farbton gehalten wurde (Bild 8).

Zusammenfassung

Mehl ist ein durchweg konform behandeltes Produkt, das zwar traditionsbeladen, aber trotzdem ohne emotionalen Gehalt ist. Der Mehlmarkt ist durch das Vorhandensein einer großen Zahl von stereotypen, undifferenzierten Angeboten gekennzeichnet. Eine P r o f i l i e r u n g in diesem Markt muß daher notwendigerweise zu einer Abkehr vom konformen Produktangebot führen. Sie darf aber nicht so weit gehen, daß sie sich durch einen zu großen Schritt allzu sehr von der verbreiteten Mehlvorstellung abhebt und falsche Produkterwartungen weckt.

Der wachsenden Bedeutung der Impulskäufe war bei der Gestaltung des NÄRFIT-Sortiments die psychologisch abgesicherte graphische Ausstattung angepaßt. Sie war deshalb besonders erforderlich, weil die Hausfrau verbesserten Mehlprodukten wegen der damit verbundenen Arbeitserleichterung einerseits aufgeschlossen, andererseits aber wegen des täglichen Gebrauchs skeptisch gegenübersteht. Insbesondere diese Faktoren, die Selbstverständlichkeit, die die Hausfrau Mehl gegenüber an den Tag legt, und die erwähnte Skepsis, waren bei der NÄRFIT-Packungsgestaltung zu beachten. Die Produktneuheit mußte in den gesicherten Z u s a m m e n h a n g d e s b i s h e r B e k a n n t e n u n d A k z e p t i e r t e n gestellt werden, zugleich aber von dieser Basis aus behutsam über die neuen Produkteigenschaften informieren.

Die den einzelnen Sortimentselementen gemeinsamen Ausstattungsmerkmale im Sinne der Marketing-Konzeption führen dazu, daß die Sympathie zu einem Produkt sich a u f d a s g e s a m t e S o r t i m e n t p r o j i z i e r t.

Weitere Beachtung war bei der Packungsgestaltung den Versandkartons geschenkt worden. Die relative Identität der Umkartons und der Einzelausstattungen sorgt für eine klare Information über den Inhalt der Versandkartons und erleichtert dem Handel, der nicht nur informativ, sondern auch emotional angesprochen wird, die Orientierung.

Der Markterfolg eines Produkts hängt nicht nur von der Verpackung ab. Die Verpackung aber, und das zeigt die Gestaltung des NÄRFIT-Sortiments deutlich, hat keineswegs nur eine Schutzfunktion. Bloßer Schutz des Füllguts wird den Marktansprüchen nicht mehr gerecht. Die Packung hat sich emanzipiert zu einem echten M a r k e t i n g - I n s t r u -

Beispiel einer Packungsgestaltung

m e n t , einer Visitenkarte des Unternehmens, und hat daher einer Vielzahl von Anforderungen zu genügen. Die Marktposition eines Produkts hängt von einer großen Zahl von berechenbaren Faktoren, wie etwa Preis, Qualität, Distribution und Werbung — und von nicht vorhersehbaren Ereignissen ab. Die Packungsgestaltung kann daher nur ein — wenn auch wichtiges — Steinchen i m M a r k e t i n g - M o s a i k sein. Eine zielgerichtete, marktorientierte Ausstattung bietet indes eine größtmögliche Gewähr, in einem Teilgebiet des Marketing die Grundlage für den Markterfolg geschaffen zu haben.

ZWÖLFTES KAPITEL

Methodisches Beispiel einer Untersuchung über Mundwerbung

Methodisches Beispiel einer Untersuchung über Mundwerbung

Von Prof. Johan Arndt, New York

I. Einführung

Viele haben der Mundwerbung bisher eine fast geheimnisvolle Kraft zugeschrieben, deren Wirkungen sie nicht für erklärungsbedürftig hielten. So bemerkte Whyte*)[1]: „Es herrscht allgemeine Übereinstimmung darüber, daß der amerikanische Verbraucher mündlich außerordentlich leicht zu beeinflussen ist." Die Wissenschaft hat sich jedoch mit den Kausalmechanismen der mündlichen Beeinflussung noch nicht sehr intensiv befaßt. Die allgemeine Vorstellung von der „Kraft des gesprochenen Wortes" ist mehr eine Binsenweisheit, die sich im Sprachgebrauch eingebürgert hat, als eine durch empirisches Material gestützte Tatsache.

Die von Forschergruppen der Columbia University durchgeführten Untersuchungen[2] hatten zum Ziel, die Verbreitung einer Arznei (Gammanym) zu verfolgen. Die Rolle der Mundwerbung wurde aus einer hohen Korrelation zwischen mehreren Maßen soziometrischer Integration und der Zeit des Kaufes abgeleitet. Leider unterblieb der Versuch, den Prozeß der Mundwerbung explizit zu untersuchen. Auch Stafford[3] berichtete, daß informelle soziale Gruppen die Bevorzugung bestimmter Waren beeinflußten. Meyers[4] zeigte, daß Meinungsführer die Verhaltensweisen der auf sie hörenden Personen gegenüber einem neuen Erzeugnis verändern. Wirkungen der Mundwerbung ließen sich schließlich aus Ähnlichkeiten der Produkt-Präferenzen und Verhaltens-Änderungen innerhalb der Gruppen eher ableiten als durch Ermittlung der Beziehungen zwischen dem Interaktions-Prozeß und den Endergebnissen des Prozesses.

Ein anderer Lösungsversuch bestand darin, die Rolle der Mundwerbung zu ermitteln, indem man die Werbeerfüller den Prozeß schildern ließ, durch den sie sich neuen Erzeugnissen zuwandten. Das klassische Werk auf diesem Gebiet ist die Decatur-Studie von Katz und Lazarsfeld[5]. Weitere Forschungsergebnisse werden von Katona und Mueller[6], Beal und Rogers[7], Fisk[8] und Bell[9] mitgeteilt. Zwar haben diese Untersuchungen zu einem tieferen Verständnis des Interaktionsprozesses und der relativen Wirksamkeit der Mundwerbung geführt, doch muß man die Methode, mit der man den Primäreinfluß lediglich aufgrund der Äußerungen der Versuchspersonen festzustellen sucht, in gewisser Hinsicht als subjektiv bezeichnen. Durch die Beschränkung der Erhebung auf Werbeerfüller wird

---

*) Die im Text laufend numerierten Quellenangaben sind am Schluß des Aufsatzes zitiert.

verhindert, daß die Untersuchungen einen Einblick in die Rolle negativer Mundwerbung bei der Verlangsamung der Einführung neuer Erzeugnisse geben.

Der hier beschriebenen Untersuchung war das Ziel gesetzt, wesentliche Aspekte des Prozesses der Mundwerbung quantifizierend zu ermitteln und diese Aspekte zur Einführung einer neuen Kaffeesorte in Beziehung zu setzen.

II. Methode

1. Plan des Forschungsprojektes

Die Stichprobe umfaßte 449 Ehefrauen aus Peabody Terrace, einem Universitäts-Wohnviertel in Cambridge, Massachusetts*). Jeder Ehefrau wurde durch die Post ein Gutschein im Werte von 55 Cent sowie ein Schreiben des Herstellers mit der Einladung übersandt, die neue Kaffeesorte Perky (die Warenbezeichnung wurde geändert) im Laden des Wohnviertels zu kaufen. Der Kaffee wurde in Dosen zu 1 Pfund zum Preise von 79 Cent angeboten. Die Gutscheine, die innerhalb von 16 Tagen eingelöst sein mußten, waren numeriert, um die Käufer feststellen zu können. Sie wurden täglich bei Ladenschluß abgeholt.

Sechzehn Tage nach Einführung des Perky-Kaffee wurde mit jeder Versuchsperson ein strukturiertes Interview von 30 Minuten Dauer durchgeführt. Von 495 Bewohnern wurden 449 befragt. Am Ende der Versuchsperiode hatten 187 Befragte (42 %) mindestens eine Dose Perky gekauft.

2. Bestätigung der Gespräche

332 produktbezogene Aussagen wurden registriert, ausgenommen Gespräche, die mit Ehemännern und dem Ladenpersonal geführt wurden. 24 Prozent der Befragten nahmen mindestens einen Kommentar auf. Die meisten Kommentare (80 %) wurden von namentlich bekannten Ehefrauen aus Peabody Terrace gegeben. Da jede Versuchsperson sowohl über fremde als auch über eigene Kommentare befragt wurde, konnten die angegebenen Gespräche durch Vergleich der Fragebogen beider Parteien des Interaktionspaares geprüft werden. Unstimmigkeiten wurden durch Telefongespräche ausgeschaltet. Tabelle 1 enthält die Ergebnisse der Bestätigung.

Tabelle 1
Bestätigung der empfangenen Kommentare

Kommentar bestätigt (Kontakt und Inhalt)	90 %
Andere Partei beim Folge-Interview nicht erreicht	7 %
Abgelehnt	3 %
Gesamt	100 %
Ausgangswert	(267)

---

*) Anmerkung des Herausgebers: Der Herausgeber sieht diesen Beitrag als wertvolle Bereicherung des Handbuches an, möchte aber darauf hinweisen, daß der Verfasser durch Befragung von 449 Ehefrauen in einem Wohnviertel verheirateter Studenten keine für die gesamte Bevölkerung unbedingt repräsentative Auslese getroffen hat.

Neunzig Prozent der Kommentare wurden durch Vergleich der Fragebogen oder durch Folge-Interviews bestätigt; nur sieben wurden zurückgewiesen. Drei der zurückgewiesenen Kommentare wurden aus der Statistik gestrichen. Weitere objektive Hinweise ließen darauf schließen, daß die restlichen vier nicht bestätigten Gespräche tatsächlich stattfanden.

3. Logisches Schema des Projektes

Abbildung 1 enthält die wichtigsten Variablen der Untersuchung und die postulierten Beziehungen zwischen den Variablen.

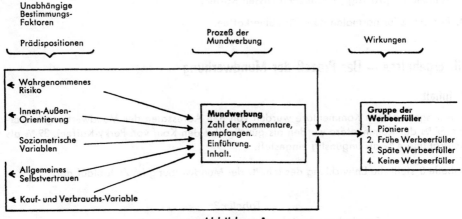

Abbildung 1
Hauptvariablen und Beziehungen

Die Wirkungs-Variable war die Gruppe der Werbeerfüller. Die Befragten wurden in vier Erfüller-Gruppen eingeteilt, wobei als Einteilungskriterium die relative Zeit des ersten Kaufs verwendet wurde (siehe Tabelle 2).

Tabelle 2
Einteilung der Neukäufer von Perky-Kaffee

Gruppe der Werbeerfüller	Anzahl	Prozent	Zeit des Kaufs
Pioniere	53	12 %	die ersten beiden Tage
Frühe Werbeerfüller	80	18 %	3. – 9. Tag
Späte Werbeerfüller	54	12 %	10. – 16. Tag
Keine Werbeerfüller	262	58 %	
Gesamt	449	100 %	

Nach Abbildung 1 war zu erwarten, daß die unabhängigen Variablen unmittelbar mit der Mundwerbung und mittelbar mit dem Kaufverhalten über die Zwischenvariable Mundwerbung in Beziehung standen. Zweitens war zu erwarten, daß einige unabhängige Variable die Reaktion der Befragten auf die Mundwerbung beeinflussen würden.

Die folgenden Variablen korrelierten nach den Ermittlungen positiv sowohl mit der Anzahl der empfangenen Kommentare als auch mit dem Kauf des Erzeugnisses:

1. Allgemeines Merkmal der Neuerung bei Erzeugnissen der Nahrungsmittelindustrie (Feststellung bei Einführung zehn neuer Nahrungsmittel),
2. Kaufneigung,
3. Anzahl der pro Tag getrunkenen Tassen Kaffee,
4. Präferenz für normalen oder für Pulverkaffee.

III. Ergebnisse — Der Prozeß der Mundwerbung

1. Inhalt

Die ausgetauschten Kommentare wurden von den Adressaten der Mundwerbung bewertet. 57 % der Kommentare wurden als günstig (für den Kauf von Perky-Kaffee), 39 % als neutral und 4 % als ungünstig eingestuft.

Tabelle 3 stellt die Entwicklung des Inhalts der Mundwerbung im Zeitablauf dar.

Tabelle 3
Entwicklung des Inhalts der Mundwerbung im Zeitablauf

Inhalt des Kommentars	Die ersten 6 Tage	Die nächsten 7 Tage	Letzte 3 Tage	Gesamt
Schreiben, Umwerbung, Ausstellung	12 %	2 %	8 %	8 %
Gutschein und Preiswürdigkeit des Kaufes	77 %	66 %	55 %	71 %
Bewertung des Perky-Kaffees, Aroma	11 %	32 %	37 %	21 %
Gesamt Ausgangszahl	100 % (187)	100 % (104)	100 % (38)	100 % (329)

Aus Tabelle 3 geht hervor, daß die Mundwerbung von Tag zu Tag geringer wurde. Während der Anteil der Kommentare über die Gutscheine und den Kaufakt während der Versuchsperiode abnahm, stieg der Anteil der bewertenden Kommentare über das Erzeugnis. Die Analyse des Inhalts der Kommentare ergab wenig sichere Hinweise auf einen unmittelbaren zweistufigen Informationsfluß in dem Sinne, daß die Informationen, deren Quelle außerhalb des Sozialsystems liegt, mündlich weitergegeben wurden. Mit einer Reihe von Ausnahmen wurden die Werbebotschaften und die verkaufsbezogenen Angaben in dem Schreiben und im Werbematerial in den Gesprächen im Laden nicht weitergegeben. Statt dessen äußerten die informellen Werbeweiterpflanzer ihre eigene Meinung über das Erzeugnis und über die gebotene Kaufmöglichkeit.

2. Informationsfluß

Tabelle 4 verdeutlicht den Fluß der mündlichen Informationen zwischen Käufern und Nichtkäufern (zur Zeit des Gesprächs). Der Fluß zwischen den verschiedenen Gruppen der Werbeerfüller ist in Tabelle 5 sichtbar gemacht.

Tabelle 4
Fluß der mündlichen Informationen zwischen Käufern und Nichtkäufern – Kommentare

Weiterpflanzer der Werbung	Empfänger der Werbung					
	Hatte bei Gespräch gekauft		Hatte nicht gekauft		Gesamt	
	%	Zahl der Kommentare	%	Zahl der Kommentare	%	Zahl
Hatte bei Gespräch gekauft	11	(37)	15	(50)	26	(87)
Hatte nicht gekauft	11	(36)	39	(127)	50	(163)
Käuferstatus nicht ermittelbar	7	(23)	17	(56)	24	(79)
Gesamt	29 %	(96)	71 %	(233)	100 %	(329)

Tabelle 5
Fluß der mündlichen Informationen zwischen den Gruppen der Werbeerfüller – Kommentare

Weiterpflanzer der Werbung	Empfänger der Werbung									
	Pioniere		Frühe Werbeerfüller		Späte Werbeerfüller		Keine Werbeerfüller		Gesamt	
	%	Zahl	%	Zahl	%	Zahl	%	Zahl	%	Zahl
Pioniere	4	(14)	9	(28)	2	(8)	8	(26)	23	(76)
Frühe Werbeerf.	5	(18)	3	(9)	4	(13)	6	(21)	18	(61)
Späte Werbeerf.	2	(5)	4	(13)	2	(8)	6	(19)	14	(45)
Keine Werbeerf.	8	(25)	3	(10)	5	(18)	10	(32)	26	(85)
Nicht festgestellt	3	(10)	6	(20)	3	(8)	7	(24)	19	(62)
Gesamt	22	(72)	25	(80)	16	(55)	37	(122)	100	(329)

Tabelle 4 zeigt, daß der stärkste Strom der mündlichen Informationen sich zwischen Versuchspersonen bewegte, die noch nicht gekauft hatten. Die 29 % der von den Versuchspersonen empfangenen Kommentare, die schon Perky-Kaffee gekauft hatten, müssen natürlich als Mitursache des Erstkaufes der Empfänger der Werbung ausscheiden. Mehr als zwei Drittel der Kommentare wurden indessen an Nichtkäufer übermittelt. Es bestand eine hohe Wahrscheinlichkeit für Kontakte der Nichtkäufer mit anderen Nichtkäufern, während ein großer Teil der Käufer Informationen von anderen Bewohnern des Viertels zu erhalten suchte, die ebenfalls gekauft hatten. Hierin könnte zum Ausdruck kommen, daß befreundete Gruppen gleichzeitig kauften oder daß versucht wurde, nach dem Kauf auftretende Nichtübereinstimmungen zu mindern.

Aus Tabelle 5 läßt sich entnehmen, daß die Pioniere die aktivsten Informationsmittler waren, sowohl als Weiterpflanzer wie auch als Empfänger der Werbung. Dabei ist die Zahl der Versuchspersonen in jeder Gruppe von Werbeerfüllern berücksichtigt. Tabelle 5 läßt in gewissem Grade den Schluß zu, daß die mündlichen Informationen während des Vorganges der Verbreitung von den ersten Käufern langsam bis zu den letzten Käufern durchsickerten.

3. Werbeberührung

Bei der Widerlegung der Hypothese des zweistufigen Flusses (nach unten) nannte Cox[10] Ergebnisse, die zeigen, daß Gesprächskontakte oft von Werbeempfängern eingeleitet werden, die die Weiterpflanzer der Werbung um Informationen bitten. Cunningham[11] stellte fest, daß etwa 50 % der mündlichen Interaktionen in bezug auf Haushaltserzeugnisse durch ein Informationsbedürfnis zustande kamen. Bei dieser Untersuchung gaben nur 22 % der Empfänger der Mundwerbung an, sie hätten das erste Gespräch eingeleitet. Sechzig Prozent gaben an, die Weiterpflanzer der Mundwerbung hätten sie unaufgefordert informiert. Vielleicht würde man sich planmäßiger um Informationen bemühen, wenn es um einen wichtigeren Kauf mit einem größeren wahrgenommenen Risiko geht. Vielleicht war es auch so, daß der hohe Betrag des Gutscheins die unaufgeforderte Weitergabe von Informationen förderte.

Die Beziehung zwischen Kauf und Einleiten des ersten empfangenen Kommentars vor dem Kauf geht aus Tabelle 6 hervor. Man sieht, daß zwischen Gespräch und Kauf eine eindeutige Beziehung besteht. Wer wenigstens einen Kommentar empfing, kaufte mit größerer Wahrscheinlichkeit als derjenige, der der Mundwerbung nicht ausgesetzt war.

Tabelle 6
Beziehung zwischen der Einleitung des ersten Gesprächs und dem Kauf von Perky-Kaffee*

Einleitung des Gesprächs	Käufer	Nicht-Käufer	Gesamt	Ausgangszahl
Empfang Mundwerbung:				
Versuchsperson bat um Informationen	52 %	48 %	100 %	(29)
Informationen unaufgefordert gegeben	45 %	55 %	100 %	(86)
Beide Parteien brachten die Rede auf Perky-Kaffee	50 %	50 %	100 %	(14)
Kommentar zufällig gehört	40 %	60 %	100 %	(15)
Keine Teilnehmer an der Mundwerbung	39 %	61 %	100 %	(302)

*) Kommentare nach dem Kauf nicht berücksichtigt.

Diejenigen, die angaben, sie hätten das Gespräch eingeleitet, waren eher zum Kauf bereit als die Personen, die Informationen erhielten, ohne daß sie darum gebeten hätten. Es ist möglich, daß eine größere Kaufneigung bei denen bestand, die die Gespräche begannen. Eine zweite Auslegung wäre die, daß die Kommentare vor dem Kauf eine größere Wirkung hatten, wenn die Empfänger um Informationen baten, weil Werbeempfänger gegenüber Informationen dann aufgeschlossener sind, wenn sie selbst darum bitten und/oder wenn sie die Quelle der Informationen selbst auswählen.

4. Die Wirkung der Mundwerbung

Um die Wirkung der Mundwerbung zu messen, wurde ein Index entwickelt. Zu diesem Zweck erhielt jeder empfangene günstige Kommentar einen Wert von $+1$. Jedem neutralen Kommentar wurde ein Wert von 0 zugeordnet, während jeder ungünstige Kommentar den Wert -1 erhielt. Kommentare nach dem Kauf wurden unberücksichtigt gelassen. Ein Wert von $+1$ oder mehr bezeichnete „günstige Wirkung", ein Wert von -1 oder weniger „ungünstige Wirkung". Ein Wert von 0 wurde als „wirkungslos" bezeichnet, wenn die Versuchsperson der Mundwerbung ausgesetzt war. Die Tatsache des Fehlens von Mundwerbung wurde mit der Wendung „keine Kommentare empfangen" bezeichnet.

Tabelle 7 verdeutlicht die einfache Beziehung, die zwischen der Wirkung der Mundwerbung und dem Kauf besteht. Von den Versuchspersonen, die von einer günstigen Wirkung berichteten, kauften 54 % Perky-Kaffee, verglichen mit den 42 % der Versuchspersonen, die an der Mundwerbung nicht teilgenommen hatten. Nur 18 % der Personen, die ungünstig beeinflußt wurden, entschlossen sich zum Kauf. Die Wahrscheinlichkeit des Kaufs war bei den Personen, die keine Wirkung berichteten, ebenso groß wie bei denen, die an der Mundwerbung teilgenommen hatten. Die grundlegende Beziehung zwischen der Wirkung der Mundwerbung und dem Kauf gilt auch dann, wenn man Faktoren wie Kaufneigung, allgemeine Neuheit und Anzahl der pro Tag getrunkenen Tassen Kaffee berücksichtigt.

Tabelle 7
Beziehung zwischen Wirkung der Mundwerbung und Kauf*)

Gruppe der Werbeerfüller	Günstige Wirkung		Keine b) Wirkung		Ungünstige Wirkung		Keine Kommentare empfangen		Gesamt	
Werbeerfüller	54 %		42 %		18 %		42 %		44 %	
Pioniere a)		11		14		9		12		12
Frühe Werbeerf. a)		26		7		9		19		19
Späte Werbeerf. a)		17		21		0		11		13
Keine Werbeerf.	46 %		58 %		82 %		58 %		56 %	
Gesamt Ausgangswert	100 % (88)		100 % (43)		100 % (11)		100 % (274)		100 % (416)	

a) Gruppiert für X^2.   b) Nicht in X^2-Analyse eingeschlossen.
$X^2 = 6{,}01$ $p < 0.05$ (2 d. f.)

*) Die Nicht-Kaffeetrinker sind in der Analyse in Tabelle 7 und den folgenden Tabellen nicht berücksichtigt.

IV. Soziometrische Variablen

Um soziale Beziehungsgeflechte aufzudecken, wurden jeder Versuchsperson drei Fragen vorgelegt:

1. „Wenn Sie Informationen über neue von Ihnen noch nicht probierte Nahrungsmittel haben möchten, gibt es bestimmte Personen, mit denen Sie die neuen Erzeugnisse lieber als mit anderen besprechen würden?"

2. „Kennen Sie Personen, die öfter als andere Informationen über neue Nahrungsmittel weitergeben, ohne dazu aufgefordert zu sein?"

3. „Gibt es hier in Peabody Terrace Hausfrauen, die Sie als relativ enge Freundinnen bezeichnen würden?"

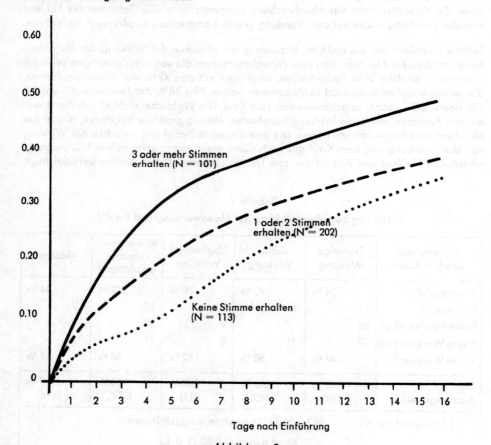

Abbildung 2
Beziehung zwischen Zeitpunkt des Erstkaufs und der Anzahl der empfangenen Stimmen als „relativ enge Freundin"

Für jede Frage waren drei Namen erbeten. Abbildung 2 zeigt die Beziehung zwischen dem Zeitpunkt des Kaufes und der Anzahl der Wahlen „relativ enge Freundin", die die Käuferin erhielt. Die Kurven sind den von Coleman, Katz und Menzel[12]) und Coleman, Menzel und Katz[13]) veröffentlichten Verläufen auffallend ähnlich. Vergleichbare Ergebnisse erhielten wir für Käuferinnen, die als „Person, mit der wahrscheinlich neue Erzeugnisse besprochen werden", gewählt worden waren und für solche, die als „Freiwillige Informationsmittler" bezeichnet wurden (hier nicht dargestellt). Hausfrauen, die sozial voll integriert waren, kauften Perky-Kaffee schneller als solche, die isoliert lebten. In Abbildung 2 weisen die Kurven für die Personen, die keine Stimmen erhielten, eine nahezu konstante Steigung auf, während die Kurven für die integrierten Hausfrauen eine stärkere Steigung aufwiesen. Gegen Ende der Versuchsperiode konvergierten die Kurven für die integrierten und die nichtintegrierten Hausfrauen.

Die Tabellen 8 und 9 zeigen, daß bei den Versuchspersonen, die einmal oder öfter als „Person, mit der wahrscheinlich neue Nahrungsmittel besprochen werden" und als „relativ enge Freundin" bezeichnet werden, die weitaus größere Wahrscheinlichkeit besteht, daß sie mündliche Informationen erhalten, als bei den entsprechenden nichtintegrierten

Tabelle 8
Beziehung zwischen der Wirkung der Mundwerbung und der Anzahl der Wahlen als „Person, mit der wahrscheinlich neue Nahrungsmittel besprochen werden"

Wirkung der Mundwerbung	Anzahl der Stimmen			
	Keine	1 oder 2	3 oder mehr	Gesamt
Empfangene mündliche Informationen:	26 %	49 %	67 %	34 %
Günstige Wirkung a)	15	33	45	21
Keine Wirkung a)	9	13	22	10
Ungünstige Wirkung a)	2	3	0	3
Keine Kommentare empfangen	74 %	51 %	33 %	66 %
Gesamt	100 %	100 %	100 %	100 %
Ausgangswert	(278)	(129)	(9)	(416)
a) Gruppiert für X^2 $X^2 = 26{,}19$ $p < 0.001$ (2 d. f.)				

Personen. Da früher festgestellt wurde, daß der Empfang mündlicher Informationen den Kaufentschluß zu fördern pflegt (Tabelle 7), darf geschlossen werden, daß eine stärkere Mundwerbung eher zum Kauf durch voll integrierte Personen führt, d. h. Frauen, die von anderen Frauen als „recht gute Freundin" bezeichnet wurden, kaufen das Produkt früher als solche, die nicht „gewählt" wurden und daher als isoliert gelten können.

Tabelle 9
Beziehung zwischen der Wirkung der Mundwerbung und der Anzahl der „Wahlen"
als „relativ enge Freundin"

Wirkung der Mundwerbung	Anzahl der Stimmen			
	Keine	1 oder 2	3 oder mehr	Gesamt
Empfangene mündliche Informationen:	14 %	33 %	58 %	34 %
Günstige Wirkung a)	7	17	44	21
Keine Wirkung a)	5	12	12	10
Ungünstige Wirkung a)	2	4	2	3
Keine Kommentare empfangen	86 %	67 %	42 %	66 %
Gesamt	100 %	100 %	100 %	100 %
Ausgangswert	(113)	(202)	(101)	(416)

a) Gruppiert für X^2.

$$X^2 = 46{,}79 \quad p < 0{.}001 \quad (2 \text{ d. f.})$$

V. Wahrgenommenes Risiko

1. Der Begriff

Bauer[14] führte den Begriff des wahrgenommenen Risikos in das Verbraucherverhalten ein. Er stellte die Behauptung auf, das Konsumentenverhalten impliziere ein Risiko in dem Sinne, daß die Handlung eines Verbrauchers Wirkungen habe, die dieser nicht mit Sicherheit voraussehen könne. Diese Wirkungen könnten auf finanziellem oder psychosozialem Gebiet oder in der Verwendung des Erzeugnisses liegen.

Der Begriff des wahrgenommenen Risikos in der hier verwendeten Form[15] enthält zwei wichtige Risiko-Merkmale: Bedeutung (Gefühlskomponente) und Unsicherheit (Vorstellungskomponente). Die Bedeutungs-Komponente wurde durch die Frage gemessen: „Wie wichtig ist es für Sie, daß eine neue Kaffeesorte, die Sie vorher noch nicht probiert haben, genauso gut ist wie die jetzt verwendete Sorte: nicht wichtig, ziemlich wichtig, wichtig oder sehr wichtig?" Die Frage, die sich auf die Unsicherheits-Komponente bezog, lautete: „Wie sicher sind Sie, daß Sie für Ihr Geld eine neue Kaffeesorte bekommen, die so gut ist wie die jetzt verwendete Sorte: sehr sicher, gewöhnlich sicher, manchmal sicher oder fast nie sicher?" Die Beziehung zwischen den beiden Komponenten wurde als multiplikativ angenommen. Auf Grund ihrer Gesamt-Risikoangaben wurden die Versuchspersonen in drei Gruppen eingeteilt: großes, mittleres, kleines wahrgenommenes Risiko.

2. Risikoinhalt

Eine zweite Dimension des wahrgenommenen Risikos ist der Risikoinhalt, d. h. welche Art Risiko die Versuchspersonen wahrnehmen. Informationen über den Inhalt des Risikos ergaben sich aus den Antworten auf die folgenden Fragen: „Wenn Sie eine neue Kaffeesorte kaufen, die nicht so gut ist wie Ihre jetzige Sorte, wäre es denkbar, daß sich für Sie irgend Problem daraus ergäbe?" Tabelle 10 macht die Beziehung zwischen der Größe und dem Inhalt des wahrgenommenen Risikos deutlich.

Tabelle 10
Beziehung zwischen Größe und Inhalt des wahrgenommenen Risikos

Inhalt des wahrgenommenen Risikos	Größe des wahrgenommenen Risikos			
	Groß	Mittel	Klein	Gesamt
Geldverschwendung	26 %	15 %	11 %	18 %
Frustration und Ärger	6 %	4 %	3 %	5 %
Reaktion des Ehemannes	13 %	4 %	5 %	7 %
Unannehmlichkeit, einen schlechteren Kaffee zu trinken oder zu servieren	23 %	15 %	23 %	19 %
Kein ernstes Problem; würde ihn verbrauchen oder fortwerfen	22 %	26 %	19 %	24 %
Kein Problem	27 %	52 %	53 %	43 %
Gesamt	117 %*)	116 %*)	114 %*)	116 %*)
Ausgangswert	(145)	(206)	(64)	(414)

*) Wegen Mehrfach-Antworten über 100 %

Tabelle 10 zeigt, daß diejenigen Versuchspersonen, die ein großes Risiko wahrgenommen hatten, sich im Hinblick auf den Risikoinhalt von den Personen am anderen Ende der Skala (kleines Risiko) unterscheiden. Die Wahrscheinlichkeit, das Vorhandensein eines Problems – abgesehen von Unannehmlichkeiten – überhaupt zu verneinen, war bei der letztgenannten Gruppe viel größer. Bei der Gruppe mit starkem Risikogefühl herrschten die Risikofaktoren Geldverschwendung und Reaktion des Ehemannes vor.

3. Wahrgenommenes Risiko und Verhalten bei der Mundwerbung

Um mit dem beim Kauf auftretenden Risiko fertig zu werden, entwickeln die Verbraucher Strategien[16]. Eine dieser Strategien zur Verringerung des Risikos würde nach Cunningham[17] darin bestehen, das gleiche Erzeugnis wiederholt zu kaufen. Käufer mit einer aktiveren Strategie würden sich um zusätzliche Informationen aus einer Reihe von Quellen bemühen. Dazu würde auch die Mundwerbung gehören. Cunningham[18] hat festgestellt, daß bei zwei von drei Erzeugnissen die Personen mit starkem Risikogefühl mit größerer Wahrscheinlichkeit produktbezogene Gespräche in den letzten sechs Monaten führten als Personen mit schwach ausgebildetem Risikogefühl. Es wurde die Hypothese aufgestellt, daß die Gruppe mit starkem Risikogefühl mehr als andere angeben würde, Kommentare über Perky-Kaffee empfangen zu haben. Die in Tabelle 11 zusammengefaßten Zahlen bestätigen diese Hypothese nicht. Es wurden auch keine Unterschiede zwischen den Gruppen mit starkem und schwachem Risikogefühl hinsichtlich der A n z a h l der empfangenen Kommentare festgestellt (hier nicht dargestellt).

Allerdings ist das wahrgenommene Risiko nicht der einzige Bestimmungsfaktor für das Verhalten bei der Mundwerbung. Es wurde weiter oben gezeigt, daß die Zahl der soziometrischen „Wahlen" in signifikanter Weise zum Anteil der Versuchspersonen in Beziehung stand, die mindestens einen Kommentar empfingen (Tabellen 8 und 9). Da die Personen mit schwachem Risikogefühl mehr Freunde hatten (hier nicht angegeben), waren ihre Möglichkeiten größer, über Perky-Kaffee zu reden. Tabelle 12 zeigt die Beziehung zwischen wahrgenommenem Risiko und Wirkung der Mundwerbung, unter Berücksichtigung der Anzahl der empfangenen „Stimmen" als Freundin.

Tabelle 11
Beziehung zwischen wahrgenommenem Risiko und der Wirkung der Mundwerbung

Wirkung der Mundwerbung	Wahrgenommenes Risiko			
	Groß	Mittel	Klein	Gesamt
Empfangene mündliche Informationen:				
Günstige Wirkung a)	35 %	33 %	36 %	34 %
	20	21	25	21
Keine Wirkung a)	12	10	8	10
Ungünstige Wirkung a)	3	2	3	3
Keine Kommentare empfangen	65 %	67 %	64 %	66 %
Gesamt	100 %	100 %	100 %	100 %
Ausgangswert	(145)	(206)	(64)	(415)

a) Gruppiert für X^2.

$X^2 = 0,29$ $p < 0,90$ (2 d. f.)

Tabelle 12
Beziehung zwischen wahrgenommenem Risiko, Wirkung der Mundwerbung und Anzahl der empfangenen Wahlen als „relativ enge Freundin"
Prozentsatz der Versuchspersonen, die mindestens einen Kommentar empfingen
(Ausgangszahlen in Klammern)

Anzahl der empfangenen Wahlen als „Freundin"	Wahrgenommenes Risiko			Interaktion Groß — Klein w. Ris.
	Groß	Mittel	Klein	
Keine	20 % (40)	12 % (59)	7 % (14)	+ 13 %
1 oder 2	35 % (76)	33 % (96)	28 % (29)	+ 7 %
3 oder mehr	55 % (29)	57 % (51)	67 % (21)	— 12 %

Aus Tabelle 12 läßt sich entnehmen, daß besonders bei der nichtintegrierten Gruppe ein großes wahrgenommenes Risiko einherging mit mehr Mundwerbung. Nichtintegrierte Personen mit starker Risikowahrnehmung beteiligten sich an der Mundwerbung mit einer Wahrscheinlichkeit, die fast dreimal so groß war wie bei der nichtintegrierten Gruppe mit geringer Risikowahrnehmung. Die integrierten Versuchspersonen empfingen mehr mündliche Informationen, weil sie Freundinnen im Wohnviertel hatten.

4. Wahrgenommenes Risiko und Kauf von Perky-Kaffee

Es gibt einen weiteren Grund, warum bei den Versuchspersonen mit großem wahrgenommenem Risiko die Wahrscheinlichkeit nicht größer war, Gespräche über Perky-Kaffee zu führen (siehe Tabelle 11). Als Gruppe waren sie eher bereit, bei einer Ware zu bleiben und weniger am Kauf von Perky-Kaffee i n t e r e s s i e r t als die Personen mit schwachem Risikogefühl. Nach Tabelle 13 geben die Personen mit starkem Risikogefühl 1,3mal so oft an, daß sie „dazu neigen, die gleiche Kaffeesorte zu kaufen" wie die Personen mit mittlerem oder schwachem Risikogefühl. Cunningham[19]) kam zu dem gleichen Ergebnis

Tabelle 13
Beziehung zwischen wahrgenommenem Risiko und Markentreue

Markentreue	Wahrgenommenes Risiko			
	Groß	Mittel	Klein	Gesamt
Kauf derselben Kaffeesorte	68 %	50 %	50 %	50 %
Manchmal wechseln	19 %	29 %	31 %	26 %
Regelmäßig wechseln	13 %	21 %	19 %	18 %
Gesamt	100 %	100 %	100 %	100 %
Ausgangswert	(145)	(206)	(64)	(415)

$X^2 = 12{,}13 \qquad p < 0.02 \quad (4\ \text{d. f.})$

Da sich herausstellte, daß die Markentreue stark negativ mit dem Kauf von Perky-Kaffee korrelierte (hier nicht dargestellt), wurde die Hypothese aufgestellt, daß die Träger eines großen wahrgenommenen Risikos Perky-Kaffee vermutlich nicht so schnell kaufen würden wie die Träger eines kleinen Risikos. Tabelle 14 bestätigt die Hypothese. Während 55 Prozent der letzten Gruppe kauften, waren es bei der Gruppe mit großem Risiko nur 36 Prozent. Es kommt hinzu, daß die Käufer mit starkem Risikogefühl eher geneigt waren, den Kauf bis zum Ende der Versuchsperiode aufzuschieben.

Tabelle 14
Beziehung zwischen wahrgenommenem Risiko und Gruppen von Werbeerfüllern

Gruppe der Werbeerfüller	Wahrgenommenes Risiko			
	Groß	Mittel	Klein	Gesamt
Werbeerfüller:	36 %	47 %	55 %	44 %
Pioniere a)	10	12	16	12
Frühe Werbeerfüller a)	13	21	27	19
Späte Werbeerfüller a)	13	14	12	13
Keine Werbeerfüller	64 %	53 %	45 %	56 %
Gesamt	100 %	100 %	100 %	100 %
Ausgangswert	(145)	(206)	(64)	(415)

a) Gruppiert für X^2.

$X^2 = 7{,}40 \qquad p < 0{,}05 \quad (2.\ \text{d. f.})$

Um mehr über die verzögernde Wirkung des wahrgenommenen Risikos auf den Kaufentschluß zu erfahren, wurden die Nichterfüller gefragt, warum sie Perky-Kaffee nicht kauften. Tabelle 15 zeigt, daß die Träger des großen und kleinen Risikos unterschiedliche Gründe für den Nicht-Kauf angaben.

Tabelle 15
Beziehung zwischen wahrgenommenem Risiko und dem Grund für Nicht-Kauf von Perky-Kaffee (nur Nichterfüller)*)

Angegebener Grund für Nicht-Kauf	Wahrgenommenes Risiko			
	Groß	Mittel	Klein	Gesamt
Wollte kein Risiko mit unbekannter Sorte eingehen; mit jetziger Sorte zufrieden	29 %	11 %	10 %	18 %
Versäumte die gesetzte Frist	11 %	6 %	3 %	7 %
Trinke keinen Kaffee; trinke nicht regelmäßig Kaffee	21 %	39 %	39 %	32 %
Hatte genug Kaffee	27 %	32 %	42 %	31 %
Verschiedene Gründe	17 %	14 %	16 %	15 %
Keine Gründe angegeben	10 %	10 %	10 %	10 %
Gesamt	115 %	112 %	120 %	113 %
Ausgangswert	(93)	(119)	(31)	(243)

a) Wegen Mehrfach-Antworten über 100 %.

*) Nicht-Trinker in Tabelle 15 enthalten.

Verglichen mit den Trägern des kleinen Risikos, machten die Träger des großen Risikos eher die Angabe „wollte kein Risiko mit unbekannter Sorte eingehen". Die Versuchspersonen mit schwachem Risikogefühl gaben dagegen eher „plausible" Gründe an, wie „trinke keinen Kaffee" oder „hatte genug Kaffee". Tabelle 15 bestätigt, daß das wahrgenommene Risiko ein wichtiger Faktor beim Kauf von Perky-Kaffee durch die Versuchspersonen war.

5. Wahrgenommenes Risiko und Wirkung der Mundwerbung

Auf Grundlage der theoretischen Formulierungen von Bauer[20] wäre zu erwarten, daß die Träger des großen Risikos durch die Mundwerbung besonders ansprechbar seien. Die „Wirkung der Mundwerbung" wurde in operationaler Weise definiert als der Unter-

Tabelle 16
Beziehung zwischen wahrgenommenem Risiko, Wirkung der Mundwerbung und Kaufentschluß

Prozentsatz der Versuchspersonen, die Perky-Kaffee kauften
(Ausgangswerte in Klammern)

Wahrgenommenes Risiko	Wirkung der Mundwerbung			Ergebnis Günst. W. – Ungünst. W.
	Günstige Wirkung	Keine Kommentare empfangen	Ungünstige Wirkung	
Groß	52 % (29)	35 % (94)	0 % (4)	+ 52 %
Mittel	53 % (43)	46 % (138)	20 % (5)	+ 33 %
Klein	62 % (16)	49 % (41)	50 % (2)	+ 12 %

schied in den Anteilen von Käufern an den Gruppen mit günstiger und ungünstiger Wirkung. Wenn die Art der Wirkung ohne Einfluß auf den Kaufentschluß bliebe, dann wäre der Unterschied zwischen den beiden Anteilen gleich Null. Wenn man die Wirkung der Mundwerbung vollständig mit dem Kaufentschluß korrelieren würde, dann ergäben sich als Differenz 100 Prozentpunkte. Es wurde die Hypothese aufgestellt, daß die Wirkung der Mundwerbung auf die Träger des großen Risikos stärker sei als auf die Versuchspersonen mit schwachem Risikogefühl. Diese Hypothese wird durch Tabelle 16 bestätigt.

Tabelle 16 zeigt, daß Personen mit starkem Risikogefühl durch die Art der Werbewirkung besonders beeinflußt wurden. Von den Personen mit schwachem Risikogefühl kauften diejenigen, die einer ungünstigen Wirkung ausgesetzt waren, mit fast ebenso großer Wahrscheinlichkeit wie die Personen, die günstige Informationen erhalten hatten. Die Personen mit starkem Risikogefühl achteten offenbar viel mehr auf das, was sie hörten, vor allem auf negative Informationen.

6. Wahrgenommenes Risiko und Fluß der mündlichen Informationen

Cox[21]) hat die Meinung vertreten, daß Verbraucher mit großem wahrgenommenem Risiko mit größerer Wahrscheinlichkeit Informationen aus (mündlichen) Kanälen zu beziehen wünschen, die von „Konsumenten beherrscht" werden. Die Angaben in Tabelle 17 bieten eine gewisse Stütze für diese Meinung. Von den Personen mit großem wahrgenommenem Risiko gaben 26 % an, daß sie selbst das erste Gespräch vor dem Kauf begonnen hätten, verglichen mit 20 % bei den Personen mit kleinem wahrgenommenem Risiko. Allerdings bestand bei beiden Personengruppen eher die Wahrscheinlichkeit, Kommentare zufällig zu hören. Von den Werbeerfüllern mit großem und mittlerem wahrgenommenem Risiko baten 36 % um Informationen oder sie hörten zufällig Kommentare, gegenüber 24 % bei den Werbeerfüllern mit kleinem wahrgenommenem Risiko. Dieses Ergebnis findet sich auch bei Cunningham[22]), der feststellte, daß die Versuchspersonen mit großem und mittlerem wahrgenommenem Risiko etwa 1,5 mal so oft um Informationen baten als

Tabelle 17
Beziehung zwischen wahrgenommenem Risiko und dem Beginn des ersten Gesprächs

Beginn des Gesprächs	Werbeerfüller						Nicht-Erfüller		
	Komment. v. Kauf Wahrgen. Risiko			Komment. n. Kauf Wahrgen. Risiko			Wahrgen. Risiko		
	Groß	Mittel	Klein	Groß	Mittel	Klein	Groß	Klein	Mittel
Versuchsperson bat um Information	25 %	21 %	20 %	25 %	20 %	37 %	16 %	19 %	12 %
Information unaufgefordert gegeben	58 %	55 %	67 %	59 %	60 %	55 %	56 %	67 %	63 %
Beide Parteien brachten Rede auf Perky-Kaffee	11 %	9 %	13 %	8 %	10 %	4 %	12 %	8 %	0 %
Kommentar zufällig mit angehört	5 %	15 %	0 %	8 %	10 %	4 %	16 %	6 %	25 %
Gesamt	100 %	100 %	100 %	100 %	100 %	100 %	100 %	100 %	100 %
Ausgangswert	(19)	(33)	(15)	(12)	(10)	(27)	(32)	(36)	(8)

Personen mit niedriger Risikoschwelle, wenn sie ein produktbezogenes Gespräch begannen.

7. Wahrgenommenes Risiko und Meinungsführerschaft

Bauer[23]) bemerkt, eine der wichtigsten Funktionen der Meinungsführer sei die Verringerung des wahrgenommenen Risikos. Da Meinungsführer sich in ihren Interessen-Bereichen als qualifizierter und informierter erwiesen haben[24]), würde die sogleich einleuchtende Hypothese lauten, daß das wahrgenommene Risiko bei ihnen kleiner als bei Nicht-Meinungsführern ist. Tabelle 18 bestätigt die Hypothese mit einer Irrtumswahrscheinlichkeit von 0,02. Dieses Ergebnis stimmt jedoch nicht mit den Beobachtungen von Cunningham[25]) überein, wonach Personen mit starkem Risikogefühl eher angaben, daß Freundinnen mit größerer Wahrscheinlichkeit sich bei ihnen Rat über Nahrungsmittel oder Wäschereien holten. Cunningham behauptete, die Personen mit starkem Risikogefühl bemühten sich um Informationen, um ihr eigenes Informations-Bedürfnis zu befriedigen und so Produktionskenntnisse aufzubauen, die von anderen anerkannt und herangezogen werden. Die hier vorgelegten Ergebnisse stellen nicht notwendig eine Widerlegung der Ergebnisse von Cunningham dar. Die unterschiedlichen Ergebnisse können auf Unterschiede in der Methodologie, im Erhebungsverfahren oder in den untersuchten Erzeugnissen zurückzuführen sein.

Tabelle 18
Beziehung zwischen wahrgenommenem Risiko und Anzahl der empfangenen Wahlen als „Person, mit der vermutlich neue Nahrungsmittelerzeugnisse besprochen werden"

Anzahl der empfangenen Wahlen	Groß	Mittel	Klein	Gesamt
Keine	68 %	69 %	55 %	67 %
1 oder 2	32 %	29 %	37 %	31 %
3 oder mehr	0 %	2 %	8 %	2 %
Gesamt Ausgangswert	100 % (145)	100 % (206)	100 % (64)	100 % (415)

$X^2 = 12{,}08 \quad p < 0{,}02 \quad (4\ d.\ f.)$

Während der Status des Meinungsführers die allgemeine Möglichkeit der Beeinflussung widerspiegelt, bildet die Anzahl der gegebenen Kommentare ein Maß für die t a t - s ä c h l i c h e n Einflußversuche. Da die beiden Maße für die Einflußmöglichkeit vermutlich eine starke Abhängigkeit voneinander aufweisen, wurde die Hypothese aufgestellt, daß die Personen mit schwachem Risikogefühl eher einen Rat über Perky-Kaffee geben würden als die Versuchspersonen mit hoher Risikoschwelle. Tabelle 19 bestätigt die Hypothese.

Es sind also vor allem die Personen mit hoher Risikoschwelle, die offensichtlich den V e r - s u c h unternahmen, das Risiko durch die Mundwerbung zu verringern. Dagegen waren die Personen mit niedriger Risikoschwelle diejenigen, die im Prozeß der Mundwerbung Kommentare g a b e n. Die mündlichen Informationen flossen also von den Personen mit niedriger zu denen mit hoher Risikoschwelle.

Tabelle 19
Beziehung zwischen wahrgenommenem Risiko und Anzahl der über Perky-Kaffee
an andere gegebenen Kommentare

Anzahl der gegebenen Kommentare	Wahrgenommenes Risiko			
	Groß	Mittel	Klein	Gesamt
Keine	63 %	59 %	48 %	59 %
1 Kommentar	26 %	30	27 %	28 %
2 Kommentare a)	6 %	5 %	16 %	7 %
3 oder mehr Kommentare a)	5 %	6 %	9 %	6 %
Gesamt	100 %	100 %	100 %	100 %
Ausgangswert	(145)	(206)	(64)	(415)

a) Gruppiert für X^2.

$X^2 = 10,16$ $p < 0,05$ (4 d. f.)

Abschließend ist aufgrund der Ergebnisse zu sagen, daß das wahrgenomme Risiko ein wichtiger Bestimmungsfaktor für das Verhalten im Kommunikationsnetz der Verbraucher und für das Kaufverhalten ist. Ein großes wahrgenommenes Risiko, zusammen mit einem hohen Maß an Warentreue, verzögert den Kaufentschluß. Zweitens scheinen die Personen mit hoher Risikoschwelle überlegter zu kaufen. Sie sind eher entschlossen, sich um Informationen zu bemühen, und sie werden durch die erhaltenen Informationen stärker beeinflußt, besonders, wenn sie selbst sich um sie bemüht haben.

VI. Allgemeines Selbstvertrauen

Unter Laboratoriumsbedingungen ermittelten Cox und Bauer[26], Barach[27] und Gergen und Baur[28] nicht-lineare Beziehungen zwischen allgemeinem Selbstvertrauen und Überredbarkeit. Personen mit hoher Risikoschwelle verließen sich eher auf sich selbst, weil sie von sich überzeugt waren. Personen mit geringem allgemeinem Selbstvertrauen zeigten eher defensive Reaktionen und bewegten sich in eine andere als die empfohlene Richtung. Cunningham[29] fand eine lineare Beziehung zwischen allgemeinem Selbstvertrauen und der Neigung, sich auf eine mündliche Diskussion über Kopfschmerzmittel einzulassen bei Personen mit großem und mittlerem wahrgenommenem Risiko für Kopfschmerzmittel. Die von ihm zusammengetragenen Angaben bestätigen seine Hypothese, daß „Personen mit großem Selbstvertrauen sich hinreichend zutrauen, Erzeugnisse ungehindert mit anderen zu besprechen". Für die Gruppe mit kleinem wahrgenommenem Risiko war die Beziehung nicht-linear, wobei die Gruppe mit mittlerem Risiko die größte Neigung zu Gesprächen hat.

Das Maß des allgemeinen Selbstvertrauens bestand aus vier Fragen, die dem 23-Punkte-Maß für Gefühle der Unzulänglichkeit nach Janis und Field[30] entnommen waren. Die ungenauen Angaben der Versuchspersonen über das Selbstvertrauen wurden in Dezile umgewandelt, die ihrerseits die Grundlage für die Einteilung der Versuchspersonen in drei Gruppen bildeten: großes, mittleres, geringes allgemeines Selbstvertrauen. Die Gruppen wurden entsprechend der Struktur der Daten nach den natürlichen Einschnitten gebildet.

1. Allgemeines Selbstvertrauen und Beteiligung an der Mundwerbung

Ausgehend von den Ergebnissen Cunninghams und dem defensiven Verhalten der Personen mit niedrigem Selbstvertrauen, die an dem Versuch von Cox und Bauer[31] teilgenommen hatten, wurde prognostiziert, daß Personen mit geringem allgemeinem Selbstvertrauen weniger bereitwillig mündliche Kommentare annehmen würden als Personen mit großem Selbstvertrauen. (Unter realistischeren Bedingungen dürften die Defensiv-Mechanismen dazu beitragen, daß Überredungsversuche unterbleiben.) Tabelle 20 bietet eine eingeschränkte Bestätigung der Hypothese. Von den Personen mit hohem allgemeinem Selbstvertrauen empfingen 39 % mündliche Informationen, verglichen mit 30 % der Gruppe mit geringem Selbstvertrauen. Während die Unterschiede „statistisch suggestiv" wirken, beträgt das statistische Niveau des Tests nur 0,4. Immerhin ist eine Ähnlichkeit zu der von Cunningham[32] festgestellten linearen Beziehung zu bemerken. Was den Entschluß zum Kauf von Perky-Kaffee angeht, so unterschieden sich die Personen mit großem Selbstvertrauen nicht von denen mit geringem Selbstvertrauen.

Tabelle 20
Beziehung zwischen allgemeinem Selbstvertrauen und Wirkung der Mundwerbung

Wirkung der Mundwerbung	Allgemeines Selbstvertrauen			
	Groß	Mittel	Gering	Gesamt
Mündliche Informationen empfangen:	39 %	35 %	30 %	34 %
Günstige Wirkung a)	24	22	18	21
Keine Wirkung a)	11	11	9	10
Ungünstige Wirkung a)	4	2	3	3
Keine Kommentare empfangen	61 %	65 %	70 %	66 %
Gesamt	100 %	100 %	100 %	100 %
Ausgangswert	(116)	(185)	(112)	(413)

a) Gruppiert für X^2.

$X^2 = 2,19$ $p < 0,40$ (2 d. f.)

2. Allgemeines Selbstvertrauen und Wirkung der Mundwerbung

Tabelle 21 stellt die Beziehung zwischen allgemeinem Selbstvertrauen und dem Ergebnis des Werbeeinflusses dar. Die nicht-lineare Beziehung zwischen Selbstvertrauen und Überredbarkeit, die Cox und Bauer[33] gefunden hatten, zeigte sich auch hier. Die mündlichen Mitteilungen wirkten sich am stärksten bei den Personen mit mittlerem allgemeinem Selbstvertrauen aus. Obzwar angesichts der kleinen Zellengrößen zur Vorsicht gemahnt werden muß, waren die Versuchspersonen mit geringem Selbstvertrauen im gegenteiligen Sinne beeinflußbar. Diejenigen, die ungünstige mündliche Informationen erhielten, kauften mit noch g r ö ß e r e r Wahrscheinlichkeit als die in günstigem Sinne Beeinflußten. Das deutet auf eine defensive Reaktion gegenüber Überredungsversuchen hin, wie sie auch von Cox und Bauer [34] festgestellt wurde — wenn auch in diesem Falle das „Einschlagen der entgegengesetzten Richtung" Kaufen bedeutete, wenn der Rat dahin ging, nicht zu kaufen.

Tabelle 21
Beziehung zwischen allgemeinem Selbstvertrauen, mündlicher Beeinflussung und Kaufentschluß

Allgemeines Selbstvertrauen	Mündlicher Einfluß			Ergebnis der mündlichen Beeinflussung Günst. – Ung. Einfl.
	Günstiger Einfluß	Keine Kommentare empfangen	Ungünstiger Einfluß	
Groß	50 % (28)	45 % (71)	0 % (4)	+ 50 %
Mittel	58 % (40)	41 % (121)	0 % (4)	+ 58 %
Klein	55 % (20)	43 % (79)	67 % (3)	– 12 %

Diese Zahlen stützen die von Cox und Bauer[35]) vertretene Auffassung, daß Personen mit geringem Selbstvertrauen sich bei der Mundwerbung defensiv verhalten. Zunächst vermeiden sie gern jeden Kontakt mit ihr, aber wenn sie mit ihr in Berührung kommen, dann geht ihr Verhalten leichter in eine Richtung, die der entgegengesetzt ist, die die Weiterpflanzer „ungünstiger" Informationen vorschlagen.

VII. Innen-Außen-Orientierung

Die Variable Innen-Außen-Orientierung ist abgeleitet von den theoretischen Formulierungen Riesmans[36]). Nach Riesman werden innenorientierte Personen von ihren inneren Werten und Maßstäben geleitet. Riesman benutzt das Bild des Kreiselkompasses, um die psychologischen Steuerungsmechanismen innenorientierter Personen zu beschreiben. Die Regelanlage für außenorientierte Personen ist dagegen dem Radar zu vergleichen. Die Gruppe der Zeitgenossen, Kameraden und Kollegen ist die größte Quelle des Einflusses.

Die Innen-Außen-Orientierung wurde durch sechs Punkte gemessen, die der sozialen Präferenz-Skala (36 Punkte) nach Kassarjian[37]) entnommen waren. Formlose Probeinterviews ergaben, daß die sechs ausgewählten Punkte hinreichend repräsentativ für die vollständige Skala waren. Auf Grundlage ihrer Wertungen wurden die Versuchspersonen in drei Gruppen des sozialen Charakters eingestuft: innenorientiert, neutral und außenorientiert.

Es wurde die Hypothese aufgestellt, daß die außenorientierten Personen besonders geneigt sein würden, von den Kanälen der Mundwerbung Gebrauch zu machen. Die Ergebnisse bestätigten die Hypothese nicht. Fünfunddreißig Prozent der als außenorientiert eingestuften Personen empfingen mündliche Informationen, verglichen mit 30 % der neutralen Gruppe und 38 % der innenorientierten Gruppe.

Zweitens wurde erwartet, daß die Mundwerbung sich stärker bei den außenorientierten Personen auswirken würde. Auch diese Hypothese konnte durch die Daten nicht bestätigt werden (siehe Tabelle 22). Entgegen den Erwartungen war die innenorientierte Gruppe am stärksten durch die Mundwerbung zu beeinflussen. Allerdings waren die außenorientierten Personen auf jedem „Niveau" des Werbeeinflusses eher bereit, das neue Erzeugnis zu kaufen als die innenorientierten Personen.

Ein mögliche Erklärung der Ergebnisse ließe sich insofern finden, als die Mundwerbung nicht das einzige Signal zwischen Personen war, das die Radarfühler der außenorientierten Gruppen erreichte. Mittelbare Einflüsse, etwa die Beobachtung, daß viele ihrer Freundinnen das neue Erzeugnis kauften, könnten kräftig zum eigenen Kauf angeregt haben. Der Entscheidungsprozeß außenorientierter Personen läßt sich eher durch Beobachtung und Nachahmen des Kaufverhaltens anderer Personen kennzeichnen als durch das Bemühen um mündliche Informationen.

Tabelle 22
Beziehung zwischen Innen-Außen-Orientierung, Einfluß der Mundwerbung und Kauf von Perky-Kaffee

Prozentsatz der Versuchspersonen, die Perky-Kaffee kauften
(Ausgangswerte in Klammern)

Innen-Außen-Orientierung	Günstiger Einfluß	Keine Kommentare empfangen	Ungünstiger Einfluß	Wirkung des Einflusses der Mundwerbung Günst. – Ungünst. Einfl.
Innenorientiert	50 % (38)	35 % (96)	0 % (4)	+ 50 %
Neutral	55 % (29)	44 % (117)	25 % (4)	+ 30 %
Außenorientiert	62 % (21)	52 % (60)	33 % (3)	+ 29 %

Zusammenfassung

Ziel der Forschungsobjekte war die Untersuchung des Prozesses der Mundwerbung und seine Beziehung zu einigen ausgewählten Variablen im Zusammenhang mit der Einführung einer Kaffeesorte. Das Sample umfaßte 449 Ehefrauen in einem Wohnviertel für verheiratete Studenten.

Produktbezogene Mundwerbung bewegte sich nach den Feststellungen zwischen frühen und späten Werbeerfüllern und Nicht-Erfüllern. Mehr als zwei Drittel der Kommentare wurden von Verbrauchspersonen empfangen, die noch nicht gekauft hatten.

Der Inhalt des empfangenen Kommentars schien das Kaufverhalten der Empfänger zu beeinflussen. Verglichen mit den nicht der Mundwerbung ausgesetzten Personen war die Wahrscheinlichkeit des Kaffeekaufes bei den Personen größer, die durch die Mundwerbung günstig beeinflußt wurden, während die Empfänger ungünstiger Kommentare mit geringerer Wahrscheinlichkeit kauften.

Drei Maße soziometrischer Integration wurden in signifikanter Weise positiv in Beziehung gesetzt zu der Tatsache, daß eine Versuchsperson mündliche Informationen empfangen hatte und außerdem zum Kauf der neuen Kaffeesorte.

Ein hohes wahrgenommenes Risiko war verbunden mit einem hohen Maß an Warentreue, die in negativer Beziehung zum Kauf des Erzeugnisses stand. Offensichtlich bestand ein Informationsfluß von den Personen mit niedriger Risikoschwelle zu denen mit hoher Risikoschwelle. Verglichen mit den Angehörigen der erstgenannten Gruppe ließen sich die Personen mit hohem wahrgenommenem Risiko stärker sowohl durch günstige wie durch ungünstige mündliche Kommentare beeinflussen. Günstige Kommentare beschleunigten, ungünstige Kommentare verlangsamten den Entschluß zum Kauf des Kaffees bei ihnen stärker.

Versuchspersonen mit geringem allgemeinem Selbstvertrauen schienen auf Mundwerbung in einer defensiven Art zu reagieren. Einmal bestand bei ihnen eine geringere Wahrscheinlichkeit des Kontaktes mit der Mundwerbung, entweder weil sie ihr aus dem Weg gingen oder wegen des Mangels an soziometrischer Integration. Kamen sie mit ihr in Berührung, dann beachteten sie offenbar nicht, was über das Erzeugnis gesagt wurde. Obgleich die Beziehung zwischen allgemeinem Selbstvertrauen und Kontakt mit der Mundwerbung positiv und linear war, ergab sich zwischen allgemeinem Selbstvertrauen und der Wirkung der Mundwerbung (bei den an ihr Beteiligten) eine nicht-lineare Beziehung. Dabei reagierte die Gruppe mit mittlerem Selbstvertrauen am stärksten auf die mündlichen Kommentare.

Außenorientierte Personen kauften Perky-Kaffee mit etwas größerer Wahrscheinlichkeit als innenorientierte Personen. Entgegen den Erwartungen war die Wahrscheinlichkeit des Empfanges mündlicher Informationen bei den außenorientierten Personen nicht größer, und sie wurden von den Kommentaren selbst auch nicht stärker beeinflußt.

Im Rahmen des Forschungsprojektes wurde der Informationsfluß während des Prozesses der Mundwerbung verfolgt, und es wurde die Wirkung der verschiedenen Variablen beim Kontakt mit der Mundwerbung und unter ihrem Einfluß gemessen und untersucht. Im vorliegenden Aufsatz konnte gezeigt werden, daß der Grad der soziometrischen Integration und des allgemeinen Selbstvertrauens in positiver Beziehung zu der Beteiligung an der Mundwerbung steht. Es wurde festgestellt, daß allgemeines Selbstvertrauen und wahrgenommenes Risiko mit der Wirkung der Mundwerbung in Beziehung stehen.

Quellenangaben:

[1] Whyte, W. H., Jr.: The Web of Word of Mouth, Fortune, L (November 1954), pp. 140 ff.
[2] Menzel, H., and Katz, E.: Social Relations and Innovation in the Medical Profession: The Epidemiology of a New Drug, Public Opinion Quarterly, XIX (1955), pp. 337–352; Colemann, J., Katz, E., Menzel, H.: The Diffusion of an Innovation Among Physicians, Sociometry, XX, No. 4 (December 1957), pp. 253–270; Coleman, J., Menzel, H., and Katz, E.: Social Processes in Physicians' Adoption of a New Drug, Journal of Chronic Diseases, IX, No. 1 (January 1959), pp. 1–19.
[3] Stafford, J. E.: Effects of Group Influences on Consumer Brand Preferences, Journal of Marketing Research, III (February 1966), pp. 68–75.
[4] Myers, J. G.: Patterns of Interpersonal Influence in the Adoption of New Food Products. In: R. M. Haas (ed.): Science, Technology, and Marketing, Proceedings of the 1966 Fall Conference of the American Marketing Association, Chicago 1966, pp. 750 bis 757.
[5] Katz, E., and Lazarsfeld, F.: Personal Influence: The Part Played by People in the Flow of Mass Communications, Glencoe, Illinois, 1955.
[6] Katona, G., and Mueller, E.: A Study of Purchase Decisions. In: L. H. Clark (ed.): Consumer Behavior: The Dynamics of Consumer Reaction, New York 1954, pp. 30–87.
[7] Beal, G. M., and Rogers, E. M.: Informational Sources in the Adoption Process of New Fabrics, Journal of Home Economics, XLIX (1957), pp. 630–634.
[8] Fisk, G.: Media Influence Reconsidered, Public Opinion Quarterly, XXXIII, No. 1 (Spring 1959), pp. 83–91.
[9] Bell, W. E.: Consumer Innovators: A Unique Market for Newness. In: S. A. Greyser (ed.): Toward Scientific Marketing, Proceedings of the Winter Conference of the American Marketing Association, December 1963, Chicago 1964, pp. 85–95.
[10] Cox, D. F.: The Audience as Communicators. In: S. A. Greyser (ed.): Toward Scientific Marketing, Proceedings of the Winter Conference of the American Marketing Association, December 1963, Chicago 1964.

[11]) Cunningham, S. M.: The Role of Perceived Risk in Product-Related Discussion and Brand Purchase Behavior, Unpublished Doctoral Dissertation, Graduate School of Business Administration, Harvard University, 1965.
[12]) Coleman, J., Katz, E., Menzel, H:. The Diffusion of an Innovation Among Physicians, Sociometry, XX, No. 4 (December 1957), pp. 253–270.
[13]) Coleman, J., Menzel, H., and Katz, E.: Social Processes in Physicians' Adoption of a New Drug, Journal of Chronic Diseases, IX, No. 1 (January 1959), pp. 1–19.
[14]) Bauer, R. A.: Consumer Behavior as Risk Taking. In: R. S. Hancock (ed.): Dynamic Marketing for a Changing World, Proceedings of the 43rd National Conference of the American Marketing Association, June 1960, Chicago 1960.
[15]) Nach Cunningham, S. M.: The Role of Perceived Risk in Product-Related Discussion, a. a. O.
[16]) Siehe Bauer, R. A.: Consumer Behavior as Risk Taking, a. a. O.
[17]) Cunningham, S. M.: The Role of Perceived Risk in Product-Related Discussion, a. a. O.
[18]) Ebenda.
[19]) Ebenda.
[20]) Bauer, R. A.: Consumer Behavior as Risk Taking, a. a. O.
[21]) Cox, D. F.: The Audience as Communicators, a. a. O.
[22]) Cunningham, S. M.: The Role of Perceived Risk in Product-Related Discussion, a. a. O.
[23]) Bauer, R. A.: Consumer Behavior as Risk Taking, a. a. O.
[24]) Siehe Arndt, J.: Word of Mouth Advertising and Informal Communications. In: D. F. Fox (ed.): Risk Taking and Information Handling in Consumer Behavior, Boston 1967.
[25]) Cunningham, S. M.: The Role of Perceived Risk in Product-Related Discussion, a. a. O.
[26]) Cox, D. F., and Bauer, R. A.: Self-Confidence and Persuability in Women, Public Opinion Quarterly, XXVIII, No. 3 (Fall 1964), pp. 453–466.
[27]) Barach, J. A.: Self-Confidence and Reactions to Television Commercials. In: D. F. Cox (ed.): Risk Taking and Information Handling in Consumer Behavior, Boston 1967.
[28]) Gergen, K. J., and Bauer, R. A.: The Interactive Effects of Self-Esteem and Task Difficulty on Social Conformity. In: D. F. Cox (ed.): Risk Taking and Information Handling in Consumer Behavior, Boston 1967.
[29]) Cunningham, S. M.: The Role of Perceived Risk in Product-Related Discussion, a. a. O.
[30]) Janis, I. L., and Field, P. B.: Sex Differences and Personality Factors Related to Persuability. In: I. L. Janis et al.: Personality and Persuability, New Haven 1959, pp. 55–68.
[31]) Cox, D. F. and Bauer, R. A.: Self-Confidence and Persuability in Women, a. a. O.
[32]) Cunningham, S. M.: The Role of Perceived Risk in Product-Related Discussion, a. a. O.
[33]) Cox, D. F., and Bauer, R. A.: Self-Confidence and Persuability in Women, a. a. O.
[34]) Ebenda.
[35]) Ebenda.
[36]) Riesman, D. (with N. Glazer and R. Denney): The Lonely Crowd, Abridged ed. New Haven 1961.
[37]) Kassarjian, W. M.: A Study of Riesman's Theory of Social Character, Sociometry, XXV (September 1962), pp. 213–230.

Literatur:

Arndt, J.: Word of Mouth Advertising and Informal Communications. In: D. F. Cox (ed.): Risk Taking and Information Handling in Consumer Behavior, Boston 1967.

Barach, J. A.: Self-Confidence and Reactions to Television Commercials. In: D. F. Cox (ed.): Risk Taking and Information Handling in Consumer Behavior, Boston 1967.

Bauer, R. A.: Consumer Behavior as Risk Taking. In: R. S. Hancock (ed.): Dynamic Marketing for a Changing World, Proceedings of the 43rd National Conference of the American Marketing Association, June 1960, Chicago 1960.

Beal, G. M., and Rogers, E. M.: Informational Sources in the Adoption Process of New Fabrics, Journal of Home Economics, XLIX (1957), pp. 630–634.

Bell, W. E.: Consumer Innovators: A Unique Market for Newness. In: S. A. Greyser (ed.): Toward Scientific Marketing, Proceedings of the Winter Conference of the American Marketing Association, December 1963, Chicago 1964, pp. 85–95.

Coleman, J., Katz, E., Menzel, H.: The Diffusion of an Innovation Among Physicians, Sociometry, XX, No. 4 (December 1957), pp. 253–270.

Coleman, J., Menzel, H., and Katz, E.: Social Processes in Physicians' Adoption of a New Drug, Journal of Chronic Diseases, IX, No. 1 (January 1959), pp. 1–19.

Cox, D. F.: The Audience as Communicators. In: S. A. Greyser (ed.): Toward Scientific Marketing, Proceedings of the Winter Conference of the American Marketing Association, December 1963, Chicago 1964.

Cox, D. F., and Bauer, R. A.: Self-Confidence and Persuability in Women, Public Opinion Quarterly, XXVIII, No. 3 (Fall 1964), pp. 453–466.

Cunningham, S. M.: The Role of Perceived Risk in Product-Related Discussion and Brand Purchase Behavior, Unpublished Doctoral Dissertation, Graduate School of Business Administration, Harvard University 1965.

Fisk, G.: Media Influence Reconsidered, Public Opinion Quarterly, XXXIII, No. 1 (Spring 1959), pp. 83–91.

Gergen, K. J., and Bauer, R. A.: The Interactive Effects of Self-Esteem and Task Difficulty on Social Conformity. In: D. F. Cox (ed.): Risk Taking and Information Handling in Consumer Behavior, Boston 1967.

Janis, I. L., and Field, P. B.: Sex Differences and Personality Factors Related to Persuability. In: I. L. Janis et al.: Personality and Persuability, New Haven 1959, pp. 55–68.

Kassarjian, W. M.: A Study of Riesman's Theory of Social Character, Sociometry, XXV (September 1962), pp. 213–230.

Katona, G., and Mueller, E.: A Study of Purchase Decisions. In: L. H. Clark (ed.): Consumer Behavior: The Dynamics of Consumer Reaction, New York 1954, pp. 30–87.

Katz, E., and Lazarsfeld, F.: Personal Influence: The Part Played by People in the Flow of Mass Communications, Glencoe, Illinois 1955.

Menzel, H., and Katz, E.: Social Relations and Innovation in the Medical Profession: The Epidemiology of a New Drug, Public Opinion Quarterly, XIX (1955), pp. 337–352.

Myers, J. G.: Patterns of Interpersonal Influence in the Adoption of New Food Products. In: R. M. Haas (ed.): Science, Technology, and Marketing, Proceedings of the 1966 Fall Conference of the American Marketing Association, Chicago 1966, pp. 750–757.

Riesman, D. (with N. Glazer and R. Denney): The Lonely Crowd, Abridged ed. New Haven 1961.

Stafford, J. E.: Effects of Group Influences on Consumer Brand Preferences, Journal of Marketing Research, III (February, 1966), pp. 68–75.

Whyte, W. H., Jr.: The Web of Word of Mouth, Fortune, L (November 1954), pp. 140 ff.

Schlagwortregister

Abonnentenexemplare 641
Abrechnungssystem
— amerikanisches 354
— deutsches 354
Abrechnungsverfahren
— kostenabhängige 355
— umsatzabhängige 354
Absatzgemeinschaften 492
Absatzrationalisierung,
  werbebedingte 409, 411
Absatzstrategie 52
Absatzwerbung 4
Absatzziele 406
Abwehrvergleich 223
Adäquanz 718
Adäquanztest 721
Adaptationsniveau 103
Adoptionsprozeß,
  individualpsychologischer 847
Adressatenzahl 700
Adressen- und Direktwerbe-Unternehmer-
  Verband (ADV) 578
Advertising-agency 240
Ärztebesucher 842
Ärztemuster 842
Agenturvertrag 239
Aided Recall-Test 747, 754
Akkuranzproblem 188
Akquisitions-Propagations-Zahl 360
Akquisitionszahl 700
Akquisitorisches Potential 228
Aktionserfolg 701, 704, 744, 749 f.
Aktivierungspflicht materieller
  Werbegüter 231
Aktualgenese 733
Akustische Gestaltungsmöglichkeiten 553
Alleinstellungswerbung 219
Allgemeinstreuung 638
Allgemeinumwerbung 6
Anbieterstrukturen, oligopolistische 83
Anfragenkontrolltest 748
Angaben
— objektiv falsche 213
— unrichtige 212
Anlagegüter 362
Anmutungen 618
Anmutungsprofil, taktiles 619
Anspruchsüberschneidungen
— horizontale 414
— vertikale 414
Anmutungswert 189
Annoncenexpedition 341
Anomaliesatz 146
Anpassungsgewinn 49
Anschlagstellen, allgemeine 589
Anzeigen-Kostenplan 661
Anzeigenwerbung 513 ff.
Apothekenwerbung 849
Apperzeptionszahl 700

Appetite Appeal 818
Arbeitsgemeinschaft Agrarexport e. V. 633
Arbeitsgemeinschaften der Werbung-
  durchführenden, internationale 322
Arbeitsgemeinschaft Leseranalyse 728
Arbeitskopie 298
Arbeitskreis der Deutschen Werbefach-
  schulen (AWS) 377
Arbeitskreis Media Informationen
  Fachzeitschriften (AMF) 888
Arbeitsleistungen 363
Art-buying 356
Art-director 482
Arzneimittelnachfrage 841
Arzneimittelwerbung in der EWG 854
Arzneistoffe 837
Assimilationseffekt 192
Assoziation 140
atomistische Marktanteile 85
Auch-Werbeträger 323
Audimeter 682, 745
Aufforderungscharakter 99
Aufforderungswert 622
Auflage 641
— verbreitete 642
Aufmerksamkeit 513
Aufmerksamkeitsmethoden 515
Aufmerksamkeitswert 99
Aufnahmetechnik 289
Auskunftspflicht der Werbeagenturen 244
Ausleuchten 297
Ausschüsse für Messe- und Ausstellungs-
  fragen 632
Ausstellungen **627 ff.**, 629
Ausstellungs- und Messeausschuß der
  Deutschen Wirtschaft e. V. (AUMA) 628,
  632
Auswahl der Schriftart 275
Auszeichnung durch Änderung der
  Schriftart 278
Außengeleitetes Verhalten 184
Außenwerbung **587 ff.**, 610
Autonomie der Umworbenen 107
Autotypien 272
AVA-Briefe 572

Ballast bei Informationen 127
Bankwerbung
— Gestaltung 920
— Organisation 923
Bauhaus 381
Bedarf 438
Bedarfsfaktoren
— gesellschaftliche 367
— natürliche 367
— persönliche 367
Bedarfsstruktur der Haushalte 367
Bedürfnisweckungserfolg 702
Beeindruckungserfolg 705, 744, 746

Beeinflussung 107
- subjektive 28
Befragungsexperiment, demoskopisches 788
Bekanntheitsgrad 99, 715
Bekanntheitsgradmessung 753
Beleuchtung in der Werbefotografie 287
Berührungserfolg **705, 743 ff.**
Besucherfrequenz der Filmtheater 567
Beschaffungswerbung 963, 966
Besteuerung von Werbeausgaben 65
Betreuung von Gesamtetats 353
Bewertungsfähigkeit, selbständige 232
Bewertungsmuster 184
Bilanz 227
Bilanzierungsprobleme in der Werbung 227 ff.
Bilanzierung von Werbegütern
- in der Handelsbilanz 230
- in der Steuerbilanz 232
Bilanzsteuerrecht 236
Bildfrequenz 295
Bildgestaltung 474
Biotische Situation 733
bit 118
Bogendruck 271
Branchen-Image 101
Broschüren 573
Bruttoreichweite 643
Bruttowerbeumsätze
- 1952 bis 1967 320
- Veränderungen 1961 bis 1967 231
Buchdruck 265
Buchstabenkombination, Häufigkeit 139
Bund Deutscher Werbeberater und Werbeleiter e. V. (BDW) 208, 307, 325, 336
Bureau International des Expositions (BIE) 633

case law 225
case-method 379
Code 165
Computer-Brief 573
Content-Analyse werblicher Kommuniqués 128, 193
Cournotscher Punkt 45, 424
covert behavior 163

Dachwerbung 609
Darstellung des Produkts, Methoden 514, 518
Daten
- absatzwirtschaftliche 438
- des Beschaffungsbereichs 438
Datenbank 692
Dauerwerbung 587
- stationäre 599
deficit spending 74
Detailziele 412
Diapositiv in der Werbung 562
Dienstleistungen 363
Dienstleistungsbetriebe 362
Diffusionsforschung 847

direct mail advertising 571
Direktwerbung 574
Direktwerbungskampagne 575
Display-Strategie 581
Display-Werbung **579 ff.**
Druckauflage 641
Drucksachenwerbung 571
Druckstöcke (Klischees) 272
Druckverfahren in der Werbung **263 ff.**
- Wahl 264
Duplex-Autotypie 272
Duroplasten 273
Dynamik eines Textes 126

Eigenwerbung 8
Eindrucksqualitäten 99
Einführung neuer Produkte 176
Einführungswerbung 9, 410
Einkaufslistenverfahren 737
Einkommenseffekt der Werbeausgaben 72
Einschaltbedingungen für Werbediapositive 566 f.
Einstellungen 100
Einstellungsänderung 186
Einzelhandelswerbung 81
Einzelumwerbung 6
Einzelverkaufsexemplare 641
Einzelwerbung
- anonyme 8
- namentliche 7
Eisenbahnwerbung 598
Emanzipationswerbung 411
EMNID-Impact-Test 760
Empfänger 118
Empfangssignale 161
Entropie 119, 125, 140
Entscheidungsalternativen, werbliche 172
Entscheidungskriterien für Werbeziele 408
Entscheidungsziele in der Werbung 408
EQ (Emotional Quotient)-Skala 764
Erhaltungswerbung 5
Erhebungsverfahren, experimentelle 749
Erinnerungserfolg **706, 744, 746**
error of central tendency 738
Erstkommunikanten 173
Erstkontakt 642
Erwartungen 100
Etatplan 662
Exklusivleser 135, 644
Experiment, projektives 718, 719
Expansionswerbung 5
Explorative Verfahren 734
Exportwerbung 900, 945
Extensivwerbung 9
eyecatches 184

Fachlehrgänge für Werbung 389
Fachverbände der Werbungdurchführenden 319
Fachverband Messen und Ausstellungen e. V. 632
farbiges Rauschen 162
Fashion leader 174
Fassadenwerbung 600

Information 119
— Minimierung 110 f.
— quantitative 413
Informationelle Komplexität 191
Informations-Analyse, multivariate 128
Informationserfolg 702
Informationsgesellschaft zur Feststellung der Verbreitung von Werbeträgern (IVW) 566
Informationskanal 179
Informationsquelle 118
Informationsquellen über neue Medikamente 846
Informationspotential, subjektives 165
Informationsstatistik 193
Informationstheorie 117
INFRATEST-Anzeigen-Kompaß 755
INFRATEST-INDEX **675 f.**
Inhaltsanaylse 194
inside dopester 115
Instabilitätssatz 154
Intensivwerbung 8
Intentionserfolg 703
Interaktion 159
Interesse 514
— an der Gestaltung 517
Interessenmethoden 517
Interessengemeinschaften 492
Interessengemeinschaft Deutscher Fachmessen und Ausstellungsstädte 632
Interesseweckungserfolg **703 f.**, 744, 748
Internalisierung 184
International Union of Advertisers Associations (IUAA) 317
Internationale Vereinigung der Werbungtreibenden 317
Internationales Forschungsinstitut für Werbung 318
International Foundation for Research in the Field of Advertising 318
INTOMETER 682
Irreführung über geographische Herkunft 216
Iteratives Verfahren 695
Iversen-Kurs 375

Käufertyp 102
Karton 258
Kauferfolg 704
Kaufhandlung 177
Kaufkraft 443
Kaufkraftverhältnisse 439
Kitsch 171, 207
Klein-Goldberger-Modell 177
Kleintafeln 591
kognitive Dissonanz 183
Kollektivwerbung
— anonyme 8
— namentliche 7
Kommunikant 158
Kommunikation 157
— direkte 174
— indirekte 174
Kommunikationserfolg 176

Kommunikationsforschung 157
Kommunikationskanal 161
Kommunikationsnetze 173
Kommunikationstaktik 164
Kommunikationstheoretische Probleme der Werbung 157
Kommunikationstheorie 26
Kommunikator 158
Kommuniqué 158
kompatibles Zielsystem 414
Konkurrenzausschluß 353
Konsumerlebnis 880
Konsumfunktion 78
— shifting der 77
Konsumpioniere 174
Kontaktbotschaften 175
Kontakte 173
Kontakthäufigkeit, durchschnittliche 644
Kontinuitätswerbung 411
Kontrasteffekt 193
Kontrolläden 799
Konzentration
— diagonale 79
— horizontale 79
— vertikale 79
— werbebedingte 86
Konzentrationsbegriffe 79
Konzentrationsfördernde Wirkung der Werbung 151
Kooperation 487
Koordinierungsausschuß für Werbewissenschaft und Werbewirtschaft 371
Kostenänderungen, werbebedingte 709
Kostendegression bei Werbemittelstreuung 80
Kosten-Plus-Verfahren 355
Kostenreduktion durch Kontinuitätswerbung 411
Kostenziele der Werbung 409
Kreativität 187 f.
Kreditgemeinschaften 491
Kunstakademien, Werbeausbildung 375, 381
Kunstworte 142, 170
Kupfertiefdruck 269
Kybernetische Gesetze des Marktgeschehens 143 f.

lag 72
Layout in der Werbung 275
lead 72
leaflets 573
Leerstellen 171
Lehrprogramm an Werkkunstschulen und Kunstakademien 395
Leistungsprogramm 413
Leistungstyp 413
Lernen und Einstellungsänderung 186
Lernprozesse 187
Lerntheorie 689
Leseranalyse medizinischer Fachzeitschriften 845
Leser pro Exemplar 642
Leser pro Nummer 642

Leuchtwerbung 609 f.
Lichtdruck 268

Macht der Werbeträger 131
Macht einer Zeitschrift 131
Madrider Abkommen 216
Mandelbrotsche Beziehung 125
Mandel-Eichhorst-Methode 454
Manipulierbarkeit, sublimale 181
Markenartikelwerbung 82
Markenbezeichnungen 139
Markenbilder der Konkurrenz 102
Marken-Image 95, 97
Markenverband e. V. 317
Marketing 323 f.
Marketing-Communications-Agentur 352
Marktanteilsatz 144
Markterkundung, psychologische Methoden 731
Marktforschung
– bei Produktionsgütern 363
– im Ausland 939
Marktführungsforschung 26
Marktsegmentierung 620
Marktspaltungswerbung 410
Markttransparenz **57 ff.**, 82
– als Ordnungsproblem 64
– vollständige/unvollständige 58
Markttransparenzmindernde Werbung 62
Markttransparenzneutrale Werbung 62
Marktübersicht 57
Marktübersichtlichkeit 57
Marshallsche Elastizitätsregel 50
Massen, duroplastische 273
Mater 273
Mediaforschung 99, 400
Mediagewichte 693
Media-Kartei 344
Media-Nutzung 728
Media-Reichweite 727
Media-Selektions-Programme 691
Mediawahl 457
mehrdeutige Angaben 215
Mehrheitsumwerbung 6
Meinungsmonopol 54
Mengenrabatte 88
Mengenstrategie 424
Messen **627 ff.**, 629
Messestandort 629
Messe-Ausstellungsgesellschaften 630
Metaphorik 110
Middle Management 414
Mißbrauch wirtschaftlicher Macht 87
Mittlungsprovision, reine 354
Mitleser 642
Monopolisierung und Manipulation durch Werbung 59
Motivation 182
Motivationsstudien 400
Motivationsthemen 182
Motivforschung 98
Multiplikatoreffekt von Werbeausgaben 74
Multiplikatorrelation 74
Musterungen 629 f.

Nachfrageverhältnisse 438
Nachricht 117, 170
Nachrichten
– ikonische 171
– isomorphe 171
Nebenbedeutungen, gruppenspezifische 168
Neophile 174
NETAPPS-Untersuchung 766, 796
Netto-Reichweite 131, **465,** 642
Nielsen-Panel 785
Noreensches Modell 797
Normierung von Packungsgewichten 88
Nürnberger Schule 60
Nur-Werbeträger 323

Objektstrategien 440
Offsetdruck 267
operationale Verfahren 178
Opinion leader 173, **174**
Optimierungskriterien 408
Optimierungsverfahren 694 f.
Outdoor-Advertising 587
overt behavoir 163

Pädagogisierung 114
Papier in der Werbung **255 ff.**
– holzfreie/holzhaltige 257, 263
– Formate 261
– Gewicht 258
– Sorten 259
– Stoffklassen 257
– Verarbeitung 257
– Veredelung 257
Pauschal-Kosten-Verfahren 355
perceptual defense 184, 193
Perfoband 299
Permutationsverfahren 695
Personengewichte bei der Mediaselektion 693
Persuasionskraft der Werbebotschaft 180
Perzeptionszahl 700
Placierungsdogmen, konventionelle 451
Placierungsprobleme in gestaltpsychologischer Sicht 454
Plakatanschlag 587
Plakatformate 588
Plakatträger, Arten 589
Plakat und Kunst 534
Plakatwerbung **531 ff.**, 588 f., 591
– Geschichte 531
– Heutige Bedeutung 536
Plandaten der Werbung 437
Polaritätenprofil 721, **736**
Postreklame 599
Präferenzeffekt der Werbegüter 74 f.
Präferenzsysteme 76
Präsentation, große 379
Präzisionsproblem 188
pragmatische Funktion 167
Preis-Absatz-Elastizität 47 ff.
Preisbindung, vertikale 84
Preis-Mengen-Strategie 428
Preisstrategie 427

Preistheorie, moderne 39
Preis- und Mengenanpassung 59
Preis- und Qualitätswettbewerb 59
Prinzip der oligopolistischen Interpendenz 84
Probepräsentationen 353
Produktanalyse 553
Produktdarbietung, Kontinuität der 624
Produktdifferenzierung 47, 82
— subjektive 59, 62
Produktgestaltung 28
Produktionsgemeinschaften 492
Produktwerbestellen, landwirtschaftliche 900
Prognoseexperimente, demoskopische 722
Projektion 670
Propaganda 4
Prozeßdaten 57
Prüfung eines Werbemittellagers 506
Pseudo-Solarisation 290
psychologische Nische 103
Psychologische Probleme der Werbung 91
psychologisches Umfeld 101
psychologische Wirklichkeit 101
Public Relations 4, **969 ff.**
— der Landwirtschaft 901

Qualitätsgruppen 88
qualitative Untersuchungen 94
Quantelungssatz 150

Rabattmarkengemeinschaften 490
Rahmenziele 412
Rakeltiefdruck 269
Raster 273
Rationalisierungen, sekundäre 183
Reaktionserfassungs-Methoden 99
Recall-Verfahren 753, **760 ff.**
Recognition-Test 755
Rechenschaftspflicht der Werbeagenturen 244
Reduktionswerbung 5
Redundanz 110, **120 ff.**, 170, 192
Regieverträge 240, 244
Reichsverband der deutschen Werbungsmittler e. V. 342
Reichsverband der Werbungtreibenden e. V. 316
Reichweite 670
— brutto 643
— kumulierte 645
— netto 131, 465, **642 ff.**
— qualitative 462
— quantitative 462
— räumliche 460
Reichweitenuntersuchung 728
Reizbedingungen 98
Reizgabe-Methoden 99
Reklame 4
Reklamemehrwert 407
Reklamerentabilität 407
Repertoire 118, 171
Resonanz 192
Revisionsbericht 508

Richtlinien für die Werbung der öffentlichen Apotheken 849, 853
Richtpreise, empfohlene 86
Rohstoffe 256
Rollen- (Rotations-)Druck 271
Response Function 693
Rosenzweig-Verfahren 737
Rückkopplung 163
Rückvergütung 353
Rundfunkwerbung **543 ff.**, 666

Sabatier-Effekt 290
Sammelwerbung 488
Sanktion, negative/positive 112
Satzergänzungsverfahren 737
Satzspiegel 278
Schaufenster-Display 583
Schaufenstergestalter 345
Schauwerbung 376
Schilder 583
Schnellgreifbühne 733
Schnitt und Vertonung 298
Schriftarten 275
Schriftgröße 277
schwarze Märkte 58
Schweizer Degen 263
Schwerin-Test 783
Sekundärziele, werbliche 410
Selbstkontrolle, pharmawerbliche 852
Selektion von Nachrichten 163
selektive Kommunikation 182
selektive Sensivierung 183
selektive Sensivität 184
semantische Funktion 167
semantische Probleme der Kommunikation 165
semantisches Differential 736
Sender 118
Serigrafie 271
SETMETER 682
Sex-Appeal 206
Shanonsche Formel 119
shop-in-shop-Prinzip 582
Siebdruck 271
Signal 166
Simultanplanung 436
Slogan 126
social waste 62
soziale Antizipation 102
Soziales Lernen, Formen 184
Sozialforschung, empirische 156
Sozialtechnik 158
Soziokybernetik 157
Soziologie des Umworbenen 111
Soziologische Probleme der Werbung 107 ff.
Spezialitätenregister 837
Spezialstellen 591
Spontanhandlungsverfahren 733
Spots 666
Sprachen 160, 167
Sprachführung 545
Sprachgefühl 248
Sprachrepertoire 138

Sprachschatz 138
Sprachstatistische Analyse 138, 141
Sprachwissen 248
Sprungwerbung 7, 62 f.
Staatliche Akademie für Grafik, Druck und Werbung 377
Stabilitätssatz 153
Stahldruck 270
Stand-Display 584
Starch-Test 755
Steindruck 268
Stereo 273
Stereotypie-Faktor 732
Stiftung Warentest 223
Störpegel 139
Störpegelsatz 152
Streuarten **635 ff.**
Streugebiet 687
Streukosten 565
Streumedien 639 f., 641
– Koordination 687 ff.
– Rundfunk und Fernsehen 665
Streuplan 135, **636 f.**, 660
Streuplanung 131
– in der Investitionsgüterindustrie 887
– zweidimensionale 646
Streuung 565
– Einzel- 638
– gezielte 637
– Gruppen- 638
– ungezielte 638
Streuungszeitpunkte 689
Strichätzungen 273
Strukturdaten von Märkten 57
Studio 287
Stunden-Honorar-Verfahren 355
subjektive Zustände 97
Subsprachen 170
Sustitionskonkurrenz 82
Suggestivwerbung 6
Superlativwerbung 217
Symbolklassen 168
Synchronisationswerbung 411
syntaktische Funktion 167
Systembedingungen 98
Systemvergleich 226

Table-Top 291
Tachistoskop 732
TAMMETER 678, 682, 745
TAMMRATING 679
Tausenderpreis **461 ff.**
Tausendkontaktpreis 657
Tausendleserpreis 657
Technische Entwicklung und Werbung 18
Teilziele der Werberevision 507
Testläden 799
Testmarkt 176
Textanalyse 249
Textbeurteilung 252
Textlänge 253
Texttemperatur 122 f.
Textverständlichkeit 125
– syntaktische 125

Thermoplasten 273
Tiefdruck 269
Tiefeninterview 737
top Aachen 863
Traffic-Abteilung 356
Transparenzsatz 154
trial-and-error-Methode 47
Typografie **275 ff.**, 279

Überraschungswert 165
Übertragungskanal 161
Überzeugungserfolg 702
Umsatzanalysen 647
Umsatzänderungen, werbebedingte 707
Umsatzeffekt der Werbung 407
Umsatzerfolgsmessung 780
Umsatzerfolgsmessungsverfahren, direkte 786
Umsatzerhaltung 408
Umsatzexpansion 408
Umsatzreduktion 409
Umsatzvermittlung 27
Umsatzziele 408
Umworbene **359 ff.**
– Struktur 569
Umworbene Unternehmen 361
Unaided Recall-Test 747
Union des Foires Internationales (UFI) 633
Unrichtigkeit von Werbeangaben
– nachwirkende 215
– subjektive 213
Unternehmensführung, zielgesteuerte 404
Unternehmen, Gliederung der Umworbenen 361
Unternehmensgröße, optimale 83
Unternehmerrenten 59
Unternehmerverhalten 74
Unternehmungswerbung 7
Unternehmungsziele 45
Unterverträge von Werbeagenturen 240

Verbalisierung einer Nachricht 165
Verband Deutscher Annoncen-Expeditionen e. V. 342
Verband Deutscher Werbeagenturen und Werbungsmittler e. V. (ADW) 239
Verbandswerbung 489
Verbraucheranalyse 552
Verbraucheraufklärung 28
Verbraucher, umworbene 365
Verbundwerbung 489
Verfahren, apparative 732
vergleichende Werbung 60, 314
Verhaltensforschung, sozioökonomische 157
Verhaltensvorhersage 94
Verhaltenswissenschaften 26
Verkaufswerbung als Konzentrationsfaktor 87
Verkehrsauffassung als Beurteilungsmaßstab 214
Verkehrsfähigkeit von Gütern 236
Verkehrsmittelwerbung 587, 594, 596

Verkehrswerbung
— Aufgabe 932
— Organisation 934
Verpackungswerbung 613
Vertragsbeziehungen beim Werbeagenturvertrag 240
Vertriebsauflage 462
Vertriebsformen im Handel 88
Verwechslungsgefahr 139
Verzerrung von Nachrichten 162
Visualisierung der Nachricht 165

Wachstumszyklen der Werbeumsätze 72
Wahrscheinlichkeit des Kaufs 100
Wand-Display 583
Warentests 88
Weber-Fechnersches Grundgesetz 448
weißes Rauschen 162
Werbeabteilung, Aufbau 228
Werbeabwehr 112
Werbeagentur 239 ff., 341, **347 ff.**
— Leistungsangebot 349
— Vertrag 240
Werbeakademien 375 ff., 378
Werbeaufwandsanalysen 647
Werbeausgaben
— antizyklische 77
— Besteuerung 65
— prozyklische 77
Werbebeeindruckte 360
Werbebegriff 4
Werbeberater 333
Werbeberührte 360
Werbeberührung 717
Werbebotschaften
— Glaubwürdigkeit 724
— Intensität 721
Werbebüro 341
Werbebrief 573
Werbebudget **417 ff.**
— optimales 423
— kurzfristige 419
— langfristige 430
Werbebudgetierung, Richtgrößen 418
Werbebudget- und Verfahrensplanung, simultane 432
Werbedurchführungsvertrag 241, 322
Werbeerfolg 46, 121
— außerökonomische Untersuchungsmethoden 744
— ökonomischer 775
— Progression 80
Werbeerfolgskategorien 699
— außerwirtschaftliche 700 ff., 743 ff.
— wirtschaftliche 706
Werbeerfolgskontrolle 176 f., 352, **743 ff.**, **753 ff.**, **773 ff.**
— Methoden 753
Werbeerfolgskriterien **713 ff.**, 743
— gestaltungsbezogene 714
— mediabezogene 716
Werbeerfolgsprognose 500
— demoskopische Methoden 713 ff., 717

Werbeerfolgs- und Werbewirkungskontrolle 352
Werbeertragsfunktion 420 f.
Werbeertragsgesetz 421
Werbeetat 417
werbefachliche Fernkurse 389
Werbefachschulen 375 ff.
— private 377
Werbefilm 561
Werbeforschung 26
— psychologische Methoden 731
Werbefotografie 285
Werbefunkhörer pro Woche/pro Tag 670
Werbefunktionen, sozialpsychologische 64
Werbegemeinschaften, reine 490
Werbegemeinte 360
Werbegewinn 424
Werbegestaltung 240
Werbegrafiker 339
— Ausbildung 381
Werbegrundsätze für die Publikumswerbung auf dem Gebiet des Heilwesens 853
Werbegüter
— Erfolgswirksamkeit 234
— Nachweisbarkeit 236
Werbekaufmann 345
Werbekonkurrenz 84
Werbekooperation 487
Werbekosten 420, 709, **802 ff.**
— Degression 80
— direkte 420
— fixe und variable 804
— in der Investitionsgüterindustrie, Anteil 882
— indirekte 421
Werbekostenfunktionen 420 ff.
Werbekostenplan 660
Werbelehre
— als Wahlfach in der Diplomprüfung 372
— an den deutschen Hochschulen 373
Werbeleiter **325 ff.**, 330
— Funktion 325
— in der Agentur 331
— innerbetriebliche Stellung 328
— und die Unternehmungsführung 330
Werbeleitung 478
Werbemittel 315, **511 ff.**, 560, 572, 945
— bankenspezifische 925
— der Verkehrsunternehmungen 935
— in der Investitionsgüterindustrie 885
— in der pharmazeutischen Industrie 843
— klassische 319
Werbemittelart, Wahl 444
Werbemittelbeschaffung 240
Werbemitteleinsatz durch die pharmazeutische Industrie 842
Werbemittelfarbe 456
Werbemittelforschung 98
— Methoden 732
Werbemittelgestaltung 351
— in der Investitionsgüterindustrie 888
Werbemittelherstellung 351, 472

Schlagwortregister

Werbemittelkontaktchancen 716
Werbemittelkontakte 716
Werbemittelplanung 435
Werbemittelstrategien 444
Werbemittelstreuung 351
Werbemitteluntersuchungen 399
Werbemittelvarianten, spezielle Auswahl 447
Werbemittlungen 341
Werbeobjekte 5, 883, 893, 913
Werbeobjektplanung 435
Werbeplanung 240, **401 ff.**
— antizyklische 649
Werbeplanungsprozeß 412
Werbeplanungsziele
— außerwirtschaftliche 403
— wirtschaftliche 404
Werbeprozeß 230
Werbepsychologie
— empirische 98
— Grundaufgabe 94
— projektive Untersuchungsmethoden 737
werbepsychologische Methodik 91
werbepsychologische Probleme **91 ff.**
werbepsychologische Ziele 94
Werberat der Deutschen Wirtschaft 304, 342
Werberealisation 470
Werberevision **498 ff.**
— Teilziele 507
Werbeselbsterfüller 360
Werbesubjekte 914
Werbeschwelle 83
Werbesprache 122
Werbestreuung 635 ff.
— Aufgaben 476
— räumliche Koordination 688
— zeitliche Koordinierung 688
Werbesubjekte 359 ff., 883
Werbesubjektplanung 435
Werbesubjektstrategien 442
Werbetext **247 ff.**
Werbetexter 247
Werbetextleitung 480
Werbetheorie 26
Werbeträger 560
— der pharmazeutischen Industrie 843
Werbeträgerforschung 351
Werbeträgergruppen, Auswahl 460
Werbeträgerkombinationen, Auswahl 463
Werbeträgerplanung 435
Werbeträgerstrategien 457
— zweidimensionale 465
Werbeverwaltung, Aufgaben 477
Werbevollerfüller 360
Werbevorlesungen, -übungen und -seminare 370
Werbe- und Vertriebsgesellschaft Deutscher Apotheker mbH 850
Werbeweiterpflanzer 360
Werbewirksamkeit 515, 519
Werbewirkung
— Anomaliesatz 152
— zeitliche Verteilung 177

Werbewirkungskontrolle 352
Werbewirkungsprognose
— gestaltungsbezogene 717
— mediabezogene 726
Werbewirkungssatz 150
Werbewirt, staatlich geprüfter 377
Werbewirtschaft, frühere Organisationsformen 304
Werbeziele 5, 46, **403 ff.**, 407
— außerwirtschaftliche 403, 412
— des Handels 911
— Differenzierung 52
— Festlegung 403
— kurzfristige 407
— langfristige 407
— ökonomische 404, 412
— Systematik 409
Werbezielplanung 411
werbliche Beeinflussung, Prozeß 701
werbliche Effizienz 185
werbliche Einflüsse 95
werbliche Tertiärziele 410
werbliche Wahlentscheidungen 405
werblich gesteuertes Verhalten 95
Werbung **3 ff.**
— akustische 9
— als Hochschulfach 369
— als Unternehmeraufgabe 312
— anlehnende 220
— antizyklische 10
— aperiodische 10
— Bedeutung 27
— bezugnehmende 220
— Definition **4 ff.**, 39, 158
— der Kreditinstitute 919
— — Zielgruppen 922
— des Einzelhandels 81
— ethische Probleme 201
— Formen 5
— für Arzneimittel 834 ff.
— für Bankleistungen 920
— für Investitionsgüter 881
— für Körperpflege- und Reinigungsmittel **827 ff.**
— für langlebige Gebrauchsgüter 875
— für Nahrungs- und Genußmittel **815 ff.**
— für Produktionsgüter 363
— für Produktionsmittel 81
— für Reinigungsmittel 833
— für Textil und Bekleidung **859 ff.**
— Funktionen 63 f.
— Geschichte **11 ff.**
— gezielt gestreute 9
— haptische 9
— kritisierende/vergleichende 221
— im Ausland 939
— im Distributionsbereich 916
— im Handel 905
— im Oligopol 51
— in der Bekleidungsindustrie 864
— in der Investitionsgüterindustrie **881 ff.**
— in der Landwirtschaft **893 ff.**
— in der sozialistischen Volkswirtschaft 981 ff.

Werbung (Forts.)
- in der Verkehrswirtschaft **931 ff.**
- in Fertigungsbetrieben 361
- informative 6, 28, 63
- in sozialistischen Ländern 947
- kommerzielle 27
- Merkmale 109
- mittelbare 7
- mit Warentestergebnissen 223
- Modellkonzeptionen 158
- nichtinformative 63
- olfaktorische 9
- Organisation **469 ff.**
- periodische 10
- persönliche 220
- prozyklische 10
- stufengleiche 7
- stufenunmittelbare 7
- stufenverschiedene 7
- täuschende 212
- Teilfunktionen 500
- überschwellige 7
- und Markttransparenz 57
- und Monopol 44
- und unvollkommene Konkurrenz 41
- und Volkseinkommen 69
- unmittelbare 7
- unterschwellige 7, 180 f.
- visuelle 9
- Wahrheit in der 209
- wettbewerbsrechtliche Probleme 211

Werbungdurchführende, Fachverbände 319
Werbungschaffende 325 ff.
Werbungseinsatz 43
Werbungsmittler 341
Werbungtreibende **311 ff.**
Werkkunstschulen 375, 381 ff.
Werkstoffe 362
Wettbewerbsabkommen der Kreditinstitute 920
Wettbewerbsrecht 211
Wettbewerbsregeln 314
Wiedererkennungsverfahren (Recognition-Test) 729, 747
Wiederholungsbefragung, zweistufige 748
Wiederholungskontakt 642
Werbeziele, wirtschaftliche 404, 412

Wirtschaftsgüter 232
Wirtschaftswerbung 4
- mittelalterliche 14
- moderne 23
Wissenschaftlichkeit 92
Wohlstandsgesellschaft 28
Wollrab-Situation 733
Wollsekretariat, internationales 862

Xerografie 270

ZAW-Werbefunkhöreranlayse **670**, 728
Zentralausschuß der Werbewirtschaft (ZAW) 209, 224, 239, **303 ff.**, 316
- Aufgaben 304
- Arbeitsbereich 308
- Mitgliedsverbände 305
- Organe 307
- Organisation 305
Zeichen, 118, 166
- lexikalische Bedeutung 167
Zeichenfunktion, pragmatische 168
Zeichenrepertoire 165
Zeitschriften-Layout 389
Zielalternative 413
Zielbildung 411
Zieldiagramm 405
Zieldominanz 414
Ziele
- derivative 405
- der Werbekampagne 178, 652
- originäre 405
Zielfunktion 694
Zielgruppen 174, 350, 655 ff.
Zielinhalt 411
Zielkompatibilität 414
Zielkompromiß 414
Zielkonkurrenz 414
Zielnachfolge 413
Zielplanung, Ablauf 405
Zielrichtung des Werbungseinsatzes 41
Zielsystem der Absatzwerbung 408
Zielüberschreitung 413
Zielunterschreitung 413
Zielverschiebung 413
Zugabegemeinschaften 491
Zusatznutzen 60, 102, 364, 880
Zustimmungssignale 164
Zwecknutzen 364